DICCIONARIO HISTORIA DE LA IGLESIA

DICCIONARIO HISTORIA DE LA IGLESIA

Una ventana a los primeros veinte siglos de la Iglesia

Wilton M. Nelson
Editor general

Comité Editorial:
Carmelo Álvarez
Plutarco Bonilla A.
W. Dayton Roberts

CARIBE
Un Sello de Editorial Caribe

Una división de Thomas Nelson, Inc.
Nashville, TN-Miami, FL, EE.UU.
www.caribebetania.com

Título en inglés:
The New International Dictionary of the Christian Church

Publicado por The Zondervan Corp.

ISBN: 0-89922-6302

Impreso en Colombia
Printed in Colombia

INTRODUCCION

Por muchos años, el mundo protestante de habla española ha venido sintiendo la necesidad de un diccionario de historia de la Iglesia. Tanto para estudiantes en seminarios e institutos bíblicos como para pastores en ejercicio y otros líderes cristianos, una obra de tal naturaleza era una necesidad impostergable.

En 1974, J. D. Douglas, el destacado editor del *New Bible Dictionary*, editaba su *New International Dictionary of the Christian Church*. Esta obra fue revisada en 1978. Ante la necesidad de una obra semejante, en nuestra propia lengua, podía optarse por una de varias posibilidades, como serían: escribirla totalmente en español, traducir una de otra lengua, o adaptar en nuestro idioma algún diccionario de reconocido prestigio, como el ya mencionado del Dr. Douglas. Esta tercera opción resultó privilegiada por quienes tenían la responsabilidad de tomar la decisión.

Un grupo de personas se reunió entonces, para estudiar la factibilidad de realizar una adaptación hispanoamericana de la obra de Douglas. Esta consta de 4.800 artículos escritos por un elenco de 180 especialistas en historia de la Iglesia, procedentes del mundo anglosajón (Gran Bretaña, Canadá y los Estados Unidos de Norteamérica). El comité consideró que la adaptación del *New International Dictionary of the Christian Church* sería una obra utilísima, sobre todo para profesores y estudiantes de teología histórica, como asimismo para pastores, sacerdotes o laicos interesados en conocer más acerca de los acontecimientos y personajes que a lo largo de los siglos han ido dando su fisonomía característica a la Iglesia Cristiana en sus diferentes manifestaciones históricas.

Para llevar a cabo la tarea, se tomó una decisión inicial y básica: eliminar de la obra original una serie de artículos de escaso o ningún valor para el lector latinoamericano o español, también otros artículos cuyos contenidos eran netamente bíblicos, pues ya existe, desde 1974, el *Diccionario Ilustrado de la Biblia*, con el cual el presente hace pareja. Junto con la decisión de eliminar unos artículos, iba la complementaria de agregar otros. Y así se añadieron 196 nuevos artículos que tienen que ver directamente con la historia del cristianismo en la América Latina y España. Además, otros 96 artículos, de carácter general, aparecen en esta obra, ya sea porque se estimó necesario rehacer algunos de los que estaban en el original inglés o porque trataban de temas que hacían falta.

Tenemos, pues, que en el presente *Diccionario de historia de la Iglesia* encontrará el lector artículos relativos no solo a la historia general del cristianismo (como Ireneo, Agustín, Atanasio, Abelardo, Anselmo, Francisco de Asís, Lutero, Calvino, León X, Concilio de Trento, Gustavo Adolfo, Juan Wesley, Dwight L. Moody, Juan R. Mott, Consejo Mundial de Iglesias, Fundamentalismo, Luteranismo, Presbiterianismo, Metodismo, Pentecostalismo, etc.) sino también a la historia más cercana del cristianismo español e iberoamericano (por ejemplo: Montesinos, Juan de Zumárraga, Toribio Alfonso Mogrovejo, Martín de Porras, Leyenda Negra, Místicos españoles, Juana Inés de la Cruz, Casiodoro de Reina, Francisco Penzotti, Juan Varetto, Enrique Strachan, Juan Mackay, Paulo Freire, Gustavo Gutiérrez, José Míguez Bonino, CLAME, Congreso de Panamá, Metodismo en América Latina, Presbiterianismo en América Latina, Pentecostalismo en América Latina, etc.). Se incluye también un breve resumen de la historia religiosa de casi todos los países de Latinoamérica.

Este *Diccionario* tiene carácter ecuménico. Aun cuando predominan, numéricamente, los autores protestantes, algunos destacados intelectuales católicos han contribuido con valiosos aportes. Entre los escritores evangélicos hay personas que provienen de muy diversas tradiciones eclesiásticas. Como resultado de ello, es muy posible que no todos estén de acuerdo con lo que sus colegas en esta labor hayan escrito. En un marco de profundo respeto intelectual, se ha querido buscar la colaboración de quienes podrían hacer un aporte significativo y valioso a esta obra.

Los editores agradecen a la casa de publicaciones Zondervan el permiso que concedió para llevar a cabo esta adaptación hispanoamericana. También se agradece a Editorial Caribe que haya asumido la responsabilidad de publicar el presente volumen. Los traductores, señores Ernesto Suárez Vilela, Jaime Gilchrist, Fernando Villalobos y Carlos Alonso Vargas han realizado un excelente trabajo. Deseamos resaltar nuestro agradecimiento a los contribuyentes que escribieron los nuevos artículos. Sus nombres aparecen en una lista de colaboradores discriminada de la lista de quienes contribuyeron a la obra original.

Durante la preparación de este *Diccionario*, fallecieron dos de sus contribuyentes hispanoamericanos: el Lic. Raúl Echevarría, de Guatemala, y el Prof. Alejandro Clifford, de Argentina. Ambos fueron distinguidos líderes del movimiento evangélico latinoamericano, que tiene con ellos una gran deuda.

Comité Editorial:
Wilton M. Nelson, editor general
Carmelo Alvarez
Plutarco Bonilla A.
W. Dayton Roberts

CONTRIBUYENTES A LA EDICION INGLESA ORIGINAL

MARVIN W. ANDERSON
Ph.D., Profesor de Historia Eclesiástica, Seminario Teológico Bethel, St. Paul, Minnesota.

JOHN S. ANDREWS
Ph.D., Sub-bibliotecario, Universidad de Lancaster, Inglaterra.

G.T.D. ANGEL
M.A., Decano, Trinity College, Bristol, Inglaterra.

BRIAN G. ARMSTRONG
Ph.D., Profesor de Historia, Universidad Georgia State, Atlanta, Georgia.

PAUL M. BECHTEL
Ph.D., Profesor de Inglés, Wheaton College, Illinois.

DARREL E. BIGHAM
Ph.D., Profesor de Historia, Universidad Indiana State, Evansville, Indiana.

J. N. BIRDSALL
Ph.D., Profesor de Nuevo Testamento y Crítica Textual, Universidad de Birmingham, Inglaterra.

HUGH J. BLAIR
Ph.D., Profesor de Antiguo Testamento, Seminario Presbiteriano Reformado, Belfast, Irlanda del Norte.

IAN BREWARD
Ph.D., Profesor de Historia de la Iglesia y de Doctrina, Universidad de Otago, Nueva Zelandia.

COLIN BROWN
Ph.D., Vicerrector de Trinity College, Bristol, Inglaterra.

COLIN O. BUCHANAN
M.A., Secretario del Registro de St. John's College, Nottingham, Inglaterra.

EARLE E. CAIRNS
Ph.D., Profesor de Historia, Wheaton College, Illinois.

R. H. CAMPBELL
M.A., Profesor de la Historia de la Economía, Universidad de Sterling, Escocia.

G. L. CAREY
Ph.D., Conferenciante en St. John's College, Nottingham, Inglaterra.

H. M. CARSON
B.D., Pastor de la Iglesia Bautista de Hamilton Road, Bangor, Irlanda del Norte.

GORDON A. CATHERALL
Ph.D., Pastor de la Iglesia Bautista Hamlet, Liverpool, Inglaterra.

J. W. CHARLEY
M.A., Socio del Ministerio del Beacon Group, Liverpool, Inglaterra.

ROBERT E.D. CLARK
Ph.D., Editor de *Faith and Thought,* Cambridge, Inglaterra.

ERNEST F. CLIPSHAM
M.A., B.D., Pastor de la Iglesia Bautista de Cottingham Road, Hull, Inglaterra.

ROBERT G. CLOUSE
Ph.D., Profesor de Historia, Universidad Indiana State, Terre Haute, Indiana.

HAROLD R. COOK†
M.A., Ex-profesor de Misionología, Instituto Bíblico Moody, Chicago, Illinois.

GEOFFREY S.R. COX
M.A., Vicario anglicano de Gorsley, Ross-on-Wye, Inglaterra.

D.G.L. CRAGG
Ph.D., Tutor en el John Wesley College, República de Africa del Sur.

JAMES DAANE
Th.D., Profesor de Teología Pastoral, Seminario Teológico Fuller, Pasadena, California.

MARTIN B. DAINTON
M.A., Misionero del Overseas Missionary Fellowship en Indonesia.

G.C.B. DAVIES
D.D., Director de Estudios Pre-ordenación, Diócesis de Worcester, Inglaterra.

KENNETH R. DAVIS
Ph.D., Profesor de Historia, Universidad de Waterloo, Ontario, Canadá.

PETER S. DAWES
B.A., Vicario de la Iglesia del Buen Pastor, Romford, Inglaterra.

DONALD W. DAYTON
B.D., M.S., Bibliotecario del Seminario Teológico North Park, Chicago, Illinois.

JAMES A. DE JONG
Th.D., Profesor de Teología, Trinity Christian College, Palos Heights, Illinois.

A. MORGAN DERHAM
Secretario Editorial, Misión a los Leprosos, Londres, Inglaterra.

WAYNE DETZLER
Ph.D., Director Asociado, Greater Europe Mission.

JOHN P. DEVER
Th.D., Profesor de Sociología y Religión, Averett College, Danville, Virginia.

J.D. DOUGLAS
Ph.D., Editor Asociado de *Christianity Today*, St. Andrews, Fife, Escocia.

RICHARD DOWSETT
M.A., Misionero del Overseas Missionary Fellowship en las Filipinas.

G.E. DUFFIELD
M.A., Editor, Sutton Courtenay Press, Abingdon, Inglaterra.

PAUL ELLINGWORTH
M.A., Coordinador de traducciones, Sociedades Bíblicas Unidas, Londres, Inglaterra.

H.L. ELLISON
B.D., Conferenciante sobre el Antiguo Testamento, Devon, Inglaterra.

ROBERT H. ELMORE
Mus.B., LL.D., Director de Música, Décima Iglesia Presbiteriana, Philadelphia, Pennsylvania.

H. CROSBY ENGLIZIAN
Th.D., Profesor de Historia de la Teología, Seminario Bautista Conservador del Occidente, Portland, Oregon.

ROBERT P. EVANS
Ph.D., Director de la Greater Europe Mission.

BARBARA L. FAULKNER
Ph.D., Profesora de Historia, Eastern Nazarene College, Wollaston, Massachusetts.

LAWRENCE FEEHAN
M.A., Conferenciante en Edge Hill College de Educación, Ormskirk, Inglaterra.

STIG-OLOF FERNSTROM
Misionero de la Misión Luterana Finlandesa.

ALBERT H. FREUNDT, JR.
B.D., Profesor de Historia Eclesiástica, Seminario Teológico Reformado, Jackson, Mississippi.

EDWARD J. FURCHA
Ph.D., Profesor de Historia Eclesiástica, Serampore College, Serampore, India.

FRANK E. GAEBELEIN†
Litt.D., LL.D., Ex-director de la Stony Brook School, Nueva York.

R.F.R. GARDNER
M.R.C.O.G., Ginecólogo de los Hospitales Sunderland, Inglaterra.

W. WARD GASQUE
Ph.D., Profesor de Nuevo Testamento, Regent College, Vancouver, Canadá.

GEORGE GIACUMAKIS, JR.
Ph.D., Profesor de Historia, California State University, Fullerton, California.

RICHARD L. GREAVES
Ph.D., Profesor de Historia, Florida State University, Tallahassee, Florida.

G.W. GROGAN
Th.M., Director del Instituto Bíblico, Glasgow, Escocia.

JOHN E. GROH
Ph.D., Profesor de Historia de la Teología, Seminario Concordia en Exilio, St. Louis, Missouri.

KEITH J. HARDMAN
Ph.D., Profesor de Filosofía y Religión, Ursinus College, Collegeville, Pennsylvania.

RUDOLPH W. HEINZE
Ph.D., Profesor de Historia, Concordia Teachers College, River Forest, Illinois.

PAUL HELM
B.A., Conferenciante en Filosofía, Universidad de Liverpool, Inglaterra.

CARL. F.H. HENRY
Th.D., Ph.D., Presidente del Instituto de Estudios Cristianos Avanzados, Arlington, Virginia.

ANTHONY A. HOEKEMA
Th.D., Profesor de Teología Sistemática, Seminario Teológico Calvino, Grand Rapids, Michigan.

JOYCE M. HORN
M.A., Editora asistente del *Bulletin* del Instituto de Investigación Histórica de la Universidad de Londres, Inglaterra.

JAMES M. HOUSTON
Ph.D., Director de Regent College, Vancouver, Canadá.

G.C.D. HOWLEY
Director de *The Witness*, Purley, Inglaterra.

DAVID A. HUBBARD
Ph.D., Presidente del Seminario Teológico Fuller, Pasadena, California.

PHILIP E. HUGHES
Th.D., Profesor de Nuevo Testamento, Seminario Teológico Westminster, Philadelphia, Pennsylvania.

ROBERT B. IVES
Ph.D., Pastor de los Estudiantes, Messiah College, Grantham, Pennsylvania.

DIRK JELLEMA
Ph.D., Profesor de Historia, Calvin College, Grand Rapids, Michigan.

PAUL K. JEWETT
Ph.D., Profesor de Teología Sistemática, Seminario Teológico Fuller, Pasadena, California.

GEOFFREY JOHNSTON
M.A., B.D., Conferenciante en el Seminario Unido, Kingston, Jamaica.

R. TUDUR JONES
Ph.D., Director del Coleg Bala-Bangor, Gales.

S. RICHEY KAMM†
Ph.D., Ex-profesor de Historia, Wheaton College, Illinois.

GILBERT W. KIRBY
M.A., Director del London Bible College, Northwood, Inglaterra.

MICHAEL KYRIAKAKIS
B.D., Pastor de la Primera Iglesia Evangélica, Atenas, Grecia.

DONALD M. LAKE
Ph.D., Profesor de Teología, Wheaton College, Illinois.

ROBERT D. LINDER
Ph.D., Profesor de Historia, Kansas State University, Manhattan, Kansas.

HAROLD LINDSELL
Ph.D., Ex-director de *Christianity Today*, Wheaton, Illinois.

ADAM LOUGHRIDGE
D.D., Profesor del Seminario Teológico Presbiteriano Reformado, Belfast, Irlanda del Norte.

LESLIE T. LYALL
M.A., Ex-Secretario Editorial del Overseas Missionary Fellowship, Londres, Inglaterra.

H.D. McDONALD
Ph.D., Ex-vicedirector del London Bible College, Northwood, Inglaterra.

OONAGH McDONALD
Ph.D., Conferenciante en la Filosofía de la Religión, Universidad de Bristol, Inglaterra.

C.T. McINTIRE
Ph.D., Profesor de Historia, Instituto para Estudios Cristianos, Toronto, Canadá.

ROBERT J. McMAHON
B.D., Pastor de Crossford y Kirkfieldbank, Lanarkshire, Escocia.

J. BUCHANAN MacMILLAN
Ph.D., Profesor de Historia y Teoría de Música, Nyack College, Nueva York.

GEORGE MARSDEN
Ph.D., Profesor de Historia, Calvin College, Grand Rapids, Michigan.

RALPH P. MARTIN
Ph.D., Profesor de Nuevo Testamento, Seminario Teológico Fuller, Pasadena, California.

D.C. MASTERS
Ph.D., Profesor de Historia, Universidad de Guelph, Ontario, Canadá.

J.W. MEIKLEJOHN
M.A., Ex-Secretario de las escuelas de la Scripture Union, Escocia.

CARL S. MEYER†
Ph.D., Ex-profesor de Historia Eclesiástica, Seminario Concordia, St. Louis, Missouri.

DAVID MICHELL
B.D., Misionero con el Overseas Missionary Fellowship en el Japón.

PAUL E. MICHELSON
Ph.D., Rumania.

SAMUEL J. MIKOLASKI
Ph.D., Profesor de la Historia de la Teología, North American Baptist Seminary, Sioux Falls, South Dakota.

WATSON E. MILLS
Th.D., Profesor de Filosofía y Religión, Averett College, Danville, Virginia.

SAMUEL H. MOFFETT
Ph.D., Profesor en el Seminario Teológico Princeton, Nueva Jersey.

LEON MORRIS
Ph.D., Director del Ridley College, Melbourne, Australia.

GORDON C. NEAL
M.A., Conferenciante en Griego y Latín, Universidad de Manchester, Inglaterra.

ROBERT C. NEWMAN
M.A., B.D., Pastor de la Iglesia Bautista Faith, Winfield, Illinois.

ALAN NICHOLS
Th. Schol., Director de Información, Diócesis Anglicana de Sydney, Australia.

R.E. NIXON
M.A., Director de St. John's College, Nottingham, Inglaterra.

J.G.G. NORMAN
Th.M., Pastor de la Iglesia Bautista Rosyth, Fife, Escocia.

JOAN OSTLING
M.A., Escritora, Teaneck, Nueva Jersey.

D.F. PAYNE
M.A., Director de Estudios Semíticos, Universidad Queen's, Belfast, Irlanda del Norte.

E.K. VICTOR PEARCE
M.A., Vicario de Audley, Stoke-on-Trent, Inglaterra.

ROYAL L. PECK
M.Div., Director General, Instituto Bíblico Evangélico, Roma, Italia.

P.W. PETTY
B.D., Pastor de Preswick North Church, Ayrshire, Escocia.

RICHARD V. PIERARD
Ph.D., Profesor de Historia, Indiana State University, Terre Haute, Indiana.

DONALD E. PITZER
Ph.D., Director del Departamento de Historia, Indiana State University, Evansville, Indiana.

ARTHUR POLLARD
B.A., Profesor de Inglés, Universidad de Hull, Inglaterra.

NOEL S. POLLARD
M.A., B.D., Conferenciante en St. John's College, Nottingham, Inglaterra.

JOHN C. POLLOCK
M.A., Editor Asociado de *Christianity Today*, South Moulton, Devon, Inglaterra.

N. O. RASMUSSEN
Conferenciante en Historia Eclesiástica, Instituto Bíblico de la Misión Luterana Danesa, Hillerod, Dinamarca.

W. STANFORD REID
Ph.D., Profesor de Historia, Universidad de Guelph, Ontario, Canadá.

MARY E. ROGERS
M.A., Profesora de Historia, Universidad de Guelph, Ontario, Canadá.

DAISY D. RONCO
Dott.Lett., Conferenciante Mayor en Italiano, Universidad de Gales del Norte, Bangor, Gales.

HAROLD H. ROWDON
Ph.D., Conferenciante en Historia Eclesiástica, London Bible College, Northwood, Inglaterra.

ERWIN RUDOLPH
Ph.D., Profesor de Inglés, Wheaton College, Illinois.

HOWARD SAINSBURY
M.A., Conferenciante en Religión, Edgehill College of Education, Ormskirk, Inglaterra.

MICHAEL SAWARD
B.A., Vicario de la Iglesia San Mateo, Fulham, Londres, Inglaterra.

DANIEL C. SCAVONE
Ph.D., Profesor de Historia Antigua, Indiana State University, Evansville, Indiana.

MILLARD SCHERICH
Ph.D., Profesor de Educación, Wheaton College, Illinois.

CALVIN G. SEERVELD
Ph.D., Profesor de Estética, Instituto de Estudios Cristianos, Toronto, Canadá.

HENRY R. SEFTON
Ph.D., Conferenciante de Historia Eclesiástica, Universidad de Aberdeen, Escocia.

IAN SELLERS
Ph.D., Conferenciante en Padgate College, Warrington, Inglaterra.

ERIC J. SHARPE
Th.D., Conferenciante en Estudios Religiosos, Universidad de Lancaster, Inglaterra.

BRUCE L. SHELLEY
Ph.D., Profesor de Historia Eclesiástica, Seminario Teológico Bautista Conservador, Denver, Colorado.

E. MORRIS SIDER
Ph.D., Profesor de Historia y Literatura Inglesa, Messiah College, Grantham, Pennsylvania.

JOHN A. SIMPSON
M.A., Vicario de Ridge, Hertfordshire, Inglaterra.

C. GREGG SINGER
Ph.D., Profesor de Historia Eclesiástica, Catawba College, Salisbury, North Carolina.

HARRY SKILTON, JR.
M.A., M.Div., Pastor de la Primera Iglesia Presbiteriana, Coalport, Pennsylvania.

STEPHEN S. SMALLEY
M.A., B.D., Conferenciante en Estudios

del Nuevo Testamento, Universidad de Manchester, Inglaterra.

CLYDE CURRY SMITH
Ph.D., Profesor de Historia, Wisconsin State University, River Falls, Wisconsin.

MATTHEW SPINKA†
Th.D., Ex-profesor de Historia Eclesiástica, Seminario Teológico Hartford, Connecticut.

DAVID C. STEINMETZ
Ph.D., Profesor de la Facultad de Divinidades, Universidad de Duke, Durham, North Carolina.

ROY A. STEWART
B.D., M.Litt., Ex-pastor de la Iglesia Muir, Ayrshire, Escocia.

TIMOTHY C.F. STUNT
M.A., Profesor de Historia, Aiglon College, Chesières, Suiza.

JAMES TAYLOR
M.A., Pastor de la Iglesia Bautista de Stirling, Escocia.

JOHN A. THOMPSON
Ph.D., Conferenciante del Departamento de Estudios Orientales, Universidad de Melbourne, Australia.

D.P. THOMSON†
D.D., Ex-evangelista de la Iglesia de Escocia.

C.G. THORNE, JR.
B.Phil., M.Litt., Ephrata, Pennsylvania.

JOHN TILLER
M.Litt., Vicario de Christ Church, Bedford, Inglaterra.

DONALD G. TINDER
Ph.D., Editor Asociado de *Christianity Today*, Wheaton, Illinois.

A.S. TOON
B.A., Estudiante pos-graduado de St. Hugh's College, Oxford, Inglaterra.

PETER TOON
Th.D., Ph.D., Tutor en Doctrina, Seminario Teológico Oak Hill, Londres, Inglaterra.

T.L. UNDERWOOD
Ph.D., Profesor de Historia, Universidad de Minnesota, Morris, Minnesota.

HOWARD F. VOS
Th.D., Ph.D., Profesor de Historia, King's College, Briarcliff Manor, Nueva York.

RONALD S. WALLACE
Ph.D., Profesor de Teología Sistemática, Seminario Teológico Columbia, Decatur, Georgia.

ANDREW F. WALLS
M.A., Director del Departamento de Estudios Religiosos, Universidad de Aberdeen, Escocia.

ROBERT C. WALTON
Ph.D., Profesor de Historia, Wayne State University, Detroit, Michigan.

DAVID F. WELLS
Ph.D., Profesor de Historia Eclesiástica, Seminario Evangélico Trinity, Deerfield, Illinois.

HOWARD A. WHALEY
M.A., Profesor de Missiones, Instituto Bíblico Moody, Chicago, Illinois.

JOHN WILKINSON
B.D., M.D., Iglesia Presbiteriana de Africa Oriental.

C. PETER WILLIAMS
M.A., Conferenciante en Trinity College, Bristol, Inglaterra.

DAVID J. WILLIAMS
Ph.D., Tutor en Ridley College, Melbourne, Australia.

HADDON WILLMER
Ph.D., Conferenciante en Teología, Universidad de Leeds, Inglaterra.

ROBERT S. WILSON
Ph.D., Conferenciante en Historia, Atlantic Baptist College, Moncton, New Brunswick, Canadá.

CARL FR. WISLOFF
Th.D., Profesor de Historia Eclesiástica, Facultad Libre de Teología, Oslo, Noruega.

CARLTON O. WITTLINGER
Ph.D., Profesor de Historia, Messiah College, Grantham, Pennsylvania.

A. SKEVINGTON WOOD
Ph.D., Conferenciante en Teología, Cliff College, Calver, Inglaterra.

JOHN D. WOODBRIDGE
Ph.D., Profesor de Historia Eclesiástica, Seminario Evangélico Trinity, Deerfield, Illinois.

DAVID F. WRIGHT
M.A., Conferenciante en Historia Eclesiástica, Universidad de Edimburgo, Escocia.

J. STAFFORD WRIGHT
M.A., Canónigo de la Catedral de Bristol, Inglaterra.

EDWIN M. YAMAUCHI
Ph.D., Profesor de Historia, Universidad de Miami, Oxford, Ohio.

WILLIAM G. YOUNG
M.A., B.D., Obispo de Sialkot, Pakistán.

LISTA DE COLABORADORES ESPECIALES: EDICION HISPANOAMERICANA

(Cuando el título superior del contribuyente es el de maestría, se usa la abreviatura Mtro.)

Mtro. CARMELO E. ALVAREZ
Profesor de Historia Eclesiástica y ex-rector del Seminario Bíblico Latinoamericano, San José, Costa Rica.

Dr. JUSTO C. ANDERSON
Profesor de Historia Eclesiástica y Misiones, Southwestern Baptist Theological Seminary, Fort Worth, Texas.

Lic. JULIO ANDRADE FERREIRA
Pastor de la Igreja Presbiteriana de Jardim Guanabara, Campinas, S.P., Brasil.

Prof. CARLOS ARAYA G.
Profesor de Filosofía, Universidad Nacional, Heredia, Costa Rica.

Dr. VICTORIO ARAYA GUILLEN
Profesor de Teología y Filosofía, Seminario Bíblico Latinoamericano, San José, Costa Rica.

Rev. ROGELIO ARCHILLA
Pastor de la Iglesia Evangélica Española del Bronx, Nueva York.

Dr. MORTIMER ARIAS
Profesor de Evangelización y Estudios Hispanos, Claremont School of Theology, Claremont, California.

Dr. CECILIO ARRASTIA
Asociado para el Desarrollo de la Misión Hispana, Agencia de programa, Iglesia Presbiteriana, Nueva York.

Lic. FRANCISCO AVENDAÑO
Director de la Escuela Ecuménica de Ciencias de la Religión, Universidad Nacional, Heredia, Costa Rica.

Dr. SANTE UBERTO BARBIERI
Obispo emérito de la Iglesia Metodista, Buenos Aires, Argentina.

Dr. CLAYTON L. BERG, JR.
Presidente de la Misión Latinoamericana, Coral Gables, Florida.

Rev. GILBERTO BERNAL C.
Director de Alfalit Internacional, Alajuela, Costa Rica.

Mtro. JORGE B. BIDDULPH
Director para España de la OMS Internacional, Madrid.

Lic. PLUTARCO BONILLA A.
Coordinador del Departamento de Formación Bíblico-teológica de CELEP; profesor de Filosofía, Universidad de Costa Rica, San José.

Dr. ARNOLDO CANCLINI V.
Director de Publicaciones Bautistas de la Argentina; ex-profesor de Historia Eclesiástica, Instituto Bíblico de Buenos Aires, Argentina.

Lic. JOSE GONZALO CARRERA V.
Profesor de Historia Eclesiástica, Seminario Presbiteriano, San Felipe, Retalhuleo, Guatemala.

Lic. EMILIO CASTRO
Director de la Comisión de Misión Mundial y Evangelización, Consejo Mundial de Iglesias, Ginebra, Suiza.

Prof. ALEJANDRO CLIFFORD†
Ex-profesor en la Universidad de Córdoba, Córdoba, Argentina.

Dr. AULDEN COBLE
Director del Instituto de Lengua Española, San José, Costa Rica.

Mtro. WILLIAM H. CONRAD
Decano Académico, Seminario Nazareno Mexicano, México, D.F.

Dr. GUILLERMO COOK
Director General del Centro Evangélico Latinoamericano de Estudios Pastorales (CELEP), San José, Costa Rica.

Dr. ORLANDO E. COSTAS
Profesor de Misiología y Director de Estudios Hispanos, Eastern Baptist Theological Seminary, Philadelphia, EUA.

Dr. FERNANDO CHAIJ
Ex-director Editorial del Departamento Español de la Pacific Press Association, Mountain View, California.

Prof. NICOLAS CHAIJ
Ex-profesor de Doctrina Bíblica, Colegio Adventista, Alajuela, Costa Rica.

Lic. PABLO A. DEIROS
Profesor de Historia del Cristianismo, Seminario Internacional Teológico Bautista, Buenos Aires, Argentina.

Dr. ENRIQUE DUSSEL
Profesor de la Universidad Autónoma de México; presidente de la Comisión de Estudios de Historia de la Iglesia en Latino América (CEHILA).

Lic. RAUL ECHEVARRIA M.†
Ex-profesor de Hermenéutica y Homilética, Universidad Mariano Gálvez, Ciudad de Guatemala, Guatemala.

Prof. PABLO C. ENYART
Profesor del Instituto Bíblico Berea, Chiquimula, Guatemala.

Lic. SAMUEL ESCOBAR A.
Secretario General Asociado de la Comunidad Internacional de Estudiantes Evangélicos, Lima, Perú.

Dr. ENRIQUE FERNANDEZ Y FERNANDEZ
Profesor de Lengua y Literatura Española, Eastern College, St. Davids, Pennsylvania, EUA.

Rev. PABLO E. FINKENBINDER
Presidente de la organización de radio y televisión "Hermano Pablo", Costa Mesa, California.

Dr. MANUEL VIGUERAS FLORES
Jefe de la Dirección de Literatura y Publicaciones de la Iglesia Metodista de México; profesor en el Instituto Teológico Latino, México, D.F.

Dr. RICARDO FOULKES
Profesor de Nuevo Testamento, Seminario Bíblico Latinoamericano, San José, Costa Rica.

Sr. SERGIO EDUARDO GARCIA
Director General para América Latina de la Cruzada Estudiantil y Profesional para Cristo, Cuernavaca, México.

Lic. CARLOS T. GATTINONI
Obispo emérito de la Iglesia Evangélica Metodista de Argentina, Buenos Aires.

Dr. MANUEL J. GAXIOLA
Ministro de la Iglesia Apostólica de la Fe en Cristo Jesús, México, D.F.

Rev. SAUL GOMEZ D.
Secretario Ejecutivo de la Sociedad Bíblica de Honduras, Tegucigalpa.

Dr. JORGE A. GONZALEZ
Profesor de Biblia, Berry College, Mt. Berry, Georgia, EUA.

Dr. JUSTO L. GONZALEZ
Editor de *Apuntes*; profesor de Teología Sistemática, Centro Teológico Interdenominacional, Universidad de Atlanta, Georgia, EUA.

Dr. A. HUGO GRASSI
Secretario Consejero, Confederación Latinoamericana de la Asociación Cristiana de Jóvenes, Montevideo, Uruguay.

Dr. ROGER GREENWAY
Profesor de Misiones, Seminario Teológico Westminster, Philadelphia, Pennsylvania, EUA.

Dr. ENRIQUE GUANG
Vicerrector de Estudios a Distancia, Seminario Nazareno, San José, Costa

Rica; profesor de Psicoterapia, Universidad Nacional, Heredia, Costa Rica.

Dr. ROBERTO GUSSICK
Ex-director Ejecutivo de la Misión Luterana para Baja California, San Diego, California.

Rev. ARTURO GUTIERREZ M.
Profesor de la Escuela Evangélica de Teología a Distancia de la FIEIDE, Algeciras, Cádiz, España.

Dr. ALAN HAMILTON
Ex-profesor de Ciencias Sociales, Seminario Bíblico Latinoamericano, San José, Costa Rica.

Dr. TOMAS HANKS
Profesor de Antiguo Testamento, Seminario Bíblico Latinoamericano, San José, Costa Rica.

Mtro. CLIFTON HOLLAND
Asesor del Instituto Internacional de Evangelización a Fondo, San José, Costa Rica.

Mtro. LUCIANO JARAMILLO C.
Director del Departamento de Distribución de las Sociedades Bíblicas para las Américas y de *La Biblia en América Latina*, Miami, Florida.

Dr. ROSS KINSLER
Ex-director Asistente del Programa para la Educación Teológica, Consejo Mundial de Iglesias, Ginebra, Suiza.

Dr. JUAN B.A. KESSLER
Asesor del Instituto Internacional de Evangelización a Fondo, San José, Costa Rica.

Mtro. JUAN ANDRES KIRK
Director Asociado del London Institute for Contemporary Christianity; teólogo-misiólogo de la Church Missionary Society, Londres, Inglaterra.

Dr. PAUL LEGGETT
Pastor de la Iglesia Presbiteriana, Montclair, Nueva Jersey.

Dr. JORGE A. LEON
Profesor de Psicología Pastoral y de la Religión, Instituto Bíblico de Buenos Aires, Argentina.

Dr. TOMAS J. LIGGET
Presidente del Christian Theological Seminary, Indianapolis, Indiana, EUA.

Lic. J. RUBEN LORES
Director del Programa Diversificado a Distancia, Seminario Bíblico Latinoamericano, San José, Costa Rica.

Rev. JORGELINA LOZADA
Directora de *Guía del Hogar* y de la Promoción del Trabajo Femenino, Buenos Aires, Argentina.

Rev. GERARDO MARTINEZ
Pastor de la Iglesia Metodista, Miami, Florida.

Dr. OSCAR MAS HERRERA
Profesor de Filosofía, Universidad de Costa Rica, San José.

Dr. ROBERTO McINTIRE
Ex-profesor de Historia Eclesiástica, Seminario Presbiteriano, Campinas, S.P., Brasil.

Dra. BEATRIZ MELANO DE COUCH
Profesora de Hermenéutica y Teología, ISEDET, Buenos Aires, Argentina.

Dr. JOSE MIGUEZ BONINO
Decano del Programa Posgraduado del Instituto Superior Evangélico de Estudios Teológicos (ISEDET), Buenos Aires, Argentina.

Rev. NESTOR OSCAR MIGUEZ
Pastor de la Iglesia Metodista, Argentina.

Dr. KENNETH MULHOLLAND
Profesor de Misiología, Columbia Graduate School of Bible and Missions, South Carolina, EUA.

Dr. WILTON M. NELSON
Ex-rector del Seminario Bíblico Latinoamericano, Editor General del *Diccionario Ilustrado de la Biblia*, San José, Costa Rica.

Dr. RODOLFO OBERMULLER
Profesor emérito de Nuevo Testamento, ISEDET, Buenos Aires, Argentina.

Rev. LUIS E. ODELL
Ex-presidente de la Iglesia Metodista de Uruguay.

Dr. C. RENE PADILLA
Editor Asociado de la Editorial Caribe, Miami, Florida.

Rev. ARISTOMENO PORRAS
Director de Información, Promoción, Producción y Proyectos de las Sociedades Bíblicas en América Latina, y de *La Biblia en América Latina*, México, D.F.

Mtro. PABLO PRETIZ
Vicepresidente de la Misión Latinoamericana, San José, Costa Rica.

Rev. JORGE PROKOPCHUK
Director de la Obra Misionera de las Iglesias Bautistas Eslavas en Argentina, Uruguay y Paraguay.

Dr. MARCOS ANTONIO RAMOS
Profesor de Historia, Seminario Bautista de Nueva Orleans, Louisiana, EUA.

Dr. HONORATO T. REZA
Rector del Seminario Nazareno Mexicano, A.C., México, D.F.

Dr. J. PABLO RICHARD GUZMAN
Profesor de Exégesis Bíblica e Historia Eclesiástica, Escuela Ecuménica de Ciencias de la Religión, Universidad Nacional, Heredia, Costa Rica.

Rev. ASDRUBAL RIOS T.
Director de *La Estrella de la Mañana*, Maracaibo, Venezuela.

Dr. W. DAYTON ROBERTS
Director Editorial de *Together*, publicación de Visión Mundial Internacional, Monrovia, California.

Lic. NESTOR E. ROSTAN
Pastor de la Iglesia Evangélica Valdense, Uruguay.

Rev. AGUSTIN RUIZ V.
Pastor de Bethel, Tercera Iglesia Bautista de Managua, Nicaragua.

Lic. JERJES RUIZ C.
Decano del Seminario Teológico Bautista, Managua, Nicaragua.

Dr. LAVERNE A. RUTSCHMAN
Profesor de Antiguo Testamento, Seminario Bíblico Menonita, Bogotá, Colombia.

Lic. ADALBERTO SANTIZO R.
Ex-rector de la Universidad Mariano Gálvez, Ciudad de Guatemala, Guatemala.

Dr. AHARON SAPSEZIAN
Ex-director del Programa para la Educación Teológica del CMI; pastor de la Iglesia Reformada, Ginebra, Suiza.

Mtro. JAIME A. SAVAGE
Ex-director del Seminario Evangélico Asociado, Maracay, Venezuela.

Rev. JOSE JOAQUIN SILVA H.
Director del Programa PTL de Panamá.

Dr. SAMUEL SILVA-GOTAY
Profesor de Estudios Latinoamericanos y Ciencias Sociales, Universidad de Puerto Rico, Río Piedras, Puerto Rico.

Mtro. JOHN H. SINCLAIR
Ex-misionero presbiteriano en Venezuela y Chile y ex-secretario regional para América Latina, Edina, Minnesota, EUA.

Dr. ABRAHAM SORIA
Profesor y ex-director de la Escuela Ecuménica de Ciencias de la Religión, Universidad Nacional, Heredia, Costa Rica.

Dr. JUAN STAM
Miembro del equipo de CELEP; profesor de la Escuela Ecuménica de Ciencias de la Religión, Universidad Nacional, Heredia, Costa Rica.

Mtro. PABLO SYWULKA
Decano Académico y Profesor de Historia Eclesiástica, Seminario Teológico Centroamericano, Ciudad de Guatemala, Guatemala.

Rev. RAMON TAIBO SIENES
Obispo de la Iglesia Española Reformada Episcopal, Madrid.

Srta. LOIS S. THIESSEN
Secretaria de Investigación Histórica de la Misión Latinoamericana, Coral Gables, Florida, EUA.

Lic. SAUL TRINIDAD C.
Decano Académico del Seminario Bíblico Latinoamericano, San José, Costa Rica.

Dr. GABRIEL O. VACCARO
Presidente de la Asociación La Iglesia de Dios, Buenos Aires, Argentina.

Dr. HECTOR VALENCIA V.
Secretario para América Latina de la Conferencia General de la Iglesia Menonita, Bogotá, Colombia.

Dr. KLAUS VAN DER GRIJP
Ex-profesor de Historia Eclesiástica, Facultad de Teología Luterana, Sao Paulo, Brasil.

Mtro. VIRGILIO F. VANGIONI
Secretario Ejecutivo de la Sociedad Bíblica en España, Madrid.

Prof. CARLOS ALONSO VARGAS
Coordinador de la Comunidad Agape, San Pedro de Montes de Oca, San José, Costa Rica.

Mtro. FLOYD C. WOODWORTH
Profesor de Educación Cristiana, Instituto de Superación Ministerial de las Asambleas de Dios, Guadalajara, México.

Lic. RODRIGO ZAPATA
Director del Centro de Evangelización y Discipulado de HCJB, Quito, Ecuador.

Dr. CARLOS HUGO ZORRILLA
Profesor de Nuevo Testamento, Seminario Bíblico de los Hermanos Menonitas, Fresno, California.

NOTA DE LA EDITORIAL

Antes de poder ver su esforzado trabajo convertido en una realidad, el Dr. Wilton M. Nelson, editor de esta obra, fue llamado por el Señor a Su presencia.

Tal acontecimiento tuvo lugar el 10 de marzo de 1984, en San José, Costa Rica, donde residía junto con su esposa doña Thelma Agnew, después de una larga enfermedad que el Dr. Nelson sobrellevó con una entereza y virilidad admirables. En los últimos meses de trabajo, cuando ya su organismo se debilitaba rápidamente y cuando los médicos le habían prohibido hacer cualquier esfuerzo, él siguió leyendo pruebas y coordinando con nuestro Departamento de Producción los detalles que en asuntos de terminación de un proyecto, siempre son numerosos. Puede decirse, por tanto, como un testimonio de lo que ocurrió en la realidad, que sus últimas fuerzas y los destellos finales de su preclara inteligencia fueron para este Diccionario, que hoy usted tiene en sus manos, estimado lector.

El Dr. Nelson había llegado a Costa Rica en el año de 1936, echando rápidamente profundas raíces en este suelo. Venía bajo los auspicios de la Misión Latinoamericana, a la cual se mantuvo unido hasta su muerte. Fue un siervo de Dios con profundas inquietudes de servicio, lo que canalizó en forma fructífera en América Latina a través de la enseñanza, de la predicación y del ministerio pastoral, y a través de su participación en la publicación de libros de auténtico valor y permanente vigencia.

Editorial Caribe tuvo el privilegio de contarlo entre sus colaboradores más distinguidos, primero en calidad de editor del *Diccionario Ilustrado de la Biblia* que apareció por vez primera en 1974 y que a la fecha lleva ya 14 ediciones. Luego, como autor de varias obras, entre las cuales está *El protestantismo en Centro América* y últimamente como editor del *Diccionario de historia de la Iglesia.* En las tareas editoriales, que mayormente ejecutó en la oficina de su casa de habitación, siempre tuvo el apoyo y colaboración de su esposa quien cuenta por cientos las horas de trabajo pasadas junto a su esposo.

Editorial Caribe publica con gratitud a Dios esta primera edición del *Diccionario de historia de la Iglesia* en honor a su editor, el Dr. Wilton M. Nelson, y como un homenaje a su trabajo entusiasta y dedicado.

ABREVIATURAS EMPLEADAS EN EL DICCIONARIO

De carácter general

a.C.	antes de Cristo
ca., c.	cerca (de tal año)
cp.	compárese con
d. C.	después de Cristo
et al.	y otras (personas)
e. d.	es decir
fl.	floreció (en tal época)
ibid.	en el mismo lugar (lugar o libro)
m.	murió (en tal año o lugar)
n.	nació (en tal año o lugar)
op. cit.	obra citada
p.	página
pp.	páginas
p. e.	por ejemplo
t.	tomo
vol.	volumen
v. g.	verbigracia
→	véase el artículo de este título en este mismo Diccionario

De los puntos cardinales

N	norte	NE	nordeste
S	sur	NO	noroeste
E	este	SE	sudeste
O	oeste	SO	sudoeste

De carácter especial

AL	América Latina
AS	América del Sur
CCLA	Comité para Cooperación en América Latina
CELA	Conferencia Evangélica Latinoamericana
CELAM	Consejo Episcopal Latinoamericano
CMI	Consejo Mundial de Iglesias
DIB	*Diccionario ilustrado de la Biblia*
EUA	Estados Unidos de América
Gr.	griego
ICR	Iglesia Católica Romana

ISAL	Iglesia y Sociedad en América Latina
LXX	Versión Septuaginta (Setenta)
RV	Versión Reina Valera
St.	*Saint* (Santo)
Vul.	Versión Vulgata

En el cuerpo de cada artículo, al referirse al título del mismo se usará su abreviatura. P. e. en el artículo sobre GREGORIO, al referirse a él en el artículo se empleará la inicial G.

ABAD. Título dado al que encabeza una comunidad de monjes de la orden benedictina o a algunos de los canónigos regulares. El nombre proviene de la palabra hebrea equivalente a "padre" y fue usado comúnmente en las iglesias orientales para referirse a todos los monjes de mayor edad. En el occidente, donde deriva del latín *abbas,* se aplicó para referirse únicamente a quien encabezaba una comunidad. Al principio el a. era laico y estaba bajo el control del obispo local. Durante la Edad Media los a. llegaron a ser responsables ante el papa y a veces asumieron autoridad mayor que la de los obispos. Originalmente el a. era designado por el obispo, pero con el andar del tiempo los monjes comenzaron a elegir al director de su casa. Entonces el obispo confirmaba y bendecía al nuevo a. dándole una mitra, un báculo y un anillo. Estos símbolos mostraban su poder semiepiscopal ejercido tanto en la iglesia como en el estado. A fines de la Edad Media la autoridad sobre su propia casa se había vuelto tal que frecuentemente el a. vivía con gran pompa. En el s.XVI finalizó la prolongada lucha por obtener la exención del control episcopal, y todas las órdenes de monjes lograron la inmunidad. El a. es ahora responsable directo ante el papa. Es elegido por un período determinado pero más frecuentemente su cargo es vitalicio. NOEL S. POLLARD

ABADESA. La superiora de una comunidad (convento) de monjas. Su autoridad es parecida a la de un →abad. Es elegida a esta posición por las hermanas de la comunidad. Por lo general el obispo la instala mediante la entrega de una cruz abacial, un báculo y un anillo. El puesto es vitalicio. Durante la Edad Media a menudo la a. venía de una familia real o de noble alcurnia y así desempeñab un papel importante en la vida de la Iglesia. El Concilio de →Trento procuró reglamentar la posición de la a. y así sujetarla al control del obispo diocesano. En la Iglesia Luterana Alemana el título continúa usándose para las que encabezan los establecimientos religiosos de mujeres solteras. NOEL S. POLLARD

ABADIA. Edificio que ocupaba o nombre que recibía una determinada orden religiosa de monjes o monjas. El nombre estaba limitado originalmente a una de las órdenes de origen benedictino (p.e., cistercienses, cartujos, trapenses). Bajo las reglas de San →Benito cada a. ha de ser considerada como una unidad familiar bajo la casi independiente autoridad de su abad. Ahora se emplea también para designar un edificio antiguamente utilizado como abadía.
J.D. DOUGLAS

ABBOTT, LYMAN (1835-1922). Ministro congregacional norteamericano. N. en Massachusetts, asistió a la Universidad de Nueva York y practicó la abogacía antes de ingresar en la clerecía de la Iglesia →Congregacional. En 1860 fue pastor en Terre Haute, Indiana, y, después de la Guerra Civil, fue ejecutivo de la *American Union Commission* que promovió la reconstrucción del Sur. Escribió para *Harper's Magazine* y en 1870 fue director del *Illustrated Christian Weekly.* En 1876 se unió a H.W. →Beecher como director del *Christian Union.* En 1888 sucedió a Beecher como pastor de la Iglesia de Plymouth, en Brooklyn, Nueva York. A. fue uno de los más influyentes pensadores religiosos norteamericanos de su época. Hasta la década de 1880 permaneció medianamente ortodoxo pero desde entonces fue aceptando gradualmente la crítica bíblica radical y se hizo liberal en teología. Aceptó el →darwinismo y aplicó el principio evolucionista a las cuestiones religiosas: aun Dios podía concebirse como una potencia de evolución inmanente; la historia es el registro de la divinidad que surge de la humanidad: "la humanidad se va convirtiendo en aquello que Jesús fue". Los libros de Abbott incluyen *The Theology of an Evolutionist* (1897) y *Reminiscenses* (1915). HARRY SKILTON

ABECEDARIANOS. Nombre dado a los →anabaptistas que se burlaban de los métodos normales de instrucción y afirmaban que Dios podía proveer iluminación por medios más directos tales como visiones y éxtasis. El estudio académico era repudiado por ellos como idolátrico y la predicación erudita como falsificación de la Palabra de Dios. Algunos fueron a tales extremos de oscurantismo que llegaron a afirmar que era necesario ignorar incluso las letras del alfabeto: de aquí lo de "abecedarianos". Entre los del grupo figuraban Nicholas Storch y los Profetas de →Zwickau. Incluso Carlstadt fue influenciado al extremo de renunciar a su título de doctor en teología. J.D. DOUGLAS

ABELARDO, PEDRO (1079-1142). Filósofo y teólogo escolástico. N. en Pallet, Bretaña, estudió sucesivamente bajo el nominalista →Roscellino y el realista extremo →Guillermo de Champeaux (a quien hizo aparecer como inconsecuente en el asunto de los universales) y →Anselmo de Laon. Brillante polemista y conferenciante, A. atrajo entusiastas multitudes de estudiantes, primero en dialéctica y posteriormente en teología. Sin embargo, su arrogancia y su famosa relación amorosa con la bella y talentosa Eloísa, casi arruinaron su carrera profesional. Aproximadamente en 1115 A. estaba en París donde vivía en casa de Fulberto, canónigo de Notre Dame, a cuya sobrina, la adolescente Eloísa, él aceptó como discípula; pero sus relaciones se hicieron demasiado personales y tuvieron un hijo a quien llamaron Astrolabe. Para apaciguar a Fulberto, A. se casó secretamente con Eloísa después del nacimiento del niño. Cuando empezaron a circular rumores calumniosos, Eloísa se retiró al convento de Argenteuil antes de perjudicar más la carrera profesional de A. Fulberto, lleno de ira, contrató a una banda que irrumpió una noche en la residencia de A. y lo castró.

Después de esta humillación, A. ingresó en el monasterio de San Dionisio a la edad de cuarenta años. En 1121 fue condenado, sin escuchársele, por el Concilio de Soissons por sus puntos de vista respecto a la Trinidad, y su libro sobre el tema fue quemado. Perseguido de lugar en lugar, tanto por las autoridades como por gran número de estudiantes, finalmente llegó a ser →abad del monasterio de Santa Gilda, en Bretaña, en 1125. Las condiciones en Santa Gilda eran insoportables, y pronto regresó a París donde una vez más volvió a ser un conferenciante popular.

Casi al mismo tiempo incurrió en la animosidad de →Bernardo de Claraval a causa de supuestas declaraciones heréticas sobre la Trinidad en sus escritos. En 1141 varias proposiciones seleccionadas de entre sus obras fueron condenadas por el Concilio de Sens. En su viaje a Roma para apelar su condenación, A. se detuvo en →Cluny donde fue convencido por Pedro el Venerable de lo inútil de hacer más intentos para defenderse. Murió en el priorato de Cluny.

Dejó considerable número de obras acerca de lógica y teología, incluyendo su famosa *Sic et Non* (1122) en la cual puso en yuxtaposición las declaraciones contradictorias de las Escrituras y de los Padres de la Iglesia para obligar a los estudiantes a compatibilizarlas; su autobiografía, *Historia Calamitatum,* cartas personales, cierta cantidad de poemas, sermones y cartas. Su influencia sobrevivió en sus estudiantes, entre los cuales se contaron varios papas y cardenales, Juan de Salisbury y Otón de Freising.

Hace un siglo los historiadores generalmente consideraban a A. como el precursor del moderno librepensamiento, pero la erudición más reciente ha puesto en tela de juicio este concepto enfatizando, en vez de eso, que se trataba de un intelectual que encaraba su fe con métodos nuevos e intentaba entender la fe mediante el uso de la razón. Aunque es recordado mayormente por sus amores con Eloísa, su más grande contribución a la historia medieval cristiana fue ayudar a iniciar la tarea de reconciliar la fe con la razón. Sostenía la existencia de cosas individuales, pero añadía que el hombre tiene una idea mental de los elementos comunes en las cosas como también de la existencia de los universales en la mente de Dios. ROBERT D. LINDER

ABELONIANOS. Oscura secta del N del Africa Romana conocida solamente por medio de →Agustín (*Herejías* 87), activa antiguamente en la comarca de Hipona, pero ya extinta cuando escribió en 428, debido a la reciente conversión a la Iglesia Católica de sus últimos adherentes. Tanto el matrimonio como una total abstinencia sexual era obligatorio para sus miembros. Se exigía a cada pareja que adoptara un niño o una niña quien, después de la muerte de ambos padres adoptivos, pasaba a formar parte de una nueva pareja adoptando criaturas a su vez. Agustín creía que el nombre de la secta derivaba del púnico, pero sabía que otros lo relacionaban con Abel (y por eso su nombre), presumiblemente a causa de que, según las leyendas judías, cristianas y gnósticas, Abel no solo murió sin hijos sino también en incontaminada castidad aunque (en algunas versiones) casado. La secta estuvo quizá relacionada en el Africa con la tradición gnóstica-maniquea. D.F. WRIGHT

ABGAR, LEYENDA DE. →Eusebio cita dos cartas y un relato del registro de Edesa en las cuales el rey A. V Ukkama invita a Jesús a visitarlo y sanarlo. Jesús alaba la fe de A., le explica que tiene que cumplir su obra donde está pero le promete enviar un discípulo después de la Ascensión. El relato narra la misión del apóstol Tadeo (alias Addai) a Edesa. Una versión siríaca ampliada, *Doctrina Addai,* descubierta en 1876, menciona un retrato de Jesús pintado por un mensajero de A. y la respuesta de Jesús prometiendo seguridad a Edesa. Esta carta de Jesús se convirtió en un talismán para evitar el mal y apareció en los umbrales, sepulcros y puertas de las ciudades a través de todo el Imperio y hasta en lugares tan lejanos como en la Bretaña del s.XII. G.T.D. ANGEL

ABJURACION. Según el uso eclesiástico el término denota la renuncia, bajo juramento, a la herejía. Se formula cuando el penitente es reconciliado con la iglesia. →Gregorio Magno (m. 604) tuvo ocasión de establecer la práctica de la iglesia primitiva cuando ésta enfrentó a herejes tales como los →montanistas, →eunomianos, etc. A la abjuración fue agregada una solemne profesión de fe, especialmente después que surgió el →nestorianismo y el →eutiquianismo. El procedimiento se hizo más elaborado durante la →Inquisición, conforme al grado de herejía. En tiempos modernos la abjuración en su sentido formal normalmente está limitada al regreso a la reconciliación, tanto en la Iglesia Griega como en la ICR. J.D. DOUGLAS

ABLUCIONES. Son de dos tipos: la primera y más común, el lavamiento de los dedos y del cáliz por el celebrante después de la comunión en la misa. Esta costumbre se convirtió en parte de la →Eucaristía por el s.XI pero fue reglamentada por el Misal de →Pío V que prescribía una doble a.: el cáliz con vino y después el cáliz y los dedos con vino y agua. La mayoría de los ritos orientales siguen procedimientos similares, pero en el rito griego las a. son realizadas privadamente por el sacerdote celebrante después de la misa. La necesidad de tales a. se relaciona en forma directa con la creencia de que el pan y el vino son verdaderamente el cuerpo y la sangre de Cristo.

El segundo tipo de a. es el lavamiento de la boca con vino después de la recepción del sacramento por los sacerdotes recién ordenados y el lavamiento de la boca con agua después de la comunión de los enfermos. Ambas costumbres probablemente se originaron en el hábito medieval de dar a los comulgantes vino no consagrado después de comulgar; pero también pueden remontarse a la época cuando la Cena del Señor formaba parte de una comida cristiana más amplia (1 Co. 11). PETER TOON

ABOGADO DEL DIABLO →DIABLO, ABOGADO DEL

ABORTO. Está muy extendido el a. criminal de hijos ilegítimos y de criaturas no deseadas pero legítimas. Su efecto adverso sobre la salud, futura fertilidad y aun sobre la sobrevivencia de la mujer es de primer orden en la demanda en favor de hacer más asequible el a. legal.

El a. terapéutico, frecuentemente no legalizado, ha sido puesto en práctica por largo tiempo, por distinguidos ginecólogos en situaciones cuando la vida o la salud de la mujer se hallan en peligro a causa del embarazo. El problema de definir "salud", especialmente "salud mental", es grande. En la práctica resulta imposible separar los factores físicos, mentales y socio-económicos. Pese a esto hay un verdadero lugar para la interrupción del embarazo, especialmente en las madres gastadas y derrotadas, aunque aparecen secuelas médicas adversas y remordimiento en, probablemente, cinco al veinte por ciento de esas mujeres.

La reciente legislación liberal en Escandinavia (desde 1935), en la Gran Bretaña (1967) y en gran parte de los Estados Unidos (desde 1967) ha dado como resultado un alud de a. que excede en mucho el propósito de las legislaturas: la mayor parte de los a. son solicitados a causa de trastornos meramente emocionales debidos a conflictos circunstanciales. La protección del personal de los hospitales que tiene objeciones de conciencia contra la práctica, ha demostrado ser ineficaz. El a. a solicitud o mediante el acuerdo entre la madre y el médico, libre de toda restricción legal, ha sido permitido, o al menos practicado, en partes del bloque soviético y en el Japón. Siguiendo las decisiones de la Corte Suprema (1973) se hace así en todos los EUA. En ciertos países de la Europa oriental, cuatro de cada cinco embarazos han sido abortados; Rumania en la actualidad ha restringido severamente sus anteriores leyes tolerantes.

El mandamiento "no matarás" no es apropiado para el a. terapéutico, pues la intención de este último se dirige a la salud de la mujer y no va contra el feto. Ex. 21:22 ss. se refieren al a. no intencional y generalmente se sostiene que indica que el feto tiene una condición distinta que la persona. La "santidad de vida", basada en pasajes bíblicos tales como Gn. 9:5ss. es un concepto importante pero no significativo solo para el feto sino también para la vida de la madre que puede ser abrumada por un futuro embarazo. La Biblia otorga un mayor énfasis a la calidad de la vida que a la mera existencia. Si el feto posee alma y cuándo es implantada ésta, es algo que se ha debatido desde épocas pre-cristianas. Con el éxito de la impregnación *in vitro* del ovario en el laboratorio, se ha vuelto un agudo problema. Igualmente, la comprobación de que del 15 al 50 por ciento de todos los embarazos se pierdan por a. espontáneo, frecuentemente no reconocido por la propia madre, aumenta las dificultades de visualizar la vida posterior de todos aquellos que presuntamente tienen alma. Muchos considerarán más bien que la persona *es* un alma y por lo tanto juzgan al feto como una persona potencial cuyo valor e importancia aumenta con la edad de gestación.

El dilema moral de pesar el valor de un feto con todas sus potencialidades humanas y espirituales en contraposición con el costo de la vida de la madre y de la existente familia, es muy real y sentido por todos aquellos que tienen que dar su consentimiento u operar quirúrgicamente. Este dilema pronto será experimentado por todas las mujeres si la "píldora" abortiva en desarrollo llega a ser usada como un anticonceptivo común o como técnica del auto a. R.F.R. GARDENER

ABSOLUCION No hay tratamiento de este tema como tal en la Biblia y la palabra nunca aparece en ella. Sin embargo, la necesidad que tiene el pecador de ser perdonado de la cual habla la a., es completamente bíblica. Esto ocurre también en cuanto a que el perdón del pecado es la obra de la gracia de Dios en Cristo Jesús quien murió por nuestros pecados y fue resucitado para nuestra justificación (Ro. 4:25; cp. 1 Jn. 1:9). Solamente él tiene la autoridad de absolver (Lc. 7:47s.; cp. Col. 1:13s).

En la iglesia primitiva, cuando el pecado postbautismal se convirtió en problema, el poder de anunciar el perdón al penitente (a partir de las palabras de Jesús en Mt. 16:19; 18:18; cp. Jn. 20:23, "a quienes remitiereis los pecados, les son remitidos") era relacionado con el clero. Al principio esta declaración era pública pero, posteriormente y con el desarrollo de la teoría sacramental durante el período escolástico, la absolución empezó a ser concedida principalmente después de la confesión auricular en privado mediante la fórmula de "yo te absuelvo" o (especialmente en el Oriente) en el transcurso de una oración. Lo primero tendía a oscurecer la verdadera fuente de la a.

A partir de la Reforma y de la decadencia de la confesión privada, la a. en el sentido técnico, ha tendido, en las iglesias protestantes, pero no en el catolicismo, a limitarse al culto público. El *Libro de oración común* de los anglicanos, por ejemplo, vuelve al énfasis bíblico al seguir la confesión general con un anuncio del perdón de Dios en Cristo.

STEPHEN S. SMALLEY

ABSTINENCIA. La práctica en la iglesia de abstenerse de ciertas comidas. La a. llegó a ser un ideal prominente en la iglesia primitiva, especialmente en las comunidades monásticas. El ideal se convirtió en regla para los laicos respecto a la a. de carne los viernes, costumbre que ha continuado en la ICR y otras iglesias hasta hoy. Las →iglesias ortodoxas orientales han formulado reglas aun más rígidas. Los reformadores del s.XVI procuraron restaurar el punto de vista más equilibrado del NT y atacaron las reglas medievales de a. En el avivamiento evangélico de los ss. XVIII y XIX se promovió el uso especializado de la palabra. Síntoma de un retorno a un punto de vista más legalista en el protestantismo ha sido la formación de sociedades en EUA y la Gran Bretaña que abogan por la a. total de bebidas alcohólicas.

NOEL S. POLLARD

ABSTINENTES. Título dado a varias sectas que florecieron en Europa SO durante los ss. III y IV. En parte fue una reacción contra la mundanalidad que dominaba en las iglesias establecidas. Este movimiento compartía el concepto gnóstico de que la materia es intrínsecamente mala. Se exigía un estricto ascetismo, incluso la prohibición de casarse. Había una total abstinencia de alimentos de origen animal; y las constantes oraciones, ayunos y vigilias eran la evidencia adicional de la austera devoción de los adherentes. →Prisciliano, su miembro más prominente, fue ejecutado en Tréveris en 385, acusado de magia y hechicería. J.D. DOUGLAS

ACACIANO, CISMA (484-519). Cisma entre la Iglesia Oriental y la de Roma durante la controversia monofisita, surgido a causa de la arbitraria excomunión de →Acacio, patriarca de Constantinopla, por parte de Félix III de Roma. Los intentos posteriores realizados por varios patriarcas y emperadores con miras a la reconciliación fracasaron debido a las extravagantes demandas de Roma. Con motivo de la ascensión de Justino I, sin embargo, el patriarca Juan cedió ante el papa →Hormisdas y suprimió los nombres de Zenón, Acacio y sus cinco sucesores de los "dípticos", dando fin al cisma. J.D. DOUGLAS

ACACIO (m. 366). Teólogo y obispo semiarriano de Cesarea de Palestina. Amigo de Eudosio de Antioquía y de Jorge de Alejandría, se opuso a la teología dogmática *(homoousios)* del concilio de →Nicea (325). Disfrutó del apoyo del emperador y en 340, después de la muerte de →Eusebio, se convirtió en obispo de Cesarea y heredó la gran biblioteca de su predecesor, la cual usó mucho. Se convirtió en dirigente de los homoianos: aquellos que afirmaban que Jesucristo era similar *(homoios)* al Padre pero no necesariamente de la misma esencia. Desempeñó un importante papel en el Concilio de →Seleucia (359), pero fue depuesto por aquellos que defendían la ortodoxia de Nicea. No obstante, el emperador →Constancio, permaneció a su lado. Cuando Joviano fue nombrado emperador, A. juzgó conveniente aceptar el Credo de Nicea pero más tarde volvió al →arrianismo cuando Valente empezó a reinar. Escribió mucho durante su vida pero solo existen fragmentos de sus escritos. PETER TOON

ACACIO DE CONSTANTINOPLA (m. 489). →Patriarca desde 471. Se opuso a la encíclica anticalcedoniana del emperador usurpador Basilisco (475) y tras la restauración de Zenón (476) colaboró deponiendo a los obispos →monofisitas. En 479 consagró a Calanaión, calcedonio, como obispo de Antioquía y fue criticado por el papa Simplicio por interferir en otra sede. Por instigación del monofisita Pedro Mongus, alentó a Zenón a promulgar el →*Henoticón* en favor de la paz teológica (482) por lo cual Félix de Roma lo excomulgó. Rechazando esto despreciativamente, A. borró de los "dípticos" el nombre de Félix, surgiendo así el cisma → acaciano. J.G.G. NORMAN

ACADEMIA DE GINEBRA. Fundada en 1559 bajo la influencia de Juan →Calvino, el cual creía que una de las grandes necesidades de la iglesia reformada era una institución educativa que preparara no solo ministros para predicar el evangelio, sino también hombres que asumieran su puesto como cristianos en todas las áreas de la vida. Influido por el ejemplo de Martín →Bucer y Juan Sturm en Estrasburgo, él deseaba extender la escuela pública establecida en 1537 para que abarcara la carrera completa de la educación. Esto lo logró en 1559, cuando Teodoro →Beza llegó a ser el primer rector, junto con otros tres profesores. Las autoridades eclesiásticas y civiles ejercían conjuntamente el control de la institución, aunque la ley básica emanó de la mente de Calvino. Una característica importante de la academia era el énfasis en el uso del francés así como del latín. Las ciencias físicas y matemáticas también fueron incluidas en el programa obligatorio de estudios. En la facultad de teología los estudios bíblicos eran fundamentales, aunque también se prestaba mucha atención a la predicación. En los años subsiguientes llegaron a la academia muchos dirigentes de la Reforma en otros países (como Francia, Hungría, Holanda, Inglaterra y Escocia) y salieron de ella para llevar la tradición calvinista.
W.S. REID

ACCIDENTE. Propiedad no esencial. Aristóteles enseñaba que una cosa tiene dos entidades: sustancia y accidentes. Aquella es lo que realmente es en sí la cosa mientras estos son propiedades no esenciales de ella o que no tienen inherencia en la sustancia, como la forma, el gusto, color y tacto.

Algunos teólogos medievales echaron mano de esta diferencia para explicar el milagro de la transubstanciación. Razonaban que la sustancia de una cosa puede cambiarse sin que se cambien los accidentes. En la consagración de los elementos eucarísticos esto es precisamente lo que toma lugar: la sustancia del pan y del vino se cambian en cuerpo, sangre, humanidad y divinidad de Cristo, sin que se cambien sus accidentes: su forma, color, olor o gusto.

Esta explicación llegó a ser aceptada generalmente en la ICR, pero no sin la oposición de teólogos como →Berengario del s.XI, →Wiclif del s.XIII, →Hus del s.XV y todos los reformadores del s.XVI. Lutero observó sarcásticamente que los escolásticos bien pudieran haber formulado una teoría de "transaccidentación". WILTON M. NELSON

ACCION CATOLICA. Con este nombre definió el papa →Pío XI, en su encíclica *Ubi arcano* del 23 de dic. de 1922, "la participación de los seglares en el apostolado jerárquico de la Iglesia". Así se llamó entonces la organización oficial del apostolado de los laicos católicos en los diferentes países, donde se estructuró en centros parroquiales, juntas diocesanas y una junta central nacional.

En AL la A.C. se fundó en las distintas naciones durante las siguientes décadas y se dedicó vigorosamente a promover la participación de los laicos en la vida eclesial a diversos tipos de ayuda social y educativa. En 1953 se celebró en Chimbote, Perú, una "Semana de A.C. Interamericana" en que fue hecha una autoevaluación por los laicos muy significativa e importante del catolicismo latinoamericano.

Surgieron diferentes ramas de A.C. "especializada", tales como la JAC (Juventud Agrícola Católica), la JEC (estudiantil), la →JOC (obrera), etc. De ahí que, especialmente después del Concilio →Vaticano II y como parte de toda una serie de reformas y cambios surgidos en la ICR, en muchos países latinoamericanos la A.C. dejara de existir como tal en forma organizada, distribuyéndose la labor entre distintos grupos de apostolado, independientes entre sí pero todos sujetos a la autoridad eclesiástica de cada lugar.

Esta especialización ha dado por resultado que muchos laicos han evolucionado y madurado para dedicarse a labores fructíferas de evangelización, renovación parroquial, y acción social de diversos tipos que pueden designarse en forma genérica con el nombre de A.C. CARLOS ALONSO VARGAS

ACCION DE GRACIAS, DIA DE. Feriado anual en los EUA y el Canadá para expresar gratitud a Dios por la cosecha y otras bendiciones. El primer día de a. de g. de los primitivos colonizadores lo ordenó el gobernador Bradford después de la primera cosecha en la colonia de Plymouth (1621). En la Nueva Inglaterra puritana a menudo se designaron días especiales para la a. de g. o el ayuno. A partir de Connecticut (1649), la observancia de una fiesta anual de la cosecha se difundió por toda la Nueva Inglaterra antes de fines del s.XVIII. Jorge Washington proclamó el primer día nacional de a. de g. en 1789. Con la proclamación de Lincoln (1863) se convirtió en celebración anual. Por decreto del gobierno (1941) el día de a. de g. es el cuarto jueves de noviembre. Si bien se pueden celebrar cultos en las iglesias, el día de a. de g. es típicamente una fiesta familiar. En el Canadá se observa el segundo lunes de octubre. ALBERT H. FREUNDT, JR.

ACOLITOS. La primera constancia de ellos se remonta al año 250 en Roma. Figuraban en la lista del clero después de los subdiáconos y en las *Epístolas* de →Cipriano en Africa, como correos portadores de cartas y obsequios. Su título griego ("ayudantes") indica un origen en la iglesia romana de habla griega probablemente anterior en el mismo siglo por devolución de funciones ejercidas antes por el diaconado. Por algún tiempo empleados solamente por las iglesias mayores, más tarde adquirieron funciones eucarísticas, en especial como portadores de cirios. Llegaron a ser prominentes en Roma, sobre todo desde el s.XII como la principal de las cuatro "órdenes menores" del clero latino (oficialmente bajo →Inocencio III en 1207), con deberes papales especiales. Hoy su rol litúrgico es frecuentemente desempeñado por los laicos. En el Oriente aparecen solo brevemente como una orden distinta, excepto en la Iglesia Armenia. D.F. WRIGHT

ACOMODACION. Como término técnico se refiere a la adaptación por parte de Dios a la manera (incluso el lenguaje) en el cual ha sido realizada la revelación para adaptarse a la finitud, las necesidades y la cultura humanas. Según la frase de Calvino, Dios "balbucea" su palabra al hombre. Los problemas lógicos y epistemológicos que tal enfoque sugiere son similares a los que surgen a raíz de cualquier intento de hablar de la realidad divina en lenguaje humano. También se puede decir que Dios acomoda el contenido de su revelación para que se adapte a la progresividad histórica de sus propósitos. Con respecto a los límites de este proceso de acomodación, algunos afirman que el AT incorpora ideas paganas y leyendas mitológicas. También algunos sostienen que Cristo al "despojarse a sí mismo" (Fil. 2:7) incorporó las creencias erróneas y razonó según las pautas de su época en materias tales como la posesión demoníaca y la autoridad del AT. Pero es difícil aceptar que Jesús, mientras condenaba ardientemente a los fariseos en cuanto a tantos asuntos, dejara otros errores intactos. Si se dice que no estaba consciente del grado de su ignorancia esto implica, no acomodación, sino un liso y llano error y, por lo tanto, resulta incompatible con su deidad verdadera.

H.D. McDONALD

ACONCIO, GIACOMO (1492-c.1566). Abogó por tolerancia. N. en Trento y conocido también como Jacobus Acontius y Jacopo Aconzio, era un católico evangélico (seguidor de las enseñanzas de Juan de →Valdés) y posteriormente apoyó al protestantismo. A la ascensión del estricto papa →Paulo IV en 1557 huyó a Basilea y se unió al círculo de →Castelio y de Curione. En 1559 fue a Inglaterra, se naturalizó y permaneció allí hasta su muerte. Por sus servicios como funcionario recibió una pensión estatal. Se adhirió a la *"Strangers' Church"* de Londres, pero fue excomulgado por defender a Adrian Haemstede, pastor de la congregación holandesa, que había amparado a los anabaptistas. Su famosa obra *Satanae Stratagemata* (1565) fue una poderosa apelación en favor de la tolerancia, destacando que el conflicto religioso era de inspiración diabólica y que la discusión pacífica era el mejor medio para derrotar a Satanás. Apoyó esto en seis artículos de fe, imprecisos pero ortodoxos.

J.G.G. NORMAN

ACOSTA, JOSE DE (1539-1600). Jesuita español, misiólogo e historiador. Fue el segundo provincial del Perú y también rector de la Universidad de Salamanca. Según él, Dios quiere que los indios se salven, por lo que deben recibir el evangelio, ya que todos los hombres pueden recibirlo. Sus obras principales son: *De procuranda indorum salute* (1588), manual práctico sobre métodos misionales aplicados a la evangelización de los indios; e *Historia natural y moral de las Indias* (1590), que constituye un hito en la historiografía de Indias. A. maneja bien el dato histórico y geográfico y el arte literario.

CARMELO E. ALVAREZ

ACTA DE SUPREMACIA →SUPREMACIA, ACTA DE

ACTA DE UNIFORMIDAD →UNIFORMIDAD, ACTA DE

ACTA SANCTORUM. Monumental colección de biografías y leyendas de los santos, organizadas conforme al calendario santoral, que fue publicada por los →bolandistas, bajo cuyo nombre apareció el primer tomo en 1643. La obra continuó hasta que fue interrumpida en 1773 debido a la disolución de la Compañía de Jesús, sufriendo también un alto en 1796 por la Revolución Francesa, y no se reanudó hasta 1837. La actitud crítica de los bolandistas los puso bajo las acusaciones de la →Inquisición Española en 1695 e hizo que algunas de sus publicaciones fueran colocadas en el →Indice. La obra está actualmente completa hasta el 10 de noviembre. Secciones anteriores han sido complementadas en *Analecta Bollandiana,* una revisión dedicada a la hagiografía publicada a partir de 1882.

MARY E. RODGERS

ACTAS DE LOS MARTIRES. Relatos de los primitivos martirios cristianos, que pueden dividirse en varias categorías:

(1) Transcripciones oficiales de procedimientos judiciales (*acta* propiamente dicha; *gesta*), depositadas en los archivos: p.e.: Justino, los escilitanos (→Africa romana) Cipriano.

(2) En sentido más amplio, relatos más literarios compilados por cristianos mediante el testimonio personal de los participantes (p.e.: Perpetua) o los espectadores (gr. *martyria;* lat. *passiones*), p.e.: →Policarpo, mártires de Lyón y de Viena, →Perpetua y Felicitas.

Ambos géneros fueron susceptibles de interpolaciones (p.e.: las actas de los escilitanos), generalmente con el embellecimiento de lo milagroso, característica no siempre ausente en las versiones originales.

(3) Relatos principalmente legendarios construidos en torno a débiles pruebas históricas; a veces solamente figura el nombre del mártir; p.e.: Ignacio, Vicente, Lorenzo, Jorge, Catalina de Alejandría. Al extinguirse como cosa del pasado la edad de oro del martirio, esta clase de literatura se multiplicó y llegó a convertirse en las novelas y romances de los cristianos. Su característico eco del cristianismo popular les da un valor histórico secundario.

Estos diversos relatos sirvieron para la

apología ("la sangre de los mártires es la simiente de la iglesia") y para la edificación (la *imitatio Christi* del mártir) así como para la conmemoración (en el Occidente, en especial en Africa, las actas eran leídas litúrgicamente el día del "nacimiento" del mártir: *natalitia*). Existen muestras tanto judías (p.e.: 2 Macabeos) como paganas (H.A. Musurillo, *The Acts of the Pagan Martyrs,* 1954).
D.F. WRIGHT

ACTION FRANCAISE. Nombre de una agrupación política y de su periódico, fundados en 1898 como consecuencia del *Affaire Dreyfus* con la intención de restaurar la unidad nacional francesa bajo un régimen monárquico. Hostil al gobierno parlamentario, nunca fue un movimiento de masas pero atrajo a muchos estudiantes católicos y a los intelectuales. Sus dirigentes, en especial Charles Maurras, eran ateos y sobre bases naturalistas sostenían que el interés nacional tenía absoluta prioridad en asuntos morales. Valoraban al catolicismo por su función social, sin importarles cuál fuera el grado de la verdad religiosa de éste. Las autoridades religiosas católicas pronto se inquietaron por el movimiento. Una prohibición a la participación católica fue preparada en 1914 pero no dada a conocer por razones políticas. La condenación pública de 1926 produjo el fin eventual de la atracción de la A.F. a los católicos, aunque a costa de graves conflictos en la década de 1930. HADDON WILLMER

ACTON, (LORD) JOHN E. (1834-1902). Destacado historiador inglés catolicorromano. Se educó en Oxford, Edimburgo y Munich. En esta última universidad estudió con el teólogo Johann →Döllinger, paladín del anti-ultramontanismo, lo que contribuyó a que A. se volviera teológicamente liberal. Fue íntimo amigo de un protestante de recia personalidad, el primer ministro inglés, William →Gladstone, quien lo hizo *lord* y por ello miembro del parlamento.

Como la ICR de su época tendía cada vez más hacia una posición conservadora y ultramontana, A. se vio envuelto en la controversia de la infalibilidad papal. Se opuso al →*Syllabus Errorum* de la encíclica antiliberal *Quanta Cura* (1864) de →Pío IX, pero sobre todo a la campaña para convertir en dogma la mencionada doctrina. Como en 1870 el Concilio →Vaticano I declaró dogma la doctrina de la infabilidad del papa, Döllinger abandonó la ICR. No así A., quien tampoco fue excomulgado a pesar de seguir oponiéndose al nuevo dogma. Declaró entonces que pertenecía al "alma" pero no al "cuerpo" de la vieja Iglesia. WILTON M. NELSON

ACUARIENSES. Descripción de cierta gente y sectas de la iglesia primitiva (p.e.: Taciano el Sirio y los →encratitas) que usaban agua en lugar de vino al celebrar la Santa Comunión. Tales personas, también fueron llamadas *hydroparastatas* (gr.: "los que abogan por el agua"). Esta práctica fue atacada por hombres como Cipriano, Agustín y Filastrio.
J.D. DOUGLAS

ADALBERTO DE BREMA (c. 1000-1072). Arzobispo de Brema desde 1045. De noble cuna, hábil y ambicioso, A. ejerció influencia durante el reinado de →Enrique III. Consagró obispos para las Orcadas y para Islandia, envió un misionero a los lapones y dividió en tres la diócesis eslávica de Oldenburgo. Designado como vicario y legado papal en las naciones nórdicas en 1053, se propuso crear un patriarcado para el norte en un vano intento de contrarrestar los deseos de la iglesia dinamarquesa de independizarse de Hamburgo. Después de la muerte de Enrique III, en 1056, A. tuvo que enfrentar la fuerte oposición de los duques sajones y aunque mantuvo una posición dominante mientras duró la minoría de edad de →Enrique IV, fue expulsado de la corte (1066-69) y nunca reconquistó su anterior influencia. Los paganos wendos saquearon el norte cristiano durante los últimos años de A. y la destrucción de Hamburgo impidió que fuera sepultado allí. HAROLD H. ROWDON

ADALBERTO DE PRAGA (956-997). Misionero y mártir. N. en Bohemia, fue educado en Alemania por Adalberto de Magdeburgo, tomando el nombre de éste en la confirmación. Su nombre natal era Woytiech. Llegó a ser segundo obispo de Praga aproximadamente en 982 pero sus intentos de reforma moral le trajeron mucha oposición. En el año 990, bajo presión política, fue a Roma y se hizo →benedictino. En dos ocasiones regresó a Praga pero, finalmente, abandonó la ciudad en 996 cuando los nobles capturaron un prisionero en la catedral violando así la ley del santuario. Participó en la conversión de Hungría y se cree que él bautizó a su gran rey →Esteban. A pedido del gran duque Boleslao de Polonia, dirigió las misiones a Pomerania, a Dazing y posiblemente a Rusia. Fue martirizado por los paganos junto al río Nogat. Fue sepultado en Gnesen, Polonia, y su sepulcro atrajo a muchos peregrinos, pero después de la expedición encabezada por el duque Bratislava de Bohemia en 1039, sus huesos fueron solemnemente transferidos a Praga. J.G.G. NORMAN

ADAM, KARL (1876-1966). Teólogo católico romano alemán, profesor de Teología Moral y Dogmática en Münich, Estrasburgo y Tubinga. Continúa la tradición de la escuela católica de →Tubinga del s.XIX, que procura corregir una concepción juridicista y nominalista de la fe cristiana mediante un concepto "orgánico" en el que las instituciones y dogmas se perciben como expresión y sostén de una realidad viviente. Cristo y la Iglesia como su cuerpo, el desarrollo orgánico del dogma, la unidad como integración de la variedad en un organismo viviente son para A. "la esencia del Catolicismo". Sus obras principales han sido traducidas al castellano e influyeron en la renovación teológica católica en nuestro medio. Entre ellas se hallan *La esencia del catolicismo* (1924, esp. 1937), *Cristo nuestro hermano* (1926, esp. 1962) y *El Cristo de nuestra fe* (esp. 1958).
JOSE MIGUEZ BONINO

ADAMITAS. Término aplicado con referencia a pequeños grupos periféricos del cristianismo en varios períodos de la historia de la iglesia. Se les imputaba practicar el nudismo y la promiscuidad sexual. →Epifanio (315-403) hace un relato basado en rumores acerca de una secta de *adamiani* que se decía rendían culto desnudos y llamaban "paraísos" a sus reuniones. Entre grupos posteriores estaba una secta de →taboritas bohemios de la cual se afirmaba que habían cometido salvajes excesos en danzas nocturnas, que fueron suprimidos en 1421, y una secta de anabaptistas en los Países Bajos, aproximadamente en 1580, de la que se decía que a los candidatos para ser admitidos se les exigía aparecer desnudos ante la congregación. A los seguidores de un anabaptista llamado Adam Pastor les fue dado también el nombre de adamitas. HAROLD H. ROWDON

ADDAMS, JANE (1860-1935). Reformadora social e intelectual. N. en Cedarville, Illinois, EUA, fue grandemente influenciada por la seriedad moral de su padre cuáquero. Se matriculó en el *Women's Medical College*, de Filadelfia, pero su precaria salud la obligó a abandonar los estudios de medicina. Viajó y estudió en Europa y, después de un prolongado período de insatisfacción e incertidumbre, regresó a EUA en 1899 con su amiga Ellen Gates Starr para fundar la *Hull House*, un establecimiento de albergue en un barrio pobre de inmigrantes en Chicago a semejanza del *Toynbee Hall*, de Londres. Trabajó incansablemente para mitigar las necesidades de la gente, localizando e intentando soluciones a numerosos problemas de los habitantes pobres de la ciudad. Contribuyó a los esfuerzos para asegurar una adecuada legislación social, pensiones para las madres, juzgados para la juventud, reglamentación de las casas de inquilinato, compensación para los trabajadores, y mejoramiento de la salubridad. Aunque no era una cristiana ortodoxa, concientizó a gente de todo tipo en cuanto a la suerte de los pobres. Participó del movimiento en pro del sufragio femenino que tenía al pacifismo como estilo de vida. Recibió el Premio Nóbel en 1931. Sus libros incluyen *Twenty Years at the Hull House* (1910) y *Democracy and Social Ethics* (1902). HARRY SKILTON

ADIAFORISTAS (gr. *adiafora:* "cosas indiferentes"). Aquellos que apoyaron a Felipe →Melanchton cuando, por motivos de fuerza mayor, sostuvo que las concesiones hechas por los protestantes en el Interín de →Augsburgo (1548-52) eran en todo caso *adiafora*. Los términos incluían la necesidad de las buenas obras y la restauración de la misa con la mayor parte de sus ceremonias. Muchos protestantes, tales como Illyricus →Flacius y Juan →Calvino, consideraban que Melanchton había sacrificado demasiado. El argumento de los *adiafora* ha reaparecido frecuentemente en el pensamiento cristiano. Puede referirse a acciones que son indiferentes (ni malas ni buenas, no siendo ordenadas ni prohibidas por Dios), ceremonias (que no son prohibidas ni ordenadas de modo que pueden usarse o descartarse) y doctrinas (aunque enseñadas en la palabra de Dios, son de tan poca importancia que pueden ser ignoradas sin perjuicio de la fe). En realidad el Interín nunca se efectuó pero causó amarga controversia. La Paz de →Augsburgo (1555) eliminó la ocasión de disputa.
ROBERT G. CLOUSE

ADOPCIONISMO. El concepto de que Jesús fue un hombre de vida intachable que se hizo hijo adoptivo de Dios. En los primeros siglos algunos sostuvieron que el divino Espíritu descendió sobre Jesús (un hombre de perfecta virtud, a veces considerado como habiendo nacido de una virgen) en el momento de su bautismo y que fue deificado luego de su resurrección. Una forma de teología adopcionista fue expuesta por los →monarquianos dinámicos, p.e.: Teodoto y →Pablo de Samosata. La escuela teológica de →Antioquía, especialmente →Teodoro de Mopsuestia y →Nestorio, se expresó en formas que pueden parecer adopcionistas, aunque su lenguaje no tiene la suficiente precisión como para dar certidumbre sobre esto.

El a. se extendió en España durante el s.VIII, posiblemente debido a la influencia de las traducciones latinas de obras de Teodoro de Mopsuestia. →Alcuino lo atribuyó al influjo de los escritos de Nestorio y →León III sugirió que se debió al contacto con los musulmanes. Puede haberse originado a consecuencia del →arrianismo del cual España se convirtió en el Tercer Concilio de →Toledo (589). La liturgia española todavía hablaba del "hombre que fue asumido". La causa inmediata parece haber sido la reacción contra las enseñanzas de →Migecio que sostuvo que Jesús era una de las personas divinas de la Trinidad. →Elipando de Toledo reaccionó haciendo una nítida distinción entre la segunda persona de la Trinidad y la naturaleza humana de Cristo. El Logos, eterno Hijo de Dios, había adoptado la humanidad (no la persona) con el resultado de que Jesús, en su naturaleza humana, se convirtió en el Hijo de Dios. Tales puntos de vista encontraron oposición en España, particularmente por los monjes asturianos Beato de Liébana y Eterio, cuya apelación a Roma llevó a la condenación de la doctrina por →Adriano I.

El apoyo a Elipando también procedió de otros obispos españoles, particularmente de →Félix de Urgel, quien defendió el a. en el Concilio de Ratisbona (792) aunque en Roma firmó una confesión ortodoxa (que repudió posteriormente). El Concilio de Francfort (794) aceptó dos *memoranda* redactados por obispos italianos y francos, y el erudito inglés Alcuino escribió varios tratados contrarios. En 798 Félix accedió a reunirse con sus oponentes, incluso con Alcuino, en presencia de Carlomagno, en Aquisgrán. Eventualmente reconoció su derrota y fue aceptado nuevamente en la iglesia pero no en su obispado. Es dudoso si repudió plenamente el a.

Un concilio romano encabezado por → León III reiteró el punto de vista ortodoxo y anatematizó el a. Este desapareció en España, pero la teología escolástica de pensadores como →Abelardo y →Pedro Lombardo les obligó a trazar una distinción entre las dos naturalezas para salvaguardar la inmutabilidad de Dios. Esto los implicó en una posición semejante al a. HAROLD H. ROWDON

ADRIANO (76-138). Emperador romano desde 117. A su subida al trono como heredero adoptivo de Trajano, Publio Elio Adriano tenía ya más de 40 años y era un hombre maduro con un considerable interés humanístico por todo lo que fuera griego, lo cual lo hizo famoso y por lo cual fue finalmente juzgado. La década de los años 120 lo vio recorrer casi todo el imperio. La Revolución Judía de 132-35 fue la única presión grave dentro del estado durante su administración; un resultado de esto fue que el cristianismo se diferenciara de sus raíces. Parece que A. tuvo poca conciencia del cristianismo, y ciertamente no condujo persecuciones; cuando más, mantuvo la política promulgada por Trajano, mientras que durante su reino floreció el primer apologista cristiano, →Cuadrato y se expandió el →gnosticismo con Basílides. La historia de que él construía templos sin imágenes, dedicados a Cristo, es un producto falaz de las especulaciones sincretistas posteriores. CLYDE CURRY SMITH

ADRIANO I (m.795). Papa desde 792. Romano de noble cuna, fue un hábil diplomático, administrador y edificador. Siguiendo la política de →Esteban III, se alió con →Carlomagno. Al persuadir a éste para derrotar a los lombardos y deponer a su rey, Desiderio, libró al papado de una formidable amenaza. También logró la ayuda de Carlomagno contra el →adopcionismo. A. obsequió al emperador un ejemplar de la Colección Dionisiaca y una copia del Sacramentario Gregoriano que habían de ser base de las leyes y el culto de la Iglesia del Occidente. Carlomagno no concretó su promesa de conceder al papa todo el territorio mencionado en la Donación de Pipino; ocasionalmente intervino en asuntos puramente eclesiásticos, y en Francfort (794), aparentemente a causa de un malentendido, condenó una decisión del Concilio de →Nicea II (787). Probablemente fue A. quien primero usó los años del pontificado y el nombre e imagen del papa en los documentos papales y en las monedas romanas.
HAROLD H. ROWDON

ADRIANO II. Papa romano de los años 867-872. Había sido casado y su esposa vivía cuando ascendió al solio pontificio. Sucedió al renombrado Nicolás II. Heredó de él una serie de problemas con el →Santo Imperio

Romano, que se desintegraba después de la muerte de su ilustre fundador, →Carlomagno, y tuvo poco éxito al procurar resolverlos.
WILTON M. NELSON

ADRIANO IV (c.1100-1159). Papa desde 1154. Unico papa inglés. N. en las heredades de St. Alban, estudió en París y en Arlés e ingresó en el monasterio de canónigos seculares de San Rufo, cerca de Aviñón y, en 1137, fue elegido →abad. Una visita suya a Roma con motivo de una disputa con sus canónigos lo trajo a conocimiento de →Eugenio III. Fue designado como cardenal y obispo de Albano y fue enviado como legado papal a Noruega y Suecia (1152). Reformó la rudimentaria ley canónica de las iglesias escandinavas, hizo que Trondheim fuese un obispado metropolitano para Noruega, y creó un nuevo obispado, Hamar, e introdujo el pago de la tasa llamada "óbolo de San Pedro".

Como papa fue enfrentado por el celo reformador de →Arnaldo de Brescia y por la inextinguible animosidad de →Federico Barbarroja. El primero manifestaba la indignación moral contra los abusos del clero con el apoyo a una república romana independiente del papa. A. expulsó de Roma a Arnaldo y después logró su repudio y ejecución por Federico (1155). Resistió a éste exigiendo completo homenaje antes de consentir en coronarlo como emperador, insistiendo en que su corona era un *beneficium* obtenido del papa. En espíritu semejante el Tratado de Benevento (1156), que reconocía los derechos territoriales del Reino de Sicilia, fue concedido bajo la condición de que Guillermo de Sicilia rindiera homenaje al papa. La pretensión de que A. concedió el reinado de Irlanda al rey inglés Enrique II, está basada en la bula *Laudabiliter* y puede haber sido fraguada.
HAROLD H. ROWDON

ADRIANO VI (1459-1523). Papa desde 1522. Nació en Utrecht, hijo de un carpintero naval, fue educado por los →Hermanos de la Vida Común en Lovaina, y allí llegó a ser maestro (1488) y doctor en teología (1492). Publicó varias obras teológicas. En 1507 llegó a ser tutor del futuro →Carlos V. Enviado a España para preparar el camino para la sucesión de Carlos, fue designado como obispo de Tortosa (1516), inquisidor de España y cardenal (1517), y regente de ese mismo país (1520). Como papa intentó reformar la →Curia Romana, unir las potencias de Europa contra los turcos en defensa de la cristiandad y combinar la oposición a Lutero con la reforma de la iglesia. Sus intentos de reforma fueron bloqueados por la inercia y los intereses creados. A pesar de sus extremos esfuerzos, la isla de Rodas (que era considerada como vital estratégicamente) cayó en poder de los turcos en 1522. Aunque al principio instruyó a su legado ante la Dieta de Nuremberg para que adoptase una posición conciliadora y expresó su voluntad de modificar la teoría de las indulgencias, su resuelta oposición a las enseñanzas de Lutero (en 1521 había exigido la supresión de toda la literatura luterana en España) hizo imposible el arreglo.
HAROLD H. ROWDON

ADVENTISTAS DEL SEPTIMO DIA. Iglesia cristiana que comenzó a formarse en 1844 y se organizó oficialmente en 1863. Su nombre responde a dos de sus doctrinas básicas: cree en la proximidad de la segunda venida de Cristo y observa el séptimo día de la semana (sábado) como día de descanso religioso.

Historia y origen. En la primera parte del s.XIX se produjo en todo el mundo y especialmente en los EUA un gran despertar religioso centrado en la segunda venida de Cristo, el cual culminó en el movimiento encabezado por Guillermo →Miller. Este predijo la venida del Señor para el año 1844. Cuando la fecha pasó con su chasco consiguiente, un sector de los creyentes que habían tenido esa esperanza descubrieron que la fecha que habían calculado a base de Dn. 8:14 era correcta, pero que la "purificación del santuario" no se refiere al fin del mundo y la venida de Cristo sino a una obra de juicio investigador que se iniciaría ese año en el cielo. Ese grupo de cristianos, procedentes de varias denominaciones evangélicas, es el que dio comienzo a la Iglesia Adventista y continuó investigando con mucho fervor la Biblia. Como resultado de ello, descubrió una serie de otras enseñanzas (entre las cuales figura la observancia del séptimo día), las cuales llegaron a constituir sus artículos de fe.

Artículos de fe. (1) Inspiración divina de la Biblia, aceptada como única y suficiente norma de doctrina y práctica. (2) Trinidad: el Padre como creador, el Hijo como Redentor y el Espíritu Santo como poder regenerador. (3) Divinidad de Jesucristo, el Hijo de Dios, Salvador del pecado. (4) Necesidad del nuevo nacimiento. (5) Bautismo por inmersión administrado a personas de edad suficiente. (6) Los Diez Mandamientos como expresión de la voluntad de Dios, reflejo de su carácter y norma eterna e inalterable. (7) El sábado como único día de reposo reconocido por la Biblia, monumento conmemorativo de la creación y señal de santificación, a la vez que símbolo del descanso del pecador de sus propias obras de pecado y de su entrada en el descanso espiritual que Cristo le ofrece. (8) Justificación del pecador solo por gracia y por la fe en Cristo. Las buenas obras de una vida regenerada, no para obtener la salvación sino como demostración de la nueva relación con Dios y su poder transformador. (9) Solo Dios es inmortal. El hombre es inherentemente mortal y pecaminoso, y la vida eterna es un don de Dios por medio de Cristo. La inmortalidad es otorgada a los justos en ocasión de la segunda venida de Cristo. La condición del hombre en la muerte es la total inconsciencia. (10) Destrucción definitiva de los impenitentes y de Satanás por el fuego del día final. (11) La purificación del santuario (Dn. 8:14) representa una obra de juicio investigador que empezó en 1844, y que se extenderá hasta el fin del tiempo de gracia (Ap. 11:22). (12) El cuerpo como templo del Espíritu. De ahí la abstención de beber, fumar, usar drogas o ingerir cualquier cosa que contamine el cuerpo o perjudique la salud. (13) Los dones del Espíritu Santo: colocados por Dios en su iglesia. Los A. de S.D. reconocen que el don de profecía se manifestó en el ministerio y los escritos de Elena G. de →White. (14) La segunda venida de Cristo, a punto de producirse en forma literal y visible. (15) Un milenio que se extiende entre la primera resurrección y la segunda, ocasión en que se producirá la destrucción de los injustos. (16) Restauración de todas las cosas.

Forma de gobierno y organización. La iglesia local es la unidad básica. Ella elige sus propios ancianos, diáconos y demás dirigentes. El conjunto de iglesias locales de una determinada zona constituyen una asociación (conferencia), la cual es gobernada por una junta directiva. Varias asociaciones constituyen una unión. Un conjunto de uniones forman una división, y las divisiones son coordinadas por la Asociación General, responsable por la obra en todo el mundo.

Características especiales. Debido a que los A. de S.D. atribuyen mucha importancia a la salud y consideran que las leyes de sano vivir son tan importantes como las leyes morales, establecen sanatorios, hospitales y clínicas no solo como instituciones de curación sino también para la difusión de los principios de una vida sana. Además, en relación con esfuerzos de evangelización pública dirigen programas de cinco días para dejar de fumar, para dejar de beber, para controlar el peso, etc. Creen además en la importancia de una educación cristiana que desarrollen en forma integral la mente, el cuerpo y el espíritu, y por tal razón tienen a su cargo un importante sistema de escuelas primarias, escuelas secundarias, colegios y universidades en todos los países.

Estadísticas mundiales (correspondientes al año 1980): miembros de iglesia bautizados: 3.308.191; iglesias organizadas: 21.555; miembros de escuela sabática: 4.144.386; total de obreros activos: 92.912; países del mundo en los cuales la iglesia trabaja: 190; escuelas primarias: 4.127; secundarias: 806; colegios superiores y universidades: 76; sanatorios y hospitales: 153; dispensarios, clínicas y lanchas de auxilio médico: 294; fábricas de productos alimenticios sanos: 20; orfanatorios y casas de retiro: 75; casas editoras: 51; idiomas en que se imprime: 186.

FERNANDO CHAIJ

ADVENTISTAS DEL SEPTIMO DIA EN AMERICA LATINA. La Iglesia Adventista del Séptimo Día, que comenzó a formarse en los EUA en 1844, y que se organizó oficialmente en ese país en 1863, se convirtió bien pronto en un movimiento misionero internacional. Guiada por el mandato evangélico de Jesús, y convencida de poseer el mensaje del evangelio eterno y de la necesidad de proclamarlo dentro de su marco de actualidad –la segunda venida de Cristo– envió su primer misionero a Europa en 1874. El comienzo de la obra en la América Latina se produjo a partir de 1890. Las siguientes fechas señalan la iniciación de la labor misionera adventista en los lugares respectivos: 1890: la Argentina, Bolivia, Perú y Ecuador; 1891: Centroamérica; 1893: México; 1894: Chile.

Con comienzos muy modestos la obra creció y se esparció por todos los países hispanohablantes de Centro y Sudamérica, México y las islas del Caribe, hasta llegar en la actualidad (1976) a una feligresía de unos 525.000 miembros en plena comunión, repartidos en unas 2.550 iglesias. Si a estos se suman los miembros de las escuelas sabáticas que todavía no son bautizados, la cifra sube a unos 700.000. El crecimiento anual de la Iglesia en estos países representa aproximadamente un 10 por ciento del número total de miembros.

Conjuntamente con la obra de predicación de la Palabra, la iglesia realiza como parte integrante de su apostolado una variedad de actividades. En el campo de la educación funcionan en AL una universidad, siete colegios superiores, 54 escuelas secundarias, y 461 escuelas primarias. Obra médica y filantrópica se realiza por 31 sanatorios, hospitales y clínicas, y una cantidad de centros de beneficencia y de auxilio para casos de emergencias y calamidades. Los países latinoamericanos son servidos por dos importantes casas editoras: la una situada en Florida, Buenos Aires, y la otra establecida en Mountain View, California. Publican 24 revistas en español, entre ellas *El Centinela* con una tirada mensual de medio millón. En adición, ambas editoriales editan e imprimen veintenas de nuevos títulos de libros por año. La Iglesia Adventista se destaca por ser la que distribuye más Biblias en los países latinos. Además, 763 estaciones de radio y canales de televisión transmiten programas semanales de índole religiosa.

Cuatro son los cambios que se han verificado en el desarrollo de la Iglesia Adventista durante los últimos años: (1) El liderazgo de la obra está actualmente en manos de nacionales en todos los países latinoamericanos, aun en sus más altos niveles. (2) La iglesia, desde hace unas décadas, goza en todos los países de una reconocida respetabilidad por la obra constructiva que realiza. (3) Las iglesias evangélicas tradicionales, al entender las verdaderas bases doctrinales de la Iglesia Adventista, han llegado a considerarla como un importante miembro de su número y no como un elemento que está al margen de la corriente protestante conservadora. (4) Se ha producido una acentuación del énfasis en la predicación de la iglesia –desde comienzos del siglo–: la presentación de la justicia de Cristo, imputada al pecador por fe, como único título para la salvación, y la presentación del corolario de esta verdad bíblica, la de la justicia impartida de Cristo o santificación, como proceso de crecimiento constante, fruto de la fe salvadora, y preparación necesaria para el cielo. FERNANDO CHAIJ

ADVIENTO. El período litúrgico de preparación para la Navidad (e.d.: el advenimiento de Cristo al mundo). Señala el comienzo del año eclesiástico. Sirve también para completar el ciclo llamando la atención a la "segunda venida de Cristo para juzgar al mundo". Históricamente este período siguió el desarrollo de la paralela preparación para la Pascua, conocida como →Cuaresma. Consecuentemente, el A. llegó a tener en el Oriente y en ciertas partes de la Europa occidental, hasta seis semanas completas de duración.

A fines del s.V, en la Galia, el ayuno comenzaba el día de San Martín (11 de noviembre), pero no existen evidencias del A. en Roma hasta la época de →Gregorio Magno, un siglo más tarde, cuando ya contenía solamente cuatro semanas, y tampoco era considerado entonces como un tiempo de ayuno.

En realidad, el origen del ayuno en el Oriente (como el de la Cuaresma) parece haber sido una preparación para el bautismo, en este caso en la →Epifanía (6 de enero). No hay, estrictamente hablando, una temporada litúrgica de A. en el Oriente (e.d.: alusión al tema del A. en oraciones o lecturas). El período romano más limitado prevaleció en forma gradual en el Occidente, donde el primer Domingo de A. es ahora siempre el más próximo al día de San Andrés (30 de nov.). JOHN TILLER

AECIO (m. c.367). Dirigente intelectual de los herejes →anhomeos. Tutor cristiano de →Juliano, posteriormente el emperador "apóstata". A. fue exilado en 358 por Constancio II debido a sus contactos cortesanos indeseables y por oponerse a la doctrina del *homoiousion.* En 360 fue expulsado por negar que Dios y el Hijo son semejantes en manera alguna. Llamado nuevamente por Juliano en 362, ayudó a los anhomeos a formar un distinto grupo. En su *Syntagmation,* A. enseña que el Dios no creado y su Hijo no pueden ser ni idénticos ni semejantes. La lógica impide que alguien trascendente se someta a cambios o sea localizado en el tiempo. Nada puede ser dos cosas en esencia. Dios es completamente no causado, absoluto e indivisible; el Hijo es completamente causado y relativo. Tienen que ser distintos con respecto uno al otro *(anhomoios).*

G.T.D. ANGEL

AERIO (s.IV). Compañero de →Eustacio en iniciar el monaquismo en el Ponto, fue designado como presbítero para supervisar un asilo para los pobres cuando Eustacio llegó a ser obispo de Sebaste, en el Asia Menor, aproximadamente en 355. Se vio frustrado así en sus propias ambiciones episcopales (de acuerdo con Epifanio, *Herejías* 75) y rápidamente adoptó una actitud hostil hacia Eustacio. Abandonó el asilo alrededor de 360 y su campaña propagandística terminó en el ostracismo para él y para numerosos seguidores suyos. Todavía estaba en actividad cuando Epifanio escribió, alrededor de

375. Considerado en controversias posteriores como un precursor de las protestas de la Reforma, abogó por la igualdad de los obispos y los presbíteros y por el rechazo de la Pascua. Consideró los ayunos prescritos como vestigios de esclavitud al judaísmo, y las oraciones y las limosnas por los muertos como inútiles y perjudiciales para la santificación en vida. Como Eustacio, era arriano en sus inclinaciones, pero nunca fue condenado como tal. Filastro (*Herejías* 72) equivocadamente confunde a los arrianos con los →encratistas. D.F. WRIGHT

AFRAATES, TRATADOS DE. Los 23 tratados sirios de A., escritos en 337-45, son la más antigua evidencia existente de la vida y el pensamiento de la Iglesia Siria. Una Biblia recibida de fuentes judeo-cristianas de la *Diatessaron* de Taciano, combinada con un trasfondo de viril apología en contra del judaísmo rabínico, produce una perspectiva doctrinal no afectada por la especulación griega ni por la teología nicena. Asceta procedente de Mosul, Persia, A. enseñó un Dios en Cristo, el Espíritu, la resurrección, el bautismo y el ascetismo. Dios el Creador dio la Ley a Moisés, Cristo es el Hijo de Dios, cuyo Espíritu Santo ingresa en el hombre por el bautismo y lo ayuda a obtener la resurrección. El bautismo compromete al creyente a virtudes morales y al ascetismo. En principio A. asocia la vida postbautismal con la renuncia al mundo, la lucha directa contra Satanás y el ascetismo célibe. Aconseja a los sacerdotes a discriminar contra los candidatos al bautismo que tienen escaso potencial ascético.
G.T.D. ANGEL

AFRICA DEL NORTE. A diferencia de Egipto y Líbano, A. del N. no contó con restos de antiguas iglesias que mantuvieran viva alguna apariencia de testimonio cristiano. Cuando el Islam barrió la región a principios del s.VII, la iglesia de Agustín y muchos de los primeros mártires (→AFRICA ROMANA) fueron borrados y durante siglos se reprimió el cristianismo, con excepción de la presencia católica romana en algunos puntos costeños de Marruecos y sus islas próximas. No fue hasta la década de 1860 que misioneros católicorromanos se interesaron por algo más que ministrar a las colonias europeas, hasta 1908 que se elevó la misión al rango de vicariato apostólico. Mientras tanto, en Argelia y Túnez durante el mismo siglo hubo mucha inmigración desde Francia, España e Italia, y esta población predominantemente católicorromana también ayudó a la obra de las misiones (había habido obra esporádica en las ciudades de Argel y Túnez desde mediados del s.XVII). Para 1866 el arzobispado de Argel decía tener 187 parroquias y 273 sacerdotes seculares; en 1884 su titular fue designado arzobispo de Cartago y primado de Africa; para 1930 se informó que la población católicorromana ascendía a 805.000. Las conversiones entre los no cristianos eran raras, y la tarea se hacía más difícil, no solo por la hostilidad islámica, sino por la mala voluntad de las autoridades civiles francesas. J.D. DOUGLAS

Menos de medio siglo ha transcurrido desde que misioneros protestantes penetraron en A. del N. Edward Glenny, comerciante inglés, fue quien tomó la iniciativa de establecer una misión a los cabilas. Este pueblo, que habita los montes centrales de Argelia, había sido completamente islamizado y formaba parte del grupo mayor de pueblos bereberes que viven a lo largo de A. del N. El propósito declarado de la misión era darles el evangelio de Jesucristo. La obra se extendió a su tiempo hasta Libia, Túnez y Marruecos y tomó el nombre de Misión al Africa del Norte.

Nuevos trabajos se emprendieron. A Lilias Trotter le correspondió formar la *Algiers Mission Band,* que dirigió esfuerzos especiales hacia los moradores de oasis del S. El mismo año (1888) John Anderson fundó la Misión a Marruecos del Sur, que se proponía evangelizar a los bereberes y árabes de aquella extensa región. Más recientemente estas tres misiones se han combinado para formar la Misión al Africa del Norte, con estructura internacional y sede en el S de Francia.

Durante el mismo período los metodistas norteamericanos, la Misión Emanuel, la Misión Menonita, la Misión de Sahara, la Convención Bautista del Sur, la Unión Misionera Evangélica, *Bible Churchman's Missionary Society* y los Hermanos Libres han trabajado en diversos puntos de A. del N. La mayoría, si no todos ellos, han sufrido reveses en la década pasada, debidos al agresivo nacionalismo de carácter marcadamente islámico y, hablando en términos generales, antioccidentalismo.

El Islam, tanto en lo social como en lo religioso, ha sido ferozmente resistente al evangelio y desde el comienzo la fiel presencia y testimonio personal ha sido el patrón. Gradualmente se hicieron posibles clases para todas las edades; destrezas como el tejido de alfombras, trabajos en madera, alfarería, bordado y tejido de punto han solido formar el atractivo popular que permitió a los misioneros establecer el primer contacto amistoso con el pueblo. Servicios médicos en gran escala no se ha permitido nunca, pero en Marruecos y Argelia pequeñas pero atareadísimas clínicas se han mantenido, junto con otras menores en el interior. A menudo se han especializado en obstetricia. En esos dos países hay dos hospitales evangélicos administrados por misioneros.

El idioma principal en A. del N. es el árabe y en él se ha distribuido ampliamente la Biblia "literaria" o de Van Dyke. El NT y varias porciones se han publicado en la lengua popular, y la Sociedad Bíblica Británica y Extranjera, cuyos agentes trabajan ahí desde hace mucho, ha publicado la Biblia entera en árabe norafricano. Se han establecido librerías como bases de venta y centros de testimonio. A veces la obra ha sido de naturaleza polémica, pero ha tenido un carácter más positivo entre los estudiantes.

Dos guerras mundiales han visto surgir el nacionalismo islámico y la resentida sensación de que el cristianismo era la religión de la potencia ocupante y que ésta debe irse junto con sus emisarios religiosos. No se han producido expulsiones en masa de misioneros, pero muchos individuos y algunos grupos han dejado de trabajar. Durante el período de nacionalismo intenso, el ministerio por radio, el curso bíblico por correspondencia de la Misión de Africa del Norte, con base en Marsella ha resultado un poderoso medio de penetración para el evangelio, permitiendo en forma antes desconocida que millares estudien los hechos básicos del Evangelio y sus consecuencias. Las autoridades musulmanas bien se dan cuenta de ello y no desperdician oportunidad mediante la prensa y la radio, de prevenir a las masas contra el impacto cristiano. Antes había convertidos esparcidos, a menudo sin contacto con otros cristianos y rara vez podían formar grupos para adorar. Estos ministerios combinados han dado por fruto el establecimiento de muchos grupitos que a menudo se reúnen informalmente y frecuentemente tropiezan con mucha oposición, por toda el A. del N.

Se ha criticado que si bien había convertidos aquí y allá por la región, los misioneros de las diversas sociedades evangélicas rara vez habían logrado reunirlos para formar iglesias testificantes y actuantes. Pero hay que decir que ha sido variado el énfasis en cuanto a métodos para edificar la iglesia. Los metodistas, desde el comienzo han pensado en iglesias y mediante sus hospedajes y centros de adiestramiento han procurado formar un cuerpo de líderes capacitados y reconocidos para las iglesias nacionales. Pero las misiones evangélicas por lo general tienden a ser individualistas y sus métodos reflejan los modelos de los países de donde proceden los misioneros. A. del N. presenta un trasfondo de conflicto ideológico y de búsqueda espiritual, en contraste con el cual el cristiano es llamado a cumplir su encomienda de predicar la Palabra de reconciliación y a planear de nuevo con fortaleza la verdadera iglesia de Jesucristo. ROBERT I. BROWN

AFRICA DEL SUR. Aunque misioneros católicorromanos entraron en Mozambique y Rodesia oriental en el s.XVI, la colonia holandesa en el Cabo tuvo mayor importancia para el desarrollo del cristianismo en Africa del Sur. Por más de un siglo solo se toleró la Iglesia Reformada Holandesa, que hasta hoy es el hogar espiritual de la mayoría de los "afrikaners". La evangelización de los hotentotes nativos y de los esclavos importados recibió poca atención hasta finales del s.XVIII, cuando los pastores van Lier y Vos despertaron el interés misionero entre los colonos holandeses. Esto a la larga dio lugar a una fuerte iglesia misionera holandesa reformada entre los mestizos del Cabo. Después de 1857 se emprendieron misiones también entre los africanos.

El primer misionero en el Cabo fue el moravo Georg Schmidt, que volvió a Europa en 1744 tras siete años de frustración. Los moravos reanudaron sus operaciones en 1792, y su obra en Genadendal se ganó el respeto universal. En 1799 la Sociedad Misionera de Londres entró al campo, primero entre los hotentotes y posteriormente entre los griquas y los tswanas fuera de la colonia. El interés de sus misioneros, notablemente J.T. Vanderkemp y John Philip, por los derechos de la gente nativa, hizo que la Sociedad fuera muy impopular entre los colonos. El metodismo llegó con los soldados británicos en la Ciudad del Cabo y con los colonos ingleses en la región fronteriza oriental, y cundió entre negros y blancos por toda el Africa meridional. Si bien el anglicanismo fue la religión oficial después de la ocupación británica del Cabo en 1806, su desarrollo tuvo que esperar la llegada de Robert Gray, primer obispo de Ciudad del Cabo, en 1848. El catolicismo romano se estableció bien después de la llegada de su primer obispo en 1838; su extensión se debió mucho a las oblatas de María Inmaculada y otras órdenes misioneras.

El clima saludable y las condiciones relativamente seguras atrajeron numerosas sociedades. Entre ellas, la Misión de Glasgow (Ciskei, 1821), la Misión del Rin (El Cabo y Africa Sudoriental, 1829), la Misión Evangélica de París (Lesotho, 1834), la Junta Norteamericana (Natal, 1835) y la Misión General de Sudáfrica (1889). La Misión de Berlín (El Cabo, 1834) y la Misión de Hermannsburg (Natal, 1854) hallaron sus campos más importantes en el Transvaal, donde los continentales eran preferidos a los "anglosajones entrometidos".

La vida en la iglesia. En los ss.XVIII y XIX, el *trekboer* ("ganadero nómada") afrikaner llevaba una existencia aislada. El padre de familia dirigía los cultos familiares y de vez en cuando llevaba a su clan al pueblo distante para la *nagmaal* ("Santa Cena"). El calvinismo conservador era la norma, y muy pronto se desechó el liberalismo teológico cuando éste apareció en los años de 1860. Los colonos ingleses trasplantaron las pautas religiosas de la tierra natal. En los círculos anglicanos la tensión entre el ala anglo-católica y la evangélica produjo una división entre la predominante Iglesia Provincial y la más pequeña, conservadora y evangélica, Iglesia Anglicana de Africa del Sur: división que sigue hasta el día de hoy.

Los misioneros se consagraron a servir como evangelistas, traductores, educadores, administradores y amigos de su pueblo. Lamentablemente, a menudo transmitieron rivalidades denominacionales e hicieron poco caso de la autoctonización del cristianismo. Durante el s.XIX la estación misionera era esencial para la estrategia misionera. En la colonia de El Cabo aquella dio a los hotentotes otra alternativa además de la vagancia y de la labranza. Entre los africanos, el centro misionero produjo la división entre la sociedad cristiana y la tribal a la vez que la promovió. Como medida provisional quizás fue inevitable, pero el cristianismo se arraigó profundamente en la sociedad africana solo cuando los evangelistas africanos llevaron la iglesia fuera de la estación misionera. Andando el tiempo las principales estaciones misioneras se convirtieron en importantes centros educativos, para lo cual los escoceses dieron la pauta en Lovedale. En la mayoría de las congregaciones se establecieron escuelas primarias, y el cristianismo casi llegó a ser sinónimo de la educación. Los gobiernos provinciales poco a poco fueron asumiendo la responsabilidad financiera, pero dependieron de la administración misionera hasta que la Ley Educacional Bantú (1954) aseveró un amplio control gubernamental y aplicó el *apartheid* a la política educativa.

Desarrollo de la iglesia. Las iglesias sudafricanas comenzaron a surgir durante el s.XIX. La ocupación británica rompió los vínculos de la Iglesia Holandesa Reformada del Cabo con Holanda, y en 1843 dicha Iglesia quedó libre del control gubernamental. Ciertas consideraciones legales y políticas produjeron el establecimiento de sínodos individuales en Natal, el Estado Libre de Orange y el Transvaal, pero en 1963 se formó un sínodo general. Este no incluye las iglesias *Hervormde* y *Gereformeerde* (Dopper) que trajeron su origen del Transvaal.

En 1853 la Sociedad Misionera de Londres empezó a retirar el apoyo financiero de sus misiones en la Colonia del Cabo. Las congregaciones de mestizos independientes se unieron con los congregacionalistas blancos para formar la Unión Congregacional de Sudáfrica (1877). La iglesia de la provincia de A. del S. se constituyó en 1870, en miembro independiente de la Comunión Anglicana, y los metodistas formaron una conferencia sudafricana en 1883. Estas llamadas denominaciones inglesas eran (y siguen siendo) multirraciales. Por contraste, la Iglesia Holandesa Reformada ha establecido iglesias satélites para las comunidades de mestizos, africanos e indios del Cabo. Durante el s.XX muchas misiones de ultramar han formado iglesias locales autónomas, algunas de las cuales han buscado una relación federal u orgánica con sus correligionarios blancos.

Un aspecto significativo de los últimos 80 años es el desarrollo de unas 3.000 iglesias africanas independientes. Estas varían entre denominaciones ortodoxas, como la Iglesia Presbiteriana de Africa, y sectas nacionalistas en las que los elementos cristianos se han combinado con creencias y costumbres tradicionales. Las causas complejas de este movimiento incluyen el rechazo del control blanco, la busca de significado y de rango en un grupo pequeño y personalizado y la reacción de gente sencilla a la desintegración de la tribu y a la urbanización.

El movimiento ecuménico. Este movimiento ha tenido éxito limitado. Ha habido varias uniones confesionales, y las Iglesias Anglicana, Congregacional, Metodista y Presbiteriana han establecido una comisión de unidad eclesiástica. Las conferencias misioneras generales (1904-32) fomentaron la comprensión y el compañerismo. Dieron paso al Concilio Cristiano (ahora Concilio Sudafricano de Iglesias) que aumenta en importancia y coopera en parte con la ICR. Sin embargo, la Iglesia Holandesa Reformada ha rehuido contacto ecuménico, principalmente por razones políticas, en tanto que los activistas negros ponen en duda la realidad y el valor de la participación racial en la iglesia. Además muchos grupos de teología conservadora contemplan el ecumenismo con recelo.

El cristianismo y la política siempre han estado interrelacionados en A. del S. La Iglesia Reformada desempeñó un papel importantísimo en el desarrollo del nacionalismo afrikáner y ha dado su aprobación al apartheid. Por otra parte, existe una vieja tradición de apoyo misionero a los intereses de los negros, pero su influencia está severamente limitada por la apatía de los eclesiásticos blancos y la concentración del poderío político en manos de los blancos. La reacción cristiana a la situación política en desarrollo en A. meridional será fundamental a la posición futura de la iglesia en esta región.

Zimbabwe (Rhodesia). Los viajes y escritos de David →Livingstone llamaron la atención sobre A. Central. La Sociedad Misionera de Londres estableció una misión en Inyati en 1859, pero la penetración cristiana general de Rhodesia ocurrió solo a partir de su ocupación por la Chartered Company en 1890. La norma para la evangelización y la educación era parecida a la que se desarrolló en A. del S. y muchas de las misiones involucradas fueron las mismas. El Concilio Cristiano de Rhodesia fomenta la acción común, y varias de sus iglesias participantes, junto con la jerarquía católicarromana, confrontaron al gobierno de Smith (1968-72) con aspectos de su política racial. Muchas misiones rodesianas aun dependen en gran manera de la ayuda de ultramar.

[En 1979 el obispo metodista, Abel Muzorewa, fue nombrado primer ministro. En las elecciones populares que poco después se realizaron, quedó elegido presidente Roberto Mugabe, que antes había sido educado en escuelas católicas y actuado como líder de un grupo de guerrilleros. De esta manera Rhodesia se convirtió en Zimbabwe, país independiente en el que el 75 por ciento de sus habitantes son cristianos o parcialmente cristianos.]

Malawi. El esfuerzo de la Misión Universitaria por entrar a Malawi en 1861 fue un fracaso. No así las misiones escocesas, que llegaron en 1875 y ejercieron una vasta influencia desde sus sedes en Livingstonia (Iglesia Libre) y Blantyre (Iglesia de Escocia). La Iglesia Holandesa Reformada entró también en este campo en 1896 y se unió a los escoceses para formar la Iglesia Presbiteriana Centroafricana en 1926.

Zambia. La entrada a Zambia se hizo desde varias direcciones. F. Coillard vino de Lesotho para fundar la Misión Barotse en 1886, seguido muy de cerca por los metodistas primitivos. La Sociedad Misionera de Londres entró en Bembaland desde Tangañica; los presbiterianos, holandeses reformados y los anglicanos llegaron de Malawi; y los metodistas wesleyanos, de Rhodesia. El desarrollo de la zona del cobre a partir de 1925 ocasionó la formación espontánea de la Iglesia Africana Unida, y la acción conjunta por varias misiones. En 1965 la Iglesia Unida de Zambia reunió las iglesias de las tradiciones congregacionales, metodistas y presbiterianas, pero no abarcó cuerpos considerables como los →hermanos libres, los reformados y los anglicanos.

En las décadas de 1920-30 el gobierno reprimió movimientos de profetas nacionalistas que fueron identificados, quizás indebidamente, con los →testigos de Jehová que tienen numerosos adeptos. Otro movimiento nacionalista, la Iglesia Lumpa de Alice Lenchina, se vio envuelto en violentos conflictos con el gobierno zambiano después de la independencia.

Mozambique. La misión católicorromana del s.XVI desapareció. En las postrimerías del s.XIX se reanudó la obra en toda el Africa central bajo el control de los "padres blancos" y en Rhodesia, de los jesuitas. En el A. oriental portuguesa los misioneros tuvieron el apoyo de un gobierno católico que limitó la obra de las misiones protestantes, entre ellas la Misión Suiza y los metodistas norteamericanos. A partir del Concilio Vaticano II, la presión católica sobre los protestantes había mermado, y los padres blancos han chocado últimamente con el gobierno sobre asuntos políticos. D.G.L. CRAGG

AFRICA OCCIDENTAL. Este artículo abarca los países al sur del Sahara desde Senegal a la República Popular del Congo (antiguo Congo Francés). Se les da a los países su nombre actual.

La primera actividad cristiana fue principalmente Católico Romana Portuguesa. Los reyes de Portugal mediante el *ius patronatus* recibieron del papa poderes que incluían el encargo de evangelizar. Un cacique Wolof (Senegal) fue bautizado en 1489; Sao Tomé se convirtió en obispado sufragáneo en 1539 y en obispado diocesano en 1584. Un rey cristiano gobernó en Benin desde 1550, y en Sierra Leona, el rey Farama III se convirtió en 1604.

Un luterano alemán llamado Joaquín Dannenfeldt fue enviado a Gambia en 1654 como capellán y misionero. W.J. Müller combinó ambas funciones en Fort Frederiksborg (Ghana) de 1661 a 1669. El anglicano Thomas Thompson trabajó en Cape Coast (Ghana) de 1752 a 1756. Su discípulo ghanés Felipe Quaque fue ordenado en 1765 como primer sacerdote anglicano no europeo. Selecciones de las Escrituras se publicaron en idioma fante (Ghana) en 1764.

En la década de 1790 Sierra Leona se convirtió en refugio de esclavos liberados procedentes de Inglaterra y Nueva Escocia. Muchos de ellos eran cristianos. La obra misionera iniciada por los bautistas a partir de 1795 fracasó, pero un trabajo más duradero se inició en 1806 por los misioneros luteranos alemanes de la anglicana *Church Missionary Society* (CMS), a quienes se unieron en 1811 misioneros metodistas wesleyanos británicos. Sierra Leona fue por mucho tiempo importante centro para la expansión cristiana por toda el A.O.

Ministros episcopales acompañaron a los primeros colonos norteamericanos enviados a Liberia en 1820-21. Misioneros bautistas siguieron en 1822, y metodistas en 1833. En 1821 un misionero metodista británico llegó a Gambia. En Ghana, la Sociedad Misionera de Basilea inició trabajo en Christiansborg (Accra) 1828, y abortivamente en Kumasi en 1839. En 1834, un capitán de navío británico halló grupos de africanos que se reunían para estudiar la Biblia en Cape Coast y presentó una solicitud a los metodistas británicos que respondieron el mismo año. La mayoría de los misioneros murieron pronto o volvieron enfermos a su patria, pero hubo notables excepciones, tales como el metodista británico Thomas B. Freeman quien vivió en Ghana casi ininterrumpidamente de 1838 a 1890.

A principios de la década de 1840, antiguos esclavos que se habían hecho cristianos en Sierra Leona regresaron a sus hogares en Nigeria y a otras partes y pidieron misioneros. En 1841 se inició obra anglicana y metodista en Nigeria del O. En el mismo año bautistas británicos establecieron una misión en Fernando Po y en Camerún en 1844. Presbiterianos escoceses iniciaron en 1846 obra alrededor de Calabar, en donde María →Slessor habría de realizar obra notable de 1876 a 1915. Misioneros de las Antillas desempeñaron papel importante en esta región. Presbiterianos norteamericanos llegaron a Gabón en 1842 y a Río Muni en 1864, extendiendo más tarde su actividad a Camerún. En 1866 el ga (Ghana) se convirtió en la primera lengua de A.O. a la cual se tradujo la Biblia entera.

Durante todo el s.XIX las misiones católicorromanas fueron predominantemente francesas. Los "padres del Espíritu Santo" llegaron a Gabón en 1844, seguidos por las Hermanas Católicorromanas en 1849. Por entonces J.R. Bessieux de Gabón, como vicario apostólico, estaba encargado de toda la obra católicorromana en A.O. Dicha tarea se dividió en 1863. La *Société des Missions Africaines de Lyon* inauguró estaciones en Dahomey (1861), Nigeria (1868), Ghana (1879) y Liberia (1884).

Durante el s.XIX surgieron en forma limitada líderes africanos de la iglesia y la iniciativa laica africana a menudo fue prominente. Tres sacerdotes católicorromanos senegaleses fueron ordenados en 1840, pero su número no aumentó rápidamente. El anglicano Samuel Ajayi →Crowther en 1864 fue consagrado obispo "del Niger", y en 1874 Charles Taylor de Sierra Leona, llegó a ser presidente del distrito metodista de Sierra Leona.

La preparación de ministros africanos formó parte de un más amplio programa educativo, ejemplo sobresaliente pero no aislado de lo cual fue el Fourah Bay College de Sierra Leona (fundado en 1827, afiliado a la Universidad de Durham en 1876). La educación cristiana solía ser práctica a la vez que académica. Los Padres del Espíritu Santo desarrollaron las artes manuales y la agricultura, y la Misión de Basilea formó una sociedad mercantil misionera en 1859.

La oposición al cristianismo estalló violentamente de tiempo en tiempo. Los bautistas tuvieron que retirarse de Fernando Po en 1858 y los jesuitas en 1870. Todos los misioneros fueron expulsados de Abeokuta en 1867. La obra bautista en Douala (Camerún) fue destruida en 1885.

Con la Conferencia de Berlín de 1884-85 comenzó de lleno la "rebatiña colonial de Africa", que tuvo efectos mixtos en la vida de las iglesias. En 1886 la Misión de Basilea se hizo cargo de la obra bautista en Camerún, y pallotinos alemanes y bautistas entraron al país cuatro años más tarde. Las misiones francesas en territorios británicos, y las misiones británicas en los franceses, sufrieron ciertas desventajas, y tendieron a alternar, especialmente para la obra educativa, a misioneros de la misma nacionalidad del poder colonial. En 1890 se produjo una dolorosa reorganización, bajo control misionero, de la Misión Níger de Crowther. En Sierra Leona se habían producido divisiones dentro de la iglesia desde la década de 1790, pero no fue sino mucho más adelante que surgieron las primeras iglesias independientes importantes (Iglesia Bautista Nacional, 1888; Iglesia Africana Nativa Unida, 1891, ambas en Nigeria).

Durante el período de 1890-1945, la expansión del cristianismo en general adquirió impulso, a despecho de dos guerras mundiales y de la crisis económica de 1929-31. Las misiones, que ya estaban trabajando, extendieron su obra. En 1896 la Misión de Basilea finalmente estableció un centro en Kumasi. Dos años antes una misión católica romana había entrado en la República Centroafricana. En 1900 el CMS entró en la región predominantemente musulmana de Nigeria del N; la actividad presbiteriana norteamericana aumentó en Camerún del S; a Ghana del N entraron en 1911 los metodistas británicos.

Llegaron nuevas misiones tales como la Misión Qua Iboe de Irlanda del N. (Nigeria del E.; 1897), la Sudan Interior Mission (Nigeria del N., 1893), la Sudan United Mission (Nigeria del N, 1904), la Africa Inland Mission (Chad, 1909), la Alianza Cristiana y Misionera (Guinea de habla francesa, 1918), la Iglesia de los Hermanos de EUA (Brazzaville, 1918), las Asambleas de Dios (Alto Volta, 1921), y la Cruzada Evangélica Mundial (Costa de Marfil, 1935). Muchas de estas misiones eran de teología conservadora y de origen norteamericano. Nuevas órdenes católicorromanas entraron en la región (p.e., los misioneros de Sittard del Corazón de Jesús, Camerún, 1911; Capuchinos, Chad, 1929; St. Patrick's Society for Foreign Mission, Calabar, 1932).

Destacados misioneros (el más conocido de los cuales es Albert →Schweitzer, Gabón, 1913-1963) continuaron llevando la iniciativa en la mayoría de las iglesias, pero los africanos cada vez asumían mayor responsabilidad. El crecimiento del cristianismo fue estimulado por una cantidad de profetas africanos tales como Garrick Braid (Nigeria, desde 1909), W.W. Harris (Costa de Marfil, 1913-15), Sampson Opong (Ghana, c.1920) y Joseph Babalola, quien en 1928 inició en Nigeria un ministerio que llevó a la fundación de la Iglesia Apostólica de Cristo y de la Iglesia del Señor (Aladura) en Nigeria y Sierra Leona. La mayoría de esos movimientos llevaron a la extensión de la obra misionera y fueron una fuente de iglesias independientes que son actualmente uno de los grandes factores del cristianismo de A.O.

La encíclica *Rerum Ecclesiae* (1926) cristalizó el pensamiento católicorromano respecto al sacerdocio nativo. El primer obispo auxiliar católicorromano de Africa fue consagrado en Sierra Leona en 1937.

La Guerra Mundial I provocó una repatriación o internamiento de los misioneros alemanes, especialmente en Togo y Camerún. Al →Consejo Misionero Internacional bajo su secretario J.H. →Oldham le correspondió en gran parte organizar la ayuda para esas "misiones huérfanas" cuando retornó la paz. Creció la cooperación entre misiones y entre misiones y gobierno, especialmente en cuanto a educación y medicina. En 1911 se efectuó una conferencia misionera de Nigeria Oriental. En 1919 el Fourah Bay se convirtió en un colegio universitario interdenominacional. Instituciones cooperativas semejantes se establecieron en Kumasi, Lagos, Bunumbu (Sierra Leona), y en otras partes. La formulación de una política educativa recibió impulso mediante una investigación emprendida en 1920-21 por la Comisión Phelps-Stokes, a iniciativa de las sociedades misioneras norteamericanas.

Después de 1945, las iglesias se desarrollaron (a menudo antes de la independencia política) hacia la plena autonomía bajo dirigentes africanos. Un africano fue nombrado presidente del distrito metodista de Ghana en 1948. Los primeros obispos diocesanos africanos (anglicanos) desde Crowther fueron consagrados en 1951, dentro de una provincia autónoma. Obispos diocesanos católicorromanos africanos fueron consagrados en Camerún (1955), Dahomey (1957), y en otras partes; el primer arzobispo africano en Dahomey (1960) y el primer cardenal de A.O. (Pablo Zougrana del Alto Volta) en 1965.

La cooperación intereclesiástica se convirtió en norma en áreas tales de la vida de la iglesia como la educación teológica, las publicaciones cristianas, la agricultura y la obra médica. La Conferencia Panafricana de Iglesias se inauguró en Ibadan en 1958 , la Asociación de los Evangélicos de Africa y Madagascar (una organización más conservadora) fue fundada en 1966. Sin embargo, para 1971 ninguna unión grande de iglesias se había producido. PAUL OLLINGWERTH

AFRICA ORIENTAL. El evangelio cristiano llegó a →Etiopía en fecha muy temprana (Hch. 8:27-39), pero tardó muchos siglos en llegar al A.O. Los primeros contactos fueron probablemente a través de comerciantes nestorianos y jacobitas procedentes de la India, seguidos por sacerdotes católicos romanos que llegaron con los portugueses en el s.XVI. Todos los vestigios de tales contactos han desaparecido en la actualidad y la penetración misionera efectiva en la zona comenzó con la llegada de los misioneros protestantes europeos a mediados del s.XIX.

(1) *Kenya, antes Africa Oriental Británica.* La preparación efectiva para la evangelización de Kenya empezó en 1844 con la llegada de J.L. Krapf, un luterano alemán enviado por la *Church Missionary Society* (anglicana). Empezó a trabajar en Mombasa y después se trasladó al interior, Rabai, a 45 km del mar, en donde en 1846 se le unió su colega Johannes Rebmann. Mediante sus viajes de exploración en el interior y en la costa y por el estudio de los idiomas locales, ambos prepararon el camino para la ocupación misionera. Debido a su mala salud Krapf se vio obligado a regresar a Europa en 1853, pero continuó con su labor lingüística. Mientras tanto la CMS reforzó su personal en Rabai pero varias personas murieron a consecuencia de la malaria. En 1861 la Iglesia Metodista Unida de Gran Bretaña abrió un puesto misionero en Ribe, pocos km al N de Mombasa, y posteriormente extendió su obra al río Tana. En 1873 fue oficialmente abolida la esclavitud dentro del sultanato de Zanzíbar, y la CMS estableció en Freretown, en el continente, justo al N de Mombasa, una colonia para exesclavos. Esta fue la base más importante de la CMS en la costa.

Con la consolidación de la obra misionera en la costa, la siguiente etapa fue la de penetración en el interior que comenzó en 1891. En 1889 los directores de la *Imperial British East Africa Company,* que tenía el virtual control administrativo de la región conocida ahora como Kenya y Uganda, invitaron a las iglesias de Escocia a enviar misioneros a Kenya. Un grupo exploratorio llegó en 1891 a Sudáfrica bajo la dirección de James Stewart de Lovedale y eligió Kibwezi como su primer puesto de trabajo, a unos 300 km de Mombasa, tierra adentro. La elección resultó mala, y en 1898 Thomas Watson, único sobreviviente del grupo original, se trasladó al puesto de Kikuyu, cerca de Nairobi. Mientras tanto el gobierno británico había reemplazado en 1895 a la compañía en el control administrativo de la zona. En ese mismo año la *Africa Inland Mission,* fundada por Peter Scott, ingresó en Kenya y comenzó a trabajar entre el pueblo kamba en Machakos en 1902. Otras misiones, tales como la de los →Amigos y los →Adventistas, avanzaron sus puestos hacia el O de Kenya, entonces llamada Kavirondo y bajo administración de Uganda. Los misioneros anglicanos ingresaron en el O de Kenya desde Uganda y comenzaron obra eclesiástica, educativa y médica en esa región.

La historia moderna de la obra misionera católica en Kenya se inicia con la llegada a Mombasa en 1892 de los Padres del Espíritu Santo, de origen francés. En 1899 se trasladaron a Nairobi y al principio estaban interesados en los inmigrantes procedentes de Goa (India). En 1902 los Padres Consolata de Turín, se establecieron en las altiplanicies de Kenya teniendo su centro principal en Nyeri, a unos 160 km de Nairobi. Los Padres Mill Hill de Londres llegaron en 1904 y pronto se convirtieron en la agrupación misionera católica más grande del país.

Con tantas misiones protestantes trabajando en la región, pronto surgió el problema de la cooperación y ello dio origen a una serie de conferencias misioneras conjuntas. Estas reuniones se celebraron en los siguientes lugares y fechas: Nyanza (1908), Nairobi (1909) y Kikuyu (1913, 1918, 1922, 1926). La más famosa fue la de 1913 pero en todas ellas se hizo muy buen trabajo. Esto incluye acuerdos en cuanto a áreas de trabajo de las diferentes misiones, producción de versiones comunes del Decálogo, el Credo y el Padrenuestro, y el establecimiento de la Alianza de Sociedades Misioneras como un medio permanente de cooperación. En 1924 fue establecido el Consejo Misionero de Kenya y, finalmente, en 1943, el Concilio Cristiano de Kenya, al cual pertenecen casi todas las iglesias y misiones, con excepción de las católicas.

Las misiones iniciaron obra eclesiástica y, en grados variables, actividades educativas, agrícolas y médicas, iniciando gran parte del moderno desarrollo del país. La mayoría de las misiones han sido traspasadas ahora a las iglesias nacionales que han surgido de la obra misionera y que actualmente controlan las actividades que antes conducían las misiones.

(2) *Tanzania,* antes *Africa Oriental Ale-*

mana (después Tanganica). Tanzania es la unión política de Tanganica y Zanzíbar lograda en 1964. La isla de Zanzíbar fue el centro del control árabe de la costa y de las rutas comerciales del A.O. siendo la base para todas las expediciones al interior. En 1864 el obispo Tozer trasladó la central de la *Anglo-Catholic Universities Mission to Central Africa* desde Malawi a Zanzíbar. En 1868 los Padres del Espíritu Santo llegaron de la isla de la Reunión. Pronto después varias sociedades misioneras comenzaron a penetrar en el interior del continente. Personal de la UMCA desembarcó en Tanga y trabajó en el interior así como también en la orilla N del río Rovuma, en la región S.

Antes de la ocupación alemana del país todas las sociedades misioneras eran británicas e incluían la anglicana CMS en la zona central y la *London Missionary Society* a lo largo del Lago Tanganica. Con la declaración del protectorado alemán en 1885, comenzaron a llegar misioneros luteranos y moravos. La Mission Bethel comenzó obra en Dar es Salaam en 1877, y en 1891 los moravos se hicieron cargo de parte de la obra de *LMS* al sur del Lago Victoria. En 1893 la Mission Leipzig tomó a su cargo la obra de la Misión de Londres entre el pueblo chagga al pie del Monte Kilimanjaro en donde esta sociedad había tenido dificultades con la administración alemana. Del lado católico, los Padres del Espíritu Santo fueron seguidos por los Padres Blancos en 1879 y por los benedictinos en 1888.

Por 1914 la mayor parte del país estaba ocupada ya por sociedades misioneras pero, bajo la ocupación de los británicos, la mayoría de los misioneros alemanes fueron internados durante la Guerra Mundial I, y en 1920 todos fueron repatriados al quedar el país bajo mandato británico. Tomaron su lugar misioneros de Norteamérica y de Escandinavia y en 1925 se permitió regresar a los misioneros alemanes. En 1940 nuevamente fueron internados durante la Guerra Mundial II, pero esa vez la obra fue perjudicada con menor severidad pues la iglesia local estaba mejor organizada y los puestos misioneros alemanes fueron traspasados al Sínodo Augustana Luterana de EUA. En el período de postguerra todas las iglesias consolidaron sus respectivas obras y se establecieron iglesias locales autónomas. La mayor agrupación protestante fue la Iglesia Luterana, que en 1958 formó la Federación de Iglesias Luteranas de Tanganica y, después en 1963, la Iglesia Evangélica Luterana de Tanzania. La Iglesia Anglicana estableció varias diócesis y en 1970 se convirtió en provincia independiente dentro de la comunión anglicana. Fue fundado un Concilio Cristiano de Tanzania para promover la cooperación entre las iglesias protestantes.

(3) *Uganda.* La obra misionera inicial en Uganda puede decirse que la hizo el explorador H.M. Stanley. En abril de 1875 tuvo varias entrevistas con Mutesa I, el *Kabaka* (rey) de Buganda, y halló al rey muy interesado en la fe cristiana. El resultado de esto fue la famosa carta dirigida al *Daily Telegraph* (Londres) y al *New York Herald* en la que rogaba que "algún piadoso y práctico misionero" fuese enviado al reino de Buganda. La CMS anglicana aceptó este desafío y en 1876 un grupo de ocho misioneros conducidos por el lugarteniente Shergold Smith partió de la Gran Bretaña. Solamente tres llegaron a Buganda y de éstos, dos resultaron muertos en una disputa local, dejando solamente a C.T. Wilson, que permaneció solo durante el año siguiente. En nov. de 1878 llegó Alexander →Mackay, un misionero presbiteriano escocés.

Mutesa recibió muy bien a los misioneros anglicanos y mostró más interés en el evangelio que en el islamismo. Sin embargo, la carta de Stanley había sido leída también por Charles Lavigerie, jefe de los Padres Blancos (sociedad misionera fundada en 1868 en Algeria), y en 1878 envió un grupo de misioneros a Buganda. Lo hizo pese a un pedido personal del secretario de la CMS de no proceder así para evitar competencia y la consiguiente confusión mental de los nativos. Mucha infelicidad y hasta contiendas se hubieran evitado si esta solicitud hubiese sido tenida en cuenta. En 1884 Mutesa I murió sin ser bautizado, aunque lo había solicitado tanto de los misioneros anglicanos como de los católicos. Fue sucedido por su hijo Mwanga, de 18 años. Mwanga fue un gobernante cruel y traicionero y la iglesia cristiana recién nacida quedó sujeta a una persecución que produjo muchos mártires, tanto anglicanos como católicos. El primer obispo anglicano del A.O., James Hannington, nunca llegó a Buganda pues fue asesinado en 1885 en Busoga, cerca del Lago Victoria, por órdenes de Mwanga.

El reinado de Mwanga fue señalado por las guerras de religión y el desorden. Finalmente, en 1894, Uganda fue declarada protectorado británico y su administración pasó a control del gobierno británico. El gobierno también construyó un ferrocarril desde

Mombasa hasta el Lago Victoria, el cual fue un factor importante al abrir el país al resto del mundo. Mientras tanto, habían llegado más misioneros anglicanos y católicos. Se destacó entre los primeros Alfred Tucker, tercer obispo de la A.O., llegado en 1890. Fue el primer obispo anglicano en arribar a Uganda y demostró ser un activo y hábil administrador. Tuvo firmes convicciones en cuanto a la necesidad de establecer una iglesia autóctona. En 1898 fue investido como primer obispo anglicano de Uganda, pero debido a su mal estado de salud se vio obligado a renunciar en 1911.

Del lado católico el dirigente fue el Padre Livininac, que arribó en 1879 y llegó a ser superintendente de los Padres Blancos. En 1894 los Padres Mill Hill llegaron desde Gran Bretaña para trabajar en el E de Uganda. Después de establecerse la ley y el orden bajo la administración británica, hubo un movimiento masivo al cristianismo en Buganda tanto para las iglesias anglicanas como entre las católicas. Desde principios de 1892 la obra de evangelización comenzó a extenderse desde Buganda a los otros reinos de Uganda: Bunyoro, Ankole y Toro. Mucha de esta obra fue realizada por los cristianos de Buganda.

La influencia cristiana en Uganda ha permanecido siendo predominantemente evangélica y anglicana, y pocas otras misiones protestantes han penetrado en el país, así que no hubo necesidad de un concilio cristiano como en Kenya y Tanzania. Además, hubo pocos movimientos separatistas en la iglesia ugandesa. El más importante de éstos fue dirigido por Ruben Spartas, en 1929, al apartarse de la Iglesia Anglicana y establecer la Iglesia Ortodoxa Africana que en 1946 fue reconocida por el patriarca greco-ortodoxo de Alejandría. La iglesia en Uganda ha crecido más rápidamente que en muchas otras partes de Africa y tanto la rama anglicana como la católica han establecido sus propias jerarquías locales con arzobispos africanos.

(4) *Movimientos significativos en la iglesia oriental africana.* Como reacción ante la decadencia espiritual de la iglesia de Uganda, surgió el movimiento de despertar y renovación conocido como el "Avivamiento de A.O.". La historia de este movimiento todavía está por escribirse, pero sus orígenes han sido localizados en 1929 cuando un médico misionero anglicano y un cristiano de Buganda se estrecharon en una nueva camaradería espiritual. Otra de las fuentes fue la predicación del obispo Kigozi, un joven maestro anglicano de Ruanda. Otras influencias pueden remontarse a la Convención de →Keswick y al →Rearme Moral. El avivamiento destacó la necesidad de una renovación espiritual y se negó a admitir en su comunión a quienes no consideraba como renovados. Esto llevó a una posibilidad de una división en la iglesia durante los primeros años del movimiento pero, afortunadamente, ello no ocurrió y el fenómeno se convirtió en fuente de gran poder espiritual en todas las iglesias. El avivamiento pronto se extendió a Kenya y Tanzania y más allá, llegando al Africa Central y al Sudán y Etiopía. En Kenya resultó una gran fuente de inspiración para la iglesia durante las dificultades con los Mau Mau en la década de 1950. Continuó siendo un estímulo poderoso en la vida de la iglesia del A.O.

El A.O. fue la última región africana que participó en el movimiento de "Iglesia Independiente" que surgió por primera vez allí alrededor de 1914. Resultó más extenso y numeroso en Kenya que en Tanzania. Ha sido presentado como una reacción nacionalista frente a la dominación y al paternalismo europeo de las misiones cristianas y como un deseo de combinar el cristianismo con las características de la religión tradicional africana. Con frecuencia ha sido vehículo del nacionalismo político. El movimiento probablemente tiene causas tanto religiosas como no religiosas. Es una importante característica del efecto del cristianismo en el A.O.

El movimiento de la "Iglesia Unida" empezó tempranamente en Kenya, pero sufrió un revés como resultado de la Controversia Kikuyu. Las conversaciones fueron reanudadas y han sido promovidas activamente durante años recientes entre las denominaciones protestantes mayores de Kenya y Tanzania, pero la unión parece ser cosa poco probable en futuro cercano. JOHN WILKINSON

AFRICA, ROMANA. La oscuridad cubre los comienzos cristianos en el A., e.d.: las provincias romanas en el A. Proconsular, Numidia y Mauritania (con sus posteriores subdivisiones) que hoy se extiende desde la Tripolitania en Libia, a través de Túnez y Argelia, hasta Marruecos. Cartago, solo superada por Roma en el Occidente y asiento de una fuerte población judía, muy pronto tiene que haber atraído misioneros. Estos pueden haber tenido vínculos con los cristianos de origen judío, ya fuera por Palestina o por las colonias judías de la Cirenaica, Asia Menor o Roma (alternativamente, un grupo africano temprano puede haber influenciado al cristianismo romano; el papa →Víctor I fue africano); pero el cristianismo no prosperó allí hasta fines del s.II. La historia comienza con martirio, con los escilitanos en 180, en Cartago. No la mayor parte sino todo el NT estaba ya en latín. El cristianismo también echó raíces en las comunidades de habla griega (quizá desde el principio), pero hay escasa evidencia de que su llegada rejuveneciera las culturas nativas púnica o berberisca.

Aproximadamente durante el paso del s.II al III la *Pasión de →Perpetua* y las obras de →Tertuliano y de →Minucio Félix (quizá de fines del s.III) describen una iglesia floreciente que penetra bastante hacia el S y hacia el O de Cartago y las más romanizadas localidades y el litoral. La Biblia en latín estaba entonces ya completa; estrechos vínculos unían al A. con Roma y alrededor de 70 obispos concurrieron al concilio de Cartago cerca del año 220, el cual bajo Agripino (primer obispo de Cartago conocido, a menos que Optato en la *Pasión de Perpetua* fuese un predecesor) decretó el rebautismo de los herejes. El cristianismo africano debe sus características propias sobre todo a Tertuliano, quien creó una cultura cristiana, latina y africana, partiendo de las rústicas bases de la tradición griega. Se convirtió en una religión del Libro Sagrado, interpretado literalmente, y evitó la literatura profana. Apocalíptico y "entusiasta" en su tono e intransigente en su desafío de los gobernantes de este mundo, consideraba a los mártires y confesores como a los verdaderos cristianos poseídos por el Espíritu. La iglesia de ellos era el remanente de los elegidos; su santidad al estilo judaico, legalista, y su disciplina muy severa. Tertuliano testimonia la presencia de grupos gnósticos y él mismo fue conducto de una importante influencia montanista.

En →Cipriano este cristianismo rigorista estaba unido con el episcopado que con sus frecuentes concilios ejerció una autoridad colegiada sin precedentes en otros lugares. La organización provincial estaba bien desarrollada. En el A. Proconsular el primado era el obispo de Cartago; en otras provincias, era el obispo más anciano. La iglesia sufrió severamente durante las persecuciones de → Decio y de →Valeriano durante cuyos reinados probablemente murieron los mártires de Massa Cándida en Utica. El tratamiento que Cipriano dio a las siguientes controversias, (sobre los reincidentes, el cisma y el rebautismo) demostró una típica combinación africana de deferencia hacia la sede romana pero finalmente independencia de ella.

Posteriormente en ese siglo el →maniqueísmo llegó al A. donde →Agustín, su adherente más famoso, iba a coronar los éxitos de esta doctrina pese a la proscripción a partir de 297. La gran persecución de Diocleciano fue anticipada por martirios militares (295-c.300) en A. del N., donde solamente en el O golpeó en forma realmente dura, incluyendo como víctimas a todos los 47 cristianos de Abitina, al SO de Cartago. Produjo dos importantes escritores en esos años: →Arnobio el Mayor y →Lactancio. El brote de la persecución dio origen al cisma →donatista que durante más de un siglo dividió al cristianismo africano con su característica preocupación por la eclesiología y el bautismo. La apelación donatista a una antigua tradición africana en apoyo de una pureza rigurosa fue contrarrestada por la visión inclusivista de la iglesia del Imperio desarrollada por →Optato de Mileve y Agustín. Pero el eclipse del donatismo, mediante el liderazgo de Aurelio y Agustín a principios del s.V después de dominar en el IV, fue alcanzado solo con la ayuda imperial. Contra los →pelagianos los obispos del Africa se aseguraron el apoyo de Roma pero pronto rechazaron nuevamente las pretensiones de Roma de una jurisdicción superior. Las contribuciones de Agustín al cristianismo africano fueron múltiples, p.e.: la propagación del monaquismo y la provisión de obispos de su propia comunidad de "siervos de Dios" en Hipona.

El siglo de gobierno vándalo en el A. (429-533) trajo una renovada persecución bajo tres reyes: Genserico (429-77), Hunerico (477-84) y Trasmondo (496-523). Para los vándalos, arrianos que estaban en guerra contra el Imperio, los católicos aparentaban ser una especie de quinta columna de los romanos. La vida organizada de la iglesia fue destruida, los monasterios disueltos y los obispos fueron desterrados. Fueron prohibidas las nuevas designaciones e impuesto el rebautismo arriano. En Cartago (484), en una asamblea bajo Hunerico compuesta por arrianos y católicos, estuvieron presentes 466 obispos católicos. Pero, hubo intervalos de paz, especialmente bajo Gontamondo (484-96) e Hilderico (523-30). En 525 se pudo reunir en Cartago un concilio panafricano, y católicos y donatistas, probablemente tratados igual por los vándalos, aprendieron a vivir juntos gracias, por lo menos en parte, a la presión de los moros. Los escritores de esa época se ocuparon mayormente del →arrianismo. Entre ellos están Víctor de Vita, Vigilio de Thapsus, Fulgencio y el único poeta de mérito que dio el Africa cristiana: Draconcio de Cartago.

La reconquista bizantina de 533 hizo posible alguna recuperación del antiguo vigor pero en manera alguna la paz. Los moros invadían repetidamente. Los obispos y los monjes, que defendían los →Tres Capítulos contra las condenaciones de Justiniano, el Concilio de Constantinopla y el papa Vigilio, a quien excomulgaron, sufrieron dura represión imperial por mantener así abiertamente la independencia del A. contra las autoridades papales e imperiales. Los escritores que favorecían los Tres Capítulos incluían a Ferrando (m. 546/7), un diácono cartaginés, biógrafo de Fulgencio y canonista, y a Facundo de Hermiana mientras que Primasio de Hadrumento se les oponía. Gregorio Magno (540-604) halló frecuentes oportunidades para reprender a los obispos africanos, en especial por tolerar al resurgido donatismo (en ese momento difícilmente distinguible del catolicismo) pues aquellos impedían naturalmente todo intento de un más directo control papal.

En el s.VII el →monotelismo fue rechazado por los eclesiásticos africanos (con la breve excepción de Fortunato, obispo de Cartago, ca. 639-46), y otra vez fue resistido por cierto tiempo la voluntad imperial.

La conquista del A. por los sarracenos musulmanes empezó en 642/3 y fue completada en 709, habiendo caído Cartago en 698. Esto significó para muchos cristianos huídas, esclavitud o apostasía y la reducción de los obispados del A. a tres, a mediados del s.XI, y a ninguno durante el XIII. La conquista turca de fines del s.XVI borró los últimos vestigios de presencia cristiana en el A. excepto en lo que se refiere a los notables restos arqueológicos que han iluminado su historia eclesiástica. D.F. WRIGHT

AGAPE (Gr. = "amor"; técnicamente "fiesta de amor" en Jud. 12). La comida comunitario-religiosa o "fiesta de amor" de la iglesia primitiva, estrechamente relacionada con la Cena del Señor. El relato más completo lo tenemos en I Co. 11:17-34. Normalmente se celebraba por la tarde reuniéndose ricos y pobres. →Ignacio y la →*Didajé* unen el A. y a la →Eucaristía, pero durante el s.II fueron separados, como aparentemente lo da a entender →Plinio (*Epp.* 10:96). →Tertuliano vincula al A. con las contribuciones monetarias para el socorro de los pobres (*Apología* 39) y habla de que la Eucaristía se celebra antes del amanecer (*De Corona Militis* 3). →Clemente de Alejandría aun relacionaba ambas ceremonias diciendo que se celebran al anochecer, públicamente en la iglesia y privadamente en los hogares (*Paedagogus* 2). Para Agustín era simplemente una cena de caridad caída ya en desuso. El Concilio Trullanum II (692) excomulgó a los que celebraban fiestas de amor en las iglesias. Sin embargo, ha persistido en partes de la Iglesia Ortodoxa y en la Iglesia →Mar Tomás de la India, en la *Unitas Fratum* y entre los →moravos (de los cuales Juan Wesley la introdujo al metodismo), y entre algunas otras agrupaciones pequeñas. J.G.G. NORMAN

AGAPETAE (gr. = "amados") o *Syneisaktoi* ("introducidas juntamente"; lat. *subintroductae*). Mujeres que vivían con hombres (u hombres con mujeres) bajo votos de continencia, en "matrimonio espiritual". La costumbre fue condenada, mayormente por sus abusos reales o potenciales primeramente, alrededor de los años 250-60 en Siria y en Africa, y regularmente en cánones concernientes al clero desde comienzos del s.IV. Esta práctica permaneció sin embargo bastante extendida y fue reiteradamente censurada, en especial por Crisóstomo. Su inspiración original residió en el →ascetismo, pero el ambiente determinaba la forma: el anacoreta y su sirvienta; una dama acaudalada con su capellán; el clérigo y su ama de llaves (especialmente a medida que el celibato del clero se iba haciendo norma). Fue común en los círculos monásticos, aun sobre bases comunales (con un precedente entre los *therapeutae* judíos descritos por Filón). Su prevalencia antes del s.III es muy variadamente calculada. Muchos la ven en I Co. 7:36-39 y en el simbolismo de →Hermas. La primera referencia inequívoca la hallamos en una representación de →Ireneo a los valentinianos (*Contra las Herejías* 1:6:3). El montanista →Tertuliano la favoreció. D.F. WRIGHT

AGATON (c.576-681). Papa desde 678. A invitación de Constantino IV, que esperaba lograr la reconciliación entre las iglesias del Oriente y del Occidente, Agatón envió legados al sexto concilio ecuménico de →Constantinopla en 680. Los legados leyeron la carta en la cual A. sostenía la infalibilidad de la iglesia romana y sostenía que los obispos romanos siempre habían fortalecido a sus hermanos en términos del mandato de

Cristo a Pedro (Lc. 22:32). Estableció después la doctrina ortodoxa de las "dos voluntades". La carta fue aceptada por aclamación, incluso por el emperador, pero, desafortunadamente para la interpretación que A. hacía de Lc. 22:32, el concilio condenó como hereje a uno de sus predecesores, →Honorio (m. 638). DAVID JOHN WILLIAMS

AGGIORNAMENTO. Palabra italiana usada por el Papa →Juan XXIII cuando convocó el →Concilio Vaticano II. Significa "puesta al día". El uso de esta palabra provocó muchas reacciones, ya que la relacionaban con el modernismo, que había causado gran revuelo en el contexto del Concilio →Vaticano I.

El intento de Juan XXIII al convocar el Concilio era claro: la renovación de la Iglesia y la unión de los cristianos. El Papa quería adecuar progresivamente la Iglesia –su vida y su teología– a los retos y exigencias del s.XX. CARMELO E. ALVAREZ

AGLIPAY CRUZ Y LABAYAN, GREGORIO (1860-1940). Primer obispo de la Iglesia Filipina Independiente. Siendo sacerdote católico en Manila, aceptó en 1898 un cargo de capellán militar del ejército revolucionario del general Aguinaldo. Fue el único sacerdote miembro del congreso revolucionario. Este congreso lo designó como vicario general, por lo cual fue excomulgado posteriormente. Convocó a la Asamblea de Paniqui, en la cual los clérigos establecieron un gobierno provisional para la iglesia hasta que el papa designara obispos filipinos. Al negarse Roma a esto, fue formada la Iglesia Filipina Independiente y A. fue consagrado como obispo supremo. Como nacionalista militante, A. presentó sin éxito su candidatura para presidente de las Filipinas en 1935. Permaneció siendo obispo supremo de la Iglesia "Aglipayana" hasta su muerte. RICHARD DOWSETT

AGNOETAS (gr. agnoeo = "ser ignorante"). Secta →monofisita. El problema monofisita apareció después del concilio de →Calcedonia (451). Aunque los monofisitas estaban de acuerdo con que Cristo tenía solamente una y no dos naturalezas, estaban ellos mismos divididos en facciones. Las dos más importantes estaban constituídas por los severianos, seguidores de Severo, patriarca de Antioquía, y los julianistas, que derivaban su nombre de Juliano de Halicarnaso. A su vez, estos grupos se dividieron. Los severianos se dividieron en A., a veces llamados temistianos y teodosianos. Los temistianos, por Temistio, diácono de Alejandría, fueron conocidos como A. debido a su particular énfasis acerca de la naturaleza de Cristo: que Jesucristo no era totalmente omnisciente sino que compartía la ignorancia humana en muchos aspectos. Los monofisitas estrictos rechazaban, naturalmente, este concepto. GEORGE GIACUMAKIS

AGNOSTICISMO. El término (derivado de Hch. 17:23, "al dios no conocido") fue introducido por T.H. Huxley en 1869 para destacar la doctrina de que el hombre no sabe, ni puede saber, si Dios existe. Basaba su posición en la máxima de Locke en cuanto a que el hombre no debe aceptar "proposiciones con mayor certidumbre que lo que garantizan las evidencias" y este dogma, opuesto a la fe, caracteriza el a. El término es ahora empleado en varios sentidos aparte del que se acaba de especificar: (1) como el concepto de que deberíamos omitir juicios referentes a todos los problemas límites tales como Dios, el libre albedrío, la inmortalidad; (2) para describir una actitud secularista hacia la vida, p.e.: que Dios es irrelevante para el hombre moderno; (3) para describir una actitud más bien emotiva contra el cristianismo o una postura anticlerical; (4) como sinónimo de ateísmo.

El agnóstico moderno frecuentemente razona sobre la base de la apertura mental requerida por la ciencia; si no podemos en la ciencia saber la respuesta antes de que hayamos reunido las pruebas, ¿cómo podemos esperar saber la respuesta anticipadamente en la religión? El principio básico del agnosticismo es desmentido por lo que Koestler ha llamado "el acto de creación": un estudio de l creatividad y la invención en los campos a tístico, literario y científico demuestra qu por lo general, es imprescindible para el éx to la confianza en la verdad de las propos ciones que están más allá de lo justificad intelectualmente por hechos verificados.

R.E.D. CLAR]

AGOBARDO (c.779-840). Arzobispo d Lyon. Refugiado procedente de la Españ morisca, llegó a ser sacerdote en Francia y e 816 fue designado para la sede de Lyor Tenía una visión poco realista del Imperi Carlovingio como algo que abarcaba a tod la cristiandad, cuyos súbditos, pese a su orígenes raciales, serían cristianos bajo un sola ley y todos serían llamados francos. Su participación en los conflictos político carlovingios condujo a su deposición com arzobispo en el concilio de Thionville, de 835 a 837, por orden del emperador →Luis el Piadoso. Su sucesor, Amalrico de Metz, fue condenado por el sínodo de Quiercy (838) por su interpretación de las ceremonias de la misa en su libro *De Ecclesiasticiis Officiis* (820) al cual A. atacó seguidamente. También escribió contra los judíos *(De Insolentia Judaeorum)* y contra las prácticas y creencias supersticiosas *(Liber de Grandine et Tonitruis),* pero no escribió el *Liber de Imaginibus* que en una época fue atribuido a él. Sus escritos teológicos iban dirigidos ante todo contra los →adopcionistas, particularmente contra →Félix, obispo de Urgel. A. fue muy crítico del sistema alemán de una iglesia propietaria, cosa que había de causar serios problemas en el futuro. L. FEEHAN

AGONIZANTES. Orden religiosa fundada por Camilo de Lelis en 1584. Sus seguidores (también conocidos como camilos) hicieron voto de dedicarse a los afectados por las plagas. En 1591 Gregorio XIV les concedió los privilegios de orden mendicante.

J.D. DOUGLAS

AGRICOLA, JOHANN (1494-1566). Reformador alemán. N. en Eisleben y estudió bajo Lutero en Wittenberg. En 1519 actuó como secretario de actas de Lutero en el Coloquio de →Leipzig. En 1525 fue por breve tiempo a Francfort y posteriormente fue designado director de la escuela de Eisleben y predicador de la Iglesia de San Nicolás. En 1527 sostuvo una disputa con →Melanchton acerca de la relación entre el arrepentimiento y la fe. Puede haber habido razones personales tras las diferencias teológicas de ambos ya que en 1526 Melanchton fue preferido como catedrático de la Universidad de Wittenberg. El punto de vista de Melanchton, compartido por los otros reformadores, era que la ley moral se necesitaba para llevar al arrepentimiento a los pecadores y que esto conducía a la fe en Cristo. A. sostenía que la ley no tenía parte alguna en la experiencia cristiana. Lutero, que aplicó a A. y a sus seguidores el título de →antinomianos, refutó sus argumentos y le sacó cierta forma de retractación, pero los sentimientos antagónicos permanecieron. En 1540 A. marchó a Berlín donde fue designado predicador de la corte y superintendente general. Aparte de sus obras compiló una colección de proverbios alemanes. HUGH J. BLAIR

AGRICOLA, MIKAEL (c.1510-1557). Reformador finlandés. Después de asistir a la escuela de Viborg (Vipuri) arribó a Abo (Turku), donde conoció la Reforma por medio de Pedro Särkilax. Trabajando como secretario del obispo, A. tuvo oportunidad de predicar la verdad evangélica en Abo y también en el campo. Estudió en Wittenberg (1536-39) y al regresar a Finlandia trajo consigo una carta de recomendación escrita por Lutero. Durante nueve años fue director de la escuela de Abo, la principal institución para la preparación teológica. Se esforzó por renovar la vida interna de la iglesia según el espíritu de la Reforma. En 1554 fue nombrado obispo de Abo.

A. cumplió una destacada y significativa tarea como autor y editor de libros en finlandés. En 1542 publicó un libro para párvulos y en 1544 uno de oraciones tomadas de la Biblia y de los escritos de Lutero y de otros reformadores. Su traducción del NT fue concluida en 1543 y publicada en 1548. La traducción está hecha sobre el original griego, pero la influencia de Lutero es evidente. A. también tradujo algunas partes del AT al finlandés, entre ellas los Salmos. En 1549 publicó un manual eclesiástico y un misal que determinaron en gran manera el desarrollo del culto de la Iglesia Finlandesa. Estos libros están en su mayor parte basados en el manual y en el misal suecos publicados por Olavus →Petri. A., que ha sido llamado "el padre de la literatura finlandesa", puso los fundamentos del cristianismo evangélico, la educación teológica, la predicación, la instrucción y la liturgia en Finlandia.

STIG-OLOF FERNSTROM

AGRIPPA VON NETTESHEIM, HEINRICH CORNELIUS (1486-c.1535). Soldado y estudioso errabundo. N. en Colonia, Alemania, anduvo toda su vida de un lugar a otro en Europa, incluso Inglaterra, buscando quien lo patrocinara. Su actitud polémica, junto con su falta de tacto, le produjo muchos enemigos. A la edad de 23 años, desilusionado con la sabiduría de su época, A. trató de hacer una síntesis de cristianismo, →neoplatonismo, pitagorismo y →cabalismo. El resultado *(De occulto)* fue una obra consultada generalmente por los magos todavía dos siglos después de su muerte. Posteriormente publicó *De vanitate,* una despiadada crítica del escolasticismo, el monacato, la creencia en las brujerías, las indulgencias y el culto a las imágenes en la ICR. Aunque tenía mucho en común con los reformadores, no buscaba la destrucción de la iglesia y su actitud hacia la Biblia, que según él contenía errores, era distinta. Sus libros, reimpresos frecuentemente, fueron aceptados en muchos círculos. *De vanitate* fue el favorito de los ateos y de los escépticos a causa de su anticlericalismo y de su desconfianza de la razón humana. Su obra acerca de la magia lo alineó con el ocultismo, y su denuncia de los abusos cometidos por el catolicismo romano lo acercó a los reformadores. Aunque sus escritos lo muestran a veces como inconsecuente, empírico y oportunista, también estaba dispuesto a combatir por la justicia y a sufrir por ella si era necesario. R.E.D. CLARK

AGUA BENDITA. Agua ordinaria que ha sido bendecida por un sacerdote para ser usada con fines religiosos, p.e. bendiciones, exorcismos, funerales, y el Asperges de la misa. En Occidente la bendición propia del agua va acompañada de un exorcismo y de la adición de sal exorcizada. El a.b. se halla habitualmente en pilas situadas cerca de la puerta principal de las iglesias. Esta práctica se remonta a los tiempos de los normandos. El uso del a.b. en la iglesia comenzó en el s.IV, pero se popularizó en la Edad Media.

J.D. DOUGLAS

AGUSTIN DE CANTERBURY (m.604?). Primer arzobispo de Canterbury. Previamente había sido prior de un monasterio en Roma. Fue enviado por →Gregorio Magno en 596 en misión para convertir a los paganos ingleses. En cierta forma era renuente a ello y solicitó permiso para regresar antes de cruzar el Canal (597) pero, finalmente, desembarcó en Thanet. Gregorio sabía, pese a todo, que la ocasión era propicia. Etelberto, rey de Kent, cuyo territorio estaba próximo al Continente, se había casado con una princesa cristiana de los francos llamada Berta, la cual había llevado a Inglaterra como su capellán al obispo Liuthard. Además Etelberto, a su vez, era el gobernante que dominaba entre las tribus anglosajonas al sur del estero Humber. A los cuatro años, y quizá mucho antes, Etelberto recibió el bautismo. A. fue entonces designado como arzobispo. Beda dice que la consagración se llevó a cabo en Arlés, aunque la fuente autorizada para afirmar esto no se conoce.

La intención de Gregorio había sido hacer de los viejos centros romanos de Londres y York las sedes metropolitanas de la iglesia inglesa. Londres pertenecía, no obstante, a los sajones del E, por lo tanto A. fijó su asiento en Canterbury. Posteriormente envió a sus compañeros Justo a predicar al O del Medway como obispo de Rochester y Melito a convertir a los sajones del E, como obispo de Londres.

El continuo interés de Gregorio por los detalles de la misión inglesa es evidente en las muy específicas instrucciones que envió a A. pero este fracasó en su intento de lograr un acuerdo, por orden de Gregorio, con los dirigentes de la antigua iglesia celta situada en el O de la Gran Bretaña. Más allá de Kent, la exitosa conversión de los ingleses fue llevada a cabo por otras misiones no relacionadas con la de A., la más importante de las cuales fue la misión céltica de →Iona. A. también estableció en Canterbury, con la ayuda de Etelberto, el monasterio de San Pedro y San Pablo, en donde fueron sepultados los primeros diez arzobispos y varios reyes. JOHN TILLER

AGUSTIN DE HIPONA (354-430). Aurelius Augustinus (Agustín), obispo de Hipona Regius en Numidia, en el N del Africa romana, el más grande de los padres latinos. N. en Tagaste de progenitores pertenecientes a la clase media: Patricius (convertido poco antes de su muerte en 372) y la devota y dominante Mónica. Recibió educación local y posteriormente en Madaura y Cartago (371-75). Se destacó en la preparación centrada en la retórica de aquella época, pero no logró dominar el griego. Catecúmeno desde la infancia, sin embargo, sentía pasión por el teatro y dominó su sexualidad solo mediante un casamiento no oficial (372) que duró hasta 385 y produjo un hijo; Adeodatos ("dádiva de Dios") quien murió c.390.

El ahora perdido *Hortensius* de Cicerón convirtió a A. a la filosofía, la búsqueda de la divina sabiduría (373), que, por estar él desilusionado con el estilo y la sustancia de la Biblia, lo precipitó en el →maniqueísmo. Atraído por las pretensiones de éste en cuanto a una demostración racional de sabiduría, su rechazo del AT y la elevada espiritualidad de sus "electos", permaneció como *auditor* ("maniqueo") durante una década. Al principio fue un entusiasta proselitista, pero cayó poco a poco en el desengaño en cuanto a las pretensiones intelectuales del maniqueísmo. Sin embargo, todavía fue incapaz de abandonar su materialismo filosófico y la solución dualista del fastidioso problema del mal. En Tagaste (375-76) y en Cartago A. se volvió maestro en retórica y escribió su primera obra (ahora perdida) *Lo hermoso y lo adecuado* (c.380). La ambición lo llevó brevemente a Roma (383) y luego (bajo el patronazgo de Símaco, prefecto de la ciudad y decano de la aristocracia pagana) a Milán, la sede imperial, como profesor de retórica (384). Pronto fue seguido por Mónica para vigilar sus progresos profesionales y su vuelta al catolicismo. Poco antes de un matrimonio conveniente, su desconocida concubina fue despedida.

Aunque tentado por el escepticismo académico, A. sucumbió ante la erudita elocuencia y al alegorismo de →Ambrosio, obispo de Milán. Prominentes intelectuales cristianos milaneses le presentaron los escritos de los neoplatónicos →Plotonio y →Porfirio (principios de 386) lo cual consumó su emancipación del maniqueísmo y alentó su devoción a la filosofía espiritual. La visión que ellos tenían del ser trascendente, inmaterial y del mal como privación de la bondad, disolvió sus dificultades y lo expuso a los efectos de repetidos relatos cristianos acerca de "convertirse del mundo". Sus luchas para seguir estos *exempla* culminaron en el famoso jardín al leer Ro. 13:13,14 (fines de 386). Abandonando una carrera pública, se retiró con su familia, amigos y alumnos a una residencia situada en Cassiacum para la tranquila búsqueda de la sabiduría la cual era el anhelo del que ahora era un católico neoplatónico, de acuerdo con sus escritos de aquella época. El bautismo, realizado por Ambrosio en Milán, tuvo lugar seguidamente en la Pascua de 387.

A su regreso a Tagaste, a continuación de la muerte de Mónica en Ostia, después de su estática visión (¿neoplatónica?) A. formó una comunidad de "siervos de Dios" dedicada a la filosofía contemplativa (cp. *De la Verdadera Religión* 389-91). Ya había comenzado a escribir contra el maniqueísmo. Mientras visitaba Hipona por propósitos ascéticos, fue compelido al sacerdocio (391), aunque primero pidió tiempo para mejorar sus conocimientos bíblicos. Fundó allí un monasterio y, al suceder al obispo Valerio en 396 (habiendo sido consagrado anticipadamente en 395), cambió la casa episcopal en comunidad monástica, una escuela de futuros obispos africanos. Al avenirse A. a ser obispo católico en vista del progreso del →donatismo y de la persistencia de los maniqueos y del paganismo "catolizado", sus puntos de vista cambiaron en forma decisiva. Un diagnóstico más radicalmente bíblico del hombre y de la historia (aun de la historia eclesiástica) desplazó lentamente al optimista y neoplatónico "humanismo". Su obra *Confessiones* (c.397-401) interpretó su pasado, hasta la muerte de Mónica, bajo esta luz más severa. Aunque en cuanto al énfasis difieren de sus escritos anteriores a Hipona, su historicidad básica es incuestionable.

Se ocupó diligentemente de los deberes habituales de un obispo: litúrgicos, pastorales, disciplinarios, administrativos, judiciales. Predicó asiduamente, con extensas series acerca de los Salmos y del Evangelio de Juan, en un estilo que apelaba tanto y era tan profundo como el de cualquiera de los Padres. Viajó con frecuencia, en los alrededores de su diócesis, fue a Cartago y a otros lugares, especialmente para llevar a cabo sínodos, consultas o disputas, pero nunca salió otra vez del Africa. Propagó la vida monástica y, juntamente con Aurelio de Cartago, revigorizó el catolicismo africano.

Su teología llevó a la controversia. Contra los maniqueos defendió la bondad de la creación *qua* ser, definiendo el mal como la ausencia de bien y atribuyendo el pecado al abuso del libre albedrío. Desarrolló una explicación de la fe basada en la imponente autoridad de la iglesia universal, y conducente al pleno entendimiento.

Los donatistas eludieron los enfrentamientos personales en los cuales A. venció a los maniqueos más distinguidos. Pero su incansable refutación histórica y teológica, popularizada en rimas, lemas y cartelones, promovió los puntos de vista africanos en cuanto a la iglesia y a los sacramentos dejándolos, no obstante, sin desarrollo completo. Apoyándose en la eclesiología de Ticonio, destacó que la pureza de la iglesia era escatológica, imposible de realizar al presente, y su universalidad tan cierta como la profecía. Los sacramentos fuera de la iglesia son reales dado que su ministro es Cristo, pero resultan inútiles hasta que quienes los reciben se unan nuevamente al cuerpo donde el Espíritu, el vínculo de amor y unidad, otorga vida. Consideraciones pragmáticas llevaron a A. a abandonar su desaprobación acerca de la coerción contra los herejes y cismáticos. Justificó la coerción como función correctiva, no punitiva, del magisterio cristiano y meramente una faceta de la divina disciplina para el bien del hombre ("Ama, y haz lo que quieras").

Su preocupación, típicamente africana, por la iglesia y el bautismo persistió contra Pelagio y sus seguidores. Perfeccionó el concepto africano en cuanto al pecado original como la culpa heredada y la corrupción de Adán. Enseñaba la necesidad de la gracia interior que capacita al hombre para obedecer a Dios, aparentemente negando su voluntarismo antimaniqueo que Pelagio citó. Lo imposible de la impecabilidad en la tierra, lo indispensable del bautismo para el perdón de los infantes, y la "hospitalidad" inclusiva de la iglesia fueron destacadas en contra del perfeccionismo elitista de Pelagio. La inescrutable predestinación y perseverancia de los electos (pero no de los réprobos) llegó a primer plano contra →Julián de Eclano y los monjes semipelagianos (mejor, semiagustinianos) de la Galia del S.

La Ciudad de Dios (c.413-27) empezó como una apología contra los alegatos de que el cristianismo era culpable, en última instancia, del saqueo de Roma en 410. Estos escritos se convirtieron en un desordenado repaso de la historia de Roma y del cristianismo, interpretada teológicamente y, por lo tanto, en forma escatológica, a través de las enmarañadas fortunas terrenales de dos "ciudades" originadas por amores en conflicto.

A. murió cuando el →Africa Romana sucumbía ante los vándalos que sitiaban Hipona. Su amigo Possidius, obispo de Calama, compuso una vida y un catálogo de los escritos de A. Uno de los últimos fue *Retractationes* (426-27) en el que A. enumera sus escritos, corrigiéndose y autodefendiéndose a veces en algunos puntos. En *La Trinidad* (399-419) resume los logros patrísticos trinitarios y algunos progresos en analogías sicológicas. *Instrucción cristiana* (396-426) llegó a ser un influyente manual de cultura cristiana y de hermenéutica. Además de numerosas contribuciones a controversias, sobreviven extensas obras exegéticas y centenares de cartas (incluso la Regla monástica) y sermones.

Estos voluminosos escritos influyeron masivamente en casi todas las esferas del pensamiento occidental en siglos posteriores. En muchos conflictos, incluso la Reforma, ambos bandos podrían reclamar su patronazgo, recurriendo a escogidos aspectos de su siempre cambiante mentalidad. Fue uno de los cuatro doctores de la Iglesia Latina, se convirtió en *post apostolos omnium ecclesiarum magister* (Godescalco). D.F. WRIGHT

AGUSTINOS, CANONIGOS. También conocidos como "negros", "regulares" y "agustinos". Aunque Agustín de Hipona verdaderamente trató de establecer casas en las que había una reglamentación monástica completa, los orígenes de estos canónigos que llevan su nombre estuvieron relacionados con el movimiento reformatorio de la época del papa →Gregorio VII (c.1021-85). Los Sínodos Lateranenses de 1059 y 1063, advirtiendo el auge de la vida común en zonas tales como el N de Italia y el S de Francia, consideraron y recomendaron la pobreza monástica sin hacerla obligatoria: e.d. a los monjes se les permitía aun poseer alguna propiedad. Con el descubrimiento y puesta en vigor de la Regla de Agustín, a mediados del s.XI, el título de "canónigos regulares" llegó a ser virtualmente sinónimo de c.a. al adoptar los monjes la Regla de Agustín. Sin embargo, los monjes no pertenecían a una sola orden sino que fueron organizados en varias casas que, a su vez, se subdividieron en congregaciones. Bien conocidos ejemplos de las últimas fueron las de Premontre, San Rufo y Windesheim. →Tomás de Kempis y Gerhard →Groote pertenecían a Windesheim. →Erasmo era un c.a. A partir del siglo quince desaparecieron muchas de estas casas, pero subsisten los canónigos regulares lateranenses y premonstratenses, lo mismo que varios conventos de canonesas. Dos famosos hospitales londinenses dedicados a la enseñanza, St. Barthlomew y St. Thomas, deben sus orígenes a los c.a.
PETER TOON

AGUSTINOS, ERMITAÑOS (Frailes). Orden mendicante constituida por varias congregaciones italianas de ermitaños y fundada por el papa Alejandro IV en 1256. Aunque la constitución estaba basada en la de los dominicos, la regla era la de Agustín de Hipona. Al aumentar rápidamente perdió su carácter ermitaño y se convirtió en una importante orden mendicante. El título de "ermitaños" fue conservado para distinguirlos de los canónigos. La orden incluía miembros del clero y laicos (posteriormente se extendió a mujeres). Su jefe es el prior general, quien es asistido por un consejo. Cada provincia cuenta con un provincial y cada monasterio con un prior. Llevan un hábito negro, una capucha puntiaguda y un cinturón negro de cuero. Dos importantes escuelas teológicas, las relacionadas con Giles Colonna (m. 1316) y con el Cardenal Noris (m. 1704), procedieron de sus filas. Martín →Lutero fue miembro de la congregación reformada alemana. Aunque experimentaron muchos contratiempos en el s.XVI, permanecen hasta hoy. Hay dos congregaciones descalzas cuyos orígenes se remontan a la Contrarreforma del s.XVI. PETER TOON

AIDAN (m. 651). Primer obispo de Lindisfarne, Inglaterra. Después de su victoria en Heavenfield, cerca de Hexham en 633, Osvaldo rey de Northumbria, solicitó a los monjes de →Iona que enviaran a alguien para que le enseñara a su gente la fe cristiana. El primer misionero no hizo mucho y en su regreso a Iona se quejó de la naturaleza bárbara del pueblo. Para reemplazarlo fue designado otro monje, A., que fue consagrado como obispo. Eligió como su sede principal la pequeña isla de Lindisfarne, no lejos de la capital de Osvaldo en Bamburgh. Fundó una comunidad monástica y se adaptó plenamente a la nueva situación, teniendo estrechos vínculos con Osvaldo y con su sucesor, Oswin, y se identificó con la gente común. Realizó muchos viajes misioneros en la tierra firme, especialmente a pie, a veces acompañado por Osvaldo que le servía de intérprete. Fundó una escuela para doce muchachos, entre ellos Eata, Wilfrido, Cedd y Chad, para continuar su obra. Mostró notablemente las virtudes célticas de sencillez, humildad y amabilidad. Tal fue su éxito misionero que J.B. Lightfoot pudo afirmar: "No →Agustín, sino Aidán, es el verdadero apóstol de Inglaterra".

R.E. NIXON

ALA. Nombre propio islámico no pluralizable y monoteísta, dado a Dios, como el hebreo Yahvéh. Designa al creador omnipotente, misericordioso, no engendrado, no engendrador, rechazando vehementemente la encarnación de Cristo. El nombre es usado también por los modernos árabes cristianos que dicen respecto a futuras contingencias: *"in sha' Allah"* como los cristianos pueden decir "si Dios quiere". El →Corán y las tradiciones emplean 99 nombres para designar a Dios. Un punto característico del Islam proclamado desde cada minarete es: "la ilah illa' Allah" ("No hay más Dios sino Alá").

J.D. DOUGLAS

ALACOQUE, MARGARITA MARIA (1647-1690). Fundadora de la devoción al Sagrado Corazón de Jesús. Ingresó en el convento de la Visitación en Paray-le-Moniae, Francia central, en 1671, y después de un régimen de severas austeridades declaró que Cristo le había revelado su corazón ardiendo de amor por la humanidad y le había ordenado establecer la Hora Santa, la Comunión el primer viernes de cada mes y la festividad del Sagrado Corazón, que había de ser observada el viernes posterior a la octava de *Corpus Christi.* El escepticismo que al principio provocaron sus visiones fue gradualmente disipado, y la devoción al →Sagrado Corazón se extendió rápidamente a todo el mundo católico. Fue declarada venerable en 1824, beatificada en 1864 y canonizada en 1920. J.D. DOUGLAS

ALARICO (m.410). Rey visigodo. Los nómadas germánicos se establecieron en Rumania en los ss.II y III, donde posteriormente los evangelizaron los arrianos. Alrededor del 375 los hunos procedentes del NE obligaron a estos visigodos a entrar en Bulgaria, allí se federaron con el Imperio Romano, pero A., su rey electo, dirigió su búsqueda de tierras y riquezas en torno a Grecia. Pese a que se le dieron tierras en Albania y al prestigio del título imperial de *magister militum,* A. exigió Hungría y posteriormente Austria, y ante la negativa avanzó sobre Roma y la saqueó en agosto de 410. El saqueo desilusionó tanto a paganos como a cristianos que habían confiado que la *piedad* garantizaba las libertades políticas y la seguridad social de Roma. → Agustín encaró este dilema en *La Ciudad de Dios.* No había transcurrido un mes del saqueo cuando A. murió en el sur de Italia.

G.T.D. ANGEL

ALAS DE SOCORRO. Agencia de servicio cuyo fin es ayudar a la causa misionera mediante el transporte y la comunicación aéreos. Tuvo origen en 1944 y consiste en tres organizaciones autónomas pero coordinadas: norteamericana, australiana y británica. Su nombre oficial es *Mission Aviation Fellowship* pero en AL se conoce como A. de S. por haber sido legalmente organizada en México bajo este nombre en 1961. Sirve a la causa misionera en Africa, Indonesia, Polinesia, las Filipinas pero sobre todo AL en donde comenzó su obra.

Empezó su ministerio en México en 1946 y ahora (1978) sirve a 35 juntas misioneras, iglesias nacionales y agencias de socorro en diez países latinoamericanos: México (1946), Ecuador (1948), Honduras (1950), Brasil (1956), Venezuela (1963), Surinam (1963), Colombia (1971), Nicaragua (1971), Colombia (1977) y Costa Rica (1978). En 1978 tenía en AL un personal de 54 técnicos y 29 aviones.

Su ministerio consiste en transportar a evangelistas, maestros, publicaciones, enfermos, médicos, etc. y cooperar con toda clase de emergencias y proyectos humanitarios. El año 1977 sus aviones hicieron 23.000 vuelos cubriendo 2.080.000 km.

WILTON M. NELSON

ALBA. Vestidura de lino blanco que va desde el cuello a los tobillos, con mangas ajustadas, generalmente sujetada a la cintura por un cíngulo. Esta prenda es llevada por los ministros durante la Misa o Eucaristía en las iglesias romanas y en algunas anglicanas. Deriva de la clásica túnica interior y no era al principio considerada como una vestidura específicamente eucarística. J.D. DOUGLAS

ALBERTO DE BRANDENBURGO (1490-1545). Elector de Maguncia y cardenal. Hijo menor del elector de Brandenburgo, constituye un notorio ejemplo de la multiplicidad de beneficios eclesiásticos conferidos a una sola persona. Antes de convertirse en arzobispo de Maguncia (1514) y posteriormente en cardenal, tuvo dos obispados y varias importantes abadías opulentas. Para enfrentar sus deudas el papa →León X permitió a A. vender indulgencias en su diócesis y los beneficios serían divididos entre ambos, tarea confiada a Juan →Tetzel que provocó la histórica protesta de Lutero. Pese a ello hubo momentos en que A. parecía bien dispuesto hacia la obra de los reformadores. Tenía muchos amigos entre los humanistas, especialmente Ulrich von →Hutten, y hasta el tiempo de la Guerra de los Campesinos, parecía que iba a ser ganado para la fe reformada. Todavía en 1532 aceptó y premió la dedicatoria del comentario de Melanchton sobre Romanos, pero desde 1525 había militado decididamente en el bando del papado. Fue uno de los príncipes que en 1525 se reunieron en Dessau en defensa del romanismo y fue miembro de la Liga de Nuremberg, formada en 1538, para enfrentar a la Liga de →Esmalcalda. Advirtiendo la amenaza presentada por la Reforma, ayudó a preparar las fuerzas contra ella. Particularmente en sus últimos años apoyó a la entonces nueva orden de los jesuitas en sus tareas de la →Contrarreforma. HUGH J. BLAIR

ALBERTO DE PRUSIA (1490-1568). Gran Maestre de la Orden →Teutónica. Se ha destacado por llevar al estado prusiano bajo la influencia de la Reforma. Inicialmente sus propósitos eran ante todo políticos: se esforzaba por lograr la independencia de Prusia con respecto a Polonia. Fue derrotado y en 1521 consintió en hacer una tregua por cuatro años. Previendo la reanudación de la guerra, buscó aliados y visitó la ciudad de Nuremberg en 1522. Allí quedó bajo la influencia del reformador Andreas →Osiander, quien lo ganó para la fe reformada. Por consejo de Lutero, disolvió la Orden Teutónica y decidió hacer de Prusia un ducado hereditario para sí mismo. La divulgación en Prusia de las enseñanzas luteranas fortaleció este propósito, y en 1525 fue consagrado como duque de Prusia aun bajo la soberanía del rey polaco. Hizo mucho por transformar a Prusia en un estado protestante, alentó la educación, fundó la universidad de Königsberg en 1544 (designando como profesor de la misma a Osiander en 1549). Las diferencias teológicas entre Osiander y →Melanchton condujeron a disputas políticas, pero fue adoptada una forma estricta de luteranismo que se declaró obligatoria para todos los maestros y predicadores en todos los dominios de A. HUGH J. BLAIR

ALBERTO MAGNO (1193-1280). Teólogo dominico. Nació en Suabia de padres nobles, ingresó en la orden de los →dominicos en 1223 y dio conferencias en escuelas dominicas en Alemania (1228-45). Enseñó en París (1245-48) y en Colonia (1248-55). Después fue sucesivamente gobernador provincial de la orden en Alemania y obispo de Ratisbona hasta 1262 cuando se retiró a un convento dominico de Colonia. A. fue el primer erudito medieval cristiano en dominar toda la filosofía aristotélica. Durante su variada y activa carrera escribió 21 volúmenes masivos, mayormente comentarios de las obras de Aristóteles y libros teológicos basados en la filosofía aristotélica. Su mayor interés residía en la ciencia natural de Aristóteles y en el problema de reconciliar la filosofía con el cristianismo. En las ciencias naturales no siguió ciegamente las enseñanzas de Aristóteles. Claramente manifestó que no creía que Aristóteles fuese un dios sino que era un hombre susceptible de errores como los demás. A. era tan asiduo en sus estudios de la naturaleza que fue acusado de abandonar sus estudios sagrados y circularon muchísimas leyendas acerca de sus poderes milagrosos. Aunque su labor teológica no alcanzó el éxito de la de Tomás de Aquino, ciertamente A. defendió la distinción entre el campo de la revelación y el de la razón humana. Sostuvo que ninguna verdad podía refutar a la revelación. Al mismo tiempo enseñó la superioridad de la revelación y el derecho de los estudiosos a usar todo conocimiento humano en la investigación de los misterios divinos. ROBERT G. CLOUSE

ALBIGENSES. Adherentes de una religión derivada del →maniqueísmo. En forma modificada sus enseñanzas se divulgaron por el Asia Menor y de allí a principios de la Edad

Media pasaron a los Balcanes. Estas enseñanzas, siguiendo las rutas comerciales, aparecieron en el N de Italia y en el S de Francia por el s.XI. A veces se les da a los adeptos los nombres de →cátaros y →bogomilos. Pero en el occidente se les conoce generalmente como albigenses debido a que el centro de su poderío estaba en la localidad de Albí, en Languedoc.

Esta religión era dualista, con un dios de luz (la Verdad, el dios del NT) y un dios de tinieblas (el Error, el dios del AT). La vida terrenal es una lucha entre ambos dioses y sus principales fuerzas: espíritu y materia. Lo mejor para el hombre es purificarse gradualmente de la materia. Por lo tanto los a. condenaban al matrimonio, la procreación, el comer ciertos alimentos, la guerra y el uso de todo lo material en el culto. Debido a que se negaban a prestar juramento resultaban subversivos para una sociedad que descansaba en los juramentos que el vasallo prestaba ante su señor feudal. También creían que el gobierno humano era perverso y malo. Todas estas posiciones representan el extremo de la doctrina a., y la mayoría de los adherentes no cumplía estrictamente con ella. Por ejemplo: un buen a. no tenía que dejar los alimentos sino que se le exigía hacerse vegetariano.

Los adherentes a esta religión estaban divididos en los pocos (*perfecti,* su clero) y los muchos (*credentes,* los creyentes). Los *perfecti* vivían plenamente el rígido ascetismo de su fe, y los *credentes* trataban de volverse *perfecti.* Esto era alcanzado recibiendo el único sacramento permitido: el *consolamentum.* Si el recientemente consagrado *perfectus* daba muestras de no ser capaz de vivir plenamente según la disciplina ascética de su vocación, sus amigos podían asegurar la salvación del alma de aquél mediante la auto inanición (la *endura*). Los a. no creían ni en el infierno ni en el purgatorio. El único "infierno" acerca del cual enseñaban consistía en el encarcelamiento del alma dentro del cuerpo. Esto condujo a algunos a una vida licenciosa de modo que muchos de sus dirigentes comenzaron a enseñar que las almas de aquellos que no eran salvos transmigran a cuerpos de animales inferiores.

La patria de los a., el S de Francia, a fines del s.XII era una tierra agradable, tolerante y próspera, centro de la civilización provenzal. Uno de los gobernantes de esta zona, el conde Raimundo VI de Tolosa, fue el principal auspiciador de la causa a. Los agentes de éste dieron muerte a un legado papal y provocaron una cruzada que aplastó la religión y también la cultura provenzal (1209-1229).

ROBERT G. CLOUSE

ALBRIGHT, JACOB (1759-1808). Fundador de la →"Iglesia Evangélica". N. cerca de Pottstown, Pennsylvania. Hijo de inmigrantes alemanes, recibió poca educación académica. Creció en la Iglesia Luterana, sirvió como soldado en el ejército colonial y se convirtió en un próspero fabricante de ladrillos. La inesperada muerte de varios de sus hijitos lo condujo a la conversión en 1790. Se unió a una clase metodista y posteriormente fue licenciado como predicador laico. Por 1800 habían sido formadas varias clases y, tres años más tarde, A. fue ordenado como ministro por su propia congregación. En 1807 la "gente de A." fue organizada como *"The Newly Formed Methodist Conference",* con A. como el primer obispo. Posteriormente fueron conocidos como "la Asociación Evangélica" y luego como la "Iglesia Evangélica" (1922). La iglesia adoptó la doctrina →arminiana y la eclesiología metodista.

HARRY SKILTON

ALBRIGHT, WILLIAM F. (1891-1971). Distinguido arqueólogo y orientalista. N. en Coquimbo, Chile, hijo de misioneros metodistas. En 1916 recibió su doctorado de la Universidad Johns Hopkins (Baltimore, EUA), la misma donde años más tarde (1929-1958) ocupara la cátedra W.W. Spence de lenguas semíticas. De 1921 a 1929 y de nuevo de 1933 a 1936 fungió como director del *American School of Oriental Research* en Jerusalén. Erudito de vastísimos intereses, se distinguió por sus estudios sobre el Cercano Oriente y en especial por sus labores arqueológicas en campos relacionados con la Biblia. Su labor editorial cubre 60 años de producción con más de mil entradas en su bibliografía incluyendo más de una docena de libros. Entre éstos se destacan *De la Edad de Piedra al Cristianismo* (1957, esp. 1959), *La Arqueología de la Palestina y la Biblia* (1956, esp. 1962), *Archaeology and the Religion of Israel* (1946), *Yahweh and the Gods of Canaan* (1968). JORGE A. GONZALEZ

ALCOHOLICOS ANONIMOS →TEMPERANCIA EN AMERICA LATINA

ALCUINO DE YORK (m. 804). Erudito cristiano medieval. Fue educado en la escuela catedralicia de York en la que su maestro había sido discípulo de →Beda. A. fue el más importante e influyente de los estudiosos invitados a la corte de →Carlomagno (782) donde sus enseñanzas y sus escritos fueron la base sobre la cual los subsiguientes escritores carolingios iban a edificar. Autor fecundo, escribió varios comentarios sobre la Biblia, tratados dogmáticos y manuscritos de controversia. Después de sus tareas en la escuela del palacio, llegó a ser abad del monasterio de San Martín de Tours donde, además de sus escritos, añadió muchos volúmenes a la biblioteca y supervisó la escuela monástica. En Tours, A. se esforzó por elevar el nivel intelectual de los monjes. Uno de los resultados de su labor fue el desarrollo de un estilo de escritura manuscrita llamado la carolovingia minúscula. Este sistema, que usaba tanto letras minúsculas como mayúsculas, era más fácil de leer que el antiguo sistema merovingio cursivo o itálico, y hasta hoy observamos la influencia de aquél a través de los libros impresos con tipo romano. A. también dirigió a un grupo de eruditos que revisaron el texto de la Biblia llamado la Vulgata. Estos cotejaron los antiguos manuscritos, corrigieron muchos errores y discrepancias. Aunque no se obtuvo un texto uniforme, fueron evitadas corrupciones posteriores de transcripción. ROBERT G. CLOUSE

ALEANDRO, GIROLAMO (1480-1542). Erudito católicorromano. Encabezó la oposición a Lutero en la Dieta de →Worms. Nació en Venecia; estudió medicina y teología. Se dijo que era uno de los hombres más ilustrados de su tiempo. Enseñó latín, hebreo y griego en la Universidad de París desde 1508 y fue por algún tiempo rector universitario. En 1519 →León X lo nombró bibliotecario del Vaticano y posteriormente fue en varias misiones papales. Pruebas de la virulencia de sus ataques a Lutero se hallan en sus cartas que se conservan en la Biblioteca Vaticana. En la Dieta de Worms pronunció un extenso discurso abogando por las más severas medidas contra Lutero y sus enseñanzas. Fue él quien redactó el edicto, aceptado por →Carlos V y por la Dieta, mediante el cual Lutero fue condenado. Posteriormente, a instigación de A. murieron en la hoguera dos monjes en Bruselas (1523), siendo éstos los primeros mártires de la Reforma. HUGH J. BLAIR

ALEGORIA. Uso del lenguaje para dar un significado más profundo y diferente que aquel que aparece en la superficie. La metodología fue elaborada en las escuelas retóricas de Grecia originalmente para eximir a Homero de todo cargo de impiedad o ignorancia. Los judíos de la Diáspora, influídos por la cultura helenista, adoptaron el canon alegórico de exégesis en la interpretación de la Escritura. El judío Aristóbulo (primera mitad del s.II a.C.) parece ser el primero en haber aplicado el método estoico al AT, pero el alejandrino →Filón es el alegorista judío por excelencia. Todo pasaje de la Escritura en donde el sentido literal impugne el carácter trascendente y santo de Dios, o que sugiera una contradicción, tiene que ser interpretado alegóricamente. En el uso palestino el principio alegorista era menos marcado, menos radical y trataba de mantener un contacto más estrecho con el significado literal del texto.

En el uso bíblico debe hacerse una distinción entre la alegoría como un medio de revelación y la alegoría como un método de interpretación. Indudablemente existen pasajes alegóricos en la Escritura; Pablo explícitamente declara su uso de este método en Ga. 4:21-31 (cp. I Co. 10:1-4) pero evidentemente, esto era un desvío de su práctica habitual. En la iglesia primitiva la alegoría fue expresada, p.e.: en las obras de →Clemente de Roma, →Ireneo y →Tertuliano; fue llevada a un exceso por la Escuela →Alejandrina. Jerónimo, Hilario, Ambrosio y Agustín concedieron mayor o menor preminencia a la hermenéutica alegórica. →Bernardo de Claraval fue el alegorista supremo de la Edad Media. →Tomás de Aquino recogió el antiguo cuádruple sistema de interpretación y lo hizo normativo para el catolicismo. En todas las épocas hubo quienes se sintieron incómodos acerca de la alegoría o se opusieron abiertamente a la misma, p.e.: la Escuela de →Antioquía. → Teodoro de Mopsuestia escribió cinco libros *Contra los alegoristas.* Sin embargo, el método alegórico no fue seriamente atacado hasta el tiempo de la Reforma. Los reformadores generalmente lo rechazaron, adhiriéndose en cambio al principio "No metas significado [en las Escrituras] sino sácalo de ellas". H.D. McDONALD

ALEJANDRINA, TEOLOGIA. Aun en tiempos precristianos Alejandría fue un centro de saber. →Filón floreció allí a fines del s.I a.C. y seguidamente varias corrientes de pensamiento fluyeron en conjunto para poner de moda en Alejandría el neoplatonismo de Plotino y el gnosticismo de →Basílides y →Valentín. La llegada del cristianismo a Alejandría es generalmente atribuida a la predicación de Marcos el evangelista. La organización de la iglesia parece haber sido sencilla y haberse adaptado en cierto modo al clima de opinión prevaleciente. Hasta principios del s.III Alejandría no se convirtió en sede importante de la teología cristiana. →Panteno es generalmente considerado como el primer conductor de la escuela local, que parece haber sido la secuela de la antigua escuela catequística. Esta última combinaba aspectos de las escuelas helenísticas "Museo" y judías. El programa general de la Escuela de Alejandría fue expresado por la trilogía de →Clemente: *Protrepticus* (Exhortación, dirigida a los paganos), *Paedagogus* (Instrucción en moral cristiana) y *Stromata* (Micelánea, introducción en Sabiduría Divina, la verdadera gnosis del creyente maduro).

La Escuela Alejandrina alcanzó su punto más elevado de influencia bajo →Orígenes; dirigentes posteriores fueron Pierius, Theognostus, Serapión, Pedro el Mártir y Dídimo el Ciego. →Arrio desempeñó un alto cargo en la iglesia de Alejandría. Esta puede haber sido una razón por la que tal escuela decayó, dado que este último pudo usar un aspecto del pensamiento de Orígenes como autoridad decisiva para su teoría acerca de Cristo como un Hijo de Dios creado. Durante el s.IV la escuela entró más y más en la oscuridad aunque Alejandría tuvo obispos, como →Alejandro y →Atanasio, que dirigieron la ofensiva contra los arrianos y se destacaron por establecer la ortodoxia cristiana.

Durante su apogeo la escuela influyó mucho a los dirigentes de la iglesia palestina, en especial a →Julio el Africano y →Alejandro de Jerusalén. A comienzos del s.V surgió en Alejandría una nueva escuela de neoplatonismo bajo la dirección de una sabia mujer llamada Hipatia. Las características más sobresalientes de la escuela alejandrina son tres: (1) *el uso del arma filosófica.* En contraste con el norafricano →Tertuliano, los alejandrinos eran filósofos cristianos por excelencia y tenían sus propios métodos y términos en favor de la fe, tratando de derrotar a sus oponentes en el propio terreno de éstos; (2) *la supremacía de la logología.* Los alejandrinos enfatizaron la doctrina del Logos en un esfuerzo para cerrar la brecha entre Dios y el mundo, como el vínculo entre la religión del evangelio y la ciencia de los gentiles. (3) *La aplicación radical del método alegórico de exégesis bíblica.* El mayor opositor de la Escuela de Alejandría fue la de Antioquía, en contraste con la cual los alejandrinos tendieron hacia una cristología Logos-carne y hacia el →monofisismo. H.D. McDONALD

ALEJANDRO (m.328). Obispo de Alejandría (c.313-328). Sostuvo que el Hijo es *eternamente* el Hijo del Padre. Tanto en un debate del clero local como en un concilio de alrededor de 100 obispos de Egipto y Libia, acusó (quizá equivocadamente) a un presbítero en su sede llamado →Arrio, de seguir a Pablo de Samosata y se opuso a su enfoque de que "el Hijo tuvo un principio" y que el Hijo "vino de la nada". Rechazando la defensa en favor de Arrio hecha por →Eusebio de Nicomedia y por otros, anatematizó delante del concilio a Arrio y a sus adherentes por el año 321, con anterioridad a la prohibición de sínodos hecha por Licinio. Aunque considerado por Constantino a fines de 324 como demasiado escrupuloso, Alejandro fue apoyado por los sínodos de Antioquía y Nicea en 325, y fue coherente en su oposición a los arrianos y a los melecianos hasta su muerte. Creía que el Padre y el Hijo eran exactamente iguales excepto que el Padre no es engendrado. Esta excepción hizo que Arrio interpretara la frase "siendo engendrado", como un momento temporal y como un signo de distinta identidad entre el Padre y el Hijo. G.T.D. ANGEL

ALEJANDRO II (m.1073). Papa desde 1061, uno de los principales papas en la reforma gregoriana. Fue elegido sin la participación del emperador alemán y contrariamente a la voluntad de muchos nobles romanos. Por ello estos grupos eligieron a Cadalus de Parma (antipapa Honorio II), aunque más tarde retiraron su adhesión a éste. Bajo el pontificado de A. la reforma de la iglesia continuó mediante la correspondencia y la actividad de los legados. La latinización de las sedes griegas prosiguió con la conquista normanda del S de Italia y el papa alentó movimientos contra los musulmanes en España y contra los sajones en Inglaterra. También condenó el maltrato a los judíos en el S de Francia y en España. Durante la última parte de su papado una disputa concerniente a la designación para el obispado de Milán aumentó la tensión con el emperador. Este debate continuó en el papado de Gregorio VII y llevó a la controversia sobre la →investidura.
ROBERT G. CLOUSE

ALEJANDRO III (c.1105-1181). Papa desde 1159. Orlando (Rolando) Bandinelli n. en Siena, fue profesor en Bolonia y afamado como teólogo y canonista. Llegó a cardenal en 1153, fue consejero de →Adriano IV a quien sucedió. Enérgico antagonista del emperador →Federico I (Barbarroja), fue enfrentado por tres →antipapas establecidos por éste: Víctor IV, Pascual III y Calixto III. El cisma duró 17 años, finalizando solo cuando Federico fue derrotado por la Liga Lombarda en Legnano en 1176, seguido por la Paz de Venecia (1177). Durante el cisma Alejandro vivió sobre todo en Francia. Apoyó a Tomás →Becket e impuso penitencia a Enrique II de Inglaterra por el asesinato de Becket. Primero de los grandes papas legisladores, convocó al Concilio →Lateranense III (1179) que confirió el derecho exclusivo de elegir papa por una mayoría de dos tercios de los cardenales.

J.G.G. NORMAN

ALEJANDRO IV (m.1261). Papa desde 1254. Sobrino de →Gregorio XI, fue cardenal obispo de Ostia desde 1231. Como papa continuó la política de →Inocencio IV de implacable hostilidad hacia la casa real de los Hohenstaufen. En 1255 trató de asegurarse la ayuda inglesa a cambio de reintegrar el reino de Sicilia a Edmundo, segundo hijo de Enrique III de Inglaterra. Intentó en vano unir a las potencias europeas en una cruzada. Fue notable amigo de los franciscanos. Al principio de su pontificado canonizó a →Clara. Tomó bajo su protección a los frailes de París en las violentas controversias suscitadas por Guillermo de San Amour.

J.D. DOUGLAS

ALEJANDRO V (c.1339-1410). Papa desde 1409. Pedro de Creta, griego de nacimiento, se hizo franciscano y estudió en Oxford y en París donde obtuvo el título de maestro en teología (1381) y dio conferencias acerca de las *Sentencias* de →Pedro Lombardo. Su *Comentario,* que se ha preservado hasta nuestros días, muestra inclinaciones nominalistas y sugiere que desempeñó un papel de cierta importancia en el desarrollo del pensamiento medieval. Fue obispo de Placencia (1386), Vincenza (1387), Novara (1389) y arzobispo de Milán (1402). En un esfuerzo para poner fin al Cisma Occidental, fue elegido por el Concilio de →Pisa (1409) en lugar de dos papas rivales. Murió menos de un año después. Existe alguna duda en cuanto a la validez de su papado. El concilio no tenía autoridad, según la estricta ley canónica, al no ser convocado por orden papal sino por ciertos cardenales que habían abandonado a los dos papas rivales.

HAROLD H. ROWDON

ALEJANDRO VI (1431-1503). Papa desde 1492. Mientras era un joven al servicio de la iglesia, la escandalosa vida privada de Rodrigo →Borgia (nuestro biografiado) provocó una reprensión de Pío II. Gobernó en una época turbulenta tanto para Italia como para la iglesia. Siguió una política papal, italiana y nepotista hasta que en 1498 se interesó en una mayor cohesión de los →Estados Papales y apoyó las actividades políticas de su hijo César. A. cuenta en su favor con varios logros obtenidos durante su pontificado. Patrocinó la obra de Pinturicchio y subsidió la *Pietà* de Miguel Angel. También alentó la evangelización del Nuevo Mundo y aseguró la paz entre Portugal y Castilla al arbitrar una línea demarcatoria. Pese a estos logros es recordado como el padre de Lucrecia Borgia y como el pontífice contra el cual luchó Girolamo →Savonarola. Fue un tipo de papa que dio razón a los primitivos protestantes para condenar a la iglesia romana.

ROBERT G. CLOUSE

ALEJANDRO VII (1599-1667). Papa desde 1655. Fabio Ghigi n. en Siena donde estudió teología, derecho y filosofía, recibiendo en 1626 el doctorado en la primera de las disciplinas nombradas. Ingresó en Roma en el servicio papal. Después de haber sido inquisidor de Malta, fue designado como nuncio en Colonia (1639-51). Durante las negociaciones que condujeron a la Paz de →Westfalia (1648), urgió a los príncipes católicos a no sacrificar los derechos de la iglesia. Fue secretario de estado de Inocencio X (1651) y cardenal (1652). Después de su elección como papa, primero se oponía fuertemente al nepotismo, pero en 1656 cedió ante presiones y llamó a su hermano y sobrinos a Roma. Su pontificado se distingue por las disputas con las potencias católicas, especialmente con Francia. Al resistir las demandas francesas, Luis XIV capturó Aviñón y el Condado Venusino y amenazó con invadir los Estados de la Iglesia. A. tuvo que aceptar la humillante Paz de Pisa (1664). Teológicamente enérgico antijansenista, en 1665 condenó la doctrina pero los jansenistas se negaron a someterse. En la controversia sobre el →probabilismo en 1665-66 condenó 45 proposiciones laxistas aunque no el sistema probabilista. Mantuvo amistad con los jesuitas y procuró la readmisión de la orden a la república de Venecia. Alentó las misiones al extranjero e hizo mucho por modernizar y embellecer a Roma.

J.G.G. NORMAN

ALEJANDRO VIII (1610-1691). Papa desde 1689. Pietro Vito Ottoboni nació en Venecia en donde su padre era canciller. A los 17 años obtuvo en Padua un doctorado en derecho civil y canónico. Viajó a Roma en 1630 y fue designado como gobernador de Terni, Rieti y Espoleto y auditor de la Rota. Inocencio X lo hizo cardenal en 1652 y obispo de Brescia dos años más tarde. Bajo Inocencio XI fue Gran Inquisidor de Roma y secretario del Santo Oficio. Como papa se destacó por su nepotismo. Trató de disminuir las tensiones con Francia, y convenció a →Luis XIV para que devolviera a Aviñón y el Condado Venusino y para que renunciara al privilegio de la residencia diplomática. Sin embargo, como resultado de esta reconciliación con Luis, sus relaciones con el emperador Leopoldo I empeoraron. Estaba interesado en una posible restauración de los Estuardo en Inglaterra y estableció una comisión para estudiar los asuntos ingleses. Apoyó a Venecia en las guerras turcas. Condenó 31 proposiciones de los →jansenistas y los cuatro artículos de las Libertades Galicanas de 1682 en 1690.

J.G.G. NORMAN

ALEJANDRO DE HALES (c.1180-1245). Filósofo y teólogo escolástico apodado el "doctor irrefutable". N. en Hales, Inglaterra (ahora suburbio de Birmingham). Fue educado primero en el monasterio premonstratemse ubicado en Hales, luego probablemente en Oxford y finalmente se doctoró en la Universidad de París (1220,21) en donde ganó mucha fama como profesor de teología. Sorprendió a todos cuando hacia el fin de su vida entró (1236) en la recién fundada orden de los →franciscanos.

Inició la época del "alto →escolasticismo" en la cual dominó el "realismo moderado". Rechazó el realismo de Anselmo que enseñaba que se puede respaldar toda la teología mediante la razón. En su tiempo llegaron a ser accesibles todos los escritos de →Aristóteles. Alejandro, pues, procuró reconciliar el →augustinianismo con el aristotelianismo y puso los cimientos para la teología de →Tomás de Aquino.

Elaboró o definió varias doctrinas que llegaron a formar parte del catolicismo popular. En aquella época comenzaba la costumbre de privar del cáliz a los laicos. Alejandro justificó la costumbre a base del argumento de que el pan ya transubstanciado contiene tanto la sangre como la carne de Jesucristo.

Definió la distinción entre "atrición" y →"contrición", explicando que la primera es el arrepentimiento imperfecto que nace del temor al castigo que el pecado trae, y la segunda, el arrepentimiento perfecto que procede del amor a Dios. Enseñó que, aunque es inferior, la atrición es suficiente para obtener perdón.

También desarrolló la doctrina del "tesoro de méritos", doctrina corolaria y esencial para la de las →indulgencias. Hay personas, razonaba Alejandro, que han adquirido más méritos de lo necesario para obtener la salvación. Tienen "méritos supererogatorios". Estos méritos sobrantes son atesorados en el cielo, como en un banco. Gracias a ellos la Iglesia puede ser "indulgente" con el pecador. Si se cumplen las condiciones, el clero puede girar en contra de este tesoro de méritos para liberar al penitente de su pena temporal.

WILTON M. NELSON

ALESIO, ALEJANDRO (1500-65). Reformador escocés. N. Alexander Alane en Edimburgo y, graduándose en San Andrés, llegó a ser canónigo del priorato local. Fue célebre por su refutación pública de los argumentos de Lutero (admitió posteriormente haber obtenido sus más importantes argumentos del obispo Fisher, de Rochester). En 1528 fue escogido para rescatar a Patrick →Hamilton del luteranismo. Esto solo hizo que A. se convirtiera y fuera echado en prisión. Logró escaparse a Alemania (1532) donde se reunió con Lutero y Melanchton. C.1535 fue a Inglaterra en donde fue calurosamente acogido por Cramer y Latimer y por el propio Enrique VIII quien le aseguró un cargo docente en Cambridge. Se dice que fue el primero que allí pronunció conferencias sobre las Escrituras hebreas. Descubriendo que su vida corría peligro allí, regresó a Londres y practicó la medicina. Cuando el rey cambió una vez de rumbo y publicó decretos que apoyaban la transubstanciación y el celibato del clero, A. regresó a Alemania (1540). Enseñó por poco tiempo en Francfort y después pasó el resto de su vida en la Universidad de Leipzig, donde fue rector dos veces. Fue →Melanchton, de quien era su gran favorito, el que le dio el nombre de Alesio, a causa de sus anteriores divagaciones. A. volvió a visitar Inglaterra y tradujo al latín la primera liturgia de Eduardo VI y publicó muchas obras exegéticas, dogmáticas y de controversia. En Alemania se mantuvo en constante actividad por la causa protestante, y concertó muchas discusiones. Fue el primero en abogar en sus escritos en favor de la libre circulación de las Escrituras en Escocia, tierra que, inexplicablemente, no ha captado la significación plena de la contribución hecha por este gran hijo suyo.

J.D. DOUGLAS

ALEXANDER, ARCHIBALD (1772-1851). Educador y teólogo presbiteriano. N. cerca de Lexington, Virginia. Estudió en la Liberty Hall Academy (actualmente Washington and Lee University). Poco después de confesar su fe en Cristo, comenzó estudios teológicos bajo William Graham, quien lo alentó a predicar. Dos años después de ser ordenado, en 1794, asumió la presidencia del Hampden-Sydney College, cargo que desempeñó por más de una década. A principios de 1807 llegó a ser ministro de la Pine Street Church, en Filadelfia, una de las mayores congregaciones de los EUA. En 1812 la asamblea general de la Iglesia Presbiteriana (cuyo moderador él había sido) estableció un seminario en Princeton y eligió a A. como su primer profesor.

BRUCE L. SHELLEY

ALEXANDER, CECIL FRANCES (1823-1895). Himnógrafa irlandesa. N. en Dublín y se casó con William Alexander, rector de una parroquia rural en Tyrone y, más tarde, arzobispo de Armagh. Debido a una queja de sus ahijados acerca de que encontraban difícil el catecismo, fue impulsada a escribir versos ilustrativos del credo. Bien conocidos himnos resultaron de esto, incluyendo el siguiente traducido al español: "Un monte hay más allá del mar". Llegó a ser una escritora fecunda. Cerca de 400 himnos y poemas procedieron de su pluma, muchos escritos para su propia clase de escuela dominical que los escuchó antes de ser publicados.

J.D. DOUGLAS

ALFALIT. (Siglas de "Alfabetización y Literatura Cristiana".) Movimiento de alfabetización que surgió en Alajuela, Costa Rica. Su origen se debe a dos cubanos laicos metodistas: el Prof. Justo L. González y su esposa, la Dra. Luisa García, y a una misionera metodista, Eulalia Cook. Los tres se vieron obligados a abandonar la isla en 1961 ante la revolución que dirigió Fidel Castro. Se refugiaron en Costa Rica y resolvieron dedicarse a la alfabetización (usando el método elaborado por →Laubach), y a la producción de literatura sencilla para nuevos lectores.

El movimiento empezó modestamente pero pronto se extendió más allá de las fronteras de Costa Rica. En 1964 se celebró el primer seminario y taller de alfabetización de carácter internacional. En 1976 A. se había extendido tanto que tenía trabajo establecido en 13 países y un secretario ejecutivo en cada uno. Desde su origen hasta 1976, A. había enseñado a leer a más de medio millón de personas y había publicado 3.000.000 de libros y folletos para lectores principiantes.

También A. se ha empeñado en un programa de educación básica para adultos. Produce materiales que pueden llevarlos por lo menos hasta el sexto grado en corto tiempo.

El trabajo docente se hace por voluntarios, de los cuales hay millares ahora en AL. Se han dado casos en que niños han enseñado a leer a sus padres.

A. combina el aprendizaje de la lectura con el servicio social. Auspicia programas para el desarrollo de la comunidad: cría de animales, cultivo de huertos caseros, mejoramiento de viviendas, proyectos de cooperativismo, trabajos para mejorar caminos, etc.

Puesto que para A. "buscad primeramente el reino de Dios" es lo más importante, sostiene que si se enseña a leer a una persona y no se le muestra el camino a Cristo, el servicio es incompleto. Por eso pone énfasis en la cristianización.

Todos sus libros proclaman el amor de Dios. Además, su programa "Ayuda a las iglesias" provee a los cristianos con herramientas didácticas para servir mejor a las comunidades. Este programa incluye las jornadas femeninas, los círculos de lectura, las bibliotecas populares y el estudio de la "Vida de Jesús".

A. ha cooperado con →Evangelismo a Fondo, con las Cruzadas de Luis Palau, con los movimientos estudiantiles cristianos, con las →Sociedades Bíblicas y con Caravanas de Buena Voluntad.

Actualmente A. mantiene trabajo en 13 países: Bolivia, Colombia, Costa Rica, Ecuador, Guatemala, Honduras, México, Nicaragua, Panamá, Perú, República Dominicana, El Salvador y los EUA. Además, en otros países hay iglesias que están usando los materiales de A. para servir a sus comunidades.

GERARDO MARTINEZ y
WILTON M. NELSON

ALFREDO EL GRANDE (849-899). Rey de Wessex desde 871. Le preocupaba restaurar las condiciones de la Iglesia Inglesa después de la devastación causada por las incursiones de los daneses. Sin embargo, la continua carga financiera de la defensa militar limitó severamente lo que pudo lograr. El avivamiento general del monaquismo era todavía prematuro, aunque las comunidades estaban precariamente establecidas en Shaftesbury y Athelney, para mujeres y hombres respectivamente. Los planes para la reforma diocesana de la misma manera tuvieron que ser dejados para después de la muerte de Alfredo. El rey se concentró en la obra de restaurar el tesoro más importante que se había perdido: la educación. Aun en esto, la erudición latina no podía florecer sin las abadías y los ministros. Pero fue alcanzado algo de mayor importancia en la época. Con la ayuda de un grupo internacional de eruditos, A. tradujo al inglés algunas obras fundamentales de teología, filosofía y dirección espiritual escritas por autores como →Agustín, →Boecio, Orosio y →Gregorio Magno. Como alguien que había viajado por el continente europeo y visitado Roma, A. comprendía la importancia de mantener estos vínculos con la cristiandad total en una época cuando la desorganización de los monasterios podía significar el fin rápido de la civilización. JOHN TILLER

ALIANZA BAUTISTA MUNDIAL. Asociación mundial voluntaria y fraternal de bautistas formada en 1905 para mostrar, conforme a su constitución, "la esencial unidad del pueblo bautista en el Señor Jesucristo, para inspirar a la hermandad, y para promover el espíritu de compañerismo, servicio y cooperación entre sus miembros". La Alianza hace de vínculo entre los bautistas (en 1975 había cerca de 43 millones en 113 países), como foro para el estudio y la discusión, como medio para el socorro y la ayuda mutua, como fuerza vigilante para salvaguardar la libertad religiosa y como auspiciadora de asambleas que divulgan el Evangelio. Cada cinco años se reúne un Congreso Mundial de Bautistas y una Conferencia Bautista Mundial de la Juventud. El departamento femenino organiza anualmente un Día de Oración de las mujeres bautistas. En el período que media entre estas reuniones la obra del Congreso es llevada a cabo por una comisión ejecutiva que se reúne anualmente. Seis continentes están representados en su membresía, y cuenta con una serie de comisiones de estudio en materias tales como enseñanza y preparación cristiana, evangelización y misiones, doctrina bautista, libertad religiosa, derechos humanos y cooperativismo cristiano.
JAMES TAYLOR

ALIANZA CRISTIANA Y MISIONERA. Organización, y ahora denominación, con énfasis misionero, fundada por A.B. Simpson (1845-1919), ministro presbiteriano en la ciudad de Nueva York que dejó su iglesia para fundar un movimiento evangelístico y misionero.

Al principio había dos organizaciones, ambas fundadas por Simpson: "Alianza Cristiana" (para promover misiones domésticas) y "Alianza Misionera Internacional", las dos establecidas en 1887. Pero en 1897 se unieron para formar la "Alianza Cristiana y Misionera".

La A.C.M. no fue fundada para ser una entidad eclesiástica. Sin embargo pronto adquirió *de facto* este carácter, con congregaciones funcionando como iglesias corrientes cualesquiera. Ya para el año 1926 tenía 332 iglesias organizadas con una membresía de 22.737 y para 1978 había aumentado a 1.268 iglesias con 152.841 miembros en Norteamérica. En 1974 la A.C.M. se declaró formalmente una denominación eclesiástica.

Pero su fin primordial sigue siendo la promoción de la obra misionera. Tiene misioneros en unos 42 países (entre ellos 14 de AL). En 1974 tenía 1000 misioneros y contribuyó $9.000.000.00 para su obra.

En 1965 las iglesias en los campos misioneros tenían 161.074 miembros, 2 1/2 veces más que la membresía de las iglesias norteamericanas en aquel año. La obra más grande de la A.C.M. había sido, antes de la guerra, la de Vietnam, país en el que entró en 1911. En el año 1965 la membresía de las iglesias vietnamesas había alcanzado la cifra de 40.214.

La teología de la A.C.M. es evangélica y conservadora, pero del tipo de →santidad y con énfasis también en la →sanidad divina. Su lema es "Cristo nuestro Salvador, Santificador, Sanador y Rey que viene". Tiene cuatro instituciones educativas en Norteamérica, de las cuales la más importante es *Nyack College* en el estado de Nueva York. Además tiene muchos institutos bíblicos en los campos misioneros. WILTON M. NELSON

ALIANZA CRISTIANA Y MISIONERA EN AMERICA LATINA. En el mismo año (1897) que se unieron las dos "alianzas" fundadas por Simpson, la A.C.M. envió misioneros a tres países latinoamericanos: Argentina, Chile y Ecuador. Las condiciones políticas eran favorables, puesto que el proceso independentista se había concretado y las nuevas cartas magnas contemplaban la apertura hacia distintas formas de pensamiento y creencias.

Las iglesias de la A.C.M. en Argentina dirigen el Instituto Bíblico de Buenos Aires y tienen carácter misionero, habiendo enviado misioneros a las repúblicas vecinas de Uruguay, Paraguay y Brasil. La A.C.M. en Chile no solo trabaja entre los hispanohablantes sino también entre los de habla alemana y los indios araucanos. Además, su prensa en Temuco envía literatura evangélica a toda Hispanoamérica. En Ecuador la A.C.M. constituye una de las agrupaciones evangélicas más grandes, tiene un instituto bíblico en Guayaquil y cooperó en el establecimiento de la radioemisora HCJB (→RADIODIFUSION EVANGELICA).

En 1900 la A.C.M. inició una obra en Puerto Rico, en 1923 entró en Colombia, y en 1925 en el Perú. Después de esta fecha ha comenzado la obra en México (1954), la República Dominicana (1969), Guatemala (1970), Costa Rica (1975), Honduras y Venezuela.

A la A.C.M., como a la mayoría de las agrupaciones evangélicas, le atrajo la labor misionera entre las tribus indígenas y entre las clases marginadas. En el primer caso significó un gran sacrificio, renunciamiento y entrega, sin que los resultados se vieran de inmediato. En el segundo caso, al formarse una iglesia dominantemente de clase popular, su influencia no llegó a ser determinante en la vida social, económica ni política. Recientemente, con el surgimiento de las nuevas generaciones y su consiguiente ascenso hacia la clase media, la A.C.M. comienza a proyectarse hacia las grandes ciudades y las clases de mayor influencia.

La A.C.M. en AL ha realizado su labor evangelística, agrupando a sus adeptos en iglesias locales, asociaciones de iglesias con gobierno y recursos autóctonos. También ha dedicado gran parte de sus recursos a la preparación de pastores mediante institutos, seminarios, universidades, ayudas becarias, etc. Por otra parte su labor también se ha extendido hacia el área social, lo cual se evidencia por sus muchas escuelas, colegios, radioemisoras y proyectos agrarios de ayuda a comunidades indígenas.

En 1979 la A.C.M. estaba presente en 14 países latinoamericanos y contaba con unas 750 iglesias y congregaciones con una membresía activa que sobrepasaba los 20.000, y más de 500 pastores.

ENRIQUE GUANG T. y
WILTON M. NELSON

ALIANZA EVANGELICA. Fundada en 1846 después que algunos dirigentes cristianos sintieron la necesidad de presentar un frente más unido ante la conmoción política en que se encontraba Europa. Se destacó en la conferencia inaugural de Londres que aquellos que se encontraban presentes se habían reunido "no para crear la unión cristiana, sino para confesar la unidad que la iglesia de Cristo poseía como su cuerpo". Quienes formaron la Alianza declararon que estaban "profundamente convencidos de lo conveniente de formar una confederación sobre la base de los grandes principios evangélicos que tenían en común, los cuales darían oportunidad a los miembros de la iglesia de Cristo de cultivar el amor fraternal, disfrutar de relaciones cristianas y promover objetivos tales como los que en lo sucesivo acordarían proseguir juntos y, por lo tanto, procedían a formar tal confederación bajo el nombre de Alianza Evangélica". Redactaron una plataforma de fe que expresaba sus convicciones como cristianos evangélicos.

Una de las primeras dificultades encontradas fueron las diferentes opiniones entre sus miembros respecto a lo justo o injusto de la esclavitud. El progreso de la A.E. durante el s.XIX fue significativo. Grandes e inspiradores congresos se celebraron en capitales de Europa y América, y la A.E. pronto se estableció como un cuerpo digno de respeto en el mundo religioso. Durante el primer siglo de su existencia la A.E. concentró su atención en distintos proyectos, incluyendo ayuda de las minorías protestantes perseguidas, la promoción de una semana unida de oración en todo el mundo durante la primera semana completa de enero, la defensa del cristianismo bíblico y la promoción de la obra misionera.

Entre las guerras mundiales la A.E. pasó por un período más bien inactivo, pero después de la Guerra Mundial II se despertó en ella una nueva vida. El primer proyecto de postguerra que patrocinó fue la "Exhibición Evangelística Unida" celebrada en el Central Hall, Westminster, en 1951, que coincidió con el Festival de la Gran Bretaña y recibió el apoyo de 180 diferentes sociedades. En 1952 la A.E. abrió en el centro de Londres su primer alojamiento para estudiantes extranjeros y otro fue inaugurado en 1963. También apoyó las cruzadas de Billy Graham en 1954-55 y nuevamente en 1966-67. Después la A.E. emprendió la producción de películas evangelísticas con las que llevó, entre otros, el mensaje del evangelio a numerosos presos y a miembros de las fuerzas armadas. Otro resultado de las cruzadas fue también la organización por parte de la A.E. de conferencias para ministros en las que pastores de distintas denominaciones fueron alentados a realizar obra evangelística en sus propias localidades. Otra iniciativa fue la de lanzar un periódico religioso mensual, *Crusade*. Este ha sido ampliamente aceptado por el público cristiano, particularmente por la gente joven.

Otros desarrollos notables de los años de postguerra incluyen la formación de la Alianza Misionera Evangélica (1958), la cual vincula a casi todas las sociedades misioneras evangélicas, sean denominacionales o interdenominacionales, y la celebración de dos servicios unidos de comunión en el Royal Albert Hall, de Londres. También ha habido varias asambleas nacionales de evangélicos donde los delegados de las diferentes iglesias y sociedades afiliadas a la Alianza se han reunido para considerar asuntos de vital importancia. Se han presentado para su discusión por parte de estas asambleas informes acerca del evangelismo, la tarea misionera de la iglesia y la extensión de la iglesia a las nuevas zonas de viviendas. Probablemente una de las actividades recientes de la A.E. que recibió más publicidad ha sido el lanzamiento del Fondo de Socorro, que proporciona un medio por el cual los cristianos evangélicos pueden enviar obsequios para la obra de socorro en regiones del mundo especialmente necesitadas.

Aunque la A.E. ha emprendido numerosos proyectos, su verdadera razón de ser ha permanecido sin alteraciones: compañerismo en el evangelio. La A.E. siempre ha destacado que los cristianos evangélicos deberían disfrutar de tal compañerismo a pesar de cualquier lealtad denominacional que pudieran tener. Cuando fue fundada la Alianza, la afiliación era con base individual y así permaneció por muchos años. Hasta 1912 a los futuros miembros se les exigía dar su conformidad plena a los fundamentos doctrinales de la Alianza como se había acordado al crearse ésta. En ese año, sin embargo, el cuerpo directivo optó por la siguiente fórmula simplificada: "Serán bienvenidos como miembros de la A.E. (organización británica) los que reconozcan la divina inspiración, autoridad y suficiencia de las Sagradas Escrituras, crean en el solo Dios: el Padre, el Hijo, (el Señor Jesucristo nuestro Dios y Salvador que murió por nuestros pecados y resucitó), y en el Espíritu Santo mediante el cual desean tener comunión con todos aquellos que constituyen el Cuerpo Unico de Cristo". En 1970 fueron revisadas las bases doctrinales y expresadas en términos más apropiados a los tiempos pero sin apartarse por ello de su posición evangélica conservadora original. La afiliación a la A.E. está ahora abierta a las comunidades evangélicas locales, sociedades, denominaciones e iglesias individuales acordes con las bases de fe y con los propósitos de la misma. Aquellos que concurren a asambleas nacionales lo hacen como delegados de las diferentes sociedades e iglesias.

La A.E. fue uno de los miembros fundadores del →Compañerismo Evangélico Mundial formado en 1951. Por este medio disfruta de compañerismo con cuerpos similares en todo el mundo tales como la Asociación →Nacional de Evangélicos en los EUA, el Compañerismo Evangélico de India y varias Alianzas europeas. La revitalización de la A.E. después de la Guerra Mundial II coincidió con el surgir del movimiento ecuménico y con la formación en 1948 del CMI. Desde un principio los cristianos evangélicos no han hablado con unanimidad acerca de sus actitudes hacia CMI, y este hecho se ha reflejado varias veces en tensiones dentro de la A.E. La Alianza ha sido consecuente al seguir una política tratando de unificar a los cristianos evangélicos sin tener en cuenta su filiación denominacional. Tal procedimiento no ha resultado aceptable para algunos, y como consecuencia el Consejo Evangélico Británico ha tendido a atraer a aquellos que desean no tener ninguna vinculación con el CMI o con denominaciones afiliadas a éste, mientras que la política de la A.E. abarca una variedad algo más amplia. GILBERT W. KIRBY

ALIANZA EVANGELICA, MISION →MISION ALIANZA EVANGELICA

ALIANZA MUNDIAL DE LAS IGLESIAS REFORMADAS. El más antiguo cuerpo confesional internacional de los protestantes, la Alianza surgió de la cooperación engendrada por los avivamientos y movimientos misioneros del s.XIX. Los profesores J. McCosh de Princeton y W.G. Blaikie de Edimburgo al principio discutieron la posibilidad. Los pasos para realizar la reunión se iniciaron en la reunión de Nueva York de la Alianza Evangélica en 1873, y luego de extensa correspondencia se celebró una reunión en el English Presbyterian College, Londres, en julio de 1875. De allí nació la Alianza. Su título completo fue "Alianza de las iglesias reformadas de todo el mundo que mantienen el sistema presbiteriano". Podía ser miembro cualquier iglesia organizada sobre principios presbiterianos, que mantuviera la suprema autoridad de las Escrituras del Antiguo y el Nuevo Testamentos en cuestiones de fe y moral, y cuyo credo estuviera en armonía con el consenso de las Iglesias Reformadas.

La Alianza tiene una estructura confederada y desde el primer concilio general en 1877 se ha reunido regularmente. Se han producido ocasionales cambios constitucionales como los de 1954, pero el papel de la Alianza continúa esencialmente como consultivo y de consejo. Un comité ejecutivo se reúne anualmente, y grupos regionales de diversa vitalidad existen en todas partes del mundo. La Alianza ha hecho grandes aportes a la cooperación y comprensión entre las Iglesias Reformadas, y su importancia no ha sido minada por el crecimiento del CMI. Además de la obra de socorro, las mutuas consultas teológicas y las actividades unidas como la edición de los escritos de Calvino, la Alianza ha desempeñado un papel valiosísimo en el diálogo con Roma a partir del Concilio Vaticano II. En el Concilio General de Nairobi (1970), la Alianza se unió al →Concilio Congregacional Internacional y a partir de 1963 ha mantenido conversaciones con representantes luteranos tanto en Europa como en Norteamérica. La Concordia de Lüneburg (Set. de 1971) fue un paso vital para eliminar divisiones históricas entre las dos familias y tendrá derivaciones ecuménicas de largo alcance si los miembros de las iglesias las toman en serio. La Alianza publica un periódico llamado *The Reformed World.*

IAN BREWARD

ALIANZA EVANGELICA, MISION →MISION ALIANZA EVANGELICA

ALIANZA PRESBITERIANA MUNDIAL →ALIANZA MUNDIAL DE IGLESIAS REFORMADAS

ALIPIO (fines del s.IV y principios del s.V). Obispo de Tagaste. Amigo de →Jerónimo y de Agustín, es mencionado como colaborador de →Agustín, en la conversión de un médico arriano, Máximo, del pueblo de Thenae en Byzacena. Junto con Agustín y otros cinco fue portavoz de los obispos católicos en un debate entre católicos y →donatistas realizado en Cartago en 411. Nuevamente junto con Agustín representó a Numidia en el concilio de Cartago en 418, en el cual el punto de vista católico en cuanto al pecado original y a la gracia fue establecido en nueve cánones. A. es mencionado también entre los obispos africanos convocados a un concilio en Espoleto en 419 para dilucidar la cuestión de las pretensiones rivales de Eulalio y Bonifacio I al papado. También fue amigo y asesor de Piniano y Melania distinguida pareja romana que había huído ante la amenaza de →Alarico y finalmente se había establecido en Tagaste. DAVID JOHN WILLIAMS

ALOGOI. Oscuro grupo de cristianos del Asia Menor de aproximadamente el año 175 que, en reacción contra el →montanismo, cuestionaba la autoridad de aquellos libros sagrados en que éstos basaban sus pretensiones. Así rechazaban en conjunto el Evangelio de Juan y el Apocalipsis que, conforme a su opinión, fueron escritos por Cerinto. También objetaban la teología del Logos de los apologistas. El apodo de alogoi les fue irónicamente aplicado por Epifanio, que los usó en el doble sentido para denotar que eran gente "irracional" privados del "Logos".

J.D. DOUGLAS

ALOPEN. (s.VII). Primer misionero cristiano conocido que fue a la →China. Nativo de Siria, llegó a la China en 635, de acuerdo con una inscripción que consta en la "Tableta Nestoriana", primeramente erigida en 781 y descubierta en 1625 por obreros que trabajaban cerca de Sian. A. fue recibido con honores por el emperador T'ai-tsung, se edificó un monasterio, algunos libros sagrados fueron traducidos y se obtuvo cierto éxito. Pero el cristianismo nestoriano no pudo sobrevivir la persecución de que fue objeto bajo los emperadores que siguieron. Finalmente fue suprimido en 845, no dejando ninguna influencia permanente en la vida y pensamiento chinos. J.D. DOUGLAS

ALTAR (del latín altus = "alto"). El lugar central o estructura en donde se ofrece un sacrificio o desde donde se celebra una ceremonia religiosa. El desarrollo histórico del a. cristiano arranca del significado de la mesa del Señor en la tradición apostólica (I Co. 10:21). Al principio en las casas privadas se usaban las mesas para la celebración de la →eucaristía. En la tradición católica se ha adoptado prominentemente el concepto del a. para el sacrificio de la →misa, mientras en el protestantismo se usa en forma simbólica.

El a. en la ICR es consagrado y puede tener reliquias por dentro. A veces es una pequeña piedra consagrada. En el a. principal está el sagrario. El catolicismo occidental podía tener más de un a. en un mismo templo. En el Oriente el a. era cuadrado, cubierto de paramentos con una cruz, velas y los Evangelios.

La →Reforma Protestante removió muchos accesorios del a. La mesa se volvió más sencilla y →Lutero enfatizó la idea de no hablar del sacrificio de la →misa celebrada desde el a. El a. estaba reservado para la eucaristía y entre los reformados la Biblia ocupa lugar céntrico en el culto y en la arquitectura. A mediados del s.XVII el púlpito fue poniéndose detrás del a. y el coro vino a ocupar un sitio en el mismo.

Entre los evangélicos contemporáneos el a. tiene dos elementos básicos, la mesa para la santa comunión y el púlpito para la proclamación de la Palabra, aunque en muchos casos se ha ido modernizando y amueblando alrededor del a. de tal manera que resulta en ocasiones como un accesorio accidental.

CARMELO E. ALVAREZ

ALTHAUS, PAUL (1888-1966). Erudito luterano. Nació en Obershagen; enseñó en Göttingen (1914), Rostock (1920) y Erlangen (1925). Fue el editor de *Das Neue Testament Deutsch: Göttinger Bibelwerk* y contribuyó ampliamente a los estudios neotestamentarios, especialmente por medio de exposiciones de las epístolas paulinas. Se vio envuelto en el problema sinóptico debido al cual escribió *Die sogenannte Kerygma and der historische Jesus* ("El llamado *kerygma* y el Cristo histórico"). Su mayor contribución a la teología sistemática fue *Die christliche Wahrtheit: Lehrbuch der Dogmatik,* que alcanzó la octava edición en 1969. Las doctrinas de la justificación mediante la fe en la teología de Martín Lutero, la ley y el evangelio, y el problema de la relación entre la iglesia y el estado según Lutero, fueron algunas de las mayores preocupaciones de A. *Die Ethik Martin Luthers* combinó su interés en Lutero y en la ética, lo último evidenciado también en su *Grundriss der Ethik.* Además, investigó la doctrina de Lutero referente a la Cena del Señor *(Die Lutherische Abendsmahlslehre).* Aunque luterano, A. con frecuencia difirió de Lutero, especialmente en la doctrina de la Cena del Señor. Uno de sus mayores énfasis recayó en la escatología. Su obra sobre este tema, *Die letzten Dinge,* llegó a la novena edición en 1964. Sus sermones, algunos de los cuales fueron publicados, y sus escritos devocionales aumentaron su fama.

CARL S. MEYER

ALUMBRADOS O ILUMINADOS. Secta mística española que surge en la región castellana comprendida entre Madrid, Guadalajara y Toledo durante los años 1519-1529. Condenada por la Inquisición en 1525 y en 1529, reaparece, bastante modificada, en Extremadura (1570-1579) y en Andalucía (1575-1623).

Los a. tienen sus raíces en la reforma franciscana del cardenal Cisneros. La palabra aparece en 1523 para designar a un grupo de personas seglares dedicadas a la piedad. Adquiere después un sentido peyorativo, y finalmente un significado herético debido al aspecto lujurioso y taumatúrgico del grupo extremeño de Llerena.

La doctrina de los a. resulta muy compleja e imprecisa. Los iniciadores del movimiento no formularon ningún esquema doctrinal. Hay que deducir su doctrina fundamentalmente de las 48 proposiciones del edicto de Toledo de 1525.

Los a. parece que negaban todo elemento intermediario entre Dios y el hombre; desechaban los méritos de cualquier obra, por buena que ésta fuera; negaban la distinción entre mandamientos y consejos y, consecuentemente el estado de perfección monástica, exaltando la vida secular y sobre todo el estado matrimonial.

La clave, sin embargo, del movimiento iluminista radica en la doctrina del "dejamiento", es decir, en la exaltación de la experiencia personal, directa de Dios a la luz de las Sagradas Escrituras, a veces, por encima de las Escrituras. La conducta moral de los a. dependía siempre de la experiencia religiosa circundante. Por ello podríamos considerar a los a. de la región castellana dentro de la Reforma Protestante, aunque sin identificarse con ningún grupo particular.

Los orígenes históricos de los a., más oscuros aun que su doctrina, han comenzado a esclarecerse gracias a los trabajos de investigación realizados en los últimos cien años en torno a sus figuras principales: Francisca Hernández, Pedro Ruiz de Alcaraz, María de Cazalla, Juan de Vergara, Francisco Ortiz, Juan de →Valdés *et al.*

A causa de la vaguedad de los esquemas doctrinales del iluminismo, y como consecuencia de la confusión religiosa del s.XVI, fue común considerar como a. a todos aquellos que querían reformar la Iglesia mediante la lectura de las Escrituras, o predicaban la unión con Dios a través de la oración mental. Y así fueron encarceladas, procesadas, o tenidas como sospechosas de iluminismo figuras del catolicismo español como →Ignacio de Loyola y Juan →Avila, →Teresa de Jesús,

→Juan de la Cruz, Francisco de Borja y →Luis de Granada.
ENRIQUE FERNANDEZ Y FERNANDEZ

ALLEN, ROLAND (1868-1947). Misionero inglés a China (1895-1903) bajo la Sociedad Unida para la Propagación del Evangelio. Por problemas de salud regresó a Inglaterra donde trabajó como pastor anglicano. A los tres años renunció para convertirse en un "pastor voluntario", por el resto de su vida. Desde 1930 vivió en Kenya donde murió. Su carrera de misionero fue breve e inconsecuente. Sin embargo, las tesis que mantuvo en sus numerosos escritos eran revolucionarias para su época y aun tienen una vigencia extraordinaria.

Su principal tesis es que el objetivo de la obra misionera, siguiendo el ejemplo de San Pablo, es fundar iglesias que, desde el principio, se autogobiernen, se autosostengan, y se autopropaguen. Su reinterpretación de esta fórmula, enunciada antes por Henry Venn, consiste en que para A. el autogobierno viene primero y de él dependen el autosostén y la autopropagación, mientras que las misiones generalmente colocan el autogobierno al final como premio al autosostén. Reconociendo la presencia y los dones del Espíritu Santo, A. mantiene que se debe permitir a los líderes locales administrar los sacramentos, desde el principio. Véase *Missionary Methods, St. Paul's or Ours* (1912).

Otra tesis importante es la que desarrolla en su libro *La Expansión Espontánea de la Iglesia* (1927, esp. 1970). Las iglesias fundadas por las misiones tienen tres características: foraneidad, dependencia y uniformidad. El trasplante de este bagaje religioso y cultural se debe, según A., al orgullo racial y religioso de las misiones y a su falta de fe en la capacidad de los nuevos creyentes. Estas son las causas que impiden la expansión espontánea de la iglesia. J. RUBEN LORES

AMANA CHURCH SOCIETY. Secta pietista de Iowa (EUA), también llamada "Comunidad de la verdadera inspiración", incluye a 730 miembros en siete congregaciones. La "Sociedad" surgió en 1714 cuando una agrupación de pietistas alemanes fue despertada por el mensaje de Johann Rock y Ludwig Grüber, que afirmaban que los días de la verdadera y directa inspiración recibida de Dios no habían finalizado. Después de la muerte de Rock en 1749, el movimiento declinó hasta 1817, cuando tres nuevos "instrumentos de verdadera inspiración", Michael Krauserr, Christian Metz y Bárbara Heinemann, encabezaron una renovación de la comunidad. Huyendo de la persecución gubernamental más de 800 dejaron Alemania en 1842 y se establecieron en una aldea llamada Ebenezer, cerca de Buffalo, Nueva York.

En 1855 la sociedad se trasladó al estado de Iowa, donde con otras seis pequeñas comunidades fue establecida y registrada bajo el nombre de "Amana". Por un tiempo constituyeron un destacado experimento de vida comunal. Su culto era sencillo y consistía en himnos, testimonios, oraciones, lectura de la Biblia (o de escritos de los "inspirados"), y en exhortaciones ocasionales de los ancianos. En 1932 la sociedad fue reorganizada (muchas de las prácticas de comunitarismo económico fueron abandonadas) y se reconstituyó como corporación con fines de lucro. Los miembros actuales pueden ser llamados cooperativistas más bien que comunitaristas económicos. Son accionistas de una corporación de varios millones de dólares y se ocupan de 50 diferentes rubros. Aunque todavía de influencia dominante, la iglesia está ahora separada de los asuntos comerciales de la comunidad. Muchas de las reglas tradicionales de la sociedad, como las relativas al pacifismo y a las diversiones mundanas, han sido abandonadas. BRUCE L. SHELLEY

AMBROSIANOS. Secta →anabaptista. Una de las doctrinas bíblicas redescubiertas por la Reforma fue el sacerdocio de todos los creyentes: cada creyente podía tener acceso directo a Dios sin la intervención de un sacerdote humano, y cada creyente era llamado al testimonio y al servicio cristianos. Inevitablemente la reacción fue excesiva en algunos casos contra el clericalismo de la iglesia medieval. Muchas de las agrupaciones anabaptistas denunciadas por Lutero destacaban la directa operación del Espíritu Santo en el alma del individuo. Entre ellos estaban los a. llamados así por Ambrosius, su dirigente, quien basaba su teología en la interpretación particular de Juan 1:9. Si en realidad había una directa iluminación divina en cada alma, entonces no era necesario un orden formal de sacerdotes o ministros para interpretar la Biblia. La Biblia misma no era el único medio autorizado de divina revelación, Ambrosius afirmaba que las revelaciones espirituales y directas dadas a él eran superiores en autoridad a las Escrituras. Hasta cierto punto los →cuáqueros eran descendientes lineales de grupos tales como los a.

El nombre de a. había sido usado antes

por una orden fundada bajo el patronazgo de →Ambrosio de Milán. Se le concedió la Regla de Agustín en 1375. La orden fue disuelta en 1650. HUGH J. BLAIR

AMBROSIASTER. Seudónimo aplicado a partir de Erasmo a un comentario sobre las epístolas paulinas aparecido en Roma c.375, falsamente atribuido a →Ambrosio de Milán. Las seudo-agustinianas *Quaestiones Veteris et Novi Testamenti* también son atribuidas (p.e. por J.N.D. Kelly) a este autor. Su identidad aun no ha sido establecida. Agustín atribuye parte del comentario sobre Ro. 5:12 a "sanctus Hilarius", posiblemente el *praefectus urbi* cristiano en Roma en 383.

El A. relaciona la enseñanza paulina con instituciones legales contemporáneas (Heggelbacher). Como Ambrosio y Jerónimo, creía que la cruz había quebrado el dominio que el diablo tenía sobre los hombres debido a la Caída, y veía los elementos eucarísticos como "tipos" del cuerpo y la sangre de Cristo. Su escatología incluía un milenio. No sostenía la doctrina del pecado original pero su entendimiento del pecado universal en Adán *quasi in massa,* basado en la errada traducción latina antigua de Ro. 5:12, ciertamente condujo a una doctrina agustiniana.

G.T.D. ANGEL

AMBROSIO (c.339-397). Obispo de Milán. N. en Tréveris, Galia, en la familia cristiana de Aurelius Ambrosius, prefecto pretorial de la Galia. Estudió derecho, siguió la carrera administrativa de su padre y alrededor de 370 fue designado gobernador de la provincia de Emilia-Liguria, cuya ciudad principal era Milán. Cuando Auxencio, obispo de Milán, murió en 374, A. (un catecúmeno sin bautizar todavía) fue bautizado, ordenado y consagrado como obispo. Su primer acto como tal fue distribuir entre los pobres su gran riqueza. Se destacó como maestro y predicador; su *De fide, De Spiritu Sancto* y *De mysteriis* constituyen un testimonio de su diligencia en enseñar la fe y refutar la herejía. Entre los muchos influídos por él se contó →Agustín, cuya fama y capacidad un día iban a eclipsar las suyas. A. fue también un osado dirigente eclesiástico. Los acontecimientos lo pusieron en contacto con los gobernantes del O. Cuando Teodosio había sofocado un movimiento sedicioso en Tesalónica con excepcional severidad, matando a miles de personas, A. le escribió comunicándole que le negaba la Santa Comunión hasta que hubiera hecho abierta penitencia. La actitud de A. iba a afectar profundamente las relaciones entre la Iglesia y el Estado durante futuras generaciones. "El emperador –afirmó– está dentro de la iglesia y no sobre ella". A. influyó también alentando el monaquismo en Italia y dando forma a la salmodia y a la himnología buscando la participación congregacional. Su mayor obra, *De officiis ministrorum,* fue un libro sobre ética cristiana para el clero.

G.L. CAREY

AMERICAN BOARD OF COMMISSIONNERS →CONGREGACIONALISMO NORTEAMERICANO

AMERICANISMO. Término condenatorio que designa la adaptación de la doctrina y la práctica de la ICR a la cultura de los EUA, lo cual provocó controversias (y la condena por el papa →León XIII) dentro del catolicismo a fines del s.XIX. El problema se originó en el conflicto entre progresistas y tradicionalistas en la ICR de los EUA sobre el valor de las escuelas parroquiales, y sobre si era sabio tratar de preservar el idioma nativo y la cultura de los inmigrantes para así proteger su fe o, por el contrario, ayudarlos a adoptar las costumbres del país. Cuando fue traducida al francés por W. Elliott la biografía de un sacerdote progresista norteamericano, →Hecker, sacerdotes conservadores franceses denunciaron tales ideas como "a". Obispos progresistas norteamericanos, como James →Gibbons, fueron acusados de subvertir la fe. En su carta apostólica de 1899, dirigida a Gibbons, León XIII condenó errores tales como el rechazo de los votos religiosos, la afirmación de la autoridad religiosa externa no es necesaria en época de libertad y el punto de vista de que las virtudes naturales y activas son de más valor en el mundo moderno que las sobrenaturales y pasivas. Gibbons negó que tal enfoque fuera sostenido por los católicos norteamericanos.

HARRY SKILTON

AMIGOS DE DIOS *(Gottesfreunde).* Término usado para referirse a un grupo de místicos alemanes y otros cristianos del s.XIV. Intercambiaban visitas, cartas y escritos para su crecimiento y servicio espiritual. Algunos vivían en soledad, otros en grupos y varias eran monjas que estaban en los conventos y a quienes los místicos predicaban y ministraban. Profundamente influídos por las obras de Meister →Eckhart, así como también por los ideales de antiguas profetisas alemanas, cultivaban intensamente la oración, la austeridad y la abnegación. Apoyaban plenamente a la iglesia, estando concentrados en Baviera, Renania, Suiza y los Países Bajos, con Basilea, Estrasburgo y Colonia como sus centros principales. Sus adherentes incluían dominicos, franciscanos y laicos de todo nivel. Relacionados con ellos estaban John →Tauler, Henry →Suso, Jan van →Ruysbroeck y el autor de →*Theologia Germanica.* También existían lazos con los →Hermanos de la Vida Común. Los a. tienen que ser distinguidos de las heréticas →beguinas que tomaron el nombre de éstos. La decadencia del misticismo puso fin a su sociedad pero su influencia continuó por largo tiempo. C.G. THORNE, Jr.

AMIGOS, SOCIEDAD DE LOS. Grupo religioso que tuvo su origen en el ala radical del →puritanismo inglés en el s.XVII, con raíces en el misticismo de la →Reforma Radical del s.XVI. Se ha distinguido por su énfasis en la espiritualidad de la fe cristiana y por su aversión al ritualismo y al formalismo.

Nació en Inglaterra a mediados del s.XVII al surgir unos hombres que alegaban que los reformadores no habían completado su trabajo sino que más bien habían retenido demasiado ritualismo y sacerdotalismo o eclesiasticismo y no habían dejado el lugar debido a la obra del Espíritu Santo en el corazón del individuo. (Por cierto el estado de la cristiandad en Inglaterra en aquella época estaba muy decaído, dominado por el ceremonialismo y escolasticismo protestante.)

Tales hombres encontraron un líder en George →Fox (1624-91). Anunciaron que tenían el propósito de hacer revivir el cristianismo y que inauguraban una nueva edad, la "Edad del Espíritu Santo". Salieron con fervor a predicar su mensaje por doquier, en iglesias cuando podían, y si no, en casas y almacenes o al aire libre, primero en Inglaterra del Norte, después en toda la Gran Bretaña y luego en las colonias de ultramar.

Al principio tuvieron mucho éxito. Su mensaje fue acogido ávidamente por hombres sedientos de un cristianismo con más calor y vida que la fría religión reinante. En 1659 ya había unos 30.000 "amigos" en Inglaterra.

Atacaron los males de las iglesias de la época. Predicaban las doctrinas evangélicas del arrepentimiento y fe en Jesucristo, pero también hacían énfasis en la obra directa del Espíritu Santo. Enseñaban que El es soberano en el corazón del individuo, o sea la doctrina de "voz" o "luz interior". Según algunos esta voz tenía tanta autoridad como las Escrituras, y para otros, más.

Esta doctrina afectó su culto y eclesiología. Hizo que rechazaran o menoscabaran un ministerio ordenado ("autoridad humana") en la iglesia y la predicación formal en el culto. No programaban sus cultos sino que dependían de la espontaneidad. Los asistentes quedaban sentados esperando la inspiración del Espíritu Santo. El que la sintiera se paraba para dar una palabra de exhortación, leer una porción de la Biblia o cantar un himno.

Debido a que a veces, por sentirse tan poseídos del Espíritu Santo, los feligreses empezaban a temblar, nació el apodo que se les dio de *Quakers* ("tembladores"). Ellos mismos se llamaban "amigos", basándose en las palabras del Señor en Jn. 15: 13-15.

Su énfasis en lo espiritual también hizo que rechazaran el bautismo de agua y la Santa Cena, razonando que no eran necesarios para aquellos que han sido bautizados por el Espíritu Santo y se alimentan espiritualmente de Cristo.

La creencia de que el individuo es completamente capaz de conocer a Dios y su voluntad mediante la voz interior del Espíritu Santo tuvo muchas repercusiones humanitarias. Sobre todo produjo un sentido de igualitarismo. Hizo que los amigos se opusieran al uso de títulos y del "Ud." en vez de "tú" y a la costumbre de quitarse el sombrero ante una persona importante; también que atacaran la esclavitud, que abogaran por derechos iguales para las mujeres, que rehusaran llevar armas o hacer juramentos y que lucharan a favor de la reforma educacional y penal.

Ante ideas y costumbres tan revolucionarias, surgió mucha oposición, tanto del gobierno como de la iglesia, no solo de los anglicanos sino también de los →puritanos. Se les consideró como radicales políticos y sociales. Se les acusó de vagancia, insurrección, blasfemia e irrespeto a las autoridades y las leyes de la nación. Por tanto sufrieron mucha persecución: multas ruinosas, prisiones (en 1662 había más de 4.000 amigos en cárceles inglesas), azotes y a veces la expatriación. Pero con el "Acta de Tolerancia", emitida por el parlamento en 1689, obtuvieron algo de alivio.

La persecución motivó el éxodo de muchos a. y explica en gran parte la extensión del cuaquerismo al Nuevo Mundo. Antes de 1656 había a. en Barbados. En este año llegaron los primeros a las colonias norteamericanas. En 1660 ya había reuniones de a. en

Nueva Inglaterra. En 1690 se hallaban 10.000 en las colonias y en 1750 había más a. en las colonias que en Inglaterra.

El héroe principal de los a. en el Nuevo Mundo fue William →Penn, miembro de una pudiente familia inglesa. En 1681 consiguió del rey Carlos II una inmensa extensión de tierra al oeste de la colonia de Nueva Jersey y la convirtió en un refugio para los amigos perseguidos. La tierra se convirtió en provincia y después en el estado que ahora lleva el nombre de "Pennsylvania" en su honor. Así que los EUA llegaron a ser el centro principal de los cuáqueros.

En el nuevo mundo el cuaquerismo fue afectado por las diferentes corrientes teológicas, motivando divisiones en sus filas. El "Gran Despertamiento" evangélico del s. XVIII afectó a los a. inclinando a muchos hacia el evangelicalismo y al protestantismo corriente. Otros reaccionaron contrariamente a esta tendencia y bajo Elías Hicks se separaron y formaron su propio grupo (1827) con una teología liberal de fuertes tendencias hacia el unitarianismo.

Los a., como las otras denominaciones norteamericanas, también se dividieron en muchos grupos. Sin embargo pueden clasificarse en tres grupos: (1) los que siguen el cuaquerismo tradicional, (2) los que han adoptado el servicio programado al estilo protestante pero siguen la teología liberal y (3) otros que también han adoptado un servicio programado pero son evangélicos en su teología.

Hay unos 200.000 a. en el mundo. De estos 125.000 se hallaban en los EUA el año 1976 y 21.000 en la Gran Bretaña. El ala evangélica tiene espíritu misionero. En algunos países de América Latina se hallan grupos de amigos (ver el artículo que sigue).

Numéricamente los a. constituyen uno de los grupos más pequeños en el mundo, pero quizás ningún grupo ha ejercido tanta influencia, proporcionalmente, en cuanto a la reforma humanitaria como ellos.

WILTON M. NELSON

AMIGOS EN AMERICA LATINA, LOS.

México. La obra misionera de los →a. en AL fue iniciada en el año 1871 en la ciudad de Matamoros por los esposos Purdie, enviados por la Junta Anual de Indiana, EUA. Durante los primeros años la obra creció pero debido a la falta de personal no siguió prosperando. La iglesia principal de los a. de esta área se halla en Ciudad Victoria. En 1938 un grupo de a. no-pastorales empezaron a reunirse en Ciudad de México, y posteriormente fundaron la "Casa de los a.", centro de confraternidad y adoración. La Alianza de Amigos Evangélicos también empezó una obra en la capital en 1965, la cual está creciendo y cuenta con una iglesia y varias congregaciones. En 1965 la Junta Anual de California empezó una obra en la ciudad fronteriza de Mexicali, que resultó en el establecimiento de algunas congregaciones.

Cuba. Los primeros esfuerzos de establecer una obra en Cuba se realizaron en el año 1900 en la ciudad porteña de Gibara. Los misioneros se entregaron a la doble tarea del evangelismo y la educación. La Junta Anual de Cuba fue establecida en 1927, y llegó a tener más de 1.000 miembros antes de la Revolución. Posteriormente, muchos emigraron a Miami, Florida, EUA, donde establecieron una obra entre los paisanos refugiados.

Centroamérica. La obra de los a. en Centroamérica se inició en 1902, cuando dos jóvenes de Whittier, California, llegaron a Chiquimula, →Guatemala. En 1906 llegó Ruth Esther Smith. Gracias a su visión y dedicación la obra prosperó grandemente a través de los años, extendiéndose a Honduras y El Salvador. La Junta Anual de Centroamérica, establecida en 1970 y con relación fraternal con la de California, es una de las más grandes de AL con 143 iglesias organizadas y muchas congregaciones dependientes, que cuentan con unos 16.000 a. y con programas de preparación teológica, agronomía y salud.

Bolivia y el Perú. En →Bolivia hay dos grupos de a.: los de la Junta Central, y los de la Iglesia Nacional Evangélica Los Amigos. Los primeros esfuerzos misioneros en Bolivia se iniciaron en 1919 por un grupo misionero de Indiana, EUA. Esta obra también ha prosperado y hoy cuenta con 80 iglesias y más de 2.000 miembros. En 1929 la Junta Anual de Oregon, EUA, asumió la responsabilidad de una obra independiente de a. en La Paz. En 1964 la Iglesia Nacional llegó a tener autonomía y ha gozado de una expansión notable, principalmente entre los →indígenas aymaras. Este fue también el factor dominante que motivó que la obra cruzara la frontera al Perú. Hoy los a. de la Iglesia Nacional cuentan con unas 200 iglesias y más de 20.000 miembros.

PABLO C. ENYART

AMILENARISMO. Interpretación particular de Apocalipsis 20. El premilenarista sostiene que este capítulo enseña que habrá un reinado de Cristo de mil años después de su segunda venida; el postmilenarista, antes de su segunda venida; mientras que el amilinarista niega tal reinado de mil años y destaca que el Apocalipsis normalmente usa los números en forma simbólica. El encadenamiento de Satanás durante mil años simplemente significa que está completamente atado; esto ha sido alcanzado a través de la victoria del Calvario. Algunos amilenaristas sostienen que esta expresión alude al descanso de la Iglesia de todo conflicto espiritual más allá de la muerte. La mayoría, sin embargo, lo aplica a su presente victoria sobre Satanás en un Cristo crucificado y ensalzado. Muchos teólogos reformados y luteranos sostienen este punto de vista, y elementos del mismo pueden observarse ya en Agustín.

G.W. GROGAN

AMMONIANAS, SECCIONES. La mayor parte de los manuscritos griegos y latinos de los cuatro Evangelios contienen divisiones en secciones de mayor o menor extensión que pueden colocarse en columnas paralelas, reveladoras de la correspondencia sinóptica que hay entre ellas. Estas, desde tiempos de →Eusebio de Cesarea, son llamadas "secciones ammonianas" porque Eusebio atribuyó a Ammonio de Alejandría una edición de Mateo que contenía al margen pasajes de los otros tres Evangelios. El propio Eusebio numeró las secciones y las arregló en sus diez "cánones". Este Ammonio (c.220) no era ni el filósofo neoplatónico ni el comentarista de Daniel, Juan y Los Hechos. No se sabe hasta qué punto el propio Eusebio es responsable por estas divisiones. G.T.D. ANGEL

AMMONIO SACCAS (c.174-242). Filósofo, maestro y supuesto fundador del neoplatonismo. Se cree que originalmente fue un mandadero. Enseñó retórica y una forma ecléctica y esotérica del platonismo en Alejandría. Entre sus alumnos estuvieron →Orígenes, →Plotino el famoso neoplatónico, y un pagano de nombre Orígenes. El biógrafo pagano →Porfirio afirmó que el mucho saber había hecho que Ammonio rechazara su crianza cristiana en favor del tradicional paganismo y que no dejó escritos. Se considera que Eusebio se equivoca en su afirmación de que A.S. fue un filósofo cristiano consecuente y que dejó escritos tales como *Sobre la concordancia entre Moisés y Jesús.* Sus teorías acerca de la providencia, el alma, y el cosmos son eco del cristianismo de Orígenes. G.T.D. ANGEL

AMSDORF, NICOLAS VON (1483-1565). Reformador alemán. N. en Torgau, cerca de Leipzig. Comenzó su educación en Leipzig (1500), y fue uno de los primeros estudiantes de Wittenberg (1502). Allí recibió la influencia de Lutero y llegó a ser su íntimo amigo y ardiente defensor. Fue catedrático en Wittenberg en teología, filosofía y derecho canónico desde 1508 y fue profesor desde 1511; acompañó a Lutero en el Coloquio de →Leipzig de 1519 y fue a →Worms en 1521. En 1524 fue ordenado y llegó a ser pastor y superintendente de Magdeburgo, donde introdujo la Reforma conforme a los lineamientos de Lutero establecidos en Wittenberg. Ayudó al nuevo movimiento reformador en Goslar (1531) y en Einbeck (1534). En 1539 no estuvo de acuerdo con el consejo de Lutero en cuanto al casamiento bígamo de Felipe, el duque de Hesse. Asistió al Congreso de →Ratisbona de 1541. Se dice que fue en parte responsable por el fracaso de éste y su posición ha sido descrita como "tan atrevida como estrecha". Juan Federico I, elector de Sajonia, contra las objeciones del capítulo pero con el apoyo de Lutero, colocó a A. en el cargo de obispo luterano en Naumberg Zeitz en 1542. Después de la derrota protestante de Muhlberg, en 1547, A. fue a Magdeburgo como consejero de los duques de Eisenbach.

Gran parte de la vida de A. transcurrió en acres disputas teológicas. Entre otros, escribió en contra de Melanchton, Bucero, Melchior Hoffman, Jorge Major, los zuinglianos y contra cualquiera que él considerara fuera de la esfera de la doctrina luterana pura. Esto aparentemente motivó en parte la fundación de la universidad de Jena, el llamamiento a Matías →Flacio para que enseñara y lo ayudara allí, y la publicación de las obras de Lutero en la edición de Jena. Estaba seguro de que la edición de Wittenberg contenía muchísimos errores. Durante la controversia →sinergista su vehemencia lo llevó al extremo de afirmar que las buenas obras no solo eran innecesarias sino también perjudiciales. Esto fue criticado en la Fórmula de →Concordia. Muchas de las cartas y de las obras de A. sobreviven. Cuando Flacio y sus seguidores fueron obligados a salir de Jena, a A. se le permitió permanecer allí debido a su avanzada edad y a su antigua relación con Lutero. ROBERT SCHNUCKER

AMSTERDAM, ASAMBLEA DE. A continuación de la Conferencia de →Oxford de 1937 se decidió formar una comisión encargada de planificar un →Consejo Mundial de Iglesias. Este llevaría a cabo los propósitos tanto de las conferencias de Vida y Obra como las de Fe y Constitución. La Guerra Mundial II impidió una realización más temprana de estos planes, aunque las iglesias miembros habían aprobado la formación de tal consejo y existía una comisión provisional. Los temores existentes de que el movimiento ecuménico fuese perjudicado por la cuestión de la culpa por la guerra se disiparon al admitir esto la delegación alemana en la declaración de Stuttgart.

En 1948 la largamente pospuesta asamblea se reunió en Amsterdam y el 23 de agosto nació el CMI. Su fundamento era: "El CMI es una hermandad de iglesias que acepta a nuestro Señor Jesucristo como Dios y Salvador". Se reiteró que el CMI no era una super-iglesia y que sus pronunciamientos no llevaban autoridad externa sino solamente moral. La asamblea contó con la presencia de 351 delegados procedentes de 147 iglesias. La ICR fue invitada, pero sus autoridades no dieron permiso para que alguno de esa comunión asistiera. La Iglesia Ortodoxa estuvo representada solo en parte. Aunque la representación de las iglesias jóvenes sería considerada escasa según la escala moderna, fue notablemente mayor que en anteriores ocasiones. La Asamblea fue, como las precedentes, abrumadoramente occidental en su aspecto externo. Amsterdam constituye un punto culminante en el sentido de que las iglesias aceptaron responsabilidad como tales en el movimiento ecuménico y, por su parte, éste se volvió más enraizado en las iglesias participantes. PETER S. DAWES

ANABAPTISTAS. Estos grupos, llamados también "radicales" o "ala izquierda de la Reforma", concordaban en denunciar el bautismo de infantes. Sostenían que solamente los que por su edad eran capaces de entender el significado de la fe y del arrepentimiento, debían ser bautizados. La mayoría de los cristianos consideraban al bautismo de infantes como la ordenanza cristiana más importante y como la entrada a la iglesia del estado. Generalmente los a. mostraban una profunda seriedad moral, insistiendo en la supremacía de las Escrituras y en la separación entre la Iglesia y el Estado. Algunos eran milenaristas, y otros eran pacifistas y desconfiaban del Estado. Creían en una iglesia pura constituida solo por creyentes y con disciplina estricta.

El anabaptismo más bíblico apareció y floreció en Suiza, y se desarrolló en Zurich en la época de Zuinglio bajo la dirección de Conrad →Grebel y Felix →Manz; en el S de Alemania, donde Baltasar →Hubmaier y Hans →Denck fueron los dirigentes; en Moravia, donde estuvieron situados los →hutteritas; y en los Países Bajos y en el N de Alemania, donde creció el movimiento →menonita. El movimiento empezó en Zürich en 1523, en donde la Reforma hizo que se cuestionaran los valores tradicionales, entre ellos el rito del bautismo. Grebel y Manz predicaron y también bautizaron adultos en la zona de Zürich. Su éxito les acarreó muchas conversiones y también la persecución oficial en 1526. Manz fue hecho morir ahogado y muchos de sus seguidores y compañeros de predicación fueron desterrados. Aquellos que permanecieron en Suiza actuaron en la clandestinidad, en la que continuó el movimiento hasta el s.XVII. Los a. que dejaron esta región divulgaron el movimiento por el S de Alemania y por Moravia.

Estrasburgo se convirtió en el centro del anabaptismo en Alemania desde 1527 hasta que fue establecida la iglesia magisterial. En 1533 tanto →Capito como →Bucero, reformadores principales de aquella ciudad, turbados por las tendencias separatistas de los a., concordaron en oponérseles. Melchior →Hoffman fue otro predicador anabaptista que por un tiempo vivió en el S de Alemania. Su predicación produjo pocos frutos en Estrasburgo, pero en cambio llevó a que los a. obtuvieran el control en →Münster. Un hombre llamado Juan Matthys llegó a ser el jefe, pretendiendo ser Enoc que iba a preparar el camino de Cristo. Así estableció la comunidad de bienes y desechó los códigos legales. Centenares de personas fueron bautizadas en la ciudad, y los "impíos" que no se sometieron al rebautismo tuvieron que huir o fueron asesinados. Pese al asedio y a la muerte de Matthys, los münsteristas resistieron más de un año antes de que se desplomara la defensa; seguidamente vino la matanza o la tortura de los defensores. Este episodio desacreditó al movimiento anabaptista y una ola de persecución sacudió a los Países Bajos. Decenas de miles de holandeses murieron durante el s.XVI, pero de esta persecución surgieron los menonitas.

La Reforma A. se desarrolló junto con la Reforma Magisterial, pero los a. rechazaron algunos de los puntos importantes de ésta, como el bautismo de infantes y la iglesia estatal. Fueron proféticos en cuanto a la vida de la iglesia libre en los tiempos actuales;

constituyen los antecesores de los bautistas, menonitas y →Schwenkfelders. El ala izquierda de la Reforma sostuvo la necesidad de la tolerancia y selló con sangre este testimonio.
ROBERT G. CLOUSE

ANACLETO (gr. = "no culpable"). Según la tradición fue el tercer obispo de Roma, después de Lino (64-76) y predecesor de Clemente (88-96). A. debe ser identificado con Cleto, aunque el Catálogo Liberiano da por sentado que Anacletus y Cletus eran diferentes personas. El atribuirle doce años a la duración de su cargo y al de Lino puede indicar que la tradición estaba deseosa de proveer un vínculo entre Pedro (m. 64) y Clemente de Roma. En contra de esta teoría está el hecho de que no se halla rastro alguno de monoepiscopado en Roma hasta mediados del s.II.
J.D. DOUGLAS

ANACORETA. (gr. = "uno que se retira".) Persona que se hace ermitaña para triunfar sobre la carne mediante la oración, contemplación y mortificación. Tal clase de vida obtuvo prestigio en la gran huída en busca de soledad de los s.IV y V. Gradualmente el solitario ascetismo de Antonio se desarrolló en el monaquismo organizado de Pacomio y de Basilio de Cesarea. Aunque técnicamente el término "anacoreta" podría aplicarse al monje que hace abandono de la sociedad, llegó a ser usado más concretamente con referencia a aquellos que vivían como ermitaños, generalmente después de un período de prueba en un monasterio. Algunos, especialmente en Siria, y singularmente →Simeón Estilita, cumplieron asombrosos actos de ascetismo en su existencia de ermitaños. Como forma de vida era generalmente considerada como superior al monaquismo. La palabra no es ahora el sinónimo exacto de "ermitaño" y se usa con referencia a quienes viven en recintos muy reservados. C. PETER WILLIAMS

ANASTASIA. (1) Hija de Constancio Cloro (293-306), padre del emperador Constantino. El nombre de A., que está basado en el griego equivalente a "resurrección", halla paralelo en otras partes de fines del s.III solamente entre judíos y cristianos y, por lo tanto, es considerado como prueba de la influencia cristiana que ella ejerció dentro del hogar de Constancio.

(2) Nombre dado a un oratorio de →Gregorio Nacianceno después de su traslado a la sede de Constantinopla en 379, para marcar la resurrección de la fe nicena luego de la supremacía del arrianismo desde 360 en adelante.

(3) Santa del s.IV, al parecer martirizada en Sirmio de Panonia. G.T.D. ANGEL

ANATAS (Lat. annatae de annus = año). Los ingresos de un beneficio eclesiástico del primer año entregados al papa. La costumbre se menciona por primera vez en el s.XIII. Los papas, bajo presión económica, reclamaron este privilegio en forma temporal al principio. Así en 1305 Clemente V los reclamó en cuanto a todos los beneficios vacantes en Inglaterra, y Juan XXII en 1319 a toda la cristiandad. Las protestas fueron frecuentes, p.e., de Inglaterra en el concilio de Lyón, en 1245; Enrique VIII transfirió las a. inglesas a la Corona en 1534, y éstas se convirtieron en 1704 en "Concesión a la reina Ana". Con la gradual transformación del sistema de beneficios, las a. como tales cayeron en desuso.
J.G.G. NORMAN

ANATOLIO (m. 458). Obispo de Constantinopla. En nov. de 449, debido a las simpatías hacia los →monofisitas de Dióscoro de Alejandría y a las ambiciones de la primacía en el Oriente para su sede, Flaviano fue depuesto de su cargo de Constantinopla. Su sucesor, A., un alejandrino *apocrisiarius* en Constantinopla, fue consagrado probablemente a principios de 450. Presiones del papa León y del emperador Marciano en mayo de 451 hicieron que A. aceptara el →*Tomo*. En Calcedonia negó que Dióscoro hubiera sido depuesto por herejía y encabezó una comisión que redactó una *Definitio* en favor de Cirilo. Esto fue rechazado por León, que también posteriormente se negó a reconocer cánones obtenidos por A. que reafirmaban la primacía de Constantinopla en el Oriente y aseguraban los derechos de jurisdicción y consagración sobre los metropolitanos circunvecinos. En 457 A. fue el primer obispo cristiano en coronar a un monarca también cristiano, el emperador León I. Poco antes de su muerte, A. obtuvo el apoyo del clero de Constantinopla en favor del bando calcedonio contra el violento monofisita Timoteo Aeluro que había usurpado la sede de Alejandría. G.T.D. ANGEL

ANCIANO →PRESBITERO

ANDREAE, JOHANN VALENTIN (1586-1654). Teólogo luterano, nieto de Jacobo Andreae. N. en Herrenberg. Estudió en Tübinga y salió de allí en 1607. Durante viajes subsiguientes se formó en él un aprecio por las iglesias calvinistas. En 1614 fue ordenado diácono en Veihingen y seis años más tarde fue nombrado ministro superintendente de Calw. Allí demostró valor en medio de los estragos de la →Guerra de Treinta Años. En 1639 fue a Stuttgart como capellán oficial y sirvió como miembro de la corte consistorial. Ya para el año 1650 era superintendente y abad de Bebenhausen. En 1654 fue nombrado abad de Adeleberg en donde procuró reorganizar y ayudar las iglesias de Würtemberg. En medio de las tormentas de controversia teológica, mantuvo una actitud irénica. Escribió un libro en que manifestaba su anhelo de que surgiera en su tierra una forma de estado utópico como el de Ginebra.

PETER TOON

ANGELA MERICI (1474-1540). Fundadora de la Orden de las →Ursulinas. Siendo →terciaria de San Francisco, fundó escuelas religiosas para niñas en su nativa Desenzano y en Brescia. En 1524 fue en peregrinaje a la Tierra Santa, volviéndose ciega en Creta pero sanándose a su regreso. En 1525 →Clemente VII la invitó sin éxito para que estableciera su obra en Roma. En 1535 fundó en Brescia la Orden de las Ursulinas, habiendo obtenido en 1506 una visión en tal sentido, y fue la superiora hasta su muerte. La orden se fundó para combatir la inmoralidad y para educar en la fe a las esposas y a las madres. Sin hacer votos formales, las hermanas vivían afuera para ejercer su apostolado ampliamente. A. escribió un Testamento, Consejos y la Regla de la Orden. Fue canonizada en 1807.

C.G. THORNE, Jr.

ANGELICO, FRA (1387-1455). Pintor florentino. Conocido también como Giovanni da Fiesola o Guido di Prieto. A la edad de veinte años ingresó en el monasterio dominico de Fiesola. Entre 1409 y 1418 el →Cisma Occidental lo forzó a ir primero a Foligno y después a Cortona, donde actualmente se hallan algunas de sus grandes obras. Decoró el convento de San Marcos en Florencia y pintó frescos en dos capillas del Vaticano. Se ignora dónde o cuándo A. comenzó su preparación como pintor, pero su obra más antigua (1418-30) muestra una estrecha relación con el estilo gótico internacional. Ejemplos de este tipo incluyen "La Coronación de la Virgen" y "El Juicio Final". Su obra posterior se caracteriza por el realismo renacentista con el uso de trasfondos más naturales en lugar de áureos escenarios abstractos. Sus obras de este período incluyen el "Descenso de la Cruz", "La Crucifixión" y otras escenas de la vida de Cristo que decoran el convento de San Marcos.

ROBERT G. CLOUSE

ANGELUS. Práctica extendida en la ICR que consiste en recitar al amanecer, al mediodía y al ponerse el sol, tres "Avemarías" junto con versículos y respuestas y una oración colecta de la Anunciación. Se hace como un continuo recuerdo de la Encarnación. Se da aviso a las horas adecuadas tocando las campanadas del A. Se toca tres veces por cada "Avemaría" y nueve veces por la colecta. El nombre del rito deriva de la primera palabra del versículo inicial: *"Angelus Domini nuntiavit Mariae"*. Sin embargo se usan distintas palabras en tiempos de Pascua. La práctica del A. comenzó en Italia durante el siglo trece pero no se divulgó hasta después de la Reforma.

JOHN TILLER

ANGLICANA, COMUNION. No es posible dar una fecha exacta en cuanto al surgimiento de la comunión anglicana. Las iglesias anglicanas de Inglaterra, Escocia, Irlanda y Gales ciertamente constituyeron las provincias originales, a las cuales fue añadida en 1789 la Iglesia Protestante Episcopal de los EUA. De ahí en adelante, principalmente a través de la obra pionera de las sociedades misioneras de la Iglesia de Inglaterra y de sus equivalentes en la América del Norte y en Australasia, la estructura se desarrolló hasta contar en 1971 con alrededor de 365 diócesis. Estas pueden encontrarse sobre todo en países que formaron parte, y en muchos casos todavía la forman, de la Comunidad Británica de Naciones, aunque China, Japón y Brasil son excepciones notables.

También es difícil definir con precisión qué constituye una calificación suficiente para ser miembro de la C.A. La Conferencia de →Lambeth de 1930, adoptó una resolución descriptiva que establecía así su entendimiento: "La C.A. es una hermandad dentro, de la Santa Iglesia Católica y Apostólica, de aquellas diócesis debidamente constituídas, iglesias provinciales o regionales en comunión con la sede de Canterbury, que tienen en común las siguientes características: (a) Sostienen y propagan la fe y el orden católico y apostólico como están establecidos en el Libro de Oración Común autorizado por sus varias iglesias; (b) Son iglesias particulares o nacionales y, como tales, promueven dentro de sus territorios una expresión nacional de su fe, vida y culto cristianos; (c) No están unificadas por una autoridad legislativa y ejecutiva central, sino por lealtad mutua que manifiestan por medio del concilio común de obispos reunidos en asamblea".

Esta ha llegado a ser la declaración clásica. Sin embargo, resulta confusa especialmente con respecto al Libro de Oración Común, dado que éste no es ya la piedra de toque al cual son sometidos las modernas liturgias anglicanas cuando se las revisa. No obstante, la anterior definición fue lo suficiente flexible como para permitir la considerable amplitud de opinión, teología y práctica litúrgica que han caracterizado a las iglesias anglicanas durante los ss.XIX y XX. En gran medida el "color" de las organizaciones misioneras originales determinó las prácticas de las diócesis que vinieron después. Algunas provincias (p.e. Africa del Sur) eran casi monocromáticas en su anglo catolicismo; otras (como Kenia) se distinguían por su evangelicalismo. En el Africa Occidental, donde las cuatro antiguas colonias de la corona británica de Nigeria, Costa de Oro, Sierra Leona y Gambia estaban relacionadas con sociedades misioneras diferentes, surgió finalmente una provincia con iglesias católicas tradicionales en Ghana y en Gambia e iglesias evangélicas tradicionales en Nigeria y en Sierra Leona. Entre 1945 y 1970 se hizo claro que las varias tradiciones se estaban modificando lentamente, por lo menos a nivel episcopal, debido a los crecientes contactos que se aumentaban en escala mundial.

El punto focal de la C.A. desde 1867 ha sido la sucesión de las Conferencias de Lambeth que, con carácter consultivo han guiado e interpretado el pensamiento anglicano. Careciendo de toda constitución formal, sus resoluciones no llevan poderes de mandato dentro de las diversas provincias, pero no puede negarse su influencia; a veces han determinado virtualmente la política anglicana (p.e. el Lambeth Quadrilateral de 1888, en el cual la Biblia, los dos credos, los sacramentos dominicales y el episcopado histórico fueron puestos como base de la reunión de las iglesias dentro de la familia anglicana). Alguna indicación de crecimiento se puede ver en el número de obispos que asisten a las asambleas de Lambeth: de 70 en 1867 hasta 310 en 1958. Según la tradición la conferencia es presidida por el arzobispo de Canterbury, pero este es un puesto honorífico y no tiene fuerza de ley sobre las provincias que están fuera de Canterbury.

Durante el s.XX se celebraron tres congresos pan-anglicanos (Londres, 1908; Minneapolis, 1954; Toronto, 1963), en los cuales estuvieron presentes miembros del clero y del laicado, pero la Conferencia de Lambeth de 1968 recomendó que estos congresos se descontinuaran. Como consecuencia de la asamblea de Lambeth de 1958, se creó el cargo de Funcionario Ejecutivo Anglicano. Su tarea sería la de informar y coordinar a las varias provincias para evitar duplicación y despilfarro. Tres obispos (Stephen Bayne, Ralph Dean y John Howe) ejercieron sucesivamente el cargo entre 1959 y 1971, y este último año el título se cambió por el de Secretario General del Concilio Consultivo Anglicano, establecido a solicitud de la Conferencia de Lambeth de 1968 para reemplazar al Cuerpo Consultivo y Concilio Asesor en Estrategia Misionera, que estaba compuesto exclusivamente por primados y otros arzobispos y metropolitanos.

El Concilio celebró su primera reunión en Limuru, Kenia, en 1971 y se reúne en años alternados. Tiene 55 miembros provenientes de todas las provincias anglicanas. Cada una de éstas envía dos representantes: un obispo y un clérigo o laico. Las iglesias mayores (Australia, Canadá, Inglaterra y los EUA) tienen una representación de tres: un obispo, un clérigo y un laico. El Concilio tiene funciones de asesoramiento.

El desarrollo que ha tenido lugar en las relaciones ecuménicas desde 1947, y que en algunos lugares ha llevado a la formación de iglesias unificadas y en otros a ideas de reunión todavía no cumplidas, ha cuestionado obviamente el futuro de la C.A. en general y sus relaciones con las iglesias unidas en particular. Esto ha conducido a una continua reconsideración por parte de las iglesias anglicanas en cuanto a su postura en lo referente a tales cuerpos ya unidos o que están unificándose.

En 1966 se estableció en Roma un Centro Anglicano para facilitar un mejor entendimiento entre las iglesias anglicanas, la ICR y otras. Esto fue apoyado por la asamblea de Lambeth de 1968 que también aconsejó que la presencia anglicana en Ginebra fuese fortalecida.

La C.A. creció como consecuencia de la obra misionera. Desde el Congreso de Toronto, celebrado en 1963, ha realizado un esfuerzo especial para integrar la misión mundial de las iglesias anglicanas a través de la instrumentación de un documento titulado "Responsabilidad mutua e interdependencia en el Cuerpo de Cristo". Ciertos aspectos de este esquema han recibido amplias críticas y su manejo no ha sido universalmente exitoso.

MICHAEL SAWARD

ANGLICANA, IGLESIA. Se desconocen los orígenes del cristianismo en Inglaterra, pero la presencia de obispos británicos en el Concilio de Arlés (314) indica la existencia allí de una iglesia organizada. Después de la retirada romana y a las invasiones teutónicas, el cristianismo se retiró a tierras celtas al oeste, pero a fines del s.VI o a principios del VII una misión romana bajo →Agustín y una misión celta bajo →Aidán empezaron la reconversión de Inglaterra. Los cristianos celtas y los romanos no estaban de acuerdo en costumbres de poca importancia, pero el Sínodo de Whitby (663/4) confirmó la observancia de las formas romanas. Teodoro de Tarso, arzobispo de Canterbury (668-90), unió y organizó a la iglesia sobre bases diocesanas pero, aunque se sintieron influencias de reformas monásticas continentales durante el s.X, bajo Dunstan la iglesia inglesa estuvo aislada en mayor parte de los asuntos eclesiásticos continentales hasta la invasión normanda de 1066. Guillermo I y su arzobispo, →Lanfranc, hicieron seguir a la iglesia los mayores lineamientos de la reforma hildebrandina (→Gregorio VII), aunque el propio Guillermo logró evitar la completa servidumbre al papado. La Controversia de las →Investiduras tuvo repercusiones en Inglaterra en el conflicto de Anselmo, primero con Guillermo II y después con Enrique I; la lucha por la supremacía entre la iglesia y el estado produjo en Inglaterra su más violento ejemplo en la disputa sostenida por Enrique II y Tomás →Becket acerca del enjuiciamiento de clérigos delincuentes, lo cual paró en el martirio de Becket y en su consiguiente victoria. El triunfo del papismo se vio claramente cuando en 1213 el rey Juan reconoció que su reino era un feudo papal. Luego de levantado el entredicho papal y durante el s.XIII, la extensión del derecho canónico dio gran influencia al papado en Inglaterra. Sin embargo el conflicto entre Inglaterra y Francia (que en el s.XIV controlaba al papado) y también la decadencia papal, hicieron que la sumisión de Inglaterra fuese más nominal que real a fines de la Edad Media.

Por el s.XVI la situación era tal que le resultó fácil a →Enrique VIII utilizar su divorcio de Catalina de Aragón como motivo para eximir a Inglaterra de obediencia al papa. El Parlamento de 1532-36 estableció a Enrique como "Cabeza Suprema de la Iglesia de Inglaterra en la tierra" y cortó los vínculos financieros, judiciales y administrativos entre Inglaterra y Roma, medida apoyada por la mayoría de la iglesia. Los monasterios fueron disueltos más por razones financieras que religiosas (1536-39), pero en otros aspectos la iglesia retuvo un carácter católico.

Bajo →Eduardo VI (1547-53) la iglesia experimentó una reforma litúrgica y doctrinal, vinculada mayormente con los libros de oración de 1549 y 1552, este último de carácter definidamente protestante. La ascensión de →María Tudor (1553-58) inició un período de reacción romana durante el cual muchos de los reformadores que actuaron bajo Eduardo fueron sometidos a martirio, incluso Tomás →Cranmer, Nicolás →Ridley y Hugo →Latimer, así como muchísimas personas no tan destacadas.

→Isabel I (1558-1603) restauró el establecimiento protestante, pero su propósito era una iglesia amplia, nacional y episcopal, con el monarca como gobernante supremo. El Libro de Oración isabelino estaba basado en el de 1552, pero incluía cambios significativos para ayudar a la comprensión, y el mismo protestantismo moderado se reflejaba en los fundamentos doctrinales de la iglesia, los →Treinta y nueve Artículos de Religión.

Un partido puritano, que deseaba dar al anglicanismo un rumbo calvinista, surgió bajo el reinado de Isabel, pero la reina no le permitió interferir con el "Arreglo →Isabelino". Con los escritos de John Jewel y de Richard →Hooker el anglicanismo obtuvo sus clásicas declaraciones de *via media.* Las esperanzas de los puritanos se desvanecieron cuando →Jacobo I sostuvo la política seguida por Isabel. Estalló un conflicto más con el surgimiento de un partido "laudiano" de la "Iglesia Alta", con sus tendencias arminianas y énfasis en la Iglesia de los Padres, en el culto y las ceremonias. La disputa entre laudianos y puritanos fue la contraparte religiosa del conflicto entre →Carlos I y el Parlamento, y con la Guerra Civil. El Parlamento abolió el episcopado y el Libro de oración y ejecutó a William →Laud (1645). Aunque proscripto durante el Commonwealth y el Protectorado, el anglicanismo pudo sobrevivir y con la restauración de →Carlos II, en 1660, la I.A. recuperó su rango de iglesia nacional. El Libro de Oración, con modificaciones laudianas, fue puesto nuevamente en vigor en 1662, y el Parlamento impuso trabas legales a todos los que no quisieran adaptarse a la iglesia nacional.

La Iglesia posterior a la restauración tuvo

sus Alas Alta y Baja. Los altos eclesiásticos mantuvieron un énfasis laudiano y los bajos eclesiásticos (o latitudinarios), inspirados por los platónicos de →Cambridge, destacaron el lugar de la razón en los asuntos religiosos. Como la mayor parte de las denominaciones protestantes, también la I.A. fue afectada por el →deísmo en el s.XVIII, pero el movimiento clave de este período fue el Avivamiento Evangélico con su énfasis en la justificación por la fe, la conversión personal y la Biblia. Aunque los hermanos →Wesley y →Whitefield trabajaron más y más fuera del sistema anglicano, surgió en la iglesia un considerable sector evangélico que valoraba el Libro de Oración y el sistema parroquial, teniendo liderazgo en laicos tales como William →Wilberforce y los miembros del grupo de →Clapham. El anglicanismo del s.XVIII también produjo importantes filósofos como George →Berkeley y William →Paley.

Los comienzos del s.XIX con su movimiento en pro de la emancipación católica, la abrogación de las trabas que pesaban sobre los no conformistas, la reforma utilitaria de la Iglesia, y la reorganización parlamentaria de la Iglesia de Irlanda, vieron amenazado el establecimiento isabelino. Una reforma financiera, administrativa y diocesana de la iglesia, que la pusiera a tono con el mundo moderno, fue emprendida por el parlamento y el recientemente creado Comisionado Eclesiástico presidido por el obispo Blomfield. Pero la espiritualidad fue renovada por el Movimiento de →Oxford, dirigido por J.H. →Newman, John →Keble, E.B. →Pusey, con énfasis en la iglesia, la sucesión apostólica, la gracia sacramental y la santidad ascética. Muchos lo consideraron como de tendencia romanizante, sospecha que pareció confirmarse con la secesión de Newman y otros hacia Roma en 1845. Pero la mayoría del movimiento permaneció leal a su anglicanismo y soportó la persecución dentro de la Iglesia, aunque hasta bien avanzado el s.XX el conflicto partidista continuaba.

En 1854 resurgieron las convocaciones del clero, dando así a la iglesia un foro en donde debatir. El laicado empezó a participar más en los asuntos de la Iglesia en la parte final del s.XIX, pero hasta que se aprobó la *Enabling Act* (1919) y la creación de la asamblea eclesiástica y los consejos parroquiales, los laicos no obtuvieron lugar en el gobierno de la iglesia, y no fue sino hasta 1970, con la introducción del gobierno sinodal, que el clero y los laicos lograron igual rango en los concilios de la iglesia.

Desde mediados del s.XIX, debido a la actividad de los →socialistas cristianos, la iglesia se fue haciendo cada vez más consciente de sus responsabilidades sociales. Una cantidad de anglicanos, especialmente el arzobispo William →Temple, han desempeñado un papel importante en esta esfera.

Por tener tanto características católicas como protestantes, la I.A. tiene una significativa función dentro del movimiento ecuménico, pero hasta el presente sus intentos de unión con otras iglesias no han alcanzado éxito. Al igual que otras denominaciones, la I.A. ha sido afectada por el →Movimiento Litúrgico y, pese a los abortivos intentos de revisar el Libro de Oración en 1928, la reforma litúrgica ha ido adelante desde 1965 mediante el uso alternado de servicios por períodos de experimentación. Desde la década de 1930 hasta principios de la de 1960 el neo-biblicismo ha dominado teológicamente a la iglesia. Sin embargo, el radicalismo ha tenido una creciente influencia desde entonces. Por su parte el evangelismo conservador también ha aumentado numéricamente desde la Guerra Mundial II.

[El esfuerzo por mantener equilibrio en el anglicanismo entre el ala anglocatólica y la evangélica se ve en la manera de escoger los arzobispos de Canterbury. El docto arzobispo anglocatólico, Arthur Michael →Ramsey (1961-75), fue seguido por el evangélico Donald Coggan (1976-80). No obstante su evangelicalismo, Coggan visitó al Papa →Pablo VI en busca de la intercomunión. Le sucedió en enero de 1980 Roberto Runcie, quien se describió a sí mismo como un "católico radical".] JOHN A. SIMPSON

ANGLICANISMO Y EPISCOPALISMO EN AMERICA LATINA. Puesto que en los EUA la iglesia de la Comunión →Anglicana es la Iglesia →Episcopal, las iglesias en AL que proceden de ella reciben por lo general el nombre de "episcopales", mientras que las que proceden directamente de Inglaterra se llaman "anglicanas".

Las más antiguas iglesias anglicanas en AL se encuentran en los territorios que fueron colonias inglesas: las Antillas Menores, Jamaica, Guayana y Belice. Estas iglesias constituyen la *Church of the Province of the West Indies*, que es una rama independiente de la comunión anglicana. El número de los miembros en esta provincia es varias veces mayor que el de todas las demás iglesias anglicanas y episcopales en América Latina.

En muchos lugares, el a. y e. tuvo su origen cuando se fundaron iglesias para servir a los inmigrantes ingleses o norteamericanos. Así, por ejemplo, cuando en 1810 Portugal firmó un tratado con Inglaterra, se establecieron en el Brasil varias congregaciones anglicanas. En 1825, gracias al tratado de amistad y comercio entre la Gran Bretaña y Argentina, la Iglesia Anglicana fue establecida en Buenos Aires. En 1844 se estableció en Chile una capilla destinada a servir a los súbitos británicos. Y en 1849 se fundó en el Perú una iglesia semejante que, para cumplir la ley, se llamó sociedad Anglo-Americana de Instrucción Primaria y Debates.

En la región del Caribe, el a. ha crecido en los países de habla hispana debido principalmente a la inmigración procedente de las antiguas colonias británicas. Esto es particularmente cierto en las costas caribeñas de América Central y en Panamá, adonde fueron llevados grandes contingentes de obreros negros de las Antillas británicas para trabajar en la construcción del canal y en la industria bananera. En Colombia, las islas de San Andrés, Providencia y Santa Catalina cuentan con gran número de anglicanos de origen semejante.

En la misma región, la Iglesia Episcopal de los EUA comenzó en el s.XIX a ocuparse de sus miembros que por diversas razones se habían instalado en las Antillas mayores. Así, por ejemplo, en 1871 el padre Edward Kenney llegó a La Habana con ese propósito. En Puerto Rico, los anglicanos comenzaron a trabajar entre los inmigrantes en Ponce en 1873, y en Vieques poco después. A raíz de la guerra hispano-americana, los anglicanos cedieron esas iglesias a los episcopales.

Empero todo esto no quiere decir que la presencia del a. y e. en AL se haya limitado al principio a la labor entre inmigrantes. Al contrario, desde la primera mitad del s.XIX los anglicanos se interesaron por las misiones en AL, aunque trataron de limitarse a la evangelización de los indios, sin intentar convertir a los católicos.

En 1838 el capitán de la marina británica, Allen →Gardiner, comenzó obra misionera entre los araucanos de Chile. Tras varios viajes por Chile y Bolivia, murió con siete compañeros en Tierra del Fuego, donde habían ido como misioneros. Su diario, en el que cuenta cómo murieron de hambre, es conmovedor. Poco después su hijo, junto a otro grupo de misioneros, trató de continuar la labor emprendida por su padre, pero fue muerto y devorado por los indios. Y unos años más tarde un nieto del capitán Gardiner murió de fiebre en Valparaíso, donde se preparaba para servir entre los indios como misionero médico. Uno de los resultados de esas tres generaciones de sacrificios fue la fundación en Inglaterra de la "Sociedad Misionera Patagónica", que después se llamó →"Sociedad Misionera Sudamericana" y que a lo largo de los años se ha dedicado al trabajo entre los indios.

En los lugares en que el a. y e. ha crecido más en la AL, esto no se ha debido a la expansión de la iglesia de inmigrantes británicos, ni a la obra de misioneros. Veamos algunos ejemplos.

La iglesia protestante más antigua de México es la episcopal. Surgió en 1861, cuando un grupo de católicos romanos, inspirado por las corrientes ideológicas que circulaban en época de Benito Juárez, fundó la "Iglesia Mexicana", que después se llamó "Iglesia de Jesús". Poco a poco esa iglesia nacional estableció lazos con la comunión anglicana y en 1906 se unió a ella. Pero desde sus inicios su trabajo fue entre mexicanos y sus servicios se celebraban en español.

La Iglesia Episcopal de Haití se remonta al año 1861, cuando 110 negros norteamericanos, huyendo de las condiciones oprobiosas que reinaban en su país, partieron hacia la república negra. Su jefe era el diácono episcopal, James Theodore Holly. En el primer año y medio, 43 de los inmigrantes murieron de malaria y tifoidea. Cinco de ellos eran miembros de la familia de Holly. Ante tal tragedia, otros abandonaron el país, y solo 20 permanecieron en él. Holly y sus pocos compañeros se hicieron haitianos y se dedicaron a predicarles a sus nuevos conciudadanos. Algún tiempo después, Holly fue ordenado sacerdote y por último obispo.

Aunque en Puerto Rico la obra anglicana comenzó entre inmigrantes, su crecimiento numérico más grande se produjo en 1902, cuando un grupo de disidentes católicos, la "Iglesia de Jesús", se unió a la iglesia episcopal, trayendo consigo 2.000 miembros, cuatro clérigos y un obispo.

En Cuba, la primera iglesia fue fundada por un misionero de origen cubano, enviado desde la Florida por los cubanos que habían huído del régimen español y que en los EUA se habían hecho episcopales. Este misionero, Pedro Duarte, fundó en 1884 en la ciudad de Matanzas la iglesia "Fieles a Jesús".

En resumen, aunque parte de los orígenes del a. y e. en la AL se debe a los inmigrantes británicos y norteamericanos, para quienes sus iglesias iniciaron un "servicio de capellanía", otra parte se debe a cismas dentro de la Iglesia Católica y a la labor de misioneros tanto de origen anglo como hispano y negro.

Estructuralmente, la mayor parte de las iglesias episcopales de AL, que se encuentran en el Caribe, México, Colombia y Ecuador, forma la Novena Provincia de la Iglesia Episcopal. Las iglesias, tanto anglicanas como episcopales, del continente sudamericano, se han unido en el Concilio Anglicano Sudamericano (CASA). En Venezuela, la *Church of the Province of the West Indies* ha tratado de iniciar una obra, aunque sin gran éxito.

JUSTO L. GONZALEZ

ANGLO-CATOLICISMO →ANGLICANA, IGLESIA

ANGLOSAJONA, IGLESIA. El cristianismo había existido en la Gran Bretaña ya desde el año 156, pero las invasiones de los paganos anglosajones en los ss.IV y V redujeron a los bretones, y con ellos al cristianismo, a enclaves cada vez menores. Debido a su odio a los anglosajones, los bretones rehusaron llevarles el consuelo del cristianismo. La conversión llegó finalmente a través de dos medios principales, de los cuales el más famoso fue lanzado por →Gregorio Magno, quien envió a Inglaterra a →Agustín de Canterbury con 40 monjes. Agustín desembarcó en Kent en 597 y su rey, Etelberto, le dio tierras y una iglesia en desuso en Canterbury. Este es el origen histórico de los subsiguientes reclamos de primacía de Canterbury sobre la Iglesia Inglesa. Gran parte del N de Inglaterra fue convertido desde Irlanda y Escocia por misioneros de la →Iglesia Céltica. La conversión de la Inglaterra anglosajona fue un proceso lento; el paganismo estaba siempre latente. El hambre y el desastre natural podían hacer que el reino recayera en el paganismo; los reyes renegaban de la nueva fe como consecuencia de conflictos personales con la iglesia. Las invasiones de los ss. IX y X de los paganos escandinavos en los ss. IX y X hicieron que el paganismo fuera un problema hasta 1066 y aun después.

Por el s.XI se había desarrollado un sistema parroquial, con 16 diócesis muchas veces grandes e incontrolables, algunas de las cuales coincidían con los límites de los antiguos grupos de pueblos anglosajones y con sus reinos. Los reyes y los nobles desempeñaron un importante papel en los asuntos de la Iglesia. Los misioneros, en primer lugar, trataron siempre de convertir al rey y obtener su apoyo. Un rey convertido ordenaría a sus súbditos que aceptaran el bautismo, no importando cuán defectuoso fuera el nivel de éstos en cuanto a su subsiguiente fe y entendimiento. La protección real era necesaria cuando se evangelizaba en zonas paganas. Los agradecidos reyes y nobles hacían a la Iglesia grandes concesiones de tierras y edificios. A cambio de esto los reyes esperaban, y generalmente obtenían, el apoyo de la Iglesia que predicaba lealtad al rey y aplicaba sanciones religiosas a quienes desobedecían o conspiraban contra el poder de la realeza, y generalmente reforzaba la ley y el orden. Los reyes, naturalmente, daban por sentado que podían designar sus candidatos a obispos y abades. Igualmente los nobles, que habían fundado iglesias o monasterios locales, reclamaban también su derecho a designar. La Iglesia tuvo un efecto civilizador entre los anglosajones, y gradualmente reemplazó a las anárquicas guerras privadas por un *wergild,* o compensación monetaria, y trajo un gobierno de gente instruida. Las iglesias celta y romana obraron la fusión de dos destacadas tradiciones culturales que continuaron hasta la conquista normanda, pese a lo turbulento de las invasiones escandinavas.

El monaquismo fue muy popular aunque, al parecer, los monasterios y los conventos solo admitían a la nobleza. Se supone que las invasiones escandinavas causaron el deterioro del monaquismo, pero críticos bien informados aseguran que la riqueza y la holgazanería fueron los mayores males de los s.VIII y IX. Al ser institucionalizada, la Iglesia se volvió también muy rica y algunos, como →Beda, miraban con nostalgia a los días de la primitiva conversión y los consideraban como una "época de oro". En el s.X hubo un avivamiento monástico, siendo →Dunstan y Aethelwood figuras clave. Esto duró hasta el s.XI cuando los libros producidos en los monasterios ingleses estuvieron en demanda en todo el continente europeo. Los ulteriores alegatos normandos acerca de la corrupción de la iglesia en el s.XI eran en su mayor parte propaganda, por lo general injusta.

L. FEEHAN

ANHOMEOS. Arrianos radicales. Dirigidos por →Aecio y por Eunomio (→eunomianismo) en el período 357-61. Sostenían que el Hijo es distinto (gr. *anhomoios*) del Padre. Aecio mantuvo la "desemejanza" en forma consecuente y más tarde influyó sobre los *pneumatómajoi* que excluían de la Deidad al Hijo y al Espíritu. Otros "a.", sin embargo, como Eudosio de Antioquía y Acacio, apoyaron los credos de Sirmio (357) y de Constantinopla (360) que excluían "substancia" *(ousía)* de sus fórmulas pero afirmaban que el Hijo es semejante al Padre. Aecio fue excomulgado por este grupo en 361, pero según el historiador Sócrates, algunos de éstos volvieron a los puntos de vista de Aecio, interpretando "Dios de Dios" en el sentido de que todas las cosas vienen de Dios. Los a. fueron anatematizados por el Concilio de →Constantinopla en 381. G.T.D. ANGEL

ANICETO. Obispo (papa) romano de los años 154 a 165 y contemporáneo de →Policarpo, obispo de Esmirna en Asia Menor. Durante su obispado nació la controversia →cuartodecimana. Los cristianos de Asia Menor celebraban la Pascua cristiana de acuerdo con la cronología judía. Pero en Roma tuvo origen la costumbre de celebrar la muerte y la resurrección de Cristo el primer viernes y domingo después de la luna llena del mes de marzo. Policarpo visitó a A. y los dos acordaron admitir ambas prácticas. Pero más tarde la diferencia provocó una prolongada controversia.

Poco después del encuentro de los dos obispos, Policarpo sufrió martirio. A. se incluye en la martiriología romana pero no sabemos por qué. WILTON M. NELSON

ANNO DOMINI. Frase latina que significa "en el año del Señor". Esta frase sujeta el moderno calendario gregoriano a los cálculos hechos en 527 por Dionisio el Exiguo en cuanto a la fecha del nacimiento de Jesucristo. La exégesis del NT no confirma estos cálculos. Más bien Mt. 2:19 establece la natividad antes de la muerte de Herodes el Grande, acontecimiento que tuvo lugar en 4 a.C. Por lo tanto hay una fuerte posibilidad de un error de cuatro años en nuestro calendario. Además, algunos intérpretes asocian el censo de Lc. 2:3 con el de Quirinio que se realizó en 6 a.C. Así que la fecha exacta del nacimiento de Jesús es desconocida.

ANSCARIO (Ansgar). (801-865). "Apóstol del Norte". De origen franco, a los cinco años ingresó en un monasterio benedictino en Corbie, Francia, en donde permaneció hasta 822, fecha en que fue designado como director de la escuela hija de la anterior en Corvey, Sajonia. Cuatro años más tarde él y un colega suyo fueron a Dinamarca, donde parece que hicieron algunos importantes conversos al cristianismo, y allí establecieron una pequeña iglesia de madera en Hedeby. Por 829, sin embargo, A. había regresado a la corte de los francos cuando llegó un pedido de ayuda del rey Björn de Suecia. Con un monje compañero, Witmar, A. fue nuevamente al N, al centro comercial de Birka, donde había sido establecido un obispado bajo Simeón-Gauzbert. En 831 llegó a ser arzobispo de Hamburgo, cargo que mantuvo hasta su muerte pese al saqueo de la ciudad por Horico en 845. A. mantuvo su interés en Birka y, cuando Simeón-Gauzbert fue expulsado por su propio pueblo franco, A. pasó dos años en la diócesis bajo la protección de Horico. En sus viajes visitó nuevamente Hedeby. Schleswig, juntamente con Hamburgo y Bremen (A. había asumido la supervisión pastoral de esta última en 847) siguió siendo la región de sus movimientos hasta su muerte, aunque no murió por el martirio como lo buscaba. Fue sepultado en la Iglesia de San Pedro, de Bremen.

A veces se considera que A. fracasó porque a su muerte el cristianismo no estaba firmemente establecido en Escandinavia. No obstante sus logros relativos ha de tenerse en cuenta que no había sido formada una dinastía estable en ninguno de aquellos países. Pero los fundamentos habían sido puestos, y el cristianismo iba a llegar después de un siglo con la conversión de Haroldo ("Dienteazul") Gormsen (c. 940-86).

CLYDE CURRY SMITH

ANSELMO DE CANTERBURY (c. 1033-1109). Arzobispo de →Canterbury de 1093 a 1109, y uno de los principales precursores del →escolasticismo. N. en el Piamonte italiano, una serie de peregrinaciones le llevó a Normandía, al monasterio de Bec, del que fue →prior y luego →abad. Allí fue discípulo de →Lanfranco y compuso varias obras teológicas, entre ellas: *Monologio, Proslogio,* y *Epístola sobre la Encarnación del Verbo.* En 1093 fue nombrado arzobispo de Canterbury para suceder a Lanfranco.

Sus intentos de aplicar en Inglaterra las reformas de →Gregorio VII le crearon problemas políticos y tuvo que partir al exilio. Escribió entonces *Por qué Dios se hizo hombre, Sobre la concepción virginal y el pecado original,* y *Sobre la procesión del Espíritu Santo.* En 1100, después de la muerte del rey Guillermo II, A. regresó a Canterbury, pero nuevos conflictos con Enrique I le enviaron al exilio otra vez en 1103. Tras negociaciones entre el rey y el papa, A. regresó a Canterbury en 1107, y permaneció allí hasta su muerte. Durante sus últimos años se dedicó al estudio de las cuestiones relacionadas con la gracia, la predestinación y el libre albedrío.

Los elementos más importantes del pensamiento de A. son su método teológico, su argumento para probar la existencia de Dios, su interpretación de la obra de Cristo y su realismo filosófico.

El método teológico. Generalmente A. se plantea un problema o una opinión errónea que alguien podría sustentar. Entonces refuta esa opinión haciendo uso solo de aquellas autoridades que su supuesto contrincante aceptaría como tales. Si se trata, por ejemplo, de probar la existencia de Dios contra las opiniones de un ateo, A. no recurre a la autoridad de la iglesia ni a la Biblia, sino solo a la razón, única autoridad que aquel aceptaría. Por eso algunos han visto en A. un racionalista extremo. Pero el hecho es que A. parte de la fe, pues como él mismo dice "no pretendo entender para creer, sino creer para entender; porque si no creyera no entendería".

La existencia de Dios. En el *Monologio,* A. había tratado de probar la existencia de Dios utilizando un argumento común: partir de la perfección que puede verse en el mundo. Pero no había quedado del todo convencido por su propio argumento, pues un verdadero ateo no tendría que aceptarlo. Entonces descubrió lo que llegó a denominarse "el argumento →ontológico". Este argumento sostiene que la idea misma de la perfección requiere su existencia, pues lo que existe es más perfecto que lo no existe. Luego, decir que el ser perfecto no existe es una contradicción, como decir que un triángulo no tiene tres lados.

La obra de Cristo. En este punto el influjo de A. se hace sentir hasta nuestros días, tanto entre católicos como entre protestantes, pues fue él quien con más claridad y orden lógico propuso la teoría según la cual Cristo nos salva pagando nuestra deuda para con Dios. Antes de A., lo que más frecuentemente se decía era que Cristo nos salva porque en su encarnación, muerte y resurrección ha derrotado los poderes del Maligno, y que nosotros también somos hechos partícipes de esa victoria mediante nuestra unión con él. A. propone que lo que ha sucedido es que por el pecado hemos contraído con Dios una deuda infinita. Siendo una deuda infinita, solo Dios puede pagarla. Pero, puesto que fue contraída por la humanidad, solo un hombre puede hacer ese pago. Este es el motivo de la encarnación, pues así el pago es hecho por alguien a la vez humano e infinito. La importancia de este aspecto de la obra de A. se constata en el hecho de que aun en el siglo XX muchos dan por sentado que éste es el único modo de comprender la obra redentora de Cristo.

El realismo filosófico. En el debate entre →nominalistas y realistas, A. optó por estos últimos, ya que el realismo armonizaba mejor con su agustianismo y con su platonismo. Esta opción influyó en diversos aspectos de su teología. Por ejemplo, solo desde una perspectiva realista se comprende cómo en la obra de un solo hombre, Jesús, puede haber un pago por toda la humanidad, y un pago que solo un ser humano podría haber hecho.

JUSTO L. GONZALEZ

ANSELMO DE LAON (m. 1117). Famoso teólogo francés, apodado *Doctor Scholasticus.* Estudió en Bec bajo Anselmo de Canterbury. Desde 1076 fue docente en París donde entre sus alumnos se hallaba →Guillermo de Champeaux. Hacia el fin del siglo, juntamente con su hermano, estableció en Laon una escuela (140 km al NE de París) que llegó a tener renombre. Su fama atrajo a →Abelardo. Si bien éste no estimaba mucho a su maestro, es evidente que A. hizo mucho para desarrollar la *quaestio* (el método de contraponer a autores contradictorios y de procurar reconciliarlos), método que llegó a ser común entre los pensadores subsiguientes, incluso Abelardo con su *sic et non.* Muy importante también fue la contribución que hizo A. a la exégesis bíblica mediante sus glosas sobre el texto. A él se debe una parte de la obra exegética *Glossa Interlinearis.*

C. PETER WILLIAMS

ANTICLERICALISMO. Actitud de hostilidad dirigida contra el poder del clero y sus privilegios civiles, especialmente los de la jerarquía. En época moderna se ha expresado en dos niveles: religioso y político, y ha sido de dos tipos: activo y pasivo. El a. data de los primeros tiempos del cristianismo institucionalizado. El a. medieval era esporádico y muy desorganizado, pero la Reforma estimuló su crecimiento al atacar los protestantes los abusos clericales y promulgar al sacerdocio de todos los creyentes. El ímpetu para el moderno a., sin embargo, vino principalmente del →racionalismo con su oposición a la religión organizada y su enseñanza de que el clero era el baluarte de la reacción política. Así la Europa del s.XIX vio numerosas y ardientes batallas libradas entre los anticlericales y los defensores del rol tradicional de las iglesias establecidas. Este conflicto se intensificó con el crecimiento del liberalismo y del nacionalismo, en especial en los países mayormente católicos como Francia, Italia y España.

Como un resultado de la Revolución de 1789 en Francia, patria del moderno a., el catolicismo romano fue abolido como religión del estado. Restaurada en 1815, la iglesia romana se volvió el punto focal de una amarga lucha política que culminó con la separación permanente en Francia entre la Iglesia y el Estado en 1905. En Italia el a. político llegó a su punto culminante con la liquidación de los Estados Papales en 1870, mientras que en Alemania la →*Kulturkampf* de la década de 1870 dio como resultado una extensa legislación anticlerical. Intentos similares de limitar el poder y los privilegios del clero, hechos por la misma época en España e Hispanoamérica, tuvieron distintos grados de éxito.

En los EUA los sentimientos anticlericales entre los políticos radicales y entre los religiosos no conformistas fueron expresados después de 1787 en la separación constitucional entre la Iglesia y el Estado. Una alianza similar llevó a las reformas de la década de 1830 en la Gran Bretaña que, virtualmente, desestablecieron a la Iglesia de Inglaterra. En los EUA, no obstante, el a. se apaciguó durante el s.XIX con el crecimiento de la religión civil. Sin embargo durante la II Guerra Mundial hubo un resurgimiento de las actitudes anticlericales entre los cristianos norteamericanos con la "rebelión del laicado" en muchas denominaciones, la llegada del "Movimiento de Jesús" y el pentecostalismo católico. Gran parte del a. reciente es más pasivo que activo, religioso más que político. Los católicos no practicantes reflejan esta tendencia, y así lo hacen muchos protestantes activos que muestran una considerable indiferencia hacia el clero. Tal a. pasivo generalmente surge del rechazo por parte de los laicos del tradicional rol autoritario del pastor y del sacerdote. ROBERT D. LINDER

ANTICLERICALISMO EN AMERICA LATINA. Como fenómeno histórico, el a. surgió, tanto en sus formas filosóficas como en las medidas tendientes a despojar a la Iglesia de su poder temporal, en el mundo moderno, particularmente en la Revolución Francesa y la lucha contra el llamado →Ultramontanismo. La ICR lo combatió ásperamente, condenando muchas de sus manifestaciones. p.e. en el →*Syllabus* y en la encíclica *Quanta Cura* de →Pío IX en 1864.

La ideología anticlerical ingresa a AL en forma moderada desde la España de los Borbones y más directamente en algunas universidades hacia fines del s.XVIII. Podemos hablar de tres etapas. En la época de la Emancipación, la influencia filosófica proviene del →Iluminismo francés y la Revolución. Con excepción de la Argentina bajo Rivadavia y Méjico, la actitud hacia la Iglesia es moderada. Sin embargo, dada la oposición de la Santa Sede y de cierto clero residente superior (p.e. véanse las encíclicas *Etsi Longissimo,* 1816 de →Pío VII y *Etsi iam diu,* 1824 de León XII) el conflicto se agudizó y algunos líderes de la emancipación se convencieron de que la Iglesia era parte inseparable del mundo absolutista y despótico que querían desterrar. Los nuevos gobiernos tomaron el →Patronato de manos de España y en general mantuvieron el privilegio de la religión católica.

La ruptura se produce en el período siguiente, con una radicalización ideológica, en que algunos casos se combinan influencias románticas y medidas anticlericales, a partir de 1850. Pero es en las décadas siguientes, donde se combina la actitud antirreligiosa del →positivismo, en las que se producen separaciones de iglesia y estado: Colombia (1853), México (1857), Brasil (1889), Uruguay (1917). Otras medidas en diversos países, incluyen la laicización del matrimonio y registro de las personas, de la enseñanza pública y los cementerios, el establecimiento de →libertad religiosa, la confiscación de bienes eclesiásticos, y la expulsión de religiosos. En general, las relaciones de la Iglesia con los gobiernos oscilan según el acceso al poder de grupos liberales o conservadores.

Las ideas que fundamentan el a. resultan de la adaptación a las necesidades de las nuevas naciones de las corrientes filosóficas europeas. Así, por ejemplo, Bello (Chile) ve una oposición fundamental entre el catolicismo y la democracia republicana; →Sarmiento (Argentina) opone la religión personal y liberal de los sajones al formalismo y clericalismo católico. Echeverría y Alberdi (Argentina), introducen el pensamiento romántico francés con su →deísmo espiritualista. El positivismo opera en AL más como ideología que como filosofía y el conflicto no se reduce a la polémica contra el dogma y el clero sino que es llevado a la práctica en las medidas arriba indicadas.

JOSE MIGUEZ BONINO

ANTIGUOS CATOLICOS →VETEROCATOLICOS

ANTILLAS, LAS. El cristianismo en las A. puede dividirse en dos fases: "colonial" y "evangélica". La iglesia colonial fue la que llegó con los europeos, y fue establecida para ellos, aunque podía incluir, como al fin incluyó, a indios y africanos. El cristianismo evangélico, que data del s.XVIII fue una verdadera misión destinada a todos, pero primordialmente a los esclavos.

Los colonos europeos de cualquier nacionalidad trajeron consigo su credo religioso y rápidamente establecieron iglesias en las islas que colonizaron. Para 1522 los españoles contaban con una jerarquía plenamente desarrollada, mientras que ni los británicos ni los franceses estaban tan bien organizados. Como primeros en llegar, los españoles tuvieron que vérselas con los indios, y varones como →Las Casas libraron una batalla continua con los colonos para probar que los indios eran seres humanos y así acreedores a un trato decente, y lograron significantes mejoras legislativas, pero no tanto en la práctica. Oficialmente la iglesia se colocó en una actitud constructiva; en un sínodo de 1622 se promulgaron minuciosas reglas que regían el trato que se debía dar a los indios. Conforme la mano de obra africana sustituyó a los indios, se tomaron medidas para incorporar a los recién llegados dentro del cristianismo tan rápido como fuera posible, pero con instrucción. El sacerdocio provenía en gran parte de regulares europeos, aunque se incluyó a algunos criollos blancos. La calidad variaba, y nunca hubo suficientes, pues las islas pronto resultaron lugares remotos, y en algunos lugares el cristianismo tradicional fue gravemente alterado por importaciones africanas, como puede verse en el culto →vudú de Haití, quizá el más claro ejemplo. No obstante, la ICR en las islas españolas y francesas ha resultado muy resistente a la infiltración protestante.

Los británicos no hicieron intento alguno por convertir a los esclavos, lo cual consideraban quijotesco, o peor aun, peligroso. El único intento serio fue el de la Sociedad para la Propagación del Evangelio en sus tierras en Codrington, Barbados. Los colonos británicos aceptaban de la iglesia únicamente lo que querían, lo cual no incluía ni evangelistas ni episcopado. El verdadero crecimiento de la Iglesia Anglicana comenzó entonces en 1825, con la llegada de obispos.

Los primeros evangélicos fueron los moravos, que llegaron a las Islas Vírgenes Danesas en 1732, y se habían extendido a unas cuantas islas para 1800. Entre 1786 y 1790 Thomas →Coke estableció a los metodistas ampliamente entre todas las islas, y 1782 un grupo de norteamericanos negros exiliados abrió una iglesia bautista en Jamaica. Los bautistas negros desarrollaron una cantidad de variaciones africanas del cristianismo evangélico, tanto en Trinidad como en Jamaica, a mediados del s.XIX, pero en los últimos 100 años esta tradición ha tendido hacia el pentecostalismo ortodoxo.

Otras misiones entraron a comienzos del s.XIX. Entre 1800 y 1845 el crecimiento de la iglesia fue rápido, pero las islas en donde funcionaba una religión de estado: Barbados (anglicana), la mayoría de las islas de Barlovento, y Trinidad (católica), resistieron a los evangélicos. No se intentó penetrar las islas españolas y francesas, excepto un inicio de parte de los metodistas en Haití. Para 1800 la mayoría de los evangélicos estaban en favor de abolir la esclavitud, pero la presión de los hacendados los obligaba a mantener en silencio sus opiniones. Ya que su interés principal era la salvación de individuos del pecado, solo cuando vieron amenazado este objetivo, como en Jamaica después de la Revuelta de 1831, se atrevieron los evangélicos radicales, como los bautistas, a declarar abiertamente su oposición a la esclavitud.

La emancipación se produjo en medio de un período de rápido crecimiento e hizo que las iglesias participaran intensamente en la educación. Excepto Trinidad y Guayana, que continuaban en expansión en lo eclesiástico y lo económico, la mayoría de las iglesias se estancaron a mediados de la década de 1840, y el avance no se reinició sino después de 1870. Aunque la iglesia tenía principalmente líderes blancos, el ministerio local llegó a ser más significante; el desarrollo educativo e institucional fue notable, especialmente entre los anglicanos que se adaptaron muy bien a la pérdida de su condición de religión oficial después de 1870. Se emprendió una sólida obra misionera, tanto entre los inmigrantes antillanos en América Central, y en Africa. Lo más significante fue el crecimiento de la iglesia entre los trabajadores azucareros de las Indias Orientales, si bien el grupo más importante en este campo fue el de los presbiterianos canadienses, quienes se especializaron en el problema después de la llegada de John Morton a Trinidad en 1868. Su influencia se extendió más allá de Trinidad a Guayana, Granada, Santa Lucía y Jamaica. La ICR compartió el avivamiento general del catolicismo en este período, excepto en las islas españolas, donde su desarrollo se vio estorbado por diversas dificultades políticas.

El s.XX se ha caracterizado por el rápido crecimiento del pentecostalismo y los grupos de Santidad, principalmente provenientes de EUA, que se fundieron en Jamaica y Trinidad con la tradición religiosa del país. Las iglesias más antiguas no han crecido mucho, pero a partir de la Guerra Mundial II un movimiento teológico autóctono ha aparecido, el cual se concentra en los problemas entre sí relacionados del nacionalismo, la identidad, la raza, las clases y la pobreza.

GEOFFREY JOHNSTON

ANTINOMIANISMO (gr. *anti* = "contra", + *nomos* = "ley"). Parece que fue Lutero el primero en usar el término a. en su controversia con Johann →Agricola para describir el rechazo de la ley moral como parte importante de la experiencia cristiana. Pero el a. claramente se remonta a tiempos del NT. Pablo refuta la sugerencia de que la doctrina de la justificación mediante la fe sola deje lugar para persistir en el pecado, y con frecuencia es abiertamente condenada en el NT la idea de que el evangelio transige con la licenciosidad. Tales contraataques dan la evidencia de que los enfoques antinomianos eran corrientes en la época apostólica. Es probable que sea prudente no aplicar el término "antinomiano" a los herejes gnósticos cuyo libertinaje no estaba basado en ninguna de las supuestas implicaciones de la doctrina de la justificación mediante la sola fe sino en un punto de vista filosófico que consideraba a la materia como intrínsecamente mala.

Omitiendo éstas, hay dos mayores formas antinomianas de rechazo de la ley. Algunos antinomianos, como Agrícola, sostenían que la ley moral no se necesita para conducir al arrepentimiento del pecador. Esto va contra la experiencia y la enseñanza de Pablo (Ro. 7:7; Gá. 3:24). Otros aceptan el uso pedagógico de la ley para convencer al pecador de su pecado y conducirlo a Cristo. Estos insisten en que la ley moral no tiene lugar en la vida del creyente, pues éste no está bajo la ley sino bajo la gracia y, por lo tanto, no está sujeto a la ley como la regla del vivir cristiano. Algunos de los puritanos ingleses, especialmente Tobías Crisp y John Saltmarsh, sostuvieron este enfoque. El movimiento de los →Hermanos Libres, consecuente con la enseñanza de J.N. →Darby acerca de los agudos contrastes entre las dispensaciones de la ley y la gracia, es antinomiano en este sentido. Esta forma de a. parece surgir de un malentendido en cuanto a la enseñanza de Pablo quien, si bien rechazó por completo la ley como medio de salvación, sin embargo, afirmó la validez de la continuidad de la ley para el cristiano (Ro. 3:31; 8:4).

HUGH J. BLAIR

ANTINOMIANA, CONTROVERSIA. Esta surgió de la disputa entre Johann →Agricola y Felipe →Melanchthon acerca de la relación entre el arrepentimiento y la fe, y el lugar de la ley moral en la experiencia del creyente. Melanchthon sostenía que la ley moral se requería para producir convicción de pecado y arrepentimiento, como paso previo a la fe. El punto de vista de Agricola, al cual Lutero dio el nombre de "antinomiano", afirmaba que el arrepentimiento es un fruto no de la ley sino del Evangelio, y que la ley carecía de importancia para el cristiano. Esta controversia fue temporalmente aclarada en Torgau, en 1527, en una conferencia entre Lutero, Melanchthon y Agricola pero resurgió posteriormente llegando a ser aguda en 1537 y nunca fue verdaderamente resuelta.

HUGH J. BLAIR

ANTIOQUIA, CONCILIOS DE. Incluyen:

(1) En 268: →Pablo de Samosata, obispo de A., fue condenado por su teología →adopcionista en una serie de concilios que culminaron con su deposición en 268. Es digno de notarse que por primera vez los obispos reunidos en concilios emitieron juicio al requerir al acusado que firmara una formulación doctrinal.

(2) En 325: se reunió un concilio para elegir nuevo obispo de A., pero aprovechó la oportunidad para condenar severamente al →arrianismo y para anunciar que ciertos obispos, incluso →Eusebio de Cesarea, no habían firmado sus declaraciones en cuanto al credo.

(3) C. 327-330: →Eustaquio, obispo de A., fue depuesto por los que apoyaban a Eusebio de Nicomedia a causa de su teología contraria a los puntos de vista de Orígenes.

(4) En 341: el Concilio de Dedicación de A. fue una asamblea de 97 obispos orientales en los días de la dedicación de una nueva catedral y en presencia de Constancio I, emperador del Oriente. Presentaron cuatro credos. En el primero negaban la acusación de Atanasio de que ellos eran arrianos ("¿Cómo nosotros, que somos obispos, podríamos se-

guir a un presbítero?"). Además, aunque evitaban el uso de *homoousios,* ciertamente insistían en que el Hijo fue engendrado antes de todos los tiempos y coexistía con el Padre. Claramente condenaron a Marcelo, obispo de Ancira (que enseñaba que algún día el Señorío de Cristo sería devuelto al Padre), afirmando que "Jesús continúa como Rey y Dios por siempre". En el "Segundo Credo de Antioquía" manifestaban que había tres hipóstasis separadas pero unidas por una voluntad común. Aquí nuevamente estaban atacando a Marcelo. Si el concilio mostraba que no era verídica la idea que tenían los occidentales, de que los orientales eran totalmente arrianos, también reflejaba la convicción oriental de que el Occidente estaba íntegramente en favor de Marcelo.

(5) En 375: 153 obispos orientales se reunieron bajo Melitón de Antioquía y acordaron reconciliarse con la Iglesia Occidental, preparando así el camino para el Concilio de →Constantinopla (381).

(6) A través de todo el curso de los ss.V y VI hubo frecuentes sínodos respecto a las controversias del →nestorianismo y →monofisismo.

(7) Bajo el gobierno latino hubo sínodos en 1139 y 1204. El primero depuso a un arrogante patriarca, Radulf, mientras que el último decidió que el conde de Trípoli tenía derechos al principado de Antioquía.

C. PETER WILLIAMS

ANTIOQUIA, TEOLOGIA DE. Malquión, un sofista convertido de la segunda mitad del s.III, es a veces considerado como el fundador de la escuela teológica de A. Obtuvo prominencia como contricante de →Pablo de Samosata cuyos puntos de vista heréticos fueron condenados en A. en 268. Pero el originador del énfasis distintivo de Antioquía fue Diodoro, último obispo de Tarso (m. 390), instructor de Juan →Crisóstomo y de →Teodoro de Mopsuestia. Anteriormente, →Luciano, uno de los más brillantes eruditos bíblicos de su época, fue a A. (c.260-65) y llegó a ser maestro de Arrio y de Eusebio de Nicomedia (aunque no hay evidencia de que sea responsable por los puntos de vista heréticos de éstos).

En cuanto a las Escrituras y a la cristología la escuela teológica de A. era más racional, más histórica y más literal que la de →Alejandría, oponiéndose al tratamiento místico y alegórico que ésta realizaba del texto bíblico. El enfoque de A. referente a la Biblia era crítico en cuanto a que se consideraba que ciertas partes de ella poseían mayor valor doctrinal y espiritual que otras. Filosóficamente, A. favorecía a Aristóteles como pensador más empírico y realista, mientras que Alejandría se aliaba con el enfoque más místico de Platón. Un punto de vista menos ontológico acerca de la Trinidad distinguía a la escuela teológica de A. de la de →Alejandría. La tendencia era hacia el →sabelianismo debido a su rechazo de la corriente triteísta del trinitarianismo alejandrino (pero la acusación de modalismo fue rechazada vigorosamente).

En cristología la diferencia entre A. y Alejandría es más aguda. Los maestros antioquenos generalmente insistían sobre la verdadera humanidad de Cristo y enfocaban el entendimiento de su persona desde lo humano. Pero los defensores extremistas, Teodoro y Nestorio especialmente, tendían a destruir la unidad concreta de la persona de Cristo y a ver en El, no al Dios-hombre, sino un hombre en que habitaba Dios. Careciendo de toda doctrina clara acerca de un Logos sustantivo, centraban su interés en el Jesús histórico. El movimiento general era así hacia un entendimiento "adoptivo" de la persona de Cristo. Por otro lado, la plena humanidad de Cristo estaba privada de un alma humana. En este punto ambas escuelas se repetían. Algunos antioquenos desarrollaron su cristología dentro de un marco *Logos-sarx* ("Verbo-carne"), mientras que algunos alejandrinos presentaron la suya en términos de *Logos-ánthropos* ("Verbo-hombre").

El énfasis sobre los logros morales en la cristología antioquena, en un intento por resolver el problema de la relación de lo humano y lo divino en Cristo, fue prominente en su soteriología la cual asignaba un importante lugar para el mérito humano. Este hecho puede explicar la simpatía de Nestorio hacia →Pelagio. La escuela de A. continuó ejerciendo poderosa influencia hasta su declinación en el s.VIII, pero mientras tanto su doctrina cristológica fue divulgada por celosos misioneros hasta las partes más alejadas del Asia.

H.D. McDONALD

ANTIPAPA. Papa elegido en oposición a otro que ha sido nombrado canónicamente. Aunque en general se reconoce que ha habido en la historia de la iglesia alrededor de veinticinco antipapas, este término es especialmente aplicado al →Cisma Occidental (1378-1417) durante cuyo período hubo siempre un papa y un antipapa (posteriormente dos antipapas).

J.D. DOUGLAS

ANTISEMITISMO. Término acuñado a fines del s.XIX que significa hostilidad hacia los judíos (no hacia todos los semitas). En el mundo antiguo los judíos eran ridiculizados y frecuentemente perseguidos, particularmente en Alejandría y más tarde en todo el Imperio Romano. Esto ocurría sobre todo por dos motivos: el exclusivismo religioso visto en su rechazo de la idolatría, y el exclusivismo social que surgía del énfasis de sus leyes alimentarias y de su pureza ritual. El antagonismo de los cristianos hacia los judíos (éstos eran atacados por su incredulidad y aun considerados como deicidas) hizo que la conversión del Imperio Romano les trajera muy poco alivio. En la Edad Media, la riqueza de muchos judíos, obtenida mediante el préstamo de dinero y del comercio, provocó hostilidad. Se levantaron en su contra absurdas acusaciones: Que los judíos asesinaban niños cristianos en tiempo de la Pascua (esto se desarrolló en la "acusación de sangre", que circuló desde el s.XIII que usaban sangre de cristianos para propósitos rituales, que profanaban la Hostia, que envenenaban los pozos de agua, etc.

La Revolución Francesa obró en favor de los judíos. La Asamblea Nacional derogó todas las medidas represivas contra ellos (1791) y la "Constitución del año III" les concedió igualdad de derechos (1795). Cierta legislación represiva promulgada seguidamente fue puesta a un lado por la Revolución de Julio de 1830. La absoluta igualdad religiosa fue concedida en toda la Federación Alemana del Norte (1869) y extendida después al Imperio Alemán. Sin embargo, el moderno a. nació en Alemania en la década de 1870. Esto parece haber resultado del crecimiento de la prosperidad judía, su influencia, su sensibilidad y su beligerancia. La situación fue exacerbada por señales de la influencia unificada de los judíos en la "Alianza Israelita Universal" y en la emigración de judíos del E de Europa, especialmente de Rusia y Rumania, a Alemania (y después a Inglaterra y a los EUA).

El a. floreció en Alemania (donde llegó a su colmo con las atrocidades de los nazis), Austria-Hungría, Francia (p.e., el caso Dreyfus), Rumania (una resolución del congreso de Berlín de 1878, de que todos los ciudadanos rumanos deberían disfrutar de iguales derechos civiles, fue hecha nula por la declaración de que los judíos eran extranjeros), y Rusia (donde hubo masacres a principios del s.XX). Los judíos fueron tratados como chivos expiatorios tanto en Alemania como en Rusia, donde fueron exterminados por millones. Hoy el a. con frecuencia toma la forma de antisionismo. En el Oriente Medio la influencia del a. europeo y una endémica intolerancia hacia las minorías étnicas y religiosas, ha fortalecido el antisionismo en los países árabes.

El a. tiene causas más profundas que el particularismo judío y las aducidas matanzas rituales, literatura secreta, bajos niveles morales de conducta judía, etc. Su raíz más profunda yace en suelo cristiano, especialmente fundamentalista. Bien puede ser cierto, como ha argumentado James Danne, que la creencia de que los judíos fueron responsables de la muerte de Cristo y que, por consiguiente, toda la nación judía yace bajo la total y definitiva maldición de Dios, sean las causas de su fuerza. Jules Isaac ve un tercer factor en que la vida espiritual de los judíos de la época de Jesús estaba degenerada.

HAROLD H. ROWDON

ANTONELLI, GIACOMO (1806-1876). Cardenal y Secretario de Estado del Vaticano en tiempo de →Pío IX, 1848-1876. Fue el principal funcionario ejecutivo de los Estados de la Iglesia, conocido como poder temporal del papa. Su obra y su política consistieron sobre todo en oponerse sin éxito al derrocamiento revolucionario del gobierno político del papa y su incorporación en el reino secular de Italia (1859-61, 1870). Aunque no era sacerdote sino simplemente diácono, formuló una activa política ultramontana tanto en asuntos internos como externos. Confiaba, aunque con resentimiento, en las tropas de ocupación francesa y austríaca enviadas desde 1850 para mantener el orden básico y sostener al papado. Alcanzó títulos de doctor en leyes y en filosofía. Su carácter ha sido muy debatido, pero su capacidad nunca fue puesta en duda. C.T. McINTIRE

ANTONIANOS. Nombre usado por varias comunidades que pretendían descender del ermitaño egipcio →Antonio:

(1) Los discípulos originales de Antonio fueron organizados por éste alrededor de 305 en la primera comunidad ermitaña poseedora de regla.

(2) Los Hermanos Hospitalarios de San Antonio, fundado en 1095 por Gastón Dauphine. Sobrevivió en Francia, Italia y España hasta la época de la Revolución Francesa.

(3) Orden de la Iglesia Armenia, fundada

en el s.XVII para mantener la relación con la ICR.

(4) Comunidad fundada en Flandes en 1615.

Los a. pueden ser hallados también entre los caldeos y maronitas uniatos de la cristiandad oriental. El monasterio ortodoxo del Monte Sinaí dedicado a Catalina de Alejandría afirma seguir la Regla de Antonio. A. era el nombre usado por la secta suiza fundada por Anton Unterhäler (1759-1824) que afirmaba ser el rey del mundo.

JAMES TAYLOR

ANTONINO (1389-1459). Arzobispo de Florencia. N. en esta misma ciudad e ingresó en la orden dominica a los 16 años de edad. Sucesivamente llegó a ser prior de Cortona (1418), en Friesole (1421), en Nápoles (1428) y en Roma del Convento de Santa María Sopra Minerva (1430). Fue designado auditor general de la Rota bajo Eugenio IV en 1431 y vicario general de la orden dominica (1432-45). Participó en el Concilio de Florencia (1439) que se ocupó de la unión con la Iglesia Oriental. En 1446 fue designado arzobispo de Florencia y canonizado por Adriano VI en 1523. Es autor de una *Summa confessionalis,* que incluye escritos para aquellos que estaban haciendo confesión, y de un manual para sacerdotes que escuchaban confesiones y hacían absoluciones. También escribió una *Summa Theologica.* Su *Chronicon,* impreso en Venecia (1474-79), es una compilación de la historia mundial hasta el año 1457.

Notable predicador, vivió como simple fraile aun siendo arzobispo. Se preocupaba mucho por los pobres; fue un consejero siempre dispuesto y mostró estar profundamente preocupado por la corrupción reinante en la iglesia. La reparación de edificios eclesiásticos, la regularización de los servicios religiosos, el servicio pastoral y la reforma de las comunidades religiosas fueron sus mayores preocupaciones. En su teología fue influido por Tomás de Aquino. El humanismo del Renacimiento italiano lo afectó poco. Su *Opera a ben vivere* fue impresa en 1858. Su estatua es la única dedicada a un sacerdote en el Palacio Uffizi, en Florencia.

CARL S. MEYER

ANTONINO PIO. Emperador romano (138-161), bajo cuyo reinado el Imperio gozó de mucha paz y progreso. Aunque era muy fiel a la religión romana (de ahí el apodo "Pío") no fomentó la persecución de los cristianos como lo hicieron los emperadores antes y después de él. No obstante no pudo controlar los brotes populares en contra de los cristianos en diferentes partes del Imperio.

Durante su reinado sucedieron varias calamidades públicas: hambre, terremotos, el desbordamiento del río Tíber e incendios en Roma, Antioquía y Cartago. El vulgo conjeturó que estos fenómenos se debían a la ira de los dioses contra los romanos por haber permitido la propagación de la fe cristiana. Luego se entregó a la persecución cruenta de los cristianos. Durante este período sufrió el martirio →Policarpo (155 d.C.), obispo de Esmirna y también, según una tradición dudosa, →Papías, obispo de Hierápolis.

En tiempo de A. vivía el apologista →Justino Mártir, el cual escribió una defensa de los cristianos y la dirigió al emperador.

WILTON M. NELSON

ANTONIO (c. 251-356). Padre del monaquismo eremítico. N. en Coma, en el Egipto central. Sus acaudalados padres cristianos habían muerto no hacía mucho y a la edad de veinte años A. escuchó leer en la iglesia "Si quieres ser perfecto, anda, vende...", seguido por "No os angustiéis por el mañana" (Mt. 19:21; 6:34). Donando su propiedad a los pobres y recluyendo a su hermana a un convento, se convirtió en un devoto asceta dirigido por un anciano solitario, primero cerca de su casa, más tarde fuera de Coma, y después en una tumba más lejana. Buscando aislamiento cruzó el Nilo aproximadamente en 185 en dirección al oriente hacia su Montaña Exterior en donde durante veinte años ocupó en Pispir una fortaleza en desuso. Finalmente, después del 312 se retiró a su remota Montaña Interior, Monte Colzim, cerca del Mar Rojo. Eludir la civilización para escapar de los problemas personales no era cosa desconocida en el Egipto del siglo tercero. Sin embargo A. fue el primero en atraer influyente publicidad en favor del "irse al desierto" por razones cristianas. Sus expresiones disfrutaron de un primer lugar entre los *Dichos de los Padres.* Fue acosado por visitantes, gente en busca de ayuda, e imitadores, por cuyo apego al "Padre" (Abba, Apa) A. creó colonias de ermitaños *(monasteria)* en torno a Pispir.

El conocimiento relativo a A. depende mayormente de la vida escrita poco después de su muerte por →Atanasio y traducida por lo menos dos veces al latín aproximadamente en 379. Inspirada parcialmente por vidas clásicas o helenísticas de los héroes y los sabios, tuvo influencia en diseminar el monaquismo tanto en el Oriente como en el Occidente y se convirtió en modelo de la hagiografía cristiana. Se describe a A. como el modelo de la vida eremítica, de severa austeridad, de oraciones incesantes, curaciones y percepciones sobrenaturales y, por sobre todo, perpetua lucha contra los demonios que poblaban los desiertos. La búsqueda individualista de la perfección: e.d. la recuperación de la naturaleza del alma creada, dejaba de lado a la iglesia, aunque A. permaneció siendo un campeón de la ortodoxia episcopal, hostil solo a los cismáticos →melecianos y a los herejes. En 338 visitó Alejandría para desmentir cualquier inclinación hacia el arrianismo. En 311 también estuvo allí, durante la persecución de Maximino Daza alentando a los confesantes pero siéndole negado el martirio que deseaba. Era un copto que desconocía el idioma griego, sin tutor (de niño fue demasiado tímido para asistir a la escuela) y quizá apenas alfabeto. Dejó ocho cartas todavía existentes.

D.F. WRIGHT

ANTONIO DE PADUA (1195-1231). Santo patrono de los pobres, de Portugal y de Padua, Italia. N. en Lisboa de padres nobles. En 1210 se hizo canónigo →agustino. En 1212 entró en la casa agustina de estudios en Coímbra donde recibió el doctorado, obteniendo fama por su habilidad como predicador y por sus conocimientos bíblicos y teológicos. Tratando de emular a los primeros mártires franciscanos de Marruecos, ingresó en esa orden. Cambiando su nombre de bautismo, Fernando, por el de Antonio, partió para el Africa, pero una enfermedad lo obligó a regresar. Su navío fue llevado por una tormenta a Sicilia, y de ahí viajó hasta el capítulo general de Asís en 1221. Después se retiró para realizar más estudio y contemplación con el celebrado místico Tomás Gallo, traductor y comentador del llamado →Dionisio el Areopagita. Fue sacado de esta vida de reclusión por San →Francisco quien, a instancias de Elías de Cortona, con reservas lo comisionó como primer maestro de la orden. A. enseñó sucesivamente en Bolonia (1222), Montpellier (1224), Tolosa y Padua, y se le atribuye haber introducido la teología agustiniana entre los franciscanos. Sirvió a su orden en Puy (1224), Limoges (1226) y en Romaña. Su celo contra los →cátaros, →patarinos, y muy probablemente los →albigenses, le valió el título de *Maleus haereticorum* ("Martillo contra los herejes"), mientras que su poder de persuasión lo llevó a establecer una comunidad de penitentes en Padua entre sus conversos. Desde 1230 se dedicó a predicar, siendo sus temas frecuentes el arrepentimiento y el desprecio por el mundo. Su teología era mística, y su interpretación de la Escritura alegórica más que literal. Sus dotes de predicador eran extraordinarios e incluían, además de una voz muy clara y un estilo convincente, poderes y milagros proféticos, cuyos relatos han sido embellecidos después de su muerte. Su serie de sermones de Cuaresma en Padua, en 1231 provocaron un avivamiento. Se dice que en una ocasión 30.000 personas lo escucharon al mismo tiempo en campo abierto. Grandes multitudes se reconciliaron e hicieron restitución de tal manera que el clero no podía atender las necesidades espirituales de la muchedumbre. Antonio fue canonizado por Gregorio IX al año siguiente de su muerte a la edad de 36 años.

MARY E. ROGERS

ANTROPOMORFISMO. Vocablo de una raíz griega que quiere decir "en forma de hombre". Por lo general se aplica a Dios ya sea (1) en sentido estricto de que Dios o los dioses (p.e., los dioses del Olimpo de la mitología griega) tiene o tienen cuerpos como el del hombre, o (2) que las cualidades mentales o espirituales de Dios solamente pueden ser entendidas en los términos del hombre. El vocablo también puede aplicarse al mundo natural, tanto inorgánico (p.e., la fuerza concebida como extensión del sentimiento de nuestros músculos) como orgánico (p.e., la vida mental de los animales). El cargo de que el teísmo es antropomórfico en el sentido arriba señalado como (1), con frecuencia es esgrimido contra el cristianismo. Se insiste (p.e., en *Martyrdom of Man*, de Winwoode Reade, 1872) en que Dios es infinitamente mayor que el hombre y, por lo tanto, no puede ser concebido en términos humanos. Pero esto carece de lógica. Si, ya sea directa o indirectamente, Dios creó al hombre, entonces Dios tiene que estar por lo menos familiarizado con las cualidades inherentes al ser humano. Este solo puede pensar con su mente, herramienta que le fue dada para pensar, y esto limita su concepción de Dios a una de carácter antropomórfico. El hombre puede conocer y conce a Dios intuitivamente, pero si razona acerca de Dios tiene que hacerlo en términos antropomórficos tales como los usados en la Biblia.

R.E.D. CLARK

ANTROPOSOFIA. Sistema de filosofía cristiana desarrollada por el austríaco Rudolf Steiner (1861-1925). Hijo de un jefe de estación ferroviaria, estudió ciencias en la universidad de Viena y posteriormente trabajó hasta 1897 en la edición de Weimar de las obras de Goethe. Se unió a los →teósofos pero, al encontrarlos demasiado influidos por ideas religiosas orientales, los dejó para desarrollar una versión cristianizada de la teosofía a la que llamó "a". En 1913 estableció un instituto en Dornach, cerca de Basilea, para incorporar la recientemente formada Sociedad Antroposófica y para fundar una casa editorial. Posteriormente se establecieron en otros países institutos similares, así como las escuelas Rudolf Steiner que se especializaban en la educación de niños mal adaptados.

El pensamiento de Steiner abarcaba todo el espectro de la filosofía especulativa. Básicamente su propósito era "elevar las facultades del alma para desarrollar órganos de percepción espiritual". Sostenía que la historia de la evolución representaba los varios estados mediante los cuales el hombre, como ser espiritual creado, se cubrió de carne. Aunque el hombre espiritual había sido hecho a imagen de Dios, esta imagen fue pronto distorsionada y Cristo intervino frecuentemente (p.e., dándole al hombre una postura recta) para ayudar a su restauración. La última y más importante intervención espiritual sucedió en el Calvario mediante la cual se le ofrece al hombre salvación de la tribulación terrenal. Steiner aseguraba que la *parusía,* que significa la consumación de la redención humana, se había iniciado en nuestro siglo con la aparición de Cristo en la esfera etérea. El movimiento antroposófico debe mucho a la personalidad magnética de Steiner: atrajo a muchos, algunos mal criados y desequilibrados, pero otros también conocidos por su inteligencia y que tenían una inclinación religiosa y mística no convencional. Quizá su obra más duradera se encuentre en el campo educativo. R.E.D. CLARK

AÑO CRISTIANO. Los cristianos primitivos, que eran en su mayoría judíos, acostumbraban no solo observar semanalmente un día especial, sino que también guardar anualmente ciertas fiestas religiosas, especialmente las de Pascua, Pentecostés, y Tabernáculos. Desde el principio los cristianos conmemoraban la resurrección de Cristo. Se observaba en la época de la Pascua, y al fin se fijó la fecha en el primer domingo después del día de la Pascua. Luego empezaron a celebrar el día de Pentecostés en el tiempo apropiado. Los cincuenta días entre las fechas eran días de gozo y regocijo.

El escogimiento del 25 de dic. (en Oriente, el 6 de en.), como el día de nacimiento de Cristo, se debe con casi ninguna duda a que aquel día era el gran día pagano de honor al sol, y en Roma, durante el s.IV, se transformó en fiesta cristiana.

Desde el s.IV el calendario cristiano llegó a tener un carácter más histórico. Empezaron a observar la Semana Santa y el Día de la Ascensión. Pentecostés vino a ser el día de la dádiva del Espíritu Santo. La →Cuaresma surgió de la costumbre de preparar a catecúmenos para el bautismo el Día de la Resurrección. Los días de los santos entraron en el Calendario con el fin de conmemorar su martirio o debido a la fecha de la dedicación de una iglesia en honor de algún santo.

La ventaja del año cristiano es que, mediante los cultos especiales, especialmente en la selección de pasajes bíblicos para leer, se les recuerda a los feligreses de los grandes acontecimientos de la fe cristiana. En años recientes se han hecho sugerencias para modificar el calendario, especialmente en relación con el adviento y cuaresma. Ha habido alguna insistencia, de parte de elementos seculares, para que se establezca una fecha fija para la Pascua. PETER S. DAWES

APOCASTASIS →UNIVERSALISMO

APOLINAR DE LAODICEA (c. 310-390). Teólogo cristiano que fue condenado como heresiarca. Fue oriundo de Laodicea de Siria donde sirvió como obispo de la iglesia nicena. Amigo de →Atanasio y maestro de →Jerónimo, fue un decidido defensor de la cristología nicena. Erudito, bien versado en la literatura pagana, escribió muchos tomos sobre las Escrituras y treinta obras para defender el cristianismo de los ataques que le hizo el crítico neoplatónico, →Porfirio.

Vivió A. en una época caracterizada por encarnizadas controversias cristológicas. La Iglesia Apostólica y la postapostólica habían insistido en la verdadera humanidad de Cristo, rechazando el →docetismo del →gnosticismo. Además durante la primera parte del s.IV la Iglesia insistió en la absoluta Diedad de Cristo, contra el →arrianismo. Ahora se le planteaba el problema de cómo relacionar estos dos aspectos de Cristo en una sola persona. Los esfuerzos por resolverlo produjeron cuatro herejías: el apolinarismo, el →nestorianismo, el eutiquianismo (o →monofisismo) y el →monotelismo.

Al aceptar que Jesucristo fue un ser humano y a la vez plenamente Dios, A. rechazó tanto el gnosticismo como el arrianismo. Pero no creía posible que en Cristo podrían coexistir una personalidad divina con otra humana. Para explicar la humanidad de Cristo, pues, recurrió a la cristología de →Luciano de Antioquía y a la antropología de →Aristóteles. Según Luciano, la parte incorpórea de Cristo era únicamente el Logos (Jn. 1:14). Es decir, Jesucristo no tenía personalidad o espíritu humano. Lo humano en Cristo era solo su cuerpo y su vida orgánica. La antropología de Aristóteles le sirvió para defender y explicar esta cristología. El estagirita enseñaba que el hombre es un ser tripartito: se compone de espíritu *(pneuma)* o mente *(nous),* cuerpo *(soma)* y alma *(psyché).* Según Aristóteles el *pneuma* es la verdadera personalidad del hombre, mientras que la *psyché* no es más que el "principio vital" o la vida orgánica. A. elaboró su cristología así: en Jesucristo el *Logos* constituye su *pneuma,* su humanidad radica solo en la *psyché* y en el *soma.*

Según A. el *Logos* era el único principio activo en Jesucristo. Su carne, como el Templo de Salomón, no tenía mente ni voluntad. No obstante, su carne estaba tan íntimamente unida al *Logos* que se divinizó y así sucede también con el pan eucarístico.

Muy pronto surgió la reacción. Atanasio y el "Trío de Capadocio" (→Gregorio de Nisa, →Gregorio el Nacianceno y →Basilio el Grande) señalaron el hecho de que esta cristología negaba la verdadera humanidad de nuestro Señor. El hombre es más que un cuerpo sensible. Si Cristo no tuvo personalidad humana, no fue verdadero hombre, y por tanto no hubo verdadera encarnación y, si no hubo verdadera encarnación, no hay verdadera redención para los hombres. El pecado no ha afectado solo el cuerpo del hombre sino también su espíritu.

El apolinarismo fue condenado en varios sínodos regionales y, sobre todo, en el Segundo Concilio Ecuménico celebrado en Constantinopla (381). Sin embargo sobrevivió y resurgió en forma modificada en el monofisismo o eutiquianismo.

WILTON M. NELSON

APOLINARIO, CLAUDIO. Obispo de Hierápolis, c. 175, apologista de la fe y crítico de la herejía. Escribió cuatro apologías (al emperador Marco Aurelio, contra los griegos, sobre la "Verdad", y contra los judíos). También redactó una encíclica contra los →montanistas, que estuvieron muy activos durante su episcopado, y un tratado sobre la Pascua. Todos estos documentos se han perdido, pero su lealtad al estado romano y su ardiente oposición al montanismo son claras por el uso de esos escritos que hicieron →Serapio de Antioquía y el historiador Eusebio.

J.D. DOUGLAS

APOLOGETICA. Uso de la teología con objeto de justificar al cristianismo en cuanto a ser la verdad definitiva, acerca de sus exigencias sobre sus seguidores y de su misión universal. El propio Jesús frecuentemente estuvo dispuesto para responder objeciones e insinuaciones contra El y contra sus enseñanzas (Jn. 8:41-58; 18:19-24) que posteriormente desarrolló y justificó contra sus oponentes (Mt. 2:6-12; 10:2-9; Lc. 4:22-28, etc.). También Pablo trató de hablar acerca de la sabiduría y del poder de la cruz frente a muy arraigadas objeciones (1 Co. 1:18-31). "Estad siempre preparados para presentar defensa con mansedumbre y reverencia ante todo el que os demande razón de la esperanza que hay en vosotros", escribió otro apóstol en 1 P. 3:15.

Declaraciones en defensa de la fe, o "apologías", aparecen ya en el s.II. Fue entonces que un grupo conocido como los →"apologistas" (Justino, Taciano, Atenágoras, Tertuliano, etc.) asumió la tarea de responder a las acusaciones escandalosas que corrían entonces contra la fe cristiana; p.e.: que alentaba el canibalismo y la impiedad, que era contraria a la lealtad hacia la religión del estado y, por lo tanto, atea, y que sus principales doctrinas eran ridículas y ofensivas. Los apologistas destacaron la antigüedad del Evangelio, lo genuino de sus milagros y el sorprendente cumplimiento de la profecía. Tenían que demostrar que el cristianismo no solamente era una religión superior sino, además, la verdad definitiva. Trataron de llenar el vacío entre sus opositores y ellos echando mano de lo que creían ser similitudes tanto como también diferencias entre el Evangelio y la filosofía pagana.

Luego del establecimiento de la Iglesia bajo Constantino, la a. llegó a ser un aspecto de la obra de grandes teólogos constructivos como Agustín y, posteriormente, Tomás de Aquino. Aun la *Institución* de Calvino fue publicada con una noble carta de introducción al rey de Francia, Francisco I, como una declaración en defensa de la fe que él estaba combatiendo equivocadamente. Dondequiera que la teología ha emprendido su tarea principal, el fin apologético ha estado presente para demostrar la validez de sus demandas en favor de Cristo y mostrar que la fe no es irrazonable sino que tiene su lógica interna. A fines del s.XVIII y en el XIX, sin embargo, la a. se desarrolló como rama especial de la teología que se ocupa de la defensa del cristianismo.

Entre otros asuntos, la a. ha tratado de enfrentar cuestiones acerca de la historicidad de los acontecimientos principales sobre los cuales se basa el cristianismo y de la Biblia. Ha tratado con los milagros, la existencia de Dios, la armonización del relato bíblico de la creación con la ciencia (e.d. "evidencias cristianas").

Hay peligro en un enfoque apologético demasiado específico y consciente en nuestra presentación del Evangelio: la excesiva atención a cuestiones específicas puede conducir a un énfasis parcial no saludable. Un programa defensivo, además, tiende a producir una mentalidad que prefiere la reclusión a la lucha abierta en favor del cristianismo. Al defender al cristianismo, la teología nunca debe cambiar lo esencial ya sea en su contenido, forma o mensaje, o eliminar la ofensa de la cruz. Pero el diálogo no implica componenda. Una mayor comprensión puede venir mediante la lucha con dudas y aun con injustas acusaciones de los oponentes (2 S. 16:9-12). A un mundo extraño hay que mostrarle que el Evangelio tiene la única enseñanza y poder que pueden capacitar al hombre para recuperar y expresar su verdadera humanidad. RONALD S. WALLACE

APOLOGISTAS. Término aplicado a cierto número de primitivos escritores (c. 120-220) que pertenecieron a un período histórico en que la creciente iglesia estaba enfrentando una hostilidad que iba en aumento en cada aspecto de la vida pública. Este grupo incluye a Cuadrato, Arístides, Justino, Taciano, Teófilo, Municio Felix y Tertuliano. Estos lucharon en la frontera de la Iglesia, tratando de defender la fe de la deformación con que era presentada y atacada, ensalzándola ante quien buscaba la verdad y demostrando lo falso tanto del judaísmo como del politeísmo. Estos escritores no necesitaron crear género literario para sus propósitos; este ya existía en forma de una defensa oral concedida por las leyes *(apologia)* que era presentada ante las autoridades judiciales y seguidamente publicada. Había también la forma literaria de diálogo que generalmente se basaba en circunstancias ficticias. Como la persona de Cristo era la dificultad mayor con con que chocaban los pensadores paganos, los a. encontraron que el concepto de Logos era común tanto al platonismo como al cristianismo y, por lo tanto, constituía un recurso para hacer aceptable la doctrina a la filosofía helenística. G.L. CAREY

APOLONIO DE TIANA (m. c.98). Filósofo neopitagórico cuya vida piadosa y prácticas ascéticas atrajeron amplia atención después de su muerte. Filóstrato, sofista de la corte imperial, recibió órdenes de Julia Domna, esposa del emperador Severo (222-235), de escribir una "Vida de Apolonio", posiblemente una contraparte pagana de la vida de Cristo. En el relato de Filóstrato se siguen así los principales puntos de la historia evangélica: A. era hijo de Júpiter y estaba consciente de su calidad filial; anduvo haciendo bienes y cumpliendo milagros. Al igual que Cristo fue sometido a juicio pero, a diferencia de éste, fue milagrosamente liberado. Seguidamente ascendió a los cielos. Esta "Vida" es el relato corregido de los evangelios y hecho más aceptable por los no cristianos que se impresionaron con Cristo. Es lo que los esclarecidos paganos, que rodeaban a Julia Domna, pensaban que Cristo debería haber sido. Es significativo que omitan la Crucifixión. G.L. CAREY

APOPHTHEGMATA PATRUM. Colección anónima de dichos y anécdotas ascéticas que ilustran el antiguo pensamiento monástico, especialmente en Egipto. Una edición griega, producida probablemente en el s.VI, clasifica el material en orden alfabético de acuerdo con los nombres de los oradores. Los A.P. nacieron entre los monjes coptos de Wadi Natron, y sus palabras y hechos han sido agregadas teniendo su origen en otras partes. Los dichos o ejemplos surgían cuando los buscadores inducían a los ascetas a romper su acostumbrado silencio con el pedido de "Concédeme una palabra". La respuesta era registrada oralmente y más tarde por escrito, concediéndosele una veneración otorgada solo a la revelación divina. La correspondiente negligencia de la enseñanza bíblica es ilustrada por Amoun: "Preferimos utilizar los dichos de los padres y no pasajes de la Biblia; es muy peligroso citar la Biblia". G.T.D. ANGEL

APOSTOLES, CREDO DE →CREDO APOSTOLICO

APOSTOLICOS. Varias agrupaciones y sectas han usado este nombre. Epifanio (c.315-

403), obispo de Salamis, utilizó este nombre para referirse a varias comunidades gnósticas de su día. El título fue adoptado también por grupos ascéticos que florecieron en el s.XII cerca de Colonia y en Francia. Pretendían imitar a los apóstoles al renunciar al mundo y creer que toda la materia estaba absolutamente corrompida. Varios grupos rechazaban el matrimonio. Atacaban la jerarquía de la iglesia, creyéndola tan corrompida como para haber viciado todos los sacramentos, excepto el bautismo. El término fue usado también para referirse a una secta fundada en Parma (1260) por Gerardo Segarelli quien, después que su secta había sido por dos veces condenada por Roma, fue quemado en 1300. Su sucesor, Fra Dolcino, que expuso doctrinas apostólicas, fue también ejecutado. El nombre ha sido además utilizado por algunas sectas anabaptistas.
JAMES TAYLOR

AQUAVIVA, CLAUDIO (1543-1615). Quinto general de la orden jesuita. N. en la aristocrática familia del duque de Atri, en los Abruzos, estudió derecho civil y canónico en Perusa. Fue novicio jesuita en Roma en 1567, sirvió como provincial jesuita en Nápoles y en Roma, y fue elegido como superior general en 1581. Talentoso dirigente y estadista, consolidó la obra de la orden y promovió su amplia influencia. Su liderazgo fue sometido a prueba en los primeros días de su generalato: persecución en Inglaterra, problemas con los hugonotes en Francia, impopularidad de la orden que terminó en su expulsión de Venecia, y divisiones dentro de la sociedad en España, organizadas por C. Vásquez y respaldadas por Felipe II y por el papa. A. aplacó al papa y resistió una demanda de examen de la constitución de la orden por la Inquisición (posible indicio de rivalidad entre dominicos y jesuitas). Un intento de Sixto V de alterar la organización de la orden fue evitado por la muerte del papa. Durante la dirección de A. la sociedad desarrolló su obra misionera, p.e.: obra sustancial en Japón y tareas educativas en Filipinas. La orden se vio envuelta también en debates teológicos, en particular con los dominicos acerca de la gracia. A. enfatizó la vida espiritual y la disciplina con el establecimiento de un sistema de reglas que han servido de base para el sistema jesuita de educación, *Ratio Studiorum,* publicado finalmente en 1569, así como una amplia interpretación de los *Ejercicios espirituales,* de Ignacio. GORDON A. CATHERALL

ARCEDIANO (gr. *arquidiáconos* = "diácono principal"). Clérigo anglicano que tiene autoridad administrativa sobre parte o toda una diócesis delegada a él por el obispo. Se ocupa particularmente en el mantenimiento correcto de la propiedad de la iglesia y también desempeña un papel disciplinario general con respecto al clero parroquial. Debe tener ordenación sacerdotal. En las iglesias Orientales y Romanas el oficio no tiene ahora importancia alguna. A partir de los ss.III ó IV el a. era el diácono principal de la iglesia del obispo, con responsabilidad de predicador, supervisor de las tareas pastorales y administrativas de los diáconos y de distribución de las limosnas. Con la expansión de la iglesia a partir del s.IV y el aumento de ingresos, la función del a. llegó a ser muy importante. En la Edad Media, en el Occidente, ocupaba el segundo lugar después del obispo hasta que la rivalidad condujo a una radical restricción de su poder. HOWARD SAINSBURY

ARCHILLA CABRERA, ANGEL (1892-1954). Orador, poeta, evangelista y pastor evangélico puertorriqueño, quien se destacó en la dirección y desarrollo de la Iglesia Presbiteriana en su país. A los catorce años se ofreció para el ministerio y cursó sus estudios básicos en Mayagüez. También se preparó en derecho sin llegar a ejercer jamás dicha profesión. Desempeñó varios pastorados; fue director de la revista *Puerto Rico Evangélico* en su "edad de oro"; y fue conferenciante popular en muchas reuniones ecuménicas, por sus dotes de orador y poeta. Tuvo renombre como historiador y defensor de los derechos de los trabajadores. Fue nombrado superintendente de la Iglesia Presbiteriana en Puerto Rico en 1928, siendo el primer puertorriqueño en desempeñar tal cargo. Quizás la época más interesante en la vida de A. fue la de las campañas evangelísticas realizadas con Enrique →Strachan en Venezuela, Colombia, Costa Rica, México y la República Dominicana. En Costa Rica (1927) la campaña fue colmada de extraordinario éxito, considerada por muchos como un nuevo derrotero en el desarrollo del evangelio en esa tierra. A. fue autor de muchos artículos y varios libros, inclusive un *Libro de Fórmulas* de culto, que aun se emplea en muchas iglesias. W. DAYTON ROBERTS

ARCHIMANDRITA. (Gr. *arjimandrites* = "jefe del rebaño"). En el griego patrístico la palabra *mandra* servía como una designación del templo o de la iglesia, pero a fines del s.IV empezó a aplicarse al naciente monaquismo, que fue oficialmente regulado por →Justiniano I (527-65) siguiendo el modelo basilense, poniendo a un monasterio, o grupo de ellos, bajo el control del a. Aunque generalmente era un presbítero, podía ser un diácono o hasta un monje laico elegido por la mayoría del voto de la comunidad, aunque recibía el báculo de su oficio de parte del obispo diocesano. J.D. DOUGLAS

ARGENTINA. *Catolicismo.* El primer culto cristiano realizado en A. fue una misa celebrada en 1520 en el puerto de San Julián por el capellán de la expedición de Magallanes cuando ésta invernó en dicho puerto. Diecisiete eclesiásticos acompañaron a Pedro de Mendoza cuando entró al Río de la Plata por primera vez en enero de 1536. Tres órdenes monásticas se destacaron en la obra misionera inicial en Argentina: →franciscanos, →dominicos y →mercedarios. Después llegaron los →jesuitas. La primera diócesis argentina fue erigida en Tucumán (1570); le siguió la del Río de la Plata (Buenos Aires, 1620); y después la de Salta (1807).

El afán de los conquistadores fue instaurar, en el orden individual y colectivo, una vida espiritual semejante a la de España. Su celo católico, unido al carácter propio de la conquista emprendida y a la particular geografía de los vastos territorios descubiertos, hicieron que hasta fines del s.XVIII no hubiera mayores indicios de una presencia heterodoxa en estas tierras.

El clero regular fundó conventos y colegios en las principales ciudades y misiones entre los indios. Son conocidas las →Reducciones organizadas por los jesuitas en el NE del país. No obstante, la influencia de estos centros de vida religiosa no alcanzó a cubrir el territorio. No fue mejor la situación del clero secular. Los obispos pastoreaban sobre extensiones imposibles de recorrer, los sacerdotes eran escasos, las vocaciones disminuían y el aislamiento y las distancias impedían o desalentaban todo esfuerzo.

En cuanto al carácter de las relaciones entre la Iglesia Colonial y la Santa Sede, no hubo en este período relaciones directas ya que todo trámite se canalizó a través de la metrópoli española bajo el acuerdo del →Patronato Real. Esto creó un cierto aislamiento de la iglesia argentina respecto de la europea.

Después de la Independencia (1816), en las clases dirigentes nació e iba creciendo un sentimiento antirreligioso, aparte de la masa popular que siguió siendo católica. Surgió una campaña de corte liberal, anticlerical, masónica, que en nombre del progreso, la libertad y la cultura exaltó el adelanto material de los países protestantes, señalando el atraso de los católicos, condenó la →Inquisición y sus abusos, y combatió toda pretensión hegemónica de la Iglesia.

Entre 1830 y 1852 el país cayó bajo la dictadura de Juan Manuel de Rosas, quien usó el catolicismo como un elemento más para dominar. Las tendencias monarquistas y liberales continuaron en acción hasta llegar a expresarse en la Constitución (1853). No obstante, surgieron dentro del catolicismo nuevas fuerzas contestatarias. Nació un fuerte periodismo católico y la organización de asociaciones católicas de laicos.

Entre 1860 y 1880 la Iglesia Católica Argentina sufrió una de sus crisis más serias. Por un lado, el gobierno aplicó en forma integral las disposiciones sobre el *pase* o *exequatur,* se secularizaron los cementerios, se impuso el matrimonio civil, la enseñanza laica y la intervención estatal en el nombramiento de los párrocos. Por otro lado, hombres como →Sarmiento y Wilde se mostraron anticlericales, laicistas y propiciaron la introducción de las ideas liberales y del protestantismo, que en estos momentos hacían su entrada en forma más notoria al país.

El movimiento protestante correspondiente a iglesias establecidas (luteranos, anglicanos, valdenses, etc.) no significó una amenaza para el catolicismo, pero no ocurrió lo mismo con los movimientos misioneros, especialmente los de origen norteamericano. A estos últimos se los consideró como un serio peligro, especialmente por su dinámica proselitista y por su respaldo a las tendencias liberales y su apoyo en ellas.

Uno de los problemas serios del catolicismo actual es la falta de clero. La Iglesia reconoce que la mayor parte de sus parroquias no son de cristiandad sino de misión, dado que la mayoría de la población no cumple con sus deberes religiosos en forma regular. Asociado a esto está el fenómeno de la religiosidad popular.

Con referencia a las relaciones entre la Iglesia y el Estado, las mismas están regidas por la Constitución, redactada en 1853, que señala que el Estado argentino sostiene el culto católico e indica que el Presidente de la República debe pertenecer a esta fe. Las relaciones con la Santa Sede están reguladas por el "Acuerdo" suscrito el 10 de Oct. de 1966, por el que se reemplazan las antiguas normas del patronato por otras más adecuadas a los tiempos presentes.

En la actualidad la preocupación mayor del catolicismo argentino gira en torno a la articulación de la jerarquía episcopal. Hay preocupación en la jerarquía por no aparecer divididos. Esto se evidencia en las dos asambleas episcopales plenarias que se celebran cada año. Se notan diferencias de matices entre el episcopado y el sacerdocio que se procuran subsanar con grandes esfuerzos. La labor catequística funciona organizadamente y mejor que nunca antes, mientras se percibe también un reavivamiento del catolicismo entre la juventud y en las organizaciones católicas, en particular la →Acción Católica Argentina.

Protestantismo. El período colonial (hasta 1810) solo presenta casos aislados juzgados por la Inquisición, de marineros y soldados protestantes de expediciones corsarias, de los invasores ingleses (1806) y de individuos disidentes como Francisco Ramos Mejía. En el período criollo (1810-1825) se da un primer acto de penetración protestante mediante la introducción y difusión de la Biblia por la obra de Diego →Thomson, que creó escuelas en Buenos Aires siguiendo el método lancasteriano, y llegó al país con material de la →Sociedad Bíblica Británica y Extranjera. El 19 de Nov. de 1820 se celebró el primer culto evangélico en Buenos Aires.

En la época de 1825-52 fue iniciada la primera obra misionera propiamente dicha. En 1823 una junta misionera interdenominacional envió a Buenos Aires a dos jóvenes, John →Brigham y Teófilo Parvin. En 1825 se establece la Iglesia →Anglicana a raíz del reconocimiento de la independencia argentina por Inglaterra, y del primer tratado de amistad y comercio que A. firmara con un país extranjero. Esto permitió la construcción en Buenos Aires del primer lugar de culto protestante, en el que oficiaba el pastor Juan Armstrong. Los presbiterianos escoceses fueron el primer contingente de colonos que se estableciera en el país. En 1826 llegó Guillermo Brown, que en febrero de 1829 organizó la Iglesia Presbiteriana Escocesa. El progreso del protestantismo en las décadas que siguieron a 1810 se debió en buena medida al clima político liberal imperante. Durante este período se organizaron en Buenos Aires dos nuevas iglesias: la Metodista (1836) y la Evangélica Alemana (1843). Las escuelas protestantes se multiplicaron no solo al servicio de la población protestante extranjera sino también de los católicos.

Un episodio notable de este período es la empresa misionera llevada a cabo en la Patagonia y Tierra del Fuego. Los trabajos misioneros evangélicos en estas tierras comprenden tres actos. El primero involucra dos tentativas paralelas, pero totalmente independientes entre sí, que se dieron en 1833. La primera a cargo de Ricardo Mathews, que fracasó; y la segunda con Titus Coan y Guillermo Arms, que apenas lograron sobrevivir al hambre, el frío y la hostilidad de los nativos. El segundo acto tiene como protagonista a Allen →Gardiner, quien llegó a Tierra del Fuego en 1850 y encontró allí (en Puerto Español) su muerte con otros seis compañeros. El tercer acto representa el renovado interés que se gestó en Inglaterra por estas tierras, después de la tragedia de Puerto Español. Jorge Despard y el hijo de Gardiner intentaron infructuosamente un trabajo misionero hasta que casi todo el grupo fue muerto por los salvajes. Despard fue sucedido por W.H. Stirling, que en 1869 fue ordenado como primer obispo anglicano de las Islas Malvinas.

El año 1852 marca el comienzo de una etapa fundamental (1852-1916) en la historia argentina –la organización nacional– y señala también la iniciación de un gran empuje en el progreso protestante. Las iglesias existentes se consolidaron y desarrollaron. Algunas, enriquecidas por la inmigración colonizadora; otras, como la Metodista, arraigándose como iglesias nacionales, adaptándose al medio y obrando conforme a su idiosincrasia y necesidades. Es el período en el que hacen su entrada al país también las iglesias "independientes".

Las iglesias que fueron surgiendo se caracterizaron por su clima ecuménico, afán educativo, y espíritu de confraternidad y solidaridad. La inmigración espontánea respondió a proyectos privados, con apoyo oficial. La colonización dinamarquesa en Tandil es la primera (1844), de donde nacería la Iglesia Luterana Danesa del Río de la Plata. En 1865 los galeses colonizaron el valle del Río Chubut, lo cual fue una de las más grandes hazañas protestantes en Argentina. En todas estas colonias se mantenía el culto de la madre patria en el idioma correspondiente.

Siguió el establecimiento de las iglesias en la población criolla. La Iglesia Metodista fue la primera iglesia independiente en establecerse en A. Empezó su obra en 1836 pero no prosperó hasta la llegada de Guillermo Goodfellow en 1856 quien dio un gran impulso a la congregación en Buenos Aires. Entre sus colaboradores contó con Juan F. →Thomson, el primer pastor nacional, y con Alberto H. Hudson, el primer himnógrafo argentino. También descubrió a Andrés M. →Milne, quien organizó la primera agencia bíblica en América del Sur. Los cultos en castellano estuvieron prohibidos hasta 1867 cuando el 25 de mayo de ese año, Juan F. Thomson predicó en una iglesia evangélica el primer sermón en este idioma.

A partir de 1880 Argentina comenzó una nueva etapa de su historia, etapa decisiva también para el progreso protestante. Entre los anglicanos ocupó un lugar importante la labor filantrópica y educativa de William C. →Morris y la creación de Escuelas Evangélicas Argentinas, hacia fines del siglo. La Iglesia Metodista constituyó su conferencia anual en 1893, mientras que los bautistas comenzaron en 1881 con la llegada del pastor Pablo →Besson, quien inició cultos en castellano en Buenos Aires en 1883. Con el arribo de Sidney Sowell en 1903, los →bautistas iniciaron su etapa de mayor avance y organizaron en 1908 la Convención Evangélica Bautista. Los →Hermanos Libres comenzaron su trabajo en 1882 con J.H.L. Ewen; en 1889 llegó W.C.K. Torres, quien reorganizó la obra. Este grupo aportó innovaciones de mucha importancia en la evangelización protestante: el uso de una carpa como lugar de predicación y culto, las reuniones al aire libre y el "coche bíblico".

El →Ejército de Salvación está en Argentina desde 1890, siendo éste el primer país sudamericano en recibirlo. Los →pentecostales llegaron hacia 1909 con Alicia C. Woods. Otros grupos evangélicos hicieron su entrada al país en estas décadas: la Iglesia Evangélica Danesa (1890), la →Alianza Cristiana y Misionera (1895), la Misión Sudamericana (1895), la Iglesia →Adventista del Séptimo Día (1894), la Sociedad Misionera Sudamericana (1898), la *Regions Beyond Mission* (1886) que después llegó a formar parte de la →Unión Evangélica de Sud América, y la →Iglesia Reformada Holandesa (1900). Puede decirse que antes de fin de siglo las denominaciones protestantes más importantes ya estaban trabajando en Argentina, la mayoría de ellas en idioma castellano y con un marcado propósito proselitista y misionero.

Los años 1916-60 constituyen una época de arraigo nacional que puede dividirse en dos períodos. El primero (1916-45) se caracteriza por la constitución de iglesias nacionales. En la última década del s.XIX se dieron en A. una serie de inauguraciones misioneras de origen norteamericano. Pasada la Primera Guerra Mundial, la corriente misionera se incrementó. El papel de los laicos y pastores nacionales fue desarrollándose bajo la orientación de los misioneros y esto llevó a la configuración de iglesias nacionales autónomas. En general, estos años se caracterizaron por la dependencia del exterior (fundamentalmente de EUA), la polémica anti-católica, la lucha por la libertad religiosa, la escuela laica y la configuración de un liderazgo nacional capacitado.

El desarrollo interno y la expansión externa de las iglesias manifiestan dos momentos definidos separados el uno del otro por la crisis económico-político-social de 1930. En el primer período se nota un nuevo crecimiento en las iglesias jóvenes (metodistas, bautistas, y hermanos libres), que penetraron al interior del país y comenzaron a estructurar un incipiente liderazgo nacional. Otros grupos tuvieron un desarrollo más lento o de menor envergadura. A partir de 1930 se sufrieron las consecuencias de la crisis económica mundial y sus secuelas sociales, y de la crisis política nacional. La inmigración disminuyó después de 1930 y se detuvo así el progreso de aquellas iglesias que dependían de ella para su crecimiento. En las denominaciones con énfasis evangelístico hubo un gran desarrollo. Esto se debió a lo siguiente: (1) predomina un carácter agresivo en el evangelismo de los grupos denominacionales de origen misionero; (2) A., al igual que toda AL, comenzó a ser más conocida y hubo mayor interés por ella como campo misionero; (3) había un profundo sentido de identidad denominacional, agudizado por la controversia anti-católica y las luchas vindicativas por una mayor libertad religiosa y educacional; y (4) al estar más organizados y contar con un liderazgo mejor preparado, las iglesias evangélicas fueron más efectivas en su tarea.

El segundo período (1945-60) se caracteriza por la consolidación de una conciencia evangélica argentina. Con el advenimiento del peronismo al poder, se produjo una restricción considerable de la →libertad religiosa. La lucha por la libertad de cultos, una enseñanza laica y la separación de la Iglesia y el Estado fueron las constantes de la acción evangélica durante las presidencias de Perón. Las iglesias se desarrollaron con un creciente grado de madurez.

[Este período y los años siguientes también se caracterizan por la proliferación de nuevos grupos evangélicos. Desde 1945 hasta la actualidad por lo menos 26 nuevas misio-

nes han iniciado su obra en Argentina. Se han multiplicado de manera especial los pentecostales, los cuales ahora constituyen casi la mitad del pueblo evangélico. Aproximadamente el 88 por ciento de los argentinos profesan la fe católicorromana (pero solo cerca del 15 por ciento es practicante) y el 4 por ciento, el protestantismo.]
PABLO A. DEIROS

ARISTIDES (s.II). →Apologista y filósofo cristiano de Atenas. Hasta el s.XIX A. era solamente un nombre en los escritos de Eusebio y de Jerónimo. Sin embargo, en 1878 los padres armenios del monasterio lazarista de Venecia publicaron una versión armenia de la "Apología" de aquél y en 1889 Rendell →Harris descubrió la versión siríaca en un monasterio del Monte Sinaí.

Poco después J.A. Robinson hizo el sorprendente descubrimiento de que la versión griega de A. había sido incorporada casi íntegramente en un popular romance oriental cristiano "Barlaam y Josafat". El escritor inicia su "Apología" con una demostración bosquejada de la existencia de Dios basada en la argumentación aristotélica que parte del movimiento. Declara que la humanidad está dividida en cuatro razas: bárbaros, griegos, judíos y cristianos; y que los cristianos tienen el más completo entendimiento de la naturaleza de Dios y un código moral satisfactorio correspondiente. El tratado no iba dirigido, como Eusebio dijo, al emperador Adriano, sino al sucesor de éste: →Antonino Pío (138-61). G.L. CAREY

ARISTION. Papías informa que A., junto con Juan el Anciano, fue testigo contemporáneo de la más temprana tradición acerca de Cristo. Nada más se sabe con certeza acerca de él, pero en un ms armenio de los Evangelios, fechado en 986 y descubierto por F.C. →Conybeare en 1891, el pasaje de Mr. 16:9-20 es atribuido al "anciano Aristión". Esta puede ser una auténtica tradición, pero faltan más pruebas. A. debe ser distinguido de Aristión de Pella. J.D. DOUGLAS

ARISTON DE PELLA (s.II). Según Máximo el Confesor en el s.VII A. escribió un "Diálogo entre Jasón y Papisco referente a Cristo", en el cual pruebas tomadas del AT (Versión de Aquila), aducidas por el judío cristiano Jasón, llevaron al judío Papisco a pedir el bautismo. Celso, Clemente de Alejandría, Jerónimo y, al parecer, Tertuliano, conocían la obra que, fechada alrededor de 140, podía hacer de A. el primer apologista cristiano conocido que escribió contra el judaísmo. Eusebio encontró en A. información acerca de la derrota de Bar-Kochba y la exclusión de judíos de Jerusalén por el emperador Adriano.
J.D. DOUGLAS

ARISTOTELES (c.384-322 a.C.). Filósofo griego, conocido también como "el estagirita" por haber nacido en Estagira (Macedonia). Fue discípulo de →Platón en Atenas. Cuando falleció el maestro y Espeusipo asumió la dirección de la Academia, A. abandonó Atenas y se trasladó al Asia Menor. Llamado después a la corte de Filipo II de Macedonia, fue allí preceptor de quien habría de ser Alejandro Magno. En 335 regresó a Atenas y abrió su propia escuela, el Liceo. A la muerte de Alejandro Magno (323), A. abandonó de nuevo Atenas, al haber sido acusado de impiedad y por el surgimiento de un movimiento antimacedónico. Se refugió en Calcis de Eubea donde falleció al siguiente año.

Al igual que en el caso de Platón –y en contraste con los filósofos que los precedieron– de A. se conservan muchas obras. Algunas de ellas son notas de clases conservadas por sus alumnos. Las principales son: *Metafísica, Física, Etica a Nicómaco,* las que constituyen el *Organon, Política* y el *De Anima.* El conocimiento de A. fue enciclopédico, y así fueron también sus obras.

A. desarrolló su propio pensamiento filosófico y se distanció de su maestro. Abandonó la doctrina de las ideas (que ya había sido atacada por el propio Espeusipo), y señaló que el error fundamental de Platón fue el "haber separado la idea" (es a saber, respecto del mundo de las realidades concretas). Aun cuando Platón estableció la relación entre el mundo sensible y el inteligible por su doctrina de la participación, nunca explicó esta con claridad. Preocupado por el problema que ello planteaba, A. no quiso despreciar lo individual y contingente, aunque reconoció que la verdadera ciencia es saber de lo universal y necesario.

Desarrolló A. ciertas doctrinas que ejercen una función clave en su sistema. De fundamental importancia son los conceptos de materia, forma y privación, substancia, esencia y →accidente, acto y potencia. Asimismo, la lógica aristotélica representa un trabajo sistemático sin parangón en el mundo antiguo. La teología de A. –expuesta sobre todo en el libro lambda de la *Metafísica* y en el VIII de la *Física*– presenta a →Dios como forma pura, pensamiento que se piensa solo a sí mismo (porque no puede haber otra cosa más sublime que pensar), motor inmóvil. La teología queda, por ello, subordinada a la metafísica, en tanto ciencia de la causa primera.

La influencia de A. ha sido tal que si no se toma en cuenta no puede entenderse la historia intelectual de Occidente. Nos interesa aquí destacar esa influencia en el pensamiento teológico.

En términos generales, A. fue despreciado por los padres de la Iglesia. Solo la *Lógica* tuvo buena acogida entre los teólogos latinos de los ss.IV y V (y entre →nestorianos y →monofisitas sirios). Conceptos aristotélicos se usaron durante las controversias cristológicas. →Boecio tradujo al latín el *Organon*. En los ss.XII y XIII se multiplicaron las traducciones de las obras de A. Gilberto Porretano (1075-1154) explicó la doctrina trinitaria según las reglas de la lógica del lenguaje. Los comentarios árabes y judíos de los escritos de A. contribuyeron a la difusión y comprensión del pensamiento del estagirita. Sin embargo, en 1210 se prohibió que se explicaran en París las obras aristotélicas de física. Más tarde, mientras duraba esta prohibición en París, la Universidad de Tolosa organizó cursos sobre la *Física;* pero en 1231 el Papa Gregorio IX extendió la prohibición también a esta Universidad. En Oxford se había establecido ya el aristotelismo hacia 1240. Con →Tomás de Aquino el aristotelismo recibe un impulso significativo. En el s.XVI, y en contraposición con las tesis de la Reforma, renuevan el interés por la escolástica: F. →Vitoria, D. →Soto, M. →Cano, Tomás de Vio →Cayetano, →Suárez y otros. En el s.XIX esta tarea le corresponde al neoescolasticismo. Algunos Papas del s.XX (Pío X, Benedicto XV, Pío XI, Pío XII) han destacado la importancia de la filosofía aristotélicotomista y han promovido su estudio.

PLUTARCO BONILLA A.

ARLES, SINODOS DE. Los más importantes fueron:

(1) En 314. Los →donatistas no aceptaron la decisión del Sínodo de Roma contra ellos y en consecuencia Constantino, que consideraba como muy importante la unidad cristiana, ordenó que se reuniera en Arlés un nuevo sínodo para dar un juicio definitivo sobre el asunto. Ninguna asamblea previa había tenido tan representativa delegación del clero cristiano del occidente, que incluía hasta tres obispos británicos. El sínodo decidió que Cecilio había sido correctamente elegido, y los donatistas fueron condenados. Además, se publicaron 22 cánones que se ocupaban de varios aspectos de la vida de la Iglesia, incluso la fijación de un día para observar la Pascua, también se repudió la práctica cipriánica de rebautizar herejes.

(2) En 353. Uno de los sínodos arrianos del occidente que condenó a Atanasio.

(3) En 813. Carlomagno convocó a cinco concilios, uno de ellos en Arlés, para asegurar una adecuada educación eclesiástica para el clero y para enfatizar la predicación y la enseñanza de la fe católica.

(4) En 1234. Se publicaron cánones en contra de la herejía →albigense que destacaban la necesidad de cumplir los decretos de los concilios de Letrán (1215) y de Tolosa (1229), e instaban a los obispos a contrarrestar la herejía mediante una más estrecha vigilancia de sus diócesis.

(5) Alrededor de 1260. Intentó ordenar detalles de la vida eclesiástica y condenar las doctrinas de →Joaquín de Flores.

C. PETER WILLIAMS

ARMAGH. Fundada por San Patricio en el s.V, es la capital eclesiástica de Irlanda en cuanto que es la sede de los primados de la ICR y de la Iglesia de Irlanda. La catedral de la Iglesia de Irlanda data probablemente del s.XIII, aunque fue completamente reedificada en el s.XVIII. La catedral católica romana fue consagrada en 1875. Las tradiciones acerca de los vínculos de San Patricio con A. le dieron a ésta un lugar prominente en la historia eclesiástica irlandesa desde temprana fecha: fue un centro de saber desde el s.V y su colegio alcanzó considerable fama internacional. Los sucesores de Patricio en A. fueron llamados los herederos de éste y reclamaron cierta autoridad sobre las otras iglesias de Irlanda. Hasta los primeros años del s.XII A. mantuvo la independencia de la Iglesia Celta en relación con las Iglesias Romana e Inglesa. En 1152, en el Sínodo de Kells, fue convertida en sede del primado de Irlanda.

HUGH J. BLAIR

ARMENIA, IGLESIA DE. La antigua Armenia, ubicada al S de la cadena montañosa del Cáucaso, fue cuna de una muy inteligente raza indo-germánica, más tarde desposeída y dispersada como los judíos. Su dinastía nativa y autónoma gobernó 300 años antes de la partición persa y bizantina (385-90 d.C.) y desde entonces sobrevivió en el sector persa hasta 428. Se dice que fue cristianizada por los apóstoles a partir del año 34 de nuestra era. Las leyendas abundan en la considerable literatura antigua indígena que contienen un substrato de verdad. El trasfondo secular era romano-iranio, pero la filiación religiosa era sirio-griega. →Gregorio el Iluminador inauguró un gobierno religioso hereditario. La herejía →adopcionista estaba muy difundida y puede haber afectado a Gregorio. El alfabeto armenio nativo y la Biblia vernácula demostraron ser influencias estabilizadoras.

Los armenios repudiaron continuamente tanto al →nestorianismo, adhiriéndose a los Concilios de Efeso (431, 449), como a Cirilo de Alejandría que promovía al →monofisismo. Aborreciendo al Jesús nestoriano demasiado humano, afirmaron un Cristo totalmente sobrehumano. Por estar luchando contra Persia para mantener su independencia religiosa, no asistieron al Concilio de Calcedonia (451), quedaron fuera de contacto y fueron mal entendidos. El resultado de esto fue una división incurable con el occidente que debilitó toda la Iglesia y facilitó la conquista islámica.

La iglesia gregoriana nacional independiente que repudió al Concilio de Calcedonia, comenzó aproximadamente en 506 y sufrió dos posteriores divisiones: (1) los romanizantes uniatos armenios, sociedad fundada en 1335, con su renombrado monasterio de mechitaristas en la isla de San Lázaro, Venecia, y (2) la activa Iglesia Evangélica Protestante, fruto de una misión norteamericana después de 1831, y rápidamente anatematizada por la iglesia antigua.

Como Palestina, A. fue campo de batalla para las grandes potencias y víctima del expansionismo musulmán. Sufrió siglos de devastación por los persas, rusos y otros. En 1895 las matanzas cometidas por los turcos conmovieron al mundo; los gregorianos nacionales, junto con los odiados protestantes, fueron las víctimas señaladas, mientras que los →uniatos gozaron de protección bajo la sede de Roma. Dispersos armenios aun prosperan en la cuenca del Mediterráneo y más allá de ésta. ROY A. STEWART

ARMINIANISMO. Sistema teológico llamado así a causa de Jacobus Arminius (Jakob Hermandszoon), teólogo holandés (1560-1609) que recibió su educación en Leyden, Basilea y Ginebra. Después de estudiar bajo Beza fue a Amsterdam a servir como ministro de la congregación reformada (1588). Holanda se había convertido en el centro del calvinismo durante el s.XVI, pero a través de sus quince años como pastor Arminio llegó a poner en duda algunas de las enseñanzas del calvinismo. Surgieron controversias y, dejando el pastorado, enseñó teología en la universidad de Leyden. Aquí dictó una serie de conferencias sobre la doctrina de la →predestinación que lo llevó a un violento debate con su colega Francis →Gomar. Este conflicto continuó hasta dividir el cuerpo estudiantil y también a los ministros de la Iglesia Reformada. Los gomaristas o calvinistas estrictos deseaban que el asunto fuera resuelto por un sínodo nacional, pero Jan van Oldenbarneveldt, un político liberal holandés, que entonces controlaba el gobierno, no quería semejante asamblea. Los protagonistas incluso debatieron sus ideas frente a los Estados Generales de las Provincias de Holanda, pero ni aun así se pudo llegar a un acuerdo.

Después de la muerte de Arminius, sus seguidores publicaron la *Remonstrans* ("Protesta") de 1610 que bosqueja el sistema conocido como a. Los mayores puntos de diferencia con el calvinismo estricto son: (1) que el decreto de salvación se aplica a todos los que creen en Cristo y perseveran en obediencia y fe; (2) Cristo murió por todos; (3) el Espíritu Santo tiene que ayudar a los hombres para hacer cosas que son verdaderamente buenas, tales como tener fe salvadora en Cristo; (4) la gracia salvífica de Dios no es irresistible; (5) es posible que los cristianos caigan de la gracia.

En un intento por detener esta enseñanza, el partido calvinista hizo una alianza con Mauricio de Nassau, hijo de →Guillermo de Orange. Sus deseos por un sínodo coincidían con la política de Mauricio de centralizar las Provincias Unidas y transformarlas en una monarquía. Durante ocho años después de la *Remonstrans* las fuerzas políticas de Oldenbarneveldt y las de Mauricio lucharon por la supremacía. Finalmente Mauricio obtuvo la victoria y su contrincante fue acusado de traición y decapitado (1619). Esto preparó el camino para que Mauricio tratara de usar la ideología religiosa para centralizar el Estado. En consecuencia, se reunió el Sínodo de →Dort (1618-19), una de las asambleas más famosas de la historia de la Iglesia Reformada. El sínodo aprobó una refutación punto por punto de la *Remonstrans.* La Confesión →Belga y el Catecismo de →Heidelberg fueron confirmados como modelos de ortodoxia, y los arminianos fueron condenados.

A continuación del sínodo muchos de los discípulos de Arminius, entre ellos hombres tan eruditos como Hugo →Grocius, fueron encarcelados o desterrados. Al llegar el año 1625 hubo una reacción contra tal severidad y una tolerancia limitada fue concedida a los arminianos. Aunque los arminianos no fueron numerosos en Holanda, su enseñanza ha ejercido influencia considerable en otras tierras. En la Inglaterra del s.XVII, el movimiento laudiano anticalvinista fue influido por los arminianos. Juan →Wesley también siguió esta teología, de manera que ha dejado su marca en el metodismo. Entre las agrupaciones de herencia calvinista todavía sigue el debate acerca de los puntos señalados por Arminius.

ROBERT G. CLOUSE

ARMONIA, SOCIEDAD DE LA. Sociedad comunitaria protestante establecida en 1805 al norte de Pittsburgh, Pensilvania, por 500 disidentes pietistas de Würtemberg, Alemania, que buscaban la libertad religiosa. Dirigidos por Jorge Rapp (1757-1847) y su hijo adoptivo Frederick, los disidentes se trasladaron para ocupar un terreno de 30.000 acres junto al Río Wabash en New Harmony, Indiana, en 1815. En 1825 la sociedad vendió el terreno de New Harmony al socialista británico Robert Owen para su experimento comunal, y se trasladó a Economy (hoy Ambridge), Pensilvania, donde sobrevivió hasta 1916. Los armonistas practicaban un comunismo cristiano al estilo del s.I, trabajaban en forma cooperativa como granjeros, destiladores, molineros e hilanderos, haciendo de sus comunidades paradigmas de crecimiento económico y de seguridad. Fueron pioneros en cuanto a edificios prefabricados, refinación de petróleo, y licitaciones para construcción de ferrocarriles. Estos "rappitas" se caracterizaban por una vida bien ordenada, vestido uniforme, y observancias religiosas sencillas y no ceremoniales. Por creer que su padre Rapp los presentaría personalmente a Cristo en la inminente segunda venida de éste, se volvieron perfeccionistas y hacia 1807 adoptaron el celibato, lo cual fue un factor determinante para la extinción de la sociedad.

D.E. PITZER

ARNDT, ERNST MORITZ (1769-1860). Himnógrafo e historiador alemán. Estudió teología en Greifswald y en Jena; dio conferencias acerca de la historia en el primero de estos sitios pero huyó a Suecia a causa de su obra anti-napoleónica, *Vom Geist der Zeit* (1806-1818). Escribió folletos y poemas patrióticos, incluyendo *Des Deutschen Vaterland*, antes de llegar a ser profesor de historia en la Universidad de Bonn (1818). Fue suspendido dos años después a causa de su pretendido republicanismo, siendo restaurado en 1840. Ante dudas que surgieron de la filosofía contemporánea, adoptó desde 1817 en adelante (bajo la influencia de Schleiermacher) una posición más cristiana. Su ataque *Von dem Wort und dem Kirchenliede* (1819) en contra de los cambios racionalistas de los himnos evangélicos ayudó a restaurar las versiones originales. De sus 83 himnos, 14 fueron traducidos al inglés; notablemente *Ich weiss, woran ich glaube*, que también fue traducido al castellano por J.B. Cabrera ("Señor, en tí yo creo"). Cuando fracasaron las esperanzas de unión entre católicos y protestantes, A. se afirmó en su protestantismo.

JOHN S. ANDREWS

ARNDT, JOHANN (1556-1621). Místico luterano alemán. Después de estudiar teología en Helmstedt, Wittenberg, Estrasburgo y Basilea, en 1583 fue nombrado pastor en Padeborn. Una disputa con los dirigentes laicos sobre el lugar en la iglesia de los cuadros y las ceremonias, le obligó a retirarse. Posteriormente sirvió en iglesias de Quedlinburg, Brunswick y Eisleben. En 1611 fue superintendente general de la iglesia de Celle, donde permaneció hasta su muerte. Allí ejerció una notable influencia sobre el desarrollo del sistema eclesiástico de Lüneburg. Su fama descansa sobre sus escritos, especialmente *El verdadero cristianismo* (1606-9). A. recalcó el misticismo en su interpretación de la vida cristiana mediante la afirmación de que las creencias ortodoxas no son suficientes para alcanzar el verdadero cristianismo, sino que también se necesita la purificación moral hecha posible a través de una vida justa en comunión con Dios. Aunque permaneció en la Iglesia Luterana, ayudó sin embargo a preparar el camino para el racionalismo y el pietismo.

ROBERT G. CLOUSE

ARNDT, WILLIAM FREDERICK (1880-1957). Erudito luterano estadounidense. N. en Mayville, Wisconsin, y fue educado en varios seminarios luteranos. Fue ordenado en 1903 y pastoreó las iglesias de Bluff City, St. Joseph y Brooklyn. Enseñó teología en el St. Paul's College, Missouri (1912-21) y en el Seminario Concordia, St. Louis (1921-51). Fuerte defensor de la unidad luterana y de las misiones, escribió *Does the Bible Contradict Itself?* (1926) y cierta cantidad de obras apologéticas populares, un comentario sobre Lucas, una vida de Pablo y, con F.W. Gingrich, editó un *Greek-English Lexicon of the New*

Testament (1957). También fue director en St. Louis del *Theological Monthly* (1926-30) y de su publicación sucesora: *Concordia Theological Magazine* (1938-50).

IAN SELLERS

ARNOBIO EL JOVEN (s.V). Es atestiguado solamente por sus escritos desde Roma en el s.V. Sus obras bíblicas fueron comentarios alegóricos sobre los Salmos (critica la predestinación del Sal. 108) y anotaciones sobre los textos evangélicos. Alrededor de 440 escribió *Praedestinatus,* en donde cataloga 90 herejías descritas en su mayoría en *De Haeresibus* de Agustín, incluyendo a los pelagianos, nestorianos y los *praedestinati.* Los puntos de vista de estos últimos son tratados en un sermón que circuló falsamente bajo el nombre de Agustín; al final el autor los refuta. Después de 454 A. escribió *Conflictus Arnobii catholici cum Serapione Aegyptio,* en el cual refuta los puntos de vista sabelianos, arrianos y pelagianos y defiende la doctrina de León acerca de las Dos Naturalezas. Concede a los escritos de Agustín un respeto igual al de las Escrituras. Aproximadamente en 440 es probable que haya representado a los antiagustinianos moderados apoyando a →Julián de Eclano. G.T.D. ANGEL

ARNOBIO EL MAYOR (c.330). Maestro de retórica de Sicca, en Numidia, se convirtió del paganismo a Cristo. Su defensa del cristianismo, titulada *Ad Nationes,* se concentra en los errores del culto y la mitología paganas. La divinidad de Cristo la fundamenta primeramente en los milagros, y defiende la esperanza en Cristo como la única base real para la inmortalidad. Pese a su respeto hacia los filósofos paganos como Platón, argumentó que el alma no es inmortal por naturaleza. Su entonces reciente conversión, lo hizo caer a veces en la heterodoxia; por ejemplo: afirmó que Cristo no es igual al Padre.

J.D. DOUGLAS

ARNOLD, GOTTFRIED (1666-1714). Teólogo y escritor devocional luterano. Recibió su educación en Wittenberg y después, bajo la influencia de Philip Spener, fue profesor en Quedlinburg. Se identificó con los expositores de las tendencias mística y separatista y en 1696 publicó su *Die erste Liebe,* un elogio acerca de la sencillez y la pobreza de la iglesia primitiva y una condena de lo que consideraba como adición de dogma y eclesiasticismo. Al año siguiente fue invitado a Giessen como profesor de historia eclesiástica pero, hallándose en desacuerdo con la escuela, renunció regresando a su cargo anterior. Entonces escribió una obra monumental: *Unparteiische Kirchen-und KetzerHistorie* (1669-1700) en la cual mostró más imparcialidad hacia la herejía que para la iglesia. En este estudio de los movimientos heréticos, A. rehusó aceptar como evidencias las declaraciones de los contemporáneos hostiles y basó su obra exclusivamente en los escritos de los mismos sectarios. Esto, junto con sus presuposiciones acerca de la debilidad de la posición ortodoxa, lo llevó a favorecer a los separatistas de varias épocas y causó controversias que lo obligaron a una más profunda posición mística. En 1704 llegó a ser pastor e inspector en Werben, Prusia, y se reconcilió con el cristianismo oficial. En 1707 fue inspector en Perleberg. Aparte de su historia eclesiástica, escribió más de 50 obras y compuso muchos y hermosos cantos religiosos, algunos de los cuales todavía se entonan. ROBERT G. CLOUSE

ARNOLD, MATTHEW (1822-1888). Poeta inglés. Hijo mayor de Thomas Arnold. N. en Laleham y fue educado en Winchester, Rugby y en el Balliol College de Oxford. Fue inspector gubernamental de escuelas desde 1851 hasta 1886, y desde 1857 a 1867 también fue en Oxford profesor de poesía. Aunque popular como poeta mientras vivió, su capacidad poética ha sido severamente criticada durante el presente siglo. Atacó muchas de las actitudes religiosas de su época, particularmente la tendencia a confiar en asertos improbables y a negar la razón. Veía la "cultura" como la mayor necesidad humana, deploraba la bibliolatría como ajena al espíritu científico, destacó en cambio los aspectos personales y morales del cristianismo y negaba los milagros. Sus obras religiosas importantes fueron: *Culture and Anarchy* (1869); *St. Paul and Protestantism* (1870); *Literature and Dogma* (1873); *God and the Bible* (1875) y *Last Essays on the Church and Religion* (1877).

JOHN A. SIMPSON

ARNALDO DE BRESCIA (1100-1155). Reformador eclesiástico radical. Después de estudiar bajo Pedro →Abelardo, ingresó en la orden de los agustinos. Regresó a Italia donde abogó por la necesidad de una pobreza apostólica por parte de la iglesia. Sus propuestas fueron condenadas por el Segundo Concilio →Lateranense y él fue desterrado. A. fue entonces a Francia, donde ayudó a su maestro Abelardo a defenderse en Sens (1141). No tuvieron éxito y fueron condenados a confinamiento en monasterios separados. A. reasumió su enseñanza en París, pero fue expulsado de Francia y por algún tiempo vivió en Zurich y, después, en Bohemia. En 1145 se reconcilió con el papa, aunque esto duró poco. Después de condenar una vez más el poder papal, se alió con el partido político rebelde que quería abolir el poder temporal del papa y establecer una comuna en Roma. La comunidad había creado un senado y designado a un patricio en lugar del prefecto de la ciudad, que dependía del papa. En tal situación A. abogó por la idea de reclamar para Roma su antigua y poderosa posición sobre el mundo. Alentó a sus seguidores para que apelaran a →Federico I con una declaración que incluía una condena de la aprobación papal del emperador, un alegato de que la →Donación de Constantino era una fábula y un reclamo que el imperio pertenecía a la ciudad de Roma. Los aspectos más extremos de este esquema desagradaron a muchos y, en la elección de 1152, el grupo de A. sufrió una derrota. Posteriormente fue excomulgado y expulsado. Federico I lo capturó y lo hizo regresar a Roma donde fue condenado por el prefecto a ser ahorcado y después su cuerpo fue destruido por el fuego (1155). En memoria de A. apareció un movimiento llamado arnaldista. Enfatizaban la pobreza apostólica y rechazaban el poderío de la jerarquía, considerando como faltos de validez los sacramentos administrados por los clérigos que tenían bienes mundanales.

ROBERT G. CLOUSE

ARQUEOLOGIA Y LA IGLESIA CRISTIANA PRIMITIVA. Cierta definición del período bajo estudio es necesaria en este artículo dada su amplitud. La Iglesia Cristiana nació el día de Pentecostés en días del procurador romano Poncio Pilato (26-36 d.C.). El fin del término "primitiva" es, presumiblemente, a comienzos del período medieval. El comentario presente se limita, por lo tanto, al período entre el principio del s.II y la primera mitad del s.VII. La evidencia arqueológica acerca del s.I es generalmente cubierta por la arqueología del NT. En Palestina el año 638 señala la caída de Jerusalén en poder de los musulmanes. La conquista musulmana del Oriente Medio marca el fin de una época, aunque en el Occidente no se reconoce tal transición. Para lograr una mayor brevedad, este artículo examinará el período c.100-650, e.d. hasta fines del período romano y comienzos del bizantino.

En las primeras décadas posteriores a la muerte y resurrección de Cristo, la Iglesia Cristiana se extendió rápidamente y, a comienzos del s.II había echado raíces en Egipto, Palestina, Siria, Mesopotamia, Asia Menor, Grecia, Roma y aun más al oeste. Durante los siglos que siguieron fueron erigidas importantes y variadas estructuras a través de todas estas zonas: iglesias, capillas, monasterios. También hubo tumbas, catacumbas y varias estructuras memoriales. Las iglesias contenían gran número de objetos usados en sus servicios: mosaicos para pisos, pinturas al fresco, cruces enjoyadas, manuscritos, etc.

Una ayuda importante para interpretar los hallazgos arqueológicos son los escritos que han llegado hasta nosotros desde esos primeros siglos. Estas son historias de la iglesia como la de →Eusebio (c.265-339), relatos como el de Los Peregrinos de Burdeos (c.333), importantes mosaicos geográficos como el de Madaba en Transjordania, que data de la segunda mitad del s.VI y una variedad de inscripciones.

Comenzaremos con una breve revisión de las iglesias de Palestina hasta el s.VII. Aproximadamente 200 de éstas permanecen todavía para estudio, aunque en forma muy fragmentaria. Las iglesias de los primeros tiempos estaban en las casas y desaparecieron. Durante los ss.II y III, tanto en el Oriente como en el Occidente, la iglesia adoptó la estructura tipo →basílica para el culto. Este era un edificio oblongo con columnatas interiores. La venida de Constantino el Grande como emperador de Roma (312-37) dio un tremendo ímpetu a la construcción de iglesias en todo el mundo romano. En Palestina hay pocas evidencias de estructuras anteriores a Constantino. Restos de la época de Constantino han sido identificados en la Iglesia del Santo Sepulcro en Jerusalén, y en la de la Natividad en Belén.

Los edificios sagrados del período postconstantiniano se conocen tanto por excavaciones como por fuentes literarias. Las excavaciones y el estudio arqueológico muestran que hubo tres tipos principales de iglesias: la basílica, con una, tres o cinco naves; la iglesia circular u octogonal y el tipo mixto que combinaba estas dos en una iglesia cruciforme.

En Palestina la mayor parte de las iglesias más grandes que fueron levantadas desde el s.IV al VII eran basílicas con una nave y dos pasillos. Al final de la nave se levantaba un ábside y al final de los pasillos una pequeña cámara o un ábside. La iglesia original de la Natividad de Belén tenía tres pasillos y un solo ábside. La iglesia que más tarde edificó Justiniano (527-65) tenía cinco pasillos y un ábside central en el muro oriental, y un ábside en cada uno de los muros del norte y del sur. Otras iglesias palestinas primitivas son San Lázaro de Betania, la Iglesia del Estanque de la Puerta de las ovejas en Jerusalén, la Iglesia del Hallazgo de la cabeza de San Juan el Bautista en Sebaste (Samaria), y la Iglesia de la Multiplicación de los Panes y los Peces en Tabgha, cerca del Mar de Galilea, todas del s.V.

Algunas basílicas tenían un ábside externo sobresaliente. Esto era común en el Occidente pero no en Palestina. En ciertos casos el ábside era poligonal. Los ábsides laterales ocupaban el lugar de cámaras laterales en muchas iglesias. En unas pocas de éstas los ábsides fueron dispuestos en forma de trébol, como en Belén y en la Iglesia de San Teodosio cerca de Jerusalén.

Se conocen unas pocas iglesias con un plano central: circular, octogonal o en forma de trébol. La más antigua data de fines del s.IV: la Iglesia de la Ascensión en el Monte de Olivos. La antigua catedral de Beisan y la Iglesia del Monte Gerizim (s.V) son ejemplos de esto. El plano cruciforme es raro. Probablemente hubo una de tales iglesias en Siquem y otra en la Tumba de la Virgen, en Jerusalén.

Tanto la literatura contemporánea como las excavaciones modernas dan evidencias de una floreciente iglesia en *Transjordania* en los primeros siglos del cristianismo. El centro más importante es Jerash. En días de →Justiniano, no menos de siete iglesias fueron edificadas, pero se conocen trece en la zona, en su mayoría de fecha cercana entre sí. La catedral (c.350-75) es pre-justiniana y probablemente la más antigua; era una basílica de tres pasillos con un ábside incluido. La Iglesia de San Teodoro, edificada entre los años 474 y 476, está próxima, y justo al O hay tres iglesias juntas. La central, la de San Juan Bautista, es circular; las otras dos, las de San Jorge y la de los santos Cosme y Damián, son basílicas, todas edificadas entre los años 529 y 533. Todas estas iglesias son ricas en piso de mosaicos. Existían varios otros hermosos templos en Jerash.

Más al S en Ras Siyagh sobre el Monte Nebo, se levantaba otra hermosa iglesia del s.V y su monasterio adyacente. Otras iglesias incluyen restos de una estructura del s.IV encontrada en la misma área. En Madaba se erguía la Iglesia de *Theotokos* que se remontaba al s.VI. En el piso de otro templo del s.VI había el famoso mapa de Madaba que, aunque destruido en parte, ha conservado valiosa información geográfica acerca de Palestina y un excelente plano de Jerusalén. En Petra había iglesias cristianas. Una tumba tiene una inscripción que se refiere a su conversión en una iglesia en el s.V. En Umm al-Jimal, al NE de Amán, numerosas iglesias cristianas se remontan al período bizantino. La catedral data de 557. Hay por lo menos otros nueve templos en la ciudad.

Siria también ha tenido su cuota de iglesias antiguas. Según Eusebio, un magnífico templo fue edificado en Antioquía. Este ha desaparecido, pero otras dos hermosas iglesias se conocen en la misma zona. En la aldea De Kaoussie la Iglesia de San Babylas fue edificada en 387, conforme a la inscripción preservada en los mosaicos del piso. En Seleucia, puerto de Antioquía, pueden verse las ruinas del Martyriom, un templo de forma cuádruple con un ambulatorio adornado con ricos mosaicos y un presbiterio que se proyecta hacia el E. Fue levantado originalmente a fines del s.V.

En el interior de Siria muchas antiguas iglesias se perdieron pero algunas han sido redescubiertas hace un siglo. La mayor era Qalat Siman, la Iglesia de San Simón Estilita, al NE de Antioquía, erigida a fines del s.V. En el S de Siria, en Bosra (Bostra), otrora sede arzobispal, se levantaba una impresionante catedral, de forma circular, encerrada en una plaza con ábsides circulares en las esquinas, un presbiterio y un ábside. Hay otras antiguas iglesias en la región. La iglesia-casa de Dura-Europos, sobre el Eufrates, es de particular interés. Un salón de la casa privada fue transformado en iglesia a principios del s.III. Posteriormente fue eliminada una pared para incluir un segundo salón. Un baptisterio se hallaba en el ángulo NO de la casa. Las pinturas murales y los *graffiti* identifican al edificio como iglesia. Más al E de Edessa y de Nisibis, y también en Persia, existen restos de numerosas iglesias que estuvieron en uso mucho antes de la conquista musulmana.

Anatolia estuvo abierta para el evangelio cristiano a renglón seguido de la obra de Pablo. Por el tiempo del Concilio de Nicea, en 325, había una red de obispados cubriendo toda el área. Importantes obras arqueológicas se han realizado en el presente siglo.

→*Constantinopla,* la antigua Bizancio, fue hecha la nueva capital por Constantino en

330. Este emperador adornó la ciudad con muchas estructuras, entre ellas casas de oración y memoriales en honor de los mártires. Por lo menos dos templos fueron fundados por él: la Iglesia de los Apóstoles, que actualmente no existe; y la de Santa Irene, un antiguo santuario cristiano y luego considerablemente ampliado. La iglesia original fue dañada por el fuego en 532, restaurada y otra vez perjudicada por un terremoto en 740. Algunos elementos de estas antiguas iglesias todavía permanecen. Otra famosa iglesia, Santa *(Hagia)* Sofía, ha sufrido igualmente a través del tiempo. Fue mezquita pero hoy es museo de arte bizantino. Mediante excavaciones fueron descubiertos antiguos mosaicos.

La ciudad de *Roma* es la de mayor importancia para la arqueología cristiana. Aquí Constantino edificó las basílicas más famosas del s.IV, siendo la principal la Iglesia de San Pedro. Debido a los cambios efectuados a través de los siglos poco es lo que permanece de la basílica original, pero sus rastros y sus diseños son claros. Toda la zona de San Pedro ha sido sometida a una intensa labor arqueológica. La cuestión de la tumba de Pedro ha surgido muchas veces. El emplazamiento era antiguamente un cementerio pagano pero, con posterioridad, fue usado también por cristianos. Constantino hizo edificar iglesias en lugares fuertemente relacionados con la tradición cristiana. Cuando Constantino edificó la basílica aquí debe haber existido una tradición acerca de la sepultura de Pedro en el lugar.

El *Liber Pontificalis,* serie de biografías de los papas a partir del s.VII se refieren a muchas iglesias de Roma, entre ellas "La Iglesia de San Pablo Extra Muros" originalmente levantada por Constantino. Poco es lo que resta del mencionado templo, pero hay una vasta tarea arqueológica al desenredar las muchas reconstrucciones de esta iglesia. Numerosas otras iglesias de Roma han experimentado una prolongada historia de destrucción, extensión y reconstrucción. Todas ellas son de gran interés para el arqueólogo.

El espacio no permite considerar a otros templos situados en Grecia, Italia, Francia, Gran Bretaña, España, Egipto y Africa del Norte, lugares que poseen muchos restos cristianos que datan de siglos antiguos.

Debemos mencionar ahora varios otros aspectos de la arqueología de la Antigua Iglesia Cristiana: mosaicos, muebles y utensilios, tumbas, catacumbas, inscripciones, papiros, símbolos cristianos y artes plásticas.

Siguiendo la práctica secular, la iglesia cristiana hizo en cada lugar gran uso de mosaicos en los pisos de sus iglesias, patios y otras estructuras. Las localidades y las aldeas palestinas pavimentaban durante esos siglos sus iglesias con mosaicos que generalmente tenían dibujos geométricos pero también, a veces, hermosas composiciones de plantas, animales y figuras humanas. Centros importantes de estas artes eran las regiones de Nebo, Jerash, Belén, Et Tabgha, Beit Jibrin, 'Amwas. A veces las inscripciones entretejidas en la manufactura de los mosaicos preservaron valiosas informaciones geográficas e históricas.

Es una característica de la arqueología cristiana la recuperación de muebles y utensilios eclesiásticos antiguos, incluyendo altares, relicarios, doseles, lebrillos, cruces, cálices, patenas, candelabros, incensarios y lámparas.

Las tumbas y las →catacumbas de la Primitiva Iglesia Cristiana han contribuido grandemente a nuestro entendimiento de las prácticas mortuorias y del arte de aquella iglesia. Las catacumbas mejor conocidas se hallan en Roma. Las más antiguas son las de Luciana, Calixto, Domitila y Priscila. En 1867 se calculaba que las catacumbas cristianas abarcaban una superficie de 246 hectáreas. El total de la extensión de los corredores era de 810 kilómetros aproximadamente. Hoy, solo en los alrededores de Roma, se conocen 25 o más catacumbas cristianas. Una sección de la catacumba de Praetextatus se remonta al s.II. Otras partes pertenecen a los ss.III y IV. En la catacumba de Sebastián, entre los numerosos *graffiti* en griego y en latín en las paredes, hay más de un centenar de oraciones breves dirigidas a Pedro y a Pablo. Aparte de las catacumbas, cientos de sarcófagos, osarios y cámaras sepulcrales han sido puestas al descubierto mediante excavaciones. Muchas muestran inscripciones o *graffiti* y exhiben el característico arte cristiano.

De no menor importancia son los manuscritos bíblicos que se han descubierto y que datan de los primeros siglos cristianos. Un fragmento del Evangelio de Juan fue hallado en Egipto que data de la primera mitad del s.II; esto prueba la presencia de cristianos allí en época tan temprana. Los papiros de Chester Beatty, que datan desde el s.II hasta el IV, también de Egipto, contiene partes de nueve libros del AT y quince libros del NT. Los papiros Bodmer, cuyo origen se remonta aproximadamente al s.II, incluyen los evangelios de Lucas y Juan, algunas de las epístolas del NT, partes del Génesis y algunas obras apócrifas.

Finalmente, en el aspecto de las artes y de los símbolos cristianos hay una riqueza de detalles que han de ser obtenidos de la arquitectura y la ornamentación eclesiásticas. Esto concierne a pisos de mosaicos, frescos, pinturas de catacumbas e iglesias, estatuaria eclesiástica, sarcófagos y osarios.

No hay duda de que la contribución de la arqueología a nuestro entendimiento de la Antigua Iglesia Cristiana es enorme. Esta actividad demanda la atención de los especialistas de cada país y de cada área significativa en la materia. JOHN A. THOMPSON

ARQUITECTURA CRISTIANA. Como ciencia de la construcción de edificios para las actividades específicamente cristianas, la a.c. tiene como su principal tarea la de proveer facilidades para las diferentes formas de culto. El estilo de las resultantes estructuras ha variado según las necesidades y los deseos de la comunidad de adoradores.

Los más antiguos edificios dedicados al culto cristiano fueron las casas de los creyentes. Cuando se experimentaba necesidad de dedicar exclusivamente un edificio para "iglesia", una casa como la descubierta por excavaciones en Dura-Europos (232) en Siria, era adaptada para este propósito. Una única puerta de entrada en la pared N se abre a un vestíbulo y de allí a un patio en el lado E del cual es pórtico. En la esquina NO un salón que contiene una cisterna ha sido transformado en →baptisterio y decorado con frescos. La cisterna se ha convertido en pila con un dosel. Dos habitaciones al extremo S se han convertido en una sola, y se ha puesto una pequeña plataforma para colocar el altar. Una habitación, por la cual se sale de este salón, puede haberse usado para hacer preparativos para la Cena del Señor. El salón, que está en el lado O del patio, puede haber servido para la instrucción de catecúmenos. Aquella era la época de persecución que variaba en intensidad y duración según el lugar. Los cristianos en Roma descubrieron que era más seguro reunirse en lugares adecuados, cerca de las cámaras mortuorias subterráneas o catacumbas. Así se estableció la relación del culto cristiano con los restos de los fieles fallecidos.

Con la publicación del Edicto de Milán (313), la iglesia cristiana conducida por el propio emperador se convirtió oficialmente en una comunidad que adoraba en forma abierta. El resultado natural fue la construcción de lugares magnificentes de culto. El modelo seguido fue el de la →basílica. El elevado trono del obispo, situado en el ábside y rodeado por los asientos de los presbíteros, ocupó el lugar del juez en la basílica civil. En frente de éstos se levantaba el altar, bajo el cual yacían frecuentemente los restos de un santo. Delante de esto se hallaba la parte principal del edificio donde se congregaba el resto de los fieles.

Además de la basílica se desarrollaron otros dos tipos de edificios cristianos: el baptisterio y el *martyrium* (capilla), que albergaba la tumba o reliquias de un mártir. Ambos se construían con su punto focal en el centro y no, como en la basílica, al final. Los *martyria* tenían frecuentemente forma redonda; en el centro estaba la tumba sobre la cual había una cúpula. Estos edificios tuvieron un efecto considerable en el desarrollo de la construcción para la iglesia en el Oriente. El plano básico de una iglesia bizantina era frecuentemente una combinación de una superestructura, cubierta por una cúpula, con una forma cuadrada al estilo de basílica.

Tanto en el Oriente como en el Occidente el altar se fue haciendo más y más distante de los laicos. En el Oriente llegó a ser costumbre separar el altar del resto de la iglesia por una mampara masiva y sólida *(iconostasis)*, adornada con →iconos (representaciones pictóricas) de los santos. En el Occidente se conservó el plano de la basílica pero, como en el Oriente, la iglesia estaba dividida por una mampara, aunque generalmente no tan sólida. El presbiterio, o espacio para los clérigos, contenía el altar elevado. La nave, o salón para el pueblo laico contenía el púlpito y a veces un segundo altar. La pila bautismal era colocada en la parte trasera de la nave, a la entrada de la iglesia. Estas características prevalecieron a lo largo de la Edad Media y todavía hoy influencian los planos de las iglesias. Los vínculos del culto con los fieles fallecidos fueron fortalecidos con el establecimiento de altares laterales, que frecuentemente contenían reliquias, para decir misas por el alma del fundador y sus amigos.

En los ss.XIII y XIV, justo antes del amanecer del Renacimiento, el foco de la a.c. consistió en las elevadas y prepotentes exageraciones del estilo gótico: cavernosos arcos abovedados, arbotantes, altísimas espiras.

Tuvo efectos que distorsionaron todavía más el culto y la vida de la iglesia como algo que no era fuente de consuelo para la vida y para el pensamiento.

En tiempos de la Reforma, los edificios heredados por los reformadores fueron adaptados considerablemente. La mampara fue retirada de modo que la iglesia volvió a ser así un solo ambiente mayor, o bien fue convertida en pared normal y, tanto el presbiterio como la nave empezaron a ser usados por la congregación para el culto. A veces, con el incremento de la población, cada uno de ellos era usado para una congregación distinta. Al convertirse el edificio en una sola cámara, el púlpito era colocado en uno de los costados largos y la gente se reunía en torno. Cuando se celebraba la Cena del Señor, se quitaba el altar y en su lugar se ponían largas mesas. Un soporte adosado al púlpito sostenía el lebrillo para la administración del bautismo. No conformes con estas adaptaciones, los reformadores pronto comenzaron a edificar nuevas iglesias y con frecuencia adoptaron un plano de forma circular. La congregación miraba al centro, y los asientos estaban distribuidos en filas circulares. El púlpito estaba colocado cerca del centro, donde había espacio para los bautismos y para la mesa de la comunión cuando este sacramento era observado.

Hasta este punto la a.c. era estrictamente funcional. El estilo y arreglo del edificio de la iglesia reflejaba la teología del culto. La *iconostasis* oriental separaba el misterio de la Eucaristía de los ojos del laico. El distante altar, solo oscuramente discernido, lograba el mismo efecto en las iglesias del Occidente. La división del edificio de la iglesia también reflejaba la estricta separación entre el clero y los laicos. Por el contrario, la eliminación del tabique en las iglesias reformadas destacaba la unidad del Cuerpo de Cristo, la Iglesia. Asimismo, la reunión de la gente en torno al púlpito y a la mesa de la comunión destacaba la naturaleza corporativa del culto reformado por oposición al individualismo de muchos altares laterales. La postura mediadora del anglicanismo puede verse más claramente en las iglesias erigidas después del Gran Incendio de Londres en 1666. Aunque la congregación no se podía reunir en torno al púlpito y a la mesa, ambos estaban relacionadas uno con otra y con la pila en lo que claramente que era un solo salón.

Un cambio radical experimentó la a.c. con el despertar romántico de fin del s.XVIII y principios del XIX. La apariencia, más que la función de la iglesia, se volvió factor determinante. La apreciación avivada por las grandes →catedrales medievales condujo al deseo de poseer una “catedral” en cada ciudad. Hasta entonces las iglesias habían sido edificadas en un estilo contemporáneo, pero en adelante el estilo gótico fue deseado para las iglesias.

El altar distante fue vuelto a colocar al final de un amplio presbiterio para favorecer la estética, y aun más separado del adorador común por compartimientos para el clero y para el coro vestido de togas. En las iglesias reformadas era frecuente que el exterior de una catedral no tuviera relación con el interior, donde un órgano podía ocupar un ábside. Una proporción grande de los edificios eclesiásticos existentes fue construida durante este período.

El s.XX ha sido lento para descartar esta herencia gótica, prefiriendo modernizarla. Donde han sido adoptadas características de los estilos de arquitectura moderna, con frecuencia se retuvo el arreglo interior medieval. Recientemente ha habido signos de una radical reconsideración de cómo las funciones de una iglesia se pueden expresar y cumplir mejor.

La a.c. nunca se ocupó exclusivamente de los edificios para iglesias. La casa-iglesia de Dura-Europos tenía una habitación que puede haber sido usada para instruir a los catecúmenos, y las escuelas de la iglesia han existido en varias formas a lo largo de toda la historia. Los primitivos cristianos vivían juntos y este ideal nunca se ha perdido. Monasterios y conventos, casas de retiro, academias para laicos, y centros de conferencias han concitado el interés de la a.c. Los salones de actos y de la casa parroquial han rivalizado con la capilla propiamente dicha en cuanto a cuál es el edificio principal en muchas parroquias.

Se ha señalado que la iglesia puede bautizar en un río, predicar al aire libre, y celebrar la Cena del Señor en cualquier mesa. Muchos jóvenes son críticos acerbos del dinero que se gasta para edificar iglesias. No deja de tener importancia que en numerosas parroquias vigorosas gran parte del culto de las mismas sea celebrado en casas de los miembros. HENRY R. SEFTON

ARRASTIA VALDES, CECILIO (1922-). Ministro presbiteriano cubano, evangelista internacional. N. en Guanajay, Pinar del Río, Cuba. Estudió en el Colegio Presbiteriano La Progresiva (Cárdenas), en la Universidad de La Habana y en el Seminario Evangélico de Puerto Rico (Río Piedras) donde recibió su grado en teología. Ganó también el grado de Maestro en Teología en el Seminario Presbiteriano McCormick (Chicago) y el de Doctor en Ministerio en el Seminario de Princeton. Cursó estudios avanzados en el Seminario Unión de Nueva York.

A. fue pastor de la Iglesia Presbiteriana de Sancti Spiritus, Cuba, y fundó la Iglesia San Andrés en el Bronx, Nueva York. Ha sido profesor de los Seminarios de Matanzas (Cuba), Río Piedras (Puerto Rico) y McCormick (Chicago), y predicador de radio y televisión en Cuba y Puerto Rico. Es evangelista de fama continental, habiendo predicado en todos los países de América, y es considerado uno de los oradores religiosos más elocuentes del mundo hispano, caracterizado por un dominio espléndido del castellano. Por doce años fue evangelista en AL del Concilio Nacional de Iglesias de EUA.

A. ha ocupado cargos en comisiones del Concilio Misionero Internacional y del CMI, participado en actividades de →Evangelismo a Fondo, y ocupado la Cátedra →Strachan en el Seminario Bíblico Latinoamericano. Ha servido como funcionario de la Asociación de Escuelas Teológicas de Estados Unidos. Fue moderador del Presbiterio de Cuba de la Iglesia Presbiteriana y del de la Ciudad de Nueva York, de la misma denominación (Presbiteriana Unida), siendo el primer hispano en ocupar ese cargo. Es el autor de *Jesucristo, Señor del pánico* (1964), *Diálogo desde una cruz* (1965), *Itinerario de la pasión,* así como de ensayos y artículos. Actualmente tiene el rango de asociado a cargo del desarrollo de la misión hispánica en EUA para la Agencia de Programa de la Iglesia Presbiteriana Unida de ese país.

MARCOS ANTONIO RAMOS

ARRIANISMO. Herejía que negaba la eternidad de Jesucristo el Hijo de Dios como el →Logos. Fue condenada por el Concilio de →Nicea en 325. Muy pocas son las obras escritas por Arrio (presbítero de Alejandría m.336) que han perseverado hasta hoy, pero la controversia arriana (c.318-81) resultó decisiva para la cristalización y el desarrollo de la doctrina cristiana. Junto con →Eusebio de Nicomedia, Arrio estudió bajo →Luciano de Antioquía, cuyo enfoque anticipaba la cristología de Arrio. El don particular de éste consistió en hacer volver la cuestión cristológica al origen del Logos pre-encarnado. La controversia parece haber surgido de una disputa entre Arrio y su obispo, →Alejandro de Alejandría, aunque después de Nicea fue el joven →Atanasio, diácono de Alejandro, el que desarrolló la argumentación contraria a Arrio y cuya defensa de la cristología bíblica triunfó sobre los arrianos en el s.IV.

Al afirmar un sentido unívoco de "engendrar" con referencia al ser de nuestro Señor el "unigénito Hijo", Arrio dijo (para citar a Sócrates Escolástico): "Si el Padre engendró al Hijo, aquel que fue engendrado tuvo un principio en cuanto a la existencia: y de esto se hace evidente que hubo (un tiempo) cuando el Hijo no existía. Por lo tanto la consecuencia necesaria es que él tuvo su subsistencia de la nada".

Sobre la base de ciertos términos lógicos, la cristología subordinacionista de Arrio resulta coherente (pero es también evidentemente herética juzgada según el testimonio apostólico). Si Dios es indivisible y no está sujeto a cambio, entonces cualquier cosa engendrada de Dios tiene que derivarse de un acto creativo, no del ser de Dios. De aquí que tiene un comienzo de existencia. Por consiguiente, el Hijo no es coeterno con el Padre.

Insistiendo en el término "engendrado", Arrio afirmó que debido a que Cristo es engendrado tiene que haber tenido un principio. Atanasio contradijo esto afirmando que por cuanto Cristo es engendrado por el Padre, no pudo haber tenido principio. Decir que un padre engendra *un* hijo, es una cosa; pero afirmar que el Padre engendró *al* Hijo, es otra cosa. Una es temporal; la otra es eterna; la primera es de la voluntad; la otra, del ser del Padre. Por eso es que el Credo Niceno insistió en que Cristo es de la sustancia del Padre, no sacrificando así ni la impasibilidad de Dios ni la deidad del Hijo. Afirmar que el Hijo es engendrado por el Padre desde la eternidad no es dividir al indivisible Dios sino aceptar el testimonio de los apóstoles.

Cruciales resultan aquí las doctrinas de la creación y de la trinidad. En Nicea, los cristianos adoptaron la enseñanza de que el único Señor Jesucristo desde la eternidad es de una sustancia con el Padre (nótese el prólogo de Jn. 1:1-18). Esto señaló el fin del período en que se podía pensar en Cristo como un intermediario de Dios en su obra de creación y redención. Así era vindicada la doctrina del AT de una directa creación del mundo por Dios más bien que el concepto griego de uno o varios intermediarios que vinculaban al mundo con Dios pero no a Dios con el mundo. El concepto de intermediarios (como en el gnosticismo) fue formulado para no caer en la antinomia de cómo Dios podía ser no generado e impasible y aun así actuar para crear el mundo. En contra de Arrio, Atanasio adujo que no hay lugar en el pensamiento cristiano para que algún ser tenga la condición de intermediario entre el Creador y la criatura y, dado que la redención es una prerrogativa divina, solamente Dios en Cristo, y no algún ser intermediario, podía redimir.

La controversia arriana fue prolongada y abarcó muchos complicados documentos que circularon en el s.IV. Los arrianos alcanzaron gran popularidad después del Concilio de Nicea, especialmente a renglón seguido de la muerte del emperador Constantino en 337, debido a que Constancio, su hijo y sucesor, era simpatizante de Arrio (→ANHOMEANOS y →HOMEANOS). Con el andar del tiempo la fuerza de la enseñanza arriana se fue disipando, aunque solo a expensas de una lucha feroz que implicó a Atanasio. El Sínodo de Nicea fue confirmado por el Concilio de →Constantinopla en 381.

La más destacada cristología semejante al a. en tiempos modernos es la de los →Testigos de Jehová, que niega la eternidad del Hijo de Dios y la doctrina de la Trinidad, y quienes, como Arrio, colocan al Logos como un ser intermediario entre el Creador y la creación. SAMUEL J. MIKOLASKI

ARTE CRISTIANO. El arte hecho por cristianos nominales o profesos no es condición suficiente para decir que el producto sea "arte cristiano", dado que la mano derecha de fe de un cristiano a veces no sabe lo que está haciendo su izquierda artística. El a.c. tiene que ser un arte de buena fe, y el producto artístico mismo debe, por el espíritu que se manifiesta en sus colores o formas esculturales, dar testimonio del Señor Dios revelado en Jesucristo. Solo así se le puede llamar a.c. El tratamiento secular de un tema bíblico, como la Crucifixión, no hace que la pintura sea a.c. El uso eclesiástico de una escultura en madera (un →icono de una mujer como La Madonna, por ejemplo) no lo califica intrínsecamente como a.c. También es conveniente no restringir la noción de a.c. a un estilo histórico dado, como si el estilo "gótico" o el "barroco" o el "pre-rafaelino" fuera el modelo definitivo. Depende más bien de si está incorporado en los elementos de la pintura un espíritu de compasión por la creación plagada de pecado y alentada por la esperanza de reconciliación con Dios mediante Jesucristo.

Dentro de estas orientaciones básicas el sentido que uno tenga acerca del a.c. debería ser lo suficiente universal como para incluir (1) lo que apelará a un cristiano católico romano sofisticado en cuanto a la línea, color y diseño, lo que conducirá a una esfera de gracia superior a lo naturalmente visible; (2) un temperamento cristiano y ascético (grecoortodoxo) en cuanto a la composición, textura y color, una pintura que apelará de manera un tanto rústica a una espiritualidad celestial que está más allá de lo terreno; (3) el espíritu cristiano completo de la Reforma que se muestra a través del diseño, forma y color de los productos del arte, llamando a una vida cósmica renovada bajo la soberanía de Jesucristo y (4) un estilo cristiano evangélico internalizado en las piezas de arte que respiran piedad devocional y alejamiento de lo mundano. El espíritu cristiano comprometido, que distingue a la pintura y a la escultura como arte cristiano diferente del arte pagano y secular, no es siempre inmediatamente discernible en un artefacto dado (así como tampoco lo es la vida diaria de un creyente cristiano). Pero es asunto de hecho histórico que el a.c., según se ha definido aquí, ha existido en varias formas distorsionadas, especialmente en la civilización occidental.

Desarrollo histórico: Los cristianos primitivos decoraban las paredes de sus catacumbas, sus lugares de sepultura y de culto, con pequeñas figuras que representaban al Buen Pastor, a Jonás y la ballena, y cosas por el estilo, en una manera que se derivaba de la imaginería pagana de Roma. Cuando en el s.IV la iglesia cristiana pudo salir a la superficie con la conversión del emperador Constantino, su arte arquitectónico se vio presionado para guardar proporciones con la condición de grandeza de lo que era ahora la religión oficial del estado. Desde sus comienzos, pues, el a.c. fue más una modificación concesiva de los modelos paganos en boga que una nueva expresión radicalmente en el arte plástico internamente exigida por la fe en el nuevo evangelio de Jesucristo. Sin embargo, aparecieron características peculiares: delicadas y diminutas formas talladas en mármol en los sarcófagos reemplazaron a las esculturas de tamaño más que natural de la tendencia escultórica grecorromana, y, en vez de los marmóreos pisos de mosaico comunes en Roma, empiezan a usarse pequeñas piezas de vidrio brillante, en especial pedacitos dorados para revestir las bóvedas de los cielorrasos y las paredes de las iglesias, produciendo así un efecto irreal, luminoso y etéreo.

El arte bizantino continuó con el uso de los suntuosos y magníficos colores tan típicos del sentimiento oriental dedicado a la majestad entronizada y, lo más importante, descartó la perspectiva ilusionista del arte pictórico enraizado en el paganismo helénico. Las majestuosas obras de Ravenna (el ábside del Cristo Pantocrátor de San Apolinar en Classe, por ejemplo) muestra algo nuevo en el occidente. Una estética plotiniana, neoplatónica ayudó a los artesanos cristianos del s.VI a reemplazar el antiguo y natural realismo plástico con figuras desmaterializadas, espacios planos y lujosos colores verdes que testificaban, sin espiritualizarla, una nueva realidad terrenal. El ideal mimético que había encadenado al arte a lo que es tridimensionalmente visible, cayó en desuso; ahora había una apertura hacia los ojos desproporcionadamente grandes, árboles abstractamente esquematizados y animales con colores ornamentales para celebrar ceremonialmente, como si dijéramos, una vida que había vencido y trascendido nuestra existencia normal de criaturas agobiadas por las cargas.

El arte de hacer imágenes fue prohibido por edicto imperial en 726. La cristiandad occidental, especialmente cuando surgió →Carlomagno, no acató semejante iconoclasmo. Pero la acompañante severidad pareció introducir la descripción de la cruenta pasión de Cristo en el arte del Occidente. Por su parte, el independiente monaquismo celta, mientras tanto, se contentaba con el enorme intrincado embellecimiento decorativo de letras mayúsculas copiadas en manuscritos bíblicos que a veces iban hasta los márgenes y cubrían la página entera con coloridas plantas, flores, bestias exóticas o alegóricas (relacionadas quizá con las más tarde famosas gárgolas de la arquitectura de las iglesias góticas). Solamente con el surgimiento de las peregrinaciones "laicas" y el principio de las cruzadas en 1095, la escultura de figuras humanas, con suaves contornos clásicos de flexible esbeltez, aparecieron en piedra nuevamente en los exteriores de las iglesias. El a.c. durante este período romanesco fue canalizado mayormente hacia la construcción de catedrales al N de los Alpes; los artesanos trabajaban con el plan básico de una cruz para modelar los lugares de altura y de luz propias para el culto. (La preocupación dogmática en materia de representación y espiritualidad carecía para ellos de importancia. Eso era una cuestión puramente académica.)

La arquitectura, la escultura y la pintura (vitrales) de los ss.XIII y XIV canonizaron la gradual restricción del a.c. a un arte de iglesia en un modo particular: ya fuera la abrumadora grandeza de Notre Dame en París, de Chartres, de Amiens, y de la catedral de Reims o el lastimoso *Andachtsbilder*. Tal arte "gótico" conspiraba para ahogar al creyente humano en un océano de asombro profundamente conmovedor y contemplativo. Tanto la explícita Babel de costillas y arbotantes, los incontables pináculos exteriores y las interminables líneas ascendentes del interior, como las cavernosas esculturas de la Pietà, se combinaban para perder al hombre en un éxtasis cuasi místico, matizado siempre por un sentimiento de indignidad y una indefinida cercanía de la muerte. (La →peste negra mató a la mitad de la población urbana en algunas zonas de Europa entre 1347 y 1351.) De manera que el arte "gótico" es solo cuestionablemente arte "cristiano". Despierta lástima más que reconocimiento de la necesidad de misericordia, exalta una inalcanzable sublimidad en vez de testificar acerca de la gracia dada gratuitamente, aviva un temor aprensivo en vez de inspirar una firme esperanza. El arte gótico es la encarnación culturalmente poderosa de una desintegración devocionalista de la teología escolástica y de la iglesia imperialista y el comienzo piadoso e indescriptible de un franco humanismo. Una humanización menos introvertida y muy virtuosa del sentimiento cristiano durante el mismo período se encuentra en los murales del Giotto, donde la presencia de la gracia sobre la tierra se presenta en la solemnidad de Cristo así como también en los halos áureos que llevan los santos.

El tremendo espíritu secularizante de la cultura renacentista surgida en Italia y en el N de Europa durante el s.XV tendió a borrar más los espasmódicos intentos hacia un a.c. comenzados en la llamada Edad Media. La profunda lealtad de Masaccio (1400-1428) a las verdades de la fe cristiana todavía se puede ver a través de sus frescos de relatos bíblicos rebosantes con el redescubrimiento de auténticos cuerpos desnudos y una corta perspectiva que indicaba que se estaba enfocando una vigorosa realidad de este mundo. Las límpidas y extrañamente calmas Madonnas, la Anunciación y la Adoración pintadas por Fra →Angelico (1387-1455), se apegan más firmemente al viejo orden, a la devota severidad del voto monástico y al quieto apartarse del bullicioso comercio y la exploración del mundo. El flamenco Jan van Eyck (c.1390-1441), sin embargo, tipifica la nueva fascinación con las cosas perceptibles, con la gente como personajes, con pintar al óleo la misma atmosférica tangibilidad de aquello que lo rodea a uno. Por supuesto, las "dobles verdades sobrenaturales" eran agregadas iconográficamente pero este torpe reconocimiento del reino de la gracia se convirtió en especioso amaneramiento a medida que progresaba el fabuloso siglo del *quattrocento.* Las obras maestras del Renacimiento ejecutadas por Donatello, Boticelli, →Leonardo da Vinci, →Miguel Angel, Rafael Ticiano y otros, pueden haber tenido títulos bíblicos, motivos cristianos y haber estado bajo el patronazgo de papas; pero sus atrevidas y excitantes líneas, sus voluptuosos colores y su confiada muestra de la perspectiva tridimensional (que extendió grandemente el alcance de la pintura, la escultura y la arquitectura) generalmente fue impulsada por un espíritu completamente secular, un compromiso con este mundo y con el humanismo. El arte ya no era un medio santificado por el fin de instruir al ignorante pueblo de Dios en los asuntos ultraterrenos; más bien ahora era una gloria en sí mismo, esgrimiendo su señorial autoridad mundana entre los ricos y poderosos.

El altar en Isenheim de Grünewald (c.1485-1528) es una pieza única. Técnicamente es pre-reformista y no está contaminado de la mundanal grandeza del Renacimiento; es demasiado toscamente esculpido y dinámico para ser atrapado por la introspección gótica del misticismo; el Cristo de Grünewald, pendiente de la cruz como un águila extendida contra el fondo rígido de un cielo azul oscuro, describe inolvidablemente el irremediable final del pecado, mientras que su cuadro sobre la Resurrección usa colores extraños y ultraterrenos y movedizas masas de roca para sugerir con sorprendente poder el triunfo del Dios-hombre sobre la muerte. Otros pintores del período de la Reforma, como Hans Holbein el Joven (1497-1543), también tratan la realidad de la muerte y la distorsión, no con el deleite del anterior Hieronymous Bosch y su arte grotesco, sino con una realidad bíblica que capta la terrible finalidad y castigo que caracterizan a la muerte sin esperanza. Holbein, con sus contemporáneos alemanes (→DURER; →CRANACH), sirvió también al gusto de sus mecenas reales (p.e., el magnífico retrato de Enrique VIII). Como las alianzas temporales de Lutero con los príncipes alemanes, esto liberó del dominio eclesiástico a los artistas, pero también abrió ampliamente la puerta para la entrada de componendas con el humanismo secular.

El Concilio de Trento (1545-63) trató de colocar de nuevo al arte a la servidumbre de la liturgia al sancionar al "arte sagrado", es decir: un arte que por su realismo reverente o claros toques alegóricos pudiera ser usado para instruir al pueblo en los dogmas de la ICR. El gran Greco (1541-1614), establecido en España, inflamado por éxtasis visionario y bizantino, epitomiza por excelencia el deseo de la Contrarreforma (p.e. *El entierro del Conde de Orgaz*): admisión de opulencia secular a bajo nivel, rematada por una afirmación nerviosa, metálicamente coloreada y austera, de una gloria celestial flotante. Los jesuitas consagraron el uso del arte barroco en forma similar, aceptando su sensual lujo retórico favorecido por la aristocracia y tan impresionante para las masas, mientras que terminara por apuntar al oficio de la iglesia de absolver pecados. El arte orientado más hacia la Reforma, sin embargo, tal como se desarrolló en los Países Bajos, tomó un rumbo cristiano muy distinto. Los últimos retratos hechos por →Rembrandt, los paisajes e interiores de Vermeer (1632-75), Pieter de Hooch y otros maestros holandeses, presentan encantadores detalles, diáfanos colores y dignidad tranquila y panorámica, tanto en el mundo exterior como en la vida diaria íntima, siendo una creación apta para ser llenada con *shalom.* Sus telas nunca monumentalizan escenas sino que ofrecen tanto al cosmos como a las actividades hogareñas ordinarias la dimensión profundizada de la presencia ordenadora de Dios.

Problemas y opciones actuales. El endurecido secularismo de la →Ilustración del s.XVIII despojó al término "cristiano" de un definido significado bíblico y a la vez divorció las "bellas artes" (cp. el estilo rococó) del ámbito de las tareas normales de todos los días. En el s.XIX se produjo la venida de un dominante positivismo pragmatista, en medio del cual el arte pareció extraviarse en el esotérico genio romántico, el escapismo de *l'art pour l'art,* y la brillante y sensacional irrelevancia del impresionismo. El término "cristiano" se volvió cada vez más una mala palabra para aludir a pasadas guerras santas y a la mera mojigatería. El a.c., por consgiuiente, en el mejor de los casos era considerado como un anacronismo. El movimiento pre-rafaelino parecía confirmar esa opinión en su abortivo intento de reconstruir el arte bíblico puro anulando el Renacimiento. Un escultor intenso como Ernest Barlach (1870-1933) y el importante pintor Georges Rouault (1871-1958) demostraron, sin embargo, que el a.c. genuino es posible en nuestra era post-cristiana, aunque sea extremadamente difícil que el artista pueda escapar de ser moldeado por la matriz envolvente y secularista de la cultura.

El arte significativo que hoy es canalizado para el servicio eclesiástico (como algunas obras de Matisse, Leger, Chagall y muchos otros) es en realidad su sustituto forzado para lo que se hacía en forma más natural en el período del medioevo. Y puede ser menos fructífero para el a.c. de lo que parece, porque hoy el híbrido es menos integral: el artista busca un contexto arraigado sin inclinarse ante todo el dogma de la Madre Iglesia, y la iglesia institucional intenta ajustarse a veces simplemente para mostrar su tolerante modernidad. El arte devocionalista conscientemente concebido para la propaganda evangelística directa, no importa lo bien intencionado y ejecutado que esté, necesariamente es deficiente como a.c. en nuestra cultura diferenciada, porque desnaturaliza la normativa cualidad simbólica del arte en una cuestión de ilustración *pop*. Las alternativas más fructíferas que el a.c. puede perseguir podrían ser: (a) un alcance visionario, embargado de tristeza, por las certidumbres celestiales que están más allá de nuestro mundo tecnocrático y destrozado, poniéndose la máscara de la tradición bizantina, El Greco, William Blake y algo de Rouault. Salvador Dalí ejemplifica un diestro y gastado englobamiento secular de esta opción. (b) La perspectiva del Cristo que transforma la cultura, iniciada en el s.XVII por el arte holandés (demasiado limpio entonces de luchas históricas) afinada con firmeza hacia la crueldad de nuestra hueca vida y la colorida belleza visible a los fieles. El discernimiento humano de ciertos artistas judíos contemporáneos, como Abraham Rattner y el escultor Chaim Gross pueden concretar la medida de esta opción.

El a.c. es un llamado para artífices profesionalmente capaces, no es un hecho consumado mediante ciertas fórmulas. Esto significa que el a.c. ha sido comenzado, pero no será perfecto completamente hasta que el Señor regrese para reinar en forma total. Apoyar el desarrollo comunitario de un a.c. que edifica las generaciones para el bienestar de la sociedad en general, es una señal distintiva de la obediencia del cuerpo de Cristo.

CALVIN SEERVELD

ARTEMAS (s.III). Hereje monarquiano que enseñó que "el Salvador era un mero hombre". Sostenía que este punto de vista había sido ortodoxo en Roma hasta la época del obispo Ceferino (198-217). Se relacionó con Teodoto en Roma aproximadamente en 195, y vivió para influenciar a →Pablo de Samosata en 260. *El pequeño laberinto*, atribuido a Hipólito de Roma, fue escrito para refutarlo.

J.D. DOUGLAS

ARTHINGTON, ROBERT (1823-1900). Promotor de misiones. N. en Inglaterra de padres cuáqueros bastante adinerados. Estudió en la universidad de Cambridge y alrededor del año 1850 se apasionó por la causa misionera. De allí en adelante vivió en extrema pobreza para poder dedicar toda su herencia en beneficio de las regiones aun no evangelizadas. Convencido a base de textos como Mateo 24:14 que el Señor no regresaría hasta que todos los habitantes de la tierra hubieran tenido la oportunidad de oír el mensaje de la salvación, se opuso a la tendencia de las misiones de institucionalizarse y de consolidar su obra en los lugares ya alcanzados. Mediante una correspondiencia inmensa animó y financió a misioneros a entrar en campos nuevos. En 1895 subvencionó el comienzo de la obra evangélica entre los quechuas del sur del Perú y en el mismo año ayudó a la Misión Centroamericana a empezar una obra entre los indígenas de Costa Rica. Supo manejar sus inversiones con tanta prudencia, que cuando murió su fortuna alcanzaba un millón de libras esterlinas. De acuerdo con su testamento, casi todo este dinero se utilizó para formar una fundación la cual siguió ayudando las misiones en todas partes del mundo hasta su disolución en 1936.

JUAN B.A. KESSLER

ARTICULOS DE ESMALCALDA →ESMALKALDA, ARTICULOS DE

ARTICULOS DE RELIGION. Norma doctrinal de la Iglesia Metodista Unida de América. En 1784 Juan Wesley preparó una versión revisada y abreviada de los →Treinta y Nueve Artículos para uso del metodismo norteamericano. Quince de los Artículos fueron del todo eliminados, tres fueron vueltos a escribir y los restantes quedaron sujetos a alteraciones u omisiones verbales menores. Aparte de la abreviación, el objetivo de Wesley era quitar del formulario anglicano todo lo que fuera proclive al ritualismo o al calvinismo. Es significativo que no se hayan hecho agregados para abarcar los énfasis característicos del metodismo, sino que Wesley presentó sus

Veinticuatro Artículos para complementar sus sermones y sus *Notes on the New Testament* que ya eran aceptados en Inglaterra como la postura teológica del metodismo. Los metodistas norteamericanos agregaron, después de la guerra de la independencia, un artículo propio afirmando su lealtad al gobierno de ese país. Los Veinticinco Artículos fueron adoptados por la Conferencia de Baltimore de 1784.

A. SKEVINGTON WOOD

ARTICULOS DE LA RELIGION (39) →TREINTA Y NUEVE ARTICULOS

ARZOBISPO. Título de un obispo de rango superior. Además de presidir sobre su propia diócesis, tiene cierta jurisdicción sobre las otras de determinada área, que juntas se llaman una provincia.

El puesto surgió en el s.IV debido a que, en el transcurrir de la historia de la Iglesia, los obispos en las ciudades capitales de las provincias del Imperio Romano llegaron a tener una supremacía de honor y, después, de jurisdicción sobre los demás obispos. Los tales recibieron el título de →metropolitanos en el oriente y a., generalmente, en el occidente.

El poder del a. en la ICR llegó a ser asunto controversial en el occidente durante el s.IX. Los a. llegaron a ser muy fuertes, especialmente en Francia. Gracias a la influencia de los →Decretales Seudo-isidorianas el poder de los a. fue grandemante reducido, con el resultado de que actualmente el a. solo tiene una jurisdicción supervisora muy limitada sobre los demás obispos en su provincia. Su autoridad, aparte de su propia diócesis, es poco más que moral y su título es más honorífico que otra cosa.

La Iglesia Anglicana ha retenido la institución del arzobispado. Hay dos a., uno con sede en Canterbury, el cual se llama también "primado de toda Inglaterra", y el otro en York. En la Iglesia Luterana se hallan solo en →Suecia, donde hay uno cuya sede está en Uppsala, y en →Finlandia el cual está en Abo.

WILTON M. NELSON

ASAMBLEAS DE DIOS. La mayor denominación que surgió del movimiento pentecostal a principios del s.XX. Al comienzo los pentecostales no deseaban organizar iglesias en forma separada; más bien querían transformar las existentes. Pero ya en 1914 los dirigentes pentecostales norteamericanos acordaron fundar una sencilla hermandad de iglesias con el nombre bíblico de "Asambleas de Dios". En 1918 se adoptó un tipo de estructura presbiteriana, con la oficina central en Springfield, Missouri. En el Canadá las Asambleas fueron registradas en 1917 bajo el nombre de "Asambleas Pentecostales del Canadá".

En la Gran Bretaña, la única organización pentecostal hasta 1924 era la *Pentecostal Missionary Union* (1909). La oposición que despertó el movimiento, su creciente identidad propia, su falta de grandes asambleas para actuar como puntos de concentración (como en Escandinavia) y su preocupación respecto al desarrollo de la iglesia apostólica se combinaron para producir un creciente deseo en favor de alguna clase de hermandad organizada. La acción fue acelerada a raíz de una solicitud de admisión por las asambleas pentecostales galesas para ser aceptadas como Consejo del Distrito de Gales de las A.D. de los EUA. A iniciativa de Thomas Myerscough y J. Nelson Parr, se reunió en Birmingham, Inglaterra, una conferencia preliminar en 1924, reconociendo la necesidad de unidad y comunión y concordando con el nombre de A.D. Tres meses más tarde una conferencia celebrada en Londres adoptó una constitución que creaba un presbiterio ejecutivo de siete personas con Parr como presidente y secretario, y director del periódico *Redemption Tidings.* A esto siguió el primer congreso anual celebrado en Londres. En 1925 la *Pentecostal Missionary Union* se fusionó con las A.D. asumiendo la responsabilidad por la convención anual pentecostal del día de Pentecostés, entonces celebrada en el Salón el Kingsway Hall de Londres. El congreso de 1925 acordó compilar un himnario, *Redemption Tidings.* Dos colegios bíblicos independientes, el de Hampstead y el de Bristol, se unieron en 1951 y quedaron bajo esta conferencia. Ocupando su nueva sede de Kenley, esta institución fue la escuela bíblica oficial de las A.D. en la Gran Bretaña.

Las A.D. sostienen una gran fuerza misionera que ha establecido asambleas en la mayor parte del mundo. Son particularmente vigorosas en Francia e Italia, el Congo y Nigeria y, especialmente, en el Brasil. Las A.D. se describen a sí mismas como "pentecostales en cuanto a la experiencia, evangélicas en sus alcances y fundamentalistas en su enfoque de la Biblia". Incluyen entre las verdades fundamentales del cristianismo el bautismo en el Espíritu Santo con la evidencia inicial de hablar en lenguas. En lo relativo a organización utilizan una estructura presbiteriana, aceptando la autonomía de la iglesia local pero utilizando también consejos de distrito y un consejo general que actúa como "cuerpo de control". Este último opera mediante un congreso general que se reúne anualmente.

HAROLD D. ROWDON

ASAMBLEAS DE DIOS EN AMERICA LATINA. El primer país latinoamericano en que se oyó el mensaje pentecostal fue →Argentina. En 1909 llegó al país un grupo de evangelistas pentecostales italianos de Chicago. En el mismo año llegó una señorita canadiense que fundó una iglesia pentecostal en Buenos Aires la cual se afilió con las A. de D. de los EUA en el año 1914, año en que quedó organizada esta denominación. Con esto nace la obra de las A. de D. en AL.

En 1910 dos pentecostales de ascendencia sueca de Chicago (EUA) llegaron a Belém, Brasil, y predicaron el mensaje. Muchos se convirtieron y formaron iglesias que se organizaron en una confraternidad nacional. De esta manera surgió el inmenso movimiento de las A. de D. en →Brasil. En 1930 llegaron varios misioneros enviados por la Junta Misionera de las A. de D. en los EUA para cooperar con los suecos y los nacionales y se iniciaron relaciones entre las Asambleas de Norteamérica y las de Brasil.

El mensaje pentecostal llegó a →Perú en 1912 pero no hizo mucho impacto hasta la venida de misioneros de las A. de D. en los EUA en 1918 quienes establecieron iglesias en Ancash y El Callao.

En 1919 llegó a →Venezuela una pareja pentecostal norteamericana y levantó la primera iglesia protestante en el estado de Lara, la cual más tarde se afilió con las A. de D. De Venezuela el pentecostalismo se extendió a →Colombia en 1932 mediante los esfuerzos de misioneros independientes. Pero en 1942 la iglesia que fundaron se identificó con las A. de D.

En 1917 se inició la obra de las A. de D. al sur del Río Bravo cuando algunos mexicanos, convertidos en los EUA, volvieron a su tierra y empezaron a evangelizar en los estados de Sonora y Tamaulipas. En 1920 una canadiense comenzó una asamblea en la capital. La causa pentecostal prosperó de modo que en 1931 se estableció la organización nacional de las A. de D. de → México.

El pentecostalismo entró en Centroamérica comenzando por → Nicaragua. Fue predicado por misioneros independientes en 1912, y la obra que resultó se afilió con las A. de D. en 1926. También por el año 1912 llegó a →El Salvador un misionero pentecostal independiente. Empezó una obra que al principio no marchaba bien. Buscaron ayuda y orientación de las A. de D. en el norte. Las obtuvieron, y como consecuencia las iglesias se afiliaron en 1929 y surgió una de las obras evangélicas más florecientes en toda América Central.

De El Salvador, gracias al testimonio de los nacionales, la obra se extendió a las repúblicas vecinas de →Guatemala y →Honduras. Se levantaron iglesias en ambos países las cuales se afiliaron con las A. de D. en 1936 y 1937 respectivamente.

A las Antillas hispanohablantes el pentecostalismo llegó primero a →Puerto Rico en 1918 con el regreso de Nueva York de un puertorriqueño que portaba el mensaje. Surgió un grupo fuerte de A. de D. en la isla que actualmente lleva el nombre de Iglesia de Dios Pentecostal. De Puerto Rico llegó un pastor a la República →Dominicana en 1930 e inició allí la obra de las A. de D. La obra en →Cuba empezó en 1920 por medio de varias misioneras extranjeras, obra que continúa hasta hoy.

Durante los años de 1940 las Asambleas se extendieron a otros cinco países latinoamericanos: a →Chile en 1941, a →Costa Rica en 1942, a →Uruguay en 1944, →Paraguay en 1945 y →Bolivia en 1946.

Quedaban ahora solo dos países latinoamericanos que todavía no tenían A. de D., pero estos las vieron nacer en la década de los 1960. Unos pastores peruanos de las Asambleas predicaron el mensaje en la vecina república del →Ecuador y en 1962 se fundó la primera asamblea en Guayaquil. En 1967 se inició la obra en el istmo de Panamá y con esto se pudo decir que había A. de D. en todo país latinoamericano.

Además las Asambleas tienen iglesias en varios países o islas no hispanohablantes en el continente como Jamaica, Haití, las Bahamas, las tres Guayanas y Belice.

Como resultado de 65 años de labores, realizadas a veces en medio de muchas dificultades y persecución, en 1977 las A. de D. en AL contaban con 15.379 iglesias organizadas y 2.703.562 miembros comulgantes (sin contar los de Puerto Rico y las tierras no hispano o luso-parlantes).

La política misionera de las A. de D. es la pronta nacionalización de las nuevas obras. Hacen énfasis en el sostenimiento propio y gobierno propio. En cada país las iglesias forman un concilio compuesto de ministros y delegados. Cada concilio elabora sus propios estatutos y elige sus oficiales. Tiene que suscribirse a la misma doctrina, pero la relación entre los concilios es fraternal y no orgánica. En algunos países (v.g. Brasil) hacen énfasis en la autonomía de la iglesia local pero en otros el gobierno es presbiterial.

El fervor evangelístico caracteriza a las A. de D. Llevan a cabo campañas tanto internacionales como nacionales, las cuales son seguidas por el establecimiento de nuevas iglesias.

Las A. de D. también se preocupan por la preparación de sus obreros. En 1975 tenían 62 institutos bíblicos en AL. Viendo la necesidad de estudios más avanzados para los pastores, en 1968 establecieron el Instituto de Superación Ministerial con su centro en Miami, Florida. Tiene una facultad ambulante que lleva a cabo seminarios intensivos en siete diferentes áreas de una manera parecida a la →Educación teológica por extensión.

También las A. de D. promueven la producción y la distribución de literatura. Con este propósito fue creada para América Latina en 1946 la Editorial Vida que actualmente tiene su centro en Miami.

FLOYD C. WOODWORTH

ASAMBLEAS ECUMENICAS EVANGELICAS EN AMERICA LATINA. Antes de 1916, entre los evangélicos hubo pocos esfuerzos organizados de ecumenismo y estos fueron de carácter nacional o regional. Uno de los primeros fue la formación en 1905 de la "Federación de Iglesias Evangélicas" en Puerto Rico. A veces se reunían los misioneros de diferentes agrupaciones. P.e., en 1910 se llevó a cabo en la ciudad de Guatemala una conferencia misionera a la que asistieron representantes de las Misiones Centroamericana, Presbiteriana, los Amigos y los Hermanos Libres, y de las Sociedades Bíblicas Americana y Británica.

Congreso de Acción Cristiana (Panamá, 1916)

La primera a. de carácter continental se llevó a cabo en Panamá en 1916. Su convocación se debió a la actitud no amistosa de la Conferencia Misionera Mundial de →Edimburgo (1910) hacia la obra evangélica en AL. Los organizadores de la Conferencia no conceptuaron legítima esta obra en vista de la presencia de la ICR allí. Por lo tanto AL no se incluyó en la agenda ni fueron reconocidos los misioneros representantes de AL.

Debido a esta actitud, en 1913 se formó en EUA un →"Comité para Cooperación en América Latina" (CCAL). Un comité parecido fue organizado en Europa. Los dos resolvieron convocar un "congreso deliberativo" respecto a la obra evangélica en AL el cual se llevó a cabo en Panamá los días 10-19 de feb. de 1916.

En aquel año Panama tenía apenas 14 años de ser nación independiente y el Canal un año y medio de haberse terminado. En vista de que el obispo de Panamá se opuso a la celebración del Congreso en territorio nacional, hubo que celebrarlo en el Hotel Tivoli en Ancón en la Zona del Canal. Eran días aciagos para los europeos cuyo continente estaba envuelto en la Guerra Mundial I. Por tanto la participación europea en el Congreso fue poca.

Asistieron 304 personas provenientes de 21 países, de los cuales 230 eran delegados que representaban 36 iglesias o entidades misioneras. De los delegados 145 eran residentes en AL pero solo 21 de estos eran latinoamericanos natos. Es evidente, pues que el Congreso era básicamente una conferencia misionera y no reunión eclesiástica. La obra evangélica en AL todavía era muy joven y, con algunas excepciones, tenía poca estatura eclesiástica.

El presidente del Congreso fue Eduardo Monteverde, profesor de la Universidad de Uruguay y relacionado con la →Asociación Cristiana de Jóvenes. Roberto →Speer presidió las reuniones de administración y Samuel G. →Inman fue nombrado secretario ejecutivo. Participó en el Congreso Juan R. →Mott quien había presidido la Conferencia de Edimburgo. Pareciera que no había estado de acuerdo con la actitud de dicha Conferencia respecto a AL.

El tema general del Congreso fue "Acción Cristiana en AL". Se desarrolló bajo el siguiente temario: "El campo y su ocupación", "Mensaje y métodos", "Educación evangélica", "Literatura evangélica", "Trabajo femenino", "La Iglesia en terreno misionero", "Las bases de operación en las iglesias madres" y "Cooperación y promoción de unión".

El Congreso dejó efectos notables y benéficos. Dio un sentido de solidaridad al pequeño pueblo evangélico en AL. Se ha dicho que después de este Congreso el denominador común de los cristianos no romanos llegó a ser "evangélicos". Dio impulso a la causa evangélica. En seguida después del Congreso los delegados regresaron a sus tierras y celebraron congresos regionales en ciudades como Lima, Santiago, Río de Janeiro, La Habana,

San Juan y Barranquilla. El Congreso dio publicidad en Norteamérica y Europa, no solo en cuanto a la obra evangélica sino también a la vida y cultura de esta parte del mundo que para muchos era ignorada. Además, el Congreso dio carácter permanente a la CCAL. Treinta y cuatro sociedades misioneras eligieron representantes para formar parte de este Comité, el cual convocó las siguientes dos asambleas y cooperó en la organización de las que después se celebraron bajo la dirección de las iglesias nacionales.

En 1928 →el Concilio Misionero Internacional, reunido en →Jerusalén, reconoció a AL con el resultado de que en la siguiente Conferencia Misionera Mundial, celebrado en →Tambaram (Madrás) en 1938, asistió un buen número de latinoamericanos.

Conferencia de Obra Cristiana en América del Sur (Montevideo, 1925)

La segunda a. evangélica se llevó a cabo en Montevideo los días 29 de mar. al 8 de abr., 1925. Solo abarcaba a AS. Asistieron 165 delegados oficiales, 20 delegados fraternales y 114 visitantes y huéspedes. Esta vez 40 de los delegados eran latinoamericanos y su participación fue mucho mayor que en Panamá. El idioma oficial fue el español, mientras que en Panamá había sido el inglés.

No obstante la a. había sido organizada por misioneros y siguió un modelo semejante a la de Panamá. Se desarrollaron doce temas: "Los campos no ocupados", "Los pueblos indígenas", "La educación", "El evangelismo", "Movimientos sociales", "El ministerio de la salud", "La Iglesia y la Comunidad", "Educación religiosa", "La Literatura", "Relaciones entre obreros nacionales y extranjeros", "Problemas religiosos especiales" y "Cooperación y unidad".

Congreso Evangélico Hispanoamericano (La Habana, 1929)

La tercera a. fue planeada principalmente para la parte norte de AL. Habían escogido a México como sede pero, debido a la turbulenta condición político-religiosa de aquel país, se decidieron por La Habana. Se llevó a cabo los días 20-30 de junio de 1929.

Asistieron 200 personas de los cuales 169 eran delegados, que habían venido de 17 países y 20 misiones o iglesias. El presidente de la a. fue Gonzalo →Báez-Camargo y los tres vicepresidentes también eran latinoamericanos. Báez Camargo describió la a. de la siguiente manera: "un congreso organizado y dirigido por latinoamericanos. Desde el comienzo de los trabajos, durante las sesiones y hasta la clausura, los evangélicos de Estados Unidos dejaron la responsabilidad de la dirección en hombros de los latinoamericanos".

En gran parte este cambio se debió al surgimiento de líderes competentes en las filas evangélicas: personas como Angel Archilla Cabrera, presbiteriano de Puerto Rico, Vicente Mendoza y →Báez-Camargo, metodistas de México y Alberto →Rembao, congregacionalista mexicano pero residente en EUA.

El gobierno cubano se demostró muy atento y servicial hacia la a. La prensa, incluso el prestigioso *New York Times,* tomó muy en cuenta el evento.

Hubo cuatro temas generales: "Solidaridad evangélica", "Educación", "Acción social", y "Literatura". Se desarrollaron en trece ponencias: "El mensaje y el método", "Nacionalización y sostenimiento propio", "Evangelización", "Trabajo entre las razas indígenas", "La escuela evangélica", "Educación religiosa", "Cultura ministerial", "Juventud estudiantil", "Actitud de la Iglesia hacia la comunidad", "Problemas industriales y rurales", "La obra médica misionera", "Acción de la mujer en la obra evangelística" y "Literatura".

En las sesiones de administración el proyecto más atrevido presentado fue la formación de un Concilio Federal de Iglesias Cristianas en AL, compuesto de los concilios y federaciones nacionales ya existentes y de los que se formarían en días venideros. Pero el proyecto no dejó de ser más que un ideal grandioso y hermoso.

Entre la a. de La Habana y la siguiente, por razones no muy claras, intervinieron 20 años. Hubo congresos regionales como, p.e., el "Congreso Evangélico Centroamericano" celebrado en Guatemala en mayo de 1941 en ocasión de la visita de Juan R. Mott, bajo los auspicios del CCAL, quien hacía una gira por AL "con el fin de fortalecer la obra de los concejos nacionales o confederaciones de iglesias..."

Durante esos 20 años el cuadro evangélico cambiaba notablemente. (1) Se inició la época de crecimiento fenomenal en la obra evangélica, especialmente entre los grupos no-ecuménicos o anti-ecuménicos. (2) La controversia →"fundamentalista-modernista" se extendió a AL. (3) Fue organizado el →CMI, del cual el protestantismo de AL estaba muy al margen. (4) Surgió oposición al ecumenismo clásico, oposición cuya forma más cruda se manifestó en el movimiento de Carl

→McIntire, el cual logró penetrar en México, Brasil, Chile y Guatemala. En este ambiente se celebró la cuarta a. ecuménica evangélica en AL.

La Primera Conferencia Evangélica Latinoamericana (Buenos Aires, 1949)

En 1945, en una reunión del Concilio Nacional Evangélico de México, surgió la idea de que ya era tiempo de celebrar otra a. ecuménica en AL. La idea fue acogida por varios concilios o federaciones nacionales. Fue constituida una comisión organizadora con Gonzalo Báez-Camargo como presidente.

Resolvieron denominar la a. la "Primera Conferencia Evangélica Latinoamericana" (CELA). La razón de este nombre no era que desconocieran las tres a. anteriores sino el hecho de que aquellas se llevaron a cabo bajo el predominio misionero y la que ahora planificaban sería la primera preparada y dirigida netamente por las iglesias nacionales.

Se llevó a cabo los días 18-30 de julio de 1949, en la Facultad de Teología en Buenos Aires. Asistieron 65 delegados (de 15 países latinoamericanos, España y EUA), siete asesores y 47 visitantes. Representaban solo a 18 entidades religiosas. La gran mayoría de los delegados eran de tres países: Argentina, Chile y Brasil. No hubo ni un solo representante de los cinco países centroamericanos ni de Cuba. Ocho países solo tenían un delegado oficial. Esta a. estaba lejos de representar todo el evangelicalismo latinoamericano.

Bajo la presidencia de Adán Sosa (metodista de Argentina) y una mesa directiva compuesta enteramente de latinoamericanos, se desarrolló el programa de la a. Durante la primera semana consideraron los siguientes temas generales: "La realidad latinoamericana y la presencia de las iglesias evangélicas" y "Mensaje y misión del cristianismo evangélico para AL". Durante la segunda semana la a. se dividió en seis comisiones, las cuales estudiaron y presentaron los resultados de sus estudios sobre los siguientes temas: "El evangelismo y la creación de iglesias", "La educación de la comunidad cristiana", "Proyecciones y alcances de la obra", "Preparación ministerial", "Literatura" y "Radiofonía' y medios audiovisuales".

En Buenos Aires el movimiento ecuménico empezó a sentir oposición reacia. Llegó a Buenos Aires McIntire, el enemigo número uno del ecumenismo clásico, como había llegado a Amsterdam el año anterior. En Amsterdam creó un concilio rival al CMI. Ahora llegaba a Buenos Aires con el fin de hacer lo mismo en AL. Tres años más tarde en Sao Paulo logró organizar lo que llamaron "Alianza Latinoamericana de Iglesias Cristianas".

En Buenos Aires se recomendó celebrar la siguiente a. en 1954, pero en realidad pasaron doce años antes de que se efectuara otra. Durante este intervalo el movimiento evangélico seguía creciendo en forma fenomenal. En 1960 ya había 10.000.000 en la comunidad evangélica y sucedió que este crecimiento tuvo lugar principalmente entre los grupos desinteresados en el ecumenismo clásico, a saber, los pentecostales, bautistas e independientes. Pero, de estos, poquísimos se habían alineado con el fundamentalismo, el cual se había desacreditado debido a su espíritu beligerante y su teología ultra-conservadora. Pero también tenían reserva respecto al ecumenismo clásico por su tendencia hacia el liberalismo teológico. Surgía así una especie de "tercer mundo" teológico. Para la siguiente a. los ecumenistas resolvieron buscar su cooperación.

Segunda Conferencia Evangélica Latinoamericana (Lima, 1961).

Se llevó a cabo los días 29 de jul. al 6 de ago., 1961, en el Colegio María Alvarado, prestigiosa institución metodista en Lima. Asistieron 120 delegados y 80 observadores, los cuales representaban 19 países y 42 denominaciones o misiones. Hubo una buena representación y participación del "tercer grupo".

El tema general fue "Cristo, la esperanza para AL". Cada mañana había estudios bíblicos por dos distinguidos ecumenistas, Juan →Mackay y Leslie →Newbigin. Las tres ponencias principales fueron "La situación actual de la obra evangélica en AL", "Nuestro mensaje", y "Nuestra tarea inconclusa". Se nombraron seis comisiones. Las primeras tres estudiaron y dieron informes sobre las tres mencionadas ponencias. La cuarta estudió e informó sobre el tema "Estrategia futura y planes generales", la quinta sobre "El lugar y el uso de la Biblia en AL" y la sexta sobre "Asuntos especiales" los cuales se especificaron así: "Encuesta sobre libertad religiosa", "Proyecto de cursos... para obreros fraternales" y "La proliferación de las agrupaciones religiosas".

En Lima se encaró el problema de qué carácter debía asumir la "Conferencia". Muchos delegados querían organizar una "Confederación" pero desistieron de abogar por ella en vista del temor de muchos, especialmente del tercer grupo, de que la formación de tal confederación sería un paso hacia el acercamiento al CMI, y la convicción de que "más importante que cualquier organización formal era mantener la unidad espiritual manifiesta en la Conferencia".

Pasaron ocho años antes de la celebración de otra a. Seguía la polarización en las filas evangélicas pero con una diferencia. Anteriormente era el liberalismo teológico lo que motivaba preocupación entre las filas de los evangélicos conservadores. Durante este intervalo nació en cambio una nueva tendencia para preocuparlos: el radicalismo teológico, cuya máxima expresión al principio se hallaba en el movimiento "Iglesia y Sociedad", creado en 1962 bajo los auspicios del CMI.

También durante este intervalo surgió la "Comisión Provisoria Pro-unidad evangélica Latinoamericana" (→UNELAM) con Emilio →Castro como secretario o coordinador. Fue esta Comisión la que promovió la siguiente a.

La Tercera Conferencia Evangélica Latinoamericana (Buenos Aires, 1969)

La sexta a. se efectuó en Buenos Aires los días 13-19 de julio de 1969, con sede en el Colegio Ward (colegio metodista). Asistieron 206 delegados y 50 otras personas en diferentes capacidades. Los delegados representaban 23 países (de AL faltaron representantes solo de Haití y Cuba) y 38 denominaciones. Por primera vez hubo observadores de la ICR. También en esta a. se sintió la presencia e influencia de los pentecostales, especialmente de los de Chile y Brasil.

El tema general fue "Deudores al mundo", el cual fue desarrollado en seis ponencias: "Nuestra deuda y responsabilidad específica como Iglesia Evangélica Latinoamericana", "Nuestra deuda evangélica en las transformaciones sociales, económicas y políticas latinoamericanas", "Nuestra deuda evangélica en la transición de una sociedad rural a una urbana en AL", "Nuestra deuda evangélica para con la mujer latinoamericana", "Nuestra deuda evangélica para con la juventud latinoamericana" y "Nuestra deuda evangélica para con la comunidad católicoromana".

En las ponencias y las discusiones que les siguieron chocaron los evangélicos conservadores, quienes abogaban por cambios mediante el desarrollo, y los radicales, quienes alegaban que la única manera viable para efectuar los cambios tan urgentes era una revolución violenta.

Se fijó el año 1974 como fecha de la cuarta Conferencia. Pero pasó el año indicado sin celebrarse la a. Aparentemente había crisis en el ecumenismo evangélico latinoamericano. No había entusiasmo para este ideal ni entre los evangélicos conservadores que siguen en su desenfreno divisivo ni entre los radicales con su poco interés en la Iglesia institucional. Tampoco existía tanta oposición de parte de la Iglesia de Roma que antes obligaba a los evangélicos a presentar un frente unido. WILTON M. NELSON

La Cuarta Conferencia Evangélica Latinoamericana (Oaxtepec, 1978)

En Oaxtepec, ciudad del Estado de Morelos, México, representantes de 110 iglesias protestantes y 10 organismos ecuménicos se dieron cita para celebrar la cuarta conferencia, del 19 al 26 de set. de 1978 (CELA IV). Se destaca, entre otras cosas, por el hecho de haber sido la asamblea de iglesias más representativa que se haya llevado a cabo en la historia del ecumenismo protestante continental. Entre las 110 iglesias y los 10 organismos representados, se encontraban las principales tradiciones eclesiásticas: pentecostales, luteranos, anglicanos, reformados, bautistas y metodistas así como las diversas y variadas corrientes teológicas e ideológicas del protestantismo latinoamericano.

La Asamblea fue convocada por una comisión organizadora compuesta de representantes de iglesias, convocada originalmente por la →Comisión Pro Unidad Latinoamericana (UNELAM), la cual había surgido en 1965 por recomendación de la CELA II, celebrada en Lima, Perú, en 1961. UNELAM había organizado la CELA III y ésta le había encomendado la tarea de convocar una cuarta conferencia. Durante la década de los 70, UNELAM entra en crisis interna y la idea de una próxima CELA se hace más difícil, razón por la cual se decide convocar una reunión de representantes de iglesias para estudiar el próximo paso. En set. de 1977 se lleva a cabo dicha reunión en Bogotá, Colombia, y se decide convocar una asamblea de iglesias (en vez de otra conferencia evangélica) con el fin de considerar la posibilidad de formar un consejo continental de iglesias.

O. será recordado principalmente como el lugar donde representantes de iglesias y organismos ecuménicos optaron por crear el Consejo Latinoamericano de Iglesias (CLAI) *en formación*. Con esta decisión, la Asamblea supera la etapa de UNELAM (comisión que deja de existir por acción de su junta inmediatamente después de O.) y crea un proceso para la organización definitiva de un Consejo de Iglesias una vez se haya hecho una amplia interpretación de las experiencias de O. entre las iglesias, se logra enlistar en el proceso a un número mayor de ellas, y se consiga la ratificación de las que estuvieron representadas en la Asamblea. Para este fin se nombra una Junta Directiva compuesta de 11 representantes de iglesias y dos de organismos ecuménicos, representando las tres corrientes eclesiásticas protestantes: histórica, pentecostal y evangélico-conservadora. La principal tarea de dicha Junta fue la de preparar el camino para una asamblea constitutiva que había de llevarse a cabo en 1982.

O. 1978 superó una de las barreras más grandes que ha tenido el movimiento ecuménico intraprotestante: la falta de comunicación entre las iglesias y los organismos ecuménicos. La asamblea estuvo de acuerdo en que la iglesia de Jesucristo en AL no solo está presente en instituciones eclesiásticas sino también en movimientos y organismos eclesiales. De ahí que por primera vez en muchos años se les reconociera su carácter eclesial a los organismos ecuménicos o interdenominacionales no eclesiásticos, al dárseles representación dentro de la nueva Junta del CLAI (en formación).

ORLANDO E. COSTAS

ASBURY, FRANCIS (1745-1816). Obispo metodista norteamericano. Nació y se crió cercana de Birmingham, Inglaterra, en un hogar profundamente religioso. Experimentó un despertar espiritual a los 13 años y pronto se afilió con los metodistas. De poca preparación formal, durante seis años fue aprendiz en un oficio ahora desconocido. Durante cinco años (1766-71) fue designado varias veces como ministro itinerante antes de presentarse como voluntario para servir en América en respuesta al llamamiento hecho por Juan Wesley. Durante la guerra por la independencia, (1776-83), de los designados por Wesley, solo él permaneció en América y, luego de alguna lucha interior, se identificó con la nueva nación. En 1784 Wesley nombró a A. y a Thomás →Coke superintendentes conjuntos, aunque A. insistió en que su nombramiento fuera ratificado por la Conferencia de Predicadores Metodistas. Contra el deseo de Wesley asumió el título de obispo y, en las frecuentes ausencias de Coke, él fue hasta su fallecimiento el principal moldeador del metodismo norteamericano. Nunca tuvo buena salud, pues lo acosaban numerosas enfermedades. Sin embargo, viajó casi 470.000 kilómetros, especialmente a caballo, y soportó los rigores de la frontera norteamericana para sostener a la naciente denominación. Muchos consideraban que tenía un carácter autocrático. Enfatizó los valores de la disciplina y del ministerio itinerante. Bajo su liderazgo la membresía metodista creció desde unos pocos centenares hasta más de 200.000 personas. DONALD W. DAYTON

ASCETISMO. El término griego *askesis* ("entrenamiento") era usado tanto para los ejercicios atléticos como (especialmente entre los estoicos y los cínicos) para el entrenamiento moral por medio de la educación, el dominio de las pasiones y el ejercicio de la beneficencia. Los antecedentes griegos de renunciamiento y privación ascéticos son, no obstante, pocos y probablemente insignificantes. El AT, particularmente la tradición sapiencial, también destaca la autodisciplina, pero el a. está evidenciado solamente en forma marginal en el judaísmo. Así el ayunar no era una señal de a. sino de piedad.

En el NT, el desapego más que abandono (p.e.: de la propiedad) es la base del a., aunque los contextos apocalíptico-escatológicos comportan un puritanismo radical (p.e.: advertencia a los ricos). El NT ataca el desprecio dualista y gnóstico porel cuerpo y por los alimentos (Col. 2:21-23; 1 Ti. 4:3-4). Jesús, ejemplo de imitación ascética en varios aspectos, p.e.: al no tener hogar (cp. los ideales ascéticos del errabundo, exiliado y expulsado a un territorio extraño) enseñó que la autonegación puede incluir el celibato, pero como carisma, no como imposición de la voluntad propia (Mt. 19:11-12). Más influyente para el a. cristiano fue la forma de Lucas de la declaración de Jesús "más los que fueren tenidos por dignos de alcanzar aquel siglo y la resurrección... ni se casan, ni se dan en casamiento. Porque no pueden ya más morir, pues son iguales a los ángeles" (20:35,36), que restringía el matrimonio a este mundo (caído) y era fácilmente aplicable a la *presente* experiencia de la Resurrección. Las cartas de Pablo, al tiempo que inculcaban disciplina espiritual (p.e.: I Co. 9: 25-27), tuvieron el efecto de promover la virginidad y despreciar al matrimonio como perteneciente al viejo *eón.* Sin embargo, condenaban en Corinto un celibato anticipado en vista de la resurrección (cp. I Co. 7:1 y otros).

Por el s.II la virginidad se había convertido en la base del a. La superioridad del no casado es prominente en los escritos apócrifos. En Siria el celibato era requerido para bautizarse. La teología que subyacía esto, perceptible en el *Evangelio de Tomás*, atribuye a la caída de Adán los orígenes de la diferencia sexual y del matrimonio, por tanto Cristo vino a abolir eso (cf. el agrafón en el *Evangelio de los Egipcios*, "Vine para deshacer las obras de la mujer"). El estado paradisíaco al cual el bautizado es restituido se aproxima a la existencia angélica (cp. Lc. 20: 36) que incluye incorporeidad, asexualidad y no necesidad de alimentos. La prohibición de Marción en cuanto al casamiento refleja tales creencias, pero su caso ilustra la dificultad de valorar la influencia alterna ejercida sobre el a. por el dualismo de carne-espíritu del helenismo o del gnosticismo.

La orientación escatológica, ya fuere de inminencia (Pablo y los montanistas) o por realización (Siria), fácilmente se fusiona con una hostilidad dualista hacia el cuerpo que era virtualmente universal en los grupos maniqueos y gnósticos, y tendía a desarrollarse en la filosofía helénica. Tal enemistad hacia la carne puede ser una manifestación de asco hacia el mundo material como un todo. La mortificación de la carne, que entre los ermitaños de Egipto, Siria y la Irlanda céltica asumió formas grotescas, aun la misma autodestrucción (cp. también los →circumcelliones) libera al alma aprisionada y la prepara para una vida angélica descarnada. El ermitaño asegura: "Estoy matando al cuerpo porque me está matando a mí". El asceta (especialmente en el desierto, territorio de los demonios) contiende en la misma lucha que un mártir. Se prepara para la muerte despreciando el cuerpo y se imagina apresurando la venida del reino derrotando a la carne.

→Encratitas (del gr. *enkrateia* = "autorrestricción") era el nombre dado a ciertos grupos de herejes que insistían en la continencia y prácticas como abstenerse de carne animal, cosa que era considerada como característica de la vida antes de la Caída, pero el encratismo estaba más divulgado que las sectas condenadas. Tras el encratismo sirio es probable que haya una perspectiva judeocristiana elaborada de tradiciones respecto a Adán. Los pactantes de Qumrán fueron, quizá, decisivos generadores del a. escatológico judío.

Se ha aducido que en gr. *monajós*, en los contextos pre-monásticos, significaba "célibe", solitario en tanto falto de cónyuge, y la palabra siríaca *ihidaya* literalmente, "amado", y en griego *monogenés*, "único (engendrado)" y *agapetós* "amado", eran términos similarmente usados para designar al verdadero asceta que seguía Cristo, el Unico Amado Hijo que no se casó. *El Evangelio de Tomás* utiliza *monajós* también en el sentido de "unificado", es decir: restaurado a la asexualidad.

→Clemente de Alejandría y →Orígenes basándose en Filón (que describió a los terapeutas y presentó a Jacob como el modelo ascético) desarrollaron bases más permanentes para el a., aunque rechazaban el fundamento dualista para el antagonismo gnóstico hacia el mundo. Bajo influencia estoica, Clemente enfatizó la *apatheía*, la "sin pasión" del desapego interior, y la purificación de las pasiones como una condición para que el alma ascendiera hasta Dios. El enfoque de Orígenes era más radical (cp. su auto castración y su celo por el martirio), siendo sus escritos muy leídos por los monjes. La comprensión alejandrina de la salvación como divinización (cp. 2 Pe. 1:4) proveyó una base similar al concepto angélico de la purificación de todo lo corruptible, anticipándose así a la vida divina. Los alejandrinos perpetuaron una doble norma al considerar a los ascetas como los *pneumatikói*, la élite "espiritual". En la prolongada tradición de teología mística bizantina, Orígenes y el neoplatonismo resultaron fuentes principales de temas ascéticos, y el último también influyó sobre Agustín y otros del occidente. La santa victoria del asceta frente sobre el orden material le dio un papel importante en la sociedad oriental. A mediados del s.IV la mayoría de los dirigentes eclesiásticos tanto en el oriente como en el occidente estaban entregados a ideales ascéticos.

Entre otros notables escritors acerca del a. están →Metodio de Olimpo, →Evagrio de Ponto, Pseudo Macario y →Gregorio de Nisa, Juan Casiano, Nilus el Asceta, Doroteo de Gaza, con →Afraates y →Efrén de entre los sirios y los historiadores Paladio y →Teodoreto de Ciro.

Los siglos posteriores mostraron formas de a. más refinadas o más simples (cp. los frailes), más centradas en Cristo (v.g. el motivo de la *Imitatio Christi*), más "seculares" (v.g. la tradición calvinista-puritana). Sin embargo los primeros siglos marcaron la pauta básica para todas las expresiones que siguieron.

D.F. WRIGHT

ASILO, DERECHO DE. Santuarios o asilos, donde la gente podía hallar protección temporal, existieron entre muchos pueblos: v.g.

las ciudades de refugio entre los judíos. Los cristianos, reconocidos por primera vez por la ley romana en 399, adquirieron derechos legales adicionales en el 419 y el 431. Sin embargo Justiniano, en un estatuto del 535, limitó el privilegio a personas inocentes de los crímenes más graves. El derecho canónico posteriormente concedió santuario por un tiempo determinado a las personas culpables de delitos violentos, hasta poder determinar términos compensatorios. En el derecho consuetudinario inglés, la persona acusada de un delito mayor podía tener a. dentro de una iglesia, pero una vez allí tenía que decidir entre someterse a un juicio o confesar el crimen y abandonar el país. Si no se tomaba una decisión pasados 40 días, se le sometía por hambre. En el s.XVI el derecho de a. fue severamente restringido por toda Europa. Enrique VIII lo limitó a siete ciudades de refugio: Wells, Westminster, Northampton, Manchester (posteriormente Chester), York, Derby y Launceston. En 1623 Jacobo I abolió los a. en casos de crimen; en 1697 la ley se aplicó en forma más rigurosa con la "Ley de la fuga carcelaria", y en 1723 un decreto adicional terminó la obra de extinción. En Escocia, el a. quedó abolido con la Reforma, pero ciertos deudores recibieron a. alrededor de Holyroodhouse en Edimburgo hasta por el año 1700. En Europa la práctica persistió hasta la época de la Revolución Francesa.

PETER TOON

ASIRIA, IGLESIA DE. Nació por efecto de la controversia sobre la Encarnación. Era cristológicamente falta de ortodoxia pero ferviente en misiones y evangelización. La I.A. (nestoriana y de habla siria) llevó su particular visión del Evangelio desde su primer centro en la Mesopotamia (Edessa), y su segundo centro en Nisibis, a los más remotos lugares conocidos de la tierra. Repudiada y anatematizada debido a su →nestorianismo por la cristiandad occidental en el Concilio de →Efeso (431) y expulsada del Imperio Romano, estos sectarios penetraron después en la China y en la India causando impacto formidable. Sufrieron innumerables persecuciones que culminaron en las montañas del Curdistán durante la Guerra Mundial I. Establecidos en Edessa mucho antes de 431, llegaron a Nisibis en 435, pero perdieron el baluarte de Edessa en 489, lo que encendió una chispa de sorprendente expansión misionera. Originalmente el celibato era esencial, incluso para los laicos que deseaban ser bautizados. Mediante un decreto en 499, el clero, incluidos los obispos, recibieron permiso para casarse y algunos lo hicieron para gran escándalo de la Iglesia Romana. Los monjes mendicantes de oración (euquitas) eran probablemente perezosos más que inmorales, como algunos de sus enemigos calumniosamente insinuaron. De elevados ideales, tienen similitudes con los posteriores quietistas y perfeccionistas.

ROY A. STEWART

ASOCIACION CRISTIANA DE JOVENES. La A.C.J. como entidad de jóvenes organizados para atraer otros jóvenes a una fe salvadora en Cristo, parece haber tenido origen independiente en varios países europeos, pero su origen suele tradicionalmente atribuirse a George →Williams y a las reuniones de éste en Londres en 1844. Esas clases bíblicas y las conferencias de el Exeter Hall que se originaron en aquellas, fueron auspiciadas por prominentes laicos evangélicos, incluyendo al conde de Shaftesbury, y pronto el movimiento se había extendido a Francia, Holanda, EUA y al Imperio Británico. Una serie de encuentros internacionales cuyo genio presidente fue el de Williams culminó en una importante conferencia en París en 1855, la cual adoptó la "Base de París" como declaración de fe del movimiento, y en 1878, enormemente fortalecida por el Segundo Despertar Evangélico la alianza mundial de la A.C.J. estableció su Comité Central Internacional como agencia ejecutiva permanente en Ginebra. En 1894 se celebró el jubileo del movimiento, muy apropiadamente en Londres.

Estas décadas iniciales no estuvieron libres de problemas. La primacía e inquebrantable resolución de Williams a menudo provocaron el resentimiento de colegas tanto británicos como extranjeros. Criticada en diversas ocasiones por ser ya demasiado amplio, ya demasiado estrecho, especialmente en su prohibición de los juegos y del fumado, la A.C.J. gradualmente venció los prejuicios y añadió actividades recreativas y obra de beneficiencia a su inicial interés evangelístico. Durante las guerras mundiales, con su símbolo del triángulo rojo, se esforzó especialmente de atender las necesidades de los soldados, los heridos y los prisioneros de guerra. Actualmente su compleja organización de casas de alojamiento, clubes, cafeterías, gimnasios, centros de preparación vocional, y casas para días festivos, la A.C.J. cuenta con unos 6 millones de miembros por todo el mundo. Estudiantes y jóvenes que viven lejos de su hogar o viajan por el extranjero, actualmente aprovechan los recursos de la organización. En EUA, el centro actual de su principal fuerza, se ha puesto especial énfasis en la educación, y la entidad apoya a una cantidad de instituciones que otorgan grados universitarios. IAN SELLERS

ASOCIACION CRISTIANA DE JOVENES EN AMERICA LATINA. Con el impulso de la Alianza Mundial de Asociaciones Cristianas de Jóvenes surgió en 1893 la primera Asociación en AL, la de Río de Janeiro, que contó con el asesoramiento de Myron Clark, Secretario Fraternal enviado por el Comité Internacional de EUA y Canadá. La idea fue extendiéndose y actualmente este movimiento está presente en 14 países de AL (Argentina y México, 1902; Uruguay, 1909; Chile, 1912; Perú, 1920; Paraguay y Bolivia, 1943; Venezuela, 1946; Ecuador, 1959; Colombia, 1964; República Dominicana, 1966; Costa Rica, 1975).

Con el fin de coordinar los esfuerzos hechos a nivel local y nacional en AS, el Comité Internacional resolvió nombrar un secretario, Charles J. Ewald, quien estableció su oficina en Montevideo y de 1911 a 1914 viajó extensamente a través de todo el continente. Se reveló como verdadero estadista y gran estratega al canalizar el movimiento asociacionista sobre una religión apropiada al medio ambiente sin debilitar el objetivo fundamental de la Asociación. El resultado de sus estudios lo expuso ante una asamblea continental de delegados profesionales y voluntarios de las siete Asociaciones existentes en 1914 e invitados de iglesias protestantes. Se discutió mucho acerca de la base personal para ser socio básico y el informe de un comité especial designado a tal efecto fue aceptado en la Primera Convención Continental celebrada en junio de 1914 en Montevideo en la que se constituyó la Federación Sudamericana de A.C. de J. Las a. podían optar, como base personal, la llamada de Portland (protestante) u otra de declaración de fe en Jesucristo y demás elementos contenidos en la Base de París (cristiana-ecuménica). Poco a poco fue eliminándose la Base de Portland en el Continente hasta su total desaparición.

A lo largo de los años se fue acentuando el deseo y la conveniencia de extender el campo de la Federación a toda la AL y finalmente en la Convención Latinoamericana de A.C. de J. que tuvo lugar en Buenos Aires en marzo de 1972 se aprobaron los estatutos que creaban la Confederación Latinoamericana de A.C. de J. A éste le cupo poco después la gran responsabilidad de atender muchos detalles de la organización del Séptimo Consejo Mundial de las A.C. de J. llevado a cabo en Buenos Aires en julio de 1977, primer evento de tal magnitud realizado en AL.

La Asociación en AL es un movimiento activo y pujante y por medio de las 63 asociaciones locales se esfuerza por servir a niños, jóvenes y adultos ofreciendo un amplio programa que contempla sus necesidades físicas, mentales y espirituales. Se estima que en total hay más de 210.000 miembros plenos. A. HUGO GRASSI

ASOCIACION EVANGELICA DE MISIONES EXTRANJERAS. Tanto denominacional como no denominacional, esta asociación norteamericana tiene 64 miembros que representan a casi 7.000 misioneros en 120 campos de trabajo. Fue organizada en Chicago en 1945 para "proveer un medio para la acción voluntaria unida entre las agencias misioneras evangélicas que trabajan en el extranjero". Representa ante los gobiernos a las misiones y tiene su oficina central en la ciudad de Washington. Anualmente organiza retiros para dirigentes en donde estudian asuntos de interés común. Junto con la Asociación Interdenominacional de Misiones Extranjeras, ha patrocinado la Conferencia de Wheaton en 1966, el Instituto de Verano de Misiones en Wheaton College, un servicio informativo para misiones evangélicas y el periódico trimestral *Evangelical Missions,* el Comité de Asistencia para la Educación Misionera de Ultramar y comisiones regionales como la de AL, con congresos sobre comunicaciones y evangelismo. En el Africa, inició la Asociación de Evangélicos en Africa y Madagascar. HAROLD R. COOK

ASOCIACIONES DE ESCUELAS TEOLOGICAS EN AMERICA LATINA. Las primeras a. fueron creadas a comienzos de la década de los 60 y sus objetivos principales fueron promover el conocimiento mutuo entre las instituciones de educación teológica y unir sus esfuerzos para mejorar la calidad de sus programas de instrucción. Esto coincidía con la toma de conciencia de que las iglesias latinoamericanas tenían una misión específica que cumplir en el ambiente en que se desenvolvían y que la formación teológica debía ajustarse a las exigencias culturales y sociales de la época. Se asumía que esta tarea podría realizarse mejor mediante la cooperación entre los seminarios de las diferentes denominaciones protestantes. La formación de estas a. fue promovida por el entonces recién creado →Fondo de Educación Teológica.

La primera a. se estableció en Brasil en 1961, la *Associacão de Seminarios Teológicos Evangélicos* (ASTE). Los miembros fundadores fueron los doce seminarios protestantes principales del país (de las 65 instituciones teológicas de diferentes niveles académicos). En 1963 los países del Cono Sur organizaron la Asociación de Seminarios e Instituciones Teológicas (ASIT) y en 1965 los países de México hasta Ecuador formaron la Asociación Latinoamericana de Escuelas Teológicas (ALET).

El estudio de posibles sistemas de acreditación académica, la publicación de literatura teológica, la reflexión sobre temas relacionados con el ministerio y la misión, talleres sobre métodos pedagógicos, el intercambio de profesores han sido y son los intereses de las a. que ahora son un elemento reconocido en el escenario de la iglesia en AL.

Además de las tres a. ya indicadas, han surgido otros dos tipos. El primero es de carácter denominacional, tales como la Asociación Latinoamericana de Instituciones Teológicas Bautistas que comprende 90 escuelas de esta denominación. El otro tipo se dedica al desarrollo de la modalidad de instrucción teológica que se conoce como educación teológica por extensión, la Asociación Latinoamericana de Instituciones y Seminarios por Extensión (ALISTE). Tiene una red internacional de miembros. También hay a. nacionales de esta índole en Colombia, Brasil y otros países.

La primera consulta entre a. se celebró en Sao Paulo (1971) donde consideraron el tema "¿Qué es la Educación Teológica hoy?" Tuvo el propósito de formular una filosofía y estrategia de la educación teológica para el contexto cada vez más turbulento de AL y de desarrollar patrones de cooperación en las a.

[En 1980 se celebraron en Alajuela, Costa Rica, asambleas simultáneas de ALET y ALISTE. Individualmente tomaron dos decisiones importantes: disolver y aprobar la creación de una nueva entidad conjunta. Al terminar las asambleas, se celebró otra con la participación de los que habían sido miembros de esas dos a. y otros interesados. Aprobaron la creación y los estatutos de la Asociación Latinoamericana de Instituciones de Educación Teológica (ALIET), que cuenta ya con 57 miembros.]

AHARON SAPSEZIAN

ASOCIACION INTERDENOMINACIONAL DE MISIONES EXTRANJERAS. Esta asociación, compuesta por sociedades misioneras no denominacionales, fue fundada en 1917 por siete sociedades para proveer comunión espiritual y cooperación. La organización tiene una declaración de fe conservadora, proporciona a las sociedades miembros información importante por medio de *IFMA News,* ayuda a las iglesias a establecer programas misioneros y promueve la cooperación entre misioneros evangélicos que dependen ante todo de la oración y de la fe para el levantamiento de fondos. Esta organización abarcaba en 1969 cuarenta y cuatro sociedades que sostenían a cerca de 6,000 misioneros con una renta de aproximadamente 33 millones de dólares. J.D. DOUGLAS

ASOCIACION NACIONAL DE EVANGELICOS. Descendiente directa de la →Alianza Evangélica de 1867. Líderes evangélicos convocados por Ralph T. Davis y J. Elwin Wright se reunieron en el Instituto Bíblico Moody de Chicago en 1941. Planearon otra reunión de unos 150 líderes en San Louis para 1942, en la cual se organizó la A.N. de E. con una declaración de fe. La primera convención se efectuó en mayo, 1943. El organismo sirve a más de dos millones de miembros y afirma contar con más de diez millones de simpatizantes. Grupos subsidiarios tales como la →Asociación Evangélica de Misiones Extranjeras y la Asociación Nacional de Escuelas Dominicales promueven las misiones y las escuelas dominicales. Otros grupos desempeñan otras funciones de servicio. Miembros de la Asociación colaboraron con evangélicos de otras tierras para organizar →Compañerismo Evangélico Mundial en Holanda en 1951 para coordinar esfuerzos mundiales de servicio evangélico. Denominaciones, iglesias e individuos, dispuestos a firmar la declaración de fe, son admitidos en el organismo.

EARLE E. CAIRNS

ASSMANN, HUGO (1933-). Sacerdote y teólogo católico romano. N. en Brasil, de ascendencia alemana. Es doctor en teología y licenciado en sociología. Fue coordinador del Instituto de Teología de Sao Paulo (Brasil), profesor visitante de la Universidad de Münich (Alemania). Formó parte del equipo de CEDI (Bolivia) y fue Secretario de estudios teológicos de →ISAL en Bolivia y Chile. Actualmente se desempeña como profesor y coordinador en la Escuela Ecuménica de Ciencias de la Religión de la Universidad Nacional de Costa Rica.

A. ha sido uno de los primeros exponentes de la →Teología de la Liberación y tal vez el que ha asumido más radicalmente la mediación de las ciencias sociales en la reflexión teológica. En contraposición al idealismo que cree poder partir de concepciones abstractas y fuentes objetivas, se propone hacerlo de la situación concreta (la condición de opresión de AL), analizada mediante una ciencia social comprometida con la liberación del hombre. Se trata de una reflexión que se sitúa en la praxis y confronta desde ella los textos y la tradición, asumiéndolos críticamente, para revertir sobre el compromiso revolucionario del cristiano.

Este punto de partida exige la reconcepción de las nociones básicas de Dios, de "verdad", la cristología y la eclesiología. A. ha escrito numerosos ensayos sobre religiosidad popular y el uso del cristianismo como bloqueo ideológico para la acción transformadora y como activador en los posibles mecanismos de desbloqueo. Una colección de sus principales ensayos apareció en Uruguay: *Opresión-Liberación: desafío a los cristianos* (Montevideo, 1972) y ampliada en España: *Teología desde la praxis de Liberación* (Salamanca, 1973). Con Reyes Mate edita tres volúmenes de escritos marxistas sobre religión en Editorial Sígueme (Salamanca).

JOSE MIGUEZ BONINO

ASTERIO EL SOFISTA (m. después de 341). Teólogo →arriano. Fragmentos de sus obras se conservan en los escritos de Atanasio y de Marcelo de Ancira tomados de su *Syntagmation,* que fue publicada posiblemente antes del concilio de Nicea (325). Discípulo de →Luciano, el maestro de Antioquía, A. era demasiado moderado en su arrianismo para el historiador Filostorgio. Recientemente M. Richard ha editado sus homilías sobre los Salmos, que proveen suficientes evidencias litúrgicas de principios del s.IV. Confirma que el bautismo era parte regular de la vigilia pascual que conduce a la Eucaristía del domingo de Pascua. Un himno muy interesante dedicado a la noche de Pascua se conserva en sus homilías.

J.D. DOUGLAS

ASTROLOGIA. Predicción de sucesos sobre la base de la posición de los cuerpos astrales. Se inició en la antigua Babilonia pero no llegó a Grecia hasta cerca de 410 a.C. Después de las campañas de Alejandro se extendió rápidamente y, a partir del s.II a.C., influyó sobre todo el mundo intelectual hasta la época de Newton. Su gran promotor fue Tolomeo (s.II d.C.) cuyo libro *Tetrabiblos* se convirtió en el texto astrológico más divulgado de la Edad Media. La a. aun ejerce enorme influencia en todo el mundo; es particularmente dominante en la India y en Ceilán. En el occidente es tomada medio en broma, aunque no siempre. Durante la Guerra Mundial II Hitler y Himmler mantuvieron contactos regulares con los astrólogos.

La a. adquiere tres formas: (1) Los fenómenos astrológicos o metereológicos son tomados como signos relacionados con los gobernantes y sus pueblos; (2) se atribuye a los planetas ejercer influencia en el momento de nacer como en la germinación de semillas o en el nacimiento de niños (tales influencias aparecen generalmente descritas en los horóscopos); (3) se considera que los planetas gobiernan ciertas regiones geográficas. Los horóscopos y la a. geográfica datan solo del período griego.

Según la opinión medieval, el hombre, microcosmos, es influido por el universo externo, el macrocosmos. Los planetas en particular están relacionados tanto con las distintas partes de la anatomía humana como con sus disposiciones. Aunque ahora se la considera como una superstición, la a. del horóscopo en un tiempo era considerada como la cumbre del logro intelectual; las universidades incluían cátedras de a. y aun los profesores de astronomía (como a principios del s.XVII en Oxford) eran obligados a dar conferencias sobre a. Hasta el propio →Kepler hacía horóscopos.

El enfoque ortodoxo cristiano era antiguamente que, aunque el hombre es influído por sus estrellas, sus acciones no son determinadas por las mismas. →Paracelso habla acerca del hombre que controla sus astros, significando que pese a la influencia que éstos ejercen, el hombre no está privado de su libertad. Pablo (Ro. 8:39) insiste en que ni el cenit ("lo alto") ni el nadir ("lo profundo"), considerado en términos astrológicos, puede separarnos del amor de Dios.

La a. fue decayendo constantemente conforme el sistema heliocéntrico fue hallando más aceptación. No aparecían adecuadas pruebas en favor del antiguo sistema, y resultaba insuperable la dificultad de comprender cómo los planetas podían actuar en la manera supuesta. No obstante, el principio en que descansan las creencias astrológicas no está completamente equivocado; la a. insiste correctamente en la interrelación del orden natural. Además, hay evidencias científicas que favorecen la opinión de que la posición de los planetas puede afectar físicamente a la tierra (p.e. la conjunción de los planetas mayores puede desencadenar terremotos).

Las predicciones astrológicas son particularmente peligrosas porque pueden ser autocumplidoras; p.e.: si los astrólogos predicen una crisis financiera muchos capitalistas pueden vender sus acciones y precipitar la crisis predicha. Igualmente, una predicción astrológica en cuanto a un fallecimiento en una determinada fecha, puede sugerir suicidio.

R.E.D. CLARK

ASTRUC, JEAN (1684-1766). Médico, fundador de la moderna crítica pentatéutica. Posiblemente de ascendencia judía, n. en Suave, Languedoc. Su padre era pastor →hugonote pero se hizo católico al ser revocado el Edicto de →Nantes (1685), de manera que A. fue criado en el catolicismo. Estudió en Montpellier; enseñó allí medicina (1707), también en Tolosa (1716) y en París (1731) y fue médico de la corte de Augusto II de Polonia (1729) y de Luis XV de Francia (1730). En 1753 publicó en forma anónima sus *Conjetures sur les mémoires originaux dont il parait que Moise s'est servi pour composer le livre de la Genèse.* Llegó a la conclusión de que Moisés había utilizado documentos anteriores; las dos fuentes primarias usaron *YHWH* y *Elohim,* respectivamente, como nombres divinos. Aunque algunos ridiculizaron su hipótesis, J.G. →Eichhorn estableció posteriormente su importancia.

J.G.G. NORMAN

ASUNCION. Creencia según la cual "la Inmaculada Madre de Dios, siempre Virgen María, cumplido el curso de su vida terrestre, fue asunta en cuerpo y alma a la gloria celestial", según fue definida en un artículo de fe en la ICR por Pío XII (*Munificentissimus Deus,* 1950). Previamente la creencia tenía la categoría de una opinión piadosa y probable que Benedicto XIV se rehusó a convertir en artículo de fe en 1740. Desde 1870 se presionó para que tal definición fuese hecha.

Nada se dice en el NT acerca de la muerte de María, y la creencia se halla por primera vez a fines del s.IV en ciertos documentos apócrifos con sabor gnóstico. Estos incluyen títulos como *El tránsito de María, Las exequias de María* y el *Libro del Tránsito de la Bienaventurada Virgen.* Tales escritos varían en sus relatos en lo referente a cuándo tuvo lugar la a. de María. Una de estas obras fue condenada en el *Decretum Gelasianum* y no fueron aceptadas en los círculos ortodoxos del occidente hasta la época de Gregorio de Tours, a fines del s.VI. Hay textos en griego, latín, siríaco, copto, arábigo y etíope. Los textos coptos pueden ser los más importantes, pues es probable que la leyenda haya sido elaborada primeramente en Egipto. El texto más común en griego le es atribuido a Juan el Evangelista, y el texto en Latían a Melitón de Sardis. En el oriente, Andrés de Creta, en el s.VIII creía, conforme a la evidencia de la obra seudónima, *De los nombres divinos,* que Dionisio el Aeropagita había sido testigo de la a. →Juan de Damasco la presentó como una antigua doctrina católica. La idea ha sido definida con menor precisión en el oriente y es conocida como la *Koimesis* ("el adormecimiento").

R.E. NIXON

ASUNCIONISTAS (Agustinos de la Asunción). Congregación de sacerdotes con votos sencillos, fundada en Nimes (Francia) c.1843-45 por el vicario general diocesano, Emmanuel Daudé d'Alzon. Tenía como propósitos: "la restauración de la educación superior de acuerdo con el modo de pensar de San Agustín y Santo Tomás; combatir contra los enemigos de la Iglesia en las sociedades secretas bajo la bandera revolucionaria y luchar en pro de la unidad de Iglesia..." Fueron expulsados de Francia en 1900 por un gobierno anticlerical, pero se extendieron a muchas partes del mundo. Su trabajo incluye la dirección de asilos y escuelas, la diseminación de literatura y obra misionera. Su "Instituto de estudios bizantinos", establecido en 1897, ha promovido un estudio de la Iglesia Oriental y su teología, sobre todo por medio de la publicación *Revue des Etudes Byzantine.*

J.G.G. NORMAN

ATANASIO (c.296-373). Defensor máximo de la ortodoxia frente al →arrianismo. N. de padres acaudalados. Fue egipcio por nacimiento pero griego por educación. Estando en la excelente escuela catequística de Alejandría se conmovió profundamente por el martirio de los cristianos durante las persecuciones finales y recibió fuerte influencia de →Alejandro, obispo de Alejandría, por quien fue ordenado como diácono. De baja estatura pero de mente muy perspicaz, A. no tomó parte oficial en los procedimientos del Concilio de Nicea (325), pero como secretario de Alejandro sus notas, circulares y encíclicas eclesiásticas en nombre de su obispo, tuvieron importantes resultados. Era un teólogo de mente clara y mucha habilidad, escritor prolífico con instinto periodístico en cuanto al poder de la palabra escrita. Fue un devoto creyente, apreciado por un vasto sector de cristianos de Alejandría y por la mayor parte del clero y de los monjes egipcios.

Combatió a Arrio y a los arrianos durante la mayor parte del s.IV. Arrio enseñaba que Cristo, el Logos no era el eterno Hijo de Dios, sino un ser subordinado. Este enfoque atacaba las doctrinas de la Trinidad, la creación y la redención. A. afirmaba que las Escrituras enseñan la eterna calidad de Hijo del Logos, la directa creación del mundo por Dios, la redención del mundo y de la humanidad por Dios en Cristo. Su obra *De Incarnatione*, escrita cuando tenía veintitantos años, expone estas verdades.

Alejandro murió en 328, y por pedido público A. fue entronizado como obispo cuando solo contaba 33 años. La victoria obtenida en Nicea estuvo en peligro político durante dos generaciones y A. era el punto neurálgico del ataque arriano. El arrianismo tenía una gran cantidad de seguidores en el Imperio e incluso las simpatías de Constancio, el sucesor de Constantino cuando éste murió en 337. La historia de la iglesia durante el s.IV equivale a los acontecimientos de la vida y del ministerio públicos de A. Fue acosado a través de cinco exilios que abarcaron 17 años de huídas y de esconderse, no solo entre los monjes del desierto sino también frecuentemente en Alejandría donde el pueblo lo protegió. Durante el exilio, estando en Roma en 339, estableció firmes vínculos con la iglesia occidental, la cual apoyó su causa. Pasó pacíficamente en Alejandría sus últimos años. G.L. Prestige afirma que casi a solas A. salvó a la iglesia del intelectualismo pagano, que "por su tenacidad y visión al predicar un único Dios y Salvador, evitó la disolución de la unidad y afirmó la integridad de la fe cristiana".

El volumen y el alcance de sus escritos son impresionantes. *Contra gentes*, una refutación del paganismo, y *De Incarnatione*, exposición de la encarnación y de la obra de Cristo, fueron ambas escritas en su primera época (c.318) y son realmente dos partes de una misma obra. *De Decretis* y *Expositio fidei* también son importantes escritos doctrinales. Los ensayos polémicos e históricos incluyen *Apologia Contra Arianos*, *Ad Episcopos Aegypti*, y *De Synodis*. Escribió numerosos comentarios sobre libros bíblicos. Hay muchos otros escritos que incluyen cartas, muchas de las cuales son de fácil acceso. Las doctrinas claves que considera incluyen la creación, la encarnación, el Espíritu Santo y la Trinidad, la obra de Cristo, el bautismo y la eucaristía. A. influyó notablemente sobre el movimiento monástico, especialmente en Egipto. (→CREDO DE ATANASIO Y CRISTOLOGIA). SAMUEL J. MIKOLASKI

ATEISMO. Negación de que Dios existe. En sentido estricto el a. es raro; los ateos por cuenta propia frecuentemente son más bien agnósticos o secularistas. Tillich (1948) define al a. como el punto de vista de que "la vida no tiene profundidad, es superficial". Para Toulmin (1957) el a. es la opinión de que los poderes cósmicos son indiferentes o "decididamente insensibles" para el hombre. Los ateos han sido clasificados como "duros" y "blandos" o "crudos" y "sensibles". El ateo blando acepta valores elevados (empatía, verdad, belleza, etc.) y por lo tanto tiene en común mucho con el cristianismo, aunque su posición intelectual difiera radicalmente.

Los argumentos en favor del a. están basados en (1) el positivismo lógico y en la lingüística: la existencia de Dios no puede ser verificada empíricamente y se afirma que la palabra "Dios" carece de sentido; (2) pretendidas falacias en las pruebas tradicionales de la existencia de Dios; (3) la afirmación de que el teísmo en realidad causa daño, p.e.: alentando las persecuciones; (4) la afirmación de que la ciencia ofrece una explicación adecuada del mundo sin necesidad de lo sobrenatural; (5) la afirmación de que leyes o principios sicológicos aceptados explican la creencia en Dios.

Tomados en su orden, a estos argumentos se puede responder así: (1) No podemos determinar la verdad por la forma en que hablamos de ella, la cual, en todo caso, frecuentemente es equívoca; no puede sostenerse un criterio que hace a Dios sin significado: uno no duda de la realidad del pasado aunque no pueda percibirlo o verificarlo en forma empírica. (2) Las "pruebas" clásicas pueden ser reformuladas en términos modernos y una o dos de ellas resultan notablemente convincentes. (3) Las persecuciones realizadas por ateos y paganos (comunistas, nazis) han sido más crueles en nuestra época que las perpetradas en el pasado por los teístas; la crueldad no es el resultado del teísmo: la genuina creencia en un Dios perdonador predispone hacia la bondad. (4) Esto no es cierto. La ciencia no da razón de lo muy pequeño, de lo muy grande o de los orígenes. Ni se puede demostrar que las explicaciones científicas excluyan las explicaciones de otras clases (artísticas, teleológicas, como las aplicadas a las máquinas, como también las teológicas). (5) Las explicaciones sicológicas resultan un arma de doble filo. El a. puede ser explicado sicológicamente por desaliento respecto al padre; o bien el deseo masoquista de *no* ser feliz puede terminar en el repudio en uno mismo de la felicidad relacionada con la fe. R.E.D. CLARK

ATENAGORAS (s.II). Apologista cristiano de Atenas que presentó la doctrina cristiana dentro del marco provisto por un resumen medio platónico de la filosofía de Platón. En *Apología* se dirige al emperador →Marco Aurelio y a su hijo Cómodo en nombre de los cristianos y refuta las calumnias esgrimidas contra ellos, a saber: ateísmo, comer carne humana y practicar el incesto. Llama la atención hacia la intachable y pacífica vida de los cristianos y reclama para ellos iguales derechos que los otorgados a otros ciudadanos. Su tratado *Sobre la resurrección del cuerpo* defiende una doctrina que los paganos cultos de su época encontraban muy difícil de aceptar. La lúcida discusión de A. está dirigida a los filósofos y la argumentación es mantenida por completo en su lugar. Sin embargo, resulta defectuosa en cuanto a que la encarnación y la resurrección de Cristo son ignoradas. También recalca la divinidad del →Logos y la naturaleza triádica de Dios. Resulta muy apropiada la descripción que se hace de él como el "filósofo cristiano de Atenas". G.L. CAREY

ATENAGORAS (1886-1972). →Patriarca de →Constantinopla. N. en Vasilikon, pueblo de Grecia septentrional. Hizo sus estudios teológicos en un seminario ortodoxo en Constantinopla. En 1922 fue nombrado →metropolitano de Corfú y en 1930, arzobispo de la Iglesia →Greco-ortodoxa en las Américas, donde hizo un trabajo extraordinario. En 1948 llegó a ser el "Patriarca ecuménico", con sede en Constantinopla, el puesto más alto en su Iglesia. Durante su patriarcado hizo mucho para contrarrestar los esfuerzos del patriarcado de Moscú por dominar la Iglesia Ortodoxa.

Como patriarca sus anhelos y blancos principales fueron: (1) efectuar una mejor cooperación entre las Iglesias autocéfalas de la Comunión Ortodoxa. Llevó a cabo varias conferencias "pan-ortodoxas" para este fin. (2) Promover la unidad cristiana. Hacia este blanco realizó dos notables logros: su reunión en 1964 con →Paulo VI en Jerusalén y la revocación conjunta en 1965, de las excomuniones mutuas de Roma y Constantinopla lanzadas en 1054. WILTON M. NELSON

ATICO. Patriarca de Constantinopla, 406-425. N. en Sebaste, Armenia. Fue educado entre los monjes eustacianos (los →pneumatomjoi) pero se unió a la Iglesia Católica. Según el historiador Sócrates, A. era bondadoso, cortés, erudito y hábil; no perseguía. Esto es confirmado por su protección a los →novacianos pero negado por su actitud hacia los pelagianos, mesalianos y seguidores de Juan Crisóstomo. Expulsó a Celestio aproximadamente en 413 y a Julián de Eclano en 418. Apremió a los obispos de Panfilia y a Amfíloco de Side a suprimir a los →mesalianos. En 406 se aseguró un edicto para expulsar y desposeer a los obispos que rehusaran comunión con él, con Teófilo de Alejandría y con Porfirio de Antioquía. Tales obispos, incluso Inocente de Roma, apoyaban a Juan →Crisóstomo y urgían que el nombre de éste apareciera en los dípticos de Constantinopla, donde varias congregaciones se negaban a reconocer a A. Eventualmente la presión popular sobre Teodoto de Antioquía (420-29) y la generosa influencia de Acacio de Berea convencieron a A. a restaurar el nombre de Juan. Su defensa de este asunto no convenció a Cirilo de Alejandría. La bondad de A. se mostró al dar albergue a los refugiados persas alrededor del año 420 y en la ayuda financiera enviada a la región de Nicea atacada por el hambre. En la corte había sido asesor del regente del joven Teodosio II, quien en 421 transfirió a Constantinopla la jurisdicción eclesiástica de Ilírico.

G.T.D. ANGEL

ATILA (m.543). Rey de los hunos. Después de sus victorias en el oriente sus hordas avanzaron hacia el occidente y fueron detenidas en la Galia (451). No obstante, en 452 invadieron Italia y fueron contenidas solo cuando el papa León I lo convenció de lo sabio de permanecer más allá del Danubio. No hubo persecución del cristianismo como tal: los invasores no carecían de religión, y se dice que A. buscó las oraciones de Lupus, obispo de Troyes. Sin embargo, las invasiones borraron o erosionaron la presencia cristiana en una gran zona de la Europa central. En la cristiandad latina se multiplicaron los relatos de la ferocidad de A. facilitando su descripción como "Azote de Dios". J.D. DOUGLAS

ATONEMENT →RECONCILIACION

ATOS, MONTE. "Montaña santa" en la que se desarrolló una famosa comunidad monástica. Durante el s.X hubo dos centros monásticos dominantes de la Iglesia Bizantina. Uno era el monasterio de Studium; el otro era la comunidad monástica del M.A. La comunidad del M.A. llegó a ser el centro más importante de los dos. El monte queda a unos 1.900 metros sobre el nivel del mar y está situada en una península rocosa que se interna en el Mar Egeo, en Grecia del N. Hay más de 900 lugares de culto (iglesias, capillas, etc.) sobre esta montaña. Ya en el s.IV parece que hubo monjes ermitaños que llevaron el ascetismo hasta A. El estilo monástico de vida al principio tenía carácter ermitaño pero pasó luego a ser una comunidad monástica y después a ser monasterios muy reglamentados.

Actualmente la montaña contiene cerca de 20 monasterios semi-independientes, aparte de pequeñas casas y celdas para ermitaños. Diecisiete de los 20 monasterios se identifican como griegos. También incluye una casa rusa, otra servia y otra búlgara. En tiempos de Bizancio también hubo casas gregorianas y latinas. Se dice que en una época la población de A. era de cerca de 40.000 monjes, pero hacia 1965 esos números habían decrecido hasta menos de 1.500.

Cuando los turcos otomanos conquistaron Grecia, A. se sometió rápidamente. Los monjes fueron bien tratados y se le concedió independencia a la comunidad monástica aunque estuvo sujeta a tributo.

GEORGE GIACUMAKIS, Jr.

AUBURN AFFIRMATION (1924). Documento publicado por un grupo de ministros presbiterianos en Auburn, Nueva York, "destinado a salvaguardar la unidad y la libertad" de la Iglesia Presbiteriana. Afirmaba que la Asamblea General había obrado inconstitucionalmente cuando en 1923 declaró que todos los candidatos al ministerio, antes de ser ordenados tenían que afirmar cinco doctrinas "esenciales y necesarias". Estas eran: (1) la inspiración e inerrancia de las Escrituras; (2) la concepción virginal de Cristo; (3) "que Cristo se ofreció a sí mismo como sacrificio para satisfacer la justicia divina"; (4) que Jesús se levantó de entre los muertos "con el mismo cuerpo con que sufrió"; (5) que Jesús obró "milagros poderosos" que hicieron "cambios en el orden de la naturaleza". La A.A. sostenía que esto era un intento de comprometer a la iglesia con "ciertas teorías respecto a la inspiración de la Biblia, la encarnación, la expiación, la Resurrección, la vida continuada y el poder sobrenatural de nuestro Señor Jesucristo". Los firmantes de la A.A. manifestaban "sostener muy seriamente estos grandes hechos y doctrinas". No obstante creían que "estas no son las únicas teorías permitidas por las Escrituras y por nuestras normas como explicaciones de estos hechos y doctrinas". La A.A. fue esencialmente una defensa de la tolerancia de la diversidad en teología. Muchos presbiterianos conservadores consideraron la A.A. como una espantosa revelación del crecimiento del liberalismo dentro de la denominación.

HARRY SKILTON

AUFKLARUNG →ILUSTRACION

AUGSBURGO, CONFESION DE (1530). Resumen de la fe evangélica presentado al emperador →Carlos V para la Dieta de Augsburgo. Encargado por Juan, elector de Sajonia, fue escrita por Lutero, Justus Jonas, Bugenhagen y Melanchton. El grupo, que se reunió en Torgau, tuvo ante sí los Artículos de Schwabach escritos en 1529 y los artículos presentados durante el Coloquio de →Marburgo. La convocatoria a la dieta indicaba la esperanza del emperador de alguna conciliación entre los católicos y los protestantes. Esto, y el reciente fracaso de Marburgo con los zuinglianos, podría explicar la terminología conciliatoria y pacífica del documento.

Los Artículos de Torgau fueron revisados por Melanchton. Uno de sus propósitos al escribir la Confesión era refutar los cargos de Johann Eck en su libro *404 Artículos,* quien afirmaba que el luteranismo estaba reviviendo antiguas herejías. El borrador fue enviado a Lutero para su consideración y se introdujeron algunas modificaciones después de consultar a Jonas, a Brück, canciller de Sajonia, al obispo Stadion y a Alfonso Valdés, secretario imperial. El 23 de junio de 1530, la Confesión fue aprobada por Juan, elector de Sajonia, Felipe, landgrave de Hesse; Jorge, margrave de Brandenburgo; los duques Francisco y Ernesto de Lünenburgo; representantes de las ciudades de Nüremberg y Reutlingen y otros consejeros y teólogos. Posteriormente otras cuatro ciudades más lo aceptaron durante la reunión de la dieta. Debido a la insistencia de los príncipes protestantes y pese a la objeción de Carlos V, la Confesión fue leída públicamente en alemán durante la dieta del 25 de abril de 1530. Esto llevó dos horas.

Los textos en alemán y latín fueron entregados entonces para su examen y refutación a un grupo de 20 teólogos católicos elegidos por Campeggius. La respuesta, tildada de "Confutación papista", aprobó sin modificaciones nueve artículos; seis fueron aprobados con modificaciones o en parte; trece fueron condenados. Una forma revisada de la respuesta fue más tarde adoptada por Carlos V como su propia confesión. El emperador exigió que los protestantes se sujetaran a la Confutación, pero éstos buscaron oportunidad para refutarla, lo cual fue hecho por →Melanchthon. La respuesta o apología fue entonces añadida a la Confesión. La traducción al alemán, realizada por Jonas en 1532, ayudó a hacer de ésta la principal confesión de la Iglesia Luterana. Debido a la publicación no autorizada de la Confesión en 1530, Melanchton hizo imprimir la *Editio Princeps* en 1531, que contenía el texto autorizado. Los primeros 21 artículos se ocupan de similitudes y disimilitudes entre luteranos y católicos, los últimos siete artículos con los abusos cometidos en la Iglesia tales como no dar tanto el pan como la copa durante la Cena del Señor, el celibato, el pago por las misas, la confesión obligatoria, equiparar la gracia con ayunos y festividades, carencia de disciplina monástica y abuso de poder eclesiástico. Melanchton publicó otro texto en 1540 llamado *Variata.* No hay pruebas seguras de que Lutero lo haya rechazado. La *Variata* fue usada por los cripto-calvinistas. Cuando fue adoptado el Libro de →Concordia el texto en latín de 1531 fue preferido al texto de 1540 de la *Variata.* La c. fue el más antiguo documento en hacer manifestaciones formales como credo y se convirtió en confesión general autorizada de la Iglesia Luterana, ejerciendo influencia sobre otras confesiones. ROBERT SCHNUCKER

AUGSBURGO, INTERIM DE (1548). Intento realizado por el emperador →Carlos V para establecer la unidad religiosa en Alemania. Sus simpatías estaban a favor de la ICR pero no podía pasarse por alto la fuerza de la causa protestante, abiertamente manifestada en la Liga de →Esmalcalda. Después de la derrota de los príncipes protestantes en la Guerra de Esmalcalda, Carlos creyó que podía imponer cierta medida de uniformidad religiosa y redactó el *Interim* que pretendía ser un arreglo provisional hasta que el concilio de →Trento hubiera terminado su labor de investigar posibles reformas. En el *Interim* el emperador Carlos trató de reimponer la jerarquía católica romana a la Iglesia de Alemania y restablecer los antiguos ayunos, festividades y ceremonias. Para aplacar el descontento de los protestantes, introdujo ciertas reformas externas, como el permitir el matrimonio del clero y ofrecer el caliz a los laicos en la Cena del Señor. Era inevitable que tal arreglo de término medio no satisfacería a nadie. Solo la fuerza de las armas de las tropas españolas podía obligar, especialmente a los protestantes, a aceptarlo. La reacción ante esta obligatoriedad condujo a la derrota de Carlos V y la consiguiente Paz de →Augsburgo en 1555, cuando a cada estado se le concedió libertad para elegir el credo que deseara adoptar: luterano o católico romano. HUGH J. BLAIR

AUGSBURGO, PAZ DE (1555). Acuerdo alcanzado después de la derrota del emperador →Carlos V por los príncipes protestantes de Alemania (1552). Un acuerdo preliminar negociado con su hermano Fernando en Passau en 1552 reconocía todas las secularizaciones de las tierras de la iglesia y aprobaba el principio de la paz religiosa. Ante su fracaso en capturar Metz en 1553, Carlos abandonó Alemania y encargó a su hermano, Fernando que arreglara los asuntos en la Dieta de Augsburgo.

Los términos de esa Paz fueron: (1) A los príncipes luteranos, a los caballeros del Imperio y a las ciudades libres se les concedió seguridad igual a la de los estados católicos. Las ciudades podrían permitir ambas confesiones si estaban ya establecidas; (2) la Paz se aplicaba a los católicos y a aquellos protestantes que se adherían a la Confesión de Augusburgo. Los "sacramentarios" (calvinistas) y los "sectarios" (anabaptistas) quedaban excluidos; (3) cada estado o príncipe determinaba la religión en sus dominios y todos sus súbditos tenían que sujetarse a ella (*Cuius regio, eius religio* fue el término usado posteriormente por los juristas). Los disidentes podían vender sus propiedades y emigrar junto con sus familias; (4) todas las tierras de la iglesia secularizadas antes de 1552 permanecerían en manos de los protestantes; (5) una "reserva eclesiástica" establecía que los arzobispos, obispos y abades que se volvieran protestantes perderían su dignidad y sus derechos, y que los capítulos elegirían su sucesor ortodoxo.

La Paz es importante por lo que significó

pues tanto la unidad política de Alemania como la unidad de la cristiandad medieval quedaron permanentemente destruidas. El poder otorgado a los gobernantes seculares en sus dominios debilitó el cristianismo genuino en Alemania. La exclusión del calvinismo y la vaguedad de la reserva eclesiástica hizo frágil el acuerdo, pero sus principios duraron hasta la Paz de →Westfalia de 1648.

RICHARD V. PIERARD

AULEN, GUSTAV (1879-1978). Teólogo luterano sueco. N. en el S de Suecia; se le confirió el título de doctor en teología en Uppsala en 1915. Fue profesor de teología sistemática en Lund (1913-33) y obispo de Strängnäs (1933-52) y posteriormente vivió jubilado en Lund. De gran influencia sobre la teología sueca, los libros de A. incluyen *Den Kristna forsoningstanken* (abreviado en inglés en *Christus Victor,* 1931), en que expone la teoría "clásica" o "dramática" de la →reconciliación. Durante la Guerra Mundial II actuó contra el nazismo escribiendo *Kyrkan och Nationalsocialismen.* Decidido esclesiástico ecuménico, fue vice presidente de la Conferencia de Fe y Constitución celebrada en →Edimburgo en 1937, y sus libros posteriores manifiestan su interés en el tema, como *Reformation och katolicitet* (1959).

J.G.G. NORMAN

AUSTRALIA. La población blanca de A., desde el primer asentamiento en 1788 hasta el fin de la Guerra Mundial II en 1945, era casi enteramente de origen británico. La Iglesia de Inglaterra, que está en proceso de cambiar su nombre por el de Iglesia →Anglicana de Australia, era la fuerza religiosa predominante en ese período. Esta fue, hasta la década de 1850, una rama distante de la iglesia "establecida" de Inglaterra, pero desde el decenio de 1860 adoptó una forma de gobierno sinodal. El primer sínodo de la diócesis de Sydney fue celebrado en 1866. No obstante continuó llevando sus obispos desde Inglaterra; el primer arzobispo nacido en A., Marcus Lawrence Loane, fue elegido para el arzobispado de Sydney en 1966.

Los orígenes del ministerio cristiano en la colonia de Nueva Gales del Sur se remontan a la "Primera Flota" (1788) formada mayormente por presidiarios, cuyo capellán era Richard Johnson, Samuel Marsden, el segundo capellán, se ocupó de los procedimientos administrativos de la colonia como magistrado y en el establecimiento de Parramatta, al O de Sydney. La historia no aporta pruebas de su reputación como "el verdugo".

Hasta la década de 1830 toda la educación en la colonia, tanto de presidiarios como de colonos libres, estaba en manos de la Iglesia de Inglaterra, a la cual se le pagaba con concesiones de tierra o "glebas", las cuales llegaron a constituir una dote inmensamente grande para ella. Ya para el decenio de 1970 esas tierras retenidas por la iglesia estaban valoradas en millones de dólares. En 1836 W.G. Broughton desempeñó el primer obispado de la diócesis de A., cortando así la relación con la diócesis de Calcuta.

En los primeros días de la colonia estaba prohibido prestar servicio religioso a los presidiarios por sacerdotes católicos, aunque había muchos presos políticos irlandeses. Esta situación cambió por ley en 1820, pero hasta 1844 en algunos lugares todavía se obligaba a los presidiarios a concurrir a los servicios religiosos anglicanos. En 1834 J.B. Polding, OSB, fue designado como obispo católico titular de Hiero-Cesarea con jurisdicción sobre A., y una sede independiente se estableció en 1841 y pronto fue subdividida. Muchos católicos romanos irlandeses ingresaron en A. durante la fiebre de oro, en la década de 1850.

La inmigración después de la Guerra Mundial II efectuó grandes cambios en la situación australiana. Muchos de los inmigrantes eran del S de Europa y, con una más elevada tasa de crecimiento vegetativo, aumentó en forma notable la proporción de católicos. Según el censo de 1972 la proporción de anglicanos frente a los católicos se había nivelado. Mientras que en 1851 el 52% eran anglicanos, 26% católicos, 5% metodistas y 10% presbiterianos; en 1901 los datos eran estos: 39% anglicanos, 23% católicos y en 1966 era exactamente 33% para los anglicanos y 26% para los católicos como resultado de la inmigración.

Sin embargo, es necesaria una valoración más realista de los datos censales para apreciar debidamente cuál es la fortaleza relativa de las iglesias en A. Solamente una investigación sociológica definitiva se ha llevado a cabo en cuanto a las actitudes australianas hacia la religión. Esto reveló que para quienes en 1966 dijeron pertenecer a una iglesia en particular, su concurrencia normal era la siguiente: 21% de los anglicanos iban regularmente a la iglesia (más de una vez mensualmente), 69% católicos, 41% metodistas, 34% presbiterianos. Aunque esto puede llevar a la conclusión de que en realidad A. se ha vuelto un país católico, las cifras necesitan enmiendas pues hay que contar también la concurrencia a la escuela dominical.

Hoy la Iglesia de Inglaterra se ha organizado en 27 diócesis, de las cuales las mayores son las diócesis metropolitanas de Sydney, Melbourne, Brisbane y Perth. Un sínodo general nacional reúne a los representantes de las diócesis que son autónomas. La iglesia se autosostiene, recibiendo concesiones del gobierno solo para las escuelas independientes y para ciertas clases de obra misionera. La iglesia sostiene misiones en el N de A. entre los aborígenes de pueblos esparcidos del interior, aunque ha estado sujeta a fuertes críticas de pasar por alto las costumbres indígenas y los derechos civiles. En realidad, los antropólogos insinúan que los aborígenes de pura sangre habrían desaparecido en la década de 1930 si las misiones no los hubieran protegido con alimentos y medicinas en una época en que la mayoría de los australianos mostraban preocuparse poco por ellos. El control de las localidades misioneras ha pasado ahora al gobierno federal, y la iglesia mantiene un ministerio pastoral y ciertos servicios médicos. A. como nación siente ahora mucha mayor responsabilidad hacia sus habitantes originales. En 1967 un *referendum concedió* por enorme ventaja plenos derechos de ciudadanía e igualdad a los aborígenes.

La iglesia sostiene también diócesis misioneras en el Pacífico Sur y en Papúa, Nueva Guinea. Similar ayuda es ofrecida por otras misiones tanto protestantes como católicas, a través de la región del Pacífico y del SE de Asia. Las iglesias australianas se sienten ahora más como una parte de Asia y del Tercer Mundo que de Europa o de América.

Uno de los extraordinarios problemas de la iglesia en A. son las enormes distancias y el aislamiento en que está mucha gente en el interior. Las *Bush Brotherhoods* ("Hermandades de la Selva"), fundadas en 1903, sirven al lejano interior proveyendo un ministerio sacrificial a bajo costo, así como la evangelización, de esas zonas. La *Bush Church Aid Society* facilita clérigos y personal médico para las nuevas zonas mineras del O australiano y para Queensland, así como para las poblaciones muy distantes.

La preparación teológica es ahora local y muy pocos australianos tratan de obtener títulos fuera de su país. Todas las denominaciones dirigen sus propios cursos y la mayor parte de ellas sostienen sus propios colegios en cada provincia. La preparación teológica tiende a ser conservadora, en parte por la distancia que media con el pensamiento radical de ultramar y en parte debido a la naturaleza conservadora de tradición evangélica dentro de la Iglesia Anglicana y el conservadurismo irlandés de la jerarquía católica.

ALAN NICHOLS

AUTO DE FE. Acto religioso con que concluía un período de procesos inquisitoriales. Terminados los juicios realizados en ese período y dictadas las sentencias de los enjuiciados, se celebraba un culto solemne y público en la plaza de la ciudad sede del tribunal inquisitorial.

El culto era precidido por una procesión que se iniciaba en la prisión donde estaban los condenados a la hoguera. Encabezaban la procesión los clérigos. Seguían los propios condenados con sus vestidos (→"sanbenitos"), luego los portadores de las grotescas efigies de los reos que habían escapado. Desfilaban también los oficiales del tribunal y oficiales civiles. A veces participaban en la procesión los que llevaban los huesos exhumados de herejes que murieron sin ser descubiertos por los esbirros del tribunal (huesos que serían incinerados).

Las campanas de las iglesias repicaban mientras la procesión se acercaba a la plaza, la cual estaba especialmente acondicionada para el espectáculo, con plataformas, altares, púlpito y gradas para los espectadores.

Primero se celebraba la misa, seguía el sermón en que se denunciaban los pecados de los condenados y se exhortaba a estos a arrepentirse para salvar sus almas. Luego se leían las acusaciones de los reos que tenían que pasar adelante uno a uno para oír su sentencia. El culto terminaba con la entrega de los herejes condenados al "brazo seglar" con una súplica, increíblemente hipócrita, de que tuvieran misericordia de ellos.

Después los penitentes eran devueltos a la prisión y los condenados llevados al quemadero fuera de la ciudad. A cada uno lo acompañaban dos frailes que seguían exhortándolo a que se retractara de su herejía. Si en el último minuto se retractaba, el infeliz era estrangulado antes de ser quemado. El que rehusaba era quemado vivo. Con este holocausto humano, hecho en nombre de Cristo, se daba por concluido el proceso inquisitorial.

La mayoría de estos autos tuvieron lugar en España pero también hubo muchos en América Hispana, especialmente después de que el gobierno español estableció tribunales inquisitoriales oficiales en sus colonias. En Lima se celebró el primer auto oficial en 1573, en México en 1574 y en Cartagena en 1610. Después seguían celebrándose hasta el fin del dominio español. Con la independencia fue abolida la →inquisición.

WILTON M. NELSON

AUTOCEFALO (gr. = "cabeza de sí mismo"). En el uso corriente este término tiene dos significados: primero, describe cualquier iglesia nacional que forma parte de la →Iglesia Ortodoxa Oriental y está en comunión con Constantinopla pero es gobernada por su propio sínodo nacional. Segundo, describe un monasterio independiente como, por ejemplo, el del Monte Sinaí. Conforme al antiguo uso también tenía dos significados. Primeramente se refería a obispos que, en la primitiva iglesia, eran independientes de la jurisdicción de otro patriarca o metropolitano. Tales eran los obispos de Chipre. En segundo lugar, también describía a ciertos obispos orientales que eran responsables directos ante el patriarca sin referencia alguna al metropolitano. PETER TOON

AUTORIDAD. Según la enseñanza de la Biblia la fuente de toda autoridad es el propio Dios (Ro. 13:1; cp. Dn. 4:34; Jn. 19:11). Tenemos que distinguir entre a. y poder, y entre a. religiosa o eclesiástica y a. y poder civil. El cristianismo afirma estar basado en la revelación divina ante la cual la razón y la conciencia tienen que someterse. Esto no impide a la razón aprehender la revelación o descubrir la verdad. La razón, en sí misma, no obstante, no es autónoma porque uno no puede empezar a pensar (ni si quiera a examinar sus propias percepciones y pensamientos) sin hacer un acto de fe en cuanto a que las cosas que está pensando tienen sentido. La distinción entre revelación natural y especial no es absoluta. El concepto de la revelación de Dios como Creador y la revelación de Dios como Redentor es más amplio porque toda la verdad procede de Dios y toda la verdad tiene que ser captada por hombres que tienen el don de la razón que viene de Dios. Los cristianos creen que los hombres no pueden descubrir la verdad a espaldas de Dios o sin la ayuda de éste y que es inútil que Dios haga revelaciones a seres incapaces de recibirlas. En contraste con afirmaciones de revelación autoritaria totalmente subjetiva, los cristianos afirman que la revelación histórica incluye acontecimientos históricos y narraciones en la forma real que adquieren las realidades eternas.

La revelación bíblica comprende lo que hablaron los profetas y los apóstoles y lo que registraron en cuanto a la enseñanza y a la vida del Señor, teniendo a. porque son cosas inspiradas por el Espíritu de Dios (2 Ti. 3:16). Para los cristianos los escritos bíblicos trascienden toda otra pretensión de a. religiosa. Se han esgrimido algunos argumentos en favor de la a. de la →tradición eclesiástica y del episcopado (incluyendo el papado), especialmente en la Iglesia Ortodoxa y en la ICR, pero han sido disminuidos últimamente en favor del descubrimiento de las raíces bíblicas y de la iglesia primitiva en cuanto a la a. de la fe.

Durante la Reforma, la Biblia como Palabra de Dios interpretada a la fe a través del testimonio interior del Espíritu fue restablecida como norma de fe y práctica en las iglesias protestantes y evangélicas. La magistral Palabra de Dios fue llevada al centro como juez de la fe y de la vida de la iglesia, no siendo así la iglesia juez de la Escritura. Las Escrituras canónicas, sin el suplemento de la tradición de la iglesia, fueron consideradas como autointerpretativas y completas.

Las teologías reformada y luterana de la Palabra fueron complementadas por la religión personal del Espíritu de los anabaptistas. En ésta tienen sus raíces el evangelicalismo y el espíritu independiente que se manifiestan en Inglaterra y en los EUA. Su punto de vista en cuanto a que la iglesia es esencialmente no dinástica, no territorial y una democracia espiritual de creyentes, ha influído de manera profunda al cristianismo occidental, incluso en el rechazo de las sanciones de la iglesia respaldadas por los poderes civiles.

El principio evangélico vincula a la Palabra y al Espíritu de modo que la Palabra de Dios autorizada es el agente principal del Espíritu Santo y la principal función de la iglesia. Es el Espíritu Santo el que hace que la Palabra sea revelación, y es la Palabra la que hace que la revelación sea histórica y concreta. La teología no es el molde sino la imagen de la vida espiritual de la iglesia. La democracia política no reconoce a. sino que la crea pero la iglesia, como democracia espiritual, no reconoce principio autoritativo sino el que la crea como el cuerpo de Cristo, es decir: la Palabra, el Evangelio y el Espíritu bajo el señorío de Jesucristo.

SAMUEL J. MIKOLASKI

AUTO SACRAMENTAL. Peculiar representación dramática española en un acto. Se ponía en escena, sobre todo entre los ss.XVII y XVIII, durante la festividad de →Corpus Christi para aclarar el significado de la Eucaristía. Surgió la costumbre entre el clero de portar la hostia en una procesión callejera acompañada de carrozas que llevaban escenas bíblicas y de coreografía y drama, lo cual andando el tiempo llegó a ser dramas sacramentales escritos. De aquí surgió el teatro secular y religioso de la "edad de oro" española. Se hacían concursos con poetas, actores y premios que condujeron a extravagancias y rivalidad entre ciudades al par que el pueblo se entretenía. Como contribución de las ciudades a la festividad respectiva, tales representaciones trataban de hacer que lo desconocido fuese descubierto a través de lo ya conocido. Lope de Vega y José de Valdivieso llevaron este género a la madurez, mientras que Calderón de la Barca (1600-1681) elevó esta representación a casi un sacramento en sí: "sermones en verso, problemas de la sagrada teología expuestos en ideas representables..." El racionalismo llevó a la muerte de los a.s.; fueron prohibidos bajo Carlos III (1765), pero en el extranjero han sobrevivido en varios lugares.

C.G. THORNE, Jr.

AUXENCIO (m.374). Obispo de Milán que simpatizaba con el arrianismo. Oriundo de Capadocia, fue ordenado por Gregorio de Alejandría cerca de 343. Sucedió al desterrado Dionisio en la sede de Milán en 355. Apoyando a Valente en el concilio de Rimini (359), suscribió el "Credo Fechado". Fue censurado por los que defendían el *omoousión* tanto allí como en París, pero esas censuras no lo afectaron. La tolerancia religiosa bajo Juliano, Joviano y Valentiniano I alentó a →Hilario (de Poiters) para oponerse a los obispos arrianos en la Galia. Hilario derrocó a los obispos de Arlés y de Perigueux y, ayudado por Eusebio de Vercilli, trató de desalojar a A. mientras Valentiniano estaba residiendo en Milán (364-65). A. se aseguró un veredicto favorable tanto al aconsejar la tranquilidad del pueblo (pese a la agitación que promovía Hilario) como también glosando su afirmación de "una divinidad y substancia" con una forma sutil capaz de ser interpretada como arriana o nicena. Influido por Atanasio, el papa Dámaso condenó en 372 el "Credo Fechado" y a sus propulsores, pero Valentiniano no quiso deponer a A.

G.T.D. ANGEL

AVERROISMO. Doctrina de que el alma humana es mortal o, más específicamente, que todas las almas humanas son parte de una única alma-substancia de la cual los individuos surgen al nacer y a la cual regresan al morir. El nombre proviene de Ibn Rushd Averroes (1126-98), árabe, erudito jurista de Córdoba, España, que llegó a ser amigo y médico del califa gobernante cuando el islamismo estaba en ascenso. Durante tres siglos los filósofos islámicos ash'aritas habían negado la causalidad en la naturaleza basándose en que implicaba la presencia de otros principios aparte de Dios en el universo, haciendo a Dios así menos que supremo. Averroes vio claramente que negar causas subsidiarias pone en peligro todo conocimiento y aun la razón misma. En apoyo de sus conceptos apeló a →Aristóteles quien había aceptado firmemente la causalidad.

Averroes escribió comentarios sobre Aristóteles y llegó a ser conocido por la posterioridad como "el Comentador". Para reconciliar sus conceptos con los del islam, interpretó el Corán alegóricamente y quizá no con demasiada seriedad; en sus últimos años fue acusado de herejía. Aparte de sus puntos de vista en cuanto a la inmortalidad y el alma, Averroes identifica a Dios con la remota e impersonal Primera Causa de Aristóteles, negando el libre albedrío y enseñando que tanto el mundo como la humanidad son eternos. En 1253 se ordenó el estudio de Aristóteles en la universidad de París y los Comentarios de Averroes se convirtieron en texto aceptado y corriente. Hubo consternación en la cristiandad cuando muchos estudiantes aceptaron sus enseñanzas anticristianas y el estudio de Aristóteles fue prohibido por Urbano IV en 1263. Alberto el Grande en 1256 y Tomás de Aquino en 1257, y de nuevo en 1270, escribieron obras contra las herejías averroistas. No obstante las prohibiciones, éstas sobrevivieron en ciertos lugares, especialmente en Padua, hasta la época del Renacimiento.

R.E.D. CLARK

AVICEBRON (Ibn Gabirol) (c.1021-c.1058). Filósofo y poeta judío español. Sus detalles biográficos son inciertos pero fue figura inicial del brillante medio milenio de sabiduría judía que posteriormente pasó a la Europa occidental. En ética fue original; sostenía que virtudes y vicios estaban unidos en pares en los cinco sentidos, con otros detalles sicológicos. Probablemente compiló la *Perlas escogidas,* 64 capítulos de aforismos, algunos originalmente en árabe. Sus poemas, usados en las sinagogas, eran puro hebreo y teología de la Biblia, con múltiples rimas. En metafísica, su tratado árabe en forma de diálogo, *Fons Vitae,* metodológicamente elude tanto a la Biblia como al Talmud, y por ello fue severamente subestimado por el judaísmo. Era un pensador monista; sin embargo sus conceptos (versión latina de 1150) afectaron profundamente a la cristiandad escolástica; los franciscanos lo consideraron como musulmán o como cristiano. S. Munk demostró en 1846 que se trataba de Ibn Gabirol.

ROY A. STEWART

AVICENA (Abu Sina) (980-1037). Filósofo musulmán persa. N. en Bokhara. Fue profuso comentador de Aristóteles. Hombre versátil, su *Canon* fue el libro de texto médico general durante cinco siglos en Europa y más allá. Como otros aristotelistas árabes, ayudó a devolver al judaísmo y al cristianismo aquella erudición griega que se había perdido. Dio a Aristóteles un giro neoplatónico, al exponer sus nueve inteligencias mediadoras descendientes entre la deidad y el hombre, de las cuales la novena ocupaba la esfera lunar. Postuló un universo eterno, con un sistema incorporado y necesario, y un Dios determinista excluido de la acción creativa directa. La ciencia, la metafísica y la teología tienen una deuda grande con A.; Dante lo menciona respetuosamente (*Infierno* iv, 143). Fue un pensador ecléctico en cuya obra los expertos detectan incongruencias internas no resueltas. Ha sido acusado de originar una deshonrosa doctrina de componenda de una doble verdad para armonizar la razón con la revelación, la cual introduce una doble norma ante la que toda integridad intelectual terminaría por sucumbir. ROY A. STEWART

AVIÑON. En 1309 →Clemente V se trasladó a A., ciudad situada en el SE de Francia y así comenzó el →"Cautiverio Babilónico" del papado. Consideraciones de seguridad llevaron a los papas a preferir A. a Roma hasta 1377. A. estaba en una zona de presión política local alejada de las tensiones de la política italiana, y era geográficamente mucho más conveniente que Roma. Su posición la hacía adecuada como centro de asuntos judiciales, y llegó a ser la base de una gran organización burocrática eficiente para recaudar fondos para propósitos papales. Cuando la corte papal regresó a Roma, A. continuó siendo la sede, hasta 1408, de dos antipapas: Clemente VII y Benedicto XIII.

JAMES TAYLOR

AVILA, JUAN DE (1499-1569). Místico español. N. en Almodovar del Campo, España, hijo de Alonso de Avila, de origen judío. A los catorce años comienza sus estudios de leyes en Salamanca, pero antes de concluirlos regresa a Almodovar, y se dedica a una vida de oración y penitencia. En 1520 se va a la universidad de Alcalá de Henares, donde obtiene el grado de bachiller en artes (1523). Estudia teología y lee a Erasmo. Se compenetra tanto con sus escritos, que años después recomendará a sus discípulos la lectura de sus obras.

En 1526 es ordenado sacerdote, intenta ir a las Indias, pero a instancias del Arzobispo de Sevilla e Inquisidor General, Alonso Manrique, se queda a predicar en su diócesis. En 1531 la Inquisición abre proceso contra A.; en 1532 es encarcelado, pero habiendo satisfecho con sus respuestas a los inquisidores, el año siguiente lo absuelven y es liberado.

Vinculado a la diócesis de Córdoba, reanuda su predicación. En 1536 va a Granada, en cuya universidad se supone que obtiene el título de Maestro. Allí trabaja en la fundación de algunos colegios, y en 1542 organiza la universidad de Baeza. Le niegan el ingreso en la Compañía de Jesús a pesar de que él mismo insta a sus discípulos a profesar en la Compañía.

Llamado Apóstol de Andalucía, influyó sobremanera en la historia de la espiritualidad española y aunque hay que situarlo dentro de la Contrarreforma, no vivió el espíritu contrarreformista de la época; su espiritualidad se funda principalmente en la fe y en los méritos de Cristo.

Como escritor ascético sobresale entre los clásicos del s.XVI. Sus escritos influyeron poderosamente en la espiritualidad francesa del s.XVII.

León XIII le beatificó el 6 de abril de 1894, y fue canonizado por Juan XXIII el 31 de mayo de 1970.

ENRIQUE FERNANDEZ Y FERNANDEZ

AVITO (c.519). Obispo de Viena. N. con el nombre de Alcamus Edicius Avitus en Auvergne (Francia) de una familia senatorial romana; ascendió a la sede de Viena en la Galia alrededor de 490, a la muerte de su padre Isychius. Llegó a influir mucho en la vida eclesiástica de Borgoña y ganó al rey Segismundo del arrianismo para la ortodoxia. Fue un decidido opositor del →arrianismo, un ardiente defensor de la primacía de Roma y favorecía vigorosamente la unión estrecha entre la Galia y Roma. Su reputación de saber mucho impresionó a su generación, incluso al entonces pagano rey Clodoveo. Entre sus escritos hay cinco poemas inspirados por el libro de Génesis *(De Mosaicae Historiae Gestis)*, homilías, un poema en honor de la virginidad *(De Virginitate)* y casi un centenar de epístolas. J.G.G. NORMAN

AVIVAMIENTO (REVIVALISM). Espontáneo despertamiento espiritual producido por el Espíritu Santo entre cristianos profesos en las iglesias, cuyo fruto es más profunda experiencia religiosa, vida santa, evangelismo y misiones, la fundación de instituciones educativas y filantrópicas, y reforma social. El avivamiento no debe confundirse con el evangelismo, el cual es resultado de aquél. Se ha relacionado el a. con los →anabaptistas, los →puritanos y los →pietistas. El a. se ha producido principalmente en el protestantismo a partir de la Reforma.

Como fuerza determinante en EUA, el a. puede decirse que comenzó con el →Gran Despertamiento iniciado después de 1720 cuando T.J. Frelinghuysen llegó desde los centros europeos del pietismo a pastorear cuatro iglesias holandesas reformadas de Nueva Jersey. Bajo su influencia, el presbiteriano Gilbert Tennent comenzó a celebrar cultos de a. y fundó una escuela a la que se llamó *Log College,* que produjo muchos promotores del a. En 1734 estalló en Nueva Inglaterra el a. bajo la predicación de Jontathan →Edwards, y por 1740, cuando George →Whitefield llegó y aportó de Inglaterra el espíritu del a. wesleyano, el despertamiento se esparció por Norteamérica. Hubo un rápido crecimiento de las iglesias, se produjeron encendidas polémicas, denominaciones se dividieron, y los esfuerzos humanitarios y el espíritu de la democracia se fortalecieron.

El Segundo Despertamiento ocurrió principalmente entre los anglicanos de las clases media y alta de Inglaterra después de 1790, y en EUA en despertamientos universitarios, tales como el de Yale bajo Timothy→Dwight en 1802, y con grandes manifestaciones emotivas y físicas en los confines occidentales de EUA, en los llamados →*Camp Meetings.* Esta última técnica, primero empleada por los presbiterianos en Kentucky, fue desarrollada por los bautistas y especialmente por los metodistas. Charles G. →Finney con sus reuniones de avivamiento urbano de la década de 1830 ha sido considerado como un reflorecer del Segundo →Gran Despertamiento.

Un avivamiento interdenominacional laico que se produjo mediante reuniones meridianas de oración en Nueva York en 1857 dieron por fruto la afluencia de más de medio millón de almas a las iglesias. Un avivamiento en 1863-64 en el Ejército Confederado llevó a 150.000 soldados una vital experiencia cristiana. Avivamientos semejantes se produjeron en Gran Bretaña y en el continente europeo.

Pasada la Guerra Civil, reuniones evangelísticas de masas urbanas, profesionalmente planeadas, celebradas en locales públicos por hombres como D.L. →Moody y R.A. Torrey, y en el s.XX por Billy →Sunday y Billy →Graham, tomaron el lugar de los antiguos despertamientos congregacionales, rurales, espontáneos, pastorales, con la excepción del avivamiento galés de 1904, que estimuló un despertamiento mundial. A partir de 1904 no ha habido ningún avivamiento general en las sociedades industriales occidentales, pero se han producido avivamientos regionales en sociedades menos desarrolladas como Corea, Africa Oriental y Etiopía.

DONALD W. DAYTON

AVIVAMIENTOS EN AMERICA LATINA. Los a. de los ss.XVIII, XIX e inicios del XX en Gran Bretaña y los EUA no tienen un paralelo exacto en AL. Los pietistas, los metodistas, →Finney y →Moody predicaron a grandes multitudes que en su mayoría profesaban, a lo menos, un evangelicalismo nominal que precisaba ser reavivado o reevangelizado. En AL las iglesias evangélicas eran aun demasiado jóvenes y no habían perdido aun su primer amor. Difieren, también, en su poco impulso social. Sin embargo, este movimiento reavivador en los países anglosajones despertó un espíritu misionero que en muy poco tiempo llegó a tierras latinoamericanas. Hubo entonces brotes de avivamiento que desembocaron en fructíferos movimientos masivos de evangelización entre el pueblo católico. A la postre el calor evangelístico, fruto de estos avivamientos, produciría campañas evangelísticas programadas y menos espontáneas. Así fue en el Brasil en 1860 donde el exsacerdote y elocuente predicador José Manoel da →Conceiçao fue el principal instrumento para el establecimiento de numerosas congregaciones presbiterianas. De la misma manera en Valparaíso en 1884 el laico Alberto Vidaurre, elocuente expositor de la Palabra, contribuyó sustancialmente al temprano crecimiento del presbiterianismo chileno. Años después, en 1908, el avivamiento que precipitó el misionero metodista W.C. →Hoover, produciría en Chile un sinnúmero de grandes y pequeñas denominaciones pentecostales.

Durante las tres primeras décadas del s.XX, los →hermanos libres de la Argentina establecieron numerosas congregaciones por medio de sus campañas masivas en carpas y salones alquilados. En el mismo período Enrique →Strachan, misionero escocés, y predicadores elocuentes como Juan →Varetto, Angel →Archilla y otros, realizaron las primeras campañas evangelísticas en la mayor parte del continente. Veinte años más tarde su hijo Kenneth →Strachan, con un experimentado equipo, inició una década de campañas organizadas en todo Hispanoamérica. En la década de 1960, estos desembocaron en el programa de →Evangelismo a Fondo.

Este fue, también, el período del inicio de las grandes campañas de sanidad divina con T.L. Osborne, Tommy Hicks y una larga lista de predicadores pentecostales. De sus ministerios nacerían innumerables congregaciones pentecostales en las periferias de las grandes ciudades latinoamericanas. En el Brasil, en la misma década, el predicador irlandés, J. Edwin Orr y el pastor presbiteriano Antonio Elías y su equipo "Sarca Ardiente" contribuyeron sustancialmente al avivamiento, la llamada *Renovaçao* entre las iglesias tradicionales.

Las campañas evangelísticas de la década de 1970 tienen un parecido muy leve a los primeros avivamientos evangelísticos.

GUILLERMO COOK

AYUNO. Abstinencia de ingerir alimentos (o ciertos alimentos) por motivos ético-religiosos. En la iglesia antigua se acostumbraba ayunar antes de la Pascua, por lo menos durante un día. Ya para el s.III se ayunaba por seis días en Semana Santa. Con el tiempo el período de la →cuaresma, que duraba cuarenta días, resultó propicio para el a. El propio Concilio de →Nicea consideraba en uno de sus cánones la Cuaresma como el momento de recogimiento y a., como preparación para la semana mayor. En el catolicismo romano esta es la práctica hasta el día de hoy.

En el s.VII se comenzaban ciertos períodos de a. a partir del →miércoles de ceniza, como también antes de →Epifanía, la celebración del día de Pedro y Pablo, etc. Incluso se hablaba del a. de la Virgen.

Durante la Edad Media se estableció un sistema de a. Se prescribían las comidas que se podían ingerir y se relacionaba el a. realizado con las indulgencias y dispensas. Con el tiempo se estableció el viernes sin carne entre los católicos como a. por el día de la pasión y muerte del Señor.

La →Reforma Protestante no rechazó el a. →Lutero estuvo de acuerdo con algunos aspectos de la →penitencia, la cual relacionó íntimamente con el a. durante la época de cuaresma. En muchos sectores protestantes el a. está ligado a la participación en la Santa Comunión. Especialmente entre los anglicanos ha sido común designar un día de penitencia antes de participar en la comunión, el cual puede incluir el a.

Entre los evangélicos el a. tiene que ver con la experiencia de la santificación, la oración y la búsqueda de perfección. El día de a. es preparación, recogimiento y resolución para vivir correctamente. Aunque el a. puede fácilmente convertirse en una práctica legalista, puede también tener un profundo sentido de espiritualidad que se traduzca en gesto solidario en diferentes momentos cruciales y como protesta en circunstancias determinadas.

CARMELO E. ALVAREZ

AZAR, JUEGOS DE →JUEGOS DE AZAR

AZARIAH, VEDNAYAKAM SAMUEL (1874-1945). Primer obispo indio de la Iglesia →Anglicana. N. en el distrito de Vellalanvillai, del estado de Madrás. Su padre, convertido del hinduísmo, era ministro anglicano. Después de recibir educación en Madrás (no pudo recibir su título debido a una enfermedad) A. fue designado en 1895 secretario de la →*YMCA* y trabajó entre estudiantes. Su interés por la evangelización quedó de manifiesto al ayudar a formar la Sociedad Misionera de la India, de Tinnenvelly (1903) y la interdenominacional Sociedad Misionera Nacional (1905). Fue el primer secretario de la Sociedad de Tinnenvelly que envió un misionero al hasta entonces abandonado distrito llamado Dornakal del idioma telugu, que forma parte del Nizam en el territorio de Hyderabad. En 1909 fue ordenado y marchó a Dornakal después de renunciar a la YMCA. La iglesia de Dornakal creció y en 1912 A. fue consagrado como obispo misionero. Posteriormente Dornakal fue separada de Madrás como diócesis. A. acogía los movimientos de masas que aumentaron la Iglesia Telugu, incluso los de clases oprimidas.

Fue uno de los dirigentes de la reunión de ministros indios en Tranquebar, en 1919, que marcó el comienzo del movimiento de unidad de iglesias en la India. Para él "las desafortunadas divisiones" eran en realidad "un pecado y un escándalo" en el ambiente de la India. No vivió lo suficiente para ver las dos mayores uniones de iglesias que resultaron de varias décadas de negociación. Como presidente del Concilio Nacional Cristiano (1929-45) y anfitrión de la Conferencia Misionera Mundial reunida en Tambaram (Madrás) en 1938, A. tuvo entre los dirigentes cristianos indios un lugar especial durante el período en que las "iglesias jóvenes" adquirían importancia y reemplazaban a las misiones extranjeras. Falleció en Dornakal.

ROBERT J. MC MAHON

AZYMITAS (Los "sin levadura"). Término de reproche de la Iglesia Oriental (no armenia) contra la Iglesia Occidental por el uso eucarístico de pan sin leudar. Proveyó un pretexto para el cisma de 1054 entre el oriente y el occidente bajo Miguel →Cerulario. El Concilio de Florencia (1437) autorizó el uso de pan de trigo, con o sin levadura. Los anglicanos modernos usan ambos indiferentemente; otros protestantes prefieren pan leudado. J.D. DOUGLAS

B

BABILAS (m.250). Obispo de Antioquía. Notable por su valentía, no quiso admitir al culto público a →Felipe el Arabe sin que antes hiciera penitencia. Fue puesto en prisión y martirizado en 250 durante la persecución ejercida por →Decio. En Antioquía se desarrolló un culto a él como mártir. Cesar Galo retiró su cadáver, haciéndolo llevar a una capilla que estaba próxima al Templo de Apolo en el suburbio de Dafne. En 362 el emperador Juliano, frustrado en su intento de lograr oráculos a través de una fuente cercana al Templo, ordenó que el ataúd de B. fuese retirado. Los cristianos locales, contrariados por esta orden, sepultaron los restos nuevamente en un cementerio cristiano que estaba a unos diez km. El templo fue destruido por el fuego antes de pasar un año.

J.D. DOUGLAS

BABISMO →BAHAI

BACH, JOHANN SEBASTIAN (1685-1750). Compositor alemán. N. en Eisenach, donde asistió a la misma escuela que una vez había frecuentado Lutero. El más grande de una familia de grandes músicos alemanes, estaba arraigado en la más estricta ortodoxia luterana a la cual se adhirió a lo largo de toda su vida. Huérfano a los diez años, fue llevado a vivir con su hermano, el organista de Ohrdruf. Aquí estuvo sometido a los principios de educación de Comenio y probablemente a influencias pietistas. A los quince años se ganaba la vida como miembro de coro, violinista y poco después como organista en la iglesia. A los 23 años de edad era organista de la corte del piadoso duque de Weimar. Aquí encontró y absorbió el *concerto* italiano y el estilo operático. Todo esto lo fusionó con su herencia de Alemania del N basada en el coral eclesiástico y en la música de órgano.

Durante seis años fue *Kapellmeister* de la principesca corte de Köthen y su preocupación fue la música de cámara secular que difería en función, pero no en esencia, de la eclesiástica. Muchos movimientos procedentes de partituras escritas allí han reaparecido en posteriores obras maestras retocados con palabras sagradas. Desde 1723 hasta su muerte fue *cantor* de la histórica *Thomasschule* de Leipzig.

B. fue conocido en su propia generación por su formidable habilidad para el órgano. El valor de sus composiciones, especialmente las corales, plenas de intrincada artesanía contrapuntística y de retórica barroca musical, pasó inadvertido en una época de cambios de gustos musicales. Sin embargo, fue apreciado en alto grado y perpetuado por un pequeño círculo de alumnos y conocedores. El *Clave bien temperado* influyó especialmente a los grandes maestros clásicos →Haydn, →Mozart y →Beethoven.

B. fue indudablemente el mayor compositor de órgano de todos los tiempos. Sus *toccatas,* preludios y fugas y más de cien piezas basadas en corales luteranos fueron concebidos para cumplir distintas funciones en la iglesia. Compuso cinco ciclos de cantatas dominicales y para las festividades del año eclesiástico, cerca de 300 en total, de las cuales sobreviven casi 200. Se trata de música cultural, relacionada con el evangelio del día. El *Oratorio Navideño* es una serie de seis cantatas. Hoy están mayormente relegadas a las salas de concierto. La *Misa Mayor en si menor* y la *Pasión según San Mateo* son sus obras más monumentales. El resurgimiento de la última en 1829 por Mendelssohn, señaló el principio de una profunda y continuada estimación de la importancia de B. como compositor sagrado. Todo compositor importante de música sacra está desde entonces en gran deuda con él. J.B. MacMILLAN

BACKUS, ISAAC (1724-1806). Ministro bautista, historiador y campeón de la libertad religiosa. N. en Connecticut (EUA) y se convenció de su pecado durante el →Gran Despertamiento de 1741 y finalmente experimentó la conversión evangélica. Se unió a la iglesia *"New Light"*, o →congregacionalista separatista, aunque permaneció algo inactivo durante varios años. Conmovido por la predicación de Jorge →Whitefield, sintió en 1746 un llamado definitivo para predicar y pronto inició la primera de sus muchas giras de predicación. Fue ordenado en 1748, y en 1751 adoptó los principios bautistas y fue bautizado por inmersión junto con su esposa ante su congregación de Middleborough, de la cual fue pastor hasta que falleció. Contribuyó grandemente al crecimiento del movimiento bautista en Nueva Inglaterra y fue uno de los organizadores de la *Warren Association of Baptists.* Llegó a ser el más persistente y eficaz defensor de la causa de la libertad religiosa y de la separación de la iglesia y el estado. Viajó y escribió extensamente para mejorar la condición de los bautistas. Su obra en tres tomos *A History of New England with Particular Reference to the... Baptists (1777-96)*, contiene valioso material de investigación para los historiadores.
HARRY SKILTON

BACON, FRANCISCO (1561-1626). Estadista inglés y filósofo de la ciencia. De genio versátil, se distinguió en leyes, literatura, filosofía y ciencia. Su padre, Nicholas Bacon, murió cuando B. tenía 18 años, dejándolo virtualmente sin dinero alguno pues era el hijo más joven. Entonces se volcó a la carrera de leyes y a los 23 años de edad obtuvo una banca en la Cámara de los Comunes. Después de lograr una serie de designaciones políticas llegó a ser lord canciller bajo Jaime I. Su ascenso al poder le valió la enemistad de hombres tales como Sir Edward Coke, y esto llevó a la acusación de B. por haber aceptado soborno. Fue hallado culpable y privado de sus cargos (1621). Pasó sus restantes años escribiendo libros y bosquejando esquemas para el progreso de la ciencia. Entre sus obras se cuentan *Advancement of Learning, Essays, Novum Organum* y *New Atlantis.* B. destacaba el enfoque empírico de la ciencia y, por tal motivo, ha sido llamado "el profeta de la ciencia moderna". El hecho de que estos libros hayan aparecido durante su activa vida demuestra que su interés en la ciencia nunca estuvo completamente separado de sus actividades como abogado y estadista. Creía que la ciencia era necesaria para mejorar la suerte de la humanidad y que el estado debía financiar esta labor. No obstante, nunca pudo interesar en este propósito a Jaime I. ROBERT G. CLOUSE

BACON, ROGERIO (c. 1214-1292). Franciscano inglés, filósofo y hombre de ciencia. Estudió en Oxford y enseñó en París, en donde estuvo entre los primeros en dar conferencias sobre los libros de Aristóteles. A su regreso a Oxford se familiarizó con la obra de Robert →Grosseteste. B. se unió a los franciscanos aproximadamente en 1257, de tal manera pudo contar con el equipo instrumental que necesitaba. También tuvo vinculaciones con los seguidores de →Joaquín de Flores y en consecuencia fue enviado a París y se le prohibió hacer circular sus escritos. El papa Clemente IV, sabiendo que B. intentaba elaborar una ciencia universal, mandó a buscar la enciclopedia de éste (1266). B. no tenía lista su obra pero, en un breve lapso de 18 meses, compuso el borrador preliminar, su *Opus Maius.* El papa murió antes de que éste pudiera hacer algo. No obstante a B. se le permitió regresar a Oxford donde prosiguió su labor hasta que falleció.

Muchos han creído que su fama se debía a su énfasis de la necesidad de una ciencia experimental. Esto fue probablemente exagerado porque, además de la observación, creía que un estudio de la Biblia en los idiomas originales lo ayudaría a uno a entender mejor la naturaleza. B. sobrepasó a sus contemporáneos en el conocimiento de las lentes y de los espejos. Incluso previó en varios aspectos las aplicaciones prácticas de la ciencia. ROBERT G. CLOUSE

BACULO PASTORAL. Cayado que tiene en un extremo forma de gancho, y es usado por los obispos. El origen del b. no es claro. Algunos opinan que deriva de la vara usada por los augures romanos, pero su simbolismo se hace derivar del cayado de los pastores. En las iglesias orientales el b. está coronado por una cruz entre dos serpientes.
J.D. DOUGLAS

BAEZ-CAMARGO, GONZALO (1899-1983). Destacado erudito y escritor metodista evangélico. N. en Oaxaca, México. Graduó del Instituto Metodista Mexicano y de la Escuela

Normal del Estado en Puebla, del Seminario Evangélico Unido en México y de la Facultad de Filosofía y Letras de la Universidad Autónoma de México. Prestó servicio militar durante la Revolución Mexicana (1910-17).

Fue pastor de varias iglesias y profesor en escuelas y seminarios evangélicos. Presidió la Casa Unida de Publicaciones, la Secretaría General de la Educación Cristiana, la Federación Evangélica de México y el Comité de Literatura Cristiana Latinoamericana. Fue organizador de campamentos juveniles, escultismo nacional, acción social juvenil y seminarios de periodismo. Además, se destacó como conferenciante y predicador en púlpitos, tribunas, radio y televisión.

Cuando tenía 30 años de edad fue nombrado presidente del Segundo Congreso Evangélico Latinoamericano celebrado en La →Habana en 1929.

Como escritor fue un exponente del protestantismo dentro y fuera de México. Desde 1929 escribió una columna para el diario *Excelsior* bajo el seudónimo de "Pedro Gringoire". Escribió más de 20 libros y miles de artículos para periódicos y revistas religiosas y seculares. Como poeta ha sido leído y apreciado en los países de habla hispana.

Como defensor de la justicia, los derechos humanos y la libertad, conquistó la simpatía de los republicanos españoles, los judíos, los vascos y los catalanes.

Durante su vida fue objeto de muchos honores: condecoraciones de los gobiernos de Francia y de la República Española en el exilio, la medalla "Carlos María de Bustamante" del Club de Periodistas de México al cumplir 25 años de periodismo y, en 1971, un homenaje de la Universidad Autónoma de México. Se le otorgó el doctorado *honoris causa* de la Universidad de San Pablo, Tokio, la Universidad Metodista del Sur, EUA, y el Instituto Internacional de Estudios Superiores de México.

Hasta el día de su muerte colaboró en México con las Sociedades Bíblicas Unidas como traductor y asesor especial de traducciones. Participó en la traducción y revisión de versiones ecuménicas de la Biblia. Presidió la Sociedad de Historia del Metodismo en México y, bajo el patrocinio de la *University Christian Mission*, fue conferenciante en universidades de los EUA. MANUEL V. FLORES

BAHA'I. Religión fundada en Irán por Bahá'u' llah. Sus orígenes han de ser encontrados en el islam shiíta, y en un grupo de discípulos de Sayyid Alí Muhammed o "el Bab" (1819-50) que ahora es considerado por los baháis como el precursor del Profeta. Bahá'u'llah (1817-92) fue discípulo de el Bab, aunque nunca lo conoció personalmente. Después de la muerte de este último, el primero tuvo una experiencia mística en la prisión (1852) que interpretó como un llamamiento divino. Estuvo exilado en Bagdad, pero pudo reunir seguidores y, por último, se proclamó a sí mismo como la manifestación de Dios a la presente época, no solo ante sus discípulos sino también ante muchos gobernantes mundiales. Hasta 1957 la jerarquía del movimiento estuvo en manos de la familia del Profeta, aunque mientras tanto sus enseñanzas se habían extendido a muchas partes del mundo.

La enseñanza principal de la fe del Bahá'i es que ésta es corona y culminación de todas las religiones del mundo, a las cuales no trata de derrocar sino de dar cumplimiento. Los templos Bahá'i no contienen símbolos religiosos aceptados; están cubiertos por una cúpula, son circulares y tienen nueve puertas que representan las tradiciones existentes (hay solamente cuatro de tales templos: Evanston, EUA; Francfort, Alemania; Sydney, Australia y Kampala, Uganda). Los principios de este movimiento pueden resumirse así: (1) unidad de la humanidad; (2) deber de cada individuo de buscar la verdad en forma independiente; (3) igualdad entre los sexos; (4) esencial unidad de todas las religiones; (5) la ciencia y la religión no se contradicen; (6) la religión tiene que ser la fuente de amor y unidad; (7) abolición de todo prejuicio; (8) educación universal; (9) solución de los problemas económicos; (10) estímulo de un idioma internacional; (11) paz y (12) establecimiento de una corte internacional de justicia.

Hay seguidores de la fe Bahá'i en la mayor parte del mundo, aunque su membresía es relativamente pequeña. ERIC J. SHARPE

BAILLIE, JOHN (1886-1960). Teólogo escocés. Desempeñó varias cátedras de teología en EUA y Canadá (1919-34) y fue profesor de teología en la Universidad de Edimburgo (1934-56). Durante la Guerra Mundial II convocó a una comisión designada por la Iglesia de →Escocia "para la interpretación de la voluntad de Dios en la presente crisis", y fue moderador de la asamblea general (1943). Ardiente ecumenista como su hermano Donald MacPherson Baillie, fue presidente del →CMI y signatario del *"Bishops*

Report" que en 1957 sugirió la introducción de obispos en presbiterio en la Iglesia de Escocia. Profundamente preocupado por las dudas que algunas personas abrigaban acerca de la fe cristiana, se destacó como apologista, v.g. su *Invitation to Pilgrimage* (1942). Su *And the Life Everlasting* (1933) y su *A Diary of Private Prayer* (1936) alcanzaron una aceptación grande. Sus Conferencias Gifford, *The Sense of the Presence of God,* fueron publicadas póstumamente. Por lo menos una de sus obras se ha traducido al español: *Regeneración y conversión* (1956).

HENRY R. SEFTON

BAINTON, ROLAND HERBERT (1894-). Uno de los más destacados historiadores de la Iglesia del s.XX. N. en el pequeño poblado de Ilkeston, Inglaterra, emigró con su padre a Canadá en 1898 y luego a EUA en 1902, y desde entonces ha residido en ese país. Es miembro de la Sociedad de los →Amigos y a la vez es ministro ordenado de la →Iglesia Unida de Cristo. Hizo sus estudios universitarios en Whitman College, y después en la Universidad de Yale, donde obtuvo su doctorado en NT en 1921. Desde antes de graduarse enseñaba en esa universidad, donde transcurrió toda su carrera académica hasta su jubilación en 1962. Aunque originalmente su campo de especialización era el NT, pronto comenzó a dedicarse principalmente a la historia eclesiástica, campo en que ha descollado.

Buena parte de la fama de B. se debe a que, sin sacrificar la seriedad de su erudición, ha sabido comunicar sus conocimientos a un público mucho más amplio que el de los historiadores de la iglesia. Esto podía verse en sus conferencias en Yale, cuyo estilo dramático y elegante cautivaba la atención de sus discípulos. Pero puede verse sobre todo en sus libros, de estilo claro y terso, y varios de ellos ilustrados por el mismo autor, pues B. es también artista diestro en el dibujo en tinta, la acuarela, y la caricatura.

Sus libros más conocidos son *Lutero* (1950, Esp. 1955) y *La iglesia de nuestros padres* (1941, Esp. 1953). También se ha traducido al español *Actitudes cristianas hacia la guerra y la paz* (1960). Entre sus muchos otros libros se cuentan *The Travail of Religious Liberty* (1951), *The Reformation of the Sixteenth Century* (1952), *Hunted Heretic: A Study of Michael Servetus* (1953), *The Horizon History of Christianity* (1964), *Erasmus of Christendom* (1968), *Women of the Reformation* (varios volúmenes, a partir de 1971) y *Behold the Christ* (1974).

JUSTO L. GONZALEZ

BALDAQUINO. Dosel que cubre un trono, diván, púlpito, altar u otro objeto sagrado. La palabra se usa también para describir un palio cuadrado, sostenido por cuatro postes y llevado sobre un sacerdote que porta la Hostia. En piedra abovedada, a veces forma una cubierta decorativa y protectora sobre figuras yacentes en las tumbas medievales, especialmente en Inglaterra. Se originó en el s.XII.

J.D. DOUGLAS

BALFOUR, ARTHUR JAMES (1848-1930). Estadista británico. Sus puntos de vista religiosos fueron influyentes debido a su posición política. En *A Defence of Philosophic Doubt* (1879), intentó justificar la fe argumentando que las convicciones básicas de todos los hombres descansan en bases irracionales de fe religiosa. Desarrolló este concepto en *Foundation of Belief* (1895) y en dos series de Conferencias Gifford: *Theism and Humanism* (1915) y *Theism and Thought* (1923). Siendo primer ministro (1902-5), el "Acta de educación" (1902) despertó la hostilidad de los no conformistas y los secularistas, al poner en las nóminas a las escuelas no subvencionadas. Esto alivió a tales instituciones de la presión financiera pero hizo que los miembros de las iglesias libres participaran en el sostenimiento de las escuelas anglicanas. En 1917 produjo la "Declaración Balfour" que comprometía a la Gran Bretaña a proveer en Palestina un "hogar nacional para el pueblo judío". B. comulgaba tanto en la Iglesia Anglicana como en la Presbiteriana Escocesa. En un tiempo demostró cierto interés en el espiritismo, aunque posteriormente la abandonó.

JOHN A. SIMPSON

BALMES URPIA, JAIME LUCIANO (1810-1848). Sacerdote y filósofo español. N. en Vich (Cataluña) y estudió en el Seminario de esa ciudad y en la Universidad de Cervera. En 1833 fue ordenado sacerdote. Enseñó matemáticas en su ciudad natal, y después estuvo unos años en Barcelona, de donde pasó a Madrid. Entre 1842 y 1847 viajó a Francia, Bélgica e Inglaterra. De salud muy pobre, murió en Vich, a donde se había trasladado poco antes.

B. desplegó una gran actividad durante su corta vida. Creó y dirigió varias revistas; influyó en la vida política española; escribió sobre filosofía, política y temas sociales. Fue también un destacado apologista del catolicismo.

Como filósofo, dirigió sus críticas contra el empirismo inglés, el kantismo y la filosofía de Hegel. Representa el resurgimiento de la escolástica, que estaba en decadencia. B. influyó en el Cardenal →Mercier y en la Escuela de Lovaina.

Su producción apologética constituye otro aspecto importante de su actividad. Su obra más sobresaliente es *El protestantismo comparado con el catolicismo en sus relaciones con la civilización europea,* en 4 vol. (1842-1844). Esta obra es una respuesta a la *Historia general de la civilización europea* de F. Guizot. La argumentación no es teológica. Quiere demostrar que la historia enseña que el protestantismo ha sido un obstáculo para el desarrollo de la civilización europea, y que la ICR representa la salvación de la sociedad.

PLUTARCO BONILLA A.

BANCROFT, RICHARD (1544-1610). Arzobispo de Canterbury desde 1604. N. en Farnworth, Lancanshire; fue educado en Cambridge y después de ser ordenado fue capellán del obispo Richard Cox de Ely y rector de Teversham. Sucesivamente fue rector de San Andrés, Holborn, tesorero de la catedral de San Pablo y canónigo de Westminster. En 1589 lanzó un furibundo ataque contra el puritanismo presbiteriano, reafirmando el episcopado hasta tal punto que uno de los consejeros de la reina temió que estuviera amenazando la supremacía real. En 1590 fue hecho prebendario de la catedral de San Pablo y después capellán del arzobispo Whitgift. Siete años más tarde fue designado como obispo de Londres, ejerciendo gran influjo debido a la edad y a la dolencia de Whitgift. Tuvo que ocuparse de los *Marprelate Tracts.* En 1604 sucedió a →Whitgift como primado. Asistió a la *Hampton Court Conference* con los presbiterianos pero no hizo sino desbaratarla debido a su beligerancia e intransigencia. A él se debieron mayormente los cánones de 1604 que recibieron el asentimiento real pero que el Parlamento pronto desechó. Trató sin éxito de hacer independientes de la ley a los tribunales eclesiásticos. En sus últimos meses participó en el esquema para restablecer el episcopado en Escocia. También tuvo la responsabilidad de supervisar la Versión Autorizada de la Biblia, aunque murió sin verla completa.

La disciplina férrea de B., su autoritarismo e intransigencia tienen que verse en su contexto histórico. A veces estas actitudes han sido erróneamente usadas para apoyar las innovaciones de la *High Church* halladas en los tratados de Marprelate acerca del episcopado como si fueran parte del primitivo anglicanismo. La realidad histórica era que él trataba con la truculenta ala de extremistas puritanos que está sumarizada en los *Marprelate Tracts.* Esta ala extrema no debería ser confundida con la corriente principal del puritanismo que en Inglaterra permaneció, en su mayoría, fiel a la iglesia nacional durante la vida de B., aunque ejerciendo presión en favor de reformas y mejoras.

G.E. DUFFIELD

BANGKOK, CONFERENCIA DE. Octava conferencia misionera mundial de este siglo y la segunda desde la fusión del →Concilio Misionero Internacional con el →CMI. Tuvo lugar en Bangkok, Tailandia, del 29 de dic. de 1972 al 8 de ene. de 1973. Participaron 326 personas de 69 países (52 por ciento del Tercer Mundo), de los cuales 16 eran latinoamericanos, que representaban a los concilios evangélicos de Argentina, Brasil, Méjico, Puerto Rico y Uruguay, o invitados y asesores del CMI. El tema fue sobre el contenido y sentido mismo de la misión cristiana: "La Salvación Hoy". El propósito: "celebrar y proclamar la riqueza de la salvación" en la experiencia contemporánea y sacar las implicaciones para la misión de las iglesias y el movimiento ecuménico hoy. Otra novedad fue la metodología: pocos discursos y mucha participación de los asistentes en grupos de estudio bíblico, de reflexión o de comunicación.

No hubo un consenso teológico ni una declaración oficial sobre la salvación, pero sí diversos aportes que continúan en la agenda de las iglesias y del movimiento ecuménico. La Sección I, "Cultura e Identidad" afirmó que "la cultura da forma a la voz humana que responde a la voz de Cristo" y levantó la cuestión de la "moratoria" de fondos y personal misionero en ciertas circunstancias. La Sección II, "Salvación y Justicia Social" describió "la salvación que Cristo trajo y en la cual participamos" como un proceso total que "incluye la salvación del alma y del cuerpo, del individuo y de la sociedad, de la humanidad y de la entera creación que gime". Dios obra "en la justicia social y en la justificación del pecador" y su salvación actúa en la historia en la lucha por la justicia económica, por la dignidad, por la solidaridad y por la esperanza humanas. La Sección III, "Las Iglesias Renovadas en Misión", afirmó el carácter único de la iglesia local y la necesidad de crecer y renovarse para el cumplimiento de su misión en el mundo.

La Asamblea de la Comisión de Misión Mundial y Evangelización (del CMI), que siguió a la Conferencia, confirmó al pastor uruguayo Emilio →Castro como Director, en reemplazo del Philip →Potter, e hizo planes específicos para cumplir con las recomendaciones de la Conferencia, tales como la modificación de la Constitución de dicha Comisión (ahora iglesias y agrupaciones cristianas pueden ser miembros o consultantes, además de los concilios nacionales o misioneros); las relaciones con la ICR; los pentecostales y los "evangélicos conservadores"; el intercambio ecuménico de personal para internacionalizar la misión, etc. MORTIMER ARIAS

BAÑEZ, DOMINGO (1528-1604). Teólogo dominico español. Firme defensor de la doctrina tomista la cual trató de seguir en sus más mínimos detalles. Desempeñó varios profesorados durante diez años y en 1580 fue elegido a la cátedra principal de la Universidad de Salamanca en donde permaneció durante veinte años. Participó en forma destacada en la controversia con los jesuitas en cuanto a los méritos de la muerte de Cristo, la predestinación y la justificación. Estaba interesado en la lógica, era bien versado en metafísica y nunca dudó en tratar en profundidad un tema si éste era importante o útil. Fue director y confesor de Santa →Teresa.

J.D. DOUGLAS

BAPTISTERIO. Edificio o lugar del mismo en donde es administrado el bautismo. Uno de los salones de una casa del s.III en Dura-Europos fue provisto de fuente y dosel para servir de b. B. separados aparecen en el s.IV; incluyen a veces un conjunto de habitaciones; los candidatos se reunían en una, se desvestían en otra, eran bautizados en la siguiente, vestidos en ropajes blancos en otra y luego entraban en la iglesia. Durante la Edad Media dejaron de edificarse b., ya que una fuente en la parte trasera de la iglesia se consideraba suficiente para administrar el bautismo. Ha habido algunos intentos modernos de otorgar mayor prominencia al lugar del bautismo en términos arquitectónicos.

HENRY R. SEFTON

BARBARROJA →FEDERICO I

BARBAS. Estas han sido generalmente características de las razas caucásicas. En el Oriente en particular era una señal de dignidad masculina. En el AT cortarse los extremos de la b. estaba prohibido (Lv. 19:27), y eliminar la b. era una desgracia (2 S. 10:4,5). Esto condujo en el judaísmo posterior a la obligación religiosa de llevar b. Desde los tiempos romanos ha habido muchos cambios arbitrarios de modas en cuanto a la b. en la sociedad, desde rasurarse por completo hasta una multiplicidad de estilos de b. Por ejemplo, gobernantes tales como Luis XIII, Francisco I y Enrique VIII fueron notables en cuanto a iniciar modas. Estas variaciones en las modas, carentes de toda importancia, fueron mayormente reflejadas en las costumbres de la iglesia. El pintor James Ward (1769-1859), en su *Defence of the Beard,* sin embargo, dio dieciocho razones bíblicas "por las cuales el hombre está obligado a llevar b. a menos que no le importara ofender al Creador y al buen gusto". En 1860 "Theologos" escribió un libro titulado. *Rasurarse, una violación del sábado y un impedimento a la extensión del evangelio.*

HOWARD SAINSBURY

BARBIERI, SANTE UBERTO (1902-). Obispo metodista, ex-presidente del CMI. N. en Dueville, Italia. En 1911 sus padres se trasladaron a Sao Paulo, Brasil, donde B. cursó sus estudios primarios, secundarios y teológicos (estos últimos entre los años 1924 y 1926). Ejerció pastorados en Porto Alegre y Cashoeira. Siguió estudios posgraduados (1929-1933) en las universidades Southern Methodist y Emory (EUA).

De 1934 a 1939 fue pastor en Porto Alegre y en Passo Fundo, y director del Seminario de Teología del Sur de la Iglesia Metodista. De allí pasó a la Argentina (1940) como profesor de la Facultad Evangélica de Teología y asumió al mismo tiempo responsabilidades pastorales, primero en Barracas y luego en la Iglesia Central de Buenos Aires. En 1948 fue electo rector de la Facultad; continuó a la vez como secretario de evangelización de su denominación. Consagrado obispo para Argentina, Uruguay y Bolivia en 1949, fue reelegido ininterrumpidamente en 1952, 1956, 1960 y 1964. Ejerció este activísimo ministerio hasta 1968 en que se jubiló. Su dinámica personalidad impulsó la extensión de la Iglesia y su desarrollo en los tres países a su cargo, movido por una intensa pasión evangelizadora. Desde entonces ha continuado asumiendo diversas responsabilidades y viajando por el continente. Ha sido presidente y secretario ejecutivo del Consejo de Iglesias Evangélicas →Metodistas de América Latina.

Fue el primer latinoamericano en ser elegido como uno de los presidentes del →CMI en su asamblea de →Evanston (1954); integró asimismo el Comité Central del Consejo Mundial de Educación Cristiana y del Concilio Mundial Metodista. Fue delegado a unos once congresos de carácter mundial. Dictó un sinnúmero de conferencias en el continente y en Europa. Recibió distinciones de diversas instituciones educacionales de Estados Unidos.

Autor prolífico, B. ha escrito por lo menos 31 obras. La mayoría son de carácter poético o de historias bíblicas noveladas. Entre éstas se destacan *Del Fango a las estrellas* (1948), *El hijo de consolación* (1950), *El médico amado* (1958), *El sacrificio vivo* (1967). También ha escrito sobre temas bíblico-teológicos como *La supremacía de Jesús* (1944), *La carta fundamental del cristianismo* (1949); biográficos como *Una extraña estirpe de audaces* (1958); y misioneros como *El País de Eldorado* (1962).

CARLOS T. GATTINONI

BARCLAY, ROBERT (1648-1690). Teólogo →cuáquero y apologista escocés. Hijo de un militar profesional que había luchado por Gustavo Adolfo así como en el ejército escocés. B. fue enviado a Francia a los diez años de edad, donde pasó cuatro años estudiando con su tío que era rector del *Scots College* (católico romano) en París. A su regreso a Escocia siguió el ejemplo de su padre aceptando el cuaquerismo (1667). En 1670 se casó con una conversa, Christina Mollison, se estableció en su finca de Ury y comenzó a escribir los tratados apologéticos que lo llevaron a la fama. La persecución en contra de B. comenzó en 1672 después que caminó por las calles de Aberdeen vestido con saco y llevando cenizas en la cabeza. Fue puesto en prisión aquel mismo año y varias veces después. Su más prolongado encarcelamiento fue durante el invierno de 1676-77. También viajó al continente europeo sirviendo a su fe. Su primer viaje de 1676 lo puso en contacto con su lejana pariente la princesa Elizabeth del Rin. Esta había mostrado interés en los ideales cuáqueros y cuando B. se retiró fue portador de una carta de ella para el príncipe Ruperto. En ésta se le pedía que usara su influencia en favor de los cuáqueros encarcelados. En 1677 Willian →Penn, George →Fox y B. fueron a Alemania y B. una vez más entrevistó a Elizabeth. A su regreso a Escocia llegó a ser uno de los favoritos del duque de York (posteriormente Jaime II). Esta amistad condujo a la concesión de la colonia de Nueva Jersey oriental al grupo de →Amigos, incluyendo a B. que fue designado en 1683 como gobernador del territorio. El nunca fue al Nuevo Mundo, pero su hermano se estableció allí. La colonia tenía el propósito de ser refugio para los perseguidos y dar aplicación práctica de los ideales cuáqueros de tolerancia. Entre sus muchas obras, las más conocidas son *A Catechism and Confession of the Faith* (1673), *The Anarchy of the Ranters* (1676) y *An Apology for the True Christian Divinity, Being an Explanation and Vindication of the People Called Quakers* (1678). Insistió sobre la divina revelación interior como necesaria para la verdadera fe. Formuló también ideales pacifistas y humanitarios que todavía sigue la Sociedad de los Amigos.

ROBERT G. CLOUSE

BARDESANES (154-222). Cristiano de Edesa. Hombre de notable versatilidad, era el más destacado representante de la primitiva comunidad cristiana de Edesa, Siria. Amigo de la corte y particularmente del rey Abgar IX, era un filósofo capaz de escribir en griego y en siríaco y poeta de considerable fuerza. Antes de su conversión había manifestado interés por la astrología, cosa que mantuvo contribuyendo así a su reputación como no ortodoxo y aun hereje. Es famoso por su *Libro sobre las leyes de los países*, escrito por un discípulo, Felipe. Aquí arguye en contra de los astrólogos que en el universo hay libre albedrío. Su relación con el gnosticismo es asunto discutido. Fue o suficientemente fiel al cristianismo como para llegar al punto de martirio. En tanto poeta puede considerársele como uno de los fundadores de la literatura siria.

C. PETER WILLIAMS

BAR HEBRAEUS (1225-1286). Obispo de la iglesia siria monofisita (jacobita) y mafrian (primado) desde 1264. Escritor de prodigiosa producción, sus obras incluyen un comentario bíblico ("Depósitos de secretos"), una teología sistemática ("Candelabro del santuario") y en forma de resumen ("Libro del relámpago"), derecho canónigo o monocanon ("Libro de guía"), ética ("Libro de la ética"), espiritualidad ascética ("Libro de la paloma"), exposición de filosofía aristotélica ("Crema de la sabiduría"), un bosquejo de lógica, física y metafísica ("Libro de la conversación de sabiduría"), una exposición gramatical ("Libro de esplendores"), astronomía ("El ascenso de la razón"), cronografía (tanto de historia secular como eclesiástica), prosa y poesía, y cierta cantidad de traducciones del árabe. Sus obras son importantes porque han preservado una valiosa información, en cuanto al texto, al léxico y a la historia, extractada con entusiasmo enciclopédico por este erudito ampliamente versado. J.N. BIRDSALL

BARING-GOULD, SABINE (1834-1924). Compositor inglés de himnos y erudito acerca de la Edad Media. Nació en Exeter y se educó en Cambridge, recibiendo las sagradas órdenes de la Iglesia Anglicana en 1864; fue durante tres años pastor en Horbuty Bridge, Yorkshire. En 1865 escribió su famoso himno "Firmes y adelante" para un desfile de Escuela Dominical. Después de desempeñar cargos en Dalton, Yorkshire y East Mersea, Essex, en 1881 se designó a sí mismo como rector de Lew Trenchard, Devon, que había sido asiento de la familia durante 300 años. Fue un autor versátil y su mayor obra, *The Lives of the Saints,* en quince tomos, tuvo la distinción de ser puesta en el *Index Expurgatorius* romano. Otros himnos incluyen "Ha pasado el día" y la traducción al inglés de *"Through the night of doubt and sorrow".* J.G.G. NORMAN

BARMEN, DECLARACION DE. Afirmación hecha por el primer sínodo de la →"Iglesia Confesante" (mayo, 1934), que repudió el programa de los →"Cristianos Alemanes". Estos habían combinado el liberalismo teológico con el anti-semitismo y nacionalismo extremista de Hitler y habían ganado a algunas de las iglesias. Contra esta tendencia surgió una resistencia encabezada por hombres como Martín →Niemöller, Karl →Barth y Dietrich →Bonhöffer. La oposición se cristalizó en la formación de la "Iglesia Confesante" la cual celebró su primer sínodo en Barmen.

La D. se compuso de seis tesis respaldadas con pasajes bíblicos: (1) El mensaje de la Iglesia es solamente Cristo, como es revelado en las Escrituras, y no la teoría nazi de "sangre y tierra". Solo a Cristo se debe escuchar, creer y obedecer. (2) Todas las áreas de la vida están bajo la justicia de Cristo. (3) La Iglesia es una asamblea de hermanos que han aceptado a Jesús como Señor. (4) Ningún ministerio eclesiástico es superior a otro. (5) El Estado, como orden divino, no impera en todos los aspectos de la vida humana. (6) La Iglesia no está supeditada a los propósitos de los hombres. La tesis primera y la quinta de manera especial se oponían a la teología de los "cristianos alemanes".

Esta notable D. perdió mucho de su fuerza debido a discrepancias entre los teólogos de la "Iglesia Confesante". P.e. algunos de los teólogos luteranos discrepaban con el énfasis barthiano en virtud del cual la D. rechazaba totalmente la →teología natural. WILTON M. NELSON

BARNABITAS. Congregación llamada "Clérigos regulares de San Pablo" (o "paulinos"), fundada en Milán en 1533 por Antonio María Zaccaria, médico de Cremona junto a Bartolomeo Ferrari, abogado, y Giacomo Antonio Morigia, matemático, para predicar en misiones y dirigir la obra educativa en la ciudad. Se les dio la iglesia de San Bernabé y de ahí su nombre. Un vigoroso defensor fue Carlos →Borromeo, cuyo confesor, Alessandro Sauli, fue general de la orden (1565). Durante el s.XVII se extendieron por Francia y la Europa Central. Hoy existen unas 35 residencias. J.D. DOUGLAS

BARNARDO, THOMAS JOHN (1845-1905). Notable benefactor de huérfanos. Convertido en 1862, llegó a ser miembro de los →hermanos libres y fue a Londres desde su hogar de Dublín en 1866, dispuesto a ser un médico misionero. Visitando los barrios bajos de Stepney, la miseria de un jovencito sin hogar, Jim Jarvis, lo inspiró a fundar en 1870 su primer hogar para niños destituídos. Dotado de una energía nerviosa sorprendente, aunque autocrática, gran sagacidad organizadora y habilidad periodística para apelar al público, rápidamente levantó una vasta organización. En 1873 un antiguo edificio público sirvió de base para una iglesia y comedor; en 1876 edificó una villa en Ilford para dar hogar a niñas en pequeñas unidades; en 1882 empezó a enviar chicos al Canadá a causa de las mejores perspectivas de empleo y, en 1886, comenzó a hacer arreglos para dar pensión a los niños. La organización se expandió en tal manera que para la época de su muerte había admitido a 59.384 niños en sus hogares, ayudado a 20.000 a emigrar, y había asistido materialmente a más de 250.000. C. PETER WILLIAMS

BARNBY, JOSEPH (1838-1896). Uno de los más influyentes directores de coro en la Inglaterra del s.XIX. Hizo mucho para introducir en Inglaterra las obras de Bach y de

Dvorak, escribió más de 200 melodías para himnos, editó cinco himnarios y durante años fue asesor musical de Novello y Cía. Hoy es más conocido por su melodía *Laudes Domini* para el himno "Del alba al despuntar". Sus numerosos cánticos e himnos a cuatro voces tienen una dulce y romántica tonalidad que hoy está fuera de gusto.

J.B.MacMILLAN

BARNHOUSE, DONALD G. (1895-1960). Ministro presbiteriano y predicador de radio. N. en Watsonville, California. Estudió en varias instituciones, incluso las universidades de Chicago y de Princeton. Obtuvo su doctorado en teología en Aix-en-Provence Francia. En 1919 se asoció con la Misión Evangélica Belga. Desde 1919 hasta 1921 fue director de un instituto bíblico en Bruselas y posteriormente pastoreó varias iglesias reformadas francesas. Regresando a EUA en 1927, inició un pastorado de 33 años en la Décima Iglesia Presbiteriana de Filadelfia. Llegó a ser un preclaro predicador de la radio. Un poco antes de su muerte había completado once años de predicación radial sobre la epístola a los Romanos. Fue moderador de la Iglesia Presbiteriana en 1928, director de la revista *Revelation* (1931-49) y de *Eternity* (1950-60). Escribió varios libros, de los cuales han sido traducidos al español *Enseñando la Palabra de verdad* (1961) y *Vencedores* (1968).

BRUCE L. SHELLEY

BARONIO, CESAR (1538-1607). Cardenal e historiador eclesiástico. En 1568 en respuesta a →*Centurias de Magdeburgo,* inició sus *Annales Ecclesiastici,* historia de la iglesia donde cada capítulo corresponde a un año. Su propósito era demostrar que las prácticas y creencias, que →Flacius decía ser corruptoras de la fe primitiva, en realidad se encontraban en la iglesia desde un principio. Intentaba dar seguridad a aquellos que temían que la moderna crítica histórica hubiera conmovido las antiguas leyendas. Desafortunadamente, los documentos usados por B., que llegó a ser bibliotecario del Vaticano en 1597, todavía no eran reconocidos como espurios y su obra está viciada de inexactitudes.

JAMES TAYLOR

BARROW, HENRY (m.1593). Reformador de la iglesia. Se graduó en Cambridge (1570) y fue miembro del *Gray's Inn* (1576), habiéndose convertido de vida escandalosa y disoluta mediante la oportunidad de escuchar a un "predicador de voz impresionante... y dando un salto desde una vana y libertina juventud a una vida de disciplina en el más alto grado" (Bacon). Entregado al estudio de la Biblia, se volvió amigo de John Greenwood, con quien compartió un elevado respeto por las obras de Robert →Browne. Fue arrestado en 1586 por orden del arzobispo →Whitgift mientras visitaba en la cárcel a Greenwood. Fue sometido a juicio en 1590 por hacer circular libros sediciosos y, tres años después, fue sentenciado y ahorcado. Sus obras incluyen *A True Description of the Visible Congregation of the Saints* (1589) y *A Brief Discovery of the False Church* (1590). Estas fueron impresas, como la mayor parte de sus obras, en cuenta un relato de los juicios e investigaciones a que fue sometido, y los originales fueron sustraídos de la cárcel por sus amigos residentes en Holanda. A veces se lo presenta como el padre del moderno →congregacionalismo, pero los expertos difieren en cuanto a las creencias de B., y él mismo rechazó vigorosamente el título de mero "sectario".

G.S.R. COX

BARSUMAS (m.458). Dirigente →monofisita y archimandrita que promovió en Siria la herejía de →Eutiques acerca de "una naturaleza" cuya causa él apoyó en el Concilio de Constantinopla (448) y, con mil de sus monjes monofistas militantes, en el Sínodo del "latrocinio" de →Efeso (449). Allí, a invitación del emperador Teodosio II, representó a los monjes orientales y votó a favor de los obispos. La promoción que hizo del enfoque de Eutiques y el haber suscrito en Efeso la condenación de Flaviano y de Eusebio de Dorilea le valió en Calcedonia (451) ser considerado como un "asesino" que "había trastornado toda Siria". Fue condenado al exilio quedando todavía leal a Eutiques.

J.D. DOUGLAS

BARSUMAS (m.493). Obispo nestoriano de Nisibis. La purga →monofista de →nestorianos en el Concilio de Efeso (431) hizo que B. huyera a Nisibis, Persia, en donde llegó a ser obispo. Bajo su influencia los sacerdotes monofisitas fueron masacrados. El Sínodo de Beth Lapat, en 484, aprobó medidas destinadas a desvincular el nestorianismo y las iglesias del Imperio Romano. Todas las doctrinas, con excepción de las nestorianas y las sostenidas por estas iglesias, fueron condenadas; el casamiento de los sacerdotes fue legalizado. B. mismo contrajo matrimonio con una monja. Fue asesinado por monjes persas en 493. Fundó la escuela teológica nestoria-

na en Nisibis. Seis de sus cartas se conservan.
G.T.D. ANGEL

BARTH, KARL (1886-1968). Teólogo suizo. N. en Basilea. Estudió en Suiza y en Alemania bajo algunos de los grandes eruditos liberales de su época. No obstante, su comentario sobre la epístola a los Romanos, escrito en 1919 mientras era pastor en el pueblo suizo de Safenwill en medio del tumulto de la Guerra Mundial I, rompió con el liberalismo y lo estableció como el jefe de la nueva teología →dialéctica. El evangelio liberal de la paternidad de Dios y la hermandad de los hombres era demasiado anodino. B. quería ir más allá de tratar al cristianismo meramente como a una institución o como a un fenómeno en la historia de las religiones. Trataba así de recuperar la realidad testificada por los profetas y los apóstoles. Su visión de la Biblia estaba, sin embargo, coloreada por sus lecturas de →Dostoievsky y →Kierkegaard. Destacó la trascendente ocultación de Dios que se revela a sí mismo en Cristo. Al hacerlo, Dios revela tanto su gracia como su juicio. La revelación de la gracia ilumina al pecado y a la culpa del hombre aun, o más bien especialmente, en su religión.

B. enseñó sucesivamente en las universidades de Gotinga (1921), Münster (1925) y Bonn (1930) hasta su expulsión de Alemania cuando los nazis llegaron al poder. Regresó a su ciudad nativa de Basilea donde enseñó hasta su retiro en 1962. Escribió más de 500 libros, ponencias y artículos, muchos de los cuales fueron traducidos al inglés, francés, español y otros idiomas. Incluyen importantes estudios sobre Anselmo, la teología del s.XIX y varios comentarios sobre el NT. Pero su obra cumbre es probablemente la monumental, aunque incompleta, *Die Kirchliche Dogmatik* escrita mayormente en Basilea y que abarca su enseñanza allí. Los trece libros están divididos en cuatro "volúmenes" que se ocupan de (I) Prolegómenos, la Doctrina de la Palabra; (II) la Doctrina de Dios; (III) la Creación; y (IV) la Reconciliación. Un quinto volumen acerca de la Redención (escatología) no fue escrito.

La enseñanza que B. cambió y evolucionó con los años. Sin embargo, el tema de la soberanía de Dios en la revelación a través de su Palabra, puede ser descubierto ya en su comentario sobre Romanos y llega a manifestarse en sus últimas obras. En *Dogmatik* constituye la base de toda teología. El conocimiento de Dios se realiza en la revelación del Padre a través del Hijo y mediante el Espíritu Santo. El fundamento de la teología es así la viviente Trinidad misma. La Palabra de Dios no es una cosa o un objeto, sino Dios mismo hablando. La Palabra de Dios tiene una forma triple: el Hijo como la Palabra del Padre, la Escritura como la encargada de testificar en cuanto a esa Palabra y la proclamación cristiana. Las tres formas son inseparables en la práctica. La Palabra de Dios se conoce únicamente por la Escritura y, en consecuencia, toda proclamación cristiana (ya fuere en sermones, libros o en cualquier otra forma de testimonio) tiene que ser sometida a la prueba de la Escritura. Dado que Dios ha decidido revelarse a sí mismo en esta manera, B. rechaza como sin razón, falta de interés y pecaminosa toda forma de teología natural que intente hallar a Dios por otros medios.

En los últimos volúmenes de *Dogmatik* el pensamiento de la soberana gracia de Dios en su Palabra reveladora es ampliado por el concepto barthiano de la Palabra encarnada. B. llegó a considerar la encarnación como el establecimiento de un pacto entre Dios y la humanidad en vista de la unión de Dios y el hombre en Jesucristo. Esta idea llegó a ser el factor determinante de la posterior enseñanza de B. Fue la clave para su entendimiento de Dios quien ante todo, es un Dios que toma al hombre en sociedad con él mismo. Era fundamental para la doctrina de B. cuanto a la Creación. Dios creó al mundo teniendo en vista esta unión con el hombre. El hombre no tiene que ser entendido en abstracto. La verdad más profunda acerca del hombre solamente puede ser captada al verlo tal como es en Cristo.

B. pensaba acerca del pecado que es, no la transgresión de una ley abstracta, sino el intento humano de libertarse de la gracia en que ya se encuentra. Es el intento de vivir como si no fuéramos partícipes del pacto de Dios en Cristo. Su enseñanza acerca de la redención era una especie de doble predestinación en la cual Cristo es tanto el réprobo como el elegido de todos. En la cruz sufrió el rechazo por todos, de tal manera todos pueden ser redimidos en El. Esto llevó a B. al borde del universalismo, aunque se negó a identificarse con tal posición.

Aunque disfrutó de fama mundial, B. se vio más y más aislado en sus últimos años. Algunos eruditos conservadores alegaban que no había hecho justicia a la enseñanza de la Biblia como la misma Palabra de Dios. Otros afirmaban que era biblicista en exceso y mezquino en su concepto de la revelación.

Para muchos cargos hechos por sus críticos, B. tuvo adecuadas respuestas. Además, tuvo percepciones o clarividencias de que numerosos teólogos contemporáneos carecían. No obstante, no puede ser completamente librado de la acusación de ser más cristocéntrico que la Biblia y (pese a su propia polémica contra la teología natural) de haber erigido una teología que en muchos sentidos resulta especulativa sobre la base de una substancia bíblica. La contribución fundamental de B. a la teología no fue el sistema que elaboró sino los muchos y profundos conceptos e incentivos para una mayor reflexión que se encuentran en sus escritos. COLIN BROWN

BARTOLOME DE LAS CASAS →LAS CASAS, BARTOLOME DE

BARTOLOME DE LOS MARTIRES (1514-1590). Arzobispo de Braga, Portugal. Se hizo fraile dominico en 1528 y posteriormente enseñó filosofía y teología durante 20 años. Contra sus deseos fue elevado al arzobispado (1558). En las sesiones de Trento de 1562-63 introdujo reformas para el clero, y puso en vigor estrictamente los decretos conciliares en su concilio provincial de 1566. Empezó un seminario en su propio palacio, instituyó cátedras de teología moral en Braga y en Viana do Castelo, redactó un catecismo, predicó con vigor y visitó metódicamente sus casi 1.300 parroquias. Renunció a su sede en 1582 y se retiró al priorato dominico de Viana do Castelo. Fue autor de más de 30 obras.
C.G. THORNE, Jr.

BARTOLOME, NOCHE DE →NOCHE DE BARTOLOME

BARTOLOMEO, FRA (1475-1517). Pintor italiano. Alumno de Cosimo Rosselli, posteriormente se convirtió bajo →Savonarola y tomó las órdenes en 1501, ingresando en el convento dominico de San Marcos. Durante un tiempo abandonó la práctica de la pintura pero la reanudó en 1504. Por el año 1509 asumió una posición de dirigente en la escuela pictórica contemporánea de Florencia. Llegó a ser maestro de un taller que era la principal fuente de aprovisionamiento para los altares mayores de la ciudad. Sus cuadros maduros son graves y nobles, efecto alcanzado más debido a lo impresionante de su estructura que por cualquier exposición de contenido humano. Sus obras incluyen: *Asunción de la Virgen, Santa Catalina de Siena* y *Magdalena* y el *Matrimonio de Santa Catalina.* ROBERT G. CLOUSE

BARTOLOMISTAS. Dos grupos han llevado este nombre:

(1) Un grupo de monjes armenios que huyó a Génova en 1306 y para los cuales se les edificó una iglesia dedicada a San Bartolomé. Al aumentar su número debido a la llegada de nuevos refugiados armenios, se extendieron por toda Italia. Al principio →Clemente V los autorizó para celebrar cultos conforme al rito de ellos, pero más tarde Inocencio VI (1356) aprobó la adopción por parte de ellos de la liturgia romana y de la Regla de San →Agustín. Bonifacio IX les concedió privilegios de dominicos. Tras un período de decadencia fueron suprimidos por →Inocencio X en 1650.

(2) Congregación alemana de sacerdotes seculares fundada en 1640 por Bartolomé Holzhauser (1613-58) para predicar, enseñar y revivir la moralidad y la disciplina tanto del clero como de los laicos. Conocidos también como "Hermanos Unidos" y "Comunistas", vivían en comunidades bajo un superior, pero sin hacer votos. Nunca trabajaban solos sino siempre de dos en dos. Después de la aprobación papal de 1680 se extendieron a muchos países europeos, incluso Inglaterra, Polonia e Italia. Desaparecieron en 1803, aunque se hicieron intentos para restaurarlos.
JAMES TAYLOR

BARTON, ELIZABETH (c.1506-1534). "Doncella de Kent". N. en Aldington, Inglaterra. Parece haber sido neurótica, pero sus trances atrajeron la atención y la admiración locales. Afirmaba estar en contacto con la Virgen María, aunque sus declaraciones tenían un carácter político. Condenó a →Enrique VIII cuando se divorció de Catalina de Aragón. Posteriormente declaró que aquél ya no era más el rey a los ojos de Dios, lo cual fue considerado como una incitación a la rebeldía. Fue juzgada, confesó su impostura (algunos dicen que bajo presión) y fue condenada y ejecutada. J.D. DOUGLAS

BASILEA, CONCILIO DE (1431-49). Su pretensión de ser el concilio ecuménico XVII es resistida por teólogos católicos romanos sobre la causa de que sus decretos no fueron reconocidos por el papa debido a que éste consideraba que no representaba verdaderamente a la iglesia universal. El concilio fue convocado por →Martín V a pocos días antes de su muerte y tuvo lugar durante el papado de →Eugenio IV. Presidido por Julián →Cesarini, fue ampliamente representativo, incluyendo a miembros del alto y del bajo clero.

Fue bien apoyado por las universidades y por los príncipes europeos. El concilio heredó las tareas del concilio previo celebrado en →Constanza, a saber: extirpar la herejía, reformar la iglesia y lograr la pacificación de la cristiandad. Desde un principio hubo conflictos entre el concilio y el papa. Eugenio IV, temeroso debido a los informes que le llegaban, publicó una bula (18 de dic. de 1431) disolviendo la asamblea. En respuesta, el concilio, apoyado por Cesarini y por hombres influyentes que incluían a Nicolás de →Cusa, confirmó los decretos del Concilio de Constanza en cuanto a la superioridad del concilio general sobre el papa. Eugenio, sabedor de que parte considerable de la opinión de la iglesia y de Europa estaba en su contra, cedió reconociendo la legalidad del concilio (15 de dic. de 1433). Entonces la asamblea intentó introducir reformas, incluso la imposición de restricciones sobre los legados del papa, decretos designando cardenales y otros asuntos que afectaban a la Curia.

Irritado por estas interferencias en lo que consideraba sus dominios, Eugenio denunció el concilio en 1436 en un *memorandum* dirigido a todos los príncipes católicos. Crecieron las disensiones dentro del concilio, instigadas por un espíritu revolucionario de desafío y críticas contra el papado. Eugenio tuvo la habilidad de usar este espíritu en sus esfuerzos para unir las alas latina y griega de la iglesia. Convocó al Concilio de Ferrara para discutir las propuestas del emperador Juan VII Paleólogo y del patriarca de Constantinopla. La minoría del Concilio, que apoyaba al papa, fue a Ferrara y el 5 de jul. de 1439 fue proclamada la unión. Aquellos que habían permanecido en Basilea depusieron a Eugenio IV y nombraron a Amadeo VIII de Saboya como Félix V (último a los antipapas). El Concilio se prolongó penosamente por unos diez años más, trasladándose a Lausana en 1448; se disolvió el 25 de abril, 1449. Félix V abdicó y el Concilio reconoció a →Nicolás V. La iglesia había mantenido su forma monárquica. Como resultado de la asamblea los estados individuales se volvieron crecientemente independientes en sus asuntos eclesiásticos. Los príncipes habían utilizado las disputas entre los papas y el concilio y habían restringido la intervención de Roma en sus respectivos estados. La autoridad de la Iglesia había decrecido en su dominio temporal. El concilio tuvo algún éxito al enfrentar la herejía. Mediante negociaciones y componendas alcanzó un acuerdo con el ala moderada de los husitas →(UTRAQUISTAS). En 1433 la *Compactata* de Praga fue ratificada, concediéndose la Comunión de ambas especies a los laicos.

JAMES TAYLOR

BASILICA. Tipo de edificio adoptado comúnmente por los cristianos en el O para sus cultos públicos después del reconocimiento del cristianismo por →Constantino. Pareciera que fue una imitación de edificios públicos romanos que llevaban el mismo nombre. (La palabra viene de una raíz gr. que significa "real".)

Había dos tipos de b.: rectangular y circular (u octagonal). La parte central se llamaba "nave" y era más alta que las secciones laterales y estaba separada de estas por columnas que sostenían las paredes superiores a la nave central.

En frente de la b. por lo general había un atrio. A la entrada del edificio había un "nartex" o vestíbulo. Al otro extremo había un ábside semicircular y abovedado.

En el día de hoy el título de "b." es dado por el papa únicamente a ciertas iglesias privilegiadas. Por lo general se construyen en honor de algún mártir o de un evento muy especial.

Hay dos clases de b.: mayores y menores. Actualmente solo hay cuatro mayores, todas en Roma: San Juan de Letrán, San Pedro, San Pablo Extramuros y Santa María la Mayor. Cada una tiene un altar papal en el que solo el Sumo Pontífice puede oficiar. Entre las b. menores las que se hallan en AL, figuran, p.e., las de la Virgen de Guadalupe en México, Nuestra Señora de Luján en Buenos Aires, Santa Rosa de Lima en Perú y Nuestra Señora de los Angeles en Costa Rica.

WILTON M. NELSON

BASILIDES. →Gnóstico del s.II. N. probablemente en Antioquía, vivió y enseñó en Egipto, entre 117 y 161. Desde Alejandría emprendió trabajo misionero por la región del delta del Nilo. Fundó una escuela que se extendió fuera de Egipto y duró hasta el s.IV. De sus escritos tenemos solo pocos fragmentos. B. intenta hacer una síntesis entre el cristianismo y la gnosis, con influencias platónicas: del Dios desconocido surgen por emanación seres en orden jerárquico descendente *(Nous-Logos-Phronesis-Sophia-Dynamis)*. Hay, luego, 365 clases de ángeles. La inferior crea el mundo material y al hombre terrenal, como cárcel del alma (la que procede directamente del Dios desconocido). Cristo *(Nous)* desciende a salvar al alma; pero no padece ni muere: intercambia su figura con la de Simón Cireneo, de tal manera que es a éste a quien crucifican. Con su ascensión, Cristo prepara el camino que deben seguir las almas. PLUTARCO BONILLA A.

BASILIO DE ANCIRA (s.IV). Obispo arriano de Ancira y sucesor de Marcelo en la sede en 336. B. fue depuesto por los obispos occidentales en Sárdica en 342. Reinstalado por Constancio aproximadamente en 348, llegó a compartir con Jorge de Laodicea el liderazgo del grupo de obispos homoiousianos. En 358 este grupo redactó en Ancira un *memorandum* que decía que el Hijo no es ni "semejante" ni "idéntico" al Padre sino "parecido en cuanto a la substancia". B. esperaba unir al episcopado tras el credo y alentó a Constancio a convocar un sínodo unido de obispos. En los sínodos gemelos de Arminum (Rimini) y de Seleucia, un "credo fechado", que retenía el término "semejante" pero excluía "substancia", fue favorecido por el emperador Constancio. Sus defensores, dirigidos por →Acacio aseguraron la deposición de B. en 360, y este fue exiliado a Ilírico, donde murió. Fue coautor con Jorge de *Memoria de la Doctrina de la Trinidad* y se le atribuye el tratado de *De Virginitate*.

G.T.D. ANGEL

BASILIO EL GRANDE (c.329-379). Uno de los padres Capadocios. Hijo mayor de padres cristianos y hermano de →Gregorio de Nisa y de Macrina, fue educado en su hogar de Cesarea (Capadocia) y en Constantinopla antes de asistir en 351 a la universidad de Atenas. Allí hizo amistad con el joven príncipe Julián y con Gregorio, otro estudiante capadocio que posteriormente llegó a ser famoso como →Gregorio Nacianceno. A continuación de sus estudios en Atenas, B. regresó a Cesarea en 356 y enseñó retórica con marcado éxito. Resistió atractivas ofertas para emprender una obra educativa en la ciudad puesto que ya había decidido dedicarse a una vida ascética y devocional. Alrededor de 357 fue bautizado y ordenado como lector. Esto fue seguido por visitas a establecimientos monásticos de Palestina, Siria y Egipto, cosa que en una etapa posterior lo ayudó a decidir la clase de comunidad que deseaba establecer. A su retorno a Ponto se retiró a una pequeña ermita junto al río Iris, no lejos de su hogar. Dejó su reclusión en 364 a solicitud de su obispo, Eusebio, que estaba enfrentando mucha oposición por parte de los →arrianos extremos, fue ordenado presbítero y empezó a escribir libros contra Eunomio. Después de la muerte de Eusebio, en 370, B. fue designado obispo de Cesarea, cargo que lo iba a poner en controversia no solo con los arrianos sino también con los →pneumatómajoi y con el emperador. Cuando el emperador Valente visitó la provincia deseoso de imponer el arrianismo sobre una desafiante iglesia católica, fue superado por los elocuentes y vigorosos argumentos del noble B.

La contribución de B. a la iglesia y a la teología es triple: (1) Como *asceta* dedicó mucho tiempo a introducir y establecer el sistema monástico en el Ponto. Grandes instituciones se extendieron bajo su cuidado paternal. Una característica novedosa en este aspecto fue el "Cenobio" (gr. *koinobios* = "vida en comunidad") porque hasta entonces los ascetas habían vivido en soledad o en grupos de dos o tres. (2) Como *obispo* mostró un genuino don de liderazgo que se percibe no solo en su hábil dirección en los asuntos eclesiásticos de Capadocia, sino también en la aplicación del evangelio a las necesidades sociales de su pueblo. En las afueras de la ciudad edificó un elaborado y complejo conjunto de albergues para pobres, un hospital, la casa del obispo y vivienda para los clérigos con un imaginativo sistema de supervisión. Esto era tan completo que en su época fue llamado "Ciudad Nueva" y después fue conocido como la "Basileade". (3) Como *teólogo y maestro,* se mostró decidido a sostener la doctrina nicena. *De Spiritu Sancto* y *Adversus Eunomium* atacan las doctrinas arrianas. Pero su mayor contribución en este terreno fue su descollante personalidad y su popularidad que hizo de él mediador ideal entre Oriente y Occidente. Mediante su influencia conciliadora, junto con la de Gregorio Nacianceno y Gregorio de Nisa, la confusión sobre la terminología llegó a resolverse por fin. Las muchas cartas de B. lo muestran como un ardiente pastor que se preocupaba por el bienestar espiritual y físico de su pueblo. Murió a los 50 años prematuramente desgastado por las privaciones que él mismo se infligía. G.L. CAREY

BATIFFOL, PIERRE (1861-1929). Erudito católico romano. N. en Tolosa y estudió en el *Seminaire de St. Sulpice* bajo el abad →Duchesne. Durante dos años trabajó en Roma colaborando en la publicación de *Melanges d'Archaelogie et d'Histoire,* que se ocupaba de la historia papal. En 1888 fue designado para enseñar en el *College Ste. Barbe* en París, donde trabajó durante la década siguiente. Después llegó a ser *recteur del L'Institut Catholique de Toulouse.* Después de su residencia en Roma, se dedicó constantemente a la investigación en la historia de la ICR y a escribirla. Adoptó una postura muy vigorosa contra el modernismo, pero su libro sobre la Eucaristía fue colocado en el →Indice, y aunque hizo las correcciones exigidas se vio obligado a salir de Tolosa para ir a París. Posteriormente tomó parte, junto con el cardenal Mercier, en las conversaciones de →Malinas y en 1928 representó al papa en el Congreso Histórico Internacional. Murió en París. W.S. REID

BAUER, BRUNO (1809-1882). Erudito radical alemán. Reaccionando contra su antigua postura en el ala derecha del hegelianismo cristiano, llegó a ser en su época uno de los más negativos teólogos críticos del NT. Privado de su licencia para enseñar como profesor universitario en 1842 (había enseñado en Berlín y en Bonn), se retiró del mundo académico teológico y, entrando en política, se hizo conocido como el "Ermitaño de Rixdorf". Su actitud amargada contra "los teólogos" influyó en sus críticas. Contrariamente a los puntos de vista de D.F. →Strauss en cuanto a que los evangelios surgieron de la imaginación mitológica de la comunidad, B. alegaba que eran creación de artistas individuales, siendo la fuente el Evangelio de Marcos. Llegó a creer que nunca hubo un Jesús histórico y que el cristianismo se originó de una civilización grecorromana en el s.II cuando ya todos los escritos del NT estaban redactados. También sostuvo que el cristianismo era "la desgracia del mundo" al interponerse en el camino de la libre voluntad humana. Abandonado por los teólogos de su tiempo, B. ha recibido recientemente mayor atención. →Schweitzer creía que el valor de las preguntas de B. en cuanto al valor de la crítica evangélica sobrepasaba lo inadecuado de sus propias respuestas.
HADDON WILLMER

BAUER, WALTER (1877-1960). Teólogo y lexicógrafo evangélico alemán. Profesor en Gotinga (1916-45), fue autor de *Rechtglaubigkeit und Ketzerei im ältesten Christentum* (1934), que todavía está suscitando fructífera discusión, aunque su tesis no es aceptada universalmente. En contraste con la tradicional opinión de que la herejía es desviación de una ya existente ortodoxia, B. sugirió que lo que más tarde fue conocido como herejía, al principio eran formas ampliamente sostenidas del cristianismo. La ortodoxia, según él, fue el resultado de la influencia centralizadora de Roma al vencer a varios tipos de cristianismo menos coordinados pero no necesariamente menos legítimos. B. también es autor de *Griechischdeutsches Wörterbuch zu den Schriften des NT und der übrigen urchristlichen Literatur,* un léxico definitivo del NT que fue base del *Greek-English Lexicon* editado por W.F. Arndt y F.W. Gingrich (1957). HADDON WILLMER

BAUR, FERDINAND CHRISTIAN (1792-1860). Jefe de la "Escuela de Tubinga" de crítica bíblica radical. Casi toda su carrera la pasó en la Universidad de Tubinga. Sus numerosos escritos se centran en la crítica del NT, historia de la iglesia y teología histórica. Entre otros está su *Paulus, der Apostel Jesu Christi* (2 tomos, 1845), en el cual afirma que de las epístolas atribuidas a Pablo, solo Romanos, Gálatas y 1 y 2 Corintios son auténticas. Alcanzó esta conclusión basándose en una hipótesis que situaba un conflicto fundamental en la primitiva iglesia entre el partido de los judaizantes, dirigido por Pedro, y el partido helenista, encabezado por Pablo. Las cuatro cartas son consideradas "auténticas" debido a su tendencia antijudaizante (su rechazo de la ley, la circuncisión, etc.) y su amplia concepción de Dios. Las restantes epístolas son estimadas como tardías y faltas de autenticidad debido a que no reflejan estas tendencias sino que muestran otras que B. sitúa en un período posterior. Los Evangelios todos fueron tardíos, el de Juan es situado en la segunda mitad del s.II.

A veces se ha afirmado que la crítica bíblica de B. es la consecuencia de aplicar a la historia la dialéctica hegeliana de tesis, antítesis y síntesis (la tesis sería el primitivo cristianismo judío, la antítesis el cristianismo helenista y la síntesis el catolicismo de la iglesia primitiva). El examen de sus escritos no sugiere tal cosa. Esta dialéctica ni siquiera es característica de su filosofía. El factor decisivo en el enfoque de B. no era una filosofía preconcebida, sino su "crítica de tendencia" que anticipó en bastante tiempo a la moderna "crítica de redacción". No obstante, puede ser culpado por ver tendencias donde no había ninguna y por errar en cuanto a otras. B. fue el iniciador de un enfoque antiteístico y no sobrenatural de la historia y de los orígenes cristianos. Junto con Hegel insistió en que la historia no podía entenderse sin especulación filosófica y que el medio adecuado era verla como el movimiento de avance del Espíritu en formas particulares y temporales. Pero su interpretación de la teología del NT también tenía mucho en común con la de →Schleiermacher. Veía al cristianismo como una expresión de autoconciencia humana, y a Jesús como el mediador de una conciencia moral y religiosa superior.

COLIN BROWN

BAUTISMO. Probablemente la primera referencia post-neotestamentaria al b. se halla en la →*Didajé*. Su autor habla de la costumbre de la triple inmersión (en el nombre del Padre, del Hijo y del Espíritu Santo) pero también dice que se permite bautizar por afusión en caso de no haber agua suficiente para la inmersión. Parece claro que, hasta cerca del fin del s.V la práctica normal de la iglesia era el b. de adultos creyentes. Esto se evidencia por el énfasis que los escritos patrísticos más antiguos hacen en la preparación cuidadosa para el b. y en la necesidad de llevar una vida sin pecado después. Debido a lo anterior, muchos postergaban el b. hasta estar en su lecho de muerte. Este tipo de b. fue llamado "b. clínico" (cp. gr. *kline*= "cama").

Pronto surgió la creencia de que el b. es un medio de gracia, o sacramento, que produce la regeneración. →Justino Mártir basaba su doctrina de la regeneración bautismal en Jn. 3:3-5 e Is. 1:16-20. →Ireneo dice muy poco acerca del modo o la práctica del bautismo pero defiende fuertemente el uso de la fórmula trinitaria y la regeneración bautismal.

El cisma dentro y la herejía fuera de la iglesia la obligó a pensar en la cuestión de la validez del rito bautismal. En el s.II Tertuliano negaba la validez del bautismo realizado por herejes.

Normalmente era el obispo que bautizaba, sin embargo en ocasiones especiales los presbíteros y los diáconos lo hacían. Pero no se permitía a las mujeres administrarlo, de acuerdo con los decretos del Concilio IV de Cartago (c.255). En las controversias →novaciana y →donatista la cuestión de la validez del b. fue uno de los puntos principales. En estas controversias se desarrolló la idea de →*ex opere operato*.

La práctica del b. de párvulos se inició a fines del s.II. Una defensa completa de esta práctica se hizo en la teología de →Agustín a fines del s.IV y a principios del V. En este siglo la Iglesia siríaca hizo obligatorio el paidobautismo; anteriormente había sido la excepción más bien que la regla. Pero con el desarrollo del concepto del pecado original, ya había fundamento teológico para el bautismo de niños. Fue Agustín más que cualquier otro quien dio apoyo teológico a la práctica. Agustín enseñaba que toda la humanidad participó en el pecado original de Adán. De ahí dedujo que cada niño nace, no solo con una tendencia heredada hacia el pecado ("concupiscencia"), sino como participante de la culpa del pecado adámico. Debe notarse que Agustín basaba su doctrina en una traducción defectuosa de Ro. 5:12, del texto latino que usaba, que había traducido las palabras griegas *ef' jo* ("por cuanto") con las palabras latinas *"in quo"* ("en quien").

Antes del s.V la práctica común era administrar el b. el domingo de Pascua y el de Pentecostés. Pero posteriormente, debido a la importancia dada al bautismo, recomendaban el b. de niño no más tarde del día octavo después del nacimiento.

Durante la Edad Media la teología y la práctica del b. fueron principalmente retoques de desarrollos anteriores. La preocupación mayor durante el período del s.V al XI fue el problema del b. herético. En el Concilio Lateranense IV (1215) el bautismo y los otros seis sacramentos recibieron su definición dogmática básica. →Hugo de San Víctor modificó el énfasis que Agustín había dado al b. como signo. Tomás de Aquino proveyó el marco teológico para todos los siete sacramentos. Fue el primero en afirmar que Cristo los instituyó todos y enseñó que tres dejan marcas indelebles en el alma: b., confirmación y ordenación, y por tanto no pueden ser repetidos.

También en la Edad Media se hacía más énfasis en el concepto de →*ex opere operato* y en la doctrina del "b. de sangre" para los mártires y del "b. de deseo" para aquellos que murieran sin bautizarse oficalmente pero que habían dado evidencia de haber tenido la intención de serlo. Esta doctrina había sido creída antes de Agustín pero fue desarrollada por él y refinada por Tomás y los escolásticos.

La definición de la doctrina del b. hecha en el Concilio Lateranense IV y los fundamentos teológicos de ella enunciados por Tomás fueron reafirmados en el Concilio de →Trento (1545-63) y hasta hoy constituyen esencialmente la posición de la ICR.

Durante el s.XVI el b., juntamente con la eucaristía, llegó a ser uno de los puntos más divisivos. No solo separó a los reformistas de los romanistas sino que también produjo divisiones entre los protestantes. La posición protestante que más se aproximaba a la de la ICR fue la de Lutero, si bien éste redujo el número de sacramentos a dos: el b. y la eucaristía. Lutero insistía en el b. de párvulos a base de la antropología de Agustín. En su libro, *El cautiverio babilónico de la iglesia,* Lutero reconoce que el sentido de *baptizo* es "sumergir" pero alega que es indiferente el modo del b. Además admite que el patrón neotestamentario es el b. de adultos y que la fe es absolutamente esencial, pero esta fe la puede suplir el padrino adulto, sin embargo a veces afirma que Dios da la fe al párvulo en el acto del b.

Calvino trata del b. en su *Institución* (IV, 15). Para él el b. es un sacramento pero su eficacia se limita a los elegidos. El calvinismo posterior fue influenciado por la "teología del →pacto" lo cual dio por resultado que el carácter sacramental del b. fue reducido a un "signo" del pacto. Zwinglio ya había hecho esta reducción y admitía que el b. no era indispensable para la salvación. Este concepto también era sostenido por los →anabaptistas, quienes hacían más énfasis en el objeto del b. que en el modo. Fue entre los bautistas ingleses (los "particulares", 1633) que surgió la insistencia en la inmersión. Anteriormente los anabaptistas practicaban la afusión o aspersión, ya que la preocupación de ellos era por el b. de adultos en oposición al de los niños.

Entre los espiritualistas, especialmente los →cuáqueros del s.XVII, el b. y la Santa Cena eran rechazados como no vigentes en una edad del Espíritu. Por razones diferentes los racionalistas del s.XVIII repudiaron el sacramentalismo juntamente con todo el institucionalismo eclesiástico.

El Movimiento de →Oxford y los teólogos anglo-católicos (p.e. E.B. Pusey) querían restituir al bautismo su carácter sacramental. La teología norteamericana se ha inclinado cada vez más hacia el zwinglianismo debido principalmente a la influencia de los avivamientos.

En el s.XX ha habido un resurgimiento de interés en el b. debido a la influencia de K. →Barth y su rechazo del b. de párvulos (a pesar de haber sido criado en la tradición paido-bautista). El movimiento ecuménico moderno, en su esfuerzo por promover un acercamiento entre las iglesias, también ha estimulado interés en el b. y en la teología sacramental, puesto que a menudo los sacramentos se han constituido un impedimento para el ecumenismo. DONALD M. LAKE

BAUTISTAS. Llamados así porque administran el bautismo solamente a aquellos que han hecho profesión de fe personal en Jesucristo. Los b. constituyen una de las comunidades de las Iglesias Libres más grandes. En 1975 contaban con una membresía mundial que sobrepasaba los 33 millones de personas y una comunidad total que era considerablemente superior. Veintisiete millones se encuentran en los EUA, y hay también importantes grupos en la India (633.000), Rusia (550.000), el Congo (450.000), Brasil (342.000), Islas Británicas (269.000), Birmania (249.000), Canadá (175.000) y Rumania (120.000). Son evangélicos en sus conceptos, con fuerte énfasis en la necesidad de entrega personal a Cristo y experiencia también individual de su gracia, junto con una comprensión de la vida cristiana en términos de fe y disciplina para cada uno. El bautismo de creyentes, afirman, expresa con mayor elaridad que ninguna otra práctica alternativa la enseñanza del NT respecto a la naturaleza tanto del evangelio como de la Iglesia. Es administrado en nombre de la Trinidad y normalmente se hace por inmersión.

El moderno movimiento bautista surgió del separatismo religioso inglés del s.XVII. Es una cuestión muy difícil y discutida si hubo vínculos directos con los →anabaptistas del continente europeo del s.XVI. Sin embargo, es probable que haya existido cierta influencia anabaptista indirecta. En 1609 la congregación separatista inglesa de John →Smyth, exiliada en Amsterdam, fue impulsada mediante un estudio del NT, a disgregarse y reorganizarse con el bautismo de creyentes como base de su comunión. Smyth y la mayoría de su congregación solicitaron unirse a los menonitas y fueron aceptados por éstos tres años después de la muerte de Smyth. Mientras tanto, en 1612, un pequeño grupo encabezado por Thomas →Helwys regresó a Inglaterra formando la primera iglesia bautista en suelo inglés, en Spitalfields. Eran b. "generales" (o arminianos). La primera iglesia bautista "particular" (o calvinista) surgió entre 1633 y 1638 como una separación de la iglesia independiente de Jacob-Lanthrop-Jessey, así llamada por su sucesión de pastores. Ambas corrientes hicieron progresos considerables, especialmente durante el período del *Commonwealth.* Ya por 1680 había entre 200 y 300 iglesias b. en Inglaterra y Gales, la mayor parte en Londres, en los Midlands y en el S.

Al principio el modo del bautismo era la afusión, pero en la década de 1640 la inmersión se hizo general. De muy antiguos tiempos hubo b. que creyeron en la comunión "mixta" o abierta. Juan →Bunyan fue pastor de una iglesia compuesta por b. y paidobautistas. A partir del s.XVII había algunos b. que observaban el séptimo día como día de culto. Aun se hallan en Norteamérica b. del Séptimo Día pero han desaparecido virtualmente de Inglaterra. Las más antiguas iglesias b. en territorio americano fueron fundadas en el s.XVII. La primera de ellas probablemente fue la de Providence, Rhode Island (1639), en cuyo establecimiento Roger →Williams desempeñó una parte decisiva.

Durante el s.XVIII se divulgaron entre los b. generales los conceptos del unitarismo. Esto llevó a Dan Taylor (1738-1816) a organizar en 1770 aquellas iglesias que permanecieron ortodoxas y evangélicas en lo que se llamó *New Connexion.* También en esa misma época los b. particulares estaban experimentando un renovamiento teológico y espiritual. Los escritos de Andrew →Fuller, particularmente *The Gospel Worthy of All Acceptation* (1785), ayudaron a demoler el rígido calvinismo extremo entonces común entre ellos. En 1772, estimulados por William →Carey, los ministros de la asociación de Northamptonshire formaron la Asociación Bautista Misionera, yendo a la India al año siguiente el propio Carey. Pese a la fuerte oposición de aquellos que fueron conocidos como "b. estrictos" su calvinismo evangélico obtuvo amplia aceptación en ambos lados del Atlántico.

En 1813 se fundó una "Unión General" de los b. particulares con sus pastores e iglesias, (conocida desde 1873 como la Unión Bautista de la Gran Bretaña e Irlanda). Gradualmente los b. que estaban dentro de la Unión y los de la *New Connexion* se aproximaron recíprocamente y en 1891 las dos organizaciones se fusionaron. John Clifford (1836-1923), que desempeñó un papel decisivo en la fusión, se caracterizó por su énfasis en el evangelismo y en las implicaciones sociales del Evangelio. Su contemporáneo C.H. →Spurgeon tuvo notable influencia como predicador, especialmente en Londres y en el sur. J.H. Shakespeare, secretario de esa institución desde 1898 hasta su muerte en 1928, fue sobre todo quien la reorganizó para enfrentar las demandas del s.XX. Se debió más que nada a su visión de que el Concilio Federal de Iglesias Libres fuera fundado en 1919 y, en *The Churches at the Cross Roads* (1918), abogó por un más amplio encuentro de los cristianos. Bajo sus sucesores, M.E. Aubrey (secretario desde 1928-51), E.A. Payne (1951-67) y D.S. Russell (designado en 1967) la Unión ha asumido plena responsabilidad ante los consejos de iglesias británico y mundial. En 1970 había 2.192 iglesias con una membresía de 106.767 personas afiliadas a la Unión. Hay uniones separadas en Escocia y en Gales con las que la británica mantiene relaciones fraternas. También Irlanda tiene su propia unión.

Durante el siglo posterior a Roger Williams el progreso en Norteamérica fue lento. No obstante, desde 1740, bajo la influencia del →Gran Despertamiento, la causa b. hizo avances considerables. El s.XIX fue un período de penetración rural más allá de las fronteras entre indios, negros y varios grupos de inmigrantes. El número de b. aumentó de 700.000 a bastante más de 4.000.000 entre 1850 y 1900. A mediados de la década de 1960 había unos 30 grupos distintos de b. en EUA. Los mayores eran la →Convención Bautista del Sur con 11.000.000 miembros, dos convenciones de negros con un total combinado de casi 10.000.000, y las Iglesias →Bautistas Americanas con aproximadamente 1.500.000. La comunidad b. en EUA ha producido figuras tan destacadas como Walter →Rauschenbusch, teólogo del evangelio social; Martin Luther →King, promotor de la no violencia y ganador del Premio Nobel; y Billy →Graham, famoso evangelista de alcance mundial.

La primera iglesia bautista en Europa Continental fue establecida en 1834 por J.G. Oncken (1800-84), cuya influencia se sintió mucho más allá de Alemania, especialmente en Escandinavia y Europa Oriental. La causa bautista se inició en Australia y Nueva Zelanda en el s.XIX y en el XX avanzó notablemente en Africa, Asia y América Latina.

Los b. reconocen a Cristo como la única y absoluta autoridad en todos los asuntos de fe y práctica, consideran a las Escrituras como el medio principal por el cual habla El a la iglesia. No es de extrañar que subrayen los aspectos proféticos más que los sacerdotales de la religión. Están conscientes de los peligros de la uniformidad y de los invariables modos "oficiales" en asuntos relacionados con el culto, gobierno de la iglesia y definiciones teológicas. Desde sus primeros días han sido defensores recios de la libertad religiosa.

El culto es ante todo no litúrgico, con énfasis en la lectura y en la predicación de la

Palabra. Además de por su pastor, una iglesia b. es servida por diáconos elegidos de entre la membresía. Estos comparten responsabilidades con el pastor en cuanto al liderazgo y a la administración, y le ayudan en la celebración de la Cena del Señor.

Pocos serían los b. que estarían dispuestos a reconocer la validez teológica del bautismo de infantes. No obstante, en la práctica (con la notable excepción de los que sostienen la tradición de los b. estrictos) dan la bienvenida a la Mesa del Señor a cristianos no bautizados como creyentes adultos, y en las iglesias de "membresía abierta" también los admiten como miembros. Los b. no tienen una misma actitud hacia el movimiento ecuménico. Algunos, como los b. británicos, y los que pertenecen a las Iglesias Bautistas Americanas están dispuestos a las actividades ecuménicas; otros, principalmente los de la Convención del Sur, adoptan una actitud más crítica. Durante el presente siglo los b. de Asia han participado en esquemas de unión o federación, y en 1970 se unieron a los no b. formando la Iglesia del Norte de la India.

Los b. consideran a la iglesia como a una asociación de creyentes. La iglesia local tiene parte especialmente significativa en su pensamiento. Aunque no están comprometidos teológicamente a un tipo particular de eclesiología, generalmente favorecen una forma de gobierno eclesiástico congregacional. Sin embargo, la creencia en la autonomía de la iglesia local queda equilibrada por la creencia en la necesidad de comunión e interdependencia. Todas, excepto las iglesias más rígidamente independientes, están vinculadas con agrupaciones regionales conocidas como asociaciones, que han sido comunes desde el siglo XVII. También están asociadas a las uniones o convenciones nacionales. Una →Alianza Bautista Mundial fue formada en 1905. ERNEST F. CLIPSHAM

BAUTISTAS AMERICANAS, IGLESIAS. La cuarta en tamaño de más de una docena de las mayores denominaciones bautistas en EUA, con unas 6.000 congregaciones. Desde 1950 hasta 1972 la agrupación fue conocida como la *American Baptist Convention,* y desde 1907 hasta 1950 como la *Northern Baptist Convention.* Antes de 1907 las congregaciones estaban unidas solamente en asociaciones locales o estatales. En el aspecto nacional estaban representadas por organismos especializados. Los más importantes eran la *American Baptist Foreign Mission Society* (fundada en 1814), la sociedad de publicaciones (1824) y la sociedad de misiones locales (1832). A fines del s.XIX la membresía y el pastorado de las I.B.A. se habían limitado, mal de su agrado sobre todo a los estados del N y del O. El s.XX ha traído para las I.B.A. tres mayores desarrollos: una considerable diversificación teológica, un aumento de coordinación organizativa y una resultante pérdida del predominio que antes por mucho tiempo había tenido entre los bautistas fuera de los del sur.

Los bautistas del N participaron en la década de 1920 en las controversias entre →modernistas y →fundamentalistas, y esta tensión ha continuado en varios aspectos. Se establecieron seminarios conservadores cerca de los antiguos, que habían cambiado su postura teológica. El *Northern Baptist Seminary,* cerca de Chicago, empezó en 1913; el *Eastern* en 1925 cerca de Crozer en la zona de Filadelfia; y fue inaugurado un seminario en Covina, California, en 1944, aunque ya existía allí otro en Berkeley. Extremistas de ambos lados han abandonado la Convención en el curso de los años, pero las I.B.A. todavía abarcan probablemente una mayor diversidad de teologías de fuerza que cualquier otra denominación norteamericana. Esta diversidad tiene que ver con asuntos fundamentales como la deidad de Cristo y su segunda venida.

Presiones financieras y deseos de una mayor eficiencia llevaron a muchos a buscar la formación de la Convención en 1907 y hasta una mayor coordinación entre los varios distritos y los organismos especializados. Los conservadores tendían a desconfiar de tales medidas porque los liberales en teología y los moderados controlaban prácticamente la mayor parte de la maquinaria denominacional y pudieron rechazar los principales intentos de restarles predominio en las convenciones anuales de 1922 y 1946.

A diferencia de las agrupaciones bautistas del sur, las I.B.A. han sido una denominación comparativamente pequeña. Solo en Maine y en West Virginia han llegado a constituir el 10 por ciento de la población que concurría a la iglesia. En el medio oeste y en O las aproximadamente 2.500 congregaciones de los B.A. son ahora sobrepasadas numéricamente por los Bautistas del Sur (que ahora tienen más de 3.400 congregaciones fuera del sur) y por los grupos antiguamente vinculados con los B.A., incluso la *General Association of Regular Baptist Churches* (1400), *Conservative Baptist Asso-*

ciation (1.100), *Baptist General Conference* (600) y *North American Baptist General Conference* (300).

Las I.B.A. y muchos de sus miembros han hecho importantes contribuciones al movimiento ecuménico. Birmania, China, Haití, India, Japón, las Filipinas, Puerto Rico, Tailandia y el Zaire son algunos países donde los misioneros y los fondos de las I.B.A. han desempeñado un papel significativo en el desarrollo del cristianismo protestante.

DONALD TINDER

BAUTISTAS CONSERVADORES, ASOCIACION DE. Asociación de aproximadamente 1.150 iglesias bautistas situadas sobre todo en el N de EUA. Fue organizada en Atlantic City, New Jersey, en 1947. Está estrechamente aliada con la *Conservative Baptist Foreign Mission Society*, con la *Conservative Baptist Home Mission Society* y con otras cuatro instituciones educativas. Estas siete organizaciones constituyen el "movimiento" bautista conservador. Las iglesias que están dentro de esta asociación cooperan con otras denominaciones mediante la →Asociación Nacional de Evangélicos.

La asociación surgió de la lucha entre fundamentalistas y modernistas en la Convención Bautista del Norte (ahora, Americana). En 1943 varios cientos de iglesias conservadoras, impacientes ante la negativa de la Convención del Norte de adoptar normas doctrinales para su programa misionero, formaron la *Conservative Baptist Foreign Mission Society*. La Asociación de iglesias fue constituída cuando se hizo evidente que la Convención del Norte no toleraría un organismo competidor dentro de la convención.

BRUCE L. SHELLEY

BAUTISTAS DEL SUR, CONVENCION DE. La denominación religiosa no católica más grande en EUA, una organización de congregaciones bautistas, las cuales por instrumentalidad del programa cooperativo de esta Convención contribuyen a los ministerios dirigidos por sus agencias. Según la constitución de la Convención su propósito es "proveer una organización general para los →bautistas en los →EUA y sus territorios... para la promoción de misiones, educación cristiana, obras de benevolencia y servicios sociales... con el fin de propagar el evangelio... y adelantar el Reino de Dios". La Convención no reclama autoridad sobre la iglesia local, asociación regional ni convención estatal.

Los bautistas en la parte S de los EUA trazan su origen a la Inglaterra del s.XVII. La Convención del Sur que (ya no es propiamente "del sur" puesto que ahora tiene iglesias en todos los 50 estados de EUA) considera a la "Convención Trienal" (fundada en 1814 y con alcance a toda la Nación) como su antecedente histórico. Los bautistas de aquella Convención llegaron a constituir la denominación más grande en el Sur, gracias principalmente al →Gran Despertamiento (1755-75), el cual produjo un Shubal Stearns (m.1784) y los "bautistas separatistas". Stearns, hombre de dones espirituales notables y con un sentido profundo de misión, fundó una iglesia en Sandy Creek, Carolina del Norte, de la cual salieron misioneros que ganaban miles de personas para Cristo en las fronteras occidental y sureña en la nación joven de los EUA.

En 1814 respondiendo a la llamada de Luther →Rice para apoyar a Adonirám →Judson y su señora, ya misioneros en →Birmania, las iglesias b. del s. se unieron con las de otras partes del país para formar la Convención Trienal de Filadelfia. Esta Convención, si bien al principio tenía como propósito único el de promover las misiones, pronto llegó a ser también un centro de otras actividades bautistas, especialmente la educación.

Pero sucedió que la Convención Trienal llegó a ser una sociedad misionera que representaba principalmente los intereses de las iglesias norteñas. El creciente regionalismo culminó en el éxodo de las iglesias sureñas, las cuales formaron su propia convención en 1845.

Varios factores condujeron a este rompimiento. El primero fue la diferencia básica entre el N y el S en cuanto a método de cooperación. Los del N, por lo general, favorecían el método de "sociedad" y los del S el "convencional". En segundo lugar los sureños objetaban el descuido de su región por parte de la Sociedad Misionera Doméstica, agencia nacida en la Convención Trienal. El tercer factor, el principal y el que precipitó la división, fue la cuestión de la esclavitud.

Esta institución perturbó hondamente la vida norteamericana, ya que la afectaba a la vez económica, social, moral y religiosamente. Los abolicionistas bautistas insistían en que los amos de esclavos no debían ser misioneros. Algunos hasta sugirieron que los sureños se retiraran de la Convención, lo cual motivó que estos se reunieran en Augusta, Georgia, en mayo de 1845 para considerar el asunto. Iglesias de ocho estados y del Distrito de Columbia enviaron 293 representantes, los cuales decidieron formar una nueva convención.

El crecimiento de la joven Convención fue lento, aunque seguro, en la época anterior a la Guerra Civil (1845-61) pero sufrió mucho durante la Guerra (1861-65) y en los años subsiguientes de "reconstrucción". Perdió la mayoría de los miembros negros, quienes formaron sus propias iglesias. Durante la última parte del s.XIX sufrió con la controversia entre los "calvinistas anti-misioneros" y los pro-evangelísticos, la cual provocó varios cismas. También fue perturbada por el *"Landmark Movement"* (un movimiento exclusivista), encabezado por James R. Graves y J.M. Pendleton, el cual, si bien no produjo cisma, dejó huellas que todavía persisten en algunos sectores de la Convención.

Al principio del s.XX la Convención salió de estas controversias fuertemente entregada al evangelismo y la obra misionera mundial. Fue poco afectada por la controversia →fundamentalista-modernista que agitó muchas de las denominaciones principales. Creció de 4.126 iglesias con 351.951 miembros en nueve estados en 1845 a 34.880 iglesias con 12.733.124 miembros en todos los 50 estados en 1977.

Los b. del s. sostienen los mismos principios básicos de los bautistas en otras partes del mundo: (1) el principio cristológico: el señorío de Cristo; (2) el principio bíblico: la Biblia como la norma única de fe y práctica en la vida cristiana; (3) el principio eclesiástico: membresía únicamente de personas regeneradas, protegida por el bautismo solo de creyentes y por inmersión; (4) el principio sociológico: iglesias locales autónomas con gobierno democrático y Cristo como Cabeza; (5) el principio psicológico: libertad religiosa para todos; (6) el principio político: separación entre Iglesia y Estado; (7) el principio evangélico: evangelismo personal y misiones mundiales.

Sobre todo los b. del s. se conocen como un "pueblo del Libro", es decir la Biblia. Rehúyen los credos; no obstante los mensajeros de la Convención de 1925 adoptaron una confesión general, conocida como "La fe y el mensaje bautistas" para servir como un documento de consenso "para la instrucción y orientación de nuestro pueblo" pero "sin tener autoridad sobre la conciencia". Esta "Confesión" fue revisada y puesta al día en la Convención de 1963. Los b. del s. como individuos tienen la fama de ser piadosos, agresivamente evangelísticos y cristianos relativamente estrictos en la moral, y cuya vida gira alrededor de la Biblia y del compañerismo de la iglesia local.

Entre los rasgos principales de la vida de los b. del s. se hallan un fuerte énfasis en el evangelismo y las misiones, un ministerio al pueblo común, y un marcado espíritu no conformista. Prueba de su fervor evangelístico puede verse en el constante crecimiento de membresía y en la suma de $262.373.823 (dólares) que gastó la Convención en la obra misionera en 1976.

Los b. del s. tienen una larga tradición de predicadores elocuentes. Entre los recientes se hallan George W. Truett (m. 1944), Robert G. Lee (n. 1886), W.A. Criswell (n. 1909) y Billy →Graham (n. 1918). Antiguamente se decía que al predicador bautista "el pueblo común lo escuchaban con agrado", pero hoy hay evidencia de que los b. del s. están convirtiéndose en una denominación de la clase media.

La Convención promueve fuertemente la educación teológica mediante seis seminarios regionales. El de Fort Worth, Texas, que tenía 3.400 alumnos en 1977, es probablemente la comunidad teológica más grande en el mundo.

Además de los problemas normales producidos por el crecimiento, la Convención afronta otros que son serios: cómo tratar con los vestigios del "landmarkismo" (especialmente los asuntos de la "comunión abierta" y el bautismo de otras iglesias); cómo desempeñar su papel de organización nacional más bien que regional; cómo relacionarse con el ecumenismo, tanto del ala evangélica como de la liberal; cómo descentralizarse sin destruir su efectividad; cómo tratar con los grupos confesionales en la denominación que insisten en la "inerrancia bíblica"; cómo cambiar de una estrategia con orientación hacia la vida rural o hacia la vida urbana en la predicación del evangelio; y cómo mantener un espíritu evangelístico y misionero en medio de una membresía cada vez más opulenta.

La Convención lleva a cabo su obra mediante un Comité Ejecutivo, cuatro juntas generales (Misiones Foráneas, Misiones Domésticas, Escuela Dominical y *Annuity*), seis seminarios, siete comisiones (*American Baptist Seminary,* Hermandad, Vida Cristiana, Radio y Televisión, Educación, Historia, y Mayordomía), dos comités permanentes (Calendario Denominacional y Asuntos Públicos), y tres organizaciones asociadas (Unión

Misionera Femenil, Alianza Bautista Mundial y →Sociedad Bíblica Americana).

Juntamente con otros grupos bautistas la Convención apoya al Comité Bautista Mixto de Asuntos Públicos en la capital de EUA, el cual desempeña el papel para los bautistas tanto de guardián como de centro de información sobre asuntos políticos de preocupación para los bautistas.

Actualmente todas estas agencias están coordinando sus actividades con el fin de apoyar el *"Bold Missions Thrust"* ("Impulso Audaz de misiones") adoptado por la Convención en junio de 1976. Este programa reta a los b. del s. a emprender un movimiento misionero variado e innovador que llevará el evangelio de una manera eficaz a todo habitante del mundo en la última parte del s.XX.

ROBERT D. LINDER y
JUSTO C. ANDERSON

BAUTISTAS EN AMERICA LATINA. Los →b. han desempeñado un papel importantísimo en la historia del movimiento evangélico en AL y actualmente constituyen una de las fuerzas más grandes del mismo. Iglesias b. se hallan en todas las repúblicas y colonias con poquísimas excepciones. En algunos países se hallan entre los grupos más numerosos. En toda AL en 1978 había alrededor de 850.000 comulgantes y una comunidad de 2.550.000.

La presencia b. en AL comenzó cuando el misionero-estadista bautista Luther →Rice pasó el mes de mayo de 1813 en Salvador (Bahía), Brasil, rumbo a la India. Cinco años más tarde llegó a Argentina Diego →Thomson, b. escocés, quien vino a ser el precursor del movimiento evangélico entre todo el pueblo iberoamericano.

Debemos reconocer que el movimiento b. había comenzado en las →Antillas antes de esta fecha. Allí había nacido a fines del s.XVIII y se extendió a casi todas las islas de las colonias inglesas; prosperó de manera especial en Jamaica, donde adquirió carácter misionero. Incluso en las islas de Providencia y San Andrés (pertenecientes a →Colombia), cuyos habitantes eran principalmente esclavos negros emancipados, por el año 1844 ya había una comunidad numerosa de b. En 1930 el 94 por ciento de los habitantes eran b., proporción que se ha reducido en los últimos años.

En Belice también surgió temprano una obra bautista (1822). De allí salió el precursor de la obra evangélica en América Central, Federico →Crowe, quien se convirtió en la misión b. de esa ciudad, se hizo vendedor de Biblias y empezó a venderlas en →Guatemala en 1843.

En 1861 un laico b. chino dejó su tierra y se vendió como esclavo para poder evangelizar a los peones chinos en la Guayana Británica.

Había b. entre los muchos colonos europeos y norteamericanos que llegaron a AL durante el s.XIX. V.g.: los había entre los galeses que llegaron a Patagonia en 1865 y, después de la Guerra Civil en los EUA (1861-65), algunos de los sureños emigraron al Brasil.

Los b. de las áreas no hispánicas y no portugueses en AL y los colonos b. que aquí llegaron, formaron un puente para la entrada del mensaje bautista en AL propiamente dicha.

El primer país en que se inició la obra misionera b. en AL fue →México. El pionero fue Santiago Hickey, irlandés católico, convertido en colportor evangélico. Vivía en Texas pero, por ser enemigo de la esclavitud, emigró a México al estallar la Guerra Civil. Con la ayuda de la familia Westrup fundó una iglesia en Monterrey, precursora del movimiento b. en México. (La familia Westrup era de origen británico. Tomás Westrup fue uno de los iniciadores de la →himnología evangélica en AL.)

En 1870 inició labores en México la junta misionera de los B. "del Norte" y en 1880 los "del Sur" de EUA. En 1903 se organizó la Convención Bautista Nacional que actualmente coordina casi todas las iglesias b. en el país. En 1977 tenía una membresía de aproximadamente 50.000.

Por el año 1866 algunos b. del sur de EUA y otros de Alemania y Europa eslava se radicaron en Brasil. Pero no fue sino hasta 1881 se inició una obra misionera, año en que llegó W.B. Bagby, enviado por la junta misionera de los B. del Sur. Al año siguiente ya Bagby tenía una iglesia constituida en Bahía. La obra prosperó con la ayuda de colegas como Antonio Texeira de Albuquerque, sacerdote convertido, Eric Nelson, vaquero sueco de EUA que se hizo misionero, y Salomón Ginsberg, judío convertido en evangelista itinerante. Llegaron también misioneros alemanes para apoyar a sus paisanos colonos y para extender el evangelio entre los nacionales. En 1907 se organizó la Convención Bautista Nacional la cual ahora abarca todas las entidades b. con pocas excepciones. En 1977 se componía de 3.000 congregaciones y 450.000 miembros.

En el Cono Sur la obra b. fue iniciada por Pablo →Besson, pastor suizo reformado que en Francia se había convertido en bautista. En 1881 vino a Argentina a ministrar a los colonos franceses. Pronto fundó una iglesia bautista en Buenos Aires. Estableció tres más antes de la llegada del primer misionero de EUA, S.M. Sowell, enviado por los B. del S en 1903. En Argentina también prosperó la obra. Surgió una pléyade de líderes nacionales de la talla de Juan C. →Varetto y Santiago →Canclini. En 1908 se organizó la Convención B. Argentina que en 1977 agrupaba 387 congregaciones con una feligresía de 26.000.

En →Chile el origen de la obra b. se debió a los esfuerzos de colonos alemanes y de un misionero escocés, que antes había trabajado con la →Alianza Cristiana y Misionera pero rompió con ella y en 1908 formó una convención bautista que buscó y consiguió el apoyo de los B. del S en EUA. En 1977 la Convención se componía de 200 iglesias y 20.000 miembros. En Chile, como en otros países, hay pequeños grupos de b. que no se afilian con la convención principal.

La causa b. en →Cuba nació antes de la Independencia entre los cubanos refugiados en Cayo Hueso, Florida. Después de la Independencia tanto los B. del N como los del S enviaron misioneros a la misma isla. Convinieron en que aquellos trabajarían en la parte oriental y estos en la occidental. Los dos grupos organizaron convenciones 1905. El actual régimen socialista ha limitado y restringido la obra, que no obstante sigue adelante. En 1977 había en Cuba unas 193 iglesias b. con aproximadamente 15.000 miembros.

En seguida después de la Guerra Hispanoamericana (1898) los B. del N iniciaron la obra en →Puerto Rico. Una Convención Nacional fue organizada en 1902. Otros grupos b. también han comenzado su obra en la isla. En 1977 había 94 iglesias b. con una membresía de 15.000.

La última isla antillana en donde han entrado los b. es la →República Dominicana. Los primeros fueron de la *Baptist Mid Missions* en 1950. En 1962 llegó un representante de los B. del S. En 1968 quedó organizada una convención que actualmente tiene 30 iglesias con 3.000 miembros.

B. jamaicanos empezaron su obra en Centroamérica en 1888 por la costa del Atlántico de Costa Rica, en donde vivían jamaicanos que trabajaban en las recién establecidas plantaciones bananeras. En la misma época había jamaicanos que trabajaban en →Panamá en el proyecto francés de excavar un canal. Allí también los b. de Jamaica establecieron una misión. Cuando en 1903 EUA reanudó el trabajo de la construcción del canal, un poco después (en 1908) los B. del S asumieron la dirección de la obra y ésta se extendió en todo el país. Actualmente hay en Panamá 55 iglesias b. con 7.000 miembros.

Desde Panamá la obra de los B. del S se extendió a otros países centroamericanos. En →Costa Rica se comenzó en 1943. (La obra b. iniciada en 1888 se había hecho solo entre los jamaicanos de habla inglesa.) La Convención B. de Costa Rica contaba en 1977 con 2.500 miembros. Además hay como seis otros grupos bautistas funcionando en ese pequeño país.

De Costa Rica la obra de los B. del S se extendió en 1946 a →Honduras y →Guatemala. A Guatemala hacía 100 años había llegado Federico →Crowe, agente bíblico b. de Belice, que no dejó establecida ninguna obra permanente. Pero en 1977 había una Convención Bautista Nacional con más de 65 iglesias y membresía de 6.000, y en Honduras otra Convención con más de 85 iglesias y 5.000 miembros.

La causa b. en →El Salvador fue iniciada en 1911 y en →Nicaragua en 1917 por los B. del N. Ha prosperado de tal manera que la Asociación de Iglesias B. en El Salvador cuenta actualmente con unas 50 congregaciones y 5.000 miembros y la Convención nicaragüense con más de 80 y aproximadamente 8.000 miembros. Además siempre hay algunos b. independientes.

En Bolivia los que iniciaron la obra b. fueron los canadienses. Los primeros llegaron en 1898. Empezaron su trabajo en medio de recia oposición en que varios sufrieron martirio. No fue sino hasta 1902 que se pudo organizar una iglesia. Hoy hay 132 congregaciones b. con una membresía de 15.000 que auspician 16 escuelas y una radioemisora.

En Uruguay nació la causa b. gracias a los argentinos. Pablo Besson, en visitas a Montevideo, predicaba el evangelio. En 1911 se trasladó de Argentina a Uruguay un misionero de los B. del S, Jaime Quarles, quien con la ayuda de su hermano puso los cimientos de la obra b. en el país. Al principio las iglesias uruguayas se afiliaron con la Convención argentina, hasta 1948 cuando se organizó una convención uruguaya que ahora cuenta con más de 50 iglesias y 3.000 miembros.

También en Paraguay la obra b. nació por iniciativa de los hermanos argentinos. La primera iglesia fue organizada en 1920. Actualmente hay una convención nacional compuesta de 25 iglesias y 2.500 miembros. En Paraguay y Argentina también hay iglesias b. eslavas (→MISIONES ESLAVAS EN AMERICA LATINA).

Desde principios del s.XIX ha habido b. en suelo colombiano, pero hasta 1930 solo en las islas de San Andrés y Providencia y entre pueblo de origen africano y de cultura inglesa. En 1930 los b. cubanos enviaron dos misioneros a Colombia que iniciaron una pequeña obra. En 1941 los B. del S enviaron sus primeros misioneros y la obra empezó a adelantar. Sufrió durante los años de la "violencia" como los demás grupos evangélicos. Desde entonces ha crecido notablemente. La Convención B. Nacional fue organizada en 1952 y ahora cuenta con 120 iglesias y cerca de 12.000 miembros.

B. irlandeses iniciaron la causa b. en el Perú en 1927. La *Baptist Mid Missions* (grupo independiente de EUA) penetró en el área amazónica en 1939. En 1950 llegaron los B. del S que ahora tienen 95 iglesias con 6.000 miembros.

La obra b. en Venezuela empezó en 1945 cuando b. colombianos comenzaron a visitar algunas congregaciones independientes. En 1949 los B. del S enviaron sus primeros misioneros a Venezuela y en 1951 se organizó una convención que ahora cuenta con 60 iglesias y 4.000 miembros.

En Ecuador la obra b. empezó oficialmente en 1950 bajo los auspicios de los B. del S. Cuenta ahora con unas 50 iglesias y 2.500 miembros.

El poco espacio no permite una descripción de las diversas actividades de los b. en AL. Son agresivos en sus esfuerzos evangelísticos. Al inicio de su obra dependían fuertemente del apoyo misionero pero durante los últimos años ha avanzado mucho en el desarrollo de iglesias auténticamente nacionales. Casi todos los países tienen un seminario o instituto teológico b. Hay dos poderosas editoriales b. y en cada país, con pocas excepciones, hay una o más librerías. En muchos países los b. tienen escuelas y en algunos hay hospitales y ministerio entre los estudiantes universitarios.

JUSTO C. ANDERSON

BAUTISTAS PARTICULARES. Así llamados por creer en una expiación particular, según la cual Cristo murió únicamente por su pueblo elegido. Su origen en Inglaterra puede rastrearse hasta la adopción del bautismo de los creyentes por un grupo de separatistas calvinistas de Londres en 1633. Mantenían el énfasis teológico de la iglesia de la cual se habían apartado y continuaron con un gobierno independiente o congregacional. Para 1660 había 131 iglesias b. p. en Inglaterra. La primera Confesión Bautista Particular se publicó en 1644 y ha sido revisada en numerosas ocasiones, últimamente en 1966. Además del bautismo, el énfasis teológico de las confesiones ha sido siempre de tenor reformado. La Sociedad Misionera Bautista fue formada en 1972 por la Asociación de Iglesias Bautistas Particulares de Northamptonshire por instancias de William →Carey, iniciando así el moderno movimiento misionero. Juan →Bunyan y C.H. →Spurgeon también estuvieron asociados con los b. p.

JAMES TAYLOR

BAXTER, RICHARD (1615-1691). Eclesiástico puritano inglés. Nació en Rowton, Shropshire, asistió a la escuela gratuita de Wroxeter, pero obtuvo su educación sobre todo como autodidacta, estudios privados e introspección. En sus años próximos a los veinte estuvo en Londres bajo el tutelaje de Sir Henry Herbert, Maestro de Revels. B. abandonó Londres disgustado con la calidad de la vida local. Entonces cayó bajo la influencia de dos →no-conformistas, Joseph Symonde y Walter Craddock. Por 1638 fue ordenado por el obispo de Worcester y al año siguiente fue designado al magisterio de la *Free Grammar School,* en Bridgnorth. El *Et Cetera Oath* (1640) causó su rechazo de la eclesiología episcopal. Desde 1641 hasta 1660 sirvió en una parroquia en Kidderminster. Allí sus puntos de vista latitudinarinos se hicieron más evidentes al tratar de ponerlos en práctica en su parroquia y al relacionarse con otros clérigos del área.

Durante la Guerra Civil sus simpatías fueron mayormente para los parlamentaristas, pero llegó a oponerse al *Solemn League and Covenant,* así como a algunos de los propósitos de Cromwell. Trató también de moderar los puntos de vista de los sectarios y de los republicanos. Por 1647 dejó al ejército y regresó a Rouse Lench en donde escribió *The Saint's Everlasting Rest* (1650). Recibió con entusiasmo la Restauración y fue designado como capellán de Carlos II. Se le ofreció también el obispado de Bedford, lo cual rechazó. En la Conferencia de Savoy (1661) presentó una revisión del Libro de Oración

Común para los no conformistas y actuó como dirigente de éstos. En 1662 el Acta de Uniformidad lo privó de su beneficio eclesiástico, pero la riqueza, la posición y el amor de su novia, con la cual se casó aquel mismo año, lo sostuvieron hasta la muerte de ella en 1681. Aunque excluido de la Iglesia de Inglaterra, B. continuó predicando y en consecuencia fue encarcelado en 1685 y en 1686. Tomó parte en el derrocamiento de Jaime II y recibió favorablemente el Acta de Tolerancia promulgada por Guillermo y María. Sus muchas obras incluyen *The Reformed Pastor* (1659), y *Reliquiae Baxterianae* (1696). ROBERT SCHNUCKER

BAYLE, PIERRE (1647-1706). Escritor y educador francés. Hijo de un ministro reformado, enseñó primero en la Academia Hugonote del Sedán y después que la institución fue clausurada (1681), en Rotterdam. En 1682 publicó una obra sobre las cometas en la que sugería que la religión y la moralidad no están relacionadas. En libros posteriores defendió la tolerancia universal y una actitud conciliadora hacia el gobierno francés (aun con posterioridad a la revocación del Edicto de →Nantes). Estas ideas antagonizaban a las de destacados dirigentes protestantes franceses, entre ellos Pierre Jurieu, que sostenía la escuela en que B. enseñaba, lo cual llevó a su destitución en 1693. En lo sucesivo se dedicó a su *Dictionaire historique et critique* (1695-97). Esta obra enciclopédica contiene muchas notas que indican la filosofía escéptica de B., cosa que hizo popular a esta enciclopedia durante la época del racionalismo en el s.XVIII.

ROBERT G. CLOUSE

BAYO, MIGUEL (1513-1589). Teólogo católico flamenco. De conceptos agustinianos, fue precursor del →jansenismo. Había sido educado en Lovaina y allí había enseñado filosofía (1544) y más tarde teología. A los 30 años de edad se dedicó al estudio de Agustín y desarrolló una postura radical agustiniana que negaba muchas de las posiciones doctrinales desarrolladas por el →escolasticismo medieval. Atacó la idea del mérito en las buenas obras, la inmaculada concepción, la infalibilidad papal, el limitado efecto de la caída, cualquier condición acerca de la predestinación y puntos de vista similares. Pronto sus enseñanzas levantaron controversia violenta. Para sus oponentes, especialmente para los jesuitas, parecía estar muy próximo al calvinismo. En 1560 los teólogos de la →Sorbona denunciaron su versión del agustinianismo y las facultades teológicas de las universidades españolas los siguieron. Un viaje de B. con su colega Johan Hessels al Concilio de →Trento para defender sus puntos de vista, no dio buenos resultados y, en 1567, Pío V hizo publicar una condenación de varias proposiciones que se decía B. había enseñado. Negando que en realidad hubiera hecho tal cosa, continuó presentando su agustinianismo como antes. La controversia siguió y en 1579 Gregorio XIII publicó una nueva y más específica condenación a la cual B. se sometió, aunque todavía afirmando que era incomprendido. Sus enseñanzas, evidentemente, eran contrarias a la teología que predominaba en la ICR posterior al Concilio de Trento. La controversia no finalizó con la muerte de B. sino que estalló con mayor virulencia a raíz del movimiento jansenista poco tiempo después.

DIRK JELLEMA

BEA, AGUSTIN (1881-1968). Cardenal alemán, propulsor del →ecumenismo en la ICR. Terminando sus estudios, ingresó a la orden de los →jesuitas y fue ordenado en 1912. Como erudito bíblico fue rector del Instituto Bíblico Pontificio (1930-49) recibió el capelo cardenalicio en el pontificado de →Juan XXIII (1959) quien lo nombró director del Secretario de Promoción de la Unidad Cristiana, establecido en 1960.

B. promovió reuniones de alto nivel con líderes protestantes y ortodoxos. Trabajó incansablemente con Juan XXIII para el éxito del →Concilio Vaticano II. Muchos de los documentos sobre el ecumenismo llevan el sello de su pensamiento.

CARMELO E. ALVAREZ

BEACH, HARLAN PAGE (1854-1933). Misionero congregacional y profesor de misiones. Nació en Nueva Jersey (EUA) y se graduó en Yale (1878) y en el Seminario Teológico Andover (1883). Enviado por la *American Board of Foreign Missions* a Trung Chou, China, en 1883, retornó a los EUA en 1890 a causa de la mala salud de su esposa. Durante el tiempo que pasó en China desarrolló un sistema de taquigrafía para el idioma mandarín. Sirvió sucesivamente como representante local de la *American Board;* pastor de una iglesia →congregacional en Minneápolis; superintendente de la Escuela de Obreros Cristianos, en Springfield, Massachusetts; secretario educacional del →Movimiento de Estudiantes Voluntarios y, finalmente, profesor de teoría y práctica de misiones en Yale (1906-21) y en el Drew Seminary (1921-28). Sus obras más importantes están relacionadas con las misiones, tales como *World Missionary Atlas* (1925).

DONALD M. LAKE

BEATIFICACION. Decreto papal que autoriza la veneración pública eclesiástica de un fiel católico con posterioridad a la muerte de éste. Esta veneración está limitada a una localidad en particular y no obliga a toda la Iglesia. Es ilegal rendir veneración pública a la persona conocida como beato o beata (beatificada) fuera del lugar para el cual se otorgó permiso. Hasta el s.XVII el oficio público de b. era celebrado por los obispos en sus iglesias locales. A diferencia de los decretos de canonización, los de b. no se consideran como infalibles: solo conceden permiso pero no imparten órdenes. Además, el culto permitido por la b. está limitado a determinada provincia, ciudad u orden religiosa.

S. TOON

BEATO DE LIEBANA (m.798). Presbítero español, abad del monasterio de San Martín en Liébana, cerca de Santander, diócesis de León, y consejero de la reina Adosinda de León. Esperando que la sexta edad del mundo finalizaría el año 800, compiló sobre todo de antiguos escritores desde Ireneo hasta Isidoro, un *Comentario al Apocalipsis* en tres revisiones (776, 784, 786). Esta obra reúne la tradición occidental de los comentarios apocalípticos y, en especial, preserva mucho del de la obra perdida de Ticonio y posiblemente partes desconocidas escritas por Apringio (obispo de mediados del s.VI de Beja en el S de Portugal). Los mss ricamente ilustrados de la obra citada de B., que van desde el s.IX al XIII son de la mayor importancia para el arte español de la Edad Media, B. se opone a la cristología adopcionista de →Elipando, y con su discípulo y compañero de monacato Eterio, obispo de Osma, escribió en 786 su *Contra Elipandus*. También fue escritor de himnos.

D.F. WRIGHT

BEATON, DAVID (1494-1546). Arzobispo de San Andrés, Escocia, y posteriormente cardenal. Después de asistir a las universidades de San Andrés y de Glasgow, probablemente se graduó en la última antes de seguir sus estudios durante algunos años en París y en Orleans. Por 1525, mediante la influencia de su tío James Beaton, arzobispo de San Andrés, ocupó una banca en el parlamento como abad de Arbroath. Enviado en 1533 como emisario ante Francisco I, rey de Francia, causó tal impresión que en 1537, Francisco lo hizo consagrar como obispo de Mirepoix, en Languedoc. Un mes más tarde B. fue designado como cardenal. En 1539 sucedió a su tío en San Andrés y se convirtió en *lord* canciller superior en 1540. Sus vinculaciones francesas contribuyeron a que los ingleses vieran con disgusto su actuación en la política interna. B. hizo quemar en la estaca al reformador escocés George →Wishart en 1545. El mismo fue asesinado en San Andrés al año siguiente.

J.D. DOUGLAS

BECK, JOHANN TOBIAS (1804-1878). Teólogo alemán. Ordenado en 1827, enseñó teología sistemática en Basilea (1836-43), después en Tübinga donde gradualmente obtuvo considerable influencia en un extraño ambiente hegeliano. Fue una gran personalidad cristiana y desarrolló el biblicismo de J.A. →Bengel. Libre de un concepto mecánico de la inspiración, consideraba a la Biblia como la historia de la obra del Espíritu avanzando hacia la salvación del hombre y como la revelación del Reino de Dios en tanto realidad sobrenatural de la historia, compartida donde quiera que los seres humanos se entregan a un discipulado práctico. Incurrió en la hostilidad de los luteranos confesionales debido a su punto de vista de que en la justificación el hombre era hecho justo así como contado como tal. En muchos sentidos siguió la tradición pietista, aunque criticó abiertamente algunas de sus organizaciones.

HADDON WILLMER

BECKET, TOMAS (c.1118-1170). Arzobispo de Canterbury desde 1162. N. en Londres de acomodada familia normanda. Se educó en Inglaterra y en Francia. En 1141 recibió un cargo en la corte del arzobispo Teobaldo de Canterbury y fue enviado a la universidad para una preparación en leyes. Después de actuar durante algún tiempo como arcediano de Canterbury, llegó a ser canciller de Enrique II. El rey y su ministro se hicieron buenos amigos y pasaban el tiempo no solo en su obra de gobierno, sino también bebiendo y jaraneando. Cuando murió Teobaldo en 1162, Enrique designó a B. como arzobispo de Canterbury. Dado que en aquel tiempo todavía B. pertenecía a las órdenes menores, fue necesario ordenarlo sacerdote y consagrarlo como obispo el mismo día. Como primado de Inglaterra B. se transformó de un firme sostenedor de la política real en un ardiente defensor de la iglesia. Renunció a su cargo en el gobierno del rey porque lo consideraba incompatible, y adoptó un piadoso estilo de vida. Enrique se disgustó mucho con este cambio, de manera que, además de los conflictos entre los intereses reales y los eclesiásticos, hubo un encuentro entre las dos vigorosas personalidades.

Enrique quería recuperar la autoridad real sobre la iglesia que se había perdido durante el reinado de Esteban, su predecesor. La ocasión inmediata para un conflicto fueron los intentos del rey de procesar ante las cortes reales a los clérigos (ya enjuiciados y convictos ante los tribunales eclesiásticos), para imponerles penas más duras. B. no quiso permitir esto basándose en que ello era un doble riesgo. En respuesta, Enrique publicó las Constituciones de Clarendon que declaraban que el rey, no el papa, era quien tenía autoridad sobre la Iglesia Inglesa y que él reconocía la autoridad del papa solo en manera nominal. B. al principio concordó con estas ideas pero se retractó y huyó a la Europa continental. Allí convenció al papa para que condenara muchas de las Constituciones de Clarendon como no canónicas y que excomulgara a los clérigos que las obedecieran.

B. regresó a Inglaterra y, en 1170, fue asesinado por cuatro fanáticos caballeros que llevaron a cabo el deseo del rey, según había expresado indiscretamente, de desembarazarse del arzobispo. Toda Europa se sintió ultrajada con el martirio de B. y Enrique se vio obligado a hacer penitencia en Avranches, Francia (1172), por este acto. El rey también tuvo que permitir el ejercicio de los poderes de la Iglesia sobre los cuales había insistido B. Aunque canonizado por la ICR en 1173, los historiadores han debatido si B. debería ser considerado como santo, como traidor o como político.

ROBERT G. CLOUSE

BEDA (el Venerable) (c.673-735). Monje de Jarrow y "padre de la historia inglesa". N. en Monkton on Tyne, condado de Durham. A la edad de siete años fue llevado al entonces recientemente fundado monasterio de Wearmouth que estaba a unos pocos km de distancia, pasando casi inmediatamente a ser uno de los primeros miembros de la comunidad de Jarrow, cercana a su lugar de nacimiento. Pasó todo el resto de su vida allí, no viajando nunca fuera de Northumbria, que se sepa, pese a lo cual llegó a ser uno de los hombres más instruidos de Europa. La erudición y la cultura de Italia habían sido llevadas a Inglaterra por Teodoro de Tarso, quien fue arzobispo de Canterbury cuando B. era niño, y fueron introducidas en Wearmouth y en Jarrow por Benedict Biscop. Aquí ello se unió con las sencillas tradiciones de devoción y evangelismo que venían de la Iglesia →Celta. Esto hizo que Northumbria fuera como un faro del saber cristiano mientras la oscuridad se iba haciendo cada vez más densa sobre el continente. B. fue el principal ejemplo y promotor de ese saber.

En Jarrow B. se formó bajo Ceolfrith, de quien aprendió el amor a la erudición, la disciplina y devoción personales. Cuando una epidemia afectó al monasterio, solo Ceolfrith y B. no fueron alcanzados, y éste registra cómo pudo mantener los cultos reglamentarios. Fue designado diácono a los 19 años de edad y sacerdote a los 30 por John de Beverly, obispo de Hexham. Aprendió latín, griego y hebreo. Tenía un buen conocimiento de los autores clásicos, que frecuentemente tuvo que adquirir a través de libros de extractos o de citas de otros escritores. Estaba familiarizado con las obras de Ambrosio, Jerónimo, Agustín y Gregorio Magno, y conocía algo de la poesía anglosajona.

Los escritos de B. cubren una amplia variedad: historia natural, cronología, traducción bíblica y exposición. El trabajo más importante fue su *Historia Eclesiastica Gentis Anglorum.* Es llamado "padre de la historia inglesa", en parte porque fue el primero en tratar de escribir una historia de Inglaterra, y porque coloca a la historia de la iglesia dentro de la historia general de la nación. Pero también este título se debe a su metodología. Su meticulosa erudición es conocida, por ejemplo, porque pedía a sus amigos que buscaran en los archivos de la Iglesia Romana y le trajeran copia de los documentos que él necesitaba. También obtuvo copia de algunos epitafios. Cuando no existía nada escrito, trataba de consultar las mejores tradiciones orales. No siempre tuvo un vigor crítico, pero su obra no por eso es menos valiosa. Sus narraciones son expresadas con gran encanto. El relato de la finalización de su traducción del Evangelio de Juan, antes de morir, es justamente famoso. Su fama continuó después de su muerte cuando se le empezó a llamar "Beda el Venerable". Sus huesos fueron trasladados a Durham al ataúd de Cuthbert, y en 1370 puestos en una tumba especial dentro de la catedral.

R.E. NIXON

BEECHER, HENRY WARD (1813-1887). Ministro →congregacional norteamericano.

Hijo de Lyman →Beecher. N. en Litchfield, Connecticut, y se graduó del *Amherst College* y del *Lane Theological Seminary* de Cincinnati, del cual su padre era presidente. Le fue negada la ordenación por el presbítero del *Old School* de Miami (Ohio) pero fue ordenado por el presbítero del *New School* de Cincinnati en 1838. Después de dos cargos en Indiana, fue pastor de la *Plymouth Church* de Brooklyn (congregacional) desde 1847 hasta 1887. Se hizo mundialmente famoso como predicador dramático e ingenioso, también fue activista político y reformador. Teológicamente se apartó del calvinismo y reinterpretó la Biblia radicalmente en términos moralistas, poniendo gran énfasis en el amor de Dios. No creía en un infierno literal y su aceptación de la hipótesis evolucionista le valió muchas críticas pero ninguna fue tan grande como la de su no probado adulterio, acusación que ensombreció sus últimos años. Sus obras incluyen *The Plymouth Pulpit* (10 tomos) y *Yale Lectures on Preaching* (1872-74). Fundó la revista *Christian Union* y durante más de diez años fue director. Posteriormente fundó *The Outlook.*

ROBERT C. NEWMAN

BEECHER, LYMAN (1775-1863). Ministro y educador norteamericano. N. en New Haven y se graduó en Yale en 1797. Fue ordenado dos años más tarde y fue pastor de una iglesia presbiteriana en Nueva York (1799-1810), y después de las iglesias congregacionales en Litchfield, Connecticut (1810-26), y Boston (1826-32). Después fue presidente y profesor de teología en el *Lane Theological Seminary,* cargo que combinó hasta 1842 con el pastorado de la Segunda Iglesia Presbiteriana de Cincinnati. Se retiró de Lane en 1852. Liberal en teología, rechazó el unitarismo, el calvinismo rígido y el catolicismo romano. Fue activo contra la intemperancia, la esclavitud y el batirse a duelo. Si bien su calvinismo moderado hizo difícil su camino en Nueva Inglaterra, no era suficientemente fuerte en Ohio, donde sus supuestas herejías le valieron comparecer y ser absuelto ante el presbiterio y ante el sínodo. Fue uno de los fundadores de la →Sociedad Bíblica Americana y era un elocuente predicador con énfasis en el avivamiento que obró muchas conversiones. Se ha dicho que fue "el padre de más cerebros" que cualquier otro norteamericano (entre sus trece hijos se contaron Henry Ward →Beecher y Harriet Beecher de →Stowe).

J.D. DOUGLAS

BEETHOVEN, LUDWIG VAN (1770-1827). Compositor alemán. Sus extraordinarias dotes fueron tempranamente reconocidas por Neefe, organista de la catedral de Bonn, que permitió que el niño lo sustituyera al órgano, guió sus primeros pasos en la composición y lo inició en parte de la música de →Bach. En su juventud B. se trasladó a Viena, en donde pronto alcanzó la fama como pianista y compositor. Antes de cumplir los 30 años empezó a perder el oído, pero perseveró hasta llegar a ser uno de los más grandes compositores instrumentísticos del s.XIX. Aunque no puede considerarse como un compositor eclesiástico, escribió varias destacadas composiciones sacras: seis cantos sagrados para textos del poeta cristiano Gellert; un oratorio, *Cristo en el Monte de los Olivos,* del cual frecuentemente se ejecuta el coro "Aleluya"; la *Misa en do,* fino ejemplo de misa sinfónica clásica, y la *Misa Solemne,* una de las más grandiosas obras corales de todos los tiempos.

J.B. MacMILLAN

BEGUINAS; BEGARDOS. Miembros de hermandades fundadas en los Países Bajos en el s.XII. Carecían de una regla común o de una jerarquía, gozaban de libertad para poseer propiedad privada y licencia para contraer matrimonio; vivían austeramente, sin formular votos, salvo el de castidad y daban gran importancia a las labores manuales. Los begardos eran su contraparte masculina, generalmente tejedores, tintoreros o bataneros, que no tenían propiedad privada y poseían un fondo común. Sus nombres pueden derivarse de Lambert le Bègue ("el Tartamudo", m.1177), un predicador de avivamiento, de Lieja. Eran principalmente de los Países Bajos, pero hubo también comunidades en Alemania, y en Francia (Luis IX fundó un beguinaje en París en 1264). Consideradas como extra-regulares porque no eran ni laicas ni monásticas, servían a los enfermos e indigentes a la vez que se dedicaban a la contemplación. Ambos grupos fueron por largo tiempo sospechados de herejía, mayormente por su vinculación con los →franciscanos espirituales, y fueron condenados por el Concilio de →Viena (1311). Muchos begardos se reformaron y se les permitió seguir (gracias a →Juan XXII) y sobrevivieron hasta la Revolución Francesa. Las beguinas fueron largamente perseguidas, siendo poco más que instituciones de caridad desde el s.XV. En Bélgica fueron rehabilitadas, hasta el punto de establecer relaciones más estrechas con órdenes aprobadas, y adoptaron la regla de

Agustín. Algunas todavía existen en los Países Bajos, especialmente en Brujas y en Gante. C.G. THORNE, JR.

BELARMINO, ROBERTO (1542-1621). Teólogo y polemista jesuita de la →Contrarreforma. N. en Monte Pulciano, Toscana. Ingresó a la orden jesuita en 1560 y fue ordenado en 1570. Luego fue enviado a la Universidad de Lovaina para conocer de primera mano los movimientos heréticos en los Países Bajos. Fue docente allí hasta 1576, cuando fue llamado a ocupar la nueva cátedra de teología controversial en el recién fundado *Collegium Romanum.* Llegó a ser un polemista poderoso y exitoso. Procuró vencer el protestantismo con razones y argumentos, más bien que con dogmatismo y abuso. De sus estudios nació su obra principal, *Disputationes de Controversiis Christianae Fidei* de tres t. (1586-93). En esta obra comparaba la doctrina catolicorromana con la de los reformadores. De interés escatológico es que B. desarrolló la teoría, expuesta por los padres griegos y latinos, de que en los últimos tiempos surgirá un Anticristo personal, el cual será aceptado por los judíos y entronizado en el templo de Jerusalén. Con esto quería combatir la interpretación protestante de que el papa era el Anticristo. La obra produjo tanta impresión que en Alemania e Inglaterra los protestantes establecieron varias cátedras para refutarla.

B. era un hombre tanto erudito como elocuente. Trabajó en la revisión de la Vulgata (1591,92), ya que esta versión se había declarado oficial en el Concilio de →Trento, versión que después fue llamada la "Sixtoclementina". Después de la muerte de Sixto V, B. y sus colegas corrigieron muchos errores textuales que había en ella debido a la injerencia y la premura de dicho papa.

B. polemizó con la obra de William Barclay, escritor escocés, que negaba la autoridad temporal del papa. Sin embargo B. decía que el poder temporal del papa no es directo sino indirecto, enseñanza que contrarió a Sixto. También tuvo una controversia literaria con el rey →Jaime I de Inglaterra y defendió el papado ante los ataques de Paolo →Sarpi.

Se ha dicho que B. "sin duda fue una de las figuras más santas en la ICR durante los últimos años de la Contrarreforma". Su preocupación por →Galileo es, quizás, indicio de esto.

En 1592 fue nombrado rector del Colegio Romano, en 1597, teólogo de Clemente VIII y en 1599, cardenal. En tres ocasiones fue considerado candidato para el papado. Fue beatificado en 1923 y canonizado en 1930. El año siguiente fue proclamado "Doctor de la Iglesia". WILTON M. NELSON

BELICE. Territorio centroamericano limitado al E por el Mar Caribe, al N por México y al O por Guatemala, con un área de 22.963 km² y 152.000 habitantes (1979).

En 1638 un grupo de náufragos ingleses (probablemente bucaneros) estableció un pueblo donde ahora está la ciudad de B. El pueblo creció y llegó a ser una colonia inglesa que progresó con la explotación de las maderas finas que allí abundaban. Los españoles disputaron el territorio con los ingleses pero sin éxito.

Actualmente la mayoría de los habitantes son negros y mulatos de habla inglesa con unos pocos blancos. En el occidente se hallan indios maya y algunos mestizos de habla española.

Estando B. bajo dominio inglés, pronto entró la Iglesia Anglicana e inició obra misionera. En 1815 se construyó en la capital la catedral de San Juan Bautista, existiendo ya una diócesis anglicana que se extendía por la costa hacia el S hasta el Río San Juan (entre Nicaragua y Costa Rica). De ahí que B. llegó a ser un enclave protestante en la Hispanoamérica católica.

En el s.XIX otros grupos religiosos ingleses iniciaron obra en la colonia. En 1822 llegaron los primeros misioneros bautistas. En la misma época la Iglesia Metodista empezó su obra. Al extenderse la libertad religiosa en el Imperio Británico, la ICR también se estableció en B. Actualmente el 50 por ciento de los beliceños son católico-romanos.

En el s.XX empezaron a entrar las misiones norteamericanas. Entre las que actualmente tienen actividad en B. se hallan: Iglesias de Cristo, Iglesia de Dios (Cleveland, Tennessee), Iglesia de Dios Pentecostal, Unión Misionera Evangélica, Iglesia Unida de Cristo y una misión menonita.

WILTON M. NELSON

BELL, GEORGE K.A. (1883-1958). Prominente ecumenista y obispo anglicano. Fue ordenado en 1907 y llegó a ser profesor de Oxford en 1910 y capellán del arzobispo R.T. Davidson en 1914. Permaneció en Lambeth durante la Guerra Mundial I y la reconstrucción posterior. En particular estuvo vinculado a las primeras etapas del movimiento ecuménico y en la Conferencia de

→Lambeth de 1920. Posteriormente fue biógrafo de Davidson. En 1924 llegó a ser deán de Canterbury, y en 1929 obispo de Chichester, en donde permaneció hasta su retiro pocos meses antes de su muerte. Fue secretario de la Conferencia de Lambeth en 1930 y miembro de las conferencias de 1948 y 1958.

Sus inquietudes →ecuménicas datan de su época en Lambeth. Estuvo presente en la Conferencia Oud Wassenaar de Holanda (1919) en la cual cristianos europeos y procedentes de otras naciones implicadas en la guerra deliberaron acerca de la paz y la reconciliación. Esto condujo a través de varios pasos al movimiento de Vida y Obra que fue inaugurado en 1925 durante la Conferencia de →Estocolmo. B. fue uno de los que redactaron el borrador del mensaje de la conferencia. En 1932 fue designado como presidente del movimiento y de su consejo. Pese a su inquietud a favor de la paz y el desarme, se vio envuelto en el movimiento de oposición a los nazis antisemitas y a los →"cristianos alemanes". En el curso de esta actividad llegó a profesar profunda simpatía hacia Martín →Niemöller y hacia Dietrich →Bonhoeffer. Después de 1939 su conocimiento de los elementos antihitleristas alemanes le hizo abogar por una política más abierta para concluir la guerra lo más pronto posible que la de exigir una "rendición incondicional". También lo llevó a deplorar en sus discursos ante la Cámara de los Lores el bombardeo de saturación contra ciudades alemanas. En esto no tuvo apoyo. Incluso entrevistó a Bonhoeffer en Suecia, en 1942, para discutir las posibilidades de concluir la guerra desde dentro de Alemania y se granjeó la fuerte antipatía de Churchill. Los rumores aseguran que este último se opuso al nombramiento de B. a Canterbury cuando murió Temple en 1944, pero de todos modos no era probable que hubiera sido nombrado.

La constante labor ecuménica de B ayudó a guiar el movimiento Vida y Obra desde la Conferencia de Oxford de 1937 y hasta la formación del CMI, que fue constituído en Amsterdam en 1948. Sus intereses estuvieron en la iglesia y en el orden internacional. En Evanston, en 1954, fue elegido como presidente honorario del CMI.

COLIN BUCHANAN

BELTRAN, SAN LUIS (1526-80). Misionero en Nueva Granada (Colombia), durante la época de la conquista. N. en Valencia, España. Fue ordenado y admitido a la orden de los dominicos en 1547. Cuatro años después fue nombrado maestro de novicios. Se sintió llamado a ser misionero a los indígenas del Nuevo Mundo y en 1562 llegó a Cartagena. Fue misionero abnegado y celoso. Se dice que andaba predicando descalzo, armado únicamente con la Biblia y el Breviario. Bautizó a miles de indios. B. respetaba grandemente a →Bartolomé de las Casas y, como él, reprendió duramente a los españoles por el mal trato que daban a los naturales.

Fue un predicador poderoso. "Sus palabras hacían temblar cuando reprendía y cuando rogaba o persuadía eran tan suaves que atraía al amor de Dios todos los corazones". Por lo tanto era amado por los indígenas pero odiado por los españoles. Realizó toda esta inmensa labor en poco tiempo. Había servido de misionero solo nueve años cuando se le ordenó que regresara a España con el fin de servir de prior en un monasterio.

Fue beatificado en 1608 y canonizado en 1671. El papa →Alejandro VIII lo declaró patrono de Nueva Granada en 1690.

WILTON M. NELSON

BENDICION. El impartir el favor divino. Cuando una b. es impartida por un hombre es un acto humano que invoca el favor divino. También puede significar dar gracias a Dios. En el AT Dios bendice al pueblo directamente (Gn. 1:22; 2 S. 6:11) y hay muchos ejemplos de hombres que bendicen a otros (Gn. 27:27ss). Tal b. es impartida por el mayor al menor (Heb. 7:7). También las cosas son bendecidas en el AT. Dios bendice el día sábado (Gn. 2:3) y Moisés la propiedad de un hombre (Dt. 33:11).

En las bienaventuranzas el Señor imparte sus bien conocidas enseñanzas. Hay también el ejemplo de nuestro Señor cuando bendice a los niños que le fueron llevados. La b. de los panes y peces y del pan y del vino durante la Ultima Cena indica casi seguramente agradecimiento.

Es costumbre finalizar la mayor parte de los cultos con una b., aunque esto no es en manera alguna una práctica primitiva y, por ejemplo, en la nueva liturgia de Comunión de la Iglesia de Inglaterra, es optativo. En la ICR y Ortodoxa Griega a menudo bendicen objetos. En general las Iglesias Reformadas han sido reticentes para bendecir objetos, aunque la b. del agua del bautismo ha sido evidente en los servicios de la Serie Segunda en la Iglesia de Inglaterra. Resulta bastante curioso que junto con esta reticencia no ha habido la misma acerca de dedicar objetos varios.

B. es también el nombre de un oficio en la ICR donde, en el momento culminante, la congregación es "bendecida" por la hostia consagrada. Esto se desarrolló en la Edad Media junto con la devoción popular a la hostia como signo de la presencia de Cristo, pero actualmente está cayendo en desuso a través del impacto del Movimiento →Litúrgico y la práctica de celebrar la Eucaristía por la tarde. PETER S. DAWES

BENEDICTINOS. Monjes que viven bajo la regla de San →Benito de Nursia. La fundación original fue en Subiaco, pero poco después Benito fundó doce monasterios con doce monjes cada uno. Se cree que el tercer abad de Monte Casino empezó a divulgar el conocimiento de la Regla más allá del círculo de las propias fundaciones de Benito. La Regla desarrollada por Benito se volvió la "constitución" de la orden. Cada monasterio tenía que ser económicamente autosificiente. No hay general o superior para toda la orden más que el propio papa. La orden consiste en "congregaciones", cada una siendo autónoma, unidas solo por lazos espirituales de lealtad a la misma Regla. Esta puede ser modificada de acuerdo a las circunstancias de cada congregación particular. Cada monasterio tenía que contar con un abad elegido en forma vitalicia y otras autoridades designadas por término limitado. Los votos hechos por cada monje enfatizaban la perpetuidad, la pobreza, la castidad y, especialmente, la obediencia al abad. Los que eran admitidos tenían que ser novicios durante un año. Los monjes eran expulsados por cometer delitos graves y aunque un monje penitente podía ser readmitido dos veces, a la tercera vez era expulsado definitivamente.

El papa →Gregorio Magno, b. él mismo, alentó este movimiento que gradualmente se extendió por toda la cristiandad occidental. Agustín de Canterbury y sus cuarenta monjes procedían del monasterio b. de San Andrés en Roma y establecieron el primer monasterio b. inglés en Canterbury poco después de su llegada en 597. Surgieron varios movimientos de reforma debido a los abusos que se habían infiltrado en la orden. El primer intento para confederar las casas monásticas de un mismo reino fue hecho durante el s.IX por Benito de Aniano bajo los auspicios de Carlomagno y de Luis el Piadoso. Las reformas más destacadas fueron las de →Cluny (910), que por el s.XII se había vuelto en centro y cabeza de una orden que incluía 314 monasterios en todas partes de Europa. La Orden B. se hizo famosa por sus logros literarios, p.e. las obras de →Beda, y ayudó a preservar el conocimiento durante la Edad Media. S. TOON

BENEDICTO IX (m. c.1055). Papa desde 1032 a 1045. Quizá el más deshonroso representante del papado antes de que fuera reformado en el s.XI. Perteneciente a la poderosa facción tusculana, se afirma que fue papa a los doce años de edad y ciertamente, bajo su reinado la moralidad de la corte papal descendió a muy bajo nivel. Los romanos, disgustados con sus deficiencias espirituales, y aun más con sus vinculaciones políticas, lo expulsaron en 1044 y designaron en su lugar a Silvestre III. B. regresó al año siguiente pero abdicó mediante un pago monetario. Su sucesor fue el mucho más honorable Gregorio VI. No obstante en 1046 el emperador reformista Enrique III depuso a Gregorio por simonía y también (para que no hicieran reclamaciones) tanto a B. como al antipapa Silvestre. Nueve meses después el nuevo papa Clemente II fue envenenado, quizá por medio de los agentes de B. Este otra vez se convirtió en papa por breve tiempo en 1047, antes de ser depuesto permanentemente por Enrique. C. PETER WILLIAMS

BENEDICTO XI (1240-1304). Papa desde octubre de 1303 hasta julio de 1304. Nacido como Nicolás Boccasini, era un fraile dominico, notable teólogo y antiguo maestro general de su orden. Nativo de la provincia de Venecia, había sido legado papal ante la corte del emperador Alberto de Habsburgo. Sucesor de →Bonifacio VIII, fue heredero de las consecuencias de un prolongado período de política secular avariciosa. El papado había perdido prestigio y poderío después de la lucha entre Bonifacio y Felipe el Hermoso de Francia, y B. trató de rectificar las cosas. Intentó reconciliar las facciones en la acaudalada Florencia que, con su negocio europeo, constituía un provechoso aliado de los papas. Absolvió a los ex cardenales Colonna y trató de hacer las paces entre ellos y los Gaetani. Absolvió a Felipe el Hermoso pero estaba decidido a que se hiciera justicia por el ultraje de Anagni. Guillermo de Nogaret (ministro de Felipe), Sciarra Colonna y otros fueron, por lo tanto, acusados de ataque criminal contra Bonifacio VIII, y citados para comparecer para su juzgamiento y sentencia. Sin embargo B. murió en Perusa antes de que

comenzara el juicio. Fue beatificado en 1736.
JAMES TAYLOR

BENEDICTO XII (1285-1342). Papa desde 1334. N. como Jacques Fournier, era un distinguido teólogo y fue profesor en la Universidad de París. Siendo joven ingresó en la abadía cisterciense de Boulbonne. Llegó a ser cardenal y, hasta su elección como tercer papa de Aviñón, fue cardenal-sacerdote de Priscia del Sur. En esta época desempeñó un papel importante en la controversia originada por la enseñanza de Juan XXII en cuanto al destino de las almas de los difuntos. Mostró gran celo en perseguir a los herejes. Austero en su vida pública y privada, continuó vistiendo su hábito al convertirse en papa.

Concienzudo reformador dentro de la iglesia, B. exigió que todos los obispos diocesanos y todo el clero, que tenían beneficios por la cura de almas, salieran de Aviñón y fuesen enviados a cumplir sus deberes. Abolió la concesión de abadías a los abades no residentes; reorganizó el oficio de penitenciaría y la administración de la correspondencia papal; intentó reformar las órdenes religiosas mediante una serie de constituciones (1330-39) para renovar el fervor y la estrictez. La constitución que impuso a los franciscanos no se recibió bien y fue abolida por su sucesor. Los esfuerzos de B. fueron abiertamente resistidos por el maestro general de los dominicos. Las reformas radicales introducidas en la orden benedictina incluían la restauración de la vida en común dentro de los monasterios y cursos de estudio monástico. B. tuvo poco éxito en sus esfuerzos por mejorar la escena política. Las relaciones entre el papado y el emperador no fueron ayudadas por su tendencia a aliarse con la política de Felipe VI de Francia. Los electores eventualmente declararon en Rense que los derechos del emperador no necesitaban confirmación papal. La obra teológica principal de B. fue *Benedictus Deus* (1336) en la cual proclamó que las almas de los justos que no tienen pecados que expiar, al morir experimentarán la →Visión Beatífica. Empezó a edificar el Palacio de los Papas en Aviñón.
JAMES TAYLOR

BENEDICTO XIII (1328-1423). Antipapa en Aviñón, 1394-1417. N. con el nombre de Pedro de Luna en Aragón. Estudió derecho en la Universidad de Montpellier, donde se doctoró y donde después fue catedrático. Hombre de gran capacidad, austeridad y erudición, fue hecho cardenal en 1375 por el papa aviñonés →Gregorio XI. Al surgir el →Cisma de Occidente se puso al lado del papa en Aviñón, Clemente VII. Al morir éste (1394) Pedro de Luna fue elegido para tomar su lugar debido a sus conocidas cualidades y su promesa de cooperar en poner fin al cisma, aunque esto significara su propia abdicación. Tomó el nombre de Benedicto XIII.

Pero, una vez entronizado, rehusó abdicar. Trató con tres papas romanos (Bonifacio IX, Inocencio VII y Gregorio XII) sobre la unificación de la Iglesia pero sin lograr resultados. Insistía en que él era el papa legítimo.

Fue depuesto por los concilios de →Pisa en 1409 y de →Constanza en 1417. Ahora los que antes lo apoyaban iban abandonándolo. Se retiró a España, su tierra natal, a Peñíscola (al NE de Valencia), en una ciudadela situada sobre un promontorio que se interna en el Mar Mediterráneo, y allí siguió alegando que la Iglesia estaba con él y los herejes cismáticos eran los de Constanza, hasta su muerte a la edad de 94 años.
WILTON M. NELSON

BENEDICTO XIII (1649-1730). Papa romano desde 1724. N. como Pietro Francesco en la familia noble y acaudalada de Orsini en Nápoles. Renunciando a todo, ingresó en la orden de los dominicos en 1667. Fue hecho cardenal a los 23 años y arzobispo a los 36. Después de administrar admirablemente bien por 38 años su diócesis, fue elegido papa. Aceptó el pontificado con renuencia. Luego trató sin éxito de reformar la moral del clero. En el Vaticano rehusó vivir pomposamente; más bien eligió vivir modesta y sencillamente. A pesar de su santidad personal, erudición y buenas intenciones, no mostró aptitudes para los asuntos prácticos. Confió la administración de los →Estados Papales al Cardenal Nicolo Coscia, hombre sin escrúpulo, quien hizo mucho daño al papado.

A pesar de su oposición al →jansenismo, permitió a los dominicos predicar la doctrina de la gracia en su forma agustiniana.
R.E.D. CLARK

BENEDICTO XIV (1675-1758). Papa desde 1740. N. en una antigua familia noble de Bolonia, con el nombre de Próspero Lorenzo Lambertini, y fue educado en el *Collegium Clementinum*, Roma. Comenzó como asistente legal en Roma, llegó a abogado consistorial en 1701, promotor fidei en 1708, asesor de la Congregación de los Ritos en 1712, y secretario de la Congregación del Concilio en 1718. Fue designado como obispo de Ancona en 1727, cardenal en 1728 y arzobispo de Bolonia en 1731. Resultó elegido papa a continuación de una lucha entre los moderados y aquellos que resistían la entrega de privilegios eclesiásticos a las autoridades seculares.

Hombre de amplia visión, sentido común e integridad, promovió el entendimiento entre el papado y los gobernantes europeos. Concedió a las coronas de España y de Portugal el derecho de designar la mayoría de los beneficios, celebró concordatos con Nápoles y Cerdeña. Reconoció a Federico el Grande como soberano de Prusia a cambio de la aceptación por parte de éste del obispo de Breslau para los católicos prusianos. Resolvió las controversias acerca de los ritos indios y chinos. Publicó una encíclica aliviando la posición de los →jansenistas en Francia (1756). Rigió los →Estados Papales en manera inteligente, estableció el libre comercio, desarrolló la agricultura y redujo los impuestos. Patrocinó las artes y el saber en general, fundó cuatro academias para el estudio histórico, compró mss y libros para la Biblioteca del Vaticano, inauguró el catálogo de mss vaticanos y mejoró la Universidad de Roma. Publicó un decreto que restringía las apresuradas e innecesarias prohibiciones de libros que eran colocados en el →Indice, protegiendo en especial a L.A. Moratori cuando fue atacado por los jesuitas. El mismo B. era un brillante canonista, escritor y controversialista. Sus escritos incluyen un importante libro sobre canonización: *De servorum Dei beatificatione et beatorum canonizatione* (1734-38) y un tratado sobre el sacrificio de la misa (1748). Su política conciliadora fue interpretada por parte de algunos anticlericales como debilidad, pero fue un pontífice que se destacó en un período cuando la autoridad papal estaba en declinación.

J.G.G. NORMAN

BENEDICTO XV (1854-1922). Papa desde 1914. N. como Giacomo della Chiesa, llegó a ser arzobispo de Bolonia en 1907 y sucedió al papa Pío X poco después de estallar la Guerra Mundial I. Insistentemente pidió paz tanto a los Aliados como a los Poderes Centrales, especialmente en su encíclica *Ad beatissimi* (1 de nov. de 1914) y en una nota de siete puntos dirigida a los gobiernos implicados (1 de ago. de 1917). Su política mantuvo al papado alejado del conflicto, como voz de autoridad moral, de manera que frecuentemente condenó lo que consideraba como violaciones de la moralidad y el derecho, y estableció medios de caridad cristiana para localizar a personas desaparecidas, cuidar de los enfermos y de los heridos. El Vaticano y algunos organismos fueron acusados, probablemente sin fundamento, por los anticlericales de Francia e Italia, de ejercer el espionaje a favor de los Poderes Centrales, mientras que los alemanes y los austríacos lo llamaban "el papa francés". Generalmente su perspectiva era neotomista, siguiendo a →León XIII. Condenó al modernismo, dirigió una codificación del derecho canónico (1917), promovió mucho las misiones católicas, trabajó para establecer mejores relaciones con la Iglesia Ortodoxa Oriental. Trató de robustecer la posición del papado estableciendo relaciones diplomáticas con más naciones, incrementando el número de los representantes de catorce a 26, incluso la Gran Bretaña. Continuó resistiendo la solución impuesta por Italia en la "Cuestión Romana". Mantuvo la necesidad de una clara soberanía temporal del papado y estableció relaciones secretas entre su ministro de estado y Benito Mussolini. C.T. MC INTIRE

BENEFICIO. *Beneficium* antiguamente era el término legal para una concesión vitalicia de tierras en recompensa por servicios prestados. Esto fue desarrollado en el derecho canónico en un oficio eclesiástico bajo el doble significado de "espiritualidades" (los deberes incluidos) y "temporalidades" (los emolumentos provistos). En la Iglesia de Inglaterra hay tres clases de beneficios parroquiales: rectorados, vicariatos y curatos perpetuos. La diferencia consiste mayormente en quién es el que recibe los varios diezmos entre los dos primeros acabados de mencionar y la fecha de establecimiento del b. entre éstos y el último. A cambio de este privilegio o tenencia, el que la recibía o el interesado era, antes del *Pastoral Measure*, privado de la misma solo por grave inconducta o abandono del deber. G.S.R. COX

BENGEL, JOHANN ALBRECHT (1687-1752). Ministro y teólogo luterano. Educado en Tubinga, enseñó en el seminario Dekendorf (1713-41), fue superintendente en Herbrechtingen (1741) y en Alpirsbach (1749). Su obra principal fue una edición crítica del NT (1734) que se constituyó en punto de partida para la moderna crítica textual. Esta obra fue seguida por *Gnomon novi testamenti* (1742), un comentario en que da una explicación palabra por palabra del texto grie-

go en manera muy adecuada. Juan →Wesley tradujo la mayor parte de estas notas y las incorporó en *Notes Upon the New Testament* (1755). B. tambień escribió varias obras apocalípticas, entre ellas *Erklärte Offenbarung Johannis* (1740), en la cual trataba de establecer el número de la bestia y fijaba la fecha del comienzo del Milenio en 1836. Entre los eruditos evangélicos el *Gnomon* todavía está en uso.
ROBERT G. CLOUSE

BENITO DE NURSIA (c.480-c547). "Patriarca del monaquismo occidental". N. en Nursia, en Italia central. Fue primeramente enviado a Roma para estudiar. Al parecer, la vida degenerada de la ciudad le hizo huir al campo y vivir en una cueva como ermitaño en Subiaco. Después de pasar breve temporada en un monasterio regresó a Subiaco, en donde estableció doce pequeñas comunidades monásticas. Alrededor de 529 fue presionado para que dejara estos grupos, de manera que con un pequeño núcleo se trasladó a lo que ahora es el Monte San Germán (a mitad de camino entre Roma y Nápoles) para establecer el monasterio de Montecasino, en donde permaneció hasta su muerte. La base del monasterio fueron dos capillas dedicadas a Juan el Bautista y a Martín de Umbría. Haciendo uso de reglas anteriores (p.e.: las de Juan →Casiano y →Basilio de Cesarea), redactó la suya propia. El amplio uso de la misma ha asegurado su fama y su título de "Patriarca del monaquismo occidental". Fue sepultado en la tumba de su hermana Escolástica en la Capilla de Juan el Bautista. Nuestra principal fuente de información acerca de él está en los *Diálogos* de Gregorio el Grande.
PETER TOON

BERDYAEV, NIKOLAI (1874-1948). Filósofo de la religión. N. en Kiev, Rusia, y en la juventud sintió atracción hacia el marxismo y, aunque nunca repudió esta atracción, también era miembro de la Iglesia Ortodoxa Rusa. Se le inició proceso por parte de la iglesia en 1914 por su posición no conformista en materia religiosa, y fue salvado de una sentencia solo debido al inicio de la Revolución Rusa. Junto con otros intelectuales, durante las primeras purgas fue expulsado de su puesto de profesor de filosofía de la Universidad de Moscú y de la Unión Soviética en 1922. Primeramente marchó a Berlín y luego a París (1924) en donde fundó una academia para el estudio de problemas filosóficos.

Aunque no era un pensador o un filósofo sistemático, fue un escritor prolífico. En más de veinte libros y en muchos artículos B. enfatiza la libertad, la creatividad y la realidad de lo trascendente. Con frecuencia se lo menciona como "existencialista cristiano" (→EXISTENCIALISMO). Según su opinión, la verdad es un rayo de luz que penetra el mundo objetivo desde el campo trascendente del espíritu. La gloria humana reside en la capacidad para apropiarse de este orden espiritual y hacerse creativo; el deterioro del hombre viene cuando se pierden estas cualidades. Debe algunas de sus ideas a Jakob →Boehme, →Kant, →Nietzsche y →Dostoievsky. Aunque no profesaba simpatía por el materialismo marxista y denunció el terrorismo soviético, abrigaba la esperanza de que el verdadero espíritu ruso finalmente surgiría en el nuevo estado.
PAUL M. BECHTEL

Entre los muchos libros que escribió, los siguientes se han traducido al español: *Una Nueva Edad Media* (1932), *La religión y el marxismo* (1935), *El cristianismo y el problema del comunismo* (1938), *La afirmación cristiana y la realidad social* (1936), *El cristianismo y la lucha de clases. Autobiografía espiritual* (1957).
PAUL M. BECHTEL

BERENGARIO DE TOURS (c.1000-1088). Teólogo francés. Alumno de Fulberto de Chartres, fue canónigo y director de la escuela de la catedral de Tours (1031) y posteriormente archidiácono en Angers (1041). Como sabio y piadoso, en 1040-45 llegó a cuestionar la interpretación eucarística de →Pascasio Radberto (monje del s.IX que enseñaba la transubstanciación). Una serie de controversias resultaron de las doctrinas de B. que provocaron el desarrollo de la enseñanza católica referente a la Eucaristía. En el curso de estos debates B. se vio obligado a firmar varias declaraciones, una que aseguraba que cuando el creyente participa del elemento en realidad está masticando el cuerpo de Cristo. Había sostenido que uno no puede comer y beber literalmente el cuerpo y la sangre de Cristo pero, no obstante, por fe el cristiano puede tener una real comunión espiritual con la carne, es decir, con la humanidad glorificada de Cristo en los cielos. Según su enseñanza, los elementos permanecen sin cambio tanto en substancia como en apariencia, después de la consagración. Están, sin embargo, dotados de un nuevo valor, porque cualquier cosa que es consagrada se eleva a una esfera superior y es transformadora. Si B. hubiera estado dispuesto a morir por sus convicciones habría ganado más adherentes. Como sucedieron las cosas, sus reiteradas retractaciones sirvieron para impulsar a que hombres como →Lanfranc articularan de manera más detallada la enseñanza de la transubstanciación. ROBERT G. CLOUSE

BERGGRAV, EIVIND (1884-1959). Obispo luterano noruego. Hijo de un clérigo, que posteriormente fue obispo, estudió teología y fue ordenado en 1908. Fue maestro en varios tipos de colegios desde 1909, fue pastor de una parroquia rural en 1918, capellán de una penitenciaría en 1924, obispo de Tromso en 1928 y de Oslo en 1937-50. Aunque originalmente influido por la teología liberal, no participó en los debates acerca del tema y como obispo obtuvo la confianza de la mayoría de la gente activa de la iglesia. B. fue un escritor prolífico que publicó unos 30 libros sobre varios asuntos: psicología de la religión, filosofía de la educación, relaciones entre la iglesia y el estado, obras devocionales, etc. Deseaba establecer una relación fructífera entre la iglesia y la vida cultural contemporánea, y para este fin editó desde 1909 la revista *Kirke og Kultur*. Durante la ocupación alemana (1940-45) fue dirigente de la Iglesia en su controversia con el gobierno nazi. Tomó parte importante al escribir las cartas pastorales y las declaraciones que fueron factor principal en esta lucha. Desde la Pascua de 1942 hasta el fin de la Guerra fue puesto bajo severa custodia policial. En 1950, a causa de su mala salud, renunció como obispo, pero permaneció activo. Tomó parte importante en los esfuerzos ecuménicos de ese período. Desde 1950 hasta 1954 fue uno de los presidentes del →CMI.

CARL F. WISLOFF

BERGSON, HENRI (1859-1941). Filósofo francés, "intuicionista" en cuanto al método, "de la vida" en cuanto al contenido de su pensamiento. N. en París, de familia judía. Estudió filosofía en la Escuela Normal Superior. En 1881 es profesor de filosofía en Angers. De allí pasa a Clermont-Ferrand, al Liceo Enrique IV de París, a la Escuela Normal Superior y al Colegio de Francia. M. en Clermont-Ferrand (donde se había refugiado cuando se inició la invasión alemana de Francia). Fue miembro de la Academia de Ciencias Morales y Políticas (desde 1901) y de la Academia Francesa (desde 1918). Al concluir la Guerra Mundial I aceptó la presidencia de la "Comisión de Cooperación Intelectual" de la Sociedad de las Naciones.

Preocupado por el problema del tiempo, habla B. de la *duración real,* entendida como el tiempo real en tanto opuesto a su espacialización. La vida psíquica se manifiesta fundamentalmente como duración, pero una duración en la que lo real se presenta como siempre cambiante, como continua creación: la duración pura no es solo el ser de la conciencia sino también de toda la realidad. De ahí el concepto de *evolución creadora* y de *impulso vital* (*élan* vital) que hace que la evolución no ocurra al azar sino en direcciones determinadas. B. sostiene que la *intuición,* y no la inteligencia, aprehende la pura duración. "Llamamos aquí intuición a la *simpatía* por la cual nos trasladamos a lo interior de un objeto para coincidir con lo que tiene de único y, por consiguiente, de inexpresable" *(La pensée et le mouvant).*

B. también elabora una filosofía de la religión y una ética. Una de sus últimas obras fue *Les duex sources de la morale et de la religion* (1932). Distingue entre religión estática y religión dinámica. La primera es propia de las sociedades cerradas; la segunda, de las sociedades abiertas. En el análisis de la religión dinámica se detiene B. en el estudio de los místicos cristianos, de quienes dice que "una inmensa corriente de vida ha vuelto a posesionarse de ellos" (*Les deux sources...*). A partir del misticismo aborda "el problema de la existencia y naturaleza de Dios". Por su falta de definición precisa, el pensamiento de B. ha sido calificado por algunos como panteísta, que conduce a la divinización del hombre. En su testamento de 1934 afirma que se fue acercando al catolicismo: "Yo hubiera sido un convertido de no haber visto desde años atrás avanzar la terrible ola de antisemitismo, que ahora va a derramarse por el mundo. Quise estar con los que mañana serán los perseguidos" (Hirschberger). PLUTARCO BONILLA A.

BERKELEY, GEORGE (1685-1753). Filósofo anglicano irlandés. El más brillante filósofo teísta de su época, fue deán de Derry y más tarde obispo de Cloyne. Demostró que la Iglesia podría razonar más claramente que sus críticos en una época en que la suficiencia de la razón, a expensas de la revelación, era afirmada confiadamente. En su obra principal, *Alciphron* (1732), mostró que los problemas de la Edad de la Razón podían resolverse solo mediante un nuevo entendimiento del papel de la razón. Creía que las ideas eran cosas que realmente existían. Las cosas materiales existen en tanto y en cuanto sean percibidas. Es Dios quien es responsable por la existencia de las ideas: éstas no son producto de nuestra mente propiamente. B. fue también un entusiasta misionero que propuso un colegio en las Bermudas, aunque sin éxito. JAMES TAYLOR

BERKHOF, LOUIS (1873-1957). Teólogo calvinista norteamericano. N. en los Países Bajos, emigró de niño a los EUA, en donde su familia se unió a la →Iglesia Reformada Cristiana que en ese momento todavía era pequeña y usaba el idioma holandés. Atraído al ministerio, asistió al Calvin Seminary en Grand Rapids, Michigan. Como trabajo de postgraduado fue a Princeton y después de ser pastor por breve tiempo, fue llamado al Calvin Seminary (1906). Allí pasó tres décadas como profesor y por medio de él aprendieron teología sistemática casi todos los predicadores de la Iglesia Reformada Cristiana. Durante la década de 1920 desempeñó un papel preponderante en las controversias de la época, incluso en los debates acerca del "ultra-calvinismo" de Herman Hoeksema, que llevó a la fundación por éste de la Iglesia Protestante Reformada. El mayor interés de B. residía en la teología sistemática y siguió muy de cerca a los teólogos calvinistas holandeses: A. →Kuyper y H. Bavinck, aunque también fue influido por teólogos calvinistas ortodoxos norteamericanos como C. →Hodge y B.B. →Warfield. B. escribió mucho; su obra principal es *Reformed Dogmatics* (3 tomos, 1932) que en su forma popular (*Manual of Reformed Doctrine,* 1933) fue usada ampliamente en las escuelas de la Iglesia Reformada Cristiana. Su último libro, escrito a los 80 años de edad, fue *The Second Coming of Christ* (1953). [Los siguientes de sus libros se han traducido al español: *Sumario de doctrina cristiana* (1962), *Teología sistemática* (1969), *Principios de interpretación bíblica* (1969), *La doctrina del Espíritu Santo* (1969), *Discusión sobre la teología de esperanza* (1972).] DIRK JELLEMA

BERNABE, EPISTOLA DE. Nombre que se le da a un antiguo documento cristiano, escrito probablemente en Alejandría alrededor del año 135. Este título se lo dieron algunos autores cristianos de Alejandría, hacia fines del s.II. Pero en realidad este escrito no es obra del Bernabé del NT, ni es epístola, sino más bien un sermón o un tratado. En todo caso, la popularidad de este documento en Alejandría fue tal que algunos cristianos en esa ciudad lo incluían como parte del NT.

El libro, de 21 capítulos, puede dividirse en dos partes. La primera, que llega hasta el final del cap. 17, trata particularmente sobre el modo en que han de entenderse las Escrituras hebreas. Según el anónimo, esas Escrituras no han de entenderse literalmente, pues en esto consiste el error de los judíos, sino más bien como una serie de alegorías y de "figuras" o "tipos" que señalan hacia Jesucristo. Esta interpretación alegórica de las Escrituras fue característica de Alejandría, donde la había empleado antes el filósofo judío →Filón, y después →Clemente y →Orígenes. Por eso que la E. de B. fue tan popular entre los cristianos alejandrinos.

La segunda parte del escrito (los capítulos 18-21) trata acerca de dos alternativas: el camino de la vida y el camino de la muerte. JUSTO L. GONZALEZ

BERNADETTE (1844-1879). Visionaria católicorromana. Hija mayor de un molinero pobre, de apellido Subirous, de Lourdes, Francia, tuvo una serie de visiones entre el 11 de febrero y el 16 de julio de 1858, en una cueva cerca del río Gave. Creía que la hermosa y joven dama que le habló en algunas de sus 18 apariciones era la Virgen María que tenía el título de "Inmaculada Concepción". Al principio las autoridades de la iglesia no le creyeron, incredulidad que era justificada por una epidemia de falsos visionarios. En 1866 fue admitida en el convento de las Hermanas de la Caridad, en Nevers. Sufría de asma crónica pero su vida era considerada como santa y murió a los 35 años de edad. Fue beatificada por Pío XI en 1925 y canonizada en 1933. →Lourdes se convirtió en uno de los grandes centros de peregrinación para la cristiandad occidental. PETER TOON

BERNARDINO DE SIENA (1380-1444). Fraile franciscano y reformador. N. de padres nobles en Massa di Carrera, donde su padre era gobernador. Se hizo fraile en 1402. Después predicó durante muchos años tanto dentro como fuera de iglesias por toda Italia. Usó el monograma →IHS y destacó la devoción al santo nombre de Jesús. Atacó constantemente la usura y la lucha partidista de las ciudades italianas. Su actitud hacia los judíos, sin embargo, no se elevó sobre el nivel del prejuicio de su época. En general, su ejemplo de vida y predicación tuvo un efecto benéfico sobre numerosos frailes y en el rigor de la disciplina de éstos. En 1438 fue elegido como provincial de los frailes "espirituales" u "observantes". Participó en el Concilio de →Florencia cuando fue debatida la unión con la iglesia griega. Murió en Aquila, en los Abruzos, mientras estaba en gira de predicación. Fue canonizado por el papa Nicolás en 1450. Sus obras han sido impresas varias veces, últimamente en 1950, y se componen de sermones y de tratados sobre moral, ascetismo y misticismo.

PETER TOON

BERNARDO DE CLARAVAL (1090-1153). Reformador monástico, místico y teólogo. N. en una familia noble en Fontaines, cerca de Dijón, Francia. Ingresó en el monasterio →cisterciense de Citeaux aproximadamente en 1111, donde pronto se le pidió fundar una nueva casa. En 1115 el joven abad estableció una nueva comunidad en Claraval que pronto se convirtió en principal centro de la orden. Siendo firme creyente en la estricta observancia, en 1119 atacó a Cluny por su supuesta decadencia disciplinaria. En 1128 logró el reconocimiento de la orden de los Caballeros →Templarios cuyas reglas él mismo trazó. En la controversia de 1130 en cuanto a la elección del papa, estuvo junto a Inocencio II; el nuevo papa respondió otorgando privilegios a los cistercienses y la influencia de B. fue aun en aumento con la elección de →Eugenio III como papa en 1145, pues había sido discípulo suyo en Claraval. Se enfrascó en controversias con →Abelardo en 1140 y con Gilberto de la Porrée en 1148. Fue oficialmente encargado de predicar la Segunda →Cruzada en 1146-47 cuyo resultado lo desalentó amargamente. Obtuvo la condenación de las doctrinas reformistas sostenidas por →Arnoldo de Brescia y atacó las herejías de →Enrique de Lausana. Fue canonizado en 1174 y proclamado Doctor de la Iglesia en 1830.

A causa de su personalidad, más que su fuerza intelectual, B. fue la figura dominante en la cristiandad latina del s.XII, pero fue controvertido en su época como lo es hoy. Era rígidamente ortodoxo y agresivamente autojusticiero a la vez que profundamente piadoso y ascético. Simultáneamente era un contemplativo y un hombre de acción en los asuntos del mundo. En cientos de sermones y cartas y en varios tratados sobre teología y liturgia expresó hostilidad al racionalismo y afirmó el valor de la contemplación y de las experiencias místicas. En cuanto a su teología, cambió el énfasis sobre el juicio de Dios hacia el infinito amor y misericordia de éste y la esperanza de la redención para los más grandes pecadores. Como místico destacó una unión cristocéntrica, la Palabra como el esposo del alma. A causa de su profundamente sentida devoción hacia la Madre de Dios, dio impulso al hasta entonces insignificante culto a la Virgen en el Occidente. Le son atribuidos varios himnos, algunos traducidos al español: "Cabeza ensangrentada", "En ti, Jesús dulce es pensar", "Oh Cristo, nuestro gozo y bien".

RICHARD V. PIERARD

BERNARDO DE CLUNY (c.1140). Monje y poeta. Poco se sabe acerca de éste, el autor de *De contemptu mundi,* excepto que vivió en el famoso monasterio de Cluny y que era, posiblemente, de extracción británica. Su poema de cerca de 3.000 líneas escritas en hexámetros dactílicos y, empezando con *Hora novissima,* satiriza la corrupción monástica contemporánea y contrasta los placeres de esta vida con la paz y la gloria del cielo. Atribuía su dominio del difícil metro a la inspiración divina. Primeramente hallado en un manuscrito del s.XIII (actualmente en la Biblioteca Bodleian). En 1851 y en 1858 fueron traducidos por John M. Neale extractos del mismo en balada métrica. Estrofas de éstos forman la base de himnos tales como: "Jerusalem celeste", "Por tí, oh patria amada" y "El mundo es muy perverso".

JOHN S. ANDREWS

BERILO DE BOSTRA (s.III). Presunto hereje. El presente conocimiento de él procede de Eusebio, Jerónimo y Orígenes. B. vivió en Bostra de Arabia Pétrea (parte del NO de Arabia). Fue considerado como hereje porque no aceptaba la preexistencia ni la divinidad independiente de Cristo; no obstante creía que la divinidad del Padre estaba en Cristo durante su vida terrenal. Se dijo que Orígenes, que en ese tiempo era considerado por algunos como hereje, convenció a B. que debía cambiar sus ideas acerca de Cristo y reconocer su divinidad. Esto tuvo lugar en un sínodo que se reunió en Arabia en 244.

GEORGE GIACUMAKIS, JR.

BERULLE, PIERRE DE (1575-1629). Director espiritual y diplomático francés. N. en Serilly, en la Champagne y fue educado en la Sorbona por los jesuitas. Ordenado en 1599, fue durante un tiempo limosnero honorario de Enrique IV, haciéndose famoso como director espiritual. En París fundó la congregación francesa de los →oratorianos (1611). Como confidente y consejero de la Reina María de Médicis y amigo de Luis XIII, ejerció profunda influencia en la corte. Esperando la conversión de Inglaterra, negoció con Roma la dispensa requerida para el casamiento de Enriqueta María con el anglicano Carlos I (1625). Fue hecho cardenal en 1627. Su espiritualidad se caracterizaba por su devoción a la persona humana de Cristo, por ello →Urbano VIII lo llamó *Apostolus Verbi Incarnati.* Escribió extensamente y su obra más conocida es *Discours de l'état et de la grandeur de Jesús* (1623), muy utilizada por J.B. →Bossuet. J.G.G.NORMAN

BESANT, ANNIE WOOD DE (1847-1933). Educadora y teósofa británica. N. en Londres y fue educada bajo un tutor privado y en la Universidad de Londres. Se casó con el vicario de Sibsey, el Rev. Frank Besant, pero esto concluyó en separación al cabo de seis años. Durante su peregrinaje espiritual caminó sucesivamente desde el anglicanismo al ateísmo, al espiritualismo y finalmente a la →teosofía. La mayor parte de su vida después de 1899 la pasó en la India. Allí estableció una cantidad de instituciones educativas tales como el *Central Hindu College,* de Benarés (1898) y la *University of India* (1907) y aun se elevó hasta la presidencia del Congreso Nacional. Proclamó como nuevo mesías a su hijo adoptivo y místico espiritualista Jiddu Krishnamurti, afirmación que posteriormente él rechazó. Fue una prolífica escritora sobre religiones orientales y llegó a ser presidenta de la Sociedad Teosófica a la muerte de su fundadora, M. Helena P. Blavatsky. Sus obras principales incluyen *The Religious Problems of India, The Wisdom of the Upanishads, The Basis of Morality* e *India: Bond or Free?* DONALD M. LAKE

BESSARION, JUAN (Basilio) (1403-1472). Teólogo griego. N. en Trebisonda y fue adoptado por el metropolitano Dositeo. Estudió retórica, filosofía y ascetismo en Constantinopla. Se hizo monje de la orden de San Basilio, tomando el nombre de Bessarión en 1423. Fue ordenado como diácono y, después de estudiar bajo el neoplatónico Jorge Gemistos Plethon fue abad del monasterio de San Basilio. En preparación para el concilio de Ferrara-Florencia, fue hecho arzobispo de Nicea (1437) por el emperador Juan VII Paleólogo, a quien acompañó al concilio. Trabajó por la unión de las Iglesias Griega y Latina, actitud que le valió impopularidad en Constantinopla. El papa →Eugenio IV lo consagró cardenal en 1439 y eventualmente residió en Italia. Desempeñó misiones eclesiásticas importantes y en 1463 recibió el título de patriarca latino de Constantinopla. Obsequió su biblioteca al senado de Venecia, y ésta formó así el núcleo de la Biblioteca de San Marcos. Como estudioso y patrono entusiasta de la cultura, desempeñó un importante papel en el desarrollo del renacimiento italiano. J.G.G. NORMAN

BESSON, PABLO ENRIQUE (1848-1932). Predicador, escritor e iniciador de la obra bautista en la Argentina. N. en Nods, cerca de Neuchatel, Suiza, hijo de un predicador de la Iglesia Reformada. Tuvo la mejor preparación posible para aquella época, luego de su decisión de entrar al ministerio. Estudió con Federico →Godet, Federico →Tischendorf, Federico →Delitzsch y otros. Formó parte de un grupo de pastores que creó la Iglesia Libre, por negarse a recibir ayuda del estado. Posteriormente se trasladó a Francia, trabajando como evangelista. Aquí entró en contacto con los bautistas y se identificó con ellos, bautizándose por inmersión.

En 1881 B. viajó a la Argentina, llamado por algunos inmigrantes suizo-franceses, que habían organizado un grupo bautista en Esperanza. Al año siguiente, se radicó en Buenos Aires, para seguir su lucha por la libertad de cultos en la cual se destacó mucho. Mientras tanto fundó la primera iglesia bautista del país, luego recorrió muchos lugares y visitó Montevideo.

Fue un escritor muy prolífico y erudito, pero lamentablemente fragmentario. Sus trabajos más importantes, sobre historia, interpretación bíblica, controversia, etc., han sido recogidos en dos tomos. Su trabajo más importante al respecto fue la traducción del NT, la primera en el continente, de la cual se hicieron dos ediciones.

Logró gran predicamento en la opinión pública por su intervención en los temas del momento, que presentaba una gran lucha entre el clericalismo y el liberalismo. Trabajó ardientemente por la secularización de los cementerios y en especial por el registro civil. Su influencia ha sido decisiva para el mundo evangélico del país.
ARNOLDO CANCLINI VARETTO

BETANZOS, PEDRO DE (m.1570). Misionero franciscano en Centroamérica. N. en Betanzos de Galicia. Por el año 1540 llegó a América con →Motolinía entre doce religiosos que éste trajo a →Guatemala. B. trabajó aquí por muchos años con celo y abnegación. C.1555 puso el fundamento para la provincia de San Jorge en Nicaragua. En dos ocasiones llegó a→Costa Rica (1550 y 1560). Recorrió a pie todo el territorio, andando descalzo acompañado solo por un muchacho. Bautizó a muchos indios cuya buena voluntad ganó debido al buen trato que les dio. Los protegía del maltrato de los militares españoles.

Fue un filósofo de capacidad fenomenal. Dominó doce dialectos indígenas, hablando en ellos con tanta soltura como los mismos nativos. Después de 30 años de labor ardua, atacado por la fiebre, murió en el pueblo de Chomes, Costa Rica. Su cuerpo fue llevado a Cartago, la capital de la provincia, y enterrado en un convento que él mismo había fundado. WILTON M. NELSON

BETHEL. Movimiento filantrópico que nació en una casa rural cerca de Bielefeld, Alemania, que se abrió en 1867 para cuidar a cinco niños epilépticos. Fue el fruto de un avivamiento en Ravensberg, Westfalia, y se ha desenvuelto en instituciones que cuidan de más de 10.000 personas. Aparte de hogares para epilépticos, enfermos mentales, vagabundos, refugiados y jóvenes necesitados de orientación, B. tiene institutos para diáconos y diaconisas, una misión en Africa oriental, un instituto teológico y escuelas de segunda enseñanza. La fuerza impulsora la constituyó el pastor ("Padre") Friedrich von →Bodelschwingh, que en 1872 llegó a ser director y llamó "Bethel" a las instituciones. La obra es parte de la *Innere Mission.*

J.D. DOUGLAS

BEYSCHLAG, WILLIBALD (1823-1900). Dirigente evangélico y publicista alemán. Luchó en favor de un cristianismo bíblico liberal y estaba muy preocupado con las cuestiones nacionales y con una piedad viviente. Preguntó por qué el regreso a las confesiones tradicionales había hecho tan poco por renovar la vida espiritual de la iglesia. Como teólogo "mediador", rechazó tanto la cristología calcedonia como el racionalismo de Strauss y la presentación que Renán hizo de Jesús. Se mantuvo activo como periodista religioso y también fundó la *Evangelischen Vereinigung* en 1876, una organización para el sector moderado de la iglesia. Siempre mostró inquietud acerca del problema del catolicismo romano, habiéndolo encarado en forma agresiva cuando estuvo en Tréveris (1850-56); dio la bienvenida a los →veterocatólicos, apoyó la →*Kulturkampf* y en 1886 fundó el *Evangelischen Bundes zur Wahrung deutschprotestanten Interessen* para contrarrestar las influencias catolicizantes dentro de la Iglesia Evangélica. B. fue un vigoroso sostenedor de los derechos del laicado y de la autonomía de la iglesia. En sus días ejerció mucho poder. HADDON WILLMER

BEZA, TEODORO (1519-1605). Sucesor de Calvino en Ginebra como cabeza del protestantismo reformado. N. en Vezelay, Burgoña, en una familia de la nobleza menor. Su educación académica fue hecha posible gracias a su tío Nicolás, consejero del Parlamento de París. En 1534 fue a Orleáns a estudiar derecho, cuya licenciatura recibió en 1539. Después marchó a París a practicar en leyes y allí siguió con su afición por los autores clásicos. En 1548 publicó un libro de poemas, *Poemata juvenilia,* que reflejaba su interés por el clasicismo y el humanismo. Posteriormente editó estos poemas, expurgó algunos y volvió a publicar el volumen. Mientras estaba en París, su familia ejerció sobre él cierta presión para que se ordenara, pero sus relaciones con Claude Desnoz (con la cual se había casado secretamente) complicaban la situación.

Después de una grave enfermedad sufrida en 1548, física tanto como espiritual, renunció al catolicismo y se hizo protestante, marchó a Ginebra y allí se casó públicamente con Claude. En Lausana visitó a Pierre →Viret, que le obtuvo el cargo de profesor de griego en la academia local. B. enseñó y escribió extensamente durante la siguiente década. Tomó partido por Calvino en contra de →Bolsec en lo relativo a la doctrina de la predestinación, y estuvo en la defensa de Calvino después de la muerte de →Servet en el folleto *Haeriticis a civili Magistratu Puniendis (Respecto a herejes que deben ser castigados por el magistrado)* 1554. En 1556 publicó una traducción al latín, con notas, del NT griego. A través de toda su vida continuó su interés por los problemas textuales bíblicos. Durante 1557 visitó a →Farel, a los →valdenses y otras agrupaciones protestantes, esperando obtener para ellos alguna seguridad mediante la intercesión de los príncipes alemanes ante el rey de Francia.

Por invitación de Calvino, B. marchó a Ginebra en 1558 como profesor de griego. En 1559 fue designado rector y más tarde enseñó teología en la Academia Ginebrina. Con anterioridad, Calvino le había sugerido a B. que podía completar la traducción de Marot de los Salmos al francés y en 1561, después de traducir casi cien salmos, éstos fueron publicados. El mismo año representó a los protestantes franceses en el Coloquio de →Poissy y posteriormente apoyó y aconsejó a los hugonotes durante las guerras de religión en Francia. Regresó a Ginebra en 1563 y, a la muerte de Calvino (1564), todo el peso de la obra de éste recayó sobre B. Encabezó la academia, fue profesor en ésta, presidente de la Compañía de Pastores, tuvo poderosa influencia entre los magistrados de Ginebra y fue portavoz y defensor de la posición reformada protestante.

A través de toda su vida mostró amplias inquietudes. En 1565 publicó un texto griego del NT, al cual añadió la Vulgata y su propia traducción. Este interés bíblico se aprecia, además, en su uso del Códice Bezae y el Códice Claromantus. Siguió defendiendo la posición reformada según se puede apreciar en sus vigorosas polémicas con →Ochino, →Castellio, Morel, Ramus, los zuinglianos, →Arminio y otros. Prosiguió sus actividades en el movimiento hugonote en calidad de consejero y en 1571 presidiendo el Sínodo Nacional de La Rochelle. Después de la noche de San Bartolomé en 1572, publicó *De Jure Magistratu* que abogó en pro del derecho que tenían los magistrados inferiores para rebelarse contra el gobierno. En 1580 publicó una historia del movimiento de la Reforma en Francia. En 1582 nuevamente publicó una obra que versaba sobre crítica textual, su segunda edición del NT griego. Su crítica bíblica ejerció influencia sobre la versión inglesa de *King James* de 1611. Sus obras aparecieron en francés, latín e inglés e hicieron un amplio y profundo impacto en la Reforma durante la última parte del s.XVI. Su vigorosa defensa de una doble predestinación, su literalismo bíblico, su disciplina eclesiástica y otras ideas calvinistas hicieron mucho por endurecer el movimiento y por empezar el período del escolasticismo reformado. ROBERT SCHNUCKER

BIBLIANDER, THEODOR (c.1504-1564). Erudito protestante suizo. N. en Bischofzell y estudió en Zürich y después en Basilea bajo C. Pellican, J. →Ecolampadio y W. →Capito. Enseñó teología en Leugnitz (1527-29), luego regresó a Zürich donde sucedió a →Zuinglio como profesor. Era un esmerado lingüista que se llamó a sí mismo *homo grammaticus,* tuvo reputación de dominar treinta idiomas y fue uno de los exégetas bíblicos suizos más importantes de su época. Muchas de sus obras permanecieron en forma manuscrita, pero publicó una gramática hebrea (1535), diversos comentarios, también produjo una edición notoria del Corán (1543) que los magistrados de Basilea intentaron prohibir, hasta que un cierto número de eruditos, que incluía al mismo Lutero, intervinieron en apoyo de B. Pionero de la defensa de las misiones a los paganos, criticó además la doctrina de Calvino acerca de la predestinación. Su prestigio se debe a su exégesis bíblica y en su ministerio en Zürich.

IAN BREWARD

BIEL, GABRIEL (1420-1495). Filósofo alemán. N. en Speyer se educó en Heildelberg y en Erfurt. Llegó a ser un notable predicador primeramente en Maguncia y después en Urach. Juntamente con el Conde Eberhard de Württemberg fundó la Universidad de Tubinga, donde tuvo la cátedra de teología desde 1484. Siendo anciano se unió a los →Hermanos de la Vida Común. Seguidor de →Guillermo de Ockham y uno de los últimos grandes pensadores escolásticos, sostuvo muy firmemente el sacramentalismo, si bien tenía de él un concepto mecánico y delataba ciertas tendencias semipelagianas. También defendió el desarrollo de la ética capitalista de su época. Sus obras más concidas son su *Epítome* de los escritos de Ockham (1495), su *Conferencia* y *Exposición* del Canon de la Misa (1488, 1499) y sus *Sermones* (1499).

IAN SELLERS

BIELNY, THOMAS (c.1495-1531). Mártir protestante inglés. N. cerca de Norwich, fue a Trinity Hall, Cambridge, a estudiar el derecho. En 1519 fue ordenado en el priorato de San Bartolomé, Smithfield, y al año siguiente llegó a ser *fellow* del Trinity Hall. Después de un prolongado período buscando paz espiritual, leyó el NT latino de Erasmo y se convirtió a través de la lectura de 1 Ti. 1:15. Llegó a ser la mayor figura de los teólogos que comenzaron a reunirse en la White Horse Inn. El más famoso de sus convertidos fue Hugh →Latimer, al que hizo su confesión en 1524 y por la cual el mismo Latimer fue llevado a un sentido de perdón. B. fue arrestado por herejía en 1527 y libertado solo después de prometer no reincidir predicando la doctrina de la Reforma. No pudo controlarse por mucho tiempo y volvió a ser arrestado aquel mismo año. Después de un juicio ante el obispo Tanstall y otros, fue persuadido por algunos de sus amigos a retractarse. Nuevamente no pudo mantener la promesa que había hecho bajo presión y, a principios de 1531, salió en gira de predicación por Norfolk. Posteriormente, ese mismo año, fue arrestado, juzgado y condenado a morir en la hoguera. Hombre tímido y retirado, no obstante fue el primero de los antiguos protestantes de Cambridge en sufrir el martirio.

R.E. NIXON

BINGHAM, HIRAM (1789-1869). Pionero de los misioneros a Hawaii. N. en Bennington, Vermont, EUA. Llegó a Hawaii (entonces conocido como Islas Sandwich) en 1820 bajo la →*American Board.* Ayudó a crear un idioma escrito y estableció escuelas para el pueblo. Junto con otros misioneros completó la traducción de la Biblia en 1839. Edificó la primera iglesia en Honolulu en 1821. Como fidedigno consejero de los caciques, se trabó en conflicto con norteamericanos impíos y con otras personas que iban en gran número a las islas para su satisfacción personal y fines puramente lucrativos. Después de 21 años, la poca salud de su esposa lo obligó a regresar a los EUA. B. ha sido muy calumniado por escritores recientes que no muestran simpatía por la estricta moralidad típica de Nueva Inglaterra que él trató de inculcar.

HAROLD R. COOK

BIRMANIA. Territorio básicamente budista pero con varias tribus montañesas animistas que alcanzan a cinco o seis millones. Es uno de los pocos países que ha excluído recientemente a todos los misioneros extranjeros. Aun así, en proporción a la población, la iglesia protestante es más fuerte que en cualquier otro país del continente sudasiático. Cuenta más o menos con unos 800.000 adherentes, alrededor del 3% de la población, aunque principalmente entre las tribus.

Los bautistas británicos, incluso Félix, el hijo mayor de William Carey, entraron en B. a través de la India, pero su obra no duró mucho. La obra duradera más importante fue la de los bautistas norteamericanos empezada en 1814 por Adoniram →Judson y su esposa Ana. Judson formó parte del primer grupo de misioneros enviados por la →*American Board.* Poco después de su arribo a la India, cambió su afiliación de la Iglesia →Congregacionalista pasando a la Bautista y cortando sus relaciones con la sociedad que lo había enviado. No pudiendo permanecer como misionero en territorio de la *East India Company,* finalmente se puso en camino a B. Allí, pese a grandes sufrimientos y severa oposición, echó los cimientos de una floreciente obra bautista.

Judson trabajó primeramente con los birmanos, los cuales nunca habían respondido afirmativamente al evangelio en forma apreciable. Siete años después fueron bautizados los primeros convertidos. Cuando George D. Boardman fue enviado a Tavoy, ayudó a comenzar allí un gran movimiento entre las tribus Karen que pronto se extendió a otras zonas. Algunos grupos de karenes se volvieron mayormente cristianos y se desarrollaron en una vigorosa iglesia autóctona. Posteriormente otras tribus fueron alcanzadas en forma efectiva. Otras obras, tal como la de la *Bible Churchmen's Missionary Society* (anglicana) han hecho también una significativa contribución, pero han sido sobrepasados por los logros de los bautistas.

La Guerra Mundial II y la independencia de B. en 1948, no abrieron nuevas oportunidades. Luchas internas obligaron al gobierno budista a hacer unas pocas concesiones a la minoría cristiana. Sin embargo, las crecientes restricciones a toda actividad misionera del extranjero culminaron en 1966 con la exclusión de todos los misioneros llegados del exterior. La iglesia, no obstante, ha continuado creciendo. Además, algunos cristianos de varias tribus, tales como la lisu, han huído de la China comunista al N de B., donde las condiciones todavía son inseguras.

HAROLD R. COOK

BIRRETE. Gorra dura y cuadrada que llevan los clérigos católicorromanos y algunos anglicanos. En la Edad Media solo la llevaban los graduados superiores de las universidades pero en el s.XVI se permitió su uso por parte de todo el clero. Es de color negro para los sacerdotes, púrpura para los obispos y rojo para los cardenales.

J.D. DOUGLAS

BISMARCK, OTTO VON (1815-1898). Estadista alemán. N. en Schönhausen, Prusia. Su gran obra consistió en la unificación de Alemania bajo la hegemonía de Prusia excluyendo a Austria. Puesto que Prusia era protestante, y Austria católica, la política de B. tuvo siempre connotaciones religiosas, aunque él mismo no era persona religiosa. B. estaba convencido de que el catolicismo era antipatriótico. Este convencimiento se acrecentó con la publicación del →*Syllabus errorum* por parte de →Pío IX (1864), y la promulgación de la infalibilidad papal por el Concilio →Vaticano I (1870). Frente a esto, había muchos protestantes liberales que estaban convencidos de que el protestantismo era la esencia del genio alemán, y que abogaban por lo que se ha llamado el "protestantismo cultural".

El resultado de esto fue el *Kulturkampf* ("la lucha por la cultura"). Después del Concilio Vaticano I, B. comenzó a apoyar a los →"veterocatólicos", católicos que no estaban dispuestos a aceptar la infalibilidad papal. Puesto que éstos eran tenidos por herejes por los católicorromanos, el conflicto era inevitable. En 1872 Prusia rompió relaciones diplomáticas con el Vaticano, y los →jesuitas fueron expulsados del Imperio Alemán. Al año siguiente otras órdenes sufrieron igual suerte. Además se promulgaron varias leyes cuyo propósito era colocar a la ICR bajo el poder del estado.

Los católicos dejaron de ser una amenaza seria a la política de B. cuando Austria quedó definitivamente exluida del Imperio. El nuevo partido socialista le resultaba más temible, y por ello B. tendió a moderar su política religiosa. Además, en 1878 →León XIII sucedió a Pío IX, y el nuevo papa se mostraba más conciliador. Paulatinamente la tensión se fue aliviando, aunque el *Kulturkampf* continuó aun después de la caída de B. en 1890. JUSTO L. GONZALEZ

BIZANCIO →CONSTANTINOPLA

BIZANTINA, IGLESIA →IGLESIA ORTODOXA ORIENTAL

BIZANTINO, IMPERIO. El Imperio Romano Oriental Bizancio se llamaba originalmente la ciudad adonde el emperador →Constantino I trasladó en 324 la capital del Imperio Romano (desde entonces: →Constantinopla, hoy Estanbul). Cuando la parte occidental del Imperio se disolvió (c. 476 d.C) con la migración de los bárbaros, la parte oriental sobrevivió con el nombre de I.B., también Bizancio. Durante un milenio este imperio sirvió al Occidente de baluarte contra sucesivas invasiones asiáticas: de eslavos, búlgaros, persas, árabes y turcos. El propio Imperio perdió cada vez más territorio ante dichos pueblos, pero también absorbió la cultura de los mismos, produciendo una síntesis de elementos romanos, helénicos y orientales. Así se explica, entre otras características, el absolutismo político-religioso de los monarcas bizantinos (→"cesaropapismo"), el cual, por lo menos hasta el s.XI, desconocía la bipolaridad de Trono y Altar del Santo Imperio Romano.

La diferencia entre el cristianismo b. y el del Occidente llevó a numerosos conflictos con la sede romana. Esta se opuso a las concesiones dogmáticas con que el emperador trataba de captar la simpatía de los →monofisitas (S.VI-VII); y más tarde, a la actuación de los →iconoclastas como también al papel preponderante de Bizancio en la cristianización de búlgaros y eslavos (s.VIII-IX). Irritaciones políticas llevaron a las dos partes de la cristiandad al →cisma en 1054.

El episodio de las Cruzadas no fue apto para mejorar las relaciones, y ningún esfuerzo hecho para restaurar la unidad (Concilio de →Lyon, 1274; Concilio de →Florencia, 1439) dio resultado duradero. Privados de aliados militares que los salvaran, Constantinopla y los últimos restos del imperio fueron conquistados por los turcos otomanos en 1453.

La jerarquía b. culminaba en el "patriarcado ecuménico" de Constantinopla, cuyo prestigio crecía a medida que la ocupación musulmana hacía decaer los demás patriarcados. Después de la ruptura con Roma se instituyó en la capital del Imperio un Sínodo Permanente mientras que la progresiva compilación del derecho canónico dio a la Iglesia su identidad propia frente al Estado.

La espiritualidad típica que se había desarrollado en el Oriente cristiano desde los primeros tiempos marcó el cristianismo b., y antes que nada su profusa liturgia. Un producto del s.VI es el sistema místico legendariamente atribuido a →Dionisio y el seudoareopagita, en el cual la especulación →neoplatónica y la piedad cristiana forman un conjunto audaz. Hacia el año 1000 surgió una mística más espontánea, de experiencia más inmediata que la del Areopagita. Fue la escuela de Simeón el Nuevo Teológo, representada sobre todo por la comunidad monástica del Monte Athos. Un completo abandono de todo pensamiento figurativo enseñaba el hesicasmo del s.XIV, formulado en la teología antirracional de Gregorio Pálamos. La escolástica apareció en Bizancio desde el s.XII, promovida por el contacto con los latinos. Pero el odio instintivo que el pueblo sentía hacia los mismos, reforzado por cierto complejo de inferioridad, determinó los límites de tal empeño.

KLAUS VAN DER GRIJP

BLACKSTONE, WILLIAM E. (1841-1935). Amigo de los judíos y escritor sobre la segunda venida de Cristo. N. en Adams, Nueva York, y se convirtió en su infancia. Sirvió durante la Guerra Civil en la *Christian Commission,* y después estableció un floreciente negocio en Oak Park, Illinois. Impresionado por la carencia de literatura acerca del regreso de Cristo, escribió *Jesús viene* (esp. 1924), libro que todavía se edita. En 1887 ayudó a iniciar la *Chicago Hebrew Mission,* y en 1890 encabezó en Chicago la primera conferencia entre judíos y cristianos. Al año siguiente presentó al presidente Harrison un memorial firmado por 413 dirigentes cristianos y judíos pidiendo una conferencia internacional acerca de la situación israelita. Israel celebró el 75 aniversario de este memorial y dedicó a su memoria un nuevo bosque.

HAROLD R. COOK

BLAKE, EUGENE CARSON (1906-). Dirigente ecuménico. N. en St. Louis, EUA, y se educó en Princeton y en Edimburgo. Por un tiempo enseñó en la India e inició en 1932 una exitosa carrera como pastor hasta 1951, cuando fue designado *stated clerk* de la Iglesia Presbiteriana de los EUA. En 1966 llegó a ser secretario general del →CMI, cargo que mantuvo hasta 1972 en que se jubiló, luego de lo cual se ocupó de dar conferencias y predicar. Posee varios destacados premios y se hizo famoso por un sermón que predicó en 1960 en la Grace Episcopal Cathedral, de San Francisco, por invitación del obispo James Pike. En él sugirió la unión de las iglesias Metodista, Unida de Cristo, Episcopal Protestante y Presbiteriana. Otras denominaciones desde entonces han manifestado interés en ello y se sostienen reuniones anuales respecto a este proyecto, pero hasta el presente este movimiento no ha producido ninguna unión orgánica. Los escritos de B. incluyen *The Church in the Next Decade* (1966).

ROBERT C. NEWMAN

BLANDINA (m.177). Mártir cristiana. Eusebio registra una carta dirigida a las iglesias de Asia y Frigia de los cristianos de Lyon y de Viena, describiendo a sus mártires víctimas de un estallido local anticristiano en 177. Se pone énfasis en las torturas, el valor y conducta semejante a la de Cristo de una muchacha sirvienta, B., que inspiró a otro compañero suyo y rehusó reconocer a los dioses paganos.

J.D. DOUGLAS

BLASFEMIA. Para los antiguos griegos, blasfemar era usar "palabras abusivas" mediante las cuales se destruía la reputación del otro. En el judaísmo el objeto de tal b, era finalmente siempre Dios, en contra de quien resultaba pecado tan serio que se castigaba con la muerte (Lv. 24:11s). En el NT fue usado en sentido más amplio y el concepto queda limitado completamente a la idea de vilipendiar el nombre de Dios, desacreditar su Palabra o menoscabar su majestad (p.e. 1 Ti. 6:1; Tit. 2:5; Ap. 16:11, 21). Jesús fue acusado de b. por los judíos y por este cargo pidieron su muerte. También Esteban y Pablo fueron acusados por lo mismo. El más abominable pecado, según Mr. 3:29, es la b. contra el Espíritu Santo.

En la Edad Media difamar a la Iglesia, a la Virgen María, a los santos o a los sacramentos era b. La pena capital para tales delincuentes fue aprobada en el Concilio de Aquisgrán en 818, pero rara vez fue aplicada en la práctica. En el período posterior a la Reforma siguieron en vigencia los estatutos contra la b. en varios países protestantes (p.e. en Gran Bretaña desde el s.XVII hasta el XIX). Con la creciente secularización de la sociedad que siguió al →racionalismo, la b, llegó a ser considerada más bien un delito contra el buen orden del estado. Negar a Dios, ridiculizar a Cristo y profanar la Biblia permanecen en las constituciones de muchos países como punibles por ley. Pero, en la practica, la ley no es fácilmente invocada cuando Dios, Cristo o la Biblia no son ya altamente reverenciados.

H.D. McDONALD

BLASS, FRIEDRICH WILHELM (1843-1907). Filólogo y gramático alemán. Enseñó en las universidades de Kiel y Halle y escribió extensamente sobre temas de estudios clásicos y de crítica del NT. Su *Grammatik des neutestamentlichen Griechisch* (1896) fue fundamental y todavía se mantiene en uso, aunque en forma radicalmente revisada. B. argumentaba que los llamados textos Occidental y no Occidental de los Hechos originaron de diferentes ediciones que hizo el propio Lucas, punto de vista que no encontró buena acogida por muchos eruditos.

J.D. DOUGLAS

BLAUROCK, GEORG (c.1492-1529). Primitivo →anabaptista y evangelista, llamado "saco azul" (su verdadero nombre era Jörg Cajakob). Era sacerdote de Chur, Suiza, que respondió afirmativamente a la predicación evangélica de Zuinglio antes de 1523. Eventualmente abrazó el anabaptismo después de estudiar la Biblia por algún tiempo. Aparentemente B. inició la práctica del bautismo de creyentes en Zürich, y en enero de 1525 fundó la primera congregación anabaptista en la cercana Zollikon, donde ganó a más de 150 conversos con su poderosa predicación. Las autoridades locales pronto intervinieron y lo arrestaron junto con otros dirigentes anabaptistas. Desterrado de Zürich en 1527, B. se convirtió en un evangelista itinerante ganando para Cristo a varios miles e implantando la fe anabaptista en la mayor parte de la Europa central. Llegó a constituir un importante vínculo con la posterior obra anabaptista al establecer numerosas congregaciones en el Tirol que más tarde dieron miles de miembros a las colonias anabaptistas de Moravia. Los funcionarios de Habsburgo finalmente lo apresaron y lo quemaron por herejía.

ROBERT D. LINDER

BLEMMYDES, NICEFORO (c.1197-1272). Teólogo griego. La Cuarta →Cruzada finalizó con la captura y el saqueo de Constantinopla en 1204. El Imperio Bizantino se desintegró y fueron formados tres centros griegos independientes, mientras que los latinos controlaban Constantinopla. Uno de estos tres era Nicea, que se convirtió en un importante centro político y cultural griego. B. llegó a ser una destacada figura en la vida cultural de la zona, fundando un monasterio, estableciendo una escuela y volviéndose en maestro de filosofía. Escribió acerca de varios aspectos de la iglesia y del estado, y un cierto número de obras teológicas en los campos de dogmática, polémica, poesía, sermones, etc. También era conocido por sus obras seculares, tales como su escrito político *La estatua imperial,* así como por escritos filosóficos y geográficos. Murió en su monasterio.

GEORGE GIACUMAKIS Jr.

BLISS, PHILIPP P. (1838-1876). Himnógrafo bautista. N. en Pennsylvania, EUA, donde se convirtió a los doce años de edad y se unió a la iglesia bautista de Elk Run. Teniendo pocos recursos financieros se vio obligado a trabajar como peón y leñador hasta 1860, fecha en que ingresó en la Academia Normal de Música de Nueva York. Pronto obtuvo prestigio con su voz de bajo de gran alcance y belleza. En 1865 fue contratado por la compañía Root & Cady, de Chicago, para dirigir convenciones musicales en los estados del NE. Durante este mismo período conoció al afamado evangelista D.L. →Moody. B. colaboró como ministro musical en las campañas de Moody y también en las D.W. Whittle. B. y su esposa, jóvenes todavía, murieron en un accidente ferroviario. Produjo más de veinte himnos bien conocidos y canciones tales como: "Oh cantádmelas otra vez", "Levantado fue Jesús", "¿Te sientes casi?", "Libres, estamos".

DONALD M. LAKE

BLOCH, ERNST (1885-1977). Pensador marxista no conformista, "ateo cristiano" y precursor de la "teología de la esperanza". Vivía en Alemania Oriental hasta 1961 y fue profesor en la Universidad de Leipzig. En aquel año dejó a su país debido a las restricciones que allí sufría y se trasladó a Alemania Occidental. Era seguidor de lo que algunos han llamado "marxismo esotérico", que él prefería designarlo "la corriente cálida del marxismo". Su pensamiento fue una síntesis del mesianismo judeo-cristiano, la utopía marxista y la reflexión hegeliana.

Le fascinaba la Biblia y procuró darle una interpretación política, rompiendo con la actitud tradicional marxista hacia las Escrituras. Alegó que hay una "Biblia de los pobres" que subyace en la Biblia que hoy tenemos, la cual ha sido corrompida por los sacerdotes y señores quienes han intercalado el aspecto teológico. La tarea nuestra es "desdivinizar" esta Biblia para encontrar la original.

Para B. la Biblia es un libro profundamente revolucionario ya que revela como hombres han expresado la esperanza de algo mejor. Según B. la esperanza es la clave de la existencia humana. Su obra, *Das Prinzip Hoffnung* (esp. "El principio de la esperanza" 1977) puso el fundamento para la "teología de la esperanza" de Jürgen →Moltmann.

Jesucristo ocupa el primer lugar en la hagiografía de B., juntamente como Moisés, →Joaquín de Fiori, los →husitas, Tomás →Münzer (escribió su biografía, 1921, traducida al español bajo el título de *Teólogo de la revolución,* 1968), →Marx y →Engels, ya que Jesús fue totalmente escatológico. Pero B. sentía disgusto para Pablo quien aceptó la autoridad del Estado como de Dios y presenta a Cristo como redentor. "El verdadero Jesús murió como rebelde y mártir, no como pagador".

B. se interesó por el cotejo entre el cristianismo y el ateísmo. Su última obra, *Atheismus im Christentum* (1968), se dedica a este tema. En esta obra alega que "solo un ateo puede ser un buen cristiano y solo un cristiano puede ser un buen ateo".

WILTON M. NELSON

BLONDEL, DAVID (1590-1655). Historiador eclesiástico protestante francés. N. en Chalons-sur-Marne y recibió su instrucción en Sedan y la Academia de Ginebra. Fue pastor rural en Roucy la mayor parte de su vida, rehusando una cátedra de Teología en Saumur en 1631, aunque allí fue investido como profesor honorario en 1645. En 1650 abandonó Roucy para ejercer el profesorado en Amsterdam. Escribió *Pseudo-Isidorus et Turrianus Vapulans,* que finalmente desacreditó la historicidad de las →Falsas Decretales; esta fue, probablemente, su obra más importante. También escribió *De la primauté en l'Eglise* (1641), defensa de la política eclesiástica Reformada, y *Apologia pro Sententia Hieronymi de Presbyteris et Episcopis,* (1646), un ataque al episcopado. Todas sus obras están en el Indice católico de libros prohibidos.

J.G.G. NORMAN

BLONDEL, MAURICE (1861-1949). Filósofo católico francés. Enseñó en Aix-en-Provence (1896-1927) y después, aunque ciego, escribió mucho en el retiro. Su resistencia a la tradicional teología escolástica lo hizo sospechoso de modernismo pero, aunque se relacionó con algunos modernistas, rechazó los conceptos de →Loisy relativos a la historia y al dogma, y nunca fue condenado. Llegó a conclusiones ortodoxas siguiendo por rutas no escolásticas y se ganó considerable influencia entre los católicos. Frecuentemente tenía un estilo oscuro pero la esencia de su posición fue declarada en su tesis doctoral: *L'Action. Essai d'une critique de la vie et d'une science de la practique* (1893). La verdad no puede hallarse solamente por el intelecto, sino únicamente por todo el ser, incluso por la voluntad y el sentimiento, íntegramente involucrados en la vida. La fe, por lo tanto, no es aceptar dogmas sino que es llegar a experimentar lo sobrenatural dentro de la experiencia humana; lo cual B. trató de demostrar como meta requerida más allá del orden natural (e.d. Dios). De esa forma ofreció un "método de inmanencia" que llevó obligatoriamente a la trascendencia: posición bastante distinta del inmanentismo por el cual fue condenado el modernismo.

HADDON WILLMER

BLUMHARDT, CHRISTOPH FREDERICK (1842-1919). Dirigente evangélico alemán. Fue ayudante de su padre, J.C. →Blumhardt, en Bad Boll en 1869 y lo sucedió encabezando el establecimiento en 1880. Su teología incorporaba un fuerte énfasis en la justicia de Dios y su juicio contra "la carne". Debido a la simpatía que le profesaban los trabajadores de Württenberg, B. fue electo a la Dieta de la provincia durante los años 1900-1906. Este paso fue mal comprendido por muchos de sus contemporáneos, pero él lo justificó puesto que estaba en el espíritu de Jesús quien se había vinculado con "publicanos y pecadores".

J.D. DOUGLAS

BLUMHARDT, JOHANN CHRISTOPH (1805-1880). Dirigente evangélico alemán. Después de cursar estudios teológicos en Tubinga, en 1830 llegó a ser tutor de una institución en Basilea para preparar misioneros de la cual su tío, Christian Gottlieb Blumhardt, era fundador. En 1838 fue encargado como pastor de Möttlingen, donde ocurrió un avivamiento espiritual acompañado con curación de enfermedades corporales y mentales. El más notable exorcismo fue el de Gottliebin Dittus. Tan renombrado llegó a ser el avivamiento de Möttlingen que el Viernes Santo de 1845, no menos de 176 comunidades estaban representadas en los cultos. B. renunció a su pastorado en 1852 para comprar y dirigir en Bad Boll un centro para pacientes de toda clase de enfermedades y que procedían de todo rango social. Gottliebin Dittus ayudó en las tareas, y también lo hicieron dos hijos de B. que se le unieron en 1869 y 1872, respectivamente.

WAYNE DETZLER

BOCSKAY, STEPHEN (1557-1606). Dirigente protestante húngaro. Dirigió la oposición protestante contra el intento de Rodolfo II de Austria de destruir las libertades civiles y religiosas de Hungría. Se levantó ante los ultrajes infligidos al pueblo de Transilvania por el general austríaco Basta (1602-4), trató de buscar la ayuda de los turcos y expulsó a Basta de Transilvania. En 1605 fue elegido príncipe, y en 1606 concluyó la Paz de Viena con el archiduque Matías, que había sucedido a Rodolfo. Mediante este documento todos los derechos religiosos y civiles del pueblo húngaro eran garantizados. B. no vivió lo suficiente para disfrutar de su victoria por largo tiempo; se dice que fue envenenado por su canciller, Mihaly Katay, quien a su vez fue despedazado por los seguidores de B.

HUGH J. BLAIR

BODELSCHWINGH, FRIEDRICH (1831-1910). Pastor luterano alemán. Procedente de Westfalia, fue conducido al ministerio por influencias pietistas. Al enseñar a los niños, la Palabra de Dios en la Biblia se le volvió viviente, y la muerte de cuatro de sus propios hijos en el término de pocas semanas, en 1869, lo conmovió profundamente. En 1872 se hizo cargo de una institución para epilépticos en Bielefeld, más tarde conocida como →Bethel. Su obra, relacionada con la *Innere Mission,* se desarrolló hasta incluir la preparación de diaconisas, una colonia para obreros, etc. B. tenía un enérgico concepto de la responsabilidad social de la iglesia e ingresó en el Landtag prusiano en 1903. Pero se mantuvo más cerca de C.F. →Blumhardt, a quien conoció, que de Adolf Stöcker, creyendo que todas las actividades en pro del bienestar están limitadas por la escatología: no edifican el reino de Dios pero preparan para el regreso del Señor. Los epilépticos, en el margen de la sociedad y teniendo su futuro solo en Dios, eran considerados como quienes enseñan en forma concreta la verdad acerca del reino. Al mismo tiempo, la esperanza para todos en el evangelio significaba que aun los más incapacitados eran útiles para la obra. Se esperaba que los estudiantes de teología aprendieran de los delincuentes puestos en libertad. HADDON WILLMER

BODELSCHWINGH, FRIEDRICH (1877-1946). *Reichsbischof* de la *Landeskirchen* Evangélica Alemana e hijo del mencionado arriba. Después de suceder a su padre en →Bethel expandió la obra de éste en educación e investigación (la relación entre medicina y teología). Trató de que su desarrollo no impidiera el motivo básico que era la compasión hacia los desafortunados. Su elevada posición en la Iglesia Evangélica Alemana quedó demostrada por haber sido electo como *reichsbischof* en1933, aunque fue desplazado por el candidato de Hitler, L. Müller. Silenciosamente activo más que prominente en el conflicto eclesiástico, se negó a entregar a los enfermos de Bethel al programa de la eutanasia nazi y así fue, junto con otros que protestaron, influyente en poner fin al programa. HADDON WILLMER

BOECIO, A. (c.480-c.524). Filósofo y estadista. Educado en Atenas y Alejandría, fue acusado de alta traición y aprisionado en Italia, donde su famosa obra, *De Consolatione Philisophiae,* en cinco volúmenes, fue escrita en la prisión. La obra se refiere a la filosofía como algo que conduce el alma a Dios y provocó un debate en cuanto a si él era cristiano. Este fue resuelto afirmativamente a base de su *De Trinitate,* en que estudiaba a Agustín y adoptaba "nuevas y desacostumbradas palabras". También se dirigió a Juan el Diácono mediante un breve tratado acerca de la Trinidad y otro en contra de →Eutiques y →Nestorio. Se cree que escribió *De fide catholica,* que resume las doctrinas centrales y rechaza los puntos de vista de los →arrianos, →sabelianos y →maniqueos, enseñando que todas las cosas corruptibles perecerán y los hombres resucitarán para un futuro juicio. Sus escritos filosóficos y sus traducciones son numerosos: traducciones de las obras de Aristóteles *De Interpretatione* y *Categorías* comentadas, y su propia *Introductio ad syllogismos categóricos,* así como dos libros sobre silogismos categóricos e hipotéticos y muchos otros. Pensaba traducir al latín todas las obras de Platón y de Aristóteles y reconciliar el pensamiento de ambos, como →Casiodoro empleó a Epifanio para hacer que todos los padres griegos estuvieran al alcance de los lectores de latín. Escribió sobre el trivium y el quadrivium *(sobre la matemática, sobre la música)* y tradujo y comentó a →Porfirio. Aproximadamente en 520 aparecieron los Tratados teológicos, conocidos como *Opuscula Sacra,* los que establecieron su autoridad teológica, logrando aun que Tomás de Aquino los comentara. Su obra fue tomada seriamente durante toda la Edad Media, tal como muchos comentarios lo testifican. Fue canonizado. C.G. THORNE

BOEHLER, PETER (1712-1775). Misionero de los →moravos. N. en Francfort del Meno, hijo de un posadero, estudió en un Gymnasium de Francfort (1722) y en la Universidad de Jena (1731) en donde fue influido por →Spangenberg y por →Zinzendorf. Por medio de este último llegó a ser misionero de la "Sociedad para la propagación del evangelio" (inglesa) entre los esclavos de Carolina del Sur y pastor de algunos moravos en Savannah, Georgia. Dirigió la emigración morava hacia Bethlehem, Pennsylvania. En Inglaterra se entrevistó con los hermanos Wesley e influyó profundamente sobre ellos. Después de una segunda estada en América, pasó seis años en Inglaterra como superintendente de la Iglesia Morava, siendo consagrado obispo en 1741. Regresó a Bethelehem (1753) por once años. Posteriormente fue miembro de la *Unity Elders' Conference.* J.G.G. NORMAN

BOEHM, MARTIN (1725-1812). Cofundador de la Iglesia de los →Hermanos Unidos en Cristo. N. en el condado de Lancaster, Pennsylvania, EUA, de antepasados menonitas. Fue elegido a los 31 años de edad para ser pastor de la congregación menonita a la que pertenecía. Pidió ayuda divina y le fue concedida seguridad de salvación y deseo de compartir su fe. Inmediatamente empezó su ministerio itinerante entre colonos de habla alemana de Pennsylvania y de Virginia. Sus actividades de avivamiento espiritual y su disposición a predicar en inglés cuando era necesario, llevaron a los menonitas a denunciarlo y a expulsarlo. Siguió su obra en cooperación con otros predicadores de mentalidad afín, y se entrevistó con Philip →Otterbein en una gran reunión de predicación cerca de Lancaster, en 1768. Inmediatamente de escuchar a B., Otterbein lo abrazó exclamando: "Somos hermanos". Se volvieron colaboradores en el creciente movimiento pietista que fue organizado en 1800 como la Iglesia de los Hermanos Unidos en Cristo con B. y Otterbein como obispos.

HARRY SKILTON

BOEHME, JAKOB (1575-1624). Místico luterano y teósofo alemán. N. en Altseidenberg, cerca de Goerlitz, donde vivió casi toda su vida como zapatero. Sus más importantes experiencias místicas ocurrieron en 1600, cuando miró un plato que reflejaba la luz del sol y en estado de éxtasis vio al "Ser de los seres, el bismo y el abismo, la eterna generación de la Trinidad, el origen y descenso de este mundo y todos los seres creados mediante la divina sabiduría". En 1612 publicó algunas de sus percepciones en una obra titulada *Morgenröte im Aufgang oder Aurora,* seguida por un tratado devocional, *Der Weg zu Christo* (1623). Sus otros escritos fueron publicados póstumamente.

Aunque no recibió educación académica formal, B. leyó extensamente los libros de Paracelso y los de Valentín Weigel y muestra la influencia de sus ideas místicas, alquimistas y astrológicas en su uso de una oscura y difícil terminología. Sin embargo, parecía confiar sobre todo en experiencias místicas. Creía que Dios contiene tanto el mal como el bien. El "abismo" es Dios considerado como el *Ungrund,* del cual salen en erupción la "ardiente voluntad del amor" y "la siniestra voluntad de la ira". Pese a tales declaraciones, a veces escribió como si el mal no fuese necesario. En general varía su posición, y no hay una teoría única que se adapte a su toda obra.

B. también enseñó que había cualidades en la naturaleza que él coordinó en diferentes maneras con sus ideas de Dios. Las siete cualidades se dividían en dos tríadas, superior e inferior, entre las que hay una energía creativa llamada "el destello". El grupo inferior consiste en contracción (o individualización), difusión (o atracción) y rotación (la lucha entre los dos anteriores). La tríada superior es, en realidad, la inferior transformada incluyendo amor, expresión, y el reino de Dios que alcanza armonía entre los mundos material y espiritual. El hombre tiene que elegir entre el mundo de la sensación, representado por la oscilación de la naturaleza, o el "morir" al ego y vivir en un plano más elevado. Esto hace que la verdadera vida cristiana sea una mística imitación del sufrimiento y del triunfo de Cristo. B. criticó al protestantismo de su día a causa de su bibliolatría, su doctrina de la elección y sus conceptos acerca del cielo. Su influencia fue muy grande no solo en Alemania, donde los movimientos del pietismo, romanticismo e idealismo le deben algo de sus respectivas enseñanzas, sino también en Inglaterra donde los platónicos de Cambridge, William →Law y los behmenistas aceptaron sus ideas.

ROBERT C. CLOUSE

BOGOMILOS. Grupo que surgió a fines del s.XI, especialmente en Bulgaria, y fue considerado como herético por la Iglesia Ortodoxa Oriental. Mucho de lo que se conoce acerca de ellos proviene de fuentes hostiles que simpatizaban con la iglesia oficial de su época. Sus conceptos acerca de los sacramentos eran, en algunos puntos, similares a los de algunas agrupaciones protestantes de los siglos posteriores tanto en Europa Occidental como en América. Los B. se opusieron al sacramentalismo materialista de la iglesia. Rechazaron el bautismo de agua así como también los elementos materiales usados en el sacramento de la Cena del Señor. En vez de eso abogaban por un bautismo espiritual conferido por el poner el Evangelio de Juan sobre la cabeza del que lo recibía y cantar el Padrenuestro. Asimismo, la Cena del Señor debía ser practicada espiritualmente, pues el pan y vino no podían ser transubstanciados en el cuerpo y en la sangre de Cristo.

El rechazo de casi todo el AT por los B. tiene estrecha semejanza con los conceptos de los →paulicianos, otro grupo herético de la cristiandad oriental. Los patriarcas del

Pentateuco, afirmaban los B., habían estado en realidad inspirados por Satanás. Satanás estaba originalmente a la diestra de Dios pero fue expulsado debido a su plan revolucionario. La creación de la tierra fue concedida a Satanás, así que toda creación es básicamente mala, incluso el cuerpo humano. Solamente las cosas del espíritu son consideradas como buenas. El nacimiento es la prisión del buen espíritu dentro de la mala carne como castigo por el pecado cometido en estado anterior. Como parte de esta lógica, el sexo también era considerado como malo. El resultado de tan incorrecta interpretación de las Escrituras condujo a un marcado dualismo de dos principios cósmicos, bien y mal, en lucha en toda la creación.

GEORGE GIACUMAKIS, JR.

BOHEMIOS, HERMANOS. Más tarde conocidos como *Unitas Fratrum* y Hermanos →Moravos. En Praga durante 1453-54 la predicación del arzobispo Rokycana (que daba la Santa Comunión en las dos especies) llevó a fundar una comunidad urbana presidida por su sobrino Gregorio. Esta congregación se asoció después con los seguidores de Pedro →Chelcicky (m. 1460). Los miembros trataban de cumplir la ley de Cristo tal como es dada en los Evangelios; también rechazaban el servicio militar y muchos aspectos de la vida ciudadana. No obstante, creían en el celibato de los sacerdotes, en los siete sacramentos y en otras doctrinas católicas; pero requerían que los sacerdotes fueran hombres íntegros, que dieran la Comunión en ambas especies y que destacaran a través de los sacramentos el lugar de la fe en Dios.

En 1457 se establecieron en la villa de Kunwald. En esta comunidad había tres grupos: los principiantes o penitentes, los avanzados y los perfectos (sacerdotes). Estos últimos predicaban y escuchaban confesiones, además de administrar los sacramentos. Eventualmente el sacerdocio llegó a estar completamente separado del de la Iglesia Católica y →Utraquista. El supremo poder de la comunidad residía legalmente en el sínodo, comprendiendo a todo el clero, pero un concilio compuesto por diez miembros del sínodo, ejercía el poder real. Al crecer el movimiento llegó a haber sínodos de área y de diócesis. Estas últimas tenían un obsipo con sacerdotes y diáconos en nivel parroquial. La disciplina y el respeto hacia otros eran inculcados en todos los rangos. Las escuelas eran consideradas importantes. Un destacado obispo presidente en los años formativos de los H.B. fue Lukas, que dominó su actividad desde 1496 hasta 1528, aunque fue obispo solo desde 1517. Trató de unificar la comunidad y expresó sistemáticamente en escritos las doctrinas de ésta.

Pese a la persecución los H.B. crecieron en Bohemia en número y en influencia. Después de la muerte de Lukas la dirección estuvo en manos de hombres que eran pro-luteranos; la nobleza también adquirió gran prominencia dentro del movimiento, cosa que dio excusa al rey Ferdinando para aplastar a los H.B. en 1547. La sede del gobierno de los H.B. fue trasladada a Moravia. Muchos de ellos escaparon a Polonia, donde ayudaron a la causa de la Reforma y eventualmente se unieron a la nueva iglesia calvinista. El dirigente de Bohemia, Juan Augusta, fue torturado y mantenido en prisión por 16 años. En 1609 los que regresaron a su patria de alguna manera pudieron obtener el reconocimiento del estado para su religión, pero solo confederándose con los utraquistas, que entonces eran luteranos en teología. Los H.B. pudieron así conservar su propia organización y reglamentos y hasta su propio credo (1564) mientras que los luteranos bohemios mantuvieron la Confesión de →Augsburgo. Ambas agrupaciones afirmaban que su confesión armonizaba con la Confesión Bohemia de 1575.

En el Sínodo de Zeravic, en 1616, les fue dada forma definitiva a los procedimientos y disciplina de los H.B., pero nunca fue plenamente llevado a cabo: la Batalla de la Montaña Blanca (1620) virtualmente destruyó al protestantismo en Bohemia y Moravia durante más de 150 años. Grupos esparcidos de H.B. lograron sobrevivir, y aceptaron la invitación del conde →Zinzendorf para unirse a los Herrnhuter en 1721. Uno de los más famosos obispos del s.XVII fue J.A. →Comenio.

PETER TOON

BOLANDISTAS. Asociación de eruditos eclesiásticos ocupados de editar el *Acta Sanctorum*, así llamada siguiendo el nombre del editor del primer volumen, Juan van Bolland (1596-1665). La idea, sin embargo, no se originó con él sino que primeramente fue concebida por Heribert Rosweyde (1569-1629), profesor de filosofía en el colegio jesuita de Douai durante fines del s.XVI pero que, aun así, dedicó su tiempo libre a explorar las bibliotecas y numerosos monasterios esparcidos por todo el Hainault y Flandes francés. Bolland llegó a apelar pidiendo la colaboración ya fuera de jesuitas o de otros, residentes en los diferentes países europeos. El propósito de los B. era producir una edición crítica de las vidas de los santos basándose fuentes auténticas. Sus investigaciones los llevaron a combatir la tradición de los →carmelitas que afirmaban que el origen de su orden se remontaba al profeta Elías, considerándolo como su fundador. La empresa pronto atrajo a otros, entre los cuales estaba Godfrey Henschen (1601-81), colaborador valiosísimo. En 1773 la supresión de los jesuitas afectó severamente la obra de los B. que no fue reiniciada de lleno sino hasta 1837. S. TOON

BOLIVAR, SIMON (1783-1830). N. en Caracas, Venezuela. A su espada se debió la independencia de Bolivia, Colombia, Ecuador, Perú y Venezuela. Se distinguió también como tribuno y escritor. Sus cartas y proclamas son modelos de precisión y belleza. En ellas vemos la imagen de un pensador excepcional, como en su espada la de un hombre de acción.

Luchó B. en pos de la unidad de AL y de la armonía interna de los países por él organizados, con la misma energía que puso en la búsqueda de la libertad. De ello dan fe el Congreso Anfictiónico de Panamá, reunido en 1826, y una de sus últimas frases, que dice: "Si mi muerte contribuye para que cesen los partidos y se consolide la unión, a mi sepulcro bajaré tranquilo".

En el campo de lo religioso B. fue un creyente con ribetes de escepticismo. Su fe surgía del ancestro ibérico y su escepticismo del enciclopedismo francés. Esto último, avivado por la oposición del alto clero a la independencia, arrancó de labios del libertador algunas frases duras contra la ICR y sus dirigentes. No obstante, pronunció palabras de respeto y veneración a Jesucristo y a la Divina Providencia.

Alcanzada la independencia, surgió el problema de la libertad de cultos. B., temeroso de que tal principio sufriera limitaciones al ser discutido en los congresos, evitó presentarlo. No obstante, no puso trabas al culto protestante e hizo esfuerzos para preparar el camino hacia la plena libertad religiosa. Organizó escuelas →lancasterianas, misión que su gobierno puso en manos de Diego →Thomson, pastor bautista escocés. Thomson impulsó la difusión de la Biblia en sus escuelas sin que el gobierno se opusiera a ello.

La presencia de las Sagradas Escrituras es clara en las cartas y discursos de B. Cabe mencionar acá el regalo que de una Biblia le hizo Jane Carter, escritora inglesa, el 22 de julio de 1828, en cuya dedicatoria leemos: "Una hija de Inglaterra se atreve a presentar al general B. como la más alta prueba de su reverencia, el Santo Libro, sagrado para toda la humanidad...". ARISTOMENO PORRAS

BOLIVIA. Las →misiones católicas llegaron con los conquistadores españoles a partir de 1535, fundando los primeros conventos franciscanos, dominicos, agustinos y mercedarios, en las ciudades de La Plata (hoy Sucre), Potosí y La Paz. Hacia mediados del s.XVI llegaron los jesuitas, quienes ensayaron métodos no convencionales de evangelización en la zona del Lago Titicaca, que darían origen más tarde a las famosas →"reducciones" del Paraguay, y fundaron la Universidad de Charcas, centro eclesiástico y cultural en el hemisferio sur. Un siglo más tarde, se abren las misiones de moxos en los llanos orientales y luego las de chiquitos, por intermedio de los jesuitas del Paraguay, que fundan Trinidad y numerosas poblaciones dispersas en el oriente. Los franciscanos se asientan luego en Tarija y, a la salida de los jesuitas en el s.XVIII, extienden su influencia al Chaco, Apolobamba y las regiones de los bravos indios chiriguanos.

Durante el período de las luchas de la Independencia se establece un conflicto entre la jerarquía católica y las nuevas autoridades, que da paso en 1844 a la vigencia del Patronato y a un concordato con el Vaticano en 1851. Nuevas órdenes religiosas llegan a B. durante la segunda parte del s.XIX y se establecen nuevos obispados. Las misiones se expanden en todo el territorio boliviano y la Iglesia asume el control de la educación bajo los gobiernos conservadores del período.

El advenimiento de los gobiernos liberales a partir de 1900 trae consigo la libertad de cultos y la laicización de la enseñanza, el matrimonio y los cementerios. Este será el período de inserción del protestantismo en B. Sin embargo, siguen llegando nuevas órdenes católicas, varias de ellas destinadas a la educación, como los salesianos y las hermanas de Santa Ana.

Nominalmente toda la población boliviana es católica, pero las tres cuartas partes, constituidas por indígenas, siguen viviendo y practicando su animismo con un barniz de nombres y rituales cristianos. El catolicismo de las clases urbanas tiene todas las características del "catolicismo cultural y popular": gran variedad de fiestas y devociones, veneración de imágenes, ausencia de una experiencia cristocéntrica, laxitud moral, desconocimiento de la Escritura y sumisión a la autoridad eclesiástica, todo lo cual es una excelente razón para la presencia y misión evangélica en B.

Los pioneros de la obra evangélica en B., como en otros países de América Latina, fueron los colportores bíblicos: Lucas Mathews (1827), José Mongiardino (que fue lapidado al regresar de una gira bíblica en Cotagaita, 1877), Francisco →Penzzotti y Andrés →Milne (1883). En 1891, un predicador laico de la Iglesia Metodista de Antofagasta iniciaba predicación en las estaciones del ferrocarril entre Antofagasta y Oruro, estableciendo una escuela dominical en esta ciudad minera. Otros visitantes fueron Allen →Gardiner (que murió heroicamente en la Patagonia) y Francisco →Thomson, "el apóstol del Plata".

Sin embargo, en 1894, se publicaba en Nueva York un libro sobre *El continente abandonado,* destacando que en B. todavía no había un solo misionero residente. El primero en venir, desde Irlanda y vía Buenos Aires, fue William Payne, de los →Hermanos Libres, quien llegó en 1895 y se dirigió a Sucre; pero el primero en establecer una obra permanente fue Archibald Reekie, bautista del Canadá que se radicó en Oruro, desde donde la obra había de extenderse a Cochabamba y La Paz. En 1906, Francis Harrington vino a La Paz para organizar el Instituto Americano, y establecer oficialmente la obra metodista que se extendería a Cochabamba, a la población aymara de La Paz e indígenas de Yungas y el Lago. La presencia de misioneros metodistas y bautistas contribuiría decididamente al proceso de asegurar la libertad de cultos, con la respectiva reforma de la Constitución, haciendo real el sueño de →Bolívar, de 80 años antes, de promulgar la libertad de conciencia en la república que lleva su nombre.

En 1907 llegó desde Nueva Zelanda George Allan, el fundador de la *Bolivian Indian Mission* (hoy →Misión Andina Evangélica y Unión Cristiana Evangélica), que se estableció inicialmente entre los quechuas de Potosí y del Valle de Cochabamba. En ese mismo año entraron los →Adventistas del Séptimo día, quienes se expandieron principalmente entre los aymaras del Titicaca.

Desde 1919 hasta 1934, o sea desde la caída del gobierno liberal hasta el fin de la Guerra del Chaco (con el Paraguay), entraron al país varias nuevas misiones: →Amigos ("cuáqueros"), →Ejército de Salvación, →Asambleas de Dios, →Evangelio Cuadrangular, etc. Se inician también las misiones a los selvícolas.

Después de la Guerra del Chaco (1928-35), las iglesias evangélicas empiezan a arraigarse gradualmente; surge un movimiento de juventud evangélica y aparecen los primeros líderes nacionales en las iglesias; se forman congregaciones entre campesinos y mineros y en los barrios de las ciudades. Entre las 18 incipientes misiones que ingresan en este período, tenemos a las →Nuevas Tribus, los →luteranos y la Iglesia de Dios de Santidad. Se organiza la →Sociedad Bíblica. La Hacienda Huatajata, inicialmente un proyecto interdenominacional bautista-metodista, ahora bajo administración bautista, da admirable ejemplo al país, liberando a sus colonos y marcando rumbos para la futura reforma agraria.

El "despegue" del protestantismo boliviano, sin embargo, tuvo lugar a partir, precisamente, de la Reforma Agraria de 1953, con la nueva apertura de las comunidades campesinas tradicionales y el movimiento de poblaciones de las zonas altas a las tierras bajas de colonización. "La Cruz del Sur", estación de radio de la Unión Bautista Boliviana, alcanza con sus ondas a todo el país y contribuye ampliamente a la difusión evangélica. Los metodistas extienden su influencia en diversos sectores del país por medio de su variada obra congregacional, educativa, médica y de desarrollo rural. Se difunde la literatura cristiana, inclusive en los idiomas nativos; se alfabetiza; se crean nuevos seminarios e institutos bíblicos; surge una himnología nacional. En 1965, →Evangelismo a Fondo saca a luz un movimiento evangélico que había estado creciendo y fortaleciéndose, con un liderazgo capaz y preparado. La Iglesia Evangélica Boliviana muestra un rostro nacional. La comunidad evangélica boliviana puede estimarse en 1977 en unos 150.000, o sea un 3% de la población total. Se disfruta de amplia libertad religiosa y, después del Vaticano II, la hostilidad católica se ha convertido en una actitud de apertura, cordialidad y colaboración, hasta entonces desconocidas para los evangélicos bolivianos. MORTIMER ARIAS

BOLONIA, CONCORDATO DE (1516). Ese Pacto entre Francisco I de Francia y León X, que fue el resultado de una demoledora victoria militar obtenida por el rey francés en

Mariagnano sobre las fuerzas combinadas de los estados italianos y el papado. Merced a ella Francisco I se adueñó de la Iglesia de Francia. El concordato permitía a Francisco nominar candidatos para los obispados, abadías y prioratos de Francia con solo unas pocas excepciones. No obstante, el derecho de la investidura canónica era retenida por el papado. El concordato daba así un cierto grado de independencia a la Iglesia Francesa y reflejaba el creciente espíritu nacionalista de su país. J.D. DOUGLAS

BOLSEC, JERONIMO HERMES (m.1585). Antagonista de Juan Calvino. Se afilió con la orden de los →carmelitas en París, ciudad de la que fue expulsado por predicar un sermón que favorecía la doctrina protestante. Estudió medicina, se convirtió al protestantismo y fue a Ginebra en donde se encontró en una controversia con la doctrina calvinista de la →predestinación. Al principio empezó a cuestionar en privado esta doctrina, pero posteriormente se aventuró a manifestar su oposición ante la congregación. En 1551 fue procesado y expulsado de Ginebra. Regresó a París pero nuevamente fue obligado a abandonar esa ciudad al negarse a aceptar un fallo del Concilio de Orleans (1563) que le ordenó retractarse. Eventualmente regresó al catolicismo y murió en Lyon. Se vengó publicando escandalosas biografías de Calvino (1557) y de Beza (1582). HUGH J. BLAIR

BONAR, HORATIUS (1808-1889). "El príncipe de los himnógrafos escoceses" (James Moffat). En la Universidad de Edimburgo uno de sus tutores fue Thomas Chalmers. Mientras era pastor asistente en St. James, Leith, escribió himnos de tonada familiar para interesar a los niños que asistían a los cultos. En 1837 fue ministro de la *North Parish Church,* Kelso, después de la *Disruption* de 1843, permaneciendo en Kelso como ministro de la Iglesia Libre. En 1866 fue trasladado a la *Chalmers Memorial Church,* de Edimburgo. Fue moderador de la asamblea de la Iglesia Libre en 1883. Editó muchos libros, pero ahora es mayormente recordado como escritor de himnos. Escribió más de 600 de los cuales casi 100 están en uso general. Probablemente el mejor conocido sea: "Oí la voz del Salvador", Ira D. →Sankey lo llamó "mi autor de himnos ideal". Publicó ocho colecciones de himnos. J.D. DOUGLAS

BONNHOEFFER, DIETRICH (1906-1945). Pastor y ecumenista alemán. Hijo de un famoso neurólogo, estudió filosofía y teología en Tubinga y Berlín, estando bajo la influencia de hombres tales como →Deissmann, →Harnack, →Lietzmann, Seeberg y →Barth. Ordenado como pastor luterano, ministró a congregaciones alemanas en Barcelona y en Londres y conoció a G.K.A. →Bell, obispo de Chichester, con quien compartió su preocupación acerca de la nazificación de la Iglesia Alemana. Tomó parte decisiva al redactar la Declaración de →Barmen y así se convirtió en dirigente de la →Iglesia Confesante que rechazó las notorias "Cláusulas Arias" (1933) impuestas por la ideología nazi. El seminario que él fundó para preparar pastores para la Iglesia Confesante, fue de corta vida; su licencia para enseñar fue revocada en 1936; Himmler clausuró el Seminario en 1937. B. viajó extensamente para crear una conciencia de inquietud por la situación de la Iglesia Alemana. Su oposición al hitlerismo lo implicó en el movimiento de resistencia y desembocó en su arresto por la Gestapo en abril de 1943. Fue ejecutado en Flossenbürg el 9 de abril de 1945 bajo el cargo de traición. Una simple lápida en la iglesia de esa aldea dice: "Dietrich Bonnhoeffer, testigo de Jesucristo entre sus hermanos".

Escritor fecundo, varias de sus obras han sido traducidas al castellano, entre ellas: *Vida en comunidad* (1966), *El precio de la gracia* (1968), *Yo he amado a este pueblo* (1969), *Resistencia y sumisión* (1971), *Creer y vivir* (1974).

Tan variadas y opuestas son las teorías que se derivan de sus escritos que resulta difícil hacer un esquema fidedigno de sus ideas. Entre sus más fructíferos discernimientos se contaron su total rechazo de la teología natural y de una religión apriorística en el hombre; la realidad de una absoluta autorrevelación de Dios en Cristo; el histórico y presente Cristo como el Dios incógnito, revelado; Cristo interpretado como "el hombre para otros"; y, particularmente, sus muy discutidos e incomprendidos conceptos de "cristianismo sin religión", "cristianismo mundano" y "el hombre llegado a su mayoría de edad". H.D. Mc DONALD

BONIFACIO (680-754). Obispo misionero y mártir anglo. N. cerca de Crediton, Devon de Inglaterra. Fue preparado en las abadías de Exeter y Nursling, en Hampshire, y posteriormente rehusó una abadía inglesa. Marchó a Frisia a servir bajo el misionero inglés →Willibrordo y en 719 recibió autoridad de →Gregorio II para realizar su obra. Después de trabajar con éxito en Turingia y en Baviera y ver a miles de hesianos bautizados, nuevamente fue a Roma para ser consagrado como obispo (722). No parece que su nombre haya sido cambiado entonces de Winfrido a B. sino mucho antes. Regresó a Hesse como misionero estadista, teniendo también la autoridad de →Carlos Martel. De allí marchó a Turingia, siendo designado arzobispo en 732 por Gregorio III, y legado papal en 739, el primero en ser enviado más allá de los Alpes. Dividió en diócesis Baviera, Hesse y Turingia, y comenzó a fundar monasterios benedictinos, de los cuales el de Fulda llegó (c.743) a ser el más famoso. La relación con Inglaterra continuó, hasta se le unieron monjes ingleses e inmediatamente la reverencia inglesa por el papado fue transmitida a la nueva iglesia alemana. A la muerte de Carlos Martel (741), fue llamado a Francia por los nuevos gobernantes Carlomán y →Pipino para reformar la iglesia. Esto comenzó bajo el nuevo papa Zacarías en 742, y fue alcanzado a través de una serie de concilios. Aproximadamente en 747 se convirtió en arzobispo de Maguncia, pero renunció luego de unos pocos años para regresar a Frisia donde su carrera finalizó en martirio. La tala del roble pagano de Thor, en Geismar, para que su madera fuese dedicada para hacer una capilla, constituye un profundo comentario de su ministerio; quizá su devoción excedió a la de los papas que servía. Renovó la autoridad de éstos más allá de los Alpes y extendió las fronteras de la cristiandad romana que habían comenzado a restringirse en España debido a la conquista musulmana. Con B. empezó a tomar forma la unidad en la Iglesia y el Imperio occidentales. C.G. THORNE JR.

BONIFACIO I (m.422). Papa desde 418. A diferencia de su predecesor →Zósimo, trató de establecer y defender el respeto a la autoridad romana en el occidente. Retiró al impopular vicario papal del S de Galia. Un concilio en Cartago, 419, reaccionando contra las abruptas demandas formuladas por Zósimo, urgió a B. que el obispo de Roma recibiera apelaciones de los obispos solamente y no de los clérigos. Esto hizo B. al restaurar al pro-agustiniano Antonio a su sede del baluarte →donatista de Fussala. Sin embargo aceptó esta apelación con precauciones, a condición de "si él nos ha referido los hechos con verdad". Aunque Ilírico había sido hecho parte del Imperio Oriental, B. defendió el tradicional control eclesiástico romano a través del obispo de Tesalónica. Sus nueve cartas existentes, tienen que ver con sus derechos en la consagración del obispo de Corinto, e introducen demandas papales luego institucionalizadas por →León I. G.T.D. ANGEL

BONIFACIO V (m.625). Papa desde 619. Napolitano de origen, se hizo notable por su habilidad organizadora y por su preocupación por extender el cristianismo en Inglaterra, especialmente en Northumbria. En Roma se esforzó por ajustar a la ley civil las costumbres eclesiásticas respecto a los legados, estableció el principio de asilo, y publicó leyes respecto a las funciones litúrgicas de varias órdenes de clérigos. Escribió a Melitón y a Justino, arzobispo de Canterbury, enviando a este último el palio como símbolo de honor y de jurisdicción. También escribió a Edwin, rey de Northumbria, y a su reina cristiana, Aethelberga, apoyando así la obra de Paulino de York en favor de la conversión de su reinado. Durante la época de B. y de sus sucesores, los tres antiguos patriarcados de Jerusalén, Antioquía y Alejandría capitularon ante el islam. J.G.G. NORMAN

BONIFACIO VIII (c.1234-1303). Papa desde 1294. Durante su pontificado las relaciones entre el papado y los monarcas del occidente alcanzaron un punto crítico. →Felipe IV de Francia y Eduardo I de Inglaterra reclamaron el derecho de imponer tasas sin autorización papal. Desafortunadamente B. había llegado al trono en circunstancias dudosas para la legalidad de su título. Su predecesor, →Celestino V, era un santo ermitaño y no podía ajustarse a su función papal y renunció después de cinco meses; muchos adujeron que el abdicar del papado era imposible y que, por lo tanto, la elección de B. carecía de validez. También la experiencia de Celestino parecía demostrar que ningún hombre santo podía ser papa. B. pareció confirmar este concepto. Contra las demandas de Felipe y Eduardo publicó la bula *Clericis Laicos* (1296), manifestando que al clero le estaba prohibido pagar impuesto sin aprobación papal. Cualquier gobernante que impusiera tales tasas sería excomulgado inmediatamente. En venganza, Felipe prohibió la salida de dinero desde su reino, deteniendo así los impuestos papales sobre Francia, y Eduardo retiró la protección real al clero y, en realidad, lo colocó fuera de la ley. Estas acciones obligaron a B. a declarar que la bula no se aplicaba a las emergencias y que el rey podía decidir cuándo existía una emergencia.

Posteriormente Felipe y B. discutieron sobre el juicio aplicado a un obispo acusado de traición. En 1301 el papa publicó la bula *Ausculta fili* la cual, además de afirmar el poder del papa sobre todos los reyes, contenía una lista específica de cargos en contra del gobierno de Felipe. Cambiando algunas de las declaraciones de la bula, Felipe la hizo aparecer como una afrenta a todos los franceses. Entonces convocó a los Estados de Francia y se aseguró el apoyo de esa asamblea en su protesta contra las reclamaciones de B. El papa replicó con la bula *Unam Sanctam*, la cual termina así: "Además, declaramos, establecemos, definimos y proclamamos que es del todo necesario para la salvación de toda criatura humana estar sujeta al romano pontífice". Los consejeros de Felipe respondieron formulando juicio contra B. acusándolo de asesinato, herejía, simonía, adulterio, cisma y de mantener un demonio como mascota. Un francés, Guillermo Nogaret, condujo una banda armada hasta Italia con el fin de arrestar a B. y llevarlo a Francia para someterlo a juicio. La expedición fracasó, pero B. murió pronto y Felipe usó los cargos en contra de éste para presionar al papado a hacer su voluntad. Así los papas de la Edad Media fueron derrotados por los monarcas nacionales. ROBERT G. CLOUSE

BONIFACIO IX (c.1355-1404). Papa desde 1389. Pietro Tomacelli n. en Nápoles en una antigua familia pobre. Fue investido como cardenal-diácono de San Jorge siendo todavía un joven; fue designado por Urbano VI como cardenal-sacerdote de Santa Atanasia (1385). Su elección al papado se produjo en medio del Gran →Cisma. Era más afable que su predecesor, sin embargo estaba convencido de sus derechos papales y excomulgó al papa de Aviñón, Clemente VII; declaró pecaminosa la propuesta de finalizar el Cisma mediante un concilio general (1391); resistió exitosamente la presión anglofrancesa y alemana para que abdicara. Reconquistó el control de los →Estados Papales (perdido por Urbano) y restableció la autoridad papal en Roma. Su autoridad, sin embargo, era débil y resultaba atenuada por la neutralidad de gran parte de Europa y por la pérdida del apoyo de Sicilia y de Génova. Debido a que se habían puesto a su lado contra Aviñón, B. se vio forzado a apoyar a Ladislao como rey de Nápoles y a Ruperto de Baviera como emperador alemán. Para recoger fondos para estas actividades políticas tuvo que recurrir a las indulgencias y a la simonía, y en 1399 transformó las →anatas en tasa permanente. En esto recibió la colaboración de Baldassare Cosa, más tarde antipapa Juan XXIII, a quien hizo cardenal. Su pontificado fue llamado "los torcidos días de Bonifacio IX".

J.G.G. NORMAN

BONN, CONFERENCIAS DE. Dos conferencias internacionales sobre la reunificación de iglesias fueron realizadas en 1874-75 bajo la presidencia de Ignaz Von →Döllinger precipitadas por el "Manifiesto de Munich" (1871) del Primer Congreso de los →veterocatólicos. El "Manifiesto" expresaba la esperanza de reunificación con las iglesias grecoortodoxa y Rusa. En marzo de 1872 Von Döllinger presentó una serie de conferencias sobre "La reunificación de las iglesias", en la cual las Escrituras y los credos ecuménicos de la antigua iglesia eran propuestos como base para la unidad. La primera Conferencia de Bonn (1874) fue una reunión informal de teólogos que representaban a Alemania, las Iglesias Orientales, las Iglesias Anglicana y Holandesa. Cuando fue debatida la cláusula *Filioque,* respecto al Espíritu Santo, apareció una seria división. Un año después tuvo lugar la segunda y más amplia Conferencia de Bonn. La representación de los ortodoxos era considerablemente mayor e incluía al Patriarca Ecuménico, representantes de la Iglesia de Rumania y de la Iglesia de Grecia y el metropolitano de Belgrado. La cuestión crucial surgió otra vez como la brecha que existía entre las doctrinas oriental y occidental del Espíritu Santo. Después de una prolongada y más bien agotadora discusión, el punto de vista de →Juan de Damasco fue reconocido como prevaleciente en tiempo de los →Concilios Ecuménicos de la iglesia primitiva. Además, los representantes ortodoxos se negaron a comprometerse en el asunto de la validez de las órdenes anglicanas.

WAYNE DETZLER

BONOSO (m. c.400). Obispo de Naiussus, Yugoslavia. Fue depuesto luego que el Concilio de Capua (391) instruyera al obispo de Tesalónica y a los obispos de Ilírico a examinarlo. Este tribunal le halló culpable de enseñar que la Virgen María había tenido otros hijos de José después del nacimiento de Jesús; también pudo haber enseñado el →adopcionismo de Fotino. Los bonosianos lo siguieron, llegando al cisma, y sobrevivieron especialmente entre los godos, en España y en Galia, hasta el s.VII. J.D. DOUGLAS

BOOTH, CATHERINE (1829-1890). "Madre del Ejército de Salvación"; esposa de William →Booth. Nacida como Catherine Mumford en Derbyshire (Inglaterra), fue hija de un predicador wesleyano. Fue educada en su hogar por una madre profundamente religiosa. Posteriormente vivió en Londres, donde se unió a la Iglesia Metodista de Brixton. Fue expulsada por su celo religioso, como también lo fue William Booth que predicaba allí. Se casaron en 1855 y tuvieron ocho hijos. El matrimonio viajó extensamente predicando el evangelio. En 1864 regresaron a Londres, y en 1865 iniciaron la *Christian Revival Association* (que recibió varios nombres) en Whitechapel; esto se considera generalmente como el principio del →Ejército de Salvación. Catherine inició la obra femenina, destacada característica del movimiento. Durante muchos años continuó su labor, aunque nunca libre de sufrimientos. En 1890 murió de cáncer; 36.000 personas concurrieron a su funeral en el Olympia. R.E.D. CLARK

BOOTH, EVANGELINE CORY (1865-1950). Dirigente del Ejército de Salvación. Séptima hija de William Booth, el fundador, tenía solo quince años cuando llegó a ser sargenta. Destacada por su decidida actividad, se convirtió en una especie de solucionadora de situaciones difíciles, como cuando su hermano Balligton abandonó el Ejército de Salvación en los EUA. Fue la comisionada de operaciones en Londres durante cinco años y directora de colegios de entrenamiento internacional. Fue designada como comandante en el Canadá en 1896, y abrió obra en Klondike. En 1904 llegó a comandante en jefe de los EUA; en los 30 años de su mandato registró importantes logros en servicios sociales, incluso en la Guerra Mundial I. Fue elegida como general de la organización mundial en 1934 y se retiró en los EUA en 1938. HAROLD R. COOK

BOOTH, WILLIAM (1829-1912). Fundador y primer general del →Ejército de Salvación. N. en Nottingham, Inglaterra. Se convirtió en 1844 y fue primero ministro, después evangelista en la *New Connexion Church* (metodista). En 1861, renunció porque sus dirigentes lo querían restringir a un circuito limitado. Se hizo evangelista independiente y en 1865 empezó con reuniones en el E de Londres, donde la extrema pobreza y opresión eran experiencia para la mayoría. La obra fue creciendo y fue designada como "La Misión Cristiana", y se extendió a otros centros. B. fue secundado por su esposa, Catherine, que también era una excelente predicadora. Ambos lucharon contra lacras sociales al mismo tiempo que hacían evangelismo directo. En 1872 B. estaba administrando cinco almacenes "Alimentos para un millón", que vendían comidas baratas. El y sus colegas con frecuencia fueron atacados físicamente al predicar, pero hubo notables ejemplos de vidas transformadas por el evangelio.

La terminología militar estaba entonces de moda ("Firmes y Adelante" fue escrito en 1865), y uno de los principales ayudantes de Booth, Elijah Cadman, en 1877 anunciaba reuniones en Whitby del "Ejército aleluya que milita por Dios". Titularon a B. como "General", lo cual era lo que correspondía puesto que el control de la misión estaba en sus manos. En 1878 el proceso fue llevado a su estado final y nació el Ejército de Salvación. En 1879 tenía 81 estaciones misioneras operadas por 127 evangelistas con dedicación completa y en Salisbury fue organizada la primera banda de música para el "Ejército". Muy pronto se adoptó el procedimiento de adjudicar palabras sagradas a tonadas seculares. Como dijo B: "¿Por qué debe el diablo tener todas las mejores melodías?"

En 1880 empezaron a usar el uniforme, precedido en 1878 por el primer volumen de "Ordenes y reglamentos del Ejército de Salvación". El sistema militar fue impuesto rígidamente y B. era el indudable comandante en jefe. Al crecer el Ejército, B. y su incansable esposa (ayudados por sus hijos) establecieron hogares para preparación de cadetes e iniciaron avances en el extranjero: a los EUA, al continente europeo y a la India. En 1881 fue abierto en Londres un nuevo cuartel general y por 1884 el Ejército contaba con 900 cuerpos, más 266 fuera de Gran Bretaña.

B. estaba totalmente absorbido por el desarrollo del Ejército, el cual era resistido con ardor y a veces con brutalidad. El dinero escaseaba, las deudas crecían, los escándalos amenazaban con destruir la causa. En 1886 B. hizo una gira a los EUA, reuniendo una organización que se había fragmentado en tres. En 1887 el espectáculo de hombres sin hogar en el puente de Londres hizo que B. se apresurara a iniciar la obra social del Ejército; cuidadosas encuestas mostraban que había necesidades impostergables. Estableció centros para venta de alimentos baratos, refugios nocturnos y agencias de empleo, todo esto mientras su propia esposa estaba muriendo de cáncer. La necesidad era presentada en su libro *In the Darkest England-and the Way Out,* terminado en 1890 justo antes de morir su esposa. Fue un *best-seller* y produjo una tormentosa controversia. B. planeó colonias agrícolas, oficina de personas extraviadas, un banco para los pobres, ayuda legal para éstos. También estableció una fábrica de fósforos para exponer los males de una empresa privada del mismo ramo.

Virtualmente solo, B. viajó por todo el mundo, siendo una figura de renombre internacional. En 1904, a la edad de 75 años, hizo una gira en automóvil por Gran Bretaña que duró 29 días: cubrió casi 2.000 kilómetros, participando en 164 reuniones. En 1907 recorrió los EUA. En 1908, casi ciego, estuvo en Escandinavia. En 1910 visitó Holanda, Dinamarca, Alemania, Suiza e Italia. Finalmente, en agosto de 1912, murió; 150.000 personas desfilaron ante su ataúd; 40.000 asistieron a su funeral. Había viajado 8.000.000 de km, predicando cerca de 60.000 sermones y entrenando a 16.000 oficiales para servir en su Ejército.

A. MORGAN DERHAM

BORIS (m.907). Khan (rey) de Bulgaria, 852-889. La actividad cristiana misionera había empezado en Bulgaria ya en el s.VII y quizá antes. Esta temprana obra en los Balcanes estuvo al principio bajo la dirección de la Iglesia Bizantina. Los misioneros tuvieron éxito porque ya en el s.VIII había cristianos en la sociedad y en los palacios de los príncipes. B. se convirtió al cristianismo en la Iglesia Ortodoxa recibiendo el bautismo del patriarca de Constantinopla (c.864). Debido a que la teología bizantina vinculaba a la Iglesia con el Estado, el bautismo de B. significó penetrar en ambos. B. deseaba que la Iglesia en Bulgaria fuese independiente, pero Bizancio rechazaba tal posición. El rey búlgaro entonces alentó la actividad misionera del occidente, básicamente de Alemania, en su país. El papa →Nicolás I envió sacerdotes latinos y el clero griego fue expulsado. La alianza del khan con Roma fue de corta duración, porque Roma tampoco aprobaba su deseo de una iglesia búlgara independiente. Los bizantinos en cambio fueron obligados a conceder un arzobispado búlgaro semiautónomo.

GEORGE GIACUMAKIS, JR.

BORJA, FAMILIA DE LOS. Notoria familia española que desempeñó un papel importante en la historia eclesiástica y política de la época del Renacimiento. Era originaria de Borja de Zaragoza pero muchos de sus miembros se trasladaron a Játiva al sur de Valencia. El primer B. de fama fue Alfonso, que fue hecho obispo de Valencia en 1429, cardenal en 1444 y papa →Calixto III en 1455. Fue un hombre de vida austera; no obstante adolecía del mal del nepotismo. V.g. hizo cardenal a Rodrigo, su sobrino, a la edad de 25 años.

Rodrigo fue hecho papa, →Alejandro VI, en 1492 y se ganó la fama de ser el papa más corrupto de la época del Renacimiento. Se hizo notorio por sus costumbres disolutas y su pasión por promover las fortunas mundanas de sus hijos, los cuales eran por lo menos nueve, nacidos de varias amantes.

Dos de estos hijos se hicieron notorios en la historia. César (1476-1507), el hijo favorito, nació en Roma mientras era cardenal Alejandro. Al ascender éste al trono pontificio (1492) nombró como arzobispo de Valencia a César, teniendo éste no más de 16 años. Al año siguiente lo hizo cardenal. Con la ayuda de su padre, César entró de lleno en la política efervescente de Italia y se adueñó de una gran extensión de la península. Se hizo notorio por su crueldad y falta de escrúpulos. No perdonaba a nadie ni nada que obstaculizara su avance político. Cuando su hermano le pareció un estorbo, mandó que fuese asesinado y tirado al Río Tíber. "El fin justifica los medios" era la clave de su política. Fue, según von Ranke, "un virtuoso en el crimen". A él propone Maquiavelo, en su libro *El Príncipe,* como el político reinante modelo.

La hija favorita de Alejandro VI, Lucrecia, muchacha simpática, bellísima y jovial fue juguete de su padre en la politiquería de la época. N. en 1480. A la edad de 13 años ya había sido desposada con dos nobles españoles y ambos compromisos fueron rotos. En 1493 fue casada con Giovanni Sforza, señor de Pesaro. Cuatro años después, disgustado con Sforza, Alejandro anuló el matrimonio, so pretexto de impotencia, y maniobró otro matrimonio de Lucrecia con Alfonso, duque de Besiglia, en 1497, con el fin de afirmar una alianza política de los Estados Papales con Nápoles.

En 1500, habiendo ya enemistad entre el duque y César, éste ordenó matar a su cuñado. Al año siguiente Lucrecia se casó por tercera vez, a la edad de 21 años, esta vez con Alfonso, duque de Ferrara. El Vaticano resonó con banquetes, bailes y funciones teatrales. A petición de su padre, Lucrecia ejecutó bailes especiales. Una corrida de toros se celebró en la misma plaza de San Pedro. En 1503 murió su padre y desde entonces

Lucrecia vivió más tranquilamente, pero murió en 1519, todavía joven.
WILTON M. NELSON

BORNHOLMIANOS. Designación popular de la *Luthersk Missionsförening i Danmark* (Misión Luterana Danesa), la cual es una misión evangélica doméstica de laicos dentro de la iglesia nacional danesa y, al mismo tiempo, de una sociedad misionera al extranjero. La misión se originó en un avivamiento que tuvo lugar en la isla de Bornholm en la década de 1860 y fue oficialmente organizada en 1868. La influencia de C.O. Rosenius, dirigente espiritual sueco del s.XIX, ha sido decisiva para la Misión Luterana. Como la de Rosenius, la prédica de los b. se ha caracterizado por su total énfasis en la depravidad huzado por su énfasis en la depravidad humana, total reconciliación únicamente por la exdiante la pura y gratuita gracia y por fe solamente, y santificación, no com° condición, sino como consecuencia de la salvación. Además, la Misión Luterana se ha destacado por acentuar los dones espirituales, el sacerdocio universal de los creyentes y un consiguiente anhelo de plena libertad para el desarrollo de actividades laicas autónomas dentro del marco de la Iglesia Nacional. N.O. RASMUSSEN

BORROMEO, CARLOS (1538-1584). Arzobispo de Milán e impulsor de la Contra Reforma. De nacimiento noble, recibió su primer →beneficio a los doce años. Estudió derecho civil y canónico bajo Alciati, pero cuando su tío se convirtió en Pío IV (1559), B. fue llamado a Roma y designado arzobispo de Milán, cardenal secretario de estado, protector de los Países Bajos, Portugal, los cantones católicos de Suiza y de varias órdenes religiosas. La muerte de su hermano mayor (1562) y su propia ordenación al sacerdocio (1563) contribuyeron para inspirarle una vida más austera, combinándose así para canalizar sus ideales humanistas en dirección de una reforma. Además de desempeñar un importante papel en la sesión final de →Trento, ayudó a reformar el colegio de cardenales y fue revisor del Misal y del Breviario. Su logro más notable fue la reforma diocesana y continuó siendo considerado como obispo modelo. (Algunas de sus obras fueron reimpresas durante el Vaticano II.) B. convocó a su primer concilio provincial en 1565, pero no fue autorizado por el papa a ocupar la residencia en su sede sino hasta 1566.

Una hábil utilización de los sínodos provinciales y diocesanos creó el marco constitucional para la reforma y la disciplina. La educación del clero recibió cuidadosa atención y B. fundó seis seminarios. Los monasterios fueron reformados y se alentó al clero a que se uniera a los oblatos de San Ambrosio (1578) para elevar el nivel del cuidado pastoral. Los clérigos y religiosos corruptos fueron disciplinados, lo cual provocó tanta oposición que llegó a hacerse un intento fallido de asesinarlo en 1569. B. también tuvo que luchar contra la oposición de los gobernadores españoles de la ciudad. Sin embargo, llevó adelante su obra reformadora y educativa. Hizo amplio uso de los jesuitas y fundó la Confraternidad de la Doctrina Cristiana para colaborar en la instrucción de los jóvenes. Mediante su celo pastoral fueron fundados orfanatorios, refugios para esposas abandonadas y *montes pietatis.* Su propia labor personal durante la peste de 1576, cuando los funcionarios civiles habían huído, lo mostró como un pastor sumamente abnegado. Siguió desempeñando importante papel en Roma, asesoró a las diócesis vecinas, persiguió a los herejes, consolidó la reforma católica en Suiza y visitó personalmente los abandonados y remotos valles alpinos. Canonizado en 1610, fue uno de los mayores reformadores católicos. IAN BREWARD

BORROW, GEORGE HENRY (1803-1881). Escritor, lingüista, viajero y amigo de los gitanos. Desde 1818 fue contratado por una firma de procuradores de Norwich. Aprendió idiomas en su tiempo libre y, en 1824, marchó a Londres donde hizo trabajos de traducción para una casa de publicaciones, por los cuales fue muy mal pagado. Posteriormente, acosado por extrema pobreza, salió de Londres como vagabundo. Desde 1827 a 1840 y, nuevamente en 1844 y en 1854, B. vagabundeó a pie por Europa y por el Oriente, trabajando varias veces para un periódico y, tanto en España como en Rusia, para la Sociedad Bíblica Británica y Extranjera. En España fue arrestado varias veces. Previó los peligros; sabía, dijo, que "el mismo destino de San Esteban posiblemente me llegaría a mí". En 1840 se casó y se estableció en Inglaterra para escribir. Sus pintorescos relatos de viaje fueron transcriptos por su esposa, María, de anotaciones hechas aquí y allá y publicados en el libro *La Biblia en España* (inglés, 1841) el cual obtuvo para él inmediata fama. Sus posteriores estudios tuvieron mucho que ver con los gitanos e incluyen un completo diccionario de su idioma peculiar. Han sido escritas más de una docena de biografías acerca de él; las más recientes de M.D. Armstrong (*George Borrow*, 1950) y E. Bigland (*In the Steps of George Borrow*, 1951). R.E. CLARK

BOSCO, JUAN (1815-1888). Educador católico y fundador de la orden salesiana. Giovanni Melchior, n. en cuasi pobreza en Becchi, Italia. Fue ordenado al sacerdocio en 1841. Trabajó en la anticlerical Turín donde la suerte de los niños pobres lo llevó a consagrarles su vida. Esperaba especialmente preparar a algunos de ellos para el sacerdocio. Su perseverancia venció muchas dificultades financieras. Sus primeros esfuerzos condujeron a establecer escuelas nocturnas y eventualmente también técnicas, talleres, y una iglesia en Turín. En 1859 fundó la Sociedad de San Francisco de Sales (→SALESIANOS), que actualmente está difundida por todo el mundo. La razón, la bondad y la fe cristiana fueron los fundamentos de su filosofía educativa, conocida como sistema "preventivo". "En todo lo posible evítese el castigo", dijo: "Trata de obtener amor antes que inspirar temor". Fue canonizado en 1934.
HOWARD SAINSBURY

BOSSUET, JACQUES BENIGNE (1627-1704). Obispo y escritor católico romano francés. N. en Dijon; fue educado en las escuelas jesuitas locales hasta que a la edad de quince años lo enviaron al parisiense Colegio de Navarra. Se convirtió en doctor de la Sorbona en 1652 y fue ordenado el mismo año. Durante siete años sirvió como arcediano de la catedral de Metz, después se trasladó a París en 1659 y en dos años ya era predicador de la capilla real. En 1670 Luis XIV lo designó tutor del delfín, tarea que cumplió por doce años con gran diligencia. En 1681 fue nombrado obispo de Meaux, cargo que tuvo hasta su muerte.

B. tuvo una carrera multifacética. Fue particularmente célebre por sus grandes habilidades como orador y polemista y por su enérgica, pero no cismática, promoción del →galicanismo. También proveyó una declaración eclesiástica de la teoría del Divino Derecho de los Reyes en su *Politique tirée de l'Ecriture Sainte* (1679). Sin embargo, aparentemente consideró su *Discours sur l'histoire universelle* (1681) como su obra más importante, y la mayoría de los eruditos modernos concuerdan con esto. Se trata de una declaración clásica de la filosofía de la historia que ve a la Providencia como la clave de la causación histórica. En sus últimos años se mostró como guardián de la ortodoxia frente a la crítica bíblica, al racionalismo, al escepticismo y a varios grupos de sectas.
BRIAN G. ARMSTRONG

BOSTON, AFIRMACION DE →HARTFORD, APELACION DE

BOURDALOUE, LOUIS (1632-1704). "El rey de los oradores y orador de los reyes". N. en Bourges y se hizo jesuita en 1648. Después de enseñar en casas provinciales, empezó a predicar en Amiens en 1666 y rápidamente creció su fama. En 1669 fue a París donde causó profunda impresión en la corte con su espléndida oratoria, hábil exposición de la ortodoxia católica y su apasionamiento por obtener la aprobación de sus oyentes, todo esto mediante una cuidadosa argumentación dentro del marco retórico tradicional. Hábil pastor y confesor, dio la misma atención a los presos y a los enfermos que a los famosos y adinerados y fue una respuesta viviente ante los ataques de →Pascal contra los jesuitas. Además de oponerse a los →jansenistas, fue utilizado con éxito para convertir a los protestantes de Montpellier después de la revocación del Edicto de →Nantes.
IAN BREWARD

BOURGEOIS, LOUIS (1510-61). Músico protestante francés. Fue invitado a Ginebra más o menos cuando →Calvino regresó en 1541. En 1545 reemplazó a Guillermo LeFrenc como músico principal de la ciudad. En 1551 fue encarcelado por algunas tonadas que había publicado pero, gracias a la intervención de Calvino, fue liberado. En 1547 produjo una armonización de los salmos de Clemente →Marot, empleando algunas tonadas populares del día, algunas del salterio de Estrasburgo y otras que él mismo compuso.
J.D. DOUGLAS

BOURIGNON, ANTOINETTE (1616-1680). Fanática y visionaria. N. en Lille, en los Países Bajos españoles, fue criada como católica. Niña excepcional, dejó la vida social ordinaria y se convenció de que Dios le había hablado en visiones y elegido como nueva Eva, nueva María, la "mujer vestida de sol" de Ap. 12, con la misión de reformar al cristianismo. Atacando todas las iglesias establecidas, enseñó la luz interior, el contacto directo con Dios y la destrucción del pecaminoso ego. Al llegar al final de sus 40 años empezó a atraer discípulos; después de residir en Nordstrand, en el Mar del Norte, se trasladó a Hamburgo, donde se le unió el místico P. Poiret. Murió en Friesland, en viaje a Amsterdam. Su extrema versión del →quietismo fue difundida por sus seguidores y obtuvo apoyo de Escocia (donde las asambleas presbiterianas denunciaron el movimiento a principios del s.XVIII). La secta decayó gradualmente en esa misma centuria. Sus extensos y digresivos escritos fueron publicados por Poiret en Amsterdam en 1679-84, en 21 volúmenes. DIRK JELLEMA

BOURNE, HUGH (1772-1852). Fundador de la Iglesia →Metodista Primitiva. N. en Stoke-on-Trent, Inglaterra. Se afilió con los →metodistas wesleyanos y en 1802 edificó una capilla para ellos a sus expensas. Siendo por esta época un predicador local, en 1807 organizó con otros un →*camp meeting* del tipo que había demostrado tener amplio éxito en los EUA. Este fue el primero de muchos, pese a la censura de su denominación que llegó a expulsarlo. No deseándolo B. organizó un grupo separado que tuvo su primera "conferencia" en 1820 con un nombre que indicaba un deseo de restaurar el metodismo a su primitiva sencillez. B. viajó a Escocia, Irlanda y los EUA y en todas partes fue bien recibido. Por la época de su muerte el movimiento contaba con 110.000 miembros. El cuerpo no fue titulado como iglesia hasta 1902. En 1932 cerca de un cuarto de millón de primitivos metodistas en la Gran Bretaña se unieron con otros en la Nueva Iglesia Metodista. B. era un hombre de elevados principios y un abstemio total. Durante la mayor parte de su vida trabajó como carpintero y constructor para no resultar una carga para la iglesia. J.D. DOUGLAS

BRABOURNE, THEOPHILUS (1590-c. 1661). Polemista. Frustrado en sus planes de ingresar en la universidad y en el ministerio, trabajó durante algún tiempo en la fábrica de medias de su padre, en Londres. Después de seguir estudios privados fue eventualmente ordenado y predicó en Norwich. Sus puntos de vista peculiares empezaron a surgir con dos panfletos en los que argüía que el sábado debía ser observado en carácter de sábado cristiano. El último era tan dogmático que le valió 18 meses de prisión. Uno de los jueces deseaba quemar a B. como a un hereje. Después de esto abandonó el ministerio. No intentó fundar ninguna secta, más bien escribió en contra de separarse de la Iglesia Nacional. Su último panfleto (1661) atacó los escrúpulos de los cuáqueros acerca del juramento de lealtad y supremacía.
JOHN TILLER

BRADBURY, WILLIAM B. (1816-1868). Profesor de música e himnógrafo norteamericano. Estudió música en Boston bajo Summer Hill y Lowel Mason, y se convirtió en maestro musical y organista en la ciudad de Nueva York. También editó más de cincuenta libros para música de la escuela dominical y para coros, y se dedicó a la fabricación de pianos. Desde 1847 estudió dos años en Leipzig. Fue criticado por tratar la música como un negocio y porque no era esencialmente un ejecutante. Es más recordado por las tonadas, de sus himnos, tres de las más famosas que todavía están en uso son "Tal como soy", "Cristo me ama, bien lo sé" y "Me guía El". Las tres representan a B. en su mejor momento, con una sencilla pero reverente expresión. ROBERT C. NEWMAN

BRADFORD, WILLIAM (1589-1657). Segundo gobernador de la colonia norteamericana de Plymouth; escritor. Bautizado en Yorkshire, Inglaterra, fue considerado por Cotton →Mather como el Moisés que sacó a los Peregrinos de Inglaterra al Nuevo Canaán. Gobernó la colonia durante la mayor parte del tiempo entre 1621 y 1656. B. escribió la *History of Plymouth Plantation,* una obra maestra de historia que describe cómo Dios en forma providencial había guiado a los Peregrinos en la creación de una nueva sociedad entre 1620 y 1646. Su erudición y su habilidad administrativa fueron grandes pero, según las palabras de Mather, "la corona de todo fue su santo, piadoso, vigilante y fructífero andar con Dios, por lo que resultó verdaderamente ejemplar".
JOHN D. WOODBRIDGE

BRADWARDINE, THOMAS (c.1290-1349). Arzobispo de Canterbury en 1349. Oriundo de Chichester, estudió en el Merton College, Oxford, distinguiéndose en matemáticas y teología y obteniendo el apodo de "doctor profundo". En Oxford fue elegido como canciller y profesor de teología. Entre otros honores, fue designado capellán y confesor de Eduardo III, a quien acompañó al extranjero en su campaña francesa. Fue designado arzobispo de Canterbury en 1349, pero murió de la →Peste Negra a los cuarenta días de su consagración. Mediante su influencia la Universidad de Oxford se libró de su servidumbre al obispo de Oxford. En teología, el ataque de B. contra el →pelagianismo, en el cual enfatizaba la gracia de Dios y su irresistible voluntad como la causa definitiva de los acontecimientos, preparó el camino para la posterior doctrina de la predestinación. También escribió extensamente sobre asuntos de matemáticas. R.E.D. CLARK

BRAGA, ERASMO DE CARVALHO (1877-1932). Ministro evangélico presbiteriano, educador brasileño y líder ecuménico. Fue notable en tres campos de actividad. Como teólogo ejerció la cátedra de AT en el Seminario Presbiteriano de Campinas desde 1901 hasta 1920. Dominó la lengua hebrea. Mantuvo correspondencia con peritos en el exterior en asuntos de arqueología, historia y lenguas bíblicas.

Como educador publicó libros didácticos. La llamada "Serie Braga" alcanzó, desde la década de 1920 hasta 1960, el mayor índice de ediciones conocido en este campo. Con un plan "maduramente concebido y conscientemente ejecutado, cultivó en el espíritu de los futuros brasileños el amor al trabajo útil, los sentimientos de civismo, de cooperación y de solidaridad..." B. fue miembro de academias y sociedades educativas y científicas y, en muchos casos, fundador de ellas. Destacado rotario, periodista, consultor, prestó notables servicios sociales.

Como líder ecuménico participó en el Congreso de Acción Cristiana en →Panamá en 1916. Escribió *Panamericanismo, Aspecto Religioso,* en el cual demuestra que en esa ocasión comenzó el estudio científico de la situación latinoamericana. En virtud de esa actuación fue nombrado Secretario Ejecutivo de la Comisión Brasileña de la →CCLA, con sede en Nueva York, el órgano propagador de las ideas del Congreso de Panamá. Con sede en Río de Janeiro, B. trabajó por el acercamiento de las denominaciones cristianas, logrando organizar una federación, la que después fue denominada "Confederación Evangélica del Brasil".

Contribuyó para establecer nexos dentro del evangelicalismo en la lengua portuguesa, no solo por medio de la fundación de la Sociedad de Evangelización en Portugal, sino por la publicación de obras de base como lecciones de escuela dominical, un diccionario y una concordancia bíblica. Promovió y participó en congresos en AL, en lugares como Lima, Santiago, Buenos Aires, Río de Janeiro, La Habana, Montevideo, Glasgow (Escocia), Rattvick (Suecia), Helsinki (Finlandia), Nyborg (Holanda), Le Zonte (Bélgica), Jerusalén, y en muchos otros en EUA. Por la manera decisiva en que influyó en pro de la cooperación, fue colocado por John R. →Mott entre las personas de renombre mundial en el movimiento ecuménico. Fue un "apóstol de la reconciliación".

JULIO ANDRADE FERREIRA

BRAHMS, JOHANNES (1833-1897). Compositor alemán. N. en Hamburgo y desde muy pequeño mostró extraordinarios dotes musicales. Como →Beethoven antes que él, posteriormente se estableció en Viena. Allí se mantuvo en actividad como director coral y también siendo el más destacado compositor de orquesta sinfónica y de cámara de la alta edad romántica. Aunque no era un músico eclesiástico, estaba arraigado en las tradiciones de la música de la Iglesia Luterana, mucha de la cual él editó. Fue uno de los primeros que tratara de interpretar las cantatas de →Bach en manera auténtica. Compuso cierto número de hermosos motetes sacros siguiendo el ejemplo de Schütz y de Bach. Su obra maestra coral es el *Réquiem alemán.* Usando exclusivamente palabras de la Biblia alemana, no tiene relación alguna con la Misa de Réquiem del rito romano. Bien podría considerarse como la más grande obra coral sagrada del s.XIX. J.B. MacMILLAN

BRAINERD, DAVID (1718-1747). Primer misionero protestante a los indios norteamericanos. N. en Haddam, Connecticut. Tuvo una profunda experiencia de conversión en 1739 y, posteriormente, fue enviado al Yale College. Expulsado en 1742 por el delito de "un fervor intemperante e indiscreto" (Edwards), estudió teología en forma privada y fue licenciado para predicar. La Sociedad Escocesa para la Propagación del Conocimiento Cristiano lo nombró misionero entre los indios. Trabajó diligentemente en el E de Pensilvania en medio de severas pruebas hasta que fue vencido por la enfermedad. Hasta nov. de 1745 había recorrido más de 4.800 km a caballo, y en los años 1745-46 vio, según sus propias palabras, "una notable obra de gracia". En mayo de 1746 más de 130 indios se habían convertido. La creciente enfermedad lo obligó a retirarse, y su obra estuvo entonces a cargo de su hermano John. Murió a los 29 años en el hogar de Jonathan →Edwards, en Nueva Inglaterra. Su *Diario* se convirtió en clásico devocional, influyendo sobre centenares para que se volvieran misioneros. J.G.G. NORMAN

BRASIL. Igual, tanto en territorio como en población, al resto de Sud América, B. es una exuberante mezcla de razas europeas, africanas e indoamericanas, donde la predicación del evangelio ha producido frutos muy variados. De sus aproximadamente 116 millones de habitantes (1977), se calcula que el 11%, o aproximadamente 12.76 millones, son protestantes. La ICR reclama el 85%. Por otro lado, se estima que entre 15 y 30% de los brasileños se adhieren a alguna forma de espiritismo.

Iglesia católica. El →patronato real concedido por el papa en 1455 al rey de →Portugal ha determinado básicamente la historia de la ICR en los territorios ultramarinos de este país. El B., descubierto en 1500, pero sistemáticamente colonizado recién a partir de 1534 (implantación del sistema de capitanías), tuvo que aceptar el catolicismo como símbolo del poder de la metrópolis.

La obra misionera acompañó la explotación de la tierra en sus sucesivas fases: el ciclo litoral (s.XVI), los ciclos del Nordeste y del Norte (s.XVII), el ciclo de Minas Gerais (s.XVIII). La función de las órdenes religiosas (→franciscanos, →carmelitas, →benedictinos) estaba supeditada a los intereses inmediatos de la Corona. Los →jesuitas se opusieron a tal principio (v.g. la acción de Antonio Vieira a favor de los indios del Marañón, 1653-1661) y pagaron esta osadía con su expulsión en 1759.

En comparación con la América Española, la organización de la jerarquía resultó morosa e ineficiente. Salvador de Bahía fue el único obispado hasta 1676; hasta fines de la época colonial el número de diócesis no ascendió a más que siete, faltándoles prácticamente toda comunicación entre sí. El clero brasileño, sobre todo el ala liberal, formada en el seminario diocesano de Olinda, desempeñó un papel activo en la Independencia (1822), pero el monarquismo de los emperadores brasileños, que fue una mera adaptación del patronato portugués, volvió a reducir la influencia de la Iglesia a un mínimo.

Un momento crítico en las relaciones con el Estado fue la protesta antimasónica (1872-1875) de los obispos de Olinda y Pará, Vital Maria Gonçalves de Oliveira y Antonio Macedo da Costa, protesta que ya reflejaba la nueva autoconciencia del catolicismo después del →Vaticano I. Los años siguientes fueron de una creciente tensión entre los dos poderes, resultando en la separación de Iglesia y Estado a raíz de la proclamación de la República (1890).

Aunque, a partir de aquel suceso, la afluencia de sacerdotes extranjeros favoreció altamente el desarrollo de la Iglesia como institución (jerarquía, enseñanza, beneficencia), este mismo factor causó también un sensible alejamiento entre el catolicismo oficial, inspirado en las directrices de Roma, y la fe del pueblo. El liderazgo católico tomó conciencia del peligro y lo enfrentó. Desde 1921 un grupo de intelectuales, entre los que se destacaba Jackson de Figueiredo, fundó en Río de Janeiro el "Centro Dom Vital" y aspiró a superar el laicismo mediante una renovada sacralización de la sociedad en todas sus articulaciones. Tal empeño, generosamente apoyado por el cardenal Sebastia Leme, redundó durante la década de 1930 en la organización de la →Acción Católica.

El régimen de Getulio Vargas (1930-1945) supo apreciar el papel de la Iglesia como mantenedora de un orden estable y cristiano, concediéndole toda clase de beneficios financieros y jurídicos. Se instaló una perfecta estructura de "cristiandad", cuyos fundamentos, sin embargo, fueron minados desde 1950 por los rápidos cambios sociales que afectaban el país. En estas nuevas circunstancias la Iglesia se distinguió por una pastoral de concientización popular. Una minoría de obispos progresistas, encabezada por Hélder →Cámara, se unió en 1952 en la Conferencia Nacional dos Bispos do Brasil (CNBB), y patrocinó grupos como el Movimiento de Educación de Bases, las Uniones Rurales y la Juventud Universitaria Católica.

Pero a los pocos años estos movimientos escaparon del control de la jerarquía, comprometiendo a los prelados que continuaban apoyándolos. El golpe militar de 1964 les quitó todo su arrojo. En aquel mismo año la CNBB fue transformada en organismo oficial de todo el episcopado brasileño, lo cual, si bien granjeándole importantes facilidades materiales, paralizó su movilidad ideológica del período anterior. Pero la coyuntura no permitió una restauración del antiguo modelo de "cristiandad". Agudos conflictos llevaron a la Iglesia a dar un testimonio cada vez más firme de su solidaridad con el pueblo, de lo cual el documento de la CNBB "Exigencias cristianas de un orden político" (1977) es un bello ejemplo.

Protestantismo. La llegada de un grupo de →hugonotes a la Bahía de Guanabara, donde sobrevivieron algún tiempo (1555-1558) bajo la dudosa protección del vice-almirante francés Nicolás Durand de Villegaignon, y el establecimiento de una Iglesia Reformada en el Nordeste durante el período de la ocupación holandesa (1630-1654) son episodios que no dejaron huella en la historia posterior del Brasil. El protestantismo moderno en este país comenzó después de 1810, cuando el Tratado de Comercio y Navegación concluido entre Portugal e Inglaterra, con su garantía de libertad religiosa para los súbditos británicos en territorio portugués, creó condiciones para la entrada de acatólicos.

La Constitución de 1824 extendió la referida libertad a todos los brasileños, y simultáneamente empezó el aflujo de inmigrantes suizos y alemanes que, con pocas interrupciones, continuaría por un siglo y medio. Algunos pastores, remunerados del erario público, acompañaron a los primeros contingentes, pero por lo general el atendimiento religioso era precario, y la organización parroquial, caótica o inexistente. En la provincia de Río Grande do Sul, donde estaba concentrada la mayoría de los inmigrantes, se intentó la organización de iglesias locales en un sínodo; pero esta tentativa resultó prematura, y no hubo resultados permanentes hasta que Wilhelm Rotermund, en 1886, formó el Sínodo Riograndense.

Entretanto diversas denominaciones protestantes habían iniciado una obra de misión entre la población lusobrasileña. El médico escocés Robert →Kalley fundó en la capital una Iglesia Evangélica Fluminense (1858), que adoptó el sistema congregacionalista. Un movimiento presbiteriano, iniciado en 1859 por el misionero Ashbel →Simonton, se expandió rápidamente por el interior de la provincia de Sao Paulo debido al testimonio del ex-sacerdote José Manoel da →Conceiçao.

Pero el gran impulso para las misiones protestantes vino hacia 1870 con la llegada de algunos norteamericanos sureños que, derrotados en la Guerra de Secesión (1861-1865), optaron por abandonar su tierra. Animadas por los comentarios de estos pioneros, la Iglesia Presbiteriana del Sur, la Iglesia →Metodista Episcopal del Sur y la Convención →Bautista del Sur emprendieron sucesivamente una obra de propaganda en el B. La primera no tardó en coordinar sus trabajos con los de la iglesia hermana del Norte. En 1888 la obra presbiteriana ya tenía suficiente base nacional para desligarse de sus iglesias madres, formando, con ayuda de las misiones, una Iglesia Presbiteriana del Brasil.

Entretanto la legislación brasileña se adaptaba poco a poco a la existencia de facto de minorías protestantes. En 1863, por ejemplo, se otorgó a los ministros formalmente reconocidos de las religiones acatólicas el derecho de celebrar casamiento con efectos legales.

Durante estos años el protestantismo brasileño adquirió algunas de sus características que le han quedado hasta el día de hoy. Se mostraba muy amigo de ley y orden: no solo de la ley del país, que lo protegía cuando era atacado en sus prácticas, sino también de la ley y orden eclesiásticos que reglamentaban todos los detalles de su vida religiosa. Le gustaba el énfasis doctrinario, aprendido del *"Old School Presbyterianism"* y de los Bautistas del Sur de los EUA. Su ética le dictaba un patrón de vida puritano, que contrastaba con el libertinaje del ambiente tropical. Tenía conciencia de que su religión llevaba la etiqueta de "yanki", pero eso, a diferencia de lo que acontecía en Hispanoamérica, no le molestaba mucho; más bien le parecía un símbolo de progreso.

La Primera República (1889-1930) fue para el protestantismo brasileño un período de crecimiento y consolidación. Las comunidades de inmigrantes alemanes se organizaban en cuatro sínodos que mantenían un contacto oficial con organismos eclesiásticos en Alemania, más uno que, definiéndose por un →luteranismo rigurosamente confesional, se relacionaba con el Sínodo de Missouri (EUA). Todos estos sínodos respetaban el autogobierno de las iglesias locales, pero asumían diversas tareas de orden social, educativo y publicitario que exigían una colaboración más amplia. Los cuatro primeros de los arriba mencionados mantenían fielmente su cultura alemana. La mayor parte de sus pastores venía de Alemania, y los que nacieran en el B. iban allá en busca de su formación teológica. Este sistema era una opción conciente más bien que un resultado inevitable de circunstancias adversas.

El protestantismo de misión fue enriquecido en este período con la entrada de los →episcopales (1891), los →adventistas (1893) y los →pentecostales (1910), casi todos ellos provenientes de los EUA. Las denominaciones más antiguas pasaron un tiempo de crecimiento y consolidación, constituyéndose entre ellas la Convención Bautista Brasileña (1907) y la Iglesia Metodista del Brasil (1930), formalmente independientes de las iglesias madres. Todas ellas daban mucha importancia a sus institutos de segunda enseñanza y de formación profesional, como medio para ejercer una influencia cristiana en la sociedad. El gran prestigio de la cultura anglosajona les fue útil en este empeño, aunque tanto los presbiterianos como los bautistas conocieron también episodios de conflicto entre misión extranjera e iglesia nacional.

La confrontación con el catolicismo suscitó en estos años duras polémicas, que no tenían precedente en el Brasil imperial; por otro lado hubo un acercamiento muy notable entre las denominaciones evangélicas. Como respuesta al Congreso Evangélico de →Panamá (1916) fue fundada la Comisión Brasileña de Cooperación, bajo la dirección inspiradora del presbiteriano Erasmo →Braga. Más tarde (1934) dicha comisión se unió con otros dos organismos ecuménicos en la Confederación Evangélica Brasileña. Un gran servicio a toda la comunidad evangélica prestaban también la →Sociedad Bíblica Americana (desde 1837, con alguna interrupción) y la Sociedad Bíblica Británica y Extranjera (desde 1856); sus agencias efectuaron una unión orgánica en 1942, hasta que en 1948 se organizó la Sociedad Bíblica del Brasil.

En la década de 1930 el protestantismo de inmigración, encabezado por el Sínodo Riograndense y por el presidente del mismo, Hermann Dohms, reforzaba su línea germanizante, lo que lo comprometió sobremanera con la autoridad pública y aceleró después de la Guerra Mundial II el proceso de su integración cultural. Los cuatro sínodos tradicionalmente ligados con Alemania se unieron en una federación en 1949, formando en 1968 la Iglesia Evangélica de Confesión Luterana en el Brasil.

Presbiterianos y metodistas pasaron períodos de estancamiento o de crecimiento retardado, fenómeno éste que no puede ser ajeno a su tendencia al aburguesamiento, a la consiguiente pérdida de flexibilidad social y a la pesadez burocrática de su organización. Los presbiterianos, que hasta 1930 habían sido el mayor grupo dentro del protestantismo de misión, fueron sobrepujados primero por los bautistas, después por las denominaciones pentecostales (→Asambleas de Dios, Congregación Cristiana del Brasil y otras) que se multiplicaron, sobre todo de 1945 en adelante, a un ritmo vertiginoso. (En 1970 se calculaba que el 75% de los evangélicos eran pentecostales.) El nivel popular de estos movimientos, su énfasis en lo emocional, su concepción carismática del ministerio y su modo de responder a las ansias de un pueblo sacudido por transformaciones sociales no comprendidas son alegados como los principales motivos de ese desarrollo.

La situación política del país después de 1964 ha marcado también la vida de las iglesias protestantes, siendo que algunas (presbiterianos, bautistas) se identificaron bastante con el gobierno militar, otras (metodistas, luteranos) se atrevieron a criticarlo en ocasiones, otras todavía (pentecostales principalmente) adoptaron una actitud apolítica. Dos importantes puntos de referencia en el protestantismo brasileño contemporáneo son el movimiento carismático, que ha producido cismas y actitudes de alienación, pero también ha sido un factor de crecimiento, y los nuevos rumbos en la ICR que han posibilitado interesantes proyectos de acción común. KLAUS VAN DER GRIJP

BRAY, THOMAS (1656-1730). Clérigo anglicano y promotor de las misiones. N. en Marton, Shropshire, y fue educado en la Oswestry School y en Oxford. Fue rector de Sheldon, Warwick, en 1690. Cinco años después fue comisionado para Maryland por H. Compton, obispo de Londres, para establecer las iglesias allí, pero descubrió que solamente podía enrolar hombres pobres incapaces de comprar libro alguno. Ideó un programa para formar bibliotecas parroquiales en las colonias y después también en cada decanato de Inglaterra y Gales de manera tal que, al tiempo de su muerte, ya existían más de 80 en el Reino Unido y 39 en Norte América, algunas con más de 1.000 volúmenes. Como resultado de otros proyectos educativos, desarrolló la Sociedad para Promover el Conocimiento Cristiano (SPCK, 1698). En 1699, B. finalmente arribó a Maryland, pero llegó a la conclusión de que podía desarrollar mejor sus proyectos en su propia tierra. Regresó para fundar la Sociedad para la Propagación del Evangelio (SPG, 1701). Fue designado rector de San Botolph-Without, Aldgate, en 1706. Siguió plantando bibliotecas pero no tuvo éxito en su intento de proveer un obispo para Nueva Inglaterra. G.S.R. COX

BREBEUF, JEAN DE (1593-1649). Misionero jesuita al Canadá. Ingresó en el noviciado jesuita en Ruán, Francia, a la edad de 24 años. Fue ordenado en 1622, y en 1625 comisionado para ir a Nueva Francia con Charles Lalemant y E. Massé. En su primera visita al área de Hurón viajó más de 1.300 km en canoa, haciendo una cuidadosa crónica del acontecimiento. Después de la captura del Quebec por los hermanos Kirke, regresó brevemente a Francia. En su segunda visita al Hurón fundó una misión permanente bajo la dirección de Paul Le June. Sus ambiciones misioneras fueron dificultadas por las epidemias, bajo nivel moral y animosidad entre las naciones indias. El relato que hace B. de los esfuerzos misioneros en su libro *Jesuit Relations,* es un valiosísimo comentario sociopolítico del ambiente de Hurón en aquella época. Junto con otros fue asesinado por los indios iroqueses en 1649.

EDWARD J. FURCHA

BRENT, CHARLES HENRY (1862-1929). Obispo episcopal y ecumenista. N. en Ontario, fue educado en el *Trinity College* de Toronto y ordenado en 1887. Después de servir en una parroquia de Boston, fue elegido como obispo misionero del distrito de la Iglesia Protestante Episcopal en las Filipinas. Mientras servía allí fue dirigente en la lucha contra el tráfico del opio. En 1917 resultó elegido obispo del O de Nueva York, y desde 1926 hasta 1928 estuvo a cargo de las iglesias episcopales en Europa. En sus últimos años dedicó mucho tiempo a promover conferencias de unidad cristiana. Al regresar de la Conferencia de →Edimburgo de 1910, indujo a la convención general de la Iglesia Protestante Episcopal a convocar una "Conferencia Mundial de Fe y Constitución". Fue elegido presidente de la Conferencia, celebrada en →Lausana en 1927. Sostenía que todas las agrupaciones cristianas que pertenecían a tales movimientos tenían algo que contribuir a todas las otras, y que tan notable iglesia se convertiría en la gran repositorio de riqueza espiritual, intelectual y moral de los siglos cristianos. Sus obras incluyen *The Mind of Christ in the Church of the Living God* (1908), *Presence* (1914) y *The Mount of Vision* (1918).

KEITH J. HARDMAN

BRENZ, JOHANN (1499-1570). Reformador alemán. Ingresó en la Universidad de Heidelberg en 1514 y quedó bajo la influencia de →Ecolampadio y de Lutero. Ordenado como sacerdote en 1520, fue enviado a la localidad de Hall, en Suabia (1522). Allí fue tan atraído por la Reforma que dejó de celebrar misa en 1523 y se entregó a la exposición bíblica. Entre sus obras, publicadas en una edición incompleta de Tubinga (1576-90), hay muchos escritos expositorios. Adoptó una firme actitud contra la →Revuelta de los Campesinos en 1525, pero se vio obligado a huir de Hall en 1547 cuando esta ciudad fue tomada por las fuerzas imperiales en la Guerra de →Esmalcalda. Encontró protección bajo el duque Ulrich de Würtemberg que lo designó ministro de la iglesia colegiada de Stuttgart, donde prestó señalados servicios a la causa de la Reforma. Participó en manera destacada en las discusiones teológicas de su época y fue uno de los miembros de la conferencia sobre doctrina convocada por →Felipe de Hesse en Marburgo (1529). Se puso al lado de Lutero en cuanto a la doctrina de la Cena del Señor y en 1525 publicó su *Syngramma Suevicum,* exponiendo la doctrina luterana de la presencia de Cristo en el sacramento.

HUGH J. BLAIR

BRES, GUIDO DE (c1522-1567). Mártir protestante. Poco se sabe en cuanto a su vida temprana, excepto que n. en Mons, Hainaut, Bélgica. Todavía joven se volvió un decidido protestante. En 1548 estalló una persecución por lo que huyó a Inglaterra y allí se unió en Londres a una congregación de refugiados. A su regreso a Bélgica, en 1552, desempeñó un papel importante estableciendo y consolidando congregaciones. Nuevamente se vio forzado a huir (1561) debido a las autoridades españolas que estaban cada vez más preocupadas por los progresos de los protestantes y por la creciente influencia de los →hugonotes. Profundamente turbado por las tendencias anárquicas de muchos de sus correligionarios, B. enfatizó la importancia de obedecer a la magistratura y laboró estrechamente con →Guillermo de Orange. Cuando Valenciennes fue sitiada por los españoles, B. no pudo convencer a los radicales para que se rindieran y, cuando cayó la ciudad, él mismo fue ejecutado por rebelde. Su preocupación por la unidad, su celo pastoral y su liderazgo teológico (colaboró en la redacción de Confesión →Belga) hicieron que fuera un notable reformador.

IAN BREWARD

BREVIARIO. Libro litúrgico de la ICR que contiene los salmos, himnos, antífonas, lecturas bíblicas, oraciones, etc. de los oficios cúlticos para cada día del año; pero excluye el oficio de la Eucaristía (que se halla en el Misal) y los ritos de bautismo, matrimonio y ordenación (que se encuentran en el Ritual). Los B. modernos por lo general están divididos en cuatro tomos, de acuerdo con la época del año.

El B. Romano es el más común. Es el producto de un proceso evolutivo que continúa. El Concilio de Trento (1545-63) le introdujo cambios radicales. Los cambios más recientes fueron hechos por →Pío X en 1911 y →Pablo VI. Este promulgó un B. completamente nuevo en 1971 con base en las recomendaciones del Concilio →Vaticano II. Algunas órdenes religiosas tienen sus propios B. que difieren en algo del B. Romano, especialmente en cuanto al santoral. Además en algunas iglesias españolas todavía se permite usar la antigua Liturgia →Mozárabe.

Todos los sacerdotes, tanto regulares como seglares, y los religiosos, cuya regla lo requiera, tienen la obligación de recitar diariamente el B. WILTON M. NELSON

BREWSTER, WILLIAM (1567-1644). Miembro fundador de la colonia norteamericana de Plymouth. N. en Scrooby, Inglaterra, y asistió a la Universidad de Cambridge en donde adquirió sus ideas →separatistas. Sirvió al embajador inglés en Holanda durante varios años. Al regresar a Scrooby en 1589 llegó a ser dirigente de la pequeña congregación puritana que se separó en 1606 de la iglesia establecida. Debido a la persecución los separatistas emigraron a Holanda en 1608 con sus dirigentes John Robinson como maestro y B. como anciano. B. se sostuvo imprimiendo libros puritanos. Favoreció la emigración a América y en 1620 navegó en el *Maylower* y ayudó a establecer la colonia de Plymouth. Se volvió en uno de sus miembros más importantes, desempeñando papel decisivo en asuntos civiles y financieros. Fue el único funcionario eclesiástico hasta 1629. Aunque dirigía la congregación en alabanza y adoración y en la enseñanza bíblica, no predicaba ni administraba los sacramentos debido a que no era ministro ordenado.

HARRY SKILTON

BRIDGMAN, ELIJAH C. (1801-1861). Primer misionero norteamericano a la China. N. en Belchertown, Massachussetts. A su graduación del Seminario en 1829, fue designado como misionero a la China por la →*American Board.* Durante un año él y David Abeel de la *Seamen's Friend Society* fueron sostenidos por D.W.C. Olyphant, comerciante en China. B. aprendió el idioma cantonés y preparó un manual sobre el dialecto de 730 páginas. En 1832 empezó a publicar el influyente periódico en inglés *Chinese Repository*, que por muchos años presentó información general acerca de China así como la obra misionera local. Fiel predicador del evangelio, fue también fundador de la *Morrison Educational Society,* miembro de la *Royal Asiatic Society* y director de su periódico. Después de la primera Guerra del Opio empezó a trabajar en Shanghai donde supervisó la producción de la Biblia y fue pastor de una iglesia. HAROLD R. COOK

BRIGGS, CHARLES A. (1841-1913). Clérigo y erudito. N. en la ciudad de Nueva York. Fue educado en la Universidad de Virginia y en el *Union Theological Seminary*; posteriormente estudió en la Universidad de Berlín. Después de la ordenación presbiteriana (1870) sirvió en una iglesia de Nueva Jersey, y en 1874 fue designado profesor de hebreo y lenguas afines en el *Union Seminary.* En 1890 fue nombrado para una nueva cátedra de teología bíblica. En su discurso inaugural condenó vigorosamente "el dogma de la inspiración verbal". Fue procesado por herejía ante el presbiterio de Nueva York en 1892 y absuelto, pero después los acusadores apelaron ante la asamblea general y fue condenado y suspendido como ministro (1893). El Seminario Unión no reconoció esta decisión y en 1900 B. fue ordenado en la Iglesia Episcopal. Entre sus muchas y eruditas obras se cuenta su *Critical and Exegetical Commentary on the Book of Psalms* (1906-7).

BRUCE L. SHELLEY

BRIGHAM, JOHN C.; y PARVIN, THEOPHILUS. Jóvenes norteamericanos y presbiterianos que fueron comisionados en 1823 por la recién fundada →*American Board of Commissioners for Foreign Missions* para explorar la América Hispana con el fin de indagar en cuanto a la posibilidad de predicar el evangelio en las nuevas naciones del Sur.

Llegaron a Buenos Aires en octubre. Pasaron el primer año aprendiendo español y ministrando a los protestantes extranjeros. A P. le pareció tan prometedora la oportunidad de realizar obra evangélica en →Argentina que resolvió quedarse. La *American Board* retiró su apoyo pero un grupo de presbiterianos resolvió sostenerlo.

P. fue nombrado profesor de inglés y griego en la Universidad de Buenos Aires, continuó su trabajo pastoral entre la colonia de habla inglesa, y a la vez organizó una Escuela Dominical para niños de habla española. Al fin, en la noche buena de 1826, se atrevió a predicar su primer sermón en español.

A los pocos días murió la esposa de P., obligándolo a volver a los EUA con sus niños. En 1835, pues, tocó a su fin la obra presbiteriana en Argentina y nunca volvió a nacer, pero felizmente en estos días llegaron los metodistas y ellos siguieron adelante con la obra que los presbiterianos habían iniciado.

B. continuó la obra de exploración. En octubre de 1824 se encaminó hacia Chile por tierra, pasando por Mendoza, luego por Lima, Guayaquil y Acapulco, México, en barco, luego por tierra a la capital y a Veracruz y de allí a Nueva Orleans. Llegó a Nueva York en mayo de 1826 a tiempo para rendir un informe ante los miembros de la Sociedad Bíblica Americana en la ocasión de su décimo aniversario. El informe fue un manifiesto elocuente y conmovedor en cuanto a la casi total ausencia de la Biblia en aquellas tierras que profesaban ser cristianas.

B. y P. pueden conceptuarse como los precursores de las misiones evangélicas norteamericanas en América Hispana.

WILTON M. NELSON

BRIGHT, WILLIAM (1824-1901). Erudito en la patrística. Educado en la Escuela Rugby bajo Thomas Arnold y en Oxford, después enseñó en Trinity College, Glenalmond y en 1868 sucedió a H.L. Mansel como profesor *regius* de historia eclesiástica en Oxford. Su campo principal era la historia patrística, aunque también tenía interés por la liturgia. Entre sus numerosas obras las más importantes son: *History of the Church, 313-451* (1860); *Early English History* (1878); y *The Age of the Fathers* (2 vols., 1903). Era un conferenciante dinámico; sus puntos de vista religiosos eran los de la "Iglesia Alta" *(High Church)*. Escribió una cantidad de himnos que todavía se cantan. J.D. DOUGLAS

BRIGHTMAN, EDGAR S. (1884-1953). Pensador de la corriente "personalista" norteamericana, metodista y profesor de filosofía en la Universidad de Boston (1919-53). Sus antecedentes mediatos se remontan a la introducción del idealismo hegeliano en EUA por filósofos como Harris y los inmediatos a la escuela de Boston con Whitaker y B.P. Bowne. Con interés particular en la filosofía de la religión, Brightman halla en la personalidad la clave de comprensión de la realidad, dándole a su vez un sesgo ético mediante una filosofía de los valores o ideales. Propone una concepción teísta-personalista e insiste en la coherencia de la totalidad de la experiencia (lo que le permite subrayar la experiencia religiosa y ética) como criterio de verdad. Mediante el método empírico llegó a su concepto de un Dios personal pero finito.

En AL su pensamiento fue introducido por las revistas *Lumnar* y *La Nueva Democracia* bajo la dirección de →Báez Camargo y Rembao respectivamente en México y Nueva York, y sobre todo por B. Foster →Stockwell en Argentina, quien tradujo su *Introducción a la Filosofía en América* (Buenos Aires, 1952) y Brightman a su vez dedica un artículo al pensamiento de Romero.

JOSE MIGUEZ BONINO

BRIGIDA DE SUECIA (c.1303-1373). Fundadora de las →brigidinas. Hija del gobernador de Uppland, experimentó desde edad temprana influencias espirituales que dirigieron el curso de su vida. Se casó y tuvo ocho hijos pero, a la muerte de su esposo, en 1344, se retiró a una vida de penitencia y oración. Dictó sus revelaciones al prior del cercano monasterio cisterciense de Alvastra, quien las tradujo al latín. Una visión le ordenaba fundar una orden religiosa (la de Santa Brígida o del Santísimo Salvador), para lo cual obtuvo el necesario permiso papal en 1370. La orden prosperó en Suecia hasta el tiempo de la Reforma. En 1350 fue a Roma y permaneció allí durante el resto de su vida. En una de sus peregrinaciones, fue hasta Tierra Santa, el año anterior a su muerte. En Roma sirvió incansablemente tanto a ricos como a pobres, a gente sin hogar como a pecadores, dando mensajes de Dios en una época agitada y corrupta. Fue canonizada en 1391. Una de sus hijas fue →Catalina de Suecia. J.D. DOUGLAS

BRIGIDINAS. Orden del Santísimo Salvador. Fundada por →Brígida de Suecia en Vadstema, C. 1346, la cual adoptó la Regla de Agustín. Durante unos dos siglos fue organizada en comunidades dobles, para hombres y para mujeres. A los miembros se les permitía poseer libros de estudio. La hija de Brígida, →Catalina, fue abadesa del monasterio de Vadstema, pero la orden fue proscripta en Suecia en 1595. Una nueva rama fue introducida en ese país por Elisabeth Hesselblad en 1923. Casas autónomas siguieron la regla original sobreviviendo en Baviera, Holanda e Inglaterra. En España, las "b. del recogimiento", siguieron una regla modificada introducida por Marina de Escobar en el s.XVII. J.G.G. NORMAN

BROOKS, PHILIPS (1835-1893). Predicador y obispo episcopal. N. en Boston y se educó en Harvard y en el Seminario Episcopal de Alexandria, Virginia. Fue ordenado diácono en 1859, ministró en Filadelfia, y en 1862 fue nombrado rector de la Holy Trinity Church, también en esa misma ciudad. Su elocuencia le valió un llamado para la Trinity Church de Boston. Al principio lo rechazó, pero después de renovadas insistencias, accedió en 1869. Inició su memorable ministerio de 22 años en esta iglesia. A principio de 1877 presentó sus "Conferencias sobre la predicación" ante la Yale Divinity School; en estas alocuciones destacó la predicación "como el dar verdad a través de la personalidad". En 1880 predicó en la Abadía de Westminster y ante la Reina Victoria en la Capilla Real de Windsor. Escribió el hermoso himno "Oh, aldehuela de Belén". En 1891 fue consagrado como obispo de Boston. Murió quince meses más tarde. BRUCE L. SHELLEY

BROWN, JOHN (1800-1859). Controvertido dirigente del movimiento abolicionista de la esclavitud en los EUA. N. en Torrington, Connecticut, en una familia con antecedentes de enfermedad mental. Se ocupó en numerosas y aventuradas empresas de negocios en varios estados y fue reo de diferentes delitos por incumplimiento de obligaciones financieras. En 1854 empezó a organizar una guerrilla para librar al estado de Kansas de la esclavitud. Se creía divinamente comisionado para destruir a los que apoyaban la esclavitud. Guió a un grupo de seis hombres en la infame matanza de Pottawatomie de 1856 en que cinco pro esclavistas fueron capturados y acuchillados durante la noche. A consecuencia de este incidente B. obtuvo notoriedad y provocó odio y terror, pero fue defendido por los abolicionistas radicales. En 1859 trató de establecer mediante la fuerza un gobierno revolucionario al atacar el arsenal de Harpers Ferry, Virginia, con un grupo de 21 seguidores. Quería establecer un estado libre que podría ser refugio de esclavos y alentar la insurrección de los mismos. La operación fue fácilmente dominada por los marinos de los EUA, y B. quedó convicto de traición y fue ahorcado. Sus violentas acciones fueron glorificadas por los abolicionistas extremos al par que, por otro lado, fortalecieron la facción radical esclavista sureña debido al pánico que despertaron.

HARRY SKILTON

BROWN, WILLIAM ADAMS (1865-1943). Teólogo liberal. N. en la ciudad de Nueva York, y se educó en Yale, en el Union Seminary y en la Universidad de Berlín. Posteriormente pasó a formar parte del cuerpo docente en el Union, enseñando teología, desde 1892 hasta 1930, fecha en que llegó a ser profesor de teología aplicada hasta 1936. Mediante su ampliamente usado libro de texto *Christian Theology in Outline* (1906), B. ejerció considerable influencia sobre la teología norteamericana hasta los años treinta. El mismo estaba influido por su profesor →Harnack y trató de elaborar una teología no de "dogmas para ser recibidos sobre una base de autoridad" sino de "convicciones vivientes, nacidas de la experiencia". Declaró que Cristo tiene que ser el centro de la teología cristiana, pero para él esto significaba centrar la fe sobre la vida y las enseñanzas del Jesús histórico, más bien que sobre el entendimiento ortodoxo de la encarnación, la expiación objetiva por el pecado o la resurrección.

HARRY SKILTON

BROWNE, ROBERT (c.1553-1633). Dirigente separatista inglés. N. en Rutland. Fue a Cambridge y allí quedó bajo la influencia presbiteriana de Thomas →Cartwright. Se graduó en 1573 y, mientras era maestro de escuela, su pensamiento tomó un rumbo puritano separatista. En 1579 comenzó a predicar en las iglesias de Cambridgeshire, rehusando aceptar el permiso del obispo basándose en que el llamamiento y la autoridad de los obispos eran ilegales y que la verdadera autoridad residía en la iglesia local. Llegó a la conclusión de que las parroquias eran incapaces de reformarse y que esto tenía que comenzar entre "los más dignos aunque fueran pocos". En 1580 el concilio le prohibió predicar. En Norwich B. convenció a Robert Harrison acerca de sus puntos de vista y juntos organizaron localmente iglesias separatistas. Sus ideas minaron en efecto la relación de la iglesia-estado alcanzado bajo el "Arreglo →isabelino" y fue puesto varias veces en prisión, aunque sus relaciones con Lord Burghley le ayudaron a conseguir la libertad.

Perseguida por las autoridades, la nueva iglesia estaba convencida que era mejor establecerse en el extranjero; así en 1582 emigró a Holanda. Estando allí B. escribió sus puntos de vista en su *Treatise of the Reformation Without Tarrying for Anie* y en el *Booke which Sheweth the Life and Manners of all the True Christians.* Afirmaba que la Iglesia de Inglaterra era incapaz de reformarse y que la verdadera iglesia debería establecerse sin tardanza y sin esperar la ayuda de la magistratura. Sin embargo disputó con Harrison y fue excomulgado en 1583 y, eventualmente, regresó a Inglaterra. Por el año 1585 había hecho las paces con el arzobispo →Whitgift. En 1591 era lo suficientemente ortodoxo como para ser ordenado para un beneficio en Northamptonshire que ocupó durante los siguientes 43 años. En 1633 murió en la cárcel por haber agredido al condestable local. Frecuentemente es llamado "padre del congregacionalismo inglés". Los seguidores de sus ideas eran conocidos como "brownistas", término de desprecio.

C. PETER WILLIAM

BROWNING, WEBSTER E. (1869-1942). Misionero norteamericano en América Hispana. N. en Sweet Springs, Missouri, EUA, y ministro ordenado de la Iglesia Presbiteriana de los EUA, empezó sus labores misioneras en Santiago, Chile, en 1896 como profesor y más tarde (1898-1917) sirvió como rector del Instituto Inglés.

En 1917 fue nombrado secretario de educación del →Comité de Cooperación en América Latina y sirvió entre los años 1927 y 1936 como secretario de educación del Comité en las repúblicas rioplatenses con sede en Montevideo (1927-36). Desempeñó papeles importantes en las primeras →asambleas ecuménicas evangélicas celebradas en Panamá (1916) y Montevideo (1925).

Recibió el título de doctor en literatura en 1929 de la Universidad de San Marcos en Lima. También su alma mater, Park College en Missouri, le otorgó dos títulos honoríficos en 1912 y 1933.

Escribió una docena de obras sobre las misiones evangélicas en Colombia, Venezuela, Ecuador, Perú, Chile y las repúblicas rioplatenses, entre las cuales se destacan: *Modern Missions on the Spanish Main* (co-editor, 1925), *The West Coast Republics* (co-editor, 1930) y *The River Plate Republics* (co-editor, 1928). También publicó un tratado sobre Joseph →Lancaster y tradujo al inglés *El Cristo Invisible* de Ricardo Rojas.

JOHN H. SINCLAIR

BROWNISTAS →BROWNE, ROBERT

BRUCE, ALEXANDER B. (1831-99). Teólogo escocés. Fue hijo de un agricultor de Perthshire. Se graduó de la Universidad de Edimburgo y estudió en la escuela de teología de la →Iglesia Libre en la misma ciudad. En 1859 fue nombrado ministro en Cardross y en 1868 fue trasladado a Broughty Ferry. En 1875 fue designado profesor de apologética y de exégesis del NT en la facultad de teología de su iglesia en Glasgow. Escribió el libro *Training of the Twelve* (1871), el cual estableció su reputación como erudito. Siguieron *The Humiliation of Christ* (1876) y *The Kingdom of God* (1889). Esta obra fue criticada por la asamblea general de su iglesia, la cual recelaba los nuevos principios de la crítica bíblica, pero B. no fue enjuiciado.

B. manifestó interés en la himnología, ayudando en la preparación de varios himnarios. Sus otros escritos incluyen *St. Paul's Conception of Christianity* (1894) y varios tomos sobre los Evangelios Sinópticos (1897) y Hebreos (1899).

J.D. DOUGLAS

BRUCKNER, ANTON (1824-1896). Compositor austríaco. Alcanzó fama ya en sus primeros años como organista de la catedral de Linz, Austria. Escribió una considerable cantidad de música eclesiástica. Sus obras maestras son su *Te Deum* y tres grandes misas para solistas, coro y orquesta. La segunda de éstas, para doble coro e instrumentos de viento, está íntimamente ligada en su espíritu con los propósitos del "movimiento ceciliano" en la música católica que condujo al *motu proprio* del papa Pío X en 1903. En sus últimos años enseñó composición en el conservatorio de Viena. Es conocido mayormente por sus gigantescas sinfonías. Está relacionado con el último florecimiento de la música sinfónica eclesiástica que se remonta a →Haydn y a sus contemporáneos.

J.B. MacMILLAN

BRUNNER, (HEINRICH) EMIL (1889-1966). Teólogo reformado suizo. Uno de los más influyentes eruditos de los años que mediaron entre las dos guerras mundiales. Disfrutó de fama internacional debido a sus giras, dando conferencias, y a las obras que ha escrito, de las cuales muchas han sido traducidas. Tras un pastorado en Obstalden (1916-24), fue profesor de teología sistemática y práctica en Zürich (1924-53). Aun habiéndose jubilado, continuó en la docencia. Pasó dos años en el Japón como profesor de filosofía cristiana en la Universidad Cristiana Internacional de Tokio (1953-55).

A B. se le ha considerado como un colega menos extremista que →Barth, de quien se separó en los años treinta en cuanto a teología natural. En realidad, pese a sus similitudes, el enfoque de B. era en gran parte independiente. Procedía de un trasfondo cristiano. Su pensamiento inicial había sido influido por el socialismo cristiano de H. Kutter y L. Ragaz. Pero la Guerra Mundial I le obligó a reconsiderar sus ideas a la luz del mensaje de Cristo. Esto lo hizo independientemente de Barth. Entre sus primeras publicaciones estaba una crítica de →Schleiermacher, *Die Mystik und das Wort* (1924), que destacaba la prioridad de la revelación divina sobre el conocimiento, la razón y la experiencia humanos.

Der Mittler ("El Mediador", 1927) fue la primera presentación de la doctrina de Cristo en términos de →Teología Dialéctica. B. veía el evangelio como una exposición del primer mandamiento. Sin el cumplimiento de Cristo en el evangelio, este mandamiento sería irreal e incomprensible. Cristo viene como alguien que ha cumplido la ley, como mediador, revelador y reconciliador. La fe es, esencialmente, obediencia. La mediación de Cristo es el fundamento de la ética cristiana. Solo en el Mediador llegamos a conocer cómo somos realmente. Solamente en él la voluntad de Dios es conocida como amor. Solamente en él es posible ver y amar al prójimo. Solamente en él es quebrada nuestra arrogante voluntad y Dios es honrado. Solamente por fe en la justificación el bien se convierte en auténtica realidad en vez de ser simple postulado. Solamente a través de la fe en Cristo, el Mediador, puede el hombre obtener una verdadera relación ética con la realidad histórica.

El pensamiento de B. fue profundamente influido por el concepto dialéctico de →Kierkegaard y del concepto "yo y tú" de Martin →Buber. Veía la revelación esencialmente en términos de un encuentro personal con Dios quien se da a conocer a sí mismo. B. se opuso tanto a la teología altruista y liberal como a la ortodoxia evangélica con su concepto de la verdad revelada. La base de su objeción a la última –que Dios mismo es un sujeto personal que no podemos reducir a la categoría de objeto– llama la atención a una verdad. Sin embargo causa dificultades cuando se pregunta en qué manera concuerdan los puntos de vista de B. con la Escritura y cómo puede hablar uno inteligiblemente de Dios y de la revelación basándose en las premisas de B. Consideraba a la Escritura como de alguna manera normativa, aunque ella no estaba más allá de la crítica. La revelación es siempre indirecta. Hasta es mítica en su forma, pero resulta necesaria debido a lo inconmensurable del Creador y de la criatura. B. no experimentaba tensión entre su énfasis en la revelación y una actitud positiva hacia la cultura y la filosofía. A diferencia de Barth, creía en un ya existente punto de contacto entre el evangelio y el hombre no cristiano. Abogaba por una actitud reformada positiva hacia la teología natural, aunque no indicó en forma convincente qué cosas estarían implicadas en esto.

La iglesia es la comunidad de fe y amor de aquellos que creen en Cristo y, por lo tanto, es la presuposición de la fe. Existe, no obstante, constante peligro de institucionalismo. Al considerar la escatología, B. trató de librarse de lo que consideraba inadecuados conceptos temporales de la ortodoxia. Aunque rechazaba la "escatología realizada" de →Dodd, insistió en que la existencia de un infierno no tiene lugar en la esperanza cristiana. B. consideraba al comunismo como "una antirreligión sin Dios" en la cual están presentes todos los elementos del anticristo.

Sus escritos incluyen *Nuestra Fe* (1959), *La justicia* (1961), *La esperanza del hombre* (1973). COLIN BROWN

BRUNO (925-965). Arzobispo de Colonia. Fue educado en la escuela catedralicia de Utrecht, después en la corte de su hermano Otón I. Fue abad de los monasterios de Lorsch, cerca de Worms, y de Carvei sobre el Wesser desde 941. En 951 fue archicapellán de Otón. Como arzobispo contribuyó grandemente desde 953 a cada sector del reinado de Otón. Poseía gran santidad personal y manifestaba profunda preocupación por la educación del clero y de los laicos. Fue un generoso benefactor de las iglesias y monasterios, habiendo establecido tres fundaciones en Colonia. Ejemplar príncipe y obispo, demostró la exitosa unión de la iglesia y el estado. Participó en el sínodo de Verdún (947) y mejoró las relaciones entre Francia y Alemania. Fue también un patrocinador del saber. Su discípulo Ruotger escribió su biografía poco después de su muerte. C.G. THORNE, Jr.

BRUNO EL CARTUJO (c.1030-1101). Fundador de la orden de los cartujos. N. en Colonia donde inició sus estudios en San Cunibert y los completó en Reims. Canónigo en Reims, enseñó bellas artes y teología, llegando a ser director de escuelas (1056) y después canciller de la arquidiócesis (c.1075). No tenía ambiciones seculares y por dos veces rehusó el obispado y se puso junto a Gregorio VII contra la decadencia del clero. Abandonó Reims aproximadamente en 1082 para dedicarse a la vida monástica, dirigiéndose primero a Seche-Fontaine. Encontró que la vocación de →cenobita no era suficientemente solitaria y se marchó a Chartreuse donde con unos pocos clérigos y laicos vivió la vida eremítica, sin regla. Sin desear hacerlo, la orden cartuja fue fundada por el año 1084 con la ayuda del obispo Hugo de Grenoble. El asentamiento de Chartreuse, muy sobre el nivel del mar, con abruptas montañas y clima severo, garantizaban silencio, pobreza y reducido número de personas. Los primeros cartujos combinaban lo cenobítico y lo solitario sin referencia alguna a las prácticas benedictinas o camaldulenses. En 1090, Urbano II, antiguo discípulo, lo llamó al S de Italia para consultarlo. Allí fundó la ermita de Santa María de la Torre y aquí murió. Sus obras incluyen dos cartas, tratados ascéticos, un comentario sobre el Salterio y, quizá, un comentario sobre las epístolas paulinas. Está en duda su canonización por León X. C.G. THORNE Jr.

BRUNO, GIORDANO (1548-1600). Filósofo italiano renacentista. Se unió a la orden de los dominicos en 1562, pero posteriormente fue acusado de herejía y huyó, abandonando los hábitos en 1576. En lo sucesivo anduvo errante por Europa enseñando en Francia y en Inglaterra, y visitando Wittemberg y Praga. En 1592 regresó a Italia y fue arrestado por la →Inquisición. Después de ocho años de encarcelamiento en Roma, fue sentenciado como hereje y quemado. B. era un devoto de la tradición del Renacimiento Hermético. Fundamentada en los escritos de Hermes Trimegisto, que se suponía fue un sabio egipcio que predijo el cristianismo e inspiró a Platón, esta creencia alentaba el uso de la magia y la adoración del sol. Aunque se opuso a Aristóteles, B. hizo esto sobre fundamentos herméticos y no porque tuviera en cuenta las pruebas matemáticas de Copérnico. ROBERT G. CLOUSE

BRUYS, PIERRE DE →PEDRO DE BRUYS

BRYENNIOS, PHILOTHEOS (1833-1914). Eclesiástico y erudito griego. N. en Constantinopla, de padres pobres. Teológicamente fue educado en Halki y en 1856 fue a Alemania donde estudió en Leipzig, Berlín y Munich. En 1861 fue profesor en Halki, en 1875 metropolitano de Serrae y en 1877 de Nicomedia (hasta 1909). Su fama surge de su publicación en 1833 de la →*Didajé* de un ms del *Metochion* del Santo Sepulcro de Constantinopla (residencia del patriarca visitante de Jerusalén) frecuentemente llamado "el ms de Jerusalén" (escrito en 1056). Fue llevado a Jerusalén en 1887. Del mismo manuscrito publicó previamente (1875) *I y 2 Clemente,* ambos en forma completa por primera vez. B. fue representante de la Iglesia Ortodoxa en la Conferencia →Bonn de 1875, y posteriormente escribió una crítica de la encíclica *Satis Cognitum,* emitido por León XIII (1896) en la que disertó sobre la unidad de la Iglesia. J.N. BIRDSALL

BUBER, MARTIN (1878-1965). Filósofo religioso judío. N. en Viena y fue educado allí y en universidades alemanas. Desde 1916 a 1924 editó *Der Jude,* periódico para los judíos de habla alemana. Enseñó filosofía y religión en la Universidad de Francfort (1923-1933) y religión en la Universidad de Jerusalén (1933-51). Fue muy influido por el misticismo de los jasidim y por el existencialismo cristiano de →Kierkegaard. Su contribución particular fue la "relación Yo y Tú" para la cual veía al judaísmo como singularmente dotado. La religión es esencialmente el acto de aferrarse a Dios; las verdades religiosas son dinámicas, no dogmáticas; y el judaísmo destacaba el encuentro de Dios con el hombre. B. sostenía que los tres términos básicos –ello, yo y tú– no pueden ser analizados como conceptos separados sino que son simplemente palabras que expresan relación. "Ello" es un término amplio que representa el mundo material, que permite sea él mismo experimentado. "Sin Ello, el hombre no puede vivir. Pero el que vive con Ello solamente, no es un hombre". Con "Tú", B. daba a entender un concepto más ilimitado de la deidad que con el término "Dios". El Tú es dirigido y no expresado, porque expresar a Dios es implicar que podemos conocerlo como podemos conocer un objeto en la esfera de Ello. Para mantener una deidad digna de la realización de Yo y Tú, B. llamó al Dios de la relación hombre-Dios el "Eterno Tú", afirmando que éste era el viviente Dios personal del AT. De entre los libros que escribió, se ha traducido al español *¿Qué es el hombre?* (1954). KEITH J. HARDMAN

BUCERO, MARTIN (1491-1551). Reformador de Estrasburgo. N. de padres humildes en Sélestat, fue educado en el humanismo alsaciano y, como →dominico, en el escolasticismo de Tomás de Aquino. Sin embargo llegó a ser un entusiasta erasmiano y posteriormente después de trasladarse a Heildelberg, un ardiente "martiniano" merced a la disputa de Lutero en 1518. Despedido por su Orden en 1521, fue uno de los primeros reformadores en contraer matrimonio (1522). Fue excomulgado al predicar reformas en Wissembourg y se refugió en Estrasburgo (1523). Rápidamente asumió el liderazgo de la reforma local, obra en la que colaboraron Mateo Zell, →Capito y Gaspar Hedio, y retuvo su rol dirigente por más de dos décadas.

Su talento y su diligencia pronto hicieron de él un estadista principal entre los reformadores, un diplomático eclesiástico de envergadura europea, raramente ausente de coloquios y dietas desde →Marburgo (1529) en adelante. Prolífico compilador de "Ordenes Eclesiásticas" *(Kirchenordnungen),* participó en la constitución de varias iglesias reformadas, aunque no tuvo éxito en Colonia con Hermann von Wied (1542-43). Durante los tres años formativos de Calvino en Estrasburgo (1538-41), éste se sentó a los pies de B. especialmente en cuanto a organización eclesiástica, ecumenismo y quizá teología (p.e.: predestinación y eucaristía). La liturgia reformada de Estrasburgo, asimismo, fue modelo para las de Ginebra y de Escocia. Los ideales de B. alcanzaron plena realización fuera de Estrasburgo mediante Ginebra y en Hesse (1538-39) cuyo príncipe, el landgrave →Felipe, era íntimo suyo. (Los puntos de vista radicales de B. sobre divorcio y nuevo casamiento iban incluso hasta justificar la bigamia de Felipe.) Los magistrados restringieron su política en Estrasburgo y se negaron a ejercer plenamente las responsabilidades religiosas que él les asignó. Refugiados anabaptistas y espiritualistas revoltosos motivaron que la doctrina y la estructura eclesiástica de Estrasburgo se endurecieran (sínodo de 1533), pero B. también respondió positivamente a los radicales (p.e. desarrollando la disciplina y la confirmación, con señales de éxito en Hesse).

Tesoneramente trató de allanar las diferencias entre luteranos y zuinglianos en cuanto a la Cena del Señor. Habiendo empezado como un incuestionable luterano, adoptó la interpretación simbólica de →Carlstad, →Zuinglio y →Ecolampadio (1542-46) pero se moderó desde 1529 y consideró la disputa mayormente como asunto verbal. La Concordia de Wittenberg, de 1536, fue la cumbre de sus esfuerzos de paz, pero recibió una aceptación limitada. B. destacó la participación en la verdadera o real presencia del cuerpo y de la sangre de Cristo, presentada o exhibida por y con los signos en una "unión sacramental" de realidades terrenales y celestiales. Así el Estrasburgo de B. guió en una vía media a un grupo de ciudades reformadas de Alemania del S (cp. la *Confesión →Tetrapolitana,* 1530).

A fines de la década de 1530 y principios de 1540 B. fue un destacado mediador protestante en el esfuerzo de llegar a un acuerdo con la ICR de Alemania, especialmente en las conferencias de Leipzig (1539), Hagenau y Worms (1540) y sobre todo →Ratisbón (1541) donde se obtuvo un notable acuerdo en cuanto a la justificación. El enfoque intelectualista de B. en cuanto a la fe como convicción o persuasión permitió el entender la fe justificadora como "fe activa a través del amor".

B. fue desterrado por resistir al *Interim* de →Augsburgo (1548) y marchó a Inglaterra como huésped de →Cranmer. Fue designado en Cambridge profesor real; influyó en la revisión de 1549 del Libro de Oración Común y, especialmente, en el Ordinal de 1550; escribió para Eduardo VI *The Kingdom of Christ,* bosquejo para una sociedad cristiana; medió en la controversia de las vestiduras y dejó su impresión en John Bradford, Matthew →Parker y posteriormente sobre John →Whitgift.

La grandeza característica de B. por largo tiempo fue subestimada. Destacó la importancia del amor y del servicio en la comunidad, una vida eclesiástica ordenada y disciplinada, una santidad personal. Fue un prolífico comentador bíblico (y por ello sirvió de fuente para Calvino), un humanista defensor de la antigüedad patrística, un teólogo pastoral y un celoso y hasta atrevido pacificador.

D.F. WRIGHT

BUCHANAN, CLAUDIUS (1766-1815). Capellán anglicano de la India. N. en Cambuslang, Escocia. Fue educado en las universidades de Glasglow y de Cambridge. Fue ordenado en la Iglesia de Inglaterra en 1796, luego marchó a la India. Fue capellán de Barrackpur durante dos años antes de ser capellán en Calcuta y vicedirector del Fort William College que había sido fundado por lord Wellesley. En Cambridge B. había experimentado la influencia evangélica de Charles Simeon y su círculo y, aunque sus relaciones oficiales con la East India Company le impedían ministrar a los nativos, estimuló la traducción de las Escrituras y la educación de los indígenas. Escribió *Christian Researches in India* (1811) y a su regreso a Inglaterra ayudó a establecer el primer obispado de la India.

G.E. DUEFIELD

BUCHANAN, GEORGE (1506-1582). Humanista escocés. N. en Killearn, fue educado en las universidades de París y San Andrés. Empezó a favorecer al protestantismo y escribió en contra de los franciscanos, actividad que llevó a su arresto en 1539. Huyó a

Francia, enseñó en Burdeos y en París, después fue regente en la universidad portuguesa de Coímbra. Allí fue encarcelado bajo acusación de herejía por parte de la →Inquisición y sufrió muchas restricciones antes de la absolución final. Durante todo este tiempo estuvo adelantando sus estudios clásicos que iban a realzar su reputación como el más distinguido humanista británico de su época. Fue amigo y tutor de María, reina de los escoceses, pero más tarde apoyó contra ella a los príncipes protestantes. En 1566 llegó a ser director del St. Leonard's College, en San Andrés y en 1567, moderador de la asamblea de la Iglesia de Escocia ahora Presbiteriana. En 1570 se fue hecho tutor del niño que posteriormente fue Jaime VI. En 1579 completó su famoso tratado *De Jure Regni apud Scotos* que, aunque dedicado a Jaime, señaló el comienzo del conflicto en Escocia que iba a finalizar un siglo más tarde con el derrocamiento de la casa de los Estuardo. B. enseñaba que los reyes eran elegidos y confirmados por el pueblo en su oficio, que están sujetos tanto a leyes humanas como divinas y que los escoceses siempre habían reclamado el derecho de llamar a cuentas a su gobernantes malos. Samuel Rutherford posteriormente recogió y elaboró estos puntos de vista. En 1683 las obras políticas de B., junto con las de John →Milton, fueron quemadas públicamente porque ambos militaban contra la creencia de los Estuardo en el →Derecho Divino de los Reyes. Entre otros escritos de B. se cuentan *Baptistes,* una presentación dramática de Juan el Bautista, y *History of Scotland.* J.D. DOUGLAS

BUCHMAN, FRANK N. (1878-1961). Fundador del →Rearme Moral, primeramente conocido como Grupo de Oxford. N. en Pennsburg, Pennsylvania, y fue educado en el *Muhlenberg College* y en el *Mt. Airy Seminary*. Fue ordenado como clérigo luterano. Después de ocuparse sin éxito con trabajo entre estudiantes, experimentó una conversión religiosa en →Keswick, Inglaterra, en 1908. Pronto comenzó un movimiento para desarrollar nuevos métodos de evangelización como medio de promover un cambio mundial. En 1921 fundó el "Movimiento de cristianismo del primer siglo", en 1929 "Grupo de Oxford" y, finalmente, en 1938, el Rearme Moral. Sus reuniones caseras y énfasis en la confesión y en los cuatro absolutos ganaron a muchas personas entre las clases superiores y los estudiantes.
ROBERT C. NEWMAN

BUDISMO. Religión oriental. Su fundador, Siddhartha Gautama (c.566-486 a.C.), creció como hijo de un muy pequeño gobernante del NE de la India. La tradición relata que, rodeado de lujo, tuvo cuatro visiones: un hombre enfermo, un hombre anciano, un hombre muerto y un asceta errabundo. Esto lo convenció de lo inevitable del sufrimiento y de la muerte. Salió, dejando a su esposa y a su hijo, buscando la iluminación y liberación de su inevitable reencarnación. Después de varios infructuosos intentos de encontrar iluminación a través de las técnicas ascéticas corrientes, finalmente experimentó iluminación plena bajo un árbol en un lugar que ahora es Bodh Gaya. Se volvió así el Buda (el "Iluminado"). Consciente de estar viviendo su última existencia sobre la tierra, decidió no ingresar en el Nirvana directamente sino proclamar la *dhamma* ("ley") que había redescubierto y así lo hizo por 40 años. Fundó monasterios tanto para hombres como para mujeres y la posterior divulgación del B. está íntimamente ligada con la suerte de estas instituciones. Después de un par de siglos en que el b. era poco más que una variante no ortodoxa de la escuela hindú, la secta comenzó a extenderse como resultado de la obra del rey Ashoka (s.III a.C.) al N del Tíbet, la China y, finalmente, al Japón; hacia el S, a Ceilán y el SE de Asia, donde ahora tiene sus centros más fuertes. Por la Edad Media, el B. había prácticamente desaparecido de la India.

Las enseñanzas budistas descansan en cuatro "verdades sublimes": toda existencia implica sufrimiento; el sufrimiento es causado por el deseo; se puede poner fin al sufrimiento si el deseo es derrotado; hay un sendero octuple para derrotar al deseo. Esta senda consiste en tener correctos los puntos de vista, intenciones, palabras, acciones, manera de vivir, esfuerzo, atención y concentración. A esto se agrega una detallada disciplina monástica. Las escrituras budistas clásicas son llamadas *Tripitaka* ("tres cestos") y están escritas en pali (dialecto del sánscrito), aunque hay también importantes escritos en el mismo sánscrito, tibetano, chino, japonés, etc.

Hay una gran división histórica entre los budistas conservadores, o la escuela *Theravada* (camino de los ancianos), y los amplios, o escuela de *Mahayana* (gran vehículo). Theravada –también llamada *Hinayana* (pequeño vehículo) a causa de que sus oponentes afirman que ofrecen salvación solamente a los monjes –es más fuerte en el S (Ceilán, etc.), Mahayana en el N (antiguamente en el Tíbet y en China, ahora mayormente en el Japón). La Theravada es atea en principio; la Mahayana tendió a admitir al Buda como un dios-salvador.

El b. y el cristianismo descansan en conceptos fundamentales completamente distintos. El b. no admite la realidad de que hay Dios ni alma; todo está en flujo constante, y la personalidad es una ilusión. Como en el hinduismo, la doctrina de la reencarnación es axiomática. Quizá debido a esas razones, el b. en varias formas (v.g. Zen), ha ganado últimamente terreno en el occidente y con frecuencia se le considera por muchos como una atrayente alternativa frente al cristianismo.

E.J. SHARPE

BUENAVENTURA (1221-1274). "Príncipe de la Mística" (según León XIII). N. cerca de Viterbo, Italia, y fue bautizado como Juan "de Fidanza". Creía que la intervención de →Francisco de Asís lo rescató de una peligrosa enfermedad infantil. En 1238 ó 1243 ingresó en los Frailes Menores. Posteriormente estudió el arte y la teología en París, dando allí también conferencias sobre las Sagradas Escrituras (1248-55). Después de algunas dificultades con los doctores seculares y, finalmente, por orden de Alejandro IV, le fue otorgado el título de doctor por su comentario sobre las *sentencias* de →Pedro Lombardo y el tratado *De Paupertate Christi.* Aunque todavía no contaba con 36 años de edad, fue elegido ministro general de los Frailes Menores y evitó la división de la orden entre "espirituales" y "observantes". Habiendo rehusado al arzobispado de York (1265), fue obligado a aceptar la sede de San Albano (1273) y un cardenalato; fue responsable por la elección de Gregorio X en 1271. Asistió al Concilio de →Lyón en 1274 y contribuyó a la breve reunión con los cismáticos griegos. A →Alejandro de Hales, su mentor en París, le pareció que "Adán no parece haber pecado en Buenaventura". Sus obras son cristocéntricas, saturadas de Biblia y versadas en cuanto a los Padres de la iglesia. *Itinerarium mentis in Deum* enfatiza la locura de la sabiduría humana cuando se la compara con la iluminación que Dios espera dar al cristiano. El misticismo de B. está fundado en la teología dogmática y moral, considerando que la oración contemplativa no es una gracia extraordinaria. La unión con Dios depende de estar dispuesto a pagar su precio. Mantuvo en alto la santidad sencilla y también destacó la dádiva del conocimiento. Rechazó la doctrina de la inmaculada concepción.

C.G. THORNE JR.

BUENOS AIRES, CONFERENCIA DE (1949, 1969) →ASAMBLEAS ECUMENICAS EVANGELICAS

BUGENHAGEN, JOHANN (1485-1558). Reformador alemán. N. en Wollin, cerca de Stettin, Pomerania. Estudió en la Universidad de Greifswald, y a través de los escritos de →Erasmo y otros humanistas llegó a ver la necesidad de una reforma de las corrupciones de la ICR. En 1504 llegó a rector de la escuela de Treptow, en la que se hizo evidente su extraordinaria capacidad organizadora. Fue ordenado en 1509 y en 1517 fue conferenciante sobre la Biblia y sobre los Padres de la Iglesia en la escuela del monasterio de Belbuck. En 1520 el escrito de Lutero *La Cautividad Babilónica de la Iglesia* llegó a su poder y comprendió que se necesitaba una reforma mucho más radical de la iglesia y que las corrupciones de la ICR se originaban en su misma doctrina errónea. Convencido por la argumentación de Lutero, se convirtió en un ardiente reformador. En 1521 fue a Wittenberg y se relacionó estrechamente con Lutero y Melanchthon. Llegó a ser ministro de la Iglesia Colegiada de Wittenberg en 1522 y allí sirvió durante el resto de su vida. Su capacidad organizadora encontró salida estableciendo iglesias evangélicas en Brunswick, Hamburgo y Lübeck. En 1537 fue a Copenhague a invitación de Cristian III y permaneció en Dinamarca durante cinco años, reconstituyendo la Iglesia Danesa y reorganizando la instrucción del país. B. prestó valiosa ayuda a Lutero en su traducción de la Biblia; su mejor libro fue un comentario de los Salmos, altamente estimado por Lutero. También escribió una historia de Pomerania que no fue publicada hasta 1728.

HUGH J. BLAIR

BULA PAPAL. Derivado del latín *bulla*, (= "sello"), originalmente se refería al sello estampado en los edictos papales pero posteriormente el término fue aplicado a los edictos mismos. El vocablo está ahora restringido a los más importantes mandatos papales, que llevan estampado un sello oficial de cera. Han sido publicadas bulas para afirmar las mayores doctrinas de la ICR. P.e. la supremacía papal fue declarada por Pío II en *Execrabilis* (1460); en *Innefabilis* (1854) y en *Pastor Aeternus* (1870), Pío IX proclamó los dogmas de la Inmaculada Concepción y la infalibilidad papal. Desde 1878 solamente las "bulas consistoriales", firmadas por el papa o por los cardenales, son selladas en esta manera especial. Los originales de estas bulas son conservados en Roma y copias de las mismas enviadas a donde corresponda.

S. TOON

BULGAKOV, SERGEI NIKOLAEVICH (1871-1944). Filósofo, teólogo y economista ruso. Era hijo de un sacerdote. Estudió en el Seminario de Orel, en la Universidad de Moscú, de la cual se graduó en 1894, y después en Berlín, París y Londres antes de doctorarse en Moscú en 1912. Enseñó en el Instituto Politécnico de Kiev (1901-6), en Moscú (1906-18) y fue elegido como delegado de los cadetes ante la segunda duma. En 1918 fue ordenado sacerdote y, debido a la desaprobación soviética, marchó a enseñar en la Universidad de Sinferopol, Crimea. Fue expulsado de Rusia en 1922. Marchó a Praga y en 1925, a París donde fue decano y profesor de teología en el Instituto Teológico Ortodoxo que ayudó a fundar. Las ideas de B. fueron grandemente influidas por la filosofía de →Soloviev y de Pavel Florensky. Su pensamiento se desarrolló desde el marxismo hasta el idealismo y luego hasta el misticismo. Creía que el mundo o cosmos era un todo orgánico, animado por un alma cósmico. Dios creó el mundo de la nada como una emanación de su propia naturaleza. Mediando entre Dios y el cosmos y uniendo a ambos hay un tercer ser: la sofía o sabiduría divina. Fue un prolífico escritor y entre sus muchas obras se cuentan: *The Unfading Light* (1917), *Jacob's Ladder* (1929), *Agnus Dei, The God-Manhood* (1933) y *The Comforter* (1936). BARBARA L. FAULKNER

BULLINGER, JOHANN HEINRICH (1504-1575). Reformador suizo. Hijo del sacerdote de la parroquia de Bremgarten, Canton de Argau. Recibió su primera educación en el colegio de los →Hermanos de la Vida Común en Emmerich del ducado de Cleves, y después en la Universidad de Colonia, la ciudadela de la *via antigua.* En Colonia se familiarizó con las obras de →Erasmo, →Melanchthon y →Lutero cuyos escritos influyeron sobre él en forma decisiva. A su regreso a Suiza en 1523, se unió a los que apoyaban la Reforma de →Zuinglio en Zürich y tomó parte en la Disputa de Berna en 1528. La desastroza segunda guerra de Kappel en 1531 consumió su fortuna y lo obligó a huir de Bremgarten, en donde había sucedido a su padre, y buscó refugio en Zürich. Después que el consejo municipal de Zürich accedió a garantizar la libertad del clero para predicar sobre todos los aspectos de la vida de la ciudad, aceptó ser sucesor de Zuinglio en diciembre de 1531. Como los *antistes* de Zürich, B. desempeñó funciones de obispo "reformado", presidiendo el sínodo cantonal que él ayudó a organizar y medió entre el concejo municipal y el clero. También a él se debe la reforma del sistema escolar y la creación de una administración central para los ingresos de tierras claustrales confiscadas por la ciudad.

Por esta época habían comenzado sus reiterativas pero voluminosas actividades literarias que incluían varias obras polémicas importantes contra los anabaptistas, *Las Décadas* (cinco series de diez sermones sobre doctrina cristiana), *Diarium* (Diario), y *Reformationsgeschichte* ("Historia de la Reforma"). B. utilizó sus habilidades literarias para mediar en las riñas que surgieron dentro de las iglesias reformadas, pero no le sirvieron sus reiterados intentos de llegar un acuerdo teológico con los luteranos. Desempeñó un importante papel al participar en la redacción del *Consensus Tigurinus* y en las →Confesiones Helvéticas.

Acomodó su propia doctrina agustiniana moderada de la predestinación a la más rigurosa propuesta por Calvino. Sin embargo, B. fue toda su vida un oponente de la teoría calvinista de las dos políticas: una dentro de la comunidad cristiana y otra dentro de la disciplina eclesiástica ginebrina. Fue íntimo aliado de Thomas →Erastus en la parcialmente exitosa lucha para impedir la introducción de una política presbiteriana en el Palatinado del Rin. Apoyó a los obispos ingleses contra el presbiterianismo de Thomas →Cartwright, dado que veía esto como una nueva forma de tiranía papal. Al negar que el castigo de los creyentes debería abarcar la exclusión de la Cena del Señor, delegó todo poder coercitivo en la magistratura secular que él daba por sentado estaba ya en manos de cristianos. Dejaba al clero solo su función profética de predicar la Palabra y administrar los sacramentos al pueblo cristiano que B., teólogo del pacto, creía estar en una relación de pacto con Dios.

Las Cartas de Zürich (2 vols., 1542-1545) revelan su interés en los asuntos ingleses y testifican de su hospitalidad a muchos exiliados que llegaron durante el reino de →María Tudor. B. consideraba a los dirigentes de la

Iglesia de Inglaterra como compañeros de la iglesia de la Reforma. A su petición redactó una refutación a la bula de excomunión contra la reina →Isabel I, escrita por Pío V. Porciones de sus *Décadas* fueron dedicadas a Eduardo VI y a Lady Jane Grey, y también proveyeron para →Whitgift una herramienta educativa para proteger al clero contra los que "profetizaban". ROBERT C. WALTON

BULTMANN, RUDOLF (1884-1976). Teólogo alemán. Después de estudiar en las universidades de Marburgo, Tubinga y Berlín, fue profesor del NT en Marburgo (1921-51). Fue uno de los mayores eruditos neotestamentarios del siglo. Durante sus primeros 20 años de profesorado fue conocido mayormente por su obra iniciadora de la "crítica de formas" de los evangelios. Comenzando casi al mismo tiempo que K.L. Schmidt y M. Dibelius, argumentó que los evangelios podían ser fragmentados en pequeñas unidades que se habían desarrollado en la etapa de la tradición oral. Adoptó una posición mayormente escéptica en cuanto a la autenticidad de estas unidades, sean dichos o de obras, atribuidos a Jesús. Su libro *Die Geschichte der synoptischen Tradition* fue primeramente publicado en Alemania en 1921 e hizo un inmediato impacto, aunque no hubo traducción inglesa hasta 1963. Su obra principal siguiente se llamó simplemente *Jesús* (1926). En esta hay poco énfasis en las obras y enseñanzas de Jesús, aparte de su llamado a la decisión. Esto es interpretado por B. en términos bastante afines a aquellos de una filosofía existencial. Ha sido severamente criticado por no dar suficiente contenido objetivo a la base sobre la cual hay que fundamentar una decisión.

B. contribuyó con varios artículos importantes al *Theologisches Wörtebuch zum Neuen Testament,* de Kittel. El siguiente trabajo de carácter descollante apareció en 1941 con su comentario sobre el Evangelio de Juan. Aquí sugirió que el evangelista dependía de ideas →gnósticas. En el mismo año fue publicado en forma duplicada su ensayo *Neues Testament und Mythologie.* Su propuesta aquí de la necesidad de "desmitologizar" todos los conceptos del NT ha ejercido poderosa influencia sobre el pensamiento teológico desde la Guerra Mundial II. Se mostró escéptico en cuanto al contenido histórico de los evangelios y enfatizó la necesidad de una decisión, pero que esta decisión tenía que basarse sobre el *kerygma,* que no debía ser abandonado (como lo ha sido por parte de los liberales) sino reinterpretado con sus elementos mitológicos expresados en términos existenciales. Su última gran obra fue *Die Theologie des Neuen Testaments* (1948-53). De entre sus libros se ha traducido al español *Creer y comprender* (1974).

R.E. NIXON

BUNTING, JABEZ (1779-1858). Metodista wesleyano inglés. Hijo de un sastre radical de Manchester, fue criado como metodista e ingresó en el ministerio en 1799. Gradualmente obtuvo extraordinaria ascendencia sobre la conferencia que lo nombró como su secretario, presidente (en cuatro oportunidades), presidente de la institución teológica y secretario de la sociedad misionera (la cual fue organizada debido en gran parte a su entusiasmo). Fue un gran organizador. Más que ninguna otra persona determinó la forma del metodismo wesleyano frente a la Iglesia de Inglaterra y a los viejos disidentes. Por otro lado provocó el éxodo de los metodistas que temían la tendencia de B. hacia el centralismo y la dominación por parte del clero. Probablemente se ha exagerado su influencia a favor del conservadurismo político. Aun sus opositores rindieron tributo a su sinceridad, elocuencia y don de oración. A.F. WALLS

BUNYAN, JOHN (1628-1688). Escritor y predicador puritano inglés. N. en Elstow, cerca de Bedford, en un hogar pobre. Es probable que haya adquirido su vasta comprensión del idioma inglés por la lectura de la Biblia. Siendo joven participó en la Guerra Civil al lado de los *Roundheads.* Se casó en 1649. Su esposa puso en sus manos *Plain Man's Pathway to Heaven,* de Dent, y *Practice of Piety,* de Bayly. En 1653 ingresó en la iglesia independiente del pastor Gifford, en Bedford. Uno o dos años después comenzó a predicar con bastante éxito, excepto con los magistrados que lo encarcelaron por no querer comprometerse a predicar. Su encarcelamiento duró en forma intermitente desde 1660 hasta 1672, pero le permitió escribir su obra maestra *El Peregrino* y otros libros, incluso algunos versos. Después de 1672 pasó la mayor parte de su tiempo predicando y evangelizando en la zona de Bedford.

La fama del "hojalatero de Bedford" mayormente descansa en tres obras: *El peregrino* (1678-1684), *The Holy War* (1682) y *Grace Abounding to the Chief of Sinners* (1666). Demostró tener dominio de un inglés sencillo, narrativo y alegórico. El primero de los libros nombrados, junto con *Martyrs*, de →Foxe, fue leído virtualmente en cada hogar de la época victoriana y permanece siendo un *best seller* tanto para niños como para adultos. Teológicamente B. era puritano en cuanto tenía un enfoque calvinista de la gracia, pero era →separatista por lo que se refería a la eclesiología. Ha sido estudiado por muchos expertos en literatura y en torno suyo fue escrita una seria de biografías de carácter devocional. La biografía más divulgada todavía sigue siendo la de J. Brown *John Bunyan: His Life and Work* (1885).

Para un estudio más amplio de la teología de B. véase R. Greaves *John Bunyan* (2 vols. 1969). Actualmente está en preparación una edición completa de las obras de B.

G.E. DUFFIELD

BUSHNELL, HORACE (1802-1876). Ministro y teólogo congregacionalista norteamericano. N. en Connecticut y se graduó en Yale en 1827. Después de una breve incursión en el periodismo, regresó a Yale para estudiar derecho. Aprobó sus exámenes y estaba listo para ser admitido como juez cuando, durante un despertar espiritual en la universidad (1831), repentinamente decidió ingresar en la facultad de teología. Allí se encontró con N.W. Taylor, paladín vigoroso de la "teología de New Haven". No obstante, la mente imaginativa de B. estaba inquieta aun frente al calvinismo modificado de Taylor. En cambio fue atraído por *Aids to Reflection*, de Coleridge. En 1833 fue ordenado como pastor de la North Church de Hartford, Connecticut. Allí permaneció hasta 1859 cuando, debido a su poca salud, se vio forzado a renunciar. Mediante sus escritos apoyó tres posturas cardinales, cada una de ellas elaborada en una obra importante. En *Christian Nurture* (1847) afirmó que la conversión debe ser educativa, más que espontánea o repentina. En *Nature and Supernatural* (1858) argumentó que lo natural y lo sobrenatural debían ser armonizados. En *The Vicarious Sacrifice* (1866) dijo que la expiación de Cristo era una ilustración de un principio eterno de amor, más que una satisfacción mediante la cual Dios era reconciliado con el hombre. Se ha traducido al español su libro *¿Quién es el Cristo?* BRUCE L. SHELLEY

BUTLER, JOSEPH (1692-1752). Obispo y erudito inglés. N. en Wantage, Berkshire. Era hijo de un pañero presbiteriano, y fue enviado a una academia disidente. Inspirado por las conferencias de Samuel Clarke, mantuvo correspondencia con el conferenciante acerca de filosofía y de la existencia de Dios. Estaba destinado al ministerio presbiteriano pero decidiendo no proseguirlo, ingresó en el Oriel College, Oxford, en 1715, aparentemente con dinero prestado. Allí estudió derecho y después teología. Aunque fue ordenado en 1718, B. no se hizo financieramente autónomo hasta ocho o diez años más tarde. Su eventual promoción se debió a la amistad con la reina Carolina; fue nombrado obispo de Bristol en 1738, y de Durham en 1750. Nunca fue activo políticamente, pero a través de toda su vida mantuvo su antiguo interés por las cuestiones filosóficas.

Su obra *Analogy of Religion*, en la cual B. trabajó durante años, apareció en 1736 cuando la controversia deísta estaba en su apogeo. Demostró ser el libro teológico mayor de su época e hizo más por desautorizar al deísmo que ningún otro. Influyó sobre escritores posteriores, incluyendo a →Hume y a J.H. →Newman. La argumentación de B. es empírica, enfatizando el *hecho* como apoyo de la religión. Su tema es que el orden que hallamos en la naturaleza, juntamente con el orden que hallamos en la revelación, sugiere que Dios es autor de ambos. Sostiene que las dificultades que encontramos en el cristianismo tienen una íntima analogía con las que encontramos en la naturaleza. Ninguna de ellas presenta problemas mayores que la otra. Lo que no podemos entender en ambas esferas se debe a la falta de conocimiento o a la limitación intelectual. Posteriormente amplió el tema en sus *Sermons*. Aquí arguye que la composición sicológica del hombre, sobre la cual tiene que edificarse una teoría ética racional, está interrelacionada en forma consecuente, aportando así una analogía con la constitución del mundo en general. Al considerar las evidencias cristianas, B. afirma que la evidencia está basada en la probabilidad y ésta es de tres clases: asuntos de especulación, asuntos de práctica y asuntos de grandes consecuencias. La religión está situada en la última clase. R.E.D. CLARK

BUTLER, JOSEPHINE ELIZABETH (1828-1907). Reformadora social inglesa. Al principio tenía sus mayores inquietudes en cuanto a la promoción de facilidades educativas para la mujer. Sin embargo, con posterioridad a 1866, primero en Liverpool y después en otros lugares, especialmente en Winchester, sostuvo refugios para toda clase de mujeres desvalidas. Pronto dedicó su vida a un intento de extirpar toda clase de explotación sexual de la mujer. En general criticaba la hipocresía que involucraban los distintos niveles de moralidad sexual para hombres y para mujeres, y dirigió dos grandes campañas de reforma a este respecto. La primera fue en pro de la revocación del "Acta de Enfermedades Contagiosas", de 1860, la que en su intento de controlar enfermedades, virtualmente proveía una forma oficial para reconocer la prostitución en los puertos y en las ciudades con guarnición militar, y sujetaba a muchas mujeres a molestias humillantes. En 1869 formó la Asociación Nacional de Damas por la Apelación. Aunque no se puede exactamente catalogarla como una evangélica, su técnica de oposición parlamentaria y extraparlamentaria debe mucho al ejemplo de algunos antiguos reformadores sociales evangélicos. La revocación se logró en la década de 1880.

Su otra gran campaña fue promover una legislación que elevara la edad de consentimiento y extirpar la prostitución organizada, especialmente la trata de blancas. Su campaña recibió un apoyo algo espectacular de W.T. Stead, director del *Pall Mall Gazette* y de Branwell Booth, hijo del fundador del Ejército de Salvación. Rápidamente fue aprobada una legislación elevando a dieciséis años la edad de consentimiento, que había sido por largo tiempo postergada artificialmente. A Stead y a Booth se les siguieron procesos criminales, y el primero de ellos fue encarcelado. R.H. CAMPBELL

BUXTEHUDE, DIETRICH (1637-1707). Compositor alemán. Fue durante muchos años organista de la iglesia de Santa María en Lübeck. Obtuvo fama por el *Abendmusiken* (música sagrada para cinco domingos anteriores a la Navidad), la cual él instituyó en 1673. Su música coral y de órgano tiene destacado mérito. J.S. →Bach viajó a Lübeck para escuchar las interpretaciones de B. y fue grandemente influenciado por él. El s.XVII produjo gran número de compositores luteranos de mérito, muchos de los cuales merecen especial atención; B. destaca entre ellos por el vigor y la imaginación mostradas en sus preludios corales para órgano y por la belleza melódica de muchas de sus composiciones vocales. Su música resulta menos difícil que la de Bach para el promedio de los coros de iglesia en la actualidad. J.B. MacMILLAN

BYRD, WILLIAM (1543-1623). El más ilustre de los compositores británicos. Permaneció como firme católico en la Inglaterra de →Isabel y de →Jacobo I. Compuso en casi todas las formas musicales de su día, tanto sagradas como seculares. Pese a su afiliación religiosa, fue activo en la corte real y compuso importante música para el nuevo rito anglicano. Aunque no estamos totalmente seguros de la cronología de esta época, B. tiene derecho a considerarse padre del himno coral anglicano. Su hermoso *"Christ rising again"* (1589), para dos sopranos, coro y acompañamiento instrumental, aunque puede no haberse compuesto para ejecución en la iglesia, es un prototipo del himno coral estrófico (es decir: con partes para solistas), forma que se volvió popular y siguió siéndolo para los compositores anglicanos. Su magnífica "Gran" Liturgia marca un hito en la música anglicana. Incluye antífonas para la Oración Matutina, Oración Vespertina y Santa Comunión, compuestas para el tradicional coro catedralicio inglés que consistían de *decani* y *cantoris* (los dos grupos de cantores que se colocan el uno frente al otro en el presbiterio). Además de los himnos corales y de las liturgias, escribió gran cantidad de excelente música latina para el rito católico. Esto incluye tres misas completas y dos grandes volúmenes de *Gradualia.* El canónigo E.H. Fellowes ha editado una colección completa en 20 tomos de la música de B. y también escribió en 1948 una biografía de éste.
J.B. MacMILLAN

C

CABALA. La corriente principal del misticismo judío y especialmente de las escuelas que florecieron en partes de Europa y en Palestina entre los ss.XII y XVII. La palabra hebrea *qabbalah* denota la "tradición", y con eso los místicos designaban tanto la tradición oral judía en general como también su propia sabiduría esotérica. Las raíces de ese misticismo se hallan en los desarrollos de tiempos intertestamentarios, manifestados en los rollos de Qumrán y en la literatura apocalíptica; además, en el período rabínico hubo una corriente no desdeñable de pensamiento especulativo y místico, influido por el gnosticismo y el neoplatonismo. La *Sepher Yetsirah* (s.VII u VIII) ya manifestaba un interés especulativo sobre la naturaleza de Dios y del universo, y postulaba diez emanaciones mediadoras de Dios (llamadas *sephiroth*). Oportunamente se hizo una distinción entre la c. teórica y la práctica, aproximándose esta última a la magia blanca. El movimiento, aunque tendía a la heterodoxia, estaba sin embargo profundamente apegado a la Biblia hebrea, que interpretaba tanto literal como crípticamente (mediante cifras, numerología, etc.); su obra de autoridad, el *Zohar* del s.XIII (escrito por Moisés de León, de Granada), pretende ser un comentario del Pentateuco. El movimiento se popularizó en la Edad Media tardía, debido en parte a las presiones históricas que experimentó el judaísmo europeo. El jasidismo es el descendiente directo de la c.

Entre los principales personajes del movimiento estuvieron Eleazar de Worms en Alemania (s.XIII) e Isaac Luria y Hayim Vital en Safed, Galilea superior (s.XVI). Nahmánides y José Caro recibieron mucha influencia de la c., como también algunos pensadores cristianos, p.e. J. →Reuchlin y Paracelso.

D.F. PAYNE

CABALLEROS DE COLON. Sociedad fraternal de beneficencia formada por varones católicos, fundada por Michael J. McGivney de New Haven, Connecticut, EUA, y estatuida por el estado de Connecticut en 1882. La organización está representada en todos los estados de EUA y en Canadá, Méjico, Puerto Rico, las Filipinas y la Zona del Canal de Panamá. Con más de un millón y medio de miembros, afiliados por medio de 5.000 consejos subordinados y 61 consejos estatales con su consejo supremo, procura promover la caridad, la fraternidad y el patriotismo. Ha fomentado la ayuda en las guerras y desastres naturales, la educación parroquial, pensiones para veteranos, asistencia parroquial, y estudios históricos; y ha abogado ante el gobierno a favor de las escuelas parroquiales. Es notoria también por su sistema de seguros para proteger a la esposa e hijos de cada uno de sus miembros.

DARREL BIGHAM

CABALLEROS TEUTONICOS. Orden religiosa y militar alemana. Fue fundada durante el sitio de San Juan de Acre en la Tercera →Cruzada por comerciantes de Lübeck y de Bremen. Fue confirmada por el papa Clemente III en 1199 y pronto llegó a ser una importante orden en Alemania. Tras ayudar al rey húngaro Andrés II a rechazar a los cumanos, los caballeros recibieron invitación del duque polaco Conrado de Masovia para que ayudasen a conquistar a los prusianos paganos. Federico II nombró como maestre grande en 1226 a Hermann de Salza (1209-39), príncipe del Imperio y autorizó la adquisición de la Prusia oriental. La orden teutónica inició la conquista en 1231, promovió la colonización en gran escala por campesinos y comerciantes alemanes durante el siglo siguiente, y trasladó su residencia a la fortaleza de Marianburgo en 1309.

La orden no logró unificar sus propiedades de Prusia oriental y de Livonia; más bien decayó ante el resurgimiento polaco, lituano y ruso. Tras la derrota en Tannenberg (1410) y una serie de desastres militares posteriores, el tratado de Torun (1466) redujo su territorio a una porción de Prusia oriental. El gran maestre Alberto de Hohenzollern (1490-1568) aceptó el luteranismo en 1525 y lo secularizó como el ducado de Prusia bajo la soberanía del rey polonés. Los que permanecieron católicos trasladaron la sede a Mergentheim en Franconia, y algunos participaron en las guerras turcas. Si bien Napoleón disolvió la orden en Alemania en 1805, siguió existiendo en Austria hasta 1918 con un archiduque por gran maestre. Recibió una nueva Regla en 1929 que estableció su carácter estrictamente religioso y la orden funciona ahora principalmente en las escuelas y en los hospitales. RICHARD V. PIERARD

CABILDO. Trasplante del municipio castellano traído por los españoles a las Indias. Cuando los conquistadores fundaban un pueblo, establecían esta organización municipal que constituia la unidad del gobierno local.

El c. estaba compuesto por los alcaldes y regidores. Las tareas del c. incluían desde la distribución de tierras hasta la regulación de los días feriados.

Los acuerdos del c. quedaban registrados en sus actas, fuente inagotable para el conocimiento de la historia colonial.

Aunque el carácter centralizado del gobierno español debilitó al c., éste permaneció hasta la Independencia y fue la base para la constitución de los actuales municipios o alcaldías. CARMELO E. ALVAREZ

CABRERA, JUAN BAUTISTA (1837-1916). Himnólogo y escritor español, primer obispo de la Iglesia Española Reformada Episcopal (IERE). N. en Benisa de Alicante. En 1852 ingresó en la Orden de Clérigos de las Escuelas Pías (Valencia) y estudió humanidades. Profesó en 1853 y pasó luego al Colegio de Escolapios de Albarracín (Teruel). Allí estudió matemáticas, física, mecánica, filosofía, teología dogmática y moral, hermenéutica bíblica y liturgia.

Dedicado a la enseñanza, entre 1858 y 1863 realizó investigaciones filosóficas y bíblicas que le llevaron a abandonar su orden y la ICR. A causa de la persecución contra los evangélicos, en 1863 se expatrió voluntariamente en Gibraltar, donde trabajó en la enseñanza y profundizó su conocimiento de la fe evangélica. Allí empezó su traducción de la "Exposición histórica y doctrinal de los →Treinta y Nueve Artículos de la Iglesia Anglicana". Al caer Isabel II (1868), se le autorizó a regresar al país y se estableció en Sevilla donde, el primer día de 1869, inauguró el primer templo de la Iglesia Evangélica. Allí fundó el semanario *El Cristianismo* y escribió su libro *El Celibato Forzoso del Clero* (1870). En 1874 se trasladó a Madrid, para pastorear una iglesia y dirigir la revista *La Luz*. En el Sínodo en que se constituyó la IERE (Sevilla, 1880), se le eligió obispo y se le encargó la preparación de la liturgia para la nueva Iglesia. C. utilizó mucho para este trabajo fuentes →mozárabes. En 1894 fue consagrado obispo en Madrid, por prelados de la Iglesia de Irlanda. En 1915 fue elegido miembro de la *Hispanic Society of America*, de Nueva York.

Tradujo y adaptó muchos himnos de otros idiomas y compuso muchos otros. Sus himnos se hallan entre los que más se cantan hasta hoy en el mundo evangélico hispanoamericano. Entre ellos se hallan "Firmes y Adelante", "Santo, santo, santo", "Castillo fuerte es nuestro Dios", "Dulce Oración", "Suenen dulces himnos" y "El Señor resucitó".

Otras obras suyas son: *Catecismo de doctrina y vida cristiana* (1887), *Manual de doctrina y controversia cristiana* (1900, 2 tomos), *La Iglesia en España desde la edad apostólica hasta la invasión de los sarracenos* (1910) y *Canto memorial*, autobiografía publicada postumamente (1917). En 1905 terminó una revisión del AT de la versión Reina-Valera (en colaboración con Cipriano Tornos). VIRGILIO F. VANGIONI

CABRINI, FRANCISCA JAVIERA (1850-1917). Fundadora de las Hermanas Misioneras del Sagrado Corazón. N. en S. Angelo Lodigiano, Italia. Era tímida y delicada de salud, pero poseía una voluntad férrea y un espíritu indomable. Abandonó su carrera como maestra de primera enseñanza para cumplir su deseo de toda la vida: ser misionera en la China. Siendo rechazada por su mala salud, en 1880 fundó su propia asociación misionera femenina. Su amplia visión y su osada fe dieron prueba acabada de que creía en el lema de la asociación: Fil. 4:13. Enviada a Nueva York por el papa León XIII, inició su obra entre los inmigrantes italianos en 1889. Gracias a su ilimitada energía dio origen a escuelas, instituciones de caridad y

hospitales a través de toda América del Norte y del Sur, Asia y Europa. La madre C. era especialmente hábil para conseguir fondos y ayuda de fuentes no católicas. Considerada como patrona de los emigrantes y personas desplazadas, fue canonizada en 1946.
ROYAL L. PECK

CADBURY, HENRY JOEL (1883-). Erudito norteamericano del NT. Miembro de la Sociedad de los →Amigos. Enseñó en varios colegios y seminarios en el oriente de EUA.; después, desde 1934 a 1954 se desempeñó como catedrático en la facultad de teología en Harvard. Fue miembro de la comisión traductora de la *RSV*, secretario por muchos años de las *American Schools of Oriental Research* y presidente de la *Society of Biblical Literature and Exegesis.* Su contribución básica a la erudición bíblica fue en el área de la investigación en cuanto a Lucas. Sus publicaciones incluyen *The Style and Literary Method of Luke* (1919-1920), *The Making of Luke-Acts* (1928), *The Book of Acts in History* (1955) y numerosos ensayos en el mismo campo. Junto con K. Lake es autor del comentario *The Beginning of Christianity: Part I: The Acts of the Apostles* (vol. IV, 1933) y escribió muchos valiosos ensayos en el apéndice de la misma obra. Sus libros son un modelo de cuidadosa erudición.
W. WARD GASQUE

CAEDMON (m. c.678). Poeta inglés. Era un vaquero que repentinamente, según la *Historia Eclesiástica* (IV, 24) de Beda, fue dotado del don poético y compuso la pequeña canción conocida como el "Himno de Caedmon". Llevado ante Hilda, abadesa de Whitby, compuso otros versos, y como resultado ella lo persuadió para que ingresara en la vida monástica. Se dice que escribió acerca de la historia del Génesis, el Exodo, la Encarnación, la Pasión, la Resurrección y la Ascensión, así como sobre otros temas. De la antigua poesía inglesa que sobrevive, solo el texto Génesis A del ms Junius se considera ahora con posibilidades de haber sido suyo, y aun así existen dudas considerables. Su himno está escrito con el metro aliterativo de cuatro acentos con cualquier número de sílabas átonas; este metro es característico de gran parte del antiguo verso inglés.
ARTHUR POLLARD

CAINITAS. Disoluta secta gnóstica →ofita (c.175-225). Los c. imaginaban que el Creador era tan malvado que sus leyes deberían ser cumplidas a la inversa y sus mayores enemigos (Caín, Esaú, Coré) alabados. Por ejemplo el dominio de Caín sobre Abel mostraba la impotencia del Creador. Judas Iscariote era elogiado, por algunos porque se oponían a Cristo, y por otros porque en esta forma facilitó su obra soteriológica. Los escritos de los c. incluyen un "Evangelio de Judas" y un relato de las revelaciones a Pablo en el tercer cielo.
J.D. DOUGLAS

CALAMY, EDMUND (1600-1666). Eclesiástico puritano. Educado en Pembroke Hall, Cambridge, ingresó en la Iglesia Anglicana y fue sucesivamente capellán del obispo (en Ely), vicario de St. Mary, prior de Saffham y después conferenciante en Bury St. Edmunds en 1626. Al principio consideraba lo "ceremonial" como neutral, pero posteriormente se opuso con vigor a la política del arzobispo Laud. En 1639 fue elegido al curato perpetuo de St. Mary Aldermanbury. Durante la controversia acerca del derecho divino del episcopado (1640-41) C. contribuyó (como uno de los autores que escribía con el seudónimo de Smectymnuus) a la respuesta de los presbiterianos. Después se destacó en la Asamblea de la →Westminster. Se opuso a la ejecución de Carlos I y permaneció inactivo durante el *Commonwealth* y el Protectorado. Después de dar la bienvenida al regreso de Carlos II, fue miembro de la *Savoy Conference* (1661) y dirigente de quienes querían una iglesia con base nacional más amplia. Fue expulsado en 1662 y encarcelado en 1663 por desobedecer al Acta de →Uniformidad (1662). Pasó sus últimos años en tranquilo retiro. Su hijo, Edmund el Joven, fue también un ministro expulsado; su nieto, Edmundo también, fue el historiador de la antigua →"no conformidad". PETER TOON

CALCEDONIA, CONCILIO DE (451). Convocado por los emperadores Marciano y Valentiniano y celebrado en el sitio donde sufrió martirio Eufemia, concurrieron obispos de las diócesis civiles de Oriens, Asia, Ponto, Tracia, Egipto e Ilírico. León de Roma, que como la mayoría de los obispos occidentales, temía demasiado a los hunos para arriesgarse a viajar lejos, fue representado por legados. Incluyendo a dos refugiados africanos y uno persa, no concurrieron más de 340 a la vez, aunque se recogieron 450 firmas. Los emperadores buscaban una declaración común entre los obispos orientales de acuerdo con los credos de Nicea y de Constantinopla, las epístolas canónicas de Cirilo y el *Tomo* (también llamada "Epístola dogmática") de León. Así los comisionados imperiales resistieron los escrúpulos de los obispos, que temían agregar algo a la fe, e insistieron en una nueva fórmula, la *Definitio,* redactada según la tradición bíblica y patrística (→CALCEDONIA, DEFINICION DE).

El problema inmediato se había centrado en →Eutiques, condenado en Constantinopla bajo Flaviano y rehabilitado por el sínodo de Efeso (449) dominado por →Dióscoro de Alejandría. En Calcedonia, Dióscoro fue depuesto, ostensiblemente por acción no canónica, aunque prácticamente su enseñanza fue rechazada por el apoyo conciliar del *Tomo.* Teodoreto e Ibas de Edesa, con tendencia hacia la enseñanza de Nestorio, fueron restaurados, pero la primera condenación de Nestorio permaneció en firme. La caída del patriarca de Alejandría favoreció a la sede de Constantinopla. El obispo →Anatolio en la comisión guió la preparación de la *Definitio,* y varios cánones reforzaron su autoridad. El obispo de Constantinopla o el exarca de la diócesis llegó a ser la corte de apelación final en las disputas en que estaban implicados metropolitanos (orientales). El canon 28 confirmaba el canon tres de Constantinopla al correlacionar honor eclesiástico con importancia política, para el disgusto de Roma y Alejandría. Además, Constantinopla recibió el derecho de ordenar a los metropolitanos en las diócesis de Tracia, Asia y Ponto así como a los obispos que estaban en los pueblos bárbaros.

Varios cánones reflejan los asuntos del momento. Fueron prohibidos la conspiración de bandos, las falsas acusaciones y los saqueos contra los obispos. El exceso del clero no debía congregarse en Constantinopla ni ministrar fuera de sus iglesias locales ni tampoco los obispos fuera de sus sedes, excepto como visitantes con cartas de recomendación. Los monjes y los clérigos no debían hacer trabajo para el estado o por motivos seculares. Los obispos debían controlar los movimientos de los monjes o del clero. Otros cánones simplemente buscan el buen orden. La designación del clero es regulada, p.e. mediante la oposición a las ordenaciones sinecuras. El matrimonio se prohíbe después de la ordenación o de hacer los votos. Las iglesias episcopales deberían tener vacantes breves, un adecuado fondo de embargo y un administrador financiero. En las ciudades nuevas la división parroquial debería seguir el modelo civil.

La unidad no fue alcanzada. Roma rechazó el canon 28. Las iglesias monofisitas y armenias todavía rechazan el concilio. Sin embargo, la mayoría de las iglesias aun respeta la elusiva *Definitio* como el cenit del esfuerzo cristológico patrístico. C. T. D. ANGEL

CALCEDONIA, DEFINICION DE (451). La mayoría del Concilio de →Calcedonia reconoció el Credo de Nicea, confirmado en Constantinopla, junto con dos cartas cirílicas y el *Tomo* de León. Alarmados ante el disgusto de los obispos egipcios y de los recalcitrantes partidarios del condenado Eutiques, los comisionados imperiales presionaron en favor de una nueva fórmula unificadora. Un comité encabezado por Anatolio de Constantinopla presentó un borrador conteniendo la fórmula cirílica, "procedente de dos naturalezas". Otros prefirieron la leonina frase "en dos naturalezas", y los comisionados reconstituyeron el comité. Esto produjo la existente *Definitio.* Básicamente afirma, primero: que el Señor Cristo es uno, sus dos naturalezas son preservadas en un *prósopon* y una *hypóstasis.* Esto favoreció el énfasis alejandrino en un solo Dios. Segundo: afirma que ambas naturalezas, Dios y hombre, son intactas, "perfectas", consustanciales con Dios y el hombre, preexistentes y nacidas de la Virgen. El es "reconocido en dos naturalezas" (frase tomada de Basilio de Seleucia) "sin confusión, sin cambio, sin división y sin separación". Los comisionados habían alabado esta última frase de León. Tercero: la Definición afirmaba que las distintas naturalezas son plenamente Dios y hombre, asegurando así la salvación por un Dios salvador y un hombre identificado con los hombres. Confirmada por el emperador Marciano y Pulqueria, la Definición ha separado a los monofisitas de las otras iglesias orientales.
G.T.D. ANGEL

CALDEOS, CRISTIANOS. Este grupo tuvo su origen en Irak y es un vástago de la rama cristiana de los →nestorianos. En el último cuarto del s.XVII el patriarca nestoriano de Diarbekir disputó con el cabeza de la secta nestoriana del cristianismo y se volvió hacia el papa de Roma en busca de reconocimiento. El papa pronto estableció el patriarcado de los caldeos, que tendió a fijar la división entre los grupos nestorianos. Así los caldeos son la rama de los nestorianos que reconocen la autoridad papal. J.D. DOUGLAS

CALENDARIO. El hombre primitivo medía

su c. por el ciclo de fenómenos naturales recurrentes que observaba tales como la alteración del día y de la noche y las fases de la luna. El c. en uso en tiempos del NT era el juliano, basado en el c. republicano de Roma. Por el año 46 a.C. el c. republicano estaba desfasado en tres meses respecto a las estaciones, y las estaciones no se encontraban ya en la adecuada relación con los meses del c. Julio César instituyó un ciclo de cuatro años: los primeros tres tenían 365 días y el cuarto 366, siendo colocado en febrero este día adicional. Los años que ocupaban el cuarto lugar eran conocidos como años bisiestos. En el c. juliano cada año era once minutos quince segundos más largo, hecho que solo resultaba significativo en períodos muy extensos. Después de varias demoras, el nuevo calendario gregoriano fue promulgado en 1582 por →Gregorio XIII. Las reglas del año bisiesto fueron alteradas para corregir la falta en que incurrió el c. juliano y fueron omitidos diez días del año 1582 para equilibrar el error acumulado. El c. gregoriano, ahora usado para propósitos civiles en todo el mundo, no fue adoptado en forma general inmediatamente. La Gran Bretaña no lo adoptó hasta 1752, y los rusos no lo hicieron hasta el surgimiento del gobierno soviético en 1917. La Iglesia Ortodoxa no lo ha adoptado y de ello resulta que su año está ahora trece días detrás del año gregoriano. El c. gregoriano ha restaurado el día de Año Nuevo al 1o. de enero. Anteriormente era el 25 de marzo, supuesto aniversario de la Anunciación. La fecha de la Pascua es calculada con referencia a la epacta (edad de la luna al principio del año), y las reglas establecidas por el Concilio de Nicea han sido adoptadas en su mayor parte. Otras festividades cristianas tienen fechas fijas. JAMES TAYLOR

CALIXTINOS. Facción moderada de los husitas, también llamados →utraquistas. El nombre deriva del latín *calix*, que significa copa, indicando que los comulgantes también deberían recibir la copa en el sacramento. El programa de los c. fue formulado en 1420 en los Cuatro Artículos de Praga. Durante un tiempo estaban unidos con los →taboritas, el grupo más radical de los husitas, pero más tarde llegaron a un arreglo con Roma en los Compactos de Praga (1433) que concedían sus exigencias de comunión en ambas especies. El acuerdo fue posteriormente repudiado por el papa, pero los c. sobrevivieron como iglesia nacional semiautónoma de Bohemia hasta la Reforma. Entonces se fusionaron con el movimiento protestante de Bohemia. RUDOLPH HEINZE

CALIXTO I (m. c.222). Obispo de Roma desde 217. De acuerdo a su enemigo Hipólito, C. había sido esclavo, deportado a Cerdeña por fraudes cometidos, y libertado por Marcia, concubina del emperador Cómodo. Ceferino, obispo de Roma (198-217), lo puso a cargo del clero romano y de un cementerio que ahora es llamado de San Calixto. Como obispo, C. excomulgó a →Sabelio y mantuvo una política moderada en cuanto a la disciplina: ningún pecado era imperdonable, se aceptaba a los clérigos casados, se permitía un segundo bautismo. Estos procedimientos bondadosos los defendía bíblicamente basándose en Ro. 14:4 y en la parábola del trigo y la cizaña (Mt. 13:29-30). Además, permitió que mujeres de elevado rango vivieran *in contubernium* con esclavos y libertos. La ley romana prohibía el matrimonio entre ciertas clases sociales. C. trató de facilitar las relaciones no reconocidas por las leyes del estado con tal que estuvieran restringidas a una compañera. →Tertuliano, como montanista que era, reaccionó con su *De Publicitia,* e Hipólito se retiró de la comunión y estableció un antipapa.

G.T.D. ANGEL

CALIXTO II (m.1124). Papa desde 1119. Gui o Guido, quinto hijo del conde Guillermo de Borgoña, llegó a ser arzobispo de Viena (1088), legado papal en Francia y cardenal. Utilizó su posición y su personalidad para hacer que el papa Pascual II repudiara concesiones hechas al emperador Enrique V. En el Concilio de Viena (1112) denunció la investidura hecha por laicos, rechazó el decreto de Pascual (1111) de que el clero debía renunciar a sus temporalidades a cambio del abandono de la investidura por parte de Enrique, y excomulgó a éste. Siendo papa tuvo que enfrentar a un →antipapa, Gregorio VIII (Burdino), establecido por Enrique. Después de negociar el Concordato de Worms (1122), Enrique abandonó a Gregorio VIII, así como el derecho a investir prelados con anillo y báculo. Las elecciones eclesiásticas permanecieron bajo influencia imperial. C. convocó el Concilio →Lateranense (1123), primer concilio ecuménico celebrado en el occidente. Este confirmó el Concordato de Worms y publicó decretos contra el matrimonio de los clérigos y la simonía. C. dio su juicio en favor de la independencia de York en la disputa entre las sedes de York y Canterbury.

J.G.G. NORMAN

CALIXTO III (1378-1458). Papa desde 1455. Español de nacimiento, Alfonso de Borja estudió y enseñó en la Universidad de Lérida donde fue canónigo de la catedral antes de ocupar el cargo de jurista del rey Alfonso V Por reconciliar a este rey con el papa Eugenio IV fue hecho obispo de Valencia (1429) y cardenal (1444). Elegido papa como personaje neutral, mantuvo el equilibrio de poder entre las familias Colonna y Orsini. Su hazaña mayor consistió en organizar una cruzada contra los turcos para la reconquista de Constantinopla. Fracasó, aunque obligó a los turcos a levantar el sitio de Belgrado (1456) y derrotó a la flota de éstos en Mitilene (1457). C. instituyó la festividad de la Transfiguración para conmemorar la victoria obtenida en Belgrado. Fue un hombre de vida austera, sin embargo también resultó famoso por su nepotismo, haciendo de su sobrino, Rodrigo Borja (más tarde papa Alejandro VI) cardenal y generalísimo de las fuerzas papales.

También hubo un antipapa llamado Calixto III (Juan de Struma) (1168-78).

J.G.G. NORMAN

CALIXTUS, GEORGE (1586-1656). Primitivo ecumenista. Sufrió la suerte de muchos escritores irénicos al ser sospechado y rechazado por las facciones que trataba de reconciliar. N. en Medelby, en Schleswig, y estudió filología, filosofía y teología en la Universidad de Helmstedt y en otras partes. Conoció a los principales reformadores debido a sus viajes por Holanda, Inglaterra y Francia. En 1614 fue designado profesor de teología en Helmstedt y llegó a ser el más influyente representante de la escuela de →Melanchton. Su gran propósito era intentar la reconciliación de los divididos elementos de la iglesia, pasando por alto las diferencias sin importancia y concentrándose en artículos fundamentales de fe. Sus libros que incluyen *Epitome Theologiae, Theologia Moralis* y *De Arti Nova Nihusti* despertaron el antagonismo de la ICR pues los consideraba dirigidos contra ella; pero también fueron rechazados por los luteranos ortodoxos que veían en ellos inclinaciones hacia el romanismo. La Conferencia de →Thorn lo puso en mayores dificultades al acusarlo de inclinaciones calvinistas. Su disputa con los luteranos (Controversia Sincretista) duró por muchos años.

HUGH G. BLAIR

CALIZ. (Lat. *calix*, una copa común y pequeña de beber). Debido a su trasfondo doméstico, se puede hacer referencia en particular al *kylix* griego de dos manijas, en contraste con la del NT generalizado *poterion*, del cual se deriva el uso litúrgico especial para administrar la porción líquida de la Cena del Señor. Arqueológicamente interesante aunque de dudosa fecha es el C. de Antioquía descubierto en 1910. J.D. DOUGLAS

CALOVIUS, ABRAHAM (1612-1686). Teólogo alemán. N. en Mohrungen. Fue mayormente autodidacta en su juventud, pero se graduó de la Universidad de Königsberg. En ella enseñó durante algún tiempo, trasladándose a Rostock y a Danzig y en 1650, a invitación del elector, a Wittenberg, donde pasó el resto de su vida. Rígido defensor de la estricta ortodoxia luterana, atacó a la escuela sincretista de Helmstedt y a sus seguidores de Königsberg y, posteriormente, escribió contra →Calixto y su escuela. Combatió al catolicismo romano, al arminianismo, al socinianismo, al pietismo y al calvinismo, interviniendo aun en las controversias internas de los teólogos calvinistas. Redactó el *Consensus repetitus fidei verae Lutheranae* en un intento por excluir de la Iglesia Luterana a todos los sincretistas. Pero las autoridades del estado se hallaban ya cansadas de controversias teológicas e impusieron un silencio tan riguroso que la interpretación de C. sobre la controversia tuvo que publicarse en forma anónima (1682). Escribió en la *Biblia Illustrata* (1672-76) contra los enfoques críticos liberales de →Grotius y contra →Boehme (1684). C. siempre sostuvo que deploraba la controversia y que prefería la teología constructiva. Por cierto que su grandiosa obra en doce volúmenes, *Systema locorum theologicorum* (1655-77), junto con la obra de →Gerhard se cuenta entre las más importantes expresiones del escolasticismo luterano del s.XVII. IAN SELLERS

CALVERT, FAMILIA. George Calvert (1580-1632), secretario de estado bajo Jacobo I de Inglaterra. Renunció a su cargo en 1625 al hacerse católico romano. Entonces el rey le dio el título de barón y le concedió extensas haciendas en Irlanda. El barón pasó gran parte de sus restantes días en empresas coloniales, primero intentando establecer una colonia en Terranova y después tratando de lograr una concesión más al sur. La Carta de Maryland fue realmente dada a publicidad para su hijo Cecilio (1605-75) en 1632. Fundó la colonia en 1634 con el doble propósito de proveer un refugio para los perseguidos católicos en Inglaterra y lograr para sí un lucrativo establecimiento en el Nuevo Mundo. Cecilio no tuvo éxito en atraer católicos a su establecimiento; desde el principio los protestantes estuvieron en mayoría. Para impedir la persecución de los católicos, siguió una política liberal en cuanto a libertad religiosa y en 1649 propuso la primera acta de tolerancia del Nuevo Mundo, aprobada rápidamente por la asamblea de Maryland. Los problemas de Calvert con los puritanos y el apoyo que tuvo de →Cromwell no merecen mención aquí. En 1692 la Corona instituyó en Maryland un gobierno real y fue establecida la Iglesia de Inglaterra, pero los Calvert retuvieron sus derechos territoriales. Cuando en 1715 un Calvert protestante (Benedict Leonard) se convirtió en heredero del territorio de la familia (1715), el gobierno propietario fue reestablecido y continuó hasta la Revolución y de manera igual, el anglicanismo como iglesia establecida. HOWARD F. VOS

CALVERT, JAMES (1813-1892). Misionero wesleyano a las Islas Fiji. N. en Pickering, Inglaterra, y se convirtió a los 18 años de edad mientras era aprendiz de impresor. En 1837 fue aceptado como misionero y enviado a la Institución Teológica de Hoxton. Después de seis meses, sus estudios fueron interrumpidos por un urgente pedido de ayuda para las Islas Fiji. El, John Hunt y Thomas Jaggar llegaron allí justo tres años después de que la obra comenzara. Un cuarto de siglo de maravillosas transformaciones tuvieron lugar entonces en las islas. Regresaron a Inglaterra en 1865. La familia Calvert fue requerida siete años más tarde para colaborar en los campos de diamantes de Sudáfrica. Allí pasaron más de ocho años antes de retirarse. En 1886-87 C. volvió a visitar las Fiji y pudo comprobar lo que 50 años de actividades misioneras habían logrado. HAROLD R. COOK

CALVINISMO. El término surgió en el s.XVII, mayormente en oposición a las enseñanzas de →Arminio condenadas por el Sínodo de →Dort en 1618. Había sido utilizado por los católicos en el s.XVI a veces, pero siempre con sentido peyorativo. Por lo tanto se trata de una palabra empleada en muchas diferentes maneras durante los pasados 300 años, habiendo llegado a tener numerosos significados, tanto buenos como malos. En consecuencia, hay que comprender su verdadero sentido si uno quiere emplear el término con propiedad.

El primer problema implicado es la interpretación del c. en su relación con →Calvino mismo. El no la hubiera aceptado como una buena descripción de su doctrina y en una o dos ocasiones en efecto manifestó ésto. Creía que la doctrina que él estableció era, más o menos, las enseñanzas de las Escrituras del AT y del NT. En su carta dedicatoria a Francisco I de Francia, la cual hacía de prefacio a su primera edición de *Institución de la Religión Cristiana* (1536), dejó bien en claro esto: escribía para demostrar que las doctrinas expuestas por los protestantes eran completamente bíblicas. Este pensamiento reaparece reiteradamente en sus comentarios y en otros escritos suyos.

Aun así, el c. se deriva sobre todo de la propia exposición que Calvino hizo de la Escritura. Fue un escritor prolífico que estableció claramente un sistema doctrinal que creía hallar en la Biblia. Empleó las técnicas más al día de exégesis bíblica de los humanistas de su época. Escribió comentarios sobre la mayor parte de los libros de la Biblia, resumiendo sus conclusiones en sucesivas ediciones de la *Institución* que, de un pequeño manual de seis capítulos en 1536, creció hasta llegar a ser un gran volumen de setenta y nueve capítulos en la edición definitiva de 1559. Este libro ha sido el libro de texto del c. desde aquel tiempo, habiendo sido traducido a muchos idiomas y explicado y ampliado por quienes se consideraban calvinistas.

¿Cuál es la esencia del calvinismo? Muchos han intentado responder a este interrogante en diversas maneras, generalmente sobre la base de sus presuposiciones teológicas y filosóficas particulares. Como el c. es una estructura multifacética de pensamiento que trata de interpretar la realidad total desde una perspectiva cristiana, tratar de resumirlo en pocas palabras resulta extremadamente difícil. No obstante, para obtener cierto entendimiento del mismo, hay que intentar alguna forma de análisis y síntesis para reducirlo a dimensiones comprensibles.

El principio formal del c. es la Biblia, fuente doctrinal de Calvino. Tanto él como otros reformadores del s.XVI tenían un elevado concepto de la Biblia, insistiendo en que es la Palabra de Dios, que trae al hombre la revelación de Dios en documentos escritos bajo la inspiración del Espíritu Santo. Sin embargo, no previeron todas las controversias que surgirían posteriormente sobre esta doctrina y así no desarrollaron todas las diversas teorías de la revelación e inspiración formuladas por calvinistas en los ss.XIX y XX. Sin embargo, sostenían muy firmemente que la Biblia es la única regla infalible de fe y práctica que tiene el hombre. En este aspecto todos los principales dirigentes protestantes estaban de acuerdo.

Debido a esta creencia, el c. insiste en que la Biblia es la única fuente que el ser humano posee en cuanto a Dios, su voluntad y sus obras. Aunque la creación y la providencia ciertamente revelan el poder de Dios y su divinidad, tanto la naturaleza como el hombre han sido en tal manera corrompidos por el pecado que éstos no pueden ser medios adecuados de la manifestación de Dios. Además, no revelan nada respecto al amor y la acción redentora del Creador. Por lo tanto son inadecuados para un pleno conocimiento de Dios, cosa que solo viene a través de su revelación directa al hombre en las palabras y en las acciones de los profetas, apóstoles y, por sobre todo, en las de Jesucristo, la Palabra Viviente, tal como nos es presentado en la Biblia.

La Biblia, al revelar a Dios, también nos da el verdadero entendimiento e interpretación acerca del hombre. Ante todo establece que el hombre es criatura de Dios y ha de cumplir los deberes y las responsabilidades que Dios le ha impuesto. Así simultáneamente, la Biblia dice al hombre lo que ha de creer respecto a él mismo y lo que ha de creer respecto a Dios. Al mismo tiempo insiste en que, debido a que hay una absoluta falta de continuidad entre Dios y el hombre, como entre Creador y criatura, el conocimiento que el hombre puede tener de Dios y de sus procedimientos no puede ser más que parcial, finalmente rodeado de un misterio que ni siquiera la Biblia elimina. El hombre, al tratar de entender la revelación bíblica respecto a él mismo y a su relación con Dios, en último análisis tiene que aceptarla por fe.

Esto, sin embargo, no significa que el ser humano caiga en una especie de quietismo o misticismo. La Biblia es el manifiesto de la acción o del activismo cristiano. En primer lugar, en asuntos de culto, las Escrituras son la autoridad final porque en ellas Dios dice al hombre cómo debe acercarse a él. En segundo lugar, las Escrituras también le dicen al hombre cómo tiene que vivir y conducirse en este mundo en relación tanto con los recursos materiales de éste como con otras personas. Por último, la Biblia es la declaración inspirada del propósito y del blanco final del hombre como criatura de Dios. De tal manera, en el c. la Biblia mantiene una posición absolutamente central como fuente tanto de pensamiento como de acción cristiana.

De la enseñanza bíblica procede lo que podríamos llamar principio material del c.: la soberanía de Dios. Algunos opinan que este es el verdadero centro del pensamiento calvinista y, hasta cierto punto, lo es. El calvinista cree que el pensamiento central de las Escrituras es que el Dios, trino y uno, es por completo independiente y absolutamente autosuficiente. Dentro de la interrelación de las tres personas de la Deidad, Dios está completa y plenamente expresado en todo aspecto. El hombre no puede en manera alguna entender lo que esto significa, salvo que respecto a todo lo que está fuera de Dios mismo, Dios es completa y plenamente soberano. No tiene correlativos, por el contrario es completa y totalmente absoluto.

Todo el universo (incluso el tiempo y el espacio) existe, por lo tanto, por la decisión creativa y la acción providencial de Dios. Dios ha hecho todas las cosas, lo cual significa que todo lo que existe es distinto de él en esencia y está subordinado a Dios. El calvinista no aceptará nunca la idea de que el universo de tiempo y espacio es una divina emanación o una parte de Dios. Tampoco admitirá (como lo hacen los deístas) que el universo una vez creado se rige por sus propias leyes naturales internas. La continua existencia y operación del universo, incluso las acciones libres del hombre, son sostenidas y determinadas momento a momento por la misteriosa y todopoderosa providencia de Dios. Por lo tanto, el último punto de referencia o interpretación, tanto para las ciencias como para la historia, tiene que ser siempre la soberanía de Dios. Como Calvino lo hubiera dicho, estas cosas tienen que estar *sub specie aeternitatis* ("en la perspectiva de la eternidad").

Con miras a su propósito final, Dios permitió al hombre que pecara, aunque éste lo hizo conforme a su propio deseo y voluntad, alienándose de Dios. Al mismo tiempo, Dios se propuso en su gracia redimir de pecado a los hombres y llevarlos a la gloria. Por consiguiente, desde el comienzo mismo de la historia dos principios opuestos han estado en conflicto: el pecado y la redención; la alienación y la reconciliación. Estos dos principios han sido revelados claramente en el AT y han llegado a su plenitud en el Calvario en la acción redentora de Jesucristo, el encarnado Hijo de Dios. Desde ese entonces el conflicto ha continuado a través de las edades a medida que Dios, el Espíritu Santo, ha llamado a su pueblo para que salga del reino de este mundo al reino de Dios, para ser así su pueblo sobre la tierra.

Este pueblo se compone de aquellos que Dios ha elegido en Jesucristo desde la eternidad, no por previsión de su fe o justicia sino por pura gracia y amor de Dios. Debido a la corrupción de su naturaleza pecaminosa, ningún hombre se volvería a Dios con arrepentimiento y fe, a menos que el propio Dios por el Espíritu Santo lo hubiera regenerado para poder hacerlo. Cristo, por lo tanto, murió y resucitó para que sus electos fueran reconciliados con Dios, quien les otorga la dádiva del Espíritu que infaliblemente los lleva a la fe en Cristo como Salvador y Señor. Cuando así han experimentado la conversión, Dios constantemente obra dentro de ellos para que puedan crecer en gracia y en semejanza a Jesucristo, para ser en esta vida más conformes a su imagen. Para el c. la reconciliación del hombre con Dios pertenece por completo a Dios y a su eterna y soberana gracia. Por lo tanto, los electos nunca pueden perderse, sino que, por el contrario, perseverarán hasta el fin mismo.

Para aquellos que aceptan tal posición, el principio bíblico de la soberanía divina incluye también un principio ético básico. Puesto que Dios es soberano, Señor y Creador de todo, todos los hombres son también responsables de servirlo en esta vida en todo lo que ellos hagan. Es la soberanía de Dios la que hace que el hombre sea plenamente responsable. Además, Dios desde el principio ha comisionado al hombre para que asuma la responsabilidad de actuar como el gran profeta, sacerdote y rey de la creación. Ha de interpretar la creación como posesión divina, dirigirla en alabanza y adoración de Dios y gobernarla para Dios. Para este fin el Creador le concedió el derecho de regir, someter y poblar la tierra. Esto incluye tanto el desarrollo de los recursos físicos como la organización humana para este propósito.

No obstante, debido a su alienación de Dios, el hombre ha dejado de cumplir con sus responsabilidades, tratando de usar los recursos físicos y humanos de la creación para su propio placer, comodidad y gloria. El resultado ha sido tanto la perversión como la contaminación de la buena creación de Dios. Al par que el hombre ha forzado el desarrollo de la creación y sus riquezas, incluso sus propias capacidades, ha tendido generalmente a hacer mal uso de ellas, incluso para la destrucción de sus propios congéneres. Por otro lado, el cristiano que reconoce su responsabilidad ante Dios debe, como a veces ciertamente lo hace, ver su deber en desarrollar y usar tanto la creación material como sus propios dones para beneficio de la sociedad y para la gloria de Dios. Esta es su vocación vital.

El fin definitivo o el propósito final del c. es, por lo tanto, la gloria de Dios. La creación y aun la redención no son básicamente para satisfacer y complacer al hombre. No debería pensarse en que el evangelismo, el servicio social y actividades similares son finalidades al beneficio del hombre, sino para la gloria del soberano Dios trino y uno. En su servicio a Dios en esta tierra, el cristiano trata de manifestar la majestad, poder y gracia de Dios glorificándole en todo. No considera las cosas que está haciendo como algo que le es requerido en carácter de actividades meramente terrenales, sino como algo que redundará en alabanza de Dios por toda la eternidad.

Este sistema de pensamiento fue explicitado por Calvino en sus escritos. No obstante, fue más elaborado (frecuentemente en un ambiente de controversia) en la parte final del s.XVI, y en parte sintetizado en los Cánones del Sínodo de →Dort (1618) en lo que comúnmente es conocido como los "Cinco Puntos del Calvinismo": (1) total corrupción del hombre, (2) elección incondicional, (3) limitada [particular] expiación, (4) gracia irresistible, (5) perseverancia de los santos. Las confesiones reformadas preparadas después de 1618 también expresan estas doctrinas, aunque las ponen dentro del más amplio contexto de la soberanía universal de Dios. Sin embargo, muchos teólogos notables (J. Ussher, J. Davenant, J. Cameron, etc.) enseñaron una doctrina de redención general.

Nacido en Ginebra y en Francia, el c. se extendió gradualmente a lo largo del valle del Rin a Alemania y a Holanda, siguiendo el valle del Danubio a Hungría y a Transilvania, y a través de los Alpes a Francia formando y modelando así la Reforma según ésta tenía lugar en los distintos países. Desde Francia y Holanda el calvinismo pronto se extendió a Inglaterra y a Escocia. Dominó mayormente el pensamiento de la Iglesia de Inglaterra durante el s.XVII, formando el corazón del pensar puritano que fue trasplantado a Nueva Inglaterra. En Escocia, Holanda y Francia fue la doctrina básica de las iglesias reformadas y éstas lo llevaron no solo a América sino también a muchas otras partes del mundo, resultando así que hoy el c. es un fenómeno mundial. Debido a su naturaleza inclusiva, el c. ha ejercido una poderosa influencia en cada aspecto de la vida del hombre occidental durante los pasados 400 años, aunque su impacto pasa a veces sin ser reconocido.

Tal como podía esperarse, la contribución del c. fue más evidente en los campos de la teología y de la vida y acción cristianas. Se podría dar una extensa lista de teólogos, predicadores y reformadores de los pasados cuatro siglos: John Owen, Thomas Boston, George Whitefield, William Wilberforce, el Séptimo Conde de Shaftesbury, Abraham Kuyper, Charles Hodge, B.B. Warfield, J. Gresham Machen y muchos otros que han sostenido una firme posición calvinista. Sin embargo, ninguno de ellos ha adoptado el punto de vista de que su religión era algo separado de su vida en el mundo. Veían al c. como algo que abarcaba toda la existencia, influyendo en cada esfera de acción y pensamiento.

El c. ha tenido también una considerable influencia desde el principio sobre el desarrollo de las ciencias naturales. Pierre de la Ramée, Ambroise Paré, Bernard Pallisy, Francis Bacon, John Napier de Merchiston y otros de los primeros días de la revolución científica fueron calvinistas. Muchos hombres de ciencia sostuvieron esa posición teológica desde el s.XVII, creyendo que Dios sostiene toda la naturaleza mediante su providencia conforme a sus leyes estructurales, de manera que el hombre puede ser capaz tanto de entender como de utilizar este mundo.

Desde los tiempos de Juan Knox en Escocia y del almirante Coligny en Francia, pasando por la revolución puritana en Inglaterra en el s.XVII, hasta Abraham Kuyper y Herman Dooyeweerd en los Países Bajos y Emile Doumergue de Francia en los ss.XIX y XX, los calvinistas han desempeñado un papel muy importante tratando de desarrollar y aplicar un concepto cristiano de la política y del estado. Creyendo que Cristo es "Señor de señores y Rey de reyes", han tratado de que tanto gobernantes como súbditos lo reconozcan como al único ante quien son responsables. Al mismo tiempo insisten, como lo hizo el propio Calvino, en que el despotismo y la oligarquía, debido a la naturaleza pecaminosa del hombre, llevan a la opresión, mientras que la democracia bajo la ley provee la única organización política para la libertad. Debido a este punto de vista, el c. ha sido base de gran parte del constitucionalismo moderno.

También en las artes el c. tuvo su efecto. No solo Calvino hizo mucho por el idioma francés para establecerlo sobre bases firmes, sino que su empleo de Clement Marot, Teodoro Beza y otros para preparar salmos vernáculos para el canto en la iglesia, estimuló el interés poético de los protestantes. Bajo esta influencia pronto aparecieron salmos vernáculos en holandés, inglés y magiar y, muy significativamente, en general fue muy estimulada la escritura de poesía. Las primeras obras de →Milton revelan este estímulo, y así lo hacen los escritos de hombres tales como William Cowper, Willem Bilderdijk y muchos otros. En las artes visuales los llamados Pequeños Maestros Calvinistas de Holanda en el s.XVII, y muchos otros que los siguieron en Francia, Inglaterra y América, fueron también vigorosamente influidos por el enfoque calvinista.

Generalmente el c. ha sido acusado de originar el moderno capitalismo explotador. Ello se debe a su doctrina de la vocación y a su insistencia en el duro trabajo y en la frugalidad en todas las cosas. Max →Weber, el sociólogo alemán, seguido por R.H. Tawney, Ernst Troeltsch y muchos otros, ha propuesto esta interpretación. Indudablemente hay cierta verdad en estos alegatos, ya que el calvinista creía deber suyo trabajar duramente y vivir con moderación, todo esto para la gloria de Dios. Pero carece de evidencias históricas para su verificación que la aceptación calvinista de lo legítimo de recibir intereses por préstamos comerciales y el enfoque racional de la actividad económica con el andar del tiempo llevaron a la explotación del trabajador y así pusieron el fundamento para el capitalismo desalmado. Y por ello hay escritores que han señalado que los enemigos del c., y no los calvinistas, han favorecido y desarrollado el capitalismo.

En los pasados 400 años el c. ha experimentado altibajos. Aunque debilitado considerablemente por la influencia del →racionalismo y la →Ilustración, el c. mostró un reavivamiento notable bajo la égida del avivamiento evangélico en Inglaterra, y el →Gran Despertamiento en América en el s.XVIII. Sin embargo, en el s.XIX fue atacado en dos frentes. No solo fue enfrentado vigorosamente por la alta crítica y por el cientificismo, por un lado, sino que también lo combatió el evangelicalismo wesleyano y quietista por otro. Como resultado de esto los calvinistas se volvieron más ensimismados y frecuentemente se pusieron a la defensiva. En las pasadas dos o tres décadas, no obstante, han reconquistado mucha de su antigua confianza. Con la fundación de organizaciones como la *International Association for Reformed Faith and Action,* la fundación de revistas con enfoque calvinista y la publicación de un creciente número de libros escritos desde esta perspectiva, parecería que el c. está quizá experimentando un despertar en un mundo que ha perdido la mayor parte de sus fundamentos. W.S. REID

CALVINISMO EN AMERICA LATINA. El c. llegó a AL antes de llegar a Norteamérica. Apareció primero en la colonia hugonote que, apoyada por Calvino y →Coligny, se estableció en la Bahía de Río de Janeiro en 1555. El 21 de mayo de 1557, se celebró el primer servicio protestante de comunión en las Américas. La colonia tuvo un fin trágico en 1567.

Cincuenta y siete años más tarde el c. llegó de nuevo a AL. En 1624 fueron conquistadas las tierras costeñas de la parte NE de Brasil por los holandeses que hacía poco se habían liberado de España y habían hecho de la fe reformada la religión del Estado. (→PAISES BAJOS). Alegaron que uno de los propósitos de la conquista era la introducción de "una religión pura en las Américas". Llegaron pastores, se estableció la Iglesia Reformada y se inició obra misionera entre los indígenas, negros e inmigrantes. Pero en 1654 los portugueses reconquistaron las tierras y llegó a su fin otra colonia calvinista.

En 1695, cinco años después de que el presbiterianismo llegara a ser la religión oficial de →Escocia, un grupo de escoceses organizó una empresa cuyo fin era establecer una colonia en el área de Darién (Panamá), al este de Puerto Bello. En 1698 llegaron 1.200 colonos pero la colonia empezó a fracasar desde sus inicios. Enfermedades, problemas internos y, finalmente, las fuerzas españolas acabaron con este otro intento de establecer una colonia protestante en AL.

En la época de la Independencia reaparece el calvinismo pero en otra forma. Las nuevas naciones comenzaron a organizarse y, sin darse cuenta, fueron influidas políticamente por el c. Cuando se confeccionó la primera constitución latinoamericana, la "Constitución del Reino de Cundinamarca" (1811), se reconoció en ella el principio de que la autoridad gubernamental viene del pueblo, es decir que el gobierno tiene su base en un contrato entre los asociados, o sea en el consentimiento de los ciudadanos expresado en un pacto social. Se rechaza así el "derecho divino de los reyes", principio que imperaba en el gobierno español (católico). El principio democrático se incorporó en todas las constituciones latinoamericanas subsiguientes.

Alfonso López Michelsen, en su opúsculo sobre "La estirpe calvinista de nuestras instituciones políticas" (1947), llama la atención al hecho de que este nuevo principio político se lo debe AL a Calvino, si bien por vía indirecta, por medio de Francia y la nueva nación norteamericana. Este hecho hizo que López exclamara: "¡Impagable ironía del destino la que hizo que esta, la más católica de las asambleas constituyentes de Colombia [la de Cundinamarca] introdujera el concepto calvinista del mundo en nuestra sociedad!"

A mediados del siglo XIX empieza a entrar en AL el c. en su expresión teológica. Los presbiterianos estuvieron entre los primeros evangélicos que enviaron misioneros a AL. Llegaron a Colombia en 1856, Brasil en 1859, México en 1872, Guatemala en 1882 y posteriormente a otros países. Además muchas de las otras denominaciones e instituciones misioneras que se preocuparon por la evangelización de AL, eran profundamente influidos por el pensamiento del gran reformador ginebrino. GILBERTO BERNAL C. y WILTON M. NELSON

CALVINO, JUAN (1509-1564). Reformador francés. N. el 10 de julio de 1509 en Noyon, Picardía, a 92 kilómetros al NE de París, en el hogar de Gerard Cauvin (Calvinus era la forma latinizada de su apellido) y de Jeanne la France de Cambrai. Juan fue el segundo de cinco hijos varones. Su padre, notario público, estuvo empleado primeramente al servicio del obispo de Noyon. Como resultado mientras Juan era todavía muy joven obtuvo dos →beneficios eclesiásticos. El joven Juan se volvió amigo de los hijos de un miembro de la clase media local, Joaquín de Hangest, noble de Montmor, quien sugirió cuando sus propios hijos iban a París que Juan viajara con ellos para una mayor educación. Gerard estuvo de acuerdo. Después de pasar unos pocos meses en el *College de la Marche*, Juan se inscribió en *Collège de Montaigu*. Sin embargo, cuando Gerard entró en conflicto con el obispo de Noyon, decidió que su hijo abandonara todo pensamiento de ingresar en el sacerdocio. Por consiguiente, le ordenó estudiar derecho en Orleans donde Pierre de l' Estoile estaba enseñando. Mientras se encontraba allí Juan también tomó lecciones de Andrea Alciati, jurista humanista en Bourges. Cuando murió su padre, en 1531, regresó a París para continuar sus estudios literarios, aunque por cierto período volvió a Orleans completando así su curso en leyes.

Poco es lo que sabemos acerca de la conversión de Calvino. Sin embargo tenemos información de sus frecuentes contactos con hombres de tendencia protestante mientras estudiaba. En el *College de Montaigu* puede haberse topado con John Major, el conciliarista escocés, y en Orleans y en Bourges ciertamente sabemos que estudió griego bajo Melchior Wolmar, humanista de fuertes inclinaciones protestantes. Varios de sus amigos en Orleans y su primo Francis →Olivetan, caminaban también en esta dirección. Puede haber sido como resultado de estas influencias, junto con el asistir secretamente en París a reuniones protestantes, por lo que C., pese a su "obstinado apego a las supersticiones papistas", se hiciera protestante. Como joven con extraordinaria habilidad y también como excelente estudioso, pronto se convirtió en uno de los dirigentes del protestantismo de París.

En abril de 1532, como era característico de los jóvenes eruditos humanistas de su época, publicó su primer libro. Se trataba de un comentario sobre *De Clementia,* de Séneca. Poco después se vio envuelto en el movimiento de la Reforma y esto lo llevó a concentrarse en los estudios bíblicos. Cuando su amigo Nicolás →Cop fue elegido rector de la Universidad de París, C. lo ayudó a preparar su discurso rectoral presentado el 1 de nov. de 1553. Este discurso era un ataque a la iglesia y una exigencia de reforma, siguiendo los lineamientos propuestos por Lutero. La reacción fue el estallido de un sentimiento antiprotestante que hizo que tanto Cop como C. abandonaran París. Aunque C. posteriormente regresó por breve tiempo, su reputación como uno de los reformadores pronto lo obligó a huir otra vez. Durante los siguientes tres años estuvo viajando por Francia, Suiza e Italia. Durante este período renunció en Noyon a los beneficios eclesiásticos que tenía.

Pese a estar viajando constantemente para evitar arrestos o persecución, C. había comenzado a escribir en pro de la fe protestante. En 1534 publicó su primera obra religiosa, *Psychopannychia,* un ataque a la doctrina del sueño del alma después de la muerte. Poco más tarde la traducción francesa de la Biblia por Olivetan apareció con el prefacio de C. Lo más importante, sin embargo, fue que en marzo de 1536 publicó en Basilea un delgado volumen, de siete capítulos, con el título de *Christianae Religionis Insitututio,* con una carta de prefacio dirigida a Francisco I de Francia defendiendo a los protestantes de sus calumniadores. Se trataba de un breve sumario de la fe cristiana. Su autor era en aquel momento virtualmente desconocido, pero pronto se hizo notorio entre los protestantes tanto por su habilidad expositiva como por tratarse de una apología abierta de las nuevas doctrinas.

Pasó después C. unos pocos meses sin rumbo fijo. Luego acompañado por su hermano Antoine y por su media hermana Marie, se dirigió hacia Estrasburgo donde el protestantismo había sido aceptado oficialmente. Esto proveería la quietud requerida para su proyectada obra literaria. Debido a la guerra entre Francia y el Imperio, tuvo que hacer un desvío a través de Suiza, vía Ginebra, donde había pensado quedarse solamente una noche. La escala fue decisiva pues el predicador protestante Guillermo →Farel, que había iniciado una reforma en la ciudad, supo de la presencia del joven erudito. Inmediatamente Farel pidió que C. se quedara para ayudarlo a completar su obra. Al principio C. se negó, pero cuando Farel afirmó que la maldición divina caería sobre él si no se quedara, Calvino consintió pero en contra de su propia voluntad. Sin embargo, su residencia en la ciudad no duró por mucho tiempo. El y Farel trataban de introducir un cierto grado de disciplina en una sociedad notoria por su libertinaje, actitud que solo podía suscitarles enemigos. Cuando los dos reformadores rechazaron la demanda gubernamental de que debían aceptar la liturgia de Berna, sus opositores usaron esto como excusa para expulsarlos de la ciudad. Farel marchó a Neuchatel, mientras que C., a invitación de Martín →Bucero, partió una vez más para Estrasburgo.

Probablemente algunos de los más felices días de C. transcurrieron en Estrasburgo. Aunque constantemente acosado por la pobreza, parece haber gozado allí de la vida que quería. El acontecimiento personal más importante fue su matrimonio con Idelette de Bure, viuda de un anabaptista a quien C. había convertido a su posición reformada. Ella le dio un hijo que solo vivió unos días. Poco después de llegar a Estrasburgo, C. se convirtió en pastor de la congregación de refugiados franceses que él organizó siguiendo los lineamientos que creía ver en el NT. De especial importancia resulta aquí su redacción de una liturgia y la preparación de un salterio compuesto por su propia traducción métrica al francés y la de Clement Marot. Simultáneamente estaba ocupado preparando su comentario sobre Romanos y participando como representante de Estrasburgo en coloquios con luteranos y con católicos romanos en Worms y en →Ratisbona. Debido a estas actividades se extendió gradualmente su fama de erudito bíblico y de teólogo.

Hubiera C. pasado probablemente en Estrasburgo el resto de su vida a no ser por los esfuerzos del cardenal →Sadoleto para poner a Ginebra nuevamente bajo control romano. Después de la partida de C. y Farel, nadie había surgido para dar la necesaria dirección a la iglesia. Como resultado de esto se produjeron confusión y conflictos. En tal situación los defensores del antiguo régimen creyeron propicio deshacer lo hecho por los reformadores. Con este fin en marzo de 1539 Jacobo Sadoleto, un bien conocido humanista, escribió una carta instando a los ginebrinos a que se sometieran al papa. Puesto que nadie en Ginebra parecía capaz de contestarle, la carta fue enviada a C. quien la refutó con suma eficacia. Aproximadamente en la misma época, un cambio de gobierno puso el control de la ciudad en manos de amigos de Calvino y éstos lo invitaron a regresar. Aunque no tenía deseos de hacerlo, una vez más, bajo las exhortaciones de Farel, consintió, reingresando en la ciudad el 13 de set. de 1541.

Comprendía demasiado bien que Ginebra tenía una antigua reputación europea de inmoralidad. Esta no sería una comunidad fácil de reformar, sin embargo, C. se dedicó inmediatamente a esta tarea. Una de sus primeras responsabilidades era revisar las leyes de la ciudad. Al mismo tiempo redactó una forma de gobierno para la iglesia y revisó su liturgia y salterio de Estrasburgo. Oportunamente (1559) hasta convenció al pueblo de que debía fundarse una academia (más tarde universidad) para la preparación de la juventud al servicio de la comunidad. En todo esto tenía el gran propósito de hacer de Ginebra una "ciudad santa", conforme a la voluntad de Dios. Esto significaba a veces una estricta y dura disciplina la cual la mayoría, aun los calvinistas, hoy no aprobarían, pero tuvo la consecuencia de cambiar el carácter de Ginebra y de hacer de ella una potencia en el mundo del s.XVI.

Los esfuerzos de C. por reformar a Ginebra y a los ginebrinos condujeron a los naturales conflictos internos. No todos los habitantes eran calvinistas y, aun algunos de aquellos que concordaban con él, a veces creían que sus rigurosas demandas iban demasiado lejos. De esto ocasionalmente resultaron motines y disturbios encaminados a eliminarlo de la ciudad. La prueba final llegó cuando Miguel →Servet, un español que estaba condenado a muerte por la →Inquisición por negar la doctrina de la Trinidad, entró en Ginebra aparentemente para causar problemas. Fue reconocido, denunciado por C. y, con la aprobación de otras ciudades protestantes suizas, así como con el visto bueno de las autoridades católico romanas, fue muerto quemado en la hoguera en 1553. Aunque durante el s.XVI miles de protestantes sufrieron esta misma suerte a manos de sus perseguidores católicos, C. ha sido constantemente vilipendiado por esta ejecución.

No tuvo cargos gubernamentales, ni en realidad fue ciudadano de Ginebra hasta que fue invitado en 1559. No obstante, C. dominaba a toda la comunidad, por persuasión moral más que por otros medios. No solo desempeñó un importante papel en bosquejar un gobierno eclesiástico ejerciendo amplios poderes de supervisión sobre los habitantes y humanizando las leyes, sino que también ejerció gran influencia en otros aspectos. A él se debe en gran parte el establecimiento universal de un sistema de educación para la juventud. También participó en la ayuda organizada en beneficio de pobres y ancianos. Trató de hacer de Ginebra un estado cristiano, tanto en la práctica como en la doctrina.

Era natural que Ginebra por este esfuerzo ganara una amplia reputación, especialmente en Europa entre los protestantes perseguidos. Situada en la encrucijada de importantes rutas comerciales entre el N e Italia, tenía una posición geográfica estratégica. Y lo que era todavía más importante, bajo la influencia de C. las autoridades de la ciudad abrieron de par en par las puertas a los refugiados que en gran número acudieron de todas partes: Francia, Holanda, Inglaterra, Escocia, Alemania, Italia, España, Hungría, Polonia, en fin, de casi todo país europeo. De Ginebra estas personas frecuentemente regresaron como misioneros para divulgar el Evangelio como lo habían aprendido allí. De estos contactos, constantemente mantenidos a través de una voluminosa correspondencia, C. ejerció influencias que rebasaron ampliamente los límites de Ginebra. Se convirtió en una figura dominante de la Reforma protestante de mediados de siglo.

De igual, quizás de mayor, importancia que sus contactos personales y sus cartas, fueron sus escritos. Durante su vida escribió comentarios sobre 23 libros del AT, incluyendo todo el Pentateuco y todos los profetas, y acerca de todo el NT salvo el Apocalipsis. Con un trasfondo de estudios humanísticos y su conocimiento teológico, estas obras han ejercido influencia en la iglesia hasta hoy. Además de preparar comentarios, predicaba constantemente, todos los días en semanas alternadas, y muchos de sus sermones eran tomados en notas taquigráficas, que pueden haber sido revisados por él, y después publicadas. Las notas de otros sermones permanecieron perdidas hasta el presente siglo, pero ya están siendo publicadas por primera vez. Junto con estas labores constantemente producía folletos acerca de los temas que afectaban tanto al pensamiento como a la acción protestantes.

El más significativo de todos sus escritos es la *Institución de la Religión Cristiana.* Fue publicado originalmente en 1536 como libro de seis capítulos, en carácter de manual teológico para los protestantes franceses. Fue revisado por C. cinco veces, generalmente traduciéndolo al francés de la versión latina original e influyendo así grandemente al desarrollo del moderno idioma francés. Por el tiempo de la edición definitiva, aparecida en 1559, ésta había sido tan ampliada y cambiada que ya se trataba de cuatro libros con un total de 79 capítulos. Esta obra se diseminó rápidamente en muchas traducciones hasta formar, excepto en los países donde predominaba el luteranismo, la teología sistemática de la Reforma. Esto ha durado hasta el presente según lo indican las numerosas ediciones eruditas que recientemente han aparecido en inglés, francés, español, japonés y otros idiomas.

Idelette Calvino murió en 1549 dejando a su esposo como hombre triste y solitario. Al parecer nunca pensó en volver a casarse, aunque seguramente habría sido mejor para él tener el cuidado de otra amante esposa, pero no era hombre que tomara gran cuidado de sí mismo. El resultado de esto fue que hasta el fin de sus días sufrió de úlceras del estómago y problemas similares. Semejante debilidad de la carne no le impidió trabajar intensamente casi hasta su muerte, ocurrida en 27 de mayo de 1564. A los 54 años de edad, C. literalmente se consumía al servicio de Dios.

Para muchos desde su época, C. fue el sumo ejemplo de rigor y de falta de alegría. Creen que ha sido un legalista que deseaba excluir del cristianismo todo lo que fuera gozo y trataba de convertirlo en una inescapable esclavitud. Pero si uno en realidad estudia las obras y la vida de tal hombre, no parece ser ese el caso. Se trataba de un ser muy humano, como él lo revela frecuentemente en sus cartas. Cierto que era intenso en su servicio a Dios, a quien ofrecía su corazón en forma plena. Usando sus indudables dotes echó los cimientos del protestantismo para los cuatro siglos siguientes. Su influencia se extendió mucho más allá de los límites de la iglesia, como lo hizo trascendiendo las fronteras de Ginebra. Muchas de sus ideas políticas, estéticas, científicas e históricas se volvieron tan entrelazadas con el pensamiento occidental que tenemos que reconocer en él a una de las grandes mentes creadoras, uno de los factores formativos en el desarrollo de la cultura y de la civilización occidentales.

W.S. REID

CALZADOS. (Lat. *calceus* **= "zapato").** Término que se aplica a ciertas órdenes religiosas que llevan botas o zapatos para distinguirlas así de otras ramas de la orden cuyos miembros van descalzos o usan sandalias. Así los carmelitas calzados, la rama no reformada de la orden, llevan zapatos; los carmelitas descalzos de la orden teresiana reformada usan sandalias.

J.D. DOUGLAS

CAMALDULENSES. Austera orden monástica fundada por Romualdo en 1012 cerca de Florencia. Previamente él había sido abad de varios monasterios benedictinos, habiendo sido expulsado por los monjes incapaces de cumplir sus rigurosas demandas. Los miembros c. observaban dos cuaresmas al año, se abstenían de carne y vivían con pan y agua tres días por semana. Rodolfo, el cuarto general de la orden, moderó ligeramente la inicial severidad de la regla que figuraba en su primera constitución escrita en 1102. Gregorio XVI pertenecía a los c.

J.D. DOUGLAS

CAMARA, HELDER (1909-). Prelado brasileño, arzobispo de Recife-Olinda. N. en Fortaleza (Ceará). Inició su carrera eclesiástica en 1931 como capellán universitario en su ciudad natal. Con la anuencia de su obispo entró en la Acción Integralista. Asumió el secretariado de este partido para el estado de Ceará, y empezó a distinguirse por su genio organizador. En 1936 aceptó la asesoría técnica del Secretariado de Educación y Cultura en Río de Janeiro, por lo que se trasladó a esta capital. Por orden del cardenal Sebastiao Leme, C. cesó su actuación partidaria, sin que tal decisión significara para él, un cambio de credo político.

En 1952 nació bajo su inspiración el Consejo Nacional de Obispos Brasileños. C., promovido a obispo auxiliar, fue su secretario general hasta 1964. El Congreso Eucarístico Internacional de 1955, organizado por C. y celebrado en Río de Janeiro en un estilo triunfalista, dio motivo a lo que se podría llamar su "conversión". Un participante, el arzobispo francés Pierre Gerlier, consiguió sensibilizarlo ante el contraste entre el estilo del congreso y la realidad humana que lo circundaba. A partir de entonces C. puso sus talentos al servicio de los pobres, denunciando estructuras injustas más bien que predicando una caridad de tipo tradicional. Para concientizar a las masas él mismo organizó, en 1961, el Movimiento de Educación de Base.

Pocas semanas antes del golpe militar de 1964, C. fue nombrado arzobispo de Recife. A esa transferencia no fueron ajenos un conflicto en la jerarquía y ciertas sospechas de simpatías revolucionarias. Como hijo del Nordeste brasileño, C. se erigió ahora en portavoz de los pobres de la región, pero sin perder de vista los contextos nacional, latinoamericano y mundial. Se enfrentó en su país a los poderes establecidos y asumió serios riesgos personales. Aprovechó sus breves salidas al extranjero, principalmente en los 1969-1976, para abogar un orden económico internacional más justo y por la revolución sin violencia. Su actitud provocó tensiones en el episcopado brasileño y le causó persistentes ataques de parte de la prensa oficial. Si bien su repercusión nacional ha disminuido en los últimos años, C. continúa en su arquidiócesis una acción pastoral vigorosa y eficaz. KLAUS VAN DER GRIJP

CAMBRIDGE, PLATONICOS DE. Nombre dado a un grupo de teólogos con sede en el Emanuel College, Cambridge. Los miembros principales eran Benjamín Whichcote, Ralph Cudworth, Henry More, John Smith (1618-52) y Natanael Culverwell (m. c.1651). En reacción contra el calvinismo dogmático de los puritanos y el materialismo de →Hobbes buscaron, mediante una relación de la filosofía con la teología, aplicar a la religión el idealismo de Platón y particularmente el neoplatonismo. En uno de sus sermones Whichcote declaró que "era una obra muy útil llamar a los hombres para que respondan a los principios de su creación, que cumplan con la luz natural, que respondan a la conciencia natural, que sean completamente racionales en todo lo que hagan, porque estas cosas tienen un fundamento divino. Lámpara de Jehová es el espíritu del hombre, prendida por Dios y conduciendo a Dios el hombre". Esta cita [enmendada] de los Proverbios era favorita de él y da cierta idea de su enfoque del hombre, la razón y la conciencia.

En su reacción contra las ideas calvinistas de la total corrupción humana, los platónicos de Cambridge veían al hombre como una criatura dotada de razón, esto es, no como la simple facultad del raciocinio sino también como luz interior. Asimismo, consideraban el bien y el mal como parte de la eterna naturaleza de las cosas, parte de la ley del mundo ideal, impresa en la voluntad del hombre y que ni aun la voluntad de Dios puede cambiar. "Si no hubiera habido una ley escrita en el corazón del hombre, una Ley (fuera de él), no habría servido para ningún propósito" (Whichcote). Es fácil entender cómo la degeneración de estos puntos de vista acerca de la razón y la moralidad pudieron llevar a tan estrecho y complaciente enfoque como el del →deísmo del s.XVIII. Esto es así particularmente en esta cita de Whichcote y en otra de John Smith. En ellas se hace referencia a que Dios ha provisto la verdad de la divina revelación (como un agregado) a la verdad de la "inscripción natural" debido a la decadencia de la razón después de la caída del hombre. En esta forma parece que la palabra revelada de Dios es un mero apéndice de la verdad ya existente.

Los platónicos de Cambridge se salvaron del árido racionalismo de los deistas por su captación mística de Dios. Reconocieron los límites de la filosofía y comprendieron que algunas formas de conocimiento no pueden ser aprehendidas en manera conceptual sino que son producto de una relación personal con Dios. Estaban conscientes de que "nada podía explicar el fenómeno de la experiencia religiosa, excepto el sentido de lo infinito en el corazón humano" (G.R. Cragg).

ARTHUR POLLARD

CAMERARIUS, JOACHIM (1500-1574). Reformador alemán. N. en Bamberg. Estudió en Leipzig, Erfurt y Wittenberg, y posteriormente introdujo reformas en las universidades de Tubinga y Leipzig. Notable como filólogo y humanista, fue también un destacado erudito en griego. Participó en coloquios teológicos y en las dietas imperiales, p.e. Espira (1526 y 1529) y Augsburgo (1530). En 1525 viajó junto con →Melanchton al Palatinado y visitó a →Erasmo en Basilea. Su amistad con Melanchton se debía a preocupaciones humanísticas, teológicas y pedagógicas mutuas. Tradujo al griego la Confesión de →Augsburgo. Su catecismo griego es melanchtoniano en teología. Escribió las biografías de Melanchton (su obra más famosa), de Jorge, Príncipe de Anhalt, y de Eoban Hesse. Reunió cartas de destacados dirigentes religiosos de la Reforma las cuales, aunque en forma parcialmente dispersas, demostraron ser de valor para la investigación histórica. Tanto con Francisco I (1535) como con Maximiliano II (1568), discutió la posibilidad de que los luteranos se reunieran con los católicos. CARL S. MEYER

CAMILO DE LELIS (1550-1614). Fundador de los "Ministros de los Enfermos". Hijo de un militar, n. en Bucchiano, cerca de Nápoles. Después de servir en el ejército de Venecia (1571-74), sufrió grandes penurias debido a su hábito inveterado del juego. Trabajó para los →capuchinos hasta que fue despedido a causa de una herida incurable. Se internó en el hospital San Giacomo y llegó a ser su superintendente. Profundamente influido por Felipe →Neri, lo convencieron para que estudiara para el sacerdocio y en 1584 fundó su propia orden, Ministros de los Enfermos, quienes asumían un cuarto voto para cuidar a los enfermos. La orden fue oficialmente aprobada en 1586 y siguió la regla agustiniana. Hasta 1607 C. fue el superior de la misma. Renunció para dedicarse personalmente otra vez a los enfermos. Fue canonizado en 1746 y en 1866 declarado santo patrono de los enfermos y de las enfermeras en 1930. IAN BREWARD

CAMISARDOS. Luchadores de la resistencia protestante francesa. Fueron llevados a sublevarse por la brutal represión de todas las prácticas públicas de su fe, después de la revocación del Edicto de →Nantes (1685). Un período de resistencia pasiva (1686-98) fue seguido por fieros levantamientos de guerra abierta que duraron hasta 1709. Alrededor de 12.000 protestantes fueron ejecutados solamente en el Languedoc. Los c., inspirados por escritos apocalípticos de profetas e intelectuales, especialmente Pierre Jurieu, se levantaron en el distrito de Cevennes en 1702. En número de 3.000 hombres organizaron bandas armadas y fue necesario un ejército de 60.000 efectivos para derrotarlos. Muchos de ellos sufrieron torturas indecibles. En 1704 se les ofreció perdón y derecho de abandonar el país si deponían las armas. De aquellos que aceptaron la oferta, algunos ingresaron en el ejército británico. Unos pocos intransigentes siguieron resistiendo pero fueron por fin suprimidos. Algunos c. fundaron su iglesia en Inglaterra y formaron una pequeña secta llamada "profetas franceses". J.G.G. NORMAN

CAMPBELL, ALEXANDER (1788-1866). Uno de los fundadores de los →Discípulos de Cristo y las Iglesias de Cristo. Era hijo de Thomas →Campbell, asistió a la Universidad de Glasgow, después emigró a Pennsylvania, se unió a la asociación cristiana de su padre, y fue ordenado al ministerio en 1812. Alexander estaba muy interesado en la unidad entre los cristianos y divulgó sus puntos de vista teológicos en una serie de predicaciones realizada en Kentucky, Ohio, Indiana, Virginia Occidental y Tennessee. Pese a su énfasis en la unidad cristiana, varias congregaciones se separaron de la iglesia bautista a consecuencia de las enseñanzas de C. y se unieron para formar un grupo llamado los Discípulos de Cristo (1832) y fueron apodados "campbellitas". Aunque propiciaba un regreso a la teología más sencilla de la iglesia primitiva, se oponía tanto a la teología especulativa como al avivamiento emocional. El deseo de Campbell en cuanto a un clero bien preparado lo llevó a fundar Bethany School, en Virginia Occidental (1840), institución que dirigió hasta su muerte. Se embarcó en numerosos debates sobre temas religiosos con dirigentes tales como el secularista Robert Owen y con John Purcell, obispo católico de Cincinnati. C. escribió o editó más de sesenta volúmenes, los más importantes de los cuales, además de sus debates publicados, son un libro, *The Christian System* (1835) y sus periódicos *The Christian Baptist* y *The Millennial Harbinger.* Afirmaba que el bautismo y la confesión de Jesucristo como Salvador eran los únicos requisitos del cristianismo. ROBERT C. CLOUSE

CAMPBELL, THOMAS (1763-1854). Uno los fundadores de los Discípulos de Cristo. De trasfondo escocés e irlandés, fue ministro en la "Iglesia de la Secesión" que se separó de la Iglesia de →Escocia. La falta de unidad en el cuerpo separatista llevó a C. a volverse enemigo del sectarismo. En 1807 emigró a Pennsylvania en donde estableció una asociación cristiana de personas pertenecientes a varias profesiones. Dado que parecía que una nueva denominación iba a surgir de este experimento, trató sin éxito de fusionarse con los bautistas. Posteriormente estos campbellitas ciertamente se fusionaron con un grupo similar organizado por B.W. →Stone. C. fue un predicador popular que viajó constantemente y que por lo general se ganó la vida enseñando en escuelas. Al volverse ciego en sus últimos años, vivió en Bethany, Virginia Occidental, con su hijo Alexander. Alexander escribió *The Memoir of Elder Thomas Campbell* (1861). ROBERT C. CLOUSE

CAMPEGGIO, LORENZO (c.1472-1539). Arzobispo de Bolonia. A los 26 años era doctor en derecho canónico y civil y fue ordenado en 1510 después de la muerte de su esposa. Era un gran diplomático y estuvo implicado en las intrigas de su tiempo. En 1512 fue designado para el obispado de Feltre y desde 1513 hasta 1517 fue nuncio ante Maximiliano I. León X quería que él trajese la paz entre los príncipes cristianos y los uniese en una cruzada contra los turcos, pero no pudo obtener el apoyo de →Enrique VIII. C. también tomó parte importante en algunos de los principales acontecimientos de la Reforma. En 1519 fue designado *Segnatura*, puesto de la más alta dignidad y honor. Cuando Adriano VI fue elegido papa en 1522, muchos planes para corregir abusos en la iglesia le fueron sometidos a él, pero su pontificado fue demasiado breve para llevarlo a cabo. En 1523 Campeggio fue nombrado arzobispo de Bolonia y en 1524 como Protector de Inglaterra en la Curia Romana. Enrique VIII lo hizo obispo de Salisbury en 1524; en 1528 fue enviado a Inglaterra para formar un tribunal con Thomas →Wolsey para tratar el caso del divorcio de Enrique. Fue privado de la sede de Salisbury por un acta del Parlamento en 1535. En 1537 fue proclamado cardenal. S. TOON

CAMPESINOS, REVUELTA DE →REVUELTA DE CAMPESINOS

CAMPION, EDMUND (1540-1581). Jesuita inglés. Hijo de un librero de Londres, era un joven precoz que se distinguió en dar discursos de bienvenida a la realeza. En 1557 llegó a ser *junior fellow* del Colegio de San Juan de la Universidad de Oxford. Pese a sus dudas, el arzobispo Cheyney lo convenció para que fuese ordenado diácono, pero abandonó Oxford en 1569 y marchó a Irlanda. Fracasó en su intento de resucitar la Universidad de Dublín y regresó a Inglaterra disfrazado. En Douai, Francia, en 1571 ingresó en la ICR. Al año siguiente marchó en peregrinación a Roma y allí se hizo jesuita. Fue enviado a Bohemia y ordenado por el arzobispo de Praga en 1578. Cuando los jesuitas decidieron participar en una misión a Inglaterra, Parsons y C. fueron los dos primeros elegidos. Llegaron a Inglaterra en junio de 1580: pero C. fue arrestado justo un año después y ejecutado en Tyburn en diciembre de 1581. Sin embargo, tuvo tiempo para imprimir y distribuir sus *Decem Rationes*. JOHN TILLER

CAMP MEETINGS ("Reuniones de campamento"). Un rasgo distintivo de la vida religiosa en el área fronteriza norteamericana durante las primeras décadas del s.XIX. [Los asistentes acampaban en tiendas de campañas en el bosque.] Las reuniones se celebraban al aire libre, en el centro del campamento. Provocaban notables conversiones, acompañadas a veces con mucho emocionalismo y hasta fenómenos físicos como convulsiones, postraciones y bailes. Un tal James McGready [presbiteriano] desarrolló este tipo de reuniones en el condado de Logan en Kentucky, durante el verano de 1800. Pronto otros predicadores, especialmente metodistas adoptaron los c.m. El más famoso c.m. se celebró en el condado de Bourbon, Kentucky, en agosto de 1801. Se estima que la asistencia variaba entre 10.000 y 25.000.

BRUCE L. SHELLY

CANADA. La religión cristiana en el C. ha sido establecida y mantenida por protestantes y católicos en una cultura doble. El apoyo en cuanto a personal y a finanzas vino originalmente de Francia, Gran Bretaña y las colonias norteamericanas. Las ideas del cristianismo canadiense reflejaron en su mayor parte estas influencias externas, no solo en asuntos de creencia fundamental sino también en cuanto a controversias sobre temas tales como el establecimiento de la iglesia y la subvención del clero. Desde los orígenes (c.1600-1840) hasta el presente, cinco grupos religiosos han compuesto la mayor parte de la comunidad cristiana en el C.: católicos, anglicanos, presbiterianos, metodistas y bautistas.

La iglesia en Nueva Francia. Desde un principio de la colonización francesa en el C., a comienzos del s.XVII, la ICR ocupó un lugar importante. La iglesia le dio cohesión y estabilidad a la sociedad francocanadiense y estuvo asociada con la expansión francesa hacia el interior así como con el establecimiento de la iglesia en la parte colonizada. Samuel de →Champlain (c.1570-1635), virtual fundador de Nueva Francia, llevó desde Francia franciscanos recoletos esperando que cristianizaran a los indios. En 1625 los jesuitas se unieron a los recoletos en Quebec y pronto fueron el elemento dominante en la misión entre los indios, en particular en el país del Hurón, al sur de la Bahía Georgiana. En 1648-49 varios jesuitas fueron martirizados a manos de los iroqueses, enemigos de los hurones.

Mientras que desarrollaba las misiones, también la iglesia se arraigaba firmemente en los establecimientos franceses de Quebec. La organización de la iglesia local fue mayormente efectuada por Fco. Javier de Laval. Los católicos también se mantuvieron activos en Acadia (Nueva Escocia) desde la primera expedición autorizada en 1604 y conducida por el Sieur de Monts. La expansión hacia el Canadá occidental comenzó en 1731 y en 1741, cuando los jesuitas acompañaron al explorador Pierre de la Vénendrye en sus viajes al oeste.

Las iglesias bajo el reinado británico, 1760-1866. Después de la transferencia de Nueva Escocia a Gran Bretaña en 1713 y del resto del C. en 1763, el protestantismo y el catolicismo de habla inglesa se establecieron oficialmente en el antiguo territorio francés.

El catolicismo tenía su territorio en el Bajo Canadá (Quebec) y se aseguró una porción en el Canadá Superior sobre todo como resultado de la inmigración de escoceses de Glengarry y, subsiguientemente, colonos irlandeses. Los escoceses que se establecieron en las Provincias Marítimas, especialmente en el Cabo Bretón, eran predominantemente católicos. En general el clero católico francés fue leal al nuevo gobierno civil británico después de la conquista. Los obispos J.O. Briand y J.O. Plessis tuvieron éxito al consolidar las relaciones de la iglesia con las autoridades británicas.

Las iglesias protestantes ingresaron en el C. tanto desde la Gran Bretaña como de las colonias británicas en América. Eran sostenidas principalmente por las sociedades misioneras británicas. Los anglicanos tenían sus adherentes entre los *pre-Loyalists* de Nueva Inglaterra, los *United Empire Loyalists,* las guarniciones militares y la administración imperial y los inmigrantes procedentes de las Islas Británicas. Los metodistas estaban compuestos principalmente por wesleyanos británicos y americanos metodistas episcopales. Los presbiterianos, aunque derivaban de Gran Bretaña y de lo que ahora son los EUA, reflejaban la tradicional brecha entre la Iglesia de Escocia y las varias iglesias separatistas. Los bautistas fueron pioneros en las provincias marítimas, en las poblaciones del oriente de Quebec y en la península de Niágara desde los EUA, pero también obtuvieron apoyo de Escocia. La Iglesia Luterana en el Canadá mantuvo el ritmo con la inmigración que llegaba desde Alemania y Escandinavia. Los luteranos establecieron su primera congregación permanente en Nueva Escocia alrededor de 1750 e ingresaron en el C. superior unos 25 años más tarde.

La expansión de las iglesias hacia el O pronto siguió a su desarrollo en el Canadá oriental. Los primeros misioneros en el O fueron J.N. Provencher, John West, James Evans y John Black.

Durante la primera mitad del s.XIX surgió la postura de las iglesias en lo concerniente a educación. Por 1840 era ya evidente que la segunda enseñanza iba a estar en manos del estado, aunque con alguna provisión para una instrucción religiosa sobre bases no denominacionales. El C. superior (posteriormente Ontario) hizo lugar para escuelas separadas para los católicos; el C. inferior (posteriormente Quebec) desarrolló un sistema de división entre los sectores católicos y protestantes. Durante la mayor parte del s.XIX la enseñanza superior estuvo controlada principalmente por iglesias protestantes y católicas que habían fundado para 1867 cerca de dos docenas de universidades relacionadas con ellas.

Las iglesias desde 1867. La expansión de las iglesias continuó a fines del s.XIX y dio como resultado también movimientos ecuménicos de fusión organizada y confederaciones. Los presbiterianos del C. se unieron en 1875, la mayoría de los metodistas lo hicieron en 1884 y el Sínodo General Anglicano fue formado en 1893. En 1925 los metodistas, las iglesias congregacionalistas y una gran parte de la Iglesia Presbiteriana se unieron para formar la →Iglesia Unida de Canadá.

Hacia fines del s.XIX, las iglesias protestantes del C. sintieron el impacto de los nuevos movimientos de pensamiento entre los científicos y críticos bíblicos. El desafío hizo surgir un liberalismo cristiano que tendía a descartar la fe en los aspectos sobrenaturales del cristianismo y a concentrarse en la ética cristiana. Los primeros exponentes fueron clérigos tales como G.M. Grant y los profesores George Paxton Young (1819-89) y John Watson (1847-1939). El crecimiento del liberalismo cristiano siguió en el s.XX. Muchos de sus voceros, especialmente J.S. Woodsworth y otros metodistas, pusieron gran énfasis sobre las implicaciones sociales del cristianismo. Después de 1930 el protestantismo del C. fue influido por otras tendencias tales como la neoortodoxia, relacionada con el nombre de Karl →Barth y también con el →existencialismo cristiano, pero el tema dominante siguió siendo el liberalismo cristiano.

Sin embargo, siempre ha habido una fuerte reacción conservadora contra el liberalismo cristiano. Esto se basa en la idea de una Biblia inspirada y autoritativa, y en la adhesión a los primitivos credos cristianos, particularmente al Apostólico y al de Nicea. Aunque las mayores denominaciones se volvieron predominantemente liberales, había entre sus miembros muchos cristianos que eran ortodoxos y resistieron los ataques de la teología liberal. Otras denominaciones, algunas bastante nuevas, no han tenido este problema, entre ellas los pentecostales, los Hermanos Libres, la Alianza Cristiana y Misionera, los menonitas y la Hermandad de Iglesias Evangélicas Bautistas. El Ejército de Salvación ingresó en el C. en 1882.

El pensamiento católico de mediados y fines del s.XIX reflejó la lucha que se estaba librando en Europa entre el →ultramontanismo y el liberalismo. La concertación de relaciones entre la iglesia y el estado, respecto a la segunda enseñanza controlada por las provincias, implicó a los católicos en dificultades con las autoridades civiles de Ontario, Nueva Brunswick y Manitoba. En gran medida tales problemas continuaron afectando en el s.XX las relaciones entre los católicos y gobiernos provinciales.

La iglesia moderna. En su mayor parte los grupos que a principios del s.XIX eran numéricamente grandes continuaron siéndolo en la última parte del XX. En 1961 católicos, anglicanos, unidos, presbiterianos y bautistas incluían más de 15 millones de adherentes (más del 87% de la población). Los luteranos y los menonitas sumaban más de 800.000. La inmigración procedente de la Europa Central con posterioridad a 1890 había llevado al Canadá a varias iglesias que representan la vieja tradición cristiana, especialmente a la Iglesia Ortodoxa Griega y la Iglesia Greco-católica de Ucrania. Otras agrupaciones protestantes todavía seguían aumentando, notablemente a los pentecostales (220.000 en 1971).

La participación de las iglesias canadienses en las misiones continuó. Las misiones internas entre los indios norteamericanos y los esquimales eran mantenidas mayormente por católicas, anglicanos y la Iglesia Unida. Las misiones protestantes en campos extranjeros estaban abrumadoramente en manos de misioneros que eran evangélicos y conservadores en cuanto a teología.

La lucha entre el conservadurismo y el liberalismo es todavía evidente en el último tercio del s.XX. En el protestantismo el debate cruza las líneas entre las denominaciones con los liberales que destacan la justicia social, la moralidad permisiva y la flexibilidad doctrinal, mientras que los conservadores enfatizan la importancia de la salvación personal y la adhesión a los credos históricos. Los católicos están preocupados con temas tales como el control de nacimientos, la liturgia en idioma vernáculo y las relaciones con otros grupos de cristianos.

D.C. MASTERS

CANADA, IGLESIA UNIDA DE →IGLESIA UNIDA DE CANADA

CANCLINI, SANTIAGO (1900-1977). Pastor y escritor bautista argentino. N. en La Plata en un hogar muy pobre, y debió dedicarse al trabajo desde pequeño. A los quince años se convirtió bajo el ministerio de quien luego sería su suegro, Juan C. →Varetto (con cuya hija Agustina se casó, siendo ya profesor de biología). En 1927 sucedió a Pablo →Besson en el pastorado de la Iglesia Bautista del Centro de Buenos Aires (la primera en Argentina) y ocupó ese cargo por 34 años. Prolífico escritor, dejó unas 25 obras sobre diversos temas entre las cuales se hallan *Triunfo de la pureza* (1935), *Yo creo en Dios* (1942), *Pablo Besson* (1957), *Y le trajo a Jesús* (1965), *¿Qué debo hacer? la juventud y las vocaciones* (1972). Ocupó los más altos puestos denominacionales, como la presidencia de la Convención Bautista Argentina y la dirección de la obra misionera doméstica. Fue profesor en el Seminario Bautista de Buenos Aires. Gran orador, viajó incansablemente por todo el mundo como evangelista, representante denominacional y líder evangélico. Actuó apasionadamente en favor de la difusión de la Biblia, ocupó los más altos puestos en las Sociedades Bíblicas e impulsó el movimiento bíblico, no solo en Argentina, sino en todo el continente. Su mayor pasión fue la lucha por la libertad religiosa. Su primer folleto (1930) versó sobre este tema, al igual que su libro de mayor volumen. Fue padre espiritual de miles de personas, consejero y maestro. PABLO DEIROS

CANDELARIA →CIRIOS

CANISIO, PEDRO (1521-1597). Reformador católico. N. en Nimega, Holanda. Estudió teología en Colonia y Lovaina (1535-46). Profundamente influido por los seguidores de la *devotio moderna,* ingresó como →novicio jesuita en 1543. En Colonia ayudó a derrotar al arzobispo Hermann von Wied y rápidamente causó profunda impresión entre los dirigentes católicos por su habilidad y dedicación. Más que ninguna otra persona él estableció la reforma del catolicismo en el S de Alemania y Austria. Sus tres catecismos pasaron por centenares de ediciones e hicieron por los católicos lo que Lutero había hecho por los protestantes. Fue provincial de los jesuitas en la Alta Alemania entre 1556 y 1559. No solo atrajo a esa orden a muchos otros hombres de talento, sino que también demostró singular capacidad en la reforma educativa, predicando, enseñando y haciendo apologética y obra pastoral. Las buenas relaciones con los gobernantes católicos formaron parte de sus logros. Tendía al perfeccionismo y era un inflexible crítico de los abusos. Sus cartas son una valiosísima fuente histórica. Murió en Friburgo y fue canonizado en 1925. IAN BREWARD

CANO, MELCHOR (1509-1560). Teólogo católico español. N. en Tarancón, Castilla la Nueva, e ingresó en la orden →dominica en 1523. Después de ejercer como profesor en Alcalá, ocupó una cátedra de teología en Salamanca en 1546, y en 1551 fue enviado por Carlos V para desempeñar un activo papel en las deliberaciones del Concilio de →Trento. Al año siguiente el emperador lo propuso para el obispado en las Islas Canarias, pero él renunció un mes más tarde. En 1553 fue rector del colegio de San Gregorio en Valladolid y en 1557 fue elegido provincial de la orden dominica. El nombramiento fue disputado y una reelección posterior no fue confirmada por el papa Pablo IV porque C. apoyaba a la corona española en su oposición al papado. Su elección fue después ratificada por el papa, Pío IV. Su fama se debe a los doce libros de su *De Locis Theologicis* (1563), una investigación hermosamente escrita acerca de las fuentes del conocimiento teológico, obra que ayudó a fundamentar la metodología teológica. HOWARD SAINSBURY

CANONES APOSTOLICOS. Ochenta y cinco cánones atribuidos a los apóstoles, que se hallan en el capítulo 8 de las →*Constituciones Apostólicas* (c.381). Se ocupan tanto de la elección, ordenación, responsabilidades oficiales y conducta moral del clero como de la vida cristiana en general. Se sanciona a los ofensores con la deposición y con la excomunión. Se mencionan en conjunto por primera vez en el Concilio de Constantinopla de 394, pero algunos son paralelos a cánones del Sínodo de Antioquía (341). El canon 85 da una lista de los libros sagrados; el Apocalipsis es omitido, pero se incluyen tres libros de los Macabeos, tres cartas de Clemente y las propias *Constituciones Apostólicas.* Dionisio el Exiguo tradujo al latín los cánones 1-50 y los incluyó entre sus mayores colecciones de cánones. Esto formó la base del derecho canónico occidental. El oriente admitió todos los Cánones pero rechazó las *Constituciones Apostólicas* íntegramente en el Concilio Trullano II (692). G.T.D. ANGEL

CANONIGOS AGUSTINOS →AGUSTINOS, CANONIGOS

CANONIZACION. Decreto papal que ordena la veneración pública de un individuo por parte de la iglesia universal. Crea así una devoción que es tanto universal como obligatoria. Urbano VII publicó en 1634 una bula que reservaba a la Santa Sede el derecho exclusivo de c. La autorización papal es otorgada generalmente solo después de un largo proceso canónico. En la iglesia primitiva los →mártires fueron los primeros en ser venerados por los fieles. Desde el s.IV esta devoción fue extendida también a los →confesores. La primera c. históricamente atestiguada fue la de Ulrich de Augsburgo, por Juan XV, en 993.

Se dice que la c. otorga honor séptuple al individuo en cuestión: el nombre es inscripto en el catálogo de los santos; su nombre es invocado en las oraciones públicas de la iglesia; pueden ser dedicadas a Dios las iglesias en su memoria; la Eucaristía es celebrada en su honor; se observa el día de su festividad; las pinturas del santo o de la santa aparecen rodeadas con un halo y sus reliquias son guardadas en vasos preciosos y son veneradas. S. TOON

CANON VICENTINO. Prueba de la verdad religiosa planteada por →Vicente de Leríns (principios del s.V) en *Adversus profanas omnium novitates haereticorum Commonitorium,* ataque contra la doctrina agustiniana de la predestinación. El criterio afirma "lo que se ha creído en todas partes, siempre y por todos". Vicente sostenía que el fundamento definitivo de la verdad está en las Escrituras; mediante esta triple prueba de universalidad, antigüedad y consenso, la iglesia puede diferenciar las tradiciones verdaderas de las falsas. Debe observarse el orden de las pruebas: algunos escritores ingleses del s.XIX citaron erróneamente el canon colocando "siempre" de primero.

CANTERBURY. En 597 el papa →Gregorio Magno envió a Agustín a evangelizar la Gran Bretaña y le dio instrucciones de establecer sedes en Londres y York. Agustín, sin embargo, fue acogido por Berta, esposa cristiana de Etelberto, rey de Kent, y estableció su primera iglesia en la capital de su reino: Canterbury. Este se convirtió en el centro de su actividad misionera y en consecuencia ocupó el lugar de Londres. Desde el s.XIII los arzobispos eran considerados como legados papales permanentes, y ya en el s.XIV habían establecido precedencia sobre los arzobispos de York como primado de toda Inglaterra. Muchos arzobispos desempeñaron un papel significativo en la historia nacional. La diócesis de Canterbury abarca la mayor parte de Kent y parte de Surrey, pero la provincia de Canterbury cubre a Inglaterra al S de Cheshire y Yorkshire y el arzobispo es considerado también como cabeza de la Comunión →Anglicana mundial.

Agustín consagró una basílica romanobritánica como su catedral y fundó junto a ella un monasterio benedictino, reorganizado por →Lanfranc como el priorato de la *Christ's Church.* Después de su destrucción por los daneses en 1067, la catedral fue reedificada en estilo normando bajo los arzobispos Lanfranc y Anselmo y consagrada en 1130. El arzobispo →Becket fue asesinado en la catedral en 1170 y, después de un incendio en 1174, el coro fue reconstruido en estilo transicional, con un magnífico sepulcro para Becket dedicado en 1220. Miles de peregrinos procedentes de toda Europa lo visitaron, aportando gran riqueza a la catedral y a la ciudad. En 1376 fue reconstruida la nave normanda y añadidos algunos cruceros. La torre central fue comenzada aproximadamente en 1495, también en estilo perpendicular. Eduardo, el Príncipe Negro, y Enrique IV fueron sepultados en la catedral. En 1538 el santuario de Becket fue destruido y disuelto el priorato para ser reemplazado por un deán y doce canónigos designados por la corona. JOYCE HORN

CAPADOCIOS, PADRES. En la segunda mitad del s.IV, tres teólogos de la provincia de Capadocia ejercieron una profunda influencia sobre el carácter de la teología cristiana. Fueron →Basilio de Cesarea, su hermano →Gregorio Niceno, y el íntimo amigo de Basilio, →Gregorio Nacianceno. Dieron forma final a la doctrina griega respecto a la Trinidad y a través de sus esfuerzos fue finalmente derrotado el arrianismo. J.D. DOUGLAS

CAPISTRANO, JUAN DE (1386-1456). Dirigente y predicador →franciscano. Habiendo estudiado en Perusia derecho civil y canónico, se unió allí a los franciscanos observantes y predicó en contra de los →fraticelli. Hizo mucho para que los observantes tuvieran sus propios vicarios (1431) y para obtener para ellos santos lugares en Palestina. Posteriormente fue vicario de la comunidad cismontana y escribió un curso de estudios, habiendo fundado otros conventos y monasterios. Defendió a →Bernardino de Siena ante Martín V e (infructuosamente) la causa de Angevin en Nápoles como legado papal (1435-36). Obtuvo para la Orden Terciaria de los franciscanos el derecho de vivir en común (1436) y pasó dos años en Milán predicando y escribiendo (1440-42). Nicolás V lo envió a Austria a predicar contra los husitas (1451), ampliando sus responsabilidades hasta Estira, Hungría y Bohemia. En 1454 Pío II hizo que predicara la cruzada que produjo la victoria del 22 de julio. Fue canonizado en 1690.
C.G. THORNE JR.

CAPITO, WOLFGANG FABRICIUS (1478-1541). Reformador protestante. N. en Köpfel, hijo de un herrero de Hagenau, estudió medicina en Pforzheim, jurisprudencia en Ingolstadt y teología en Friburgo de Brisgovia, volviéndose experto en hebreo. Como predicador del capítulo provincial en Bruchsat se encontró con Melanchton en 1512 y, como profesor de teología y predicador de la catedral en Basilea (1515), conoció a →Ecolampadio y mantuvo correspondencia con Lutero y con Zuinglio. También se relacionó estrechamente con Erasmo y publicó una gramática hebrea y una traducción del salterio. Desde Maguncia, donde era canciller y predicador, sirvió de mediador entre el arzobispo y Lutero (1519-23) y se trasladó a Estrasburgo como preboste de Santo Tomás. Sacado, principalmente por Mateo Zell, de la erudición para dedicarse a la Reforma, fue expulsado del capítulo pero designado como pastor de la nueva iglesia de San Pedro. Se casó en 1524. La tensión entre el estudio y el púlpito produjo conferencias sobre el AT y comentarios en latín sobre Habacuc (1526) y Oseas (1528).

Fue muy benévolo y hospitalario hacia los anabaptistas pacíficos de Estrasburgo, confiando en el resultado de la discusión irénica. Durante años estuvo disconforme con el bautismo de infantes, mostrando una piedad iluminista o espiritualista que inculcaba interioridad y desconfiaba de lo externo. Fue influido por radicales como →Schwenckfeld, Michael Sattler y, especialmente, Martín Cellarius, con quien colaboró en traducciones y publicaciones. Sin embargo, se sintió perturbado paulatinamente por los excesos de los radicales, por su propia enfermedad (1529) y por la muerte de su esposa (1531). En 1532 se casó con la viuda de Ecolampadio. Se inclinó hacia una más estrecha alianza con →Bucero buscando un más firme sistema eclesiástico para Estrasburgo (1533-34). Juntos compilaron la →*Confesión Tetrapolitana* (1530) y prosiguieron esfuerzos hacia una unión (Wittenberg, 1536; Worms, 1540). C. también redactó órdenes eclesiásticas para Berna (sínodo de 1532) y para Francfort (1535). Sus últimas obras (*Responsio de Missa*..., 1537; *Hexemeron Dei*..., 1539) favorecen aun con mayor fuerza un eclesiasticismo magisterial "neo-católico". Fue sobre todo un erudito al estilo de Erasmo (activo en estudios patrísticos y promotor de las obras de Lutero y de Ecolampadio), pero no cumplió su primera promesa siquiera en esta esfera. D.F. WRIGHT

CAPITULARES. Nombre dado a los decretos legislativos emitidos por los reyes merovinginios y carolingios de Francia y los lombardos de Italia, decretos que regían en varios aspectos de administración, incluso reglas eclesiásticas y prescripciones morales juntamente con edictos políticos y económicos. Las actas, compuestas en latín, a menudo eran largas y vagas, de modo que se dividían en capítulos y eran de tipos diferentes. Unos eran confirmados por asambleas locales o por concilios eclesiásticos, mientras otros se ejecutaban sin confirmación alguna. Algunos quedaron vigentes por tiempo limitado, otros vigentes y permanentes en todo el reino. Ningún c. ha sobrevivido en su forma original, sin embargo muchos son asequibles en forma de colecciones, empezando con el del abad Ansegisus (827). MARY E. ROGERS

CAPITULO. Miembros de una casa religiosa que se acostumbraban a reunirse regularmente en asamblea para escuchar un capítulo de la Regla de San Benito, o de la Escritura, leído públicamente. El nombre "capítulo" se hizo extensivo a la asamblea y posteriormente a las personas que se reunían. Las asambleas de toda una provincia u orden de monjes se conocieron como "c. provinciales" o "c. generales". El término se usa en la forma "cabildo" con respecto a monjes o canónigos de una iglesia catedralicia o colegiada, presididos por un deán, y responsables de su administración, obra y culto. Casas capitulares fueron edificadas a partir del s.IX casi exclusivamente en Inglaterra, frecuentemente en forma externa poligonal y abovedada por dentro. En algunas catedrales, el capítulo menor consistía en canónigos residentes y el capítulo mayor incluía a éstos y a los canónigos honorarios. JOYCE HORN

CAPREOLUS, JUAN (c.1380-1444). "Príncipe de los tomistas". Dominico que enseñó en universidades francesas, fue el más destacado en el avivamiento del tomismo. Sus *Cuatro libros en defensa de la teología de Sto. Tomás* (1409-33) usan sistemáticamente las fuentes en contra de tales críticos como los escotistas y ockamistas. J.D. DOUGLAS

CAPUCHA. Prenda de vestir con capucha, *vestis caputiata*, llevada tradicionalmente por monjes (de aquí el nombre de →"capuchinos" de una de las órdenes de frailes franciscanos). Mientras que algunas órdenes de monjes llevan solamente la c. como prenda aparte, las otras, desde la época de →Benito, consideran que la c. incluye también la capa y el manto. J.D. DOUGLAS

CAPUCHINOS. Rama reformada de la orden →franciscana. En 1525 Matteo de Bascio (1495-1552), un fraile observante de Montefalcone, deseaba regresar a la primitiva sencillez de la orden. Adoptó la capucha puntiaguda que llevó San Francisco, junta con sandalias y barba. El y sus compañeros cuidaron a las víctimas de la →peste en Camerino y se establecieron allí mismo, con la aprobación del papa Clemente VII, en 1528. Se encontraron con mucha oposición por parte de otros franciscanos. Su regla (1529) enfatizaba la pobreza y la austeridad y se dedicaban a trabajos caritativos. El movimiento fue casi suprimido en 1542 cuando su tercer general, Bernardino →Ochino, se convirtió al protestantismo. Sin embargo, sobrevivieron gracias a la influencia del cardenal Sanseverino y de Vittoria Colonna, duquesa de Amalfi. Merced a su celo misionero y su entusiasmo en la predicación fueron un arma poderosa en la Contrarreforma. En 1619 se convirtieron en una rama por completo independiente de la familia franciscana. J.G.G. NORMAN

CARDENAL. (Latín, *cardinalis* = "lo referente al *cardo* ['quicio'], principal".) Uno de los príncipes eclesiásticos que forman el Sacro Colegio que elige al papa. Este título fue aplicado primeramente al sacerdocio en general, en especial a aquellos con deberes permanentes en la iglesia, pero con el andar del tiempo llegó a significar sacerdotes y diáconos específicos en Roma que componían un concilio para asesorar al obispo de esa ciudad. Desde el s.VIII el consistorio incluyó a los cercanos obispos "cardenales". La actividad de León IX (1002-54) enalteció la posición de los c. romanos. El cardenalato fue constituido en cuerpo colegiado, sus miembros tenían el rango de príncipes romanos que, reunidos en consistorio, se convertían en asesores inmediatos del papa y asumían el gobierno de la ICR durante la acefalía de la Santa Sede. Actualmente las funciones de los c. son mayormente administrativas, siendo designados por el papa. En 1568 su número fue fijado en setenta: seis obispos, cincuenta sacerdotes y catorce diáconos; las modernas designaciones recaen sobre todo en el rango de los obispos. El papa Juan XXIII aumentó su número y actualmente hay más de un centenar.

Entre sus deberes están: residir en Roma, a menos que estén dispensados de ello o sean obispos de diócesis extranjeras; actuar como cabeza de las oficinas de la curia y de las congregaciones romanas, y presidir comisiones eclesiásticas. Su título es el de "Eminencia", se les conceden derechos en todas las diócesis, tales como el uso de un altar portátil donde lo juzguen necesario. Su insignia incluye "el sombrero rojo" o "capelo", un sombrero plano de copa ancha con dos grupos de quince borlas (que no se vuelve a usar después del primer consistorio de un c.), un birrete y un casquete, la sagrada púrpura, un anillo de zafiro y una cruz pectoral. Se reúnen en cónclave para la elección de un nuevo pontífice, privilegio que poseen desde el Tercer Concilio Lateranense (1179).

GORDON A. CATHERALL

CARDENAL, ERNESTO (1925-). Sacerdote, poeta, traductor, ensayista, escultor y crítico nicaragüense. N. en Granada, →Nicaragua, pero se crió en León. Desde muy joven ingresa a la "Cofradía del Taller San Lucas", formada por escritores y artistas católicos alrededor del poeta Pablo Antonio Cuadra. Se bachillera en 1943. En 1946 se gradúa en la Universidad Nacional Autónoma de México, y un año después va a la Universidad de Columbia (Nueva York) a realizar estudios especializados de literatura inglesa. Viaja por Europa (1949) y regresa luego a la patria (1950) para fundar y dirigir las ediciones "El Hilo Azul". Se integra a la UNAP, movimiento de jóvenes opositores del régimen de Anastasio Somoza García y así conoce la persecución y la cárcel.

En 1956 se produce su conversión religiosa. Abandona la resistencia e ingresa en 1957 al monasterio →trapense de Getsemaní (en Kentucky, EUA). Su maestro de novicios fue Thomas →Merton, con quien mantendría una íntima amistad literaria y espiritual. Por razones de salud abandona la Trapa (1963) e ingresa al Monasterio →Benedictino de Cuernavaca, México. Dos años más tarde pasa al Seminario de Cristo Sacerdote, en la Ceja, Antioquia, Colombia. El 15 de agosto de 1965 es ordenado sacerdote en la Catedral de Managua.

Ese año funda la Comunidad Contemplativa de Solentiname (isla ubicada en el Gran Lago de Nicaragua). La contemplación le lleva a identificarse con los campesinos. Funda una escuela y un policlínico. También establece una escuela de pintura primitiva que pronto adquiere fama internacional. C. recibe invitaciones y viaja por América y Europa. Así viaja a →Cuba, invitado por "La Casa de las Américas" como miembro de un jurado de poesía. Observa la revolución cubana y experimenta lo que él llama su "segunda conversión", política e ideológica. Pasa así de la contemplación a la revolución. Más tarde opta por la revolución violenta, ya que según él y su comunidad la vía pacífica es impracticable. En 1977 C. se declara militante del Frente Sandinista de Liberación Nacional. La comunidad de Solentiname es arrasada y C. va al exilio.

Toma parte activa, en su calidad de sacerdote, en la insurrección final que en julio de 1979 logra la expulsión del dictador Anastasio Somoza y el triunfo de la revolución sandinista. Por su formación y por su identificación con los ideales revolucionarios, se le nombra Ministro de Cultura. Cuando en 1981 la Conferencia Episcopal de Nicaragua pide a los sacerdotes que renuncien a sus cargos públicos en el gobierno y a sus responsabilidades partidistas, C., junto a otros sacerdotes, se niega de hecho a ello, en virtud de su "inquebrantable compromiso con la Revolución Popular Sandinista" y de su comprensión del servicio que realiza como servicio a Dios. Después de una serie de conversaciones entre los interesados y las autoridades eclesiásticas, los obispos acceden a conceder a los sacerdotes un "estado de excepción temporal" durante el cual estos no ejercerán su ministerio sacerdotal, ni pública ni privadamente, y "se mantendrán en comunión con la jerarquía eclesiástica".

Su obra más conocida es *Salmos*. Ha escrito, además, *Hora 0* (1959), *Getsemany Ky* (1960), *Epigramas* (1961), *Oración por Marilyn Monroe y otros poemas* (1965), *Homenaje a los indios americanos* (1969), *En Cuba* (1972), *Oráculos sobre Managua* (1973), *El Evangelio en Solentiname* (1975), y otras. Sus poemas han sido traducidos a muchos idiomas. JERJES RUIZ y PLUTARCO BONILLA

CAREY, WILLIAM (1761-1834). Misionero a la India. N. en Northampton, Inglaterra. Trabajó de zapatero desde la edad de 16 años hasta los 28. Inmediatamente después de su conversión, a los 18 años, fue predicador entre los bautistas calvinistas, trabajando de día y ministrando en su tiempo libre; mientras trabajaba, estudiaba. En 1785 fue predicador de la iglesia bautista de la aldea de Moulton y enseñó en la escuela local; en 1786 fue designado como pastor. Durante este período experimentó una gran carga por los no evangelizados que vivían en tierras paganas. En 1792 fue publicado su folleto *Una investigación sobre el deber de los cristianos tocante a los medios que deben usarse para la conversión de los paganos.* Propuso la formación de una sociedad para alcanzar esto (la primera sociedad misionera moderna). En 1789 fue pastor de una decaída iglesia bautista en Leicester y en 1792 predicó su famoso sermón misionero, "Esperad grandes cosas de Dios; emprended grandes cosas para Dios", en una reunión de ministros. Cuatro meses después en Kettering, fue fundada la "Sociedad Bautista Particular (calvinista) para Propagar el Evangelio entre los Paganos" (actualmente conocida como Sociedad Misionera Bautista).

En 1793, junto con John Thomas, C. viajó a Bengala, India. Al principio pasó penuria en Calcuta, pero rápidamente llegó a dominar el idioma y, en 1794, fue designado administrador de una fábrica de índigo cercana a Madrás. Pronto comenzó a traducir la Biblia al bengalí, además de sus actividades como comerciante, evangelista y pastor. Por 1798 había aprendido el sánscrito y traducido al bengalí toda la Biblia, excepto los libros que van desde Josué hasta Job. Para imprimir estableció su propia imprenta. Fundó escuelas y obra médica. En 1800 se trasladó a la colonia danesa de Serampore que se constituyó en base para los 34 restantes años de sus multifacéticas labores misioneras. Durante estos años trabajó incansablemente en el plan total de un servicio de misiones que ya había iniciado: traducción y producción de la Biblia, evangelización, establecimiento de iglesias, educación y ayuda médica, extendiendo su influencia y actividades por toda la India y estimulando las misiones en otras partes del Asia. El mismo se desempeñó como profesor de sánscrito, bengalí y maratí en el *College* de Fort William; supervisó y editó traducciones de las Escrituras en 36 idiomas; produjo un voluminoso diccionario bengalí-inglés, fue precursor de reformas sociales y fundó la Sociedad de Agricultura y Horticultura de la India. C. generalmente ha sido considerado como "Padre de las Misiones Modernas". A. MORGAN DERHAM

CARISMATICOS →RENOVACION CATOLICA; RENOVACION EVANGELICA

CARLOMAGNO (742-814). Rey de los francos y primero de los emperadores medievales romanos. Hijo de Pipino el Breve, llegó a ser el gobernante único del reino de los francos en 771 y pasó en guerra las siguientes tres décadas. Su mayor hazaña militar fue la victoria sobre los sajones en prolongada contienda que agotó sus recursos. La victoria fue obtenida mediante matanzas, conversiones forzadas, deportaciones en masa y la reorganización de Sajonia en condados y diócesis gobernadas por los francos leales a C. En 774 derrotó a los lombardos y se anexó el N de Italia. Dirigió varias campañas a lo largo de la frontera SO y fundó la Marca Hispánica. En el E sojuzgó a Baviera, organizó la Ostmark como defensa contra los eslavos, y posteriormente destruyó a los áuaros, pueblo asiático que había penetrado hasta el Danubio medio. Estas campañas hicieron que las tribus paganas eslavas quedaran bajo la influencia de C. y prepararan el camino para la colonización germánica del oriente de Europa. El 25 de dic. del año 800 el papa León III lo coronó en Roma como emperador, acontecimiento que ha sido objeto de intensa controversia histórica. Las motivaciones, tanto de León como C., son muy poco claras y la significación del acto mismo es discutida. Como esto desafiaba el poder del emperador bizantino, C. trató de mejorar las relaciones con el Oriente.

La estructura de la administración carolingia tenía pocas innovaciones, pero C. tuvo mayor éxito que sus predecesores al asegurarse un mayor respeto para su autoridad y establecer un mejor gobierno. Utilizó jueces profesionales permanentes y enviados reales *(missi dominici)* para ampliar su autoridad en el reino, a la vez que promulgó ordenanzas para corregir abusos. C. ejercía poder tanto sobre la iglesia como sobre el estado y practicaba una especie de paternalismo religioso en sus reformas eclesiásticas. Intervino en designaciones del clero, disciplina y aun en casos doctrinales. Convencido de que era necesario un clero mejor educado, patrocinó un avivamiento de la sabiduría trayendo a su palacio la *élite* intelectual de la cristiandad latina (p.e.: →Alcuino de York, Pablo el Diácono, Pedro de Pisa, Teodolfo y Einhard) para formar la Escuela Palatina de Aquisgrán. El renacimiento carolingio se extendió por todo el Imperio y, al unir el saber pagano clásico con el saber clásico cristiano, restableció la común cultura del occidente.

RICHARD V. PIERARD

CARLOS I (1600-1649). Rey de Gran Bretaña e Irlanda desde 1625. En ese año su casamiento con Henrietta María, hija de Enrique IV de Francia, y el heredar el asesoramiento político de Buckingham provocaron desde el principio serias dificultades para él. La reina era una ferviente católica y mostraba obstinación en obtener concesiones especiales para su culto. Buckingham se embarcó en temerarias expediciones militares en el extranjero y terminó incurriendo, además, en serias pérdidas financieras. Cuando el parlamento rehusó al rey el dinero que le había solicitado, disolvió este cuerpo y recurrió a préstamos forzosos. Durante once años, desde 1629, gobernó sin parlamento. Su falta de popularidad aumentaba al ejemplificar el →derecho divino de los Reyes. Cuando Buckingham fue reemplazado como asesor real por Strafford y Laud con su política dura, la voluntad del rey fue impuesta mediante las cortes de la Alta Comisión (para delincuentes del clero) y la *Star Chamber* (para laicos). Laud llegó a arzobispo en 1633 y comenzó a presionar hacia reformas inspiradas por la *High Church* y a aplastar la oposición de los puritanos. Los puritanos Burton, Bastwick y Prynne fueron sentenciados cruelmente por la *Star Chamber* en 1637. Los teólogos de Laud estaban haciendo intrusión en los cargos superiores; uno de ellos fue Juxon, obispo de Londres, que llegó a ser *lord* tesorero. El partido de la *High Church*, con su teología arminiana y evidente tendencia romanista, se identificó con esta política de dominar con firmeza a la iglesia y al estado bajo reyes y obispos. Por su inadecuado manejo de los asuntos escoceses C. se aseguró su propia caída. Su intento en 1637, aprobado por Laud, de imponer el *Libro de Oración* escocés sobre los calvinistas escoces llevó a la firma del *Covenant* nacional escocés y a la abolición del episcopado. C. invadió Escocia pero la escasez de fondos lo obligó a retirarse y a convocar al parlamento para que le otorgara los recursos necesarios. El parlamento "largo" de 1640 abolió las cortes especiales y restringió severamente el poder de la monarquía. C. tuvo que someterse, pero su intento de arrestar a cinco miembros por alta traición en 1642 provocó una guerra civil. El presbiterianismo desalojó a un régimen religioso que se había vuelto demasiado ofensivo. Aun como prisionero, en 1647, C. negoció un tratado secreto con los escoceses que llevó a una segunda guerra civil. Esta perfidia impulsó al ejército y a los "independientes" para llevar al ex rey a su procesamiento y ejecución. En su vida familiar C. fue ejemplar, pero en asuntos públicos mostró una grave falta de integridad y de juicio. Después de la →Restauración fue aclamado como mártir y conmemorado oficialmente como tal por mandato real hasta 1859.

J.W. CHARLEY

CARLOS II (1630-1685). Segundo hijo y sucesor de →Carlos I; rey en el exilio hasta su restauración en 1660. Dado que el partido de la *High Church* había identificado las causas anglicana y de la realeza, su flexibilidad religiosa por motivos políticos era fuente constante de preocupación. En 1650 se volvió presbiteriano para obtener el apoyo de los escoceses para recuperar el trono, pero pronto se desdijo al ser éstos derrotados por Cromwell en Worcester (1651). Fue un parlamento mayormente presbiteriano el que lo invitó a regresar, y en la declaración de Breda (1660) prometió "libertad a las conciencias tiernas". No obstante, en la Conferencia de Savoy y en el Acta de →Uniformidad de 1662 pronto se vio que el partido de la *High Church* no tenía deseos de tolerancia. La legislación que siguió consideraba a los disidentes como un peligro político. Siguió el

Clarendon Code, el *Act Against Conventicles,* y la *Five Mile Act.* La corte de C. pronto se convirtió en "centro de corrupción y del buen gusto". La escasez de finanzas para su extravagante vida lo llevó a intrigas secretas con su primo →Luis XIV. En el tratado secreto de Dover (1670) a cambio de dinero prometió hacer la guerra contra los protestantes holandeses y promover el catolicismo romano en Inglaterra. Tal era el verdadero trasfondo del inventado "Complot Papista" de Titus Oates (1678). Por razones similares se había visto obligado por el parlamento a retirar su Declaración de Indulgencia de 1672. Sin embargo sofocó el intento de los *"Whig"* de excluir del trono al católico Duque de York. Como una muestra final de discreción política, postergó hasta encontrarse en su lecho de muerte la declaración abierta de su conversión al catolicismo romano que había abrazado secretamente desde largo tiempo atrás. J.W. CHARLEY

CARLOS V (1500-1558). Emperador del Santo Imperio Romano y rey de España. Nieto de Maximiliano de Habsburgo y de María de Borgoña y de Fernando de Aragón e Isabel de Castilla, resultó ser heredero de un imperio más grande que el de Carlomagno. Nacido y criado en Flandes, heredó los Países Bajos y el Franco Condado (1506) y España, Nápoles, Sicilia y las posesiones de América (1516). Aunque al principio resistido por sus súbditos españoles, obtuvo la lealtad de éstos al identificarse con sus características nacionales y también mediante su celo religioso al casarse con una princesa portuguesa. La muerte de Maximiliano, en 1519, le dio los ducados de los Habsburgo en Austria y Alemania, junto con derechos sobre Bohemia y Hungría. También obtuvo mediante soborno el trono imperial e hizo significativas concesiones. Sin embargo, el ideal de la Edad Media de unificar toda la cristiandad bajo un solo cetro demostró ser un inalcanzable anacronismo. Era hombre perseverante, paciente e inteligente, pero enfrentaba obstáculos insuperables. Su imperio no tenía lazos en común, mientras que tres grandes problemas plagaban su reinado: la revuelta religiosa en Alemania, la amenaza de Turquía y el continuo conflicto con Francia por la hegemonía europea.

Aunque enérgicamente opuesto al luteranismo, C. había estado ausente del imperio durante la crucial década de 1520. Su hermano Fernando, designado regente del territorio alemán en 1521-22, estaba preocupado con la amenaza turca. C. fue vencedor de Francisco I de Francia en dos guerras italianas (su ejército saqueó Roma en 1527) y fue el último emperador en ser coronado por el papa (1530). Incapaz de aplastar al luteranismo en la Dieta de Augsburgo (1530), enfrentó a una coalición defensiva (la Liga de →Esmalcalda) y, necesitando ayuda contra los turcos, C. hizo una tregua con los príncipes protestantes (Paz de Nuremberg, 1532). El protestantismo se extendió rápidamente por Alemania mientras C. realizaba campañas en el N de Africa contra los piratas bárbaros y los vasallos del sultán (1535, 1541) y luchaba contra Francisco I (1536-38, 1542-44). No obstante, cuando aparecieron divisiones en el movimiento protestante, C. atacó y derrotó a la Liga de Esmalcalda en 1546-47. La derrota, junto con el impopular arreglo que impuso el emperador (Interim de →Augsburgo, 1548), obligó en 1552 a los protestantes a buscar la alianza de Enrique II de Francia y provocó una nueva ronda del conflicto. Finalmente, reconociendo que el luteranismo no podía ser aplastado, C. autorizó a Fernando a concluir una paz religiosa en →Augsburgo en 1555. Cansado y desalentado, C. dividió sus posesiones entre su hijo Felipe (España, los Países Bajos y Sicilia) y su hermano Fernando (tierras hereditarias de los Habsburgo), mientras que retenía su título imperial. Sus últimos dos años transcurrieron en retiro en el monasterio de San Yuste, en Estremadura, España. RICHARD V. PIERARD

CARLOS BORROMEO →BORROMEO, CARLOS

CARLOS MARTEL (689-741). Como miembro de una familia aristocrática de los francos, los Arnulfings, heredó el cargo de mayordomo de palacio, el verdadero poder que eclipsaba a los débiles reyes merovingios. Como jefe de las fuerzas militares de los francos, su prestigio aumentó en 732 por dos hechos: su victoria cerca de Poitiers sobre los invasores musulmanes, que puso fin a la amenaza de una gran invasión de la Europa occidental por parte de los musulmanes procedentes de España; y sus incesantes campañas contra los frisones y los sajones en el nordeste. Posiblemente C. y sus consejeros militares fueron los que comenzaron a dejar de confiar en la infantería para descansar más en la pesada caballería del ejército franco debido a que advertían la potencia del estribo. Este cambio contribuyó significativamente al desarrollo del feudalismo medieval. C. también

alentó y ayudó a financiar a dos grandes monjes misioneros, →Wilibrordo y →Bonifacio, en su obra de cristianizar y pacificar a los pueblos germánicos del N y del E del reino. Dentro del reino mismo de los francos mantuvo un estrecho control tanto sobre los potentados eclesiásticos como sobre los laicos, confiscando a voluntad tierras de la iglesia para fines militares o dotando a iglesias y monasterios según la situación lo requería. Tal control laico puede, en parte, ser la causa de la degeneración espiritual y la indisciplina del clero en la iglesia de los francos.
KENNETH R. DAVIS

CARLSTADT, ANDREAS BODENSTEIN VON (c.1477-1541). Reformador protestante alemán. N. en Baviera y fue educado en Erfurt, Colonia y Wittenberg, en donde llegó a ser miembro del cuerpo docente teológico. En 1511 viajó a Roma y a Siena para recibir su doctorado. Al principio fue defensor del →escolaticismo y opositor de Lutero, pero después de leer a Agustín se volvió defensor de la gracia y de la soberanía divina. En 1518 escribió 380 tesis acerca de la supremacía de las Escrituras y la falibilidad de los concilios, haciéndolo en defensa de las →Noventa y cinco tesis de Lutero. Debatió estos principios contra Johann →Eck en Leipzig (1519). Posteriormente, en un tratado dio su interpretación del debate: *Contra el doctorcillo Eck, estúpido y asno tonto.* La Bula *Exsurge Domine,* que condenaba a Lutero y a otros refomadores, también incluía a C.

Había diferencias entre Lutero y C. y éstas comenzaron a aparecer en 1521. Mientras Lutero estaba escondido en Wartburgo, C. hizo numerosas reformas drásticas. Lutero concedía bastante libertad en la vida cristiana, pero C. consideraba que algunos cambios eran necesarios, tal como dar la Comunión en ambas especies, el matrimonio de los clérigos y la eliminación de la música de la liturgia. También consideraba como innecesario el bautismo de infantes y que la Comunión era un servicio memorial. Cuando Lutero regresó a Wittenberg, C. partió para Orlamünde. Aquí adquirió gran popularidad como predicador y renunció a sus títulos académicos. Adoptó una actitud anticlerical, empezó a vestirse como un campesino, sin zapatos, y pidió a la gente que lo llamara "Hermano Andrés". Estas acciones estaban basadas en su convicción de que una experiencia religiosa interna requería igualdad social. Lutero visitó Orlamünde y, en un debate con éste, C. reclamó hablar por revelación directa del Espíritu Santo más bien que con la parlería "papista" de Lutero. En 1524 las autoridades sajonas pidieron a C. que abandonara la ciudad. Por un tiempo se estableció en Suiza, relacionándose con →Zuinglio en Zürich y posteriormente con →Bullinger en Basilea.

Brillante, pero a veces mezquino, C. con sus "pomposos y extensos panfletos", como ha señalado Gordon Rupp, anticipó mucho del puritanismo. ROBERT G. CLOUSE

CARLYLE, THOMAS (1795-1881). Escritor escocés. Hijo de un campesino pronto fue atraído por la literatura alemana. Su inquietud por las condiciones sociales (*Chartism, 1839,* y *Past and Present,* 1843) condujo a que propusiera la necesidad de héroes gobernantes: hombres fuertes y justos que surgieran al liderazgo por sus poderes innatos más que por haber sido elegidos (*Heroes and Hero-Worship,* 1841). Produjo dos voluminosas obras acerca de Oliver Cromwell (1845) y Federico el Grande (1858-65) respectivamente, aparte de su anterior *French Revolution* (1837). C. creía en el orden y en que tal orden se alcanzaba solo mediante el poder, y que éste evoca un sentido de deber por parte de quienes obedecen. Puede haber algo de su trasfondo religioso en el énfasis que pone en la responsabilidad de la voluntad individual, como ciertamente lo hay en su admiración de los puritanos y los *"covenanters".* En *Sartor Resartus* (1843-44) y en *Past and Present* proclama su evangelio de acción. Es muy triste, aunque no sorprendente, que en su reacción se exprese en el tono amargo, desilusionado y burlón de los *Latter-Day Pamphlets* (1850). ARTHUR POLLARD

CARMELITAS. Surgieron en 1593 como la parte reformada de la Orden Carmelita con su propio general y su énfasis particular en la vida contemplativa. Esta reforma fue comenzada en 1562 por →Teresa de Avila. La Orden Carmelita fue fundada originalmente por Bertoldo del Monte Carmelo, en Palestina, aproximadamente en 1154. En un tiempo pretendía haber descendido directamente de Elías y de la comunidad de profetas que vivía allí. Comenzó un nuevo período en la historia de la orden con la caída de los Estados de los →cruzados y la emigración de los c. a Europa. El sexto general, Simón Stock, obtuvo de Inocencio IVciertas modificaciones de la primitiva regla trazada por Alberto de Vercelli en 1209, patriarca latino de Jerusalén; éste insistía en la absoluta pureza, total abstinencia de la carne y soledad. Aunque la abstinencia no fue abolida, se hizo menos estricta y el silencio fue limitado a tiempos específicos. En 1452 fue formada una orden de monjas carmelitas.

En el s.XVI se deterioró mucho la disciplina entre los monjes y las monjas. Teresa de Avila resolvió avivar la primitiva regla y seguir una vida contemplativa. Esta reforma llegó a conocerse como "Carmelitas →Descalzos". En quince años Teresa fundó otros 16 conventos de monjas. El ideal de una vida de contemplación atrajo a muchos seguidores, entre los cuales estaba →Juan de la Cruz, que extendió la reforma a las casas masculinas de la orden. Los c. enfatizaban la devoción especial a María y al Niño Jesús, y por ello no hay que sorprenderse que los teólogos c. hayan estado entre los primeros en defender el dogma católico de la Inmaculada Concepción. S. TOON

CARNELL, EDWARD JOHN (1919-1967). Teólogo evangélico norteamericano. N. en Antigo, Wisconsin. Recibió su educación universitaria y teológica en el Wheaton College y en el Seminario Westminster. Posteriormente obtuvo doctorados en Harvard y Boston. Desde 1945 a 1948 fue profesor de filosofía y religión en el Gordon College y en su Facultad Teológica. En 1948 pasó a integrar el cuerpo docente del recién fundado Seminario Teológico Fuller y sirvió en varios cargos durante los 19 años que allí pasó. Fue presidente del seminario (1954-59) y al tiempo de su muerte era profesor de ética y de filosofía de la religión. Fue uno de los dirigentes del despertar intelectual del evangelicalismo conservador después de la Guerra Mundial II. Se destacó por dar una contemporánea y significativa declaración histórica de la fe cristiana. Sus libros incluyen *An Introduction to Christian Apologetics* (1948), *Christian Commitment* (1957) y *The Burden of Sören Kierkegaard* (1965).

BRUCE L. SHELLEY

CAROLINGIO, RENACIMIENTO →RENACIMIENTO CAROLINGIO

CAROLINOS, LIBROS (Quattuor Libri Carolini). Comentario en cuatro volúmenes de origen franco, escrito alrededor de los años 790-92, acerca del lugar de las imágenes eclesiásticas. En él se debaten las decisiones del concilio iconoclasta (753-54) y del Segundo Concilio de Nicea (787) que abogan por los extremos: destrucción y adoración, respectivamente. Su posición no es ni la una ni la otra: es más bien que las imágenes son para la instrucción solamente, mientras que la Cruz de Cristo, la Escritura, los vasos sagrados y las reliquias de los santos merecen adoración. Probablemente el autor fue →Alcuino o algún teólogo español o irlandés de la corte de Carlomagno. La posición nicena obtuvo gradualmente el apoyo de los francos después que fue presentada una más exacta versión por Anastasio el Bibliotecario, aparecida bajo Juan VIII (872-82). C.G. THORNE

CAROLINOS, TEOLOGOS. Título usado, a veces muy ambiguamente, para referirse a un grupo de anglicanos que floreció en los reinados de Carlos I y II de Inglaterra. Su teología es mencionada en términos equívocos como "arminiana", y también tuvieron enfoques característicos en cuanto a espiritualidad y a lo ceremonial. El padre del movimiento fue Lancelot Andrewes, y el dirigente de hecho William Laud. Sin embargo, los teólogos destacados fueron hombres más jóvenes. Es importante corregir una moderna distorsión que ve esta escuela como representativa del "verdadero anglicanismo" en contraste con los calvinistas y latitudinarios de aquella época. J.D. DOUGLAS

CARPOCRATES. Enseñó en Alejandría alrededor del año 135 d.C. un cristianismo sincretista. Creía que Dios era un Primer Principio no revelado; que el mundo había sido creado por seres subordinados, que las almas transmigraban siguiendo el modelo cíclico del Fedro; que Jesús, un mero hombre, percibía las verdades eternas y se levantó sobre los poderes del mundo; que la plena explotación de experiencia humana capacita al alma para una experiencia directa de Dios sin reencarnación. Los seguidores de C., renombrados por su libertinaje, reverenciaban imágenes tanto de los filósofos como de Cristo mismo. J.D. DOUGLAS

CARRANZA, BARTOLOME →REFORMA PROTESTANTE EN ESPAÑA

CARROLL, JOHN (1735-1815). Primer obispo católico romano en los EUA. N. en la colonia de Maryland. Fue educado en las escuelas jesuitas de Francia, se unió a esa orden y fue consagrado al sacerdocio en 1769. Enseñó filosofía en Lieja y en Brujas. Cuando la Sociedad de Jesús fue disuelta en 1773, regresó a América y se convirtió en dirigente de los católicos en las colonias. En 1776 acompañó a Benjamín Franklin y a su sobrino Charles Carroll, firmante de la Declaración de la Independencia, en una fracasada misión a Quebec para obtener apoyo para la revolución. Fue designado por Pío VI como primer Prefecto Apostólico de los EUA en 1784, y en 1790 fue consagrado como el primer obispo estadounidense de la ICR. Animó a los estadounidenses católicos a ser defensores patrióticos de la nueva nación, y defendió los derechos de los católicos para disfrutar de libertad religiosa y justicia al igual que los protestantes. En 1784 respondió a los ataques anticatólicos al publicar una defensa eficaz del catolicismo: *An Address to the Catholics of the United States.* Fundó el Georgetown College para preparar a sacerdotes nativos y en 1808 llegó a ser el primer arzobispo de Baltimore.

HARRY SKILTON

CARTAGO. Metrópoli eclesiástica del →Africa Romana en el occidente solo superada por Roma. Los concilios celebrados aquí, tanto los provinciales (para el Africa Proconsular solamente) como los panafricanos pueden dividirse en cinco períodos:

(1) →Cipriano y los donatistas regularmente se referían a la decisión de los 70 obispos africanos y númidas bajo Agripino, alrededor del año 200, a rebautizar herejes. Los 90 obispos, que condenaron a su colega hereje, Privato de Lambesis, entre 236 y 246 en el episcopado de Donato, posiblemente se reunieron en C.

(2) Cipriano inició la celebración de sínodos anuales para canalizar el poder del episcopado corporativo. Los de 251 y 252 tuvieron que ver con los →*lapsi* clericales y los desórdenes cismáticos relacionados en C. y en Roma. Uno de estos sínodos en 253 reafirmó el bautismo de los niños recién nacidos, y el de 254 consideró las apelaciones de los *lapsi* clericales contra las sanciones disciplinarias. En 255, y dos veces en 256, la controversia sobre el rebautismo fue tema dominante.

(3) En 312, setenta obispos, mayormente númidas, depusieron a →Ceciliano y eligieron un anti-obispo de C. lo cual dio origen al →donatismo. Alrededor de los años 330-35 en una prolongada asamblea de 270 obispos donatistas bajo Donato, decidieron que el rebautismo de católicos no era invariablemente obligatorio. Ticonio fue condenado por un concilio donatista celebrado alrededor de 380, posiblemente en C. y en 392-3 los seguidores de Maximiliano se reunieron en un sínodo contra Primiano, obispo oficial donatista de C. En 348-9 el obispo católico Gratus presidió el primer concilio africano cuyos cánones sobreviven. Como aquellos del concilio de Genethlius de 389 y 390, reglamentan sobre todo la disciplina clerical. En 386 un concilio bajo Genethlius recibió una carta del papa Siricio concerniente al donatismo en Roma.

(4) El obispo Aurelio presidió en C. por lo menos diez concilios provinciales y catorce generales desde 394 (o 397) hasta 424. El donatismo, el pelagianismo y la jurisdicción romana en Africa constituyeron los asuntos principales. Al concilio de 319 (reiniciado en 421-22) se le atribuye el *Código de los cánones de la Iglesia Africana,* que se compone mayormente de cánones de los antiguos concilios, que fue aceptado en el código universal de cánones.

(5) En cuanto cesó el control de los vándalos sobre Africa, se reunieron los concilios para restaurar la vida de la iglesia. Lo hicieron bajo los obispos Bonifacio en 525 y Reparato alrededor de 534, cuando la recepción de conversos arrianos era discutida. En la era bizantina los sínodos generales de 549 y 550 se adhirieron a los →Tres Capítulos y excomulgaron al papa Vigilio por obedecer a la condenación formulada por el emperador Justiniano. Los concilios de 594 y 596 dictaron normas contra el donatismo y el monotelismo, respectivamente.

D.F. WRIGHT

CARTUJOS. Orden monástica fundada por →Bruno de Colonia en 1084 en la Grande Chartreuse (de la cual se deriva el nombre de c.). La orden pone énfasis en la vida de contemplación. Al principio no hubo regla especial. Con el tiempo, sin embargo, fueron hechas tres colecciones de costumbres de la orden. Una de estas fue obra de Guigues de Chatel, prior de la Gran Cartuja, que compiló las *Consuetudines Carthusiae* en 1127, aprobadas por el papa Inocencio II en 1133. Los monjes llevaban una vida rigurosa y austera, no comían carne, bebían solamente vino con agua, ayunaban frecuentemente y usaban camisas de cilicio. Hacían voto de guardar silencio, vivían en celdas individuales dentro del monasterio y dedicaban varias horas por día a la disciplina de oración mental. Sus necesidades materiales eran cubiertas por una comunidad de hermanos legos y, solamente en días festivos, se reunían con sus hermanos durante las comidas. Los c. combinaban así la vida en soledad de los ascetas egipcios del desierto con la disciplina de la vida monástica.

El abad de la orden era el obispo de Grenoble, y de jefe actuaba un prior electo. El prior de la Gran Cartuja era el general elegido por los monjes de su propia casa y de un capítulo general compuesto por visitantes y priores que se reunían anualmente. La orden también tenía unas pocas casas para monjas que observaban una regla similar a la de la rama masculina. La rigurosa vida del movimiento impidió que éste se extendiera. En 1104 solamente había trece monjes en la fundación original. En 1300 había 39 fundaciones, mayormente en Francia. A consecuencia de su vida austera, sin embargo, la orden fue menos afectada por la declinación monástica de finales de la Edad Media. El acontecimiento más notable en la historia de la orden es la división ocurrida entre 1378 y 1400, conocida como el Gran Cisma, y solucionada luego de la renuncia de dos generales y la elección de otro en su reemplazo. La orden también ha estado sujeta a persecución. Durante la Reforma Enrique VIII condenó a muerte a varios cartujos ingleses. Sus propiedades fueron confiscadas durante a Revolución Francesa (pero devueltas en gran parte en 1816). Expulsados de la Gran Cartuja por la legislación liberal de 1901 buscaron refugio en España, pero regresaron en 1904. La orden ha tenido muchos místicos y escritores devocionales, entre ellos a Hugo, fundador de la primera cartuja inglesa en Witham en 1175-76. S. TOON

CARTWRIGHT, PETER (1785-1872). Pionero entre los metodistas norteamericanos como visitador de circuito. N. en Virginia y se crió en Kentucky. Se convirtió en 1801 en un →*camp meeting* posterior al avivamiento de Cane Ridge, después de intensa lucha acerca de los "deleites en las carreras de caballos, el juego a los naipes y el baile". Designado como "exhortador" al año siguiente, Francis Asbury lo ordenó como diácono en 1806 y como anciano en 1808. Sirvió en varios circuitos en Kentucky y estados circundantes antes de solicitar ser transferido en 1824 (a causa de su disgusto por la esclavitud) a Illinois donde se desempeñó como anciano presidente durante 45 años. Asistió a doce conferencias generales metodistas y a dos legislaturas de Illinois. Fue derrotado por Abraham Lincoln en 1846 en una elección para el Congreso. Tosco, iletrado y excéntrico, poseía un vigor excepcional, un genio agudo, una clara percepción de la naturaleza humana y una profunda devoción a la obra de Dios. Escribió *Fifty Years a Presiding Elder* y su *Autobiography* (1857).
DONALD W. DAYTON

CARTWRIGHT, THOMAS (1535-1603). Teólogo puritano. Educado en Clare Hall, Cambridge (1547), era después estudiante en St. John (1550), pero tuvo que salir a la ascensión al trono de la reina →María Tudor (1553). Regresando después de la muerte de ésta, llegó a ser oportunamente *major fellow* de Trinity (1562). Las doctrinas de la Reforma y las costumbres de St. John se extendieron a Trinity con el estímulo de C. En 1569 fue designado como profesor de teología de Lady Margaret después de dos años de ausencia como capellán del arzobispo de Armagh. En sus conferencias sobre los dos primeros capítulos de los Hechos comparó muy desfavorablemente la constitución y la jerarquía de la Iglesia de Inglaterra con la de los primitivos cristianos. En consecuencia Juan →Whitgift, vice Canciller, lo destituyó de los puestos de docencia que ocupaba (1570, 71).

Después de pasar algún tiempo con →Beza en Ginebra, posiblemente como profesor de teología, regresó a Inglaterra en 1572, pero se ausentó nuevamente el año siguiente debido a la conmoción que produjo la *Admonition to Parliament* de John Field y de Thomas Wilcox, una obra presbiteriana con la que estaba en pleno acuerdo. Encontrándose en el extranjero en Heildelberg y en Amberes (donde ministró a la congregación inglesa) se casó con la hermana de John Stubbs y presentó una réplica a la versión Reims (católica) del NT, la cual fue suprimida hasta 1618. Al regresar ilegalmente en 1585 fue apresado por el obispo John Aylmer. Pero al ser puesto en libertad, fue atacado de paso en los *Marprelate Tracts.*

Como teorizador algo pedante C. se alarmó cuando sus seguidores trataron de poner en práctica sus teorías, pero demostró una despreciativa indiferencia hacia John Greenwood y Henry Barrow apartándose de los →Brownistas. Procesado por la Corte de la Alta Comisión en 1590, fue confinado en la prisión de Fleet durante un tiempo pero libertado por la intervención de Burghley. Pasó sus últimos años en Warwick como "un rico y honrado patriarca", colaborando con la producción de la *Millenary Petition* (1603), pero sin sobrevivir hasta la *Hampton Court Conference.* G.S.R. COX

CASAUBON, ISAAC (1559-1614). Erudito clásico. N. en Ginebra, hijo de refugiados →hugonotes, cuando la ciudad era un famoso centro de erudición griega. Estudió bajo

Francis Portus y lo sucedió como profesor de griego en 1581. Fue a París a fines del siglo y recibió una pensión de Enrique IV en pago de sus tareas en la biblioteca real. A la muerte del rey (1610), resistió presiones para que se volviera católico, cruzó a Inglaterra, recibió una pensión de Jaime I y fue hecho prebenda de Canterbury (1611). Se lo empleó para responder a la defensa histórica del papado hecha por →Baronio, y publicó varios comentarios y ediciones críticas, especialmente sobre Suetonio y Polibio.

JOHN TILLER

CASE, SHIRLEY JACKSON (1872-1947). Historiador eclesiástico liberal. N. en New Brunswick, Canadá. Fue educado en la Universidad de Acadia, después estudió teología en Yale. Desde 1908 hasta 1938 enseñó NT e historia de la iglesia primitiva en la Facultad de Teología de la Universidad de Chicago, de la que llegó a ser decano en 1933. Una vez destacó que "había nacido liberal", y contribuyó grandemente a desarrollar la "escuela liberal" de teología en Chicago. Rechazó el elemento sobrenatural de la fe cristiana e intentó explicar el desarrollo del cristianismo solo en términos de influencias naturales del ambiente. Entre sus obras están *The Evolution of Early Christianity* (1914), *Jesus - A New Biography* (1927), *Bibliographical Guide to the History of Christianity* (1931) y *The Christian Philosophy of History* (1943).

HARRY SKILTON

CASIANO, JUAN (m.c.433). Escritor sobre ascetismo. Criado probablemente en Dobrudja (Rumania en actual), ingresó en el monasterio de Belén por el año 392. Dejando ese lugar por Egipto, estudió durante siete años los propósitos y prácticas de los ascetas, especialmente de Paphnutius de Scete. En esta experiencia basó las *Collectiones Patrum* (después de 420). Hecho diácono en Constantinopla aproximadamente en 402, fue un admirador de →Crisóstomo a cuya caída (405) fue a Roma, donde se reunió con →León I quien posteriormente lo invitó a refutar a Nestorio (*De Incarnatione,* 430). En Marsella C. fundó un monasterio y un convento de monjas por el año 415. En respuesta a un pedido del obispo Castor de Apt sobre consejos acerca del ascetismo egipcio, escribió los *Institutos* (425-30) que influyó sobre la Regla →benedictina y fue considerado durante siglos como un clásico sobre ascetismo. Siguiendo a →Orígenes y a Evagrio, hizo de la contemplación de Dios con mente y voluntad puras su propósito principal. Sus métodos fueron el estudio bíblico, abstención del oficio eclesiástico y del sexo, lucha por derrotar las siete tentaciones y por evitar los ocho pecados capitales y práctica de la humildad y el amor. Los principiantes necesitaban las oraciones fijas y la rutina del cenobio para estimular esto, pero la cumbre era el silencioso y apartado →ermitaño. El temor a la pereza, que surge de la omnipresente gracia, hizo que él estimulara en ciertos aspectos la oposición galicana al agustinianismo.

G.T.D. ANGEL

CASIODORO, FLAVIO MAGNO AURELIO (c. 477-570). Noble, estadista, erudito y monje romano. Bajo Teodorico el Grande y en la regencia de Amalasuntha fue sucesivamente cuestor, cónsul, *magister officiorum* y prefecto pretoriano. Su oficial *Variae* (doce libros de edictos y decretos imperiales) es una importante fuente de conocimiento acerca de administración final de Roma y del reino de los ostrogodos. Después del colapso del gobierno godo se retiró de Ravena alrededor de 540 a un monasterio que había edificado en Vivarium en su ancestral residencia de Calabria, en las costas del Golfo de Esquilace.

Convirtió su fundación en un gran centro de saber secular y religioso; estableció la copia de manuscritos y ayudó a crear la tradición monástica de preservar la cultura en la Edad Media. Sus propias *Instituciones Divinarum et Saecularium Litterarum* (550-60) constituyen un clásico que aboga por la fusión del saber secular y el sagrado en la educación cristiana. La primera parte es una introducción al estudio teológico, y la segunda un manual de estudios acerca de las siete artes liberales. También escribió libros acerca de historia y comentarios bíblicos.

PETER TOON

CASSANDER, JORGE (1513-1566). Teólogo católico romano que trató de mediar entre católicos y protestantes (especialmente anabaptistas). N. en Pitthem, cerca de Brujas; se graduó en el *Collège du Chateau,* Lovaina (1533), y enseñó literatura en Gante y en Brujas. Después de una gira por Italia se enroló en 1544 en la facultad teológica de Colonia y en 1549 emprendió tanto la enseñanza de teología como la dirección de la recientemente formada academia de Duisberg. Se unió a los programas de los emperadores Fernando I y Maximiliano II para promover la unidad de la iglesia (1561-66). Sus escritos encontraron fuerte oposición por ambos lados, siendo acusado de excesiva tolerancia y proclividad a la componenda. Su obra principal: *De Officio Pii ac Publicae Tranquillitatis vere amantis viri in hoc Religionis Dissidio* (1561) fue propuesta al Coloquio de →Poissy. Sus escritos fueron colocados en el *Indice* en 1617. J.G.G. NORMAN

CASTELIO, SEBASTIAN (1515-1563). Teólogo protestante. N. en Saboya. Fue a Ginebra como profesor, habiéndose encontrado con Calvino en Estrasburgo. Sus desacuerdos con éste se referían a varios puntos (p.e. la interpretación del descenso de Cristo al Hades); pero C. se oponía particularmente a la doctrina de Calvino acerca de la predestinación. Beza sugiere que había también otros desacuerdos personales. Cuando la peste estalló en Ginebra en 1542, C. fue uno de los tres voluntarios –Calvino y Peter Blanchett eran los otros dos– que se ofrecieron a servir como pastores en un hospital que trataba a las víctimas. Al echarse suertes y resultar elegido C., éste se negó a ir. Calvino quería prestar servicios pero se lo impidió el Senado. C. se ofendió porque Calvino no había alabado su traducción francesa del NT, atacó algunas de las doctrinas de la Reforma e insistió que el Cantar de los Cantares debería ser expurgado del canon como impuro y obsceno. Existía, además, base para sospechar que C. había tenido que ver en algunos tratados anónimos contra Calvino en cuanto a la predestinación. Particularmente se sospechaba que era responsable de haber publicado bajo el nombre de Martinus Bellius un tratado con el título *De non Puniendis Gladio Haereticis,* opuesto al concepto de Calvino acerca de que el estado debería responsabilizarse por el castigo de los herejes. C., que había sido obligado a salir de Ginebra e ir a Basilea, publicó allí elegantes traducciones de la Biblia en francés y latín. HUGH J. BLAIR

CASTRO, EMILIO (1927-). Pastor metodista uruguayo, destacado líder del protestantismo latinoamericano. Recibió su formación teológica en la Facultad Evangélica de Teología en Buenos Aires, Argentina, y en la Universidad de Basilea, Suiza, donde fue alumno de Karl Barth. Esta doble experiencia académica dejó profundas huellas en su pensamiento teológico.

Ha ocupado cargos pastorales en Argentina, Bolivia y Uruguay. Fue presidente de la Iglesia Evangélica Metodista de Uruguay. Simultáneamente con sus responsabilidades eclesiásticas ocupó, primero, el cargo de Secretario Ejecutivo de la Asociación Sudamericana de Instituciones Teológicas (ASIT) y posteriormente la Secretaría General de →UNELAM. También ha ocupado posiciones importantes en el Metodismo mundial y en el Movimiento →Ecuménico. Desde 1973, sirve como director de la Comisión de Evangelización y Misión Mundial del →CMI.

Ha viajado por todos los continentes y ha participado en las principales conferencias ecuménicas de las décadas de 1960 y 1970. Su labor literaria incluye numersos artículos en revistas internacionales, y varios libros sobre la iglesia, su misión en el mundo y la obra pastoral. Además, ha servido como editor adjunto de *The Christian Century,* y como director de la *International Review of Missions.* Entre sus libros se destacan *Cuando molesta la conciencia* (1962), *Un pueblo peregrino* (1966), *Realidad y fe* (1972), *Hacia una pastoral latinoamericana* (1974) y *Amidst Revolution* (1975).

En AL, E.C. es conocido por su dedicación a Jesucristo y a la iglesia, por su liderazgo ecuménico, su predicación y compromiso con la liberación integral del prójimo. En 1971 fue encarcelado en su propio país por intentar servir de agente reconciliador entre fuerzas guerrilleras y un gobierno represivo, a raíz del secuestro de un miembro de la embajada estadounidense. A fines de 1972 fue forzado a tomar el camino del exilio y se radicó en Suiza. Un poco después fue nombrado director de la Comisión de Misión Mundial y Evangelización del CMI con sede en Ginebra. ORLANDO E. COSTAS

CASUISTICA. Ciencia de aplicar normas de ética o principios morales en casos determinados. La palabra está generalmente restringida a un código establecido, aunque se puede referir a un juicio individual. Su verdadera función, aunque difícil, es hacer claros los grandes principios morales en las complejidades de las situaciones humanas. En teología y en ética tiene que ver con los asuntos de conciencia y conducta. Su historia incluye el desarrollo de la "penitencia privada universal", que se desarrolla en un completo digesto legal. Los jesuitas de la época post-reforma emplearon la c. para defender la conducta que aparecía como injusta a la intuición del sentido común, desarrollando así el →probabilismo que sostenía que una acción podía justificarse si era apoyada por la opinión de un doctor cristiano.

GORDON A. CATHERALL

CATACUMBAS (probablemente del griego *kata kumbas* = "a la barranca"). Término usado para designar cementerios cristianos subterráneos cuyos orígenes se remontan al s.I de nuestra era. Eran laberintos de galerías subterráneas con pasajes que los conectaban, a veces de más de un nivel. La mayor parte de las excavaciones fueron llevadas a cabo en los ss.III y IV. Los cadáveres eran puestos en cada uno de los espacios *(loculi)* cortados en las paredes rocosas. Los *loculi* eran sellados entonces con una gran losa de mármol o baldosa. Aunque existieron c. en París, Asia Menor, Malta y el Norte de Africa, Roma es la que tuvo el mayor número. Estas últimas han sido excavadas extensamente en los ss. XIX y XX. Este período de excavaciones fue inspirado por la obra de hombres como Adami, Raoul-Rochette y Settele, y por la obra clásica de G.B. de Rossi *Roma sotterranea cristiana* (3 vols., 1864-77). Cerca de 40 c. sobreviven en una zona de cinco km en torno a Roma, e incluyen nombres tales como el de santos como Calixto, Pretextato, Sebastián, Domitilla, Inés, Pancracio y Comodilla. La mayor parte están a ambos lados de los grandes caminos romanos (p.e. la Vía Appia) que llevan fuera de la ciudad. Estas excavaciones han sacado a la luz muchas inscripciones, pinturas y sarcófagos. Las inscripciones más antiguas, escritas en hermosos caracteres, se distinguen por su sobria redacción y por el uso de antiguos símbolos (p.e. el ancla y la cruz). El simbolismo cristiano alcanzó su más elevada expresión en el s.III como puede verse en los símbolos de la paloma, la rama de palma, el pez, el pan, y la cesta. El s.IV presenció el desarrollo de la epigrafía cristiana. Dado que los campos de sepultura según las leyes romanas eran considerados sagrados, en tiempos de persecución los cristianos a veces celebraban el culto en las c. También las usaban durante los servicios celebrados en el aniversario de los mártires. Para suministrar aire y luz suficientes para las multitudes que acudían a los cultos, se construyeron respiraderos hacia la superficie. Ciertos papas (p.e.: Dámaso, 366-84) alentaron el embellecimiento de las c., de aquí que los primeros ejemplos de arte cristiana datan de este período. Desde el s.V ya no fueron usadas como sepulturas, pero se siguió celebrando cultos allí. Durante la Edad Media parecen haber sido casi olvidadas.

PETER TOON

CATALINA DE ALEJANDRIA. Virgen y mártir. Según afirma Simeón de Metafraste en el s.X C. defendió la fe en Alejandría ante filósofos y cortesanos, y fue torturada a muerte por Majencio el emperador. Su cadáver, desenterrado por monjes en el Monte Sinaí en el s.VIII o IX, según la leyenda; había sido transportado allí por ángeles desde Alejandría. En 1063 la Orden de los Caballeros del Monte Sinaí fue formada para proteger las reliquias y observar la Orden de San Basilio. Su emblema era una rueda espigada rota. Detalles históricos impiden identificarla con la anónima dama cristiana de Alejandría mencionada en Eusebio (HE 8.15).

J.D. DOUGLAS

CATALINA DE GENOVA (1447-1510). Su nombre era Catalina Fieschi, hija de una distinguida familia de Güelfos. Por razones diplomáticas su hermano arregló en 1463 su matrimonio con Juliano Adorno, terco y disipado hijo de una igualmente distinguida familia de los gibelinos. En 1474 ella se convirtió repentinamente y convenció a su esposo para que la dispensara de sus obligaciones matrimoniales. Mientras Juliano ingresaba en la Orden Terciaria de los Franciscanos, C. trabajó con las Damas de la Misericordia cuidando enfermos graves en el hospital de San Lázaro, en Génova. Su enseñanza, que se desarrolló de sus notables experiencias espirituales, está registrada en sus *Diálogos sobre el alma y el cuerpo* y en su *Tratado sobre el purgatorio.* Ayunaba regularmente y recibía la Comunión diariamente, práctica no frecuente en las damas cristianas del s.XV. En los últimos tiempos de su vida tomó a Cattaneo Marabotto como confesor y director espiritual. Permaneció en Génova como rectora del hospital, cuidando a su propio esposo en la última enfermedad de éste (1497-98). Fue canonizada en 1737.

DAVID C. STEINMETZ

CATALINA DE MEDICIS (1519-1589). Reina y regente francesa. Como pariente del papa Clemente VII se volvió prenda de rivalidad entre los monarcas Habsburgo y los Valois, resultando ello en su casamiento con Enrique, hijo de Francisco I. En 1547 llegó a ser reina de Francia. Enviudó en 1559. Primero como reina madre y desde 1560 como regente de Francia, estuvo profundamente implicada en las intrigas políticas relacionadas con las Guerras de Religión. Hay que destacar su convocatoria al Coloquio de →Poissy, y su tendencia a tolerar a los →hugonotes (cuyo sostenimiento aun ella buscó). Esto hizo a tales protestantes más militantes aun y condujo hacia la guerra civil. En 1568 dejó su política de tolerancia y, en parte debido a sus celos por la creciente influencia de Coligny sobre su propio hijo, Carlos IX, tramó la infame matanza de la Noche de San →Bartolomé (1572), de la cual aceptó plena responsabilidad. Fue una mujer típica de las cortes renacentistas: deseosa de poder, dada a las intrigas, despiadada, gran patrona de las artes y las letras, pero con poco entendimiento de convicciones religiosas.

KENNETH R. DAVIS

CATALINA DE SIENA (1347-1380). Domínica terciaria. Tuvo una visión cuando contaba siete años de edad, entonces dedicó a Cristo su virginidad. Se hizo terciaria dominica en 1364/5, y desde 1368 hasta 1374 vivió en Siena, reuniendo en torno suyo un círculo de clérigos y laicos que le dio motivo para sus bien conocidas cartas sobre muchos temas. En 1375 el interés por una cruzada la llevó a Pisa, donde también recibió los *estigmata.* En 1376, a pedido de los florentinos, viajó a Aviñón para entrevistar a Gregorio XI. Aunque no tuvo éxito en sus intentos de ayudar a la Iglesia a librarse del →Cautiverio Babilónico, en realidad influyó en la decisión de Gregorio para hacer que la Curia se trasladara a Roma ese año. Después del →Cisma de Occidente (1378) el resto de su vida lo pasó en Roma trabajando por la unidad en apoyo de Urbano VI. Anduvo sin temor y su implicación en la política siempre se debió a propósitos espirituales. Llevando las inconfundibles señales de su orden y contando siempre con su protección en sus relaciones mundanas, C. y →Francisco de Asís fueron designados por Pío XII, (1939) como santos patronos espirituales de Italia. Un *Diálogo* de cuatro tratados fue su testamento, y Agustín y Bernardo rueron para ella fuentes tan importantes como Tomás de Aquino. Fue canonizada en 1461. Una edición (4 tomos) completa de sus cartas fue publicada en Florencia en 1860. C.G. THORNE, Jr.

CATALINA DE SUECIA (1331-1381). Hija de →Brígida de Suecia, sucedió a su madre como cabeza de la orden de las brigitinas, y bajo C. la orden fue confirmada. Sin embargo, su intento de lograr la canonización de su madre quedó en nada. Fue aliada de Catalina de Siena y apoyó a Urbano VI y a sus seguidores durante el →Cisma de Occidente.

J.D. DOUGLAS

CATARINO, AMBROSIO (1485-1553). Teólogo dominico y arzobispo de Conza. N. en Siena con el nombre de Lancelotto Politi. Estudió tanto derecho canónico como civil antes de doctorarse. Influido por →Savonarola, ingresó en la Casa Dominica de San Marcos de Florencia en 1517, adoptando el nombre de Ambrosius Catharinus (de los nombres Ambrosius Sansedoni y Santa Catalina). Escribió contra Lutero en 1520 su *Apologia Pro Veritate Catholicae Ac Apostolicae Fidei.* Lutero respondió con *Ad Librum A. Catharinii Responsio,* a lo que C. contestó a su vez con *Excusatio Disputationis contra Lutherum.* Posteriormente escribió aun contra un compañero dominico, el cardenal Cayetano; en este libro, *Annotationes,* defendía la doctrina de la Inmaculada Concepción. Otro blanco de su habilidad literaria fue Benardino →Ochino, el amigo de →Pedro Mártir. Mientras vivía en Francia publicó su *Opuscula Magna* (1542) que demostró que no tenía temor de apartarse de la ortodoxia dominica en materias tales como predestinación, pecado original, Virgen María, etc. Después de tomar parte destacada en el Concilio de →Trento, fue designado como obispo de Minori en 1546 por Pablo III, y arzobispo de Conza en 1552 por Julio III. PETER TOON

CATAROS. (Gr. *katharoi* = "puros"). Nombre asumido por los →novacianos del s.III, pero más generalmente asociado con una extendida secta ascética de tiempos medievales. La última probablemente se originó en Armenia o en los Balcanes, posiblemente de la fusión de las doctrinas →paulicianas y →enquitas. En Bulgaria fueron llamados →bogomiles y en Francia →albigenses. Se extendieron a la Europa occidental y eran ya conocidos en Orleáns por 1017. Pese a ser perseguidos sobrevivieron hasta el s.XIV, cuando sucumbieron ante la →Inquisición. Sus doctrinas eran afines con las del →maniqueísmo y el →gnosticismo, con elementos tales como dualismo, universalismo, docetismo y metemsímpcosis. Estaban divididos en dos clases: *credentes* ("creyentes") y *perfecti.* Los últimos recibían el bautismo del Espíritu por imposición de manos, llamada *consolamentum,* lo cual quitaba el pecado original y restauraba la inmortalidad. Rechazaban el matrimonio y las relaciones sexuales, practicando un ascetismo rígido. De entre ellos eran elegidos los obispos y los sacerdotes. Los *credentes* solo tenían que prometer volverse *perfecti* antes de la muerte, e.d.: recibir el *consolamentum.* La *endura* o suicidio ritual, era a veces permitido o recomendado cuando el receptor del *consolamentum* estaba gravemente enfermo. El bautismo de infantes y el purgatorio eran rechazados. J.G.G. NORMAN

CATECISMO (gr. katejeo = "enseñar", "instruir"). Probablemente del s.II en adelante empieza la costumbre de un "catecúmenado" o período de instrucción preparatoria para el bautismo. Se desarrolló en procedimientos bien ordenados y casi litúrgicos, incluyendo material para respuestas. Algo de esto era propio del servicio de bautismo propiamente dicho (e.d., las interrogaciones y las respuestas correspondientes), pero otras características (p.e. las *redditio symboli*) llegaron en etapa más temprana. El uso universal del bautismo de infantes después del s.VI significó que la instrucción básica de esta especie catequística tenía que impartirse a los jóvenes dentro de las iglesias después de recibir el bautismo más bien que ser una preparación para éste. Así, en Inglaterra, las exposiciones populares de los Diez Mandamientos, el Credo y el Padre Nuestro se daban ya en tiempos anglosajones, y éstos formaron la base de los manuales medievales de instrucción posteriores y considerablemente elaborados. El propio término "catecismo" parece carecer de antecedente primitivo y, evidentemente no hasta la Reforma significaban específicamente los documentos que presentaban instrucción por el método de preguntas y respuestas, aunque podía significar cualquier manual de instrucción. Estos últimos se volvieron especialmente populares con el surgimiento de la imprenta en la segunda mitad del s.XV.

Durante la Reforma el término fue empleado por Lutero para describir su *Kleiner Katechismus* (1529), y este significado se le atribuye en lo sucesivo a todo uso protestante y reformado de esa palabra. El Catecismo de Lutero estaba basado sobre los Diez Mandamientos, el Credo, la Oración del Señor y los sacramentos, elementos que llegaron a ser los componentes principales de la instrucción reformada. Catequizar mediante este método de preguntas y respuestas fue en toda Europa un gran instrumento para reformar al pueblo.

Pueden distinguirse tres usos de manuales. Uno simplemente de *instrucción*, aplicable a todas las edades y clases. Un segundo de *preparación* para la confirmación. En la iglesia previa a la Reforma se había desarrollado la idea de que la confirmación no debería ser administrada hasta que el candidato llegara a los "años de discreción". Los reformadores captaron el concepto como aprovechar toda oportunidad para enseñar a cada cristiano mientras estaba en la adolescencia y enseñar una teología inteligible expurgada de toda superstición infantil. Así Calvino cita cierta historia eclesiástica completamente mítica para dar el ejemplo (*Inst.* VI. xix. 4) y recomienda la restauración de la misma disciplina (xix. 13). Los c. se enraizaron en la mente de los reformadores con una práctica reformada de la confirmación; los reformadores ingleses aseguraron que desde 1549 hasta 1662 el c. estuviera realmente incluido en el servicio de confirmación del →Libro de la Oración Común.

El tercer uso de los c. solamente es discernido con dificultad. A medida que el contenido de éstos se amplió hasta incluir discusiones detalladas de la justificación y de otros puntos teológicos delicados, la forma catequística tendió a ocultar un propósito *confesional* en los documentos (cp. el *Catecismo de Heidelberg,* 1563), escrito por Olevianus y Ursinus y revisado por el Sínodo de →Dort). Para este propósito la forma era una convención puramente literaria, pero los c., no importa cuán elaborados fueran, nunca sirvieron para este propósito únicamente. Con pocos libros disponibles y con el analfabetismo muy extendido, pasajes de gran extensión eran confiados a la memoria de los fieles iletrados. Sin embargo, los c. tendieron a incluirse entre los formularios de las respectivas iglesias y a declarar su postura pública. Hasta el día de hoy el Catecismo de la Iglesia de Inglaterra forma parte del →*Libro de oración común,* su doctrina fue citada en detalle en las famosas audiencias de herejía de Gorham contra el obispo de Exeter (1846-50), todavía se incluye dentro de la doctrina de la Iglesia de Inglaterra al cual todos sus ministros declaran asentimiento al ser ordenados, instituidos o licenciados. Este c. es en su apariencia mucho menos confesional que los c. equivalentes de la Reforma en Europa continental (p.e. los de Calvino, Ecolampadio, Bullinger, etc.). Los orígenes del Catecismo del Libro de Oración de 1549 parecen estar en el *Goodly Primer in English* (1534) de William Marshall, que a su vez era una versión aprobada de un predecesor proscrito (más del punto de vista luterano).

En la *Hampton Court Conference* (1604), la disconformidad puritana con la brevedad de lo provisto en el Libro de Oración llevó al Dr. Reinolds a urgir que, como el *Catecismo* de Nowel (1563) era demasiado extenso, debía producirse una uniforme *via media.* Surgió la idea de añadir una sección acerca de los sacramentos al primer Libro de Oración Común, cosa que fue "escrita" por el Deán Overall. Esto generalmente se toma en el sentido de que él fue el autor, pero Overall puede haber estado entre los amanuenses del pequeño grupo que trabajaba en el c. de Nowell que obviamente está tras esta sección. Los agregados al Libro de Oración fueron hechos por proclamación real (1604). En 1661 en la Conferencia de Savoy esta sección fue citada por los puritanos como un modelo para la ampliación del resto del c. Sus esperanzas no fueron cumplidas.

El s.XVIII vio la producción del más famoso c. de la historia: el *Catecismo Mayor* de Westminster (1647). Intimamente relacionado a la Confesión de Westminster y al *Catecismo Breve,* combina nuevamente los tres usos antes mencionados y se ha vuelto un documento fundacional de las iglesias presbiterianas de habla inglesa. Su propósito es obviamente confesional aunque tradicionalmente aprendido por algunos de memoria. Menos conocido, a causa de su fracaso, es el programa de Richard →Baxter para instruir y preparar, que se halla en su *Confirmation and Restauration* (1658). Sigue a Calvino al urgir la imposición de manos, al cumplirse el curso de catequizar y examinar.

El uso del c. de la Iglesia de Inglaterra estuvo sujeto a las preguntas de muchos obispos durante un siglo o más a partir de 1662. En el s.XIX el concepto pastoral de la confirmación llevó a incrementar el uso del c. que persistió hasta el segundo cuarto del s.XX. Los anglo-católicos del s.XIX escribieron sus propios c., dando así expresión al nuevo énfasis que habían traído a la enseñanza de la fe. Gradualmente, en el s.XX otros métodos de enseñanza reemplazaron el aprendizaje de memoria para la preparación para la confirmación y el c. se convirtió en un auxiliar del maestro, y ya no la sustancia verbal de la enseñanza ni el procedimiento básico de la instrucción. Las Convocaciones de la Iglesia de Inglaterra, aprobaron en 1962 *A Revised Catechism* (que incluye preguntas sobre la iglesia y el ministerio, la Comunión Anglicana y, junto con los sacramentos, otros cinco "ministerios de gracia" sacramentales). Esto, quizá debido a su forma catequística, no ha llegado al uso general ni ha encontrado acogida favorable.

La ICR también empleó la imprenta, esta vez para refutar a los reformadores y confirmar a sus fieles por medio de los c. La gran obra de este tipo en el s.XVI es la *Summa Doctrinae Christianae* (1554) de →Canisio. Tiene 211 preguntas y a su debido tiempo fue traducida en muchas diferentes versiones. Otras la han seguido hasta nuestros días y el catequizar todavía se usa en la ICR. Sin embargo, no existe documento alguno en que la instrucción sea mandatoriamente anterior a la primera confesión, a la primera comunión o a la confirmación. Un c. de interés histórico es el irlandés de Keenan. Este, en ediciones anteriores a 1870, pregunta: "¿Es, entonces, infalible el papa?" y responde: "No, esta es una calumnia protestante". El texto probablemente fue cambiado después del →Vaticano I. Ha habido una tendencia en la ICR a llamar "catecismos" a otros manuales de instrucción aunque no estén en forma catequista. Así el *Catecismo del Concilio de Trento* (1556), en este sentido, no es un c. en manera alguna, ni tampoco lo es el reciente y muy evolucionado manual conocido como *Catecismo holandés* (1968).

COLIN BUCHANAN

CATECISMO DE GINEBRA. El primer Catecismo de Ginebra fue redactado por Juan Calvino en 1537, originalmente en francés y traducido luego al latín. Parece, sin embargo, que tenía un estilo rimbombante y difícil de memorizar. Por consiguiente, después de su regreso del exilio en Estrasburgo en 1541, a petición de varias personas entre las cuales había algunos de los ministros de Frislandia Oriental, Calvino produjo otro que tenía una forma más catequética, con frases más vivaces que eran más fáciles de aprender. Esta obra, también escrita en francés y traducida al latín, procuraba formular las doctrinas básicas de la fe cristiana. A la vez se preparó un horario que indicaba cómo podía aprenderse y recitarse por un período de 55 semanas. Este catecismo fue adoptado por la Iglesia Reformada Francesa y traducido fue empleado como catecismo de la Iglesia de Escocia hasta que esta aceptó los Catecismos de Westminster en 1648. W.S. REID

CATECUMENOS. Conversos al cristianismo que están preparándose para el bautismo. En la iglesia primitiva había una cuidadosa preparación antes de participar de los beneficios de la membresía. Conforme a la *Tradición Apostólica* de →Hipólito, el catecumenado estaba dividido en dos partes: una preparación preliminar (frecuentemente prolongada) en doctrina y en ética, seguida por una intensa preparación espiritual inmediatamente antes del bautismo de Pascua. Esta última incluía ayuno, oración y exorcismo. Con posterioridad a →Constantino el número de conversos era demasiado numeroso para continuar con esta lenta preparación. Después de un breve período de enseñanza para aquellos aprobados por la iglesia, había una preparación espiritual especial durante la cuaresma; esto incluía oración, ayuno, exorcismo y aprendizaje del Credo. Ningún c. podía participar de la Eucaristía hasta después del bautismo. Cuanto más se divulgó el bautismo de infantes, menos se oyó acerca de los c. Finalmente fue reducido a un breve rito a cumplirse en la puerta de la iglesia antes del bautismo de un infante. PETER TOON

CATEDRAL. Iglesia que contiene el trono o *cathedra* (gr. = "silla") del obispo de la diócesis. En las primitivas →basílicas la *cathedra* era colocada en el centro del fondo del ábside situado tras el altar. Desde allí el obispo presidía la celebración de la Eucaristía y predicaba el sermón. El lugar en donde el obispo tenía su silla de enseñanza asumió una gran dignidad a los ojos del pueblo y, gradualmente, la "iglesia catedral" se convirtió en la iglesia madre de la diócesis.

Al principio la c. estaba siempre en la inmediata vecindad de la residencia del obispo, y sus oficios religiosos eran desempeñados por el obispo y por su corte de capellanes. Pero a medida que el obispo llegó a ser responsable por una zona mayor y que sus deberes pastorales y administrativos se hicieron más exigentes, el cuidado de la c. y de sus cultos fue traspasado a un cuerpo distinto de clérigos que llegó a ser una corporación eclesiástica o "cabildo" que tenía sus propios privilegios y derechos. Es de notar que el cabildo llegó a tener el derecho de elegir a un nuevo obispo cuando la sede quedaba vacante. La relación del obispo con "su" c. tendió a volverse formal y distante, visitándola solo en ocasiones especiales.

Una c. no es necesariamente la más grande ni aun la más bella iglesia de la diócesis, pero este término ha llegado a sugerir un edificio destacado por su tamaño, esplendor o belleza. Esto fue en gran parte debido a la intensa edificación de catedrales que se llevó a cabo durante la Edad Media, que Jean Gimpel describió como "la cruzada de las catedrales". Generalmente las c. estaban en ciudades y durante la Edad Media tales ciudades gradualmente aumentaron su prosperidad, tamaño e independencia. Era natural que esto fuese reflejado en la ampliación, embellecimiento o reedificación en escala más grande, de la principal iglesia que se hallaba dentro de sus murallas. Además del trono del obispo y del coro para el clero, la c. incluía una nave para el pueblo. La actividad de los gremios y hasta la compra y venta tenían allí su lugar. En Chartres los cruceros de la c. servían como una especie de bolsa de comercio, y la cripta estaba siempre abierta a los peregrinos y los enfermos. La c. de Amiens, con un área de casi 30.000 metros cuadrados, podía contener la población entera de la ciudad: más de 10.000 habitantes. El legado de esa época es el muy considerable número de edificios de gran tamaño y gracia, y también el sentimiento de que el gótico es el estilo "natural" de la arquitectura para las iglesias en general y especialmente para las c. En los EUA recientemente tales c. como San Juan el Divino, en Nueva York, han sido edificadas en ese estilo. En Inglaterra, la nueva c. católica de Liverpool es un intento de liberarse del gótico en cuanto a su estilo y orden.

El culto en las c. frecuentemente se caracteriza por la belleza y lo elaborado de la música. Muchas c. sostienen escuelas en donde los jóvenes reciben preparación musical además de una educación general.

HENRY R. SEFTON

CATENA. Palabra latina equivalente a "cadena". Desde 400 a.C. era usada para describir comentarios bíblicos, en los cuales se explicaban porciones de las Escrituras por medio de cadenas de frases o párrafos derivados de antiguos comentarios, sin interpretación alguna por parte del compilador. Posteriormente fue usada con referencia a colecciones de escritos, de diferentes autores, relacionados con un tema, p.e. un Evangelio. Tomás de Aquino reunió una famosa colección de los Evangelios, la *Catena Aurea.*

J.D. DOUGLAS

CATEQUESIS. Deriva del griego. Describía la enseñanza e instrucción dadas a los catecúmenos cristianos que estaban siendo preparados en la iglesia primitiva para recibir el bautismo. Posteriormente esta palabra fue utilizada también con referencia a los libros que contenían tal enseñanza, por ejemplo: la *Catequesis* de Cirilo de Jerusalén.

J.D. DOUGLAS

CATEQUISTA. Palabra usada en la iglesia primitiva para describir a la persona que enseñaba la →catequesis a los catecúmenos. →Clemente y →Orígenes fueron famosos c. de Alejandría. En tiempos modernos ha sido utilizada (por misioneros) para referirse a pastores, maestros o predicadores nativos, y a veces en el mundo occidental para mencionar a quienes instruyen a los niños en la fe cristiana, especialmente en la ICR.

J.D. DOUGLAS

CATHOLICOS. Básicamente un adjetivo que denota "general o universal", se convirtió naturalmente en un título tanto secular (supervisor de cuentas) como eclesiástico ("arzobispos", "cabezas de casas monásticas"). Hoy el título se ha limitado a ciertos patriarcas: entre los ortodoxos, el cabeza de la Iglesia Georgiana; entre los monofisitas el cabeza de la Iglesia Armenia (Georgiana) y el patriarca armenio de Sis; entre los nestorianos (asirios), "catholicós del oriente"; y entre los católicos romanos, los cabezas de los uniatos armenios, y de los uniatos nestorianos (→caldeos).

J.D. DOUGLAS

CATOLICISMO ROMANO. En el pasado, el inmutable carácter de Roma hacía comparativamente sencillo describir el catolicismo. Los demoledores acontecimientos del s.XX han vuelto más compleja la tarea. La situación continuamente cambiante significa una gran variedad de opiniones que hacen casi imposible un examen de conjunto, especialmente dentro de los límites de un breve artículo. Pero es posible descubrir dos grandes agrupamientos dentro de Roma, y si bien reconocemos que las líneas divisorias no siempre están claramente trazadas, parece legítimo hablar de catolicismo "tradicional" y de "el nuevo catolicismo" y examinar el todo desde estos dos aspectos.

Catolicismo tradicional. La formulación dogmática puede hallarse en los decretos del Concilio de →Trento, el Credo del papa →Pío IV, los decretos del →Vaticano I y →II, las declaraciones papales que pretenden la infalibilidad, y el cuerpo de derecho canónico. Junto con eso tenemos la liturgia y detrás de ello la iglesia jerárquicamente organizada.

En realidad es la doctrina de la iglesia lo fundamental para comprender el catolicismo tradicional. Desarrollado a través de los siglos, lleva las marcas de la Edad Media cuando el trasfondo imperial daba paso al concepto de la iglesia como un imperio con un resultante énfasis sobre la estructura eclesiástica, la jerarquía, y las pretensiones del papa como monarca absoluto. Estas pretensiones alcanzaron su punto máximo en la bula de →Bonifacio VIII, la *Unam Sanctam* emitida en 1302 con su afirmación de *"extra ecclesiam nulla salus"* ("fuera de la iglesia no hay salvación"). La sumisión a la autoridad del papa se incluía en los términos de la salvación.

Los tormentosos días de la →Reforma con el subsiguiente intento de la →Contrarreforma para reconquistar terreno, llevó a la continuada rigidez y al énfsis en la estructura y la organización. Esta tendencia se aceleró dramáticamente en el Concilio →Vaticano I en 1870 cuando el dogma de la infalibilidad papal se promulgó: el concepto de imperio había alcanzado su cúspide.

Pero hay otro elemento en la doctrina tradicional de la iglesia que tiene sus raíces en la analogía paulina de la iglesia como Cuerpo de Cristo. Pablo, sin embargo, no comete el desastroso error que tanto ha viciado del pensamiento católico romano sobre el tema y no exagera la unidad de la cabeza y los miembros hasta el punto de ignorar la distinción. Cristo permanece siempre como la cabeza, con fuerte énfasis en la autoridad implícita en esa jefatura. Por el contrario, Roma ha puesto tanto énfasis en la unidad entre la cabeza y los miembros que virtualmente los identifica. De aquí surge el concepto de la iglesia como extensión de la Encarnación. Así como Jesús de Nazaret fue el Hijo de Dios encarnado, así se pretende, la iglesia es Cristo que continúa encarnado en el mundo. Las dos corrientes de pensamiento –la iglesia como imperio fuera del cual no hay salvación y la continuada encarnación– corrieron parejas en la encíclica de →Pío XII, la *Mystici Corporis* emitida en 1943. El cuerpo de Cristo se equipara firmemente con la jerárquica ICR en la cual Cristo habla y actúa tal como lo hizo en Nazaret y en el Calvario.

La línea tradicional continuó con el Concilio →Vaticano II. El papa Paulo VI declaró en un discurso que la iglesia es "la continuación y extensión de Cristo". Su discurso halló eco en el decreto del Vaticano II sobre la iglesia. Si bien hay un nuevo énfasis en el concepto bíblico del pueblo de Dios, el viejo concepto se mantiene. "No hemos de pensar en la iglesia como dos substancias sino como una sola y compleja realidad, compuesta de un elemento humano y uno divino... la naturaleza asumida por la Palabra Divina sirve como órgano viviente de salvación en unión con El, la cual es indisoluble" (1:8). En consecuencia, se declara que la iglesia "es incapaz de errar en la fe" (11:12). La iglesia, hay que destacarlo, es juzgada por el Vaticano II en forma tradicional: "esta iglesia... tiene su existencia en la Iglesia Católica bajo el gobierno del sucesor de Pedro y de los Obispos en comunión con él" (1:8).

Este concepto fundamental matiza la interpretación del oficio mesiánico de Cristo. Como profeta El todavía habla dentro de su iglesia con igual infalibilidad que en los días de su ministerio terrenal. Como sacerdote, El todavía se ofrece en el altar en la misa tan realmente como lo hizo en la cruz. Como rey, El ejerce su autoridad real mediante su elegida agencia, la jerarquía de la iglesia. La consecuencia de todo esto está muy clara: la iglesia se priva del correctivo que Dios ha dado contra el error, porque ella equipara la Palabra de Dios en la Escritura con la Palabra de Dios en la iglesia. Ella se convierte en la norma de verdad. Tal iglesia, dice un católico crítico, Hans →Küng, se convierte a sí misma en revelación.

Aliada a esta doctrina básica está la interpretación sacramental de Roma respecto al cristianismo. Los sacramentos ministrados por la iglesia son canales mediante los cuales fluye la gracia de Dios a los recipientes. Siete son los sacramentos: bautismo, confirmación, la misa, las órdenes sagradas, la penitencia, el matrimonio, la extremaunción. Si bien el bautismo puede ser administrado *in extremis* por un laico, la normal administración de este sacramento y la esencial administración de los otros deben ser por un sacerdote o un obispo. Tres son los requisitos de un sacramento válido: debe existir la substancia correcta (p.e., el agua en el bautismo), la forma correcta (p.e., las palabras de consagración), y la genuina intención (quien lo ministra debe proponerse lo que se propone la iglesia). Admitiendo que el recipiente no oponga ningún obstáculo, los sacramentos surten efectos →*ex opere operato* ("en virtud de la ejecución de la obra").

En el bautismo se lava el pecado original y la justicia se restaura mediante la infusión de la gracia. Tras esta enseñanza se halla el concepto romano sobre el hombre. La justicia original del hombre se considera un *donum super additum* ("un don adicional"). La caída significó la pérdida de dicho don, pero no el deterioro de la esencial integridad del hombre. De modo que el problema del pecado original se resuelve con la restitución del don. Esta infusión de la gracia santificante se profundiza en la confirmación y se sustenta mediante la misa y el ministerio regular del sacramento de la penitencia en el confesionario.

El punto focal del tradicional culto católico romano es la misa. El dogma tras la misa es el de la →transubstanciación. Promulgado en el cuarto Concilio de →Letrán en 1215 y reafirmado con mucho rigor por el papa Paulo VI en la *Mysterium Fidei* emitida durante el Vaticano II, este dogma afirma que después de las palabras de consagración, la sustancia del pan y el vino se transforma real y efectivamente en el cuerpo y la sangre, el alma y la divinidad de Cristo. Aceptada la transubstanciación, y con el concepto del sacerdote como otro Cristo (ver la encíclica de →Pío XI *Ad Catholici Sacerdotii*), la misa se considera como el sacrificio de Cristo. Aunque ahora se ofrece en forma incruenta, sin embargo el sacrificio es el mismo que el del Calvario. Es un sacrificio "propiciatorio" para satisfacer el juicio de Dios, y un sacrificio de "impetración" para invocar y para pedir bendiciones específicas. El comentario sobre toda esa tesis es que el gran énfasis de la Epístola a los Hebreos sobre la obra acabada del sacrificio de una vez para siempre y sobre Cristo como solo, único y suficiente sumo sacerdote.

El Vaticano II en su decreto sobre la vida sacerdotal continúa la enseñanza tradicional. A los sacerdotes "se les da el poder de orden sagrado, para ofrecer el sacrificio, perdonar el pecado y en el nombre de Cristo ejercer públicamente el oficio del sacerdocio en la comunidad de los fieles". Esto no toma en cuenta el hecho de que en el NT el término que designa al sacerdote sacrificador *(hieréus)* jamás se aplica a un ministro cristiano. A este se le aplica el de anciano, pastor, obispo, pero jamás el de sacerdote.

El confesionario ha desempeñado siempre papel clave en el catolicismo tradicional junto con el sacramento de la →penitencia como base. Los pecados se clasifican como mortales, que privan al alma de la gracia santificante, y veniales, no tan graves. El →arrepentimiento es ya sea contrición (e.d., genuino dolor por el pecado) o atrición (e.d., dolor por el pecado a causa de motivos inferiores, como el miedo al castigo). Para el pecado venial basta la atrición; para el pecado moral, ya sea la contrición, o la atrición acompañada del recurso a la confesión; aunque debe observarse que la contrición abarca la intención de acudir al confesionario. La culpa exige no solo la absolución sino la reparación que debe ofrecerse a la justicia divina, de aquí la imposición de la penitencia y de aquí también la práctica de las →indulgencias, en las cuales el beneficio del presunto →tesoro celestial de méritos puede aplicarse a cuenta del pecador ya sea por petición de éste o de sus amigos luego de la muerte de aquél y durante su permanencia en el →purgatorio.

El comentario al respecto debe buscarse en el énfasis que el NT pone en la suficiencia del sacrificio de Cristo y en la plena satisfacción de la justicia de Dios.

María. Rasgo prominente del culto católico romano es la veneración a →María. La consideración de esto ofrece una adecuada transición para describir el nuevo catolicismo, porque "María" ofrece un terreno común en el cual convergen muy variados puntos de vista, de modo que un teólogo del Vaticano II tan radical como Schillebeeckx de Holanda puede ser tan conservador como cualquier tradicionalista al tratar de María; lo demuestra su libro, *María la madre de la redención.* El desarrollo del culto surge del período cuando el arreglo de Constantino hizo que una corriente de ideas paganas penetrara en las iglesias: la diosa madre del mundo Mediterráneo, diosa que tenía títulos como "Estrella del Mar" y con papeles como el de "Nuestra Señora" de esta o de aquella ciudad, el motivo madre e hijo del culto a Horus e Isis en Egipto. Todo esto había de reflejarse en el culto mariano. El debate entre dominicos y franciscanos que ya llevaba siglos, fue finalmente zanjado por →Pío IX en 1854 con la promulgación de la bula *Ineffabilis Deus* sobre el dogma de la Inmaculada Concepción de →María, según el cual María fue concebida sin pecado. Esto marcó el triunfo de la tesis de Duns →Escoto de que en María vemos "la redención por exención", e.d. su preservación de la mancha del pecado original. En 1950 al culto mariano fue dado otro impulso mediante la declaración dogmática de →Pío XII en la Constitución Apostólica *Munificentissimus* sobre la →Asunción corporal de María. Vaticano II, a pesar de la reserva de algunos liberales, adelantó más la mariología al declarar que María era la madre de la iglesia, y al otorgar reconocimiento tácito a la devoción mariana.

La veneración a María es teológicamente significante en cuanto, como lo señaló Sebastián Bullock *(Roman Catholicism),* encarna el concepto católico romano del mérito humano y de la humana cooperación en la obra de la salvación, excelsamente ejemplificados en María. Es emocionalmente significante en cuanto muestra el firme arraigo que dicho culto puede tener. Es significante en la situación contemporánea porque indica lo difícil que es para un católico liberal romper con su pasado tradicional. Como respuesta a dicho culto debe señalarse el absoluto silencio del NT respecto a las funciones y honores que Roma le atribuye a María y respecto a pruebas tan reveladoras contra ella como Mr. 3: 33-35; Lc. 1:47; 2:49; 11:27,28. Cristo se ofreció a sí mismo (1 Ti. 2:5; Heb. 9:14; Jn. 10:18); no fue María quien lo ofreció.

El *Nuevo Catolicismo.* Podemos hallar el preludio a los actuales acontecimientos de Roma en el movimiento modernista a comienzos de este siglo. →Pío X procedió con firmeza y condenó el movimiento en el decreto *Lamentabili* y en la encíclica *Pascendi* de 1907, y en 1910 se le impuso al clero el juramente antimodernista. La reacción contra el modernismo continuó hasta el pontificado de →Pío XII, cuya encíclica *Humani Generis* en 1950 afirmó la autoridad docente de la cátedra papal. Fue el Papa →Juan XXIII quien le abrió la puerta a los progresistas tanto al convocar el Concilio Vaticano II, que les proporcionaría una magnífica tribuna, como al introducir una distinción de vital significación para ellos, cuando en su discurso de apertura del concilio declaró que "una cosa es la substancia de la antigua doctrina del depósito de la fe, y otra la forma en que se presente". El Papa →Paulo VI trató de detener la marea. Su afirmación de los dogmas y devociones tradicionales en la encíclica *Mysterium Fidei* fue un contragolpe a las reformas que se proponían a la Constitución de la Liturgia Sagrada. Su credo emitido con ocasión de la reunión del CMI en →Uppsala fue un nuevo llamado a retornar al dogma tradicional. Pero la marea era demasiado veloz y continúa avanzando de modo que Hans →Küng, por ejemplo, en su *Infallible* pueda hacer trizas la infalibilidad papal con el vigor de un polemista protestante de viejo estilo, y poner en vez del dogma de la infalibilidad su propio énfasis en la indefectibilidad de la iglesia. Al mismo tiempo la transubstanciación se cambia por la transignificación; el →celibato eclesiástico es campo de controversia; se ponen en tela de juicio y en muchos casos se abandonan tesis y devociones estimadas.

Difícil resulta generalizar acerca de un movimiento que se halla en estado de fluidez; la descripción de hoy rápidamente puede volverse historia. Además, la diversidad de hombres encierra una variedad de opiniones. No obstante, se pueden descubrir ciertos propósitos rectores en el movimiento. Existe el esfuerzo por ser bíblicos. Hay un vigoroso énfasis ecuménico. Hay un firme deseo de permanecer dentro de Roma y trabajar en pro de la reforma.

Indudablemente hay un nuevo énfasis bíblico, no solo en el campo de los estudios teológicos, sino también en el nivel popular al estimular la lectura de la Biblia. Hay un esfuerzo por apartarse de la insistencia del →Concilio de Trento sobre las dos fuentes de la revelación, "La Escritura y la Tradición", y hacer de la tradición la viva voz de la iglesia que comenta la Escritura, aunque el Vaticano II mantuvo la posición tradicional. La Constitución Dogmática sobre la revelación divina suelda firmemente en una "la tradición sagrada, la Sagrada Escritura y el magisterio de la Iglesia" (II:10). El énfasis bíblico de los progresistas también se ve afectado por su aceptación de las teorías de la contemporánea crítica bíblica radical con su método de "desmitificación". En algunos sectores hay también cierta medida de aceptación del rechazamiento por los protestantes radicales de todo el concepto de la verdad proposicional: la experiencia existencial se convierte en criterio como sustituto de la divina revelación.

El interés ecuménico ha alejado a los "nuevos" católicos del antiguo concepto de los protestantes como herejes. Ahora estos son "hermanos separados", y se busca la unión con ellos. Pero esa no es la meta definitiva, pues los progresistas miran más allá de las iglesias de la Reforma y la Ortodoxia Griega al judaísmo, y hasta a las grandes religiones no cristianas, y aun al ateísmo, conforme ponen cada vez mayor énfasis en la síntesis final que es la meta del catolicismo. Tras esta visión de largo alcance se halla la aceptación de cierta forma de universalismo. Y tras éste se halla la teología encarnacional que considera a Cristo como santificándolo todo mediante su venida y redimiendo a todos los hombres por su muerte. Se introduce la antigua idea de una fe latente, unida a la aceptación del "bautismo por deseo". Queda la puerta abierta no solo para reconocer a los protestantes como "hermanos por el bautismo", sino al considerar a los musulmanes, hindúes, y aun a los ateos, como aquellos que al ejercer la fe "implícita" se encuentran en una iglesia "oculta" en contraste con aquellos cuya fe explícita e iniciación sacramental los constituye en miembros de la iglesia explícita.

Su intento de permanecer leales a Roma tropieza con las contraacusaciones de los conservadores, según los cuales los neocatólicos son los antiguos modernistas con nuevo ropaje. Es Hans Küng quien ha formulado la extensa y amplia respuesta de los liberales. Afirma que las anteriores declaraciones dogmáticas se aceptan, pero que las palabras deben interpretarse y que los credos del s.XVI deben entenderse dentro de las circunstancias de los mismos. La resultante interpretación del "neocatólico" difiere netamente de las del tradicionalista: de aquí surgen la tensión y a veces la acre polémica.

Pentecostalismo católico. Este movimiento surgió en el otoño de 1966 entre los miembros de la facultad de la Universidad de Duquesne, Pittsburgh, Pennsylvania. Influidos por el pentecostalismo protestante, sin embargo se mantuvieron firmes en su apego a Roma; seis años después afirmaban contar con 50.000 seguidores. Los primeros jefes del movimiento en EUA eran en su mayoría laicos. Consideraban su movimiento como la respuesta celestial a la oración del Papa Juan XXIII que pedía una renovación de las maravillas del Pentecostés; de aquí que evitaran, lo que consideraban algunos, los excesos emocionales del pentecostalismo protestante; de aquí también el consejo a sus seguidores de que se mantuvieran dentro de Roma.

Hay en el movimiento un cálido énfasis en la fe personal en Cristo. La oración tanto personal como colectiva, es rasgo prominente. Se estimula el estudio de la Biblia, naturalmente, igual que en el más amplio ámbito del nuevo catolicismo. Se pone énfasis en testificar ante el mundo exterior. Todos estos son elementos que enlazan al movimiento con los evangélicos protestantes, pero hay otros rasgos que firmemente enraizan el movimiento en el catolicismo romano y otros más que tienden hacia el rumbo radical.

Se enseña con mucho énfasis el sacramentalismo del catolicismo tradicional. Los líderes del movimiento norteamericano (como Kevin y Dorothy Ranaghan) o en el ala inglesa (como Simon Tugwell) explican la idea del "Bautismo en el Espíritu" como una realización y manifestación explícitas de la vida divina recibida en forma oculta, y *ex opere operato* en el bautismo en agua. El hablar en lenguas se considera como un paso en el proceso mediante el cual uno es penetrado por la vida divina impartida en el bautismo: abarca entregarle "una partecita de nuestro cuerpo a Dios". El resultado, se dice, es una más profunda apreciación de la misa (con el tradicional trasfondo de la transubstanciación) y del confesionario.

El culto a María es particularmente prominente. Los Ranaghan citan testimonios de una nueva devoción a María y del empleo del Rosario. Hallaron especial significancia en una reunión donde se habló en lenguas, en donde la expresión inicial "Ave María"

–pronunciada en griego y reconocida como tal por un participante e interpretada– condujo a un énfasis mariano, lo cual para mayor gozo de ellos resultaba ser el preludio del día siguiente: una de las grandes fiestas anuales a María.

Uno se ve obligado a preguntarse cómo se puede pretender que el Espíritu de Verdad pueda llevar a doctrinas tales como la transubstanciación y el sacrificio eucarístico y cómo el Espíritu, cuyo ministerio es glorificar a Cristo, pueda llevar a los hombres a disminuir esa gloria mediante la devoción a María. Pero la cuestión se plantea aun con mayor insistencia cuando se descubre y aparece el universalismo, que ya se ha observado en el nuevo catolicismo, y que en la experiencia pentecostal se enlaza con el Zen, la Meditación Trascendental, y hasta con el marxismo como pasos hacia la final síntesis católica de la experiencia humana.

El criterio definitivo del movimiento resulta ser la experiencia. Pueden invocarse la Escritura y la tradición, pero en definitiva es la intensidad de la experiencia lo que autentica la doctrina. La vieja tesis era que la "Doctrina precede a la exégesis"; ahora, no obstante, leemos la Escritura a través de los ojos de la experiencia. Este enfoque está más próximo al existencialismo que al énfasis bíblico sobre la mente. "La fe viene por el oír", y no por un salto a ciegas en la oscuridad. H.M. CARSON

CATOLICISMO ROMANO EN AMERICA LATINA. El Catolicismo Romano en AL, al que poca consideración se le había dado en las dos últimas décadas ha sido objeto de numerosos estudios de orden histórico, teológico y desde la perspectiva de las ciencias sociales.

En cuanto a historias generales, a las obras de Tormo y Aizpuru, de Lopetegui y Zubillaga, de Jacobs, de Pape, y de Egaña, muy documentadas pero mayormente informativas, se ha sumado la de →Dussel y la colección de →CEHILA, presidida por él, con una hipótesis interpretativa vinculada metodológica y teológicamente a la llamada →Teología de la Liberación, y más recientemente la historia general del Cristianismo en AL de H.J. Prien, muy rigurosa en su documentación y bibliografía y con una interpretación de tendencia liberal.

En líneas generales puede aceptarse un esquema de periodización en los siguientes términos, a los que añadimos la problemática histórica más significativa en cada caso:

1. *La época colonial*, que abarca desde el descubrimiento de América hasta el s.XVIII inclusive. En esta época debemos distinguir:

(a) Un período de implantación y ordenamiento de la Iglesia Católica (1493-1606), que a su vez podemos subdividir en (i) los primeros esfuerzos de evangelización, no organizados (1493-1519), (ii) las misiones organizadas (1519-1551) y (iii) la época de los concilios (1551-1606). Los temas fundamentales para este período son la determinación de la naturaleza del catolicismo español (particularmente el tema del →Patronato real y la ideología del "reino cristiano"), las discusiones teológicas en torno al derecho de conquista y evangelización, el problema de la "religión mixta", o sincretismo religioso o "evangelización incompleta" del catolicismo que se constituyó en AL, según las diversas interpretaciones. También merece considerarse el rol de las órdenes religiosas y el controvertido intento civilizador de los jesuitas. La historia de los sínodos y concilios, que intentaron confrontar algunos de los más agudos problemas ha sido recientemente objeto de estudios por parte de Castillo Arroyo, Miranda Godínez, Enrique Dussel y Juan Villegas. También se destacan los estudios sobre Bartolomé de las Casas y la "tradición profética" en el catolicismo colonial.

(b) Un período de "decadencia" que coincide con la época borbónica (s.XVIII) en que el ingreso de ideas liberales y el estancamiento de la Iglesia prepararon la crisis de la época siguiente.

2. *La época de la Independencia* (1808-1898) en la que debemos distinguir:

(a) La crisis de las revoluciones emancipatorias (1808-1825), en torno a las que se debate la amplitud y profundidad del apoyo de la Iglesia a esas revoluciones (cp., p.e. la posición apologética de Tormo, las interpretaciones polémicas protestantes y la visión más matizada y objetiva de autores como Mecham y Pike).

(b) La profundización de la crisis (1825-1850) con la agudización del conflicto entre distintas tendencias políticas en las nuevas repúblicas.

(c) El triunfo del liberalismo (1850-1898) que señala el punto más agudo de la crisis del Catolicismo Latinoamericano. A las interpretaciones católicas clásicas, que subrayaban los elementos externos (escasez de sacerdotes, sedes episcopales vacantes, anticlericalismo de las corrientes liberales, masonería y librepensamiento) y las protestantes, que aceptando una interpretación liberal, adjudicaban las responsabilidades al carácter oscurantista y retrógrado del catolicismo colonial, han sucedido estudios más matizados, que toman en cuenta la naturaleza del proceso en función de la situación total, a saber el proceso de integración dependiente de AL a la órbita económica y política del mundo noratlántico y las consiguientes corrientes y luchas ideológicas en AL. En este sentido, puede verse la situación latinoamericana en el contexto del conflicto del catolicismo romano con la modernidad liberal en los ss.XVIII y XIX.

3. *La época de la recuperación* (1899-1955) en la que podemos distinguir:

(a) Una época de reorganización de la Iglesia (1899-1930), que podríamos considerar como una "vaticanización de la ICR latinoamericana" en el sentido de una toma del control por parte de Roma, dando al episcopado una estructura más ajustada y centralizada, que comienza con el →Concilio Plenario de América Latina celebrado en Roma en 1899.

(b) Un "nuevo impulso apostólico" que se acentúa de 1930 a 1955, con la consolidación del episcopado, que constituye en Río de Janeiro (1955) el →Consejo Episcopal Latinoamericano (CELAM). Surgen universidades católicas y se forman élites que han de ser influidas por los pensadores franceses (neotomismo). Se crea la →Acción Católica en AL y surgen grupos sindicales, universitarios y movimientos agrarios católicos, al igual que algunos partidos políticos. Hacia el final del período se acentúa el sentido de autocrítica (→Chimbote).

4. *La época de la renovación* (1955-), en que tal vez podríamos distinguir un primer período de inspiración europea (1955-1965) en que la influencia del movimiento bíblico y litúrgico, del pensamiento social y de la relación ecuménica del catolicismo nord-europeo se deja sentir en AL, preparando al Catolicismo Latinoamericano para recibir la temática del Concilio →Vaticano II. Y un período de corte más netamente latinoamericano, cuyo punto central debemos ubicar en la Segunda Conferencia General del Episcopado Latinoamericano (→Medellín, 1968) en el que prevalece la atención a las condiciones particulares de la sociedad latinoamericana y la problemática religiosa del pueblo en las condiciones de subdesarrollo y opresión del continente. Tanto en el plano teológico como en el catequístico y pastoral se desarrollan nuevas corrientes, cuya evaluación oficial hallamos en los documentos de la Tercera Conferencia General del Episcopado Latinoamericano (→PUEBLA, 1979).

JOSE MIGUEZ BONINO

CATOLICO (gr. *katholikos* = "de acuerdo con el todo", de aquí "general" o "universal"). Según →Ignacio de Antioquía la iglesia estaba "dondequiera que Jesucristo esté presente". Después ninguna definición del término resume en forma más completa, tanto el intento como los problemas inherentes que emergen de allí, que el sentido que le da →Vicente de Lérins (s.V): "lo que ha sido creído en todas partes, siempre y por todos" (condición que históricamente nunca ha sido reunida). Por analogía el concepto también aparece en el Credo de →Atanasio aplicado a la fe cristiana misma, pero aun antes se había dicho que la iglesia es "una, santa, católica y apostólica". Un entendimiento subsiguiente (y más limitado) del término "católico" ha separado la ICR de aquellos que abogan por la reforma de ella: la Iglesia Occidental de su contraparte Oriental que se llama "ecuménica" u "ortodoxa", y una ortodoxia supuesta de una heterodoxia supuesta la cual, como en práctica valentiniana, también se atrevió usar el término. CLYDE CURRY SMITH

CATOLICOS ANTIGUOS (VIEJOS) →VETEROCATOLICOS

CAUTIVERIO BABILONICO (1309-77). Término peyorativo que se originó por las inferencias de los patriotas italianos, tales como Dante y Petrarca, de que los papas eran en Aviñón prisioneros de los reyes de Francia (cp. 2 R. 24:14-16; 25:11). En realidad los papas permanecían allí porque Italia no ofrecía seguridad. El papado legalmente solo poseyó Aviñón desde 1348. Benedicto XII (1334-42) y Clemente VI (1342-52) edificaron el palacio papal para albergar sus crecientes administraciones, a las cuales el pontificado de Juan XXII (1316-34) había contribuido mucho. Clemente VI mandó edificar los más grandes y bellos salones. El período pasado en Aviñón no fue estéril pues, aparte de los desarrollos administrativos, alejó a los papas de la interminable y absorbente lucha con los italianos. Además, geográficamente Aviñón era más céntrica que Roma. Los papas nunca abandonaron sus deseos de regresar a Italia, para lo cual dedicaron cuantiosos presupuestos, diplomacia y fuerza. Aunque algunos papas regresaron temporalmente, fue la pacificación lograda por el cardenal Albornoz en los →Estados Papales lo que decidió en 1377 que Gregorio XI considerara que Roma era lugar suficientemente seguro para residencia permanente. L. FEEHAN

CAYETANO, TOMAS DE VIO (1464-1534). Cardenal y filósofo dominico. N. en una familia de origen noble y era estudioso por naturaleza. Desafió los deseos de sus padres ingresando en la orden →dominica antes de tener 16 años. Estudió en Nápoles, Bolonia y Padua, y llegó a ser famoso a causa de sus conferencias y escritos (se le atribuyen 115 obras). Designado para desempeñar la cátedra de metafísica en Bolonia, realzó su prestigio al atacar al humanismo dominante. Su famosa obra *De Ente et Essentia* iba dirigida contra el →averroísmo. Llegó a ser un prestigioso expositor de →Tomás de Aquino. Su defensa, en el seudo-concilio de Pisa (1511), del poder y de la supremacía real del papa, aumentó el favor de que gozaba en Roma. Por medio de Fernando de Aragón pudo enviar al primer misionero dominico para la conversión de los nativos en América. Fue investido como cardenal en 1517. Su mayor chasco lo experimentó al fracasar en persuadir a Lutero para que se retractara cuando, en 1518, se reunieron por tres días sucesivos en Augsburgo. C. fue uno de los oponentes más hábiles que tuvo Lutero.
GORDON A. CATHERALL

CCAL →COMITE DE COOPERACION EN AMERICA LATINA

CECILIA. Virgen y mártir. Es mencionada en varios breviarios y misales occidentales. Una iglesia de Santa Cecilia albergó un concilio en Roma en 498. Según Fortunato de Poitiers en el s.VI, ella murió en Sicilia entre 176 y 180, pero su *Acta* dada por Simeón Megafrastes, compilador de leyendas del s.X, establece su muerte en Roma cuando Urbano era obispo (220-30). Su primera clara relación con la música tuvo lugar en 1584 cuando Pío V puso bajo la protección de ella una nueva academia musical. J.D. DOUGLAS

CECILIANO. Obispo de Cartago, c.311-40. Como archidiácono ayudó al obispo Mensurio a controlar la extravagante devoción a los confesores y mártires durante la Gran Persecución. Sus rigurosos críticos se unieron al clero desafecto cuando fue elegido obispo. Llamaron a los obispos de Numidia para que declararan sin valor su consagración porque un supuesto *traditor* (→**DONATISMO**), Félix de Aptunga, había participado en ella y porque C. había desatendido a los →confesores. Instauraron así un antiobispo. Los disidentes protestaron porque Constantino había otorgado a C. sus medidas de alivio de 312-13. Pero en los sínodos de Roma en 313 y después de más apelaciones (de los donatistas) en →Arlés (314) y , según las propias investigaciones de Constantino en 315-16, C. fue completamente vindicado. Fue el único obispo africano que estuvo presente en el Concilio de Nicea en 325. D.F. WRIGHT

CEFERINO (m.217). Obispo de Roma a partir de 198. Sucedió a Víctor, pero a pesar de su pontificado de 19 años, poco se sabe de su vida. Su severo crítico, →Hipólito, lo describe como "laxo" en cuanto a imponer las tesis de la iglesia contra ciertas herejías –p.e. el →sabelianismo– y lo tilda de "carente de educación". Pero C. excomulgó a Teodoto el "cambista" que defendió el monarquianismo dinámico, puesto que había dado gran apoyo a dos discípulos de →Noeto (Epígono y Cleómenes) quienes defendían la tesis modalista. Según la tradición, C. sufrió el martirio.
J.D. DOUGLAS

CEHILA →COMISION DE ESTUDIOS DE HISTORIA DE LA IGLESIA EN LATINOAMERICA

CELADEC →COMISION EVANGELICA LATINOAMERICANA DE EDUCACION CRISTIANA

CELAM →CONSEJO EPISCOPAL LATINOAMERICANO

CELESTINO I (m.432). Obispo de Roma desde 422. Poco después de haber sucedido a Bonifacio I, estaba ya en controversia con los obispos africanos. Cuando Apiario, un clérigo africano depuesto, reclamó su reinstalación, C. consintió enviando al impopular legado Faustino para ejecutar la decisión. Un concilio celebrado en Cartago alrededor de 424 destituyó a Faustino, pidiendo a C. que obedeciera los cánones de Nicea y que apoyara las decisiones de los obispos locales. C. se opuso a la herejía y a las irregularidades. En 425 los emperadores expulsaron de Roma a los herejes. C. censuró a los obispos cercanos a la ciudad de Marsella por permitir que los sacerdotes enseñaran doctrinas opuestas a Agustín. A otros, de Viena y Narbonensis, los criticó por elegir obispos monásticos y por su ascética vestimenta clerical (428). Envió a Germán de Auxerre a Inglaterra

(429) para contrarrestar al →pelagianismo y clausuró las iglesias →novacianas en Roma. En 430 dio poderes a →Cirilo de Alejandría para ejecutar el ultimátum de diez días contra Nestorio. Aunque sus representantes estuvieron ausentes de la mayor parte del Concilio de Efeso (431), su aprobación de las decisiones posteriormente hizo que C. obtuviese la fama de haber presidido junto con Cirilo. G.T.D. ANGEL

CELESTINO III (c.1106-1198). Papa desde 1191. En su juventud fue seguidor de →Abelardo. Por la época en que se convirtió en papa se había ganado reputación de erudito teólogo, buen administrador o negociador irénico. Tenía gran interés en evitar conflictos con el imperio por supremacía política. Así estuvo dispuesto en 1191 a coronar a Enrique VI como emperador y, aunque las relaciones se endurecieron debido a las ambiciones italianas de Enrique, nunca se terminaron por completo. Aceptó la promesa astuta de Enrique de dirigir la Cruzada de 1195, pero se aseguró de que ésta contara con una amplia base política al hacerla predicar en otros países. Impidió un casamiento de Alfonso IX de León dentro de los grados prohibidos, y se negó a acordar con los obispos franceses la anulación del matrimonio de Felipe Augusto. Administrativamente mejoró la Curia y fue levantado el *Liber censuum* (una investigación de toda la propiedad dependiente de Roma). Continuó la extensión de la jurisdicción papal particularmente al emplear delegados-jueces para escuchar los casos en disputa. C. PETER WILLIAMS

CELESTINO V (1215-1296). Papa desde 1294. Notable ermitaño que fundó la comunidad de discípulos más tarde llamada celestinos. Su elección como papa fue un consciente intento de levantar el tono espiritual del papado debilitado por las connotaciones políticas de la "Guerra de las Vísperas". El inexperimentado C., sin embargo, pronto se convirtió en instrumento de Carlos II de Nápoles, designando doce cardenales escogidos por éste, poniendo a sus candidatos en los estados papales y estableciendo residencia en Nápoles. Administrativamente la iglesia cayó en gran confusión. Dándose cuenta de sus propios fracasos, C. tuvo la espiritualidad y la humildad de renunciar a fines de 1294. Fue sucedido por alguien que se le diferenciaba en todos los aspectos: Bonifacio VIII quien, temiendo una conspiración en torno al papa anterior, lo mantuvo preso hasta que murió en 1296. C. fue canonizado en 1313. C. PETER WILLIAMS

CELESTIO (principios del s.V). Asociado de →Pelagio. Probablemente africano, desertó de un tribunal romano alrededor del año 400 debido al movimiento reformista de Pelagio, acompañándolo en 409-10 a Sicilia y Cartago, donde Pelagio lo dejó esperando la ordenación. En lugar de ello en 411 recibió la primera condenación católica de "pelagiano", por enseñar que la mortalidad de Adán era independiente de su pecado, que en cambio lo había perjudicado solamente a sí mismo, de manera que el recién nacido disfruta de una condición como la del Adán previa a la caída. Los infantes son bautizados con objeto de obtener la santificación o el reino, no la remisión de pecados. Su negación de que la transmisión de pecado era *de fide,* desafiaba la tradición africana que también era sensible acerca del bautismo. Retirándose a Efeso, C. obtuvo la ordenación, pero tanto aquí como en Constantinopla la denuncia africana lo acosó y fue sometido a nuevas condenaciones en ausencia durante el sínodo palestino de Diópolis en 415. Mientras tanto Pelagio, desinteresado por el bautismo de infantes, en parte desaprobó sus opiniones. De regreso en Roma en 417, C. apeló personalmente al vacilante papa →Zósimo, pero en 418 el emperador Honorio expulsó a los revoltosos pelagianos y fue confirmada la reprobación papal. En 428/9 se aseguró refugio en la Constantinopla de Nestorio, pero el *Memorandum sobre el nombre de Celestio* de Mario Mercator, proclamó el exilio imperial y la condenación conciliar de él en Efeso en 431, después de lo cual C. desapareció. Agustín preserva muchas de sus *Definiciones sobre la impecabilidad* y *Afirmación de Fe* (a Zósimo). Sus obras perdidas incluyen *La vida monástica* y *Libro contra el pecado original.* Fue un exitoso propagandista, tenaz y cándido. Su teología le debe mucho a Rufino "el Sirio". D.F. WRIGHT

CELIBATO DEL CLERO. Práctica católico romana de requerir que su clero permanezca sin casarse y se consagre a la pureza personal en pensamiento y obra. El NT parece ser ambivalente en materia de matrimonio. Por un lado, algunos de los apóstoles eran casados (Mt. 8:14; 1 Co. 9:5) y Pablo recomienda el casamiento a los dirigentes de las iglesias (1 Ti. 3:1), pero por otro lado se destacan los valores de la virginidad. Aparte de los ejemplos de Cristo, María y Juan el Bautista, hay

(1) la enseñanza de nuestro Señor de que el c. es un medio de consagrarse uno mismo a Dios (Mt. 19:12,19) y (2) las afirmaciones de Pablo en cuanto a que es la condición para una más ferviente consagración a Dios dado que evita enredos terrenales y prepara el alma para la venida de Cristo (1 Co. 7:26-35). Tempranamente se desarrolló en la iglesia la idea en cuanto a que el estado célibe era preferible. Durante el s.IV la mayoría de los obispos de Grecia, Egipto y el occidente de Europa no eran casados o habían dejado a sus esposas después de haber sido consagrados. Pero todavía los sacerdotes y los diáconos contraían matrimonio y durante los primeros tres siglos de la era cristiana ninguna ley se aprobó prohibiendo el casamiento de los clérigos.

En el oriente durante los ssVI y VII, se aprobaron leyes que prohibían el casamiento de los obispos. (Si estaba casado, tenía que dejar a su esposa en un monasterio distante.) Sin embargo se permitía el casamiento de los que pertenecían a las órdenes inferiores del clero. El c. en la iglesia occidental se volvió una obligación canónica para el clero a través de los esfuerzos combinados de los papas y de los concilios eclesiásticos regionales. La más antigua declaración canónica, canon 33 del Concilio de Elvira (c.305), declara: "Decretamos que a todos los obispos, sacerdotes y diáconos, y a todos los clérigos ocupados en el ministerio, les está totalmente prohibido vivir con sus esposas y engendrar hijos. Quienquiera que lo haga será depuesto de su dignidad clerical". Posteriormente →Osio de Córdoba intentó sin éxito que este decreto fuera promulgado por el Concilio de Nicea. Si los concilios ecuménicos no actuaron, sí lo hizo el papa, y las decretales de Dámaso I, Siricio, Inocencio I y León I ordenaron el celibato al clero. Otros concilios locales en Africa, Francia e Italia publicaron decretos haciendo obligatoria esta práctica.

Después de la caída del imperio carolingio hubo un movimiento de alejamiento del celibato del clero pero, con la reforma de Hildebrando del s.XI, llegó a la iglesia un nuevo espíritu ascético. →Gregorio VII, por quien es nombrado este movimiento, luchó con gran celo en favor de la restauración del c. sacerdotal. Precisamente después de su época, sin embargo, hubo una considerable distancia entre la teoría y la práctica respecto a este requisito.

Los reformadores protestantes no dieron valor al c. Calvino enseñó que éste no debía ser juzgado como de mayor mérito que el estado de matrimonio, y protestó en contra del desprecio que se hacía del matrimonio por parte de escritores como Jerónimo. El Concilio de →Trento (1545-63) confirmó la enseñanza en cuanto al c. del clero, pero declaró que le fue impuesto al clero por ley de la iglesia y no por ley de Dios. Actualmente la ICR juzga útil el c. de los ministros por cuanto les concede mayor libertad para el servicio de Dios, aunque también afirma que la iglesia puede anular esta regla cuando lo decida. ROBERT G. CLOUSE

CELSO (s.II). Autor del primer tratado conocido de crítica filosófica y religiosa del cristianismo: *Discurso verdadero.* Escribiendo durante la persecución (177-80), y quizá reaccionando contra →Justino Mártir, trata de confutar al judaísmo, a Cristo y a los cristianos, a algunos de los cuales encontró en Roma o en Alejandría. Pese a una alusión a la conservación de la materia, no hay suficiente evidencia interna como para identificarlo con el amigo epicúreo de Luciano de Samosata. Solo la réplica de →Orígenes, *Contra Celsum,* escrita justo antes de la persecución de Decio (249-51), da prueba de la existencia de C. El monoteísmo filosófico platónico se combina en C. con el ancestral politeísmo grecorromano para producir un desconocido e inamovible Dios supremo que ha establecido varios demonios sobre la experiencia humana. La verdadera religión es demostrada tanto por concentrar el alma en Dios como por propiciar los tradicionales demonios cúlticos de quienes depende el Imperio y las funciones de la vida cotidiana. Por lo tanto se debe rendir culto y servicio a su representante, el emperador, celebrando festividades públicas, desempeñando cargos públicos e ingresando en el ejército. Basándose en estas presuposiciones C. imputa sus mayores críticas a los cristianos. Además, su concepción platónica del alma y del cuerpo, su panteísmo y su estudio comparado de las religiones lo hacen rechazar, a veces por interpretarlas mal, las doctrinas cristianas de la creación, del hombre, de la encarnación, el carácter *único* y el ministerio de Cristo y la resurrección. G.T.D. ANGEL

CELTICA, IGLESIA →IGLESIA CELTICA

CENA DEL SEÑOR →COMUNION, LA SANTA

CENOBITA (del gr. ***koinobíos*** **= "vida en común").** Religioso que vive en comunidad con otros. El →monaquismo se manifestó entre los cristianos primero en forma →anacorética o eremítica y produjo fanatismo y excesos absurdos (v.g. →Simón Estilita). →Pacomio, c.287-346, joven egipcio, se convirtió al cristianismo y se hizo monje anacoreta. Pero no satisfecho con la vida ociosa y las irregularidades que encontró en el monaquismo solitario consideró más sano y práctico que los monjes vivieran en comunidades. Así reunió un grupo de anacoretas y los organizó en comunidad (o "monasterio") en una isla del Río Nilo.

El monaquismo cenobítico fue precursor de las órdenes monásticas que florecieron en la Edad Media de las cuales la primera fue la que fundó →Benito de Nursia.

WILTON M. NELSON

CENTRO INTERCULTURAL DE DOCUMENTACION (CIDOC). Centro de estudios religiosos, culturales y sociales fundado en Cuernavaca, México, en 1961 por monseñor Iván Illich. Su propósito original fue el preparar un nuevo tipo de misionero para AL. Allí podrían llegar para aprender español y a la vez conocer la cultura y los problemas económicos y sociales de las tierras al sur del Río Bravo.

Para realizar este trabajo CIDOC reunió una gran biblioteca y publicó 300 títulos. En consonancia con la tesis de "desescolarización" de Illich no había clases formales sino seminarios y coloquios.

El Centro pronto tomó un rumbo radical e iconoclasta. Guiado por el desarrollo del pensamiento de Illich, empezaron a atacar implacablemente al "sistema": la Iglesia, el sistema escolar, el sistema de transporte y por último la medicina moderna.

Pronto dejó de ser un centro de preparación de misioneros. Más bien los de CIDOC llegaron a la conclusión de que la obra misionera constituye un estorbo para la liberación y progreso de AL y que se debe desalentar el ingreso de misioneros en esta parte del mundo.

Naturalmente esta línea produjo oposición eclesiástica. En 1969 el Vaticano prohibió al clero el estudio en el CIDOC. Illich pidió y consiguió ser reducido al estado laical. Siguió al frente del Centro, el cual continuó existiendo hasta 1976 cuando tocó a su fin, pero no antes de que 16.000 alumnos hubieran pasado por sus aulas. Lo único que ha quedado del Centro es una escuela de español para extranjeros. WILTON M. NELSON

CENTURIAS DE MAGDEBURGO →MAGDEBURGO, CENTURIAS DE

CERDON. Predecesor de →Marción que llegó a Roma desde Siria, según Epifanio, c.137-41. Ireneo agrega que públicamente profesaba la ortodoxia pero que en secreto enseñaba herejía hasta que se apartó de la congregación. Enseñaba que el Dios del AT es conocido y justo, mientras que el Padre del Señor Jesucristo es desconocido y bueno. Escritores posteriores ampliaron o contradijeron los conceptos de Ireneo presentando a C. como →doceta que creía en la resurrección solo del alma y presagiaba el canon de Marción.

J.D. DOUGLAS

CERINTO (ca. 100). Hereje que vivió en Asia Menor. Su teología parece haber sido una combinación de ebionismo con especulaciones gnósticas. El mundo, enseñaba él, no era creación del Dios Supremo sino de un ángel inferior que mantenía al mundo en esclavitud. Según él, Jesús era un hombre normal, hijo de José y de María; se diferenciaba de los demás solo por su mayor sabiduría y justicia. Fue elegido por el Dios Supremo para proclamarlo a El y libertar al mundo de la esclavitud. Para esta tarea el Cristo descendió sobre él durante su bautismo en forma de paloma, enviado por el Padre. Este Cristo se retiró de Jesús antes de su crucifixión, siendo solamente Jesús quien sufrió y resucitó. C. enseñó una doctrina carnal del milenio ya que a su venida Jesús introduciría 1000 años de placer sensual antes de la consumación. Según los →alogoi C. era el autor del Evangelio de Juan y del Apocalipsis. G.L. CAREY

CERULARIO, MIGUEL (m.1059). Patriarca de Constantinopla. Bajo su dirección tuvo lugar la separación final entre las Iglesias Oriental y Occidental, acontecimiento llamado el →Cisma del Oriente (1054). Las diferencias entre Roma y Constantinopla no tuvieron origen bajo su reinado sino que se remontan a varios siglos antes. El patriarca introdujo en su oficio la habilidad para utilizar el poder político para sus fines. Constantino Mónaco, que era el emperador de esa época, estaba negociando con el papa León IX respecto a la defensa del S de Italia contra los normandos. Como parte de esta negociación el emperador de Constantinopla acordó devolver a las iglesias del S de Italia a la jurisdicción del papado. Cuando el patriarca C. se enteró de estas negociaciones, decidió utilizar su poder contra el débil emperador. Empezó tratando de obligar a las iglesias latinas en Constantinopla a usar idioma y prácticas griegas. Cuando rehusaron, el año 1052, las clausuró.

Las divergencias sobre asuntos rituales que fueron excusa para esto se convirtieron en los mayores puntos en disputa. Los verdaderos motivos que los habían dividido, y aun los dividen, tales como el papado y el Espíritu Santo, estuvieron ocultos en tiempos del cisma. Al papado aparentemente llegó la noticia de que C. estaba reaccionando frente a la capitulación del emperador de Bizancio ante Roma. Esto llevó a una extremada afirmación de la autoridad papal frente a la que, por supuesto, C. reaccionó. Cuando llegaron legados que representaban a León, C. se negó a recibirlos, de manera que lo excomulgaron. A su vez, el patriarca excomulgó a quienes habían llegado representando al papa. En esta forma la división fue completa.

GEORGE GIACUMAKIS, Jr.

CERVANTES SAAVEDRA, MIGUEL DE (1547-1616). Escritor español del Siglo de Oro, "padre" del Quijote, a quien "engendró" mientras estaba en la cárcel. De familia de escasos recursos, C. vivió una vida azarosa, y en varias ocasiones estuvo en prisión o a punto de ello. Viajó a Italia y sirvió al Cardenal Acquaviva. Se enlistó como soldado y tomó parte en la batalla de Lepanto (1571), donde perdió el uso de la mano izquierda "para honra de la diestra". Volvió a Italia y estuvo en las guarniciones de Palermo y Nápoles. Cuando regresaba a España fue hecho prisionero por piratas berberiscos y llevado cautivo a Argel, donde permaneció por cinco años y medio (1575-1580).

Después de muchos fallidos intentos de escape, su familia logró reunir dinero para el rescate, dinero que fue entregado a dos monjes de la Orden de los →Trinitarios (fundada en 1198 con el propósito específico de liberar a los cristianos cautivos de los musulmanes). Como no era suficiente, los comerciantes cristianos de la ciudad pusieron lo que faltaba, y C. fue liberado el 19 de setiembre, cuando ya había abordado el barco que debía llevarlo a Constantinopla como esclavo del rey Hasán Pachá.

De regreso en Madrid se dedicó a la vida literaria. Su obra inmortal, *El Ingenioso Hidalgo don Quijote de la Mancha*, vio la luz en 1605 (primera parte) y en 1615 (la segunda). Aunque fue de inmediato un gran éxito, no significó la solución de los problemas financieros del autor, quien siguió pasando dificultades. En esa obra (que ha sido diversamente interpretada), C. se revela como gran conocedor del alma española. Posee además un buen conocimiento de la Biblia (citas directas e indirectas, referencias a acontecimientos de la historia bíblica, etc. salpican toda la obra). En 1609 fue recibido en la recientemente creada Cofradía de los Esclavos del Santísimo Sacramento; en 1613 tomó el hábito de la Orden Tercera de San Francisco. Tres años después falleció en Madrid y fue sepultado en la iglesia de las monjas Trinitarias.

P. BONILLA A.

CESAREO DE ARLES (470-543). Obispo de Arlés. N. en Chalons y fue educado en el monasterio de Lerins. Fue prototipo del monje-obispo virtuoso durante cuarenta cruciales años. Mediante su legislación y sus frecuentes concilios reformó la conducta tanto del clero secular como del monástico, redactando normas para monjes y para monjas. Era un predicador infatigable; ordenó que sus clérigos predicaran frecuentemente tanto en zonas rurales como urbanas, en forma simple y breve (su propia práctica era el sermón de quince minutos). Alentó la concurrencia diaria al culto, el canto congregacional y la memorización de las Escrituras, implicando al laicado en la administración de fondos. En el Segundo Concilio de Orange (529) su representante enfrentó a los →semipelagianos mediante su afirmación referente a la gracia preveniente y a la regeneración bautismal, y negando la predestinación a la condenación.

MARY E. ROGERS

CESARINI, JULIANO (1398-1444). Cardenal y obispo de Tusculum y legado papal. N. en una distinguida familia romana, ingresó al servicio de la corte papal y llevó a cabo importantes misiones. En 1419 estuvo en Bohemia en una misión contra los husitas; en 1425 representó al papa en Francia y en 1426 en Inglaterra. En ese año también fue consagrado como cardenal. En 1431 estuvo presente como legado papal, en Domazlice, cuando los checos derrotaron a los príncipes alemanes. Fue designado por →Martín V para ser presidente del Concilio de Basilea. El descalabro de Domazlice lo convenció de la necesidad de que un concilio general se ocupara de los husitas. Trató de convencer a →Eugenio IV para que cooperara en el concilio, pero después que éste se dividiera y el partido papal se trasladara a Ferrara, desempeñó una parte importante en las negociaciones para la unión entre las Iglesias Romana y Griega. C. fue a Hungría en 1442 para predicar una cruzada contra los turcos. En 1444, debido a su influencia, fue repudiada la Paz de Szegedin por el rey Ladislao. Renovada la guerra, Cesarini, junto con Vladyslav III, rey de Polonia y Hungría, fue muerto al terminar la fatal batalla de Barna, en Bulgaria.

JAMES TAYLOR

CESARIO DE HEISTERBACH (c.1170-c.1240). Escritor y prior de la Casa Cisterciense de Heisterbach, cerca de Colonia. Fue educado en esa ciudad donde recibió una buena base en los clásicos y en los Padres, adquiriendo un fluido estilo latino. Ingresó en el monasterio de Heisterbach en 1198 ó 1199, y empleó su talento en obras dedicadas a los novicios que estaban a su cargo, especialmente su *Dialogus miraculorum* (c.1223). Se trata de una deliciosa colección que combina detalles acerca de la vida de entonces en el monasterio y en el Imperio con ingenuos relatos acerca de brujas, *incubi* y *succubi*. Fue uno de los escritores más populares del s.XIII. Escribió también una segunda copilación de milagros en ocho libros, de los cuales solo tres subsisten: un *Catalogus Episcoporum Coloniensium;* una admirable biografía de Engelberto, obispo de Colonia asesinado en 1255, y sermones destinados a lectores monásticos, haciendo numerosas referencias bíblicas e históricas. Con verdadero celo cisterciense criticó los abusos eclesiásticos que observaba, incluso los del sistema confesional.

MARY E. ROGERS

CESAROPAPISMO. La práctica del dominio de un gobernante secular sobre la iglesia. Apareció en la historia cuando la iglesia empezó a gozar del apoyo del Imperio Romano en tiempos de →Constantino (m. 337), quien p.e., convocó y presidió los concilios de →Arlés (314) y de →Nicea (325). Sus sucesores continuaron la misma práctica. →Constancio II, en la reunión de un sínodo en Milán (355), al demandar la muerte de →Atanasio, dijo: "que se reconozca como canon lo que yo deseo". El c. bizantino llegó a su colmo durante el reinado de →Justiniano (527-565), quien conceptuaba la iglesia como un brazo del estado y no vaciló en definir la doctrina ortodoxa y condenar a los adversarios de ella en nombre del Imperio.

En Europa occidental no fue tan notable el c., debido a que el Imperio Occidental tocó a su fin en el 476, y debido también al surgimiento del papado. Pero después de nacer el →Santo Imperio Romano en la Edad Media hubo algunos intentos cesaropapistas, v.g. los de →Carlomagno y de →Federico II. También algunos reyes españoles ejercieron mucho dominio sobre la iglesia en su tierra (v.g. →Felipe II).

El ejemplo moderno más destacado del c. es →Rusia, cuyo cristianismo provino del →Imperio Bizantino. Aquí los zares jugaron en la iglesia un papel parecido al de los emperadores bizantinos, hasta el triunfo de la revolución bolchevique en 1917. Aun después de esta fecha el gobierno comunista ha seguido manteniendo cierto control sobre la antigua iglesia.

En el mundo protestante ha habido casos de cierto grado de c., como los príncipes alemanes luteranos después de la Reforma y algunos reyes ingleses (v.g. →Enrique VIII y →Jacobo I).

WILTON M. NELSON

CIEMAL →METODISMO EN AMERICA LATINA

CIENCIA CRISTIANA *(Christian Science).* Secta que tuvo sus orígenes en Mary Baker →Eddy. Pretendía ésta haber tenido una revelación directa y que el libro definitivo de la C. C., *Science and Health, with a Key to the Scriptures* ("Ciencia y salud con una llave para las Escrituras"), habría sido escrito por ella bajo dictado divino, aunque reconoció que un clérigo había corregido sus deficientes conocimientos de gramática. La Sra. Eddy afirmaba la inspiración de las Escrituras, pero hacía la misma afirmación en cuanto a su propio libro y éste tenía prioridad sobre las Escrituras con su incambiable e indudable clave de la Biblia. Hay más de 2.000 agrupaciones de la C. C. en los EUA, y poco más de 1.000 en el resto del mundo. La iglesia matriz está en Boston.

Una característica que distingue a la C. C. es que nunca es predicada. La iglesia no tiene predicadores ni sermones. En cambio, cada iglesia cuenta con un Primero y un Segundo Lector que están obligados a leer una selección de la Escritura y una porción de *Science and Health*. No se permiten comentarios u observaciones explicativas, así lo decretó la fundadora. En tal forma, la C. C. recibe y mantiene su significado definitivo a la vez que protege la condición especial de Mary Baker Eddy al excluir la posibilidad de que surja alguien mayor. Ella constituye la primera y la última palabra acerca de la verdad de la C. C.

El Postulado Primordial de la C. C. es que Dios como Espíritu es Todo en Todos. Todo es Mente o Espíritu o, mejor, no hay realidad excepto la Mente o el Espíritu. La Mente o el Espíritu, es la Verdad, el Amor, el Poder, la Vida y la Bondad. La materialidad es maldad, pecado, enfermedad, muerte e irrealidad. Dado que Dios es Todo, el hombre coexiste con Dios y su ser, por lo tanto, reside eternamente en Dios y no ha de ser diferenciado del ser de Dios.

Dado que Jesús de Nazaret es un hombre físico, no hay que identificarlo con Dios; solo Cristo, como el Principio de la Mente, es identificado con Dios. Jesús ni murió en la cruz ni resucitó de la tumba. Jesús dejó la sepultura sabiendo que no había muerto, que ningún hombre puede morir. Todos nosotros tenemos que llegar a ese conocimiento; por discernir el carácter ilusorio de la muerte viene nuestra salvación. En nombre del mismo idealismo metafísico la C. C. tolera matrimonios (Mary estuvo casada en tres oportunidades) y cosas tales como alimentos y dinero (Mary tuvo gran interés en la venta de su libro y en la adquisición de dinero) dado que en la imperfección de su fe los hombres no aceptan plenamente que Dios o la Mente es Todo. Cuanto el cristianismo afirma en términos bíblicos acerca de la creación, la caída y la redención, la C. C. lo declara como irreal.

Es un error creer que la C. C. es una religión de fe sanadora. No pretende *sanar* la enfermedad puesto que asegura que la enfermedad es una ilusión.. Tampoco la C. C. pretende *salvar* puesto que enseña que todo aquello de lo cual los hombres pudieran ser salvos es irreal. No toma seriamente ni a la enfermedad ni al pecado. Uno podía agregar que si la C. C. se tomara a *sí misma* seriamente, no solo podía prescindir de los lectores y de los predicadores, sino también de su clave de las Escrituras, de la Escritura misma y hasta de la propia Mary Baker Eddy. La pretensión a la fama de ésta descansa en su utilización de los mencionados escritos para dominar lo que la C. C. misma dice que no es nada. Porque todo es Dios. JAMES DAANE

CIENTOLOGIA. Fundada por Lafayette Ronald Hubbard (n. 1911 en Nebraska, EUA), explorador millonario y oficial naval jubilado, la iglesia de la c. de California enseña lo que llama "una filosofía religiosa aplicada" que aspira a la "recuperación espiritual y al crecimiento de la habilidad individual". Los métodos de la cientología (llamados al principio "dianoética") se suponen "tecnológicos", y hacen uso general de un conjunto de normas y materiales, de complicados tipos de clasificación, y de un lenguaje complejo (a menudo enigmático) y cuasi-científico para exponer las etapas en el progreso del individuo, guiado muy de cerca, hacia la total autodeterminación. Su concepto fundamental es la "supervivencia", y la c. enseña las técnicas por las que el individuo pueda "sobrevivir" en forma más eficaz.

Aunque a veces se menciona de paso, por ejemplo, al "Ser Supremo, el sumo Creador, y Dios, cuando ello lo denote" (las consecuencias de la última cláusula son oscuras), la c. sostiene que "la mente humana y las invenciones de la mente humana son capaces de resolver todo problema que pueda sentirse, medirse o experimentarse directa o indirectamente". El hombre, entonces, ha de ser su propio salvador. La c. niega además la existencia del bien absoluto y del mal absoluto en el mundo de la materia, la energía, el espacio y el tiempo, y sostiene que "lo que es bueno para un organismo podrá definirse como aquello que fomenta la supervivencia de ese organismo". Por tanto, usar la palabra "religioso" para describir los métodos, técnicas y metas de la c. parece del todo arbitrario, ya que la c. nada tiene que ver con algún poder o poderes externos al hombre.

Sus doctrinas y técnicas autoritarias han ocasionado gran controversia, tanto en EUA como en Inglaterra. En 1968, a los cientólogos extranjeros se les prohibió la entrada a Gran Bretaña y se inició una investigación oficial de las actividades del movimiento. Sin embargo, ha seguido extendiéndose y en 1968 afirmaba tener entre dos y tres millones de adherentes. Su sede internacional está cerca de Londres.

La c. es un tipo de movimiento "sicoterápico", más sofisticado que los que se han conocido en el Occidente por más de un siglo, y sumamente acaudalado. Es notable solo como ejemplo del tipo de panacea mental y espiritual al que tan a menudo recurren en tiempos de tensión, aquellos que son ajenos a la fe viva. E.J. SHARPE

CINCINNATI, PLAN DE. Acuerdo logrado por las juntas misioneras que trabajaban en Méjico, en cuanto a las zonas de misión en que cada una trabajaría. El →CCLA, nombrado en 1913 por la Conferencia de misiones foráneas en Norteamérica, convocó una reunión de representantes de las sociedades con obra en México para tratar con los problemas surgidos a raíz de la reciente revolución mexicana. La reunión se efectuó en Cincinnati, Ohio, el 30 de junio y el 1 de julio de 1914.

En esa reunión las sociedades también resolvieron acordar una distribución territorial del país para evitar el traslape y la competencia innecesaria. Más tarde el CCLA promovió semejante estrategia misionera en otras regiones de AL. Por ejemplo, en Centroamérica se designó a Guatemala para los presbiterianos El Salvador, Honduras y Nicaragua para los bautistas, y Costa Rica y Panamá para los metodistas.

En el principio el plan fue respetado por las sociedades representadas en el CCLA. Pero las muchas nuevas sociedades, que más tarde llegaron a AL, por lo general hicieron caso omiso del plan. Además, en algunos casos el arreglo fue artificial y hasta perjudicial para los mismos que lo habrían convenido, de tal manera que alguien ha tildado el P. de C. como "el plan de asesinato".

WILTON M. NELSON

CIPRIANO (c.200-258). Obispo de Cartago. Hijo de acaudalados y cultos padres paganos, C. fue un prominente cartaginés, maestro de retórica (y quizá abogado) antes de su total conversión al cristianismo alrededor del año 246. Su dedicación (al celibato, a la pobreza y a las Escrituras, repudiando la literatura pagana) unida a su habilidad natural, lo llevaron rápidamente al presbiteriado y al episcopado (c.248) con el disgusto de algunos presbíteros mayores que él.

Durante la persecución ordenada por Decio (250-51) estuvo oculto, actitud que, como era de suponer, le valió incurrir en las sospechas de Roma y en las críticas de Cartago. Durante su ausencia algunos presbíteros y confesores asumieron la iniciativa de reconciliar a aquellos que habían "caído" en la persecución. C. se opuso a lo que consideraba como una innovación y una usurpación y reservó el asunto para ser tratado por un sínodo episcopal. A su regreso pronunció un discurso sobre *Los lapsi* y presidió un consejo que estipulaba que la gravedad de la caída debía determinar la duración de la penitencia (251). Los →*libellatici* fueron inmediatamente readmitidos. El clero desafecto, dirigido por el diácono Felicísimo y por el presbítero Novato, aunque pedían penas más suaves para los →*lapsi,* se aliaron contra C. juntos con el cisma rigorista de →novaciano. Pronto ambos bandos designaron obispos rivales de Cartago, sin acobardarse por la oposición de C. en cuanto al cisma. En 252 se produjo una grave peste (que provocó un extenso ánimo anticristiano pese a las medidas de alivio por parte de los cristianos) y el temor de nuevas persecuciones aceleró la readmisión de todos los penitentes.

Luego C. estuvo en conflicto con el obispo Esteban de Roma acerca del bautismo cismático, y probablemente revisó *La unidad de la Iglesia Católica* para impedir la apropiación indebida por parte de sus opositores. La tradición africana (y asiática) confirmada por tres concilios en Cartago en 255-56, repudiaba los sacramentos recibidos fuera de la Iglesia Católica y, por lo tanto, practicaba el "rebautismo". El punto de divergencia no era la naturaleza de la iglesia (como en la protesta novaciana) sino la relación del don del Espíritu con el agua del bautismo, y la imposición de manos y el crisma. La amenaza de Esteban de excomunión se evitó con la muerte de éste en 257 y con la reanudación de la persecución por parte de Valeriano. C. fue desterrado a Curubis y decapitado un año después fuera de Cartago.

Las cartas y los tratados de C. revelan que era un pastor y administrador antes que a un teólogo. Su rígida correlación entre la iglesia y el episcopado y su aplicación de las categorías sacrificiales y sacerdotales del AT a los ministros y los sacramentos cristianos constituyen un infausto legado. Terso en pensamiento y acción, fue uno de los primeros obispos magisteriales, fuertemente influido por Tertuliano, pero en ninguna manera esclavizado por él, ha sufrido en las subsiguientes controversias religiosas. D.F. WRIGHT

CIRCUMCELLIONES. Ala fanática del →donatismo. Sus orígenes son oscuros, quizá antecedan al donatismo. Su nombre resulta de incierto significado. Se podría entender *cellae* como santuarios de mártires alrededor de *(circum)* los cuales se reunían. Esto armonizaría con su comportamiento dominado por la martirología. Son mejor entendidos en términos religiosos como peregrinos, "luchadores *(agonistici)* de Cristo" señalados por su desafío apocalíptico de los poderes mundanos, y no como agrupación social o económica solo accidentalmente relacionada con el donatismo. Ni su pasión por enmendar las injusticias ni su apoyo a las revueltas locales anti-romanistas justifica adjudicarles un papel revolucionario. Su ascetismo e indisciplinado andar de errabundos llevó a confundirlos con monjes orientales (cp. la sugestiva derivación del nombre de las *cellae* monásticas), y su violencia, ejercida a la ventura con fines igualitarios, encontró frecuente salida al intimidar a los donatistas para que no se unieran a la Iglesia Católica. D.F. WRIGHT

CIRILO (m.444). Patriarca de Alejandría. Probablemente desde el principio fue destinado para una carrera eclesiástica y quizá aprendió teología entre los monjes del desierto. Asistió a su tío, el patriarca Teófilo, en el Sínodo del "roble" (403) y se las ingenió para sucederle en su cargo (412). Con la belicosidad característica de la familia, atacó a los novacianos, a los judíos, a los origenistas y a los paganos, y más enérgicamente a Nestorio de Constantinopla. Este había escuchado las quejas de los monjes egipcios refugiados contra C. y desaprobaba el nombre de María *Theotokos* ("Madre de Dios"), 428-29. La vehemencia de C. contra Nestorio (→NESTORIANISMO) expresa los tradicionales celos de Alejandría en contra de Constantinopla, así como un horror propio de la cristología →antioquena. Armado de condenaciones sinodales originadas en Roma (→Celestino I) y Alejandría, C. envió a Nestorio doce anatemas y exigió su pronta retractación (430) y, en →Efeso en 431, consiguió su deposición (y la canonización de su segunda carta a Nestorio, pero no oficialmente la de su tercera, con las anatematizaciones) al iniciarse los procedimientos antes de la llegada de los de Antioquía. El emperador reconoció la asamblea de C. y no la de los antioquenos (la cual depuso a C.) como al concilio general y desterró a Nestorio.

Tal extremismo exigía reparaciones. Con apoyo imperial y luego de tortuosas negociaciones, C. aprobó una "Fórmula de Unión", antioquena, →Juan de Antioquía aceptó la excomunión de Nestorio, y los anatemas de C. desaparecieron suavemente (433), aunque siguió luchando contra los defensores intransigentes de Nestorio, especialmente →Teodoreto de Cirro (compilador de la "Fórmula de Unión"), y hasta contra el ex maestro de Nestorio, →Teodoro de Mopsuestia.

Los voluminosos escritos de C. revelan su personalidad: el despiadado teólogo, enérgico, agudo, profuso pero inelegante, pomposo y miope. Se conservan extensas obras exegéticas (comentarios alegóricos sobre Isaías, los Profetas Menores y partes del Pentateuco; y más literales sobre Juan y Lucas), más una tercera parte de su voluminosa respuesta a la obra de Juliano (el Apóstata) *Contra los galileos,* cerca de veinte sermones y muchas cartas de interés dogmático. De sus tratados anti-nestorianos, *Que Cristo es uno,* constituye un ejemplo maduro. Los primeros y antiarrianos, *Tesoro* y *Diálogos sobre la Santa y Consubstancial Trinidad,* presentan una cristología no desarrollada. Su decisiva dependencia en las ideas de →Atanasio destaca la influyente práctica de C. de argüir sobre el fundamento de los "Santos Padres".

Contra Nestorio sostuvo la →"unión hipostática" de lo divino y lo humano en Cristo. Esto garantizaba la recepción eucarística en su divinizada carne y sangre. Pero daba la impresión de enseñar el →apolinarismo y el →monofisismo debido a su equivocada apelación a frases de Apolinar (especialmente "la encarnada naturaleza de la Palabra") de ser atanasiano por sus analogías, y por su uso de *physis* como significando tanto "naturaleza" como "persona". Fue un importante precursor de →Calcedonia (la cual también canonizó sus 433 cartas dirigidas a Juan de Antioquía). C. sin embargo fracasó en desarrollar una madura apreciación del papel de la humanidad de Cristo. D.F. WRIGHT

CIRILO DE JERUSALEN (c.310-386). Obispo de Jerusalén. Conforme a la *Synaxaria* había nacido de "piadosos padres que profesaban la fe ortodoxa y fue criado en ella durante el reinado de Constantino". Con referencia a la temprana carrera clerical de C., dependemos de la *Crónica* de Jerónimo, que es injusta al presentar las actividades de éste como parte de las disputas dentro del arrianismo. Parece que fue hecho diácono por →Macario aproximadamente en 330, y sacerdote por Máximo alrededor de 343. Renunció por razones canónicas a sus órdenes recibidas a través de este último (no porque Máximo apoyara la doctrina de Atanasio) con lo cual obtuvo el favor temporal de →Acacio de Cesarea. Alrededor del 350 se convirtió en obispo, pero pronto entró en conflicto con Acacio porque, durante un hambre vendió propiedades de la iglesia (donadas por el emperador) para alimentar a los pobres.

Después de haber sido depuesto por un sínodo provincial en 357, apeló al emperador. Aunque resultó exonerado por el sínodo de Seleucia en 357, fue desterrado por →Constancio II pero pudo regresar en 361 cuando →Juliano el Apóstata comenzó a reinar. De su decimoquinto discurso catequístico deducimos que C. se opuso a la actitud de Juliano de ayudar a los judíos a reedificar el Templo. Después de la muerte de Acacio en 366, C. consagró a su sobrino Gelasio como nuevo obispo de Cesarea. Cuando →Valente adoptó la política de Constancio en 367, C. fue nuevamente desterrado. En sus once años de exilio colaboró con el conjunto de obispos del norte de Siria y del oriente del Asia Menor, que apoyaban a →Melecio de Antioquía para restaurar la fe de Nicea. En 378 pudo volver a su sede. El sínodo de Jerusalén (381-82) se refiere a C. como el justo obispo de "la madre de todas las iglesias" y como alguien que se había esforzado por preservar contra el arrianismo la verdadera fe. Diez años después de su muerte, Eteria, la famosa peregrina, visitó Jerusalén y escribió en su diario acerca de la hermosa liturgia, especialmente para Pascua.

Las *24 Catequesis* son la principal obra de C. que se conserva. PETER TOON

CIRILO Y METODIO (c.815-885). Dos hermanos procedentes de Tesalónica conocidos como "los apóstoles de los eslavos del sur". Después de ser ordenados marcharon a Constantinopla donde C. (cuyo verdadero nombre hasta 868 era Constantino) fue bibliotecario en la famosa iglesia de Santa Sofía. En 860 parece que participaron en una misión a los kázaros. Dos años más tarde el emperador Miguel III y el patriarca Focio los enviaron a Moravia a evangelizar y a organizar la iglesia eslava. La *Vida* de C., considerada de género legendario, le atribuye la invención de un alfabeto conocido como glagolítico. Los hermanos ciertamente usaron el idioma vernáculo en la liturgia en contra de lo cual se opuso el clero germánico. Pero fueron a Roma y a su debido tiempo consiguieron la aprobación papal.

C. ingresó en un monasterio en Roma en 868, pero pronto murió y fue sepultado en la iglesia de San Clemente. Metodio fue consagrado como obispo por Adriano II de los eslavos. En Moravia tuvo la oposición de los obispos germánicos y fue aprisionado durante un tiempo por el príncipe Sviatopolk. El Papa →Juan VIII logró su libertad y más tarde lo consagró arzobispo de Pannonia. Murió probablemente en Velehrad, en lo que ahora es Checoslovaquia; sus seguidores buscaron refugio en Bulgaria. La memoria de Cirilo y Metodio todavía constituye un tesoro para checos, croatas, serbios y búlgaros. Los detalles de sus vidas están, no obstante, envueltos en el misterio. PETER TOON

CIRIO. El uso de c. como ornamentos en la iglesia occidental probablemente tuvo su origen en las velas encendidas que eran llevadas en procesión ante el obispo de Roma y después dejadas tras el altar. En 1200 dos velas eran realmente puestas sobre el altar de la capilla papal. La costumbre, usándose más velas, se extendió con rapidez. Actualmente son encendidas tanto en oriente como en occidente durante los servicios litúrgicos. Los fieles encienden velas menores y cirios votivos y los colocan frente a las estatuas de los santos, especialmente ante la Virgen María. En la Iglesia de Inglaterra la legalidad de dos c. sobre la santa mesa fue establecida por el *Lincoln Judgement* de 1890; la *Lambeth Opinion* de 1899 condenaba el llevar c. en procesión, ambas reglas son hoy ampliamente desobedecidas y muchas parroquias siguen la práctica católica.

La Candelaria es la festividad que conmemora la purificación de la Virgen María y la presentación de Jesús en el Templo (Lc. 2:22-38). Originalmente fue una festividad de la iglesia de Jerusalén empezada alrededor de 350, pero se hizo más general después que el emperador Justiniano ordenó su celebración (542), en Constantinopla. En el oriente la festividad es llamada "El encuentro" (e.d.: de Jesús y Simón en el Templo). El rito principal del día en el occidente es la bendición y distribución de los c. de cera al tiempo de la entonación del *Nunc Dimittis* y la conmemoración de Cristo como "Luz del Mundo".

PETER TOON

CISMA (gr. *schisma*). Término eclesiástico para designar una división en la iglesia o separación de ella, que se distingue de la herejía en que la escisión no es necesariamente doctrinal. Puede que ello no suponga la pérdida de las órdenes, es decir, son válidas la ordenación y administración de sacramentos cismáticos. En este sentido técnico la palabra apareció por primera vez en →Ireneo. →Cipriano discutió la relación de la iglesia con el c., censuró a los cismáticos por comprometer las almas humanas y los consideró peores que apóstatas y su bautismo, sin valor. →Agustín sostuvo un concepto análogo, pero no consideró inválidos los sacramentos cismáticos. Con el tiempo la obediencia al pontífice romano llegó a ser el criterio de la catolicidad. Entre los c. sobresalientes figuran los de las iglesias →novaciana y →donatista, el →Cisma de Oriente, consumado definitivamente en 1054, el →Cisma de Occidente (1378-1417), y el c. entre la Iglesia →Anglicana y la Romana (desde 1570).

J.G.G. NORMAN

CISMA DE OCCIDENTE (1378-1417). Brecha en la ICR durante la cual hubo dos y hasta tres papas. Lo que provocó el cisma fue el deseo de poner fin al →"Cautiverio Babilónico" del papado. Todos admitían la anomalía de la residencia del papa en Francia y cada papa fue elegido con la condición de que regresaría a Roma pero cada uno también encontró excusa para no hacerlo. Al fin en 1377 regresó →Gregorio XI, a pesar de la oposición de los cardenales y debido en parte a los ruegos de →Catalina de Siena. Sucedió, sin embargo, que al año siguiente murió Gregorio lo cual precipitó el C. de O.

Bajo presión popular los cardenales (en su mayoría franceses que vivían infelices en Roma) eligieron como papa a Bartolomé, obispo italiano de Bari, quien tomó el nombre de →Urbano VI (1378-89). Era un hombre falto de tacto y cordura. En su esfuerzo por eliminar la influencia francesa se enemistó con todos los cardenales. Resentidos, volvieron a reunirse, declararon nula la elección de Urbano, por haberse realizado bajo presión, y eligieron a otro papa, Roberto de Ginebra (Clemente VII, 1378-94). En cosa de pocos días él y los cardenales volvieron a Aviñón.

Como resultado surgió una situación escandalosa para la ICR: había dos papas, debidamente elegidos por el mismo colegio de cardenales. Urbano, abandonado por todos, procedió a crear su propio colegio: 28 cardenales nuevos. Todo Europa se dividió en cuanto a la adhesión papal. Con Urbano quedaron Inglaterra, Escandinavia, la mayor parte de Alemania, Polonia y las partes central y septentrional de Italia. Con Clemente se afiliaron Francia, España, Escocia, Nápoles, Sicilia y algunas partes de Alemania, creando un cisma que duró casi 40 años.

Bajo estas circunstancias naturalmente floreció el →galicanismo. El primer esfuerzo para sanar el cisma lo realizó la Universidad de París, la →Sorbona, pero sin éxito. Los papas →Gregorio XII de Roma y →Benedicto XIII de Aviñón hicieron un débil intento, pero ninguno quería ceder, estando convencido cada uno de que era el verdadero vicario de Cristo.

Los dos colegios de cardenales resolvieron entonces tomar cartas en el asunto. Se reunieron en Livorno en 1408 y decidieron, para poner fin al cisma, convocar un concilio general, el cual se celebró en →Pisa en 1409. Los dos papas mencionados (Gregorio y Benedicto) fueron citados pero ninguno compareció, cada uno negando la legitimidad del Concilio. Por lo tanto el Concilio los depuso y los excomulgó, y eligieron a otro papa, →Alejandro V.

El resultado fue que en Pisa, en vez de sanarse el cisma, se empeoró. Ahora había no dos papas sino tres, con la ICR repartida entre ellos. El cisma continuó cinco años más. En 1410 fue electo emperador →Segismundo, una personalidad fuerte, quien reconoció como papa a →Juan XXIII, papa de Pisa que siguió a Alejandro. Los dos convocaron otro concilio general que se reunió en →Constanza en 1414.

Juan, cuando vio que no podría controlar el Concilio, lo abandonó, por lo que fue depuesto. Benedicto también rehusó renunciar y huyó a España, su tierra nativa, y por lo tanto de la misma manera fue depuesto. Gregorio de Roma, de sí mismo renunció.

En Constanza los miembros del Concilio procedieron con más cautela. Antes de elegir a un nuevo papa se aseguraron de que ninguna nación siguiera a ninguno de los papas depuestos. Cerciorados de esto, eligieron como papa a Otón Colonna, quien asumió el nombre de →Martín V (1417-31), y así tocó a su fin una época bochornosa en la historia de la ICR.

WILTON M. NELSON

CISMA DE ORIENTE. El rompimiento entre el cristianismo oriental y el occidental fue la culminación de un proceso histórico de muchos años. Varios factores contribuyeron a producirlo. En primer lugar se podrían aducir las diferencias raciales y sicológicas entre los greco-orientales y los romano-occidentales. La división entre el O y el E se acentuó cuando →Diocleciano dividió el Imperio en dos partes. Cuando →Constantino convirtió en capital cristiana a Bizancio, esta ciudad llegó a ser rival de la otra capital. Más tarde esta rivalidad se manifestó notablemente entre los jerarcas de Roma y Constantinopla. Al debilitarse los patriarcados de Antioquía, Alejandría y Jerusalén, debido a las conquistas musulmanas, llegó a ser más importante el de Constantinopla.

La primera desavenencia seria entre los dos jerarcas ocurrió en tiempo del papa Félix III (483-493) cuando éste excomulgó a →Acacio, debido a una discrepancia sobre el →Henóticón, y Acacio a su vez anatematizó a Félix. El cisma duró 35 años. Seguía desarrollándose en el occidente el concepto de la universalidad del episcopado de Roma. El papa →Gregorio I (590-604) era firme creyente en ella, pero el patriarca, Juan el Ayunador (587-595) también estaba consciente de la importancia de Constantinopla y firmaba sus documentos como "obispo ecuménico" (o "universal"), lo cual irritaba en extremo a Gregorio.

Pero el choque más grande, antes del cisma definitivo, tuvo lugar durante el pontificado de →Nicolás I (858-867), el cual tuvo el concepto más alto del papado hasta la fecha. Nicolás rehusó reconocer el nombramiento de →Focio como patriarca de Constantinopla y lo declaró depuesto (863). Focio, en vez de acatar la decisión papal, más bien declaró herética a la iglesia occidental por (1) haber añadido al →Credo Niceno la cláusula *Filioque,* (2) practicar el ayuno los sábados y durante la cuaresma, (3) permitir el uso de productos lácteos durante la cuaresma, (4) exigir el celibato del clero y (5) circunscribir a los obispos la facultad de confirmar. En 867 los orientales se reunieron en concilio, presidido por Focio, y condenaron a Nicolás. El rompimiento entre el occidente y el oriente ya era casi un hecho consumado pero no llegó a ser definitivo sino hasta 1054.

El S de Italia y la isla de Sicilia (las "Dos Sicilias") formaban parte del Imperio Bizantino. Por lo tanto las iglesias allí quedaban bajo la jurisdicción del patriarca de Constantinopla. Pero a principios del s.XI los normandos (leales al papa) se posesionaron de las Dos Sicilias y por consiguiente el papa →León IX (1049-54) empezó a imponer su autoridad y la liturgia romana en aquella región.

El patriarca →Cerulario (1043-58), indignado por esta injerencia, juntamente con León, metropolitano de Bulgaria, correspondió cerrando las iglesias y los conventos del rito romano en tierras bizantinas. Además el metropolitano León escribió una carta atacando a la Iglesia Occidental, renovando las acusaciones de Focio, y añadiendo la condena del uso de pan sin levadura en la Santa Cena.

El emperador procuró pacificar a los jerarcas, pero fue en vano. El 16 de julio de 1054, dos legados de León IX pusieron sobre el altar mayor de la Iglesia de Santa Sofía en Constantinopla un documento que excomulgaba a Miguel Cerulario y todos sus seguidores, y salieron de la iglesia sacudiendo el polvo de sus pies. Unos pocos días después Miguel excomulgó a los dos legados.

Estos acontecimientos se han conceptuado como el rompimiento final entre la Iglesia Romana y la Bizantina. Las Cruzadas ahondaron la separación, como también los dogmas recientes de la →Infalibilidad Papal (1870) y la →Inmaculada Concepción (1854).

Ha habido esfuerzos para sanar el cisma. El Concilio de Lyón II (1274) y el de Ferrara →Florencia (1438-45) intentaron hacerlo pero fracasaron. Dos papas recientes, →Juan XXIII y →Pablo VI procuraron mejorar las relaciones entre las dos comuniones pero no han logrado mucho.

Según los romanos, los griegos son cismáticos, pero no heterodoxos; según los griegos el asunto es al contrario.

WILTON M. NELSON

CISNEROS, FRANCISCO JIMENEZ DE →JIMENEZ DE CISNEROS, FRANCISCO

CISTERCIENSES. Orden monástica benedictina fundada por Roberto de Molesme en 1098 en Cistercium (ahora Citeaux), Francia, cerca de Dijón. Hacía énfasis en la pobreza, sencillez y soledad eremítica. Fue aprobada por el papa Pascual II en 1100. Difería de los demás monasterios benedictinos reformados en que rechazó el apoyo feudal, basando su economía en el trabajo de los mismos monjes, ayudados por hermanos legos. Recalcaban la sencillez de liturgia, vestimentas y accesorios. Llevaban un hábito blanco o gris bajo un escapulario negro.

La orden se extendió pronta y rápidamente, lo cual se debió en gran parte al trabajo e influencia de →Bernardo, fundador y abad del monasterio de Claraval (1115). Este organizó 65 casas nuevas, dentro y fuera de Francia. Al morir él (1153), ya había más de 300 casas c. Al llegar el año 1200, había más de 500 en Europa. Con Bernardo los intereses de la orden se extendieron más allá de la vida contemplativa a las →Cruzadas, la obra misionera, y la preocupación pastoral por el pueblo que les rodeaba.

El movimiento decayó durante el s.XV, y aun más en el siglo siguiente debido a los efectos de la Reforma protestante y las guerras civiles en Francia que siguieron. No obstante, a fines del s.XVI nacieron movimientos reformistas dentro de la orden. Surgieron dos tipos de c.: los de observancia común y los de observancia estricta. El más famoso de los estrictos fue la orden de los →trapenses.

Durante la Revolución Francesa las órdenes c. fueron disueltas. Posteriormente, durante la restauración de los Borbón, revivieron los trapenses, quienes insistieron en la vida contemplativa, mientras los de la "observancia común" se dedicaron más a la enseñanza y las labores pastorales. En 1892 los dos grupos se separaron definitivamente. No obstante ambos retienen los principios básicos de la orden primitiva. C.G. THORNE

CLADE →CONGRESOS LATINOAMERICANOS DE EVANGELISMO

CLAPHAM, SECTA DE. Nombre dado, probablemente por vez primera por Sir James Stephen en un artículo aparecido en la *Edinburgh Review* (1844), al grupo de acaudalados evangélicos anglicanos que vivían sobre todo en Clapham, una aldea cerca de Londres. Sus características eran las de una familia grande e íntima. Su figura más renombrada era la de William →Wilberforce, pero en torno a él había toda una notable constelación de talentos, incluso Henry Thornton, el banquero cuyo hogar en Battersea Rise era en muchos sentidos el centro de la "familia"; John Venn, rector de Clapham; Charles Grant, uno de los directores de las *East India Company;* Lord Teignmouth, gobernador general de la India; James Stephen, abogado prominente; Zarchary →Macaulay y William Smith, el miembro disidente del Parlamento que puede ser considerado como miembro aunque era unitario. Otros íntimos del círculo incluían a algunas personas que no vivían en Clapham tales como Hannah More, Greenville Sharp, Isaac Milner y Charles Simeon.

El establecimiento y el apoyo de una colonia en Sierra Leona para ex-esclavos, la abolición del tráfico de esclavos en 1807 y de la esclavitud en las colonias británicas en 1833 son sus más famosos logros. Esto se debió en gran parte a una hábil movilización de la opinión pública y al hacer así presión sobre el Parlamento. Hubo importantes intentos para ampliar las bases de la educación, para difundir el mensaje evangélico en libros oportunos y bien presentados, dirigidos a las clases superiores, como el *Practical View* de Wilberforce, y también para las clases inferiores como los *Cheap Repository Tracts* de Hannah More. El grupo estaba profundamente comprometido con una gran variedad de sociedades y grupos de presión para el mejoramiento social. Eran aristócratas, conservadores y defendían el *status quo,* sin embargo, había un espíritu liberal en su conservadurismo que no es común en hombres de su trasfondo. Estuvieron íntimamente relacionados con la fundación de la *Church Missionary Society* (1799), la →Sociedad Bíblica Británica y Extranjera (1804) y con la exitosa batalla parlamentaria de 1813 para legalizar el envío de misioneros a la India.

C. PETER WILLIAMS

CLARA (c.1193-1253). Primera abadesa de las clarisas. N. en Asís en una acaudalada familia y fue atraída por la regla y la vida de San →Francisco y de sus frailes. A los 16 años escapó del hogar. En Porciúncula, en 1212, Francisco usurpó el privilegio del obispo y la recibió como monja. Al principio la colocó en un convento benedictino, pero cuando su hermana Inés y otras mujeres llegaron para unírsele, él estableció una comunidad en San Damián, basándola en líneas franciscanas, con C. como abadesa (1215). Esta comunidad de las clarisas practicaba una disciplina estricta. C. gobernó el convento hasta su muerte, aunque habría preferido viajar como los frailes y cuidar a los enfermos y a los pobres. Fue canonizada por Alejandro IV en 1255.

JAMES TAYLOR

CLARISAS. Segunda Orden de San →Francisco, fundada por él y por Santa →Clara cerca de 1213. La orden comenzó en la iglesia de San Damián y rápidamente se extendió por toda Italia y hasta Francia y España. El cardenal Ugolino (luego →Gregorio IX) puso temporalmente a Clara y sus monjas bajo la regla de San Benedicto, a la que añadió algunas muy estrictas austeridades, p.e. el ayuno perpetuo, el yacer sobre tablas y silencio casi absoluto. En 1224 Francisco le dio a Clara una regla escrita que suavizaba algunas de esas restricciones. En 1247 y 1253 se sancionaron nuevas reglas que exigían la completa pobreza del individuo y del grupo. En 1263 Urbano IV sancionó una regla menos severa, que fue seguida por la mayoría, las urbanistas. La minoría, apegada a las reglas más estrictas, fue conocida como C. En 1436 la reforma de Santa Colette volvió muchas de las casas a la estricta observancia de la Regla de San Francisco. Las dos ramas de la orden son las urbanistas y las colettinas. La vida de las c. es contemplativa y muy austera: incluyen la penitencia, faenas manuales y severo ayuno. Usan hábito de frisa oscura, velo negro y sandalias de tela, sin medias.

JAMES TAYLOR

CLARKE, WILLIAM NEWTON (1841-1912). Ministro y teólogo bautista. N. en Cazenovia, Nueva York. Fue educado en la Universidad de Madison (ahora Colgate) y en su seminario teológico. Resultó particularmente influyente a través de su pastorado en Newton, Massachusetts (1869-80), donde fue atraído al liberalismo de los teólogos de Andover y Newton. De 1890 a 1908 enseñó teología cristiana en Colgate. Sensible y cosmopolita, destacó la evolución de la revelación divina y la bondad humana. Su combinación de teología cristiana y pensamiento evolucionista está mejor expresado en su obra principal: *An Outline of Christian Theology* (1898 esp. 1929), la primera teología sistemática del liberalismo en la América del Norte. En 1914 esta obra, descrita por Lyman →Abbott como la teología más religiosa jamás escrita, estaba ya en su vigésima impresión. DARREL BIGHAM

CLARKSON, THOMAS (1760-1846). Abolicionista inglés. Mientras estaba en el St. John's College, Cambridge, escribió en 1785 un ensayo premiado sobre la esclavitud. Esto influyó para que dedicara su vida a la causa de la abolición. Dejó Cambridge y fue ordenado como diácono de la Iglesia de Inglaterra, aunque rara vez ejerció un ministerio. En 1787 se unió con William →Wilberforce y con otros en una campaña de alcances nacionales y en la Cámara de los Comunes en pro de la abolición. De allí en adelante su vida es la historia de la lucha anti-esclavista, en la cual gastó la mayor parte de su fortuna. Su obra más importante fue reunir información para la campaña que tuvo éxito con la finalización del tráfico de esclavos en 1807 y la emancipación en los dominios británicos en 1833. Después del estallido de la Revolución Francesa, difundió en Francia sus ideas abolicionistas, y con posterioridad a 1815 presentó sus puntos de vista a los congresos europeos. Entre sus obras escritas figuran un relato de la abolición del tráfico de esclavos africanos y libros acerca de los →cuáqueros, los orígenes religiosos, la guerra y el bautismo. JOHN A. SIMPSON

CLAUDE, JEAN (1619-87). Predicador→hugonote francés. Después de estudiar teología en Montauban comenzó su obra como pastor en La Treisse. Después se trasladó a St. Affrique antes de establecerse en Nimes en 1654, donde también dio conferencias en la Academia protestante. En 1661, año en que un sínodo por él presidido rechazó la idea de una reconciliación con Roma, se le prohibió predicar. Pasó a ser profesor en Montauban (1662-66), pero nuevamente cayó en falta frente al gobierno. Entre 1666 y la revocación del Edicto de →Nantes (1685) estuvo en Charenton, París, donde como prestigioso dirigente hugonote se trabó en controversia con destacados católicos romanos: el jansenista Arnauld y el célebre J.B. →Bossuet, entre otros. Alrededor de 1686 fue a vivir en La Haya, donde falleció. PETER TOON

CLAUDIO DE TURIN (m.827). Obispo de Turín. N. en España. Fue preparado en teología en la escuela de Leidrado en Lyón y también bajo →Félix, obispo de Urgel, un adopcionista. Fue sacerdote en la corte de Luis el Piadoso en Aquitania y lo siguió a Aquisgrán donde Luis se convirtió en emperador. Designado obispo de Turín (817-8), C. atacó el culto a las imágenes en su *Liber de imaginibus,* erróneamente atribuido a →Agobardo de Lyón, en el cual Dungal y Jonas de Orleans basaron sus ataques contra él. Escribió comentarios acerca de algunos libros del AT y de los evangelios y probablemente sobre todas las epístolas paulinas, empleando la forma de →*catenae* que prevalecía en el período carolingio y posteriores del medioevo. C.G. THORNE Jr.

CLAUSTRO (lat. *claustrum* de *claudere* = "cerrar"). El concepto verbal de "enclaustrar" originalmente se refería a cualquier lugar encerrado, pero llegó en la práctica a aplicarse al monaquismo del s.XIV en Inglaterra cuando "claustro" y "convento" se volvieron términos paralelos, uno destacando la vida apartada del mundo, el otro el carácter comunal de los apartados. En sentido derivado, la significación es transferida del proceso religioso al espacio en el cual se hace posible este proceso. Por el s.XV este concepto identificaba los pasillos cubiertos que unían a los edificios de la institución, frecuentemente en forma de perímetro cuadrangular con una columnata abierta hacia el patio interior. CLYDE CURRY SMITH

CLAVER, PEDRO (1580-1654). Misionero jesuita. N. en Verdu, España, e ingresó en la orden en 1602. Tres años más tarde Alfonso Rodríguez en Mallorca lo alentó para que se hiciera misionero. Hasta 1610 C. estudió en Barcelona, desde donde fue a Cartagena, Colombia. Allí Alonso de Sandoval lo impresionó profundamente con la miseria de los esclavos africanos. En 1616 C. marchó a Bogotá en donde fue ordenado y, a su regreso a Cartagena, hizo mucho por aliviar la miseria de los afectados por enfermedades en los buques de esclavos. Les brindó su amistad como médico y maestro. Valtierra opina que por 1615 más de 300.000 se habían convertido. En una bula de 1639 el papa Urbano VIII condenó la esclavitud.

C. falleció en Cartagena. Formó parte de un pequeño grupo, como Sandoval y Bartolomé de Las Casas, que protestó contra lo inhumano de la expansión europea en el

Nuevo Mundo. Fue canonizado en 1888, y en 1896 se convirtió en patrón de la actividad misionera católica entre los negros.

MARVIN W. ANDERSON

CLEMENTE V (1264-1314). Papa desde 1305. N. como Bertrán de Got en una influyente familia francesa, estudió en Tolosa, Orleans y Bolonia. Fue designado obispo de Cominges en 1295, y arzobispo de Burdeos en 1299. Un cónclave romano se reunió en 1304 después del breve pontificado de →Benedicto XI (1303-04) para elegir al nuevo papa; luego de once meses (durante los cuales concurrieron algunos enviados de Francia) Bertrán fue proclamado como Papa Clemente V. Estando bajo la influencia de Felipe el Hermoso de Francia (que parecía capaz de explotar la debilidad del nuevo papa) C. fue coronado en Lyón y en 1309 finalmente se estableció él y su curia en Aviñón. Así comenzaron los setenta años del →"Cautiverio Babilónico" del papado.

Al servicio de sus propios intereses, Felipe IV formuló a C. dos demandas principales. La primera era lograr que →Bonifacio VIII fuera condenado como hereje. C. accedió inmediatamente al anular las excomuniones y entredichos de Bonifacio, especialmente la bula *Unam Sanctam* (del 27 de abril de 1311). La segunda era disolver la orden de los Caballeros →Templarios. Otra vez C. accedió dado que el Concilio de Viena (1311) había suprimido la orden. No es injusto afirmar que C. se hallaba en un estado de servilismo respecto a Felipe. Sin embargo, ciertamente intentó hacer lo que pudo en favor de los Caballeros Templarios en 1311.

Pese a sus problemas políticos relacionados con Inglaterra y Escocia, así como con Francia y el Santo Imperio Romano, fue un competente erudito. Se le recuerda como fundador de dos universidades: Orleans y Perusia, así como por su colección de decretales en el *Liber Septimus* (generalmente conocido como *Clementina*). PETER TOON

CLEMENTE VI (1291-1352). Cuarto papa de →Aviñón desde 1342. N. como Pierre Roger, ingresó al monasterio benedictino de La Chaise-Dieu, posteriormente se trasladó a París donde fue estudiante y después maestro. La promoción eclesiástica resultó rápida: abad de Fécamp en 1326, después, tras dos obispados, arzobispo de Ruán en 1330. Promovido al cardenalato por Benedicto XII en 1338 y papa de Aviñón cuatro años más tarde.

C. era un brillante orador y un grande y ostentoso noble; ha sido descrito como el primer papa del Renacimiento. Al igual que en el caso de Clemente V, su apego a Francia era fuerte, siendo un ardiente admirador de Felipe el Hermoso, lo cual perjudicó sus intentos de poner paz entre Francia e Inglaterra. También, siguiendo la política francesa, continuó su lucha con Luis de Baviera hasta 1347. Recibió el sometimiento de Guillermo de →Ockham. Este había defendido la separación de la iglesia y el estado junto con la negación de la autoridad temporal del papa. También los franciscanos incurrieron en su disgusto como cismáticos. El mismo año (1347), Cola di Rienzo fue encarcelado por motivos similares a los de Ockham: intrusión a los poderes temporales del papa.

C. parecía más preocupado por Aviñón que por Italia. La soberanía sobre Aviñón la compró de Juana I de Nápoles en 1348 por 80.000 florines de oro. Se rodeó de cardenales franceses, convirtió a Aviñón en una de las más esplendorosas cortes de Europa desde la cual, asimismo, dirigía sus campañas políticas en Italia. Todos estos gastos eran pagados al extender las tasas a los beneficios eclesiásticos, reclamando para sí el derecho universal de la propiedad a la iglesia y de intervenir en los beneficios, lo cual despertó oposición en muchos sectores, especialmente de Eduardo III de Inglaterra (quien en 1351 reclamó los derechos del rey en todos los nombramientos papales a los beneficios). Pese a su tendencia al nepotismo, C. ciertamente ayudó a los pobres. Socorrió a quienes fueron afectados por la →Peste Negra en Aviñón (1348-49). Defendió a los mendicantes en contra de las órdenes seculares. Estaba bien dispuesto hacia los judíos, los cuales generalmente gozaban de mayor seguridad en los estados papales que en otras partes de Europa. En 1351 estableció un obispado en las islas Canarias. Su contribución a la teología se aprecia mejor en su bula de jubileo, de 1350, concerniente a las →indulgencias, práctica que recibió su aprobación en 1343.

GORDON A. CATHERALL

CLEMENTE VII (1478-1534). Papa desde 1523. Julio de Médicis, hijo ilegítimo de Juliano de Médicis y primo del papa →León X, se convirtió en arzobispo de Florencia, siéndole concedida una dispensa especial por sus derechos de nacimiento. Hecho cardenal en 1513, prácticamente controló la política papal del pontificado de León y sucedió a Adriano VI como papa. Indeciso y tímido, fracasó al enfrentar los problemas surgidos con la Reforma, prefiriendo vivir como príncipe e impulsar los intereses de los Médicis.

Protegió las artes, alentando a Cellini, →Rafael y →Miguel Angel. Vaciló entre apoyar a Francisco I de Francia o al emperador →Carlos V, poniéndose junto a Francisco en la Liga de Cognac (1526), después, tras su propia captura por las tropas imperiales, durante el saqueo de Roma (1527), se puso al lado de Carlos en el tratado de Barcelona (1529). Igualmente estuvo irresoluto acerca del divorcio de →Enrique VIII de Inglaterra. Eventualmente cedió ante la presión imperial (1529) e hizo frente a la correspondiente ruptura de Enrique con Roma.

También hubo el antipapa Clemente VII (m.1394): Roberto, hijo del Conde Amadeo III de Ginebra, que llegó a ser arzobispo de Cambrai en 1368 y fue elegido papa cuando los cardenales franceses se separaron en 1378, empezando así el →Cisma de Occidente. J.G.G. NORMAN

CLEMENTE VIII (1536-1605). Papa desde 1592. N. como Ippolito Aldobrandini, hijo de un abogado italiano, fue el primero de una serie de papas "restauradores", aunque en 1594 su confesor →Felipe Neri, se negó a absolverlo a menos que reconociera la coronación de →Enrique IV de Francia (aceptado en la ICR en 1595). En 1598 C. ayudó a preparar el Tratado de Vervins entre Francia y España y tres años más tarde negoció el Tratado de Lyon entre Francia y Saboya. En 1599 diseñó una especie de bosquejo preliminar de la futura Congregación de Propaganda, bajo la presidencia del cardenal Santonio. Su principal función era vitalizar y controlar el apostolado en todas partes del mundo. En 1600 C. rehusó la petición de varias órdenes de romper el monopolio de los jesuitas para trabajar en el Japón, que les había sido concedido en 1585 por Gregorio XIII. Fracasaron sus intentos de restaurar el Imperio Romano, especialmente en el caso de Jacobo I (de Inglaterra) y VI (de Escocia) a quien procuró atraer al catolicismo.

En asuntos eclesiásticos C. hizo sentir su presencia poco después de su ascenso. Ordenó otra revisión de la Vulgata, pues la última había sido hecha con apresuramiento, en la edición conocida como Vulgata Sixtina. La nueva revisión, generalmente conocida como la Vulgata Clementina, apareció en 1592 y contenía unas 3.000 correcciones. Posteriores investigaciones revelan que la edición clementina se desvía en muchos puntos del texto de Jerónimo. Su interés en la revisión de los libros litúrgicos de la iglesia se extendió al misal, breviario, *Caeremoniale episcoporum* y pontifical. También edificó un altar monumental dentro de la iglesia de San Pedro sobre el sitio que se cree contiene los restos del apóstol. En este altar solamente el papa puede celebrar misa. Su popularidad es indicada por el hecho de que en 1600 fue aclamado por tres millones de peregrinos que llegaron a Roma.

GORDON A. CATHERALL

CLEMENTE XI (1649-1721). Papa desde 1700. N. como Giovani Francesco Albani, nativo de Urbino. Fue educado en Roma y obtuvo el doctorado en derecho civil y canónico. Ingresó en la administración papal. Exito en ella lo llevó a ser designado como secretario de breves papales en 1687. Tres años más tarde fue hecho cardenal y diez años después aceptó con precauciones su elección como papa.

Su reinado tuvo lugar durante la guerra de la Sucesión Española y él estaba situado entre los intereses de los Habsburgo y de los Borbones. Por ello no es de sorprenderse que sus actos políticos no hayan tenido éxito. En 1701 protestó vanamente porque el elector de Brandeburgo usaba el título de "rey de Prusia". El mismo año fue obligado a reconocer a Felipe de Anjou, pero en 1709 tuvo que abandonarlo en favor del Archiduque Carlos. De ello resultó el Tratado de Utrecht (1713) que soslayaba los derechos de C. en Sicilia, Cerdeña, Parma y Placencia. También en 1709 C. disputó con el duque de Saboya acerca de sus derechos de investidura en Sicilia. El infeliz resultado fue que C. publicó un entredicho a consecuencia del cual su clero sufrió grandemente. Todos los que lo aceptaron fueron expulsados de Sicilia hasta que ésta fue conquistada en 1718 por Felipe V de España. También fracasó al no ser apoyado por los príncipes cuando los turcos declararon la guerra a Venecia en 1714.

En el aspecto pastoral C. tuvo que enfrentar al →jansenismo, al cual condenó en una bula titulada *Vineam Domini Sabaoth* (1705). En 1708 condenó la obra de P. →Quesnel generalmente llamada *Réflexions morales.* En 1713 publicó su famosa bula *Unigenitus Dei Filius,* en la cual atacaba la tesis de Quesnel de que la gracia es irresistible y sin ella el hombre es incapaz del bien espiritual. Esto produjo una teología pesimista y una consiguiente dureza y rigidez moral. C. también juzgó entre franciscanos y jesuitas respecto a los Ritos Chinos y apoyó la posición dominica. Adoptó una decisión igualmente conservadora acerca del Rito →Malabar de la India. En 1708 hizo obligatoria la festividad de la →Inmaculada Concepción. Obtuvo para la biblioteca del Vaticano una de las más valiosas colecciones de manuscritos orientales, reunida por J. S. Assemani. Al morir, su pontificado había sido el más prolongado de un papa en cinco siglos.

GORDON A. CATHERALL

CLEMENTE XII (1652-1740). Papa desde 1730. Lorenzo Corsini n. en Florencia y estudió en el Colegio Romano y en la Universidad de Pisa. A la muerte de su padre ingresó en la iglesia y fue obispo titular de Nicomedia y nuncio en Viena (1691), gobernador del castillo Sant' Angelo (1696) y cardenal (1700). Quedó ciego en 1732 pero, a pesar de su mala salud, trató de detener la declinación del poder papal. Defendió los derechos de la iglesia amenazados por las intrusiones de las potencias católicas y, aunque forzado a permitir que el papado perdiera sus derechos feudales en Parma y Placencia, logró acuerdos significativos con España y con Portugal. Procedió en contra de los →jansenistas. En 1738 condenó la →masonería, prohibiendo a los católicos pertenecer a las logias masónicas bajo pena de excomunión. Apoyó vigorosamente la actividad misionera, fundando en Ullano, en Italia del S, un seminario para preparar sacerdotes del rito griego ayudando a los maronitas libaneses y enviando franciscanos a Etiopía.

J.G.G. NORMAN

CLEMENTE XIII (1693-1769). Papa desde 1758. Carlo della Torre Rezzonico n. en Venecia, estudió en el colegio jesuita de Bolonia, y llegó a ser doctor en teología y en derecho canónico en Padua. Fue ordenado y designado como gobernador de Rieti (1716) y de Fano (1721). Benedicto XIII lo llamó a Roma (1725) y lo hizo auditor de la →Rota en representación de Venecia (1729). Fue hecho cardenal por Clemente XII (1737) y llegó a ser obispo de Padua en 1743. Fue elegido papa en una época cuando el prestigio del papado estaba decayendo y los jesuitas eran atacados. Defendió la causa de éstos, a quienes debía su elección. Portugal los expulsó y cortó sus relaciones con Roma (1760), mientras Francia demandaba drásticas alteraciones en la constitución de los jesuitas (1761). C. rechazó estas exigencias con las famosas palabras: "Que se queden como son, o que no sean". Luis XV abolió la Orden en Francia (1764) y C. respondió con la bula *Apostolicum pascendi munus* (1765). Los jesuitas fueron expulsados de España, Nápoles y Malta; Parma ordenó que una comisión investigara las constituciones de las órdenes monásticas. Como soberano tradicional del ducado de Parma, C. intentó restaurar el poder temporal (1768), pero se encontró él mismo frente a la captura de Aviñón, Benevento y Ponte Corvo y a un casi universal clamor por la supresión de los jesuitas. Consintió en llamar a un consistorio pero murió de apoplejía casi inmediatamente. La supresión fue efectuada por su sucesor, →Clemente XIV, en 1773.

J.J.G. NORMAN

CLEMENTE XIV (1705-1774). Papa desde 1769. Giovanni Vincenzo Antonio Ganganelli n. cerca de Rímini. Se unió a la orden franciscana en 1723, acto en que tomó el nombre de Lorenzo. Fue designado cardenal en 1759. Su elección como papa ocurrió en una época cuando las potencias católicas estaban presionando para que los jesuitas fuesen eliminados. Se dice que llegó a un entendimiento secreto con ellas (aunque esto nunca fue probado) y así llegó a ser elegido después que otros muchos cardenales habían sido rechazados. Cualquiera que sea la verdad de esta acusación, C. efectivamente suprimió a los jesuitas en 1773; puede haber pensado que valía la pena pagar ese precio para apaciguar a las potencias aliadas en una época cuando el papado tenía que vérselas con el anticlericalismo y el creciente secularismo.

J.D. DOUGLAS

CLEMENTE DE ALEJANDRIA (c.155-220). Primer erudito cristiano conocido. Tito Flavio Clemente, probablemente ateniense, sucedió a su maestro Panteno como jefe de la escuela catequística de Alejandría en 190. La mayor actividad literaria de C. fue desarrollada mientras tuvo ese cargo (190-202). Sus obras principales existentes son *Protrépticos (Exhortación a convertirse)*, *Paidagogos (El Tutor)* y *Stromateis (Misceláneas)*. Las tres obras constituyen una trilogía. El →Logos, dice C., primero de todo nos "convierte", después nos "disciplina" y, finalmente, nos "instruye".

C. estuvo en continuo debate con los →gnósticos que despreciaban la fe como posesión inferior de los cristianos ordinarios, mientras que ellos se jactaban de poseer la *gnosis* esotérica. C. afirmaba que la fe, en lugar de ser el "apoyo de los ignorantes", era el medio con que la humanidad llegaba a la verdadera *gnosis* ("conocimiento"). La doctrina del Logos es columna principal en todo el sistema de la teología de C. El Logos es concebido como eterno con el Padre y la Principal causa de todas las cosas que existen. Algunos de los conceptos de C. en cuanto a la persona de Cristo tienen una cierta tendencia hacia el docetismo, pero defendió vigorosamente la realidad de la Encarnación, aunque la humanidad de Jesús tenga poca importancia en su teología. La obra del Logos, o Cristo, es considerada como la redención de la esclavitud del pecado y del error que han dejado ciega y desvalida a la humanidad. El pensamiento más característico de C. es que Cristo es el verdadero "maestro" que da a los hombres la verdadera *gnosis* que conduce hacia la liberación del pecado, hacia la inmortalidad y hacia la justicia. Al contemplar al Logos el hombre es deificado. Así, la soteriología de C. es un misticismo en Cristo en el cual la pasión y la muerte del Señor tienen poco o ningún rol que desempeñar.

Otras obras existentes de C. incluyen *Hypotyposes,* un comentario sobre las Escrituras y *Quis dives salvetur? (¿Quién es el rico que será salvado?)* que trata acerca de la mayordomía de la riqueza. Esta última atractiva homilía concluye con la bien conocida historia acerca del anciano apóstol Juan que rescata y restaura a un joven cristiano que se había vuelto bandolero. G.L. CAREY

CLEMENTE DE ROMA (s.I). Presbítero-obispo de la iglesia de Roma, autor de una epístola que esta iglesia envió a la de Corinto y el primero en la lista de los →"Padres Apostólicos". (La ICR lo pone como el cuarto papa, después de Pedro, →Lino y →Anacleto.) Orígenes, Eusebio y Jerónimo lo identifican con el Clemente mencionado por Pablo en Fil. 4:3. Se le ha relacionado con la familia de Flavio Clemente (primo de →Domiciano), identificándolo como el mismo Flavio o pariente de él, que sufrió martirio durante el reinado de este emperador romano.

C. se conoce sobre todo por la carta que él escribió, en nombre de la iglesia de Roma, a los corintios por el año 96, obra que se ha llamado "La carta primera de San Clemente". (Véase la obra de Ruiz Bueno *Padres apostólicos.*) Lo que motivó la escritura de esta carta fue el hecho de que seguía la feroz lucha partidista en la iglesia de Corinto. Un partido había depuesto a ancianos (obispos) de la iglesia. (El teólogo Streeter conjetura que los profetas carismáticos habían destronado a los presbíteros.) La iglesia de Roma se preocupó por esta situación y C., en nombre de ella, compuso una carta en que reprendía el espíritu sectario y exhortaba a los feligreses a que restauraran a los líderes depuestos y que respetaran su autoridad.

Hay asuntos relacionados con esta carta que son interesantes e importantes para la historia eclesiástica. En primer lugar, esta carta es la primera obra literaria cristiana post-neotestamentaria. Fue tan altamente estimada que posteriormente algunos querían darle cierto carácter canónico. (Aparece en el Códice Alejandrino incluida con los libros del NT.)

Revela también que ya a fines del s.I la Iglesia de Roma ya empieza a sentir una importancia especial. Posiblemente algunos de los presbíteros depuestos de Corinto se habían dirigido a Roma pidiendo su ayuda. La iglesia romana no solo envió la carta sino también una embajada para tomar medidas y traer un informe a Roma.

Pero a la vez debe notarse que Clemente no escribía en nombre propio sino en el de la iglesia. No se portaba como obispo monárquico sino que actuaba en nombre de la iglesia. Además en su carta no hace distinción entre obispos y presbíteros sino que usa estos títulos sinonimamente para referirse a los líderes en la iglesia, como hacía Pablo (Hch. 20:17,28).

Después de su muerte, Clemente llegó a ser una persona altamente estimada y venerada. Surgió una variedad de leyendas en torno a su persona. Debido a su renombre muchas personas escribieron obras y pseudónimamente las atribuyeron a C. para darles más peso y autoridad. Entre tales obras tenemos la *Segunda epístola de San Clemente a los corintios* (c.145 d.C.), *Dos cartas a vírgenes* (s.III), *Homilías clementinas* (s.IV), *Reconocimientos clementinos* (s.IV).

WILTON M. NELSON

CLERICALISMO →ANTICLERICALISMO

CLERMONT, CONCILIO DE (1095). Convocado por la instigación de →Urbano II, fue bien asistido tanto de clérigos como de laicos. Un poco antes, pero en el mismo año, se había celebrado un concilio en Placencia al que llegó una embajada de Alejo Comneno, emperador bizantino, pidiendo ayuda ante la amenaza de los turcos. Urbano respondió proclamando una →cruzada y ahora en C. apremió a la asamblea a que, antes de perder sus almas en guerras fratricidas, ganaran el paraíso peleando por la causa divina. El reto de Urbano fue acogido con entusiasmo. El Concilio recibió apoyo en la presencia de Raimundo de Tolosa, cuyo obispo, Adhemar Le Puy, fue escogido para ser el representante papal durante la cruzada.

El concilio emitió 32 cánones. Se decretó, entre otras cosas, que ningún rey o príncipe podría otorgar →investiduras; ningún obispo o sacerdote debía rendir homenaje a un laico; no se podía comer carne entre el Miércoles de Ceniza y el Domingo de Resurrección; y que los fieles debían comulgar bajo ambas especies por separado cuandoquiera que fuese posible. El Concilio también excomulgó a Felipe I por adulterio y confirmó la primacía de la sede de Lyón. JAMES TAYLOR

CLERO SECULAR. Término empleado desde el s.XII para distinguir a los sacerdotes, que viven en el mundo, del "clero regular" que eran miembros de órdenes religiosas que vivían conforme a la "regla". No están ligados a votos, pero deben obediencia canónica a sus obispos, y pueden poseer bienes. Según el derecho canónico tienen que ser célibes. Tienen prioridad sobre el clero regular de igual rango. J.D. DOUGLAS

CLIFFORD, ALEJANDRO (1907-80). Periodista y escritor argentino muy conocido en el mundo de habla hispana por su labor al frente de tres revistas evangélicas que fundó y dirigió. N. en Tucumán en 1907, hijo de Jaime Clifford, uno de los primeros misioneros de los →Hermanos Libres en la Argentina. Inició estudios de Medicina en Córdoba, pero luego se encaminó hacia la docencia, siendo catedrático en la Universidad Nacional de dicha ciudad entre 1936 y 1952, fecha en la cual quedó cesante por su resistencia a la tiranía peronista.

Habiendo iniciado su carrera periodística en la revista *El Despertar*, reunió a un grupo de evangélicos argentinos y en 1953 fundó *Pensamiento Cristiano*, "tribuna de exposición del pensamiento evangélico" que dirigió hasta 1977. Colaboraba regularmente en periódicos de su país, especialmente en el diario *La Voz del Interior*, de Córdoba. Junto a Pablo Sheetz formó el equipo al cual LEAL encargó la revista *Verbo*, de fugaz vida. A pedido de la →Comunidad Internacional de Estudiantes Evangélicos fundó en 1959 la revista *Certeza* y la dirigió hasta 1968. En 1967 empezó la edición castellana de *Decisión*, auspiciada por la Asociación Evangelística Billy Graham. Dirigió esta revista hasta su muerte.

Investigador acucioso y poseedor de gran talento literario, sus escritos tenían el propósito de poner al alcance del lector común y corriente el resultado de la erudición más avanzada. Desde la dirección de estas revistas C. mantuvo contacto con centenares de evangélicos en los cinco continentes, de toda denominación y condición. Como mentor de varias generaciones de escritores su influencia alcanzó los más diversos ámbitos evangélicos. Fue participante activo en los Congresos de Evangelización de Berlín, Bogotá, Madrid y Lausana. Entre sus libros publicados destacan *Nuestra Biblia* (1933 y 1963), *Bajo la Cruz del Señor* (1954) y *Joyas de la Poesía Cristiana Española* (1953). Entre sus centenares de artículos en publicaciones diversas, algunos llevan sus nombres de pluma: A.C.T. o Alejo Córdoba Tomás.

SAMUEL ESCOBAR

CLODOVEO (m.511). Nieto de Meroveo, se convirtió en rey de los francos salios en 481. Casi inmediatamente amplió sus territorios desde el río Somme hasta el Sena y el Loira a expensas del poder romano. Alrededor de 492 se casó con la cristiana Clotilde, pero se convirtió al cristianismo solamente después de haber sido convencido de que Cristo había intervenido en una batalla. Su bautismo el día de Navidad de 496 lo condujo a apoyar a los obispos católicos y a los funcionarios romanos al gobernar el país. Las subsiguientes conquistas pusieron los cimientos de la moderna nación francesa. Al librar guerra contra los visigodos, invocó la ayuda de Dios y mató con sus propias manos al rey de éstos, Alarico II, en la batalla de Vouille, en 507. Hizo de París la capital de su reino.

JAMES TAYLOR

CLOUGH, JOHN EVERETT (1836-1910). Misionero bautista a la India y supervisor de un movimiento de masas hacia el cristianismo entre los telugus. N. en el O de Nueva York. Una vida de pionero pasada en Illinois y Iowa lo preparó para sus labores arduas en la India. Como convertido del escepticismo, se unió a la Iglesia Bautista, ofreciéndose para la obra misionera. En 1864 él y su esposa navegaron rumbo a la India a una misión que ya en tres oportunidades los bautistas habían estado a punto de abandonar, desalentados. En Ongole vio el comienzo de un movimiento entre los descastados madigas que él sabiamente dejó que siguiera características de la

India. La afluencia de convertidos se hizo una verdadera inundación después del hambre de 1876-78, en alivio de la cual él desempeñó un significativo papel. En seis semanas fueron bautizadas 8691 personas. Cuando C. dejó la India, en 1910, la Misión Bautista Telugu había alcanzado los 60.000 miembros.

HAROLD R. COOK

CLUNY. Pueblo en Francia oriental, ubicado unos 80 km al norte de Lyón, en donde nació la orden monástica de los cluniacenses. En 910 Guillermo duque de Aquitania fundó un monasterio aquí que adoptó la Regla de San →Benito aplicándola con un rigor especial.

El monaquismo, juntamente con el papado y el cristianismo en general, había decaído notablemente durante el s.IX. Pero bajo abades como Berno (m.927), Odo, Odilo, →Hugo y →Pedro el Venerable, surgió en C. un movimiento monástico y reformador que afectó poderosamente toda la iglesia occidental. Uno tras otro de los monasterios se afiliaron con la casa en C., adoptando su regla rigurosa, con el resultado de que a principios del s.XII había una red de posiblemente 2000 monasterios cluniacenses.

C. exigía una disciplina extraordinaria a los monjes y practicaba un culto solemne. Rechazaba toda ingerencia laica, y aun episcopal, en la orden. Los monjes se gobernaban a sí mismos, sujetos solo al papa.

La influencia de los cluniacenses pronto se sintió en toda la iglesia, especialmente en el sacerdocio y el papado. Luchaban con fervor en pro del celibato del clero. En aquella época todavía había sacerdotes casados y era notorio el concubinato entre los demás.

El papado sufría de una alarmante decadencia moral. (Los años 876-963 son llamados "el siglo de hierro" por los historiadores católicos y la última parte de este período ha sido tildado "la pornocracia" por los protestantes, ya que el papado en aquellos años fue controlado por tres mujeres de mal vivir.) Además el papado y la alta jerarquía a veces eran controlados por poderosos laicos, hasta ser en ocasiones juguetes de ellos. Los cluniacenses también declararon guerra en contra de la ingerencia laica en el papado. →Gregorio VII, símbolo de esta lucha, fue cluniacense. (→INVESTIDURA, CONTROVERSIA DE.)

La reforma cluniacense se sintió en otros aspectos de la vida de la iglesia. Se ha dicho que C. cristianizó el feudalismo. Suavizó las costumbres brutales de la época. Se ha llamado la Primera →Cruzada una empresa cluniacense, ya que el papa →Urbano II, miembro de esta orden, la proclamó.

C. tuvo su edad de oro siendo abad Pedro el Venerable, cuando esta ciudad era segunda solo a Roma como centro del cristianismo. Pero la orden se volvió opulenta y perdió su celo y espíritu reformador, cambio que fue fuertemente fustigado por→Bernardo de Claraval. En el s.XII la nueva orden de los →cistercienses reemplazó a la de los cluniacenses como líder en el monaquismo medieval. No obstante C. continuó como orden hasta la Revolución Francesa, cuando en 1790 fue suspendida y prácticamente desapareció.

WILTON M. NELSON

COADJUTOR, OBISPO. (Lat. ***adjutare*** **= "ayudar").** Eclesiásticamente, el obispo designado como ayudante, por lo general con derecho de sucesión. Tal designación se encuentra con más frecuencia en la ICR, particularmente cuando un obispo es anciano o enfermo. El uso moderno distingue entre c. y →sufragante, pero el inglés del s.XVII usaba estos términos en forma indistinta.

J.D. DOUGLAS

COCEIUS, JOHANNES (1603-1669). Teólogo alemán. Educado en Hamburgo y en Franeker, enseñó en Brema, Franeker y Leyden. Estudió bajo Maccovius y William Ames. En sus obras, basadas en un considerable conocimiento de los idiomas orientales, trató de presentar la teología sobre bases puramente bíblicas y, aunque era calvinista, objetó la ortodoxia calvinista de su día. Su obra principal, *Summa doctrinae de Foedere et Testamento Dei* (1648), presenta un bosquejo escritural acerca de la enseñanza de la salvación. Describe en forma de un convenio (o pacto) la relación entre Dios y el hombre, tanto antes como después de la caída. En el Edén hubo un pacto de obras según el cual la salvación era prometida por obediencia, pero cuando el hombre pecó, este pacto quedó sin valor. Entonces este pacto de obras fue reemplazado por un pacto de gracia que ofrecía la salvación como una dádiva de Dios. Este pacto dio origen a un acuerdo entre el Padre y el Hijo y se realiza en una sucesión de pasos históricos culminando con el reino de Dios. En tal manera C. pudo introducir las ideas de la historia de la salvación y el milenarismo en la teología escolástica de la Reforma.

ROBERT G. CLOUSE

COCHLAEUS, JOHANNES (1479-1552). Polemista católico romano. N. cerca de Nuremberg en ambiente campesino. Estudió en esa ciudad y en Colonia (1504), donde aumentó su disgusto por el →escolasticismo y su simpatía hacia el platonismo y el →humanismo del Renacimiento. Fue rector de la Escuela Latina de San Lorenzo, Nuremberg. Estudió leyes en Bolonia, se graduó en teología escolástica en Ferrara (1517) y fue ordenado en Roma. A partir de 1521 se enfrascó en una amarga controversia con Lutero, y en 1525 se esforzó por impedir la impresión del NT inglés de Tyndale en Colonia. Fue canónigo en Maguncia (1526), Meissen (c.1534) y Breslau (1539). Asistió a numerosas entrevistas entre católicos y protestantes. Sus obras más conocidas son *Historiae Hussitarum Libri XII* y *Commentari I de Actis et Scriptis M. Lutheri, 1517-1546.* J.G.G. NORMAN

COKE THOMAS (1747-1814). Predicador metodista inglés, superintendente y entusiasta por las misiones. N. en Brecon, Inglaterra, y fue educado en Oxford. En 1770 pasó a ser diácono y sirvió como cura anglicano en South Petherton, Somerset (1772-76). En 1775 se doctoró en ley civil. Desde 1777 estuvo asociado con Wesley y fue un infatigable predicador itinerante, sirviendo más y más como mano derecha de Wesley. Fue designado por éste como superintendente para América (1784) y presidió la Conferencia en la que se constituyó la Iglesia Metodista Episcopal de América. Mantuvo vinculaciones en ambos lados del Atlántico (que cruzó 18 veces). Las relaciones con Asbury, a quien había elegido como co-superintendente, no siempre fueron cordiales.

En Inglaterra C. presidió la conferencia en varias ocasiones y la sirvió asiduamente. Tuvo una estrecha vinculación con Irlanda donde repetidamente presidió la conferencia allí. Fue un firme opositor de la esclavitud y un vigoroso promotor de las misiones en el extranjero. Incansablemente recogió fondos, envió misioneros y abrió nuevas zonas. Organizó una misión para los negros en las Antillas, desarrolló las actividades misioneras en Gibraltar, Sierra Leona y el Cabo de Buena Esperanza. Fue reconocido por la conferencia como superintendente general de las misiones (tanto domésticas como extranjeras). Murió en el mar mientras viajaba a Ceilán con un grupo de misioneros.

HAROLD H. ROWDON

COLECTA. Forma breve de oración característica de las litùrgias de las iglesias occidentales. Consiste en una invocación a Dios, una petición, una súplica, una rogativa a base de los méritos de Cristo, y un tributo de alabanza a Dios. El término mismo *(collecta)* se encuentra por primera vez en el Rito Galicano y parece significar la "colecta" de peticiones silenciosas de personas reunidas en forma colectiva y pública. Otra posibilidad es vincular el término con la asamblea *(collecta)* de personas que se reunían en cada una de las iglesias de Roma y decía una oración *(oratio ad collectum)* antes de proseguir a la iglesia estacional para concurrir a la misa papal. La mayor parte de las c. dominicales en el →Libro de Oración Común de la Iglesia de Inglaterra han sido traducidas libremente del latín (especialmente de libros litúrgicos Sarum y del Sacramentario Gelasiano); las restantes fueron redactadas por Thomas →Cranmer y otras fueron añadidas posteriormente en 1662. HOWARD SAINSBURY

COLEGIALIDAD. En la teología católica romana se refiere a la forma corporada del ejercicio de la función sacerdotal, particularmente por parte de los obispos. El término *collegium* (unión de colegas, corporación, unión de artesanos) se usa, junto al de *ordo* y *corpus,* para referirse al conjunto de obispos desde el s.II (→CIPRIANO) y luego frecuentemente en las controversias con donatistas y nestorianos. Aunque menos frecuentemente, sigue usándose a lo largo de toda la historia. La importancia doctrinal que se concede a la opinión unánime o las decisiones conjuntas del colegio episcopal se echa de ver en la constante apelación a decisiones de sínodos, concilios regionales y sobre todo de concilios ecuménicos.

El fortalecimiento de la autoridad papal no podía menos de provocar ciertos conflictos. Ciertos canonistas exaltan, especialmente a partir del s.XII, la autoridad papal en tal medida que transforman a los obispos en meros delegados papales. Contra ellos, el "conciliarismo" defenderá la autoridad colegiada de los obispos, colocándola por sobre la papal. En esta línea (→MARSILIO DE PADUA, →GUILLERMO de OCCAM) se ubica el reclamo de Lutero de que se convocara un concilio. Sin embargo, el centralismo papal se impuso y alcanzó su culminación en la definición del Primado del →Papa en el Concilio →Vaticano I. Recién con el →Vaticano II vuelve a definirse al "colegio episcopal" como "sujeto también de la suprema y plena potestad sobre toda la Iglesia". El Concilio insiste, a la vez, en que esa autoridad solo es

válida y puede ejercerse "en comunión con el Romano Pontífice". Los sínodos episcopales que a partir de Pablo VI comenzaron a convocarse regularmente son una forma concreta de expresión de esa colegialidad.
JOSE MIGUEZ BONINO

COLENSO, JOHN WILLIAMS (1814-1883). Primer obispo anglicano de Natal, Sudáfrica. N. en St. Austel, Cornwall; estudió matemáticas en Cambridge, tuvo un →beneficio en Norfolk y fue consagrado en 1853. Su teología unió las conclusiones de F.D. →Maurice con las presuposiciones del liberalismo protestante y suscitó mucha controversia. A diferencia de la mayoría de los misioneros, favoreció el bautismo de polígamos y respetó las creencias y costumbres de los africanos. Su teología misionera fue expuesta en un comentario sobre Romanos (1861): la expiación es enteramente objetiva; los hombres son redimidos desde el nacimiento, el bautismo simplemente proclama este hecho; a los paganos hay que mostrarles el modelo de Cristo. C. ya había altercado con James Green, el deán tractariano de Pietermaritzburg, acerca del gobierno de la iglesia y de la Eucaristía. Entonces Green informó al obispo Gray de Ciudad del Cabo sobre el comentario, el cual, a su vez, se lo refirió al arzobispo de Canterbury.

Antes de que la ortodoxia de C. pudiese ser sometida a prueba, él provocó otra tormenta al publicar la primera parte de una obra en la que cuestionaba la historicidad y la paternidad literaria del Pentateuco y de Josué. Aunque los puntos de vista críticos de C. eran moderados si se los compara con los modelos alemanes, escandalizaron a la mayoría de los ingleses y dominaron la controversia que culminó con su destitución por Gray en diciembre de 1863. C. negó la jurisdicción de Gray y fue apoyado por el comité judicial del *Privy Council* que confirmó su cargo de obispo. Acciones legales posteriores aseguraron sus estipendios y el control de la propiedad de la iglesia. Fue apoyado por muchos laicos, pero con clero insuficiente y falto de finanzas fue poco lo que pudo hacer.

En sus años finales C. fue un gran defensor de los africanos contra la injusticia. Esto le costó la amistad de Theophilus Shepstone, su apoyo principal, pero le valió la imperecedera gratitud de los africanos. C. fue una trágica figura cuyas positivas contribuciones a la política misionera y a la erudición bíblica se vieron perjudicadas por una teología inadecuada, modales impetuosos, difícil personalidad, así como por el intenso conservadurismo de sus contemporáneos.
D.G.L. CRAGG

COLET, JOHN (c.1466-1519). Deán de San Pablo. N. en Londres donde su padre era alcalde. Fue educado en Oxford, en París y en Italia. A su regreso a Oxford dio una serie de conferencias en 1497 sobre las epístolas de Pablo. En ellas revela el espíritu del →Renacimiento del S de Europa, que en forma creciente iba a preparar el camino para la Reforma al avanzar hacia el N. Las conferencias se distinguen por sus comentarios críticos y una inquietud por regresar a las fuentes primitivas más allá de las glosas y las alegorías medievales.

C. también compartía la preocupación del Renacimiento humanista por reformar el clero y las instituciones de la iglesia y asimismo incrementar la educación. Atacó muchos abusos clericales y, aunque no abogaba por una reforma doctrinal, nunca estuvo exento de sospechas de herejía. Sin embargo fue escuchado por un amplio círculo; entre los contemporáneos, cuyo pensamiento fue influido por él, se hallaban →Erasmo y Tomás →Moro. C. fundó la *St. Paul's School* en Londres (todavía existente), donde puso énfasis en la enseñanza de los clásicos. Fue designado deán de San Pablo en 1505 y tuvo ese cargo hasta su muerte. G.E. DUFFIELD

COLIGNY, GASPARD DE (1519-1572). Dirigente de los→hugonotes y estadista francés. Vástago de una de las más poderosas familias del s.XVI en Francia. Se convirtió en el gran héroe de la primera generación de protestantes franceses y en un formidable jefe político calvinista. Como miembro de la familia Chatillón, perteneciente a la nobleza, y sobrino de la poderosa condestable Ana de Montmerency, pasó la mayor parte de su temprana vida prestando servicios militares y públicos y llegó a ser designado almirante de Francia. Entre 1555 y 1560 se convirtió y se unió a la Iglesia Reformada. Los historiadores han debatido si ésta fue básicamente una decisión religiosa o política, pero C. se volvió un calvinista de gran relieve en las guerras de religión que comenzaron en 1562. Después que los demás jefes hugonotes habían sido muertos, él quedó como indiscutible adalid político del movimiento. Obtuvo el favor de Carlos IX y en 1570 concertó una paz aceptable entre calvinistas y católicos en Francia, pero la oportunidad de una permanente legalización se desvaneció al ser asesinado junto con otros varios miles de hugonotes en la infame matanza de la →Noche de San Bartolomé. ROBERT D. LINDER

COLIGNY, ODET DE (c.1517-1571). Cardenal francés, posteriormente dirigente protestante. Fue consagrado como cardenal en 1533 y conde-obispo de Beauvais poco después, designado gran inquisidor nacional en 1560, aunque poco fue lo que hizo en este carácter. En 1561 resultó sensación al abrazar la fe reformada. Se esforzó junto con su hermano, Gaspard, en aliviar la persecución de los hugonotes, fue excomulgado y en 1568 huyó a Londres donde la reina Isabel le dio una calurosa bienvenida. Se dice que fue envenenado por su criado a instigación de Catalina de Médicis. Fue sepultado en la catedral de Canterbury. J.D. DOUGLAS

COLISEO. Nombre que le da Beda en el s.VIII al anfiteatro de Flavio de Roma. Su edificación duró desde el año 72 al 82 bajo emperadores flavianos. Sus ejes son de 188 y 156 metros. Tiene 48.5 metros de altura. En tres filas tenía una capacidad aproximada para 50.000 personas sentadas. Estas veían cacerías de animales, combates de cientos de fieras al mismo tiempo, luchas de gladiadores, y combates marinos con la arena inundada. La tradición de que allí fueron sometidos a martirio los cristianos permanece como una posibilidad, pero no tiene antiguos fundamentos. La tradición data de la consagración de la estructura por parte de Benedicto XIV a los mártires en 1750. Su cruz dedicatoria fue retirada en 1874 y restituida en 1927. Frecuentemente fue dañado por rayos y otros accidentes; las restauraciones y los agregados se extienden desde el período de Nerva a Teodorico el ostrogodo (m. 526). En época medieval sirvió como fortaleza y durante el Renacimiento su uso como cantera travertina (el Palazzo Farnese fue edificado con sus piedras), cesó bajo Benedicto XIV. Son notables sus eficientes pasadizos, doseles que protejían a los espectadores, renovación aromática del aire y sus ascensores subterráneos hacia la arena. DANIEL C. SCAVONE

COLMAN (m.676). Obispo de Lindisfarne. Era irlandés y fue enviado desde Iona, donde era monje, para suceder a Finan, sucesor de →Aidan, como tercer obispo de Lindisfarne. Apoyó al rey Oswy manteniendo las costumbres celtas, en particular lo relativo a la Pascua. En el Sínodo de Whitby (663-4) abogó por la retención de esta práctica y, cuando la decisión favoreció a las costumbres romanas, renunció a su sede. Llevó consigo a algunos de los monjes de Lindisfarne a un monasterio situado en Innisboffin, condado de Mayo, Irlanda, donde permaneció hasta su muerte. J.D. DOUGLAS

COLOM, ALFREDO (1904-71). Poeta, evangelista e himnólogo guatemalteco. N. cerca de San Juan Ostuncalco, Quezaltenango, hombre de cuna humilde, carpintero. Un indígena fue instrumento para llevarlo a los pies de Cristo. La misionera Estela Zimmerman lo descubrió en un pueblecito y arregló su traslado a la capital, donde trabajó en varias construcciones y predicaba por las noches.

Benjamín H. Pearson, de la →Misión Interamericana, que visitó Guatemala por aquel tiempo, tuvo ocasión de conocerlo y, vislumbrando la potencialidad de su talento, lo invitó para trabajar con él en Colombia. Allá C. se creció, desarrolló sus dones admirablemente, y lo vemos dirigiendo campañas evangelísticas con mucho éxito, no solo en Colombia, sino en Venezuela y Ecuador. En este país acompañó a Roberto Savage con el equipo de Adelante Juventud, y colaboró eficazmente con HCJB, la →Voz de los Andes, de Quito, Ecuador.

Sus himnos, letra y música, eran productos espontáneos de vivencias espirituales; nacían en momentos de lucidez, ya sea antes o después de predicar, siempre bajo el influjo del mensaje. Sus himnos eran muy originales, casi silvestres al principio, pero cuando ya tuvo la confianza de poner a juicio de otras personas sus producciones, adquirió técnica, sacrificando su espontaneidad. Entre los himnos que compuso se hallan: "América Será Para Cristo", "Adelante Juventud", "Para Qué Pecar", "Pies Divinos", "Manos Cariñosas", "La Mujer Samaritana". Diecisiete de ellos se encuentran en *Himnos de Fe y Alabanza,* y en casi todo himnario evangélico popular se hallan algunos de sus coritos e himnos. A su regreso a Guatemala, C. lamentablemente perdió el oído, y esto puso un rápido fin a su ministerio tan fructífero.

RAUL ECHEVERRIA M.

COLOMBIA. País sudamericano, de una área de 1.180.000 km^2 y 25.000.000 de habitantes (1977). Estos son, en su gran mayoría y nominalmente, católicos.

La conquista española de Nueva Granada y el establecimiento de la ICR fueron acontecimientos inseparables. Las bulas papales de 1493, 1501 y 1508, que culminaron con la creación de →Patronato Real de las Indias, habían definido con creciente precisión la relación de dependencia mutua entre Iglesia y Estado, de tal modo que el Acta de Sujeción ("requerimiento"), por la cual se ponía a los aborígenes bajo el dominio conjunto de ambos, pudo ejecutarse con excepcional violencia. Sin embargo, algunos miembros del clero neogranadino protestaron enérgicamente contra la explotación del indio. La época de la conquista (1500-50) concluyó con el firme establecimiento del estado colonial y la ICR.

Los siguientes cien años vieron importantes avances misionales. La Real Cédula de 1578 obligó a los misioneros a aprender los idiomas indígenas, lo que resultó en el rápido desarrollo de un clero autóctono. Se destacaron como misioneros: S. Luis →Beltrán (1526-81), de personalidad carismática, y S. Pedro →Claver (1580-1654), quien se dedicó abnegadamente a la obra caritativa entre los esclavos negros de Cartagena. La Iglesia continuó su labor misionera durante la época colonial (1550-1810) y fundo numerosos centros educativos, incluyendo universidades. En 1610 se estableció la →Inquisición en Cartagena, donde fueron condenados y ejecutados "herejes, protestantes y masones".

En 1819 C. se independizó de España. La nueva nación se vio muy pronto sacudida por luchas intestinas entre los conservadores, que estaban a favor de la Iglesia, y los liberales, anticlericales. Estos últimos lograron establecer la separación entre la Iglesia y el Estado. El período entre 1853 y 1886 fue conocido como "la época de las guerras civiles". En 1886 ganaron los conservadores y ratificaron una constitución pro clerical; en 1887 se firmó el concordato con el Vaticano. Así quedó establecido el catolicismo romano como la religión oficial, y comenzó una época de "defensa de la fe" (contra el liberalismo y la actividad misionera protestante) que culminó con los grandes congresos eucarísticos de 1935 y 1948.

El Congreso eucarístico internacional (1968) contó con la presencia del papa. El mismo año se celebró la Conferencia Episcopal Latinoamericana II (→Medellín). Por esa época se formaron movimientos de izquierda política dentro de la Iglesia (Camilo →Torres), que fueron rechazados en 1975 por el episcopado, y que contrastaban con la →Renovación →carismática (p.e., Encuentro internacional de sacerdotes carismáticos, La Ceja, 1971) cuyo énfasis está en la devoción bíblica y personal.

El país está dividido en 36 diócesis y 17 vicariatos y prefecturas, en las que trabajan unos 5.500 sacerdotes y numerosos religiosos y religiosas.

El protestantismo apenas si existió en la época colonial: entre 1698 y 1700 hubo un intento de establecer una colonia escocesa en el Istmo del Darién. Más tarde se establecieron en C. comerciantes y diplomáticos protestantes y colportores bíblicos. En la Legión británica, durante las guerras de independencia, hubo soldados protestantes, entre los que destacó el coronel Jaime Fraser que llegó a ser ministro de guerra. Casado con una sobrina del presidente Santander, Fraser pidió el envío de misioneros evangélicos: G.B. Watts, hijo del cónsul británico en Bogotá, fue agente de la Sociedad bíblica en Cartagena; Diego →Thomson llegó a Bogotá en 1825 y fundó una sociedad bíblica nacional, que duró unos pocos años. También en 1825, Simón →Bolívar llevó a C. a Sebastián de Mora, para organizar escuelas →lancasterianas.

La obra formal del protestantismo empezó con la llegada del misionero presbiteriano norteamericano Henry B. →Pratt, en 1856, también a petición de Fraser. En 1858 celebró, por primera vez, cultos evangélicos en Bogotá. Once años después se dedicó el primer templo evangélico. Pratt desplegó una gran actividad literaria: entre 1856 y 1857 publicó artículos polémicos en *El Tiempo* de Bogotá. En 1875 editó, en Bucaramanga, el periódico *La Prensa Evangélica.* Hizo la Versión Moderna de la Biblia la cual fue publicada en 1893. Desde el principio, la obra evangélica en C. se caracterizó por su interés en la educación. Se fundaron "Colegios Americanos" en Bogotá (1869, por Kate McFarren) y en Barranquilla (en la década de 1870).

Después de 1912 (cuando estableció su obra en el país otra misión protestante: la →Unión Evangélica), otras denominaciones también iniciaron sus trabajos en C.: la →Alianza Evangélica (1918), la →Alianza Cristiana y Misionera (1924) y la →Presbiteriana Cumberland (1925). En las décadas de los 30 y los 40, otras sociedades misioneras entraron al país: Asambleas de Dios (1932), Cruzada Mundial (1933), Hermanos Libres (1933), Misión Latinoamericana (1937), Bautistas del Sur (1941). En las últimas décadas: los Bautistas canadienses, las Iglesias del Nazareno, del Calvario y del Pacto, los wesleyanos, la Misión Interamericana y muchos grupos pentecostales, entre los que destaca la Iglesia del Evangelio Cuadrangular. Un censo de la obra evangélica indicó que por 1920 había algún tipo de obra en todos los departamentos colombianos.

A pesar de la simpatía con que los liberales acogieron a los primeros misioneros, las normas constitucionales sobre libertad religiosa no permitían la libre práctica del culto no católico. Hubo así olas de persecución (destrucción de propiedades y de literatura, lapidación y violencia física contra personas). La quema de Biblias en Bogotá (1860) casi se convierte en escándalo internacional, cuando acusaron al representante del gobierno de los EUA de haber estado presente. Entre 1948 y 1958, años conocidos como "La Violencia", la persecución alcanza su clímax.

De acuerdo con el Concordato, C. había concedido a la ICR prácticamente la total administración de los territorios indígenas y de las partes menos desarrolladas del país. Por ello, desde 1953 el gobierno publicaba circulares que resaltaban la prohibición de la obra evangélica en tres cuartas partes del país y establecían severas restricciones en el resto. La aplicación local de esos decretos resultó en la destrucción de muchos lugares de culto, en la cruenta persecución de evangélicos y en el martirio de 120 de ellos. Sin embargo, las misiones evangélicas continuaron su labor evangelística, educativa y social.

En la década de los 30 los evangélicos colombianos utilizan el método de evangelización en masa. En 1933, Jorge →Howard realizó grandes esfuerzos evangelísticos (en Girardot, Barranquilla y Buga). Durante 1949, al inicio de "La Violencia", Alfredo →Colom dirigió inmensas campañas en muchas partes del país. Notable fue la gran concentración en el Gimnasio Olímpico de Cali (1962) en la que predicó Billy →Graham. El punto culminante de estos esfuerzos fue la gran campaña de →Evangelismo a Fondo, en 1968. Además, organismos como →SEPAL, Evangelización del Niño y →Cruzada Estudiantil han sido de mucha importancia en todos estos programas de evangelización.

En el campo social, amén de la obra educativa, las iglesias evangélicas se han preocupado por mantener policlínicas y excelentes hospitales (en Palmira, Bogotá y Barranquilla). De especial importancia ha sido la labor social de las misiones Presbiteriana y Latinoamericana en la región del río Sinú, dedicada al desarrollo de las comunidades rurales. En 1974 la misionera Catalina Morgan recibió la medalla cívica de la ciudad de Pasto por su abnegada obra a favor de los pobres. El radio de acción social se ha visto ampliado con los programas de Caravanas de Buena Voluntad (en la Costa Atlántica, Bogotá y Cali); Cooperativas de Ahorro y Crédito (en Cali); Desarrollo Comunitario AGAPE (en Cali); Acción Unida (en la Costa Atlántica); MEDA, de los Hermanos Menonitas (en Valle y Chocó), y con el establecimiento de más colegios y escuelas. Los evangélicos sostienen, además, algunas imprentas ("Buena Semilla", en Bogotá; "Unión", en Medellín; "Aurora", en Cali), varias publicaciones, muchas librerías y algunas radioemisoras (como "El Nuevo Continente", de la Misión Panamericana, en Bogotá).

La educación teológica está en manos de los Seminarios Bautista (Cali) y Bíblico (Medellín) y de los muchos institutos bíblicos pertenecientes a distintas denominaciones.

El movimiento pentecostal en general ha crecido de manera notoria, especialmente en la última década. En el mismo período también han surgido muchas iglesias independientes. Se presenta, además, una fuerte tendencia hacia la nacionalización de la obra, tendencia que se ha visto alimentada por las medidas del gobierno para limitar la admisión de misioneros extranjeros.

En 1950 se organizó la Confederación Evangélica de Colombia (CEDEC), para hacer frente a la situación creada por la persecución. CEDEC ha sido un elemento aglutinador de las fuerzas evangélicas del país. En 1979 se le habían afiliado 52 diferentes denominaciones y entidades.

Mención aparte merece la labor evangélica en las islas San Andrés y Providencia, donde los protestantes, de cultura británica, constituyen la mayoría de la población, desde la época colonial. Las Iglesias Bautista y Adventista sostienen obra educativa y eclesiástica entre la parte mayoritaria de la población nativa.

[También es digna de mención la labor del →Instituto Lingüístico de Verano (ILV), al hacer accesible la Biblia a los indígenas en su propio idioma. En 1980 el joven misionero Chester Bitterman fue secuestrado por un grupo de guerrilleros izquierdistas, quienes demandaban que el ILV abandonara el territorio colombiano. Como no se accedió a sus exigencias, Bitterman fue asesinado.]

Cálculos aproximados indican que las iglesias evangélicas de C. cuentan con una comunidad de 1.000.000 de personas (entre miembros, asistentes y simpatizantes), de los que 250.000 serían miembros activos. Hay unos 2.500 templos y lugares de culto, y alrededor de 3.000 pastores y obreros nacionales.

LUCIANO JARAMILLO,
CARLOS WESTMAIER,
JOHN SINCLAIR

COLON, CRISTOBAL (1451?-1506). Descubridor de América. La mayoría de sus biógrafos dicen que nació en Génova, Italia, el año de 1446. Algunos afirman que descendía de una familia de judíos catalanes que se refugió en Italia por causa de las persecuciones de 1391. Esto, de ser verdad, implica un acto de conversión, dadas las múltiples manifestaciones de la fe cristiana que hacía el almirante. Otros afirman que C. vivió y murió en la fe judía y que eran fingidas sus declaraciones de cristianismo a fin de no poner trabas al descubrimiento, idea que ardía en su alma desde la juventud.

Hernando Colón, hijo del descubridor, y Bartolomé de las Casas dicen que C. fue cristiano devoto y practicante, testigo de Cristo escogido por Dios para traer el evangelio al Nuevo Mundo. Se sabe que en la carabela por él comandada venía la Biblia y que C. mismo leía trozos del Evangelio según San Juan, para calmar los ánimos de sus compañeros de viaje. Cabe bien afirmar que su amor al NT se revela en que C. mismo fuera dando nombres, de allí tomados, a algunas de las regiones que iba descubriendo.

Es de interés, también, decir que en la declaración de fe que hizo ante los Reyes Católicos, Fernando e Isabel, dijera: "...el Espíritu Santo obra en cristianos, judíos, moros y personas de otras sectas", frase no muy ortodoxa para aquellos días, lo cual da pie para que le coloquemos entre los precursores de la →Reforma Luterana, que brotó once años después de la muerte de C. "En manos tuyas, Señor, encomiendo mi espíritu", dijo Colón a la hora de su muerte, ocurrida en Valladolid, España, el 21 de mayo de 1506, hermosa repetición de una de las frases pronunciadas por Cristo en la cruz.

ARISTOMENO PORRAS P.

COLOQUIO DE MARBURGO →MARBURGO, COLOQUIO DE

COLUMBA (521-597). El más ilustre de los eclesiásticos irlandeses del s.VI. N. en Gartan, condado de Donegal, siendo sus padres ambos de linaje real. Llegó a Derry aproximadamente en 546 y edificó una iglesia y, algunos años más tarde, fundó un notable monasterio en Durrow. Perspicaz estudiante, su pasión por los libros le causó algunos problemas cuando fue anulada por el rey Diarmid su reclamación legal de una copia que había hecho de un salterio prestado por Finnian de Movilla. Su impetuoso genio irlandés lo llevó a estar implicado en frecuentes disputas y su partida de Irlanda en 563 está envuelta en el misterio. Puede haber sido consecuencia de la excomunión por parte de la iglesia irlandesa por la actuación que tuvo en la guerra civil o puede ser que buscara un alivio de un sentimiento de frustración, y la libertad para propagar el Evangelio.

Después de un peligroso viaje a Iona, C. halló amplio campo para su talento al establecer un colegio para preparar jóvenes para la evangelización de los pictos del N. Visitó Irlanda en 574 para concurrir a una convención en Drumceatt, cerca de Limavady, en el condado de Derry. Vivió todavía 23 años más y fue sepultado con los reyes en su amada Iona, aguas afuera de las costas escocesas. Hombre de destacado talento como erudito y como predicador, C. llamó la atención por su valeroso liderazgo. Aunque de temperamento ardiente, su indignación con frecuencia era justa y su espíritu recto y generoso. Estableció un ejemplo notable en oración, vida autodisciplinada y preocupación pastoral.

ADAM LOUGHRIDGE

COLUMBANO (c.543-615). Santo y erudito irlandés. Discípulo de Comgall de Bangor, era nativo de Leinster. Tuvo una pasión por el saber y tenía el privilegio, no frecuente en su época, de poder estudiar las Escrituras tanto en hebreo como en griego. Cuando tenía ya casi 50 años, sintió el llamamiento para la evangelización en escala más amplia. Después de un abortado intento de fundar un monasterio en el S de Inglaterra, marchó a Francia en donde estableció en Luxorum, Borgoña, una notable institución para el saber. La disciplina de su escuela resultaba extremadamente severa y, aunque su movimiento era aprobado por el pueblo, tenía que enfrentar la amarga oposición del clero. Mostró gran valor al denunciar los vicios de la corte de Borgoña y del rey Thierry en particular. Expulsado de Francia, trabajó durante un tiempo en Constanza, Suiza, antes de constituir un notable monasterio en Bobbio, en el N de Italia, donde murió.

Probablemente fue el más agudo y hábil polemista de su tiempo. C. reavivió el interés en las decisiones del Concilio General de

→Constantinopla de 553, y rogó al papa Bonifacio IV que no perdonara al →eutiquianismo o que no alentara a quienes creían que había una sola naturaleza en Cristo. Su correspondencia con Bonifacio, y posteriormente con Gregorio Magno, hace llamativas afirmaciones en cuanto a la pureza y a la independencia de la iglesia celta y desafía las demandas que hacen estos papas relativas a una supremacía papal. Fue un poeta de singulares dones y un hábil expositor de la Escritura, su comentario está en la Biblioteca Ambrosiana de Milán.

ADAM LOUGHRIDGE

COLLEGIANTES. Grupo religioso holandés originado en las controversias en torno al Sínodo de →Dort (1619). El triunfo de los calvinistas ortodoxos y el desalojo de los ministros →remonstrantes de la Iglesia Reformada, dejó sin pastores a muchas congregaciones. En Warmond, cerca de Leyden, Gijsbert Vanderkodde y sus hermanos empezaron a dirigir una congregación tal en servicios no formales, destacando el bautismo por inmersión, la separación del mundo y un credo mínimo. El estilo se aproximaba más al de los →menonitas que al de remonstrantes, y el grupo se negó a unirse a la Hermandad Remonstrante. Reuniéndose como *collegia* más que como iglesias organizadas, el grupo se trasladó a la cercana aldea de Rhynsberg (de esto sus nombres de "Collegiantes" y "Rhynsbergers"). El movimiento se difundió y las "congregaciones" se reunieron una vez por año en Rhynsberg. →Spinoza vivió en Rhynsberg durante algunos años (1661-64) y el grupo lo impresionó, aunque las avanzadas ideas de este pensador (negación de los milagros, etc.) causaron una división que llevó cierto tiempo sanar. Durante el s.XVII la membresía decreció y muchos se convirtieron al →socinianismo y al →deísmo. La última reunión fue celebrada en 1787.

DIRK JELLEMA

COMBA, EMILIO (1839-1904). Historiador y teólogo →valdense. N. en San Germano Chisone de Italia. Se graduó en la escuela teológica de Ginebra, donde tuvo algunos de los más distinguidos profesores de la época, incluyendo a Merle →d'Aubigne. Fue hombre de gran inteligencia, fuerte personalidad y profunda espiritualidad. Recibió la ordenación como pastor en 1863. Después de un breve período de obra evangélica, en Brescia, fue enviado en 1867 a Venecia (recién liberada y anexada al reino italiano) donde con ardiente elocuencia atrajo a grandes multitudes y así pudo fundar una próspera iglesia valdense. En 1872 fue llamado a Florencia para suceder a G.P. Revel, uno de los fundadores de la facultad de teología; allí enseñó durante 32 años, dedicando todo el tiempo a sus estudiantes y a sus propios estudios académicos. También, por algún tiempo cuidó a la comunidad valdense en aquella ciudad y dirigió un periódico, *La Revista Cristiana.* Sus obras incluyen dos breves volúmenes en inglés. *¿Quiénes son los valdenses?* (1879) y *Valdo y los valdenses antes de la Reforma* (1880). Posteriormente apareció una más profunda historia en francés de los valdenses (1887) y en italiano (1893, traducida al español en 1926 bajo el título de *Historia de los valdenses*), y dos volúmenes acerca de la Reforma en Italia (1881-95).

DAISY RONCO

COMENIO, JAN AMOS (1592-1670). Reformador educativo bohemio. N. en el E de Moravia y fue educado en la escuela latina de Prerow y en la Academia Herborn en Nassau y posteriormente estudió teología en Heidelberg. A su regreso fue ordenado sacerdote de los hermanos →moravos *(Unitas Fratrum)* y en 1618 llegó a ser pastor en Fulnek. Al comienzo de la Guerra de los →Treinta Años, Fulnek fue invadida (1621) y C. buscó refugio junto a su correligionario Lord Charles el Mayor, de Zerotin en el E de Bohemia. La esposa y los dos hijitos de C. murieron en una epidemia.

Cuando las leyes imperiales expulsaron de Bohemia y Moravia a todos los clérigos no católicos, C. abandonó el país para nunca más regresar. Se estableció en Leszno, Polonia, donde llegó a ser rector del *gymnasium.* Su *Janua linguarum reserata* (1631), escrita para facilitar el estudio de latín, fue traducida a once idiomas europeos y cuatro asiáticos. Cuando poco después produjo su *Didactica magna,* fue considerado como el reformador más destacado de la educación, concepto en el cual es tenido hasta el día de hoy.

Fue invitado a Inglaterra y mientras estaba en Londres durante el invierno de 1641-42, bosquejó su *Via Lucis,* un plan de reforma cultural que exigía el establecimiento de un "colegio pansófico". Se define allí como blanco final de la educación el saber todo lo que era necesario para esta vida y para la venidera. No solo incluía el estudio científico de la naturaleza con razonamiento deductivo, sino también la Biblia como integrada a la educación universal de ambos sexos y asegurando la paz general y la armonía religiosa. En 1645 C. empezó su monumental obra *De rerum humanarum emendatione Consultatio.* Solamente dos de los siete volúmenes fueron publicados en vida de él; el resto no fue concluido. Extraviado a principios del s.XVIII, el texto fue hallado en 1935 y 1940, y los siete volúmenes fueron publicados en 1966 por la Academia Checoslovaca de Praga.

El primer volumen afirma que todos tienen la capacidad de ser educados. El segundo *(Panaugia)* asegura que Dios ha provisto a los hombres de tres fuentes de conocimiento: la naturaleza, la razón y la revelación (Escrituras). Las tres son necesarias para una vida buena, porque toda la verdad consiste en una síntesis de las tres. En el cuarto volumen *(Pampaedia)* C. presenta su final retoque en cuanto a la teoría educativa, extendiendo literalmente la prepración a todos los seres desde la cuna hasta la tumba. El volumen seis *(Panorthosia),* el más importante de toda la serie, propone una reforma de la cultura, de la política y de la religión. Para alcanzar esto, el Consejo de la Luz debe ocuparse con las reformas universales de la educación, la Corte de Justicia ha de gobernar hacia una reorganización política y servir como tribunal supremo de justicia, el Consistorio Ecuménico ha de supervisar y regular la divulgación universal del cristianismo.

Dado que fueron desalentadas sus esperanzas de establecer un colegio "pansófico" en Londres, C. aceptó una invitación para reformar el sistema educativo de Suecia y, en 1650, asumió tarea similar en Hungría. Cuando en 1656 Leszno fue incenciada por los polacos, C. perdió sus pertenencias, incluso muchos manuscritos valiosos. Fue entonces invitado a Amsterdam, ciudad que se convirtió en su hogar por el resto de su vida y en donde publicó muchos de sus libros que llegan a un total de más de 150.

Aunque principalmente conocido como reformador de la educación, se destacó asimismo como dirigente religioso (fue el último obispo de la rama checa de los Hermanos Moravos). También resultó un pionero del ecumenismo, esforzándose durante toda su vida por la unificación de la cristiandad.

MATTHEW SPINKA

COMISION DE ESTUDIOS DE HISTORIA DE LA IGLESIA EN LATINOAMERICA (CEHILA). Comisión que surgió desde un proyecto que se iniciara en 1964 con la aparición de la obra *Hipótesis para una historia de la Iglesia en América Latina* (Estela, Barcelona), que publicara el actual Presidente de la Comisión. Desde 1973 la CEHILA adquiere la fisonomía de una institución de derecho civil, científica, que trabaja en estrecha colaboración con la Iglesia Católica y con las Iglesias Protestantes en AL.

La Comisión tiene por finalidad impulsar los estudios y la enseñanza de la historia de la Iglesia en AL. Para ello tiene entre manos los siguientes proyectos: 1. Una *Historia General de la Iglesia en América Latina* en 10 volúmenes de gran formato (500 páginas), con la colaboración de más de cien historiadores organizados en ocho áreas de estudio. En 1977 aparecen ya los cuatro primeros volúmenes. 2. *Historia de la Filosofía y la Teología en América Latina* en 2 volúmenes, comprendiendo desde la época colonial hasta el presente, donde colaboran como en el caso anterior historiadores y teólogos protestantes. 3. *Historia de la Vida Religiosa en América Latina* en colaboración con la Confederación Latinoamericana de Religiosos, que sería la primera historia de las órdenes y congregaciones religiosas del continente. 4. *Conservación y organización de archivos eclesiásticos* que tiene por finalidad comenzar por la descripción y la asesoría para dar a los archivos la utilidad que de ellos debe esperarse en todos nuestros países.

La CEHILA efectúa anualmente su asamblea ordinaria donde define en equipo todas sus decisiones, pautas y proyectos. Los Encuentros han sido: 1. En Quito en 1973 sobre el tema y debate de una periodización de la historia de la Iglesia en América Latina (para una historia de la Iglesia en América Latina). 2. En Chiapas en 1974 y sobre el tema Bartolomé de las Casas (1474-1566) e Historia de la Iglesia en América Latina. 3. En Santo Domingo y sobre el tema La acción misionera en los siglos XVI, XVII. 4. En Panamá en 1976 en conmemoración del 60 aniversario del Congreso de Panamá en 1916. 5. En San Salvador de Bahía en 1977 sobre la historia de la religiosidad popular en América Latina.

ENRIQUE DUSSEL

COMISION EVANGELICA LATINOAMERICANA DE EDUCACION CRISTIANA (CELADEC). Organismo ecuménico internacional dedicado a la tarea educativa en AL. Se fundó en octubre de 1962 en Huampaní, Perú, cuando un grupo de delegados de concilios, federaciones e iglesias evangélicas de AL respondieron a un acuerdo tomado por la Consulta Latinoamericana de Educación Cristiana.

Respaldaron la creación de CELADEC el →CCLA y el Consejo Mundial de Educación Cristiana. Desde su fundación, la Secretaría General ha estado en Lima, Perú. El primer secretario general fue Gerson Meyer (pastor presbiteriano brasileño). En la actualidad [1980] el Secretario General es Luis Reinoso (pastor metodista peruano).

El organismo máximo de CELADEC es la Asamblea General, compuesta de representantes de iglesias nacionales, concilios, organizaciones ecuménicas y movimientos educativos. Se reúne cada cuatro años y ya se han celebrado seis asambleas. Entre asambleas funciona, como máxima autoridad, un Consejo Directivo.

Uno de los mayores logros de CELADEC es su contribución a la tarea educativa de las iglesias por medio del curso para escuelas dominicales conocido como "Nueva Vida en Cristo". CELADEC ha auspiciado consultas sobre educación cristiana y encuentros sobre el papel y la misión de los colegios evangélicos en AL.

En 1971, en su cuarta Asamblea General (La Molina, Perú), CELADEC opta por un programa de educación liberadora, con lo que inicia una segunda etapa que trasciende el marco institucional de las iglesias evangélicas. En la quinta Asamblea (Bogotá, Colombia), en fidelidad a su opción evangélica, CELADEC opta por la educación popular. Esta decisión es reafirmada en la sexta Asamblea (San José, Costa Rica, 1978).

En la actualidad el programa ampliado de CELADEC cubre cuatro áreas fundamentales: Educación Popular, Teología, Comunicaciones y Documentación. Tiene, además, un extenso programa de publicaciones.

VICTORIO ARAYA G.

[Durante los últimos cinco o seis años, la relación entre CELADEC y muchas iglesias evangélicas del continente ha sido muy tensa a causa de dos factores fundamentales: la radicalización política de CELADEC, que le ha llevado a apoyar movimientos considerados de izquierda, y el descuido del compromiso, por parte de la Comisión, con las iglesias establecidas. Dado el carácter conservador de las iglesias evangélicas en AL, la estrecha colaboración entre CELADEC y grupos religiosos católicos ha sido vista también por muchos con suspicacia.]

COMISION PROVISORIA PRO-UNIDAD EVANGELICA LATINOAMERICANA (UNELAM). La Conferencia Evangélica Latinoamericana II (→Lima, julio de 1961) decidió formar una Comisión permanente para mejorar la colaboración entre las iglesias evangélicas del área. Esta Comisión decidió a su vez crear una Comisión Latinoamericana de Iglesias (Montevideo, dic. de 1964) y convocó una reunión de representantes de federaciones y consejos nacionales que se realizó en Campinas, Brasil, en set. de 1965. Los presidentes de federaciones y consejos volvieron a reunirse en Río de Janeiro, donde por la llamada "Acta de Corcovado" se acordó la fundación de la entidad. Ese acuerdo se ratificó en Puerto Rico, en la asamblea de julio de 1970. El primer y único presidente de la entidad (ya que lo fue hasta su disolución) fue Luis P. Bucafusco. Su primer secretario coordinador fue Emilio →Castro, pastor metodista uruguayo.

El objetivo de UNELAM era "convocar a las Iglesias como tales a ser protagonistas en el diálogo y la acción ecuménica". Concebida como una "organización techo" para albergar a federaciones de iglesias y movimientos ecuménicos, estos últimos nunca llegaron a integrarse en virtud de una diferente opción en cuanto al significado ideológico-político de la fe cristiana. "Entendida como una especie de confederación de entidades ecuménicas y consejos nacionales, UNELAM solo podía tener el peso que estas mismas tuvieran" (H.J. Prien).

Pese a esta debilidad constitutiva, UNELAM participó en la organización de la Conferencia Evangélica Latinoamericana III (Buenos Aires, 1969, →ASAMBLEAS ECUMENICAS EVANGELICAS EN AL). Aquí se hizo patente las tensiones con los movimientos ecuménicos. UNELAM encaró una serie de proyectos como su contribución a la unidad evangélica en el continente (p.e. la consulta sobre el rol de la mujer en la Iglesia, conferencias y estudios, etc.). A partir de la crisis de representatividad de muchos de estos consejos nacionales, UNELAM se comunicó directamente con las iglesias, a fin de dar los pasos necesarios para la creación de un organismo representativo de las Iglesias mismas. Así, bajo los auspicios y con la participación de UNELAM, se estableció una Comisión Organizadora de la Asamblea de Iglesias Evangélicas. Uno de sus objetivos sería la formación de un Consejo Latinoamericano de Iglesias. Esta comisión organizadora convocó a una Asamblea que se celebró en →Oaxtepec, México, en dic. de 1978. En ella se creó el "Consejo Latinoamericano de Iglesias (en formación)" y se procedió a la disolución de UNELAM, que cesó formalmente el 31 de dic. de 1978. NESTOR O. MIGUEZ

COMITE DE COOPERACION EN LA AMERICA LATINA (CCAL). Organismo para la cooperación misionera nacido en el Congreso Evangélico de Panamá en 1916. Cuando el Congreso Misionero de →Edimburgo de 1910 puso en duda la legitimidad de la obra protestante en AL, los representantes de juntas misioneras con obra en AL que asistieron a ese Congreso decidieron en una reunión especial convocar una consulta sobre la obra protestante en esa región.

En 1913 la *Foreign Missions Conference of North America* nombró un comité provisional para organizar el Congreso de Panamá, que se efectuó en 1916. Fue la primera vez que misioneros y líderes evangélicos del continente se reunieron. Allí se formó el CCAL.

La nueva organización tomó acuerdos sobre la responsabilidad territorial *(comity)* en el continente. Desde 1916 hasta 1963 (año en que el CCAL fue integrado en el Consejo Nacional de Iglesias en los EUA), el Comité auspiciaba una serie de programas en conjunto: educación (campañas financieras para la construcción de planteles); educación cristiana (dirigida por Gonzalo →Báez Camargo); casas editoriales en México y Buenos Aires; evangelización (Jorge P. →Howard y Cecilio →Arrastía); centros audiovisuales; alfabetización (Frank →Laubach) y un movimiento juvenil continental. También el CCAL inició conferencias sobre estrategias misioneras, estudios sobre los indígenas andinos y auspició la organización de la *United Andean Indian Mission* en Ecuador. Fundó la revista *La Nueva Democracia* con el objeto de interpretar el Evangelio a los intelectuales con Juan →Orts Gonzáles y Alberto →Rembao como redactores.

Fueron secretarios del CCAL Samuel Gay →Inman (1916-1939), W. Stanley →Rycroft (1940-1950), Howard W. Yoder (1954-1961) y Dana S. Green (1961-63).

Bajo los auspicios del CCAL se organizaron congresos evangélicos en Montevideo (1925), La Habana (1929), Buenos Aires (1949) y Lima (1961). Durante sus 47 años de vida el CCAL realizó una notable contribución poniendo las bases para la cooperación en el movimiento protestante en AL.

JOHN H. SINCLAIR

COMPAÑERISMO EVANGELICO MUNDIAL. Entidad que se estableció en 1951 en Woudschoten, Holanda, por miembros de la que fue →Alianza Evangélica Mundial con sede en Gran Bretaña, fundada en 1846. Los exmiembros europeos de la Alianza no ingresaron en la nueva entidad hasta 1967. Actualmente el C.E.M. admite como miembros a las entidades evangélicas nacionales que representen una proporción sustancial de la comunidad evangélica conservadora en sus respectivos países, aunque esto está bajo revisión. Los miembros deben suscribir una base de fe semejante a la de una cantidad de organizaciones evangélicas conservadoras. En 1967 se estableció una oficina del C.E.M. en Lausana, pero más adelante la administración se trasladó a Londres, a cargo de la Alianza Evangélica. El C.E.M. tiene tres programas asociados: El programa de asistencia teológica; la asistencia cristiana internacional, administrada mediante el Fondo de Socorro de la Alianza Evangélica Británica; y ministerios evangelísticos y bíblicos.

A. MORGAN DERHAM

COMPAÑIA DE JESUS →JESUITAS

COMPLETAS (Lat. *completorium*). Ultima hora de oración del Oficio Divino. Fueron establecidas en el occidente por →Benito en su regla monástica, proveyendo un oficio de retiro para las comunidades religiosas posterior a las Vísperas, oficio público de la iglesia al atardecer. Incluía varios salmos apropiados a la hora del día y posteriormente se agregó fuera de los monasterios el cántico *Nunc Dimittis,* o cántico de Simeón (Lc. 2: 29-32), que ha sido utilizado durante las Vísperas *(Hesperion)* en el oriente desde el s.IV. Al compilar el oficio para la Oración Vespertina para el →Libro de Oración Común, Cranmer hizo uso de ésta y otras partes del breviario Sarum, incluso la colecta, "Ilumina nuestra oscuridad". Las c. orientales son el *Apodeipnon.* JOHN TILLER

COMUNIDAD INTERNACIONAL DE ESTUDIANTES EVANGELICOS. Movimiento estudiantil que se organizó formalmente en una conferencia realizada en la Universidad de Harvard, EUA, en agosto de 1947, con la participación de delegados de varios movimientos nacionales tales como la *Norges Kristelige Student-og Gymnasiastlag* de Noruega (fundada en 1924), la →*Inter-Varsity Fellowship* de Gran Bretaña (1928) y la *Inter-Varsity Christian Fellowship* de Canadá (1929), que son los miembros más antiguos. Su primer secretario general fue el australiano C. Stacey Woods. En los años que siguieron a su fundación la C. se extendió por todo el mundo. Actualmente incluye alrededor de 50 movimientos nacionales en más de 60 países, y mantiene relaciones fraternales con otros 30. Los movimientos miembros son autónomos en lo que atañe a la administración, las finanzas y la metodología, pero están vinculados entre sí por una común base de fe evangélica y un común propósito de hacer discípulos de Cristo en el ambiente universitario. La variedad de los nombres adoptados por los movimientos afiliados es indicativa de esa autonomía.

Los primeros grupos de la C. en AL surgieron de manera independiente por iniciativa de los estudiantes, o como fruto de la labor de asesores estudiantiles enviados por el movimiento internacional. El primer movimiento latinoamericano que se afilió a la C. fue el Compañerismo Estudiantil Evangélico Mexicano, en 1955. Para ese entonces ya había grupos formados en universidades de varias capitales tales como Buenos Aires, Lima y Asunción. Al primer Congreso a nivel internacional, realizado en Cochabamba en julio de 1958, asistieron delegados de 17 grupos de nueve países. Este Congreso marcó un hito en la historia de la C. en AL. En los años siguientes se concretaron los planes que se habían formulado en ese encuentro, con el apoyo de un pequeño grupo de asesores itinerantes cuya labor estaba orientada a la formación de movimientos nacionales. En la Asamblea General realizada en Nyack, EUA, en 1963, cuatro movimientos latinoamericanos fueron admitidos como miembros: los del Perú, Brasil, Costa Rica y Puerto Rico. Otros fueron admitidos en las sucesivas asambleas cuatrienales: los de Argentina, Venezuela y Paraguay en 1967; el de la República Dominicana en 1971; y los de Chile y Centroamérica en 1975.

El énfasis de la C. en la responsabilidad estudiantil y la autonomía de los movimientos nacionales ha permitido que en cada país donde existen grupos éstos desarrollen su propio estilo de trabajo de acuerdo con la situación local. Aunque en todos los grupos se practican el estudio bíblico, la devoción personal y la evangelización, las formas de presencia y servicio cristianos varían según las circunstancias. En los últimos años varios de los movimientos, en su afán por crear un estilo de vida bíblico a la vez que pertinente a la situación latinoamericana, han desarrollado diversos programas de servicio y acción social. La C. en AL tiene un amplio programa de capacitación de líderes, un trabajo entre profesionales y una editorial.

C. RENE PADILLA

COMUNIDAD LATINOAMERICANA DE MINISTERIOS EVANGELICOS (CLAME). Agrupación de entidades autónomas, con sede en San José, Costa Rica. Es una continuación de la labor de la →Misión Latinoamericana (MLA), y como tal, tiene un legado: énfasis evangelístico, reconocimiento de la centralidad de la Iglesia en toda actividad misionera, énfasis en la unidad del cuerpo de Cristo, actitud positiva hacia la obra del Espíritu Santo, e identificación con el pueblo latinoamericano en sus necesidades y aspiraciones.

CLAME surgió como resultado natural de dos décadas de esfuerzo comunitario realizado por la MLA, que había fomentado la participación creciente de líderes nacionales en la administración de sus varios ministerios. Estos lograron su plena autonomía en CLAME, y retuvieron cierto nivel de unidad y coordinación entre sí. El desarrollo de los más de 20 departamentos de la MLA fue el factor decisivo que llevó a la reestructuración.

Como resultado, se convocó una consulta en San José, Costa Rica (9 al 11 de enero de 1971). Hubo unos 50 participantes, la mayoría constituida por latinoamericanos. De allí surgió CLAME. La MLA forma parte del nuevo organismo en igualdad de condiciones con los otros miembros. El Concilio Internacional de la MLA, que se reunió inmediatamente después de la consulta, recibió y aprobó las recomendaciones de ésta, dio los primeros pasos oficiales para establecimiento de la Comunidad y luego se declaró disuelto.

Un período de transición de 18 meses proveyó la oportunidad de redactar una nueva constitución, conseguir las aprobaciones necesarias, cambiar los sistemas de contabilidad y otras funciones, obtener la autonomía legal de las entidades miembros y elegir e instalar los nuevos oficiales. Coordinador de la transición, y primer secretario general de CLAME fue W. Dayton Roberts, que había sido director general asociado de la MLA. Jorge Taylor, panameño, fue el primer presidente de CLAME, y José González Monroy, mexicano, fue su primer vicepresidente. Secretarios generales posteriores fueron Rafael Baltodano de Nicaragua, y Pablo E. Pretiz de EUA.

En enero de 1972, CLAME se constituyó oficialmente con nueve entidades miembros: MLA de México (MILAMEX), MLA de EUA, MLA de Canadá, Seminario Bíblico Latinoamericano, Editorial Caribe, Ministerio al Mundo Estudiantil (→MINAMUNDO), →Evangelismo-a-Fondo, Ministerios Costarricenses (v.g. El Hogar Bíblico, Colegio Monterrey, Faro del Caribe, y Ministerios a la Juventud Angloparlante), y la Federación Colombiana de Ministerios Evangélicos (COLMINEVA).

Las siguientes entidades se han unido posteriormente a CLAME: Caravanas de Buena Voluntad, Difusiones InterAmericanas (DIA) y el Centro Evangélico Latinoamericano de Estudios Pastorales (CELEP).

El significado del éxito de CLAME como experimento misionero se puede destacar en la realización de estos cuatro propósitos:

1. Ha colocado la responsabilidad de cada ministerio en el punto de acción, obligando a los encargados directos a desarrollar sus estrategias, buscar recursos financieros y encargarse del proceso total de la toma de decisiones.

2. Ha ubicado a la misión extranjera en su debida posición de colega y siervo frente al liderazgo nacional de la iglesia e instituciones paraeclesiales.

3. Ha eliminado, o reducido en gran medida, prejuicios raciales y distinciones étnicas entre extranjeros y nacionales que trabajan en cada ministerio.

4. Ha abierto un horizonte de expansión para cada ministerio por medio de la utilización de recursos tanto locales como extranjeros.

Desde 1972, CLAME misma no ha crecido mucho, pero sus entidades miembros han multiplicado rápidamente su personal, sus presupuestos y su servicio. CLAME ha introducido un dramático y novedoso enfoque de la estrategia misionera y de las relaciones misión-iglesia en ultramar.

W. DAYTON ROBERTS

COMUNIDADES ECLESIALES DE BASE. Uno de los movimientos de revitalización de mayor envergadura en la ICR. Comenzaron a surgir espontáneamente entre las clases marginadas de AL a partir de la última mitad de la década de 1960. Voceros del →CELAM estiman que en 1979 había alrededor de 150.000 de estos grupos, más de la mitad de ellos en el Brasil. También existen comunidades de base en las iglesias católicas de otros países del Tercer Mundo.

"Comunidad", según lo ha definido el CELAM en Medellín (1968) y Puebla (1979), es sinónimo de *koinonía.* "Eclesial" subraya la relación de las comunidades con la iglesia al través de la celebración de la Palabra y los sacramentos. Se denominan comunidades "de base" porque son pequeños núcleos de la gran comunidad eclesial que han brotado entre los pobres y oprimidos en las bases de la sociedad. Estas comunidades tienen puntos en común con las comunidades cristianas de los primeros siglos de la iglesia y con algunos movimientos protestantes radicales como las comunidades anabaptistas, los conventículos escoceses y las "clases" metodistas.

La teología de las comunidades de base se resume en las siguientes orientaciones: (1) Una nueva manera de ver la realidad, o sea el contexto de pobreza, marginación, opresión y de cristianismo nominal en que vive la mayoría de latinoamericanos. (2) Un nuevo modelo de iglesia, contextualizada, pobre y mártir. (3) Una nueva manera de hacer teología bíblica a partir de la realidad de los pobres y oprimidos. (4) Un nuevo acercamiento a la misión que incluye tanto el *anuncio* de las buenas nuevas de redención y de liberación en Cristo Jesús como la *denuncia* profética de todo lo que oprime y deshumaniza al ser humano. GUILLERMO COOK

COMUNION DE LOS SANTOS. Esta frase fue una de las últimas en encontrar lugar dentro del Credo de los →Apóstoles, apareciendo primeramente en el Credo de Nicea, alrededor de 375. La cláusula, no obstante, puede haber tenido origen en el s.III. Dado que en latín el genitivo en la frase *communionem sanctorum* puede referirse tanto al masculino como al neutro, a veces se ha considerado como una referencia a una comunión en cosas sagradas, y en tal caso sería una alusión a los sacramentos. Pese a que esto resultaría paralelo al →Credo de Nicea (donde una referencia a los sacramentos sigue a la referencia a la iglesia) y pese a que en algunas explicaciones medievales la alusión se toma como si fuera a los sacramentos, esto resulta improbable. Esta cláusula más probablemente alude al pueblo, al compañerismo que, en primer lugar, disfrutamos con los santos, santos aquí siendo sinónimo de cristianos. Este compañerismo o comunión era una de las características de la iglesia primitiva como podemos verlo en Hch. 2:42s. Sería entonces la ampliación de un aspecto de la iglesia de Dios mencionado anteriormente en el credo.

La comunión no está tampoco limitada simplemente a los vivos. Esta cláusula destaca que somos uno con aquellos que murieron en Cristo. Estamos en la custodia de Cristo, igual que ellos. La cláusula a veces ha sido forzada más allá de su propio significado escritural al sugerirse que podemos orar por los muertos o aun que la oración a los santos está ordenada y que éstos, a su vez, se acuerdan de nosotros. Tanto los aspectos presentes como los futuros de su verdadero significado están bien resumidos en un antiguo oficio inglés para la visita a los enfermos, donde el clérigo dice: "Querido hermano, ¿crees en... la comunión de los santos, es decir: que todos los que viven en amor participan de todos los dones de gracia que son dispensados en la iglesia y que todos los que tienen comunión con los justos aquí en la vida de gracia también tienen comunión con ellos en la gloria?" PETER S. DAVIES

COMUNION, LA SANTA. Después de Pentecostés los discípulos se "perseveraban en la doctrina de los apóstoles, en la comunión unos con otros, en el partimiento del pan y en las oraciones" (Hch. 2:42). Desde entonces el "partimiento del pan", que ha sido llamado Eucaristía, Cena del Señor o Santa Comunión; ha sido celebrado en una diversidad de formas y se le ha dado interpretaciones ampliamente distintas, pero nunca ha sido olvidado.

Al principio puede haber sido una completa comida de camaradería en la cual el acto de Jesús con el pan en la Ultima Cena era repetido al comienzo y lo que había hecho con la copa lo era al final. Cuando empezaron algunos abusos dentro de la comida (a veces llamada "fiesta de amor") o cuando la iglesia llegó a un mejor entendimiento de la mente de Cristo (cp. 1 Co. 11:20-34), las acciones separadas fueron unidas, y la comida como mera satisfacción física fue gradualmente desapareciendo. En el culto cristiano en el s.II, de acuerdo con →Justino Mártir, la Palabra de Dios era expuesta primeramente, a la manera de la sinagoga de los judíos. Luego el pan y el vino eran traídos, bendecidos y así consagrados y distribuidos, entonces la iglesia participaba de ellos de manera lo más próxima posible a la de Jesús en la Ultima Cena.

Al interpretar el significado del rito, la iglesia siempre ha tratado de entender el propósito de Jesús en su última cena. Recientemente se ha sugerido que el partimiento del pan en la vida de la iglesia primitiva era dominado por la creencia de que Jesús deseaba la continuación de sus comidas de compañerismo y resurrección con sus discípulos sobre un modelo similar para que así la iglesia pudiera continuar después de la ascensión experimentando su presencia y gozando de comunión con él. En todo caso, las palabras "esto es mi cuerpo" y "esta es mi sangre" pueden indicar el deseo de Jesús de que estos elementos sean considerados como signos de su presencia real en medio de ellos, que él nunca dejará de honrar. Jesús estableció la Cena del Señor en la continuidad de una bien conocida tradición en cuanto que cuando llegara la era mesiánica, el Mesías festejaría junto con aquellos que lo habían aguardado (cp. Is. 25:6). El voto mediante el cual Jesús prometió su propia abstinencia de participar en la fiesta, mientras que hacía tomar parte a sus discípulos, es un vívido recordatorio de que la libertad y el gozo que trae la cruz, involucran a Jesús en lo inevitable, en una vergüenza y en una agonía que a nosotros se nos evita.

Desde tiempos muy antiguos la iglesia sintió que la celebración de la Cena era mucho más que un mero acto que nos hacía recordar mentalmente el significado de la vida y de la muerte de Jesús. La celebración de la Pascua como un "memorial" involucraba a los judíos no solo en la memoria sino en una participación real en el continuo poder de los pasados acontecimientos redentores de su historia. Así también en la Cena del Señor la "memoria" era considerada como un volverse vitalmente afectado hoy en toda la existencia, a través de la representación de un acontecimiento único del pasado que ya tenía en sí mismo mayor significación que el de un suceso ordinario de la historia. La Cena, por lo tanto, era un medio a través del cual la eficacia y el poder de la muerte y de la resurrección de Jesús (el acontecimiento escatológico único) es aplicado a generaciones sucesivas a través de todo el transcurso de la historia. Sin duda Jesús tenía esto en mente al identificarse a sí mismo con el cordero pascual y su muerte con el sacrificio del cordero para liberarnos del dominio de la esclavitud. El había hallado prefigurada en la historia de la redención de Israel su propia obra de redimir al hombre del pecado y de la muerte. Además, dado que él había venido para establecer un Nuevo Pacto en el que el pecado sería plenamente perdonado y la ley sería escrita en los corazones humanos mediante el Espíritu, también se refirió a esto en la Ultima Cena, y deseaba que la Cena fuese entendida en este sentido.

La iglesia siempre ha encontrado significado en el hecho de que Jesús, con palabras que identificaban al pan y al vino con él mismo, realmente los diera a comer y a beber más bien que meramente a mirarlos y adorarlos. Este deliberadamente planeado dar y recibir implica alguna clase de participación real en Cristo mismo: que Cristo en la Cena está tratando de impartir a los hombres alguna forma real de vida verdadera que habita en su propia carne y sangre y este impartir vida está en algún modo relacionado con el dar y recibir en la mesa del Señor. Los antiguos Padres interpretaron la enseñanza de Jesús en Juan 6 acerca de comer la carne y beber la sangre del Hijo del Hombre como una referencia a participar no solo en la humanidad de Jesús por fe a través de su Palabra, sino también a una participación en la humanidad de Jesús a través de la Eucaristía. La interpretación de Pablo de la comunión dada en la Cena (p.e., en 1 Co. 10:14-22) puede ser entendida en el mismo sentido.

Tan realistamente interpreta Pablo esta comunión con Cristo que pronuncia una advertencia acerca de la condenación en que pueden incurrir los que comen y beben "indignamente... no discerniendo el cuerpo del Señor" (1 Co. 11:29). No parece acertado interpretar la presencia del cuerpo del Señor en la Cena como la simple presencia de la iglesia. Sin embargo, no hay duda que la Cena es una comida en la cual, mediante la comunión con Cristo, los miembros de la iglesia entienden y experimentan –en manera imposible en otra forma– la realidad y la profundidad de su unidad en Cristo, y se fortalecen unos a otros a través del mutuo compartir dones y cargas.

Los Padres de la Antigua Iglesia Católica trataron de expresar en su teología de la Eucaristía su creencia de que la unión con Cristo, dada y confirmada en la Cena, era tan real como aquella que tuvo lugar en la encarnación de la Palabra en carne humana. Orígenes y otros insistieron en que esta comunión con Cristo era espiritual y, por cierto, no superior a aquella que viene por creer la Palabra. Aun así surgió la creencia de que, en una u otra manera, mediante la consagración en la oración de acción de gracias, los elementos mismos se convertían en un alimento sacramental y daban a los seres humanos la posibilidad de asimilar la esencia de la deidad. Esto también llevó a creer que en el sacramento se realizaba un sacrificio que aplacaba a Dios y repetía el sacrificio del Calvario. Este desarrollo fue alentado por la doctrina de la transubstanciación, oficializada en 1215. Esta suponía que toda la substancia del pan y del vino era cambiada en la substancia del cuerpo y de la sangre de Cristo. La iglesia controlaba la gracia otorgada por el rito, y al laicado solo se le permitía participar del pan puesto que se creía que todo Cristo era dado en una sola especie.

Los reformadores regresaron a un punto de vista más bíblico de la presencia de Dios entre los hombres en palabra y en símbolo, y fueron grandemente influidos por los mejores elementos de la enseñanza de Agustín. Distinguieron cuidadosamente entre el símbolo y la cosa que éste significaba, e insistieron en que la fe sola podía recibir, para salvación, la realidad presente en la Cena. Condenaron la transubstanción. Lutero negó vigorosamente cualquier implicación sacrificial del rito. El creía que la humanidad de Cristo tomó en la Ascensión los atributos de la deidad, incluso la omnipresencia, y podían ser dados "en, con y bajo" (para usar una frase luterana posterior) los elementos. El pan permanecía siendo pan, y el vino permanecía siendo vino. Insistió en que todos participaban del cuerpo y de la sangre de Cristo oralmente, los creyentes para su bendición y los incrédulos para su juicio. En ciertos círculos reformados se enseñaba que los elementos eran simples símbolos desnudos que estimulaban mentalmente el recuerdo e inspiraban fe y amor fraternal. A veces este punto de vista le es atribuido a Zuinglio. Calvino insistió en una recepción mucho más realista y más substancial de la humanidad de Cristo que lo que esta doctrina permitía. Su creencia era que, aunque el cuerpo de Cristo había ascendido al cielo reteniendo sus propiedades humanas, sin embargo el Espíritu Santo podía unir las cosas en el cielo y las cosas en la tierra y podía por divino misterio elevar el alma al cielo y allí alimentarla, también por divino misterio, del mismo Cristo. Calvino, siguiendo a Agustín, destacó que en el centro de la Cena tiene lugar un sacrificio de acción de gracias, un verdadero ofrecimiento de Cristo en su cuerpo, que es la Iglesia, al Padre.

RONALD S. WALLACE

COMUNISMO. Nombre dado a cualquier esquema económico que abogue por la propiedad común de los bienes con exclusión de la propiedad privada de éstos. Obviamente en la vida real ninguno de estos cursos puede seguirse en forma absoluta, pero cualquier programa de vida en común que acentúe el compartir los bienes puede ser considerado como una expresión de c. El c. no es meramente una teoría económica; tiene significativas implicaciones filosóficas y aun religiosas. El mito de una "edad de oro", en que todos los hombres tenían todas las cósas en común, se encuentra en muchas religiones, y la idea de de que todos deberían ser tratados por igual ha inspirado algunos de los más nobles ideales filosóficos. Con esos mitos e ideales han sido asociados a través de toda la historia los esquemas comunistas. Aun la forma marxista-leninista del comunismo ruso, aunque es política en su carácter, se basa en premisas que tienen claras connotaciones religiosas.

En cuanto al cristianismo, en sus más antiguas expresiones de compañerismo y devoción, proveer a los pobres, no como un programa económico sino como expresión de culto, era una inquietud que estaba en el centro. El compartir libremente los bienes en la iglesia madre de Jerusalén (Hch. 2:42s) es entendido por el historiador sagrado como una manifestación de la obra del Espíritu Santo (Hch. 5:3), aunque algunos estudiosos han sugerido que tan imprudente entusiasmo contribuyó a la pobreza de la comunidad de Jerusalén que más tarde Pablo trató de aliviar con una ofrenda procedente de las iglesias gentiles (Ro. 15:25,26).

Muchas veces se ha apelado a este ejemplo de la iglesia primitiva de "tener todas las cosas en común", especialmente cuando la iglesia ha sido tentada por la riqueza temporal y por las posesiones materiales a identificarse con el mundo. Esta apelación ha sido unida en varias formas en las diferentes etapas de la historia cristiana con el desprecio griego de la materia, un énfasis estoico en la ley natural y un entusiasmo apocalíptico que da poca importancia a toda posesión mundanal. Si bien la iglesia como un todo ha condenado al lujo y protestado contra la desigualdad social, únicamente en el círculo interno de la élite ascética, comenzando con los antiguos →anacoretas y posteriormente con las órdenes monásticas, la posesión de bienes en común y la renuncia a la propiedad privada ha sido cumplida en forma consecuente. La vida monástica ha sido siempre un ideal católico romano, mantenido en una especie de equilibrio crítico con la llamada ética de avenencia en la cual se le permite vivir a un devoto laico.

A fines de la Edad Media, los herederos de los →franciscanos espirituales dentro de la iglesia y los herejes sectarios fuera de ella, formaron grupos de protesta contra la iglesia rica e institucional. Estas agrupaciones paraeclesiásticas frecuentemente incluían laicos (p.e., los →Hermanos de la vida común) que practicaban la propiedad recíproca de bienes, no por fidelidad a alguna teoría económica sino por común devoción al ideal de pobreza del apostolado. Junto con tales características esencialmente religiosas, la historia del cristianismo también refleja movimientos sociológicos de naturaleza más revolucionaria. En la alta Edad Media y tiempos de la Reforma hubo protestas de los campesinos en contra de las distinciones de clase en favor del feudalismo y contra abusos de la ley eclesiástica, especialmente contra la ley del doble diezmo.

Al negociar, en nombre de la corona británica, en cuanto a la tasa llamada "obolo de San Pedro" y otros detalles de las finanzas papales, Juan →Wiclef se convenció acerca de la base escritural de una sociedad comunista. Tal sociedad solamente se podía alcanzar mediante la gracia, según Wiclef; pero en Bohemia, donde su pensamiento era influyente, los más radicales (→taboritas) proponían cambios revolucionarios en el orden económico (al principio del s.XV). No alcanzaron nuevas estructuras permanentes, sin embargo, a causa de los reveses militares que sufrieron.

En tiempos de la Reforma el comunismo practicado por los anabaptistas radicales de →Münster (1534/35) demostró ser de corta duración, pero el de los Hermanos →huteritas (Jacobo Hutter fue quemado en 1536) ha durado hasta el presente en las colonias huteritas del Nuevo Mundo, constituyendo así la más antigua sociedad comunista de la historia.

La más conocida apología romántica de un estado comunista es la *Utopía* de Tomás →Moro (1516), en muchos sentidos comparable a la *República* de →Platón, aunque Moro rechazó la comunidad de esposas que propuso Platón. El gobierno de Utopía es democrático en su forma; prevalece una comunidad de bienes, los magistrados distribuyen entre sus habitantes los instrumentos de producción y reparten la riqueza que resulta de sus labores a todos los ciudadanos por igual. Toda riqueza y ostentación están prohibidas en este estado cristiano ideal. Moro expresa una profunda simpatía hacia los pobres por la miseria de éstos (aunque anómalamente se encuentran esclavos en Utopía que cumplen formas de labor muy rutinarias, peligrosas o humillantes). "Los ricos –se queja Moro– desean en primer lugar cualquier medio que les asegure lo que han amasado mediante la injusticia; y después tomar al más bajo costo posible para su propio uso y beneficio, la labor de los pobres; y tan pronto como los ricos deciden adoptar estos sistemas en nombre del público, entonces tales métodos se conviertem en ley". En esta crítica Moro toca una nota que suena virtualmente en todas las formas comunistas de agitación social que siguieron desde entonces.

De los varios experimentos comunistas en el mundo de habla inglesa, surgidos de alguna forma de visión cristiana (p.e., los *Diggers* de la Inglaterra de Cromwell), los más numerosos y duraderos fueron los que se trasladaron a América a fines del s.XVIII (→*Shakers*, →Armonía, Sociedad de, comunidad →Amana y las comunidades owenitas, las fourieritas y las Icarian). También ha habido comunidades autóctonas en EUA como los perfeccionistas de Oneida, Nueva York. En la década de 1970 se ha reiterado el interés en todo el mundo libre por la vida en común, especialmente entre la juventud. Los tradicionales valores de compañerismo e igualdad alientan los ideales de muchos que participan en estas comunidades juveniles. Pero hay también un nuevo elemento de desencanto con el despersonalizado mundo de la tecnología y una renuncia al materalismo que ha tendido a alentar el capitalismo occidental.

En conclusión: habría que notar que la visión de una sociedad en donde las necesidades de todos son cubiertas al compartir los bienes en común, ha persistido demasiado para considerarla como incompatible con las enseñanzas del cristianismo. Por otro lado, debido a las fallas morales de la naturaleza humana, la apología comunista de la propiedad en común, nunca puede ser más que de significado marginal en el ordenar la sociedad humana; y esto es válido aun para la iglesia en tanto y en cuanto la iglesia es un organismo social. El dejar de tener en cuenta la doctrina del pecado original explica muchos de los románticos y hasta inaplicables esquemas de carácter religioso para compartir la riqueza.

En el uso contemporáneo la palabra "comunismo" generalmente no se refiere a una renuncia de la propiedad privada por motivos religiosos. Este término más bien alude al programa político del partido que ha controlado a la República Soviética desde la Revolución Bolchevique en Rusia (oct. de 1917) y que desde entonces ha ejercido el poder en otras naciones del mundo, especialmente en la China continental. Esta expresión del c., a diferencia de los tipos cristianos, ha obtenido sus propósitos, no por una devolución voluntaria a ideales comunes de hermandad (aunque muchos de los miembros del partido hayan dado pruebas de una entrega que avergüenza a los seguidores de Cristo), sino por el derrocamiento del orden establecido. Para ello han usado violentos medios de revolución militar. Sus maestros teóricos, Marx, Engels y Lenin, fueron ateos declarados que denunciaron a toda religión como "opio de las masas". En Rusia, donde la Iglesia Ortodoxa se había alineado junto al régimen zarista, ha habido un intenso esfuerzo por parte de los "ateos militantes" para excluir toda religión de la vida del pueblo.

El c. ruso se ha presentado a sí mismo como el movimiento del proletariado, e.d. la clase trabajadora asalariada, y abiertamente ha expuesto su punto de vista como materialismo dialéctico. Su tesis es que mediante el proceso de cambio revolucionario ha de completarse la dialéctica de la historia, y en lugar de la antítesis de ricos y pobres emergerá la síntesis de la sociedad sin clases. La realidad material es la única realidad, y el trabajador que ha sido defraudado de su legítima participación en las riquezas materiales es convocado a sacudir sus cadenas y a unirse en la lucha por establecer la "dictadura del proletariado". Este programa todavía no ha sido realizado. Por el contrario el Partido Comunista dondequiera que ha obtenido el poder, ha extendido las dictaduras privando a las masas de su libertad. Ha utilizado los poderes políticos en tal manera (especialmente bajo Stalin) que dio al estado la forma demoníaca de un "estado total", e.d. un estado ante cuyas decisiones no hay recursos ni apelaciones posibles. Esta tiranía sobre la mente humana ha contrapesado con mucho las ventajas de reforma económica introducidas. También explica por qué la tradicional afinidad entre el idealismo cristiano y el c. se ha cambiado en una antinomia radical, tanto que hoy el c. y el cristianismo son considerados por muchos como las dos mayores fuerzas que compiten por la lealtad del género humano. PAUL KING JEWETT

CONCEICAO, JOSE MANOEL DE (1822-73). Primer pastor evangélico brasileño. N. en Sao Paulo, se preparó para el sacerdocio y fue ordenado en 1844. Sirvió como cura en Agua Choca, Piracicaba, Santa Bárbara, Tauboté, Limeira, Ubatuba y Brotas. La pureza y la humildad de su vida le ganaron el título de el "San Francisco de Brasil".

En su juventud conoció a algunos inmigrantes protestantes, especialmente ingleses y alemanes, y, quedando profundamente impresionado con su piedad, empezó a estudiar las Escrituras. Cuando ya sacerdote animó a sus feligreses a leerlas y predicaba sermones basados en la Biblia. Sus inclinaciones hacia el protestantismo preocuparon a su obispo y por lo mismo no se atrevía dejar a C. en una sola parroquia por mucho tiempo. Surgió un conflicto en la mente de C. acerca de su relación con la ICR. Después de la visita del misionero presbiteriano, Alejandro Blackford, resolvió dejar el sacerdocio y fue excomulgado. En 1864 fue recibido en la Iglesia Presbiteriana y posteriormente, ordenado al ministerio de esta Iglesia.

Los años restantes de su vida los dedicó al evangelismo en su tierra, salvo por un período breve en Illinois, EUA, entre refugiados portugueses. Regresó a las ciudades en donde había servido de sacerdote, y en ellas estableció iglesias evangélicas. Fue evangelista fervientísimo y atrevido, hasta fanático. Naturalmente sufrió persecución severa, pero nunca vaciló. Se consumó en una actividad febril y murió prematuramente, habiéndose desgastado en servicio abnegado. Su vida como *O padre Protestante* ha servido de estímulo para muchos brasileños y el Instituto José Manoel da Conceicao en Jandira, Sao Paulo se honra con su nombre.

ROBERT L. McINTIRE

CONCEPCION VIRGINAL. La c.v. de Jesús se enseña en Mt. 1:20-25 y Lc. 1:26-38, como también en los →credos más antiguos de la iglesia (Romano Antiguo, Apostólico, Niceno-Constantinopolitano y de Calcedonia). Hasta el s.XVIII fue la enseñanza prácticamente universal de la Iglesia. Excepciones de esto fueron los gnósticos, →Marción, y los ebionitas, si bien los arrianos la sostenían. →Ignacio de Antioquía (s.II) se refiere a la c.v. como prueba de la plena humanidad de Jesús. Puesto que la da por algo aceptado sin controversia en la iglesia, el teólogo →Machen concluye que la doctrina "prevalecía ya mucho antes del fin del primer siglo".

→Justino Mártir apela constantemente a la c.v. de Jesús como cumplimiento de diversas profecías veterotestamentarias y como señal que corrobora el mensaje cristiano. Para Justino, Jesús no nació de germen o semen humano sino de la voluntad y la virtud de Dios. Justino introduce también el paralelo Eva/María que después llegará a jugar un papel tan preponderante en la →Mariología. Como Eva, siendo virgen, por la palabra de la serpiente concibió desobediencia y muerte, así la Virgen María concibió fe y alegría y destruyó a la serpiente (Gn. 3:15). En otro pasaje Justino ofrece, para efectos de exorcismo, un resumen del evangelio que incluye la c.v. en su *kérygma.* →Arístides asimismo afirma que Jesús fue "engendrado de una virgen santa sin germen ni corrupción".

→Ireneo insiste repetidas veces sobre la c.v., que excluye "todo influjo viril" en cumplimiento de Isaías 7:14. Dentro de su teología histórico-salvífica de la recapitulación, Ireneo elabora mucho más el paralelismo entre Eva y María. Como Dios creó a Adán de la "tierra virgen", así el Verbo lo recapituló cuando nació de María, aun Virgen. Como Eva, casada pero aun virgen, desobedeció, así María estando comprometida pero todavía virgen, obedeció y fue causa de salvación. Aunque su interés era claramente cristológico e histórico-salvífico, Ireneo de esta manera le dio significado independiente a María como representante (implícitamente) de toda la nueva humanidad, lo cual después fue base de mucha especulación mariológica.

La c.v. se afirma, con interpretaciones parecidas a las ya expuestas, tanto en →Tertuliano (en *Adv. Marcionem* 4.36) que parece decir que para salvarse es necesario creer en la c.v., en →Hipólito, y en →Melitón de Sardis, como en Clemente de Alejandría y Orígenes. →Ambrosio tuvo especial interés en el tema de la c.v. y puede considerarse el padre de la mariología occidental. →Agustín afirma la c.v. pero no adopta plenamente la mariología de su mentor Ambrosio. →Hilario de Poitiers y Zenón, obispo de Verona, entre otros, comienzan a dar gran importancia a la virginidad perpetua de María. Unos siglos después San Anselmo dedica todo un tratado a la c.v. *(De conceptu virginali et originali peccato)*.

La doctrina de la c.v. fue duramente atacada por los racionalistas del s.XVIII (Voltaire, Paine), y generalmente rechazada por los liberales (Schleiermacher, Harnack, Hermann). En el s.XX, →Barth la ha reafirmado como "el milagro de la natividad" en paralelo con el "milagro de la tumba vacía". Para Barth, los dos milagros (el nacimiento de Jesús sin padre humano y su resurrección de los muertos) constituyen una sola señal que declara única y divina la vida que enmarcan. Aunque la c.v. de Jesús es un juicio sobre el hombre, que lo declara incapaz de lograr su propia salvación, es también señal de la iniciativa de la gracia divina en la encarnación y la redención. Jesús comienza la nueva creación, un nuevo comenzar divino (cf. *Bosquejo de Dogmática,* Cap. XIV).

Emil Brunner y Wolfhart Pannenberg han rechazado los argumentos de Barth, pero otros teólogos como K.L. Schmidt, E. Stauffer y G. Delling afirman también la c.v. de Jesús. JUAN E. STAM

CONCIENCIA. Se ha reconocido que hay en el ser humano una facultad por la cual puede formar un hábito de preguntar lo que debiera hacer, o de formar juicios acerca de la cualidad moral y del valor de sus acciones y pensamientos. Esta facultad se considera asentada en lo profundo de su personalidad. El hábito de hacer tales juicios es llamado "conciencia". Parece ser innato del hombre, pero parece más desarrollado en ciertas circunstancias históricas que en otras. La palabra griega equivalente *(synéidesis)* aparece en forma prominente en los primeros tiempos de la filosofía helenística y estoica tardía. Especialmente es considerada por Séneca como un santo espíritu dentro de nosotros, un observador del bien y del mal.

En el AT no hay palabra especial equivalente a "conciencia", pero los fenómenos que hicieron surgir la palabra están descritos y atribuidos al corazón (2 S. 24:5; 2 S. 24: 10; Job 27:6). En el NT, sin embargo, la palabra *synéidesis* es adoptada de los estoicos y usada en muchos contextos diferentes, en especial en la teología paulina. Cristo describe lo que es indicado por la conciencia con la frase "la luz que en ti hay" (Mt. 6:23). En el pensamiento de Pablo la voz de la conciencia puede mirar hacia el juicio final, puede convertirse una verdadera respuesta al evangelio. Aunque la c. puede volverse mala y débil, no obstante puede ser pura y fuerte si está adecuadamente unida a Dios.

En la Edad Media la c. era considerada como una capacidad volitiva del alma *(synteresis),* intacta después de la caída y relacionada con la ley natural, a la cual podía hablar la inmediata voz de Dios. Lutero y Calvino subrayaron que la c. era el campo de batalla entre Dios y el mal, que ella no tenía autonomía ni justificación independiente y que necesitaba ser liberada por fe ante Dios. Kant exaltó el papel de la conciencia en la vida. Más recientemente se ha señalado en forma creciente que la c. ha sido una guía falible en el desarrollo de la moral, que puede ser producto de un hábito instintivo, como en los animales, del abismo entre el ego y el superego (Freud) o de un intento de la sociedad de matar instintos vitales (Nietzsche). A pesar de tales análisis, permanece siendo un aspecto del hombre que requiere santificación y educación, y del cual la Palabra de Dios puede apoderarse con autoridad compulsiva. Las dificultades que se relacionan con la c. surgen mayormente dentro del problema de darle una adecuada dirección.

RONALD S. WALLACE

CONCILIO AMERICANO DE IGLESIAS CRISTIANAS. Asociación de militantes fundamentalistas norteamericanos, organizada bajo la dirección de Carl McIntire en 1941. Su objetivo es promover y defender la fe histórica ortodoxa del protestantismo y contrarrestar las actividades del Concilio Nacional de Iglesias. Su membresía incluye denominaciones separatistas conservadoras tales como la *Bible Presbyterian Church* y la *Bible Protestant Church,* así como personas que proceden de iglesias pertenecientes al Concilio Nacional. El Concilio trata de producir una reforma de las doctrinas y prácticas de las iglesias estadounidenses sobre la base de la aceptación íntegra de la Biblia como verbalmente inspirada e infalible, como la Palabra de Dios autorizada. El Concilio Nacional es considerado como apóstata porque tolera desvíos respecto a la doctrina ortodoxa y porque favorece programas de naturaleza comunista y pacifista. A los creyentes se les recomienda abandonar sus corruptas denominaciones y unirse a las iglesias puras o formar otras. En años recientes este movimiento ha sufrido graves contratiempos debido a serias luchas internas.

[Se ha establecido un organismo correspondiente a este Concilio en AL que se llama "Alianza Latinoamericana de Iglesias Cristianas", la cual ha tenido muy poca aceptación. También ha establecido una organización mundial llamada "Concilio Internacional de Iglesias Cristianas" para contrarrestar el CMI.] HARRY SKILTON

CONCILIO MUNDIAL DE IGLESIAS →CONSEJO MUNDIAL DE IGLESIAS

CONCILIO PLENARIO LATINOAMERICANO (1899). Luego de la crisis sufrida por la ICR latinoamericana en la primera mitad del s.XIX, Roma procura retomar la dirección efectiva de la misma (mediatizada históricamente por el patronato) y reconstruir "la cristiandad latinoamericana", amenazada por los gobiernos y élites liberales en el poder. Las primeras iniciativas corresponden a →Pío IX, pero es bajo León XIII que se convoca en Roma el primer "Concilio Plenario Latinoamericano" con la presencia de 53 de los 104 obispos y cardenales residentes entonces en AL.

El C. se reunió en Roma del 28 de mayo

al 9 de julio de 1899 y promulgó las Constituciones que contienen 16 títulos con 998 decretos. Tratan los problemas del paganismo, la superstición, la ignorancia religiosa, el →socialismo, la →masonería; se ocupa de las conferencias episcopales nacionales y de los sínodos provinciales y diocesanos, de la disciplina del clero secular, de las obras de caridad y de la pastoral.

Es evidente por los temas y decretos que el C., dominado teológicamente por la "escuela de Roma", careció de una visión genuinamente misionera y centró su atención en una pastoral de conservación. Para ello procura, por una parte, establecer una mejor organización y disciplina. (Será, a su vez, el fundamento del Código de Derecho Canónico de 1917.) Por otra parte, y principalmente, se dirige contra los peligros representados por el liberalismo, la masonería, la libertad de prensa y las medidas laicistas y procura "normas prácticas para detener el avance de unos y otros". JOSE MIGUEZ BONINO

CONCILIOS ECUMENICOS →ECUMENICOS, CONCILIOS

CONCLAVE (del latín *cum clave* = "con llave"). Reunión durante la cual quedan encerrados los →cardenales mientras eligen un nuevo papa. La palabra tuvo origen en medio de una circunstancia curiosa. En el s.XIII en varias ocasiones la cátedra papal quedó vacante por largos períodos por cuanto los cardenales no podían ponerse de acuerdo. V.g. en 1268 murió Clemente IV y el solio pontificio quedó vacante 33 meses debido al conflicto entre los partidos italiano y francés en el cardenalato.

Para evitar semejantes escándalos en el futuro, durante el papado del que siguió a Clemente (→Gregorio X, 1271-76) se formuló una ley que ordenó que, al morir un papa, los cardenales quedarían encerrados ("con llave") en el edificio en donde estaban reunidos para escoger al sucesor, hasta que hubieran elegido al nuevo papa. Recibirían sus alimentos al través de una ventana. Si después de tres días no se hubieran puesto de acuerdo, el menú sería reducido a un plato, y después de ocho días, no recibirían más que pan y vino.

Aunque esta ley no está en vigencia hoy, todavía se llama "cónclave" la reunión de los cardenales para la elección de un nuevo papa.
WILTON M. NELSON

CONCOMITANCIA. Doctrina sostenida por la ICR en cuanto a que se recibe el cuerpo y la sangre de Cristo aun cuando el comulgante reciba solamente uno solo de los elementos. Aunque se trata de una ampliación lógica de la teoría de la transubstanciación, la presión práctica en favor de esta doctrina de la c. provino de la costumbre de no dar el cáliz a los laicos dentro de esa Iglesia.
J.D. DOUGLAS

CONCORDANCIA. Libro de referencia para facilitar el estudio de la Biblia (u otra obra), en particular, un índice alfabético de las palabras de un libro que indica todas las citas en donde se halla cada vocablo. El término se acuñó en el s.XIII (tomado del plural en latín: *concordantiae*) para describir los primeros ejemplos de c. bíblicas.

La primera c. del AT hebreo fue hecha por el rabí Isaac Nathan y data desde 1523. La primera del NT griego fue compuesta por Xystus Betulius (1546). Desde estas fechas se han hecho muchas otras c. griegas y hebreo-arameas. La que es de interés especial para el pueblo hispanoparlante es la *Concordancia Greco-española* (1920?) compilada por Hugo M. Petter y puesta al día por la Casa Bautista de Publicaciones (El Paso, 1976). Existen también c. a base de la LXX (Hatch y Redpath, 1892-1906) y sobre la Vulgata (F. Dutripon, 1838).

En muchos de los idiomas modernos hay c. compiladas a base de las Biblias de mayor uso. La primera en Español fue la *Concordancia Española de las Santas Escrituras* (1901) preparada por William H. Sloan, misionero bautista en Méjico. Fue hecha a base del texto de la Versión Reina Valera anterior a la revisión de 1909.

En vista de la revisión de la Reina Valera de 1960, fue necesario componer una nueva concordancia. El trabajo fue encomendado a Carlos P. Denyer, inglés-costarricense y colaborador del comité de revisión. Denyer primero compiló una c. breve de 280 páginas, la cual fue publicada por las Sociedades Bíblicas al mismo tiempo que la Revisión de 1960, ora como tomo aparte, ora como apéndice de algunas ediciones de la Biblia. Terminada la *Concordancia breve,* Denyer emprendió la tarea de compilar una c. exhaustiva de la Reina Valera de 1960, la cual fue publicada por primera vez en 1969 por Editorial Caribe de San José, Costa Rica (actualmente de Miami, Florida).

De fuente católica española, la c. más importante es *Concordancias de la Biblia* basada en la Versión Ecuménica y editada por Herder. El tomo voluminoso sobre el NT apareció en 1975 y tiene la ventaja de no solo dar una lista de los vocablos sino también de especificar cuáles son las palabras en el idioma original de las cuales son traducción. Además agrupa ciertas palabras afines (como p.e. "pecado" y "transgresión") en artículos anexos. Así asemeja un poco a un género de libro de referencia de teología bíblica.

RICARDO FOULKES B. y
WILTON M. NELSON

CONCORDATO (del latín *concordatum* = "convenio). Acuerdo o convenio que se establece entre el gobierno nacional de un país y el Vaticano con el fin de fijar las relaciones entre la ICR y el Estado en cuestión. Así p.e. en la historia de la Iglesia fue célebre el c. entre Napoleón y el Papa →Pío VII en 1801 que puso fin a los conflictos entre la ICR y la Revolución Francesa. (Fue abolido en 1905.)

Un c. por lo general concede derechos a la ICR quien los define. No existen c. entre países protestantes y el Vaticano.

En la historia de la Iglesia Católica en AL, en la época colonial, no se firmó ningún C. Estuvo en vigencia un arreglo conocido como →Patronato Real, por el cual el rey de España llegó a ser tanto la cabeza religiosa como política del nuevo mundo.

Los c. aparecen en nuestra historia latinoamericana en razón de la creación de los nuevos estados nacionales que surgen a partir del s.XIX con la llegada de la independencia respecto a España.

En octubre de 1852 se firmaron los primeros c. entre estados nacionales y el Vaticano. Nos referimos al c. firmado por Guatemala y Costa Rica. El año anterior Bolivia se había negado a firmar un c. con Roma. El C. de Guatemala, como el de Costa Rica, fue en cierto modo modelo para los c. que posteriormente se firmaron en AL. Entre los c. más importantes firmados tenemos los siguientes: el de 1860 con Haití, el de 1862 con Ecuador y el de 1888 con Colombia. El c. colombiano fue fuertemente proclerical, de modo que el Arzobispo de Cartagena declaró que fue "uno de los mejores en el mundo" y, según el historiador eclesiástico Zamora *(Patronato Español e Indiano)*, fue "un modelo de relaciones mutuas entre la Iglesia y el Estado". De acuerdo con este c. la enseñanza oficial en las escuelas públicas tendría que estar en conformidad con los dogmas y la doctrina moral de la ICR, para lo cual se concedía derecho al clero de poder inspeccionar al profesorado y la instrucción ofrecida en las escuelas. Este c. fue regulado posteriormente por algunas convenciones adicionales en 1892, 1898, 1902 y 1942.

VICTORIO ARAYA GUILLEN

CONCORDATO DE 1801. Acuerdo entre Napoleón Bonaparte y Pío VII por el cual la ICR fue oficialmente restaurada en Francia. Según sus términos el gobierno francés reconoció a la religión católica romana como la fe nacional. El papa, juntamente con el gobierno, haría una nueva división de diócesis exigiendo, si fuera necesario, la renuncia de obispos ya existentes. Se concedió al estado el derecho de nominar nuevos obispos. Se exigió a los obispos prestar juramento de lealtad al gobierno y ofrecer oraciones rituales en favor de los cónsules. Las propiedades quitadas a la iglesia permanecerían bajo el dominio de quienes las habían adquirido, pero el gobierno prometió pagar adecuadamente a los prelados y al clero. Estas disposiciones fueron modificadas considerablemente por los "Artículos Orgánicos" de Napoleón (1802). Al mismo tiempo, a los protestantes se les acordaron plenos derechos religiosos. El c. gobernó las relaciones entre Francia y el papado hasta la separación de la iglesia y el estado (1905). J.G.G. NORMAN

CONCORDIA, FORMULA DE (1577). Confesión luterana que zanjó las controversias doctrinales dentro del luteranismo alemán después de la muerte de Lutero, principalmente las que había entre los "flacianos" y los "filipistas". Las controversias tenían que ver sobre todo con: el →adiaforismo, que surgió debido a que ciertos luteranos suscribían el Interim de Leipzig (1548); el →majorismo, lugar de las buenas obras en la salvación; el →sinergismo, libre albedrío y la conversión; el pecado original; el →antinomianismo, la distinción entre la ley y el evangelio; la Cena del Señor; el descenso de Cristo al infierno; y la predestinación. Martín →Chemnitz y Jacobo →Andreae fueron los principales diseñadores de la Fórmula que nació de seis sermones de este último, la Concordia Suabo-sajona, el Libro Torgau y el Libro Bergen. Está compuesta por un Epítome y una Declaración Completa, cada una con doce artículos. El Epítome declara brevemente el *status controversiae,* las tesis afirmativas y las antítesis; la segunda parte tiene por título: "Una completa, pura, correcta y final repetición y declaración de algunos artículos de la Confesión de Augsburgo respecto a los cuales por algún tiempo ha habido controversia entre algunos teólogos que los suscriben; decidido y acordado conforme a la analogía de la Palabra de Dios y al contenido sumario de nuestra doctrina cristiana". CARL S. MEYER

CONCORDIA, LIBRO DE (1580). Compendio que contiene las confesiones o símbolos de la Iglesia Luterana: los tres →credos ecuménicos: el apostólico, el niceno y el atanasiano; la Confesión de →Augsburgo (1530) y su Apología (1531); los Artículos de →Esmalcalda y el "Tratado Concerniente al Poder y a la Primacía del Papa" (1537); los Catecismos de Lutero, Mayor y Menor (1529) y el Epítome y Completa Declaración de la Fórmula de Concordia (1577). Reemplazó a los varios *corpora doctrinae* entre los luteranos alemanes. La aceptación de estas confesiones entre los luteranos varía. Entre algunos esto es hecho *quia* (porque) se cree que están en conformidad con las Escrituras; entre otros, *quatenus* en tanto que lo estén.

El Catecismo Menor, de Lutero (en 1548) y la Confesión de Augsburgo y su Apología (en 1536) fueron traducidos al inglés ya en el s.XVI. Pero no apareció traducción completa de todo el L. de C. antes de 1851 cuando fue publicado uno en Virginia. Los textos en idiomas originales pueden encontrarse mejor en *Die Bekenntnisschriften der evangelisch-lutherinschen Kirche* (1952 ss.).

CARL S. MEYER

CONFERENCIAS MISIONERAS PROTESTANTES. Aunque sin lugar a dudas la conferencia misionera que se reunió en →Edimburgo en 1910 representó un nuevo punto de partida para la historia de las misiones protestantes y del →movimiento ecuménico, los antecedentes de aquella gran asamblea se remontan más de un siglo atrás.

Guillermo →Carey soñó con una gran conferencia misionera que se reuniría en Ciudad del Cabo, en Africa del Sur en 1810. Aunque esa conferencia no llegó a efectuarse, no cabe duda de que Carey se percataba de necesidades muy reales al sugerir su convocación. Estas necesidades fueron las que dieron lugar a toda una serie de conferencias misioneras que a la postre culminaron en la de Edimburgo.

El propósito principal del movimiento misionero moderno era alcanzar al mayor número posible de personas con el mensaje del evangelio. Ese propósito parecía sufrir cuando cada agencia misionera seguía su propia estrategia, sin consultar a otros grupos que trabajaban en la misma causa, y a veces en la misma región. Además, con el correr de los años cada agencia y cada misionero fue acumulando conocimientos y experiencias que podían ser de utilidad a otros. Esto se refería no solo a la tarea misma de tratar de comunicar el evangelio directamente, sino también a toda una serie de actividades que los misioneros llevaban a cabo u organizaban: educación, obra médica, obra femenina, etc.

Por estas razones, aunque el proyecto de Carey quedó frustrado, en la segunda mitad del s.XIX tuvieron lugar varias conferencias que trataban de responder a las necesidades previstas mucho antes por Carey. En 1854 se reunió en Nueva York la primera de estas conferencias, a la que asistió el famoso Alexander →Duff.

Cuatro años más tarde hubo otra conferencia semejante en Liverpool, Inglaterra, y otras dos se reunieron en Londres en 1888 y en Nueva York en 1900. La primera de éstas fue casi exclusivamente británica, con una pequeña representación del Africa y de la India. La segunda tuvo una representación algo mayor de los EUA y el continente europeo. Y la tercera, celebrada en los EUA, aunque se le dio el nombre de "ecuménica", queriendo decir que se refería a toda la tierra habitada, fue principalmente norteamericana, con bastante representación europea, pero muy poca de otras partes del mundo.

La importancia principal de estas conferencias radica en el hecho de que prepararon el camino para la gran asamblea de Edimburgo en 1910. Además, contribuyeron a mantener vivo el interés misionero, pues en todas ellas hubo grandes asambleas abiertas al público. Se dice, por ejemplo, que 200.000 personas asistieron a esas asambleas durante la conferencia de Nueva York.

JUSTO L. GONZALEZ

CONFESANTE, IGLESIA →IGLESIA CONFESANTE

CONFESION. Palabra empleada en varios sentidos. Se usa para referirse a la profesión de fe personal en Jesucristo (Ro. 10:9; I Jn. 2:23). También se emplea para denominar una declaración de fe religiosa. En este sentido se ha aplicado ocasionalmente a los antiguos credos ecuménicos como, v.g., a los de Nicea y Calcedonia, y frecuentemente a las declaraciones de fe protestantes de los s.XVI y XVII, v.g. la C. de Augsburgo (1530), la de Bélgica (1561), la de Heidelberg (1563) y la de Westminster (1646).

El uso más común de c. es para referirse al acto del reconocimiento del pecado (1 Juan 1:9). El sentido que ha llegado a dominar en los países de tradición católica es el de c. sacramental como uno de los cuatro elementos del sacramento de la →penitencia, junto con la →contrición, la satisfacción, y la →absolución.

La c. sacramental se halla definida en el Catecismo Romano (II 5, 38) como "la acusación que el penitente hace de sus propios pecados ante un sacerdote debidamente autorizado, para recibir de él el perdón de los pecados en virtud del poder de las llaves", y en este sentido se identifica con la c. auricular en oposición a la c. general defendida por los reformadores del s.XVI.

La práctica de la c. auricular se desarrolló en principio entre los monjes. El obispo de Cesarea, Basilio el Grande (329-379), la apoyó decididamente, pero en ninguna parte encontró la c. auricular un apoyo tan decisivo como entre los monjes irlandeses de los s.VI y VII, que la extendieron a los laicos como lo habían hecho los monjes de la Iglesia Oriental. Se puede decir que fueron los monjes irlandeses quienes introdujeron la c. auricular en el continente europeo.

En 1215 el IV Concilio →Lateranense exigió que todos los cristianos, después de haber llegado a los años de la discreción, confesaran todos sus pecados a un sacerdote, por lo menos una vez al año. Y finalmente el Concilio de →Trento definió que la c. sacramental "fue instituida por Cristo..., [y que] es necesaria para la salvación...".

Los protestantes también creen que la confesión es necesaria para obtener perdón de pecados (1Jn. 1:9), pero no dan carácter sacramental al acto. Algunos practican la c. auricular y privada ante un ministro, pero en este caso el ministro no afirma conferir la absolución sino declararla. Muchas iglesias reformadas y luteranas practican la c. general (Stg. 5:6), en los cultos, la cual es seguida por la absolución general, que también se conceptúa como declarativa y no judicial.

ENRIQUE FERNANDEZ y FERNANDEZ,
WILTON M. NELSON

CONFESION AURICULAR. Confesión privada de pecados ante el sacerdote solamente, autorizado para pronunciar la absolución sobre la base de Mt. 16:19 y 18:18. Originada en el abuso y en los peligros de las confesiones públicas en la iglesia primitiva, la confesión privada se hizo más frecuente hasta que el Concilio Lateranense IV (1215) hizo obligatoria la confesión anual. J.D. DOUGLAS

CONFESION BELGA ***(Confessio Belgica).*** Importante credo calvinista. Una de las tres normas usadas en la Iglesia Reformada Holandesa y sus ramificaciones (las otras dos son el Catecismo de Heildelberg y los Cánones de Dort). Fue escrita originalmente por Guido de →Bres en 1561. En ese momento de Bres era un hombre perseguido con alrededor de 30 años de edad y predicaba ilegalmente en los Países Bajos cuando éstos se disponían a rebelarse contra el gobierno español. Modificaciones detalladas fueron introducidas por Adrián de Saravia, H. Modetus, G. Wingen y F. Junius. La Confesión fue escrita en francés por de Bres, pero inmediatamente fue traducida al holandés y pronto al alemán (1566). Recibida entusiastamente por las iglesias calvinistas de los Países Bajos, fue adoptada por el sínodo de Amberes (1566) y por los sínodos de Dort (1574) y de Middelburg (1581) y finalmente por el sínodo de los Países Bajos despues que había sido obtenida la independencia de España en 1616. Se basó mucho en la →Confesión Galicana de 1559, escrita para los hugonotes por Calvino y Antonio de la Roche Chandieu.

DIRK JELLEMA

CONFESION DE BASILEA (1534). Publicada por el consejo municipal con un prefacio del burgomaestre, Adelberg Meyer, y firmada por Heinrich Ryhoiner, secretario. El autor era Oswald Myconius pero éste probablemente usó un borrador redactado por su predecesor, Juan Ecolampadio (m.1531). La c. de b. no tiene más de 2.500 palabras y está dividida en doce artículos: Respecto a Dios, al Hombre, el Cuidado de Dios por nosotros, Cristo, la Iglesia, la Cena del Señor, el empleo de la Excomunión, Gobierno, la Fe y las Obras, el Día del Juicio, Cosas ordenadas y cosas no ordenadas, y Contra el error de los anabaptistas. Los ciudadanos de Basilea la suscribieron bajo juramento y su práctica fue seguida posteriormente por la ciudad de Mühlhausen, de donde el título de *Confessio Muhlhusana.* Desde 1534 hasta 1826 la Confesión era leída cada año para Semana Santa desde los púlpitos de las iglesias de Basilea y hasta 1872 tenían que suscribirla todos los ministros. PETER TOON

CONFESION GALICANA (1559). Confesión de Fe calvinista francesa. Su historia comienza con la declaración de fe enviada por las iglesias reformadas de Francia a Calvino en 1557 durante un período de persecución. Sobre esta base, y probablemente con la ayuda de →Beza y Pierre Viret, Calvino formuló para ellas una confesión, que asumió la forma de 35 artículos. Cuando la persecución amainó, 20 delegados que representaban a 72 iglesias se reunieron secretamente en París del 23 al 27 de mayo de 1559. Con François de Morel como moderador, los hermanos elaboraron una Constitución de Disciplina Eclesiástica y una Confesión de Fe. Los 35 artículos de Calvino se usaron en la confesión, aparte de que los dos primeros los cuales fueron extendidos a seis. Fue así como la c.g. tuvo 40 artículos.

Los estudiosos señalan que las correcciones de los delegados en la primera parte ocasionaron la introducción de la teología natural en las declaraciones de fe reformadas. El artículo II dice que Dios se revela a sí mismo primeramente en la creación, y solo en segundo lugar por medio de su Palabra. En 1560 la c.g. fue presentada a Francisco II con un prefacio que solicitaba el fin de la persecución. La Confesión fue confirmada en el sétimo sínodo nacional de las iglesias francesas en La Rochelle en 1571, y reconocida por los sínodos alemanes en Wesel (1568) y en Emden (1571). El borrador original de los artículos de Calvino se conserva en los Archivos de Ginebra. PETER TOON

CONFESION SAJONA (1551). Confesión de fe protestante preparada por Felipe →Melanchton a pedido del emperador para el concilio de →Trento. Apareció primero en latín en Basilea, 1552. Siguió los temas principales de la Confesión de →Augsburgo (1530), pero era menos conciliatoria, sin ninguna esperanza de una reconciliación protestante-católicorromana. Las Escrituras en el sentido tomado por la iglesia antigua en los credos ecuménicos eran declaradas el único e inalterable fundamento de la fe. Las doctrinas cristianas distintivas se desarrollaron alrededor de los dos artículos del →Credo apostólico sobre el perdón de los pecados y la iglesia. Se sostenía que el primero excluía el mérito y la justificación por las obras; y que el último demostraba que la iglesia es la comunión espiritual, si bien visible, de los creyentes en Cristo. Se declaraba que el carácter sacramental de los dones eucarísticos se limitaba a su empleo en el culto. A diferencia de la Confesión de Augsburgo, solo firmaron los teólogos, entre ellos Melanchton, J. Bugenhagen y Georg Major. Fue presentada ante el concilio de Trento en 1552, junto con la Confesión de Wurtemberg. J.G.G. NORMAN

CONFESION TETRAPOLITANA →TETRAPOLITANA, CONFESION

CONFESION WESTMINSTER →WESTMINSTER, CONFESION

CONFESIONES HELVETICAS. Dos profesiones de fe de las iglesias reformadas suizas. La *Primera Confesión Helvética* (1536) se recuerda en primer lugar como un intento de reconciliar las ideas luteranas y zuinglianas, antes de la difusión del calvinismo. Dirigida a los cantones suizos de habla alemana, la C. fue confeccionada por los jóvenes H. →Bullinger, M. →Bucero, y L. →Jud. También tomaron parte Megandro, Miconcio, y otros teólogos. El primer borrador de la C. fue modificado por Jud después de recibir quejas de que era demasiado luterana. Sin embargo, la declaración sobre la Eucaristía la hacía inaceptable a los luteranos. La C. fue aceptada por las iglesias zuinglianas suizas, que pronto se fundieron con el movimiento calvinista.

La *Segunda Confesión Helvética* (1566) fue una c. calvinista o reformada de gran importancia, aceptada como norma no solo en Suiza, sino también en el Palatinado, Francia, Escocia, Hungría y Polonia, y bien recibida en Holanda e Inglaterra. El Elector Palatino, Federico III, que hacía poco se había hecho protestante y había publicado el Catecismo de Heidelberg (1563), importante como declaración calvinista, deseaba una confesión de sus creencias personales que lo ayudara en contra de los cargos de fomentar la disensión religiosa, que se le imputarían en la siguiente dieta y buscó la ayuda de Heinrich Bullinger. Este había redactado una larga declaración de sus propias creencias personales que, con leves modificaciones, se convirtieron en la C. Tuvo una inmediata y calurosa recepción.

Producto del pensamiento maduro de Bullinger, esta segunda C. presenta el calvinismo como el cristianismo evangélico, en conformidad con las enseñanzas de la iglesia antigua. Aunque escolástica y larga, es moderada en su tono. Decía que es importante la armonía con las enseñanzas de la iglesia antigua; sin embargo es lícita la variación en asuntos no esenciales. Las enseñanzas de los teólogos griegos y latinos de los primeros tiempos son valiosas, aunque la tradición debe estar siempre subordinada a la Escritura. Los credos ecuménicos de la antigua iglesia indivisa (pre-romana) son bíblicos. Se ataca vigorosamente la pretensión romana de ser la verdadera sucesora de la iglesia primitiva. La doctrina de la elección desde la eternidad se afirma claramente, como había de esperarse en una c. calvinista. Contra los anabaptistas, la C. defiende el bautismo de niños, la participación en la vida civil y el tomar las armas bajo ciertas condiciones (solo por defensa propia y como último recurso).

DIRK JELLEMA

CONFESOR. En la iglesia primitiva se le llamaba c. a una persona que había sido perseguida por confesar su fe, pero sin sufrir martirio. Más tarde el nombre se daba por el papa a personas que habían sido notablemente santas sin haber sufrido persecución. V. gr., Eduardo el C. (m.1066) fue apellidado así por el papa Alejandro III 95 años después de su muerte. El término también denota al sacerdote que oye confesiones (por lo general en privado) en la ICR. J.D. DOUGLAS

CONFIRMACION. Algunos alegan que este rito tiene su origen en los acontecimientos relatados en Hch. 8:14-17; 19:1-7. En ambas ocasiones, en Samaria y en Efeso, el acto de imposición de manos está relacionado con el bautismo y con el don del Espíritu Santo; pero en ninguno de los dos casos se implica una segunda etapa de la experiencia cristiana separada de la entrega a Cristo en el bautismo. Y, aunque lo implicara, esto no equivaldría a la c. tal como la conocemos ahora. Es imposible deducir de la imposición de manos en Hch. 8 ó 19 ó en otras partes del NT, un claro precedente del posterior rito de c.

Por primera vez aparece distinguido del bautismo en el s.III. Desde el s.III hasta el V se practicaba en la iglesia un complejo rito de iniciación que incluía el bautismo seguido por la imposición de manos o unción con aceite, o ambos. Gradualmente, por el s.XII, la c. llegó a separarse del bautismo como sacramento propiamente dicho. Y es así hasta el día de hoy en la ICR. Durante la Reforma continuó la práctica de la c. pero relacionada menos directamente con el don del Espíritu Santo de lo que había estado en los períodos patrístico y medieval.

La c., como actualmente subrayan los que reformaron el Libro de Oración anglicano, tiene un mayor significado cuando está relacionada con el bautismo de infantes. Siendo esto así, puede considerarse primeramente una ocasión para asumir responsabilidad personal en cuanto a los votos de bautismo; y esta puede haber sido la posición adoptada en la iglesia primitiva. De cualquier manera, como en la actual enseñanza bautista, tal rito (sea o no sea llamado "confirmación") denota la recepción en la plena membresía de la iglesia, con la imposición de manos del obispo o sin ella. Sin embargo, la teología de la c. y la naturaleza del don que confiere (si es que hay alguno), es disputada. Los que relacionan el rito con la recepción del Espíritu lo ven en este sentido como complemento del bautismo. STEPHEN S. SMALLEY

CONGAR, YVES M.J. (1904-). Teólogo católico romano francés, profesor de teología en Saulchoir desde 1931, fundador de la colección de obras teológicas *Unam Sanctam.* Puede considerársele uno de los pioneros en la renovación teológica católica en Francia y de la apertura ecuménica. Sus obras sobre la Iglesia tratan de superar una concepción predominantemente jurídica y jerárquica subrayando, sobre base bíblica y patrística, el principio comunitario, creando así un lugar activo para el laico (*Jalones para una Teología del Laicado,* 1961), la posibilidad de reforma en la Iglesia para actualizarla y corregir errores humanos (*Vraie et fausse Réforme dans l'Eglise,* 1968) y el reconocimiento de una fe y vida cristiana auténticas fuera de la Iglesia Católica Romana (*Chrétiens désunis: principes d' un oecumenisme catholique,* 1937, vuelto a editar con grandes cambios luego del Vaticano II con el título *Cristianos en Diálogo,* Barcelona, 1967). C. fue uno de los teólogos más influyentes en el Concilio Vaticano II y mediante sus obras, factor importante en la renovación teológica católica en AL.

Además de las obras mencionadas, son importantes: *El misterio del Templo* (1964), *La tradición y las tradiciones* (1964), *Teología* (1970), *Santa Iglesia* (1965).

JOSE MIGUEZ BONINO

CONGO →ZAIRE

CONGREGACION DE PROPAGANDA DE LA FE. Entidad encargada de la dirección y administración de la actividad misionera católica romana. Fue creada en 1622 por Gregorio XV para contrarrestar la falta de unidad en los esfuerzos misioneros de las diversas órdenes religiosas y para debilitar el firme control que España y Portugal ejercían sobre las empresas misioneras mediante el derecho de patronato. Bajo su primer secretario, Francesco Ingoli, la c. reunió un cúmulo de datos sobre actividades misioneras, con base en el cual formuló principios básicos para regir la obra en adelante. Estableció normas para el adiestramiento de misioneros y fundó un seminario *(Collegium Urbanum)*, promovió la formación del clero indígena e instó a la preservación de los rasgos de los pueblos no occidentales. La controversia sobre los →ritos chinos, sin embargo, rigurosamente limitó la extensión del principio de adaptación cultural en la obra misionera. Estableció una imprenta en 1626 y ya en 1800 imprimía materiales en 44 lenguas africanas y asiáticas. A la c. se le había otorgado autoridad suprema y exclusiva en todas las regiones misioneras, pero ésta fue substancialmente limitada por Pío X en 1908. En años recientes la c. ha hecho mucho por la creación de jerarquías autóctonas en tierras misioneras.

RICHARD V. PIERARD

CONGREGACIONALISMO. Esta corriente puede rastrearse hasta el reinado de Isabel I, cuyo objetivo para la Iglesia de Inglaterra era una uniformidad impuesta. Sin embargo, había quienes pensaban en forma distinta. Los →puritanos deseaban que la iglesia nacional fuese reorganizada siguiendo líneas presbiterianas más que episcopales. Otros pocos repudiaban todo el concepto de una iglesia del estado y favorecían el principio de una iglesia compuesta solo de creyentes profesos. Estos fueron conocidos como →"separatistas" y resultaron los precursores de aquellos que posteriormente fueron llamados "congregacionalistas". Estos últimos insistían en que la iglesia debería constar solamente de aquellos que habían respondido al llamamiento de Cristo y habían pactado con él y los unos con los otros para vivir juntos como sus discípulos.

Una figura notable entre los separatistas fue Robert →Browne quien, en 1582, publicó en Holanda su famoso tratado "una reforma sin demora alguna", en el cual estableció sus principios congregacionalistas. Afirmaba que "la iglesia plantada o reunida es un grupo o cantidad de cirstianos o creyentes que, por pacto voluntario hecho con su Dios, se encuentran bajo el gobierno de Dios y de Cristo y observan sus leyes en santa comunión". Tales iglesias, afirmaba él, no están sujetas ni a obispos ni a magistrados. La ordenación no es otorgada por los ancianos sino que es asunto de toda la iglesia. En Anglia Oriental y en Londres, alrededor de Gainsborough y en el O, grupos de hombres y mujeres pusieron en práctica la enseñanza de Browne. Antes que someterse a la regimentación eclesiástica, buscaron refugio en Holanda y algunos de éstos posteriormente cruzaron el Atlántico donde las iglesias de corte congregacionalista se convirtieron en una de las influencias formativas del Nuevo Mundo.

De la iglesia de John Robinson, en Leyden, salieron los "Padres Peregrinos" en 1620 en el *Mayflower.* El congregacionalismo fue orden establecido en Connecticut y en Massachusetts hasta 1818 y 1824. Mientras tanto, en Inglaterra el modelo de iglesia enseñado por Robert Browne se extendió con el crecimiento de las iglesias congregacionalistas y bautistas a través de todo el país.

A continuación de las guerras civiles de 1642-46 y 1647-48, Oliverio →Cromwell asumió el poder, y la dirección de la vida religiosa del país fue compartida por congregacionalistas, presbiterianos y bautistas. La insistencia sobre la autonomía de la comunidad local cristiana nunca fue considerada como impedimento para un libre compañerismo entre las iglesias locales independientes con propósitos de consulta recíproca y edificación. En 1832 fue constituida la *Congregational Union of England and Wales.* La iglesia local está autorizada para entender en sus propios asuntos, determinar sus formas de culto y llamar a su propio ministro.

Los funcionarios de una iglesia congregacionalista generalmente son un ministro, un diaconado y un secretario tesorero de la iglesia. La membresía se obtiene por profesión de fe personal en Cristo como Salvador y Señor, y los nuevos miembros generalmente reciben la bienvenida al dárseles la diestra en señal de compañerismo durante un servicio de comunión. La reunión de la iglesia es la asamblea de los miembros de ésta, reunidos bajo la dirección del Espíritu Santo para discutir y decidir sobre asuntos relativos a la vida de la iglesia. El llamado a un ministro para que asuma el pastorado de la iglesia local es hecho por la asamblea de la misma. Los diáconos son elegidos por la membresía para ayudar al pastor a administrar la iglesia y también para participar de sus responsabilidades pastorales. El concepto de una iglesia compuesta solo de creyentes profesos, establecido por Robert Browne, ha tenido profundo efecto sobre el estilo de vida británico y norteamericano. Los principios espirituales sobre los cuales se asienta esta doctrina de la iglesia han sido fuente de gran fortaleza e inspiración, especialmente en épocas de persecución.

En Gran Bretaña el c. dio un paso decisivo en 1966 cuando las iglesias congregacionalistas locales fueron invitadas a pactar juntamente para constituir la Iglesia Congregacionalista. Este paso ha sido seguido posteriormente por la unión con la Iglesia Presbiteriana de Inglaterra para formar la *United Reformed Church*. Con esta nueva medida el c., tal como ha sido entendido tradicionalmente, desaparece de la escena en Gran Bretaña, aunque es todavía la base del orden eclesiástico en algunas congregaciones bautistas, en creciente número de iglesias evangélicas independientes, en aquellas iglesias congregacionalistas que votaron contra el ingreso en la unión y en una cantidad de pequeñas denominaciones.

El interés misionero de las iglesias congregacionalistas históricamente se ha expresado a través de la *London Missionary Society*, fundada en 1795, que en 1966 se convirtió en *Congregational Council for World Mission*. Ex misioneros de la antigua sociedad incluyen nombres tan ilustres como los de James →Chalmers, David →Livingstone y John Williams.

A escala mundial el c. ha participado estrechamente en el movimiento ecuménico. Este hecho explica, hasta cierto punto, los motivos que caracterizan a las varias fusiones que han tenido lugar en distintos países entre Iglesias congregacionalistas, presbiterianas y, en algunos casos, metodistas. La tedencia del congregacionalismo mundial ha sido alejarse de la independencia.

En 1949 nació el →Consejo Congregacional Internacional, siguiendo a un congreso celebrado en Boston, EUA. En esa ocasión se informó que la Iglesia Congregacionalista contaba en todo el mundo con poco más de 2.500.000 de miembros, de los cuales algo más de la mitad estaban en EUA. Tanto Escocia como Irlanda tenía uniones congregacionalistas por separado, y en Gales la Unión de los independentes galeses había existido como cuerpos distintos. La mayor parte de los países de la Comunidad Británica de Naciones tienen su propia unión congregacionalista.

En el continente europeo, el c. ha tenido estrechos vínculos con las iglesias de la →Iglesia del Pacto de Escandinavia, la Iglesia Holandesa Remonstrante, y con la Iglesia Protestante Unida del Palatinado. En Nairobi, en 1970, el Consejo Congregacionalista Internacional fue disuelto para dejar lugar a la →Alianza Mundial de Iglesias Reformadas (presbiteriana y congregacionalista).

En 1919 fueron introducidos moderadores en el c., hombres encargados de una supervisión espiritual de las iglesias en áreas geográficas distintas, sin autoridad legal sobre aquéllas, pero disponibles para aconsejar. Cada año los congregacionalistas se han reunido en una asamblea a la que cada iglesia ha enviado a sus representantes. Cada año se ha elegido un presidente, ya sea clérigo o laico. La recién formada Iglesia Reformada Unida incluye, claro está, varias reformas en cuanto a estos procedimientos.

Los congregacionalistas han sido contrarios, en términos generales, a establecer pruebas basadas en credos para el ingreso en la membresía de la iglesia. Han destacado su propio espíritu de amplitud de entendimiento y de tolerancia. Aunque en ciertos aspectos éste ha sido su punto fuerte, también ha sido un flanco débil, pues el c. como denominación ha estado abierto a la enseñanza liberal y modernista, hasta tal extremo que algunos congregacionalistas a veces se han aproximado teológicamente a la posición de los unitarios.

Erik Routley, en su libro *The Story of Congregationalism*, hace esta observación: "Cuando llegó la 'alta crítica', los congregacionalistas bebieron de ella con más ahínco que ninguno. El c., libertado de la esclavitud del parroquialismo, y libertado tradicionalmente por su *ethos* intelectual de todo riesgo de quedarse estancado mentalmente, ofreció entusiasta hospitalidad a las nuevas enseñanzas críticas..." Pese a estas tendencias, siempre ha habido un pequeño grupo de cristianos evangélicos estrechamente unificados. En Inglaterra desde 1947 el "Compañerismo Congregacional Evangélico" ha servido como punto de concentración para la mayoría de los ministros y miembros más evangélicamente inclinados de las iglesias congregacionalistas.

El sistema congregacionalista ha sido frecuentemente descrito por error como democrático, mientras que una descripción más correcta, aunque algo idealista, hubiera sido caracterizarlo como cristocéntrico. No es de sorprenderse que la mayor parte de las iglesias congregacionalistas hayan tenido una membresía relativamente pequeña. (Una congregación numerosa encuentra menos manejable el concepto de una cristocracia expresada en la reunión de una iglesia.) Sin embargo, ha habido una cantidad de destacadas iglesias congregacionalistas servidas por eminentes predicadores tales como R.W. Dale, J.H. Jowett, G. Campbell Morgan y Joseph Parker. Entre los distinguidos teólogos británicos se podría mencionar a Sydney Cave, A.E. Garvie, P.T. →Forsyth, J.S. Whale y Nathaniel Micklem.

Indudablemente el mayor aporte que el c. ha hecho a la iglesia en general es su total concepto de una iglesia local como un compañerismo regido por Cristo. Muchos opinarían que la declinación del c. en tiempos actuales se debe mayormente a que el liberalismo humanista ha afectado en alto grado a la denominación. GILBERT W. KIRBY

CONGREGACIONALISMO NORTEAMERICANO. El →congregacionalismo se introdujo en Norteamérica en 1620, cuando algunos miembros de la congregación que pastoreaba Juan Robinson en Leyden (Holanda) cruzaron el Atlántico en el *Mayflower* y establecieron una colonia en la bahía de Plymouth (en el actual estado de Massachusetts). Allí pudieron practicar libremente su fe y educar a sus familiares como ciudadanos británicos. El C. se difundió tan rápidamente en Nueva Inglaterra y llegó a ser allí la fuerza religiosa dominante, hasta el punto de convertirse en la religión establecida, en Connecticut y Massachusetts (hasta 1818 y 1824, respectivamente).

El C. ha ejercido una gran influencia en la historia norteamericana, tanto secular como religiosa. El sistema congregacional de gobierno eclesiástico sirvió de modelo para el establecimiento del gobierno civil de aquellas colonias. Vino a ser, además, un semillero de las ideas que provocarían la revolución norteamericana y la formación de la nueva nación: los Estados Unidos de América.

El mismo espíritu democrático colocó al C. en la vanguardia del movimiento en pro de la abolición de la esclavitud en los EUA, ya en el s.XIX.

El C. siempre ha dado mucha importancia a la educación, tanto del clero como de los laicos. En 1636 fundó la primera universidad de Norteamérica (Harvard); y en 1701 la de Yale. Abrió las puertas de la educación universitaria a la mujer y promovió a través de la Asociación Misionera Americana, la educación superior de los grupos minoritarios, especialmente de los negros, después de la Guerra Civil (1861-1865). También realizó labor pionera al establecer la coeducación en sus instituciones docentes.

El C. ha hecho un gran aporte en el campo de la evangelización. La figura principal en el primer →Gran Despertamiento en Nueva Inglaterra fue Jonatán →Edwards, pastor congregacionalista. Carlos →Finney, otro congregacionalista, fue el eje del avivamiento religioso de la primera parte del s.XIX, que produjo no solo una renovación espiritual sino también una reforma social. Dwight L. →Moody era de extracción congregacional.

El movimiento misionero norteamericano se inició en el seno del C. Inspirado por los ejemplos de Juan →Eliot y de David →Brainerd, se preocupó por la evangelización de la población indígena. Luego, impulsado por el joven Samuel Mills, organizó en 1810 la Junta Americana de Comisionados para Misiones Foráneas (ABCFM), y dos años después envió el primer misionero norteamericano: Adoniram →Judson. Aunque la ABCFM fue en sus orígenes un organismo interdenominacional, para 1870 ya era prácticamente solo de las iglesias congregacionales, pues las demás denominaciones participantes se habían retirado poco a poco para formar sus propios organismos. Sin embargo, bajo la dirección de Rufus Anderson llegó a ocupar en el s.XIX la vanguardia del movimiento misionero norteamericano. Como resultado de ese esfuerzo misionero el C. se difundió por muchas partes del mundo. Hawaii y muchas otras islas del Pacífico (→Polinesia, Indonesia) fueron cristianizadas por esa época. La Junta para Ministerios Mundiales de la →Iglesia Unida de Cristo continúa esa labor en la actualidad.

Tradicionalmente el C. no ha establecido exigencias doctrinales para que pueda obtenerse la calidad de miembro en una iglesia local. Por eso ha sufrido la influencia de corrientes novedosas. En el s.XIX perdió gran número de sus iglesias al →unitarianismo; fue una de las primeras Iglesias que aceptaron las enseñanzas evolucionistas de Carlos →Darwin y de la alta crítica aplicada a la Biblia; el movimiento apoyó del →Evangelio Social (uno de sus pastores, Washington Gladden, fue uno de los voceros más sobresalientes del mismo). Por otra parte, otro de sus pastores, Carlos →Sheldon, escribió la novela *En sus pasos,* que popularizó el movimiento a base de la pregunta, "¿Qué haría Jesús?"

En el s.XIX las Iglesias Congregacionales ya practicaban la ordenación de mujeres. En el s.XX el C. ha estado a la vanguardia del movimiento ecuménico. Antes de unirse con la →Iglesia Evangélica y Reformada, se había unido con la Conferencia Evangélica Protestante (1925), con la Conferencia General de Iglesias Congregacionales Alemanas (1927) y con la Convención General de la Iglesia Cristiana (1931). Perteneció al →Concilio Nacional de Iglesias de Cristo en los EUA y al CMI. En 1949 participó en la organización del

Concilio Internacional de Iglesias Congregacionales (que fue disuelto en 1970, en Nairobi, para dar lugar a la formación de la →Alianza Mundial de Iglesias Reformadas).

La mayoría de las Iglesias Congregacionales –ya organizadas en el Concilio General de las Iglesias Congregacionales Cristianas– se unieron con la Iglesia Evangélica y Reformada en 1957, para formar la →Iglesia Unida de Cristo. Aunque algunas de las congregaciones que se opusieron a la unión, continuaron como iglesias independientes, otras formaron la Asociación Nacional de Iglesias Congregacionales, o se afiliaron a las Iglesias Congregacionales Cristianas Conservadoras.

KENNETH B. MULHOLLAND

CONGREGACIONALISMO EN AMERICA LATINA. Fueron congregacionalistas los primeros protestantes norteamericanos que miraron a América Hispana como campo misionero: Cotton →Mather (1663-1728), brillante pastor y teólogo, y Samuel Sewall (1653-1730), juez civil y laico activo de Boston. Mather aprendió el español y escribió un libro titulado *La religión pura* (c.1700) con el fin de "abrir los ojos" de los hispanoamericanos. Sewall promovió la distribución de la versión →Reina y →Valera de las Escrituras (publicadas en Amsterdam en 1602). Leyó una de las obras de →Bartolomé de las Casas y la polémica del ex-dominico Thomas Gage quien había visitado Centro América en 1629. El resultado fue que se volvió creyente en la "leyenda negra" respecto a España y su visión misionera tomó carácter político. Se interesó por la liberación de América Hispana y soñó con una "Nueva Jerusalen" en la ciudad de México. Pero las visiones misonera y política de Mather y Sewall ni siquiera empezaron a realizarse en su tiempo.

Cien años más tarde, en la misma época de la Independencia, nació la primera junta misionera norteamericana, la →*American Board of Commissioners for Foreign Missions* (1810). Era interdenominacional pero llegó a ser casi totalmente congregacionalista. En 1823 esta junta envió a dos jóvenes (John →Brigham y Theophilus Parvin) a la América Hispana para explorarla y estudiar las posibilidades de predicar el evangelio en las nuevas naciones. Los jóvenes no levantaron una obra permanente pero sí exploraron la tierra y trajeron informes importantes que llamaron la atención a los protestantes sobre la existencia de sus vecinos del sur y su lamentable condición espiritual.

Los congregacionalistas se hallaron entre los primeros grupos que iniciaron la obra evangélica en →México. En 1872 la *American Board* envió a dos misioneros al estado de Jalisco. Uno de ellos, Juan L. Stephens, fue bárbaramente asesinado por una turba atizada por un sacerdote fanático. En 1873 la Junta asumió la responsabilidad por la obra independiente iniciada por la Srta. Melinda Rankin en Monterrey (1866).

En respuesta a los acuerdos del Plan de →Cincinnati aplicados a México, los congregacionalistas se concentraron en los estados de la costa occidental del país. Notable ha sido su obra educacional, fundando cuatro escuelas en esa franja de su territorio. En todos los movimientos ecuménicos de México los congregacionalistas están presentes.

El C. también se ha destacado en →Brasil. El precursor de su obra fue el médico escocés Robert R. →Kalley. En 1914 se estableció el Seminario Teológico Congregacional. En 1942 la Unión Congregacional contaba con 69 iglesias.

Un poco después de la Guerra Hispano-Americana, llegó el C. a Puerto Rico. Sus misioneros trabajaron especialmente en la parte oriental de la isla. En 1907 fundaron el prestigioso Instituto Blanche Kellog. En 1931 la denominación se fundió con dos otras (los Hermanos Unidos y la Iglesia Cristiana) para formar la Iglesia Evangélica Unida de Puerto Rico.

Después de la unión en los EUA de los congregacionalistas con la Iglesia Cristiana en 1931 y la fusión de esta unión con la Iglesia Evangélica y Reformada en 1957 para formar la Iglesia Unida en Cristo, poco se oye el término congregacionalista en AL.

MANUEL V. FLORES y
WILTON M. NELSON

CONGREGACIONES RELIGIOSAS. El término se aplica a las comunidades que han formulado votos simples. Son reguladas por la Congregación Romana para Religiosos y gobernadas por sus propios superiores y →capítulos. Las comunidades pontificias están exentas de la jurisdicción episcopal, pero los superiores de las comunidades diocesanas son responsables ante sus obispos diocesanos. Se requiere permiso papal para establecerlas, pero la regla que exigía autorización episcopal para su funcionamiento en una diócesis en particular, está ahora generalmente en desuso. J.D. DOUGLAS

CONGRESO MUNDIAL DE EVANGELISMO (1966). Reunión celebrada en Berlín Occidental con el fin de acelerar el cumplimiento de la gran comisión de Cristo de evangelizar el mundo. Grandes asambleas y conferencias habían sido auspiciadas por el →CMI para tratar de la unidad de la iglesia, la fe y el orden, y la iglesia y la sociedad. Este congreso fue un esfuerzo para-ecuménico inspirado por las grandes cruzadas del evangelista Billy →Graham, quien sirvió como presidente honorario. Fue auspiciado como un proyecto de décimo aniversario por la revista evangélica protestante *Christianity Today* cuyo redactor fundador, Carl F. H. Henry, fue presidente del congreso.

El congreso atrajo participantes dedicados al evangelismo en más de 100 países, la mayoría de los cuales eran nacionales encargados de tareas evangelísticas en denominaciones alineadas con el ecumenismo o independientes. Su identificación con los 76 cuerpos eclesiásticos dentro y fuera del movimiento conciliar constituyeron el congreso de Berlín en cierta forma en algo más ecuménico por su alcance que el CMI. Los participantes se remontaban históricamente tan lejos como la Iglesia →Mar Thoma de la India. Otros procedían de iglesias jóvenes de Africa y Asia. La más joven fue la iglesia Auca de América Latina, que había surgido del testimonio de cinco misioneros mártires de EUA. El congreso alcanzó un significante énfasis sobre prioridades evangelísticas y una correlación de intereses teológicos y evangelísticos en un tiempo en que la reconstrucción neo-protestante tanto en doctrina como en tareas de la iglesia estaba desplazando los históricos compromisos cristianos.

Al entrar el último tercio del s.XX, el cristianismo representaba únicamente el 28% de la población mundial y a menos de producirse nueva vitalidad evangelística estaba destinado a convertirse en un remanente decreciente. El impulso evangelístico se había reducido por el materialismo del Mundo Libre y por el ateísmo de la esfera comunista, por los medios de comunicación de masas con su interés en cosas mundanas, y por la preocupación institucional de la iglesia respecto a temas sociopolíticos.

El Congreso de Berlín alcanzó una significante correlación de intereses teológicos y evangelísticos. Los eclesiásticos destacaron como aspectos críticos para el esfuerzo contemporáneo: las grandes ciudades que iban creciendo, los 20 millones de estudiantes universitarios, los medios de comunicación de masas, la participación de los laicos, el mundo de la tecnología de computación, y las dimensiones sociales de la vida humana. Ya que se espera que la población del mundo se duplicará para el año 2000, se hizo evidente la importancia de llevar el testimonio evangélico a la era espacial y a los medios de comunicación de masas. También se observó que en el llamado mundo silencioso de 800 millones de analfabetos, los cuales están siendo explotados por fuerzas políticas revolucionarias, el cristianismo evangélico tiene 40 mil misioneros que enseñan la Biblia y que ya conocen el idioma del pueblo que tiene problemas de analfabetismo.

El Congreso estimuló subsiguientes conferencias regionales y nacionales, incluyendo las de Africa Oriental (Nairobi, 1968), Asia, Pacífico del Sur (Singapur, 1968), América Latina (1968), Europa Oriental (Novi Sad, Yugoslavia, 1969), EUA (Minneapolis, 1969), Canadá (Ottawa, 1970), y Europa Occidental (Amsterdam, 1971). En EUA, Key 73 marcó un intento por coordinar las energías evangélicas en las ciudades y en las comunidades, en la evangelización simultánea y cooperativa.

El interés asiático y africano en el evangelismo coincide con un nuevo atrincheramiento misionero ecuménico en el exterior. Dos tercios de la población mundial actualmente viven en Asia, en donde los cristianos, que representan únicamente el 3% de la población, han abierto una oficina coordinadora para el evangelismo asiático. Una cuarta parte de la raza humana, en la China continental, está aislada del evangelismo.

CARL F. H. HENRY

CONGRESOS ECUMENICOS EVANGELICOS →ASAMBLEAS ECUMENICAS EVANGELICAS

CONGRESOS LATINOAMERICANOS DE EVANGELIZACION (CLADE I y II). Después del →Congreso Mundial de Evangelización (Berlín, 1966) se programaron congresos regionales. El CLADE I (Bogotá, 1969) fue el correspondiente a AL y reunió a más de 900 personas (sin representación oficial alguna) procedentes de más de 25 países. Se convocó bajo el tema "Acción en Cristo para un continente en crisis" y en la sesión final aprobó la llamada "Declaración Evangélica de Bogotá".

Aunque el número de participantes no latinoamericanos fue menor del 20%, se hizo sentir la presencia misionera, quizás porque el congreso fue patrocinado por la Asociación Evangelística Billy Graham, y porque el comité organizador estuvo dominado por estadounidenses y puertorriqueños.

En el congreso destacaron algunos hechos significativos: (1) el reconocimiento, por parte del ala conservadora del protestantismo latinoamericano, de las implicaciones sociales del evangelio; (2) el desarrollo de una autocrítica, respecto de la historia y de la situación presente de la iglesia evangélica; (3) la preocupación por tomar en cuenta la actitud que debe asumirse frente a la ICR; y (4) lo que permeó todo lo anterior: la preocupación evangelística hecha patente en la citada Declaración y en el esbozado –y precipitadamente aprobado– "Plan de Treinta Años para AL".

Un importante resultado del CLADE I, aunque sin relación formal con este, fue la creación posterior de lo que hoy es la →Fraternidad Teológica Latinoamericana.

Diez años después del CLADE I se celebró en Huampaní, Perú, el CLADE II. Asistieron 266 personas, procedentes de 22 países y pertenecientes a 39 denominaciones. Habiendo sido patrocinado por la citada Fraternidad Teológica, el CLADE II fue más latinoamericano, tanto en su contenido como en su forma. La presencia norteamericana fue muy reducida. El tema ("Que AL escuche la voz de Dios") proveyó ocasión para el diálogo y el enfrentamiento de posiciones de quienes se definían teológicamente dentro del "marco de referencia" del Pacto de Lausana.

De calidad teológica superior al CLADE I, el segundo prestó más atención a la situación actual de AL, enfatizó la verdad implícita en el lema y elaboró un "Documento de proyecciones estratégicas".

PLUTARCO BONILLA A.

CONRADO DE GELNHAUSEN (c.1320-1390). Teólogo alemán. Estudió y enseñó en la universidad de París, y fue canónigo en Maguncia (1339), procurador de la nación alemana en la Universidad de Bolonia (1369) y preboste de Worms (c.1380). Fue uno de los primeros defensores del movimiento conciliar y apremió a Carlos V de Francia indicándole que las circunstancias del →Cisma de Occidente daban suficiente razón para llamar a un concilio general sin la convocatoria del papa. Dado que la posición del papado era dudosa, la autoridad para convocar a un concilio residía en la iglesia universal, como en tiempos apostólicos. Expuso esto en su obra principal *Epistola Concordiae* (1380). La adhesión de Carlos VI al antipapa Clemente VII hizo que C. tuviera que abandonar Francia en 1386 para enseñar en la Universidad de Heidelberg en la que fue primer canciller.

J.G.G. NORMAN

CONSAGRACION. Acto de separar una cosa para uso religioso. En iglesias litúrgicas y jerárquicas el término se emplea para referirse a (1) la conversión de pan y vino en elementos eucarísticos, (2) la ordenación de obispos y (3) la dedicación de iglesias y la separación de objetos para uso religioso exclusivo como altares y vasos eucarísticos.

Entre evangélicos el término se usa a veces en sentido piadoso, como el acto o decisión de un creyente de apartarse más del "mundo" y entregarse más a la vida de servicio y santidad. WILTON M. NELSON

CONSALVI, ERCOLE (1757-1824). Estadista italiano. N. en Roma en una familia de la nobleza e ingresó pronto en el servicio papal. Después de la invasión francesa de los Estados Papales (1789), a continuación de la muerte del general Duphot, fue encarcelado y posteriormente desterrado. Obtenida su libertad, trabajó en favor de la elección del Cardenal Chiarmonti como papa Pío VII, quien lo hizo secretario de estado. Tuvo la mayor responsabilidad en el →Concordato de 1801 con Napoleón. Cuando éste se apoderó de Roma en 1809, C. fue obligado a ir a París, haciéndose jefe de los "cardenales negros" hasta que fue obligado a retirarse a Rheims. Después de la abdicación de Napoleón, C. fue vuelto a designar como secretario y representante del papa en el Congreso de Viena en 1815, donde consiguió la restauración de los Estados Papales y pasó sus restantes años reorganizándolos.

J.G.G. NORMAN

CONSEJO CONGREGACIONAL INTERNACIONAL. Se formó en Londres en 1891 con el propósito de obtener una mayor cooperación entre las Iglesias Congregacionalistas del mundo. Era la respuesta congregacionalista al naciente movimiento ecuménico de fines del s.XIX, y estaba diseñado no solo para promover mayor unidad entre los congregacionalistas sino también para producir una mayor cooperación del congregacionalismo con otras iglesias protestantes en la tarea evangelística. Resultó, sin embargo, ser un vehículo apropiado para la promoción del →Evangelio Social y los teólogos liberales lo empezaron a usar cada vez más para tal fin.

J.D. DOUGLAS

CONSEJO EPISCOPAL LATINOAMERICANO (CELAM). Cuerpo eclesiástico de la ICR, que desde 1955 funciona como "órgano de contacto, colaboración y servicio de las Conferencias Episcopales de América Latina" para "expresar la colegialidad episcopal y promover la intercomunicación de las Iglesias Particulares del Continente".

Nació como el mejor fruto de la Primera Conferencia General de todos los obispos católicos de AL, celebrada en Río de Janeiro del 25 de jul. al 4 de ago. de 1955. El Papa Pío XII aprobó esta nueva organización el 2 de nov. de 1955.

El CELAM está integrado exclusivamente por obispos que desempeñen las siguientes funciones: presidente y vice-presidentes del CELAM, presidentes de las Conferencias Episcopales, delegado y sustituto de cada conferencia para el CELAM, presidentes de los departamentos del CELAM, del Comité Económico y de la Sección de Ecumenismo, y el Secretario General. El CELAM organiza su trabajo por DEPARTAMENTOS y SECCIONES como órganos especializados para el servicio pastoral y asesoramiento técnico; mantiene sesiones ordinarias cada dos años.

Para una mayor apreciación de lo que el CELAM es y significa para la ICR en AL, conviene distinguirlo de otros tipos de expresión de colegialidad episcopal en Latinoamérica como son: los concilios y las conferencias generales.

A todo lo largo del s.XVI el Episcopado Latinoamericano trató de organizar su acción pastoral armónicamente a través de la celebración de Concilios Provinciales. Son dignos de especial mención los Concilios Provinciales III de Lima (1582-1583) y III de México (1585), que intentaron traducir el Concilio de Trento a la realidad y experiencia misional de AL. Pero el férreo control de la Corona española sobre los episcopados nacionales a partir del s.XVII impidió la continuación de expresiones episcopales de colegialidad.

A raíz de la celebración del Concilio →Vaticano I y dentro del marco ideológico del mismo, León XIII convoca a todos los obispos latinoamericanos al →"Primer Concilio Plenario Latinoamericano" en Roma (1899). La temática fundamental giró alrededor de una justa preocupación por la unidad doctrinal y por una ya no tan justa obsesión por la unidad disciplinaria.

En la primera mitad de nuestro s.XX, Pío XII convoca a todos los obispos latinoamericanos a una Primera Conferencia General que se celebra en Río de Janeiro (1955), creando el CELAM e iniciando así una vasta tarea pastoral de coordinación, promoción y surgimiento de características propias para las iglesias del Nuevo Mundo.

Igualmente después de la celebración del Concilio →Vaticano II sienten los obispos latinoamericanos de nuevo la necesidad de reunirse en Conferencia General para analizar la situación latinoamericana a la luz del Vaticano II. Esta Segunda Conferencia General se efectúa en →Medellín en ago. de 1968. Y quiso ser, como su lema lo indica, "La Iglesia en la actual transformación de AL a la luz del Concilio", una opción por la liberación integral del cristiano latinoamericano.

A una década de Medellín de nuevo los obispos católicos de Latinoamérica celebraron su III Conferencia en →Puebla, México, 1979, con la honda preocupación por el sentido auténtico de la evangelización y sus repercusiones socio-políticas en el continente.

ABRAHAN SORIA

CONSEJO INTERNACIONAL DE IGLESIAS CRISTIANAS. Consejo interdenominacional de iglesias de fuertes convicciones fundamentalistas caracterizado por su oposición militante al →CMI, al comunismo y a los que abandonan el cristianismo ortodoxo. El principal fundador del movimiento fue Carl McIntire, un ministro presbiteriano estadounidense que participó también activamente en la fundación de la Iglesia Presbiteriana Bíblica, el Faith Theological Seminary, el Shelton College, y el →Concilio Americano de Iglesias Cristianas. El CIIC fue fundado en Amsterdam en 1948 e incluye cuerpos constituyentes (grupos eclesiales nacionales), cuerpos consultivos (iglesias locales) y cuerpos asociados (tales como sociedades misioneras y ligas bíblicas). En 1972 había 155 "denominaciones protestantes creyentes en la Biblia" como miembros del CIIC, pequeñas en su mayoría. A lo largo de su historia ha habido algunas defecciones, originadas habitualmente en desacuerdos con McIntire.

La rama misionera del c. se conoce como Misiones Asociadas. El CIIC administra también la agencia *International Christian Relief* y su movimiento juvenil, llamado Juventud Cristiana Internacional, ofrece una alternativa separatista frente a los programas ecuménicos. El CIIC celebra reuniones anuales regionales y nacionales y en 1973 celebró su octavo congreso mundial en Cape May, Nueva Jersey, EUA. La sede internacional está en Amsterdam; hay oficinas nacionales en

Africa, el Medio Oriente, América Latina, el Lejano Oriente, Canadá, EUA y Europa. El órgano principal del movimiento es el *Christian Beacon* de McIntire, un semanario publicado en la sede de McIntire en la Iglesia Presbiteriana Bíblica en Collingswood, Nueva Jersey, de la cual es pastor. A McIntire también se le conoce mucho por su controvertido programa radial "Hora de la Reforma en el Siglo XX". ROBERT C. NEWMAN

CONSEJO MISIONERO INTERNACIONAL. Fundado en Lake Mohonk, Nueva York, en 1921, el CMI se proponía ser un consejo de consejos. Nació como resultado de la gran Conferencia Misionera Mundial de →Edimburgo en 1910, en respuesta al creciente deseo de mayor cooperación entre las misiones cristianas protestantes. Su membresía estaba restringida a agencias cooperativas regionales, tales como los consejos misioneros nacionales de Europa y de EUA y los consejos cristianos nacionales en lo que se consideraban tierras de misión. La membresía total llegó a incluir finalmente 38 agencias. Las juntas o sociedades misioneras no eran miembros, excepto en cuanto que estaban representadas por las agencias regionales.

El CMI no era una organización administrativa, sino consultiva. Su función principal era estimular la cooperación, concertar conferencias conjuntas, realizar cuidadosas encuestas o estudios de la empresa misionera y recomendar procedimientos. Sus principales conferencias fueron las de Jerusalén (1928), Madrás (1938), Whitby (1947), Willingen (1952), Ghana (1957) y Nueva Delhi (1961). Su órgano oficial llegó a ser *The International Review of Missions,* que se había empezado a publicar en 1912. También publicó cierto número de estudios misioneros de valor permanente. Durante la Guerra Mundial II y hasta 1955, ayudó a las misiones "huérfanas" que la guerra había dejado desprovistas del apoyo de sus iglesias madres. La asamblea de Ghana creó el →Fondo de Educación Teológica para ayudar a las escuelas teológicas de ultramar.

Después de la formación del →CMI en Amsterdam en 1948, el CMI empezó a ser presionado cada vez más para convertirse en el ala misionera de dicho organismo. Al precio de perder a algunos de sus miembros, en 1961 dio en Nueva Delhi el paso final de integración con el CMI con el nombre de Comisión/División de Misión Mundial y Evangelización. HAROLD R. COOK

CONSEJO MUNDIAL DE IGLESIAS. Fundado en 1948, es la principal agencia internacional de cooperación entre las iglesias cristianas. Incluye como miembros virtualmente todas las iglesias cristianas autónomas que hay en Oriente y Occidente, excepto la ICR y los cuerpos evangélicos de tendencia más estrictamente confesional o separatista. Los pasos progresivos en la formación y desarrollo del CMI son sintomáticos de la marcha del movimiento →ecuménico en este siglo.

Suele tomarse como su punto de origen la Conferencia (Misionera) de →Edimburgo en 1910. Esa conferencia no se ocupó específicamente en cuestiones de fe y orden, sino en la cooperación de sociedades que mantenían misiones a los pueblos no cristianos. Pero la conferencia hizo que algunos pensaran en una iglesia unida, y esto requería encarar las diferencias de fe mediante otras formas de conferencia. Algunas semanas después se iniciaron movimientos que llevaron a la formación de la Conferencia de Fe y Orden. La Guerra Mundial I causó retrasos, y la primera conferencia se reunió en →Lausana en 1927. La segunda fue en →Edimburgo en 1937, de la cual surgió una proposición (que fue aceptada) proveniente del movimiento Vida y Obra tendiente a formar un "Concilio Mundial de Iglesias".

Vida y Obra era una agencia internacional semejante, pero su interés estaba en el programa social y las responsabilidades políticas de las iglesias. El estímulo venía de los esfuerzos cristianos en pro de la paz en la década 1910-20 (marcada particularmente por la Alianza Mundial para la Promoción de Amistad Internacional mediante las iglesias, y de una conferencia que se celebró en vísperas de la primera guerra mundial). En 1919 un comité para Vida y Obra se independizó de la Alianza Mundial y convocó una conferencia en Ginebra en 1920 (que gastó ciertas energías sobre cuestiones de culpa de guerra). De allí el movimiento pasó a su primera conferencia de Vida y Obra propiamente dicha en →Estocolmo en 1925; en su trabajo el comité citó con aprobación el lema "La doctrina divide, pero el servicio une".

En la segunda conferencia de →Oxford en 1937, se recibieron propuestas para la formación de un CMI, que, aprobadas, fueron remitidas a la conferencia de Fe y Orden de Edimburgo ese año. Recibida la aprobación de ambas conferencias, se nombró un comité conjunto para la creación del CMI. En 1938 se aceptó en Utrecht una constitución provisional, y se estableció un comité provisional del "Consejo Mundial de Iglesias en Formación", con sede en Ginebra. La Guerra Mundial II impidió la celebración de la asamblea general hasta 1948, cuando en →Amsterdam los delegados de 147 iglesias de 44 países resolvieron que la formación del CMI ya estaba completa. El CMI desde entonces ha celebrado asambleas en →Evanston (Illinois) en 1954, →Nueva Delhi en 1961, →Upsala en 1968 y Nairobi (1975), mientras sus departamentos, tales como Fe y Orden, continúan sus propias conferencias bajo la dirección del CMI y de su comité central.

La tercera rama de obra ecuménica derivada directamente de la Conferencia de Edimburgo de 1910 fue el →Consejo Misionero Internacional. Este se formó en 1921 y se mantuvo en contacto con las etapas formativas del CMI, sin querer integrarse al mismo, pero finalmente se unió al CMI en Nueva Delhi en 1961.

La base para la afiliación en el CMI, según reformas de Nueva Delhi, es: "el Consejo Mundial de Iglesias es una comunión de iglesias que confiesan al Señor Jesucristo como Dios Salvador de acuerdo con las Escrituras y por tanto buscan cumplir en conjunto su común vocación para la gloria del único Dios, Padre, Hijo y Espíritu Santo".

Consejos nacionales de iglesias (que antes eran los cuerpos que enviaban delegados al Consejo Misionero Interacnional) no envían directamente delegados al CMI, pero son reconocidos por el CMI como "Consejos Asociados". Los delegados proceden de *iglesias miembros,* y en Uppsala en 1968 hubo 704 delegados de 235 iglesias miembros. También se admitieron en Uppsala observadores, y la iglesia ICR, que hasta entonces no había estado presente en forma alguna, participó de este modo.

El año 1968 vio también un cambio de énfasis de "Fe y Orden" de las primeras dos décadas a un énfasis en "Vida y Obra" (con frecuencia de carácter radical). También comenzaban a surgir nuevos líderes, y la larga carrera ecuménica de J. R. →Mott, J. H. →Oldham, y muchos otros pasó a la historia. El progreso real hacia planes de unión o estaba realizándose o estancándose. Las necesidades de un mundo desgarrado y las posibilidades del catolicismo romano reformado predominan en el pensamiento actual.

COLIN DUCHANAN

CONSEJO MUNDIAL DE IGLESIAS (SUPLEMENTO). El período de Upsala (1968) a →Nairobi (1975) vio un rápido crecimiento en el número de iglesias miembros, que llegó a 286 (en 1977 eran ya 293), y la formalización de varios nuevos programas.

En Nairobi se oyó la voz de las iglesias del tercer mundo más que nunca antes, incluso las de AL. Asistieron representantes de 20 denominaciones latinoamericanas, mientras en →Amsterdam (1948) solo de tres, en →Nueva Delhi (1961) de seis y en →Upsala (1968) de once. En el Comité Central del CMI en 1955 solo hubo un latinoamericano; en el que fue elegido en Nairobi hubo seis. En el presidium, de los seis miembros nombrados en esta ocasión, uno fue latinoamericano, José →Míguez Bonino. Uno de los discursos que más impacto hizo, fue el pronunciado por Mortimer Arias, obispo metodista de Bolivia. Afirmó que la evangelización es la tarea indispensable de la Iglesia y está en íntima relación con el cumplimiento de la vocación misma del Consejo, "que todos sean uno para que el mundo crea".

En Nairobi surgió el problema de la identidad cultural. La reflexión teológica ya no tiene como centro de referencia el Atlántico Norte sino que se desarrolla en función de los respectivos contextos culturales. Esta reflexión contextual enriquece el →Movimiento Ecuménico, pero lo hace más difícil.

Para hacer justicia a las preocupaciones de las nuevas iglesias se crearon la Comisión sobre la Participación de las Iglesias en Desarrollo, el Programa de Diálogo con las Religiones e Ideologías de nuestro tiempo, el Programa de Lucha contra el Racismo, y el Secretariado de Estudios Bíblicos.

Renovación y vida congregacional es el nombre del nuevo rumbo del CMI. Tres énfasis fundamentales marcarán su vida en este nuevo período: la calidad de una verdadera fraternidad ecuménica, la encarnación de la fe y la lucha por una verdadera humanidad.

EMILIO E. CASTRO,
WILTON M. NELSON

CONSEJOS NACIONALES DE IGLESIAS EVANGELICAS EN AL. El surgimiento de consejos y federaciones de iglesias evangélicas en AL se debe mayormente al impulso del Congreso de→Panamá en 1916. Solamente el de Puerto Rico (1905) se había formado antes. Estas agrupaciones eran más "consejos" que "concilios" de iglesias desde el principio por carecer de posición doctrinal y de autoridad para imponer sus acuerdos.

Durante los años 1905-60 se formaron entidades ecuménicas en los siguientes países: Puerto Rico, 1905; México, 1928; Brasil,

1934; Trinidad y Tobago, 1936; Jamaica, 1939; Perú, 1940; Chile, 1941; Cuba, 1941; Honduras, 1945; Ecuador, 1949; Colombia, 1950; Costa Rica, 1950; Guatemala, 1953; Uruguay, 1956; Argentina, 1959 y Guyana, 1960. Tenían diferentes estructuras, nombres e iglesias miembros. Las de Costa Rica y Honduras eran "alianzas" mientras los de Bolivia y el Ecuador se llamaron "compañerismos de misiones". Tres modelos aparecieron: el que fomentaba solamente la fraternidad evangélica; el que se formaba para representar a la comunidad evangélica frente al gobierno; y el que se organizaba para promover actividades comunes.

Estas entidades en su mayoría no se vincularon con el CMI ni sus precursores. Solamente los consejos de Argentina, Brasil, Cuba, México, Uruguay y la Unión de Misiones Pentecostales de Chile tenían en 1978 una afiliación con la Conferencia de Misión Mundial y Evangelismo del CMI.

Se han formado últimamente dos "conferencias de iglesias" en el Caribe y en la América Central y del Sur. La Conferencia de Iglesias Cristianas del Caribe agrupa principalmente las islas de habla inglesa, francesa y holandesa. La otra es el Consejo Latinoamericano de Iglesias (CLAI), iniciado en el congreso evangélico de →Oaxtepec. El precursor de estas dos conferencias de iglesias fue la →Comisión pro-Unidad Evangélica Latinoamericana (UNELAM). Se nota que estas dos conferencias regionales todavía no agrupan a la mayoría de evangélicos en el continente. Su formación se atribuye en gran parte a los contactos entre evangélicos en las grandes conferencias de Buenos Aires, Lima y Río de Janeiro entre 1949 y 1970.

En cuanto a programa, los consejos evangélicos auspiciaron desde 1920 actividades entre la comunidad evangélica de material para la escuela dominical, publicaciones de libros evangélicos, campañas de alfabetización, obra juvenil, evangelización, centros audiovisuales y trabajo entre refugiados e inmigrantes. En Cuba el Consejo Evangélico puso las bases para el Seminario Evangélico de Teología de Matanzas, fundado en 1945. La Confederación Evangélica de Colombia hizo gran esfuerzo a favor de la libertad de culto y los derechos civiles durante la Guerra Civil (1949-1956). La Convención Unida de Venezuela denunció en 1960 la Ley de Patronato como violación de garantías constitucionales.

El sostenimiento financiero de los consejos provenían del Comité de Cooperación en la América Latina (EUA), las juntas misioneras, y del CMI y sus precursores.

Desde 1956 ciertos consejos, federaciones y asociaciones de iglesias se han fortalecido mediante entidades autónomas y semi-autónomas de servicio social cristiano, como DIAKONIA (Brasil) y CEPAD (Nicaragua). Después de los terremotos en Chile, Perú, Guatemala y Nicaragua (1960-1974), se formaron más organismos de esta índole para coordinar ayuda de emergencia y socorro para los damnificados. Estos organismos no funcionan como los primeros consejos y federaciones de iglesias pero cumplen hoy día muchos de los mismos propósitos. Reciben ayuda considerable del Servicio Cristiano Mundial (CWS), la División de Ayuda Intra-eclesiástica (DICARWS) y organismos protestantes alemanes, suizos, ingleses y holandeses.

Los obstáculos al desarrollo de cooperación evangélica han sido el sectarismo, el denominacionalismo y la sospecha doctrinal. Pero la paciencia, la tolerancia, el amor cristiano y el sentido de comunidad cristiana siempre han sobresalido para permitir que los consejos y federaciones dejen una herencia favorable y positiva. JOHN H. SINCLAIR

CONSISTORIO. Originalmente la parte del palacio imperial de Roma donde el emperador y su consejo administraban justicia. En la iglesia occidental llegó a significar la asamblea del clero de la ciudad de Roma bajo la presidencia del obispo; más tarde alcanzó su significado corriente de colegio de cardenales. Hay actualmente tres tipos de c.: el público (p.e. cuando se le entrega a un cardenal su capelo rojo); uno semipúblico (cuando concurren obispos italianos); y uno privado (en donde se dirige trabajo normal del colegio).

En la Iglesia de Inglaterra cada obispo diocesano todavía tiene un tribunal consistorial para administrar la ley eclesiástica bajo el juez (canciller). Su labor ha sido muy reducida en tiempos recientes. En las iglesias presbiterianas el término ha sido aplicado a la reunión del ministro parroquial con los ancianos laicos *(kirk session),* que es el tribunal inferior. El tribunal consistorial de Calvino, en Ginebra, fue el precursor de un uso más amplio: el de un tribunal de presbíteros. En el luteranismo el término se ha empleado para describir a una junta de funcionarios del clero (provincial o nacional) constituida para supervisar asuntos eclesiásticos (p.e., los de Alemania en 1587). PETER TOON

CONSTANCIO II (337-361). Hijo de Constantino el Grande, emperador oriental desde 337 y único emperador desde 350. Subió al trono tras la derrota de Majencio en el occidente; continuó la política benévola de su padre hacia la iglesia: libró de impuestos y de prestar servicios públicos al clero, aunque sus leyes de 360/1 hicieron condicionales tales privilegios. Parte de esta legislación procristiana estaba dirigida contra los judíos. Las disputas doctrinales amenazaban la cohesión del Imperio. Para disminuir el descontento occidental hacia los obispos orientales, el hermano, Constante, indujo a C. a volver a revocar a →Atanasio a Alejandría (346). En 350 aseguró a este último de su apoyo pero, paulatinamente influenciado por el arriano →Valente de Mursa, trató de unificar la Iglesia con un credo ambiguo que excluía el término no bíblico de "substancia" y destacaba "semejanza". En Milán en 355 sometió a exilio a los obispos que rehusaron deponer a Atanasio y, pese a un breve período en favor de los →homoiousionos, impuso el "Credo Fechado" en los concilios de Rimini y Seleucia (359). G.T.D. ANGEL

CONSTANTINO EL GRANDE (ca.274-337). Primer emperador cristiano de Roma. Era hijo de Constancio Cloro. El futuro emperador pasó los años 293-305 como aprendiz rehén bajo los emperadores orientales Diocleciano y Galerio, instigadores de la Gran Persecución, pero en York, Inglaterra, en 306 fue proclamado emperador *(Augustus)* por las tropas de su padre a la muerte de éste. Salió triunfante de la lucha por la supremacía en Occidente al derrotar a Majencio en 312 en el Puente Milvio, al norte de Roma. Según →Eusebio y →Lactancio, antes de la batalla adoptó el emblema del lábaro en obediencia a una visión y sueño que le aseguraba la victoria por parte del Dios de los cristianos, cuyo culto él pudo haber confundido con la reverencia monoteísta de su familia al Sol Invicto o Apolo.

En 313 él y Licinio, que pronto controlaría el Imperio Oriental, decretaron plena tolerancia para el cristianismo (→EDICTO DE MILAN) y la iglesia disfrutó de crecientes favores: restitución de la propiedad confiscada, ayuda financiera para los católicos, exención clerical de oficios hereditarios, jurisdicción civil para los obispos. Los →donatistas protestaron contra la exclusión de ellos de tales beneficios. La determinación de C. de permitir a los eclesiásticos resolver la disputa fracasó por las repetidas apelaciones donatistas hasta que, frustrado, él dictaminó personalmente en 316. Su fracasada coerción contra los cismáticos, en 321, sentó otro precedente. Como único emperador después de vencer a Licinio en 324, C. enfrentó el conflicto con el →arrianismo. Después de una infructuosa misión de →Osio, obispo de Córdoba, su consejero desde aproximadamente 312, C. convocó al Concilio de Nicea (325), presidido por él, al menos al principio, e influyó con la inclusión de *homoousios* en su credo. La unidad así lograda pronto se desintegró. C. buscaba armonía pero sin percepción teológica, guiado más y más por los Eusebios arrianizantes de Cesarea y Nicomedia, exiló a obispos obstruccionistas ortodoxos como →Atanasio. Sanciones civiles ahora por lo general ponían en vigor las censuras eclesiásticas.

En 330 C. estableció su capital en Bizancio, la cual fue situada por razones estratégicas y cristianas lejos de la antigua Roma, símbolo del pasado pagano y ciudadela del continuado vigor del paganismo. C. despreciaba a Roma, pero su carrera magnificaba el aprecio de la Iglesia Occidental por la función de su obispo como árbitro. Fue bautizado poco antes de su muerte y sepultado en medio de apóstoles en la basílica que fundó en honor de ellos en Constantinopla. C. y su madre, →Elena, fueron ardientes patronos de la edificación de iglesias, especialmente en la Tierra Santa, y en esta forma promovieron la importancia de Jerusalén.

La autenticidad de la adopción del cristianismo por C. ha sido asunto debatido ardientemente, en especial desde la descripción que hizo Jacob Burckhardt (*Die Zeit Konstantins des Grossen*, 1853), según la cual era un megalómano motivado solo por conveniencias políticas. La autenticidad del panegírico de Eusebio *(Vida de Constantino)* es ahora aceptada casi universalmente. Si C. aparece con frecuencia como fuera de la iglesia, es porque tenía un encargo celestial para asegurar el bienestar de la misma y los intereses de la paz y de la prosperidad imperiales que son bendiciones divinas. El se consideraba a sí mismo como el "siervo de Dios", junto o sobre los obispos, el *pontifex maximus* en vestiduras cristianizadas. Sus ideas religiosas estaban dominadas por una Suprema Divinidad que asigna responsabilidades y distribuye recompensas y castigos temporales y eternos. El culto, la observancia de la ley religiosa, tiene que ser correcta y unificada. Aquí se puede detectar la influencia de Lactancio.

La ambigüedad de gran parte de la vida pública de C. se explica porque, aunque cristiano, era un monarca absolutista que gobernaba un imperio todavía mayormente pagano. Su exaltación del cristianismo, que pasó a ser virtualmente la religión imperial, aunque cargada de funestas consecuencias a corto y a largo plazo, era inevitable una vez que el emperador se hacía cristiano, puesto que el estado religiosamente neutral o secular era desconocido en la antigüedad. D.F. WRIGHT

CONSTANTINO, FAMILIA DE. La familia de C. empieza a figurar en la historia con el matrimonio de Constancio "Cloro" (250-305 d.C.), oriundo de Iliria, con →Helena (c.248-328), mujer de humilde origen de Bitinia.

Como gobernador de Dalmacia Constancio se distinguió por su política sabia y benigna. Fue hecho César en el Imperio en 293 por el emperador Maximiano, con dominio sobre la Galia y Bretaña. Pero, para obtener este puesto, tuvo que repudiar a Helena y casarse con la hijastra de Maximiano, no sino antes haber engendrado con Helena a un ilustre hijo, Constantino (c.274).

En 305 Constancio adquirió el título de Augusto, con sede en York, Bretaña. Se distinguió por su humanidad. No participó en la cruenta persecución de los cristianos como sus colegas reinantes, →Diocleciano y Galerio. Según el historiador →Eusebio, Constantino (después de la muerte de Constancio) dijo que su padre respetaba al Dios de los cristianos.

En 306 murió Constancio y Constantino fue aclamado augusto por las tropas de su padre. (Ver el artículo sobre CONSTANTINO para la historia de este gran emperador.) Al morir Constantino (337) el Imperio fue dividido entre tres de sus hijos: Constante, Constantino II y Constancio II. El padre había favorecido a los cristianos pero no molestó a los paganos por sus creencias. Los hijos fueron más intransigentes. Abiertamente persiguieron a los paganos. Constancio II emitió leyes en contra de las religiones no cristianas. También persiguieron a los cristianos cismáticos; v.g. Constante a la fuerza suprimió a los →donatistas.

La controversia →arriana, que empezó durante el reino de Constantino I, continuó después de su muerte. Los hijos se dividieron sobre esta cuestión cristológica. Constante estaba con los atanasianos y Constancio con los arrianos.

Los hermanos se volvieron rivales y enemigos también en el campo político. Constancio II murió en una batalla contra su hermano Constante en 340. Uno de los generales de Constante obligó a éste a que se suicidara en 350. De esta manera Constancio II quedó como emperador único hasta su muerte en 361.

De ahí se puede ver que los hijos del gran emperador poco "adornaron" (Tito 2:9) la religión de su padre. Al contrario su conducta, sin duda, motivó en parte la reacción en contra del cristianismo que tuvo lugar en el reinado del siguiente emperador.

Tomó el lugar de Constancio su primo, Juliano (361-363), hijo del hermano de Constantino el Grande. Fue educado por cristianos pero reaccionó, repudió la fe cristiana y procuró restaurar el paganismo en el Imperio. Debido a esto al través de la historia subsiguiente ha llevado el nombre de →"Juliano el Apóstata".

Con la muerte de Juliano tocó a su fin la dinastía constantiniana pero su influencia en la historia fue profunda e indeleble.

WILTON M. NELSON

CONSTANTINOPLA. Muchos siglos antes de que Constantino estableciera la ciudad de C., los mergarios habían fundado una colonia en el mismo lugar del lado europeo del Bósforo. Al establecer la colonia en el s.VII a.C., estaban plenamente conscientes de sus ventajas comerciales y estratégicas al situar la comunidad en el deslinde entre dos continentes y a la entrada de dos mares, el Negro y el Mediterráneo. El historiador griego Polibio vio la importancia de esta ubicación. En el s.II a.C. escribió que los habitantes de Bizancio controlaban los buques comerciales que entraban o salían del Mar Negro, poniéndose así en situación muy poderosa.

Cuando Constantino se convirtió en emperador a principios del s.IV d.C., inmediatamente reconoció que Roma estaba demasiado lejos para ocuparse de los problemas orientales del Imperio Romano. Al principio pensó en situar su capital oriental en el lugar de la antigua Troya, pero pronto cambió eligiendo a Bizancio. El 11 de mayo de 330 Constantino dedicó la "Nueva Roma" y llamó "Constantinopla" a su nueva capital. Los historiadores señalan este acontecimiento como el principio del Imperio Bizantino, aunque esto haya tenido lugar bajo el Imperio Romano.

Constantino fue responsable de una nueva dimensión del trono imperial. Se consideraba el representante de Dios en la tierra y otorgó un carácter sagrado a su poder soberano. Cuando hizo del cristianismo la religión estatal del Imperio Romano, era muy lógico que asumiera un papel entre los obispos de la iglesia como si fuera uno de ellos. El emperador demostró esto en la estructura física de la ciudad al hacer del edificio de la iglesia el centro de la misma, lo cual puede hallarse todavía en muchas ciudades y pueblos orientales. Así la iglesia y el estado comenzaron a trabajar en C. de manera más uniforme.

Los ss.IV y V fueron el período de las grandes herejías dentro de la iglesia cristiana. Mientras se luchaba en estas batallas teológicas, C. comenzó a emerger como el segundo centro de poder religioso, solo superado por Roma en importancia. El obispo de C. comenzó a competir con el obispo de Roma en cuanto a la primacía dentro de la iglesia cristiana. El nuevo poder que llegó con la Nueva Roma proveyó el fundamento para que el oriente griego se considerara igual al occidente latino. A medida que la influencia germánica penetraba en Roma y, dado que el paganismo todavía dominaba gran parte de la vida romana, los dirigentes eclesiásticos del oriente se sentían menos leales a la autoridad del papado romano. Por otro lado, C. era una capital que tenía todo el poder y el prestigio que correspondían a su rango. La ciudad oriental era, además, griega y tendía por lo tanto a separarse de Roma en lo concerniente a asuntos eclesiásticos.

Después que los turcos ocuparon la ciudad en 1453, el patriarca de C. continuó ejerciendo su oficio allí. Los turcos por lo general trataron a sus súbditos cristianos con generosidad. En realidad, con el establecimiento del sistema *millet* de los turcos otomanos (naciones religiosas dentro de un imperio) fue posible la supervivencia de la Iglesia Ortodoxa Griega durante los cuatro siglos de gobierno turco. Hasta el día de hoy el patriarca de C. es cabeza de la →Iglesia Ortodoxa Griega, aunque ésta no incluye a las otras ramas de la ortodoxia oriental.

GEORGE GIACUMAKIS, Jr.

CONSTANTINOPLA, PRIMER CONCILIO DE (381). Convocado por Teodosio I, al cual concurrieron obispos de las diócesis civiles de Oriens, Asia, Ponto y Tracia al principio, y posteriormente por Timoteo de Alejandría y Ascolius de Tesalónica. Confirmó principalmente decisiones anteriores: la designación de Melecio para Antioquía y de →Gregorio Nacianceno para Constantinopla; aceptación del credo de Nicea y de la *homoousía* del Espíritu Santo por Dámaso de Roma (372), por el Concilio de Antioquía bajo →Melecio (379) y por Teodosio (380), cuya condenación de herejes está reflejada en el canon 1. La autoridad de este concilio local del oriente, titulado "ecuménico" en 382, fue reconocida en Calcedonia.

Cuando Melecio murió y Gregorio se retiró, atacado por ser nombrado a una segunda sede (Constantinopla), el concilio designó a Flavio para Antioquía y a Nectario, un funcionario del gobierno, para Constantinopla. El concilio presentó seis cánones (el séptimo es espurio) para que los ratificara el emperador, Teodosio. El canon 1 confirma la fe nicena y anatematiza a todos los herejes, mencionando a los anomeos, eudosianos ("homoeanos"), neumatómajoi, sabelianos, plotinianos y apolinarianos. El canon 2 prohíbe a los obispos actuar fuera de la diócesis civil de su sede, aunque las iglesias madre puedan todavía regular a las iglesias entre los bárbaros. El controvertido tercer canon le otorga a Constantinopla la primacía después de Roma "porque Constantinopla es la nueva Roma". Alejandría se mostró resentida por esta relegación y Roma rechazó la prominencia política como base de una supremacía eclesiástica. El canon 4 cancela el *Acta* de Máximo, mientras que el 5 y el 6 (probablemente promulgados en 382) aceptaban los "tomos" de Roma y de Antioquía y reglamentaban las acusaciones contra los obispos. El *Acta* de Calcedonia (451) atribuye el credo de Nicea a este concilio. Posiblemente conocido por Epifanio de Salamina ya en 374, fue probablemente basado en un credo local utilizado para el bautismo de Nectario. G.T.D. ANGEL

CONSTANTINOPLA, SEGUNDO CONCILIO DE (553). Quinto concilio ecuménico. Para entender sus decisiones y decretos es necesario investigar algunos de los acontecimientos previos. El Concilio de →Calcedonia (451), que había intentado presentar ambos lados de la cuestión de la encarnación acerca de la naturaleza de Cristo, no produjo la unidad esperada por sus dirigentes. En lugar de ello, las decisiones de Calcedonia provocaron la controversia monofisita que vejó a la iglesia por siglos. Egipto y otras regiones del Oriente Medio fueron los mayores centros del →monofisismo y se mantuvieron en permanente conflicto con Constantinopla y con Roma. Los emperadores Justino y Justiniano trataron de usar la fuerza para imponer la ortodoxia, designando obispos ortodoxos para las sedes de las regiones monofisitas. Sin embargo, estos obispos solo pudieron ocupar sus puestos con ayuda policial, porque las masas estaban claramente en favor de los monofisitas.

Justiniano decidió en 531 cambiar su política y seguir una de componenda. Esto probablemente se debió a la influencia de Teodora, su esposa, que secretamente era creyente monofisita y pudo ablandar la ortodoxia de su esposo. Así el emperador comenzó a poner en vigor una política doble en cierto sentido. Por un lado se oponía al monofisismo, como se evidencia en un edicto contra ellos en 536; por otro lado, deseaba agradar a su esposa, de manera que permitió a los monofisitas restablecer su iglesia en Constantinopla en 543. Cuando el Segundo Concilio de C. tuvo lugar, el emperador deseó agradar a los monofisitas haciendo que el concilio y el papado condenaran los →Tres Capítulos, incluyendo a Teodoro de Mopsuestia, Teodoreto de Ciro e Ibas de Edesa, que estaban todos vinculados con el →nestorianismo, directamente opuesto al monofisismo. El concilio anterior había absuelto del cargo de herejía a estos hombres. Justiniano, antes de 553, condenó a estos tres dirigentes, y los obispos orientales en su mayoría se sometieron a este edicto. Los obispos occidentales, sin embargo, incluso los africanos y el papa Virgilio, se negaron a firmarlo.

El concilio, al que en 553 concurrieron 165 obispos, condenó los Tres Capítulos, así aproximándose a la posición monofisita. Al mismo tiempo condenó también al otro extremo: el →origenismo. Otra decisión del concilio fue la de agregar un título a María, la madre de Jesús. Además del ya existente de *Theotokos* (Madre de Dios), el concilio le otorgó también el de *Aeiparthenos* (Siempre Virgen). Así fijaron en el dogma de la iglesia la perpetua virginidad de María y consideraron a los hermanos de Jesús mencionados en Mr. 3:31,32 como hermanos de padre, primos o parientes cercanos.

Desde la época del Segundo Concilio se puede empezar a hablar de lo característico de la ortodoxia bizantina en contraste con la Iglesia Occidental. Una de las peculiaridades es este especial interés en sintetizar los dos extremos del cristianismo respecto a la naturaleza de Cristo.

GEORGE GIACUMAKIS, Jr.

CONSTANTINOPLA, TERCER CONCILIO DE (680). Sexto concilio ecuménico. Con el surgimiento del islam a mediados del s.VII, hubo un notorio intento por parte del emperador por consumar la unidad y atraer nuevamente a los monofisitas a la Iglesia Ortodoxa. Una de las formas en que se intentó esto fue mediante el énfasis llamado →monotelismo. Este fue introducido por el emperador Heraclio en 638 con el apoyo del patriarca Sergio. Se declaraba sencillamente que en Cristo había dos naturalezas, pero no dos voluntades. Cristo era una sola persona y, por lo tanto, actuaba con una sola voluntad.

Unos pocos jerarcas egipcios favorecían la nueva interpretación, pero la mayoría de los cristianos orientales la rechazaban. Este concilio deseaba traer la unidad religiosa entre Roma y C. Por lo tanto rechazó el monotelismo y reiteró la definición de Calcedonia, agregando la interpretación de que Cristo tenía dos voluntades así como dos naturalezas. El concilio llegó a anatematizar a los dirigentes del monotelismo y a restablecer la fe ortodoxa. También condenó al ya muerto papa Honorio porque había aprobado al monotelismo. Debido a estas decisiones y a que el islam había ocupado gran parte del Medio Oriente, las alas →nestoriana y →monofisita de la iglesia se apartaron en forma permanente de la Iglesia Ortodoxa.

GEORGE GIACUMAKIS Jr.

CONSTANTINOPLA, CUARTO CONCILIO DE. De los dos concilios celebrados en Constantinopla en esta época es dudoso cuál debe ser considerado como el octavo concilio ecuménico. La iglesia oriental reconoce solo siete concilios ecuménicos, pero a veces admiten un octavo concilio que tuvo lugar en 879 bajo la dirección del patriarca →Focio de C. El occidente latino, sin embargo, reconoce el octavo concilio ecuménico como el que se realizó en 869 bajo el patriarca Ignacio. Este último había decicido reprender la inmoralidad del emperador César Bardas; Ignacio fue arrestado y el laico Focio fue rápidamente designado en lugar suyo. Ignacio, exiliado, renunció entonces voluntariamente. No obstante, los partidarios de Ignacio, que consideraban a Focio como ilegal, pudieran convencer al papa Nicolás I para que interviniera. Este convocó a un sínodo en Roma que inmediatamente votó excomulgando a Focio y restaurando a Ignacio. Focio a su vez convocó a un contra sínodo y depuso al papa romano.

El apoyo principal para Focio provino del emperador Miguel III. Pero el monarca fue asesinado en 867 y su sucesor, Basilio, decidió restaurar a Ignacio como patriarca. Basilio convocó el concilio de 869 que votó contra Focio y en favor de Ignacio. En otro acto del concilio condenaron a los monotelitas y a los iconoclastas como lo habían hecho concilios anteriores. Focio, sin embargo, fue designado de nuevo para la sede patriarcal poco después de la muerte de Ignacio en 877. Entonces convocó su propio concilio de Constantinopla en 879. Anuló el concilio de 869, lo calificó como fraudulento y volvió a adoptar el Credo de Nicea. El concilio habló específicamente contra el *Filioque,* la frase "y del Hijo" que fue agregada al Credo de Nicea por la iglesia del occidente para mostrar que el Espíritu Santo procedía tanto del Hijo como del Padre. El concilio finalizó alabando las virtudes de Focio.

GEORGE GIACUMAKIS Jr.

CONSTANZA, CONCILIO DE (1414-1418). El papado medieval sufrió una serie de reveses durante el s.XIV, incluso el traslado de los papas desde Roma a →Aviñón y el →Cisma de Occidente, cuando durante algún tiempo llegó a haber dos y aun tres personas que reclamaban el título de papa. En otras ocasiones habían existido antipapas pero no habían llegado a revestir la gravedad del cisma del s.XIV porque en este último las naciones europeas se alineaban tras sus respectivos papas rivales. Hubo muchas sugerencias de poner fin al cisma, y constituye un gran mérito para el oficio de papa el que muy pocos hayan pensado en abolir esa institución. La decisión finalmente aceptada por dirigentes tales como Jean →Gerson y Pierre d' Ailly fue la de convocar a un concilio que representara a toda la iglesia para resolver el asunto.

Uno de los papas, Juan XXIII, que estaba en dificultades militares, decidió convocar al Concilio de Constanza para asegurarse la ayuda de →Segismundo, emperador del Santo Imperio Romano. El emperador deseaba celebrar un concilio para realzar su prestigio, reformar la iglesia y suprimir la herejía. Asistieron a esta asamblea representantes de las autoridades laicas, obispos y abades o sus representantes, y delegados de otras corporaciones eclesiásticas y de las universidades. Pasaron varios meses antes que el concilio alcanzara su poder pleno y, en lugar de votar por cabeza, el grupo fue organizado en cinco naciones según el modelo de las universidades medievales. Cada nacionalidad –italianos, alemanes, ingleses, frances y españoles– tenía un voto al presentarse a la votación. Esto reducía la influencia de los numerosos clérigos italianos presentes.

Entre sus logros, el concilio dio fin al cisma papal deponiendo a los tres papas y eligiendo a Martín V. El problema de la herejía fue encarado en el caso de Juan →Hus. Hus llegó a Constanza con un salvoconducto del emperador, creyendo firmemente que podría convencer al concilio de que sus puntos de vista no eran heréticos. Este salvoconducto no fue respetado y Hus fue encarcelado, juzgado y quemado por herejía. La ejecución de Hus no extinguió su enseñanza, más bien condujo a las guerras husitas. En materia de reformas, el concilio obtuvo dos victorias impresionantes pero fue ineficaz en la mayor parte de los asuntos prácticos. Aprobó los decretos *Sacrosancta,* que afirmaban la autoridad de los concilios sobre la iglesia, y *Frequens*, que establecía los intervalos en que los concilios deberían reunirse. En asuntos específicos, no obstante, no se hizo mucho progreso. Varias comisiones del concilio trabajaron en la supresión de los abusos relacionados con los impuestos y otras medidas papales. Cada partido estaba dispuesto a corregir lo que no afectara a su propio y egoísta interés. Como resultado se le presentó a Martín V un proyecto de detalles que aceptó en principio pero que no se preocupó de poner en vigencia.

ROBERT G. CLOUSE

CONSTITUCIONES APOSTOLICAS. Ocho libros acerca de la práctica pastoral y litúrgica de la Iglesia. Son atribuidos a Clemente de Roma, pero fueron compilados por un arriano oriental a fines del s.IV. Rechazados a causa de su influencia herética por el Concilio Trullano II en 692, tuvieron poca influencia regulativa en la iglesia griega, aunque pueden encontrarse fragmentos en las colecciones orientales de derecho canónico. En esta obra se toma y se actualiza material procedente de obras anteriores como la →*Didascalia* (principios del s.III) y la *Tradición Apostólica* de Hipólito (c. 200-220). Por ejemplo, la epiclesis en las C.A. es más concreta que la invocación del Espíritu en la *Tradición Apostólica,* y un ayuno de cuarenta días precede ahora a la Pascua, mientras que la *Didascalia* prescribe un ayuno para Semana Santa únicamente. Además, las →órdenes menores han aumentado para incluir al subdiácono, portero y cantor. Inclusiones significativas son el "Gloria" y la llamada Liturgia Clementina de la misa. El libro 8 contiene los →*Cánones Apostólicos.*

G.T.D. ANGEL

CONSUBSTANCIACION. Término usado para describir el punto de vista de Lutero acerca de cómo Cristo está presente en la Eucaristía, aunque este término no aparece en sus escritos. La opinión de Lutero era que Cristo está presente "bajo (o con) las especies del pan y el vino", posición que ya había sostenido →Guillermo de Ockham. No obstante, Lutero insistió que sabemos que Cristo está presente solo a través de la Palabra cuya promesa lo garantiza. Una unión de lo terrenal y lo celestial ocurre en el sacramento, pero el pan y el vino no son cambiados en substancia, explicación que Lutero encontró demasiado razonable. La pregunta que lo intrigaba más bien era por qué Cristo estaba realmente presente. Su respuesta era: para nuestra salvación. "Por supuesto –afirmaba– es un milagro que el cuerpo y la sangre de Cristo estén en el sacramento y no sean visibles; pero aun así estamos satisfechos de saber que mediante la Palabra y la fe están allí". ROBERT B. IVES

CONSUBSTANCIAL. Término ocasionalmente utilizado en relación con la controversia arriana del s.IV. El sector ortodoxo, conducido por →Atanasio, definía al Hijo como *homoousios:* de la misma e idéntica esencia o substancia que el Padre. Los grupos arrianos enseñaban que era *homoiusios* (esencia semejante) o *homoios* (semejante) o *anomoios* (desemejante). El griego *ousía* (esencia) tenía un impreciso equivalente latino en *substancia,* y *consubstantialis* se convirtió así en el equivalente del ortodoxo *homoousios.* J.D. DOUGLAS

CONTARINI, GASPAR (1483-1542). Embajador y cardenal veneciano. Después de ser educado en Padua conforme a su nacimiento en la nobleza, en 1521 se convirtió en embajador de la república de Venecia ante Carlos V. Posteriormente también se desempeñó en España, Inglaterra y Roma. Fruto de esta actividad fue su *De Magistratibus et Republica Venetorum.* Su general integridad (en parte resultado de su adopción del Nuevo Saber) hizo que el papa Pablo III lo declarara cardenal en 1535, aunque era laico. Previamente, sin embargo, había demostrado en su defensa de la inmortalidad del alma (1516) y en su tratado contra Lutero (1530), ser un competente teólogo. Favorecía una reforma dentro de la iglesia y por este motivo fue puesto en la comisión establecida por Pablo III para sugerir reformas. Sus proposiciones, formuladas en 1537, se titulaban *Consilium de emendanda ecclesia,* y para muchos eran demasiados radicales, de manera que el libro fue colocado en el →Indice en 1539. Anteriormente a esto fue obispo de Belluno. En 1541 concurrió a la Dieta y Conferencia de Ratisbona, donde hizo un valeroso intento por atraer de nuevo a su iglesia al movimiento luterano. También redactó un tratado sobre la justificación que, en opinión de otros católicorromanos, iba demasiado lejos en dirección a la doctrina protestante. Murió mientras se desempeñaba como legado en Bolonia en una época cuando la →Inquisición estaba comenzando a hacer difícil la vida de los reformistas católicos. PETER TOON

CONTRARREFORMA. Movimiento en favor de la reforma y la expansión misionera dentro de la ICR de los ss.XVI y XVII. Esto fue acelerado, quizás originado, por la →Reforma Protestante. Se expresó en una variedad de modos. Una manera de reformar la iglesia que ya tenía gran prestigio era renovar las órdenes monásticas. Reconocidos por el papa en 1528, los →capuchinos, que trataban de rescatar los ideales de Francisco de Asís, se dedicaron a obras de caridad y evangelización. Creaciones enteramente nuevas, indicadoras de los tiempos cambiantes fueron los →teatinos (1524), clérigos de Somasca (1532), →bernabitas (1533), →ursulinas (1535) y →oratorianos fundados por →Felipe Neri (1575). Trataron de mostrar que los antiguos ideales de celibato, castidad, sacrificio propio y servicio por amor compasivo todavía se podían practicar en el s.XVI. Sin embargo la orden más importante en fundarse fue la de los →jesuitas, establecida por bula papal en 1540 pero ya formada en Roma 18 meses antes por →Ignacio de Loyola, →Francisco Javier y otros. La "Compañía de Jesús" tenía el propósito de ser una sociedad de sacerdotes que ministraban a los pobres, educaban jóvenes y evangelizaban a los paganos. Ciertamente hicieron esto pero también demsotraron ser una poderosísima fuerza antiprotestante, contando entre sus teólogos a Roberto →Belarmino y a Pedro →Canisio.

Otro tradicional enfoque de reformas fue mediante un concilio general. El emperador Carlos V deseaba que tal concilio se celebrabara en Alemania, pero el Vaticano se oponía a esto. Algunos católicos, conducidos por hombres tales como el cardenal →Contarini, deseaban la reconciliación y ganar a los protestantes mediante el diálogo (cp. Coloquio de →Ratisbona, 1541) y a través de un concilio ecuménico, pero fue el elemento conservador de la iglesia el que resultó triunfante. Esto dio fruto en la Inquisición Romana desde julio de 1542 y en el Concilio de

→Trento (1545-63). El último estaba bajo el control directo del papado y no tenía intención de hacer concesiones al protestantismo en sus declaraciones doctrinales. Sus decretos disciplinarios trataban de reformar la estructura de la iglesia e incluían el establecimiento de seminarios en cada diócesis para mejorar el nivel del clero.

Con Pío V (1565-72), comenzó un período de renovación interna dentro de la Curia Romana y el Vaticano. Además de ser un militante antiprotestante, Pío también publicó edictos contra la simonía, la blasfemia, la sodomía y el concubinato en su propia iglesia. En 1568 reformó el breviario, restaurando la lectura de las Escrituras a un lugar dominante. El poder devocional de la C. se reflejó más, no obstante, en la religión personal que en las reformas litúrgicas. Aparte del aumento general de las confesiones personales y de las comuniones, fue ésta una época no solamente de místicos: →Teresa de Avila, los carmelitas y Juan de Yepes, conocido como →Juan de la Cruz, sino también →Francisco de Sales, autor de *Introducción a la vida devota* (1609), que relacionaba la piedad con las situaciones de la vida fuera del monasterio.

El término "Contrarreforma" también se aplicó en sentido político para referirse al despertar de las potencias católicas de Europa. Esto duró desde cerca de 1562 hasta 1629, en un tiempo cuando Francia era débil internamente y los poderosos Habsburgos tenían mano libre para su política extranjera. Alentado por Pío V, una liga de príncipes católicos, que incluía a Felipe II de España, actuaba para defender a la iglesia y destruir el protestantismo. Aunque la Armada Española fracasó en su intento de capturar Inglaterra, se registraron éxitos en Europa: en Polonia, por ejemplo. La Guerra de los →Treinta Años fue desde 1618 hasta 1635 una guerra religiosa, en la que los calvinistas combatieron contra los protestantes. En esta contienda los católicos alcanzaron un gran éxito al expulsar de Bohemia a los husitas y al protestantismo y haciendo por fuerza que el pueblo adoptara la antigua religión.

Algunos eruditos atribuyen el comienzo de la C. a hombres tales como →Jiménez de Cisneros y →Savonarola, obteniendo ímpetu en el s.XVI y continuando con diferentes grados de éxito a través del tiempo hasta hoy. El Concilio →Vaticano II es considerado en esta forma como parte del movimiento total en pro de la renovación. PETER TOON

CONTRARREMONSTRANTES. Nombre dado a los defensores de la ortodoxia calvinista en las controversias holandesas de principio de la década de 1600 surgida por las enseñanzas de →Arminio y sus seguidores. Teólogo de Leyden, Arminio trató de suavizar la doctrina de la predestinación intentando así preservar algo del libre albedrío. Su colega, Francisco →Gomar, atacó sus puntos de vista como innovaciones peligrosas y la controversia se extendió rápidamente. Luego de la muerte de Arminio en 1609 sus seguidores publicaron la →*Remonstrance* de 1610 manifestando la postura →arminiana. En 1611 apareció la *"Contrarremonstrance"* que reiteraba la postura ortodoxa según era entendida por el calvinismo escolástico. En general destacaba que la predestinación no dependía en manera alguna de los actos humanos y así la salvación quedaba asegurada para los electos. Más particularmente sostenía que la predestinación no está basada en el presciencia de Dios acerca de la elección del hombre; los niños, aunque incapaces de hacer una elección madura, pueden estar entre los electos; la elección se debe a la gracia solamente y el hombre no coopera en ella; Cristo murió por los electos a quienes quiso salvar; éstos tienen la salvación asegurada y estas doctrinas conducen a una vida virtuosa, no a la negligencia. Durante varios años siguió la ardiente controversia entre el pueblo así como entre teólogos. Para los que favorecían la postura de los c., los remonstrantes parecían quitar la seguridad de la salvación y hacerla depender de la voluntad humana más bien que de la gracia divina. Los problemas políticos también aparecieron envueltos. Los remonstrantes eran poderosos en la provincia de Holanda y estaban apoyados por el gobernante de ésta, Jan van Oldenbarneveldt, quien favorecía la autonomía provincial más que la centralización y era partidario de la paz con España; los c., por lo tanto, acudieron al *stadhouder* Mauricio de Orange, quien favorecía la continuación de la guerra dirigida por un gobierno centralizado. La lucha política entre Mauricio y Oldenbarneveldt resultó en el aprisionamiento de este último y en su ejecución posterior bajo el cargo de alta traición. Así en el Sínodo de →Dort, que se celebró a renglón seguido (1618), los c. controlaban la situación. Las doctrinas remonstrantes fueron condenadas, sus ministros expulsados de los púlpitos y sus dirigentes desterrados como alborotadores de la paz pública. Los cánones de Dort se convirtieron en una de las normas de la Iglesia Reformada

Holandesa. DIRK JILLEMA

CONTRICION. En la teología católica la →penitencia es "el dolor del alma y la detestación del pecado cometido, junto con el propósito de no pecar en adelante" (Concilio de →Trento). La c. exige un doble acto: sentir dolor por el pecado, y desear no pecar en el futuro. Sin ella no puede obtenerse el perdón, por lo que debe manifestarse al confesor. El "acto de contrición" se efectúa mediante una oración formal que dice el penitente después de la confesión.

La c. puede ser perfecta o imperfecta. La primera procede del amor desinteresado a Dios, quien es el supremo motivo. La imperfecta, llamada también "atrición", es resultado del temor al castigo divino. Entre los escolásticos se discutió mucho sobre si la atrición era suficiente para obtener el perdón. La mayoría opinaba que sí (aunque no aparte del sacramento).

CARMELO E. ALVAREZ

CONTROVERSIAS PASCUALES. Controversias que se produjeron durante los ss.II al VIII sobre la fecha de la celebración de la →Pascua de resurrección. Las Iglesias Oriental y Occidental usaban, desde sus inicios, criterios diferentes para determinar esa fecha. La Iglesia Oriental la observaba el mismo día en que los judíos celebraban la pascua, e.d., el 14 de Nisán. Ello significaba que podía caer en cualquier día de la semana. La Iglesia occidental siempre celebraba la pascua en domingo. No obstante, no fue sino en la época de →Carlomagno cuando se estableció definitivamente la práctica de celebrarla el primer domingo después del plenilunio que ocurre en el equinoccio de primavera o inmediatamente después de éste.

Según →Policarpo, la práctica oriental se remontaba hasta el apóstol Juan; y hasta Sixto, obispo de Roma a principios del s.II, la costumbre occidental, según →Eusebio. →Víctor I, a fines del mismo siglo, procuró en vano imponer la costumbre occidental a toda la Iglesia. En el 325, el →Concilio de Nicea trató de fijar la fecha de la celebración decretando que debía ser el primer domingo después del equinoccio vernal; pero dificultades técnicas impidieron llegar a una solución definitiva. Estas dificultades eran provocadas por el empleo de diferentes →calendarios. Algunas iglesias se guiaban por el calendario lunar judío. Pero, puesto que a este calendario le faltaban once días, la pascua podía caer antes del verdadero equinoccio (aunque el 14 de Nisán, según ese calendario, marcara el plenilunio después del equinoccio). Roma llegó a fijar el equinoccio en el 25 de marzo; y Alejandría, el 21 del mismo mes, que es la fecha correcta según el calendario juliano. Pero se usaron aun otras fechas y métodos de cómputo eclesiástico, especialmente entre las iglesias celtas. Aunque las iglesias del occidente y del oriente resolvieron finalmente las dificultades técnicas y establecieron así una práctica común en sus respectivas jurisdicciones, todavía se emplea en el oriente un método distinto al del occidente, por lo que en la fecha de la celebración de la pascua puede haber una diferencia de hasta cinco semanas.

MILLARD SCHERICH

CONVERSION. Cambio radical, transformación, dar la vuelta. El término se aplica a las respuestas no religiosas frente a los estímulos o a la reorientación de actitudes o comportamientos mentales, pero por lo general el propósito es referirse a una c. religiosa. El término no tiene un lugar destacado en el NT, pero la idea de c. está muy presente en ambos testamentos, en especial con relación a la predicación apostólica del Evangelio mediante el cual los hombres son convertidos a Jesucristo. El arrepentimiento (volverse de) y la fe (ir hacia) son generalmente los dos lados de la c.; estas palabras figuran más prominentemente en el lenguaje bíblico.

La c. es un acto consciente de parte de un sujeto, no un acontecimiento experimentado en forma pasiva. Para el cristiano, la vida cambiada de la persona convertida es la expresión exterior de un corazón transformado. Ejemplos bíblicos son la c. de Pablo (Hch. 9), el eunuco etíope (Hch. 8:26-40), el Hijo Pródigo (Lc. 15:11-32) y Zaqueo (Lc. 19:2-10). Aunque se piensa en la c. sobre todo con referencia a personas, también hubo sociedades y naciones profundamente afectadas por despertamientos religiosos. Entre estos está Israel bajo Moisés y durante el reinado de Ezequías, Nínive como resultado de la predicación de Jonás y, más recientemente, acontecimientos tales como el despertar inglés bajo John →Wesley y el avivamiento galés.

La necesidad que los pecadores tienen de convertirse es manifestada por Jesús en Mt. 18:3 y por los apóstoles en Hechos 3:19; 15:3. En Hechos la c. también es presentada bajo la figura de los dos caminos y elegir el Camino del Señor (9:2; 19:9,23; 22:4; cp. Stg. 5:19, 20). El camino nuevo implica una clase de vida nueva (Ef. 5:2; Col. 1:10; 2:10-12). *El Peregrino,* de →Bunyan, es un clásico que presenta la c. como entrar en una peregrinación que lleva desde la Ciudad de Destrucción hasta la Ciudad Celestial.

La c. involucra elementos intelectuales, emocionales y volitivos, incluyendo la relación doctrinal de una afirmación del señorío de Cristo, aceptación de su obra redentora, devoción personal a él, compromiso de compañerismo con una comunidad de cristianos y transformación ética de la vida.

Se ha intentado hacer muchas explicaciones de la c. religiosa. La mayor parte, siguiendo a William →James, ven la c. como una unificación consciente o reunificación de un ser, hasta entonces dividido, con un sentido de entereza, rectitud y felicidad como resultado. La c. es así vista como un profundo paso en la creación de una personalidad. El lenguaje bíblico respecto al hijo pródigo ("volviendo en sí") es una clara semejanza. Otras explicaciones incluyen términos como éstos: integración de la personalidad, nuevo ser, libertad, reorientación y lavado de cerebro. La tesis de William Sargent, aunque interpretada como una crítica a las técnicas del lavado de cerebro en las conversiones religiosas, generalmente llama la atención hacia los peligros de la manipulación religiosa.

En un sentido bíblico, la c. es el alma que vuelve a Cristo, y la unión con él en su muerte y en su resurrección, simbolizada por el bautismo; es como entrar por fe en una nueva vida (Ro. 6:1-14).

SAMUEL J. MIKOLASKI

CONVOCACION. Nombre dado a cada una de las dos asambleas provinciales del clero en la Iglesia de Inglaterra: las de Canterbury y York. El origen de estas c. se pierde en la antigüedad medieval, pero se asegura que preceden al Parlamento. Hasta 1665 cobraron impuestos al clero más bien que el Parlamento pero en 1717 las dos c. fueron suspendidas hasta 1852 (Canterbury) y 1861 (York). La suspensión surgió principalmente debido a los choques entre los *Whig Upper Houses* (obispos) y los *Tory Lower Houses* (otros clérigos). A veces se dice que la Iglesia de Inglaterra fue paralizada por esta suspensión, pero tratándose de una iglesia establecida por ley del país, el gobierno de la misma tenía lugar a través del Parlamento que en Inglaterra era una corporación cristiana. Más recientemente estas c. reclamaron poderes sobre la doctrina y la liturgia de la Iglesia de Inglaterra, pero esto era mayormente un mito dado que los cambios en la ley básica de la iglesia tenían que llegar a través del Parlamento. En 1920 la Asamblea Nacional de la Iglesia de Inglaterra (generalmente llamada *Church Assembly*) empezó a funcionar junto con las convocaciones. En 1969 la *Synodical Goverment Measure* casi fusionó la *Church Assembly* y las c. en un nuevo Sínodo General, aunque formalmente todavía quedan las c.

G.E. DUFFIELD

CONVULSIONARIOS. La tumba de un joven →jansenista, Francois de París, fue escenario con posterioridad a 1727 de una serie de supuestos milagros. Los jansenistas consideraban esto como una reivindicación de su causa y miles de personas visitaron el cementerio de San Medardo. La conducta extática de los visitantes llevó a ponerles el sobrenombre de "convulsionarios". Aun después que el cementerio fue clausurado por las autoridades, los mismos fenómenos eran producidos por porciones de tierras llevadas desde la sepultura. El movimiento terminó desprestigiado.

J.D. DOUGLAS

COORNHEERT, DIRK VOLKERTZOON (1522-1590). Humanista y evangélico holandés. N. en Amsterdam y se estableció en Haarlem como hábil grabador. Siendo joven leyó mucho sobre asuntos religiosos en escritos de Erasmo, Lutero, Calvino, Menno, Frank y otros y se formó en él una especie de humanismo evangélico, destacando el rol de la Biblia como maestra de ética. Era experto en latín y fue secretario municipal. Ya mayor se relacionó con Guillermo de Orange y con la creciente oposición contra del dominio español. En 1566 ayudó a redactar el manifiesto contra la injusticia del gobierno español y en 1568, como estallara la revuelta, cruzó la frontera a Cleves; allí trabajó como agente de Guillermo. Durante un breve regreso a Haarlem (1572) entró en controversia con los calvinistas militantes y volvió a su trabajo en Cleves; un segundo regreso (1577) y resultó en lo mismo y teniendo unos sesenta años se trasladó a Emden (1585) y finalmente a Gouda.

C. escribió ampliamente sobre asuntos religiosos y sus puntos de vista lo llevaron a controversias con católicos, con menonitas y con Calvino (acerca del pecado original); Calvino replicó brevemente en 1562), también Beza y muchos otros. Según C., el hombre tiene libre albedrío y puede elegir a Cristo, quien es divino pero su papel consiste en conducir a los hombres a una dignidad moral.

Ni la iglesia ni el estado deben interferir en el ejercicio de este libre albedrío. Sus puntos de vista influyeron sobre Arminio (que fue designado para refutar a C., pero más bien llegó a concordar con él en muchos puntos). Su principal obra religiosa (1568) es *Zedekunst: dat is Wellenvenskunst.* C. fue también personaje de alguna importancia en literatura; tradujo obras latinas (Séneca, Boecio y parte de una versión latina de la *Odisea*) y francesas (una versión francesa del *Decamerón*). Escribió una serie de "comedias" alegóricas sobre temas bíblicos. DIRK JELLEMA

COP, NICOLAS (s.XVI). Erudito franco-alemán. Hijo de Guillaume Cop, exmédico de la casa real, era profesor de medicina en el *College Sante Barbe* y pertenecía a un círculo de humanistas de París junto con Rousell y Calvino. En 1533 fue elegido como rector de la Universidad de París. Esto implicaba un sermón universitario el día de Todos los Santos. Eligiendo como texto Mt. 5:3, contrastó la esclavitud de la ley, que el hombre no puede cumplir, con los méritos salvíficos de Cristo. No dio gran importancia al valor de las buenas obras y vilipendió a los "sofistas" de la Sorbona por su intolerancia. El discurso está compuesto mayormente por citas de Erasmo y Lutero. Los teólogos actuaron en su contra acusándolo de herejía y tuvo que huir a Basilea. No se sabe nada más de él.
J.G.G. NORMAN

COPERNICO, NICOLAS (1473-1533). Médico y astrónomo polaco. El interés de C. por la astronomía surgió durante sus últimos años en Cracovia (1491-94); en lo sucesivo mantuvo su interés en esta ciencia durante toda su vida pero fue más conocido como un compasivo médico que como astrónomo. Su gran obra *De revolutionibus,* que señala el comienzo de la moderna era científica, no apareció hasta el año de su muerte. En esta obra establece la moderna teoría heliocéntrica: "En medio de todo se asienta el sol en su trono como si fuera sobre un dosel real gobernando a sus hijos, los planetas, que circulan a su alrededor".

Con anterioridad a C., era conocida que la *idea* de un sistema planetario heliocéntrico era más simple que uno geocéntrico pero, como se creía que los cuerpos celestes se movían en círculo (más bien que en elipse), esto no simplificaba mucho la cosa. Con falta de evidencias por observación en ambos sentidos, fue favorecido el esquema geocéntrico, si bien con fundamentos bíblicos muy endebles. C. insistía en que los movimientos planetarios eran mejor explicados por la teoría heliocéntrica. Sus investigaciones, aunque no fueron proscritas por la iglesia, tampoco fueron alentadas. Enseñó en Roma en 1533, pero Clemente III temía una reacción. En 1541 los puntos de vista de C. fueron ridiculizados en una comedia. *De revolutionibus* fue puesta en →*Indice* desde 1616 hasta 1758.

Después de la publicación de su libro los puntos de vista de C. se extendieron lentamente, minando no la religión sino la astrología. El efecto sobre la religión fue mayormente indirecto: en astronomía geocéntrica las estrellas fijas se encuentran apenas fuera de la órbita de Saturno; en la astronomía heliocéntrica están muy lejos y así es posible un universo infinito. Los teólogos argumentaban que Dios no pudo haber creado lo infinito, por lo tanto un universo infinito era un concepto ateo. R.E.D. CLARK

COPTA, IGLESIA. La iglesia cristiana en Egipto atribuye su origen a San Marcos y cuenta entre sus antecesores teológicos a Dionisio, Clemente, Orígenes y Atanasio. Iniciando la lucha que culminó en el Concilio de Calcedonia (451) estaba →Cirilo de Alejandría (m.444). En peligro durante el debate sobre el →nestorianismo estuvieron la unidad del Cristo encarnado y la eterna preexistencia del →Logos, doctrinas ambas que, según Cirilo, eran amenazadas por el énfasis de Nestorio en las dos naturalezas. Para Cirilo esto significaba dos personas. En el concilio, →Dioscoro (m.454) encabezó la causa monofisita en un esfuerzo que fue derrotado por la doctrina del papa romano León acerca de las dos naturalezas en una sola persona y por las ambiciones políticas del emperador bizantino Marciano. Dióscoro murió en el exilio, siendo héroe y mártir para la mayoría de los egipcios, los que rechazaban los sínodos de Calcedonia y al patriarca títere Proterio.

La oposición egipcia a Calcedonia fue más que teológica. Políticamente la derrota de Dióscoro significaba el triunfo de la joven sede de Constantinopla sobre Alejandría, el antiguo trono de Marcos. Culturalmente Calcedonia equivalía al triunfo del idioma griego sobre la cultura nativa de Egipto. El mismo nombre Iglesia "Copta" y el persistente uso del idioma copto en la liturgia y en la literatura muestran el vigor de la lucha de los egipcios por su identidad nacional.

En Egipto el siglo posterior a Calcedonia

quedó marcado por la guerra civil y religiosa. La posesión del trono de San Marcos se convirtió en una especie de juego ocupado alternadamente por los →melquitas (cristianos calcedonios todavía leales al emperador bizantino) y los →monofisitas, dependiendo de la capacidad del emperador en defender a su hombre contra la hostilidad de los coptos. Los intentos del emperador Zenón, de llegar a un arreglo para producir la unidad a los cristianos del oriente, fracasaron (482). Y también fueron inútiles los esfuerzos de Justino II para reconocer a dos patriarcas de Alejandría: uno melquita y otro monofisita. Virtualmente toda la población era monofisita en esa época (567).

La invasión musulmana de 642 casi destruyó la golpeada iglesia, penosamente debilitada por décadas de lucha religiosa. Aunque los coptos encontraron un alivio momentáneo al quedar librados de las presiones de Bizancio, la curación demostró ser peor que la enfermedad. Los conquistadores árabes usaron gravosos impuestos y otras amenazas para convencer a los coptos a que se hicieran musulmanes. Estas tácticas condujeron a conversiones masivas.

Bajo los califas, especialmente El-Haken biamr Allah (c.1000), la destrucción de iglesias y monasterios y la matanza de cristianos fueron acontecimientos que ayudaron a provocar las Cruzadas. Por el año 1100 el árabe había reemplazado al copto como idioma común. Para mantener su identidad, los coptos instruyeron a sus fieles en su canon y en su ley civil tradicionales (cp. la compilación mayor del patriarca Cirilo III, c.1236).

La llegada de los turcos en 1517 incrementó la historia de la persecución. Por 1700 los monofisitas habían sido reducidos al 5% de la población. De la una vez influyente comunidad monástica solo sobrevivían unos pocos monasterios. Aun antes de Calcedonia, el cristianismo egipcio mostraba un fuerte aspecto ascético que ha llegado hasta el presente. Las reformas de Muhammad Alí (c.1840) y las adicionales concesiones de los turcos (1911) permitieron alguna participación de los coptos en el gobierno y el establecimiento de escuelas e imprentas. Durante las recientes décadas de independencia, Egipto se ha visto oficialmente libre de intolerancia religiosa. Pese a ello los coptos tienden a sentir que les son negadas las oportunidades de progreso político y económico por la mayoría musulmana.

Los coptos todavía celebran el culto y observan los sacramentos conforme al rito alejandrino, con algunas modificaciones monásticas y sirias. La Eucaristía es ofrecida generalmente en una sola especie, y el bautismo es combinado con la confirmación como un sacramento prominente. Las misas son frecuentemente de dos horas de duración, perfumadas con abundante incienso y marcadas por triángulos y címbalos que dan el ritmo para el cántico.

Las cifras actuales estiman una población copta en Egipto de cerca de 4.000.000 en 24 diócesis, y una población católicorromana de 85.000 incluyendo más 100 sacerdotes. El patriarca copto, llamado papa de Alejandría, Pentápolis y Etiopía, es elegido por el pueblo a través de un tribunal religioso y está sujeto a la confirmación del gobierno. Su dominio sobre Etiopía ha sido *sine cura* desde 1959 cuando la Iglesia Etíope declaró su autonomía al consagrar a su propio obispo o *abuna*. DAVID S. HUBBARD

CORAN (QUR'AN). Libro sagrado del →Islam, compuesto de 114 capítulos o *suras* muy diversos en cuanto a contenido. Además de material histórico, incluye controversia doctrinal y legal, exhortaciones, admoniciones y enseñanzas escatológicas. Según la tradición musulmana, el c. existe en el cielo, conservado en una tablilla; su contenido le fue revelado al profeta Mahoma por el arcángel Gabriel. Hay pruebas de que Mahoma estaba familiarizado por lo menos con partes del AT y del NT, y el C. contiene referencias a Adán, Noé, Abraham, Moisés, David y Jesús. A Jesús se le llama "el hijo de María, el apóstol de Dios (4:156, etc.) y "Mesías"; pero "el Mesías, el hijo de María es solo un profeta" (5:79), ya que el radical monoteísmo del Islam no permite atribuirle a Jesús, ni a ninguno otro, la calidad de Hijo de Dios. En la tradición mahometana al C. se le considera divinamente inspirado, y por lo tanto infalible. Naturalmente, se han producido disputas respecto a interpretación, pero la autoridad básica del C. jamás se pone en tela de juicio. En consecuencia, poco progreso ha hecho la crítica histórica entre los musulmanes. E.J. SHARPE

COREA. El cristianismo fue sembrado en C. por coreanos, no por extranjeros. Los contactos misioneros anteriores fueron solo periféricos: el primer católico, de Céspedes, en 1593, como capellán de las tropas japonesas invasoras; y el primer protestante, Karl Gutzlaff, en 1832, que exploró las costas. No fue sino hasta que Lee Sung-hun regresó en 1784, ya bautizado, de una visita a la misión exjesuita de Pekín, que el catolicismo comenzó a extenderse entre los coreanos. En los siguientes cien años, a pesar de grandes persecuciones (1801, 1839, 1846, y 1866), la ICR, aunque era todavía un movimiento clandestino, creció hasta tener como 17.500 miembros. El primer misionero foráneo fue un chino, el Padre James Chou en 1794, seguido en 1835 por el Padre Pierre Maubant de la Sociedad Misionera de París.

También el protestantismo fue introducido por coreanos. Un año antes de la llegada en 1884 del primer misionero protestante residente, un coreano convertido de los misioneros escoceses en Manchuria, Suh Sang-yun, introdujo porciones bíblicas en coreano a la prohibida C. y reunió secretamente el primer grupo coreano de creyentes protestantes. Luego vinieron los misioneros: primero un médico presbiteriano, el Dr. Horace Allen y en 1885 dos clérigos: H.G. →Underwood (presbiteriano) y H.G. Appenzeller (metodista). El pionero en la apertura de C. del Norte fue S.A. Moffett. Fue en el norte que se vio un mayor crecimiento de la iglesia, especialmente después de 1895, reforzado y avivado después por el gran despertar de 1906-7. Hacia 1910 los protestantes habían ganado a los católicos 167.000, a 73.000. Los metodistas y presbiterianos cooperaban en un acuerdo de *"comity"*, pero el crecimiento fue mayor en las zonas presbiterianas que seguían el "Plan →Nevius", una estrategia que enfatizaba las clases de Biblia para todos los cristianos, testigos laicos, autosostenimiento, y autogobierno. La Iglesia Presbiteriana Coreana se organizó como cuerpo independiente en 1907; la Iglesia Metodista Coreana en 1930. Otras denominaciones importantes son los anglicanos (1890), adventistas del sétimo día (1903), la Iglesia de Santidad de la Sociedad Misionera Oriental (1907), y el Ejército de Salvación (1907). Los bautistas del sur reavivaron, después de la Guerra Mundial II, una obra anterior independiente.

La anexión de Corea por Japón en 1910 produjo vejámenes para la iglesia, que culminó con una abierta persecución cuando los cristianos, en la década de 1930, rehusaron las exigencias del gobierno de participar en ceremonias sintoístas. Pero al mismo tiempo, la identificación de los cristianos con el movimiento coreano de independencia ganó respeto en todo el país y una creciente red de hospitales y universidades cristianas amplió el testimonio cristiano. El final de la Guerra Mundial II abrió un segundo período de crecimiento eclesial que no pudo ser obstaculizado ni siquiera por los desastrosos cismas eclesiásticos de la década de 1950, la división del país ni la invasión comunista. A pesar de que toda C. del Norte se perdió para el cristianismo organizado, el número de adherentes protestantes se ha casi duplicado cada década desde 1940, y desde 1960 el crecimiencatólico ha sido todavía más rápido. Los grupos más grandes son los presbiterianos (1.438.000), los católicos (839.000), los metodistas (300.000) y la Iglesia de Santidad (217.000).

Oficialmente el cristianismo, que abarca solo menos de cuatro millones de adherentes incluyendo las sectas marginales, es más pequeño que el budismo (5.5 millones) y el confucianismo (4.42 millones), pero las estadísticas más realistas sugieren que las cifras reclamadas por esas religiones más antiguas, ya debilitadas, son exageradas, y que de hecho el cristianismo, con el 13% de la población, es hoy por hoy la más grande religión organizada en C.

SAMUEL HUGH MOFFETT

COREPISCOPO (gr. = "obispo de campo"). Tradicionalmente un obispo rural. La versión arábiga de los cánones de Nicea los establece "en el lugar de un obispo que está sobre aldeas, monasterios y sacerdotes de aldea". En el oriente el c. ejercía limitadas funciones episcopales antes de 314. Quince c. asiáticos y sirios firmaron los decretos de Nicea (325). El Concilio Dedicatorio de Antioquía (341) limitó las responsabilidades de éstos a cartas dimisorias, supervisar la iglesia en sus respectivas zonas, designar lectores, subdiáconos y exorcistas. Podían ordenar solo mediante la autorización de un obispo de la ciudad, de los diáconos o de los presbíteros. La Carta Sinodal de Antioquía hace referencia a "obispos de la campiña y ciudades adyacentes". Los cánones de Laodicea, de mediados del s.IV, prohíben que se designe a más obispos "en las aldeas y en los distritos rurales", pero los c. aparecen en Cesarea alrededor de 375, en el Concilio de Efeso en 431, en Roma en 449 y en el Concilio de Calcedonia en 451. El Segundo Concilio de Nicea (787) les permite designar lectores pero previo consentimiento del obispo. A fines del s.XII ya no existían.

Los c. occidentales, mencionados por vez primera en Riez (439), enfrentaron mucha oposición en el s.IX. Nicolás I (858-67) confirmó los actos episcopales de ellos, pero concilios del s.IX los cancelaron y prohibieron nuevas designaciones. Por el año 1048 ya se pensaba en ellos como equivalentes a arcedianos. C.T.D. ANGEL

CORNELIO (m.253). Papa desde 251. Su elección llegó después que la persecución iniciada por Decio se había extinguido, pero irónicamente despertó un problema dentro de la misma iglesia. Una minoría se declaró en favor de Novaciano, un ardiente partidario de la extrema disciplina eclesiástica que se negaba a admitir a los →*lapsi* al sacramento de la penitencia. C. convocó un sínodo al que concurrieron unos 60 obispos, excomulgó a Novaciano y a sus seguidores. Para esto C. contaba con el poderoso apoyo de →Cipriano de Cartago. Este consideraba seriamente a los caídos pero sostenía que la unidad de la iglesia visible debía mantenerse y estaba dispuesto a verlos restaurados sobre pruebas de su verdadera contrición y penitencia. Entre las cartas escritas por C. que se han conservado hay varias dirigidas a Cipriano. Cuando se renovó la persecución en 253, C. fue exiliado a Centumcellae (Civitavecchia) por el emperador Gallo y murió el mismo año. J.D. DOUGLAS

CORNELIO DE LAPIDE (1567-1637). Exegeta bíblico flamenco. Su nombre natal era Cornelius Corneliseen van den Steen y n. en Bolcholt, cerca de Lieja. Fue educado en los colegios jesuitas de Maastricht y Colonia, y a los 25 años de edad ingresó en la orden jesuita. Cuatro años después fue profesor de exégesis en Lovaina y en 1616 fue trasladado a Roma para enseñar la misma materia. Allí también completó su comentario sobre todos los libros canónicos, excepto Job y los Salmos. Sus obras tenían una imperecedera cualidad y resultaban especialmente atractivas para los predicadores debido a su claridad y profundo tono espiritual, respaldados por una erudición que capacitaba al autor para basarse en las obras de los Padres y de los teólogos medievales. La lista de sus escritos es impresionante, incluyendo lo que se publicó en forma póstuma.
GORDON A. CATHERALL

CORO. El coro de la iglesia puede ser investigado retrospectivamente hasta el establecimiento de la *schola cantorum* en Roma, probablemente en el s.IV. Sirvió para preparar cantores en canto litúrgico y de él surgió el coro papal. A su debido tiempo funcionaron similares *scholae* en otras partes, especialmente en París. Hasta el Renacimiento, la mayoría de los cantores adultos eran clérigos, y los c. se encontraban funcionando normalmente solo en las catedrales, instituciones monásticas y capillas de la aristocracia.

Lutero apoyó la continuación de las instituciones corales. Tales establecimientos como la *Thomasschule* en Leipzig, bajo una sucesión de distinguidos músicos, entre ellos J.S. →Bach en el s.XVIII, continuaron preparando coristas y afianzando la fama de la tradición coral luterana. Calvino restringió al unísono la música en el culto, canto congregacional de Salmos métricos. Las parroquias anglicanas adoptaron esta costumbre, pero la capilla real inglesa y las catedrales retuvieron los c. para entonar salmos en prosa y cantar himnos, hasta que fueron abolidos durante el *Commonwealth* (1649-60). Después de la "Restauración", también surgieron c. parroquiales voluntarios para ayudar a cantar la salmodia métrica. Tales agrupaciones paulatinamente añadieron himnos simples a su repertorio musical, y su ejemplo fue seguido en el s.XVIII por cada vez mayor número de capillas no conformistas.

En la América del Norte tuvo lugar un desarrollo paralelo a éste, especialmente en el apogeo del movimiento de la *singing school*. Los c. voluntarios tanto en América como en Gran Bretaña demostraron ser un atractivo social y recreativo al tiempo que contribuyeron al culto público y a veces a la controversia eclesiástica. En las grandes ciudades, durante el s.XIX se emplearon cuartetos profesionales, añadiendo así un elemento de diversión más que adoración. Algunas iglesias episcopales emularon la tradición inglesa de la catedral.

La mayoría de las tradiciones corales históricas están representadas en América: la de los moravos ininterrumpidamente desde cerca de 1740, y más cerca el característico canto *a cappella* del coralismo de la Iglesia Ortodoxa Rusa. También es importante la tradición colorida e improvisada de las iglesias afroamericanas con crecientemente influencia sobre muchos aspectos de la corriente práctica coral. J.B. MacMILLAN

CORPUS CHRISTI, FIESTA DE. Una de las grandes fiestas de la ICR para honrar la presencia de Cristo en el sacramento de la Comunión. Se celebra un jueves, el sexagésimo día después del Domingo de Pascua de Resurrección llevando la hostia en procesión y con acompañamiento de himnos. Como secuela de la proclamación del dogma de la transubstanciación durante el Cuarto Concilio →Lateranense en 1215, Juliana de Mont-Corneillon, mística belga, convenció en 1246 al obispo Roberto de Lieja a establecer una celebración especial en honor de la Eucaristía. Esta práctica fue hecha universal por el papa Urbano IV en su bula *Transiturus* en 1264; tal documento concedía indulgencias para quienes la observaran. El rechazo de la transubstanciación así como de la teoría de las →indulgencias por los Reformadores los llevó a suprimir esta festividad que fue la primera prohibida por Lutero.

MARY E. ROGERS

COSMOLOGICO, ARGUMENTO. A grandes rasgos, cualquier argumento en favor de la existencia de Dios que proceda de algún aspecto o aspectos del mundo hacia Dios. Más reducidamente, el término "cosmológico" está reservado para un grupo de argumentos que postulan la existencia de Dios como la explicación que de otra manera haría al universo inexplicable, "por qué debe haber algún mundo en vez de ninguno y por qué debe ser tal como es" (Leibnitz). Los primeros tres de los Cinco Caminos de Tomás de →Aquino son versiones del a.c. Dios es considerado como Incondicionado, el Motor Inmovible, la Razón Suficiente de todo lo que existe. Aparte de las objeciones teológicas o filosóficas a las pruebas en favor de la existencia de Dios, el a.c. requiere una cantidad de premisas dudosas, p.e.: para que algo cambie, tiene que ser cambiado y no puede haber un infinito regreso de tales cambios.

PAUL HELM

COSTA RICA. País ubicado al extremo SE de América Central con una área de 50.900 km² y 2.000.000 de habitantes. Fue descubierto por Cristóbal Colón en 1502 durante su cuarto viaje y lo llamó "Costa Rica". La conquista española de C.R. a veces fue pacífica, como en el caso de la expedición de Gil González en 1522 por C.R. y Nicaragua, cuando 32.000 indios fueron bautizados, y otras veces vergonzosamente violenta, como cuando Diego Gutiérrez en 1543 procuró conquistar la tierra de Talamanca.

A pesar de su nombre, C.R. fue la colonia más pobre en toda América Hispana. Llegaban pocos colonos (había solo 82 en 1569). Vinieron algunos misioneros, especialmente frailes →franciscanos, entre los cuales se destacó Pedro Alonso de →Betanzos quien vino en 1563. "La obra evangelizadora fue muy lenta", según el historiador costarricense, Ricardo Blanco; no obstante al fin del s.XVI "la mayoría de los indios... se habían convertido al cristianismo".

En 1531 fue eregida la diócesis de León en Nicaragua y en 1545 C.R. fue puesta bajo su jurisdicción y allí quedó hasta 1851, a pesar de las muchas súplicas porque fuese constituida en diócesis aparte. La de León formó parte de la arquidiócesis de Lima hasta 1742, año en que Guatemala fue constituida arquidiócesis, a la cual luego fue transferida la diócesis de León.

La colonia costarricense sufrió de descuido y olvido crónicos de parte de la jerarquía. Desde 1545 hasta 1851, o sea por 306 años, C.R. tuvo solo once visitas episcopales, un promedio de una cada 29 años. La vida religiosa de C.R. en la época colonial fue muy pobre y realmente hay poca historia eclesiástica hasta el s.XIX, cuando al fin en 1851 C.R. se convirtió en diócesis. En 1921 San José fue elevada a arquidiócesis.

La historia de la ICR en C.R. ha sido relativamente muy pacífica. No surgió en el país un →anti-clericalismo violento y perseguidor debido a que no se había formado un clericalismo tan corrupto y opresor como en otros países latinoamericanos. El clero costarricense había participado de la pobreza colonial. De modo que C.R. no fue plagada de las luchas terribles entre liberales y conservadores que debilitaron los otros países.

No obstante, a fines del siglo hubo un brote de liberalismo fuerte. En 1884 se emitieron leyes anti-clericales que expulsaron a los jesuitas y al obispo Thiel (temporalmente), prohibieron el establecimiento de conventos, secularizaron los cementerios y laicizaron la educación pública. (Fue precisamente durante esta época de liberalismo cuando llegó a C.R. el primer misionero evangélico en 1891.) Pero la pugna no duró muchos años. Se reestablecieron relaciones amistosas entre el Estado y la ICR, quedando ella como Iglesia de Estado y subvencionada por él, quedando C.R. el único país de Centroamérica en donde existe tal relación.

En 1942 pareció que el período de liberalismo moderado se había terminado al quedar electo a la presidencia Rafael Angel Calderón Guardia, muy amigo de la Iglesia Católica. Fueron revocadas las leyes de 1884. Resurgieron manifestaciones del viejo catolicismo y pequeños brotes de persecución religiosa. Pero veinte años más tarde todo esto cambió en forma casi repentina debido a los efectos liberalizadores sobre la misma Iglesia del →Concilio Vaticano II.

Entre el 90 y el 95% del pueblo costarricense es nominalmente católico y es relativamente religioso. Mientras en el resto de AL solo entre el 10 y el 15% del pueblo es católico practicante, en C.R. lo es el 25%. El movimiento bíblico y el carismático han atraído a muchos. (En 1975 se decía que había 10.000 católicos carismáticos.) Hay escasez de clero pero no tan aguda como en los otros países centroamericanos.

Durante la Epoca Colonial el protestantismo estaba proscrito. Entró primero como la religión de algunos inmigrantes que llegaron después de la Independencia (1821): alemanes e ingleses a mediados del s.XIX y suizos y jamaicanos a fines del siglo, los cuales contribuyeron mucho al progreso cultural y económico del joven país.

Vinieron no con propósitos misioneros sino seculares. Sin embargo algunos querían practicar su fe. El marinero comerciante inglés, Capitán William LeLacheur, quien en 1844 llevó el primer cargamento de café costarricense a Londres, consiguió permiso y por el año 1848 se celebró el primer culto protestante en el país, en San José y en una casa particular. Se organizó una iglesia interdenominacional y en 1865 se construyó la primera capilla que llevaba el nombre de *The Church of the Good Shepheard*. En 1896 se convirtió en Iglesia Anglicana y en 1947 en Episcopal.

A fines del s.XIX la construcción de un ferrocarril y los comienzos de la industria bananera motivaron la inmigración de muchos jamaicanos, que en su mayoría eran protestantes. Así en 1888 se organizó la segunda iglesia protestante en C.R., una iglesia bautista en Puerto Limón. En 1892 se fundó una iglesia metodista y en 1896 una anglicana. Todas eran de habla inglesa.

No fue sino hasta 1891 que el protestantismo tomó carácter misionero en C.R. En este año llegó Guillermo McConnell, el primer misionero de la recién fundada →Misión Centroamericana, con el fin de empezar la obra evangélica entre los nacionales. Pronto llegaron otros misioneros inclusive colportores de las sociedades bíblicas. Trabajaron duramente y con mucho fervor evangelístico pero en medio de recia oposición y a veces persecución. El progreso de su obra fue lentísimo. Después de veinte años de trabajo, en 1912 solo había 150 creyentes bautizados.

No fue sino hasta 1917 que llegó otra misión para trabajar en el país, la Iglesia Metodista Episcopal. El misionero norteamericano Jorge Miller y el pastor metodista mexicano Eduardo Zapata llegaron para comenzar la obra en Costa Rica de acuerdo con la división territorial hecha en el Congreso de →Panamá (1916) y por el →Comité de Cooperación en América Latina. Los metodistas dieron una dimensión social a la obra evangélica, estableciendo colegios y promoviendo el escultismo y la →temperancia. Pero también la causa metodista avanzaba muy lentamente. En 1937, después de 20 años de trabajo, los metodistas contaban con solo 262 comulgantes y cinco iglesias.

En 1920 Enrique y Susana de →Strachan, británicos con dieciocho años de experiencia misionera en la Argentina, fundaron la "Campaña para la Evangelización de América Latina" y en 1921 establecieron su cuartel general en San José. En 1927 una de las campañas se llevó a cabo en San José y dio un tremendo empuje a la aletargada obra evangélica costarricense. También la "Campaña" empezó a hacer trabajo institucional y se convirtió en la →Misión Latinoamericana, levantando algunas obras de gran envergadura, las cuales en 1971 se organizaron en una →Comunidad Latinoamericana de Ministerios Evangélicos (CLAME).

Pasaron 21 años antes de que entrara otra misión a C.R. En 1942 llegó el primer misionero de las →Asambleas de Dios, iniciando propiamente el movimiento pentecostal (si bien antes había habido algunos misioneros pentecostales independientes). En 1950 entraron dos otras misiones pentecostales: la →Iglesia de Dios (Cleveland, Tennessee) y la Santa Pentecostal, y en 1954 la Iglesia del →Evangelio Cuadrangular. Los grupos pentecostales siguieron multiplicándose hasta que en 1974 había por lo menos 16 trabajando en el país. Sus esfuerzos fueron fructíferos de modo que en 1974 había unos 24.000 en la comunidad pentecostal, o sea el 28% de toda la comunidad evangélica del país.

En 1943 se inició la obra bautista entre los costarricenses de habla española. Empezó como un movimiento nacional dividiendo la primera iglesia evangélica del país. En 1945 consiguió el apoyo de los →Bautistas del Sur, empezó a crecer y llegó a ser el grupo bautista más grande. En 1946 entró la misión de la Asociación Bautista Americana, en 1955 la del Compañerismo Bautista Mundial y en 1958 la de los Bautistas Bíblicos. En 1974 había por lo menos nueve entidades bautistas trabajando en el país con una comunidad de unos 11.000, el 13% de la comunidad evangélica.

Además había otros tipos de protestantes que llegaron a Costa Rica como los Adventistas del Séptimo Día (1927), dos grupos de menonitas (1961), la Iglesia del Nazareno (1963), la Iglesia de Dios (Anderson, Ind., 1935), el Sínodo Luterano de Misuri (1964) *et al.*

En 1974 había unas 50 entidades evangélicas trabajando en C.R. con una comunidad protestante total de 86.800, los cuales constituían el 4.6% de la población total. Además había organizaciones para-eclesiásticas como los gedeones, →ALFALIT, →Ejército de Salvación, →Instituto de la Lengua Española y varios grupos de universitarios evangélicos.

En 1950 se fundó la Alianza Evangélica Costarricense que prosperó hasta la década de los '70 cuando empezó a perder fuerza debido a la proliferación de denominaciones y ante los cambios habidos en la ICR que hacían innecesario un frente unido de los evangélicos para su protección.

WILTON M. NELSON

COTTON, JOHN (1584-1652). Ministro y escritor puritano. Se graduó en la Universidad de Cambridge y fue ordenado en 1610. Desde 1612 a 1633 fue vicario de la Iglesia Anglicana de Boston, Lincolnshire, Inglaterra. En 1633 emigró a la colonia de Massachusetts, donde asumió el pastorado de una iglesia en Boston. Siendo un dotado teólogo, rápidamente se convirtió en la figura dominante de la colonia, donde sus méritos teológicos frecuentemente se convirtieron en influencia política. Uno de sus adversarios dijo que algunas personas en Massachusetts "difícilmente podían creer que Dios permitiría que Mr. Cotton pudiera equivocarse". Se metió en tormentosas controversias con Roger →Williams y Anne Hutchinson, y ambos fueron expulsados de la colonia. Además, aunque personalmente no era democrático, ayudó a crear la forma de gobierno eclesiástico de Nueva Inglaterra mediante su libro *The Way of the Churches of Christ in New England* (1645). JOHN D. WOODBRIDGE

COURT, ANTOINE (1696-1760). Ministro de la Iglesia Francesa Reformada. Con éxito reorganizó a sus compañeros los protestantes franceses después que su iglesia había sido deshecha y dispersada por la revocación del Edicto de →Nantes (1685). El fanatismo, el desorden y la apostasía dominaban, y C. empezó a predicar y a organizar, insistiendo en el orden y en la moderación. En 1715 convocó en Monobet el primer sínodo provincial de la Iglesia Reformada de Francia celebrado en el país desde 1685. Sus sabias y responsables decisiones hicieron mucho por estabilizar las actitudes protestantes. En 1718 fue ordenado. Se organizaron otros sínodos lo cual resultó en creciente persecución. C. continuó aconsejando moderación y se retiró varias veces a Suiza donde, en Lausana, fundó y dirigió un seminario para preparar ministros. Escribió *Histoire des troubles des Cevennes ou de la guerre des →Camisards* (1760) y dejó considerable material en manuscrito que actualmente se encuentra en la biblioteca pública de Ginebra. HOWARD SAINSBURY

CRAIG, JOHN (1512-1600). Reformador escocés. Era un fraile dominico que llegó a ser una de las personalidades destacadas de la Reforma en Escocia, haciendo mucho por dar forma a la futura política de la iglesia nacional. Encarcelado en 1536 por herejía, se escapó y llegó a ser rector del convento dominico de Bolonia, donde su conversión al protestantismo había tenido lugar. Condenado a muerte por la Inquisición en Roma, logró llegar a Viena después de una serie de dramáticas evasiones y fue el predicador favorito del emperador Maximiliano II. Regresó a Escocia en 1560 y se unió a Juan →Knox como ministro colegiado de St. Giles', Edimburgo, dos años más tarde. En 1570 fue capellán de Jaime VI, haciendo el primer borrador del "Catecismo Escocés" y siendo en gran parte responsable de la "Confesión del Rey" (1581). D.P. THOMSON

CRANACH, LUCAS (1472-1553). Pintor alemán de la época de la Reforma. N. en Kronach, Franconia. Aprendió su arte en el estudio de su padre, Hans. En 1505 se estableció en Wittenberg a donde fue llamado para ser el pintor oficial de los electores de Sajonia. Además llegó a ser hombre de negocios próspero y por un tiempo fue burgomaestre de la ciudad.

Se hizo amigo de Lutero y abrazó el luteranismo. Fue padrino de su primer hijo. Del pincel de C. tenemos muchos retratos de destacados personajes de la época de la Reforma, entre ellos cuadros de Lutero en diferentes etapas de su vida, de su esposa Catalina y de Melanchton. Además de ser pintor religioso, era aficionado a la pintura de mujeres desnudas, lo cual revela que su vida profesional no fue muy influida por el espíritu de la Reforma. WILTON M. NELSON

CRANMER, TOMAS (1489-1556). Arzobispo de Canterbury desde 1533. N. en Nottinghamshire y fue educado en el Jesus College de Cambridge y allí llegó a ser *fellow*. Fue influido por opiniones humanistas y luteranas y se volvió vigorosamente antipapista. En 1529 Enrique VIII oyó que C. había sugerido consultar sobre su "divorcio" a los teólogos de las universidades y lo empleó con este propósito como un embajador en Europa. Mientras estaba en Alemania en 1532, C. se casó secretamente con Margarita, sobrina del reformador luterano →Osiander. A la muerte de Warham fue consagrado como arzobispo de Canterbury con aprobación papal. El mismo año declaró nulo el matrimonio de Catalina de Aragón. En años siguientes C. pudo producir una moderada reforma doctrinal reflejada en los →*Ten Articles* y el *Bishops' Book*. Apoyó a Tomás Cromwell para lograr la traducción oficial inglesa de la Biblia para la cual escribió un prefacio. Aunque no estuvo directamente implicado en la disolución de los monasterios, aprobó esta medida pero protestando contra los abusos financieros involucrados en la misma.

Con gran valor se opuso a una reacción católica que condujo a la caída de Cromwell. En los últimos años del reinado de Enrique y bajo su protección, C. comenzó la tarea de revisión litúrgica. En 1544 produjo los primeros oficios vernáculos, la letanía inglesa. Desde 1547 en adelante, bajo →Eduardo VI, tuvo mayor libertad para reformar la liturgia.

En 1549 el servicio de Comunión de su primer →Libro de Oración Común incorporó su recién adoptado enfoque recepcionista en el marco de la Misa Latina. La reacción de católicos ingleses como Gardiner y la de protestantes del continente europeo, como →Bucero y Mártir, fueron causa de un segundo Libro de oración en 1552. El servicio de Comunión aquí se aparta enteramente de la Misa Latina. El clímax del culto era entonces el recibir el pan y el vino mientras se permanecía de rodillas en torno a la mesa. Cranmer defendió su nuevo entendimiento de la Eucaristía en su obra teológica más importante: *The True and Catholic Doctrine of the Lord's Supper*. Publicó un libro de homilías, una confesión de fe en 42 artículos y una revisión del derecho canónico: *Reformatio Legum Ecclesiaticarum*. Luchó sin éxito contra las crecientes incursiones sobre las finanzas de la iglesia que se hacían en nombre de la Reforma. Se involucró en el complot para hacer reina a *Lady* Jane Grey solo después de una tenaz persuasión por parte del moribundo Eduardo VI.

Cuando en 1553 María Tudor ascendió al trono, C. fue condenado a muerte por traición, pero esta sentencia no fue cumplida. Bajo las renovadas leyes contra la herejía fue juzgado en Oxford, declarado culpable y fue degradado. Fue obligado a presenciar la quema de →Latimer y de →Ridley. Después de mucha presión firmó varias retractaciones por temor al sufrimiento y debido a su lealtad a la supremacía real. En la víspera de su ejecución recuperó su valor y marchó a su muerte en la hoguera el 21 de mayo de 1556 negando sus anteriores retractaciones y aceptando el sufrimiento por su fe.

NOEL S. POLLARD

CRAWFORD, DANIEL (1870-1926). Misionero al Africa central. N. en el pueblo escocés de Gourock. En 1887 se unió a los →Hermanos Libres. Dos años más tarde acompañó a F.S. Arnot al Africa central. Viajando solo llegó a Katanga en 1890. Después del asesinato del cacique Msiri un año más tarde, hizo extensos viajes, estableciéndose en 1895 en Luanza sobre el lago Mweru. Aparte de una visita ultramarina (1911-15), allí permaneció hasta su muerte. C. fue un vigoroso individualista que confiaba en apoyo no solicitado y prefería trabajar solo. Según su punto de vista, la predicación y la conversión individual eran lo más importante. Viajaba frecuentemente preocupándose poco por su salud y de su seguridad, y era adverso a la obra misionera institucionalizada. La educación en sus escuelas bíblicas de aldea se concentraba en las Escrituras que él mismo tradujo al luba (NT en 1904; AT en 1926). Sus conversos eran animados a participar en la enseñanza, la predicación y los asuntos de la iglesia.

D.G.L. CRAGG

CREACIONISMO. Teológicamente este término ha sido interpretado de diferentes maneras:

(1) Doctrina de que el universo ha sido creado por Dios de la nada, o (en años recientes) que el mundo ha sido creado hace unos pocos miles de años, en oposición a que ya tiene varios miles de millones de años.

(2) Doctrina de que fueron creadas las especies, en oposición al enfoque evolucionista.

(3) En la teología católica la doctrina (sostenida por Jerónimo, Hilario, Tomás de Aquino y otros, así como por Calvino), de que Dios crea de la nada cada alma nueva que viene al mundo, en contraste con el punto de vista traducionista (sostenido por Tertuliano, Lutero y otros) de que las almas son formadas naturalmente a medida que se desarrolla el cuerpo, o el de que son reencar-

nadas después de existencias previas (metempsicosis) en la tierra. Agustín sospechaba que el creacionismo y el pecado original eran incompatibles dado que una nueva creación por parte de Dios no podía estar contaminada con el pecado. Sin embargo, el catolicismo ortodoxo sostiene el c. y Aquino insiste en que su negación es herética. Según la teología medieval, la creación del alma ocurre en el cuadrágesimo día después de la concepción de un varón y en el octogésimo después de la de una hembra. R.E.D. CLARK

CRECIMIENTO DE LA IGLESIA. Teoría misional basada en la experiencia exitosa de dos misioneros norteamericanos, J. Waskom Picket y Donald A. McGavran, con la conversión de grupos culturales homogéneos en la India. La obra monumental de McGavran, *The Bridges of God* (1955, "Los puentes de Dios"), originó un fuerte movimiento dedicado al estudio y promoción del crecimiento de la iglesia cristiana entre los pueblos de la tierra. Desde 1964 el movimiento ha estado vinculado con la Facultad de Misión Mundial del Seminario Teológico Fuller en Pasadena, California.

Esta teoría sostiene que la misión cristiana tiene una finalidad evangelizadora que se concreta no solo en el anuncio del evangelio sino en el llamado a la conversión y la incorporación a la iglesia; que dicha conversión se da no solo entre individuos sino también entre grupos; y que hay dos etapas en el proceso de cristianización: discipulado y perfeccionamiento, el primero de carácter estrictamente evangelístico, y el segundo, ético-educacional.

Se destaca también por su análisis socioteológico del fenómeno de crecimiento en comunidades cristianas. En él, la humanidad es considerada como un gran mosaico cultural compuesto de numerosas "unidades homogéneas" que son la base de la expansión de la iglesia. Por eso los grandes momentos de expansión eclesial se caracterizan por la conversión de pueblos enteros, tribus, clanes o grupos sociales homogéneos. De ahí que los proponentes de esta teoría acentúen lo numérico, aunque algunos, notablemente Alan R. Tippett, hayan enfatizado otros aspectos del crecimiento de la iglesia.

Completan el cuadro una serie de principios estratégicos. Según este movimiento, la iglesia crece más rápidamente cuando sus adeptos no tienen que cruzar barreras culturales. Al principio de "unidades homogéneas" hay que agregar el de resistencia-receptividad: el hecho de que hay ciertos segmentos de la sociedad que son más accesibles al evangelio que otros. Para lograr un crecimiento acelerado se necesita, pues, dar prioridad a los sectores receptivos, sin descuidar los otros. En áreas donde la iglesia está establecida, el crecimiento más rápido se logra concentrando el trabajo en la formación de nuevas congregaciones y no en la adición de miembros a las ya existentes. Finalmente, el adiestramiento de laicos y la investigación socio-religiosa estimulan el crecimiento. Así se fortalecen los agentes evangelísticos naturales, y se descubren impedimentos internos y de las áreas más propensas a crecer.

En AL, la escuela del C. de la I. se conoce por el estudio realizado por Read, Monterroso y Johnson en la década de los sesenta sobre el avance del protestantismo en AL. Más recientemente algunas instituciones y estudiosos de la materia han cuestionado algunos de los principios de esta teoría y han propuesto perspectivas alternas. Entre estos figuran el Instituto Internacional de Evangelización a Fondo de San José, Costa Rica.

ORLANDO E. COSTAS

CREDO. "Declaración concisa, formal y autorizada sobre puntos importantes de la doctrina cristiana básica". La palabra viene del latín *credo* ("creo"), dado que la declaración de fe incluye no solamente la aceptación de la verdad, sino también una entrega personal: *Credo in Deium*, "Creo en Dios". El c. fue llamado también *regula fidei* como un equivalente del oriental *kanon tes aletheias*, la norma de la fe, siendo *kanon* la escuadra del constructor. El término *symbolum*, el "santo y seña" militar, o *tessera*, también fue usado, por el cual los fieles resultarían conocidos unos a otros en todo el mundo en contraste con los herejes. Los c. fueron tanto el más antiguo desarrollo de la fe formal de la iglesia como la primera y más auténtica expresión de la tradición oral. Probablemente han surgido partiendo de formas rudimentarias de confesión que encontramos ya en el NT, p.e.: Ro. 10:9; 1 Co. 12:3; no solo en el bautismo sino también en el culto y en la instrucción. (Tanto la forma trinitaria como la exclusivamente cristológica se usan en el NT). Por el s.IV estas confesiones se habían vuelto uniformes, y el →Credo de los Apóstoles en el occidente y el Credo de →Nicea en el oriente eran las únicas confesiones en uso. G.S.B. COX

CREDO APOSTOLICO. Declaración de fe usada tanto en las iglesias católicas como en las protestantes del occidente. Al principio tratada con suspicacia por las Iglesias Orientales, es ahora aceptada como ortodoxa aunque no se utiliza en los cultos públicos. El origen del credo se halla en la fórmula aprendida por el catecúmeno en el curso de su preparación para el bautismo en la iglesia primitiva. Esta clase de confesión era llamada *symbolum* y no pretendía ser un sumario de la doctrina cristiana sino una breve declaración acerca de la Trinidad y de la persona y obra de Cristo. Dado que parte importante de la catequesis consistía en memorizar el *symbolum* y en repetirlo bajo la supervisión del obispo, no es de extrañarse que sobrevivan muy pocos ejemplos escritos del antiguo credo bautismal. La vieja forma romana, no obstante, se conoce a través de un comentario hecho por Rufino (c.404). Dado que virtualmente existe el mismo Credo en la versión griega de Marcelo de Ancira (c.340), se supone que data de la época en que el lenguaje litúrgico de Roma era todavía el griego (antes de 250). El servicio bautismal descrito en la *Tradición Apostólica* de Hipólito (c.215) presenta un credo similar en forma de preguntas dirigidas al candidato, demandando una triple respuesta de fe.

La estructura del antiguo credo romano era trinitaria, con una considerable expansión del segundo artículo acerca de Cristo que incluía una lista de sus actos salvíficos proclamados en el primitivo *kerygma.* Tres eruditos alemanes (K. →Holl, A. von →Harnack y H. →Lietzmann) han aducido vigorosamente que el Credo es la unión de una fórmula trinitaria (quizá derivada de Mt. 28:19) con sumario cristológico independiente. Otros estudiosos (p.e.: J.H. Crehan) afirman que la parte cristológica era la primitiva confesión bautismal.

El antiguo credo romano se convirtió en modelo seguido por toda iglesia del occidente. Nicetas de Remesiana estaba usando un texto similar a fines del s.IV. En el s.VI Cesáreo de Arlés da evidencias de un proceso de elaboración ocurrido en la Galia y que, eventualmente, obtuvo la aceptación de la propia Roma. Estas frases adicionales son siete: "creador del cielo y de la tierra"; "concebido"; "muerto"; "descendió a los infiernos"; "todopoderoso"; "católica" y "comunión de los santos". El ejemplo más antiguo de texto latino exactamente en la forma actual, data del s.VIII. No existe fundamento para aceptar lo dicho por Rufino en cuanto a que cada apóstol contribuyó con un artículo para formular este credo. No obstante, constituye una útil y sucinta declaración de fe que hoy es usada frecuentemente en el culto. Aunque ya no está restringida al bautismo, debe servir como una constante recordación de la confesión bautismal del cristianismo.

JOHN TILLER

CREDO DE ATANASIO. Hay que distinguir entre dos credos: (1) el Credo →Niceno; (2) el Credo de Atanasio o *Quicumque Vult,* conocido también como *Fides Catholica.* Se ignora como el último se hizo conocer como C.A. (aparte de que expresa sentimientos nicenos), pero aparentemente fue escrito en latín, después traducido al griego y es posterior a Atanasio. Ha sido usado ampliamente en el occidente entre los →anglicanos (en el *Libro de la Oración Común*), católicos y protestantes. La controversia de la tardía Edad Media entre el oriente y el occidente sobre la doble →procesión del Espíritu Santo (que el Espíritu Santo procede del Padre y del Hijo) intensificó su uso en la liturgia de las iglesias occidentales. Pero en la actualidad su utilización está disminuyendo.

Tanto en el prefacio como en la conclusión se afirma que la creencia en las verdades que manifiesta es necesaria para la salvación y anatematiza la fe que difiere. Está compuesto por 40 oraciones gramaticales rítmicas y es así más un sermón o un himno didáctico que un credo. Expone la doctrina de la Trinidad y las relaciones divinas, la encarnación y las dos naturalezas de Cristo e incluye declaraciones acerca de la obra de nuestro Señor como Salvador y Juez. Es un valioso compendio de fe ortodoxa y contiene una de las mejores confesiones cristianas acerca de la Trinidad: "adoramos a un solo Dios en Trinidad; y la Trinidad en la unidad; no confundimos las personas ni dividimos la sustancia".

En cuanto a su origen, Babcock sugiere que debe ser fechado o bien en la segunda mitad del s.IV o en el s.V, pero no más tarde que en el s.VI. Parece reflejar puntos de vista agustinianos o fue conocido por él. Recientemente algunos lo atribuyeron a →Ambrosio, mientras que otros lo adjudican a escritores de la Galia, tales como →Hilario. Los errores a los cuales se opone son primeramente →arrianos, apolinarios y sabelianos, más bien que nestorianos y eutiquianos. Los paralelos trazados entre el *Quicumque Vult* y las cartas enviadas desde el Concilio de Constantinopla de 382, parecen confirmar el período 381-428 como fecha de su redacción. Aparece en los manuales de ciertas iglesias ortodoxas orientales, incluso la *Horologio* griego y en libros de culto rusos del s.XVII, pero traducido de la versión griega, omitiendo la cláusula *Filioque*. SAMUEL J. MIKOLASKI

CREDO NICENO. El Credo Niceno (N) fue promulgado en 325 por el Concilio de →Nicea para defender la fe ortodoxa contra la herejía arriana y afirmar la consubstancialidad del Hijo con el Padre. Este credo relativamente breve, probablemente se basó en credo(s) de origen sirio-palestinienses en los cuales se interpoló el énfasis niceno.

Pero la designación de C.N. se emplea también ambiguamente respecto al credo usado en el culto eucarístico de la iglesia que no solo es más extenso sino diferente del C.N. Aquél se conoce como Credo Niceno-Constantinopolitano (C.N.C.). Lo híbrido del título refleja la opinión popular, aunque errada, de que en el siguiente concilio ecuménico, Constantinopla (381), se había producido otro credo que ampliaba la fórmula del niceno. Pero una cantidad de consideraciones arrojan muchas dudas sobre la identidad de C.N.C. y sus relaciones con el C.N.: (1) ni en los cuatro cánones del Concilio de Constantinopla ni en la carta oficial a →Teodosio, se menciona credo alguno. En efecto, la primera vez que C.N.C. aparece es en el Concilio de →Calcedonia (451) en donde se leyó "la fe de los 150 padres". Hay, pues, absoluto silencio respecto al credo constantinopolitano de 381 a 451; (2) la comparación entre C.N.C. y C.N. demuestra la ausencia de fórmulas claves de la fe nicena, tales como la participación del Hijo en la "substancia del Padre". Tales omisiones hacen difícil aceptar que sea una versión modificada de C.N.; (3) el Credo de Jerusalén que Epifanio incorporó en su tratado *Ancoratus* (c.374) es prácticamente idéntico a C.N.C.

Entre las muchas sugerencias para la solución de este misterio están: que se empleó C.N.C. en el bautismo y consagración episcopal de →Nectario; que Cirilo de Jerusalén presentó el credo revisado de Jerusalén en el Concilio como testimonio de su ortodoxia; que el segundo concilio ecuménico reafirmó C.N.; y que C.N.C., un credo de origen siriopalestino, fue incorporado como fórmula ilustrativa en sus *tomos*.

La famosa y divisiva cláusula del *Filioque* se le añadió a C.N.C. en el tercer concilio de →Toledo en España (589); pero la iglesia de Roma continuó usando el credo en su forma original hasta comienzos del s.XI.

G.L. CAREY

CREDO ROMANO ANTIGUO. Ya a fines del s.II este arquetipo del →Credo Apostólico era el credo oficial de la iglesia de Roma. La copia más antigua del credo que existe se halla en la *Tradición Apostólica* de Hipólito (m.235), aunque la primera referencia al mismo data aproximadamente de 150 en *De praescriptione* de Tertuliano. El primer escritor occidental que presentó el texto con un comentario fue →Rufino, en el s.IV. El credo aparece también en el Códice E^a (Codex Laudianus[35] de la Biblioteca Bodleiana de Oxford), el cual data de fines del s.VI o principios del VII. El credo tuvo sin duda como base la confesión de Pedro (Mt. 16:16), que formó su núcleo. WATSON E. MILLS

CREMACION. Reducción a cenizas de los restos humanos. Fue muy practicada en el mundo antiguo, excepto en Egipto y en China. La c. entre los antiguos israelitas era excepcional (p.e.: 1 S. 31:12). Los estruscos y los griegos transmitieron esta práctica a los romanos entre cuya aristocracia se volvió de moda y popular. Aunque los primitivos cristianos no temían a la c., preferían seguir las costumbres judías en cuanto a sepultar. El desarrollo de la doctrina cristiana en cuanto a la resurrección del cuerpo físico fue la razón principal de su falta de popularidad en Europa. Su moderno desarrollo en la Gran Bretaña puede ser rastreado hasta 1874 (fecha de la fundación de la Sociedad pro-cremación), y en los EUA hasta 1876. Desde entonces ha ganado en popularidad. Las estadísticas correspondientes a 1960 revelan que un tercio de los que murieron en el Reino Unido fueron cremados, y la proporción se está incrementando. La ICR todavía lo prohíbe como medio de disponer de los cadáveres. JAMES TAYLOR

CREMER, HERMANN (1834-1903). Teólogo protestante alemán. Fue profesor de teología en la Universidad de Greifswald (1870), combinando esto con un pastorado urbano que mantuvo hasta su muerte y rehusando mayor promoción. Resistió vigorosamente al movimiento liberalizante en la teología. En su *Die paulinische Rechtfertgungslehre im Zusammenhange ihrer geschichtlichen Voraussetzungen* (1899) reafirmó la interpretación tradicional de la soteriología de Pablo. En esta obra también, con lo que W. Eichrodt llamó "la percepción del genio", C. describió la "justicia" como un "término de relación", estando aparentemente entre los primeros en hacerlo. Su obra mejor conocida fue *Biblisch-*

theologisches Wörterbuch, en la cual define teológicamente las palabras y los términos griegos usados en el NT. J.G.G. NORMAN

CRISIS, TEOLOGIA DE →DIALECTICA, TEOLOGIA

CRISMA (gr. *jrisma* **= "ungimiento").** Mezcla de aceite y bálsamo que se usa en las Iglesias Romana y Bizantina en ciertas ceremonias litúrgicas: al conferir los tres sacramentos que pretenden poner una señal especial en el alma y fortalecerla espiritualmente (bautismo, confirmación y ordenación), y en la consagración de iglesias, cálices, patenas, bendición de campanas de iglesias y agua bautismal. Hay un procedimiento muy detallado y formal para la consagración del c. en la ICR, lo cual es hecho por un obispo el Jueves Santo. Se supone que Cristo mismo usó el c., pero la evidencia de esto no es auténtica, aunque fue usado por los primitivos cristianos. Alegóricamente, el aceite de oliva simboliza fortaleza, y el bálsamo, la fragancia de la virtud. L. FEEHAN

CRISOSTOMO, JUAN (c.347-407). Obispo de Constantinopla. N. en Antioquía de encumbrados padres cristianos. Estudió filosofía y retórica (bajo el celebrado profesor pagano Libanius) antes de adoptar la vida religiosa bajo la dirección de →Melecio y →Diodoro de Tarso. La responsabilidad hacia su madre viuda postergó sus aspiraciones monásticas hasta cerca de 373, fecha en que se hizo ermitaño en las montañas cercanas. Duras austeridades perjudicaron su salud y regresó a Antioquía para ser hecho diácono por Melecio (381) y sacerdote por →Flaviano (386), y le fue confiada la predicación en la catedral. Aquí en la década siguiente presentó la mayor parte de su serie de sermones, especialmente sobre libros bíblicos, que le valieron el nombre de *jrysostomos* ("boca de oro"). Fue el más distinguido de los predicadores de la patrística griega que sobrepasaba en aplicaciones morales y espirituales en la tradición antioquena de exégesis literal, la cual era por lo general desinteresada y aun inculta en teología especulativa y controversial. Sus *Homilías sobre las estatuas* (387) dominaron a una congregación aterrorizada por el castigo imperial por estatuas rotas durante un alboroto contra los impuestos.

En 398 fue involuntariamente designado patriarca de Constantinopla. Allí su inflexible celo reformista, y su inocencia política molestaron a la emperatriz Eudoxia y algunos clérigos, incluyendo a Teófilo, obispo de la rival Alejandría. Estos se las arreglaron para hacerlo condenar sobre 39 cargos, incluso por herejía origenista, en el sínodo del Roble, cerca de Calcedonia (403). Fue depuesto y exiliado, pero rápidamente se lo volvió a llamar. De nuevo enfureció a Eudoxia al desobedecer un *fiat* imperial en cuanto a sus deberes de obispo, lo cual llevó a un derramamiento de sangre durante los bautismos de Pascua. Nuevamente fue desterrado (404) a Cucusa, Armenia segunda. Allí demostró ser tan accesible e influyente que se le ordenó emigrar a Pitrus, al E del Mar Negro. Murió en Comana, Ponto, en 407, a consecuencia de este viaje forzado. El papa Inocencio I rompió la comunión con Constantinopla, Alejandría y Antioquía a causa de la deposición de C. y la reestableció solamente después que éste hubo sido vindicado póstumamente. Sus restos fueron sepultados en Constantinopla con honores el año 438.

Los escritos de C., en atractivo estilo ático, se conservan casi todos. Además de los centenares de sermones (entre ellos un conjunto de homilías bautismales recientemente descubiertas y ocho contra los judíos), hay 236 cartas respecto a su segundo exilio y varios tratados prácticos, incluyendo *El sacerdocio,* discusiones sobre la vida monástica, un folleto sobre la crianza de niños y una polémica apología antijudía.

Por su estilo directo, aunque sencillo, su integridad y su vivaz y seria enseñanza sobre las costumbres cristianas, C. ha disfrutado de una estima mayor a la de los demás Padres. Después de Agustín, ninguno de ellos gozó de tanto prestigio entre los reformadores. D.F. WRIGHT

CRISTADELFIANOS. Secta fundada por un médico inglés, John Thomas (n.1805) que emigró a Norteamérica en 1832 y se relacionó al principio con los →campbellitas y los →milleritas. Volvió a visitar Inglaterra tres veces. Fundó iglesias de las cuales la principal siempre estuvo en Birmingham, aunque hubo varios grupos separatistas. El dirigente británico que ejerció mayor influencia fue Robert Roberts, fundador del periódico *The Christadelphian* y expositor de las doctrinas de esta secta en su libro de texto típico: *Christianity Astray from the Bible* ("Cristiandad extraviada de la Biblia").

Sus adherentes aceptan la Biblia como única autoridad. Rechazan la inmortalidad del alma. Son antitrinitarios y creen en un Dios personal, el Padre. Sostienen que Jesucristo no tuvo existencia antes de nacer de la Virgen María, excepto en la mente del Padre. Aunque su cuerpo era necesariamente "impuro", personalmente estaba libre de pecado, y recibió en su bautismo la divinidad residente del Padre a través del Espíritu Santo. Espíritu Santo es el nombre que se da al poder de Dios en acción. No hay diablo personal sino que Satanás es una personificación del pecado en la carne. La muerte de Cristo en la cruz no es expiatoria sino para "expresar el amor del Padre en un sacrificio necesario por el pecado". La salvación viene por perseverar en buenas obras y aceptar las doctrinas de los c. y el bautismo. Los c. rechazan cualquier enseñanza acerca de un "cielo más allá del cielo astronómico", aunque destacan las promesas formuladas a Abraham y a Israel y esperan el regreso de Jesús para que reine permanentemente en Jerusalén. Los salvos serán resucitados para vivir por siempre en una tierra renovada, mientras que los inicuos serán aniquilados.

Son democráticos en cuanto a organización, y como hermanos no tienen un ministerio separado. Cada iglesia es independiente, aunque miembro de la hermandad c. más amplia. Se estima que hay unos 20.000 c. en la Bran Bretaña y quizá un número igual en los EUA. Difunden sus puntos de vista mayormente a través de conferencias y exhibiciones bíblicas. J. STAFFORD WRIGHT

CRISTIANOS ALEMANES ***(Deutsche Christen).*** La llamada Iglesia Cristiana Alemana que reflejó al principio la política eclesiástica de la dictadura nazi. Después de la Guerra Mundial I, las tradiciones nacionalistas y racistas del protestantismo alemán del s.XIX se expresaron en varios movimientos. Con el ascenso de Adolfo Hitler alcanzaron, a menudo por la fuerza, gran influencia en la iglesia. En un extremo estaban los que convertían la sangre y destino de Alemania en una religión pagana, hostil al cristianismo tradicional ("Movimiento de fe alemana"); mientras que por el otro extremo el "Movimiento de Fe de los cristianos alemanes", apoyado por teólogos de la talla de Emanuel Hirsch y (durante un tiempo) Friedrich →Gogarten, creían que Dios estaba llamando a la iglesia, por medio de la situación de la Alemania de entonces, a convertirse de nuevo en la iglesia del pueblo alemán, con una fe viviente liberada de un pasado muerto y ajeno y con una unidad organizativa de una *Reichskirche* bajo la autoridad de un *Reichsbischof.* De este modo puede considerarse una explotación nacionalista de la teología liberal; su rechazo del AT y del elemento judío en el cristianismo tenía quizá relación con ella. El apoyo de los nazis a los C.A. menguó después de 1934, aunque bastó para mantener a muchos en sus posiciones oficiales. No habían logrado darse cuenta de que Hitler no tenía la intención de que el estado nazi estuviera complementado por una iglesia cristiana nazificada pero todavía influyente. (→Barmen, declaración de). HADDON WILLMER

CRISTIANOS HISPANOAMERICANOS EN EUA. La comunidad hispana en los EUA continental se extiende a los días de la conquista y colonia española. Regiones como el sur, suroeste y oeste gozan de una presencia cristiana hispana que antecede por varios siglos a la "anglo" (término que en EUA se usa hoy para designar a la comunidad blanca anglo-parlante). Ello ha dado a dichas regiones un trasfondo cultural hispano y ha dejado una huella imborrable en su historia eclesiástica.

Los hispanos en EUA en 1980 constituían la segunda minoría étnica, con una población que superaba a los 20 millones de habitantes, y se estimaba que llegaría a ser la minoría más numerosa en el país para 1985. Se distribuían a lo largo y ancho del continente norteamericano: en el O y SO, donde se halla la mayoría de mexicoamericanos; en el SE (principalmente en el estado de Florida), donde predominaban los cubanos; en el medioeste, donde se encontraban los mexicanoamericanos y puertorriqueños; y en el NE donde radicaba una mayoría de puertorriqueños. Los dos sectores mayoritarios son los mexicanoamericanos y puertorriqueños con una fuerte minoría de cubanos, dominicanos, mexicanos, centroamericanos y sudamericanos. Existen también pequeñas comunidades de habla portuguesa, distribuidas principalmente en el NE.

Ciertamente la presencia cristiana en la comunidad hispana estadounidense es principalmente católica y así lo fue casi exclusivamente por cerca de tres siglos. Sin embargo, desde las últimas décadas del s.XIX, ha habido un número creciente de protestantes.

El protestantismo hispano en EUA comienza por obra de las Juntas de Misiones Domésticas de las diversas denominaciones históricas, principalmente bautistas, congregacionales, metodistas y presbiterianas. En ciertas áreas metropolitanas, como Nueva York, la obra es comenzada por congregaciones "anglas" o sociedades misioneras urbanas, como la Sociedad Misionera de Nueva York.

Ya para la segunda década del s.XX comienzan a surgir las primeras iglesias pentecostales. El movimiento pentecostal representa la expresión más autóctona y mayoritaria del protestantismo hispano estadounidense. Es parte y parcela de los orígenes del Pentecostalismo mundial. Uno de los pioneros del Movimiento Pentecostal, Francisco Olasaba, no solo era chicano (término que designa a hispanos estadounidenses de trasfondo mexicano), sino también el más célebre evangelista producido por la comunidad hispana estadounidense. Los pentecostales hispanos en EUA han dado origen a denominaciones autóctonas como la Asamblea de Iglesias Cristianas, la Iglesia de Dios Pentecostal y la Iglesia Apostólica, denominaciones que tienen hoy por hoy una vigorosa presencia misionera en todo el mundo latinoamericano, la península ibérica, e incluso en otras partes de Europa y el continente africano.

Aunque los primeros cristianos hispanos en EUA fueron católicos, por siglos el catolicismo hispano se mantuvo al margen del resto de la ICR en EUA. No fue sino hasta 1970 que se ordenó el primer obispo hispano, Patricio Flores, como auxiliar de la diócesis de San Antonio. En 1972 se lleva a cabo el Primer Encuentro Pastoral Hispano, acontecimiento que da una nueva visibilidad a la ICR hispana estadounidense. En el mismo año se establece en San Antonio el Centro Cultural Mexicoamericano (MACC), que da un nuevo impulso al desarrollo de una teología católica hispana en EUA y establece nexos con el pensamiento católico contemporáneo en AL.

Los cristianos hispanos en EUA actualmente están distribuidos entre católicos, protestantes históricos y pentecostales, pero existe también un número crecido de protestantes no históricos, como los Nazarenos, Alianza Cristiana y Misionera, Adventistas y grupos independientes. Sociológicamente, los hispanos representan uno de los sectores más oprimidos de la sociedad norteamericana. Son en su mayoría obreros y campesinos. Aunque en años recientes se ha visto un aumento en el número de profesionales, especialmente entre cubanos exiliados, el pueblo hispano en general, y aquellos que se identifican abiertamente como cristianos en particular, siguen fuera, en tanto clase social, de la amplia clase media estadounidense.

Entre los desafíos que enfrentan las comunidades cristianas hispanas en EUA se pueden subrayar tres: (1) La necesidad de cultivar la cultura hispana, especialmente el idioma y los valores de los pueblos hispanoamericanos, en la vida litúrgica. La experiencia de marginación y opresión ha impedido el desarrollo de una creatividad litúrgica que permita al pueblo expresar su fe con profundidad teológica en símbolos y palabras propias. (2) Pese al trasfondo cultural cristiano del pueblo hispano estadounidense, la mayoría de sus miembros están fuera de las fronteras de la fe, no habiendo tenido la oportunidad de considerar inteligentemente el evangelio como una opción personal. Todas las iglesias, católicas y protestantes, reconocen que la evangelización entre los hispanos representa un desafío ineludible. (3) El liderazgo pastoral hispano ha carecido de una formación teológica y cultural que le permita satisfacer las necesidades concretas del pueblo. Se ha nutrido mayormente de extranjeros o personas de las bases sin preparación adecuada. De ahí que uno de los desafíos más grandes sea el de formación pastoral. Quizás a ello se deba el número crecido de instituciones o programas de educación teológica que se han ido creando en los últimos años. ORLANDO E. COSTAS

CRISTIANOS POR EL SOCIALISMO. Grupos cristianos ecuménicos preocupados por la liberación de los pueblos oprimidos de AL y el Tercer Mundo, para lo cual se incorporan en una praxis política socialista, como proyecto histórico popular y anti-capitalista. Se identifican "como cristianos que, a partir del proceso de liberación que viven nuestros pueblos latinoamericanos y de nuestro compromiso práctico y real en la construcción de una sociedad socialista, pensamos nuestra fe y revisamos nuestra actitud de amor a los oprimidos". (*Documento final* del primer Encuentro Latinoamericano de C.P.S.) Su tesis central puede ser resumida así: "Cristianos, sí; socialismo, también". Ni cristianismo por el socialismo, ni cristianos para el socialismo, ni socialismo para el cristianismo, ni socialistas para el cristianismo, sino cristianos por el socialismo. (Luis del Valle.)

Los C.P.S. en AL tienen su punto de arranque en Chile, en el marco histórico que significó el triunfo de la Unidad Popular (1970-1973). En abril de 1971 se realizó en ese país una jornada de "participación de los cristianos en la construcción del socialismo en Chile". Como resultado se publicó la "Declaración de los 80" (en razón del número de sacerdotes que participaron). En setiembre de 1971 el grupo sacerdotal "de los 80" fundó el "Secretariado de Cristianos por el Socialismo".

La vinculación fraternal de este secretariado con grupos cristianos de otros países latinoamericanos ("Tercer Mundo" en Argentina, "ONIS" en Perú, "Golconda" en Colombia, "Exodo" en Costa Rica, "Iglesia Solidaria" en México, *et. al.*) llevó a la convocación y celebración del Primer Encuentro Latinoamericano de C.P.S. (Santiago, 23 al 30 de abril de 1972). Asistieron más de 400 cristianos de toda AL (sacerdotes, pastores, religiosas y laicos), más algunos observadores de EUA, Quebec y Europa. Tres años después de Santiago, en abril de 1975, representantes de AL, Norteamérica, Europa, Asia y Africa se reunieron en Quebec en el Primer Encuentro Internacional de C.P.S. con el fin de aclarar y robustecer su práctica y pensamiento.

Posterior a estos eventos internacionales, los C.P.S. tienen un gran crecimiento y desarrollo en varios países; tal es el caso de los C.P.S. en España e Italia.

VICTORIO ARAYA G.

CRISTOLOGIA. Reflexión responsable sobre la persona y la obra de Jesucristo, con miras al seguimiento. El NT da testimonio de que Jesús es verdadero hombre, pero a la vez Hijo de Dios (→*DIB*), pero no elabora sistemáticamente las implicaciones de estos hechos: ¿Cómo se debe entender la humanidad de Jesús? ¿Cuál es su relación con Dios? ¿Cómo se relacionaban esos dos aspectos ("naturalezas") de su persona?

El proceso de aclarar estos temas en el período patrístico se configuró por una serie de posturas extremas (herejías cristológicas) que contribuyeron a la clarificación progresiva de los diversos polos de la c. El →docetismo, acentuando la trascendencia divina de Jesús, negaba la realidad de su humanidad (cp. 1 Jn. 4:2,3), la cual consideraban mera apariencia o simulacro. Al otro extremo, los →ebionitas vieron a Jesús como un simple hombre sobre quien descendió el Espíritu Santo y a quien Dios adoptó por Hijo. El →monarquianismo insistía en la unidad indivisible de Dios (→UNITARIANISMO) y, en su forma →modalista, entendía la Trinidad como tres modos de manifestarse de una sola esencia divina.

Cuando →Arrio negó la plena deidad de Cristo, interpretando al Verbo como la primera criatura del Padre, →Atanasio insistió en que el Hijo es consubstancial con el Padre (→HOMOOUSIOS) y co-eterno. El Concilio de →Nicea (325) afirmó que Cristo es verdadero Dios y verdadero hombre.

Definidos esos puntos, la c. se concentró en la relación entre las dos "naturalezas": según →Apolinar (310-390), la humanidad de Jesús se componía del cuerpo y del alma humanos, mientras el divino *Logos* tomó el lugar del *pneuma* (o *nous*) humano. Al →nestorianismo, se le acusó de separar totalmente las dos naturalezas, y el →eutiquianismo de fundirlas en un *tertium quid* que no es ni Dios ni hombre. El Concilio de →Calcedonia (451) afirmó que las dos naturalezas se unen en Cristo sin cambio, sin confusión, sin división y sin separación.

Según la *anhypóstasis* de →Cirilo de Alejandría (m.444), la humanidad de Jesús no poseía una personalidad propia (la *impersonalitas*), sino solo la del Verbo eterno. →Leoncio de Bizancio (s.VI) admitió que la naturaleza humana tuvo su propia realidad personal, pero solo en su unión con la divina *(enhypóstasis)*. Según el *extra Calvinisticum* (Institución 11:13,14): "la deidad del Verbo existía también fuera de la naturaleza humana que asumió" (cp. *Catecismo de Heidelberg*, pregunta 48). Lutero, en cambio, identificaba estrechamente las dos naturalezas, de modo que, según él, los atributos de la divina (v.g. la →ubicuidad) se comunicaban a la humana.

En el s.XIX la c. kenótica (→KENOSIS) sostuvo que al encarnarse el Verbo, se anonadó (Fil. 2:7), despojándose de sus atributos relativos (G. Thomasius), o de todos sus atributos divinos (W.F. →Gess), o del ejercicio independiente de sus atributos (A.B. Bruce). Sören →Kierkegaard enseñó más bien la *krypsis:* que al hacerse hombre, el Verbo ocultó su gloria bajo el aspecto incógnito de su humanidad, ya que cualquier conocimiento directo de Dios sería paganismo.

En la presente década, la teología latinoamericana ha sido rica en reflexión cristológica. Leonardo Boff, siguiendo las pautas indicadas por Gustavo Gutiérrez en *Teología de la Liberación* (1972), publica la primera c. sistemática desde América Latina, *Jesucristo el Liberador* (esp. 1974). Analiza el problema hermenéutico en la c. y opta por una hermenéutica de la praxis, afirmando que en c. "no basta dar títulos a Jesús" sino que hay que seguirle. Afirma la deidad de Cristo, pero en estrecha relación con su auténtica y rica humanidad: "Humano así, solo puede ser Dios mismo".

Jon Sobrino toma al Jesús histórico como

punto de partida, pero no con referencia al problema abstracto de la historicidad sino como el Jesús que se compromete –y nos compromete– plenamente con el proceso histórico, cuya meta es el Reino de Dios que él proclamó. Sobrino (como también Boff) reflexiona extensamente sobre la Cruz y la Resurrección en su aspecto cristológico y soteriológico y en sus implicaciones radicales para la metodología teológica. En Sobrino, toda la c. apunta hacia una sola meta: el seguimiento.

El libro *Jesús: Ni vencido ni monarca celestial* (editor, Míguez Bonino, 1977) busca captar las "cristologías implícitas" que en AL se ocultan tras de los diversos "rostros de Cristo" que prevalecen. Los españoles introdujeron básicamente el Cristo "dolorista" para el oprimido (el vencido, el pobrecito), y el Cristo triunfalista para el opresor (el monarca, el Fernando celestial), que acompañan siempre al proyecto imperialista. Los últimos capítulos intentan señalar el camino hacia el rostro de un Cristo liberador para AL.

JUAN E. STAM

CRITICA DE FORMAS (del alemán: Formgeschichte). Método de estudio literario, aplicado tanto a la literatura secular como a la religiosa, que trata de clasificar las formas que subyacen los documentos escritos y de reconstruir los procesos por los cuales alcanzaron su forma presente. El primero en usar este método para estudiar la Biblia, fue Hermann Gunkel quien, al principio lo aplicó a las narraciones del Génesis. Entre las formas más significativas que se dijo "fueron halladas en el AT estaban las de "leyenda" y "mito". Una "leyenda" era un relato con base histórica vuelto a contar con un propósito de instrucción o devoción. Un "mito" era un relato para explicar en forma pictórica alguna verdad sobrenatural. Las presuposiciones de ciertos críticos de la forma y el uso de las palabras "mito" y "leyenda" (que generalmente eran entendidas como carentes de confiabilidad histórica) tendieron a dar la c. de f. del AT un tinte negativo. Sin embargo, se ha desarrollado mucha labor útil especialmente al categorizar varias clases de literatura poética y profética.

La aplicación de la c. de f. al NT, aunque dependiente de la obra de Gunkel, así como la de J. →Wellhausen y E. Norden, fue hecha específicamente casi en forma simultánea entre 1919 y 1921 por K.L. Schmidt, M. →Dibelius y R. →Bultmann. El área particular de estudios fueron los evangelios sinópticos y, como la crítica de las fuentes había sugerido que el Evangelio de San Marcos era el más antiguo de ellos, la c. de f., tratando de ir un paso más atrás todavía, se concentró especialmente en Marcos. Schmidt trató de mostrar que los párrafos de Marcos eran unidades en sí mismas, y que el Evangelio era "un montón de perlas sin enhebrar". La principal clasificación incluye aquellas historias relatadas principalmente debido a un dicho de Jesús ("apotegmas", "paradigmas" o "historias de pronunciamiento") y aquellas otras que son dichas mayormente debido a un acto de Jesús ("relatos milagrosos" o *Novellen*).

Los críticos de formas han tratado de hallar el *Sitz im Leben* ("ambiente vital") de las varias unidades y así fue realizado gran cantidad de estudio dedicado a comprender la vida cotidiana de la iglesia primitiva, incluso su actividad litúrgica y evangelística. Ha habido una tendencia entre muchos críticos de formas a sugerir que la iglesia primitiva creó el material evangélico para servir a sus propias necesidades y así encontrar su *Sitz im Leben* original después del ministerio de Jesús. Pero esto se debe, no al método en sí mismo, sino a las presuposiciones filosóficas acerca de la naturaleza del relato del evangelio. El método bien puede usarse también para sugerir que los incidentes de la vida de Cristo no fueron creados, sino preservados por la iglesia debido a su utilidad, y así proveer un doble y genuino *Sitz im Leben* para el material del evangelio. R.E. NIXON

CRODEGANGO (m.766). Obispo de Metz desde 742. Fue designado canciller por →Carlos Martel y ejerció una influencia casi única en aquella época tanto en la iglesia como en el estado. Tuvo su parte en la ruptura de las vinculaciones que unían a Italia y a Roma con el Imperio Bizantino, así como en las varias conquistas y disposiciones legislativas que prepararon la unión de la cristiandad bajo la soberanía conjunta del emperador occidental y el papa. Su "regla" para su clero tenía el propósito de reavivar la disciplina y suprimir el relajamiento, aunque no estaban obligados por votos de pobreza o por la obediencia inapelable. Su clero canónigo vivía bajo su supervisión. Fundó monasterios en Gorze, Lorsch y St. Arda. JAMES TAYLOR

CROMWELL, OLIVER (1599-1658). "Señor protector" de Inglaterra. N. cerca de Huntingdon de una familia inglesa de pequeños terratenientes. Fue educado en la *Free School* local y en el Sydney Sussex College

Cambridge. Resultó electo como representante de Huntingdon en el parlamento de 1628, pero pasó los once años siguientes (cuando →Carlos I gobernó sin Parlamento) ocupado en los asuntos de Anglia Oriental y llegó a tener una vigorosa fe cristiana personal. Defendió los derechos de la gente común contra injustas medidas, apoyó a los predicadores puritanos y puede haber pensado en emigrar a Nueva Inglaterra. Como miembro por Cambridge en el Parlamento de 1640, propuso la segunda lectura de la ley en favor de los parlamentos anuales, habló en favor de la abolición del episcopado y participó en numerosas comisiones.

Al estallar la guerra entre el Parlamento y el rey, reclutó una tropa de caballería compuesta por "hombres piadosos y honestos" para luchar a las órdenes de Essex en Edgehill (1642). Aunque tenía 43 años durante su primera batalla, se convirtió en uno de los grandes jefes de caballería de toda la historia. En 1643 amplió sus tropas formando un regimiento y aseguró a los condados orientales en favor del Parlamento. Comandó el ala izquierda en la victoria de Marston Moor (1644). Junto con Fairfax remodeló las fuerzas parlamentarias haciendo de ellas un tipo "modelo" de ejército, una fuerza disciplinada y profesional de hombres "que saben por lo que luchan y aman lo que saben", con los cuales ganó en Naseby (1645). C. apoyó a los soldados en sus quejas contra el parlamento por el atraso en los pagos.

Trató de llegar a un acuerdo con Carlos que se esforzaba en maniobrar para que el ejército, el Parlamento y los escoceses se pelearan entre sí mismos. Después de derrotar a los escoceses en Preston (1648). C. apoyó la ejecución de Carlos I como una "cruenta necesidad". Dominó la sublevación realista de Irlanda, 1649-50, justificando su rudeza sobre el fundamento de que "evitaría más derramamiento de sangre en el futuro", pero tuvo clemencia con los no combatientes. Hecho comandante en jefe del ejército, derrotó a los escoceses en Dumbar (1650) y en Worcester (1651), ansioso de que el Parlamento gobernara, sin embargo disolvió en 1652 el Parlamento largo, cuando algunos de sus miembros trataban mediante corrupción de perpetuarse en sus cargos. Un nuevo parlamento también demostró ser incapaz.

C. fue hecho *Lord Protector* en 1653 y gobernó por ordenanzas posteriormente confirmadas por el Parlamento. Reorganizó la Iglesia →Anglicana, tratando de colocar fieles predicadores en cada iglesia. Protegió a los →cuáqueros y a los judíos. Su política externa elevó la posición de Inglaterra en Europa, adquirió Dunquerke y protegió a los perseguidos protestantes valdenses. Rechazó el título de rey. Fue sepultado en la Abadía de Westminster pero desenterrado en 1661. Carente de ambiciones personales y motivado por creencias cristianas, hizo posible que Inglaterra fuese gobernada por el Parlamento y no por reyes absolutistas, aunque gran parte de su obra parece haber sido anulada por la Restauración. JOYCE HORN

CROMWELL, THOMAS (c.1485-1540). Estadista inglés. En su temprana edad viajó extensamente y sus variadas aventuras le produjeron una mentalidad esencialmente práctica y secular, con mucha agudez comercial y legal. Desde 1520 se desempeñó bajo →Wolsey y sobrevivió a la desgracia de su superior ingresando en el Parlamento en 1529. Allí rápidamente alcanzó sus objetivos. Aunque su contribución precisa a la política de Enrique VIII es discutida, resulta evidente que desde 1532, cuando por primera vez desempeñó un cargo alto, hay una inteligencia ordenada y creativa que antes evidentemente no existía. Los Estatutos de Enrique llevan su sello especialmente en un acto emitido en 1533, que es una concisa declaración de los principios →erastianos sostenidos por C. y entresacados de →Marsilio de Padua. En 1535 C. fue nombrado vicario general y, por lo tanto, ejercía el control práctico de la iglesia. El *Valor Ecclesiasticus,* que intenta calcular el ingreso de cada clérigo, es un típico ejemplo de su genio administrativo. Maniobró en favor de la disolución de los monasterios. Fue creado *earl* de Essex en 1540.

La política eclesiástica de C. demostró simpatía hacia las ideas luteranas. En particular alentó la traducción de la Biblia que llevó a la publicación de la *Great Bible* en 1539. Sus *Injunctions* de 1536 y 1538 revelan su disgusto por las prácticas supersticiosas y la importancia de proveer a cada iglesia con una Biblia. Despertó oposición conservadora principalmente por sus inclinaciones protestantes. Su intento de establecer una alianza con los príncipes luteranos, por medio del matrimonio, demostró no ser satisfactoria para el rey en términos de política exterior, aun más, si se tiene en cuenta la falta de atractivos de Ana de Cleves. El resultado posterior fue la condenación de C. en junio de 1540 bajo el Acta de Proscripción por herejía y traición. Fue decapitado al mes siguiente. C. PETER WILLIAMS

CROSBY, FANNY (1823-1915). Himnógrafa norteamericana. N. en el condado de Putman, Nueva York. Perdió su vista a las seis semanas de edad. A los once ingresó en la institución para ciegos de Nueva York, en la que permaneció durante 23 años como alumna y como maestra. Mientras estaba en la escuela empezó a escribir poesías (las primeras publicadas en 1831). En 1851 contrajo matrimonio con el músico ciego, Alexander Van Alstyne, y juntos produjeron considerable número de himnos. Desde 1864 ella publicó más de 2.000, de los cuales 60 todavía están en uso común. Su vinculación con Ira D. →Sankey y W.H. Doane produjo muchas de sus composiciones más populares, p.e. "Con voz benigna te llama Jesús", "Salvo en los brazos de Jesús" y "A Dios sea la gloria".
J.J. NORMAN

CROWE, FEDERICO (1819- ?). Colportor bíblico y precursor de la obra evangélica en Guatemala. N. en Bélgica de padres ingleses, embarcó hacia →Guatemala en 1836 con un grupo de colonos que deseaban establecerse en la región de Verapaz. No pudiendo lograrlo, pasaron a →Belice, donde C. se convirtió al evangelio.

En 1841 llegó a Verapaz con un nuevo grupo colonizador como maestro de escuela y agente de la Sociedad Bíblica Auxiliar de Belice. Cuando la colonia se deshizo en 1843, C. se encaminó a la ciudad de Guatemala, donde se entregó al trabajo de colportaje. Dominaba el país en esta época la dictadura clerical de Rafael Carrera. A pesar de que las autoridades le prohibieron vender biblias, C. las siguió distribuyendo en calidad de regalo o préstamo.

Fue nombrado profesor de inglés y francés en la universidad. También enseñó música y organizó la primera banda en la historia de Guatemala. Luego estableció una escuela de primeras letras del tipo →Láncaster, la que llegó a tener 100 alumnos. Además, sigilosamente formó un grupo de discípulos evangélicos.

El clero y representantes del gobierno conservador trataron en varias oportunidades de cerrar su escuela. Después de sufrir varios esfuerzos por sacarlo del país, C. fue expulsado definitivamente en 1846 por el gobierno de Carrera, como resultado de un ultimatum del arzobispo. A través de sus esfuerzos en la distribución bíblica y sus contactos a nivel personal, C. había logrado sembrar la semilla del evangelio en Guatemala.

Uno de los jóvenes universitarios a quienes dio clases de inglés fue Lorenzo Montúfar, personaje influyente en el gobierno liberal de Justo Rufino Barrios, quien abrió las puertas del país a la obra evangélica en 1882.
PABLO SYWULKA B.

CROWTER, SAMUEL AJAYI (c.1806-1891). Obispo anglicano en Africa. N. en Oshogun, Yorubaland. Fue hecho esclavo en 1821 pero llevado a Sierra Leona después de ser liberado por la armada británica. Fue bautizado en 1825 e ingresó en la *African Institution* (posteriormente *Fourah Bay College*) en 1827. En 1841 fue representante de la *Church Missionary Society* en la expedición al Níger. Su informe impresionó tanto a la Sociedad que C. fue convocado a Londres para cursar estudios adicionales y fue ordenado en 1843. Por unos diez años a partir de 1846 trabajó en Abeokuta, dando atención especial al idioma yoruba. Su obra más significativa la realizó en la Misión Níger que él inició en 1857 y condujo por treinta años.

En 1864 fue consagrado obispo del Africa occidental, más allá de los límites coloniales, pero como los misioneros europeos en Yorubaland no querían aceptar su jurisdicción, fue el obispo virtual del Níger. La misión dependía del sostenimiento financiero local y no pudo atraer personal bien preparado. Además, las deficientes comunicaciones hacían difícil la supervisión. El éxito de C., sin embargo, llevó a sus oponentes europeos anteriores a recomendar a un obispo africano para Yorubaland en 1875. Esta confianza no era compartida por los misioneros europeos más jóvenes, quienes se oponían a un liderato ejercido por africanos. La integridad personal de C. nunca fue puesta en duda, pero se hicieron muchos cargos contra sus subordinados y la administración financiera le fue retirada. Su posición fue minada poco a poco y, por 1889, estaba dispuesto a renunciar. Su disciplina fue probablemente demasiado suave y su administración defectuosa, pero esto no justifica la arrogante actitud de sus críticos. El conflicto llevó a la formación del movimiento cismático del *Niger Delta Pastorate*, el surgimiento de la Iglesia Africana Nativa Unida en Lagos en 1892, y a la designación de un sucesor blanco después de la muerte de C. Esto contribuyó a desacreditar la teoría de Henry →Venn del sostenimiento propio en busca del cual había sido nombrado C.
D.G.L. CRAGG

CRUCIFIJO (lat. *crux* = "cruz" + *figo* = "fijo"). Figura de Cristo adherido a una cruz.

Los más antiguos c. parecen datar del s.VI, no en forma de un Cristo sufriente sino de un Cristo victorioso, reinando desde el madero. Es mostrado vivo, de pie, con la cabeza erguida, vestido y coronado. El Cordero puede considerarse como la más antigua representación visual de la humanidad y de los sufrimientos de Cristo. El realismo en el arte cristiano empezó a reemplazar al simbolismo desde aproximadamente el s.X, culminando desde el s.XIII en un énfasis sobre los aspectos realistas del sufrimiento y la muerte de Cristo. En la Iglesia Oriental la controversia sobre el iconoclasmo representó la aversión por retratos esculturales completos y se limitaba a los →iconos. En el occidente pre-reformista, el crucifijo se volvió un objeto de devoción personal y pública, a veces idolátrica. Los protestantes en general, con excepción de los luteranos, hicieron poco uso del mismo, pero actualmente tienden a verlo con mayor tolerancia. HOWARD SAINSBURY

CRUSIUS, CHRISTIAN AUGUST (1715-1775). Teólogo alemán. N. en Leuna y fue educado en la Universidad de Leipzig en la que llegó a ser profesor de filosofía (1744) y de teología (1750). Atacó en una serie de importantes obras el determinismo de Leibnitz, el perfeccionismo de Wolff y la crítica bíblica de su colega →Ernesti como peligrosamente anticristianos. Fundamentó todo conocimiento espiritual en la revelación divina, la cual él trataba de probar que armonizaba completamente con la razón. C. elaboró en su obra en tres tomos *Hypomnemata ad theologiam propheticam* (1764-78) un sistema teológico que dependía mucho de la tipología y de otras teorías especiales de interpretación profética. Durante varios años la Universidad de Leipzig estuvo dividida entre "ernestianos" y "crusianos". Su "teología profética" fue redescubierta y popularizada en el s.XIX por →Hengstenberg y →Delitzch. IAN SELLERS

CRUZADA ESTUDIANTIL Y PROFESIONAL PARA CRISTO. Organización evangelística que trabaja básicamente con estudiantes de colegios y universidades en los EUA. Más de 2.000 miembros de su personal (misioneros), la mayoría en EUA, tratan de presentar el evangelio en la conversación personal mediante la exposición de "cuatro leyes espirituales". La central de esta organización está en un lujoso hotel, ahora transformado, llamado *Arrowhead Springs,* cerca de San Bernardino, California. El lugar, unas 730 hectáreas, tiene dependencias y oficinas administrativas e instalaciones educativas para cerca de 5.000 universitarios anualmente. La organización fue creada en 1951 poco después que William R. Bright, un joven empresario, resultó convertido. Este asistió a los seminarios teológicos de Princeton y Fuller pero abandonó la vida académica para entrar en contacto con los dirigentes estudiantiles de la Universidad de California en Los Angeles. De aquí la organización se extendió a muchos otros universitarios. Recientemente varios otros ministerios entre laicos, deportistas, militares y estudiantes secundarios, se han unido a la organización.
BRUCE L. SHELLEY

CRUZADA ESTUDIANTIL Y PROFESIONAL PARA CRISTO EN AMERICA LATINA. La C.E.P.C. inició obra en AL en febrero de 1962 cuando Sergio García Romo estableció el ministerio en México, trabajando principalmente con estudiantes universitarios. En 1963 se estableció en Colombia, Guatemala y Chile. Desde entonces se ha extendido a casi toda la AL. En 1978 tenía trabajo en 24 países y protectorados al sur del Río Bravo, con un equipo de más de 650 obreros de tiempo completo y más de 700 coordinadores voluntarios. La sede de la Cruzada para toda AL se halla en "Chula Vista" en Cuernavaca, México.

En AL la obra incluye ministerios especiales para las familias, los campesinos, los indígenas y los presos. En 1976 la Cruzada lanzó un movimiento "Vida para todos", campañas de saturación urbana organizadas por las iglesias locales. La meta de "Vida para todos" fue saturar con el evangelio cada ciudad de AL para diciembre de 1980.

Las campañas incluyen capacitación para las iglesias participantes, uso intenso de los medios masivos y evangelismo personal. A los nuevos creyentes se les involucra en estudios bíblicos dirigidos por miembros de las iglesias, con el fin de producir un movimiento permanente de evangelización y discipulado.

En la fase intensiva de la campaña se busca concientizar a la ciudad entera sobre la persona de Jesucristo y la nueva vida que él ofrece. Para ello se usa la radio, la televisión y altoparlantes. Diecisiete ciudades en el continente constituyeron durante 1977 y 1978 la fase experimental.

La Cruzada hace énfasis en la prioridad de Dios en la vida de cada creyente. Por ello promueve la práctica de la oración, el estudio personal de la Biblia y la necesidad de depender por fe en la obra del Espíritu Santo. Asimismo capacita a todos sus miembros en evangelismo y discipulado. Sus centros de adiestramiento se caracterizan por el uso de sistemas educativos para la formación del carácter. SERGIO GARCIA ROMO

CRUZADA EVANGELICA MUNDIAL. Misión evangélica de origen inglés pero actualmente de carácter interdenominacional e internacional, con obra en 40 países, incluso cuatro países latinoamericanos. Fue fundada en 1913 por Carlos T. →Studd con el fin de "evangelizar las partes no evangelizadas del mundo en el tiempo más breve posible". Habiendo empezado en Africa con un misionero, cincuenta años más tarde la C.E.M tenía 1000 que trabajaban en 40 países, otros 1000 obreros nacionales, 1300 iglesias, veintenas de escuelas primarias y secundarias, 10 institutos bíblicos con aproximadamente 500 alumnos, unos 50 hospitales y clínicas, y un ministerio por radio de alcance mundial con cuatro estudios donde preparaban y grababan programas en ocho idiomas. Uno de los aspectos más notables de la C.E.M es la "Cruzada de Literatura Cristiana" que ya en 1964 se realizaba en 34 países mediante un personal de 250.

Colombia fue el primer país latinoamericano en donde la C.E.M. inició su obra. El primer misionero, Patricio Symes, llegó a Bogotá en 1933 y pronto después llegaron otros. Estaba en poder en aquella época el partido liberal, de modo que los misioneros pudieron iniciar su obra sin mayores dificultades. Pero durante los años de la "violencia" (1946-58) sufrieron mucho. No obstante, al final de ella había aproximadamente 600 miembros bautizados en las iglesias de la C.E.M. En 1978 la cifra había ascendido a 1350.

Uruguay fue el siguiente país latinoamericano donde inició la obra la C.E.M. (1950). En 1978 había 100 miembros en sus iglesias. En 1954 entró en Venezuela donde tiene una membresía de 320 (1978). Finalmente comenzaron obra en Brasil en donde los fieles bautizados solo alcanzan a 85.

WILTON M. NELSON

CRUZADA DE LOS NIÑOS (1212). Una emigración masiva de miles de niños en un esfuerzo por alcanzar Tierra Santa. Un niño francés llamado Esteban afirmó que había sido visitado por Cristo, y que éste le dio una carta para el rey Felipe Augusto. El muchachito comenzó a predicar y atrajo grandes multitudes. Excitó a niños desde los seis años de edad que formaron bandas para ir a Jerusalén. Creían que Dios entregaría la ciudad a su inocencia, mientras que los nobles habían sido incapaces de conquistarla. Algunos de ellos llegaron hasta Génova y allí no pudieron lograr pasaje para seguir a Tierra Santa. Parte de este grupo regresó a sus casas, otros fueron a Roma donde fueron apremiados por el papa a volver como lo habían hecho sus amigos. Un grupo se dirigió a Marsella, donde fueron embarcados al N de Africa y vendidos como esclavos. La participación de los laicos en el descontento social exhibido en esta c. se considera como precursor de las herejías y de las revueltas del s.XIV. ROBERT G. CLOUSE

CRUZADAS, LAS. Serie de siete grandes campañas, y muchas otras menores, al Levante por los europeos occidentales entre 1095 y 1291. Los cristianos habían ido en peregrinación a Tierra Santa durante gran parte del período medieval, pero con la llegada de los turcos seldjúcidas estos viajes fueron estorbados. Después de arrebatar Jerusalén de manos de sus correligionarios musulmanes, los seldjúcidas avanzaron hacia el N y derrotaron a las fuerzas bizantinas en la Batalla de Manzikert (1071). En pocos años el Asia Menor, la más importante región para el reclutamiento de soldados bizantinos, había sido perdida y el emperador estaba apelando a los príncipes occidentales y al papa en procura de mercenarios con los cuales reconquistar los territorios perdidos. El papa Urbano II respondió a esta apelación proclamando la Primera C. en un sermón predicado en Clermont, Francia (1095). Al final de su discurso la multitud vociferó: "¡Dios lo quiere!" y éste se convirtió en el grito de batalla del movimiento. La razón básica para las c. eran motivos religiosos dado que constituían una guerra santa, y seguir la apelación de Urbano era el estallido de un entusiasmo religioso. Por otra parte, el papa veía en las c. una salida para las energías de los guerreros de la nobleza europea.

La primera c. iniciada con cerca de 5.000 guerreros, avanzó por tierra hacia Constantinopla. Alejo Comneno, el emperador oriental, se atemorizó ante este grupo, pero los aprovisionó bien, los rodeó por una guardia y los introdujo en el Asia Menor. Antioquía y Jerusalén estuvieron entre los lugares que cayeron en manos de los cruzados; la victoria en la ciudad santa fue seguida por una horrible matanza de enemigos.

Los cruzados no libertaron a todo el Oriente Medio del control de los musulmanes sino que mediante el establecimiento de varios estados en el Levante mantuvieron un cierto equilibrio de poder entre bizantinos y musulmanes. La suerte de estos estados fue diversa y cuando Jerusalén estuvo en peligro, Bernardo de →Claraval organizó la Segunda C. en 1147, que terminó en derrota en Damasco. Por el año 1187 Saladino se había unido a los musulmanes y conquistado a Jerusalén. Esto provocó la Tercera C., llamada la "C. de los Reyes" debido a que sus jefes eran Federico I, Ricardo I y Felipe II (este último de Francia). Federico se ahogó; Felipe y Ricardo disputaron entre sí hasta que Felipe regresó a Francia, dejando en el comando a Ricardo frente a Saladino. Esta campaña terminó en una tregua de tres años y en la concesión de acceso libre a Jerusalén para los peregrinos cristianos.

Los estados cruzados estaban protegidos por las órdenes semimonásticas de los →templarios y de los →hospitalarios. Combinando el monaquismo con el militarismo, iban a proteger a los peregrinos y a librar una perpetua guerra contra los musulmanes. No obstante fueron incapaces de detener los todavía más numerosos ataques hechos por sus enemigos y por ello se hicieron necesarias más C. Los pocos caballeros que respondieron al llamado de Inocencio III, que convocó a una Cuarta C., no podían pagar los cargos de pasaje exigidos por los venecianos. Esto llevó a ambos grupos a una especie de regateo para llegar a un acuerdo para atacar Constantinopla. Después de conquistar esta ciudad, los cruzados establecieron el Imperio Latino de Constantinopla y no hicieron intentos de recuperar la Tierra Santa.

Durante el s.XIII hubo más c. tales como la →C. de los Niños (1212) y la Quinta C., contra Egipto (1219); la Sexta C. dirigida por el excomulgado Federico II y la Séptima C. de Luis IX. Cada una fracasó en sus esfuerzos por afianzar un reino latino de los cruzados y en 1291 Acre, el último baluarte de los cristianos en Tierra Santa, cayó en poder de los musulmanes. Así finalizó la era de las c. Pese a este fracaso en alcanzar sus principales objetivos, las c. llevaron a Europa a establecer más contactos con el Oriente. Esta experiencia estimuló el comercio con el Oriente y puso así fin al aislamiento del Occidente.

ROBERT C. CLOUSE

CUADRATO (s.II). Su nombre encabeza una lista de apologistas de inicios del s.II, con las escasas referencias que lo ubican en el período administrativo del emperador →Adriano (117-38). Estas específicamente reflejan el impacto de la incipiente iglesia cristiana como resultado de la política y rescriptos imperiales de Adriano y su predecesor Trajano contra el cristianismo. Quizá haya sido la visita de Adriano a Atenas en el invierno de 124/5 lo que diera ocasión a la *Apología* de C. Fuera de un breve fragmento citado por Eusebio, esta obra se considera perdida, aunque algunos sugieren que se conservó en la *Epístola a Diogneto*, en la laguna de la cual calza el fragmento eusebiano. C. que llegó a ser obispo de Atenas después del martirio de Publio, quizá haya sido el apologista.

CLYDE CURRY SMITH

CUADRILATERO DE LAMBETH →LAMBETH, ARTICULOS DE (CHICAGO)

CUAQUEROS →AMIGOS, SOCIEDAD DE

CUARESMA (lat. *Quadragesima*). Período de 40 días de ayuno antes de la Pascua. Ireneo atestigua que ya en el s.III había uno o dos días de ayuno como preparación para la Pascua, pero la más antigua referencia a un período de 40 días (en griego) como nombre para la C. aparece en el quinto canon del Concilio de →Nicea (325). El número 40 fue sin duda sugerido por el ayuno de 40 días que realizó Jesús, en tanto que el ayuno mismo puede haber sido originalmente parte de la preparación de los candidatos al bautismo en la noche de Pascua. La extensión del ayuno variaba. En la Roma del s.V, p.e., duraba tres semanas, y siete en las iglesias orientales. No fue sino hasta el s.VII que se determinó en Occidente un período de 40 días.

En un principio el ayuno era riguroso. Se permitía una sola comida al día, y se prohibía toda carne y las "viandas blancas". Poco a poco el ayuno se fue disminuyendo en el Occidente desde los ss.VIII y IX. Hacia el s.XVI el oficio de las Vísperas se adelantó hasta antes del mediodía, de modo que se pudiera mantener la regla de no comer antes de Vísperas. Se permitió también una comida ligera (colación).

En la ICR las misas de C. reflejan las connotaciones bautismales del ayuno por sus referencias al agua, la resurrección y la luz. La penitencia es otro antiguo aspecto de la C., que se deriva de la práctica de excluir públicamente a los penitentes de la Comunión al principio de la C. y su reconciliación pública el Jueves Santo. El tema de la Pasión dominaba el ayuno. Las liturgias de las Iglesias Orientales reflejan los mismos temas. Actualmente los católicorromanos suelen guardar solo el Miércoles de Ceniza y el Viernes Santo como días de ayuno, pero la C. sigue siendo un período de penitencia.

Entre los anglicanos, el Libro de Oración Común prescribe la observancia de la C. con ayuno. Los del Movimiento →Oxford revivieron la práctica en el s.XIX después de una época de relativo desuso, y hoy día está extendida en la Iglesia Anglicana con énfasis en la práctica penitencial y devoción privada a criterio individual. La C. forma parte del año eclesiástico luterano y es observada en cierta medida en otras iglesias protestantes.

HOWARD SAINSBURY

CUARTODECIMANISMO. Temprana práctica de la iglesia, especialmente en Asia Menor, de celebrar la pascua de resurrección el 14 de Nisán *(die quarta decima),* día de la pascua judía. Alrededor de 155, →Policarpo, obispo de Esmirna, vanamente trató de persuadir al papa →Aniceto a que adoptara la práctica cuartodecimana. El papa →Víctor estaba resuelto a que los cuartodecimanos se unieran al resto de la cristiandad en observar el domingo como día de la resurrección. Parecía haber justa oposición a que la principal fiesta cristiana se celebrara el mismo día que la pascua judía. →Ireneo de Lyon protestó contra los esfuerzos de Víctor, y los cuartodecimanos posteriormente se separaron y continuaron como secta hasta el s.V. Se ha argumentado que las dos tradiciones no estaban destinadas a conmemorar el mismo suceso, sino que eran festividades complementarias, arraigadas ambas en el calendario judío. Los cuartodecimanos no celebraban con tristeza la muerte de Cristo; fue con los →franciscanos que Occidente comenzó a poner énfasis en la Pasión. Finalmente la polémica giró en torno a las diferentes interpretaciones teológicas; triunfó la *Pasch* dominical, que incluyó todo lo que se celebraba el 14 de Nisán. (→CONTROVERSIAS PASCUALES.)

C.G. THORNE Jr.

CUBA. ***Período colonial* (ss.XVI-XIX).** Poco después del descubrimiento, los monarcas españoles se preocuparon por la obra misionera en la Isla. Así en 1495 llegaron los →franciscanos, y luego siguieron los →dominicos, los →mercedarios, los →agustinos y los →jesuitas. En 1517 se estableció la primera diócesis. La característica fundamental de este período fue la vinculación de la ICR con España; pero hubo elementos anticoloniales, como la religiosidad afrocubana y los contactos con los protestantes. Características de este período son: (1) La ICR contó con figuras como Las Casas o Varela, que jugaron papeles disfuncionales en el proyecto colonial. Pero a pesar de su imagen pública "moralizadora", la Iglesia se beneficiaba de los vicios sociales, por lo que su preocupación por lo formal cristiano impedía la acción liberadora del mensaje evangélico. Por otra parte, el clero criollo fue desplazado hacia las zonas rurales (lo que explica el apoyo que le dio a la gesta de los Diez Años –1868 y 1878– en su intento de liberarse de España).

(2) La religiosidad afrocubana asume carácter subversivo. Era la religiosidad de los descendientes de los esclavos africanos que habían sido llevados a Cuba porque los terratenientes españoles habían exterminado a los indios a causa del maltrato. (Ello da razón del auge del espiritismo en la Isla: el 20% de la población, según cálculos de 1951). Los cubanos negros jugaron un papel decisivo en todas las guerras emancipadoras.

(3) También el protestantismo asume carácter subversivo. Los primeros contactos nefastos con protestantes –corsarios, piratas– adquirieron luego la forma de contrabando con apoyo popular. Misioneros infiltrados desde Jamaica promovieron el abolicionismo. Los ingleses tomaron el valle de Guantánamo en 1741 y La Habana en 1762, y en ambos lugares se celebraron cultos protestantes, hasta que ambos lugares fueron reconquistados por los españoles. Por el año 1871 algunos extranjeros residentes, episcopales, empezaron a celebrar cultos. Pronto comenzaron a asistir criollos y la Iglesia Episcopal llegó a tomar más tarde carácter nacional y prosperó. Finalmente, misioneros del exilio cubano en Florida, relacionados con el movimiento liberador martiano, se establecieron en Cuba (p.e., Collado, Duarte, Someillán). El propio Martí, influido por ideas evangélicas, conjugó actitudes anticatólicas con su militancia antiimperialista. Por el año 1883 regresó a C. Alberto Díaz, convertido a la fe evangélica, y empezó una obra que llegó a ser la base de los →bautistas "del Sur" en la Isla. Y en ese mismo año los metodistas de Florida enviaron dos cubanos como misioneros: el propio Someillán (pastor metodista y líder revolucionario) y Aurelio Silvera. En 1884 un joven convertido en el exilio, Evaristo Collado, regresó a C. y predicó el evangelio. Luego solicitó ayuda a los presbiteria-

nos "del Sur" quienes enviaron misioneros y organizaron como iglesias presbiterianas los grupos establecidos por Collado.

(4) La cuestión religiosa tuvo poco peso en la formación de la "cubanía".

República neocolonial (1899-1958). Lo que caracterizó al período anterior va a determinar en parte toda la historia siguiente. La ICR, desacreditada y repudiada por el pueblo, por su oposición al movimiento independentista, afianza una alianza con las clases conservadoras que apoyaron de inmediato al norteamericano. Surge el→anticlericalismo y se rompe la unión entre la Iglesia y el Estado. Liberada C. de España, las puertas se abrieron a la causa evangélica. Pronto varias denominaciones iniciaron trabajo allí. En 1899 los →bautistas "del Norte" se establecieron en el oriente. En 1900 llegan los Amigos ("cuáqueros") y dos años después la Iglesia del →Nazareno. Y por la misma época se establecen los →Congregacionales y los →Discípulos de Cristo. Al celebrarse el →Congreso de Panamá (1916) trabajaban en C. por lo menos 12 sociedades protestantes; y por el año 1960 ya había 25.

Pero el protestantismo pierde su carácter "subversivo" real. Las juntas misioneras que envían personal a C. quieren realizar aquí el sueño de establecer una "sociedad puritana". Las estadísticas de los años 40 y 50 arrojan una cifra de casi el 4% de población protestante (150.000 y 260.000 personas respectivamente). Se fundaron "Colegios Americanos" que atrajeron a la clase media y se establecieron en los centros urbanos. Sin embargo, la juventud se perdía. A la mujer se le negaba el poder de decisión. En la década de los 40 se organiza el Concilio Cubano de Iglesias Evangélicas. Por esa época se funda el Seminario Evangélico de Teología (en Matanzas). Tanto las iglesias como las instituciones no pasaban de ser un trasplante del protestantismo norteamericano.

Período revolucionario (1959-). Al iniciarse este período, alrededor del 5% de la población era protestante. Según las estadísticas disponibles había, p.e., unos 9.000 comulgantes episcopales, con una comunidad de 60.000; los bautistas contaban con 8.500 bautizados y una comunidad de 25.000; los metodistas tenían 10.000 comulgantes con una comunidad de 50.000; y los presbiterianos, 3.241 miembros y una comunidad de 21.000. Había más iglesias protestantes que católicas y más pastores evangélicos cubanos que curas cubanos. Los protestantes habían levantado una obra institucional notable, sobre todo en educación.

El triunfo de la Revolución tuvo un efecto profundo en la vida religiosa del país. Hay testimonios claros de que muchos protestantes apoyaron desde el principio la causa revolucionaria. Muchos de los propósitos de ésta coincidían con la moral protestante: eliminación del juego; cierre de los centros de prostitución; eliminación de la mendicidad y del alcoholismo, etc. Pero con el correr de los años, muchos consideraron que no podían seguir dando su apoyo a una Revolución comunista, y así, pasada la euforia inicial, las Iglesias se enfrentaron a la Revolución. Las decisiones de la Revolución –como la Reforma Agraria, la nacionalización de las industrias y de las escuelas– les arrebataron a las Iglesias su infraestructura económica.

Por otra parte, declarada la Revolución marxista-leninista, el anticomunismo juega un papel importante. El éxodo –generalmente voluntario– comenzó. El clero español inició el enfrentamiento. Pero hubo también pastores que asumieron actitudes contrarrevolucionarias. Algunos pastores fueron encarcelados, aunque nunca lo fueron por razones religiosas sino por asumir actitudes contrarias al nuevo orden (en algunos casos, por operar con divisas extranjeras, lo que había sido prohibido por la Revolución). La mayoría de los misioneros protestantes abandonaron la Isla. Dado el carácter antinorteamericano que asumió la Revolución muchos misioneros de EUA salieron de la Isla por el deseo de evitar dificultades a sus hermanos cubanos con quienes trabajaban. También patores nativos y simples feligreses, entre ellos el 85% de los graduados del Seminario de Matanzas. El total de pastores mermó, según las iglesias, entre el 35 y el 100% ; la feligresía, desde el 25 hasta el 90%.

La ICR fue la que más sufrió. Fue expulsada o abandonó el país la gran mayoría de sus sacerdotes, monjas y religiosos. También salieron de la Isla muchos feligreses. Florida (EUA) se convirtió en centro de concentración de cubanos exiliados. Este éxodo tuvo también efecto positivo en la vida de la Iglesia cubana. El historiador Mecham (1966) sostiene que "entre los fieles que quedaron ha surgido un nuevo interés en la fe y la práctica. La vieja actitud de indiferencia hacia la vida religiosa ha sido reemplazada por una actitud de fiel observancia".

Los evangélicos en C. están aprendiendo cómo vivir y adorar a Dios bajo un régimen marxista, con las limitaciones que son propias en este sistema (p.e., no pueden realizarse campañas evangelísticas al estilo de las que se llevan a cabo en otros países de A.L.; se prohíben transmisiones religiosas por radio). Las instituciones de educación teológica que se habían establecido continúan operando, y se van liberalizando las normas para el envío a C. de Biblias. En la década del 70 se suavizó la postura anticatólica provocada por actitudes contrarias a la Revolución. Pero la ICR ha continuado sufriendo de una gran escasez de sacerdotes. Según la prensa católica, en 1976 solo había 170 sacerdotes para una población de 8.000.000.

Por otra parte, ante los logros de la Revolución en beneficio del pueblo cubano, los evangélicos buscaron en el mismo pueblo su razón de ser y mancomunaron su misión histórica al destino del propio pueblo. Rota la dependencia económica a causa del bloqueo, se crearon iglesias nacionales. El ecumenismo –que ahora incluye pero sobrepuja lo institucional– resulta lo más relevante de este período. El Consejo Ecuménico de Cuba representa la mayoría evangélica y una parte significativa de todo el pueblo cristiano.

El actual panorama estadístico no está muy claro. En 1971 un autor afirmó que la población protestante había descendido a 50.000 (cp. con la cifra de 300.000, en 1959). En 1977 otro reportó 100.000. Parece que los pentecostales y bautistas son los grupos mayoritarios. En los últimos años ha aumentado el intercambio de líderes cristianos entre C. y otros países no socialistas, sobre todo en relación con participación en actividades ecuménicas.

CULLMANN OSCAR (1902-). Teólogo protestante y perito en el NT. Oriundo de Estrasburgo, estudió en las Universidades de esta ciudad y París. En 1930 ingresó en la facultad de Estrasburgo. En 1938 se trasladó a la de Basilea y en 1948 se incorporó también en la facultad protestante de la universidad de París.

Es el más destacado representante de la teología bíblica llamada →*Heilsgeschichte*. Su primer libro famoso, *Cristo y el tiempo* (alemán, 1946, esp. 1968), marcó las pautas de su pensamiento: la exégesis científica depurada todo lo posible de presupuestos filosóficos, para ser lo más fiel posible al sentido de la Biblia dentro de sus propias categorías; el enfoque de la Biblia concentrado en la línea temporal de la historia de la salvación y no en la eternidad de Dios fuera de la historia; la centralidad de Jesucristo quien es la clave hermenéutica de esta historia salvífica.

La →cristología por lo consiguiente ha sido el tema central en el pensamiento de C. En su obra clásica, *Cristología del Nuevo Testamento* (Alemán, 1957, esp. 1964) aplica el esquema histórico-salvífico a este tema. Su ensayo sobre "La realeza de Cristo y la Iglesia en el Nuevo Testamento" (alemán, 1941, esp. 1974), lleva la cristología al campo de la escatología. En esta obra distingue entre el reino de Cristo, vigente ya entre la ascensión y la parusía, y por otra parte, el reino de Dios después de la parusía.

En relación con esto, C. polemiza en contra del concepto griego de una inmortalidad del alma en su obra *Inmortalidad del alma o resurrección de los muertos* (francés, 1969, español, 1972).

En sus estudios sobre el reino de Dios escribió obras muy importantes sobre *El Estado en el Nuevo Testamento* (inglés, 1957, español, 1966) y *Jesús y los revolucionarios de su tiempo* (inglés, 1970, español, 1973).

C. también entró en el campo ecuménico y escribió *Petrus, Jünger, Apostel, Märtyrer* (1952). En esta obra reconoce que Pedro llegó a Roma y murió allí y que la "roca" de Mt. 16:18 se refiere a él. Pero niega que la autoridad peculiar conferida a Pedro pueda transmitirse a supuestos sucesores mediante la sucesión apostólica. C. fue un destacado observador protestante en el Concilio →Vaticano II. JUAN E. STAM

CUMBERLAND, IGLESIA PRESBITERIANA →PRESBITERIANOS CUMBERLAND

CURIA. Cuerpo gubernamental mediante el cual el papa administra la ICR. Este cuerpo ha venido evolucionando a través de la historia de la Iglesia. La forma que tiene ahora data desde la última parte del s.XVI. No obstante el papa Pablo VI, después de un estudio de cuatro años, en 1967 decretó algunas reformas. Quizás el cambio más notable fue el de limitar los nombramientos a períodos de cinco años en vez de ser vitalicios. Además empezó a hacer nombramientos de no italianos. Estos cambios están afectando la fisionomía de la c. que antes era donimada por un grupo de italianos ancianos y ultraconservadores.

La c. se compone de varios departamentos. Primero están la Secretaría de Estado y el Concilio de Asuntos Públicos. Después hay nueve "Congregaciones" (antes de 1967 había doce): de la Doctrina de la Fe (antes se llamaba "del Santo Oficio"), para las Iglesias Orientales, para los Obispos, para los Sacramentos y Culto, para las Causas de los Santos, para el Clero, para los Religiosos, para la Educación Católica, y para la Propagación de la Fe.

Además la c. tiene tres secretariados (recién establecidos): para la Unidad Cristiana, para los Nocristianos y para los Nocreyentes. Luego sigue un complejo de tribunales, comisiones, concejos y oficinas que administran los asuntos de la Iglesia al nivel más alto.

WILTON M. NELSON

CURSILLOS DE CRISTIANDAD. Movimiento religioso y laico de animación y participación en la acción apostólica de la Iglesia.

Origen y estructura. Sus antecedentes son unos cursillos de formación teológico-pastoral celebrados en Palma de Mayorca (España) desde 1942, para líderes de la →Acción Católica. En 1949, nuevas exigencias de la época hacen que esos cursillos se ofrezcan a otros cristianos (católicos), y bajo la dirección de Monseñor Juan Hervas, del presbítero Juan Capó y del seglar Eduardo Bonín, comienzan a llamarse C. de C. Son cursos breves (=cursillos) de teología, con internado por tres días. Los temas abarcan tres campos: piedad, estudio y acción. Los participantes son previamente seleccionados. Después se continúa con sesiones semanales, que reciben el nombre de →"Ultreyas".

Expansión y desarrollo. El "nacional-catolicismo" de la →España de Franco favorece el rápido desarrollo de los C. de C. En 1953 aparecen en AL, Europa y Norteamérica. En Tokio se celebra el primer cursillo en Asia (1963). Para entonces se ha reelaborado su estructura, que comprende un "pre-cursillo" (estudio mucho más personal de la situación socio-religiosa de los participantes); el "cursillo" (cuya temática se adapta a las exigencias doctrinales del →Vaticano II); y el "post-cursillo" (acompañamiento doctrinal, más prolongado, de los egresados de los C. de C.).

También para entonces la organización es más compleja. Cuenta con un Secretariado Nacional, encargado de la parte administrativa; con una Escuela de Dirigentes, para la formación de líderes; y con la regulación de Convivencias, Encuentros y Ultreyas (a niveles nacional, regional y mundial para mantener la cohesión del movimiento).

Significación teológica-pastoral. Los C. de C. representan un auténtico despertar religioso de los estratos laicos masculinos en la ICR. Hay hoy unos 2.000.000 de cursillistas en el mundo. Y han significado una mayor participación laica en los esquemas pastorales del clero. No obstante, por haber surgido de un movimiento de neo-cristiandad, los C. de C. son un fortalecimiento de ese sistema. No logran desprenderse de su carácter elitista, de su pastoral paternalista y del marcado dualismo teológico (y de vida eclesial) propio del sistema de cristiandad. Por eso el movimiento se ha visto dominado por la alta sociedad burguesa y por las clases medias. La presencia de obreros y campesinos no es presencia de clase. Ni la asistencia de mujeres ha logrado borrar la impronta predominantemente masculina de los C. de C. Obreros y mujeres han hecho casa aparte con "Cursillos apostólicos" (para obreros) y "Semana Impacto" (para mujeres); derivaciones ambas de los C. de C. Debido a todo ello, ha sido poca la aportación y escasa la presencia de cursillistas en los movimientos populares y de liberación en AL. Su actitud es reformista y generalmente conservadora.

ABRAHAM SORIA

CUTHBERT (*ca.* 634-687). Obispo de Lindisfarne, Inglaterra. Después de una visión relacionada con la muerte de →Aidán, ingresó en el monasterio de Melrose en 651. Algunos años más tarde fue anfitrión principal en el monasterio de Ripon fundado por Eata. En 661 regresó junto con Eata a Melrose y pronto fue prior. En 664 se trasladó a Lindisfarne como prior e introdujo allí las costumbres romanas, al principio contra la oposición. Siguió haciendo viajes misioneros según la tradición de Aidán. En 667 se retiró en busca de mayor soledad y acercamiento a Dios mediante la naturaleza de las cercanas islas de Farne. En 684 rehusó la sede de Hexham pero al año siguiente consintió en ser el obispo de Lindisfarne. Después de su muerte en Farne en 687 su cadáver fue sepultado en Lindisfarne. Debido a las incursiones danesas, en 875 fue removido por los monjes quienes anduvieron sin rumbo con el cadáver por toda Northumbria. En 883 fue a reposar en Chester-le-Street, en el Condado de Durban. A causa de más peligros fue trasladado otra vez en 995 a Ripon, y a su regreso al norte en 999, fue finalmente sepultado en Durham donde se edificó una iglesia como santuario.

R.E. NIXON

CH

CHAFER, LEWIS SPERRY (1871-1952). Clérigo y educador presbiteriano norteamericano. N. en Rock Creek, Ohio (EUA), y fue educado en la *New Lyme Academy* y en *Oberlin College and Conservatory* e ingresó en el ministerio como cantante y predicador evangélico. En 1900 fue ordenado al ministerio congregacionalista, pero luego de tres años cambió su afiliación pasando al presbiterianismo al ser nombrado profesor de música en la *Mount Hermon School for Boys* (Massachusetts). Cuando C.I. →Scofield ayudó a fundar la *Philadelphia School of the Bible* (1914), Ch. se unió a esta institución como profesor y permaneció allá hasta que se trasladó a Dallas, Texas, en 1923. Fue pastor de la *Scofield Memorial Church* de esta ciudad (1923-27) y en 1924 fundó el Seminario Teológico Dallas del cual Ch. fue hasta su muerte presidente y profesor de teología. También editó el periódico *Bibliotheca Sacra.* Hoy es más conocido por su obra en ocho volúmenes *Systematic Theology* (1947), un detallado análisis del sistema teológico premilenarista dispensacional.

BRUCE L. SHELLEY

CHALMERS, JAMES (1841-1901). Misionero escocés. N. en Ardrishaig y fue criado en Inverary, Argyllshire. Escuchó el llamado de Dios a los quince años de edad e hizo voto de llevar el evangelio a los caníbales, voto que pronto olvidó hasta su conversión tres años más tarde. En 1862 fue al *Cheshunt College,* Cambridge, para estudiar bajo la tutela de la Sociedad Misionera de Londres. En 1867 navegó hasta las islas Cook, de la Polinesia. Durante diez años continuó con la obra empezada en Raratonga por John Williams; pero Ch. deseaba ir a las zonas no evangelizadas, especialmente la Nueva Guinea. La obra fue comenzada allí en 1872 por seis pastores procedentes de Raratonga; Ch. se unió a ellos en 1877. Durante los 24 años que pasó allí su preocupación y decisión llevaron adelante la obra pese a muchos impedimentos. Mediante la exploración abrió una amplia zona para el evangelio y prestó un gran servicio a los funcionarios gubernamentales cuando el SE de Nueva Guinea fue amenazado por la Gran Bretaña y se convirtió en colonia de la corona. Estableció una institución preparatoria en Puerto Moresby y vio la transformación de regiones enteras por el evangelio.

Ch. fue esencialmente un pionero. Compensó su imperfecto conocimiento de los idiomas nativos por la fe, la oración, la vida cristiana y el amor por la gente. Su éxito se puede atribuir al hecho de que nunca dudó de que tenía un evangelio para el pueblo. Fue asesinado por caníbales durante un viaje para explorar nuevos territorios.

J.W. MEIKLEJOHN

CHAMPLAIN, SAMUEL DE (c.1570-1635). Explorador, cartógrafo y colonizador. Hijo de un capitán marino francés, hizo su primer viaje al Canadá en 1603. Al año siguiente regresó al Nuevo Mundo y acompañó a Monts a Acadia en donde iniciaron un establecimiento en una isla del río St. Croix. Después de pasar un invierno muy crudo, los colonos se trasladaron a través de la Bahía Fundy para fundar Port Royal, en donde Ch. exploró y cartografió las costas de Acadia y de Nueva Inglaterra. En 1608 estableció en Quebec una colonia para el comercio de pieles. El resto de su vida estuvo dedicado al éxito de la colonia al explorar el interior, hacer alianzas con los indios y abogar por la causa de éstos en sus frecuentes viajes a Francia. Dio gran importancia a las misiones cristianas dado que soñaba con un Canadá cristiano regido por el rey francés y poblado por una raza indofrancesa producida por mestizaje. En 1612 se convirtió en comandante de la Nueva Francia y en 1615 alentó a los franciscanos recoletos para que fueran al Canadá. Fue hecho gobernador de la Nueva Francia en 1633 y por su contribución al desarrollo canadiense se ganó el título de "Padre del Canadá". ROBERT WILSON

CHANNING, WILLIAM ELLERY (1780-1842). Dirigente unitario y abolicionista norteamericano. N. en New Port, Rhode Island. Recibió su título académico en Harvard en 1798 y fue allí "regente" desde 1802 hasta 1803 en que fue ordenado como pastor de una iglesia congregacional en Boston. En 1809 su sermón para la ordenación de Jared Sparks, en Baltimore, estableció el contenido del →unitarianismo en la negación de puntos tales como la Trinidad, la deidad de Cristo, la depravidad total y la expiación sustitutoria. En 1820 estableció una conferencia de ministros liberales de la cual se originó la Asociación Unitaria Americana en 1825. También apoyaba la abolición de la esclavitud y movimientos en pro de la temperancia y de la paz. GEORGE MARSDEN

CHARLES, ROBERT HENRY (1855-1931). Archidiácono de la Iglesia Anglicana de Westminster y erudito bíblico. N. en Irlanda del N. y estudió en la Academia de Belfast, *Queen's College* de Belfast y en el *Trinity College* de Dublín. Fue ordenado y tuvo curatos en Londres, 1883-89. Seguidamente ejerció varios cargos docentes, especialmente en Dublín y en Oxford. Su interés académico básico residía en el judaísmo intertestamentario. Dominaba todos los idiomas requeridos para el estudio de los apócrifos y de la literatura intertestamental y produjo los textos básicos para algunos de ellos. Esta actividad culminó con la edición de *The Apocrypha and Pseudepigrapha of the Old Testament in English* (1913), de la cual Ch. fue editor general y que incorpora gran parte de su propia obra. Estos dos volúmenes siguen siendo la obra clásica en este campo. Era natural que tuviera un especial interés por la literatura apocalíptica y así fue como produjo extensos comentarios acerca de los dos libros apocalípticos de la Biblia: Daniel (1929) y Apocalipsis (2 tomos, 1920). D.F. PAYNE

CHARRON, PIERRE (1541-1603). Filósofo y teólogo católico francés. N. en París y estudió en la Sorbona, Orleans y Bourges. Fue llamado a servir en el tribunal de París. Se hizo sacerdote y obtuvo gran prestigio por su oratoria desde el púlpito, sirviendo de ordinario como predicador de la Reina de Navarra. También fue asesor teológico de varias diócesis y canónigo de Burdeos. Escribió en 1589 *Les Discours Chretiens.* Siguió *Les Trois Verités* en 1593, obra apologética que atacaba al calvinismo. Sin embargo, su obra más importante fue *De la Sagesse* (1601), fuertemente influida por su íntimo amigo Montaigne. En el contexto de una escéptica visión general de la religión, declara que fuera de la revelación el hombre no puede estar lo suficientemente cierto acerca de una verdad moral y religiosa y, como escéptico, debiera vivir tan bien como pueda sobre los fundamentos de lo que la sociedad permita. El libro contribuyó a separar la ética y la religión y a desarrollar el librepensamiento y el deísmo. Fue amargamente atacado y vigorosamente defendido dentro de su misma iglesia. Sus intenciones finales permanecen hoy en igual duda. HOWARD SAINSBURY

CHATEAUBRIAND, FRANCOIS RENE, VIZCONDE DE (1768-1848). Aristócrata que inicialmente apoyó la Revolución Francesa pero emigró a Londres durante el Terror (1793). Regresó en 1800 y prestó ocasionales servicios tanto a Napoleón como a los Borbones restaurados. Básicamente era un escritor romántico que ejerció inmensa influencia en la literatura de su época. Un ensayo acerca de la revolución (1797) lo muestra como versado en la filosofía escéptica del s.XVIII, pero también consciente de las necesidades religiosas. Se convirtió cuando estaba todavía en Londres. *La Génie du christianisme* (1802), apología del cristianismo, lo hizo famoso. Su argumentación iba más allá de apelar a la razón, algo propio del s.XVIII, justificando al cristianismo por la imaginación y el sentido estético y como más poético y favorable hacia las letras y las artes que cualquiera de las otras religiones. Recalcaba lo impresionante de su ritual e interpretaba el dogma poéticamente. El paganismo clásico era mostrado, según tales métodos, como teniendo *anima naturaliter christiana,* que daba así testimonio de la profunda humanidad del cristianismo.

HADDON WILLMER

CHECOSLOVACA, IGLESIA. Iglesia nacional de Checoslovaquia fundada en 1920. La represión ejercida por el gobierno central de los Habsburgos trataba de sofocar todo nacionalismo checo nombrando a obispos que favorecían la centralización y la germanización. Con este fin se fundó en 1890 una asociación de sacerdotes católicos llamada "Jednota". Trataba de introducir el idioma checo en la liturgia, la abolición del celibato del clero y la participación laica en el gobierno de la iglesia. Sus demandas fueron rechazadas por Roma en 1919 e inmediatamente se formó una agrupación religiosa independiente, reuniéndose cuarenta sacerdotes en la casa nacional de Praga-Smichov en enero de 1920. Obtuvieron muchos adherentes y pronto fueron reconocidos por el gobierno de la nación. Se organizaron siguiendo líneas presbiterianas. La Iglesia eligió a cuatro obispos, pero no los consagró, por no haber doctrina de sucesión apostólica. Desde 1946 los obispos son designados solamente por siete años. Es una iglesia fuertemente racionalista, –mayormente debido a la influencia de su primer patriarca: Karl Farsky– y rechazó las doctrinas del pecado original, el purgatorio y la veneración de los santos. Las doctrinas eucarísticas y cristológicas fueron interpretadas liberalmente.

Un grupo mucho más conservador, dirigido por Matthias Pavlik, ordenado como ministro ortodoxo bajo el nombre de Gorazd (1921), entró en relaciones con la Iglesia Ortodoxa Serbia. La mayoría siguió a Farsky, pero después de la muerte de éste (1927) también ellos se volvieron más conservadores. Los patriarcas que sucedieron a Farsky fueron Gustav Prochazka (1928-42), Francis Kovar (1946-61), Miroslav Novak (desde 1961). En 1963 había unos 750.000 miembros en 345 parroquias y cinco diócesis. Los candidatos al ministerio son preparados en la Facultad de Teología Hus en Praga.

J.G.G. NORMAN

CHELCICKY, PETER (c.1390-1460). Fundador de los Hermanos Chelcic. Laico de piedad intensa, llegó a estar bajo la influencia de los escritos de Juan →Wyclif. Dio a conocer sus ideas en Praga alrededor de 1420. Condenó o rechazó el poder mundano de la iglesia y el uso de la fuerza secular en asuntos espirituales. No creía que la vida monástica fuera válida como servicio a Dios y trabajó por una reconstrucción de la sociedad basada en la doctrina mística del cuerpo de Cristo. Con sus seguidores, conocidos como los Hermanos Chelcic, y otros de mente afín influidos por el arzobispo Rokycana, ayudó a sembrar la simiente de lo que más tarde sería el movimiento de los Hermanos →Bohemios. Entre sus libros están *Netz des wahren Glaubens* (1455) y *Postilla* (1434-36). Murió en Chicice, en el S de Bohemia.

PETER TOON

CHEMNITZ, MARTIN (1522-1586). Teólogo luterano alemán. N. en una familia pobre en Treuenbrietzen; estudió en la *Trivialschule,* Wittenberg, Magdeburgo, en la Universidad de Francfort del Oder, y en la Universidad de Wittenberg (1545) en donde formó una verdadera amistad con →Melanchthon. En ese tiempo estaba interesado mayormente en matemáticas y astrología. Después de haber sido expulsado de Wittenberg a causa de la Guerra de Esmalcalda, llegó a Königsberg, Prusia, donde fue hecho rector de la Escuela de Kneiphof y recibió su propio título académico de la nueva universidad. En 1550 se convirtió en bibliotecario del castillo ducal de Königsberg, mayormente por su reputación como astrólogo. Influido por Sabinus, yerno de Melanchthon, se dedicó seriamente al estudio de la teología. En 1553 nuevamente fue a Wittenberg y hecho miembro del cuerpo docente de filosofía. Después de año y medio se dirigió a Brunswick, donde fue hecho coadjutor de Joachim Mörlin y en 1567, superintendente. Fue uno de los fundadores de la Universidad de Helmstedt y estuvo activo en Brunswick como clérigo práctico, tanto en la ciudad como en la provincia, altamente considerado por el Consejo de la ciudad y por el duque Julio. Estableció un orden eclesiástico y un *corpus* o *forma doctrinae* que consistía en las Escrituras, los credos de los Apóstoles, de Nicea y de Atanasio, la Confesión de Augsburgo, la Apología, los Catecismos de Lutero y los Artículos de →Esmalcalda y otros escritos de Lutero. El duque Guillermo de Lineburg le pidió que redactara el *Corpus Wilhelminum.*

Uno de los tratados teológicos más importantes escritos por Ch. es su *Examen Concilii Tridentini,* en cuatro tomos. Se le ha llamado "estudio detallado del Concilio de Trento, iluminado por la penetrante teología bíblica del autor y su profundo conocimiento de la historia de la Iglesia Cristiana y de sus enseñanzas". Su *De Duabus Naturis in Christo* es un extenso análisis de cristología. Su *Loci Theologici* fue publicado después de su muerte. Trabajó exitosamente con Jacobo Andreae para mitigar las controversias doctrinales entre los luteranos alemanes durante el período de 1550 a 1575. Fue uno de los autores de la Fórmula de →Concordia de 1577. Teológicamente adoptó una postura intermedia entre los "gnesio-luteranos" y los "filipistas". Bíblico, templado, erudito, se ha dicho de él: "si Martin no hubiera venido, Martin difícilmente hubiera permanecido", aludiendo a Ch. y Lutero, respectivamente.

CARL S. MEYER

CHICAGO, DECLARACION DE. Afirmación elaborada por un grupo de evangélicos conservadores, reunidos en la ciudad de Chicago, EUA, el día de acción de gracias de 1973, para reflexionar sobre el desafío social del pueblo evangélico norteamericano y buscar respuestas bíblicas para el mismo. El documento hizo historia por el carácter profético de su contenido y la radicalidad de sus propuestas.

Comienza estableciendo la relación intrínseca entre los cristianos y su contexto sociopolítico. Los autores confiesan no haber reconocido el reclamo total de Dios sobre sus vidas; no haber demostrado su amor a los que sufren injusticias sociales, ni haber proclamado la justicia de Dios a una sociedad injusta; no haber defendido los derechos de los pobres y oprimidos, manteniendo el silencio; y ser cómplices del involucramiento histórico con el racismo de la iglesia norteamericana en general y de la evangélica en particular. La D. hace hincapié en la misericordia de Dios y llama a los evangélicos norteamericanos a demostrar su arrepentimiento confrontando la injusticia política y social de su país. Deplora el materialismo reinante en la sociedad y cultura estadounidense; condena la mala distribución de las riquezas y servicios de esa nación, la guerra y la violencia, así como la dominación de la mujer por el hombre. Concluye con una afirmación de fe en el evangelio de Jesucristo, el poder liberador del Espíritu Santo y la esperanza del reino prometido.

Esta declaración cobra importancia en AL por proceder de un sector protestante con distintivos teológicos semejantes al de la mayoría de las iglesias evangélicas del continente. Uno de los firmantes fue el líder evangélico latinoamericano, Samuel Escobar.

O.E. COSTAS

CHILE. País que se extiende 4.300 km por la costa de SA con una anchura que oscila entre 150 y 200 km teniendo una superficie de 741.800 km² y una población de 10.848.000 (1979).

La conquista religiosa acompañó la política española. El mismo día que se fundó la ciudad de Santiago se celebró la primera misa en Ch., el 12 de feb. de 1541, junto al Río Mapocho. Los españoles dominaron fácilmente la población indígena en el norte pero más difícil fue subyugar a los araucanos en el valle central. Hasta 1881 quedaron invictos los que vivían al norte del Río Bío Bío.

Pronto empezó la obra misionera. Llegaron primero los →mercedarios (1548). Siguieron los →franciscanos en 1553 procedentes de Lima. En 1557 arribaron los →dominicos, luego los →jesuitas en 1593 y los →agustinos en 1595. Los jesuitas procuraron establecer →reducciones entre los indios pero tuvieron poco éxito.

Pronto surgió también una estructura jerárquica. Al principio Ch. formó parte de la diócesis de Cuzco, pero en 1561 el papa →Pío IV erigió la diócesis de Santiago nombrando a Rodrigo González Marmolejo como primer obispo. En 1563 fue establecida la segunda diócesis en sede en Imperial, la cual más tarde fue trasladada a Concepción. En Ch., como en todas las Américas, los indios sufrieron abusos de sus nuevos amos pero a veces la Iglesia los protegía. Diego de Medellín, tercer obispo de Santiago, no permitía a los encomenderos confesarse hasta haber firmado un tratado garantizando ciertos derechos a los indígenas.

Surgió el problema de quiénes en el nuevo mundo serían aptos para el sacerdocio. El papa →Gregorio XIII (1572-85) declaró que mestizos podrían ser ordenados, pero →Felipe II no lo permitió. El resultado fue que, al iniciarse la Guerra de Independencia en 1810, la mitad del clero se componía de hombres nacidos en España y la otra mitad de criollos con solo unos pocos mestizos.

Los jerarcas, con poquísimas excepciones, eran españoles nativos. Por lo tanto, al estallar la Guerra de Independencia, se le opusieron. Como consecuencia el gobierno revolucionario mandó al arzobispo de Santiago y el obispo de Concepción que renunciaran y propuso al papa candidatos patriotas. El papa, sin embargo, rehusó consagrarlos de modo que las sedes episcopales quedaron vacantes hasta 1828 cuando al fin el papado y el nuevo gobierno llegaron a una avenencia y quedaron nombrados obispos para Santiago y Concepción.

El *impasse* de 1810 a 1828 fue gravemente perjudicial para laIglesia. La actitud hostil de la jerarquía hacia la causa popular de la Independencia desprestigió a la Iglesia ante los patriotas. Además, no habiendo obispos en función, no había ordenaciones, lo cual produjo en una aguda escasez de sacerdotes, cosa que ha seguido afligiendo la Iglesia hasta hoy.

Durante el s.XIX, como en el resto de AL, hubo luchas entre los liberales y conservadores en las cuales la Iglesia iba perdiendo su lugar preferido. En 1865 se concedió a los no-católicos el derecho de celebrar cultos, en 1875 fueron abolidas las cortes eclesiásticas, en 1883 se legalizó el matrimonio civil y por fin en 1925 se declaró la separación entre la Iglesia y el Estado.

El protestantismo entró pronto después de la Independencia. En 1821 llegó Diego →Thomson y quedó hasta 1822. Estableció escuelas →lancasterianas bajo la protección del libertador →O'Higgins. En 1825 había algunos ingleses en Valparaíso que empezaron a celebrar cultos anglicanos en casas particulares. En 1846 el misionero David→Trumbull comenzó cultos interdenominacionales para los de habla inglesa en la misma ciudad y en 1856 dedicó el primer templo protestante en el país.

Al decretarse la libertad de cultos en 1865, Trumbull rogó a la Iglesia →Presbiteriana en los EUA (su propia Iglesia) a que iniciara obra entre los mismos chilenos y en 1873 lo hicieron. En 1878 el misionero metodista William →Taylor llegó y fundó colegios para hijos de extranjeros, los cuales sirvieron para iniciar la obra metodista en el país. Entre los años 1893 y 1900 esta obra progresó grandemente gracias al trabajo de un Juan B. Canut. (A este líder metodista se debió el apodo de "canutos" que antiguamente llevaban los evangélicos de Ch.) En 1894 llegaron los→adventistas y en 1897 los de la →Alianza Cristiana y Misionera.

En 1909 brotó el avivamiento pentecostal, iniciado por el misionero metodista Willis →Hoover, el cual dividió el metodismo y afectó profundamente el movimiento evangélico en Ch.

En el s.XX entraron cada vez más agrupaciones evangélicas de tal manera que en 1976 había por lo menos 34 entidades protestantes haciendo obra misionera en el país. La proporción de protestantes en Chile es más alta que en cualquier otro país en AL. Son protestantes más o menos el 10% de la población y de estos el 80% son pentecostales.

El ecumenismo no es fuerte en Chile. No obstante en 1941 fue organizado el Concilio Evangélico a que pertenecían 22 iglesias en 1961. En este año para sorpresa de muchos, dos de las iglesias pentecostales se afiliaron con el →CMI en su asamblea de Nueva Delhi.

Los grandes cambios políticos habidos durante los últimos años (el régimen cuasimarxista del Presidente Salvador Allende seguido por el régimen militar del Gral. Pinochet) han afectado tanto el catolicismo romano como el protestantismo produciendo división en sus filas. JUAN A.B. KESSLER
WILTON M. NELSON

CHILLINGWORTH, WILLIAM (1602-1644). Apologista anglicano. Ahijado de William →Laud, erudito y *fellow* del Trinity College, Oxford, y amigo de Gilbert Sheldon y de John Hales. Ch. tuvo reputación de ser "una mente imparcial y bien equilibrada, con abundante acopio de conocimiento y gran poder dialéctico". Se convirtió a la ICR a través de John Fisher, el jesuita (m.1641), debido a las débiles bases lógicas de la teología laudiana. En Douai, (Francia), en 1630, se le pidió que escribiera contra la Iglesia de Inglaterra pero, volviendo a pesar los argumentos, regresó a Inglaterra donde en 1634 se declaró a sí mismo otra vez como protestante, aunque todavía no como anglicano. Ardientemente atacado por los romanistas, escribió, a pedido de Laud, *The Religion of Protestants a Safe Way to Salvation* (1638). Sobre la base de que "la Biblia sola es la religión de los protestantes", mantuvo los derechos de la razón y de la libre investigación, así como la necesidad de convencerse personalmente. Finalmente, fue persuadido por Laud de ingresar al ministerio anglicano. Llegó a canciller de Salisbury en 1638 e incurrió en el odio del parlamento en 1640. Sirvió como capellán o como soldado durante la Guerra Civil. Fue capturado en Arundel en diciembre de 1643 y murió en la cautividad un mes más tarde. C.S.R. COX

CHIMBOTE, INFORME DE. Informe de la "Semana Interamericana de Acción Católica" celebrada en Chimbote (Perú) en 1953 con más de 300 delegados y participantes laicos de ambos sexos y sus asesores eclesiásticos de la →Acción Católica de veinte repúblicas latinoamericanas. La Acción Católica, que floreció especialmente bajo el papado de Pío X, fue introducida en AL, siguiendo el modelo italiano, en la década de 1930-40, bajo la presuposición de ser este un continente sólidamente católico.

La reunión de Chimbote emprende un análisis de la verdadera situación: se reúne información estadística sobre práctica religiosa, asistencia a misa, el estado de la instrucción religiosa, y se llega a la conclusión de que "puede ciertamente afirmarse que AL es un continente que ha recibido el mensaje de la fe católica pero que a la vez requiere una profunda restauración para aproximarse al ideal cristiano pleno, todavía muy distante". Se hace un análisis de las condiciones sociales, económicas y políticas y de los nuevos factores: sociedad pluralista, secularismo, presencia y penetración protestante, nuevas ideologías, situación de la juventud. Se intenta establecer las causas internas y externas de la decadencia de la práctica religiosa y se reclama "un nuevo apostolado", un apostolado encarnado, adaptado y adecuado a las posibilidades de la época en que la Providencia quiere que desarrollemos nuestra actividad". JOSE MIGUEZ BONINO

CHINA. La primera aparición del cristianismo en Ch. fue la llegada en 635 del misionero nestoriano →Alopen, que entró en Sian, capital de la dinastía Tang. Los nestorianos se encontraron con el favor imperial y tuvieron varios éxitos, pero no proveyeron la Biblia y, por otra parte, permitieron el sincretismo cristiano-budista. A fines del s.X el cristianismo había desaparecido. Los misioneros nestorianos regresaron a Ch. en el s.XIII junto con los conquistadores mongoles, pero ganaron pocos adherentes.

→Juan del Monte Corvino, un franciscano, siguió a Marco Polo a Pekín en 1294. Reclamó haber ganado 6.000 convertidos. Pero también los franciscanos fracasaron al aculturizar el cristianismo; sus convertidos estaban en meros enclaves extranjeros rodeados por una población hostil. Con el fin de la dinastía Yuan (mongólica) en 1368, el cristianismo desapareció otra vez frente a la persecución.

En el s.XVI los misioneros cristianos impulsados por el despertar religioso de Europa, presionaron hacia el oriente junto con los comerciantes europeos en busca del Océano Pacífico. Francisco →Javier, el gran jesuita, alcanzó al Japón en 1549 y tuvo la esperanza de haber llegado a "Cathay", pero murió cerca de Cantón en 1552. El italiano Alejandro Valignano desembarcó en Macao en 1574; valoró la importancia de conocer el idioma chino y la adaptación cultural. Pero fue Matteo →Ricci el que llegó a Pekín en 1601, y por su sabiduría y su completa adopción de la cultura china, ensalzó el cristianismo ante la corte y los intelectuales de ese país. Hasta trató de injertar el cristianismo dentro del sistema confuciano y consecuentemente atrajo a varios altos funcionarios, aunque también con ello inició la controversia de los →Ritos Chinos. Ricci murió en 1610 habiendo causado una profunda impresión en los chinos, pero siguieron severas persecuciones que duraron hasta el fin de la dinastía Ming (1644).

Los primeros emperadores Ch'ing (Manchúes) mostraron dispensar favor al cristianismo y se pudo abrir misiones en la mayor parte de las provincias. Los jesuitas sinceramente trataban de establecer una iglesia cristiana formada por creyentes chinos. Más tarde recibieron el apoyo de los misioneros dominicos y franciscanos y el número de creyentes se elevó a 250.000. En 1717, sin embargo, el emperador Kang Hsi ordenó la expulsión de todos los misioneros y la persecución duró todavía un siglo más. El occidente aun no estaba listo para un verdadero encuentro con la cultura china. En 1840 los jesuitas establecieron su famosa base en Zikawei, Shangai.

Ch. estuvo virtualmente cerrada al comercio extranjero y a los misioneros protestantes hasta 1841. Robert →Morrison, que desde 1807 vivía en Macao, completó una traducción de la Biblia al chino en 1819. La inicua "Guerra del Opio" (1841) obligó a una Ch. conservadora a ceder Hong Kong a los británicos y a pagar una indemnización; posteriormente Ch. se vio forzada a abrir cinco puertos al tráfico extranjero y a admitir residentes libres de la jurisdicción china. Desde entonces actos como estos, considerados agresivos y humillantes por los chinos, han producido resentimiento y como consecuencia han perjudicado la obrera misionera de los occidentales. La rebelión Taiping (1850-56) fue un movimiento seudo cristiano campesino que terminó en una desastrosa orgía de muerte y destrucción.

La "apertura de China" mediante los "tratados desiguales" fue vista por las sociedades misioneras como su largamente esperada oportunidad. Sus representantes primero entraron en los puertos abiertos por tratados y, desde 1866, encabezados por J. Hudson →Taylor y la *China Inland Mission,* en todas las provincias interiores. El cristianismo protestante comenzó así a hacer impacto en la vida china mediante sus escuelas, hospitales e iglesias. A fines de siglo había unos 500.000 católicos y 75.000 protestantes.

Al aumentar las agresiones occidentales, no obstante, también se incrementó el sentimiento contra los extranjeros. En 1900 la conservadora emperatriz viuda llegó al poder y los sentimientos nacionalistas estallaron en la sublevación de los "bóxer": 181 misioneros, católicos y protestantes, y más de 49.000 cristianos chinos fueron muertos. Ch. estaba entrando entonces en una época de 25 años de rápidos cambios sociales, políticos y económicos que el cristianismo había ayudado a producir. Un moderno sistema educativo, introducido en 1905, produjo una nueva clase estudiantil. La decadencia de la dinastía Manchú apresuró la Revolución Nacionalista (1911), cuyos jefes, incluso el Dr. Sun Yatsen, su primer presidente, eran en su mayoría producto de escuelas cristianas. De 1901 a 1914 transcurrieron años de prosperidad sin precedentes para las misiones pero el caciquismo militarista hizo que la revolución fuera fútil y sumergiese a Ch. en el caos. El Tratado de Paz de Versalles (1919) mostró indiferencia para con Ch. y favoreció al Japón, su enemigo. El único aliado de Ch. parecía ser entonces Rusia y en 1921 fue creado el Partido Comunista chino.

Mientras tanto la iglesia protestante china se esforzaba por alcanzar su propia identidad. La educación fue favorecida como medio de influir al país entero a través de sus futuros dirigentes. Se multiplicaron las excelentes universidades, escuelas de medicina y escuelas superiores, a veces a expensas de la evangelización. Siguió un extraordinario crecimiento y la membresía protestante en 1915 era de 331.000 personas. Se estaba agitando una nueva vida y una Convención Nacional celebrada en Shangai (1921) puso en lugar destacado a una clase dirigente preocupada con el futuro desarrollo y la unidad de la iglesia. Los años 1920-27 fueron la cumbre de la expansión misionera; en 1927 había 8.518 misioneros protestantes en Ch. y tres millones de cristianos bautizados de los cuales un quinto eran protestantes. Durante este período también surgieron movimientos eclesiásticos independientes, expresiones del deseo nacionalista de liberarse de la dominación misionera.

El desarrollo rápido del movimiento comunista era ya una seria amenaza. En 1926 la agitación inspirada por el marxismo produjo una evacuación general de misioneros desde el interior de Ch. y disminuyó el número de los misioneros protestantes a 3.000. Entre 1924 y 1934, unos 29 de estos últimos fueron asesinados y otros muchos secuestrados. Para sobrevivir la iglesia tenía que alcanzar una evidente autonomía. Un despertar espiritual que cubrió toda la nación en los años de la década de 1930 facilitó esto, pero la continua guerra civil presagiaba cosas malas para el futuro.

La guerra con el Japón (1937-45) probó severamente a la iglesia china y dejó a esta nación a merced del comunismo. Aunque nuevamente 3.000 misioneros se dispersaron por todo el país, su tiempo estaba contado. En 1949 el Presidente Mao inauguró la República Popular China. Durante 1950-51 todos los misioneros protestantes se retiraron de la Ch. continental, y la iglesia fue dejada para que enfrentara sola el futuro. Esta era una iglesia, no obstante, fortalecida por un notable reavivamiento de pos-guerra entre los estudiantes universitarios. Los misioneros católicos, por su parte, fueron mayormente expulsados uno por uno durante varios años.

La membresía de la iglesia, protestante y católica juntamente, nunca había pasado del 1% de la población. El moderno movimiento misionero había fracasado otra vez al no penetrar profundamente en la población y en las estructuras culturales de Ch. Para los intelectuales chinos, el cristianismo era occidental y extraño. Para los comunistas la iglesia estaba demasiado estrechamente relacionada con el imperialismo occidental para escapar a este oprobio. Por el "Manifiesto" protestante de 1950 la iglesia se obligaba a sacudir las cadenas del imperialismo y prometía total obediencia al Partido Comunista. Los cristianos se encontraban frente a un dilema en cuanto a lealtad. Se hicieron juicios en masa contra los clérigos en toda Ch. Entre los millones que perecieron a manos de los comunistas, estaban cientos de cristianos. Hubo muchos actos de heroísmo tanto entre los católicos como protestantes. Por 1958 la iglesia había sido inmovilizada. Finalmente, en 1966 la iglesia visible fue destruida por los Guardias Rojos en la "gran revolución cultural proletaria". Desde entonces el silencio cayó sobre ella como un manto, aunque los cristianos continuaron reuniéndose secretamente, sin capillas y sin Biblias, ya que fueron decomisadas en 1966.

Aquel silencio duró solo seis años; fue roto cuando el presidente de EUA, Richard Nixon, visitó a la Ch. en 1972. El país empezó a abrirse al mundo otra vez. Multiplicaban las noticias de reuniones cristianas celebradas en casas. La mayoría de estos informes llegaban de las provincias costeras donde primero se había establecido el cristianismo hacía siglo y medio, pero también llegaban de otras partes de la Ch. En algunas áreas centenares de las reuniones informales se efectuaban bajo la dirección de pastores ya ancianos, los cuales, sin embargo, estaban estrenando a líderes más jóvenes. Bodas y funerales por lo general se celebraban públicamente y eran ocasiones para testimonio cristiano. También bautizos frecuentemente se efectuaban públicamente y revelaban el hecho de que muchos jóvenes volvían a Cristo.

En 1976 murieron el presidente Mao Tsetung y el primer ministro Chou En-lai. Luego el ala derecha del partido comunista asestó un golpe de estado que puso fin al dominio de diez años del ala izquierda. Los nuevos líderes se desviaron de las preocupaciones ideológicas (maoístas) y pusieron el país en un rumbo pragmático, hacia una modernización ya muy retrasada.

Para realizar sus anhelos, querían movilizar todos los sectores del país, incluso los cristianos. Fueron liberados muchos clérigos, encarcelados por largos años. En septiembre de 1979 fueron abiertas las iglesias en Shanghai y en varias otras ciudades. Multitudes acudieron a los cultos. Un poco antes se había levantado la prohibición de sintonizar radioemisoras cristianas de otros países, las cuales inmediatamente fueron inundadas con cartas de radio-escuchas de toda provincia. También empezaban a entrar en el país sin estorbo Biblias para reemplazar las que fueron destruidas en 1966. Líderes cristianos prometieron que una nueva edición de la Biblia pronto sería impresa en la misma Ch.

A principios de 1980, las perspectivas para la Iglesia Cristiana eran mejores que en todos los 30 años anteriores. Sin embargo, recordando el pasado, ningún cristiano estaba libre de dudas que el péndulo político podría oscilar de nuevo en su contra. El comunismo está comprometido ideológicamente a eliminación, tarde o temprano, de toda religión. LESLIE T. LYALL

CHINIQUY CARLOS P.T. (1809-99). Sacerdote católicorromano canadiense que se convirtió al protestantismo. N. en Kamuraska, Quebec. Fue ordenado al sacerdocio en 1833 y sirvió como profesor y cura en su propia tierra hasta 1851. Le preocupaba mucho el alcoholismo y fundó la primera sociedad de temperancia en Canadá, ganándose el apodo de "apóstol de la temperancia".

En 1851 fue comisionado para guiar a un grupo de católicos de Quebec al estado de Illinois en los EUA. Allí empezó a estudiar las Escrituras y los escritos de "los Santos Padres" con el fin de "confundir a los ministros protestantes de América". El resultado del estudio fue diferente de lo que había pensado. Empezó a cuestionar algunas prácticas y creencias de su Iglesia por no concordar con la enseñanza de la Biblia. Esto condujo a dificultades con su obispo, quien al fin lo destituyó del sacerdocio. Sucedió que todos los feligreses de la iglesia que Ch. pastoreaba le siguieron y tanto ellos como él se afiliaron a la Iglesia Presbiteriana de Canadá.

Esta experiencia convirtió a Ch. en un recio y famoso polemista. Siguió escribiendo libros y folletos sobre la temperancia y ahora también polémicas en contra del romanismo, obras que fueron traducidas a muchos idiomas, incluso el español (v.g. *El cura, la mujer y el confesionario* y *Por qué abandoné la Iglesia de Roma*). Sirvió por 40 años en el ministerio evangélico, se hizo amigo de Abraham Lincoln (quien por muchos años vivió en Illinois), y murió a la edad de 90 años en Montreal, Quebec. WILTON M. NELSON

CHINOS, CONTROVERSIA DE LOS RITOS. Debate acerca de métodos misioneros a emplear en China. Esta polémica tuvo lugar a fines del s.XVII y principios del XVIII en relación con el sacerdote católico Matteo →Ricci. Este llegó a Macao en 1582, estableció una obra en Nanking en 1599 e hizo lo mismo en Pekín dos años después, permaneciendo allí hasta su muerte. Ricci se impuso la obligación de explicar el cristianismo a los chinos en términos de ellos mismos. Por este motivo toleró la práctica de ritos indígenas en honor de los antepasados y parientes desaparecidos pero también (para quienes tenían mayor educación) permitió cultos en honor de Confucio, dado que creía que los chinos adoraban el verdadero Dios a la manera de ellos. Esta actitud, precursora de mucha de la moderna estrategia misionera, provocó una prolongada y ardiente controversia mayormente porque Ricci olvidó el papel que jugaba la superstición en tales ritos según eran generalmente practicados. Mucho tiempo después de la muerte de Ricci, Clemente XI publicó decretos (1704, 1715) que condenan tales ritos.

STEPHEN S. SMALLEY

CHIPRE. La Iglesia Cristiana en Ch. tiene por fundadores a Pablo y Bernabé, quienes ministraron allí durante sus jornadas misioneras. Por su geografía insular y su origen apostólico, la iglesia chipriota desde temprano procuró conseguir su independencia de cualquier otra sede patriarcal. El Tercer Concilio Ecuménico, reunido en Efeso en 431, declaró la Iglesia Chipriota como autocéfala, o autogobernante, tal como lo es hoy. Esta decisión contrariaba el deseo del patriarca de Antioquía quien había deseado dominar la iglesia insular.

Ch. pasó al control de Islam cuando fue capturada en 647 por los árabes, y los cristianos chipriotas lucharon por mantener su identidad. La isla se liberó del control del Islam a mediados del s.VIII, pero en la primera parte del s.IX, fue recapturada por los árabes y permaneció bajo gobierno islámico hasta mediados del s.X. Durante el período de las →Cruzadas, la isla pasó con frecuencia de un poder a otro. Ricardo I de Inglaterra la capturó y la vendió a los →Templarios, cuyo dominio allí duró poco; pronto fueron reemplazados por los →Hospitalarios (Caballeros de San Juan). Una vez que Constantinopla fue conquistada por los occidentales en la Cuarta Cruzada (1204), los superiores eclesiásticos latinos procuraron dominar la escena chipriota. Los cristianos griegos de Ch. se enfrentaron al problema de decidir a quienes ser leales.

Cuando en la última parte del s.XVI los turcos otomanos tomaron el poder, el cristianismo chipriota se sujetó al sistema "millet", establecido por los turcos. Los "millets" eran naciones religiosas dentro del imperio otomano. Cada rama organizada del cristianismo, a la que se le concedía la condición de "millet", recibía el derecho de ejercer autoridad legal sobre sus seguidores. Esto incluía la recolección de ciertos impuestos, el matrimonio, cortes de divorcio y ciertos aspectos de las leyes locales. Así fue como la cabeza de la iglesia se convirtió en autoridad legal con estrechos vínculos con el estado. Esta tradición de estrechas relaciones entre iglesia y estado ya se conocía desde los días del Imperio Bizantino. A la luz de la estructura "millet", no es de sorprender que el pueblo chipriota eligiera al jefe de la Iglesia para servir como primer presidente del país cuando se ganó la independencia de los ingleses en 1960. Durante el reinado de 88 años de los ingleses, la →Iglesia Greco-Ortodoxa gozó de absoluta libertad para llevar a cabo sus actividades.

El golpe de estado de 1974, por el que se había hecho el intento de unir Ch. con Grecia, provocó más bien la invasión turca, y desde entonces la isla está dividida en dos sectores. El gobierno de la República de Ch. controla la parte sur de la isla, en donde vive la mayoría de los chipriotas griegos, inclusive los inmigrantes armenios, libaneses y otros. El "Estado Federado Turco de Ch." controla por su potencia miliar el sector norte. Solo Turquía reconoce oficialmente este estado. Dos modalidades de vida, dos gobiernos y dos grupos étnicos se mantienen al lado unos de otros, sin casi ninguna comunicación. Nominalmente, el 100% de los chipriotas turcos son musulmanes, por lo que más de 100 iglesias en el sector norteño fueron cerradas o convertidas en mezquitas. Se dice, sin embargo, que unos 9.000 cristianos viven aislados en el norte y se reúnen solamente en grupos pequeños para estudiar la Biblia y disfrutar de compañerismo. De la población total de la isla (unos 640.000 en 1976), aproximadamente 78% profesan ser griegos ortodoxos, y un 4% se identifica como católicos, →maronitas, protestantes u ortodoxos armenios. Los demás (18%) son musulmanes.

Algunas sociedades misioneras protestantes trabajan en la isla, pero sus pocos adherentes, como también su impacto en la vida chipriota, es mínimo.

GEORGE GIACUMAKIS, Jr.
W. DAYTON ROBERTS

D

DABNEY, ROBERT (1820-1898). Destacado teólogo de la Iglesia Presbiteriana del Sur (EUA). Se graduó en la Universidad de Virginia en 1842. En 1844 ingresó en el Seminario Unión, en 1846 fue licenciado para predicar y llegó a ser ministro de la Iglesia Presbiteriana de Tinkling Spring (1847-53). Después resultó designado para una cátedra de historia eclesiástica en el Seminario Unión pero fue transferido en 1859 a la cátedra de teología sistemática. Tomó parte significativa en la formación de la Iglesia Presbiteriana del Sur. Desde 1861 se desempeñó como capellán, después como jefe de personal de Stonewall Jackson. En 1866 regresó al Unión, permaneciendo allí hasta 1883 cuando por razones de salud se trasladó a Austin, Texas, donde fue profesor hasta 1884 de filosofía mental y moral en la entonces recientemente fundada Universidad de Texas y desempeñó un papel importante en la fundación del Seminario Teológico Austin. En 1870 publicó su *Syllabus and Notes of the Course of Systematic and Polemic Theology Taught in the Union Seminary in Virginia,* el cual, revisado y reeditado en 1878, pasó por seis ediciones hasta 1927. C. GREGG SINGER

D'AILLY, PIERRE (1350-1420). Cardenal y teólogo galicano. N. en Compiegne, Francia, e ingresó en el College de Navarre, París, en 1363, graduándose en artes en 1368 y llegando a ser doctor en teología en 1381. Se interesó en muchos temas y escribió sobre materias científicas, filosóficas, geográficas y astronómicas, así como sobre asuntos teológicos. Su obra muestra la influencia de →Bacon y de →Guillermo de Ockham. Fue hecho canónigo en Noyon en 1318, rector de su colegio en 1384 y canciller de la Universidad de París en 1389. Tuvo contactos con la corte francesa como confesor y limosnero de Carlos VI. Entre los muchos beneficios que usufructuó simultáneamente estaba el de arcediano de Cambrai y, cuando subió al papado Benedicto XIII (1395), fue designado obispo de Puy, cargo que nunca cumplió porque en 1397 fue trasladado a la sede de Cambrai. Profundamente preocupado por finalizar con el →Cisma de Occidente que había dividido a la cristiandad occidental desde 1378, apoyó al Concilio de →Pisa que había sido convocado por los cardenales en 1409. Este terminó en la existencia de tres papas, y D. apoyaba al tercero de ellos: →Alejandro V. Al ascenso de Juan XXIII, D. fue creado cardenal con la esperanza de que daría su apoyo a Roma. En el Concilio de →Constanza (1414) apoyó la teología de la supremacía de un concilio general sobre el papa. En 1416 publicó su *Tractatus super Reformatione Ecclesiae,* que era solamente la tercera parte de una obra mucho mayor, *De Materia Concilii Generalis.* Algunas de las reformas sugeridas por él fueron adoptadas por el Concilio de →Trento, y el *Tractatus* tuvo buena acogida tanto en Inglaterra como en Alemania. Su teología estaba grandemente influida por la de Ockham, como puede verse en su creencia de que Dios no podía ser demostrado mediante la razón, sino solamente por la fe. También sostuvo que el papa no era esencial para la iglesia. No es de sorprenderse, entonces, que estos puntos de vista hayan sido aceptados por Lutero y por otros reformadores. GORDON A. CATHERALL

DAMASO I (c.304-384). Papa desde 366. N. en Roma de ascendencia española; sucedió a Liberio en el papado, pero fue oficializado solamente después que el emperador Valentiniano I acudió en su apoyo y suprimió por la fuerza a los que apoyaban a Ursino, establecido como papa rival. Durante el pontificado de D. fueron condenados el →apolinarnianismo y el macedonianismo (368, 369); se publicó el famoso →*Tomo* de Dámaso (382), se puso en vigor un decreto imperial contra la mundanalidad del clero. Jerónimo (entonces secretario privado) fue encargado por D. de revisar la traducción latina de la Biblia, de la cual resultó finalmente la Vulgata.

J.D. DOUGLAS

DAMIAN, PADRE (Joseph de Veuster) (1840-1889). Sacerdote misionero católico romano. N. en Tremelo, Bélgica. Fue preparado para el sacerdocio por los Padres del Sagrado Corazón en Lovaina y en París y tomó el nombre religioso de Damián. En 1864 fue enviado a Honolulu para ser ordenado como misionero en las Islas Hawai. Sirvió en Puna y en Kohala, en la isla de Hawai. En la década de 1860 el gobierno decidió utilizar la isla de Molokai como un establecimiento para aislar leprosos, pero no proveyó un cuerpo médico permanente. En 1873 D. supo de la condición de los leprosos y le fue permitido unirse a ellos. Desde entonces la colonia aumentó hasta tener más de 1000 internados. Emprendió las tareas de enfermero, constructor y superintendente, así como de sacerdote. Por sus propios trabajos y por presión sobre las autoridades creó una comunidad bien ordenada. En 1885 supo que había contraído lepra, pero aun así continuó sirviendo a los leprosos hasta su propia muerte. Su creciente fama en el mundo exterior le ganó muchos admiradores, pero también le creó hostilidad entre los funcionarios locales y entre la jerarquía católica de las islas. La más famosa defensa de su carácter la hizo Robert Louis Stevenson en 1905.

NOEL S. POLLARD

DAMIAN, PEDRO (1007-1072). Reformador católico romano. N. en Ravena y fue criado en medio de penalidades. Ingresó en la ermita benedictina de Fonte Avellana en 1035 y fue hecho prior ocho años más tarde. Fundó nuevos monasterios y reformó los antiguos. Llegó la noticia de su obra a la corte de Enrique III y a la curia papal, y fue hecho obispo cardenal de Ostia contra su voluntad. Atacó la decadencia del clero, incluso el matrimonio *(Liber gomorrhianus)*; consideraba la reforma de la iglesia como un esfuerzo conjunto del papado y del imperio. Se entregó a una labor sinodal, a cumplir misiones diplomáticas en Francia y en Alemania, y asuntos de la alta política y de principios eclesiásticos. Defendió la validez de órdenes conferidas gratuitamente por los simonistas *(Liber gratissimus)*, apoyó al papa Alejandro II durante el cisma con el antipapa Honorio II *(Discretatio synodalis)* y benefició a →Cluny al apoyar al Abad Hugo contra el obispo Drogo de Macon *(Iter Gallicum)*. No obstante, la iglesia y el estado más allá de Italia no le preocupaban; no mostró interés en la abierta lucha que se desarrollaba entre las iglesias griega y latina. Sus escritos, inspirados por la antigüedad así como por el Renacimiento Carolingio, ordenaban severas mortificaciones y revelan su tensión entre la vida activa y la contemplativa, ya fuera en cartas, sermones, tratados u obras menores en prosa y verso. Aunque nunca fue canonizado, en 1828 León XIII lo hizo "doctor de la Iglesia".

C.G. THORNE Jr.

DANIEL-ROPS, HENRI (1901-1965). Historiador, ensayista y novelista católico francés. Se graduó en historia en la Universidad de Grenoble (1922) y fue profesor de segunda enseñanza hasta 1946. Cambió el nombre de su familia, de Petiot, al de Daniel-Rops (personaje de uno de sus cuentos). Con este seudónimo trató de evitar la dificultad de obtener permiso del ministerio de educación para publicar. Su producción literaria fue enorme, incluyendo numerosos cuentos, ensayos y casi setenta libros (veinte de ellos novelas). Durante un tiempo fue dirigente entre un grupo de jóvenes intelectuales llamado "Nuevo Orden" (1932 ss.). Al principio era un católico nominal, pero desde 1934 empezó a hacerse notar como hombre de fe y fervor. Su novela *Muerte, ¿dónde está tu victoria?* (1934) tuvo amplio efecto en Francia y fue llevada al cine. Su historia bíblica y eclesiástica en doce volúmenes (1943-56) ha sido traducida al inglés. En 1955 fue elegido como miembro de la Academia Francesa.

W. WARD GASQUE

DANTE ALIGHIERI (1265-1321). Poeta italiano. N. en Florencia de una familia que poseía una ligera pretensión a la nobleza. Dante (contracción de Durante) empezó muy jovencito a escribir poesía y a tomar parte en la vida política de la ciudad. Mientras estaba de embajador en Roma como uno de los *priori* de Florencia, una de las facciones opuestas que sostenía a Bonifacio VIII (cuyas ambiciones seculares eran enfrentadas por D.) se apoderó del gobierno local. Varios cargos fueron aducidos contra D. y fue multado y desterrado de la ciudad. Nunca volvió a ver ni a su esposa ni a la ciudad de Florencia, aunque más tarde le fue permitido regresar. Murió en la corte de Guido de Polenta, en Ravena, donde está sepultado.

La maestría literaria de D. es universalmente aclamada. Sus obras incluyen *La Vita Nuova, La Divina Commedia* (*Commedia*, originalmente; *Divina* fue agregado después), *Convivio*, un poema alegórico y numerosos tratados. También escribió varias epístolas y églogas. Un tratado en latín, *De Monarchia*, presenta sus puntos de vista políticos acerca del conflicto entre la Iglesia y el Santo Imperio Romano.

El amor idealizado del poeta por Beatriz Portinari fue contado por vez primera en *La Vita Nuova*, pero D. es más recordado por *La Divina Comedia*. Está compuesta por 100 cantos divididos en *El Infierno, El Purgatorio* y *El Paraíso*, escrita en *terza rima*, esta "catedral de las palabras" representa al poeta extraviado en una oscura selva (el pecado) en la Pascua. Virgilio (la filosofía) apareciendo se ofrece para servir de guía a través del Infierno y para ascender al Monte del Purgatorio. Entonces, Beatriz (la teología, la religión revelada) lo conduce a las alturas del Paraíso donde puede contemplar la gloria inefable. El relato es una elaborada alegoría cristiana de la visión del alma acerca del pecado, su exención de la culpa y de las manchas y su elevación en novedad de vida. Esta profunda visión es expresada imaginativamente pero con estilo sencillo y vigoroso.

ERWIN RUDOLPH

DARBY, JOHN NELSON (1800-1882). Dirigente de los Hermanos →Plymouth. N. en una distinguida familia anglo-irlandesa (su segundo nombre deriva del famoso almirante). D. tuvo una notable carrera en el Trinity College, Dublín, y después de graduarse en 1819 fue llamado a la *Irish Chancery Bar* (tribunal) en 1822. Ordenado tres años más tarde, sirvió incansablemente a la Iglesia Anglicana de Irlanda en la parroquia de County Wicklow. Sin embargo, molesto por el carácter oficial de la iglesia, en 1827 sorprendió al país al publicar su tratado *On the Nature and Unity of the Church of Christ*. Renunció a su curato ese mismo año, y se relacionó con un grupo que se reunía en Dublín para el partimiento del pan y la oración. Pronto asumió el liderazgo debido a sus dones para la enseñanza y su poderosa y atractiva personalidad. Desde 1830 hizo frecuentes viajes para predicar en el continente europeo. En 1845 D. rompió en Plymouth con B.W. Newton a causa de desacuerdos sobre la profecía y eclesiología. Posteriormente condujo un ataque contra Newton haciéndole cargos de herejía que obligaron en 1846 a la división en 1848 de los Hermanos entre los grupos de "abiertos" y "exclusivos". Los viajes posteriores de D. abarcaron Norteamérica, las Indias Occidentales y Nueva Zelanda. Su estilo literario era con frecuencia oscuro, pero en sus himnos alienta un espíritu de devoción mística. Tradujo la Biblia al alemán, francés e inglés. Apasionado en la controversia, y a veces enceguecido por los prejuicios, era, no obstante, generoso con los niños y con los pobres. Aunque no es el fundador de los llamados Hermanos Plymouth (o Hermanos Libres), indudablemente fue al principio su más talentoso maestro. G.C.D. HOWLEY

DARWIN, CARLOS ROBERTO (1809-1882). Naturalista inglés. Se graduó del Christ College, Cambridge, en 1831. Su teoría de la →evolución fue formulada durante un viaje de cinco años en torno a la América del Sur. En 1837 "abrió su primer cuaderno sobre la Trasmutación de las Especies", pero dudó hasta 1859 antes de publicar su *Origen de las especies por medio de la selección natural*, vacilación que le duró toda la vida entre el agnosticismo y la fe y fue acompañada por dolores sicosomáticos. En el principio proponía hacerse clérigo, pero por 1850 se declaró agnóstico. La duda continuó hasta que un manuscrito de A.R. Wallace, acerca de una teoría similar, aceleró la aparición de la mencionada obra de D., *Origen de las especies.*

En la reunión que tuvo lugar en 1857, en Oxford, la Asociación Británica, T.H. Huxley, como un "Bulldog de Darwin", atacó a Samuel →Wilberforce y lo ridiculizó declarándolo carente de conocimientos científicos y lo hizo su blanco preferido. En consecuencia, la evolución y la religión fueron puestas en discordia. Los temores de que la nueva teoría podría brutalizar a la humanidad no carecían de fundamento. Herbert Spencer se opuso al mejoramiento de los desafortunados porque esto podía impedir la selección por medio de los más aptos. Marx, Nietzsche y Hitler justificaron la guerra por las mismas razones. El conflicto interno en D. continuó hasta su avanzada edad. Según el testimonio del Duque de Argyle no recibió alivio de las oraciones de su esposa ni de sus lecturas bíblicas. No obstante, cierto crédito puede darse a lo referido por su enfermera en el sentido de que la epístola a los Hebreos le dio un final consuelo. Fue sepultado en 1882 en la Abadía de Westminster, a pocos metros de Isaac →Newton. Las otras obras de D. incluyen *Descent of Man* (1871), *Different Forms of Flowers* (1877) y una teoría en cuanto a la formación de los arrecifes (1842).

E.K. VICTOR PEARCE

D'AUBIGNE, JEAN HENRI MERLE (1794-1872). Historiador protestante. N. en Eaux-Vives, cerca de Ginebra, hijo de refugiados protestantes franceses. Sus estudios iniciales los cursó en Ginebra, donde fue influido por Robert Haldane y por el despertar evangelístico de entonces. Posteriormente estudió en Berlín y fue amigo de J.A.W. →Neander. En 1817 fue ordenado y el año siguiente se hizo cargo de la congregación francesa de Hamburgo. En 1823 fue designado predicador de la corte en Bruselas pero, después de la Revolución de 1830, renunció al cargo de tutor del Príncipe de Orange y regresó a Ginebra. Aquí intervino activamente en la obra de la Sociedad Evangélica de Ginebra y fue nombrado profesor de su academia teológica. Su interés fundamental era la historia eclesiástica. Su obra más popular, una mezcla retórica, apologética e histórica, fue *Histoire de la Reformation du XVI siecle* (5 vols., 1835-53). Un trabajo más erudito fue la *Histoire de la Reformation en Europe au temps de Calvin* (8 vols., 1863-78). También fue uno de los fundadores de la Iglesia Evangélica de Suiza.

PETER TOON

DAVID (c.520-589). Monje ascético y santo patrono de Gales. Procedente de una familia principesca del sur de Gales, fue un gran fundador de monasterios, inclusive uno en Mynyw, Pembrokeshire, en el cual vivió y levantó una hermosa biblioteca destruida posteriormente por incursores escandinavos. El Concilio de Brefi lo eligió como primado de Gales, pero solo aceptó a condición de que la sede fuese trasladada de Caerleon a St. Davids. Para fortalecer su argumento en cuanto a que la sede de St. Davids era independiente de la autoridad de Canterbury, un biógrafo del s.XI, Rhygyfarch, elaboró la historia de que D. fue entonces a Jerusalén para recibir del patriarca su consagración episcopal. En cuadros religiosos D. es descrito de pie sobre un promontorio con una paloma reposando sobre su hombro. Esta es una referencia a la tradición de que cuando él estaba hablando en el Concilio de Brefi una paloma blanca reposó sobre su hombro y el suelo que estaba bajo sus pies se elevó sobre una colina para que así pudiesen escucharlo. Se desconoce su relación con el puerro (emblema del sur de Gales). Fue un santo popular del sur de Gales, Devon, Cornualles y Bretaña.

L. FEEHAN

DAVID, CHRISTIAN (1691-1751). Dirigente de los Hermanos Moravos. N. en Moravia y era carpintero de oficio. Se convirtió en 1717 y fue evangelista laico. En 1722 se encontró con el conde →Zinzendorf, lo ayudó a formar su comunidad cristiana de Herrnhut en la finca de éste y reclutó en Moravia colonos entre los exiliados Hermanos (→*Unitas Fratrum*). En 1733 D. dirigió un grupo de misioneros a Groenlandia para ayudar al pionero noruego Hans →Egede pero se manifestaron agudas diferencias entre ellos. D. era a veces autocrático e intolerante y criticó la ortodoxia luterana de Egede; éste, por su parte, no apreciaba la naturaleza sentimental del mensaje de los moravos. Cuando Egede regresó en 1736 se habían reconciliado y la obra en Groenlandia prosperó. D. viajó extensamente por Europa y regresó a Groenlandia en 1747 con más misioneros, edificando una iglesia y residencia para la misión. Viajó también a Pennsylvania y después regresó a Groenlandia para construir un almacén. Murió en Herrnhut.

RICHARD V. PIERARD

DAVIES, SAMUEL (1723-1761). Fundador del presbiterianismo del sur de EUA. Después de cursar estudios de teología en el instituto de Samuel Blair, en Foggs Manor, Pennsylvania, fue ordenado como evangelista en 1747 y enviado al Hanover County en Virginia para predicar a los convertidos presbiterianos del →Gran Despertamiento. Predicó en casas de reuniones con licencia en Hanover y evangelizó en otros condados de Virginia y Carolina del Norte. Marchó a Inglaterra con Gilbert Tennent en 1753 y levantó 3000 libras esterlinas, sobre todo en Escocia, para el College de Nueva Jersey (actualmente la universidad Princeton), predicó allí con gran aceptación. Ganó, mediante discusión personal ante el rey en un concilio, el *status* legal para los disidentes de Virginia. Fue presidente del Colegio de Nueva Jersey en 1759 y mejoró sus niveles académicos. Tomó la dirección organizando en 1755 el Presbyterio de Hanover (primero en el Sur). Su siempre deficiente estado de salud sufrió una fatal crisis en 1761 al contraer pulmonía y septicemia después de una sangría.

EARLE E. CAIRNS

DEAN. Del latín *decanus* (de *decem,* "diez") término que probablemente se introdujo en el uso eclesiástico como el título dado a un monje que tenía a su cargo diez novicios. Su principal función es la de encabezar una catedral o iglesia colegiada, que es responsable ante el cabildo por los servicios, edificios y propiedades. Los d. rurales ayudan en la administración del obispo por su superintendencia y representan al clero de una subdivisión diocesana. Otras variantes incluyen "el D. de la Provincia de Canterbury", que es el obispo de Londres; "el D. de los Arches", que es un juez laico en la corte de Arches del Arzobispo de Canterbury; "D. del Sagrado Colegio", que es el cardenal obispo de Ostia.

JOYCE HORN

DECIO (m.251). Emperador romano desde 249. Nativo de Pannonia. Fue proclamado emperador por las tropas después de restaurar la disciplina en los ejércitos del Danubio. Luego de la muerte del emperador Felipe, D. fue reconocido por el Senado en 249, pero apenas dos años después murió durante un intento de derrotar a los godos. Fue un firme defensor de las antiguas tradiciones romanas. Su persecución de los cristianos procedía de su creencia de que la restauración de los cultos estatales era esencial para la preservación del Imperio. La persecución de la iglesia comenzó con la ejecución de Fabián, obispo de Roma, en enero de 250, la cual fue seguida por miles de muertes. Estas se debieron a la desobediencia por parte de los cristianos con respecto a la orden imperial de que todos los ciudadanos debían ofrecer sacrificio al nombre del emperador. Aquellos cristianos que ofrecieron sacrificio y posteriormente se arrepintieron, llegaron a causar muchos problemas a la iglesia.

PETER TOON

DECRETALES. Cartas papales que tienen por sí mismas fuerza de ley y que fueron específicamente escritas a personas o a grupos en respuesta a preguntas sobre puntos del derecho canónico. La primera de tales d. definitivamente establecida procede del papa →Siricio al obispo Himerio de Tarragona (385 d.C), aunque Dámaso (m.384) podría haber publicado una. Desde un principio los papas insistieron en que las d. tenían fuerza de ley. →Dionisio el Exiguo compiló la más antigua e influyente colección de d. Varias colecciones fueron formadas en los siglos que siguieron, pero el *Decretum* de →Graciano (c.1140) estableció una nueva pauta en el agrupamiento de d. conforme a los diferentes puntos de la ley de que ellas se ocuparan. Aunque su colección (que incluía varios fraudes) estuvo en vigor durante muchos siglos, se concentraba en los pontificados más recientes y se convirtió en la tendencia aceptada por colecciones posteriores. Las colecciones medievales definitivas fueron las Decretales de Gregorio IX (1234), de Bonifacio VIII, *Liber Sextus* (1298), y las de Clemente V, *Constitutiones Clementinae.* Posteriormente fueron agregadas en forma no oficial las de Juan XXII, *Extravagantes* (1323), y *Extravagantes Communes* (c.1500).

L. FEEHAN

DECRETALES FALSAS →DECRETALES SEUDO-ISIDORIANAS

DECRETALES SEUDO-ISIDORIANAS. Documento fraudulento confeccionado para dar respaldo jurídico e histórico al creciente poder papal. Se alega que son la obra de Isidoro Mercator, obispo de Sevilla de 600 a 636. Pretenden ser una compilación de decisiones de papas y concilios desde el tiempo de Clemente, obispo de Roma en el s.I, hasta Gregorio II en el s.VIII.

Las D. conceden poderes y fueros extraordinarios al clero inferior. Los sacerdotes constituyen una "familia divina" cuyos miembros son "espirituales" mientras los laicos son "carnales". Están exentos de toda jurisdicción secular. No se le puede llamar para comparecer ante un tribunal civil. El valor o la validez de sus actos o palabras no depende de su condición espiritual.

Las D. dan poderes absolutos al papa romano. Su autoridad es suprema e inapelable en la iglesia. Sin su consentimiento ningún concilio puede convocarse. Tiene la prerrogativa de poder pasar por encima de la autoridad de los metropolitanos y arzobispos al tratar con los obispos diocesanos y el clero inferior. Su autoridad también es superior a la de los príncipes y del emperador.

Las D. se emplearon por primera vez en el s.IX y por casi seis siglos se tuvieron por genuinas. Pero en el s.XV empezaron a surgir dudas (v.g. →Nicolás de Cusa). En el s.XVI Calvino alegó que eran fraudulentas y en el s.XVII (David →Blondel) se probó concluyentemente su carácter falso. La prueba más patente fue la presencia de muchos anacronismos. Hay citas en ellas de una revisión de la Vul., hecha en la época de Carlomagno (s.IX), mientras Isidor vivía en el s.VII. Hay cartas de obispos de Roma, de los ss.II y III, escritas en un dialecto de latín usado por los franceses del s.IX, quienes tratan con temas teológicos de épocas post-nicenas. Víctor (obispo de Roma, 193-203) escribe a Teófilo (patriarca de Alejandría, 385-412).

La crítica histórica ha demostrado que estas D. fueron un fraude piadoso fraguado por algunos clérigos franceses, molestos con la autoridad arbitraria de algunos jerarcas (especialmente de →Hincmaro, arzobispo de Reims desde 845 a 882). Su finalidad era probar que el poder papal es superior al de los prelados en Francia de manera que el clero inferior (incluso los obispos) podría apelar al papa ante los vejámenes que sufrían de los arzobispos. No se puede decir que las D. fueron la obra de los papas pero sí fueron usadas para aumentar su poder.

WILTON M. NELSON

DEISMO. Término que designa un modo racionalista de explicar la relación de Dios con el mundo. Surgió a fines del s.XVII y principios del XVIII. Siguiendo la clásica ilustración relativa a un fabricante de relojes, usada por Nicolaus de Oresmes en el s.XIV, los deístas afirmaban que Dios dio al mundo el ímpetu inicial y luego lo dejó seguir su curso. Por consiguiente, la divina providencia, la revelación y el esquema de salvación sobrenatural eran puestos en tela de juicio. Samuel Clarke en su *Demostration of the Being and Attributes of God* (1704-6) podía distinguir cuatro clases de deístas, pues no hay una sola escuela de pensamiento.

Las guerras de religión y los comienzos de la ciencia moderna crearon en el s.XVII un ambiente en donde la razón reemplazaría a la intolerancia y al autoritarismo. Issac →Newton había empezado a desenterrar los secretos del universo y John →Locke, los de la mente humana. La obra de Locke *Reasonableness of Christianity* (1695), fue un acicate para la racionalización de la fe cristiana, aunque él desmintió las afirmaciones deístas en el sentido de que estaban siguiéndole. Ya tan temprano como en 1624 Lord Herbert de Cherbury había enseñado que todas las religiones tenían en común cinco ideas básicas y negaba la necesidad de una revelación. Un sector del d. no era hostil al cristianismo, pero la tendencia era hacia una religión natural. En 1696 John →Toland publicó *Christianity not Mysterious,* y Matthew →Tindal produjo la más elaborada exposición de la religión natural en *Christianity as Old as the Creation* (1730).

La oposición por parte de los ortodoxos provocó ataques en contra de las "evidencias" cristianas citadas defensivamente, en especial en cuanto a profecías cumplidas y milagros. Anthony Collins desafió la autoridad de la Biblia; Thomas Woolston cuestionó los milagros y la resurrección de Cristo. Varios concluyeron en el ateísmo y en el panteísmo. Tales ataques exigían una multitud de respuestas, la más famosa de las cuales fue la de Joseph →Butler: *Analogy of Religion* (1736). Aunque el d. nunca tuvo una substancial masa de adeptos en Inglaterra, fue grandemente apreciado en el continente europeo, especialmente en Alemania y en Francia, donde →Voltaire y J.J. →Rousseau se convirtieron en sus principales defensores.

Los deístas carecían de todo sentido histórico para valorar la revelación bíblica. La fe para ellos fue destronada y la racionalidad humana vista con falso optimismo. La revelación inicial en la naturaleza se consideraba como suficiente.

J.W. CHARLEY

DEISSMANN, ADOLF (1866-1937). Erudito alemán del NT. Enseñó en Heidelberg (1895-1908) y en Berlín (1908-34). A la luz de inscripciones en el griego secular y papiros, estudiados intensamente por primera vez a fines del s.XIX, demostró que el lenguaje del NT era más bien popular que clásico y sostuvo que tales escritos, mayormente las epístolas, no eran literarios. Dio un cuadro del primitivo cristianismo como de "culto popular", que surgía de una reacción mística personal frente a Jesús; por lo tanto, no podía ser explicado en los términos coherentes del desarrollo de una "doctrina". Para él, Pablo no era un teólogo sino un hombre del pueblo que respondía al impacto de su encuentro en el camino de Damasco. D. dedicó erudita atención al concepto paulino de "en Cristo" (1892) al sugerir que Cristo y Espíritu eran intercambiables y usó la analogía de un hombre en el aire pues también el aire está en el hombre. D. era tanto un erudito como un divulgador. Estaba profundamente preocupado por la relación entre la iglesia y la cultura contemporánea y se mantuvo activo en el temprano movimiento ecuménico.

HADDON WILLMER

DELEGADO APOSTOLICO. Persona (usualmente un arzobispo titular) nombrado para representar al papado ante la jerarquía en determinado país. Sus funciones son eclesiásticas y no políticas (cp. las del →NUNCIO PAPAL). Sus deberes son: informar al papado en cuanto al estado de la Iglesia en el territorio que le corresponde, ver que las leyes eclesiásticas se observan debidamente, transmitir a la Iglesia las instrucciones especiales del papa y al papa las peticiones de la Iglesia.

WILTON M. NELSON

DELITZSCH, F.J. (1813-1890). Erudito luterano del AT. N. en Leipzig y allí fue educado y enseñó durante varios años. Posteriormente tuvo cátedras en Rostock (1846-50), Erlangen (1850-67) y Leipzig (1867-90). De trasfondo pietista y descendiente de judíos, trató de combatir los extremos del antisemitismo y del sionismo, y ayudó en la conversión de los judíos al cristianismo. Para este propósito desde 1863 editó un periódico: *Saat aut Hoffnung*; fundó un colegio misionero judío, tradujo el NT al hebreo (1877) y estableció en Leipzig un *Institutum Judaicum* (1866). Publicó varios comentarios de carácter conservador del AT.

Examinó cuidadosamente las teorías críticas de →Wellhausen y con cautela, sin abandonar su interés por la verdad evangélica, llegó a sostener los diferentes orígenes literarios del Pentateuco y de la paternidad literaria doble de Isaías. Durante su vida sus moderados puntos de vista probablemente tuvieron mayor aceptación en el mundo de habla inglesa que los del propio Wellhausen. Escribió extensamente sobre temas rabínicos; publicó junto con S. Baer una edición del texto hebreo de la mayor parte de los libros del AT y escribió algunos ensayos sobre teología dogmática, pero éstos no impresionaron. Se le recuerda principalmente como exégeta.

IAN SELLERS

DE LUGO, JUAN (1583-1660). Uno de los fundadores del moderno escolasticismo. N. en Madrid y estudió el derecho en Salamanca hasta que ingresó en la orden de los jesuitas en 1603. Después de enseñar filosofía en Medina del Campo (1611) y teología en Valladolid (1616), fue llamado a Roma en 1621, donde acrecentó su reputación mediante importantes obras dogmáticas y morales, además de ser consagrado como cardenal en 1643. Pensador profundo e independiente, estaba inclinado a las supersutilezas pero ejerció una importante influencia sobre Alfonso de →Ligorio y combinó la teología dogmática y moral más satisfactoriamente que muchos de sus contemporáneos.

J.D. DOUGLAS

DE MAISTRE, JOSEPH MARIE (1754-1821). Filósofo católico, uno de los iniciales proponentes del →ultramontanismo. Experimentó la Revolución Francesa como terror y anarquía cuando los ejércitos revolucionarios invadieron Saboya (1792). Relacionó tal acción con el racionalismo de los *philosophes*, a muchos de los cuales él conoció bien. En sus *Lettres d'un royaliste savoisien* (1793) declaró por primera vez la argumentación que él mismo elaboró en *Essai sur le principe generateur des constitutions politiques* (1814) y en su obra principal; *Du pape* (2 vols., 1819). La sociedad, afirmaba, depende de la autoridad para tener coherencia. Es Dios quien establece la autoridad por soberanía divina que es así reflejada en la soberanía de los papas, infalibles en asuntos espirituales, y en los monarcas, infalibles en cosas temporales. La Divina Providencia en la historia crea las tradiciones de la sociedad que son una revelación del orden necesario para la existencia del hombre (→TRADICIONALISMO). El énfasis de De Maistre en la fe antes que en el racionalismo y en un punto de vista orgánico más bien que mecanicista de la historia, encontró amplia acogida entre los católicos franceses. Formuló la mayor parte de sus ideas mientras se desempeñaba como embajador de Saboya en Rusia (1802-16). Después de estudiar leyes en Turín, ingresó en el servicio civil de Saboya (1774), en el senado (1788) y fue designado dos veces como regente (1799, 1817).

C.T. McINTIRE

DEMETRIO (m. c.231). Obispo de Alejandría. Se dice que envió a Panteno, jefe de la escuela catequística de Alejandría, a predicar en la India, pero esto es solo una conjetura. Tuvo, sin embargo, un vívido interés en la escuela catequística y, aproximadamente por el año 203, designó a Orígenes como cabeza de ésta. La brecha entre D. y Orígenes, cuando este último predicó a la congregación de Teóctito de Cesarea y la de Alejandro de Aelia Capitolina (Jerusalén) en 216, fue reabierta en 228 cuando Alejandro y Teóctito ordenaron a Orígenes como presbítero. D. promovió juicio contra Orígenes y lo depuso. Su actitud contraria a la ordenación de Orígenes puede haber sido promovida por las costumbres alejandrinas que posteriormente prohibieron explícitamente la ordenación de eunucos, pero Eusebio sugiere que más bien fue originada por celos. Hay ciertas pruebas de que D. cambió en Egipto el sistema de designar obispos, y que escribió cartas acerca de la observancia de la Pascua, manteniendo el punto de vista adoptado en Nicea.

DAVID JOHN WILLIAMS

DEMIURGO. Procede de una palabra griega que significa "obrero habilidoso". En el sistema platónico era el nombre dado al hacedor del mundo y usado en este sentido por los escritores cristianos para referirse a la actividad creadora de Dios. No obstante, los gnósticos consideraban a D. como referente a un dios que, como creador del mundo material, se conceptúa como el Dios Supremo, aunque en realidad es incapaz de conocer cosas espirituales, y engaña a los hombres al afirmar en la Biblia que es el verdadero Dios.

J.D. DOUGLAS

DEMOCRACIA CRISTIANA EN AMERICA LATINA. Los primeros movimientos de inspiración social cristiana aparecieron en Europa y AL después de la encíclica *Rerum Novarum* (1891) de →León XIII. Surgieron en el campo católico como respuesta a los problemas sociales y económicos que planteó la Revolución Industrial. Sin embargo, ya desde principios del s.XIX, se habían organizado grupos religiosos para defender los intereses de las masas trabajadoras y practicar la caridad cristiana.

Pioneros europeos de esta corriente fueron los sacerdotes Roberto de →Lamennais (1782-1854) y su discípulo J.H. →Lacordaire en Francia; Manuel de Ketteler (1811-1877) y Franz Hitze en Alemania y el profesor José Toniolo (1845-1918) y Romolo Murri en Italia. En AL se distinguieron los curas Ignacio González Eyzaquirre y Martín Rucker Sotomayor en Chile; José Manuel Estrada y el padre Grote en Argentina; y el presbítero Francisco Calvo y el General Jorge Volio en Costa Rica.

Estos movimientos evolucionaron hasta establecerse como partidos políticos con su propia organización. Italia fue la cuna de los partidos D.C. En 1919 el sacerdote siciliano Luigi Sturzo fundó el Partido Popular Italiano que se convirtió a partir de 1945, y con la venia del papa →Benedicto XV, en el PDC italiano. También en 1945 el Dr. Konrad Adenauer funda en Alemania la Unión Demócrata Cristiana como una respuesta política y cristiana (católico-protestante) al materialismo deshumanizante del nacional socialismo. Años después aparecen los PDC de Holanda, Bélgica, Suecia, Francia y Luxemburgo.

En AL el primer PDC se fundó en 1946 en Venezuela y bajo el nombre de "Comité de Organización Política Electoral Independiente" (COPEI). Luego se fundó el PDC de Argentina (1954), Perú (1956), Chile y Nicaragua (1957), Colombia (1959), Paraguay y Panamá (1960), El Salvador y República Dominicana (1961); en Uruguay la Unión Cívica, fundada alrededor de 1900, se transformó en PDC en 1962; Costa Rica (1962) y Ecuador (1965). Posteriormente se funda el partido en el resto de los países latinoamericanos.

En 1947 en Montevideo se fundó la Organización Demócrata Cristiana de América con carácter continental que forma parte de la Unión Mundial Demócrata Cristiana desde que ésta se constituyó en Santiago de Chile en 1961. Existen también la Juventud Demócrata Cristiana de América fundada en Lima en el año 1959, y las Mujeres Demócrata Cristianas de América. A nivel mundial existe además la Unión Internacional de Jóvenes Demócrata Cristianos con sede en Roma.

La DC se constituye de verdaderos partidos políticos comprometidos con sus respectivas realidades nacionales. El calificativo "cristiana" no es una declaración confesional sino que se limita a plantear una concepción del hombre, la sociedad y la historia peculiares del cristianismo que representa una definición frente a las doctrinas nihilistas y materialistas.

El pensamiento socialcristiano de los PDC tiene como fuente de inspiración cinco importantes manifestaciones históricas: (a) la filosofía cristiana, (b) documentos sociales de las iglesias católicas y protestantes (encíclicas, cartas pastorales, documentos de Medellín y algunos textos de la →Teología de la Liberación), (c) la filosofía personalista europea (Emmanuel Mounier, Jacques →Maritain), (d) el pensamiento científico cristiano (J.L. Lebret, Teilhard de Chardin), (e) la literatura de los ideólogos y políticos latinoamericanos (Jaime del Castillo, Rafael Caldera).

Los principios ideológicos que orientan el trabajo de los PDC son los siguientes. A nivel filosófico: la dignidad de la persona humana, la supremacía del bien común y el desarrollo integral. A nivel político: la participación popular, el estado democrático, la solidaridad humana, el pluralismo ideológico y organizativo, la función social de la propiedad, la humanización de la empresa y la justicia social. A nivel operativo (acción partidarista): la subordinación de la conducta política a las normas éticas, el sentido revolucionario del poder político, el realismo político en el devenir histórico de los pueblos y la conservación de la vía democrática en la solución de los problemas existentes. Todos estos principios, que exigen la construcción de una sociedad sobre bases distintas a las de los mundos capitalista y comunista, son los que han inspirado los contenidos programáticos de los PDC. CARLOS ARAYA G.

DEMONISMO. Creencia en la existencia de seres espirituales malignos y la práctica de culto y servicio a los mismos.

Esta creencia ha estado presente, con matices particulares, en casi todos los pueblos del mundo. Antes de la era cristiana existían rituales exorcistas para combatir hechizos, especialmente en Egipto y Mesopotamia donde se creía que las enfermedades eran causadas por seres malignos invisibles. La religión hebrea prohibía la magia y la brujería de todo tipo (Ex. 22:18; Dt. 18:10-12). La literatura rabínica abunda en ejemplos de posesión demoníaca.

Para los primeros cristianos la existencia y actividad de los demonios era un hecho real e indiscutible. A los demonios se les atribuía todo tipo de enfermedades físicas y mentales. Es probable que la demonología de la época del NT tenga sus raíces en las ideas demonológicas del mundo pagano antiguo, pero Jesús en varias ocasiones expulsaba demonios como una señal de la autoridad del evangelio y del advenimiento del reino de Dios.

Cuando el cristianismo pasó a ser la religión oficial del Imperio Romano, el d. asumió un lugar más relevante. Durante la Edad Media su importancia fue todavía mayor. La amenaza demoníaca era tal que para enfrentarla y destruir el desarrollo de creencias heréticas, el papa →Gregorio IX autorizó a la orden de los →dominicos para combatirlo por medio de la →Inquisición, que persistió durante varias centurias. A fines del s.XV, una vasta literatura sobre el tema (la primera y más trascendente obra fue *El martirio de las brujas,* de los dominicos alemanes J. Sprenzer y H. Justorio) apoyó las famosas "cazas de brujas", que asolaron el mundo hasta el s.XVI. Las víctimas de estos "autos de fe" fueron increíblemente numerosas.

Reformadores como Martín →Lutero y Juan →Calvino creían en la posesión demoníaca, y consideraban que los satanistas debían ser quemados en la hoguera. Su predicación agravó la credulidad existente de los convertidos al protestantismo. Aun los judíos medievales, víctimas frecuentes de los perseguidores de Satanás, buscaron protección contra el demonio en el uso de amuletos y apelando a las admoniciones del Talmud. Esta fascinación provocada por el demonio atraía a numerosa gente a los exorcismos públicos.

El advenimiento de las corrientes de pensamiento →racionalistas (s.XVIII) y el desarrollo de las ciencias sociales (s.XIX) fueron haciendo cada vez menos frecuente la aparición de casos de posesión demoníaca. En el s.XX estos casos son más raros todavía.

Sin embargo en los últimos 25 años se ha dado un notable énfasis sobre estas cuestiones. En parte esto se debe a la difusión que el d. ha tenido a través de los medios masivos de comunicación. Entre algunos grupos protestantes ha habido, correlativamente, una mayor atención sobre este fenómeno, verificable en la abundante literatura que sobre el mismo se ha publicado recientemente.

La actitud de la ICR sigue siendo reservada en este particular, si bien se acepta como posible la posesión demoníaca y la validez de los exorcismos. Desde 1583, la ICR ha reconocido que la mayoría de los casos de posesión probablemente admitirían una explicación psiquiátrica. El mismo Ritual Romano previene contra la errónea interpretación de síntomas de psicosis o neurosis como justificación para el exorcismo.

PABLO A. DEIROS

DENCK, HANS (c.1497-1527). Dirigente anabaptista. N. en Heybach, Baviera, y estudió en Ingolstadt. Su preparación siguió líneas humanistas y trabó amistad con ellos en Augsburgo. Se dirigió a Basilea donde se convirtió en amigo y alumno de Ecolampadio. En 1523 fue a Nuremberg para enseñar en la escuela de San Sebald. Allí quedó implicado en el procedimiento judicial seguido contra los "tres pintores impíos": Sebald, Barthel Behaim y Jorge Peng. Aquí el espiritismo junto con las ideas de Tomás Münzer y Andreas Karlstadt lo influyeron grandemente. Alrededor de octubre de 1525 fue forzado a abandonar Nuremberg y así se convirtió en un vagabundo por todo el S de Alemania. Pasó cerca de un año en Augsburgo, donde fue rebautizado por →Hubmaier; allí también asistió al "sínodo de los mártires" y se estableció como dirigente de los anabaptistas. En sus escritos se opuso a las doctrinas de la predestinación, la voluntad sujeta, la justificación mediante la fe, la suficiencia de la expiación de Cristo, la autoridad de las Escrituras, la necesidad del bautismo y la Cena del Señor, y el ministerio. Regresó a Basilea en 1527 donde sucumbió ante una epidemia.

CARL S. MEYER

DE NOBILI, ROBERTO →NOBILI, ROBERTO DE

DE RANCE, ARMANDO JUAN LE BOUTHILLIER (1626-1700). Fundador de los →trapenses. Le fueron obsequiados lucrativos beneficios (incluso la abadía cisterciense de La Trapa) a temprana edad, y por más de 30 años llevó vida de noble. Su ordenación en 1651 no cambió mucho las cosas, pero la muerte de sus amigos íntimos, la duquesa de Montbazon y el duque de Orleáns, lo hicieron mucho más serio en lo religioso. Renunciando a sus propiedades, se hizo cisterciense en Perseigne en 1663 y abad regular de La Trapa. Hizo una serie de infructuosos intentos por obtener autonomía para los Cistercienses de la Estricta Observancia. Esto fue seguido por una vida dedicada a reformar La Trapa, la cual pronto fue tanto admirada como criticada debido a su austeridad. En *De la sainteté et des devoirs de la vie monastique* (1683), de Rancé argumenta en favor de la naturaleza estrictamente penitencial de la vida monástica, excluyendo aun el estudio. Cuestionado vigorosamente por Jean Mabillon, se enfrascó en una ardiente controversia. Renunció en 1695 teniendo la salud quebrantada por su austeridad. IAN BREWARD

DERECHO CANONICO. Cuerpo de reglas o o leyes eclesiásticas redactadas e impuestas por la autoridad en todo asunto de fe, moral y disciplina. Tales leyes surgen de la antigua práctica de convocar concilios de dirigentes de la iglesia para establecer juicio en lo referente a asuntos dudosos o disputados (cp. Hch. 15). La importancia de los concilios determinó el grado de autoridad atribuido a los respectivos cánones; aquellos que procedían del Concilio de Nicea (325), p.e., poseían gran significación, y los resultados de otros concilios parecen estar relacionados con el de Nicea. Las iglesias africanas sostuvieron frecuentemente sesiones plenarias que produjeron una extensa colección de material canónico, evidenciado por la referencia en el Concilio de Calcedonia (451) a los cánones de Antioquía de 341 (o 330).

Los concilios no fueron los únicos en producir el d.c. Su labor fue complementada por la de algunas personas, particularmente obispos, hombres tales como →Gregorio Taumaturgo, →Basilio de Cesarea y Anfiloquio de Iconio. También estuvo la obra de autores anónimos y ficticios tales como en los →Cánones Apostólicos. Las cartas papales (Decretales) también obtuvieron autoridad especial ya desde la carta del papa →Siricio a Himerio de Tarragona, en 385. Con la Decretal de Graciano aproximadamente en 1140, los eruditos trazaron una línea divisoria entre *ius antiquum e ius novum;* todos los cánones posteriores al Concilio de Trento (1545-63) son llamados *ius novissimum.* La Decretal de Graciano fue eventualmente extendida al *Corpus Turis Canonici* que se convirtió en ley autorizada para la ICR hasta 1904, cuando el papa Pío X convocó para una completa revisión y codificación de la misma. El texto general es ahora el *Codex Iuris Canonici,* publicado en 1917. Los cánones locales han sido también usados junto con el derecho autorizado proveyendo así la guía canónica básica. GORDON A. CATHERALL

DERECHOS HUMANOS. Se reconoce casi universalmente que el bien común consiste principalmente en la defensa de los d. y deberes de la persona humana. Sin embargo, no hay nación donde los d.h. hayan sido completamente logrados. En AL, la mayoría de los países ha suscrito la Declaración Universal de los d.h., ratificada por la Asamblea General de las Naciones Unidas el 10 de dic. de 1948. En dicha Declaración se reconoce solemnemente a todos los hombres, sin excepción, la dignidad de la persona humana y se afirman todos los d. que todo hombre tiene a buscar libremente la verdad, respetar las normas morales, cumplir los deberes de la justicia, observar una vida decorosa y otros derechos íntimamente vinculados con éstos. Sin embargo en AL los derechos fundamentales a la salud, educación, trabajo y salario digno han sido muchas veces ignorados o no suficientemente implementados por la mayoría de los gobiernos. En las últimas décadas se ha dado un aumento sistemático de las violaciones de los d.h. en el continente, especialmente por razones de orden político. Los d. individuales han sido atropellados a través de detenciones arbitrarias, prisión sin juicio, denegación del d. de *habeas corpus,* violencia física y tortura, intimidación a familiares, desaparición de personas, muertes inexplicables, violaciones a la libertad de expresión, negación de la defensa legal, restricción de la vocación cristiana para ayudar a las personas cuyos d. han sido violados, e ineficacia del d. de asilo.

La violación de los d.h. no solo atenta contra la personal dignidad y libertad del hombre, sino también contra el evangelio cristiano que las proclama. El evangelio anuncia la libertad de los hijos de Dios y rechaza toda esclavitud como procedente, en última instancia, del pecado (Ro. 8:14-17). Considera sagrada la dignidad de la conciencia y la libertad de sus decisiones; exhorta a revalorizar todas las capacidades humanas en servicio de Dios y de los hombres; y encomienda a todos al amor de todos (Mt. 23:39). Además, todos los hombres han sido creados a imagen de Dios, y por lo tanto tienen una misma naturaleza y origen, lo que afirma la igualdad de la raza humana. La redención obrada por Dios en Cristo coloca a la humanidad en el mismo plano y anula todas las diferenciaciones (Gá. 5:28).

Por consiguiente, todos los delitos que se oponen a la misma vida, todo lo que viola la integridad de la persona humana y todo lo que ofende su dignidad, son lacras que afean a la civilización humana, y que en realidad rebajan más a los que así se comportan que a los que sufren la injusticia. Más todavía, estas violaciones están en contradicción con la honra del Creador. PABLO A. DEIROS

DESANCTIS, LUIGI (1808-1869). Sacerdote de una parroquia católica de Roma, pastor y teólogo protestante. Perturbado por la corrupción moral y doctrinal de la iglesia, atravesó por una prolongada crisis espiritual y, finalmente, abandonó la ICR, refugiándose en Malta (1847). Allí revivió la *Chiesa evangelica italiana,* colaboró en el primer periódico protestante y publicó *El cattolico cristiano,* de profundo contenido teológico. Después de una estada en Ginebra (1850-52) como evangelista entre los italianos desterrados, fue ordenado como pastor en la Iglesia →Valdense y enviado a Turín donde su presencia dio gran impulso a la comunidad. Desacuerdos con los valdenses lo forzaron a dejarlos y durante diez años trabajó entre las iglesias italianas libres, mayormente en Liguria y en el Piamonte. Se unió a A. Gavazzi, atraído por el sueño de éste de fundar una iglesia nacional italiana, pero finalmente regresó a los valdenses, trasladándose a Florencia como pastor y dando clases en la facultad valdense de teología. Fue un autor prolífico y su *Roma papale* permanece como documento de gran valor por su detallado relato de la vida religiosa en Roma en tiempos del papa →Gregorio XVI. (→Risorgimento).

DAISY RONCO

DESCALZOS. La costumbre de andar descalzo, como práctica religiosa, fue introducida primeramente por Juan de Guadalupe c.1500 entre los Frailes Menores de la Estricta Observancia. Esta costumbre todavía se practica en ciertas órdenes de frailes, como los →Carmelitas. J.D. DOUGLAS

DESCARTES, RENE (1596-1650). Filósofo francés. N. en La Haye, en Touraine y estudió en el colegio jesuita de La Fleche (lo que más tarde consideró como tiempo perdido). Después de estudiar leyes e intentar la carrera militar en Holanda, se sintió sumamente atraído por la idea de extender el "método geométrico" a todas las ramas del saber, liberándolas de la duda y del desorden. Tras algunos años en Francia e Italia, vivió en Holanda hasta 1649. Visitó Suecia a invitación de la reina Cristina, y murió allí.

Su filosofía debe ser entendida como un intento de establecer absoluta certidumbre mediante una apelación a las "ideas claras y distintas" del pensamiento humano. A través de un proceso de duda metódica (hecho famoso en su *Discurso del Método* y en las *Meditaciones*), D. llega a un indubitable primer principio, *cogito ergo sum* ("pienso, luego soy"). Mediante argumentos *a priori,* establece la existencia de Dios quien "asegura" la realidad del mundo externo, pese a la incertidumbre del sentido de percepción. Implícito en la duda metódica está el dualismo de D.: el hombre es esencialmente "una cosa pensante", una sustancia espiritual, que tiene libre albedrío, que habita un cuerpo, una sustancia material. Entre ambas hay una misteriosa interacción.

La clase de efecto que tal enfoque pudo haber tenido puede verse en la controversia en la Universidad de Utrecht entre el distinguido teólogo reformado, Voetius, y Leroy de la facultad de medicina. D. fue acusado por Voetius de ateísmo, cargo del cual se defendió en una larga carta de 1643. Sin embargo, la influencia de D. ha sido decisiva en el desarrollo del racionalismo de Europa continental (Spinoza, Leibnitz) y mediante Locke en la clase de las cuestiones con que el empirismo se ha preocupado.

OONAGH McDONALD

DESMITOLOGIZACION. Traducción del vocablo alemán *Entmythologisierung,* usado por primera vez por R. →Bultmann para describir un aspecto particular de su hermenéutica. En 1941 hizo circular un ensayo a mimeógrafo titulado *Neues Testament und Mythologie.* En él afirma que todo el pensamiento del mundo del NT es mitológico. Críticos anteriores también habían sostenido la presencia del mito tanto en el NT como en el

AT. "Mito" era considerado como la expresión pictórica en forma narrativa de alguna gran verdad filosófica o teológica. La argumentación de Bultmann consistía en que el universo de "tres niveles", junto con la preexistencia, el nacimiento virginal, la deidad, la resurrección, la ascensión y la parusía de Jesús, así como las doctrinas de la Trinidad, el pecado y la expiación necesitaban ser presentadas fuera de la forma mítica en que habían sido volcadas. Sostenía que el hombre moderno hallaba el *kerygma* increíble debido a que estaba convencido de que el enfoque mítico del mundo era anticuado.

Bultmann también afirmaba que la mitología del NT contenía contradicciones. Su ataque directo sobre la historicidad de las narraciones del evangelio, aunque tenía características escépticas similares a las del antiguo liberalismo, era distinto de los de éste pues trataba de ver un significado en cada cosa. Este significado se encontró en términos de la filosofía existencialista. Bultmann dio gran importancia al *kerygma* como una proclamación que convocaba a los hombres a una auténtica decisión, pero solo podía tener validez cuando fuera desmitologizado. Muchos otros eruditos importantes, incluso K. →Barth y E. →Brunner, han trabajado sobre estos mismos lineamientos aunque en forma más moderada. R.E. NIXON

DESPERTAMIENTO, EL GRAN →GRAN DESPERTAMIENTO, EL

DES PREZ, JOSQUIN (c.1440-1521). Compositor de música. N. en lo que ahora es el S de Bélgica a fines de la Edad Media. Vivió para ejemplificar en sus propias obras casi todos los aspectos del estilo musical plenamente desarrollado del Renacimiento. Sirvió a los Sforza en Milán, trabajó en Ferrara en dos períodos de su vida, cantó por un tiempo en el coro papal, prestigió la corte de Luis XII y regresó siendo venerado como artista para morir en Condé, cerca del lugar de su nacimiento. Fue grandemente admirado por Lutero, quien lo menciona varias veces. Sus obras fueron conocidas y ejecutadas desde Sevilla hasta Varsovia. Su principal música se halla en forma de motetes, de los cuales se conservan más de un centenar, así como veinte misas. En su música, las acostumbradas cuatro partes de soprano, contralto, tenor y bajo son cosa general. También usó en forma constante la textura contrapuntística imitativa que se convirtió en norma en la música coral a través de todo el s.XVI y aun después. Su música continuó siendo admirada mucho después de su época, y un escritor italiano en 1567 lo coloca en el plano artístico junto a Miguel Angel. J.B. McMILLAN

DETERMINISMO. (Lat. ***de*** **+** ***terminus*** **= "fin").** Tesis filosófica general que afirma que todos los sucesos están sujetos a una rígida ley de causa y efecto. Cualesquiera las condiciones, solo es posible un resultado. Esto elimina todo concepto de libre albedrío. Hay cinco enfoques del d.:

(1) *Etico:* el conocimiento determina las elecciones. Por lo tanto, si uno conoce el bien, automáticamente lo sigue (cp. Sócrates, Platón, Descartes, Tomás de Aquino, Leibnitz).

(2) *Lógico:* las mentes humanas están encadenadas y nada puede ser cambiado por ellas. Esto equivale al fatalismo (cp. estoicos).

(3) *Teológico:* el universo y todo lo que hay en él depende por completo de Dios. La absoluta bondad de Dios predispone a algunos a afirmar que esto significa que todas las cosas son buenas. La omnisciencia y la omnipotencia divinas conducen a otros a las ideas de preordenación y predestinación. Dios conoce previamente, propone y cumple todo conforme a su eterna, incambiable e infalible voluntad. El hombre sin Dios es determinado hacia el pecado y con Dios hacia la salvación. Las últimas afirmaciones indican la teología de Lutero y de Calvino.

(4) *Físico:* todas las cosas en la naturaleza (incluso los seres humanos) se comportan de acuerdo con leyes naturales inviolables e inmutables. Thomas Hobbes expresó esta clase de filosofía.

(5) *Sicológico:* todo comportamiento humano es precipitado por factores causales. B.F. Skinner es el mejor exponente moderno de este punto de vista. JOHN P. DEVER

DE WETTE, WILHELM M.L. (1780-1849). Erudito bíblico alemán, uno de los teólogos más influyentes del s.XIX. Después de estudiar con J.G. von Herder en Weimar y con J.J. Griesbach, J.P. Gabler y H.E.G. Paulus en Jena, enseñó en las universidades de Heidelberg (1807-10), Berlín (1810-19) y Basilea (1822-49). Escribió muchos libros, incluyendo introducciones al AT y al NT (1817, 1826), una obra monumental sobre ética cristiana (1819-23), numerosos comentarios y obras históricas y una traducción de la Biblia (junto con J.C.W. Augusti, 1809-13; corregida y publicada bajo su propio nombre en 1831-32). Aunque el mismo era un absoluto anti-sobrenaturalista fue un continuo crítico de las teorías de F.C. →Baur y de sus discípulos. W. WARD GASQUE

DIABLO, ABOGADO DEL (*advocatus diaboli*). Persona designada por la Congregación de los Ritos de la ICR, para disputar ante un tribunal papal las afirmaciones de un candidato propuesto para la beatificación o canonización. Llamado oficialmente *promotor fidei* ("promotor de la fe"), se le opone el abogado de Dios *(advocatus Dei)*, que apoya la propuesta. J.D. DOUGLAS

DIACONISA. En la iglesia primitiva, una mujer involucrada en el ministerio pastoral. Es materia de discusión cuál puede haber sido su función o su *status* oficial. Pablo menciona a Febe, "diaconisa" de la iglesia de Cencrea (Ro. 16:1) y existe también una referencia ambigua en 1 Ti. 3:11. Las "viudas" mencionadas en 1 Ti. 5:3-10 pueden haber estado relacionadas con esta función. Hasta fines del s.IV no se sabe gran cosa acerca del oficio de d. (gr. *diakonissa*). La →"Didascalia" y las →"Constituciones Apostólicas" describen sus funciones como la de asistentes del clero al bautizar mujeres, ministrar a las mujeres pobres y enfermas, instruir a las catecúmenas y, en general, servir de intermediarias entre el clero y las mujeres de la congregación. Temores de usurpación de funciones sacerdotales y otros problemas condujeron a la supresión de este oficio en la iglesia en general durante el s.XI.

El movimiento moderno de d. empezó claramente en 1836 cuando el pastor luterano Teodoro →Fliedner fundó una comunidad protestante en →Kaiserwerth, cerca de Düsseldorf, dedicada principalmente a enfermeras. El movimiento se extendió rápidamente a través de todo el mundo protestante. En la segunda mitad del s.XIX, las d. fueron establecidas en la Iglesia de Inglaterra, la Iglesia Metodista y la Iglesia de Escocia. Actúan como ayudantes pastorales del ministro.

HOWARD SAINSBURY

DIACONO. La palabra griega *diákonos* significa "siervo", con énfasis en la utilidad más que en la inferioridad. Tal servicio se esperaba de todos los miembros de la primitiva iglesia, pero pronto llegó a significar un ministerio auxiliar especial que llevaba este título. Los d., al parecer, eran asistentes de los obispos o supervisores (Fil. 1:1). Su origen fue atribuido a la designación de los siete (Hch. 6:3,4) aunque estos no son llamados realmente diáconos. Sin embargo, tenían que "diaconizar" mesas y ciertamente tal servicio administrativo caracterizó la posterior tarea de los d. (nótese el requisito de "no codiciosos de ganancias deshonestas" en 1 Ti. 3:8).

Por la época de Ignacio, en el s.II, sus flexibles orígenes se habían desarrollado hasta volverse un oficio específico en el triple ministerio de obispos, presbíteros y d. El oficio pronto ganó mayor significado con una combinación de funciones administrativas, pastorales y litúrgicas. La *Tradición Apostólica,* de Hipólito, a principios del s.III, considera al d. como el vínculo del obispo con la iglesia. Recolectar y distribuir limosnas era su responsabilidad mayor y en esto había peligro de atribuirle demasiada importancia. Desde el Concilio de Arles (314) en adelante se alude a su tentación a la arrogancia y se llama la atención a que su posición es subordinada a la de los presbíteros. En la Iglesia Oriental era común que un hombre permaneciera como d. de por vida al par de mantener su ocupación secular; su función de d. era casi completamente litúrgica. En el occidente el diaconado fue decayendo en forma constante en importancia durante la Edad Media hasta volverse un escalón previo al sacerdocio.

En muchas de las iglesias de la Reforma la función litúrgica de los d. fue suprimida. Entre los luteranos el cuidado pastoral y el testimonio son su tarea específica. En consecuencia, no son ordenados, pero en el continente europeo se los consagra como miembros de una comunidad *(Bruderhaus)*. Calvino descubrió dos clases de d. en el NT: uno para otorgar limosnas y otro par cuidar de los pobres y de los enfermos (*Institución* IV 3.9), doble función todavía ejercida por este ministerio "laico" en las iglesias reformadas. Entre los bautistas, los d. son semejantes en sus funciones a la comisión ejecutiva de la iglesia, siendo normalmente elegidos por la asamblea de la iglesia por un período limitado.

Los experimentos acerca de un diaconado permanente y las iniciativas de un renovado estudio a la materia, tanto por el Concilio Vaticano II como por la Conferencia de →Lambeth (1968), indican una extendida incertidumbre en cuanto a su función.

J.W. CHARLEY

DIALECTICA, TEOLOGIA →TEOLOGIA DIALECTICA

DIBELIUS, MARTIN (1883-1947). Erudito y teólogo alemán del NT. Enseñó en Berlín (1910-15), y en Heidelberg (1915-47), en donde sucedió a J. →Weiss. Cuando su primitivo interés en idiomas semíticos y en religiones comparadas cedió lugar a los estudios sobre el NT, rápidamente hizo la importante transición desde problemas de crítica literaria a aspectos de la tradición oral de los Evangelios. Así, junto con K.L. Schmidt, H. Gunkel y R. →Bultmann, ayudó a fundar la →crítica de formas. *Die Formgeschichte des Evangeliums* (1919) presentó su punto de vista en cuanto a que la predicación de la iglesia era el medio de transmisión de las palabras de Jesús. Los Evangelios son, así, considerados como literatura popular más bien que "superior", y los evangelistas como compiladores de material de la tradición más bien que como autores independientes. D. tendió a ser más moderado que otros de la escuela de la crítica de formas. También D. produjo importante obra sobre los orígenes e historia de la instrucción ética en el NT y sobre la relación de la escatología con la ética. Como dirigente de la organización →Fe y Constitución trabajó para proveer adecuadas bases teológicas al movimiento ecuménico en general. HADDON WILLMER

DIBELIUS, OTTO (1880-1967). Obispo de la Iglesia Evangélica (Luterana) de Berlín-Brandenburgo. Hijo de un empleado público, estudió teología en Wittenberg, fue pastor en la Iglesia Reformada y durante algunos años ministró a lo que él denominó como "iglesias no pretensiosas". Llegó a ser prominente en 1933 cuando fue despedido de su cargo de superintendente luterano de Berlín al negarse a obedecer al sobreveedor de la iglesia designado por Adolfo Hitler. En 1934 apoyó vigorosamente la Declaración de →Barmen que afirmaba la primacía de Cristo y se oponía a la nacionalización de las iglesias. Tres veces fue arrestado por las autoridades nacionalsocialistas y, aunque absuelto, se le prohibió hablar o publicar. Al finalizar la Guerra Mundial II llegó a ser obispo de un Berlín dividido entre el Este y el Oeste, división posteriormente simbolizada por el famoso Muro. D. fue un instrumento para unificar a varias agrupaciones protestantes dentro de la Iglesia Evangélica Alemana. Se mantuvo tan firme en su oposición a las demandas comunistas como antes lo había sido frente a los nazis; sin embargo su renuncia de 1961 no fue aceptada porque el Este y el Oeste no podían ponerse de acuerdo en cuanto a un sucesor. Apoyó vigorosamente el movimiento ecuménico. Asistió a la Conferencia de →Edinburgo de 1910 y posteriormente presidió el CMI (1954-61). Poco antes de su muerte participó en el Congreso Mundial de Evangelización celebrado en Berlín en 1966. J.D. DOUGLAS

DIDACHE →DIDAJE

DIDAJE, LA. Manual griego de instrucción en moral y en orden eclesiástico, cuyo título completo es "Enseñanza del Señor a los gentiles mediante los doce Apóstoles". Fue descubierto en 1875 por Philotheos →Brienio, metropolitano griego de Nicomedia. Este lo halló en una biblioteca de Constantinopla en un manuscrito fechado en 1056 que contenía también las epístolas de Bernabé y de Clemente de Roma. Su descubrimiento inmediatamente provocó un alud de literatura en torno suyo pero no ha sido posible darle un escenario preciso. Probablemente ya lo había conocido Clemente de Alejandría y fue considerado por Eusebio como un libro casi canónico del NT. Se lo usó como fundamento de parte de las →*Constituciones Apostólicas* del s.IV, así como de otros "Ordenes de la Iglesia". Hay una estrecha relación entre la D. y la Epístola de Bernabé, lo que se debe al uso de la misma fuente, según se cree hoy.

Se han dado algunos puntos de vista en cuanto a la fecha en que fue escrita. Estos van desde tratarse de un documento del s.I hasta la sugerencia de que el autor estaba escribiendo en el s.III y, por lo tanto, arcaizando conscientemente. En general, parece probable una fecha en la primera parte de ese período, pero resulta imposible puntualizar con certeza la fecha o el lugar de su origen.

Los primeros seis capítulos presentan un código moral cristiano bajo los encabezamientos de "El Camino de la Vida" y "El Camino de la Muerte". Aunque hay referencias al Sermón del Monte, esta sección puede depender de fuentes judías. Los capítulos 7-10 se ocupan del bautismo, el ayuno y la Eucaristía. Especifican la inmersión, en el triple nombre, en agua fluyente, pero también se permiten otro tipo de agua y la aspersión si lo primero no es posible. El ayunar no debe ser hecho "con los hipócritas porque ellos ayunan en el segundo y en el quinto día de la semana, pero vosotros tenéis que ayunar en el cuarto día y en el de la Preparación". La oración eucarística es fuertemente escatológica, usando las siguientes palabras: "Venga la gracia, y pase este mundo" y la aramea *Marana tha.* Los capítulos 11-15 se ocupan sobre todo del ministerio, subrayándose las funciones de los profetas así como la de los obispos y diáconos. Se dan claves para descubrir a quienes son profetas falsos. El capítulo final trata de la Segunda Venida y del fin del mundo. R.E. NIXON

DIDASCALIA APOSTOLORUM. Libro de orden eclesiástico probablemente de origen sirio. Además de fragmentos del original griego, ha sobrevivido completo solamente en siríaco y parcialmente en latín. Son conocidas varias adaptaciones orientales y fue incluido en las últimas →*Constituciones Apostólicas* en forma revisada. Puede ser fechado en el s.III. Se ocupa de seis temas principales: (a) normas de vida cristiana: el Decálogo obliga al cristiano, pero los mandamientos rituales son una segunda ley *(deuterosis)* impuestos como castigo; (b) el obispo, que es el dirigente supremo y el maestro de su iglesia, generalmente debería tener más de 50 años, ser marido de una esposa, generoso y misericordioso hacia su rebaño; los presbíteros se mencionan solo ocasionalmente; (c) las viudas, evidentemente numerosas y causantes de muchos problemas, deben atender sus obligaciones de misericordia; (d) los huérfanos, si es posible deben ser adoptados por cristianos sin hijos; (e) los mártires y los →confesores, a los cuales la iglesia debería cuidar y que son alentados por la esperanza de resurrección y ejemplo de Cristo; (f) la herejía y el cisma, en ambos casos interpretaciones judaizantes y gnósticas.

El libro tiene importancia para la historia de la disciplina penitencial. Además de las Escrituras canónicas usadas profusamente, el desconocido autor también utiliza escritos cristianos apócrifos y obras de los →Padres Apostólicos. J.N. BIRDSALL

DIDEROT, DENIS (1713-1784). Enciclopedista francés y figura clave de la →Ilustración. N. en Langres, hijo de un maestro cuchillero; estudió en las escuelas jesuitas locales y en el colegio de Louis le Grand, de París, recibiendo allí su título universitario (1732). Se casó con su secretaria en 1743. Después de traducir obras en inglés, publicó una defensa de la religión natural, *Pensées philosophiques* (1746). Se convirtió en editor en jefe de la *Encyclopédie,* cuya monumental tarea fue su principal ocupación hasta completarla en 1772. En 1749 fue puesto en prisión por poco tiempo porque en su *Lettre sur les aveugles* cuestionaba el propósito de la existencia del universo. La Enciclopedia fue oficialmente suspendida en 1759 debido a sus ideas avanzadas, aunque publicada clandestinamente. Viajó por Rusia (1773-74), se entrevistó con Catalina la Grande, quien le compró su biblioteca, cobrándole D. por anticipado para proveer a su hija con una dote. Sus años finales los pasó en semiretiro en Francia. Muchos de sus escritos fueron publicados póstumamente. J.G.G. MORGAN

DIDIMO EL CIEGO (308-314 a 398). Teólogo alejandrino. Aunque ciego desde los cuatro años, adquirió un considerable conocimiento y fue designado por Atanasio como jefe de la escuela catequística de Alejandría. Su capacidad fue ampliamente reconocida, y entre sus alumnos se contaron Antonio, →Rufino, Paladio y →Jerónimo. Jerónimo le debe mucho a D. y por Jerónimo conocemos la mayor parte de la información concerniente a D. Tradujo al latín la obra de D., *Sobre el Espíritu Santo,* a la cual puso un prefacio en que decía que el autor tenía "ojos como la esposa del Cantar de los Cantares", y era "inexperto en el hablar pero no carente de conocimiento, mostrando en su habla el carácter de un apóstol, tanto por lo luminoso de su pensamiento como por la sencillez de sus palabras". Sus obras existentes son: *Sobre el Espíritu Santo, Sobre la Trinidad* y *Contra los maniqueos.* Sobreviven algunos de sus comentarios acerca de las Epístolas Católicas, y la obra *Contra arrio y sabelio,* por lo general atribuida a Gregorio de Nisa, también puede ser suya. Sus obras existentes muestran pocas evidencias de →origenismo; tampoco fue acusado de esto por Epifanio ni por Teófilo. Pero fue culpado de origenismo por Jerónimo, y puede haberlo sido también por el Concilio de Constantinopla en 533 que condenó a Orígenes.

DAVID JOHN WILLIAMS

DIETRICH DE NIEHEIM (Niem) (c.1340-1418). Historiador y abogado papal. Notario papal en Aviñón, sirvió en la cancillería de varios papas. En 1395 fue designado obispo de Verdún por Bonifacio IX, aunque privado de este cargo cuatro años más tarde, no habiendo tomado nunca posesión de su sede. D. escribió tratados para tratar de poner fin al Gran →Cisma y manifestó su fidelidad a Alejandro V y a Juan XXIII, a quien atacó posteriormente en sus tratados y en su historia del Concilio de Constanza. Entre sus obras también se cuentan un ataque a Juan Wiclif, guías para la administración parroquial, una historia de la cancillería papal desde 1380, y una obra en la cual afirmaba el pleno poder de un concilio general, incluso el poder de éste para destituir al papa. JAMES TAYLOR

DIEZ ARTICULOS, LOS (1536). Compendio de artículos de fe de la "nueva" Iglesia Anglicana, que fueron adoptados por la Convocación para acatar los deseos de →Enrique VIII. Estipulaban que la Biblia, los tres credos universales y los cánones de los primeros cuatro concilios eran autoritativos. Solo el bautismo, la Santa Cena y la penitencia se reconocían como sacramentos. No se mencionaba la transubstanciación en la Cena del Señor, pero se aseveró la presencia real. Las imágenes podían usarse, pero no debían adorarse; sin embargo se permitía la invocación de los santos. La justificación se vinculaba más estrechamente a la fe, aunque diciendo que las obras ayudan a justificar. Se negaba la existencia del purgatorio así como las oraciones y misas por los muertos. Estos artículos, que dejaban ver la influencia luterana, fueron sustituidos en 1537 por otra declaración, el Libro de los Obispos.
EARLE E. CAIRNS

DIFISITAS (de la raíz gr. *diofisites* = "dos naturalezas"). En literatura patrística este término era usado por →monofisitas como Timoteo Aelarus de Alejandría para describir a los adherentes de la *definitio* del Concilio de →Calcedonia (451). La descripción ridiculizaba la cláusula "en dos naturalezas" por contradecir el concepto monofisita de la unidad de Cristo luego de la unión de la Palabra y el hombre. Los escritores modernos han utilizado el término "difisita" en el sentido patrístico (p.e., Dorner) o para denotar la tradición antioquena de las dos naturalezas de Cristo (p.e., Loofs). J.D. DOUGLAS

DIFUSIONES INTERAMERICANAS →RADIODIFUSION EN AMERICA LATINA

DINAMARCA. El cristianismo se desarrolló en D. desde 735 a 1060 en parte por la influencia del mundo anglosajón, en parte por las misiones cristianas directas procedentes del sur (→ANSCARIO). El bautismo del rey Haroldo Diente Azul, alrededor de 960, dio ímpetu al movimiento y a la iglesia cristiana al ser reconocida oficialmente y al disfrutar así de un *status* dentro del reino. El período de las misiones fue seguido por una época de gran actividad constructora de iglesias. Antes del s.XII casi 1800 iglesias parroquiales habían sido levantadas en todo el país. En 1104 se estableció en Lund un arzobispado escandinavo. En general, la historia siguiente de la iglesia medieval dinamarquesa siguió los mismos lineamientos que la de los demás países europeos. El arzobispo Eskil, de Lund (1137-71), que estaba inspirado por el gregorianismo, tuvo éxito al concretar varias de sus ideas de política eclesiástica. Al mismo tiempo puso los fundamentos de una perdurable y armoniosa cooperación entre la iglesia y la corona. No obstante, hubo rencillas entre 1231 y 1340, y al final de la Edad Media la iglesia tuvo que sufrir la interferencia del rey y de los concilios, pero en muchos aspectos la colaboración entre la iglesia y el estado fue continuada por ambos para bien recíproco.

La Reforma en Dinamarca (1500-1560), como en otros países, fue un proceso complicado, estrechamente unido con las condiciones sociales y políticas. El camino estaba preparado por un humanismo bíblico de tipo erasmiano. Durante el período de 1523 a 1536, la predicación de algunos ministros luteranos produjo un despertamiento espiritual que llevó a la realización oficial de la Reforma en 1536 (→TAUSEN, H.). Durante la "Edad de la Ortodoxia" (1560-1700) nada que no fuera luteranismo puro era tolerado en el reino. Por el año 1660 D. se convirtió en una monarquía absoluta y hereditaria. En realidad la iglesia no gozaba de independencia alguna sino que simplemente era la institución a través de la cual gobernaba la monarquía absoluta los asuntos religiosos de su país. No obstante, en toda esa época de absolutismo político y religioso, la verdadera vida espiritual fue sostenida y alimentada por una seria predicación bíblica y por la lectura de libros devocionales, como los de J. Brochmand, de sermones para la familia. Este período también produjo a Tomás Kingo, uno de los más grandes escritores daneses de himnos.

Alrededor de 1700 la influencia del pietismo alemán se hizo sentir en D. Pronto el avivamiento se desarrolló en dos corrientes principales: un pietismo adoptado y sostenido por las autoridades clericales y por el rey, y un avivamiento, que se manifestaba en la formación de conventículos, que decididamente criticaba la iglesia nacional y que se desarrolló en tendencias separatistas. El pietismo eclesiástico resultó victorioso, pero desapareció poco antes de mediados de siglo. Los conventículos fueron puestos bajo estricto control del clero mediante un decreto especial *(Konventikelplakaten)* en 1741. Después de esto solo sobrevivieron pequeños grupos. Efectos más duraderos del avivamiento pietista fueron logrados mediante el comienzo de misiones extranjeras en 1705, varias iniciativas filantrópicas y educativas y mediante los himnos de H.A. Brorson, el mayor de los himnólogos del movimiento pietista. Durante algunos años posteriores a 1750 dominó el "supranaturalismo" pero pronto fue superado por varias especies de racionalismo. Durante la época de la →Ilustración y el racionalismo (1750-1800) se hicieron útiles reformas sociales. En otros aspectos, éste fue un tiempo que se caracterizó por una indiferencia religiosa generalizada y una grave declinación moral.

La primera mitad del s.XIX fue un período de transición. Paulatinamente el viejo racionalismo fue vencido por la influencia de hombres tales como N.F. S. →Grundtvig; J.P. →Mynster y H.L. Martensen y la creciente oleada de avivamiento que tuvo su origen en los conventículos del pietismo de mentalidad laica. En 1849, la lucha del pueblo común por lograr su libertad, tanto económica como política, finalmente produjo la derrota de la monarquía absoluta y del sistema coercitivo de la iglesia y el estado. El principio de la libertad religiosa y de conciencia fue legalmente establecido en la nueva constitución. A mediados del siglo muchos de los "círculos de avivamiento" se unieron al movimiento de Grundtvig. Otros fundaron la más pietista *Indre Mission*. Pequeños grupos pasaron a la Misión Luterana ("bornholmianos") o a varias otras iglesias libres. Aunque nunca fundó un movimiento, S. →Kierkegaard ejerció una profunda y duradera influencia.

La iglesia del s.XX en D. se ha desarrollado mayormente como una continuación a lo largo de líneas ya establecidas en el siglo anterior. Ninguno de los antiguos movimientos, sin embargo, ha escapado a la influencia de las modernas tendencias: teología liberal, neoortodoxia, teología existencial y secular. La influencia más importante ha sido la ejercida por el movimiento *Tidehvery* (e.d.: cambio que marcó una época) iniciado a fines de la década de 1920 por un grupo de teólogos inspirados por Kierkegaard, el temprano Karl Barth, Lutero y, posteriormente, con mayor profundidad, por Bultmann. Los años después de la Guerra Mundial II se han caracterizado por la indiferencia religiosa y la decadencia moral y espiritual; pero también ha habido señales de una próxima renovación y avivamiento evangélicos.

Hasta el presente la gran mayoría de la población mantiene su membresía en la Iglesia Evangélica Luterana, reconocida y sostenida por el estado como iglesia nacional. Las otras iglesias no han logrado mayor número de adeptos en D.: católicos 26.000; bautistas no más de 8.000; salvacionistas, 5.500; metodistas, 3.500; pentecostales, 4.000; adventistas, 4.000 y los de →Iglesia del Pacto, 2.500.

N.O. RASMUSSEN

DIOCESIS. Según la terminología eclesiástica, la esfera de jurisdicción de un obispo. La palabra es de origen secular, habiendo sido empleada para describir una división administrativa del Imperio Romano. Fue adoptada por la iglesia cristiana con la provincia y las d. dirigidas por el metropolitano y los obispos respectivamente. En la iglesia occidental, sin embargo, había cierta flexibilidad; hasta la Edad Media no era raro que un metropolitano se refiriera a la provincia como su d., y a su propio obispado como a su parroquia. La Iglesia Ortodoxa Oriental todavía retiene una práctica similar, usando "d." para referirse a la esfera territorial del patriarca, y "parroquia" para indicar el área de la cual el obispo es responsable.

J.D. DOUGLAS

DIOCLECIANO (245-313). Emperador romano desde 284 a 305. Era dálmata de nacimiento plebeyo y originalmente se llamaba Diocles. Surgió como comandante de la custodia del emperador Numerio y del último Augusto después de derrotar al hermano de Numerio, Carino. En 293 estableció su famosa tetrarquía. Galerio fue su César en el Oriente, mientras que Máximo y Constancio Cloro reinaban en forma parecida en el O. Su genio consistía en la organización; muchas de sus medidas administrativas duraron siglos. Creía que la religión de la antigua Roma, la tradición y la disciplina contribuirían a reforzar la unidad imperial. Esta política formó la base de la persecución en 303 a los cristianos, posiblemente emprendida a insistencia de Galerio. Cuatro edictos fueron publicados, antes de la abdicación de D. en 305, y puestos en vigor con varios grados de intensidad, con mayor dureza en Palestina y Egipto. El primer edicto exigía la destrucción de las iglesias y de los libros, los dos siguientes estaban dirigidos contra el clero y el cuarto incluía tanto al clero como a los laicos.

PETER TOON

DIODATI, GIOVANNI (1576-1649). Teólogo calvinista. N. en Ginebra en una familia de protestantes italianos. Fue nombrado allí profesor de hebreo (1597) y pastor (1608) antes de suceder a →Beza como profesor de teología (1609), cargo que retuvo hasta su muerte. Fue representante ginebrino en el Sínodo de →Dort. Su traducción italiana de la Biblia apareció en 1607, y una edición revisada y con notas en 1641. Esta versión, que dio lugar a su fama, es todavía hoy generalmente usada por los protestantes italianos. Altamente considerado por su exactitud y lucidez, muestra sus intereses y tendencias teológicas. Esto hizo que algunos hayan sugerido que D. fue más un teólogo que un crítico. También produjo una traducción francesa de la Biblia en 1644. J.D. DOUGLAS

DIODORO DE TARSO (m. antes de 394). Obispo de Tarso. Después de una educación secular y religiosa completa tanto en su nativa Antioquía como en Atenas, llegó a ser un monje cristiano y un maestro influyente y persuasivo en Antioquía. Sus dos más distinguidos discípulos fueron Teodoro de →Mopsuestia y Juan →Crisóstomo. En 372 fue expulsado de Antioquía a Armenia por el emperador Valente, pero en 378 llegó a ser obispo de Tarso. Oponente del paganismo, por lo general considerado como ortodoxo, fue sin embargo condenado por un sínodo reunido en Antioquía en 499 como autor del →nestorianismo. Esto significó que muchos ejemplares de sus escritos estuvieran destinados a la destrucción. Algunos eruditos le han atribuido varios tratados existentes, pero solo *De fato* parece serlo con certeza. Existen también extensos fragmentos en *catenae* acerca de los Octateuco (Génesis hasta Rut) y acerca de Romanos. Sus escritos originales, no obstante, cubren una amplia variedad de temas. Explicó cosmología, defendió la fe contra herejías de muchas clases y escribió múltiples comentarios sobre las Escrituras. Para esto último siguió el método histórico-gramatical de exégesis, opuesto al método alegórico de Alejandría. PETER TOON

DIOGNETO, EPISTOLA A. Obra anónima a veces atribuida a Cuadrato o a Panteno. Aunque escrita a fines del s.II, nunca es mencionada en la antigüedad o en la Edad Media; fue conservada con las obras de Justino Mártir en un manuscrito que resultó quemado en Estrasburgo (1870) durante la guerra franco-prusiana. La epístola invita a un cierto Diogneto a considerar la superioridad del cristianismo sobre el paganismo o el judaísmo. Trata de responder a tres interrogantes: ¿Cuál es la naturaleza del culto cristiano que lo diferencia de otras formas de adoración? ¿Cuál es la naturaleza de la caridad cristiana? ¿Por qué el cristianismo apareció tan tarde en la historia humana? Aunque el estilo es bueno, la argumentación y la apologética no son muy profundas. Los últimos dos capítulos (11 y 12) casi con certeza provienen de otra pluma, quizá de Hipólito. PETER TOON

DIONISIO (de Corinto) (c.180). Obispo de Corinto. Ejerció considerable influencia y →Eusebio le atribuye haber dirigido siete epístolas a varias iglesias. Son escritos de aliento y de admonición, e incluyen un ataque a Marción, informan que la Epístola de →Clemente fue leída en la iglesia de Corinto y que Dionisio el Areopagita fue el primer obispo de Atenas. J.D. DOUGLAS

DIONISIO (de Roma) (m.269). Obispo de Roma desde 259. Griego de nacimiento, sucedió a Sixto II. Su única obra doctrinal existente está dirigida contra Dionisio de Alejandría, que se encontraba bajo sospecha de →sabelianismo. En una carta a Alejandría refutó las doctrinas sabelianas, destacando en su lugar la divina "monarquía". En carta separada invitó a su tocayo a explicarse, lo que éste hizo para satisfacción de D. Este envió ayuda a la iglesia de Cesarea cuando esa ciudad fue invadida por los bárbaros (quizá en 264), y en 268 D. se unió a Dionisio de Alejandría y al Concilio de Antioquía condenando a Pablo de Samosata.
J.D. DOUGLAS

DIONISIO DE PARIS (m.c.250?). También conocido como Denys, santo patrono de París. Tradicionalmente ha sido considerado como uno de los siete obispos enviados a convertir a la región de Galia y más tarde fue obispo de París antes de ser mártir en Montmartre (Colina de los Mártires). En 626 sus restos fueron trasladados a la fundación del rey Dagoberto, San Dionisio, cerca de París (la famosa abadía benedictina). Frecuentemente ha sido confundido con otra persona del mismo nombre (e.d.: Dionisio el Areopagita). J.D. DOUGLAS

DIONISIO EL CARTUJO (1402/3-1471). Místico y escritor. N. en Ryckel, Bélgica. Fue educado en la Universidad de Colonia y se unió a los cartujos en Roermond en 1423. Desde 1465 hasta 1469 estuvo a cargo de la orden en Bois-le-Duc. Escribió comentarios sobre las Escrituras, Seudo Dionisio (quien

lo influyó grandemente), Pedro Lombardo, Boecio, y Juan Clímaco; también produjo 21 tratados acerca de la forma de la iglesia y de la sociedad cristianas y cartas en favor de una cruzada contra los turcos. Tuvo premoniciones de calamidades que azotarían al mundo cristiano. Hábil para conducir almas a la contemplación, escribió *De Contemplatione*. En *Opuscula* se ocupó de la devota recitación de los Salmos, la mortificación, la inconstancia del corazón y la reforma del hombre interior. Ayudó a →Nicolás de Cusa en sus visitas reformatorias a Renania (1451-52). Aunque ecléctico, no fue un mero compilador de sus escritos; Ignacio de Loyola y Francisco de Salas lo leyeron. D. también publicó un compendio de la *Summa* de Tomás de Aquino. Sus experiencias místicas lo hicieron conocer como el "Doctor del Extasis". C.G. THORNE, Jr.

DIONISIO EL EXIGUO (m. entre 525-544). Escritor y cronólogo. Llamado "el Exiguo" (el menor) debido a su humildad. Es más conocido por su edición, a principios del s.VI, de la primera colección influyente de →decretales. Comprende 41 decretales de →Siricio (384-98) a Atanasio II (496-98) y ciertos cánones conciliares y sinodales que él tradujo del griego debido a que no había traducciones previas a disposición del clero. Solamente sus *Cánones apostólicos* eran apócrifos, y él mismo tuvo reservas en cuanto a ellos. También tradujo al latín las obras de los primeros Padres griegos, especialmente aquellos concernientes a la herejía nestoriana. D. ayudó a establecer el aceptado método romano de fechar la Pascua. Los cristianos la fechaban conforme a la Pascua judía (calculada en el calendario lunar, que era más breve que el calendario juliano, y en que no siempre caía en domingo). El Concilio de →Nicea estableció cómo tenía que ser calculada la fecha y →Cirilo de Alejandría produjo una serie de tablas que D. continuó hasta 626, con dos diferencias. Operó con un ciclo de 19 años, a diferencia del ciclo existente de 84 años, y tomó como año base no el 284 (cuando Diocleciano se convirtió en emperador) sino el año de la encarnación de Cristo, en su estimación de 755 años después de la fundación de Roma. Aunque se equivocó por unos cuantos años, esta estimación constituye la base para el presente sistema de calcular la era cristiana. L. FEHAN

DIONISIO EL GRANDE (m.c.264). Obispo de Alejandría. Después de haber sido alumno de Orígenes, se convirtió por catorce años en jefe de la famosa Escuela Catequística de Alejandría. En 247 fue elegido obispo de Alejandría. Durante la persecución ordenada por Decio, fue arrestado pero pudo escapar al desierto de Libia en donde permaneció hasta la muerte del emperador. A su regreso tuvo que encarar el problema de cómo tratar a aquellos miembros de la iglesia que habían apostatado. Abogaba por un tratamiento benévolo. También intentó mediar en la candente disputa entre →Cipriano de Cartago y el papa Esteban en cuanto al bautismo de herejes. Durante la persecución emprendida por Valeriano (257-58) fue nuevamente expulsado, pero regresó a su iglesia en 260. Durante sus últimos años se dedicó sobre todo a combatir el →sabelianismo. Aunque escribió mucho, de sus escritos solo han quedado fragmentos, en especial extractos conservados por Eusebio, Atanasio y otros. Algunas de sus obras datan del período en que estuvo al frente de la Escuela Catequística, mientras que otros –p.e. sus Cartas Pascuales (las más antiguas Cartas Pascuales)– vienen de su período de obispo. De sus escritos teológicos el más importante es su carta al papa Dionisio de Roma acerca de la doctrina de la Deidad, estimulada por la controversia sabeliana. En algunos aspectos su teología anticipó algo de la de Arrio, pero mucho más tarde Atanasio manifestó que D. tenía una doctrina ortodoxa en cuanto a Dios. PETER TOON

DIONISIO EL SEUDO-AREOPAGITA. Este nombre identifica a un escritor que probablemente vivió en Siria en el s.V o VI. Sus escritos fueron originalmente tenidos en alta consideración, siendo inicialmente atribuidos a Dionisio de Atenas. Sus obras tuvieron sensible efecto en la teología medieval. Gregorio el Grande, Martín I y el Concilio Lateranense de 649, todos aprobaron sus escritos. En la Iglesia Occidental ejercieron considerable influencia en favor del misticismo. Hugo de San Víctor, Alberto Magno, Tomás de Aquino y Dionisio el Cartujo encontraron inspiración en él. Lo mismo hicieron los platónicos del Renacimiento italiano, Juan Colet, Dante y Juan Milton, entre otros.

Sus obras existentes incluyen *La jerarquía celestial* (que describe la mediación de ángeles de Dios ante el hombre); *Los nombres divinos* (sobre los atributos de Dios); *La jerarquía eclesiástica* (que describe los sacramentos y los tres "caminos" de la vida espiritual) y una obra sobre teología mística que describe el ascenso del alma hacia la unión con

Dios. También escribió diez epístolas a los monjes, sacerdotes y diáconos sobre algunos aspectos surgidos en sus tratados. Sus obras revelan que era un conocedor de →Plotino, de Proclo y de otros neoplatónicos, así como que tenía una considerable familiaridad con la Escritura y con los Apócrifos. Sus escritos intentan una síntesis entre el pensamiento cristiano y el neoplatónico. Su pensamiento central es la unión entre el hombre y Dios, y la progresiva deificación del hombre en la cual el alma abandona tanto la percepción de los sentidos como el razonamiento de la mente. El alma es, en consecuencia, iluminada y conducida finalmente a un conocimiento del ser inefable. El D. enseñó también que Dios está relacionado con el mundo por una serie de seres o ángeles que corresponden a la jerarquía de la iglesia (obispos, sacerdotes y diáconos). Estas jerarquías se proponen guiar al hombre hacia la deificación, meta que se alcanza a través de etapas expurgadoras, iluminadoras y unificadoras.

En el s.XVI los reformadores y los eruditos católicos dudaron de la autenticidad de tales escritos. La duda se intensificó con el desarrollo de la crítica literaria.

JAMES TAYLOR

DIOS. En la misión cristiana primitiva hacia los gentiles, la religión bíblica se enfrentó a la filosofía griega, y fue de ese encuentro que surgió la *teología cristiana.* En lo que respecta a la doctrina cristiana sobre D., podemos decir que la revelación de D. en el AT, que culmina con la obra de Jesucristo, proporcionó a la iglesia la sustancia de su fe, en tanto que la filosofía griega aportó las categorías y conceptos intelectuales para la articulación sistemática de esa fe. El connubio del pensamiento griego con el bíblico es un hecho que ha de aceptarse, pero no con una aprobación poco crítica. Por una parte, "la plenitud de los tiempos" puede verse en el hecho de que la filosofía griega había preparado las mentes de los hombres para la tarea teológica que se le planteaba a la iglesia. Esta tarea consistía en elaborar las implicaciones de la revelación final que D. hacía de sí mismo en la persona y obra de Jesucristo, con el fin de satisfacer las necesidades del catecúmeno y el desafío del hereje y del pagano. Por otro lado, existía siempre la amenaza de la distorsión, puesto que el pensamiento griego no solo es otro de la mentalidad bíblica, sino en cierto sentido ajeno a ella.

El énfasis de la filosofía griega se daba sobre el Ideal Impersonal, mientras que a la Biblia le interesa un D. personal que le habla a su pueblo y actúa en la historia para redimirlo. A causa de esta diferencia esencial, la filosofía nunca puede ser más que la sierva de la teología. Algunos pensadores cristianos han procurado incluso negarle ese puesto modesto al pensamiento abstracto y racional sobre D., pero es evidente que se trata de una reacción extremista. Es un hecho que la filosofía ha proporcionado las categorías críticas de pensamiento con que la teología cristiana ha realizado su labor y de hecho, si se acepta la providencia de D. y la unidad última de la verdad, es difícil ver cómo esa tarea teológica de la iglesia habría podido llevarse a cabo de alguna otra forma.

Ha habido *problemas teológicos persistentes:* conciernen al ser y existencia de D. y su relación con el mundo, especialmente su relación con el hombre. En un artículo de visión tan limitada como el presente no se puede hacer mucho más que ofrecer un breve vistazo de las respuestas que los pensadores cristianos han sugerido para esos problemas. Debe recordarse siempre que estas respuestas cristianas, que asumen la forma de formulaciones doctrinales de la iglesia, son la extensión de la fe. Los pronunciamientos dogmáticos acerca de D. definen verdades acerca de las cuales hay un amplio consenso, y en relación con las cuales la iglesia tiene la obligación de predicar y enseñar mientras afirman la fe entregada a los santos una vez y para siempre. La confesión central de la iglesia es que Jesús es Señor, y la forma elaborada y explícita de esta confesión es la doctrina sobre la →Trinidad.

La iglesia responde a la cuestión del ser de D. mediante la afirmación fundamental de que D. es una Trinidad. Aunque el dogma de la Trinidad no contiene una definición o clasificación de los atributos, ni una inferencia de los atributos específicos a partir de la naturaleza del Ser divino, no obstante, al comentarse, los atributos describen la Trinidad en la Unidad que es la Deidad.

La posición arriba apuntada es preferible a la de los tomistas medievales y los protestantes escolásticos, que comentaban la doctrina de la Trinidad solo después de haber definido la esencia de D. como pura realidad o actualidad *(actus purus)* y establecido su existencia y atributos sobre principios generales de la razón. Ese enfoque metafísico tiene sus méritos y ciertamente ha de preferirse a la posición antimetafísica del liberalismo alemán, según la cual los pronunciamientos acerca de D. se convierten en pronunciamientos acerca de la experiencia religiosa (Schleiermacher) o en declaraciones de valores éticos del reino de D. (Ritschl). Ese método teológico difícilmente escapa a la crítica de Feuerbach, según la cual toda teología es antropología. Por otro lado, la metafísica tiende a alterar los pronunciamientos acerca de Dios tomados de las declaraciones confesionales que se usan en el culto, en declaraciones generales de la razón, que unen a D. y al mundo en un sistema racional en que la doctrina de D. es más filosófica que bíblica (→TEOLOGIA NATURAL). Debido a nuestras reservas en cuanto a ese enfoque, en este artículo comentaremos primero los *atributos divinos* y solo entonces plantearemos la cuestión de las pruebas del ser y existencia de D.

La dificultad de los teólogos a la hora de clasificar y ordenar los atributos divinos confirma la opinión de uno sobre el hecho de que nuestra comprensión de D. es insuficiente para abarcar su esencia, aunque podemos postular una genuina analogía entre su ser y las propiedades que le atribuimos. Los atributos más metafísicos son la aseidad o independencia de D., o sea que D. es diferente de cualquier criatura suya; la infinidad de D., que incluye tanto su eternidad (El trasciende toda limitación en el tiempo) como su inmensidad (trasciende toda limitación en el espacio, e.d. es omnipresente); y por último, la impasibilidad de D. (El es puro acto, privado de la mera potencialidad). Como lo ha dicho Agustín: "Para D. no es una cosa el ser y otra el vivir, como si El pudiera ser sin vivir; tampoco es para El una cosa el vivir y otra el comprender, como si El pudiera vivir sin comprender; tampoco es para él una cosa el comprender y otra el ser bendito, como si El pudiera comprender y no ser bendito. Sino que para El el vivir, el comprender y el ser bendito, son *ser*".

Los atributos más religiosos describen a D. en la perfección de su inteligencia, voluntad y santo amor. Su perfecta inteligencia la llamamos omnisciencia; su perfecta voluntad, omnipotencia; en tanto que el santo amor se refiere a su justicia (ira) y a su gracia (misericordia). Puesto que estos atributos se basan en la revelación que D. ha dado de sí mismo a lo largo de la historia, siempre han de entenderse a la luz de esa revelación. La infinidad de D., por ejemplo, no es simplemente su independencia en relación con el tiempo y el espacio, sino su señorío sobre ellos como se despliega en la Encarnación, en la cual El se revela a sí mismo libremente en el tiempo y en el espacio.

De igual importancia para la fe junto a la cuestión de los atributos de D. es el problema de cómo debemos concebir y hablar de la relación de D. con el mundo del que el hombre forma parte. Se trata de la cuestión de la *inmanencia* y *trascendencia* de D. El panteísmo tiende a empujar la inmanencia divina hasta el punto de la identidad entre D. y el mundo. Todo lo que es, es D., y nada puede concebirse aparte de D. El deísmo toma el sendero opuesto y enfatiza la trascendencia divina. D. está tan separado del mundo que es un Señor ausente, de modo que las leyes de la naturaleza se bastan a sí mismas. La perspectiva bíblica se describe mediante el término "providencia", a saber, la doctrina según la cual D. preserva y gobierna todas sus criaturas y todas sus acciones, mediante el ejercicio personal de su poder, libremente, según el consejo de su voluntad y para su propia gloria. Clásicamente, este gobierno providencial de D. se ha entendido en términos de causalidad. Pero afirmar que D. es la "causa" última de todo lo que acontece ha suscitado problemas intrincados en lo que se refiere al mal, porque ningún teólogo dirá que D. es el autor del mal. En el pensamiento contemporáneo, además, la causalidad es una categoría impersonal de la ciencia, lo cual la hace especialmente problemática al describir la actuación divina en el área de los actos libres y responsables de los hombres. Es mejor, por tanto, concebir la providencia de D. en categorías personales como las que sugieren los títulos bíblicos de Amo, Rey, Señor y Padre.

La teología tradicional se ha preocupado mucho por probar la existencia de Dios. Si bien ese esfuerzo es claramente comprensible, no tiene una garantía bíblica expresa. Para los autores de las Escrituras, la presencia y poder de D. en el mundo eran tan evidentes por sí mismos como los axiomas en que supuestamente se basan las demostraciones tradicionales de su existencia. Es posible, por tanto, ver los argumentos tradicionales de la existencia de D. como clarificaciones de conceptos mentales derivados de la revelación.

La *teología contemporánea* se caracteriza por los esfuerzos, no de probar la existencia de D. como Ser eterno y absoluto, sino de reconstruir nuestro pensamiento sobre D. en función del proceso evolutivo. Esa "teología de proceso" enfatiza la idea de que D. no solo es eterno, sino también eminentemente temporal, afectado en su ser por todo lo que acontece en la creación. Puesto que el universo es una realidad cambiante, dinámica, viviente, Dios debe concebirse también como cambiante, dinámico y viviente, abierto a las posibilidades de la creación, haciendo reales sus propias potencialidades. Muchos teólogos existencialistas modernos han ido aún más allá en su abandono del pensamiento tradicional de la iglesia sobre D. (→EXISTENCIALISMO). Si D. es trascendente en algún sentido, se trata de una trascendencia escondida en la profundidad de la Existencia. Hablar acerca de Dios es hablar de la existencia del hombre. Su trascendencia es la trascendencia de la vida interior del hombre. De ahí la queja de muchos existencialistas religiosos acerca del "silencio" de D., su "ausencia", su "ocultamiento", su "eclipse", incluso su "no-ser" y su "muerte". Gran parte de la confusión de la teología contemporánea podría deberse al hecho de que el hombre moderno no quiere que haya un D. soberano que lo gobierne. Sin embargo, como lo señaló una vez San Agustín, la libertad del hombre no se conserva desterrando a D., sino sirviéndolo.

PAUL KING JEWETT

DIOSCORO (m.454). Patriarca de Alejandría desde 444 a 451. Fue sucesor de →Cirilo, convirtiéndose en figura dominante en la controversia monofisita. En 444 había acusado a →Teodoreto de →nestorianismo, y cuando Eutiques fue acusado por Teodoreto y otros del error opuesto, él acudió en su ayuda. Con apoyo de Crisafio D. convenció a →Teodosio II que convocara un concilio en Efeso en 449. Esta asamblea fue presidida por D. y declaró ortodoxo a Eutiques, deponiendo a Teodoreto y a otros, incluso a Flaviano de Constantinopla. A continuación de la muerte de Teodosio, los nuevos gobernantes, Pulqueria y Marciano, se inclinaron al lado opuesto. Otro sínodo fue celebrado en Constantinopla (450) bajo Anatolio, el sucesor de Flaviano. Se leyó el Tomo de León y fue recibido con aclamaciones y fueron rehabilitadas muchas de las víctimas de D. Pero cuando fue llamado un nuevo concilio en Nicea, D., apoyado por diez obispos egipcios, excomulgó a León. El asiento de este concilio fue después cambiado a Calcedonia por Marciano y allí se reunió en 451. Presidido por los cuatro legados papales y con funcionarios del imperio actuando de secretarios, depuso a D. y lo desterró. Muchos de los cargos hechos en contra suya en Calcedonia fueron instigados por espíritu de venganza, pero probablemente no todos. Su extraordinaria capacidad resultó corrompida por su gran poder. Es poco lo que existe de sus escritos que no pueda interpretarse como ortodoxo. Su deposición dividió permanentemente a los cristianos egipcios. La mayoría continuó venerando a D. y repudiando a Calcedonia. Esta es hasta el día de hoy la posición de la Iglesia →Copta.

DAVID JOHN WILLIAMS

DISCIPLINA. En el contexto de la vida de la iglesia este término se utiliza para describir lo siguiente: los métodos y las reglas mediante las cuales Cristo, a través de la influencia de su comunidad, trata de ayudar a cada miembro para que sea saludable en su crecimiento cristiano y en su discipulado y para que haga su mejor contribución a la vida y al testimonio de todo el cuerpo. Desde un principio se aceptó cierta forma de d. como un aspecto del Evangelio. Cristo fue considerado como un Maestro cuya enseñanza y ejemplo contenían patrones de tal disciplina (cf. Mt. 11:29; 28:19).

El problema más agudo respecto a la d. era asegurar que los miembros cuya conducta ofendía a la comunidad pudieran ser reconvenidos por su mal proceder y se convencieran de ello de forma que así pudieran ser restaurados. Había que asegurar el arrepentimiento. Este asunto ocupa un considerable espacio del NT porque la iglesia estaba convencida de tener una concreta guía dada por Jesús en esta materia. El hermano que cometía el delito debía ser entrevistado privadamente y, solo si se negaba a responder, era el asunto llevado ante la iglesia. Si entonces no se arrepentía era excluido de la comunión en la esperanza de un final regreso y arrepentimiento (Mt. 18:15-17). La iglesia afirmaba que Cristo le había concedido poder para ejercer en su nombre tal "atar y desatar" del pecado (Mt. 18:18-20; Jn. 20:23).

En el NT tenemos algunos ejemplos de cómo se daba consejo moral y cómo se ejercía la d. en la iglesia primitiva. El caso de Ananías y Safira (Hch. 5:1-11) fue excepcional. Pablo da varias instrucciones (p.e.: 1 Co. 4:21; 5:1-12; 2 Co. 2:1-11; Tito 3:10ss., etc.). Von Campenhausen señala que la d. en los ss.I y II parece haber tenido como blanco el perdón y la reconquista del que había caído en error, más bien que el castigarlo. Era algo dirigido hacia la persona. No era considerada como la anulación del bautismo y era ejercida por autoridad puramente espiritual.

Desde el s.IV la d. empezó a evidenciar características indeseables. Se mostró mayor interés por la santidad de la congregación como un todo que por la persona expulsada.

La autoridad para ejercer d. le fue quitada a la congregación y se consideró que residía en el clero, y con frecuencia solamente en un obispo monárquico. El sistema de penitencia se ocupó demasiado de ofensas triviales. Había parcialidad en su ejercicio. La confesión individual fue obligación para todos. La iglesia empezó a poner en vigor su d. usando el poder civil.

Durante la Reforma hubo sinceros intentos por parte de Lutero de librar a los seres humanos de la tiranía eclesiástica sacerdotal en la d., y por parte de Calvino para restaurar a su integridad la d. de la iglesia del NT. Desafortunadamente, en el s.XVII el lograr la d. se volvió en algunos sectores más importante que el cuidado pastoral de las personas. La severidad en ciertos aspectos de la vida fue practicada a expensas de la flojedad en otros aspectos. La d. tendía a sofocar el crecimiento. Hoy, en contraste, se afirma que resulta imposible e indeseable, dentro de una sociedad pluralista, establecer normas a las cuales los miembros de la iglesia tendrían que sujetarse. Nuestra actitud hacia tal afirmación estaría determinada por nuestro entendimiento del Evangelio. Cristo, al cumplir el Nuevo Pacto a favor nuestro, presentó a Dios un definido modelo de pautas al cual él trata de amoldarnos mediante el Espíritu. La iglesia no puede querer ignorar este modelo. Además, aunque la d. no es condición previa al perdón, es inseparable de éste y produce señales y frutos que el ser humano debe buscar y estimular.

RONALD S. WALLACE

DISCIPULOS DE CRISTO →IGLESIAS DE CRISTO

DISCIPULOS DE CRISTO EN AMERICA LATINA. La iglesia evangélica →Discípulos de Cristo a fines del s.XIX resolvió iniciar su obra en AL. Comenzó en México (1895), luego se extendió a Puerto Rico y Cuba (1899) y Argentina (1906). Debido al convenio hecho en el Congreso de →Panamá (1916) respecto a la distribución de territorios, los D. de C. entregaron a los presbiterianos su obra en Cuba e iniciaron una nueva obra en Paraguay (1918).

Como resultado de esta obra evangelística inicial, existen hoy iglesias nacionales de los D. de C. en México, Puerto Rico, Argentina y Paraguay. En →México, los D. concentraron sus esfuerzos principalmente en la zona central (Zacatecas, San Luis Potosí y Aguascalientes), con la sede de la iglesia en la ciudad de Aguascalientes. Tienen también una congregación en la capital federal. En su preocupación por servir al pueblo mexicano, los D. crearon el Centro Social Morelos, el Hospital la Esperanza, varios jardines de infantes, una biblioteca y un centro de desarrollo rural. También participaron con otras iglesias en la creación de la Casa Unida de Publicaciones, el Concilio Evangélico de México y el Centro Evangélico Unido (que ahora forma parte de la Comunidad Teológica en la capital federal).

En →Puerto Rico, las congregaciones de los D. se encuentran en la zona norte-central de la isla, desde la ciudad de San Juan hasta Manatí. La sede de la iglesia está en Bayamón. Con más de 60 congregaciones y 8.000 miembros, los D. han desarrollado un testimonio vigoroso, reforzando su labor evangelística con varias escuelas primarias y un centro rural de capacitación. Fue una de las iglesias fundadoras del Concilio Evangélico de Puerto Rico, del Seminario Evangélico de Puerto Rico y de la revista *Puerto Rico Evangélico.* Ha demostrado una auténtica preocupación pastoral por el pueblo latino en EUA, enviando numerosos pastores a las iglesias hispanas de dicha nación.

En la Argentina, las congregaciones de los D. de C. se concentran en la capital federal y en la provincia del Chaco. Su preocupación por la educación se ha expresado mediante la creación de varios centros preescolares y de una escuela primaria, y cooperando con los metodistas en la dirección del Colegio Ward. Han colaborado ampliamente con otras iglesias en la creación de entidades ecuménicas como el Instituto Superior Evangélico de Teología, la Federación Argentina de Iglesias Evangélicas, la casa editorial La Aurora y el Consejo Unido de Educación Cristiana. En el Chaco, los D. han auspiciado varios proyectos de desarrollo social y económica y un hogar para universitarios, y han participado en la misión unida a los Tobas.

En Paraguay, los D. de C. tienen congregaciones en Asunción y en varios pueblos al este hacia la frontera con Brasil. Auspician el Colegio Internacional y la Misión de Amistad en la ciudad de Asunción, y llevan a cabo varios proyectos y programas de desarrollo y de concientización en las áreas rurales.

Además de la obra de los D. en México, Puerto Rico, Argentina y Paraguay, sus dirigentes han tomado parte activa en la labor de las entidades ecuménicas continentales tales como →UNELAM, →ISAL, →CELADEC y →ULAJE.

Los D. también han buscado oportunidades para ayudar el testimonio cristiano en lugares donde no tienen actividades denominacionales. Ejemplos de esta colaboración son: personal para el Hospital Schweitzer en Haití, cooperación con las iglesias de habla japonesa en el Brasil y Bolivia, y con la Unión Evangélica Pentecostal de Venezuela, profesores en centros de estudios teológicos (p.e., Costa Rica), y personal prestado por tiempo limitado en tiempos de emergencia creada por los terremotos en Perú y Guatemala. Esta ayuda prestada a través de otras iglesias y entidades evangélicas obedece al principio fundamental de la Iglesia de los D. de promover la unidad cristiana en toda su labor.

TOMAS J. LIGGETT

DISPENSACIONALISMO. El término "dispensación" aparece en la versión RV (1909) en Ef. 1:10; 3:2, 9 y Col. 1:25. En estos casos traduce el vocablo griego *oikonomía* del cual deriva el español "economía", de manera que está vinculado con la administración. El d. es el concepto de que hay mucha variedad en la divina economía en la Biblia y que Dios ha tratado de diversas maneras a los hombres durante distintas épocas de la historia bíblica. Una d. según C.I. →Scofield, es "un período durante el cual el hombre es probado con respecto a su obediencia relativa a alguna revelación *específica* de la voluntad de Dios".

Aunque existe alguna variación entre los dispensacionalistas, el esquema de siete dispensaciones de Scofield es ampliamente aceptado. Estas son: Inocencia (antes de la Caída); Conciencia (desde la Caída hasta Noé); Gobierno Humano (desde Noé hasta Abraham); Promesa (desde Abraham hasta Moisés); Ley (desde Moisés hasta Cristo); Gracia (era de la iglesia); Reino (el Milenio). El fin del Milenio desemboca en el Estado Eterno. J.N. →Darby generalmente es considerado como el fundador del d., aunque algunos de sus elementos se encuentran ya en Agustín. Todos los d. son necesariamente →premilenaristas, pero lo opuesto no es siempre el caso. El d. fue grandemente popularizado a través de la Biblia de Scofield, y su plena expresión teológica se encuentra en las obras de L.S. →Chafer. Una versión extremista de él ("ultra dispensacionalismo") se debió a la obra de E.W. Bullinger. El término "dispensación" (como equivalente virtual de "pacto") es frecuentemente usado por aquellos que no aceptan el d. tal como es definido aquí.

G.W. GROGAN

DITELITAS (de raíces griegas que significan "dos voluntades"). Nombre dado a aquellos que sostienen que Cristo tenía dos voluntades, una divina y otra humana. La doctrina opuesta era sustentada por los →monotelistas.

J.D. DOUGLAS

DIVORCIO. La ICR ha mantenido históricamente un esquema invariable en lo fundamental. Para el católico el matrimonio es un sacramento a través del cual los esposos se dan el uno al otro delante de Dios. En esta entrega mutua se representa la alianza de Dios con su pueblo y de Jesucristo con la Iglesia. Es por eso que el divorcio es inadmisible para la Iglesia Católica. Esta posición se endureció con el Concilio de →Trento, el cual condenó a la excomunión a todo aquel que apruebe la disolución de matrimonio por causas de adulterio, herejía, cohabitación molesta o ausencia de uno de los cónyuges (cp. sección 24, cánones V, VI y VIII). El propio Concilio de Trento admitió la disolución del matrimonio por mutuo consentimiento al solo efecto de que uno o ambos cónyuges puedan tomar los hábitos religiosos. En caso de que uno solo de los miembros del matrimonio tome los hábitos, el otro debe hacer votos de perpetua continencia para que el divorcio sea concedido (Canon VIII).

La ICR admite, no obstante, la disolución del matrimonio natural contraído entre infieles en el caso de que uno de los cónyuges se convierta y el otro procure apartarle de la fe cristiana. También tiene mecanismos para anular el matrimonio en ciertos casos, p.e., cuando éste no se haya consumado por la unión sexual o en casos de incapacidad física.

Las iglesias evangélicas latinoamericanas históricamente han mantenido una gran diversidad de enfoques. Algunos grupos fundamentalistas asumen una posición similar a la de la ICR. No aceptan el divorcio y por lo tanto no permiten un segundo casamiento. Otras denominaciones consideran al divorcio como un mal menor y permiten un segundo casamiento. Entre ambas posiciones extremas hay una gran variedad de posiciones intermedias. Aun dentro de una misma denominación encontramos diferentes posiciones en diferentes países, sobre todo en las iglesias nacionales que gozan de autonomía.

A pesar de la gran diversidad de opiniones y enfoques entre las iglesias evangélicas, todas están de acuerdo en afirmar, en oposición a la ICR, que el matrimonio no es un sacramento sino el privilegio de todo ser humano y no el patrimonio exclusivo de cristianos.

La ceremonia religiosa se considera así una bendición que ratifica el compromiso contraído en el matrimonio civil. Esta concepción permite una mayor flexibilidad frente al divorcio y el segundo casamiento por la Iglesia. A pesar de esta flexibilidad, los evangélicos concuerdan en que el matrimonio cristiano es superior y en casi todas las ceremonias evangélicas se menciona el carácter indisoluble del mismo: "A los que Dios ha unido ningún hombre los separe". A pesar de tal declaración, cuando se produce el divorcio civil no se sanciona a los divorciados. El divorcio se considera, por la mayoría de los evangélicos, como una falta comparable con otras fallas del hombre pecador.

Los →greco-ortodoxos, poco numerosos en AL, consideran el matrimonio un sacramento, pero sin afirmar su indisolubilidad. Creen que el matrimonio queda disuelto por el adulterio. Los divorciados pueden contraer nuevo matrimonio religioso.

JORGE A. LEON

DOCE ARTICULOS. Declaración de quejas y demandas que hicieron los campesinos oprimidos, ante sus señores feudales en Alemania del sur. Fueron publicados en Memmingen (56 km. al SO de Augsburgo) y adoptados como programa por varias bandas de revolucionarios en marzo de 1525. Se ignora quién fue su autor aunque muchos han creído que fue el teólogo anabaptista Baltasar →Hübmaier.

Las demandas se expusieron en 12 artículos cuya esencia era como sigue: (1) La congregación tiene el derecho de elegir a su propio pastor y removerlo en caso de conducta censurable. El pastor debe predicar solo el evangelio puro. (2) Debe pagarse el diezmo "mayor" (de trigo) para sostener al pastor y socorrer a los pobres, pero no el diezmo "menor" (de productos animales) establecido posteriormente. (3) Se repudia la servidumbre, la idea de que los campesinos sean la propiedad de los señores feudales, puesto que todos por igual hemos sido redimidos y liberados por Cristo. (4) Debe haber completa libertad para pescar y cazar. (5) Los bosques son para uso común en donde sacar leña y madera. (6) Los servicios obligatorios deben restringirse a los que eran permitidos por las costumbres antiguas. (7) Los otros deben pagarse dignamente. (8) Deben establecerse alquileres justos. (9) Los castigos no deben ser arbitrarios sino reglamentados por leyes. (10) Los pastos y los terrenos baldíos deben volver a ser propiedad pública. (11) Debe abolirse el "derecho de muerte": que, al morir un campesino, el señor feudal tiene derecho de llevarse la prenda más valiosa del difunto. (12) Todos estos artículos deben ser juzgados por la Palabra de Dios y será retirado cualquiera que no esté en consonancia con ella.

Los artículos no suenan radicales a los oídos modernos. Aun el mismo →Lutero los aprobó y exhortó a los nobles a que fueran benignos con los campesinos. Pero cuando estos, bajo la dirección de Tomás→Müntzer, optaron por usar violencia en la realización de sus demandas (→REVUELTA DE LOS CAMPESINOS), Lutero se volvió enemigo amargo de ellos. WILTON M. NELSON

DOCETISMO (gr. *dokein* = "parecer", "aparentar"). En la historia de la teología es el punto de vista que sostenía que Jesús no era un hombre real, sino que simplemente parecía serlo. Este concepto no solo socava la encarnación sino también la expiación y la resurrección. Mediante →Eusebio sabemos algo acerca de →Cerinto, el opositor doceta del apóstol Juan en Efeso. La presencia de tal herejía allí probablemente explica el fuerte énfasis sobre la "carne" de Cristo y sobre su "sangre" (aunque esta palabra tenga también sugerencias sacrificiales) en los escritos juaninos (p.e.: 1 Jn. 4:2; 5:6-8). Había un elemento docético en el grupo de herejías gnósticas, lo cual explica el excepcional énfasis sobre lo real de la humanidad de nuestro Señor en algunos escritores de los primeros tiempos, empezando con Ignacio.

Los orígenes del d. no son bíblicos sino helenísticos y orientales. Se deben a la idea de que la materia es esencialmente mala y a una especial elaboración de la doctrina de la divina impasibilidad. Alejandría era un crisol de ideas helenísticas y orientales, así como la cuna de algunos de los más grandes maestros gnósticos. No sorprende encontrar, por lo tanto, que hay tendencias docéticas aun en varios de los más "ortodoxos" escritores alejandrinos, tales como Clemente y Orígenes. Las posteriores herejías cristológicas que emanaron de la escuela de Alejandría (tales como el apolinarismo, el eutiquianismo y el monofisismo) tienen todas algo de sabor docético. Aunque la teología moderna normalmente toma muy en serio la humanidad de Jesús (a veces incluso hasta llega a negar su deidad), aquellos que quieran hacer una marcada distinción entre la fe, por un lado, y la historia, por otro, enfrentan la acusación de estar abriendo la puerta a un nuevo d.

G.W. GROGAN

DOCTORES DE LA IGLESIA. Término que llegó a aplicarse a ocho de los antiguos Padres que se destacaron por su sabiduría, sana doctrina y santidad. Estos incluyen a Ambrosio, Agustín de Hipona, Gregorio Magno, Jerónimo, Juan Crisóstomo, Basilio el Grande, Gregorio Nacianceno y Atanasio. Durante los pasados cuatro siglos la ICR ha proclamado 24 "doctores" más, empezando por Tomás de Aquino (1567). Las proclamadas más recientemente fueron Teresa de Avila y Catalina de Siena (ambas en 1970).

J.D. DOUGLAS

DODD, CHARLES HAROLD (1884-1973). Ministro británico congregacionalista y erudito del NT. Fue educado en Oxford. Enseñó NT en el Mansfield College (1915-30) y dio cátedra también en la Universidad (1927-31). En 1930 sucedió a A.S. Peake como profesor "Rylands" de crítica bíblica y exégesis en Manchester y de allí fue a Cambridge como profesor "Norris-Hulse" de teología, siendo el primer no anglicano desde 1660 que haya ocupado allí la cátedra de divinidades.

D. fue la figura más influyente en la erudición británica del NT en las décadas centrales del s.XX. Su énfasis en la "escatología realizada" de la enseñanza de Jesús (*The Parables of the Kingdom,* 1934) y su aislamiento de un bosquejo de la primitiva predicación cristiana *(kerygma)* común a todos los escritos apostólicos (*The Apostolic Preaching and Its Development,* 1935) han demostrado ser importantes para el desarrollo de la teología contemporánea del NT. En *According to the Scriptures* (1952) D. destacó la unidad de enfoque en cuanto al uso del AT en el NT y sugirió que la clave era la interpretación que Jesús hizo del AT. En su comentario sobre Romanos (1932), y en otros lugares, sostuvo una posición peculiar en cuanto a la ira de Dios. Según él este concepto bíblico debería ser entendido como un proceso impersonal de retribución en la historia humana más bien que como la reacción divina frente al pecado del hombre. En forma semejante también argumentó contra el concepto de "propiciación" como idea bíblica.

Después de retirarse de la enseñanza académica formal en 1940, D. escribió más de una docena de libros, incluso dos importantes obras acerca de Juan (1953, 1963), actuó como Director General de la traducción de la *New English Bible* y pronunció conferencias en muchas partes del mundo.

W. WARD GASQUE

DOGMA (gr. *dokein* = "parecer"). La palabra va en su significado desde "pensar", o "tener una opinión", hasta "parecer lo mejor" o "haberse resuelto". La palabra *dogma* como sustantivo se encuentra ya en los escritos de Jenofonte y de Platón, de principio del s.IV a.C., con aplicaciones que comprenden decretos u órdenes legales o militares y creencias o interpretaciones filosóficas o religiosas. Las citas patrísticas muestran un proceso de más de tres o cuatro siglos de enfrentamiento cristiano con el judaísmo y con sus propias desviaciones. Mediante esto el peso legal de un mandamiento fue llevado a una dimensión filosófica, de manera que dogma llegó a identificar doctrinas fijas o el sistema total de la religión basada en credos. Aquello que tenía opinión expresa llegó a ser la opinión decidida o correcta *(orthodoxía).* Colectivamente el d. es el lado intelectual de la fe cristiana. La iglesia nicena lo revisó históricamente; el s.XIX lo sometió a un análisis crítico (cp. F.C. →Baur y Adolf →Harnack).

CLYDE CURRY SMITH

DOLLINGER, JOHANN J.I. VON (1799-1890). Historiador eclesiástico y teólogo católico. Ordenado en 1822, fue profesor de historia eclesiástica en Munich desde 1826. Fue influido tanto por el sentimiento romántico del catolicismo en cuanto al pasado como por el desarrollo de la historia de carácter científico. Esto le hizo practicar y estimular el análisis de la historia de la iglesia como una disciplina fundamentada en el estudio crítico de las fuentes. Ello, a su vez, implicaba establecer el tema dentro de la historia del mundo e intepretarlo a la luz de las verdades católicas. Lord Acton estudió bajo D. Amigo como era de →Gladstone y de →Lamennais, él como D. unía el liberalismo en teología y en política (representó a su universidad en la Asamblea Nacional de Francfort, 1848) con una lealtad →ultramontana al papado, expresada claramente por última vez en 1860 en *La primera época de la Iglesia.* Sin embargo, desde la década de 1850 su propio liberalismo estaba erosionando su actitud ultramontana. Sentía un creciente disgusto hacia las modernas instituciones del papado y de la Curia, así como hacia los Estados Papales y la influencia de los jesuitas.

Le desagradó el decreto referente a la →Inmaculada Concepción (1854), deseaba que el método escolástico fuese reemplazado por el histórico y consideró el →Sílabo de Errores como un ataque directo al mundo moderno y a algunas de sus propias posiciones.

Cuando se anunció el Concilio Vaticano I y se dijo que sería definida la infabilidad papal, D. inmediatamente escribió artículos adversos en los periódicos, los cuales más tarde fueron publicados como *El papa y el Concilio* (1869-70). Hacía distinción entre la primacía que el papado siempre tuvo por decisión divina y el papado que se había desarrollado a partir del s.IX. Expuso en manera dramática los males de la monarquía política del papado, aunque probablemente se equivocó al temer que el dogma de la infabilidad papal presagiara el avivamiento de ésta monarquía. Fue excomulgado al rehusarse a aceptar el decreto (1871) y al participar en la Fundación de la Iglesia de los →Veterocatólicos, y en las discusiones de éstos con los anglicanos y con los ortodoxos (1874-75) como resultado del interés por una reunificación cristiana. Defendió las ordenaciones anglicanas pero se apartó de los Veterocatólicos cuando éstos descartaron ciertas tradiciones (celibato del clero, confesión auricular). Hay dudas en cuanto a si murió profesando ser un veterocatólico o como un católico romano aislado y excomulgado.

HADDON WILLMER

DOM, DON. Apócope de la palabra latina *dominus*. Este vocablo es portador de una serie de títulos que significan desde "Señor", en forma abstracta, hasta "dueño, poseedor" en forma común, todas basadas en derivaciones etimológicas de palabras indo-europeas. Fue el resultado de un proceso lingüístico entre la familia de lenguas romance. Dentro del uso general identifica a un noble; dentro de la iglesia se refiere a monjes ordenados y canónigos regulares. J.D. DOUGLAS

DOMICIANO, TITO FLAVIO (d.C. 51-96). Emperador romano desde 81 d.C. Hijo de Vespasiano, había sucedido a su hermano Tito. Al principio, gobernó bien. No obstante después del fracaso de sus campañas (87) contra los dacios y marcomanos, se volvió cruel y, entre otras cosas, exigió ser adorado como *Dominus et Deus* ("Señor y Dios"). Cristianos y judíos fueron perseguidos por su negativa a rendirle estos honores divinos. La tradición afirma que uno de los que fue desterrado a causa de su fe resultó ser el apóstol Juan quien, en la isla de Patmos, escribió el Apocalipsis como un mensaje a sus hermanos sufrientes. La conducta de D. se hizo tan intolerable que aun los paganos organizaron una conspiración en su contra y fue asesinado.

PETER TOON

DOMINGO. La iglesia primitiva en Palestina era casi enteramente judía y como tal siguió guardando el sábado; era una necesidad social. En la diáspora, los cristianos judíos continuaron la práctica mientras conservaron su identidad judía, pero no así los cristianos gentiles, a menos que aceptaran la circuncisión presionados por los judaizantes. Ha de notarse que la observancia del sábado se consideraba un privilegio específicamente judío y por tanto no era uno de los mandamientos relativos a Noé, cuya observancia era requisito previo para las relaciones sociales entre judíos y gentiles, y por eso no la exigió el concilio de Jerusalén (Hch. 15:28s). Pablo menciona el sábado solo una vez directamente (Col. 2:16) y dos veces indirectamente (Ro. 14:5s; Gá. 4:10), demostrando así la poca importancia práctica que el asunto tenía en su día. Las condiciones sociales de muchos conversos gentiles, sobre todo los esclavos, hacían imposible la observancia del sábado, y daban una poderosa motivación para no guardarlo.

La mayoría de los cristianos judíos siguieron asistiendo a la sinagoga hasta ser expulsados: procedimiento llevado a cabo por el *birkat ha-minum* (c.90 d.C.). Esto hizo que la hora más natural de la iglesia para la Santa Cena fuese el sábado por la noche, e.d., el principio del d., como lo indicaría Hch. 20:7. Cuando en tiempos de Trajano estas reuniones vespertinas se volvieron al parecer ilegales, la Cena se cambió a la mañana del domingo, temprano. Este cambio cortó los últimos lazos con el sábado e hizo virtualmente incontrovertible la relación con la resurrección de Cristo como justificación de un culto específicamente dominical: algo que tiene que haber estado allí desde el principio. El cambio de una tendencia natural a una regla fija habrá sido gradual pero rápido. La controversia →cuartodecimana muestra que todavía a fines del s.II no todos los cristianos estaban convencidos de que la Pascua de Resurrección tenía que caer en d. 1 Co. 16:2 no se refiere a una reunión eclesiástica. Aunque es probable que "el día del Señor" (Ap. 1:10) sea el primer día de la semana, no se puede comprobar. El d. se denomina "el día dominical del Señor" en la →*Didajé* 14, e

→Ignacio de Antioquía lo llama "el día del Señor". Para →Justino Mártir el culto dominical es corriente. Desde entonces, la expresión "el día del Señor" se convirtió rápidamente en norma. →Melitón de Sardes (m. c.190) escribió una tesis sobre *El día del Señor*.

No se encuentra prueba alguna de la equiparación del sábado con el d. antes de fines del s.III, pero para entonces había un creciente énfasis en la verdadera observancia (e.d., espiritual) del sábado y se guardó, en teoría al menos, como día de culto junto con el d. El emperador Constantino en el año 321 proclamó un edicto que exigía "el reposo en el venerable día del sol" mediante la suspensión de las obras públicas y el cierre de los tribunales, con excepción expresa de las labores agrícolas. De allí en adelante se nota un creciente énfasis en la necesidad del descanso dominical, pero la razón dada es que los hombres tuvieran libertad para asistir al culto, y no que el domingo es el "sábado cristiano", frase que no aparece hasta el s.XII. Este realce que se da al culto es la posición católica y ortodoxa actual.

Los primeros reformadores, p.e. Lutero, Zwinglio, Calvino, Tyndale, Cranmer, Knox, insistieron en el valor del d. como día de reposo y de adoración, pero rehusaron considerarlo el cumplimiento cristiano del sábado. En Gran Bretaña, pero no en Europa continental, sobrevino una reacción rigorista de los →puritanos. Nicholas Bownde le dio expresión clásica en 1593. Escocia adoptó legislación sabataria ya en 1579; Inglaterra hizo lo mismo tras el triunfo puritano en la Guerra Civil, y la legislación se aflojó solo un poco en tiempos de Carlos II. Leyes parecidas se hicieron cumplir en la mayoría de los estados americanos de Nueva Inglaterra. El avivamiento evangélico y el aumento de la respetabilidad de la clase media condujeron a un fortalecimiento de estas leyes en Gran Bretaña, y al desarrollo de grupos sabatarios en algunas partes de Europa continental donde, sin embargo, nunca ejercieron mucha influencia.

En la Gran Bretaña, particularmente en Inglaterra, la observancia del d., tanto religiosa como legalmente, ha ido mermando desde mediados del s.XIX. Las principales influencias han sido el crecimiento de las ciudades grandes; el surgimiento continuo de la clase obrera, alejada en gran parte de la religión organizada; el desarrollo de las empresas de servicio público que exigían trabajar los d. para seguir funcionando; la radio y la televisión y dos grandes guerras mundiales. La iglesia está volviendo rápidamente a la posición en que se encontraba durante los primeros dos siglos en cuanto a la observancia del d.

H.L. ELLISON

DOMINGO DE GUZMAN (1170-1221). Fundador de la Orden de los Predicadores, generalmente conocida como →"dominicos" o frailes negros. N. en Caleruega, Castilla la Vieja. Fue educado en la Universidad de Palencia y posteriormente se trasladó a Salamanca. En 1199 fue designado como canónigo por el obispo de Osma, que enérgicamente imponía la Regla de San Agustín a sus canónigos. D. rápidamente ascendió al cargo de subprior. En 1203 acompañó a su obispo, como capellán, en una embajada real al S de Francia que había sido gravemente afectada por la herejía albigense. Desafiados por la necesidad de combatir la herejía, obtuvieron permiso papal para permanecer en el Languedoc como predicadores. Iban descalzos, practicaban una gran abstinencia. En 1206, con el apoyo de Fulk, obispo de Tolosa, D. abrió una casa en Prouille en donde niñas y mujeres podían ser enseñadas bajo estricta supervisión. Este fue el primer convento dominico.

Durante la cruzada de siete años contra los →albigenses, lanzada por Inocencio III en 1208, D. trabajó con gran celo para reconquistar a los herejes y llevarlos de regreso a la iglesia. Sintió que tenía que poner bajo un pacto a los que colaboraban con él para que recibieran estabilidad y unidad de propósito en la labor. En el Cuarto Concilio Lateranense de 1215, por lo tanto, D. llevó ante Inocencio su plan en favor de una orden de frailes predicadores bien instruidos, directamente sujetos al papado. Inocencio aprobó este esquema, pero el concilio lo rechazó. Entonces D. puso 16 hermanos bajo la Regla de San Agustín. Su primer monasterio se edificó en Tolosa.

En 1216 Honorio III concedió una bula legalizando la orden. Iba a ser una orden mendicante, dedicada a la predicación y a la conversión de los herejes. D. se reunió con →Francisco de Asís en Roma, en 1218. Adepto a organizar, D. viajó incansablemente por Italia, Francia y España durante el resto de su vida, estableciendo y consolidando. El primer capítulo general de la orden fue celebrado en Bolonia en 1220. El mismo año cayó enfermo mientras se dirigía para predicar en Hungría y, al regresar a Bolonia, murió allí después de alentar a sus hermanos a "mostrar caridad, mantener la humildad y aceptar la pobreza". Fue canonizado en 1234. D. fue un decidido dirigente de hombres, de vida devota, de fe sólida y con pasión por ganar almas. Tres veces rehusó aceptar un obispado, actitud típica de su austeridad y abnegación. JAMES TAYLOR

DOMINICOS. Orden de predicadores fundada en 1216 por →Domingo, un castellano que llegó a ser canónigo en la diócesis de Osma donde el obispo había adoptado para sus canónigos la Regla de Agustín. Domingo encabezó esta comunidad y permaneció allí hasta 1203. Habiendo pasado varios años tratando de convertir a los albigenses sin obtener éxito, Domingo solicitó autorización papal para fundar una nueva orden monástica en defensa de la fe. Esto le fue concedido bajo la condición de elegir alguna regla ya existente. Domingo escogió la de San Agustín y la orden fue oficialmente establecida por Honorio III en 1216. Para dedicarse al estudio y la predicación, la orden abolió las labores manuales y sus oficios divinos fueron abreviados. La mayor movilidad de los predicadores fue asegurada al requerirse a los miembros jurar fidelidad a la orden y no a una casa particular. Al reunirse en Bolonia los dos capítulos en 1220-21, la orden decidió vivir de limosnas voluntarias y renunció a propiedades y sueldos fijos. El capítulo general asignó autoridad a un maestro general elegido vitaliciamente y se requirió a los miembros jurarle directa obediencia.

Cada casa era gobernada por un prior elegido por sus miembros y enviaba a su prior junto con otro miembro electo a un capítulo provincial que se reunía anualmente, el que a su vez elegía un prior provincial por cuatro años. Las provincias enviaban representantes al capítulo general –autoridad legislativa suprema– que elegía el maestro general. Hay una segunda y tercera órdenes vinculadas a los d. La segunda orden consiste en monjas que observan regla similar a la de los hombres pero que llevan una vida de encierro y contemplación, algo mitigada posteriormente con su tarea de educar niñas. La tercera orden no es de claustro y la mayoría de sus miembros se mantienen en actividad en la vida secular.

Bien organizados y teniendo la predicación como centro de sus actividades, los d. fueron particularmente útiles al papa al predicar cruzadas, recolectar dinero y ejecutar diversas misiones diplomáticas. Su celo en favor de la obra misionera los llevó a buscar las oportunidades que para tal actividad proveían las exploraciones españolas y portuguesas en el Oriente y en el Occidente. Estaban interesados en establecer su orden en los centros de vida intelectual tales como Roma, París y Bolonia. Esta meta fue adelantada por los sucesores de Domingo y, a mediados del s.XIII, cada provincia tenía ya su propia universidad dominica. Muchos de los grandes pensadores europeos de la Edad Media fueron d. Resultaron innovadores al enseñar lenguas tales como el hebreo, el griego y el árabe entre los religiosos. La orden es famosa por su impresionante producción literaria y escolástica, siendo las obras de Tomás de Aquino y de Alberto Magno ejemplos notorios. Fieles a su papel de opositores de la herejía, sus miembros han producido destacadas obras de apologética. La actividad que le restó apoyo popular y que promovió la hostilidad de otras órdenes fue su participación en la →Inquisición, que frecuentemente estuvo dirigida por d. Además el surgimiento de nuevas órdenes, especialmente los jesuitas, los pusieron en un segundo plano, aunque permanecieron como adalides del saber y la ortodoxia. S. TOON

DOMINICOS EN AMERICA LATINA. Los d., juntamente con los franciscanos, fueron las órdenes que más obra misionera hicieron en AL durante la época colonial. Aparecieron por primera vez en Española (Rep. Dominicana) en 1510. Fue d. Antonio →Montesinos que en 1511 predicó el famoso sermón que despertó la conciencia de la iglesia en cuanto a la crueldad de los colonos con los indígenas. Aquí también se "convirtió" Bartolomé de →las Casas, el más famoso de los d. en las Américas, el que llegó a ser el más grande de los defensores de los indios.

En la Española los d. empezaron a enseñar a los indígenas, lo cual concuerda con el genio de esta orden. En 1537 fundaron una universidad, la primera en el Nuevo Mundo.

De la Española la obra misionera se extendió a las otras Antillas. El primer obispo nombrado para Cuba (1521), fue Juan de Wite de la orden de los predicadores, pero murió antes de poder ocupar su sede.

En 1513 por primera vez llegaron d. a la "Tierra Firme", a Venezuela en primer lugar, y celebraron la primera misa en América del Sur. Sufrieron martirio a manos de los indios. Poco después llegaron a Nueva Granada (Colombia) y c.1529 ya había 40 d. trabajando en el área de Santa Marta. Con este punto como base, Jiménez de Quesada emprendió la conquista del valle del Magdalena y la meseta de Bogotá (1536-38). Monjes d. lo acompañaron y en el término de dos años toda la población había profesado la fe cristiana.

En la conquista del Perú (1531-35) Francisco Pizarro fue acompañado por unos d., el más destacado siendo Vicente →Valverde. En Cuzco establecieron su primer monasterio (1534). En 1537 Valverde fue nombrado el primer obispo del Perú. Un d. estuvo con Belalcázar en la conquista de Ecuador. Llegaron otros y establecieron su primer convento en 1540, en Quito. Fundaron su primera casa en Bolivia en el año 1540, el mismo año que se fundó la ciudad de Chacras (Sucre).

Los d. arribaron a Nueva España (México) por primera vez en 1526 y al llegar el año 1559 la orden ya tenía 40 casas y 210 religiosos. Juntamente con los franciscanos hicieron una inmensa labor misionera. Un autor dice que entre las dos órdenes habían bautizado a 10.5 millones. Entre los d. que llegaron a Nueva España había distinguidos elementos intelectuales, los cuales desempeñaron un papel importante en la fundación de la Universidad de México (1551). Por cierto, buena parte de todas las antiguas universidades al sur del río Bravo fueron fundadas por d.

Por el año 1533 llegaron d. a Guatemala. Al fin del s.XVI tenían 14 casas. En 1533 ya se hallaban en Darién (Panamá).

WILTON M. NELSON

DOMITILA FLAVIA (c.100). Matrona romana cristiana de la familia imperial. Estaba casada con Tito Flavio Clemente, primo hermano del emperador Domiciano. La abuela de ella y la madre eran, respectivamente, la esposa y la hija del emperador Vespasiano. Según algunos primitivos historiadores, su esposo era también cristiano. Posiblemente debido a la confesión del cristianismo Clemente enfrentó la pena de muerte y D. fue expulsada a la isla de Pandateria. La propiedad de D. en la Via Ardeatina fue usada desde el s.I en adelante como cementerio cristiano, siendo conocido como *Coemeterrium Domitillae*. El trato que Domiciano dio a Clemente y a D. resulta muy sorprendente dado que designó como herederos suyos a los hijos de aquéllos.

PETER TOON

DONACION DE CONSTANTINO. Documento supuestamente escrito por Constantino concediendo Roma y la región occidental del imperio al papa Silvestre. Se afirmaba que el papa había curado la lepra del emperador y que Constantino había decidido retirarse a una nueva ciudad, Constantinopla, considerándose indigno como para vivir en la misma ciudad que el papa. Aunque se trata de un fraude (probablemente escrito en el s.VIII), su carácter fraudulento no fue descubierto hasta el Renacimiento por los eruditos →Nicolás de Cusa y Lorenzo →Valla. Los argumentos de este último ayudaron ciertamente a establecer la ciencia de la crítica textual. Sostuvo que Constantino no era una clase de hombre como para regalar su imperio, y que Silvestre no hubiera aceptado esta donación por cuanto estaba muy interesado en su oficio espiritual de pastorear almas. A través de razonamientos filológicos y críticos Valla demostró que el documento no podía haber sido escrito en el s.IV por cuanto se refiere a sátrapas, a las medias de los senadores romanos y a la corona papal. Ninguno de tales términos u objetos estaba en uso durante el tiempo de Constantino. La erudición de Valla fue tan completa que aun el papa aceptó sus conclusiones.

ROBERT G. CLOUSE

DONATISMO. Iglesia africana separatista. Después que Ceciliano fue nombrado obispo de Cartago en 312, sus opositores alegaron que uno de sus consagrantes, Félix de Aptunga, había cometido *traditio* (entrega, traición) de las Escrituras, en la reciente Persecución Diocleciana. Motivados por cuestiones personales, la oposición que incluía los obispos de Numidia (no todos inocentes de *traditio*) se sintió ofendida por la exclusión de su primado por la consagración irregular y precipitada de Ceciliano, y eligió como obispo a Maiorino, cuyo sucesor fue Donato (313).

Cuando Constantino concedió compensación y exenciones solo a los del bando de Ceciliano, los que estaban en disidencia apelaron a él para solucionar la disputa. Las investigaciones eclesiásticas e imperiales justificaron a Félix (y Ceciliano), y Constantino con la connivencia católica, intentó vanamente imponer una reunificación (317-21). Los d. se multiplicaron rápidamente bajo la hábil dirección no igualada entre los católicos de Donato (m.c.355), su sucesor Parmeniano (c.355-91/2) y otros (cp. el "no ortodoxo" Ticonio) y disfrutaron de ascendencia durante todo el s.IV excepto en el período que siguió la persecución bajo el emperador Constante (347-48). Los efectos de esta "unidad" impuesta persistieron hasta que Juliano eliminó las restricciones y repatrió a los exilados (361).

Solamente en la era de Agustín y de Aurelio los católicos empezaron a prevalecer, pero ello no sin la coerción imperial del Edicto de Unidad (405) y de los decretos que proscribían el d., después de un gran enfrentamiento entre los dos episcopados en Cartago (411) bajo Marcelino, el comisionado imperial. Aunque reprimido, el d. sobrevivió hasta que las conquistas efectuadas por los moros eclipsaron a la cristiandad africana. Bajo los vándalos, tanto católicos como d. probablemente sufrieron por igual. La creciente tolerancia recíproca resultó en un resurgimiento del d. en la era bizantina, especialmente en Numidia, y quizá un acercamiento ecuménico. →Gregorio Magno repetidamente reprochó la complacencia de los obispos hacia los d., pero la iglesia africana como un todo había entonces recuperado su tradicional independencia con respecto a Roma.

El d. profesaba auténticas creencias africanas. Sus rebautismos disfrutaban de la autoridad de Cipriano, y su rigorismo, eclesiología puritana, adulación del martirio y rechazo apocalíptico del estado y de la sociedad llevaban un sello africano tan antiguo como Tertuliano. Su inspiración fundamentalmente religiosa lo impregna todo. Era "nacionalista" solo en cuanto a su hostilidad hacia los poderes gobernantes (frecuentemente perseguidores). La embarazosa violencia de los →Circumcelliones y el apoyo d. de las revueltas de Firmus (372-75) y de Gildo (397-98) difícilmente pueden sugerir motivos políticos. Sin embargo hay que admitir que tales excesos, p.e., bajo Primiano, sucesor de Parmeniano en Cartago, provocaron la aparición de grupitos disidentes como los maximianistas. El particularismo cultural, tal como el promover un idioma libio (berberisco) carece de importancia posterior. La fuerte concentración del d. en el área rural de Numidia durante el s.V fue mayormente debida a la más eficaz represión imperial y episcopal en las ciudades, pero el movimiento naturalmente atrajo a los descontentos sociales y económicos. El d. provocó en el catolicismo de los ss.IV y V una alianza no característica de Africa con la Roma eclesiástica e imperial. D.F. WRIGHT

DORNER, ISAAC AUGUST (1809-1884). Teólogo luterano alemán. N. en Neuhausen ob Eck, hijo de un pastor. Fue educado en Tubinga bajo Baur y llegó a ser profesor de teología en 1838. Un año después respondió a la *Vida de Jesús* de su colega racionalista →Strauss en un tratado que fue ampliado hasta llegar a ser una obra de varios tomos. Fue sucesivamente profesor en Kiel (1839), Königsberg (1843), Bonn (1847), Gotinga (1853) y Berlín (1862). Profundamente influido por Schleiermacher, Hegel y Kant, introdujo los enfoques filosóficos de éstos en el estudio de la doctrina que él interpretó en un sentido tradicional evangélico e histórico. Se cuenta entre los más distinguidos eruditos en cristología alemanes cuya obra es todavía significativa. Fue fundador del *Jahrbücher für deutsche Theologie* y su director desde 1856. IAN SELLERS

DORT, SINODO DE. Celebrado en 1618-19 en el pueblo de Dort (Dordrecht) en los Países Bajos. Produjo los Cánones de Dort, una de las normas doctrinales de la Iglesia Reformada Holandesa. Afirma la posición calvinista ortodoxa en cuanto a la predestinación y temas conexos, y fue dirigido contra los →remonstrantes o arminianos que deseaban una declaración permitiendo algún papel para el libre albedrío humano. Arminio murió en 1609; en 1610 sus seguidores publicaron la *Remonstrance* contra la insistencia de los ortodoxos acerca de una predestinación incondicional; en 1611 una Contra-Remonstrance reiteró la posición de los ortodoxos, estallando así una amarga controversia.

Además de la predestinación, iban involucrados otros temas; los remonstrantes querían una iglesia tolerante pero bajo la supervisión del estado, cosa que los contra-remonstrantes consideraban como un ataque a la independencia de la iglesia. Para empeorar las cosas, los asuntos políticos se habían enredado con las pasiones teológicas. Después del asesinato de →Guillermo de Orange (1584) surgieron dos dirigentes para llevar adelante la lucha contra España: el hijo de Guillermo, Mauricio, el *stadhouder* y jefe militar, y Jan van Oldenbarneveldt, el estadista. Por 1609 fue concretada una tregua con España y los dos dirigentes cayeron en desacuerdo. Mauricio favorecía un fuerte gobierno centralizado para proseguir la guerra de liberación. Oldenbarneveldt, por su parte, controlando la provincia de Holanda, deseaba autonomía provincial y paz. Este último apoyaba a los remonstrantes y Mauricio, por el contrario, a los contra-remonstrantes. La lucha política fue en aumento y cuando Oldenbarneveldt reclutó una milicia provincial bajo su control, Mauricio envió un ejército y lo arrestó. (Mas tarde fue ejecutado por traición.) En este marco se reunió el Sínodo. La victoria de Mauricio significaba, entre otras cosas, que las iglesias habían elegido delegados contra-remonstrantes; los remonstrantes, que habían esperado el poderoso apoyo de Oldenbarneveldt, enfrentaban un sínodo que en bloque estaba contra ellos.

Convocado por los Estados Generales, el sínodo incluía delegados elegidos por los sínodos de varias provincias. También presentes como consejeros estaban algunos delegados de las iglesias calvinistas de Inglaterra y de Escocia (Jaime I era fuertemente anti-remonstrante) y de los estados alemanes; los calvinistas franceses fueron invitados pero Luis XIII les prohibió asistir. Los Estados Generales eligieron también a cinco profesores de teología y 18 comisionados, para dar consejo. Los delegados regulares alcanzaban a 56. El sínodo adoptó la postura de haber sido nombrado para juzgar si la posición remonstrante estaba de acuerdo con las confesiones calvinistas y citó a Episcopius y a otros dirigentes remonstrantes para que comparecieran. Pese a las protestas remonstrantes de que el tema era si las confesiones debían ser revisadas, el sínodo prosiguió. Episcopius denunció al sínodo como carente de calidad y representatividad y se negó a colaborar.

Juzgando a los remontrantes por sus escritos, entonces, no hay que sorprenderse que el sínodo haya llegado a la conclusión de que éstos no eran ortodoxos. Los cánones fueron escritos para resumir la posición ortodoxa en contra de los remonstrantes y afirmaron: la total depravación (e.d.: el hombre después de la caída no puede escoger servir a Dios), elección incondicional (la elección por parte de Dios no está condicionada por ninguna acción de escogidos); expiación limitada (Cristo murió solamente por los electos, dado que aquellos por los cuales murió son salvos), gracia irresistible (la gracia divina no puede ser rechazada por los electos) y perseverancia de los santos (una vez electo, siempre electo). Los Cánones fueron adoptados como una de las pautas de la Iglesia Reformada Holandesa.

Los ministros remonstrantes fueron expulsados de los púlpitos y sus dirigentes desterrados del país (por los Estados Generales) como perturbadores de la paz. El sínodo finalizó con un banquete el 9 de mayo de 1619 celebrando el triunfo de la ortodoxia calvinista. Oldenbarneveldt fue ejecutado poco después. DIRK JELLEMA

DOSTOIEVSKY, FIODOR (1821-1881). Escritor ruso. N. en Moscú, hijo de un médico. Fue educado como ingeniero pero muy temprano se dedicó a escribir. Su primera novela, *Pobre gente* (1846) fue muy bien considerada por los críticos debido a su penetrante estudio sicológico de los pobres. Poco después D. estuvo activo en un grupo antigubernamental socialista. Debido a esto fue arrestado y condenado a muerte, pero en el mismo lugar de la ejecución le fue concedida una suspensión de la sentencia a último momento. A cambio de ello tuvo que pasar diez años en una prisión de Siberia cumpliendo trabajos militares. Al regresar a San Petersburgo, en 1859, empezó a escribir nuevamente. *La Casa de los Muertos* (1861) ofrece un relato realista de su experiencia en la prisión. *Apuntes de la clandestinidad* (1864) es un cuadro extraordinario de un hombre alterado mentalmente. Durante un tiempo D. estuvo casi abrumado por deudas de sus juegos de azar, tensiones emocionales y ataques de epilepsia. En 1866 obtuvo amplia crítica elogiosa por su excelente novela *Crimen y castigo,* relato de profunda penetración espiritual. Durante años anduvo sin rumbo fijo por Alemania, Suiza e Italia, frecuentemente sumido en abyecta pobreza. *El idiota* (1868) y *Los demonios* (1871) contribuyeron a su prestigio como uno de los mayores novelistas rusos. Su obra maestra fue *Los Hermanos Karamazov* (1880) finalizada un año antes de su muerte. Las profundas penetraciones sicológicas de D. lo han hecho en el s.XX uno de los novelistas más influyentes y leídos. Sus obras son novelas de ideas en las que hay una brillante caracterización, situaciones de tensión dramática y lucha entre el bien y el mal. Su ortodoxia rusa se puede ver en personajes que buscan la salvación mediante el sufrimiento. PAUL M. BECHTEL

DOUAI-REIMS, BIBLIA DE. Traducción católicorromana de la Biblia al inglés. Fue llamada así porque la produjo el *English College* fundado por refugiados católicos en Douai, Francia, durante el reinado de Isabel I, siendo posteriormente esta institución trasladada a Reims y regresando a Douai en 1593. La obra fue iniciada en 1578 a instigación de William Allen, no para promover la lectura de la Biblia sino "con el objeto de contrarrestar sanamente las corrupciones mediante las cuales los herejes han engañado lamentablemente por tan largo tiempo a la mayoría de nuestros compatriotas" (e.d. por medio de las versiones protestantes).

El traductor en jefe fue Gregory Martin, un erudito de Oxford, y su cuota diaria de dos capítulos fue revisada por Allen y por Richard Bristow. Fue una traducción de la

Vulgata Latina, debido a la antigüedad de ésta y a estar libre de discrepancias visibles en los manuscritos griegos y porque el Concilio de Trento la definió como la única auténtica. Sin embargo, Martin usó el texto griego y también versiones protestantes especialmente, la versión bilingüe de Coverdale (1538). El estilo de la versión Douai-Reims era fuertemente latinizante, y en forma deliberada retuvo muchos de los términos técnicos en su forma original, p.e.: neófito, Paracleto, *sancta sanctorum*, archisinagoga. La traducción del NT apareció en 1582 y fue ampliamente usada en la preparación de la Versión del rey Jacobo (1611). El AT estuvo listo al mismo tiempo, pero no apareció hasta 1609-10 a causa de falta de fondos. Una revisión de la Biblia fue hecha por el obispo Richard Challoner en 1749-50 y nuevamente en 1763-64. Fue revisada según las fuentes hebreas y griegas en 1941 y completamente modernizada. J.G.G. NORMAN

DOXOLOGIA. Proviene de la misma raíz que "dogma", la antigua forma de *doxa*, "aquello que le parece a uno", en el s.IV a.C llegó a significar la "reputación" o "fama" de otro. La extensión a dioses o a Dios ("su fama") fue hecha en la LXX y en los papiros mágicos griegos. Tanto las formas verbales como las nominales llegaron en el período patrístico a relacionarse con el pronunciar alabanzas en general *(doxología)*. Específicamente, el *Gloria in Excelsis* (adaptado de Lucas 2:14, en las *Constituciones Apostólicas*) y en el *Gloria Patri* (una conclusión trinitaria litúrgica de los Salmos, ampliada con una contra-cláusula antiarriana) son llamadas mayor y menor, mientras que en los círculos de la Reforma Inglesa se refieren a un refrán con que se cierran tres himnos de Thomas Ken. CLYDE CURRY SMITH

DRIVER, SAMUEL R. (1846-1914). Erudito del AT. N. en Southampton; fue educado en Winchester y en Oxford, con cuya universidad estuvo relacionado durante toda su vida de trabajo y en donde sucedió a E.B. Pusey en su cátedra real de hebreo (1883-1914). Influido por el enfoque crítico de eruditos alemanes, hizo mucho por divulgar los puntos de vista de ellos en sus enseñanzas y escritos. Además de los muchos comentarios acerca de libros del AT, sus obras incluyen *Introduction to the Literature of the Old Testament* (9a. ed., 1913), *Notes on Hebrew Text and the Topography of the Book of Samuel* (2a. ed., 1913) y la coedición del *Hebrew and English Lexicon of the Old Testament* (1906). Fue miembro de la Comisión que revisó el AT inglés (1875-84).
J.D. DOUGLAS

DRUMMOND HENRY (1851-97). Escritor y evangelista escocés. N. en Stirling y estudió en la Universidad de Edimburgo. Durante su primera visita a la Gran Bretaña D.L. →Moody, lo persuadió a que suspendiera su curso teológico para cooperar con él en sus campañas evangelísticas (1873-75). Desde 1877 enseñaba las ciencias naturales en la Universidad de la →Iglesia Libre de Escocia en Glasgow y en 1883 publicó el *best seller, Natural Law in the Spiritual World*. En 1884 fue ordenado y nombrado profesor de teología en la susodicha Universidad. Influyó en muchas generaciones de estudiantes mediante su obra evangelística, no solo en su propia tierra sino también en Australia (1877) y EUA (1890). Las conferencias que dio en Boston fueron publicadas en el libro *The Ascent of Man* (1894). Su obra más renombrada fue *La cosa más grande del mundo* (1894), una meditación sobre 1 Co. 13. Durante los últimos 14 años de su vida se vio embrollado en una controversia sobre la relación entre la ciencia y la religión y acerca de la autoridad de la Biblia. Podría haber sido un destacado científico a no ser por la pasión evangelística que dominó su vida. Murió todavía joven después de una enfermedad grave de dos años.
J.W. MEIKLEJOHN

DUALISMO. Cuando esta palabra se usa con referencia a la religión, implica la doctrina de dos poderes divinos o principios que se oponen entre sí en el universo. Tales conceptos se encuentran en el zoroastrianismo y en el →maniqueísmo. En la filosofía este término describe dos constituyentes esencialmente distintas en el mundo; p.e.: la bifurcación cartesiana de la realidad en sustancia material y sustancia mental. Dentro de la teología cristiana, los nestorianos fueron acusados de d. debido a que se les atribuía enseñar la doctrina de que Jesús constaba de dos personas unidas y no verdaderamente una sola Persona. En general la palabra d. describe cualquier sistema de creencia o pensamiento que contenga dos principios opuestos.
PETER TOON

DUBOURG, ANNE (1520/21-1559). Mártir protestante francés. N. en Riom y estudió derecho, llegando a ser profesor de leyes en

Orleans (1547), recibió su doctorado (1550) en esa universidad y tuvo importantes cargos en ella. En 1558 fue miembro del Parlamento de París, pero en 1559 cayó en desgracia con Enrique II porque habiéndose vuelto protestante, dirigió un violento ataque contra la ICR y abogó por la reforma. Arrestado por la atrevida declaración de su postura, fue acusado de herejía pero, a través de apelaciones a diferentes cortes, usó todos los medios legales para eludir el castigo. Por último, sus apelaciones fueron rechazadas, fue condenado, estrangulado y reducido a cenizas. Su martirio causó mucho horror, particularmente entre los estudiantes universitarios, algunos de los cuales eran responsables por su conversión. W.S. REID

DUCHESNE, LOUIS MARIE OLIVIER (1843-1922). Arqueólogo francés e historiador eclesiástico. N. en Saint-Servan, estudió teología en Roma y cultivó interés en arqueología y en patrística bajo G.B. de Rossi, con quien editó el *Martirologio de San Jerónimo.* Fue ordenado sacerdote en 1867. Enseñó en colegios durante seis años y después fue miembro de la escuela arqueológica francesa de Roma (1874-76), supervisando trabajos en Epiro, Tesalia, el Monte Athos y Asia Menor. En 1895 regresó a la escuela y fue director, puesto que ocupó hasta su muerte. Desempeñando la cátedra de historia eclesiástica en el *Institut Catholique* de París (1877-85) renunció debido a la oposición del Instituto a sus puntos de vista acerca de la doctrina prenicena y a la fundación de una iglesia francesa. Fue miembro de la Academia Francesa desde 1910. Las publicaciones de D. incluyen *Histoire ancienne de l'Eglise chrétienne* (3 t., 1906-10); estudios sobre Macario Magnes y el *Liber Pontificalis; Les Fastes épiscopaux de l'ancienne Gaulle* (3 t., 1894-1915); y *L'Eglise au sixieme siècle* (1925). C.G. THORNE, Jr.

DUFF, ALEXANDER (1806-1878). Misionero escocés a la India. N. en Perthshire y se educó en la Universidad de San Andrés. En 1830 llegó a ser el primer misionero de la Iglesia de Escocia a la India. (El y su esposa sufrieron dos veces naufragio viajando a Calcuta.) Comprendió el valor de una firme política educativa. Por lo tanto inauguró una escuela en inglés en la cual la Biblia era el principal libro de texto pero que también ofrecía una variedad de materias de nivel universitario. Hubo cierta oposición tanto por parte de los hindúes como de sus compañeros de misión, pero contó con un poderoso aliado (en cuanto a los británicos): el gobernador general. La escuela se desarrolló en forma notable. Su falta de buena salud lo obligó a regresar en 1834 pero se recuperó lo suficiente para ver otra vez la India en 1840.

Cuando llegó la "Disrupción" en 1843 en su Iglesia, él, como la mayoría de los misioneros, dejó la iglesia oficial para formar la →Iglesia Libre de Escocia. En consecuencia la misión tuvo que renunciar a las propiedades de la India y se comenzó a levantar una nueva institución. En 1844, D. ayudó a fundar la *Calcutta Review* y fue su director desde 1845 hasta 1849 en que volvió a Escocia otra vez. Anteriormente había declinado una invitación para suceder a su antiguo profesor, Thomas Chalmers, como director y profesor de teología en el *New College,* de Edimburgo. En 1851 fue moderador de la asamblea general de su iglesia y en 1854 impresionó a sus oyentes norteamericanos y canadienses con su preocupación por las misiones. Otra disertación suya, pronunciada en una asamblea de la →Alianza Evangélica en 1855, suscitó este comentario de un amigo: "...resonó como una trompeta de condenación sobre la mundanalidad de las iglesias y convocó a la cristiandad reunida a abandonar el lujo y la pompa y a recordar a las naciones que perecen". Un período más en la India (1856-64) estuvo dedicado al progreso de la educación superior en el país y a la fundación de la Universidad de Calcuta. La mala salud lo obligó a salir de la India pero continuó hasta su muerte trabajando por la causa misionera. Desde 1867 ocupó la primera cátedra de teología evangélica en el New College de Edimburgo. J.D. DOUGLAS

DUJOBORES. Grupo de llamados cristianos espiritualistas o racionalistas surgidos en Rusia algún tiempo antes del fin del s.XVIII, cuando sus miembros primeramente parecían ser objeto de persecución. Su nombre, que quiere decir: "luchadores del espíritu", originalmente les fue dado por sus enemigos para sugerir lucha contra el Espíritu Santo, pero era tomado por los d. para designar la lucha mediante el Espíritu. Las doctrinas cristianas son consideradas por ellos como manifestadas en la naturaleza humana. La Trinidad es Luz, Vida y Paz con las cuales cada hombre puede asociarse por la Memoria, el Entendimiento y la Voluntad. La historia de Jesús simboliza el desarrollo espiritual que todos pueden experimentar. La muerte es insignificante puesto que el alma emigra. Es posible avanzar más allá de la revelación dada por Jesús, y otros pueden ser llamados "hijo de Dios". Se rechazan los actos rituales de toda clase. Los d. son pacifistas, rurales, no reconocen gobierno terrenal alguno y no desean ser propietarios. Fueron ferozmente perseguidos desde un comienzo, aunque se admitió que llevaban una vida correcta. Desterrados primero a Siberia, posteriormente a las "Aguas Lechosas" en Taúride y por último a Georgia. En todos los casos cayeron en conflicto con las autoridades. Bajo la influencia de →Tolstoy se negaron a cumplir el servicio militar. Tolstoy y los →cuáqueros ingleses (quienes tenían con ellos alguna afinidad) dieron a conocer la lastimosa condición de aquéllos e hicieron trámites para que emigraran al Canadá en 1898. También allí surgió un conflicto con las autoridades acerca de la propiedad de la tierra, el registro de los recién nacidos y los muertos, y los casamientos. En son de protesta los d. extremistas (Hijos de la Libertad) recurrieron a desfilar desnudos, incendiar y dinamitar. La mayoría llegó a un acuerdo con las autoridades, comprando sus tierras en las praderas de la Columbia Británica (Canadá). Muchos d. que permanecieron en la Unión Soviética fueron liquidados en la época de Stalin; no obstante, todavía existen en Georgia algunas aldeas. J.N. BIRDSALL

DULIA. Forma latinizada de la palabra gr. *douleía* = "servicio". Se emplea en la teología católica romana y greco-ortodoxa para designar el tipo de culto que se debe rendir a los santos. Es un culto inferior al de "hyperdulía" (del gr. *jyperdouleía* = "super-servicio" o "servicio superior") que se da a la Virgen María. El culto supremo es el de "latría" (del gr. *latreía*) el cual se rinde solo a las personas de la santísima Trinidad.

WILTON M. NELSON

DUNANT, HENRI (1828-1910). Fundador de la Cruz Roja, uno de los fundadores de la Alianza Mundial de la →Asociación Cristiana de Jóvenes e impulsor de la →Alianza Evangélica. Fue criado en una pudiente familia ginebrina (Suiza) de la Iglesia Reformada y producto del avivamiento evangélico (→REVEIL) que afectó profundamente el país a mediados del s.XIX.

Dunant fue testigo ocular de la batalla de Solferino (1859) entre Francia y Austria. Quedó horrorizado al contemplar el descuido de los 40.000 heridos. Procuró organizar algo para aliviar la situación en aquel momento, la cual dejó una honda impresión en su mente. Luego escribió un libro *(Un Souvenir de Solferino)*, el cual produjo una sensación en toda Europa. Después se esforzó para que se efectuara una convención en Ginebra para tratar con este problema, lo cual resultó en la formación de la mundialmente conocida Cruz Roja. También trabajó en pro de la emancipación de los esclavos, el desarme, y una patria para los judíos.

WILTON M. NELSON

DUNSTER, HENRY (1609-1659). Ministro y educador congregacionalista. N. en Bury, Inglaterra. Recibió educación en Cambridge, enseñó en las escuelas y se desempeñó como clérigo en su pueblo natal. Para escapar de la tiranía ejercida por la Iglesia Anglicana huyó a Massachussets en 1640 y fue inmediatamente designado como primer presidente del recién establecido Harvard College. Su reputación y administración dieron a Harvard una categoría y un carácter que continuaron a través de todo el período colonial. Aunque mal pagado, fue un benefactor del colegio. Perdió su cargo en 1654 por favorecer puntos de vista del antipedobautismo y se rehusó a bautizar a su hijito. Después de admonición al público se retiró para ser pastor en Scituate, en donde trabajó hasta su muerte. Su revisión del *Salterio Bay*, de Eliot, fue utilizada durante muchos años.

ALBERT H. FREUNDT, Jr.

DUPERRON, JACQUES DAVY (1556-1618). Arzobispo de Sens. Era hijo de un pastor de la Iglesia Reformada que había huído a Berna. D. fue a París en 1573 y se convirtió al catolicismo a través de su estudio de →Tomás de Aquino y Roberto →Belarmino. Sus extraordinarios dones pronto le hicieron obtener el favor de Enrique III. En 1591 llegó a ser obispo de Evreus y desempeñó importante papel en la conversión de Enrique IV y la reconciliación de éste con Roma. Aunque no fue un erudito original, resultó un formidable controversista, humillando a P. Duplessis →Mornay al demostrar su manejo incorrecto de los textos patrísticos acerca de la Eucaristía. Designado como cardenal en 1604, utilizó su gran talento diplomático para reconciliar a Venecia con el papado. A su regreso a Francia fue designado arzobispo de Sens y llegó a ser un importante opositor al galicanismo y también sostuvo controversias teológicas con →Jacobo I de Inglaterra. El extraordinario talento de D. estuvo dedicado sin reservas al papado y la corona francesa. IAN BREWARD

DUPLESSIS, DAVID (1905-). Dirigente del →pentecostalismo y precursor del movimiento →carismático en otras denominaciones. N. de campesinos sudafricanos de ascendencia →hugonote en una comuna cerca de Ciudad del Cabo, siendo el mayor de nueve hijos, de los cuales tres resultaron ser predicadores del evangelio. Los padres de D. habían sido expulsados de la Iglesia Reformada Holandesa por hablar en lenguas y manifestar otras características pentecostales.

A los 11 años de edad, D. se convirtió dramáticamente en medio de una tempestad, fue bautizado en Basutolandia, y a los 13 años recibió el bautismo del Espíritu Santo, adquiriendo fama en adelante como un muchacho predicador. Se sustrajo a la tradición pentecostal al buscar una educación universitaria. Luego de casarse con Anna Cornelia Jacobs, la joven pareja se dedicó al ministerio cristiano por completo.

Por medio de una visión y la palabra profética de un evangelista inglés, D. llegó temprano a saber que Dios le iba a utilizar para llevar el mensaje pentecostal a las denominaciones históricas y a los círculos →ecuménicos. Su primer contacto en este sentido fue con Juan A. →Mackay, presidente del Seminario Princeton. A los carismáticos que comenzaron a aparecer en las distintas denominaciones, D. les aconsejó permanecer en sus respectivas iglesias. D. ha tenido amplias relaciones también con líderes eclesiásticos como Willem →Visser't Hooft, el arzobispo de Canterbury Arthur Michael →Ramsey, el Cardenal →Bea, *et al.*, y asistió como observador al →Concilio Vaticano II.

Por estas actividades tan significativas para el desarrollo del actual movimiento carismático mundial, D. fue expulsado en 1962 de su propia denominación, las →Asambleas de Dios.

W. DAYTON ROBERTS

DUPLESSIS-MORNAY, PHILLIPE →MORNAY, PHILLIPE DU PLESSIS

DURERO, ALBERTO (1471-1528). Pintor, grabador y diseñador en madera. Hijo de un platero de Nuremberg, estudió en toda Europa durante sus años formativos. Teniendo cuarenta y tantos años trabajó para el emperador Maximiliano I. En su vida posterior se asoció con los literatos ricos y cultos de su tiempo; fue también amigo de Felipe →Melanchton. Profundamente impresionado por la exacta perspectiva de Mantegna y la búsqueda italiana de proporciones corporales perfectas, se esforzó por compatibilizar estas preocupaciones con el esquivo paisaje de rudeza indígena de su nativa preparación gótica. En el aspecto técnico esto condujo a un sorprendente y poderoso refinamiento del grabado en madera, porque D. utilizó todas las sutilezas posibles para el grabado al modelar la ruda sencillez de la madera. La sobrecogedora línea, la monumental complejidad pero aun así los motivos clásicos de su serie *Apocalipsis* (c.1497-98) transformaron en Europa el arte de la grabación en madera. Sus grabados más famosos también yuxtaponen motivos eruditos del humanismo y formas compuestas con curiosas e intrigantes fantasías grotescas. Tanto *La Caída del Hombre* (1504) como *Melancolía* (1514) muestran una no resuelta y aun así imponente hibridez: los estudiados elementos en los jeroglíficos y lo directo del movimiento de la Reforma estallando con la energía del Renacimiento. D. pasó años haciendo pruebas teóricas en busca de un criterio para la acción artística, experimentando con el concepto de la armonía cualitativa. Aunque quedó inconclusa la formulación de semejante estética fundamental, las musculosas figuras de los ángeles soldados, y la severa grandeza masiva en los *Cuatro Apóstoles* (1523-26) indican esa dirección. Conscientemente eligió la parte de Lutero. Su arte, sin embargo, tiene una profunda afinidad con la piedad y con el humanismo cristiano de Erasmo.

CALVIN SEERVELD

DURIE, JOHN (1596-1680). Ecumenista escocés que dedicó gran parte de su vida a la "pacificación eclesiástica". Tanto su padre como su abuelo fueron presbiterianos militantes e incurrieron en la antipatía de →Jacobo I, y D., a la edad de diez años, acompañó a su padre al exilio. Esta temprana experiencia de controversia ayudó a formar el pacificador en que se convirtió poco después de establecerse en 1624 como ministro de una congregación de ingleses y escoceses presbiterianos en Elbing, Prusia Occidental. Cuando Elbing quedó bajo gobierno sueco, solicitó ante →Gustavo Adolfo "la obtención de ayuda en este tiempo propicio para buscar una paz eclesiástica entre las Iglesias Evangélicas".

En 1634 D. aceptó ser ordenado en la Iglesia de Inglaterra. Esperaba que esto diera apoyo a sus planes para la unión de todas las iglesias protestantes. Parece que nunca dudó acerca de la pronta realización de ello, pero "era proclive a confundir sus propios sueños con las duras realidades del futuro cercano cuandoquiera que era recibido con palabras de bondad y amistad" (Westin). Sus viajes por toda Europa incluyeron una corta visita a Escocia en donde los Doctores de Aberdeen lo apoyaron calurosamente. Trató de mediar en la Guerra Civil Inglesa y participó en la →Westminster Assembly. Después de la Restauración se estableció en Cassel y allí prosiguió con sus esfuerzos en pro de la unión de las iglesias. HENRY R. SEFTON

DUSSEL, ENRIQUE (1934-). Teólogo e historiador laico católico argentino. Licenciado en filosofía en Argentina (Mendoza), se doctoró en filosofía en Madrid, en historia en la Sorbona y París y en teología en el Instituto Católico de París. Cursó estudios, además, en Münster y Maguncia (Alemania). Residió dos años en Israel, en el equipo obrero de Paul Gauthier. Fue profesor en la Facultad de Filosofía de Mendoza y actualmente lo es en la Universidad de México. Es presidente de la →Comisión de Estudio de la Historia de la Iglesia en América Latina (CEHILA).

Como historiador ha presentado una *Historia de la Iglesia en América Latina* (1969), interpretación de la historia en la línea de una →teología de la liberación. Su esbozo de una filosofía latinoamericana en la misma línea, *Para una ética de la liberación latinoamericana,* consta de tres tomos y procura unas categorías que superen las importadas de Europa, contraponiendo una "analéctica de la alteridad" (que desarrolla intuiciones de Levinas) a la dialéctica de lo absoluto hegeliana. La obra se concreta en la consideración de la relación hombre-mujer (la erótica), padre-hijos (pedagógica), hermano-hermano (política) y la totalidad-infinito (teológica). El mismo tema, en una forma más popular, se desarrolla en *Caminos de liberación latinoamericana* (Buenos Aires, 1973-75).

Otras obras de D. incluyen: *El humanismo semita* (1969), *El dualismo en la antropología de la Cristiandad* (1974), *Método para una filosofía de la liberación* (1974), *De Medellín a Puebla* (1979).

JOSE MIGUEZ BONINO

DWIGHT, TIMOTHY (1752-1817). Teólogo y educador congregacionalista. N. en Northampton, Massachusetts. Se graduó en Yale y por algunos años fue maestro antes de ser ordenado como pastor congregacionalista en Fairfield, Connecticut (1783-95). Allí se hizo famoso como educador. Se esforzó por establecer una tradición literaria estadounidense en poesía, y fue un dirigente reconocido del congregacionalismo en Connecticut. Tanto Princeton como Harvard le confirieron sendos doctorados. Desde 1795 y hasta su muerte fue presidente y profesor de teología en Yale, reformando la administración y el currículo y triplicando el número de inscritos. Un avivamiento religioso tuvo lugar bajo su predicación en el que hacia 1802 ya se había convertido un tercio de los estudiantes. Sus sermones constituyeron un moderado calvinismo o siguieron el modelo de Jonathan →Edwards en cuanto a teología y fueron póstumamente publicados como *Theology, Explained and Defended* (cinco tomos, 1818-19). Constituyó una importante fuerza conservadora en Nueva Inglaterra y ejerció poderosa influencia en el Segundo →Gran Despertamiento.

ALBERT H. FREUNDT, Jr.

DYKES, JOHN B. (1823-1876). Compositor inglés. Mientras estaba en Cambridge estudió composición bajo Walmisley. En 1849 llegó a ser director de canto en la catedral de Durham y desde 1862, vicario de St. Oswald's en Durham. Es importante debido a su tonadas para himnos, una gran cantidad de los cuales llegaron a gozar de gran popularidad, especialmente a través del *Hymns, Ancient and Modern.* Su tonada "Nicea" para el himno "Santo, Santo, Santo" y *Vox Delicti* para "Oí la voz del Salvador" son ejemplos de muchas de sus melodías que disfrutaron popularidad insuperada. Su estilo halló numerosos imitadores y, aunque fue muy criticado, poseyó notable talento para lograr melodías fáciles de recordar y cantar.

J.B. MacMILLAN

E

EADMERO (n.c.1055). Biógrafo y teólogo anglosajón. Siendo niño fue dejado en el monasterio Christchurch en donde fue criado y llegó a ser chantre. Conoció a →Anselmo debido a que, siendo éste arzobispo de Canterbury, fue *ipso facto* abad de Christchurch. E. llegó a ser secretario, capellán y compañero constante del arzobispo. Estuvo con él durante la controversia que tuvo con Guillermo II y Enrique I y compartió su exilio. Escribió dos libros sobre Anselmo: el uno *(Vita Anselmi)* trata de su vida privada y el otro *(Vita novarum in Anglia)* de sus disputas. Los libros revelan que fueron escritos por un testigo ocular. Como era de esperar, E. favorece a Anselmo en las disputas. La controversia fue olvidada después del convenio de 1107. Entre los escritos de E. también se hallan biografías de Wilifredo, obispo de York (634-704), y Dunstan, arzobispo de Canterbury (969-988). LAWRENCE FEEHAN

EASTON, BURTON SCOTT (1877-1950). Teólogo episcopal norteamericano y erudito del NT. Fue educado en las universidades de Pennsylvania y de Gotinga, y en la Escuela de divinidades de Filadelfia; enseñó NT en la Nashotah House (1905-11), en el Seminario Teológico de Chicago (1911-19) y en el Seminario Teológico General de Nueva York (1919-48). Sus obras incluyen comentarios sobre Lucas (1926) y las Pastorales (1947), y una traducción inglesa con notas de *La tradición apostólica* de →Hipólito (1934). Una colección de sus ensayos fue publicada por F.C. Grant con el título de *Early Christianity: The Purpose of the Acts and Other Papers* (1954); este contiene también una memoria y discusiones de su obra. [Se conoce en AL por su obra *El carácter de la iglesia primitiva* (esp. 1943).] W. WARD GASQUE

EBIONITAS. El nombre se deriva de una palabra hebrea que significa "pobres" (cp. Lc. 6:20). Parece claro que después de la caída de Jerusalén muchos de los sobrevivientes de Qumrán (→DIB) se unieron a la iglesia cristiana. La influencia de ellos causó una división. Algunos permanecieron ortodoxos siendo distinguidos de los cristianos gentiles por su observancia del sábado y la circuncisión. La mayoría de los e., sin embargo, exaltaban la Ley, aunque consideraban que contenía falsas perícopas, rechazaban las epístolas paulinas y consideraban a Jesús como el hijo de José y de María, pero elegido como Hijo de Dios en su bautismo al unirse con el Cristo eterno que es más elevado que los arcángeles, aunque no divino. Este Cristo había aparecido en varias formas desde Adán en adelante. Su obra fue más bien la de un maestro que la de un salvador. Del Qumrán aprendieron el dualismo, el vegetarianismo y el odio a los sacrificios. Tenían su propio evangelio, que ahora se llama el "Evangelio de los Ebionitas" el cual ha sobrevivido mayormente en las citas de Epifanio. Aparentemente fue desarrollado partiendo del "Evangelio conforme a los Hebreos" (e.d.: esencialmente Mateo). Nuestra mayor información acerca de su teología se deriva de los "Viajes de Pedro", que ha sido reconocida en las pseudo-clementinas *Homilias* y *Reconocimientos.* Junto con otros judíos cristianos tuvieron que sufrir muchísimo durante la revuelta de Bar-Kochba (132-35) debido a que no querían aceptarlo como Mesías. Gradualmente fueron debilitándose y sus últimos restos fueron barridos por la conquista musulmana de Siria. H.L. ELLISON

ECK, JOHANN (1486-1543). Erudito y orador católico. N. en Eck sobre el río Günz en

Suabia y su verdadero nombre era Johann Mayr o Maier. Es más conocido por su oposición a la postura teológica de Lutero. E. estudió en las universidades de Heidelberg, Tübinga y Friburgo y fue profesor de Ingolstadt desde 1510 hasta su muerte. Escolástico, canonista, dogmatista, humanista y dotado de excelente memoria y aptitudes como orador, defendió el catolicismo romano en sus escritos, disputas y negociaciones. Su defensa del 5% de interés en los préstamos en 1514, en oposición a las prohibiciones medievales, le valieron el favor de capitalistas como los Fuggers. En 1519 se opuso a Andreas →Carlstadt y posteriormente a Martín Lutero en el famoso Debate de →Leipzig. A él se debió mayormente la obtención de la bula *Exurge Domini,* contra Lutero (1520). En 1530 presentó 404 proposiciones contra Lutero y redactó la *Confutatio* de la Confesión de →Augsburgo. Participó en los coloquios de Hagenau (1540), →Worms (1541) y →Ratisbona (1541). Su *Enchiridion locorum communion adversus Lutherum et alias hostes ecclesiae* (aparecido en 46 impresiones entre 1525 y 1576) estaba dirigido contra Lutero, Melanchton y Zuinglio. Su anterior *De primatu Petri adversus Ludderdum* (1520) era una defensa del papado. Su traducción de la Biblia al alemán (1537) demuestra falta de originalidad.

CARL S. MEYER

ECKHART VON HOCHHEIM (Meister Eckhart) (c.1260-1327). Místico alemán. N. en Hocheim, cerca de Gotha; ingresó en la Orden Dominica y fue prior en Erfurt antes de ser el vicario de Turingia. En 1300 fue a París en donde se graduó en teología. Fue designado como provincial de Sajonia y, en 1307, vicario general de Bohemia. El período siguiente de su vida es oscuro, pero es probable que haya pasado parte de su tiempo en Estrasburgo y en Colonia. En 1326 fue acusado de herejía y, sometido a juicio por el arzobispo de Colonia, resultó convicto. Apeló al papado y algunas de sus enseñanzas fueron declaradas heréticas por →Juan XXII en 1329, dos años después de la muerte de E. Se destacó como orador; muchos de sus sermones fueron predicados en conventos de monjas.

Los escritos de E. en alemán fueron clasificados por Franz Pfeiffer (1857) en 110 sermones, 18 tratados y 60 *Sprüche* (notas breves). Desde entonces han sido halladas otras piezas y disputada la autenticidad de algunas de las anteriores. Se cuestiona todavía, tanto por parte de la alta como de la baja crítica, el grueso de sus obras. Por ejemplo: sus "tratados" son, probablemente, parte de sus sermones. Los escritos latinos son mayormente exposiciones de algunos de los libros del AT. Sus escritos lo revelan como →escolástico y místico.

Los principios de E. han sido interpretados en forma variada. Se decía que era panteísta, aunque esta acusación es generalmente rechazada. Que estaba fuertemente influido por el tomismo y el neoplatonismo es algo que puede afirmarse con considerable confianza. Diferenciaba entre Dios y la Deidad, y esto trajo discusión. En el hombre hallaba un remanente divino que él llamaba *Funck* o *Füncklein* o *Füncklein der Seele.* Su teología de la encarnación hacía de Cristo en primera instancia el punto céntrico de la humanidad y también el Redentor de ésta. En sus enseñanzas éticas alcanzó un elevado plano. Sus seguidores incluyen a Enrique →Suso y a Juan →Tauler. CARL S. MEYER

ECLECTICISMO. Procedimiento intelectual que involucra recibir influencia de varios sistemas de pensamiento de todo lo que parezca ser verdad, llamativo o apto, sin tener demasiado en cuenta el método o la coherencia sistemática. El uso de fuentes clásicas y paganas por parte de →Orígenes, es un ejemplo de e. en la teología cristiana. J.D. DOUGLAS

ECOLAMPADIO (1482-1531). Reformador alemán nativo del Palatinado. Su nombre original era Hussgen o Hauschein. Se convirtió en el principal reformador de Basilea. Brillante filólogo en latín, griego y hebreo, comenzó sus estudios de derecho en Boloña pero los cambió por teología en Heidelberg. Se colocó al principio como tutor, pero luego obtuvo una prebenda en Weinberg (1503-12). Nuevos estudios en Tubinga y Stuttgart lo llevaron a su relación con →Reuchlin y →Melanchton. En 1515 fue llamado al ministerio en Basilea, donde conoció a →Erasmo y le ayudó en la publicación del NT griego. Más tarde (1518) E. fue pastor en Augsburgo, donde las enseñanzas de Lutero lo influyeron profundamente. Luego las presiones de su trabajo hicieron que ingresara en un monasterio (1520), del cual se retiró poco después.

En 1522 aceptó el puesto de capellán en la corte de Franz von →Sickingen pero regresó a Basilea y en 1523 llegó a ser conferenciante de Sagrada Escritura en la universidad. Más tarde fue ministro en la ciudad y su influencia mediante sus conferencias y sermones llevó a establecer la Iglesia Reformada. También promovió la causa evangélica por toda Suiza mediante sus escritos y su participación en disputaciones tales como las efectuadas en Baden (1526) y en Berna (1528). Asistió al Coloquio de →Marburgo (1529) en donde defendió la enseñanza eucarística de su amigo →Zwinglio. Cuando el consejo de la ciudad de Basilea ordenó que se quitaran de las iglesias las imágenes y abolió la misa, él supervisó la tarea. También introdujo el bando y organizó una junta de ministros y laicos encargados de que la disciplina se cumpliera.

ROBERT G. CLOUSE

ECUADOR. País andino con una área geográfica de 270.670 km^2 y población de c.8.000.000 (1978). Formó parte del reino incaico que fue invadido por los conquistadores españoles capitaneados por Francisco Pizarro. Sebastián Belalcázar consumó en 1534 la obra de conquista iniciada por Pizarro. Simultáneamente se inició un intenso movimiento misionero. En 1546 se fundó la diócesis de Quito. Con el →Patronato del papa Julio II surgió una especie de teocracia, regida por los reyes de España, que duró dos siglos y medio. E. se convirtió en una colonia sumamente religiosa, si bien con un catolicismo sincretista. Quito prácticamente se transformó en un inmenso convento.

Esta situación empezó a cambiarse con la Independencia (1822). Durante los primeros años la Iglesia sufrió algunos reveses pero a mediados del s.XIX el partido conservador alcanzó el poder. Durante la administración de García Moreno se firmó un →Concordato (1863) que estableció: la religión católicorromana como la única del Estado, con la prohibición total de otros cultos; la obligación de la Iglesia de dirigir y velar por la instrucción pública; y el deber del Estado de proveer los recursos para propagar la fe católica.

Un levantamiento popular, iniciado en Guayaquil en 1895, derrocó al conservadurismo y proclamó como Jefe Supremo al liberal general Eloy Alfaro. En seguida se consiguió la tolerancia. En 1897 Alfaro logró dictar una ley que rompía el Concordato y establecía libertad de cultos.

La nueva situación hizo posible la entrada al país del protestantismo. Antes de esta fecha había habido algunos esfuerzos evangelísticos esporádicos. Diego →Thomson pasó por E. en 1824 pero, por no gozar de libertad para predicar, disimuló su trabajo como vendedor de Biblias y educador con el sistema →lancasteriano. También pasaron por E. colportores bíblicos como Lucas Matthews, G.B. Watts, Francisco →Penzotti y Andrés →Milne. Con el triunfo del liberalismo se hizo posible la entrada de misioneros protestantes, la predicación libre del evangelio y la edificación de templos.

Los evangélicos no demoraron en aprovechar de la oportunidad. En una conferencia misionera, celebrada en 1895 en Crete, Nebraska (EUA), se señaló que E. era el único país en AL donde no había obra evangélica. Tres jóvenes quedaron tan impresionados que se ofrecieron para llevar el mensaje a este país. Bajo los auspicios de la recién fundada Unión Evangélica (conocida más tarde como la →Unión Misionera Evangélica), Jorge Fisher, J.A. Strain y F.W. Farnol viajaron a E. y en julio de 1896 llegaron a la isla de Puná. Conocieron al presidente Alfaro y pronto consiguieron su apoyo.

A fines de 1896 llegaron Carlos Chapman y Carlos Polk, procedentes de EUA, y Zabulón Yates de Jamaica, seguidos en 1897 por Homero Crisman, Guillermo Reed y Eduardo Tarbox. Con estos últimos se inició la labor de la →Alianza Cristiana y Misionera, la cual trabajó en cooperación con la Unión Misionera hasta 1912. No tardaron mucho en iniciar obra entre los indígenas. En 1902 Julia Anderson se instaló en Caliata, Chimborazo, entre los quichuas y tradujo el NT a ese idioma.

Hasta la década de los 40, la Unión Misionera y la Alianza eran las únicas misiones evangélicas que trabajaban en el país, con dos excepciones. En 1904 ingresó a E. el primer grupo de misioneros adventistas, los cuales se dedicaron a la evangelización y la creación de escuelas y clínicas. En 1931 Clarence Jones y Rubén Larson fundaron la radioemisora HCJB, "La Voz de los Andes", en Quito, con miras a la evangelización global. Pero la emisora también inició una obra nacional que ha penetrado a fondo en todos los niveles del país. HCJB se situó así en el centro de la historia de la evangelización de Ecuador. En 1955 inauguró el Hospital Vozandes.

En la década de los 40 empezaron a entrar nuevas misiones como la Luterana (1942), la Asociación de Iglesias Misioneras y la Misión Andina Indígena (1945), la Iglesia del Pacto (1947) y los Hermanos Libres (1946). En 1956 cinco jóvenes misioneros murieron como mártires en el Río Curaray. De ellos tres eran de los Hermanos Libres. Esta tragedia produjo un avivamiento misionero.

En el período de 1950-80 siguieron multiplicándose las organizaciones misioneras, especialmente las pentecostales, de modo que en 1979 había más de 50 entidades protestantes en el país.

Sin embargo también nacían organismos ecuménicos como la Confraternidad Evangélica Ecuatoriana (1964), la Unión de Mujeres Evangélicas Ecuatorianas (1968) y Asociación Misionera Evangélica Ecuatoriana (1968) con miras a promover las relaciones fraternales y la cooperación entre el pueblo evangélico. El clímax de la actividad evangelística se alcanza en 1969 con el programa de →Evangelismo a Fondo que movilizó a casi toda la Iglesia Evangélica de E. y usó todos los recursos existentes para producir un impacto sin precedentes.

Al finalizar la década de los 70 había en E. más de 650 iglesias evangélicas, pero menos de 100 pastores nacionales. La membresía había sobrepasado los 60.000. (La comunidad evangélica sería el triple de esa cifra.) Tomando en cuenta el hecho de que había unos 1.000 misioneros extranjeros, la población evangélica es muy pequeña en relación con la población del país.

En Quito algunos grupos comienzan a preocuparse por buscar una pastoral más eficaz y pertinente, como el "Grupo de Reflexión Pastoral"; las Iglesias Evangélicas Independientes se organizan en julio de 1979 en busca de una unidad de acción en la evangelización; se forma el "cuerpo de pastores" y se planifica una evangelización más personal y encarnada en la realidad nacional.

RODRIGO ZAPATA A.
y ENRIQUE GUANG T.

ECUMENICO, MOVIMIENTO. "Ecuménico" es la transcripción de la palabra gr. *oikoumenikós,* la forma adjetival de *oikouméne* = "el mundo habitado". En sí quiere decir "mundial" y vino a significar "de carácter general" o "universal".

Empezó a usarse en sentido eclesiástico en el s.IV para distinguir los concilios de toda la Iglesia (Nicea, Constantinopla, etc.) de los concilios regionales. La palabra era casi desconocida para los protestantes hasta hace un siglo, y con razón, dada la condición fraccionada de estos. No obstante varios fundadores de la →Alianza Evangélica (1846) la usaron. En 1881 se celebró una "Conferencia Metodista Ecuménica" y la gran convención misionera celebrada en Nueva York en 1900 se llamó "Conferencia Misionera Ecuménica", ya que el plan de obra misionera "cubre todas las tierras del *mundo habitado*". Muy pronto después de iniciarse lo que ahora llamamos el "movimiento ecuménico", el uso de la palabra fue impulsado por hombres como →Söderblom y →Mackay y hoy es una de las palabras más comunes en el vocabulario del mundo teológico.

El m.e. moderno nació en el mundo protestante debido a la preocupación que sentían algunos líderes eclesiásticos ante el creciente fraccionamiento de las filas protestantes, frente a la enseñanza bíblica de la unidad del Cuerpo de Cristo. Esfuerzos para remediar esta situación empezaron a manifestarse de diferentes maneras.

En primer lugar surgieron organizaciones interdenominacionales de servicio cristiano como sociedades misioneras, sociedades bíblicas, sociedades de tratados, movimientos juveniles (v.g. →Escuela Dominical, →Asociación Cristiana de Jóvenes, Sociedad de →Esfuerzo Cristiano).

La tendencia ecumenista se manifestó también en la formación de alianzas denominacionales como la Conferencia →Lambeth de los anglicanos y episcopales (1867), →Alianza Mundial de Iglesias Reformadas (1875), Concilio Metodista Mundial (1881), →Alianza Bautista Mundial (1905), Concilio Mundial de →Amigos (1920), →Federación Mundial de Luteranos (1923), Conferencia Menonita Mundial (1925), Convención Mundial de los →Discípulos de Cristo (1930), Conferencia Mundial Pentecostal (1947).

Otra expresión ha sido la formación de uniones denominacionales, fenómeno que empezó a manifestarse a principios del s.XIX y continúa a paso acelerado. Mencionamos algunas: La Iglesia Evangélica Alemana (la unión de la Iglesia Reformada y muchas iglesias luteranas iniciada en 1817 y terminada en 1948), la Iglesia de →Escocia (la unión de las diversas iglesias presbiterianas iniciada en 1847 y terminada en 1929), la Iglesia Unida de →Canadá (1925), la Iglesia de Cristo en la →China (formada de 16 diferentes grupos en 1927), la Iglesia Evangélica Unida de →Puerto Rico (1931), la Iglesia Evangélica Peruana (1938), la Iglesia de Cristo en →Japón (1941), la Iglesia de la →India del Sur (1947), la →Iglesia Unida en Cristo (la unión de dos uniones anteriores en 1958), Iglesia Metodista Unida (1968), *et al.* De 1925 a 1966 se unieron 131 denominaciones para formar 42.

Sin embargo lo triste del caso es que constantemente surgen nuevas denominaciones de modo que, a pesar de tantas uniones, el número de denominaciones no mengua sino sigue aumentando, especialmente en los EUA en donde la fragmentación ha llegado a su colmo.

Otra manifestación de e. ha sido la formación de concilios que incluyen iglesias de todo tipo. Durante la primera mitad del s.XX surgieron en todas partes concilios municipales (a veces asociaciones ministeriales), regionales y nacionales. El Concilio Evangélico de Puerto Rico, organizado en 1905, fue pionero. En 1961 había 16→concilios nacionales en América Latina. Otros ejemplos son: el Concilio General de Misiones en Corea (1905), Concilio Federal de Iglesias de Cristo en EUA (1908) que después se cambió en Concilio Nacional de Iglesias (1950), Concilio Británico de Iglesias (1942), Concilio Canadiense de Iglesias (1944).

La manifestación principal del e. en el mundo protestante ha sido la formación del →Consejo Mundial de Iglesias (CMI). Precursora del CMI fue la →Alianza Evangélica, la expresión ecuménica máxima de los protestantes del s.XIX. Esta, sin embargo, no promovía una unidad orgánica sino espiritual. Se componía no de denominaciones sino de personas. Esta diferencia era quizás su punto fuerte y a la vez débil, débil porque la dejó sin consistencia. A principios del s.XX la Alianza había perdido mucho de la fuerza que una vez había tenido.

El CMI tuvo sus raíces en el movimiento misionero. El deseo de alcanzar con el evangelio al mundo pagano motivó la celebración de convenciones interdenominacionales y la formación de concilios (→CONFERENCIAS MISIONERAS). De la Conferencia Misionera de →Edimburgo arrancó el m.e. moderno. En ella tuvieron sus raíces los movimientos de →"Fe y Orden" (1927) y →"Vida y Obra" (1925), los cuales cooperaron para formar el CMI en Utrecht (1938), el cual celebró su primera asamblea en →Amsterdam (1948).

Hasta la década de los '50 el e. se conceptuaba como movimiento limitado a la familia protestante. Pero en esta década el movimiento empezó a trascender este límite y extenderse a la ICR que antes había estado casi totalmente resistente al e., gracias principalmente a su creencia que *extra Ecclesiam Cathólicam* [*Romanam*] *nulla salus.*

Sucedió que en la década de los '50 empezaron a florecer el movimiento bíblico y el movimiento litúrgico (→RENOVACION CATOLICA) y, sobre todo, ascendió a la silla papal →Juan XXIII quien pronto convocó el Concilio →Vaticano II (1962-64). Todos estos factores, a los cuales debemos agregar el movimiento carismático, han cooperado para efectuar un cambio radical de las relaciones entre protestantes y católicos. Se ha ido terminando la guerra fría y crónica entre los dos grupos y se ha iniciado una época de relaciones ecuménicas en casi todos los niveles. Indicio de lo que ha sucedido es el hecho de que en 1974 en unos 20 países, Iglesias Católicas ya eran miembros plenos de los concilios nacionales que antes eran exclusivamente protestantes.

Por otro lado, a fines de la década de los '60 menguaba el entusiasmo por el e., especialmente el e. estructurado, entre las iglesias protestantes. Esto puede atribuirse al creciente interés en la teología de →secularización, la cual tiene poco interés en la eclesiología formal.

Consideraciones finales: Todo cristiano consciente reconoce que debe haber unidad entre los cristianos. Pero existen dos problemas grandes en cuanto a su realización:

¿Cuál debe ser la base de nuestra unidad? ¿Unidos en cuanto a qué y con quiénes? ¿Debe haber una base teológica para esta unidad o se debe echar a un lado todas las diferencias teológicas en bien de la unidad? Si no, ¿cuál debe ser el mínimo irreducible? Las Escrituras, si bien exhortan a la unidad, también a veces ordenan la separación (2 Tes. 3:6, 14, 15; 1 Ti. 6:3-5; 2 Ti. 3:5; 2 Jn. 10).

¿Cuál debe ser la naturaleza de la unidad? ¿Solo de carácter espiritual y funcional: respeto mutuo, reuniones conjuntas, intercambios de púlpito, y esfuerzos cooperativos? O ¿debe manifestarse formal y estructuralmente? En tal caso, ¿qué forma o qué estructura debe tener: alianza, consejo, federación o unión y fusión orgánica?

WILTON M. NELSON

ECUMENICOS, CONCILIOS. Concilios que representan a toda la iglesia. Son llamados ecuménicos debido a la palabra griega *oikoumene* = "mundo habitado". La ICR reconoce 21 concilios como ecuménicos. Conforme a la ley canónica, un concilio ecuménico tiene que haber sido convocado por el papa y todos los obispos diocesanos tienen que haber sido invitados. Sus decretos son obligatorios solo mediante ratificación papal y las reglas del papado no pueden apelarse ante un concilio. Aunque en la moderna teología católica los concilios son considerados como subordinados ante el papado, no siempre fue así.

Los c.e. se originaron en el Imperio Romano cristiano, y los primeros fueron convocados por los emperadores que llamaban a los obispos, pagaban sus gastos y daban a sus decisiones un carácter obligatorio. Que un c. fuera aceptado como ecuménico o como carente de este carácter, era algo finalmente basado en el posterior reconocimiento de la iglesia más que en sus verdaderas características. Algunos c. que se consideraban a sí mismos como ecuménicos, no fueron posteriormente incluídos en la lista de c.e. Otros, como el de Constantinopla (381), que fue celebrado sin conocimiento del obispo de Roma y que incluía solamente obispos orientales, fueron posteriormente aceptados como ecuménicos aunque no concuerdan con la moderna definición.

Hay poco acuerdo entre los cristianos en cuanto al número de c.e. Algunas iglesias aceptan solamente los primeros tres (las Iglesias Copta, Armenia y Siria). La Iglesia Ortodoxa Oriental y muchos protestantes reconocen los primeros siete, mientras que Lutero consideraba que solamente los primeros cuatro fueron ecuménicos. Lutero creía que las decisiones de los concilios no eran infalibles dado que no estaban subordinadas a la Palabra de Dios; sin embargo, si aquellas decisiones se encontraban en armonía con la Palabra de Dios, merecían respeto dado que se trataba de la expresión de la comunidad de creyentes guiada por el Espíritu Santo. Por consiguiente, respetaba las decisiones de los primeros concilios pero rechazaba las promulgadas en los concilios medievales porque creía que éstas habían introducido supersticiones y errores en la enseñanza cristiana. Los concilios considerados como ecuménicos por la ICR pueden dividirse en cuatro grupos:

(1) Los primeros ocho, que fueron convocados por emperadores y normalmente contaron con representaciones tanto del Oriente como del Occidente: Nicea I (325); Constantinopla I (381); Efeso (431); Calcedonia (451); Constantinopla II (553); Constantinopla III (680-81); Nicea II (787); Constantinopla IV (869-70).

(2) Los siete concilios medievales que fueron convocados y controlados por el papado: Lateranese I (1123); Lateranense II (1139); Lateranense III (1179); Lateranense IV (1215); Lyón I (1245); Lyón II (1274); Viena (1311-12).

(3) Tres concilios a fines de la Edad Media que se celebraron durante el período en que el movimiento conciliar estaba desafiando al poder del papado y que fueron testigos tanto del éxito del movimiento al comienzo como de su derrota final: Constanza (1414-18); Basilea-Ferrara-Florencia (1431-37); Lateranense V (1512-17).

(4) Los últimos tres concilios que fueron todos convocados por papas y que, por lo tanto, se adaptan mejor a las características descritas por la moderna teología católica: Trento (1545-63); Vaticano I (1869-70); Vaticano II (1962-65). RUDOLPH HEINZE

ECUMENISMO EVANGELICO →ASAMBLEAS ECUMENICAS EVANGELICAS; CCAL

EDAD MEDIA. Término con que generalmente se designa el período de la historia europea que va de la caída de Roma a la Reforma protestante. El centro de la vida durante este milenio fue la ICR, hasta el punto de que el mundo medieval occidental fue un Estado-Iglesia. Emperadores y reyes recibían su privilegio de manos de la iglesia y la sociedad feudal era una interminable gradación de homenajes de fidelidad entre señores y vasallos, y todos ellos eran en fin de cuentas vasallos de la iglesia. Las ciudades se levantaban en torno a la sede (catedral) arzobispal, y por doquier en los monasterios se escribía teología y se rogaba por el alma de los hombres. No solo el gobierno era teocrático sino que los intereses de los hombres, ya fuesen el arte, la música, la educación o la economía, estaban enraizados en la iglesia. La arquitectura era eclesiástica y alcanzó inigualada perfección; y los estudios universitarios empezaban con teología y derecho canónico.

Para quienes acuñaron el término, la Edad Media injustamente significaba una época de barbarie, ignorancia y superstición; pero los historiadores desde hace un tiempo han dividido ese período en tercios muy prácticos: temprana, alta y baja. "Temprana" se aplica al derrumbamiento de la civilización romana (476-700), cuando nuevamente los bárbaros se abren paso. En la alta, o período gótico, se produjo la reconstrucción y floreció una nueva civilización; pero alrededor de 1300 había sobrevenido la declinación y el período tardío trajo cambios que a su vez eran preparatorios. C.G. THORNE, Jr.

EDDY, MARY BAKER (1821-1910). Fundadora de la →Ciencia Cristiana. N. en una familia perteneciente a la Iglesia Congregacionalista, en una granja cercana a Concord, New Hampshire. Desde su infancia fue víctima de ataques de histeria convulsiva; aun como niña ya crecida tenía que ser acunada para dormir en una cuna hecha por su padre.

Su primer esposo se casó con ella "con cuna y todo". Era sumamente sensible, intensamente religiosa, veía a Dios en todas partes. Criada en la Confesión de Westminster, fue aceptada bajo confesión de fe a la edad de doce años por la iglesia de su padre, pese a rechazar ella la predestinación de Westminster. A los 22 años se casó con un ladrillero que falleció un año después. Diez años más tarde se casó con un dentista ambulante que la abandonó debido a los "ataques" de ella. En 1862 E. visitó al "Doctor" Phineas Quimby, un herrero ignorante y no religioso que practicaba el hipnotismo y que la dejó libre de sus muchos años de sufrimiento. Impresionada por sus curaciones a través del uso de la mente, E. combinó el "quimbyismo" con su propio concepto del cristianismo y dio así origen a su Ciencia Divina de la curación, que ella aseguraba que era producto de la revelación directa por parte de Dios. Afirmaba que su libro *Science and Health,* con una clave de las Escrituras, había sido dictado por Dios, aunque ella había contratado a un clérigo para que corrigiera su defectuosa gramática. Estaba tan llena del Espíritu, según ella misma explicaba, que su gramática había sido eclipsada.

En 1877 se casó con Asa Gilbert Eddy, hombre de poca salud a quien ella sanó. Eddy también a su debido tiempo la dejó viuda, pero ella retuvo el nombre de él. Convocó a un médico antes de morir su esposo, explicando posteriormente que la muerte le había sido causada por "arsénico administrado mentalmente". Después de este fallecimiento, esta notable viuda de 61 años, alcanzó la fama, la opulencia y fundó su propia iglesia. Falleció a los 89 años, después de sufrir un prolongado período de soledad y de terror mortal temiendo que enemigos estuvieran inyectando algún arsénico mental en su mente. JAMES DAANE

EDERSHEIM, ALFRED (1825-1889). Erudito bíblico. N. en Viena de padres judíos. Ingresó en la Universidad de Viena en 1841, pero tuvo que dejarla después de unos pocos meses debido a la enfermedad de su padre. Poco después experimentó la influencia del presbiteriano escocés, John Duncan, capellán de los obreros en el puente sobre el Danubio en Pesth. E. acompañó a Duncan a Escocia y se enroló como estudiante en el New College, de Edimburgo y, posteriormente, en la Universidad de Berlín. En 1846 ingresó en el ministerio presbiteriano y se desempeñó como misionero entre los judíos en Jassy, Rumania. Tres años más tarde fue instalado como ministro de la →Iglesia Libre en Aberdeen antigua. En 1861 fue edificada para él en Torquay la Iglesia de San Andrés (presbiteriana). En 1875 recibió las órdenes de la Iglesia de Inglaterra y posteriormente fue vicario en Loders, Dorset (1876-82). De sus escritos el más leído fue *Life and Times of Jesus the Messiah* (1883-90). WAYNE DETZLER

EDICTO DE MILAN →MILAN, EDICTO DE

EDICTO DE NANTES →NANTES, EDICTO DE

EDIMBURGO, CONFERENCIA (1937). Se reunió como la segunda Conferencia de Fe y Orden siguiendo a la primera conferencia de →Lausana de 1927. Comprendió a 504 delegados que representaban a 123 iglesias. Las discusiones sostenidas entre ambas conferencias se convirtieron en la base de los cuatro informes más importantes estudiados en Edimburgo: la Doctrina de la Gracia, el Ministerio y los Sacramentos, la Iglesia de Cristo y la Palabra de Dios, la Unidad de Iglesia en la Vida y en el Culto. Aunque hubo acuerdo entre los delegados en amplias áreas, no se hizo intento alguno para ocultar los desacuerdos y se establecieron estudios más amplios de los mismos. Fue tan grande el acuerdo alcanzado al discutirse sobre "la gracia de nuestro Señor" que el informe declaró: "En relación con esta materia no hay fundamento alguno para mantener la división entre las iglesias". No se pudo lograr consenso acerca de los medios de gracia y su adecuado ordenamiento, y la Comunión de los Santos. La autoridad de la Iglesia para interpretar las Escrituras reveló diferentes convicciones. El informe sobre el ministerio resultó el más difícil de todos, siendo el episcopado el centro del desacuerdo. La raíz de las diferencias residía en conceptos divergentes con referencia a la naturaleza de la iglesia. Fue aprobada la propuesta de un informe acerca de la unidad de la iglesia para que fuese formado un Concilio Mundial de Iglesias. Se publicó una declaración referente a la unidad de aquellos que confiesan su lealtad a Cristo como Cabeza de la Iglesia.
JAMES TAYLOR

EDIMBURGO, CONFERENCIA MISIONERA DE (1910). Esta asamblea que duró diez días fue importante por su carácter representativo, por sus dirigentes, por la amplitud de sus discusiones y por sus resultados. Las anteriores conferencias sobre la tarea misionera de la iglesia habían sido de carácter no denominacional, pero ésta fue interdenominacional. Todas las iglesias, excepto la ICR, estuvieron representadas. Los →anglo-católicos insistieron en que Sud América, que ellos consideraban como católicorromana, fuera omitida de la agenda, y que asuntos de doctrina y de política eclesiástica no deberían considerarse pues se trataba de cosas de las respectivas iglesias. Hubo 1.355 delegados y los lugares fueron otorgados teniendo en cuenta los ingresos de las sociedades misioneras. Menos de veinte delegados procedieron de las "iglesias jóvenes". El presidente fue John R. →Mott y el secretario J.H. →Oldham.

Las discusiones versaron sobre los informes de ocho comisiones de preparación: (1) Llevando el evangelio a todo el mundo no cristiano; (2) la iglesia en el campo misionero; (3) la educación en referencia con la cristianización de la vida nacional; (4) el mensaje misionero con relación a una religión no cristiana; (5) la preparación de los misioneros; (6) la base doméstica de las misiones; (7) las misiones y los gobiernos; (8) cooperación y promoción de la unidad.

Durante esta reunión se hizo evidente la necesidad de un cuerpo representativo permanente capaz de coordinar la cooperación misionera y de dirigirse a los gobiernos. Por unanimidad fue aprobada la única resolución de la Conferencia que fue la siguiente: que fuese designada una comisión de continuación con personal dedicado exclusivamente a esa tarea. El comité de continuación fue la primera organización representativa, interdenominacional que haya sido formada y, junto con la conferencia que lo originó, es considerada como el comienzo del moderno movimiento ecuménico. J.R. Mott comenzó su discurso final con estas palabras: "El fin de la Conferencia es el principio de la conquista. El fin del proyectar es el comienzo del hacer". JAMES TAYLOR

EDITORIALES EVANGELICAS →LITERATURA EVANGELICA EN AMERICA LATINA

EDUARDO VI (1537-1553). Rey de Inglaterra. Hijo de →Enrique VIII y Juana Seymour, reinó durante seis años y tenía solamente dieciséis cuando murió. Físicamente frágil, inteligente y sincero, era ingenuo e inevitablemente fue instrumento en manos de consejeros, especialmente el conde de Northumberland, cuya motivación no era en manera alguna religiosa. Con exacerbado encarnizamiento, hoy difícil de imaginar, la Europa de su tiempo discutía con palabras y torturas acerca del misterio de los sacramentos. Inglaterra, bajo Enrique VIII, había rechazado la autoridad del papa pero reteniendo el dogma medieval. El reinado de E. fue testigo de decisivos movimientos en dirección al protestantismo. Fue abrogada la mayor parte de la legislación contraria a la herejía e Inglaterra se convirtió en refugio de perseguidos. Las biblias inglesas fueron libremente impresas. El →*Libro de Oración* de 1552, yendo más lejos que la ya fuertemente protestante versión de 1549, estableció que los sacramentos eran esencialmente un acto recordativo. Los Cuarenta y Dos Artículos de 1553 codificaron en términos irénicos éstos y otros cambios.

Pese a sus inevitables limitaciones, E. fue un sincero cristiano. Durante su reinado hubo pocas ejecuciones. María, su hermanastra, hacía decir misa y tenía su propio capellán. El obispo católicorromano Stephen Gardiner, aunque encarcelado y privado de su sede, pudo escribir seis volúmenes de controversia teológica. P.W. PETTY

EDUCACION CRISTIANA. La e.c. tiene sus raíces en las Escrituras. Desde el principio la religión de la Biblia ha estado estrechamente vinculada con la enseñanza. La responsabilidad paterna por la juventud, la dignidad suprema de la persona, la obligación de desarrollar las capacidades del individuo, la necesidad de la alfabetización, el poder motivador del amor, la unidad de toda la verdad en Dios, estos y otros principios básicos en la e.c. tienen raíces bíblicas. El cristianismo es por excelencia una religión docente. La historia de su desarrollo es una historia de la educación.

Primer siglo. Al fundador de la fe cristiana se le reconoce como el mayor de todos los maestros. En su ministerio hubo solo una cosa superior a la enseñanza: su obra redentora. En la "gran comisión" (Mt. 28:18-20) ordenó a sus seguidores a "hacer discípulos a todas las naciones".

Las primeras iglesias cristianas se reunían en casas particulares (Ro. 16:3-5; 1 Co. 16:19; Col. 4:15; Fil. 2). Sin duda alguna podemos afirmar que los padres cristianos educaban a sus hijos y, en sus reuniones, las iglesias cumplían una función docente tanto como cultural, como es evidente por las referencias a los "pastores y maestros" en la lista de los dones del Espíritu Santo y en otras alusiones que Pablo hace en sus epístolas (Ef. 4:11; Ro. 12:7; 1 Ti. 3:2; 2 Ti. 2:2). Hay dos elementos en el NT que tienen un gran significado hasta hoy: el *kerygma* (la proclamación del evangelio de Jesucristo) y la *didajé* (la enseñanza moral y social basada en esa proclamación). Estos elementos están relacionados orgánicamente: el *kerygma* provee la motivación dinámica para la *didajé,* siendo el mismo una forma de enseñanza. Es evidente que la e.c., si bien no se realizaba en escuelas formales, se llevaba a cabo en la iglesia del s.I. Sin la constante fidelidad para proclamar el evangelio y enseñar la Palabra, la naciente iglesia no habría crecido.

Edad patrística. Al extenderse el cristianismo, empezaron a elaborarse patrones de educación más formal. En la primera parte del s.II surgió el catecumenado (→CATECUMENOS) para la preparación de los adultos para el bautismo e ingreso a la iglesia. A pesar de las persecuciones (antes del reinado de →Constantino) la práctica del catecumenado continuó (en algunos lugares hasta el s.V o el VI).

Una de las primeras escuelas cristianas formales se fundó en Alejandría c.190 (→ALEJANDRINA, TEOLOGIA). Luego surgieron otras en Cesarea, Antioquía, Edesa y Nisibis. En las escuelas catequéticas no solo se daba una instrucción cabal en las Escrituras sino que también se podía estudiar la filosofía griega (excepto el →epicureísmo), literatura, gramática, retórica, ciencia y otras disciplinas. Así se inició en el orden educativo la relación entre el cristianismo y la cultura clásica. El propio →Agustín afirmó: "Todo cristiano fiel y verdadero debe entender que la verdad, dondequiera que se halle, es del Señor". Pero otros pensadores cristianos repudiaban la cultura clásica, como →Tertuliano que razonaba de la manera siguiente: "¿Qué tiene que ver Atenas con Jerusalén?... No nos interesa la discusión curiosa una vez que poseemos a Jesús". Acerca de la literatura latina →Jerónimo opinaba, "¿Cómo puede Horacio congeniar con el Salterio, Virgilio con los Evangelios y Cicerón con el Apóstol?"

Durante la *"Epoca de Oscuridad"* (s.V al IX), la relación entre el cristianismo y la cultura clásica fue más tenue pero no se perdió del todo. Debido a las invasiones de los bárbaros, decayeron las escuelas públicas de gramática y retórica tan comunes en el Imperio Romano. Por el s.VI ya casi habían desaparecido. La iglesia, que ahora desconfiaba de la sabiduría pagana, empezó a llenar el vacío y, durante los siguientes mil años o más, dominó la educación. Para el pueblo común la cultura prácticamente se eclipsó durante esta época. No obstante, la cultura florecía en algunos monasterios, especialmente en Irlanda, donde desde el s.VI hasta el VIII hubo un verdadero resurgimiento intelectual. Además, después de la desaparición de las escuelas públicas de gramática y retórica, los obispos establecieron escuelas para la preparación del clero. En estas empezaron a enseñar gramática tanto como teología y, con el correr del tiempo, también algunos laicos empezaron a asistir. Parece que tales escuelas surgieron primero en Inglaterra. Sin embargo, en cuanto se refiere al pueblo común, la educación casi no existía. Por este tiempo algunos reyes comenzaron a promover la educación. El más destacado en esto fue →Carlomagno (742-814) quien hizo ministro de educación a →Alcuino, director de la escuela de York en Inglaterra.

En la *Epoca del escolasticismo* (desde el s.IX al XIV), se redescubrió la filosofía griega, especialmente la de →Aristóteles. En el apogeo del escolasticismo →Tomás de Aquino reconcilió en su *Summa Theologiae* la filosofía aristotélica con la fe cristiana. Con el escolasticismo surgieron las primeras universidades (hacia los fines del s.XII) como las de Bolonia, París, Oxford y, más tarde, Cambridge. Europa salía de la "Epoca de Oscuridad".

Con la *Reforma Protestante* nació un nuevo día para la educación. Dos de sus principios (la autoridad plena de las Escrituras y el sacerdocio universal de los creyentes) sirvieron como elemento catalizador de movimientos que cambiaron el rostro de la educación. El primer principio hizo la educación obligatoria para que todos pudieran leer las Escrituras. El segundo transfirió la responsabilidad de la educación de la jerarquía sacerdotal al pueblo. Lutero, Calvino, Melanchton y otros reformadores eran eruditos de primera categoría y comprendían la importancia de la e.c. La formación de Lutero era más medioeval que humanista (en el sentido renacentista). Pero cooperaba muy de cerca con el humanista cristiano, Melanchton, quien no solo "proveyó el fundamento del sistema escolar evangélico de Alemania" sino que también "puso en el programa de estudios de las escuelas aquellas materias que más contribuirían a una mayor comprensión de las Escrituras" (Manschreck). Su idea de poner el plan de estudios en correlación con las Escrituras revela el esfuerzo de integrar la fe bíblica con la cultura, lo que ha llegado a ser también la preocupación principal de los educadores evangélicos de nuestros días.

Los efectos de la Reforma sobre la educación se extendieron más allá de Alemania: a Suiza, Escandinavia, Inglaterra y otras tierras. También desde Ginebra la poderosa influencia de Calvino se extendió a Francia, los Países Bajos y Escocia, provocando la creación de muchas escuelas cristianas. En Inglaterra el humanismo cristiano de hombres como Grocyn, Linacre, Erasmo, Colet y Ascham había afectado profundamente la educación y, cuando Inglaterra y sus escuelas y universidades se volvieron protestantes, esta influencia continuó. En el s.XVII la fe reformada influyó en la educación inglesa por medio del puritanismo.

En →Comenio, "el fundador de la teoría de la educación moderna", la Reforma produjo algunos de sus frutos más duraderos. Este obispo moravo, que era cristiano evangélico, "está en la línea directa de la sucesión de Lutero" (William Boyd). Para él la Biblia era la autoridad suprema y la norma de todo conocimiento. Hay en la enseñanza de Comenio elementos que se relacionan con el énfasis moderno de la filosofía cristiana de la educación sobre la unidad de toda la verdad en Dios. Debe notarse que la Reforma Protestante también influyó en la educación catolicorromana como puede verse en las medidas que tomó el Concilio de →Trento en cuanto a la educación. →Ignacio de Loyola y sus seguidores incorporaron en las escuelas jesuitas ideas tomadas de Ginebra y Estrasburgo.

Período Moderno. Con la fundación de las colonias norteamericanas en el s.XVII, el impulso que la Reforma había dado a la educación llegó al Nuevo Mundo. Allí fue fuerte la influencia de Calvino mediante los puritanos ingleses y por las colonias holandesas. Los anglicanos, que igualmente influyeron en la educación, también habían recibido el influjo del calvinismo. Hasta a finales del s.XVIII todas las escuelas y universidades norteamericanas, excepto la Universidad de Pennsylvania, tenían sus raíces en el cristianismo evangélico; también muchas de las que nacieron en el s.XIX. En general puede decirse que casi toda la educación en el mundo occidental, desde sus inicios hasta el s.XIX, era cristiana de una u otra manera.

Pero con el surgimiento del racionalismo y la →Ilustración Francesa a finales del s.XVIII, se inició un giro hacia el secularismo. Las raíces de la democracia norteamericana están no solo en el calvinismo sino también en el →deísmo (v.g. el pensamiento de Franklin y Jefferson). Allí se planteó el principio de la separación entre la Iglesia y el Estado (establecida ya en la primera enmienda de la Constitución). Este principio condujo gradualmente a la exclusión de toda instrucción y práctica religiosa de las escuelas públicas, según decisiones de la Corte Suprema de Justicia.

Por otro lado las escuelas y universidades particulares siguen floreciendo en EUA y se les permite ofrecer programas completos de e.c., con tal que mantengan los niveles académicos establecidos por las respectivas leyes. Si a la larga puede o no preservarse estrictamente la separación entre el Estado y la Iglesia es cosa dudosa, ya que el aumento de costos presiona a las escuelas particulares (especialmente las catolicorromanas) a pedir ayuda financiera al Estado. No obstante en Inglaterra, Escocia y otros países donde hay iglesias oficiales, alguna enseñanza cristiana continúa impartiéndose en las escuelas públicas. Pero también allí soplan los vientos del secularismo.

La Escuela Dominical. En la historia de la e.c. la →Escuela Dominical representa un factor relativamente nuevo. El movimiento comenzó con Roberto →Raikes en Gran Bretaña donde avanzó rápidamente. A los pocos años se había extendido a Norteamérica. Hasta más o menos 1815 asistían a estas escuelas, en los EUA, mayormente niños pobres. El fin de las escuelas no era únicamente religioso, pues buscaban acabar con el analfabetismo. Después de esta fecha la E.D. llegó a ser el brazo educativo de las iglesias protestantes evangélicas. Se redujo el tiempo de las clases. Los maestros ya no eran pagados sino voluntarios y los discípulos representaban todas las edades y niveles sociales. Su propósito llegó a ser más exclusivamente la conversión y el estudio bíblico. Las clases de la E.D. eran la preparación para el ingreso a la iglesia.

Las E.D. crecían notablemente no solo en Gran Bretaña y Norteamérica sino también en otras partes. En 1889 se celebró en Londres la primera convención mundial de E.D. Seguían creciendo, especialmente en EUA hasta a principios del s.XX. Tenían decenas de millones de alumnos. En lo que va del siglo, su desarrollo ha fluctuado. Durante los años 1926-47 la asistencia mermó; luego volvió a ascender hasta más o menos 1960 cuando se inició otro descenso. Esto ha ocurrido de manera muy pronunciada entre las denominaciones históricas. Irónicamente son estas denominaciones las que han invertido millones de dólares en nuevos programas para la E.D. No obstante, no han podido detener el descenso. Editoriales evangélicas independientes también han publicado nuevos programas que, por lo general, han estado más centrados en la Biblia y en el evangelio. Las E.D. de las iglesias de teología conservadora (tanto las que pertenecen a las antiguas denominaciones como las independientes) no han sufrido como las de las iglesias liberales. En aquellas, si bien en algunos aspectos ha habido mengua, en otras el crecimiento ha sido notable. Generalmente, pues, las E.D. de tipo evangélico van poco a poco ganando terreno.

Sin embargo, es evidente que en medio de los cambios sociales revolucionarios de la última parte del s.XX la E.D. afronta problemas serios. Esto es cierto tanto para Gran Bretaña como para Norteamérica. Precisamente por ello, algunas de las denominaciones mayores ya no publican las estadísticas de sus E.D. En la Iglesia de Escocia, donde la E.D. llegó a ser muy fuerte, la matrícula descendió de medio millón en 1901 a menos de la mitad de esa cifra en 1971.

Ya por muchos años los especialistas en e.c. han reconocido que hay problemas en la E.D. tales como: lo inadecuado que es una hora semanal de clases en comparación con el tiempo dedicado a la educación secular, lo difícil de reclutar y preparar a los maestros, la frecuente ineficacia de la enseñanza, la falta de e.c. para adultos y el fracaso general de la E.D. en la comunicación de un conocimiento coherente de la Biblia y de los rudimentos de la fe cristiana.

La centralidad de la Biblia. Sean cuales fueren los métodos de la e.c., ésta permanece inseparablemente unida a las Escrituras. En medio de la constante preocupación por la e.c., con demasiada frecuencia se descuida el papel vital del pastor. Este ha sido llamado para ser maestro tanto como predicador (Ef. 4:11). El pastor que nunca expone la Palabra de Dios desde el púlpito tiene un ministerio trunco. Un laicado bíblicamente analfabeto refleja la falta de predicación expositiva. No bastan los sermones temáticos e inspiradores. Para la edificación del pueblo de Dios es indispensable un conocimiento de la Biblia que es una fuente incomparable de e.c. Siempre que se ha enseñado la Palabra de Dios verdadera y fielmente, la e.c. ha florecido; cuando ha sido descuidada o pervertida, la e.c. ha salido perdiendo. Cuando las Escrituras han sido redescubiertas, como en la Reforma Protestante, la e.c. ha revivido. Esto nos enseña la historia. Por lo tanto uno de los desarrollos más alentadores en la última parte del s.XX es la aparición de nuevas traducciones de la Biblia y la apertura de la ICR a su lectura y su estudio.

En ningún lugar ha sido más evidente el poder educativo de la Biblia que en las misiones. Debido a la traducción de las Escrituras, parcial o enteramente, a más de 1.600 idiomas y dialectos, millones, que de otra manera estarían en ignorancia intelectual y espiritual, han aprendido a leer. Ninguna visión panorámica de la historia de la e.c. estará completa si no se toma en cuenta el movimiento misionero en el que la enseñanza de la Biblia y el establecimiento de escuelas han desempeñado un papel muy importante, y en forma ecuménica, extendiéndose más allá del mundo occidental, a todos los continentes y a las islas más lejanas.

FRANK E. GAEBELEIN

EDUCACION EVANGELICA EN LA AMERICA LATINA. El origen de la educación evangélica en la AL se puede trazar en tres etapas históricas. La primera etapa recoge todos los esfuerzos fallidos de los evangélicos que llegaron a nuestras costas en los ss.XVI y XVII: hugonotes franceses, reformados holandeses, anglicanos ingleses. Fue una educación hogareña más que todo, truncada por la violenta eliminación de los primeros colonos protestantes.

La segunda etapa se manifiesta de manera indirecta en los países ya independientes a principios del s.XIX, por la influencia de educadores europeos como José →Láncaster (1778-1838) y Enrique Pestalozzi (1746-1827), nieto de un pastor protestante. Las escuelas lancasterianas, popularizadas por los discípulos del cuáquero inglés y en especial por Diego →Thomson, llegaron a constituir el método preferido por los libertadores para educar a las masas. Láncaster ofreció un método práctico y una actitud benévola hacia los discípulos. Enrique Pestalozzi, por su parte, desarrolló una psicología educativa más acorde con la naturaleza del niño. Sus experiencias en Yverdon, Suiza, le permitieron formular las bases de la educación moderna. Su influencia se hizo sentir en nuestros países a través de sus discípulos quienes, por invitación de los gobiernos, vinieron a establecer escuelas normales pestalozzianas.

La tercera etapa comienza con la venida de los misioneros evangélicos norteamericanos y europeos a mediados del s.XIX. Las misiones que más se preocuparon por el establecimiento de escuelas y colegios fueron la

Morava, la Presbiteriana, la Metodista y la Anglicana. La Misión Morava inició un extenso programa de escuelas en el área del Caribe, especialmente en Guyana, Surinam, Jamaica, Nicaragua y otros territorios. Los presbiterianos fundaron el Colegio Americano de Bogotá, Colombia, y el Instituto Agrícola de Lavras, Brasil, en 1869, que aun existen. También establecieron en 1870 la Escola Americana, que se transformó en la famosa Universidad Mackenzie, en Sao Paulo, Brasil. Por lo menos 15 instituciones evangélicas se iniciaron entre 1869 y 1900. En la primera mitad del s.XX otras misiones como los Hermanos, los Bautistas del Norte y del Sur, los Adventistas, los Menonitas, los Discípulos de Cristo, la Misión Latinoamericana, y otras también fundaron escuelas.

Las estadísticas de las escuelas y colegios evangélicos son escasas. Pero estas instituciones se cuentan por centenares, con programas variados y con ún alumnado de millares. En un solo país, Colombia, existían 445 escuelas evangélicas con una matrícula de más de 20.000 alumnos al finalizar la década de los años 60. En dicho país hay por lo menos tres colegios que sobrepasan la matrícula total de los dos mil alumnos cada uno.

Los nombres de Erasmo Braga y Alvaro Reis en Brasil, Andrés Osuna, Moisés y Aaron Sáenz en México, y Manuel C. Escorcia en Colombia se destacan como luminares en la historia de la educación evangélica en sus respectivos países.

La contribución de las instituciones educativas evangélicas ha sido definitivamente benéfica para la cultura de los países latinoamericanos. Entre sus exalumnos se cuentan profesionales, hombres de estado, del comercio, de la banca, de la cultura y ministros del Evangelio. A continuación señalamos algunos de los triunfos de la educación evangélica:

—Ha contribuído a la educación de los dirigentes del país.

—Ha iniciado importantes reformas en el currículum.

—Ha iniciado métodos progresivos y eficientes.

—Ha ayudado a disminuir el déficit de cupos escolares.

—Ha introducido algunos deportes y nuevos conceptos de recreación.

—Ha ayudado a despertar la conciencia cívica de los alumnos.

—Ha mantenido un alto nivel ético y moral y un aprecio por los valores espirituales.

—Ha presentado el evangelio por medio de las Escrituras.

—Ha ayudado a disolver prejuicios sociales y promovido la convivencia entre todas las clases sociales.

—Ha ayudado a preparar a los dirigentes de las denominaciones evangélicas.

Los colegios evangélicos también tienen sus críticos quienes alegan las siguientes deficiencias:

—Se han convertido en instituciones para la élite.

—Han perdido su carácter evangélico y se han secularizado.

—Han ayudado a perpetuar el *statu quo*.

—Se han dormido sobre sus laureles. Ya no son progresistas sino más bien conservadoras.

—Ya no se justifican. Los gobiernos han tomado las riendas de la educación y están haciendo buen trabajo.

HECTOR G. VALENCIA

EDUCACION TEOLOGICA (Protestante) EN EL MUNDO HISPANO-LUSITANO. La formación teológica aparece en el protestantismo misionero latinoamericano desde sus comienzos con la preparación, por parte de los primeros misioneros, de los convertidos que se muestran más dinámicos y capaces, para ayudar en la propagación del mensaje. Es una especie de aprendizaje práctico, que incluye un esquema bíblico (muy frecuentemente en las líneas del llamado "plan de salvación") y algunos elementos de controversia con el catolicismo romano. El misionero es el modelo práctico que el aprendiz trata de incorporar (llegando a veces hasta a tratar de imitar el acento y las modalidades idiomáticas). Este tipo de formación subsiste aun en algunos de los pequeños institutos bíblicos creados por misioneros independientes.

La formación más completa de un pastorado nacional aparece en un comienzo solo en algunas de las llamadas iglesias históricas. Advertimos solo cinco instituciones anteriores al 1900: el Seminario Unido de Buenos Aires-Montevideo (1884), el Seminario Presbiteriano de México (1887), el Seminario Presbiteriano de Campinas, Brasil (1888), la Escuela de Cadetes del Ejército de Salvación de Buenos Aires (1890) y el Instituto de Teología Adventista de Puiggari, Argentina (1890). Varios seminarios bautistas (México, Buenos Aires, Brasil) y de otras denominaciones surgen en la primera década de este siglo. Pero es sin duda a partir de 1920 cuando los institutos bíblicos y los seminarios comienzan a multiplicarse. Aparecen 25 nuevas instituciones en las décadas del 20 y del 30. Las dos décadas siguientes corresponden al mayor esfuerzo misionero, incluyendo a las iglesias históricas, las misiones independientes y el creciente movimiento pentecostal. Damboriena computa una duplicación del número de misioneros entre 1949 y 1961 y al mismo tiempo una quintuplicación del número de "obreros nacionales". Solo en Brasil son ordenados en este período 13.000 nuevos ministros nacionales. No ha de extrañarnos que hallemos 30 nuevas instituciones fundadas en la década del cuarenta y 40 en la siguiente. Lógicamente, hallamos un buen número en los países más extensos y de mayor implantación protestante (México, Brasil, Chile). Pero, en tanto se tiende a una mayor concentración de la preparación teológica en el sur del continente, en América Central, el Caribe de habla española y México, el gran número de misiones independientes tiende a multiplicar el número de pequeñas instituciones. Los directorios de las asociaciones de seminarios muestran aun hoy esa situación.

El protestantismo de inmigración recibió por muchas décadas su ministerio de los países de origen. La Facultad de Teología de Sao Leopoldo (Brasil) y la Facultad Luterana de Teología de Buenos Aires, instituciones luteranas fundadas en 1946 y 1955 respectivamente (la segunda incorporada con la "Facultad Evangélica de Teología" en el Instituto Superior Evangélico de Educación Teológica [ISEDET], en 1960), constituyen los primeros esfuerzos sistemáticos de formación de un pastorado nacional. Posteriormente, varias iglesias de inmigración preparan sus ministros en instituciones unidas. No incluímos aquí algunas iglesias anglicanas y presbiterianas que abarcaban sectores de inmigración y trabajo misionero y que fundaron instituciones teológicas con anterioridad.

Los programas de educación teológica de la mayor parte de estos seminarios siguieron muy de cerca (a veces abreviados o simplificados) los planes de estudio de los seminarios confesionales de los países de origen de las diversas iglesias y misiones. Así Scopes (1962) señala cómo los requisitos en idiomas bíblicos, disciplinas prácticas o dogmáticas, variaban en proporción y énfasis según las tradiciones dominantes. Hasta la década del 60, la mayoría del cuerpo docente es de origen extranjero. Con excepciones, la metodología pedagógica empleada subraya la trasmisión de conocimientos, con muy escasa investigación y reflexión propia. Hasta ese momento, muy pocos currículos incluían estudios directamente vinculados con las condiciones latinoamericanas (p.e., historia de la iglesia en AL, cultura y sociedad latinoamericana). Solo los cursos sobre catolicismo romano, casi exclusivamente polémicos y titulados a veces "Romanismo", tenían alguna referencia a la situación latinoamericana.

Las décadas del 60 y 70 ofrecen, como en otros aspectos, elementos nuevos en la formación teológica. Tres de ellos parecen especialmente significativos:

(1) La cooperación en la formación teológica se inicia temprano en algunos lugares (Buenos Aires, 1884: valdenses y metodistas, luego discípulos de Cristo, presbiterianos y, a partir de 1960, luteranos, reformados y anglicanos; Centro Evangélico Unido de México, 1917: metodistas, discípulos de Cristo y congregacionalistas; Seminario Evangélico de Puerto Rico, 1919: metodistas, discípulos de Cristo, congregacionalistas). Pero es en las dos últimas décadas cuando cobra importancia, con la creación de asociaciones de seminarios: la Asociación del Norte y Caribe, Asociación Latinoamericana de Escuelas Teológicas (ALET); la del sur, Asociación Sudamericana de Instituciones Teológicas (ASIT), y la de Brasil, Asociación de Seminarios Teológicos Evangélicos (ASTE), que surgen entre 1960 y 1965, reuniendo buen número de las instituciones mayores de educación teológica y estimulando intercambio, organizando consultas y publicando textos teológicos (programa de textos de ASTE y ASIT) y otros materiales que alcanzan amplia difusión en el continente. Ha estimulado mucho esta colaboración el apoyo del →Fondo de Educación Teológica (ahora: Programa de Educación Teológica), creado por el CMI en 1958. Recientemente, las tres asociaciones han establecido una comisión de coordinación (Comisión Latinoamericana de Educación Teológica) que amplía el marco de esa cooperación. La cooperación, además, no es solo de orden institucional sino que se manifiesta en el carácter ecuménico de bibliotecas, cuerpos docentes y estudiantiles y programas de las instituciones de enseñanza teológica mayores del continente.

(2) La renovación del contenido y la metodología también se advierte en muchos seminarios. Se ha hecho un esfuerzo por nacionalizar los cuerpos docentes y algunas instituciones. Seminario Bíblico Latinoamericano en San José, Costa Rica, e ISEDET en Buenos Aires ofrecen cursos de postgrado

para la preparación dentro de AL de personal docente especializado. En diversa medida, los currículos teológicos van incluyendo el estudio de la historia social, cultural y religiosa de AL, procurando dar así los elementos para una reflexión teológica contextual. La renovación teológica experimentada por el catolicismo romano latinoamericano en los últimos quince años ha despertado interés en el protestantismo, abriendo una nueva posibilidad de diálogo. Se buscan nuevas metodologías, tratando de respetar la relación práctica-teoría, fundamental a toda verdadera enseñanza y de lograr una participación activa del estudiante, reemplazando por una pedagogía dialógica la mera transmisión de conocimientos.

(3) El Seminario Presbiteriano de Guatemala inició en 1967 una modalidad de educación llamada "por extensión", basada en la idea de mantener al estudiante en su medio (donde en muchos casos ya es un líder o ministro de su iglesia), dándole la ocasión de prepararse por medio de materiales especialmente preparados (a veces en la forma de "instrucción programada") y de visitas regulares del cuerpo docente. Además de facilitar los aspectos económicos, se esperaba que este método evitara las consecuencias del desarraigo y la teoretización del traslado a un centro académico. El método ha sido ampliamente discutido. Se han intentado diversas adaptaciones a circunstancias geográficas y culturales diversas. Pero, en una u otra forma, ha alcanzado amplísima difusión, incluso fuera de AL, y además de muchas instituciones exclusivamente dedicadas a la preparación por extensión, ha sido incorporado como una forma de trabajo (paralela o complementaria a la educación "residencial") por la mayoría de los seminarios. En realidad, este desafío abre uno mayor: la educación teológica no puede ser concebida solamente como la formación de pastores sino que está estrechamente vinculada con la capacitación teológica de todo el pueblo de Dios. En este sentido, no solo los seminarios sino distintos movimientos transconfesionales y las propias iglesias deben ser considerados agentes de educación teológica. Se abre así el tema de la variedad de ministerios y las diversas formas de ejercicio del ministerio, tema hoy crucial tanto para la ICR como para las evangélicas. JOSE MIGUEZ BONINO

EDUCACION TEOLOGICA POR EXTENSION. La e.t. por e. representa una alternativa en la formación ministerial que ayuda a los dirigentes de las congregaciones a desarrollar sus dones para el servicio y sus capacidades para la reflexión teológica mientras continúan con responsabilidades sociales, económicas, y eclesiásticas ordinarias. Utiliza métodos de estudio en casa (especialmente materiales autodidácticos), la experiencia práctica, y reuniones regulares de clase (o seminarios de discusión). Se han establecido programas de extensión para capacitar a laicos para ministerios específicos y generales, para preparar candidatos para el ministerio pastoral, y para proporcionar educación continuada para el clero ordenado. Muchos programas ofrecen los estudios en varios niveles académicos. Algunos están ligados a instituciones residenciales; otros son autónomos.

El actual movimiento de e.t. por e. se inició en el Seminario Evangélico Presbiteriano de Guatemala en 1963. En 1967 la Asociación Latinoamericana de Escuelas Teológicas (Región del Norte) patrocinó un taller sobre "El Seminario de Extensión y el Texto Programado" en Armenia, Colombia. El año siguiente se celebraron talleres sobre extensión en Ecuador, Bolivia, Brasil, y EUA, y se elaboraron planes para otros en Asia y Africa. Para fines de 1967 existían experimentos en extensión en Honduras, Guadalupe, Ecuador, México y Costa Rica. En 1975 hubo por lo menos 238 programas con 1.058 centros de extensión y 26.655 estudiantes en 59 países.

En el taller de Armenia de 1967 se iniciaron dos organizaciones para coordinar el desarrollo de extensión en AL y para producir un juego común de textos autodidácticos en español: El Comité Latinoamericano de Textos Teológicos y el Comité Asesor de Textos Auto-Didácticos (CATA). Este esfuerzo no resultó productivo y en 1973 CATA reunió en asamblea a 52 representantes de programas de extensión de toda la AL, y se organizó la Asociación Latinoamericana de Institutos y Seminarios Teológicos de Extensión (ALISTE). ALISTE abandonó el intento de producir un juego común de textos, pero sigue coordinando los esfuerzos de la educación teológica en los países de habla hispana por diversos medios: talleres y consultas, publicaciones, la preparación de especialistas en extensión, y un catálogo de textos. Con propósitos similares se organizó en Brasil, en 1968, la Asoccociaçao Evangélica para Treinamento Teológico por Extensao (AETTE). AETTE se ha dedicado principalmente a la preparación de textos programados y a la capacitación de escritores. A principios de 1977 AETTE tenía 40 miembros, 44 participantes en su programa de entrenamiento avanzado, y numerosos textos programados ya publicados.

La e.t. por e. ha sido un instrumento para el cambio y un foco de discusión sobre la educación teológica y el ministerio. Las preguntas fundamentales son bíblicas, teológicas y misiológicas: ¿Qué es la naturaleza del ministerio? ¿De qué consiste la iglesia? Y ¿cómo ha de realizarse la misión de la iglesia en el mundo? Otras preguntas esenciales son sociológicas, pedagógicas y económicas: ¿Quiénes son los verdaderos dirigentes de las iglesias? ¿Cuál es la mejor manera de prepararlos? ¿Qué clase de capacitación y ministerio pueden las iglesias sostener? En el Occidente la educación teológica tradicional es relativamente estrecha en su selección y alcance y por lo general es académica, profesional y elitista en su orientación. La educación teológica por extensión es mucho más abierta y pretende fomentar un ministerio más corporativo y una misión que parta de las congregaciones. F. ROSS KINSLER

EDWARDS, JONATAN (1703-1758). "El más grande filósofo-teólogo que haya adornado hasta ahora la escena americana" (Perry Miller). Después de una infancia precoz (antes de los trece años tenía un buen conocimiento del latín, del griego y del hebreo, además, estaba ya escribiendo sobre filosofía) ingresó en la Universidad de Yale en 1716. Parece que fue durante esta época de estudiante cuando "empezó a adquirir nuevas formas de comprensión y nuevos conceptos acerca de Cristo, de la obra redentora y del camino glorioso de salvación por él". Después de un breve pastorado en Nueva York, fue designado tutor en Yale. En 1724 fue nombrado pastor de la iglesia de Northampton, Massachusetts, y colega de su abuelo, Samuel Stoddard, hasta la muerte de éste en 1729. Debido a la poderosa influencia de la predicación de E. nació el →Gran Despertamiento de 1734-35 y otro avivamiento más extenso geográficamente en 1740-41. E. se convirtió en gran amigo de George →Whitefield, quien por entonces viajaba por la América del Norte.

Luego de varios desacuerdos con prominentes familias de su congregación y de una prolongada controversia acerca de la admisión de los inconversos a la Cena del Señor, fue depuesto como pastor en 1750 (aunque, curiosamente, siguió predicando hasta que se encontró un adecuado reemplazante). En 1751 fue pastor de una iglesia en el pueblo fronterizo de Stockbridge y misionero entre los indios. En 1757 resultó electo como presidente de la Universidad de Princeton pero debido a sus deseos de continuar escribiendo, fue remiso en aceptar este nombramiento. Finalmente cedió ante la presión y fue investido en febrero de 1758. Un mes más tarde falleció a consecuencia de los efectos de una vacunación antivariólica.

E. era firmemente de la tradición calvinista de Nueva Inglaterra y de los teólogos de Westminster. Son pocos convincentes los esfuerzos por demostrar que cambió conscientemente esta postura. La influencia de las nuevas ideas de John →Locke estuvo mayormente limitada a su antropología y se ve más clara en la clásica obra de E., *Freedom of the Will.* Su adhesión a la doctrina de la salvación por la soberana gracia hizo que E. se inquietara por las que él consideraba tendencias destructivas en la teología de Nueva Inglaterra, en especial el arminianismo y el socinianismo incipientes y también los excesos del "Despertamiento". La primera de estas preocupaciones provocó la escritura de su *Freedom of the Will* y la segunda, su *Original Sin.* La segunda obra inspiró una serie de escritos, especialmente *Religious Affections.*

En E., como en Agustín, hay una combinación del espíritu altamente intelectual y especulativo con una frecuente devoción extática a Dios en Cristo. La misma mente desplegó la inexorable lógica de *Freedom of the Will* y resolvió "entregar y aventurar toda mi alma en el Señor Jesucristo, confiar en él y consagrarme íntegramente a él". E. era completamente ajeno a esa separación de "corazón" y "cabeza" que a menudo ha invadido la religión evangélica. La influencia de E. fue muy amplia. Algunos de quienes lo sucedieron en Norte América, tales como Emmons, Hopkins y Nathaniel Taylor, aunque apelando a E., desarrollaron la →"Teología de Nueva Inglaterra" en direcciones que seguramente hubieran sido desaprobadas por él. Tuvo un numeroso círculo de corresponsales, lo que compensó en parte su aislamiento cultural. Sus escritos influyeron notablemente en Thomas Chalmers, Andrew Fuller y Robert Hall, entre otros. PAUL HELM

EFESO, CONCILIO DE (431). Convocado por el emperador Teodosio II para resolver problemas surgidos en la controversia nestoriana, ha llegado a conocerse como el Tercer Concilio General. Fue inaugurado por →Cirilo, obispo de Alejandría y en él estuvieron presentes 60 obispos. Ni los obispos sirios (que se esperaba apoyarían a →Nestorio) ni los representantes del obispo de Roma estuvieron presentes. Nestorio fue depuesto de su sede y excomulgado; su teología fue condenada y se confirmó la fe de Nicea. El título de →*Theotokos* fue aprobado como correcto con referencia a la Virgen María; fue anatematizado el →pelagianismo, herejía occidental que había hecho progresos en el Oriente, y se condenó el →quiliasmo. Cuando llegaron los obispos sirios celebraron su concilio rival, en el que fueron excomulgados Cirilo y Memnon, obispo de Efeso. Pero finalmente resultó confirmada la asamblea de Cirilo por los legados de Roma cuando éstos arribaron. Juan de Antioquía (el dirigente sirio) y Cirilo se reconciliaron dos años después, pero el cisma nestoriano adquirió ímpetu y condujo a una iglesia nestoriana separada pese a que el emperador trató de impedirlo. PETER TOON

EFESO, LATROCINIO DE (449). Frecuentemente llamado *"latrocinium"*, nombre derivado de una expresión de una carta del papa →León a la emperatriz →Pulqueria al describir el sínodo como siendo *non indicium sed latrocinium*. (*Latrocinium* = robo o banda de ladrones.) El propósito de este concilio, convocado por Teodosio II, era considerar las implicaciones de la condenación de →Eutiques en el Sínodo de Constantinopla de 448. En realidad, bajo la influencia del monofisita →Dióscoro, patriarca de Alejandría, el sínodo restauró a Eutiques y depuso sus oponentes. Los legados papales que llevaron la famosa *Tome* del papa León, fueron insultados. En el Concilio de →Calcedonia de 451 estas decisiones fueron anuladas.
PETER TOON

EFREN EL SIRIO (c.306-373). Escritor clásico de la Iglesia Siria. N. en Nisibis. Es dudoso si sus progenitores fueron cristianos. Fue designado diácono aproximadamente en 338 después de ser bautizado en su adolescencia. Durante algún tiempo probablemente vivió como monje, pero al parecer nunca ingresó en el sacerdocio. Después de la ocupación persa de Nisibis, huyó a Edessa donde pasó su vida enseñando, predicando y desempeñando diversas actividades literarias. Son escasos los detalles acerca de su vida: no existe una biografía contemporánea y hay muchos agregados de leyenda. Sus escritos son numerosos pues cubren diversos aspectos de la teología y de la vida eclesiástica. En cuanto a exégesis, sobreviven comentarios acerca del Génesis, Exodo, el "evangelio concordante" (e.d.: armonía), Pablo y Los Hechos; también fragmentos de otras obras en las *Catenae* y otras partes. Sus obras dogmáticas están todas en forma polémica, contra Bar-Daisan, →Marción y Mani, contra →Juliano el Apóstata, y también versan sobre otros temas. La vida ascética también fue tema suyo, tanto en enseñanza espiritual como en alabanza de famosos ascetas. También compuso muchos himnos y poemas; entre estos últimos los himnos de Nisibis que reflejan las condiciones de aquel entonces y los acontecimientos hasta 363. Muchas obras polémicas y ascéticas se encuentran en forma métrica "memre" (la forma poética es llamada "madrash").

La enseñanza de E. es ortodoxa aunque trasmitida en retórica floreada. Todavía falta un estudio a fondo de su teología. Sus virtudes poéticas eran muy apreciadas entre los sirios y lo llamaron "lira del Espíritu Santo". A esto se debe que sus obras hayan tenido amplia popularidad, de las cuales hay una rica y compleja tradición; se ha perdido mucho de lo escrito en siriaco, pero en cambio se han conservado mucho de las antiguas traducciones al armenio. La tradición griega es también bastante antigua, de ella surgen las traducciones al latín y a los idiomas orientales cristianos. Le ha sido atribuido mucho material espurio, y toda su tradición todavía representa un área importante de investigación patrística. J.N. BIRDSALL

EGEDE, HANS (1686-1758). "Apóstol de Groenlandia". N. en Noruega y fue pastor en Vagan, en el N de su tierra. Profundamente preocupado acerca de los descendientes de los colonos noruegos en Groenlandia, de los cuales no se supo nada por casi doscientos años, y conocedor de que los habitantes eran paganos que hablaban un idioma desconocido, decidió ir allá como misionero. Finalmente logró permiso del rey para ir a Groenlandia y llegó en 1721. Aprendió el difícil idioma de los esquimales, combatió a los curanderos brujos y evangelizó al pueblo. A partir de 1736 vivió en Copenhague supervisando la obra misionera. Desde 1740 fue obispo titular de Groenlandia. Las publicaciones de E. son importantes aportes a la teoría de las misiones. Influido por H. Müller, P.J. →Spener y C. Gerber, creía en la responsabilidad de la iglesia de llevar el evangelio a los paganos. Sus hijos, Paul y Hans, prosiguieron con la obra misionera de su padre. Paul escribió un diccionario y una gramática del idioma de los esquimales de Groenlandia y tradujo el NT a ese idioma.

CARL-FRIEDRICH WISLOFF

EGIPTO →COPTA, IGLESIA

EICHHORN, JOHANN GOTTFRIED (1752-1827). Erudito bíblico alemán. N. en Dörrenzimmern y fue profesor en Jena (1775) y en Gotinga (1788). Rechazó como espurios muchos libros del AT y fue uno de los iniciadores de la →"alta crítica". Su introducción en tres tomos al AT fue influyente durante muchos años después de publicarse en 1780-83. Aunque se decía que estaba basado en estudios científicos, la exactitud de parte de su obra ha sido cuestionada por ciertos estudiosos. Fue uno de los primeros defensores de la llamada hipótesis primitiva del evangelio que sostiene que tres evangelios sinópticos están basados en un evangelio arameo perdido.

J.D. DOUGLAS

EJEMPLARISMO. (lat. *exemplum* = "modelo o ejemplo"). Doctrina teológica que afirma que las cosas finitas son copias de originales que existen en la mente divina. Las ideas o formas arquetípicas de Platón fueron localizadas en la mente divina por los filósofos platónicos posteriores. Los filósofos cristianos (Agustín y su escuela) hicieron de esto el punto central de su metafísica y utilizaron la teoría para distinguir la libre e inteligente creación de Dios de la producción puramente espontánea. La teoría fue prominente hasta su apogeo en el s.XIII con →Buenaventura. El término "ejemplarismo" a veces se usa también para describir la teoría de la "influencia moral" de la muerte de Cristo, originado con Abelardo y desarrollado por Hastings Rashdall.

HOWARD SAINSBURY

EJERCICIOS ESPIRITUALES. Título de la obra escrita por →Ignacio de Loyola con la intención de ayudar a otros a disciplinarse para la milicia cristiana. Después de su conversión, Ignacio se retiró a la Cueva de Manresa donde se dedicó a la oración, a la penitencia y a la reflexión. En sus angustias encontraba consuelo en inspiraciones y visiones. Los E.E. son el resultado de sus experiencias durante ese período crítico.

En los E.E. puede detectarse la influencia de la →mística española, de la *Imitatio Christi* (→TOMAS A. KEMPIS) y de la literatura espiritual de la época.

Los E.E. se utilizaban para el examen de conciencia del que se iniciaba en la orden de los →jesuitas: por su medio, y mientras recibía orientación espiritual, el iniciado se iba capacitando para el ejercicio de su vocación. Se le instaba a ordenar su vida y a decidirse a ser un colaborador cristiano militante.

En virtud de este uso que se le dio a los E.E. la expresión "ejercicios espirituales" se aplica también a la práctica religiosa que consiste en que un grupo de personas se dedica durante un cierto tiempo a la meditación y a las obras piadosas, bajo la dirección de un sacerdote y, generalmente, en un lugar apartado (como un convento o monasterio). Entre los protestantes, una práctica semejante suele llamársele "retiro espiritual".

CARMELO E. ALVAREZ

EJERCITO DE SALVACION. Fundado en Londres por William →Booth en 1865 con el nombre de *"Christian Mission"*, el E. de S. adquirió su nombre actual en 1878. Era un movimiento esencialmente evangélico, de orientación bíblica, y conservador en lo teológico. El fundamento de su fe abarca la inspiración divina de la Biblia, la doctrina de la Trinidad, la salvación de los creyentes "por fe mediante la gracia", la "inmortalidad del alma", la resurrección del cuerpo, el juicio final. Los distintivos doctrinales del E. incluyen un énfasis arminiano en el libre albedrío y una experiencia de "santidad" que puede ser posterior a la conversión –esto se debe al origen metodista de William Booth– y la no observancia de los sacramentos del bautismo y la Cena del Señor.

Ya en 1879 William Booth "mandaba" 81 puestos, servidos por 127 evangelistas en plena dedicación, con otros 1000 predicadores voluntarios que celebraban 75.000 cultos al año. En 1878 se establecieron 51 puestos nuevos ; en ese mismo año figuró la primera banda en una presentación del E. y pronto se estaba adaptando la música secular a la letra salvacionista y surgían bandas por todas partes. En 1880 se adoptaron uniformes regulares, lo que fue precedido en 1878 por el primer volumen de *Ordenes y reglamentos del Ejército de Salvación.* También en 1880 vino el primer avance al extranjero, a los EUA; en 1882 se "invadió" el Canadá, luego la India. Para 1884 el E. tenía más de 900 cuerpos, más de 270 de éstos fuera de Inglaterra, con cuartel general en la ciudad de Londres. Y esto a pesar de intensa oposición, que a veces terminó en serios desórdenes.

Fue inevitable que el E. se viera obligado a operar en un frente más amplio en vista de las tremendas necesidades sociales del Londres victoriano y otras grandes ciudades. Un caso sensacional en que participó el hijo de William Booth, Bramwell, que descubrió la trata de blancas, hizo que el E. se destacase. En cosa de cinco años se habían establecido en el Reino Unido 13 hogares para niñas en necesidad de cuidado y protección, y 17 más en el extranjero. El primer hogar para presos dados de alta se inauguró en Melbourne, Australia, en 1883. En 1887, al ver Booth a los hombres desamparados que dormían al raso en el Puente de Londres, decidió hacer algo práctico. Después de mucha investigación, expuso los hechos en un libro de gran éxito: *In Darkest England –and the Way Out,* en el que hacía un llamado para recoger 100.000 libras esterlinas. Depósitos de alimentos económicos, un centro extraoficial de empleos, una agencia de desaparecidos, albergues nocturnos, una colonia agrícola, comedores de beneficencia, colonias de leprosos, depósitos de leña en los EUA; industrias caseras en la India; hospitales, escuelas, y hasta un bote salvavidas para los pescadores de Noruega: éstos indicaron etapas sucesivas del vasto programa de acción social del E. A través de todo estaba la preocupación básica con la salvación personal que había sido la motivación de sus orígenes.

La Guerra Mundial I brindó muchas oportunidades de servicio que vencieron más barreras de prejuicios y malentendidos, y contribuyó a la actual aceptación general del E. como órgano de buena voluntad y compasión y como miembro de la familia mundial de iglesias cristianas a la vez. Actualmente el E. labora en 74 países. En 1977 contaba con unos 2.500.000 de miembros. Hay 25.039 oficiales en plena dedicación. Las estadísticas típicas para un año reciente (1970) incluyeron: 20.000.000 de comidas económicas servidas, 10.000.000 de camas de albergue proporcionadas, ubicados 7035 desaparecidos, y 19.722 madres solteras atendidas. El E. de S. tiene 40 hospitales generales y especializados, con unos 148.000 pacientes internos en un año reciente.

A. MORGAN DERHAM

EJERCITO DE SALVACION EN AMERICA LATINA. Entre los que emigraron de la Gran Bretaña a las Américas había miembros y amigos del E. de S. Asombrados por la maldad y la pobreza que aquí vieron, pidieron al Cuartel General en Londres que les mandaran obreros. Como consecuencia en el año 1880 la obra del Ejército quedó formalmente establecida en los EUA y solo seis años más tarde ya contaba con 238 cuerpos, bajo la dirección de 569 oficiales.

En 1887 el Ejército se extendió a la AL comenzando en Jamaica donde incorporó el trabajo misionero ya establecido por una señora de Foster. En comparación con el rápido desarrollo en la América del Norte, el progreso en la AL fue mucho más lento. En 1890 oficiales ingleses iniciaron obra en Buenos Aires y en el mismo año un ingeniero salvacionista, que fue mandado a un taller en el interior del →Uruguay, comenzó un cuerpo allá.

En 1905 unas oficiales inglesas realizaron cultos al aire libre entre los obreros que estaban construyendo el canal de →Panamá y allí Eduardo Palací, natural del Perú, llegó a conocer la obra del E. de S. Dos años más tarde Palací estableció la obra salvacionista en la costa altántica de →Costa Rica. Palací llegó a ser uno de los pioneros y líderes del E. de S. en AL. La obra salvacionista comenzó en Chile en 1909, en el Perú en 1910, en Bolivia en 1920, en Brasil en 1922, en México en 1937, Puerto Rico 1962, y Venezuela 1972. Como resultado de la ayuda que brindó el E. de S. a Guatemala después del terremoto allí en 1976, fue posible establecer la obra permanente en este país.

En 1977 el E. de S. tenía AL dividida en cuatro territorios: (1) Sudamérica Oriental (Argentina, Paraguay y Uruguay), con su cuartel en Buenos Aires, con 89 centros de evangelización, 24 instituciones de servicio social y 113 oficiales activos; (2) Sudamérica Occidental (Chile, Perú y Bolivia), con su cuartel en Santiago, con 56 centros de evangelización, 29 instituciones de servicio social y 106 oficiales activos; (3) Brasil, que es un territorio en sí, con cuartel en Sao Paulo, con 46 centros de evangelización, 16 instituciones sociales y cuenta con 102 oficiales activos; y (4) México, América Central (Costa Rica, Guatemala, y Panamá) y Venezuela, con su cuartel en la ciudad de México, con 47 centros de evangelización, 21 instituciones sociales y 133 oficiales activos.

La obra evangelística incluye, además de las reuniones de los cuerpos, las reuniones de compañías, los cultos al aire libre y la distribución de la revista *Grito de Guerra* en las cantinas y otros lugares. La obra social comprende la rehabilitación de alcohólicos, el servicio médico y dental gratuito a los pobres, la provisión de guarderías para niños, casas para los desocupados, asilos nocturnos para los que están sin techo, hogares para ancianos, escuelas y orfanatos. Estas actividades se financian con fondos que vienen en parte del extranjero y en parte de fuentes locales. JUAN B.A. KESSLER

ELECCION. En teología cristiana generalmente se refiere al divino escogimiento de personas para la salvación. Sin embargo, hay diferentes enfoques. Agustín, Lutero y Calvino sostuvieron todos una doctrina de elección incondicional, en la cual la elección es soberana y en manera alguna dependiente de nada humano. Arminio y Wesley sostuvieron que es condicional y dependiente de la fe del individuo, prevista por Dios. Karl →Barth sostuvo que la elección se aplica en primer lugar a Cristo y así a la humanidad en él representada. En el tipo de teología de Barth, por lo tanto, la elección no es inconsecuente con el universalismo, aunque no se debe pensar que todos los seguidores de Barth son universalistas.

En el AT, la terminología de la elección se aplica a Abraham y a todo Israel, la elección posterior del cual es un misterio del divino amor. El Hijo de Dios es considerado en el NT como el Elegido de Dios (Mt. 12:18; Lc. 9:35; 1 P. 2:4, 6). Los creyentes son elegidos en Cristo (Ef. 1:4) porque solamente en él conocemos verdaderamente a Dios. Esta es una elección pretemporal (Ef. 1:4; 2 Ts. 2:13). Está también acorde con la divina presciencia, término que ha sido entendido históricamente en varios sentidos. Los cristianos son exhortados a asegurarse su llamamiento y elección en un contexto que pone gran énfasis sobre las cualidades morales del cristiano vivir (2 P. 1:10). G.W. GROGAN

ELENA (c.248-c.327). Primera esposa de Constancio y madre de →Constantino. De origen humilde, su relación con Constancio puede haber sido de concubinato y no de matrimonio. Sea como sea, Maximiano exigió que se divorciara en favor de la hijastra de él, Teodora. Nada se sabe de la vida de E. durante el reino subsecuente de Constancio pero, después del ascenso al trono de Constantino, en 306, ella estuvo en la corte, donde fue altamente honrada. Por medio de Constantino se hizo cristiana y, ayudada por su bondad, hizo grandes obras de caridad. En su vejez visitó la Tierra Santa, donde su nombre se asocia a la construcción de iglesias en sitios relacionados con Jesús. Sin embargo, no tiene base alguna la tradición de que la Cruz haya sido descubierta, ni de que la hubiera descubierto ella. El lugar de su muerte se desconoce, pero probablemente fue enterrada en Constantinopla. DAVID JOHN WILLIAMS

ELIAS DE CORTONA (c.1180-1253). Ministro-general de la Orden Franciscana. Como hermano laico, él y →Francisco de Asís experimentaron un afecto mutuo. E. fue ministro provincial de Siria (1217-20) y portavoz de Francisco en el capítulo general de 1221. →Gregorio IX le confió la construcción de la basílica de Asís, en donde iban a reposar los restos de Francisco. E. es la figura franciscana antigua más controvertida. Ya en vida ganó mala fama entre los frailes, concepto éste que sus años de declinación, pasados con el excomulgado emperador Federico II, solo podían confirmar. La muerte de Francisco al parecer lo privó de una vital inspiración personal. Debilitada su resolución, E. mostró un orgullo y una ostentación no franciscanos; pero fue injusto y no histórico que sus enemigos, a la luz de éstas y otras desviaciones, reinterpretaran los acontecimientos ocurridos en vida de Francisco de tal manera que aun entonces E. aparezca descalificado. Los elementos oficialistas de la orden lo detestaban porque favorecía por igual a los hermanos laicos y a los clérigos (como había hecho Francisco), no obtuvo muchos privilegios y generalmente no los consultó cuando tuvo que tomar decisiones. Lo depusieron de su carácter de ministro-general por orden de Gregorio IX en 1239. L. FEEHAN

ELIOT JOHN (1604-1690). "Apóstol a los Indios". N. en Inglaterra. Se graduó en Cambridge en 1622, fue ordenado en la Iglesia de Inglaterra y enseñó por algún tiempo en una escuela de Essex dirigida por Thomas Hooker, cuyas opiniones eran dedicidamente→no conformistas. E. llegó a participar de ellas y esto lo condujo a viajar al Nuevo Mundo en 1631. En 1632 fue maestro en una iglesia de Roxbury, Massachusetts, cuya relación mantuvo hasta su muerte. Habiéndose perfeccionado en el uso de los dialectos indios, empezó su obra en 1646. Pronto descubrió que ellos preferían vivir por sí mismos. Por tanto por el año 1674 ya había organizado sus "indios que oraban" (calculados en unos 3.600) en cuatro comunidades con gobierno propio. La obra en Natick, en donde fue fundada la primera iglesia de indios en 1660, iba a continuar hasta la muerte del último pastor nativo en 1716. E. consiguió para ellos trabajo, vivienda, tierras y ropa. Abstemio y no fumador como era, sin embargo no prohibió el alcohol y el tabaco a sus convertidos. Sus compañeros, entre los cuales gozó de gran respeto, aprobaron su obra y aun llegó desde Inglaterra el dinero para fundar escuelas y para otros fines.

Los curanderos le eran hostiles, y cuando estalló la guerra relacionada con el nombre del rey indígena Felipe, la causa misionera recibió un severo golpe. Pasaron algunos años antes de que pudiera conseguir suficiente apoyo otra vez. E. nunca se desalentó y en 1689 entregó unas 75 hectáreas en Roxbury para la enseñanza de indios y negros (puede haber sido también el primer gran defensor que tuvieron estos últimos).

No abandonó su celo literario pese a las incesantes demandas de su ministerio. Con Richard Mather y Thomas Welch preparó la impresión en 1640 de una versión métrica inglesa de los Salmos. Este *Bay Psalm Book* fue el primer libro impreso en Nueva Inglaterra. Tradujo muchas obras al dialecto de los indios algonquinos; aquí su mayor logro fue la Biblia (1661-63), la primera vez que las Escrituras fueron impresas en la América del Norte. Con la ayuda de sus hijos, también produjo una gramática india (1666). Le siguió su traducción del Catecismo Mayor en 1669.

También publicó *The Christian Commonwealth* (1659), obra curiosa acerca del gobierno fue prohibida por las autoridades debido a las simpatías que demostraba hacia las ideas republicanas. Por último, su *Harmony of the Gospels* (1678) constituía una vida de Jesús. Célebre por su erudición, piedad, celo evangelístico y sabiduría práctica, E. alcanzó avanzada edad. "El que escriba sobre Elliot —dijo Cotton Mather— tiene que escribir acerca del amor, o no tiene que escribir nada". J.D. DOUGLAS

ELIPANDO (c.718-802). Originador y expositor del adopcionismo en España. Reaccionando contra las enseñanzas de Migecio en cuanto a que Jesús era una de las divinas personas de la Trinidad, trazó una distinción muy aguda entre el eterno Hijo, segunda persona de la Trinidad, y la naturaleza humana de Cristo. El →Logos, Hijo eterno de Dios, había adoptado la humanidad —no la persona— con el resultado de que Cristo se volvió así el Hijo adoptivo. Tal enfoque fue rechazado por los concilios de Regensburg (792), Francfort (794) y Aquisgrán (798) y por los papas Adriano I y León III. E. fue obispo metropolitano de Toledo y, aunque sus puntos de vista fueron condenados en forma decisiva, su posición era tan fuerte —posiblemente debido a la presencia musulmana en España— que fue capaz de retener su sede hasta que murió. HAROLD H. ROWDON

ELKESAITAS. Elkesai vivió aproximadamente por el año 100. No es claro si era un →ebionita que desarrolló puntos de vista particulares, o si procedía de un trasfondo común. Recalcó la Ley, aunque cortando las falsas perícopas, rechazaba los sacrificios y a Pablo, y enseñaba el vegetarianismo. Su cristología parece haber sido ebionita. Además, pretendió tener una revelación especial que le fue dada por un ángel (el Hijo de Dios) y un ser femenino (el Espíritu Santo). Hay un trasfondo común en muchos de sus conceptos y en los de *El Pastor de →Hermas*. Aunque muy ascético, insistía en el matrimonio y ponía mucho énfasis en el bautismo. Debido a que su enseñanza era algo más ortodoxa que la de los ebionitas y mostraba tendencias más gnósticas, se extendió hasta Alejandría y Roma. Conocemos detalles mayormente a través de citas en →Hipólito y en →Epifanio.
H.L. ELLISON

EL SALVADOR. La obra misionera inicial la realizaron clérigos seculares de la ICR. Eclesiásticamente El S. dependía de la diócesis de →Guatemala durante la época colonial, pero los salvadoreños deseaban la independencia tanto eclesiástica como política respecto a Guatemala. Cuando Guatemala se elevó a arzobispado en 1742 se esperaba que El S. llegaría a ser diócesis separada, pero no sucedió así.

El primer movimiento independentista en Centroamérica surgió en El S. en 1811, inspirado por el sacerdote Matías Delgado y motivado no solo por razones políticas sino también eclesiásticas. Ganada la independencia de América Central en 1821, los salvadoreños querían un obispo nacional. El congreso del nuevo país, por cuenta propia, creó una diócesis y nombró como obispo a Delgado en 1822. Este acto fue desconocido tanto por el Vaticano como por el arzobispo de Guatemala, pero los liberales, que en aquella época dominaban, mantuvieron en pie lo hecho por el congreso, de modo que El S. quedo como diócesis cismática hasta 1841 cuando, ya iniciada la era de conservadurismo, el papa estableció una diócesis en regla.

En el s.XIX hubo vaivenes entre el dominio clerical y el anticlerical del país hasta 1871. Desde esta fecha hasta recientemente el gobierno ha quedado en manos de liberales que a veces se han mostrado hostiles hacia la ICR. La constitución de 1886 estableció la libertad de cultos y pensamiento (antes de 1871 no se permitía ningún culto no católico), secularizó los cementerios y la educación, abolió las órdenes monásticas y declaró la separación entre la Iglesia y el Estado. Con la pérdida de sus privilegios la Iglesia sufrió mucho. En 1945 la proporción de sacerdotes respecto a la población era uno por cada 8.700 habitantes.

Pero a mediados del s.XX empezó a menguar el anticlericalismo. La Constitución de 1962 eliminó algunas de las restricciones impuestas por la anterior. En el Congreso Eucarístico de 1964 el presidente de la República se arrodilló con el arzobispo ante el Santísimo.

Pero también en la misma Iglesia ha habido cambio. Unos sacerdotes han repudiado la vieja unión entre la aristocracia terrateniente y el clero y se han puesto al lado de las masas pobres y oprimidas de éste, el más poblado de los países centroamericanos, hasta el nuevo arzobispo Romero y Galdámez se puso de parte de ellas. El costo de su apostolado ha sido caro. Un número considerable de tales sacerdotes han sido asesinados, incluso el mismo arzobispo en 1980.

El futuro de la ICR en El S. no es muy prometedor. En 1970 había 435 sacerdotes, pero en 1975 solo 394, en un país de 4.000.000 de habitantes, dejando un promedio de un poco menos de uno por cada 10.000.

El movimiento evangélico en El S. fue iniciado por la Sociedad Bíblica Americana. El valiente agente bíblico, Francisco →Penzotti, empezó a vender biblias allí en 1892 y encontró libertad de cultos (era en la época liberal) y un ambiente muy abierto para el mensaje evangélico. La recién fundada →Misión Centroamericana aceptó el reto. Hubo drama y tragedia para los primeros misioneros. Los esposos H.C. Dillon se ofrecieron para ir a El S. En junio de 1894 viajaban de Nicaragua al puerto de Acajutla. La señora de Dillon, ya enferma, murió antes de llegar a El S. y fue sepultada en alta mar. Dillon tuvo que regresar a su tierra con los hijos huérfanos. En 1896 llegó Samuel Purdie, misionero que ya había servido con la misión de los →Amigos en México por 25 años. Después de un año de servicio fructífero sufrió un accidente y murió.

Al fin en 1897 llegó el primer misionero permanente, Roberto Bender. Su trabajo inicial prosperó: después de 10 años pudo informar que había 600 creyentes. Más tarde la obra perdió impulso. En 1967, después de 70 años de trabajo, la Misión Centroamericana solo tenía 2.566 comulgantes. Pero en la década de los '70 las iglesias crecieron de tal manera que en 1978 la membresía había alcanzado 6.002 en 83 iglesias y 115 misiones. De esta comunidad han surgido líderes destacados como el elocuente predicador Eliseo Hernández y el teólogo Emilio Antonio Núñez.

En 1911 bautistas de EUA (Convención del Norte) iniciaron labores en el país. Se han destacado por su actividad educativa, fundando colegios de alta categoría en la capital y Santa Ana. Pero su trabajo eclesiástico ha progresado lentamente. La membresía de sus iglesias aumentó de 417 en 1915, a 3.664 en 41 iglesias y cinco misiones en 1978.

Por el año 1912 llegó a El S. un misionero independiente que hacía poco había tenido la experiencia pentecostal. Debido a su predicación ferviente muchas personas se convirtieron. En 1929 la junta misionera de las →Asambleas de Dios se encargó del grupo desorganizado, que desde entonces empezó a crecer de una manera fenomenal: de 1.518 miembros en 1930 a 22.477 en 531 iglesias y 1.287 misiones en 1978.

Posteriormente han ingresado muchos otros grupos pentecostales que también han prosperado numéricamente. La →Iglesia de Dios (Cleveland) inició labores en el país en 1940, y en 1978 tenía 9.850 miembros en 170 iglesias y 50 misiones. Entre los demás grupos pentecostales se destacan: Príncipe de Paz con 5.050 miembros (1978), La Santa Sión con 5.430 (1978), y Apóstoles y Profetas con 3.800 (1978). En este año los pentecostales, con 66.400 miembros comulgantes y una comunidad total de casi 200.000, constituían el 68% de la población evangélica del país.

Los →Adventistas del Séptimo Día iniciaron su obra en El S. en 1915. En 1925 tenían apenas 100 miembros pero en 1978 el número había ascendido a 12.067.

Durante los años 1960-80 ingresaron muchas otras entidades evangélicas pero la proliferación no ha sido tan exagerada en El S. como en los otros países centroamericanos. Un aspecto notable del cuadro evangélico es que la Iglesia Presbiteriana Nacional de Guatemala ha iniciado obra en su hermana República de El S.

En 1978 había en El S. 2.059 iglesias y misiones evangélicas con 98.224 comulgantes y una comunidad total de 294.670, la cual representaba el 6.4% de la población del país. CLIFTON L. HOLLAND y WILTON M. NELSON

ELVIRA, CONCILIO DE (c.305). Celebrado en España después de un período de persecución. Concurrieron 19 obispos y cierto número de presbíteros. El concilio revela una comunidad que enfrenta los problemas creados por una rápida conversión a la que sigue cierta decadencia del fervor original. Los problemas básicamente giran en torno al grado de componenda aceptable en una sociedad cristiano-pagana. Así los 81 cánones se ocupan de asuntos tales como el continuado apego nominal al sacerdocio pagano, segundo matrimonio, adulterio y el celibato entre el clero. Los castigos son severos; incluyen la excomunión vitalicia sin posibilidad de reconciliación, por delitos tales como sacrificios y bigamia. Hay evidencias de un creciente ascetismo en un reglamento para las vírgenes "que se han dedicado a Dios".

C. PETER WILLIAMS

EMBURY, PHILIP (1728-1773). Probablemente fue el primer ministro metodista en América. N. en Irlanda en una familia de refugiados del Palatinado alemán. Fue carpintero de oficio. La predicación de John Wesley lo llevó a convertirse en 1752, volviéndose predicador local en Irlanda seis años más tarde. Emigró a la ciudad de Nueva York en 1760. Bárbara Heck lo alentó para que predicara a los inmigrantes que estaban espiritualmente despreocupados, y él lo hizo en una reunión celebrada en su propio hogar en 1766. En 1768 levantó una capilla en Nueva York. Posteriormente se trasladó a Camden, Nueva Jersey, en donde trabajó de carpintero y predicó los domingos hasta su temprana muerte en la granja. J.D. DOUGLAS

EMINENCIA. Deriva de la raíz latina *eminere*, que expresa encumbramiento o prominencia en sentido físico, y así se dio este título eclesiástico de honor. Urbano VIII lo limitó en 1630 al gran maestro de la Orden de Malta, a los tres electores arzobispales del Santo Imperio Romano y a los cardenales en general. Solamente ha sobrevivido este último uso. J.D. DOUGLAS

EMSER, JERONIMO (1477-1527). Editor y ensayista alemán, el más decidido opositor de Lutero. Después de estudiar en Tübingen (1493) y en Basilea (1497), enseñó los clásicos en Leipzig. Como secretario de Jorge de Sajonia, en Dresden, estuvo presente en la disputa de →Leipzig en 1519 con el Duque Jorge. E. rompió con Lutero y lo combatió mediante una defensa de la primacía papal. Lutero lo refutó en su famosa respuesta "Al pestilente chivo Emser" y quemó en 1520 los escritos de éste junto con la ley canóniga y la bula papal de excomunión. Cuando en 1522 apareció la "Biblia de Diciembre", de Lutero, E. preparó una versión alemana de idéntica apariencia, aun usando los grabados en madera de →Cranach. Lutero se burló de esta "corrección" en su *Sobre el traducir: una carta abierta.* En 1523 E. escribió *Defensa del canon de la misa, contra Ulrico Zuinglio.* Zuinglio respondió en 1524 con *Antibolon.* Las polémicas de E. solo terminaron al morir éste en Dresden.

MARVIN D. ANDERSON

ENCARNACION. Aunque este término no aparece en la Biblia, es bíblico en el sentido de que expresa el significado de la Escritura al enseñar que Jesús de Nazaret fue el Verbo eterno que se hizo carne (Jn. 1:14). Jesús es el Hijo de Dios que, enviado por el Padre, viene a este mundo "en semejanza de carne de pecado" (Ro. 8:3). En el núcleo de la fe cristiana se halla la confesión del "misterio de la piedad: Dios fue manifestado en carne" (1 Ti. 3:16).

Habiendo declarado en la doctrina de la Trinidad (325 d.C.) que el Padre y el Hijo son coeternos y consustanciales, los Padres de la Iglesia no podían eludir la pregunta: ¿cómo podía el Hijo eterno, que es igual al Padre en divinidad, participar de nuestra carne en tal modo que se hiciera hombre como hombres somos nosotros? Algunos (p.e. →Apolinario) sugerían que el Hijo había asumido verdadero cuerpo y alma, pero en vez de un espíritu humano tenía, o era, el Logos divino. Dándose cuenta de que esto impugnaba la plena humanidad de nuestro Señor, otros (p.e. Nestorio) afirmaron esta humanidad, pero hablaban de Jesús en una forma que hacía de él una persona virtualmente distinta del Logos divino ("El que fue formado en el vientre de María no era Dios en persona, pero Dios lo asumió ...").

Reaccionando contra la sugerencia de que el Hijo Divino y Jesús eran dos personas, Cirilo de Alejandría y sus seguidores arguyeron que, como resultado de la e. lo humano y lo divino se fundieron en una sola naturaleza (→MONOFISISMO). Después de muchas controversias, siguiendo la directriz del Papa León I, la iglesia llegó a definir la doctrina ortodoxa de la e. en el Concilio de →Calcedonia en el año 451 al declarar que nuestro Señor Jesucristo es verdadero Dios y verdadero hombre *(vere Deus, vere homo)*, consustancial con el Padre en todo en su divinidad, pero en su humanidad semejante a nosotros en todo, menos en el pecado. Este único y mismo Jesucristo se conoce en dos naturalezas "sin confusión, sin cambio, sin división, sin separación, en modo alguno borrada la diferencia de naturalezas por causa de la unión, sino conservando, más bien, cada naturaleza su propiedad y concurriendo en una sola persona y en una sola subsistencia". Esta unión de la naturaleza humana y la divina en una sola persona (conocida técnicamente como "unión hipostática", del gr. *hypóstasis,* "persona") es la confesión común de toda la Iglesia, ortodoxa oriental, católica romana, y protestante.

No se trata de que la definición de Calcedonia le quite a la E. su misterio —más bien podría decirse que exalta el misterio—, sino de que ha probado ser notablemente eficaz en destacar los límites propios del pensamiento creyente acerca de la persona de Jesucristo, único Mediador entre Dios y los hombres.

En cuanto a los términos de la cristología calcedoniana, debe notarse lo siguiente. La palabra "naturaleza" (gr. *physis*, lat. *natura*), tal como la emplean los Padres, no se refiere al orden físico que es el objeto de investigación de las ciencias "naturales". La palabra "naturaleza" designa más bien el "ser" o "realidad" en contraste con la "apariencia". Decir que Jesucristo tiene una "naturaleza divina" es decir que todas las cualidades, propiedades o atributos por los cuales uno describe el orden divino se aplican a él. En resumen, él es Dios en persona, no *semejante* a Dios, sino simplemente *Dios.* Así también ocurre con la afirmación de que Jesucristo tiene una "naturaleza humana". No es Dios que *aparece* como hombre; *es* hombre. No es *solo* hombre o *solo* Dios; es Dios que *se hizo* hombre. No dejó de ser Dios al hacerse hombre. No *trocó* la divinidad por la humanidad. Más bien *asumió* la humanidad de tal manera que, como resultado de la E., él es a la vez humano y divino, el Dios-hombre.

En cuanto a "persona" (gr. *hypóstasis,* lat. *persona*), este término fue usado por los Padres para describir a nuestro Señor como un *Sujeto* consciente de sí mismo y determinado en sí mismo, uno que se designa a sí mismo con la palabra "yo" por oposición a un "tú". La palabra *hypóstasis* quiere decir literalmente "lo que está debajo", e.d. lo que hay, en cada caso individual, en el nivel más profundo. En tanto que a Jesús como Mesías debemos atribuirle todas las cualidades que pertenecen al orden humano de existencia (en cuenta el ser corporal, físico, objetivo: la Palabra "se hizo carne", Jn. 1:14), no podemos decir que en el nivel último de su ser él sea una persona humana. Es una persona divina, con una naturaleza humana. El Hijo de Dios no asumió en su propia naturaleza la persona de un hombre, sino que asumió la naturaleza de hombre en su propia persona. Es, pues, una persona divina que ha asumido nuestra humanidad. (Si no fuera una persona divina no sería objeto del culto cristiano, porque los cristianos adoran solo a Dios, nunca la criatura).

En cuanto a las cualidades personales de la humanidad de Cristo la posición que generalmente —pero no universalmente— mantienen los teólogos que se suscriben a la cristología calcedoniana es una que habla de la "humanidad impersonal" de nuestro Señor (anahipostasía, enhipostasía). No es que no haya manifestación en Jesús de la personalidad en el nivel humano; más bien, la idea es que esta humanidad, por sí misma, no tiene existencia independientemente de la Persona divina. Lo que es humano, en él, existe en y por medio de la Palabra que es Dios en persona. Existe, sin duda, un sentido en que Dios está presente en *toda* la realidad creada, especialmente por medio de la *gracia* en su palabra y en los sacramentos. Pero comoquiera que concibamos esta presencia divina de poder (creación-providencia) y de gracia (palabra-sacramento), no puede haber idea de identidad entre Dios y la criatura. Pero del hombre Jesucristo algo absolutamente singular se afirma: se declara que este hombre es idéntico a Dios mismo, porque él, la Persona, es la "Palabra que se hizo carne y que habitó entre nosotros" (cp. Jn. 1:14). Por lo tanto nunca podemos pensar en él como hombre sin pensar en él al mismo tiempo como Dios.

Si el Hijo encarnado de Dios reúne la verdadera deidad y la verdadera humanidad en un yo personal, entonces hay una comunión de atributos en la persona del Mediador en virtud de la cual podemos hablar de él en cualquier manera en que sea apropiado hablar de Dios o del hombre (ver, p.e., Hch. 20:28, donde el mejor texto dice que es Dios quien ha comprado a la Iglesia con su propia sangre). Los teólogos luteranos, a diferencia de los reformados, han ido más lejos, alegando no solo una comunión, sino también una "comunicación" de atributos (Artículo VIII,

Fórmula de Concordia). Suponer, sin embargo, como lo supone la doctrina de la *communicatio*, que la naturaleza humana de nuestro Señor poseía los atributos de la divina en virtud de la unión hipostática, es derivar una conclusión que no ha encontrado mucho eco fuera de los círculos luteranos.

Asimismo, la iglesia en general ha rechazado la doctrina luterana de la →kénosis (del verbo gr. *kenoo* = "vaciarse", Fil. 2:7), si bien algunos además de los luteranos, especialmente en la Comunión Anglicana, han aceptado cierta forma de kenoticismo.

En todas estas ideas no se contradice el supuesto fundamental de la cristología calcedoniana; se entiende que la E. significa que una persona divina preexistente, el Hijo eterno de Dios, se ha revelado en la historia como el hombre Jesús de Nazaret. Sin embargo, un significativo cambio de dirección comienza con →Schleiermacher, que dijo que era lamentable que la iglesia hablara de la unión de lo humano con lo divino en Jesucristo como *acto* de la persona misma, en vez de hacerlo *constitutivo* de la persona. El "Hijo de Dios" es el sujeto de la unión de lo humano y lo divino en Jesús, según Schleiermacher, y no la persona divina que existe antes de que esa unión se efectuara.

En última instancia, para Schleiermacher, Jesús es un hombre "que fue singularmente dotado de la conciencia de Dios"; para Ritschl, "Jesús enseñó una moral elevada, pero en el ejercicio de esta vocación nunca transgredió los límites de una estimación puramente humana de sí mismo"; para Harnack, "Jesús conocía a Dios en una forma en que nadie antes lo había conocido". En esta tradición del liberalismo alemán hay una separación tan radical de la visión calcedoniana hacia una concepción de Jesús como solo hombre, aunque un hombre excepcional, que apenas es posible ya hablar de "e.". Por eso →Tillich pone entre comillas la palabra "e." y ha declarado que su significado tradicional de que "Dios se ha hecho hombre", "no es enunciado simplemente paradójico, sino que es un enunciado sin sentido". Para los teólogos contemporáneos que coinciden en este juicio, Jesús fue simplemente un judío palestinense del s.I, sin diferencia de los demás hombres, excepto que su integridad ética y su genio religioso nos han dejado endeudados con él.

En contraste con esta "teología de lo horizontal", la doctrina cristiana de la e. afirma que en el acontecimiento-Jesús, Dios, como una "perpendicular desde arriba", visitó nuestra tierra y se hizo parte de la historia humana. Comprender esta diferencia, a la luz de la pregunta crucial "¿Quién dicen ustedes que soy yo?", es percibir cuán importante puede ser para la fe cristiana un pensamiento teológico lúcido, tal como ese pensamiento se preserva en los símbolos históricos de la iglesia. →CRISTOLOGIA; JESUCRISTO.

PAUL KING JEWETT

ENCICLICA. Término que básicamente significa "lo que va en círculo". Se aplica especialmente a la literatura epistolaria: la carta de Pablo a los Efesios representa el más antiguo ejemplo dentro de los documentos cristianos; su recomendación en Col. 4:16 explica tanto la intención como el modo de operar. En la generación siguiente varios documentos agrupados como →Padres Apostólicos tenían propósito similar, y de ahí en adelante cualquiera de las cartas de un obispo a su iglesia. En el uso de la terminología moderna denomina e. a las enseñanzas generales del papa para la iglesia. J.D. DOUGLAS

ENCICLOPEDISTAS. Término aplicado a los *philosophes* de la →Ilustración que contribuyeron con artículos para la *Encyclopedia*. Esta resultó la más prodigiosa empresa intelectual del s.XVIII. Fue publicada entre 1751 y 1772 y editada por Denis →Diderot y Jean d'Alembert. Los e. se proponían que fuese una fuente de información y un medio de educación en las artes, en las ciencias y en todo aspecto del saber, así como también que fuese una especie de bolsa sobre nuevas ideas acerca de religión, política y sociedad. Sus temas destacados fueron: la autonomía del hombre, la secularización del conocimiento y el pensamiento, la natural bondad y perfectibilidad de la naturaleza humana, la creencia en la razón, en la ciencia y en el progreso. Fue prohibida oficialmente en 1759 porque denunció abusos en el gobierno francés y en la ICR, pero continuó circulando libremente. RICHARD V. PIERARD

ENCOMIENDA. Estructura de dominio español en la colonización del Nuevo Mundo. Es una variante americana del →feudalismo español.

La e. se establece por medio de un derecho concedido por el rey. Se encomendaban familias indígenas a un colono, quien se convertía en usufructuario del trabajo y de la tributación de los indios a cambio del buen trato y la instrucción religiosa.

La e., que teóricamente trataba de defender al indio, se transformó en un negocio tal que la explotación del indígena se hizo extrema. Las Leyes de Burgos (1512) afirmaban que la encomienda era justa y esencial, aunque también establecían ciertas responsabilidades de los encomenderos: buen trato, construcción de iglesias, reglamentación del trabajo y ciertos derechos para los indígenas.

El control, la explotación y la subordinación de los indígenas son fundamentados teóricamente mediante la e. En el plano social el indígena es inferior; en el plano económico, enriquece al colono; en el plano político, está sometido. El encomendero a través de esta instrumentalidad económica, política, social y religiosa domina y salvaguarda el territorio americano para la corona española.

En el orden teológico la e. es un intento de justificación evangélica para encubrir la dominación. CARMELO E. ALVAREZ

ENCRATITAS. El nombre deriva del griego *enkrateis* = "autocontrol", y fue aplicado a varios grupos por Ireneo, Clemente de Alejandría e Hipólito. Este término nunca fue usado con precisión pero abarca a todos los movimientos entregados a prácticas ascéticas extremas. Sus orígenes se remontan al cristianismo judaizante, especialmente en cuanto fue influido por Qumran, al gnosticismo y a aquellas sectas docetas bajo el influjo de la filosofía griega. Tendían a rechazar el uso del vino (lo cual, al igual que los ebionitas, influiría en la Cena del Señor) y de la carne. Frecuentemente también era repudiado el matrimonio. Estos grupos no eran necesariamente heréticos pero siempre corrían el riesgo de la exageración. Dos de sus figuras dominantes fueron →Taciano (según Jerónimo) y Julio Casiano que expresó los ideales del movimiento en su libro *Peri Eunouchias*.
H.L. ELLISON

ENGELS, FRIEDRICH (1820-1895). Filósofo social, amigo y colaborador de K. →Marx. N. en Barmen, Alemania, en una familia de industriales. Participó activamente en las luchas político-sociales y filosóficas de Europa. Su encuentro con Marx y su estada en Inglaterra fueron decisivos en su vida. A E. se le debe los estudios básicos sobre la dialéctica de la naturaleza y la elaboración de las tres "leyes de la dialéctica materialista". Con Marx desarrolló los fundamentos filosóficos del materialismo histórico. En el análisis del fenómeno social, E. hace una crítica de la religión, pues en la sociedad hay que buscar la raíz del fenómeno religioso.

La religión, como uno más de los aspectos ideológicos, es el producto necesario del pensamiento humano en una determinada época. No hay trascendencia, en sentido teológico.

E. distingue dos manifestaciones fundamentales del carácter de la religión: en las sociedades primitivas y en las sociedades de tipo clasista. En la comunidad primitiva, la religión surge del enfrentamiento del hombre con la naturaleza. Esta se le impone como fuerza superior y misteriosa, pues no puede dominarla. Aparece entonces, como compensación ideológica, lo mágico-religioso como contrapeso a la debilidad técnico-económica y científica del hombre. En la sociedad clasista, los antagonismos sociales constituyen la base social sobre la que se genera continuamente el fenómeno religioso. La religión en este contexto es valorada positivamente en la medida en que llega a constituirse como elemento de protesta y utopía, para las masas dominadas. E. insistirá en este aspecto en sus estudios "históricos" sobre el cristianismo primitivo, la religión de Lutero, la de Calvino y finalmente la de Tomás →Münzer. En su *Contribución a la historia del cristianismo primitivo* (1894) sostiene que el desarrollo del cristianismo obedece a las condiciones históricas: por la tensión dialéctica esclavos/triunfalismo constantiniano. El cristianismo es la expresión religiosa de los esclavos y oprimidos. Por ella, las masas sometidas a servidumbre canalizaron las ansias de una apocalipsis liberadora (protesta y utopía). VICTORIO ARAYA G.

ENHIPOSTASIS. Concepto doctrinal que describe el esfuerzo del teólogo →Leoncio de Bizancio (s.VI) por expresar la fórmula de Calcedonia en categorías aristotélicas. Fue un intento realizado bajo la presión política provocada por la demanda de →Justiniano de resolver la cuestión monofisita. La palabra e. no aparece citada en la literatura patrística aunque la forma adjetiva es de tradición platónica; y en castellano la encontramos sobre todo en relación con la teología de Leoncio. El término usado por éste ("intrahipostático") tiene como propósito definir la unidad de sustancia *(hypostasis)* que una naturaleza puede lograr con otra, de tal manera que retenga su propia peculiaridad *(eidos)*. Las analogías del alma y el cuerpo, o del fuego y la antorcha, les proveían a Leoncio y a los teólogos de su época de ejemplos que les permitían describir la vida divino-humana de Cristo como ya la había descrito →Cirilo de Alejandría: "dos naturalezas en una sola persona". CLYDE CURRY SMITH

ENRIQUE II (973-1024). Rey alemán y emperador del Santo Imperio Romano. Duque de Baviera y descendiente directo de Otón I, Enrique fue elegido rey en 1002 y coronado emperador en 1014. Puso énfasis en la consolidación de su posición en Alemania y dio muy poca atención a Italia, aunque sí reconquistó algunos territorios que se habían perdido ante los eslavos. Dependió mucho de la iglesia y nombró prelados en las más importantes posiciones administrativas. Hizo grandes donaciones de tierras de la corona para iglesias y monasterios y fundó la sede de Bamberg en 1007. Puso eclesiásticos a cargo de condados vacantes, mientras liberaba a otros clérigos del control de la nobleza. Al estimular celosamente la reforma eclesiástica, allanó sin saberlo el camino para la destrucción del Imperio, porque una iglesia reformada no podría reconciliar sus ideales espirituales con los deberes políticos que se le imponían. Fue canonizado en 1146 y muchas leyendas han surgido acerca de E. como el modelo de gobernante cristiano. Su piadosa esposa, Cunigunda, fue canonizada en 1200. RICHARD V. PIERARD

ENRIQUE III (ca.1017-1056). Emperador del Santo Imperio Romano desde 1039. Fue responsable de la "purificación del papado". Los ss.X y XI fueron para el papado una época de degeneración; se había convertido en un instrumento de los violentos nobles romanos. En 1046 había tres papas. Siendo un hombre profundamente religioso, E. estaba dolido por la situación y respondió a una petición marchando sobre Roma, convocando el Sínodo de Sutri que depuso a los tres papas e instaló a un alemán, Clemente II, y subyugó por la fuerza a los nobles. Se le oponían los "altos sacerdotalistas", pero muchos lo apoyaban, especialmente los que deseaban la reforma, tales como Pedro →Damián y el Cardenal Humberto. Como resultado de ello, el papado comenzó la tarea de reformarse a sí mismo y a la iglesia en general. E. designó a los tres papas siguientes, todos alemanes, y todos celosos reformadores. Durante su vida, emperador y papa trabajaron en una amigable asociación, pero después de eso el papado comenzó a reafirmar su independencia.

J.G.G. NORMAN

ENRIQUE IV (1050-1106). Rey alemán y emperador del Santo Imperio Romano. Sucedió a Enrique III en 1056 y soportó una regencia caracterizada por las luchas civiles, que lo animó a tomar la decisión de fortalecer la monarquía. Después de alcanzar la mayoría de edad en 1065, sus acciones extremadamente apresuradas para extender el poder real en Sajonia dieron como resultado la guerra y buscó el respaldo de la iglesia en la lucha. Apenas ganada la victoria en 1075, el Papa →Gregorio VII prohibió las investiduras laicas, negándole así a E. la voz en la selección de los eclesiásticos alemanes. E., indignado, depuso a Gregorio y el papa reaccionó excomulgando al emperador en 1076. Puesto que la mayoría de los nobles alemanes apoyaban a Gregorio, E. procuró evitar su inminente derrocamiento yendo a Canossa en 1077 para obtener la absolución papal inmediatamente antes de que comenzara un concilio en Augsburgo.

La guerra civil estalló cuando los nobles eligieron otro rey y Gregorio le dio su apoyo. En 1080 E. volvió a deponer a Gregorio (que murió en el exilio, 1085), estableció a Clemente III como antipapa, y fue coronado por él en 1084. Los últimos años de la vida de E. estuvieron llenos de insuperables dificultades, pues sus hijos Conrado y Enrique se rebelaron, provocando el colapso del gobierno imperial. El resultado de estas guerras fue el crecimiento del feudalismo y la soberanía de los príncipes en Alemania y de poderosas comunas urbanas en Italia.

RICHARD V. PIERARD

ENRIQUE IV DE FRANCIA (1553-1610). Primero de los Borbones que fue rey de Francia. Criado como protestante por su madre, decididamente calvinista, Juana d'Albrêt, E. heredó de ella el trono de Navarra. Estaba emparentado con la dinastía gobernante de Valois tanto por su padre, Antonio de Borbón, como por su madre, sobrina del rey Francisco I (m.1547). Al venir las guerras de religión en 1562, la familia de E. jefeó las fuerzas de los hugonotes. En 1572 se arregló un matrimonio de paz entre E. y Margarita de Valois, hija de →Catalina de Medicís. Cuatro días después, el 22 de ag., tuvo lugar la masacre de la →Noche de San Bartolomé. E. fue capturado, forzado a convertirse al catolicismo y mantenido preso por tres años y medio. Finalmente escapó, regresó a su fe protestante y asumió el liderazgo de la causa hugonota.

En 1589 su sobrino, Enrique III de Francia, murió sin heredero, y Enrique de Borbón quedó de heredero forzoso. Sin embargo, la mayoría de los franceses rehusaron aceptarlo como rey por su calvinismo. Finalmente en 1593, cuando el país estaba al borde del colapso, E. abrazó una vez más la fe católica y entró triunfante en París. Los historiadores han debatido los motivos reales de su reconversión: los logros personales o la supervivencia de Francia. Comoquiera que fuese, inauguró una época de tolerancia para sus antiguos compatriotas hugonotes con el Edicto de →Nantes en 1598. E. fue asesinado por el fanático católico Francisco Ravaillac.

ROBERT D. LINDER

ENRIQUE VIII (1491-1547). Rey de Inglaterra, segundo hijo de Enrique VII e Isabel de York. Fue un muchacho inteligente que recibió una educación renacentista. Al ser emitida una dispensa papal, en 1509, se casó con Catalina de Aragón, viuda de su hermano mayor Arturo, continuando así una alianza entre los Tudores y el trono español. Subió al trono ese mismo año, con Thomas →Wolsey a cargo del reino en lugar suyo.

Poco después de la aparición de los tratados de Lutero en 1520, E., con un poco de ayuda, replicó en 1521 con la *Defensa de los siete sacramentos,* que dio como resultado el que el papa le confiriera el título de "Defensor de la fe". Hacia fines de la década, E. había adquirido creciente preocupación por su papel como rey en el bienestar espiritual de su pueblo y por su incapacidad de engendrar un heredero varón, lo cual podía dar como resultado una guerra civil. De su matrimonio con Catalina solo sobrevivía María Tudor. Wolsey pensó que podía conseguir un divorcio y arreglar la "gran cuestión" pero la corte especial de legados de 1529, presidida por Wolsey y →Campeggio, no logró resolver el problema.

En 1529 Wolsey fue removido de su cargo y E. comenzó su ataque contra el control papal en Inglaterra. Con la muerte del arzobispo Warham y la renuncia del Lord Canciller, Tomás →Moro, E. avanzó a pasos rápidos. →Cranmer fue nombrado arzobispo; el divorcio fue concedido; E. se casó con Ana Bolena. El Parlamento, bajo la guía de Thomas →Cromwell, pasó a aprobar una serie de leyes que colocaban a Inglaterra fuera de la esfera del control de Roma. Se prohibieron las apelaciones a Roma; se detuvieron la anata y el óbolo de San Pedro; comenzó la disolución de la propiedad monástica y al clero se le exigió someterse al trono. Las protestas se alzaron con el Peregrinaje de Gracia, que fue aplastado y con las objeciones de Tomás Moro y John Fisher, que fueron ejecutados como consecuencia de ellas.

Con el nacimiento de Isabel quedaba aun sin resolverse la cuestión de la sucesión. Tres años después Ana Bolena fue acusada de adulterio y decapitada. Al día siguiente E. se casó con Juana Seymour quien sí le dio un hijo, el futuro Eduardo VI, pero doce días después la reina murió. En 1540 E. fue persuadido, por razones políticas, a casarse con Ana de Cleves, (Alemania), pero al llegar ella le disgustó tanto a él, que el matrimonio no llegó a consumarse y fue disuelto. Luego se casó con Catalina Howard, más tarde acusada de adulterio y decapitada en 1542. Por último se casó con Catalina Parr, que le sobrevivió.

Aparentemente E. siguió siendo básicamente católico, renuente a suscribirse a muchas doctrinas protestantes. Los →Seis Artículos de 1539 marcan un regreso a la doctrina católica, como pudo haberlo indicado también su matrimonio con Catalina Howard. Los últimos años de su reinado sí incluyeron ciertos esfuerzos de reformar la iglesia mientras se mantenía lo exterior del catolicismo. Su reinado no solo echó a andar la Reforma en Inglaterra sino que, mediante el uso del tribunal del *Star Chamber,* el empleo de la ley parlamentaria para efectuar las reformas, el establecimiento de una iglesia nacional bajo la jefatura de la Corona, y la reestructuración de los consejos del norte y el oeste, fortaleció sobremanera el trono de los Tudores en Inglaterra. Pero, como dice Scarisbrick: "Pocos reyes han tenido en su poder el hacer tanto bien como Enrique y pocos han hecho menos".

ROBERT SHNUCKER

ENRIQUE DE LAUSANA (m. a mediados del s.XII). Monje y teólogo, que luego cayó en la herejía. Rechazaba la eficacia objetiva tanto del sacerdocio como de los sacramentos. Su mensaje era la vida evangélica de pobreza y penitencia que él mismo realizó. En 1101 fue de Lausana a Le Mans pero sus ideas sobre el sacerdocio y los sacramentos condujeron a su expulsión por el obispo Hildeberto. Luego predicó en diversas partes del S de Francia, y fue condenado por el Concilio de Tolosa en 1119. En 1135, después de ser arrestado por el obispo de Arlés, E. se retractó temporalmente pero pronto reincidió y continuó su predicación. Después de 1135 fue influido por →Pedro de Bruys, cuyas doctrinas tenían muchas semejanzas con las de E. En 1145 Bernardo de Claraval fue enviado a combatir la predicación de E. E. fue arrestado y murió en Tolosa poco después. Aunque tal vez fue un precursor de los valdenses, E. no era maniqueísta.

L. FEEHAN

ENRIQUE SUSO (c.1300-1366). Místico suabo. N. en buena familia, entró al convento dominico de Constanza cuando tenía trece años, y cinco años después experimentó una fuerte conversión. Completó sus estudios en Colonia bajo la influencia del Maestro →Eckhart, y regresó a Constanza como maestro en la escuela del convento, del cual se hizo luego prior. A los 40 años abandonó su extremo ascetismo para predicar y dedicarse a la labor pastoral. Como predicador, maestro, consejero y confesor itinerante, visitaba regularmente los conventos dominicos cerca de Constanza. Sus escritos son esencialmente devocionales; uno muy importante es *La vida del siervo,* que registra sus experiencias místicas. Su libro especulativo *El pequeño libro de la verdad,* y otro más práctico, *El pequeño libro de la sabiduría eterna,* comentan detalladamente el misticismo. Se estableció en 1348 en el convento dominico de Ulm.

C.G. THORNE, Jr.

ENSEÑANZA DE LOS DOCE →DIDAJE

ENTREDICHO. En el antiguo derecho romano se trataba de una orden negativa del pretor prohibiendo ciertas acciones. En la ICR es una orden que prohíbe o niega a los fieles la participación en ciertos actos sagrados, aunque permanezcan en comunión con la iglesia. Un e. puede dirigirse hacia dos propósitos: su uso general es una censura para producir el cese deseado de cierto acto o condición pero también puede utilizarse como pena vindictiva para producir expiación por una ofensa.

Existen varios tipos de e. Un e. personal afecta a la persona contra quien se dirige adondequiera que vaya, en tanto que un e. local afecta solo a una determinada localidad y no afecta a ninguno de los que abandonen la zona. En un e. personal particular, el que recibe la prohibición se nombra explícitamente; pero en un e. personal general son afectados todos los de un grupo específico. Un e. local particular se dirige a un cierto lugar sagrado, y un e. local general afecta a una zona más amplia tal como una diócesis, provincia, estado o nación. Un obispo puede imponer un e. a una parroquia particular o a la gente de la parroquia, pero solo la Sede Apostólica puede imponer e. que afecten a áreas o grupos mayores. Los actos sagrados que quedan prohibidos por un e. incluyen la celebración de la misa, la bendición con el Santísimo Sacramento y las exequias. A los moribundos o con ocasión de algunas fiestas importantes (como Navidad o Pascua), se conceden excepciones a las prohibiciones contenidas en el e.

Aunque el e. se usaba en la iglesia antigua en el s.VI, no llegó a formar parte del derecho eclesiástico sino hasta el s.XI, y no fue sino hasta después que se institucionalizó completamente. Fue una arma frecuente del papado medieval para tratar con monarcas obstinados, como en el caso del e. que impuso →Inocencio III a Inglaterra cuando el rey Juan (1199-1216) rehusó permitir que entrara al país Stephen Langton, designado papal para la arquidiócesis de Canterbury. Teóricamente el e. todavía es áplicable pero ya no se le considera un instrumento activo de la ICR.

ROBERT G. CLOUSE

ENZINAS, FRANCISCO y JAIME DE. Francisco n. alrededor de 1520 en Burgos (Castilla). Descuella entre los protestantes españoles del s.XVI por su saber filológico y por el número y calidad de sus escritos. Es el clásico representante del español exiliado. Es además el primer traductor moderno del NT en castellano.

En 1539 aparece ya matriculado en la Universidad de Lovaina, dos años después es recibido cordialmente por →Melanchton, y en 1541 se matricula en la Universidad de Wittenberg. Aquí traduce al castellano el NT que en 1534 edita en Amberes con una dedicatoria al emperador →Carlos V, en la que defiende su versión en un lenguaje lleno de donaire y soltura. A causa de las intrigas del dominico fray Pedro de Soto, confesor de Carlos V, la Inquisición mete a F. en la cárcel de Bruselas, de la que se escapa en 1545. Se refugia entonces en Wittenberg, donde escribe en latín unas *Memorias.* Gran viajero, F. toma contacto y hace amistad con todos los grandes reformadores europeos. En 1548 viaja a Inglaterra donde enseña griego en la Universidad de Cambridge y traduce varias obras de literatura clásica grecolatina. También escribe por aquel entonces algunas obras de carácter teológico. Se le atribuye las traducciones castellanas del libro de Lutero *De libertate christiana,* y de un catecismo de Calvino.

En 1552, en plena juventud, muere en Estrasburgo, víctima de una peste que azotó la ciudad.

Menéndez Pelayo hizo grandes elogios de la obra literaria de F. De la traducción del NT afirmó que es muy apreciable, y que su lenguaje es hermoso, como de aquel buen siglo. Calificó sus *Memorias* como un "libro de los más peregrinos de la bibliografía española", y dice que su mérito literario ha de encarecerse mucho por estar escrito en una prosa latina rica y brillante.

Jaime de Enzinas, probablemente más joven que F., n. también en Castilla, pero cuando llega a Lovaina, en lugar de quedarse allí, viaja a París, y se matricula en la Sorbona. Desilusionado con el ambiente de París, donde presencia la muerte en la hoguera de un joven protestante, regresa a Lovaina. De aquí se traslada a Amberes y publica un catecismo (1541). Luego emprende viaje a Roma donde es condenado por la Inquisición y muere en la hoguera en 1546.

ENRIQUE FERNANDEZ Y FERNANDEZ

EPHRATA, SOCIEDAD. Comuna enclaustrada protestante fundada en Ephrata, Pennsylvania, por el místico pietista alemán J.K. Beissel y sus discípulos *Dunker* (→HERMANOS EN CRISTO). Alrededor de 1750 unos 300 hermanos y hermanas vivían en austeridad monástica dentro del claustro, practicaban el celibato y el pacifismo, guardaban el sábado, compartían actividades agrícolas y comerciales, tenían en común todas sus propiedades y ganancias. La sociedad imprimió aproximadamente unos 200 libros desde 1745 a 1800, siendo el más notable el *Martyr's Mirror* por el menonita J.V.T. Braght, y la primera edición americana del *Peregrino.* La primera música impresa en Norteamérica fue publicada en Ephrata, frecuentemente embellecida por las hermanas según la tradición monástica europea. Después de la muerte de Beissel (1768) la sociedad fue dirigida por el erudito y lingüista Peter Miller, pero se fueron deteriorando sus características monásticas y la agrupación se registró en 1814 como la *German Religious Society of the Seventh-Day Baptists.* Finalmente fue disuelta en 1934.

D.E. PITZER

EPICTETO (c.50-c.130). Filósofo estoico. N. como esclavo, probablemente en Hierápolis, Frigia. Se le permitió estudiar bajo Rufo, profesor de estoicismo, y posteriormente le fue concedida la libertad. Como joven profesor en Roma tuvo algún éxito hasta que fue expulsado por Domiciano aproximadamente por el año 90 d.C. No escribió nada pero algunas de sus conferencias fueron tomadas por un discípulo suyo y se titulan *Discursos de Epícteto* y *Enqueridion* ("Manual") (la última es más breve y más popular). Aunque su concepto de Dios tiene mayor afinidad con el que presenta la teología cristiana que su equivalente en el panteísmo histórico, sus escritos muestran una sola referencia a los cristianos. Por eso resulta un tanto difícil argumentar que los puntos de vista cristianos fueron un factor importante en la formulación de su filosofía, aunque hay una íntima similitud en sus declaraciones acerca de la moralidad.

WATSON E. MILLS

EPICUREISMO. Doctrina filosófica de Epicuro (341-270 a.C.) cuyo punto de partida es la ética. El fin de la filosofía es la felicidad y esta radica en el placer. Dada la tesis sensualista propuesta por Epicuro (la única fuente de conocimiento es la sensación), el placer que persigue es el de los sentidos. Sin embargo, no hay que confundir el e. con un hedonismo craso, pues Epicuro enseñaba, por una parte, que hay deseos y afectos que no son ni naturales ni necesarios y, por otra, que la virtud (y en particular la prudencia) debe regir la vida, para conducirla al placer sin dolor y al estado de imperturbabilidad *(ataraxia)* que es propio del sabio. La ética epicúrea es individualista y antisocial, además de quietista.

El e. se extiende, casi inmutado, hasta el s.V d.C.

En los primeros siglos d.C., se consideró que el e. era ateo, pues aunque no negaba a los dioses, sí afirmaba que estos no se interesaban en los asuntos humanos. Por su metafísica materialista, los epicúreos negaban también la inmortalidad personal. Se dice que →Dionisio el Grande ponía a los estoicos contra los epicúreos, y que →Arístides y →Teófilo de Antioquía hacían lo inverso. El e. experimenta una renovación en los ss.XVII y XVIII, con Gassendi, los →deístas ingleses y los →enciclopedistas franceses.

WILTON M. NELSON

EPIFANIA. Festividad que se celebra el 6 de en. para conmemorar (en el Occidente) la visita de los magos a Jesús (Mt. 2) y (en el Oriente) el bautismo de Cristo. El nombre se deriva del griego *epiphaneia* = "manifestación", y recuerda la importancia espiritual de cuando los magos gentiles llegaron del oriente (Mt. 2:1) para adorar al recién nacido Mesías. El nacimiento de Cristo interesa al mundo entero. El origen (oriental) de la festividad resulta claro; ya que para →Clemente de Alejandría, del s.III, se refiere a una conmemoración gnóstica del bautismo de Jesús el 6 de en. La fecha fue elegida probablemente bajo la influencia egipcia. El objeto de la festividad es menos fácil de determinar dado que por el s.IV la E. conmemoraba el nacimiento de Jesús, su bautismo, su adoración por los magos y el milagro de Caná (Jn. 2:11). En el Oriente el agua bautismal era bendecida ese día y esa es hasta hoy la costumbre en la iglesia oriental. El propio río Jordán es bendecido en Palestina durante la E. En la liturgia romana, desde el s.IV en adelante, la festividad se convirtió básicamente en una recordación de la manifestación de Cristo al mundo después de su nacimiento; aunque también se incluyen temas menores para conmemorar cualquier manifestación de su poder divino.

STEPHEN S. SMALLEY

EPIFANIO (c.315-403). Obispo de Salamina de Chipre. Después de una breve visita para reunirse con monjes egipcios, fundó un monasterio en Eleuterópolis, Judea (c.335). En 367 fue elegido por los obispos de Chipre como obispo de Constantia (Salamina) y metropolitano de la isla. Sus cualidades incluyen ortodoxia, erudición, capacidad lingüística y austeridad. Sus debilidades abarcan celo ciego por la ortodoxia e incapacidad para entender los puntos de vista ajenos. Murió en el mar después de visitar a Constantinopla en representación de Teófilo, obispo de Alejandría. En contraste con los Padres →Capadocios, E. negó todo derecho o lugar en la iglesia a la sabiduría griega, a la especulación teológica y la crítica histórica. Pese a su dogmatismo, sus obras tienen importancia pues en ellas se encuentran extractos de antiguas fuentes ahora perdidas. *Ancoratus* es un compendio de doctrina de la iglesia, e incluye varios credos bautismales. *Panarion* ("cesta de medicinas") tenía el propósito de curar a aquellos cristianos que habían resultado mordidos por serpientes venenosas (herejías). Esta obra contiene muchos extractos de autores antiguos, cristianos y paganos. Otras obras incluyen una enciclopedia de la Biblia: *De mensuris et ponderibus*. PETER TOON

EPISCOPADO. Se deriva del griego *epískopos* ("sobreveedor"). Denota el sistema de gobierno eclesiástico en el cual el obispo era la más elevada autoridad. Los datos del NT no son concluyentes. *Epískopos* y *presbyteros* (→PRESBITERO) se usan alternadamente (cp. Hch. 20:17, 28). La triple escala de obispo, sacerdote y diácono parece que probablemente surgió en el s.II. El tema ha provocado amplias divergencias de opinión y amargas controversias. J.D. DOUGLAS

EPISCOPAL, IGLESIA →IGLESIA EPISCOPAL PROTESTANTE

EPISCOPIUS, SIMON (Simon Biscop) (1583-1643). Teólogo protestante holandés. Fue educado en Leyden bajo →Arminio, que enseñaba una forma moderada de la predestinación, él y Yuntenbogaert se destacaron entre los seguidores de su exmaestro que publicaron la →*Remonstrantia* de 1610. Después de participar en La Haya en una conferencia malograda con dirigentes contrarremonstrantes E., a los 29 años de edad, tomó en Leiden el lugar de F. →Gomar, jefe de los contrarremonstrantes. Gomar había renunciado en protesta contra la influencia de los remonstrantes en la universidad. La controversia remonstrante se enredó con los asuntos políticos y las pasiones fueron en aumento. En una ocasión E. fue víctima del populacho en las calles y acusado de complotar junto con los católicos.

En 1618, Oldenbarneveldt, protector político de los remonstrantes, fue hecho arrestar por el *stadhouder* Maurice de Orange. Así el Sínodo de →Dort, convocado para discutir el tema de la Remonstrantia, se llenó de antiremonstrantes. E., aunque era uno de los pocos delegados remonstrantes, fue citado para que defendiera la posición de éstos. Puesto como defensor, sus protestas en contra del procedimiento resultaron vanas. El sínodo condenó a los remonstrantes, adoptó los cánones de Dort como una declaración del punto de vista ortodoxo de los asuntos en disputa, expulsó a los ministros remonstrantes e hizo lo necesario para desterrar a los dirigentes.

Luego de estadas en Amberes, en donde ayudó a organizar a los remonstrantes exilados, y en Francia (París y Ruán), E. regresó a Rotterdam en 1625 a la muerte de Mauricio. Trabajó como predicador remonstrante, y posteriormente como profesor de un colegio de éstos en Amsterdam. Sus propios enfoques teológicos iban mucho más allá de los de Arminio, pero en la generación siguiente llegaron a ser comunes entre los remonstrantes. Negó la predestinación y la elección, interpretó la Trinidad en sentido simbólico, vio a Cristo básicamente como un modelo ético para el hombre y destacó la conducta correcta más bien que el dogma. Sus principales obras están coleccionadas en su *Opera theologica* (2 tt., 1650-55) e *Institutiones theologicae* (1650). DIRK JELLEMA

ERASMISMO EN ESPAÑA. Las ideas de Erasmo encontraron muy pronto eco en España entre quienes buscaban una espiritualidad de esencia seglar en contraposición a la espiritualidad clerical.

El e. llegó a las universidades, se filtró en los conventos y monasterios, conquistó los más altos puestos de la jerarquía, se asentó en la corte de →Carlos V, e influyó en la literatura del →Renacimiento español. Francisco de Vergara, catedrático de la Universidad de Alcalá, mantuvo correspondencia con Erasmo. Según Pedro de Ribadeneyra, discípulo de →Loyola, al fundador de la Compañía de Jesús, "se le comenzaba a entibiar su fervor y a enfriársele la devoción cuando leía el *Enchiridion*". La influencia de Erasmo se observa incluso, según Bataillon, en las obras de fray →Luis de León. Un canónigo de la catedral de Palencia hizo e imprimió en 1526 una traducción castellana del *Enchiridion,* que dedicó al arzobispo de Sevilla e inquisidor general Alonso de Manrique. El secretario de cartas latinas de Carlos V, Alfonso de →Valdés, ha sido calificado de "más erasmista que Erasmo" y considerado como la cabeza visible del e. en E. La influencia de Erasmo en la literatura aparece en las obras de los hermanos Juan y Alfonso de Valdés, en las de Sebastián de Orozco, en Cristóbal de Villalón, en la dramática de Gil Vicente, de Torres Naharro, de Diego Sánchez de Badajoz, de Micael de Carvajal y otras.

En España tuvo Erasmo tantos simpatizantes, seguidores y adeptos que él mismo llegó a decir: "Debo a E. más que a los míos". Sin embargo, la oposición a sus ideas hizo que a la muerte de éste en 1536 se prohibiera en E. la difusión de sus obras. Cuando en 1538 muere el arzobispo e inquisidor general Alonso de Manrique el e. inició su decadencia, aunque no desapareció del todo. Entre los que encabezaron la oposición se destaca Diego López de Zúñiga, colaborador de la *Políglota complutense,* que escribió contra Erasmo y a quien Erasmo contestó en varias de sus *Apologías.*

ENRIQUE FERNANDEZ y FERNANDEZ

ERASMO (c.1466-1536). Ilustre humanista cristiano que quiso reformar a la iglesia mediante la erudición y las enseñanzas de Cristo. N. como hijo ilegítimo de un sacerdote, fue educado en Deventer (1475-84) por los →Hermanos de la Vida Común. Al morir su padre, E. fue trasladado a otra escuela y finalmente llegó a ser monje. Posteriormente fue nombrado secretario del obispo de Cambrai, evitando así la vida de reclusión. Se le presentó la oportunidad de estudiar en el *College de Montaigu* en París y, después de esta experiencia, visitó a Inglaterra. Aquí se reunió con John →Colet, quien influyó sobre él para que aplicara su interés humanístico a la erudición bíblica y al avivamiento del primitivo cristianismo. Después de una visita a Italia y otro viaje a Inglaterra, E. se estableció en Basilea (1514-29) en donde, salvo por breves excursiones, iba a trabajar y vivir durante muchos años. Cuando el movimiento reformista en la ciudad se volvió demasiado radical para él, se trasladó a Friburgo de Brisgovia, aunque regresó a Basilea para morir.

E. fue el primer autor *best-seller* en la historia de la imprenta. Algunos ejemplos de su popularidad son *Elogio de la Locura,* que apareció en más de 600 ediciones, y los *Coloquios,* más de 300. Entre sus publicaciones, aparte de obras satíricas, se cuentan una edición crítica del NT basada en manuscritos griegos; una paráfrasis del NT (excepto el Apocalipsis); ediciones de los Padres griegos y latinos; *Adagios* (colección de dichos de los clásicos griegos y latinos); el *Enchiridion Militis Christiani* ("Manual del caballero cristiano"); y *De Libero arbitrio* ("Acerca del libre albedrío") ataque a las ideas de Lutero.

Hay muchas interpretaciones de la carrera de E. Algunos afirman que era débil: luterano de corazón, pero debido al temor era un católico conformista. Otros lo han descrito como un devoto de la razón, un precursor de la →Ilustración del s.XVIII. Otro enfoque lo presenta como precursor de Lutero: "Erasmo puso el huevo y Lutero lo empolló", se ha dicho. Conforme a este punto de vista, E. con su labor crítica, su énfasis en los textos originales de la Escritura y en las enseñanzas de Cristo, dio el primer paso hacia la Reforma. Lutero, por su parte, con su énfasis en la presentación que hace Pablo del evangelio, dio el segundo paso y dejó tras sí a E.

Hay verdad en cada uno de estos enfoques, pero aun así otro punto de vista se aproxima más a un entendimiento de nuestro hombre. E. tenía su propio programa reformista, en parte crítico pero mayormente constructivo. Opinaba que era necesario para la Reforma utilizar los instrumentos de la erudición y los materiales que la antigüedad cristiana proveía. La filología, el sentido crítico, y una labor diligente capacitarían al estudioso para revelar la verdad de la Biblia y de los Padres de la Iglesia. La filosofía de Cristo, así recuperada, cuando fuera enseñada a los sabios y a los simples, infundiría nueva vida espiritual a toda la cristiandad. Como lo manifestó en sus líneas más famosas: "Plugiera a Dios que el que va detrás del arado pudiera entonar un texto de la Escritura mientras ara y que el tejedor los susurra junto a su lanzadera... Deseo que el viajero pueda reponerse del cansancio de su viaje con este pasatiempo. Y, para abreviar, desearía que toda comunicación del cristiano fuera mediante las Escrituras" (*Opera,* V. 140). Es trágico para E. que la historia lo haya dejado de lado abandonándolo en la tenaz defensa de su posición tanto contra los Reformadores como contra los Contrarreformadores. ROBERT G. CLOUSE

ERASTIANISMO. Doctrina de que el estado tiene derecho a intervenir y predominar en los asuntos de la iglesia. Toma su nombre de Tomás Erastus (1524-83), que n. en Suiza y, estudió teología en Basilea; después medicina y filosofía en Bolonia y en Padua. En 1558 llegó a ser médico del elector del Palatinado y profesor de medicina en Heidelberg. En la ciudad había un fuerte partido calvinista, dirigido por Gaspar →Olevianus, que deseaba introducir en la iglesia la política y la disciplina presbiterianas. Erastus, zwuingliano en teología, se opuso y finalmente tuvo que abandonar la ciudad. Seis años después de su muerte, G. Castelvetro, que se casó con la viuda de Erastus, publicó una obra encontrada entre los documentos dejados por Erastus y titulada *Explicatio gravissimae quaestionis utrum excommunicatio* (1589). En ella Erastus razonaba contra la excomunión que era practicada por la iglesia y en favor de los derechos del estado en asuntos eclesiásticos. En 1659 apareció una traducción en inglés bajo el título de *The Nullity of Church Censures.* Su enseñanza no era en manera alguna nueva en Inglaterra. Richard →Hooker en su *Ecclesiastical Polity* (1594) había concedido la supremacía al poder secular, y hubo tanto en el Parlamento Largo como en la Asamblea de Westminster aquellos que sostenían el derecho de los magistrados civiles a controlar en gran medida la maquinaria administrativa y disciplinaria de la iglesia. A veces a la Iglesia →Anglicana se le describe como erastiana porque sus arzobispos son designados por la Corona y los cambios litúrgicos más importantes tienen que contar con la conformidad del Parlamento (→CESAROPAPISMO). PETER TOON

ERIUGENA, JUAN ESCOTO (c.810-877). Erudito irlandés. Destacado mayormente como intérprete del pensamiento griego en el Occidente. Participó también en las controversias religiosas de su época, especialmente las entabladas acerca de la predestinación y la eucaristía. Tradujo al autor neoplatónico conocido como el Pseudo-Dionisio, y también a teólogos griegos como Gregorio de Nisa. E. es de importancia en el período entre Agustín y Anselmo. Su obra *De Divisione Naturae* (aparecida alrededor de 862) es extremadamente ambigua y ha sido utilizada por varios partidos. En 1225 fue condenada por el papa Honorio III. No hace distinción entre teología y filosofía, sino que intenta una demostración racional de la substancia de la verdad cristiana. Sin embargo, esto parece llevarlo en dirección al panteísmo. Las tendencias opuestas que hay en sus obras se pueden ver en que insistió tanto en hacer una aguda distinción entre Dios y la creación, como en la emanación del orden creado de Dios. Igualmente, quiere negar que las criaturas son una parte de Dios pero afirma, a la manera neoplatónica, que Dios es la única verdadera realidad. Aunque personalmente no era místico, hay una fuerte tendencia mística en sus escritos. PAUL HELM

ERMITAÑOS (gr. *eremites* de *eremía* = "desierto"). Personas que buscan agradar a Dios y por eso voluntariamente adoptan la vida religiosa solitaria. En la antigua iglesia de Egipto, los e. cristianos aparecieron por primera vez en el s.III, p.e. →Antonio. Vivían en áreas desérticas. Su fama se extendió y muchos llegaban tanto a verlos como a imitarlos, de manera que en los siglos siguientes el número de e. aumentó considerablemente. Algunos vivían solos, otros mantenían su soledad en una comunidad de e., p.e. los famosos Ermitaños →Agustinos. Desde el tiempo de la Contrarreforma en el s.XVI los e. han desaparecido en la Iglesia Occidental, aunque su tradición se mantiene todavía en ciertas órdenes religiosas como la de los cartujos. Las Iglesias Ortodoxas Orientales todavía tienen e. PETER TOON

ERMITAÑOS DE SAN AGUSTIN →AGUSTINOS, ERMITAÑOS

ERNESTI, JOHANN AUGUST (1707-1781). Teólogo luterano alemán. N. en Turingia y se

educó en Wittemberg y Leipzig. El principio de su carrera estuvo dedicado a los clásicos; posteriormente iba a presentar famosas ediciones de Homero, Polibio, Aristóteles, Jenofonte, Tácito, Suetonio, Cicerón y otros. En 1742 fue designado profesor de literatura antigua en Leipzig, a cuyo cargo fue agregada, en 1758, una cátedra de teología, doble cargo que mantuvo hasta 1770. Como gramático y filólogo, en favor de la evidencia histórica en los estudios teológicos, descartó el dogma y trató de conciliar las tradicionales creencias luteranas con la erudición bíblica. Su obra más importante es *Institutio interpretis Novi Testamenti* (8 tt., 1761).
C.G. THORNE, Jr.

ESCAPULARIO. Prenda del hábito de algunas de las órdenes religiosas, como la benedictina y la dominica. Es un manto de entre 35 a 45 cm de ancho, llevado sobre los hombros y sobre la túnica, y alcanza casi a los pies por detrás y por delante. Originalmente la palabra se refería a un delantal pero llegó a simbolizar la cruz y el yugo de Cristo.

Hay también e. para laicos que son signos de asociación con las órdenes religiosas o se ponen para devociones especiales. Estos son mucho más pequeños que los usados por los monjes. Hay como 20 diferentes tipos de e. para uso devocional, siendo uno de los más notables el del Carmen. Algunos atribuyen méritos especialísimos a su uso. V.g. del e. del Carmen la tradición dice que, cuando la Virgen lo entregó a Simon Stock (1165-1265), general de los carmelitas, le dijo: "El que muera con este hábito puesto no será quemado por las llamas eternas. Este hábito será para él una señal de salvación, un escudo en los peligros, una prenda de paz y de especial protección". WILTON M. NELSON

ESCATOLOGIA. Doctrina concerniente a "las últimas cosas". Entre estas figuran: La resurrección de los muertos, la →segunda venida de Cristo, el juicio final y la creación de nuevos cielos y nueva tierra. La teología cristiana tradicional continúa aplicando a esos acontecimientos pasajes como los de Daniel, Isaías, Zacarías y la enseñanza de las parábolas de Cristo (tales como la de la cizaña en el trigo, junto con Mr. 13 y Mt. 24) así como 1 y 2 Ts. y Ap. Los protestantes liberales, dirigidos por Albert →Schweitzer, han dado un nuevo significado a la e. Schweitzer opinó que las enseñanzas escatológicas de Jesús eran fundamentales, y que éste creía que enviando a los doce apóstoles podría poner fin a la historia. Al fracasar, Jesús sintió que debía enfocar sobre su propia persona todas las dificultades humanas y ofrecerse a sí mismo como rescate a Dios para que así pudiese empezar la nueva época. Fue a Jerusalén con esta convicción, pero las afirmaciones hechas desde la cruz hicieron que Schweitzer dudara en cuanto a si Cristo había mantenido su convicción hasta el fin.

Esta tesis ha demostrado tener un poderoso efecto sobre la erudición del s.XX. Han surgido críticos no solo de las agrupaciones tradicionales, sino también entre los liberales. Se ha señalado que Schweitzer destacó en exceso las fuentes apocalípticas judías y que no aceptó las enseñanzas rabínicas. Desde el descubrimiento de los documentos de Qumran los investigadores han comprendido que las expectativas mesiánicas eran mucho más complejas que como Schweitzer las había descrito. Ya en la década de 1930 C.H. →Dodd introdujo la idea de "escatología realizada", e.d. que el Reino, en todo lo que es esencial, ya ha venido en el ministerio de Jesús. Cristo, conforme a esta interpretación, no estaba particularmente interesado en el futuro, y las profecías apocalípticas son, en realidad, agregados hechos por la iglesia a sus declaraciones. El enfoque de Dodd ha sido aceptado por algunos estudiosos, pero otros críticos más radicales, como por ejemplo, R. →Bultmann, siguieron a Schweitzer en su opinión de que Jesús creía que no iba a haber intervalo entre su muerte y el comienzo de una Nueva Era. ROBERT G. CLOUSE

ESCLAVITUD EN AMERICA LATINA. Existía la e. en tiempos precolombinos, especialmente entre los indios de vida sedentaria, pero en pequeña escala. Con la llegada de españoles y portugueses se estableció con caracteres casi globales. Dos cosas dieron impulso a la e.: la aversión del español al trabajo y la doctrina aristotélica de que las razas inferiores existen para el bien de las superiores. Al principio los indios fueron repartidos entre los terratenientes como si fueran ganado. La corona puso fin a la costumbre bárbara de "repartimientos" ("mitas" en el Perú) y estableció en su lugar, a partir de 1503, el sistema de →"encomiendas", que no era sino un modo más refinado de esclavitud. A Hernán Cortés, p.e., le fue "encomendada" una extensión de 65.000 km^2 con 100.000 indios en México.

Naturalmente, los indios sufrieron muchísimo, más en unas regiones que en otras. En las Antillas los indios estaban acostumbrados a la vida libre de la selva y no al trabajo duro. Como consecuencia las razas indígenas de estas islas prácticamente desaparecieron. En Haití (Española) había c.250.000 indígenas cuando llegó Colón. En 1548 quedaban apenas 5.000. En otras partes de América el indio sufrió menos porque estaba más acostumbrado al trabajo rudo. No obstante aun en el Perú la raza decreció grandemente bajo el régimen de e.

No faltaron voces de protesta. En México resonaron las del obispo Juan de →Zumárraga y Toribio de Benavente (→Motolinía) y en las Antillas las de Antonio de →Montesinos y →Bartolomé de Las Casas. Las Casas, sin embargo, en este asunto cometió un grave error. Viendo que el indio caribeño no aguantaba el rudo trabajo que le imponía el español, recomendó la importación de esclavos negros. Este consejo dio impulso al nefando tráfico de esclavos africanos a las Américas que Nicolás Obando, gobernador de las Indias, había iniciado en 1502. Si el español menospreció y maltrató al indio, más maltrató al negro. Aun la Iglesia descuidó al negro. Una brillante excepción fue el ministerio de Pedro →Claver.

La trata de negros llegó a ser un negocio muy lucrativo. Por ello, los franceses e ingleses abandonaron sus escrúpulos y también empezaron a llevar esclavos a sus colonias.

El negro esclavo provenía generalmente de una cultura fuerte y bastante desarrollada. Los elementos afro-americanos constituyen así, hasta hoy, una herencia importante de la cultura latinoamericana. Las religiones afro-americanas demuestran rasgos muy sincretistas en todas sus manifestaciones.

La emancipación formal de los esclavos se produjo en algunos países con la Independencia, a principios del s.XIX, y en otros, más tarde. Sin embargo la explotación y el sometimiento continuaron, sobre todo el racismo. La sutileza que se observa hoy en ciertas actitudes racistas (tanto contra el indio como contra el negro) no puede ocultar el proceso de mestizaje y mulatizaje que ha ocurrido en AL.

CARMELO E. ALVAREZ
WILTON M. NELSON

ESCOCIA. Aunque hay pruebas de que el cristianismo llegó por primera vez a Escocia durante la ocupación romana, son pocos los datos que tenemos de ello en aquel entonces. El primer misionero cristiano de quien se tenga conocimiento es →Niniano, quien alrededor del 400 estableció una iglesia en el SO en Whithorn, de donde realizó obra misionera en el interior y por la costa oriental. En el s.VI otros misioneros, en su mayoría de Irlanda, llegaron a Escocia; el más famoso de ellos fue →Columbano, que fundó el monasterio en la isla de →Iona frente a la costa occidental de Argyll en el 563. La →iglesia céltica, que resultó de la obra de estos hombres, diferiría de la romana en la forma de la tonsura, la fecha de la Pascua de Resurrección, y en que no aceptaban la autoridad del obispo de Roma. Dotados de un gran celo misionero pero algo desorganizados, llevaron el cristianismo al sur hasta el Támesis, pero en el 663/4 en el sínodo de Whitby el rey de Northumbria, Oswy, aceptó la supremacía de Roma, con el resultado de que el cristianismo céltico se retiró a Escocia e Irlanda, y a la larga se ajustó a las prácticas romanas y se sometió a la autoridad romana.

La extensión del control romano en Escocia llegó a su culminación en el reinado de Malcolm Canmore (1057-93), debido a la influencia de su reina anglosajona, Margaret. Bajo la influencia de ella y de sus hijos el monaquismo se extendió rápidamente por el país, y la iglesia se organizó paulatinamente sobre una base diocesana. Sin embargo, como Escocia no tenía primado, el arzobispo de York trató de apoderarse del control de la iglesia. A esto se opusieron los escoceses, con el resultado de que en 1225 el papa Honorio III concedió a los obispos el derecho de celebrar un concilio sin la presencia de un metropolitano. Debido mayormente a esta posición anti-inglesa, la mayor parte del clero optó por el nacionalismo escocés durante las guerras de la independencia (1296-1328) en tiempos de Wallace y Bruce. Lo hicieron aun en contra de las órdenes del papa, al que resistieron unos 25 años. Aunque posteriormente se sometieron de nuevo a la autoridad papal, sus relaciones con Roma a menudo fueron tirantes, como lo indican su apoyo del conciliarismo y su violenta oposición a la creación papal del arzobispado de San Andrés en 1472. Por consiguiente, a pesar de una sumisión formal a Roma, la iglesia escocesa siempre adoptó una posición algo independiente con respecto a la administración central.

Aunque la iglesia escocesa de la Edad Media produjo varios eruditos y dirigentes eclesiásticos importantes, para 1400 era probablemente una de las iglesias más decadentes de Europa. Por esta razón, entre otras, hicieron progreso en ciertos lugares, mayormente en el SO, las doctrinas del "hereje" inglés Juan →Wiclif. La verdadera reforma, sin embargo, comenzó solo con las actividades de los discípulos de Martín Lutero y posteriormente de Juan Calvino. Bajo la influencia de Patricio →Hamilton, Jorge →Wishart (ambos mártires por su fe), Juan →Knox, Andrés →Melville, y otros apoyados principalmente por la nobleza y los burgueses de los pueblos, tuvo lugar una reforma calvinista radical. Se estableció una iglesia reformada que desde entonces ha ejercido considerable influencia tanto dentro como fuera de Escocia. La Confesión Escocesa y los Libros de Disciplina primero y segundo, han formado la base de la mayor parte de las fórmulas doctrinales y de gobierno eclesiástico en uso hasta el día de hoy en el idioma inglés.

Desde el s.XVI ha habido un conflicto constante en Escocia sobre el asunto del cristianismo. Naturalmente la minoría católica romana ha luchado por mantenerse contra la Iglesia Reformada. A la vez, ha habido divisiones a la derecha y a la izquierda de la iglesia establecida. La Iglesia Episcopal escocesa ha tratado de mantener una posición muy semejante a la de la Iglesia Anglicana, aunque no subordinada a Canterbury. Por otra parte, el asunto del patronato por los terratenientes fue un constante motivo de irritación que ha causado varios cismas, de los cuales el más importante y mayor fue la *Disruption* de 1843 que resultó en la formación de la Iglesia Libre de →Escocia. Al mismo tiempo, el "moderantismo" que resultó del renacimiento racionalista del s.XVIII también ha causado muchos problemas en todas las iglesias escocesas. Sin embargo, con la desaparición del Parlamento escocés en la Unión de 1707, la Iglesia Escocesa se convirtió en el único representante popular del pueblo escocés. Si bien ya no mantiene esa posición, es probable que las iglesias escocesas aun representen al pueblo más eficaz y cabalmente que cualquier cuerpo político actual, lo que es apropiado ya que el cristianismo ha ejercido una mayor influencia sobre Escocia que sobre la mayor parte de las naciones. W.S. REID

ESCOCIA, IGLESIA DE. Desde la Reforma de 1560, la iglesia nacional de Escocia ha sido presbiteriana, salvo dos períodos de un episcopado modificado impuesto por los reyes Estuardo. Generalmente se considera a Juan →Knox el fundador de la Iglesia de Escocia moderna; se ha descrito a su sucesor, Andrés →Melville, como el "padre del presbiterianismo". Después de la destitución de los Estuardo, Guillermo III restableció el presbiterianismo como la forma nacional de gobierno eclesiástico, y los monarcas sucesivos desde la unión parlamentaria angloescocesa de 1707 han jurado mantener esta política en su coronación. Se suscitó la controversia cuando a los "moderados" de principios del s.XIX se les acusó de desatender el principio de la Reforma que daba al pueblo una voz en la elección de los ministros. Se trabó combate sobre el engorroso asunto del patronato, tanto que para mantener dicho sistema se recurrió al poder civil en varios casos notorios. Esto dio lugar a la *Disruption* de 1843, cuando más de la tercera parte de los ministros formaron la Iglesia Libre de Escocia.

La ruptura se subsanó finalmente en 1929 (→ESCOCIA, IGLESIA LIBRE UNIDA DE) y todos los presbiterianos escoceses, menos unos 50.000, son ahora miembros de la I. de E. (e.d., poco más de un millón) y constituyen un mayor porcentaje de población de un país que cualquier otra iglesia protestante en el mundo de habla inglesa. Nacional y libre de control estatal (la posición actual reglamentada por un acta parlamentaria de 1921), la I. de E. está organizada en 12 sínodos provinciales y 64 presbiterios. En cada uno de ellos, así como en la asamblea general, hay igual representación de pastores y laicos. El recurso a la asamblea general es accesible a cualquier miembro de la iglesia. Desde 1694 el Alto Comisionado del soberano ha asistido a cada asamblea general, pero su presencia no es indispensable para la ejecución de los asuntos de la iglesia. Los pastores son elegidos por las congregaciones individuales, sujeto a ratificación formal por el presbiterio local, y todos los ministros tienen igual categoría.

Los tribunales de la iglesia son tribunales del reino, cuyos fallos pueden cumplirse con la ayuda de las cortes civiles si ello fuese necesario. Las cuatro escuelas teológicas de la iglesia son virtualmente también las facultades de teología de las cuatro antiguas universidades escocesas, lo cual mantiene la tradición escocesa que exige de su clero un alto nivel académico. La I. de E. profesa la fe evangélica y fundamenta su doctrina en las Sagradas Escrituras. La Confesión de →Westminster sigue siendo oficialmente su norma subordinada. Se celebran dos sacramentos: el bautismo, normalmente de párvulos y como parte del culto matutino; y la Santa Cena, celebrada por lo general trimestral o semestralmente, aunque en la actualidad hay una tendencia, particularmente en las parroquias urbanas, hacia una celebración más frecuente. Por otra parte, en algunos lugares de las tierras altas de Escocia (donde la gente es más conservadora) y en las islas occidentales, este sacramento es un acontecimiento anual que se extiende desde el culto del día de ayuno del jueves hasta la acción de gracias del lunes.

La I. de E., además de sus cuatro presbiterios en Inglaterra, Europa y el Cercano Oriente, mantiene obra en 21 campos misioneros en el extranjero. J.D. DOUGLAS

ESCOCIA, IGLESIA LIBRE DE. Popularmente conocida como la *"Wee Free"* Church, representa la minoría de la antigua Iglesia Libre de Escocia que en 1900 se negó a ingresar en la unión con la Iglesia Presbiteriana Unida para formar así la Iglesia Libre Unida de Escocia. La Iglesia Unida Presbiteriana, al constituirse en 1847, había aceptado el principio de →voluntarismo y la antedicha minoría temía que la unión con ella significaría hacer concesiones respecto a la creencia de la Iglesia Libre en el reconocimiento nacional de la religión cristiana. La Iglesia Libre original fue creada en 1843 después de la *Disruption* cuando casi un tercio de los ministros y de los miembros se separaron de la Iglesia de Escocia antes que someterse a lo que ellos consideraban como control estatal de la iglesia. Pero su dirigente, Thomas →Chalmers, declaró: "Abandonamos un oficialismo viciado y nos gustaría regresar a uno puro".

Después que la mayoría de esta Iglesia Libre ingresó en la unión de 1900, la minoría disidente demandó ante los tribunales civiles la total propiedad de la Iglesia Libre fundamentándose en que solamente ellos eran fieles al principio de la *Disruption* respecto a una iglesia libre reconocida. Después de perder en los tribunales escoceses, apelaron a la Cámara de los Lores, la cual decidió en favor de ellos en 1904. Este juicio causó sensación y se nombró una comisión parlamentaria para distribuir la propiedad conforme al poder relativo de ambos partidos. La Iglesia Libre es de teología conservadora, afirma su lealtad a la totalidad de la Confesión de Fe de →Westminster. Observa estrictamente el domingo, carece de música instrumental y en la alabanza congregacional utiliza solo los salmos métricos. Es fuerte en el N y NO de Escocia, con un total de casi 6.000 miembros y más de 17.000 adherentes.

HENRY R. SEFTON

ESCOCIA, IGLESIA LIBRE UNIDA DE. Este cuerpo se formó en 1900 por la unión de una mayoría de la Iglesia Libre de →Escocia y la Iglesia Presbiteriana Unida de →Escocia. Esfuerzos unificadores infructuosos se habían interrumpido en 1873 a causa de la resistencia de la oposición en la Iglesia Libre. De allí en adelante ambas iglesias, que se oponían a la Iglesia de Escocia, se ocuparon en una campaña de *disestablishment* dirigida a los partidos políticos. Esta fracasó, pero logró acercar a los dos grupos. Otros factores entraron en juego: una aversión al ultracalvinismo que halló expresión en las →Actas Declaratorias doctrinales, una crítica bíblica reverente, el avivamiento espiritual en tiempos de →Moody y Sankey y cambios en los cultos públicos por la introducción de instrumentos musicales e himnos. En 1898 ambas iglesias aceptaron una fórmula modificada que debían firmar pastores y ocupantes de cargos, por la cual prometían su apego a las doctrinas fundamentales y principios de la iglesia. Los dos años siguientes se gastaron en esfuerzos inútiles por alcanzar a los que continuarían como Iglesia Libre.

En 1929 la Iglesia Libre Unida se unió con la Iglesia de Escocia para dar lugar a una iglesia que tenía en su seno al 80% de la población religiosa de Escocia. Como en 1900, sin embargo, una minoría no participó en la unión y se llamó la Iglesia Libre Unida (continuada), con más de 90 congregaciones y una membresía de unos 17.000. Esta denominación, sin embargo, juntamente con varios cuerpos no presbiterianos, también últimamente está considerando la posibilidad de unirse con la Iglesia de Escocia.

J.W. MEIKLEJOHN

ESCOCIA, IGLESIA PRESBITERIANA UNIDA DE. Cuerpo formado en 1847 por la unión de la Iglesia Secesionista Unida y la *Relief Church*, que representan respectivamente los cuerpos principales de la primera (1733) y de la segunda secesión (1761) de la Iglesia de Escocia. La unión no se efectuó sin dificultad pues las dos iglesias diferían considerablemente en su naturaleza. La primera era rigurosa en cuanto a disciplina eclesiástica en tanto que la segunda era mucho más evangélica y menos rígida en cuanto a doctrina y a disciplina comparado con las normas de entonces. La I.P.U. tenía 518 congregaciones y se limitaba a las ciudades y pueblos. En 1900 se unió con la Iglesia Libre de →Escocia para formar la Iglesia Libre Unida de →Escocia. Entre sus contribuciones a la causa cristiana fue su celo por la obra en Calabar (hoy Nigeria) y la India. J.W. MEIKLEJOHN

ESCOLASTICISMO. Teología y filosofía

que se enseñó en las escuelas medievales desde los ss.XI-XIV, y que revivió en épocas posteriores a fines del s.XVI y en los ss.XVII, XIX y XX. Hace resaltar la aplicación de categorías aristotélicas a la revelación cristiana y trata de conciliar la razón y la fe, la filosofía y la revelación. Como método teológico se le relaciona con la teología textual organizada y el método de tesis.

El movimiento apareció en la unificación cultural creada por el cristianismo en la época carolingia. A pesar de la disolución del imperio de Carlomagno, la tradición intelectual carolingia siguió en los monasterios como los que surgieron de Cluny y Citeaux y del movimiento franciscano. La escolástica se enseñó en las escuelas monásticas y catedralicias y, con la fundación de universidades (c.1200) como las de Oxford, Pisa, Bolonia y Salerno, la tradición adquirió gran ímpetu. El desarrollo del humanismo en el s.XV y la →Reforma del XVI contribuyeron a destruir la síntesis medieval que hizo posible el escolasticismo. Esfuerzos posteriores por reavivarlo nunca han tenido el éxito del esfuerzo medieval, ya que la eclosión del saber y el hecho de que ningún sistema tiene el monopolio de la verdad, han alterado la condición que produjo y fomentó su desarrollo.

Juan Escoto →Eriúgena, que empleó un sistema educativo basado en el pensamiento griego y contó con el uso de la razón para estudiar los datos revelados, a veces se considera el primer escolástico, pero ese honor parece que le correspondiera a →Anselmo de Canterbury, quien aseveró que la fe tendría que preceder al entendimiento, pero éste a su vez podría profundizar la fe mediante la razón. Una de las mejor conocidas y más creativas figuras del escolasticismo primitivo es Pedro →Abelardo, que al rechazar la tradición e insistir en el derecho del filósofo de emplear su razón propia hizo mucho para formular el pensamiento medieval. En *Sic et Non* demostró que la tradición y la autoridad eran insuficientes en sí mismas, al hacer una lista de preguntas como: ¿Es omnipotente Dios? ¿Acaso pecamos sin quererlo? ¿Es Dios una substancia? ¿Se basa la fe en la razón? y luego cita autoridades a ambos lados del asunto. Si bien Abelardo dejó estos problemas sin resolver, →Pedro Lombardo y →Tomás de Aquino emplearon el mismo método y proporcionaron respuestas. Estos eruditos escribieron una especie de tratado formal, o suma, que abordaba detalladamente un tema dado. En obras como estas el lector podía hallar las distinciones indispensables para un análisis completo y lógico de todos los argumentos en pro y en contra de cada proposición comprendida en el tema. La Biblia formaba la base de la teología escolástica, y se aludía a los Padres de la iglesia al tratarse de algún pasaje particularmente dificultoso. El uso de la lógica aristotélica por hombres como Abelardo provocó controversias como el problema de los universales. El pensamiento medieval primitivo era platónico: insistía en la realidad de ideas como el alma, honor, árbol o silla. Sin embargo, durante el s.XII los →nominalistas, que creían que la realidad consistía en detalles individuales, desafiaron a los realistas. Abelardo elaboró una idea intermedia llamada conceptualismo, según el cual las ideas son reales en la mente humana.

Para principios del s.XIII los escolásticos se vieron envueltos en una nueva ola de pensamiento al verse obligados a enfrentarse con influjo de una vasta literatura filosófica y científica, incluso la avanzada obra de →Aristóteles traducida del árabe y del griego. Por primera vez tuvieron que hacer frente a un sistema mundial que se atenía completamente a la razón y operaba sin consideración al Dios cristiano. Ideas como la causa primera, el movimiento perpetuo, el rechazo de la providencia y la creación, la incertidumbre acerca de la inmortalidad y el alma, y una moralidad basada en la razón sola causaron gran angustia a muchos eruditos medievales. Algunos como →Siger de Brabante siguieron la obra de un comentarista musulmán, Averroes (m.1036), y fomentaron una teoría de la verdad doble, es decir, que hay una verdad en la razón humana: Aristóteles, y otra en la religión: la revelación cristiana. Otros rechazaron a Aristóteles por completo, y en 1215 y 1231 la universidad de París y el papado promulgaron decretos que prohibían el estudio de algunas de sus obras. El problema de Aristóteles, sin embargo, no se solucionó con la censura sino con el debate intelectual.

A la larga no triunfaron las ideas de Siger, sino el escolasticismo racional de los →dominicos. El más grande de éstos fue →Tomás de Aquino, cuyo método representa la máxima refinadura escolástica de la organización de la ciencia. Aun más importante que su método, sin embargo, fue el uso de la razón por Tomás. Según él, la razón puede revelar lo que Dios no puede ser, y se puede suponer que lo que queda es algo semejante a lo que él sí es. A juicio suyo, no hay contradicción entre la fe y la razón siempre que se dirija debidamente una investigación racional. Cuando las dos estén en pugna, la fe ha de corregir a la razón. Si la fe lleva a una conclusión que no admite la razón humana, existe la incompatibilidad debido a la falta de racionalidad. Tomás aceptó el concepto aristotélico de que el universo es ordenado, pero esto se debe al reflejo del orden de la mente divina en el universo. Al armonizar la metafísica aristotélica con el cristianismo, hay que conformar los elementos aristotélicos al sistema cristiano. Los críticos han indicado que esto se hace al sacar fuera de contexto ciertas declaraciones de Aristóteles y ponerlas en un nuevo contexto tomista.

Tomás formuló un concepto del universo en que un ser era bueno hasta el punto en que se parecía a Dios. Puesto que Dios es un ser simple, incorpóreo y puramente espiritual, lo que es más espiritual está más cerca de Dios y lo que es más material está más lejos de El. Esto permite la construcción de una gran cadena del ser, compuesta de Dios, ángeles, hombres, animales por orden de inteligencia, plantas y objetos inanimados. El plan moral del universo es racional, por tanto la razón así como la revelación pueden decirle al hombre lo que ha de hacer ya que Dios nada ordena que sea arbitrario, sino todo según las necesidades humanas. El bien y el mal son realidades objetivas. Por ejemplo, Dios prohíbe el robo y el adulterio porque trastornan la sociedad y amargan la vida a la gente. Aristóteles había afirmado que la felicidad del hombre consiste en comprender su verdadera naturaleza, y Tomás estuvo de acuerdo, y agregó que la verdadera naturaleza del hombre es la unión con Dios.

La posición de Tomás fue atacada por eruditos como →Guillermo de Ockam, quien propugnó una especie de verdad doble, pero una tendencia opuesta más eficaz provino del escolasticismo místico de →Buenaventura. Profesor de teología en Oxford y gobernador general de los →franciscanos, enseñó que el conocimiento racional de Dios es imposible porque El es distinto del hombre tanto en calidad como en cantidad. Por lo tanto, el conocimiento de Dios solo puede ser incierto, impreciso y análogo. Uno puede prepararse para comprender a Dios al separarse del mundo y al buscar reflejos o sombras de Dios en los objetos. Luego uno puede avanzar para encontrar a Dios dentro de sí mismo y experimentar su presencia por medio de la gracia. Por último, el ser de Dios está inmerso en el alma.

Otra variedad del e., basada en el empirismo, ayudó a preparar el camino para la ciencia moderna. Los franciscanos impulsaron este movimiento así como el e. místico, y dos de sus grandes eruditos en la universidad de Oxford, Roberto →Grosseteste y Rogerio →Bacón, estudiaron óptica y la reacción de la luz, investigaron la perspectiva y las propiedades de los prismas, los arcos iris y los espejos. Estos eruditos destacaron tres principios científicos que hoy se dan por sabidos: primero, creían en una cosmología científica, un concepto del mundo compatible con las observaciones de los sentidos; una segunda contribución fue su énfasis en la experimentación; y un tercer enfoque fue el uso de la medición y de conceptos cuantitativos para explicar el mundo.

El escolasticismo más reciente se relaciona generalmente con un método de aplicar sistemáticamente la razón a la ciencia revelada. La ICR se valió del e. en la →Contrarreforma; de hecho, en el Concilio de →Trento en el s.XVI las obras de Tomás estaban abiertas sobre el altar principal junto a la Biblia como libros de consulta. Un resurgimiento del e. en el s.XIX tuvo su inspiración en la enclícica *Aeterni Patris,* emitida por León XIII en 1879, que declaró el tomismo válido para siempre.

A partir de la primera generación de reformadores, y a pesar de la censura por Lutero de Aristóteles y los escolásticos, surgió un "e. protestante". Una lucha dentro del luteranismo después de la muerte de su fundador entre los "gnesio-luteranos" y los "felipistas" llegó a su término mediante la →Fórmula de Concordia (1577). Esto evolucionó en un sistema doctrinal parecido al e. que provocó el surgimiento del →pietismo a fines del s.XVII como un desafío a la ortodoxia muerta. Los calvinistas intentaron usar la *Institución* como el mismo tipo de afirmación dogmática que la Fórmula, mas esto condujo a una larga serie de disputas y al desarrollo del movimiento →arminiano. La principal afirmación del escolasticismo reformado se halla en los decretos del Sínodo de →Dort (1618-19). Los herederos contemporáneos del e. protestante son grupos como los fundamentalistas norteamericanos. El énfasis escolástico de la ICR se ha modificado en el s.XX, particularmente desde el Concilio del →Vaticano II.

ROBERT G. CLOUSE

ESCOTISMO →ESCOTO, JUAN DUNS

ESCOTO, JUAN DUNS (1266-1308). Teólogo escolástico. N. en Escocia e ingresó en la orden franciscana a los quince años, siendo ordenado sacerdote en 1291. Después de estudiar en París (1293-96) regresó a Inglaterra para disertar en Oxford acerca de las Sentencias de Pedro →Lombardo. Posteriormente enseñó en París y en 1303 fue expulsado por Felipe IV (el Hermoso) porque apoyaba al papa Bonifacio VIII. En 1304 nuevamente dio clases en París pero fue transferido a Colonia (1307) en donde murió. Aunque venerado en su orden como un santo, su culto no es universalmente reconocido por la ICR. El pensamiento de E. es tan confuso que le ha sido aplicado el título de "Doctor Sutil" por los católicos y los reformadores protestantes llamaban "duns" a cualquiera cuyas ideas parecían oscuras. Escribió comentarios acerca de las *Sentencias* de Lombardo, explicaciones sobre Aristóteles y acerca de las Sagradas Escrituras.

Fue crítico de la filosofía de →Tomás de Aquino, quien intentó armonizar a Aristóteles con el cristianismo. E. afirmaba que la fe era un asunto de la voluntad y que no podía ser sostenido mediante pruebas de lógica. Esta división entre filosofía y fe iba a tener efectos de vasto alcance. Aunque argumentando en favor de la existencia de Dios debido a la eficiencia, finalidad y grados de perfección, E. enseñaba que todo otro conocimiento de lo divino, incluso la Resurrección y la inmortalidad tenían que aceptarse por pura fe. Opinaba que la creación era el efecto del amor de Dios al alcanzar éste con su bondad a las criaturas para que éstas así lo amasen libremente. La gracia es lo mismo que el amor y tiene su origen en la voluntad. Debido a su idea de la superioridad de la voluntad sobre el intelecto, E. creía que el cielo consistía en compartir el amor de Dios. El amor divino puede verse mejor en Jesucristo que igual hubiera venido aunque el hombre no hubiera pecado. Así la Encarnación, como centro y fin del universo, no fue determinada por el pecado original.

Aunque muchas de las enseñanzas de E. obtuvieron amplio reconocimiento por parte de los teólogos, es recordado especialmente por proclamar la doctrina de la Inmaculada Concepción. Los eruditos de la escuela franciscana, los *escotistas,* aun fueron más allá en la separación entre la fe y la razón, conduciendo así a una eventual decadencia del →escolasticismo. Sus obras fueron editadas por Luke Wadding (12 tomos, 1639) y reimpresas en París (26 tomos, 1891-95). Recientes estudios han demostrado que algunos de los escritos atribuidos a él son espurios; en consecuencia está apareciendo ahora una nueva edición de sus obras con el título de *Opera omnia, studio et Cura Commissionis scotisticae ad fidem cadicum edita* (Ciudad del Vaticano, 1950). ROBERT G. CLOUSE

ESCUELAS DOMINICALES. Los comienzos de un movimiento organizado generalmente se fechan desde 1780 cuando Robert →Raikes, periodista de Gloucester, Inglaterra, estableció una pequeña escuela para atender a los niños abandonados y analfabetos de los barrios pobres. Escribió un artículo acerca de su obra que agradó a la gente y fomentó el establecimiento de e.d. por toda Inglaterra. Las primeras escuelas enseñaban a leer y a escribir además de la Biblia. El movimiento se extendió a la Europa Continental y a Norteamérica, donde se estableció la "Sociedad del Primer Día" en Filadelfia en 1790. Raikes vio culminar sus esfuerzos con la fundación en 1803 de la Unión de Escuela Dominical y tuvo gran apoyo en los círculos evangélicos. Cuando se extendió la educación general en el s.XIX, las e.d. se concentraron más y más en la educación religiosa. La mayoría de las clases en Gran Bretaña y en los EUA han sido dirigidas por maestros voluntarios sin preparación especial para este tipo de obra.

J.D. DOUGLAS

ESFUERZO CRISTIANO, SOCIEDAD DE. La primera organización juvenil no denominacional de importancia dentro de las iglesias protestantes de Norteamérica. Iniciada por el pastor Francis E. Clark para conservar los resultados de reuniones especiales relacionadas con la Semana de Oración de en. de 1881, pronto se extendió a otras iglesias y, por último, a todo el mundo. Posteriormente muchas denominaciones se retiraron para formar sus propias sociedades juveniles, pero en su 75 aniversario las sociedades de E.C. todavía aseguraban contar con cerca de tres millones de miembros. Básicamente se trata de una asociación relacionada con la iglesia y que es dirigida exclusivamente por y para jóvenes. Mediante su promesa, sus reuniones devocionales (que mensualmente se convierten en asambleas de consagración) y sus varias comisiones, alienta a los jóvenes para que den a conocer a Cristo y para que lo sirvan en unión con otros jóvenes de la iglesia.

HAROLD R. COOK

ESLAVAS, MISIONES EVANGELICAS →MISIONES EVANGELICAS ESLAVAS

ESMALKALDA, ARTICULOS DE (1537). Confesión preparada por Martín Lutero, suscrita por los principales teólogos luteranos en respuesta a la invitación de Pablo III al concilio a celebrarse en Mantua en 1537. Llevan como apéndice el "Tratado sobre el poder y la primacía del papa" escrito por Felipe →Melanchton. Fueron aprobados por los príncipes y los estados, aunque no fueron aceptados formalmente por la Liga de →Esmalkalda. Forman parte de las confesiones o símbolos luteranos.

Los A. de E. constan de tres partes, después de una introducción. La primera parte reafirma en pocas palabras los credos antiguos. La segunda parte se ocupa de la cristología, la misa, capítulos y claustros, y el papado. Se condenan el purgatorio, los peregrinajes, la vida monástica, las reliquias, las indulgencias y la invocación de los santos. Se tilda al papa de ser el "mismísimo anticristo" y el apóstol del diablo. En la tercera parte se señalan con especialidad 15 puntos doctrinales: el pecado, la ley, el arrepentimiento, el evangelio, el bautismo, el sacramento del altar, las llaves, la confesión, la excomunión, la ordenación y la vocación, el matrimonio del clero, la iglesia, cómo se justifica uno ante Dios y de las buenas obras, los votos monásticos y las tradiciones humanas. Se da un intenso tratamiento al "falso arrepentimiento de los papistas".

En el apéndice de Melanchton, la afirmación de que el papa gobierna por derecho divino se rechaza mediante citas de las Escrituras y de los Santos Padres. Se contrarrestan los argumentos de los catolicorromanos. Se considera por separado el poder y la jurisdicción de los obispos. Entre los que firmaron "La Confesión y la Apología de Augsburgo" y los A. de E. en 1537 estaban Martín Bucero, Ambrosio Blaurer, Pablo Fagius de Estrasburgo, y el escocés Juan Aepinus, superintendente de Hamburgo. CARL S. MEYER

ESMALKALDA, LIGA DE. Liga de príncipes luteranos formada para proteger sus intereses religiosos. En 1525 los príncipes católicos se habían unido para formar la liga de Dessau. A principios del año siguiente Juan el Constante, elector de Sajonia, y Felipe, landgrave de Hesse, hicieron una alianza a la que se unieron otros príncipes. Después de la dieta de →Augsburgo tuvo lugar la organización formal de la L. de E. (dic. de 1530). Fue una liga puramente defensiva. Estrasburgo, Ulm, Constanza, Reutlingen y otras ciudades se incorporaron también. En 1535, en la dieta de E., se acordó que los miembros nuevos tendrían que "asegurar que la doctrina y la predicación estuviesen de acuerdo con la Palabra de Dios y con la enseñanza pura de nuestra Confesión [de Augsburgo]". Enrique VIII de Inglaterra halló una barrera en esta estipulación, lo cual le impidió unirse a la liga en 1536 y en 1538. Las tentativas de reconciliar a luteranos con catolicorromanos en Ratisbona fracasaron en 1541, y en 1546, en la reunión con el emperador, nada se acordó. La Guerra de E. terminó en la derrota de la Liga en la batalla de Mühlberg y la capitulación de Wittenberg (1547). Mauricio de Sajonia se entregó al emperador (por lo cual recibió el electorado) y aseguró así la derrota de la Liga. En la Paz de →Augsburgo (1555), por el principio de *cuius regio, eius religio,* los príncipes luteranos consiguieron el derecho de regir los asuntos religiosos de sus territorios. CARL S. MEYER

ESPAÑA. Según la tradición, España recibió el cristianismo por primera vez de Santiago y San Pablo. Ciertamente para el s.III, como lo afirma Tertuliano, existía una iglesia nacional floreciente y se celebró un concilio en →Elvira en 300 d.C. El país se vio afectado adversamente por diversas herejías. En el s.V los visigodos arrianos invadieron la tierra, pero sus descendientes en el tercer concilio de →Toledo (589) aceptaron la fe católica. Del 711 en adelante el país fue ocupado por los moros musulmanes que por fin fueron detenidos por →Carlos Martel en Tours en el 732. La iglesia cristiana fue entonces perseguida, mas se inició una reconquista hacia el año 1000 que se completó definitivamente con la toma de Granada en 1492 y la unión de los reinos de Aragón y Castilla en 1494. Durante todo este período predominó la influencia francesa en todas partes, llegaron las nuevas órdenes religiosas y la antigua liturgia mozárabe, que nunca había sido popular con los papas, fue suprimida.

Asimismo en 1479 la →Inquisición fue introducida en España por Fernando e Isabel, los dos monarcas "católicos", y se inició una persecución premeditada de →marranos y →moriscos; solo de aquéllos 350.000 fueron acusados de herejía, y 12.000 quemados. Igual cosa pasó con la fe reformada y en el s.XVI, la época de mayor prosperidad y expansión imperial de España, la iglesia nacional se convirtió en el más leal aliado del papa contra Francia e Inglaterra a la vez, y en gran parte ayudó a formar la →Contrarreforma. →Teresa de Avila, San →Juan de la Cruz e →Ignacio de Loyola sobresalieron en este período. Pronto, sin embargo, el poderío español empezó a declinar, la iglesia durante los ss.XVII y XVIII se volvió irremediablemente intolerante y corrupta y ni siquiera drásticas medidas como la expulsión de los jesuitas por Carlos III (1767) lograron detener la decadencia.

La ocupación francesa de España (1808) introdujo el liberalismo político y el anticlericalismo en el país, y estas nuevas fuerzas hicieron frente al tradicionalismo en la iglesia y el estado, y produjeron siglo y medio de disensión civil. El socialismo, el anarquismo y numerosos nacionalismos regionales últimamente han agravado los problemas políticos. La guerra civil de 1936-39 trajo una victoria para los nacionalistas y el restablecimiento de la ICR, que había sufrido severamente durante el período de la República (1931-36). La iglesia y el estado estuvieron nuevamente en uno y se firmó un concordato notable en 1953, pero en los últimos años ciertos dirigentes eclesiásticos individuales asumieron una actitud más crítica del régimen de Franco.

La iglesia española actual se divide en nueve arzobispados y 61 obispados. El clero secular suma alrededor de los 30.000 y el religioso, 45.000. Si bien se considera a España una nación sumamente piadosa, probablemente solo el 20% de su población son católicos profesantes, en tanto que el anticlericalismo está generalizado. Los principales aspectos de la vida eclesial incluyen un exagerado culto a la Virgen María inigualado en otra parte, la eminencia de reliquias que obran milagros, complicadas y semipaganas procesiones y peregrinaciones relacionadas mayormente con Semana Santa.

El protestantismo en España comenzó con diversos movimientos anteriores a la Reforma, sobre todo aquellos relacionados con Raimundo →Lulio, el misionero a los musulmanes, del s.XIII; Alfonso de Madrigal, el expositor; y Pedro de Osuna, llamado con frecuencia "el Hus español". Sin duda la Reforma del s.XVI se habría arraigado más firmemente en suelo español a no ser por la vigorosa, aunque parcial, reforma de la iglesia realizada por →Jiménez de Cisneros iniciada a fines del s.XV, consiguiente a la unificación de los estados peninsulares. Así las cosas, el protestantismo llamó la atención casi únicamente de las clases privilegiadas y educadas y se limitó a familias aisladas y a individuos. Particularmente dignos de mención son Francisco de Enzinas, que tradujo el NT al castellano y durante una temporada fue profesor de griego en Cambridge; Juan de Valdés, que mantuvo su testimonio protestante desde Italia; Rodrigo de Valer, el "Wiclif español", que predicó abiertamente en Sevilla hasta que fue encarcelado por toda la vida; y el arzobispo Carranza de Toledo, primado de España que murió tras grandes sufrimientos en 1576. Sin embargo, no se formaron iglesias separatistas y, después de 1530, la Inquisición acabó con toda doctrina reformada; el primer →auto de fe tuvo lugar en 1559.

Los ss.XVII y XVIII, época de apatía intelectual y de un conservatismo social extremo, encontraron la fe reformada firmemente excluida del suelo español. Solo en el s.XIX pudo el protestantismo volver de veras al país: en 1832 Guillermo Rule se hallaba predicando allí y en 1837 Jorge →Borrow, como agente de la Sociedad Bíblica Internacional, emprendió aquellas aventuras que posteriormente describió en *La Biblia en España* (1842). Después de la revolución republicana de 1868, el protestantismo pudo entrar al país con mayor libertad y sobresalieron en el campo misioneros norteamericanos, ingleses, irlandeses, suizos y suecos de varias denominaciones. Poco a poco fueron levantándose iglesias españolas nacionales; p.e. la Iglesia Episcopal Reformada de España, cuyos primeros obispos fueron consagrados por tres prelados de la iglesia irlandesa (para enojo de los anglicanos conservadores ingleses) en 1894 que, aunque sigue poco numerosa, ha desarrollado últimamente intereses litúrgicos y pretende conservar el rito mozárabe nacional en su forma más pura; la Iglesia Evangélica Española (de origen congregacional/presbiteriano y norteamericano); los bautistas; y los hermanos libres.

Con la revolución de 1931, las actividades protestantes pudieron proseguir sin estorbo: se abrieron iglesias así como escuelas, incluso El Porvenir, considerado el mejor colegio secundario de España. Los nacionalistas, sin embargo, denunciaron a los protestantes como promovedores del republicanismo y después de 1939 la persecución empezó de nuevo. Solo muy lentamente ha ido mejorando la posición de esta desdeñada minoría, aunque la evangelización así como la educación teológica han sido menos limitadas desde la promulgación de la Ley Orgánica del Estado (1966). Aun así, los protestantes todavía tienen impedimentos en cuanto a casamientos y funerales, adelantamiento profesional, la publicación y distribución de literatura, y la posición del conscripto protestante joven. En estos últimos años el pentecostalismo se ha propagado a España de manera muy semejante a su progreso en los países hispanoamericanos. La comunidad protestante en España asciende ahora a unos 43.000, lo cual significa que se ha duplicado en los últimos cuarenta años. [Con la muerte de Franco, la restauración de la monarquía bajo Juan Carlos I en 1975 y la nueva Constitución en vigencia (que garantiza los derechos humanos básicos y la libertad religiosa y política y declara que ninguna religión tiene carácter estatal), la situación de los protestantes ha cambiado radicalmente.] IAN SELLERS

ESPERANZA, TEOLOGIA DE. Movimiento teológico contemporáneo promovido por Jürgen →Moltmann en su libro del mismo título (alemán, 1965; español, 1969). Inspirado tanto por la teología bíblica de eruditos veterotestamentarios como G. van Rad y novotestamentarios como E. Käsemann, como también por la "filosofía de la esperanza de Ernst →Bloch, Moltmann ofrece una relectura radicalmente nueva de la teología a partir de la escatología. Mientras la "profecía" (escatología futurista) se ha concebido como un mero apéndice de la teología o se ha negado como mitología (→BULTMANN), para la T. de E. es más bien el punto de partida y la clave hermenéutica para la comprensión de la fe. Moltmann comenta que aunque el NT enseña la prioridad de la fe, se suele olvidar que enseña también la primacía de la esperanza. Es la esperanza, nacida de la promesa de Dios, la que da sentido a la fe y al amor.

Para la T. de E., el cristianismo *es* esencialmente escatología, esperanza del reino de justicia que Dios ha prometido, que funciona con la fuerza motriz de una "utopía". Pero esa esperanza no está meramente "más allá de la historia" y fuera de ella, sino que por la promesa de Dios, su fuerza comienza a actuar dentro de la historia misma. La fe consiste en responder al llamado de Dios para participar en esa historia de la salvación (→HEILSGESCHICHTE). "Dios es por esencia futuro, consiste en futuro, está lleno de futuro".

Dios no debe entenderse con el Absoluto o Infinito de los conceptos filosóficos, sino como "el Dios de la esperanza" (Ro. 15:13). Dios se presenta a Moisés como Yahvéh ("yo seré el que seré", "el que estará contigo"), el Dios que va creando a un pueblo y lo llama al peregrinaje hacia el futuro. La fenomenología de la religión señala que este concepto dinámico de Dios, orientado hacia el futuro, corresponde a los pueblos nómadas en contraste con las concepciones de los pueblos sedentarios agrícolas (p.e. los cananeos). A partir del pensamiento metafísico de Parmenides, Platón y otros, "el culto a lo estático" produce "la filosofía de la opresión" (Levinas) y el concepto de Dios como "el Ser" es el garante de lo estático. Pero la esperanza va más allá del "ser" y "no-ser" al "todavía-no-ser" (Bloch), para entender que el universo y el futuro están abiertos hacia el futuro. Dios es esencialmente "futuridad" y su promesa inspira la esperanza que actúa en busca de lo nuevo prometido.

Dios es también el Dios de la promesa, y el camino hacia la esperanza avanza mediante el esquema promesa-cumplimiento (→HEILSGESCHICHTE, OSCAR→CULLMANN, y especialmente W. Kümmel). Pero el cumplimiento nunca "cierra" ni agota la promesa, sino que se abre a promesas cualitativamente nuevas. (P.e. la monarquía davídica no agotó la promesa a Abraham, y la venida de Jesús no "cerró" las promesas/mesiánicas.)

Pero la T. de E. rechaza una "escatología trascendental", que pretende escaparse de la historia para captar la visión "epifánica" de lo inmutable. Propone una "escatología futurista", orientada hacia lo venidero (no hacia lo trascendental a-histórico, lo eterno inmutable de la epifanía). Reconoce también la proyección "trans-histórica" de la esperanza, pero acentúa su dimensión "intra-histórica" de modo que la esperanza, por su propio carácter, va creando (inspirando, imponiendo) proyectos históricos concretos.

La T. de E. insiste en la importancia central de la resurrección de Jesucristo (cp. también →Pannenberg, en forma un tanto distinta). Esta es la base indispensable de toda esperanza y de todo el cristianismo (1 Co. 15: 17, 19). No carece de sentido el hecho irónico, de que después de la "moda" pasajera de "la muerte de Dios", surgiera con mucha más durabilidad la T. de E. fundamentada en la resurrección del "Dios Crucificado" (Moltmann).

La T. de E. significa realmente un nuevo punto de partida en la teología contemporánea, en ruptura radical tanto con la ortodoxia confesional (primacía de la fe sobre la esperanza) como con el existencialismo (la fe como encuentro con el Absoluto), con la neoortodoxia (la Palabra trascendental del Eterno Presente), con Bultmann (la desmitologización), y con las →teologías de la secularización y de la →muerte de Dios.

El representante católico más destacado de la T. de E. es Johann Baptist Metz, quien la ha elaborado especialmente en forma de una "teología política" (cp. Moltmann, la "hermenéutica política"). Propone una teología narrativa, cuyo meollo ha de ser la "memoria subversiva" de la liberación que el pueblo ha experimentado y la promesa que Dios ha dado. JUAN E. STAM

ESPIRA, DIETAS DE. Speyer, a orillas del Rin en Bavaria, fue sede de cuatro sesiones de la dieta o parlamento del Santo Imperio Romano durante la época de la Reforma. En todos esos casos se entrelazaron consideraciones religiosas y político-militares. El emperador →Carlos V quería el apoyo de los príncipes alemanes en su lucha contra la alianza franco-otomana, y quería la supresión del luteranismo conforme al edicto de →Worms. Sin embargo, algunos príncipes importantes (p.e. Federico de Sajonia) no quisieron acceder a las dos cosas. Como luteranos, exigían el relajamiento de la supresión religiosa como precio del apoyo militar. Algunos príncipes católicos apoyaban a los luteranos porque deseaban un mayor grado de exención del control imperial. Así que en E. en 1526 el emperador tuvo que aceptar la resolución de la dieta: "Cada uno [príncipe] ha de obrar en vista de la cuenta que tendrá que rendir a Dios y a su majestad imperial". Esto allanó el camino para la extensión del luteranismo.

En 1529 Carlos se sintió tan fuerte como para exigir que la dieta de ese año rescindiera la decisión de 1526, y ordenó a los gobernantes de Alemania que hicieran cumplir el edicto de →Worms. La mayoría obedeció pero varios, juntamente con 14 ciudades libres, prepararon una enérgica protesta ante el emperador. Los firmantes llegaron a conocerse por "protestantes", y todos los que a la larga dejaron la iglesia católica recibieron el mismo nombre. La situación militar siguió siendo grave, y Carlos necesitaba la ayuda de los príncipes luteranos. En la tercera dieta de E. en 1542, para obtener ayuda contra los turcos, y en la cuarta en 1544, a fin de conseguir ayuda contra los franceses, hizo concesiones. Aunque trató posteriormente de aplastar a los protestantes por fuerza militar, a la larga tuvo que reconocer al luteranismo en la Paz de →Augsburgo en 1555.

HOWARD F. VOS

ESPIRITISMO. Término que se refiere a la creencia en la comunicación entre los vivos y el espíritu viviente de los muertos. La historia consigna periódicas olas de interés en el fenómeno del e. pero como religión organizada empezó en Hydesville, Nueva York, en 1848. Juan D. Fox y su esposa demostraron que un golpeteo extraño en su casa provenía del cuarto de sus hijas adolescentes, Margarita y Catita. Después de notar continuamente esto y la arrancadura de la ropa de cama por manos invisibles y el removimiento de sillas y mesas de sus lugares, las dos muchachas idearon un medio de comunicación inteligente con el autor de los ruidos, que respondía a preguntas con varios golpecitos. Este muy divulgado suceso provocó un avivamiento espiritista en EUA que pronto se extendió a Inglaterra y a Europa.

El deterioro de la fe en la doctrina tradicional y autoritativa de la religión por la revolución científica en el s.XIX, dio al espiritismo un impulso adicional. El número de adeptos a la nueva fe creció rápidamente, y en su punto culminante el movimiento sobrepasaba los diez millones de adherentes. Entre los conversos distinguidos figuraban Arthur Conan Doyle, Oliver Lodge y Alfred R. Wallace. Probablemente el más famoso de los médiums fue D.D. Home (1833-86), cuyos asombrosos actos y manifestaciones en la presencia de destacados científicos perduran aun sin explicación verosímil.

El movimiento espiritista produjo muchos fenómenos de orientación espiritual: el ladeo de mesas, el tañimiento de instrumentos musicales, la levitación de diversos objetos e incluso del médium, la aparición de objetos en la atmósfera, la escritura por espíritus, la materialización y la profesión de médiums. Algunos médiums entran en un estado de rapto y se convierten en instrumento pasivo del espíritu, en tanto que otros informan sobre lo que oyen o ven que hacen o dicen unas figuras espirituales. El estado extático no se practica generalmente hoy. En las sesiones de materialización, se dice que una sustancia vaporosa llamada ectoplasma (que se define como "protoplasma exteriorizado") emana del cuerpo y de la boca del médium, formando una imagen. Por lo general los espíritus materializados no dan mensajes.

Los espiritistas recurren mucho a las enseñanzas de Emanuel →Swedenborg, Francisco Mesmer y Andrew Jackson Davis. El libro de Davis, *Nature's Divine Revelations* (1847), expresó los fundamentos del espiritismo. Se rechazan las doctrinas de la Trinidad y de la divinidad de Cristo; se atienen a la existencia de una inteligencia infinita expresada en los fenómenos de la naturaleza, tanto físicos como espirituales; la verdadera religión es la correcta comprensión de y vida conforme a la inteligencia infinita; la identidad personal sigue después de la muerte; la comunicación con los difuntos es posible; la suprema moralidad se halla en la regla de oro; ningún alma, aquí o en el más allá, hallará cerrada la puerta a la reforma; Cristo era un médium; la enseñanza de que Dios es amor, es central.

El espiritismo está organizado ahora sobre una base parecida al denominacionalismo. En EUA las principales asociaciones son: la Asamblea General Internacional de Espiritistas, la Alianza Espiritual Nacional de EUA, y la Asociación Espiritista Nacional de Iglesias. Este último grupo es el cuerpo ortodoxo del espiritismo norteamericano y el más prominente; mantienen un seminario para la preparación de sus pastores. Las iglesias celebran servicios regulares, y se observan muchos de los ritos religiosos habituales: el canto, la oración, etc. Esto se combina con la práctica de recurrir a los médiums. Los campamentos aseguran centros convenientes para el culto, la instrucción y la práctica. Aunque la membresía efectiva de los grupos espiritistas en EUA es mucho menos de 200.000, ellos mismos afirmaron en 1971 que había más de un millón de creyentes.

Como resultado del desarrollo del espiritismo, se organizó en Londres en 1882 la Sociedad para Investigaciones Síquicas, y se organizaron posteriormente sociedades análogas en EUA. La experimentación síquica o "parapsicología", como se denomina ahora, ha puesto en duda las pruebas de la supervivencia del espíritu por el testimonio de los médiums. Los estudios en la percepción extrasensorial han demostrado que la mente puede, a veces, alcanzar más allá de sí misma para lograr información que los sentidos y la razón no pudieron conseguir. Es muy posible que los médiums posean tales poderes y que sencillamente los atribuyen a un origen espiritual. Se necesitan mayores investigaciones para poder comprobar la aseveración.

JOHN P. DEVER

ESPIRITISMO EN AMERICA LATINA. El e. es muy fuerte en AL, especialmente en Brasil, donde surgió de un doble origen: del e. tradicional europeo y de las religiones africanas.

La primera corriente se encuentra en Brasil desde 1865 y ejerció su mayor influencia hasta fines de siglo, siendo conocida como kardenismo. Los libros y escritos de Alan Kardec y su discípulo León Denis tuvieron una pronta y rápida difusión en AL. *La Revue Spirite* ("Revista Espiritista"), fundada por Kardec en 1858, en su número de marzo de 1866 presenta correspondencia con corresponsales espiritistas en Río de Janeiro. Algunas doctrinas de Kardec, como la reencarnación, gozaron de mayor aceptación en AL que en los países anglosajones.

La corriente africana llegó con los negros establecidos en Brasil, que manifestaron dos formas de e.: el candomblé o voodoo, y el →umbanda o kimbanda. Ambas modalidades africanas no son muy diferentes entre sí en cuanto a sus creencias prácticas. El énfasis está en los ritos de iniciación, sacrificio, canto y danza. Se caracterizan por un alto grado de sincretismo ritual con el catolicismo romano y con prácticas religiosas de los amerindios precolombinos. En la actualidad las dos corrientes (europea y africana) están fundidas e influyen poderosamente sobre todos los estratos sociales.

Desde 1940 el desarrollo numérico del e. brasilero ha sido notable. Oficialmente se estima que más del 2% de la población de Brasil es espiritista. Pero el porcentaje debe ser mucho mayor, ya que no es raro que una misma persona se confiese catolicorromana y espiritista al mismo tiempo. El mayor crecimiento se ha dado en los medios urbanos. Hay más de 80 sociedades confederadas y 120 libres. Quinientas escuelas enseñan a más de 300.000 adeptos. En agosto de 1953 el episcopado brasileño decretó una nueva condena explícita del e., considerándolo como la herejía "más peligrosa que haya aparecido en la tierra brasileña". Pero esto no evitó que se propagara, especialmente entre catolicorromanos.

En →Argentina, al igual que en otros países hispanoparlantes, el e. ha tenido un gran desarrollo en los últimos 20 años. El e. argentino ha asumido tres formas: la línea europea Kardeciana o e. científico tradicional, caracterizado por la intermediación mediúmica y la creencia en la reencarnación; la "Escuela Científica Basilio" (de origen argentino); y, personajes y grupos religiosos de corte espiritista. Los primeros son repetidores y traductores de las doctrinas de Kardec, Bozzano y Flammarión. Este e. tiene un carácter pseudocientífico, que prescinde de toda manifestación religioso-litúrgica y traza una línea de principios morales. La "Escuela" es de origen incierto. La leyenda asegura que hacia 1915 un tal Eugenio Portal recurrió a la médium y vidente Blanca A. de Lambert, gracias a la cual vio y escuchó a su padre, Pedro Basilio Portal, quien le ordenó que fundara una escuela para la redención humana. Dos años más tarde ya funcionaba la Escuela, aunque su auge se da después de

1930. Según sus adeptos cuenta con 400.000 afiliados. Un gran impulsor de la Escuela fue Hilario Fernández (1905-1974).

Se calcula que en Argentina hay más de dos millones de espiritistas. Entre estos no figuran los seguidores de múltiples expresiones nacionales autóctonas y de énfasis diversos, tales como "Pancho" Sierra (1831-1891) y su discípula, María S. Loredo (1855-1928), quien inició un movimiento religioso de gran difusión: la "Misión de la Madre María". Una variación de este culto es el que tiene por lema "La fe en Dios y la religión en Cristo, por la Madre María", fundado por Irma de Maresco y su hijo Miguel ("Hermano Miguel"), que obtuvo reconocimiento oficial en 1963, y tiene sede propia desde 1972. Dentro de las tendencias curanderistas se encuentra Jaime Press, manosanta "iluminado", que afirma su fe en la reencarnación. Su fama es notoria, como la del Zé Arigó en Brasil.

Como en Brasil y Argentina, en toda AL se hallan adeptos del e., especialmente donde hay concentraciones afroamericanas como en el área caribeña. En 1975 se celebró en Bogotá el primer congreso mundial de brujos. (→VODU, UMBANDA, DEMONISMO).

PABLO A. DEIROS

ESPIRITU SANTO. Los primeros cristianos vivían exultantes en la alegría del Espíritu. Pero en las generaciones sucesivas el entusiasmo tendió a desvanecerse y la doctrina del E.S. se aceptó formalmente como la enseñaba la Escritura en vez de ser vista como una base para la vida. No es de sorprender que con el tiempo viniera la reacción. Montano, originario de Frigia en el Asia Menor, que vivió en la segunda mitad del s.II, puso gran énfasis en el E.S. Pensaba que la revelación no había terminado con el fin del período neotestamentario y aseguraba que él mismo era una fuente de importantes revelaciones nuevas. Así como Jesús había sido la encarnación de la Segunda Persona de la Trinidad, Montano se veía a sí mismo como encarnación del E.S. Lo apoyaban otros, notablemente dos profetisas, Priscila y Maximila. Pensaban que la nueva Jerusalén bajaría del cielo sobre un lugar de Frigia y se preparaban para tal acontecimiento con un rígido ascetismo. Su protesta contra el clericalismo de la iglesia de su tiempo y contra la relajada moralidad de muchos cristianos profesantes fue algo importante y les atrajo muchos adherentes. Pero estaban en un grave error en su enseñanza de la nueva dispensación del E.S. inaugurada por su "encarnación" en Montano y la iglesia no tuvo más alternativa que condenarlos.

La única otra herejía importante en la doctrina del E. es la que se asocia con Macedonio, obispo de Constantinopla a fines del período arriano. Aceptaba la plena deidad del Hijo pero aseguraba que el E. era un ser creado, no muy distinto de los ángeles. En una época en que la gente estaba convenciéndose de que la postura arriana plena era imposible, a muchos les pareció buen término medio el aceptar la deidad del Hijo (con los ortodoxos) pero negar la del E. (con los arrianos). Pero la sana doctrina no se construye sobre arreglos políticos de esta suerte, por lo tanto el macedonianismo fue pronto rechazado.

La relación precisa del E. con el Padre y el Hijo no se enuncia en ninguna parte de la Biblia y ha causado discusión, e incluso división, en la iglesia. El único pasaje que apenas parece referirse al asunto es aquel en que Jesús habla del "Espíritu de la verdad, que procede del Padre" (Jn. 15:26). Este pasaje no trata de las inter-relaciones eternas entre las personas de la Trinidad pero nos ha proporcionado la terminología. Ha sido habitual hablar de la "procesión" del E.

En los enunciados más antiguos se acostumbraba simplemente tomar el pasaje del Evangelio de Juan y decir que el E. procede del Padre. Pero el Credo Niceno llegó a transmitirse en Occidente en la forma "que procede del Padre y del Hijo". Parece que en primera instancia esto se originó en un error de un copista. Pero se hizo común rezar el credo en Occidente en esa forma. No sin razón, los orientales exigen que el credo sea recitado en su forma original y que se renuncie a hablar de la doble procesión (e.d., procesión del Hijo así como del Padre). La renuencia de Occidente fue la causa formal para el rompimiento entre la Iglesia Oriental y la Occidental.

La Occidental ha rehusado a la exigencia de deponer la doctrina de la doble procesión porque, no importa cómo las palabras disputadas hayan entrado al credo, apuntan a algo verdadero. El NT puede no hablar de que el E. "procede del" Hijo, pero sí los vincula a los dos estrechamente. El punto importante es que el E. es "el Espíritu de Cristo" (Ro. 8:9; 1 P. 1:11; cp. Hch. 16:7; Fil. 1:19). Jesús bautizó con el E.S. (Mt. 3:11; Mr. 1:8; Lc. 3:16; Jn. 1:33) y envió al E. (Jn. 20:22; Hch. 2:33).

Más importante que la citación de cualesquier textos individuales es el enfoque general de la enseñanza del NT, según el cual el

E. viene a los hombres como resultado de lo que ha hecho Cristo. Conocemos y recibimos al E. solo porque hemos sido salvados por la muerte expiatoria de Cristo y pasados a una vida nueva. Es en esta nueva vida, que Cristo nos trae, donde conocemos al E. La doctrina de la doble procesión salvaguarda esto en una forma en que no lo hace la de la procesión única. LEON MORRIS

ESTADOS PAPALES. De 756 a 1870, ciertos estados de Italia reconocieron al Papa como su gobernante temporal. →Constantino probablemente legó a la iglesia de Roma el Palacio de Letrán después de 321, cuando ella tuvo capacidad legal para adquirir propiedades. Para el año 600, donaciones de extensos terrenos formaron el →Patrimonio de Pedro, en torno al cual se fundó la leyenda de que Constantino había donado esas tierras al papa Silvestre I. Un documento falsificado, llamado "La →Donación de Constantino" apoyó a esas pretensiones hasta que en el s.XV se demostró la falsificación. Lorenzo Valla en particular puso de manifiesto el empleo de términos orientales tales como "sátrapas" para describir a la Roma del s.IV.

Hasta la disputa sobre la iconoclastia en el s.VIII, los mayores e.p. se hallaban en Sicilia. Aun perdidas esas posesiones al emperador bizantino, el papa tenía bajo su dominio más territorio que cualquier otra persona de Italia. La isla de Capri, Gaeta, Tívoli, y otras propiedades en Toscana y en torno a Ravenna y Génova hablan de riqueza y problemas. El papa →Gregorio I empleaba sus ingresos en obras caritativas así como en alimento para Roma. Del s.VI al VIII los papas apoyaron la autoridad bizantina en Ravenna contra los lombardos.

Bajo →Gregorio II, los papas llenaron el vacío dejado por la caída bizantina en la Italia central. El exarcado en torno a Ravenna y el ducado de Roma eran centrales, especialmente la Pentápolis (Rímini, Pesaro, Fano, Sinigaglia, Ancona) y la ciudad fortificada de Perusa. Cuando el rey lombardo →Liutprand separó a Perusa en 738, Gregorio II apeló a →Carlos Martel.

El papa →Esteban II (III) abandonó a Roma en 753 para viajar a San Dionisio. Allí, en enero de 754 ungió a →Pipino otorgándole a él y a sus hijos el título de "Patricio de los romanos". Pipino prometió por escrito entregarle ciertos territorios al papa. Los territorios de Italia central quizá hayan tenido su origen en este documento de 754. En el verano de aquel año, Pipino obligó al rey lombardo Aistulfo a entregarle al papa Pentápolis y el exarcado. Pipino obtuvo un título de estas tierras para el papa solo para verse obligado a una segunda invasión y a obtener un segundo título en 756. Pipino fundó los Estados de la Iglesia cuando en 756 rehusó devolverles a los bizantinos los territorios arrebatados a los lombardos. El papa se vio libre de la injerencia extranjera y entró en alianza con Occidente. En 781 →Carlomagno aseguró al papa →Adriano I las donaciones de Pipino. La coronación de Carlomagno en 800 consolidó esa política.

Después de esta independencia y de la política occidental, los estados papales provocaron amarga disputa entre los nobles romanos por el control de esta autoridad temporal y del propio papado, y esto a su vez acarreó agitación interna para la iglesia. Pobreza intelectual y oportunismo político caracterizaron los asuntos papales hasta el saqueo de Roma en 1527. En tiempos modernos, la administración papal o el arbitrio del control directo llevaron a Italia central conquistador tras conquistador, desde Carlos VIII de Francia y el emperador Carlos V hasta Napoleón Bonaparte. El Congreso de Viena devolvió las propiedades confiscadas de 1798, la República Romana, al papa en 1815. Los austríacos protegieron estas propiedades hasta que, primero en 1846 bajo Massimo d'Azeglio y finalmente bajo Garibaldi a partir de 1860, la influencia extranjera terminó. Tropas italianas del →*Risorgimento* entraron en Roma el 20 de set., 1870. El 13 de mayo, 1871, el Vaticano, Letrán y Castel Gandolfo fueron declarados territorio papal. →Pío IX rehusó la garantía papal, aunque bajo Mussolini →Pío XI firmó el tratado de Letrán el 11 de feb. de 1929. Después de 1944 este pacto pasó a formar parte de la constitución republicana. MARVIN W. ANDERSON

ESTADOS UNIDOS DE AMERICA. El cristianismo en los EUA, cual la fe cristiana en otras edades y tierras, revela las señas del tiempo y espacio. La conquista de las Américas y el nacimiento del protestantismo fueron sucesos casi contemporáneos. Este hecho ayuda a explicar el predominante carácter "protestante" del cristianismo norteamericano trasplantado del Viejo Mundo. El principal factor espacial se halla en el hecho de que por casi tres siglos de su historia los EUA y sus iglesias estuvieron en contacto continuo con las condiciones y necesidades de las regiones fronterizas. Esta combinación de tiempo y espacio dio forma a un tipo singular de cristianismo, claramente distinguible de la fe cristiana en otras edades y en otras esferas.

El sistema inglés de la iniciativa privada en el establecimiento de nuevas colonias y la expansión occidental del pueblo norteamericano, dieron amplia oportunidad para la diseminación de la *diversidad religiosa* en el nuevo país. Desde la colonia en Jamestown, Virginia (1607), hasta la Guerra de Secesión (1861-65) esta diversidad denominacional estuvo casi del todo dentro de la tradición protestante y mayormente la →puritana. La segunda parte del s.XIX vio aparecer una mayor diversidad en el surgimiento de sectas religiosas autóctonas y grandes números de inmigrantes de Europa, la mayoría de los cuales nada tuvo que ver con la tradición puritana.

Los fundadores de la nueva nación reconocieron este pluralismo religioso en las colonias e incorporaron en la primera enmienda a la Constitución la *separación de la iglesia y el estado*, "el experimento justo" según Tomás Jefferson: ninguna iglesia en particular podría insistir en un rango privilegiado en la nueva nación. De este modo la adopción de la primera enmienda a la Constitución (1791) garantizaba la libertad para todos al conceder privilegios a nadie.

Las necesidades religiosas de la región fronteriza junto con esta política de separación del nuevo gobierno, obligó a las iglesias a emplear nuevas técnicas, basadas en el →voluntarismo, para ganar la gente a la fe cristiana. Los →*avivamientos* vinieron a ser el muy fructuoso medio de plantar un cristianismo vital a través del continente. El →Gran Despertamiento, la exitosa cruzada colonial en pos de almas, se convirtió en modelo para una serie de avivamientos a través de la historia religiosa de Norteamérica.

Los avivamientos consistían en llamados a convertirse a Cristo y a su iglesia; iban dirigidos a los individuos. De este modo los colonos de mentalidad independiente hallaron un espíritu afín en los líderes de los avivamientos espirituales. Esta expresión del *individualismo* en la religión, así como en la política, fomentó una casi interminable variedad de sociedades voluntarias tendientes a llevar el reino de Dios al continente norteamericano.

Estas características del cristianismo en los EUA –pluralismo religioso, separación de la iglesia y el estado, los avivamientos y el individualismo– son (junto con el activismo social y el ecumenismo) las principales señas de la singularidad religiosa de Norteamérica.

La historia del cristianismo en las costas norteamericanas se puede dividir en cuatro períodos importantes: los años formativos, 1607-1776; los años fronterizos o nacionales, 1776-1860; los años críticos, 1860-1914; y los años postprotestantes, 1914 hasta el presente.

(1) *Los Años Formativos, 1607-1776*. La →Reforma Protestante produjo una hueste de iglesias nacionales, sectas y disidentes. El refugio para muchos de los que en Europa fueron perseguidos debido a su conciencia, fue la América colonial. Si bien la política, la economía y la ventaja social tuvieron su parte en el desarrollo inicial de las colonias, la religión fue la causa de la fundación de más colonias que cualquier otro factor. Estas colonias eran inglesas y la multiplicidad de cuerpos religiosos dentro de ellas se debió mayormente a una política de tolerancia seguida por las autoridades inglesas. Las colonias fueron también empresas comerciales. Para que fueran ventajosas necesitaban gente que despejara los bosques y sembrara los campos. Así es como las autoridades coloniales promovieron la tolerancia religiosa en el Nuevo Mundo como aliciente para los perseguidos.

A esta ventaja económica hay que agregar la creciente diversidad religiosa dentro de Inglaterra misma. Durante el s.XVII los ingleses estaban luchando para lograr mayor tolerancia religiosa en el país. Muchas minorías religiosas, envueltas en esta lucha, eligieron las oportunidades del Nuevo Mundo, por sobre los continuos conflictos en su patria. Aunque la diversidad religiosa pronto se convirtió en un hecho de la vida en las colonias, esta multiplicidad de sectas se hallaba dentro de una unidad sobrepuesta. La gran mayoría de los grupos religiosos se encontraba dentro de una tradición común, de fondo británico y teología puritana. El primer censo en 1790 reveló esta preponderancia británica: 70% de de la población era de estirpe inglesa y un 15% adicional era de descendencia escocesa o escocesa e irlandesa. Aun entre las minorías no británicas –alemanes, holandeses, franceses, suecos –predominaba el ambiente protestante.

Una vez firmemente arraigado, este puritanismo americano se vio naturalmente sujeto a cambio. El Gran Despertamiento en particular, dio al puritanismo de la nueva tierra un carácter decididamente evangélico, y ayudó también a crear un consenso religioso norteamericano. La Nueva Inglaterra, donde primero se arraigó el puritanismo, es el mejor ejemplo de las dificultades con que tropezaron los cristianos que trataron de mantener la idea de la institución tradicional. La primera congregación en Nueva Inglaterra fue el pequeño grupo separatista de Plymouth, plantado en el Nuevo Mundo con el arribo del *Mayflower* en 1620. Ocho años después comenzaron las inmigraciones puritanas mucho mayores en la región de Boston. Al conseguir una carta de privilegio para la Compañía de la Bahía de Massachusets y trasladarla a la colonia, los primeros puritanos pudieron mostrar al mundo entero cómo era una verdadera iglesia "según el orden de Dios".

El primer consejo general de la colonia (1631), compuesto del gobernador y los ciudadanos de honor, vinculó el sufragio con el ser miembro de la iglesia. Cinco años después el tribunal, a fin de garantizar la uniformidad religiosa, concedió a los magistrados el poder sobre las iglesias. Sin embargo el clero, mediante el control del sufragio y por medio de la influencia sobre los magistrados, ejerció considerable influencia sobre la conducta pública. Esta alianza funcional entre magistrado y ministro era el corazón de la "santa mancomunidad".

Sin embargo, nunca estuvo muy lejos la disidencia. Roger →Williams, que llegó a Boston en 1631, fue de los primeros en impugnar la "teocracia" puritana. Diseminó la idea de que la autoridad civil y la espiritual debían estar separadas. Su persistencia en esta innovación resultó en su destierro de la colonia en 1635. Al huir de la colonia en pleno invierno pudo, tras obtener terreno de los indios, establecerse en el lugar actual de Providence, Rhode Island. Tras unírsele luego otros, estableció una nueva colonia fundamentada en el principio de la separación. Así que la uniformidad religiosa de Nueva Inglaterra quedó gravemente amenazada casi desde el principio. Otros intentos de establecer entidades religiosas –los holandeses en Nueva Amsterdam y los anglicanos en las colonias del S– tuvieron aun menos éxito que los puritanos en Nueva Inglaterra.

Para fines del siglo, el esqueleto de la ortodoxia puritana subsistía en Nueva Inglaterra, pero la mayor parte de la visión espiritual de la primera generación –una iglesia de "santos visibles"– había desaparecido. La recuperación de una experiencia religiosa vital es la historia del Gran Despertamiento.

(2) *Los Años Fronterizos, 1776-1860.* Cuando la revolución era inminente en las colonias, muchas de las iglesias apoyaron la causa de la independencia. Los congregacionalistas, los presbiterianos y los bautistas estuvieron casi universalmente a favor de ella. Se comprende que la Iglesia Episcopal sufrió más. Si bien más episcopales firmaron la Declaración de Independencia que cualquier otra denominación colonial, los gobernadores reales y otros funcionarios coloniales por lo general eran anglicanos y muchos realistas se hallaban en la Iglesia Anglicana. Debido a la diversidad religiosa en las colonias, los documentos fundadores de la nueva nación prohibieron todo requisito religioso para ocupar un cargo público y separaron las esferas del Estado y la Iglesia. Aunque unas pocas constituciones estatales demoraron en seguir la iniciativa de los documentos nacionales, notablemente Massachusetts hasta 1833, la mayoría de los cristianos consideraron el "experimento" en libertad de cultos un procedimiento acertado.

Apenas se había adoptado la Constitución cuando la gente empezó a dirigirse hacia el O. Para 1860 se iban formando estados rápidamente al O del Misisipí. Este movimiento de la población siguió hasta poblarse todo el continente. Las denominaciones que más éxito tuvieron en trasladarse con la gente y en establecer iglesias en los nuevos territorios se convirtieron, comprensiblemente, en los mayores cuerpos de la nueva nación. Los metodistas, bautistas y presbiterianos resultaron ser más adaptables a la región fronteriza, mientras que una cuarta denominación, los →Discípulos de Cristo, se originó en el valle del río Ohio mediante la predicación de Barton W. →Stone y de Alejandro →Campbell.

La técnica muy empleada para alcanzar a las masas inconversas era el avivamiento, un tipo de predicación que trataba de hacer que los oyentes se percataran gráficamente de su destino eterno y de la importancia de una conversión total a la fe cristiana. Un tipo particular de reunión de avivamiento apareció también hacia 1800: la →*camp meeting* ("reunión campamental"). Estas reuniones eran grandes asambles al aire libre para la predicación, que duraban varios días. Empleadas primero por los presbiterianos, posteriormente se convirtieron en técnica metodista distintiva para inducir a la excitación y a la conversión. Con el tiempo el espíritu de avivamiento se reprimió y se encauzó por sociedades voluntarias. Eran éstas agencias extraeclesiales, formadas con fines específicos por individuos y sin relación estructural alguna con las denominaciones. Se crearon sociedades para establecer escuelas dominicales, publicar literatura, fundar academias y para fomentar un sinnúmero de reformas sociales.

A mediados del siglo, esta combinación de avivamientos y de reformas sociales había creado una disposición evangélica que redujo al mínimo las diferencias denominacionales ante la causa mayor de promover el reino de Cristo por toda la joven nación. Para 1850 los metodistas eran el cuerpo denominacional mayor con una membresía cercana al millón y medio, seguidos por los bautistas con alrededor de un millón y luego los presbiterianos con cerca de 500.000. Poco tardaron en venir cambios mayores en este consenso evangélico. La generación inmediatamente anterior a la Guerra de Secesión se caracterizó por la controversia y la división entre las denominaciones. La ICR, cuyas raíces en los EUA se remontaban a la fundación de Maryland y a las anteriores misiones franciscanas del SO, recibió gran número de inmigrantes, particularmente de Irlanda. Este influjo repentino de católicos despertó los temores protestantes. De igual manera los luteranos, que se habían demostrado dispuestos a adoptar el espíritu cooperativo de las denominaciones avivamentistas, se encontraron con nuevas tensiones internas después de 1830 con la llegada de muchos luteranos conservadores, de Alemania.

Sin embargo, la mayor causa de la controversia fue la cuestión de la esclavitud nacional. Para 1830 una revolución agrícola trascendental en el S hizo que la región dependiera del trabajo de esclavos. A la vez un movimiento abolicionista radical en el N contribuyó a extender la ruptura entre las dos secciones del país. La mayor parte de las denominaciones se desmembraron por ideologías divergentes. Los presbiterianos, debido a la presencia de problemas teológicos, se dividieron primero en 1837. En 1845 los metodistas y los bautistas del S se separaron de los del N y formaron denominaciones. Las divisiones entre presbiterianos y bautistas aun no se han sanado.

(3) *Los Años Críticos, 1860-1914.* Durante la Reconstitución (reorganización gubernamental de los estados secesionistas después de la Guerra Civil) diversos órganos eclesiales invirtieron dinero y personal en el S a fin de llevar la religión y la educación a las masas de negros recién libertados de la esclavitud. Varias iglesias negras independientes también dieron expresión a la nueva libertad. Las iglesias bautistas y metodistas tuvieron el mayor atractivo para los negros; para fines del siglo la mayoría de los cristianos negros se hallaba en la Convención Bautista Nacional, la Iglesia Metodista Episcopal Africana, o en la Iglesia Metodista Episcopal Africana de Sión (→IGLESIAS NEGRAS NORTEAMERICANAS).

Los años posteriores a 1860 fueron también la escena de continuas olas de inmigraciones destinadas a cambiar manifiestamente la fisionomía religiosa de los EUA. Un considerable número de escandinavos, mayormente en los estados centrales del N, condujo a la formación de iglesias luteranas independientes —generalmente por nacionalidades— lo que hizo que los luteranos fueran la tercera familia denominacional protestante en importancia. Otras inmigraciones del E y del S de Europa después de 1880 dieron por resultado la llegada a los EUA de millones de católicos.

La naturaleza crítica de estos años es más evidente, sin embargo, en la confusión creada por el influjo de nuevas ideas referentes a la Biblia. El idealismo alemán y la teoría de la evolución, expuesta por Carlos →Darwin en su libro *Del origen de las especies,* tuvieron serias consecuencias para el concepto tradicional de Dios y de la creación; y la alta crítica, que ponía a prueba la autenticidad de los escritos bíblicos por los mismos métodos usados al examinar otra literatura antigua, parecía socavar los fundamentos del sobrenaturalismo evangélico tradicional. Las posiciones positivas o negativas con respecto a estos nuevos conceptos de la Biblia amenazaron con dividir las denominaciones evangélicas y prepararon el terreno a la controversia entre "modernistas" y →"fundamentalistas" pasado el término del siglo.

Un conflicto afín giró alrededor de la emergente conciencia social dentro de las iglesias. Las denominaciones evangélicas, principalmente metodistas y bautistas, que antes se habían identificado con los pobres, se estaban convirtiendo rápidamente en iglesias de la clase media alta. A la vez la sociedad industrial y urbana, que surgió después de la Guerra de Secesión, estaba atrayendo la atención de ciertos dirigentes protestantes que pedían la aplicación de los principios de Jesús a los nuevos problemas urbano-industriales. Este nuevo interés se llamó el →"evangelio social". Halló su más persuasivo defensor en Walter →Rauschenbusch y sus objetivos específicos contenidos en el credo social del Concilio Federal de Iglesias. Ni los tradicionales avivamientos pudieron escapar de estos marcados cambios en la sociedad norteamericana. Los avivamientos se convirtieron en movimientos populares, urbanos, profesionales y organizados mediante el ministerio de D.L. →Moody e Ira Sankey. Luego, respaldados por la gran fama de Moody, los movimientos de las →escuelas y las conferencias bíblicas infundieron ánimo a muchos conservadores que trataban de hacer frente a la corriente de los conceptos racionalistas de las Escrituras. Esta unión del avivamientismo con el conservatismo bíblico dio origen al →fundamentalismo del s.XX.

(4) *Los Años Postprotestantes, 1914-1970.* Estos conceptos contradictorios de la Biblia y planes de acciones sociales dieron por resultado el debate fundamentalista-modernista, de la década de los años 1920. Esta controversia produjo un fundamentalismo de carácter principalmente interdenominacional y denominaciones protestantes mayores guiadas por hombres más interesados en programas de acción que en la ortodoxia teológica.

Apenas el modernismo hubo experimentado cierto grado de victoria sobre el fundamentalismo en las denominaciones evangélicas tradicionales, cuando tuvo que hacer frente a un nuevo desafío teológico. Los años de 1930 revelaron una creciente crítica de las afirmaciones básicas del modernismo. Fue difícil de caracterizar la nueva disposición, pero recibió una expresión americana idónea en las obras de Reinhold →Niebuhr. A menudo se llamaba →"neoortodoxia". Esta nueva teología reafirmó la soberanía de Dios y repudió la idea de que el hombre tiene potencialidad casi ilimitada para el bien. La neoortodoxia redescubrió además "el pecado original" del hombre, no en el sentido de un acto de desobediencia por un hombre llamado Adán, mas en el sentido del fracaso moral y universal del hombre. Por último, la nueva disposición teológica recalcó la importancia central de la Biblia y de Cristo como mediadores indispensables de la revelación especial de Dios al hombre.

Los años entre las dos guerras mundiales fueron escena también del crecimiento del espíritu ecuménico por medio de la cooperación interdenominacional, la reunión orgánica y la confederación. El →Movimiento Estudiantil Voluntario y la formación de la Iglesia Presbiteriana Unida (EUA) ejemplifican los primeros dos métodos. El Consejo Federal de Iglesias de Cristo en EUA, organizado en 1908, fue uno de los primeros ejemplos de confederación. Pero el Consejo cedió el paso en 1950 al más amplio Concilio Nacional de Iglesias. Además del Consejo Federal, el nuevo consejo abarcaba la Conferencia de Misiones Extranjeras de Norteamérica y el Consejo Internacional de Educación Religiosa y representaba a más de 30 denominaciones. Debido a las viejas divergencias con la orientación social y racionalista del Consejo Federal y con sus deficiencias doctrinales, los evangélicos conservadores prefirieron cooperar en términos de órganos voluntarios. La →Asociación Nacional de Evangélicos (1942), la Asociación Nacional de Escuelas Dominicales (1945) y la →Asociación Evangélica de Misiones Extranjeras (1945) figuran entre los incontables órganos interdenominacionales que dieron prueba continua de una cooperación entre los conservadores.

Los años de 1960 hallaron a los EUA llenos de desasosiego social. Las tensiones raciales y las fiebres de guerra y paz se evidenciaban particularmente en la vida de las iglesias. Algunos eclesiásticos se destacaron en el terreno público al hacer manifestaciones en pro de la justicia racial o de la paz en Vietnam. Con este fondo surgió una "teología secular" que veía a Cristo como "el hombre para los demás" y la misión principal de la iglesia en términos de "humanizar" el orden social. Los conservadores, por otra parte, se dedicaron a apoyar las cruzadas de Billy →Graham u otros esfuerzos evangelizadores con la oculta esperanza de que el mundo se podría transformar por la conversión de las masas. Estos dos puntos de vista tendieron a polarizar a los cristianos en el campo de los "activistas sociales" y el de los "salvacionistas individuales".

A fines de la década de 1960 hizo irrupción en la contracultura juvenil un resurgimiento algo singular del cristianismo fundamental. El "Movimiento de Jesús", designado así por las revistas nacionales, resaltó por las extraordinarias conversiones de exdrogadictos, el estudio de la Biblia, el "hablar en lenguas", y un estilo de vida más en armonía con la cultura *hippy* anterior que con la de las iglesias suburbanas. BRUCE L. SHELLEY

ESTANISLAO (1030-1079). Obispo de Cracovia y mártir. N. de linaje noble en Szczepanow, Polonia. Se educó en la escuela catedralicia de Gnesen y luego en París. Mientras Estanislao era canónigo y predicador en Cracovia, →Alejandro II lo nombró obispo de allí en 1072. Al oponerse al rey Boleslao II, debido a su larga expedición contra el gran ducado de Kiev (1069) y a otro comportamiento escandaloso, E. excomulgó al rey, solo para ser asesinado por él en una misa por alta traición. En tanto que el derrotado rey pasaba sus años restantes haciendo penitencia entre los benedictinos en Hungría, milagros y leyendas rodeaban al obispo martirizado, culto que se extendió a Lituania y a Ucrania. Llegó a ser el santo patrono de Polonia y fue canonizado por Inocencio IV en 1523.

C.G. THORNE, Jr.

ESTEBAN I (m.257). Papa desde el 254. Romano de nacimiento, tuvo un breve pontificado que vio varias confrontaciones con →Cipriano de Cartago que sostenía que "ninguno de nosotros se constituye en obispo de obispos". Esteban restauró a dos obispos españoles, Basilides y Marcial, que habían sido depuestos y sustituidos; rehusó destituir al obispo de Arlés por ser novaciano; y no insistió en rebautizar cuando el rito había sido administrado por herejes, siempre que hubiera sido hecho en el nombre de la Trinidad. Sobre este último punto, Cipriano y 87 de sus colegas difirieron en el concilio de Cartago (256), al negar la validez del bautismo herético.

J.D. DOUGLAS

ESTEBAN II (III) (m.757). Papa desde 752. Natural de Roma, fue designado sucesor del papa Zacarías, reemplazando a Esteban II que fue elegido pero falleció antes de ser consagrado. A su advenimiento apeló en vano a Constantinopla en busca de ayuda frente a una amenaza lombarda. Tras infructuosas negociaciones con el rey lombardo, recibió la protección de →Pipino el Breve (754). El papado estaba aliado ahora con los francos, y no con el emperador de Oriente. Pipino obligó a los lombardos a devolver las tierras confiscadas al exarcado de Ravena y a Roma. En una segunda campaña (756) Pipino obligó al rey lombardo a entregar a Esteban estos y otros territorios , que fueron el fundamento de los →Estados Pontificios; esta "Donación de Pipino" estableció el pontificado como poder temporal.

ALBERT H. FREUNDT, Jr.

ESTEBAN III (IV) (m.772). Papa a partir de 768. Monje siciliano, fue elegido en oposición a Constantino II y al antipapa Felipe, ambos criaturas de facciones. Felipe fue obligado a renunciar, Constantino fue degradado y cegado, y les fueron inflingidas terribles represalias a sus partidarios. Carlomagno y Carlomán, los soberanos francos, enviaron varios obispos a un concilio en Letrán (769) que confirmó la elección de Esteban, excluyó a los laicos de las elecciones papales, condenó a Constantino a cadena perpetua y anuló su elección y ordenaciones irregulares, y censuró el sínodo iconoclasta de 754. La falta de unidad entre sus aliados francos obligó a Esteban a llegar a un acuerdo con el rey lombardo que perjudicó al partido antilombardo que lo había elegido. Este papa débil y vacilante fue considerado un escándalo para la iglesia romana. ALBERT H. FREUNDT, Jr.

ESTEBAN DE HUNGRIA (c.975-1038). Primer rey de Hungría. Fue bautizado de niño a la vez que su padre, el duque de Geza, por →Adalberto de Praga. Se casó con Gisela, hermana del emperador. Después de heredar el ducado de su padre recibió una corona real del papa Silvestre II, y en 1001 lo hicieron el primer rey de Hungría. Trabajó mucho por convertir a su pueblo al cristianismo y fundó tanto sedes episcopales como monasterios. Lamentablemente sus últimos años fueron ignominiosos debido a su mala salud y a riñas acerca de la sucesión al trono. Fue canonizado en 1083, como asimismo su hijo Emerico (Imre) que murió en un accidente de caza.

J.D. DOUGLAS

ESTEBAN HARDING →HARDING, ESTEBAN

ESTIENNE, ROBERT ("Stephanus") (1503-1559). Erudito e impresor. En 1539 fue designado impresor en latín, griego y hebreo para Francisco I, rey de Francia. Al convertirse al protestantismo, recibió severos ataques de la Sorbona debido a sus anotaciones bíblicas. En 1551 huyó a Ginebra abrazando la fe reformada. En sus Biblias latinas (1527-28, 1532, 1540) siguió tanto como le fue posible el texto de Jerónimo. Produjo ediciones del AT hebreo (1539, 1544-46). Como impresor real publicó las primeras ediciones impresas de Eusebio (1544), Alexander of Tralles (1548), Justino Mártir (1551) y otros. En 1544 empezó a imprimir en griego, y, ayudado por su hijo Henri, publicó el NT en dos diminutos volúmenes (1546). El texto fue mayormente tomado de la quinta edición de Erasmo (1535), aunque también se utilizó la edición de Acalá de →Jiménez de Cisneros. Su edición ampliada (1550) fue la primera que contó con "aparato crítico" que en este caso es, en general, la fuente del Texto Recibido. También es el autor de la división en versículos del NT, incluida por primera vez en su cuarta edición de Ginebra en 1551. Según Henri, mucha de su obra fue hecha a caballo viajando entre París y Lyón. E. publicó después varias obras de Calvino.

J.G.G. NORMAN

ESTIGMAS. Heridas en el cuerpo. Esto puede ser también un fenómeno no cristiano, pero entre los cristianos se remonta hacia fines de la época medieval, a pesar de las menciones que se hacen de Gá. 6:17. Los estigmas se recibían en las manos, en los pies, en el costado, en el hombro, en el pecho o en la espalda, y se consideraban una señal visible de la participación en la pasión de Cristo. Ya sean visibles o invisibles hay dolor, acompañado a veces de aflicciones como la cojera o la ceguera sin causas lógicas, y casi una total abstinencia de alimentos y de sueño. Se dice que los estigmas resisten el tratamiento y que sangran periódicamente, en particular durante las épocas y días santos, ocurren sobrenaturalmente y en forma autoimpuesta, y pueden representar la contemplación mala tanto como también la mística. Surgen del éxtasis, lo que puede significar debilidad; pueden aparecer antes o después de una revelación y, para aquellos de piedad y moralidad inferiores, a veces están incompletos. Debido a su relación con la pasión de Cristo, hay preocupación aun con su posición en el cuerpo y con su forma. La ICR tiende a obrar con cautela respecto a los estigmas, y jamás han sido motivo de canonización. →Francisco de Asís, →Catalina de Siena, Teresa de Avila y Julián de Norwich son conocidos ejemplos de aquellos que han experimentado los estigmas, pero los casos son numerosos y abarcan mayormente a las mujeres. Las tradiciones no catolicorromanas no tienen esta historia, si bien han conocido manifestaciones parecidas. C.G. THORNE, Jr.

ESTILITA (del gr. *stylos* = "columna"). Anacoreta que vivía permanentemente sobre una columna natural o artificial. Generalmente se colocaba encima de la columna una especie de choza o plataforma para protegerle del mal tiempo. El alimento y las necesidades básicas eran suministrados normalmente por discípulos admiradores. Fuera de los deberes solemnes de la oración y el ayuno, los e. a menudo eran talentosos predicadores y teólogos que se dirigían al gentío reunido al pie de sus columnas y se pronunciaban sobre controversias teológicas de actualidad. El fundador tradicional de esta forma de vida religiosa fue →Simeón E. Debido a su ejemplo otros procuraron hacerse ermitaños y e., de modo que en el Cercano Oriente esta forma de ascetismo fue relativamente común hasta el s.X. PETER TOON

ESTOCOLMO, CONFERENCIA DE. Asamblea ecuménica llamada Conferencia Cristiana Universal de Vida y Obra que se reunió en agosto de 1925. Su figura más destacada fue el arzobispo →Söderblom. Durante la Guerra Mundial I y después, Söderblom, ciudadano de un país neutral, había tratado de mantener vivo el ideal ecuménico. El congreso se ocupó de la relación entre Cristo y la economía y la industria, los problemas sociales y morales, y las relaciones internacionales y la educación. Asistieron 600 delegados de 37 países, siendo esta última cifra asombrosamente elevada ya que la guerra había dejado divisiones que, según algunos, no podían ser subsanadas. Hubo cierta tensión sobre el asunto de culpabilidad por la guerra, pero más tocante a la posibilidad de que el reino de Dios pueda o debiera buscarse aquí en la tierra. Esta fue la primera consulta ecuménica cuando los miembros fueron delegados oficiales de iglesias y no solo individuos interesados. De particular interés fue la presencia de la →Iglesia Ortodoxa. Estocolmo, por medio de su comité continuativo, puede considerarse el paso inicial, que produjo por medio de Oxford (1937), la formación del→CMI en 1948. PETER S. DAWES

ETICA CRISTIANA. Los cristianos han sostenido una variedad grande de ideas respecto a la relación entre la fe cristiana y la moral. Esto se ve en las diferencias importantes que hay en cuanto a asuntos concretos como la guerra, la raza y la moral social; también se ve en su relación con las otras religiones principales y con otros puntos de vista filosóficos. Estas diferencias pronto emergieron en la historia de la iglesia con el énfasis de →Agustín en la necesidad de la renovación de la voluntad humana y la búsqueda de Dios como el sumo bien del hombre más bien que en deberes detallados (p.e. *La Didajé*). La perfecta libertad moral se halla en la obediencia a Dios.

De manera parecida, en la teología de la Reforma y en la →neoortodoxa las obligaciones morales nacen de un encuentro directo con Dios y dependen de su voluntad soberana. Los problemas morales son asunto de la voluntad y no del intelecto; de ahí la necesidad del poder regenerador de Dios para poder hacer el bien. Lutero conceptuaba a Dios como el que da al creyente la libertad para servir de modo que el cristiano no está "sujeto a nadie y a la vez sujeto a todos". Calvino ponía énfasis en la sujeción del cristiano a la ley y el evangelio, si bien para el incrédulo la ley le recuerda su incapacidad de cumplir con los mandamientos de Dios y por lo tanto puede conducirle al arrepentimiento.

A Calvino los puritanos le deben su sentido de la soberanía divina y, con su enseñanza acerca del magistrado civil, procuraron sujetar toda la sociedad a la ley de Dios, aunque hubo diferencias de opinión, p.e. acerca del grado de tolerancia religiosa. Ponían mucho énfasis en la Biblia como medida para definir los deberes inmutables a Dios y al prójimo. A estos los puritanos agregaron instrucciones detalladas. Ejemplos actuales de la tradición reformada se hallan en las obras de John Murray y Carl F.H. Henry.

La teología neoortodoxa comparte con Agustín el punto de vista de que no está en nosotros mismos el poder de conocer el bien, o sea la voluntad de Dios. Se conoce solo por revelación, la cual no debe identificarse con la Biblia. El mandato de amar a Dios y al prójimo no varía en intención sino en contenido, de acuerdo con las condiciones dadas. La ética esencialmente es asunto de una decisión libre y no se sabe de antemano cuáles son los requerimientos de Dios para una situación. Esta es la interpretación de la e.c. de →Brunner y el mismo *motif* se halla en el llamamiento de →Bonhöffer al discipulado y en el llamamiento de →Bultman a la "obediencia radical". Este modo de pensar ha conducido al desarrollo y la popularización de la →"ética de situación" y a la ética de *koinonía.*

El acercamiento catolicorromano a la ética está basado en la idea de la "ley natural". La moral es "natural" en el sentido de que tiene su fuente en la reflexión sobre qué es el verdadero "fin" de la vida humana. Pero el pluralismo de la civilización occidental hace dudosa la existencia de tal "ley". Ha variado el concepto de hasta dónde es necesaria la iglesia para la gente en el discernimiento de sus deberes. Teólogos católicos como Karl Rahner han tratado de modificar la rigidez de la postura clásica de la ley natural (como ellos la ven), haciendo énfasis en la importancia del individuo y de lo concreto (al estilo de los neoortodoxos). Los debates sobre el control de la natalidad y el aborto demuestran cómo la postura tradicional ha sufrido erosión debido a su contacto con la moral secular utilitaria, o por conceptos verdaderamente bíblicos o por la ética de situación.

OONAGH McDONALD

ETICA DE SITUACION. Filosofía ética que niega que se pueda legislar la moral en abstracto (ética prescriptiva), antes y fuera de las situaciones concretas de decisión personal. Afirma que el amor es el único principio constante de la ética cristiana, pero que solo se puede amar dentro de una situación específica. La ética situacional es "el esfuerzo de relacionar el amor a un mundo de relatividades mediante una casuística obediente del amor" (Fletcher).

Joseph Fletcher, en su obra *Etica de situación: la nueva moralidad* (1966), partiendo de cuatro presupuestos (pragmatismo, relativismo, positivismo y personalismo), expone la perspectiva situacional bajo seis proposiciones. (1) "Solo el amor es siempre bueno". (2) "El amor es la única norma". (3) "El amor y la justicia son lo mismo". (4) "El amor no es una complacencia"; amar no es solo querer. (5) "El amor justifica sus medios". (6) "El amor decide... según la situación y no según la prescripción".

La ética contextual (Paul Lehmann), más cristológica y menos relativista que la situacional, afirma que toda decisión ética debe tomarse dentro del doble contexto de lo que Dios está haciendo en la iglesia y en el mundo. Es a la vez una ética de *koinonía* (la decisión ética se realiza dentro de la comunidad de fe) y del *kairós* histórico (la decisión ética se hace en función de lo que el "Dios político", Señor de la historia, está haciendo en el mundo). La meta de dicho proceso histórico, y por ende el criterio definitivo de la decisión ética, es la humanización: lo que Dios está haciendo para hacer que la vida humana sea humana. La ética cristiana propone un humanismo mesiánico (bíblico, cristocéntrico), en contraposición dialéctica y diálogo con el mesianismo humanista del marxismo.

JUAN E. STAM

ETICA SOCIAL PROTESTANTE EN AMERICA LATINA. Han habido diversas interpretaciones de la responsabilidad social del cristiano y de la iglesia a lo largo de la historia del protestantismo en AL. En buena medida, esto se debe a la influencia de las ideologías seculares sobre el pensamiento teológico, al grado de asimilación de la herencia eclesiástica extranjera, y a la elaboración de una reflexión propia como resultado de la confrontación con la realidad específicamente latinoamericana.

(1) Entre las denominaciones de raíces pietistas y, en general, en las "iglesias de misión" (mayoritarias en AL), el punto de partida ha sido el cristiano individual. Tal planteo afirma que los problemas sociales se so-

lucionan en la medida de la conversión de los individuos al Evangelio, y que la sociedad se transforma conforme cambien sus miembros individuales. (2) El llamado "evangelio social", por el contrario, propone una participación activa y consciente de los cristianos en la sociedad, a fin de luchar por los ideales de justicia, igualdad y dignidad humana. Surgido a fines del siglo pasado y comienzos del actual, el →"evangelio social" ejerció poca influencia en AL, pero ayudó a despertar la conciencia sobre los problemas sociales. (3) En las iglesias pertenecientes al protestantismo clásico predominó la idea de Lutero de la diferencia entre "los dos reinos" (el del evangelio y el de la ley). Esta interpretación fue remodelada, al señalarse que en ambos Cristo es el Señor y el amor es el fin último. La soberanía divina en la totalidad de la existencia humana, individual y social, es también el punto de partida de Calvino. (4) Más recientemente, y afectando transeclesiásticamente al protestantismo latinoamericano, muchos han insistido en la necesidad de un compromiso con Cristo y con aquellos que son sus preferidos: los pobres. Es en una definida opción por los pobres y oprimidos, y en la participación de sus luchas donde el cristiano y la iglesia expresan adecuadamente las implicaciones ético-sociales del evangelio.

Las cuestiones ético-sociales han adquirido importancia en tiempos recientes en AL, en razón de los rápidos cambios sociales que se han dado en el continente. Muchos cristianos han descubierto un nuevo significado en el evangelio, observando que, si bien en el NT no se enseña una ética social en forma explícita, sí se la encuentra implícita. Los graves problemas y males contemporáneos tienen un carácter eminentemente social e internacional (guerra, racismo, discriminación, hambre, pobreza, opresión, violencia, etc.). Cada vez más las iglesias protestantes latinoamericanas reconocen la necesidad de desarrollar una ética cristiana, al confrontarse con tales situaciones.

PABLO ALBERTO DEIROS

ETIOPIA. Imperio de Africa Oriental que fecha su aceptación del cristianismo desde el s.IV, y su dinastía desde Salomón. Se dice que Frumencio y Edesio de Tiro fueron llevados prisioneros a Abisinia pero, al ganar la protección del emperador Ezana, fueron libertados y empezaron así a evangelizar el país. Aproximadamente en 340 Frumencio fue consagrado en Alejandría por Atanasio como obispo de E. Se dice que a fines del s.V, fueron nueve monjes desde Siria y que la iglesia etíope fue confirmada en el monofisismo que había caracterizado su vínculo original con Alejandría. La influencia cristiana decayó al avanzar en Africa el islamismo, y la iglesia quedó aislada de todo contacto con otros cristianos, excepto la Iglesia →Copta. Tanto las vinculaciones con los coptos como el aislamiento son factores importantes en la historia de una tierra largamente envuelta en el manto del misterio. Aun hoy día es asediada en el interior por el paganismo, y tiene una iglesia recargada de superstición y de sincretismo en el que el judaísmo es todavía una característica importante.

En 1268 fue restaurada la antigua dinastía: la iglesia adquirió nueva vida, pero excesos de celo llevaron a bautizar por la fuerza a las tribus conquistadas. Los intentos de conducir a la iglesia a una comunión con Roma finalizaron en el martirio de misioneros dominicos. Unicamente el monasterio abisinio de Jerusalén retuvo relaciones con el Occidente.

Cuando fueron renovadas las matanzas por los musulmanes, a principios del s.XVI, una apelación a Roma produjo nuevos intentos de unión a cambio de ayuda portuguesa y durante el pontificado de Julio III (1550-55), los jesuitas portugueses ingresaron en el país. Impresionaron a la corte pero se alienaron del clero. En 1614 impusieron, so pena de muerte, la doctrina de las dos naturalezas de Cristo. Los monofisitas resistieron pero fueron derrotados y el emperador Susenyos se hizo católico romano. En 1626 éste fue proclamado como la religión oficial, pero en 1632 lo sucedió en el trono su hijo y la antigua religión se restauró y los jesuitas fueron expulsados.

En 1634 Peter Heyling introdujo el protestantismo pero al fin él, también fue expulsado. Los posteriores intentos de los franciscanos demostraron ser no solo inútiles sino también peligrosos. La iglesia nativa iba a alcanzar su punto más bajo desde mediados del s.XVIII hasta mediados del s.XIX debido a dificultades doctrinales y al aislamiento. La iglesia sospechaba de un cambio como si fuera una interferencia con el orden establecido por Dios, y con la educación controlada por el clero disponía de un poder inmenso. El aislamiento continuó hasta 1935 en que E. fue abierta de par en par, y esto no por misioneros, sino por el poderío militar de Mussolini. Muchos clérigos, incluso dos obispos, sufrieron el martirio, y casi todos los misioneros no italianos fueron expulsados.

Después de la Guerra Mundial II, la Iglesia Etíope rompió la tradición de que su patriarca debería ser un copto enviado desde Egipto. En 1951 el →patriarca de Alejandría consagró un patriarca etíope, y en 1959 la iglesia se volvió independiente de Egipto. La Iglesia Etíope es distinta en varios sentidos. Su canon incluye varios de los libros apócrifos; observa el Sábado, la circuncisión y la diferencia entre alimentos puros e impuros. El arca se encuentra en todas las iglesias y en cada festival celebrado al aire libre. La iglesia sostiene que Cristo tiene una sola naturaleza, pero insiste en que es perfectamente humano y perfectamente divino (aunque ha habido diferencias sobre este punto). Hay dos clases de clero: los casi analfabetos sacerdotes, responsables de administrar los sacramentos y los educados clérigos laicos, que en la iglesia entonan los oficios religiosos en la ya largamente extinguida lengua Ge'ez y enseñan en las escuelas. El monaquismo está muy extendido. Cada iglesia tiene su escuela y hasta 1900 las escuelas eclesiásticas eran la única fuente de instrucción. Ahora se ha traducido la liturgia al amhárico, en cuyo idioma se autorizó en 1960 una versión revisada de las Escrituras. Más de un tercio de los 24 millones de habitantes de E. pertenecen a la Iglesia Ortodoxa Etíope. Los sacerdotes son unos 170.000 y las parroquias más de 11.000.

[Obra misionera protestante se inició en E. en el s.XIX. Gozó de libertad y prosperidad especiales durante el reinado de Haile Selassie (1928-74). En medio de la ocupación italiana de 1936 a 1942 hubo un avivamiento. El rey abiertamente simpatizaba con el protestantismo. En 1966 participó en el →Congreso Mundial de Evangelismo celebrado en Berlín. En 1971 el Comité Central del CMI se reunió en Addis Abeba y el rey le hizo una visita. Pero en 1974 fue depuesto y hecho preso, y el año siguiente murió. La monarquía fue abolida y un estado socialista tomó su lugar. Desde entonces el futuro de la iglesia cristiana está incierto.]

J.D. DOUGLAS

EUCARISTIA →COMUNION, LA SANTA

EUDES, JEAN (1601-1680). Misionero y pastor francés. Fue educado en Caen por los jesuitas y se hizo →oratoriano en 1623. Designado superintendente de la congregación de Caen en 1639, su preocupación pastoral se demostró por la fundación de la orden de Nuestra Señora de la Caridad del Refugio (1641) dedicada a rehabilitar prostitutas. En 1643 dejó el Oratorio para fundar la Congregación de Jesús y María (o eudistas). Pese a su obra como misioneros y profesores de seminario, la congregación nunca obtuvo la aprobación papal. E. fue también un elemento de avanzada en la devoción al →Sagrado Corazón de Jesús y al Sagrado Corazón de María, para cuya promoción escribió oficios devocionales y teológicos y estimuló activamente confraternidades laicas. Fue canonizado en 1925.

IAN BREWARD

EUGENIO III (m.1153). Papa desde 1145. N. como Bernardo Pignatelli de Pisa. Ingresó a la orden de los →cistercienses y estudió bajo →Bernardo en Claraval. Luego fue nombrado abad del monasterio cisterciense de San Anastasio en Roma y después fue hecho cardenal y finalmente papa. Bernardo de Claraval le dedicó *De Consideratione* y predicó la Segunda Cruzada basándose en su *Bulla cruciata* (1145/6). Aunque desanimado por el fracaso de la cruzada, no quiso participar en la ola de tendencias antibizantinas apoyadas por Róger de Sicilia y por Luis VII de Francia, esperando buenas relaciones con Conrado III y con su sucesor, Federico Barbarroja, las cuales el tratado de Constanza (1153) le aseguró para la iglesia. En Inglaterra, E. depuso a William de York, apoyó a Teobaldo de Canterbury hasta el extremo de no expulsar al rey Esteban, y designó a Nicolás Breakspear (posteriormente Adriano IV) cardenal obispo y legado en Escandinavia. Sostuvo sínodos en París, Tréveris (1147) y Cremona (1148), y en Irlanda, y un concilio en Reims (1148) que trató con la herejía de Gilberto de la Porrée y las visiones de →Hildegarda. Fueron publicados cánones de reforma para fortalecer los decretos lateranenses (1139), y un examen de los impuestos papales anticipó el *Liber censuum* (1192). C.G. THORNE, Jr.

EUGENIO IV (1383-1447). Papa desde 1431. N. como Gabriele Condulmaro en una acaudalada familia veneciana e ingresó a temprana edad en un monasterio agustino. Fue llevado a la corte papal por su tío, →Gregorio XII, y en 1408 fue designado sacerdote cardenal de San Clemente. Bajo Martín V gobernó durante algún tiempo la marca de Ancona y Bolonia. Al ser designado papa disolvió el Concilio de →Basilea convocado por Martín V el cual había tratado de limitar el poder papal. El concilio se negó a disolverse y reafirmó y amplió el concepto de conciliarismo enunciado por el Concilio de →Constanza. E. fue obligado en 1433 a retirar su decreto de disolución. Una insurrección popular ocurrida en Roma bajo la dirección de los Colonna, lo obligó a huir a Florencia. Sus relaciones con el concilio empeoraron. Este trató de destruir completamente la autoridad papal y, en 1439, eligió a Amadeo VII, duque de Saboya, como antipapa (Félix V). Sin embargo, E. había convocado un concilio en Ferrara, transferido posteriormente a Florencia. E. concluyó una breve unión entre las iglesias oriental y occidental (1439) y excomulgó a los obispos de Basilea. En 1443 regresó a Roma, y en 1444 promovió una cruzada contra los turcos que terminó con la victoria de éstos en Varna. J.G.G. NORMAN

EUNOMIANISMO. Herejía teológica divulgada por Eunomio (m.395). N. en Capadocia, éste fue a Alejandría donde se convirtió en seguidor de →Aecio, el anhomeo, quien llevó a sus límites lógicos los extremos del arrianismo, afirmando la completa desemejanza entre el Hijo y el Padre. El arrianismo extremo de Eunomio permaneció latente hasta que éste fue designado obispo de Cyzicus en Misia. Aquí después de exponer abiertamente su herejía, fue obligado a renunciar a su sede y volver a Capadocia. Pero posteriormente, luego de la muerte de Aecio (370), se convirtió en el dirigente de los →anhomeos. A través de viajes de conferencias y mediante libros, propagó vigorosamente sus puntos de vista. Su principal obra fue una *Apologia* refutada por Basilio el Grande. También escribió un comentario sobre la epístola a los Romanos.

Según Eunomio, Dios era el Ser no engendrado, único, supremo y definitivo y una substancia simple. Sostenía que en realidad el "Hijo de Dios" fue creado por el Padre y, aunque poseía poder creador, no era de su esencia. Además, el Espíritu Santo fue creado por el Hijo para que fuera el Santificador de las almas. Aunque puso gran énfasis en la doctrina, despreció el valor de los sacramentos y de la vida ascética. Su enseñanza no obtuvo éxito permanente y fue refutado por Gregorio de Nisa en *Contra Eunomium* (ca. 382). PETER TOON

EUSEBIO (m.341/2). Obispo de Nicomedia; posteriormente patriarca de Constantinopla. Como joven estudió con Arrio bajo Luciano de Antioquía. Después de su ordenación fue obispo de Berytus y más tarde de Nicomedia. Cuando en 320 Arrio fue depuesto, E. decidió apoyar y defender a su amigo. Aunque firmó el credo del Concilio de →Nicea (325), donde fue una figura prominente, después condujo una amplia campaña en contra. Su contacto personal con la familia imperial, situada en Nicomedia, le permitió maquinar la deposición y el exilio de los principales opositores del →arrianismo (Atanasio, Eustaquio y Marcelo) y propagar los puntos de vista arrianos. Tuvo el honor de bautizar a Constantino justo antes de la muerte de este en 337, y después ejerció gran influencia sobre Constancio. Su liderazgo del partido antiniceno fue tan bien reconocido que sus seguidores fueron llamados "eusebianos". En 339 se convirtió en Patriarca de Constantinopla. PETER TOON

EUSEBIO DE CESAREA (c.265-c.339). "Padre de la Historia de la Iglesia". N. probablemente en Palestina de humilde familia. En su temprana juventud estuvo relacionado con →Pánfilo, fundador de la escuela teológica de Cesarea, ayudándole a preparar una apología de la enseñanza de →Orígenes. Después del martirio de Pánfilo (310), se retiró a Tiro, llamándose a sí mismo "Eusebio Pánfilio" en honor a su maestro. Posteriormente fue a Egipto en donde al parecer, fue puesto en prisión durante breve tiempo. Después fue acusado por Potamon en el Sínodo de Tiro de haber escapado al martirio ofreciendo sacrificios, pero esto parece improbable a menos que haya sido obligado por los soldados a cumplir las operaciones de quemar incienso (como lo sugiere J.W.C. Wand).

E. fue elegido por unanimidad obispo de Cesarea, alrededor de 314 y en 331 declinó al patriarcado de Antioquía. En el Concilio de →Nicea (325), encabezó el partido moderado, presentando el primer borrador del credo que fue finalmente aceptado después de importantes modificaciones (especialmente la cláusula *homoousios*). Parece haber descubierto durante el concilio que el subordinacionismo de Arrio era más radical de lo que había supuesto. Por eso E. se inclinó hacia la posición alejandrina, aunque nunca llegó a aceptar los puntos de vista extremos del partido de →Atanasio los cuales, suponía, tendían hacia el →sabelianismo. En 334 presidió el Concilio de Cesarea, que se esforzó por atraer a Atanasio a las negociaciones, y participó en la condenación de Atanasio en Tiro (335). En ocasión del trigésimo aniversario de Constantino (335) presentó en Constantinopla un elogio estableciendo la teoría política que llegó a ser incorporada en el Imperio Bizantino. Fue el principal acusador eclesiástico de →Marcelo de Ancira en un sínodo de

Constantinopla (336). Resultó ser la voz eclesiástica y espiritual de la era constantiniana y el heredero y maestro de la tradición de Orígenes en esa época.

Autor fecundo, sus historias son muy notables. La primera en aparecer fue *Chronicon,* historia del mundo hasta 303 (posteriormente hasta 328); en esta obra "liberó la cronografía cristiana de las cadenas del apocalipticismo... basándola en fundamentos puramente lógicos" (H. Lietzmann). La más conocida de todas sus obras es *Historia Eccelsiástica,* la más importante historia de los tiempos antiguos, de valor incalculable por su riqueza de materiales, muchos de ellos preservados solamente en este relato. La edición definitiva en diez volúmenes apareció en 325. Los libros apologéticos incluyen *Contra Hieroclem* (un gobernador pagano de Bitinia); *Praeparatio evangelica* (explicando por qué los cristianos aceptan la tradición hebrea); *Demonstratio evangelica* (un intento de demostrar el cristianismo mediante el AT) y *Theophania* (acerca de la Encarnación). Entre otros escritos está una colección de las cartas de Orígenes; una biografía de Pánfilo, una *Vida de Constantino, De Martyribus Palestinae* (relato de la persecución realizada por Diocleciano); *Eclogae Propheticae* (introducción elemental general); *Contra Marcellum* (contra Marcelo de Ancyra); *Onomasticon* (topografía bíblica); y comentarios acerca de los Salmos y de Jeremías.

J.G.G. NORMAN

EUSTACIO (c.300-c.377). Obispo de Sebaste. Las prácticas ascéticas de E. y de sus seguidores fueron lo suficiente extremas como para merecer la condenación de varios sínodos. Sin embargo, fue lo suficientemente respetado como para resultar electo en 356 obispo de Sebaste, Armenia Menor. Fue famoso como exponente del ascetismo, atrajo y se convirtió en influencia formativa de →Basilio el Grande. Fue miembro destacado del Sínodo de Ancyra (358) que estuvo en favor de la posición de →Homoiousion en la controversia arriana y fue, por consiguiente, depuesto en 360. Fue uno de los delegados del Oriente que en 366 apelaron ante el emperador occidental Valentiniano y el papa →Liberio. Posteriormente se convirtió en dirigente de la herejía macedónica y sus relaciones con Basilio el Grande fueron cortadas por completo.

C. PETER WILLIAMS

EUSTAQUIO, JULIA (c.370-418). Primera dama romana de noble nacimiento en tomar voto de perpetua virginidad. Fue la tercera de los hijos de →Paula, la amiga de →Jerónimo. Por los escritos de este último hemos llegado a saber todo lo que conocemos acerca de E. A ella dirige Jerónimo su famosa carta donde considera los motivos que debieran inspirar a quienes se dedican a una vida de virginidad y los reglamentos según los cuales deberían vivir. La animosidad surgida por ésta y otras cartas donde él satiriza a la sociedad romana, hizo que abandonara Roma en 385. Fue seguido por Paula y por E. y, después de unirse en Antioquía, siguieron viaje juntos a través de Palestina hasta Egipto, visitando a los monjes de Nitria y a →Dídimo el Ciego. Regresaron a Palestina en el otoño de 386 y se establecieron en Belén. Se edificó un monasterio del cual Jerónimo fue jefe y un convento para mujeres que por un tiempo fue encabezado por E. en el momento de la muerte de la madre de ésta, en 404. Jerónimo se expresa con entusiasmo de la devoción de E. a la vida ascética, al estudio de las Escrituras y a la educación de las vírgenes. Atribuyó el haber escrito muchos de sus propios comentarios a la sed que ella tenía por conocer las Escrituras.

DAVID JOHN WILLIAMS

EUTALIO (s.V?). Parece haber sido un diácono dedicado a estudiar el NT. Ahora es mejor conocido como el supuesto autor de una colección de material editorial acerca del NT. Esto consiste en un arreglo del texto en líneas cortas para facilitar la lectura en voz alta; una división de los libros en capítulos con encabezamientos que resumen su contenido, abarcando las Epístolas Paulinas, Los Hechos, las Epístolas Católicas; una tabla de citas del AT en las epístolas; una lista de nombres de los lugares en que se pensaba fueron escritas las epístolas y una lista de nombres relacionados en el encabezamiento de las epístolas de Pablo. Existe también un extenso bosquejo de la vida de Pablo, escritos y cronología, y una breve declaración acerca de su martirio. Se ha dicho que E. vivió en el s.VII y resulta identificable con el obispo de Sulca de igual nombre. El nombre de "Evagrius" también aparece en algunos MSS de E. Más frecuentemente se piensa que fue un diácono de Alejandría de mediados de s.V (J.A. Robinson piensa que fue un siglo antes). El sistema no se debe enteramente a una persona. El "aparato" de E. parece haber sido conocido más bien tempranamente en la Biblioteca de Cesarea.

DAVID JOHN WILLIAMS

EUTANASIA. Palabra derivada del griego que significa "muerte suave, sin dolor". Se refiere a la práctica de provocar la muerte de una persona que padece una enfermedad incurable para evitarle el sufrimiento. Este tipo de e. se conoce también como "muerte piadosa". La "e. económica" consiste en eliminar a las personas incapacitadas que constituyen una carga para la sociedad; y la "e. eugénica", a la eliminación de seres tardados o degenerados. La e. es considerada ilegal en casi todos los países, si bien hay movimientos que están a favor de su práctica.

La e. se ha practicado de diversas maneras desde la prehistoria. Algunos pueblos primitivos actuales la practican. Generalmente, los ancianos y los niños son las víctimas; el propósito es la supervivencia; y la razón es el poco valor que se da al individuo en estos pueblos.

En Grecia, →Platón y →Aristóteles se manifestaron en favor de ciertas formas de e. Los estoicos y epicúreos aplaudieron el suicidio, pero no hablaron de la e., y lo mismo ocurrió en Roma. El concepto hebreo de la familia y el individuo no daba lugar a la e. El suicidio es raro en el AT, si bien no está prohibido explícitamente. El alto concepto de la vida que tenían los judíos fue heredado y profundizado por los cristianos, que rechazan la práctica de la e. Desde →Agustín se consideró que el mandamiento de no matar incluía también el suicidio y la e. Santo →Tomás, en su *Summa Theologica,* denuncia esta práctica como contraria a la caridad para consigo mismo, como una ofensa contra la comunidad y como una usurpación del poder de Dios, único dueño de la vida y de la muerte.

Recientemente se ha discutido el problema de la e. voluntaria. El desarrollo de la ciencia médica ha permitido la prolongación de la vida, y con ello el aumento de personas ancianas totalmente incapacitadas, muchas con enfermedades incurables. El propósito de la e. voluntaria es eliminar el sufrimiento. Cada vez son más los que, según las encuestas de opinión pública, la favorecen. Muchos médicos practican la e. por omisión, no administrando al paciente que sufre la medicación que lo mantiene vivo. La ICR se ha opuesto tenazmente a la e. en todas sus formas, porque considera que el hombre no es dueño sino administrador de su vida. Algunos protestantes se han mostrado favorables a la práctica, especialmente en cuanto a la e. voluntaria y a la de omisión en casos incurables o de deterioro irreversible.

PABLO A. DEIROS

EUTIMIO ZIGABENO (s.XI ó XII). Monje bizantino, exégeta y teólogo. El emperador Alexis Comneno lo comisionó para que escribiera una obra contra las herejías, de cuyo resultado apareció *Panoplia Dogmatica.* Esta obra contiene 28 capítulos, de los cuales seis están dedicados a movimientos heréticos de esa época; estos capítulos son la única fuente que poseemos acerca de los →Bogomiles. Además, E. escribió extensos comentarios acerca de los Salmos, los cuatro evangelios, y las epístolas paulinas. Aunque depende mucho de fuentes patrísticas, especialmente de Crisóstomo, estas obras exegéticas son notables por su enfoque hermenéutico, especialmente por el énfasis que da E. al significado literal del texto, y esto en una época cuando la exégesis alegórica dominaba en la mayor parte de los comentarios.

DONALD M. LAKE

EUTIQUES (c.378-454). Antiguo →monofisita. Después del Tercer Concilio Ecuménico de Efeso, en 430, →Cirilo de Alejandría, elaboró un arreglo entre los teólogos que abogaban por las dos naturalezas de Cristo y aquellos que sostenían una sola. A la muerte de Cirilo en 444, sin embargo, estalló abiertamente la oposición contra este arreglo, siendo el sucesor de Cirilo quien encabezó esta oposición junto con E., que era archimandrita en un monasterio de Constantinopla. E. había dejado el retiro para combatir el error del nestorianismo hacia el cual sentía que se inclinaba el arreglo, pero fue a tales extremos al destacar la naturaleza única de Cristo, que los que sostenían la ortodoxia en Constantinopla se sintieron inquietos. La obstinación de E. al rechazar las dos naturalezas de Cristo le atrajo la condenación del patriarca Flaviano quien declaró no ortodoxo el enfoque de E. Este no quiso aceptar tal condenación y maniobró para lograr el escandaloso Latrocinio de →Efeso (449) en apoyo de sus puntos de vista. GEORGE GIACUMAKIS, Jr.

EUTIQUIANISMO →MONOFISISMO

EVAGRIO PONTICO (345-399). Escritor oriental. N. en Iboras de Pontus Galaticus. Fue ordenado como lector por Basilio y como diácono por Gregorio Nacianceno en Constantinopla. Concurrió al Concilio de 381 y, al partir Gregorio, permaneció en Constantinopla para colaborar con el nuevo obispo, Nectario, ocupándose en asuntos teológicos. Debido a una creciente relación entre él y una mujer casada, E. dejó Constantinopla y se trasladó a Jerusalén. Allí fue influido por Melania para que adoptara la vida ascética. A instigación de ella se dirigió a Egipto en donde practicó y enseñó la vida ascética en Nitria y en Cellia, al norte de Nitria, hasta su muerte. Entre sus alumnos se contaron Paladio, Rufino y Heráclides de Chipre, posteriormente obispo de Efeso.

Es probable que Juan →Casiano se haya entrevistado con E. durante su visita a Egipto y por cierto que los propios escritos de Casiano revelan la influencia de las ideas de E. Aunque sus existentes obras muestran pocas evidencias de →origenismo, fue condenado por →Jerónimo debido a ello y a su asociación con Melania y con Rufino. Jerónimo, cuando combate la posición atribuida a los origenistas de que un hombre puede elevarse sobre la tentación y vivir sin pecar, se refiere despectivamente a sus escritos, especialmente a su libro *Peri apatheias.* En el mismo contexto Jerónimo alude a otra obra de E. acerca de los monjes, pero como ésta no es mencionada por ningún otro, Jerónimo puede haber atribuido erróneamente a E. la *Historia Lausiaca* de Paladio. Las obras de E. mayormente se han perdido o existen solo traducciones latinas o siríacas. Incluyen obras sobre la vida ascética y espiritual y comentarios acerca de Salmos y Proverbios.

DAVID JOHN WILLIAMS

EVANGELICALISMO. Término de uso común solo en el s.XX. Se utiliza para describir el movimiento internacional comprometido con la comprensión del evangelio por el protestantismo histórico. Sus adherentes deben ser distinguidos de aquellos de los otros tres sectores que están dentro del cristianismo profesado: protestantismo no evangélico, catolicismo y las sectas. El e. se ha convertido en defensor de la fe histórica de las teologías protestantes ortodoxas (y sus consiguientes variaciones) y de la exégesis bíblica que las respalda. En consecuencia algunos han titulado a este movimiento como "evangelicalismo conservador".

Destaca la entrega personal (y no la comprensión de la totalidad de una población dada) y la aceptación de la Biblia como la base de la autoridad (más bien que la de los obispos institucionales de una presunta sucesión apostólica). A causa de esto el e. ha permanecido claramente distinto del catolicismo, tanto romano como ortodoxo oriental, pese a su común supernaturalismo trinitario frente a las tendencias naturalistas en el protestantismo. Sin embargo, la aceptación por parte del e. del trinitarismo histórico lo distingue de varios movimientos sectarios no protestantes como mormonismo, Ciencia Cristiana, Testigos de Jehová, etc.

Debido a su espíritu misionero, el e. puede hallarse en el mundo casi por doquier. Sus manifestaciones se hallan primeramente dentro de la historia de las varias familias de denominaciones protestantes, mayormente luteranas, anglicanas, reformadas (presbiterianas y congregacionalistas), menonitas (anabaptistas), bautistas, cuáqueros, moravos, hermanos, wesleyanos (incluso movimientos paralelos entre gente que no habla inglés), hermanos libres, campbelitas, adventistas, pentecostales, iglesias bíblicas y algunas de las denominaciones del Tercer Mundo que surgieron en forma autóctona o como resultado de misiones trasdenominacionales. La diversidad puede explicarse debido a las diferencias de época o de lugares y al contexto de los avivamientos evangélicos independientes que se han convertido en instituciones que se perpetúan a sí mismas. En medio de toda esta confusión organizativa los e. se reconocen unos a otros por el mensaje común de salvación eterna que proclaman. También trabajan en muchas actividades no denominacionales: misiones de fe, educación cristiana, Alianza Evangélica, congresos mundiales de evangelismo, etc. DONALD TINDER

EVANGELICA Y REFORMADA, IGLESIA →IGLESIA UNIDA EN CRISTO

EVANGELICO. El término significa perteneciente al evangelio (como es expuesto por los cuatro Evangelios) o conforme a las doctrinas básicas del evangelio (tal como es enunciado como un todo por el NT). Por extensión significa una persona que está dedicada a las "Buenas Nuevas" (o "Evangelio") de la gracia redentora de Dios en Jesucristo. El apóstol Pablo, en 1 Co. 15:1-4, resume el evangelio cristiano. Allí afirma lo siguiente como contenido central de la predicación de las iglesias misioneras primitivas: que Jesucristo murió por nuestros pecados, que fue sepultado y resucitó al tercer día, que fue visto, y que todo sucedió para que se cumpliera la profecía escritural acerca del propósito redentor de la salvación gratuita de Dios en favor del hombre pecador.

En su sentido secular griego, la palabra *euaggelion* se podía referir no simplemente a noticias o a sucesos comunes, sino que aun podía usarse para elevar la moral militar, acerca de un relato falso de victoria obtenida en tiempos de guerra. Pero la Palabra-acontecimiento Jesucristo –su encarnación, enseñanza, muerte, resurrección y exaltación– particularizaba *euaggelion* como "buenas nuevas". Términos afines describen al mensajero o portador *(euaggelos)* de estas "buenas noticias" y al evangelista, uno que proclama las buenas nuevas, designado por la rara palabra *euaggelistes* que aparece tres veces en el NT (Hch. 21:8; Ef. 4:11; 2 Ti. 4:5).

En el período siguiente se desarrolló en la iglesia una distinción entre "evangélico" y "evangelístico". El primer término más bien estipulaba la conformidad a los hechos y a la verdad fundamental del cristianismo; el segundo designaba un sentido misionero de compasión y urgencia. Sin embargo, el cristianismo primitivo no tenía una clase de creyentes que a la vez no fueran también de mentalidad misionera. Tampoco el evangelismo cristiano era compatible con un apostatar de la verdad revelada. Negar la muerte vicaria y la resurrección histórica de Jesucristo es abandonar el evangelio y el tema central de la fe y de la predicación cristiana, la exclusiva suficiencia de Cristo y de su obra para nuestra salvación.

El término "evangélico", por consiguiente, categoriza una entrega pero no a una negación o una actitud divisiva. Su contenido original es suministrado por la predicación apostólica, primero en forma verbal y luego en forma escrita, de manera que la sustancia de las buenas nuevas reside en los Evangelios y en el NT como un todo. Los cristianos evangélicos, por lo tanto, están señalados por su devoción a la segura Palabra de la Biblia; están entregados a las inspiradas Escrituras como la regla divina de fe y práctica. Afirman las doctrinas fundamentales del evangelio, incluyendo la encarnación y la concepción virginal de Cristo, su vida sin pecado, su expiación sustitutoria y su resurrección corporal como fundamento del perdón de Dios para los pecadores, la justificación únicamente mediante la fe y la regeneración espiritual de todos aquellos que confían en la obra redentora de Cristo. CARL F.H. HENRY

EVANGELIO CUADRANGULAR, IGLESIA DEL. Denominación evangélica pentecostal con muchas iglesias en AL. Su nombre "Evangelio Cuadrangular", se deriva de sus cuatro temas fundamentales pre-expresados en su Declaración de Fe: "Jesucristo el Salvador, Jesucristo el Bautizador con el Espíritu Santo, Jesucristo el Sanador, Jesucristo el Rey venidero". El texto lema de la denominación es: "Jesucristo es el mismo ayer, y hoy y por los siglos" (He. 13:8).

La I.E.C. se inició en 1921 en la ciudad de Oakland, California, por medio del ministerio de la evangelista internacional Aimee Semple →McPherson. En 1979 ya había 131.879 miembros en las iglesias en EUA. De allí se extendió a Canadá, país natal de la fundadora.

La I.E.C. se ha caracterizado por su celo misionero. A pesar de ser una denominación pequeña tiene obra misionera en por lo menos 26 países. Tal obra empezó en 1927 con el envío de los primeros misioneros a las Islas →Filipinas. El año siguiente se inició la obra en AL con el envío del misionero Arthur F. Edwards y familia a →Panamá. Aquí llevaron a cabo campañas evangelísticas en carpas y al aire libre con énfasis no solo en la salvación sino también en la →sanidad divina. Como resultado surgió el grupo evangélico más grande en el istmo que contaba en 1976 con 16.000 miembros comulgantes.

AL llegó a ser el área principal de la obra misionera de la I.E.C. De Panamá se extendió a Bolivia (1929), Puerto Rico (1930), Chile (1940), Colombia y México (1943), Guatemala (1945), Brasil (1946), Venezuela (1952), Costa Rica y Nicaragua (1954), Ecuador (1956), Argentina (1959), El Salvador (1971), Jamaica y Haití.

En Colombia, Ecuador y Brasil la I.E.C. se convirtió en una de las denominaciones de mayor avance evangelístico con un crecido número de iglesias, miembros y pastores. En Brasil, por ejemplo, gracias su evangelismo emprendedor, sus miembros suman un total de 100.000 sin contar a los simpatizantes. En toda AL la I.E.C. tenía 500.000 miembros y adherentes en 1977; 1.133 iglesias organizadas y 1.123 lugares de reunión; 2.952 pastores licenciados ordenados y obreros laicos; y 31 Institutos Bíblicos.

La I.E.C. cuenta con muchas instituciones de enseñanza. En EUA tiene dos Colegios Bíblicos y otros dos también en Canadá. Esparcidos por el mundo tiene 38 Institutos Bíblicos, la mayoría de ellos ubicados en AL, donde la denominación ha experimentado su mayor desarrollo y expansión. También cuenta con escuelas primarias y secundarias y un eficiente sistema de escuelas dominicales. Además provee entrenamiento bíblico mediante su programa de estudios por extensión.

Las oficinas centrales de la denominación

se hallan en Los Angeles de California, donde tiene un templo con capacidad para más de 4.000 personas. Una Directiva Internacional, un Concilio Ejecutivo y un Gabinete Misionero dirigen los negocios de la organización a nivel mundial. El actual presidente internacional es Rolf K. McPherson, hijo de la fundadora de la I.E.C. El director mundial de misiones es Leland B. Edwards, hijo del misionero que inició la obra de la I.E.C. en Panamá, quien también fue superintendente de la obra en este país por muchos años.

En cada país existe una convención con su directorio nacional que tiene autoridad para representar, dirigir y orientar a las iglesias y sus ministerios. Dentro de la denominación funcionan varias organizaciones importantes para el desarrollo interno y externo de las iglesias: los Cruzados Cruadrangulares forman un cuerpo evangelístico con miles de jóvenes; los Caballeros Cuadrangulares y las Damas Unidas Cuadrangulares proveen ayuda evangelística y asistencia social.

JOSE SILVA H.

EVANGELIO EN LA LITERATURA HISPANOAMERICANA. Algunas de las obras maestras de la literatura hispanoamericana no son nada sino hermosos mosaicos de textos bíblicos. Así, por ejemplo, en el libro *Afectos Espirituales,* de Francisca Josefa del Castillo y Guevara (1671-1742), la mejor escritora mística de Colombia, no sabe uno si está leyendo una obra original o una paráfrasis de los Salmos, escrita en el mejor castellano de aquella época. Sor →Juana Inés de la Cruz (1651-1695), confiesa no haber escrito más de temas religiosos, no por falta de interés, sino por temor a la Inquisición. "Yo no quiero ruido con el Santo Oficio", afirmó en cierta ocasión. "Libro mío", dice Gabriela Mistral (1889-1957), chilena, Premio Nóbel de Literatura 1945, y agrega: "Mis mejores amigos no han sido gentes de mis tiempos; han sido los que tu me diste: David, Rut, Raquel, María...".

"Amo a Cristo, pero nada quiero con la Iglesia". Esta frase de Juan Ramón Jiménez (1881-1958), español radicado en Puerto Rico, donde murió, define a los escritores liberales que tuvieron que luchar contra una iglesia institucionalizada a fin de establecer la democracia en estos rumbos. Entre ellos citamos a Benito Juárez y a José Martí. Cristianos anticlericales, sería un buen título para ellos.

Conviene también afirmar que ni los pocos escritores que se confesaban abiertamente ateos, pudieron dejar de citar las Sagradas Escrituras, aunque fuese para combatirlas. De ellos dice humorísticamente Julio Flórez: "Cuando acabó el ateo,/ con su frase vibrante y atrevida,/ de eliminar a Dios... dijo: No creo/ en ese ser injusto. Y, en seguida/ nos habló de sus penas. La ancha frente/ inclinó melancólico y sombrío.../ y exclamó, distraído: ¡Qué infeliz soy, Dios mío!"

La religiosidad católica latinoamericana es un fecundo trasplante de la española. Vino ésta con misioneros y soldados-escritores de prestigio como Fray →Bartolomé de las Casas, Juan de Castellanos y Alonso de Ercilla y Zúñiga. En los libros de Fray Bartolomé abundan las citas directas de la Biblia; no tanto en la *Araucana* de Ercilla, pero aun aquí se palpa, página tras página, el amor por los oprimidos, tema muy importante en las Sagradas Escrituras. Estos escritores fueron fruto de una época en que los españoles de valor colgaban la espada al atardecer para dedicarse a escribir en prosa delicada o en verso clásico –cursi a veces– las crónicas de la conquista o los más encumbrados temas teológicos. Aunque hay sus excepciones, vale la pena anotar que hoy, especialmente en la prensa diaria, el tema bíblico empieza a ocupar lugares cimeros.

Todo indica que hacia un futuro no lejano los mejores escritores de habla hispana mojarán sus plumas, cada día más, en las fuentes inextinguibles del evangelio. Y cabe afirmar que habrá muchos escritores evangélicos o protestantes, latinoamericanos, entre los cuales han descollado durante los últimos años Alberto →Rembao, Gonzalo →Báez-Camargo, Jorge P. →Howard y otros. En verdad el protestantismo llegó como flor tardía, con nombres propios, al campo de la literatura iberoamericana. Injustos seríamos si de esta naciente lista de escritores evangélicos latinoamericanos quitáramos el nombre de Arnoldo Canclini, ganador de un premio internacional de literatura con su novela *Onésimo.*

ARISTOMENO PORRAS

EVANGELIO EN LA LITERATURA LUSOAMERICANA. La literatura portuguesa surge en el s.XII cuando, por varios factores sociales, puede decirse que el portugués sustituye al latín. Desde entonces se nota la influencia del pensamiento religioso, específicamente cristiano, en los textos escritos. Hasta el s.XV, la formación de congregaciones laicas o de cofradias artesanales se fundamenta en el culto del Nombre de Jesús. "La primera traducción de la Biblia al portugués de que se tenga noticias, se realizó por iniciativa del rey Don Juan I". Existen obras místicas inspiradas por Santa →Teresa. Hay también obras teológicas en defensa de la doctrina católica contra los judíos y los moros y además, vidas de los santos.

Con el Renacimiento se produce el regreso a las fuentes bíblicas y patrísticas, con análisis de textos, y una exégesis más profunda. El s.XVI, que marcó el advenimiento de la →Reforma Protestante y de la Contra-Reforma, provocó en los países latinos, y por tanto en Portugal, la fundación y el trabajo de la →Sociedad de Jesús. Su influencia fue determinante en la metrópolis, así como en la Colonia. Cuando el gran autor brasileño, Camoens, en *Los Lusiadas,* habla de "reyes que fueron extendiendo la Fe y el Imperio", no ignoraba las pretensiones jesuíticas.

Los jesuitas se hicieron presentes en la literatura portuguesa por medio de su correspondencia y por sus sermones, también por el teatro y más tarde por otras producciones escritas por algunos de sus mayores exponentes, como el P. Antonio Vieira.

Hay, sin embargo, autores no jesuitas, como Diogo Bernardes y el judío Samuel Usque, un portugués que tuvo que emigrar a Italia. Ambos trataron temas religiosos: el primero, de la *Virgen de los Santos*; el segundo, sobre la *Consolación a las Tribulaciones de Israel.* Antonio José da Silva, apodado "El Judío", fue un autor teatral de mérito. Judío también lo fue Joao Ferreira de Almeida, quien emigró a Holanda y más tarde a Indonesia. Fue el primer traductor de la Biblia cuya versión se divulgó. Aun se usa, con revisiones. Otro traductor de la Biblia, aunque no de las lenguas originales como Almeida sino de la Vulgata, fue el P. Antonio Figuereido. Su versión se usó en el s.XVIII en medios catolicorromanos.

Es importante recordar también una literatura más piadosa, y a veces ascética, que nace en la época barroca, con Fray Antonio de Chagas, franciscano, y Fray Manuel Bernardes, oratoriano. La inspiración moral de éste, sobre todo en su *Nova Floresta,* es excelente.

El P. Antonio Vieira, del s.XVIII, merece mención especial, no solamente por haber vivido en Portugal y en Brasil y por haber tenido una notable actuación política, sino porque aun hoy sus sermones son leídos. Su oratoria se transluce en los textos, y agrada.

Ya en el Romanticismo (s.XIX) se debe mencionar la figura de Alejandro Herculano, pues sus romances históricos están impregnados de cristianismo y de una peculiar candidez para con los que han hecho voto de castidad. Es notable su *Historia da Inquisiçao em Portugal.* En la poesía publicó *A Harpa do Crente.*

Toda la influencia secularizante a partir del s.XIX (como el realismo, parnasianismo, simbolismo y, más recientemente, el modernismo) hace que disminuya la presencia de temas religiosos en la literatura protuguesa. Además, hay autores que son críticos de la religión, como Antero de Quental, Guerra Junqueiro y otros. Algunos son metafísicos, como Fernando Pessoa, y muchos, indiferentes al tema de la fe. En el Brasil colonial, exceptuando la influencia jesuítica ya mencionada, no hubo nada notable. La literatura fue prestada y casi siempre de inspiración laica.

En el Romanticismo, sin embargo, encontramos en la poesía el "Evangelio de las Selvas", de Fagundes Varela, y en la oratoria sagrada a Fray Francisco de Mont'Aloerne (1784-1859). Otras escuelas posteriores no fueron propicias a la motivación religiosa. Junto al espíritu más liberal de este siglo que acompaña a la venida de los inmigrantes, y de nuevas corrientes de pensamiento (como el positivismo), cabe notar la entrada del protestantismo, traído por misioneros de otras tierras. Estos ejercieron su influencia a través de los innumerables colegios que fundaron, de la renovación de métodos pedagógicos y de becas de estudio.

En la ICR después del Concilio Vaticano I (1870) hubo un viraje hacia un mayor ultramontanismo y conservadurismo cultural. En el presente siglo, no obstante, con el P. Leonel França, con Franklin de Figueiredo, con Gustavo Corçao y con Alceu de Amoroso Lima (más conocido por su seudónimo de Tristao de Ataíde), los católicos ocupan de nuevo un lugar importante en la literatura. El lugar de los evangélicos siempre ha sido limitado. (→PROTESTANTISMO EN LA CULTURA LUSO-AMERICANA).

JULIO ANDRADE FERREIRA

EVANGELIO SOCIAL. Corriente teológica en EUA que alcanzó su apogeo entre 1870 y 1918 y a que se le atribuye el ser la precursora de la teología de la →secularización en el s.XX. El cristianismo social en su versión europea del s.XIX influyó tremendamente en ella. F.D. →Maurice, teólogo inglés, había propugnado ciertas ideas teológicas y sociales que desembocaban en un "socialismo democrático". Los componentes ideológicos de esa visión socialista democrática se encontraban en la idea liberal del progreso que enfatizó no la transformación de la sociedad sino su reforma.

El →socialismo cristiano (que mejor pudo haberse llamado "cristianismo social") influyó igualmente de gran manera en los EUA a partir de la segunda mitad del s.XIX. Esta influencia, unida al fervor creado por los avivamientos y cruzadas evangelísticas, creó el clima necesario para que se combinara cierta aspiración por la regeneración personal con una ética social cristiana. Esta combinación inclinó a un amplio sector del cristianismo norteamericano hacia la reforma social.

Los dos teólogos más prominentes del e.s. fueron Washington →Gladden, Walter →Rauschenbusch y Horace →Bushnell. Bushnell era el predicador; Rauschenbusch el teólogo e historiador. Bushnell mostró cierta inclinación hacia una "regeneración progresiva" a través de un proceso educativo de formación en la fe. Esta postura se contraponía al emocionalismo que se vivió en las grandes campañas de la época. De acuerdo con Bushnell, el cristiano debe seguir el ejemplo de Cristo que se envolvía con los problemas de su sociedad. Esta perspectiva se popularizó en la novela de Carlos Sheldon, *In His Steps* ("En Sus Pasos"), de la que se vendieron más de 25 millones de ejemplares.

Rauschenbush definió el Reino de Dios como la doctrina básica del e.s. El Reino de Dios demuestra "la lucha progresiva de la humanidad" hacia una plena realización. Hay una lucha constante para derrotar las fuerzas del mal y buscar el bien en cada realización humana, aunque sea de manera fraccionada. Aunque el reino en su fuente y consumación es trascendente, sus obras son inmanentes. Se vinculaban las posturas del e.s. con la teoría de la →evolución y con una escatología básicamente optimista, el →postmileniarismo. Su última manifestación en los EUA fue en el →modernismo protestante.

El e.s. intentó romper con el individualismo e ir hacia una ética social. En el contexto de una rápida industrialización y transformación social en los EUA (intensificada por la presión del problema de la esclavitud), se intentó renovar las conciencias de los cristianos para que ejercieran un papel más activo en la sociedad.

Los teólogos del e.s. rompieron con las distinciones entre lo sagrado y lo profano, aun cuando en el fondo seguían manejando una teología tradicional y evangélica. Al esforzarse por hacer del Reino de Dios una manifestación histórica social y comunitaria dieron un impulso importante al pensamiento teológico-eclesiástico de su época. Le recordaron a la Iglesia de su pertenencia al Reino, de acuerdo con el e.s., y no de la apropiación del Reino por parte de la Iglesia.

[El concepto liberal-reformista del e.s. resultó irreal y utópico a la luz de dos guerras mundiales, una crisis económica mundial entre las dos, el fracaso de la doctrina del →"Destino Manifiesto" de los EUA y el decaimiento moral general. Con la muerte de Rauschenbusch en 1918, la crítica de la →Neo-ortodoxia (especialmente de Karl →Barth) y el resurgimiento del →evangelicalismo, el e.s. dejó de ser influencia importante en la teología hasta su "reencarnación" con algunas variantes en las →Teologías de Liberación en AL, en donde encontró una situación socio-económica bastante parecida a la que imperaba en los países industrializados en el s.XIX.]

El e.s. no hizo su primer impacto directamente en AL sino a través de algunos misioneros que emprendieron su tarea bajo la premisa de un evangelio que promovía la reforma social junto con la salvación personal. Esta modalidad misionera, llamada en ocasiones "civilizatoria", no fue mayoritaria. En el fondo la gran mayoría de los misioneros siguieron un modelo evangelístico.

El problema de fondo para el protestantismo latinoamericano ha sido su visión dualista y discontinua de la realidad social, política e histórica. Esta visión ha hecho de la ética cristiana algo privativo, intimista y personal sin proyección transformadora hacia el mundo. De ahí lo atractivo para muchos protestantes de las teologías de liberación que actualmente se exponen en AL.

El e.s. y su énfasis en una perspectiva social del cristianismo pudo haber dado al protestantismo latinoamericano a principios del siglo una dimensión de la fe que resulta necesaria en nuestros días para enfrentar los crecientes retos que las actuales sociedades latinoamericanas lanzan a las iglesias evangélicas. El propio e.s. ha de ser superado, pero su preocupación por un Reino con dimensiones históricas es un aporte todavía valioso.

CARMELO E. ALVAREZ

EVANGELISMO A FONDO. Estrategia evangelística de carácter cooperativo y de alcances masivos, originada en AL por R. Kenneth →Strachan de la →Misión Latinoamericana y extendida en diferentes formas a otras partes del mundo. Como fruto de los muchos años de experiencia evangelística de la Misión Latinoamericana y con base en un examen cuidadoso de movimientos seculares y religiosos de éxito manifiesto Strachan desarrolló la siguiente teoría: "El crecimiento de cualquier movimiento está en proporción directa al éxito que tenga ese movimiento en la movilización de la totalidad de sus miembros en la propagación constante de sus creencias".

Durante la década de los 60, Strachan (quien falleció en 1965) y su equipo de colaboradores pusieron en práctica este concepto en una serie de esfuerzos evangelísticos, de un año de duración que abarcaba todo un país. Así se celebraron campañas de E.F. en →Nicaragua, →Costa Rica, →Guatemala, →Venezuela, →Honduras, →República Dominicana, →Perú, →Bolivia, →Colombia, →Ecuador y otros países. En los primeros tres de estos "experimentos", Strachan tuvo como colega al mexicano Juan M. Isáis. Por lo general, el programa consistía en eventos y actividades que servían para movilizar a toda la comunidad cristiana de la región en células de oración, visitación, discipulado, reuniones evangelísticas, desfiles, concentraciones populares, etc., dándoles a todos los cristianos la oportunidad de compartir su fe.

Este enfoque "a fondo" tuvo su expresión propia en Africa ("Nueva Vida para Todos", etc.), Europa ("Movilización Total"), Japón y en otras partes, con modalidades diferentes. Pero, no importa cual fuere su forma, la movilización de todo creyente para testificar de su fe ha llegado a ser desde 1960 una dimensión importante de casi todo esfuerzo responsable de evangelización cristiana. Esto se fundamenta en Ef. 4:11, 12 que especifica que el don del evangelista tiene por propósito "preparar a los santos [creyentes] para un trabajo de servicio" y contribuir así al crecimiento del cuerpo de Cristo.

Algunos analistas de E.F., incluyendo miembros del personal y asociados en el equipo, han cuestionado el carácter simplista e incondicional de la tesis de Strachan, aun cuando continúan respetando y practicando su fundamento esencial. En 1970 se estableció en San José, Costa Rica, el Instituto de Evangelización a Fondo par continuar y ampliar dicho ministerio. Como desarrollo posterior, han surgido una serie de publicaciones importantes y varias actividades fecundas, a saber: el desarrollo de métodos de discipulado y orientación pastoral para estimular un estilo de vida evangelístico en la iglesia; el registro estadístico del crecimiento de la Iglesia y el análisis de todas sus dimensiones; la celebración de campañas de E.F. a escala local y regional; y la fundación del CELEP (Centro Evangélico Latinoamericano de Estudios Pastorales).

Visto a lo largo de dos décadas, el impacto de E.F. ha sido muy significativo y de trascendencia mundial.

W. DAYTON ROBERTS

EVANGELIUM VERITATIS. Tratado gnóstico valentiniano, que algunos atribuyen al propio →Valentino. Es parte de la llamada "biblioteca" de →Nag Hammadi y es el segundo tratado del Codex Jung. E.V. afirma que solo Dios es, por cuanto no ha recibido el ser de ningún otro. A ese Dios podemos referirmos solo por vía negativa: es inengendrado, incomprensible, invisible, inconcebible e innombrable. (Se ha sugerido que este vocabulario lo tomaron los gnósticos del platonismo medio y de →Filón.) El Padre engendra al Logos, con la participación de sus potencias ("Sofía", "Nous" y la Voluntad), que no son independientes. Luego, el Padre origina el *todo*, y pone al Logos como señor de éste (que son los eones). Estos eones pierden la memoria de su origen y abandonan la morada del Padre, el "Pléroma". Este extravío se convierte en una potencia personal, que es la que crea la materia. En el cuerpo aprisiona a los eones, que podrán liberarse solo por el conocimiento del Padre que les traerá el Logos (→GNOSTICISMO).

PLUTARCO BONILLA A.

EVANSTON, ASAMBLEA DE (1954). Segunda reunión internacional del →CMI, celebrada en la Northwestern University, Evanston, Illinois. Estuvieron representadas 132 denominaciones afiliadas y el tema fue: "Cristo: la Esperanza del Mundo". El programa estuvo dividido en cuatro partes: (1) se presentó y debatió el tema centrado sobre diversos enfoques escatológicos, la parte que la evangelización de los judíos desempeña en apresurar el regreso de Cristo y la relación del otro mundo con los problemas de este mundo; (2) la asamblea fue dividida para estudiar los seis subtemas, los más controvertidos resultaron aquellos acerca de la iglesia evangelizante y de las tensiones raciales y étnicas. El grupo que trató acerca de la iglesia evangelizante recomendó las escuelas diarias como medio de proveer edificación cristiana, y el de las tensiones raciales condenó la segregación y urgió a las iglesias miembros a renunciar a la misma (también condenó el antisemitismo); (3) se pensó en cambios estructurales del CMI; (4) se trataron asuntos de rutina.

Si muchos estaban de acuerdo en que debió haber menos sesiones plenarias y más tiempo para la interacción personal, ello se debió a que la maquinaria era tan compleja que algunos sintieron que estorbaba al Espíritu Santo, al parecer, por restricciones insuperables. Muchos también estuvieron de acuerdo en que las preocupaciones de la asamblea fueron generadas desde arriba hacia abajo y que algunos delegados, especialmente laicos que no eran de habla inglesa, tuvieron dificultad en compartir estas preocupaciones. Una indicación de la maquinaria de organización se puede notar por el hecho de que se usaron seis toneladas y media de papel para imprimir las noticias oficiales y para registrar los discursos de la asamblea. El optimismo acerca de la asamblea residió en que cristianos de muy variados trasfondos se estuvieron escuchando unos a otros acerca de diferencias que los involucraban, incluso teológicas y que, aun sin llegar a un acuerdo sobre asuntos teológicos, pudieron llevar adelante un programa de ayuda mundial y de socorro a los refugiados.

Como presidentes para el futuro período de siete años la asamblea eligió al Dr. John Baillie de Escocia, al Obispo Sante U. Barbieri de Argentina, al Obispo Otto Dibelius de Alemania, al metropolitano Juhanon de la Iglesia Siria Mar Thoma, al Arzobispo Michael (griego ortodoxo) de la ciudad de Nueva York y al Obispo Henry Knox Sherrill de EUA. ROBERT B. IVES

EVOLUCIONISMO. Teoría biológica que trata de explicar el origen y desarrollo de los seres vivos fundándose en un proceso de cambio, por el cual aparecen nuevas formas orgánicas a la vez que desaparecen otras.

La hipótesis evolucionista nació a finales del s.XVIII y en sus comienzos fue más una tesis filosófica con un matiz marcadamente antirreligioso. Surgió como una generalización del e. sociológico aplicado al terreno de lo biológico. A comienzos del s.XIX Lamarck publicó un estudio de los invertebrados que le permitió realizar observaciones científicas sobre la variabilidad de las especies. En 1859 →Darwin publicaba en Londres la obra *Sobre el Origen de las Especies por Selección Natural, o la Conservación de las Razas Privilegiadas en la Lucha por la Vida.*

Pronto se desató una violenta controversia sobre el tema del e. En el terreno filosófico se planteó un virulento ataque al cristianismo y a la Biblia, con la falsa alternativa: *evolución o creación* (cuando la opción científica correcta debió haber sido: *evolución o fijismo*). Los que defendían la religión estaban tan sensibilizados contra el e. que emprendieron un ataque ciego en su contra, pensando que defendían afirmaciones bíblicas. Hubo gran confusión por no percatarse de que enfrentaban una posición evolucionista filosófica atea, y no un e. científico, de que la discusión no podía reducirse al tema de "ciencia y fe". Sus más destacados protagonistas fueron Tomás Huxley y el anglicano Samuel →Wilberforce, de Oxford.

Todavía vivimos las consecuencias de esta controversia. Sin embargo, hoy, gracias a los estudios paleontológicos y a experiencias genéticas, no quedan dudas sobre la variabilidad de las especies en determinadas condiciones y por influencias diversas.

El e., como hipótesis científica de trabajo, ha rendido magníficos frutos, y en ninguna manera afecta nuestra fe (como no la afectan ninguna de las hipótesis científicas modernas). En este terreno, no obstante, hay que hacer las distinciones necesarias para evitar el error del pasado.

En el terreno de la genética se ha estudiado la aparición de formas nuevas al observar millares de generaciones de determinados insectos. Sometidos estos insectos a la acción de rayos diversos, se multiplicaron en forma colosal las nuevas formas obtenidas.

En cuanto al origen del hombre, tampoco el e. científico entra en conflicto con el relato bíblico. La paleontología ha provisto documentos indudables de la existencia de hombres *pre-sapiens* que vivieron en el Pleistoceno, o edad de los hielos, y desarrollaron culturas bien estudiadas: El Paleolítico Inferior, correspondiente al Arqueoántropo; El Paleolítico Medio, cultura del hombre de Neandertal. El *homo sapiens* aparece en la última glaciación (unos 40 a 50 mil años atrás), y está dotado de una nueva capacidad intelectual y espiritual que se manifiesta en la cultura del Paleolítico Superior, en donde aparecen elementos de utillaje no utilitario como estatuillas y adornos, y sobre todo, las extraordinarias expresiones pictóricas encontradas en numerosas cuevas habitadas por el *homo sapiens fossilis.*

El Génesis dice de una manera terminante que Dios hizo todas las cosas y los seres vivos. Y como corona de la creación hizo al hombre. Como a todos los seres, lo hizo del polvo de la tierra. El orden que ofrece la paleontología: primero la vida vegetal, luego animales acuáticos, después animales terrestres, y por último al hombre es el mismo que ofrece el Génesis. Pero sería una ingenuidad pensar que la figura del alfarero, o la del hortelano cavando el huerto en Génesis 2, representaran métodos de trabajo de Dios. Los métodos de Dios están inexorablemente fuera de la capacidad de nuestra comprensión. Allí se nos entregan las verdades que el Espíritu Santo ha considerado fundamentales para que logremos captar las lecciones del mensaje salvífico de la Revelación.

MIGUEL A. ZANDRINO

EVOLUCION. Teoría del desarrollo orgánico por los procesos naturales de descendencia en los cuales las modificaciones son seleccionadas por el ambiente. La antigua Grecia especuló sobre el origen del hombre y de los animales, y Aristóteles (382 a.C.) confeccionó una clasificación. Algunos en la iglesia antigua, influidos por Gn. 1, especularon acerca de la progresión de las cosas vivientes. Juliano (331 d.C.) sostenía que el hombre había sido modificado por el suelo y el clima. Agustín (354) creía que la creatividad operaba dentro de la materia por largos períodos. La especulación se renovó en el s.XVII. Linneo, hijo de un pastor sueco, introdujo la moderna taxonomía (1734) y creía que estaba catalogando la creación de Dios. El problema del mecanismo de la transformación ocupó el s.XVIII. Buffon pensaba que era por el ambiente perpetuado por herencia. Erasmus Darwin (abuelo de Carlos) y Lammarck postularon la herencia de características adquiridas.

Muchos clérigos distinguidos fueron evolucionistas. Carlos →Darwin se sentía deudor de Thomas R. Malthus, quien escribió acerca de la lucha por la existencia. También fue un clérigo quien recomendó a Darwin para dos nombramientos. El agnóstico T.H. Huxley vio la ventaja de apoyar totalmente el *Origen de las especies* (1859) de Darwin. Cuvier se opuso a esto argumentando que el registro de fósiles mostraba catástrofes seguidas por recreaciones.

Las reacciones cristianas fueron varias. La ortogénesis recibió amplio apoyo, considerando a la e. como regida por una fuerza interna. Posteriormente Ambrose Fleming fundó el *Evolution Protest Movement,* que se convirtió en una crítica útil *de lo razonable de la e.* La genética de G.J. Mendel, el monje agustino austríaco, ignorada hasta 1900, mostró que las características adquiridas no podían ser heredadas. La e. pronto fue extendida a la cultura, las costumbres, la sociología y la religión. El cristianismo bíblico sufrió daños debido a la recomposición de las Escrituras por parte de Wellhausen para presentar una teoría evolucionista de la religión que, partiendo del animismo, pasa por el politeísmo y llega al monoteísmo, en lugar de un Dios que se da a conocer al hombre. Hace mucho tiempo que los antropólogos y los teólogos han abandonado estos conceptos de Wellhausen, J.G. Frazer y Herbert Spencer.

Las pruebas aducidas en favor de la e. incluyen la anatomía comparada, la sucesión fósil, las ramificaciones de organismos afines y la distribución geográfica. Desfavorables a la e. son la incapacidad de cambios para producir niveles superiores de vida y la falta de puentes sucesivos en los fósiles entre los órdenes mayores (tienen las diferencias orgánicas más importantes).

La atención últimamente se ha cambiado a la biología molecular y a los orígenes de la vida. Anteriormente la célula era considerada como simple (Teilhard de Chardin opinaba así), pero la más pequeña unidad de vida posible es más compleja que cualquier máquina hecha por el hombre.

E.K. VICTOR PEARCE

EWALD, GEORGE HEINRICH AUGUST VON (1803-1875). Erudito bíblico alemán. N. en Gotinga. Estudió bajo J.G. →Eichhorn y, por consiguiente, estuvo en contacto con la primera generación de modernos estudios críticos del AT. Su interés en los materiales poéticos y proféticos del AT revela fuerte reacción contraria a las interpretaciones románticas de J.G. Herder y Eichhorn, así como su tendencia histórica conservadora lo hizo oponerse a F.C. →Baur y a D.F. →Strauss. E. sucedió en Gotinga a Eichhorn y entre sus alumnos estuvieron C.F.A. Dillmann y Julius →Wellhausen. El lugar de E. en la historia de la erudición bíblica es recordado por su papel de iniciador en dos de las mayores dimensiones de ésta: lingüística semítica en estilo histórico (desde 1827) y la historia de Israel como pueblo (desde 1843). Sus opiniones políticas lo obligaron a abandonar Gotinga en 1837 y por diez años, antes de que pudiera regresar, enseñó en Tubinga. En sus años finales estuvo profundamente implicado en asuntos políticos. CLYDE CURRY SMITH

EX CATEDRA. El sustantivo griego *hedra* de Homero, *kathedra* de Tucídides, designa una silla o asiento. En la forma arquitectónica romana (la basílica edificada con o sin asientos permanentes, *exedras,* y usada para las actividades de un gobierno o de un tribunal), se podía traer un asiento para el funcionario que presidía. La silla, como el más especializado "trono", llegó a representar la autoridad del cargo. En la iglesia secular es el asiento del obispo, en la iglesia regular es el del abad, entendiéndose que se sientan allí cuando presiden, "catedral" significa simplemente el lugar de esa silla. La noción de *ex cátedra,* "desde la silla", da a entender la voz de autoridad o sus pronunciamientos en forma codificada o escrita. En la ICR durante el Concilio →Vaticano I la categoría del obispo de Roma fue confirmada en que, cuando éste hablaba como sucesor de Pedro, sus palabras concernientes a la fe y a la moral tenían el carácter infalible de la doctrina apostólica.

CLYDE CURRY SMITH

EXCOMUNION. Implica varios grados de exclusión de la comunidad de los fieles debido a error en la doctrina o caída en la moral. El término *excommunicatus* aparece por primera vez en documentos eclesiásticos del s.IV. La disciplina en la iglesia primitiva siguió el modelo judío; cp. la triple advertencia que se recomienda hacer (Mt. 18:15-17) al hermano transgresor (privadamente, ante dos o tres testigos, ante toda la asamblea) que está de acuerdo con la práctica judía.

El origen de la e. en términos cristianos por lo general se hace descender del dicho de Jesús acerca de "atar y desatar" en Mt. 16:19 (a Pedro) y 18:18 (a los discípulos; cp. Jn. 20:23). Aun cuando tal legislación fuese importante en el tiempo en que escribieron los evangelistas, no hay necesidad de considerarla como una invención posterior-pascual. Pablo aboga por grados de sanciones para aplicarse en la iglesia a los transgresores. Estas van desde la exclusión social (2 Ts. 3:10,14ss.) hasta la exclusión total de la comunidad (1 Co. 5:13, cp. 5, y 2 Co. 2:5-11). El castigo en este caso incumbe a toda la asamblea (1 Co. 5:4) y se propone el bien tanto del transgresor como de la iglesia (1 Co. 5:5-7; cp. 1 Ti. 1:19s.). Con el crecimiento de la iglesia también surgió el problema de la autoridad para excomulgar (cp. 3 Jn. 9s.).

En la comunidad cristiana primitiva, la e. como tal ("sea entregado a Satanás", 1 Co. 5:5) implicaba un completo aislamiento respecto a los fieles. Por el s.XV, fue introducida una distinción entre los excomulgados que debían ser evitados por grueso error (los *vitandi*) y aquellos que debían ser tolerados (los *tolerati,* que estaban rígidamente excluidos solo de los sacramentos). Esta distinción todavía se observa en la ICR. En los modernos círculos protestantes, pese a los cánones anglicanos, rara vez se impone la e. formal.

STEPHEN S. SMALLEY

EXISTENCIALISMO. El término ha sido definido como un intento de filosofar desde el punto de vista del actuante, más bien que, como en la filosofía clásica, desde el enfoque del espectador. La palabra deriva del alemán *Existenzphilosophie.* El movimiento creció en Alemania después de la Primera Guerra Mundial y floreció en Francia desde tiempos de la Segunda. Se lo considera más como indicador de enfoque que como un cuerpo fijo de doctrinas filosóficas. Sus dirigentes más importantes han tendido a acuñar su propio vocabulario técnico y a desarrollar sus pensamientos en sus estilos individuales. Algunos son ateos, otros profesan la fe protestante o la católica. En manos de algunos de sus defensores la protesta existencialista contra los sistemas filosóficos ha sido transformada en sistemas sumamente complejos.

Los orígenes del e. han sido rastreados hasta S. →Kierkegaard con su ataque al idealismo absoluto y su preocupación por la existencia individual. También al ateísmo de F.W. →Nietzche y al desencanto de F.M. →Dostoyevsky con su humanismo racionalista y al dicho de este pensador: "si Dios no existe, todo está permitido". La premisa del e. ateo es que Dios no existe, por lo tanto el hombre tiene que defenderse por sí mismo. El ser humano tiene que elaborar sus propios valores y crear su propia existencia. Al mismo tiempo el hombre tiene un sentido de lo absurdo de todo ello. Las opciones ante sí a veces son imposibles, y dan lugar al surgimiento de una profunda ansiedad.

El e. representa una rebelión en contra de la autoridad externa, de los enfoques ya establecidos acerca del mundo, de los valores morales y códigos de conducta autoritarios y convencionales. El hombre ha sido lanzado al mundo le guste o no le guste. Tiene que abrirse en él su propio camino, creando sus propios valores y determinando su existencia a medida que va avanzando. Esto es lo que distingue al ser humano de las cosas y de los animales. Pero si rehúsa recae en la clase de existencia que tienen las cosas, en vez de vivir una existencia humana auténtica.

En Alemania, Karl →Jaspers y Martin →Heidegger son los pensadores existencialistas más conocidos. La obra de este último, *Ser y tiempo* (1927, esp. 1951), fue un trabajo seminal que estableció lo que virtualmente llegó a ser una metafísica existencialista. Los más importantes existencialistas franceses no solamente han escrito tratados filosóficos, sino que han divulgado sus ideas en el teatro y en las novelas. Entre ellos está el marxista Jean-Paul Sartre, el ateo Albert Camus y el católico Gabriel Marcel. Los estudios filosóficos de Sartre incluyen *El Ser y la Nada* (1943, esp. 1966), y *Existencialismo y humanismo* (1946, esp. 1963).

En su programa desmitologizante, Rudolf →Bultmann hizo uso del e. de Heidegger, interpretando el evangelio de la muerte y resurrección de Cristo como un desafío a los hombres para que elijan entre una existencia auténtica y otra inauténtica. En sus diferentes modos Paul →Tillich y John Macquarrie han combinado el análisis existencial con la especulación ontológica en un intento de proveer nuevas bases metafísicas para interpretar la fe cristiana.

Aunque el análisis existencial ha producido fructíferas introspecciones de la existencia humana, los sistemas especulativos han sido criticados en forma aguda desde el punto de vista del análisis lingüístico debido a errores de categoría en el uso del lenguaje. El intento de volver a manifestar las creencias cristianas en términos existencialistas ha tendido a eliminar lo trascendente y el elemento personal divino inherente al teísmo bíblico.

COLLIN BROWN

EX OPERE OPERATO. Fórmula que se ha usado en la historia de la ICR para expresar que la eficacia de los sacramentos no depende del que recibe o administra el sacramento, sino que es producida por el signo sacramental válidamente realizado.

Se trata de una terminología escolástica que comienza a usarse en la segunda mitad del s.XII, y que es luego adoptada por el Concilio de →Trento. Por *opus operatum* se entiende la realización válida del rito sacramental, a diferencia del *opus operantis*, que tiene que ver con la disposición subjetiva del que recibe el sacramento.

A pesar de la anterior distinción, los teólogos católicos insisten en que la doctrina sobre la eficacia *ex opere operato* de los sacramentos no hay que entenderla como una causalidad mecánica, que excluya la disposición subjetiva del que recibe el sacramento.

ENRIQUE FERNANDEZ Y FERNANDEZ

EXORCISMO. Práctica de expulsar malos espíritus por medio de la oración, la adivinación o la magia. Hay un ejemplo en los apócrifos (la expulsión de un demonio por parte de Tobías), pero en el NT la expulsión de malos espíritus por Cristo y sus apóstoles es común (Mr. 1:25; Hch. 16:18). Desde ese entonces el e. ha sido practicado por la iglesia hasta el presente. En la antigua iglesia era común exorcizar antes del bautismo a los catecúmenos de trasfondo pagano o judío. Esta práctica fue mencionada en el Concilio de Cartago (255).

En la Edad Media el e. formaba parte del bautismo de infantes; el servicio incluía la *exsufflatio* (el triple aliento sobre el rostro del infante con estas palabras adjuntas: "Apártate de él, tú, espíritu inmundo, y da lugar al Espíritu Santo"). Esto fue condensado en el *Rituals Romanum* de 1614. Los antiguos servicios de bautismo luteranos, sin embargo, así como el primer Libro de Oración de Eduardo VI (1549), contenían un breve e. El título de "exorcista" se refería en la iglesia primitiva a una Menor →Orden del ministerio cuyas funciones incluían la imposición de manos sobre los dementes, exorcizar a los catecúmenos y ayudar en la Santa Comunión. Hoy en la ICR la orden es conservada como peldaño para llegar al sacerdocio, pero carece de significación real. La Iglesia Oriental no tiene orden de e. En los movimientos pentecostal y carismático la expulsión de demonios es frecuentemente practicado. La Iglesia de Inglaterra tiene varios exorcistas licenciados.

PETER TOON

EXPIACION →RECONCILIACION

EXTASIS. Término que se refiere al estado sobrenatural de estar fuera de razón y control propio, como cuando uno está obsesionado por la emoción o dominado por un sentimiento como el gozo o el rapto. Ejemplos del estado de é. son el hablar en forma incoherente, la insensibilidad, el dolor, las contorsiones extremas, los saltos, la →glosolalia (hablar en lenguas). En el AT hay registrados varios casos de é., generalmente en los profetas. En la iglesia cristiana el é. ha sido uno de los estados normales de la vida mística, aunque nunca fue considerado como normativo de la vida cristiana. El estado de é. no es buscado por su propio valor sino más bien como una indicación externa de unidad de la voluntad humana con la divina. Una característica central del estado de é. es la alienación de los sentidos mientras que el individuo se vuelve inmóvil e inoperante.

WATSON E. MILLS

EXTREMAUNCION. Rito practicado en los moribundos por los sacerdotes de la ICR. Según el Concilio de Trento, es un sacramento instituido por Cristo (Mt. 6:13) y promulgado por el apóstol Santiago (Stg. 5:14). Es un sacramento por el que, según la doctrina católica, el enfermo recibe la gracia de Dios, consigue el perdón de los pecados y a menudo obtiene la salud del cuerpo, a través de la unción del óleo y la oración del sacerdote.

Sin embargo, muchos teólogos escolásticos de los ss.XII y XIII (entre ellos →Hugo de San Víctor, →Pedro Lombardo, la *Summa Alexandri,* y Buenaventura) sostuvieron que la e. había sido instituida por los apóstoles. Calvino, por su parte,afirmó que el pasaje de Stg. 5:14 había que entenderlo en el sentido de la curación carismática de los enfermos.

Lo que sí parece cierto es que el rito se practicó en la Iglesia desde los primeros siglos, según se desprende de la *Tradición Apostólica* de San →Hipólito de Roma del s.III.

ENRIQUE FERNANDEZ Y FERNANDEZ

F

FABER, JOHANN (1478-1541). Obispo de Viena. Alemán de nacimiento, fue designado vicario general de la diócesis de Constanza en 1518, y capellán y confesor de Fernando I en 1524. Encabezó varias misiones importantes para Fernando, incluso una para lograr la ayuda de Enrique VIII contra los turcos. En 1530 fue designado para la sede de Viena. Originalmente pertenecía al partido humanista y liberal y su amistad con →Erasmo lo condujo a una simpatía inicial con los dirigentes reformistas, incluso con Zuinglio y Melanchthon. En 1521 regresó de una visita a Roma y se convirtió en celoso adversario de la Reforma y de sus dirigentes, ganando así el título de "Martillo de los herejes". Defendió la ortodoxia católica en conferencias y disputaciones, y quemó herejes en Austria y Hungría. Escribió en contra de Lutero y en defensa del celibato y de la infalibilidad papal. JAMES TAYLOR

FABER STAPULENSIS →LEFEVRE, JACOBO

FABIAN (m.250). Obispo de Roma desde 235. Su vigorosa mano promovió la tendencia hacia una estructura jerárquica al dividir a Roma en siete áreas eclesiásticas con un diácono sobre cada una y un subdiácono ayudante. Hizo aumentar la propiedad de catacumbas. Dio a conocer su opinión a la iglesia africana con respecto a la herejía de Privato, obispo de Lambesis, y recibió correspondencia de Orígenes. Disfrutó de considerable favor bajo el emperador pro cristiano Felipe pero fue el primero en padecer martirio cuando Decio cambió la política de su predecesor y apresó a los dirigentes de la iglesia. J.D. DOUGLAS

FAREL, GUILLERMO (1489-1565). Reformador francés. N. en Gap, en el Delfinado. En 1509 fue a París en donde estudió bajo Jacobo →Lefevre. Aproximadamente en 1520 su preparación humanista lo llevó a adoptar las ideas de la Reforma. Poco después empezó a ayudar en la reforma de la diócesis de Meaux bajo el obispo Briçonnet. En 1523 fue influido por ideas radicales acerca de la Eucaristía que surgían del tratado de Cornelius Hoen, el cual F. puede haber traducido al francés. En el mismo año la creciente intolerancia y la persecución hicieron que fuera expulsado de Francia. En 1524 estuvo involucrado con Ecolampadio en una disputación en Basilea. Sus ardientes ataques al cuerpo docente teológico pronto llevaron a su expulsión. También visitó las ciudades de Estrasburgo, Montbeliard y Neuchatel.

Desde 1526 fue dirigente de un grupo de evangelistas ambulantes que predicaban mayormente en la Suiza de habla francesa. Su predicación fogosa con frecuencia lo llevó a ser maltratado por turbas de oponentes. Participó en la disputación que en 1528 ganó a la ciudad de Berna para la Reforma. En lo sucesivo recibió apoyo de Berna en sus campañas de predicación en el cantón de Vaud. En 1532 empezó a evangelizar a Ginebra y en 1535 esa ciudad aceptó la Reforma. F. fue un instrumento para convencer (1536) a Juan →Calvino para que éste sirviera a la iglesia de esa ciudad. Junto con Calvino fue expulsado de Ginebra en 1538. Entonces F. constituyó su base en Neuchatel y pasó muchos años allí trabajando en estrecha armonía con Calvino. En 1558 F. se casó con una mujer muy joven y durante algún tiempo se enfriaron las relaciones entre Calvino y él, pero esto fue arreglado en el lecho de muerte de Calvino (1564). Durante sus muchos años en Neuchatel, F. continuó emprendiendo tareas evangelísticas en Francia, especialmente en Metz, donde murió. NOEL S. POLLARD

FARRAR, FREDERIC WILLIAM (1831-1903). Deán de Canterbury. N. en la India de padres misioneros. Concurrió al King William's College en la Isla de Man. La enseñanza religiosa era allí fuertemente evangélica. Estudió en el King's College, Londres, en donde recibió la influencia de F.D. →Maurice. Después de graduarse y ordenarse fue maestro de escuela hasta tener cerca de 45 años. Ejerció una influencia notable sobre la clase media de la época victoriana tanto en asuntos religiosos como culturales. Su *Life of Christ* (1874) llegó a aparecer en doce ediciones en el mismo año, y su *Life and Works of St. Paul* (1879) también tuvo gran circulación.

Eternal Hope (1878) de que también fue autor, despertó mucha controversia. Se trataba de una colección de sermones que cuestionaban la doctrina del castigo eterno para los impíos. Un adversario particular en esto fue E.B. →Pusey. F. modificó un tanto su posición en *Mercy and Judgment* (1881). En 1882 predicó en los funerales de Carlos →Darwin. Se decía que el enfoque liberal de F. impidió largamente su promoción eclesiástica pero finalmente, después de haber sido capellán real y canónigo de Westminster, fue designado como deán de Canterbury, cargo que desempeñó durante los últimos ocho años de su vida. F. fue pionero al introducir dentro del método moderno de educación algunos de los resultados de la investigación filológica, por lo cual, a proposición de Darwin, fue elegido *Fellow* de la Sociedad Real, honor no acordado a muchos eclesiásticos modernos. J.D. DOUGLAS

FATIMA, VIRGEN DE. F. es un pueblecito portugués, situado a unos 130 km al norte de Lisboa.

En la primavera de 1917 vivían cerca de F., en la aldea de Aljustrell, tres niños analfabetos llamados Lucía do Santos, de 10 años, y dos primos suyos, los hermanos Francisco y Jacinta Marto, de 9 y 7 años respectivamente. El 13 de mayo, cuando los niños pastoreaban ovejas en Cova de Iria, cerca de F., se les apareció sobre una encina, según ellos contaron, una señora vestida de blanco, que les pidió que volvieran a aquel lugar seis meses seguidos y que hicieran sacrificios en reparación de los muchos pecados con que Dios era ofendido.

El 13 de junio los niños volvieron a ver a la señora, que les pidió que regresaran allí el 13 del mes siguiente, que rezaran diariamenel rosario, y que aprendieran a leer.

Las apariciones se repitieron los cuatro meses siguientes. Durante la última aparición, a la que habían concurrido más de setenta mil personas, a pesar del día frío y lluvioso, Lucía preguntó a la señora que quién era, y qué quería de ella. La señora le contestó: "Quiero decirte que hagan una capilla aquí en mi honor; que soy nuestra Señora del Rosario; y que continúen rezando el rosario todos los días..." Después, la lluvia cesó súbitamente y, según el relato, apareció el sol como un disco de plata que giraba vertiginosamente sobre sí mismo, lanzando rayos luminosos en todas direcciones y de todos los colores. La multitud entonces comenzó a gritar y a pedir a Dios perdón.

Francisco murió el 4 de abril de 1919, y Jacinta el 20 de febrero del año siguiente. Al poco tiempo de la muerte de Jacinta, Lucía entró como religiosa en el Instituto de Santa Dorotea. Escribió dos relatos de sus visiones. En 1930 las autoridades eclesiásticas declararon que las visiones eran fidedignas y autorizaron la devoción de "Nuestra Señora de Fátima".

ENRIQUE FERNANDEZ Y FERNANDEZ

FAWKES, GUY (1570-1606). Destacado participante en el Complot de la Pólvora (1605). N. en una familia anglicana pero se convirtió al catolicismo romano luego de la muerte de su padre (1579) y del segundo casamiento de su madre con un católico. Sirvió en el ejército español durante varios años. A su regreso a Inglaterra en 1604, se le convenció para que se uniera a Robert Catesby y otros que estaban conspirando para hacer volar el edificio del Parlamento mientras Jacobo I y muchos de los altos funcionarios estuvieran dentro. F. colocó efectivamente una impresionante cantidad de explosivos pero las autoridades se enteraron del complot, arrestaron a F. la noche anterior a la fecha fijada para la detonación y lo forzaron bajo tortura a identificar a sus cómplices. El abortado complot todavía es conmemorado en Inglaterra con fuegos artificiales el 5 de nov. *(Guy Fawkes Day).* J.D. DOUGLAS

FEBRONIANISMO. Movimiento alemán y austríaco de fines del s.XVIII para limitar la autoridad papal en la iglesia. Sus principales doctrinas fueron definidas por J.N. von →Hontheim. Este escribió bajo el seudónimo de "Justinius Febronius" la obra *El estado de la Iglesia y la autoridad legítima del Pontífice romano*, libro escrito con el propósito de unir los disidentes en la religión cristiana (en latín, 1763). Hontheim, inspirado en el →galicanismo, razonaba con evidente devoción católica, no secular, que las "llaves del reino" (Mt. 16:19) no habían sido dadas al papado sino a toda la iglesia, la cual actúa a través de concilios generales compuestos por todos los obispos, que tienen su cargo de Dios y no del papa. El obispo de Roma debería ser considerado como *primus inter pares* para establecer la unidad de la iglesia universal y preservar sus cánones, mientras que los obispos deberían ejercer la mayor parte de la autoridad erróneamente acumulada sobre el papa. La doctrina, aunque algo similar al galicanismo, difiere de éste en forma significativa por su universalidad y no aboga por la supremacía de la realeza. Fueron los partidarios del →josefismo los que hicieron que las ideas de Hontheim sirvieran a su propio centralismo estatista secular; Kaunitz, primer ministro austríaco, halló útiles tales ideas y ordenó que fueran enseñadas en las universidades. El Sínodo de Pistoia (1786) y el Congreso de Ems (1786) adoptaron los principios del f. I.H. von Wessenberg sucedió a Hontheim como principal defensor del f. y esperaba levantar una iglesia nacional alemana casi independiente. Clemente XIII condenó en 1764 el libro de Hontheim, éste más tarde se retractó (1778), y el →Sílabo de Errores (1864) y el dogma de la infalibilidad papal (1870) lo hicieron dogmáticamente incompatible con el catolicismo. El movimiento de los →veterocatólicos continuó las doctrinas del f. después del Concilio Vaticano (1869-70). C.T. McINTIRE

FEDERACION LUTERANA MUNDIAL →LUTERANISMO

FEDERACION MUNDIAL DE ESTUDIANTES CRISTIANOS. Federación fundada en Suecia en 1895 abarcando 40 grupos autónomos de estudiantes cristianos. Líderes estudiantiles de Escandinavia, Europa continental, Gran Bretaña, EUA y naciones que recibían misioneros, se reunieron bajo la dirección de John R. →Mott, que entonces era secretario estudiantil del Comité Internacional de la →YMCA. Para Mott y muchos otros esto fue la culminación de un movimiento que había venido uniendo a organizaciones de esa clase durante varios años. Mott y otros habían estado activos en conferencias para el reclutamiento de misioneros, y el creciente entusiasmo en estos esfuerzos se canalizó en 1888 para formar una organización permanente, el →Movimiento de Estudiantes Voluntarios que adoptó como lema "Evangelizar al mundo en esta generación". La Federación reflejó este énfasis evangelístico en su declarado propósito, "llevar a los estudiantes a aceptar la fe cristiana en Dios –Padre, Hijo y Espíritu Santo– según las Escrituras y a convivir como verdaderos discípulos de Jesucristo". Actualmente está activa en la organización de conferencias y proyectos internacionales en muchos campos, y en actividad editorial. KEITH J. HARDMAN

FEDERICO I (Barbarroja) (c.1122-1190). Rey alemán y emperador romano. Sobrino del débil Conrado III, fue elegido rey en 1152. Aunque él era un Hohenstaufen, su madre pertenecía a los güelfos y se esperaba que él estuviera en condiciones de mediar entre los dos partidos. El esfuerzo de F. por restaurar los derechos de la monarquía germana y expandir su control territorial mientras trataba de revivir la autoridad del imperio, hicieron de él un personaje histórico controvertido. Se granjeó a los güelfos al reconocerle al duque Enrique el León su posición en Sajonia y concederle el ducado de Baviera. F. publicó una proclamación de paz *(Landfriede)* en Alemania (1152) y organizó un eficiente gobierno real basado en *ministeriales* que no pertenecían a la nobleza. Obtuvo el control de la iglesia alemana, utilizó obligaciones feudales para fortalecer a la monarquía y amplió sus propios dominios familiares.

La riqueza de las ciudades italianas y el desorden político que allí reinaba tentaron al ambicioso F. que decidió ponerse a la tarea de restaurar el imperio. Invadió a Italia en 1154-55, reprimió a las comunas lombardas, se alió con el papa Adriano IV para expulsar a →Arnoldo de Brescia y fue coronado como emperador. Esta precaria alianza terminó en la Dieta de Besancon (1157), cuando F. rechazó firmemente el concepto de señorío feudal del papa. Los documentos imperiales comenzaron a referirse al Santo Imperio *(sacrum imperium)*, indicación de que la autoridad secular tenía sanción divina, y no procedía de la coronación papal.

En cuatro campañas seguidas en Italia, F. tuvo poco éxito. El papa Alejandro III (1159-81) se volvió contra el emperador, que por ese entonces apoyaba a un antipapa. El cisma duró hasta la derrota de F. en Legnano, en 1176, a manos de la Liga Lombarda y la reconciliación con Alejandro. Después de la Paz de Constanza en 1183 (las comunas reconocieron la soberanía del emperador pero les fue concedido gobierno propio), F. arregló una alianza matrimonial con el reino de Sicilia, privando así al papado de aliados seculares en Italia. En 1180 explotó los legalismos técnicos de las prácticas feudales y la hostilidad de los muchos enemigos de Enrique el León para eliminar el rival sajón y disminuir el poder de los güelfos en Alemania. En la cumbre del éxito murió mientras participaba en la Tercera Cruzada.

RICHARD V. PIERARD

FEDERICO II (1194-1250). Rey de Alemania y de Sicilia, y emperador romano. Era siciliano de nacimiento y nieto de →Federico Barbarroja. Su padre lo hizo elegir rey de Alemania en 1196. Sin embargo, cuando al año siguiente murió Enrique VI, los príncipes se negaron a aceptar al joven heredero Hohenstaufen. Las luchas resultantes en Alemania e Italia, estimuladas por las presiones de Francia e Inglaterra, y los esfuerzos de Inocencio III por restaurar el poder papal, resultaron en un decrecimiento de la autoridad imperial. En 1212 F. fue nuevamente nombrado rey mediante las estratagemas de Inocencio y Felipe Augusto. La victoria francesa de Bouvines (1214) seguida por la deposición del emperador güelfo Otto IV (1215) y la coronación imperial del propio F. (1220), lo colocaron en posición dominante.

En las tres décadas que siguieron F. se vio envuelto en continua lucha con el papado. Su interés básico estaba en Italia, mientras que Alemania (bajo la regencia de sus hijos) desempeñaba un papel claramente subordinado. En 1213 cedió su autoridad a los funcionarios de la iglesia alemana y reconoció los derechos adquiridos por los nobles a partir de 1197, mientras que su privilegio de 1220 eliminaba todo poder real sobre la administración interna de los principados eclesiásticos. En 1231 tales concesiones fueron extendidas a todos los príncipes seculares e incluían el control sobre las cortes de justicia locales y la acuñación de moneda. Esto significaba la victoria del particularismo de los príncipes sobre el ideal monárquico alemán. En Sicilia, por el año 1224, F. había restaurado el poder de la monarquía normanda. Después de un intermedio en 1228-30 debido a las Cruzadas, trató de extender su reinado absolutista al N y después a la Italia central, acciones en las que provocó la oposición del papa. En 1245 Inocencio IV lo excomulgó y predicó una cruzada contra F. la cual tuvo poco efecto. La ejecución del nieto de F., Conradin, en 1268, puso fin a la dinastía de los Hohenstaufen.

F. fue protector y estudioso de las matemáticas, la astronomía, la medicina, la zoología y la poesía. Su corte de Palermo, notable por su esplendor oriental, era el centro cultural más importante del sur de Europa. Escéptico en religión, toleró a judíos y mahometanos. En sus tratos con dirigentes tanto cristianos como musulmanes, demostró ser un brillante diplomático, administrador y general. Los intereses y los logros de F. fueron tantos que algunos lo llamaban la "maravilla del mundo". RICHARD V. PIERARD

FEDERICO III (el Sabio) (1463-1525). Elector de Sajonia. N. en Torgau. Hijo mayor del elector Ernest y de Elizabeth (hija de Alberto, duque de Baviera), fue llamado "el Sabio" debido a su fama de actuar limpiamente y con justicia. Sucedió a su padre como elector en 1486. Antes de esto su educación había recibido la influencia de los ideales renacentistas. Su corte de Wittenberg era centro de actividades artísticas y musicales; allí fueron protegidos Alberto →Dürero y Lucas →Cranach. No obstante, era un católico devoto interesado en el culto de las reliquias. Según el catálogo de Cranach de 1509, poseía 5.005.

Insistió siempre en la necesidad de una reforma constitucional del imperio, y llegó en 1500 a ser presidente del recién formado consejo de regencia *(Reichsregiment),* pero posteriormente, en 1519, rehusó presentarse como candidato a la elección imperial. En 1502 fundó la Universidad de Wittenberg. A ella llegaron Martín Lutero en 1511 y en 1518 Felipe Melanchthon. Cuando, en 1518, el papa le exigió a Lutero que fuera a Roma, F. intervino e hizo que el juicio fuese transferido a Augsburgo, en territorio alemán. Dos años más tarde el elector se negó a poner en vigencia la bula *Exurge Domine* contra Lutero. Después que la Dieta de Worms (1521) hubo impuesto el bando imperial, F. proveyó un refugio en Wartburg para Lutero. No existen pruebas concretas de que haya aceptado totalmente la fe luterana, pero justo antes de su muerte, en Annaberg, recibió la comunión en ambas especies de manos de George →Spalatin, quien en muchas ocasiones había actuado como intermediario entre el elector y Lutero. Este último predicó en el funeral de F. y Melanchthon pronunció un discurso elogiando sobremanera la obra del elector en favor de la promoción del evangelio. PETER TOON

FEDERICO III (el Piadoso) del Palatinado (1515-1576). Hijo mayor del duque Juan II del Palatinado Simmern. Recibió una educación principesca y tuvo varias experiencias administrativas antes de suceder a su padre en 1557. En 1537 se casó con María, hija del margrave Casimiro de Brandenburgo, quien había sido criado como luterano. Once años después anunció su conversión a la causa evangélica. Se opuso al Interín de →Augsburgo (1548). En 1559 se convirtió en heredero del electorado del Palatinado. No solo el luteranismo había penetrado allí, sino también el calvinismo había echado firmes raíces. Bajo la dirección del luterano Tileman Hesshusius estalló una controversia acerca de la doctrina de la Cena del Señor. F. y su esposa se entregaron a un completo estudio teológico del asunto y, en 1541, llegaron a la conclusión de que el Artículo X de la →Confesión de Augsburgo era papista. Con la ayuda de varios teólogos F. sostuvo al calvinismo en Heidelberg y comisionó a →Ursinus y a →Olevianus para que escribieran el →"Catecismo de Heidelberg" (1563). Su calvinismo provocó la oposición de Federico de Sajonia y de otros. Un pedido de parte de los príncipes reunidos en 1566 en Augsburgo para que se rigiera por la Paz de →Augsburgo (que reconocía solamente al luteranismo y al catolicismo romano) no lo hizo variar de sus convicciones. En 1570 fue introducida en el Palatinado la forma presbiteriana de gobierno eclesiástico. F. ayudó a los hugonotes franceses y a los calvinistas de Holanda. Su hijo, Luis V (elector, 1576-83), retornó al luteranismo. CARL S. MEYER

FELIPE II (1527-1598). Rey de España desde 1556. Hijo único del emperador →Carlos V e Isabel de Portugal. N. en Valladolid y fue educado por el clero en España. Llegó a ser un hombre severo, dueño de sí, desconfiado, amado de sus súbditos españoles, mas no así de los demás. Casó cuatro veces: (1) María de Portugal (1543), que murió al dar a luz (1546); (2) María I de Inglaterra (1554), matrimonio por razones políticas; (3) Isabel de Valois (1559); (4) Ana de Austria (1570).

Al abdicar su padre (1556), se convirtió en el más poderoso monarca de Europa, gobernando a España, Nápoles y Sicilia, Milán, los Países Bajos, el Francocondado, México y Perú. Gobernaba el imperio desde su despacho, poseía una ilimitada capacidad de trabajo y un absoluto amor para leer, anotar y redactar despachos. Derrotó a los franceses en San Quintín (1557) y aseguró la ascendencia de España por algún tiempo. Derrotó a los turcos en la batalla naval de Lepanto (1571). En 1580 obtuvo la corona de Portugal y Brasil. Reactivó la →Inquisición en España, empleándola para establecer su poder absoluto. Pero la revuelta continuó en los Países Bajos y dio por fruto la independencia de la república de Holanda (1579). Apoyó en Francia a los Guisas contra Enrique de Navarra, pero sus intrigas fracasaron. Su intento de conquistar a Inglaterra paró en total desastre con la destrucción de la Armada Invencible (1588).

Tenía grandes capacidades, pero le faltó sabiduría política. Quebrantó el espíritu caballeresco de España y destruyó su comercio mediante opresivas exacciones y la feroz persecución contra los industriosos moriscos (a quienes expulsó en 1570). Era fanático, taciturno y mórbidamente suspicaz, aunque tierno esposo y afectuoso con sus hijas. Estimuló el arte y edificó el Escorial. Bajo su reinado, y apoyada por los jesuitas y la Inquisición, España se convirtió en punta de lanza intelectual, financiera y militar de la contrarreforma. J.G.G. NORMAN

FELIPE IV (el Hermoso) (1268-1314). Rey de Francia desde 1285. Reinó cuando el poder papal comenzaba a declinar y se enfrentó a la pretensión de la ICR al poder temporal. En 1296 comenzó su pugna con el papa →Bonifacio VIII acerca de los impuestos al clero, la cual se renovó en 1301 en una disputa relativa al obispo Saisset de Pamiers, que había sido acusado de proferir palabras contra el rey. En 1302 éste convocó los Estados Generales, que después aprobaron su condenatoria de la bula papal *Unam Sactam*. Agentes de F. apresaron a Bonifacio y luego lo humillaron en Anagni. El rey finalmente vio al papado capitular, la elección de →Clemente V como papa y el inicio del →Cautiverio Babilónico, e.d., el traslado del papado de Roma a Aviñón. En 1307 F. confiscó las riquezas de los Caballeros →Templarios de la iglesia, y arrestó al gran maestre de los mismos. Por insistencia de F. la orden fue abolida por Clemente en 1312.

ROBERT C. NEWMAN

FELIPE NERI (1515-1595). Fundador de la Congregación de los →Oratorianos. N. en Florencia. En su juventud fue influido por dominicos y benedictinos. En 1533 fue a

Roma, donde se ganaba la vida como tutor mientras escribía poesía y estudiaba filosofía y teología. A partir de 1538 se dedicó a auxiliar a los pobres y enfermos de la ciudad, de cuya obra surgió el gran hospital de la Trinidad. Allí se reunió en torno a él un grupo que atendía a las necesidades de los muchos peregrinos que acudían a Roma. En 1551 se ordenó sacerdote y mientras vivía en la casa para el clero, San Girolamo, inició la fundación del Oratorio, obra que más adelante se estableció también en España y en Francia. La obra no dejó de suscitar oposición, pues sus métodos nada convencionales de hablar acerca de la fe, su énfasis en la acción y sus directos métodos misioneros horrorizaron a muchos. Para él lo que contaba eran el amor y la integridad espiritual y no la austeridad física. Se dice que la risa solía acompañar a F.; bien puede que ello sea la razón de su éxito en la obra misionera. M. en Roma y fue canonizado en 1622.

GORDON A. CATHERALL

FELIPE DE HESSE (1504-1567). Landgrave de Hesse. N. en Marburgo. Fue el más diestro de los príncipes que apoyaban a Lutero. Su padre murió cuando él tenía cinco años. Tras disputas durante su minoría de edad, asumió el poder en 1519. Pronto demostró ser sagaz gobernante y afirmó su autoridad. Conoció a Lutero en 1521 en la Dieta de →Worms, pero no fue sino después de casarse con Cristina de Sajonia (1524) que abrazó el protestantismo e impulsó la reforma en su estado. Defendió sus nuevos principios en la Dieta de →Speyer (1526) y fundó la universidad de Marburgo en 1527. Al sospechar que se estaba fraguando en su contra una liga de príncipes católicos se unió en pacto secreto con Sajonia, Nuremberg, Estrasburgo y Ulm en 1529. Por entonces conoció a →Zwinglio e invitó al reformador suizo a visitar Alemania para promover la unión de las iglesias luterana y reformada.

En 1530, junto con el elector de Sajonia, formó la Liga de →Esmalcalda de las potencias protestantes para protegerse contra el emperador. Al principio, mediante la diplomacia, se logró evitar la guerra pero la lucha estalló en 1534 y la Liga fue fortalecida mediante la Concordia de Wittenberg en 1536. Pero las dos confesiones protestantes no llegaron a ponerse de acuerdo, lo cual, junto con el matrimonio bígamo de Felipe con Margarita von der Saale en 1540, hizo trizas las perspectivas de victoria política de la Liga en toda Alemania. Durante algún tiempo F. abandonó a sus aliados y pactó la paz con el emperador, pero unos años después volvió a reconocer los peligros que confrontaban al protestantismo y resucitó la Liga, lo cual condujo a la Guerra de Esmalcalda de 1546-47. Derrotado militarmente, F., atendiendo al interés de su estado, se puso a merced del emperador. Entre 1547 y 1552 fue prisionero imperial y se vio forzado a consentir en la imposición del Interim de →Augsburgo, que permitió las prácticas católicorromanas en Hesse. Liberado, renovó sus esfuerzos por obtener la unidad entre luteranos y calvinistas al mismo tiempo que trabajaba en pro de una gran federación protestante y auxiliaba a los →hugonotes. Poco antes de morir dotó de organización permanente a la Iglesia de Hesse mediante la gran agenda de 1566-67.

IAN SELLERS

FELIX DE URGEL (m.818). Obispo de Urgel, España. Exponente del →adopcionismo, defendió sus puntos de vista en presencia de →Carlomagno en el Concilio de Regensburg (792) donde fue persuadido a retractarse. Enviado a Roma por Carlomagno, fue obligado a firmar una confesión ortodoxa que después repudió. →Alcuino escribió extensamente en contra de él, oponiéndose a su uso de la frase "hijo adoptado" con respecto a Cristo y a la naturaleza humana de éste. En el Concilio de Aquisgrán (798) F. nuevamente se reconoció como derrotado, escribió una retractación e hizo un llamado al clero de Urgel para que siguiera su ejemplo. Hasta su muerte fue colocado bajo la supervisión del obispo de Lyón. Resulta dudoso si su retractación fue sincera puesto que un tratado descubierto luego de su muerte contenía evidencias de sus antiguos puntos de vista.

HAROLD H. HOWDON

FENELON, FRANCOIS DE SALIGNAC DE LA MOTHE (1651-1715). Eclesiástico francés. Educado en la Universidad de Cahors, en un colegio jesuita de París y en el seminario de San Sulpicio. Fue ordenado en 1675, y durante trece años dirigió una misión entre los hugonotes a quienes se esforzó en convertir mediante una mezcla de oratoria, amenazas y desembozado soborno. De 1689 a 1697 fue tutor del nieto de Luis XIV, duque de Borgoña, para quien escribió *Télémaque,* su famosa novela educativa. En 1695 su influencia llegó al máximo y fue nombrado arzobispo de Cambrai, pero cayó repentinamente debido a sus relaciones con los quietistas seguidores de Madame →Guyon. Durante un tiempo fue desterrado a la ciudad de su sede, pero al condenar el papa su tratado acerca del verdadero y del falso misticismo (1699), F. hizo una declaración de sumisión que, según su testimonio posterior, carecía de sinceridad. Durante la controversia sobre el jansenismo, F. defendió la infalibilidad de la iglesia y en sermones y cartas apoyó la bula *Unigenitus*. Mostró de principio a fin una mezcla desconcertante de eclesiasticismo autoritario y de amplios ideales humanistas: su optimismo, historicismo y creencia instintiva en el progreso lo convirtieron en precursor de la →Ilustración, mientras que su idea acerca de Dios conduce directamente al →deísmo del siglo siguiente.

IAN SELLERS

FERNANDO II (1578-1637). Archiduque de Austria, se convirtió en rey de Bohemia (1617), rey de Hungría (1618) y emperador del Santo Imperio Romano (1619). Celoso por la causa del catolicismo romano, favoreció a los jesuitas en los agresivos esfuerzos de éstos por reconquistar los territorios perdidos ante el protestantismo. En Austria proscribió a los utraquistas, a los reformados, a los luteranos y a los anabaptistas y, en 1624, exigió la adhesión al catolicismo romano. Llevó a cabo la Contrarreforma en el Tirol. Pedro →Canisio fue su predicador de la corte entre 1571 y 1577. En la Guerra de los →Treinta Años, Wallenstein obtuvo para él una sucesión de victorias, de manera que en 1629 se consideró lo suficientemente fuerte como para dar a publicidad el Edicto de Restitución, que exigía que toda propiedad confiscada a la ICR desde 1555 fuese devuelta por los protestantes. La intervención de →Gustavo Adolfo refrenó los éxitos del emperador, aunque el Tratado de Praga (1635) resolvió los asuntos en favor de F.

CARL S. MEYER

FERNANDO V (1452-1516). Rey de Aragón. Hijo de Juan II de Aragón, se casó en 1469 con su prima hermana, Isabel de Castilla, para unir sus pretensiones a la corona de Castilla con las de ella. Sin embargo, en la práctica, ella afirmó sus propias pretensiones a la autoridad en el gobierno de Castilla. Era un fiel católico y muy ambicioso; contribuyó a establecer la autoridad real en España, llevó a cabo una prolongada lucha contra Francia en territorio italiano y apoyó los viajes de Colón. Recibió el aplauso de la cristiandad por la ocupación de Granada en 1492 y la consiguiente expulsión de Europa de los moros. Logró más honor luego al echar de España a los judíos en 1492. Debido a su apoyo a la Inquisición obtuvo el título de "el Católico". Fue sucedido por su nieto Carlos.

PETER TOON

FERNANDO VII (1784-1833). Rey de España (1808, 1814-33) durante las guerras de independencia. En 1808 ocupó por breve tiempo el trono abdicado por su padre. Ese mismo año fue hecho prisionero por Napoleón quien le obligó a abdicar a favor de José Bonaparte, hermano de Napoleón. En 1814 se restauró la monarquía de F.

Durante los días de las guerras de España contra las fuerzas francesas invasoras, las colonias americanas empezaban a rebelarse. El papa apoyó a F. por dos razones: por su compromiso con España en el →Patronato Real, y porque muchos dirigentes del movimiento independentista fomentaban el →liberalismo, ideología a la cual se oponía la ICR. Por tanto el papa no reconocía las nuevas naciones que nacían lo cual produjo grandes problemas para la Iglesia en AL.

En 1820 el panorama político cambió. Los liberales dominaron el gobierno español y echaron a F. del trono. Con este cambio, al papa ya no le interesaba defender la causa española y empezó a considerar la posibilidad de reconocer las nuevas repúblicas. Pero en 1823 F. regresó al poder. Entonces León XII emitió en 1824 una bula en la que pidió a los jerarcas americanos que apoyaran la causa de "nuestro carísimo hijo, Fernando rey católico de España". Esto produjo gran revuelo en toda América Hispana y mucho perjuicio para la ICR. La independencia ya era casi un hecho consumado. En algunas de las nuevas naciones se llegó incluso a pensar en formar iglesias nacionales. Al fin el papado, considerando la imposibilidad de restablecer el poderío español, empezó a dar reconocimiento a las nuevas naciones.

WILTON M. NELSON

FERRETTI, SALVATORE (1817-1874). Organizador de la Iglesia Evangélica Italiana en Londres. Hombre de gran fe y profundo humanitarismo. En 1846 fundó en Londres una escuela para salvar a niños pobres italianos de la explotación de compatriotas que les hacían mendigar y los maltrataban cruelmente. La escuela que sostenía dando lecciones privadas en italiano, fue puesta bajo los auspicios de la "Sociedad para el cuidado y la instrucción de los extranjeros", fundada por Lord →Shaftesbury. F. editó *L'Eco di savanarola*, un periódico bilingüe que tenía el propósito de divulgar el Evangelio entre los italianos desterrados y exponer los errores del catolicismo. Regresó a Italia en 1861 y fundó en Florencia un orfanato para niñas que todavía está funcionando.

DAISY RONCO

FEUDALISMO. Aunque en períodos que variaron, su incidencia fue internacional y resultó más notoria en la Europa occidental durante la Edad Media, levantándose en medio de una decadente autoridad central, guerras civiles, invasiones y estancamiento económico. El f. fue un medio por el cual los fuertes (los señores) gobernaban a los débiles (vasallos), la nobleza sobre del campesinado; la propiedad (feudos) determinaba el rango. Los eclesiásticos estaban excluídos pero dependían de esta estratificación y su desarrollo varió dentro de Europa y cronológicamente: Inglaterra, p.e., no lo experimentó hasta que lo introdujeron los normandos en 1066. Cualquiera fuera el grado de feudalización, nunca hubo anarquía y el gobierno fue siempre local; el personalismo y la proximidad eran supremos y reinaba la interdependencia. Ser tanto señor como vasallo era cosa común, y aun los vasallos tenían esperanzas de progresar. Al principio el vasallo era el guerrero de su señor, pero al irse traspasando la propiedad con una mayor distribución, los deberes y la posición cambiaron. La civilización empezó a reemplazar a la guerra y la antigua clase militar se fue convirtiendo en una de caballeros campesinos. Las instituciones feudales duraron hasta el *Ancien Régime*, y todavía sobreviven algunos elementos, pero el f. dejó de ser importante alrededor de 1300 cuando la burguesía, junto con la nobleza, estaba adquiriendo feudos. Señorío y vasallaje estaban destinados a cambiar, pero el ideal engendrado por ellos –la caballerosidad– era portadora de una verdad universal eterna. Surgió un profundo sentido de derecho. Los tribunales de justicia posteriores y el sistema parlamentario no fueron sino consecuencias naturales del f. El f. estaba fundado, desarrollado y entregado en un compromiso con la aristocracia y se consideraba como si fuera una ley de la naturaleza.

C.G. THORNE JR.

FEUERBACH, LUDWIG (1804-1872). Filósofo alemán. N. en Landshut, Baviera. Estudió teología en Heidelberg y filosofía en Berlín con →Hegel. Llegó a adherirse al ala radical del hegelianismo y, aun cuando cada vez llegó a una crítica más dura de su maestro Hegel, la huella de este no desapareció. El vocabulario de F. estuvo hasta el final de su vida en dependencia del edificio conceptual de Hegel.

Su obra, *Pensamientos sobre la muerte y la inmortalidad* (1830), constituye la primera manifestación de su lucha contra la teología o su "anti-teología". F. ataca la teología por su carácter especulativo que le imposibilita descubrir lo real concreto. La teología en última instancia debe convertirse en antropología, "lo humano es lo divino" (antropologismo ateo). La ciencia del hombre (antropología) es la única capaz de aclarar los "misterios" teológicos. La reducción de lo teológico a lo antropológico es condición fundamental para la comprensión de la historia, la religión y del hombre mismo.

En uno de los *Fragmentos filosóficos* (1843-44) F. escribió, "mi primer pensamiento fue Dios; el segundo, la razón; el tercero y último, el hombre. El sujeto de la divinidad es la razón, pero el de la razón es el hombre". Estas palabras caracterizan la evolución filosófica de F. El "tercer pensamiento" es el más importante en su obra y el que ejerció mayor influencia.

Su crítica a la religión arranca de su antropologismo. F. critica la religión en nombre de la autonomía total del hombre. Para F. no es Dios el que hace al hombre, sino lo contrario, es el hombre el que crea a Dios a su imagen y semejanza, de acuerdo con sus necesidades, deseos, angustias. El hombre proyecta en Dios sus propiedades y cualidades, p.e., bondad, sabiduría, amor, es decir, proyecta su propia esencia o género humano.

Desde el punto de vista teológico su obra más importante es *Das Wesen de Christentums*, 1841 (*La esencia del cristianismo*, 1975).

VICTORIO ARAYA G.

FE Y CONSTITUCION →LAUSANA, 1927; EDIMBURGO, 1937; LUND, 1952

FICINO, MARSILIO (1433-1499). Humanista florentino. Era hijo del médico de Cósimo de Médicis, y se conoce poco de su vida temprana. Alrededor de 1546 empezó a estudiar griego lo cual resultó en su traducción de las obras completas de Platón (1463-73), Plotino (1482-92) y el Seudo-Dionisio (1492). Cósimo le había concedido el uso de una casa de campo (1462) y en ella se fundó la Academia Platónica. Posteriormente, mientras enseñaba en su famosa escuela, F. escribió su obra más importante: *Theologia platonia* (1469-72). En 1473 se hizo sacerdote, escribiendo posteriormente *De Christiana religioni* (1476). Se retiró al campo cuando los Médicis fueron expulsados de Florencia.

F. creía que el neoplatonismo podía usarse para ganar a los intelectuales para Cristo. Su enfoque presuponía que la verdad se hallaba solamente en la poesía y en la fe, y era transmitida a través de una extensa línea de filósofos antiguos, los más importantes de los cuales eran Platón y sus seguidores. Pensaba que no había diferencia entre la revelación divina y las enseñanzas de los filósofos antiguos. En realidad, las obras de Platón contenían todo lo que el hombre podía saber de la verdad, la belleza y la bondad. El mundo platónico era una jerarquía de emanaciones de la esencia original. En esta escala de cuerpos, cualidades, almas e inteligencias, el hombre desempeñaba un papel de intermediario, relacionado con el mundo de la materia por su cuerpo y con el mundo del espíritu por su alma. Cristo es identificado como mediador que conduce los hombres a amar a Dios y a imitar su perfección. F. ejerció enorme influencia no solo sobre el →Renacimiento sino también en el pensamiento europeo posterior. Sus ediciones de Platón fueron la norma durante varios siglos, y eruditos tales como Colet Spenser y los Platónicos de →Cambridge le deben mucho.

ROBERT G. CLOUSE

FICHTE, JOHANN GOTTLIEB (1762-1814). Filósofo del idealismo alemán. N. en Rammenau, de familia muy pobre. Estudió teología en Pforta, Jena y Leipzig. Fue preceptor en casas privadas en Alemania y Zurich. En 1790 conoció la doctrina de →Kant y un año después viajó a Königsberg para llevarle a Kant un manuscrito. En 1794 fue nombrado profesor de la Universidad de Jena, pero se vio obligado a presentar su renuncia en 1799, al haber sido acusado de ateísmo (ya que identificaba a Dios con el orden moral en el mundo). De Jena pasó a Berlín. En 1805 fue llamado para enseñar en Earlangen. En el invierno de 1807-1808 dictó en Berlín sus célebres *Discursos a la nación alemana,* durante la invasión napoleónica. En 1810 fue nombrado profesor de la recién creada Universidad de Berlín, de la que también fue rector.

Para F. el filósofo tiene que iniciar su tarea con una elección: entre el dogmatismo (e.d., realismo) y el idealismo ("de la clase de filosofía que se elige depende la clase de hombre que se es"). Su elección es por el idealismo, que le permite superar los obstáculos que el dogmatismo no podía superar. F. fue el primer filósofo que define la dialéctica como el método de la filosofía. (→TEOLOGIA DIALECTICA).

F. parte del pensamiento, que se percibe como conciencia y como ser. Así afirma que el primer momento del método dialéctico, la *tesis,* es que el yo "se pone" a sí mismo, y luego, por exigencia de esa misma postulación, "pone" también el no-yo, lo que constituye la *antítesis.* (Debe entenderse que este "yo" no es el yo empírico de la conciencia individual, sino un yo universal.) De la anulación parcial mutua (del "yo" y el "no-yo") surge la *síntesis:* el Yo absoluto. Al principio F. no identificó este yo absoluto con la divinidad. Pero después, por la influencia de →Spinoza, le da carácter divino al Yo (→panteísmo).

F. está interesado en el problema de la exigencia moral: "conocemos para actuar". Así, en la razón práctica, el no-yo puesto por el yo es la ocasión para la acción y el ejercicio de la libertad, puesto que la actividad esencial del yo no puede realizarse en el vacío. "El *yo* que 'piensa' es el mismo *yo* que 'debe', y 'piensa' para cumplir lo que 'debe'" (Lamanna).

PLUTARCO BONILLA A.

FIDEISMO. Punto de vista que da por sentado que el conocimiento se origina en un acto fundamental de fe, independientemente de supuestos racionales. El término en esta forma data apenas alrededor de 1885 cuando se lo relacionó con los teólogos franceses y fue adaptado por éstos, pero la posición representada por ese vocablo había sido varias veces condenada oficialmente durante el pontificado de Gregorio XVI (1831-46).

J.D. DOUGLAS

FILIOQUE →PROCESION DEL ESPIRITU SANTO

FILIPINAS. Cuando en 1521 Magallanes desembarcó en las Filipinas centrales, plantó en una colina una cruz de madera y así "tomó posesión del país en nombre de España", mientras el padre Pedro de Valderrama decía la primera misa. Pero la obra misionera católica no comenzó de lleno sino en 1565, cuando cinco misioneros agustinos llegaron junto con el ejército conquistador.

Pero misioneros musulmanes ya habían estado trabajando allí durante dos siglos y habían establecido sultanatos en las meridionales islas de Mindanao y Sulu. El resultado fue un "paganismo islamizado", en que el Islam se sobrepuso al animismo, espiritismo y politeísmo propios del lugar. De modo semejante, los frailes católicos a menudo no obtuvieron más que un "paganismo cristianizado". En los primeros años de la experiencia colonial filipina, España se vio desalentada por el escaso rendimiento económico de las islas, pero la iglesia persuadió al estado a permanecer, dado el gran potencial misionero de las islas. Se dejó entonces en manos de los frailes la mayor parte de la tarea colonizadora y ellos al principio se opusieron a la explotación española y contribuyeron mucho al desarrollo cultural. Pero tanto poder adquirieron que pronto se corrompieron y se volvieron explotadores. A principios del s.XVII tras los agustinos llegaron los franciscanos, jesuitas, dominicos y recoletos. Unos pocos años después pudieron afirmar que la mayoría de la población había sido bautizada.

Como relativamente pocos colonos laicos estaban preparados para ir a las F., la iglesia se convirtió en parte integral del gobierno colonial. Así, los frailes se enriquecieron mucho al recibir del estado generosos estipendios y al recibir de los filipinos tributos, honorarios, primicias y trabajo gratuito, así como vastas extensiones de terreno. Hubo desde el principio fuerte prejuicio en contra de ordenar a filipinos. Diversos papas insistieron en la necesidad de que hubiera clero nacional, pero los frailes opusieron con éxito la amenaza de renuncia colectiva. Finalmente, por presión del trono español, en 1702 fue ordenado sacerdote el primer filipino. Ya en 1750 por ahí de la cuarta parte de las parroquias estaban en manos de sacerdotes nacionales, proceso que se aceleró con la expulsión de los →jesuitas en 1768. Las consecuencias fueron desastrosas. Se ordenó a hombres impreparados, nada idóneos. Los escándalos que se produjeron hicieron que el rey decretara en 1776 la suspensión de la secularización de las parroquias y limitara al clero filipino a servir como ayudantes de los frailes. Así, a fines del s.XIX menos de un sexto de las parroquias eran administradas por filipinos y éstas eran pequeñas, pobres y en regiones lejanas.

Hubo varias protestas y revueltas filipinas contra la corrupción de los frailes españoles en los ss.XVII y XVIII, pero fue en el s.XIX que surgieron los luchadores por la libertad en la iglesia filipina. En 1841 –Apolinario de la Cruz fue el primer mártir, ejecutado como subversivo. La revolución de 1868 y la subsiguiente efímera república española produjo un breve aliento de liberalismo en la colonia; pero con la restauración de la monarquía en 1870 renació la censura, la filipinización de la iglesia retrocedió y las demandas de reforma política fueron declaradas traición y penadas de muerte. Al parecer, ello incluía la demanda de líderes filipinos para la iglesia. En 1872 fueron ejecutados por ese "delito" tres sacerdotes: José Burgos, Mariano Gómez y Jacinto Zamora.

Pero los frailes no podían hacer que el reloj retrocediera. Los filipinos habían saboreado el liberalismo. En 1869 el Canal de Suez se había inaugurado, se había inventado el telégrafo y las ideas fluían velozmente. Surgió un movimiento de propaganda con escritores fogosos como José →Rizal y Marcelo del Pilar que osaron poner en tela de juicio las tradicionales creencias católicas. Habían sido influidos por el racionalismo y el agnosticismo de la masonería del s.XIX pero su oposición era primordialmente contra los frailes extranjeros y su corrupción, y no contra la religión como tal. Sus escritos en cierta medida prepararon el terreno para el advenimiento del protestantismo en 1899.

La revolución se inició en 1896; la guerra entre España y EUA de 1898, cuando la marina norteamericana hundió a la flota española en la bahía de Manila, permitió a los revolucionarios proclamar la república. Pero el tratado de París, sin consulta con los filipinos, le cedió el país a EUA. Los filipinos se alzaron en armas y fueron al fin subyugados, pero los levantamientos políticos inevitablemente afectaron a la iglesia. El gobierno revolucionario de 1898 expulsó a los frailes, confiscó sus tierras y nombró a Gregorio →Aglipay, único clérigo en el congreso revolucionario, jefe de la Iglesia Filipina. Este convocó una asamblea del clero nacional para establecer el gobierno provisional de la iglesia hasta que el papa nombrara obispos filipinos. Roma hizo caso omiso de esta petición. Así nació la Iglesia Filipina Independiente (IFI), de la cual Aglipay, con cierta renuencia, asumió la jefatura. En 1902 el Congreso de EUA pagó a los frailes $7 millones como compensación por sus tierras y IFI rompió sus nexos con Roma. Portadora de la antorcha del nacionalismo, la IFI atrajo a unos dos millones de excatólicos; pero en 1906 la Corte Suprema ordenó devolverle a la ICR todos los templos que estaban usando. Este demoledor golpe debilitó gravemente a la nueva denominación. Bajo la dirección teológica de →Isabelo de los Reyes, la IFI adoptó una doctrina unitaria, racionalista pero, luego de la muerte del líder en 1938, retornó a posiciones más católicas y en 1961 estableció la intercomunión con la Iglesia Episcopal Filipina, con la cual actualmente comparte un seminario.

Mientras tanto los frailes, poseedores de vasto poder financiero, lo han empleado en abrir escuelas y universidades. Al principio, obispos norteamericanos sustituyeron a los españoles, pero en 1905 Jorge Barlin fue consagrado como el primer obispo filipino. Las órdenes religiosas, exceptuando a los jesuitas, todavía están bajo el dominio de extranjeros. En 1960 Rufinos J. Santos llegó a ser el primer cardenal filipino.

El primer misionero protestante que se estableció en las F. fue James B. Rodgers, presbiteriano de EUA, quien llegó en 1899. Pronto lo siguieron otros, de la mayoría de las denominaciones más importantes. Pronto se pusieron de acuerdo en normas de cortesía misionera, de acuerdo con la cual se dividieron el país. Los episcopales eran renuentes a evangelizar a los católicorromanos y se dirigieron solo a los mahometanos del S, a los chinos, caucasianos y a las tribus animistas. Los Adventistas del Séptimo Día, llegados en 1905, rehusaron someterse a esa división. La única entidad no americana que llegó fue la Sociedad Bíblica Británica y Extranjera. Ya en la década de 1880 sus representantes habían comenzado desde Europa la traducción a las lenguas vernáculas, pero mucho quedaba por hacer. Los católicos no habían intentado ninguna traducción de las Escrituras y había por lo menos setenta lenguas.

Desde los comienzos del protestantismo ha habido un fuerte movimiento ecuménico. El pronto establecimiento del Seminario Teológico Unido en 1907 llevó finalmente a la fundación de la Iglesia Unida de Cristo en las F. en 1948. Pero también ha habido un movimiento disociador aun más vigoroso, agravado por el nacionalismo militante de muchos filipinos. Congregaciones solían apartarse de cuerpos eclesiásticos demasiado extranjeros. En 1909, p.e., Nicolás Zamora, el primer filipino ordenado por los protestantes, encabezó la formación de una Iglesia Metodista nacional independiente. El cuadro es, pues, de gran fragmentación, notablemente observable en alrededor de 75 diferentes grupos pentecostales.

Las F. han producido sus propias sectas, entre las que sobresale *Iglesia ni Kristo,* o Iglesia de Cristo, fundada en 1914 por Félix →Manalo, que afirma contar con varios millones de miembros. Hay muchas otras sectas menores, como la Iglesia del Divino Salvador, y cierta cantidad de grupos que adoran a José Rizal como un "Segundo Cristo".

RICHARD DOWSETT

FILIPO EL ARABE (Marcus Julius Philippus) (m.249). Emperador romano desde 244. Accedió al trono luego que Gordiano, el emperador adolescente, fue asesinado por el ejército. Ajustó la paz con el persa Safur I, pero tuvo que enfrentarse a graves invasiones de pueblos germánicos a través del Danubio. El jefe de sus tropas de Ilirio, →Decio, fue proclamado emperador por sus hombres y, en la batalla que se trabó en Varona, F. fue muerto. La iglesia cristiana más adelante recordó a F. como el primer emperador cristiano, pero hay cierta duda respecto a que lo fuera. Verdad es que otorgó algunos beneficios a la iglesia, que durante su reinado se vio libre de persecuciones. Puede que la tradición haya surgido del tajante contraste con el reinado de Decio, en que hubo dura persecución.

CLYDE CURRY SMITH

FILON JUDEO (o el alejandrino). Escritor judío. Vivió en tiempos de Cristo; su fusión del monoteísmo del AT con la filosofía griega precedió al primitivo pensamiento cristiano, notablemente respecto al "Verbo" en la creación. En 40 d.C. fue incluido en una delegación ante el emperador romano luego de motines antijudíos en Alejandría. Los extensos escritos de F. incluyen apologética judía, crítica pentatéuquica y descripciones de sectas monásticas judías, p.e. los →esenios. En lo filosófico abrazó la amalgama, entonces de moda, entre estoicismo y platonismo. Combinó la abstracción del Ser Supremo de los filósofos con el intensamente personal y moral Yahweh. De modo semejante su concepto del divino "Verbo" (Logos) enlaza ideas hebreas y griegas: representa la palabra creadora de Génesis 1, la "Sabiduría" personalizada de Proverbios 8, el vehículo de la actividad de Dios (cp. Is. 55:11), el Mundo de las Formas (→PLATONISMO), y el principio inmanente de la ley natural-cum-moral a la cual el estoicismo llamaba también *logos.* En otras partes F. emplea términos como Hijo de Dios, Hombre Ideal, y Paracleto.

Más griego que hebreo, pero también anticipando al cristianismo, es su énfasis en el espíritu *(pneuma)* con desmedro del cuerpo. En F. esto se relaciona con el ascetismo y el misticismo, una forma de éxtasis religioso ("sobria embriaguez") típica de la época cp. (→PLOTINO). F. enlaza la filosofía con el

Pentateuco mediante la alegoría, método ampliamente usado en el mundo griego para dar sentido a la mitología y la poesía primitiva. Gran parte de la primitiva exposición cristiana de las Escrituras sigue su ejemplo: ver p.e. →Ambrosio y →Orígenes. Su lealtad hacia el judaísmo se intensificó al contacto con la cultura griega, que a su juicio brindaba condiciones favorables para la propagación del judaísmo, con su monoteísmo y vigorosa moral práctica, como religión universal. GORDON C. NEAL

FILOSOFIA DE LA RELIGION. Puesto que la filosofía es una actividad necesaria de la mente humana y la religión es un fenómeno real del humano espíritu, la f. de la r. llega a ser una disciplina ineludible. Por mucho que con →Buenaventura se subraye que el corazón hace al teólogo, tarde o temprano cabeza y corazón han de ponerse de acuerdo. No le conviene al hombre religioso estar en guerra consigo. Además, la religión es más que un monopolio perteneciente a unos cuantos privilegiados; es un fenómeno tanto histórico como universal y como tal ha de convertirse en sujeto de investigación e interrogación. La filosofía, como reflexión del hombre sobre la existencia del mundo y de la significación de las experiencias humanas, surgió, como solo podía surgir, en el contexto de un cierto estado avanzado de vida civilizada. Es, por tanto, fruto de madurez de la sociedad y no de su juvenil primavera. La religión, por otra parte, es tan antigua como el hombre, de modo que cobra vigor la observación de Max Müller de que la verdadera historia de la humanidad es la historia de la religión. Esta es esencialmente una realidad de la experiencia humana. Y puesto que la filosofía ha sido históricamente considerada como una reflexión sobre la experiencia, enderezada a captar y comprender su significado definitivo, a la f. de la r. se la ha definido generalmente como una reflexión sobre la experiencia religiosa en un esfuerzo por descubrir el fundamento definitivo de ésta.

En tiempos remotos no existía una clara distinción entre religión, ética, arte y otros aspectos de la vida psíquica del hombre. Fue cuando éstos comenzaron a establecer su autonomía, cuando surgieron muchos de los problemas propios de una f. de la r. La f. de la r. surgió, por consiguiente, cuando se sacó a la religión del terreno de los simples sentimientos o de la experiencia práctica y se la convirtió en objeto de pensamiento reflexivo.

En el pensamiento griego, sin embargo, no surgió la idea de una f. de la r., ya que no se había reconocido distinción alguna entre religión y filosofía. En el judaísmo hubo religión pero escasa filosofía, si bien los grandes profetas dieron significado a los hechos en que se apoyaba su fe. Fue dentro del cristianismo postapostólico que se inició la reflexión sobre la fe religiosa. Pero lo que de allí resultó no fue una f. de la r. en sentido moderno, ya que la "religión" en sí, como hecho general de la experiencia humana no fue tema de investigación. Lo que primero apareció, dicho con mayor propiedad, fue una filosofía religiosa, o una teología filosófica: reflexión sobre una particular religión histórica y ello primordialmente desde la perspectiva de una apologética.

En el cristianismo el movimiento especulativo se aceleró por influencias externas. Los diversos sistemas gnósticos, por ejemplo, llevaron a los cristianos reflexivos a considerar la base, significación y valor definitivos de su fe. Así los apologistas griegos y los teólogos alejandrinos se valieron sin rubor de conceptos filosóficos griegos en defensa y para la propagación del evangelio. La Edad Media halló a los escolásticos filosofando en apoyo de una conclusión preestablecida: los dogmas de la iglesia. En el s.XVII los deístas ingleses comenzaron la búsqueda de los principios comunes a *todas* las religiones y echaron las bases de una f. de la r. diferenciada de la filosofía religiosa. →Kant buscó la religión dentro de los límites de la razón pura; y →Schleiermacher dentro de las sensaciones puras. →Hegel fue el primero que escribió una f. de la r. en sentido moderno. Consideraba todas las formas de religión como manifestaciones de la religión absoluta en proceso de devenir. Subrayaba que la religión en sí, y como fenómeno universal, debe tomarse como sujeto de reflexión filosófica.

La expresión "f. de la r." apareció en Alemania por primera vez a fines del s.XVIII y como título en *Philosophie der Religion* de J.C.G. Schaumann (1793) y en *Geschichte der Religionsphilosophie* de J. Berger (1800). Después de Hegel, las f. de la r. se dividieron en amplios movimientos: idealista-especulativo, idealista-personal, pragmático, existencialista, empiricista, fenomenológico.

En consonancia con el enfoque actual del tema de la filosofía, dirigido al análisis de conceptos y que se desenvuelve sobre la base de una epistemología empírica, las contemporáneas f. de la r. se han interesado en el problema del lenguaje teológico y en el reto empiricista. En círculos católicorromanos, partiendo del supuesto de que la razón antecede a la fe ha solido equipararse la f. de la r. con la teología natural. En la escuela barthiana, que excluye la razón por viciada y depravada, y que considera la experiencia como base insatisfactoria para la fe religiosa, una f. de la r. es anatema. El bartianismo insiste en que el cristianismo no es una de las religiones, ni una particular manifestación de aprioridad religiosa del hombre. No es una cierta verdad universal, ni cierta universal experiencia religiosa, sino un hecho definido que como tal se opone a todo universal, sea éste la religión o la filosofía. Pero en la medida en que el evangelio se convierte en un hecho de experiencia, se convierte al mismo tiempo en una visión de la existencia y en un juicio acerca del mundo y debe, por lo menos, encarar los reclamos a esas pretensiones y estar preparado para que se investiguen la naturaleza, función, valor y verdad de su experiencia religiosa y de lo adecuado de su fe teísta como expresión de la realidad última.

H.D. McDONALD

FINLANDIA. El cristianismo fue introducido en F. mayormente a través de relaciones comerciales: desde Novgorod en el E y desde Birka en el O. Además, el arzobispado de Hamburgo-Bremen realizó obra misionera en Escandinavia. La posición de la iglesia occidental y del gobierno sueco fue asegurada en 1249 mediante la cruzada a Tavastland (Hame) dirigida por Birger Jarl de Suecia. Abo (Turku) pronto fue constituida en sede arzobispal, y se edificó una catedral durante el s.XIII. Desde comienzos del s.XIV hasta fines de la Edad Media todos los obispos eran graduados de universidades extranjeras. La Reforma llegó a F. en forma pacífica cuando Peter Särkilas, Mikael →Agricola y otros arribaron desde Wittenberg y se convirtieron en dirigentes locales.

Los avivamientos pietistas resultaron muy importantes para el desarrollo interno de la iglesia y continuaron enriqueciéndola desde fines del s.XVII hasta el presente. Durante el corriente siglo surgieron nuevos grupos tales como el "Quinto Movimiento", y llevaron una influencia heredada de los antiguos avivamientos como también recibieron nuevos impulsos de los avivamientos ocurridos en el mundo de habla inglesa. Estas agrupaciones destacan la fidelidad a la Biblia y a la Confesión Luterana como reacción frente a la teología liberal y a la alta crítica. Tales movimientos disfrutan de amplia libertad dentro de la iglesia y la han influído en gran medida.

La Iglesia de Finlandia, es iglesia del estado, pero goza de considerable libertad. La asamblea de la iglesia se reúne cada cinco años; sus resoluciones tienen que ser ratificadas por el Parlamento. En 1889 se aprobó una ley que daba a cada uno el derecho de elegir su propia religión; en 1923 fue ampliada para incluir el derecho a no tener religión. La Iglesia Ortodoxa también es considerada como una iglesia del estado y, antes de la Guerra Mundial II, era activa mayormente en las partes orientales del país, pero después de la evacuación de Karelia sus miembros se esparcieron por casi todo el país.

La Iglesia Evangélica Luterana de Finlandia, que todavía afirma constituir más del 90% de la población, tiene más de 4.500.000 de miembros; la Iglesia Ortodoxa alcanza a cerca de 68.000. Ninguna de las otras agrupaciones registradas tiene más de 10.000, según las estadísticas disponibles. Los católicos alcanzan solamente a unos 3.000. El llamado Registro Civil (que curiosamente incluye a los pentecostales y otras agrupaciones no registradas como cuerpos religiosos) abarca a unos 250.000. STIGOLOF FERNSTROM

FINNEY, CHARLES G. (1792-1875). Evangelista norteamericano. N. en Warren, Connecticut y fue criado en el condado de Oneida, Nueva York, y, luego de una educación formal limitada, ingresó en un bufete de Adams, Nueva York, y posteriormente fue licenciado de abogado. Estando en Adams empezó a concurrir a los cultos de una iglesia presididos por un amigo suyo, George W. Gale. Al principio criticaba los dogmas religiosos pero, después de estudiar la Biblia por sí mismo, F. se convirtió en 1821. Esto incluyó, como él mismo dijo, "un contrato legal con el Señor para defender su causa". Dejando la abogacía, comenzó a predicar y en 1824 recibió la ordenación por parte de los presbiterianos. Durante los ocho años siguientes dirigió campañas evangelísticas en los estados del E con resultados no comunes. En 1832 se convirtió en pastor de la Segunda Iglesia Presbiteriana de la ciudad de Nueva York, pero su insatisfacción con el sistema disciplinario de las iglesias presbiterianas pronto lo llevó a retirarse del presbiterio. También durante estos años presentó en Nueva York una serie de conferencias acerca de avivamientos. Estas pronto fueron publicadas (1835) y leídas ampliamente.

En 1835 se convirtió en profesor de teología de un nuevo colegio situado en Oberlin, Ohio. Durante el resto de su vida estuvo relacionado con esa institución, y fue presidente de la misma de 1851 a 1866. Sin embargo, en todo ese tiempo se mantuvo activo en la obra evangelística, dedicando una parte de cada año a campañas. F. no encaja en ningún esquema teológico. En general era un calvinista de la nueva escuela, pero puso gran énfasis en la capacidad del hombre para arrepentirse e hizo del →perfeccionismo una característica de la enseñanza de Oberlin.

BRUCE L. SHELLEY

FIRMILIANO (m.268). Obispo de Cesarea de Capadocia desde aproximadamente 230. Gran admirador de →Orígenes, intercambiaron visitas y pudo estudiar bajo su dirección. F. fue claramente hombre de gran influencia en el Oriente pero su única obra que sobrevive es una carta a →Cipriano (Cypr. Ep. 75). En ésta apoya la posición de Cipriano respecto a que el bautismo pertenece solamente a la iglesia y, por lo tanto, carece de validez fuera de sus confines. Rechaza con toda su fuerza satírica, el punto de vista contrario de Esteban, obispo de Roma. Presidió por lo menos un sínodo (264) para ocuparse del hereje Pablo de Samosata, obispo de Antioquía. Murió en Tarso en viaje a Antioquía para un nuevo sínodo que decidiera el asunto.

C. PETER WILLIAMS

FISHER, GEORGE PARK (1827-1909). Historiador eclesiástico. N. en Wrentham, Massachusetts. Se graduó de la Universidad Brown en 1847, luego continuó sus estudios en la Yale Divinity School, en el Seminario de Andover y en Alemania. De 1854 a 1861 se desempeñó como pastor, después ingresó en el cuerpo docente de la Yale Divinity School, en donde fue profesor de historia eclesiástica. Fue un escritor prolífico cuya obra principal, *Historia de la Reforma* (1873, esp. 1891) fue seguida por otras obras referentes a la historia eclesiástica y a la apologética.

J.D. DOUGLAS

FISHER, JOHN (1469-1535). Mártir católico, a veces llamado San Juan de Rochester. N. en una familia de Yorkshire, se educó en Michaelhouse, Cambridge, de cuya facultad llegó a ser director en 1497. Como capellán de Lady Margaret Beaufort, disfrutó de su apoyo para elevar los niveles académicos. En 1504 fue designado obispo de Rochester y canciller de Cambridge. Contra las ideas luteranas de reforma defendió la tradicional doctrina católica romana. Tenía gran erudición, era admirador de →Erasmo y partidario de reformas moderadas. Como confesor de Catalina de Aragón, protestó vigorosamente contra la determinación de Enrique VIII de divorciarse de ella. Su propiedad fue confiscada y en 1534 fue encarcelado en la Torre por negarse a prestar juramento referente al Acta de Sucesión. Entonces el papa Pablo III lo invistió como cardenal. Esto enfureció al rey y, en menos de un mes, tuvo que comparecer ante el tribunal de Westminster Hall bajo el cargo de traición. Declarado culpable, fue ejecutado el 22 de junio de 1535. Junto con Tomás Moro fue canonizado en 1936 por el papa Pío XI.

PETER TOON

FLACIUS, MATHIAS ILLYRICUS (1520-1575). Teólogo luterano alemán. N. en la península adriática de Istria, su nombre croata era Vlacic (latinizado como Flacius) e Illyricus fue agregado posteriormente para referirse a su patria costera. Como huérfano se abrió camino a través de la enseñanza y estudió en Venecia (1536-39) bajo el humanista Baptista Egnatius, amigo de Erasmo. Mediante la influencia de su tío fue disuadido de hacerse monje y se le convenció para que concurriera a la universidad. Así estudió en las universidades de Basilea, Tubinga y Wittenberg. En esta última experimentó una profunda crisis espiritual que solo finalizó al convertirse a la doctrina evangélica mediante contacto con Lutero. Fue profesor de hebreo (1544) y enseñó sobre Aristóteles y la Biblia. Seguidamente tuvo un desacuerdo con Melanchton sobre el arreglo del Interim de →Augsburgo (1548) y después anduvo errabundo desde Jena a Regensburg, Amberes, Estrasburgo y, finalmente, Francfort, donde murió. Era casi maniqueo por su enfoque del pecado y del mal en el hombre. Su fama reside en su *Clavis* o clave de las Escrituras, un monumento en la historia de la hermenéutica, y en las *Centurias de Magdeburgo,* una interpretación de la historia de la iglesia que con su vigoroso énfasis antipapista tuvo un fuerte efecto sobre el pensamiento protestante posterior.

ROBERT G. CLOUSE

FLAGELANTES. Grupos que en la Edad Media estaban bajo la influencia de una forma de histeria religiosa. Frecuentemente iban descalzos y se infligían azotes sobre las espaldas desnudas como acto de penitencia. Primero aparecieron en Bolonia en 1260 tras un período de hambre y de luchas. Las profecías de Joaquín de Flores referentes a un inminente fin del mundo, se combinaron con el estado de los tiempos para crear una histeria de masas ante la posibilidad de un desagrado divino. La creencia ortodoxa en la eficacia del azote *(flagella)* como signo de arrepentimiento degeneró en un depravado deleite en la autotortura y en el convencimiento de que la flagelación era el único sacramento efectivo. El apoyo eclesiástico dado a las bandas histéricas en su primera aparición fue luego retirado. Clemente VI los reprimió y fueron condenados por el Concilio de Constanza.

La aparición más espectacular de los f. ocurrió en el N de Europa y estuvo relacionada con el estallido de la →Peste Negra. Sus sangrías eran un intento de detener la ira de Dios mediante un sacrificio propiciatorio. Los f. creían que por torturarse, todos ellos serían salvos, que llevaban en sus cuerpos las marcas de Cristo y que su sangre se mezclaba con la sangre de él. También incitaban a la matanza de judíos que ellos consideraban enemigos de Dios y responsables de la plaga. Su lenguaje y costumbres eran los aprobados por la piedad de su tiempo, adaptada a su deseo de ofrendar a Dios de su cuerpo y el de sus enemigos. Revelaron todos los signos de una reacción religiosa de masas durante un período de gran tensión popular.

JAMES TAYLOR

FLAVIA DOMITILA →DOMITILA

FLAVIANO. Obispo de Antioquía, 381-404. Jefe de los que apoyaron a →Melecio durante la expulsión de éste bajo Constancio (360) y Valente (370). En gran parte se debió a F. que se reconociera a Melecio como el verdadero pretendiente a la sede de Antioquía bajo Graciano. El pretendiente rival, Paulino, continuó como obispo de los eustacianos ortodoxos que se habían separado de la iglesia de Antioquía a la deposición de Eustacio. F. acompañó a Melecio al Concilio de Constantinopla en 381. Melecio murió durante esta asamblea y, contra los deseos de Gregorio Nacianceno, el concilio eligió a F. como su sucesor, aunque su verdadera elección seguramente tuvo lugar en Antioquía. Al igual que Melecio, F. era apoyado por los obispos orientales, mientras que los egipcios y los obispos occidentales continuaron reconociendo a Paulino. Se realizó en Roma en 382 un concilio para decidir este y otros asuntos pero los obispos orientales no concurrieron, celebrando por su propia cuenta un sínodo en Constantinopla en el cual ratificaron la elección de F. Teófilo de Alejandría dio su reconocimiento a F. en 394 y Roma hizo lo mismo algún tiempo antes de 398.

DAVID JOHN WILLIAMS

FLAVIANO (m.449). Patriarca de Constantinopla. Tomó parte destacada en el movimiento que condenó a Eutiques y presidió un sínodo celebrado en Constantinopla para dicho fin en 441. Eutiques fue hallado culpable de negar las dos naturalezas de la persona de Cristo pero apeló contra F. ante el papa León I de Roma. El resultado fue la convocatoria del Concilio de →Efeso de 449, más conocido como "Latrocinio de →Efeso". Este concilio absolvió a Eutiques de todos los cargos de herejía con respecto a la persona de Cristo. También depuso a F. de sus funciones y éste fue muerto allí por sus oponentes.

J.D. DOUGLAS

FLETCHER, JOHN WILLIAM (1729-1785). Clérigo inglés. N. en Suiza (su nombre original era de la Flechere), llegó a Inglaterra con distinguidos antecedentes universitarios de Ginebra, y fue designado en 1752 como tutor privado de la familia Thomas Hill. Se convirtió bajo la influencia de los metodistas y fue ordenado en 1757 por el obispo de Bangor. Después de ayudar a Wesley en Londres, F. aceptó ser sostenido por la Iglesia Anglicana en Madeley, Shropshire, en 1760, en contra del consejo de Wesley. Durante un tiempo supervisó el instituto de la Condesa de Huntingdon para la preparación ministerial situado en Trevecca. Durante la controversia calvinista, F. fue el principal defensor del arminianismo evangélico contra las objeciones de Shirley y otros. Su cinco *Checks to Antinomianism* (1771-75) han sido comparados con las *Provinciales* de Pascal como modelo de ironía cortés en la controversia.

En sus relaciones personales con los opositores teológicos, F. fue un ejemplo de reconciliación cristiana. Sobre todo, ejemplificó con su propio carácter la santidad que predicaba. Aquí reside el secreto de su influencia sobre los rudos mineros del carbón de su parroquia. Robert Southey dijo de él: "Ninguna iglesia tuvo jamás un ministro más apostólico". Que Wesley reconoció su valor se puede ver por el hecho de que designó a F. como su sucesor, es decir, dirigente máximo del metodismo si aceptaba.

A. SKEVINGTON WOOD

FLIEDNER, FEDERICO (1845-1901). Pionero en la causa evangélica en la España del s.XIX. N. en Kaiserswerth, Alemania, y fue el tercer hijo de Teodoro →Fliedner. Estudió teología en la Universidad de Halle (1864-66). En su último año de estudios sirvió también como "diácono de campaña" en la guerra de Prusia con Austria, atendiendo especialmente a los soldados atacados del cólera. Continuó sus estudios en Tubinga e hizo un viaje a Italia donde estableció contacto con las iglesias →valdenses.

En la primavera de 1869 hizo su primera visita a España, la que habría de marcar definitivamente su vocación misionera. Habiendo sido ordenado en Düsseldorf en 1870, fue enviado a →España por un comité constituido en Berlín con el fin de establecer un lazo de unión entre la Alemania evangélica y los hermanos españoles. En Madrid encontró establecidas cuatro congregaciones y se dispuso a ayudar a la más pobre, que era la que pastoreaba Francisco de Paula Ruet. Con la colaboración económica de amigos alemanes alquilaron un local en la calle Calatrava 27, que posteriormente compraron. Allí se fundó la iglesia que se llamó "Iglesia de Jesús". Realizó además una ingente labor humanitaria y docente, fundando orfanatos, escuelas y hospitales. Con tales fines adquirió en El Escorial una casa en ruinas que había sido antiguo convento donde vivió Felipe II mientras se construía su célebre palacio que se levanta cerca del mismo.

Después de vencer muchas dificultades, sobre todo de tipo legal, logró inaugurar en 1897 el Colegio "El Porvenir", que aun opera en Madrid.

Fue también fundador y director de la *Revista Cristiana* así como de *El Amigo de la Infancia.* Realizó una amplia y valiosa labor literaria. Quiso hacer accesible a sus hermanos españoles no solo la literatura evangélica de Alemania sino también los escritos de los reformadores del s.XVI. Murió en Madrid rodeado de los alumnos de la escuela que había fundado. ARTURO GUTIERREZ MARTIN

FLIEDNER, THEODOR (1800-1864). Fundador de la organización de diaconisas en la Iglesia Luterana de Alemania. N. en Eppstein/Taunus. Fue educado para el ministerio en Giessen y en Gotinga. Como pastor joven en Kaiserwerth, cerca de Düsseldorf, conoció la práctica menonita de designar diaconisas y en 1833 estableció un hogar para ex presidiarios, institución que puso a cargo de una mujer. En 1835-36 levantó una escuela para niños que también preparaba maestras y en 1836 un hospital que daba instrucción a enfermeras. Al hacer revivir el oficio de diaconisa, F. dio oportunidades para que las mujeres no casadas estuvieran activas en la vida pública. Fundó en Alemania otras casas parecidas, instituciones modeladas según la de las Hermanas de Kaiserswerth, e introdujo la idea en los EUA y en Palestina.

RICHARD V. PIERARD

FLORENCIA, CONCILIO DE (1438-45). Asamblea eclesiástica conocida por su intento de unificar las iglesias griega y latina. Mientras el Concilio de →Basilea estaba sesionando, el Imperio Bizantino se encontraba bajo la amenaza de los turcos. El emperador Juan VIII Paleólogo, decidió proponer al papa Eugenio IV, que las iglesias griega y latina se unieran, ofreciendo así una resistencia eficaz a los infieles. Desde Basilea el concilio fue transferido a Italia por el papa para tenerlo bajo su control. Las sesiones empezaron el 8 de enero de 1438 en Ferrara, y tres meses más tarde llegaron como visitas del papa los representantes griegos. Incluían al emperador, al arzobispo de Nicea (Juan →Bessarión) y al metropolitano de Efeso (Marco Eugenikos). Este último era antiunionista.

Cuando el costo del concilio se volvió demasiado caro para el papa, éste aceptó el ofrecimiento de la ciudad de Florencia de pagarlo, y fue trasladado allí en febrero de 1439. En Florencia se produjeron las más importantes discusiones y acuerdos. Se encontraron dificultades en cuatro aspectos: la Doble Procesión de Espíritu, el uso en la Eucaristía de pan sin leudar, la doctrina del purgatorio y la primacía del obispo de Roma. Del primero y el último surgieron la mayor parte de los problemas y fueron asuntos discutidos por comisiones designadas en el concilio.

El famoso discurso conciliatorio de Bessarión acerca de la doctrina del Espíritu, las promesas de ayuda contra los turcos y la muerte del patriarca de Constantinopla el 10 de junio de 1439, fueron factores todos que contribuyeron a hacer posible un acuerdo. El documento de unión fue preparado por Ambrose Traversari y el decreto de unión, que empezaba con las palabras *Laetentur Coeli,* fue firmado el 5 de julio de 1439. Unos pocos, encabezados por Marco Eugenikos, no lo firmaron. Parecía que los latinos habían ganado en todos los puntos de doctrina, pero los griegos no creían haber cedido en ningún aspecto importante. El 6 de julio, en la catedral de Florencia, se celebró un oficio para festejar la unión. El cardenal Cesarini leyó el decreto en latín, y Bessarión, en griego; luego el papa celebró misa.

En agosto el emperador griego se retiró de Florencia. A pesar de la unión de las iglesias Constantinopla cayó en 1453. Además, las iglesias griegas renunciaron la unión.

Habiéndose ido los griegos, la asamblea se ocupó del irregular concilio paralelo de Basilea y excomulgó a sus miembros; también buscó la unión con otras iglesias orientales (mesopotámica, caldea y maronita). La ascendencia del papa sobre los concilios fue confirmada por la bula *Etsi non dubitemus,* del 20 de abril de 1441. En 1443 el concilio fue trasladado a Roma donde concluyó sus sesiones en 1445. Es considerado ya como el décimosexto o ya como el décimoséptimo concilio ecuménico, puesto que se discute cuál es la categoría que corresponde al Concilio de Basilea (1431-49). PETER TOON

FOCIO (c.820-c.895). Patriarca de Constantinopla. De familia que veneraba las imágenes y había sufrido persecución, F. adquirió erudición famosa en su propio día por lo amplia y profunda, y que ha sido confirmada por la moderna investigación. Enseñó en la universidad imperial y además, como era usual, fue funcionario público y diplomático. En 855 fue miembro de una comisión diplomática ante los árabes, relativa al intercambio de prisioneros. A su regreso, intrigas palaciegas entre Teodora y Miguel III produjeron la deposición de Ignacio como patriarca en 858. F., laico aun, fue electo como sucesor suyo y recibió las órdenes eclesiásticas en el término de una semana, procedimiento que no carecía de precedentes. Fue consagrado por Gregorio Asbestas, que había sido depuesto por Ignacio.

Toda la historia de lo ocurrido luego está viciada por muchas desfiguraciones, aun sujetas a controversia. F. había sido aceptado solo a título de componenda y, al estallar la disensión, canónicamente depuso a Ignacio mediante un sínodo. Legados papales, ante un concilio en 861 primordialmente encargado de los problemas residuales de la iconoclastia, reabrió el caso de Ignacio y confirmó su deposición. Pero el papa →Nicolás I se negó a aceptar lo actuado y pidió ahondar en la investigación del caso. En el fondo de esto se hallaban ciertas pretensiones a la jurisdicción sobre Sicilia, Calabria e Iliria. Un sínodo de Roma en 863 condenó a F. y declaró patriarca a Ignacio.

Aunque en 865 podría haberse producido la reconciliación, ésta fue impedida por el nuevo problema de la cristianización de Bulgaria, donde el khan →Boris luego de convertirse había solicitado misioneros de Occidente. Las divergencias entre Oriente y Occidente en asuntos de práctica salieron a relucir y como resultado F. condenó en una encíclica las prácticas latinas, especialmente la añadida expresión de *Filioque* en el →Credo Niceno, y un concilio en Constantinopla en 867 depuso y excomulgó al papa. Pero el mismo año la política bizantina condujo al asesinato de Miguel y a la accesión de Basilio. F. fue depuesto e Ignacio restaurado. Pero el cisma con Roma continuó, ya que Ignacio se mantuvo firme respecto a la cuestión búlgara. Después de algunos años y tras cambios papales, nuevamente podría haberse dado la reconciliación, pero en 877 Ignacio murió y Basilio restauró a F. Los legados del papa →Juan VIII en el sínodo de 879-80 reconocieron a F. y revocaron las anteriores condenas.

Por razones oscuras, volvió a surgir la controversia. Cuando el emperador León VI accedió al trono, depuso a F. (886) y puede que el papa Formoso lo haya excomulgado en 892. Nada consta de los últimos años de F.; murió en el exilio en la última década del siglo. Su carácter fue complejo, a veces despótico, pero mantuvo relaciones amistosas con Ignacio, al cual canonizó después de muerto. Los monumentos de su erudición son la *Amphilochia,* que trata de cuestiones doctrinarias y exegéticas; la *Bibliotheke,* en que anota sus lecturas y por la cual se obtiene conocimiento de muchas obras perdidas; el *Lexicon,* cuyo texto completo recientemente salió a luz; y los libros contra los maniqueos, de cuya autenticidad se ha dudado. A F. se le reconoce como santo en la iglesia ortodoxa. J.N. BIRDSALL

FONDO DE EDUCACION TEOLOGICA. Organismo creado por el →Consejo Misionero Internacional en su reunión en Ghana (1958) para promover, financieramente y por otros medios, la educación teológica en Asia, Africa y AL. Un elemento que contribuyó a que se tomara esa decisión fue la investigación, hecha por Yorke Allen en 1956-57, que reveló algunas de las graves debilidades y necesidades más urgentes de la preparación pastoral en el Tercer Mundo.

Ocho juntas misioneras norteamericanas se comprometieron a contribuir con $2.000.000 para este fin y el "Fondo Sealántico" (establecido por John D. Rockefeller) proveyó otro tanto de modo que en julio de 1958 el F.E.T. llegó a ser una realidad. Las metas del primer "mandato" se definieron así: "Fortalecer la educación teológica autóctona, estimular la responsabilidad local, alentar el pensamiento teológico creativo y proveer normas académicas superiores de estudio y preparación que concuerden con las necesidades de las iglesias a las cuales se quiere servir".

El método escogido para alcanzar estos objetivos tuvo dos partes: dar apoyo a unas 20 instituciones teológicas estratégicas (cuatro de AL) y mejorar la calidad y la cantidad de la literatura teológica, tanto en los idiomas vernáculos como en lenguas extranjeras. Un resultado derivado fue que las iglesias jóvenes llegaron a ser más conscientes de la necesidad de la educación teológica y que las iglesias de los países más ricos se volvieron más sensibles hacia las necesidades de las iglesias menos pudientes. Se estableció así un proceso de participación ecuménica de los recursos para la educación teológica.

En 1961 el Consejo Misionero Internacional se integró en el →CMI y el F.E.T. llegó a ser uno de los ministerios de la División de Misión Mundial y Evangelismo de este Consejo. Durante el segundo mandato (1965-70) y el tercero (1970-77), el F.E.T. experimentó cambios en su política y prioridades. Muchas otras iglesias decidieron contribuir al Fondo. Los rápidos cambios sociales y culturales en muchas naciones del Tercer Mundo hicieron necesarios algunos ajustes en la noción de "calidad" de la educación teológica. El costo de la educación teológica constantemente aumentaba en el Tercer Mundo (que seguía dependiendo fuertemente del apoyo financiero extranjero) lo que motivó la búsqueda de nuevos modelos de formación teológica. Se intensificó el deseo de hacer más pertinentes al "contexto" la forma y el contenido de la educación teológica, a la luz de las exigencias de la misión.

En todo este proceso el F.E.T. procuró mantenerse fiel al propósito original de apoyar aquellos tipos de educación teológica que produjeran un liderazgo cristiano autóctono, capaz, comprometido y con una visión ecuménica. Mediante centenares de donaciones (grandes y pequeñas) para becas a profesores nacionales, para experimentos en metodología, para bibliotecas, consultas, producción y publicación de material teológico, investigación histórica e intercambio de profesores, el F.E.T. ha despertado el interés mundial en la renovación de la educación teológica.

En julio de 1977 el F.E.T. como tal llegó a su fin. Su lugar lo tomó el "Programa de Educación Teológica". Este programa continúa sobre la base de la experiencia adquirida por el F.E.T. pero ahora no se limita al Tercer Mundo sino que abarca "los seis continentes", ya que la necesidad de la renovación de la educación teológica es global.

AHARON SAPSEZIAN

FORMAS, CRITICA DE →CRITICA DE FORMAS

FORMOSO (m.896). Papa desde 891. Probablemente n. en Roma, fue designado cardenal obispo de Oporto en 864 y le fueron confiadas misiones papales por Nicolás I y Adriano II. Fue legado papal en Bulgaria (866-76) para promover la conversión del país, y emisario a Francia (869) y a Trento (872) para ocuparse de la cuestión del sucesor de Luis II. En 876, después de servir por diez años, F. fue destituido como príncipe de Boris por oponerse a la política de Juan VIII. Vivió en Sens hasta que en 882 el papa Marino le restauró a su diócesis. Elegido papa, pidió a Arnoldo, rey de Germania, que protegiera a Italia contra Guido, antiguo duque de Espoleto, y lo nombró emperador en 896. Durante su pontificado hubo contiendas acerca de →Focio de Constantinopla, del sufragante de Bremen y del sucesor de la corona francesa (F. apoyaba a Carlos el Simple). Obligado por su gratitud al partido de los Espoleto, el nuevo papa, Esteban VI, hizo exhumar el cadáver de F., dirigió un juicio póstumo, lo declaró depuesto y permitió que sus restos en descomposición fueran arrojados al Tíber. JOHN GROH

FORMULA DE CONCORDIA →CONCORDIA, FORMULA DE

FORSYTH, PETER TAYLOR (1848-1921). Teólogo congregacionalista. Hijo de un cartero de Aberdeen, se educó en la universidad local, y después estudió en Gotinga bajo →Ritschl. Luego de servir en varias iglesias congregacionalistas en Inglaterra, en 1901 fue director del Hackney College, de Londres, cargo que retuvo hasta su muerte. Particularmente interesado en teología histórica y crítica, se preocupó por allanar el camino hacia una "iglesia mejor, más libre y más amplia". Participó en la Conferencia de Leicester (1877) que tenía esos propósitos y resultó sospechoso de heterodoxia en su denominación.

Aunque nunca volvió a la antigua teología escolástica y conservadora, F. dio creciente énfasis a la necesidad de usar la nueva libertad de la crítica teológica para vivir según ella y respecto a las realidades evangélicas, no suplantarlas. Con estilo erudito, apasionado y personal, escribió que el hombre no tiene que tomar el lugar central de Dios en la teología; que el amor de Dios, siendo santo, era necesariamente iracundo contra el pecado, cosa que no podía escamotearse. Destacó que la expiación fue mediante la cruz, en la cual tanto Dios como el hombre fueron reconciliados. En su obra principal, *The Person and Place of Jesus Christ* (1909), hizo un aporte positivo a la cristología al sugerir que la *kenosis* (despojarse de sí mismo) y la *plerosis* (cumplimiento) son los dos movimientos de Dios hacia el hombre y del hombre hacia Dios que ocurren salvíficamente en Cristo.

En su último período fue cada vez más respetado como dirigente congregacionalista. Desarrolló una elevada doctrina de la iglesia, del ministerio y de los sacramentos (incluyendo la predicación). Fue un crítico acerbo de la mentalidad laica, el individualismo y la tendencia a una religión falta de doctrina que prevalecía en las iglesias libres. Se opuso a la "Nueva Teología" de R.J. Campbell. Su modalidad eclesiástica no era una imitación de las formas anglicanas o católicas, sino una disciplinada elaboración de la verdad cristiana conforme a los principios básicos del congregacionalismo. HADDON WILLMER

FOSDICK, HARRY EMERSON (1878-1969). Ministro bautista norteamericano. Fue pastor en Montclair, Nueva Jersey (1904-15), y enseñó teología práctica (especialmente homilética) en el Union Theological Seminary (1908-46). Desde 1918 sirvió como ministro visitante en la Primera Iglesia Presbiteriana de la ciudad de Nueva York. Allí desempeñó un brillante papel en la controversia entre fundamentalistas y modernistas cuando en 1922 su sermón "¿Ganarán los fundamentalistas?" lo llevó a su renuncia de 1925. Muy pronto después se convirtió en ministro de la influyente Riverside (entonces Park Avenue Baptist) Church, en donde permaneció hasta su retiro (1946). Fue un divulgador del liberalismo evangélico, la crítica bíblica, la sicología de la religión y la "religión personal" psicológicamente orientada. F. influyó grandemente la predicación norteamericana a través de su estilo homilético "centrado en problemas". Entre sus treinta libros leídos ampliamente estuvieron *The Modern Use of the Bible* (1924), *A Guide to Uniderstanding the Bible* (1938) y obras devocionales como *La personalidad del divino maestro* (1913, esp. 1923), *El significado de la oración* (1915, esp., 1958) y *On Being a Real Person* (1943). Su autobiografía, *The Living of These Days,* fue publicada en 1956.
DONALD W. DAYTON

FOTINO (s.IV). Obispo de Sirmio. Discípulo y exdiácono de →Marcelo de Ancira, erudito y elocuente, fue condenado junto con Marcelo en el Concilio de Antioquía (c.344) y nuevamente en un sínodo de Sirmio (347), pero en ambas ocasiones permaneció tranquilamente en Sirmio apoyado por sus seguidores. Finalmente fue depuesto de su sede, que había tenido durante unos siete años, y desterrado en el concilio de Sirmio en 351, luego de una polémica teológica con →Basilio de Ancira. No se conserva ninguno de sus escritos pero parece haber desarrollado la doctrina de Marcelo (inclinada al →sabelianismo) hasta una aproximación con las tesis de →Pablo de Samosata. Agustín afirma que F. negaba la preexistencia de Cristo, aunque reconocía su concepción virginal y sus dotes de excelencia suprahumana. Sus seguidores ("fotinianos") fueron condenados por el concilio de →Constantinopla en 381.
J.G.G. NORMAN

FOX, GEORGE (1624-1691). Fundador de la Sociedad de los Amigos ("cuáqueros"). N. en Leicestershire, Inglaterra y fue aprendiz de zapatero; es evidente que no recibió educación formal. En 1643 dejó a la familia y a los amigos y viajó en busca de "luz". Después de prolongadas y dolorosas luchas, en 1646 llegó a confiar en la "luz interior del Cristo viviente". Abandonó la concurrencia a la iglesia, descartó como triviales las controversias religiosas y en 1647 comenzó a predicar que la verdad ha de ser hallada en la voz de Dios hablándole al alma: de aquí el distintivo "Amigos de la verdad", posteriormente abreviado como →"Amigos". En 1649 fue encarcelado por interrumpir un servicio religioso en Nottingham con una apasionada apelación tomada de las Escrituras en que presentaba al Espíritu Santo como autoridad y guía. En 1650 fue encarcelado en Derby como blasfemo, y allí un juez apodó al grupo *"Quakers"* ("tembladores") después que F. había exhortado a los magistrados a "temblar ante la palabra del Señor".

La perspectiva de un nuevo gobierno que simpatizaba más con sus puntos de vista no atrajo a F., pues rehusó una capitanía en el ejército parlamentario. Encontró a la gente más receptiva en el NO de Inglaterra y fue allí, en Swarthmore Hall, cerca de Ulverston, donde estableció su centro de acción. Su espíritu irénico estaba mucho más desarrollado que el de algunos de sus colaboradores y su disciplina de silencio religioso tuvo una sobria influencia. Pasó seis años en diferentes prisiones, a veces bajo condiciones terribles. Promovió campañas encontra del régimen carcelario y otros males sociales. Sus últimos años los pasó en la zona de Londres trabajando hasta el fin para ayudar a otros, promoviendo escuelas y predicando en pro de una mayor tolerancia; todo esto, pese a sufrir de mala salud, causada por las penalidades sufridas en las prisiones. Su famoso diario se publicó póstumamente, en 1694 (esp. *Diario de Jorge Fox*). J.D. DOUGLAS

FOXE, JOHN (1516-1587). Historiador y martirólogo protestante. N. en Boston, Lincolnshire, Inglaterra. Estudió en el Brasenose College de Oxford, y fue *fellow* de Magdalen (1530-45). Se desempeñó como tutor de Thomas Lucy de Charlecote, y posteriormente de los hijos del conde de Surrey. Entonces se encontró con John Bale quien estimuló su interés en la historia. En 1550 fue ordenado diácono por Nicholas →Ridley.

A raíz de la ascensión de la reina María Tudor (1553), F. huyó al continente europeo. Llevó consigo un manuscrito destinado a ser la primera parte de una historia del movimiento de reforma de la iglesia y publicado en Estrasburgo con el título de *Commentarii Rerum in Ecclesia Gestarum*... En set. de 1555 ya F. se hallaba en Francfort donde se encontró con otros refugiados, incluyendo a Edmund →Grindal, que escribía las historias de los mártires. F. se unió con Bale en Basilea en donde halló trabajo en el establecimiento de imprenta de Oporinus. También tradujo al latín las historias de Grindal acerca de los mártires. A la muerte de María, Grindal y sus compañeros se apresuraron a regresar a Inglaterra, pero F. se quedó a completar su libro poniendo al día su historia y utilizando los trabajos de Grindal. Oporinus la publicó en 1559.

A su regreso a Inglaterra, F. fue ordenado sacerdote anglicano por Grindal, entonces obispo de Londres. Unió sus fuerzas con John Day, el impresor, quien en 1563 publicó la primera edición de su libro como *Actes and Monumentes* (conocido popularmente como *Foxe's Book of Martyrs*). En vida suya aparecieron cuatro ediciones que influyeron profundamente a la Inglaterra isabelina. Las ediciones más recientes con frecuencia han sido truncadas, siendo así versiones no representativas. F. pasó con Day en Londres el resto de su vida. J.G.G. NORMAN

FRA ANGELICO →ANGELICO, FRA

FRAILE (del francés antiguo: *frere* = "hermano"). Título de un miembro de las órdenes mendicantes fundadas durante la Edad Media. Se distinguen de los monjes en que, aunque tienen su sede central en un convento, realizan en el mundo un ministerio activo. Constituyen un cuerpo extenso y altamente organizado bajo una autoridad bien centralizada. Con frecuencia en Inglaterra se los distingue por el color de su hábito, p.e.: "frailes grises" (franciscanos), "frailes negros" (dominicos), "frailes blancos" (carmelitas). J.D. DOUGLAS

FRANCFORT, CONCILIOS DE. F. fue escenario de varios concilios durante la época carolingia. El más famoso de ellos se celebró en 794 para condenar la herejía adopcionista española. Los adopcionistas más destacados eran →Félix, obispo de Urgel, y →Elipando, arzobispo de Toledo. Félix fue finalmente aprisionado hasta su muerte, mientras que Elipando permaneció en libertad pero tercamente recalcitrante. El Concilio de 794 publicó también otros 55 cánones. Uno de ellos repudiaba el decreto del Segundo Concilio de →Nicea (787) acerca de la adoración de iconos, y los otros se ocupaban de diversos asuntos, incluso de la jurisdicción metropolitana y de la disciplina monástica.

J.D. DOUGLAS

FRANCIA. La fe cristiana apareció en Galia en fecha temprana, probablemente en el primer siglo. Misioneros y mercaderes orientales llevaron el evangelio a Marsella ciudad desde donde se extendió a lo largo del valle del río Ródano hasta Viena y Lyón. El mayor impacto inicialmente se produjo en las ciudades, entre las poblaciones romana y griega. El progreso resultó mucho más lento en las zonas rurales, entre los celtas nativos. El martirio fue la suerte de muchos cristianos en Galia durante los ss.II y III. No obstante, bajo la vigorosa dirección de →Ireneo y otros, la fe se extendió hacia el N, llegando a París en 250. Por el tiempo en que fue concedida la tolerancia religiosa en todo el Imperio Romano, a comienzos del s.IV, el cristianismo estaba establecido en las ciudades de Galia, pero solamente había empezado a penetrar en el campo.

Cuando los germanos invadieron el imperio a comienzos del s.V, los cristianos de Galia tuvieron que enfrentar la tarea de convertirlos y civilizarlos. Dado que la iglesia era la institución más fuerte que sobrevivía del occidente, los invasores notaron su importancia. Un punto decisivo en la historia del cristianismo francés llegó en 496 cuando fue bautizado →Clodoveo, rey de los francos. Genuina o no, su conversión hizo mucho más fácil la evangelización total de su pueblo por los misioneros cristianos.

Durante los primeros siglos, el cristianismo de Galia produjo una cantidad de santos ilustres como →Martín de Tours, →Hilario de Poitiers, el talentoso erudito y poeta Paulinus de Burdeos (m.431), Germán de Auxerre (m.448) y →Genoveva. También la obra de →Gregorio de Tours añadió lustre a la historia del cristianismo de Galia en ese período.

Aproximadamente en 500, la Galia de los francos había sido dividida en diócesis. La historia de la fe cristiana resulta oscura en este período. Sin embargo, un servicio importante que los francos prestaron a la iglesia occidental fue su firme oposición a la invasión musulmana desde el S que en el s.VIII amenazaba a toda la cristiandad. Carlos →Martel hizo frente al avance de los musulmanes y los derrotó cerca de Tours en 732.

Sin embargo, fue el nieto de Carlos Martel, →Carlomagno, quien demostró ser el más grande benefactor de la iglesia cristiana en la tierra de los francos durante el comienzo de la Edad Media, haciendo todo lo que podía, para su adelanto, aun usando la fuerza cuando fuera necesaria para convertir a los paganos. Pero por 843 su antiguo imperio se dividió en tres partes, marcando esta fecha el comienzo del moderno reino de F. Después de una prolongada lucha por el poder, los capetos, con el apoyo del clero francés, ocuparon el trono de F. en reemplazo de los ineficientes carolingios.

La historia del cristianismo en la F. medieval se caracterizó por su gran vitalidad y los logros en los campos de la piedad, las reformas y la política. Ningún reino de Europa sobrepasó al de F. en tiempos medievales por su liderazgo y entusiasmo en la piedad y las reformas. Los capetos apoyaron a la iglesia francesa y, a su vez, la iglesia influyó grandemente en los asuntos del estado a un extremo nunca alcanzado ni antes ni después. Uno de los reyes cristianos más devotos de la historia fue →Luix IX y bajo su reinado la alianza entre la Iglesia y el Estado alcanzó en F. su más elevado desarrollo.

La F. medieval fue también cuna del movimiento reformista de →Cluny que, iniciado en 910, iba a contribuir con una hueste de reformadores de la iglesia, incluyendo a varios papas. Bernardo de →Claraval fue otro cuya influencia se extendió a todas partes del mundo cristiano. Fue él quien predicó en favor de la Segunda Cruzada con tanta eficacia que más tarde él mismo notó que la proporción de mujeres con respecto a los hombres era en F. de siete a uno. Es de notar que la Primera Cruzada haya sido predicada y organizada en Clermont, en 1095. Por cierto que la suerte de las Cruzadas estaba tan inexorablemente unida con el liderazgo de F. que en la Tierra Santa los cruzados, como un todo, eran conocidos simplemente como "francos" y los cristianos de esas tierras hasta muy recientemente consideraban a F. como su protectora.

Además, la F. medieval fue cuna de muchas herejías entonces populares, puede que la mayoría de la población del S de F. haya sido "hereje" durante los s.XII y XIII. Los grupos heréticos mayores eran los →albigenses y los →valdenses. El primero superaba en número al segundo, pero sus creencias exactas no se conocen debido a que tanto ellos como sus documentos fueron destruídos por las crueles persecuciones. Los valdenses sobrevivieron y prosperan aun hoy en Italia y otros lugares del mundo. Ambas agrupaciones representaron vigorosos movimientos de protesta contra el cristianismo corrompido que ellos creían ver en su tiempo.

La piedad cristiana en la F. medieval se expresó también en la edificación de magníficas catedrales góticas durante la alta Edad Media. Ilustrativa de este auge de construcción de iglesias durante ese período fue la famosa catedral de Notre Dame, de París, empezada en 1163. El París medieval además, fue cuna de la primera y la mayor de las universidades del N de Europa. Auspiciada y protegida por la iglesia, la Universidad de París fue estatuida oficialmente en 1200. Aun antes de la fundación oficial de la universidad, París había sido sede de una célebre escuela catedralicia. Muchos de los maestros más famosos de esa época eran franceses o habían enseñado en instituciones francesas: →Anselmo, →Abelardo y →Tomás de Aquino.

Por último, la iglesia en F., durante la Edad Media, desempeñó un papel importante en el desarrollo tanto de la política francesa como de la papal. El lugar de →Juana de

Arco restaurando la confianza en la monarquía francesa, el desafío de →Felipe IV al papado y el consiguiente traslado del mismo a →Aviñón durante dos generaciones, todo ello lo comprueba. Pero quizá lo más importante de todo sea el desarrollo de lo que posteriormente se llamó "Iglesia Galicana" (→GALICANISMO).

La historia del cristianismo francés en tiempos modernos comienza con el →Renacimiento, con la →Reforma y con la monumental obra de Juan →Calvino. El humanismo cristiano y las simpatías por una reforma, impregnaron a F. a principios del s.XVI. Sin embargo por razones todavía no entendidas plenamente, el protestantismo nunca obtuvo la lealtad de la mayoría de los franceses. El calvinismo se acercó bastante a ello. Hubo un tiempo en que un décimo de la población había abrazado las doctrinas calvinistas y quizá el doble profesaba simpatía por la causa. Popularmente conocidos como →hugonotes, las complicaciones políticas desviaron sus propósitos originales hundiendo al país en largo y cruel período de guerra civil. Al final los calvinistas fueron derrotados, pero pudieron salvar una cierta tolerancia pese a que su dirigente político, Enrique de Navarra, se convirtió al catolicismo para recibir la corona como →Enrique IV. Su Edicto de →Nantes de 1598 dio por más de dos generaciones a los hugonotes cierta medida de libertad religiosa. No obstante, las marcas de guerra civil duraron largo tiempo y las iglesias protestantes de F. nunca se recuperaron plenamente de estos efectos.

La reforma del catolicismo tuvo éxito en la F. del s.XVII, fue así como se produjo una era de piedad católica y un pléyade de santos: →Francisco de Sales, →Vicente de Paul, el →quietismo, el →jansenismo, así como la expulsión de muchos hugonotes luego de revocado el Edicto de Nantes (1685).

El s.XVIII produjo una reacción dramática frente al creciente poder de la iglesia en la vida nacional. →Voltaire, →Diderot y otros hombres de la →Ilustración florecieron en el mismo lugar en que en el siglo anterior habían andado los santos franceses. La hostilidad a la religión organizada, el deísmo, el naturalismo y el materialismo se extendieron junto con otras ideas diseminadas por la Ilustración. Tales tendencias culminaron con la Revolución Francesa de 1789. Al triunfar ésta, trató de abolir la iglesia así como la dinastía en F. Desde 1793 se hicieron toda clase de esfuerzos vigorosos para eliminar de F. todo vestigio del pasado cristiano. La catedral de Notre Dame se convirtió en el Templo de la Razón y Fanny Aubry danzó allí; la "religión natural" fue estimulada por el estado y la ICR fue proscripta. Sin embargo la iglesia persistió, y bajo Napoleón I (m.1821) pudo reconquistar su libertad y algunos de sus antiguos privilegios. El emperador francés y el papa llegaron a un entendimiento en el →Concordato de 1801.

No obstante, los efectos de la amarga lucha entre la revolución y la iglesia repercutieron a través de todo el siglo. El →anticlericalismo se divulgó y la ICR de F. se encontró constantemente a la defensa. Un fenómeno conocido como "ateísmo católico" hizo su aparición entre los que permanecieron dentro de la iglesia pero que habían perdido su fe. Sin mucho éxito →León XIII trató de adaptar el catolicismo a las crecientes modalidades liberales y seculares de la nación. El anticlericalismo de ese período culminó con la legislación anticatólica de principios del s.XX, incluyendo una ley de 1905 que estableció la completa separación entre la iglesia y el estado.

Hoy F. es profundamente secular, pero ya no es hostil al cristianismo como antes. El catolicismo continúa floreciendo entre el campesinado, la Iglesia Reformada (calvinista) afirma tener más de un millón de adherentes, y varias otras agrupaciones no católicas han crecido recientemente pese a ciertas restricciones todavía relacionadas con los no conformistas. Además, muchos católicos no practicantes mantienen sus vínculos con la iglesia pese a su anticlericalismo.

El moderno cristianismo francés es lo suficientemente vigoroso como para dar pensadores de primera clase tales como →Teilhard de Chardin y Jacques Ellul (n.1912), como también el movimiento de los sacerdotes obreros. Todavía es lo suficientemente poderoso como para moldear la política internacional, como cuando se hizo un gran progreso en las relaciones franco-alemanas después que el canciller Konrad Adenauer y el presidente Charles de Gaulle concurrieron a misa juntos.

Así, pese a la curiosa paradoja de una F. dividida en varios matices de credulidad e incredulidad, de católicos practicantes y no practicantes, frente a un creciente interés por el cristianismo por una parte y una extendida e histórica hostilidad hacia la religión organizada, por la otra, la fe cristiana sigue siendo un elemento importante de la civilización francesa. En el pasado ha dominado en la historia de F., y continúa siendo significativa aun en medio de la secularidad del s.XX. ROBERT D. LINDER

FRANCISCANOS. En un sentido muy amplio, se llaman franciscanas las congregaciones religiosas e incluso asociaciones de laicos, que ven en San →Francisco de Asís la fuente inspiradora de sus proyectos de vida, y en su "Regla", la norma reguladora de su vida en familia o comunidad.

En sentido estricto actualmente se apellidan tres modelos de vida religiosa, surgidos de la primera orden mendicante, fundada por Francisco en 1208, aprobada en forma definitiva por →Gregorio IX en 1221, y luego difundida por el mundo entero. Estos tres modelos de vida religiosa se llaman oficialmente Frailes Menores (OFM), Frailes Menores Conventuales (OFM Conv.) y Frailes Menores Capuchinos (OFM Cap.), popularmente más conocidos como Franciscanos, Conventuales y Capuchinos respectivamente.

La Orden Franciscana es una de las más grandes y fecundas instituciones de la ICR. Su vitalidad interna y apostolado de siete siglos tienen aun hoy día un significado social inmenso. Dentro del movimiento religioso de renovación en el s.XIII, Francisco quiso, y la orden sigue pretendiéndolo, caracterizarse dentro de la peculiaridad de la vida religiosa en la ICR por la profesión de una absoluta pobreza y la práctica del trabajo manual como medio de santificación personal; por la predicación laical entre fieles e infieles y la convivencia e identificación con los humildes y los pobres como expresión de misión. Así desde sus orígenes la orden se presenta marcadamente como un movimiento carismático que se resiste a la institucionalización; consciente y preferentemente como un movimiento de tipo laical que cuestiona una iglesia predominantemente clerical; profusamente como un movimiento de talante poético, naturalista y bohemio con marcado acento populista. De ahí que la comunión con la creación, la fraternidad de los hombres, la vivencia hasta escenográfica del misterio del Dios encarnado y la unión mística con Dios, –todos ellos como misterios de comunión entre Dios y los hombres–, sean los grandes ejes del pensamiento teológico franciscano.

Estos ideales y características teológicas serán su mejor carta de recomendación para una rápida y entusiasta difusión en el mundo cristiano; así como su talón de Aquiles. Después de la muerte de Francisco (1226), los f. manifiestan tres claras tendencias: 1) Los celosos de los ideales primitivos, que más tarde desembocarán en el movimiento así llamado de "los espirituales", de tanta conflictividad en la historia de la Iglesia en el s.XIV, que querían seguir al pie de la letra la Regla y el Testamento de Francisco. 2) Los "tradicionales", que pretendían una asimilación de la orden a las antiguas órdenes benedictinas. 3) La tendencia del centro (San Antonio, San →Buenaventura), que trataba de traducir los ideales primitivos a la realidad de una comunidad numerosa y de una sociedad predominantemente clerical.

En el largo gobierno de Buenaventura logró mantener la unidad y en su primer siglo la orden se revela con un insospechado crecimiento, una admirable floración en santidad, una amplia actividad religiosa y social y una exitosa labor en las misiones populares y entre infieles.

La condenación pontificia del movimiento de los espirituales (1317), la →peste europea de 1348, la Guerra de los Cien Años (1333-1453) y el →Cisma de Occidente (1378-1417), diezman la Orden en sus dos tercios, favorecen la aparición del Conventualismo (=mitigación de las exigencias primitivas, relativas a la pobreza comunitaria) y de distintos movimientos de reforma, hasta llegar en 1517-1528 a la formación de tres ramas de la misma Orden Franciscana, jurídica y organizativamente distintas, a saber Franciscanos, Conventuales y Capuchinos. El poder político eclesiástico de España, en los ss.XVI-XVII, favoreció predominantemente la rama 'franciscana' que llegó así a ser la más numerosa (30.000 en 1500; 60.000 en 1768), sin que disminuyeran dentro de esta rama movimientos rigoristas, como son los "Reformados Descalzos", "Alcantarinos" y "Recolectos".

La contribución de la Escuela franciscana a la reflexión teológica y mística a las ciencias históricas y naturales, merecería capítulo aparte. Baste destacar aquí los nombres célebres de →Alejandro de Hales, San Buenaventura, Duns →Escoto, →Nicolás de Lyra, Francisco de Osuna, Salimbene, Waddingo, y Rogerio →Bacon. Del mismo modo convendría hacer mención de la notable floración de la Orden en hombres de extraordinario comportamiento cristiano, 150 de los cuales la Iglesia presenta a la memoria litúrgica, y que representan toda una extensa gama social, que va desde el esclavo negro San Benito de Palermo hasta San →Luis IX, rey de Francia o Santa Isabel, reina de Hungría. Los santos franciscanos son en su mayoría de extracción popular.

Los acontecimientos políticos del s.XVIII (la →Ilustración, la Revolución Francesa, la Secularización o Desamortizaciones) y del s.XIX (Independencia Latinoamericana, las revoluciones española, polaca y piamontesa, y la kulturkampf de Prusia) hicieron descender el número de hermanos en 1890 a unos 14.000. →León XIII en 1897 logró reunir las distintas reformas de la rama franciscana en una sola organización; →Pío X en cambio fracasó en sus esfuerzos de unión entre franciscanos, capuchinos y conventuales. Estas tres ramas franciscanas cuentan actualmente en números redondos con unos 26.000 miembros los franciscanos, 10.000 los capuchinos y 4.000 los conventuales.

En la evangelización de A.L. los franciscanos están desde primera hora y en primera fila. Entre 1508-1510 se establecen en las Antillas: Santo Domingo, Cuba y Puerto Rico; y desde 1520 hasta la mitad del siglo en Tierra Firme: Venezuela (1520), México (1521), Perú (1532), Ecuador y Bolivia (1534), Guatemala (1540), Colombia (1550), siendo Paraguay, la región del Tucumán y Chile los últimos territorios alcanzados por los Frailes Menores.

Estos misioneros, procedentes de una rama franciscana centrista, adoptaron en su mayoría una posición también centrista frente a los graves problemas planteados por la evangelización en Latinoamérica. Intentos en el s.XVI por una evangelización liberadora y que tuviese en cuenta las características de la región se vieron ahogados en parte por los métodos misioneros que comienzan a imponerse después del Concilio de Trento y principalmente por la oposición decidida de los centros de poder eclesiástico español a una indigenización de la pastoral. Dos únicos proyectos logran salvarse: la evangelización de California por Junípero Serra y el establecimiento de los “colegios misioneros”, en México, Guatemala, Perú. Estos últimos eran una vieja idea franciscana que brotó ya en el s.XIII en el ánimo del soñador futurista Ramón →Lulio. Básicamente se pretendía construir una especie de laboratorio misional, dotando a los evangelizadores de los más adecuados instrumentos de trabajo: formación religioso-cultural, geográfica, étnica, folklórica y lingüística, con una rudimentaria iniciación a las teologías indígenas, usos y costumbres y psicología de los pueblos por evangelizar. La rica experiencia misionera de estos colegios duerme todavía en los archivos. No se lograron frutos permanentes, en parte por los acontecimientos de la metrópoli europea y en parte por caer bajo la jurisdicción de la Congregación Pontificia de Propaganda FIDE. Si bien su dependencia directa de Roma garantizaba la libertad de acción frente a la corona española, se acentuó en cambio su dependencia interna eclesial a unos métodos y directrices que estaban muy lejos de contemplar la idiosincrasia del quehacer apostólico en AL.

Habiendo llevado una existencia dependiente de Europa, el franciscanismo latinoamericano del s.XIX refleja la situación precaria de la orden en ese tiempo. A finales del s. (1889) en todo el continente el número de religiosos desciende a la cifra de 681. Sin embargo en la primera mitad de nuestro siglo, en la medida que se va aceptando la nueva realidad socio-política, se registra un progreso significativo. Actualmente los f. en AL son unos 4.500; 3.720 nativos y unos 800 procedentes de jurisdicciones de otras latitudes.

Al igual que la Iglesia latinoamericana después de →Medellín, los f. tratan también de redescubrir su fuerza social original para lograr su inserción en los grupos populares y practicar una acción realmente liberadora, todavía balbuciente en su actividad apostólica. Tal nos lo indican el Primer Encuentro Franciscano de América Latina, celebrado en Bogotá, en agosto de 1968, casi simultáneo a la celebración de la Conferencia Episcopal de Medellín; y el Seminario Latinoamericano (1976) celebrado en Barva de Heredia (Costa Rica) bajo el lema: “La Orden Franciscana y el Desarrollo de América Latina”.

ABRAHAM SORIA

FRANCISCO DE ASIS (1182-1226). Fundador de la Orden Franciscana. Hijo de Pietro de Bernardone, acaudalado comerciante textil, fue bautizado como Giovanni, pero se supone que su padre lo apodó Francesco al regreso de un viaje a Francia. Recibió la educación que se acostumbraba en sus tiempos y disfrutó de una vida libre de cuidados como joven popular en Asís. En 1202 mientras participaba en una contienda con la cercana ciudad de Perusia, fue puesto en prisión por un año. Al ser liberado se unió al ejército, pero no pudo completar una campaña contra Apulia debido a enfermedad.

Los pensamientos de F. gradualmente empezaron a volverse reflexiones serias. En 1205 hizo una peregrinación a Roma después de la cual tuvo una visión en la que Dios le decía que reedificara la iglesia de San Damián, cerca de Asís. Vendió su caballo junto con algunas mercaderías de su padre, y entregó el producto al sacerdote para este propósito. Su padre lo desconoció y F. renunció a sus propiedades materiales, y empezó a mendigar para la reconstrucción de más iglesias. En 1209 un sermón sobre Mt. 10:7-10 lo impresionó como si fuera una amonestación personal para emprender una vida de pobreza apostólica y así empezó a predicar el amor fraternal y el arrepentimiento. Al atraer una cantidad de seguidores, compuso una regla breve (1209) que fue aprobada por Inocencio III en 1212. Dado que Inocencio exigía que los hermanos recibieran órdenes menores, se llamaron a sí mismos "frailes menores".

Los frailes se dedicaron a un programa de predicación y cuidado de enfermos y pobres. Se reunían cada año durante Pentecostés para una asamblea en La Porciúncula, lugar en Asís. En 1212 se fundó la Segunda Orden cuando una heredera de Asís, Clara, fue investida por F. y formó la orden para mujeres, las →Clarisas. F. inició misiones en Siria (1212) y Marruecos (1213-14) pero no pudo completarlas debido ya a enfermedad o a otras desgracias. Viajó al Medio Oriente, en 1219, en un intento fallido de convertir al sultán Kameel. Dado que la orden estaba creciendo fuera de los lineamientos de la antigua y sencilla regla, F. solicitó del papa Honorio que nombrara al cardenal Ugolino como protector de la orden. Una nueva regla fue aprobada por Honorio en 1223 y el carácter de la orden empezó a alejarse del sencillo ideal de F., especialmente cuando un hermano ambicioso y de tendencias políticas, Elías de Cortona, fue designado como vicario general en 1221.

Después de su abdicación del liderazgo en 1223, F. pasó sus años restantes en una vida de soledad y oración; y se recluyó a una ermita del Monte Alverno en 1224. Durante este período compuso su "Cántico al Sol", *Admoniciones* y su *Testamento*. En 1224 se dice que recibió las señales *(stigmata)* de las llagas de Jesucristo. Fue canonizado por Gregorio IX dos años después de su muerte. Reverenciado tanto por protestantes como por católicos, el ideal de F. es todavía una fuerza vibrante en la actual escena religiosa como lo demuestran las profesiones de la "Gente de Jesús" y las recientes biografías.

ROBERT G. CLOUSE

FRANCISCO DE PAULA (1416-1507). Fundador de la orden de los Mínimos. Después de pasar un año en el convento franciscano de frailes de San Marco, de una peregrinación a Roma y a Asís, y de vivir como ermitaño en Paola, empezó la orden mendicante en 1435. En 1453 fueron edificadas para ellos una iglesia y una casa y después siguieron otras fundaciones. Sixto IV lo urgió a dejar Italia y trasladarse a Francia, a la corte de Valois, en donde sirvió a Luis XI y se convirtió en tutor de su hijo, Carlos VIII. Ayudó a restablecer la paz entre Francia y Bretaña aconsejando el casamiento del Delfín con Ana de Bretaña, e hizo lo mismo entre Francia y España al urgir a Luis que devolviera el Rosellón y la Cerdeña. Se le han atribuído muchos milagros; fue declarado patrono de los navegantes por Pío XII (1943); es honrado en los países latinos mediante la devoción de los "Trece Viernes"; ha sido objeto de pinturas por Murillo, Velásquez y Goya. Fue canonizado en 1519. Sus cartas se han conservado.

C.G. THORNE, Jr.

FRANCISCO DE SALES (1567-1622). Dirigente en la Contrarreforma. N. en Saboya en una familia aristocrática, estudió leyes en París y en Padua, pero pronto abandonó sus estudios de derecho reemplazándolos por la teología. Llegó a ser sacerdote en 1593. Como misionero entre los calvinistas de Chablais (proyecto difícil y peligroso) se le atribuyen 8.000 conversiones en dos años. En 1599 fue designado obispo coadjutor de Ginebra, la sede que ocupó tres años después. Junto con Juana Francisca de Chantal en 1610 fundó la Orden de la Visitación. F. alcanzó éxito considerable en su campaña de ganar nuevamente para Roma a los suizos alejados. Obrero infatigable, organizó conferencias para el clero en las que insistió en una enseñanza y predicación sencillas. "Solamente el amor conmoverá las murallas de Ginebra", expresó. Estableció un seminario en Annecy, cerca de su lugar natal. Entre sus escritos se cuenta *Introduction a la vie devote* (1608). Fue canonizado a mediados del s.XVII y declarado Doctor de la Iglesia en el s.XIX. En 1923 fue nombrado patrono de los periodistas católicos.

J.D. DOUGLAS

FRANCISCO JAVIER (o Xavier) (1506-1552). Misionero jesuita a las Indias Orientales y al Japón. Hijo de una familia aristocrática vasco-española. N. en el castillo de Javier, en Navarra. Estudió leyes y teología en la Universidad de París, en donde se encontró con Pierre Favre y con →Ignacio de Loyola y fue íntimo amigo de ambos. Junto con otros cinco, Favre y F. ayudaron a Loyola en la fundación de la Sociedad de Jesús en 1534. La sociedad juró seguir a Jesús en pobreza y castidad, y evangelizar a los paganos. Fue en esta última actividad donde descolló F. y ganó fama de destacado misionero de avanzada y gran organizador.

Recibió la ordenación en Venecia en 1537 y, a pedido de Juan III de Portugal, fue designado en 1539 como legado papal y enviado a evangelizar las Indias Orientales. Llegó a Goa en 1542 y pasó tres años predicando y sirviendo a los enfermos. Tuvo mucho éxito evangelizando a los pescadores de perlas del SO de la India, en donde fueron bautizados millares. Extendió su actividad misionera al Japón a donde arribó en 1549 junto con Hachiro, con quien se había encontrado en Malaca y lo había convertido. Estudió el idioma japonés y, a los dos años, había establecido una floreciente comunidad cristiana de 2.000. No obstante, fue expulsado por los monjes budistas, mientras que su comunidad tuvo que sufrir gran persecución. Estuvo brevemente de visita en China pero regresó a Goa en 1552 y trabajó en el colegio local. Durante ese mismo año se encaminó para China, pero le fue negado el ingreso y murió en la isla de Sanción. Sus restos fueron llevados de vuelta a Goa y yacen como reliquias en la Iglesia de Jesús el Bueno.

El éxito de la obra evangelizadora de F., no ha librado de crítica sus métodos. Frecuentemente ha sido acusado de carencia de entender las religiones orientales, situación que él hizo poco por remediar. Su empleo de la →Inquisición ha empañado la gloria de sus numerosos conversos. Parece que también usó al gobierno de Goa para hacer prosélitos. Sin embargo, su destacada obra misionera despertó en Europa mucho interés por las misiones. Los jesuitas le atribuyeron más de 700.000 conversiones. Pío X le confirió el título de "Patrono de las Misiones Extranjeras". Fue canonizado en 1622. S. TOON

FRANCK, SEBASTIAN (1499-1542). Humanista y anabaptista espiritual. N. en Donauwörth, estudió en Ingolstadt y en Heidelberg. Fue ordenado en 1524, se convirtió al luteranismo en 1525 y se casó en 1528 con Ottilie Behaim cuyo hermano tenía inclinaciones anabaptistas. Se opuso levemente a Hans →Denck, traduciendo al alemán una obra en latín dirigida contra él, pero seguidamente dejó el ministerio luterano y se trasladó a Estrasburgo (1529) en donde comenzó su amistad con Gaspar Schwenkfeld. Ahora abogaba por una completa libertad de pensamiento y por un cristianismo no dogmático, puntos de vista que fueron expresados en su libro más importante: *Chronica, Zeitbuch und Geschichtsbibel* (1531). Escribió también *Una carta a Juan Campanus,* expresando su concepción espiritual de la iglesia, conceptos que lo distinguieron del anabaptismo evangélico normativo. Expulsado de Estrasburgo debido a sus ideas, en 1539 se estableció en Basilea como impresor.

J.G.G. NORMAN

FRANCKE, AUGUST HERMANN (1663-1727). Ministro luterano alemán, profesor y antiguo defensor del pietismo. N. en Lubeck, estudió en Erfurt y en Kiel y fue designado profesor de hebreo en Leipzig en 1684. Convertido en 1687, empezó a dirigir clases bíblicas en Leipzig que llevaron a un avivamiento tanto entre los estudiantes como entre los ciudadanos. Cuando la Facultad de teología objetó sus esfuerzos religiosos, dejó su cargo y finalmente fue ministro en Glaucha y profesor de idiomas orientales en la cercana Universidad de Halle (1692). Alrededor de 1698 fue profesor de teología, en cuyo cargo hizo importantes aportes al estudio científico de la filología. También se preocupó por los niños pobres, fundó un orfanato, una escuela común, una escuela para la preparación de maestros y otra escuela de segunda enseñanza. Con el andar del tiempo añadió una farmacia, una librería, un taller de encuadernación y otras industrias para preparar así a sus protegidos y ayudar a financiar su obra. Contribuyó a hacer de Halle un centro de piedad y de entusiasmo misionero.

ROBERT G. CLOUSE

FRANCMASONERIA. Organización internacional que afirma contar con adherentes de todas las creencias religiosas. Su principios están incorporados en símbolos y alegorías relacionadas con el arte de edificar e incluyen un juramento secreto. Los orígenes de la F. probablemente procedan del s.XII cuando los albañiles (*"masons"* en inglés) británicos fundaron una fraternidad para guardar los secretos de su profesión. La "logia", nombre dado al lugar de reunión de los modernos masones, no era solamente un taller sino lugar para intercambiar puntos de vista, ventilar agravios y tratar cuestiones del oficio. De aquí lo secreto de su ambiente.

Hay dos elementos en la tradición masónica: (1) *Los antiguos cargos.* Dos manuscritos, actualmente en el Museo Británico, que datan entre 1390 y cerca de 1400, y detallan las costumbres y las reglas del oficio. Reglamentos que se aplican al maestro a cargo de la obra, a los jornaleros y al aprendiz que está aprendiendo el oficio. (2) *La palabra masónica*. Esta es probablemente una institución escocesa y resulta algo oscuro su origen y desarrollo. Ya sea una palabra o un apretón de manos o ambas cosas, son una señal secreta distintiva.

El desarrollo de la f. se puede dividir en tres períodos. En el primero todos sus miembros eran albañiles que practicaban este oficio. Durante el período de "masonería aceptada", los albañiles no practicantes o bien se unieron a las logias ya existentes o bien formaron nuevas. A partir del s.XVIII se desarrolló la "masonería especulativa", la f. como hoy es conocida. La Gran Logia fue fundada en 1717 principalmente para mantener comunicación y armonía entre las logias. Después de 1721 muchos de los más altos cargos fueron desempeñados por miembros de la aristocracia. Los orígenes de las modernas ceremonias masónicas no son claros, aunque probablemente derivan de prácticas del s.XVII. La influencia de la masonería especulativa sobre tales prácticas casi ha oscurecido sus orígenes operativos. Hay ceremonias para el ingreso a cada grado: aprendiz admitido, miembro del oficio, y albañil maestro. Estos grados, así como sus correspondientes secretos y rituales, son básicos en la moderna f.

La f. da considerable énfasis a las actividades sociales y de bienestar. Se encuentra en todo el mundo, aunque está proscripta en los países comunistas. La f. afirma basarse en los fundamentos de todas las religiones que son mantenidas en común por todos los hombres. Entre las muchas razones que justifican que sea criticada por agrupaciones cristianas, están las siguientes: La f. estuvo íntimamente ligada con el surgimiento del deísmo en el s.XVIII en Inglaterra, y los puntos de vista de éste continúan prevaleciendo en ella. La f. propone un Dios "común denominador", que incorpora elementos asirios y egipcios. El nombre de Dios en los ritos masónicos encubre la doctrina de una fuerza ciega que gobierna el universo. En su elaborado ritual la f. omite el nombre de Jesucristo, Salvador y Señor. Los votos masónicos involucran una profunda entrega que los cristianos solamente deben dar a Jesucristo. La iniciación masónica es la introducción a prácticas desconocidas y frecuentemente ello provoca graves sospechas. Los horribles votos, si son tomados en serio son, por lo menos, temerarios, y si no se toman en serio, resultan frívolos.

Dada su invitación a hombres de toda fe, la f. no sostiene el carácter único de Jesucristo. No enseña la necesidad de la salvación mediante Cristo solamente. Las buenas obras, afirma, harán que el hombre ascienda a "la gran logia de lo alto". No concede a la Biblia un lugar preeminente y afirma que la iniciación masónica da un grado de iluminación inalcanzable en otros lugares. La ICR ha condenado con frecuencia a la f., mayormente por sus secretos masónicos. Seis bulas papales han sido dirigidas contra ella: Clemente XII en 1738, Benedicto XIV en 1751, Pío VII en 1821, León XII en 1826, Pío IX en 1864 y León XIII en 1884.

JAMES TAYLOR

FRANKLIN, BENJAMIN (1707-1790). Inventor, autor y diplomático. N. en Boston. A los diez años abandonó la escuela para ayudar a su padre en el negocio de velas y jabón. Dos años más tarde fue aprendiz de un impresor, su medio hermano. Obtuvo gran éxito en varios campos: como editor, autor, comerciante, filántropo, moralista, inventor, científico, funcionario civil y estadista. Influyó el pensamiento religioso norteamericano y la moral popular a través de sus escritos, especialmente con su muy leído *Poor Ri-Richard's Almanac* (1732-57) que ensalzaba las virtudes del trabajo duro, la frugalidad y el sentido común, todo ello con estilo de humorismo casero.

Contribuyó con dinero a muchas instituciones religiosas y apreciaba las iglesias hasta donde ellas promovían la moralidad individual y social. No obstante, personalmente rechazaba las doctrinas distintivas del cristianismo ortodoxo, inclinándose en favor de una religión natural, optimista y sin dogmas. Era un deísta que creía que en la naturaleza, más bien que las Escrituras, es donde la razón humana reconoce a Dios. Admiraba a Jesús y sus enseñanzas, pero puso en duda su divinidad; afirmaba que la esencia de la religión consistía en hacer bien a los hombres. Defendió la separación entre Iglesia y Estado. Colaboró en la redacción de la Declaración de la Independencia, la que también firmó, y participó asimismo en la preparación de la Constitución de los EUA. Ayudó a fundar la Universidad de Pennsylvania, la primera biblioteca circulante de los EUA y el sistema postal de ese país. HARRY SKILTON

FRANSON, FREDRIK (1852-1908). Evangelista y fundador de la →Misión Alianza

Evangélica. N. en Suecia, a la edad de 17 años emigró con sus padres a Nebraska en los EUA. En 1875 conoció en Chicago al evangelista Dwight L. →Moody quien lo impresionó e influyó profundamente. Fue "comisionado" evangelista por él y ordenado en la →Iglesia Evangélica Libre.

Se entregó con mucho ardor y éxito a campañas evangelísticas, primero en los EUA y después en Escandinavia y Alemania. Empleó los métodos de Moody: un apasionado mensaje evangelístico seguido por un "llamamiento" a los interesados levantar la mano, pasar adelante y quedarse para consulta y oración. Estos métodos fueron novedosos y chocantes para los escandinavos y alemanes conservadores. Por tanto F. encontró mucha oposición. La prensa lo tildó de fanático y peligroso. No obstante tuvo mucho éxito en algunos lugares y contribuyó grandemente al crecimiento de las iglesias libres en aquellos países dominados por la Iglesia (Luterana) del Estado.

También F. fue hondamente impresionado por Hudson →Taylor. Este lo convirtió en un promotor entusiasta de misiones. También le interesaba la profecía. Estaba convencido de que la venida del Señor estaba cerca. Esto le dio un tremendo sentido de urgencia para la extesión del evangelio. En 1890 fundó en Chicago una sociedad misionera que fue llamada la "Misión Alianza Escandinava", nombre que en 1949 fue cambiado en Misión Alianza Evangélica. Esta Misión en 1975 tenía 892 misioneros y obra en 22 países, incluso Venezuela, Colombia, Perú y España.

WILTON M. NELSON

FRATERNIDAD TEOLOGICA LATINOAMERICANA. Si bien desde fines de 1969 (a raíz de la celebración del primer →CLADE) se dan los primeros pasos para la organización, la F.T.L. surge como movimiento organizado a partir de su primera Consulta, realizada en Cochabamba (Bolivia) en dic. de 1970. Las personas que la forman son mayormente miembros de las iglesias llamadas a veces "conservadoras" o "evangélicas" en el sentido anglosajón de este término. La mayor parte de ellos son pastores o profesionales, interesados (profesionalmente o no) en la reflexión teológica. Se destacan los nombres de René Padilla, Samuel Escobar, Emilio A. Núñez, Pedro Arana, Tito Paredes, Sidney Rooy, Pedro Savage y otros.

Los estatutos definen el propósito de "estimular el desarrollo de un pensamiento evangélico atento a la Palabra de Dios y que tome en serio los interrogantes que le plantea la vida en Latinoamérica" y constituirse en "plataforma de diálogo entre pensadores que confiesen a Jesucristo como Señor y Dios... a fin de edificar un puente entre el evangelio y la cultura latinoamericana".

La primera consulta (Cochabamba) agrupó a 25 personas que firmaron la "Declaración de Cochabamba". En marzo de 1976 el número de miembros activos era de 34. Además de la aceptación de los propósitos y la Declaración, se exige que los miembros presenten al menos una ponencia anualmente o realicen trabajos que manifiesten reflexión teológica.

Hasta el presente se han realizado tres consultas internacionales (1970, 1972, 1977) y la F.T.L. organizó también CLADE II en 1979. Ha habido también sub-consultas, comisiones de trabajo y consultas regionales. Publican el *Noticiero de la fraternidad*, el *Boletín teológico* (en castellano e inglés) y los resultados de las consultas: *El debate contemporáneo sobre la Biblia* (1972), *El Reino de Dios y América Latina* (1972).

JOSE MIGUEZ BONINO

FRATICELLOS. Grupo de la orden franciscana que durante la Edad Media insistía en la observancia rigurosa de la regla de pobreza y se oponía vigorosamente a los decretos de Juan XXII que sostenían que tanto Cristo como sus apóstoles tenían propiedades. Estuvieron bastante activos en Italia y en el S de Francia. Dondequiera que aparecían eran atrapados por la Inquisición y considerados como herejes. J.D. DOUGLAS

FREIRE, PABLO (1921-). Alfabetizador y educador de adultos. N. en Recife, Brasil. Graduado en Derecho en la Universidad Federal de Pernambuco y luego de un tiempo breve de práctica jurídica, se involucró en la educación popular en el Departamento de Educación y Cultura del Servicio Social de su estado natal. Sus experiencias entre 1946 y 1961 se combinaron con tareas docentes como profesor de Historia y Filosofía de la Educación en la Universidad de Recife. En esta etapa va madurando su crítica sistemática a la educación tradicional, especialmente en el campo de la alfabetización de adultos. El éxito de sus experiencias y el método que desarrolla lo llevan a participar en el movimiento de Cultura Popular que fue surgiendo durante la última etapa del gobierno de Joao Goulart.

F. concibe su tarea educativa como "conscientización", un proceso por el cual el educando no es receptor pasivo de una educación "bancaria" que le impone un lenguaje y contenidos ajenos. Se trataría más bien de conseguir una toma de conciencia crítica acerca de la realidad, que busca transformarla, participando en un proyecto histórico de liberación. En este concepto se junta la noción de educación activa, propia de la tradición socrática, junto con una visión hegeliana y marxista de la realidad y la historia, con claras implicaciones políticas.

A la caída del gobierno de Goulart en 1964, F. es arrestado como "subversivo", y luego huye a Chile vía Bolivia. Desde 1964 hasta 1970 trabaja en Chile colaborando con el programa de Reforma Agraria del gobierno Demócrata Cristiano de Frei. Allí publica su primer libro, *Educación como Práctica de la Libertad* que alcanza amplia difusión, en el mundo de habla hispana primero, y es luego traducido a otros idiomas. Trabaja con la UNESCO y la Universidad de Harvard en 1969 y 1970 y luego el CMI lo incorpora como consultor en el campo de la educación. Desde esta posición ha continuado escribiendo y asesorando programas educativos en Africa y Asia. Su libro más extenso y articulado es *Pedagogía del Oprimido,* en el cual se nota las vertientes católica, marxista y humanista de su pensamiento, que ha seguido evolucionando. SAMUEL ESCOBAR

FROMENT, ANTOINE (1510-1584). Reformador de Ginebra. N. en Tréveris, cerca de Grenoble. Se educó en París, donde conoció a Jacobo →Lefevre, y llegó a recibir una canonjía en una heredad de la reina de Navarra. Acompañó a Guillermo →Farel en sus viajes evangelísticos por Suiza. Fue a Ginebra y abrió en 1532 una escuela elemental para enseñar francés, pero sus lecciones se convirtieron en sermones. Sus seguidores aumentaron a diario. En 1533 protestó públicamente por un ataque a la doctrina evangélica hecho por Guy Furbiti, teólogo de la Sorbona; fue obligado a ocultarse pero regresó con Farel y con Pedro Viret. Se desempeñó como pastor de la iglesia de St. Gervais (1537) y fue contratado por Bonivard, el historiador de la república, para colaborar en su *Crónica* (1549). Renunció a su ministerio y fue notario público (1553) y miembro del "Consejo de los Doscientos" (1559). Tuvo problemas domésticos, y fue desterrado por adulterio (1562). No obstante, se le permitió regresar en vista de sus servicios pasados (1572) y fue readmitido como notario. J.G.G. NORMAN

FRUCTUOSO (m.259). Obispo de Tarragona, España. Junto con dos diáconos, F. tuvo que comparecer ante funcionarios romanos por negarse a ofrecer sacrificios a los dioses del estado romano. Contravenían así los edictos de los emperadores de Valeriano y Galieno de 257-58 d.C. que requerían a los no paganos unirse en las ceremonias religiosas romanas. Como consecuencia sufrió martirio en la hoguera. J.D. DOUGLAS

FRY, ELIZABETH (1780-1845). Reformadora cuáquera de prisiones. N. en Norwich, Inglaterra, hija de John Gurney, banquero cuáquero. Se casó en 1800 con un comerciante de Londres y tuvo una familia numerosa. Su crianza religiosa inspiró en ella una profunda preocupación por los problemas sociales. En 1808 estuvo en condiciones de fundar en Pashet, East Ham, una escuela para niñas. En 1811 fue admitida como "ministro" de los cuáqueros. No fue sino en 1813 que se interesó en el trabajo en las prisiones, comenzando su labor en la cárcel de Newgate entre las mujeres allí condenadas, visitándolas diariamente y enseñándolas a coser y leyéndoles la Biblia. En 1817 empezó su campaña para la separación de los sexos en las prisiones, la clasificación de delincuentes, el nombramiento de guardianes que custodiaran a las encarceladas y el otorgamiento de instrucción tanto secular como religiosa. En 1818 demostró ante una comisión de expertos de la Cámara de los Comunes conocer bien el tema de las prisiones. Sus puntos de vista desempeñaron un papel importante en la legislación que se aprobó seguidamente.

Posteriormente, en 1839, comprendiendo la necesidad del cuidado y rehabilitación de los delincuentes liberados, formó una sociedad que tenía éste como su primer propósito. Mediante sus frecuentes visitas hizo mucho para fomentar la reforma de las prisiones en el continente europeo. También ocuparon su tiempo y atención otras causas filantrópicas. En un intento por enfrentar la mendicidad, patrocinó el "Refugio nocturno para londinenses sin hogar" (1820), así como asociaciones de visitadoras en Brighton y en otros lugares. En 1827, junto con su hermano, presentó un informe sobre las condiciones sociales imperantes en Irlanda y en 1836 hizo posible que hubiera bibliotecas en los cuarteles de la guardia costera y en ciertos hospitales de la armada. Su esposo cayó en bancarrota en 1828 y por eso el trabajo de ella sufrió contratiempos. A través de toda su vida combinó su celo evangelístico con su labor social. Sus *Texts for Every Day in the Year* (1831) tuvieron una circulación muy amplia. Su máxima era: "La caridad para con el alma, es el alma de la caridad".

JOHN A. SIMPSON

FULLER, ANDREW (1754-1815). Teólogo bautista. Hijo de un agricultor de Cambridge, F. fue en su juventud un atleta vigoroso. Fue ordenado ministro de la iglesia bautista de Soham en 1775 y encargado de la iglesia de Kettering en 1783. Autodidacta completo y poseedor de un estilo franco e incisivo, F. fue el más grande de los teólogos originales entre los bautistas del s.XVIII. Fue criado en una atmósfera de ultracalvinista. Un estudio de las Escrituras, intenso, vigoroso e independiente; el estímulo de Robert Hall, John Ryland y otros, y sus lecturas de Jonathan →Edwards, produjeron en él un calvinismo evangélico que fue la sustancia de su principal obra: *The Gospel Worthy of All Acceptation* (1785).

Ello lo involucró en las siguientes controversias: con los ultracalvinistas como John Martin y William Button que denunciaron al "fullerismo" como "fe obligatoria" y condujeron a sus iglesias a apartarse de los bautistas evangélicos (creando así la denominación de los Bautistas Estrictos y Particulares), con Dan Taylor, el bautista arminiano, con los bautistas escoceses de Archibald MacLean (cuyas excentricidades F. deploró y a quien combatió alentando a los hermanos Haldane y a R.C. Anderson a establecer en Escocia iglesias bautistas ortodoxas), con William Vidler, el universalista y con varios apologistas unitarios. A medida que las iglesias bautistas británicas respondían a su evangelicalismo en forma creciente, el papel de F. en los asuntos denominacionales se fue haciendo cada vez más importante. Tuvo una profunda influencia sobre William →Carey y sobre la Sociedad Misionera Bautista (de la cual fue secretario desde 1792 hasta 1815). También fue un leal servidor de la incipiente Unión Bautista y de la Sociedad Bautista Irlandesa.

IAN SELLERS

FUNDAMENTALISMO. Movimiento teológico conservador del protestantismo norteamericano que surgió al primer plano nacional en la década de 1920 en oposición al →"modernismo". La mayoría de las interpretaciones del movimiento tratan de explicarlo en términos socioeconómicos o psicológicos. Sin embargo, este movimiento estaba enraizado en una genuina preocupación teológica por la doctrina apostólica y reformista. Mayor confusión ha surgido debido a las repetidas referencias a las cinco doctrinas (o "cinco puntos") del f., que presuntamente surgieron de la Conferencia Bíblica de Niágara en 1895.

El f. debería ser entendido primeramente como un intento de proteger las doctrinas esenciales o elementales (los "fundamentos") de la fe cristiana amenazados por los efectos erosivos del pensamiento moderno. Tales doctrinas incluyen la concepción virginal, la resurrección y la deidad de Cristo, su expiación sustitutoria, su segunda venida y la autoridad e inerrancia de la Biblia.

Las raíces del f. tienen su origen en el s.XIX cuando el →evolucionismo, la crítica bíblica y el estudio de las religiones comparadas empezaron a desafiar los antiguos conceptos acerca de la autoridad de la revelación bíblica. Simultáneamente, nuevos problemas éticos acompañaron al surgimiento de una sociedad urbana e industrial en los EUA. Hombres tales como William H. Carwardine y Washington Gladden apelaron a la conciencia cristiana y abogaron por lo que llegó a ser llamado →"evangelio social". La llamada "alta crítica" (histórica y literaria, en contraste con la textual) de la Biblia ingresó en la corriente mayor del protestantismo norteamericano después de la Guerra Civil (1861-65). Por el tiempo de la Guerra Mundial I la alta crítica era aceptada por lo común en los seminarios. Este éxito, sin embargo, no se alcanzó sino después de fuerte resistencia. En las revistas académicas tuvieron lugar ardientes debates. Los bautistas despidieron a profesores tales como C.H. Troy y E.P. Gould. Los presbiteranos celebraron juicios de herejía en contra de C.A. Briggs y A.C. McGiffert. A fines de siglo se vislumbraba como inevitable un conflicto entre progresistas y conservadores.

En 1910, con la publicación del primer tomo de la serie *The →Fundamentals,* fue lanzada una fuerte ofensiva contra el modernismo. Por 1918 el término "fundamentales" se había vuelto de uso común, pero "fundamentalista" y "fundamentalismo" fueron acuñados en 1920 por Curtis Lee Laws, director bautista del *Watchman-Examiner.* Laws propuso que un grupo dentro de la Convención Bautista del Norte adoptara el nombre de "fundamentalistas". Durante una conferencia celebrada en Buffalo, Nueva York, en 1920, Laws y los suyos aceptaron este título. Esta agrupación, conocida popularmente como "Fraternidad Fundamentalista", estaba formada por conservadores moderados que creían que los modernistas estaban abandonando los fundamentos del evangelio, es decir: la naturaleza pecaminosa del hombre, su incapacidad para salvarse aparte de la gracia de Dios, lo indispensable de la muerte de Jesús para la regeneración del individuo y la renovación de la sociedad, y la autoridad de la revelación bíblica. Este grupo, el primero en aplicarse a sí mismo el nombre de "fundamentalista", no estaba identificado ni con el dispensacionalismo ni con alguna cruzada contra la enseñanza evolucionista. Repetidamente afirmaron que solamente les preocupaba la preservación de las afirmaciones fundamentales de la fe cristiana.

Los historiadores frecuentemente han descrito a los f. como "perdedores". Aunque los conservadores no pudieron obtener la adopción de una confesión de fe en ninguna de las denominaciones norteñas, Laws y sus seguidores no consideraban la suya como una causa perdida. Laws escribió en 1924 que ciertas escuelas de su denominación habían detenido la penetración del liberalismo y que la investigación de las sociedades misioneras, según habían pedido los fundamentalistas, resultó en ciertos cambios que hicieron innecesario crear una nueva misión.

Una nueva voz conservadora más militante se levantó en 1923 al formarse la Unión Bautista Bíblica. Compuesta por bautistas del Canadá, y de las convenciones del Norte y del Sur, la Unión amplió la causa del f. incluyendo la lucha contra las enseñanzas evolucionistas.

Entre los presbiterianos, la posición conservadora fue encabezada por J.G. →Machen, del Seminario Teológico de Princeton. Cuando éste se negó a romper sus vínculos con la Junta Independiente de Misiones Presbiterianas al Extranjero, fue sometido a proceso y hallado culpable de rebeldía contra sus superiores. Así se desarrollaron las iglesias Ortodoxa Presbiteriana y Bíblica Presbiteriana.

Gradualmente el término "fundamentalismo" llegó a usarse en forma vaga con referencia a todo el conservadurismo teológico, incluyendo los militantes, los moderados del tipo de Laws y los de tipo erudito, representados por Machen. Debido a las tácticas de ciertos dirigentes, la imagen del f. llegó a estereotiparse como de mentalidad cerrada, beligerante y separatista.

En la década de 1950 un creciente número de conservadores trataron de deshacerse del mote del f. Harold John Ockenga fue el primero en proponer como alternativa el título de "nuevos evangélicos". Abogaba por un cristianismo conservador que se apoyara en las creencias básicas de la fe cristiana pero que, al mismo tiempo, fuera intelectualmente respetable, socialmente consciente y de espíritu cooperador. Desde el final de los años cincuenta esta perspectiva ha sido profundizada y ampliada. Carl F. Henry, Edward John →Carnell, el periódico *Christianity Today*, la Asociación Evangelística Billy Graham y otros grupos e individuos se han identificado con el nuevo evangelicalismo. Este se considera heredero del espíritu y del propósito del f. original. BRUCE L. SHELLEY

FUNDAMENTALS, THE. Serie de doce libros pequeños publicados desde 1910 hasta 1915 que contienen artículos y ensayos destinados a defender las verdades cristianas fundamentales. Tres millones de ejemplares fueron distribuidos en forma gratuita entre todos los estudiantes de teología y obreros cristianos cuya dirección se pudo obtener. El proyecto surgió de la idea de Lyman Stewart, un acaudalado petrolero del sur de California que estaba convencido de la necesidad de algo que reafirmara las verdades cristianas en vista de la crítica bíblica y la teología moderna. Después de escuchar a A.C. Dixon predicar en 1909, Stewart obtuvo la colaboración de éste para publicar *The Fundamentals.* Stewart luego consiguió ayuda financiera de su hermano, Milton, y por su parte Dixon eligió una comisión (incluido el evangelista R.A. Torrey) para colaborar en la obra editorial.

Fueron escogidos 64 autores. El movimiento premileniarista norteamericano y la Convención →Keswick inglesa estuvieron bien representados. También colaboraron otros conservadores tales como E.Y. →Mullins, del Seminario Bautista del Sur, y B.B. →Warfield, del Seminario de Princeton.

BRUCE L. SHELLY

FUNERALES →SEPULTURA, SERVICIOS DE

G

GABRIELI, GIOVANNI (1557-1611). Compositor italiano, el mayor de varios compositores de apellido G. Fue el último compositor eminente que cultivara el estilo policoral renacentista en la basílica de San Marcos en Venecia. También fue persona clave en el desarrollo de algunos aspectos de la música que se consideran barrocos. Abandonó casi totalmente la composición de misas para escribir motetes, y estos a menudo para dos o tres coros, algunos para hasta 19 voces. Dio a los instrumentos un nuevo papel, no solo combinándolos con las voces, sino que también escribía *canzoni* magníficos para instrumentos de viento para ser tocados en la inmensa basílica. Fue pionero en el nuevo estilo "concertato", que dominó la Era Barroca, el cual influyó en casi todas las personas destacadas entre sus contemporáneos más jóvenes.

J.B. McMILLAN

GALES. El cristianismo galés hace remontar sus antepasados al período de la ocupación romana aunque nada se sabe respecto a la introducción inicial del cristianismo en Bretaña. Tres obispos británicos estuvieron presentes en el Concilio de →Arlés (d.C. 314) y, a pesar de que el poder romano se derrumbaba bajo las incursiones de los invasores, el cristianismo logró sobrevivir. Illtud y Dubricius le dieron una nueva unidad y sentido de propósito entre los años 500 y 547. Su obra culminó en un surgimiento de vigor espiritual durante el período que suele llamarse "Epoca de los Santos" cuando varones del calibre de Deiniol, Padarn, Cybi, Seiriol, Teilo y David dejaron indeleble huella no solo en la mente del pueblo galés sino también en los nombres de lugares. El cristianismo galés ya había creado tradiciones que no habría de abandonar ni aun a instancias de →Agustín de Canterbury (603), y por consiguiente el cristianismo g. y el inglés se separaron. El período de aislamiento en la historia de la iglesia galesa duró hasta 750 cuando, tardíamente, aceptó el método romano de calcular la fecha de la resurrección. A despecho de la tempestuosa naturaleza de la vida europea en los siglos siguientes, la iglesia galesa pudo mantener su vigor y resistir el reto de los bárbaros.

Para el tiempo de la conquista normanda la iglesia de G. era virtualmente una iglesia nacional. Pero ya se perfilaban cambios. A mediados del s.XII, los obispos galeses se habían sometido a Canterbury. También durante este mismo período las diócesis fueron definidas y nacieron las parroquias territoriales. En su vida y administración internas la iglesia comenzó a seguir los modelos generales del cristianismo occidental. La *clas,* la unidad característica de la iglesia céltica, desapareció, y el monaquismo continental penetró en G., con la orden cisterciense como la primera. Al mismo tiempo la corona inglesa intensificó su control sobre la iglesia y sus ingresos. Después de 1323, cuando el papa comenzó a intervenir en las elecciones, hubo una marcada tendencia a nombrar extranjeros para los beneficios y puestos en G. Inevitablemente se produjeron cada vez mayores frustraciones entre el clero galés como lo demostró el apoyo que dio a la insurrección nacional bajo la dirección de Owain Glyn Dwr en 1400. A pesar de los estragos de aquella guerra de liberación y su fracaso, la iglesia disfrutó de un período de avivamiento en la última mitad de aquel siglo, en cuanto a piedad, disciplina y vocaciones monásticas. Pero al igual que Europa Occidental en general, el comienzo del s.XVI fue también una época en que vino la decadencia. Aunque a G. apenas si llegaron las fuerzas espirituales y culturales que en otras partes condujeron a la Reforma, su apego un tanto romántico a la Casa de Tudor, su anticlericalismo junto con la gradual decadencia en cuanto a seriedad espiritual, la llevaron a aceptar los cambios introducidos por →Enrique VIII.

La Reforma Protestante llegó a G. por los mismos procedimientos legales que en Inglaterra. La principal diferencia la constituyó el idioma galés. El →Libro de Oración Común y el NT aparecieron en galés en 1567, traducidos principalmente por el obispo Richard Davies y William Salesbury. En 1588 se produjo la traducción completa de la Biblia Galesa por William Morgan, uno de los acontecimientos más importantes en la historia galesa. Aunque un poderoso grupo de exiliados católicos romanos galeses mantenían viva la esperanza de reconvertir a G., la Reforma llegó a ser aceptada por el pueblo galés. El arraigo del protestantismo en el pueblo galés se fortaleció mucho por el →puritanismo y el →metodismo. Bajo la dirección de hombres como Walter Cradock, Vavasor Powell, Morgan Llwyd y John Miles, el puritanismo encontró apoyo en escala modesta; se formaron congregaciones bautistas, congregacionalistas, presbiterianas y cuáqueras, que se mantuvieron firmes en las persecuciones entre 1660 y 1689, pero sufrieron un período de estancamiento a comienzos del s.XVIII.

En 1735 se inició el avivamiento evangélico bajo la dirección de Howel Harris, al cual pronto se unieron varones como Daniel Rowland y William Williams. Alrededor de 1780 este avivamiento se estaba convirtiendo en un enorme movimiento popular con efectos sociales y culturales de largo alcance. Los propios metodistas, hasta aquí un grupo dentro de la Iglesia Anglicana, se apartaron en 1811 para formar la Iglesia Calvinista →Metodista de G. Las denominaciones más antiguas compartieron el nuevo vigor espiritual y para mediados del siglo el →No conformismo se había convertido en la forma predominante del cristianismo galés. No dejó sin influir ningún aspecto de la vida de la nación, y ya en la época victoriana era la principal fuerza en la educación, la cultura y la política. Era inevitable que la Iglesia Anglicana perdiera su categoría de oficial, lo cual ocurrió finalmente en 1920. La vida religiosa en G. por todo el s.XIX continuó revivificada por avivamientos religiosos, los mayores de los cuales se produjeron en 1859-60 en 1904-5.

Pero en el s.XX el cristianismo galés se vio en grandes dificultades. Luego de alcanzar un nuevo cenit alrededor de 1908 comenzó a declinar su influencia sobre el público. Las razones de esto son muy complejas. La decadencia de la espiritualidad, la pérdida de una teología dinámica, las tentaciones del poder, la intrusión de filosofías anticristianas, la Guerra Mundial I, el desasosiego social que siguió: todo ello afectó gravemente a las iglesias. Pero hoy día hay verdaderas señales de que esta antigua tradición cristiana está avivándose en su fe. R. TUGUR JONES

GALIA →FRANCIA

GALICANISMO. Movimiento floreciente en el s.XVII, que definía las autoridades respectivas y las relaciones entre el rey francés, la Iglesia Francesa, el papado, e indirectamente los parlamentos franceses. El acontecimiento central fue la declaración que hicieron los obispos franceses conocida como los Cuatro Artículos Galicanos, en 1682, por insistencia de →Luis XIV. Las teorías y prácticas galicanas, en sus distintas variedades, tienen en común tres afirmaciones, como lo demuestra Víctor Martín: la soberanía de la corona en lo temporal, la autoridad de los concilios generales sobre el papa, y la autoridad de la corona y los obispos para regular la ingerencia papal en Francia.

Los galicanos profesaban reconocer la autoridad espiritual universal del papa, pero con estos límites. El estatismo secular absolutista de Luis XIV subyugó *de facto* la Iglesia Francesa a la Corona, y completó la inversión de las relaciones que el papado y la Corona habían tenido antes del s.XIV. El progreso de esta inversión y la afirmación del g. estuvieron marcadas por la resistencia de Felipe el Hermoso ante →Bonifacio VIII, la →Sanción Pragmática de Bourges (1438), el →Concordato de Boloña (1516), el rechazo de los decretos del Concilio de Trento en Francia, y otros sucesos semejantes mediante los cuales la Corona reclamaba derechos en el control de las elecciones episcopales, la liturgia, el derecho canónico, la educación, y muchos otros asuntos eclesiásticos. La Corona hizo esos reclamos exitosamente, entrando con frecuencia en conflicto con las pretensiones contrarias por parte de los obispos y los parlamentos, de manera parecida al moderno estado soberano autosuficiente que fue surgiendo hacia fines del s.XVIII. La obra de Pierre Pithou *Les libertés de l'Eglise gallicane* (1594) sirvió de manual oficial hasta el s.XIX.

La Revolución Francesa y la Constitución

Civil del Clero (1790) pusieron en marcha un g. todavía más radicalmente secularista, que solo fue levemente modificado por el →Concordato Napoleónico de 1801 según fue unilateralmente enmendado en 1802 por los Artículos Orgánicos de Napoleón. El avivamiento católico ultramontano suscitó entre los fieles y clérigos franceses una devoción a la unidad y enseñanzas de la iglesia bajo la autoridad papal. Esto proporcionó el núcleo del apoyo para la recepción del →Sílabo de Errores y el dogma de la infalibilidad papal (1870), que lograron calificar al g. como doctrina inaceptable. G.T. McINTIRE

GALILEO GALILEI (1564-1642). Astrónomo y físico italiano. Estudió en la Universidad de Pisa y, después de enseñar en Siena y Florencia, regresó a Pisa como profesor de matemáticas (1589). Dos años después, por su oposición al aristotelismo, se trasladó a la Universidad de Padua. Ahí llevó a cabo investigaciones mecánicas, se dedicó a hacer instrumentos matemáticos para la venta, y escribió varios artículos que hacía circular en manuscrito a sus alumnos y amigos. En 1610, con la ayuda de su recién inventado telescopio, descubrió cuatro lunas que giran alrededor de Júpiter. Por analogía razonó que los planetas giran alrededor del sol. Esto lo condujo a apoyar la explicación que da →Copérnico sobre el sistema solar. También apuntaba en su libro *El mensajero estelar* muchas otras observaciones de las cuales no se podía dar cuenta con la teoría tolemaica del universo. Su publicación de estas ideas le mereció la fama en toda Europa, así como el nombramiento como filósofo y matemático del duque de Toscana.

También entró en conflicto con la →Inquisición, y cuando la teoría de Copérnico fue condenada, se le prohibió a G. enseñarla (1616). En 1624 visitó Roma y obtuvo permiso de escribir sobre los sistemas de Copérnico y Tolomeo con tal de que tratara el tema imparcialmente. El libro resultante de su trabajo, *Diálogo de los dos máximos sistemas del mundo* (1632), hizo que la Inquisición abriera proceso contra él. La obra fue condenada, G. se retractó, y fue sentenciado a cadena perpetua. Se le permitió, sin embargo, vivir bajo arresto domiciliario hasta su muerte. ROBERT G. CLOUSE

GARDINER, ALLEN FRANCIS (1794-1851). Estadista misionero y mártir en AS. N. en Basildon, Inglaterra, en una familia anglicana muy piadosa, pero su temprana vocación a la marina le alejó de la vida espiritual durante su juventud. No obstante el contacto con los éxitos misioneros en muchas partes del mundo le hizo sentir un llamado divino, pero fracasó en varios intentos de colaborar con las organizaciones misioneras de su tiempo.

A los 40 años pidió la baja y fue a Sudáfrica, donde fundó la actual ciudad de Durban, mientras procuraba comenzar la predicación entre los zulúes. Después de varios años de intento, dejó el campo para viajar a AS, procurando alcanzar a los indios del sur de →Chile, viaje sobre el que escribió un libro. El recelo de aquellos y la influencia clerical se lo impidieron. Dando la vuelta al mundo, probó nuevamente en Nueva Guinea y una vez más en la zona centro-sur de Chile, en la isla de Chiloé, encontrando solo fracasos.

Poniendo su mira en el estrecho de Magallanes, la buena recepción de los nativos le hizo pensar en fundar la *Patagonian Missionary Society*, que todavía realiza importante labor con el nombre de →Sociedad Misionera Sudamericana. Entre tanto vendió Biblias en el N de Argentina y luego recorrió el S de Bolivia, en viajes de extraordinario esfuerzo.

Cerradas todas esas puertas, dirigió su mirada a la Tierra del Fuego pero su primer intento solo duró un par de días. En el segundo (1850,51), la culminación trágica ha quedado como prototípica del martirio cristiano, pues falleció de hambre, frío y escorbuto, junto con seis compañeros, sin haber podido establecer contacto con los salvajes, debido a una falla en el reaprovisionamiento. Aparte de la tarea de sus continuadores, el mérito de Gardiner consiste en haber sido quien despertó el interés del mundo misionero hacia AS, que hasta entonces no se consideraba como campo adecuado al respecto.

ARNOLDO CANCLINI VARETTO

GATTINONI, CARLOS T. (1907-). Obispo y escritor metodista argentino. N. en la ciudad de Junín, provincia de Buenos Aires, Argentina, hijo de Juan E. →Gattinoni. Se licenció en Teología en Buenos Aires, en 1929, y cursó estudios pos-graduados en Hartford Seminary (EUA). Manejaba fluidamente el español y el inglés y leía el francés, el portugués y el italiano.

Fue pastor de la Iglesia Metodista en la Argentina y Uruguay. Los pastorados más prolongados e importantes fueron en las iglesias centrales de Montevideo y Buenos Aires. Fluente y claro en sus exposiciones (fundamentalmente bíblicas), supo atraer y conservar nutridas congregaciones, habiendo influído a diversos jóvenes hacia el pastorado.

En 1969, al declararse autónoma la Iglesia Metodista en la Argentina, fue electo obispo, cargo que ejerció con dedicación y a satisfacción de la feligresía y sus pares en el ministerio. Cesó en esa responsabilidad en 1977 por su edad de jubilarse, pero continuó ejerciendo un secretariado de evangelismo en la Iglesia Metodista y la presidencia de la Federación de Iglesias Evangélicas en Argentina.

Ejerció cargos en el Concilio Mundial Metodista, asistiendo a diversas de sus Asambleas en Oslo, Londres, Dublín. En la Argentina ejerció otras responsabilidades con la Facultad Evangélica de Teología (ahora Instituto Superior Evangélico de Estudios Teológicos), en el campo de la educación cristiana, evangelización, acción social, en la enseñanza teológica. Ha predicado en diversos países de AL, Africa y Europa.

Ha sido autor fecundo, cooperando con diversas revistas y escribiendo varios libros entre los cuales se hallan *La Eterna Contradicción* (1938), *Juventud en Acción* (1947), *El Poder que Necesitamos* (1945), *Este es el Camino* (1950), *En Verdes Prados* (1960).

SANTE UBERTO BARBIERI

GATTINONI, JUAN E. (1878-1970). Primer obispo metodista en AL. N. en Italia, con sus padres emigró a la →Argentina en 1885. Su padre era carpintero y durante sus años más juveniles Juan intentó desempeñarse en el mismo oficio. De tradición católica, a los 17 años oyó la predicación evangélica en un templo metodista. Llamaron su atención especialmente los Salmos y el NT. No tardó en convertirse y a unirse a la Iglesia Metodista. No siendo de su agrado la carpintería, probó otros oficios. Trabajaba de día y estudiaba de noche. En 1900 empezó a colaborar con su pastor, ocupándose en la venta de Biblias, tarea difícil en esos tiempos; sufrió persecución y hasta hambre. En 1901 se le ofreció beca para estudiar en el Seminario Metodista en Mercedes, provincia de Buenos Aires. Aceptó, contrariando el gusto de sus familiares católicos. Tuvo que suplementar la beca con trabajo de conserje en el templo metodista.

Se dedicó al pastorado en 1905 y un año después se casó con Minnie Ellis Rayson de origen inglesa. Del matrimonio nacieron ocho varones y dos mujeres. Dentro de sus posibilidades recibieron esmerada educación y han ocupado puestos de responsabilidad tanto dentro como fuera de la iglesia.

Predicador fogoso y evangelista, tanto en el Uruguay como en la Argentina, fue pastor de iglesias importantes. Sus mensajes de base bíblica, eran claros, prácticos, convincentes y por algún tiempo controversiales. En 1932 fue elegido el primer obispo metodista latinoamericano en asamblea llevada a cabo en Panamá. Ejerció ese puesto de responsabilidad hasta el año de 1944 con eficiencia, cariño y humildad.

Dejó tras de sí el recuerdo de un cristiano genuino y dedicado. Hasta casi el final de su vida se aplicó a alguna tarea pastoral voluntaria y enseñanza en la Facultad Evangélica de Teología de Buenos Aires. Falleció a la edad de 91 años. SANTE UBERTO BARBIERI

GAYO (CAYO) (s.III). Presbítero romano y autor de un *Diálogo* en el que mantuvo un debate con el montanista Proclo durante el pontificado de Ceferino. Proclo defendía las profecías de su secta remitiéndose a las hijas de Felipe que profetizaban (Hch. 21:9), que estaban enterradas con Felipe en Hierápolis. G. defendía la autoridad de Roma remitiéndose a las tumbas de los apóstoles en el Vaticano y en la Vía Ostia. G. aceptaba trece epístolas de Pablo, pero negaba que este fuera el autor de la carta a los Hebreos. También parece ser que rechazaba el cuarto Evangelio y el Apocalipsis como obras de →Cerinto. Dos escritores siríacos posteriores, Dionisio Bar-Salibi (s.XII) y Ebedjesús (s.XIV), mencionan un tratado de Hipólito en el cual éste defiende, contra G., el origen apostólico de las mencionadas obras. Eusebio parece no haber tenido conciencia de la actitud de G. respecto a ellas, por cuanto lo llama "eclesiástico", título habitualmente reservado a los ortodoxos. DAVID JOHN WILLIAMS

GEDEONES INTERNACIONALES. Asociación de negociantes y profesionales cristianos que surgió a partir de una reunión entre John Nicholson y Samuel Hill en el Central Hotel, Boscobel, Wisconsin, EUA (1898). Al participar en las devociones vespertinas, ambos descubrieron que compartían una misma fe cristiana. Al año siguiente, junto con W.J. Knights, organizaron una asociación de viajeros cristianos llamada los "Gedeones", por el personaje del AT que condujo a una pequeña banda de israelitas a la victoria sobre los madianitas (Jue. 6-7). Desde ese momento el número de miembros ha aumentado a más de 42.000 en noventa países. Su propósito principal es llevar individuos a la fe en Cristo, particularmente por medio de la distribución gratuita de las Escrituras. La distribución comenzó en 1908; se colocaban ejemplares de la Biblia y del NT sin costo alguno en lugares públicos como aposentos de hotel, y en las manos de escolares, prisioneros, enfermeras, soldados, etc. La obra se sostiene principalmente mediante ofrendas voluntarias que se reciben en las iglesias locales. Hacia 1971 se habían distribuido más de 11.000.000 de ejemplares de la Biblia y 91.000.000 del NT en cerca de 32 idiomas. Publican un órgano mensual, *The Gideon*.

ALBERT H. FREUNDT, Jr.

GEDEONES EN AMERICA LATINA. En 1947 los G. empezaron a estudiar la posibilidad de extender su obra fuera de EUA y Canadá. La decisión fue entusiastamente positiva. Treinta años más tarde (1977) había "campamentos" en 111 países o tierras aparte de los países de su origen y el total de Biblias y NTs distribuidos había alcanzado la cifra de 186.888.368.

Entre los 111 países se hallaban todas las naciones iberoamericanas con la excepción de Cuba, también prácticamente todas las islas y áreas de habla inglesa, francesa y holandesa en AL.

México fue el primer país (1952) en donde se organizara un campamento. En 1977 tenía 12 campamentos que habían distribuido 1.955.380 Biblias y NTs. En 1955 los G. iniciaron su obra en Puerto Rico y Ecuador, los cuales en 1977 tenían respectivamente cinco y siete campamentos que habían distribuido 551.342 y 903.525 Biblias y NTs. En 1958 empezaron en Brasil y Chile los cuales en 1977 respectivamente tenían 43 y 10 campamentos y habían distribuido 8.019.912 y 1.040.316 Biblias y NTs.

En toda el área comprendida por AL los G. hasta 1977 habían distribuido 21.049.169 Biblias y NTs. WILTON M. NELSON

GEDEON, BANDO EVANGELICO. Movimiento adventista nacido en Cuba c.1925. Su fundador fue un metodista laico de Wisconsin (EUA), Ernesto W. Sellers, que en 1922 se estableció en Cuba. Pronto empezó a celebrar cultos dominicales. Pero en una ocasión en que estaba orando recibió una revelación de que debía guardar el sábado. Más tarde recibió otras revelaciones acerca de diversos puntos de fe. Por el año 1925 vendió su negocio y se dedicó enteramente a pregonar su nueva fe. Por el año 1959 ya tenía 100 iglesias en Cuba pero desde el principio Castro los combatió. Los llamaba "patiblancos" y después de 20 años de dominio castrista solo quedaban doce iglesias. Pero el celo misionero ha llevado el movimiento a otros 20 países y el nombre moderno del "Bando" es ahora "Iglesia Evangélica Internacional de los Soldados de la Cruz".

Sostienen muchas de las doctrinas distintivas de los evangélicos, pero también algunas que son peculiares de los →Adventistas del Séptimo Día; v.g. la observancia del sábado, el énfasis en el diezmo y la práctica del lavamiento de los pies. No obstante, insisten en que no se han derivado de la Iglesia Adventista. Además, consideran a Ernesto Sellers como profeta de Dios (y lo llaman cariñosa y religiosamente el "apóstol Daddy Johns"). También el Bando tiene ciertos tintes pentecostales, creyendo en el bautismo del Espíritu Santo y en la sanidad divina.

Se distinguen por su celo misionero. Los que se dedican totalmente a la actividad evangelizadora, tanto hombres como mujeres, visten de una simbólica ropa blanca.

NICOLAS CHAIJ

GELASIO (m.394-5). Obispo de Cesarea a partir de c.367. Sobrino de Cirilo de Jerusalén y niceno convencido, fue removido de su sede durante el reinado del emperador →Valente, pero restaurado al subir al trono →Teodosio I en 378. En 381 estuvo presente en el Concilio de →Constantinopla. Según Teodoreto, "era renombrado tanto por su erudición como por su vida". Escribía, según Jerónimo, "en un estilo más o menos cuidadosamente pulido, pero no para publicar sus obras". Tales obras incluyen una continuación de la *Historia eclesiástica* de Eusebio, en la cual pueden haberse basado tanto Rufino como Sócrates para sus respectivas historias. Escribió también un tratado contra los →anhomeos y una *Expositio Symboli* de la cual quedan fragmentos.

DAVID JOHN WILLIAMS

GELASIO I (m.496). Papa a partir de 492. Aunque son inciertos su lugar de nacimiento y su nacionalidad, parece probable que fuera ciudadano romano de Africa. Está claro que fue uno de los más capaces en un siglo de ilustres pontífices. Habiendo asumido el cargo una década después de que comenzara el Cisma →Acaciano, estuvo constantemente enfrascado en la controversia por mantener la primacía de Roma contra Constantinopla. Sus escritos incluyen tratados y cartas sobre las dos naturalezas de Cristo, el arrianismo, el pelagianismo, y el maniqueísmo. Sus opiniones sobre los puestos relativos de la iglesia y el estado anticiparon gran parte del pensamiento posterior sobre el asunto. "Existen dos poderes por los que es gobernado este mundo principalmente", escribía al emperador Anastasio I, "la sagrada autoridad del sacerdocio, y la autoridad de los reyes". Sostenía que cada uno de ellos era de origen divino e independiente en su propia esfera de acción. El *Decretum Gelasianum* y el Sacramentario Gelasiano se le han atribuido erróneamente, si bien algunos estudiosos encuentran en este último algunas huellas de su pensamiento. J.D. DOUGLAS

GENADIO I (m.471). Patriarca de Constantinopla. Siendo miembro de un monasterio en Constantinopla, escribió en contra de los anatemas de Cirilo de Alejandría durante la controversia nestoriana. A la muerte de →Anatolio en 458, León el Tracio lo hizo patriarca. Después de un sínodo en Constantinopla en 459 trató de resolver el cisma que había seguido al Concilio de Calcedonia (451), tanto mediante la acción como mediante el envío de una encíclica a sus obispos y clérigos. Escribió cierto número de comentarios bíblicos, p.e. sobre el Génesis y Daniel, pero solo dentro de *catenae* hay partes de dichos comentarios que sobreviven. Todavía existe una carta que le escribió el Papa León. En el Oriente se le considera santo.
J.D. DOUGLAS

GENADIO DE MARSELLA (m.496). Historiador eclesiástico. Su obra más conocida es *De viris illustribus,* que contiene 101 biografías, breves pero en general precisas, de eclesiásticos entre los años 392 y 495, y por tanto sirve de continuación a la obra de Jerónimo que lleva el mismo título. En su recensión comúnmente aceptada existe evidencias de una segunda mano. Por ejemplo, el relato elogioso sobre Jerónimo al principio del libro parece contradictorio con las hostiles referencias sobre él en la biografía de Rufino. G., que era presbítero, parece haber sido semi-pelagiano, porque censura a →Agustín y a →Próspero mientras alaba a Fausto. Por otra parte, en su otra obra *Epistola de fide mea* o *De ecclesiasticis dogmatibus liber,* si bien afirma claramente la libertad de la voluntad humana, el principio de la bondad se atribuye a la gracia divina. Esta obra estuvo por mucho tiempo incluida entre las de Agustín. DAVID JOHN WILLIAMS

GENOVEVA (c.422-500). Virgen de París, y santa patrona de la ciudad. De niña atrajo, según se dice, la atención de Germán de Auxerre y, por instigación suya, se dedicó a una vida ascética. Desde los quince años hasta los cincuenta comía solo dos veces por semana, y solo pan de cebada. Después de eso, por mandato del obispo, agregó pescado y leche a su dieta. Se atribuyó a sus oraciones el hecho de que los hunos, al mando de Atila, se alejaran de París en 451. J.D. DOUGLAS

GENUFLEXION. En el catolicismo romano, flexión momentánea de la rodilla derecha hasta tocar el suelo. El cuerpo se mantiene erecto y se hace la señal de la cruz. En la Iglesia Occidental este gesto ha sustituido en gran medida al doblar reverente de cuerpo que era habitual antes del s.XVI y que todavía se realiza en ciertas órdenes religiosas, y que es casi universal en las Iglesias Ortodoxas Orientales. La g. se usa frecuentemente en el ritual católico y se halla también en el sector anglo-católico del anglicanismo. Una doble g. se hace hincando ambas rodillas, inclinando la cabeza y levantándose y, según una fuente católica, se hace "ante el Santísimo Sacramento cuando está expuesto". Algunos cristianos antiguos que doblaban la rodilla solo como signo de penitencia se conocían como "genuflectantes". J.D. DOUGLAS

GERHARD, JOHANN (1582-1637). Teólogo luterano. N. en Quedlinburg, estudió en las universidades de Wittenberg, Jena y Marburgo, entró al servicio del Duque Casimiro de Coburgo cuyas iglesias recibió el encargo de reordenar, pero fue relevado en 1616 para hacerse profesor en Jena. Ahí se unió con Johann Major y Johann Himmel; los tres distinguidos catedráticos fueron entonces conocidos como la *"Trias Johannea".* Aunque varios príncipes alemanes lo emplearon después en numerosos cargos eclesiásticos, políticos y diplomáticos, dedicó la mayor parte de su tiempo al estudio. Su *Confessio catholica* (1634-37) fue una firme defensa de la fe evangélica, y sus *Loci theologici* (1610-22) se consideran el apogeo de la teología dogmática luterana. Sus 51 *Meditaciones* devocionales, escritas en 1606, gozaron de merecida popularidad y fueron traducidas al inglés en 1627; todavía en 1846 se reimprimió en inglés una selección de catorce de ellas. IAN SELLERS

GERHARDT, PAULUS (1607-1676). Himnógrafo alemán. N. en Sajonia, estudió en Wittenberg y pasó algunos años como tutor en Berlín. En 1651, ya en su edad madura, se hizo pastor luterano en Mittenwalde. En 1657 se le asignó la Iglesia de San Nicolás en Berlín, donde ganó estima como predicador. Luterano intransigente, rehusó aceptar, aunque fuera tácitamente, el edicto de Federico Guillermo I que restringía la libertad de expresión sobre puntos disputados entre luteranos y calvinistas. En 1668 fue nombrado archidiácono de Lübben, donde, ya viudo y con solo un hijo sobreviviente de cinco que había tenido, permaneció hasta su muerte. Entre los himnógrafos alemanes solo es superado por el mismo Lutero. Cerca de una tercera parte de sus 133 himnos, publicados por primera vez en las colecciones de J. Crüger, se cantan todavía en Alemania. Marcan la transición del tipo de himnodia confesional al devocional: cp. el himno de Lutero *"Ein feste Burg"* con el de Gerhardt *"Befiehl du deine Wege"*, que Juan Wesley tradujo al inglés bajo el título *"Commit thou all thy griefs"*. Traducciones al español incluyen "Cabeza ensangrentada", "Si Dios me favorece" y "La salud os ha llegado" (→HIMNOLOGIA). JOHN S. ANDREWS

GERHOH DE REICHERSBERG (1093-1169). Agustino prominente, y destacado defensor de las reformas gregorianas en Alemania. N. en Baviera, fue *scholasticus* de la escuela de la catedral de Augsburgo (1119), pero entró en conflicto con su simoníaco obispo Hermann, y en 1121 fue forzado a entregar el cargo. Reconciliado luego con su obispo, le sirvió de consejero en el Primer Concilio →Lateranense (1123), convocado por Calixto II para confirmar el Concordato de Worms. G. intentó infructuosamente persuadir al concilio de que adoptara su programa para la reforma del clero secular mediante la introducción de la vida comunitaria. Regresó a Alemania en 1124 y entró al claustro de los canónigos regulares agustinos en Rottenbuch. Reformó la regla de los canónigos y explicó sus ideas en el *Liber de aedificio Dei* (1130). Como prepósito de los canónigos regulares (Reichersberg, 1132), viajó mucho y estableció relaciones de amistad con →Bernardo de Claraval. Siempre un paladín de la ortodoxia teológica, aunque tachado de hereje por muchos opositores de sus reformas, atacó la cristología de Pedro →Abelardo y de Gilberto de la Porrée. Sus ideas sobre la relación del poder imperial y papal fueron recogidas en su tratado *De investigatione Antichristi* (1161), ensayo que no lo puso en buena posición frente a Federico I, a quien distanció aun más en 1166 porque no estaba dispuesto a apoyar a un antipapa imperialista. DAVID C. STEINMETZ

GERMAN (c.634-c.733). Patriarca de Constantinopla. Hijo de nobles bizantinos, se asoció hacia 668 con la iglesia de Santa Sofía; luego llegó a ser primado de la iglesia y patriarca de 715 a 730. No está clara su posición respecto a la controversia monotelita y el VI Concilio Ecuménico (680-681). Bajo presión puede haber rechazado las declaraciones contra la herejía, pero si lo hizo, hay buenas indicaciones de que luego regresó a la fórmula cristológica de Calcedonia, puesto que uno de sus primeros actos como patriarca fue condenar a los →monotelitas. Cuando la controversia →iconoclasta empezó a surgir hacia 725 (y el emperador León III emitió su edicto contra la veneración de las imágenes), G. se opuso al decreto imperial y finalmente fue forzado a abandonar su puesto. Se fue entonces para Platonio, donde probablemente se dedicó a escribir durante sus últimos tres años.

Debido a sus conflictos con los emperadores, la mayor parte de sus obras ha sido destruida; sin embargo permanece su *De haeresibus et synodis*. También puede haber sido el autor de la *Historia mystica ecclesiae catholicae*, obra litúrgica que incluye varios poemas. Su agudo interés por la Virgen María puede verse en sus siete homilías sobre las virtudes de la Virgen y su función en la salvación. Su parte en la controversia iconoclasta está indicada en cuatro cartas que aun se conservan. G. es singular por reflejar la influencia del cristianismo occidental sobre la Iglesia Oriental en un momento en que ambas secciones de la iglesia se estaban apartando por asuntos eclesiásticos, políticos y culturales. DONALD M. LAKE

GERSON, JEAN CHARLIER DE (1363-1429). Teólogo y dirigente eclesiástico francés. Entró a la Universidad de París en 1377 y sucedió a su amigo y maestro Pierre →d'Ailly como canciller en 1395. Formado en el nominalismo de Guillermo de Occam, resistió sin embargo sus potenciales excesos especulativos y escépticos. Por su gran interés en la vida cristiana práctica, procuró poner coto al intelectualismo académico dando conferencias sobre mística y sobre espiritualidad en la universidad; al mismo tiempo escribió contra la superstición popular y el entusiasmo irracional. Un hombre así no podía sino sufrir con el →Cisma Occidental. Al principio trató de moderar la hostilidad de las facciones en la iglesia, pero finalmente llegó a respaldar el ala radical del Cisma, colocando a su lado toda la autoridad de la universidad principal de la iglesia. Desilusionado por el fracaso de la dirigencia papal, opinaba que en una emergencia el derecho canónico podía dejarse de lado; particularmente se alió a Enrique Langenstein para insistir en que el papa no era absoluto, pero que debía ser considerado como la cabeza, y por tanto como parte, del cuerpo que es la iglesia, e.d., la totalidad de los creyentes, y como existente para el bien de la iglesia. De aquí se seguía el paso revolucionario, a saber, que el cuerpo tiene derecho de llamar a cuentas a una cabeza que está fallando. Así es que participó en el Concilio de Pisa (1409) y en el de Constanza (1415-17) que hizo quemar a Juan Hus y depuso a tres papas para acabar con el cisma. En todo esto, G. actuó como hombre del sistema tradicional; la ley solo podía dejarse de lado a fin de mantener el espíritu de la ley. Sus puntos de vista se formularon en *De potestate ecclesiastica* (1416-17).

Su inquietud por el orden social y la moralidad había de manifestarse en su hostilidad hacia el sacerdote Jean Petit, que escribió un tratado sobre el tiranicidio a fin de justificar la acción de la facción borgoñona en Francia. G. aseguró la condena de Petit en Constanza, pero puesto que el partido borgoñón alcanzó el dominio en esa época, su regreso a París después del concilio se vio imposibilitado, y terminó sus días en el exilio. Como uno de los teóricos principales del Movimiento Conciliar, G. tiene considerable importancia en la historia de la doctrina de la iglesia y del pensamiento político cristiano.

HADDON WILLMER

GERTRUDIS LA MAGNA (1256-ca.1302). Mística alemana. N. en Eisleben y a partir de los cinco años fue criada y educada en el monasterio de las benedictinas negras en Heltfa, Turingia. Tuvo su primera experiencia mística en 1281 y a partir de entonces llevó una vida de contemplación. Su *Legatus divinae pietatis* es un clásico del misticismo cristiano. Fue una de las primeras expositoras de la devoción al Sagrado Corazón. También escribió *Exercitia spiritualia,* colección de oraciones. Nunca fue canonizada formalmente, aunque su devoción fue autorizada por primera vez en 1606 y extendida a toda la ICR por Clemente XIII (1738). Es la patrona de las Indias Occidentales.

J.D. DOUGLAS

GESENIUS, HEINRICH FRIEDRICH WILHELM (1786-1842). Orientalista y estudioso bíblico alemán. N. en Nordhausen, Hanover, recibió la formación teológica en Helmstedt y Gotinga, y fue profesor de teología en Halle desde 1811. Se concentró en los problemas de la filología semítica, llegando a ser el más ilustre hebraísta de su generación. Su obra principal fue *Hebräisches und chaldäisches Handwörterbuch* (1810-12), que fue editado varias veces y constituyó la base del lexicón hebreo de Brown, Driver, y Briggs (1906). En 1813 publicó la primera edición de su gramática hebrea, corregida y aumentada por E. Kautzsch (1899 en adelante). Escribió un comentario sobre Isaías (1820-21), y su monumental *Thesaurus philologico-criticus linguae Hebraeae et Chaldaeae Veteris Testamenti* (1829-58) fue completado después de su muerte por su discípulo E. Rödiger.

J.G.G. NORMAN

GESS, WOLFGANG FRIEDRICH (1819-91). Teólogo alemán. Estudió en Tubinga donde fue influido por →Baur y →Beck. Después de asistir a su padre (pastor luterano) por algún tiempo, fue hecho docente en un instituto misionero en Basilea (1850). En 1864 fue nombrado profesor en Gotinga, donde fue colega de Ritschl, luego se trasladó a Breslau (1871). En 1880 fue designado superintendente general de la provincia de Posen pero pronto después se retiró por razones de salud.

G. había sido criado en el →pietismo de Württemburg, el cual hacía énfasis en la teología bíblica y la experiencia cristiana, pero asumía una actitud transigente hacia la inspiración de la Biblia. G. fue exponente destacado de la cristología kenótica(→KENOSIS), la cual procuraba explicar la unión de la plena humanidad de Cristo con la verdadera divinidad, afirmando un "despojamiento" de ésta en la encarnación. La teoría se basaba en una interpretación de Fil. 2:5ss. como clave para explicar el concepto ortodoxo de la divinidad de Cristo a la luz de su humanidad evidente en los Evangelios y la crítica moderna.

COLIN BROWN

GIBBON, EDWARD (1737-1794). Historiador inglés. N. en Surrey, hijo de un miembro del Parlamento, y toda su vida vivió por sus propios medios. Su obra *Decline and Fall of the Roman Empire* (7 tt., 1766-88) ayudó a convertir la historia de la iglesia en una disciplina crítica. En algunos sentidos su obra no ha sido aun superada. Amigo de Voltaire, Diderot y d'Alembert, G. investigó la historia romana desde el s.II hasta el XV, desde el punto de vista del humanismo irónico del

s.XVIII. La vio como la historia de la caída, por medio del progresivo "triunfo de la religión y la barbarie", desde la libertad intelectual manifestada en la literatura clásica. Este tema era más apropiado para el Imperio Romano Occidental que para el Oriental, y G. trató sobre este último en una forma menos adecuada. No creía en lo sobrenatural, y procuró explicar el crecimiento del cristianismo en forma naturalista, sobre el principio de que lo religioso es por lo menos un fenómeno de la experiencia humana. Siempre tuvo aguda conciencia de cómo las pretensiones religiosas podían esconder la ambición, la incredulidad y la inhuamnidad, aunque supo respetar la auténtica piedad.
HADDON WILLMER

GIBBONS, JAMES (1834-1921). Arzobispo de Baltimore. Hijo de inmigrantes irlandeses, surgió de un ambiente sencillo hasta convertirse en "el cardenal norteamericano", el principal prelado católico en la historia de los EUA. Nombrado arzobispo de Baltimore en 1877, y creado cardenal en 1886, dirigió la primera arquidiócesis de la nación, y por lo tanto gran parte de la iglesia norteamericana, hasta su muerte. Si bien no tenía talento de escritor o pensador, extendió la influencia católica en una época de intenso anti-catolicismo. En medio de una iglesia colmada de inmigrantes que no hablaban inglés y una nación que temía a los extranjeros, trató de probar que la lealtad a Roma realmente mejoraría la ciudadanía católica estadounidense. Su liderazgo, que fomentó instituciones como la Universidad Católica de América y la Conferencia Nacional Católica de Bienestar Social, creó también un "americanismo" que apoyaba el orden establecido y dejaba de lado algunas tradiciones de la iglesia, como la guerra justa. DARREL BIGHAM

GIL DE ROMA (1243/7-1316). Teólogo y filósofo. Después de estudiar en la casa de los ermitaños agustinos en París, aprendió teología con →Tomás de Aquino en la Universidad de París. De 1285 a 1291 fue el primer catedrático agustino de teología en esa universidad. Fue un escritor fecundo. En 1287 la orden prescribió que las enseñanzas de G. fueran seguidas en las escuelas agustinas. Llegó a ser superior general de la orden en 1292. Como tutor de Felipe IV de Francia escribió *De regime principum;* como arzobispo de Bourges a partir de 1295, su obra *De renuntiatione papae* defendió la validez de la abdicación de Celestino V y la elección de →Bonifacio VIII. Luego se puso al lado de Bonifacio en una querella con Felipe, al escribir *De ecclesiastica potestate* (1301/2) que inspiró la *Unam Sanctam* de Bonifacio (1302). G. veía en la teocracia papal el cumplimiento del ideal de la Ciudad de Dios que había formulado Agustín, cuya teología defendía. Testigo del pensamiento de Tomás de Aquino –si bien difería de él considerablemente en ciertas cuestiones–, G. comentó también las obras de Aristóteles y de Pedro Lombardo, y produjo escritos exegéticos sobre las epístolas de Pablo y el Evangelio de Juan. C.G. THORNE, Jr.

GILSON, ETIENNE H. (1884-1978). Filósofo católico. Hijo de un mercader parisién, estudió en la Sorbona y en la Collège de France, y enseñó filosofía en Lille (1913), Estrasburgo (1919), la Sorbona (1921), y el Collège de France (1932). Dio conferencias en Harvard (1926-28) y en 1929 asumió la dirección del Instituto Pontificio de Estudios Medievales en la Universidad de Toronto. Se pensionó en 1951. Medievalista insigne, produjo obras sobre Descartes, Tomás de Aquino, Buenaventura, Francisco, Agustín, Bernardo, y Duns Escoto; pero escribió también amplios ensayos interpretativos relacionados con el pensamiento medieval en sí. Entre estos están *L'esprit de la philosophie médiévale* (1931-32), *Reason and Revelation in the Middle Ages* (1939), *God and Philosophy* (1941), y *History of Christian Philosophy in the Middle Ages* (1955). Además de sus estudios filosóficos posteriores, sus años de jubilación han visto también publicaciones que reflejan su interés y conocimiento de las bellas artes. CLYDE CURRY SMITH

GIOBERTI, VINCENZO (1801-1852). Filósofo y estadista italiano. N. en Turín; fue ordenado sacerdote a los 24 años y pronto adquirió fama por su gran erudición, lo cual llevó a su nombramiento como profesor en la escuela teológica de la Universidad de Turín. Fue objeto de sospechas y enconos por sus ideas liberales, por lo cual fue encarcelado y deportado a París en 1833. En el exilio publicó obras que elogiaban a Italia y su civilización, y al mismo tiempo exhortaba a los italianos a luchar por la unidad y a unirse en una confederación bajo el liderazgo papal ("neo-güelfismo"). El impacto y éxito de sus escritos fueron grandes, y las estrategias liberales de →Pío IX parecieron confirmar las expectativas de G. Regresó a Turín, fue elegido miembro del parlamento, y lo nombraron primer ministro del Piamonte durante la primera guerra de independencia. De vuelta en París tras la derrota piamontesa, desilusionado por el cambio ideológico del papa y el desvanecimiento de su utópica federación, escribió un libro que condenaba el poder temporal del papa y abogaba por la unidad de Italia bajo el nuevo rey piamontés, Víctor Manuel II, y su ministro Cavour. Sus últimos escritos sugerían la necesidad de suprimir el papado a fin de renovar la iglesia. DAISY RONCO

GLADDEN, WASHINGTON (1836-1918). Teólogo liberal y expositor del Evangelio Social. Recibió un grado universitario en Williams College y pastoreó iglesias de Nueva York y Massachusetts de 1860 a 1882, a excepción de algunos años en que fue redactor religioso del periódico *Independent*. Su principal labor como pastor se desarrolló en la Primera Iglesia Congregancional de Columbus, Ohio, de 1882 a 1914. Ahí aplicó la enseñanza de Cristo a los problemas sociales, apoyó los derechos de los sindicatos, favoreció el compartir la plusvalía y el arbitraje industrial, y trató de que su denominación rechazara una cuantiosa donación de la compañía petrolera Standard por considerarla "dinero corrupto". J.D. DOUGLAS

GLADSTONE, WILLIAM EWART (1809-1898). Primer ministro británico. Hijo de un comerciante de Liverpool, fue, educado en Eton y Oxford, se distinguió en los estudios clásicos y las matemáticas, y estuvo a punto de ingresar al ministerio clerical de no ser porque su padre, que era miembro del Parlamento, tenía planeada para su hijo una carrera política. Entró al Parlamento en 1832 y siguió como miembro (con una breve interrupción) hasta 1895. Era enteramente un hombre de principios y humanidad: su primer discurso fue ante todo un ataque a la esclavitud, y en muchas ocasiones defendió a las minorías oprimidas, procurando siempre decisiones tomadas sobre bases morales. Apoyó la Emancipación Católica, no por indiferencia religiosa sino por principio. Recibió fuerte influencia del Movimiento de →Oxford, y se opuso al Arzobispo Tait, que quería abolir el ritual. Sin embargo, G. se oponía a las posturas del catolicismo romano. Conocía bien la Biblia, y tituló a uno de sus libros *The Impregnable Rock of Holy Scripture.* P.W. PETTY

GLOSOLALIA. Este vocablo, que no se encuentra propiamente en las Escrituras, es un compuesto de las palabras griegas *glossa* ("lengua") y *lalein* ("hablar") que se hallan en Hch. 2:4,11; 10:46; 19:6; Mr. 16:17 y 1 Co. 12-14. Según la definición de un adepto contemporáneo, "la g. es una expresión sobrenatural del Espíritu Santo en lenguajes que nunca fueron asimilados por el emisor y que raras veces son entendidos por el receptor". Es la expresión espontánea de sonidos verbales no comprendidos que, al parecer, son emitidos al azar, aunque el que los pronuncia, en la mayoría de los casos, tiene control sobre sus acciones. La g. no es exclusivamente un fenómeno religioso. Desde la perspectiva de la psiquiatría tiene un valor terapéutico semejante al de la catarsis y de los sueños, y se le considera una manifestación de una profunda necesidad de comunicar emociones que han sido suprimidas por cualesquiera presiones sociales.

La g. existe tanto entre ciertas religiones paganas y pseudo-cristianas, como dentro del cristianismo genuino. Todavía en el s.II la g. aparece en el →montanismo. A fines del s.XVII los →hugonotes cevenoles en el sur de Francia, estando bajo amenaza constante de muerte, tuvieron experiencias extáticas, incluyendo la g. En el s.XIX hubo manifestaciones glosolálicas entre los seguidores de Edward →Irving, a pesar de que éste nunca hablase "en lenguas". Aunque se dieron algunos casos esporádicos en los movimientos de avivamiento en Inglaterra y en →EUA en los ss.XVIII y XIX se sabe de relativamente pocos casos de g. antes del inicio del Movimiento →Pentecostal a comienzos del s.XX. A partir de ese momento, el aumento en la cantidad de experiencias glosolálicas ha sido nada menos que fenomenal.

Al iniciarse el s.XX, varios movimientos pentecostales surgieron en Estados Unidos. El primer caso verificado de "hablar en lenguas" en este siglo se dio en Topeka, Kansas (EUA), en 1901, cuando "el bautismo en el Espíritu" cayó sobre Agnes N. Ozman, estudiante en el Instituto Bíblico Betel del movimiento de →Santidad. De allí la experiencia se extendió a otras regiones del país, y no tardó en estallar en naciones distantes en todo el mundo. Ya para mediados de 1906, se comenzó a "hablar en lenguas" en una pequeña congregación de Los Angeles, el resultado del ministerio del predicador negro W.J. Seymour. Se considera este avivamiento en la Calle Azusa como el inicio del movimiento pentecostal mundial. T.B. Barralt, un pastor metodista de Noruega, llevó la experiencia de g. desde los EUA a su patria, y poco más tarde, a Inglaterra, Alemania y Suecia. Un movimiento paralelo que no parece haber tenido nexos con la experiencia norteamericana, surgió en 1906 en la India, de donde se extendió dentro de pocos años a otras regiones de Asia. Poco después se conoce la experiencia en las colonias británicas y portuguesas de Africa. En 1907, el fenómeno estalla en la Iglesia Metodista de Valparaíso, Chile, y nace la iglesia Metodista Pentecostal bajo el liderazgo de Willis C. →Hoover. En 1910 el ítalo-americano Luigi Francescon y los misioneros suecoamericanos, Daniel Berg y Gunnar Vingren fundan sendos movimientos pentecostales en Sao Paulo y Belém de Pará, Brasil, que con el tiempo llegarían a ser las dos mayores denominaciones del país: la Congregaçao Crista y las Assembleias de Deus. Hoy hay miles de grupos pentecostales en todo el mundo, la mayoría de los cuales practica la g.

Desde 1960, la práctica de "hablar en lenguas" ha conseguido una entrada en grupos no pentecostales, en parte como resultado de las actividades de movimientos para-eclesiásticos como la Fraternidad Cristiana del Evangelio Completo de Hombres de Negocios, que fue fundada en 1953. Existen hoy pujantes movimientos de →"renovación carismática" en la mayoría de las denominaciones tradicionales y en la Iglesia Católica. Los movimientos pentecostal y carismático distinguen entre dos funciones de la g.: (a) Es la señal inicial del "bautismo en el Espíritu", aunque en el movimiento carismático no todos concordarían con sus hermanos pentecostales de que es una señal única y absolutamente indispensable. (b) Es también uno de los dones (carismas) del Espíritu Santo al cual todo cristiano debe aspirar, aunque, una vez más, no hay una insistencia uniforme sobre el uso de este don. La práctica del don de lenguas puede ser pública, para la edificación de la iglesia, en cuyo caso debe ser interpretado según 1 Co. 14:27, aunque muchas veces esto no se cumple. Puede, también, ser practicado en forma personal como una especie de oración y de alabanza individual o corporativa no-intelectual que exterioriza sentimientos imposibles de verbalizar (Ro. 8:26).

GUILLERMO COOK

GNOSTICISMO. Este término designa una variedad de movimientos religiosos en los primeros siglos del cristianismo que insistían en la salvación por medio de una *gnosis* o "sabiduría" secreta. Estos movimientos quedan atestiguados en forma clara sobre todo por medio de los escritos de los Padres de la iglesia en el s.II. Los Padres consideraban los diversos movimientos gnósticos como perversiones heréticas del cristianismo. Los estudiosos modernos conciben el g. como un fenómeno religioso que en realidad fue algo más independiente del cristianismo. No hay un consenso, sin embargo, acerca de cómo se originó. Los estudiosos alemanes, que definen el g. en una forma muy laxa, logran encontrar rastros gnósticos dondequiera que exista un énfasis en el "conocimiento" para la salvación, como en los →Rollos del Mar Muerto. Otros estudiosos, que definen el g. más estrechamente, exigen la presencia de un dualismo cosmológico antes de aceptar que un documento sea gnóstico.

Fuentes. (1) *Patrísticas.* Hasta el s.XIX, nuestro conocimiento del g. dependía enteramente de los escritos de los Padres de la iglesia de los ss.II y III: Justino Mártir, Ireneo, Hipólito, Orígenes y Tertuliano, junto con las descripciones posteriores de Epifanio (m.403). Algunos de los padres conservaron extractos de documentos gnósticos importantes, pero en su mayor parte sus narraciones son sumamente polémicas. Por lo tanto los estudiosos no estaban seguros de cuán precisa era la descripción que se hacía de los gnósticos en los escritos patrísticos. E. de Faye, que escribió a principios del presente siglo, mostraba gran escepticismo. Consideraba como completamente legendaria cualquier información relacionada con movimientos anteriores a la obra perdida de Justino, *Syntagma* (c.150). Recientemente los eruditos han llegado a confiar más en las fuentes patrísticas, puesto que los tratados de →Nag Hammadi han confirmado algunos de sus materiales.

Si bien el NT mismo, en Hch. 8, no describe a Simón Mago como un gnóstico, los relatos patrísticos son unánimes en considerar a este Simón como la fuente de todas las herejías. A diferencia de los gnósticos posteriores, Simón pretendía ser divino y enseñaba que la salvación implicaba conocerlo a él, más que un conocerse uno a sí mismo. A Simón lo siguió otro samaritano, Menandro, que enseñó en Antioquía hacia fines del s.I. Les enseñaba a sus seguidores que los que creyeran en él no morirían. En tiempos de Justino (c.150) parecía ser que casi todos los samaritanos se habían hecho seguidores de Simón. Pero hacia el año 178 Celso ya no atribuía importancia alguna a los simonianos.

A principios del s.II enseñaba en Antioquía →Saturnino que, a diferencia de Simón y Menandro, afirmaba que Cristo era el redentor. En Asia Menor →Cerinto fue un contemporáneo de Policarpo de Esmirna. Un gnóstico algo fuera de lo común fue →Marción del Ponto, que enseñó en Roma de 137 a 144. Otros maestros gnósticos son →Basílides y su hijo Isidoro, y →Carpócrates y su hijo Epífanes: todos estos enseñaron en Alejandría. El maestro gnóstico más famoso fue →Valentino, que enseñó en Alejandría y llegó a Roma hacia 140. Tenía cierto número de notables discípulos, entre ellos Tolomeo y →Heracleón en Occidente, y Teódoto en Oriente.

(2) *Coptas.* En el s.XIX se tradujeron dos códices gnósticos originales escritos en copto: el Códice Askewianus, que contenía la Pistis Sophia, y el Códice Brucianus que contenía los Libros de Jeu. Un tercero Códice, el Códice Berolinensis 8502, si bien se halló a fines del s.XIX, no fue publicado íntegramente sino hasta 1955. Contiene un *Evangelio de María* (Magdalena), una *Sabiduría de Jesús, Hechos de Pedro,* y un *Apócrifo de Juan,* obra mencionada por Ireneo (180 d.C.).

En 1946 se descubrió cerca de Nag Hammadi, en el Alto Egipto, un depósito de trece códices coptos. Entre ellos hay como 53 tratados, de los cuales se han publicado hasta ahora más de una tercera parte, y que fueron escondidos hacia el 400 d.C. Entre las obras que se han publicado están: *El evangelio de la verdad,* que algunos han atribuido a Valentino; *La epístola de Reginos,* discurso sobre la resurrección como fenómeno no físico; *El evangelio según Tomás,* que contiene dichos atribuidos a Jesús; *El evangelio de Felipe,* que refleja un valentinianismo semejante al de los marcosianos de fines del s.II; *El apocrifón de Juan,* que presenta una cosmogonía semejante a la que los Padres de la iglesia atribuyen a los setitas y ofitas; *La hipóstasis de los arcontes,* que da una cosmogonía similar a la del *Apocrifón de Juan; El apocalipsis de Adán,* que el editor A. Böhlig considera un documento que representa el g. no cristiano. Este *Apocalipsis* no contiene referencias explícitas al cristianismo aunque, según algunos estudiosos, sí hay algunas claras alusiones a él.

(3) *Mandaicas.* Las comunidades →mandeístas de Iraq e Irán son los únicos restos que sobreviven del antiguo g. Sus textos, aunque muy tardíos, han sido utilizados por los estudiosos alemanes como R. Reitzenstein y R. →Bultmann para reconstruir tradiciones gnósticas presumiblemente anteriores. A principios del s.XX M. Lidzbarski tradujo tres importantes textos mandeístas: El *Ginza,* que presenta una cosmología detallada; el llamado *Johannesbuch,* que contiene algunas tradiciones tardías acerca de Juan el Bautista, a quien veneraron los mandeístas; la *Qolasta,* que es una colección de liturgias mandeístas. Más recientemente E.S. Drower ha publicado cierto número de otros manuscritos, entre ellos el *Haran Gawaita,* que es un relato legendario de la migración de la secta desde Palestina. Además de estos manuscritos tardíos (ss.XVI a XIX) existen textos mandeístas anteriores en tazones mágicos (c.600 d.C.), y algunas franjas de plomo que se estima pertenecen al s.II ó III, según R. Macuch. Macuch, Drower y K. Rudolph han argumentado a favor del origen pre-cristiano de los mandeístas. El presente autor ha sugerido que su origen data más bien del s.II d.C.

(4) *Otras fuentes.* Mani (216-275 d.C.) nació cerca de Seleucia-Ctesifonte, en Babilonia. Estableció una forma sumamente sincrética del g. llamada →maniqueísmo, que se extendió mucho e incluso contó a Agustín entre sus adherentes. R. Reitzenstein y G. Widengren han supuesto que los textos maniqueos tardíos conservan elementos del g. iranio primitivo. Un nuevo códice de Colonia ha demostrado ahora que la secta bautista a la que pertenecían Mani y su padre no era la secta mandeísta sino la de los →elcasaítas, grupo judeocristiano. Otros textos que se han aducido como evidencia de formas primitivas del g., pero cuyo carácter gnóstico se ha discutido, incluyen los "Hermética", las "Odas siríacas de Salomón", y el "Himno de la Perla" (en los *Hechos de Tomás*), los escritos de Filón de Alejandría, las referencias a los *minim* en las fuentes rabínicas, el misticismo judío de la Merkabah, y los Rollos del Mar Muerto.

Enseñanzas de los gnósticos. En los sistemas gnósticos existe un dualismo ontológico: una oposición entre el Dios inefable y trascendente, y un demiurgo ignorante y obtuso (a menudo caricatura del Jehová del AT), el cual es el creador del cosmos. En algunos sistemas la creación del mundo material es el resultado de la caída de la Sofía. La creación material se considera mala. Sin embargo, hay chispas de divinidad que han quedado encerradas en los cuerpos de ciertos hombres pneumáticos (espirituales) destinados a la salvación. Estos pneumáticos ignoran sus orígenes celestiales. Dios les envía un redentor, con frecuencia un Cristo docetista, que les trae la salvación en la forma de una *gnosis* secreta. Iluminados así, los pneumáticos escapan de sus cuerpos carnales en la muerte y atraviesan las esferas planetarias de demonios hostiles hasta reunificarse con la deidad. Puesto que la salvación no depende de la conducta sino del conocimiento de una naturaleza pneumática innata, algunos gnósticos manifestaban un comportamiento extremadamente libertino. Afirmaban ser "perlas" que no podían quedar contaminadas por ningún "lodo" exterior. Por otro lado, muchos gnósticos asumían una actitud radicalmente ascética en relación con el matrimonio, considerando que la creación de la mujer era el origen del mal y que la procreación de hijos no era sino la multiplicación de almas atadas a los poderes de las tinieblas.

Orígenes gnósticos. No hay unanimidad acerca de cómo, dónde o cuándo se originó el g. S. Pétrement sigue a los Padres al afirmar un desarrollo post-cristiano e intra-cristiano del g. Muchos estudiosos alemanes presuponen un origen pre-cristiano del g., aunque las evidencias que aducen para apoyar su posición son todas o bien textos muy primitivos que no son claramente gnósticos, o textos gnósticos muy posteriores. Un creciente número de estudiosos, entre ellos G. Quispel y G. MacRae, presuponen una función importante del judaísmo en los orígenes del g., si bien los textos gnósticos en sí son abiertamente antijudíos. R. Grant ha sugerido que la desilusión del apocalipticismo judío, con la caída de Jerusalén en 70 d.C., puede haber dado como resultado el g.

El G. y el NT. Los estudiosos alemanes como R. Bultmann y sus discípulos presumen un origen pre-cristiano del g. Creen poder detectar referencias tanto directas como indirectas al g. en el NT, especialmente en los escritos de Juan y de Pablo. Pero la evidencia primaria que se utiliza son pasajes del NT mismo, que pueden interpretarse en un sentido no gnóstico. Bultmann ha sostenido que el NT dependía de un mito gnóstico precristiano de un "redentor redimido". C. Colpe ha hecho algunas críticas devastadoras contra la obra de los "estudiosos de la historia de las religiones", que dio origen a la creencia en ese mito. La mayoría de los estudiosos de hoy están convencidos de que tal mito gnóstico de un redentor es un desarrollo postcristiano modelado con base en la persona de Cristo. Lo más seguro parece ser el concordar con el juicio de R. McL. Wilson, quien acepta la existencia de un g. rudimentario hacia fines del s.I, combatido en los libros del NT, y que advierte contra el peligro de atribuir a los textos primitivos, rastros del g. plenamente desarrollado del s.II.

E. YAMAUCHI

GODET, FREDERIC LOUIS (1812-1900). Teólogo y exegeta suizo reformado. Educado en las universidades de Neuchâtel, Bonn y Berlín, fue capellán del rey de Prusia y tutor (1838-44) del Príncipe (luego Káiser) Federico Guillermo. Fue pastor (1851-66), y profesor de exégesis bíblica (1851-73) en Neuchâtel y luego profesor de exégesis del NT en la Facultad Evangélica Libre de la misma ciudad (1873-87). Fue uno de los estudiosos reformados más influyentes de su tiempo, y sus obras fueron traducidas a varios idiomas. Defendió la posición cristiana ortodoxa contra el creciente liberalismo en la teología protestante académica, y combinó una piedad cristiana profunda con una crítica bíblica positiva e histórica. En los países de habla inglesa se le conoce sobre todo por sus comentarios sobre Juan (1864-65), Lucas (1871), Romanos (1879-80) y 1 Corintios (1886).

W. WARD GASQUE

GODOFREDO DE BOUILLON (c.1060-1100). Cruzado francés. Miembro de la nobleza francesa, condujo un contingente germano en la Primera Cruzada de Urbano II en 1096. Tres años después, luego de que Ramón de Tolosa hubo marchado sobre Jerusalén, tomó parte en el sitio y captura de la ciudad. Cuando Ramón rehusó la oferta de gobernar Jerusalén, G. fue el escogido y asumió el título de "Protector del Santo Sepulcro". Después de su muerte, su sucesor y hermano Balduino estableció el Reino Latino de Jerusalén. En la leyenda posterior G. solía aparecer como la personificación del caballero cristiano ideal. La obra *Sesiones de de Jerusalén,* libro de derecho que pretende contener las leyes del reino de Jerusalén promulgadas por G., es en realidad una obra del s.XV escrita por Juan de Ibelin.

PETER TOON

GOETHE, JOHANN WOLFGANG VON (1749-1832). Poeta, novelista y científico alemán. Mientras estudiaba derecho en Leipzig y Estrasburgo adquirió interés en la filosofía ocultista y el misticismo. En 1775 fue asignado a la corte de Weimar y en ese tiempo experimentó un creciente interés por las cuestiones científicas. En 1794 se hizo amigo de Schiller, y esa amistad duró hasta la muerte de Schiller en 1804. G. murió en Weimar y fue enterrado junto a su amigo. Resumir con brevedad su carrera y su obra es imposible. Las principales influencias filosóficas que recibió fueron las de Spinoza, Jacobi y Kant. Le atraía el panteísmo de Spinoza y su ética; como Kant, afirmaba que Dios era incognoscible. Según él el hombre, que es parte de la naturaleza, tiene un impulso natural para desarrollar y realizar los ideales que le son inherentes. Las ideas religiosas de G. eran ambiguas, pues era un panteísta al estudiar la naturaleza, un politeísta al escribir poesía, y un monoteísta en su moralidad.

OONAGH McDONALD

GOGARTEN, FRIEDRICH (1887-1967). Teólogo protestante alemán. Nacido en Dormund, se ganó su reputación mediante un ensayo sobre Fichte como pensador religioso (1914), fue pastor en Stelzendorf y Dorndorf, y desde 1927 enseñó teología sistemática en Jena. Reaccionando como →Barth en contra del liberalismo religioso, pero con un trasfondo luterano en vez de calvinista –a diferencia de otros de la nueva ortodoxia– creía haber recapturado la verdadera visión de Lutero al defender una interpretación existencial de la historia sagrada que la ve no como una serie objetiva de acontecimientos que han de aceptarse desde fuera, sino como algo que debe aprehenderse dinámicamente por parte de nosotros que estamos dentro del mismo proceso histórico. IAN SELLERS

GOMAR, FRANCISCO (1563-1641). Teólogo calvinista de los países Bajos. N. en Brujas cuando era inminente la revolución de los Países Bajos contra el dominio español. De joven estudió en Estrasburgo con Johann Sturm, prosiguió con la teología con Zanchius en Neustadt, continuó en Oxford y Cambridge, y recibió su doctorado en Heidelberg en 1593. Después de sus 30 años se hizo profesor de teología en Leyden. Defensor ardiente y diestro de la ortodoxia calvinista, protestó contra las enseñanzas de Arminius (→ARMINIANISMO), que desde 1603 era colega suyo en Leyden, viéndolas como una negación eficaz de la doctrina de la elección. La creciente controversia se extendió pronto por todas las iglesias calvinistas holandesas, y las facciones "gomaristas" y "arminianas" fueron entrando en un debate cada vez más serio. Después de la muerte de Arminius (1609) vino la →*Remonstrans* arminiana de 1610 y la *"Contra-Remonstrans"* de 1611.

Entretanto, cuando el *"remonstrante"* Conrad Vorst fue nombrado en Leyden en el puesto de Arminius, G. renunció desairado. Al arreciar la controversia de los remonstrantes, cada vez más mezclada con el faccionalismo político, G. enseñó en el seminario hugonote de Saumar (1614-18) y luego lo llamaron otra vez para que enseñara teología en Groningen. Conocido por sus ideas →Contra-remonstrantes, fue escogido como delegado ante el →Sínodo de Dort, desempeñó ahí un importante papel, y se alegró por la condenación de los remonstrantes. El resto de su carrera se llevó a cabo en Groningen. Mantenía una versión escolástica del calvinismo, enfatizaba la importancia de la doctrina, y asumió una posición →supralapsaria en relación con la predestinación (el Sínodo de Dort dejó el problema sin respuesta). Sus *Opera theologica omnia* se publicaron poco después de su muerte (dos tt., 1645).

DIRK JELLEMA

GONZALEZ CARRASCO, JUSTO →ALFALIT

GOODSPEED, EDGAR JOHNSON (1871-1962). Estudioso del NT. N. en Quincy, Illinois, EUA, y estudió en las universidades de Denison, Yale, Chicago y Berlín. Fue profesor de griego bíblico y patrístico en Chicago (c. 1900-1937), y fue de los pioneros en cotejar los manuscritos del NT y en el estudio de los papiros griegos en EUA. Tradujo al inglés estadounidense el NT (1923), los libros apócrifos (1938), y los Padres Apostólicos (1950), y fue miembro original del comité que produjo el NT de la Versión Estándar Revisada de la Biblia en inglés (1946). Fue profesor de historia en la Universidad de California, Los Angeles (1938-51). Escribió más de sesenta libros, entre los cuales los más importantes son *An Introduction to the New Testament* (1937; esp. 1948), *History of Early Christian Literature* (1942), *How to Read the Bible* (1946), *A Life of Jesus* (1950), y una autobiografía, *As I Remember* (1953).

ALBERT H. FREUNDT Jr.

GORDON, ADONIRAM JUDSON (1836-1895). Ministro, educador y escritor bautista. N. en Hampton, New Hampshire, EUA. Desde que entró a la escuela preparatoria se decidió por el ministerio. Se graduó de Brown University (1860) y el Newton Theological Seminary (1863), y por seis años fue pastor de la Iglesia Bautista de Jamaica Plain, Massachusetts. En 1869 se trasladó a la Iglesia Bautista Clarendon Street, en Boston, centro de una obra evangelística y filantrópica. Fundó una escuela para la formación de misioneros para el servicio en el país y en el exterior, y para asistentes de pastores, de donde surgió el Gordon College y su escuela de teología. Estudió la profecía; por cierto tiempo editó *Watchword*, periódico mensual dedicado a la exposición bíblica. [Entre sus obras traducidas al español se hallan *El Espíritu Santo en las misiones* (1936), *Ecce Venit* (1937) y *La vida doble, o la obra de Cristo por nosotros y en nosotros* (1938).]

C.G. THORNE, Jr.

GORE, CHARLES (1853-1932). Obispo anglicano. Fue educado en Oxford, donde demostró ser un erudito brillante, y fue ordenado en 1875 y elegido profesor ayudante del Trinity College. Fue subdirector del Cuddesdon Theological College desde 1880, y tres años después fue el primer director de la *Pusey House*. Durante esos años en el área de Oxford ejerció una fuerte influencia sobre la vida religiosa de la universidad, principalmente por medio de las relaciones personales. Fue anglo-católico toda su vida, pero aportó un espíritu más conciliador y liberal al Movimiento de →Oxford. Actuó a favor de la Unión Social Cristiana y fue el fundador de la Comunidad de la Resurrección en 1892. Turbó a algunos de sus amigos al inferir de Fil. 2:7 que la humanidad de Cristo implicaba ciertas limitaciones.

G. fue nombrado canónigo de Westminster (1894) y capellán real (1898), obispo de Worcester (1902); y, cuando en gran parte por sus esfuerzos se formó la nueva diócesis de Birmingham, fue su primer obispo en 1905. En ese último lugar formó relaciones excelentes con las autoridades civiles, los no-anglicanos, y los evangélicos (esto a pesar de sus posiciones rígidas acerca del sistema episcopal). Apoyó también la Asociación Educativa Obrera. En 1911 fue nombrado obispo de Oxford, pero eso le resultó más difícil para su personalidad dominante. Quizás algunos ahí no habían olvidado todavía sus ideas expresadas en el simposio *Lux Mundi* (también un libro que él publicó), que había causado gran sensación y que hizo que el movimiento anglo-católico *(High Church)* se diera cuenta cada vez más de los desarrollos de la erudición moderna. En 1919 renunció y se estableció en Londres. Las muchas obras de G. incluyen *The Sermon on the Mount* (1896), *The Body of Christ* (1901), *The Ministry of the Christian Church* (2a. ed., 1919), *The Holy Spirit and the Church* (1924), y *Christ and the Church* (1928). Fue el eclesiástico más versátil, y probablemente el más influyente, de su generación. J.D. DOUGLAS

GOSSNER, JOHANNES EVANGELISTA (1773-1858). Fundador de la Sociedad Misionera Gossner. N. en Hausen, cerca de Augsburgo, estudió en la universidad de Dillingen, luego ingresó al seminario católico en Ingolstadt. En 1796 fue ordenado al sacerdocio y hecho cura en la parroquia de Neuberg. Aquí empezó a simpatizar con el protestantismo. De 1797 a 1804 ofició como sacerdote en Augsburgo y luego en Dirlewang (1804-11). Después aceptó un beneficio y se entregó al trabajo literario en Munich.

Pastoreó una iglesia alemana en San Petersburgo, Rusia (1820-24), hasta que las dudas acerca del celibato del clero lo obligaron a renunciar a la ICR. En 1826 se unió a la Iglesia Luterana [el ala pietista] y en 1829 fue nombrado pastor de la Iglesia Belén [morava] en Berlín, donde sirvió por 17 años. Durante este tiempo fundó escuelas, asilos y en 1836 una sociedad misionera que lleva su nombre. Sus misioneros trabajaron principalmente en la India oriental. Después de dejar el pastorado de la Iglesia de Belén en 1846, dedicó el resto de su vida al hospital que había fundado. [Se conoce a G. en el mundo hispanoamericano por su folleto *El corazón del hombre*.] WAYNE DETZLER

GOTESCALCO (Gottschalk) (c.805-869). Teólogo y monje. Su padre, el conde sajón Bruno, lo obligó a entrar a la abadía benedictina de Fulda. El Sínodo de Maguncia (829) lo dispensó de sus votos, pero esta licencia fue cancelada por una objeción de Rábano Mauro, el abad recién elegido, y G. fue trasladado a la abadía de Orbais. Se dedicó al estudio teológico, particularmente a la enseñanza de Agustín y Fulgencio sobre la predestinación. Parece haber sido el primero en enseñar la "doble predestinación", e.d., que los elegidos son predestinados "libremente" a la bienaventuranza, mientras que los impíos son predestinados "justamente" a la condenación, por el previo conocimiento de su culpa.

Fue adversado por Rábano Mauro, a quien G. acusaba de semipelagianismo, y por Hincmaro, arzobispo de Reims, que lo acusó de negar la voluntad salvífica universal de Dios así como el libre albedrío humano. Sus defensores fueron Walafrido Estrabón, Prudencio de Troyes, Servatus Lupus, Ratramno, y otros, pero fue condenado por los Sínodos de Maguncia (848) y Quiercy (849), privado del sacerdocio, azotado, y encarcelado de por vida en el monasterio de Hautvilliers. Ahí continuó su controversia con Hincmaro, acusándolo de sabelianismo, y expuso sus propias ideas en dos confesiones. Murió sin reconciliarse y en un estado de perturbación mental como resultado de sus privaciones. Fue también un poeta lírico, y se le acepta como autor de *La égloga de Teódulo,* coloquio entre la Verdad y la Falsedad, con el arbitrio de la Razón. La Falsedad cita incidentes de la mitología pagana, dedicándole un cuarteto a cada uno. La Verdad enfrenta cada instante con un contraste de la Biblia. La obra sobrevivió como libro escolar hasta el período del Renacimiento. J.G.G. NORMAN

GRACIA. El favor que el Creador Soberano muestra a los hombres pecadores. En el AT hay básicamente dos palabras que se usan para comunicar la idea de la misericordia y favor gratuito de Dios: *jésed* (p.e. Lm. 3:22) y, más importante, *jen* (Gn. 33:8, 10, 15; Jer. 31:2). La gracia se revela en la elección y protección de Dios por Israel. En el NT, los dos términos griegos equivalentes son *éleos* (p.e. Ro. 9:15-18) y *jaris* (p.e. 1 Co. 1:4). El amor e iniciativa divinos alcanzaron su máxima manifestación en la persona y obra de Jesucristo (2 Co. 8:9; Fil. 2:6ss). Los pecadores, habiendo transgredido la ley de Dios, no tienen derecho a esperar nada de él. Pero entonces él avanza libremente hacia ellos y les ofrece la reconciliación, la comunión y la salvación. Se dice que Dios es el "Dios de g." y que el cristianismo es "una religión de g.".

Puesto que la g. es un concepto tan fundamental y multifacético, es de esperar que los cristianos lo hayan comprendido de manera parcial o poco equilibrada. A lo largo de la historia de la iglesia ha habido controversias importantes sobre la naturaleza de la g. Entre ellas podemos mencionar las que hubo entre Agustín y los pelagianos, y entre el catolicismo romano y el protestantismo. Según Agustín, la g. es absolutamente necesaria a fin de iniciar, continuar y completar la salvación de un pecador individual. Dios debe dar el deseo, la fe y la perseverancia. Los pelagianos entendían la g. no como un poder sobrenatural que actuaba dentro del alma humana, sino como el funcionamiento normal de las facultades humanas. De modo que un hombre podía libremente aceptar la salvación y después, si quería, renunciar a ella.

Dentro del catolicismo romano, la gracia se ha descrito habitualmente como un poder transmitido por el ministerio sacerdotal y los sacramentos, en virtud del cual se logran la justificación y la santificación. Así que la fe personal y las obras van juntas. Para los protestantes ha sido central la conexión entre la g. y la fe. Cuando el pecador cree en Dios por medio de Cristo, la g. de Dios actúa en el hecho de que sus pecados son perdonados, se le declara justo, y queda reconciliado con Dios. Las obras vienen cuando el creyente, aceptando la ayuda de Dios por los medios de g. (oración, culto), sigue confiando en su Señor.

En dogmática se añaden a veces diversos adjetivos al término "g." a fin de describir aspectos de ella: p.e. *g. actual* significa entre los católicos cualquier auxilio sobrenatural que se da para evitar el pecado o para hacer una buena obra. *G. habitual (santificante)* es un término que usan los católicos para describir el poder divino que asiste a los hombres para realizar actos justos; los protestantes lo usan para describir la obra santificante del Espíritu Santo en el corazón del creyente justificado. Los protestantes calvinistas utilizan el término *g. irresistible* para describir la actividad sobrenatural de Dios en la regeneración y la conversión. *G. preveniente* es para los católicos la acción de Dios en el corazón del niño bautizado, y para los protestantes la acción secreta y preparatoria de Dios en el corazón de un pecador antes que llegue de hecho a creer. Los católicos emplean el término *g. suficiente* para describir la ayuda que Dios ofrece a todos los cristianos; cuando esta se usa, se llama *g. eficaz.*

PETER TOON

GRACIA COMUN. En la teología reformada, tal como se ha desarrollado por pensadores como Charles →Hodge, Abraham →Kuyper y Herman Bavinck, se distingue entre dos tipos de gracia: la especial y la común. La primera se da solo a los llamados y creyentes en Jesucristo y es la que regenera y salva. La g.c. se da a todos los seres humanos y es la que refrena el proceso del pecado en el hombre, también lo capacita para desarrollar las fuerzas latentes en el mundo y hacer las obras de "justicia civil".

La doctrina de g.c. está basada tanto en la creencia de la depravación total del hombre como en la doctrina de gracia especial. Enseña que el rumbo del hombre natural es solo hacia abajo, hacia la corrupción. De modo que, para evitar la consecuente corrupción total y caos, es indispensable la intervención, o "gracia", de Dios y esta gracia es universal y hace posible que haya civilización y cultura entre los hombres no regenerados.

La doctrina de la g.c. es fundamental en la filosofía calvinista de la cultura e historia. Mediante ella los teólogos reformados "por un lado han afirmado el carácter absoluto de la religión cristiana y por otro han tenido tanta apreciación, como cualesquiera otros pensadores, de todo lo bueno y hermoso que Dios ha dado a los hombres pecadores" (Bavinck). WILTON M. NELSON

GRACIANO (s.XII). Llamado el padre del derecho canónico, compuso la *Concordia discordantium canonum,* mejor conocida como el *Decretum.* De él se sabe muy poco, excepto que n. en Chiusi, Italia, probablemente se hizo monje camaldulense, y vivió en el monasterio de los Santos Félix y Nabor.

J.D. DOUGLAS

GRAHAM, "BILLY" (WILLIAM FRANKLIN) (1918-). Evangelista norteamericano. N. en Carolina del Norte. Se educó en la Universidad Bob Jones, el Instituto Bíblico de Florida y Wheaton College (Illinois). Fue ordenado en la Convención →Bautista del Sur y ejerció el pastorado por varios años. En 1943 llegó a ser evangelista de la recién fundada →Juventud para Cristo. De 1947 a 1952 fue presidente del Northwestern College en Minneapolis, Minnesota.

En 1949 ganó fama nacional debido a su campaña evangelística en Los Angeles de California, después de la cual se dedicó cada vez más al evangelismo. Fundó la Asociación Evangelística B.G. con sede en Minneapolis y en 1954 alcanzó fama mundial por su primera campaña en Londres, la cual duró tres meses e hizo el impacto espiritual más profundo que jamás se había hecho en el Reino Unido desde las campañas de →Moody y Sankey hacía 70 años. Después de 1954, con la colaboración de Cliff Barrows, director de canto, de George Beverly Shea, solista, y de un equipo de asociados, B.G. ha realizado campañas por casi todo el mundo.

Ultimamente ha predicado en dos países detrás de la "cortina de hierro": Hungría (1977) y Polonia (1978). En este país la visita de B.G. tomó carácter notablemente ecuménico. Cuatro días antes de ser elegido papa el cardenal polonés, Karol Wojtyla, B.G. predicó en la Iglesia de Santa Ana en Cracovia, a invitación personal del cardenal.

B.G. ha hecho varias visitas a AL y España. La más notable fue en 1958 durante la "Cruzada del Caribe" cuando su equipo se unió con el de la →Misión Latinoamericana bajo la dirección de Kenneth →Strachan. Predicó en Jamaica, Puerto Rico, Barbados, Trinidad, Panamá, Costa Rica, Guatemala y México. Este esfuerzo unido puede considerarse como el precursor de →Evangelismo a Fondo.

Las Cruzadas de B.G. siempre se han llevado a cabo como esfuerzos cooperativos entre su conjunto y las iglesias. Los planean en gran escala y se incluyen muchísimos laicos y clérigos en una empresa vigorosa de largo alcance tanto antes como después de las campañas. No obstante la inmensa asistencia a las reuniones, siempre se ha puesto énfasis en la decisión personal. Consejeros locales, entrenados en el contexto de la iglesia aconsejan y guían cuidadosamente a las personas que toman decisiones. Son millones, indudablemente, las personas que se han convertido en estas campañas.

La Asociación Evangelística B.G. ha desarrollado muchos ministerios subsidiarios. En 1950 se inició el programa radial "La hora de decisión". Ha rodado películas como "Lucía", "Década de decisión", "Tierra Santa", "Después de la tempestad" y "La hora de Huir". La televisión ha extendido grandemente el alcance evangelístico de B.G., especialmente en EUA.

B.G. fue uno de los fundadores de la revista quincenal *Christianity Today* y en 1960 fundó la revista mensual *Decisión.* Ha escrito muchos folletos y libros tales como *Paz con Dios* (1952), *Mundo en llamas* (1965), *Angeles, agentes secretos de Dios* (1975), *Nacer a una nueva vida* (1977), *El Espíritu Santo* (1980).

B.G. promovió el →Congreso Mundial de Evangelismo, celebrado en Berlín en 1966. Este Congreso a su vez sirvió de inspiración para otros semejantes en varias partes del mundo, y también para la celebración de otras reuniones de alcance mundial como las de →Lausana (1974) y →Pattya (1980). B.G. siempre ha tenido un mensaje que apela a la juventud; en varias ocasiones ha sido el predicador principal en las grandes conferencias misioneras trienales, auspiciadas por el compañerismo estudiantil →*Intervarsity.* Ha sido amigo y consejero de jefes de estado, incluidos varios presidentes de EUA.

El carácter personal de B.G., su habilidad para predicar un mensaje plenamente bíblico y cristocéntrico y en un lenguaje inteligible para toda clase de oyentes, y su capacidad para emplear las técnicas modernas de la comunicación masiva, lo han convertido en la figura religiosa más destacada del s.XX.

JOHN C. POLLOCK
W. DAYTON ROBERTS

GRAN DESPERTAMENTO, EL. Serie de avivamientos en las colonias británicas de Norteamérica entre 1725 y 1760. Los primeros movimientos tuvieron lugar entre los holandeses reformados en el valle de Raritan, Nueva Jersey, mediante la predicación ferviente de T.J. Frelinghuysen. Este primer avivamiento llegó a su apogeo en 1726 cuando, animado por Frelinghuysen, Gilbert Tennent, pastor presbiteriano en Nueva Brunswick, comenzó a predicar con el fin de producir la "convicción". Poco tiempo después, varias iglesias presbiterianas escocesas e irlandesas en esa misma región comenzaron a experimentar conversiones y mucha agitación. Al mismo tiempo, en Nueva Inglaterra, en 1734-35, apareció de nuevo una religión profunda en Northampton, Massachusetts, mediante la predicación del destacado teólogo y predicador Jonathan →Edwards.

Sin embargo, el hombre que más que ninguno vinculó estos despertares regionales en un "Gran Despertamiento" fue el evangelista inglés George →Whitefield. Viajando por las colonias y llamando a los hombres al arrepentimiento y fe en Cristo, Whitefield, después de 1740, ayudó a plantar el cristianismo evangélico en las costas norteamericanas y a preparar a las colonias en el aspecto religioso para las pruebas de la época revolucionaria.

Por medio de las "Casas de lectura" de Samuel Morris y la predicación de William Robinson y Samuel Davies, los presbiterianos experimentaron el avivamiento en el sur. El metodismo, con la predicación de Devereux Jarratt, y el movimiento bautista, mediante la obra de Daniel Marshall y Shubal Stearns, crecieron rápidamente en la era del G.D.

Muy pronto los partidarios del avivamiento encontraron resistencia. El clero establecido, guiado por →Charles Chauncy en Nueva Inglaterra, criticaba la predicación y prácticas de los avivamentistas. La promoción de la predicación laica o "exhortación", las críticas de avivamentistas que culpaban a los clérigos establecidos de "oscuridad espiritual", el desinhibido "entusiasmo", y las divisiones que quedaban en las iglesias después de que pasaba por ellas el avivamiento, todos estos factores juntos levantaron una barrera considerable a la difusión del avivamiento.

Sin embargo, Edwards defendía vigorosamente el despertar. En su obra *Some Thoughts Concerning the Present Revival* y en su tratado posterior *Religious Affections*, Edwards distingue entre las consecuencias beneficiosas y dañinas del avivamiento, y arguye que no merece el nombre de religión nada que no produzca un notable cambio de disposición, creado en el corazón por el Espíritu Santo, y que se demuestra en un amor entregado por las cosas de Dios y en un deseo abrasador por la conducta cristiana en otros hombres.

En Nueva Inglaterra, los que seguían a Edwards y a otros defensores del G.D. eran conocidos como "Nuevas luces", y llegaron a proponer la llamada →Teología de Nueva Inglaterra; los que se les oponían eran conocidos como "Viejas luces". También los presbiterianos se dividieron en grupos del "Lado nuevo" y del "Lado viejo" entre 1741 y 1758, y los bautistas en bautistas separados y bautistas regulares.

A pesar de sus fallas, el G.D. tuvo su impacto sobre las colonias británicas. Los grupos disidentes que surgieron del avivamiento en Virginia ayudaron a quitar a la Iglesia Anglicana como iglesia oficial en esa colonia. Promovió los primeros sentimientos antiesclavistas. Del avivamiento surgió una creciente actividad misionera entre los indios, como se ve en la obra de David →Brainierd, Eleazar Wheelock, y Samuel Kirkland.

El movimiento dio también un gran aporte a la educación. Las universidades de Princeton, Pensilvania, Rutgers, Brown y Dartmouth son algunas de las instituciones más significativas creadas como resultado del G.D. De igual importancia fue el espíritu de tolerancia que atravesó las barreras denominacionales. Esta actitud no solo contribuyó a un espíritu nacional de tolerancia religiosa que ayudó a que fuera un arreglo funcional la Primera Enmienda a la Constitución de EUA, sino que también proporcionó un consenso evangélico que se puede rastrear hasta el presente. BRUCE L. SHELLEY

GRAN DESPERTAMIENTO, EL SEGUNDO. Este segundo "avivamiento nacional" en EUA (c.1787-1825) sirvió de correctivo para la declinación espiritual que sobrevino durante y después del período revolucionario. El deísmo y el escepticismo se habían popularizado entre la gente culta, mayormente los estudiantes. La dura vida en la región fronteriza de rápida extensión era desmoralizadora sin el beneficio de la iglesia y la sociedad.

El avivamiento en el E se concentró en las universidades y pueblos a lo largo de la costa. El Hampden-Sydney College experimentó el avivamiento en 1787 y el movimiento se extendió al Washington College. El avivamiento llegó a Yale en 1802 durante la predicación de Timothy →Dwight. Las universidades de Amherst, Dartmouth y Williams se plegaron al movimiento. Por la influencia de alumnos y predicadores el avivamiento se generalizó. La fase oriental se caracterizó por el orden y la moderación.

El avivamiento en el O se vio lleno de entusiasmo religioso y arranques emocionales. Al parecer empezó en 1797 en las tres iglesias presbiterianas pastoreadas por James McGready en el condado de Logan, Kentucky, que culminó en un gran servicio de comunión al aire libre en el verano de 1800. Barton →Stone llevó el avivamiento a Cane Ridge, Kentucky, donde un año más tarde (1801) se celebró un campamento mayor interdenominacional de seis días. Llegaron entre 10.000 y 20.000 concurrentes desde lugares tan distantes como Ohio. Esta técnica la emplearon posteriormente en gran escala los metodistas. El avivamiento, acompañado de fenómenos físicos poco comunes, se generalizó por toda la región fronteriza occidental, mayormente entre presbiterianos, metodistas y bautistas.

Un notable desarrollo de iglesias, el mejoramiento de la moralidad y de la vida nacional, el refrenamiento de la diseminación del deísmo, el cisma y surgimiento de nuevos grupos religiosos como los presbiterianos de →Cumberland y los →Discípulos, la extensión misionera nacional y foránea, movimientos abolicionistas y de reforma social, la introducción de campamentos religiosos, y la influencia sobre grandes hombres como Archibald →Alexander, Adoniram →Judson y Samuel J. Mills: todos éstos fueron los resultados de este avivamiento.

HOWARD A. WHALEY

GRATRY, AUGUSTE JOSEPH ALPHONSE (1805-1872). Erudito sacerdote francés. N. en Lille. En 1822 toma interés en la religión y abandona sus ambiciones mundanales. Estudia en la Escuela Politécnica de París y en la Facultad de Teología de Estrasburgo. En 1834 recibe las órdenes sacerdotales. Hacia 1852 funda, con otros sacerdotes, el Oratorio de la Inmaculada Concepción (continuación de la Congregación del Oratorio, establecida en 1611). En 1863 ocupa la cátedra de teología moral en la Sorbona. Cuatro años después es elegido miembro de la Academia Francesa.

Aunque vive en una época que lleva el signo del →positivismo, G. es un metafísico que busca la renovación de la tradición metafísica –una, bien que muy diversa en su manifestación– que arranca de Platón e incluye a →Descartes y →Leibniz. Se opone al panteísmo (consecuencia del idealismo alemán) y a todo lo que a él tienda. Los dos grandes problemas que se plantea G. son Dios y la persona.

Rechaza, como método de conocimiento, la deducción (que, por basarse en la identidad, no aporta nada nuevo) y propone el método dialéctico-inductivo, que relaciona con la dialéctica platónica; partiendo de las cosas finitas, y basándose en una intuición que no se limita al conocimiento racional, se asciende de manera inmediata a lo infinito.

Para explicar este método, G. explica que el alma tiene tres facultades: el *sentido,* la *inteligencia* y la *voluntad.* El primero es manifestación primaria, principio de los otros dos. Es el fondo de la persona, y tiene tres vertientes: "sentido de la realidad" o externo; "sentido íntimo", por el que me siento a mí mismo; y "sentido divino", por el cual encuentro a Dios en el alma, que es su imagen. Este sentido define la relación con Dios, pues el ser humano tiene su fundamento en Dios.

Preocupado por la renovación de la vida eclesiástica francesa, G. se sometió a los decretos sobre la infalibilidad papal (→VATICANO I) aunque se había opuesto a tal doctrina. Sus obras tienen también carácter apologético. PLUTARCO BONILLA A.

GRAY, JAMES MARTIN (1851-1935). Escritor y maestro bíblico. N. en Nueva York, fue educado en escuelas de Nueva Inglaterra, tuvo el cargo de rector de la Primera Iglesia Episcopal Reformada en Boston (1879-94), y dio conferencias en el Seminario Episcopal Reformado en Filadelfia y en la Escuela de Entrenamiento Misionero de A.J. →Gordon en Boston (Gordon College). También dio conferencias en las escuelas de verano del Instituto Bíblico Moody desde 1893, hasta que se asoció permanentemente a ese instituto como decano suyo en 1904. Fue rector por nueve años desde 1925. Dirigió el instituto en un período de crecimiento, y desarrolló y divulgó el enfoque sintético del estudio bíblico, que influyó enormemente en los programas de estudios de los institutos y colegios bíblicos. Escribió muchos libros, entre ellos *How to Master the English Bible* (1909), *Synthetic Bible Study* (1920), y *Prophecy and the Lord's Return* (1917); fue uno de los editores de la Biblia Anotada de →Scofield y produjo cierto número de himnos conocidos. HOWARD A. WHALEY

GREBEL, CONRAD (1498?-1526). Dirigente del movimiento de los Hermanos Suizos (comúnmente llamado →Anabaptismo). Fue educado en Basilea, Viena y París, donde conoció el humanismo. Al volver a su hogar en Zürich estableció contactos con Zuinglio y otros humanistas, y estudió griego con ellos. Hacia 1522 se convirtió al cristianismo bíblico y comenzó a trabajar por la reforma en Suiza. Sin embargo, no estaba satisfecho con la reforma por la que abogaba Zuinglio. Con sus amigos estudiaba diligentemente la Biblia, buscando la verdadera doctrina de la iglesia. El 21 de enero de 1525 nació el movimiento anabaptista cuando G. bautizó a Georg →Blaurock y luego Blaurock bautizó a otros que estaban presentes, iniciando así una iglesia de solo creyentes. Esta acción provocó la ira del ayuntamiento de la ciudad y produjo la persecución de los Hermanos. G. mismo, debilitado por la prisión, murió en Maienfeld. PETER TOON

GRECIA. Cuando la buena noticia del amor de Dios al hombre comenzó a difundirse, G. estaba bajo el dominio romano. Pero había griegos por todas partes; en cierto sentido la Acaya del tiempo de Pablo era "Grecia", pero la cultura griega dominaba por todos los países del Mediterráneo y más allá.

Las colonias de judíos, por otra parte, estaban diseminadas por todo el viejo país griego desde el norte hasta el extremo sur. De modo que cuando Pablo y sus compañeros cruzaron el mar desde Tróas y pusieron pie en el suelo de Europa, ya había puentes preparados para la difusión de las Buenas Nuevas. Desde Filipos –donde fue Lidia la primera persona en convertirse– hasta Tesalónica, Berea, Atenas y Corinto, había sinagogas donde no solo los judíos sino también grandes números de devotos, los prosélitos, ofrecieron a los apóstoles un suelo fecundísimo para la buena semilla.

La antigua religión de los griegos estaba en decadencia. Fueron vanos los esfuerzos de los neoplatónicos por revivir el paganismo. Había templos magníficos, pero la riqueza que les pertenecía había llegado a quedar en manos privadas. El cristianismo ganó una victoria, aunque no sin largas luchas, contra el paganismo. Términos como *"ecclesía"* y "liturgia" eran relativamente familiares para la mentalidad común, y esto fue sin duda un factor que ayudó.

Cuando Pablo se puso de pie en medio del Areópago (51/52 d.C.) proclamando a "Jesús y la resurrección" frente a los epicúreos y los estoicos, recibió una respuesta favorable al menos de algunos individuos (Hch. 17). Resulta significativo que no se mencionen oposiciones serias por parte de los griegos; la oposición la suscitaron siempre judíos intolerantes. Tal fue el caso en Tesalónica, Berea y Corinto. Muy poco después de la predicación de Pablo ya había iglesias organizadas, de suerte que el apóstol se dirigía no solo a la iglesia principal de Corinto, sino a "todos los santos que están en toda Acaya" (2 Co. 1:1).

Según la tradición, el apóstol Andrés vino a Acaya y sufrió allí el martirio. En el s.II hubo dos filósofos atenienses, Arístides y Atenágoras, que se volvieron apologistas de la fe cristiana. Orígenes, el gran maestro alejandrino, al visitar Atenas a mediados del s.III, encontró que la iglesia florecía en ese lugar.

Hacia el s.VI cesó toda oposición a la fe cristiana. Solo las tribus montañesas de Mane insistían en la antigua religión pagana. Se convirtieron en el s.IX, acaso solo en forma nominal.

Cuando Constantino el Grande trasladó a Constantinopla la capital del Imperio Romano (330), G. propiamente dicha permaneció en el olvido, pero los griegos predominaban tanto que el Imperio →Bizantino llegó a convertirse en una "magna" G. El cristianismo fue adoptado como religión del estado; el griego era el idioma oficial del imperio; y la filosofía y dialéctica griegas llegaron a contribuir a la configuración de la doctrina y enseñanza cristianas. Esto tuvo implicaciones tan profundas que se suscitó la pregunta de si el cristianismo había convertido al helenismo o si más bien el helenismo había absorbido la fe cristiana, cubriendo bajo un lustre cristiano gran parte de la antigua práctica pagana. Fue a partir de esta situación que surgieron durante los ss.VIII y IX ciertos movimientos de reforma, conocidos como "iconoclastas", que después de una larga lucha culminaron en la prevalencia de la veneración a los iconos y la subsiguiente conformación del cristianismo ortodoxo.

Las Cruzadas de los ss.XIII y XIV trataron denodadamente de convertir la Iglesia Oriental a Roma, pero fue en vano. El único resto de las Cruzadas en G. fue un pequeño elemento católico romano y una amarga animosidad contra los invasores occidentales.

La gran Reforma de la iglesia en Occidente en el s.XVI encontró a G. y a la Iglesia griega luchando bajo el poderío de los musulmanes, que habían arrasado el estado bizantino y capturado Constantinopla en 1453. La →Iglesia Ortodoxa Griega quedó intacta con la Reforma, aunque no del todo. El patriarca griego de Constantinopla, Cirilo →Lucar, abrazó las doctrinas de Calvino y trató de introducir la Reforma en su propia Iglesia Griega. Recibió fuerte oposición, tanto de parte de la mayoría de su clero como de parte de los jesuitas. Sufrió el martirio a manos de los turcos, y por fin fue formalmente anatematizado por los Sínodos de Constantinopla y Jerusalén.

En el s.XIX parte de G. fue liberada del Imperio Otomano (1827). Hacia la misma época llegaron a G. misioneros protestantes occidentales y norteamericanos, para ayudar en el campo social, educativo y evangelístico. La minoría protestante que existe hoy en el país ha sido el fruto directo e indirecto de las actividades de esos misioneros. Pero la Iglesia Ortodoxa Griega, que cuenta con más del 95% de la población y sigue el modelo bizantino, es la iglesia estatal. Uno de los hechos interesantes es que los primeros dos monarcas de la G. moderna que realizaron esfuerzos oficiales por proteger a la Iglesia Ortodoxa no eran ellos mismos ortodoxos. El primero, el bávaro Otto (1832-1862), era católico romano; el segundo, Jorge I, de Dinamarca (1863-1912), era protestante. (→IGLESIA EVANGELICA GRIEGA).

MICHAEL KYRIAKAKIS

GRECO-ORTODOXA, IGLESIA →IGLESIA ORTODOXA ORIENTAL

GREGOIRE, HENRI (1750-1831). Obispo de Blois. N. en Lorena; ganó fama como erudito, pero luego se le conoció especialmente por su función como obispo católico de la iglesia constitucional durante la Revolución Francesa. Dirigió la sesión maratónica del Tercer Estamento durante la toma de la Bastilla (1789), y fue elegido por Nancy a los Estados Generales. G. fue el primer sacerdote que firmó el juramento de lealtad de la constitución civil del clero, exigido por la asamblea constituyente (1790). Como obispo de Blois (1790-1801) dirigió la diócesis de Loire-et-Cher y fue elegido presidente de la asamblea nacional (1792). En el apogeo del Terror de 1793, G. rehusó abjurar a su fe o colgar sus hábitos. Su oposición galicana a la conciliación de Napoleón con el Vaticano agitó la reacción ultramontana y causó su renuncia al episcopado en 1801.

ROBERT P. EVANS

GREGORIO I (Magno) (540-604). Papa desde 590. N. en Roma, y fue criado en el seno de una familia que promovía la piedad y que le posibilitó recibir una amplia educación en gramática y retórica. Su rendimiento sobresaliente como estudiante de derecho lo condujo a su nombramiento como prefecto de la ciudad hacia 570. Luego decidió renunciar a las cosas de este mundo y ayudó a la fundación de siete monasterios, entre ellos uno en su propio hogar, que dedicó a San Andrés y al que entró hacia 575. La experiencia administrativa adquirida durante su servicio como prefecto y su predilección por la vida contemplativa fueron valiosas para configurar la política de su pontificado. G. volvió a la vida pública cuando el papa Benedicto I lo ordenó diácono romano. Actuó como representante papal en Constantinopla y tuvo éxito en algunas iniciativas, pero no logró obtener ayuda para Roma contra los lombardos. De mala gana aceptó su elección al papado y fue consagrado en 590.

Su período en el cargo tuvo consecuencias importantes y de largo alcance para el futuro del papado. En su esfuerzo por proteger a Roma contra la invasión de los lombardos entró en una disputa partidista con la iglesia de Rávena y con el exarca imperial. Al no lograr un acuerdo que unificara los esfuerzos pacificadores italianos, G. envió sus propias tropas contra las fuerzas lombardas e hizo una tregua con el duque lombardo, Aruilfo de Espoleto, en 592. Cuando el rey lombardo entró a Roma en 594, G. tomó la iniciativa de salvar a Roma pagando un gran rescate y comprometiéndose él mismo a un tributo anual. G. continuó trabajando por la paz en Italia, pero su esfuerzo no tuvo frutos sino hasta 598. Las entradas del patrimonio papal (tierras en Italia, Sicilia, Córcega, Cerdeña, la Galia, Africa del Norte y el Ilírico) fueron administradas por G. para ayudar a familias pobres, rescatar cautivos, y pagar las campañas contra los lombardos y los arreglos de paz con ellos. Por haber sido G. y no el emperador el que emprendió estos deberes normalmente asumidos por el gobierno civil, se trató de un paso importante en la formación de los →Estados Papales, haciendo así del papa un gobernante temporal.

En los asuntos eclesiásticos, G. fortaleció la posición del pontificado romano mediante su gobierno de la iglesia tanto en el Oriente como en el Occidente. Si bien reconocía los derechos jurisdiccionales que las otras iglesias tenían sobre sus propios territorios, aseguraba que la Sede de Pedro había sido encargada del cuidado de la iglesia entera y que por lo tanto tenía jurisdicción universal. Vetó una decisión que contra dos sacerdotes había tomado el patriarca de Constantinopla (Juan IV el Ayunador) y objetó fuertemente el uso que el patriarca hacía del título de "obispo ecuménico (universal)". G. también afirmó su posición en la Iglesia Occidental asegurándose de que los obispos fueran elegidos conforme al procedimiento canónico correcto, y esforzándose por sanar el cisma →donatista. No siempre tuvo éxito en sus esfuerzos por afirmar la primacía romana, especialmente en Aquilia, donde un cisma anterior permaneció sin resolverse hasta después de su muerte. G. logró vincular la independiente Iglesia Franca con Roma, al restaurar el vicariato. Se alegró de la conversión de los visigodos arrianos en →España (589), y pudo colocar la iglesia española bajo el cuidado de su amigo el obispo Leandro de Sevilla. La obra misionera en Inglaterra comenzó con Agustín de Canterbury en 597, y logró convertir a los anglosajones.

La importancia de G. estriba en el haber transmitido la sabiduría del mundo antiguo al mundo medieval. Se le considera uno de los cuatro grandes doctores de la ICR en teología moral, no tanto por la originalidad de su pensamiento cuanto por su método didáctico. Sus obras incluyen cuarenta *Homilías sobre el Evangelio* (590-91), que se proponen preparar a los fieles para el Juicio; veintidós *Homilías sobre Ezequiel* (593), obras profundas y diestras en diversos aspectos de la vida cristiana, entre ellas relatos históricos importantes de Italia y los lombardos; el *Libro de moral,* comentario sobre el libro de Job, su obra más larga, altamente valorada en el estudio de la ética durante la Edad Media; *La cura pastoral,* exposición de los deberes y cualidades de los obispos de la iglesia; catorce libros de *Cartas,* que contienen valiosa información sobre su pontificado; y *Los cuatro libros de diálogos sobre la vida y milagros de los padres italianos y sobre la inmortalidad de las almas* (593-94). Los *Diálogos* son especialmente significativos en cuanto que simplificaron las doctrinas expresadas por Agustín en *La ciudad de Dios,* y por tanto tuvieron gran influencia durante la Edad Media. G. también tomó parte en la reforma de la liturgia del rito romano.

ROBERT G. CLOUSE

GREGORIO II (c.669-731). Papa desde 715. N. en una noble familia romana, y durante el pontificado de Sergio I ocupó el cargo de bibliotecario papal, el primero que conocemos por nombre. Su primera tarea como papa consistió en reparar las murallas de Roma destruidas por los lombardos. Luego, entre otras labores, le encargó a Bonifacio que convirtiera a los bávaros, y lo consagró obispo en 722. Esta misión positiva rindió frutos cuando G. logró que →Carlos Martel, líder de los francos, se interesara en la misión. La defensa de Roma contra el avance musulmán y la intriga lombarda, la recepción de peregrinos importantes, y el estímulo a la misión en Baviera, así como la creciente separación entre el papado y Bizancio, son todos rasgos que muestran la importancia del pontificado de G. en el s.VIII. La brecha con la Iglesia Oriental se ensanchó cuando G. condenó la política del Emperador León III en dos famosas cartas hacia 726, y cuando en un concilio en Roma (727) proclamó que debían mantenerse las imágenes. Ambas cartas se consideran ahora auténticas, aparte de errores de traducción y de interpolaciones. G. Ostrogorsky deduce que, puesto que la carta al Patriarca Germán es incuestionable, resulta clara la actitud de oposición por parte de G. Puesto que León III actuó con cautela evitando promulgar leyes iconoclastas hasta el 730, tal vez G. reaccionó fuertemente contra las políticas tributarias de León en Italia. G. se conoce en el Occidente como Gregorio el Joven.

ROBERT G. CLOUSE

GREGORIO VII (Hildebrando) (c.1023-1085). Papa desde 1073. N. en Saona, Toscana, y fue educado en una escuela de Letrán en Roma. Cuando Gregorio VI fue deportado a Alemania después del Sínodo de Sutri, Hildebrando lo acompañó y entró en contacto con muchos que proponían la reforma eclesial. En cierto momento se hizo monje, no se sabe si antes o después de su estada en Alemania. En 1049 León IX llamó a Hildebrando de regreso a Roma, lo ordenó de subdiácono, y lo asignó como administrador del monasterio de San Pablo Extramuros. Aumentó su actividad en la Curia, y tuvo mucha influencia en los pontificados que precedieron al suyo propio; fue elegido papa por aclamación popular en 1073. Si bien este método de elección violaba la ley de 1059, su validez no se puso en duda sino hasta después de 1076.

G. creía que la función principal del papado era servir como institución gubernamental, y que para cumplir esto había que darle un papel importante a la ley. A fin de lograr sus metas para el papado, vio necesario purificar el alto clero, y G. renovó los decretos contra la simonía y los matrimonios clericales. La ejecución de tal programa de reformas implicaba la acción contra la investidura laica, puesto que dicha práctica menguaba el compromiso legal de los obispos con la Sede Romana. En 1075 G. entró en una disputa con el rey alemán →Enrique IV, acerca de la cuestión de las →investiduras laicas, que había de perdurar a lo largo de todo su pontificado. Cuando G. amenazó a Enrique con la excomunión por violar los decretos de reforma en 1075, Enrique se desquitó haciendo que la Dieta de Worms depusiera a G. en 1076. Entonces G. excomulgó a Enrique y relevó a sus súbditos de sus juramentos de lealtad al rey. En Canossa (1077) G. recibió a Enrique como sumiso penitente, pero no le restauró sus poderes reales.

Poco tiempo después, cuando un grupo de príncipes alemanes eligieron como rey a Rodolfo de Suabia, G. no se opuso a la jugada. Sobrevino en Alemania la guerra civil, y G. excomulgó a Enrique por segunda vez. Sin embargo, en esta oportunidad la opinión popular estaba en contra del papa. En el Sínodo de Brixen en 1080 Enrique promovió la elección de un antipapa, Clemente III, y depuso formalmente a G. en 1084. Ese año un príncipe normando, Robert Guiscard, llevó a G. exiliado a Salerno.

Además del conflicto con Enrique, G. se interesó en otras cuestiones. Estaba convencido de ser el vicario de Pedro y en esa posición tenía la responsabilidad de gobernar la iglesia, entre cuyos oficiales había tanto obispos como reyes. Trató de mantener esta posición de gobernante en sus relaciones con los poderes temporales de la cristiandad, tales como Hungría, Rusia e Inglaterra. Aspiraba a dirigir una cruzada a la Tierra Santa cuyo resultado fuera la unificación de los cristianos occidentales y orientales, pero no logró cumplir ese objetivo. También introdujo diversas reformas litúrgicas. Su programa de reforma papal, como se formula en su *Registro,* consiste en 27 breves oraciones que se conocen como el *Dictatus papae* y que contenían aplicaciones tanto tradicionales como innovadoras de la doctrina de la autoridad papal. La contribución importante de G. al desarrollo del papado estribó en la influencia que ejerció sobre el derecho canónico, que por muchos años dio forma a la política tanto eclesiástica como civil.

ROBERT G. CLOUSE

GREGORIO IX (c.1170-1241). Papa desde 1227. N. en Anagni, en la casa noble de Segni, estudió en París y Bolonia y en 1198 fue hecho cardenal diácono por su tío, Inocencio III, y cardenal obispo de Ostia en 1206. Nombrado legado papal para una serie de misiones diplomáticas en Alemania, en 1217 fue comisionado para predicar en favor de una cruzada en el norte y luego en el centro de Italia, con un voto de ayuda por parte de →Federico II. Mientras fue papa (1227) hubo constantes dificultades entre él y el emperador, con dos excomuniones por no llevar a cabo la cruzada (1227) y por invadir Lombardía y usurpar los derechos de la iglesia en Sicilia (1239). Se conspiró para la elección de un antirrey, y se convocó un concilio general en Roma en 1241, pero Federico impidió que se reuniera.

También la herejía preocupó a G. a causa de la actividad de los →albigenses en Francia, Italia y España. En un tratado de París (1229), Ramón VII de Tolosa se comprometió a ayudar en la supresión de los →valdenses y de los →cátaros, y los castigos incluían la muerte. Conforme la herejía se extendió hacia Italia, y se nombraron obispos cátaros en Florencia, en Roma, y luego en España, se estableció entonces una inquisición. G. se valió especialmente de los dominicos para su obra, después de canonizar a Santo Domingo (1234), y apoyó a los camaldulenses, los cistercienses, y los seguidores de Joaquín de Flores. Fue amigo cercano de Francisco de Asís, a quien canonizó (1228); protegió su orden y fomentó la Orden Terciaria y las Pobres Clarisas. Envió tanto a franciscanos como a dominicos como misioneros a tierras lejanas, desde Finlandia hasta Rumania. Trabajó arduamente, pero sin éxito, por reunir la iglesia griega con la latina.

C.G. THORNE, Jr.

GREGORIO X (1210-1276). Papa desde 1271, de nombre original Teobaldo Visconti, de Placencia. Sucedió a Clemente IV (m.1268) después de una vacante de tres años que terminó cuando Buenaventura, superior general de los franciscanos, forzó a los cardenales a actuar. Canónigo de Lyón, luego archidiácono de Lieja, el futuro papa estudió en París, y luego fue a Inglaterra en 1270 antes de salir para Tierra Santa. A diferencia de sus predecesores, se concentró menos en los asuntos seculares que en el avivamiento espiritual y la reunificación. Se interesó en los asuntos del Oriente latino, el Reino de Jerusalén, y también estableció la autoridad monárquica en Alemania invitando a los electores a designar un rey de los romanos, y persuadiendo así a Alfonso de Castilla a que renunciara a sus pretensiones. En 1273 en Lausana confirmó la elección que hicieron ellos de Rodolfo I de Habsburgo. Convocó el Concilio II de Lyón para reanudar las conversaciones con la Iglesia griega, y pidió a Miguel VIII Paleólogo que enviara sus legados; se llegó a un acuerdo, pero la reunificación fue efímera. Se habló de una nueva cruzada y se hicieron preparaciones financieras, pero nada ocurrió. Conociendo las dificultades de su propia elección, Gregorio hizo que el concilio estableciera reglas para las elecciones papales, para lo cual creó constitucionalmente el cónclave con *Ubi periculum*, en 1274.

C.G. THORNE, Jr.

GREGORIO XI (1329-1378). Ultimo de los papas de Aviñón. De nombre Pierre Roger de Beaufort, fue creado cardenal en 1348 por su tío, Clemente VI, y estudió en Perusa. Al enfrentar el arbitraje entre las casas de Anjou y Aragón acerca de los derechos territorriales y el homenaje al papa, fue obligado a librar una dolorosa guerra contra Florencia y los Visconti, que desató una revuelta general en los Estados Papales (1375); Florencia la hizo terminar por negociación en 1377. Se preocupó por la reforma de las órdenes religiosas, especialmente de los dominicos y los hospitalarios, y por la herejía. La Inquisición fue reactivada, principalmente contra los valdenses, y se condenaron algunas de las tesis de →Wiclif. Como ocurrió antes de él con Urbano V, quiso llevar el papado de nuevo a Roma, adonde llegó en enero de 1377. Viéndose incapaz de calmar los disturbios consideró la posibilidad de regresar a Aviñón, pero le sorprendió la muerte, a la que había de seguir el →Cisma de Occidente.

C.G. THORNE, Jr.

GREGORIO XII (c.1326-1417). Papa de 1406 a 1415 durante la época del →Cisma de Occidente. N. en Venecia, de nombre Angelo Correr, y fue nombrado patriarca latino de Constantinopla en 1390. De secretario y cardenal (1405) bajo Inocencio VII, pasó a papa en 1406. Prometió renunciar si resultaba electo, a fin de que su renuncia conjunta con el antipapa de Aviñón pudiera poner fin al Cisma de Occidente causado por la doble elección papal de 1378. Los legados de G. habían llegado a París, donde en la catedral de Notre Dame en 1407 se celebró una ceremonia solemne de acción de gracias. Benedicto cambió de opinión. Los airados cardenales se reunieron en Pisa en 1409 para deponer a ambos papas y elegir un tercero, Alejandro V. G., aunque abandonado, era aun verdadero papa y tenía el apoyo del rey Ladislao de Nápoles, entre otros. Cuando el Concilio de Constanza reconoció a G. como verdadero papa en 1415, él renunció al cargo. Benedicto XIII rehusó aceptar la decisión conciliar, y en 1417 el mismo concilio de Constanza lo declaró hereje. G. fue nombrado cardenal obispo de Porto y legado de la Marca de Ancona hasta su muerte.

MARVIN W. ANDERSON

GREGORIO XIII (1502-1585). Papa desde 1572. N. en Bolonia, Ugo Buoncompagni llegó a ser profesor de derecho en esa ciudad de 1531 a 1539. Cuando el cardenal Parisio lo trajo a Roma en 1539, Paulo III lo hizo primero juez, luego responsable ante el Concilio de Trento, y finalmente vicecanciller de Compagna. Fue ordenado a los 40 años, y bajo Paulo III fue hecho obispo de Viesti. Después del Concilio de Trento Pío IV lo nombró cardenal presbítero en 1565. La elección papal después de la muerte de Pío dio como pronto resultado la elevación de Buoncompagni. G. XIII tomó como lema las palabras "Conforma, oh Dios, lo que has hecho en nosotros". G. fue aceptable ante →Felipe II, por cuanto en 1565 había sido enviado a España para el juicio de la Inquisición contra Carranza, arzobispo de Toledo.

Apenas tres meses después de su elección, G. celebró la masacre del →Día de San Bartolomé con un *Te Deum* en Roma. Su elección en 1572 y los acontecimientos políticos confluyeron para hacer de él un restaurador del catolicismo. Aunque fracasó en sus intentos en Inglaterra, Turquía, Suecia y Rusia, su pontificado se reconoce como una cumbre en el avivamiento católico. Lo inspiró Carlos →Borromeo, en tanto que el apoyo jesuita desde el extranjero y la fundación de la Universidad Gregoriana de Roma fueron logros sólidos. El Palacio del Quirinal y la fuente de la Piazza Navona son muestras del esplendor barroco que puso en práctica los ideales de Trento. Hacia 1585 todos los cinco puntos anunciados en el primer consistorio papal de G. en 1572 habían comenzado. La consolidación de la Liga contra los turcos, la lucha contra la herejía por medio de la Inquisición, y la reforma interna con la legislación tridentina se hicieron realidad. Además había ya relaciones amistosas con los príncipes católicos y una mejor supervisión de los estados papales.

MARVIN W. ANDERSON

GREGORIO XVI (1765-1846). Papa desde 1831. N. como Bartolomeo Alberto Cappellari, dedicó su reinado a la consolidación del papado como centro de autoridad en la iglesia y como definidor de los principios religiosos de la sociedad. La Revolución de 1831 en Roma lo enfrentó inmediatamente con los principios revolucionarios; llamó a las tropas austríacas para que la sofocaran. Decidió poner en práctica las ideas que había publicado antes en *Il trionfo della Santa Sede e della Chiesa* (1799), que aseguraba que la iglesia estaba divinamente ordenada con una constitución independiente e inmutable con el papa como cabeza infalible; los →Estados Papales eran un patrimonio inmutable para asegurar la independencia espiritual frente a todos los estados seculares. Los dos secretarios de estado de G., los cardenales Bernetti y Lambruschini, lo ayudaron a mantenerse firme, con la ayuda de las tropas austríacas, contra la intervención por los poderes de la revolución. El holocausto estalló en 1848 bajo Pío IX. En numerosas encíclicas trató de señalar los errores religiosos que animaban los movimientos que se oponían a su propio ideal religioso-cultural, o que por lo menos mostraban poca simpatía hacia ese ideal. *Mirari vos* (1832) y *Singulari nos* (1834) fueron las más significativas de sus encíclicas, ocasionadas por las dificultades en los Estados Papales y los escritos de →Lamennais. Condenó la revolución, el liberalismo, el tradicionalismo, y la separación entre iglesia y estado, y ordenó el apoyo de la "alianza entre el Trono y el Altar" y su Poder Temporal. En promoción de la Iglesia Católica estimuló una amplia actividad misionera a escala mundial, especialmente en Asia y AL. Nombró cerca de 200 obispos misioneros, conforme se las arreglaba para centralizar las misiones católicas directamente bajo el papado. Antes de ser elegido papa había sido monje (1783), procurador general (1807) y vicario general (1823) de la Orden Camaldulense, prefecto de la Propaganda Fide (1826) y cardenal (1826).

C.T. McINTIRE

GREGORIO DE ELVIRA (m. después de 392). Obispo de Elvira (Elíberis), cerca de Granada, España, y altamente estimado como defensor de la ortodoxia nicena y opositor del arrianismo. Después de la muerte de Lucifer de Cagliari (del cual apoyaba la decisión de no perdonar a los que se habían hecho arrianos en el Concilio de →Arminum en 359), surgió como jefe de los seguidores de Lucifer (luciferianos). Más tarde atacó también el →priscilianismo. La investigación reciente ha restaurado su derecho a la fama literaria atribuyéndole libros que se creía habían sido escritos por otros, p.e. *De fide orthodoxa,* defensa del uso del término *homoousios; Tractatus Origensis,* 20 ensayos (homilías) cada uno a partir de un texto de la Escritura; y *Tractatus de epithalamio,* homilías sobre el Cantar de los Cantares. La exégesis que hacía G. de la Biblia era alegórica.

PETER TOON

GREGORIO NACIANCENO (330-389). Uno de los Padres →Capadocios. Fue criado en la propiedad de su familia cerca de la población de Capadocia donde su padre, llamado también Gregorio, era obispo, y de donde derivó su título. Fue educado en Cesarea donde conoció a →Basilio. Más tarde estos dos amigos, hacia el 350, fueron juntos a la Universidad de Atenas. G. regresó al hogar hacia el 358, y después de una breve carrera como profesor de retórica pasó algún tiempo ayudando a su anciano padre en Nacianzo, y el resto en el retiro monástico de Basilio. En 362, contra su propia voluntad, su padre lo hizo ordenar sacerdote. Diez años después aceptó de mala gana el deseo de Basilio de que fuera obispo de Sasima, posición que en realidad nunca desempeñó y lugar que nunca visitó, pues prefirió ayudar a su padre en casa. Después de la muerte de éste último en 374 se retiró a Seleucia en la provincia de Isauria.

G. fue llamado de su paz monástica a Constantinopla a defender la fe de Nicea contra el →arrianismo. Su ministerio en la "Iglesia de la Resurrección" en Constantinopla constituyó una contribución significativa al establecimiento final de la fe ortodoxa. Durante el Concilio de →Constantinopla I (381), fue nombrado obispo de Constantinopla, pero, como era típico en él, renunció a la sede cuando hubo disputas acerca de su elección. Después del concilio regresó a Nicianzo, donde se encargó de la iglesia, pero desde 384 se retiró a la propiedad de su familia, donde por fin murió.

Aunque poco impresionante en su apariencia personal y su conducta, G. tenía un admirable poder de oratoria que fue usado con grandes efectos en su ministerio en Constantinopla. Son notabilísimos sus famosos cinco *Discursos teológicos* contra los arrianos. Después de hablar sobre los →eunomianos en la primera alocución y sobre la naturaleza de Dios en la segunda, desarrolla en la tercera y la cuarta la doctrina de Dios Hijo. Demuestra que la enseñanza ortodoxa sobre la igualdad del Padre y del Hijo es mucho más cristiana y más lógica que el concepto arriano de la deidad. En la quinta alocución G. trata de la doctrina del Espíritu Santo y defiende la consubstancialidad del Espíritu con el Padre y con el Hijo. Otros escritos incluyen la *Filocalia,* selección de obras de Orígenes que recopiló junto con Basilio; varios escritos contra el apolinarianismo, y 242 cartas y peomas. G.L. CAREY

GREGORIO NISEÑO (330-c.395). Obispo de Nisa, uno de los Padres →Capadocios, y hermano menor de →Basilio de Cesarea. Hombre tímido, gentil y de carácter estudioso, G. estaba totalmente dominado por su fuerte hermano a quien a veces llamaba "el amo". Después de un breve cargo como lector en la iglesia, se hizo maestro de retórica y por lo tanto disgustó enormemente a Basilio al escoger una carrera secular. En penitencia entró a un monasterio fundado por Basilio. En 371 aceptó la invitación de Basilio, aunque de muy poca gana, de ser obispo de Nisa.

Como apoyaba la fe de Nicea, G. fue depuesto por un sínodo de obispos arrianos en 376, pero recobró su sede en 378 cuando murió el Emperador Valente. Su fama se extendió poco a poco; hacia 379 se le pidió que visitara la Iglesia de Siria para ayudar a resolver un problema de cisma en esa sede, y en el Concilio de →Constantinopla asumió un papel de liderazgo, al pronunciar no solo el discurso inaugural que no nos ha llegado, sino también la oración fúnebre por Melecio de Antioquía, el primer presidente del concilio. Muy poco se sabe de los años posteriores de la vida de G., pero parece haber viajado mucho.

En algunos aspectos G. fue el miembro más dotado de una familia distinguida. Aunque deficiente en la capacidad práctica tan manifiesta en la carrera de Basilio, en originalidad y en capacidad intelectual no solo era superior a su hermano sino que fue un pensador sobresaliente del s.IV. Sus perspectivas teológicas recibieron mayor influencia de Orígenes que de ningún otro maestro. Su idealismo, su interpretación alegórica de las Escrituras, y su doctrina de la libertad humana y del universalismo indican la extensión de la influencia de Orígenes. Pero G. no fue un simple plagiario; elaboró cuidadosamente cada tema. En general su teología partía de la premisa de que el mundo estaba arruinado por la Caída que era consecuencia del libre albedrío del hombre. La redención es posibilitada por un proceso remedial, tanto humano como divino, en la encarnación de Cristo, cuyos resultados beneficiosos son comunicados por medio de los sacramentos. Fue el primer teólogo que entretejió firmemente la doctrina de los sacramentos en una teología sistemática de la Encarnación.

Su principal obra apologética fue el *Sermo catecheticus,* manual de teología en que trata largamente sobre la cristología y la escatología. Esta última doctrina se basa en las ideas de Platón y de Orígenes que según G. eran congruentes con la Escritura. Tomaba literalmente la afirmación de Pablo de que Dios llegará a ser "todo en todos", y veía el infierno como un proceso de purificación última más que como un lugar de sufrimiento eterno. G. era un defensor vigoroso de la fe de Nicea y estuvo entre los primeros que distinguieron entre *ousía* e *hypóstasis.* El primer término lo usaba él para expresar la esencia, y el segundo para designar la peculiaridad distintiva que era equivalente a *prosopon,* "persona". Su supuesto matrimonio con Teosobea, basado en algunas alusiones que hay en su tratado sobre la *Virginidad,* no puede comprobarse y debe considerarse una conjetura hasta tanto no se tengan más evidencias. La fama de G. fue tal que el Concilio Ecuménico VII (Nicea II, 787) de la iglesia le dio el título de "Padre de los Padres". G.L. CAREY

GREGORIO DE RIMINI (m.1358). Filósofo agustino. N. en Rímini, Italia, se unió a los ermitaños de San Agustín, estudió en Italia, París e Inglaterra, y después enseñó en París, Bolognia, Padua y Perusa. En 1340 dio conferencias en París sobre *Las sentencias,* y en 1345 Clemente VI lo nombró doctor de la Sorbona. Fue elegido vicario general de su orden en 1357 y pasó los últimos 18 meses de su vida en Viena. Considerado por sus contemporáneos como uno de los filósofos más sutiles, llevó adelante el nominalismo de →Guillermo de Ockam, aunque fue menos escéptico. Mantenía que era posible demostrar filosóficamente la espiritualidad del alma, y refutaba la afirmación occamista de que Dios podía hacer a un hombre pecar. Defendió vigorosamente el agustinianismo, enseñando que las obras hechas sin gracia son pecaminosas, y que los niños que mueren sin bautismo son condenados. Esta última enseñanza le mereció el apodo de *tortor infantium* ("torturador de niños"). J.G.G. NORMAN

GREGORIO DE TOURS (c.538-594). Obispo de los francos e historiador. N. con el nombre Georgius Florentius Gregorius de una familia romana noble en Arverna (hoy Clermont-Ferrand), en 573 fue nombrado obispo de Tours, y realizó sus inmensas tareas con celo y devoción. Cuidó de la administración de una diócesis importante, disciplinó a un clero rebelde y a los miembros de las órdenes religiosas, defendió el catolicismo contra el arrianismo, mantuvo el orden en Tours (sede de un centro de peregrinajes), y atendió deberes judiciales seculares. A excepción de un breve período de antagonismo con el rey Chilperico (576-84), G. se mantuvo en buenos términos con los cuatro gobernantes de Tours que hubo durante el tiempo en que él fue obispo, y con frecuencia los aconsejó en materia de estado.

Los escritos de G. consisten en diez libros de historia, siete de milagros, un libro de las vidas de los Padres, un comentario sobre los Salmos, y un tratado de oficios de la iglesia. Su obra más conocida, *Historia francorum*, trata de la historia del mundo hasta 511 en los primeros dos libros, y de la historia de los francos hasta 591 en los otros ocho. Algunos de estos últimos dan un relato casi exhaustivo de las actividades de G. alrededor de Tours. El tema dominante de su historia concierne a la difusión del cristianismo mediante los esfuerzos de los reyes católicos y la obra de misioneros y mártires. Aunque escribía en un latín crudo y sus métodos históricos son cuestionables, sus obras proporcionan un conocimiento valiosísimo sobre la Galia de s.VI. Sus escritos y su vida revelan que fue un portavoz sincero y elocuente de la antigua iglesia que estaba desarrollándose.

ROBERT G. CLOUSE

GREGORIO TAUMATURGO (c.213-c.270). Obispo de Neo-Cesarea. Uno de los alumnos de Orígenes en la primera mitad del s.III, G. había sido un abogado pagano de Neo-Cesarea del Ponto, cuando empezó a recibir la influencia de Orígenes. Se convirtió y se volvió un defensor entusiasta de lo que tanto insistía Orígenes: que la iglesia debía tratar de utilizar toda la sabiduría y literatura para sus propios fines. De la literatura pagana había que utilizar lo bueno y rechazar lo malo. G., como todos los alumnos de Orígenes, pasó por variadas disciplinas académicas hasta culminar en la teología. Poco después de dejar a Orígenes, que estaba en Cesarea de Palestina, G. fue consagrado obispo de Neo-Cesarea. Como obispo realizó intentos por apartar a los creyentes cristianos de sus festivales paganos, instituyendo las festividades de los mártires que podían servir en su lugar como momentos de celebración. Su ministerio parece haber sido exitoso en escala numérica, porque había habido un marcado incremento en el número de cristianos cuando él terminó su ministerio en Neo-Cesarea. Su biografía fue escrita en el s.IV por Gregorio de Nisa. [El sobrenombre Taumaturgo ("obrador de maravillas") se debe a las historias de las notables contestaciones a sus oraciones y los milagros que obraba.]

GEORGE GIACUMAKIS, Jr.

GRENFELL, WILFRED THOMASON (1865-1940). Misionero médico y escritor. N. cerca de Chester, Inglaterra. Su vida de servicio cristiano comenzó en 1885 como respuesta a un llamamiento hecho por D.L. →Moody en una reunión en una carpa en el E de Londres. Después de graduarse en medicina se unió a la Misión a los Pescadores de Altamar, llegó a ser su superintendente en 1890, y se dedicó a viajar entre el golfo de Vizcaya e Islandia, ministrando a las necesidades físicas y espirituales de los pescadores. En 1892 fue a la región de Labrador, Canadá, y dedicó el resto de su vida al bienestar de sus pobladores. Antes de pensionarse en 1935 había fundado cinco hospitales, siete puestos de guardería infantil, tres escuelas para atención de huérfanos, tiendas cooperativas, centros industriales, estaciones agrícolas y en 1912 el Instituto de Marinos Rey Jorge V en St. John's, Terranova. Cada año viajaba por las costas de Labrador y Terranova en un buque hospital para ministrar en las aldeas remotas. Fue honrado por numerosas sociedades médicas y geográficas y por universidades, y ordenado caballero en 1927.

ROBERT WILSON

GRIESBACH, JOHANN JAKOB (1745-1812). Estudioso del NT. N. en Butzbach, fue educado en Francfort del Meno, Tubinga, Leipzig y Halle, y fue nombrado profesor en Halle en 1773, y profesor de NT en Jena en 1775. Fue el primer crítico en hacer una aplicación sistemática del análisis literario a los evangelios, asegurando que Marcos era el evangelio sinóptico más tardío y que había basado su obra en Mateo y Lucas (la "teoría de la dependencia"). Su obra principal consistió en la crítica textual del NT. Publicó una edición crítica del NT griego basada en Elzevir (1774-77). Cotejó un gran número de mss y desarrolló la teoría de Bengel sobre la "familia", que clasifica las autoridades en tres clases o "familias": alejandrina, occidental, y bizantina (o constantinopolitana). La crítica posterior del NT fue basada en su obra. J.G.G. NORMAN

GRINDAL, EDMUND (1519?-83). Arzobispo de Canterbury desde 1575. N. en Cumberland y fue educado en Cambridge; adoptó las ideas protestantes, que se habían extendido en la universidad, y fue nombrado vice-maestro de Pembroke Hall en 1549. Dos años después llegó a ser capellán de Ridley, luego de Eduardo VI, y canónigo de Westminster en 1552. En tiempos de la reina María Tudor estuvo exilado, principalmente en Estrasburgo, aunque visitó Francfort y participó allí en disputas litúrgicas. La reina Isabel I lo nombró obispo de Londres en 1559, de donde pasó a York en 1570 y a Canterbury cinco años después. En 1576 reprendió a la reina por ordenarle suprimir las reuniones del clero conocidas como "de profecía", que según él eran un medio muy importante de mejorar el nivel de la predicación en la iglesia. Debido a su desobediencia fue secuestrado de su jurisdicción. A pesar de los esfuerzos de mediación, no llegó a alcanzarse una verdadera reconciliación con la reina antes de que Grindal muriera ciego y en pésimo estado. Aunque su primado se ha considerado a menudo un tremendo fracaso, actualmente se está llegando a considerar como un intento interesante e importante de establecer un tipo de episcopado reformado en que el obispo procuraba una relación mucho más cercana con su clero. JOHN TILLER

GROCIO, HUGO (1583-1645). Jurista y estadista holandés. Entró a la Universidad de Leyden a la edad de once años, y a los dieciséis ya era abogado en La Haya. En 1612/13 fue pensionado en Rotterdam y trabajó con Oldenbarnevelt en su lucha contra el Príncipe Mauricio y el partido calvinista. En 1618 fue apresado de por vida por Mauricio pero escapó a París en 1621 donde en relativa pobreza escribió *De jure belli et pacis* (1625), fruto del pensamiento de veinte años y base principal de su fama. Ejerció el cargo de embajador de Suecia en París y se sintió chasqueado por el hecho de que, a causa de prejuicios religiosos, nunca se le llamara de nuevo al servicio de Holanda.

G. era un hombre de innegable piedad y grandes conocimientos, pero en la historia del cristianismo tiene la posición ambigua de un personaje de transición, un humanista ubicado entre el escolasticismo y la ilustración. Procuró interpretar la Biblia con las reglas de la gramática y sin presupuestos dogmáticos, pero no eran adecuados los recursos filológicos con que contaba para esa tarea. Como cristiano y político procuró moderar las controversias dogmáticas que ardían en Europa, rogándole a Dios en su testamento que "uniera a los cristianos en una sola iglesia bajo una santa reforma". Había tratado de implantar la paz eclesiástica en Holanda evitando que se predicara sobre puntos disputados en la controversia calvinista y con frecuencia se sospechó injustamente que tenía tendencias hacia el catolicismo romano.

G. no buscaba un retorno a la Edad Media cristiana. La verdad acerca de él puede verse más bien en su *De veritate religionis Christianae* (1627), defensa del cristianismo básico para marineros que tenían contacto con otras religiones. Es una simplificación de partes de la tradición teológica escolástica, que presenta el cristianismo como la verdadera religión en armonía con el mundo ordenado racionalmente por Dios. Es así como G. apunta hacia los escritores de las evidencias cristianas en el s.XVIII. Su fe en el orden del mundo es básica para su obra de teología y de jurisprudencia. En medio del desorden procuraba él realizar y extender ese orden. Creía que había una ley de la naturaleza derivada de la voluntad de Dios y accesible a la razón. Esta ley había de guiar los procesos de derecho y ser defendida por ellos; donde no hubiera juez, como en la guerra, el conflicto había de verse como una forma de litigio. Así la discordia humana, adecuadamente entendida, quedaba a la vez limitada por la ley y dirigida hacia su realización. G. es considerado como un padre del derecho internacional. Creía que la ley de la naturaleza es intrínseca al ser social del hombre y que Dios no puede alterarla, como no puede alterar las leyes aritméticas; la cuestión escéptica, de si entonces Dios es innecesario para la ley de la naturaleza, no se estaba planteando en esa época y G. no se refirió a ella.

Este problema se halla cerca del núcleo de su defensa de la doctrina católica de la expiación en contra de →Socino. G. arguye que Dios es libre de dejar sin efecto la ley de que la muerte sigue al pecado, pero no de manera que se subvierta el orden fundamental del universo, del cual él es gobernante moral. Los sufrimientos de Cristo son un ejemplo penal mediante el cual Dios mantiene ese orden mientras remite el pecado. Esta teoría tuvo considerable influencia en la teología protestante hasta el s.XIX.

HADDON WILMER

GROOTE, GERARD (1340-1384). Fundador de los →Hermanos de la Vida Común. N. de una familia rica en Deventer, en los Países Bajos, y estudió derecho y teología en París. Antes de sus 30 años, mientras ejercía cargos en Aquisgrán y luego en Utrecht, llevó una vida mundana que no le satisfacía. Le atrajeron las ideas del místico J. →Ruysbroeck, a quien conoció y con quien conversaba. Después de una seria enfermedad, hacia 1374, G. recibió la influencia del cartujo Hendrik van Calkar y se convirtió a una piadosa vida cristiana. La vida monástica en la cartuja cerca de Arnhem no satisfizo sus necesidades, y obtuvo permiso para predicar en la diócesis de Utrecht. Inmediatamente adquirió gran popularidad. Sus ataques a los abusos del clero levantaron cierta oposición. En 1380 G., junto con su joven amigo, Florentius Radewijns, decidió formar en Deventer un grupo para el cultivo de la piedad; este fue el núcleo de los Hermanos. Entregó su propia casa a un grupo similar de mujeres devotas, para quienes escribió una Regla. En 1383 sus adversarios lograron que se le retirara el permiso de predicar. G. inició una apelación a Roma, pero murió de la peste en 1384. Como admirador de Ruysbroeck, G. tradujo al holandés el *Horarium* del místico, y al latín su *Brulocht* ("Matrimonio").

DIRK JELLEMA

GROPPER, JOHANN (1503-1559). Teólogo católico romano. N. en Soest, Westfalia, estudió en Colonia y sus principales actividades se centraron en el servicio a Hermann von Wied, arzobispo de Colonia. En el sínodo provincial de 1536, el programa de reformas presentado por G. no recibió aprobación. En 1538, junto con los canónigos del concilio de Colonia, publicó un manual de doctrina cristiana que contenía una exposición del Decálogo, el Credo, y los siete sacramentos. En los Coloquios de Hagenau y Worms (1540-41) asumió una posición de mediación entre los católicos romanos y los luteranos, promulgando la doctrina de la doble justificación (por la fe y por el amor), en lo cual ponía de manifiesto la influencia de Erasmo. Su *Liber Ratisbonensis* fue la base de las negociaciones en el Coloquio de →Ratisbona (1541). Sin embargo, evitó que Hermann von Wied llevara a cabo la protestantización de Colonia tal como lo proponía la *Consultatio* de Martín Bucero y Felipe Melanchton. G. participó en el Concilio de Trento, especialmente en la tercera y quinta sesiones (1546) y en la decimotercera y decimocuarta (1551-52). No aceptó el nombramiento de cardenal que le ofreció Paulo IV.

CARL S. MEYER

GROSSETESTE, ROBERT (c.1168-1253). Obispo de Lincoln, Inglaterra, e iniciador de la tradición científica inglesa. Poco se sabe de su vida, pero n. de padres pobres y estudió en Oxford o en París. Ingresó a la facultad de Artes en Oxford y fue nombrado canciller en algún momento entre 1214 y 1221. Luego fue conferenciante de los franciscanos de Oxford (1229) y dejó su puesto para asumir el obispado de Lincoln (1235), la mayor diócesis de Inglaterra, donde permaneció hasta su muerte. Fue un obispo celoso y depuso a muchos abades y priores por su negligencia en pastorear adecuadamente las parroquias que tenían a su cargo. Asistió al Concilio de Lyón (1245) y en 1250 visitó Roma, donde pronunció un sermón en que declaraba que la corte papal era el origen de todos los males de la iglesia; objetaba también el nombramiento de amigos y parientes italianos del papa a ricas posiciones en Inglaterra. Los últimos años de su vida los pasó en una lucha por impedir uno de esos nombramientos.

G. fue igualmente independiente en sus relaciones con el monarca inglés. Creía que los eclesiásticos no debían ejercer cargos civiles y afirmaba que un obispo de ninguna manera derivaba su autoridad del poder civil. En algunas ocasiones rehusó llevar a cabo órdenes reales en su diócesis y amenazó al rey con la excomunión.

Combinó su activa vida eclesiástica con una variedad de intereses intelectuales. Vivió en un período crucial de la historia intelectual de Europa Occidental, en que las obras filosóficas y científicas de Aristóteles se estaban recobrando de manos musulmanas. Como maestro, comentador y traductor, desempeñó una parte importante en ese movimiento. Si bien su visión era básicamente la de Agustín y confiaba en los autores establecidos, recibió fuertes influencias de las obras musulmanas, judías y aristotélicas. Nunca escribió una obra filosófica que sumara sus ideas ni desarrolló un sistema, pero sus puntos de vista tuvieron profundos efectos sobre el pensamiento científico posterior. Las más importantes de entre sus muchas obras son *De luce* ("La luz"), *De motu corporale et luce* ("El movimiento de los cuerpos y la luz"), el *Hexameron*, y comentarios sobre la *Analítica posterior* y la *Física* de Aristóteles. En la base de la visión que tenía G. del universo se hallaba su metafísica de la luz. Creía que la luz era la primera forma que se había creado de materia prima y que de ella se había desarrollado todo lo demás. También enseñaba que la existencia de Dios podía probarse a partir del argumento del movimiento. Los estudiosos del s.XX se han interesado en su recuperación y elaboración del método científico. ROBERT G. CLOUSE

GRUBB, KENNETH G. (1900-1980). Escritor y estadista misionero. De nacionalidad inglesa, en 1923 se dirigió a SA como misionero de la →Cruzada Mundial de Evangelización. Se dedicó a la clasificación de los indios del Amazonas y del Orinoco. En 1928 publicó su primer libro sobre estos indios.

En 1930 llegó a ser miembro del *Survey Application Trust* en Londres y escribió nueve libros sobre AL en los que dio informes sobre el protestantismo y las oportunidades para su obra en esta parte del mundo. Entre ellos se destacan *The West Coast Republics of SA* (con W.E. →Browning y Juan →Ritchie, 1930), *The Northern Republics of SA* (1931), *The Republic of Brazil* (con Erasmo →Braga, 1932), *Religion in the Republic of Mexico* (con G. →Báez-Camargo), *Religion in Central America* (1937).

En 1939 entró en el servicio del Gobierno Británico, en su Oficina de Información sobre AL. Quedó en este servicio durante la Guerra Mundial II, por lo cual fue condecorado tres veces.

No obstante nunca perdió su interés en la causa misionera, escribiendo libros sobre ella y sirviendo como oficial en sus organizaciones. Desde 1944 a 1968 fue presidente de la →Sociedad Misionera *Church;* de 1946 a 1968 fue presidente de la Comisión de Asuntos Internacionales del →CMI; de 1954 a 1970 fue vicepresidente y presidente de la Asamblea Laica Nacional de la Iglesia Anglicana.

Su interés principal siempre ha seguido siendo AL. Hasta el fin de su vida fue vicepresidente de tres misiones que tienen obra al sur del Río Bravo: →Unión Evangélica de SA, →Sociedad Misionera Sudamericana y Misión de los Campos No-evangelizados.

J.A.B. KESSLER

GRUNDTVIG, NIKOLAI FREDERIK (1783-1872). Obispo e himnógrafo danés. En su juventud experimentó una crisis personal que lo condujo primero a la visión romántica de la naturaleza y de la religión y luego a una fe cristiana personal y a convicciones bíblicas más claras. A excepción de breves períodos de servicio como pastor, vivió como escritor independiente (1810-25), luchando por la reintroducción de un cristianismo luterano ortodoxo. Hacia 1824 volvió a experimentar una crisis religiosa, ocasionada por la crítica bíblica, que según él hacía insostenible su anterior perspectiva ortodoxa de la Biblia. Fue durante esa crisis que hizo su "descubrimiento singular". Lo publicó en 1825 en un panfleto titulado *Kirkens Genmaele* ("La respuesta de la Iglesia"), que alegaba que la fundamentación más segura de la fe no se halla en la Biblia, sino en la Palabra viviente de Dios en su congregación viviente, e.d. en el mismo Cristo Resucitado, que vive y actúa en su congregación cuando ésta se reúne alrededor de los sacramentos.

Hacia 1830 G. visitó tres veces Inglaterra y se impresionó mucho por el espíritu de libertad y actividad que halló como característica de la sociedad inglesa. Esto lo hizo en años posteriores un defensor infatigable de la libertad, tanto en la iglesia como en la sociedad. También se reflejó en su visión optimista del hombre y en sus ideales educativos que lo hicieron uno de los padres del movimiento danés en pro de las escuelas secundarias populares. Desde 1825 fue dirigente de un grupo de seguidores cada vez más amplio. En 1839 fue nombrado clérigo de la Fundación Vartov en Copenhague, donde trabajó hasta su muerte. Se le otorgó el rango de obispo en 1861. Por sus perspectivas sobre la iglesia y los sacramentos, por sus ideales educativos y liberales y como escritor insuperable de numerosos himnos, dejó un rastro perdurable sobre la Iglesia danesa así como sobre la sociedad de su país.

N.O. RASMUSSEN

GUATEMALA. El catolicismo romano llegó a Guatemala con la conquista. Acompañaron al conquistador Pedro de Alvarado dos dominicos y cuatro franciscanos. Ya para el año 1535 los dominicos habían establecido un monasterio y para 1540 los franciscanos otro. En 1534 el papa →Pablo III erigió la diócesis de G. y en 1537 llegó el primer obispo, Francisco →Marroquín. La Iglesia en G. prosperó hasta que en 1791 tenía 424 iglesias y 23 misiones. En 1743 el papa →Benedicto XIV elevó la diócesis en arquidiócesis. La ICR fue una de las principales instituciones durante la época colonial.

Después de la independencia la Iglesia siguió ejerciendo influencia y poder pero también empezó a sufrir oposición. Surgió el liberalismo político y cultural. Se levantó el partido liberal que se opuso al dominio de la ICR. Como reacción se formó el partido conservador para defenderlo. Los dos partidos compartieron el poder los primeros años después de la independencia, 1823 a 1839. Pero desde 1840 hasta 1871 dominaron los conservadores, época del pro-clerical Rafael Carrera.

En 1871 los liberales derrocaron a Carrera e iniciaron una época de liberalismo y anticlericalismo que duró hasta 1954. La Iglesia sufrió pérdidas de propiedades y la abolición de los diezmos, se abrogó el fuero eclesiástico, se le denegó la personería jurídica y el uso público de hábitos, se prohibió la educación religiosa en las escuelas públicas, se legalizó el divorcio, se suprimieron algunas órdenes religiosas, se nacionalizaron los cementerios y el arzobispo fue expulsado del país por un tiempo. En 1873 se decretó la libertad de cultos.

Durante esta época la ICR confrontó falta de inversiones, locales, dinero, personal e instituciones. Esto le obligó a concentrar sus esfuerzos en las ciudades y poblados importantes. Durante la década 1940-50 la Iglesia era una sombra de lo que había sido antes. Había una escasez agudísima de sacerdotes (uno por cada 25.000 habitantes), por lo que la asistencia religiosa se conformaba a una vaga persuasión moral.

A partir de 1944 la Iglesia experimentó un gran cambio. Se mencionan como factores importantes la llegada de nuevas fuentes extranjeras de personal, de dinero y de habilidades. El temor al gobierno revolucionario, establecido entre los años 1944 y 1954 con tendencias izquierdistas, despertó la Iglesia de su letargo. La caída de ese gobierno en 1954 favoreció más a la Iglesía para el ingreso de recursos que contribuyeron en gran parte a su crecimiento. Fueron anuladas muchas de las limitaciones civiles en contra de la ICR. Además empezó a gozar de apoyo especial del Vaticano y del gobierno de EUA.

Los cambios operados en la ICR en otras partes del mundo se vieron también en G. La modernización y el crecimiento se ven en un nuevo dinamismo espiritual. Hay nuevos programas de trabajo, nuevas organizaciones y más contacto con el pueblo. Se está llegando a las áreas rurales por medio de cooperativas y servicios de salud. La vida espiritual ha sido estimulada por la obra de →Acción Católica, →Movimiento Familiar Cristiano, →Movimiento Cursillista y →*Opus Dei.* La Iglesia ahora tiene varios seminarios, su propia Universidad (Rafael Landívar) y hace mucho énfasis en la educación.

El precursor del protestantismo en G. fue Federico →Crowe, procedente de →Belice que en 1843 empezó a vender Biblias en el país y estableció una escuela del tipo →Lancaster. En 1849 fue expulsado por el gobierno conservador de Carrera.

Ya en poder el partido liberal se inició la obra evangélica permanente. En 1882 ingresó el primer misionero, Juan C. Hill, que vino por invitación directa del presidente Justo Rufino Barrios a la Junta Misionera Presbiteriana en Nueva York. Hill el primer año fue pastor de angloparlantes en el país, pero también empezó a publicar mensajes en el *Diario Oficial,* estableció un colegio para los hijos de ministros y empleados del gobierno, luego inició una pequeña congregación y puso las bases para la futura Iglesia Presbiteriana.

A fines del s.XIX ingresó la →Misión Centroamericana y al principio del s.XX la de los →Amigos, la de la Iglesia del →Nazareno y en 1922 la Metodista Primitiva. Las cinco misiones se dividieron el territorio con el fin de no hacerse competencia y poder cubrir todo el país. (→CINCINNATI, PLAN DE).

Durante los primeros 50 años el crecimiento numérico fue lento. No obstante establecieron escuelas, clínicas, un hospital, algunos institutos bíblicos y varias iglesias en los lugares más accesibles de comunicación.

Las relaciones entre los evangélicos eran amistosas en aquellos años. En 1936 representantes de las cinco denominaciones se reunieron y formaron el "Sínodo Evangélico", el cual auspició en mayo de 1941 el gran "Congreso Evangélico Centroamericano" en ocasión de la visita del gran estadista misionero y ecumenista, Juan R. →Mott. En 1957 se celebraron las bodas de diamante de la causa evangélica con un considerable desfile que despertó la admiración de los pobladores de la capital.

El gran crecimiento habido en los últimos años se debe a muchos factores. Entre ellos se hallan la asistencia de mucho personal extranjero, recursos económicos tanto nacionales como del exterior y el surgimiento de un ministerio y liderazgo nacionales. El uso de música popular y sistemas de culto al alcance de las culturas y no con la presión de la liturgia han favorecido la comunicación del mensaje.

Otros recursos que han contribuido al crecimiento son la traducción del NT a los dialectos autóctonos, la distribución de literatura, especialmente de las Escrituras, el aporte de las dos →radioemisoras evangélicas, y el uso de emisoras particulares, la televisión y la prensa.

El terremoto de 1976 contribuyó a la extensión del evangelio. Las iglesias fueron asistidas con fondos y personal del exterior para ayudarlas a resolver los problemas causados por la catástrofe. Muchos de los recursos ofrecidos en aquellos días continuaron hasta años posteriores.

Durante los últimos años muchos grupos nuevos se han establecido para continuar con el testimonio dado por las iglesias históricas y las de expresión pentecostal. Todas han colaborado para que más del 13% de la población de Guatemala sea evangélica.

En G. hay una de las pocas universidades en AL que son de origen evangélico, la Universidad Mariano Galvez. Existen muchos institutos bíblicos, el Seminario Centroamericano y el Seminario Evangélico Presbiteriano, el cual realiza una labor notable de estudios teológicos por extensión.

JOSE G. CARRERA
WILTON M. NELSON

GUELFOS Y GIBELINOS. Los dos principales partidos en la política italiana medieval. El término "güelfo" se deriva del nombre del Conde Welf (m.825), suegro de Ludovico Pío y fundador de la gran familia alemana de Welf; "gibelino" viene de Waiblingen, sede de los Hohenstaufen en Suabia y del grito de guerra *"Hie Weibling"*. De modo que en la lucha entre Federico II y el papado, a los imperialistas se les llamaba gibelinos y al papa y el partido papista se les llamaba güelfos. De su uso en Toscana en el s.XIII los motes se extendieron por toda Italia y se usaban con referencia a los partidos opositores en muchas ciudades y aldeas. De ahí que diversos factores sociales, políticos y religiosos contribuyeran a la creación de los partidos de güelfos y gibelinos. Así es que el significado exacto de cada término variaba de una ciudad a otra, tanto así que en el s.XVI a los reyes franceses y sus partidarios en Italia se les llamaba güelfos, mientras que a los partidarios de Carlos V se les llamaba gibelinos.

PETER TOON

GUERRA. Se le ha definido como cualquier lucha entre grupos rivales, con el empleo de armas u otros medios, y que puede reconocerse como un conflicto legal. De modo que se excluyen los motines o actos individuales de violencia, pero las insurrecciones y la rebelión armada quedarían incluidos. Si se aplicaran plenamente las enseñanzas de Cristo el empleo de la violencia quedaría excluído (Mt. 5-7). No obstante dado que los cristianos viven en un mundo en donde predomina con frecuencia el mal, necesariamente han tenido que racionalizar el empleo de la fuerza. Se han formado así tres principales actitudes hacia la g. Algunos, incluyendo a la mayoría de los primeros padres de la iglesia, han adoptado una posición *pacifista*. Otros han tratado de formular códigos de una *guerra justa*. Esta actitud se hizo prominente cuando el emperador Constantino hizo del cristianismo la religión más favorecida del estado y los bárbaros invadieron el Imperio Romano. Durante los ss.IV y V la iglesia adoptó del pensamiento clásico la enseñanza de la g. justa. Tal como la planteaba Agustín esta clase de conflicto debía tener por fin el establecimiento de la justicia y la restauración de la paz. Debía librarse solo bajo la autoridad del gobernante y ser conducida con justicia (e.d., debía mantenerse la buena fe con el enemigo, no debía haber saqueo, masacre ni profanación de lugares de culto). Además ni el clero secular ni el regular debían participar en la g.

El tercer punto de vista importante respecto a la g., el ideal de la cruzada, cobró prominencia durante la Edad Media. La cruzada era una g. santa librada bajo los auspicios de la iglesia por causa del ideal: la fe cristiana. Ello representaba una nueva forma de pensar si se compara con el concepto de la justicia concebida en relación con la vida y la propiedad, según el concepto de la g. justa. Como en las →Cruzadas, al enemigo se le consideraba representante del mal, los consejos de moderación respecto a su oposición tendían a quebrantarse.

Los puntos de vista pacifista, de g. justa y de cruzada estaban bien establecidos para fines de la Edad Media. Con diversos ajustes reaparecieron durante el período moderno de la historia eclesiástica. Durante las Guerras de Religión en la Reforma, los cristianos se vieron nuevamente forzados a elaborar conceptos acerca de la g. Luteranos y anglicanos adoptaron la tesis católica romana de la g. justa; las iglesias reformadas subrayaron la cruzada, y el →pacifismo fue defendido por los →anabaptistas y los →cuáqueros. Durante los ss.XVIII y XIX se produjo poco pensamiento cristiano acerca del tema de la g., pero en el s.XX, al surgir los grandes ejércitos nacionales y con el advenimiento de dos g. mundiales, han vuelto a surgir las tres tesis cristianas históricas. El ideal de cruzada predominó en las principales iglesias respecto a la Guerra Mundial I, el pacifismo se destacó entre las dos g., y el sentir de la g. justa estuvo presente durante la Guerra Mundial II.

Hoy día, bajo la carta de las Naciones Unidas, muchas autoridades creen que la g. entre estados nacionales es ilegal y que la única g. legal es un acto de policía internacional para evitar la agresión o para castigar al agresor. No obstante, algunas naciones se han opuesto a las fuerzas de las Naciones Unidas, diciendo que sus intereses nacionales legales estaban en peligro. A despecho de que la ICR y los principales cuerpos protestantes han enseñado el principio de la g. justa, por causa del desarrollo de los cohetes y de las armas nucleares a partir de la Guerra Mundial II muchos líderes de los principales grupos cristianos han adoptado el pacifismo.

ROBERT G. CLOUSE

GUERRA DE LOS TREINTA AÑOS →TREINTA AÑOS, GUERRA DE LOS

GUILLERMO DE CHAMPEAUX (c.1070-1121). Filósofo y teólogo medieval y obispo reformador. Lo que le dio más renombre fue su controversia con →Abelardo sobre la cuestión de los universales. Como reacción contra la tesis nominalista de →Roscelino de Compiègne acerca de los universales, G. enseñó una doctrina realista extremada. En 1100, mientras enseñaba en la escuela catedralicia de París, Pedro →Abelardo, su discípulo, atacó su tesis ilustrando los absurdos resultados lógicos de esa enseñanza. G. dejó su puesto poco después y se retiró a la abadía de San Víctor, en donde modificó sus enseñanzas y fundó una escuela de teología. Fue consagrado obispo de Chalons-sur-Marne en 1113 y obra suya fue la reforma del clero en su diócesis. Pocos de sus escritos nos han llegado, y sus opiniones acerca de los universales tienen en gran parte que basarse en las descripciones de Abelardo.

RUDOLPH HEINZE

GUILLERMO DE MOERBEKE (c.1215-1286). Filósofo y traductor belga. N. en Moerbeke. Estudió en Colonia. En 1260 ya había servido en la orden dominica en Tebas, y Nicea y a instancias de Tomás de →Aquino, comenzó a traducir y editar antiguos autores griegos. Tradujo gran parte de Aristóteles al latín y se convirtió en el más importante y prolífico traductor del griego en el s.XIII. Traduciendo comentaristas griegos y escritos de Proclo, Arquímedes, Eutoquio, Tolomeo, Herón, Galeno e Hipócrates, mediante su trabajo dio gran ímpetu al →neoplatonismo en la baja Edad Media. Fue capellán y confesor de los papas Clemente IV y Gregorio X. Fue decidido partidario de la reunión con la Iglesia Griega. Participó en el concilio de →Lyón (1274) y fue nombrado arzobispo de Corinto (1278), donde residió hasta su muerte.

ALBERT H. FREUNDT, Jr.

GUILLERMO DE OCKHAM (c.1280-1349). Teólogo y filósofo escolástico medieval. N. en Surrey, Inglaterra. Ingresó en la orden franciscana alrededor de 1310 y estudió en Oxford entre 1318 y 1324. Por sus ideas fue llamado a Aviñón (1324) acusado de herejía. Una disputa entre el Papa →Juan XXII y los franciscanos espirituales estaba en su punto culminante, y G. se identificó con los espirituales oponiéndose a Juan. En 1328 abandonó la ciudad y fue a la corte del emperador Luis de Baviera. Excomulgado, se dice que G. le dijo al emperador: "defiéndeme con tu espada y yo te defenderé con mi pluma". Desde 1328 hasta su muerte produjo poderosas defensas de la teoría imperial contra quienes favorecían al papa. Después de muerto Luis en 1347 G. se esforzó por alcanzar la reconciliación con su orden y con la iglesia, pero no se conoce el resultado de ese intento.

Sus obras se dividen en dos grupos asociados con las dos fases de su vida. Mientras trabajaba para Luis (1333-47) escribió obras acerca de la relación de la iglesia y el Estado, tales como *Dialogus Inter Magistrum et Discipulum, Octo Quaestiones Super Potestate ac Dignitate Papali,* y *Tractatus de Imperatodum et Pontificum Potestate.* Las obras no políticas que contienen sus aportes a la filosofía y la teología se escribieron mientras estaba en Aviñón y Oxford (1317-28). Estas incluyen conferencias sobre las *Sentencias* de Pedro →Lombardo, una explicación de la *Física* de →Aristóteles, comentarios y tratados de lógica y de ciencia natural. Su obra filosófica más importante es *Summa Logicae,* que completó antes de abandonar a Aviñón. O. criticaba el esfuerzo de reconciliar el sistema filosófico aristotélico con la doctrina cristiana que habían llevado a cabo los escolásticos del s.XIII tales como Tomás de →Aquino. Este método había tratado de efectuar la concordancia entre la fe y la razón mediante la reinterpretación de los supuestos filosóficos de Aristóteles. Su propósito era mantener intacto el sistema filosófico del aristotelismo. Eruditos franciscanos desde Buenaventura hasta Duns Scoto trataron de argumentar en pro de la fe cristiana mediante la destrucción de la filosofía de Aristóteles. Pero todos estos sistemas del s.XIII se apoyaron en la doctrina del realismo. O. rechazó esta enseñanza con base en un empirismo radical en que la base del conocimiento es la experiencia directa de las cosas individuales (→NOMINALISMO). En su explicación de la realidad estaba incluida su opinión de que "Lo que con pocos supuestos puede hacerse, en vano se hace con más" ("La Navaja de O."). Llamado la *vía moderna* en contraste con la *vía antigua* de Aquino, el nominalismo de O. tuvo gran significancia para la ciencia puesto que sugería que los fenómenos naturales podían investigarse racionalmente. Mas para O., Dios estaba por encima de todo conocimiento. No puede aprehendérsele mediante la razón, según enseñaban los tomistas, o mediante la iluminación, como pensaban los agustinianos, sino únicamente mediante la fe. ROBERT G. CLOUSE

GUILLERMO DE ORANGE (1533-84). Héroe de la independencia de Holanda. N. en Nassau, Alemania, donde fue criado como luterano hasta la edad de 11 años. En el año 1544 heredó de su primo, René de Nassau, las provincias de Orange en Francia y de Brabante en los →Países Bajos. El emperador →Carlos V exigió entonces que fuese educado como católico y que formara parte de la corte en Bruselas, donde llegó a ser un favorito del emperador. Cuando →Felipe II llegó al trono español en 1556 hizo a G. miembro del Consejo de los Países Bajos y en 1559 le dio el título de gobernador.

G. protestó en vano contra la opresión económica, política y religiosa de Felipe II. En 1566 se sublevó la minoría calvinista. Felipe II mandó al duque de Alva para extirpar la herejía en los Países Bajos. En seis años Alva decapitó, quemó o enterró vivos a 18.000 protestantes por su fe, fuera de los millares que murieron de hambre en los sitios o el campo de batalla. En 1572 otras grandes partes de Holanda se sublevaron y reconocieron a G. como su líder en la lucha contra los españoles. En 1573 G. abrazó la fe reformada y por tanto en marzo de 1580 Felipe II lo declaró proscrito, ofreciendo la suma de 25.000 florines de oro a cualquiera que lo asesinara. El primer intento falló pero el 10 de julio de 1584 un fanático, Balthazar Gérard lo mató a balazos en su casa.

La grandeza de G. se destaca no solo en el hecho de ser un libertador heroico sino aun más por ser el primer estadista que quiso basar su gobierno en la tolerancia religiosa y la libertad de la conciencia.

JUAN B.A. KESSLER

GUINNESS, HARRY GRATTAN (1835-1910). Evangelista y escritor. N. cerca de Dublín y fue educado en New College, Londres, y fue ordenado evangelista (1857); predicó en Europa y en Norteamérica (1857-72) y tomó parte en la conversión del Dr. Barnardo en Dublín (1866). Fundó un Instituto en el E de Londres para la preparación de misioneros (1873), la Misión Livingstone del Interior en el Congo (1878) y otras misiones en Sudamérica y la India; todas esas sociedades se fundieron en 1899 para formar la *Regions Beyond Missionary Union,* que sostuvo casi cien misioneros y envió más de mil. En 1903 dio la vuelta al mundo con fines misioneros. Sus libros incluyen *The Divine Programme of the World's History, Romanism and Reformation, History Unveiling Prophecy* y gramáticas de las lenguas congolesas.

C.G. THORNE, Jr.

GUSTAVO ADOLFO (Gustav II) (1594-1632). Rey de Suecia (1611-32) y uno de los líderes más influyentes del s.XVII. Poco después de su ascenso al trono fue forzado a conducir a sus ejércitos a batalla, derrotando sucesivamente a Dinamarca (1611-13), a Rusia (1613-17) y al Rey Segismundo de Polonia (1621-29). Su meta era el establecimiento de un imperio sueco en la zona del Báltico. Cuando a los protestantes les estaba yendo mal en la Guerra de los →Treinta Años, G.A. decidió intervenir (1630). Al principio los príncipes protestantes alemanes se asustaron de los ejércitos suecos, pero después del saqueo de Magdeburgo (1631) se aliaron a su causa. Con su apoyo G.A. derrotó a Tilly, comandante imperial, en la Batalla de Breitenfeld (1631) y en el Río Lech (1632). Después de estas victorias restauró la libertad de los protestantes en el sur y sudoeste de Alemania. El jefe del Sacro Imperio Romano, preocupado, rehabilitó a Wallenstein, el comandante mercenario, que detuvo la amenaza de los suecos en la Batalla de Lützen. G.A., aunque vencedor, fue mortalmente herido y pereció en el campo de batalla.

Se le cuenta entre los más grandes jefes militares de la historia. Sus tácticas de campo, entre ellas el empleo de unidades pequeñas, móviles, bien disciplinadas, diestras en el uso del mosquete, fueron revolucionarias. Dentro de Suecia misma, con el apoyo de su canciller Oxenstierna, reformó el sistema judicial, estableció escuelas, estimuló la industria, y construyó una fuerte economía. Su intervención en Alemania ha sido descrita por algunos como un intento de hacerse emperador, en tanto que otros han opinado que el "'León del Norte" no deseaba sino salvar el protestantismo. ROBERT G. CLOUSE

GUSTAVO VASA (Gustav I) (1496-1560). Rey de Suecia desde 1523. No solo llevó a Suecia a independizarse de Dinamarca, sino que también estableció dentro de su comarca la Iglesia Luterana estatal. Durante la guerra sueca de independencia la ICR dio algunos malos pasos y provocó gran oposición al catolicismo entre los suecos, en un momento particularmente álgido de su historia. Por ejemplo, Gustavo Trolle, arzobispo de Uppsala, se colocó firmemente del lado de Dinamarca; por sus actividades políticas se le llegó a conocer como el "Judas Iscariote de Suecia". Aunque G.V. (que dirigió el movimiento de independencia después de 1520) tenía ciertas inclinaciones hacia el luteranismo, el punto más importante que lo condujo a romper con Roma fue su gran necesidad de dinero. Su principal apoyo lo eran los pobres campesinos; la mayor parte de los nobles habían sido masacrados por los daneses en 1520. La Iglesia Romana tenía bajo su poder un gran porcentaje de la riqueza de Suecia; algunos aseguran que poseía incluso dos terceras partes de la tierra. La Dieta y Ordenanzas de Westeras (1527) confiscaron la mayor parte de la propiedad eclesiástica, ordenaron que se enseñara el Evangelio en las escuelas, y estipularon la confirmación del alto clero por parte del rey. A partir de entonces el luteranismo ganó terreno con rapidez, especialmente bajo la influencia de Lars Petersson, profesor de teología en Uppsala y traductor del NT al sueco (1526) y de Lars Anderson, archidiácono de Uppsala, canciller real, y editor de la Biblia entera en sueco (1540-41).

HOWARD F. VOS

GUTENBERG, JOHANN (1398?-1468). Considerado el inventor de la imprenta en Europa. N. en Maguncia y hacia 1430 se trasladó a Estrasburgo. Las pruebas aportadas por testigos en un proceso judicial que tuvo lugar ahí parecen indicar que él había construido una imprenta con tipos movibles, si bien no hay materiales impresos que comprueben tal aseveración. Habiendo retornado a Maguncia hacia 1448, pidió dinero prestado a Johann Fust, que luego se hizo su socio. En 1455 Fust le ganó un juicio por sus préstamos y asumió la operación de la imprenta en asociación con Peter Schöffer. Aunque este juicio es de fecha anterior, sí es probable que Gutenberg haya desempeñado una parte importante en la producción de la Biblia de 42 líneas (la "Biblia de Gutenberg") que apareció en 1456, y que frecuentemente se considera el primer libro impreso en Europa, y en la producción del Salterio de 1457 que aparentemente fue el primer libro fechado que se imprimió en Europa.

T.L. UNDERWOOD

GUTIERREZ, GUSTAVO (1928-). Teólogo y sacerdote católico peruano, pionero de la llamada →Teología de la Liberación. N. en Lima y, luego de cinco años de estudios de medicina, estudió teología en Santiago de Chile y Lyón (Francia) y filosofía y psicología en Lovaina. Fue ordenado en Lima en 1959. Desde entonces reside en Lima donde enseña en el Departamento de Teología de la Universidad Católica, además de ser asesor de la Unión Nacional de Estudiantes Católicos. En 1975 fundó el Centro de Reflexión "Bartolomé de las Casas", dedicado al estudio de la religión popular. Ha sido profesor invitado en varias instituciones en EUA.

Su obra principal, *Teología de la liberación: Perspectivas* (1971), ha tenido numerosas ediciones y ha sido traducida a más de siete idiomas. Es considerada la obra pionera y la presentación más representativa de la Teología de la Liberación, entendida por el autor como "reflexión crítica de la praxis histórica a la luz de la Palabra". Tal reflexión presupone un compromiso eclesial, social e histórico en el proceso de liberación, que incluye el nivel socio-político y antropológico y la liberación del pecado y la enemistad con Dios y el prójimo. En capítulos sucesivos se aborda luego la temática teológica de fe y hombre nuevo, escatología y política, comunidad cristiana y nueva sociedad.

La obra de G. se arraiga en su preocupación pastoral por una evangelización liberadora, que tiene como sujeto a "los pobres", la "no persona" oprimida. Esta última temática se hace dominante en la colección de ensayos recientemente publicada: *La fuerza histórica de los pobres* (Lima, 1979).

Entre las otras obras de G. se destacan: *La pastoral de la Iglesia en América Latina* (1968); *Praxis de liberación y fe cristiana* (1973); *Teología desde el reverso de la historia* (1977). JOSE MIGUEZ BONINO

GUYON, MADAME (1648-1717). →Quietista francesa. N. con el nombre de Jeanne Marie Bouvier de la Mothe. Era una muchacha introspectiva y profundamente religiosa, que después de una educación conventual quería entrar a una orden religiosa, pero fue obligada por su madre a casarse en 1664 con Jacques Guyon, inválido de edad madura dominado por una madre tiránica. La reacción de Mme. Guyon fue el retirarse más profundamente a una vida de contemplación privada, acompañada de formas torturantes de mortificación y de un desposorio místico con Cristo.

Guyon murió en 1676, pero su viuda cayó entonces bajo la influencia de los escritos de Molinos y de un neurótico fraile barnabita, Lacombe. En 1680 alcanzó un "estado unitivo" con la divinidad: el "Dios-yo" había sustituido al "ego-yo", y un año más tarde comenzó a recibir visiones y revelaciones. Durante su "período Lacombe" (1681-88) anduvo errante de un lugar a otro, a menudo con el fraile, buscando fundar una "iglesia interior" y dar a luz "hijos espirituales" y escribiendo algunos de sus ensayos místicos más conocidos. Fue arrestada en 1688 pero la liberaron a instancias de Mme. de Maintenon. Comenzó a intercambiar una serie de cartas espirituales con →Fénelon, que la admiraba y que luego la defendió, y alcanzó fama en círculos de la corte, hasta dar conferencias en la Escuela de Niñas de St. Cyr. →Bossuet, alarmado por la naturaleza y efectos de su enseñanza y los rumores acerca de su vida privada, examinó sus escritos en 1694. Treinta de sus proposiciones fueron condenadas, pero aunque se retractó, un año después fue apresada otra vez y pasó seis años primero en Vincennes y luego en la Bastilla. Liberada en 1701, pasó el resto de su vida en Blois.

IAN SELLERS

H

HABITO. Traje distintivo de las órdenes religiosas. La práctica de usar un h. especial se remonta a los primeros días del monaquismo en Egipto, y posiblemente tiene su origen en las ropas andrajosas de los anacoretas, o incluso en las ásperas túnicas de los cínicos errantes del s.I. Normalmente consta de una túnica, cinturón o cordón, escapulario, capucha (hombres) o velo (mujeres), y un manto para usarlo en el coro o en la calle. Los colores son generalmente blanco, café o negro. Lo utilizan todas las órdenes antiguas (de monjes, frailes y monjas), pero algunas órdenes modernas prescinden de él.

J.D. DOUGLAS

HABANA, CONGRESO EVANGELICO DE LA (1929) →ASAMBLEAS ECUMENICAS EVANGELICAS

HAGIOGRAFIA. La categoría particular de la literatura biográfica que se concentra en los que son considerados "santos". La h. va desde la vida de un solo santo hasta las complejas colecciones de vidas de santos dispuestas en forma enciclopédica. La literatura hagiográfica dentro de la tradición judeocristiana pertenece ya a la literatura del AT. Se elabora más en los apócrifos y en los pseudoepígrafos, desempeña poca función en el NT (a menos que se incluyan en ella ciertos aspectos de los Evangelios o de los Hechos de los Apóstoles), pero adquiere creciente importancia a partir del s.II, abarcando gran parte del NT Apócrifo y siendo Eusebio de Cesarea el primer gran compilador y el que pone de manifiesto la cercana relación con la "martirología". CLYDE CURRY SMITH

HAITI. País que comparte la isla de Española con la República Dominicana. Sus orígenes se remontan a la primera mitad del s.XVII, cuando los franceses comenzaron a utilizar la región como base para sus empresas de corso contra los españoles. Al principio, el gobierno francés no reconocía oficialmente la empresa de los corsarios, piratas y bucaneros que se establecieron allí. Pero ya en la segunda mitad del siglo la corona francesa nombró un gobernador para el país.

La mayor parte del trabajo misionero católico lo realizaron los jesuitas, al norte del país, y los dominicos al sur. El trabajo era difícil, pues la inmensa mayoría de la población estaba formada por esclavos traídos del Africa, y muchos amos se oponían a que se les instruyera, temiendo que con ello se les podría incitar a la insubordinación. En 1789 había 520.000 habitantes, y de ellos solo 40.000 eran blancos. En consecuencia, la verdadera religión de la mayoría de la población vino a ser una mezcla de cristianismo con antiguos cultos africanos, que se conoce como "vudú".

La Revolución Francesa repercutió en H., donde los esclavos se rebelaron. Tras un largo período de caos y de barbarie por ambas partes, H. declaró su independencia en 1804, bajo Jean Jacques Dessalines. A la postre todos los blancos abandonaron el país o fueron muertos —excepto algunos médicos y sacerdotes.

A partir de entonces la ICR ha continuado trabajando en H., aunque contando siempre con muy pocos sacerdotes.

El crecimiento del protestantismo en H. ha sido sorprendente. Esto se debió en parte a que a principios del s.XIX hubo muchos negros norteamericanos que emigraron hacia la república negra en busca de mejores condiciones de vida. Para trabajar entre ellos los →metodistas ingleses enviaron sus primeros misioneros en 1807. La →Iglesia Episcopal de Haití se originó en 1861, cuando 110 negros dirigidos por James Theodore Holly partieron de los EUA hacia H. Después de un año de dificultades, solo 20 quedaban. Cuarenta y tres habían muerto, y el resto había decidido partir hacia Jamaica. Pero Holly continuó su obra, predicando entre los que habían venido con él así como entre los haitianos. Su éxito fue tal que en 1876 la Iglesia Episcopal de los EUA le consagró obispo de H., cargo que ocupó hasta su muerte en 1911.

Los bautistas del norte de los EUA comenzaron obra en Haití en 1923. (Cien años antes lo habían intentado, pero sin buen éxito.) El número de conversos que ha resultado de esta obra misionera ha sido tal que hay quien se refiere al fenómeno como una "conversión en masa".

Otras denominaciones fuertes en H. son la Iglesia Bautista de Jacmel, fundada por misioneros de Gran Bretaña y Jamaica, las Asambleas de Dios, la Iglesia de Dios, los Nazarenos, y la →Misión Antillana.

El impacto del protestantismo en H. ha sido notable, sobre todo en lo que se refiere a la educación. Fue un misionero metodista británico quien primero redujo a la escritura el idioma del país, el "creole" francés. A partir de entonces, las diversas denominaciones se han dedicado a producir literatura en ese idioma, a luchar contra el analfabetismo, y a establecer escuelas.

La causa protestante ha prosperado más en Haití que en cualquier otro país antillano latino. Según un informe, en la comunidad protestante había 193.078 en 1949 y 327.140 en 1961. De acuerdo con el último informe asequible, ha crecido a aproximadamente 500.000 o sea más del 10% de la población.

JUSTO L. GONZALEZ

HALO (gr. *halos* = "nimbo"). Círculo o disco luminoso con que, en el arte cristiano, aparece rodeada la cabeza de Cristo, de la Virgen María, o de un santo. Este uso se tomó del simbolismo religioso dentro del helenismo y el Imperio Romano, en que los dioses y algunos emperadores se representaban con h. alrededor de su cuerpo o cabeza. Desde el s.III ha habido un desarrollo gradual de su uso en la cristiandad. Al principio solo se consideraba apropiado poner el h., cuyo color habitual era el azul, alrededor de la cabeza de Cristo; pero desde tiempos de León I se extendió hasta incluir a la Virgen y a los santos. Durante la Edad Media se usaban h. de varios tipos, pero ahora el color era por lo general amarillo o dorado. Se usaba un h. sencillo y redondo para los ángeles y santos; uno redondo con alguna característica distintiva (p.e. una cruz o un monograma) para Cristo; y uno rectangular para los dignatarios que estaban vivos, como el de Gregorio Magno en el monasterio de Clivus Scauri en Roma. En el catolicismo contemporáneo el h. se usa solo para los santos y para aquellos beatos que reciben veneración.

PETER TOON

HAMANN, JOHANN GEORG (1730-1788). Pensador religioso alemán. N. en Königsberg y tuvo una educación irregular; se hizo tutor privado, y tuvo una experiencia religiosa en 1758 durante un viaje de negocios a Londres. De regreso en Königsberg consiguió un humilde puesto de aduana y en su tiempo libre comenzó a estudiar tanto como pudo. Pronto, a pesar de su estilo excéntrico y angular de escribir, se convirtió en un dirigente reconocido del movimiento literario *Sturm und Drang.* Siendo el más evangélico de dicha escuela, H. redescubrió en la obra de Lutero una fe personal espontánea, una preocupación universal, y un amplio campo de experiencia religiosa que trascendía el escolasticismo protestante, el subjetivismo pietista y la filosofía racionalista, y que, en una serie de notables obras, particularmente *Golgotha und Scheblimini* (1784), H. trató de elogiar ante sus coterráneos. Como rejuvenecedor auto-designado del cristianismo alemán, ejerció una importante influencia sobre Herder, Schleiermacher y Kierkegaard.

IAN SELLERS

HAMILTON, PATRICK (1503-1528). Generalmente considerado el protomártir de la Reforma Escocesa. De linaje aristocrático, fue enviado a la Universidad de París hacia 1515 y se graduó cinco años después, poco después de que Lutero publicara sus tesis. Se matriculó en la Universidad de San Andrés en 1523, encendido por las opiniones luteranas expresadas por aquellos para quienes la Palabra de Dios se había convertido en una fuerza viviente. H. probablemente enseñó en San Andrés, pero en 1527 chocó con el Arzobispo Beaton y fue obligado a huir a la tierra de Lutero. Más tarde, en ese mismo año, regresó a Escocia, propuesto a predicar el evangelio. A principios de 1528 Beaton lo llamó a San Andrés, aparentemente para un debate, pero realmente con la intención de hacerlo morir apresuradamente, antes que sus amigos influyentes pudieran prestarle socorro. La corte eclesiástica dictó sentencia, y

H. fue quemado en San Andrés. Sus verdugos esperaban, al tratar así a uno de tan alto rango, intimidar a otros y suprimir la ola creciente de la Reforma. Pero se produjo el efecto contrario; se levantaron grandes discusiones y, como dijo uno de los presentes, "el humo del señor Patrick Hamilton ha contagiado a todos aquellos sobre los que sopló".

J.D. DOUGLAS

HANDEL, GEORG FRIEDRICH (1685-1759). Compositor musical que nació en Halle, Alemania, pero pasó la mayor parte de su vida en Inglaterra. A diferencia de Bach, que nació en el mismo año, H. no pertenecía a una familia de músicos, y no fue sino a regañadientes que su padre reconoció su talento musical mientras lo destinaba al derecho. Recibió su primera educación musical de parte del distinguido organista y compositor Zachow, en Halle. La mayor parte de su carrera se relacionó con la música dramática, la ópera, y los oratorios. Su única música escrita para la iglesia consta de sus primeras pasiones alemanas, los salmos latinos escritos durante su estada en Italia, los himnos a estilo de cantata compuestos para el duque británico de Chandos y obras festivas ocasionales para coronaciones y celebraciones nacionales. En la última categoría se incluyen los magníficos *Te Deum* de "Utrecht" y "Dettingen". El fracaso de sus empresas de ópera italiana en Londres lo condujo a tornarse cada vez más a los oratorios basados en temas bíblicos. Estos oratorios apelaban a un público más amplio en Inglaterra a causa del texto vernacular y las tramas conocidas. Con la excepción del *Mesías* y de *Israel en Egipto,* que se basan completamente en los textos bíblicos literales, los oratorios empleaban libretos versificados, no siempre de la mejor calidad poética.

H. eclipsó por completo a sus contemporáneos ingleses por la grandiosidad dramática de su estilo y su instinto de excelentes efectos corales. La nobleza de su melodía, añadida a esos otros atributos, lo coloca entre los más grandes compositores de todos los tiempos. Los maestros clásicos, Haydn, Mozart y Beethoven, admiraron su estilo coral y se inspiraron en él. El oratorio se concibió como un entretenimiento edificante para la Cuaresma, pero numerosos extractos de las obras de H. de ese género hallaron su sitio en el repertorio de coros de iglesia. El *Mesías* (escrito en 1741, y presentado por primera vez en 1742) llegó a ser la obra coral más frecuentemente interpretada en la historia, y lo sigue siendo. H. fue también un insigne compositor de música de cámara y conciertos.

J.B. MacMILLAN

HARDING, ESTEBAN (m.1134). Abad de Císter. N. en Sherborne, Dorset (Inglaterra), y de joven viajó mucho, visitando Escocia, París y Roma. Se unió a la comunidad en Molesme, en Borgoña, donde no logró ser aceptado en la Regla de San Benito. Partió en 1098 con otros veinte, entre ellos el abad y el prior, y estableció una estricta y austera casa religiosa en Cîteaux, un lugar muy desolado. Allí fue sucesivamente subprior, prior, y tercer abad. La comunidad floreció y fue el mismo Esteban quien fundó en gran parte otras trece casas de esta nueva Orden→Cisterciense. El redactó la regla, instituyó un capítulo general, e introdujo el famoso hábito blanco para sus comunidades; obtuvo el apoyo papal y gran medida de libertad respecto del control episcopal y, junto con el abad Roberto y el prior Alberico, debe considerarse el fundador de la Orden Cisterciense.

IAN SELLERS

HARMS, CLAUS (1778-1855). Predicador y teólogo luterano. Después de ayudar a su padre molinero en Fahrstadt/Holstein, fue a la universidad de Kiel en 1799, donde se hizo evangélico al leer los *Monólogos* de Schleiermacher. Elegido diácono de Lunden/Holstein en 1806, H. adquirió fama rápidamente como predicador. Diez años después fue nombrado archidiácono en la Iglesia de San Nicolás en Kiel, y fue elevado a la posición de preboste en 1835. En 1834 había declinado a una oferta de suceder a →Schleiermacher como pastor de la Iglesia de la Santísima Trinidad en Berlín. Con ocasión del tercer centenario de las 95 tesis de Lutero, H. escribió su obra *Noventa y cinco tesis,* que atacaba el racionalismo con sus asomos de pelagianismo. También criticó la unión de las iglesias reformadas y luteranas que proponía el monarca prusiano Federico Guillermo III. Sus escritos hicieron una contribución significativa al avance de la piedad luterana. Sus escritos posteriores incluyen una *Pastoraltheologie* y colecciones de sermones.

WAYNE DETZLER

HARNACK, ADOLF (1851-1930). Historiador eclesiástico alemán. Hijo del erudito luterano Theodosius Harnack (1817-89), enseñó en Leipzig (1874) antes de hacerse profesor en Giessen (1879), Marburgo (1886) y

Berlín (1889-1921). Este último nobramiento fue impugnado por la iglesia porque H. tenía dudas acerca de la paternidad literaria del cuarto evangelio y otros libros del NT, tenía interpretaciones no ortodoxas de los milagros bíblicos, entre ellos la Resurrección, y negaba que Cristo hubiera instituido el bautismo (ver su *Lehrbuch der Dogmengeschichte,* 3 vols., 1886-89). Sin embargo, el nombramiento fue mantenido por el gabinete prusiano y por el emperador. Pero la disputa ensombreció el resto de su carrera y se le negó todo reconocimiento oficial por parte de la iglesia, incluso el derecho de examinar a sus propios alumnos en los exámenes eclesiásticos. No obstante, H. fue tal vez el más influyente historiador eclesiástico y teólogo hasta la Guerra Mundial I.

El principal campo de erudición de H. fue el pensamiento patrístico, sobre el cual publicó numerosas monografías. Su posición era una forma de ritschlianismo que consideraba la metafísica del pensamiento cristiano primitivo como una intrusión ajena ("helenización"). En el invierno de 1899-1900 impartió un curso de conferencias públicas que evaluaban el cristianismo a la luz de la erudición moderna. Fueron transcritas taquigráficamente y publicadas con el título *Das Wessen des Christentums.* A Jesús se le retrataba como un hombre que tenía reposo y paz para su alma y era capaz de transmitir vida y fuerza a los demás. El evangelio que predicó no fue sobre sí mismo, sino sobre el Padre. Se refería al reino, a la paternidad de Dios, al infinito valor del alma humana, la rectitud más elevada y el mandamiento del amor. La obra fue un éxito de librería y fue punto de muchas controversias.

En muchos sentidos, H. fue positivo. Aunque liberal en su teología (chocando luego con →Barth, que había sido su alumno), era conservador y perceptivo en sus estudios del NT. Sostenía que el libro de Hch. había sido escrito por Lucas mientras Pablo estaba preso en Roma, asignando así una fecha temprana a "Q", los evangelios sinópticos y los Hechos. Tales ideas socavarían gran parte de la erudición liberal y radical contemporánea. Sus estudios fueron publicados en Inglaterra con los títulos *Luke the Physician* (1907); *The Sayings of Jesus* (1908); *The Acts of the Apostles* (1909); y *The Date of the Acts and of the Synoptic Gospels* (1911).

En 1906 H. fue nombrado director de la Biblioteca Real de Prusia (la más grande de Alemania) y también llegó a ser presidente de la *Gesellschaft* ("sociedad") de estudios y ciencias que auspiciaba el Káiser Guillermo. Sus numerosas condecoraciones incluyen el título "von Harnack" recibido en 1914. Se interesó en cuestiones sociales, y junto con W. Hermann publicó *Ensayos sobre el evangelio social.* No aceptó el cargo de embajador alemán en Washington (1921).

COLIN BROWN

HARPER, WILLIAM RAINEY (1856-1906). Especialista en estudios semíticos. N. en Ohio, EUA, de ascendencia escocesa e irlandesa; obtuvo un doctorado de Yale hacia 1875 y en 1879 asumió el cargo de profesor de hebreo en el nuevo Baptist Union Theological Seminary en Morgan Park, Illinois. Regresó en 1886 a enseñar estudios semíticos en Yale, a lo cual se agregó en 1889 la cátedra de literatura bíblica. Dos años después fue nombrado jefe de la nueva Universidad de Chicago, a la cual se integró el seminario de Morgan Park, cuyo departamento de estudios semíticos siguió bajo la dirección de H. Durante los siguientes catorce años sus enormes energías consumieron su vida, pero no sin antes haber creado una gran universidad de estudios de postgrado. Escribió un gran comentario sobre Amós y Oseas (1905), y a partir de 1884 fue editor de la revista *Hebraica.*

CLYDE CURRY SMITH

HARRIS, JAMES RENDEL (1852-1941). Erudito bíblico y orientalista. N. en Plymouth, Inglaterra, fue educado en Clare College, Cambridge, y enseñó matemáticas en la universidad hasta 1882, cuando emigró hacia EUA y empezó a dar clases en la universidad de Johns Hopkins. Después de denunciar la vivisección, fue obligado a irse. Se unió entonces al personal del Haverford College en Pensilvania. Al regresar a Inglaterra se ganó la reputación de ser un erudito brillante pero no ortodoxo, especialista en problemas textuales. Su último cargo fue el de celador de mss en la Biblioteca John Rylands, en Manchester. Editó y publicó muchos textos antiguos, pero se le conoce sobre todo porque en 1889 descubrió la obra *Apología de Arístides,* que había estado perdida por mucho tiempo y que publicó en 1891. En sus primeros años H. fue congregacionalista pero en 1880 se adhirió a la Sociedad de los →Amigos. En 1896 organizó ayudas benéficas para los armenios en el tiempo de las masacres. A lo largo de su vida, la producción de su trabajo fue enorme. En cuanto a la teología, era un cristiano "liberal" que se mofaba del →"fundamentalismo".

R.E.D. CLARK

HARTFORD, APELACION DE. Documento preparado por un grupo de teólogos, filósofos y científicos sociales católicos, protestantes y ortodoxos en 1975, en Hartford, Connecticut (EUA). Dado que muchos de los participantes eran de renombre nacional e internacional, el documento fue ampliamente divulgado en la prensa norteamericana.

Contrario a la "Declaración de →Chicago", formulada en forma de confesión, la A. de H. está estructurada en forma de crítica negativa. Parte del supuesto de que "la pérdida del sentido de trascendencia está subestimando la habilidad de la iglesia para dirigirse con claridad y coraje a las tareas urgentes que Dios le llama a desempeñar en el mundo". Procede a refutar 13 temas que según los autores ilustran dicha pérdida y se han hecho patente en la teología norteamericana desde la década del sesenta. Entre éstos figuran la suposición de que el pensamiento moderno sea superior a otras formas de comprender la realidad; que enunciados religiosos sean totalmente independientes del discurso religioso; que el lenguaje religioso se refiera solo a la experiencia; que Jesús solo pueda ser comprendido a la luz de modelos contemporáneos de humanidad; que todas las religiones sean igualmente válidas; que el mundo deba ponerle la agenda a la iglesia; que el énfasis en la trascendencia sea un obstáculo al compromiso social; que la lucha por una mejor humanidad haga posible la revelación final del reino de Dios; y que "la esperanza después de la muerte no tenga que ver, o a lo sumo sea marginal, en cuanto a la preocupación cristiana por la realización humana".

El documento es importante para AL porque uno de los objetivos de los autores fue frenar la creciente influencia en EUA de la →"teología de la liberación". Ciertamente, las refutaciones de Hartford tienen mucha validez, pero su tono negativo y su prejuicio ideológico hicieron que el documento fuera juzgado por muchos teólogos y líderes eclesiásticos norteamericanos como de medias verdades, que bordea la arrogancia y la apologética reaccionaria. De ahí que algunos líderes religiosos de Boston, EUA, convocaran a una reunión en 1976 y formularan un contramanifiesto, conocido como la "Afirmación de Boston", en el que se afirma lo omitido por Hartford, se refuta su parcialidad y se apela a la militancia social como signo del compromiso de Dios con los pobres y oprimidos. ORLANDO E. COSTAS

HARVARD, JOHN (1607-1638). Benefactor de la Universidad de Harvard. N. en Southwark, Inglaterra, estudió en Emmanuel College, Cambridge, y a causa de la situación religiosa en Inglaterra en tiempos del Arzobispo Laud, se unió a la emigración puritana hacia el Nuevo Mundo. Se estableció en Massachusetts y fue admitido como miembro y anciano enseñante en la iglesia congregacional de Charlestown. En su testamento dejó la mitad de su hacienda, con una biblioteca de cerca de 400 volúmenes, a la nueva universidad, recientemente fundada por la colonia en 1636. La Corte General de Massachusetts le dio su nombre a la universidad en 1638-39 y, con la ayuda de su legado, se construyeron los edificios. PETER TOON

HASTINGS, JAMES (1852-1922). Ministro y editor escocés. N. en Huntly y fue educado en artes y teología en Aberdeen; desempeñó puestos en la Iglesia Libre y (después de la unión de 1901) en la Iglesia Libre Unida (1884-1911), antes de pensionarse para dedicarse al trabajo editorial. En 1889 había fundado la revista mensual *Expository Times*, que siguió publicando hasta su muerte. Sus muchas otras obras como editor y escritor incluyen un *Dictionary of the Bible* (1898-1904) de cinco tomos, un *Dictionary of Christ and the Gospels* (1906-8) de dos tomos, y un *Dictionary of the Apostolic Church* (1915-18) también de dos tomos. Sin embargo, por lo que más se le conoce es por haber emprendido con éxito un proyecto temerario: la *Encyclopedia of Religion and Ethics* (12 tomos, 1908-1921). H. fue también un magnífico predicador, un hombre cuyo mensaje fue siempre inconfundiblemente evangélico, pronunciado sin ayuda de apuntes y con esa elocuente sencillez que con no poca frecuencia acompaña a los hombres de amplios conocimientos. J.D. DOUGLAS

HATCH, EDWIN (1835-1889). Teólogo anglicano. N. en Derby, Inglaterra, se graduó de Oxford y en 1859 fue nombrado profesor de estudios clásicos en Trinity College, Toronto, Canadá. Fue nombrado rector del Liceo de Quebec (1862), subdirector de St. Mary's Hall, Oxford (1867-85), párroco de Purleigh, Essex (1883), y conferenciante de historia eclesiástica en Oxford (1884). Su obra más importante fueron sus Conferencias de Bampton sobre "La organización de las primeras iglesias cristianas" (1880), que suscitaron considerable controversia, especialmente en los círculos de la *"High Church"*. En ellas argüía que el episcopado cristiano se derivó de los administradores financieros *(epískopoi)* de las asociaciones religiosas griegas. H. continuó su tema con *The Growth of Church Institutions* (1887). También escribió *Essays in Biblical Greek* (1889) y una *Concordance to the Septuagint* (junto con H.A. Redpath, publicada póstumamente en 1897). Sus Conferencias Hibbert, tituladas *The Influence of Greek Ideas and usages on the Christian Church* (1888) reflejan sus intereses filosóficos. HOWARD SAINSBURY

HAUGE, HANS NIELSEN (1771-1824). Predicador laico noruego. Hijo de un granjero, fue criado en un piadoso hogar luterano y en 1796 tuvo una experiencia religiosa en que se sintió llamado por Dios a exhortar al pueblo de Noruega al arrepentimiento. Viajó por todo el país (1796-1804), habitualmente a pie, predicando su mensaje y reuniendo seguidores por dondequiera que iba. A la vez iniciaba fábricas y otras empresas industriales. La predicación itinerante no era lícita y sus esfuerzos económicos se miraban con recelo. Fue arrestado diez veces y estuvo preso de 1804 a 1811. Después de un largo juicio fue sentenciado en 1814 a pagar una multa por predicación ilícita y por fuertes críticas al clero. Con la ayuda de sus amigos, que llegaron a llamarse "haugeanos", compró una finca cerca de Oslo. Durante sus últimos años sus relaciones con las autoridades fueron amistosas. H. escribió muchos libros que tuvieron amplia circulación. Su predicación era pietista en la medida en que enfatizaba la santidad personal. H. es considerado generalmente como el iniciador del fuerte movimiento de cristianos laicos en Noruega.
CARL F. WISLOFF

HAVERGAL, FRANCES RIDLEY (1838-1879). Himnógrafa inglesa. N. en la casa pastoral de una parroquia de Worcestershire y pronto dio evidencia de poseer grandes dotes. Llegó a dominar bien el latín, el griego y el hebreo, pero su principal interés era escribir poesía, con la cual comenzó cuando tenía solo siete años. A los quince se convirtió y pasó el resto de su vida en diversas actividades cristianas. Su primer poema aceptado fue *"I gave my life for thee"* ("Mi vida di por ti"), pero aun más popular es su conocido *"Take my life and let it be"* ("Que mi vida entera esté"). Publicó varios tomos de poemas e himnos, de los cuales el más conocido es *Kept for the Master's Use.* J.D. DOUGLAS

HAYA DE LA TORRE, VICTOR RAUL (1895-1979). Político peruano fundador del APRA (Alianza Popular Revolucionaria Americana, 1924), movimiento que se organizó como partido político en el Perú (1931). N. en Trujillo en el seno de una familia aristocrática, se embarca como estudiante universitario en las luchas gremiales, acercándose al movimiento obrero de su país. Al frente de la Federación de Estudiantes participa junto a los obreros en la lucha para conseguir la jornada de ocho horas (1918-1919). Crea las Universidades Populares "González Prada" y luego salta a la fama el 23 de Mayo de 1923 como líder de la manifestación cívica que se opone a la consagración del Perú al Corazón de Jesús, medida política demagógica del Presidente Augusto B. Leguía.

Por esa época enseñaba en el Colegio Anglo-Peruano, que había fundado el misionero presbiteriano Juan A. →Mackay de quien Haya era amigo personal. En diversos escritos Mackay ha asignado trascendencia no solo política sino espiritual al movimiento que Haya encabezara. Admirador del protestantismo, Haya se confiesa lector de la Biblia, y al ser perseguido por la policía de Leguía se refugia en la casa de Mackay. Allí vivía cuando fue llevado a prisión y luego al exilio a fines de 1923. Estudió en Oxford y alternó con intelectuales y artistas con quienes mantuvo vínculo constante a lo largo de su vida.

El aprismo encarna la emergencia de las masas obreras y tiene vinculación ideológica con el marxismo, pero Haya no acepta la invitación a hacerse comunista que se le plantea durante su visita a Rusia en 1924. En el proceso de definición ideológica el APRA se aleja del marxismo, al cual considera inadecuado como ideología para interpretar la realidad latinoamericana, y demasiado dependiente de los intereses rusos en lo político como para realmente responder a las necesidades específicas de los pueblos indoamericanos. Aunque el aprismo es el partido mejor organizado y con mayor número de seguidores en el Perú, las fuerzas conservadoras, la Iglesia Católica, el ejército y el comunismo impiden su llegada al poder tanto en 1931 como en 1963, cuando Haya triunfó como candidato. Un gran número de obreros y estudiantes apristas han muerto a lo largo de los años como mártires y el mismo Haya vivió en la clandestinidad y en el exilio la mayor parte de su vida. Conferencista hábil y escritor ameno, Haya es autor de diversos libros, entre ellos: *Por la Emancipación de América Latina,* (1927); *Teoría y táctica del Aprismo,* (1931); *El Antiimperialismo y el Apra,* (1928-1936); *¿Adónde va Indoa-*

mérica?, (1935); *Espacio-tiempo histórico*, (1948); *Treinta Años de Aprismo*, (1956); *Toynbee frente a los panoramas de la Historia*, (1957). SAMUEL ESCOBAR

HAYDN, FRANZ JOSEPH (1732-1809). Compositor musical. Hijo de un humilde carretero en la baja Austria, llegó a ser el *Kapellmeister* de la deslumbrante corte principesca de Esterhaz, Hungría, y uno de los más solicitados compositores de Europa. En sus últimos años escribió sus mayores sinfonías para el público londinense y recibió un doctorado honorario de Oxford. Pasó sus últimos años en Viena. Si bien sus principales energías las utilizó en el campo de la sinfonía y del cuarteto de cuerdas, escribió por lo menos doce Misas, de las cuales las últimas seis son posteriores a su producción sinfónica y son consideradas por algunos críticos como la coronación de sus logros. También escribió una variedad de obras para el rito católico en el estilo sinfónico clásico, un fondo para *Las Siete Palabras*, y su magnífico oratorio *La Creación*, inspirado por sus experiencias con la música de →Händel en Inglaterra. Su música sacra ha sido frecuentemente criticada, en forma injustificada, por ser demasiado liviana para el templo; pero simplemente representa el gusto de la época clásica. Su hermano menor, Miguel, fue también un distinguido y prolífico compositor de música sacra católica en la vena clásica.
J.B.McMILLAN

HEBER, REGINALD (1783-1826). Obispo de Calcuta e himnógrafo. Educado en Oxford, fue asignado en seguida al vicariato de Hodnet, Shropshire (Inglaterra) en 1807. Publicó una edición de Jeremy Taylor en 1822 y al año siguiente fue hecho obispo de la Iglesia Anglicana de Calcuta, sede que a la sazón abarcaba toda la India Británica. Trabajó sin descanso por extender allí el cristianismo pero, después de tres años de viajes y administración, durante los cuales ordenó de sacerdote al primer nativo de la India, murió repentinamente. Sus 57 himnos, escritos todos en Hodnet, fueron coleccionados y publicados en 1827 con el título *Hymns written and adapted to the Weekly Church Service of the Year*, nombre que indicaba una obra pionera. H. dirigió un movimiento hacia un tipo literario de himno, y ayudó a popularizar el uso de himnos en la Iglesia Anglicana. Entre sus composiciones las siguientes se han traducido al español: "Santo, Santo, Santo", "De heladas cordilleras", "Astro el más bello", "Oh pan del mundo" y "El Cristo eterno". JOHN S. ANDREWS

HECKER, ISAAC THOMAS (1819-1888). Fundador de la Orden Paulina. N. en Nueva York, de padres protestantes alemanes. Trabajó en una panadería con sus hermanos, hasta que las ideas trascendentalistas lo condujeron a la granja comunal de Brook y Fruitland en 1843. En 1844 se hizo católico y entró a la Orden Redentorista. Después de estudiar en Bélgica, Holanda e Inglaterra, fue ordenado en 1845 y trabajó con los emigrantes alemanes católicos después de regresar a los EUA en 1851. A causa de un viaje que hizo a Roma sin autorización fue excluido de su orden pero Pío IX lo dispensó de sus votos para que fundara en 1858 los Sacerdotes Misioneros de San Pablo Apóstol, con el fin de convertir protestantes. H. fue superior de la orden hasta 1888. También fundó y editó *The Catholic World* (1865) y el *Young Catholic* (1870). EARLE E. CAIRNS

HECHICERIA. El empleo de fuerzas naturales o sobrenaturales para forzar o dañar a otros con métodos que despiertan la inquietud del pueblo. Es imposible trazar los límites entre h. y magia, y ambas están íntimamente relacionadas con la cosmología precientífica, en la cual el hombre es parte del mundo del espíritu. Históricamente no fue sino hace poco que desapareció de Europa la h. y las creencias en brujerías son todavía poderosas en Africa y Asia, en donde desempeñan importantes funciones sociales en las relaciones y como explicación de las desgracias. Sin embargo, la h. persiste entre naciones que poseen tecnología y elevada cultura, y aun a mediados del s.XX ha experimentado un reavivamiento en el cual asume la forma de una religión organizada y hasta institucionalizada.

Las actitudes cristianas respecto a la h. se han forjado con base en la Biblia, el Derecho Romano, y las costumbres populares de Europa. Los cristianos primitivos creían que el pertenecer a Cristo les otorgaba inmunidad respecto a las fuerzas demoníacas pero que el pecado los hacía otra vez vulnerables. La h. se asociaba con la idolatría y con la negación del amor y la verdad, de modo que el hechicero era la antítesis del santo. A quien acudía a los hechiceros se le imponía penitencia y algunas de las penas del Derecho Romano se incorporaron a los cánones. Ya en el s.VI frecuentemente se consideraba al hechicero como siervo de Satanás, pero los primeros escritores medievales eran escépticos acerca de muchos de los presuntos poderes de los hechiceros, como el de volar por los aires. Se basaban en el argumento de Agustín de que gran parte de la h. se basaba en ilusión. Había distinción entre el pecado canónico y las infracciones civiles, y aunque las penas medievales sugieren la persistencia de las prácticas paganas de h., no existía un fundamento intelectual para tratar al hechicero como la amenaza fundamental contra la sociedad. En las iglesias de Oriente no hubo tendencia persecutoria, pero es difícil aislar las razones del furor antihechicero de Europa.

La amenaza de la herejía dualista, los énfasis surgidos de las Cruzadas, y el desarrollo de la teología de Satanás eliminaron las anteriores ambigüedades y el escepticismo, y suministraron la base intelectual para la creencia en brujas que habría de conducir a las trágicas persecuciones de los ss.XV a XVII. Alejandro IV (1258) y Juan XXII (1320) permitieron a la →Inquisición hacerse cargo de la h. cuando estuviera asociada con la herejía. El influyente *Malleus Maleficarum* (1487) sistematizó aun más la creencia en la h. y puso énfasis en la necesidad de librar de hechiceros a la sociedad. Aunque los humanistas y los reformadores rechazaron algunos de los atributos del brujo medieval, no se enfrentaron a los supuestos básicos que sostenían la creencia en la h. G. →Bruno (1548-1600) mostró la fascinación renacentista hacia lo oculto y las referencias que la Biblia hace a la h. eran consideradas como autoridad por los reformadores.

Pero hay algo más que la imposición de las creencias de una élite clerical. En la h. hay considerables pruebas de persistentes creencias populares, y la furia antihechicera que alcanzó su punto culminante entre 1580 y 1650 debe también algo a las enfermedades, las desviaciones sexuales, la histeria individual y colectiva, los actos blasfemos, las drogas alucinógenas, la superchería, la búsqueda de chivos expiatorios en lo social, y el efecto de rivalidades aldeanas que fácilmente se interpretaban en el marco de las creencias en la h., las cuales por sí mismas tomaban impulso. La tortura indudablemente llevó a graves exageraciones y confesiones que los inquisidores como B. Carpzow (1595-1666) querían escuchar, pero en Inglaterra, en donde no se torturaba judicialmente a los hechiceros, muchos de los detalles desagradables de los juicios del continente también se daban. El temor a las brujas también se aumentaba con los conflictos religiosos, las tensiones sociales, y las sospechas contra cualquier extranjero o conducta extraña. J. Weyer (1516-68) intenta explicar que las brujas eran solo viejas inofensivas (*De praestigiis daemonum,* 1563) fue convincentemente refutado en la opinión de sus contemporáneos, por J. Bodin (1529-96) en *Démonomanie des sorciers* (1580).

Recientemente se han planteado serias preguntas acerca del origen exclusivamente protestante de las creencias en la brujería en Inglaterra, en donde se decía que los juicios de Essex estaban íntimamente ligados a las ideas puritanas respecto a la h., importadas de Europa. Las traducciones de L. Daneau (1530-95) y L. Lavater (1527-86) y W. Perkins (*Discourse on the damned art of witchcraft,* 1608) sin duda ejerció alguna influencia en quienes sabían leer, pero no crearon toda la ola demonológica de Europa, y los magistrados estuvieron más influidos por los precedentes legales en sus sentencias que por consideraciones teológicas. Con excepción de un breve período durante la Guerra Civil (1645-47) cuando M. Hopkins anduvo a caza despiadada de brujas, las acusaciones inglesas sobre brujería rara vez tuvieron origen oficial; la mayoría de los juicios de Essex surgieron de tensiones en la vida aldeana, del abandono de la ayuda mutua para los necesitados, y de la desaparición de las protecciones rituales contra la h. que la iglesia medieval había tenido. Los decretos de 1563 y 1604 daban recurso a la ley y suministraban un importante canal para aliviar las tensiones respecto a conflictos y desgracias, hasta que los hombres comenzaron a aplicar otras explicaciones.

La creencia en la h. retuvo considerable poder en la parte final del s.XVII, como lo demuestran los procesos suecos (1668-77) y el furor antihechicero de Salem, Massachusetts (1692). En la tolerante Holanda D.B. Ekker (1634-98) cayó en desgracia por haber negado a Satanás en *Betoorverde Weereld* (1691), y otro crítico de la creencia en la h. en Alemania, C. Thomasius (1655-1728), tuvo buen cuidado en afirmar su creencia tanto en las brujas como en el diablo, pero atacó los procesos contra las brujas (1701). Aun debían aparecer muchos grandes nombres que apoyaron la superestructura intelectual de la creencia en la h.

Las razones para la declinación en la creencia de la h. en Europa durante los ss.XVII a XIX son oscuras. Hay algo más que la declinación del fanatismo religioso y la expansión del racionalismo, pues los estudios antropológicos sobre la moderna h. sugieren que la sustitución de las creencias en la h. es un largo y complejo proceso. Una nueva cosmología, una profundizada comprensión de la teología de la creación, la declinación de la angelología y la demonología, el abandono de la tortura y de la cacería de brujas como procedimiento legal satisfactorio, el creciente escepticismo religioso: todo ello contribuyó. El consultar a hombres y mujeres "sagaces" aun era común, pero ya no se empleaba la brujería como explicación total de lo misterioso y de las desgracias, aun cuando la tecnología no estaba lo bastante avanzada para hacer superflua la magia. Hubo importantes diferencias regionales en el campo. Transformaciones en el proceso legal (abolición de la acusación de *sorcellerie sabbatique* en 1672) fueron importantes en Francia, mientras en Inglaterra la emergencia de una moral social más individualista y la aceptación pública de la beneficencia eliminaron algunas de las tensiones que inspiraban las acusaciones de brujería. En Inglaterra había también una creciente renuencia a dictar sentencias condenatorias. El último proceso se celebró en 1717 y las leyes de brujería fueron abrogadas en 1736, aunque en Inglaterra y en otras partes hubo todavía actos de violencia extralegal contra sospechosos de brujería aun en el s.XIX.

La creencia en la h. sobrevivió en pequeños grupos esotéricos en Europa. Pero todavía son un grave problema práctico en las iglesias africanas en donde los cristianos aun están cerca de la antigua cosmología. Entre 1956 y 1964, Chikanga ejerció enorme influencia en Africa Central y Oriental, y las iglesias sionistas africanas muestran el poder de la antigua creencia. IAN BREWARD

HEFELE, KARL JOSEPH (1809-1893). Obispo e historiador católico romano. N. en Unterkochen bei Aalen (Alemania) y fue ordenado sacerdote en 1833. Después de desempeñar cargos académicos de poca importancia, fue llamado en 1840 a suceder a su propio maestro, J.A. Möhler, como profesor de historia eclesiástica en Tubinga. Su obra más famosa como historiador eclesiástico fue su monumental *Conciliengeschichte* (1855-74), de siete t. Su estudio de los concilios y su coedición de la *Theologische Quartalschrift* (desde 1839) lo establecieron como uno de los más importantes estudiosos católicos de su tiempo. Fue nombrado consultor de la comisión preparatoria del Concilio →Vaticano I (1868) y después de su consagración como obispo de Rottenburg (1869) regresó a Roma para tomar su puesto como padre conciliar. Fue líder de la minoría que se oponía a la doctrina de la infalibilidad papal, aunque llegó a sujetarse a la decisión del concilio. Pasó sus últimos años principalmente dedicado al trabajo pastoral en su propia diócesis.

DAVID C. STEINMETZ

HEGEL, GEORG WILHELM FRIEDRICH (1770-1831). Figura dominante del idealismo alemán y uno de los grandes constructores de sistemas filosóficos. Estudió en Tubinga (1788-93) y, después de desempeñar puestos magistrales en diversas universidades, entre ellas las de Jena y Berna, fue profesor de filosofía en Berlín (1818-30). H. rechazaba tanto el realismo (la opinión de que la realidad existe independientemente del pensamiento) como el idealismo subjetivo (según el cual la realidad es producto de la conciencia individual) porque, en su opinión, implicaban contradicciones inevitables. Sostenía más bien que el verdadero conocimiento solo es posible de la realidad última, el producto del Espíritu que, en un desarrollo dinámico, reconcilia las auto-contradicciones que permean todo aspecto de la experiencia humana. Las ideas de la unidad y comprehensividad del pensamiento y de su desarrollo dinámico son predominantes.

Al argumentar que el realismo y el idealismo subjetivo entrañaban contradicciones fundamentales, H. mantenía que toda experiencia presupone la unidad del conocedor y lo conocido. Esta unidad, sin embargo, no está lograda, sino que está en proceso de cumplimiento en la experiencia humana y se hace explícita en la experiencia estética y religiosa, y se desarrolla plenamente en el pensamiento verdaderamente filosófico. El método dialéctico es el único método verdaderamente filosófico, puesto que es el único que corresponde al proceso de la naturaleza y de la historia y de toda la realidad. El error estriba en la parcialidad y la incompletitud. Esta visión básica subyace a todas sus diversas obras filosóficas. De estas, algunas de las más notables son *La fenomenología de la mente* (1807), relato de las diversas etapas de la conciencia humana desde la conciencia de los sentidos hasta el conocimiento absoluto; la *Lógica* (1812-16), análisis de categorías básicas de todo discurso; *Filosofía del Derecho* (1821), en que se da la visión que tiene H. del Estado como síntesis de la familia y de la sociedad civil.

H. es importante en cualquier historia del

desarrollo del pensamiento cristiano, con el cual su filosofía es fundamentalmente incompatible. Para H. la religión es simplemente una forma imaginativa y pictórica de representar la verdad filosófica. Su posición general tiene, a todas luces, fuertes afinidades con el panteísmo. El sistema de H. fue la inspiración que sustentó la destructiva crítica bíblica de F.C.→Baur, D.F.→Strauss y en formas más complejas H. influyó sobre →Feuerbach y sobre →Marx. OONAGH McDONALD

HEGESIPO (s.II). Historiador eclesiástico. Su *terminus a quo* se puede establecer por su propia referencia a Adriano (117-38) que estableció ciertos juegos en su tiempo; y el *terminus ad quem* se define por su adición de los nombres de Sotero y Eleutero (175-89) a la lista de sucesión de los obispos de Roma que él había confeccionado en Roma en el tiempo de Aniceto (156-67). Jerónimo corrobora estas fechas cuando dice que H. vivió cerca de la época de los apóstoles. Eusebio deriva la conclusión de que H. era judío y dice que su obra comprendía cinco libros de "Memorias". Estos parecen haberse dirigido contra los gnósticos y haber abarcado toda la historia de la iglesia hasta su día en una forma desordenada (de Santiago se habla en el último libro) y en un estilo poco pretencioso. Las "Memorias" sobreviven hoy solo en fragmentos, casi todos en Eusebio. Un fragmento en Focio se ha interpretado como un ataque de Hegesipo a las palabras de Pablo en 1 Co. 2:9. Sin embargo, es más probable que se trate de un ataque contra el mal uso de las palabras de Pablo que hacían los gnósticos. DAVID JOHN WILLIAMS

HEIDEGGER, MARTIN (1889-1976). Filósofo alemán. N. en Messkirch (Bade) y estudió en Friburgo, con Husserl. Fue profesor en Marburgo (1923-1928) y Friburgo (1928-1945; 1952-1959). H. procede de la fenomenología y con ella se relacionó siempre su pensamiento. En 1927 alcanzó renombre mundial con *Sein und Zeit* (*El Ser y el Tiempo,* 1951), su obra capital. Allí desarrolla su tema fundamental: el análisis del existente (existencia humana) concreto *(Dasein)*. Desde el *Dasein* H. intenta leer las categorías básicas del ser, del mundo, de los objetos del mundo y de la historia humana.

La filosofía de Heidegger (que él mismo rehusó calificar de "existencialista") ejerció cierta influencia, metodológica y conceptual, en la →teología dialéctica (→Gogarten) y en otros pensadores que, como →Bultmann y →Tillich, orientaron su teología hacia una dialéctica de la existencia, frente a la dialéctica de la revelación propuesta por →Barth. Heinrich Ott, sucesor de Barth en Basilea, ha sido muy influido por "el último" H.

El pensamiento de H., especialmente sus últimos desarrollos (cuando la hermenéutica y, por tanto, el lenguaje adquieren suma importancia), provocó un gran debate entre los teólogos europeos. En efecto, su pensamiento se liga con el tema de la "nueva hermenéutica" que surge en la Europa de posguerra y que está vinculado con los estudios que en ese campo hizo Bultmann y más recientemente Ernst Fuchs en Marburgo y Gerhard Ebeling en Zurich. H. y Bultmann habían sido colegas en Marburgo. H. destaca la importancia de la naturaleza lingüística del hombre. La palabra misma es hermenéutica y existencial. La hermenéutica deja de ser la formulación de principios por medio de los cuales comprendemos los textos antiguos, para ser una investigación de la función interpretativa de la comunicación existencial, es decir, una teoría de la interpretación o, como ha dicho Ferrater Mora, "un modo de pensar 'originalmente' todo lo 'dicho' en un 'decir'". VICTORIO ARAYA G.

HEILER, FRIEDRICH (1892-1967). Teólogo alemán. Era católico romano y estudió teología, filosofía y lenguas orientales en Munich. Bajo la influencia de N. →Söderblom se hizo protestante y se unió a la Iglesia Luterana en Uppsala (1919). Fue nombrado profesor de historia comparada de las religiones en Marburgo (1922). Influido por los escritos de Friedrich →von Hügel, asumió una línea más católica y se hizo dirigente de la Unión Alemana de la Iglesia Alta a partir de 1929. Fundó una orden evangélica de Terciarios Franciscanos. Editó *Hochkirche* a partir de 1930. Su mejor obra fue *Das Gebet* (1918), estudio de la oración desde sus formas más primitivas hasta la contemplación mística. Otras de sus obras son *Der Katholizismus* (sobre el catolicismo romano, 1923); *Evangelische Katholizität* (1926) y *Die Wahreit Sundar Singha* (1927). J.G.G. NORMAN

HEILSGESCHICHTE. Término alemán que significa "Historia de la Salvación", o, "historia salvífica". Denomina una escuela de teología cuyo representante más conocido es Oscar →Cullmann, y que afirma que el mensaje central de la Biblia no es un sistema de doctrinas abstractas sino la historia progresiva de los "actos portentosos" de Dios en el tiempo, para la salvación de los hombres. Por eso la gran mayoría de los libros bíblicos son de carácter narrativo, los credos del AT suelen recitar historia más bien que definir doctrinas (cp. Dt. 26:5-9; Jos. 24:2-13; cp. Sal. 105, 106, 136), y el NT es básicamente proclamación (*kérygma:* 1 Co. 15:3-8) de "buenas nuevas".

Entre las palabras claves de la terminología histórico-salvífica del NT se destacan *kairós,* el momento oportuno y decisivo; *aión,* período de tiempo; *jronos,* el tiempo como tal; y *efápax,* el acontecimiento irrepetible, "una vez para siempre" (Heb. 7:27; 9:12; Ro. 6:10). Los hechos salvíficos de Dios suelen describirse como "obras y proezas" (Dt. 3:24; Sal. 118:15; 150:2; Lc. 1:51), "hazañas" (Ex. 15:11), "las maravillas de Dios" (Hch. 2:11), y otros términos. La coordinación de estos acontecimientos se llama en el NT *oikonomía* (traducida, problemáticamente, por "dispensación", p.e. Ef. 3:9).

El centro de toda la historia salvífica, según el NT (y con especial énfasis en los escritos lucanos) es la encarnación del Hijo de Dios en Jesús de Nazaret, por lo cual también se divide la historia en "a.C." y "d.C." Así la historia de la salvación suele dividirse en tres tiempos sucesivos: el tiempo de Israel, el tiempo de Jesús, y el tiempo de la Iglesia. La *H.* acentúa así la unidad integral de la historia bíblica (en contraste con el →dispensacionalismo) desde la creación hasta la *parusía.*

La elección y los pactos reciben su sentido dentro de este proyecto histórico-salvífico, en el cual el Exodo también es decisivo. El "doble movimiento" de elección y representación (según Cullmann) produce el efecto de "embudo": la línea comienza con toda la humanidad y se reduce progresivamente (nación hebrea, el remanente, el Siervo sufriente), hasta llegar a su centro (Jesús) y entonces irse abriendo (los apóstoles, la comunidad de creyentes, la misión al mundo entero).

Pero la *H.* toma en serio también el pecado, que se resiste a la salvación y acarrea el juicio y la ira de Dios, de modo que paralela con la historia de la gracia *(H.)* corre la "historia de la desgracia" *(Unheilsgeschichte).*

El propósito salvífico de Dios se va revelando en hechos y palabras; historia de salvación es también historia de revelación. "La historia redentora es en su totalidad 'profecía'" (Cullmann, *Cristo y tiempo,* cap. 6) y tiene el carácter especial de señalar la relación de continuidad entre los diversos actos de salvación. De modo que "la historia de la salvación" debe entenderse como "la salvación de la historia" y en la historia, cuyo centro vital es la encarnación de Jesucristo, el Rey de los siglos y único Señor de la historia.

Algunos nombres en la línea de pensamiento histórico-salvífico son: →Ireneo, →Agustín, →Joaquín de Flores, J.A. →Bengel, J.C. von Hofmann, A. Schlatter, y actualmente W. Kümmel, L. Goppelt, U. Wilckens, E. Lohse y O. Cullmann. Entre los teólogos católicos pueden mencionarse J. Feiner y M. Leohrer (editores de *Mysterium Salutis* una enciclopedia de la *H.*), Luis Rubio Morán, Javier Pikaza y Alejandro Díez Macho. J. Severino Croatto, Rafael Avila y otros han elaborado el tema en las perspectivas de la →Teología de la Liberación. JUAN E. STAM

HEIM, KARL (1874-1959). Teólogo luterano alemán, nativo de Württemburg y de fondo pietista. Estudió en Tubinga. Por varios años fue pastor y maestro, luego profesor en Halle (desde 1907), en Münster (1914) y en 1920 volvió a Tubinga como catedrático de Teología. Aunque apreciaba los logros de la reciente civilización científica, ansiaba restaurar la fe en un Dios trascendente de una manera inteligible a la mente moderna. En sus primeros escritos recalcaba el contraste que hacía Ritschl entre la fe y la razón pero más tarde, bajo la influencia de pensadores existencialistas, especialmente de Martín →Buber, desarrolló su concepto de los "espacios": las relaciones impersonales del carácter "yo-ello" y las personales "yo-tú" que pueden subsistir solo dentro de un espacio arquetípico o supra-polar en donde se halla la misma presencia de Dios.

Reconocido como uno de los teólogos alemanes más destacados de la época pos-guerra, defendió su sistema teológico ante los científicos secularistas y las perversiones que hacían los nazis de la fe cristiana. Su obra monumental es *Der evangelische Glaube und das Denke der Gegenwart* (1931, "La fe evangélica y el pensamiento moderno").

IAN SELLERS

HELVIDIO. Escritor occidental contemporáneo de Jerónimo, durante el pontificado de Dámaso (366-84). Escribió un tratado en que aseguraba que, después del nacimiento de Jesús, María había tenido otros hijos de José, a quienes la Biblia se refiere como hermanos y hermanas de Jesús. "¿Y por qué no? ¿Son las vírgenes en modo alguno superiores a Abraham, Isaac y Jacob, que eran hombres casados?" Buscaba la autoridad de Tertuliano y Victorino para su ataque contra el ideal ascético y en favor del matrimonio. No era conocido de Jerónimo pero su tratado recibió fuerte oposición de este último, que sostenía que José no había sido de hecho el esposo de María, que los que Helvidio consideraba hermanos y hermanas eran en realidad primos hermanos y que la virginidad es un estado más elevado que el matrimonio.

DAVID JOHN WILLIAMS

HELWYS, THOMAS (c.1550-1616). Fundador y pastor de la que fue probablemente la primera Iglesia Bautista General en Inglaterra. Se unió a la Iglesia Independiente Inglesa ("brownista", →Browne, Robert) en Amsterdam, fundada por John →Smyth en 1606. En 1609 él y Smyth, probablemente influenciados por los menonitas, fueron expulsados porque abogaban por el bautismo únicamente de los ya creyentes, y eran arminianos en su teología. Smyth se hizo pastor de una iglesia bautista en Amsterdam. Cuando murió en 1610, Helwys lo sucedió en el pastorado. En 1611 la iglesia emitió una "Declaración de Fe", notable por su definición del bautismo: "la manifestación externa del morir con Cristo y caminar en novedad de vida, por lo cual en modo alguno concierne a los niños"; y su declaración –acaso la primera en la historia– del derecho de la plena libertad individual de conciencia: "el magistrado no ha de mezclarse con la religión o con asuntos de conciencia, ni obligar a los hombres a tal o cual forma de religión". En 1611 H. y su grey retornaron a Londres, Inglaterra, y establecieron su iglesia en Newgate Street. Aunque practicaban el bautismo de adultos, normalmente no lo hacían por inmersión sino que usaban una afusión al estilo de los menonitas. H. fue un fuerte predicador y la iglesia creció rápidamente. En 1615 publicó un tratado contra la persecución. A. MORGAN DERHAM

HENGSTENBERG, ERNST WILHELM (1802-1869). Estudioso luterano. N. en Fröndenberg, cerca de Hamm (Alemania). Estudió teología en la Universidad de Bonn y fue nombrado docente privado en Berlín en 1824, después de lo cual fue profesor en el mismo lugar. Durante sus primeros años en Berlín estuvo asociado con evangélicos como August →Neander, Frederick Strauss, y Theremin, pero después de 1840 se desarrolló como portavoz sobresaliente de la ortodoxia luterana. La influencia de H. fue promovida por la *Evangelische Kirchenzeitung* que fundó en 1827 y editó hasta su muerte. Este órgano combatía el racionalismo y defendía el luteranismo confesional con igual vigor. También escribió varias obras importantes en el campo de los estudios sobre el AT.

WAYNE DETZLER

HENOTICON. Decreto de unión emitido por →Zenón en 482. Obispos monofisitas habían subido a las sedes de Alejandría (Timoteo, 457) y de Antioquía (Pedro, 470) y, con la usurpación de Basilisco en 475, quedó en el trono bizantino un emperador monofisita. Sin embargo, la encíclica de Basilisco que anatematizaba al Concilio de Calcedonia había encolerizado de tal modo a los griegos que había sido forzado a retirarla. Cuando Zenón reconquistó el trono en 476 su política fue, por lo tanto, de reconciliación entre los ortodoxos y los →monofisitas. Con la ayuda de →Acacio emitió el "Henoticón", en forma de una carta dirigida por el emperador "a los obispos, al clero, los monjes y los fieles de Alejandría, Libia y Pentápolis", declarando la suficiencia de los credos de Nicea y Constantinopla (381) y los Doce Anatemas de Cirilo. Denunciaba cualquier doctrina contraria a estos, "enseñada en Calcedonia o en cualquier otra parte", y en particular denunciaba las doctrinas de Nestorio y Eutiques. Pero al dejar de lado tácitamente el →Tomo de León y la Definición de →Calcedonia, el H. había hecho una importante concesión a los monofisitas que la Iglesia Occidental no podía aceptar. Después de una acre controversia, el Papa Félix III excomulgó a →Acacio, a Pedro de Alejandría (sucesor de Timoteo) y al mismo Zenón. Así comenzó el cisma eclesiástico entre Oriente y Occidente.

DAVID JOHN WILLIAMS

HENRY, CARL F.H. (1913-). Considerado el teólogo de mayor influencia del movimiento neo-evangélico del s.XX en los EUA. N. en la ciudad de New York. Se convirtió al cristianismo a los 19 años mientras servía de editor de un periódico en Long Island, N.Y. Se educó con honores en Wheaton College, Illinois (B.A. y M.A.), en el Northern Baptist Seminary de Chicago (B.D. y Th.D.), y en la Universidad de Boston (Ph.D.).

Fue catedrático de Northern Baptist de 1942 a 1947, y fundador y profesor de teología en Fuller Theological Seminary (Pasadena, California) donde ejerció por unos 10 años. Nombrado editor-fundador de la revista *Christianity Today*, fue, por casi 20 años, teólogo y vocero del movimiento amorfo denominado el "nuevo evangelicalismo". Mantuvo íntima amistad con Billy →Graham, Harold Ockenga y otros caudillos de ese movimiento.

Autor de innumerables artículos y de docenas de textos y libros teológicos en inglés, H. ha dictado conferencias en muchísimos seminarios protestantes de todo el mundo. Actualmente, aunque jubilado, viaja y enseña bajo el patrocinio de →Visión Mundial.

W. DAYTON ROBERTS

HERACLIO (575-641). Emperador bizantino desde 610. Su reinado señaló el renacimiento del Imperio Oriental. En 611 los invasores persas tomaron Edesa, Apamea y Antioquía. H. combatió a los persas durante todo su reinado, reorganizó su ejército para mayor eficiencia y estableció el "tema" como la unidad militar y administrativa básica del imperio. Antioquía fue su cuartel principal hasta cerca de 636; el centro del imperio sobrevivió a pesar de la pérdida de Siria y Egipto ante los árabes. Temiendo que el monofisismo en Siria, Armenia y Egipto produjera apoyo a los persas al alienar a la población autóctona del gobierno central, intentó reconciliar las ideas monofisitas y calcedonianas sobre la cristología, proponiendo una solución →monotelita en 633: Cristo tuvo una sola voluntad humana divina. Sergio de Constantinopla fue su principal consejero religioso (basándose en Cirilo y en →Dionisio el Areopagita). Estos esfuerzos comenzaron ya en 628, cuando fueron liberados los territorios que estaban ocupados. Las negociaciones se centraron en Atanasio, patriarca jacobita de Antioquía, pero este murió en 631. La fuerte oposición al plan se centró en un monje llamado Sofronio, luego patriarca de Jerusalén, y en Honorio de Roma.

JOHN GROH

HERBERT, EDWARD (1583-1648). Historiador y filósofo inglés. Por ser el iniciador de las discusiones sobre la necesidad de una religión natural (es decir, racional), se le llamó "padre del deísmo". Estudió en Oxford. Pasó muchos años de su juventud en Francia en donde recibió la influencia del escepticismo de Montaigne (1533-92).

Herbert reconocía que la religión es propia del hombre pero sentía aversión hacia cualquier religión basada en la revelación y lo sobrenatural. No negaba explícitamente las Escrituras pero señalaba las dificultades que contienen. Abogaba porque la religión fuera sencilla y natural en vez de complicada y sobrenatural. Afirmaba que esta religión natural tiene cinco artículos: (1) Dios existe, (2) debe ser adorado, (3) la vida virtuosa es el verdadero servicio a Dios, (4) el hombre puede y debe arrepentirse del mal y (5) después de la muerte hay recompensas para los que hacen bien y castigos para los malhechores.

Sus seguidores consideraban estos artículos como la esencia de una religión natural, racional y universal. WILTON M. NELSON

HERMANO LORENZO (c.1605-1691). Místico cristiano. N. como Nicolás Hermán de Lorena. Siendo de muy humilde trasfondo, había pasado muchos años como soldado y después como lacayo, "un tipo desmañado que lo rompía todo". Con más de 50 años de edad ingresó en París en la orden →Carmelita como hermano lego y trabajó en las cocinas. Se volvió conocido como H.L. Después de su muerte sus *Conversaciones* y *Cartas* fueron publicadas y ahora están impresas en *La práctica de la presencia de Dios.* Destacan la necesidad de hacer cualquier cosa, incluso trabajos de cocina (que el H.L. aborrecía naturalmente) por el amor de Dios y alcanzar así una condición en la que la presencia de Dios es tan real en el trabajo como en la oración. Estos escritos influyeron sobre el pensamiento místico de la época (cp. las obras de →Fenelón). C. PETER WILLIAMS

HERMANOS BOHEMIOS →BOHEMIOS, HERMANOS

HERMANOS DE LAS ESCUELAS CRISTIANAS (HERMANOS CRISTIANOS). Orden de varones religiosos dedicados a la enseñanza, fundada por San Juan Bautista de la Salle (1651-1719). En 1681, como canónigo en Reims (Francia), Juan Bautista inició algunas escuelas para niños, especialmente de la clase obrera. Usaba como maestros a legos, quienes tenían que hacer votos de pobreza, castidad y obediencia, y de vivir en un solo cuarto, el de dar instrucción sin recompensa y llevar un hábito especial. En 1685 les daba ya los estatutos y en 1724 el movimiento fue reconocido como orden por →Benedicto XIII.

La orden se extendió rápidamente por Francia y después a la mayor parte del mundo católicorromano. En 1954 había más de 300.000 alumnos en sus escuelas. Su organización y su disciplina son parecidas a las de los jesuitas pero no permiten ingresar en sus filas a hombres ordenados. Es la orden laica más fuerte de la ICR. Su membresía mundial en 1954 era 14.832, la cual, sin embargo durante los últimos años ha bajado, llegando a 11.484 en 1977. WILTON M. NELSON

HERMANOS DE LA VIDA COMUN. Durante los ss.XIV y XV en Alemania y en los Países Bajos surgió fuera de la iglesia oficial una ola creciente de piedad mística laica. Bajo la dirección de Gerhard →Groote (1340-84) había llegado a divulgarse en los Países Bajos un interés por la vida interior del alma y por la necesidad de imitar la vida de Cristo en el sentido de amar al prójimo como a uno mismo. Cuando la iglesia ordenó a Groote que dejase de predicar, éste se retiró a Deventer, su pueblo natal, y reunió una comunidad en torno suyo. Fue este grupo el que, dirigido por Florencio Radewijns después de la muerte de Groote, fundó la asociación conocida como H.V.C. El movimiento se extendió de una ciudad a otra a medida que fueron fundadas casas para hombres y también para mujeres a través de los Países Bajos y de Alemania. Tales establecimientos habían de continuar hasta la época de la Reforma. Los H. no constituían órdenes religiosas regulares sino que asumían votos informales. Tenían completo autosostenimiento, pero juntaban su dinero en un fondo común del cual cada uno extraía para sus gastos y el remanente se usaba para caridad. Groote había sugerido la copia de libros como método para ganarse la vida y también para hacer más accesible los materiales de lectura. Este trabajo los llevó a fundar escuelas en muchas comunidades. De éstas surgieron muchos dirigentes religiosos y humanistas influyentes tales como Nicolás de →Cusa y →Erasmo. Un alumno, →Tomás de Kempis, escribió *Imitación de Cristo,* obra que facilita el entendimiento del espíritu y la enseñanza del movimiento.

ROBERT G. CLOUSE

HERMANOS EN CRISTO. Denominación evangélica que se originó en una sociedad fundada entre 1775 y 1788 a lo largo del río Susquehanna, cerca del actual pueblo de Marietta, en el condado de Lancaster, Pennsylvania. El nombre inicial del grupo fue "Hermanos". Jacob y John Engel, de ascendencia suizo →menonita, fueron los dirigentes destacados. Los H. sintetizaron dentro de un nuevo esquema conceptos que ya estaban presentes en la vida religiosa de su comunidad. A una experiencia personal, consciente del nuevo nacimiento, según es destacada por el avivamiento pietista del s.XVIII, unieron una preocupación por el discipulado y la restitución en la iglesia visible siguiendo los lineamientos del NT según son destacados por la tradición →anabaptista. A fines del s.XIX aceptaron el perfeccionismo wesleyano como tercer elemento principal de su fe ecléctica. Después de un siglo de relativa quietud y lento desarrollo, la agrupación floreció en nueva actividad. Empezaron escuelas dominicales, orfanatos y hogares para ancianos; promovieron la educación superior, fundaron un periódico de la iglesia *(Evangelical Visitor)* y emprendieron el evangelismo formal y las misiones en el país y en el extranjero. En 1970 más de un tercio de sus 17.000 miembros estaban en las iglesias misioneras de la India, Japón, Nicaragua, Rhodesia y Zambia.

Poco después de su origen los H. de los EUA se volvieron *"River Brethren",* y en el Canadá, adonde su fe había sido llevada en 1788, fueron conocidos como "Dunkers". Aproximadamente en 1862 los *River Brethren* cambiaron su nombre a *Brethren in Christ* ("Hermanos en Cristo"). En 1933 la rama canadiense del movimiento también adoptó este último nombre. Otras tres iglesias existentes comparten una herencia común con los H. en C.

Los H. en C. están afiliados al Comité Central Menonita, a la Asociación Nacional de Evangélicos y a la Asociación Nacional de Santidad. Su oficina central se halla en Nappanee, Indiana, y sus archivos en el Messiah College, Grantham, Pennsylvania.

CARLTON O. WITTLINGER

HERMANOS HOSPITALARIOS. Orden mayormente laica fundada por →Juan de Dios (m.1550) en Granada y continuada con el apoyo de Felipe II con hospitales fundados en Madrid, Córdoba y otras partes de España. En 1572 Pío V aprobó la orden bajo la regla de Agustín y se extendió por Europa hasta las colonias distantes, teniendo hospitales en Roma, Nápoles, Milán y, por fin, en París (1601). Los h. fueron expulsados de sus 40 hospitales en Francia por la Revolución, aunque posteriormente surgieron otros. La orden está gobernada por un prior general que reside en Roma, y dividida en provincias, extendiéndose hasta Nazaret, Inglaterra e Irlanda. Los h. toman adiestramiento y cumplen los deberes de la vida religiosa. Aparte de la santificación personal, buscan el bienestar espiritual y físico de sus pacientes.

C.G. THORNE, Jr.

HERMANOS, IGLESIA DE LOS. Una de las tres mayores iglesias pacifistas de los EUA. Se originó en 1708 en Schwartzenau, Alemania, como parte de una protesta pietista contra la iglesia estatal. Destacaban un cálido entusiasmo así como el estudio bíblico y la santidad de vida. Su dirigente, Alexander Mack, y siete compañeros fueron bautizados mediante triple inmersión y comenzaron a vivir según las prácticas de los H. Estas incluían —además del bautismo de creyentes por inmersión tres veces— la fiesta de amor (que incluye una comida, la Eucaristía y lavamiento de los pies de los santos), ungimiento de enfermos con aceite, imposición de manos para el servicio cristiano, gobierno congregacional de la iglesia, oposición a la guerra, a los juramentos, a pertenecer a sociedades secretas y a ropa y costumbres "mundanas".

Debido a la persecución muchos de los H. huyeron a América en 1719 luego de pasar un breve período en Holanda. En 1729 el propio Mack había llegado al Nuevo Mundo. Durante la revolución norteamericana rehusaron combatir, pero ayudaron a algunos de los mercenarios alemanes que luchaban del lado británico. Nuevamente fueron perseguidos y expulsados de los centros urbanos del E. y se vieron forzados a huir hacia el O. Al presente la I. de los H., con sede central en Elgin, Illinois, y con una membresía de cerca de 200.000 adultos, es la mayor rama de los H. Debido a una división ocurrida en 1882, también hay iglesias que tienen su central en Ashland, Ohio, y en Winona Lake, Indiana. Además, existe una agrupación llamada "Hermanos Bautistas Antiguos Alemanes" o "Hermanos de la Antigua Orden".

[La I. de los H. tiene obra en Puerto Rico, Honduras y Ecuador.]

ROBERT C. CLOUSE

HERMANOS LIBRES (PLYMOUTH). Aunque surgieron en Dublín, Irlanda, su nombre proviene de que su primera congregación se formó en Plymouth, Inglaterra (1831). Sus comienzos fueron esencialmente informales, en que muchos mostraban el deseo de retornar a la sencillez de los tiempos y culto apostólicos, y derribar los muros que dividían a los cristianos. El movimiento era una protesta contra las imperantes condiciones de frialdad espiritual, formalismo y sectarismo que distinguían los primeros años del s.XIX.

Edward Cronin, estudiante de medicina en Trinity College, Dublín, durante algún tiempo dejó de asistir a la iglesia porque se le negó la comunión a menos que se afiliara a una de las iglesias disidentes. El consideró esto como la negación de que "la iglesia de Dios era una, y de que todos cuantos creían eran miembros de aquel Cuerpo único". Junto con un pequeño grupo de personas de ideas afines se reunió "para partir el pan y orar" en una casa particular. Otros igualmente desilusionados con las condiciones eclesiásticas existentes, pronto se les asociaron, entre ellos A.N. Groves, John Vesey Parnell (que luego fue Lord Congleton), John Gifford Bellett, y J.N. →Darby. Sus estudios los confirmaron en su convicción de que podían observar la Cena del Señor sin la presencia de un clérigo ordenado. Partían el pan con sencillez, reconociendo que el Señor, que estaba presente, los guiaría mediante su Espíritu en cuanto a la participación de viva voz en la reunión.

El carácter especial de las reuniones despertó considerable interés y muchos más trataron de ahondar la investigación y aprender por sí mismos en las Escrituras. Se multiplicaron rápidamente, y alquilaron un local para dar cabida a la gente. Darby se destacó como maestro del grupo. Las reuniones se distinguían por la profunda devoción a Cristo, el celo evangelístico y fuerte inclinación hacia los estudios proféticos. Groves, al observar la hegemonía de Darby, lo previno contra el legalismo del cual se habían apartado, mas no parece que Darby haya puesto oídos a la advertencia.

Entre los muchos que recibieron el influjo de Darby están Francis Newman, hermano de Cardenal, y B.W. Newton. Este último, junto con otros inició un ministerio en Plymouth, cuya congregación se hizo grande e influyente. Darby y Newton nunca habían estado de acuerdo respecto a interpretación profética y, a su regreso del continente Darby en 1845, visitó Plymouth, deseoso de cambiar algunas de las costumbres establecidas por la iglesia. Más tarde ese año, Darby inició una separación; pero fue en 1847/8 que se produjo una división más grave, por los ataques que lanzó contra las enseñanzas de Newton relativas a la humanidad de Cristo. Aunque Newton retiró esa doctrina y jamás volvió a enseñarla, la tensión, discusiones y cargos continuaron, lo cual paró en una gran división que afectó a todas las iglesias.

Dos miembros de la iglesia de Plymouth solicitaron ser admitidos a comunión en la capilla de Bethesda de Bristol, de la cual eran copastores George →Müller y Henry Craik. Unos cuantos miembros pidieron que se les rechazara por haber comulgado con las enseñanzas de Newton. Pero los ancianos mantuvieron el derecho a examinar a los visitantes por sí mismos para determinar si en verdad profesaban una falsa doctrina. Creían que como iglesia autónoma debían resolver sus propios asuntos sin dejarse presionar para tomar una decisión colectiva de la que más tarde pudieran arrepentirse. Darby exigió la división y quienes lo apoyaron rompieron toda relación con los que habían estado de acuerdo con Bethesda. Desde entonces los Hermanos se convirtieron en dos grupos diferentes: la corriente principal del movimiento (Hermanos Abiertos) con sus principios originales, mientras el grupo darbysta (Hermanos Exclusivos) se volvieron cada vez más centralizados en cuanto a gobierno, y más separatistas en relación con los demás cristianos.

Entre los Hermanos Exclusivos se han producido varias divisiones, las cuales llegaron a un punto crítico en época reciente mediante las enseñanzas extremistas de James Taylor (m.1970). Hay otros grupos menores mucho menos extremistas, no asociados en modo alguno con el taylorismo, cuyas doctrinas repudian. Muchos de estos son difíciles de distinguir de los Hermanos Abiertos.

En la década de 1880 se desarrolló entre los Hermanos Abiertos un movimiento que procuraba reducir a términos más formales cuestiones como el bautismo, la Santa Cena y el gobierno de la iglesia. Dichas enseñanzas, propagadas mediante una publicación periódica llamada *Needed Truth,* llevaron a una división en 1889, cuando el movimiento tomó el nombre de su revista. De estructura altamente centralizada, tendió en pocos años a producir pequeños grupos separatistas y muchos de sus miembros se retiraron, algunos para regresar a los Hermanos Abiertos, aunque no todos abandonaron los principios de la "Verdad Necesaria". De esta manera, algunos de los principios estrechos que habían absorbido fueron reintroducidos en las iglesias de los Hermanos Abiertos. Las reuniones por ellos influidas aun les niegan a quienes no sean miembros de su grupo, la participación en la Mesa del Señor y practican la separación respecto a otros cristianos. La gran mayoría de los Hermanos Abiertos, sin embargo, mantienen sus originales principios "abiertos", y se mezclan libremente con otros creyentes.

Su reunión más característica es el semanal partimiento del pan, en que los hermanos tienen libertad para dar alabanzas y orar, o para otras formas de participación, todo lo cual en una u otra forma gira en torno al propósito central del servicio: recordar a Cristo en la Cena del Señor. Aunque no se reconoce clero ordenado, los que han recibido de Dios dones para el ministerio público de la Palabra son gustosamente reconocidos, y algunos son apartados para que dediquen todo su tiempo al evangelismo o a la enseñanza bíblica. La escatología tuvo prominencia en los años iniciales, pero desde el principio hubo diferencia de criterios entre los líderes, y a las iglesias no se les ha impuesto ningún particular esquema profético. Los Hermanos Abiertos practican el bautismo de creyentes, mientras la mayoría de los Hermanos Exclusivos observan el bautismo de infantes (o a domicilio).

Desde el principio, el interés misionero distinguió a los Hermanos. Groves, su esposa y algunos amigos viajaron a Bagdad y más tarde a India, por la causa del Evangelio. De aquel pequeño comienzo surgió una obra misionera que cuenta con unos 1.150 misioneros organizados en lo que se llama *Christian Missions to Many Lands,* entidad representada por las revistas *Echoes of Service* (Bath, Inglaterra) y *The Field* (Nueva York).

Los Hermanos han rechazado de firme el apelativo *"Plymouth"*, por creer que un nombre distintivo levanta una barrera entre ellos y los demás cristianos. Pero hoy día muchos piensan que el nombre "Hermanos" o "Hermanos Cristianos" podría emplearse sin que se establezca una categoría denominacional ni lanzarlos al sectarismo. Los Hermanos siempre han ejercido entre los evangélicos una influencia fuera de toda proporción con su número; hoy se les encuentra en casi todas partes del mundo. G.C.D. HOWLEY

HERMANOS LIBRES EN AMERICA LATINA. Hermanos Libres, Plimutistas, Darbistas, Irmaos Unidos, Las Asambleas, Iglesias Cristianas Evangélicas, son algunos nombres empleados en AL para identificar a los evangélicos conocidos en el mundo de habla inglesa con el apodo de *Plymouth Brethren* ("Hermanos de Plymouth"). Aquí nos referiremos a ellos como "Hermanos Libres", por ser éste el nombre más conocido.

La obra de los H.L. comenzó en AL casi simultáneamente con su aparición en Gran Bretaña, Irlanda, Italia y Canadá. Un pastor anglicano de la entonces Guayana Británica, el Rev. Leonard Strong, se separó de la Iglesia de Inglaterra en 1837 y durante años siguió los principios característicos de los H.L. sin tener contacto alguno con ellos. Llegó a reunir en Georgetown una congregación de 600 miembros, que atraía unas 2.000 personas a sus reuniones de evangelización.

Los comienzos de los H.L. en AL fueron obra de un puñado de misioneros laicos consagrados, que en muchos casos llegaron a estos países sin ningún respaldo eclesiástico ni económico. También hubo otros sostenidos por asambleas de Gran Bretaña, EUA, Canadá y Nueva Zelandia. Cien años más tarde, la obra está casi toda en manos de latinoamericanos.

En México el mayor centro de actividad fue Orizaba y lugares adyacentes. El ingeniero inglés Eglon Harris llegó al país en 1891 y, cumplida su labor profesional, decidió permanecer en México para predicar el evangelio. Comenzó una empresa editorial que publicó folletos, libros y un periódico, *El Sembrador,* que se publica hasta el día de hoy. Algunos de los descendientes de Harris continúan la buena obra. Las asambleas de H.L. están diseminadas por el Distrito Federal, Orizaba, Puebla, Tehuacán y otros lugares.

En América Central, los países con el mayor número de H.L. son Guatemala y Honduras, con más de cien congregaciones en cada uno.

En la →República Dominicana se iniciaron los trabajos en 1919, cuando llegaron de la Argentina varios ingenieros ferroviarios evangélicos. Hoy hay unas 70 asambleas, algunas muy conservadoras y otras muy "abiertas", característica bastante general en todo el continente.

En Venezuela los H.L. fueron pioneros en la causa evangélica. Por el año 1883 llegó el matrimonio Bryant de España con su hijastro Emilio. Empezaron a evangelizar y hoy los H.L. constituyen uno de los grupos evangélicos más grandes del país.

En Brasil durante los comienzos se efectuaron trabajos en su mayor parte por grupos independientes de las iglesias de otras tierras. Pioneros como el colportor Federico Glass, el misionero Stuart McNairn y el negociante Percy Ellis pusieron el fundamento de una obra de gran magnitud, especialmente en las zonas de Río de Janeiro y el sur del país. Según las estadísticas hay unas 200 asambleas, pero hay muchísimas congregaciones que no figuran en ellas.

En →Perú la obra la inició el siglo pasado C.H. Bright, pero solo se afianzó en los últimos 30 años. Los H.L. hicieron grandes trabajos en la región selvática, y tienen además asambleas en Lima, Cajamarca, Chiclayo y otras ciudades.

En Ecuador la obra es pequeña. Hay misioneros como el veterano Dr. Wilfred Tidmarsh, que han hecho trabajos de traducción al quechua ecuatoriano y a otras lenguas indígenas. Jim Elliot, Peter Fleming y Edward McCully, tres de los cinco "mártires del Curaray", muertos por los aucas en 1956, eran misioneros de los H.L.

En →Bolivia existen unas 160 asambleas. El primer obrero evangélico que se estableció en Bolivia, a fines del siglo pasado, fue Guillermo Payne. El "Motín de Cochabamba" (1901), en que la familia Payne estuvo a punto de perder la vida, hizo que muchos evangélicos de otras tierras pensaran en Bolivia, y se dirigieran al país del altiplano. Entre los H.L. los doctores Jorge y Percy Hamilton realizaron una vasta labor misionera y médica. El Dr. Roger Brown tradujo el NT al quechua boliviano, e hizo también magníficos trabajos como médico y pastor.

En Paraguay hay asambleas en las ciudades principales. Durante muchos años los H.L. evangelizaron los puertos de los grandes ríos de la región, por medio de lanchas "evangélicas". Además colaboraron activamente en la traducción de las Escrituras y producción de literatura en guaraní. Paraguay fue cuna de uno de los H.L. más ilustres del continente, el Dr. Reynaldo Decoud Larrosa, médico psiquiátra, filólogo y teólogo, al que se deben la fundación de un seminario teológico y una versión del NT al guaraní clásico.

La República Argentina es el país con mayor número de H.L. En 1978 estaban registradas más de 300 asambleas, a las que habría que agregar numerosas congregaciones que no figuran en las estadísticas. Según los historiadores, los H.L. contribuyeron con tres elementos característicos: las reuniones en calles y plazas, las grandes tiendas o carpas para evangelización, y los "coches bíblicos", primero de tracción a sangre, y luego automotores.

Muchos de los H.L. han colaborado activamente con movimientos interdenominacionales como las Sociedades Bíblicas, la Asociación Billy Graham, los grupos universitarios, y con numerosas misiones independientes. Han prestado eficaz ayuda en la revisión de la Biblia castellana y de la portuguesa, y en la traducción de las Escrituras a las lenguas indígenas. En varios países existe una vigorosa obra médica, con sanatorios y dispensarios, y una muy destacada obra educacional con institutos de enseñanza primaria y secundaria. Los H.L. han logrado penetrar como catedráticos en muchas universidades latinoamericanas y, en las asambleas de las ciudades latinoamericanas, hay numerosos estudiantes y profesionales universitarios. En casi todos los países hay librerías y casas de

publicaciones, y son muchos los programas de radio dirigidos por las asambleas.
ALEJANDRO CLIFFORD

HERMANOS MORAVOS →MORAVOS, HERMANOS

HERMANOS UNIDOS EN CRISTO. Denominación norteamericana, organizada en 1800, que resultó de las actividades de P.W. →Otterbein y Martín →Böhm entre las colonias alemanas, mayormente en Pensilvania, y de las conferencias sostenidas con otros "ministros unidos". La nueva denominación de tipo metodista era evangélica, arminiana y perfeccionista en su doctrina, y su gobierno era episcopal. Otterbein y Böhm fueron los primeros obispos. Al adoptarse una nueva constitución en 1889, se separó un grupo que se llamó Hermanos Unidos en Cristo (Antigua Constitución). En 1946 el cuerpo principal se fusionó con la →Iglesia Evangélica, pues tenían mucho en común, para formar la →Iglesia Evangélica de los Hermanos Unidos. Estos se unieron con la Iglesia Metodista en 1968 para crear la →Iglesia Metodista Unida. ALBERT H. FREUNDT, Jr.

HERMAS. Tradicionalmente uno de los Padres Apostólicos, conocido casi exclusivamente por su obra *El Pastor.* Habiendo sido primero un esclavo (¿judío?) emancipado en Roma, fue labrador y prosperó, pero perdió su hacienda y vio a sus hijos apostatar en la persecución. *El Pastor* nos revela a un profeta de intelecto mediocre, de intereses limitados y de una piedad sencilla, a veces inestable. Fue contemporáneo de Clemente, aunque el Canon de Muratori dice que escribió mientras su hermano Pío era obispo de Roma (e.d., 140-54). Las evidencias internas muestran que *El Pastor* fue compuesto en etapas c.90-140/150, acaso por tres autores distintos.

La obra consta de cinco *Visiones,* doce *Mandatos,* y diez *Comparaciones.* H. recibe las revelaciones de parte de una mujer en cuya edad avanzada se convierte en joven belleza (*Visiones* 1-4), que es la Iglesia (también descrita como una torre en construcción), y de parte del "ángel de arrepentimiento" disfrazado de pastor, cuya aparición en la *Visión* 5 introduce las secciones restantes. Las incongruencias, los géneros apocalíptico y alegórico, y las coloridas imágenes complican enormemente la interpretación. Los temas principales son éticos: la pureza y el arrepentimiento. La instrucción moral ocupa en gran parte las *Comparaciones* 1-5 y los *Mandatos,* que encarnan un modelo de "los dos caminos" del cual hay muchos testimonios en la literatura judía y cristiana primitiva.

Se ha debatido mucho la enseñanza del *Pastor* sobre el arrepentimiento postbautismal. La idea de que era en general apoyado por H. se está sustituyendo ahora por la interpretación de que él lo *presupone* desde el principio pero lo limita, a causa de la cercanía del fin, a los pecados cometidos hasta el presente. Un sistema penitencial rudimentario está ya en funcionamiento (cp. *Comp.* 7-10).

La principal importancia del *Pastor* estriba en la luz que nos da sobre las creencias del cristianismo judío, cuyas formas literarias emplea, y sobre el "catolicismo vulgar" de una congregación cristiana en la sociedad romana helenista. La obra gozó de alta estima en los primeros siglos, especialmente en el Oriente. Era muy frecuente incluirla entre las Escrituras hasta el s.III, y aun se usaba para propósitos catequísticos en tiempos de Atanasio. Sin embargo, sobrevive en una deficiente tradición textual. D.F. WRIGHT

HERNANDEZ, JULIANILLO →REFORMA PROTESTANTE EN ESPAÑA

HERRMANN, WILHELM (1846-1922). Teólogo alemán. Fue alumno de →Tholuck y →Ritschl, y profesor de Teología Sistemática en la Universidad de Marburgo 1879-1922.

Profundamente influido por →Kant, llegó a ser marcadamente anti-metafísico y antimístico. Para H. la religión no se basa en la razón especulativa sino en la experiencia ("la religión significa el ver la acción de Dios en los acontecimientos de la vida"). Insistía en que la Iglesia debía enseñar solo las cosas acerca de Cristo que tengan efecto práctico sobre el hombre, es decir, solo sus enseñanzas morales y no las doctrinas sobre su concepción virginal y su resurrección. Reconoce de cierta manera al "Cristo histórico", el cual tiene valor para nosotros solo en tanto que posea valor ético. Fue más allá que Ritschl en su rechazo de los aspectos metafísico y místico de la religión.

Su pensamiento influyó en la formación de personas tan diferentes como →Deissmann, →Barth y →Bultmann. JUAN E. STAM

HERZOG, JOHANN JAKOB (1805-82). Teólogo reformado suizo-alemán. N. en Basilea y estudió teología ahí mismo y luego en Berlín, donde fue alumno de F. →Schleiermacher y de J.A.W. →Neander. Asignado a Lausana en 1835, sirvió como profesor de teología histórica desde 1838 hasta 1846 y fue autor de varias obras sobre la Reforma Zuingliana y Calvinista. Asumió la cátedra de historia eclesiástica en Halle en 1847, donde publicó dos grandes estudios sobre los valdenses (*De origine et pristino statu Waldensium,* 1848, y *Die romanischen Waldenser,* 1835), y en 1854 fue nombrado profesor de teología reformada en Erlangen. En 1848 fue invitado a emprender la preparación de una amplia enciclopedia religiosa desde la perspectiva protestante, para contrarrestar una obra católica que se estaba publicando. La publicación de esta obra de 22 t., *Realencyklopädie für protestantische Theologie und Kirche* (1853-68), fue su esfuerzo más significativo y él mismo aportó a ella 529 artículos. Comenzó una segunda edición con sus colegas G.L. Plitt y Albert Hauck, que este último terminó después de la muerte de H. La obra fue modificada y condensada en una edición americana por Philip Schaff en 1882-84 y las ediciones siguientes de esta se conocieron como la *Schaff-Herzog Encyclopedia of Religious Knowledge* (12 t.).

RICHARD V. PIERARD

HETZER, LUDWIG (ca.1500-1529). Reformador, traductor e himnógrafo anabaptista. N. en Thurgau y se matriculó en Basilea (1517). De la capellanía de Wädenswil pasó a Zürich y escribió abogando por un iconoclasmo como el de →Carlstadt. Desilusionados por las precauciones de Zuinglio, H., Grebel y Manz establecieron sus propios conventículos. H. fue expulsado de Zürich (1525), dirigió un grupo de anabaptistas en Augsburgo, fue desterrado a Basilea y luego se quedó con Capito en Estrasburgo (1526), donde se le unió Hans Denck. Los tres eran excelentes hebraístas y H. se ocupó de traducir los Profetas. Expulsado de nuevo, se fue para Worms y ahí publicó, con ayuda de Denck, *Alle Propheten verdeutscht* (1527), la más antigua versión protestante de los Profetas en alemán; Por ese tiempo, cuando tendía hacia un espiritualismo antitrinitario, fue acusado de adulterio (1528) y decapitado en Constanza. Compuso himnos que fueron altamente apreciados por la tradición →hutterita.

J.G.G. NORMAN

HEYLING, PETER (1607/8-1652). Primer misionero protestante alemán. N. en Lübeck, desde su niñez fue notable por su piedad. Cuando comenzó sus estudios de derecho en París en 1628 vino a quedar bajo la influencia del jurista holandés Hugo →Grocio, que vivía ahí. Su tratado *De la verdad de la religión cristiana* era un manual para misioneros. H., que era miembro de un grupo de piadosos estudiantes alemanes interesados por la iglesia en el Medio Oriente, se alistó como voluntario para el servicio misionero sin ningún apoyo o conexión eclesiástica. Estudió árabe en Malta y luego se fue a Egipto, donde encontró la oposición del clero ortodoxo y católico. El Abuna (obispo) copto lo invitó a ir a Etiopía en 1634, donde H. fue tutor de niños de familias prominentes e incluso se ganó el favor del rey. Tradujo el evangelio de Juan al amhárico y ayudó en la preparación de un compendio de derecho romano para ser usado en Etiopía. En 1652 fue martirizado por un fanático musulmán.

RICHARD V. PIERARD

HILARIO DE ARLES (401-449). Obispo de Arlés. N. en familia noble y educado en filosofía y retórica, fue persuadido a renunciar a la sociedad secular e irse a la soledad de Lérins por su fundador Honorato, pariente suyo. Cuando Honorato se hizo obispo de Arlés en 426, H. lo acompañó allí y lo sucedió dos años después. Presidió los concilios de Riez (439), Orange (441) y Vaison (442). Los cánones de Riez y Orange se refieren principalmente a materias de disciplina. El sétimo canon de Riez se refiere a los derechos del obispo de Arlés, que H. promovió muy enérgicamente, aunque sin ningún motivo egoísta. Siguió siendo asceta durante su episcopado, pero entró en conflicto con León, que era igualmente enérgico para promover los derechos del obispo de Roma.

En un concilio en Vienne en 444, H. depuso a Quelidonio, obispo de Besanzón. Cuando este apeló a Roma, H. fue allá a defender su decisión. Sin embargo, León invirtió la decisión, privando a H. de sus derechos metropolitanos. Se obtuvo contra él una orden de Valentiniano III, que también ordenaba a los gobernadores provinciales fortalecer la obediencia al obispo de Roma. Poco se sabe de sus restantes años. Es evidente, por las cartas de Próspero y de otro Hilario que, aunque H. era gran admirador de Agustín, no aceptaba la enseñanza de este sobre la predestinación. Por esto, y por su respeto a Fausto de Riez, debemos considerar a H. como un →semi-pelagiano. Fragmentos de sus obras fueron recogidos en las ediciones de León por P. Quesnel (1675) y por P. y H. Ballerini (1753-57).

DAVID JOHN WILLIAMS

HILARIO DE POITIERS (c.315-368). Obispo de Poitiers. De noble linaje, fue educado en los clásicos latinos. C.350 se convirtió al cristianismo y como tres años después fue hecho obispo de Poitiers, lugar de su nacimiento, por elección popular. Llegó a ser líder de los ortodoxos en la Galia, aunque confesó que no había sido sino en la víspera de su exilio que había descubierto el credo de Nicea, pero que había mantenido las enseñanzas por él contenidas como resultado de su estudio de la Biblia. Después del Concilio de Milán en 355 dirigió una protesta contra el destierro de aquellos obispos que rehusaban condenar a Atanasio y contra la intervención del poder civil en materias de fe. Como resultado de esto él mismo fue condenado por el concilio de Béziers en 356 y desterrado por el Emperador Constancio a Frigia. En este ocio forzado pudo proseguir su estudio de la teología y es a ese período que pertenece su *De Trinitate.* En 359 se celebraron los concilios de Arminum en Occidente y de Seleucia en Oriente. H. fue obligado a asistir al de Seleucia en el cual defendió la causa de la ortodoxia. De ahí pasó a Constantinopla, solo para encontrar que los delegados del concilio occidental estaban traicionando la ortodoxia que él había defendido. Apeló al emperador para tener audiencia, pero fue rechazado. Constancio lo hizo regresar a la Galia sin anular su destierro. La actitud del emperador provocó un amargo ataque de H. en su *Contra Constantium.* Entretanto, el emperador había forzado a los obispos ortodoxos en Arminum a suscribirse al credo arriano. A su regreso a la Galia, H. comenzó a contrarrestar esta victoria arriana. En 362 viajó al norte de Italia y a Iliria para el mismo propósito, pero Valentiniano le ordenó regresar a la Galia después de una disputa entre H. y Auxencio, obispo de Milán. DAVID JOHN WILLIAMS

HILARION (c.291-371). Asceta oriental. N. de padres paganos en Thabatha, cerca de Gaza, fue educado en Alejandría y ahí se convirtió al cristianismo. Por un tiempo fue discípulo de →Antonio en el desierto egipcio, pero pronto regresó a Palestina, al desierto al sur de Majoma, donde continuó la práctica de la vida ascética que había adoptado en Egipto. Jerónimo hace remontar a H. el origen de la práctica de la vida ascética en Palestina. La fama de su santidad no tardó en extenderse. Reunió discípulos y los organizó en sociedades. También ejerció cierta influencia sobre las tribus árabes nómadas que entraron en contacto con él. Pero su fama interfería con su vida de ermitaño y entonces regresó a Egipto en 356. Algunos años después la policía de Juliano lo forzó a huir aun más lejos. Se quedó en Sicilia y Dalmacia y finalmente en Pafos, Chipre. Ahí disfrutó de la compañía de sus discípulos Hesiquio y Epifanio. Allí murió, y su cuerpo fue llevado por Hesiquio otra vez a Majoma.

DAVID JOHN WILLIAMS

HILDEBRANDO →GREGORIO VII

HILDEGARDA (1098-1179). Abadesa, mística y escritora alemana, que fue dirigente de un convento cerca de Bingen. Experimentó visiones que aumentaban en frecuencia conforme su edad avanzaba. Una investigación por parte del arzobispo de Maguncia dio un veredicto favorable sobre la autenticidad de sus experiencias y él asignó a un monje, Volmaro, para que actuara como secretario de ella. El Papa Eugenio III también investigó sus actividades y de nuevo el dictamen fue favorable. Su obra principal, *Scivias,* es una narración de 26 visiones, con un énfasis apocalíptico, relacionadas con la creación, la redención y la iglesia. También escribió sobre las vidas de santos, dos libros de medicina y de historia natural, himnos, homilías, y un idioma propio que constaba de 900 palabras y un alfabeto de 33 letras. Su influencia se extendió más allá de su convento por medio de su extensa correspondencia y viajes por Alemania y Francia. Hablaba a la gente de toda clase y los llamaba a arrepentirse y a obedecer las advertencias que Dios le había hecho a ella. Aunque se le han atribuido milagros y se han comenzado los trámites de canonización, jamás se han completado.

ROBERT G. CLOUSE

HIMNOLOGIA. Un himno cristiano es un canto, generalmente en forma estrófica y métrica, que se usa en el culto. Halla sus raíces más en las prácticas judías del templo y de la sinagoga (→JUDAISMO) que en la usanza griega, donde *hymnós* significaba una canción o un poema compuesto para honrar a los dioses, héroes o caudillos. Esta costumbre de recitar odas en alguna ocasión alegre, solemne o fúnebre se dio también en las civilizaciones más antiguas: china, asiria, egipcia e hindú.

Pero es particularmente la religión revelada del AT la que inspira la combinación de texto y música que llamamos salmo o himno, donde el "aliento" del creyente (cp. Sal. 150:6) eleva a Dios una creación literaria, fruto de su intelecto, que expresa algún aspecto de su relación salvífica con el Hacedor. La mayoría de los escritores del AT prefieren la música coral a la puramente instrumental, ya que esta última no puede comunicar un mensaje específico y por ende no es tan adecuada como vehículo de adoración. J.S. →Bach captó en su definición de la música esta bipolaridad entre lo intelectual y lo emocional: "La música existe para edificar la mente y para glorificar a Dios; toda otra cosa es bulla diabólica". Sin embargo, a diferencia de la tradición rabínica (cp. 1 Co. 13:1), Bach no halló en la música instrumental deficiencia alguna para la tarea de "glorificar a Dios".

La iglesia apostólica heredó la rica tradición judía de producir y cantar himnos. Por ejemplo, en el Aposento Alto Jesús cantó con sus discípulos el Gran Hallel (Sal. 113-118) que era de rigor en un rito pascual (Mr. 14:26), y Pablo y Silas se edificaron en la cárcel de Filipos cantando himnos (Hch. 16:25). Stg. 5:13 recomienda el canto de salmos cuando uno se halla alegre, y Pablo pide (1 Co. 14:26) que en la asamblea todos los creyentes presenten el fruto de sus respectivos carismas, presumiendo que algunos traerán un salmo. En los pasajes paralelos Ef. 5:19 y Col. 3:16, se especifica la siguiente división triple del canto congregacional: "salmos, himnos y cánticos inspirados" (BJ). Es difícil adivinar si el verbo *psallo* (p.e. en 1 Co. 14:15) o el sustantivo *psalmós* se refieren en determinado pasaje al uso del salterio veterotestamentario, o más bien al de composiciones recientes de los cristianos. Lo cierto es que la iglesia apostólica, siguiendo el ejemplo de la sinagoga, no se limitó al salterio, sino que dejó que aflorara el nuevo carisma de producir "cánticos inspirados". Incrustados en el texto del NT hallamos trozos de tales himnos: algunos mesiánicos de tipo veterotestamentario (Lc. 1:46-55, 68-79; 2:14, 29-32), otros cristológicos que destacan aspectos del kérygma apostólico (Jn. 1:1-18; Fil. 2:6-11; Col. 1:15-20; 1 Ti. 3:11; 2 Ti. 2:11s) o del resultado en el creyente de la salvación (Ef. 5:14; 1 Co. 13), y otros doxológicos (1 Ti. 6:15s.; Ap. 4:8,11; 5:9, 12s.; 7:10,12; 11:15; 19:1s., 6-8). Es de notar que los himnos se usaban no solo en los cultos públicos sino también en las devociones particulares.

Solo una colección de himnos nos ha llegado del s.II, los 42 himnos bautismales de la Iglesia de →Siria que llamamos las Odas de Salomón, en la forma de dísticos paralelos que conocemos en el salterio canónigo. En ese mismo siglo se daba énfasis a himnos que celebraban a Cristo, y que imitaban el estilo de la oda métrica de los griegos; hallamos un ejemplo en "Brida de los potros indómitos", apéndice al *Instructor* de →Clemente de Alejandría (véase la traducción libre en *Cántico Nuevo* No. 43, *CN,* en adelante). Data también de principios del mismo siglo la costumbre descrita en la conocida carta de →Plínio el Joven al emperador Trajano: en las iglesias de Bitinia cantaban en forma antifonal "un himno [latín: *carmen*] a Cristo como a un dios", aunque no estamos seguros si *carmen* se refiere a salmodia, letanía o fórmula ritual. Según el historiador Sócrates, la costumbre de cantar antifonalmente se introdujo en la iglesia de Antioquía por medio de una visión concedida a →Ignacio en que los ángeles cantaban así himnos a la Santísima Trinidad. De Antioquía la costumbre pasó rápidamente a otras iglesias.

Dado el impacto emocional de la música, sobre todo cuando se une con un texto memorable, tanto los herejes como los ortodoxos dentro de la iglesia han reconocido en cada siglo el valor didáctico del himno. Por consiguiente, la historia de la h. provee muchas ilustraciones de las controversias doctrinales a través de las épocas. Por ejemplo, Constantinopla fue sede en el s.IV de la controversia arriana, que dio origen a nuevos desarrollos en el uso de los himnos. A principios del siglo →Atanasio había atacado, no solo el →arrianismo, sino el carácter liviano y superficial de los himnos con que éste intentaba popularizar su enseñanza. Cuando en 398 →Crisóstomo fue nombrado patriarca de Constantinopla, los arrianos no tenían en la ciudad templo alguno a pesar de ser numerosos; pero solían entrar en la ciudad al atardecer los sábados, domingos y feriados. Se congregaban en las plazas y pórticos para cantar durante toda la noche sus himnos antifonales, siempre puntuándolos de estribillos que expresaban doctrinas arrianas y ocasionalmente de mofas a los ortodoxos. Crisóstomo se preocupó por la influencia de esta práctica, especialmente sobre el pueblo sencillo de la iglesia, y organizó una especie de contracampaña en que hacían procesiones de gran pompa todas las noches y cantaban himnos ortodoxos.

Algunos himnos, como el de Clemente ya mencionado, nos han llegado directamente en el idioma griego y no simplemente en traducción latina. Conocemos uno, por ejemplo, del s.V tomado de la Liturgia de San Jacobo (traducido "Lo mortal esté en silencio", en *CN,* No. 52) y otros de la mano de Andrés de Creta, 660-732, quien confeccionó la forma litúrgica que llamamos canon, un largo poema de nueve odas (cp. "¿Divisáis, cristianos, la sagrada lid?" en *CN*, No. 348).

El s.VIII resultó una época fecunda para la himnología; se deben mencionar →Juan Damasceno (cp. "Glorioso día de resurrección" en *CN*, No. 134) y Esteban de Saba (cp. "¿Te hallas triste o abatido?" en *CN*, No. 240 y "Venid, fieles, y cantad" en *CN*, No. 116) como protagonistas del movimiento conocido como "los melodistas". Las controversias y persecuciones del s.VIII y siguientes estimularon a los melodistas, ubicados en los grandes monasterios del Studium en Constantinopla y San Sabas en Palestina y a los ortodoxos griegos en Sicilia e Italia meridional, a producir una himnodia rica en teología.

En cuanto a la Iglesia Occidental, surgió apenas en el s.IV una imitación en latín de la himnodia griega. Dos luminarias de la Iglesia Latina, →Hilario de Poitiers y →Ambrosio de Milán, la introdujeron. Hilario, al verse excluído de su sede en Poitiers durante unos cuatro años (356-360), fue a Asia Menor y participó en un concilio de la Iglesia Oriental, familiarizándose así con la música eclesiástica de los griegos. Altamente impresionado, escribió su propio libro de himnos.

Por su parte, Ambrosio acostumbró a la iglesia de Milán, no mucho después de la muerte de Hilario, al uso de los himnos en el contexto de la controversia arriana. Cuando la madre del emperador, que favorecía a los arrianos, maniobró para remover a Ambrosio de su sede, el "pueblo devoto", como lo describe San Agustín, se reunió en torno a él y lo protegió, vigilándolo en el templo. Bajo estas circunstancias, se señaló que el pueblo cantara himnos y salmos, a la manera de las iglesias orientales, para mantener su ánimo y sus fuerzas. Agustín se describe como personalmente movido a lágrimas por la dulzura de tales "himnos y cánticos" (cp. "Ven, Redentor de gentes" en *CN*, No. 48 y "Oh Luz que brota de su Luz" en *CN*, No. 195).

Todavía los himnos de Ambrosio no se usaban según el orden occidental que conocemos hoy. La elaboración de ese ritual dependió mucho de →Benito de Nursia, quien al fundar la orden religiosa que lleva su nombre (c.530), dispuso que se cantaran los himnos de Ambrosio en sus oficios para las horas canónicas. Aquí se originó sin duda la práctica de la iglesia italiana de entonar ciertos cánticos a diario a través de la semana en las "vísperas", "laudes", y "nocturnos", variándolos según el calendario eclesiástico. Los ritos nacionales eran probablemente el ambrosiano y el mozárabe (de España).

Luego estos himnos se coleccionaron en los "breviarios"; su música se llamó ambrosiana y ostentó un carácter más popular y congregacional que la gregoriana, que a esta época (→GREGORIO I) surgió como expresión sacerdotal y de coros profesionales. En realidad, aunque Gregorio escribió once himnos que sobreviven, él tuvo poco que ver con la evolución de la hermosa tradición que lleva su nombre. El canto llano, que es un término equivalente, consiste en un vasto repertorio de música monofónica (e.d., melodía no armonizada) cuyos textos en latín cubren todo aspecto de misa y oficio. Las tonadas (véase un ejemplo en *CN* No. 39) proceden de variadas fuentes: las sinagogas del Medio Oriente, la Iglesia Bizantina, el viejo canto romano, el canto gálico, la composición de monjes anónimos en centros como San Gallo en los ss.VIII y IX, etc. Aun después de esta "época de oro" el repertorio siguió ampliándose. Para que no quedara en el olvido esta vasta literatura, los monjes se vieron obligados a inventar un sistema de notación musical; ya tenían elaborada en el s.XI una especie de pentagrama.

Varios obispos, →Gelasio I de Roma, Enodio de Pavia, Fortunato de Poitiers (cp. "La real bandera al frente va" en *CN* No. 112 y "Oh feliz mañana" en *CN* No. 132), Paulino de Aquilía, Teodolfo de Orleáns y Rábano Mauro de Maguncia, enriquecieron la himnodia con textos que sobreviven hoy. Notker (m.912) inventó secuencias (o prosas) para llenar el vacío entre el Aleluya después de la Epístola y el siguiente Evangelio en el culto eucarístico, iniciando así la época final de la himnodia latina medieval. Entre los ejemplos más hermosos de secuencias hallamos *"Veni, sancte Spiritus"*, *"Dies irae"* y *"Stabat Mater dolorosa"*. Desafortunadamente, el estilo se deterioró antes de la Reforma y, a partir del s.XV, Roma se vio obligada a limitar su uso.

Los comienzos de la polifonía (la ejecución simultánea de más de una línea melódica) datan de antes del s.IX. Primero la segunda voz seguía a la primera en cuartas o quintas paralelas; luego esta voz asumió independencia melódica y finalmente, rítmica también. En el apogeo de esta práctica llamada *organum* (1200 en París), se agregó una tercera y aun una cuarta voz al canto llano original. En los ss.XIII y XIV la polifonía evolucionó rápidamente hasta llegar al motete y al *conductus*. Seguramente existía también música religiosa más popular, pero en esos siglos nada se ponía por escrito si no tenía prestigio eclesiástico o político. Surgió con Francisco de Asís y sus seguidores una serie de laudes (cp. "Oh criaturas del Señor" en *CN* No. 12) influenciada un poco por los versos amorosos de los trovadores; similarmente, de Italia y Alemania nos han llegado un buen número de cánticos de los →flagelantes y peregrinos. Detrás de ellos vinieron cantos que llamaríamos hoy villancicos, más influyentes quizá en círculos luteranos (cp. "Cristianos, ¡alegraos!" en *CN* No. 56) que en los calvinistas. El s.XIII produjo también los himnos sacramentales de →Tomás de Aquino, escritos para celebrar la nueva fiesta de Corpus Christi.

El s.XIV dejó poco legado a la música eclesiástica, pero a partir del s.XV surgió un flujo de literatura que no menguó por más de dos siglos. En los Países Bajos y en Inglaterra florecían genios que querían servir a la iglesia y cuyas misas y motetes muestran una vitalidad extraordinaria. La invención en 1501 de la imprenta de tipo movible para música, y luego del grabado en cobre, aceleró la diseminación de obras nuevas. Aunque el nuevo espíritu del Renacimiento introdujo un secularismo que a veces reñía con los propósitos religiosos de la música, no cabe duda del fervor y sinceridad de la mayoría de estos compositores.

La Reforma Protestante trajo grandes cambios en los países en que prevaleció. →Lutero, siguiendo el precedente de los husitas en Bohemia, introdujo en el culto la coral congregacional, usando para este fin la himnodia latina tradicional y los cánticos populares y no litúrgicos ya mencionados, y traduciendo y adaptando los textos al alemán. El mismo escribió himnos (su himnario de 1545 contiene 125) que se valían de tonadas compuestas por Johann Walther u otros luteranos. El más famoso, "Castillo fuerte es nuestro Dios" (*CN* No. 278) no debe robar gloria a "Del alto cielo enviado soy" (*CN* No. 57) y "De lo profundo clamo a ti" (*CN* No. 251), entre otros. Como compositor de tonadas Lutero se distinguió (tal como en el caso de los tres himnos mencionados) y su buen gusto musical ha dejado su marca en la liturgia y el "estilo" de los luteranos. La música coral y para órgano alcanzó su cenit en el s.XVIII con J.S. →Bach.

Muy otra fue la trayectoria de la música en las áreas influidas por la enseñanza de Juan Calvino. Este rechazó el uso de instrumentos en la iglesia, la música polifónica e himnos que no fueran la Escritura misma. Por consiguiente, la versión métrica en francés de los 150 salmos por →Marot y →Beza, con sus tonadas compuestas por Louis →Bourgeois y otros, fue traducida al holandés y al alemán y se mantuvo como único himnario en las iglesias reformadas de Europa durante siglos. (Ver ejemplos en *CN* Nos. 272, 273, 280 y 426).

Tanto Inglaterra como Escocia siguieron la pauta de Ginebra y produjeron sus propias versiones métricas en inglés de los salmos. Pero en general la letra y la música resultaron inferiores a las de su modelo, y la ejecución congregacional bajó a niveles abismales, hasta la época cuando Watts y Wesley infundieron nueva vida en la vida musical.

Mientras el s.XVI produjo en la ICR una multitud de compositores de gran talento cuyas obras eran a menudo complejas, la →Contrarreforma demandó de ellos un estilo más sencillo y homofónico, para que la letra se comprendiera mejor. Entre los que respondieron a esta llamada se cuentan dos compositores insignes: Victoria de España y →Palestrina de Italia. En Inglaterra, después de la Reforma, se oía en las iglesias parroquiales el canto sencillo de los salmos, pero en la capilla real y en las catedrales, la música polifónica que la época de Isabel había perfeccionado, hasta la supresión de esta música por la revolución puritana. La liturgia anglicana halló lugar para el *anthem* (número especial ejecutado por el coro) y luego, en forma evolucionada, para el "culto de catedral" (cánticos matutinos y vespertinos y las secciones corales del culto eucarístico). Se destacaron en este género los compositores Tallis, →Byrd y Gibbons. Después de restaurada la monarquía, la música de catedral deterioró sensiblemente y con la excepción de Purcell y →Händel (cp. *CN* No. 128), poco de valor permanente se produjo en inglés hasta tiempos bastante recientes.

Cuando surgió el →metodismo (s.XVIII) el canto congregacional revivió en Inglaterra. Los hermanos →Wesley (cp. entre muchos más, "Mil voces para celebrar", *CN* No. 28, y "Oíd un son en alta esfera", *CN* No. 60) se inspiraron en el ejemplo de los →moravos, pero, a diferencia de éstos, su himnología careció de compositores sobresalientes. Tan popular se hizo el canto de himnos entre los →no-conformistas que a principios del s.XIX la Iglesia Anglicana no resistió más la presión, y entró ella también en un período fecundo de tonadas nobles y textos perdurables. En las iglesias calvinistas del s.XVIII fue →Watts quien introdujo su "caballo de Troya", un himnario en que los salmos fueron "imitados" o parafraseados en términos marcadamente cristianos; así se rompió el monopolio del salterio (cp., entre otros ejemplos, "Venid con cánticos", *CN* No. 36, y "Gozo del mundo es el Señor", *CN* No. 72).

Aparte de los himnos, que siguen siendo hoy el elemento fundamental en la música de las iglesias, compositores tanto protestantes como católicos han creado música culta y elaborada para expresar su fe. En el s.XVII surgió el estilo *concertato* que combinaba la música instrumental con la vocal, un género que el luterano →Schütz aprendió de los católicos →Gabrieli y →Monteverdi y que tuvo su florecimiento máximo en las cantatas y pasiones de →Bach. Menos centrado en la iglesia es el oratorio, que comenzó su existencia como una ópera religiosa, pero luego perdió su aspecto escenificado. Se destacaron en este campo →Händel, →Haydn, →Mendelssohn, y más recientemente Vaughan Williams, Britten y Walton. Como resultado del racionalismo y secularismo de los últimos siglos, pocos compositores de primera categoría se dedican exclusiva o aun primordialmente a la iglesia (quizá Bach fue el último); pero obras aisladas por genios como Mozart, Berlioz, Liszt, Beethoven, Brahms, Stravinsky y Penderecki expresan alabanza a Dios y "adornan la enseñanza" del evangelio (Tit. 2:10).

En los últimos 150 años muchas agrupaciones evangélicas, primero en los EUA e Inglaterra y luego en España y América Latina, han desarrollado una música sencilla y realmente popular para usar en campañas de evangelización y en los cultos. →Sankey (cp. "Hallé un buen Amigo", *Himnos de la Vida Cristiana* No. 281) y Charles H. Gabriel (cp. "Cuando de afanes ya libre yo esté", HVC No. 211) son típicos de los muchos autores de *Gospel songs,* cánticos sencillos y a menudo sentimentales, que procuran presentar el evangelio en términos accesibles y generalmente individualistas. Casi todos los himnarios publicados en español contienen un buen porcentaje de este género de cánticos, mediocremente traducidos. Afortunadamente, otros traductores como Juan B. →Cabrera y Vicente Mendoza lograron más éxito con himnos tradicionales, pero lo cierto es que la música escrita para letra anglosajona presenta dificultades casi insuperables al traductor que vierte esa letra al español.

De obras escritas originalmente en español, hay himnos de corte clásico (cp. "Nunca, Dios mío, cesará mi labio", *CN* No. 30) y de tipo *Gospel song* (cp. "Jesús es mi Rey soberano", HVC No. 266), junto con un creciente número de composiciones populares que captan la idiosincrasia latinoamericana (cp. la de Alfredo Colom, "Por la mañana yo dirijo mi alabanza", HVC No. 26, y la de Juan M. Isáis, "Oh Señor, recíbeme cual soy", HVC No. 97). Gracias a las casas publicadoras y estaciones de radio evangélicas, desde 1940 se ha dado auge a la composición de "coritos", que sigue esta última línea de desarrollo. Ha recibido todavía más apoyo a partir de 1960 con el movimiento de renovación carismática, tanto entre grupos evangélicos como en la Iglesia Católica. Los coritos se componen de letra, a menudo tomada de la Biblia, cuyo significado es fácil de captar y memorizar, y de música latinoamericana; y se prestan al uso congregacional de los que no pueden leer música o no pueden darse el lujo de comprar himnarios.

La gradual autoctonización de la música en muchas iglesias se refleja también en el uso de instrumentos nacionales, tales como la guitarra, la quena y la percusión, y en el movimiento corporal de los cantantes (palmadas, danza rudimentaria, etc.) que la acompaña. En el campo católico, la música ha tomado un viraje experimental desde 1962, cuando el Concilio Vaticano II autorizó el uso de idiomas vernáculos en la liturgia. Han surgido, además de miles de coritos parecidos a los coritos evangélicos, misas nacionales como la Misa Criolla (Argentina), la Chilena, y la Campesina Nicaragüense. En todas las confesiones se han popularizado conjuntos que ostentan instrumentos (amplificados electrónicamente) y estilos musicales que se asocian con el *rock,* a pesar de la crítica que éstos suscitan en algunos sectores.

Es difícil predecir adónde nos llevarán estas reacciones al dominio cultural noratlántico, pero indudablemente la iglesia latinoamericana anda en busca de su propia voz.

RICARDO FOULKES B.

HINCMARO DE REIMS (c.806-882). Arzobispo de Reims. Fue educado en la abadía de San Dionisio, en París, bajo el Abad Hilduino, que en 822 lo introdujo a la corte de Ludovico Pío. En 834 entró oficialmente al servicio del rey, y a la muerte de Ludovico se adhirió a Carlos el Calvo, ganándose así la hostilidad de Lotario I. H. administró las abadías de Compiègne y St. Germer-de-Flay. Elegido arzobispo de Reims en 845, enfrentó la oposición imperial pero evitó ser depuesto en el Sínodo de Soissons (853).

Al oponerse al rey de Lorena (el segundo hijo de Lotario I), que quería divorciarse de su esposa, H: escribió su *De divortio Lotharii,* en que desplegaba un gran conocimiento del derecho canónico. No triunfó en su intento de deponer a Rothado II, obispo de Soissons, que por mucho tiempo había impugnado sus derechos, pero sí logró calmar a su propio sobrino, Hincmaro de Laón, que rehusaba reconocer su autoridad. Esto ocasionó su *Opusculum LV Capitulorum,* en el cual defendía los derechos de un metropolitano sobre sus obispos. H. protestó por los nombramientos episcopales en Cambrai, Noyon y Beauvais y logró colocar en esos lugares a los que él había nombrado. Cuando el Concilio de Maguncia (848) condenó los errores de Gotescalco sobre la predestinación, publicó una refutación contra dicho monje, *Ad Reclusos et Simplices,* que le ocasionó muchos ataques a él mismo y más tarde a su colega Juan Escoto Erigena por la obra de éste, *De Divina Praedestinatione.* La controversia continuó en los sínodos de Quiercy (853) y de Valencia (855), a raíz de los cuales H. escribió su defensa, *De Praedestinatione Dei et Libero Arbitrio,* en que alegaba que si Dios predestina a los impíos al infierno entonces él es el autor del pecado. La reconciliación se logró por fin en el Concilio de Thuzey (860). Con la muerte de Lotario en 869, H. ya no temió apoyar a Carlos el Calvo y procedió a coronarlo a pesar de la objeción papal.

C.G. THORNE, Jr.

HINDUISMO. Este no es una religión, si por tal entendemos un sistema cerrado de creencias y prácticas observadas por todos los hindúes. Es más bien un conjunto infinitamente complejo de creencias y prácticas vinculadas por su común ubicación en el subcontinente indio y por sus lazos con el sistema social de castas. La palabra "hindú" se deriva, por el persa, del nombre del río Indo; h. es el término general europeo que cubre todas las formas de religión étnica india que reconocen, directa o indirectamente, la autoridad de los escritos llamados *Vedas* (que datan de c.1200 a c.600 a.C.) y que reconocen el *dharma* (ley) de las castas. La lengua sagrada del h. es el sánscrito.

La mayoría de los hindúes aceptarían (1) la creencia en la transmigración, e.d., que toda persona vive muchas veces en la tierra, en forma humana o en alguna otra; (2) la creencia en que el status o casta de uno, en cualquier existencia dada, depende de la conducta de uno en una vida anterior; (3) que la meta última del hombre es la liberación *(moksha)* de la cadena de nacimientos, y del mundo fenoménico; (4) que la clase sacerdotal (Brahmin) es digna de especial reverencia; (5) que la vaca debe ser cuidada y reverenciada como símbolo de la bondad de la tierra. Más allá de este punto es difícil generalizar. Muchísimos hindúes son teístas, y creen en un Dios personal con nombres como Vishnú o Shiva, a quien hay que adorar con amor y devoción *(bhakti).* Otros, siguiendo al filósofo Shamkara, sostienen que la Realidad Suprema es impersonal. Unos pocos son teóricamente ateos. La mayoría aceptaría que Dios es inmanente en toda la creación y considerarían ahora que todas las religiones son medios igualmente válidos de acceso a Dios. Esta noción particular ha sido fuertemente expresada por ciertos líderes prominentes del pensamiento hindú tales como Ramakrishna, Gandhi y Radhakrishnan.

Las escrituras hindúes se clasifican en dos clases amplias: *shruti* (revelación) y *smriti* (tradición). La primera incluye los himnos védicos, los comentarios *(Brahmanas)* y las escrituras especulativas (Upanishads); la segunda abarca las dos grandes epopeyas (*Mahabharata* y *Ramayana*), el *Bhagavad Gita* (parte del *Mahabharata*), los libros de ley, los escritos mitológicos posteriores, y los documentos de las sectas. En total, las escrituras hindúes son de inmenso tamaño y de asombrosa diversidad. El culto hindú tiene lugar en el hogar y en el templo, del cual se piensa que es la morada de un dios o diosa, y no un lugar de asamblea. Se siguen pautas diarias y estacionales de culto.

El principal punto de discusión entre hindúes y cristianos es la singularidad de Cristo. Muchos hindúes aceptan a Jesús como un maestro divino *(Yesuswami),* pero no como único Salvador. Los cristianos, por su parte, no pueden aceptar la creencia básica hindú en la transmigración y los renacimientos e insisten en que Dios es uno y personal (idea que aceptan algunos hindúes, pero no todos).

E.J. SHARPE

HIPERDULIA →DULIA

HIPOLITO (m.c.236). Presbítero y maestro de la Iglesia de Roma. Orígenes lo oyó predicar ahí en 212. Muy poco se sabe de sus primeros años, pero fue presbítero en tiempo del obispo →Ceferino, a quien acusó de componendas con las ideas de →Sabelio. Tal vez su juicio teológico fue afectado por su oposición a →Calixto, el archidiácono, que llegó a ser papa en 217. Entonces H. se estableció a sí mismo como antipapa y continuó como tal hasta que fue deportado en 235 por el Emperador Maximino durante un período de persecución. En el exilio se reconcilió con el papa, y después de su martirio su cuerpo fue traído a Roma por la iglesia, con honores.

En los siglos siguientes a su muerte su identidad fue confundida y se le igualó con diversas personas; p.e. en el Breviario romano se le identifica como un soldado convertido por San Lorenzo. Después de muchos años de olvido se le volvió a dar prominencia por el descubrimiento, cerca de su tumba en Roma, de una estatua suya, sin cabeza, entronizado como obispo (¿erigida acaso por sus seguidores que luego se unieron a los novacianos?). Inscritas en la estatua había una tabla para computar la fecha de Pascua y una lista de sus escritos. Entre los que sobreviven en traducción están *Philosophumena* (título dado a las partes 4-10 de su más larga *Refutación de todas las herejías*), que se creía pertenecía a Orígenes hasta que J.J.I. Döllinger demostró, en 1859, que era de H. Y también hay la *Tradición apostólica* que E. Schwartz en 1910 y R.H. Connolly en 1916 demostraron que era de H. El *Philosophumena* es valioso por su descripción de las sectas gnósticas y la *Tradición apostólica* conserva para nosotros un cuadro conservador del orden y culto de la iglesia romana al final del s.II. También puede mencionarse su *Comentario a Daniel*, que es el más antiguo comentario bíblico cristiano que sobrevive completo.

En lo teológico, H. enseñaba una doctrina del Logos heredada de Justino Mártir. Distinguía dos estados del Logos, uno eterno e inmanente, el otro exterior y temporal. Sus opositores lo llamaban, con cierta razón, diteísta. En cuestiones disciplinarias fue un rigorista que se oponía valientemente a la mitigación del sistema penitencial, a fin de enfrentar la entrada a la iglesia de grandes números de convertidos. También parece haber sido el primer erudito en componer una tabla para las fechas de Pascua independientemente del judaísmo de la época.

PETER TOON

HISTORIA DE LA SALVACION →HEILSGESCHICHTE

HISTORICISMO. Movimiento filosófico propio del s.XIX que acentúa el significado de la vida histórica para establecer la validez del conocimiento. A veces se le llama también historismo. El término h. es ambiguo y ha sido utilizado para calificar posiciones filosóficas muy dispares, aunque puedan tener en común la valoración de la vida y la historia. Así, p.e., han calificado algunos el pensamiento de Marx, Spencer, Spengler y, sobre todo, Dilthey. Sin embargo, es este último quien desarrolla una filosofía propiamente historicista. Dilthey quiere elaborar una crítica de la razón histórica. Sostiene que el conocimiento histórico es conocimiento objetivo. Pero ese conocimiento objetivo manifiesta la relatividad de todo lo históricamente real, pues toda creación del espíritu humano está históricamente condicionada. Siendo así, todo conocimiento es relativo, pues está determinado por condicionantes históricos: "El sujeto empírico está condicionado por el medio dentro del cual vive" (Dilthey). Característica del h. (y preocupación de Dilthey) fue el esfuerzo por encontrarle sentido a la historia. "En vez de explicar, la historia trata de entender".

Antecedentes cercanos del h. son el pensamiento de Herder y la llamada "Escuela histórica". Dilthey influyó en muchos pensadores (Spranger, Litt y otros). También en el teólogo E. →Troeltsch, quien afirmó que el h. "significa... la historización de toda nuestra esencia y de nuestro modo de sentir el mundo espiritual... Vemos todo en el río del devenir".

PLUTARCO BONILLA A.

HOBBES, THOMAS (1588-1679). Filósofo político británico. Formado en Oxford en los estudios clásicos, fue tutor de la familia Cavendish pero, cuando sobrevino en Inglaterra la guerra civil, se exilió en Francia (1640-51). En París fue tutor del Príncipe de Gales (más tarde Carlos II). Hacia 1651 regresó a Inglaterra, se sometió a la República y publicó su gran obra *Leviathan*. Esta obra propone un gobierno absolutista, basado, no en el derecho divino, sino en un análisis de la psicología humana. Todos los hombres, según H., poseen sentimientos instintivos de temor y de autoconservación. Estos instintos proporcionan la motivación para la organización social. Si no hubiera gobierno y todos los hombres fueran iguales, la vida sería inaguantable ("solitaria, pobre, fastidiosa, brutal y breve", según sus palabras). Impelidos por la autoconservación, los hombres hicieron un mutuo contrato para transmitir todo su poder a un soberano absoluto, que usaría su poder ilimitado para llevar adelante la obediencia y la unidad. El contrato entre gobernante y pueblo era inquebrantable. Las ideas de H. ofendían tanto a los teóricos del derecho divino como a los que se aferraban a los derechos históricos de los ingleses. Sin embargo, después de la restauración de la monarquía, se le concedió una pensión y libre acceso al rey. ROBERT G. CLOUSE

HODGE, CHARLES (1797-1878). Destacado teólogo estadounidense del s.XIX. N. en Filadelfia, hijo de un cirujano del ejército. Fue educado en Princeton graduándose de la universidad en 1815 y del seminario en 1819. Sus estudios teológicos con Archibald →Alexander determinaron la misión de su vida. Fue nombrado instructor en el Seminario de Princeton en 1820 y permaneció allí el resto de su vida, a excepción de dos años de estudio en Francia y Alemania (1826-28). Fue profesor de literatura oriental y bíblica (1822-40), luego profesor de teología. Su propia teología era principalmente la de la Confesión de Westminster con evidentes rastros del calvinismo escolástico, especialmente de Turretine. Su pensamiento era gobernado por una alta estima de la inspiración verbal y de la infalibilidad de la Biblia. Cuando el calvinismo ortodoxo estaba por lo general declinando en el pensamiento estadounidense y las ideas evolucionistas comenzaban a ejercer inusitado poder, H. defendió a capa y espada una Biblia sobrenaturalmente inspirada y así puso su sello sobre lo que llegó a llamarse la "teología de Princeton". Esta tuvo una fuerte influencia, no solo en sus propios círculos presbiterianos de la "Vieja Escuela", sino también en otras iglesias.

Sus escritos llevaron su influencia más allá de los tres mil alumnos a quienes enseñó durante medio siglo. Comenzó el *Biblical Repertory* en 1825 (llamado luego *Biblical Repertory and Theological Review* y, después de 1836, *Biblical Repertory and Princeton Review*), y lo editó por más de 40 años. Su primer libro, *A Commentary on the Epistle to the Romans* (1835), estableció su erudición. Entre sus obras posteriores ninguna ejerció mayor influencia que su *Systematic Theology* (3 t. 1872-73).

También ocupó una posición de dirigencia en la Iglesia Presbiteriana. Fue moderador de la asamblea general (Vieja Escuela) en 1846, y miembro prominente de las juntas de misión y de educación. En la controversia de 1837 se opuso a las ideas de la Nueva Escuela sobre doctrina y procedimientos. Cuando vino la división, él la apoyó.

BRUCE L. SHELLEY

HOFFMAN, MELCHIOR (1493-1543). Evangelista autodidacta de Suabia, Alemania, reconocido como responsable por la introducción del anabaptismo en los Países Bajos. Empezó su carrera de evangelista en la región del Mar Báltico como discípulo de Lutero. Poco a poco su teología se volvía más radical, aproximándose a la de →Zuinglio, luego a la de →Carlstadt, y finalmente se convirtió al anabaptismo al establecerse en Estrasburgo.

Su preocupación con pasajes apocalípticos de la Biblia y su propensión a la alegoría lo llevaron a ideas extrañas. Para explicar la perfección de Jesús, enseñaba que no heredó nada de su madre sino que incluso su carne era celestial. Aunque H. mismo no recibió visiones, aceptaba las de otros. A base de ellas anunció que Estrasburgo sería la Nueva Jerusalén, centro de la reunión de los 144.000. Se conceptuaba a sí mismo como Elías, llamado a anunciar los acontecimientos finales y a sufrir como condición previa al advenimiento del Reino. A base de números apocalípticos calculó que la fecha de su advenimiento sería 1533. Pero sucedió que en aquel año, en vez de descender la Nueva Jerusalén, H. fue echado en la cárcel y allí quedó hasta su muerte en 1543.

H. esperaba la intervención divina para el establecimiento del reino. Pero algunos de sus seguidores se convencieron que debían ayudar a Dios en su levantamiento, lo cual desembocó en la tragedia y las orgías del Reino de →Münster. Los anabaptistas verdaderamente evangélicos de la época (como Menno Simons, y Obbe Philips y Dirk Philips) repudiaron el fanatismo de estos anabaptistas quiliastas.

LAVERNE A. RUTSCHMAN

HOLANDA →PAISES BAJOS

HOLTZMANN, HEINRICH JULIUS (1832-1910). Teólogo alemán y estudioso del NT. N. en Karlsruhe, fue educado en Berlín y ocupó un pastorado en Baden (1854) antes de comenzar su carrera académica. Fue profesor en Heidelberg (1858), luego en Estrasburgo (1874), hasta que se pensionó en 1904. En su estudio de los evangelios sinópticos (1863) desarrolló la teoría de las dos fuentes, con su doble necesidad de aceptar una fuente de "enseñanzas" para Mateo y Lucas, y la prioridad de Marcos, lo cual proporcionaba el tipo de imagen de Jesús deseable para el esquema liberal-psicológico y una en que la interpretación escatológica del reino de Dios en la predicación de Jesús podía evitarse. Como consecuencia de esto H. se vio involucrado en las luchas de política eclesiástica de los pastores alemanes. En Estrasburgo su trabajo se dirigió principalmente hacia la preparación de libros de texto como introducción al NT (1885) y teología (2 vols., 1896-97), y un *Lexicon für Theologie und Kirchenwesen*, junto con Richard Zoepffel (1882). Con su contribución sobre los sinópticos al *Hand-Kommentar zum Neuen Testament* (1889) y su *Lehrbuch der NT Theologie* (1896, 97) puso los cimientos de la investigación neotestamentaria del s.XX.

CLYDE CURRY SMITH

HOLL, KARL (1866-1926). Patrólogo. N. en Tubinga; fue pastor antes de regresar a dar clases en su ciudad natal. Ahí llegó a ser profesor de historia eclesiástica en 1901 y de 1906 a 1926 mantuvo una cátedra similar en Berlín. Habiendo colaborado con →Harnack en una edición de patrología griega (el Corpus de Berlín), también investigó los orígenes de la Epifanía y de la fiesta y ayuno de Pascua y escribió *Enthusiasmus und Bussgewalt beim griechischen Mönchtum* (1898). Fue uno de los más influyentes historiadores eclesiásticos de Alemania, tanto para las iglesias orientales como occidentales; sus estudios sobre Lutero, incluso *The Cultural Significance of the Reformation,* crearon un renacimiento en la Iglesia Evangélica. Estudió ruso e hizo resaltar a Tolstoi pero esquivó las disputas teológicas de principios de siglo XX.

C.G. THORNE, Jr.

HOMILETICA. La discusión del arte y teología de la predicación. La predicación cristiana primitiva tenía la forma de una sencilla homilía coloquial, práctica y pastoral basada en el pasaje que se había leído y a menudo siguiendo los diversos temas sugeridos por el texto, en el orden en que surgían en el texto, con poca preocupación por alcanzar una estructura retórica satisfactoria. El sermón comenzaba dondequiera que el texto comenzaba y se acababa donde el texto terminaba. Solía pronunciarse improvisadamente, aunque como fruto de una cuidadosa preparación. Se consideraba que era el deber primario del obispo el predicar y este a menudo lo hacía sentado mientras la congregación permanecía de pie. Los grandes predicadores de los ss.III y IV –Basilio, los Gregorios, Crisóstomo y Agustín– estaban conscientes de que vivían en un mundo en que el método normal de comunicación implicaba el uso de la retórica tradicional. Aunque reconocían la honda diferencia entre su tarea como predicadores cristianos y la de los retóricos paganos cuyo objetivo era simplemente impresionar al auditorio con un grandioso discurso, opinaban que la iglesia debía aceptar la ayuda que el estudio de la retórica podía aportarle a la predicación. El primer comentario importante sobre homilética en esta vena aparece en el *De doctrina cristiana* de Agustín, obra que nunca ha perdido importancia.

En la baja Edad Media se solía hacer circular arreglos y extractos de los sermones de Agustín, Cesario de Arlés y otros Padres para ayudar a los predicadores que no podían producir sus propios sermones. Con el resurgimiento de la predicación entre los frailes dominicos y franciscanos se publicó una amplia variedad de ayudas para la homilética, con sugerencias de sermones para todas las ocasiones posibles. Se desarrolló enormemente el arte de ilustrar los sermones con fantásticas fábulas alegóricas, lo cual dio origen a muchas colecciones de *exempla* para tal fin. Se editaron tratados sobre la predicación (p.e. el de Humberto de Romans). En el s.XIII apareció en los círculos universitarios una nueva forma "moderna" de predicación temática a partir de un texto breve con cuidadosas introducciones, transiciones, conclusiones y, por supuesto, tres subtítulos. Se la llamaba "moderna" por oposición a la antigua forma de homilía. Calvino y Lutero, durante la Reforma, tendieron a regresar a la antigua forma de predicación, pero las formas medievales prevalecieron durante las generaciones sucesivas. Se produjeron influyentes obras sobre homilética, p.e. por Hiperio y Keckermann. La más importante obra puritana, recientemente reimpresa, era el *Art of Prophesying* de William Perkins. Luego aparecieron las *Horae Homileticae* de Simeon y *Homilétique* de Vinet, inmensamente populares en su tiempo.

Lo que de costumbre se dice sobre el tema de la homilética ha sido mejor comentado siguiendo los temas que tradicionalmente se usan en obras sobre retórica: invención (encontrar qué decir), disposición (ordenar los materiales), estilo (revestirlos de un lenguaje apropiado), memoria (la tarea de fijar en la mente lo que se va a decir), y el momento mismo de dar la alocución.

RONALD S. WALLACE

HOMOIANOS. En la controversia suscitada por la inserción del término *homoousios* en el credo de →Nicea (325), cierto grupo procuró contrarrestar ese término objetable utilizando la palabra *homoios* ("semejante"). Usualmente se les llama "homoianos", aunque las distinciones entre ellos iban desde el uso indiscriminado del término (Valente de Mursa y Ursacio de Singidunum), pasando por un uso modificado "semejante en todo" (Acacio de Cesarea), hasta un pleno "semejante en sustancia" (Basilio de Ancira). Este arreglo vio su éxito principal, aunque efímero, bajo el apoyo del emperador Valente (364-78), que simpatizaba con los arrianos, en las sesiones sinodales de Niza (359) y Constantinopla (360), cuyos credos incorporan la fórmula homoiana con la adición "conforme a las Escrituras".

CLYDE CURRY SMITH

HOMOOUSIOS (gr. = "de la misma sustancia"). Este término técnico de la tradición filosófica griega tardía fue usado por primera vez en un contexto cristiano por parte de los gnósticos. Tanto Orígenes en Alejandría como Sabelio en Roma desempeñaron cierta función en su adopción al cristianismo. Tertuliano fue en última instancia el responsable de su reapropiación, aunque todavía en el Sínodo de Antioquía (268) el término *h.* fue seriamente criticado. La oposición de Arrio a este término resulta evidente en su carta a Alejandro, obispo de Alejandría, antes del Concilio de →Nicea (325). Evidentemente fue el emperador Constantino, como presidente del concilio, y presumiblemente con el consejo de →Osio de Córdoba, el que introdujo el concepto en las discusiones sobre los credos, con referencia a la relación entre el Padre y el Hijo.

CLYDE CURRY SMITH

HOMOSEXUALIDAD. Relación carnal entre personas del mismo sexo, práctica condenada por la Biblia. Según Lv. 20:30 las personas que practiquen actos homosexuales están condenadas a muerte. El NT mantiene una firme posición frente a esta desviación sexual (Ro. 1:24-27; 1 Co. 6:10; 1 Ti. 1:10). A través de los siglos la iglesia ha seguido estas orientaciones bíblicas. En la Edad Media se llegó a quemar vivos a algunos homosexuales por considerarse que estaban endemoniados.

Las últimas declaraciones oficiales de la ICR sobre la h. fueron hechas por la Sagrada Congregación para la Doctrina de la Fe en un documento titulado: "Declaración acerca de ciertas cuestiones de ética sexual" (cp. *L'Osservatore Romano,* 16 de junio de 1976). Dicho documento distingue dos clases de h.: curable e incurable. Afirma que: "Los actos homosexuales son intrínsecamente desordenados y que no pueden recibir aprobación en ningún caso". Refiriéndose específicamente a los homosexuales incurables sobre los cuales se suele afirmar que, por tratarse de una tendencia natural, las relaciones sexuales pueden ser justificadas en una relación de amor similar al matrimonio, el documento aclara: "Indudablemente esas personas homosexuales deben ser acogidas, en la acción pastoral, con comprensión y deben ser sostenidas en la esperanza de superar sus dificultades personales y su inadaptación social. También su culpabilidad debe ser juzgada con prudencia. Pero no se puede emplear ningún método pastoral que reconozca una justificación moral a estos actos por considerarlos conformes a la condición de esas personas".

Las iglesias evangélicas, por su atomización, y porque muy pocas denominaciones han estudiado el asunto en un intento serio de fijar su postura, no tienen una posición oficial. En algunas denominaciones han surgido declaraciones de "avanzada" que han sido combatidas por otros sectores de las mismas iglesias. Una reciente Conferencia General de la Iglesia Metodista Unida, celebrada en los EUA, rechazó toda posibilidad de ordenar homosexuales para el ministerio de la iglesia.

Entre los evangélicos latinoamericanos se notan cuatro tendencias en relación con la h., de acuerdo con una encuesta hecha por el que escribe:

1) Algunos pastores aplican la excomunión para castigar al pecador y asegurar que se marche de la iglesia para evitar que otros sean "contagiados".

2) Otros se muestran confundidos y no se atreven a encarar el asunto. Un pastor confiesa "perdí el tren de un consejo oportuno... estamos a ciegas en este asunto".

3) Otros utilizan todos los recursos de la fe para tratar de liberar al homosexual de su perversión: oración, consejos, exorcismo, etc.

4) Otros ofrecen asesoramiento complementado con el tratamiento realizado por terapeutas profesionales. (Cp. Jorge A. León, *Lo que todos debemos saber sobre la homosexualidad,* 1976).

JORGE A. LEON

HONDURAS. País centroamericano limitado al norte por el Mar Caribe, por Guatemala y El Salvador al oeste y Nicaragua al sur. Cubre un área de 112.117 km^2 y en 1979 tenía 3.645.000 habitantes.

Fue descubierto por →Colón en su cuarto viaje (1502). La conquista por los españoles, tanto religiosa como política, pronto siguió al descubrimiento. El 13 de set. de 1539 desembarcó en Puerto Cortés Cristóbal de Pedraza, quien vino a ser el primer obispo de Honduras hasta 1555 con la sede episcopal en el Puerto de Trujillo. En 1559 llegó Fray Jerónimo de Corella, quien trasladó la sede episcopal a la ciudad de Comayagua, entonces capital de la colonia. El 2 de feb. 1916, por disposición del Papa Benedicto XV, la sede se estableció definitivamente en Tegucigalpa, capital de la República.

Actualmente, el territorio nacional se divide en seis circunscripciones así: la arquidiócesis en la capital; tres diócesis: Comayagua, Santa Rosa de Copán y San Pedro Sula; y dos prelaturas: Choluteca y Olancho.

La ICR en H. contaba en 1977 con ocho obispos (3 hondureños), 105 parroquias con 213 sacerdotes (de los cuales solo 51 eran hondureños), 258 monjas y religiosas (55 hondureñas) y 76 seminaristas, 36 en el Seminario Mayor y 40 en el Seminario Menor. Funcionaban en el país 38 centros católicos de educación preescolar, primaria, secundaria y vocacional con un total de 12.000 alumnos.

En la ICR actual es evidente una mayor participación de los laicos en la actividad de la misma, mayor interés por el estudio y difusión de la Biblia, identificación con los problemas sociales de los grupos marginados y una mejor actitud hacia los grupos cristianos no católicos.

Durante la época colonial los ingleses se posesionaron de las Islas de la Bahía y las retuvieron aun después de la independencia (1821), pero en 1859 las entregaron a H. Por tanto, la Iglesia Anglicana aun en el s.XVIII hacía obra misionera en ellas. En 1844 ya había también misioneros metodistas y en 1849 bautistas de →Belice establecieron obra en las Islas.

No fue sino hasta 1896 que se inició la obra evangélica entre los latinoamericanos en la tierra firme. En aquel año llegaron representantes de la →Misión Centroamericana. En 1898 vinieron →Hermanos Libres, en 1911 →Amigos, en 1921 el Sínodo Evangélico (que en 1934 se convirtió en →Iglesia Evangélica y Reformada), en 1928 →Adventistas, en 1931 →Moravos, en 1944 la →Misión de Santidad, en 1950 →Menonitas, en 1951 →Bautistas Conservadores, y en 1954 →Bautistas del Sur.

Otros grupos continuaron llegando y estableciéndose en diversos puntos del país, de modo que en 1977 sumaban unos 50 diferentes grupos de mayor y menor proporción, y que conformaban una comunidad protestante estimada en 138.000, de los cuales unos 46.000 eran miembros reconocidos en alguna forma en unas 1.276 iglesias locales y congregaciones diseminadas en todo el territorio nacional.

Servían a la causa protestante unos 804 pastores, obreros y misioneros, de los que unos 628 eran hondureños. Eran factores del desarrollo de la iglesia evangélica instituciones tales como 12 institutos bíblicos con 177 alumnos; 22 centros educativos de formación primaria, secundaria y vocacional; una emisora evangélica con cobertura nacional e internacional que transmitía 18 horas diarias, →ALFALIT que contribuía positivamente para resolver el agudo problema del analfabetismo, y el Comité Evangélico de Desarrollo y Emergencia Nacional (CEDEN) fundado desde 1969 que hacía una efectiva proyección social.

La →Sociedad Bíblica sirve a toda la comunidad cristiana y público en general, proveyendo la Biblia. Además se distribuye gran cantidad de literatura a través de unas 14 librerías y centros de difusión religiosa.

SAUL GOMEZ DIAZ

HONORIO I (m.638). Papa desde 625. Oriundo de Campania, Italia, estuvo interesado en la cristianización de los anglosajones, administró con sabiduría los asuntos financieros del papado, pero se le recuerda especialmente por su participación en la controversia →monotelita. Sergio, patriarca de Constantinopla, le escribió a H. buscando su apoyo a una fórmula que produjera la reconciliación con los monofisitas. Aunque confesaba en Cristo dos naturalezas, esta fórmula le atribuía "una sola operación teándrica", e.d., un solo modo de actividad: el del Verbo Divino. A esto se había opuesto fuertemente Sofronio de Jerusalén. En su respuesta, H. apoyó el que se prohibiera la ulterior discusión sobre una o dos operaciones, añadiendo que tales cuestiones debían dejarse para los gramáticos. Pasó a escribir: "Por lo cual también confesamos una sola voluntad en nuestro Señor Jesucristo, puesto que nuestra naturaleza simplemente fue asumida por la Divinidad, y esa naturaleza sin pecado, como era antes de la caída". En una segunda carta, de la que solo quedan fragmentos, volvió a repudiar como inconveniente la fórmula "dos operaciones", aunque confesaba en Cristo dos naturalezas "no mezcladas, indivisas, inmutadas" que operaban lo que es característico de cada una.

Murió en el año en que se publicó la Ectesis, manifiesto del monotelismo, haciendo uso de su fórmula "una sola voluntad". Sus sucesores condenaron el monotelismo y en el Concilio de Constantinopla en 681 H. fue formalmente anatematizado junto con Sergio y Ciro de Alejandría. Este anatema ha creado dificultades para los que apoyan la infalibilidad papal, particularmente en las controversias galicanas de los ss.XVII y XVIII, y antes de la definición del Concilio →Vaticano I en 1870. J.G.G. NORMAN

HONORIO III (m.1227). Papa desde 1216. N. en Roma, de nombre Cencio Savelli y bien preparado, sucedió a Inocencio III después de larga experiencia en la administración eclesiástica y su pontificado continuó una política heredada, con algunos cambios. Desde el principio se halló en medio de planes establecidos por el Concilio →Lateranense IV, iniciado por Inocencio, mientras su principal interés fue una cruzada para recobrar el Reino de Jerusalén. Esta había de ser dirigida por el Emperador Federico II, pero no lo fue y, para echarla adelante, se intentó una aparente estabilidad política: la asistencia prestada a Enrique III (el monarca inglés de nueve años de edad) y la atención del rey Felipe Augusto y de su hijo, Luis VIII, reorientada de Inglaterra a Tolosa. Una preocupación importante fue siempre la relación con Federico, que quería para sí y para su hijo Enrique VII el control de la corona imperial y de la siciliana. Esto ocasionó una fuerte oposición papal, que llevó a un importante conflicto y finalmente a una victoria que puso fin a su interés por la cruzada.

La Quinta Cruzada sí siguió adelante, pero sin fortuna. Continuó la cruzada contra los →albigenses y la herejía fue perseguida sin tregua: H. aprobó formalmente a las nuevas órdenes mendicantes: los dominicos y los franciscanos y se sirvió de ellos. Entre sus muchos escritos están *Liber censuum* (1192), *Compilatio quinta* (1226), sus decretos que han sido considerados el primer libro oficial de derecho canónico, una biografía de Gregorio VII y una continuación del *Liber Pontificalis.* C.G. THORNE, Jr.

HONTHEIM, JOHANN NIKOLAUS VON (1701-1790). Obispo sufragáneo de Trier y conocido por su pseudónimo de "Justinius Febronius", fue el formulador del →febronianismo. Después de 18 años de trabajo publicó sus doctrinas en *El estado de la Iglesia y la legítima autoridad del Pontífice Romano: libro compuesto con el afán de unir en la religión a los cristianos disidentes* (en latín, 1763). Reflejaba temas galicanos y protestantes, pero permaneciendo devotamente católico y no secular. Clemente XIII lo condenó (1764) pero un intenso debate público continuó por toda Europa. H. se retractó luego sin mucha convicción (1778) en tanto que otros, incluso el principal ministro austríaco, Kaunitz, utilizaron sus ideas para apoyar un →josefinismo más secular. Estudió derecho en Lovaina, Leyden y Roma y obtuvo un doctorado en jurisprudencia (1724); luego se hizo sacerdote (1728), profesor (1732), pro-canciller universitario (1746) y obispo sufragáneo (1748), todo esto en Trier. C.T. McINTIRE

HOOKER, RICHARD (c.1554-1600). Teólogo y apologista inglés. Fue educado en la escuela primaria de Exeter y en el Corpus Christi College, Oxford, donde fue colegiado de 1577 a 1584. Dio clases de hebreo y de lógica y fue rector de Drayton Beauchamp (1584), maestro del Templo en Londres (1582-91) y rector de Bishopbourne desde 1595 a su muerte. Aunque fue un predicador hábil y un pastor sensible, se le recuerda primordialmente como uno de los más grandes apologistas en pro de una Iglesia de Inglaterra que no estaba obligada a copiar servilmente a las iglesias hermanas. Su famoso encuentro con Walter Travers en el Templo demostró en él una posición reformada independiente en asuntos como la predestinación, la certeza de salvación y el juicio sobre Roma, además de una profunda intuición sobre las debilidades doctrinales y psicológicas del puritanismo militante. Relevado de sus deberes en el Templo, escribió los primeros cuatro tomos de sus *Laws of Ecclesiastical Polity* en 1593, seguidos por el quinto en 1597. La historia de los libros restantes es incierta y no se publicaron completos sino hasta 1662. Además de ser un clásico de la prosa inglesa, su obra constituyó una profunda contribución a la tradición teológica de Inglaterra. Su acertado replanteamiento del tomismo, combinado con una cuidadosa discusión de la relación entre la razón y la revelación, lo capacitó para enfrentar las críticas puritanas de la Iglesia isabelina en un plano mucho más creativo que el de apologistas como Whitgift y Bancroft. Demostró que una iglesia podía estar justificadamente constituida sin pretender una institución divina para cada detalle ni caer en el error romano de continuar con las prácticas medievales. Su exposición de la ley mostraba un aprecio de la continuidad histórica que estaba ausente en gran parte de la eclesiología protestante. La defensa que presentó sobre la función de la razón redimida ayudó a inspirar el florecimiento de la teología carolina y desde entonces ha proporcionado a muchos miembros de la Iglesia de Inglaterra un método teológico que ha combinado los asertos de la revelación, la razón y la historia. Aunque su razonamiento sobre la relación entre la iglesia y el estado fue indebidamente optimista, ha continuado teniendo influencia. Es uno de los más importantes teólogos ingleses del s.XVI. IAN BREWARD

HOOPER, JOHN (m.1555). Mártir protestante y obispo anglicano. Graduado en Oxford y luego hecho monje, se trasladó a Londres después de la disolución de los monasterios. Después de leer algunos escritos reformistas se convirtió al protestantismo y luego procuró difundir sus ideas en Oxford. Como resultado de sus actividades tuvo que huir de Inglaterra en dos ocasiones. En 1546 se casó con una mujer de Amberes. Por un breve período se asentaron en Zürich, donde él gozó de la amistad de H. →Bullinger y de una correspondencia con M. →Bucero y J. →Laski. Al volver a Inglaterra en 1549, se hizo capellán del Protector Somerset.

H. ganó fama como propulsor de los principios de la reforma suiza. Su predicación fue muy popular y se dedicaba a la exposición bíblica y a la denuncia de la reforma imperfecta de su propio país. Tras la caída de Somerset fue capellán de Northumberland. En 1550 fue nombrado para la sede Gloucester, pero su consagración fue postergada hasta 1551 debido a su oposición al uso de vestiduras. Durante 1552 las sedes de Gloucester y Worcester fueron amalgamadas y él fue hecho obispo de las dos. Con el ascenso al trono de la católica María fue hecho prisionero, despojado, degradado, y quemado en público. Su historial como obispo fue digno de elogio. Predicaba varias veces al día, visitaba todas las parroquias de sus diócesis, era generoso con los pobres, denunció a los terratenientes despiadados, y procuró persuadir a su clero y a su pueblo a leer la Biblia.

PETER TOON

HOOVER, WILLIS C. (1858-1936). Iniciador del movimiento pentecostal en Chile. N. en Freeport, Illinois (EUA). Estudió medicina en la Universidad de Chicago. No feliz en esta carrera, en el año 1889 ofreció sus servicios a la misión de autosostén de Guillermo →Taylor. Fue enviado a →Chile para enseñar en un colegio en Iquique. Aprendió rápidamente el español y en 1893 dejó el colegio para dedicarse de lleno a la evangelización cooperando con los metodistas, con los cuales se afilió como misionero en 1897.

En 1902 fue trasladado a Valparaíso para pastorear la iglesia metodista más grande del país. Cuando el terremoto de 1906 destruyó el templo en Valparaíso H. supo mantener la congregación por medio de reuniones domésticas.

En 1907 su señora recibió noticias de un avivamiento del tipo pentecostal en la India, lo que le animó a H. a buscar una experiencia parecida para su grey. En los primeros meses de 1909 empezó un avivamiento pentecostal en Valparaíso. Los misioneros metodistas se opusieron al movimiento, lo cual provocó una división en las dos iglesias metodistas más grandes.

La conferencia anual de los metodistas en Chile reunida en febrero 1910, falló que "era falso, anti-metodista e irracional declarar que el bautismo del Espíritu Santo es acompañado por el don de lenguas, por visiones, milagros de sanidad u otras manifestaciones". Además obligó a H. a prometer que fuera de vacaciones a los EUA.

Con eso los ancianos de la Iglesia en Valparaíso decidieron separarse de la Misión Metodista y los esposos H. se fueron con ellos. H. fue nombrado superintendente del movimiento, el cual creció en forma fenomenal. Pero en 1932 tuvo lugar la primera división en el pentecostalismo chileno, año en que H. fue acusado de homosexualidad.

Con todo H. había inspirado una visión misionera entre los chilenos, dándoles amplia libertad para expresarse en una forma autóctona. A la vez retuvo su herencia metodista. Por tanto la gran mayoría de las iglesias pentecostales en Chile practican el bautismo de párvulos, y se gobiernan con un régimen episcopal. JUAN B.A. KESSLER

HORMISDAS (m.523). Papa desde 514. N. en Frosinone en el Latium y sucedió a Símaco como obispo de Roma en 514. La iglesia de Oriente y la de Occidente habían estado divididas desde 484 a causa del →*Henoticón*, pero H. negoció con el emperador Anastasio I en 515 la celebración de un concilio. Sus extravagantes exigencias fueron rechazadas por el emperador. En 519 nuevas negociaciones indujeron al emperador Justino I y al patriarca Juan a firmar una declaración dogmática ("Fórmula de Hormisdas"), aceptando la Definición de →Calcedonia y el Tomo de León. Los nombres de Acacio, Zenón y Anastasio fueron retirados de los "dípticos" y la autoridad de la sede romana fue enfatizada con base en Mt. 16:18. H. tuvo conversaciones con los godos arrianos sobre asuntos eclesiásticos y mantuvo buenas relaciones con Teodorico, el gobernante ostrogodo de Italia.

J.G.G. NORMAN

HORT, FENTON J.A. (1828-1892). Crítico del NT y estudioso bíblico. Con B.F. →Westcott publicó una edición del NT griego (1881) que sirvió de base para la Versión Revisada Inglesa y que estableció la pauta para casi todas las siguientes ediciones del texto griego. La introducción de H., de 57 páginas, establece los elementos básicos de la ciencia de la crítica textual que siguen siendo, en lo esencial, válidos hasta el presente. Con sus amigos Westcott y J.B. →Lightfoot hizo planes para escribir un comentario completo del NT. H. iba a ser responsable por los Evangelios Sinópticos, los Hechos, las Epístolas Católicas, y el Apocalipsis. Debido a su tendencia al perfeccionismo logró publicar muy poco, aunque en general se considera que fue el más grande de esos tres eruditos de Cambridge. Su legado escrito consta de unas pocas obras fragmentarias, la mayoría de ellas publicadas en forma póstuma; entre ellas *Two Dissertations* (sobre Juan 1:18 y sobre los Credos Orientales, ambas de 1876); *The Way, the Truth, the Life* (1893); *Judaistic Christianity* (1894); *The Christian Ecclesia* (1897); *I Peter 1:1-2:17* (1898). W. WARD GASQUE

HOSPITALARIOS. Hombres y mujeres de la Edad Media que eran encargados de los enfermos, en una situación en que tanto ellos como sus pacientes observaban votos religiosos. Hacia 800 el mundo musulmán ya tenía hospitales médicos, pero Europa occidental no los tuvo en sentido propio sino hasta 1200. Había tanto hospicios para los permanentemente pobres, dementes e incurables, como hospitales para tratamiento médico temporal. Una misma institución podía cumplir ambas funciones y a menudo los hospitales se desarrollaron a partir de los hospicios. Ciertos monasterios también se convirtieron en hospitales, en tanto que el de San Bartolomé en Londres era las dos cosas a la vez. Las Reglas, cuando se observaban, eran la agustina, benedictina, franciscana, o la de los Caballeros H. de San Juan de Jerusalén. Los obispos diocesanos ejercían cierto control y los papas concedían muchos favores: capillas, cementerios, indulgencias. Los laicos también participaban del trabajo y, aunque el dirigente era a veces un laico, más a menudo era un religioso. Los hermanos y hermanas asistentes eran en su mayoría enfermeros y en los hospitales más grandes contaban con la ayuda de clérigos de órdenes menores y sirvientes laicos.

En los ss.XI y XII hubo un gran auge de hospitales y de órdenes de enfermería: los Antoninos, la Orden del Espíritu Santo, la Orden de San Guillermo del Desierto, los Betlemitas, la Orden de Santa Catalina, y los Beguinos y Begardos. Los Caballeros de San Juan de Jerusalén, conocidos después de 1310 como Caballeros de Rodas y, desde 1530 como Caballeros de Malta, fueron h. ejemplares. Fundados antes de 1108 para cuidar a los enfermos y ayudar a los peregrinos y cruzados en Jerusalén, después de eso establecieron y administraron centenares de hospitales y hospicios en toda Europa y en el Levante, junto con sus esfuerzos militares. Habiendo conquistado Rodas en 1309, trasladaron allá su sede, enfatizando más lo militar y aumentando mucho su riqueza y poder después de suprimir a los Caballeros Templarios en 1312. En 1530 su centro se trasladó a Malta hasta 1798 y fueron restablecidos en Roma en 1834.

Los H. también servían a las comunidades de leprosos y tuvieron una gran influencia en el progreso de la medicina. La lepra apareció en Europa hacia el año 500 y alcanzó su apogeo en el s.XIII, declinando en 1350 y siendo ya muy rara en 1500. Los H. de San Lázaro que comenzaron a tratar la lepra en la Jerusalén del s.XII son solo uno de muchos ejemplos de eso. La mayoría de los hospitales medievales eran muy pequeños, con menos de 30 camas, y cada país tenía sus sanatorios grandes: Santo Spirito en Roma; el Espíritu Santo en Lübeck; San Leonardo en York. Hacia 1200 también había h. medievales trabajando a la orden de médicos profesionales formados en Salerno, Montpellier y otros lugares y muchos documentos dan testimonio de las cuidadosas normas de su enfermería. Las órdenes florecieron hasta la Edad Moderna, en que ocurrieron cambios drásticos. C.G. THORNE, Jr.

HOWARD, JOHN (1726-1790). Reformador de prisiones. N. en Hackney, Inglaterra; después de un breve período como aprendiz de pulpero recibió una modesta herencia en 1742 y viajó por Europa. Después de un viaje a Portugal su buque fue capturado por corsarios en el viaje de regreso, y él fue encarcelado en Francia. Esto puede haber puesto a trabajar su mente en la dirección de lo que había de ser la obra de toda su vida. En 1758 se estableció en Bedfordshire donde construyó casitas modelo, promovió los experimentos educativos y desarrolló la industria rural. Después de la muerte de su segunda esposa volvió a viajar por Europa, y a su regreso en 1773 fue nombrado alguacil mayor de Bedfordshire. Después dedicó su tiempo y energías y gran parte de su fortuna a reformar las condiciones de las cárceles en Inglaterra y en Europa.

Había muchos abusos: por ejemplo, en Inglaterra los carceleros recibían honorarios en vez de sueldos y esto facilitaba la extorsión y la corrupción. H. visitó todas las cárceles rurales y promovió proyectos de ley diseñados para reformar esas condiciones. Luego visitó todas las cárceles de Inglaterra y publicó su libro *State of the Prisons* (1777), que causó gran inquietud. Nuevos viajes a Europa fueron seguidos por otra acta del Parlamento en 1779. En 1782 hizo una tercera inspección general de las prisiones inglesas y luego una gira por Europa, dando especial atención a los lazaretos, particularmente en Italia y en el Cercano Oriente, que existían para el control de enfermedades infecciosas. El mismo estuvo en uno de ellos cuando en Venecia lo pusieron en cuarentena. Hizo públicas las terribles condiciones de dichas instituciones y promovió la reforma. En 1789 hizo su último viaje, que lo llevó a Prusia y a Polonia y luego a Rusia; ahí se contagió de la "fiebre de campamento" en medio de sus investigaciones, y murió. H. era un cristiano evangélico muy entregado, abstemio y vegetariano, cuya vida estuvo dedicada a la causa de la reforma de prisiones.

A. MORGAN DERHAM

HOWARD, JORGE P. (1882-1971). Pastor metodista, misionero, evangelista, escritor, educador en AL. N. en Buenos Aires, Argentina. Hijo de un ministro de la Iglesia Metodista Episcopal, a los doce años fue recibido como miembro de dicha Iglesia. Casado en 1907, tuvo tres hijos. Se educó en los EUA: en 1909 obtuvo su bachillerato en teología en el Instituto Garrett (Illinois). Fue ordenado en la Iglesia Metodista y ejerció el pastorado en los EUA, Argentina, Chile y Uruguay. Predicaba con la misma soltura tanto en inglés como en español. Sus mensajes iban dirigidos especialmente a estudiantes e intelectuales. Predicaba no solo en templos, sino también en aulas universitarias, ateneos y otros lugares públicos. Su palabra fácil iba acompañada de un fino sentido del humor.

Fue profesor de teología en Buenos Aires, secretario ejecutivo de educación cristiana, y evangelista en casi todos los países de AL. Esta actividad le puso en relación con personalidades políticas y universitarias.

Como escritor publicó obras en inglés y en español. Entre ellas: *A Spiritual Adventure in South America, We Americans: North and South, ¿Libertad Religiosa en América Latina?* (1945), *Pan y Estrellas* (1946), *Yo sé quién soy* (1948), *La otra conquista de América* (1951), *¡Quiero Vivir!* (1955), y *Afirmaciones de una fe valiente* (1962). Falleció en los EUA, ya jubilado, a la edad de 89 años. SANTE UBERTO BARBIERI

HOWE, JULIA WARD (1819-1910). Escritora y reformadora. N. en Nueva York, fue criada en la Iglesia Episcopal y recibió educación privada. Su matrimonio con Samuel G. Howe (1843), filántropo y maestro de ciegos, la colocó en compañía de prominentes intelectuales, poetas y reformadores sociales de Boston. Perteneció al Club Radical y ayudó a su marido en la edición del periódico abolicionista *The Commonwealth* (1851-53). Se hizo unitaria y a veces predicaba en púlpitos de esa tendencia. Después de la muerte de su esposo en 1876 se entregó incesantemente al servicio público, siendo líder en todas las causas y movimientos humanitarios. Abogaba por el voto femenino, la reforma de las cárceles, la paz internacional y el bienestar infantil. También escribió libros de viajes, ensayos, dramas, y poesía. Su más famosa obra poética es *"The Battle Hymn of the Republic"* (el himno "Gloria, gloria, aleluya").

ALBERT H. FREUNDT, Jr.

HROMADKA, JOSEF L. (1889-1969). Teólogo reformado checo. N. en Hodslavice, Moravia; fue educado en diversas universidades y en 1912 se hizo pastor de la Iglesia Evangélica de Hermanos Checos. De 1920 a 1939 fue profesor de teología sistemática en la Facultad Teológica Juan Hus en Praga y durante la Guerra Mundial II enseñó en el Seminario Teológico de Princeton, EUA. A su regreso a la patria en 1947 se convirtió en una figura controvertida por llamar a la reconciliación entre cristianos y comunistas. Fue uno de los fundadores del CMI y fungió en su comité central. Fue también fundador y presidente de la Conferencia Cristiana de Paz, organización que sirvió de vehículo para el diálogo entre cristianos y marxistas y para la comunicación entre los cristianos del E y del O y recibió el Premio Lenin de la Paz en 1958. A causa de su protesta contra la invasión soviética a Checoslovaquia, fue obligado a renunciar como presidente de la antedicha Conferencia en nov. de 1969 y murió seis semanas después. RICHARD V. PIERARD

HUBMAIER, BALTASAR (1480-1528). Teólogo, evangelista y escritor que contribuyó mucho al movimiento anabaptista. En 1521 llegó a Waldshut, Austria, como cura párroco. Debido a su proximidad a Zürich, el pueblo sintió fuertemente la influencia de la Reforma Suiza. Pronto H. se volvió amigo y colaborador de →Zuinglio. Pero en 1523 empezó a dudar acerca de la práctica del bautismo de niños y en 1525 llegó a Waldshut Guillermo →Reublin, predicador anabaptista. H. y la mayor parte de sus feligreses se convirtieron y se rebautizaron.

Este paso provocó la persecución de parte de Fernando, el archiduque de Austria. H. tuvo que huir. Trató de refugiarse en el Zürich protestante pero aquí fue encarcelado y bajo tortura se retractó de su anabaptismo. Por esto logró salir de Zürich. Se dirigió hacia Moravia donde gozó de una temporada de paz. Predicó y rebautizó a millares de personas.

En 1527 nuevamente fue prendido y torturado por las autoridades y encarcelado en Viena. Hubo discusiones teológicas pero las autoridades no quedaron satisfechas. Esta vez no se retractó. Por lo tanto sufrió martirio en la hoguera el 10 de marzo de 1528. Pocos días después tomaron a su esposa, ataron una piedra a su cuello y la tiraron en el Río Danubio.

H. fue uno de los teólogos anabaptistas más destacados. Sin embargo difería con la teología anabaptista corriente en algunos puntos: aprobaba la autoridad del Estado en la Iglesia (con el entendido de que el magistrado fuese cristiano) y no enseñaba el pacifismo. LAVERNE A. RUTSCHMAN

HUGO DE CLUNY (1024-1109). Abad de Cluny, descendiente de la nobleza borgoñona. Despreció la vida caballeresca por la enseñanza académica bajo el obispo Hugo de Auxerre, su tío abuelo, y entró al noviciado de Cluny cuando tenía catorce años. Un año después hizo los votos, fue ordenado al sacerdocio en 1044, asignado prior en 1048 y nombrado sucesor del abad Odilo en 1049. En el Concilio de Reims (1049) abogó elocuentemente por las reformas ante León IX. A partir de entonces gozó de la confianza de nueve papas, varios de ellos procedentes de las filas de Cluny, y les sirvió como consejero personal, emisario diplomático y ejecutor de la política vaticana. Su presencia en numerosos concilios y sínodos contribuyó a decisiones significativas: la condena de la herejía de Berengario (Letrán, 1050), decreto sobre las elecciones papales (Letrán, 1059), el poner en práctica las reformas (Aviñón y Vienne, 1060), defensa de los privilegios cluniacenses (Letrán, 1063), organización de la Primera Cruzada (Clermont, 1095).

Este hábil disciplinador gobernó →Cluny durante sesenta prósperos años. La orden fundó nuevas casas en Francia, Italia, España, Alemania e Inglaterra. Se ganaron privilegios civiles y eclesiásticos. La formidable iglesia de la abadía de Cluny fue edificada y en 1095 su altar fue consagrado personalmente por Urbano II. Se atacó el concubinato, la simonía y las investiduras. H. temía la dominación secular de la iglesia. Diplomático en sus simpatías con Gregorio VII contra el Emperador Enrique IV, sobresalió como un mediador sabio e irreprochable en una era de disputas, ganándose los elogios y amistades de dirigentes tanto civiles como eclesiásticos. Se ha perdido la mayor parte de su voluminosa correspondencia, como también su *Vida de la Santísima Virgen.* JAMES DE JONG

HUGO DE LINCOLN (1135-1200). Obispo de Lincoln, Inglaterra. N. en Borgoña y educado por los canónigos regulares de Villard-Benoit, profesó allí cuando tenía quince años y luego se hizo jefe de una de las dependencias de esa casa en Maximum. Luego se unió a la Orden →Cartuja en Chartreuse donde permaneció por 17 años. A solicitud de →Enrique II de Inglaterra, fue enviado a ese país como primer prior de la cartuja de Witham, Somerset, fundada por Enrique II como parte de la expiación por el asesinato de Becket. H. construyó la casa de Witham. Pronto impresionó a todos por su santidad e integridad personal. Se hizo buen amigo de Enrique pero se atrevió a criticar sin temor su política para con la iglesia inglesa. Enrique respetó su actitud y a pesar de las objeciones de H. lo nombró obispo de Lincoln en 1186.

H. se aplicó sin descanso al mejoramiento de la sede, que había estado vacante por 18 años. Introdujo un programa de reforma clerical y comenzó la reconstrucción de la Catedral de Lincoln, a veces acarreando él mismo cubos de piedras y mezcla. Como obispo importante también estuvo involucrado en asuntos políticos. En 1197 fue uno de los señores feudales que negaron el derecho de Ricardo I a insistir en que sus barones sirvieran personalmente en Europa. Durante el reinado de Juan Sin Tierra, H. visitó Francia de parte del rey. Fue un amado defensor de la justicia. Insistió en que Enrique II indemnizara a los expropiados para la construcción de la Cartuja de Witham y durante las persecuciones populares contra los judíos en Inglaterra hizo todo lo posible por protegerlos. Murió en Londres y fue enterrado en Lincoln. Fue canonizado en 1220. L. FEEHAN

HUGO DE SAN VICTOR (c.1096-1141). Exegeta y teólogo, descendiente de las cortes de Blankenburg en Sajonia. Pronto se unió a los canónigos agustinos regulares en Hamersleven y finalmente, hacia 1115, se estableció en el nuevo monasterio de San Víctor en París. Los datos que existen sobre estos años son conflictivos debido a la falta de información; sus propias palabras son: "Desde mi infancia he sido un exiliado". Desde 1120 hasta su muerte fue el maestro principal en la escuela de San Víctor, donde fue prior de la abadía por un tiempo después de 1133. Erudito reconocido, se interesó en la función del *trivium* y el *quadrivium,* las distinciones entre la razón natural y la fe divina y los objetos de cada una, la naturaleza de la filosofía, la clasificación científica, la importancia de la interpretación literal de la Biblia y las reglas para la exégesis.

Como filósofo puro su aporte fue limitado. Su fuerte era la exégesis y además de exponer las Escrituras fue un estudioso de la ciencia de la interpretación, como se ve en sus apuntes sobre los primeros libros del AT. Llegó a ser un teólogo (cp. su *Summa sententiarum* y su *De sacramentis christianae fidei*). Era dado al estudio de los Padres y se le llamó "el segundo Agustín".

Con la creencia de que el pecado original es una corrupción contraída de nacimiento, su sistema teológico comienza con Adán y pasa por el Adviento y la consumación final, definiendo la fe como "una certeza sobre las cosas ausentes, por encima de la opinión y por debajo de la ciencia". Mucho debió a sus contemporáneos; Anselmo de Canterbury, Anselmo de Laón, y Guillermo de Champeaux. H., un místico, escribió sobre la unión mística y creía que conforme el alma asciende a Dios adquiere el don de sabiduría o contemplación que el pecado original había borrado; distinguía claramente entre la contemplación y la visión beatífica. Son muchos sus escritos sobre estos temas. C.G. THORNE, Jr.

HUGONOTES. Apodo de los calvinistas franceses (el origen del vocablo es incierto; tal vez sea una corrupción del alemán *Eidgenossen,* "confederados"). Bajo Francisco I (m.1547), la persecución de los protestantes fue esporádica; su hermana, Margarita, hizo de Navarra un centro de humanistas con pensamiento reformado. Hacia 1540 el calvinismo se difundió rápidamente en Francia, provocando una creciente represión. Bajo el reinado de Enrique II (1547-59) se establecieron cortes especiales para procesar a los herejes, que a menudo eran quemados en la hoguera. Al multiplicarse los mártires se extendió también el calvinismo, con la ayuda de masivos esfuerzos misioneros procedentes de Ginebra. Clanes nobles de gran poder adoptaron la nueva fe, notablemente los Borbones, dirigidos por Antonio de Navarra. Un sínodo nacional se celebró en 1559. Con la muerte de Enrique, la situación política comenzó a desintegrarse rápidamente. La familia principesca de los guisas, católicos militantes, se oponía a cualquier tolerancia de los herejes. Un intento hugonote extremista por secuestrar al nuevo rey (el débil Francisco II) fracasó; un coloquio católico-calvinista en Poissy (1560) no logró nada; los intentos de arreglo, que proponían una tolerancia limitada, produjeron una protesta de los católicos militantes, cuyo clímax fue una marcha de los guisas sobre París (1562).

Estalló la guerra civil, que había de durar toda una generación. Eran tres los partidos principales: los h., los católicos militantes, y los *politiques,* que querían ante todo la restauración del orden. Las diferencias religiosas estaban mezcladas con las ambiciones políticas. Tanto los h. como los católicos militantes demostraron estar preparados a la intriga para ganarse el apoyo extranjero. Las guerras estuvieron marcadas por los asesinatos políticos e incluso por "ejecuciones" masivas (la masacre de la →Noche de San Bartolomé, 1572, que fue un intento de extirpar la dirigencia hugonota).

Los teóricos políticos h. desarrollaron justificaciones para la revolución contra los tiranos (p.e. *Vindiciae contra tyrannos,* 1579). Dada la sabiduría convencional de la época —a saber, que un estado no podía sobrevivir si sus ciudadanos estaban divididos en materia de ideología (religión)— la situación parecía insoluble. Las guerras terminaron de un modo irónico: el asesinato de Enrique III (por un católico fanático) hizo quedar a Enrique de Navarra, líder hugonote, como heredero al trono. Para ganarlo, se hizo católico ("París bien vale una misa"). Pronto hizo terminar la guerra civil y en 1598 emitió el →Edicto de Nantes, en que concedía a los h. plena tolerancia, derechos civiles y el derecho a tener sus propias ciudades fortificadas. En cierta medida, pues, los h. quedaron como un estado dentro de otro estado.

Durante el reinado de →Enrique IV (1598-1610) los h. se sintieron seguros. Después de su asesinato, la posición de ellos fue empeorando lentamente. Las revueltas h. militantes (1615, 1625) condujeron simplemente a la pérdida de las ciudades fortificadas. Si bien estaban lo suficientemente atrincherados bajo el reinado de Luis XIII (1610-43) como para enfrascarse en controversias internas sobre los intentos de Amiraldo de Saumur de suavizar la idea ortodoxa de la predestinación, los días de los h. estaban contados. Luis XIV (r. 1643-1715) estaba decidido a hacer de Francia la mayor potencia de Europa, y esto implicaba jefear un estado comprometido a una sola religión. Se instituyeron medidas represivas (p.e. las *dragonnades*, o acuartelamiento de soldados en las familias h.), vino luego la persecución y en 1685 se revocó el Edicto de Nantes. Ahora el calvinismo era ilegal. Centenares de miles de h. abandonaron en éxodo masivo las tierras del "Rey Sol".

Los que quedaron, en su mayoría los pobres, fueron sentenciados a las galeras, a la horca y a otros castigos. Los campesinos calvinistas de Cevennes se levantaron en una revuelta desesperada (1702); aunque los →"camisards" fueron gradualmente aniquilados, al tiempo de la muerte de Luis en 1715 ya se había organizado una iglesia clandestina, dirigida por Antoine →Court y luego por Paul →Rabaut. A fines del s.XVIII, con la difusión de las ideas de la →Ilustración (Voltaire, etc.), la persecución por razones religiosas llegó a parecer cada vez más anticuada, y hacia 1787 el remanente h. ganó derechos civiles limitados.

La Revolución Francesa trajo plena tolerancia y derechos civiles. El régimen napoleónico reconoció al calvinismo como religión establecida, junto con otras, al costo de cierto grado de regulación estatal. Esto continuó en la época post-revolucionaria. Los h., aunque eran una pequeña minoría, dieron origen a muchas figuras notorias (p.e. el líder político Guizot). Al amainar las tormentas revolucionarias, nuevas influencias afectaron a los calvinistas: la alta crítica y el "modernismo", por un lado, y por otro el "Despertar" (→*Réveil*), que era un retorno pietista conservador a la ortodoxia tradicional. Hacia 1848, un grupo conservador dirigido por Adolphe Monod se separó; otro cisma conservador le siguió en 1872, a pesar de los esfuerzos del anciano Guizot por reconciliar a los evangélicos con los modernistas.

Hacia 1905 el liberalismo anticlerical puso fin a todos los lazos entre el estado y los grupos religiosos. Entre los calvinistas, el resultado fue cuatro grupos separados. Después de la Guerra Mundial I empezaron a cooperar entre sí cada vez más y hacia 1938 la mayoría de los calvinistas se unieron para formar la Iglesia Reformada de Francia.

DIRK JELLEMA

HUGONOTES EN LAS AMERICAS. Debido a la terrible persecución que sufrían, los h. buscaban refugio en otras tierras. Muchos miraban al Nuevo Mundo.

El primer lugar a donde miraron en las Américas fue →Brasil. En medio de la cruenta persecución que sufrían en el reinado de Enrique II (1547-59), un Nicolás Durand de Villegagnon propuso al almirante →Coligny el establecimiento de una colonia en Brasil, que podría servir de refugio para sus correligionarios sufrientes.

En noviembre de 1555, pues, llegaron a la Bahía de Río de Janeiro dos barcos de colonos franceses. En 1557 llegó otro barco y entre los nuevos colonos había 14 de Ginebra de los cuales dos eran pastores. El 21 de marzo de 1557 se celebró la Santa Cena con la liturgia reformada, seguramente el primer servicio protestante de comunión en el hemisferio occidental.

Sucede que entre los colonos también había personas catolicorromanas. Villegagnon al principio se mostraba favorable a los hugonotes pero más tarde se volvió enemigo de ellos y regresó a Francia. Otro colono los traicionó; llegaron los portugueses y acabaron con la colonia indefensa (1567).

En 1562 otro grupo de h., capitaneado por Jean Ribault y auspiciado por Coligny, zarpó para las Américas y arribó en la desembocadura del río St. Johns por la costa norte de la Florida. Pero sucede que los españoles reclamaban a Florida como su tierra y por tanto →Felipe II mandó una expedición grande, bajo Pedro Menéndez de Avila para eliminar a los intrusos. Menéndez acabó con la colonia masacrando a casi todos los colonos, alegando que lo hizo "no por ser franceses sino por ser luteranos".

Con el →Edicto de Nantes (1598) parecía que había llegado la libertad para los h. y que no habría necesidad de huir del país. Pero pronto después se empezó a poner restricciones a esta libertad hasta que en 1685 el Edicto fue revocado, lo cual hizo que los h. tuvieran que escoger entre negar su fe, sufrir martirio o salir de Francia. Centenares de millares (quizás más de un millón) decidieron por salir. Muchos de estos se dirigieron a las colonias norteamericanas. Al fin del s.XVII había hugonotes en Massachusetts, New York, Pennsylvania, Maryland, Virginia y sobre todo en las Carolinas. En 1692 casi la tercera parte de la asamblea popular de las Carolinas se componía de h.

Entre los piratas que fastidiaron la navegación española había algunos que eran protestantes franceses. Algunos fueron apresados y procesados por la →Inquisición.

Hay otro rastro de los h. en las Américas poco conocido. A la costa caribeña (San Blas) de →Panamá llegaron algunos (quizás piratas naufragados), se quedaron y se casaron con indias Cuna que allí vivían. Por alguna razón (no sabemos por qué o cómo) fueron matados pero no sin antes hacer impresión en la tribu. Según el antropólogo sueco, Erland Nordenskjöld, la moral severa y puritana que caracteriza y distingue a los indios Cuna se debe atribuir a la presencia pasajera de estos h. WILTON M. NELSON

HUMANISMO RELIGIOSO. Puede decirse que el →Renacimiento es la fuente del h. r., por lo menos en tiempos modernos. En sus primeras etapas se expresó en el despertar de la erudición "humana", el renacimiento de lo clásico, por contraste con la erudición "sagrada" de la Edad Media. Esto a su vez implicaba tanto el renacimiento de las lenguas clásicas (lo cual de paso benefició los estudios bíblicos) y el desarrollo de una perspectiva histórica, hecha necesaria por el rechazo del medievalismo. En sus etapas posteriores, el h. r. se mostró en el repudio del agustinianismo de los Reformadores por Erasmo y luego por Arminio. Así que como "movimiento", si se le puede llamar así, abarcó partes de la ICR (en individuos como Colet, Moro, Erasmo) y el protestantismo (Arminio, Socino, Locke) así como a pensadores independientes como Spinoza. Los moderados en la Iglesia de Escocia y la escuela de la *"Broad Church"* en el anglicanismo, así como ciertos temas del pietismo alemán y de la filosofía de Kant, puede decirse que portaron muchos de los énfasis del h. r. hacia los ss.XVIII y XIX.

Estos énfasis eran: (1) una confianza en la naturaleza humana, asociada a la creencia en el poder de la educación. Esto se expresaba en modo característico en el repudio de la enseñanza agustiniana (y bíblica) sobre la esclavitud de la voluntad (cp. el debate entre Erasmo y Lutero) y en una religiosidad antropocéntrica. Esta confianza en la naturaleza humana fue moderada por el escepticismo, particularmente en asuntos teológicos; (2) una creencia en la tolerancia, debida menos a la convicción sobre los derechos humanos fundamentales que a un indiferentismo y escepticismo teológico, combinada con la creencia de que lo que había de bueno en el cristianismo no era sino una reedición de la antigua sabiduría o, más tarde, un replanteamiento de la "religión natural". Aunque algunos individuos como Colet y Moro eran sinceros en su religión, para muchos humanistas religiosos la iglesia se trataba de una manera completamente secular, o se pensaba que tenía simplemente una función "civil" que cumplir. PAUL HELM

HUME, DAVID (1711-1776). Filósofo, historiador y letrado escocés. Su programa filosófico, esbozado por primera vez en *A Treatise of Human Nature* (1739-40), implicaba la aplicación del método científico newtoniano a la naturaleza humana. Los datos últimos de la investigación son las "impresiones", aquellas sensaciones directamente presentadas a la mente de la cual las "ideas" son copia. El filósofo debe descubrir de qué impresión o impresiones se derivan las ideas. Esto equivale, en esencia, a una aplicación temprana, en lenguaje psicológico, del principio de verificación de los positivistas lógicos. Los análisis que hace H. de la memoria, la identidad personal y (lo que fue más famoso y exitoso) la causación, son intentos de llevar a cabo este programa. En la moral, H. argumentaba que los juicios morales son producto de la pasión, no de la razón.

En religión, H. es sobre todo notable por sus ataques escépticos contra los milagros y contra el argumento a partir del designio divino. Los milagros se niegan sobre bases *a posteriori;* siempre es más razonable rechazar el testimonio de alguien sobre un milagro, que aceptarlo. Esta idea tiene sus implicaciones para la historiografía. Su ataque contra el argumento a partir del designio implicaba el mostrar la ambigüedad de la evidencia. H. era escéptico en cuanto a los asertos y teorías metafísicas, en la religión y en otros campos, aunque no en cuanto a las "creencias naturales" que los hombres tienen, p.e., en relación con el mundo externo. Planteó muchos de los problemas que hoy discuten los filósofos analíticos. Su obra sobre religión puede considerarse como uno de los más fundamentales ataques contra la teología natural que se han hecho en los últimos tiempos.

PAUL HELM

HUMILLADOS. Orden de penitentes, fundada probablemente por Johannes Oldratus (m.1159), que fue suprimida en parte en el s.XVI. Siguiendo la Regla de San Benito, cuidaban a los pobres y mortificaban sus cuerpos. La orden tenía tres tipos de miembros: los que vivían ascéticamente en sus propios hogares, las monjas, y los monjes. A fines de la Edad Media se deterioraron su disciplina y devoción y cuando Carlos →Borromeo, que había tratado de reformar la orden, fue asaltado en 1571 por uno de los monjes, el papa suprimió sus monasterios pero permitió que las Monjas Humilladas continuaran.

PETER TOON

HUNGRIA. En los últimos años del s.IX los paganos magiares hicieron sus primeros asentamientos permanentes en Hungría. Usando como base su nuevo hogar, incursionaron en muchas partes de Europa occidental. En 955 Otón I, emperador del Santo Imperio Romano, ganó una gran victoria sobre ellos en Unstrut. Esta victoria detuvo los avances de los magiares y su conversión al cristianismo vino después de esta gran derrota. Tuvo lugar a fines del s.X con Esteban (→ESTEBAN DE HUNGRIA), que predicó a sus súbditos instándolos a aceptar el cristianismo. Del Papa Silvestre II, Esteban recibió la corona real y el título de rey de Hungría. Cuando Esteban murió en 1038, sobrevino una gran reacción contra el cristianismo. Sin embargo, ya avanzado el s.XI, poderosos monarcas volvieron a dar su apoyo a la Iglesia Cristiana, y el cristianismo formó un baluarte en H. La situación volvió a cambiar cuando la caída de Constantinopla ante los turcos en 1453 abrió el camino para que éstos conquistaran H. El cristianismo enfrentó crecientes dificultades y perdió su posición privilegiada.

En la segunda mitad del s.XVI el protestantismo entró al país. Había sido presagiado ya por el movimiento husita del s.XV y la resultante traducción de la Biblia a la lengua húngara. El luteranismo hizo grandes avances en H. después de 1525 y muchos estudiantes húngaros fueron a Wittenberg para su formación teológica. El calvinismo tuvo luego su impacto, particularmente entre los magiares, en tanto que el luteranismo apelaba más a los pueblos germánicos y eslavos del reino. Por otra parte las clases altas, particularmente la aristocracia terrateniente, permanecieron leales a la ICR, y las actividades de los jesuitas también ayudaron a que el protestantismo siguiera siendo una minoría en H. De hecho, no fue sino hasta 1787 que los protestantes húngaros lograron un decreto de libertad, cuando el Edicto de Habsburgo de ese año aflojó o eliminó por completo las anteriores restricciones. A partir de entonces se dio a los protestantes los mismos derechos cívicos que a los católicos.

Durante el s.XIX, los protestantes de H. sintieron los efectos de los movimientos evangélicos que habían tenido tanta influencia en Gran Bretaña, Suiza y EUA. Con la restauración de la monarquía en 1920 después de un breve período de control comunista, la situación religiosa del s.XIX se restauró; pero en 1944 se creó un régimen nazi que produjo serias dificultades tanto a protestantes como a católicos. Cuando los nazis cedieron el paso a los comunistas después de la Guerra Mundial II, la situación se puso aun peor y todas las ramas de la Iglesia Cristiana han sufrido gravemente desde 1949.

C. GREGG SINGER

HUS, JUAN (1373-1415). Reformador checo. N. de padres pobres en Husinec en el sur de Bohemia y asumió el nombre de su lugar de origen. Su madre tenía muchos deseos de que su hijo fuera sacerdote y Juan, como a los trece años de edad, entró en la escuela primaria en la cercana Prachatice. En 1390 se matriculó en la universidad de Praga y cuatro años después recibió su grado de bachiller, ocupando el sexto lugar en un grupo de 22. Al continuar para obtener la maestría en 1396, comenzó a enseñar en la facultad de artes.

En 1402, después de recibir la ordenación sacerdotal, fue nombrado rector y predicador de la Capilla de Belén, centro de la predicación checa en el espíritu del anterior movimiento reformista checo. Se convirtió así en su más notable expositor popular. Sin embargo continuó con su actividad en la facultad de artes y se matriculó en la de teología para obtener el doctorado. Cuando las obras teológicas de John →Wiclef llegaron a Praga hacia 1401, H. se familiarizó con ellas; antes de eso no conocía de Wiclef sino su realismo filosófico, con el cual concordaba. En 1403 un catedrático universitario alemán, Johann Hübner, seleccionó 45 tesis de los escritos de Wiclef y logró que la universidad las condenara como heréticas, pues allí los alemanes, en su mayoría nominalistas, tenían tres votos en contra del único voto checo. Esto causó una ruptura entre los profesores alemanes y los checos, porque estos últimos generalmente defendían a Wiclef. H., sin embargo, no compartía las radicales ideas teológicas de Wiclef, tales como la remanencia, si bien algunos miembros de su grupo sí las compartían.

El nuevo arzobispo, el joven noble Zbynek Zajíc de Hasmburk, sabía muy poca teología. Para fortuna de H. y del partido de reforma, el arzobispo favorecía sus reformas eclesiásticas. Esta actitud benévola duró cinco años, durante los cuales el partido de reforma cobró fuerza. Finalmente en 1408 los oponentes de la reforma, en su mayoría del alto clero, se ganaron al arzobispo. La ruptura final vino en 1409 en torno a la caída del Papa Gregorio XII y la elección de Alejandro V en el Concilio de Pisa. El rey Wenceslao y los catedráticos checos, entre ellos H., se pusieron del lado de Alejandro, en tanto que Zbynek y los profesores alemanes permanecieron fieles a Gregorio. Cuando el rey forzó al arzobispo a reconocer al nuevo papa, Zbynek logró que Alejandro prohibiera la predicación en las capillas, entre ellas la de Belén. H. rehusó obedecer y fue excomulgado por Zbynek, y entonces el caso fue llevado a la curia romana. H. fue citado para comparecer en Roma, pero mandó procuradores en su lugar. Entonces fue excomulgado por el Cardenal de Colonna por contumacia. El rey, airado por la oposición de los profesores alemanes a su política eclesiástica, cambió los estatutos de la universidad privando a los alemanes de sus tres votos y concediéndoselos a los checos. Los alemanes se fueron en grupo, y H. fue elegido rector de la universidad, ahora completamente checa.

Pero un conflicto aun mayor surgió en 1411, cuando el Papa Juan XXIII emitió su bula para una "cruzada" contra el rey Ladislao de Nápoles. Poco después, designó una comisión para la venta de indulgencias. H. denunció vehementemente este "tráfico con lo sagrado" como herejía. El populacho de Praga se levantó en un motín y quemó un simulacro de la bula papal. Durante el levantamiento tres jóvenes fueron decapitados por oponerse a la venta de indulgencias. El proceso contra H. en la Curia se renovó en 1412, y fue declarado bajo excomunión mayor por el Cardenal Pedro degli Stephaneschi. Praga fue puesta en entredicho a causa de la presencia de H.; entonces él se fue al exilio.

H. halló refugio sobre todo en el sur de Bohemia y durante los dos años siguientes se enfrascó en una polémica literaria con sus adversarios, particularmente Estanislao de Znojmo y Esteban Pálec. También predicó ampliamente. Entre las más importantes obras en checo que escribió estaban las *Exposiciones de la fe, del Decálogo, y del Padrenuestro,* así como *Postil.* En 1414 aceptó la invitación del importante noble checo, Enrique Lefl de Lanzany, chambelán del rey Wenceslao, para ir a su castillo de Krakovec.

A causa del →Cisma de Occidente, agravado en el →Concilio de Pisa por la división del Occidente entre tres papas, se decidió celebrar aun otro concilio para zanjar finalmente la controversia. El emperador →Segismundo era el promotor principal, aunque Juan XXIII cooperó de mala gana. El concilio había de celebrarse en →Constanza el 1o. de nov. de 1414. Segismundo invitó a H. a asistir y le prometió un salvoconducto para el viaje de ida y vuelta, aun cuando no se levantaron los cargos que había contra él. Después de mucha vacilación y, a instancias incluso del rey Wenceslao, H. consintió en ir. Se fue de Krakovec el 11 de oct. y llegó a Constanza el 3 de nov. Al principio se le dejó tranquilo; pero en menos de un mes se le hizo entrar con engaños en la residencia papal y fue encerrado en un calabozo en el monasterio dominico. Se nombró entonces una junta de jueces y se le sujetó a lo que equivalía a una continuación del anterior proceso por herejía. Los jueces se esforzaron por hacerlo aparecer como adherente del wiclefismo; pero cuando él rechazó con éxito la mayoría de los cargos, Pálec extrajo 42 artículos de la principal obra de H., *De ecclesia.* Cuando el canciller parisién, Jean Gerson, llegó al concilio, trajo consigo veinte cargos más de herejía y error.

Cuando el Papa Juan, que presidía el concilio, se halló en peligro de perder su posibilidad de ser confirmado en el cargo papal, huyó de Constanza el 21 de marzo de 1415. Sin embargo, fue arrestado y traído de nuevo como prisionero. Por fin fue condenado y depuesto sobre la base de 54 cargos. Entretanto, el concilio se reorganizó. H., que había sido trasladado al castillo de Gottlieben, estaba siendo juzgado ahora por una nueva comisión, cuyo jefe era el Cardenal Pedro →d'Ailly. Por fin se le permitió una audiencia pública ante el concilio el 5, 7 y 8 de junio, pero no se le dejó presentar y defender sus propias ideas, sino solo responder a cargos falsamente formulados contra él por sus enemigos o atestiguados por falsos testigos. Por último d'Ailly exigió que H. abjurara de los artículos que se le imputaban. En vano protestó H. que abjurar de lo que no creía sería perjurar. Estaba dispuesto a abjurar si se le demostraba con la Escritura que su enseñanza era falsa. Esto no lo aceptó el concilio. Aun así, habría preferido lograr la retractación de H. Se le dio una fórmula final que resultó asimismo inaceptable, puesto que todavía tendría él que aceptar haber enseñado herejía y error.

La última sesión se celebró el 6 de jul. en la catedral, en presencia de la congregación general del concilio. Se leyeron los últimos 30 artículos, ninguno de los cuales enunciaba correctamente la doctrina de H. Puesto que todavía rehusó él retractarse arguyendo que se le atribuían ideas que no tenía, se le declaró hereje obstinado, discípulo de Wiclef; fue depuesto y degradado del sacerdocio, y entregado al poder secular para la ejecución. Fue quemado en la hoguera el mismo día en las afueras de la ciudad.

MATTHEW SPINKA

HUT, HANS (?-1527). Predicador y teólogo anabaptista alemán. Sus viajes por Alemania y Austria como vendedor de libros lo expusieron a las ideas de la Reforma. Al principio simpatizaba con Lutero, pero después de conocer a Tomás →Münzer se convirtió al →anabaptismo del tipo →quiliasta. Fue rebautizado en mayo de 1526 y llegó a ser evangelista ferviente, ganando miles de adeptos. Predicaba en cualquier lugar, empezando su mensaje con las palabras de Mr. 16:15,16. También anunciaba que pronto Europa sería destruida por los turcos, instrumento de Dios para juicio. Fue apresado en Augsburgo en agosto de 1527 y torturado pero murió accidentalmente en su celda. Su cuerpo fue consignado a las llamas.

Discrepaba teológicamente con los hermanos anabaptistas suizos en tres puntos: hacía mucho énfasis en la escatología, hasta fijar fecha para la venida de Cristo; conceptuaba el sufrimiento como instrumento de la redención; y era más radical en su insistencia en la comunidad de bienes como signo de la hermandad cristiana.

LAVERNE A. RUTSCHMAN

HUTTEN, ULRICH VON (1488-1523). Reformador alemán. N. en Steckelberg. En 1499 fue ubicado en un monasterio con miras a una vocación religiosa, pero se escapó en 1505 y anduvo errante de universidad en universidad, estudiando los clásicos y los escritos humanistas. En 1515 atacó fuertemente al Duque Ulrico de Württemberg que había asesinado al jefe de su familia, Hans von Hutten y en 1517 se estableció permanentemente en Alemania al servicio del arzobispo-elector de Maguncia. Habiendo sido hasta entonces un erudito humanista, de pronto fue absorbido por el entusiasmo de la Reforma y la de liberación de Alemania del control papal. Sus amargos e irónicos ataques contra el papado condujeron a que se emitiera de Roma una orden de arresto en 1520 y a que se le despidiera del servicio del elector. Huyó primero al castillo de Franz von Sickingen, pero luego fue forzado a pasar a Schettstadt, Basilea, y Mühlhausen, ciudades todas que rehusaron recibirlo. En 1522, afligido por enfermedad y pobreza, se acercó a →Zuinglio, que le aseguró amparo en una isla hasta su muerte.

H. es una figura enigmática cuya influencia precisa en el curso de la Reforma ha sido calientemente debatida por los historiadores. Es innegable que intentó la emancipación política de Alemania más que su renovación espiritual, defendiendo lo que suele llamarse "Reforma caballeresca", e.d., una alianza entre la nobleza alemana y las ciudades libres en contra de los príncipes, un ideal imposible que abortó ya en 1520. Pero no careció de espiritualidad y derivó de Lutero no solo la inspiración para dirigirse al público alemán en su lengua materna, sino también aquellos sentimientos evangélicos que caracterizan sus últimas obras.

IAN SELLERS

HUTTERITAS. Secta →anabaptista. Surgen por primera vez en Moravia en 1529; reorganizados por Jacob Hutter en 1533, lograron, a pesar del martirio de su líder en 1536, desarrollar sus ideas distintivas, en particular su pacifismo y su comunismo cristiano, en la relativa paz y seguridad de Moravia. De hecho, hasta 1599, gozaron de su "edad de oro" y se extendieron a Eslovaquia estableciendo como cien *bruderhofs,* o colonias agrícolas, con cerca de 25.000 miembros en total. La Contrarreforma por fin los alcanzó en la persona del cardenal perseguidor Franz von Dietrichstein, y su derrota fue consumada por la victoria católica en la batalla de la Montaña Blanca (1620).

Habiendo perdido Moravia, se retiraron a Eslovaquia y Transilvania, donde, a pesar de las invasiones turcas y del hostigamiento de los jesuitas, se mantuvieron por 150 años, produciendo una rica literatura devocional que es todavía la base de su culto y testimonio. Renovadas y viciosas persecuciones cayeron sobre ellos durante el reinado de María Teresa (1740-80), pero en 1767 los restos de la secta, ahora confinada a Transilvania, cruzaron las montañas hacia Valaquia y en 1770 se trasladaron de nuevo a Ucrania. En Rusia florecieron bajo líderes como Johannes Waldner (1794-1824), pero la introducción de la conscripción militar en 1870 los determinó a emigrar a los EUA, donde se establecieron principalmente en Dakota del Sur. Algunos emigraron otra vez, ahora a Canadá, en 1917, cuando su pacifismo se volvió impopular. Ahora suman cerca de 7.500 en los EUA, aun practican la comunidad de bienes, aprenden alemán, aprecian sus antiguos manuscritos y mantienen la hostilidad contra la mayoría de las formas de la cultura moderna.

IAN SELLERS

I

IBAS (m.457). Obispo de Edesa desde 435, se le conoce sobre todo por la carta que en 433 envió al obispo Mari de Persia. Esta revela que tenía una posición de mediador entre el nestorianismo y las ideas de Cirilo de Alejandría. También ayudó a traducir al siríaco los escritos de Teodoro de Mopsuestia, el teólogo antioqueno. Debido a su supuesto nestorianismo, fue depuesto en 449 por el "Sínodo del latrocinio" de →Efeso. Dos años después su ortodoxia fue vindicada por el Concilio de →Calcedonia. Su epístola a Mari fue condenada por el Emperador Justiniano y el Quinto Concilio (Constantinopla, 553) (→TRES CAPITULOS). Solo nos ha llegado una traducción griega de su carta; sus demás escritos se han perdido. PETER TOON

ICONO (gr. *eikon* = "imagen"). Tradicionalmente muy populares en el culto público y privado de los miembros de las Iglesias Ortodoxas (p.e. en Grecia y Rusia), los i. son imágenes planas de Cristo, la Virgen María, o un santo. Habitualmente se trata de cuadros de madera pintados al óleo; algunos tienen decoraciones especiales y algunos están hechos de marfil o en mosaico. Su uso puede remontarse al s.V; durante y después de la controversia →iconoclasta de los ss.VIII y IX se intensificó mucho. A los i. se les da plena veneración: genuflexiones, incienso, etc. Se cree que son un canal por medio del cual viene a los fieles la bendición o curación divina; para los que los usan, esta idea queda confirmada por las narraciones de milagros atribuidos a ellos, p.e. el de la →*Theotokos* en el monasterio de los abramitas en Constantinopla. Los i. nunca han tenido uso amplio en la Iglesia Occidental, pero hay uno muy famoso: el de Nuestra Señora del Perpetuo Socorro en Roma. PETER TOON

ICONOCLASTIA, CONTROVERSIA DE LA (gr. *eikonoklastes* = "quiebraimágenes"). La disputa que implicó a la iglesia y al estado sobre la presencia de pinturas, mosaicos y estatuas en las iglesias, en el período de 717 a 843. Aunque algunos concilios antiguos (p.e. el de →Elvira) habían prohibido las pinturas en los templos, su uso se extendió entre 400 y 600. Se aseguraba que los cuadros de los mártires enseñarían a los iletrados a seguir su buen ejemplo. Sin embargo la veneración de los cuadros tuvo sus opositores, como →Epifanio.

En 717 →León III el Isáurico subió al trono bizantino y en 725 legisló contra el culto a las imágenes. Sus motivaciones no están claras, pero posiblemente fue influido por su conocimiento de la oposición de los musulmanes a las imágenes y por un deseo de asumir mayor control sobre la iglesia. En Roma →Gregorio II condenó dicha legislación como herética y su sucesor, Gregorio III, convocó un concilio de 95 obispos en 731 para confirmar esa posición. También →Juan de Damasco escribió contra la iconoclastia. Esta acción no detuvo a León ni a su sucesor Constantino V en su cruzada contra las imágenes. En 753 Constantino convocó un concilio que había de reunirse en Hieria, cerca de Calcedonia; su resultado fue una completa condenación de las imágenes por los 338 obispos presentes. Los iconódulos ("veneradores de imágenes") fueron acusados de circunscribir la divinidad de Cristo y de confundir sus dos naturalezas al venerar representaciones suyas.

Sin embargo, el Concilio Ecuménico VII de Nicea (787), guiado por la emperatriz Irene y el patriarca Tarasio (ambos iconódulos), invirtió las decisiones de Hieria. Se justificaron los iconos con referencia a la tradición de la iglesia mediante citas de los Padres.

Cuando León el Armenio quedó de emperador en 813, aunque se le oponía el patriarca →Nicéforo, regresó a la política de León III y, en una asamblea de obispos en Santa Sofía en 815, hizo restaurar los decretos de Hieria. Sus sucesores, Miguel y Teófilo, siguieron con la política de la iconoclastia, pero después de la muerte de Teófilo, su viuda Teodora restauró el uso de los iconos. Hizo que se instituyera una "fiesta de la ortodoxia" el primer domingo de Cuaresma en 843 y dispuso el regreso de los iconódulos exiliados. Esto señaló el fin del apoyo imperial a la iconoclastia.

Los escritos y archivos de los concilios iconoclastas fueron destruidos, por lo cual nuestro conocimiento de ellos se deriva de lo que dijeron sus opositores. La significación teológica de la controversia fue triple: ocasionó un desarrollo del pensamiento sobre el uso de los iconos y de la teología sacramental; enfatizó la importancia de la tradición de la iglesia y (en Occidente) fortaleció al papado. La iconoclastia ha reaparecido con frecuencia en la historia europea; →Carlstadt, colega de Lutero, fue un ferviente iconoclasta. PETER TOON

IGLESIA. Con respecto a la concepción de la i. y la constitución y orden de la misma en el *primer siglo,* diversos problemas han sido investigados y debatidos durante el siglo pasado y el presente. Podemos resumir el estado actual de los estudios en los siguientes puntos: (a) hubo diversos tipos de organización eclesiástica, orientación teológica y culto, distinguiéndose principalmente la i. "sirio-palestina" de la i. "helenística"; (b) la i. está marcada por una fuerte conciencia escatológica, concibiéndose a sí misma como 'la congregación mesiánica de los últimos días', con la misión del anuncio y la manifestación de las señales del reino venidero; (c) la relación entre i. universal y local no corresponde a ninguno de nuestros esquemas actuales, pues las i. locales se conciben como una y la misma i. en todas partes, pero enteramente presente en cada localidad y con una gran autonomía; (d) parece haber una clara evolución hacia una definición teológica y organización eclesiástica más estricta hacia el final del siglo, que ha sido llamada "catolicismo temprano" (p.e., las Epístolas Pastorales).

En la *iglesia antigua* advertimos una corriente oriental (→Ignacio, →Ireneo, →Orígenes y la teología griega en general) en que la i. es concebida como la manifestación terrenal de una realidad celestial, una parte de la humanidad habitada (y en alguna medida divinizada) por el Espíritu Santo. Esta idea mística de la i. como una "continuación de la encarnación" ha persistido en la teología ortodoxa (resultando también en una fuerte insistencia en la *koinonía* = "comunión"), la unidad litúrgica y eucarística y la noción rusa de *Sobornost.* La otra corriente es la occidental (→CIPRIANO) que subraya el elemento jurídico e institucional y que culminará en las definiciones católicas canónicas de la Edad Media. En las relaciones con el estado, en tanto que la concepción oriental mística corrió el riesgo de una dominación de la i. por el estado (→CESAROPAPISMO), la occidental institucional tendió hacia la absorción del poder temporal por parte de la i. En →Agustín hallamos una combinación de concepciones místicas y jurídicas, que ha dado origen a la diversidad de interpretaciones.

La *iglesia medieval* occidental desarrolla la línea institucional, centralizada en el creciente poder papal, cuya manifestación culminante se halla en →Gregorio VII e →Inocencio III y la bula "Unam Sanctam" (1302) que identifica totalmente el Cuerpo Místico de Cristo con la institución jerárquica-sacramental. Los canonistas de los ss.XIV y XV desarrollaron esta concepción hasta identificar prácticamente la i. (fuera de la cual no hay salvación) con la institución gobernada por el papa. Es la concepción que triunfa en Trento y que se expresa en la eclesiología jurídico-institucional (que algunos teólogos católicos han apodado de "jerarcología") de los teólogos de la contrarreforma, como →Cano y →Belarmino.

Se advierte, sin embargo, en la i. medieval una corriente franciscana que relativiza lo institucional en relación con lo escatológico y que, en el movimiento conciliarista (→Pisa, Constanza, Basilea), se opone a la centralización papal. En esta dirección nace la teología de la →*Reforma Protestante.* Tanto Lutero como Calvino centran la eclesiología en la salvación por la gracia mediante la fe y ven en la (recta) predicación de la Palabra y administración del sacramento las señales de la verdadera i. Esta i. "de la fe" no puede identificarse totalmente con ninguna institución humana y es conocida solo por Dios. (En Calvino, es el "conjunto de los electos".) En tanto la Reforma Luterana dejó en parte en manos del estado (los príncipes) la organización externa de las i., la calvinista insistió en la disciplina eclesiástica, extendiendo a veces a la sociedad civil el control religioso. La tercera corriente de la Reforma, llamada a veces 'radical' o 'anabautista' retoma una concepción fuertemente escatológica en que la congregación cristiana es una señal anticipada del reino, formada por 'discípulos' enteramente comprometidos, con un fuerte sentido de disciplina (habitualmente basada en "el Sermón del Monte") y participación comunitaria. La relación entre la reforma calvinista y la anabautista ha plasmado en buena parte la eclesiología del protestantismo anglosajón y la tradición de "iglesias libres" con respecto al estado.

En tanto que en el período *posterior a la Reforma,* caracterizado por la polémica intraprotestante y frente al catolicismo romano, se subrayó la "ortodoxia doctrinal", interpretando la fe en su dimensión objetiva como "recta doctrina", en el pietismo se subraya el elemento subjetivo, la fe como 'experiencia'. Es ésta la línea que domina la teología moderna, a partir de Schleiermacher, donde la i. es concebida como la comunión de quienes participan de una experiencia religiosa (definida en las diferentes corrientes en sentido más místico o más ético). Al mismo tiempo, las tendencias individualistas de la cultura moderna hacen que se base la i. cada vez más en la conciencia religiosa individual más bien que a la inversa, como ocurre en la tradición bíblica y del cristianismo primitivo.

En los ss.XIX y XX se han desarrollado diversas formas de ecumenismo frente al carácter mundial de los acontecimientos, que ha hecho que los enfoques confesionales (en materia misionera, o social o institucional), ligados a menudo a contextos geográficos e históricos limitados (básicamente en el hemisferio norte) pierdan pertinencia. Se desarrollan así corrientes teológicas y concepciones de la misión de la i. (con énfasis evangelísticos, carismáticos, sociales, etc.) que atraviesan las líneas confesionales, incluso, a partir del Concilio Vaticano II, en relación con la ICR. En esta última, dicho Concilio representó la valoración de la participación laica, la relativa autonomía regional y local y el carácter comunitario. El crecimiento de →"comunidades de base", especialmente en AL, es un hecho eclesiológico fundamental, que señala una concepción de la i. como comunidad de fe y responsabilidad social, integrando las dimensiones eucarísticas, litúrgicas y doctrinales (estudio bíblico) con la praxis social de transformación. El desarrollo de esta conciencia eclesial comunitaria y su relación con la institución eclesiástica es, en AL, el hecho y el problema central con respecto a la concepción y forma de la i.

JOSE MIGUEZ BONINO

IGLESIA CATOLICA APOSTOLICA. Durante las primeras décadas del s.XIX había una creciente falta de satisfacción con el mensaje simplificado del inicial movimiento evangélico inglés. La búsqueda de una fe más experimental y una más plena exégesis bíblica llevó a mayor énfasis sobre la obra del Espíritu Santo, la eclesiología y la profecía. Estas materias fueron de gran interés para eclesiásticos tan ortodoxos como Haldane Stewart, Hugh MacNeil y William Marsh, quienes juntamente con Edward →Irving y muchos otros concurrieron a invitación de Henry Drummond a las Conferencias de Estudio Bíblico en Asbury Park, Surrey, en 1826. La ICA surgió porque bajo la influencia de Irving muchos de los que concurrieron a estas reuniones llegaron a creer que los dones especiales de la iglesia apostólica eran una capacitación permanente de la iglesia solo restringida por la infidelidad de sus miembros en épocas posteriores.

En 1830 Mary Campbell (posteriormente Mrs. Caird), de Fernicarry en la parroquia de J.M. Campbell en Row, y James y Margaret Macdonald de Port Glasgow, hablaron en lenguas y experimentaron sanidad milagrosa. Entre los amigos de Drummond hubo gran interés y en 1831 dones similares aparecieron en la congregación de Irving en Regent Square, Londres. La iglesia que Irving fundó en Newman Street, después de haber sido repudiado por el presbiterio de Londres, se volvió un centro de "expectación milenarista", aunque su propia influencia en la comunidad declinó al afirmar él que sus expresiones en la congregación eran la voz autorizada del Espíritu Santo.

La convicción de que el Día del Señor estaba cerca determinó la estructura de la nueva comunidad. En 1832, bajo dirección profética, fueron reconocidos doce apóstoles para los últimos días (incluso Drummond, pero no Irving). Se esperaba que éstos, junto con los doce originales, ocuparían los 24 tronos de Ap. 4. La misión de los "Apóstoles Restaurados" era advertir a la iglesia la inminente segunda venida y sanar sus cismas. En 1836 su testimonio fue presentado ante el rey Guillermo IV y la jerarquía anglicana y en 1838 los apóstoles y sus ayudantes entregaron advertencias similares en diferentes regiones de la cristiandad de ultramar.

En vista de la apatía casi total, la comunidad elaboró un ritual detallado que incluía la presencia real, la reserva perpetua, agua bendita, etc., junto con el sacramento distintivo del "sello" por el cual uno se agregaba al número de los 144.000 de Ap. 7, que escaparían de la "Gran Tribulación".

El movimiento se extendió tanto por el continente como en Inglaterra. Los adeptos no se retiraban de sus iglesias, por lo menos en teoría, ya que se consideraban una orden dentro de la Iglesia Universal. Cuando morían los nuevos "apóstoles", los adeptos procuraron racionalizarlo. Actualmente el movimiento es casi inexistente. (Los 144.000 testigos ya han sido sellados.)

Hay una notable semejanza entre los católicos apostólicos y los "tractarianos" (→OXFORD MOVEMENT). No solo había un abandono común de la tradicional austeridad protestante en favor del ritualismo y de una plena eclesiología, sino también había una respuesta al énfasis experimental e intuitivo del movimiento romántico (cp. las relaciones de Irving con Coleridge). Otra semejanza era su despreocupación por la reforma social.

TIMOTHY C.F. STUNT

IGLESIA CATOLICA LIBERAL. Agrupación cuyo origen puede datarse en 1918 cuando apareció en Londres como una síntesis de la teosofía y de las doctrinas y prácticas de los →veterocatólicos. Cuatro miembros de la Sociedad Teosófica Inglesa fueron ordenados (1913-14) sacerdotes de la minúscula Iglesia Veterocatólica Británica. Un vacante en el episcopado veterocatólico condujo al reconocimiento de J.I. Wedgwood como obispo (1916), el cual a su vez ordenó a C.W. Leadbeater (principal teósofo de Londres desde 1895) como obispo de la Iglesia Veterocatólica de Australasia. Wedgwood y Leadbeater compilaron una nueva liturgia y dieron a la agrupación el nuevo nombre de ICL (1918), para distinguirlo del veterocatolicismo. Una rama estadounidense, iniciada en 1917, estableció su sede en Los Angeles, California, y construyó una procatedral (1924). Esta iglesia no tiene una doctrina firme, porque cree que hay "muchos caminos hacia la verdad". En vez de eso enfatiza la liturgia (por la cual se experimenta al "Cristo viviente"), la →teosofía, y la reencarnación. Mantiene una jerarquía de obispos regionales, elegidos por un sínodo episcopal general, con un obispo presidente. Sus miembros sumaban 10.000 en 1964, entre ellos 2.500 en EUA. Su sede está en Londres.

C.T. McINTIRE

IGLESIA CELTICA. Iglesia que existía en partes de las Islas Británicas antes de la misión de →Agustín (597) y que mantuvo su independencia durante algún tiempo en competencia con la iglesia anglo-romana. Poco se conoce en cuanto a la introducción del cristianismo en Gran Bretaña, pero ya en el s.IV estaba lo suficientemente organizado como para enviar representantes al Sínodo de →Arlés (314) y al Concilio de Armifrum (359). La herejía pelagiana se extendió en la I.C. y Germán de Auxerre visitó Inglaterra para tratar de combatirla (429). El monaquismo llegó a los celtas a través de la Galia, dando así mayores ejemplos de contactos de la iglesia con el continente europeo.

Esto fue cambiado por las invasiones sajonas de aproximadamente el año 450 que aislaron a la iglesia británica de la vida continental y resultaron en la eliminación del cristianismo en Inglaterra. Solamente sobrevivió en zonas remotas de las Islas Británicas. Cuando la misión de Agustín estableció contactos con Roma, los cristianos celtas discutían con los romanos sobre asuntos tales como el cálculo de la fecha de la Pascua y las variedades de tonsura. Estas diferencias fueron aclaradas en el Sínodo de Whitby (663/4) que resultó en una victoria para las prácticas romanas.

La I.C. bajo la dirección de →Niniano (c.400) y →Patricio (c.440-61) ponía al monasterio bajo el abad, más bien que bajo la diócesis del obispo. Cada monasterio servía a una sola tribu. El abad era el dirigente tribal, y el obispo era un subordinado oficial en el monasterio, y sus deberes eran totalmente espirituales. Los dirigentes y héroes de este movimiento igualaron los extremos ascéticos de los fundadores del monaquismo. Un típico acto de automortificación incluía el estar por prolongados períodos sumergido hasta la cabeza en un arroyo helado. Otra característica de la vida monástica celta era su énfasis en la obra misionera. Se creía que el más alto servicio prestado a Cristo era el exilio vitalicio para evangelizar tierras extranjeras. Así los celtas enviaron hombres como →Columbano (585-615), que predicaron en Francia, Suiza y N de Italia. Los celtas también alentaron la erudición y tuvieron una rica tradición artística, especialmente en escultura y coloreado de manuscritos.

ROBERT G. CLOUSE

IGLESIA CONFESANTE. La Iglesia Confesante de Alemania se desarrolló partiendo de movimientos tales como la Liga de Emergencia de Pastores de Martín →Niemöller y los sínodos confesantes libres. Estas organizaciones trataban de oponerse a la teología de los →"cristianos alemanes" y de la iglesia de Ludwig Müller sostenido por los nazis y elegido como *Reichsbischof* en 1933. La base teológica de la I.C. fue establecida en la Declaración del Sínodo de →Barmen (29-30 de mayo de 1934) el cual, junto con el Sínodo de Dahlem (oct. de 1934), fijó dirección para la I.C. a través de "Concilios de Hermanos" y de una "Administración Provisional de la Iglesia".

La existencia y la tenacidad de la I.C. ayudaron a desacreditar al régimen de Müller dado que, pese a las medidas coercitivas, fue incapaz de lograr la dócil unidad que buscaba Hitler en las iglesias. Sin embargo, desde un principio la I.C. sufrió diferencias internas que casi la anularon. Sus iglesias miembros poseían una posición legal muy variada. En las iglesias "destruidas" (e.d., donde el gobierno eclesiástico había caído en poder de los cristianos alemanes, por ejemplo en la Unión de la Antigua Prusia, Hesse, Nassau, Sajonia) los Concilios de Hermanos trataban de ejercer un gobierno de emergencia totalmente independiente; en las iglesias "intactas", (p.e., Baviera, Württemberg, Hanover, Baden) trabajaban con los dirigentes existentes. Allí, como en otras partes, sin embargo, se desarrollaron graves tensiones entre las alas luterana y reformada de la I.C. Mucho del apoyo que ésta recibió procedía de la tradición del avivamiento confesional del s.XIX que se había preocupado por la preservación de la doctrina pura tal como era definida por las declaraciones confesionales históricas de las iglesias. No obstante, entre los teólogos de la I.C. que seguían la línea de Barth y Bonhoeffer, un nuevo concepto de confesión destacaba el *acto* de confesar a Cristo en quien la iglesia es experimentada siempre de nuevo como la iglesia de Cristo.

En dic. de 1935 la Administración Provisional bajo el obispo Marahrens, de Hanover, decidió cooperar con el Ministro de Asuntos Eclesiásticos, H. Kerrl, y con su Comisión Nacional bajo W. Zölmer. Esta decisión significaba que la I.C. no había podido hacer valer su demanda legal en cuanto a constituir la verdadera Iglesia Evangélica. Tal decisión fue enfrentada por Martín Niemöller, que se mantuvo firme en la línea Barmen-Dahlem afirmando que la I.C. no era un movimiento dentro de la iglesia sino la verdadera iglesia misma. La división se hizo notoria en el Sínodo de Bad Oeynhausen (feb. de 1936); la I.C. perdió las iglesias conducidas episcopalmente ("intactas"). Fueron nombradas nuevas autoridades provisionales. Muchos fueron persuadidos a cooperar con los comités de la iglesia de Zöllner pues les parecía ser la única forma de ejercer un ministerio efectivo. Hostigada por la Gestapo y dependiente económicamente de congregaciones con problemas financieros, la I.C. vivió precariamente los años anteriores a la guerra y durante ésta fue incapaz de desempeñar un papel importante en los asuntos públicos.

La I.C. nunca fue una protesta política contra el nazismo, aunque su mera existencia puso en aprietos al régimen. Su testimonio en cuanto al señorío de Cristo sobre el mundo desafió en principio al totalitarismo de Hitler. El grupo dirigido por Niemöller, al cual pertenecía →Bonhöffer, era especialmente sensible a la responsabilidad política, aunque frecuentemente resultó inhibido debido al conservadurismo y al nacionalismo propios y no actuó en abierta oposición. Solamente en pocas ocasiones la I.C. trató en realidad de criticar al gobierno por su procedimiento en general, más bien que por atacar los derechos de la iglesia. Además su ineptitud política y el poder de la policía estatal impidieron que su predicación tuviera efecto significativo. Después de la Guerra Mundial II las estructuras de la I.C. se fusionaron en una re-constituida Iglesia Evangélica Alemana. Sus tradiciones se han mantenido vivas en la iglesia tanto por movimientos radicales como conservadores. HADDON WILLMER

IGLESIA COPTA →COPTA, IGLESIA

IGLESIA DE INGLATERRA →ANGLICANA, IGLESIA

IGLESIA DE LA INDIA DEL SUR →INDIA DEL SUR, IGLESIA DE

IGLESIA DEL NAZARENO. Denominación internacional resultante en gran medida de la fusión de unos quince grupos religiosos que surgieron del movimiento de santidad wesleyano del s.XIX y cuya organización, dentro de EUA se efectuó en Pilot Point, Texas, en 1908. Originalmente se llamó (en 1907) Iglesia Pentecostal del Nazareno. El término "pentecostal" fue abandonado en 1919 debido a que sugería el "hablar en lenguas", práctica con la que no estaban de acuerdo los miembros.

La I. del N. comenzó en las islas británicas en 1906 por el ministerio en Glasgow,

Escocia, de George Sharpe, natural de Lanarkshire, quien había sido profundamente influido por el movimiento de santidad cuando estuvo en EUA. Originalmente llamada Iglesia Pentecostal de Escocia, se unió con la I. del N. en EUA en 1914 para dar nacimiento a la visión de una comunión internacional de santidad. Por 1933 se habían fundado congregaciones por todos los EUA mediante un programa de extensión, y en los siguientes treinta años se fundaron en todo el mundo 2.812 iglesias. En donde el metodismo había florecido en EUA en el s.XIX, floreció la I. del N. en el XX. Un vigoroso programa misionero abarcaba 42 campos de ultramar. La I. del N. da gran énfasis a la educación cristiana en las iglesias locales, tiene una editorial, un seminario teológico, varios colegios teológicos, unos cuantos colegios de humanidades, y numerosos hospitales y escuelas en sus campos misioneros.

La I. del N. combina la autonomía congregacional con la superintendencia en un sistema representativo. Su cuerpo gobernante es la asamblea de la iglesia que se reúne cada cuatro años en EUA. Por su gran énfasis en la plena santificación por obra de la gracia luego de la conversión, se mantiene firmemente dentro de la tradición wesleyana. Pone énfasis en pagar el diezmo y sus miembros se rigen por un *Manual de Reglas Generales* que los obliga a renunciar al alcohol, el tabaco, el teatro, el cine, el baile, el circo, la lotería y los juegos de azar. A los miembros también se les pide abstenerse de "profanar el Día del Señor, ya sea por trabajo o negocios innecesarios o... por la lectura de periódicos dominicales o diversiones".

JAMES TAYLOR

IGLESIA DEL NAZARENO EN AMERICA LATINA. La I. del N. inició su obra en AL en →Guatemala. En 1901 Juan T. Butler estableció una misión en El Rancho, pueblo ubicado a 100 km al N de la capital. Pero fue Cobán, cabecera del departamento de Alta Verapaz, que llegó a ser el centro de la obra nazarena. Pronto se extendió a la costa del Atlántico, donde en el pueblo de Livingstone se organizó la primera congregación permanente, compuesta de negros de habla inglesa.

Desde Cobán la obra se extendió a toda la República. El desarrollo más grande ha sido entre el pueblo indígena. Porciones de las Escrituras han sido traducidas a algunos de sus dialectos.

Posteriormente la obra se extendió a otros países centroamericanos: Belice (1930), Nicaragua (1944), El Salvador (1958), Costa Rica (1963) y Honduras (1971).

La obra nazarena se inició en →México con la llegada en 1903 del misionero Samuel Stafford a Tonalá, Chiapas. Poco después fue organizada otra iglesia en la cercana Arriaga. En 1907 el testimonio nazareno fue llevado a la capital por Carlos Miller. Pero pronto después (1910) estalló la Revolución y los extranjeros se vieron obligados a abandonar el país. Un médico convertido, V.G. Santín, tomó las riendas de la obra y la I. del N. empezó a adquirir carácter autónomo. Desde 1912 no ha habido misioneros extranjeros excepto en calidad de consejeros o estudiantes. No obstante la Iglesia en 1978 tenía 18.000 miembros repartidos en siete distritos.

La obra nazarena en SA empezó en el →Perú cuando en 1917 fue incorporada en la I. del N. la misión independiente que Roger Winans había fundado en 1914 en el puerto Pacasmayo. Pronto la obra se extendió a otras ciudades de la costa, como Chiclayo y Piura, y penetró en la Sierra a lugares como Santa Cruz, Chota y San Miguel. Los Winans también iniciaron una obra notable entre los indios Aguaruna, habitantes de los cerros al lado del Río Marañón. La obra en el norte creció gracias a los esfuerzos de pioneros nacionales como Espiridión Julca y Baltazar Rubio. Andando el tiempo los nazarenos se extendieron hacia el sur levantando iglesias en Lima y otras ciudades meridionales. Actualmente la I. del N. en el Perú se divide en tres distritos, siendo autónomo el del Norte.

En 1909 llegó a Buenos Aires Francisco Ferguson con su esposa y establecieron una misión independiente. En 1919 vinieron a la misma ciudad Carlos Miller y su esposa, misioneros nazarenos que antes habían trabajado en México. Los Ferguson decidieron unirse a la I. del N. y de esta manera se inició la obra nazarena en Argentina. De aquí se extendió a Uruguay en 1947 y a Paraguay en 1972.

Desde la Guerra Mundial II en adelante la obra en AL ha crecido notablemente, de tal manera que en 1978 la I. del N. se hallaba en todos los países centro y sudamericanos menos Venezuela. En el Caribe se hallaba en Cuba, Puerto Rico, la República Dominicana y Haití. En toda AL contaba con 32 distritos, 775 iglesias y una membresía de 77.923 y una comunidad de *ca.* 800.000 personas.

En el ramo de educación teológica la I. del N. cuenta con dos seminarios: uno en San José, Costa Rica, y otro en San Antonio, Texas, y doce institutos bíblicos ubicados en diferentes partes del continente. Tiene un centro de publicaciones en Kansas City, EUA, que es uno de los más destacados en la publicación de literatura evangélica en español y el número uno en la producción de obras sobre la teología wesleyana.

H.T. REZA
W. HOWARD CONRAD

IGLESIA DE UNIFICACION. Secta que tiene como propósito reemplazar a todas las Iglesias actuales y unificar a los cristianos antes de la "segunda venida". Su fundador es Sun Myung Moon que n. en Corea c.1920 en un hogar presbiteriano pero como joven asistía a una iglesia pentecostal. Alega que en 1936 tuvo una visión en que Jesús le mandó que completara la tarea inconclusa de la salvación de los hombres. Empezó a formular su teología la cual básicamente se halla en su libro *Principio Divino*, escrito en la década de 1950.

Según Moon, Cristo fue impedido en su intento de ser el Mesías, creador de la "familia perfecta", porque fue crucificado. Por lo tanto tiene que venir otro Mesías. Este, según *Principio Divino*, debía nacer en Corea (la cual será el sitio de la "Nueva Israel"), un poco después de la Guerra Mundial I (1914-18). Moon nunca dice públicamente que él es este Mesías pero, de acuerdo con lo dicho en su libro y con lo que dice a sus seguidores, él se considera como tal.

Uno de los aspectos más raros de su teología es la enseñanza de que Jesús, para poder crear la "familia perfecta", debiera haberse casado, pero sufrió la crucifixión antes de encontrar a su esposa. Por otro lado, uno de los teólogos de Moon declara que en 1960 se celebraron las "bodas de Cordero", profetizadas en Ap. 19, inaugurando la nueva edad. Sucede que en aquel año Moon se casó con la que es su esposa actual. Todos sus seguidores consideran a los Moon como sus verdaderos padres y viven en comunas bien disciplinadas y sujetas a ellos. Tienen que negar a sus familias y viejos amigos y someterse incondicionalmente a los Moon. Así, pues, ha nacido la "familia perfecta".

Por extraña que parezca su doctrina, Moon tiene muchos seguidores. En 1976 reclamaba tener a 300.000 en Corea, 200.000 en el Japón y 30.000 en EUA. En este último país actualmente está haciendo esfuerzos especiales y con algún éxito.

¿Cómo se explica el éxito de esta secta? Moon mismo es un personaje sagaz y "carismático" con poderes demagógicos. Es inmensamente rico. Presenta un programa atractivo para jóvenes en una edad confusa, y ha logrado convencer a muchos mediante un "lavado de cerebro" *sui géneris*. Engaña al público disimulando su verdadera doctrina y ostentando alta moralidad y altruismo, y atacando al comunismo. Defendía el régimen opresor del presidente Park de Corea. (Algunos creen que goza del respaldo de la policía secreta de Corea.)

Para el verdadero creyente en Cristo, sea evangélico o católico, Moon es nada menos que uno de los falsos cristos profetizados en las Escrituras (Mt. 24:24).

WILTON M. NELSON

IGLESIA ELECTRONICA →MINISTERIOS ELECTRONICOS

IGLESIA EPISCOPAL PROTESTANTE DE EUA. Los primeros servicios anglicanos en las costas norteamericanas se efectuaron durante la expedición de Martin Frobisher a la Bahía de Hudson en 1578, cuando el capellán Wolfall predicó y administró el sacramento. En junio de 1579, durante el viaje de Sir Francis Drake a lo largo de la costa occidental, se celebró un servicio similar cerca de San Francisco, en el cual ofició el capellán de Drake, Francis Fletcher. Pero diversos intentos por establecer colonias en territorio de Norteamérica durante este período, fracasaron. En 1607 un puñado de colonos logró establecerse en Jamestown, Virginia. Allí edificaron la primera iglesia anglicana de Norteamérica, y su capellán, Robert Hunt, celebró cultos con regularidad. Por 1624 el anglicanismo estaba firmemente establecido en Virginia.

El clero y las parroquias coloniales estaban bajo la jurisdicción del obispo de Londres. En Norteamérica hubo una prolongada y a veces feroz oposición al nombramiento de obispos (aunque por lo general no al Libro de Oración y su forma de culto) por parte de los no anglicanos y también de algunos anglicanos, particularmente en el S. Muchos de los primitivos colonos habían huído de Inglaterra para escapar a la intolerancia de Laud y al poder combinado de iglesia y estado, y para conquistar para sí libertad e independencia, tanto eclesiástica como civil, en el Nuevo Mundo. Temían que el nombramiento de obispos significaría extender a través del Atlántico la prelacía y la imposición real de las cuales habían huído. De ahí la inflexible insistencia norteamericana hasta el día de hoy, en la absoluta separación entre iglesia y estado. Por esta causa, el anglicanismo sufrió grandemente durante la Revolución Norteamericana. Muchos ministros tomaron partido por los ingleses.

El 14 de nov. de 1784 Samuel →Seabury fue consagrado como primer obispo de la I.E.P. de Connecticut y Rhode Island, por obispos de la Iglesia Episcopal de Escocia. Una convención general celebrada en Filadelfia en 1789 redactó una constitución y cánones, así como un Libro de Oración revisado, para la Iglesia. La elección de sus obispos y el gobierno de la iglesia estaban organizados en régimen democrático. El más alto concilio de la Iglesia es su convención general que se reúne ordinariamente cada tres años y su funcionario superior es el obispo presidente, electo por la convención general. La iglesia cuenta con 3 1/2 millones de miembros (personas bautizadas), más de 2 1/4 millones de las cuales son comulgantes. Hay unos 11.000 clérigos.

La aprobación por la convención general de la ordenación de mujeres en 1977 provocó el nacimiento de la cismática Iglesia Anglicana en Norteamérica, en medio de considerable controversia.

PHILIP EDGCUMBE HUGHES

IGLESIA EVANGELICA ("HERMANOS ALBRIGHT"). Denominación protestante norteamericana fundada por Jacobo →Albright (1759-1808), fabricante de tejas y granjero de Pennsylvania. Tras su conversión al cristianismo evangélico en 1791, Albright, aunque criado como luterano, se relacionó con una "clase" de la Iglesia Metodista Episcopal y fue licenciado como predicador laico. En 1796 emprendió una misión de predicación en alemán a través del E de Pennsylvania. Aunque tanto él como sus seguidores tenían buenas relaciones con los metodistas de habla inglesa, dirigidos por Francis →Asbury, la barrera del idioma hizo necesario que los de la I.E. crearan su propia organización independiente.

Destacando una relación personal y experimental con Dios, la I.E. tuvo su primer concilio en 1803. La primera conferencia anual para predicadores se celebró en 1807, y en 1809 se adoptó un libro de *Disciplina*. En 1816, ocho años después de la muerte de su fundador, la primera conferencia general de la "gente de Albright" designó a su nueva denominación con el nombre de Asociación Evangélica. En 1891 unas controversias condujeron a un cisma y al nacimiento de la Iglesia Evangélica Unida (1894). En 1922 las dos agrupaciones se reunificaron en la I.E. Negociaciones con otra denominación wesleyana de trasfondo predominantemente alemán, la de los →Hermanos Unidos en Cristo, llevaron en 1946 a crear la Iglesia Evangélica de los Hermanos Unidos. En 1968 esta agrupación se fusionó con la Iglesia Metodista para formar la Iglesia Metodista Unida, sanando así la división causada por la antigua barrera del idioma y reunificando en un solo cuerpo la iglesia de Francis Asbury y la iglesia de Jacob Albright.

DAVID C. STEINMETZ

IGLESIA EVANGELICA DE LOS HERMANOS UNIDOS. Denominación protestante formada en 1946 mediante la unión de otras dos: los →Hermanos Unidos en Cristo y la →Iglesia Evangélica. Ambas habían sido establecidas por inmigrantes alemanes en Pennsylvania y Maryland como resultado del segundo →Gran Despertamiento y tenían raíces en el →pietismo evangélico alemán. Sostenían una teología arminiana y se gobernaban por un sistema episcopal semejante al de los →metodistas. Solo el uso del idioma alemán impedía su unión con la Iglesia Metodista en el s.XIX. Desaparecido este impedimento, en 1968 se efectuó la unión y se formó la Iglesia Metodista Unida.

HARRY SKILTON

IGLESIA EVANGELICA DEL PACTO. Denominación evangélica que nació en →Suecia y se extendió a los EUA. Tuvo su origen en el movimiento →pietista iniciado por un predicador laico, Karl O. Rosenius (1816-68), pero con raíces en los movimientos →moravo y →metodista. Los pietistas celebraban cultos aparte de la Iglesia de Suecia (luterana) para la edificación espiritual en vista del estado decaído de la Iglesia oficial. Se organizaban en congregaciones y a veces construían "casas de oración" pero sin separarse canónicamente de la Iglesia del Estado.

Al morir Rosenius tomó su lugar Pablo P. →Waldenström, clérigo de la Iglesia de Suecia y miembro del parlamento pero a la vez cristiano pietista. Bajo la dirección de Waldenström en 1878 los grupos se organizaron en el *Svenska Missionsförbundet* ("Pacto Misionero Sueco") con el fin de promover las misiones, además de la piedad. En 1914 el P. ya tenía unas 1500 "casas de oración" con 100.000 miembros.

A fines del s.XIX muchos suecos emigraban a los EUA. Entre ellos había un número grande de pietistas y muchos se convertían al pietismo en el Nuevo Mundo. De modo que en 1885 se formó el 'Pacto Misionero Sueco de América". En los EUA el P. llegó a ser una denominación distinta de la Iglesia Luterana. En 1957 su nombre fue cambiado en "Iglesia Evangélica del Pacto". En 1978 tenía una membresía de 76.239 y realizaba obra misionera en Taiwán, Japón, Tailandia, Zaire, Alaska, Ecuador, México y Colombia.

De acuerdo con su genio pietista, la I.E.P. no tiene credo teológico. Su énfasis ha sido en la piedad y la obra misionera. Sin embargo sostiene las siguientes "afirmaciones": La centralidad de las Escrituras, la necesidad del nuevo nacimiento, la Iglesia como una compañía de los creyentes, el ministerio del Espíritu Santo y la realidad de la libertad en Cristo. WILTON M. NELSON

IGLESIA EVANGELICA DEL PACTO EN AMERICA LATINA. El primer paso hacia el establecimiento de obra en AL por la I.E.P. fue dado en 1946 cuando Levi Hagberg y señora empezaron a evangelizar a los obreros mejicanos emigrantes en el extremo SE de Texas. La obra pronto se extendió al sur del Río Bravo, a Reynosa, y andando el tiempo hasta Oaxaca. En 1976 la I.E.P. tenía 50 congregaciones organizadas con unos 1000 miembros. En 1955 estableció un Instituto Bíblico en Reynosa.

En 1947 la I.E.P. entró en →Ecuador. En 1975 tenía 24 iglesias organizadas, ubicadas principalmente en el norte del país, con una membresía de 825 y comunidad de 2.115. Ha levantado un colegio secundario y una escuela primaria en Quito y otra primaria en Ibarra, con un total de más de 1.300 alumnos (1976). La I.E.P. en Ecuador prepara sus obreros mediante un programa de educación teológica por extensión.

En 1967 se resolvió comenzar obra en el país vecino de →Colombia. Se inició en 1968 con la llegada de Wayne Weld, misionero anteriormente en Ecuador, para formar parte de la Facultad del Seminario Bíblico Unido en Medellín, institución fundada por la →Misión Interamericana. Llegaron otros misioneros y en 1972 fue organizada la primera I.E.P. en Colombia, en Villa Hermosa, barrio de Medellín. WILTON M. NELSON

IGLESIA EVANGELICA GRIEGA. Esta institución ha sido desde el principio un movimiento nacional. Su primer dirigente, Miguel Kalopothakes, oriundo de Areópolis, cerca de Esparta, había recibido la influencia de misioneros protestantes por haber asistido a una escuela misionera dirigida por dos misioneros de la Iglesia Presbiteriana del Sur en los EUA. Mientras era estudiante en Atenas asistía a las reuniones de Jonas King, pero los misioneros no tenían intenciones de establecer una iglesia protestante en Grecia, y solo la fuerte oposición obligó a Kalopothakes y a otros griegos a organizar una iglesia evangélica. Después de graduarse en medicina Kalopothakes estudió en el Union Theological Seminary de Nueva York, y en 1858 organizó la primera iglesia evangélica de Atenas, abrió la primera escuela dominical, y en 1871 erigió el primer edificio evangélico al pie de la Acrópolis. Llegó a ser el primer agente de la Sociedad Bíblica Británica y Extranjera, y editor del periódico semanal *Astir tis Anatolis* que la iglesia publica todavía como revista mensual. En cosa de pocos años, varias iglesias se organizaron en otras partes del país.

Paralelamente a este movimiento hubo un esfuerzo evangélico semejante entre los griegos de Asia Menor, Turquía, donde se organizaron varias iglesias. Cuando en 1922-23, como resultado de la guerra, los griegos tuvieron que evacuar el Asia Menor, los evangélicos de Turquía fueron a Grecia como refugiados, se unieron a la iglesia local, y formaron también nuevas congregaciones en distintos lugares.

Hoy día, bajo la autoridad del sínodo general, hay cerca de 30 congregaciones con 12.000 miembros. Existen 17 pastores ordenados y algunos obreros laicos. Hay un orfanato evangélico en Katerini, Macedonia; una escuela bíblica; dos campamentos de verano para los niños de la iglesia (en el Atica y en Macedonia), y un campamento familiar en Tracia. MICHAEL KYRIAKAKIS

IGLESIA EVANGELICA LIBRE DE AMERICA. Esta agrupación se desarrolló a partir del movimiento pietista del s.XVII en Escandinavia y éste fue llevado a los EUA por inmigrantes desde 1870 hasta 1914. Las iglesias del medio oeste del país se unificaron formando la Iglesia Evangélica Libre (congregacionalista) y las iglesias del este hicieron lo mismo para formar en 1891 la Asociación del Este para el compañerismo y la ayuda mutua. Las dos agrupaciones noruegas y danesas se fusionaron en 1909 formando la Iglesia Evangélica Libre. La Iglesia Evangélica Libre Sueca, organizada en Boone, Iowa, en 1884, se fusionó con la agrupación noruego-danesa en Medicine Lake, Minnesota, en enero de 1950 para formar la Iglesia Evangélica Libre de América. El Trinity College y el Seminario Trinity, situados en Deerfield, Illinois, son sus mayores centros educativos. También realiza un amplio programa misionero. En 1979 contaba con 100.000 miembros en 621 iglesias. EARLE E. CAIRNS

IGLESIA EVANGELICA PERUANA→PERU

IGLESIA ESPAÑOLA REFORMADA EPISCOPAL, LA. Establecida en 1880 bajo la inspiración y el liderato de Juan Bautista →Cabrera (que fue su primer obispo), estuvo originalmente constituida por congregaciones de Sevilla, Málaga y Madrid, que se reunieron en sínodo, en la capital española. Representaban la tendencia episcopal que se hizo presente en el sínodo de 1871, cuando se creó la Iglesia Cristiana Española.

La I.E.R.E. mantuvo desde sus comienzos estrechas relaciones con la Iglesia de Irlanda, a la que solicitó la intercomunión y la consagración de Cabrera al episcopado (consagración que se realizó en 1894, no sin fuerte oposición tanto en Inglaterra como en Irlanda). Cabrera ejerció su episcopado hasta 1916, cuando falleció.

Mantiene relaciones fraternales con la Iglesia de Inglaterra, con la →Iglesia Episcopal de los EUA, con la Iglesia Lusitana, con las Iglesias →Veterocatólicas y con otras anglicanas y episcopales. Con muchas de ellas ha firmado acuerdos de mutua comunión, en las que se establece "que cada Iglesia reconoce la catolicidad e independencia de la otra; que cada Iglesia acuerda admitir a los miembros de la otra a participar de los sacramentos; que la plena comunión no requiere de una u otra parte la aceptación de toda la devoción sacramental, opinión doctrinal o prácticas litúrgicas características de cada una, sino que implica que cada una de las Iglesias cree que la otra mantiene todo lo esencial de la fe cristiana". Conserva el triple orden (episcopado; presbiterado; diaconado) y acepta los cuatro puntos del llamado Cuadrilátero de Chicago →Lambeth.

La liturgia de la I.E.R.E. (basada en la liturgia anglicana) contiene elementos →mozárabes, sobre todo en el "Oficio de la Santa Comunión". Un ejemplo típico de este último es el Padrenuestro dialogado.

Sus artículos doctrinales son los de la Iglesia de Inglaterra (con excepción de lo que se refiere a la monarquía británica). En la Conferencia de Lambeth de 1978 fue recibida, junto con la Iglesia Lusitana, como miembro de pleno derecho en la comunión anglicana.

RAMON TAIBO

IGLESIA EVANGELICA Y REFORMADA. Denominación formada en 1934 mediante la unión orgánica de la →Iglesia Reformada en EUA (de origen alemán) y el Sínodo Evangélico de Norteamérica. La primera se formó a principios del s.XVIII cuando llegaron a Pennsylvania muchos alemanes calvinistas. Por su parte, el Sínodo Evangélico fue formado por inmigrantes alemanes que procedían de regiones de Alemania donde las Iglesias Luteranas y Reformada ya se habían unido.

Dada la afinidad étnica y doctrinal de las Iglesias originales, se unieron para formar una denominación de 631.371 miembros, la mayoría de ascendencia alemana (y otros de origen suizo y húngaro). La nueva Iglesia adoptó como normas doctrinales la Confesión de →Ausburgo, el Catecismo de →Heidelberg y el Catecismo Menor de Lutero. En los aspectos en que había discrepancia entre las tres normas, había libertad de interpretación, siempre que se aceptara una de ellas.

La I.E.R. se preocupó por la obra social. En los EUA sostenía hospitales, hogares para niños, hogares para retardados mentales e instituciones educativas (incluídas universidades y facultades de teología). Llevó a cabo obra misionera en Ghana, China, India, Irak, Japón, Honduras y Ecuador. En 1958 el Sínodo E. y R. de →Honduras, con sede en San Pedro Sula, se organizó como iglesia nacional independiente. En →Ecuador, la I.E.R. colaboró en la fundación de la Misión Unida Andina Indígena (1946), de la cual surgió la Iglesia Evangélica Unida de Ecuador, con sede en Quito.

Por su propia herencia teológica, la I.E.R. se preocupó por las relaciones ecuménicas y la unión de las iglesias. En 1941 entró en conversaciones con las Iglesias Congregacionales Cristianas (→CONGREGACIONALISMO NORTEAMERICANO) que llevaron a la creación, en 1957, de la →Iglesia Unida de Cristo (aunque los Sínodos continuaron como Conferencias interinas hasta 1961 cuando la constitución de la nueva Iglesia fue ratificada). En el momento de la unión la I.E.R. contaba con 814.124 miembros.

KENNETH B. MULHOLLAND

IGLESIA LIBRE DE ESCOCIA →ESCOCIA, IGLESIA LIBRE DE

IGLESIA METODISTA UNIDA →METODISTAS, IGLESIAS, DE EUA

IGLESIA ORTODOXA ORIENTAL. Federación de varias iglesias con gobierno propio o autocéfalas. "Ortodoxa" viene de las palabras griegas que significan "creencia correcta". Incluídos en la iglesia están los cuatro antiguos patriarcados de Constantinopla, Alejandría, Antioquía y Jerusalén. Debido a su significación histórica a ellos se les rinde mayor honor. El que encabeza estas iglesias recibe el título de "patriarca". Las otras iglesias autocéfalas son la Rusa, Rumana, Serbia, Griega, Búlgara, Gregoriana, Chipriota, Checoslovaca, Polaca, Albanesa y Sinaítica. Los que encabezan las iglesias Serbia, Rusa, Búlgara y Rumana son llamados "patriarcas". El cabeza de la Iglesia Gregoriana es llamado "patriarca católico" y los dirigentes máximos de las otras iglesias son mencionados o bien como "arzobispos" o como "metropolitanos".

Además de las iglesias ya mencionadas, hay otras que son autónomas en muchos sentidos pero que no llegan a tener plena independencia. Son llamadas autónomas pero no autocéfalas. Estas son las iglesias de Finlandia, China, Japón y tres administraciones de rusos que viven fuera de Rusia. Hay provincias eclesiásticas que dependen de una de las iglesias autocéfalas o de una de las jurisdicciones rusas de emigrantes. Estas provincias están situadas en el O de Europa, Norte y Sud América y Australia.

La mayor zona en que los cristianos ortodoxos se hallan distribuidos se encuentra en el E de Europa, en Rusia y a lo largo de las costas del E del Mediterráneo. Muchas de las iglesias autocéfalas están situadas en países donde la ortodoxia es la fe cristiana predominante. La mayor parte de las iglesias están en tierras que son o bien griegas o bien eslavas. Se calcula que, aproximadamente, un sexto del total de los cristianos pertenecen a la fe ortodoxa. Dado que tantos viven en países dominados por gobiernos comunistas, no se dispone de estadísticas de membresía. No obstante, se estima que el número de cristianos ortodoxos es de aproximadamente 150 millones.

La I.O. afirma ser una familia de iglesias con gobierno propio que se hallan unidas no por un gobierno centralizado o por un prelado único, sino por lazos de fe y comunión en los sacramentos. El patriarca de Constantinopla es llamado Patriarca Ecuménico o Universal. Disfruta de una categoría a la que se rinde honores especiales, pero no tiene derecho a interferir en los asuntos internos de otras iglesias.

La ortodoxia afirma constituir una ininterrumpida continuación de la iglesia cristiana establecida por Cristo y sus apóstoles. Timothy Ware halla tres grandes etapas en la fragmentación de la cristiandad. La primera ocurrió en los ss.V y VI cuando la iglesia nestoriana de Persia y las cinco iglesias monofisitas de Armenia, Siria, Egipto, Etiopía y la India se apartaron del cuerpo mayor del cristianismo. La segunda etapa ocurrió en 1054 cuando el →Cisma de Oriente hizo separación entre la ICR de Occidente y la Iglesia Ortodoxa de Oriente. En esta forma entre las iglesias semíticas orientales y la iglesia latina occidental hubo un mundo de habla griega con su fe ortodoxa. La tercera fase de la separación llegó con la Reforma protestante del s.XVI.

En 313 la perseguida iglesia cristiana por primera vez fue tolerada según el Edicto de Milán, del emperador Constantino. En 324 éste decidió trasladar la capital del Imperio Romano al lugar de la ciudad griega de Bizancio que así fue llamada Constantinopla. Constantino también presidió al primer concilio general de la iglesia cristiana, celebrado en Nicea en 325. Constantinopla se desarrolló con creciente poder y riqueza en tanto que Roma declinaba. Aquella se convirtió en el centro de la cultura griega y en el centro de la iglesia cristiana.

La I.O. a veces se llama a sí misma "la Iglesia de los Siete Concilios". Estos concilios, realizados entre 325 y 787, clarificaron la organización y las enseñanzas de la iglesia cristiana. Fueron los siguientes: →Nicea (325), →Constantinopla (381), →Efeso (431), →Calcedonia (451), →Constantinopla (553), →Constantinopla (680-81), →Nicea (787). Estos concilios condenaron como herejías al →arrianismo y al →monofisismo, y definieron claramente la doctrina de la Santa Trinidad y de la persona de Cristo. El Credo →Niceno y la Definición de →Calcedonia describieron minuciosamente tan vitales cuestiones. Los concilios también decidieron sobre el orden de prioridad entre las cinco sedes patriarcales. A Roma le fue concedida la primacía en cuanto a honor, a Constantinopla el segundo lugar y después venían Alejandría, Antioquía y Jerusalén, en ese orden.

En los ss.VIII y IX se desarrolló dentro del Imperio →Bizantino la disputa →iconoclasta. Algunos de los emperadores apoyaban a la iconoclastia y consideraban que el uso de iconos era una forma de idolatría que debía suprimirse. Una ardiente controversia surgió a raíz de este tema pero, finalmente, los iconodules (veneradores de iconos) defendieron con éxito el lugar de los iconos en la vida de la iglesia. La contienda duró 120 años. Los ortodoxos consideran esto mucho más que una disputa menor sobre el arte cristiano. Rechazan el cargo de idolatría que le hicieron los iconoclastas al afirmar que el icono no es un ídolo sino un símbolo, y que la veneración no está dirigida hacia el objeto mismo sino hacia la persona representada en él. Los iconodules entonces argumentaron en favor de la necesidad de iconos para salvaguardar la correcta doctrina de la encarnación. Pueden hacerse imágenes materiales de El que asumió un cuerpo material. Con el fin de la Controversia Iconoclasta y la reunión del séptimo concilio, llegó a su término la época de los concilios generales. Este fue el gran período de la teología y definición de la fe cristiana.

Bizancio ha sido llamada con frecuencia "el icono de la Jerusalén celestial". La religión impregnaba todos los aspectos de la vida. El monaquismo fue una forma significativa de la vida religiosa oriental. El primitivo monaquismo adoptó diversas formas, que todavía encontramos en la I.O. En primer lugar, hay ermitaños que llevan una vida de soledad. Hay vida comunitaria en la cual los ermitaños viven juntos en un monasterio bajo una regla común. Finalmente, hay una vida semiermitaña o intermedia en la que un grupo ligeramente unido vive juntamente en un establecimiento bajo la dirección de un mayor. Este anciano, o *starets* en Rusia, es característico del monaquismo ortodoxo. Antonio fue el más famoso de los *startsi* monásticos.

La I.O. siguió una política de convertir al cristianismo a los eslavos. En el s.IX el patriarca →Focio envió a →Cirilo y Metodio como misioneros a los eslavos. Estos no solo dieron al pueblo eslavo un sistema de doctrina cristiana, sino que también crearon un idioma escrito. Los búlgaros y los serbios se convirtieron al cristianismo también en el s.IX y los rusos en el s.X. La civilización y la cultura griegas siguieron a la fe en tierras eslavas.

En Bizancio no había separación entre la iglesia y el estado. Aunque el emperador participaba asiduamente en los asuntos eclesiásticos, los historiadores ortodoxos objetan el término →"cesaropapismo", pues no creen que la iglesia estaba subordinada al estado sino que ambos trabajaban en armonía sin que ninguno tuviera el control absoluto a expensas del otro.

En 1054 tuvo lugar el →Cisma de Oriente que marcó la separación de la I.O. en el Oriente y la Iglesia de Roma en el Occidente. El Oriente y el Occidente habían estado desarrollándose bastante separados en lo ecuménico, político y cultural pero al fin, cuando llegó la división, dieron como causa de la misma temas de doctrina. Uno de éstos era el asunto de las pretensiones papales. El papa pretendía poder absoluto tanto en Oriente como en Occidente. Los griegos estaban dispuestos a acordar honores al papa romano pero no la supremacía universal. Sostenían que los asuntos de fe tenían que ser finalmente decididos por un concilio de los obispos de la iglesia y no por la autoridad papal.

El otro tema de doctrina era la cláusula *Filioque.* Originalmente el Credo de Nicea-Constantinopla afirmaba lo siguiente: "Creo... en el Espíritu Santo, el Señor, Dador de la Vida, que procede del Padre, y que junto con el Padre y el Hijo es adorado y juntamente glorificado". Occidente insertó una frase de manera que ahora el Credo decía así: "...que procede del Padre y del Hijo". Los griegos se opusieron a este cambio dado que creían que los concilios ecuménicos prohibían todo cambio en el Credo, y si hubiera que hacer una modificación, solamente otro concilio ecuménico podría hacerla. Los griegos también opinaban que el cambio era doctrinalmente erróneo pues destruía el equilibrio entre las tres personas de la Trinidad y podía conducir a una doctrina incorrecta acerca del Espíritu y de la Iglesia. Además de las diferencias mayores entre griegos y latinos, había desacuerdos menores tales como el celibato del clero en Occidente (los griegos permitían el matrimonio de los clérigos), diferentes reglas de ayuno, y el uso en la Eucaristía por parte de los griegos de pan leudado mientras que los latinos empleaban pan sin levadura.

Aun después de 1054 hubo amistosas relaciones entre el E y el O. Sin embargo, en 1204 Constantinopla fue capturada durante la Cuarta →Cruzada. La destrucción y el sacrilegio cometidos por los cruzados sacudieron a los griegos, y consecuentemente la división entre el Este y el Oeste fue definitiva.

En 1453 los turcos atacaron a Constantinopla por tierra y por mar. Los bizantinos opusieron una valerosa defensa pero fueron abrumadoramente superados en número. Después de siete semanas la ciudad cayó en poder de los atacantes y la iglesia de Santa Sofía se convirtió en mezquita. El Imperio Bizantino había concluído pero no así la fe ortodoxa. Moscú se estaba volviendo crecientemente poderoso por esa época y se afirmaba la pretensión de una Tercera Roma. El casamiento de Iván III con una sobrina del último emperador bizantino fue un hecho que contribuyó a robustecer tales pretensiones. Los turcos no trataron a los bizantinos con extrema crueldad y resultaron más tolerantes que muchas agrupaciones cristianas lo fueron entre sí durante la Reforma y en el s.XVII. Bajo el islamismo, sin embargo, los cristianos tuvieron que pagar gravosos impuestos, no les fue permitido servir en los ejércitos y se les impidió llevar a cabo obra misionera.

La I.O. no experimentó una Reforma o una Contrarreforma, pero tales movimientos ejercieron alguna influencia en Oriente. La Iglesia →Uniata fue formada en Polonia reconociendo la supremacía del Papa pero reteniendo muchas de las tradiciones de la I.O., incluso el matrimonio del clero. Cirilo Lucar, patriarca de Constantinopla, combatió al catolicismo romano y acudió en busca de ayuda a las embajadas protestantes de Constantinopla. En materia de teología cayó bajo la influencia del calvinismo.

La I.O. del s.XX está dividida por la Cortina de Hierro. Los cuatro antiguos patriarcados y Grecia se hallan de un lado, las iglesias eslavas y Rumania se encuentran de otro. Se calcula que el 85% del pueblo ortodoxo vive en países de gobierno comunista.

En medio de los muchos cambios ocurridos en el mundo, la I.O. pretende ser una comunidad de vida con la iglesia del pasado y la estricta adhesión a sus tradiciones. Las tres grandes fuentes de sus tradiciones son la Biblia, los concilios ecuménicos y el credo. Las declaraciones de fe publicadas por los siete concilios ecuménicos, usadas junto con la Biblia, sirven de base a su tradición. El Credo de Nicea-Constantinopla es considerado como la declaración ecuménica de fe más importante. También son aceptadas otras fuentes de tradición, pero no con la misma autoridad; éstas son las declaraciones de los últimos concilios, los escritos de los Padres de la Iglesia, la liturgia, el derecho canónico y los iconos. Los ortodoxos creen que las tradiciones eclesiásticas se expresan no solo en palabras sino también en acciones, gestos y manifestaciones de arte durante el culto. El icono es considerado como uno de los medios a través de los cuales Dios se revela al hombre.

La creencia en la Santa Trinidad resulta central para la fe ortodoxa. Su mejor definición es ésta: "una esencia en tres personas". Dios es descrito como trascendente pero no aislado del mundo que creó. El hombre fue creado a imagen y semejanza de Dios, lo cual indica racionalidad, libertad y asimilación a Dios mediante la virtud. Incluído en ello está la creencia en el libre albedrío humano. Aunque el hombre cayó por el pecado de Adán, el ortodoxo no cree que el ser humano se halle privado enteramente de la gracia divina. De modo que su cuadro del hombre caído no es de total depravación como en Agustín o en Calvino. Jesucristo es considerado como verdadero Dios y verdadero hombre. En su transfiguración y en su resurrección se manifiesta un abrumador sentido de la gloria de Cristo. El carácter humano de Cristo, sin embargo, no es pasado por alto, como lo muestra el amor a la Tierra Santa en donde vivió el Cristo encarnado y en la veneración de la cruz en que murió. Se subraya la obra santificadora del Espíritu Santo. La verdadera meta de la vida cristiana es adquirir el Espíritu Santo de Dios. Esto incluye un proceso de deificación. La iglesia ve esto como algo destinado a todos los creyentes y que incluye un proceso social y lleva a resultados prácticos. La deificación se alcanza a través de la iglesia y de los sacramentos.

Los ortodoxos creen en una estructura jerárquica de la iglesia, en la sucesión apostólica, en el episcopado y en el sacerdocio. En esto concuerdan con el catolicismo, pero con éste difieren al rechazar la infalibilidad papal. La iglesia se describe como imagen de la Santa Trinidad, el cuerpo de Cristo y el Pentecostés continuado. "La iglesia es una única realidad, terrenal y celestial, visible e invisible, humana y divina". El enfoque ortodoxo, según Timothy Ware, es que hay unidad en la iglesia y aunque pueda haber cismas que parten de la iglesia, no habrá cismas dentro de ella. La iglesia es mantenida en unión mediante el acto de comunión en los sacramentos. La iglesia es infalible y esto se expresa mediante los concilios ecuménicos.

La religión es enfocada por los ortodoxos mediante la liturgia. Debido a ello aun los menores detalles del ritual resultan extremadamente importantes. El esquema total básico del culto es el mismo que en la ICR: la santa liturgia, el oficio divino y los oficios ocasionales. Además de las mencionadas, la I.O. tiene varias ceremonias menores. En los servicios de la iglesia se emplea el idioma del pueblo. Todos los cultos son cantados con cántico corriente o canto llano. En la mayor parte de las iglesias ortodoxas el canto se hace sin acompañamiento, no se emplean instrumentos musicales. Normalmente el adorador permanece de pie durante los servicios de culto, aunque hay ocasiones en que se arrodilla o se sienta. En el templo el santuario está separado del resto por una división compacta conocida como *iconostasis* en la que hay tres puertas: la central es la Puerta Santa que ofrece una vista del altar, la puerta de la izquierda conduce al interior de la capilla de preparación y la puerta de la derecha lleva al *Diakonikon* que es utilizado como vestuario. Los templos ortodoxos están llenos de iconos venerados por los adoradores.

La I.O. acepta siete sacramentos: bautismo, crismación (similar a la confirmación en el occidente), eucaristía, arrepentimiento o confesión, santas órdenes, matrimonio y ungimiento de los enfermos. El bautismo se cumple por triple inmersión. Aunque tanto los casados como los solteros pueden recibir las santas órdenes, los obispos son elegidos dentro del clero no casado. El año cristiano consiste en la Pascua como acontecimiento central, doce grandes festividades y cierto número de otras fiestas y ayunos. En relación con el movimiento ecuménico del s.XX, los ortodoxos opinan que tiene que haber un pleno acuerdo en cuanto a la fe antes de que pueda experimentarse la unión de los cristianos. BARBARA L. FAULKNER

IGLESIA PRESBITERIANA UNIDA DE ESCOCIA→ESCOCIA, IGLESIA PRESBITERIANA UNIDA DE

IGLESIA REFORMADA CRISTIANA. Denominación norteamericana que tiene su trasfondo en el calvinismo holandés. En los→Países Bajos la falta de satisfacción por parte de los conservadores con el modernismo y la laxitud doctrinal en la Iglesia Reformada condujo a la secesión de 1834 *(Afscheiding)*. Un grupo de separatistas emigraron en 1846 y se establecieron en el oeste de Michigan. Se unieron a la →Iglesia Reformada Holandesa. Para los ultraconservadores resultó desde el principio una unión muy difícil. En 1857 cuatro congregaciones se apartaron formando la I.R.C. Durante algunas décadas su crecimiento fue gradual.

En 1886 una segunda y mucho mayor separación *(Doeleantie)* tuvo lugar en los Países Bajos. Los calvinistas conservadores emigraron a los EUA y se inclinaron a unirse con la I.R.C., la que como resultado creció rápidamente. En la década de 1890 se estableció un seminario, se inició un sistema calvinista de escuelas diurnas y por el tiempo de la Guerra Mundial I se estableció un colegio (Calvin College). La membresía, incluyendo los niños, era de 100.000. Durante la década de 1920 estalló la controversia entre "liberalismo" y "ultra calvinismo". H. Hoeksema, que negaba la →gracia común de Dios *(gratia generalis)* a los no electos, formó la Iglesia Reformadora Protestante que no prosperó.

Después de la Guerra Mundial II una ola de emigración desde los Países Bajos al Canadá dio más miembros a la I.R.C. que actualmente incluye a unas 275.000 personas. El crecimiento ha tenido lugar primero a través de la inmigración desde Holanda y también por desarrollo interno. La iglesia se ha relacionado con tres colegios universitarios y cuenta con un extenso programa de escuelas primarias y superiores. Se ha destacado por su adhesión al calvinismo ortodoxo. Su oficina central se halla en Grand Rapids, Michigan. DIRK JELLEMA

IGLESIA REFORMADA EN AMERICA. Conocida también como →Iglesia Holandesa Reformada. Fue uno de los grupos continentales transplantados a EUA. Llegó con los colonos holandeses originales a Nueva Amsterdam, pero la primera congregación no fue organizada por Jonas Michaelius sino hasta 1628. Durante el s.XVII se fortaleció mucho con el flujo de holandeses hacia la colonia, pero continuó dependiendo de la iglesia de los Países Bajos en cuanto a ministros. El quedar luego bajo dominio inglés (1664) produjo escaso efecto en la iglesia, y la armonía entre la iglesia de las colonias y la *classis* de Amsterdam se mantuvo hasta después de 1700.

Con la llegada de T.J. →Frelinghuysen en 1720 y el →Gran Despertamiento, surgieron tensiones entre opositores y partidarios del avivamiento. Frelinghuysen y su grupo creían que la iglesia de las colonias no debía depender de los Países Bajos y debía preparar sus propios ministros. Como consecuencia, la *classis* de Amsterdam finalmente convino en la creación de una asamblea subordinada o *coetus*, que en 1770 obtuvo carta de privilegio para Queen's College y organizó esa universidad (hoy día, Rutgers) que después de la revolución emergió como universidad para la preparación de ministros cristianos. Hope College, de Michigan, recibió carta de privilegio en 1866. En 1794 se formó un sínodo general basado en la Constitución de 1792, integrado por los diversos sínodos particulares. Durante el s.XIX la iglesia se extendió hacia el O a Illinois, Michigan, la costa del Pacífico y Canadá. En 1867 pasó a ser conocida como *Reformed Church in America*. Es calvinista en cuanto a teología, y presbiteriana por su gobierno. C. GREGG SINGER

IGLESIA REFORMADA HOLANDESA *(Hervormde Kerk).* La mayor iglesia protestante de los Países Bajos, calvinista en teología, presbiteriana en su forma de gobierno, organizada en el s.XVI durante la revuelta de los Países Bajos en contra del gobierno español. Los Países Bajos (Holanda y Bélgica), después de su unificación parcial bajo los duques de Borgoña por el año 1400, pasaron al gobierno de los Habsburgos. Carlos V, siendo soberano de Lutero, reinaba también sobre los Países Bajos. Aquí el anabaptismo y el luteranismo se divulgaron durante las décadas de 1520 y 1530. A partir de entonces la versión dominante del protestantismo fue el →calvinismo. Bajo el hijo español de Carlos, Felipe II, la →Inquisición se incrementó y pronto fueron muchos los mártires. Las "diecisiete provincias" se rebelaron contra Felipe siguiendo a →Guillermo de Orange (1568), con los calvinistas que desempeñaron el papel de una minoría militante e influyente. La →Confesión Belga (1561) con el Catecismo de Heidelberg (→CATECISMOS) fueron generalmente aceptados como pautas de la I.R. En las zonas "liberadas", el calvinismo era la religión favorecida por el estado. El primer sínodo nacional fue celebrado en 1578. Al proseguir la sublevación, el N de los Países Bajos en forma gradual expulsó los españoles, mientras que la revuelta fue lentamente aplastada en el S, que así permaneció católico. En 1609 la Tregua de Doce Años reconoció prácticamente la independencia del N, y así los calvinistas pudieron ocuparse de las dificultades dentro de sus propias filas. La controversia acerca de las enseñanzas de →Arminio y sus seguidores, los remonstrantes, finalizó con el triunfo del calvinismo ortodoxo en el Sínodo de →Dort (1618-19); los remonstrantes fueron expulsados de la I.R.

Durante la "edad de oro" holandesa, del s.XVII, cuando los Países Bajos eran una de las mayores potencias, la I.R., como iglesia oficial, desempeñó un importante papel en la vida holandesa. Sus actitudes en teología fueron crecientemente defensivas. El esfuerzo por preservar la ortodoxia de Dort provocó una controversia sobre detalles de doctrina (especialmente el enfrentamiento entre Voetius y →Cocceius, que causó gran conmoción) así como la protesta contra la superestructuración (Labadie). Por el año 1700 ya habían pasado los días del apogeo del calvinismo escolástico. Los intelectuales se volvían a las nuevas ideas de la →Ilustración más bien que a la teología, y el →deísmo hizo alguna penetración en la propia iglesia. En la década de 1780, al aparecer la retórica del movimiento "Patriota", muchos consideraron el deísmo como baluarte del privilegio. Lo tormentoso de la Revolución Francesa afectó a los Países Bajos así como al resto de Europa. Las tropas francesas, aclamadas por algunos como libertadoras, ocuparon el país (1792). Los privilegios de que gozaba la I.R. le fueron quitados y se concedió plena libertad religiosa. La reorganización napoleónica de la Revolución ocasionó un cambio: las iglesias ya existentes fueron reconocidas por el Estado y sostenidas por éste al precio de someterse a algunas regulaciones. Después de la derrota de Napoleón y del fin de la Revolución (1815), la República Holandesa fue reemplazada por un reino (que por un tiempo, hasta 1830, incluía a Bélgica). Guillermo I retuvo el enfoque napoleónico en asuntos de religión.

Por ese entonces la I.R. estaba dada a una considerable tolerancia en materia de forma religiosa. En parte debido a esta tolerancia se debió al surgimiento de un ala conservadora como el "Despertamiento" (→*Reveil*), llamado así por el despertar de una religión sentida en el corazón. Bilderdjik, Da Costa, Groen van Prinsterer y otros se opusieron al creciente "modernismo" de la iglesia. Algunos de mentalidad conservadora dejaron la iglesia (1834, la Separación o *Afscheiding*). La tensión existente entre los evangélicos y los modernistas ayudó a los esfuerzos de la Escuela de Groningen. Esta trató de tender un puente para cerrar la brecha destacando la forma de vida más bien que el dogma; a mediados de siglo controlaba la mayor parte de las facultades teológicas. En la década de 1880 el avivamiento del calvinismo dogmático (especialmente de Abraham →Kuyper), produjo otro gran éxodo de conservadores (1866, los *Doleantie;* que pronto se unieron con el grupo separatista anterior para formar la *Gereformeerde Kerk*). La I.R. permaneció como antes, con evangélicos y modernistas en la misma comunión, destacando la herencia de tres siglos, unida en el deseo de una senda cristiana de la vida. Hoy es, con mucho, la más numerosa iglesia protestante de Holanda, con algo más de tres millones de miembros.

La I.R. se extendió también a todas las regiones donde los holandeses colonizaban o emigraban. Así, por ejemplo, en el s.XVII a las Indias Orientales, a las Indias Occidentales, Brasil, Ceilán, Africa del Sur y Nueva Amsterdam (Nueva York). Los esfuerzos misioneros tuvieron algún éxito en las Indias y en Africa del Sur. En la América del Norte, la →Iglesia Reformada surgió de un antiguo establecimiento holandés; la emigración a los EUA en el s.XIX incrementó su número (y también produjo la más conservadora →Iglesia Reformada Cristiana). DIRK JELLEMA

IGLESIAS DE CRISTO, LAS. El surgimiento del llamado "movimiento de restauración" se remonta en los EUA a los esfuerzos del pastor metodista James O'Kelly, quien en 1774 fundó un grupo llamado "cristiano". Para principios del s.XIX había una fuerte tendencia restauracionista que llevó a varios líderes cristianos a buscar las raíces novotestamentarias de la iglesia verdadera para supuestamente restaurarla. Uno de esos grupos fue el dirigido por Barton W. →Stone, un pastor presbiteriano que cuestionó las doctrinas de la elección y la expiación limitada. Sus propias convicciones sobre la base bíblica de la Trinidad, la adhesión a la confesión de Westminster y su cristología lo obligaron a salir, junto a otros pastores, del Sínodo de Kentucky de la Iglesia Presbiteriana.

Stone y sus seguidores fundaron el presbiterio independiente de Springfield. Promulgaron una *Apología* en donde renunciaban a la jurisdicción del Sínodo de Kentucky. Muy pronto declararon que las doctrinas presbiterianas eran inadecuadas para la promoción de la unidad de los cristianos. En ese mismo espíritu disolvieron finalmente su propio presbiterio independiente y lo hicieron público en un "testamento". Este movimiento (denominado a sí mismo "Iglesia Cristiana") pronto creció y logró adeptos aun de sectores bautistas, ya que una de sus prácticas era el bautismo por inmersión.

Otro grupo de restauracionistas surgió bajo el liderato de Tomás →Campbell. Este líder había llegado de →Escocia en donde había participado en un movimiento en la Iglesia Presbiteriana llamado "secesionista". En América se afilió a los presbiterianos. Influido por John Locke y otros pensadores liberales ingleses, Tomás Campbell cultivó una amplitud de criterios que no le permitía ser estricto y sectario. Inmediatamente comenzó a manifestar inconformidad con la mayoría de las doctrinas cardinales presbiterianas. En contraposición declaraba la sola autoridad de las Escrituras y la unidad de los cristianos como sus ideas teológicas.

Junto a estas ideas los campbelitas desarrollaron una eclesiología muy abierta en que realmente hablaban de "asociación" y no de iglesia. Era una sociedad independiente que promovía la unidad al interior de las iglesias. De esta asociación se conoce la *Declaración y Proclama* (1809), documento básico que contiene su programa y teología. El hijo de Tomás, Alejandro →Campbell, se unió desde Escocia al nuevo grupo.

Para el año 1811 los Campbell organizaron la Iglesia Brush Run (Pennsylvania) que, junto con la de Cane Ridge fundada por B.W. Stone, son reconocidas como las fundadoras de los Discípulos de Cristo.

Los Discípulos de Cristo conformaron desde ese momento un movimiento que propugnaba un programa de unidad cristiana basado en los patrones del NT: bautismo por inmersión, comunión semanal y gobierno congregacional. Estos principios les hizo acercarse a los bautistas, siendo miembros de la Asociación Bautista Redstone. A. Campbell rompió con los bautistas posteriormente. Walter Scott, un prominente evangelista bautista, se adhirió a la nueva iglesia y llevó muchos nuevos creyentes bautistas a la misma.

Durante los años 1824-1831 los Campbell y Scott junto con Stone solidificaron la unidad de sus movimientos y conformaron de manera más clara una nueva "denominación". Este dato no es exactamente reconocido por todos los Discípulos de Cristo hasta hoy, pero el hecho histórico es claro.

Los Discípulos de Cristo o Cristianos (ambos nombres se usaban) fundaron varios colegios en Kentucky y en lo que conocemos hoy por Virginia del Oeste. En 1849 fundaron la Sociedad Misionera Americana como la agencia de cooperación misionera de las iglesias. El esfuerzo misionero los llevó particularmente al mediano oeste y al sur. Este esfuerzo los condujo hasta los primeros años del s.XX a un período de franco crecimiento y consolidación.

Discrepancias en cuanto a varias cosas dividieron a los Discípulos de Cristo: la sociedad misionera, como esfuerzo unido y de visión cada vez más ecuménica, y el uso del órgano en los cultos. Un amplio sector no aprobaba estas dos prácticas. Se declaraban congregaciones independientes con su propio programa misionero y sin instrumentos para el culto. De aquí en adelante se habla de los Discípulos de Cristo (organizados en lo que se llamó la Convención Internacional) y las I. de C. de estricto rigor restauracionista.

Hay un aspecto importante que resaltar. Aunque el problema de la esclavitud no dividió a los Discípulos de Cristo formalmente, se formaron congregaciones negras en el Sur.

A lo largo del s.XX el gran dilema de ambas corrientes del movimiento restauracionista es el reclamo que cada sector hace de ser los auténticos "Discípulos". No cabe duda que los esfuerzos de la Convención Internacional se dirigieron hacia el ecumenismo. Esto significó la participación en la fundación del CMI, propiciar un diálogo permanente con los católicos y promover acuerdos de unión de iglesias nacionales en diferentes partes del mundo con otras iglesias en su propio contexto.

Para 1968 la Convención Internacional dio el paso hacia una total reestructuración y se decidió un diseño provisional para la formación de la Iglesia Cristiana (Discípulos de Cristo) en los EUA y Canadá. Las iglesias negras independientes en su gran mayoría se unieron a la nueva estructura.

El espíritu de unidad que tanto propulsó el movimiento restauracionista sigue siendo enfatizado por las dos vertientes principales. Solo el dilema de su propia división y las contradicciones teológicas, históricas y sociales inherentes a toda búsqueda de unidad, deja abierto el futuro para la verdadera unidad de los cristianos.

[En 1979 la membresía en EUA de los Discípulos de Cristo era 1.231.817 y la de las I. de C. cerca de 2.500.000. Los Discípulos cooperan con las iglesias nacionales en los siguientes países latinoamericanos: Argentina, Bolivia, Costa Rica, Brasil, Haití, Paraguay, Puerto Rico y México.]

CARMELO E. ALVAREZ

IGLESIAS DE CRISTO, CONVENCION MUNDIAL. Entidad que desde el año 1930 agrupa a personas de iglesias de distintos países que llevan los nombres de "Iglesias Cristianas", →"Iglesias de Cristo" o →"Discípulos de Cristo". En su constitución, afirma que existe para demostrar mejor la unidad esencial de las Iglesias de nuestro Señor Jesucristo, para impartir inspiración, para promover la unión entre las iglesias y la cooperación de los cristianos en la búsqueda de la unidad de la Iglesia basada en el NT.

Antes del año 1930, hubo intercambio de delegados fraternales entre convenciones de las iglesias de Gran Bretaña, Norteamérica, Australia y Nueva Zelandia, pero no hubo un esfuerzo de celebrar una convención mundial. En 1925, Jesse M. Bader, de los Discípulos en los EUA, fue a la Gran Bretaña como delegado fraternal y allí propuso a la convención de Iglesias de Cristo que se celebrara una convención mundial. El año siguiente viajó a Australia y Nueva Zelandia con el mismo propósito. Como resultado, en 1930 se celebró la primera asamblea de la Convención Mundial de Iglesias de Cristo en la ciudad de Washington, EUA. Desde entonces se han celebrado asambleas en Leicester, Inglaterra (1935), Buffalo, EUA (1947), Melbourne, Australia (1952), Toronto, Canadá (1955), Edimburgo, Escocia (1960), San Juan, Puerto Rico (1965), Adelaida, Australia (1970) y Ciudad de México, México (1974).

Mientras la inmensa mayoría de los participantes en las asambleas han sido de habla inglesa, también han participado representantes de iglesias de Africa, Asia y América Latina que han nacido como resultado de la obra misionera de las "iglesias viejas".

La participación en las asambleas está abierta a todos los miembros de las iglesias; y participan como tales, y no como "delegados oficiales" de sus respectivas convenciones o agrupaciones nacionales. De manera que la Convención Mundial está compuesta de individuos, y no de agrupaciones nacionales. No pretende representar a dichas iglesias en forma oficial. La principal actividad es la realización de las asambleas cada cinco años. Pero también la oficina de la Convención promueve el intercambio de información, programas de estudio y hasta el presente ha servido como medio de enlace con otros cuerpos confesionales y con el movimiento ecuménico mundial.

Durante los últimos años, muchas de las "iglesias jóvenes" ya han ingresado en iglesias unidas y no mantienen los lazos confesionales de antes. Además, varias de las iglesias nacionales (los Discípulos de Cristo en EUA, Canadá, Inglaterra, Puerto Rico, Jamaica, Argentina y Paraguay) crearon en 1976 el Consejo Consultivo Ecuménico de los Discípulos de Cristo. De aquí en adelante este Consejo llevará la representación de esas iglesias en las relaciones formales con otros cuerpos confesionales y con el CMI.

TOMAS J. LIGGET

IGLESIAS DE DIOS. Nombre que designa a cerca de 200 agrupaciones religiosas en los EUA. Sus adherentes opinan que este término evita connotaciones doctrinales mientras que, al mismo tiempo, destaca una designación bíblica de la iglesia. Históricamente el nombre fue adoptado por primera vez por un grupo de avivamiento dentro de la Iglesia Reformada Alemana (de los EUA) en 1825.

Posteriormente usaron como título "I.D. en Norteamérica". En la actualidad este nombre sirve para identificar a varias agrupaciones surgidas por los avivamientos posteriores a la Guerra Civil.

Los movimientos titulados "I.D." pueden agruparse en cinco tipos. El primero de ellos es de convicciones pentecostales. Este pone énfasis en el don de profecía, en la sanidad divina y en el hablar en lenguas como pruebas de una completa santificación. Dos antiguos dirigentes fueron R.G. Spurling y A.J. Tomlinson. La I.D. (original) con sede central en Chattanooga, Tennessee, fue organizada en 1856 partiendo de una división producida entre los seguidores de Spurling. En 1970 informó poseer unas cincuenta iglesias con 6.000 miembros. El primer grupo de Spurling (1886) ahora conocido como la I.D. (Cleveland, Tenn.), contaba en 1978 con 377.765 miembros en 4.774 iglesias. Tomlinson se retiró de esta agrupación en 1923 formando lo que ahora es conocido como la Iglesia de Dios de la Profecía. Su muerte, en 1943, dividió a la iglesia en dos agrupaciones que siguieron a cada uno de sus hijos. La agrupación de Tennessee retuvo el nombre de 1923, mientras que la otra, trasladándose a Nueva York, eligió como suyo el de "I.D.". En 1971 alistaba una membresía de 75.290 personas en 1.933 iglesias. El sector de Tennessee afirmaba contar con 48.708 miembros en 1.531 congregaciones. Un pequeño grupo separatista abandonó en 1957 la I.D. de Profecía bajo la dirección de G.R. Kent formando así la *"I.D. de todas las naciones"*. En 1923 la *"I.D. por fe"*, fue registrada en Florida. Su sede central de Jacksonville informó en 1970 acerca de 5.300 miembros en 105 iglesias. C.H. Mason y C.P. Jones, de Arkansas, fundaron en 1895 la *Church of God in Christ.* Mason y Jones habían sido rechazados por agrupaciones bautistas debido a su pentecostalismo. En 1970 la iglesia alistaba a 419.466 miembros agrupados en 4.150 congregaciones. La "I.D. y los santos en Cristo" surgió en 1896 bajo la dirección de W.S. Crowdy, un diácono de raza negra. A veces son llamados "Judíos Negros" y destacan el ritual judío.

Una segunda agrupación, en la línea wesleyana, es esencialmente de santidad en su enseñanza y destaca la experiencia de conversión, seguida por un bautismo del Espíritu Santo que produce una completa santificación. Las principales iglesias dentro de esta categoría son la I.D. (Anderson, Indiana) y la I.D. ("Apostólica").

Una tercera división surgió del movimiento →adventista. La I.D. del Séptimo Día, que guarda el sábado, tiene su sede en Denver, Colorado, y contaba en 1970 con 5.000 miembros en 76 iglesias. Un grupo afín existente en Salem, West Virginia, afirmaba contar con siete iglesias y con 2.000 miembros. La I.D., Conferencia General ("Fe de Abraham") fue organizada en Oregon, Illinois, en 1888 y contaba en 1978 con 134 iglesias con 7.595 miembros. Al igual que sus equivalentes del Séptimo Día, estas iglesias mantienen una vigorosa escatología premilenarista.

No se puede catalogar una cuarta categoría puesto que hay literalmente miles de pequeñas iglesias independientes que usan el nombre "I.D." pero no pertenecen a ninguna denominación específica.

Por último, la organización fundada por H.W. Armstrong en 1947 ha usado el título de *"Worldwide Church of God"*. Esta versión norteamericana de →Israelismo Británico muestra defectos importantes en varias doctrinas y es clasificada por la mayoría de los eruditos como una secta más bien que una iglesia. ROBERT C. NEWMAN

IGLESIAS DE DIOS EN AMERICA LATINA.

Iglesia de Dios (Cleveland, Tennessee). La I. de D. de más envergadura en AL. Inició sus esfuerzos misioneros primeramente en las Antillas: las Bahamas (1909), Jamaica (1924) y Haití (1933). En 1932 comenzó obra en América Hispana empezando en el estado de Sonora, México. El trabajo pionero de J.H. Ingram fructificó de tal manera que en 1975 la I. de D. tenía 890 iglesias y puntos de predicación en este país.

De México la I. de D. se extendió a todo país de AL: a Guatemala en 1934; Panamá y Costa Rica en 1935; El Salvador, la República Dominicana y Argentina en 1940; Cuba y Ecuador en 1944; Puerto Rico en 1944; Uruguay en 1945; Perú en 1949; Nicaragua y Honduras en 1950; Brasil en 1951; Chile, Colombia y Paraguay en 1954; Bolivia en 1960 y Venezuela en 1969. En 1977 había varios millares de iglesias y puntos de predicación de esta denominación al sur del Río Bravo, pastoreados por unos 1000 ministros ordenados. En todo país la misión tenía establecidos institutos bíblicos que preparaban sus obreros.

Iglesia de Dios de la Profecía. Nacida por escisión en 1923, por el año 1927 inició obra misionera en las Antillas Británicas y Francesas. Entró en América Hispana por primera vez en Costa Rica (1932) y después se ha extendido a 14 otros países latinoamericanos. Su influencia en AL no es tan grande como la del grupo de donde salió. En Centro América y Puerto Rico tiene su mayor número de congregaciones.

Iglesia de Dios (Anderson, Indiana). En 1907 ya tenía obra misionera en Jamaica, Trinidad y Tobago. Dos años más tarde estableció una junta misionera formal. En 1910 enviaron misioneros a Panamá en donde se construía el canal interoceánico. Después comenzaron trabajo en Costa Rica (1935), México (1946), Perú (1962), Puerto Rico (1966) y Brasil (1970). También tienen obra en la Argentina y Bolivia.

Iglesias de Dios nacionales. Se han levantado algunas que han llegado a ser fuertes. Mencionaremos varias. En Puerto Rico las iglesias evangélicas fundadas por las →Asambleas de Dios se organizaron en una denominación nacional que llamaron *Iglesia de Dios Pentecostal,* que en 1977 tenía más de 300 iglesias y el Instituto Bíblico Mispa. En 1940 la nueva denominación comenzó una obra misionera que se ha extendido a México, Guatemala, El Salvador, Nicaragua, Costa Rica, Panamá, Colombia, Venezuela, EUA, España, Portugal, la República Dominicana, Haití y Barbados. *Iglesia de Dios de Argentina.* Se fundó en 1952 a raíz de una división y se ha extendido por todo el país. En 1977 tenía 5.000 miembros y en 1976 había iniciado obra misionera en Asunción, Paraguay.

GABRIEL O. VACCARO
WILTON M. NELSON

IGLESIAS ETNICAS EN AMERICA LATINA. Con solo algunas excepciones, el protestantismo llegó por primera vez a los diferentes países latinoamericanos no por esfuerzo de juntas misioneras sino por ser la religión de inmigrantes protestantes. Puesto que AL era totalmente catolicorromana, no había iglesias con las cuales estos inmigrantes pudieran relacionarse. Por ello, para poder practicar su fe, tuvieron que organizar sus propias iglesias.

Entre los primeros inmigrantes protestantes se destacaron los ingleses. El →anglicanismo se estableció en Brasil en 1810 y su primera capilla fue construida en 1819. En Argentina el primer culto anglicano se celebró en Buenos Aires en 1831 y en 1840 se construyó su primera capilla. En Costa Rica los ingleses iniciaron cultos interdenominacionales en 1848 y construyeron su primera capilla en 1865. Treinta años más tarde la iglesia se convirtió en anglicana.

También entre los primeros inmigrantes protestantes hubo muchos alemanes, especialmente en Brasil y Argentina (→LUTERANISMO EN AL). En 1824 se estableció la libertad religiosa en Brasil. Después de esta fecha miles de alemanes emigraron a este país. Con la anuencia del gobierno, formaron colonias que tenían su propia vida social y religiosa. Organizaron iglesias luteranas y establecieron cuatro sínodos, relacionados oficialmente con los organismos eclesiásticos de Alemania. A Argentina llegó el primer pastor luterano en 1843, procedente de Alemania. Como resultado de su ministerio se formó la Iglesia Evangélica (Luterana) del Río de la Plata que ministraba a los descendientes de los alemanes del área.

A mediados del s.XIX se inició la inmigración de →valdenses italianos a Argentina y Uruguay quienes organizaron sus propias iglesias. También →menonitas de Alemania, Holanda y Rusia llegaron a los países rioplatenses y a Brasil. Muchos de ellos habían huído de la persecución y cuando establecieron sus colonias se organizaron en forma casi totalmente segregada de la comunidad nacional. Inmigrantes →eslavos, especialmente los bautistas, establecieron muchas iglesias en la región del Río de la Plata.

Estos son apenas algunos ejemplos del fenómeno de las i.e. en AL. En los últimos años ha aparecido una nueva forma de ellas: la →*Union Church* que se halla en casi cada ciudad latinoamericana grande.

El establecimiento de las i.e. es comprensible y sin duda han desempeñado un papel beneficioso. Los inmigrantes protestantes en tierras extrañas necesitan el compañerismo y el estímulo mutuo de los de su propia raza y fe. A la vez ha habido ciertas tendencias entre algunas de tales iglesias que no son sanas. La más obvia es la formación de ghettos sociales y espirituales. En el afán de preservar la "etnía" que se ha heredado, no debe olvidarse que, al establecerse en un país extranjero, uno tiene el deber de relacionarse con el nuevo medioambiente. El aislarse étnicamente está en contra de la enseñanza de Jesús de que el cristiano debe ser "sal" y "luz".

Además, con el establecimiento en AL durante los últimos años de iglesias nacionales de casi toda denominación protestante concebible, ya no existe la razón principal de establecer i.e. como era el caso hace 150 años.

WILTON M. NELSON

IGLESIAS NEGRAS, NORTEAMERICANAS. Lejos de su ambiente africano, los esclavos de la América del Norte colonial fueron introducidos a la religión cristiana. Esta los ayudó a adaptarse a las estructuras sociales de una nueva civilización. Al principio hubo pocos esfuerzos organizados para evangelizarlos. Los esclavos habitualmente concurrían a la iglesia de sus amos o se les daba un mínimo de instrucción religiosa impartida por el amo, pastor o misionero. Después del →Gran Despertamiento, acaecido en el s.XVIII, evangelistas agresivos, especialmente bautistas y metodistas, los alcanzaron con un evangelio sencillo, personal y emocional que inyectó en sus vidas nuevo significado y esperanzas.

Salvo entre los negros libertos, la i.n. rara vez surgió como institución independiente antes de la Guerra Civil (1861-65). Existían congregaciones separadas, algunas bajo dirección blanca y otras bajo negra, pero la mayoría de los miembros de la i.n. pertenecían a congregaciones donde la membresía era compartida con miembros de raza blanca que estaban frecuentemente en minoría. Después de la Guerra por la Independencia (1776-83), hubo numerosas secesiones de negros libertos que se apartaron de las iglesias blancas.

La primera i.n. conocida en la América del Norte fue una congregación bautista fundada en Silver Bluff, Carolina del Sur, en 1775. Pronto se formaron congregaciones bautistas en Savannah, Georgia (1788), Boston (1805), Nueva York (1807), Filadelfia (1809) y, seguidamente, en muchos otros lugares. Varias congregaciones metodistas fueron establecidas a fines del s.XVIII, pero pronto se organizaron para formar denominaciones negras. La Iglesia Metodista Episcopal Africana fue fundada en Filadelfia en 1816, y la Iglesia Metodista Episcopal Africana de Zión, en Nueva York en 1821.

Después de la Guerra Civil, las organizaciones de la i.n. crecieron rápidamente conforme muchos ex-esclavos, abandonando las iglesias blancas, fueron absorbidos en su mayor parte por las instituciones iniciadas antes de la guerra por los libertos negros. En 1870 la Iglesia Metodista Episcopal Cristiana, que originalmente formaba parte de la Iglesia Metodista Episcopal del Sur, se constituyó en denominación aparte. En 1886 la mayoría de los bautistas se unió en lo que sería la convención Bautista Nacional, U.S.A., de la cual se separó en 1916 la Convención Bautista Nacional de América; estas dos son las mayores denominaciones negras en los EUA. La i.n. –institución en la cual los negros pudieron expresarse, desarrollar su liderazgo y proporcionar servicios sociales– se convirtió, y todavía sigue siéndolo para muchos, en el instrumento más importante para el logro del sentido de comunidad y posición social.

Más de dos tercios de los miembros de la i.n. están concentrados en cinco denominaciones: Convención Bautista Nacional, U.S.A., con 5.500.000 miembros (1958); Iglesia Bautista Nacional de América con 2.669.000 (1956); Iglesia Metodista Episcopal Africana con 1.660.000 (1951); Iglesia Metodista Episcopal Africana de Zión con 940.000 (1970) y la Iglesia Metodista Episcopal Cristiana con 467.000 (1965). Los negros también se encuentran en otras denominaciones más pequeñas y en agrupaciones predominantemente blancas, aunque por lo general dentro de congregaciones negras. De las denominaciones protestantes blancas, la Iglesia Metodista Unida tiene la membresía negra más numerosa.

Desde la Guerra Mundial II, la ICR se ha convertido en una de las principales agrupaciones religiosas entre los negros y se cree ahora que su membresía es igual a la membresía negra en las denominaciones protestantes predominantemente blancas.

La migración a las ciudades después de la Guerra Mundial I ha contribuido al surgimiento de iglesias en salones *("storefront churches")* y a numerosas sectas organizadas para los negros que se sienten incómodos en las iglesias más convencionales. Típicos de los muchos grupos hostiles a las expresiones tradicionales religiosas son grupos como los Musulmanes Negros, los Judíos Negros y la Misión de Paz del Padre Divino.

Las i.n. siguen pautas religiosas norteamericanas, reflejando en gran medida a las otras iglesias correspondientes o ancestrales y del mismo nivel educativo y económico. Su teología es típicamente fundamentalista, pietista y evangélica. El énfasis sobre el más allá de sus canciones *(negro spirituals)* todavía es prominente; la iglesia permanece siendo para ellos un refugio y una fuente de esperanza dentro de un mundo hostil. Al mejorar la educación y la economía de los negros, su teología y su culto se volvieron más intelectuales, elaborados y emocionalmente disciplinados.

La comunidad negra tiene una proporción de pastores e iglesias superior a la de la población en general. El pastor desempeña el papel histórico del jefe. Desgraciadamente, son muy pocos los que poseen educación formal adecuada y las perspectivas en ese sentido no parecen incrementarse.

La i.n. es predominantemente urbana, y hay un número creciente de sus miembros que comparten los ideales de la clase media y las actitudes seculares comunes. El creciente énfasis sobre este mundo ha inducido a muchos dirigentes eclesiásticos a encabezar movimientos en pro de los derechos civiles, la justicia económica y las mejores oportunidades educativas. La expectación entre los negros es sustancial y está creciendo en el sentido de que las iglesias deberían involucrarse en el mejoramiento de la comunidad mediante la colaboración con otras organizaciones y por medio de la acción social y política. La lucha en pro de una justicia racial y social ha creado una crisis en cuanto al papel y la identidad de la iglesia y sus dirigentes.

La i.n. existe para los propósitos de un pueblo todavía despojado y turbado. Mientras los negros sean excluídos de las iglesias blancas o se sientan incómodos en ellas, la iglesia negra permanecerá como un instrumento para la expresión de la identidad racial y como un medio para modelar y expresar sus aspiraciones.

ALBERT H. FREUNDT, Jr.

IGLESIAS REFORMADAS. Nombre que llevan las iglesias que surgieron de la Reforma Suiza, la cual fue iniciada por →Zwinglio, →Ecolampadio y →Bullinger, y desarrollada principalmente por →Calvino. Esta reforma se extendió de Suiza a Alemania, Francia, Holanda, la Gran Bretaña, Hungría y en algunos otros países de Europa.SE. Las iglesias calvinistas en todos los países arriba señalados llevan este nombre excepto las de la Gran Bretaña, las cuales fueron apodadas "Presbiterianas" debido a la forma de gobierno que practican las iglesias calvinistas (→PRESBITERIANISMO). Esta nomenclatura fue llevada por los inmigrantes europeos al continente occidental.

Las iglesias de este tipo en 1875 formaron la →Alianza Mundial de I.R.

La teología reformada no solo ha dado origen a una familia grande de iglesias sino que también ha influido profundamente en muchas iglesias o denominaciones que no llevan el nombre de R. o Presbiteriana, especialmente en las bautistas y la anglicana.

WILTON M. NELSON

IGLESIAS REFORMADAS EN AMERICA LATINA. Durante la Epoca Colonial hubo dos esfuerzos para establecer la I.R. en AL. El primero se hizo cuando se intentó establecer una colonia →hugonote en la Bahía de Río de Janeiro, Brasil, la cual fue de poca duración (1555-57). El segundo se hizo en el área de Pernambuco, Brasil, la cual fue conquistada por →Holanda y retenida 30 años (1624-54) con Recife como centro. Aquí fue establecida la I.R. y se inició la obra misionera. Pero los portugueses lograron reconquistar las tierras perdidas en ambos casos y la fe reformada fue extirpada.

La I.R. reaparece a principios del s.XX cuando llegaron grupos de inmigrantes holandeses a Argentina y Brasil, llevando consigo sus costumbres, idioma y fe. Establecieron I.R. combinando la tradición europea y las costumbres de AL. Estas iglesias han sobrevivido y en algunos casos han crecido debido a la venida de nuevos inmigrantes de Holanda y a su propia obra evangelística.

Gracias también a los esfuerzos de misioneros enviados de Europa y Norte América, las I.R. latinoamericanas están multiplicándose. En muchos casos estos misioneros han trabajado con iglesias presbiterianas, ya que sus credos y organización eclesiástica también son calvinistas (p.e. en México). Pero en sitios donde no existe el presbiterianismo o donde no ha podido cumplir con la necesidad, la I.R. establece iglesias en su propio nombre.

La Iglesia Cristiana Reformada se ha establecido en Cuba, El Salvador, Honduras, la República Dominicana, Nicaragua y Puerto Rico. Algunas de las iglesias deben su origen al programa radial "La Hora de la Reforma", patrocinado por la Iglesia Cristiana Reformada en EUA, y radiodifundido en casi toda AL y España.

Actualmente hay en AL aproximadamente cincuenta familias misioneras de las dos I.R. La mayoría de ellos trabajan en el evangelismo y establecimiento de iglesias nuevas. Algunos enseñan en seminarios tales como el Seminario Juan Calvino en el Distrito Federal de México y el Seminario Evangélico Reformado en San Juan, Puerto Rico. La educación teológica por extensión recibe mucho énfasis entre los creyentes y centenares están preparándose para el ministerio cristiano.

Hay también en las I.R. programas de servicio social en Honduras, Nicaragua y Guatemala. También cooperan con los programas de alfabetización en Costa Rica, Honduras y El Salvador, y llevan a cabo programas agropecuarios entre los campesinos de Nicaragua, Honduras y Haití. Además se dedican a la producción de buena literatura (libros, revistas y folletos) y a su venta en librerías ubicadas en las ciudades importantes como Buenos Aires y La Plata en Argentina, y la ciudad de México, Mérida, Veracruz y Tijuana en México.

Comparativamente, el movimiento reformado en AL es pequeño, pero está produciendo líderes capaces y multiplicando congregaciones, con la esperanza de una influencia mayor en el futuro.

ROGER S. GREENWAY

IGLESIA UNIDA DE CRISTO. Denominación protestante norteamericana formada en 1957 por la unión de la →Iglesia Evangélica y Reformada y el Concilio General de las Iglesias Congregacionales Cristianas (→Congregacionalismo norteamericano). Las primeras conversaciones para la unión se llevaron a cabo en 1941; el plan para la unión fue aceptado en 1948 y la unión se consumó en 1957 (aunque la constitución de la nueva Iglesia no fue ratificada hasta 1961). Esta unión fue muy significativa porque, por primera vez en la historia del movimiento ecuménico norteamericano, dos denominaciones de estructuras eclesiásticas distintas (presbiteriana y congregacional, respectivamente) se unen para combinar sus políticas.

La I.U.C. cuenta (en 1977) con aproximadamente 1.800.000 miembros y 6.500 congregaciones. La autonomía de la congregación local continúa siendo inviolable. El poder de decisión respecto a doctrina, culto, propiedades y participación en la estructura conexional de la denominación radica en la congregación local. La vida conexional de la I.U.C. se realiza por medio de asociaciones geográficas de iglesias, en las que las congregaciones y sus pastores gozan del reconocimiento tanto denominacional como de las 39 conferencias (la mayoría de ellas estatales). Las asociaciones pertenecen a las conferencias, y en éstas reside generalmente la capacidad para elaborar programas. Cada dos años se reúne, bajo la presidencia de un moderador, el Sínodo General, compuesto por delegados de las conferencias. Aunque deben ser tomadas con toda seriedad, las decisiones del Sínodo General no son obligatorias para las congregaciones locales.

Los programas de carácter denominacional se llevan a cabo por medio de diversos organismos del Sínodo General, que prestan atención a la obra misionera foránea y doméstica, a la educación, a la acción social, a las comunicaciones, a la mayordomía, al desarrollo de líderes, al bienestar social y al sistema de jubilación.

La I.U.C. es una denominación comprometida con el ecumenismo. Participa tanto en la →Alianza Mundial de Iglesias Reformadas como en el Concilio Nacional de las Iglesias de Cristo en los EUA y en el →CMI. Presta, además, su apoyo a la Consulta sobre la Unión de las Iglesias (COCU), esfuerzo de unión que se realiza en los EUA. Actualmente está en conversaciones con los →Discípulos de Cristo, con miras a la unión de las dos Iglesias.

En 1959 el Sínodo General adoptó una Afirmación de Fe. Pero ésta, más que como credo teológico rígido, fue aceptada como testimonio de la fe de la Iglesia. Reconoce a Jesucristo como Hijo de Dios, Salvador y Cabeza única de la Iglesia. Enseña que la Palabra de Dios en las Sagradas Escrituras nos es dada juntamente con la presencia y el poder del Espíritu Santo, para prosperar la misión de Dios en el mundo. Afirma la continuidad de la fe de la Iglesia a través de los siglos (expresada en los credos clásicos y recuperada en la →Reforma), pero insiste en que cada generación tiene que hacer propia esa fe. El bautismo y la santa cena son los únicos sacramentos.

La herencia de las denominaciones originales continúa siendo real, sobre todo a nivel local y regional, por lo que en la I.U.C. hay una gran diversidad teológica. Se ha caracterizado por su activismo social y teológico, al mismo tiempo que en su seno hay también sectores muy conservadores.

La I.U.C. asume una actitud progresista en relación con temas tales como la defensa de las libertades y los derechos de los grupos minoritarios.

En 1977 sostenía 59 hogares para ancianos, 6 hogares para retrasados mentales, 7 centros comunales urbanos, 10 hospitales, 2 colegios, 30 instituciones de educación superior y 14 seminarios teológicos. Realiza obra misionera en 42 países, aunque se concentra sobre todo en Japón, India, Turquía y varias naciones de Africa. En AL mantiene vínculos históricos con las Iglesias congregacionales de →México, →Brasil y →Argentina; con la Iglesia Evangélica y Reformada de →Honduras y con la Iglesia Evangélica Unida de →Ecuador. También colabora con otros organismos nacionales o internacionales para llevar a cabo obra evangelística, educativa, médica, agrícola y social, tanto en el Continente como en el Caribe.

KENNETH B. MULHOLLAND

IGLESIA UNIDA DEL CANADA. Las gestiones de unión entre la Iglesia Metodista y la Iglesia Presbiteriana en el Canadá se iniciaron en 1902 cuando los tribunales superiores de estas dos eminentes denominaciones protestantes consintieron en iniciar discusiones en conjunto. La unión se consumó en una asamblea solemne en Toronto el 10 de junio de 1925. Abarcó también las Iglesias Congregacionalistas del Canadá y unas 3000 iglesias ya unidas, la mayoría de las cuales ya existían en el O antes de esto. Gran número de iglesias presbiterianas no participaron en la unión sino que se reorganizaron de inmediato para formar la →Iglesia Presbiteriana del Canadá. Sin embargo, la unión prosperó. Se delimita por una Base de Unión que trata de incorporar lo mejor de la teología y el gobierno eclesiástico de la tradición reformada.

Se desarrolló una estructura presbiterial que mantiene un sano equilibrio entre los diversos elementos de los tres cuerpos en unión, referente a la naturaleza y función de los diversos tribunales eclesiásticos. El consejo general, que normalmente se reúne año de por medio, es la asamblea legislativa principal. Representa adecuadamente los diversos tribunales inferiores y consta de un número igual de ministros y laicos. Las diez conferencias a su vez se componen de presbiterios a las que pertenecen las congregaciones locales. La estructura básica de una congregación es la junta oficial, que combina el consistorio con la junta de mayordomos. Generalmente la dirige el pastor, que es miembro del consistorio. Los asuntos que atañen a los miembros de la congregación se tratan en la reunión congregacional anual.

La conferencia ordena a los pastores por recomendación de los seminarios y presbiterios a cargo de los cuales se prepararon para el ministerio. Tras un período inicial de acomodamiento, cada pastor tiene derecho a ser llamado a un cargo, mas puede también ponerse a disposición del comité de acomodamiento de la conferencia. La evangelización y los servicios sociales de la I.U., la obra misionera nacional y extranjera y otras funciones importantes de la iglesia, están bajo la dirección de juntas y divisiones, centralizadas en Toronto, pero reproducidas a nivel de conferencia y presbiterio por toda la iglesia. Los asuntos eclesiales quedan sentados en *El Manual de la Iglesia Unida*.

Algunos experimentos en la reestructuración de los tribunales de la iglesia han introducido mayor diversidad y cierta flexibilidad en estos últimos años. Las negociaciones de unificación serias han producido una estrecha cooperación con la Iglesia Anglicana en el Canadá y hacen de la I.U. uno de los principales representantes del interés ecuménico en el escenario canadiense.

La I.U. está representada oficialmente por el moderador, elegido en las reuniones del consejo general por un período de dos años. El secretario del consejo general desempeña un papel administrativo importante. La I.U. está en asociación fraternal con la →Alianza Mundial de Iglesias Reformadas, con cuerpos mundiales metodistas y con el →CMI. Su lema, *Ut Omnes Unum Sint,* trata de expresar el objetivo de esta iglesia de actuar como gestora de la unidad entre los cristianos del Canadá. Varias uniones con otras comuniones cristianas han enriquecido la iglesia en su historia desde 1925. EDWARD J. FURCHA

IGLESIA UNIDA LIBRE DE ESCOCIA →ESCOCIA, IGLESIA UNIDA LIBRE DE

IGLESIA Y ESTADO EN AMERICA LATINA. Durante el período colonial, las relaciones entre I. y E. en AL se rigieron por lo establecido en el →Patronato Real. Al llegar la independencia, muchos de los jefes de las nuevas repúblicas hispanoamericanas decían que el Patronato era transferible, y que por tanto los gobiernos republicanos tenían ahora el derecho al patronato nacional. Frente a ellos, los españoles argumentaban que la independencia misma era ilegítima, por lo que el Patronato quedaba todavía en manos de la corona, aunque esta no tuviera dominio efectivo sobre sus colonias. El conflicto se hizo agudo para el papa en lo referente al "derecho de presentación". Según las viejas →bulas del Patronato, la corona debía presentar ante el papa los nombres de quienes debían ser nombrados obispos en las colonias. Con la nueva situación varias de las nuevas repúblicas reclamaban para sí ese derecho, frente a España, que no reconocía su independencia. Frecuentemente esto colocó a Roma en una situación difícil, y el resultado fue que muchas sedes episcopales quedaron vacantes.

La mayor parte de los nuevos estados hispanoamericanos no reconoció la separación entre I. y E. en sus primeras constituciones, aunque en unas pocas se garantizaba la libertad de cultos. Casi todos los nuevos países reclamaron para sí el Patronato Nacional, que recaía sobre el Presidente o sobre el Congreso. Algunos reclamaron el derecho a recibir los diezmos, como lo había hecho antes la corona. Por lo general, el E. siguió cubriendo los gastos de la I., y así en las primeras leyes argentinas se hablaba de los clérigos como "empleados públicos". A la postre la cuestión del patronato se fue resolviendo mediante una serie de →concordatos en unos casos, y en otros según los diversos países fueron adoptando el concepto del estado laico.

Durante el s.XIX, un número creciente de estados proclamó la libertad de cultos, aunque casi todos declaraban todavía que el catolicismo era la religión del E. A fines del s.XIX y a principios del s.XX comenzó un movimiento general hacia la separación entre I. y E. En algunos casos esto tomó la forma de una separación constitucional explícita. En otros, los gobiernos fueron reclamando jurisdicción civil sobre campos que habían pertenecido a la jurisdicción eclesiástica (el matrimonio, los cementerios, el registro demográfico, etc.) al mismo tiempo que se negaban a utilizar el poder civil para apoyar ciertos principios católicos (el diezmo, la prohibición del divorcio, etc.). La revolución mexicana atacó el problema de las vastas propiedades acumuladas por la I. desde tiempos coloniales. Después varios otros países se enfrentaron a la misma situación con soluciones más o menos radicales.

El caso del →Brasil es algo distinto, pues su proceso de independencia fue tal que se pudo llegar a una separación entre I. y E. y a la libertad de cultos con menos oposición y conflicto. La libertad de cultos se garantizaba ya en la Constitución Imperial de 1824.

Durante todo este período, las autoridades eclesiásticas se oponían a la creciente separación entre I. y E. En esto seguían las pautas trazadas por Pío IX en el →*Syllabus errorum*. En la segunda mitad del s.XX empero, esta actitud comenzó a cambiar, sobre todo a partir de la Conferencia de →Medellín. Actualmente, muchos dirigentes católicos prefieren la separación entre la I. y el E., pues ello les permite adoptar una actitud más crítica y profética frente a las injusticias que el E. o la sociedad en general puedan cometer. JUSTO L. GONZALEZ

IGLESIA Y SOCIEDAD EN AMERICA LATINA (ISAL). Movimiento evangélico laico cuyo origen estuvo en otros dos movimientos. Uno, de carácter general, se expresaba fundamentalmente en congresos juveniles, nacionales y regionales, celebrados a partir de la década de los treinta. Así se creó el primer movimiento ecuménico continental: la →Unión Latinoamericana de Juventudes Evangélicas (ULAJE) como resultado del congreso celebrado en Lima, Perú (1941). Allí se aceptó la inquietud por el aspecto social y la presencia cristiana en la sociedad. El segundo movimiento se inició alrededor de 1954, con motivo del estudio sobre el tema de "La responsabilidad cristiana y los rápidos cambios sociales", patrocinado por el →CMI. Como consecuencia de este estudio se inició en el Río de la Plata una publicación mimeografiada que actuó como semilla de lo que sería ISAL.

Por el interés que se despertó se formaron comisiones de "Iglesia y Sociedad" en el marco de los organismos nacionales e interdenominacionales existentes. Pronto se celebró una consulta continental, en Huampaní, Perú (1961). Sus conclusiones tuvieron amplia difusión a través del libro *Encuentro y Desafío*. La consulta analizó la tarea realizada y estableció las bases bíblico-teológicas y la orientación general que debía caracterizar la obra futura. Asimismo se designó una comisión continuadora provisoria y se le encomendó la tarea de darle al movimiento una estructura adecuada. En 1962, en Sao Paulo, Brasil, se designó la Junta Directiva y se aprobó el programa de acción para el bienio siguiente. En poco tiempo se formalizó la adhesión de comisiones nacionales de ISAL de una decena de países y la relación fraternal con otros seis.

Desde su inicio, ISAL fundamentó su tarea en la búsqueda de lo que en torno a la responsabilidad social cristiana proclama la Palabra de Dios. En todos los institutos y consultas organizadas, el programa se centró en esta preocupación. La definición adoptada por la Consulta de Huampaní puede resumirse así: (1) Toda forma de acción cristiana parte de una convicción fundamental que surge de las Escrituras: Dios está presente en la historia. (2) Reconocer el señorío de Jesucristo en la historia, significa insistir en que no tiene una significación abstracta: se trata de Su presencia aquí y ahora. (3) Esta certidumbre no simplifica la tarea de la iglesia, pues los hechos de la historia no son tan claros como para advertir inmediatamente cuál es la dirección de la acción divina. Por eso, la Iglesia debe estar constantemente alerta a fin de descubrir, en los acontecimientos históricos, la dirección en que Dios se mueve dentro de la historia.

ISAL se desarrolló sobre bases ecuménicas amplias. Llegó a despertar sumo interés en círculos católicos, y logró también la participación de grupos cristianos juveniles y estudiantiles, seminarios y aun algún grupo de carácter secular. Su acción se desarrolló dentro de los siguientes planos generales: capacitación y entrenamiento para una militancia en pro de la justicia social; estudios, investigación y celebración de consultas; documentación e información; publicaciones ("Fichas", "Cartas de ISAL", libros, folletos y la revista *Cristianismo y Sociedad*) y el proyecto titulado "Misión Urbana e Industrial".

ISAL tuvo como máxima aspiración la concientización de las iglesias evangélicas en cuanto a la necesidad de salir del encierro en que por razones atendibles habían estado, a fin de aportar los principios cristianos de amor, justicia y paz, al proceso revolucionario que de manera vigorosa se estaba manifestando en el continente. Lamentablemente las iglesias llamadas históricas no llegaron a comprender la motivación de ISAL, desconfiando de su posición ideológica, y las iglesias independientes no lo tomaron en cuenta. La consecuencia fue que el movimiento afirmó su carácter para-eclesiástico y presionado por la situación social, política y económica predominante, se radicalizó. No obstante, ISAL contó siempre con la simpatía y el apoyo decidido de un buen grupo de destacados dirigentes eclesiásticos y pastores.

En la actualidad, el movimiento de ISAL, como tal, ha cesado, a causa de la evolución sociopolítica que experimentó casi todo el continente en la década de los setenta, y que desató sobre ISAL y sus integrantes una dura persecución. Permanecen en cambio algunos cuadros que se esfuerzan por mantener viva la preocupación por la presencia y participación cristianas en el proceso de liberación y la causa de la justicia integral.

LUIS E. ODELL

IGNACIO (m.98/117). Obispo de Antioquía. Se le conoce casi exclusivamente por siete cartas cuya autenticidad fue establecida en el s.XVII, especialmente por James Ussher, y vindicada en el s.XIX, sobre todo por J.B. →Lightfoot. Mientras viajaba custodiado por guardias para ser ejecutado en Roma, precedido de otros cristianos sirios, I. fue recibido por →Policarpo y delegados de otras iglesias en Esmirna, de donde escribió a las iglesias de Efeso, Magnesia, Trales y Roma. Luego, desde Tróade, escribió a las comunidades de Filadelfia y de Esmirna y a Policarpo. Su muerte en Roma es asegurada hacia 135 por Policarpo, que antes había recogido sus cartas para la iglesia filipense.

En seis de sus cartas I. ataca una herejía compuesta de rasgos docetistas, judaizantes y tal vez gnósticos, y promulga como antídoto la adhesión al obispo, los presbíteros y los diáconos. Era aun probablemente el único obispo monárquico en Siria y es el testigo más primitivo del ministerio triple; enfatiza la autoridad unificadora del obispo como representante de Dios (no menciona la sucesión apostólica).

I. muestra cualidades proféticas (se llama a sí mismo Teóforo, "portador de Dios" o "llevado por Dios", acaso su nombre bautismal), y es un escritor vívido y vigoroso, influido por concepciones judeocristianas y gnósticas. La elogiosa carta a los romanos (que nada dice sobre el episcopado monárquico) ruega a sus destinatarios no hacer nada por impedir su pasión por el martirio, por medio del cual, en un lenguaje que refleja los ideales de los macabeos y de la *imitatio Christi,* "alcanzará a Dios", llegará a ser al fin un discípulo y ofrecerá un rescate por la iglesia.

I. es heredero de la tradición apostólica (explícitamente paulina más que juanina), pero sus circunstancias personales y eclesiásticas lo conducen a ciertos énfasis dramáticos, incluso bizarros. En contra del →docetismo, enfatiza la verdadera humanidad de Cristo y la identifica con el alimento salutífero de la Eucaristía, que es además centro de la unidad comunitaria. D.F. WRIGHT

IGNACIO DE LOYOLA (Iñigo López de Loyola) (1491-1556). Reformador eclesiástico y místico español, fundador y primer superior general de la →Sociedad de Jesús. N. en la provincia vasca de Guipúzcoa en el NO de España. Poco se sabe de su juventud. Su padre murió cuando él tenía como catorce años, después de lo cual I. se unió a la corte del rey Fernando, para seguir la carrera militar. En 1521, al defender el reclamo español sobre Navarra contra Francia, mientras estaba en la fortaleza de Pamplona, I. fue herido por una bala de cañón. Una pierna le quedó gravemente maltratada, lo cual puso fin a su carrera militar. Mientras estaba recuperándose en el castillo de Loyola tuvo ocasión de leer la *Vida de Cristo,* de Ludolfo de Sajonia. Inspirado por convertirse en soldado de Cristo, hizo voto de perpetua castidad y pronto ingresó al monasterio de Manresa. Allí pasó casi un año de prácticas ascéticas, experimentó varias visiones místicas y redactó la esencia del gran manual de combate espiritual y victoria, los *Ejercicios espirituales.* Después de un peregrinaje a Jerusalén en 1523, comenzó su carrera educativa que culminó con la maestría en la Universidad de París (1535).

En París reunió a su alrededor una banda de asociados que estudiaron los *Ejercicios* y se enardecieron con el ideal ignaciano. Después de la graduación, I. y seis colegas comprometidos (Nicolás de Bobadilla, Pedro Faber, Diego Laínez, Simón Rodríguez, Alfonso Salmerón y Francisco Javier), en la Iglesia de Santa María en Montmartre, hicieron juntos los votos de una vida de pobreza, castidad y de una carrera de servicio en la Tierra Santa o, en su defecto, de servicio sin reservas al papa. Al año siguiente se reunieron en Venecia, lograron llegar a Jerusalén que estaba asediada por la guerra y finalmente lograron una respuesta favorable de Paulo III, que condujo a su aprobación como una orden de la Iglesia. Esto quedó oficialmente confirmado por la bula *Regimini militantis ecclesiae* (1540).

A principios de 1548 I. fue elegido unánimemente como "general" de la compañía. Proveyó la organización del grupo mediante las famosas *Constituciones,* que esbozaban una estructura paramilitar con la obediencia, disciplina y eficiencia como ideas claves. También se hacía mucho énfasis en la educación y la preparación e I. fundó en 1551 el Colegio Romano como modelo. Basados en estos ideales, los jesuitas tomaron la delantera en el movimiento católico de reforma. I. fue beatificado en 1609 y canonizado en 1622. BRIAN G. ARMSTRONG

IHS. Este monograma se forma utilizando las tres primeras letras unciales (mayúsculas) del nombre de Jesús tal como se escribe en griego. Se pasó por alto que la segunda letra es una *eta* griega, no una *H* latina. (El monograma también se encuentra a veces en la forma IH o IHV.) Esto explica por qué algunas veces se ha extendido en forma incorrecta hasta decir "Ihesus". Ha habido varios otros intentos de explicar la etimología de esta abreviatura. Una teoría popular considera cada una de las letras del monograma IHS como la primera letra de palabras separadas, en vez de verlas como las tres primeras letras de la forma griega del nombre de Jesús. Entre otras explicaciones, se ha asegurado que estas letras quieren decir *Iesus Hominum Salvator* ("Jesús, Salvador de los Hombres") o *Iesum Habemus Socium* ("Tenemos a Jesús por compañero"). WATSON E. MILLS

ILDEFONSO (c.607-667). Arzobispo de Toledo, hijo de familia distinguida y que según parece fue discípulo de →Isidoro de Sevilla. Contra los deseos de su padre entró al monasterio de Agalia, cerca de Toledo, y luego llegó a ser su abad y fundó un convento de monjas en las cercanías. Como abad fungió en el octavo y noveno Concilios de →Toledo (653, 655). Desde 657 fue arzobispo de Toledo. I. contribuyó sobremanera a la veneración de María en el catolicismo, por medio de su obra *De virginitate sanctae Mariae.* Sus legendarios encuentros con la Virgen, narrados por sus primeros biógrafos, llegaron a ser objeto del arte y poesía medievales. Nos quedan de él otras tres obras importantes y dos cartas a Quirico, obispo de Barcelona. Su *De viris illustribus* demuestra la deuda de la iglesia española del s.VII a catorce hombres sobresalientes. De sus *Annotationes de cognitione baptismi* se derivan valiosos datos sobre el catecumenado y bautismo de la Edad Media. *De progressu spiritualis deserti* describe el peregrinaje del creyente desde el bautismo hasta el cielo. JAMES DE JONG

ILUMINADOS→ALUMBRADOS

ILUSTRACION *(Aufklarüng).* Movimiento que aparece en forma nítida especialmente en Alemania durante el s.XVIII. Karl Barth lo caracterizó como un "sistema fundado sobre la fe en la omnipotencia de la capacidad humana". Emmanuel Kant en su *Religión dentro de los Límites de la Razón Humana* (1793), lo definió así: "La Ilustración representa el surgimiento del hombre que supera un estado de minoridad que él mismo se había impuesto. Un menor es alguien incapaz de utilizar su entendimiento sin la tutela de algún otro... *Sapere aude!* Tener el valor de hacer uso de vuestro propio entendimiento es, por lo tanto, el santo y seña de la Ilustración". Según F.A.G. Tholuck, el que estableció el ritmo teológico y filosófico de la I. fue Christian Wolff (1679-1754), al buscar la senda hacia la verdad absoluta a través de la "razón pura". Se puede ver una forma más radical en H.S. →Reimarus. Influido por los deístas ingleses, rechazó la revelación sobrenatural y lo expresó en su →*Fragmentos Wolfenbüttel,* publicados por G.E. →Lessing después de la muerte de su autor. Este sostuvo que el hombre había superado su necesidad de cristianismo (*Erziehung des Menschengeschlechtes,* 1780). En la obra más conocida de Lessing, *Nathan der Weise* (1779), argumentaba que la verdad se encontraba en el cristianismo, en el islamismo y en el judaísmo y, por lo tanto, la tolerancia era un imperativo.

Afirmado sobre lo confiable de la razón, la I. rechazó tanto la revelación sobrenatural como la pecaminosidad humana. Dios, el creador omnisciente, había implantado en el hombre una religión natural que enseñaba tanto la moralidad como la inmortalidad.

WAYNE DETZLER

IMAGENES. El uso de i. para representar a Yahvéh estaba absolutamente prohibido por la Ley Mosaica (Ex. 20:4,5; Dt. 5:8,9; Lv. 26:1) y esta prohibición fue reforzada por los profetas (Am. 5:26; Os. 13:2; Is. 2:8; 40: 18-26). Muchos objetos como el arca de la alianza, los toros que sostenían el mar de bronce, y los querubines del Lugar Santísimo se usaban para ayudar al culto, pero nunca fueron considerados objetos de culto. La serpiente de bronce (Nm. 21:8,9) fue venerada con incienso en cierta época (2 R. 18:4), pero esto fue abolido por Ezequías. El uso ilegítimo de las i. halla su máxima expresión en el uso de becerros de oro en Israel por Jeroboam I. Aunque se les tenía inicialmente solo como símbolos de la presencia de Dios, pronto empezó a considerárseles objetos de culto. El sincretismo del culto a Baal y del yahvismo produjo una invasión de i. tanto en el reino del norte como en el del sur. Incluso, a pesar de las reformas de Ezequías y Josías, esta idolatría continuó hasta el período exílico (587-537 a.C.). Después de esta época, la prohibición se intensificó.

Durante la ocupación romana, los observantes de la Ley, a riesgo de su vida, lograron que procuradores y gobernadores prometieran no traer el estandarte adornado con la imagen del emperador a la ciudad santa o por el territorio judío. Poco después del establecimiento de la iglesia primitiva, el uso de i. surgió y fue luego justificado por dirigentes como Agustín y Ambrosio. Se levantó la oposición que precipitó la controversia de la →iconoclastia en los ss.VIII y IX. El Concilio de →Nicea II estableció que el honor rendido a una imagen pasa a su prototipo y que el que venera una imagen venera la realidad del que está representado por ella.

Los →iconos llegaron a ser parte integral del culto en las Iglesias Ortodoxas y la veneración de i. fue luego estimulada por Tomás de Aquino en la Iglesia Occidental. El uso de i. recibió fuerte oposición de parte de algunos de los reformadores, especialmente Calvino, Zuinglio, y los puritanos. Siguiendo esta tradición, la mayoría de las iglesias protestantes siguen oponiéndose al uso de i.

JOHN P. DEVER

IMPANACION. Descripción de ciertas teorías de la Eucaristía propuestas en la Edad Media y en la Reforma, que procuraban salvaguardar la Presencia Real de Cristo en las especies sin postular el cambio del pan y vino naturales. Originalmente, en los ss.XI y XII, la palabra describía las doctrinas "heréticas" de personas tales como los seguidores de Berengario, que enseñaban que la relación entre Cristo y el pan y vino era semejante a la que había entre las naturalezas divina y humana de Jesucristo. Durante el s.XVI los católicos romanos acusaron a Lutero, y Carlstadt a Osiander, de enseñar la impanación. El primer uso de este término en sentido técnico parece haber sido por Guitmundo de Aversa (m.c.1090); Alger de Lieja (m.1131) también utilizó el término al escribir contra la transubstanciación. PETER TOON

IMPERIO ROMANO →ROMA

IMPRIMATUR (Lat. = "que se imprima"). Término empleado para indicar que las autoridades catolicorromanas han aprobado la publicación de un libro. Esta aprobación debe darse a todas las obras de clérigos y laicos que tengan que ver con la Biblia, la doctrina, historia de la iglesia, derecho canónico y ética. Indica que el censor no ha hallado en ellas nada que esté en conflicto con las enseñanzas de la Iglesia. Es, pues, más negativo que positivo. La aprobación se da por medio del obispo diocesano. Todas las obras de cualquier tema escritas por clérigos deben recibir el i. Esta práctica aumentó como resultado de ciertos decretos del Concilio de →Trento (1545-63) que establecía una lista de libros prohibidos y expurgados (→INDICE.) W.S. REID

INCIENSO. No hay evidencia clara del uso de i. en las iglesias cristianas hasta el s.VI. Más bien los primeros →apologistas lo repudian enfáticamente. →Tertuliano dijo: "No tenemos nada que ver con el i." Es probable que el rechazo vehemente se deba al hecho de que su uso se identificaba con las ceremonias religiosas de los paganos. El paso definitivo de la apostasía de un cristiano era el ofrendar i. ante un ídolo.

Parece que el i. fue usado primeramente en la ceremonia relacionada con la misa. Para el s.IX se incensaba el altar, la iglesia y el pueblo. Actualmente el i. se usa más en la Iglesia Ortodoxa Oriental que en la ICR. Hay toda una legislación en cuanto a su uso. Al ser usado litúrgicamente el oficiante siempre bendice el i. antes de ponerlo en el turíbulo (incensario).

En la Iglesia Anglicana se oye poco de su uso desde el s.XVI al s.XIX pero los partidarios del Movimiento →Oxford (anglo-católico) animaron su uso. Sin embargo los arzobispos Federico Temple y W.D. Maclagan fallaron en la *Lambeth Opinion* de 1899 que su uso litúrgico no "es ordenado ni prohibido". WILTON M. NELSON

INDIA. La tradición según la cual el Apóstol Tomás llegó a la I. no se ha debilitado en la Iglesia india. Existen dos consideraciones separadas. La primera es la tradición que mantienen particularmente los cristianos sirios de Kerala: que Tomás llegó a Cranganore en el año 52 d.C., fundó iglesias en siete lugares de Kerala, prosiguió luego hasta la costa oriental e incluso más allá de la I. y finalmente sufrió el martirio en Mylapore en el año 72. Mylapore queda dentro de la actual ciudad de Madrás y el supuesto lugar de su entierro está dentro de la actual catedral católica romana de Mylapore. Sin embargo, no existe ninguna evidencia escrita sobre esto en la tradición de la I. meridional sino hasta una crónica portuguesa de c.1600.

La segunda consideración –de si Tomás de veras estuvo alguna vez en la I. dejando de lado los detalles de la tradición meridional– es diferente. Existen antiguas referencias a la presencia de Tomás en la I. Pero la dificultad estriba en demostrar con certeza que la "I." en esas referencias corresponda a la I. que conocemos. Un ejemplo es la siríaca *Doctrina de los Apóstoles* (c.250), que afirma que "la India y todas sus comarcas, y las que limitan con ella, hasta el mar más lejano, recibieron la línea sacerdotal de los apóstoles de parte de Judas Tomás, que fue Guía y Jefe de la Iglesia que él edificó allí y allí ejerció él su ministerio". Donde se hace referencia a la "I.", tal vez se refiera a alguna región en el sur de Arabia, como cuando Eusebio habla de Panteno en la I. (c.180) y por cierto asocia a Bartolomé, y no a Tomás, con la Iglesia de allí.

En cuanto a los *Hechos de →Tomás* que aluden al apóstol, si bien indican que Tomás estuvo en el NO de la I., esto no apoyaría en modo alguno la teoría relativa al sur de la I., pero tiene un poco de credibilidad que ayuda a la actual vacilación antes de desechar las tradiciones. No hay una imposibilidad inherente en la teoría de que Tomás llegara a la I. La ruta marítima, que aprovechaba los monzones, ya se conocía. Hacen falta tanto refutaciones como pruebas.

La existencia de la liturgia siríaca en las iglesias de Kerala (que es lo que les da el nombre de "sirias", pues racialmente no se diferencian del resto de la población) es prueba suficiente de un vínculo entre estas iglesias y el Oriente Medio. Pero al tratar de trazar la antigüedad del vínculo, surge la misma dificultad de definir la palabra "I." en los documentos. Por ejemplo, se menciona a un obispo de Basra, Dudi, que dejó su sede y evangelizó la "I." (c.295-300), y está la firma de Juan el Persa en el Credo de Nicea (325) por parte de las iglesias "en toda Persia y en la gran India". La tradición de Kerala se refiere a una inmigración de cristianos sirios en 345, para fortalecer una iglesia ya existente pero débil, y sería probable un éxodo como ese desde el Imperio Sasánida en ese período de persecución a los cristianos. Otra tradición habla de una inmigración en 823; pero mucho antes de eso Cosmas, el "marinero indio" (c.552) escribe acerca de los cristianos "en la tierra llamada Male [Malabar] donde crece la pimienta" y de un obispo designado desde Persia a un lugar llamado "Kalliana", que era equivalente probablemente a "Kalyan" (junto a la actual Bombay).

Este vínculo, no importa cuándo empezara, determinó ciertas cosas de importancia en la Iglesia de Kerala. Había un rasgo claramente foráneo al tener el culto en lengua siríaca y depender del nombramiento de obispos extranjeros; había un vínculo indirecto con el patriarca de Antioquía, por medio de la Iglesia del Imperio Sasánida, pero ese lazo se había de cortar cuando la Iglesia Oriental hizo énfasis en su autonomía; y cuando la Iglesia Oriental adoptó una confesión nestoriana, la Iglesia india fue también nestoriana, desde el s.VII hasta el período portugués. Además, cuando la iglesia madre sufría pérdidas, y en ciertos lugares se desvaneció del todo, durante la era musulmana, su iglesia dependiente en la I. se debilitaba y quedaba olvidada. Era, en cuanto a su extensión, una iglesia en Kerala como una avanzada en la costa oriental en Mylapore, el santuario de Tomás. Todo lo que hubiera existido más al norte de la I. difícilmente sobreviviría las invasiones musulmanas.

Marco Polo estuvo en la I. en 1288 y 1292 y vio una tumba que se decía ser la de Sto.

Tomás. Más o menos a partir de entonces, había frailes que visitaban la I. en su camino a la China, y uno de ellos, →Juan de Monte Corvino, convirtió gente y recomendó las misiones. En 1321 cuatro franciscanos que tomaron tierra en Thana, cerca de la actual Bombay, fueron martirizados; pero su compañero, un dominico francés llamado Jourdain de Severac, a quien evidentemente se le había asignado trabajar en la I., permaneció en la zona y bautizó a mucha gente. Los amistosos cristianos nestorianos a quienes Jourdain se encontró eran un pueblo olvidado, ignorante; y, por supuesto, tristemente eran herejes. En 1330 Jourdain fue enviado de nuevo a la I. como obispo de Quilon (en Kerala) y llevó una carta del papa que instaba a los cristianos sirios a sujetarse a Roma. Esta fue la primera vez que el papa reclamó abiertamente su autoridad y, aunque sabemos muy poco del subsiguiente ministerio de Jourdain, se estableció en Kerala una iglesia de rito latino.

Todo cambió cuando los portugueses descubrieron la ruta a la I. por el Cabo de Buena Esperanza (1498) y se asentaron en Goa (1510). Eran hombres con una misión religiosa, porque el papa había concedido a los reyes de Portugal derecho perpetuo de patronazgo eclesiástico en el oriente, el *Padroado*. Hacia 1534 había en Goa un obispo, jefe de una poderosa iglesia, pero no una iglesia cuya vida hubiera podido agradar en muchos aspectos a →Francisco Javier, fundador de misiones jesuitas en el Oriente, cuando llegó en 1542. El carácter de Francisco Javier contrastaba con el cuadro general de ese período portugués y le ganó el respeto de casi todos (aun a pesar de sus recomendaciones de la →Inquisición para la I.). En Cabo Comorin instruyó y estableció a los conversos olvidados que se habían ganado de entre la comunidad de pescadores de perlas y estableció los cimientos para la obra de los jesuitas en la I.

Hasta cierto punto, el éxito católico romano correspondió al destino de los jesuitas. Estos fueron agentes para el establecimiento de la autoridad entre los sirios de Kerala, y en medio de ese proceso se volvieron bastante impopulares (CRISTIANOS →MALABARES). Respondieron a una invitación de Akbar, emperador de Mogul, y llevaron una misión a su corte que en realidad no tuvo frutos pero puede haber tenido grandes consecuencias. En el sur un jesuita italiano, Roberto de →Nobili, llevó la delantera en tratar de sobreponer la apariencia extranjera del cristianismo mediante una "acomodación" al hinduísmo. Se vestía y vivía como un *sannyasi* brahmánico, se separó de la iglesia existente en Madurai y, cuando ganaba conversos, les permitía permanecer separados de los otros cristianos y mantener sus signos externos de hinduísmo, como el hilo sagrado. De modo que conservaron el sistema de castas, que para Nobili era simplemente una costumbre social. Surgió una fuerte controversia eclesiástica acerca de estos métodos y Nobili fue expulsado de Madurai en 1645. Finalmente fue condenado todo el método de "acomodación". Los jesuitas mismos fueron suprimidos como orden. Su suerte había de ser continuada por otros; no obstante, puede decirse que la recuperación católica después de un período de decadencia coincide con la restauración de los jesuitas en el s.XIX.

Si existe una dificultad en definir lo que es la I., también a veces hay que detenerse para tratar de determinar qué era el cristianismo. Desde una perspectiva protestante, fue la llegada de las misiones protestantes lo que llevó la Biblia a la I.; y la convicción de muchos de estos primeros misioneros era que ellos estaban introduciendo el cristianismo bíblico, a diferencia de lo que se hacía pasar por cristianismo en las iglesias existentes. Los primeros misioneros protestantes fueron los luteranos alemanes, B. →Ziegenbalg y H. →Plütschau, enviados personalmente por Federico IV de Dinamarca a su territorio mercantil de Tranquebar en el sur de la I. Llegaron en 1706, como misioneros reales a punto de disfrutar una bienvenida mucho menos que regia de manos de las autoridades danesas y ni siquiera deseados por los capellanes que cuidaban de la comunidad europea; pero de todos modos fue un gran día en la historia del cristianismo en la I. y, para destacar lo más importante del período protestante, hacia 1714 Ziegenbalg había traducido e imprimido el NT en tamil, siendo así el primero en una lengua india.

Tranquebar era un territorio minúsculo, pero la misión tuvo repercusiones hasta los confines de la tierra. Se agitó una nueva conciencia misionera, al difundirse noticias en las cartas anuales distribuidas por los pietistas en Halle, Alemania. Aunque los alemanes llevaron la delantera, el ímpetu se contagió a los ingleses –porque el poder político en la I. había de quedar en manos británicas– en el mismo s.XVIII. Incluso antes de que hubiera misioneros ingleses, los anglicanos estaban tan inspirados con las noticias de Tranquebar que comenzaron a dar apoyo monetario a las misiones "inglesas" en otras partes de la I., dirigidas por alemanes luteranos. La Compañía de la India Oriental aprobaba estas misiones e incluso elogió a un hombre del calibre de C.F. Schwartz, pero se alarmó por la creciente presión en Inglaterra para que ella misma proveyera para el trabajo misionero. Hablar de misiones era una amenaza a las buenas condiciones comerciales y la Compañía llevó adelante por 20 años una política de prohibir estrictamente la entrada de misioneros.

Así que cuando William →Carey y el Dr. John Thomas, de la Sociedad Misionera Bautista, llegaron a Calcuta en 1793, eran inmigrantes indeseables e ilegales. Encontraron trabajo como administradores de plantaciones de añil y Carey se preparó en las lenguas bengalí y sánscrita para su verdadera misión. Las siguientes familias bautistas, en 1799, tuvieron que pasarle de largo a la Compañía y dirigirse al territorio danés en Serampore, a 20 km de Calcuta, así que Dinamarca volvió a ocupar un lugar importante en la historia misionera; Serampore resultó ser el lugar de nacimiento del "movimiento misionero moderno". El trío de Serampore –Carey, Joshua Marshman, y William Ward– emprendió grandes cosas por Dios, y su universidad (1819) y sus traducciones de la Biblia (bengalí, oriya, asamés, sánscrito, hindi y marathi, al momento de la muerte de Carey en 1834) indican los cimientos que pusieron para la obra posterior. Incluso en el período anterior a 1813 en que los misioneros estaban proscritos, los hombres de Serampore en realidad no estaban solos, porque había capellanes evangélicos en la Compañía que compartían la visión misionera. El más famoso de ellos fue Henry →Martyn, que tradujo el NT al urdu y cuyo santo "holocausto por Dios" inspiró a las generaciones siguientes y es un símbolo del precio de la misión a la I.

Al abrirse las puertas a los misioneros, se estableció en la I. una organización de la Iglesia Anglicana, financiada con las ganancias indias; los primeros obispos de Calcuta incluyeron a hombres como Reginald →Heber y Daniel Wilson. Las sociedades misioneras de la Iglesia Anglicana desempeñaron importantes funciones, heredando la obra que había estado antes a cargo de los misioneros daneses y alemanes; ayudaron a la Iglesia Siria en Kerala y compartieron el surgimiento de una iglesia fuerte en Tinnevelly.

En 1833 se levantaron las restricciones sobre las misiones no británicas y así se aceleró el proceso de abarcar toda la I. En el siglo siguiente habían de levantarse iglesias cuyo número llegaría a ser casi igual al de los católicos romanos en la I. A veces los conversos se ganaban lentamente y de uno en uno; a veces en el fervor de movimientos masivos, como en Bihar y en la región de Telugu. Era una empresa de misión extranjera, pero algunos de los conversos llegaron a ser líderes de las jóvenes iglesias. Entre ellos estaban Pandita →Ramabai, Marayan Vaman Tilak, y Sadhu →Sundar Singh.

Las misiones cristianas llevaban la delantera en la educación. Alexander →Duff utilizó la educación superior como forma de evangelización, pero la creencia en que la educación occidental erosionaría necesariamente el hinduísmo y se ganaría a las castas altas (el mismo Duff ganó algunos convertidos notables) quedó desmentida. Sin duda el cristianismo influyó en los movimientos de reforma dentro del hinduísmo en el s.XIX y la educación hizo cambiar las creencias. Intervino, sin embargo, un nuevo factor de nacionalismo reavivado, con una repulsión contra el Occidente; y si algunos de los grandes indios del s.XX habían de ser abiertamente arreligiosos (como Jawaharlal Nehru y su hija, doña Indira Gandhi), también hubo un notable resurgimiento del hinduísmo ortodoxo. Algunos de los movimientos de reforma dentro del hinduísmo habían estado cerca del cristianismo, pero otros, como el Arya Somaj (1875), eran anti-cristianos militantes.

La I. era suficientemente grande como para absorber las misiones protestantes sin mucha fricción mutua. Las reglas del *"Comity"* regulaban los límites. Más positivamente, hubo cooperación activa en ciertas instituciones unidas como la Universidad Cristiana de Madrás (1887); y la Conferencia Misionera Mundial de →Edimburgo (1910), que dio origen al movimiento ecuménico, produjo directamente en la I. la formación del Consejo Misionero Nacional (1914), que se convirtió luego en el Consejo Cristiano Nacional. Las misiones se integraron con las iglesias nacionales, y el CCN restringió a las iglesias la membresía plena.

La unión eclesiástica fue otro proceso. La fuerza del sentimiento entre los indios se detectó en un manifiesto emitido por una reunión de ministros en Tranquebar en 1919, que deploraba la desunión denominacional como algo extranjero y que era un freno a la evangelización. V.S. →Azariah fue uno de los líderes de ese acontecimiento. Un punto importante concedido en Tranquebar fue que la aceptación de un "episcopado histórico" era necesaria para que los anglicanos participaran en la unión y, cuando se formó la Iglesia de la India Meridional (1947) y la Iglesia de la India Septentrional (1970), se hizo sobre esa base.

La ICR no fue afectada por esto. Plenamente recuperada de su período de decadencia, sobrevivió a una amarga controversia en el s.XIX cuando comenzó a deshacerse de los vestigios del *Padroado* portugués, estableció una jerarquía india (1886), formó en su redil una organización separada satisfactoria para los sirios de Kerala, y exhibió su progreso al nombrar un cardenal indio (1952) y al celebrar en Bombay el 38o. Congreso Eucarístico Internacional (1964).

En términos generales, este período de reajuste en las iglesias no se caracterizó por la expansión. Claro que siempre hubo frenos externos a ella. La tolerancia del hinduísmo pareció encarnarse en Gandhi, que tenía himnos cristianos favoritos pero siguió siendo firmemente hindú; por otra parte, la evangelización parecía una variante del imperialismo occidental y este estaba en plena retirada. La independencia de la I. en 1947 no inhibió la evangelización, por cuanto la constitución garantizaba la libertad de propagar la propia religión y algunos principados, que ahora estaban como parte de la Unión India, quedaron entonces abiertos por primera vez a los misioneros. Pero también es cierto que dos estados, Orissa y Madhya Pradesh, aprobaron leyes a fines de la década de 1960 que estaban orientadas a dificultar las conversiones; y la fuerza misionera declinó notablemente cuando el gobierno prácticamente detuvo la inmigración. Sin embargo, el mayor obstáculo para la evangelización no estaba fuera de la iglesia sino adentro. La evangelización no era a veces del agrado de los líderes eclesiásticos, que la reemplazaron por un evangelio social. Algunas teologías minimizaron el carácter único de Cristo y (como en otras partes del mundo) la decadencia espiritual implicó una decadencia en la evangelización.

Menos del 3% de la población de la I. (547 millones) es siquiera nominalmente cristiana, pero los signos pesimistas se ven contrarrestados por la vitalidad de un movimiento tan autóctono como las asambleas dirigidas por Bakht Singh, un convertido del sikhismo, y por la calidad del liderazgo que está surgiendo en las denominaciones más grandes y más antiguas. ROBERT J. McMAHON

INDIA DEL NORTE, IGLESIA DE LA. Unión de seis denominaciones inaugurada el 29 de nov., 1970, en Nagpur. Estas fueron: Anglicanos (Iglesia de India), con un número de miembros calculado en 280.000; la Iglesia Unida de la India del Norte, 230.000; Bautistas, 110.000; Metodistas de las Conferencias británica y australiana, 20.000; Iglesia de los Hermanos, 18.000; Discípulos de Cristo, 16.000. Estas cifras fueron muy modificadas por estadísticas provisionales de la I. del N. de I. que daban en total solo 569.546 miembros, con 230.959 en plena comunión. Inicialmente se formaron 19 diócesis que se extendían desde Assam en el N hasta Nandyal en Andhra Pradesh (que es más meridional que norteña). Había 17 obispos y 917 presbíteros. El sínodo comprende todos los obispos además de una representación igual de laicos y clérigos de las diócesis.

Los esfuerzos en pro de la unión habían comenzado en 1929; uno de los cuerpos, la Iglesia Unida de la India del Norte era en sí la unión de presbiterianos y congregacionalistas efectuada en 1924. Un suceso ulterior, que modificó mucho la constitución de la iglesia unida, fue la decisión de no unirse tomada por la Iglesia Metodista del S de Asia, que sumaba unos 600.000. Otras iglesias, como los luteranos, se mantuvieron fuera de la unión, y las iglesias del NE de la India (donde la Iglesia Unida del N de la India tenía la mitad de sus miembros) habrían de integrar otra unión separada. Aunque limitada, la formación de la I. de la I. del N. marcó un hito importante en la historia de la iglesia india y fue generalmente considerada una etapa hacia mayor unión para constituir una Iglesia de toda la India. En dos aspectos la unión de la I. de la I. del N. se diferenciaba de la de la Iglesia de la →India del Sur (1947) y tenía significancia para otras partes del mundo:

(1) La Iglesia del Sur comenzó con un ministerio "mixto", con algunos ministros ordenados por obispos y otros no; y las congregaciones podían insistir en que únicamente un ministro de ordenación episcopal celebrara la Santa Comunión. Se dedicaron 30 años a que este problema se resolviera; toda nueva ordenación sería efectuada por un obispo. Mientras tanto, la Iglesia del Sur recibía reconocimiento limitado de otras iglesias. La I. del N evitó ese ministerio "mixto" mediante un "acto representativo de unificación del ministerio" al inaugurar la iglesia. Tres ministros de la I. de la I. del N., entre ellos un obispo, hacían que otros diez ministros les impusieran las manos. Los diez eran

(a) seis representantes de las iglesias que se unían y (b) cuatro ministros de fuera del área de la I. de la I. del N., incluyendo dos obispos del episcopado histórico. Los diez decían: "Que (Dios) continúe en vosotros sus dones y, de acuerdo con su voluntad, os conceda gracia, comisión y autoridad para vuestro ministerio ya sea como presbítero o como obispo..." Los diez en silencio imponían sus manos sobre los tres. Después de esto, los tres a su vez imponían sus manos sobre los ministros representantes de las iglesias que se unían, incluyendo los ya mencionados seis, usando las mismas palabras. En posteriores servicios en las diócesis se "unificaba" al resto del ministerio. Fue un rito que pareció satisfacer a todos. Una declaración anglicana había reconocido que "es en el nivel humano legítimo darle diferentes interpretaciones a lo que Dios hace en el acto". Y diferencias hubo.

(2) La I. de la I. del N. permitía el bautismo tanto de párvulos como de creyentes (la segunda forma la practicaban bautistas, discípulos y la Iglesia de los Hermanos). Donde no practicaran el bautismo de párvulos debía celebrarse una dedicación del párvulo y al bautismo del creyente debía seguir un servicio en que se le admitía como miembro en comunión, que incluía imposición de manos que era paralela al servicio de confirmación para quienes habían sido bautizados cuando niños. La forma del bautismo podía ser inmersión, afusión o aspersión.

ROBERT J. McMAHON

INDIA DEL SUR, IGLESIA DE LA. Resultado de una unión de tres iglesias efectuada el 27 de set., 1947, notable por ser la primera unión de cuerpos episcopales y no episcopales. Las iglesias unificadas son: las diócesis anglicanas de Madrás, Tinnevelly, Travancore y Cochin, y Dornakal (diócesis de la iglesia de la India, Birmania y Ceilán); la provincia de la India del Sur de la Iglesia Metodista; y la Iglesia Unida de la India del Sur, que se formó al principio por una unión de presbiterianos y congregacionalistas en 1908. La Iglesia de la India del Sur tenía en su inauguración 14 diócesis, una de las cuales (Jaffna) estaba en Ceilán.

Las negociaciones conducentes a la unión se calculan generalmente haber empezado a partir del congreso de pastores indios de las Iglesias Anglicana y Unida de la India del Sur, celebrado en Tranquebar en 1919. Su manifiesto puso de relieve que la existencia del episcopado en una iglesia unida no tiene que poner en tela de juicio la "igualdad espiritual" de todos los miembros, ni tiene que implicar alguna teoría o doctrina particular sobre el episcopado. Se propuso además que un culto especial de "comisión" mediante la imposición de manos de los obispos de la iglesia unida, diera a cada ministro la autoridad para oficiar en toda la iglesia unida. Se nombró una comisión oficial conjunta de las dos iglesias. Se hicieron propuestas a los metodistas y estos se unieron a la comisión en 1925. Luego en Trichinópoli en 1926 los anglicanos propusieron abandonar la "comisión mutua" y la adopción de un "período interino" de los ministerios que se unen en un marco episcopal común. Basado en esto se publicó la primera versión de un "Plan de unión" en 1929.

Desde entonces hasta la séptima y última edición de este plan en 1941, casi todo interés y controversia tuvo por centro la naturaleza del "período interino". La conferencia →Lambeth de 1930 había dado apoyo cauteloso a la proposición, pero en sus etapas finales el proyecto estipuló que el período interino de 30 años se terminaría no por una regla exclusiva que exigiera la ordenación episcopal de todos los pastores, sino por un examen de los reglamentos que no obligara a la iglesia unida a alguna línea de acción determinada. Esto resultó en una creciente oposición anglocatólica en Inglaterra a fines de los años 30 y a principios de los 40, y en la India del Sur a una reconsideración de la antigua idea de la "comisión mutua". Sin embargo, los cuatro obispos anglicanos de la región rescataron el concepto que había aparecido en todas las versiones del proyecto al anunciar en 1946 que después de la unión, cada uno de ellos recibiría sin vacilación la comunión de mano de ministros no ordenados episcopalmente. Esto fue el avance decisivo; la nueva iglesia se inauguró en 1947.

El antagonismo anglocatólico a la unión persistió; una sociedad anglicana suspendió toda subvención oficial a la India del Sur. Además en la región de Nandyal 20 clérigos anglicanos, con unos 25.000 laicos, se negaron a afiliarse a la unión y siguieron siendo parte de la Iglesia de la India, Paquistán, Birmania y Ceilán (y a la larga se plegaron a la unión de la India del Norte en 1970). Lambeth 1948 reflejó algo de las sospechas de fuentes católicas, y negó su aprobación. Tanto aquel como el Lambeth siguiente recomendaron otras esferas de unión basada en la "comisión mutua" antes que por el procedimiento de la India del Sur. Las provincias de la comunión anglicana no quisieron entrar en plena comunión con la India del Sur, ya que esto involucraría en principio la aceptación de pastores no episcopales en sus propias filas ministeriales.

En 1968, sin embargo, el congreso de Lambeth así como la Comisión de Intercomunión de la Iglesia Anglicana (en su informe *Intercommunion To-Day*) recomendaron por mayoría de votos que las iglesias de la Comunión Anglicana reexaminaran sus relaciones con la Iglesia de la India del Sur con miras a entrar en plena comunión con ella. Varias iglesias y provincias han indicado su deseo de hacerlo, pero ninguna hasta el momento de escribir ha alterado su norma en cuanto a la ordenación episcopal.

La Iglesia de la India del Sur comprende ahora más o menos un millón de miembros con unos mil presbíteros. Ha desarrollado sus propias fórmulas litúrgicas, y la liturgia eucarística de la India del Sur (1950) inició tendencias que se han dejado sentir por todo el mundo. La Iglesia ha luchado por independizarse del dinero del exterior, y se ha ocupado de ser una iglesia verdaderamente india. Tiene su propia y pequeña obra misionera en Tailandia. Ha participado también en conversaciones adicionales de mucho alcance con las iglesias luteranas de la India del Sur y siempre ha considerado su propia unidad como algo parcial, un incentivo a continuar un movimiento que empezó allá por 1908. Ha tenido un impacto internacional mucho mayor de lo que su número pudiera justificar, tanto porque su plan de unión se ha convertido en punto de partida para preparar versiones en otras partes (p.e., el proyecto abortivo de Nigeria donde tres versiones de 1957 a 1963 repitieron el plan de la India del Sur al pie de la letra en gran parte de su contenido), como también porque ha formado estadistas eclesiásticos como el obispo Lesslie →Newbigin e, indirectamente, el obispo Stephen →Neill. COLIN BUCHANAN

INDICE DE LIBROS PROHIBIDOS. Lista de libros que constituyen lectura prohibida para los miembros de la ICR. Esta práctica va en consonancia con una tradición que considera ciertas obras como peligrosas para la fe y moral de los católicos. Bajo el Papa Gelasio I (492-96) se emitió un decreto que dividía los libros en tres categorías: los auténticamente bíblicos, las obras recomendadas y las obras heréticas. Muchas obras específicas fueron denunciadas hasta la codificación formal de los libros prohibidos que tuvo lugar bajo Paulo IV (1555-59). Una de las tareas de la Congregación de la →Inquisición era compilar un catálogo de libros prohibidos y este fue publicado con aprobación papal en 1559, siendo la primera de esas listas que llevó el título oficial de "I."

Debido a la insatisfacción con este I. los dirigentes del Concilio de →Trento (1545-63) iniciaron una revisión, pero no pudieron completarla y designaron una comisión para tal propósito. Como resultado de esto, el I. Tridentino o I. del Papa Pío IV (1559-65) fue emitido en 1564. Además de la lista de libros prohibidos, contenía diez orientaciones para regular la censura. Entre las revisiones del I. están la de Sixto V (1590), Clemente VIII (1596), Alejandro VII (1664), Benedicto XIV (1751), y León XIII (1897 y 1900). La última revisión del I. Leonino tuvo lugar en 1948. En 1966 el Concilio →Vaticano II declaró que no se harían nuevas ediciones del I., cuyo principal valor hoy día es histórico. Sin embargo, los católicos están siempre obligados a seguir determinadas orientaciones que prohíben la lectura de ciertos libros que constituyen un posible peligro espiritual. →IMPRIMATUR.

ROBERT G. CLOUSE

INDIGENAS, MISIONES A LOS →BOLIVIA, GUATEMALA, MEXICO, PERU, INSTITUTO LINGUISTICO, MISIONES COLONIALES CATOLICAS, MISION TRIBUS NUEVAS

INDONESIA. Hay leves trazas de cristianismo en I. desde el s.VII, pero se sabe muy poco. La primera misión franciscana llegó a las Islas de las Especias con los portugueses en 1522 y vio conversiones masivas en Halmahera (1534) y otros lugares. Francisco →Javier pasó un breve período en suelo indonesio. Sin embargo, una reacción antiportuguesa redujo severamente el número de convertidos indonesios: los primeros martirios en Halmahera ocurrieron también en 1534. Cuando los holandeses echaron fuera a los portugueses en 1605, como 30.000 cristianos indonesios se hicieron protestantes, siguiendo la fe de sus nuevos amos. Sin embargo, la iglesia de la Compañía Holandesa de la India Oriental se ocupaba principalmente de sus empleados holandeses y la evangelización local era exigua y superficial. La mayoría de los convertidos se volvían grupos sociales, su conocimiento cristiano era escaso y aun menor su celo. Se dice que los cristianos de Sanghir creían que Cristo había muerto el día de Navidad. Sin embargo la Biblia se tradujo al malayo, lengua comercial; un manuscrito del Padrenuestro data de 1627. El NT se publicó en 1688 y toda la Biblia, traducida por Leydekker, en 1733. En 1727 se contaban como 55.000 cristianos indonesios bautizados, aunque solo había como mil comulgantes. Al terminar el régimen de la compañía en 1799 el número era prácticamente el mismo.

El movimiento evangélico (pietista) de Europa hizo cambiar el cuadro. Los primeros esfuerzos por evangelizar Java fueron realizados, separadamente, por Coolen (1770-1863) y Emde (1774-1859), un agricultor y un relojero respectivamente, al este de la isla. Raffles, el gobernador inglés (1811-15), fue el primero en instigar la obra misionera y desde entonces los misioneros holandeses y alemanes se dedicaron a las Indias. El gobierno holandés mantenía un estricto control sobre ellos y las iglesias que fundaban y prohibía la labor en zonas políticamente álgidas como Atjeh y Bali. Se fundaron iglesias por todo el país: en 19 áreas étnicas toda la gente se hizo cristiana, y en otras partes se fundaron iglesias de solo creyentes en igual número por lo menos. L.I. Nommensen evangelizó a los Bataks animistas de Sumatra; Kam (1772-1833) se ganó el título de "Apóstol de las Molucas"; por su obra en las islas orientales, nominalmente cristianas; Bruckner (1783-1847) fue el pionero en el centro de Java. Estos son pocos entre los muchos. Se produjeron porciones bíblicas en 20 lenguas locales. La mayoría de las escuelas y hospitales de la época colonial eran establecidos por las misiones y la educación era un método particularmente fructífero de evangelización.

En ningún otro lugar del mundo se estableció una iglesia tan grande en los predios del islam. Su debilidad estribaba en que estaba totalmente bajo el control de los misioneros y financiada por Europa. Alarmado por la evidente debilidad de la iglesia nacional, Schuurman abrió el Seminario de Depok en 1878 para formar evangelistas autóctonos. Depok fue cerrado en 1926 pero su obra fue continuada por el Seminario Teológico de Yakarta, fundado en 1934. Sin embargo, en tiempos de los holandeses, los misioneros eran supremos: por ejemplo, solo un pastor holandés podía bautizar. El mérito de cambiar la situación se debe principalmente a H. →Kraemer, que después de muchas giras de estudio (1926-35) recomendó que las iglesias quedaran libres del control extranjero y que los misioneros "se convirtieran de jefes en maestros de independencia". En la década siguiente muchas iglesias (diferenciadas especialmente por factores étnicos, lingüísticos y geográficos más que por la teología) recibieron la independencia: la Iglesia de Batak en 1930, la Iglesia de Java Oriental en 1931, la Iglesia Protestante Nacional en 1935. Aun después de la independencia, sin embargo, la mayor parte del presupuesto de las iglesias procedía de Europa. Un progreso semejante se estaba realizando en otros aspectos cuando la ocupación japonesa de 1942 hizo concluir abruptamente el período de tutela. Teniendo a sus misioneros en campos de concentración, los cristianos indonesios se vieron forzados a responsabilizarse por su propia vida eclesial.

A partir de la independencia, los cristianos indonesios han perdido la protección estatal de que antes disfrutaban, pero han gozado de la plena libertad religiosa garantizada por la constitución. Se inició un gran esfuerzo por equipar a toda la iglesia con publicaciones indonesias, con seminarios teológicos, con un ministerio preparado y con un modelo indonesio de vida y de culto.

Los dos rasgos distintivos de este período han sido tal vez el movimiento ecuménico y las conversiones masivas al cristianismo. El Consejo Indonesio de Iglesias (DGI) se formó en 1951 y tiene el apoyo de 37 iglesias miembros. Siempre ha tenido la esperanza de unir a todos los sectores cristianos del país, pero esto sigue siendo un ideal. En el s.XX ha habido muchos esfuerzos misioneros anglosajones en I., y las iglesias que han surgido de estos esfuerzos (entre ellas la mayoría de los grupos pentecostales) no apoyan al consejo nacional, en gran parte por las sospechas que tienen en relación con el movimiento ecuménico como tal.

Las conversiones masivas siempre han sido un rasgo del escenario eclesiástico indonesio. Recientemente, especialmente después del abortivo golpe de estado comunista en 1965, ha habido una inundación de "nuevos convertidos" que quieren entrar en la Iglesia Cristiana, particularmente en el norte de Sumatra, el centro y este de Java y otros lugares. Existen buenas explicaciones sociológicas para este fenómeno, pero en algunas zonas, particularmente en la isla de Timor, se ha informado de numerosos acontecimientos milagrosos. Lamentablemente, muchas de las iglesias existentes no estaban preparadas para un influjo de conversos que buscaban instrucción. En algunos lugares solo se podía dar muy poca enseñanza, y hacia 1970 los movimientos masivos habían amainado en muchos lugares.

Aparte de la corriente principal del protestantismo indonesio, el catolicismo ha tenido un progreso constante desde que el gobierno holandés le permitió entrar en I. en el s.XIX. Flores y Timor septentrional, en las Islas Sunda Menores, se han convertido en baluartes del catolicismo. Con una membresía de cerca de dos millones, la ICR obtuvo una jerarquía independiente en 1962 y en años recientes ha experimentado el mismo crecimiento rápido que la comunidad protestante.

También los chinos de I. han sido evangelizados. Los acontecimientos más notables en su historia fueron las visitas del evangelista John Sung, inmediatamente antes de la guerra japonesa. Sung inició un movimiento de avivamiento cuyos efectos aun se sienten. Existe una gran comunidad sino-indonesia con sus propias iglesias, y varias iglesias de lengua china, en su mayoría independientes entre sí.

Tanto la comunidad protestante como la católica tienen su propio partido político y ha habido cristianos con altos puestos en el gobierno. En una sociedad sujeta a presiones de desintegración, la Iglesia Indonesia, que sigue siendo predominantemente rural, es uno de los factores que favorecen la unidad nacional; aunque constituye solo un 10% de la población total, es verdaderamente parte de la vida de la nación.

MARTIN B. DAINTON

INDULGENCIAS. En la ICR es la remisión total o parcial de la deuda de castigo temporal que se debe a Dios por el pecado después de que se ha perdonado la culpa. Esta concesión se basa en el principio de la satisfacción vicaria, que significa que puesto que el pecador es incapaz de hacer suficiente penitencia como para expiar sus pecados, puede recurrir al →tesoro espiritual formado por los méritos extraordinarios de Cristo, de la Virgen María y de los santos. La autoridad para conceder i. pertenece al papa, aunque él puede designar a otros (p.e. cardenales, obispos) para que tengan tal poder, con la excepción de i. para los muertos.

La mayoría de las i. concedidas por el papa son aplicables a las almas del purgatorio. Las i. apostólicas son las relacionadas con artículos religiosos (tales como crucifijos, estatuas, medallas y rosarios), o con el cumplimiento de ciertas acciones en días festivos especiales, o con el rezo de ciertos nombres sagrados al momento de morir. Otras i. pueden ganarse mediante el cumplimiento de condiciones prescritas y completando un acto definido (habitualmente el rezo de ciertas plegarias) en la forma especificada por la autoridad que las concede. Para ganar una i. es necesario ser miembro de la ICR, hallarse en estado de gracia, y tener la intención de ganar las i. En ciertos casos pueden requerirse otras condiciones, como la confesión y la comunión. Una indulgencia plenaria remite todo el pago de la pena debida hasta el momento en que se gana, en tanto que una i. parcial remite solo parte de la pena.

Si bien pueden encontrarse en la iglesia primitiva casos de formas de i., tales como la conmutación de la penitencia y concesiones de absolución, no fue sino hasta el s.XI que aparecieron concesiones de i. que aflojaban los actos penitenciales con la condición de que se hicieran contribuciones a una iglesia o monasterio. La práctica de conceder i. se extendió más con la llegada de las Cruzadas, comenzando con la Primera Cruzada de 1095 cuando Urbano II prometió la remisión de toda pena a aquellos que fueran a liberar la Tierra Santa. Luego esto se amplió a una i. plenaria y llegó a incluir a todos aquellos que contribuyeran a la financiación de las Cruzadas. El abuso de la concesión de i. a cambio de ayudas financieras fue considerable durante la Edad Media, y finalmente precipitó la Reforma Protestante, cuando Martín Lutero atacó la doctrina como tal en sus "Noventa y cinco Tesis". ROBERT G. CLOUSE

INES. Mártir cristiana romana. Fue renombrada por la heroica defensa de su castidad, probablemente bajo la persecución ordenada por Maximino en el Occidente (304-5). Constantina, hija del emperador Constantino, edificó una →basílica c.350 sobre el lugar de la presunta sepultura de aquélla cerca de la Via Nomentana. Es presentada en varios casos con los ojos elevados y los brazos alzados en oración a Dios. La ficción ha sido mezclada con los hechos en su *Passio* falsamente atribuida a Ambrosio de Milán. J.D. DOUGLAS

INFALIBILIDAD. Doctrina católica romana según la cual los concilios ecuménicos de obispos y el papa cuando habla →*ex cathedra,* están inmunes de error cuando enseñan sobre fe y moral. La necesidad de la i. de la iglesia se ha argumentado en tiempos recientes desde dos puntos de vista. Primero, puesto que el Espíritu Santo habita en la iglesia, ha de esperarse que él garantizará que los pastores de la grey entiendan y enseñen correctamente el mensaje divino de salvación. Segundo, puesto que se amenaza con la condenación eterna a aquellos que desobedezcan al Evangelio (Mr. 16:16), ha de esperarse que Dios proporcione la comprensión correcta del Evangelio en el mundo.

La i. del papa fue definida por primera vez por el Concilio →Vaticano I (1870) sobre la base de textos como Mt. 16:18, Lc. 22: 31, Jn. 21:15, entendidos a la luz de su interpretación en Occidente desde tiempos antiguos. El Cardenal Cullen redactó la definición, sirviéndose en gran parte del *De Summo Pontifice* de Reginald Pole (1569). La i. se entiende como un carisma, dado por el Espíritu Santo para la preservación y exposición de la verdad divina. La enseñanza de concilios anteriores (Constantinopla IV, Lyón, Florencia) se aduce como algo que señala a esa conclusión. El Concilio →Vaticano II reafirmó la doctrina de la i. papal, pero la ubicó en un contexto más amplio. El carisma pertenece al papa en tanto que él es la cabeza del colegio episcopal; cuando él habla *ex cathedra* tiene esa autoridad en una forma especial *(singulariter)*. Se declara que la extensión de la i., de los obispos reunidos en concilio y del papa que habla *ex cathedra*, es "tan amplia como el divino depósito de la fe, que ha de guardarse como patrimonio sagrado y exponerse fielmente". Los teólogos catolicorromanos hablan también de la i. del cuerpo de los creyentes en la medida en que mantenga su fe y su práctica.

Los protestantes siempre se han opuesto a esta doctrina, alegando que solo Dios y su Palabra son infalibles. PETER TOON

INFRALAPSARISMO. Este término alude a la posición tomada por un grupo de teólogos calvinistas a medida que el desarrollo del escolasticismo calvinista, a fines del s.XVI y en el s.XVII, sacaba a colación el asunto del propósito preciso de la →predestinación. El punto de vista contrario era el →supralapsarismo. La posición infralapsaria sostenía que Dios, en su decreto de predestinación, tenía por objeto a la humanidad caída. Es decir, en términos generales, que Dios creó al hombre con la posibilidad de la caída, que de hecho ocurrió, y luego eligió a algunos para salvación y dejó a los demás en enemistad con Dios. Lo que está en discusión es el orden lógico de los decretos, y no el cronológico (ya que Dios, que es eterno, está fuera del tiempo). Por tanto el problema era notablemente difícil y abstruso, y las asambleas calvinistas rehusaron validar cualquiera de las dos posiciones. Los teólogos interesados en elaborar una dogmática completa y lógica se inclinaban al supralapsarismo. Como lo hicieran notar los infralapsarios, esa posición corría el riesgo de hacer que Dios fuera autor del pecado. DIRK JELLEMA

INMACULADA CONCEPCION. En 1854 Pío IX, en la bula papal *Ineffabilis Deus*, declaró que "la Bienaventurada Virgen María fue preservada inmune de toda mancha de la culpa original en el primer instante de su concepción por singular gracia y privilegio de Dios omnipotente, en atención a los méritos de Cristo Jesús, Salvador del género humano". Este dogma se basa en una visión particular de la concepción, según la cual una persona es verdaderamente concebida cuando el alma es creada e infundida en el cuerpo. En el momento de su animación se le dio a María gracia santificante que la excluyó de la mancha del pecado original. María fue redimida en el momento de su concepción, por Cristo, en anticipación de la muerte expiatoria de éste. Al mismo tiempo se le confirió a ella el estado de santidad, inocencia y justicia originales. De modo que María estuvo sin pecado desde el momento en que fue concebida, si bien esto no la eximía del dolor, la enfermedad y la muerte que son consecuencia del pecado de Adán.

No se puede derivar de la Sagrada Escritura ninguna prueba directa o categórica del dogma, aunque su base se busca en textos como Gn. 3:15; Sal .45:12ss; Lc. 1:28,41,48. Esta base queda fortalecida por la designación de María como la "nueva Eva" por parte de los Padres de la Iglesia tales como →Justino Mártir e →Ireneo. →Agustín consideraba a María exenta del pecado actual, pero no del original. →Tomás de Aquino alegó contra Agustín porque creía que la concepción de María había sido natural y en toda concepción natural se transmite el pecado original. El Concilio de Basilea en 1439 afirmó que la creencia iba de acuerdo con la fe católica, con la razón y con la Sagrada Escritura. Las universidades siguieron el ejemplo de la Sorbona, que en 1449 exigía a sus candidatos un juramento de defender la creencia. Los franciscanos, carmelitas, y especialmente los jesuitas fueron entusiastas defensores de esa afirmación.

Ya en el s.VII se originó una Fiesta de la Concepción de María en los monasterios de Palestina. En 1476 Sixto IV aprobó la festividad, con su propia misa y oficio, y la adoptó para la ICR. En 1708 Clemente XI la impuso a toda la Iglesia Occidental. La palabra "inmaculada" se agregó al título después de la promulgación del dogma en 1854. Desde 1854 los teólogos ortodoxos orientales han rechazado la doctrina porque resta mérito a la impecabilidad actual de María. Los protestantes siempre han rechazado este dogma porque no parece tener bases bíblicas directas. A.S. TOON

INMACULADO CORAZON. Abreviación de la devoción católica al "Inmaculado Corazón de María", la madre de Jesús. Se basa, *mutatis mutandis,* en los mismos principios en que se fundamenta la devoción al →Sagrado Corazón de Jesús, al que se presta adoración en atención a que el corazón de Cristo simboliza su amor hacia los hombres.

La devoción al I.C. de María se diferencia, según la teología católica, de la que se presta al Sagrado Corazón de Jesús, en que aquella se desarrolla en el plano de la veneración o culto de →hiperdulía, mientras que la devoción al Sagrado Corazón cae dentro del campo de la adoración o culto de →latría.

La devoción al I.C. fue iniciada por el sacerdote francés San Juan de →Eudes (1601-1680), fundador de una congregación de sacerdotes dedicada a los seminarios y a las misiones, y conocida como la congregación de los euditas.

Aunque al principio la ICR rehusó sancionar la devoción al I.C. (tanto en 1669 como 1726), →Pío VI autorizó en 1799 la celebración local de la fiesta. →Pío IX la extendió a toda la Iglesia. Y finalmente →Pío XII en 1947 elevó a rango oficial la liturgia de esta fiesta, y designó el 22 de ag., fecha en que se celebra la octava de la Asunción, como la fecha oficial de la festividad del I.C. de María.
ENRIQUE FERNANDEZ Y FERNANDEZ

INMAN, SAMUEL GUY (1877-1965). Estadista misionero evangélico en AL. N. en Texas, EUA, fue educado en las universidades Texas Christian, Transylvania y Columbia y ordenado al ministerio en la Iglesia de los →Discípulos de Cristo. Después de un corto pastorado en Texas comenzó en 1905 su carrera misionera en Monterrey y Ciudad Porfirio Díaz de México. En 1915, hizo una larga gira por AL para promover el Congreso Evangélico de →Panamá que se celebraría en el año siguiente. I. fue el dirigente más destacado del Congreso y, al crearse el →CCLA, fue designado su primer secretario ejecutivo, cargo que ocupó hasta el año 1939.

En el mundo político I. era promotor del panamericanismo. Asistió a todas las conferencias panamericanas desde la de Santiago en 1923 hasta su muerte. Fue asesor del Presidente Roosevelt y del Secretario de Estado, Hull, en la conferencia de Montevideo (1933), e hizo un notable aporte al desarrollo de la "política del buen vecino". Fue asesor a la Liga de las Naciones para asuntos latinoamericanos. Durante toda su vida, defendió las aspiraciones de los pueblos latinoamericanos y promovió un cristianismo ecuménico y pertinente a las realidades latinoamericanas.

Entre sus muchos escritos se destacan: *Intervention in Mexico* (defensa de la revolución mexicana), *Hacia la solidaridad americana, Problems of Pan-americanism,* e *Inter-American Conferences (1826-1954).* Honrado por universidades y gobiernos de Latinoamérica y Norteamérica, sus documentos personales hoy se hallan en la Biblioteca del Congreso de los EUA. En la ciudad de San Antonio, Texas, se ha establecido el Instituto Inman, un centro social que sirve al pueblo latinoamericano de esa ciudad.
TOMAS J. LIGGETT

INMERSION →BAUTISMO

INMORTALIDAD, CONDICIONAL. Esta doctrina es un intento de trazar un camino intermedio entre lo que se considera ser lo más duro de la doctrina del castigo eterno y las tendencias sentimentales del restauracionismo. Se la considera como realista sin ser por ello repugnante. Según ella el alma es inmortal por gracia y no por naturaleza, y es una forma de aniquilación porque el alma que persiste en pecado es finalmente destruida. Se la defiende en parte con bases filosóficas y en parte sobre bases bíblicas. Filosóficamente pareciera deber algo privativo a las ideas del mal, con origen en Platón o aun en la filosofía de las religiones orientales. Las pruebas bíblicas citadas son principalmente léxicas e incluyen una discusión del sentido en que la Biblia usa los términos "muerte", "destrucción" y "perdición". En realidad, ninguno de estos términos equivale propiamente a "aniquilación", sino que se refiere a una condición de gran pérdida y de existencia continuada. La i.c. es sostenida por algunas sectas (p.e., →testigos de Jehová, →cristadelfianos y →adventistas) pero tambien por algunos teólogos que en otras doctrinas están dentro del evangelicalismo histórico (p.e. Oscar →Cullman). G.W. GROGAN

INOCENCIO I (m.417). Papa desde 401. En él se reunieron un gran talento, un carácter justo, una vigorosa determinación, y una elevada visión del papado en una época que, debido al rápido colapso del poder romano, estaba madura para la extensión de la influencia papal. Sus 36 cartas que nos quedan revelan sus relaciones con otras iglesias y son importantes por las posiciones doctrinales a que apuntan en la iglesia. El alegaba que los obispos occidentales tenían obligación de seguir a la Iglesia Romana porque pertenecían a las iglesias formadas por medio de la actividad de Pedro. Cuando accedió a la solicitud de los obispos africanos de condenar a Pelagio, aprovechó la oportunidad para afirmar que nada debía ser completado, ni siquiera en las provincias más distantes, "hasta tanto no llegue al conocimiento de esta sede". Se limitó más en su trato con la iglesia de Oriente. Se aseguró de que el Ilírico permaneciera bajo su jurisdicción aunque en parte estaba en el Oriente. Sin embargo, al enfrentar una petición de auxilio que le hizo Juan →Crisóstomo, lo primero que hizo fue convocar un concilio en Oriente, y solo cuando esto fracasó rompió la comunión con los adversarios de Crisóstomo. También aumentó su influencia secular, especialmente después de que Alarico saqueó Roma (410).

C. PETER WILLIAMS

INOCENCIO III (1160-1216). Papa desde 1198. Uno de los más grandes papas de la Edad Media, Giovanni Lotario d'Conti fue elegido por unanimidad a la edad de 37 años, después de la muerte de Celestino III. Miembro de una de las familias nobles de Roma, estudió teología en París y derecho canónico en Bolonia y fue hecho cardenal diácono por Clemente III (1190). Aunque no fue un cardenal sobresaliente, sí participó activamente en asuntos de la Curia y escribió un libro, *Del desprecio del mundo*, exhortación al ascetismo y a la contemplación que adquirió popularidad en toda Europa. Logró reunir las ideas tradicionales sobre el papado y así convertirlo en el gozne de toda Europa occidental y oriental. Tenía un intelecto penetrante y sabía exactamente lo que había que hacer para que la Iglesia Romana dominara todas las relaciones humanas. Además de tener dominio sobre las tareas de la Curia, era también un estadista capaz y sus tratos con los monarcas europeos son muestra de su deseo de ser considerado el árbitro supremo en todos los casos y el preservador de la unidad de toda la Cristiandad.

I. comenzó su pontificado reorganizando la administración de Roma. Obtuvo el derecho de nominar un senador que gobernara Roma y de recibir de él un juramento de fidelidad. Después del colapso del dominio alemán sobre Italia tras la muerte del Emperador Enrique VI, logró restaurar y expander los Estados Papales, fortaleciendo así la posición del papado y evitando la unificación de Italia. Bajo I. se emprendió la Cuarta Cruzada (1202-4), cuyo resultado fue la formación del Imperio Latino de Constantinopla. No logró, sin embargo, unir la iglesia oriental y la occidental. También fue I. quien convocó el gran Concilio de Letrán IV (1215). Algunos de los más importantes de sus 70 decretos incluían la aprobación oficial del término "transubstanciación", la supresión de la herejía, la función de la iglesia en la justicia secular, la necesidad de pagar los diezmos, y varias otras acciones que dieron forma a la política eclesiástica por varios siglos. El concilio también fijó el año 1217 como fecha para una cruzada contra el Islam.

I. estuvo activamente involucrado en la política europea. En la controversia acerca de si Felipe de Suabia, de los Hohenstaufen, u Otón de Brunswick, un güelfo, había de jefear el →Santo Imperio Romano, decidió a favor de Otón, que supuestamente estaba a favor del papado. Pero cuando el Emperador Otón IV invadió Sicilia, el papa lo excomulgó y apoyó la elección de su pupilo, Federico II. En Inglaterra, I. puso al país en entredicho y excomulgó al rey Juan por su renuencia a permitir que el designado papal para el arzobispado de Canterbury, Stephen →Langton, entrara al país. Juan se sometió en 1213. I. intervino también en los asuntos matrimoniales de monarcas como Pedro II de Aragón, Alfonso IX de León, y Felipe II de Francia.

ROBERT G. CLOUSE

INOCENCIO IV (c.1200-1254). Papa desde 1243. N. en una familia de la cual salió otro papa (Adriano V) y varios cardenales, y fue formado en derecho canónico y romano en Bolonia, donde también enseñó un tiempo. Confidente de Gregorio IX y creado cardenal (1227), sucedió a Celestino IV después de una vacante de 18 meses debida a la presión del emperador →Federico II. I. lo excomulgó, como lo había hecho Gregorio y en el Concilio de →Lyón (1245) lo acusó de perjurio y herejía. La intriga entre el imperio y el papado se alivió con la muerte del emperador, pero la interferencia papal continuó con sus sucesores hasta que se llegó a un acuerdo en 1254. La obra de I., *Commentaria*, sobre derecho canónico, habla en forma defensiva sobre los muchos embrollos, extremadamente mundanales, que él inició y heredó. C.G. THORNE, Jr.

INOCENCIO X (1574-1655). Papa desde 1644. N. como Giovanni Battista Pamfili, se promovió rápidamente como abogado papal, auditor, y nuncio y fue creado cardenal en 1629 y elegido papa como candidato del partido español. Comenzó su pontificado tratando de recobrar el dinero hurtado por los Barberini, parientes del finado papa que tenían el apoyo de Mazarino, aunque sin evitar el avance de su propia familia. Libró una cruel guerra contra Parma, prometió considerable ayuda a Venecia contra los turcos pero envió muy poca, estimuló a España a levantarse contra Nápoles y al principio fue hostil a la independencia de Portugal. Protestó fuertemente contra la Paz de →Westfalia (1648) y emitió una bula contra ella declarando que violaba las leyes de la iglesia. En 1653 condenó cinco proposiciones del libro *Augustinus* de Jansenio. En sus últimos años I. cayó bajo el dominio de la arrogante doña Olimpia Maidalchini, esposa de su hermano, que defraudó el tesoro papal y contribuyó a la extensión de la corrupción. IAN SELLERS

INOCENCIO XI (1611-1689). Papa desde 1676. N. como Benedetto Odescalchi en Como (50 km al NO de Milán), fue educado ahí en el Colegio Jesuita, y luego obtuvo el doctorado en derecho civil y canónico de la Universidad de Nápoles (1639). Urbano VIII lo nombró protonotario apostólico y llegó a obtener una fuerte influencia en la Curia por su ejemplar vida cristiana. Fue creado cardenal en 1645 y cardenal legado a Ferrara en 1648. En 1650 recibió las órdenes sagradas y fue consagrado obispo de Novara, distinguiéndose allí como en Ferrara por sus obras de caridad. Regresó a Roma en 1656 y trabajó en la Curia hasta su elección como papa.

Su pontificado fue de continua reforma, continua lucha contra los intereses creados y concertados esfuerzos contra la fuerza del islam. Tal vez su obra más famosa es su defensa de los derechos y libertades tradicionales de la iglesia en contra del →galicanismo de Luis XIV de Francia. Se opuso a que Luis usara la *régale* (derecho de emplear las ganancias de un obispado vacante), la *franchise* (derecho de los embajadores ante la corte papal de conceder asilo a cualquiera en sus predios), a los Artículos Galicanos de 1682 y al esfuerzo de Luis por asegurar el arzobispado de Colonia para un candidato pro-francés. I. finalmente excomulgó a Luis y fue firme en seguir las políticas que en su opinión eran las mejores para la iglesia. También emitió decretos contra la laxitud en la teología moral, pareciendo favorecer a los jansenistas antes que a los jesuitas, y emitió decretos contra el →quietismo. Fue beatificado en 1956.
BRIAN G. ARMSTRONG

INOCENCIO XII (1615-1700). Papa desde 1691. N. como Antonio Pignatelli en las afueras de Nápoles, fue educado en el Colegio Jesuita de Roma de donde entró a la Curia Romana en 1635. Recibió varias promociones de parte de sucesivos papas, especialmente bajo Inocencio XI que lo hizo cardenal en 1681, obispo de Faenza en 1682 y arzobispo de Nápoles en 1687. Fue elegido papa como candidato de avenencia en la lucha entre los Habsburgo y los Borbón. Modeló su pontificado conforme al de Inocencio XI, excepto que se alió con los Borbones en vez de con los Habsburgo de Austria. Demostró ser un reformador de voluntad férrea, así como poder triunfar en sanar las divisiones dentro de la iglesia. Emitió una bula contra el nepotismo, abolió las sinecuras, estableció la *Curia Innocenziana* (conocida después como *Camera dei Deputati*) para la fuerte y justa administración de la justicia e instituyó muchas obras de caridad y de educación. Resolvió el añejo problema galicano, condenó el quietismo sin alienar al gran →Fénelon, apaciguó la tormenta jansenista y ayudó a la Guerra de Sucesión española convenciendo a Carlos II de España que nombrara como sucesor a Felipe de Anjou.
BRIAN G. ARMSTRONG

INQUISICION. Un tribunal especial establecido por la iglesia medieval con el propósito de combatir la herejía. En la Edad Media, la creciente amenaza de grupos heréticos, particularmente los →cátaros, condujo a que la iglesia aceptara el uso de la autoridad secular, de las penas físicas y del método inquisitorio como medios para suprimir la herejía. →Alejandro III, en el Concilio de Tours (1163) instó a los príncipes seculares a enjuiciar a los herejes, a apresarlos y a confiscar sus propiedades. También dio instrucciones a los obispos de que buscaran a los herejes, animándolos a reemplazar el antiguo método de juicio por acusación, que dependía de la iniciativa de un acusador, con el más vigoroso y eficaz método de inquisición en que el juez tomaba la iniciativa.

Sin embargo, fue →Gregorio IX el que, en una serie de acciones entre 1231 y 1235, impuso a tales actividades una organización formal y un conjunto de procedimientos en virtud de los cuales el aprisionamiento y juicio de los herejes se reservaba a la iglesia, y según los cuales la responsabilidad principal por tales tareas se otorgaba a los inquisidores papales. Por eso se le suele atribuir a él el crédito de haber establecido la I. En 1478 la I. Española fue autorizada por →Sixto IV. Seguía procedimientos semejantes a los que abajo se describen, pero se caracterizaba por su servilidad al estado, y sus nombramientos los realizaban oficialmente las autoridades seculares.

Los inquisidores papales se escogían con gran frecuencia entre los dominicos y franciscanos. Asistido por numerosos ayudantes, el inquisidor comenzaba su trabajo en una ciudad llamando al clero y al pueblo a una asamblea solemne en que todos los que sabían ser culpables de ideas heréticas eran instados a confesarlo dentro de un período de gracia que frecuentemente duraba de dos a seis semanas. A los que confesaban, normalmente se les imponían penas leves. A la expiración de ese período el inquisidor comenzaba una búsqueda sistemática de sospechosos que eran convocados ante el tribunal para ser interrogados. El sospechoso, al que no se le permitía tener defensa legal pero podía tener un consejero, era animado a confesar sus errores y con este fin Inocencio IV permitió en 1252 el uso de la tortura.

Cuando la confesión no tenía lugar, entonces el testimonio de dos personas, a menos que pudiera refutarse, se consideraba suficiente para declarar convicto al acusado. La práctica de ocultarle al acusado los nombres de los testigos no se modificó sino hasta el tiempo de Bonifacio VIII (1294-1303). Sin embargo, al acusado se le proporcionaban algunas seguridades, tales como la oportunidad de desacreditar como testigos a sus propios enemigos, el castigo de los testigos falsos, y las diversas restricciones sobre el uso de la tortura. Sin embargo, frecuentemente el acusado se hallaba en una posición en que se presuponía su culpabilidad; su más segura escapatoria era confesar, puesto que si persistía en afirmar su inocencia corría el riesgo de ser juzgado como hereje pertinaz, lo cual se castigaba con la muerte. Si se le condenaba a muerte era entregado a la autoridad secular para que lo quemaran, porque la iglesia no participaba oficialmente en el derramamiento de sangre. Entre los castigos más leves estaban la prisión, la confiscación de la propiedad, el uso de una cruz amarilla, la oración, el ayuno, la limosna, la flagelación y los peregrinajes.

A principios de la época moderna la Inquisición Romana, establecida por Paulo III en 1542, se empleó para combatir la brujería y la Reforma protestante. También algunos protestantes resultaron empleando procedimientos inquisitoriales contra los sospechosos de brujería y de doctrinas incorrectas. La creciente secularización de la sociedad occidental, sin embargo, fue acompañada por la declinación de tales actividades por parte de las instituciones religiosas. Para las mentes modernas la I. parece, con razón, abominable pero para hacer justicia hay que recordar el espíritu de los tiempos en que funcionó y acordarse de las actividades de instituciones modernas que también, pero a veces más sutilmente, suprimen a aquellos que sostienen ideas heterodoxas. T.L. UNDERWOOD

INQUISICION EN LAS AMERICAS. Los españoles se volvieron muy celosos en cuanto a la defensa de la fe católica durante la Edad Media en su lucha con los moros y también durante la época inmediatamente anterior a la Reforma Protestante en su afán de detener la apostasía de los judíos que habían profesado la fe cristiana. Por lo tanto pidieron permiso al papa para convertir la Inquisición en arma del Estado, lo que les fue concedido. En manos de los españoles esta institución adquirió un carácter especialmente eficiente y cruento.

La Reforma no tardó mucho en cruzar los Pirineos pero en la Península ya estaba lista esta arma para caerle encima. Los brotes del protestantismo fueron descubiertos y extirpados con una eficiencia terrible. En América Hispana ocurrió lo mismo.

Debe tenerse presente que la Reforma Protestante y la conquista de las Américas fueron eventos contemporáneos. Poco después de iniciarse la Reforma, aparecieron aventureros protestantes en las colonias españoles, piratas protestantes naufragados que se esparcieron en ellas, y hasta hubo esfuerzos de establecer colonias protestantes en estas tierras. Noticias de esto llegaron a Felipe II, aborrecedor de la herejía y defensor celoso de la fe. Se alarmó y, si bien los obispos ya habían hecho algo de trabajo inquisitorial, resolvió establecer la inquisición estatal en el Nuevo Mundo. El 25 de enero de 1569 emitió una cédula para el establecimiento de tribunales inquisitoriales en Lima y México.

En Lima quedó establecido el tribunal en 1570 con Serván de Cerezuela como inquisidor general. Su primer →auto de fe se celebró en 1573. En 1571 se inauguró el tribunal en México con Pedro Moya de Contreras como jefe. Su primer auto se llevó a cabo en 1574. En el auto de Lima comparecieron tres protestantes de los cuales dos recibieron penas leves por haber abjurado su fe, pero el tercero fue enviado al "quemadero". En el primero de México fueron sentenciados 36 protestantes, de los cuales dos fueron llevados al quemadero.

En Cartagena fue establecido un tercer tribunal el año 1610 pero no se efectuó un auto de fe hasta 1622. En éste fue quemado vivo un protestante que se mantuvo fiel hasta el fin.

Los tribunales principales tenían sucursales que se llamaban "comisarías". V.g. en Guatemala hubo una comisaría sujeta al tribunal de México. Las comisarías a veces tenían subcomisarías. Por ejemplo, la de Guatemala tenía las tales en San Salvador, Tegucigalpa, León, Cartago y en otros 39 lugares.

Las faltas juzgadas por los tribunales eran muy variadas. Chinchilla Aguilar ha clasificado las acusaciones hechas ante la comisaría de Guatemala durante la primera parte del s.XVII de la manera siguiente: Luteranos (5), heterodoxos en general (15), moriscos (2), judíos (21), proposiciones heréticas (25), blasfemias, reniegos y palabras malsonantes (46), irreligiosidad (62), casados dos veces (37), malas costumbres (9), confesantes y celebrantes sin órdenes (4), impostores (13), libros prohibidos (10), "solicitaciones" (sexuales) en el confesionario (49), adivinos y hechiceros (79), varios (20).

Ya que la I. era arma del gobierno español, con la Independencia tocó a su fin la odiada institución que había sido una mancha vergonzosísima para la ICR por tres siglos en América Hispana. WILTON M. NELSON

I.N.R.I. Siglas que aparecen sobre la cruz de Cristo en el arte religioso. Son las letras iniciales de las palabras latinas *Iesus Nazarenus Rex Iudaeorum* ("Jesús nazareno, rey de los judíos"), las cuales debieran haber sido el "título" (es decir, el nombre de Jesús y la indicación del crimen que había cometido) en latín que Pilato puso sobre la cruz de Cristo. Juan 19:19 dice que este "título" fue escrito en tres idiomas: hebreo (arameo), la lengua del pueblo, griego, el idioma universal de la época y latín, el idioma oficial.

WILTON M. NELSON

INSCRIPCIONES CRISTIANAS. La comprensión del NT y de la iglesia primitiva se ha revolucionado por los muchos documentos escritos del pasado que se han recuperado. El término "i." puede emplearse en varios sentidos: para describir cualquier documento escrito, en cuenta los escritos en piedra, arcilla, papiro u otro material; para incluir todos los artefactos con inscripciones, excepto el pergamino y los papiros; o, más comúnmente, para referirse solo a los mayores monumentos. El número excesivamente grande de objetos hace que el estudio sea muy complicado; p.e., en solo el área de Roma se han encontrado más de 11.000 i.c. anteriores al s.VII. Los arqueólogos habitualmente limitan los textos de valor significativo a los primeros siete siglos de la era cristiana.

Se dice que una i. es "cristiana" si comporta evidencias de la fe cristiana. Muchas i. fueron sin duda obra de la comunidad cristiana, pero no muestran ninguna referencia específica a la fe. Algunas i.c. están compuestas con precisión y algunas incluso con elegancia, tanto en forma como en contenido; otras, sin embargo, están escritas en formas grotescas. Las i.c. suelen dar muy pocos detalles personales, si es que los dan: p.e. los epitafios comúnmente dan solo el nombre, la edad y la fecha de muerte. Por otra parte, el número total de i.c. da evidencia válida de la naturaleza y esencia de una comunidad de creyentes y contribuye al análisis de la expansión de la fe cristiana. De vez en cuando los arqueólogos han desenterrado i. que se relacionan con la doctrina, pero generalmente estas son de poco valor cuando se las compara con las muchas fuentes literarias más o menos completamente conservadas.

Son muy comunes las i. del s.II, especialmente en las famosas catacumbas romanas. A mediados del s.IV eran comunes las i. en Roma, Africa del Norte y Asia Menor, si bien algunas de ellas proceden de grupos heréticos tales como los montanistas o los donatistas. La mayoría de estas i. son en latín o en griego, y en su mayoría son originales, aunque los textos de otras solo sobreviven en copias. Es complicado datar las i., puesto que muchas de las fechas de las i. originales hacen referencia a los años consulares. A menudo el arqueólogo debe inferir la fecha de la i. ya sea a partir del sitio en que se encontró o a partir de alguna clase de evidencia interna tal como el contenido o el estilo de escritura. WATSON E. MILLS

INSTANCIO (fines del s.IV). Obispo español. Siendo seguidor de →Prisciliano, puede haber sido depuesto por un sínodo en Zaragoza en 380. Cuando Idacio, obispo de Mérida, obtuvo un decreto de Graciano que podía utilizar contra ellos, I. y Salviano (otro obispo y seguidor de Prisciliano) acompañaron a Prisciliano, a quien habían hecho obispo de Avila, hasta Italia para buscar la ayuda de Dámaso y Ambrosio. Aunque no lo lograron, se ganaron sin embargo la ayuda de Macedonio, el *magister officiorum,* que usó su influencia para obtenerles protección. Sin embargo, el asesinato de Graciano produjo un nuevo cambio de suerte. Prisciliano e I. fueron citados ante un sínodo en Burdeos en 385. I. fue depuesto. Cuando se presentaron ante Máximo de Tréveris, Prisciliano fue condenado a muerte bajo el cargo de hechicería, e I. fue desterrado. Acaso I. sea el autor de once tratados atribuidos por G. Schepps a Prisciliano y publicados a partir de un ms de Würzburg en 1886.

DAVID JOHN WILLIAMS

INSTITUCION DE LA RELIGION CRISTIANA →CALVINO; CALVINISMO

INSTITUTO DE EVANGELISMO A FONDO →EVANGELISMO A FONDO

INSTITUTO DE LENGUA ESPAÑOLA. Organización fundada por la junta misionera de la Iglesia Presbiteriana, EUA, en Colombia en el año 1942, y trasladada a Costa Rica en 1950, con el fin de enseñar español y proveer entrenamiento y orientación para el nuevo personal misionero, enviado de los EUA a los diferentes países de AL.

Desde el principio se aceptaron los candidatos misioneros de otras juntas misioneras evangélicas. Más de 160 juntas misioneras protestantes y varias organizaciones misioneras católicas, de Canadá, Europa y los EUA han enviado su personal al I. desde su fundación. Ya para el año 1977 unos 5.500 misioneros habían estudiado en el I. Durante los últimos años aproximadamente 400 han pasado por las aulas de la institución anualmente. Al terminar sus estudios se dirigen a todos los países de habla hispana en las Américas y algunos a España para iniciar su carrera misionera.

Después de 30 años bajo los auspicios de la Iglesia Presbiteriana, en 1972 el I. se reorganizó como una asociación costarricense, y desde esa fecha no sostiene relación oficial con ninguna iglesia o denominación. Su única relación eclesiástica actualmente es su membresía en la Alianza Evangélica de Costa Rica. Los directores han sido: Allen D. Clark (1942), Edward M. Clark (1942-1945), Otho P. LaPorte (1945-1959) y Aulden D. Coble (1959 al presente). AULDEN D. COBLE

INSTITUTO LINGUISTICO DE VERANO. Agencia cultural-misionera dedicada al estudio lingüístico y a la traducción de la Biblia a idiomas indígenas. En septiembre de 1917 el joven William Cameron Townsend y su amigo Elbert Robinson llegaron como misioneros a Guatemala. Un indio cakchiquel, Francisco Díaz, les convenció de la urgente necesidad de evangelizar a los indígenas, no por medio de intérpretes, sino en su propio idioma y con la ayuda de una Biblia traducida en su lengua. El año siguiente Townsend resolvió dedicarse a la traducción del NT al cakchiquel, idioma que hasta entonces se hablaba pero no se escribía. Díaz y Robinson murieron poco después pero Townsend continuó su tarea, apoyado por Leonard Legters, conferenciante norteamericano. Llevó a feliz término la traducción, la cual fue publicada por la Sociedad Bíblica Americana. En mayo de 1931 pudo presentar un ejemplar del NT cakchiquel al Presidente de la República de Guatemala.

Durante este mismo año Townsend averiguó que había por lo menos mil tribus que no tenían ni siquiera una parte de la Biblia en su propia lengua. En 1934, juntamente con Legters, fundó el "Instituto Lingüístico de Verano" en una hacienda en Arkansas (EUA). Al plantel muy sencillo dieron el nombre de "Campamento →Wycliffe" en honor del primer traductor de la Biblia al inglés. El propósito del instituto era adiestrar a misioneros de cualquier sociedad en las técnicas de aprendizaje de idiomas que no tienen escritura ni una gramática publicada.

En 1935, estando en México, hizo una gramática del dialecto tetelcingo que llamó la atención del presidente del país, el general Cárdenas. En enero de 1936 Cárdenas lo visitó en la aldea donde estaba trabajando y le dijo que daría permiso de entrada a cualquier traductor que Townsend quisiera traer al país. Como resultado en el año 1940 ya había 37 personas que estaban trabajando con varios idiomas indígenas en México. En 1942 (con el fin de ampliar sus instalaciones) el Instituto aceptó una invitación para trasladarse a la Universidad de Oklahoma (EUA). En el mismo año el Instituto se organizó como *"Wycliffe Bible Translators Incorporated"* con sede en Los Angeles, California.

Luego se inició una expansión rápida. En 1944 se estableció una escuela de adiestramiento en Canadá, en 1950 otra en Australia y en 1953 todavía otra en Inglaterra. En 1946 llegaron los primeros 25 traductores al Perú, en 1952 comenzaron obra en Ecuador, en 1956 en Brasil y en 1968 en Vietnam. Un estudio efectuado en 1955 hizo ver que en el Lejano Oriente había más de mil pueblos que no tenían una porción de las Sagradas Escrituras en su propia lengua, y así el número de las lenguas conocidas en el mundo ha ido en continuo aumento. En 1974 se sabía de 5.687 lenguas de las cuales solo 746 ya tenían una traducción de la Biblia o del NT. Pero ya se trabajaba en la traducción a 783 idiomas más y se consideraba que era urgente comenzar el trabajo en todavía 596 otras. De los idiomas restantes solo 79 eran casi extintos y la necesidad de unos 3.483 estaba en estudio.

La política de los obreros del Instituto es cooperar estrechamente con el gobierno del país que les recibe y no procurar establecer iglesias. Por supuesto testifican de su fe en forma personal cuando la oportunidad se presenta pero creen que su aporte especial a la evangelización del mundo es hacer una obra científica con las lenguas tribales y traducir por lo menos el NT a ellas.

JUAN B.A. KESSLER

INSTITUTOS, BIBLICOS (Americanos). Surgieron en los EUA después de 1880 para restaurar la autoridad bíblica y para cumplir el "Gran mandato". La Misión Grossner, iniciada por Johannes Grossner en 1842 para preparar candidatos a misioneros, probablemente precedió a todas las otras instituciones tales. H. Grattan →Guinness organizó el *East London Institute for Home and Foreign Missions* en 1872. Esta obra inspiró a A.B. Simpson a fundar en 1882 en la ciudad de Nueva York, la primera escuela bíblica americana. La escuela fue trasladada a Nyack en 1897 como Misisionary Training Institute (actualmente Nyack College). Los estudios bíblicos y la preparación práctica para el servicio cristiano estaban unidos con la vida disciplinada. El Moody Bible Institute comenzó en 1886 como la Chicago Evangelization Society para proveer lo que D.L. →Moody llamaba "hombres para la brecha", personas entrenadas para cubrir la brecha entre el laicado y los ministros. Este Instituto floreció después que R.A. Torrey fuera su superintendente en 1889, fecha en que fue erigido su primer edificio. El Instituto tiene actualmente unos 1.300 estudiantes diurnos, también clases nocturnas y por correspondencia, radio, películas científicas y demás ministerios. Otras escuelas siguieron a éstas en rápida sucesión. El mayor desarrollo se produjo entre 1941 y 1960. Hay ahora más de 250 de tales escuelas en el Canadá y en los EUA. Las dos terceras partes son denominacionales. Tienen un currículum biblio-céntrico. Tratan de cultivar la vida espiritual desarrollando la oración, la fe y la autonegación. Todas exigen algún trabajo práctico, tal como enseñar en alguna escuela dominical, reuniones al aire libre o testimonio personal. A diferencia de los seminarios, aceptan graduados de la segunda enseñanza, y a desemejanza de los colegios de artes liberales, preparan para las actividades laicas de la iglesia y para los ministerios cristianos más bien que para las profesiones. Muchos de los graduados posteriormente concurren a los colegios universitarios, seminarios o escuelas pos-graduadas. Muchos llegan a ser misioneros. Este movimiento de i.b. ha ayudado a aumentar lo que ha sido llamado "Tercera Fuerza'" es decir: los evangélicos leales a la Escritura como plenamente inspirada por Dios, y a Cristo como Salvador y Señor. (→EDUCACION TEOLOGICA EN AMERICA LATINA).

EARLE E. CAIRNS

INTEGRISMO. Un resurgimiento de la antigua tendencia de la ICR, hoy presente también en otras confesiones, de revestir la misión de predicar la buena nueva con un exagerado autoritarismo que llega hasta usar el aparato secular del poder temporal, con el pretexto de conservar intacta la "tradición" y el "depósito de la fe". En la práctica el i. puede traducirse en la vida de la iglesia de las siguientes maneras:

1) Condenación de movimientos, publicaciones y aun personas que buscan nuevos caminos de interpretación de la Palabra de Dios, o nuevos métodos de pastoral evangélica; rechazo de quienes promueven reformas a la liturgia, o a la aplicación de los principios de ética o disciplina eclesiástica a la manera como se hizo en tiempos pasados por tribunales eclesiásticos como el de la Inquisición.

2) Búsqueda deliberada de la creación de instrumentos de dominio secular o político, que robustezcan el ejercicio de la autoridad

eclesiástica, para defender los postulados de una fe "no contaminada".

3) Enfasis prioritario de las estructuras eclesiales establecidas, sobre los intereses de la comunidad cristiana como pueblo de Dios, basándose en la presuposición dogmática de que la historia de la salvación la hace Dios solamente a través de ciertas instituciones humanas. Se desconfía así de la capacidad del individuo para acercarse a Dios, dentro del contexto de su propia situación histórica y realidad social; y se recortan las posibilidades de iniciativa por parte de Dios, para procurar en formas diversas el encuentro con el hombre. LUCIANO JARAMILLO

INTER CAETERA. Bula emitida por el papa →Alejandro VI el 4 de mayo, 1493, por la cual dividió el Nuevo Mundo, recién descubierto por Cristóbal →Colón, entre Portugal y España. Ignorante de la geografía de esta parte del mundo, fijó una línea imaginaria de polo a polo pasando por un punto 100 leguas (c.560 km) al oeste de las Islas Azores y del Cabo Verde. La tierra al este de esta línea fue concedida a Portugal y la al oeste a España, a base de "la autoridad del Dios omnipotente concedida a él en San Pedro y por el vicariato de Jesucristo administrado por él en la tierra".

Había una condición con esta concesión a España, que los Reyes Católicos (Fernando e Isabel) asumieran la responsabilidad de la obra misionera entre los indígenas de las tierras concedidas. La bula, pues, fue el principio de la extensión del →Patronato Real al Nuevo Mundo. WILTON M. NELSON

INTERIM DE AUGSBURGO →AUGSBURGO, INTERIM DE

INTERPRETACION BIBLICA. La Biblia nos llega de diferentes épocas y de culturas distintas de la nuestra y sus idiomas son muy diferentes del nuestro. Es necesario entonces que sea interpretada para que cada generación de cristianos pueda, en su respectivo ambiente, entender su significado. En el s.I de nuestra era hubo una variedad de enfoques en la interpretación del AT. →Filón de Alejandría usó el método alegórico para extraer del texto del AT, incluyendo de lo que parecían ser relatos históricos literales, filosofías platónicas, estoicas y neopitagóricas.

La comunidad de Qumrán usaba el método *pesher* para sugerir que el real significado de las declaraciones del AT en general podía ser hallado en las personalidades y en las circunstancias particulares de su propia secta. La escuela rabínica de Shammai era generalmente literal en su propio entendimiento y muy estricta en su aplicación, mientras que la de Hillel era más sutil y tenía una cantidad de reglas destinadas a aplicar la ley a la situación del momento. En el período post apostólico fueron usados métodos similares para interpretar ambos Testamentos. →Orígenes en especial, destacó el enfoque alegórico, creyendo que toda Escritura tiene un sentido triple: el "cuerpo" para los sencillos; el "alma" para los principiantes y el "espíritu" para los maduros. La escuela de Antioquía era más literal y gramatical en su enfoque que la de los →alejandrinos. Jerónimo y, hasta cierto punto Agustín, tendieron en el occidente a seguir el método de la teología →antioquena.

En la Edad Media generalmente se aceptaba que había cuatro sentidos: literal, alegórico, moral y analógico. El enfoque de →Nicolás de Lyra, que destacaba mayormente la interpretación literal y cristológica, preparó el camino para Lutero y los reformadores. Estos negaban la autoridad suprema de la Iglesia y creían que el adecuado estudio gramatical del texto y la comparación de Escritura con Escritura daría el verdadero significado mediante el testimonio interno del Espíritu Santo. El enorme avance en conocimiento textual, trasfondo e idiomas de la Biblia, experimentado durante aproximadamente el último siglo, ayudó mucho a una más exacta interpretación. Esto, sin embargo, ha sido frecuentemente anulado por la tendencia a introducir en la Biblia filosofías modernas que no tienen allí lugar alguno.

La forma correcta de entender la Biblia incluye ver en ella tanto una colección de documentos humanos como un libro divino unificado. En busca del primer propósito tenemos que aplicar todo el conocimiento humano acerca del trasfondo, circunstancias, intención e idiomas de cada uno de los escritos. Reviste especial importancia saber qué clase de literatura se le atribuye a un libro bíblico. El significado de las más pequeñas partes se puede descubrir teniendo en cuenta el uso de palabras y frases. Donde hay aparente simbolismo, tenemos que preguntarnos si éste es algo agregado al sentido literal o si toma su lugar. Tiene que recordarse, pues, que el canon bíblico ha sido definido porque sus partes constitutivas dan un testimonio unificado de los propósitos salvíficos de Dios, particularmente como éstos aparecen centrados en sus actos en Cristo. Esto significa no solo que ciertamente muchos pasajes del AT dan un trasfondo del NT, sino que también los principios que están estableciendo encuentran su pleno significado en lo que Dios iba a hacer posteriormente por medio de Cristo. Esta es la forma en que el AT es interpretado en el NT y debería ser el modelo para nosotros. No existe un modelo hermenéutico rígido en el cual el significado de la Biblia pueda ser obligado a entrar para todo el tiempo. Cada generación y cada cultura tiene que buscarlo, usando la sabiduría de los cristianos de todas las épocas y dependiendo del Espíritu Santo. Tiene así que encontrar por sí misma, tanto como le sea posible, el significado de la fe una vez dada a los santos y atesorada en las Sagradas Escrituras.

R.E. NIXON

INTER-VARSITY FELLOWSHIP. Este movimiento fue fundado en 1927 para llevar adelante la cooperación entre las uniones cristianas evangélicas en las universidades y *colleges* de Gran Bretaña. En 1873, cuatro uniones cristianas en los hospitales docentes se habían unido para formar la Unión Médica de Oración. La Unión Cristiana Inter-Colegial de Cambridge comenzó en 1877 y más tarde se afilió al →Movimiento Estudiantil Cristiano. En 1910 se rompió el vínculo a causa del creciente liberalismo teológico del MEC. En 1919 se organizó la primera conferencia anual interuniversitaria para promover la actividad evangélica y misionera en las universidades. El crecimiento de esta obra condujo a la formación de la *IVF*.

Entre las metas típicas para la pertenencia a una unión cristiana están "presentar a los miembros de la universidad las enseñanzas de Jesucristo; unir a aquellos que desean servirle; y promover la obra de las misiones locales y extranjeras". También se encuentran grupos en los politécnicos, facultades de educación y colegios técnicos. Se organizan conferencias misioneras y se hace una gran labor entre los estudiantes extranjeros. Al completar sus estudios, a los estudiantes se les anima a unirse a grupos de compañerismo de graduados que existen en muchos lugares. Hay organizaciones que se encargan de encauzar intereses especiales, tales como la Asociación Médica Cristiana y la Asociación de Estudiantes de Teología. Se produce una amplia gama de publicaciones cristianas. La IVF está afiliada a la →Comunidad Internacional de Estudiantes Evangélicos.

J.W. CHARLEY

INVESTIDURAS, CONTROVERSIA DE LAS. Lucha de 50 años que surgió cuando →Gregorio VII (papa desde 1073) culpó al emperador sálico, →Enrique IV de Alemania, de hacer nombramientos eclesiásticos mediante la investidura laica, práctica condenada por Nicolás II en 1059. Enrique alegaba que se había retirado de los emperadores lo que por un siglo había sido un derecho divino; procuró entonces el derrocamiento de Gregorio. Vino entonces la excomunión; los eclesiásticos imperiales temieron por su propia seguridad y titubearon en apoyar a su rey. Enrique quedó aislado y buscó su propia restauración al punto de llegar a humillarse ante el papa en Canossa (1077). Después de la intervención de Matilde de Toscana y del abad Hugo de Cluny, Gregorio escuchó la solicitud de Enrique y concedió la absolución. Pero vinieron las concesiones y las luchas como resultado de antiguos resentimientos; los dos protagonistas establecieron respectivamente un antipapa y un anti-rey, pero sin efecto.

Después de que Gregorio murió en 1085, Urbano II emprendió una cruzada sin el apoyo alemán: ambas partes querían salvar las apariencias. Pascual II renovó infructuosamente la lucha; los nuevos dirigentes de Roma estaban de acuerdo con los propósitos de Gregorio pero no con sus métodos. El principio empleado para finiquitar la controversia de las investiduras (1103-7) se plasmó en el Concordato de Worms (1122) y se confirmó en el Concilio de Letrán II (1123), entre Calixto II y Enrique V: el emperador abandonó la investidura laica con anillo y báculo, pero siempre podía exigir homenaje de parte de obispos y abades en sus comarcas antes de la investidura eclesiástica. El rey alemán retuvo su derecho a vetar los nombramientos eclesiásticos. Este conflicto impidió a los eclesiásticos alemanes el avance cultural mientras atendían asuntos políticos y Alemania se quedó atrás en su liderazgo intelectual de Europa occidental.

C.G. THORNE, Jr.

IONA. Pequeña isla escocesa frente a la costa SO de Mull, desde la cual →Columba, que llegó ahí en 563, evangelizó el O de Escocia y el N de Inglaterra. Su monasterio llegó a ser un famoso centro eclesiástico pero fue saqueado repetidas veces por los normandos. A principios del s.XIII se estableció en I. una casa benedictina, pero sus edificios fueron derruidos durante la Reforma (1561). En 1900 el duque de Argyll entregó las ruinas del monasterio al cuidado de la Iglesia de Escocia. La iglesia de la abadía de Santa María, que data del s.XII, ha sido restaurada y se usa actualmente en relación con la obra y culto de la Comunidad de I. Se dice que en la isla han sido enterrados 46 reyes escoceses. Se han descubierto muchos objetos antiguos, entre ellos cierta cantidad de cruces célticas. I. forma parte de una parroquia de la Iglesia de Escocia que abarca también una sección de Mull. J.D. DOUGLAS

IONA, COMUNIDAD DE. Fundada por el ministro-barón George MacLeod en 1938 en la isla de Iona, este experimento imaginativo reunió a ministros y laicos para compartir la comunión del trabajo y del culto. En el muro (donde se planeó un extenso proyecto de reconstrucción) y en la abadía buscaban llevar a cabo lo que consideraban la tarea de la iglesia: "hallar una nueva comunidad para los hombres en el mundo de hoy". Tres obligaciones están incluidas en la pertenencia plena a la C. de I.: se espera que los ministros y artesanos pasen cierto tiempo en la isla, particularmente durante las etapas iniciales de su participación; los miembros aceptan una triple regla relacionada con la oración, la lectura bíblica y el diezmo; y se espera que asistan a las reuniones mensuales en tierra firme durante el invierno y a la reunión anual en I. en junio. Hay miles de miembros asociados en todas partes del mundo. En 1951 la C. de I. quedó bajo los auspicios de la Iglesia de Escocia; un comité eclesiástico especial informa anualmente a la asamblea general sobre los asuntos de la comunidad. J.D. DOUGLAS

IRENEO (c.125-c.200). Obispo de Lyón. Probablemente oriundo de Esmirna, donde de joven escuchó a →Policarpo, estudió y enseñó probablemente en Roma antes de trasladarse a Lyón. Como presbítero en 177/8 medió en representación de su iglesia ante el Obispo Eleutero de Roma en relación con los →montanistas. A su regreso sucedió al Obispo Potino (muerto en la persecución de 177/8), probablemente sin consagración episcopal. Representó un importante vínculo entre Oriente y Occidente, mantuvo amplia correspondencia y protestó contra el papa Víctor cuando este excomulgó a los →cuartodecimanos asiáticos.

Su diócesis abarcaba también Vienne y posiblemente algunas congregaciones más lejanas (era el único obispo monárquico de la Galia) lo cual le obligó a aprender a hablar galo (céltico). Se enfrentó a la actividad de los gnósticos y dedicó cinco libros a la *Detección y contradicción de la falsamente llamada ciencia (gnosis),* por lo general llamados *Contra las herejías,* que son de inapreciable valor en la conservación de las enseñanzas gnósticas, especialmente las de los valentinianos. Se basó en obras gnósticas y en refutaciones anteriores, en su mayoría perdidas, y su obra fue ampliamente utilizada por escritores antiheréticos posteriores. El griego de I. sobrevive solo en largos extractos, pero puede ser reconstituido con bastante precisión a partir de una traducción latina muy apegada que se produjo antes de 421 (tal vez ya en 200), una versión armenia de los libros 4-5 y varios fragmentos siríacos. Su *Demostración de la predicación apostólica,* redescubierta en una traducción armenia en 1904, es tanto una catequesis como una apología, que expone la teología cristiana y las pruebas cristológicas de la profecía del AT.

I. pertenece casi a los →Padres Apostólicos. Por medio de Policarpo tenía, según su opinión, contacto con la generación apostólica y con las tradiciones de los Ancianos, y en su tiempo el Espíritu todavía repartía carismas y el obispo era todavía un presbítero. Sin embargo su tradición apostólica, encarnada en la Regla de Fe y transmitida por sucesiones de maestros en iglesias de fundación apostólica, era una tradición eclesiástica desarrollada. Los escritos del NT son equiparados al AT como verdadera Escritura y se defiende tenazmente el canon con cuatro evangelios. Contra los escritos, tradiciones y sucesiones de los gnósticos levanta los pilares apostólicos de la ortodoxia católica. La unidad del Padre, el Hijo y el Espíritu tanto en la creación como en la redención (en cuenta la resurrección milenarista de la carne) se enfatiza muy fuertemente y en su concepto clave de "recapitulación" desarrolla el paralelo paulino entre Adán y Cristo (extendiéndolo a Eva y María) y considera la Encarnación como la suma máxima del trato de Dios con la humanidad en la creación, educación y salvación y la unificación de toda la raza humana. D.F. WRIGHT

IRLANDA. La I. pre-cristiana era un país céltico de instituciones tribales, influencias druídicas y cultos paganos, especialmente a los árboles, la encina, el fresno y el tejo. La isla había escapado de los perjuicios y beneficios de la invasión romana. Desde épocas tempranas hubo cristianos en I., tales como Kieran de la isla de Cabo Clear. Paladio de Galia fue enviado en 431 para ministrar a los irlandeses que eran creyentes en Cristo; pero el establecimiento y desarrollo de la iglesia cristiana fue en gran medida obra de →Patricio y la iglesia que él fundó se desarrolló aisladamente en relación con el resto de la Iglesia Occidental (→Irlanda, Iglesia de). Sus principales centros eran los monasterios, y los abades ejercían una amplia influencia en la cultura y el arte. Santos como Finnián de Clonard (m.c.589) y Comgall de Bangor, en el país, y →Columba y →Columbano en el extranjero, dieron fama al nombre de la Iglesia irlandesa.

Este período de brillantez terminó desastrosamente con las invasiones danesas que saquearon la isla por más de tres siglos antes de ser derrotados por Brian Boru en Clontarf en 1014. Pero el país, aun desunido, fue suelo pobre para el progreso cristiano y sobrevino una época oscura durante las invasiones anglo-normandas que comenzaron en 1170. Aunque la conquista por los anglo-normandos nunca fue completa, el reconocimiento por parte del papa de la soberanía de Enrique II en 1172 fue el golpe de gracia para la independiente →Iglesia Céltica, y ocasionó la división de la iglesia en una mayoría que aceptaba la supervisión de Roma y una minoría que era principalmente la iglesia de las clases dominantes y que siguió existiendo como Iglesia de Irlanda.

Las políticas de reforma para la Iglesia de Inglaterra adoptadas y promovidas por Enrique VIII se aplicaron en I. con la misma falta de tacto y los mismos resultados desastrosos. En 1537 el rey fue declarado jefe de la Iglesia en I., y se prohibió la sumisión a la autoridad romana. Se ensanchó el abismo entre los irlandeses nativos y los anglo-normandos. Se identificó la Reforma con la ley inglesa y la gente fue atraída como nunca antes a la supervisión romana. De hecho, romanismo y patriotismo se hicieron prácticamente sinónimos desde ese momento.

Un nuevo elemento se introdujo a principios del s.XVII cuando llegaron al Ulster colonos ingleses y escoceses para reemplazar a los irlandeses nativos que habían sido hostiles al dominio inglés, y para desarrollar la tierra con su industria. Durante algunos años la vida religiosa fue dirigida por piadosos obispos anglicanos como Ussher de Armagh, Echlin de Down, y Knox de Raphoe. Pero los escoceses en particular empezaron a buscar los ministros en su patria y recibieron buen servicio de predicadores eminentes como Brice, Cunningham, Blair y Livingstone. La llegada de un ejército escocés a Carrickfergus en 1642 para apagar una fuerte rebelión condujo a la organización de un presbiterio por parte de los capellanes del ejército y de ahí surgió la fuerte y viril Iglesia Presbiteriana de Irlanda. Esta iglesia sufrió un período de serias pruebas después de la Restauración de 1660. Había estado muy comprometida con los Pactos Escoceses de 1638 y 1643. Después del arreglo que siguió la Revolución en 1690, un pequeño resto se adhirió a los Pactos Escoceses y sigue existiendo con el nombre de Iglesia Reformada Presbiteriana de Irlanda.

La secesión de la iglesia establecida de Escocia tuvo sus efectos en Irlanda. Durante cosa de un siglo los presbiterianos originales, el sínodo del Ulster, y el Sínodo Secesionista trabajaron hombro con hombro en Irlanda, pero la feliz unión de 1840 formó la asamblea general de la Iglesia Presbiteriana de Irlanda. La influencia del arrianismo afectó al presbiterianismo en I. Sin embargo, el sínodo de Ulster en 1721, por gran mayoría, afirmó su fe en la deidad esencial de Cristo y pidió suscribirse voluntariamente a la Confesión de Fe de →Westminster. La minoría que no quiso suscribirse se convirtió entonces en el Sínodo de la Iglesia Presbiteriana No-Suscribiente.

Otros dos factores vitales afectaron el cristianismo en I. El primero fue el vigoroso impacto del ministerio de Juan →Wesley. Este predicó en muchos lugares de Irlanda y, aunque su influencia fue mayor donde eran más numerosos los colonos ingleses, la causa que él promovió ha quedado permanentemente establecida en toda I. El metodismo realiza hoy una gran contribución a la vida espiritual, educativa y cultural tanto en Irlanda del Norte como en Eire. El segundo e importantísimo factor fue el avivamiento religioso de 1859. Había habido evidencias anteriores de la obra especial del Espíritu Santo, particularmente entre los colonos presbiterianos del condado de Antrim en 1625, pero el avivamiento de 1859 fue más amplio en su alcance y más profundo en sus consecuencias. La mayoría de las ramas de la Iglesia Protestante recibieron beneficios de este movimiento.

El progreso del cristianismo en Irlanda se ha identificado muy de cerca con su vida política. Los políticos sobresalientes de toda época han estado cercanamente relacionados con alguna rama de la iglesia. Como regla general, los católicos romanos han sido nacionalistas y republicanos en su visión, en tanto que la población protestante ha procurado mantener los vínculos con Gran Bretaña. Esta fuerte división en las simpatías políticas ha producido gran amargura y tensión, pero también ha conducido a una participación más profunda en la vida política por parte de las iglesias.

I. ha realizado una gran contribución a la obra misionera en todo el mundo. Desde los días de Columba en el s.VI hasta el presente, miles de misioneros de todo tipo y afiliación eclesiástica han portado el evangelio a muchos países. ADAM LOUGHRIDGE

IRLANDA, IGLESIA DE. [La contraparte en Irlanda de la Iglesia Anglicana]. Debe sus orígenes a →Patricio, que fue leal al orden eclesiástico de su época y particularmente a las costumbres de la iglesia de la Galia, donde había sido formado y ordenado. En esta iglesia existía una preferencia por el sistema monástico, que al principio se interesaba por la educación de hombres y jóvenes de alta sociedad y luego desarrolló un celo evangelístico. En el siglo siguiente a la muerte de Patricio, Brígido introdujo un sistema de conventos en Kildare con un interés especial por los pobres.

La Iglesia de I. retuvo su independencia respecto a la sede de Roma, si bien depuso esta práctica a favor de la observancia romana de la Pascua en 704. La influencia romana se veía ya en el libro irlandés de oraciones de fines del s.VII. Durante las invasiones vikingas de 795 a 1014 se soportaron extremos sufrimientos. Los monasterios y las iglesias fueron saqueados y derruidos; el pueblo y sus pastores fueron llevados cautivos o sentenciados a muerte, y las normas de la cultura y de la religión se vieron inevitablemente afectadas. La derrota de los invasores produjo tiempos de mayor paz, y en el s.XII se reformó la constitución de la iglesia.

El período de 1200 a 1500 vio la transferencia de la autoridad al gobierno inglés, la construcción de algunas excelentes catedrales y el desarrollo de un carácter espiritual distintivo. El rompimiento con Roma en el s.XVI anunció el retorno a cierta medida de independencia, y si bien la Reforma fue inadecuada en su origen, los Artículos Irlandeses eran fuertemente calvinistas, sus obispos fueron dignos de elogio por su pureza y piedad, y la fundación de la universidad en Dublín en 1591 fue un hito del progreso.

La Iglesia de I. sirvió de puente sobre el abismo entre el pueblo de la tierra y las clases dominantes. Sobrevivió a la tragedia de la rebelión de 1641, a las presiones de Cromwell y esto sin que hubiera un quiebre en la sucesión de sus obispos. El progreso de los ss.XVIII y XIX fue constante pero el censo de 1861 demostró que la iglesia solo abarcaba una octava parte de la población. La Iglesia de I. (desoficializada en 1869-70) ha realizado una contribución notable a la cultura y al gobierno y está hoy día bien encaminada para el trabajo, especialmente en la educación y en las zonas industriales del país.

ADAM LOUGHRIDGE

IRVING, EDWARD (1792-1834). Ministro escocés. N. en Annan, se graduó de artes en Edimburgo, donde también estudió teología, fue maestro de escuela en Haddington y Kirkcaldy (1810-19) y luego se hizo asistente de Thomas →Chalmers en Glasgow. En 1822 pasó a la Capilla Caledoniana en Londres, que resultó ser tan insuficiente para los cientos de personas que querían escucharlo que se construyó una nueva iglesia en Regent Square en 1827. Entre los que lo escuchaban había muchas personas famosas, atraídas por uno que atacaba tan elocuentemente el espíritu de su época y la callosa indiferencia del rico por el pobre cercano y en sus fábricas.

Entre los amigos de Irving estuvieron Carlyle, Coleridge, y Henry Drummond. Sin embargo, poco a poco pasó la novedad e I. encontró dificultad en limitarse a la función pastoral corriente. Ciertos énfasis desequilibrados empezaron a introducirse en su predicación y muchos se fueron alejando a causa de su forma de enseñar sobre la profecía, la escatología, su aprecio exagerado por los sacramentos, y su estímulo a que se hablara en lenguas durante el culto público. Comenzó así un triste proceso de deterioro y más tarde I. empezó a atacar la reforma política, la emancipación de los católicos, y la Universidad de Londres ("la sinagoga de Satanás"). Como puede suponerse, hubo una división en su congregación. Seiscientos seguidores se fueron con él al campo y a una serie de casas de reunión provisionales. Muchos de estos, que antes eran presbiterianos, habían de unirse a la →Iglesia Católica Apostólica, cuya fundación suele atribuirse equivocadamente al mismo I.

Entre sus escritos están *For the Oracles of God* (1823) (del que *The Times* publicaba extractos diarios), *The Doctrine of the Incarnation Opened* (1828) y *The Orthodox and Catholic Doctrine of Our Lord's Human Nature* (1830). Esta última obra en particular ocasionó el procesamiento de I. ante el presbiterio londinense, bajo la acusación de que creía en que la humanidad de Cristo era pecaminosa. Aunque él aseguró que sus palabras habían sido mal entendidas, fue excomulgado y en 1833 fue depuesto del ministerio de la Iglesia de Escocia por el presbiterio de Annan. Se convirtió en un predicador itinerante, se le asignó (y aceptó humildemente) la modesta posición de diácono en la naciente Iglesia Católica Apostólica, m. en Glasgow, y fue enterrado en la catedral de esa ciudad.

J.D. DOUGLAS

IRVINGUISTAS →IGLESIA CATOLICA APOSTOLICA; IRVING, EDWARD

IRRACIONALISMO. Tendencia filosófica que establece ya sea que la realidad tiene carácter irracional (i. ontológico) o que no es asible, total o parcialmente, por la razón (i. gnoseológico o noético) o que lo irracional juega un papel esencial en la vida (i. psicológico). Puesto que la palabra "irracional" es polisémica, según el uso de los autores, también lo es el término "i", por lo que este ha recibido diversas definiciones con variantes significativas. (De ahí la calificación general anterior.)

Por i. se entiende a veces la reacción contra el racionalismo y la →Ilustración, por la fe que estos habían depositado en la razón humana. Así se desarrolló el pensamiento de →Pascal, →Rousseau y los románticos (p.e., →Schleiermacher, Schiller). En estos pensadores, el "eje" de la vida anímica no es la razón (Pascal: "el corazón tiene razones que la razón no entiende"), sino el sentimiento u otro elemento "irracional". También se acentúa este aspecto en algunas formas del existencialismo, como en →Kierkegaard y →Unamuno.

La llamada "teología negativa" (→Nicolás de Cusa) y el misticismo han sido considerados como irracionalistas ya sea porque afirman el carácter absolutamente trascendente de la divinidad (y, por tanto, no puede decirse de ella lo que sea, según la razón humana) o porque establece un modo de conocimiento de la divinidad que no es racional (la vía unitiva).

Han sido calificadas de irracionalistas las llamadas "filosofías de la vida" y el intuicionismo de →Bergson, pero el término no se aplica de igual manera a ambos.

La forma más expresa del i. la encontramos en corrientes filosóficas voluntaristas, como la de Schopenhauer, la de →Nietzsche o la de Edward von Hartman (→ESCOTO, JUAN DUNS).

PLUTARCO BONILLA A.

ISABEL I (1533-1603). Reina de Inglaterra y de Irlanda desde 1558. Hija de →Enrique VIII y de Ana Bolena, sucedió a su hermana católica, María, en un tiempo cuando el país se encontraba dividido y casi indefenso. Tres décadas más tarde la Armada "Invencible" había intentado lograr una Inglaterra española y católica pero había sido derrotada; la bandera de San Jorge ondeaba en todos los océanos y el país experimentaba un florecimiento cultural extraordinario. Era un notable logro para quien había perdido a su madre (ejecutada por orden de su padre) y que a los 21 años había sido puesta en prisión por su hermana. Aprendió a ocultar de otros sus pensamientos y a obviar las dificultades con un ingenio que justamente Inglaterra necesitaba. Mostró su impaciencia ante el dogmatismo de las religiones rivales, aunque no dudó acerca de la providencia de Dios.

A los problemas de estado aplicó su brillante intelecto. Hablaba el latín, el francés y el italiano con fluidez y leía el chipriota y el griego. Al procurar un acuerdo religioso (→ISABELINO, ARREGLO), percibió que sus súbditos eran ya mayoritariamente protestantes y se preparó para seguir ese rumbo. Al principio abandonó el título de la "Cabeza Suprema de la Iglesia", pero retuvo el "etc." al final de sus demás títulos para dejar la escapatoria necesaria. A su debido tiempo llegaron el Acta de →Supremacía y el Acta de →Uniformidad. Ciertamente hubo persecución porque esa era una época en que la religión y la política no podían separarse, pero en comparación con la furia desatada bajo el reinado de María y con los horrores del Continente, fue mucho menos. Fue una edad de oro para la literatura y las exploraciones. El creciente poder de los Comunes fue controlado por la reina con una destreza que los Estuardo no pudieron mostrar. La ayuda militar que los reformadores escoceses necesitaban fue dada en el momento preciso, y para la sucesión de →Jacobo I se hicieron adecuados preparativos.

Poseedora de extraordinaria capacidad para tomar decisiones rápidas, pudo contemporizar cuando le pareció prudente hacerlo; solo en el lastimoso y complejo caso de María Estuardo dudó largamente antes de entregarla al verdugo.

P.W. PETTY

ISABEL DE CASTILLA (1451-1504). Hija de Juan II de Castilla, se casó con Fernando de Aragón en 1469. A la muerte de su medio hermano Enrique IV en 1474, ascendió al trono castellano y en 1479 Fernando fue hecho rey de Aragón (→FERNANDO V). El resultado fue una unión, no de países, sino de coronas, cuyos portadores llegaron a ser conocidos como los "Reyes Católicos". I. logró aumentar el poder real a expensas de la independencia de los nobles, las villas, y la iglesia. Desarrolló un ejército regular y desempeñó una función personal en su exitosa campaña para recapturar Granada (1492). Era amiga de la exploración y la cultura y enemiga de herejes e infieles. Apoyó los esfuerzos de Colón y las universidades, a la vez que instigó la obra de la Inquisición Española (1478) y el desarrollo de la estrategia para la expulsión de los judíos (1492) y de los musulmanes (1502). Entre los cinco hijos de I. estaban Juana "la Loca", madre del futuro emperador Carlos V, y Catalina, que se casó con Enrique VIII de Inglaterra.

T.L. UNDERWOOD

ISABELINO, ARREGLO (1559). Cambios efectuados en los asuntos eclesiásticos ingleses después que la protestante →Isabel I hubo sucedido a la católica María en 1558. Sucintamente expresado, éstos incluían: la abolición una vez más del poder papal en Inglaterra, y la restauración de la legislación eclesiástica de →Enrique VIII que establecía penas para los →no-conformistas; un Acta de →Supremacía que declaraba a la reina como "suprema de todas las personas y causas, tanto eclesiásticas como civiles"; un Acta de →Uniformidad, que aceptaba (en su mayor parte) el Segundo →Libro de Oración, de →Eduardo VI, daba órdenes acerca de las vestimentas y los ornamentos, y ponía de nuevo en vigor los "Artículos de Religión" de Eduardo, reduciéndolos de 42 a 39; y la disolución de aquellos monasterios que habían sido restaurados por María.

Estas normas solo obtuvieron éxito parcial; fueron enfrentadas por los papistas y por los puritanos. →Pío V excomulgó a Isabel en 1570, pero el despacho rápido de que hicieron con los sacerdotes que se infiltraron en el país alrededor de 1579, mostró en dónde estaba la mayoría de la opinión. Los protestantes, por su parte, estaban irritados por la naturaleza moderada de los cambios, y algunos abandonaron la iglesia nacional para formar congregaciones separadas; de aquí el origen del independentismo. El resultado de la política de la reina, sin embargo, fue el surgimiento de una religión esencialmente protestante identificada en las mentes inglesas con el patriotismo, y el rechazo de España y otros elementos, extranjeros. Isabel nunca firmó el →"derecho divino", teoría que iba a provocar la caída de la dinastía de los Estuardo; sabía suscitar y mantener lealtad y generalmente discriminó a favor de la causa protestante en su reino. Aunque no profesaba fuertes creencias personales, mostró gran sabiduría al elegir como arzobispo de Canterbury a Matthew →Parker quien durante 16 años, a partir de 1559, vigorosamente arregló el desorden eclesiástico.

J.D. DOUGLAS

ISAL →IGLESIA Y SOCIEDAD EN AMERICA LATINA

ISIDORO DE SEVILLA (c.560-636). Arzobispo de Sevilla y enciclopedista. Sus padres huyeron a Sevilla desde Cartagena cuando la ciudad fue destruida por los godos arrianos. N. en Sevilla y fue educado en un monasterio, sobre todo por su hermano mayor, Leandro, que llegó a ser arzobispo de Sevilla. Desde sus primeros años demostró una gran aptitud cultural y sus estudios abarcaron prácticamente todas las ramas del saber de la época. Hacia 600 fue hecho arzobispo y como tal fundó escuelas, hizo planes para la conversión de los judíos y también presidió concilios eclesiásticos, p.e. en Sevilla (619) y en Toledo (633).

Sin lugar a duda su mayor importancia estriba en sus escritos. Su *Sententiarum libri tres* fue el primer manual de doctrina cristiana en la Iglesia Latina: el primer libro versaba sobre el dogma, el segundo y el tercero sobre ética. La obra *Etymologiarum sive originum libri viginti* era una enciclopedia en veinte libros que destilaba todo el conocimiento de su tiempo en todos los campos; por medio de ella virtualmente I. se convirtió en "el maestro de escuela de la Edad Media". Los temas abarcados incluían la gramática, retórica, matemática, música, jurisprudencia, historia, teología, herejías, geografía, geología, el vestido, agricultura, y antropología. Muchos de sus escritos anteriores fueron utilizados en esta obra masiva. Sobre la Biblia escribió una introducción general, *Prooemiorum liber ununs;* esbozos biográficos de personajes bíblicos, *De vita et morte sanctorum utriusque Testamenti;* y una interpretación alegórica del AT, *Quaestium in Vetus Testamentum libri duo.* Su *Historia de Regibus Gothorum, Vandalorum et Suevorum* es la principal fuente para la historia de los visigodos.

M. en Sevilla y se convirtió en el héroe nacional de la Iglesia española. Fue canonizado en 1598 y formalmente aceptado como "Doctor de la Iglesia" en 1722.

PETER TOON

ISLAM (árabe = "obediencia": el que es "obediente" es un musulmán). La más joven de las religiones grandes del mundo, fundada en Arabia por Mahoma (c.570-632). Contiene materiales derivados tanto del judaísmo como del cristianismo, pero considera a Mahoma como el revelador final de la unidad y de la voluntad de Dios (Alá). La confesión básica del i. ("No hay más dios que Alá y Mahoma es su profeta") es sencilla pero la implicación es de una obediencia total, como lo indica el nombre i.

Mahoma estuvo activo en dos ciudades árabes: Medina y la Meca, de las cuales la segunda es la ciudad santa del i. Fue ahí que recibió la revelación del *Qur'an* (→CORAN) y es a la Meca que todo musulmán debe hacer una pregrinación al menos una vez en su vida. Dentro de un siglo de la muerte de Mahoma la influencia del i. se había extendido desde España en occidente hasta la India en oriente, y este proceso de expansión continuó por varios siglos. Hoy día ha cesado la expansión por conquista pero la actividad misionera musulmana es intensa en Africa al sur del Sahara y aumenta en Occidente. Centros de la influencia musulmana siguen siendo Africa del Norte y el Mediterráneo oriental, Asia Menor, Irán, Pakistán, Malasia e Indonesia.

La historia doctrinal del i. es complicada. La principal división histórica es la que hay entre el grupo *sunnita* (de *sunna,* "práctica aceptada") y el *shi'íta* (de *shi'a,* "partido"), que se dividieron en torno al asunto del liderazgo. El *sufismo* es la principal forma de misticismo islámico. Pero las distinciones teológicas son leves: todos aceptan puntos como la doctrina del monoteísmo, el oficio profético de Mahoma, y la infalibilidad del Corán. El culto está regulado en detalle. Los fieles deben orar cinco veces al día –si es posible en una mezquita, pero si no, en una estera de oración– y siempre en dirección a la Meca. Los viernes se celebran oficios especiales y durante el mes de Ramadán se ayuna entre el ocaso y el alba. El i. prohíbe hacer imágenes y la ornamentación de las mezquitas se limita a decorados y a textos tallados elaboradamente, tomados del Corán.

Puesto que el i. es post-cristiano, mantiene su propia finalidad como revelación divina y dice que Jesús fue un precursor de Mahoma, las relaciones entre el cristianismo y el i. siempre han sido tensas y el i. siempre ha resistido apasionadamente al mensaje cristiano. Hasta el momento no ha habido prácticamente ninguna adaptación en ninguna de las dos partes: la proclamación ha sido resistida por la contra-proclamación y en los países musulmanes (que son teocracias) la Iglesia cristiana tiene generalmente una posición de minoría y poca influencia directa.

E.J. SHARPE

ISLAM EN ESPAÑA. Las intrigas de la nobleza, apoyadas por ciertos elementos eclesiásticos, facilitan en el año 711 la invasión →musulmana de las huestes de Tárik, que desembarcan en Gibraltar y derrotan al ejército cristiano junto al río Guadalete en una batalla que dura ocho días en julio de 711, y en la que muere el último rey godo don Rodrigo.

Una vez reforzadas, las huestes berberiscas continúan su avance triunfal a través de la Península Ibérica, cruzan los Pirineos, siguen su marcha hacia el norte pero al fin son derrotadas por →Carlos Martel en Poitiers, 732.

El ejército musulmán se repliega, y se instala en la Península para defender contra los francos su conquista de "al-Andalus", nombre que dieron a la España conquistada.

Ante la fulminante invasión musulmana muchos visigodos se refugian en las montañas del norte de España. Los que buscaron refugio en las estribaciones de los Picos de Europa se organizan enseguida, eligen por caudillo a don Pelayo (pariente del último rey godo), y en la legendaria batalla de Covadonga consiguen la primera victoria sobre el ejército musulmán e inician así la multisecular reconquista.

Las huestes de don Pelayo se convierten pronto en un ejército organizado que, junto a los cristianos refugiados en las montañas de Navarra y Cataluña, comienza a avanzar poco a poco hacia el sur en una lucha fronteriza e intermitente que culmina con la rendición del reino de Granada en 1492.

La política inicial de los musulmanes hacia los cristianos es de bastante tolerancia (lo que explica en parte el éxito de la conquista), ya que los moros no tratan de imponer conversiones a la fuerza, sino que se contentan con exigir obediencia a su autoridad, castigar a los que ofendían al islamismo, y cobrar impuestos. Estos les interesaban más que las oraciones de los renegados, considerados siempre como musulmanes de segunda clase.

La mayor parte de las conversiones al islamismo tuvieron lugar entre los campesinos, que con ello quedaban exentos del impuesto personal. Esto se explica fácilmente si se tiene en cuenta que era en el campo donde menos había arraigado el cristianismo.

Son muchos, sin embargo, los →mozárabes (los cristianos sometidos al poder musulmán) que conservan su fe, su lengua latina y hasta sus tradiciones e instituciones romanovisigodas. Los mozárabes llegan a formar un islote cultural cristiano-occidental dentro del mundo islámico, y ante el peligro de ser absorbidos por una civilización rival y superior, los sacerdotes buscan, a veces deliberadamente, el martirio con ataques al I. a fin de mantener viva la fe cristiana.

Por su ideal de "guerra santa" la ocupación árabe de la Península Ibérica es sin duda uno de los acontecimientos más decisivos de la historia de la Iglesia Española. No solo contagió a los españoles de la crueldad y el fanatismo musulmán, sino que también dio a España un sentido de tolerancia religiosa y cultural que España perdió después bajo la intolerancia de la →Contrarreforma.

Aunque lograron mantenerse en la Península por varios siglos, los musulmanes permanecieron en ella como un cuerpo extraño y hostil.

ENRIQUE FERNANDEZ Y FERNANDEZ

ISLANDIA. Los primeros cristianos en I. fueron los monjes celtas que llegaron hacia 800. Las primeras actividades misioneras se atribuyen a Thorvaldr, vikingo islandés, y al obispo sajón Federico a fines del s.X. Aunque sus esfuerzos resultaron abortivos, esta obra preparatoria puso los cimientos para las labores misioneras posteriores bajo el rey noruego, Olaf Tryggvason, que introdujo el cristianismo como religión nacional en el año 1000.

En 1056 Isleifur Gizurarson fue el primer obispo autóctono, y su hacienda ancestral en Skaholt fue desde entonces la residencia episcopal. El hijo de Isleifur, Gizur, que lo sucedió en el episcopado (1082-1118), estableció una segunda sede en Holar. Debido al servilismo de estas sedes ante los poderes civiles, la situación del clero declinó moral e intelectualmente. Debido a las presiones políticas y a los intentos de los obispos noruegos y otros obispos extranjeros de centralizar la organización de la iglesia y sus posesiones, la Iglesia islandesa experimentó considerable conflicto y sufrimiento. La actividad monástica decayó; las empresas intelectuales se eclipsaron; el nivel de la piedad popular no importaba a la gente ni al clero. Solo las brisas vivificantes de la Reforma luterana habían de traer nuevos impulsos a esta confusa situación religiosa.

Puesto que I. había quedado bajo el dominio danés desde fines del s.XIV, correspondió al rey luterano Cristián III introducir la nueva doctrina en la Iglesia islandesa. Con la ayuda del estudioso bíblico Oddur Gottskalksson, que tradujo el NT a la lengua nativa, Cristián III le declaró a la nación por medio de su legislatura que había que adoptar el sistema luterano. La más fuerte oposición vino del obispo →Jon Aresson de Holar el cual, recurriendo a la violencia para salvar a Skaholt para el papado, fue apresado y decapitado.

Una sucesión de notables obispos luteranos apareció a partir de 1540 y la Reforma entró en un período constructivo. Las sedes de Holar y Skaholt fueron unidas más felizmente bajo el enérgico obispo Gudbrandur Thorlaksson (1570-1627); los dos siglos siguientes vieron el apogeo del luteranismo en la predicación, la himnodia, y la literatura devocional. La primera traducción completa de la Biblia apareció en 1584.

En 1801, debido al influjo del racionalismo y bajo el liderazgo de Magnus Stephensen, Holar y Skaholt se fundieron en una sola diócesis ubicada en Reikiavik; el himnario y culto luteranos fueron alterados para reflejar las nuevas ideas. Este liberalismo ha sido perpetuado en el presente siglo por los obispos y la facultad de teología.

H. CROSBY ENGLIZIAN

ISRAEL, HISTORIA POSTBIBLICA

I. Bajo Roma y Bizancio. Durante la vida de Jesús y los apóstoles, Palestina estuvo anexada a la provincia romana de Siria. Los emperadores romanos (→Roma, Imperio) pusieron a Palestina en manos de procuradores, pero la injusticia y rapacidad de éstos, unida al fanatismo de los →zelotes-sicarios y al estado de exaltación mesiánica, provocaron una franca rebelión contra Roma. Al estallar la violencia, en los años 67 y 68 d.C., el emperador Nerón encargó al general Vespasiano dominar la situación y erradicar el nacionalismo judío. Vespasiano comenzó las operaciones militares pero, una vez elegido emperador (año 69), encomendó la tarea a su hijo Tito, quien en 70 culminó la conquista del país con la toma y arrasamiento de →Jerusalén, la destrucción de la vida nacional de los judíos y su →dispersión por todo el mundo entonces conocido.

El país reconquistado se convirtió en la provincia romana de Judea, gobernada por un legado senatorial residente en Siria. Las ciudades y los pueblos fueron reconstruidos lentamente y la vida comercial e intelectual recomenzó mientras en Jerusalén la Legión

X *Fretensis* mantenía la *Pax Romana*. En Jamnia, localidad vecina a Gaza, desde el año 68 d.C. y con permiso del emperador Vespasiano, funcionaba una academia de doctores y escribas judíos, fundada por Rabi Yojanán Ben Zakai, la cual trabajó ininterrumpidamente hasta el 425, cuando fue suprimida por el emperador Teodosio II. Disuelto el Sanedrín desde el año 70 d.C., la academia de Jamnia constituyó durante tres siglos y medio la máxima autoridad del judaísmo; su labor fundamental fue la definición de cuáles libros se consideraban autoritativos (→CANON, AT) y la recopilación de la tradición que se fijó en la Misna y en el →Talmud, roca espiritual del judaísmo posterior.

A partir del año 116 d.C. se sucedieron numerosos levantamientos contra el poder imperial en las comunidades judías mediterráneas, especialmente en Alejandría, Cirene y Chipre, éstos encontraron eco en Palestina. Un decreto del paganísimo emperador Adriano prohibió la circuncisión en todo el imperio, y provocó una insurrección palestina capitaneada por el héroe judío Bar-Kojba (='hijo de la estrella'; cp. Nm. 24;17), aceptado como mesías por el rabí Aqiba, el gran doctor talmúdico. El nuevo levantamiento judío duró del 132 al 135 y fue cruelmente sofocado por Adriano, quien después de masacrar al pueblo hebreo y de arrasar nuevamente a Jerusalén, la hizo reedificar con el nombre de *Aelia Capitolina* y prohibió a los judíos residir en ella. En el lugar del antiguo →Templo se edificó un templo a Júpiter capitolino y, sobre el sepulcro identificado como el de Jesús, otro templo a Venus. Hasta el nombre de Judea quedó proscrito. El país quedó semidesierto y durante siglos predominaron en Jerusalén y en toda Palestina las poblaciones romanas, griega, árabe, siria, o cualquier otra menos la judía.

Con la conversión al cristianismo del emperador Constantino, Palestina se fortaleció religiosamente. Santa Helena, madre del emperador, visitó en 326 los lugares tradicionalmente asociados con la vida de Jesucristo e hizo construir suntuosas basílicas en muchos de ellos. Por aquella época las peregrinaciones de cristianos a la Tierra Santa se multiplicaron. Tal situación se eclipsó bajo Juliano el Apóstata, anticristiano que incluso ordenó la reconstrucción del Templo de Jerusalén (obra inconclusa desde sus fases iniciales) para desmentir la profecía de Cristo sobre la destrucción del templo (Lc. 9:43s.).

En el reparto del Imperio Romano en 395, a la muerte de Teodosio, Palestina tocó al Imperio de Oriente (Bizancio). Se intensificaron las peregrinaciones y se difundió ampliamente el monaquismo cristiano en su territorio. El emperador Justiniano embelleció y restauró las basílicas cristianas.

II. Período persa. En el año 614 el rey persa Cosroes II, en lucha contra los bizantinos, se apoderó de Palestina ayudado por los judíos locales, adversos al cristianismo. Los persas devastaron el país y destruyeron o dañaron las edificaciones cristianas. Pero su poder fue fugaz: el emperador bizantino Heraclio, en sus campañas de 628 y 629, liberó el Imperio de Oriente de los invasores y reconquistó Palestina. Tal situación fue también efímera, pues un nuevo poder nacía en Oriente.

III. Bajo los árabes. En el año 635 Palestina sucumbió ante la avasalladora política imperialista de los árabes mahometanos, que un siglo más tarde gobernarían desde Córdoba hasta el río Indo. En 637 el califa Omar tomó a Jerusalén con la aquiescencia de los naturales, tanto judíos como cristianos, que hartos del yugo bizantino esperaban un mejor trato de los nuevos amos. La toma de Jerusalén, cuyo asedio duró dos años, solo pudo realizarse luego de un acuerdo entre Omar y el Patriarca Sofronio, en el que se garantizaban las vidas y bienes de los palestinos así como su libertad de culto.

Jerusalén, ciudad santa para los musulmanes debido al fantástico viaje nocturno de Mahoma (Corán, XVII,1), dependía directamente del califa. En el área del antiguo templo se edificaron dos mezquitas sacratísimas para los creyentes mahometanos, la llamada "de Omar" (el Domo de la Roca) y la del El-Aksa, cuya ubicación impide, aun en nuestros días, la reedificación del templo.

El dominio árabe en Palestina fue pacífico durante unos tres siglos; la libertad religiosa fue respetada tanto para cristianos como para judíos, continuaban las peregrinaciones cristianas y los lugares santos fueron reconstruidos. Con la irrupción de las fatimitas de Egipto (929), el país fue sumido en guerras y persecuciones que se prolongarían tres siglos. Palestina fue ocupada y dominada por los califas de El Cairo (969), quienes alternaban entre períodos de tolerancia y épocas destructivas de persecución.

IV. Los turcos seleúcidas. La situación se agravó con la ocupación del país (1071-1076) por parte de los turcos seleúcidas, fanáticos recién convertidos al islamismo. Sus violencias y crueldades motivaron la reacción de la cristiandad medieval y condujeron a las Cruzadas.

V. Un paréntesis: el reino latino de Jerusalén (1099-1187). Enormes ejércitos de cristianos se reunieron al llamado de los papas y desorganizadamente se lanzaron a la empresa de reconquistar la Tierra Santa. Tras un intento abortivo en la primera cruzada, Jerusalén fue sitiada y tomada por el ejército cruzado en 1099; durante cuatro días los cristianos realizaron una horrible masacre de árabes y judíos, al punto de dejar la ciudad santa sin un solo habitante judío por mucho tiempo. Los franceses fundamentalmente, constituyeron una monarquía feudal de corte europeo enclavada en pleno mundo musulmán. Se sucedieron tres monarcas principales, pero el reino cayó en 1187, en la batalla de Hattin, perdida frente al sultán Saladino de El Cairo.

VI. Nuevamente los árabes. Saladino, en efecto, se había proclamado sultán independiente de Egipto desde 1174; predicó la guerra santa contra los infieles cristianos y reconquistó poco a poco el país, hasta tomar Jerusalén (1187). Las guerras entre los caballeros cruzados y los árabes unidos a los turcos culminaron con la victoria de los aliados musulmanes en 1291. Palestina gozó de una cuasi completa paz externa durante los dos siglos y medio que fue gobernada por los musulmanes mamelucos de Egipto, pero esta paz se vio turbada en 1400 con la caída de Damasco en manos de los mongoles y la subsiguiente invasión de Palestina, la más terrible que haya conocido el país. Internamente, los cristianos fueron duramente tratados durante este período; no así los judíos quienes, a raíz de las persecuciones de que eran objeto en Europa, pudieron emigrar de Francia, Inglaterra y España y construir libremente sus sinagogas.

VII. El imperio otomano. En 1517 el sultán turco otomano Selim I conquistó a Egipto y al mismo tiempo se adueñó de Palestina, Siria e Irak. La estúpida y cruel *Pax Turca* –uno de los sistemas imperiales más deplorable que ha conocido Occidente– sumió al país en un profundo atraso durante los cuatro siglos (1517-1917) de dominio otomano.

En 1799 Napoleón, quien había conquistado a Egipto, partió de allí con ánimo de conquistar Palestina; se apoderó de Jaifa y se enfrentó al ejército turco en la batalla del monte Tabor, pero se retiró sin lograr su fin De 1832 a 1840 la *Pax Turca* se interrumpió en Palestina cuando el gobernador de Egipto Mohamed Ali la ocupó, en rebeldía contra su señor el sultán otomano. La aventura terminó con la intervención de las potencias europeas (Inglaterra, Prusia, Austria, Francia y Rusia), quienes para proteger sus intereses constriñeron a Mohamed a devolver lo ocupado a Turquía. El sultán, a raíz del incidente, otorgó ciertas concesiones en suelo palestino a los países europeos y éstos abrieron consulados en diversas ciudades y se declararon preceptores de las comunidades cristianas nativas, católicas, protestantes u ortodoxas.

VIII. El sionismo. La explosión del antisemitismo en Europa, especialmente en Rusia, originó dentro del pueblo judío un fuerte movimiento de regreso a la tierra de Israel. Desde 1885 se había fundado el movimiento "Amor a Sión", y en 1897 el visionario del estado judío, Teodoro Herzl, fundó la Organización Sionista Mundial en el primer congreso sionista celebrado en Basilea. La corriente migratoria judía tomó cuerpo: en 1850 no había en toda Palestina sino unos 12.000 judíos; hacia 1882 ya había 35.000. Las aldeas agrícolas comenzaron a multiplicarse; renació la vieja lengua hebrea y se fundó en Jerusalén la Universidad Hebrea. Al estallar la primera guerra mundial en 1914, la comunidad judía de Palestina sumaba 85.000 almas. Esta guerra modificó la situación del país, pues Turquía (la potencia ocupante), en su calidad de aliada de Prusia, hizo de Palestina su centro de operaciones contra Egipto, ocupado éste por los ingleses. Las guerras árabes animadas por el Coronel Lawrence (Lawrence de Arabia) desalojaron a los otomanos de amplios territorios; entre otros, de la región siro-palestina, que quedó en manos de los ingleses a partir de 1917.

IX. El mandato británico. El 2 de noviembre de 1917 el gobierno británico formuló la Declaración de Balfour, en la que expresaba sus simpatías por las aspiraciones sionistas y se comprometía a apoyar la creación en Palestina de un hogar nacional para el pueblo judío. El mandato sobre Palestina, que la Liga de Naciones confió a los ingleses (1922), incorporó la declaración de Balfour y admitió explícitamente los fundamentos para la reconstrucción de un estado judío en Palestina. Bajo la égida de la Organización Sionista (creación de Herzl) y de la remozada Agencia Judía, el retorno del pueblo y la construcción del nuevo estado adquirieron un ritmo acelerado; el pueblo judío retornó a la agricultura y a la ganadería y se multiplicaron los nuevos centros de población. Pero la administración británica, requerida por sus intereses en los territorios árabes, fue obstruyendo cada vez más estos esfuerzos y dificultó la inmigración judía. El surgimiento del nazismo en Alemania, y la consiguiente masacre de seis millones de judíos europeos, tornaron más apremiante la restauración de la independencia judía.

En Palestina, la población hebrea organizó diversos métodos de resistencia contra el ocupante inglés. El resultado fue una mayor tensión y constantes choques entre la administración mandataria y la comunidad judía (el *Ishuv*). En 1947 Gran Bretaña planteó la cuestión de Palestina ante las Naciones Unidas. Una comisión especial recomendó la partición de Palestina en dos estados independientes, judíos y árabes, ligados por un acuerdo económico con Jerusalén bajo control internacional. El 29 de noviembre de ese año la Asamblea General de la ONU aprobó la recomendación por amplia mayoría y el *Ishuv* se lanzó entonces a la empresa de preparar la independencia de un estado que contaría con solo 20.000 km^2 de territorio, y que debería inaugurarse el 15 de mayo de 1948, fecha de finalización del mandato británico.

X Israel. El 14 de mayo de 1948, David Ben Gurión, en su calidad de jefe del consejo provisional del estado, leyó en Tel Aviv la declaración de independencia, por medio de la cual se fundaba el estado de Israel. Pocas horas después, los ejércitos de Egipto, Jordania, Siria, Líbano e Irak, acompañados de un contingente de Arabia Saudita, invadieron el país e Israel se vio comprometido en una guerra de independencia que se prolongó durante siete meses. El armisticio de 1949 fue efímero y la tensión armada que se produjo con los países árabes, que se negaban y aun se niegan, en su mayoría, a reconocer el derecho de existencia del estado de Israel, ha producido desde entonces innumerables actos de sabotaje, asaltos y muertes, incluyendo cuatro nuevas guerras: la del Sinaí (29 de octubre al 5 de noviembre de 1956), la llamada de los "Seis Días" (del 5 al 11 de junio de 1967), la de Desgaste (desde 1968 hasta el cese del fuego, el 7-8 de agosto de 1970) y la guerra del Iom Kipur (del 6 al 24 de octubre de 1973), terminadas todas ellas con sendas victorias para Israel, bien que pagadas al precio de la sangre.

Las fronteras de 1949, establecidas en el Acuerdo de Armisticio de Rodas, han sido considerablemente ampliadas desde entonces, e Israel durante 10 años ha ocupado toda la península del Sinaí, (que ha ido devolviendo paulatinamente a Egipto luego del acuerdo de paz de Camp David de dic. de 1978), los montes de Golán, Samaria y Judea y la parte vieja de la ciudad de Jerusalén, éstas últimas antiguas posesiones jordanas tomadas durante la guerra de los "Seis Días".

Uno de los problemas políticos mayores de Israel, tanto externo como interno, lo constituyen los refugiados palestinos que viven en la zona de Gaza (Egipto) y en el sur del Líbano, en Samaria y Judea, cuya población supera el millón de almas.

Los palestinos han formado poblaciones de barracas, donde viven fundamentalmente con recursos de las Naciones Unidas, sin que los estados árabes hayan hecho nada para absorberlos. Con frecuencia hacen incursiones terroristas al territorio israelí y han constituido grupos guerrilleros.

Israel es en la actualidad, pese al virtual estado de guerra, un país próspero y moderno, que ofrece el espectáculo de una nación que aúna milenios de historia y de tradición con los recursos de la más avanzada técnica. Su población actual es de tres millones y medio de habitantes, entre los cuales se encuentra medio millón de árabes israelíes y más de un millón y medio de judíos inmigrantes venidos de numerosos países, pero fundamentalmente de las naciones del este de Europa (escapados muchos de ellos del holocausto nazi, y de los países árabes).

La instalación de ese inmenso contingente de inmigrantes, a los que hubo que dar habitación y trabajo, enseñarles el hebreo moderno y habituarlos a una nueva forma de vida, ha representado un esfuerzo titánico.

Con la forja del hebreo moderno, debido al tenaz esfuerzo de Eliécer Ben Yehuda (1858-1922), Israel protagonizó el caso único en la historia de la lingüística, del renacimiento de un idioma no hablado desde hacía más de dos milenios.

El sistema de gobierno es parlamentario; la Knéset es un parlamento unicameral integrado por 120 miembros, que representa la autoridad suprema. El Primer Ministro preside el Poder Ejecutivo y requiere del voto de confianza de la Knéset. En sus treinta años de vida libre Israel ha elegido siete primeros ministros, entre los que se destacan David Ben Gurión (1948-53; 1955-63) y Golda Meir (1969-1974).

Las mayores entradas de divisas de Israel las constituyen la talla y pulido de diamantes, el turismo, la exportación de cítricos, de tecnología electrónica y de ropa.

Las ciudades más importantes son Jerusalén, la capital, Tel Aviv y Jaifa. Jerusalén es el centro de la vida judía. Cuenta hoy con más de 300.000 habitantes; es la sede del Presidente del Estado, de la Knéset, del Gobierno, de la Suprema Corte, del Rabinato Principal, de la Universidad Hebrea y del Museo de Israel. Allí se encuentra un lienzo de la muralla del antiguo Templo ("El Muro de los Lamentos"), lugar de oración para los judíos, así como las mezquitas de El Aksa y de Omar, que son lugares santos para los musulmanes. Lo anterior sumado a numerosos lugares relacionados con la vida de Jesucristo, convierte a Jerusalén en ciudad santa para las tres religiones monoteístas más importantes del mundo, cuya libertad de cultos garantiza el estado de Israel.

Los cristianos, árabes en su mayoría, pertenecen a unas treinta denominaciones. Los católicos griegos suman 26.000 personas; los ortodoxos griegos, más de 22.000; los latinos 16.000 y los maronitas casi 4.000. Entre anglicanos, presbiterianos, baptistas y luteranos, hay unos 2.500. Los adherentes a las iglesias monofisitas orientales (armenios, coptos, sirios y etíopes, son unos 3.500). Los cristianos israelíes y los peregrinos cristianos de ultramar pueden seguir las huellas de Jesús, desde la Iglesia de la Anunciación en Nazaret, la de la Natividad en Belén, pasando por el mar de Galilea hasta Jerusalén donde se encuentra la Sala de la Ultima Cena, la Vía Dolorosa y la Iglesia del Santo Sepulcro. El cristiano de Fe no puede menos que experimentar una emoción indescriptible en múltiples lugares, como en aquel señalado por una estrella de plata en Nazaret, donde un letrero advierte: HIC VERBUM CARO FACTUM EST ("aquí el Verbo se hizo carne").

La educación constituye en Israel el tercer rubro, por su volumen, en el presupuesto de la nación y solo es precedida por el presupuesto de defensa y de vivienda. La enseñanza primaria es gratuita y obligatoria entre los 5 y los 18 años de edad. Se estudia en hebreo, excepto en las escuelas árabes, donde la lengua de enseñanza es el árabe. El inglés es el idioma extranjero principal, seguido del árabe. El país posee importantes centros de enseñanza superior, dentro de los que destacan la Universidad Hebrea de Jerusalén (la más antigua, inaugurada en 1925), el Tejnión de Jaifa, el →Instituto Weizman y las universidades de Tel Aviv y de Jaifa.

El viejo anhelo judío expresado en el Himno Israelí *Ha-Tiqva* ("la Esperanza"), de "ser un pueblo libre en nuestra tierra, en tierra de Sión y de Jerusalén" es una realidad desde hace ya 34 años, pero una realidad con un futuro incierto, pese a algunos hechos recientes altamente significativos, como la visita del presidente de Egipto Anwar Sadat a Jerusalén, en diciembre de 1977, seguida por la firma del Tratado de Paz entre Israel y Egipto bajo el patronazgo del presidente norteamericano J. Carter, en Camp David (EUA) el 17 de set. de 1978 y explicitado el 26 de marzo de 1979 en el mismo lugar entre el Presidente Sadat de Egipto y el Primer Ministro de Israel Menajem Begin. A excepción de este histórico acercamiento, que incluyó establecimiento de relaciones diplomáticas, pero cuyos frutos deben aun esperarse, la inmensa comunidad pan-islámica (140 millones de hombres) constituye un enemigo declarado de Israel, especialmente la representada por los países de línea dura: Siria, Irak, Arabia Saudita y Libia. El bloque de países comunistas, tanto de la órbita moscovita (con excepción de Rumanía), como de la pekinesa, es francamente hostil y ni siquiera mantiene relaciones diplomáticas con Israel. Igual sucede con numerosas naciones africanas que bajo la presión de Moscú y de los países petroleros árabes, rompieron relaciones diplomáticas con Jerusalén, luego de años de armonía.

Desde la firma de paz con Egipto y el reconocimiento otorgado a Israel por parte de ese país, una de las naciones islámicas de más peso, el trabajo de varias comisiones mixtas (árabe-israelíes) y numerosos parlamentos entre funcionarios de ambos gobiernos, han creado realistas expectativas de paz. La situación de los palestinos constituye, evidentemente, uno de los temas fundamentales de las negociaciones, así como los ajustes de las fronteras de Israel.

La nación judía espera los resultados de las conversaciones de paz literalmente "al pie del cañón", confiando en que un día no muy lejano, de acuerdo al comentario talmúdico "la tierra de Israel pueda ser llamada vida" (*Avot Derabí Nathán*, 34).

OSCAR MAS HERRERA

ISRAELITAS BRITANICOS. Aquellos que sostienen que los pueblos británico y norteamericano son parte de las diez tribus "perdidas" de Israel. A veces conocida como *angloisraelismo,* la idea probablemente se originó con John Sadler (*Rights of the Kingdom,* 1649), pero su forma moderna data a partir del libro de John Wilson *Our Israelitish Origin* (1840). La primera Asociación Anglosajona fue fundada en Inglaterra en 1879. Los I.B. varían en su enfoque pero los siguientes puntos son típicos. El reino, aunque prometido a perpetuidad a la simiente de David, no pudo sobrevivir en Israel, de tal manera que debemos buscar su continuidad en otra parte. La relación con Inglaterra es a través de las hijas de Sedequías (Jer. 41:10), quien escapó de la muerte en Egipto (Jer. 44:12-14) y echó raíces en otra parte (Is. 37:31s.), es decir: en Irlanda, una de las "islas del mar" (Jer. 31:10) a donde navegaron en un buque con Jeremías. Desde Irlanda ellos o sus descendientes llegaron a Inglaterra y se convirtieron en la casa real. El pueblo común llegó a Inglaterra luego de mucho andar por el continente siendo "zarandeada entre todas las naciones" (Amós 9:9) pero algunos permanecieron en la Europa occidental.

Muchas profecías del AT acerca de Israel se dice que fueron cumplidas en la historia del Imperio Británico, p.e.: que Israel prestaría y no tomaría prestado, poseería las puertas de su enemigo (tales como Gibraltar, Singapur y Hong Kong); que los vástagos de José se extenderían sobre el muro (Gn. 49:22), lo cual significaría que los Padres Peregrinos pertenecían a la tribu de Manasés pero que éstos dejaron en Inglaterra a sus parientes de Efrain. Se dice que la Gran Pirámide atesora estas verdades. Los I.B. no forman una secta separada sino que pertenecen a muchas iglesias.

Los críticos hacen hincapié en que la evidencia en favor de los I.B. es muy débil; que si fuera verdad, el ser I.B. no es importante (Col. 3:11); que las promesas de Dios son a veces condicionales (Dt. 28:68; 1 S. 2:30 mientras 2 S. 7:16 es mesiánica; que las tribus "perdidas" fueron absorbidas mayormente por Judá y que hay otras razas que, mejor que los británicos podrían reclamar ser descendientes de las diez tribus "perdidas".

R.E.D. CLARK

ITALIA →RISORGIMENTO

ITURBIDE DE AGUSTIN. Militar y político mexicano, criollo. Tras la declaración de independencia de →México, combatió al lado de los realistas para poseer el mando absoluto de gobierno y proclamarse emperador. Se le obligó a abdicar y huyó de México. A su regreso fue detenido y ejecutado.

I. y la ICR fueron políticamente aliados según les convenía para fines de dominio físico y espiritual del pueblo. Promulgó el "Plan de Iguala" en el que dictaba: "El clero secular y regular será conservado en todos sus fueros y preeminencias" y "se formará un ejército para la conservación de la religión católica... para que no haya mezcla de alguna otra secta y se ataquen oportunamente los enemigos que puedan dañarla...". Con este apoyo al clero, él garantizaba sus pretensiones como emperador.

Por su parte, el clero encontraba en I. al salvador de sus fueros. Antonio Díaz Soto y Gama dijo: "...lo que I. hizo fue sencillamente: aceptar la invitación que le hacían los frailes de la Profesa o del Oratorio de San Felipe Neri para ponerse al frente de la reacción, de las clases privilegiadas... buscaron Iturbide al pretoriano que los salvara de la ola revolucionaria..."

Iturbide nunca habló de los valores de la religión; no la estudió ni la entendió. El escritor Jesús Romero Flores dijo: "A I., no interesándole la carrera eclesiástica, optó por la de las armas..." "...tuvo las costumbres de un pequeño-burgués... mujeriego, jugador y déspota... fanático en cuanto atañe a la obediencia al rey y a las prácticas del culto externo de la religión".

MANUEL V. FLORES

J

JABLONSKI, DANIEL ERNST (1660-1741). Teólogo, hebraísta, y obispo de la →Unitas Fratrum. N. en Nassenhuben, cerca de Danzig, estudió en Frankfurt-an-der-Oder y en Oxford. A la muerte de su padre, Petrus Figulus Jablonski (1670), fue elegido para suceder a su abuelo materno →Comenio como líder de la Unitas Fratrum y fue consagrado obispo en 1699. Fue nombrado predicador en Magdeburgo (1683), jefe del Colegio de los Hermanos Unidos en Lissa (1686-91), predicador de la corte en Königsberg (1691) y en Berlín (1693). Cuando los Hermanos Moravos, al ser revividos, buscaron un vínculo episcopal con la antigua Iglesia de los Hermanos, J., asistido por Cristián Sitkovius, obispo de los Hermanos Polacos, consagró como obispo a David Nitschmann, en Berlín (1735). Trabajó por la unión de luteranos y calvinistas y luego procuró reformar la iglesia de Prusia introduciendo el episcopado y liturgia de la Iglesia de Inglaterra. Fue uno de los fundadores de la Academia de Ciencias de Berlín, y su presidente en 1733. J.G.G. NORMAN

JACOBINOS. Nombre dado originalmente a los dominicos franceses cuya primera casa en París tenía por patrono a Santiago Jacobo y estaba ubicada en la Rue St. Jacques. Como centro intelectual de la orden atrajo a muchos estudiantes, que indudablemente promovieron la popularización del mote. Cuando la radical Sociedad de Amigos de la Constitución comenzó a utilizar este local de los dominicos a principios de la Revolución Francesa, sus miembros pronto recibieron la aplicación del mismo antiguo nombre. J.D. DOUGLAS

JACOBITAS. Los →monofisitas de Siria que rechazaron la doctrina de las dos naturalezas en Cristo y que tradicionalmente han recibido ese nombre por Jacobo Baradeo. Después del Concilio de Calcedonia (451), el patriarca sirio retiró a su iglesia de la comunión con las otras iglesias orientales porque él no aceptaba la cristología promulgada por el concilio. Perseguida con frecuencia, esta iglesia monofisita experimentó un fortalecimiento mediante la labor de Jacobo Baradeo y los que lo apoyaban. Además, la emperatriz Teodora la trató con simpatía a mediados del s.VI. Fue en el Segundo Concilio de Nicea (787) que se la describió como "Jacobita" en los anatemas lanzados contra la doctrina monofisita.

Aunque sufrió de pérdidas numéricas por las conquistas musulmanas y por los cismas internos y adhesiones a la ICR en el s.XVII, la Iglesia Jacobita todavía existe, pero con pocos miembros. Su patriarca, aunque tiene el título de Antioquía, vive en otra parte. El pan para la Eucaristía se hace de masa fermentada mezclada con sal y aceite; en la liturgia, al *trisagion* se añaden las palabras "que fue crucificado por ti"; y la señal de la cruz se hace con un solo dedo (tal vez para enfatizar la doctrina de la única naturaleza de Cristo). Entre los teólogos j. sobresalen Isaac de Antioquía, Jacobo de Edessa y Jacobo de Sarug. PETER TOON

JACOBO II de Inglaterra y VII de Escocia (1633-1701). Rey de Gran Bretaña, 1685-88. Llegó al trono porque su hermano Carlos II estaba oficialmente sin hijos. Era un católico romano que había estado en el extranjero por muchos años. Se le habría podido dejar de lado en favor de sus hijas María y Ana, especialmente porque el esposo de María, Guillermo de Orange, tenía poderosos derechos para aspirar al trono. Sin embargo, era muy fuerte el respeto por la monarquía; y J. habría retenido su cargo de no haber propugnado medidas católicas y asegurado una sucesión católica. Si bien el Parlamento dio al principio signos tangibles de su apoyo y buena voluntad, J. reaccionó desmedidamente ante los levantamientos en su reino, alienó al Parlamento y a anglicanos influyentes y nombró en altos puestos a sus correligionarios. Como salida política llegó a favorecer a los no conformistas, pero no logró ganárselos a ellos ni apaciguar los temores de los anglicanos. En Escocia intensificó la persecución de los *"Covenanters".* El nacimiento de un hijo en junio de 1688 precipitó los hechos. Guillermo de Orange estaba listo y la nación preparada para recibirlo. J. huyó y oyó misa en Francia mientras su pueblo celebraba la Navidad al estilo protestante. P.W. PETTY

JACOBO VI de Escocia y I de Inglaterra (1566-1625). Rey de Escocia desde 1567, su descendencia de Enrique VII lo hacía ser el heredero más cercano a la muerte de la Reina Isabel de Inglaterra en 1603. Aunque asumió el título de J. I de Gran Bretaña, los reinos no quedaron unidos sino hasta 1707.

Hijo de →María, Reina de Escocia, y de Lord Darnley, fue proclamado rey por los nobles que forzaron la abdicación de su madre y lo colocaron a él bajo la tutoría de George →Buchanan. Cuatro regentes se sucedieron rápidamente y aun después de que J. alcanzó la mayoría de edad en 1578, grupos rivales hicieron intentos de alcanzar el poder secuestrándolo a él. Con este trasfondo, J. estaba decidido a ser un "rey universal": rey de la nación entera y más allá del poder de las facciones. Esta idea entraba en conflicto con la teoría de los "Dos Reinos", que mantenía Andrew →Melville y los presbiterianos, y que significaba que el reino secular del estado no había de interferir con el reino espiritual de la iglesia. A pesar de la enseñanza constitucional de Buchanan, J. no estaba dispuesto a que ninguna área quedara excluida de su jurisdicción y se inclinaba por el "Unico Reino" en que él gobernaría bajo la autoridad de Dios solo. Por lo tanto, al ser él un exponente notable del Derecho Divino de los Reyes, sus ideas políticas hallaron expresión en su *Trew Law of Free Monarchies* (1598) y en su *Basilikon Doron* (1599).

El uso sagaz de las oportunidades y las donaciones bien calculadas de las temporalidades de la iglesia que habían sido anexadas a la Corona en 1597 lo capacitaron para romper el poder de la nobleza escocesa y para imponer diversas formas de episcopado sobre la estructura presbiteriana de la Iglesia de Escocia. Así, cuando fue a Inglaterra se jactó de poder gobernar a Escocia con su pluma, cosa que otros no habían logrado con la espada.

J. parecía mucho menos capaz para evaluar la situación política y eclesiástica de Inglaterra. Su política de paz con España y sus gastos extravagantes con sus favoritos condujeron a querellas con el Parlamento. Sus intentos de mejorar la suerte de los católicos resultaron impopulares y suficientemente ineficaces como para provocar el Complot de la Pólvora de los católicos (1605). En la Conferencia de Hampton Court (1604) J. dejó atónitos a los teólogos ingleses con su erudición en la materia, pero no logró comprender el punto de vista de los puritanos. Confundiéndolos con los presbiterianos, les ordenó seriamente que se conformaran en cuestiones ceremoniales. Un resultado positivo de la conferencia fue el planeamiento de la Versión Autorizada de la Biblia (conocida como Versión del Rey J.), que se publicó en 1611.

En Irlanda, J. fue responsable por el asentamiento de ingleses y escoceses protestantes en el Ulster, e indirectamente por sus modernas divisiones. HENRY R. SEFTON

JACOPONE DA TODI (c.1230-1306). Monje y poeta franciscano. N. de familia noble, estudió derecho en Bolonia y se hizo rico como abogado en su ciudad natal. Después de la trágica muerte de su esposa experimentó una conversión espiritual y arrepentimiento, donó sus riquezas a los pobres y se hizo hermano lego. Apoyó a los "espirituales", con los cardenales Pedro y Giacomo Colonna y Angelo Clareno, en su oposición a la opulencia papal y a sus maquinaciones políticas. Bonifacio VIII lo excomulgó y lo apresó en 1298. Fue puesto en libertad en 1303. J. es el místico que dio a la poesía italiana sus más agudas notas de experiencia religiosa. Sus dos obras principales son los himnos *Laude* y *Stabat mater dolorosa.* Por mucho tiempo se le ha llamado "Beato" en Todi, pero la Congregación del Ritual Divino rehúsa considerar su beatificación, probablemente a causa de la forma sarcástica en que se refiere a Bonifacio VIII en el *Laude.*

ROYAL L. PECK

JAMES, WILLIAM (1842-1910). Psicólogo y filósofo estadounidense. Después de su carrera primero como artista, luego como estudiante de medicina, J. desarrolló interés por la psicología experimental (1867) y enseñó fisiología, psicología y filosofía en Harvard. Aunque se vio acosado por muy mala salud desde 1865, fue muy activo en sus conferencias tanto en EUA como en Europa y en escribir lo que habían de convertirse en clásicos de la filosofía estadounidense. Entre sus libros más importantes están *The Varieties of Religious Experience* (1902), *Pragmatism* (1907), y *A Pluralistic Universe* (1909), J. escribía para un público muy amplio y popular. En parte es esa la razón de que su obra parezca a veces descuidada y difícil de resumir. J. era un pragmático en el sentido de que para él la verdad es aquello de lo que tenemos que tomar nota si no queremos perecer. La mente no es simplemente un receptor pasivo de datos sensibles, como en el empirismo clásico, sino que es característicamente activa. J. fue un anti-reduccionista en su temperamento en cuanto que enfatizó la riqueza, el "pluralismo" de la experiencia, en cuenta la experiencia religiosa, contra lo que según él eran las rigideces de la ortodoxia científica o religiosa. La experiencia religiosa es un fenómeno casi universal; permanece; por tanto debe haber "verdad" en la religión. La brillantez de J. como psicólogo descriptivo es patente en sus relatos de experiencia religiosa. Su hermano fue Henry James, novelista. PAUL HELM

JANSENIO, CORNELIUS OTTO (1585-1638). Obispo católico de Ypres (1636). Estudió en Lovaina y en París, donde conoció a Jean Duvergier de Hauranne, más tarde abad de Saint-Cyran. En Bayona y Champre (1612-17), en el grupo de Saint-Cyran, J. se sumergió en los escritos de Agustín. Contra los jesuitas y los teólogos de la →Contrarreforma, J. y Saint-Cyran querían reconstruir el catolicismo con la enseñanza de Agustín y derrotar al protestantismo con sus propias armas. J. se hizo director de una facultad en Lovaina (1617), opositor público de los jesuitas (Madrid, 1626-27) y por fin obispo de Ypres. Su obra maestra fue el *Augustinus, Sobre la doctrina de San Agustín acerca de la salud, la enfermedad y la curación de la naturaleza humana: contra los pelagianos y los de Marsella* (1640). Este tratado fue condenado como herético por la Sorbona en 1649 y por Inocencio X en 1653.

DAVID C. STEINMETZ

JANSENISMO. Movimiento radicalmente augustinista en la ICR de los ss.XVII-XVIII, cuya enseñanza fue resumida en cinco proposiciones condenadas por el Papa Inocencio X en 1653: (1) que es imposible cumplir los mandamientos de Dios sin una gracia especial; (2) que la gracia es irresistible; (3) que para tener mérito solo se necesita libertad de la compulsión, y no libertad de la necesidad; (4) que es semi-pelagiano enseñar que el libre albedrío puede resistir o consentir la gracia; y (5) que es semi-pelagiano enseñar que Cristo murió por todos los hombres.

Aunque esas ideas se habían encontrado en los escritos de teólogos fuertemente augustinistas a lo largo de la historia de la iglesia, los jansenistas (que tomaron su nombre de C.O. →Jansenio) derivaron de esas ideas conclusiones prácticas que socavaban las afirmaciones sacramentales y jerárquicas de la iglesia de la →Contrarreforma. Los sacramentos de la iglesia solo resultaban eficaces cuando Dios había ya transformado por su gracia la disposición interna del que los recibía. Puesto que la gracia de Dios estaba estrictamente limitada a los elegidos, la iglesia no necesitaba preocuparse con la conversión de los hombres que aun estaban fuera de la institución visibie, sino que más bien debía purificarse mediante severas disciplinas y riguroso ascetismo. Los sacramentos quedaban restringidos en su uso a aquellos que por su disciplina moral habían calificado para recibirlos. Todo aquello en la iglesia que no tuviera sanción divina debía ser extirpado sin miramientos.

Los jansenistas eran antipapistas en sus sentimientos, y admitieron el derecho del papa a condenar las cinco proposiciones tomadas del *Augustinus,* en tanto que rechazaban esa condena en sí. Las ideas jansenistas sobre el libre albedrío, la predestinación, el rígido ascetismo moral, los sacramentos, la jerarquía, y la misión de la iglesia los pusieron en inevitable conflicto con los jesuitas.

Los primeros jansenistas, entre ellos el convento de Port-Royal, eran generalmente conocidos como ciranistas a causa del abad de Saint-Cyran (Duvergier), amigo y colega de C.O. Jansenio. Hacia 1638 los jasenistas ya habían asumido una identidad definida. Después de la muerte de Jansenio y de Saint-Cyran, Antoine Arnauld se convirtió en el líder reconocido del movimiento (1643), cuyo miembro más ilustre fue Blas →Pascal.

En tanto que Arnauld y su generación murieron estando en comunión con Roma, las ideas jansenistas fueron condenadas repetidas veces y con especial vigor en el decreto *Unigenitus* emitido por Clemente XI en 1713 contra la enseñanza de Pasquier →Quesnel.

La sede de los jansenistas en Port-Royal fue destruida y el movimiento quedó sujeto a la persecución en Francia. Sin embargo, en Holanda el j. fue tolerado y en 1723 los jansenistas crearon al obispo cismático de Utrecht. El j. floreció también en Toscana, y dio articulación a sus ideas en el Sínodo de Pistoya (1786). Miles de volúmenes fueron producidos en los ss.XVII y XVIII por el j. y acerca de él, muchos de los cuales se escribieron en las lenguas comunes y fueron vendidos al público en general. DAVID C. STEINMETZ

JAPON, CRISTIANISMO EN. Aunque algunos alegan evidencias de influencias nestorianas en el budismo japonés antiguo, la introducción del cristianismo al J. se atribuye generalmente a la llegada del jesuita español Francisco →Javier, con dos conversos japoneses, el 15 de ago. de 1549. Bajo el patrocinio del caudillo gobernante, Nobunaga y su sucesor, Hideyoshi, la fe católica romana se extendió con rapidez. Sin embargo, en 1587 Hideyoshi emitió un edicto en que desterraba a todos los misioneros. Comenzó una fiera persecución, en que miles murieron por su fe, entre ellos 26 cristianos que fueron crucificados públicamente. Hacia 1640 solo quedaban 150.000 cristianos clandestinos. Durante los siguientes 250 años la dinastía Tokugawa aisló al J. del mundo exterior hasta 1853, cuando el aislamiento se rompió por la fuerza. El cristianismo seguía siendo prohibido para los japoneses, pero los tratados mercantiles firmados con Occidente abrieron la puerta a los misioneros.

Los primeros misioneros protestantes, el Rev. John Liggins y el obispo Channing-Williams de la Iglesia Episcopal, llegaron en mayo de 1859. A fines del mismo año otras dos denominaciones norteamericanas enviaron misioneros: el Dr. James Hepburn (presbiteriano) y los Drs. Guido Verbeck y S.R. Brown (de la Iglesia Reformada). En 1860 los bautistas enviaron su primer misionero. A pesar de edictos que proscribían el cristianismo, el primer converso fue bautizado en 1864 y la primera iglesia fue organizada en Yokohama en 1872.

El resurgimiento del catolicismo comenzó con la llegada del Padre Girard en setiembre de 1859. La primera iglesia se estableció en 1862 y en 1865 miles de cristianos clandestinos, descendientes de los creyentes católicos del s.XVII, salieron a la luz. A esto siguió una intensa persecución, que cesó en 1873 al revocarse los edictos que proscribían el cristianismo. Iván Kasatkin, luego llamado obispo →Nicolai, fundó la Iglesia Ortodoxa Oriental y la vio crecer hasta tener 30.000 miembros.

La principal característica del movimiento protestante en la década de 1870 fue el surgimiento de bandos cristianos: en Yokohama bajo el Rev. John Ballagh, en Kumamoto bajo el Capitán L.L. Janes, el Sapporo bajo el Dr. W.S. Clark, en Nagasaki bajo el Dr. G. Verbeck, y en Hirosaki, etc. De estos bandos surgieron muchos líderes en el período de rápido crecimiento de 1880 a 1889, entre los que sobresalen Yuzuru →Neeshima, Kanzo Uchimura, Masahisa Uemura, y Yoichi Honda. Las uniones entre las misiones denominacionales y sus iglesias dieron como resultado las denominaciones japonesas episcopal, presbiteriana, congregacional y metodista y numerosas entidades interdenominacionales que se fundaron, como la →YMCA japonesa (1880), la Unión Bíblica (1884), el Esfuerzo Cristiano (1886) y la Sociedad Bíblica (1890).

Aunque la libertad religiosa se concedió con la promulgación de la constitución nacional en 1889, la década de 1890 quedó señalada por una reacción contra el cristianismo, favorecida por dos factores que fueron el Decreto Imperial sobre Educación y la comprensión de que la modernización no requería la cristianización. Con el auge del capitalismo a mediados de la década de 1890 vinieron los problemas sociales y laborales modernos. Los recién llegados oficiales del Ejército de Salvación encontraron en Gunpei Yamamura un líder para la obra de liberar a las prostitutas contratadas y ayudar a los pobres en las barriadas.

La influencia catastrófica de la teología liberal, que hizo su primera aparición en 1885, ya se estaba sintiendo con creciente fuerza en la iglesia. Con el nuevo siglo vino un avivamiento y con él, el desarrollo de la evangelización cooperativa y conferencias de inspiración organizadas por Barclay Buxton y Paget Wilkes, que en 1904 formaron la Liga Evangelística Japonesa.

De 1900 a 1920, al intensificarse la revolución industrial en J., los cristianos se involucraron más en la labor social, en que fue lo más sobresaliente el aporte de Toyohiko →Kagawa. Por medio de la predicación de Charles Cowman, Ernest Kilbourne, y Juji Nakada, que habían organizado en 1898 la Sociedad Misionera Oriental, nació en 1917 la Iglesia Japonesa de Santidad. En Hokkaido la obra del Rev. John Batchelor, el "apóstol de los Ainu", estaba en su apogeo y en la isla principal se inició en 1925 la Misión Pionera del J. Central. El surgimiento del militarismo en la década de 1930 condujo a una creciente reducción de la libertad religiosa hasta 1941, cuando 32 grandes grupos protestantes fueron amalgamados por la fuerza para formar la Iglesia Unida de Cristo en J. (llamada el "Kyodan"). En los años de la guerra muchos cristianos sufrieron grandemente a causa de su fe, pero también hubo muchos que capitularon.

En el período de postguerra, con la disolución del sintoísmo estatal y del culto al emperador, los cristianos comenzaron a reorganizarse, animados por una nueva ola de misioneros en un clima de libertad religiosa sin precedentes. Los anglicanos, presbiterianos, luteranos y algunos otros se separaron pronto del Kyodan, el cual dio inicio a una sociedad con ocho denominaciones para canalizar la ayuda financiera y el personal misionero hacia las iglesias y escuelas, de las cuales las principales eran Meiji Gakuin, Aoyama Gakuin, Doshisha, San Pablo (anglicana), Kanto Gakuin (bautista), y la Universidad Cristiana Internacional. Otros ministerios del Kyodan son el KyobunKwan (editorial), Avaco (audiovisual), y el Seminario Teológico Unido del J.

La mayoría de las fuerzas misioneras protestantes de la postguerra abarca las misiones denominacionales de los Bautistas del Sur, los bautistas americanos, los reformados, nazarenos, la Alianza Cristiana y Misionera, los luteranos y los pentecostales, y numerosas misiones de fe interdenominacionales, de las cuales las tres mayores son la Misión de la →Alianza Evangélica, la Cruzada Evangélica del Lejano Oriente, y la Comunidad Misionera de Ultramar. Todas participan en la obra evangelística y la fundación de iglesias, la mayoría de las cuales tienen un vínculo denominacional o bien son miembros de la Federación de Iglesias Independientes. Las iglesias de santidad de antes de la guerra se reorganizaron y el grupo más grande formó la Iglesia Emmanuel bajo el liderazgo del Dr. David Tsutada.

Algunos ministerios cooperativos son la Asociación de Radiodifusiones del Pacífico bajo el Dr. Akira Hatori, la *Inter-Varsity Christian Fellowship* del J., la Unión Japonesa de Escuelas Dominicales, y la Editorial Palabra de Vida. Los principales seminarios evangélicos son el Seminario Bíblico Japonés, el Seminario Teológico Cristiano Japonés, el Seminario Teológico Kobe, la Universidad Cristiana de Tokyo (artes liberales) y más de veinte institutos bíblicos.

La ICR ha crecido visiblemente, con la asistencia de personal extranjero. Sus principales esfuerzos se hallan en iglesias, hospitales, escuelas y universidades (p. ej. Sophia, Seishin, Nanzan), y cerca del 50% de todos los miembros bautizados de las iglesias en J. se hallan en la ICR. Estos, junto con los ortodoxos griegos, cristianos sin iglesia, conservadores, liberales, y neoortodoxos, y sectas foráneas y autóctonas (p. ej. Tejimakyo, la Iglesia del Espíritu de Jesús) componen las corrientes cristianas. Los evangélicos, a escala nacional, han formado la Asociación Evangélica Japonesa, en tanto que aquellos protestantes y católicos que se inclinan hacia el ecumenismo han organizado la Asociación Ecuménica Japonesa.

La Iglesia Cristiana, con menos del 0.5% de la población, parece insignificante frente a la vasta mayoría cuyas costumbres y creencias se hallan firmemente arraigadas en un sintoísmo y budismo aliados con el materialismo, y las religiones renacientes tales como el Soka Gakkai; pero su influencia se hace sentir fuertemente. Con capacitados líderes japoneses a la cabeza, con un espíritu de cooperación entre los misioneros y la iglesia nacional, con la expansión de la evangelización urbana y con un creciente número de misioneros japoneses que van al exterior, la causa cristiana debe continuar avanzando con constancia.

DAVID MICHELL

JASPERS, KARL (1883-1969). Filósofo →existencialista alemán. Estudió medicina en Heidelberg, donde fue conferenciante de psicología antes de ser promovido a la cátedra de filosofía ahí mismo en 1921. J. fue relevado de sus deberes por los nazis en 1937, pero fue restablecido en 1945. Su posición en tiempo del nazismo se volvió mucho más grave por el hecho de que su esposa era judía. Desde 1948 enseñó en Basilea. Ya en sus estudios médicos había recibido influencia de la filosofía, y utilizó la fenomenología de Husserl y la psicología analítica descriptiva de Dilthey.

Como filósofo, J. desarrolló un enfoque independiente, aunque guardaba considerable respeto por los filósofos clásicos del pasado. Al principio rechazó la idea de que la filosofía fuera una rama de la ciencia. Se oponía igualmente a la idea de la omnicompetencia de la ciencia. Aunque la ciencia tiene su lugar apropiado, no revela el significado de la vida. La filosofía es un tipo de pensamiento que no obliga y que no tiene la validez universal de las ciencias naturales, pero que sin embargo conduce al pensamiento hacia sí mismo. Surge de su actividad interior y despierta en él fuentes que dan el significado último. Para J., la filosofía de la existencia es "la forma de pensamiento mediante la cual el hombre procura ser él mismo". No se dedica al conocimiento de objetos, pero dilucida el ser del pensador.

J. sostenía que no existe ley alguna de la naturaleza o de la historia que determine la forma en que las cosas todas han de realizarse. El futuro depende de las decisiones y acciones de los hombres, y en último análisis del individuo entre billones de hombres. J. permaneció apartado de la religión institucional y consideró que las formas concretas de religión eran símbolos o claves. Se refería a "lo Abarcante" *(das Umgreifende)* para denotar el Ser que nos rodea y el Ser que somos. No es sujeto ni objeto, pero contiene a ambos. Lo trascendente denota tanto la fuente como la meta de nuestra existencia, desde cuyas profundidades podemos hacernos auténticamente humanos.

Aunque sus ideas suelen ser difíciles, J. consideraba la filosofía no como un estudio especializado sino como una manera de pensar para todos los que buscan la iluminación de "el Fundamento que está dentro de nosotros y allende nosotros, donde podemos encontrar significado y guía". Es virtualmente una alternativa a la religión.

[Entre los libros de J. traducidos al español se hallan *Nietsche y cristianismo* (1963), *Origen y meta de historia* (1965) y *La fe filosófica ante la revelación* (1968).]

COLIN BROWN

JAVIER, FRANCISCO →FRANCISCO JAVIER

JEFFERSON, THOMAS (1743-1826). Tercer presidente de EUA y filósofo político. N. en Shadwell, Virginia, fue educado en el colegio universitario de William and Mary (1760-62) y admitido a la abogacía en 1767. Fue miembro de la Casa de Ciudadanos (1769-76), del Congreso Continental (1775-76, 1783-84), y de la Cámara de Diputados de Virginia (1776-79), gobernador (1779-81), embajador en Francia (1785-89), secretario de estado (1790-93), vicepresidente de EUA (1797-1801) y presidente (1801-09). Su administración vio la compra de Luisiana, la expedición de Lewis y Clark, y la guerra contra los piratas argelinos. Se retiró a su casa en Monticello en 1809. Fue fundador del Partido Demócrata-Republicano y abogó por la sencillez democrática, el agrarianismo, los derechos estatales y la separación entre iglesia y estado. Consideraba la Declaración de Independencia (1776), la ley de Virginia para el establecimiento de la libertad religiosa (1786) y la fundación de la Universidad de Virginia (1819) como sus más grandes logros. Era deísta y suprimió lo milagroso en su propia edición de los evangelios, titulada *The Life and Morals of Jesus of Nazareth.*

ALBERT H. FREUNDT, Jr.

JERARQUIA (gr. *hierarjía* = "administración de lo sagrado"). El término ha sido usado por los cristianos desde los Padres de la Iglesia para denotar el cuerpo de personas que participan en el gobierno eclesiástico. Para los católicos romanos se refiere colectivamente a la organización de los clérigos en rangos y órdenes de posición. Más específicamente, la ICR atribuye un doble significado a j., con varias subdivisiones en cada uno. En la j. del *orden,* los que derivan la autoridad directamente de Dios incluyen a los obispos, sacerdotes y diáconos. Las funciones que no son de derecho divino en esta j. son el subdiaconado y las órdenes menores. En la j. de *jurisdicción,* todos los grados derivan la autoridad de fuentes eclesiásticas, excepto el papado y el episcopado que son divinamente ordenados. Los primeros grados de esta j. ejercen autoridad conferida ya por el papa, ya por el obispo.

ROYAL L. PECK

JERONIMITAS. En el s.IV ciertas damas romanas de Belén se colocaron bajo la dirección de Jerónimo. Aunque él fundó ahí un monasterio, es en el s.XIV que se puede ver a Fernando Pecha, que fundó los jeronimitas en España. Gregorio XI confirmó la orden en 1373. En 1389 el monasterio de Nuestra Señora de Guadalupe pasó a las manos de ellos. El monasterio palaciego de San Lorenzo del Escorial, erigido por Felipe II fuera de Madrid, contiene la más rica biblioteca de España. Un tercer monasterio importante es Belem, donde están enterrados los reyes portugueses. La orden se caracteriza por sus generosas limosnas, aunque su estricta observancia original de una regla agustina se aflojó de tal manera que en 1780 Carlos III recibió un permiso especial del papa para resolver problemas disciplinarios. En 1837 la Orden Jeronimita, según había sido reorganizada en 1585, fue suspendida.

MARVIN W. ANDERSON

JERONIMO (Eusebius Hieronymus) (c.345-c.419). Biblista y traductor. N. de padres cristianos en Stridón, en el NE de Italia. Hacia la edad de doce años fue a Roma y estudió griego, latín, retórica y filosofía con Elio Donato. Estando en Roma conoció a →Rufino de Aquilea. Se dice que pasaba los domingos en las catacumbas, traduciendo las inscripciones. A los 19 años fue bautizado. Viajó a la Galia, se familiarizó con el monaquismo en Tréveris y al regresar se unió a un pequeño grupo de ascetas, entre los cuales estaba Rufino. Hacia 373 dejó al grupo y se fue al Oriente, y pasó un tiempo viviendo como asceta en el desierto cerca de Calcis.

Durante esa época empezó a dominar la lengua hebrea, perfeccionó su conocimiento del griego y tuvo su famoso sueño en que se le acusaba de ser ciceroniano en vez de cristiano. Abandonó su vida ascética y fue a Antioquía, donde escuchó las conferencias de Apolinar de Laodicea sobre la Biblia y fue ordenado, sin que se le asignara una responsabilidad pastoral, por el obispo Paulino a quien Roma reconocía como obispo ortodoxo. J. fue entonces a Constantinopla y estudió con →Gregorio Nacianceno y tal vez con Gregorio de Nisa. Estando allí tradujo algunas de las obras de Eusebio, Orígenes y otros. En 382 viajó a Roma con el obispo Paulino y participó en la disputa acerca del cisma →meleciano. Se hizo amigo y secretario del papa Dámaso. Estando en Roma elogió la vida ascética del monaquismo y criticó la indulgente vida moral de los cristianos de la ciudad. Su principal éxito fue ganar al sexo femenino a sus ideas sobre la vida ascética, pero debido a rumores acerca de su relación con ellas y a la acusación de que su rígido ascetismo había causado la muerte de una de ellas, abandonó Roma tras la muerte del papa Dámaso y en 386 se estableció en Belén por el resto de sus días. Ahí se dedicó a supervisar un monasterio de hombres y siguió fungiendo como consejero espiritual de algunas de las mujeres que lo habían seguido desde Roma para establecer un convento.

Participó en controversias teológicas con Vigilancio, Orígenes, Pelagio, Joviniano, su buen amigo Rufino e incluso Agustín de Hipona. En estas controversias utilizó la ironía, los ataques personales, el sarcasmo y fuertes invectivas. Pero su servicio a la iglesia fue valiosísimo y no debe quedar eclipsado por las fallas de su compleja personalidad. Su erudición y dominio de las lenguas no fue superado en la iglesia antigua. Estableció una voluminosa correspondencia, compiló una bibliografía de escritores eclesiásticos, escribió *De viris illustribus,* escribió comentarios sobre prácticamente todos los libros de la Biblia y, lo que fue tal vez lo más importante de todo, a instancias del papa Dámaso utilizó sus grandes destrezas lingüísticas y su erudición para traducir la Biblia a la lengua común de entonces.

En el proceso de producir la Vulgata, J. usó aparentemente la *Hexapla* de Orígenes y consultó a rabinos del lugar a fin de perfeccionar la sección del AT. Puso en duda la inclusión de los libros apócrifos (deuterocanónicos), aunque los encontró útiles para edificación. Su versión es importante en cuanto que él estableció el modelo de traducir a partir de las lenguas originales. La Vulgata ha dejado una formidable huella en el desarrollo de la iglesia y es así como la erudición de J. extiende su influencia hasta nuestros días.

ROBERT SCHNUCKER

JERONIMO DE PRAGA (c.1371-1416). Reformador bohemio, laico. Fue un brillante orador y disputador, y amigo cercano y discípulo de Juan →Hus. Intelectualmente era seguidor del realismo y seguía de cerca las doctrinas de Wiclef que defendió ardientemente en Bohemia y especialmente en Praga, pero siempre mantuvo la doctrina ortodoxa en cuanto a la transubstanciación. Después de graduarse de la Universidad de Praga en 1398, contribuyó mucho a la divulgación de las obras de Wiclef en Bohemia. Luego recibió una maestría en París donde también dio lecciones, pero la reacción adversa a su realismo y su wiclefismo lo hizo huir sucesivamente de París y de Heidelberg.

En 1407 ayudó a dirigir la campaña nacionalista-wiclifista que concedía a los checos igualdad de poder en la Universidad de Praga, hasta entonces dominada por los alemanes. Aparentemente el arzobispo de Praga lo excomulgó en 1409. En 1410 su predicación en la corte de Segismundo de Hungría provocó su despido. Apareció en Viena, donde la Inquisición lo arrestó, pero a pesar de un juramento en sentido contrario, huyó. A partir de 1410 se volvió mucho más radical y activo en su oposición a la iglesia. En Praga fue líder de manifestaciones populares contra la excomunión de su amigo Hus, contra las indulgencias y contra las reliquias religiosas. En 1413 el episcopado local lo expulsó de Cracovia y se fue a apoyar a los cismáticos rutenos en la Rusia Blanca. En 1414 fue al Concilio de Constanza, cumpliendo así su promesa de ayudar a su amigo Hus. Se fue rápidamente para evitar que lo arrestaran, pero lo hicieron volver y lo encarcelaron. En junio de 1415, después de la condena contra Hus, el emperador Segismundo exigió que J. fuera procesado y fue quemado como hereje en Constanza en 1416. L. FEEHAN

JERONIMO EMILIANI (Girolamo Miani) (1481-1537). Fundador de los Somaschi, orden de clérigos regulares surgida en la →Contrarreforma y especializada en cuidar huérfanos. N. en Venecia de familia noble. Peleó en el ejército veneciano contra la Liga de Cambrai (1508). Fue ordenado en 1518 y regresó a Venecia para dedicarse a aliviar el sufrimiento que siguió a la invasión del N de Italia. Abrió un hospital en Verona (1518) y la casa en Somasca cerca de Bérgamo de donde tomó el nombre su orden. En Bérgamo fundó el primer hospicio para prostitutas que hubo en Italia. Murió en Somasca, de tifus contraído mientras atendía a los enfermos. En 1928 se le declaró patrono de los huérfanos y de los niños abandonados. Los Somaschi, fundados en 1528, dieron inicio a una vida comunitaria según la regla augustina en 1532, fueron aprobados por Paulo III en 1540 y elevados al rango de orden por Pío V en 1568. J.G.G. NORMAN

JERUSALEN, CONFERENCIA DE (1928). Conferencia misionera mundial celebrada en el Monte de los Olivos en la Pascua de 1928. Fue la primera conferencia que se efectuó desde la formación del →Consejo Misionero Internacional, que era a su vez el fruto de la Conferencia Misionera Mundial de →Edimburgo en 1910. Su propósito era reexaminar la misión cristiana a la luz de la expansión del secularismo. Fue la primera asamblea mundial representativa de los cristianos no católicos y cerca de la cuarta parte de los 231 miembros representaban en plena igualdad las iglesias de Asia, Africa y América Latina. La agenda incluía la urbanización e industrialización en Asia y Africa, los problemas rurales, las relaciones raciales, la guerra, la labor médica, la educación religiosa, las relaciones entre iglesias viejas y jóvenes. Algunos, especialmente los representantes europeos, expresaron el temor de que esta agenda significara el triunfo del Evangelio Social y que pudiera conducir a componendas sincretistas. Para mantener el equilibrio se dieron algunos informes interpretativos, pero aun así algunas sociedades evangélicas se retiraron de sus respectivas conferencias nacionales, p.e. la Misión Interior de la China. El "Mensaje" fue preparado por William Temple e incorporaba parte de la declaración elaborada por la Conferencia de →Lausana, 1927. Después de reconocer elementos de verdad en otras religiones, afirmaba que "Cristo es nuestro motivo y Cristo es nuestra meta. No debemos dar nada menos, ni podemos dar más". J.G.G. NORMAN

JERUSALEN, PATRIARCADO DE. Por el relato de los Hechos de los Apóstoles, aumentado por Eusebio, resulta evidente que la primera estructura eclesiástica cristiana organizada surgió en Jerusalén, siendo su jefe principal Santiago, el hermano del Señor. El liderazgo permaneció en manos judeocristianas y dinásticas hasta la devastación de la ciudad bajo Adriano, momento a partir del cual la lista episcopal contiene nombres no judíos, a la vez que la importancia de la ciudad queda eclipsada por las iglesias principales de las ciudades más importantes del mundo grecorromano. Se retuvo, sin embargo, el honor de ser la cuna del cristianismo, honor que se intensificó cuando Elena, madre de Constantino, hizo de la ciudad un lugar de peregrinaje que restauró el prestigio de su menguada jurisdicción.

Por derecho canónico el Concilio de Nicea (325) asignó un puesto de honor a la estructura episcopal de J. inmediatamente después de Alejandría, Roma y Antioquía, siendo esta última la sede bajo cuya jurisdicción territorial habría podido de hecho incluirse a J. Si bien el Concilio de Calcedonia (451) elevó la sede al rango patriarcal, la conquista islámica redujo la significación de tal rango. Los Cruzados perturbaron la continuidad residencial del cargo, de modo que los que lo ocuparon residían más bien, intermitentemente en Constantinopla hasta 1845; también crearon en 1099 un patriarcado latino, con residencia frecuentemente en Acre, que duró hasta 1291 (nominalmente hasta 1374), pero que fue restablecido en 1847. Los armenios no unidos a Roma tienen también un patriarca con este título, en tanto que los melquitas incluyen a J. entre los títulos de su patriarca de Antioquía.
CLYDE CURRY SMITH

JESUITAS (Sociedad o Compañía de Jesús). Nombre dado en 1540 a una fraternidad fundada seis años antes por →Ignacio de Loyola. A él se habían unido otros seis: →Francisco Javier, Pierre Le Favre (Faber), Santiago →Laínez, Alfonso Salmerón, Nicolás Bobadilla y Simón Rodríguez, e hicieron el voto de ir a Palestina o a cualquier lugar al que el papa los enviara. Pronto ganaron reputación en

Italia como predicadores, dirigentes de retiros, y capellanes de hospital. En 1539 formaron la "Compañía de Jesús" en Roma, dedicada a instruir a los niños y analfabetos en la ley de Dios. En 1540 quedó establecida la Sociedad de Jesús mediante una bula titulada *Regimini militantis ecclesiae*. Durante el período 1540-55 creció rápidamente, demandando una estructura autocrática que fue proporcionada por la formación militar de Ignacio y por los *Ejercicios espirituales* que él había desarrollado. Estos no eran novedosos, pues tenían paralelos en las Reglas de San Francisco y de San Benito. Sin embargo, proporcionaban la atmósfera de obediencia religiosa tan esencial para una constitución tan disciplinada, que culminaba en la promesa especial de obediencia al papa, la cual se exigía al momento del compromiso pleno con la Sociedad.

Ignacio rehusó convertirla en una orden contemplativa, convencido de que su tarea era ejercer un ministerio ante la sociedad; fue por eso que eliminó la obligación de los religiosos de cantar los oficios en coro. Fue esta presteza de Ignacio a ajustar los antiguos ideales de los monjes a las nuevas exigencias de la época lo que preparó el camino de su éxito.

Establecieron orfanatos, casas para regenerar prostitutas, escuelas, centros para atender a los pobres, e incluso un sistema bancario para los campesinos indigentes. Su obra misionera se extendió; uno de sus más famosos misioneros fue Francisco Javier. Al momento de la muerte de Ignacio en 1556, la Sociedad contaba con mil miembros y la orientación de su ministerio había cambiado en cuanto que su influencia se sentía más fuertemente entre la aristocracia que entre los pobres. Este cambio se logró principalmente mediante la sabiduría de Ignacio de Loyola al adoptar métodos modernos de educación. La primera escuela secundaria jesuita fue establecida en Messina en 1548. Se fundaron facultades universitarias en ambientes académicos y la Sociedad llegó a convertirse en una orden docente y en el movimiento principal de la educación superior católica, que proveía los métodos de enseñanza más eficaces en la Europa de entonces.

Los j. fueron los fuertes partidarios del papa en el Concilio de →Trento y también les tocó llevar la delantera en el ataque intelectual contra la →Reforma Protestante y convertirse en l s principales apologistas del catolicismo. Llegaron a Inglaterra en 1578 y fueron muy temidos. En el s.XVIII se les expulsó de Portugal (1759), Francia (1764) y España (1767). En 1773, la presión de varios países forzó a Clemente XIV a emitir la bula *Dominus ac Redemptor* en que suprimía la Sociedad. No fue sino hasta 1814 que fueron restaurados por Pío VII en su *Sollicitudo omnium ecclesiarum*. La Sociedad sigue siendo hoy una fuerza poderosa en el mundo de la educación y es responsable por la Universidad Gregoriana en Roma y por otras nueve en sus misiones orientales, además de sus muchas escuelas y academias en muchas partes del mundo.

GORDON A. CATHERALL

JESUITAS EN AMERICA LATINA. Los j. llegaron a AL a mediados del s.XVI. El centro de sus actividades fue AS, particularmente →Paraguay. Allí fundaron la provincia jesuítica del Paraguay, que constituyó el modelo por excelencia de lo que aspiraba a ser una verdadera colonización y evangelización. Este esfuerzo incomodó en más de una ocasión al Imperio Español.

La obra de los j. se basa en el principio ignaciano de evangelizar por medio de la educación y para el fomento del progreso social y económico. Esta preocupación hizo que los j. fueran, en la mayoría de los casos, defensores de los indios.

La manera práctica como organizaron su trabajo hizo que este fuese exitoso en varios aspectos. Establecieron escuelas (primarias y secundarias) y universidades. Algunas de estas universidades (como la Javeriana de Bogotá y la Ignacio de Loyola en Argentina) constituyen núcleos importantes del quehacer intelectual en esos países. También desarrollaron un importante trabajo de bibliotecas y materiales didácticos. El aporte intelectual de los j. en AL ha sido muy destacado. Han contado con prominentes teólogos, historiadores y administradores.

Además de las escuelas, los j. crearon asentamientos humanos entre los indios que sirvieron como ensayos de investigación social empírica. Allí crearon plantaciones experimentales y de adiestramiento que luego multiplicaron a mayor escala. Esto les sirvió mucho en la expansión de su tarea evangelizadora, especialmente en las llamadas →reducciones. En Paraguay, →Perú y →Brasil, las reducciones, que fueron mucho más humanas y cristianas que las →encomiendas, encauzaron la experiencia de evangelización hacia una organización social y económica al servicio de los indios. Desde AS la experiencia se dejó sentir hasta →México y California.

Los j. han sido genios administrativos en su obra social y misionera. Su disciplina, a veces inflexible, los hace trabajar con dedicación y eficacia.

La Compañía de Jesús ha sido fuertemente criticada y en ocasiones hasta expulsada de varios países de AL por su despliegue de poderío. La expulsión de los j. de las colonias españolas en 1767 fue un golpe muy duro para el experimento social y religioso de las reducciones. Sin embargo, ni la persecución más sistemática pudo destruir totalmente aquel ensayo.

Los j. han sido cuestionados por diferentes sectores, aun dentro de la propia ICR por su comportamiento como partido político. Hoy, continúan comprometidos en actividades educativas y con un fuerte énfasis en la actividad política y social. En varios países han recibido fuertes críticas y han sido perseguidos hasta el martirio.

El fermento renovador que los j. han conservado a lo largo de su historia los ha ayudado a superar, en más de una ocasión, sus propias crisis internas y las no pocas dificultades con la autoridad política y eclesiástica.

CARMELO E. ALVAREZ

JIMENEZ DE CISNEROS, FRANCISCO (c.1436-1517). Cardenal e inquisidor español. N. en Torrelaguna, Castilla. Recibió un grado en leyes en Salamanca (1456) y, tras algunos años en Roma, fungió como sacerdote secular y administrador en la Iglesia Española. En 1484 entró inesperadamente en la estricta Orden Franciscana Observante. Por cerca de diez años llevó una austera vida de penitencia, ganando fama como hombre de gran espiritualidad. Su vida de aislamiento cambió cuando en 1492 la reina Isabel lo hizo su confesor. Ella solía consultarlo para recibir consejo tanto político como espiritual. En 1495 fue hecho arzobispo de Toledo, primado de la Iglesia de España y canciller de Castilla. Como seguía siendo un asceta, utilizó su poder y riqueza para efectuar una rigurosa reforma de la iglesia y para convertir o extinguir a los moros y judíos en el reino. Después de la muerte de Isabel (1504) fue asumiendo cada vez más actividades políticas. Auspició y dirigió expediciones militares tipo cruzada en Africa del Norte y apoyó a la monarquía contra los levantamientos que hubo en Castilla. Por sus servicios fue hecho cardenal en 1507.

J. fue un gran mecenas de todo tipo de obra filantrópica, especialmente la educación. Fundó y financió la Universidad de Alcalá (1500) y el Colegio de San Ildefonso. De Alcalá hizo un centro del humanismo y proporcionó los fondos para la Biblia →Políglota Complutense. Murió en Roa, tras haber renovado exitosamente la iglesia y fortalecido la monarquía en España.

BRIAN G. ARMSTRONG

JOAQUIN DE FIORE (c.1135-1202). Filósofo místico de la historia. Vivió en Calabria, Italia, donde se hizo monje cisterciense. Después de ser abad en Curazzo se retiró a una región más remota y fundó la orden de San Giovanni en Fiore (1192). Escribió dos experiencias místicas que le dieron el don de inteligencia espiritual que lo capacitó para comprender el significado interno de la historia. A veces profetizaba sobre acontecimientos de la época y la llegada del Anticristo. También meditaba profundamente sobre las dos grandes amenazas contra el cristianismo, a saber, los infieles y los herejes.

Con el estímulo papal, J. explicó sus creencias en tres obras principales: la *Exposición del Apocalipsis*, la *Concordancia del Antiguo y el Nuevo Testamento*, y el *Salterio decacordio*. Su explicación consiste en patrones entretejidos de dípticos y trípticos. Los dos testamentos representan dos eras de la historia que culminan en la primera y segunda venidas de Cristo. Estos períodos van marcados por otras armonías tales como doce tribus y doce iglesias, y siete sellos y siete aperturas. La historia es también trinitaria, siendo la primera era la del Padre en que la humanidad vivió bajo la ley según se consigna en el AT. La segunda era, la del Hijo, es el período de gracia que cubre la dispensación del NT, que según J. duraría cuarenta y dos generaciones de treinta años cada una. La tercera edad había de ser la del Espíritu, durante la cual prevalecería la libertad de la inteligencia espiritual. Esta nueva era debía comenzar hacia 1260 d.C. y se caracterizaría por el surgimiento de nuevas órdenes religiosas que convertirían el mundo.

La enseñanza de J. no tenía la intención de socavar la autoridad eclesiástica, pero inspiró a grupos tales como los Franciscanos Espirituales y los Fraticelli, que llevaron las ideas de J. a conclusiones revolucionarias, asegurando ser los hombres espirituales de que había hablado J. y que estaban preparados para inaugurar la tercera edad de la historia.

ROBERT G. CLOUSE

JOMIAKOV, ALEKSEI STEPANOVICH (1804-1860). Filósofo y teólogo ruso. Miembro de los hidalgos hacendados, se graduó de la Universidad de Moscú en 1822. Fue oficial en un regimiento de caballería antes de viajar a Francia, Italia, Suiza y Austria. De 1828 a 1829 militó en un regimiento de húsares durante la Guerra Ruso-Turca. En 1830 se retiró a sus tierras de Bogucharov y Lipitsy, donde trató de mejorar las condiciones de sus siervos y llegó a defender la abolición de la servidumbre. Pasaba los inviernos en Moscú, donde tomaba parte en la vida intelectual de los salones. En 1847 viajó a Alemania y Bohemia. Sus escritos abarcan una amplia gama de temas, desde la tragedia y la poesía hasta la filosofía y teología.

La filosofía de J. hacía hincapié en la concretitud e integralidad de la realidad. Como líder del movimiento eslavófilo, creía que los eslavos estaban destinados a asumir el liderazgo del mundo, quitándoselo a la civilización occidental que se caracterizaba por la razón, la necesidad lógica, y el materialismo, en contraste con la libertad espiritual y moral del pensamiento ruso. Aunque era laico, sabía mucho de teología y creía en la Iglesia Ortodoxa como cuerpo místico que era el faro del verdadero cristianismo. Criticaba tanto al catolicismo romano como al protestantismo por destruir la unidad del cristianismo. En la médula de su teología estaba su doctrina de la *sóbornost,* o comunalidad, que retrata a la iglesia como la comunidad, divinamente inspirada, de la verdad y del amor. La verdad, entonces, no viene de las decisiones de una jerarquía o un concilio, sino de la comunidad cristiana entera; no de la razón, sino de la iluminación de la profundidad del alma humana por la fe. J. era un populista religioso que veía la comuna campesina rusa como lo que preservaba el cristianismo en su forma más pura y lo que conduciría a las naciones hacia una nueva era cristiana.

BARBARA L. FAULKNER

JONAS, JUSTUS (1493-1555). Reformador y estudioso protestante. N. en Nordhausen, Alemania. Estudió en Wittenberg y Erfurt, fue nombrado preboste de Todos los Santos y profesor en Wittenberg y se puso del lado de Lutero en su movimiento. Asistió al Coloquio de →Marburgo (1529) y la Dieta de Augsburgo (1530), y participó en la Concordia de Wittenberg (1536). Como pastor en Halle contribuyó al progreso del movimiento reformador en ese lugar. Se opuso al Interim de →Augsburgo (1548). Se le conoce por haber traducido la Apología de la Confesión de →Augsburgo del latín al alemán. Su versión latina del Catecismo de Brandemburgo-Nüremberg se tradujo al inglés bajo la dirección del Arzobispo →Cranmer. También se tradujo al islandés. Sus aportes a la Reforma Luterana incluyen la himnografía, la visitación de iglesias, la habilidad para organizar, el esbozo de cánones eclesiásticos y la predicación.

CARL S. MEYER

JONES, E. STANLEY (1884-1973). Misionero en la India. N. en Maryland, EUA, fue ordenado ministro metodista y asignado primero a la iglesia anglohablante de Lal Bagh en Lucknow. Sin embargo, pronto fue enviado a un ministerio más amplio entre la población india anglohablante. Por poseer un profundo conocimiento de la cultura india y de su religión, procuró interpretar la fe cristiana para los cultos, no como una importación occidental, sino como el cumplimiento de sus propios anhelos espirituales. Fue un predicador popular y también portavoz de la paz, la hermandad racial y la justicia social. Su estímulo de la independencia india condujo a su deportación del país por parte de las autoridades británicas por un tiempo. En 1930 fundó un *ashram* cristiano para el estudio y meditación en Sal Tal, al cual muchos asisten todavía. Durante sus muchos viajes por el mundo se encargó de la fundación de centros similares en EUA y en diversos países europeos. También estableció el centro psiquiátrico Nur Manzil en Lucknow. Fue autor de 29 libros, de los cuales muchos se han traducido al español, v.g. *Cristo en la mesa redonda, Cristo y el comunismo* (c.1936), *Cristo y el sufrimiento humano* (c.1945), *¿Es realidad el reino de Dios?* (1950), *Mahatma Gandhi* (1953), *La victoria personal* (1967).

C.G. THORNE, Jr.

JONES, RUFUS MATTHEW (1863-1948). Erudito y profesor cuáquero. N. en el sur de la China, fue educado en Haverford College, Harvard, y en universidades europeas. Tras enseñar en escuelas cuáqueras y ser director de Oak Grove Seminary (1889-1893), regresó a Haverford para enseñar la filosofía. Cuáquero auténtico, a los 24 años de edad tuvo una experiencia mística que cambió su vida por completo. El misticismo era para él un tipo de experiencia paulina con su consiguiente comprensión del cristianismo. La filosofía y la teología eran su vida, junto con un notable interés por los hombres. Llegó a deber mucho a la filosofía kantiana de la ética. Considerado un profeta del cuaquerismo y venerado como santo, fue tan prominente en Gran Bretaña como en EUA y dio conferencias en muchos otros países. Ayudó a fundar el Comité de Servicio de los Cuáqueros Americanos (1917) y fungió como su presidente por más de veinte años. Escribió más de cincuenta libros y centenares de artículos, la mayoría de los cuales trataban sobre la experiencia mística y la acción.

C.G. THORNE, Jr.

JORGE DE INGLATERRA. Aunque nada se sabe de su vida, su autenticidad es generalmente aceptada. Se cree que fue martirizado en el s.III, probablemente en Lida de Palestina. Abundan los cuentos míticos acerca de J., de los cuales el más conocido es el de "San J. y el dragón". Esta fábula medieval tardía, que es parte de la "Leyenda dorada" de Jacobo de Voraigne, realmente se deriva de la historia de Perseo cuando mató al monstruo marino que mantenía presa a Andrómeda. Este acontecimiento había tenido lugar supuestamente en Jafa, cerca de Lida, y por tanto J., por su relación con Lida, fue heredero de la fábula. No se ha determinado por qué se hizo tan popular en Inglaterra. Ya se le conocía allí en la época anglosajona, y hacia 1222 ya se celebraba su fiesta. La famosa Orden de la Jarretera de Eduardo III adoptó a J. por patrono, y durante ese reinado fue también proclamado patrono de Inglaterra.

L. FEEHAN

JOSE DE CALASANZ (1556-1648). Fundador de los →Piaristas. N. cerca de Petralta de la Sal (España), estudió derecho y teología en Lérida, Valencia y Alcalá; fue ordenado en 1583; fue a Roma en 1592, donde fue auspiciado por la familia Colonna y comenzó su actividad en obras de caridad. Convencido de la necesidad de proporcionar educación religiosa y secular a los hijos de los pobres, abrió en 1597 la primera escuela pública gratuita de Europa (en Roma) y estableció en 1602 la Orden Piarista para los que enseñaban, dándoles los privilegios completos de una orden religiosa. Surgió la disensión: se sospechó de conexiones con Galileo y se expresaron temores de que los pobres educados pudieran desequilibrar la sociedad. Hacia 1643 las crisis condujeron al juicio del propio J. y en 1646 llegó la destrucción cuando Inocencio X redujo la orden a una federación de casas religiosas independientes, que no había de ser plenamente restauradas sino hasta Clemente IX (1669). J. fue canonizado en 1767; Pío XII lo declaró "patrono celestial de todas las escuelas cristianas".

C.G. THORNE, Jr.

JOSEFINISMO. Política austríaca de los Habsburgo acerca del control de la iglesia por el estado secular, puesta en práctica en el s.XVIII bajo la emperatriz María Teresa y que culminó con intensidad bajo José II (1780-90). Su motivación era secular y racionalista, con el fin de "racionalizar" la organización de la sociedad entera por medio de un programa "ilustracionista" de centralismo estatal. Las instrucciones (1767, 1768) del primer ministro, Kaunitz, iniciaron el programa.

Luego, bajo José II, vino una serie de proyectos, entre ellos los siguientes: La ley de tolerancia (1781) puso fin al monopolio católico, permitiendo a protestantes y judíos cierta libertad de culto, paso permitido, según José, porque cualquier iglesia podía hacerse obediente al estado. Se abolió la censura tradicional, en cuenta el Indice, pero empezó a practicarse una nueva censura racionalista contra, entre otras cosas, las obras "supersticiosas", todas las publicaciones eclesiásticas y la mayor parte de las publicaciones de orden religioso. Los monasterios fueron disueltos o sus miembros reducidos en número (desde 1781) con el argumento de que muchos eran inútiles o producían muchos gastos; sus propiedades fueron confiscadas y las ganancias se usaron para patrocinar una reorganización estatal de las parroquias y de escuelas, tiendas y fábricas controladas todas por el estado. Se abolieron o se controlaron todos los vínculos entre el papado y la Iglesia de los Habsburgo, puesto que el papa era considerado principalmente como un poder político extranjero. A los obispos se les obligó a jurar lealtad al estado y se les prohibía oponerse en grupo a los decretos de José, en tanto que los sacerdotes quedaron constituidos de hecho como funcionarios estatales. El sistema así organizado continuó sin mayores alteraciones hasta 1850.

C.T. McINTIRE

JOSEFO, FLAVIO (37-post 100 d.C.). Nombre romano de José ben-Matías, judío de familia aristocrática del partido fariseo, escritor en lengua griega. Asceta religioso por un tiempo en su juventud, fue luego sacerdote y en 64 d.C. miembro de una misión enviada a Nerón. Después de estallar la rebelión judía en 66 d.C. se hizo comandante en Galilea y capituló luego ante Vespasiano en Jotapata. Al profetizar el destino imperial de su captor, se convirtió en su protegido e intentó apremiar a sus compatriotas a rendirse. Acompañó a Tito a Roma donde vivió en actividad literaria, habiéndose hecho ciudadano romano y asumido el apellido flaviano.

Extravagante y egocéntrico, escribió a partir de una mezcolanza de motivos: servilismo, defensa personal, y patriotismo. Entre 75 y 79 d.C. apareció su obra *La guerra judaica,* dirigida primeramente en arameo a las razas propensas a perturbar a Roma en sus fronteras (la obra permanece aun en griego). En seis libros, se basa en los recuerdos personales, los de Herodes Agripa II y los registros oficiales, para tratar los acontecimientos de 66-70 d.C., período para el cual constituye una valiosa fuente histórica. La *Arqueología* (o *Antigüedades*) *de los judíos,* en veinte libros, apareció en 93-94 d.C.: es una apología de su pueblo, siguiendo el orden de la versión LXX del AT, que luego deriva datos de Nicolás de Damasco, secretario de Herodes, para los sucesos más recientes. En el libro XVIII se encuentra el renombrado pasaje *("Testimonium Flavianum")* acerca de Jesús, que según los estudios modernos es básicamente auténtico, aunque generalmente se admite que los cristianos alteraron o interpolaron el estilo de J. Otros pasajes tratan sobre Juan el Bautista y Santiago el Justo. La *Vida* era un apéndice de las *Antigüedades; Contra Apionem* está escrito contra un antisemita de la época. J.N. BIRDSALL

JOVINIANO (m.405). Escritor y monje. Su tratado titulado *Commentarioli* no ha sobrevivido, y su pensamiento puede cuando más ser mínimamente reconstruido a partir de la refutación de Jerónimo, *Adversus Jovinianum,* en dos libros escritos en 392. Para entonces J., presbítero y previamente monje estricto, y sus seguidores habían sido ya condenados dos veces por sínodos: en Roma bajo Siricio (390) y en Milán bajo Ambrosio (391). El primer libro de Jerónimo trata enteramente de la noción de J. según la cual, con tal que las personas no difieran en otros sentidos, el matrimonio es de igual valor que la virginidad, idea que atacaba el corazón del monaquismo. En el segundo libro se abarcan otras tres ideas de J.: que los que reciben el bautismo con plenitud de fe no pueden ser conducidos de nuevo al pecado; que el ayuno no tiene mayor mérito que el comer con acción de gracias; y que para la recompensa celestial no hay diferencia alguna basada en el estado de vida. También parece ser que J. se asoció con Helvidio al rechazar la virginidad perpetua de María y al afirmar que Jesús había tenido hermanos por parte de madre y padre. CLYDE CURRY SMITH

JUAN VIII (m.882). Papa desde 872. Dedicó gran parte de su pontificado a la defensa de Italia contra los sarracenos. Las diversas ceremonias de coronación reales e imperiales que dirigió llevaban el propósito de persuadir a sus beneficiarios a aceptar la responsabilidad por la defensa de Italia. Había apoyado a Luis el Tartamudo que había invadido el ducado de Benevento en 873, pero Luis murió en 875. J. se tornó entonces adonde su amigo Carlos el Calvo y lo coronó emperador en la Navidad de 875 pero las subsiguientes visitas de Carlos a Italia fueron efímeras e infructuosas. La gran dificultad de J. consistía en la incapacidad de desatar a los príncipes de Palermo, Nápoles y Capua y la potencia marítima de Amalfi de sus alianzas con los sarracenos. La esperanza de obtener el apoyo del emperador oriental Basilio I contra los sarracenos condujo a J., a solicitud de Basilio, a reconocer a →Focio, previamente depuesto, como patriarca de Constantinopla y a firmar la paz entre Roma y Bizancio en el Concilio Fociano (879-80). En sus últimos años J. fue forzado a pagar tributo anual a los sarracenos. Fue asesinado por conspiradores en el Palacio de Letrán. L. FEEHAN

JUAN XII (c.936-964). Papa desde 955. Era hijo de Alberico II de Espoleto, gobernante de Roma, antes de cuya muerte en 954 los nobles tuvieron que jurar que elegirían a su único hijo, Octaviano, que solo tenía 18 años. Llamado J., se dedicaba a una vida viciosa, según el historiador Liutprando, obispo de Cremona. En 959 J. trató de recobrar anteriores comarcas papales del rey Berengario II y tuvo que pedir ayuda a Otón I, que por obligación envió su ejército a Italia en 961. En recompensa Otón fue coronado emperador en 962 y se erigieron el arzobispado de Magdeburgo y el obispado de Merseburgo. Otón emitió entonces el *Privilegium Ottonianum,* que prometía hacer del papa el gobernante temporal de la mayor parte de Italia, pero con la estipulación de que reconociera la soberanía imperial sobre los Estados Papales. Los papas siguientes tendrían que hacer un juramento de fidelidad al emperador antes de su consagración. Vino entonces una amarga disputa entre el papa y el emperador. Con un apoyo cada vez mayor, Otón convocó un sínodo en Roma para acusar a J. de inmoralidad. Vino la deposición del papa (962), y un funcionario laico romano fue elegido y consagrado con el nombre de León VIII. Sin embargo, al partir de Roma Otón en 964, J. regresó y tomó venganza. León fue depuesto y todas sus acciones fueron canceladas. Liutprando consigna que la muerte de J. fue repentina y escandalosamente misteriosa.

C.G. THORNE, Jr.

JUAN XXII (1244?-1334). Papa desde 1316. N. de nombre Jacques d'Eudes, estudió derecho en París y en otros lugares de Francia, y fue sucesivamente obispo de Fréjus (1300), obispo de Aviñón (1310) y cardenal obispo de Porto (1312). En un tiempo había sido canciller del reino de Angevin en Nápoles y este contacto con Angevin contribuyó a su elección como papa. Fue el primero de los "papas de Aviñón", que de veras residió en →Aviñón, y era un excelente administrador. Sobre todo se encargó de ese perfeccionamiento de la maquinaria del gobierno papal que fue uno de sus aportes positivos al papado de Aviñón. Fracasó en sus repetidos intentos por terminar con el poder gibelino (imperialista o antipapista) en Italia, y por reestablecer allí un estado papal.

En pos de esas metas trató de afirmar la autoridad teocrática última del papado durante las vacantes imperiales y sobre elecciones imperiales disputadas. Este proceder político produjo una larga y planeada querella con el Emperador Luis de Baviera, a quien J. excomulgó en 1324 con la infructuosa esperanza de fomentar la guerra civil en Alemania. Luis contraatacó fuertemente. Organizó una Liga Gibelina que hizo grandes incursiones en Italia. Animó a Marsilio de Padua y a Juan de Jandun, cuyo libro *Defensor pacis* fue un desafío fundamental para las ideas de J. sobre la teocracia papal. Luis apoyó también a los Espirituales Franciscanos que habían protestado contra el hecho de que J. concediera a la Orden de Frailes Menores todas las propiedades que se le habían otorgado (1322-24). J. había agregado, en justificación a su decisión, que aunque Cristo y sus apóstoles habían vivido en pobreza, habían ejercido el derecho de propiedad tanto común como individualmente (*Cum inter nonnullos,* 1323). Los Espirituales alegaban que esto era herejía, pero los que rehusaron aceptar la reglamentación fueron perseguidos. Sus líderes fueron excomulgados y unos cuantos Espirituales fueron quemados. Cuando Luis capturó Roma, hizo coronar un antipapa, Nicolás V, e hizo que J. fuera condenado por herejía (1328). Sin embargo, Luis fue pronto expulsado para siempre de Italia, y su antipapa se sometió.

L. FEEHAN

JUAN XXIII (c.1370-1419). Antipapa. N. en Nápoles de nombre Baldassare Cossa. Estudió derecho en Bolonia después de una temprana carrera militar. En 1402 fungió como cardenal diácono bajo Bonifacio IX y luego fue designado cardenal legado en Bolonia (1403-8). En 1408 colaboró en convocar el Concilio de →Pisa para poner fin al cisma entre los papas romanos y los de Aviñón retirándole el apoyo a Gregorio XII, el papa romano. Presidió el concilio en 1409. Ambos papas fueron depuestos y fue elegido Alejandro V, cuya repentina muerte condujo a la elección de Cossa al papado en Bolonia en 1410.

Con J. en su compañía, Luis de Anjou recapturó Roma y derrotó a Ladislao de Durazzo, aliado de Gregorio XII. Un nuevo concilio en Roma condenó las obras de Hus y Wiclef en 1412, después de que Hus se rebeló contra los emisarios enviados por J. a Praga a vender indulgencias y a difamar a su enemigo político, el rey de Nápoles. En 1413 Ladislao arrojó a J. de Roma a Florencia. Por presión condescendió con la propuesta del Emperador Segismundo para celebrar un nuevo concilio en →Constanza. El concilio, que se inició en 1414, depuso sumariamente a J. en 1415, y el cisma finalizó con la elección de Martín V. El intento de huída de J. fracasó cuando Segismundo lo colocó bajo custodia. Después de someterse al nuevo papa en 1418, J. fue perdonado y fue pronto nombrado cardenal obispo de Tusculum (Frascati). El escudo papal adorna su tumba en el baptisterio de Florencia, pero desde que Juan XXIII subió al trono en 1958, Cossa dejó de ser oficialmente enumerado entre los papas.

JOHN GROH

JUAN XXIII (1881-1963). Papa desde 1958. Elegido tras un cónclave de tres días con once votaciones, Angelo Giuseppe Roncalli había fungido previamente como secretario del obispo de Bérgamo al norte de Italia, había dirigido la →Congregación para la Propagación de la Fe en Italia y luego había sido delegado apostólico hasta que en 1953 fue hecho cardenal y patriarca de Venecia. Al principio se pensó que sería solo un papa "de transición".

De talla mediana, robusto y grueso, se veía muy diferente de su predecesor Pío XII. Toda su visión era también diferente de las de otros papas modernos. Escogió el nombre "Juan", que no se había usado por más de cinco siglos y medio. En la Navidad siguiente a su elección hizo largas visitas a dos hospitales, hizo que lo visitaran niños enfermos y lisiados y visitó también la cárcel Regina Coeli. Pronto se ganó el amor de los cristianos de todas partes; bajo las vestiduras del papa sentían ellos que aun vibraba el alma y el corazón de un párroco rural. Un día importantísimo de su pontificado fue el 25 de enero de 1959. Ante una asombrada congregación extraordinaria de 17 cardenales que estaban en Roma anunció que haría tres cosas: (1) convocar un sínodo de la iglesia en la ciudad y diócesis de Roma; (2) convocar un concilio ecuménico para promover la unidad de los cristianos; (3) promover la reforma del derecho canónico. No había habido un sínodo romano desde tiempos medievales y el último concilio se había reunido en 1869-70. Si hubo oposición a sus ideales ecuménicos dentro del Vaticano, los líderes de otras iglesias se alegraron mucho. Atenágoras, patriarca ortodoxo de Constantinopla, se regocijó; y el Arzobispo Fisher de Canterbury incluso visitó al papa, acontecimiento que causó gran agitación en Inglaterra.

El Papa Juan pronunció en 1962 dos famosos discursos, uno sobre la relación entre la iglesia y el mundo y otro a la apertura del concilio. Este último instaba a la iglesia a responder al s.XX y a hacer que el *depositum fidei* se relacionara con el mundo y sus necesidades. Al avanzar el concilio en su primera sesión, él se interesó mucho en el concilio y empezó a aguijonear para facilitar el avance. Tanto durante como después de la primera sesión J. estuvo enfermo, pero continuó su trabajo incansablemente. Continuaron sus visitas a hospitales y parroquias de Roma. Se concedieron audiencias a estadistas, p.e. Harold Macmillan de Gran Bretaña, y a líderes eclesiásticos, p.e. al prior de la comunidad protestante de Taizé.

El 29 de marzo de 1963 estableció la Comisión Cardenalicia para la revisión del Código de Derecho Canónico. Durante este mismo período mostró gran interés por una buena relación de la iglesia con los gobiernos comunistas. Vio la liberación del arzobispo de Lvov de Ucrania que estaba preso y recibió en el Vaticano al yerno de Nikita Kruschef. Además, los obispos de Polonia, Hungría y otros países tras la "Cortina de Hierro" obtuvieron permiso para asistir al concilio. Entre sus encíclicas están: *Ad Petri cathedram*, relacionada con el concilio; *Princeps Pastorum*, sobre las misiones; *Mater et Magistra*, que enfoca cuestiones sociales; y *Pacem in terris*, sobre la paz en el mundo. La parte V de esta última tiene que ver con la relación de la iglesia con los gobiernos comunistas.

La última semana de su vida fue seguida con gran atención por la prensa del mundo libre, porque su humanidad cálida y radiante lo había hecho caro a muchos que no compartían sus ideas religiosas. PETER TOON

JUAN CLIMACO (579-649). Asceta y místico, conocido también como "Sinaíta" y "Escolástico" (aunque no ha de confundirse con el Patriarca Juan III). Fue un Monje del Sinaí que se hizo anacoreta y luego abad del monasterio. Su vida fue escrita por Daniel, monje de Raithu en el Mar Rojo. Su nombre se deriva de su libro *La escala del Paraíso (Klímax tou Paradeisou).* Hay treinta "gradas de la escala" que corresponden con la edad de Cristo en su bautismo. Cada grada es un capítulo que describe una virtud o vicio monástico particular, mostrando la forma en que puede adquirirse o eliminarse. La grada número treinta se llama "Fe, esperanza y caridad", en que el monje recibe de Cristo la corona de gloria. J.G.G. NORMAN

JUAN DAMASCENO (c.675-c.749). Teólogo griego, el último de los grandes padres orientales. Después de fungir como principal representante de los cristianos en la corte del califa de Damasco, se fue (o fue obligado a irse) y entró al monasterio de San Sabas cerca de Jerusalén, donde fue ordenado sacerdote. En la controversia de →iconoclastia defendió en tres tratados el uso de los iconos. Sin embargo, su fama se asocia particularmente con su *Fuente de la sabiduría,* que logró fama duradera tanto en Oriente como en Occidente. Se divide en tres partes que abarcan la filosofía, las herejías y la fe ortodoxa. La última parte presenta la enseñanza de los padres griegos sobre doctrinas importantes y siempre se ha usado como libro de texto en las Iglesias Ortodoxas.

En Occidente, sin embargo, se le desconocía, aparte de referencias en los florilegios o cadenas de citas patrísticas, hasta el s.XII, en que su *Exposición de la fe católica* se tradujo al latín con el título *De fide orthodoxa.* Un siglo después se tradujeron también las otras dos partes de la *Fuente de la sabiduría.* Pedro Lombardo, en sus *Sentencias* (1150), apela 27 veces a la autoridad de J. En el s.XIII, la *De fide* fue dividida en cuatro libros al estilo de las *Sentencias.* Asimismo, el descubrimiento de dos versiones de una concordancia de la *De fide,* que datan de mediados del s.XIII, parece apoyar fuertemente la idea de que *De fide* fue importante en la creación de la teología medieval occidental. En 1890 el Papa León XIII declaró a J. "Doctor de la Iglesia". J. escribió también un tratado sobre la vida ascética, un comentario sobre las epístolas paulinas y varios poemas (himnos). También nos quedan algunos de sus sermones. PETER TOON

JUAN DE ANTIOQUIA (m.441). Patriarca de Antioquía y anteriormente alumno de Teodoro de Mopsuestia. Se le conoce principalmente por medio de los escritos de →Cirilo de Alejandría y las actas del Concilio de →Efeso de 431. J. llegó tarde a éste; Cirilo ya había procedido ilícitamente sin su presencia. La llegada de J. invirtió los partidos y las decisiones, excepto en cuanto a la condena de Nestorio (→NESTORIANISMO), y añadió una censura de procedimiento contra Cirilo. Un arreglo se logró en 433: Cirilo mantuvo su *Theotokos,* pero en el contexto antioqueno de la unión de una sola persona en dos naturalezas. Medida en función de la condena de Nestorio, la victoria estaba con Cirilo; pero el hecho de que se necesitara y se lograra una reconciliación moderadora sugiere la importancia de J. Toda la situación se complicaba por el hecho de que en medio del debate teológico hubiera también factores no teológicos: el interés imperial, la rivalidad patriarcal, y la personalidad humana.
CLYDE CURRY SMITH

JUAN DE AVILA (1500-1569). Misionero y erudito español. N. cerca de Toledo. Estudió derecho en Salamanca, carrera que abandonó en 1515 para dedicarse a la filosofía y teología en Alcalá con Domingo de →Soto. Repartió a los pobres la fortuna familiar después de su ordenación en 1525 y tenía la esperanza de viajar a América como misionero. Como en vez de eso se le persuadiera a trabajar en España, fue misionero en Andalucía por nueve años. Como gran predicador y consejero, luchó fuertemente por la reforma y la denuncia del vicio entre los altos puestos, lo cual lo hizo comparecer ante la Inquisición, donde fue declarado inocente (1533). De Sevilla fue a Córdoba y luego a Granada en 1537, donde ayudó a fundar la universidad. Su mayor labor fue reformar la vida clerical española, con un gran círculo de discípulos a su alrededor que enseñaban en los colegios que él fundaba. La Universidad de Baeza se convirtió en un modelo para los seminarios y escuelas de los jesuitas, que lo reverenciaban y cuyo trabajo él estimuló ampliamente. →Juan de Dios, Francisco Borja, →Teresa de Avila, y →Luis de Granada (su biógrafo) se beneficiaron de su amistad y consejo. Sus sermones y cartas de dirección espiritual son clásicos literarios, pero su obra *Audi filia* (c.1530), sobre la perfección cristiana, es su mejor logro. C.G. THORNE, Jr.

JUAN DE DIOS (1495-1550). Fundador de los Hermanos →Hospitalarios. N. con el nombre Juan Ciudad en Portugal, fue soldado hasta los cuarenta años, cuando regresó a España como pastor, lamentándose de su vida pecaminosa. Con la esperanza de alcanzar el martirio en Africa, regresó a Granada (1538) para vender libros y cuadros religiosos. Habiendo recibido el ministerio de Juan de Avila, comenzó su ministerio a los enfermos pobres y fundó allí un hospital. Muchos fueron atraídos a su obra, que recibió aprobación arzobispal, y el obispo Tuy le dio a él el nombre "Juan de Dios", prescribiendo un hábito para él y sus compañeros. La orden de los Hermanos Hospitalarios recibió aprobación papal en 1572 y su Regla fue escrita después de la muerte de J. Canonizado en 1690, fue declarado patrono de los hospitales y de los enfermos (1886) y también de las enfermeras (1930). C.G. THORNE, Jr.

JUAN DE LA CRUZ (1542-1591). Místico español. N. de nombre Juan de Yépez y Alvarez en Castilla la Vieja, en una familia pobre de origen noble. Entró al monasterio carmelita de Medina del Campo en 1563. Después de estudiar teología en Salamanca, fue ordenado (1567). Cuando →Teresa de Avila lo disuadió de hacerse cartujo, J. introdujo entre los frailes las reformas que ella proponía, uniéndose a la primera de sus casas reformadas (→DESCALZOS) en Duruelo. Luego se hizo maestro del Colegio Carmelita en Alcalá de Henares (1570-72) y confesor del Convento de la Encarnación en Avila (1572-77).

Encarcelado en 1577 en el monasterio carmelita de Toledo por sus reformas (pues su superior apoyaba una regla más laxa, →CALZADOS), escribió el principio del *Cántico espiritual,* obra que en su integridad se deriva de esa experiencia. Con su huída después de nueve meses al monasterio del Calvario sobrevino la separación entre los Calzados y los Descalzos. El y Teresa fueron co-fundadores de los Carmelitas Descalzos. Fue rector del colegio de Baeza (1579-81) y prior en Segovia desde 1588. En 1581 fue a Granada y entró en contacto con los místicos árabes. Escribiendo a partir de su experiencia personal y como estudioso de las Escrituras y del tomismo, produjo tres poemas con comentarios: la *Noche oscura del alma* (de la cual la

Subida del Monte Carmelo es un segundo comentario), el *Cántico espiritual,* y *Llama de amor viva.* En este orden va el avance espiritual, concebido clásicamente, y su propia experiencia mística se despliega en el tercer poema. Por desconfiar de él sus superiores, fue trasladado del convento de La Pañuela a Ubeda, donde murió a causa del mal trato recibido. Fue canonizado en 1726 y declarado "Doctor de la Iglesia" en 1926.

C.G. THORNE, Jr.

JUAN DE LEYDEN (Jan Beukelszoon) (1509-1536). →Anabaptista militante. Cuando el anabaptismo se extendía rápidamente en el norte de los Países Bajos poco antes de 1530, Jan Beukelszoon fue rebautizado por Jan Mattheys de Haarlem, fogoso predicador milenarista. Los "apóstoles" militantes se reunieron en Westfalia, donde Münster parecía estar lista a convertirse en la "ciudad de refugio" de los anabaptistas. Muchos entre las clases bajas del lugar se habían hecho anabaptistas, habían asumido el control de la ciudad, desterrado a los incrédulos y sufrido un asedio por parte del ultrajado obispo de Münster. Mattheys, seguido de Beukelszoon y otros, fue allá y, después de que Mattheys fue muerto en batalla, el sastre de Leyden fue coronado rey de la "Nueva Sión". Instituyó una comunidad de bienes y la poligamia y ejecutó a sus opositores. Los nobles protestantes se unieron a las fuerzas católicas en contra de la ciudad y después de su caída los que la defendían fueron degollados (1536), estando su líder entre los muertos. La memoria de →Münster contribuyó a formar la idea de los anabaptistas como perturbadores de la paz y como revolucionarios erráticos.

DIRK JELLEMA

JUAN DE MONTE CORVINO (m.c.1330). Fundador de la primera misión franciscana en la China. N. en Monte Corvino (Salerno, Italia) y fue enviado por el Papa Nicolás IV en 1291, con cartas para los reyes orientales; viajó a través de Persia, pasó un año en la India donde convirtió como a cien personas y finalmente llegó a Khanbalik (Pekín) en 1294. El Khan Timor Olcheitu (Chen-tsung) tuvo una actitud receptiva para con J. y su compañero de viaje, el mercader Pedro Lucalonga. El principal éxito de J. fue establecer una misión en Tenduk, al NO de Khanbalik, donde el príncipe gobernante, Jorge, que era ya un cristiano nestoriano, se convirtió a la ortodoxia occidental. Lucalonga se hizo un exitoso mercader en la China y donó tierras para el establecimiento de tres iglesias. J. fue nombrado arzobispo en 1307 por el Papa Clemente V. Además de lograr 6.000 conversos, tradujo el NT y los Salmos y estableció un coro de muchachos autóctonos que alcanzó gran popularidad entre la gente y ante el khan.

DONALD M. LAKE

JUAN DE SALISBURY (c.1115-1180). Filósofo medieval y erudito clásico. N. de una familia pobre en Salisbury, Wiltshire, Inglaterra, estudió bajo →Abelardo en París y en Chartres. Se hizo funcionario papal y fue empleado en diversas misiones. En 1153 regresó a Inglaterra para ser ministro principal y secretario de Teobaldo y de Tomás →Becket, arzobispos de Canterbury. Apoyó a Becket contra Enrique II y estuvo presente en la muerte del arzobispo en 1170. Fue hecho obispo de Chartres en 1176. Sus escritos principales son *Policraticus* (1159), tratado político, y el *Metalogicon* (1159), que defiende el estudio de la lógica y de la metafísica. En esta obra J. argumenta sabiamente, como el mejor latinista de su época y notable hombre de letras, que ella debería estar relacionado con la educación literaria. La obra demuestra la familiaridad de J. con los escritos lógicos de Aristóteles. También escribió *Historia pontificalis* y cierto número de *Cartas.*

HOWARD SAINSBURY

JUAN DE WESEL (c.1400-1481). Reformador catolicorromano, de nombre Juan Ruchrath o Rucherat. N. en Oberwesel del Rhin, estudió en Erfurt (donde luego fungió como rector de la universidad) y, tras un breve período como profesor en Basilea (1461), se hizo predicador en la catedral de Worms (1463). Luchó por la reforma de la teología, aun cuando esto lo llevó a defender posiciones perturbadoras e impopulares. Rechazó como antibíblica la cláusula *Filioque* ("y del Hijo") del Credo Niceno, y virtualmente negó la doctrina de Agustín sobre el pecado original, por las mismas razones. Según él el derecho canónico era vinculante solo en la medida en que concordara con la Biblia. El ayuno, el celibato sacerdotal, las distinciones entre obispos y sacerdotes eran instituciones humanas y no tenían autoridad sobre la conciencia de los fieles. Las indulgencias eran una mentira piadosa, porque solo Dios puede remitir las penas del pecado. Acusado como sospechoso de doctrinas husitas, fue depuesto en 1477 y llevado ante la Inquisición en 1479. Se retractó, pero sus libros fueron quemados y fue sentenciado a confinamiento por el resto de su vida en el claustro agustino de Maguncia. Murió poco después, quebrantado y desanimado.

DAVID C. STEINMETZ

JUAN EL CONSTANTE (1468-1532). Príncipe sajón, hermano de Federico el Sabio. N. en Meissen, J. fue uno de los primeros en apoyar la causa luterana. Instó a su hermano a proteger a Lutero de la proscripción del Imperio y acogió a Lutero cuando predicó en su corte en Wéimar en 1522. J. intentó, en su práctica política, seguir los principios delineados por Lutero en *Von weltlicher Obrigkeit.* Se mostró renuente a suprimir a →Münzer y →Carlstadt al principio y toleró la reforma radical de estos. Cuando, a la muerte de su hermano, quedó de gobernante único (1525), profesó ser protestante y entró en un tratado con Felipe de Hesse (1526). Estableció "visitaciones", reorganizó la Universidad de Wittenberg y detuvo la apropiación de las propiedades eclesiásticas por parte de la nobleza sajona. Defendió los intereses protestantes en la Dieta de Espira y aceptó los Artículos de →Schwabach. En la Dieta de Augsburgo firmó la Confesión de →Augsburgo como líder del partido protestante. Opuesto a la elección de Fernando como rey de Roma, estuvo de acuerdo con la formación de una liga protestante de defensa contra el emperador, que condujo a la paz de Nüremberg (1532). DAVID C. STEINMETZ

JUAN ESCOTO ERIUGENA →ERIUGENA, JUAN ESCOTO

JUAN FEDERICO, ELECTOR (1503-1554). Príncipe luterano alemán, llamado "el Magnánimo". N. en Torgau, era hijo del Elector →Juan el Constante. Bien educado bajo el luterano →Spalatin, apoyó fuertemente a Lutero y fue de gran servicio en la publicación de las primeras ediciones de sus obras. Su período como elector fue crucial en la consolidación del luteranismo y particularmente en el establecimiento de una iglesia estatal luterana. Siendo él un baluarte de la Liga de →Esmalcalda, fue derrotado por las fuerzas de Carlos V en Mühlberg en 1547, fue tomado prisionero y perdió Wittenberg y su título de elector. Liberado en 1552, estableció su gobierno en Wéimar y fundó la Universidad de Jena para reemplazar la de Wittenberg pero murió en Wéimar antes de que sus programas fueran desarrollados.

BRIAN G. ARMSTRONG

JUAN PABLO I (1912-78). Papa que sucedió a →Pablo VI. Albino Luciani n. en un hogar humilde en el pueblo de Forno di Canale ubicado en los Alpes Dolomíticos del NE de Italia. Fue ordenado en 1935 y pronto después empezó a enseñar teología dogmática y moral en el Seminario Gregoriano de Belluno. En 1958 fue nombrado obispo, por →Juan XXIII, de la diócesis de Vittorio Veneto. En 1969 fue ascendido al →patriarcado de Venecia y cuatro años más tarde, hecho cardenal por Pablo VI. Aunque era un prelado poco conocido, su elección como papa fue rápida, el 26 de ag., 1978, solo 20 días después de la muerte de Pablo.

Escogió un nombre doble, la primera vez en la historia que un papa lo hacía. Lo hizo aparentemente para demostrar su deseo de imitar las virtudes de sus predecesores inmediatos. Por cierto, manifestó algo del liberalismo de Juan XXIII y fue evidente que se proponía ser un papa más pastoral que político o diplomático. Su padre fue socialista y, cuando era patriarca de Venecia, Lucini había dicho que "el verdadero tesoro de la Iglesia son los pobres". Por otro lado también era evidente que simpatizaba con el conservatismo moderado de Pablo VI. En cuestiones de doctrina y moral era conservador y declaró que "el marxismo es incompatible con el cristianismo".

Pero nunca llegó a saberse qué clase de papa sería por cuanto murió de un infarto masivo solo 33 días después de ascender al trono pontificio. WILTON M. NELSON

JUAN PABLO II (1920-). Papa desde 1978, notable por ser el primer no italiano elegido papa desde 1522 (→Adriano VI) y el papa más joven desde 1846 (→Pío IX). Karol Wojtyla nació en la ciudad de Wadowice, situada a 48 km al norte de Cracovia en →Polonia. De origen humilde, cuando era joven trabajaba en una cantera y fábrica de productos químicos. Inspirado por la lectura de los escritos de →Juan de la Cruz, resolvió prepararse para el sacerdocio. Fue ordenado en 1946. Como había sido anti-nazi durante el dominio alemán de su país en la Guerra Mundial II, también se volvió anti-comunista al ser dominado su país por Rusia.

En 1954 empezó una carrera de docencia en la Universidad Católica de Lublin. Fue nombrado obispo en 1958, arzobispo en 1964 y cardenal en 1967. Es un hombre brillante, estudioso y trabajador. Además del polaco, habla latín, italiano, francés, inglés, alemán y español. Es amante de la música y la poesía, y aficionado a los deportes.

J.P. también parece ser ambivalente ideológicamente. Es conservador en el dogma, la moral y la autoridad eclesiástica, como lo es el catolicismo polonés. En su primer discurso como papa dio homenaje dos veces a la Virgen María. Simpatiza con la teología moral de la encíclica *Humanae Vitae* de →Pablo VI.

Una característica notable de J.P. ha sido su gran interés por visitar diversos países y regiones del mundo, llevando hasta los pueblos mismos su mensaje papal. Durante 1983, mientras este Diccionario ha estado en proceso de impresión, J.P. visitó los países de Centro América y del Caribe; anteriormente había estado en Brasil, Argentina y México, amén de numerosos otros de Europa.

Por otro lado tiene sentido ecuménico. Solo cuatro días antes de su elección como papa, Billy →Graham predicó en la Iglesia de Santa Ana en Cracovia por invitación del Cardenal Wojtyla. En su discurso inaugural ante los cardenales, hizo énfasis en la →colegialidad (llamándose a sí mismo "primero entre iguales"), y en el deber de la Iglesia de promover las reformas del →Concilio Vaticano II. Los teólogos católicos liberales de AL tenían esperanza de que J.P. simpatizara con su teología debido a su fondo político y social. WILTON M. NELSON

JUANA DE ARCO (1412-1431). "La doncella de Orleáns", heroína nacional de Francia. Era una muchacha iletrada pero devota de Domrémy, Champagne (de nombre Jeanne la Pucelle), que a los trece años comenzó a experimentar impulsos interiores, voces acompañadas de luz, que la instaban a salvar a Francia de sus agresores. Al aumentar estas voces, lograba ella distinguir incluso las de los santos Miguel, Catalina, Margarita, y otros. Por entonces el delfín, Carlos, estaba en guerra contra las fuerzas aliadas de Inglaterra y Borgoña. Aunque J. no logró persuadir de la realidad de sus visiones al comandante francés en Vaucouleurs en 1428, fue enviada adonde Carlos, el cual se convenció cuando ella lo reconoció estando él disfrazado. Tras ser examinada detenidamente por teólogos en Poitiers, se le dio armadura y escuderos y se unió luego en Blois al ejército que luego había de derrotar a los ingleses que tenían sitiada Orléans.

Después de otra victoria en el Loira, J. persuadió a Carlos de que se coronara en Reims (1429). Yendo en 1430 a ayudar a Compiégne, fue apresada allí por los borgoñones y vendida a los ingleses sin que interviniera Carlos VII. Al comparecer ante la corte del obispo de Veauvais, fue acusada de hechicería y herejía; soportando sin temor el largo juicio, rehusó traicionar su impulso interior. Fue hallada culpable, siendo confirmado el veredicto por la Universidad de París, y sus visiones fueron declaradas "falsas y diabólicas". Frente a la muerte se retractó un poco, solo para adquirir de nuevo su firmeza. Fue quemada como hereje en la plaza de Rouen. Carlos VII procuró dos veces un cambio en el veredicto, pero no fue sino hasta tiempos del papa Calixto III (1456) que el proceso fue declarado fraudulento y se reconoció su inocencia. La muerte de J. demostró la influencia que tenía; su estandarte llevaba el símbolo de la Trinidad y las palabras "Jesús, María". Fue canonizada en 1920; es la segunda patrona de Francia.

C.G. THORNE, Jr.

JUANA INES DE LA CRUZ (1651-95). Poetisa mexicana, personaje cumbre de la literatura de ese país en el s.XVII. N. en San Miguel de Nepantla. Aunque su madre era analfabeta, y en esa época no se estimulaba a las mujeres a estudiar, su genio era tal que a los 3 años aprendió a leer, y poco después aprendió latín en veinte lecciones. Haciendo uso de la biblioteca de su abuelo, y de otros recursos, aprendió náhuatl, geografía, geometría y astronomía. Pronto su fama hizo que fuera llamada a la corte del Virrey. Allí asombró al mundo mostrando sus conocimientos ante un tribunal de cuarenta profesores. Entonces se convirtió en la poetisa de la corte, donde recibió toda clase de honores.

A los diecisiete años ingresó en el convento de San Jerónimo, en México. Se ha discutido mucho acerca de sus motivos para dar ese paso. Hay quien sugiere un desengaño amoroso. Pocos creen que tenía verdadera vocación monástica. Lo más probable, y lo que se desprende de sus escritos, es que deseaba estar libre para dedicarse a sus estudios. El matrimonio, que era la única otra alternativa para una mujer en esa época, cohibiría esa libertad. Se hizo monja, pues, para poder darle rienda suelta a su genio.

En el convento reunió una biblioteca de 4.000 volúmenes, y varios instrumentos científicos. Su fama de sabia se difundió aun más. Pero a la postre esto le trajo oposición, sobre todo cuando se atrevió a criticar a un predicador jesuita. Bajo el seudónimo de "sor Filotea", el obispo de Puebla le escribió una carta instándola a ser más cautelosa en el uso de su intelecto, como supuestamente convenía a una mujer. La *Respuesta a sor Filotea* de J.I. es una sólida defensa de los derechos de la mujer a estudiar y pensar. Dos años después de escribirla, agobiada por las presiones que se ejercían sobre ella, J.I. dejó de escribir y se dedicó a los ejercicios monásticos. Su confesor se alegraba de que ahora la monja estaba "progresando en virtud". Murió en 1695, a consecuencias de la plaga.

Conocida sobre todo por sus poesías, J.I. también escribió comedias al estilo de Calderón, y disertó sobre geometría, perspectiva y otros temas. Desde el punto de vista religioso, sin embargo, su mayor importancia está en el modo en que se sobrepuso a las fuerzas oscurantistas, que trataban de impedir sus estudios por el solo hecho de ser mujer.

JUSTO L. GONZALEZ

JUANA, PAPISA. La historia de que una mujer supuestamente había llegado al papado fue creída ampliamente desde el s.XIII hasta el s.XVII. Tanto así, que cuando David →Blondel alegó en 1647 que se trataba de una leyenda, fue criticado por sus camaradas protestantes. El relato asegura que una mujer erudita, disfrazada de hombre, logró llegar a la cátedra de Pedro hacia el año 1100 (versiones posteriores dicen que fue 855). Después de dos años en el cargo dio a luz un hijo mientras participaba en una procesión hacia Letrán y luego murió. Parece ser que un cronista dominico del s.XIII, Jean de Mailly, fue el primero en dar respetabilidad a la leyenda, y que esta ganó popularidad en la Edad Media, debido en parte a la influencia de Martinus Polonus (m.1278) y al uso del relato en las controversias del s.XV sobre la extensión del poder papal. Algunos estudiosos interpretan el cuento como una modificación de una conseja popular romana, que originalmente se refería posiblemente a un sacerdote del culto de Mitra y a un niño.

PETER TOON

JUAREZ, BENITO (1806-72). Político y reformador mexicano. Indígena originario de Guelatao, Oaxaca, fue gobernador de su estado, presidente de la Corte de Justicia y presidente de la República Mexicana (1855-64; 1867-72). Los países latinoamericanos lo honran llamándolo "Benemérito de las Américas". Fue notable por sus ideas liberales.

En su adolescencia fue protegido del padre Antonio Salanueva quien le dio escuela y lo internó en un seminario. Comentando sobre esto, Rafael Zayas Enriquez dice: "J. fue ferviente católico en los primeros años de su vida... pero por su temperamento, el catolicismo de J. era de puerta abierta y de luz..." Como leía y observaba mucho, pronto se percató de las crueldades de la →Inquisición, de lo falso del clero mexicano, de la despiadada persecución a creyentes no católicos y del fanatismo del pueblo. Decepcionado, dejó la carrera eclesiástica para afiliarse al liberalismo del s.XIX.

Como presidente expidió las Leyes de Reforma, radicales en cuanto a la separación de la Iglesia y del Estado. Nacionalizó los bienes del clero; suprimió las órdenes religiosas. Implantó el matrimonio civil y luchó contra las fuerzas reaccionarias empeñadas en imponer a México, con apoyo del clero, a un emperador extranjero: Maximiliano.

El historiador Angel Miranda Basurto escribe: "La Reforma vino a realizar esa segunda parte de nuestra evolución nacional; J. y los liberales de su tiempo ejercieron un vigoroso impulso encaminado a destruir el latifundismo eclesiástico y la alianza del militarismo y el clero reaccionarios para poder realizar la completa liberación del país". "Modificó el orden económico y social, haciendo entrar en circulación las enormes riquezas acumuladas por la Iglesia, dividiendo la propiedad... aboliendo las clases privilegiadas y proclamando la igualdad, base de la democracia. Pero el resultado más importante de la Reforma, en el orden político y espiritual, fue la Independencia del Estado con respecto al poder de la Iglesia y la libertad de conciencia".

MANUEL V. FLORES

JUBILEO, AÑO DEL (Año Santo). Institución católica romana, que solo indirectamente se basa en el año levítico del jubileo (Lv. 25), y es más bien una extensión del movimiento de peregrinajes y del sistema de →indulgencias, observado por primera vez en 1300 bajo Bonifacio VIII, aparentemente por petición popular espontánea. Bonifacio, en la bula *Antiquorum fida relatio,* ofrecía indulgencias plenarias a todos los peregrinos a Roma que llenaran las condiciones dentro de ese año. Aunque la intención era que se celebrara cada siglo, el siguiente jubileo fue proclamado para 1350 por el papa de Aviñón Clemente VI a petición de los romanos. En 1389 Urbano VI redujo el intervalo a 33 años, y en 1470 Paulo II lo redujo aun más, a 25, que es el intervalo actual. En 1500 Alejandro VI extendió la indulgencia a todas las iglesias en el año siguiente al j., hasta el Domingo de Pascua, si bien la práctica posterior ha variado. Paulo VI proclamó una indulgencia jubilar para toda la cristiandad del 1o. de enero al 29 de mayo de 1966, extendida luego al 8 de dic. para señalar la finalización del Concilio Vaticano II. MARY E. ROGERS

JUD, LEON (1482-1542). Reformador en Suiza. N. en Gemar, Alsacia. Después de estudiar en Basilea y Friburgo de Brisgovia (1499-1512) se hizo pastor en San Hipólito, Alsacia (1512-19), y luego en Einsiedeln, Suiza (1519-22), donde sucedió a →Zuinglio. Uno de los primeros seguidores de Zuingilio, J. fue un entusiasta defensor de la Reforma zuingliana. En 1523 se hizo pastor de la iglesia de San Pedro en Zürich; el 1o. de set. predicó contra las imágenes y desató una ola de iconoclastia. Desempeñó un papel importante en la supresión de los conventos. Ayudó a Zuinglio en su conflicto con los anabaptistas, aunque en una ocasión había quedado "muy impresionado por algunas de las ideas de Schwenkfeld sobre la tolerancia y algunos de los principios democráticos de los anabaptistas" (G.H. Williams). Introdujo una liturgia bautismal en 1523, en alemán, aunque retenía varios rasgos católicos. Tradujo al alemán obras de Agustín, Tomás de Kempis y Erasmo; hizo una versión latina del AT hebreo; y fue autor de la versión suizo-alemana de los Profetas (1525) que fue incorporada a la Biblia completa de Zürich de 1529, que precedió en cinco años a la versión de Lutero. Su catecismo protestante (1538) se usó por mucho tiempo. J.G.G. NORMAN

JUDAISMO. La religión de los judíos en contraste con la del AT, de la cual se deriva. Los dos puntos focales de su desarrollo fueron las dos destrucciones del templo de Jerusalén en 586 a.C. y 70 d.C., que pusieron fin a la centralidad del sacrificio que se halla en el AT. Fue estimulada sobre todo por la extensa dispersión de los judíos tanto en Oriente como en Occidente, que hizo de la Ley el centro alrededor del cual tenía por fuerza que girar la vida y religión judía fuera de Palestina. Durante el período intertestamentario, en que el j. se estaba desarrollando, se hicieron evidentes diversas tendencias (p.e. los fariseos, saduceos, esenios, zelotes y helenistas) pero la situación creada por la destrucción del estado judío en 70 d.C., y confirmada por el aplastamiento de la rebelión de Bar-Kochbá en 135, dejó sin rivales a la interpretación farisaica del j. Alcanzó su apogeo hacia 500, siendo sus documentos de autoridad el Talmud, compuesto de la Mishná y la Gemara y los Midrashim (interpretaciones oficiales de los libros del AT).

Un rasgo sobresaliente del j. ha sido su capacidad de adaptarse a la presión y persecución por parte del cristianismo y del islam, al status social de minoría y a las cambiantes circunstancias culturales sin alterar su naturaleza esencial. Estas adaptaciones han sido codificadas periódicamente, siendo las más importantes la *Mishneh Torah* de Maimónides (1180) y el *Shulcan Aruch* de Karo (1565). Una vez que el j. pudo eliminar a los judeocristianos, solo quedó un movimiento, hasta tiempos modernos, que no pudo asimilar, a saber, los caraítas, que surgieron en el s.VIII y llegaron a su apogeo en el s.XII; hoy día tienen solo como dos mil adherentes. En el s.XIX, bajo la influencia del pensamiento moderno, comenzó un movimiento reformista o liberal que ha seguido creciendo. Otros judíos se han vuelto hacia el materialismo, el marxismo o un nacionalismo arreligioso.

Si bien el j. tuvo sus grandes pensadores filosóficos, es esencialmente una religión histórica basada en la elección de Dios a Israel, mostrada sobre todo en el Exodo, la promulgación de la Ley, y la conquista de Canaán. Aunque el j. reconoce la existencia de justos entre los no judíos, que tendrán "un lugar en el mundo venidero", el pleno conocimiento de la voluntad de Dios y la posibilidad de llevarla a cabo se confinan a los judíos. Es la posesión de la Ley lo que da verdadero significado a la elección de Dios, y cualquier gentil que esté preparado para aceptar "el yugo de la Ley" es bienvenido a la comunidad de Israel. Puesto que bajo el dominio musulmán y cristiano medieval los intentos misioneros exitosos que hacían los judíos tenían por consecuencia la pena de muerte para el misionero y el converso juntamente, el celo por lograr conversiones mostrado en épocas anteriores desapareció y hoy día solo se encuentra en raras ocasiones.

La doctrina judía sobre Dios no es simplemente monoteísta, sino también fuerte y deliberadamente antitrinitaria. Se declara que la Unidad de Dios es singular, "como ninguna otra unidad". En sus formas más filosóficas el j. declara que de Dios no se puede postular ningún atributo humano; cuando estos se emplean en la Biblia, se trata simplemente de una acomodación a la debilidad humana. La trascendencia de Dios se enfatiza de una forma que imposibilita cualquier concepto de encarnación. Se hallan diversos conceptos para tender un puente entre Dios y su creación, pero ninguno tiene autoridad vinculante ni es aceptado universalmente.

El énfasis principal en el j. normativo se pone en la *Torá*. Aunque por influencia de la

LXX y del cristianismo este término generalmente se traduce como "Ley", ha de comprenderse que "Instrucción" es una traducción más exacta. La Torá es perfecta, escrita con letras de fuego en el cielo antes de la creación del mundo. Israel fue escogido por amor a la Torá y aparte de ella no tiene razón de existir. La Torá consta de dos partes, la escrita y la oral. La Torá escrita contiene 613 preceptos, 365 negativos y 248 positivos; la Torá oral es la extensión de estos preceptos para abarcar la vida entera y todas sus contingencias. A excepción de adaptaciones a condiciones más recientes, la Torá oral ha hallado su expresión definitiva en el Talmud, al cual deben conformarse los desarrollos modernos. Se ha hecho mucha burla de los métodos utilizados por los rabinos, pero una vez que aceptamos el concepto básico de Torá, es difícil ver qué otros resultados habrían podido alcanzarse. El sistema talmúdico es más humano que el de los samaritanos o caraítas y es por muchos conceptos comparable con los métodos casuísticos de los escolásticos y jesuitas.

Un sistema tal no puede sino ser legalista, pero esto queda mitigado por el énfasis en *kawwanah* y *lishmah,* e.d., que en la realización de un mandamiento el corazón debe estar dirigido *(kawwanah)* hacia Dios y el mandamiento debe hacerse por sí mismo *(lishmah),* por amor a Dios y no por buscar recompensa. Si se pregunta cómo puede conciliarse esto con un enunciado como Hch. 15: 10, ha de recordarse que fue pronunciado por Pedro, que venía de una población mixta de Galilea. La verdadera observancia de la Ley exige virtualmente un ambiente completamente judío.

Desde el punto de vista cristiano, la principal debilidad de este sistema estriba en que la Torá se concibe como algo dado al hombre para su interpretación y aplicación. Sobre la base de textos como Lv. 18:5 se enfatiza que la Torá se dio para que los hombres *vivieran* por ella; de ahí que los mandamientos que eran demasiado pesados para la comunidad han sido mitigados o eludidos. Además, una verdadera amenaza contra la vida deja libre al judío de cualquier mandamiento excepto aquellos que prohíben la idolatría, el asesinato y el adulterio (el bautismo cristiano es considerado idolatría). Esta perspectiva, la tendencia de poner todos los mandamientos al mismo nivel, y la desaparición del sacrificio han hecho disminuir, con el curso del tiempo, el sentido de pecado. El j. tradicional reconoce que existen en el hombre dos impulsos, uno bueno y otro malo, en virtud de su creación, *no de su caída;* se hace poco énfasis en este concepto actualmente. El impulso malo puede aplacarse mediante el estudio de la Torá.

La esperanza mesiánica nunca asumió una forma fija y oficial. Es universalmente aceptado que Dios establecerá su perfecto gobierno sobre la tierra, y generalmente se estaba de acuerdo antes en que esto se lograría por medio del →Mesías. Debido sobre todo a repetidas desilusiones, éste ha llegado a ser para muchos la personificación de la esperanza del reino de Dios. Con esto estaba vinculada la esperanza en la resurrección del cuerpo. Por influencia griega se fue aceptando poco a poco el concepto de inmortalidad del alma. La virtual incompatibilidad de esas dos ideas ha hecho que se diluya la esperanza de una vida futura y de una resurrección corporal. Para los liberales, la vida futura es meramente espiritual.

Habrá un juicio para todos, pero solo el judío excepcionalmente malvado debe temer al castigo; para la mayoría se tratará de recompensas. Se han mantenido diversas ideas acerca del *Gehinnom,* o infierno. Para algunos significa un período limitado de castigo, que purifica o aniquila; otros lo consideran eterno.

La teología, dejando aparte la singular unicidad de Dios, el origen divino y primacía de la Torá, el reino venidero de Dios, y la elección de Israel, tiene poca importancia en el j. Las controversias, hasta hace poco, han sido más bien sobre lo que se debe hacer. Un judío, que hace lo que es correcto, cree, supuestamente, lo que es correcto, a menos que lo niegue expresamente. Por tanto se suele hablar de un judío "observante" antes que "ortodoxo". "Ortopraxia" sería un término mejor que "ortodoxia".

El j., por su naturaleza, ha puesto siempre el énfasis sobre la comunidad más que sobre el individuo y sobre este mundo más que sobre el futuro. El sistema de ghettos, encerrando a la comunidad sobre sí misma, hizo de la caridad y la justicia virtudes primordiales necesarias para sobrevivir; de ahí que el estudioso de la Torá, que utilizaba sus conocimientos para el bien de la comunidad, era su miembro sobresaliente. En el j. no hay sacramentos; el rabino ocupa su posición solo por virtud de su conocimiento de la Torá.

El misticismo ha desempeñado un papel importantísimo en la sinagoga. Al principio se confinaba a pequeños círculos "cuyo trasfondo intelectual y religioso los fortificaba contra los peligros de desviarse por las sendas de la herejía". Su influencia se ensanchó a lo largo de los siglos hasta que a fines del s.XVIII se convirtió en un movimiento popular de masas en Europa oriental, conocido como jasidismo. El énfasis en la trascendencia de Dios y en las afirmaciones de la Torá evitó que el misticismo degenerara en un panteísmo o antinomianismo. Toda descripción de la práctica del j. debe dar campo a la influencia del elemento místico.

Con pocas excepciones, la población judía no recibió el impacto del Renacimiento. Fue el crecimiento del humanismo y de los efectos políticamente liberadores de la Revolución Francesa lo que expuso a los judíos, especialmente en Europa occidental, al impacto del pensamiento moderno. En términos religiosos el resultado ha sido el surgimiento de la Sinagoga Liberal (en EUA, la Sinagoga Reformada), que a su vez ha influido profundamente sobre el pensamiento, si no la práctica, de gran parte del j. tradicional. En ella el centro de gravedad ha pasado de la Ley a la ética profética y, a excepción de su matiz histórico, cuesta distinguirla del unitarianismo. La llegada del Estado de Israel, especialmente a partir de la guerra de 1967, ha añadido normalmente un fuerte matiz nacionalista.

En Israel mismo, el j. está bajo el control de los tradicionalistas más estrictos. La tendencia es que las exigencias más obvias de la Ley sean tratadas como costumbres nacionales sin significado religioso. H.L. ELLISON

JUDIOS EN ESPAÑA Y PORTUGAL. No es fácil determinar cuándo llegaron los judíos a la Península Ibérica. Muchos de los testimonios, que se aducen para probar que los j. se hallaban establecidos en la Península desde la más remota antigüedad (desde la época del rey Salomón, o después de la destrucción del Templo por Nabucodonosor), habían salido de la pluma de los mismos judíos para evitar su expulsión de la Península por motivos religiosos. Sin embargo, ninguno de los documentos aducidos ha servido para probar, de manera fehaciente, que los j. habitaran en la Península antes de la época romana.

En la →España visigoda (414-711) gozan de gran libertad durante la época arriana, pero, cuando esas tribus germánicas abandonan el arrianismo, se evita que los j. hagan proselitismo, y se intenta, luego, su conversión general.

Con la invasión musulmana (711 →ISLAMISMO EN ESPAÑA) las aljamas judías de la Península consiguen libertad absoluta, riquezas y gran influencia. Pero después los almorávides (1086) desplazan la influencia judía, y cuando los almohades toman la dirección de la España musulmana (1147), clausuran los centros judaicos de Lucena y Sevilla, y hasta buscan la disolución de las comunidades judías de Cataluña, Valencia y Murcia. Esto hace que muchos j. busquen refugio, paradójicamente, en los reinos cristianos, donde entran al servicio de los reyes, y ocupan puestos de gran importancia en la sociedad. Abandonan la agricultura, se dedican al comercio y a las profesiones liberales, viven con gran lujo, y se encargan de la recaudación de las contribuciones. Todo ello desencadena una ola de odio que culmina en las matanzas durante el s.XII en Castrojeriz (Burgos), en Saldaña, Carrión de los Condes (Palencia), y otros lugares.

A pesar de estas persecuciones, al avanzar la Reconquista, crece el número de j. en la España cristiana, se levantan muchas sinagogas, y los j. logran el monopolio completo del ejercicio de la medicina.

En el s.XIV vuelven a recrudecerse las persecuciones contra las juderías y el 15 de marzo de 1391 se desencadena en Sevilla una terrible matanza que se extiende a Córdoba, Toledo, Valencia, Barcelona, Gerona, Lérida, Mallorca y otras ciudades.

Finalmente el odio popular y eclesiástico hacia los j. que coincide con el nuevo ideal de unidad política y religiosa, hace que el 31 de marzo de 1492 los Reyes Católicos decreten la expulsión de los j. españoles sin bautizar, o que no quisieren aceptar el bautismo. Según el decreto, deberían abandonar España bajo pena de muerte y confiscación de todos sus bienes. Se calcula que abandonaron España unos 175.000 j. (a cuyos descendientes se les llama sefarditas).

La suerte de los expulsados fue muy variada. Algunos cruzaron a Francia hasta Bayonne. Más de la mitad pasaron a Portugal, de donde también fueron expulsados (1497) y se dirigieron a Inglaterra. Otros siguieron después hacia los Países Bajos, y luego a Italia.

Las ejecuciones masivas de la Inquisición forzaron a los sefarditas a dispersarse por los Balcanes, Grecia, Turquía y Africa del Norte.

El edicto de 1492 fue abolido en 1898. Durante la persecución nazi del tercer *Reich,* el general Franco, jefe entonces del Estado español, ayudó a los sefarditas a escapar de los campos de concentración proporcionándoles pasaportes españoles, para que pudieran fácilmente huir de la Europa ocupada por los alemanes. La primera sinagoga levantada en suelo español desde 1492 se inauguró en Madrid en 1968.

Se calcula que actualmente viven en España unos 6.000 judíos, sefarditas en su mayoría, que han regresado a la patria de sus antepasados.

ENRIQUE FERNANDEZ Y FERNANDEZ

JUDIOS, MISIONES A LOS. Excepto bajo el gobierno de Adriano, los judíos en el Imperio Romano, hasta el tiempo de Constantino, retuvieron su posición de culto tolerado y por lo tanto estuvieron en condiciones mucho mejores que las de los cristianos. Algo muy parecido ocurrió en Oriente bajo las dinastías de los partos y de los sasánidas. De modo que la Iglesia tuvo la tendencia de estar a la defensiva contra la Sinagoga, a excepción de los esfuerzos de cristianos hebreos de los cuales sabemos muy poco. La única evidencia que nos queda de ese período como muestra de un auténtico esfuerzo por alcanzar a los j. es el *Diálogo con Trifón,* de Justino Mártir. Una vez que el cristianismo hubo triunfado en el Imperio Romano, los únicos métodos que los gobernantes conocían para tratar a los judíos eran la discriminación, la persecución, y a veces el bautismo forzado. Durante la Reforma y Contrarreforma la Iglesia mostró un poco de interés por la conversión de los j., la cual no adquirió verdadera importancia sino hasta el tiempo de los moravos (1738) y los pietistas. La obra de Ezra Edzard (1629-1708), J.H. Callenberg (1694-1760) y A.H. Franke (1663-1723) llevó a la fundación del *Institutum Judaicum* en Halle en 1728.

Una nueva era comenzó cuando J.S.C.F. Frey (1771-1851), un cristiano hebreo de Alemania, llegó a Londres. Su obra dio como resultado la fundación de la Sociedad Londinense para Promover el Cristianismo entre los Judíos (luego llamada Misiones de la Iglesia a los Judíos, y hoy Ministerio de la Iglesia entre los Judíos), establecida en 1809 como sociedad interdenominacional. La opinión cristiana todavía no estaba preparada para tal experimento, que pronto tuvo que reformarse para ser exclusivamente anglicano. En 1842 las Iglesias Libres que apoyaban las misiones a los judíos fundaron la Sociedad Británica para Promover el Cristianismo entre los Judíos (Sociedad Británica para los Judíos, hoy la Sociedad Internacional para los Judíos).

La primera vez que una iglesia como tal aceptó responsabilidad fue en 1840, con la Iglesia de Escocia, cuyo ejemplo fue seguido por la Iglesia Presbiteriana de Irlanda al año siguiente. Comenzando con Noruega en 1844, la nueva inquietud se extendió a Escandinavia y Finlandia y poco a poco todas las principales iglesias protestantes de Europa, aunque en diverso grado. Especialmente importante fue la fundación, en 1886, del *Institutum Judaicum Delitzschianum,* en Leipzig, por F.J. →Delitzsch. Este proporcionaba los instrumentos intelectuales necesarios para el misionero y apologista. Los suecos establecieron un instituto parecido en Jerusalén en 1951. En la ICR el desarrollo más importante fue la fundación de las Hermanas de Sión, por el Padre Marie Ratisbonne, un judío convertido en 1842 por una visión.

Una segunda generación de sociedades misioneras surgió en la segunda mitad del siglo, sobre todo como respuesta a la migración hacia occidente de los judíos de Europa oriental. Inglaterra llevaba la delantera, y la mayoría de las sociedades eran no denominacionales. Las más importantes fueron la Misión Mildmay a los Judíos (1876), la Misión Barbican a los Judíos (1889, con liderazgo anglicano), y el Testimonio Cristiano Hebreo a Israel (1893). En EUA la mayor parte de la labor misionera fue puramente local en su naturaleza, pero en 1894 Leopold Cohn fundó la Junta Americana de Misiones a los Judíos, de naturaleza interdenominacional y fundamentalista, que ha crecido hasta ser la mayor misión a los judíos en el mundo, tanto en recursos como en misioneros. La única otra misión de este tipo que debe mencionarse es Los Amigos de Israel (1938). Muchas de las denominaciones mayores sostienen alguna forma de actividad misionera, que depende normalmente de la respuesta local; los Bautistas del Sur son los únicos que están activos fuera de EUA.

El →Consejo Misionero Internacional había planeado primero la inclusión de misiones a los judíos en su alcance, pero no logró establecer su Comité sobre el Acercamiento Cristiano a los Judíos (IMCCAJ) sino hasta después de su conferencia en Jerusalén (1928), y apenas empezaba a funcionar cuando el holocausto nazi cambió toda la posición del judaísmo. Su principal contribución fue su insistencia en el "enfoque de parroquia", e.d., que en la mayoría de los países la entrada de los judíos en la corriente principal de la vida, colocaba la responsabilidad del testimonio cristiano sobre las espaldas de la iglesia local.

El efecto del holocausto nazi tanto sobre judíos como sobre cristianos y el nacimiento del Estado de Israel condujo a un creciente énfasis en el diálogo, que el Concilio Vaticano II declaró ser la política de la ICR. Con la entrada del Consejo Misionero Internacional en el marco del C.M.I., el IMCCAJ se convirtió en el Comité sobre la Iglesia y el Pueblo Judío y su propósito principal es ahora llevar adelante el diálogo. A su vez esto ha significado que la labor misionera activa entre los judíos está quedando confinada cada vez más a los círculos evangélicos conservadores, que han sido siempre su principal sostén. La lista de conversos es desde todo punto de vista imponente, pero sobre todo las misiones han logrado hacer que Jesús sea una realidad para su propio pueblo. H.L. ELLISON

JUDSON, ADONIRAM (1788-1850). Misionero, lexicógrafo y traductor de la Biblia. N. en Malden, Massachusetts, hijo de un ministro congregacionalista, se graduó con honores de Brown University (1807). Después de enseñar por un año en Plymouth, estudió teología en el Andover Theological Seminary. Fue líder de la fundación de la Junta Americana de Comisionados para Misiones Extranjeras. En 1812 fue ordenado, y él y su esposa se embarcaron hacia Birmania como misioneros congregacionalistas. Durante ese viaje reexaminaron sus ideas sobre el bautismo y ambos fueron bautizados por inmersión en Calcuta (1812). Eso puso fin al apoyo financiero que recibían, pero de esto se encargó la Convención Trienal Bautista, organizada en 1814. Al llegar a Rangún, J. aprendió el birmano para predicar y traducir la Biblia y empezó a trabajar en un diccionario inglés-birmano. La guerra con Inglaterra (1824) trajo su encarcelamiento por año y medio, pero al venir la paz empezó a trabajar como intérprete. Continuó la obra misionera en Ava pero para 1826 había perdido ya a su esposa y dos hijos. Se fue entonces para Maulmain. Su segunda esposa murió en 1845 y volvió él a casarse. En 1849 se publicó la parte birmano-inglesa de su diccionario. Murió en el mar.

C.G. THORNE, Jr.

JUEGOS DE AZAR. Pueden definirse como un acuerdo entre dos o más partes en que la transferencia de algún valor de una parte a otra se hace depender exclusivamente de un suceso cuyo resultado es desconocido, y quizá imposible de conocer, para las partes. Esta definición abarca las apuestas, las loterías, y la especulación financiera. Se excluyen los seguros, que se entienden como una forma de minimizar la inseguridad frente a lo que se consideran riesgos inevitables.

La posición predominante en la iglesia ha sido que, aunque no es malo hacer que las decisiones dependan del resultado de un acontecimiento de "suerte" como la lotería, los juegos de azar son malos porque implican la codicia, la búsqueda de la ganancia a costa de otros, y la irresponsabilidad financiera. Las objeciones contra el juego están basadas en el punto de vista de que todos los acontecimientos están, o deben estar, dentro del dominio de las decisiones humanas "racionales", y en que el juego es incompatible con un reconocimiento serio de la soberanía divina y por lo tanto está en contra del modo cristiano de actuar.

Según la definición apuntada, los juegos no son un mal más grave que otros abusos que la iglesia se ha mostrado renuente a condenar, como por ejemplo la explotación financiera y económica. Además, cuando las cantidades de dinero u objetos de valor son pequeñas, cuando la práctica se regula cuidadosamente, y cuando tiene el acuerdo libre de todas las partes, los males del juego se consideran a veces mínimos. Sin embargo, muchos cristianos consideran el juego como algo intrínsecamente malo.

Cuando el juego no es controlado y entran en él grandes cantidades de dinero, o cuando los pobres son presionados a participar con lo que tienen creyendo que pueden ganar fácilmente grandes cantidades de dinero, puede perjudicar la vida familiar y el trabajo. Puede también provocar el crimen y conducir en algunos casos a la adicción y a las neurosis compulsivas. Al evaluar el juego desde un punto de vista cristiano, debe centrarse la atención no solo en el juego como actividad socialmente mala, sino también en las condiciones morales y sociales que le dan origen. OONAGH McDONALD

JULIANO DE ECLANO (380-c.455). Teólogo pelagiano. Hijo de Memorio, obispo de Eclano en Italia del S, fue ordenado al morir su esposa y sucedió a su padre como obispo. Sabía mucho de latín, griego, lógica y teología. Empezó a apoyar a →Pelagio y en 418 atacó la *Epistola tractoria* en que el Papa Zósimo había condenado a Pelagio y Celestio. Fue depuesto y expulsado de Italia. Viajó por Oriente y fue recibido por Teodoro de Mopsuestia y Nestorio. Al regresar a Sicilia, enseñó allí hasta su muerte. J. fue el "expositor más sistemático" del pelagianismo; definió la libertad de albedrío como "la posibilidad de cometer pecado o abstenerse de él". Redujo la gracia a la simple asistencia divina de protección y negó la solidaridad del género humano en el pecado de Adán. Defendió el matrimonio en contra del ascetismo, y la inocencia del impulso sexual. →Agustín le replicó en tres de sus obras. J.G.G. NORMAN

JULIANO EL APOSTATA (Flavius Claudius Julianus) (c.331-363). Emperador romano que se esforzó por restaurar la religión pagana. N. en Constantinopla, hijo de Julio Constancio, hermano de Constantino I. Su madre, Baslina, murió poco después de que él nació. En 337 toda su familia, a excepción de su medio hermano Gallo, fue asesinada por soldados para asegurar la sucesión indisputada de los hijos de Constantino. Educado bajo Mardonio y Eusebio, obispo de Nicomedia, J. fue enviado en 341, junto con Gallo, a Macellum, un remoto castillo en Capadocia. Al regresar a Constantinopla (347), estudió gramática y retórica hasta que fue desterrado de nuevo a Nicomedia, donde, al escuchar al filósofo Libanio, despertó a las glorias de la Grecia clásica. Habiendo sido hasta entonces cristiano por convicción, se pasó entonces a los antiguos dioses; de ahí su apodo de "Apóstata".

Cuando Gallo fue ejecutado (354), J. escapó, gracias a la intervención de la Emperatriz Eusebia, y se le permitió continuar sus estudios en Atenas. Los problemas en la Galia forzaron a Constancio a hacerlo César (355). Constancio casó a J. con su hermana Helena y lo envió a gobernar la Galia, donde logró algunas importantes victorias militares. Proclamado augusto por sus tropas (360) cuando Constancio murió inesperadamente, fue reconocido por doquier como único gobernante (361).

Inmediatamente J. comenzó a restaurar las antiguas religiones. Emitió un edicto de tolerancia universal, expulsó a los aduladores de la corte, se hizo *Pontifex Maximus* más que de nombre y ordenó la restauración del culto antiguo, reabriendo los templos y reviviendo los sacrificios. Incluso trató de reconstruir el Templo de los judíos en Jerusalén. Aunque primero se mostró tolerante para con los cristianos –por cierto, nicenos exiliados como Atanasio recibieron permiso de regresar– después comenzó una política de persecución. Sus esfuerzos estaban condenados al fracaso, como él mismo lo descubrió en Antioquía. Las antiguas religiones estaban moribundas y su versión filosófica de ellas nunca había existido en la realidad. La restauración del paganismo terminó con la muerte de J. durante una campaña en Persia.
J.G.G. NORMAN

JULIO I (m.352). Papa desde 337. Elegido a la sede romana el año en que murió Constantino, tuvo la tarea de presidir sobre la Iglesia occidental en los difíciles años de la crisis teológica nicena, lo cual no puede separarse de conflictos igualmente problemáticos en que la iglesia quedó atrapada en la división imperial entre los hijos de Constantino. El hecho de que desde el principio Occidente hubiera hallado más aceptable que Oriente la posición del *homoousion,* nos ayuda a definir la postura de J. Proporcionó refugio a →Atanasio durante la segunda deposición de este (339-46), presidiendo el sínodo de Roma (341) que siguió sosteniendo esa posición nicena representada no solo por Atanasio, sino también por el más extremista Marcelo de Ancira que también había sido depuesto de su sede. Nos quedan las cartas de estos dos hombres a J., como también la carta de apoyo de J. a ellos, que surgió del sínodo y fue enviada a los obispos orientales. Cuando los arrianos respondieron con su propio sínodo en Antioquía (341), J. prevaleció sobre el emperador occidental, Constante, para convocar un concilio general en Sárdica (343). Pero la sesión se dividió entre Oriente y Occidente acerca del puesto de Atanasio, y las dos mitades se reunieron por aparte –la oriental dentro de la jurisdicción de Constancio– y produjeron decisiones opuestas. Dentro de Roma, J. fue responsable por la construcción de dos nuevos templos.
CLYDE CURRY SMITH

JULIO II (1443-1513). Papa desde 1503. N. de nombre Giuliano della Rovere en Albisola, cerca de Savona. Recibió la influencia de su tío, Francesco, para entrar en la Orden Franciscana dentro de la cual hizo estudios en Perusa y fue ordenado. Cuando su tío se convirtió en el papa Sixto IV, Giuliano fue hecho cardenal en 1471 y fungió como nuncio ante el rey francés Luis XI en 1480-82. Ejerció cierto control sobre el papado de Sixto pero en 1484, a la muerte de su tío, Giuliano logró la elección de Inocencio VIII y determinó la política papal hasta la muerte de este en 1492. Cuando Rodrigo Borja (Alejandro VI) fue elegido papa, Giuliano fue forzado a huir de Roma debido a la animosidad entre los dos poderosos eclesiásticos. Aunque por razones políticas se logró una breve reconciliación, no fue sino hasta 1503, año de la muerte de Alejandro, que Giuliano pudo regresar a Roma sin temor. Después del pontificado de Pío III, que duró solo un mes, Giuliano logró asegurar su propia elección por medio de sobornos y costosas promesas.

Había prometido no hacer la guerra para recapturar las pérdidas que había sufrido el papado bajo los →Borja, no obstante exigió que César Borja devolviera el ducado de Romaña en los Estados Pontificios. J. se ganó la enemistad de los vénetos con su esfuerzo por fortalecer las propiedades de los Estados Pontificios y estableció alianzas con las grandes potencias europeas, entre ellas el Sacro Imperio Romano y Francia, para ganarle a Venecia los territorios deseados. Cuando lo logró, luchó por expulsar de Italia a los franceses y formó nuevas alianzas, manteniendo en continua tempestad la política europea. El emperador y Luis XII de Francia propusieron la convocatoria de un concilio antipapal en Pisa, y J. se desquitó convocando el V Concilio de Letrán en 1511. J. participó también en la Liga Santa con España, Venecia y luego Inglaterra, contra Francia, y finalmente triunfó en su empeño de expulsar de Italia a las fuerzas francesas.

J. realizó reformas administrativas en la Curia y fue activo mecenas de las artes (especialmente de →Miguel Angel), pero su fama es la de haber sido el papa guerrero.

ROBERT G. CLOUSE

JULIO III (1487-1555). Papa desde 1550. N. en Roma de nombre Giovanni Maria Ciocchi del Monte, de una familia toscana de abogados. Completó los estudios humanísticos con Raffaelo Lippo Brandolino, y luego practicó la jurisprudencia en Perusa y Bolonia. Al seguir su formación teológica fue nombrado camarlengo de Julio II. Tras suceder a su tío como arzobispo de Siponto (1511), tuvo cargos administrativos bajo Clemente VII y Paulo III. Fue tomado como rehén por las fuerzas imperiales después del saqueo de Roma (1527). Como uno de los tres legados papales, abrió el Concilio de →Trento como primer presidente. La primera sesión terminó en 1549 y al año siguiente fue elegido papa. Ordenó la continuación del Concilio (1551), que hubo de suspenderse por la oposición de Enrique II de Francia. Al subir al trono María Tudor (1553), J. envió a Reginald Pole como nuncio a Inglaterra. J. fomentó la reforma en la iglesia, estimuló a los jesuitas, y fue generoso patrocinador del humanismo renacentista.

J.G.G. NORMAN

JULIO AFRICANO, SEXTO (m. después de 240). Erudito cristiano. Criado en Palestina, J. viajó mucho y con mucho ánimo de investigación, tanto durante como después de su servicio militar. Escuchó a Heraclas en Alejandría, conoció a Orígenes, y fue compañero de →Bardesanes en Edessa. Después de establecerse en Emaús (Palestina) fue como representante de ese lugar ante el emperador Heliogábalo de Roma para pedir que la aldea fuera reconstruida. Tuvo suficiente éxito como para ser nombrado jefe de tal proyecto. Más tarde impresionó tanto al emperador Severo (222-35) que se le encargó organizar la biblioteca pública de Roma. En su *Chronographia* de cinco tomos trató de sincronizar la historia sagrada y la profana y predijo que el mundo duraría 6.000 años y que Cristo había nacido en el año 5.500. Su *Cesti* de 24 tomos fue una obra enciclopédica sobre temas que iban desde las ciencias naturales hasta la táctica militar, pero mostrando su creencia en la superstición y la magia. Solo fragmentos de ambas obras han sobrevivido. Nos quedan también dos cartas: una a Orígenes en que alega que la historia de Susana en la versión LXX no puede ser considerada canónica porque hay evidencias en contra de que tenga un original hebreo, y una a un desconocido Arístides sobre las diferencias de las genealogías de Cristo en Mateo y Lucas.

C. PETER WILLIAMS

JUSTIFICACION (lat. *Justisifatio*, gr. *dikaiosis*). Toda consideración de este término finalmente se resuelve en una discusión sobre etimología: el verbo *justificare* indudablemente tiene la connotación "forense" de declarar libre a una persona culpable. *Dikaioun* por otra parte, aunque claramente tiene este mismo sentido, algunos consideran que lleva implícito el hacerlo a uno o el llegar a ser efectivamente justo.

La doctrina de la j. está claramente apoyada en los evangelios, pero llega a su plena realización en Pablo, particularmente en las epístolas a los romanos y a los gálatas. Aquí se la presenta como resultado y plenitud de la obra redentora de Cristo cuando por fe el hombre le responde a Cristo, y en su misericordia Dios lo trata como si fuera justo. La claridad de la enseñanza de Pablo fue oscurecida en el período patrístico: →Agustín al principio parece reafirmar la tesis paulina, pero realmente amalgama lo inmediato del acto de la justificación con el ulterior proceso de la santificación. Esto llegó a ser la tesis medieval aceptada, reafirmada por →Tomás de Aquino para quien la gracia justificante era una cualidad sobrenatural infusa como la esperanza o el amor en el alma humana, en que la fe era preliminar y no su canal. La j. ya no se considera entonces la adquisición de un estado, sino la producción de un estado, dependiente en especial de la leal observancia de los sacramentos. Cuando el Renacimiento llevó a los hombres al texto griego original del NT y destacó de nuevo la importancia de la personalidad individual, se abrió el camino para el aporte más vital de Martín Lutero a la teología de la Reforma: su redescubrimiento después de intensa búsqueda del énfasis paulino de que en la j. la justicia de Cristo se convierte en justicia nuestra, o se nos imputa mediante la fe a través de la gracia.

Esta creencia central de los reformadores, reiterada por Melancthon y más tarde por Calvino, Wesley y Spurgeon, el Concilio de Trento la anatematizó en favor de la tesis medieval. La justificación en el catolicismo postridentino se convirtió de nuevo en don impartido, y no en una declaración absolutoria; en una condición psicológica que se realiza gradualmente, y no en una experiencia de una vez por todas en el creyente. Estaba abierto el camino, como anteriormente para la salvación por méritos.

En la posterior teología protestante el tema de la j. fue tratado de diversos modos. El énfasis protestante básico que nunca se oscureció por completo, pero los calvinistas, particularmente bajo la influencia de la teología federal, insistieron en la doctrina muy controvertible de la justificación eterna, otros deprimieron la fe a expensas de la gracia o viceversa, otros más trataron la justificación como algo que se realiza progresivamente a través de diferentes etapas, otros la incluyeron en la idea general de la reconciliación, mientras la enseñanza de Ritschl, respecto que la comunidad de los creyentes es el objeto de la j., planteó las cuestiones de la interdependencia de la j., la iglesia, el bautismo, y el Espíritu Santo. Más recientemente Hans Küng ha argumentado con mucho peso que las diferencias de opinión entre católicos y protestantes son en gran parte imaginarias y susceptibles de reconciliación, teoría que merece de parte de los evangélicos más estudio que los recientes e impacientes radicales rechazamientos de la j. como "término arcaico" (Macquarrie) cuya importancia se ha "exagerado grandemente" en anteriores debates.

IAN SELLERS

JUSTINIANO I (483-565). El más grande de los emperadores romanos de Bizancio. N. en Iliria y fue adoptado por su tío, Justino I, a quien sucedió en 527 como emperador, cambiando su nombre a Flavius Justinianus. En 523 se casó con Teodora, quien hasta morir en 547 tuvo sobre él una influencia semejante a la que había tenido Livia sobre Augusto. Durante su reinado, el jurista Treboniano hizo un nuevo código legal, el *Corpus Juris Civilis* (CODIGO DE →JUSTINIANO). J. ordenó grandes construcciones, siendo su mayor monumento la basílica de Santa Sofía. Durante 533-4 sus ejércitos reconquistaron el norte de Africa, derrotando a los vándalos y un año más tarde expulsó de Italia a los godos. Paladín de la ortodoxia nicena, J. cerró las escuelas filosóficas de Atenas, forzó a los paganos a aceptar el bautismo cristiano y persiguió a los sectarios montanistas. Sin embargo, en su celo anti-nestoriano no logró ganarse a los monofisitas hacia su posición, y este fracaso condujo a la condena del →origenismo y a la Controversia de los →Tres Capítulos.

PETER TOON

JUSTINIANO, CODIGO DE. Consolidación del derecho romano promulgada por el Emperador →Justiniano en 529 *(Codex Constitutionum).* Justiniano encontró las leyes del Imperio en gran desorden y designó una comisión de diez expertos juristas, entre ellos el gran jurisconsulto Treboniano, para aumentar y reordenar las leyes existentes, eliminando las constituciones contradictorias e inútiles. Estimulado por el éxito de este empeño, Justiniano inició la simplificación de obras más difíciles: los escritos de los juristas. Después de emitir las "cincuenta decisiones" que dejaban establecidas ciertas cuestiones legales importantes sobre las cuales había habido desacuerdo entre los juristas anteriores, Justiniano designó una nueva comisión a cargo de Treboniano cuya tarea era condensar las obras de los juristas. Este *Digesto* se promulgó en 533, poco después de que Treboniano completara y publicara una edición corregida de los *Institutos* de Gayo, que había de usarse como manual para estudiantes de derecho. Justiniano nombró entonces una nueva comisión jefeada por Treboniano para revisar el *Codex* e incorporar en él las nuevas constituciones de las "Cincuenta decisiones". Esta edición corregida de doce libros se promulgó en 534 *(Codex repetitae praelectionis)* y es lo que ha sobrevivido hasta hoy. Desde 534 hasta el final de su reinado, Justiniano siguió estipulando nuevas ordenanzas *(Novellae consti-*

tutiones post codicem). El *Codex,* el *Digesto,* los *Institutos* y las *Novellae* constituyen el *Corpus Juris Civilis* que llegó a ser la colección básica de derecho romano. El Código tuvo gran influencia en el desarrollo del derecho canónico de Occidente y hoy día resulta valioso por su interés histórico y legal.

ROBERT G. CLOUSE

JUSTINO MARTIR (c.100-165). Apologista cristiano. N. de padres paganos en Flavius Neapolis, antes Siquem, en Samaria. Parece que desde su juventud se propuso hallar paz intelectual y satisfacción. Estudió las filosofías principales de su tiempo: el estoicismo, el aristotelismo, el pitagorismo y el platonismo. Al final, mediante una conversación con un anciano, descubrió que el cristianismo era la "única filosofía firme y valiosa". A partir de su conversión (c.132) procuró proclamar la fe que acababa de encontrar y enseñó en muchas de las ciudades principales del mundo antiguo. Parece ser que pasó bastante tiempo en Roma, donde Taciano fue uno de sus alumnos. J. fue uno de varios apologistas cristianos que se lanzaron a defender la fe cristiana contra las malinterpretaciones y burlas. J., especialmente, intentó mostrar que el cristianismo era la encarnación de los más nobles conceptos de la filosofía griega y que era la Verdad por excelencia.

En su *Primera apología* (c.152), dirigida al Emperador Antonino Pío y a su hijo Verísimo y al filósofo Lucio, argumentaba que solo la enseñanza de Cristo y de los profetas es ella sola verdadera y más antigua que todos los otros escritos. Asegura que el Logos divino había estado en el mundo desde el principio y que los que vivían de acuerdo con la "razón", de cualquier raza que fueran, habían sido cristianos. Sin embargo, J. pone énfasis en que el Logos pleno residía en Jesucristo. El cristianismo no era por lo tanto una *nueva* revelación, sino en forma suprema la *plena* revelación de la verdad porque Cristo mismo era la encarnación de la plenitud del Logos divino. El propósito de su advenimiento era salvar a los hombres del poder de los demonios y enseñar la verdad. Más que ningún apologista del s.II, J. afirma frecuentemente que Cristo salva a la humanidad por su muerte en la cruz y por su resurrección. Aunque habla del Padre, el Hijo y el Espíritu, queda claro que su énfasis en la trascendencia de Dios lo lleva a subordinar al Hijo y al Espíritu. En los últimos capítulos de su *Primera apología* da una explicación de los sacramentos del bautismo y la Eucaristía que tiene gran valor para los estudiosos de la liturgia primitiva.

La *Segunda apología* (c.153) es mucho más breve que la primera y surgió por la indignación de J. ante la injusta persecución de los cristianos. El *Diálogo con Trifón* tiene diferente origen: narra la conversación de J. con el erudito judío Trifón y algunos de sus amigos. Esta obra muestra el deseo de J. por ganar para Cristo tanto a judíos como a gentiles. El libro termina con un elocuente llamado a Trifón a aceptar la verdad y "entrar en el mayor de todos los certámenes por tu propia salvación y empeñarte por preferir el Cristo del Dios Todopoderoso antes que tu propia enseñanza".

La principal significación de J. verdaderamente, es que él es el primer pensador cristiano después de Pablo en captar las implicaciones universalistas del cristianismo. Con su propia visión distintiva del concepto del Logos, resume en un solo trazo toda la historia de la humanidad como algo que halla su consumación en Cristo.

[Estando en Roma en 165, durante el imperio de Aurelio, y rehusando ofrecer sacrificios a los dioses, fue azotado y degollado. De ahí su apodo "Mártir".] G.L. CAREY

JUVENAL (m.458). Obispo de Jerusalén. Como diez años después de su nombramiento alcanzó prominencia en el Concilio de →Efeso (431), donde se puso del lado de los antinestorianos. En el Latrocinio de →Efeso (449) levantó su voz a favor de →Dióscoro pero el oportunismo político, tan característico de la carrera de J., lo hizo votar por la condena de éste en el Concilio de →Calcedonia (451), asamblea que confirmó la jurisdicción de la diócesis de Jerusalén sobre toda Palestina. Algunos seguidores monásticos de Dióscoro amenazaron de tal modo la posición de J. que fue necesario darle protección imperial para que retomara el gobierno de su sede en 453. J.D. DOUGLAS

JUVENTUD OBRERA CATOLICA (JOC). Movimiento organizado de la →Acción Católica para jóvenes obreros, de uno u otro sexo. Tiene como objetivo la formación social y religiosa de jóvenes obreros para que, con visión cristiana, asuman su responsabilidad en la sociedad. Se trata de una "formación en la acción", y su método ("ver, juzgar y actuar") ha tenido mucha aceptación en otros movimientos de la ICR, sobre todo en AL.

La JOC fue fundada por el sacerdote belga José Cardijn. Inicia el movimiento hacia 1912 y durante los años de la Guerra Mundial I definió sus objetivos, método y organización, en el *Manual del Jocista.* En 1924 obtiene el visto bueno del Cardenal →Mercier. Después de la aprobación pontificia, en 1925, por →Pío XI ("el Papa de la Acción Católica"), la JOC se propaga rápidamente a otros países. Su primer Congreso Internacional (1935) reúne en Bruselas a más de 100.000 participantes, de más de 20 países. El Congreso Mundial de 1957 contó con delegaciones de más de 80 países.

La presencia de la JOC en AL fue notable entre 1955 y 1970. Lamentablemente, no disponemos todavía de una historia de los movimientos cristianos latinoamericanos en general, ni de la JOC en particular, para poder calibrar esa presencia. Sin embargo, podemos decir que, a partir de la Conferencia Episcopal de→Medellín (1968), la JOC pierde su influencia y significación en AL a causa de dos factores principales: el carácter europeo de su teología y el surgimiento de nuevas formas de compromiso sociopolítico y de acción pastoral en la iglesia latinoamericana.

En la JOC los jóvenes obreros están separados en JOC masculina y JOC femenina. Para ser miembro se requiere ser soltero y tener entre 18 y 25 años. La organización opera desde el nivel parroquial y diocesano hasta el nacional e internacional, y goza de total autonomía interna. El Secretariado Internacional tiene su sede en Bruselas. Los representantes nacionales se reúnen cada 4 años como Consejo Mundial de la JOC.

Además del *Manual del Jocista,* la JOC edita periódicamente, entre otras, las siguientes publicaciones de carácter internacional: *El Paladín* (desde 1947), *Liberación* (desde 1949), *Nuestro servicio* (desde 1953) y *La JOC mundial* (desde 1954).

ABRAHAM SORIA

JUVENTUD PARA CRISTO EN AMERICA LATINA. Habiendo tenido sus comienzos en Norte América, muy pronto J.P.C. se extendió al mundo entero. En la AL se oyó por primera vez del movimiento por medio del programa radial transmitido por La →Voz de los Andes denominado "Adelante Juventud". Esta presentación gozaba una aceptación amplia en todos los países de habla española. Pronto comenzaron a llegar invitaciones para celebrar "Grandes Concentraciones de J.P.C.". Roberto Savage, el iniciador del programa, su hermano Arturo de Venezuela, y Guillermo Gillam de Colombia formaron el núcleo de conjuntos evangelísticos que respondieron a las muchas peticiones.

Uno de los primeros efectos notables del movimiento fue la producción de un tipo popular y vibrante de música evangélica, que se publicó en la serie "Adelante Juventud" de himnos y coros, música que se extendió por toda la AL.

Durante la década de 1950 se formaban comités auspiciadores locales con el propósito de promover nuevo énfasis evangelizador de entre la juventud. Este énfasis se manifestó en concentraciones evangelísticas, la formación de grupos musicales, el testimonio personal, y el entrenamiento de directores para esta obra. La celebración en AL de tres congresos mundiales de J.P.C. dio realce al movimiento: 1955 en Sao Paulo, 1956 en Caracas y 1959 en México.

Al principio los promotores eran extranjeros, pero gradualmente la dirección de J.P.C. fue pasando a latinoamericanos. Lima fue escogida como sede continental del movimiento, en donde se publica la revista *Juventud para Cristo.* Las características declaradas del movimiento son: "juvenil, evangélico, evangelístico, dinámico, internacional, interdenominacional, interministerial y, sobre todo, netamente bíblico".

J. ARTURO SAVAGE

JUVENTUD PARA CRISTO INTERNACIONAL. Establecida en 1945, esta entidad se dedica a evangelizar adolescentes, organizar clubes bíblicos en escuelas secundarias, y programas de prevención de delincuencia juvenil. La primera reunión de J.P.C. la realizó Paul Guiness en 1934 en Brantford, Ontario. De ahí en adelante, pero especialmente en 1943-44, proliferaron en las ciudades grandes de Norteamérica las reuniones evangelísticas para jóvenes los sábados por la noche. J.P.C.I. se fundó en 1945 en Winona Lake, Indiana y Torrey Johnson, director de las asambleas de Chicago, fue elegido presidente. Se adoptó un credo conservador para ayudar a que la entidad se mantuviera "a tono con la época y anclada en la Roca". Mediante las reuniones de los sábados por la noche, *"Teen Teams"* enviados al exterior, y clubes bíblicos en los colegios, se ha evangelizado a la juventud en el país y en el extranjero. Programas de orientación juvenil ayudan a los delincuentes juveniles y también evitan la delincuencia mediante la orientación. La orientación juvenil, la revista *Campus Life* y secciones para trabajo entre estudiantes de secundaria fueron los puntos de mayor énfasis en la década de 1970. El primer congreso mundial en 1948 en Suiza demostró lo extenso de su actividad desde su actual oficina central en Wheaton, Illinois.

EARLE E. CAIRNS

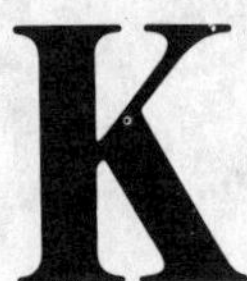

KAGAWA, TOYOHIKO (1888-1960). Líder cristiano japonés. N. en Kobe, era hijo ilegítimo de un rico ministro del gabinete y de una geisha. Su padre se encariñó con él y lo adoptó formalmente, pero sus dos progenitores murieron antes de que él cumpliera cinco años. Su infancia en la casa ancestral estuvo llena de amarga soledad y tragedia, pero cuando estaba en la escuela en Shikoku, el primer rayo de esperanza y amor llegó a su vida mediante la amistad de un maestro cristiano japonés y dos misioneros. Su conversión a los quince años hizo que su familia lo desheredara, pero una sobrecogedora experiencia del amor de Cristo lo movió a entregar su vida al servicio de los marginados en los tugurios. En su segundo año de la Universidad Presbiteriana de Tokio sufrió el ataque de la tuberculosis y estuvo a punto de sucumbir. Las deplorables condiciones de la prostitución, la pobreza y la explotación lo impelían a su misión dada por Dios y, a pesar de su mala salud, entró al Seminario Teológico de Kobe, para cambiar pronto su residencia por los tugurios de la ciudad, donde 10.000 personas vivían en minúsculas habitaciones de menos de cuatro metros cuadrados.

Durante quince años a partir de 1919 trabajó duramente en los tugurios, luchando por mejorar las condiciones laborales y a los obreros mismos. En 1921 se constituyó en líder del naciente movimiento laboral, y formó también el primer gremio campesino. Encendido por una pasión por la justicia social, K. predicó, escribió y trabajó incesantemente por la causa del socialismo cristiano: en 1925 los sindicatos recibieron derecho legal de organizarse y en 1926 se pasó por fin una legislación para abolir los tugurios. K. sobresalió como místico, asceta y pacifista, pero fue como soldado de movimientos que tuvo mayor influencia. Una vez afirmó que su meta era "la salvación de 100.000 pobres, la emancipación de 9.430.000 obreros y la liberación de veinte millones de labradores arrendatarios". Prominente como líder eclesiástico y patriota, siguió hasta el final como el apóstol de amor del Japón. Entre sus muchos libros están *Antes de la Aurora, Cantos de los barrios bajos, Cristo y el Japón,* y *El amor, ley de la vida* (esp. 1955).

DAVID MICHELL

KAHLER, MARTIN (1835-1912). Teólogo protestante alemán. N. cerca de Königsberg, Prusia. A excepción de tres años que pasó en Bonn (1864-67), toda su carrera académica desde 1860 hasta su muerte transcurrió en la Universidad de Halle. Recibió, en su desarrollo teológico, fuerte influencia de Rothe, Tholuch, Müller, Beck y von Hofmann. Aunque sus conferencias sobre teología protestante, la *Geschichte der protestantischen Dogmatik im 19. Jahrhundert,* fueron publicadas en forma póstuma (1962), K. fue muy conocido por su penetrante estudio *Der sogenannte historische Jesus und der geschichtliche biblische Christus* (1892). En este libro se oponía a la tendencia de los estudiosos bíblicos a meter una división entre el Jesús histórico y la proclamación de los apóstoles. El verdadero Jesús no es el retrato de Jesús de Nazaret que los historiadores logran reconstruir, sino el Cristo de la fe que es experimentado constantemente por la comunidad cristiana ("el verdadero Cristo es el Cristo predicado").

DAVID C. STEINMETZ

KAISERWERTH. Pueblo de Renania donde Theodor →Fliedner, pastor de la pequeña comunidad protestante, fundó en 1836 una institución para entrenar diaconisas para la enfermería, la educación y las obras sociales. En K. propiamente dicha, grandes terrenos fueron ocupados por hospitales, hogares para ancianos y pobres, y escuelas. La obra de Fliedner recibió ayuda de Federico Guillermo IV de Prusia y estuvo vinculada con la *Innere Mission*. Allí se entrenó Florence Nightingale. Las diaconisas de K. trabajaban en toda Alemania y en varias otras partes del mundo, y K. es la casa madre de una asociación de cerca de 28.000 hermanas en 72 casas (1958). J.D. DOUGLAS

KALLEY, ROBERT REID (1809-1888). Misionero evangélico pionero en Brasil. N. cerca de Glasgow de padres presbiterianos. Estudió en la Universidad de Glasgow, donde se graduó como médico. La Sociedad Misionera Londinense lo aceptó como misionero para la China pero, debido a la salud delicada de su señora, fue más bien a la isla de Madeira en 1838. Aquí, dos años más tarde, abrió un pequeño hospital. Inicialmente varios sacerdotes católicos quedaron tan impresionados por el fervor religioso que la predicación de K. despertaba en la gente, que le defendieron de los médicos que por envidia querían expulsarlo de la isla. Durante los años 1839 al 1845 K. estableció un programa de alfabetización, clases de estudio bíblico y 17 escuelas primarias. Al fin se levantó una persecución religiosa tan feroz que más de mil de sus conversos y por fin K. mismo se vieron obligados a fugarse de la isla.

Después de servir unos años como misionero de la Sociedad Misionera Londinense en Malta y Palestina, en 1855 K. se dirigió a Río de Janeiro y varias familias protestantes de Madeira le siguieron. En 1857 se trasladó a Petrópolis, donde estableció una escuela dominical y unos círculos de estudio bíblico. En 1858 volvió a Río de Janeiro, donde fundó la Iglesia Evangélica Fluminense de acuerdo al modelo congregacional. La obra se extendió a Pernambuco en donde también estableció una iglesia.

Desde el principio K. se dedicó a instruir a los nuevos convertidos en la fe, a preparar un pastorado nacional y a enseñar a las iglesias en su responsabilidad de sostener a los pastores con sus propias ofrendas. Como resultado, la obra fue auto-sostenida e independiente de ayuda extranjera desde el puro principio. Hoy día la Unión de Iglesias Congregacionales Evangélicas en Brasil cuenta con más de 46.000 miembros.

JUAN B.A. KESSLER

KANT, IMMANUEL (1724-1804). Filósofo alemán. N. en Königsberg, Prusia, en una familia →pietista, y vivió ahí toda la vida. Fue profesor de lógica y metafísica en la universidad desde 1770. Su contacto con las ideas de David →Hume "lo despertó de su sueño dogmático" y lo convirtió en el filósofo "crítico" de la *Crítica de la razón pura* y obras posteriores. A partir de entonces su objetivo fue demostrar cómo funciona la razón en la adquisición del conocimiento y cómo puede justificarse el conocimiento *a priori* que (según K.) tiene la mente en la lógica, la matemática y la física; preservar la noción de la libertad humana; y dar cuenta de la verdadera naturaleza de la moralidad. Las únicas acciones morales son aquellas que van de acuerdo con el "Imperativo Categórico" y que se desempeñan solo por un sentido del deber. El razonamiento amoral es en cambio hipotético, no categórico, en su carácter.

Su investigación de los límites del conocimiento demuestra que el conocimiento metafísico (incluso el conocimiento de Dios) es imposible; porque todo nuestro conocimiento surge de la experiencia sensible, aunque no termina allí, por cuanto la estructura general del conocimiento está dada por el poder combinatorio de la mente humana: ni la razón ni la experiencia sensible pueden proporcionar conocimiento en sí. Las pruebas racionales clásicas de la existencia de Dios deben ser abandonadas. Esta negativa del conocimiento de Dios deja campo para la fe. Dios, aunque incognoscible, es aun así requerido (postulado) por la razón práctica, puesto que la ley moral exige que promovamos el sumo bien (felicidad conmensurada con la virtud) que solo Dios puede producir. Queda así abierto el camino para una "fe racional", es decir, el ver todos los deberes de uno como mandatos divinos.

La idea de K. de que cualquier conocimiento de Dios es imposible ha tenido enorme influencia sobre el protestantismo. La teología se ha convertido en antropología. En ella se ha basado el romanticismo de →Schleiermacher y la religión ética de →Ritschl. Menos obviamente pero con igual seguridad, el Dios "completamente otro" de Karl →Barth tiene conexiones con el Dios incognoscible de K. Con la idea de que Dios es incognoscible se ha producido una revisión de la teología dogmática clásica desde sus raíces en adelante.

OONAGH McDONALD

KARDEC, ALLEN →ESPIRITISMO EN AMERICA LATINA

KEBLE, JOHN (1792-1866). Himnógrafo y tratadista inglés. Fue educado en Oxford, donde se graduó con honores y se hizo miembro académico de Oriel (1811-23). Fue asistente de su padre, un vicario anglicano, antes de aceptar el vicariato rural de Hursley, Hampshire, donde permaneció hasta su muerte. En 1827 publicó anónimamente *The Christian Year*. Según A. Fox, su influencia (para 1867 se habían publicado más de 100 ediciones) ha sido sobreestimada y en todo caso se ha desvanecido. Partes de esa obra y de otras colecciones de K. son himnos muy cantados, de los cuales uno se ha traducido al español, "Sol de mi ser, mi Salvador". En 1833 K. predicó su sermón de "Juicio" en Oxford, en que denunciaba el erastianismo de la época como "apostasía nacional". Según Newman, este sermón fue el comienzo del Movimiento de →Oxford. K. también contribuyó a los *Tracts for the Times* (1833-41). Después de que Newman se pasó al catolicismo romano, K. y Pusey fueron los líderes del movimiento. En 1836 apareció la edición estándar de las *Obras* de Hooker hecha por K. A K. se le recuerda menos por sus muchos libros que por sus himnos y por ser un dedicado cura párroco. En 1870 se fundó a su memoria el Keble College en Oxford.

JOHN S. ANDREWS

KEIL, JOHANN KARL FRIEDRICH (1807-1888). Erudito y exegeta luterano. N. en Lauterbach, Sajonia, estudió teología en las universidades de Dorpat y Berlín y fue profesor de exégesis del AT y NT y de lenguas orientales en Dorpat (1833-58). Con la influencia de Hengstenberg hacia la ortodoxia conservadora, Keil contribuyó a dar forma al pensamiento ministerial luterano en las provincias bálticas durante 25 años. De 1859 hasta su muerte vivió en Leipzig y Rodlitz, participando en el trabajo literario y en el servicio a la Iglesia Luterana. Vigoroso defensor de la teología conservadora, rechazaba los puntos de vista racionalistas y críticos sobre la Biblia. Su obra principal es el comentario bíblico sobre el AT comenzando en 1861 en colaboración con Franz Delitzsch. Luego aparecieron exposiciones sobre los Evangelios y las Epístolas de Pedro, Hebreos y Judas.

H. CROSBY ENGLIZIAN

KEMPIS, TOMAS DE (c.1380-1471). Místico alemán. N. en Kempen cerca de Colonia, su apellido original era "Hemerken" o "Hammerlein". Se educó en la escuela de los →Hermanos de la Vida Común en Deventer, Holanda. Posteriormente ingresó en el convento agustino del monte Santa Inés cerca de Zwolle, casa hija de Windesheim y de la cual su hermano era prior. T. se ordenó de sacerdote en 1413, llegó a ser subprior en 1429 y pasó toda su vida en esa casa. Trabajó de copista y se dice que copió la Biblia entera por lo menos cuatro veces. Como director de la vida espiritual fue muy solicitado; sus métodos y orientación siguieron los de Gerardo →Groote y Florencio Radewijns. Todos sus escritos (cartas, poesías, homilías, etc.) son de naturaleza devocional, pero es célebre principalmente por *De imitatione Christi et contemptu vanitatum mundi* (que en español se llama la *Imitación de Cristo*). Es un manual de devociones para ayudarle al alma a lograr la comunión con Dios. Lo que la ha hecho acepta a otros fuera de los católicos es la suprema importancia que le da a Cristo y a la comunión con El. Ha pasado por más de 2000 ediciones e impresiones. Existen dudas, sin embargo, sobre quién escribió este libro. Desde →Belarmino en el s.XVII hasta el día de hoy hay aquellos que han negado que T. sea su autor.

PETER TOON

KENOSIS. Este término griego se forma de un verbo reflexivo que significa "se vació de sí mismo" (Fil. 2:7). Como enunciado cristológico, ha sido esgrimido como garantía bíblica de una comprensión muy particular de la Encarnación. De hecho, P. Henry llama a esta teoría "el cuarto gran intento de dar una explicación teológica del ser de Cristo". La esencia de la noción kenótica original, que se remonta a Tomasio de Erlangen, es enunciada así por J.M. Creed: "El Logos Divino, por su Encarnación, se despojó de sus atributos divinos de omnisciencia y omnipotencia, de modo que en su vida encarnada la Persona divina es revelada, y exclusivamente revelada, por medio de una conciencia humana". F. Loofs demuestra que no se puede hallar nada en los Padres de la Iglesia, antes del período moderno, que se acerque a una aceptación de esta idea kenótica. Como teoría cristológica es una innovación inspirada por la teología liberal.

El kenoticismo cae dentro de dos categorías que corresponden a los dos principales supuestos que subyacen a la teoría. La noción de un despojamiento de los atributos divinos surgió de la teología luterana que, a partir de la premisa de la *communicatio idiomatum*, divinizó de tal modo la naturaleza humana de Cristo que produjo una clase de monofisismo. Pero esto suscitó problemas para los luteranos del s.XIX que, siguiendo a Tomasio, procedieron a invertir la fórmula de la *communicatio idiomatum* y a afirmar la comunicación de los atributos humanos de Cristo a su deidad. En esta forma procuraban salvaguardar la realidad de su humanidad, pero a expensas de abolir la continuación de su deidad en su existencia encarnada.

Una versión más atractiva y razonable del principio de que la encarnación del Logos divino exigió una autolimitación la ofrecieron los teólogos británicos H.R. →Mackintosh y P.T. →Forsyth, que razonaron ambos con categorías de conciencia en vez de metafísica. Para ellos, la conciencia era la esencia de la personalidad; y alegaban que es monstruoso pensar que el Jesús humano pudiera haber tenido una conciencia divina. En vez de eso, el eclipsamiento de esa conciencia divina fue el precio que él pagó por hacerse hombre, y es ese despojamiento lo que constituye la k. Pero sigue siendo dudoso si este kenoticismo modificado representa o no una mejora, y ambas formas de la teoría tienen que enfrentar los hechos irreductibles de que Dios es inmutable y de que la Reconciliación debe ser obra de Dios. RALPH P. MARTIN

KENYON, FREDERIC GEORGE (1863-1952). Estudioso de mss griegos. Educado en Winchester y New College, Oxford, fue asignado al personal del Museo Británico en 1889. De 1898 a 1909 fue asistente custodio de manuscritos, y de 1909 hasta 1930 director y bibliotecario principal. Sus intereses intelectuales abarcaban muchos campos, y publicó varios libros relativos a Robert y Elizabeth Barrett Browning. Su obra principal se realizó con papiros griegos y particularmente con mss del NT. Entre sus publicaciones están *Our Bible and the Ancient Manuscripts* (1895; rev. 1939); *A Handbook to the Textual Criticism of the New Testament* (1901; rev. 1912); *Recent Developments in the Textual Criticism of the Greek Bible* (1933); *The Text of the Greek Bible* (1937); *The Bible and Archaeology* (1940); y *The Bible and Modern Scholarship* (1948). Utilizó su considerable conocimiento de los mss del mundo antiguo para demostrar la confiabilidad sustancial del texto del NT y su cercanía con los acontecimientos que registra.

R.E. NIXON

KEPLER, JUAN (1571-1630). Uno de los fundadores de la astronomía moderna. N. cerca de Stuttgart, Alemania, fue estudiante de teología, profesor de astronomía y matemáticas, asistente de Tycho Brahe, agregado matemático imperial ante Rodolfo II y astrólogo de Wallenstein. Sus principales descubrimientos científicos fueron las tres leyes de movimiento que llevan su nombre, el principio de la continuidad en geometría y el telescopio kepleriano. Trabajó también en la teoría de la óptica y el cálculo y acuñó ciertos términos científicos como "satélite" y "cámara oscura". Lo que lo llevó a descubrir las tres leyes del movimiento planetario fue su creencia en el misticismo neoplatónico. Si bien aceptaba la Biblia y la religión cristiana, su visión de la naturaleza era panteísta. Pensaba que el universo era una expresión del ser mismo de Dios y que el sol era imagen del Padre. ROBERT G. CLOUSE

KESWICK, CONVENCION DE. Esta reunión estival anual de evangélicos en K., ubicada en la parte NO de Inglaterra, se originó en el avivamiento de Moody-Sankey de 1875 por medio de los esfuerzos del entonces vicario de K., el canónigo Harford-Battersby. Los distintivos de K. son la oración, especialmente la invocación al Espíritu Santo para que llene la reunión, el estudio bíblico devoto, las predicaciones, y un marcado entusiasmo por las misiones extranjeras. El movimiento se propone fomentar la "santidad práctica" y su lema es "Todos uno en Cristo Jesús". Cada año aparecen cierto número de publicaciones, entre las que se destacan el informe anual *Keswick Week,* la revista *The Life of Faith* (desde 1879) y los tomos de la Biblioteca Keswick (desde 1894). En varias ciudades se celebran "Keswicks" o convenciones locales. El movimiento recibe el apoyo sobre todo de cristianos de la tradición reformada, especialmente de anglicanos evangélicos. A diferencia de los conceptos wesleyanos y arminianos de santidad, K. mantiene que la tendencia del cristiano a pecar no es extinguida, sino solo contrarrestada, por la vida victoriosa en el Espíritu. IAN SELLERS

KIDD, BERESFORD JAMES (1864-1948). Historiador eclesiástico inglés. Hijo de un ministro anglicano, fue educado en Oxford, fue ordenado (1887), fungió como cura asistente en Oxford (1887-1900) y profesor de teología en Pembroke College (1902-11). Fue vicario de St. Paul's, Oxford (1904-20), y en 1920 fue nombrado custodio de Keble College, donde permaneció hasta su jubilación (1939). Las publicaciones de K. se relacionaron con la historia del cristianismo, comenzando con los →Treinta y Nueve Artículos

(1899) y la Reforma inglesa (1901) y europea (1902), remontándose detalladamente en la historia de la iglesia hasta 461 (1922), y añadiendo las iglesias orientales desde 451 (1927), y la Contrarreforma (1933). Su obra sobre la historia del cristianismo se basó en un estudio cuidadoso de los documentos, de los cuales también publicó colecciones ilustrativas. A lo largo de su carrera se interesó en el asunto de la catolicidad anglicana y posteriormente escribió acerca del primado romano (1936) y de la validez sacramental (1937). CLYDE CURRY SMITH

KIERKEGAARD, SØREN AABY (1813-1855). Filósofo danés. N. en Copenhague, hijo de un rico luterano que se pensionó pronto para dedicar su vida a la piedad. La disposición melancólica de Soren, heredada de su padre, puede haber influido sobre sus escritos tan individuales e introspectivos. Se han hecho intentos por explicar su pensamiento en términos psicológicos. Tardó diez años para obtener su título; rompió su compromiso matrimonial y no se casó nunca; se preparó para la ordenación en la Iglesia Luterana danesa y no se ordenó jamás.

Sus escritos se han dividido en dos grupos principales, aunque la división es muy tentativa. Las obras escritas entre 1841 y 1845 son en su mayoría filosóficas y estéticas. Algunas iban atribuidas pseudónimamente a Juan Clímaco y contienen numerosos personajes pseudónimos que expresan indirectamente el punto de vista del autor. Entre las obras de este período se hallan *Temor y temblor* (1843, esp. 1958), *El concepto de la angustia* (1844, esp. 1960), *Etapas en el camino de la vida* (1844, esp. 1952), *Fragmentos filosóficos* (1844, esp. 1956), y numerosos *Discursos edificantes.*

Las obras del período posterior de K. se describen a veces como sus escritos cristianos, aunque podrían con igual precisión describirse como obras que atacan el cristianismo formal. De hecho, en ambos períodos escribió desde una perspectiva cristiana. Entre sus obras tardías están *Las obras de amor* (1847, esp. 1961-67), *Discursos cristianos* (1848), *Ejercitación de cristianismo* (1850, esp. 1961-67). Fue llevando un *Diario* hasta el fin de su vida. Un estudio de su contenido, y de varios otros papeles, es un complemento de valor inapreciable a sus otros escritos.

En la Semana Santa de 1848, Kierkegaard experimentó una segunda conversión, después de la cual abandonó en gran medida sus escritos pseudónimos a favor de una comunicación directa y de un testimonio cristiano. Cuando el obispo Mynster murió en 1854, su sucesor, H.L. Martensen, pronunció un discurso en que celebraba el testimonio de la verdad que había dado su predecesor. Aunque Mynster había sido para la familia un amigo de toda la vida, K. no pudo evitar el escribir una serie devastadora de ataques contra el hombre que había llegado a simbolizar para él el cristianismo formalista, conformista e indiferente en que había caído ahora el protestantismo. K. murió mientras la controversia estaba en su punto más alto.

Su pensamiento fue formado por su reacción ante Hegel y el idealismo alemán en general; por su deuda con el pensamiento griego, especialmente con la ironía socrática; por su sentido de que Dios es totalmente "otro" y una sobrecogedora conciencia de las exigencias personales del cristianismo del NT contrapuesto al cristianismo tibio y oficial de su época.

En el corazón del pensamiento de K. se halla la distinción entre el tiempo y la eternidad, lo finito y lo infinito, lo inmanente y lo trascendente. El hombre y su mundo pertenecen al primero; Dios al segundo término de cada una de esas dicotomías. No hay continuidad alguna entre los dos términos, porque Dios es enteramente otro. El golfo solo puede ser traspuesto desde el lado de Dios. Esto se hace en la Encarnación. Pero incluso ahí queda escondida la divinidad de Cristo. Cristo llega a los hombres de incógnito. No puede ser de otro modo, porque ser conocido directamente es el distintivo de un ídolo. A Cristo se le puede conocer solo por la fe. Es por la fe que el hombre llega a ser un verdadero contemporáneo de Cristo, trascendiendo los límites del tiempo y el espacio. La vida cristiana es una vida de compromiso personal en fe.

Por consiguiente, los pronunciamientos de K. sobre la historia parecen despreciativos; porque el mero conocimiento histórico sin fe no conduce a Cristo. Por el contrario, un conocimiento histórico mínimo es suficiente para proporcionar una oportunidad para la fe. Pero a diferencia de algunos de sus seguidores del s.XX, K. no favorecía una crítica bíblica radical. Sus escritos aceptan la Biblia en su valor literal y no muestran interés alguno en la crítica de su época. La clave de esta actitud era la convicción de que lo finito no puede expresar o contener lo infinito. Lo temporal es simplemente la ocasión para encontrarse con lo eterno.

Mediante las traducciones de sus obras al

alemán, al inglés y a otras lenguas, K. es hoy día más influyente que en su tiempo. Se le considera generalmente como precursor del →existencialismo. Pero aunque le interesaba mucho la existencia humana, su pensamiento tiene más en común con la teología dialéctica de la primera época de Barth que con el posterior existencialismo radical. Su pensamiento operaba dentro de un marco teísta que se interesaba sobre todo por la trascendencia de Dios. K. preservaba esa trascendencia haciendo de ella algo oculto. Por eso K. ha sido criticado de irracionalismo. Otros han dejado de lado su marco teísta y han hecho de su enfoque la base de un existencialismo no teísta. COLIN BROWN

KIKUYU, CONTROVERSIA. Disputa en la Iglesia →Anglicana acerca de la naturaleza de la iglesia y su ministerio. Surgió debido al procedimiento de una conferencia de cuerpos misioneros que trabajaban en Kenya, celebrado en el centro misionero de la Iglesia de Escocia en Kikuyu, cerca de Nairobi, en 1913. En la conferencia consideraron un plan de formar una federación mediante la cual se uniera toda la obra misionera en Kenya. Surgió oposición al plan de parte de los bautistas que querían el rebautismo de todos aquellos que habían sido bautizados como párvulos, también de los anglicanos que insistieron en la confirmación episcopal. Ambos, no obstante, retiraron su oposición y el plan fue aprobado para ser presentado a las juntas misioneras que auspiciaban los diferentes grupos de misioneros. La conferencia fue clausurada con un servicio de comunión, según el rito anglicano y dirigido por el obispo de Mombasa, en que todos participaron, menos los →amigos (cuáqueros).

Cuando el obispo anglo-católico de Zanzíbar supo de lo que se había hecho, escribió una carta de protesta al arzobispo de Canterbury en la que se opuso a lo que él consideraba un concepto inadecuado de la iglesia y de su ministerio que él veía en el plan de federación, especialmente la falta de énfasis en el episcopado histórico y la admisión a la comunión, oficiada por un obispo anglicano, de cristianos sin confirmación anglicana. Un mes más tarde envió al arzobispo una denuncia formal de los obispos de Mombasa y Uganda y le pidió que iniciara un proceso judicial en contra de ellos en base de "propagar herejía y provocar cisma". El arzobispo rehusó hacerlo y refirió el asunto al cuerpo consultivo central de la Conferencia →Lambeth.

Mientras tanto la controversia se extendió a todo el mundo anglo-parlante, hasta que fue objeto de una caricatura en la revista *Punch*. Después de alguna demora debido a la erupción de la Guerra Mundial I, el arzobispo dio a conocer su fallo. Obviamente simpatizaba con los obispos acusados pero aconsejó la cautela para el futuro en respecto a la intercomunión y dijo que no podía recomendar a los anglicanos la aceptación del propuesto plan de federación.

JOHN WILKINSON

KILIAN (c.640-c.689). "El apóstol de Franconia". Oriundo de Irlanda, probablemente ya era obispo cuando se fue con once compañeros a evangelizar a los francos. Habiendo llegado a Würzburg, se dice que viajó a Roma para recibir la aprobación papal de su misión. Convirtió a muchos en Franconia y Turingia, en cuenta al duque Gozberto, a quien persuadió de que se separara de Geilana, viuda de su hermano. Para vengarse, ella lo mandó a asesinar junto con dos de sus camaradas misioneros, Coloman y Totman. Sus reliquias fueron solemnemente trasladadas por Burchard, primer obispo de Würzburg, a la nueva catedral en 752 y están ahora depositadas en el Neumünster, que tradicionalmente se ha considerado el sitio del martirio.

J.G.G. NORMAN

KIMBANGU, IGLESIA DE. Movimiento religioso de Africa con sede en →Zaire y extensiones en otros países de Africa Central. Se caracteriza por su impresionante crecimiento numérico (más de 4.000.000), origen carismático, carácter autóctono, disciplina estricta, celo evangelizador y participación ecuménica.

Los kimbanguistas remontan su origen al llamado de un joven africano en el antiguo Congo Belga. Simón Kimbangu era un cristiano bautista que trabajaba como agricultor y albañil y ayudaba como catequista en la misión bautista de Ngombe-Lutete. En 1918 se desató en el Congo Occidental una gran epidemia de gripe "española" que llevó a millares a la muerte. No había médicos en la región, y el que había prometido la Sociedad Bautista Misionera decidió quedarse en Inglaterra. Fue en esas circunstancias que K. oyó la voz de Cristo: "Mis siervos han llegado a ser infieles. Cuida de mi rebaño. Impónle las manos a los enfermos y ora por ellos".

Se resistió a obedecer el llamado por espacio de tres años. Pero en 1921, cuando pasaba por la choza de una mujer gravemente enferma, se sintió constreñido a orar por su salud. La señora se sanó y la noticia se corrió por toda la región. A K. se le abrieron numerosas puertas para predicar el evangelio, enseñar la Biblia y sanar a los enfermos. Fue tanto el éxito que muy pronto las autoridades comenzaron a sentirse amenazadas por su arrastre popular. Lo veían como un líder subversivo en potencia. Las autoridades eclesiásticas, tanto católicas cuanto protestantes, se sintieron también amenazadas al ver a muchos de sus propios fieles acudir a las reuniones del profeta nativo. Fue arrestado unos meses más tarde, torturado y sentenciado a cadena perpetua, muriendo en 1951 sin haber podido ver jamás a su familia.

Poco después de su arresto, sus seguidores se vieron forzados a la clandestinidad. Estimulados primero por su esposa y posteriormente por sus tres hijos, el movimiento fue extendiéndose por todo el país y a través de toda Africa Central. En la década del 50, las autoridades belgas comenzaron a relajar su represión, hasta que en 1959 los kimbanguistas recibieron reconocimiento oficial y pudieron comenzar a funcionar normalmente.

Durante todo el período de clandestinidad, los kimbanguistas formaban parte de diversas iglesias cristianas. Pero al dársele reconocimiento oficial y al comenzar sus miembros a identificarse abiertamente con el movimiento, las iglesias a que pertenecían los excomulgaron. Asimismo, hicieron imposible que sus hijos estudiaran en las escuelas auspiciadas por las misiones. Los kimbanguistas no solo se vieron obligados a constituirse en iglesia independiente, sino que se vieron forzados a comenzar sus propias escuelas y a organizar su propio seminario teológico. En 1969 la Iglesia Kimbanguista ingresó al→CMI, siendo la primera iglesia africana independiente en incorporarse al mismo.

Como iglesia, los kimbanguistas se destacan por su doctrina cristocéntrica, su literalismo bíblico y su ética de amor. A estos principios habría que agregarle el papel que desempeña K. y su esposa en la Iglesia. Aquel es considerado como el profeta escogido por Jesucristo para reconstruir su iglesia en la tierra y como un auténtico ejemplo de fidelidad cristiana. De ahí que sus miembros suelan invocar en sus oraciones el nombre de K. y de su esposa, no por considerárseles parte de la Deidad, sino porque se les ve como intercesores ante la presencia del Dios trino y único. En esto se reflejan ciertos conceptos culturales africanos que se han introducido en la teología kimbanguista.

La Iglesia Kimbanguista es dirigida hoy por el hijo menor del fundador, José Diangienda, asistido en sus oficios por sus dos hermanos. Debajo de los líderes espirituales se ubican los sanadores, los representantes legales, los pastores, evangelistas y asistentes, y en la base, los fieles. Se caracteriza esta Iglesia también por su disciplina estricta, su agresividad evangelizadora y su celebración litúrgica. Para los kimbanguistas, la conducta importa más que las creencias. La no observación de las normas de conducta (que incluye la monogamía absoluta, la abstención del adulterio y la violencia, la no participación en danzas, la abstención de bebidas alcohólicas, drogas y cigarros), implica excomunión. De igual manera se espera que cada fiel sea un testigo de su fe. La expansión numérica es una de las más altas prioridades de su misión. Se requiere de todos los fieles que asistan a todos los cultos dominicales, los cuales duran prácticamente todo el día y se destacan por la música alegre y la predicación fogosa.

El valor de la Iglesia Kimbanguista está en su carácter autóctono. Representa un estilo eclesial africano, una teología forjada en la praxis, un liderazgo natural y una misión bautizada con sangre y propagada con el sudor de sus fieles. Es prototipo de las numerosas iglesias independientes que se encuentran en el Africa del Sur del Sahara.

ORLANDO E. COSTAS

KING, MARTIN LUTHER, Jr. (1929-1968). Líder estadounidense de los derechos ciudadanos. N. en Atlanta, Georgia, y fue educado en Morehouse College, Crozer Theological Seminary, y en la Universidad de Boston (doctorado en 1955). Fue nombrado pastor de la Iglesia Bautista de Drexler Avenue en Montgomery, Alabama (1954), y co-pastor, con su padre, de la Iglesia Bautista Ebenezer en Atlanta (1959). Adquirió importancia nacional como líder del movimiento que procuraba asegurar igualdad de derechos para los negros por medio de manifestaciones masivas no violentas, que comenzaron con el boicot a los autobuses en Montgomery (1956). Organizó la Conferencia de Líderes Cristianos del Sur, fue el personaje principal de la Marcha a Washington (1963), que tuvo por fruto las Actas de Derechos Ciudadanos de 1964-65, y estuvo activo en los movimientos de inscripción de votantes. Recibió el Premio Nobel de la Paz (1964). K. instó fuertemente al cese del conflicto en Vietnam y a la admisión de China Comunista a las Naciones Unidas. Fuertemente criticado por los segregacionistas y por los negros militantes, fue asesinado en Memphis, Tennessee, por un blanco. Escribió varios libros de los cuales algunos se han traducido al español; v.g. *Por qué no podemos esperar* (1969) y *La fuerza del amor* (1969 7a. ed.). ALBERT H. FREUNDT, Jr.

KINGSLEY, CHARLES (1819-1875). Novelista inglés y socialista cristiano. N. en Holne, Devonshire, y se educó en King's College, Londres, y en Magdalene College, Cambridge, fue ordenado en 1842 y desde 1844 fue vicario de Eversley, Hants. Fue profesor de historia moderna en Cambridge (1860-69) y luego canónigo de Chester y Westminster. Desde 1869 sobresalió en la Liga Educativa. Era precoz, atlético, romántico e interesado en las ciencias, particularmente la botánica. Recibió la influencia de Thomas →Carlyle y F.D. →Maurice y, como *"Parson Lot"*, tuvo a su cargo la publicación de panfletos del movimiento →Socialismo Cristiano. Le inquietaba la reforma educacional y sanitaria, y la extensión del principio cooperativo. Fue crítico del Movimiento de →Oxford; se le asocia con el "cristianismo muscular"; y su insinuación en 1863 de que Newman tenía poco respeto por la verdad, hizo que Newman escribiera su *Apología*. Las novelas de K. generalmente tenían que ver con los asuntos sociales. JOHN A. SIMPSON

KITTEL, GERHARD (1888-1948). Estudioso bíblico alemán. N. en Breslau, hijo menor de Rudolph Kittel. Dio clases en Kiel y Leipzig antes de asumir la cátedra de NT en Griefswald en 1921. Cinco años después asumió un cargo similar en Tubinga y lo mantuvo nominalmente hasta su muerte. Interesado originalmente en los estudios rabínicos, K. echó a andar en 1931 un gran proyecto conjunto, *Theologisches Wörterbuch zum Neuen Testament,* en que insistía en que un léxico del NT debe trazar la historia de cada palabra con referencia a su uso secular en el griego clásico y *koiné,* así como sus connotaciones religiosas derivadas de la LXX y del trasfondo hebreo. Para el tiempo de la Guerra Mundial II se habían publicado cuatro grandes tomos (A-N). Si bien K. rehusó las plenas demandas nazis de suprimir el cristianismo, la obra *Das antike Weltjudentum* (1943), escrita con Eugen Fischer, pone de manifiesto la utilidad propagandística de K.

CLYDE CURRY SMITH

KNIBB, WILLIAM (1803-1845). Tal vez el más conocido de los primeros misioneros bautistas en Jamaica. Llegó a la isla en 1824 para dirigir la escuela de Kingston. En 1830 empezó a servir como pastor a Falmouth, cerca de Montego Bay, donde permaneció hasta su muerte. Su ministerio en Falmouth abarca años trascendentales: la revuelta de los esclavos en 1831-32, la persecución de los evangélicos que siguió, la emancipación, la transición del sistema de plantaciones al de tenencia libre de la tierra, todo esto se amontonó en los quince años del ministerio de K. Su principal contribución en esos acontecimientos fue como propagandista. Como orador vigoroso y flamante, siempre se podía contar con él para atacar a los malos. En 1832 y de nuevo en 1841, cuando los bautistas estaban en extrema necesidad de que alguien los defendiera en Inglaterra, enviaron a K. Fue un incansable paladín de los negros, durante la esclavitud, en el aprendizaje, y en la libertad de ellos, cuando arriesgó su crédito personal para asentar a los esclavos en su propia tierra. También fue uno de los principales promotores de la decisión de declarar a las iglesias de Jamaica independientes de la Sociedad Misionera Bautista de Inglaterra, en la formación del Calabar College para la preparación de pastores y en la organización de la primera misión antillana en Africa.

GEOFFREY JOHNSTON

KNOX, JUAN (c.1514-1572). Reformador escocés. N. en Haddington y fue educado en St. Andrews, probablemente bajo el conciliarista y escolástico John Major. Fue ordenado por el obispo de Dunblane (1536) y luego fungió como notario (hacia 1540) y tutor privado (hacia 1543). Thomas Gilyem (Guillermo) lo convirtió al protestantismo. Posteriormente recibió influencia de los principios más celosos de John Rough y George →Wishart, discípulo de la teología luterana y suiza. K. debe a Wishart su sentido de la vocación profética, su tendencia hacia el eclecticismo teológico, y su adhesión a la doctrina de →Bucero sobre la Cena del Señor. Después del martirio de Wishart (1546), K. consideró la posibilidad de irse a Alemania, pero la renovada acción contra los herejes hizo que se fuera al Castillo de San Andrés, adonde había sido llamado como predicador. Cuando el castillo cayó, fue llevado a Francia y condenado a las galeras. Estando ahí detenido, escribió un resumen del compendio de Henry Balnaves sobre el pensamiento protestante, que se basaba mucho en el comentario de Lutero a Gálatas. En esta obra K. abrazó la doctrina de Lutero sobre la justificación.

Después de ser liberado a principios de 1549, K. fue a Inglaterra y fue nombrado predicador en Berwick. Sus sermones atacaban la misa como acto idolátrico y fue conminado a responder por sus ideas ante el Concilio del Norte en Newcastle (1550). Mediante la influencia de Northumberland, K. predicó ante la corte real en 1552. En Windsor criticó la rúbrica en el Segundo Libro de Oración Común, próximo a publicarse, que pedía arrodillarse durante la Comunión; sus esfuerzos fueron en gran medida causantes de la inclusión de la "Rúbrica Negra" (agregado que explicaba que arrodillarse no significa adoración de la hostia). Percibiendo problemas, rehusó el obispado de Rochester, pero no porque se opusiera al episcopado. Como uno de los predicadores de los sermones cuaresmales de 1553, advirtió de los peligros de los católicos clandestinos que tenían puestos públicos. Después de la subida de María Tudor al trono, huyó a Europa. Se reunió con →Calvino en Ginebra, →Bullinger en Zürich y otros líderes suizos, planteándoles problemas acerca de la rebelión contra los monarcas idólatras y las mujeres que eran soberanas.

A instancias de Calvino, K. se hizo pastor de la congregación inglesa en Francfort en 1554. Una disputa sobre el Libro de Oración Común condujo a su remoción y regreso a Ginebra en 1555. El mismo año retornó a Escocia y predicó abiertamente la doctrina protestante. Fue convocado a comparecer en Edimburgo en mayo de 1556 acusado de herejía, pero la intervención del regente dio como resultado la anulación de la convocatoria. Abandonó Escocia ese año para hacerse pastor de la congregación inglesa en Ginebra. Ahí escribió *The First Blast of the Trumpet against the Monstrous Regiment of Women* (1558), en que argüía que el reinado de la mujer contravenía la ley natural y divina. La obra se dirigía primariamente contra María Tudor, pero poco después de su aparición ocurrió la coronación de Isabel, en cuya corte se hizo aborrecible el nombre de K. Incluso Calvino estaba disgustado, y apremió a K. a que escribiera un tratado contra los anabaptistas en defensa de la doctrina calvinista de la predestinación. Este tratado no es típico del estilo de K. ni de sus principales inquietudes teológicas. En el verano de 1558 K. escribió otros tres tratados que proponían su teoría de la lícita rebelión contra los príncipes idólatras, en cuenta la rebelión por parte de los plebeyos.

Los lores protestantes de Escocia procuraron el retorno de K. y llegó en mayo de 1559. Además de predicar, negoció con los ingleses para obtener tropas y dinero. Con John Willock y otros, desempeñó un papel primordial en la redacción de la Confesión Escocesa, que el Parlamento aprobó en agosto de 1560. Con Willock, John Douglas, y otros tres, redactó también el borrador del *Book of Discipline.* Tras el regreso de María Estuardo en 1561, K. denunció sus misas y su vida cortesana en Holyroodhouse. Durante el reinado de ella, K. tuvo tres entrevistas con María en que defendió su oposición a la idolatría. En 1561-62 participó en una controversia sobre la ordenación con Ninian Winzet, sacerdote y educador católico. K. alegaba que él, como Amós y Juan el Bautista, tenía una vocación extraordinaria pero le faltaba el poder milagroso para demostrarlo. K. disputó también con Quintín Kennedy, abad de Crossraguel, acerca de la misa. En 1567 visitó Inglaterra y después rehusó aprobar la separación de la Iglesia de Inglaterra. Después del asesinato de Darnley, regresó a Escocia en el mismo mes de junio en que María fue capturada. El exigió que fuera ejecutada. Después de que ella abdicó, él predicó en la coronación de Jaime, hijo de ella (→JACOBO VI y I).

K. era hombre de convicción y valentía, cuyos discursos contra la idolatría eclipsaban el lado cálido de su carácter. Su obra más notable fue la *Historia de la reforma de la religión en el Reino de Escocia,* cuya primera edición completa se publicó en 1644. Dio a la Iglesia de Escocia una teología y disciplina eclécticas, colaboró en la confección de su *Libro de orden común* y sembró las semillas del posterior desarrollo del pensamiento del →Pacto en Escocia. Su amplia visión de la comunión ecuménica con las iglesias protestantes en Inglaterra y Europa forjó el espíritu del nacionalismo escocés durante su vida.

RICHARD L. GREAVES

KRAEMER, HENDRIK (1888-1965). Educador, ecumenista y escritor sobre misiones. Después de especializarse en lenguas y culturas orientales en su nativa Holanda, la Sociedad Bíblica de ese país lo envió a servir en la Iglesia Holandesa Reformada en Indonesia de 1922 a 1937, como consultor de lingüística y de traducción bíblica. Su libro más famoso, *The Christian Message in a Non-Christian World,* escrito como guía de estudio para la tercera Conferencia Misionera Mundial en →Tambaram en 1938, enfatizaba el carácter único del mensaje bíblico en las misiones.

A partir de 1937 fue profesor de religión en la Universidad de Leyden, hasta que en 1948 fue nombrado primer director del Instituto Ecuménico del CMI en Bossey, cerca de Ginebra. Fue internado por los nazis de 1942 a 1943. De 1955 a 1957 fue profesor visitante del Seminario Unión en Nueva York y después de eso vivió en Holanda hasta su muerte.

EARLE E. CAIRNS

KRAUSISMO ESPAÑOL. Movimiento filosófico español, de carácter renovador, inspirado en el pensamiento del filósofo Karl Krause (1781-1832). Julián Sanz del Río, becado por el gobierno español, conoce a los discípulos de Krause en Heidelberg y sufre una especie de conversión filosófica con sobretonos religiosos. De regreso en España se reúne con un grupo de seguidores entre los que destacan Francisco Giner de los Ríos, Federico de Castro, Gumersindo de Azcárate y Nicolás Salmerón. El k., que busca la renovación del pensamiento español, pone énfasis fundamental en la educación, y propugna un sistema educativo libre de dogmatismos y de autoritarismos (propios de la enseñanza oficial), en que la libertad sea inviolable y la conciencia el tribunal único. Guiado por estos principios, Giner de los Ríos crea, junto con un grupo de profesores, la *Institución Libre de Enseñanza* que tiene una gran importancia en la vida intelectual española, pues en ella se educan muchos de los más destacados intelectuales del s.XX. Aunque fueron acusados de ateísmo, los krausistas rechazaron tal calificativo y hablaron, más bien, de panenteísmo (todo-en-Dios), pues Sanz del Río y otros tuvieron una profunda inclinación religiosa, aunque la orientaron hacia una teología racional. El k. influyó mucho en algunos países de A.L., ya sea a través de pensadores españoles (como el caso de Valeriano Fernández Ferraz en Costa Rica), o por contacto directo con las obras de Krause.

PLUTARCO BONILLA A.

KUENEN, ABRAHAM (1828-1891). Teólogo protestante holandés. N. en Haarlem. Fue profesor de NT, ética, e interpretación del AT en Leyden desde 1855. Aunque Julius Wellhausen es generalmente aclamado como el principal exponente de la llamada "escuela histórico-literaria", la primera exposición científica de sus temas esenciales debe atribuirse a K. y a K.H. Graf. El primer libro de K., que muestra la influencia de G.H.A. →Ewald, fue *Historisch-Kritisch Onderzoek* (1861-65). Con Graf llegó a afirmar que "P" (el código sacerdotal) era el elemento más tardío del Pentateuco. Sus ideas posteriores fueron promulgadas en *De Godsdient van Israel* (1869-70), y *De profeten en de profetee onder Israel* (1875).

J.G.G. NORMAN

KULTURKAMPF (alemán = "lucha por la civilización"). Conflicto entre la Iglesia y el Estado en Prusia y otros lugares en la década de 1870. El primero en llamar así a este fenómeno fue Richard Virchow, científico ateo en 1873. Fue inspirada principalmente por Otto von→Bismarck que temía que la influencia católica pusiera en peligro la unidad alemana. Sus antecedentes incluían la disputa sobre los matrimonios mixtos que tuvo lugar en Colonia en la década 1830-40, la resistencia protestante a las exigencias católicas de mayores libertades, la hostilidad por parte del liberalismo alemán, y la definición de la infalibilidad papal en 1870. Comenzó con la abolición de la oficina católica en el Ministerio prusiano de Educación y Culto Público (1871). Bismarck designó a Adalbert Falk como Ministro de Culto Público (1872). Este expulsó a los jesuitas, puso la educación bajo control del estado y aprobó las famosas Leyes de Mayo. Cuando Pío IX protestó, Bismarck cortó las relaciones diplomáticas con el Vaticano. En 1875 la ICR fue privada de toda asistencia financiera por parte del estado y las órdenes religiosas fueron obligadas a abandonar el país. La resistencia católica permaneció firme y varios obispos y sacerdotes fueron encarcelados.

Un cambio de la política sobrevino después cuando el Emperador Guillermo I favoreció un enfoque más moderado. El surgimiento de los socialistas como nuevo enemigo político, junto con la elección de un papa más conciliatorio (León XIII), convenció a Bismarck de que una mejor solución era firmar un concordato con el Vaticano. Falk fue despedido (1879), se restauraron las relaciones diplomáticas con el Vaticano (1882) y se modificaron las Leyes de Mayo (1886-87). En otros estados alemanes, así como en Austria y en Suiza, prevaleció por un tiempo una legislación semejante pero no tan extrema, y finalmente se restableció la paz religiosa.

J.G.G. NORMAN

KUNG, HANS (1928-). Teólogo catolicorromano de origen suizo. Estudió en la Universidad Gregoriana en Roma 1948-55, especializando en J.P. Sartre y K. →Barth, y posteriormente en el Institut Catholique y La Sorbona, París. Fue ordenado sacerdote en Roma en octubre de 1954. En sus primeras obras K. se presenta como teólogo ecuménico, con un impresionante conocimiento de la teología protestante y mucha simpatía hacia la *sola scriptura, sola gratia, sola fide* y *soli Deo gloria* de la Reforma. Para K. no hay discrepancia fundamental entre la justificación según K. Barth y la doctrina católica (Trento), bien interpretada. En 1960 sucede a H. Fries como profesor de Teología Fundamental en Tubinga. Juan XXIII lo nombra *peritus* para el Concilio Vaticano II (1962). Luego, en 1963 la Universidad de Tubinga le establece la Cátedra de Dogmática y Teología Ecuménica y también el Instituto para Investigación Ecuménica.

Durante los años 60, especialmente en torno al Vaticano II, K. concentra su trabajo básicamente en la eclesiología. Su libro *El Concilio y la unión de los cristianos* (alemán 1960, español 1962) plantea "la necesidad permanente de renovación en la iglesia" como clave para la tarea ecuménica de la iglesia y a su vital →*aggiornamento*.

En el aspecto polémico, su línea de pensamiento eclesiológico culmina en *¿Infalibilidad? Una pregunta* (1970/71). Este libro es una enérgica protesta contra la encíclica sobre planificación de la familia (1968), y sale a la luz en el día preciso del centenario del decreto del Concilio Vaticano I sobre la infalibilidad papal, el 18 de julio, 1971. En un largo capítulo K. argumenta que el decreto vaticano sobre la infalibilidad carece de base exegética, histórica y teológica. Es más: insiste en que solo Dios puede ser infalible, ya que todo dogma es producto histórico y toda declaración humana, en lenguaje humano, participa inevitablemente de la relatividad histórica de lo humano. K. afirma más bien la *indefectibilidad* de la iglesia (no solo del papa) que mediante el Espíritu Santo persistirá en la verdad, no sin errores sino a pesar de ellos. Reconocer esto no debilita, sino que fortalece, la verdadera fe en Cristo y el evangelio.

La →Curia (Mons. Colombo) denunció el libro e intentó lograr que la conferencia episcopal alemana lo condenara, pero sin éxito. Sin embargo, Karl →Rahner atacó a K. como un "protestante liberal" con quien ya no se podía dialogar como con un católico, ya que para K. (según Rahner) ni los concilios ni las mismas Escrituras son absolutamente obligatorios.

En 1970 K. publica *La Encarnación de Dios* (español 1974), su *magnum opus* sobre la teología de Hegel "como prolegómenos para una cristología futura", según el subtítulo. A esto sigue *Sacerdotes ¿para qué?* (1971/72), *Lo que debe permanecer en la Iglesia* (1973/5), y después *El Culto ¿para qué?* (1976), pero especialmente su monumental *"best-seller", Ser cristiano* (1974/77). ¿Por qué ser cristiano? pregunta Küng, y busca el sentido de la fe cristiana frente a la realidad actual, para que "el mensaje cristiano originario y, sobre todo, la persona de Jesús de Nazareth vuelvan a ser luz para nuestro tiempo". En este libro Küng radicaliza sus posturas de crítica histórica y asume el proyecto de desmitologización consecuente (p. 524, cp. R. →Bultmann, E. Käsemann). Küng cuestiona la preexistencia de Cristo (sería mitología), su nacimiento virginal (leyenda, p. 580), algunos milagros, y la tumba vacía (de dudosa historicidad). Pero su intención fundamental es más bien la de liberar a la cristología de las categorías estáticas y esencialistas de la metafísica griega reflejada en los concilios ecuménicos con conceptos griegos. K. favorece una "cristología desde abajo" (cristología de exaltación) en vez de una "cristología desde arriba", (cp. Ratzinger, Kasper, *Cristología de Encarnación*).

Este libro contiene también largos pasajes sobre la temática sociopolítica y prácticamente define la postura ideológica del autor. Lo llama "una teología socio-crítica", por lo que parece entender una criticidad objetiva, prácticamente neutral, que igual que Jesús "no está ni en la derecha ni en la izquierda", sino "más allá, verdaderamente más allá de todas las alternativas" (p. 330, "La verdadera radicalidad"). Por eso, "a Cristo se le puede seguir también sin un expreso compromiso político y sociocrítico" (p. 234).

En 1975 K. resume su argumento en *Veinte tesis sobre ser cristiano,* junto con "16 tesis sobre el puesto de la mujer en la Iglesia y la sociedad" (1975/77). En febrero de 1975 los obispos alemanes emiten una primera declaración contra *Ser cristiano;* una segunda declaración fue publicada el 3 de marzo, 1977 y la tercera el 17 de nov., 1977. En marzo de 1978 se publicó una amplia documentación del caso, en defensa de K. con el título, *Sobre la verdad y nada más* (ed. Walter Jens, *Um Nichts als die Wahrheit*). En dic. de 1979 el Vaticano le canceló la *missio canonica* que le autorizaba a enseñar como teólogo católico. En enero de 1980 la jerarquía alemana circuló una declaración contra K., a leerse en cada iglesia de Alemania.

Su libro más largo hasta ahora es *¿Existe Dios? Respuesta al problema de Dios en nues-*

tro tiempo (1978/79). Analiza el tema desde Descartes hasta Wittgenstein y Whitehead, con especial atención a Pascal y Hegel; Feuerbach, Marx y Freud (ateos); y Nietzsche (nihilista). Termina con la triple afirmación de "Sí a la Realidad: alternativa al nihilismo", "Sí a Dios: alternativa al Ateísmo", y "Sí al Dios Cristiano". JUAN E. STAM

KUYPER, ABRAHAM (1837-1920). Teólogo calvinista y líder político holandés, personaje notable de la historia holandesa reciente. N. en Maassluis, hijo de un ministro de la Iglesia Reformada. Fue criado en lo que podría llamarse una versión ingenua de la ortodoxia. Como estudiante en Leyden, se rebeló contra ella y se volvió hacia la teología "moderna" que prevalecía. Estudiante brillante, prosiguió con la teología, estudiando bajo el "modernista" Scholten y otros. Esto resultó poco satisfactorio para él emocionalmente. Como predicador joven en Beesd, le atrajo el arraigado pietismo calvinista de los aldeanos; esto, junto con otras influencias, lo condujo a abrazar el calvinismo ortodoxo. A los 30 años, ya un predicador en formación, se trasladó a Utrecht y poco después a Amsterdam. Atraído por las ideas políticas "antirevolucionarias" del teórico calvinista Groen van Prinsterer, a quien por fin conoció en 1869, el pensamiento de K. se tornó hacia la política. Como protegido del anciano Groen, se postuló para obtener un puesto en el parlamento cuando apareció por primera vez un "Partido Anti-revolucionario".

La muerte de Groen (1867) dejó a K. como líder de los anti-revolucionarios. Con feroz actividad trabajó para convertir a los calvinistas ortodoxos en una fuerza política. Se inició un diario, K. fue elegido al parlamento (1874), se organizaron capítulos del partido y se esbozó un programa político específico. Este programa, codificado en el *Ons Program* de K. (1878), pedía la asistencia estatal a las escuelas religiosas, la extensión del voto, el reconocimiento de los derechos laborales, reformas en la política colonial y una revitalización de la vida nacional. Su base teórica era la idea de la autonomía de las diversas esferas sociales, cada una de las cuales tenía sus derechos dados por Dios. La cuestión de las escuelas dio a K. la oportunidad de organizar una campaña masiva de petición (1878), que proporcionó una base masiva para el partido y allanó el camino para la "Monstruosa Coalición" con los católicos, que también querían el apoyo estatal para sus escuelas.

Hacia 1880 K. comenzó una "Universidad Libre" de línea calvinista ortodoxa (libre del control de la iglesia o del estado), y comenzó a enseñar en su seminario. Para 1886 dirigió un éxodo de más de 100.000 ortodoxos que salieron de la Iglesia Reformada (la *Doleantie:* uniéndose a un grupo separatista anterior, formaron la *Gereformeerde Kerk,* el segundo de los mayores grupos protestantes de Holanda). Hacia 1888, después de la extensión del sufragio a muchos de la clase media, la Coalición ganó por poco tiempo el control del gobierno, para consternación de los liberales, que veían a K. como una especie de potencial Cromwell. Hacia 1892, conforme las proposiciones liberales de izquierda para extender el sufragio en forma completa dividieron a todos los grandes partidos, el ala conservadora del partido anti-revolucionario se separó (para formar el Partido Cristiano Histórico). K., que pedía una "democracia cristiana", siguió adelante, en un torbellino de actividad. Una posterior extensión del sufragio produjo una notable victoria de la Coalición en 1900 y K. fue hecho primer ministro (1901). Este fue en muchos sentidos el apogeo de su carrera. Como primer ministro topó con dificultades (sobre todo la huelga ferrocarrilera de 1902) y fue derrotado después de la acalorada campaña de 1905. Tenía ya 68 años. Siguió viviendo por quince años más, siendo el "grandioso anciano" del Partido Anti-revolucionario y todavía una fuerza política significativa. Logró ver la concesión de plena igualdad financiera a las escuelas religiosas y la extensión universal del sufragio (1917). Aunque la Coalición se desintegró (1925), los anti-revolucionarios de K. han seguido siendo un partido muy importante. El logro de K. fue darle a la "gente corriente", por largo tiempo relegada (el grupo calvinista ortodoxo de clase media baja) una voz religiosa y política. Contribuyó al desarrollo de la actual "sociedad pluralista" de Holanda (con agrupaciones ideológicas que tiene cada una su propio partido político, sus sindicatos, etc.). Como teólogo revivió un calvinismo sistemático y ortodoxo, caracterizado por un énfasis en la →"gracia común". DIRK JELLEMA

KYRIE ELEISON. Palabras griegas que significan "Señor, ten misericordia", y que aparecen como plegaria en muchas liturgias cristianas, en algunas, transcritas y en otras, traducidas.

La plegaria aparece a menudo en los salmos (v.g. 4:1; 6:2; 9:13) y en los Evangelios (v.g. Mt. 9:27; Mr. 9:22) y de allí seguramente pasó a las liturgias de la Iglesia Antigua. Ya en el s.IV se usaba en el culto, según las →Constituciones Apostólicas. El papa →Gregorio Magno dice que alternaban con la frase *Christe eleison.*

El *Kyrie* nonopla formaba parte de la misa romana desde el s.IX hasta el s.XX. En la liturgia moderna es sextupla y se reza en el idioma vernáculo. En la eucaristía luterana y la letanía episcopal es triple. Las Iglesias Reformadas eliminaron esta plegaria de sus liturgias. WILTON M. NELSON

L

LABARO. Primer estandarte militar cristiano, diseñado por →Constantino a partir de su visión celestial y su sueño la víspera de su victoria en el Puente Milvio (313). A partir de 324 fue el estandarte oficial del Imperio Romano. Diseñado según los estandartes de legión, sustituyó a los antiguos símbolos paganos con la forma de una cruz, coronada por una guirnalda de piedras preciosas que contenía el monograma de Cristo, o sea una *ji* (X) intersecada por una *rho* (P), del cual colgaba un pendón púrpura con la inscripción *hoc signo victor eris* ("con este signo vencerás"), o una variante griega o latina de esas palabras. Como nuevo punto focal de la unidad romana el monograma apareció en las monedas, escudos y luego en los edificios públicos y las iglesias. J.D. DOUGLAS

LACORDAIRE, JEAN-BAPTISTE HENRI (1802-1861). Célebre orador católico francés. Fue primero un deísta al estilo de Rousseau. Tras recibir educación en leyes en Dijon, practicó el derecho en París hasta que el *Essai sur l'indifférence,* de →Lammenais, lo convenció de la credibilidad del cristianismo. Después de estudios teológicos, fue ordenado en 1827 pero inmediatamente se convirtió en un revolucionario. Fracasó en su intento de abrir una escuela progresista en París después de la Revolución de 1830 y el papa condenó y cerró su periódico *L'Avenir.* Escarmentado, L. proclamó el ultramontanismo en Notre Dame en una serie de inflamados sermones que electrizaron a París. Triunfó en su intento de reavivar la Orden Dominica, prohibida desde tiempos de la Revolución Francesa, pero experimentó continuos conflictos con Roma en relación con periódicos que lanzó para divulgar principios republicanos. ROBERT P. EVANS

LACHMANN, KARL KONRAD FRIEDRICH WILHELM (1793-1851). Filólogo alemán, fundador de la moderna crítica textual. N. en Brunswick, estudió en Leipzig y Gotinga y se unió al ejército prusiano en 1815. Fue profesor de filología en Berlín de 1825 hasta su muerte. Pasó su vida en el estudio de la filología, especialmente de los diferentes tipos del alemán y fue uno de los mejores eruditos clásicos de su día. Aplicó al texto del NT los mismos principios críticos que había aplicado a los textos de los autores clásicos y fue el primer estudioso que produjo una edición del NT griego en que se abandonaba el Textus Receptus en favor de mss más antiguos. Se proponía presentar el texto que era usado en la última parte del s.IV y dio impulso a los estudiosos posteriores como Tischendorf, Westcott y Hort. Publicó su edición breve del NT en 1831 y la grande, en dos tomos, en 1842-50.
J.G.G. NORMAN

LACTANCIO (c.240-c.320). Retórico latino, apologista cristiano, e historiador. Discípulo de Arnobio en Africa del Norte, sus logros atrajeron al emperador Diocleciano que lo nombró profesor de oratoria latina en Nicomedia. Habiéndose hecho cristiano, creyó necesario renunciar a su puesto cuando comenzó la persecución del 303 y por lo tanto conoció la verdadera pobreza. En este período comenzó a escribir apologética cristiana para los paganos educados y para los cristianos perturbados por los desafíos de la sabiduría intelectual aceptada en la época. Como sentía que la terminología cristiana técnica había oscurecido la eficacia de apologistas anteriores, evitaba usarla siempre que podía. Su elegante estilo ciceroniano le ha ganado el título de "el Cicerón cristiano". Su obra *Ins-*

titutos divinos argumenta que la religión y filosofía paganas son absurdamente inadecuadas. La verdad está en la revelación de Dios, y el cambio ético que la enseñanza de Cristo produce señala en forma concluyente su exactitud. L. se basa en una amplia gama de fuentes paganas, con cierto detrimento para la ortodoxia teológica. Más tarde fue tutor del hijo mayor de Constantino, Crispo. Escribió *La muerte de los perseguidores*, relato de las recientes persecuciones en que alegaba apasionadamente, aunque con buena documentación histórica, que los emperadores perseguidores sufren y que los emperadores virtuosos y justos prosperan. Esta obra se ha convertido en una fuente importantísima acerca de las persecuciones de ese período.

C. PETER WILLIAMS

LACUNZA, MANUEL DE (1731-1801). Sacerdote jesuita conocido por haber escrito el libro controversial, *La Venida del Mesías en Gloria y Majestad* bajo el pseudónimo de Juan Josafat Ben Ezra. Nació en Santiago de Chile. En 1755 recibió su ordenación sacerdotal. Cuando los jesuitas fueron expulsados de España y de sus colonias en 1767, él y los demás miembros de su congregación fueron llevados a Italia, donde pasó el resto de sus días en Imola, cerca de Bolonia.

Los puntos principales de su escatología son: El segundo advenimiento premilenario de Cristo en gloria para establecer su reino. Dos resurrecciones separadas por un milenio. La Roma cristiana de su tiempo se convertiría en la ramera de Apocalipsis 17. El falso profeta es el corrompido clero católico. El anticristo no es un individuo sino un cuerpo moral, un sistema eclesiástico que disuelve la iglesia y es destruido por la segunda venida. Cristo vendrá con majestad y gloria para pronunciar sentencia sobre todos y para reinar.

Su obra circuló ampliamente antes y después de su publicación, causando por una parte entusiasmo y viva admiración, y por la otra furor. Urgió al clero y a los fieles al estudio directo de la Biblia, que exaltaba por encima de la tradición y el dogma. A través de toda España y Latinoamérica, su obra fue leída con gran interés.

Su obra quedó terminada en 1790, pero no pudo ser publicada en vida de él por falta de autorización eclesiástica. Bajo el gobierno interino de Las Cortes de España, la Inquisición fue abolida temporalmente, y al amparo de la libertad de prensa la primera edición se publicó en Cádiz en 1811. En 1815 el general argentino Manuel Belgrano hizo imprimir a sus propias costas una edición en Londres en 1815. En 1826 apareció en la misma ciudad otra edición española, que es la mejor que se conoce. En México aparecieron dos ediciones (1823 y 1825). La obra fue traducida a casi todas las lenguas europeas. La inglesa fue hecha por Eduardo →Irving en Londres en 1827. Finalmente la Sagrada Congregación del →Indice prohibió totalmente su publicación y lectura en cualquier idioma, a pesar de lo cual siguió circulando en secreto.

FERNANDO CHAIJ

LAGRANGE, MARIE-JOSEPH (1855-1938). Estudioso católico francés. N. en Bourg-en-Bresse, estudió en el seminario menor de Autun, en París, donde obtuvo su doctorado en derecho, en Salamanca y en Viena. Fue ordenado en Zamora (1883), fue catedrático de historia y filosofía en Salamanca y Tolosa, y fundó en Jerusalén la *Ecole Pratique d'Etudes Bibliques* (1890) y la *Revue Biblique* (1892). Participó en la crítica bíblica y apoyó los esfuerzos de León XIII en ese sentido, fue nombrado en la comisión bíblica pontificia (1902) y se acercó a la alta crítica tanto como lo permitía la ortodoxia católica. Entre sus innumerables obras hay estudios sobre el AT, comentarios del NT, *Etudes sur les religions sémitiques* (1903), *Synopsis evangelica graece* (1926), *Le Judaïsme avant Jésus-Christ* (1931) y su popular *Evangelio de Jesucristo*.

C.G. THORNE, Jr.

LAICADO (gr. *laós* = "pueblo"). En las Iglesias Católica Romana y Ortodoxa, y en la *"High Church"* del anglicanismo, se hace una clara distinción entre el clero y los laicos, que deben lealtad a los primeros y dependen de ellos para su orientación y ayuda. Los evangélicos creen que esa división era desconocida en la iglesia primitiva y, puesto que consideran que el más alto ministerio autoritativo es el del Señor resucitado y que todo el pueblo cristiano depende de él y lo comparte, incluirían los ministerios eclesiásticos dentro del *laós*, asignándole, con diversos grados de énfasis, un papel funcional y representativo. Durante los últimos veinte años, los teólogos dentro de las iglesias principales se han interesado mucho por elevar la posición del l. y han puesto algo de atención a las afirmaciones de los evangélicos.

IAN SELLERS

LAINEZ, DIEGO (1512-1565). Teólogo jesuita español y líder de la Reforma Católica. N. en Almazán, Castilla, y se graduó de filo-

sofía en Alcalá en 1532. Luego, tras estudiar teología por un año, se trasladó a la Universidad de París y se asoció con →Ignacio de Loyola. Fue uno de los seis que profesaron los votos en Montmartre en 1534, formando así la naciente Sociedad de Jesús. El grupo se trasladó a Italia, donde L. pasó el resto de su vida como fuerte predicador anti-protestante y profesor de filosofía y teología. Fue líder de los jesuitas, llegando a ser provincial de Italia (1552), vicario general a la muerte de Ignacio (1556) y segundo general (1558). Como principal teólogo papal en el Concilio de →Trento, su intervención fue decisiva para dar forma a los estrictos cánones sobre la justificación, los sacramentos, el purgatorio y el absolutismo papal. M. en Roma.
BRIAN G. ARMSTRONG

LAMBERT, FRANCIS (1486-1530). Reformador de Hesse. N. en Aviñón, de padres nobles. Entró en la Orden Franciscana y se convirtió en un notable predicador. Influido por las obras de Lutero desde 1520 y por Zuinglio desde 1522, abandonó la orden y viajó bajo un seudónimo a Wittenberg para estudiar la Reforma en su contexto original. Allí recibió una pensión del estado y tradujo las obras protestantes al francés y al italiano. Después de una breve y atribulada estada en Metz y Estrasburgo fue llamado a Hesse por el landgrave →Felipe en 1526. Aunque los luteranos desconfiaban de él por ser francés y por apoyar el sacramentalismo de Zuinglio, desempeñó un papel de dirigencia en la promoción de la Reforma en Hesse y desde 1527 fue profesor de exégesis en la nueva Universidad de Marburgo. Escribió varios comentarios sobre los Profetas, los Escritos y el Apocalipsis, y algunos panfletos polémicos, entre los que se destaca un ataque a Erasmo.
IAN SELLERS

LAMBETH, ARTICULOS DE. Nueve proposiciones teológicas redactadas en 1595 en el Palacio de L., Londres, por el arzobispo Whitgift y sus consejeros. Su propósito era clarificar la doctrina de la predestinación que se enunciaba moderadamente en el Artículo 17 de los →Treinta y Nueve Artículos. En Cambridge había habido una controversia sobre la predestinación, debida a la defensa de una doctrina "débil" sobre la elección divina (semejante a la de los posteriores arminianos) por parte de Peter Baro y William Barrett. William Whitaker y otros defendían la doctrina de la doble predestinación basados enteramente en el beneplácito de Dios. Se escribió una serie de artículos y éstos, modificados levemente por Whitgift, llegaron a ser los A. de L. A la Reina Isabel no le gustaron, de modo que no recibieron autorización oficial; sin embargo, fueron incorporados en los Artículos Irlandeses de 1615. PETER TOON

LAMBETH, ARTICULOS DE (CHICAGO). En 1870 William Reed Huntington, miembro de la Iglesia Episcopal Americana, propuso cuatro principios sobre los cuales las iglesias cristianas podrían ponerse de acuerdo para unificarse. En 1886 estos principios fueron adoptados por los obispos de la Iglesia Episcopal reunidos en Chicago. Conocidos desde entonces como los "Artículos", o el "Cuadrilateral de Chicago", consisten en estos puntos; (1) adherencia a las Sagradas Escrituras como norma definitiva de fe; (2) adherencia al Credo de los Apóstoles y al Credo de Nicea; (3) adherencia a los dos sacramentos del Bautismo y de la Cena del Señor; (4) adherencia a la doctrina del episcopado histórico. El cuarto artículo ha promovido dificultades en otras iglesias cristianas cuyos dirigentes temen que la unidad con los episcopales podría obligarlos a reorganizar su propio clero. Sin embargo, la influencia de estos Artículos en el ecumenismo ha sido grande. En 1888 la Conferencia de Lambeth también adoptó estos artículos en forma revisada (el de Cuadrilateral Lambeth) como fundamento para su propia consideración de la unidad cristiana con otras iglesias. JOHN D. WOODBRIDGE

LAMBETH, CONFERENCIAS DE. El origen de estas reuniones fue fortuito. Un sínodo de la Iglesia Anglicana del Canadá concibió la idea de un concilio general para enfrentar el caso de →Colenso y los efectos de los *Essays and Reviews.* Este esquema planteaba serios problemas, pero el arzobispo de Canterbury, C.T. Longley, propuso una reunión informal de los obispos que se reunirían a una invitación personal suya para discutir problemas anglicanos, aunque sin poderes legislativos. En 1867 se reunió la primera conferencia de 76 obispos y su triunfo aseguró la convocación de futuras conferencias, que han tenido lugar cada diez años, con la asistencia de la mayoría de los obispos anglicanos. La conferencia de 1888 fue importante porque endosó el →Cuadrilátero de Lambeth; la conferencia de 1920, por su "Llamado a todo el pueblo cristiano", una petición de reunificación dirigida a los jefes de todas las comunidades cristianas; y la conferencia de 1958, por sus declaraciones progresistas sobre las relaciones raciales y la planificación familiar. La conferencia de 1968 comentó el ministerio cristiano, así como cuestiones actuales de la situación mundial y de la reunificación. El plan para cada conferencia es el mismo: una cuestión teológica, asuntos domésticos, unidad de la iglesia y cuestiones sociales actuales. Aunque la conferencia dura un mes, los temas grandes frecuentemente se tratan en forma superficial. JOHN A. SIMPSON

LAMENNAIS, FELICITE ROBERT DE (1782-1854). Escritor católico francés que epitomizó personalmente el conflicto espiritual entre la fe católica y el nuevo ideal democrático. Tras un racionalismo incipiente en su juventud, se convirtió en 1804 a una devota fe católica, se hizo sacerdote (1816) y al principio apoyó a Joseph →de Maistre y a Louis de Bonald. Llegó a creer que la iglesia, como guardiana suprema de la verdad, había de ser independiente de cualquier control estatal o alianza. Su inquietud promovió algunas dimensiones del →ultramontanismo, pero incluso estuvo en contra de una alianza favorable entre el trono y el altar. Hacia 1830 fundó un periódico, *L'Avenir,* para promover para la iglesia el ser libre del estado. Aunque no aceptaba la base secularista del liberalismo, sus ideas fueron condenadas por Gregorio XVI (1832, 1834). Sus compromisos quedaron resumidos en *Paroles d'un croyant* (1834). Gradualmente fue dejando la iglesia para abogar por el nuevo ideal democrático liberal y para exaltar al hombre común, no a la iglesia, como esperanza de la regeneración social. Se unió al gobierno republicano (1848-52) que se formó a partir de la Revolución de 1848. El catolicismo liberal lo cuenta entre sus fundadores.

C.T. McINTIRE

LANCASTER, JOSE (1788-1838). Fundador del sistema educativo que se conoce como "lancasteriano", "monitorial" o de "educación mutua", y que jugó un papel muy importante en la introducción del evangelio en AL durante el período de la Independencia. N. en Southwark, Inglaterra, en ambiente calvinista pero se volvió cuáquero.

A los 20 años, luego de una experiencia pedagógica inicial, creó su propia escuela que ofreció en forma gratuita a cuantos quisieran asistir. La falta de medios lo llevó a desarrollar un método que le permitiese atender a un número creciente de escolares que para 1804 ya sobrepasaban los 800. Organizando a sus alumnos y utilizando a los más avanzados como "monitores", se preciaba de poder él solo enseñar en doce meses lectura, escritura y los elementos de cálculo a un millar de niños.

Correspondiendo a los comienzos de la revolución industrial, sus métodos de organización constituían hasta cierto punto una mecanización del proceso educativo en busca de eficiencia y ello atrajo a la mentalidad de la época. Por otra parte, utilizaba la Biblia como material de lectura, sin interpretaciones denominacionales.

La experiencia llamó la atención del Rey y de personas prominentes, y en 1811 se formó la Sociedad Escolar Británica y Extranjera. Para entonces en Inglaterra había 30 mil alumnos estudiando en 95 escuelas lancasterianas.

Uno de los seguidores más entusiastas de L. fue Diego →Thomson, precursor evangélico que llevó el sistema lancasteriano a →Argentina, Chile, Perú, México y las Antillas. El carácter elitista de la educación católica durante la colonia, y la vocación democrática de los libertadores, los atrajo al sistema lancasteriano que se impuso por decreto de →San Martín en Argentina y Perú y de →O'Higgins en Chile, y así se abrieron también amplias puertas a la lectura de la Biblia.

Mientras tanto L., presionado por sus rivales y por el fracaso económico, había emigrado a EUA, donde también difundió su sistema. Invitado por →Bolívar, L. trabajó en Venezuela de 1825 a 1827. El sistema lancasteriano aceptado en esta época por las nacientes repúblicas, fue el precursor de la educación pública y normal en buena parte de la América Hispana. Aunque el sistema encontró resistencia en el clero conservador, hubo también colaboración entusiasta de sacerdotes como Antonio Larrañaga en el Uruguay, Francisco Navarrete en el Perú y Antonio Salazar en México. La lectura de la Biblia en estas escuelas fue un fermento precursor de la ola evangelizadora de las décadas siguientes.

SAMUEL ESCOBAR

LANFRANC (c.1005-1089). Arzobispo de Canterbury desde 1070. N. en Pavía, estudió y practicó la abogacía antes de hacerse discípulo de →Berengario de Tours (1035). Excelente estudiante de lógica, abrió una escuela en Avranches (1039), pero renunció a su trabajo y entró a la abadía benedictina de Bec en 1042. Allí inició otra escuela que adquirió fama en toda Europa, llegando a contar entre sus graduados a Anselmo de Canterbury y a Ivo de Chartres. L. fue también consejero del futuro Guillermo I ("el Conquistador") de Inglaterra cuando éste era duque de Normandía. Contra sus inclinaciones y solo por la orden papal, L. fue consagrado arzobispo de Canterbury. Con el apoyo de Guillermo reformó la iglesia fortaleciendo el celibato clerical, purificando los cabildos catedralicios, e introduciendo en Inglaterra funcionarios normandos comprometidos con el programa de reforma de →Hildebrando. Aunque gozaba de la plena confianza de Guillermo I, el movimiento de reforma lo separó de Guillermo II (Rufo). La obra de L. como teólogo incluye glosas a las epístolas de Pablo y participación en controversias sobre la naturaleza de la Santa Comunión. Desarrolló la enseñanza de la transubstanciación en oposición a Berengario en el Concilio de Roma y Vercelli (1050), en Tours (1059) y en su *Liber de Corpore et Sanguine Domini* (1059-1066). ROBERT G. CLOUSE

LANGTON, ESTEBAN (m.1228). Arzobispo de Canterbury desde 1207. N. en Inglaterra pero se educó en París, donde ganó fama como comentador del AT. Fue hecho cardenal por Inocencio III en 1206 y en 1207 consagrado arzobispo de Canterbury. El rey Juan rehusó aceptarlo y hasta 1213 Inglaterra estuvo bajo entredicho papal. Ese año Juan cedió ante Inocencio III y L. llegó a Inglaterra. Simpatizó fuertemente con la oposición baronesca y, aunque parece haber sido el primero en sugerir una Carta, trató de mantener una posición mediadora. En la Carta misma su nombre encabeza la lista de consejeros. A fines de 1215 fue suspendido por los enviados papales por no haber excomulgado a los barones (el papa apoyaba a Juan). L. fue a Roma para presentar su caso ante Inocencio, pero aunque la sentencia fue revocada, no se le permitió regresar a Inglaterra sino hasta 1218. Apoyó a la regencia en contra de los ataques de los barones y los reclamos papales y en 1225 obtuvo de parte de Enrique III la edición final de la Carta Magna. Logró de Honorio III el derecho del arzobispo de Canterbury de ser el *legatus natus* del papa, y en el Sínodo de Oseney (1222) emitió los decretos del Concilio de Letrán IV y constituciones especiales para la Iglesia Inglesa. JOHN A. SIMPSON

LAODICEA, CANONES DE. En el segundo canon del Concilio Quinisexto celebrado en Constantinopla (692), que reflejaba una postura oriental contra Roma, las fuentes del derecho canónico se especificaron en una lista de sínodos. Entre el de Antioquía (341) y el de Constantinopla (381) se menciona el Sínodo de Laodicea de Frigia, no identificable por otras fuentes, del cual provienen 60 cánones, cerca de un tercio de los cuales son fechables antes de 381, y que son suficientemente repetitivos como para sugerir que se trata de una compilación de colecciones incluso más antiguas. →Graciano, en el s.XII, habla de que en ese sínodo estuvieron presentes 32 obispos y de un tal Teodosio que fue el principal redactor. Estos cánones de L. tienen que ver con las relaciones entre cristianos y no cristianos, judíos y herejes; con las condiciones y requisitos para el clero; y con prácticas de culto en general pero incluyendo la preparación al bautismo, el ayuno antes de Pascua y la penitencia. En cuanto a los obispos, los cánones declaran en contra de la extendida práctica de nombramientos rurales y contra la práctica de que una turba haga el nombramiento. También hay referencias a mujeres en el presbiterado y a la necesidad de prohibirle al clero ser "magos, encantadores, matemáticos o astrólogos". El canon final, que puede ser una adición, proporciona una de las varias listas bíblicas que se conocen del s.IV; omite especialmente el Apocalipsis y los apócrifos del AT.

CLYDE CURRY SMITH

LAPIDE, CORNELIUS A →CORNELIUS A LAPIDE

LAPSI. Palabra latina que significa "caídos" para referirse a los que, en medio de la persecución, abandonaban la fe. Algunos antiguos cristianos escapaban de la persecución recurriendo al soborno, otros huyendo; pero los apóstatas fueron pocos hasta la persecución de Decio (250-1) cuando, especialmente en Africa, muchos ofrecieron sacrificios o incienso *(sacrificati, thurificati),* consiguieron certificados falsos de conformidad o estuvieron dispuestos a emitir profesiones de sumisión, apostasía o paganismo (→*libellatici*). Su reconciliación se complicaba por el uso de cartas de recomendación *(libelli pacis)* emitidas por confesores distinguidos. →Cipriano escribió muchas de estas cartas y un tratado llamado *De lapsis* y movió al Concilio de →Cartago (251) a decretar que la penitencia debía ser proporcional a la gravedad de la ofensa, política seguida también por Roma, donde ocasionó las protestas rigoristas de Novaciano. Los →*traditores* africanos estaban entre los l. que fueron procesados en los concilios posteriores a la Gran Persecución.

Los clérigos caídos generalmente eran readmitidos solo como laicos o como clero meramente titular. D.F. WRIGHT

LA SALLE, JUAN BAUTISTA DE (1651-1719). Reformador de la educación. N. en Reims, Francia, de una familia noble y se hizo sacerdote en 1678. Su labor parroquial puso ante sus ojos la falta de educación que prevalecía entre los pobres y ayudó a establecer escuelas de caridad para ellos. Comenzó a mejorar las normas, el status y la moral de sus maestros, integrándolos en una orden religiosa, los →Hermanos de las Escuelas Cristianas (1684). Estableció lo que era en efecto una primera escuela normal para maestros seculares, en condiciones de gran dificultad y pobreza, con sede primero en Vaugirard, cerca de París, y luego en St. You, cerca de Ruán. Topó con mucha oposición por parte de los intereses creados de los Maestros Escribientes y de las Pequeñas Escuelas. También fueron fundados reformatorios y escuelas-pensión. A su muerte, las escuelas se encontraban ya en 22 aldeas francesas y hoy día están extendidas por gran parte del mundo.

Como necesidad práctica implantó el método simultáneo (enseñanza por clases) en sus escuelas primarias, en contraste con los métodos individuales que eran comunes en las escuelas primarias de la época. También cambió el latín por el francés para el aprendizaje de la lectura. En el aula se hacía mucho énfasis en el silencio y siempre que fuera posible se usaban señas en vez de palabras. "Los Hermanos deben poner el cuidado de castigar a sus alumnos, pero hacerlo rara vez", dice su Regla. Fue canonizado en 1900. Sus obras educativas incluyen *Las Règles de la bienséance et de la civilité chrétiennes* (1703) *La conduite des écoles chrétiennes* (1720), y diversos manuales escolares. Produjo también varias obras espirituales.
HOWARD SAINSBURY

LAS CASAS, BARTOLOME DE (1474-1566). Misionero español en las Antillas. N. en Sevilla, hijo de un mercader que había ido con Colón en su segundo viaje. Recibió un título de leyes de la Universidad de Salamanca. En 1502 fue con el Gobernador Obando a la Española como consejero legal y allí fue ordenado sacerdote en 1510. Se interesó mucho por el duro trato que recibían los aborígenes bajo el sistema colonial y pasó los años de 1515-22 viajando entre España y América, obteniendo de Carlos V la autorización de iniciar diversos proyectos y de llevarlos a cabo. En 1521 los indios se sublevaron contra el asentamiento indio controlado por la iglesia que él había establecido y él, echando a sus compatriotas españoles la culpa del fracaso, entró a la Orden Dominica en 1523.

Al salir de un largo retiro, L.C. emprendió de nuevo una campaña por el trato más humano para los indios, trabajando también para la conversión de ellos. Recibió buena acogida de los indios, pero por su propio fanatismo se separó de muchos de sus compatriotas colonos. Desempeñó un papel clave en las relaciones entre indios y españoles en el Nuevo Mundo y mientras estuvo en España logró que se promulgaran las Nuevas Leyes de 1542-43. Aunque estas leyes habrían mejorado mucho la suerte de los indios, no fueron completamente exitosas, debido a la oposición de los colonos. Como obispo de Chiapas en Méjico de 1544 a 1547, L.C. ni siquiera impulsó las Nuevas Leyes en su propia diócesis. Pasó sus últimos años en España, trabajando incansablemente para lograr mejores condiciones para los indios. Entró en una controversia con el historiador Sepúlveda (1550) en torno al problema de las guerras de conquista en el Nuevo Mundo. Sus obras principales incluyen *De unico vocationis modo, Apologética historia* e *Historia de las Indias*, junto con su obra más conocida, *Brevísima relación de la destrucción de las Indias*, que denunciaba los males del colonialismo. Aunque a L.C. se le ha acusado de promover la esclavitud de los negros en América, tal práctica había existido ya por algunos años y no se consideraba moralmente errónea en esa época.
ROBERT G. CLOUSE

LASKI (à Lasco), JAN (1499-1560). Sobrino de Jan Laski, arzobispo de Gniezno y primado de Polonia, el joven Jan se benefició de la ayuda de su tío especialmente en cuanto a las preferencias eclesiásticas y su trato por parte de personas distinguidas en el extranjero. En 1521 fue ordenado sacerdote y nombrado deán de Gniezno. Junto con su hermano mayor Jerónimo realizó muchas misiones diplomáticas a nombre de su tío y de Polonia, y por ello conoció en Basilea a Erasmo, cuya biblioteca llegó a comprar. Poco después de esto ya había tomado contacto con Zuinglio y Ecolampadio. No se sabe exactamente cuándo tuvo lugar su conversión al protestantismo, pero probablemente estaba consumada hacia 1538 cuando, al ofrecérsele un obispado en Polonia, partió abruptamente hacia Francfort del Meno. De allí se trasladó a Lovaina, donde se casó. Después estuvo en Emden de Frisia, donde en 1543 fue nombrado superintendente de las iglesias protestantes en el territorio de la Condesa Ana de Oldenburg.

Como era un hábil organizador, L. usó el tipo de disciplina que gozaba del favor de Ecolampadio. Como órgano principal en este orden estableció el *Coetus,* que estaba integrado por todo el clero y que se reunía todos los lunes en Emden, desde el día de Pascua hasta el de San Miguel Arcángel (29 de setiembre). Con el Interim de →Augsburgo (1548) se vio necesaria su partida y en 1550 llegó a Inglaterra. Se le concedió el uso de la iglesia de los Frailes Agustinos para los protestantes alemanes, holandeses, belgas y franceses, y como superintendente de las "iglesias de extranjeros" se le otorgó plena libertad en la predicación, la enseñanza, el culto y la disciplina: en fin, una concesión sin igual. Publicó un influyente libro sobre la disciplina eclesiástica y también una confesión de fe y un catecismo. Su único verdadero amigo entre los obispos fue John Hooper. Después de la muerte de su protector, Eduardo VI, tuvo que salir de Inglaterra. Terminó sus días como superintendente de las iglesias reformadas en el sur de Polonia.

PETER TOON

LATERANENSES, CONCILIOS→LETRAN, CONCILIOS DE

LATIMER, HUGO (1485-1555). Reformador y mártir inglés. N. en Leicestershire y se educó en Cambridge. Al principio fue un vigoroso defensor de la fe no reformada, pero →Bilney lo convenció de su error y desde entonces era ante todo un reformador. Nombrado obispo de Worcester en 1535, fue encarcelado dos veces por sus creencias durante la reacción de los últimos años de →Enrique VIII; y por fin, con →Cranmer y →Ridley, había de convertirse en una de las más célebres víctimas de la persecución de la Reina María, al ser quemado en Oxford en octubre de 1555. Las primeras controversias de la Reforma inglesa tuvieron que ver con una extraña mezcla de pretensión papal, corrupción clerical, y error doctrinal. Por ejemplo, hubo mucha polémica acerca de los peregrinajes, el purgatorio y las ideas sobre la Virgen María. Es un mérito de L. el que, ya en 1533, en una carta a Morice acerca de las acusaciones que le hacía Powell, reconociera la doctrina central y necesaria de la justificación, citando Ro. 5:1, y agregando: "Si veo la sangre de Cristo con los ojos de mi alma, esa es la verdadera fe de que su sangre fue derramada por mí". Después de eso pudo decir, con Lutero, hasta el final de su vida: "Aquí estoy; no puedo hacer otra cosa".

Siendo tal el caso, era esencial que los hombres leyeran y entendieran por sí mismos. De ahí el énfasis que hizo en la necesidad de conocer la Biblia en inglés. De ahí también su parte en la composición del Primer Libro de Homilías, de las cuales la duodécima, "Fiel exhortación a la lectura de la Sagrada Escritura", es posiblemente obra suya.

Sin embargo, es sobre todo como predicador que L. pervive, y eso dice mucho de la fuerza y vivacidad de su estilo. Durante los buenos años del reinado de Eduardo VI, L. predicó su serie de sermones en St. Paul's Cross "Sobre el arado" (1547) y ante la corte en la Cuaresma, en 1548-50. En los primeros tres sermones de la primera serie se concentró en la doctrina que había que enseñar; en el último, que nos ha llegado en detalle, procuraba definir "quiénes han de ser los maestros y predicadores de esa doctrina". L. se anduvo sin contemplaciones al criticar los defectos clericales y especialmente los de los obispos.

L. veía el oficio del predicador como enseñar la verdad y "reprender, convencer, refutar a los opositores que desdeñan la verdad", pero siempre afirmó que la forma en que un hombre viva será la clave de lo que cree. Por eso enfatizaba tanto la conducta, y nunca con más vigor que en los siete discursos de la Cuaresma de 1549 en que sacó a la luz las corrupciones públicas, entre ellas el soborno, la explotación, y la adulteración de la justicia. L. no era solo franco en su hablar, estaba también dotado de un fino giro coloquial del discurso, una riqueza de anécdotas conmovedoras y una capacidad para narrar en forma vívida. Fue un predicador popular en el mejor sentido del término.

ARTHUR POLLARD

LATOURETTE, KENNETH SCOTT (1884-1968). Historiador eclesiástico. N. y fue criado en una piadosa familia bautista de Oregón, EUA; estudió en Yale (1904-9), viajó por parte del →Movimiento de Estudiantes Voluntarios, luego fue misionero en la China hasta que por enfermedad tuvo que regresar en 1912. Después de recobrarse comenzó la obra de su vida: enseñar y escribir historia eclesiástica, especialmente la historia de las misiones y la del Lejano Oriente. Regresó a Yale en 1921, y siguió viviendo en su aposento de soltero en la universidad después de retirarse de su trabajo de tiempo completo en 1953. Fungió como presidente de la Convención Bautista Americana, la Asociación Histórica Americana, y la Asociación de Estudios Asiáticos. Prestó sus servicios en numerosas juntas editoriales y se asoció activamente tanto con el movimiento ecuménico como con diversas organizaciones evangélicas. Durante toda su vida acogió grupos de estudiantes que realizaban diálogos informales. Entre sus obras están *The Development of China* (1917); *The Development of Japan* (1918); *History of Christian Missions in China* (1929); *The Chinese: Their History and Culture* (1934); *History of the Expansion of Christianity* (7 tomos, 1937-45); *Christianity in a Revolutionary Age* (5 tomos, 1958-62); y *Beyond the Ranges: An Autobiography* (1967). Fue homenajeado con un *Festschrift* editado por W.C. Harr, con el título de *Frontiers of the Christian World Mission* (1962). Las siguientes obras se han traducido al español: *A través de la Tormenta* (1945, 1952), *Desafío a los protestantes* (1957) e *Historia del cristianismo* (2 t., 1953, 1958).

DONALD TINDER

LATROCINIO DE EFESO →EFESO, LATROCINIO DE

LAUBACH, FRANK C. (1884-1970). Misionero congregacionalista y lingüista estadounidense. N. en Benton, Pensylvania, fue educado en Princeton, Columbia y el Union Seminary, y después de su ordenación en 1914 trabajó como alfabetizador en las Filipinas. En 1929 comenzó su famoso proyecto educativo para enseñar la lectura por símbolos fonéticos e ilustraciones, y llegó a producir silabarios para cerca de 300 idiomas y dialectos en más de cien países de Asia, Africa y AL. L. trabó contacto con varios líderes mundiales, entre ellos Gandhi, que se hizo defensor de su obra de alfabetización en la India. El "Método L.", ahora de fama mundial, consiste esencialmente en que "cada uno enseñe a otro", es decir, que cada nuevo lector enseña a otro la lectura. De los esfuerzos de L. surgió el Comité de Alfabetización Mundial y Literatura Cristiana de la Conferencia de Misiones Extranjeras de Norteamérica. Como escritor fue muy prolífico, aventurándose con frecuencia más allá de la lingüística. Entre sus obras principales se hallan *India Shall Be Literate* (1940); *Teaching the World to Read* (1947); *Prayer, the Mightiest Force in the World* (1946); y *Making Everybody's World Safe* (1947).

ROBERT C. NEWMAN

LAUD, WILLIAM (1573-1645). Arzobispo de Canterbury desde 1633. Se preparó en la Facultad de San Juan en la Universidad de Oxford donde, debido a la influencia del rector Juan Buckeridge, reaccionó en contra del calvinismo dominante y se convenció de la importancia de la organización episcopal para la Iglesia de Inglaterra. Fue nombrado rector de la antedicha Facultad en 1611 y procuró reintroducir las prácticas litúrgicas de la época antes de la Reforma. En 1616 fue nombrado deán de Glouscester y en 1621, obispo de San David donde ponía por obra sus prejuicios anticalvinistas. En una conferencia con el jesuita John Fisher, admitió que la ICR es una iglesia verdadera "porque recibe las Escrituras como regla de fe y ambos sacramentos". Tal postura teológica gustó al rey Carlos I quien lo fue ascendiendo jerárquicamente hasta que en 1633 lo nombró arzobispo de Canterbury.

L. animó la reintroducción en las iglesias de vidrios de color, de cruces y aun crucifijos, altares con barandas y prácticas tales como la genuflexión al mencionarse el nombre de Jesús y el persignarse en el bautismo. Durante su visitación provincial de 1634-36 procuró imponer la uniformidad sin tomar en cuenta objeciones de conciencia. Empleó la *Star Chamber* (infame corte secreta y arbitraria) para obligar esta uniformidad eclesiástica. La Declaración de permitir deportes los domingos, emitida por →Carlos I en 1637, probablemente fue instigada por L. para demostrar su oposición a las creencias de los puritanos acerca de como debe observarse este día. Procuró imponer sobre la Iglesia de Escocia (calvinista) el nuevo Libro de oración, lo cual provocó una tremenda revuelta. En 1640 logró legislación a favor del principio →"derecho divino de los reyes". Pero en 1641 un parlamento ya contrario a Carlos hizo preso a L. y en 1645 fue ejecutado, acusado de traición.

JOYCE HORN

LAUDES. Aunque esta es la primera de las horas diarias en el Oficio Divino (en la Iglesia Anglicana), en la práctica se reza junto con el oficio nocturno (Maitines). Derivado de la antigua oración matutina de la iglesia, este oficio siempre incluye los Sal. 148-150, que son los l. o alabanzas que se cantan a Dios a la aurora. El cántico es el *Benedictus,* o Cántico de Zacarías (Lc. 1:68-79). En Oriente los l. se llaman *orthros.*

LAUSANA, CONFERENCIA DE (1927). Primera conferencia del movimiento "Fe y Constitución", celebrada en Lausana, Suiza, sobre todo por la iniciativa del obispo C.H. →Brent y de Robert H. Gardiner. Participaron más de 400 delegados de cerca de 90 iglesias, con la notable ausencia de las Iglesias Católica Romana y Ortodoxa Rusa y varios grupos bautistas. La no participación de los católicos romanos fue explicada por Pío XI en la encíclica *Mortalium animos* (6 de en. de 1928), en que prohibía la participación católica en el movimiento ecuménico al cual llamaba "pancristiano". La conferencia se interesó por las cuestiones doctrinales que dividían a las iglesias. Los temas de discusión fueron: el llamado a la unidad, el mensaje de la iglesia al mundo, la esencia de la iglesia, el episcopado y la sucesión apostólica, y los sacramentos.

El arzobispo griego Germanos declaró que la unión era imposible sin la aceptación de los siete →Concilios Ecuménicos y algunos delegados salieron más conscientes de las diferencias que cuando habían entrado. Aun así, la conferencia hizo mucho por estimular el interés en la reunificación y animar la cooperación teológica. La declaración final, llamada "Mensaje de L.", fue una admirable exposición del evangelio medular, definido como "el gozoso mensaje de redención tanto presente como futura, el don de Dios en Cristo al hombre pecador". Obtuvo el asentimiento unánime de los delegados y parte de él fue incorporada al mensaje de la Conferencia de Jerusalén de 1928.

J.G.G. NORMAN

LAUSANA, CONGRESO DE (1974). Nombre del Congreso Internacional sobre Evangelización Mundial realizado en Lausana, Suiza, del 16 al 25 de julio de 1974 bajo el lema "Que la tierra oiga su voz". Fue auspiciado por la Asociación Evangelística de Billy Graham y convocado por un comité compuesto por líderes evangélicos de todo el mundo; lo presidió el obispo anglicano A. Jack Dain de Sidney, Australia. El propósito del C. era fomentar la evangelización en todo el globo. Asistieron casi 4.000 personas (2.473 de ellas como "participantes" oficiales) de 150 países y más de 135 denominaciones y se constituyó así en el foro más amplio de la historia de la iglesia hasta ese momento.

Durante el C. se debatieron importantes temas, varios de los cuales fueron planteados por oradores latinoamericanos. Estos temas aparecieron sintetizados en el documento conocido como el "Pacto de L.". Las quince secciones de éste eran: (1) El propósito de Dios; (2) La autoridad y el poder de la Biblia; (3) La singularidad y la universalidad de Cristo; (4) La naturaleza de la evangelización; (5) Responsabilidad social cristiana; (6) La iglesia y la evangelización; (7) Cooperación en la evangelización; (8) Las iglesias y el compañerismo en la evangelización; (9) La urgencia de la tarea de evangelización; (10) Evangelización y cultura; (11) Educación y liderazgo; (12) Conflicto espiritual; (13) Libertad y persecución; (14) El poder del Espíritu Santo; (15) El retorno de Cristo.

Más de 2.000 de los concurrentes firmaron el Pacto, expresando así su adherencia a un concepto de evangelización según el cual la proclamación del Evangelio es inseparable de la responsabilidad social, el discipulado y la renovación de la iglesia. Esta imposibilidad de separar la evangelización de la misión total de la iglesia fue subrayada aun más en "Una respuesta a L.", documento firmado por más de 300 de los concurrentes, identificados como un "grupo de discipulado radical" que tomó forma durante el C.

A fin de darle realidad a dicho Pacto, al final del cónclave se eligió un comité de unos 50 miembros. De su primera reunión, realizada en México del 20 al 24 de en. de 1975, surgió el Comité de Continuación para la Evangelización Mundial. El africano Gottfried Osei-Mensah fue escogido como su primer secretario ejecutivo.

C. RENE PADILLA

LAW, WILLIAM (1686-1761). Autor devocional inglés. N. en King's Cliffe, Northants, fue educado en Emmanuel College, Cambridge, del cual fue elegido miembro en 1711, año de su ordenación. No quiso prestar juramento de lealtad a Jorge I en 1714, por lo que fue privado de su calidad de miembro de Emmanuel College y quedó convertido en un "no-jurante" por el resto de su vida. En 1727 se relacionó por primera vez con la familia Gibbon en Putney, al ser asignado como tutor de Edward Gibbon, padre del historiador del mismo apellido. Allí permaneció como amigo cercano y consejero de la familia hasta la muerte de Gibbon en 1740 cuando, al desintegrarse la familia, retornó a King's Cliffe por el resto de su vida. Llegó a ser reconocido como notable polemista con sus *Three Letters to the Bishop of Bangor* (1717), que refutaban el intento del obispo Hoadly de "disolver la Iglesia en tanto sociedad". Ridiculizaba la teoría del obispo según la cual solo la sinceridad había de ser la prueba de la profesión religiosa, aunque pudiera atestiguar la integridad moral, y en vez de eso integró una apologética constructiva del cristianismo ortodoxo. Su *Case for Reason* (1732) fue una respuesta a la obra de Tindal *Christianity as old as Creation,* y en parte se adelanta al argumento del obispo →Butler en su *Analogy*.

Pero la obra más influyente de L. fue su *Serious Call to a Devout and Holy Life* (1728), que influyó en la vida de muchos de los primeros evangélicos, entre ellos Whitefield, los hermanos Wesley, Henry Venn, Thomas Scott, y Henry Martyn, y otros como Samuel Johnson y Gibbon. En este libro L. elogia fuertemente la fe cristiana por su enseñanza moral y ética, especialmente por su defensa de la autonegación, la humildad y el dominio propio. Toda la vida debe vivirse para la gloria de Dios. Pero el libro no contiene una doctrina fuerte de la Redención, y le falta el gozo de la buena nueva del mensaje evangélico. Como maestro del argumento lógico, L. escribió también *The Spirit of Prayer* (1749, 1752) y *The Spirit of Love* (1752, 1754). En asociación con dos damas, Mrs. Hutcheson y Miss Hester Gibbon, sus últimos años transcurrieron en fundar escuelas y casas de caridad y en otras obras de piedad.

G.C.B. DAVIES

LAZARISTAS (Vicentinos). Nombre popular de la Congregación de Sacerdotes de la Misión que se originó en la exitosa misión a la gente corriente en los predios de la familia Gondi, dirigida por →Vicente de Paúl, y otros cinco, en 1625. Aprobada por una bula papal (1632), la sociedad fue constituida en congregación con Vicente como su superior. Recibieron el priorato de San Lázaro de París (hasta entonces un lazareto), de donde procede su nombre popular. La sociedad fue confirmada por Alejandro VII (1655) y su regla fue trazada según el modelo jesuita y publicada en París en 1668. Sus inquietudes especiales eran la evangelización de las clases pobres, la formación del clero y las misiones extranjeras. Suprimidos durante la Revolución Francesa, fueron restaurados por Napoleón.

J.G.G. NORMAN

LEA, HENRY CHARLES (1825-1909). Historiador y perito en estudios sobre la→Inquisición. N. y murió en Philadelphia, Pennsylvania (EUA), afiliado de los →amigos (cuáqueros). Era jefe de una casa editora pero dedicaba gran parte de su tiempo a la investigación histórica, especializándose en ciertos aspectos de la Iglesia Católica Romana, sobre todo en la Inquisición. Llegó a ser la autoridad por excelencia en esta materia, siendo menos apasionado y más objetivo en su tratamiento del tema que Juan Antonio →Llorente. Fue escritor voluminoso. Entre sus obras se destacan *Historical Sketch of Sacerdotal Celibacy in the Christian Church* (1867), *History of the Inquisition of the Middle Ages* (tres t., 1888), *Chapters from the Religious History of Spain Connected with the Inquisition* (1890), *The Moriscos of Spain, their Conversion and Expulsion* (1901), *History of the Inquisition in Spain* (cuatro t. 1906, 1907), *Inquisition in the Spanish Dependencies* (1909).

WILTON M. NELSON

LEANDRO (c.550-c.600). Obispo de Sevilla. N. en Cartagena, L. provenía de una familia que llegó a contar con cuatro santos: él, su hermana Florentina, y sus hermanos Fulgencio e Isidoro. Este último sucedió a L. como obispo. L. asumió la sede episcopal hacia 577 y, como principal eclesiástico de España, condujo a los reyes visigodos del país del arrianismo al catolicismo. Al convertir al Príncipe Hermenegildo, L. fue al principio objeto de la cólera del Rey Leovigildo y fue forzado a huir a Constantinopla. Allí se hizo amigo de Gregorio Magno, varias de cuyas cartas a L. sobreviven. De regreso a Sevilla, presidió el Sínodo de Toledo en 589. *De triumpho ecclesiae ob conversionem Gothorum* (su discurso de clausura de esa asamblea) y una regla para monjas, constituyen sus dos escritos conservados.

JAMES DE JONG

LECCIONARIO. Libro que contiene las porciones (perícopas) de la Escritura asignadas para ser leídas en el culto público en días particulares del año, o que da la lista de dichas lecturas. La práctica de leer extractos de la Biblia se halla en la sinagoga y en la iglesia primitiva. Sistemas de lecturas comenzaron a aparecer desde el s.III, y luego vinieron las lecturas adecuadas a los calendarios eclesiásticos de las diferentes iglesias. Las iglesias protestantes de Occidente siguieron el énfasis que la Iglesia de Roma pone sobre el Adviento, pero los l. luteranos y anglicanos difieren ahora mucho de la actual costumbre católica. El l. anglicano de 1871 abarca las lecturas que han de hacerse en la oración matutina y vespertina. Existe una Tabla alterna corregida (1922). Las ulteriores revisiones que siguieron en 1944, 1946 y 1956 ilustran una general determinación de hacer que el l.

sea más significativo para nuestra época.
HOWARD SAINSBURY

LECLERC, JEAN (1657-1736). Teólogo protestante francés. N. en Ginebra, estudió filosofía y teología, fue ordenado en Ginebra y se fue para Saumur donde publicó sus *Liberi de sancto amore epistolae theologicae* en que trataba de la doctrina de la Trinidad, el pecado original y el problema de las dos naturalezas en la persona de Cristo. Después de conocer a John Locke y a Philip Lumbach en Amsterdam, adoptó en teología la posición de los →remonstrantes. Tras un breve regreso a Ginebra se estableció en Amsterdam, donde se hizo profesor de hebreo en el Seminario Remonstrante. Entre 1684 y 1712 poseyó la cátedra de historia eclesiástica en esa escuela. Fue un prolífico escritor y ejerció buena influencia en los círculos arminianistas, particularmente por medio de las revistas que editó. C. GREGG SINGER

LECTOR LAICO. Anglicano no ordenado que tiene permiso de proclamar las lecturas, dirigir la oración matutina y vespertina (excepto la Absolución), predicar en cultos no eucarísticos y, con permiso especial del obispo, leer la Epístola y administrar el cáliz en la Santa Comunión. Este cargo es un intento moderno de revivir el antiguo oficio de lector; data de 1866 y recibió su primer desarrollo amplio en EUA, donde el número de clérigos ordenados era insuficiente para las necesidades de expansión y donde los cultos de la Iglesia Episcopal fueron, en muchas regiones y por largos períodos, dirigidos exclusivamente por l.l. En Inglaterra, la Convocación emitió regulaciones sobre la labor de un l.l. en 1905 y estas regulaciones han sido revisadas después en diversas ocasiones. Un obispo admite un l. a su oficio concediéndole una licencia ya sea parroquial o diocesana. Cada diócesis tiene una junta de l., que estipula un entrenamiento mínimo y coordina su trabajo. JOHN A. SIMPSON

LEFEVRE, JACOBO (FABER STAPULENSIS (1455-1536). Humanista y pionero de la Reforma Francesa. N. en Etaples de Picardía. Fue ordenado al sacerdocio pero su amor al estudio lo llevó a París. Se aficionó a las letras del →Renacimiento lo cual motivó que se fuera a Italia en donde fue influido por el platonismo cristiano de →Ficino y Mirandola.

Regresó a Francia y decidió dedicarse al estudio bíblico. Llegó a ser un destacado humanista cristiano. Uno de los primeros frutos de sus estudios fue una nueva traducción al latín de las epístolas de Pablo con un comentario (1512), obra que Lutero usó como libro de texto en Wittenberg. En esta obra L. enseña que la salvación es por pura gracia, niega que las buenas obras cooperen para la justificación, rechaza la transbustanciación y se opone al celibato clerical. En 1525 fue publicada su traducción al francés del NT, y en 1530 toda la Biblia.

Los teólogos de la →Sorbona lo acusaron de herejía. Tuvo que abandonar París y refugiarse en Meaux con el obispo Briconnet. Alrededor de L. se formó un grupo de discípulos, llamado la "Escuela (o "grupo") de Meaux", deseosos de efectuar una reforma de la Iglesia, entre ellos Guillermo Briconnet, Guillermo Budé, uno de los fundadores del *Collége de France,* Francisco Vatable, el que enseñó hebreo a Calvino, Gerardo Rousel, amigo de Calvino y más tarde obispo de Olorón, →Margarita de Orleans, hermana de Francisco I y reina de Navarra, Luis Berquín, uno de los primeros mártires de la Reforma Francesa, y Guillermo →Farel, el fogoso iniciador de la Reforma en Ginebra.

La mayoría de los de Meaux querían una reforma sin un rompimiento con la vieja Iglesia. Eran místicos evangélicos, influidos en diferentes grados por el →neoplatonismo cristiano de Ficino. Pero al adquirir carácter revolucionario la Reforma Protestante los miembros se vieron obligados a decidirse. Unos pocos se identificaron con la Reforma (v.g. Farel y Berquín) pero los demás resolvieron quedarse en la ICR y algunos hasta se opusieron a la Reforma.

A pesar de la crítica de la Sorbona L. nunca rompió con la Iglesia. Pasó sus últimos años tranquilamente en Nerac bajo el amparo de Margarita, la reina de Navarra.
WILTON M. NELSON

LEGADO PAPAL →NUNCIO Y LEGADO

LEGATE, BARTHOLOMEW (1575?-1612). Ultimo de los herejes quemados en Londres. N. en Essex, se hizo mercader en telas y, cuando el negocio lo llevó a Zelanda, se hizo predicador entre los *seekers.* Esperando una nueva revelación, aseguraba que entretanto no existía una verdadera iglesia ni verdadero bautismo, ni ningún "cristiano visible". Rechazó como "execrable herejía" la idea menonita del origen celestial del cuerpo de Cristo. Para 1604, aunque creía en el sacrificio propiciatorio, había llegado a la conclusión de que Cristo era un simple hombre, pero nacido sin pecado. En 1611 con su hermano Thomas, Bartholomew fue encarcelado y acusado de herejía. El Rey Jaime I se interesó personalmente y trató de convencerlo de su error, pero halló que L. era incorregible. En feb. de 1612 L. apareció ante un formidable consistorio de asesores episcopales, clericales y legales. Se citaron trece cargos de herejía. Fue hallado culpable y entregado a las autoridades seculares para su ejecución; rehusó retractarse y fue quemado públicamente. Se dice que L. era de buen aspecto, razonable y de excelente carácter.

J.D. DOUGLAS

LEGO, HERMANO. Miembro de una orden religiosa que se ocupa ante todo de los servicios manuales y que, a diferencia de un sacerdote, no está obligado a rezar diariamente el Oficio Divino. Sin embargo, tiene que asistir a misa todos los días y rezar un oficio breve y regular que varía de una orden a otra. La costumbre de tener religiosos no ordenados surgió en el s.XI para llenar el vacío creado en los monasterios por el hecho de que a los sacerdotes se les excusaba de muchos oficios manuales. Un h.l. lleva hábito especial y sirve en el noviciado. Hay también hermanas legas. J.D. DOUGLAS

LEIBNITZ, GOTTFRIED WILHELM (1646-1716). Filósofo alemán. N. en Leipzig, estudió jurisprudencia, matemáticas y filosofía en las universidades de Leipzig y Jena; entró al servicio del elector de Maguncia en 1666 y en 1676, a la invitación del duque de Brunswick, se hizo bibliotecario ducal e historiógrafo en Hannover. Allí pasó el resto de sus días, trabajando en la voluminosa historia de la Casa de Brunswick. Como filósofo, L. estaba insatisfecho con el dualismo de Descartes y con las ideas mecanicistas del hombre y la sociedad propugnadas por Newton y Locke. En su *Monadología* (1714) y en otras obras afirmó la naturaleza dinámica y espiritual del mundo que él veía en términos de movimiento; pero es discutible si, como creía él, su idea de Dios es esencial como primer eslabón en su gran cadena esquemática de causación. Su perspectiva es alegre y esperanzada, y conduce al optimismo de la →Ilustración.

Como teólogo protestante el optimismo de L. es conspicuo, y su *Théodicée* (1710), escrita como respuesta al *Diccionario* de →Bayle, demuestra la armonía de la fe y la razón. Pero su visión intelectualista del cristianismo como la suma de todas las religiones, y aun más su idea del mal como la simple consecuencia desafortunada de la necesaria limitación de todo lo creado, indica una grave desviación respecto de la ortodoxia luterana. Repelido por su conocimiento de los excesos de la Guerra de los →Treinta Años, L. concertó durante los años 1686-91 una serie de infructuosas negociaciones entre teólogos protestantes y católicos y luchó por promover la unión entre las iglesias protestantes, ayudando a establecer el *Collegium Irenicum* en Berlín en 1703. Como metafísico profundo aunque a veces abstruso, se le considera con razón como el verdadero fundador de la tradición filosófica alemana. IAN SELLERS

LEIPZIG, DISPUTA DE (1519). Debate concertado por Johann →Eck, pro-canciller de Ingoldstadt y antiguo amigo de Lutero que luego se convirtió en su principal adversario, con el fin de desacreditar la teología agustiniana recientemente descubierta por Lutero y Carlstadt y de forzarlos a ellos a peligrosas posturas antipapales. Fue Eck quien escogió a L. como sitio del debate, puesto que en ese lugar eran impopulares los de Wittenberg. La primera y tercera fases del debate entre Eck y Carlstadt fueron áridas, en que el reformador, deseoso de defender la lectura abierta de la Biblia y el testimonio de los Padres, fue forzado por su opositor a atrincherarse en un tortuoso escolasticismo. Sin embargo, la segunda fase, cuando Lutero disputó con Eck, adquirió vida cuando el primero fue llevado a afirmar que los concilios de la iglesia no solo pueden equivocarse sino que de hecho se han equivocado; que el "poder de las llaves" había sido dado a la iglesia (e.d. la congregación de los fieles) y no al papa; y que la creencia en la preeminencia de la Iglesia Romana no era necesaria para la salvación. Lutero salió del debate deprimido por la liviandad e insinceridad del procedimiento y la hostilidad de los ciudadanos de L., en tanto que Eck se jactaba de haber triunfado sobre los herejes. De hecho el debate había clareado el aire, proporcionado a los enemigos de Lutero una causa contra él, y preparado el camino para su condena por parte de la Dieta de →Worms en 1521.

IAN SELLERS

LENGUAS →GLOSOLALIA

LEON I (San León Magno) (c.400-461). Papa desde 440. N. en Toscana, fue diácono bajo el Papa Celestino I (422-32) y estuvo activo antes de ser electo como obispo de Roma para suceder a Sixto III. Uno de los más grandes administradores de la iglesia antigua, L. es conocido por haber combinado el derecho romano con los procedimientos eclesiásticos y por haber fortalecido la primacía de la sede romana en la estructura eclesiástica.

Como papa, L. se dedicó al deber de predicar y escribió muchos sermones para el ciclo litúrgico. Obligó vigorosamente la uniformidad en el gobierno y doctrina de la iglesia, tanto localmente (e.d. en las diez diócesis circundantes) como universalmente. Cuando el co-emperador Marciano convocó el Concilio de Calcedonia en 451, L. envió representantes y su *Tomo a Flaviano* (patriarca de Constantinopla), parte del cual se relacionaba con una doctrina sobre Cristo que fue adoptada por el Concilio. Mantuvo relaciones pacíficas con el sucesor de Marciano, el Emperador León el Tracio, a pesar de ciertos roces que hubo acerca del apoyo a Calcedonia. La fe de L. en el uso de la moderación al aplicar el poder queda ilustrada por su trato con la Iglesia Africana y su reacción violenta ante el descubrimiento de que uno de sus propios vicarios (Anastasio de Tesalónica) había actuado precipitadamente al tratar con sus asistentes. Defendió la fe contra grupos heréticos como los maniqueos, los monofisitas y los pelagianos. También desempeñó un papel fundamental en evitar la destrucción de Roma en 452, cuando persuadió a Atila de que se retirara, y en 455, cuando convenció a los vándalos de no masacrar al populacho.

L. no escribió ningún tratado, pero sus sermones que se conservan indican sus creencias en cuestiones doctrinales. La esencia de su enseñanza estriba en su sobrecogimiento ante el misterio de Cristo y de la iglesia. Creía actuar en lugar de Pedro, y que Cristo participaba activamente en el gobierno de la iglesia.

ROBERT G. CLOUSE

LEON III (c.680-741). Emperador bizantino desde 717, conocido como el "Isáurico" o el "Sirio". Después de rebelarse contra Teodosio III, marchó a Constantinopla y fue elegido emperador. En una serie de batallas repelió y derrotó a los árabes. También introdujo importantes reformas administrativas, p.e. en la *Ecloga Legum* basada en parte en el Código de →Justiniano, y en la ley canónica y consuetudinaria. Su política eclesiástica causó el estallido de la larga Controversia de la →Iconoclastia. En 726 emitió un edicto contra el uso de las imágenes en el culto, pero cuando trató de quitar un famoso icono de Cristo en Constantinopla recibió fuerte oposición de la población local, los monjes, el patriarca Germán y Juan de Damasco. Estalló una revuelta en la Hélade. Impasible, proscribió en 730 el uso de los iconos y ordenó que fueran destruidos. Germán rehusó cooperar y fue depuesto; el papa Gregorio III celebró dos sínodos en Roma en 731, condenando a los seguidores de L. En parte como castigo contra Roma, L. transfirió al patriarcado de Constantinopla tierras (p.e. en Grecia y el sur de Italia) que habían estado previamente bajo el papado, y también se apropió de algunos patrimonios papales. Su política fue continuada por su hijo Constantino V.

PETER TOON

LEON III (m.816). Papa desde 795. Era oriundo de Roma, y su primer acto significativo tras su elección fue enviar a →Carlomagno el estandarte de Roma y las llaves del sepulcro de Pedro y de la ciudad. En 799, tras ser acusado por sus adversarios de graves faltas, salvó su vida a duras penas. Apeló a Carlomagno, el cual llegó a Roma en 800 y ante el cual L. juró ser inocente de lo que se le imputaba. Dos días después, el día de Navidad, coronó a Carlomagno emperador, tal vez con la idea de sugerir que esa era una prerrogativa exclusiva del papa. Esto introdujo presión en las relaciones con Oriente, que estaban mejorando. L. trató de corregir esto en 809 cuando, al confirmar la validez de la palabra *Filioque* introducida en el Credo →Niceno, pidió que el credo no fuera entonado en la liturgia pública. L. fue canonizado en 1673.

J.D. DOUGLAS

LEON IX (1002-1054). Papa desde 1048. N. en Alsacia, prestó servicio militar en Lombardía durante el reino de su pariente el Emperador Conrado II, a quien debió su nombramiento en 1027 como obispo de Toul. Habiendo recibido la influencia de las obras de Cluny y Lorena, reformó diversos monasterios, celo reformador que resultó visible para la iglesia entera después de su elección como papa. Viajó por Europa promoviendo un nuevo ideal del papado. Los concilios de Bari, Maguncia, Pavía y Reims emitieron decretos contra la simonía, el matrimonio clerical, y otros abusos. Se opuso fuertemente a la devastación normanda del sur de Italia, que antagonizaba tanto a la corte alemana como a la Iglesia Oriental. Derrotado por los normandos en 1053, estaba a punto de formar una triple alianza del papado, el imperio y Bizancio, cuando murió. Hildebrando, luego Gregorio VII, comenzó su carrera en Roma bajo el pontificado de L. C.G. THORNE, Jr.

LEON X (1475-1521). Papa desde 1513. Segundo hijo de Lorenzo el Magnífico, Giovanni de'Medici recibió la tonsura antes de cumplir los ocho años y a los trece fue hecho cardenal diácono. Sus tutores en la corte de su padre fueron, entre otros, Marsilio →Ficino, Angelo Poliziano y Giovanni Pico della Mirandola. Estudió teología y derecho canónico en Pisa y fue hecho miembro del colegio de cardenales en 1492. Durante el período que medió hasta su elección al papado, Giovanni participó en la elección de Alejandro VI (1492), fue exiliado de Florencia durante el reino de →Savonarola (1494), fue cabeza de la familia Médicis (1503), participó en las elecciones sucesivas de Pío III y Julio II, y logró reconquistar el poder en Florencia por medio de una incruenta revolución que hicieron los florentinos (1512).

El 15 de marzo de 1513 recibió las sagradas órdenes; el 17 de ese mes fue consagrado obispo, y fue coronado papa el día 19. Fue elegido a causa de sus cualidades pacíficas en contraste con las tendencias bélicas de Julio II. L. personificó el Renacimiento: era amante del arte, la música y el teatro, y fue el mecenas de muchos humanistas. Su piedad era probablemente sincera, pero sus gastos desmedidos empobrecieron al papado. Administró la obra culminante del Concilio de Letrán IV (1512-17) y negoció un arreglo con Francisco I de Francia que aclaraba los deberes del rey y del papa (1515). En su constante búsqueda de fondos económicos, L. renovó una indulgencia para contribuir a la construcción de la Basílica de San Pedro, acto que condujo a la Reforma Protestante.

ROBERT G. CLOUSE

LEON XIII (1810-1903). Papa desde 1878. De nombre Vincenzo Gioacchino Pecci, n. en Carpineto, fue educado por los jesuitas de Viterbo, y estudió en Roma. Fue ordenado sacerdote en 1837, y nombrado delegado apostólico de Benevento. En 1841 fue hecho delegado de Perusa, donde obtuvo reputación como reformador social. Fue designado nuncio en Bruselas (1843) y consagrado arzobispo de Damiato, y durante su residencia de tres años medió en una controversia educativa entre los jesuitas y la Universidad Católica de Lovaina. Fue hecho obispo de Perusa (1846) y en 1853 fue creado cardenal presbítero de San Crisógono. Su largo episcopado sirvió para que edificara y restaurara iglesias, y estimulara la educación y la reforma social. Aunque no era del todo una persona grata para Pío IX, protestó sin embargo contra la pérdida del poder temporal del papa en 1870.

Electo al papado, tuvo que ver cómo se las arreglaba con la civilización de su época. Por métodos conciliatorios superó el anticlericalismo en Alemania que siguió al decreto de infalibilidad papal en 1870. En Bélgica vio al partido católico retornar al poder (1894), en tanto que en 1892 estableció una delegación apostólica en Washington. Renovó los contactos con Rusia y Japón y mejoró las relaciones con Gran Bretaña. En Francia, sin embargo, trató con poco éxito de disociar al clero católico del partido monarquista, y durante sus últimos años las relaciones entre iglesia y estado en ese país se deterioraron para entrar en un período de triunfante anticlericalismo. En Italia no logró tampoco recobrar los perdidos poderes temporales del papado, y el papa siguió siendo "prisionero del Vaticano".

L. hizo grandes esfuerzos por mejorar las actitudes sociales, y trató de detener la corriente que estaba llevándose a las clases obreras hacia la irreligión. Su encíclica *Rerum novarum* (1891) hacía énfasis en que el trabajo debía recibir su justa recompensa, y aprobaba la legislación social y el sindicalismo. Estimuló el estudio de la Biblia, y en 1883 abrió los archivos del Vaticano a la investigación histórica. Realizó algunos esfuerzos de acercamiento hacia otras iglesias, notablemente a la Iglesia de Inglaterra con su carta apostólica *Ad Anglos* (1895), aunque una comisión que él designó rechazó como inválidas las ordenaciones anglicanas (1896). También promovió la vida espiritual dentro de su propia iglesia. J.G.G. NORMAN

LEONCIO DE BIZANCIO (s.VI). Teólogo anti-monofisita. En sus primeros años vivió entre los nestorianos. Era probablemente un monje palestino; se le conoce a partir de la *Vita Sabae* de Cirilo de Escitópolis. Entró a un monasterio de Palestina llamado "Nueva Laura" c.520 y acompañó a Sabas a Constantinopla en 530, donde defendió la doctrina calcedonia contra los monofisitas (531-36). De nuevo en Palestina en 537, defendió al origenismo contra los ataques ortodoxos y luego regresó a Constantinopla hacia 540. El, junto con Boecio en Occidente y Juan Filópono en Oriente, ayudó a poner la filosofía aristotélica a disposición del uso teológico. Sus obras muestran que era versado en la lógica aristotélica y en la psicología de los platonistas. Se opuso tenazmente al →monofisismo y a →Severo de Antioquía en sus obras, entre las cuales se hallan *Tres libros contra los nestorianos y eutiquianos; Resolución de los argumentos avanzados por Severo; Treinta capítulos contra Severo;* y tal vez *Contra el engaño de los apolinaristas.* Su cristología parece haber estado más cercana a la de →Teodoro de Mopsuestia que a la de Cirilo de Alejandría. Alegaba que las dos naturalezas de Cristo eran permanentemente distintas, pero la existencia de la humanidad se manifestaba concretamente en la única hipóstasis del Verbo divino. Utilizaba el término *enhypóstatos* (desarrollado luego por Máximo el Confesor y Juan Damasceno) para argüir que si una naturaleza tenía su subsistencia en otra hipóstasis, no necesitaba por ello convertirse en un accidente. Su término favorito había sido usado anteriormente; la idea procedía de los neoplatónicos. En suma, en su cristología L. parecía estar tratando de reformular la cristología de →Evagrio Póntico en términos calcedonianos. JOHN GROH

LESSING, GOTTHOLD EFRAIN (1729-1781). Escritor y dramaturgo alemán. Hijo de un pastor de Sajonia, se hizo bibliotecario del duque de Brunswick (1774-78), período durante el cual publicó una serie de *Fragmentos de un escritor desconocido.* Aseguraba haberlos descubierto en la biblioteca ducal de Wolfenbüttel (de donde su nombre popular de *Fragmentos de →Wolfenbüttel*). En realidad eran extractos de un voluminoso manuscrito inédito de H.S. →Reimarus. La obra era una defensa y replanteamiento del deísmo escéptico. El último de los fragmentos se titulaba *El objetivo de Jesús y sus discípulos,* y se proponía denunciar los relatos evangélicos sobre Jesús como parte de un fraude, sobre la base de sus supuestas predicciones escatológicas no cumplidas. Jesús había prometido la venida inminente del reino de Dios, y no había venido. A su muerte los discípulos, con astucia, lo habían postergado indefinidamente, diciendo que Jesús había resucitado de entre los muertos y había subido al cielo. Mientras tanto, la gente no ha logrado darse cuenta de que el cristianismo está fundamentado sobre aseveraciones fraudulentas no cumplidas.

La controversia subsiguiente se desató fieramente. Entre los que contestaron estaban J.M. Goeze, J.C. Döderlein, J.D. Schumann, y J.S. Semler. L. no se comprometía con sus afirmaciones, fingiendo ignorar la identidad del autor y replicando a los críticos en una serie de panfletos que ostensiblemente trataban de poner el debate en perspectiva, en tanto que añadían leña al fuego. Adoptaba ante la religión una actitud ilustrada, manteniendo ambiguamente que la religión no es verdadera porque los apóstoles la hayan enseñado: la enseñaron porque es verdadera. La evidencia histórica es insuficiente como base para la creencia religiosa, porque las verdades accidentales de la historia nunca pueden convertirse en prueba de las necesarias verdades de la razón. La verdad y valor de una religión deben aprehenderse mediante la experiencia. Los que viven rectamente demostrarán que tienen una religión verdadera. Este era el mensaje del poema dramático *Natán el sabio* (1779) y del ensayo sobre *La educación de la raza humana* (1780). L. también escribió un ensayo sobre crítica del evangelio, *Nueva hipótesis sobre los evangelistas considerados como escritores históricos meramente humanos* (1788), que postulaba una única fuente hebrea o aramea tras los evangelios, que retrataba a Jesús como un mesías puramente humano. COLIN BROWN

LETRAN, CONCILIOS DE. Concilios ecuménicos de la iglesia celebrados en la Iglesia de San Juan de Letrán, una de las principales basílicas de Roma. Hubo cinco de estos concilios, de los cuales el *primero* fue convocado por →Calixto II en 1123 para marcar la finalización de la Querella de las →Investiduras, momento en que se confirmó el Concordato de Worms. El concilio promulgó cierto número de cánones, que eran principalmente repeticiones de anteriores decretos relacionados con las ordenaciones eclesiásticas y los oficios, en armonía con la Reforma Gregoriana, y relacionados también con las indulgencias para las Cruzadas y con la Paz y Tregua de Dios.

En el *Segundo C. de L.,* convocado por Inocencio II después de que en 1138 murió su rival Anacleto II que había desafiado su pontificado desde la doble elección de 1130, Inocencio anunció la deposición de todos los que apoyaban a Anacleto, la excomunión de Rogelio II de Sicilia, y la condena de los adherentes de →Pedro de Bruys y de →Arnoldo de Brescia. Los cánones siguieron las líneas reformadoras del Primer C. de L., prohibiendo el pago por ciertos servicios sacerdotales como la extremaunción y las exequias, el estudio del derecho civil o de la medicina por parte de los religiosos, el matrimonio del clero, la usura, los torneos, el uso de la ballesta y el incendiarismo, entre otras cosas. Estipulaban que los monjes y canónigos habían de ser consultados en las elecciones episcopales y confirmaban la Paz y Tregua de Dios.

El *Tercer C. de L.*, como el segundo, marcó el fin de un cisma. Se reunió en 1179 al llamado de →Alejandro III, después del desbarato de sus rivales, cuyo apoyo por parte de Federico Barbarroja había terminado con el acuerdo de Venecia en 1177. Alejandro III fue el primer gran papa canonista de la época del resurgimiento del estudio del derecho y emitió en el concilio una serie de decretos importantes, el primero de los cuales estipulaba una mayoría de dos tercios de los cardenales para una elección papal y otro requería decisiones mayoritarias en las comunidades eclesiásticas. Otros decretos reformadores establecían escuelas catedralicias con instrucción libre y atacaban la simonía, el pluralismo y los vicios clericales. Hubo sanciones contra los usureros, los cátaros, judíos y sarracenos y contra los que ayudaban a estos últimos o a los piratas. Se confirmó la Paz y Tregua de Dios.

El *Cuarto C. de L.*, convocado en 1215 por →Inocencio III, marca el apogeo de los logros de los más poderosos papas medievales. Confirmó la elección de Federico II; denunció la Carta Magna como una afrenta al papa y a su vasallo el Rey Juan de Inglaterra; enunció el dogma de la transubstanciación; prescribió la obligación de confesarse y comulgar por lo menos una vez al año; confirmó a la nueva Orden Franciscana y exigió que judíos y sarracenos llevaran un traje distintivo. Se dirigieron condenas contra los cátaros y los valdenses, aunque no se les nombraba, y contra las enseñanzas de Joaquín de →Fiore y →Amalrico de Bena. Los cánones reformadores estipulaban, entre otras cosas, que no habían de fundarse nuevas órdenes, y que en las órdenes existentes habían de celebrarse capítulos generales. Se debía poner freno a los abusos relacionados con las indulgencias. Se conminó a los clérigos a no participar en ordalías judiciales. Se tomaron decisiones relativas a la próxima Cruzada (la quinta). El concilio rechazó una propuesta de que se recogieran pagos regulares de toda la iglesia para sostener la administración papal.

→Julio II respondió al Concilio antipapal de Pisa (1511-12) convocando el *Quinto C. de L.* en 1512. No se emitieron cánones, solo constituciones pontificias. El principal interés de Julio era lograr la condena de la teoría conciliar en general, y de los decretos de los Concilios de →Constanza y →Basilea y del reciente Concilio de Pisa, además de la Sanción →Pragmática de Bourges, en particular. Tanto Maximiliano como Luis XII fueron persuadidos de retirar su previo apoyo al Concilio de Pisa. Hubo inútiles esfuerzos para reformar los abusos relacionados con los encomios, el pluralismo y las inmunidades clericales y un reconocimiento de la necesidad de una reforma general de la iglesia. Se proyectó una nueva cruzada, que había de financiarse con un impuesto de tres años sobre todos los beneficios. El fracaso del Quinto C. de L. en resolver en forma decisiva los problemas que lo enfrentaban condujo directamente a la reforma de Lutero.

MARY E. ROGERS

LETRAN, TRATADO DE. Concluido entre el Vaticano y el Reino de Italia en 1929, este tratado restauraba las relaciones quebradas a la toma de Roma en 1870. Reconocía la independencia de la Santa Sede y su jurisdicción sobre la Ciudad del Vaticano, y sus derechos de propiedad sobre varias iglesias y edificios en otros lugares. Italia afirmó que el catolicismo era la única religión del estado, en tanto que el papado reconoció formalmente el Reino de Italia con Roma por capital. Italia acordó compensar a la Sede Apostólica por la pérdida de los Estados Pontificios. El →concordato adjunto garantizaba a la Iglesia el libre ejercicio de sus potestades espirituales, pero los obispos habían de prestar juramento de lealtad al estado. Mussolini acrecentó por este medio su propia reputación al neutralizar al papado.

RICHARD V. PIERARD

LEVELLERS ("niveladores"). Partido democrático en Inglaterra durante la Revolución Puritana y el período de la República. El nombre fue dado por enemigos del movimiento para sugerir que se proponían "nivelar las condiciones de los hombres". El partido se desarrolló en 1645-46 entre los partidarios radicales del Parlamento en Londres y sus alrededores. La guerra había sido librada en nombre del Parlamento y del pueblo, y los l. demandaban que la soberanía fuera transferida a la Cámara de los Comunes elegida por sufragio universal, que hubiera una redistribución de los escaños y parlamentos anuales o bienales. También abogaban por la igualdad ante la ley y la libertad de religión. Puesto que sus reformas no fueron puestas en marcha por el Parlamento, los l. recurrieron a la agitación dentro del *New Model Army*. Un debate realizado en Putney (oct.

de 1647) entre el Gral. Henry Ireton, representante de la postura dominante según la cual solo los propietarios debían tener derechos políticos, y los l., terminó en un punto muerto. La disciplina fue restaurada por los generales por la fuerza y en 1650 los principales l. tales como John Lilburne fueron encarcelados y el movimiento fue aplastado. ROBERT G. CLOUSE

LEWIS, C(LIVE) S(TAPLES) (1898-1963). Novelista, poeta y apologista inglés. Este laico anglicano, que n. en Belfast y enseñó tanto en Oxford como Cambridge, atrajo un amplio público de lectores durante y después de la Guerra Mundial II porque tenía, como escribió C.E.M. Joad, "ese don poco común de hacer legible la religión". Apareció en escena en 1941 con su aguda sátira *Screwtape Letters* (*Cartas a un diablo novato,* 1953), instrucciones de un diablo experimentado a un diablo bisoño acerca de cómo rescatar a un nuevo cristiano de las redes del cielo. Poco después, L. pronunció una serie de 29 charlas radiales muy populares sobre la doctrina cristiana básica. Eran, como los escritos posteriores de L., tradicionalmente ortodoxas; evitaba distinciones denominacionales y lo llamaba "cristianismo y nada más". El sello de su estilo era la viveza, la cortesía, la caridad, una fácil elegancia y una lógica disciplinada.

En los círculos académicos L. era un crítico literario respetado ya antes de que apareciera *Screwtape.* Su *Allegory of Love* (1936), estudio de la tradición del amor cortesano en la literatura, fue considerado un hito en los estudios medievales. *A Preface to 'Paradise Lost'* (1941) fue el centro de una controversia acerca de la teología de Milton y las interpretaciones románticas de Satanás.

Los libros fluían de su pluma a razón de uno o más por año, y en una asombrosa variedad: novelas, libros para niños, teología, apologética filosófica, poesía y crítica literaria. Muchos de sus libros parecían especialmente diseñados para quitar los obstáculos que enfrenta un cristiano en una época agnóstica de materialismo científico. Sus obras *The Abolition of Man* (1943), sobre la necesidad racional y social de una ética normativa, y *Miracles* (1947), defensa filosófica de la posibilidad de los milagros, eran tratados filosóficos finamente razonados. *The Problem of Pain* (1940) trata con la antigua dificultad de justificar los procederes de un Dios bueno ante el hombre que sufre. *Reflections on the Psalms* (1958) y *Letters to Malcolm: Chiefly on Prayer* (1963) comentaban problemas en los Salmos, la oración, y la vida devocional privada. Sus tres novelas más populares, *Out of the Silent Planet* (1938), *Perelandra* (1943) y *That Hideous Strength* (1945), tejían el cristianismo haciendo de él un mito cósmico de ficción extremadamente hermoso. Las siete Crónicas de Narnia llegaron a ser clásicos infantiles modernos.

A L. le disgustaba la hipocresía, el positivismo, y el "esnobismo cronológico", o sea la idea de que lo más nuevo es lo mejor. Su clara percepción del mal que hay en el hombre quedaba balanceada por su visión del gozo –la llamaba *Sehnsucht*–, el anhelo del hombre por su hogar eterno. Su mundo era un mundo de claridad formado por un compromiso de usar un razonamiento sano, adornado por un énfasis en lo inmutable y un desapego de las modas pasajeras. Creía que la razón era el órgano de la verdad, y la imaginación el vehículo para el entendimiento. Una cierta veta de filosofía platónica y de erudición filológica subyacían a su concepto de la imagen y el mito. Creía que el mito contenía una verdad universal, y que el cristianismo era el mito arquetípico. Para L., el mito cristiano tenía un correlativo objetivo.

L. fue criado como anglicano pero se hizo ateo en sus años de colegio. Su educación en Oxford fue interrumpida por el servicio militar en la Guerra Mundial I. Tras recobrarse de una herida de bala regresó a Oxford para estudiar filosofía y literatura inglesa. Su primer libro publicado, un delgado tomo de poesía lírica llamado *Spirits in Bondage,* apareció en 1919, seguido de un poema narrativo, *Dymer,* en 1926. Ambos fueron publicados bajo el pseudónimo Clive Hamilton. Después de casi treinta años como miembro de Magdalen College, se fue de Oxford en 1954 para asumir en Cambridge una cátedra recién establecida sobre inglés medieval y del Renacimiento. L. pasó gradualmente del ateísmo a un romanticismo al estilo de Yeats, y luego a un absoluto idealismo y finalmente al teísmo, y regresó al culto en la Iglesia Anglicana en 1929. Su viaje de conversión se narra en la alegoría *The Pilgrim's Regress* (1933) y en *Surprised by Joy* (1955), su autobiografía espiritual. La mayor parte de su vida transcurrió en una tranquila soltería, pero en 1956 se casó con Joy Davidman Gresham, judía estadounidense convertida al cristianismo, cuando ella estaba gravemente enferma de cáncer. Tras la muerte de ella en 1960 él escribió su aguda obra *A Grief Observed,* publicada inicialmente bajo el pseudónimo "N.W.

Clerk"; hasta su muerte, tres años después, L. protegió a los dos hijos de su esposa.

[Muchas de las obras de L. se han traducido al español; entre ellas se hallan *Cartas a un diablo novato* (1953), *El gran divorcio* (1956), *Cristianismo... ¡y nada más!* (1966, 1977) y *Los cuatro amores* (1977).]

JOAN OSTLING

LEYENDA NEGRA. Expresión que se aplica a la literatura que critica al pueblo, la historia y el carácter de la nacionalidad española por su obra de conquista y colonización de América. Mucho de lo que se critica tiene relación con la crueldad, la lascivia, el orgullo y la hipocresía que se atribuye a los conquistadores. Se estima que la "leyenda" se basa en la exageración de estos atributos y la manipulación de los datos. Muchos creen que la l.n. es totalmente falsa y que la utilizan y propugnan sus propios creadores. Como respuesta se recurre a la "leyenda blanca": la empresa española fue una gesta gloriosa, cristiana y civilizadora.

Ni la l.n. ni la "blanca" explican adecuadamente el problema. Muchos recurrieron a la l.n. por intereses y envidia al no poder dominar el territorio americano. Tal es el caso de muchos escritores ingleses. Otros acusaron a escritores como →Bartolomé de las Casas de alimentar y difundir la l.n. con sus acusaciones contra la colonización española.

Algunos intentan señalar que la l.n. y la "leyenda blanca" son expresión de las dos Españas, como los dos lados de la moneda que es el carácter español. La historia española se interpreta como tensión entre posturas opuestas.

Para entender la realidad a la que se refiere la l.n. es necesario analizar los aspectos ideológicos, económicos y políticos que la configuran. Hay elementos militares, políticos y espirituales que subyacen en la base de todo este dominio. No basta siquiera contrastar estos aspectos: debemos remontarnos a los aspectos teológicos de la dominación, concebida como "mesianismo temporal" y como identidad entre el Reino de Dios y el Imperio Español en América.

La l.n. solo plantea los aspectos abusivos, exagerados y excesivos de la conquista y colonización española. Hace falta describir cuál fue el verdadero dominio.

CARMELO E. ALVAREZ

LIBELLATICI. Nombre dado a aquellos que durante la persecución de Decio (249-51) compraban a las autoridades civiles certificados *(libelli)* que declaraban que ellos habían ofrecido sacrificios a los ídolos, cuando en realidad no lo habían hecho. La práctica fue condenada por los dirigentes eclesiásticos, pero los culpables de este artificio fueron tratados más liberalmente que los que de hecho habían ofrecido sacrificios. Un concilio celebrado en Cartago en 251 decidió que los *l.* penitentes podían restaurarse, pero que los *sacrificati* debían someterse a penitencia de por vida (→LAPSI).

J.D. DOUGLAS

LIBERACION, TEOLOGIA DE →TEOLOGIA DE LA LIBERACION

LIBERALISMO EN AMERICA LATINA. Corriente ideológica que llegó a América procedente de Europa, a través de movimientos como los de la →Ilustración y la Revolución Francesa, y de pensadores, economistas y filósofos del s.XVIII, principalmente ingleses que elaboraron teorías nuevas sobre la economía y el Estado.

Fundamentos ideológicos del l. son: confianza en el hombre, retorno a una libertad sin trabas, fe en las posibilidades de la ciencia, mayor énfasis en lo natural y humano, aceptación del raciocinio o pensamiento discursivo, en cuanto inventa hipótesis y teorías que luego deben comprobarse con la experimentación, como método fundamental de la ciencia. En este sentido el l. ideológico fue adverso al dogmatismo religioso. Por eso fue considerado por muchos como irreverente y hostil a la fe.

No obstante su estirpe europea y su antigua raigambre, el l. ideológico encontró motivos suficientes para aclimatarse en AL, tales como: la lucha por la independencia, la magnitud de los problemas, a los que no se encontraba solución en los antiguos sistemas, y el rechazo de los sistemas opresivos imperantes. Por ello el l. inspiró a grandes hombres del continente en sus esfuerzos por favorecer a las masas desposeídas y oprimidas, con la educación y la libertad. →Juárez, Martí, →Bolívar, →San Martín, Murillo Toro, Hostos, →Sarmiento, →O'Higgins y otros, pertenecieron a esta corriente liberal. Fueron muchos, sin distingos de credo, los que participaron en esta empresa.

Las relaciones del l. con las iglesias evangélicas del continente han sido ciertamente más generosas que las de otros movimientos: al estar en el poder se ha dado una mayor aproximación ideológica y, en general una mayor libertad de acción, basada en la libertad de cultos y de conciencia, y en los derechos de las minorías que el l. proclama como parte de su credo ideológico.

Por su parte la ICR ha gozado, al amparo del l., de privilegios y garantías (aunque no tanto como en los regímenes conservadores), porque las burguesías liberales en el poder, tanto como las conservadoras, tienen interés en manejar para su provecho electoral las enseñanzas de la ICR sobre la participación de los cristianos en la política.

Parece que hoy existe una mayor amplitud, fruto de ideas liberales dentro y fuera de la Iglesia, en lo concerniente a lo que el l. ha llamado el "sentimiento religioso del pueblo", vertido en la religiosidad popular más espontánea y vigorosa que ciertas formas del culto oficial.

Históricamente el l. hispanoamericano se distingue por su carácter positivo, a partir de la Independencia (cuando se inicia el proceso del desarrollo histórico, económico, político y social de los pueblos latinoamericanos). Hubo dedicación e interés genuino, hasta que se aburguesó y se comprometió con las oligarquías criollas. Su deterioro aumentó con la persistencia de problemas sociales no solucionados a tiempo y con la aparición de dos socialismos, el "utópico" y el "científico", que desembocan en movimientos revolucionarios jóvenes y en un materialismo histórico que ofrece soluciones a corto plazo.

Del l. queda entonces su parte doctrinal, es decir, las teorías de la libertad, los derechos humanos, la inviolabilidad de la conciencia individual, etc., las cuales requieren apoyo social y político que necesariamente debe venir del Estado. Por ello el l. tradicional actualmente gira unas veces hacia la izquierda y otras hacia formas agudas de reacción.

LUCIANO JARAMILLO C.

LIBERIO (m.366). Papa desde 352. Poco después de asumir su cargo se vio enfrentado con la exigencia de los orientales de que Atanasio fuera condenado. No habiendo estado presente en el Concilio de Milán (355) que sucumbió ante la presión antiatanasiana, fue llamado a comparecer ante Constancio, pero rehusó condenar a Atanasio y solicitó que se confirmara el Credo Niceno. Fue deportado a Berea y después de dos años, bajo presión, firmó un acuerdo para desterrar a Atanasio y una fórmula herética. Las pruebas de esto constan en cuatro cartas que L. escribió en el exilio, cuya autenticidad es cuestionada pero no puede refutarse. Sin embargo, existen dudas acerca de cuál fue la fórmula que firmó y cuán herética era. Regresó a Roma, y en 366 admitió a la comunión a representantes de la Iglesia Oriental, que huían del emperador pro-arriano Valente. Murió ese mismo año. Se han preservado otros artículos de su correspondencia, entre ellos tres cartas a Eusebio, obispo de Vercelli.

C. PETERS WILLIAMS

LIBERTAD RELIGIOSA →TOLERANCIA

LIBERTAD RELIGIOSA. La facultad social del hombre de escoger, sustentar y practicar su propia religión libremente, como asimismo su derecho de cambiarla u objetarla por causa de su conciencia.

La l.r. está estrechamente relacionada con todos los otros derechos del hombre. La Declaración Universal de los →Derechos Humanos, dice en su artículo 18: "Toda persona tiene derecho a la libertad de pensamiento, de conciencia y de religión; este derecho incluye la libertad de cambiar de religión o de creencia, así como la libertad de manifestar su religión o su creencia, individual y colectivamente, tanto en público como en privado, por la enseñanza, la práctica, el culto y la observancia".

La doctrina bíblica de la creación fundamenta el principio de la l.r. al reconocer a Dios como la autoridad final y el poder supremo sobre los estados, naciones, iglesias o instituciones. El hombre, como ser creado a imagen de Dios, debe ser libre para tener comunión con su Creador. Dios creó al hombre y no al estado o a cualquier otra institución humana, que por lo tanto deben estar siempre al servicio del hombre y no a la inversa (Mr. 2:27,28). El señorío de Cristo enfatiza este principio al indicar que no debe haber otra autoridad sobre el alma humana.

Hasta el Decreto de →Milán (313 d.C.) el cristianismo se vio perseguido. Con la alianza de la Iglesia y el Imperio (380) surgió la nación cristiana, constituyéndose así una sociedad sagrada, que llevó a una situación de inmovilidad social e ideológica, y por lo tanto, de intolerancia absoluta. Expresión de esta intolerancia fue la →Inquisición establecida por el Cuarto Concilio →Letranense en 1215.

Con el advenimiento del →Renacimiento y especialmente de la →Reforma, la cristiandad europea terminó de perder su unidad y como resultado se dejó de lado la exigencia de una sola confesión de fe. La pluralidad de confesiones trajo como consecuencia una mayor tolerancia. El libre examen de las Escrituras y la necesidad de la discusión teológica, promovidos por el protestantismo, llevaron al surgimiento de sectas y grupos religiosos, que promovieron la libertad de conciencia (p.e.: los →anabaptistas). El sentimiento nacionalista, que se oponía a la pretensión hegemónica del papa romano, y el humanismo, con su énfasis en el valor de la persona humana, crearon un clima de mayor libertad en la investigación, la expresión, y obviamente, la religión. Las guerras de religión (fines del s.XVI y durante el s.XVII) crearon situaciones de intolerancia, pero dieron impulso al espíritu liberal de la burguesía.

Con el triunfo del racionalismo, en la esfera del pensamiento, la publicación de la →Enciclopedia y la Revolución Francesa (1789), se termina de romper el orden clásico en favor de una mayor libertad religiosa. Así se planteó una nueva fase en el problema. El Estado, liberal y secular, impuso sus reglas a las instituciones eclesiásticas, y éstas presentaron sus demandas según sus conveniencias. Al llegar al s.XIX se da el triunfo del liberalismo y, en consecuencia, del principio de la absoluta separación de la Iglesia y del Estado ("una Iglesia libre en un Estado libre"). Esta situación se conoce con el nombre de sociedad pluralista, donde no existe espíritu de coacción por parte del Estado, y donde las iglesias abandonan toda intolerancia dogmática para abrirse al diálogo sin pretensiones hegemónicas. PABLO A. DEIROS

LIBERTAD RELIGIOSA EN AMERICA LATINA. Todas las repúblicas latinoamericanas tienen en sus constituciones una cláusula que garantiza la l.r. Once de ellas sustentan la separación de la Iglesia y el Estado. No obstante, no ha sido clara en AL la diferencia que existe entre l.r. y tolerancia religiosa. La primera excluye todo tipo de coerción o discriminación social por motivos religiosos; la segunda admite la diversidad religiosa por vía de mera concesión. La primera es un derecho natural, fundamental e irrevocable de todo ser humano de adorar a Dios o no, de acuerdo a los dictados de su conciencia y en tanto no viole los derechos de otros; la segunda implica que alguien se atribuye el derecho de tolerar. Esta distorsión tiene su origen en el régimen intolerante de la ICR de la Epoca Colonial, que dominó el panorama religioso latinoamericano de entonces. Los movimientos independentistas del s.XIX, profundamente influenciados por las corrientes liberales de la Revolución Norteamericana (1776) y la Francesa (1789), el racionalismo anticlerical y el deseo de liberarse de la España católica, se mostraron favorables a una actitud más tolerante.

No obstante, los estados latinoamericanos tendieron a la uniformidad religiosa bajo el catolicismo dominante, llegando en algunos casos a prohibir constitucionalmente cualquier culto que no fuese el romano. Hacia fines del s.XIX las tendencias liberales se incrementaron y llevaron a varios estados a tomar medidas anticlericales, incluso la separación de la Iglesia y el Estado. →México fue el primer estado en aplicar esta separación mediante la reforma constitucional de 1857; →Brasil hizo lo propio en 1890. En otros casos el ingreso de contingentes de inmigrantes europeos no católicos, necesarios para la realización de los proyectos liberales de poblamiento y progreso, obligaron a ceder hacia una mayor tolerancia. La presión política y económica de Gran Bretaña y luego de Estados Unidos fue también un factor de importancia.

La situación actual no es homogénea. Existen estados vinculados oficialmente a la ICR, si bien no hay estados que prohíban expresamente los cultos distintos del oficial. Hay también estados no confesionales, e.d. aquellos cuyas constituciones establecen la separación entre la Iglesia y el Estado, sea porque asumen una actitud abstencionista frente a la religión (estados laicos), o bien porque son neutrales, hostiles o mixtos en materia religiosa. Dentro de los estados confesionales, que se adhieren oficialmente al culto catolicorromano, figuran: Argentina, Bolivia, Colombia, Costa Rica, Panamá, Paraguay, Perú, República Dominicana y Venezuela. Entre los Estados no confesionales laicos están Chile y Uruguay. Brasil es un estado no confesional neutro, mientras que México y Cuba son hostiles. Entre los estados mixtos aparecen Ecuador, El Salvador, Guatemala, Haití, Honduras, Nicaragua. Puerto Rico queda excluido puesto que a pesar de su alcurnia latina, integra el mundo constitucional anglosajón.

La lucha por la libertad religiosa en AL comenzó durante las guerras independentistas, a principios del s.XIX y todavía continúa. A pesar de que la libertad religiosa está inscrita en todas las constituciones republicanas de las naciones del continente, y que todas ellas garantizan la libertad de conciencia y de cultos, en forma expresa o implícita, es evidente que en la mayoría de los países no se trata de otra cosa que de tolerancia religiosa. Junto con los artículos que proclaman estas libertades, aparecen otros que instauran la unión del Estado y la Iglesia, los que hacen discriminaciones por cuestiones de confesión, los que protejen a una religión determinada o la reconocen como la de la mayoría otorgándole privilegios. PABLO A. DEIROS

LIBERTINOS. Este término se refiere a veces a los integrantes judíos de una sinagoga mencionada en Hch. 6:9 [también llamados "libertos"], pero más comúnmente se utiliza la palabra en relación con dos grupos de opositores de →Calvino en Ginebra. El primer grupo –que no recibió el nombre de l. en su siglo– estaba compuesto por patriotas ginebrinos y por familias influyentes (los Perrin, los Favre, los Vandel, los Berthelier, etc.) que condujeron la república hacia la independencia y la Reforma. Resentían la influencia dominante de Calvino y de los "extranjeros" en los asuntos ginebrinos. Una amarga lucha con Calvino tuvo por resultado el completo desastre para ellos en 1555. El segundo grupo, al cual Calvino dio el nombre de l., constaba de espiritualistas, que profesaban un credo panteísta y antinómico, negaban el mal y rechazaban todo cristianismo formal. Llegaron a Ginebra desde Francia, pero Calvino hace remontar sus orígenes hasta un tal Coppin en Holanda. Fueron suprimidos en Ginebra en 1555. BRIAN G. ARMSTRONG

LIBREPENSADORES. Los que se niegan a someter la razón al control de la autoridad en cuestiones de creencia religiosa. El término parece haber surgido en 1692. Fue usado a principios del s.XVIII por los deístas y otros opositores al cristianismo ortodoxo en su énfasis de colocar sobre todo a la razón. En *A Discourse on Freethinking* publicado en 1713, Anthony Collins atacó a los ministros de todas las denominaciones y afirmó que la investigación libre era el único medio de lograr la verdad y que, ciertamente, este procedimiento estaba ordenado por las mismas Escrituras. Por esto puede verse que en sus primeras manifestaciones el término no envolvía mayormente un ataque directo a la religión como tal, sino más bien a las demandas de exclusividad y el énfasis de la revelación por la religión cristiana. Junto con esto había un intento de arrojar dudas sobre la autoridad de la Biblia. El librepensamiento sin embargo, ha llegado a ser una descripción general de la actitud de cualquier agnóstico o ateo cuyo rechazo del teísmo sea consciente y sincero más bien que surgido de apatía o indiferencia. Su debilidad como descripción procede de su falaz asunción de que la libertad de pensamiento tiene, inevitablemente, que implicar rechazo de lo sobrenatural.

Ha sido relacionado con gran número de movimientos. El secularismo moderno en su forma de ateísmo militante afirma que el término incluye muchos diferentes niveles de pensamiento. Entre ellos estaría el moderno unitarismo (1825); el secularismo mexicano (1833); el movimiento religioso libre alemán (1848); el positivismo organizado (1854); el racionalismo neozelandés (1856); el secularismo australiano (1862); la *Ligue del'Enseignement* belga (1864); la Sociedad Religiosa Inglesa (posteriormente, Etica), (1864); el anticlericalismo italiano (1869); la iglesia teísta de Vosey (1871); el librepensamiento norteamericano (basado en *Truth Seeker,* 1873); la cultura ética norteamericana (1876); el *Dageraad* (aurora) holandés como movimiento nacional (1881); el secularismo argentino (1883) y el secularismo austríaco (1887). Se podría agregar legítimamente a éstos los grupos más radicales dentro de las denominaciones mayores y ampliar la lista aun hasta incluir revolucionarios políticos.

J.D. DOUGLAS

LIBRO DE LA ORACION COMUN. Libro oficial de liturgia de la Iglesia de Inglaterra. Durante la Reforma los cultos en idioma inglés reemplazaron gradualmente a los que se decían en latín. Una letanía inglesa fue introducida en 1544; y en 1548, después del ascenso de Eduardo VI, fue publicada una *Order of the Communion* con la cual el pueblo se iba a preparar para recibir la Comunión en ambas especies (e.d., pan y vino). Esta orden fue inmediatamente insertada en la Misa Latina después de la Comunión del propio sacerdote. Una comisión que se reunió en Chertsey y Windsor, en 1548 consideró los borradores del arzobispo Cranmer para una liturgia inglesa completa y sometió un libro al Parlamento a fines de ese mismo año. *The Book of Common Prayer and Administration of the Sacraments, and other Rites and Ceremonies of the Church, after the Use of the Church of England* entró en uso el Domingo de Pentecostés de 1549. El título indica que reemplazaba a tres de los cinco mayores rituales latinos: el breviario, el misal y el manual. El procesional ya había sido abolido en 1547 y la Iglesia de Inglaterra nunca produjo un equivalente del pontifical. Un ordinal fue agregado al *Libro de Oración* en 1550, pero las formas comunes para la investidura de cargos, consagración de iglesias, etc., no habían sido fijadas.

Los nuevos oficios eran conservadores en su forma y en su ceremonial, manteniéndose muy próximos al rito Sarum de la Edad Media. Las vestimentas sacerdotales fueron conservadas, así como la mayor parte de los gestos litúrgicos, excepto "toda elevación o exhibición del Sacramento hacia el pueblo". Este Libro contenía ya, sin embargo, la mayor parte de los escritos litúrgicos originales de Cranmer, que dieron a los servicios un contenido revolucionario. En la Santa Comunión el sacrificio propiciatorio de Cristo fue reemplazado por una ofrenda de los mismos adoradores que iban a recibir el beneficio "del pleno, perfecto y suficiente sacrificio" de Cristo como ofrecido una vez en la cruz. Otros cambios importantes incluían un esquema sistemático de lecturas bíblicas, una drástica reducción del santoral y una mayor participación vocal de la congregación.

A la luz de críticas formuladas por reformadores del continente europeo que entonces vivían en Inglaterra, especialmente Martín →Bucero y →Pedro Mártir, las oraciones por los muertos, la reserva del sacramento, las vestimentas y varios aspectos ceremoniales fueron eliminados en el Libro revisado aparecido en 1552. El nuevo material incluía la forma de confesión y absolución al comienzo de las oraciones matutinas y vespertinas. Pero los cambios más revolucionarios afectaban a la estructura del servicio de Comunión. Las intercesiones fueron eliminadas del canon, la administración del sacramento seguía en forma inmediata a las palabras de la institución, y la oblación de los fieles se convirtió en una respuesta a la Comunión.

Pocos meses después este *Libro de Oración* revisado fue abolido por la reina María, pero Isabel I lo restauró en 1559 con muy pocas modificaciones que demostraron ser no controvertidas. Las vestimentas ciertamente eran ordenadas por una rúbrica, pero esto permaneció como letra muerta; por cierto que hubo lucha por retener aun la sobrepelliz que constaba en el libro de 1552. Los puritanos se opusieron a ésta y a otras características ceremoniales. Hubo una más profunda oposición por parte de algunos que habían estado en Ginebra y que les desagradaba una "liturgia mezquina y ya prescripta" que no concedía ninguna posibilidad para los dones de una oración espontánea por parte del ministro. El libro sobrevivió, con otras pequeñas modificaciones en 1604, hasta que otra vez fue abolido en 1645. En la Restauración una nueva Acta de Uniformidad (1662) puso en vigor lo que era esencialmente el mismo libro. Su consecuencia fue la exclusión de los disidentes. Al mismo tiempo fueron hechos muchos cambios detallados y se dieron fórmulas para el bautismo de adultos y para oraciones en el mar. Desde entonces el leccionario ha sido revisado; un Acta de 1872 permitió cierta abreviación de los servicios. Hubo un abortado intento de revisión en los años 1927-28. Después de diez años de limitado experimentar con distintos servicios, la *Worship and Doctrine Measure,* de set. de 1975, finalmente reemplazó el Acta de 1662 y concedió al sínodo general el derecho de aprobar nuevas formas sin recurrir al Parlamento. El libro de 1662 permanece como norma de doctrina de la Iglesia de Inglaterra.

JOHN TILLER

LICENCIADO. Título o categoría dada en algunas denominaciones protestantes a las personas autorizadas para ejercer el pastorado sin haber terminado todos los requisitos de ordenación formal. En el mundo académico de AL es el título otorgado al estudiante que se gradúa en una carrera universitaria. En los seminarios teológicos protestantes también se otorga este título a los que terminen ciertos programas de estudios posbachillerato.

WILTON M. NELSON

LIETZMANN, HANS (1875-1942). Historiador eclesiástico alemán. Tras estudiar en las universidades de Jena y Bonn, fue profesor primero en Jena (1905-24) y luego en Berlín (1924-42) como sucesor de A. →Harnack. Fungió como editor del *Zeitschrift für Neutestamentliche Wissenschaft* desde 1920 hasta su muerte y también, junto con otros, del *Handbuch zum Neuen Testament* (1960ss), al cual aportó comentarios sobre Romanos, 1 y 2 Corintios, y Gálatas. L. fue autor de numerosas e importantes monografías, entre ellas un estudio sobre Apolinario de Laodicea (1904), otro sobre Pedro y Pablo en Roma (1915), y una obra memorable sobre la Misa y la Cena del Señor (1926). Su *Historia de la Iglesia primitiva,* en cuatro tomos (1932-44), sigue siendo una obra de gran uso. Sus intereses académicos abarcaban todas las disciplinas relacionadas con la historia de la iglesia antigua: exégesis del NT, arqueología y filología clásicas, papirología, religión helenística, derecho canónico, y otras semejantes.

W. WARD GASQUE

LIGHTFOOT, J(OSEPH) B(ARBER) (1828-1889). Obispo anglicano de Durham, Inglaterra. Fue un niño enfermizo, educado primero por tutores en su casa de Liverpool, y que en 1844 se trasladó a King Edward's School, Birmingham, donde recibió una fuerte influencia del director, Dr. J.P. Lee, y formó una amistad con E.W. Benson, más tarde arzobispo de Canterbury. En 1847 pasó a Cambridge, estudió bajo B.F. →Westcott, fue hecho miembro del Trinity College y, después de su ordenación, tutor del mismo colegio, como profesor de estudios clásicos y del NT griego. En 1861 recibió el título de *"Hulsean professor"* de teología, y en 1875 el de *"Lady Margaret professor"*. En 1879 fue designado obispo de Durham y se dedicó con gran energía a sus deberes episcopales. Logró que la diócesis fuera dividida en dos y promovió la construcción de muchas nuevas iglesias en las crecientes zonas industriales. Hizo donaciones a la Universidad de Durham y acostumbraba tener en su residencia de Auckland Castle seis u ocho jóvenes graduados que estaban formándose para el ministerio.

L. fue uno de los hombres más eruditos de su tiempo. Hablaba bien siete idiomas, leía muchísimo, tenía una memoria muy precisa, escribía con gran lucidez y fuerza y se lucía cuando trataba con hechos en vez de ideas. Esto hizo de él un buen compañero para Westcott y F.J.A. →Hort, con los cuales se propuso escribir un comentario sobre todo el NT. L. iba a encargarse de las epístolas paulinas, y completó tres comentarios definitivos: Gálatas (1865), Filipenses (1868) y Colosenses y Filemón (1875). Su obra sobre los Padres Apostólicos (1869-85) fue trascendental. En nueve artículos que publicó en la *Contemporary Review* refutó por completo los argumentos propuestos en la obra anónima de J.A. Cassels *Supernatural Religion,* y defendió brillantemente la historicidad de la fe cristiana. Sus dotes históricos se despliegan en una colección de sermones pronunciados en la diócesis de Durham y titulados *Leaders of the Northern Church* (1890). R.E. NIXON

LIGORIO, ALFONSO DE (1696-1787). Teólogo moral católico. N. cerca de Nápoles de padres nobles napolitanos, tuvo gran éxito como abogado, pero se retiró de la profesión después de un descuido crucial de cierto caso, y se hizo sacerdote en 1726. Su oratoria sencilla contrastaba directamente con la pomposa retórica de su tiempo, y se hizo predicador de misiones cerca de Nápoles. En 1731 fundó la Congregación de las Redentoristas para mujeres, y en 1732 la Congregación del Santísimo Redentor (→Redentoristas) para hombres, comunidades dedicadas particularmente a la misión entre los pobres de zonas rurales.

Su teología moral reaccionó contra el sombrío rigorismo que prevalecía por influencia del →jansenismo, al cual él atacó ferozmente. Sus artículos fueron luego compilados en su *Teología moral.* Rechazó de igual modo el rigorismo del tutiorismo y la posible laxitud del →probabilismo, manteniendo una enseñanza de término medio que había de identificarse como "equiprobabilismo". Esta perspectiva ha obtenido la aprobación de la ICR, aunque en su tiempo fue muy atacada. Alfonso puede ser considerado el padre de la teología moral.

En 1762 fue hecho obispo de Santa Agata de los Godos, pequeña diócesis cerca de Nápoles, pero la mala salud le hizo presentar en 1770 una renuncia que Clemente XIV no quiso aceptar. Sin embargo, en 1775 Pío VI le permitió retirarse. Siguió siendo superior general de su congregación, y participó en continuas controversias dentro y fuera de su orden religiosa. Fue beatificado en 1816 y canonizado en 1839. En 1959 fue proclamado patrono celestial de los confesores y moralistas. Escribió varias obras místicas y de devoción popular, a menudo sobre temas como el Sagrado Corazón de Jesús y como María en tanto medianera semi-divina, y escribió muchos himnos. También escribió obras apologéticas y teológicas. HOWARD SAINSBURY

LIMA, CONGRESO EVANGELICO DE (1961) →ASAMBLEAS ECUMENICAS EVANGELICAS EN AMERICA LATINA

LIMBO. Procedente de una palabra teutónica que denota el ruedo o borde de una vestidura, el 1. (o *Limbus infantum*) es el lugar ubicado entre el cielo y el infierno al cual son enviados a su muerte los niños no bautizados. En tiempos de Agustín y por muchos siglos después de él, se creía que el l. era un lugar de tortura; pero más tarde se cambió por la idea de una felicidad natural. En 1786 los jansenistas revivieron la teoría de la tortura, pero Pío VI (1794) permitió a los católicos pensar que esos niños sufren pena de daño pero no de sentido en la vida futura. Ciertas ideas más liberales (p.e., que los niños no bautizados pueden salvarse a pesar de todo) empezaron a oírse hacia 1900, pero aun son consideradas heterodoxas por muchos católicos. En 1958 el Santo Oficio reiteró la urgente necesidad del bautismo de niños porque la iglesia aun enseña la "absoluta necesidad del bautismo para la salvación eterna". El miedo a que los niños pudieran sufrir en el l. hizo que muchos ginecólogos católicos inventaran jeringas para que, bajo condición, pudiera administrarse el bautismo antes del nacimiento.

[De acuerdo con el *Diccionario del cristianismo* (Barcelona: Herder, 1974): "Actualmente se discute en teología la existencia del limbo de los niños y no hay declaración doctrinal de la Iglesia acerca de este tema".]

R.E.D. CLARK

LIMOSNAS. En el AT el dar limosnas constituía un acto de justicia general (Dt. 15:7-11; Pr. 25:21s; 28:27; Is. 58:7-11), enfatizado por el precepto dominical (Mt. 5:42; Lc. 12: 33), y era una conocida virtud apostólica (2 Co. 9:5-7; He. 13:16). El término hebreo equivalente a "justicia" o "rectitud" en la época mishnaica c.200 d.C. había adquirido el significado secundario de "dar limosna". El Talmud aboga constantemente por la caridad: las personas empobrecidas, aun las que reciben ayuda, así adquieren virtud. La →*Didajé* XV, 4, el documento cristiano post canónico más antiguo, destaca el dar limosna y pretende para ello autoridad del Señor. La generosidad nunca es la raíz de la justificación, sino simplemente el fruto de una vida redimida (Ro. 5:1; cp. Stg. 2:14-17). Los buenos paganos practicaron el dar limosnas, tal como se muestra en las inscripciones de las tumbas egipcias c.2400 a.C., y por el confucianismo y el budismo de casi 2.000 años después. El buen budista que buscaba el "Noble Octuple Sendero" de la vida santa, también cultivaba el *Dana* (generosidad, renunciamiento). El islamismo (c.650 d.C. en adelante) requiere y recomienda el dar limosnas voluntariamente.

La verdadera pobreza apela a la benevolencia; los corazones humanos son naturalmente afectuosos. Sin embargo, existen peligros: orgullosa ostentación por parte del benefactor (Mt. 6:1-4) y parasitismo habitual por parte del que recibe. La Mishna declara mordazmente que aquel que recibe sin necesitarlo tendrá verdaderos contratiempos, y aquel que necesita pero no recibe, vivirá para enriquecer a otros.

ROY A. STEWART

LINDSAY, THOMAS MARTIN (1843-1914). Historiador eclesiástico escocés. N. en Lanarkshire, fue educado en las universidades de Glasgow y Edimburgo, y ordenado en la Iglesia Libre de →Escocia en 1869. Tres años después fue nombrado en la cátedra de historia eclesiástica en la universidad que su iglesia tenía en Glasgow, de la cual había de convertirse luego en director (1902). L. fue defensor de W.R. Smith en su proceso por herejía (1877-81) que condujo a la deposición de Smith. Entre las obras más conocidas de L. están *Luther and the German Reformation* (1900) e *Historia de la Reforma* (2 tomos; inglés, 1906,07; esp. 1949,1959). Hizo aportes muy importantes a proyectos como la *Encyclopaedia Britannica* y la *Cambridge Modern History*.

J.D. DOUGLAS

LINO (s.I). A partir de Ireneo y con ulteriores documentaciones de Eusebio, se identifica a L. como el primer obispo designado de Roma "después del martirio de Pablo y Pedro", y se entiende que es el mismo que se menciona en 2 Ti. 4:21 como compañero de Pablo en Roma. La duración de su cargo se determinó en doce años, terminando en el segundo año del emperador Tito, o sea hacia 68-80. El lenguaje de estos documentos indicaría que fue sucesor de "Pablo y Pedro".

J.D. DOUGLAS

LITERATURA EVANGELICA EN AMERICA LATINA. Desde el comienzo de la obra evangélica en AL se hizo patente la necesidad de contar con recursos literarios para las tareas de evangelización y edificación. Surgen así los "tratados", brevísimos y sencillos escritos de corte polémico y evangelístico, que originalmente fueron publicados en Londres *(Religious Tract Society)* y en Nueva York *(American Tract Society)*. En Brasil, E.C. Pereira y otros presbiterianos establecieron la "Sociedad Brasileña de Tratados Evangélicos". También aparecieron pronto publicaciones especializadas, como *Manzanas de Oro*, dedicada a los niños, que alcanzó una gran distribución. (Fue editada por la *American Tract Society*.)

Con el desarrollo de las diversas denominaciones protestantes van creándose también sus órganos de difusión: periódicos y revistas. En 1826 llega por segunda vez a Buenos Aires el pastor presbiteriano Teófilo Parvin, en esta ocasión provisto de una imprenta. En la segunda mitad del s.XIX aparecen muchísimas revistas (1873, *El Ramo de Olivo;* 1877, *El Abogado Cristiano* y *El Evangelista;* 1879, *El Evangelista Mexicano;* 1833, *El Estandarte,* que todavía se publica con el nombre que adquirió en 1891: *El Estandarte Evangélico de Sud América* [*sic*]; 1885, *La Luz* y *El Faro*, que continúan publicándose, etc.). La primera parte del s.XX ve también nacer nuevas revistas evangélicas. Sin embargo, dificultades financieras que golpearon el mundo entero hicieron que muchas de esas publicaciones se clausuraran, y que algunas se fusionaran. De estas, el caso más importante lo representan las revistas *El Predicador Evangélico* y *Cuadernos Teológicos,* que desaparecen para dar lugar a *Cuadernos de Teología* (publicada por ISEDET, en Buenos Aires). Muchas instituciones de educación teológica, como asimismo algunos departamentos de evangelización de ciertas denominaciones, publican revistas con regularidad.

Otro capítulo significativo del trabajo literario del movimiento evangélico en AL es el relativo a la literatura para escuelas dominicales. Ha tenido, básicamente, carácter denominacional, con pocas excepciones (como el desaparecido *Curso Hispanoamericano,* y *Nueva Vida en Cristo,* editado este último por CELADEC).

Todas estas publicaciones, y en especial las revistas, sirvieron para que los escritores evangélicos velaran en ellas sus armas. Pero, no obstante, muy pocas se destacaron realmente por su valor literario. Un caso excepcional fue el de *La Nueva Democracia,* fundada y dirigida siempre por Alberto →Rembao, quien consiguió la colaboración de las mejores plumas latinoamericanas, sin limitarse al campo evangélico.

Por el carácter de minoría en el ambiente general de AL, y por la naturaleza de la obra misionera, los protestantes nunca han jugado un papel de primera importancia en las letras del continente. La mayor parte de las obras protestantes publicadas en AL ha sido traducciones del inglés, que en general se han caracterizado por ser malas traducciones y por un uso descuidado y muy pobre del idioma. A pesar de ello, algunos escritores evangélicos sí han descollado en el campo de las letras. El desaparecido Francisco Estrello y el italobrasileño Sante Uberto →Barbieri han cultivado la poesía, cada uno en su estilo, con delicada exquisitez. También lo ha hecho, aunque sin la vena poética ni la profundidad de pensamiento de los anteriores, Aristómeno Porras (que escribe con el pseudónimo de Luis D. Salem). Radicado actualmente en EUA, el nicaragüense Adolfo Robleto, apologeta del protestantismo, también se ha dedicado a la poesía. Se caracteriza por la amplitud de su léxico y por la ampulosidad de su estilo. Aunque convertido al cristianismo evangélico cuando ya era un escritor consagrado y fallecido poco después, Leopoldo Marechal, argentino, novelista y poeta, destaca por su dominio del mundo clásico griego y romano, y por la expresión casi agónica de sus ansias cristianas. Alberto Rembao y Angel Mergal fueron teólogos de la cultura. El primero utiliza una prosa que a ratos recuerda el lenguaje duro, imaginativo y creador de don Miguel de →Unamuno. Ambos, Rembao y Mergal, poseyeron una cultura inmensa.

Mención especial merece Jorge P. →Howard, predicador, conferenciante y escritor de habla castellana, quien logró un excelente dominio de nuestro idioma y cultura.

El brasileño-cubano Alejandro Pereira Alves, pastor bautista, escribió en el segundo cuarto del presente siglo una serie de obras que los adolescentes y jóvenes de la época leían con agrado. Fue, según su propia catalogación, "escritor moralista".

También deben mencionarse los nombres de Juan →Varetto y Arnoldo Canclini, que desde Argentina proveyeron de literatura apopiada a los evangélicos latinoamericanos.

El ascenso cultural de las nuevas generaciones protestantes latinoamericanas, el establecimiento de casas editoriales evangélicas, el fortalecimiento de las instituciones de educación teológica de nivel superior y las exigencias de la época han hecho posible la aparición de nuevos escritores, en su gran mayoría teólogos, de reconocido prestigio internacional. De entre ellos destaca el pastor metodista argentino José →Míguez Bonino, teólogo de primer orden que ha sido profesor en diversas instituciones de Europa y los EUA (además de enseñar en ISEDET, en Argentina). Posee la rara habilidad de expresar su pensamiento con extraordinaria lucidez y de usar el idioma con precisión. Justo González, cubano, historiador de la Iglesia, también se ha afirmado como escritor. Sigue así los pasos de su padre, Justo González, autor de novelas de ambiente histórico cubano, y de obras autobiográficas. Justo González (padre) y Luisa García de González fundaron →ALFALIT, institución que marca un hito en la historia protestante latinoamericana por su esfuerzo en producir literatura sencilla para adultos de escasa cultura.

René Padilla, de sólida formación bíblica y teológica, representa otro esfuerzo significativo y fructífero por producir literatura cristiana que aporte una comprensión profunda del significado del evangelio para la actualidad latinoamericana. Sin su profundidad teológica, pero de amplia cultura humanística, y más popular, Samuel Escobar se destaca por su abundante producción literaria. Ambos han estado identificados con la

→Comunidad Internacional de Estudiantes Evangélicos. El misionólogo Orlando Costas se destaca también por su prolífica producción literaria. Como escritor muestra una interesante evolución desde sus primeros escritos hasta el presente (1981).

El uruguayo-boliviano, obispo metodista Mortimer Arias, hondamente preocupado por la evangelización, ha escrito, además de muchos artículos, varios libros sobre este tema. En ellos sobresale su profundo pensamiento y su pasión por la justicia, que le llevó hasta la cárcel de su país de adopción.

Julio Barreiro y Julio de Santa Ana, uruguayos, han hecho una gran contribución a la literatura teológica protestante, sobre todo por la incorporación del análisis sociológico y político al quehacer teológico.

El mexicano Gonzalo →Báez Camargo, que escribe también con el pseudónimo de Pedro Gringoire, es quizá un caso único en el marco evangélico latinoamericano. Poseedor de una vasta cultura y de una envidiable formación bíblica (especialista en Antiguo Testamento), ha incursionado con gran éxito en la prensa no religiosa de su país. Es miembro de la Academia Mexicana de la Lengua.

De los predicadores que han publicado sus sermones, sobresalen: Cecilio →Arrastía, cubano, de gran capacidad imaginativa, creador de metáforas vigorosas y pensador profundo y Emilio →Castro, cuyo corazón pastoral se manifiesta diáfanamente en sus enjundiosos escritos, de lenguaje directo y sencillo.

Otros nombres quedan sin mencionar; sus escritos son de muy diversa calidad. Y nuevas generaciones de escritores están surgiendo en el mundo evangélico. Se deja sentir ya la necesidad de que se escriba la historia del desarrollo literario del protestantismo latinoamericano con el correspondiente análisis de tendencias e influencias. Esa historia debe incorporar los aportes que los evangélicos de habla portuguesa han hecho a la cultura de AL (→PERIODISMO EVANGELICO EN AMERICA LATINA).

PLUTARCO BONILLA A.

LITURGIA. Del gr. *leitourgía*, que originalmente denotaba un servicio público de cualquier tipo. En el uso judío el término se aplicaba especialmente a los cultos del templo (p.e. 2 Cr. 8:14 en la LXX). En el NT se usa para el servicio cristiano a Dios, aunque no se hace distinción entre el culto y otros tipos de servicio (Fil. 2:17). En inglés la palabra denota un servicio de culto público o comunitario, y por lo tanto indica también una forma prescrita que se usa para tales ocasiones, como puede ser una l. bautismal, eucarística, etc. Sin embargo, en las iglesias de tradición litúrgica la palabra por sí sola se entiende normalmente con referencia a la Eucaristía. A los servicios de oración diaria y a otros (p.e. las exequias), que son menos que asambleas completas de la iglesia, se les llama "oficios". JOHN TILLER

LITURGIA →MOVIMIENTO LITURGICO

LIUTPRANDO (c.920-c.972). Obispo e historiador eclesiástico. De noble origen lombardo y educado en la corte de Pavía, fue ordenado diácono en esa ciudad. En 949 el rey Berengario II lo designó legado a Constantinopla. Un posterior malentendido con el rey lo llevó a la corte del Emperador →Otón I, que lo hizo obispo de Cremona en 961. De parte de Otón, L. realizó visitas diplomáticas a Roma y Constantinopla, esta última para concertar el matrimonio del futuro Emperador Otón II con una princesa bizantina. La reputación de L. como historiador se basa en tres obras muy retóricas aunque cargadas de prejuicio. *Antapodosis* habla sobre Italia, Roma y Bizancio entre 887 y 949. *Historia Ottonis* describe las vicisitudes de Otón I con el papado en 960-64. La *Relatio de legatione Constantinopolitana* relata la segunda visita de L. a Constantinopla. JAMES DE JONG

LIVINGSTONE, DAVID (1813-1873). Misionero y explorador escocés. N. en Blantyre, abandonó la escuela a los diez años de edad y empezó a trabajar largas horas en un molino, teniendo siempre junto a sí un libro mientras trabajaba. Asistía a clases nocturnas y a menudo estudiaba hasta medianoche. Cuando tenía como 17 años experimentó la conversión cristiana y consagró su vida a extender el evangelio en otras tierras. Ahorró para estudiar medicina y teología en Anderson's College, Glasgow, y recibió el llamado de Dios para irse al Africa por medio de Robert →Moffat, que había trabajado allá por 23 años bajo la Sociedad Misionera de Londres, y cuya hija Mary se casaría luego con L.

Llegó en 1841, y pronto se adentró al norte de Kuruman en territorios inexplorados y no evangelizados, iniciando así los viajes que habían de llevarlo en un recorrido de cerca de 50.000 km por el continente africano.

Su primer gran descubrimiento fue el Lago Ngami (1849). Cuatro años después comenzó "el más grande viaje de exploración emprendido jamás por un solo hombre": al norte desde la Ciudad del Cabo hasta el Río Zambesi, hacia el oeste hasta el Océano Atlántico, luego a través del continente hasta el Océano Indico. En el curso de ese viaje descubrió las cataratas del Zambesi a las que dio el nombre de la Reina Victoria. Regresó a su patria en 1856 para encontrarse con que era famoso. En 1857 publicó *Missionary Travels and Researches in South Africa.* En 1858 regresó como cónsul para explorar el Río Zambesi y determinar si era o no navegable; la expedición fue revocada en 1863. Tras un segundo viaje a su patria planeó hacer algo para denunciar y poner fin a la trata de esclavos por los árabes y también para descubrir las fuentes del Nilo.

Durante sus siguientes viajes se perdió de vista, y llegó a Gran Bretaña el rumor de que había muerto. El *New York Herald* envió a H.M. Stanley a que lo buscara y se toparon en Ujiji en nov. de 1871. Stanley trató de persuadirlo de que regresara a casa, pero rehusó, convencido de que Dios aun tenía trabajo para él. Murió a principios de mayo de 1873, y fue enterrado en la Abadía de Westminster. Muchos llegaron a rendir homenaje al que fue misionero, escritor, poeta, lingüista, científico, médico y geógrafo. Africa está endeudada con él más que con ningún otro. Se ha dicho que no solo descubrió Africa, sino también a los africanos. Debido en gran parte a sus informes, no pasó mucho tiempo antes de que la esclavitud fuera declarada ilegal en todo el mundo civilizado.

J.W. MEIKLEJOHN

LOCKE, JOHN (1632-1704). Filósofo inglés. Fue el primero de los grandes empiricistas británicos; concebía su función de filósofo como la de un "estructurador" de la "filosofía natural" de la Real Sociedad. En *An Essay Concerning Human Understanding* (1690), L. rechazaba las ideas innatas de los →Platonistas de Cambridge y de →Descartes, y aseguraba que la mente es una *tabula rasa;* todo conocimiento es producto de las ideas, que a su vez se derivan ya sea de la experiencia de los sentidos o de la conciencia de sí mismo. El conocimiento del mundo exterior es producto de las ideas de las cualidades de las cosas. Algunas de estas cualidades ("cualidades primarias" tales como la "solidez, extensión, figura, movimiento o quietud, y número") están en el mundo; otras ("cualidades secundarias" como los sonidos y colores) están en el que las percibe. Las cualidades primarias son inherentes a las sustancias en principio incognoscibles. Las cualidades deben tener sustancias, pero es imposible decir cuáles son esas sustancias. Esta doctrina de la sustancia, junto con la poca claridad de la noción central de L. sobre "idea", es dañosa. En sus escritos, el término "idea" significa tanto una cualidad de la mente como una cualidad del mundo externo. Si se trata de lo primero, entonces (como lo demostró →Berkeley), L. está comprometido con una versión del idealismo o, cuando más, de la existencia de un mundo eternamente velado en lo ignoto. Si se trata de lo segundo, L. está comprometido con un ingenuo realismo.

En religión L. es conocido sobre todo como opositor del "entusiasmo" (en su *Essay*) y como proponente de un racionalismo no dogmático (en *The Reasonableness of Christianity,* 1695). Estas ideas allanaron el camino para el Deísmo del siglo siguiente. L. negó las implicaciones deístas de sus expresiones sobre la religión en el *Essay,* en una controversia que tuvo con Edward Stillingfleet, obispo de Worcester; pero el precio de esto fue perder un poco de consecuencia. No se puede negar que ciertos deístas como →Toland apelaban al "nuevo estilo de ideas" establecido por L.

En su *Second Treatise of Government* (1690), L. argumentaba que una sociedad civil, con verdaderos derechos y libertades para sus miembros, se produce a partir de un "estado de la naturaleza", por medio de un "contrato" entre los individuos participantes. L. es notable por su defensa de la tolerancia, aunque esta no se extendía a los católicos romanos.

PAUL HELM

LOISY, ALFRED FIRMIN (1857-1940). Fundador del modernismo católico en Francia. N. en Ambrières, estudió en el seminario de Châlons-sur-Marne (1874-79), y en el Institut Catholique, en París, con Louis →Duchesne, permaneciendo allí como profesor de hebreo y exégesis (1884-93) hasta que fue despedido por sus ideas sobre la inerrancia bíblica. Habiendo sufrido una crisis de fe hacia 1886, abandonó todos los dogmas tradicionales y se tornó al panteísmo. La excomunión vino en 1908 cuando renunció públicamente a su fe, como había renunciado ya a sus funciones sacerdotales en 1906. Fue profesor de historia de las religiones en el College de France (1909-30) y en la Ecole des Hautes Etudes (1924-27). Nunca se retractó de su posición, y murió sin reconciliarse con la iglesia.

Sus *Choses passées* (1913) y sus *Mémoires pour servir à l'Histoire religieuse de notre temps, 1860-1931* (1930-31) proporcionan muchos comentarios autobiográficos: las torturas de su pensamiento, dificultades de conciencia, y relaciones con sus colegas. Le molestaba profundamente la falta de honestidad intelectual en la iglesia. En 1902 publicó *L'Evangile et l'Eglise* como respuesta a la obra de Harnack *Wesen des Christentums* (1900), asegurando que el cristianismo se había desarrollado en una forma que Jesucristo no había previsto. Esta obra fue inmediatamente condenada, como también lo fueron *Les Evangiles synoptiques* (1908) y *Le Quatrième Evangile* (1903), que desafiaban respectivamente la interpretación autorizada y la idea de que Juan fuera autor del cuarto evangelio. *Simples réflexions* se basaba en el decreto *Lamentabili* y en la encíclica *Pascendi* (1907) para atacar a las autoridades de Roma, en tanto que *Naissance du christianisme* (1933) resume sus ideas finales sobre el NT. Era un estudioso de la crítica bíblica con algunas perspectivas extraordinarias, pero cambiaba de ideas tan frecuentemente que no se puede decir que llegara a conclusiones permanentemente sólidas.

C.G. THORNE, Jr.

LOLARDOS. Término aplicado a los ingleses que seguían a Juan →Wiclif. Aunque el origen de la palabra no es claro, parece que significaba "murmurador" o "balbuceador". El grupo original de l. estaba integrado por estudiosos de Oxford dirigidos por Nicolás de Hereford, traductor de la primera Biblia l. Estos estudiantes expandieron sus ideas hasta Leicester, donde ganaron algunos laicos a su causa. A partir de este centro William Swinderby dirigió misiones de predicación a las aldeas vecinas. Aunque los seguidores académicos de las enseñanzas de Wiclif fueron forzados a retractarse, el movimiento continuó entre otras clases bajo el liderazgo de John Purvey, secretario de Wiclif. Hacia 1395 los l. se habían convertido en una secta organizada con ministros especialmente ordenados, con voceros en el Parlamento, y con considerable fuerza entre las clases medias y artesanas.

Las creencias l. se resumen en un documento, las *Doce conclusiones,* redactado para ser presentado al Parlamento en 1395. Este manifiesto expresaba la desaprobación de la jerarquía en la iglesia, la transubstanciación, el celibato clerical, el poder temporal de la iglesia, las oraciones por los muertos, las romerías, las imágenes, la guerra y el arte en la iglesia. Aunque esto no se mencionaba en las *Doce conclusiones,* los l. también creían que el propósito principal de los sacerdotes era predicar y que la Biblia debía estar disponible en la lengua vernácula para todos los creyentes. Debido a la persecución y a la pérdida del liderazgo de intelectuales como Wiclif, el movimiento llegó a incluir también a muchos extraños extremistas.

En 1401 el Parlamento aprobó un estatuto, *De heretico comburendo* ("Sobre la quema de herejes"), dirigido especialmente a los l. Esta ley declaraba que un hereje convicto por la corte espiritual que no se retractara, o que reincidiera, debía ser entregado al poder civil para ser quemado. A pesar de esta legislación y de las medidas que el Arzobispo Thomas Arundel tomó contra ellos, los l. siguieron siendo fuertes y en 1410 hallaron un líder en Sir John Oldcastle. Este logró identificar la reforma eclesiástica de Wiclif con la insatisfacción de la clase media ante la riqueza y conducta del clero. Arrestado en 1413 por mantener opiniones l., fue examinado y condenado. Sin embargo, escapó de la prisión y organizó una gran marcha de l. sobre Londres (1414). Enrique V y sus soldados dispersaron al grupo, pero Oldcastle volvió a escapar. Después fue apresado y ahorcado. Ese levantamiento abortivo estremeció el poder de los l. y a partir de entonces existieron solo como movimiento clandestino. En 1431 otra trama de los l. se proponía derrocar al gobierno y despojar a la iglesia, pero fue descubierta.

La continua popularidad del movimiento queda atestiguada por la aparición de la obra *Repressor of Overmuch Blaming of the Clergy* (1455), por Reginald Pecock, fuerte ataque a las creencias l. Hubo un resurgimiento de los l. a principios del s.XVI en Londres, East Anglia y las colinas de Chiltern. Para 1530 el movimiento comenzó a fundirse con el protestantismo y ensanchó las corrientes subterráneas de disidencia y anticlericalismo que estuvieron presentes durante el reinado de Enrique VIII. El movimiento l. facilitó la expansión del luteranismo, contribuyó a que el pueblo simpatizara con la legislación anticlerical del rey, y creó tal vez las bases de la inconformidad popular.

ROBERT G. CLOUSE

LOMBARDO →PEDRO LOMBARDO

LOOFS, FRIEDRICH ARMIN (1858-1928). Teólogo luterano. N. en Hildersheim y se educó en Tubinga con Harnack, en Gotinga bajo Ritschl, y en Leipzig, se hizo ritschliano convencido y fue designado catedrático de historia eclesiástica en Leipzig en 1886 y en Halle en 1888, donde permaneció hasta su muerte. Desempeñó un papel importante en los asuntos luteranos y se hizo miembro del Consistorio de Sajonia en 1910. Escribió varias monografías importantes sobre los Padres y el período patrístico, de las cuales la más conocida es probablemente *Paulus von Samosata* (1924); y una obra notable, *Orientaciones para el estudio del dogma,* en 1890. En 1903 se publicó en inglés un libro que criticaba seriamente la filosofía materialista de Haeckel; en 1913 apareció un estudio cristológico, *What is the truth about Jesus Christ?,* y en 1914 una serie de conferencias dadas en Londres, con el título *Nestorius and his place in the history of Christian doctrine.* IAN SELLERS

LOURDES. Aldea famosa en el río Gave de Pau en el SO de Francia. Se hizo famosa en 1858 cuando una habitante de catorce años de edad, →Bernardita Subirous, informó haber recibido 18 visiones de la Virgen María entre el 11 de feb. y el 16 de julio. Después de la primera visión, grandes cantidades de gente comenzaron a acompañarla a la gruta de Massabielle sobre la ribera, pero solo Bernardita percibía las visiones. En una de las visiones recibió instrucción de cavar en busca de un manantial, el cual empezó a saltar conforme ella cavaba, y fluye ahora a razón de más de 120.000 litros por día. El agua de la fuente es utilizada por los peregrinos para baños sacramentales. En otras visiones la Virgen le decía que ella, la Virgen era la →Inmaculada Concepción, e instruyó a Bernardita que le hiciera construir una capilla y que estimulara la llegada de peregrinos. Después de eso Bernardita fue beatificada (1925) y canonizada (1933) por la ICR.

Después de un período de oposición, el peregrinaje a L. y la devoción pública a Nuestra Señora de L. recibieron sanción oficial. Inmediatamente se construyó una iglesia de estilo gótico, y la magnífica Basílica del Rosario se añadió entre 1883 y 1901. En 1891 León XIII aprobó un oficio y una misa para L. como provincia local, y Pío X la extendió a la iglesia universal en 1907. Los peregrinajes llegaron a su apogeo de seis millones de asistentes en el año centenario de 1958, y continúan a un promedio anual de dos millones. Se han reportado miles de curaciones que tuvieron lugar en L.; después de un examen sumamente cuidadoso por parte de la Comisión Médica Internacional de París, 58 de ellas habían sido declaradas oficialmente como milagros en 1959. JOHN P. DEVER

LOYOLA →**IGNACIO DE LOYOLA**

LOZADA, JORGELINA (1906-). Líder argentina del movimiento ecuménico. N. y se crió en el barrio Belgrano de la capital argentina. Fue miembro de la Iglesia de los →Discípulos de Cristo de su barrio. En 1925 terminó sus estudios en el Instituto Modelo para Obreras Cristianas, como miembro de la primera clase. Ordenada en 1930, fue pastora de mucho éxito de la Iglesia de Villa Mitre hasta 1954. Durante ese período estudió un año en Scarritt College (EUA).

J.L. participó plenamente en el movimiento ecuménico en su país. Ocupó diversos cargos en la Federación Argentina de Ligas Juveniles Evangélicas, la Liga Argentina de Mujeres Evangélicas y la Confederación de Iglesias Evangélicas del Río de la Plata.

En el orden internacional, desempeñó un papel importante en la preparación y dirección de la Conferencia Evangélica de 1949 (Buenos Aires) y en la Conferencia de Educación Cristiana de Santiago (Chile, 1953). Fue delegada al Concilio Mundial de Educación Cristiana (Río de Janeiro, 1932); y asistió a la reunión del Concilio Misionero Internacional en Madrás, India (1938), a la consulta sobre el lugar de la mujer en la vida y obra de la Iglesia (Ginebra, 1950), al Concilio Mundial de Educación Cristiana (Toronto, Canadá, 1950), a la Segunda Asamblea del Consejo Mundial de Iglesias, en calidad de visitante oficial (Evanston, EUA, 1954). Después de su jubilación como pastora, pasó varios años en Barcelona, España, colaborando con la Iglesia Evangélica Española.

Ha sido autora fecunda, escribiendo principalmente sobre ecumenismo y educación cristiana. Se destacan dos de sus obras: *La India Tradicionalista y el Servicio Social* (1940), y *Briznas al Viento* (1973).

TOMAS J. LIGGETT

LUCAR, CIRILO (1572-1638). Patriarca de Constantinopla y teólogo. Sabía mucho del pensamiento occidental, pues estudió en Venecia y Padua; sabía escribir y leer con facilidad el italiano, y sirvió a la Iglesia Ortodoxa en Polonia como rector de la Academia de Vilna. Este servicio en Polonia transformó su mentalidad, pues en las controversias con los católicos romanos encontró aliados en el protestantismo. Nombrado patriarca de Alejandría en 1602, fue elegido patriarca de Constantinopla en 1612. Aunque los musulmanes lo depusieron varias veces, siguió siendo patriarca hasta que fue asesinado a manos de las tropas del Sultán Murad.

L. trató de acercar a la Iglesia Ortodoxa a la posición teológica calvinista. Entró en relaciones cordiales con el arzobispo de Canterbury y otros importantes líderes protestantes. Como señal de su amistad regaló el Códice Alexandrinus a Thomas Roe, embajador inglés en Constantinopla, que lo presentó a Carlos I (se halla ahora en el Museo Británico). Envió algunos de sus más capaces sacerdotes jóvenes a estudiar en Oxford, Helmstedt y Ginebra. También permitió que en Ginebra se imprimiera su *Confesión de fe.* Este documento, totalmente calvinista, enseñaba que la iglesia estaba subordinada a la Biblia y podía equivocarse; enseñaba también la predestinación a la vida eterna sin consideración a las buenas obras; la justificación por la fe; solo dos sacramentos; y una doctrina reformada de la Eucaristía. Esta declaración originó una reacción en Europa. El efecto de esta confesión sobre la Iglesia Ortodoxa fue, sin embargo, limitado por cuanto fue repudiado poco después de la muerte de Cirilo. Por último, en 1672 el gran Sínodo Ortodoxo de Jerusalén condenó formalmente el "error" del protestantismo.

ROBERT G. CLOUSE

LUCIANO DE ANTIOQUIA (c.240-312). Maestro y mártir. N. en Samosata de padres distinguidos, completó su educación en Antioquía. Aunque estuvo por un tiempo bajo la censura de la iglesia a causa de sus ideas teológicas, llegó a ser jefe de la escuela teológica de Antioquía y causó allí impresión. Como exégeta estimulaba una interpretación literalista de la Escritura, y se oponía por tanto a los métodos alegóricos de Orígenes. Aceptaba la preexistencia de Cristo, pero insistía en que esta no era de toda la eternidad. Muchos de sus alumnos, entre los cuales estaban Arrio y Eusebio de Nicomedia, llegaron a ocupar sedes importantísimas en el Oriente, y como condiscípulos de L. simpatizaban con Arrio. A L. se le llama frecuentemente el padre del →arrianismo. Produjo una notable revisión de la versión LXX. El segundo Credo de Antioquía (341) fue, según se dice, escrito por él, y aunque probablemente no es así, sí puede haber tenido cierta relación con ese credo. Sufrió martirio en Nicomedia.

C. PETER WILLIAMS

LUCIANO DE SAMOSATA (c.125-c.190). Satirista pagano. Originalmente abogado en Antioquía, se tornó luego a la creatividad literaria en que no fue sobrepasado por nadie excepto Aristófanes. Adquirió fama como conferencista itinerante en Grecia, Roma y más allá, y es un testigo significativo de los asuntos humanos en esa sociedad urbana del mundo grecorromano donde el cristianismo halló su sitio y comenzó a crecer. Sus sátiras penetran en las sectas mistéricas, denuncian los engaños religiosos, y revelan el escepticismo de los modos de vida y pensamiento tradicionales. Dos veces se refirió al cristianismo y, si bien su visión es la de un observador externo, no puede decirse que fue el autor blasfemo que una época cristiana posterior hizo de él. Los cristianos, junto con los epicúreos, son identificados por L. como opositores del profeta fraudulento Alejandro. A fin de dar cuenta de cómo fueron ellos víctimas del inescrupuloso Peregrino, resume la conducta de ellos en una forma que no difiere mucho del retrato que dan los Hechos sobre la vida comunitaria de los cristianos.

CLYDE CURRY SMITH

LUIS I ("el Piadoso", o "el Débil") (778-840). Emperador de los francos desde 814. Rey de Aquitania en 781 y co-emperador en 813, L. era el menor y único sobreviviente de los hijos de Carlomagno. En 817 éste dividió su imperio entre sus tres hijos, Lotario, Pipino, y Luis. Su intento posterior de incluir a un cuarto hijo, nacido en su segundo matrimonio (819), fue impedido por los otros hijos. L. estuvo muy interesado en las misiones y la reforma monástica. Quería que la obra misionera funcionara por aparte de la conquista territorial, y como resultado de esto estimuló la creación de una gran misión a Escandinavia. Su principal misionero fue →Anscario. Para buscar liderazgo en la reforma monástica recurrió a →Benito de Aniane.

En 815 L. construyó una abadía modelo (Inden) para él cerca de Aquisgrán. En 816, 817 y 818 congregó a todos los abades del Imperio en Aquisgrán para que se reunieran con Benito. El concilio de 817 endosó una serie de interpretaciones de la regla monástica, pero esta uniformidad y reforma fueron pronto deshechas por las incursiones escandinavas. El esquema reformador de L. era demasiado avanzado para su época; la temprana muerte de Benito dejó a las abadías sin un dirigente visible.

JOHN GROH

LUIS IX (San Luis) (1214-1270). Rey de

Francia. Nieto de Felipe II (Augusto) de la casa de Capet, heredó el trono siendo niño (1226) y fue dominado largo tiempo por su madre, Blanca de Castilla. Su modo de vida se caracterizaba por una devoción a la justicia que condujo a los franceses a considerarlo el rey cristiano ideal. Se vestía modestamente, evitando el lujo y la ostentación; era profundamente piadoso y ascético, y le encantaba construir iglesias y hospitales. El axioma de L. era que en la duda había que favorecer a otros antes que a sí mismo, y a los pobres más que a los ricos. Astuto político y administrador, extendió sistemáticamente el control real sobre los barones, las ciudades y la iglesia. Aplacó varias rebeliones de los nobles, prohibió la construcción de castillos privados, designó feudos reales para las ciudades e inquisidores que vigilaran a los *baillis*.

El compromiso de L. con la justicia lo llevó a negociar un tratado con Inglaterra que era desfavorable para él, porque sentía que las tierras habían sido injustamente ganadas por sus predecesores. Aunque intentó establecer la paz en Europa, L. no fue un pacifista, porque lo que quería era dejar libres los recursos de la cristiandad para poder combatir a los infieles. En 1264 inició la Sétima →Cruzada contra Damietta en Egipto. La campaña no tuvo éxito, y L. fue capturado, pero fue luego liberado por el pago de un rescate. Más tarde (1270) dirigió la Octava Cruzada dirigida contra Túnez en el norte de Africa, donde murió de fiebre. El prestigio de la monarquía francesa medieval alcanzó su apogeo bajo L., que fue canonizado en 1297. ROBERT G. CLOUSE

LUIS XIV (1638-1715). Rey de Francia. Cuando comenzó su reinado (1661), Francia era la nación más fuerte de Europa. Dentro del país, la nobleza fue subyugada y forzada a atender al rey en su nuevo palacio de Versalles (la corte se trasladó allí en 1682, aunque los edificios no se terminaron sino hasta 1710). La estructura administrativa francesa, la más elaborada de Europa, se centralizó en el rey. Durante el s.XVII, la cultura francesa alcanzó su apogeo y fue consciente y servilmente imitada por otros países. La política religiosa de L. enfatizaba la autonomía de la Iglesia Francesa (→GALICANISMO); él persiguió a los jansenistas con aprobación papal. Emitió también la revocatoria del Edicto de →Nantes (1685), que rechazaba la tolerancia religiosa en Francia y forzaba a los hugonotes a convertirse al catolicismo romano o a emigrar. La política exterior de L. se basaba en el deseo de extender Francia a lo que se consideraban sus límites naturales. Esto llevó a la estructuración de un gran aparato bélico y a cuatro grandes guerras. El reinado de L. puede dividirse en dos partes en 1685. Hasta entonces tuvo él mucho éxito, pero en sus últimos 25 años, cuando las naciones europeas se aliaron contra él, las guerras resultantes desangraron la fuerza de Francia.

ROBERT G. CLOUSE

LUIS DE GRANADA (1504-1588). Místico dominico español; predicador y escritor. N. en Granada en la mísera familia De Sarría, recibió educación escolar gracias a la ayuda del marqués de Mondéjar y al priorato dominico de la Santa Cruz, donde ingresó en 1524. Se distinguió en los estudios y en 1529 fue enviado al Colegio de San Gregorio en Valladolid. Allí asumió el nombre "Luis de Granada" y se familiarizó con el humanismo cristiano y quizá con el misticismo. L. se sentía atraído a la predicación, y rehusó la oferta de una cátedra en Valladolid. Hacia 1536 fue enviado a restaurar el dilapidado monasterio de Escala Coeli cerca de Córdoba. Hacia 1548 fue hecho prior en Badajoz, lo cual lo puso en contacto con Portugal. Predicador renombrado, en 1553 se hizo confesor de la reina Catalina de Portugal; en 1556 fue elegido provincial de su orden para Portugal y pasó allí las últimas tres décadas de su vida. Sus contribuciones permanentes son sus tratados ascéticos *Libro de oración y meditación* (1544) y *Guía de pecadores* (1567), mediante los cuales ejerció una influencia decisiva sobre Francisco de Sales y Vicente de Paúl, entre otros. BRIAN G. ARMSTRONG

LUIS DE LEON (1527-91). Teólogo y místico español. N. en España, en Belmonte (Cuenca). Después de estudiar Cánones, ingresa en la orden de San Agustín. Estudia Teología en Salamanca y en Alcalá de Henares. En 1561 traduce del hebreo al castellano el "Cantar de los cantares"; en ese mismo año consigue la cátedra de Santo Tomás y en 1565, la de Durando en Salamanca.

En 1572 va a parar a las cárceles de la →Inquisición acusado de haber traducido el "Cantar de los cantares", de preferir los textos originales de las Escrituras a la Vul., y de ser autor de nuevas y peligrosas teorías. Sin embargo, en 1576 el Tribunal le absuelve, y, al reincorporarse a su cátedra en Salamanca después de una ausencia de cuatro años, comienza la clase con el casi legendario *"dice-*

bamus hesterna die" ("decíamos ayer").

Durante su prisión escribe parte del libro *De los nombres de Cristo*. En 1587 obtiene la cátedra de Filosofía Moral y en 1579, la de Sagrada Escritura.

En 1582 es denunciado nuevamente, y sometido a otro proceso inquisitorial por disputas teológicas relacionadas con la controversia molinista (→MOLINA, LUIS DE). En el último año de su vida es elegido Vicario General de los Agustinos, y Provincial de Castilla. Muere en Avila y desde 1856 sus restos reposan en la capilla de la Universidad de Salamanca.

Fray L. fue poeta, filósofo, teólogo, escriturista y místico. De gran personalidad, vivió una vida activa y fecundísima. Se ha dicho de él que se adelantó a su tiempo, y que esto fue lo que le ocasionó tantas dificultades.

Entre sus obras hay que destacar el *Cantar de los cantares, La Perfecta casada, De los nombres de Cristo,* y la *Exposición del libro de Job.*

ENRIQUE FERNANDEZ Y FERNANDEZ

LULIO, RAIMUNDO (c.1232-1316). Misionero, místico y estudioso franciscano. Originario de Palma de Mallorca (Islas Baleares), fue educado como caballero y se convirtió después de una vida de disipación (1263). Resolvió dedicarse a ganar para Cristo a los musulmanes, y aprendió árabe. Tuvo también una visión que le revelaba un método de acercarse a los musulmanes con el mensaje cristiano. Luego persuadió a Jaime II de Mallorca a fundar un monasterio en Miramar, donde los franciscanos pudieran estudiar árabe y la destreza en su método de prepararse para la obra misionera entre los musulmanes. L. dio clases en Miramar, Montpellier y París. Realizó viajes misioneros a Túnez y Argelia y trató sin éxito de incluir en sus proyectos a los gobernantes de Europa. El relato tradicional de su martirio en Africa del norte parece no ser cierto; probablemente murió en Mallorca.

L. fue el primer teólogo cristiano de la Edad Media en utilizar una lengua distinta del latín para sus obras principales. Escribió en catalán y árabe, además de latín, y produjo 290 libros de los que sobreviven 240. Sus escritos giran en torno a su arte, que es un método orientado a demostrar la unidad de toda la verdad. Intentó elaborar un sistema mediante el cual todos los conocimientos posibles pudieran ser reducidos o derivados de ciertos principios fundamentales. Ese arte, creía él, conduciría a la unificación de las iglesias griega y latina y a la reunificación de toda la humanidad por medio del cristianismo. Además de refutar la doctrina islámica, L. luchó también contra los "Averroístas" tales como →Sigerio de Brabante.

ROBERT G. CLOUSE

LUND, CONFERENCIA DE (1952). Conferencia de la comisión "Fe y Constitución" del →CMI celebrada en L., Suecia. Hubo 225 delegados de 114 iglesias; asistieron observadores católicos romanos. La base para el estudio estuvo constituida por documentos emitidos después de la conferencia de Fe y Constitución celebrada en →Edimburgo en 1937. Las diferencias doctrinales de las iglesias se enumeraron bajo los siguientes títulos: definición y límites de la iglesia; continuidad y unidad eclesial; metas del movimiento de reunificación; número y naturaleza de los sacramentos y su relación con la membresía de la iglesia; Biblia y tradición; sacerdocio y sacrificio. Después de enunciar las diversas perspectivas sobre estos temas, la conferencia llegó a la conclusión de que la "eclesiología comparativa" (e.d. la que compara y contrasta las diferentes convicciones sobre la iglesia) ya había sido llevada a sus límites y no ofrecía esperanza alguna de reconciliación. "Necesitamos, por lo tanto, penetrar más allá de nuestras divisiones hacia una comprensión más profunda y más rica del misterio de la unión, dada por Dios, de Cristo con su Iglesia". La conferencia seleccionó cuatro grandes puntos para estudiar durante diez años por lo menos: unión de Cristo y la iglesia; tradición y tradiciones; formas de culto; institucionalismo (la iglesia como entidad sociológica con sus leyes y costumbres).

J.G.G. NORMAN

LUTERANAS, IGLESIAS (EN EUA). En 1974 había en EUA tres grandes i.l. y nueve agrupaciones más pequeñas.

(1) *La Iglesia Luterana de América* se organizó en 1962, al unirse el Sínodo de Augustana (fundado en 1860), la Iglesia Luterana Evangélica Americana o "Iglesia Luterana Evangélica Danesa" (fundada en 1878), el Sínodo Finés o Iglesia Luterana Evangélica Finesa (fundada en 1890), y la Iglesia Luterana Unida de América (organizada en 1918).

La Iglesia Luterana Unida era el más grande y más influyente de esos cuerpos eclesiales que se unieron en 1962. Sus raíces se remontan a la época colonial y al *Ministerium* de Pensilvania, formado en 1748 por H.M. →Muhlenberg. Los luteranos se asentaron antiguamente en Nueva York, Delaware, Nueva Jersey, Maryland, Virginia, las Carolinas y Georgia (los "Salzburgers"). Para 1820 algunos de ellos se habían organizado en sínodos estatales; se confederaron en el Sínodo General en 1820. En 1867 se organizó el Concilio General, compuesto en parte por sínodos que pertenecían desde antes al Sínodo General. El Sínodo General del Sur estaba formado por sínodos que se habían formado en el sur y que se habían separado del Sínodo General a causa de la cuestión de la esclavitud. Estos tres grupos (el Sínodo General, el Sínodo General del Sur, y el Concilio General) se unieron en 1918 para formar la Iglesia Luterana Unida de América.

La Iglesia Luterana Evangélica de Augustana en América se organizó en 1860 entre los inmigrantes escandinavos del Medio Oeste de EUA. En 1870 los miembros noruegos se retiraron para formar su propio sínodo. El Sínodo de Augustana se expandió rápidamente entre 1871 y 1910. El período de la americanización siguió entre 1910 y 1930. El Sínodo de Augustana era miembro fundador de la Federación Luterana Mundial y también de la Conferencia Luterana Americana formada en 1930. Los otros dos sínodos que formaban la Iglesia Luterana de América eran agrupaciones eclesiales relativamente pequeñas. En 1962 la Iglesia Luterana Unida tenía cerca de 2.495.000 miembros; el Sínodo de Augustana, 618.000; el Sínodo Finés, 35.500; y el Sínodo Danés, 24.000.

La Iglesia Luterana de América tiene una administración altamente centralizada. Está compuesta por 31 sínodos. En 1971 esta iglesia tenía cerca de 3.229.000 miembros. Las misiones extranjeras, la educación teológica, el ministerio social, y las publicaciones son responsabilidad de la iglesia entera y no de sus sínodos. Su teología se ha mantenido dentro del marco de las creencias luteranas, pero generalmente se la ha considerado como más receptiva al pensamiento teológico avanzado que los otros dos grandes cuerpos eclesiásticos dentro del luteranismo americano.

(2) *La Iglesia Luterana Americana* es también resultado de la unión de sínodos previamente formados. Organizada en 1960, reunió a la Iglesia Luterana Americana, la Iglesia Luterana Evangélica, la Iglesia Libre Luterana y la Iglesia Luterana Evangélica Unida. La Iglesia Libre Luterana era un pequeño grupo de luteranos noruegos, seguidores de Georg →Sverdrup y Sven Oftedal, organizado en 1890. La Iglesia Luterana Evangélica Unida era un grupo danés, organizado en 1896. La que se llamaba Iglesia Luterana Americana (diferente de lo que luego sería la Iglesia Luterana Americana) fue organizada en 1930, al fundirse el sínodo de Buffalo (1818), el Sínodo de Iowa (1854) y el Sínodo de Ohio (1818). Estos estaban formados por inmigrantes alemanes, y alemanes que se habían trasladado hacia el O en la región de Ohio durante la "gran migración" de principios del s.XIX.

El Sínodo de Buffalo, bajo el liderazgo de J.A.A. Grabau, mantenía una perspectiva del ministerio de estilo "iglesia alta". Ya al principio entró en conflicto con el Sínodo de Misuri, conflicto que tuvo por resultado el rompimiento de algunos de sus miembros como consecuencia del Coloquio-Misuri-Buffalo (1866). El Sínodo de Iowa se organizó bajo la dirigencia de Georg Grossmann y Johannes Deindörfer como resultado de las diferencias entre los líderes del Sínodo de Misuri y Wilhelm Loehe. Enfatizaba los "problemas abiertos" en las formulaciones doctrinales. Michael Reu fue su líder principal en el s.XX.

El Sínodo de Ohio se organizó en parte a causa de las barreras geográficas con los luteranos en Pennsilvania bajo el liderazgo de Paul Henkel. En 1868 logró un acuerdo con el Sínodo de Misuri y se hizo miembro de la Conferencia Sinódica Evangélica Luterana cuando esta se organizó en 1872. Cortó sus relaciones con ese grupo en 1881 como resultado de la Controversia Predestinataria. Sus intentos por acercarse al Sínodo de Iowa culminaron en 1930 con la formación de (La) Iglesia Luterana Americana.

La Iglesia Luterana Evangélica se remonta a la historia de las inmigraciones noruegas y la formación de diversas asociaciones eclesiásticas noruegas en el s.XIX. El Sínodo Noruego (1853) era el más grande de esos grupos. La unión en 1890 de cuatro agrupaciones noruegas dio como resultado la Iglesia Luterana Noruega Unida de América. En 1917 el Sínodo Noruego, la Iglesia Unida y el Sínodo de Hauge se unieron para formar la Iglesia Luterana Noruega de América, que cambió su nombre por el de Iglesia Luterana Evangélica en 1946. Entre las diversas iglesias noruegas a lo largo de los años solo el Sínodo Noruego se unió a la Conferencia Sinódica, de cual fue miembro desde 1872 hasta 1883. En 1930 la Iglesia Luterana Americana y la Iglesia Luterana Evangélica se unieron con el Sínodo de Augustana para formar la Conferencia Luterana Americana, que se disolvió en 1954. En 1971 la Conferencia Luterana

Americana tenía cerca de 2.450.000 miembros.

(3) *La Iglesia Luterana-Sínodo de Misuri*, organizada en 1847, ha asimilado a otros sínodos luteranos, pero no se ha unido a ningún gran grupo luterano. Sus padres fundadores eran emisarios enviados por Wilhelm Loehe como misioneros a los luteranos alemanes de EUA y seguidores de Martin Stephan que se establecieron en el condado de Perry y en San Luis, Misuri. C.F.W. →Walther fue su primer presidente y su líder teológico reconocido hasta su muerte en 1887. La Conferencia Sinódica Luterana Evangélica (1872) reunió sínodos luteranos confesionales de ideas similares en una federación poco integrada, que existió hasta 1970. El Sínodo de Misuri ha sido rígidamente confesional en su teología, suscribiéndose a las Confesiones luteranas por ser conformes con la Biblia. En su política eclesiástica ha sido congregacional; el sínodo solo tiene jurisdicción consultiva sobre las congregaciones. Entre 1910 y 1930 el proceso de americanización produjo una transición lingüística del alemán al inglés y alteró las actitudes dentro del sínodo.

El Sínodo de Misuri ha apoyado un fuerte sistema de escuelas parroquiales. Ha mantenido un sistema de escuelas preparatorias para entrenar futuros obreros profesionales dentro del sínodo, dos seminarios teológicos, y dos instituciones de formación de maestros. Especialmente desde 1894 ha estado activo en las misiones extranjeras y desde la Guerra Mundial II ha adquirido creciente interés en cuestiones sociales. La "Hora Luterana Internacional", ministerio radial, ha estado bajo el auspicio de la Liga Luterana de Laicos, organización perteneciente al Sínodo de Misuri. El Sínodo de Misuri contaba en 1971 con 2.877.000 miembros aproximadamente.

(4) *Agrupaciones eclesiásticas luteranas independientes* en América del N son (1972): el Sínodo Luterano Evangélico de Wisconsin (1853); el Sínodo Luterano Evangélico del Canadá; el Sínodo Luterano Evangélico (1918); la Iglesia de la Confesión Luterana; la Iglesia Luterana Apostólica (1961); la Iglesia de los Hermanos Luteranos; el Sínodo de Eielson; la Asociación de Congregaciones Luteranas Libres; la Comunidad de Luteranos Auténticos (1971). El número total de luteranos en EUA en 1971 era de 8.872.000.

(5) *El Concilio Luterano de EUA* fue organizado en 1967 como federación de la Iglesia Luterana –Sínodo de Misuri, la Iglesia Luterana Americana, la Iglesia Luterana de América, y el pequeño Sínodo de Iglesias Luteranas que se fundió con el Sínodo de Misuri en 1970. El Concilio Luterano de EUA continúa la obra del Concilio Luterano Nacional, organizado en 1918. El Concilio Luterano tiene una comisión teológica a la cual deben pertenecer los tres miembros con el fin de realizar discusiones teológicas. La membresía en sus otras comisiones, p.e. publicidad, servicios armados, bienestar estudiantil, etc., es voluntaria. Las relaciones públicas y la labor social han sido especiales campos de interés. Sin embargo, el Concilio Luterano ha fomentado los diálogos con las iglesias Católica Romana, Presbiteriana y Episcopal. Funciona independientemente de la Federación Luterana Mundial, pero en coordinación con ella. CARL S. MEYER

LUTERANISMO. El sistema de creencias religiosas asociado con los seguidores de Martín →Lutero. Este término puede usarse también en referencia a las actividades de las iglesias que se llaman a sí mismas "luteranas". Ambos aspectos se comentan en el presente artículo.

La posición doctrinal del l. se encarna en el Libro de →Concordia (1580), que consta de los tres credos ecuménicos, la Confesión de →Augsburgo y su Apología, los Catecismos Breve y Grande de Lutero, los Artículos de →Esmalcalda, y la Fórmula de →Concordia. La justificación por la gracia sola mediante la fe en Jesucristo es la doctrina primaria que enfatiza el l. A causa del pecado original el hombre se halla en necesidad de reconciliación con Dios. La reconciliación y el perdón de los pecados son la esencia de la justificación; la justicia de Cristo es imputada al creyente que la acepta por la acción del Espíritu Santo. No es el mérito u obras del hombre, sino solamente la gracia de Dios lo que lo justifica ante Dios. *Sola gratia* y *sola fide* son las frases que se usan para resumir esta doctrina, explicada con sumo cuidado en el Artículo IV de la Apología de la Confesión Augustana. Las buenas obras son fruto de la fe. Un árbol bueno da frutos buenos, decía Lutero, y por tanto un creyente realiza buenas obras. Estas buenas obras, también, son fruto del Espíritu. El creyente, *simul iustus et peccator* ("justificado y pecador a la vez"), lucha contra el mal y procura hacer el bien. Su vida espiritual, según la doctrina luterana, es engendrada y alimentada por los medios de la gracia. Estos son el bautismo, la Palabra, y la Cena del Señor.

La Palabra de Dios en el l. es a menudo equiparada con los escritos canónicos del

Antiguo y Nuevo Testamento. Estos escritos han sido dados por inspiración divina y por lo tanto son auténticos, confiables, y capaces de lograr sus divinos propósitos. Su propósito es, ante todo, "hacer sabio para la salvación por la fe que es en Cristo Jesús" (2 Ti. 3:15). También se proponen, según el l., instruir a los hombres en cuestiones de moralidad, consolarlos en la tribulación, refutar a los que adversan la religión cristiana, y enseñar la divina doctrina. Mediante la Palabra el Espíritu Santo llama a los hombres, los ilumina y los instruye, los santifica y los congrega en su Iglesia. Las Escrituras son la única fuente, regla y norma de fe: *sola Scriptura.*

Los sacramentos –el bautismo y la Cena del Señor– son algo más que ritos culturales. El bautismo es considerado como el agua del nuevo nacimiento, un medio por el cual el nuevo nacimiento se efectúa, especialmente en los niños. La Cena del Señor no es meramente una comida memorial, sino que fue instituida por Cristo para el perdón de los pecados, la confirmación de la fe, y como expresión de la unión con él y con los hermanos creyentes. En el pan y el vino de la Santa Cena están presentes el cuerpo y la sangre de Cristo mismo, según la enseñanza luterana. Los luteranos creen en la Presencia Real (que no ha de llamarse "consubstanciación").

La teología luterana es fuertemente cristocéntrica. El mensaje de la obra redentora de Cristo es el mensaje central de la Biblia; el nacer de nuevo en Cristo y alcanzar la vida nueva son la esencia del bautismo; la Comunión con Cristo y la participación de su cuerpo y de su sangre son lo esencial del sacramento del altar. *Solus Christus* es el centro de la teología luterana.

El l. enfatiza las diferencias entre la Ley y el Evangelio. La Ley condena; el Evangelio salva. La Ley aterroriza; El Evangelio consuela. La Ley revela la ira de Dios; el Evangelio revela la gracia de Dios. En relación con la predestinación, el l. enseña que Dios ha escogido a ciertos hombres para la salvación en Cristo Jesús desde antes del comienzo del mundo. Esta enseñanza se da para consuelo del creyente, para asegurarlo de su salvación. El l. no enseña una predestinación a la reprobación.

Cristo Jesús, en la teología luterana, es Dios y hombre verdadero. Con el Padre y el Espíritu Santo es miembro de la Santísima Trinidad, el único Dios. Se encarnó, nació de la Virgen María, a fin de cumplir la ley, sufrir, morir y resucitar para la redención de la humanidad. En él las dos naturalezas, la humana y la divina, están unidas en una sola Persona. Esta unión es verdadera y real, es personal y permanente. El l. se adhiere a la fórmula del Concilio de →Calcedonia: "Confesamos a uno solo y el mismo Jesucristo, Hijo y Señor unigénito, en dos naturalezas, sin confusión, sin cambio, sin división, sin separación".

A Cristo se le ha dado el ser Cabeza de la iglesia. La iglesia está compuesta por todos aquellos, pero solo por aquellos, que confían en Cristo Jesús como su Salvador, Redentor y Mediador. Han entrado en una comunión salvífica con Cristo. La iglesia es santa, porque sus miembros son santificados por el Espíritu Santo. Es una, porque tiene un solo Señor y está unida a él; es apostólica, porque está fundada sobre la proclamación de los apóstoles, el evangelio de Cristo; es católica, o universal, porque no está restringida a un pueblo, nación o época. El l. habla también de la iglesia visible y la invisible. La iglesia invisible no es una estructura patente; la iglesia visible está formada como estructura. Los signos distintivos de la verdadera iglesia, según el l., son la predicación pura de la Palabra de Dios y la correcta administración de los sacramentos conforme a la institución de Cristo.

Los luteranos no insisten en una política eclesial uniforme. Algunas de las iglesias luteranas son de carácter episcopal; otras son congregacionales; otras tienden hacia una forma presbiterial de organización. Algunas son apoyadas por el estado; otras son iglesias libres o sociedades eclesiásticas voluntarias. En sus servicios de culto el l. tiende a ser ritualista. La "reforma conservadora" de Lutero retuvo gran parte de la liturgia de la Iglesia Católica Occidental. Sin embargo, hay iglesias luteranas del s.XX que tienen órdenes de culto muy sencillos. Los ritos y ceremonias son considerados *adiafora* ("cosas indiferentes") con tal que el Evangelio no sea viciado o anulado por ellas. El ministerio sagrado ha sido instituido por Cristo. La ordenación es una buena costumbre eclesiástica, que se origina en la iglesia antigua, pero no es absolutamente necesaria. Los que creen en Cristo son un sacerdocio real.

La mayor concentración de luteranos se halla en Alemania y Escandinavia. En los EUA, el l. contaba con 8.872.000 miembros en 1971. El l. se halla en Africa, América Central y del Sur, Canadá, Japón, la India, Corea, la URSS, y posiblemente incluso en la China. La mayor de las iglesias territoriales en

Alemania es la Iglesia Evangélica Luterana de Hanover, que cuenta con 4.000.000 de miembros aproximadamente. La Iglesia Evangélica Luterana de Sajonia cuenta con 3.600.000 miembros. En Württemberg, Schleswig-Holstein y Baviera hay 2.500.000 luteranos en cada una de esas regiones; en Mecklenburg y Turingia, un millón en cada región. Los países escandinavos son casi enteramente luteranos. La Iglesia Evangélica Luterana de Dinamarca tiene 4.300.000 miembros; la de Finlandia, 4.375.000 miembros. La Iglesia de Noruega es un poco más pequeña, con cerca de 3.500.000. La Iglesia de Suecia es la mayor de las iglesias luteranas escandinavas, con 7.000.000 de miembros.

La Federación Luterana Mundial es la voz ecuménica del l. Se organizó en Lund, Suecia, en 1947, habiendo sido precedida por cuatro Convenciones Mundiales Luteranas (Eisenach, 1923; Copenhague, 1929; París, 1935; Lund, 1947). Se han celebrado asambleas de la FLM en Hanover, Alemania (1952), Mineápolis, EUA (1957), Helsinki (1963) y Evian, Francia (1970). La constitución de la FLM da su base doctrinal en el Artículo II: "La Federación Luterana Mundial reconoce las Sagradas Escrituras del Antiguo y Nuevo Testamento como la única fuente y norma infalible de toda doctrina y práctica eclesiástica, y ve en los tres Credos Ecuménicos y en las Confesiones de la Iglesia Luterana, especialmente en la Confesión Augustana Inalterada y el Catecismo Breve de Lutero, una exposición pura de la Palabra de Dios".

Las funciones de la Federación son llevar adelante un testimonio conjunto del evangelio de Jesucristo; cultivar la unidad entre los luteranos del mundo; fomentar la participación luterana en movimientos ecuménicos; proporcionar un canal para la satisfacción de las necesidades físicas de los marginados; y ante todo, "apoyar a las Iglesias y grupos luteranos en su empeño por satisfacer las necesidades espirituales de otros luteranos y extender el evangelio". La FLM consta de una asamblea que se reúne normalmente cada seis años, un comité ejecutivo que se reúne anualmente, comités nacionales, y comisiones. Su sede está en Ginebra, Suiza. Ahí se halla también el personal ejecutivo, dirigido por un secretario general.

El departamento de teología de la FLM ha realizado algunos estudios básicos de los problemas que enfrenta el l. en el s.XX. Sus estudios se han centrado en la unidad de la iglesia, la libertad y unidad en Cristo, la justificación, y la iglesia y sus confesiones. *The Lutheran World* es una revista trimestral publicada por la FLM.

En el l., la doctrina, la política eclesiástica, las estructuras de la iglesia y las federaciones no pueden tratarse como algo completamente unido. Ni siquiera en doctrina están completamente unidos los luteranos. Algunos luteranos e iglesias luteranas han recibido fuertes influencias de la crítica bíblica moderna en las últimas décadas y han repudiado ciertas creencias luteranas que habían sido antes fuertemente defendidas. En la era de la Reforma existieron los llamados criptocalvinistas, luteranos que mantenían doctrinas calvinistas acerca de la Cena del Señor. En los ss.XVII y XVIII el →pietismo realizó grandes avances dentro del l., tanto en Alemania como en los países escandinavos. El racionalismo sofocó los acentos doctrinales del l., que solo se volvieron a escuchar como resultado del resurgimiento del Confesionalismo Luterano en el s.XIX. El l. en América del N, en general, ha sido más conservador que el l. europeo.

La participación luterana en los problemas de la sociedad y del bienestar social han variado de una época a otra y de un país a otro. El l. no dejó de enfatizar la necesidad de "amar al prójimo como a sí mismo" y de estar dispuesto a satisfacer las necesidades físicas del prójimo. Debido al control estatal practicado por los países luteranos de Europa, con frecuencia esto se convertía en asunto de estado antes que en cuestión de la iglesia. En América del N, el quietismo luterano dio como resultado una postura de "no tocar" en relación con los problemas políticos y sociales que persistió hasta el s.XX.

Las contribuciones del l. a la música, la literatura, las artes y ciencias no se enumeran aquí. Sus aportes no se confinan a los países "luteranos", sino que son evidentes en muchas partes del mundo. La extensión del l. ha sido muy amplia en los ss.XIX y XX, y su influencia ha sido muy profunda. El l. ha puesto énfasis en los aspectos educativos de la tarea integral de la iglesia. CARL S. MEYER

LUTERANISMO EN AMERICA LATINA. El luteranismo cuenta con cerca de un millón de feligreses en AL, siendo en su mayoría colonos europeos. Sin embargo los luteranos se hallaron entre los primeros que intentaron hacer obra misionera en este continente. El barón austríaco Justiniano von Welz llegó a Surinam en 1665 con el fin de establecer una misión pero murió antes de cumplir un año. En 1742 los colonos holandeses organizaron una iglesia luterana en Surinam y levantaron un templo que existe hasta hoy. Al año siguiente los holandeses fundaron una iglesia en la Guyana Británica que 200 años más tarde se convirtió en la Iglesia Evangélica Luterana de Guyana.

A partir de 1824, un poco después de las guerras de independencia, se inició una numerosa inmigración alemana al Nuevo Mundo, especialmente a Brasil, Argentina y Chile. Como resultado de ello surgieron en esos países sólidas congregaciones luteranas con extensiones en Uruguay y Paraguay.

En Brasil el luteranismo llegó a ser muy fuerte. Surgieron cuatro sínodos, los cuales en 1968 formaron la Iglesia Evangélica de la Confesión Luterana en el Brasil que actualmente abarca el 75% de los luteranos en AL. A Argentina llegó el primer pastor luterano en 1843 procedente de Alemania. Su trabajo fructificó y culminó en la formación de la Iglesia Evangélica del Río de la Plata (1956) la cual ministra a los descendientes alemanes luteranos en Argentina, Uruguay y Paraguay.

Andando el tiempo el luteranismo asumió carácter misionero. Pionero en este aspecto fue el Sínodo de Misuri (EUA) que empezó a enviar misioneros a Brasil en 1900. Al principio estas iglesias de habla portuguesa formaron parte de la iglesia madre norteamericana pero luego se organizaron aparte y en 1970 se convirtieron en la Iglesia Evangélica Luterana del Brasil.

A partir de 1908 otros grupos luteranos de EUA iniciaron obra misionera en Argentina, Uruguay y más tarde en Chile. Surgieron agrupaciones como el Distrito de Argentina en 1928 (Sínodo de Misuri) y la Iglesia Evangélica Luterana Unida de Argentina (1948).

En la región andina también han surgido iglesias luteranas de inmigrantes europeos: alemanes, escandinavos, bálticos y húngaros. Estas iglesias quedan relacionadas mayormente con la Federación Luterana Mundial. También en estos países los luteranos han iniciado labor entre los naturales, tanto en español como en las lenguas indígenas.

La Liga de Oración Mundial fue pionera en la obra misionera de los luteranos en los Andes, iniciando en 1937 la obra en Bolivia y en 1951 en Ecuador. La obra de la Liga fue el fundamento de la actual Iglesia Evangélica Luterana Boliviana. Posteriormente han entrado en Bolivia y Ecuador otras dos misiones luteranas de Noruega. En 1954 fue organizada la Iglesia Evangélica Luterana en el Perú para los alemanes. Desde 1964 ha colaborado con misioneros de la Iglesia Luterana en América. El Sínodo Evangélico Luterano de los EUA abrió campo en 1960.

La "Misión Luterana Evangélica de Colombia" en 1937 comenzó la obra en este país, la cual en 1958 se convirtió en un sínodo nacional. Un ministerio a los colonos alemanes ha existido en el país desde 1950. El Sínodo de Wisconsin (EUA) entró durante los años de 1960.

En Venezuela se organizó una congregación alemana en 1950. El mismo año el Sínodo de Misuri empezó a trabajar en el país y su trabajo ha conducido a la formación de la Conferencia de las Iglesias Luteranas en Venezuela. El programa radial luterano "Cristo para todas las naciones" tiene su oficina central en Caracas.

El Sínodo de Misuri inició obra en Panamá y Centroamérica entre 1941 y 1947 la cual se extendió a todos los países menos Nicaragua.

Había luteranos en México aun antes de 1861 pero no fue sino hasta 1927 que logró constituirse la primera congregación evangélica alemana. En 1940 el luteranismo tomó carácter misionero bajo los auspicios del Sínodo de Misuri. Luego llegaron otras misiones luteranas, tanto independientes como dedenominacionales, de manera que actualmente hay testimonio luterano en la mayoría de los estados mejicanos.

En Puerto Rico ha trabajado la Iglesia Luterana en América desde 1899 y posteriormente en otras de las Antillas. En 1952 se organizó el Sínodo del Caribe. El Sínodo de Misuri inició obra en Cuba en 1910 pero, debido a los cambios políticos, los misioneros se retiraron en 1960. No obstante la obra sigue bajo la dirección de los laicos.

En cuanto a la educación teológica en Brasil la Iglesia Evangélica de la Confesión Luterana tiene su seminario en Sao Leopoldo y el de la Iglesia Luterana Evangélica está en Porto Alegre. En Argentina el Sínodo de Misuri tiene su seminario en Villa Ballestero (Buenos Aires) y otros luteranos cooperan en el Instituto Superior Evangélico de Estudios Teológicos de Buenos Aires. El seminario de los luteranos del área del norte de AL forma parte de la Comunidad Teológica ubicada en la Ciudad de México.

Hubo un intento de crear un consejo panluterano para AL durante los años 1966-70, pero las diferencias y las distancias eran tan grandes que no fue posible. En vez de esto las Iglesias regionales están tratando de efectuar una coordinación más estrecha en su trabajo de ministrar a los grupos étnicos y alcanzar a los latinoamericanos. Para los luteranos hispanohablantes ya se ha realizado el proyecto de publicar un himnario con las formas litúrgicas para el pueblo, un *Ritual cristiano* para el pastor y cinco tomos de los escritos de Martín →Lutero en español para todos. ROBERTO F. GUSSICK

LUTERO, MARTIN (1483-1546). N. en Eisleben, Alemania. Asistió a la *Ratsschule* (escuela de la ciudad) en Mansfeld, llegó a estar bajo la influencia de los→Hermanos de la Vida Común mientras estaba en Magdeburgo y continuó su formación preparatoria en la *Georgenschule* en Eisenach, donde fue miembro del círculo de Cotta y Schalbe, antes de matricularse en la Universidad de Leipzig (1501). Parece ser que el que más influyó sobre él en Leipzig fue Jodocus Trutvetter, un nominalista ("via moderna"). L. recibió su bachillerato en artes en 1502 y su maestría en 1505. En julio de ese año entró a la casa capitular de los Ermitaños de San Agustín en Erfurt, como novicio, debido a un voto hecho en "un momento de terror", cuando fue tirado al suelo por un rayo durante una tormenta. Sin embargo, ya antes de esto le preocupaba su salvación, y probablemente hubo otros incidentes que lo condujeron a la decisión de hacerse monje. En el monasterio prosiguió ciertos estudios teológicos y fue ordenado sacerdote en 1507.

En 1508 L. fue transferido a la Universidad de Wittenberg, donde obtuvo el grado de *Baccalaureus Biblicus* en 1509 y el doctorado en teología en 1512. Durante esos años enseñó teología moral, las *Sentencias* de Pedro Lombardo, y la Escritura. Entre noviembre de 1510 y marzo de 1511 realizó un viaje a Roma como compañero de un fraile de su orden, para realizar negocios para ella. Con el doctorado, L. recibió el nombramiento permanente en la cátedra de *lectura in Biblia* en Wittenberg.

Durante esos años antes de obtener el doctorado en teología, L. estuvo luchando con el problema de su salvación personal. Mientras estuvo en el monasterio y como fraile en Wittenberg realizó asiduamente las tareas y oficios de rigor; iba a confesarse frecuentemente, y cumplía las penitencias que se le imponían. El problema de la fecha de su "experiencia de la torre", en que llegó a la plena comprensión del significado de la justificación por la gracia sola, ha ocupado a numerosos estudiosos y no se ha resuelto por completo. Algunos lo han ubicado en 1514; otros lo han puesto incluso en 1518. El continuo estudio de la Biblia, la influencia de Agustín, los escritos de Juan →Tauler y otros místicos, el *Psalterium Quintuplex* de Jacobo →Lefèvre, y el consejo de su superior Johann →Staupitz fueron determinantes, probablemente en ese orden, para clarificar sus pensamientos y convicciones, y no se puede establecer una única fecha o momento. En 1518 su teología de la Cruz ya era completamente paulina, y L. fue el paladín de la *sola fide* (la fe sola), *sola gratia* (la gracia sola) y *sola Scriptura* (la Biblia sola).

En sus escritos de 1516-1518 L. da evidencias de agustinianismo. En *Dos clases de justicia* (1518), L. habla claramente de Cristo y su obra desde su nacimiento hasta su muerte y resurrección como lo que constituye la justicia de los creyentes; la promesa es la certeza de la fe para ellos. Estas ideas están presentes en sus conferencias sobre los Salmos y sobre Hebreos (1518). Para entonces L. había emitido su famosa protesta contra los escándalos del tráfico de indulgencias, las→Noventa y Cinco Tesis del 31 de octubre de 1517. La más notable de ellas es la número 62: "El verdadero tesoro de la iglesia es el santísimo evangelio de la gloria y gracia de Dios". Sus *Explicaciones de las Noventa y Cinco Tesis* (1518) afirman: "Los méritos de Cristo realizan una obra ajena". La justicia ajena es la justicia que él define en su sermón sobre las *Dos clases de justicia* como "la justicia de otro, infundida desde afuera, la justicia de Cristo en virtud de la cual él justifica por la fe".

La controversia produjo polémicas de Roma, opúsculos y tratados, intentos ásperos y sutiles de silenciarlo, un debate con Johann →Eck en Leipzig (1519) y una entrevista con Tomás de Vío (el Cardenal →Cayetano) en Augsburgo (1519). En 1519 Carlos V fue elegido emperador del Sacro Imperio Romano y pronto se dio cuenta de la magnitud del problema religioso en Alemania, a causa de los escritos de L. y del anticlericalismo del pueblo alemán.

El año 1520 marcó la aparición de algunos de los más importantes escritos reformadores de L. El *Tratado sobre las buenas obras* (mayo, 1520) utilizaba el Decálogo como base para demostrar cómo la fe se pone en práctica en la vida del creyente. En su *Sermón sobre la misa* (abril, 1520) enseñaba que todo cristiano es sacerdote. *Del papado de Roma* (junio, 1520) identificaba al papa como "el verdadero Anticristo del cual habla toda la Escritura". En *El discurso a la nobleza alemana* (agosto, 1520), L. desconocía la autoridad del papa sobre los gobernantes temporales, negaba que el papa fuera el intérprete último de la Escritura, denunciaba la corrupción de la Curia, afirmaba de nuevo el sacerdocio universal de los fieles, y delineaba un programa de reformas eclesiásticas. La obra *El cautiverio babilónico de la Iglesia* (oct., 1520) reducía de siete a dos el número de sacramentos y desató la ira de →Enrique VIII de Inglaterra. *La libertad del cristiano* defendía dos proposiciones: "Un cristiano es perfectamente libre y señor de todo, sin ser súbdito de nadie. Un cristiano es un siervo perfectamente fiel de todos, súbdito de todos".

En abril de 1521 L. compareció ante el emperador y la corte del Imperio en la Dieta de →Worms, negándose a retractarse a menos que fuera vencido con argumentos de la Biblia. Llevado al Castillo de Wartburg por orden de →Federico el Sabio, Elector de Sajonia, L. tuvo oportunidad de continuar sus escritos y especialmente de traducir el NT del griego al alemán (1522). La traducción de la Biblia entera no quedó completa sino hasta 1534, y es tal vez el principal logro del gran Reformador.

Aunque condenado por el Edicto de Worms y declarado proscrito, L. regresó a Wittenberg en marzo de 1522 para enfrentarse con el Movimiento de Wittenberg, frenando su dirección radical y reafirmando el carácter esencialmente conservador de su reforma. Este carácter conservador se muestra en las ediciones revisadas por L. del *Orden de la Misa y la Comunión* (1523), el *Orden del Bautismo* (1523), y la *Misa alemana y orden de culto* (1526), oraciones, colectas y cantos, órdenes para cultos ocasionales, la *Letanía*, el *Te Deum* y el *Magnificat* en alemán, e himnos para el canto comunitario. Entre estos debe mencionarse *Ein' feste Burg* ("Castillo fuerte"). La naturaleza conservadora de la Reforma Luterana quedó afirmada, también, por el hecho de que L. no dependió de los caballeros, los humanistas ni los campesinos.

El rompimiento de L. con →Erasmo fue el resultado de la obra de este último, *Diatriba sobre el libre albedrío* (1524). En su respuesta, *La atadura del albedrío* (1525), L. afirmaba que el hombre no puede querer volverse a Dios o desempeñar parte alguna en el proceso que conduce a su propia salvación. Reconocía que el hombre tiene libertad respecto a lo que está "por debajo de él".

La posición de L. en las →Revueltas campesinas (1524-25) ponía en alto la autoridad, negaba el derecho de sublevación, pedía la justicia social, y apremiaba la consideración del bienestar económico de las clases bajas. Su lenguaje fue desenfrenado al apremiar a los príncipes a aplastar la revuelta, y enajenó a algunos de la clase baja.

Entre 1525 y 1529 L. llevó a cabo una controversia con Ulrico →Zuinglio de Zürich y otros acerca de la Cena del Señor. Entendía las palabras de institución, "Esto es mi cuerpo" y "Esta es mi sangre" en sentido literal, y se oponía a cualquier intento de interpretarlas en forma figurada. Las obras *El Sacramento del Cuerpo y la Sangre de Cristo: contra los fanáticos* (1526) y *De cómo estas palabras de Cristo, "Esto es mi Cuerpo", etc., siguen firmes contra los fanáticos* (1527), definen su posición, que con frecuencia ha sido erróneamente llamada consubstanciación. →Felipe de Hesse intentó propiciar una reconciliación convocando el Coloquio de →Marburgo (1529). Los participantes (L., →Melanchthon, →Zuinglio, →Ecolampadio, →Bucer, y otros) se pusieron de acuerdo en catorce artículos de la fe cristiana, pero no llegaron a ningún acuerdo en el decimoquinto artículo, referente a la Cena del Señor. Sin embargo, en 1536 Bucer y L. se pusieron de acuerdo en cuanto a la Concordia de Wittenberg.

L. mostró su interés en la educación al escribir su petición *A los regidores de todas las ciudades de Alemania, para que establezcan y mantengan escuelas cristianas* (1524) y su *Sermón sobre el deber de enviar a los niños a la escuela* (1530). Su prefacio a la obra de Melanchthon *Instrucciones para los visitadores de pastores parroquiales en el Electorado de Sajonia* (1528) es evidencia, no solo de su liderazgo eclesiástico, sino también de su genuino deseo de promover las escuelas. Tanto su "Catecismo grande" (1529) como su "Catecismo breve" (1529) vinieron como respuesta a los hallazgos de la labor de visitación. Son sus esfuerzos por levantar el nivel de comprensión de la doctrina cristiana. Su Catecismo Breve ha sido llamado la "Biblia del laico". Además, L. contribuyó a la revisión del currículum teológico de la Universidad de Wittenberg; se ocupó continuamente de entrenar pastores y predicadores para iglesias luteranas; e invirtió muchos esfuerzos a favor de los estudiantes no alemanes que llegaban a Wittenberg.

La historia de la vida de L. no es simplemente la historia del profesor de Wittenberg. Fue el líder del movimiento que se extendió por gran parte de Alemania y los países escandinavos. Aunque no pudo asistir a ninguna de las dietas del Sacro Imperio

Romano, a causa del Edicto de Worms, se le consultó frecuentemente en su sede del Castillo Coburg durante la Dieta de Augsburgo (1530). El preparó los Artículos de →Esmalcalda (1537) para la Liga de →Esmalcalda en preparación para el concilio que fue convocado en Mantua y que no llegó a reunirse. En 1535 se publicaron sus *Conferencias sobre Gálatas;* algunos eruditos las consideran su más profundo tratado teológico. Ese año inició sus *Conferencias sobre el Génesis,* que completó diez años después, poco antes de su muerte.

En 1525 L. se casó con Katharina von Bora, una ex-monja. Su vida familiar fue feliz. Su hogar era centro de reunión de amigos y estudiantes, y la voluminosa *Sobremesa* fue apuntada por al menos diez estudiantes entre 1531 y 1544. L. murió en la aldea en que había nacido (Eisleben) mientras se hallaba en una misión para reconciliar a los príncipes de Anhaldt. Su grandeza puede medirse por el hecho de que durante los más de 400 años que han transcurrido desde su muerte, más libros se han escrito acerca de él que acerca de ningún otro personaje de la historia, a excepción de Jesús de Nazaret.

CARL S. MEYER

LYON, CONCILIOS DE. Dos concilios generales de la iglesia se celebraron en L. El Primer Concilio de L., o Concilio Ecuménico XIII, se reunió en 1245 y celebró tres sesiones. Fue convocado por →Inocencio IV, que dijo a los prelados reunidos que le atormentaban cinco problemas: los pecados de los sacerdotes; la pérdida de Jerusalén; la peligrosa situación del Imperio Bizantino; los ataques mongoles contra Europa; y la persecución que el Emperador →Federico II estaba realizando contra la iglesia y el papa. Aunque el concilio recomendó una nueva cruzada, nada llegó a suceder. Su principal inquietud fue la disputa entre Federico II y el papa, conflicto que se remontaba a la excomunión de Federico por parte de →Gregorio IX por no haber ido a la cruzada que había prometido. Federico, naturalmente, prohibió a los prelados del imperio asistir al concilio y bloqueó las rutas hacia L., y solo participaron 150 obispos, especialmente franceses y españoles. La deposición formal del emperador fue anunciada sobre la base de perjurio, sacrilegio, herejía y felonía, y los franciscanos y dominicos fueron delegados para promulgar la decisión por toda Europa.

El Segundo Concilio de L., o Concilio Ecuménico XIV, se reunió en 1274. Celebró seis sesiones y votó 17 cánones. Asistieron como 1.600 eclesiásticos, entre ellos 500 obispos. →Gregorio X, que lo había convocado, quería organizar una cruzada general, pero solo un rey se presentó en el Concilio, y pronto se fue, convencido como muchos otros gobernantes europeos que los planes de Gregorio eran poco prácticos en el clima político de entonces. Los esfuerzos de Gregorio por obtener la paz general en Europa, precondición obvia para la cruzada, tampoco fueron completamente exitosos. Lo único que realmente logró fue un diezmo de seis años para financiar esa futura cruzada. El concilio también se esforzó por la reunificación de la iglesia romana con la bizantina. El acuerdo habría reabierto una ruta para las cruzadas a través de Anatolia; habría garantizado al emperador oriental Miguel VIII contra cualquier ataque de parte de Carlos de Anjou, y habría posibilitado la acción conjunta contra los sarracenos. El concilio también decretó que en el futuro, al morir un papa, los cardenales solo habían de esperar diez días a sus colegas ausentes antes de comenzar el →cónclave; y en un esfuerzo por evitar la prolongación de la sede vacante, no habían de recibir salario o emolumento alguno sino hasta después de la elección. Además, el concilio suprimió varias órdenes mendicantes recientes, pero elogió especialmente a franciscanos y dominicos.

L. FEEHAN

LLORENTE, JUAN ANTONIO (1756-1823). Sacerdote español, historiador de la →Inquisición. N. en Logroño (Castilla la vieja). Muy joven se doctoró en derecho canónico. En 1789 fue nombrado secretario-general de la Inquisición Española, lo que le permitió conocer bien el funcionamiento de esta institución. Se volvió liberal con tendencias racionalistas. Cuando el rey →Fernando VII tuvo que abdicar en 1808, obligado por los franceses, Ll. saludó a éstos como salvadores de la patria.

En 1813 se suspende temporalmente la Inquisición y a Ll. se le encarga el estudio de sus vastos archivos, trabajo al que dedicó dos años. Resultado del mismo fue su famosa *Historia Crítica de la Inquisición de España,* publicada primero en francés (4 tomos, París, 1817, 18), luego en español (10 tomos, Madrid, 1822) y después traducida a alemán e inglés. La obra fue una cruda exposición de la odiada institución. La recibieron con aplausos los liberales pero ha sido tildada de "apasionada, infiel y calumniosa" por el historiador católico Francisco J. Montalbán.

Cuando se restauró la monarquía clerical de Fernando VII (1814), Ll. fue expulsado de España y se refugió en París. La Iglesia lo sancionó, prohibiéndole oír confesión, celebrar misa y enseñar en español en la Universidad. Reaccionó escribiendo otra obra anti-clerical, *Portrait Politique des Papes* (París, 1822). Una amnistía política le permitió regresar a su patria en 1822, pero murió poco después. WILTON M. NELSON

M

MACARIO (m.333). Obispo de Jerusalén desde c.313. Probablemente fue el Macario a quien el hereje Arrio llamó "hereje inculto" en su carta a →Eusebio de Nicomedia, pues la tradición de diversas fuentes nos dice que Macario asistió al Concilio de Nicea (325) y quizá haya polemizado con los arrianos y ayudado a redactar el Credo. Además, sus discrepancias con su metropolitano, el historiador eclesiástico →Eusebio de Cesarea, surgieron de la lenidad de éste en cuanto al →arrianismo, si bien una causa más fundamental fue la actitud de M. respecto a que Jerusalén, cuna del cristianismo, no debía subordinarse a Cesarea, capital provincial. En realidad, más tarde Jerusalén se convirtió en patriarcado. La carta de Constantino en que encarga a M. la construcción de la Iglesia del Santo Sepulcro, consta en Eusebio. Se tardó diez años en construir el enorme y complejo templo con su atrio ornado de pórticos y lujoso artesonado de oro y con mármol procedente de todos los rincones del imperio. Quizá M. también haya ayudado a identificar la verdadera cruz descubierta por Sta. Elena.
DANIEL C. SCVONE

MACAULAY, ZACARIAS (1768-1838). Líder evangélico, hijo de un pastor de los presbiterianos escoceses. A la edad de 16 años fue a Jamaica como tenedor de libros de una hacienda esclavista. Impresionadísimo por los males de la esclavitud, en 1792 regresó a Inglaterra y se asoció a la Compañía Sierra Leona. De 1793 a 1799 fue gobernador de la colonia y el exceso de trabajo arruinó su salud. De ahí en adelante fue secretario de la compañía hasta que en 1808 la colonia fue transferida a la Corona; fue también redactor jefe del *Christian Observer* (1802-16). Residió en Clapham con otros prominentes evangélicos y desempeñó papel importante en la abolición de la trata de esclavos en 1807 y en la renovación de la agitación antiesclavista en 1823. Tomó también parte importante en los asuntos de la Sociedad Bíblica y de la *Church Missionary Society.* En 1823 sufrió una quiebra comercial y a partir de entonces sufrió de mala salud hasta su muerte. Hijo suyo fue Tomás Babington Macaulay, historiador y ensayista.
IAN SELLERS

MACGAVRAN, DONALD →CRECIMIENTO DE LA IGLESIA

MACKAY, ALEXANDER MURDOCH (1849-1890). Misionero a Uganda. N. en Aberdeenshire, estudió en el instituto pedagógico de la Iglesia Libre y en 1873 fue a Berlín a capacitarse en una empresa de ingeniería. En 1875, tras la lectura del libro de H.M. Stanley sobre David →Livingstone, cambió sus planes de trabajar en Madagascar y solicitó de la *Church Missionary Society* ser enviado a Uganda. Llegó a →Africa Oriental e inició su obra con la construcción de un camino hasta el lago Victoria Nyanza, unos 370 km tierra adentro. Tardó en ello dos años. Llegó al lago poco después de asesinados dos colegas de la Sociedad Misionera y cuando todos los demás habían partido por mala salud. La embarcación destinada al lago, y que se había transportado en secciones, llegó muy averiada, pero la pericia de M. como ingeniero y su inventiva le permitieron completarla y producir profunda impresión. Mientras se llevaba a cabo la obra, M. resolvió visitar a Lkonge, cuyos guerreros habían asesinado a sus colegas, y logró llegar a un convenio con él. Terminada la embarcación, la expedición partió rumbo a Entebbe, cuartel general del rey Mtesa. La destreza metalúrgica de M. le granjeó buena voluntad, dándole libertad para leer y explicar el NT los domingos. Los mercaderes árabes lo adversaron y los sacerdotes católicos franceses constituyeron un elemento de disensión. M. protestó contra horrorosas crueldades sin malquistarse del todo.

James Hannington había sido consagrado obispo y se dirigía a Uganda desde el E. Una antigua profecía afirmaba que el país sería conquistado por invasores procedentes de ese rumbo, y aunque M. le aseguró al rey que no había intenciones hostiles se enviaron guerreros a aniquilar al grupo. Se produjo luego una persecución general contra los cristianos; los misioneros residentes en la corte salvaron su vida por la intercesión de uno de los ministros. M. finalmente se retiró al S del lago. Allí enseñaba y traducía, y conoció al explorador, Henry M. Stanley. M. murió víctima de la malaria, pero no sin haber visto los primeros ejemplares impresos del Evangelio según San Mateo. P.W.PETTY

MACKAY, JOHN A. (1889-1983). Autor, misionero y educador cuyo impacto se ha hecho sentir en toda la América hispana. N. en Escocia, emigró a los EUA en 1932, y nueve años más tarde se hizo ciudadano de ese país. Pero en el entretanto, tras graduarse de la Universidad de Aberdeen (1912), en Escocia, y del Seminario Teológico de Princeton, Nueva Jersey (1915), hizo estudios doctorales en la Universidad de Madrid, y recibió su doctorado en letras de la Universidad de San Marcos en Lima en 1918, donde también por un tiempo ocupó la cátedra de filosofía. Como misionero de la Iglesia Libre de →Escocia, fundó el Colegio Angloperuano en Lima (1917) y fue su director hasta 1925. Tras seis años de trabajo con la →Asociación Cristiana de Jóvenes (Y.M.C.A.) en AL (1926-32), fue nombrado secretario de la Junta de Misiones Extranjeras de la Iglesia Presbiteriana del Norte, en EUA (1932-36). En 1936 regresó al seminario de Princeton, donde fue presidente y profesor de ecumenismo hasta su retiro en 1959. A partir de entonces ha continuado activamente envuelto en el →movimiento ecuménico, además de escribir varios libros y dictar conferencias en EUA, América Latina, Asia y Europa.

Sus estudios en Madrid, y sus años como misionero en AL, fueron de gran importancia para M., quien trató de adentrarse en la cultura hispánica, y sobre todo en su conciencia religiosa. Esto puede verse particularmente en su libro, *El Otro Cristo Español* (esp., 1952), donde la influencia de →Unamuno es notable, y donde M. muestra un aprecio de la cultura hispánica inusitado entre misioneros extranjeros en esa época. Aunque radicado en EUA, M. continuó interesándose en la América Latina, y durante los años de su presidencia el seminario de Princeton dio amplias muestras de ese interés.

M. se ha distinguido también en las labores ecuménicas, pues ha sido presidente de la →Alianza Mundial de Iglesias Reformadas (1954-59), también presidente del →Consejo Misionero Internacional, y miembro del Comité Central del CMI. Escribió *Ecuménics, the Science of the Church Universal* (1964).

Entre sus libros en español se cuentan, además del arriba citado, *Mas Yo os Digo* (1927), *El Sentido de la Vida* (1931), *Prefacio a la Teología Cristiana* (1946), *El Orden de Dios y el Desorden del Hombre* (1964), *El Sentido Presbiteriano de la Vida* (1970), y *Realidad e Idolatría* (1970). Fundó en 1944 la prestigiosa revista *Theology Today*.

JUSTO L. GONZALEZ

MACKENZIE, JOHN (1835-1899). Misionero escocés a →Africa del Sur. N. en Morayshire, fue a Sudáfrica al servicio de la Sociedad Misionera de Londres en 1858. La mala salud de su esposa evitó que participara en la desastrosa misión a Makalolo. Al fin se estableció entre los Ngwato de Shoshong (1864-76) y se captó la confianza de Kgama III. De 1871 a 1882 fue superintendente de la Institución Moffat, primero en Shoshong y luego en Kuruman. M. estaba convencido de que la protección de los africanos exigía extender la dominación británica al Zambesi. Por lo tanto participó en política, primero como representante del gobierno en Bechuanaland y en 1885-91 como propagandista de la expansión imperial, en Gran Bretaña. Sus esfuerzos se vieron repetidamente frustrados, principalmente por el también imperialista C.J. Rhodes, cuyos móviles y métodos diferían radicalmente del humanitarismo de M. Este pasó sus días finales (1891-99) como misionero en Hankey, Colonia del Cabo. D.G.L. CRAGG

MACKINTOSH, HUGH ROSS (1870-1936). Teólogo escocés. N. en Paisley, se educó en las universidades de Edimburgo, Friburgo, Halle y Marburgo, y se le ordenó para el ministerio de la Iglesia Libre de →Escocia en 1897. Ejerció en parroquias de Tayport y Aberdeen antes de su nombramiento como profesor de teología sistemática en el New College de Edimburgo (1904-36). Fue moderador de la asamblea general de la Iglesia de →Escocia en 1932. M., que poseía amplio dominio de las enseñanzas de los teólogos germanos, era considerado como evangélico liberal. Sus obras incluyen *The Doctrine of the Person of Jesus Christ* (1912), *The Christian Experience of Forgiveness* (1927) y *Corrientes teológicas contemporáneas* (1937, esp., 1964). J.D. DOUGLAS

MACLAREN, ALEXANDER (1826-1910). Ministro bautista. N. en Glasgow de padres bautistas, fue bautizado en 1840 y educado en Stepney College. Exitosamente ministró en Portland Chapel, Southampton (1846-58) y en la Union Chapel, Manchester (1858-1903), en donde adquirió fama de ser "el príncipe de los predicadores expositivos". Sus sermones atraían vastas congregaciones y sus métodos de subdivisión y analogías extraídos de la naturaleza y de la vida han sido muy imitados desde entonces. En el púlpito exponía certezas evangélicas, pero sus escritos y conversación privada lo muestran preparado para aceptar una posición crítica. Sus actitudes son así ambiguas, si bien →Spurgeon lo excluye de entre los "degradadores". M. fue por dos veces presidente de la Unión Bautista y director de su Fondo para el Siglo Veinte, así como primer presidente de la →Alianza Bautista Mundial (1905). Luchó en vano por unir las denominaciones bautista y congregacional, pero logró ver el establecimiento de muchas iglesias unidas a nivel local.
IAN SELLERS

MACRINA LA JOVEN (c.328-379/380). Asceta oriental. Nieta de Macrina la Mayor, n. en Neocesarea, Capadocia. Fue hermana de →Basilio de Cesarea y de →Gregorio Niseno. Atrajo a sus hermanos Basilio y Pedro (de Sebaste) a la vocación religiosa. Mientras Basilio elegía la vida ascética ella establecía una de las primeras comunidades de mujeres ascéticas en la hacienda de la familia en el Ponto. De regreso del Sínodo de Antioquía en 379, Gregorio la visitó y, por instancias del monje Olimpo escribió su biografía, *Vita Macrinae Junioris,* en la que da también detalles respecto a sus hermanos. Este libro, junto con *De Anima ac Resurrectione,* del mismo autor, suministra un vívido relato de su encuentro en el lecho de muerte de ella. Mss de esta biografía sugieren que su culto se extendió por las iglesias orientales; mucho después llegó a Occidente. C.G. THORNE, Jr.

MACUMBA. Nombre dado a un culto brasileño, característico de los estados de Río de Janeiro, Espíritu Santo y Sao Paulo. A diferencia de algunos cultos afro-brasileños como el Candomblé de Bahía y el Xangô de Pernambuco, que conservan las antiguas tradiciones negras en medio de una sociedad relativamente estable, M. es una praxis que refleja la desintegración social y cultural de aquellos grupos que, habiendo perdido sus valores tradicionales, aun no han conseguido sustituirlos por otros más adecuados a un mundo industrializado y capitalista. Ciertas nociones religiosas de los negros yoruba, principalmente la creencia en los orixás o espíritus de la naturaleza, fueron absorbidos por el culto de los negros bantú, añadiéndose a esto elementos amerindios, espíritas y del catolicismo popular. La participación de inmigrantes y extranjeros ha convertido la M. en un crisol de todas las prácticas mágicas y ocultistas del mundo. En consecuencia de esta génesis, los ritos de la M. son fluctuantes y varían de barrio a barrio. Expresan aquel mínimo de homogeneidad intelectual y afectiva de que una naciente clase proletaria necesita. La danza extática, que en los cultos tradicionales pretende imitar a las divinidades de la mitología africana, en la M. ha perdido esta orientación; donde falta una conciencia colectiva regularizadora, no queda más que la expresión descontrolada de emociones individuales. Muchas veces las prácticas de M. se reducen a meras ceremonias privadas, fornecedoras de esperanza para personas sin recursos y sin amparo, o también en espectáculos turísticos al servicio de cuantos tengan sed de misterio. KLAUS VAN DER GRIJP

MACHEN, JOHN GRESHAM (1881-1937). Erudito y apologista presbiteriano estadounidense. N. en Baltimore, se educó en la Universidad de Johns Hopkins, en la Universidad y el Seminario Teológico de Princeton, y en Marburgo y Gotinga. Recibió la ordenación en 1914. Enseñó NT en el Seminario de Princeton de 1906 a 1929 además de un breve período de servicio con la →YMCA en Francia. Como defensor de las tesis reformadas clásicas, fue influido por su profesor B.B. →Warfield. Al morir éste en 1921 cayó sobre los hombros de Machen el manto del liderazgo de la "Teología de Princeton". Renunció en 1929 debido a tendencias liberales en el Seminario. Fue uno de los principales fundadores del Seminario Teológico de Westminster (1929) y de lo que hoy día es la Iglesia →Presbiteriana Ortodoxa (1936). Fue presidente y profesor de NT en Westminster de 1929 a 1937.

En 1935 un presbiterio reunido en Trenton, Nueva Jersey, basándose en cargos presentados por la Iglesia Presbiteriana de Norteamérica lo juzgó y declaró culpable de insubordinación. El presbiterio lo condenó por sus actividades en relación con una junta misionera independiente. Se le prohibió defenderse y se le suspendió del ministerio de su denominación. Amigos y enemigos consideran a Machen como un destacado apologista conservador en la época modernista-fundamentalista. Entre sus obras más importantes se encuentran *The Origin of Paul's Religion* (1927); *Christianity and Liberalism* (1923): la que más claramente define su pensamiento; *New Testament for Beginners* (1923) y *The Virgin Birth of Christ* (1930).

ROBERT C. NEWMAN

MADRAS, CONFERENCIA MISIONERA →TAMBARAN (1938)

MADRE DE DIOS →THEOTOKOS

MAGDEBURGO, CENTURIAS DE (1559-74). Importante reinterpretación protestante de la historia de la iglesia cristiana hasta 1308, originalmente en trece volúmenes titulados *Centuriae Magdeburgenses.* La escribió Matías →Flacius en colaboración con otros seis luteranos. La obra es sumamente polémica, severamente antipapal y basada en fuentes seleccionadas. Pero algo sí aportó al desarrollo de la crítica histórica. Provocó una respuesta igualmente polémica, los *Annales ecclesiastici* (1588-1607) por Cesare →Baronius, basada en fuentes de la Biblioteca Vaticana.

J.D. DOUGLAS

MAHOMA →ISLAM

MAIMONIDES, MOISES (1135-1204). Destacado filósofo judío de la Edad Media. Su *Guía de perplejos* es de básica importancia. El supuesto contraste entre las ciencias griegas y la fe religiosa judaica suscitaba perplejidad. M., preocupado por los efectos divisorios del saber griego popularizado, reaccionó procurando presentar a Aristóteles tan falto de sistema y tan contradictorio como fuera posible. Esto convierte a la *Guía* en algo así como un enigma. Por una parte M. trata de mostrar las limitaciones de la filosofía; por otra muestra que el valor práctico de la religión no se amengua por la existencia de filosofías supuestamente contradictorias. Según opina, no se puede conocer a Dios, pero se le puede apreciar y amar por el conocimiento de sus obras en el orden natural. Corresponde a la revelación educar al creyente para conocer a Dios mediante el conocimiento de la naturaleza en vez de impartirle verdades distintivas. La *Guía* no solo se convirtió en texto fundamental del pensamiento judío medieval y tema de mucha controversia, sino que influyó sobre las discusiones medievales respecto a la relación entre la fe y la razón y posteriormente ejerció influencia algo diferente sobre →Spinoza.

PAUL HELM

MAITINES. El oficio nocturno del breviario, derivado de la práctica de las vigilias de la iglesia primitiva. Destinados a decirse a medianoche en la iglesia romana, hoy suelen decirse la tarde o la noche de la víspera. En la Iglesia de Inglaterra el término se aplica al servicio de oración matutina.

J.D. DOUGLAS

MAJORISTA, CONTROVERSIA. Fue provocada por George Major (1502-74), profesor en la universidad de Wittenberg. Major enseñaba que "las buenas obras son necesarias para la salvación" y que "es imposible que el hombre se salve sin buenas obras". Fue atacado especialmente por Matías →Flacius. Antes, Flacius había atacado a Major porque éste había aprobado el Interin de →Augsburgo (1548) en el cual se había omitido la palabra *sola* en la oración *"sola fide justificamur".* En la controversia, Justus Menius apoyó a Major; ambos sostenían que la fe sola justifica, pero que no hay fe sin confesión y perseverancia. En las siete proposiciones del sínodo de Eisenach (1556), Menius repudió la proposición de que "las buenas obras son necesarias para la salvación". Major sostuvo que "las buenas obras son necesarias". Nicolás von →Amsdorf adversó a Major, afirmando que "las buenas obras son perjudiciales para la salvación". El artículo IV de la →Fórmula de Concordia (1577) repudió tanto a Amsdorf como a Major, enseñando que las buenas obras debían excluirse de la cuestión relativa a la salvación y al artículo sobre la justificación, pero que el hombre regenerado está obligado a hacer buenas obras.

CARL S. MEYER

MAKEMIE, FRANCIS (1658-1708). Considerado como el fundador del presbiterianismo norteamericano. N. de padres escocés-irlandeses en County Donegal. Recibió su educación en la universidad de Glasgow. En 1682 fue ordenado para la obra misionera en Norteamérica adonde llegó en 1683. Trabajó como evangelista itinerante en Carolina del Norte, Maryland, Barbados y Virginia. Fue el alma en la organización del presbiterio de Filadelfia en 1706. Cuando ese año predicó en la colonia de Nueva York, el gobernador Cornbury lo hizo arrestar por predicar sin la debida licencia. M. defendió hábilmente su derecho a la libre expresión y fue absuelto, pero Cornbury lo obligó a pagar más de 83 libras esterlinas por costas del juicio.

EARLE E. CAIRNE

MALABAR, CRISTIANOS DE. Cristianos "siriacos" o "de Santo Tomás", de la →India SO. El término "Malabar" se da aquí más o menos como equivalente del actual estado de Kerala. Hay ahora tres grupos principales: Catolicorromanos (en dos bloques separados); la Iglesia Siriaca Ortodoxa; la Iglesia Mar Thoma. Todas remontan su origen común a los siglos del cristianismo primitivo y en general mantienen la tradición de que Sto. Tomás desembarcó en Cranganore en 52 d.C. y fundó iglesias en siete puntos de Kerala. Una tradición separada se refiere a la inmigración de cristianos siriacos llegados a Cranganore en 345, luego que el rey y el obispo de Edessa resolvieron reforzar las iglesias de Kerala. El dirigente fue Tomás de Caná. Un sector de los actuales cristianos siriacos, conocidos como "sureños", comprende a los que se dicen descendientes de los colonos de Cranganore. En la ICR la diócesis de Kottyam está explícitamente destinada a los sureños. El más temprano relato de la tradición detallada acerca de Sto. Tomás en Kerala procede del escritor portugués Antonio de Gouveau.

Una posterior inmigración de siriacos a Quilon se indica tradicionalmente en 823. Existen cinco planchas de cobre en que constan concesiones de tierras y privilegios a la iglesia de Tarisa, pero su fecha es incierta. Cinco cruces talladas en piedra con inscripciones en pahlavi (lengua del Imperio Persa Sasánida) existen, una en el supuesto santuario de Sto. Tomás en Mylapore (Madrás) y cuatro en Kerala. Proceden del s.VII o del VIII. El escritor alejandrino Cosmas (c.525) había encontrado cristianos en Malabar y algunos en Kalliana, con un obispo nombrado en Persia. No es mucho lo que se sabe de los cristianos siriacos durante la Edad Media, pero el cuadro general es claro: una iglesia establecida en Kerala, con un puesto avanzado en Mylapore; la iglesia dependía de la iglesia del Imperio Persa y, en consecuencia, tenía liturgia siriaca y finalmente un credo que reflejaba el →nestorianismo.

La influencia catolicorromana comenzó con la visita de los franciscanos que iban hacia China en los s.XIV y XV. Por entonces, el nexo con la siriaca iglesia madre de Mesopotamia se había debilitado por las circunstancias de la era musulmana. En 1330 un dominico francés, Jourdain de Severac, llegó y fue electo obispo de Quilon, primera pretensión a la jurisdicción papal en la India. En 1503 los nestorianos fueron reforzados por cinco obispos suyos, pero simultáneamente habían llegado los portugueses a la India y la presión jesuita resultó irresistible. El metropolitano siriaco se sometió a Roma, y finalmente el Sínodo de Diamper (1599) segregó a la Iglesia Siriaca de su pasado y de su patriarca de Mesopotamia. La lengua siriaca continuó usándose en la liturgia romanizada. Pero el resentimiento contra el dominio jesuita provocó una revuelta de la Cruz Coonen en 1653. Durante algún tiempo pareció que la mayoría de los siriacos se había separado de Roma, pero una década después Roma había reconquistado gran parte del terreno perdido, valiéndose de los carmelitas en vez de los jesuitas, nombró a uno de aquellos obispo titular de Malabar, eludiendo así a la jerarquía portuguesa.

Los siriacos que no retornaron a Roma quedaron libres para buscar obispo en otra parte, especialmente cuando el poder holandés reemplazó al portugués en Kerala y el clero católico romano extranjero partió de allí. Pero el obispo que les llegó en 1665 no procedía del patriarca nestoriano sino del jacobita de Antioquía; de aquí la subsiguiente denominación de los siriacos como →"jacobitas". Los siriacos continuaron divididos en dos grupos: catolicorromanos y jacobitas. Por iniciativa de las autoridades británicas de India del S, y parcialmente por los descubrimientos de →Claudius Buchanan, la *Church Missionary Society* inició labores entre los siriacos en 1816. El propósito no era convertir en anglicanos a los siriacos sino procurar la renovación de la antigua iglesia. Desdichadamente, luego de dos décadas la misión resultó inaceptable para las autoridades siriacas, y los misioneros emprendieron otro trabajo en Kerala. En este punto, parte de los siriacos se apartaron de su iglesia y se hicieron anglicanos; así resultó la actual diócesis de Travancore Central de la →India del S.

Otros se mantuvieron dentro de la Iglesia Siriaca como partido reformista. Uno de sus dirigentes, Abrahán Malpan, fue excomulgado por razón de sus reformas, pero trató de modificar la situación desde la cumbre administrativa al lograr que se enviara a su sobrino ante el patriarca de Antioquía. El sobrino regresó a la India nombrado Obispo Mar Athanasios y como pretendiente al cargo de metropolitano de la Iglesia Siriaca. Tras prolongadas batallas legales, el partido reformista perdió todos sus derechos patrimoniales y en 1889 tuvo que iniciar su existencia independiente como Iglesia Mar Thoma, la cual demostró tener interés evangelístico.

La Iglesia Jacobita se vio sometida a continuas batallas judiciales en el s.XX hasta que en 1958 un fallo de la corte suprema de la India llevó a la reconciliación entre los partidos del metropolitano (cathólicos) y del patriarca de Antioquía. De ahí en adelante se prefirió el nombre de "Iglesia Ortodoxa" en vez de "Jacobita". El de los católicos romanos era el mayor de los grupos sirios, la mayoría de los cuales pertenecía al rito sirio-malabar, y un grupo menor, al rito sirio-malankara, que se originó con la llegada de jacobitas en 1930. Hay además católicos romanos de rito latino en Kerala, pero muchos menos que siriacos. Existen otros grupos menores, incluyendo una iglesia nestoriana surgida de una escisión entre los católicos romanos siriacos. ROBERT J. McMAHON

MALDONADO, JUAN (1534-83). Exégeta español, también conocido como Johannes Maldonatus. N. en Casar de la Rema, Extremadura. Después de estudiar en Salamanca (1547-58) y Roma (1558-62) se hizo jesuita y recibió la ordenación. Enseñó filosofía en Roma (1563) y en París (1564-65) y llegó a ser profesor de teología en el *Collège de Clermont* (1565-74). Al principio sus conferencias fueron tradicionales, pero en 1570 inició su propio curso teológico. La Sorbona lo acusó de herejía (1574). Fue vindicado por el obispo (1576) pero se retiró a Bourges, en donde escribió comentarios a los evangelios (1596) que se hicieron famosos. En 1581 →Gregorio XIII lo llamó a Roma para trabajar en una edición crítica de la LXX.

J.G.G. NORMAN

MALEBRANCHE, NICOLAS (1638-1715). Filósofo católico francés. Ingresó en la Congregación del →Oratorio en París (1660) a la que perteneció toda su vida. Fue ordenado sacerdote (1664). Su obra filosófica se concentra en la relación entre la fe, la razón y la observación empírica, en procura de armonizar el catolicismo con la filosofía cartesiana. *De la recherche de la vérité* (2 vols., 1674-75), *Traité de la nature et de la grace* (1680), y *Entretiens sur la métaphysique et sur la religion* (1688) son sus obras más importantes, las cuales lo enredaron en continuas polémicas con Bossuet, Leibnitz, Fontenelle y muchos otros. Como científico, estudió los insectos, las matemáticas y el color; simultáneamente fue *médiatif* en el Oratorio.

Concordaba con →Descartes en que no percibimos los objetos físicos en sí, tales como el sol; éstos nos llegan por intermedio de las *idées* de nuestra mente. Pero, en contra de Descartes, pretendía que tales *idées* son arquetipos de objetos presentes en la mente de Dios. Obtenemos la certeza de que los objetos en sí realmente existen, mediante la revelación sobrenatural que aceptamos por fe. A este concepto se le llama "visión en Dios". Respecto a la causalidad en el mundo físico postulaba el "ocasionalismo" al afirmar que Dios, actuando mediante sus leyes generales del movimiento, es la causa verdadera de todo movimiento (p.e. hace que una bola se mueva), mientras que existen causas particulares u ocasionales (p.e., una bola golpea a otra y la hace moverse). C.T. McINTIRE

MALINAS, CONVERSACIONES DE. Ciclo de reuniones entre teólogos anglicanos y catolicorromanos celebradas en Malinas, Bélgica, que duraron cinco años desde 1921. Los promotores principales fueron el cardenal →Mercier y el lord Halifax del ala "alta" de la Iglesia →Anglicana. Inevitablemente los dos tales grupos encontraron áreas sustanciales de acuerdo, al estilo ecuménico. Mercier propuso la posibilidad de la unión de la Iglesia Anglicana con la Romana como cuerpo →uniato con un patriarca. Pero después de la muerte de Mercier (1926) las conversaciones perdieron su interés. Fue él el que había engendrado mucho del interés entre los catolicorromanos. En 1928 indicaciones del Vaticano confirmaron el hecho de que la consulta había sido abandonada. Además, el ala evangélica de la Iglesia Anglicana siempre cuestionó tales conversaciones. J.D. DOUGLAS

MANALO, FELIX (1886-1963). Fundador de la *Iglesia ni Kristo,* en las Filipinas. N. cerca de Manila en un devoto hogar católico, se convirtió al protestantismo en 1902. Tras estudiar con metodistas y presbiterianos se hizo predicador, primero de los →discípulos y luego de los →adventistas del séptimo día. En 1912 se entregó al agnosticismo pero, luego de especiales revelaciones mientras estudiaba la Biblia en 1913, comenzó a predicar su propia doctrina y en 1914 fundó la *Iglesia ni Kristo.* Negó la divinidad de Cristo y la justificación por fe, afirmó que la iglesia no había existido entre el año 70 y 1914, y por tanto pretendió que únicamente en la *Iglesia ni Kristo* se puede obtener salvación. En 1922 proclamó ser el ángel procedente del E que se menciona en Ap. 7:1-3. Edificó muchas espléndidas capillas de arquitectura llamativa, personalmente nombraba a todos sus ministros (y les escribía sus sermones) y decidía por quién habían de votar sus feligreses en las elecciones del estado. Apelaba al nacionalismo reinante enseñando que había referencias específicas a las Filipinas en la profecía bíblica. Su iglesia decía contar con 3.500.000 miembros en 1963, lo cual es dudoso. Erano, hijo de F.M., sucedió a su padre como "Ministro Ejecutivo".

RICHARD DOWSETT

MANDEISTAS. Unica secta gnóstica que se sepa haya sobrevivido hasta el presente siglo. Cuenta solo con unos cuantos millares de adherentes radicados en el S de Irak y en Khuzistan y ya no emplean el idioma de sus libros sagrados, sino un dialecto arábigo. El pensamiento mandeísta desde sus inicios (s.II d.C., por lo menos) fue asimilado menos que el helenismo en los conceptos occidentales, y permaneció caracterizado por un sincretismo de elementos muy complejos que desafían toda sistematización. Tales elementos incluyen materiales bíblicos y de otros orígenes semíticos occidentales, tardíos elementos babilónicos (especialmente astrológicos), dualismo iranio y peculiar interés en un Juan el Bautista altamente legendario, de lo cual se deriva su designación de "Cristianos de San Juan".

Su literatura significativa incluye tratados doctrinales, materiales litúrgicos y una variedad de obras populares que incluyen filacterias y vasijas de encantamientos. Hay tres categorías de funcionarios del culto: asistentes, sacerdotes comunes y vigilantes. Estos presiden dos ritos fundamentales: una frecuente ablución ritual en nombre de la Vida y el "conocimiento de la vida", y una ablución del "lecho mortuorio". La primera incluye la unción con aceite y una comida sacramental de pan y agua bendita.

Si bien eran de conocimiento de los occidentales desde el s.XVI, la publicación de textos mandeístas comenzó a fines del s.XIX. Los estudios del m. son valiosos para la historia de las religiones, y adquirió mayor significancia con R. →Bultmann y su escuela en sus estudios sobre el Evangelio según San Juan.

CLYDE CURRY SMITH

MANIQUEISMO. Secta dualista fundada por Mani (216-276 d.C.) de Persia. Fue la secuela del →gnosticismo "con los elementos cristianos reducidos al mínimo" (Newman).

Mani había sido criado en una secta judeocristiana y quiso liberar al cristianismo de los aspectos judaicos. Elaboró un sistema ecléctico compuesto de elementos gnósticos, cristianos, budistas y zoroástricos. Enseñaba que Jesús, Buda y Zoroastro fueron sus precursores y que él era el Paracleto prometido por Jesús.

Enseñaba un dualismo absoluto. Según el m. hay dos reinos que están en eterna pugna: el de la luz y el bien, y el de las tinieblas y el mal. Aquél es espiritual y éste es material. La materia, pues, es intrínsecamente mala. Esta pugna produjo el mundo fenoménico que es una combinación de los dos reinos. El hombre es una chispa de luz que ha quedado presa en las tinieblas (la materia). Jesús vino a este mundo en apariencia de forma humana (→DOCETISMO) para ayudar a las partículas de luz a liberarse y regresar al reino de la luz.

Mani tenía la habilidad de adaptar su mensaje a sus oyentes. Entre los griegos lo presentaba en términos helenísticos y entre los cristianos en terminología del NT. El m. fue un fuerte rival del cristianismo. Atraía aun a personas de la categoría de →Agustín.

La secta se extendió rápidamente. Antes de terminar el s.III ya se hallaba en Egipto y en Roma en el s.IV. El m. tuvo una gran acogida en Africa del Norte.

No se sabe a ciencia cierta cuál fue la relación entre el m. y las sectas cristiano-dualistas que surgieron en los siglos siguientes. No obstante, puede detectarse un movimiento hacia occidente de esta manera de pensar: los →paulicianos en Asia Menor y Armenia en el s.VII, los →bogomiles en Bulgaria en el s.IX; y los →albigenses en el sur de Francia en el s.XII.

Para alcanzar el fin deseado de la liberación del espíritu, los adeptos del m. practicaban el →ascetismo en diferentes grados. Los "perfectos" eran vegetarianos y se abstenían de las relaciones sexuales, puesto que la procreación sujeta más almas a la cárcel de la materia. Los "oyentes" eran menos rigurosos en su ascetismo y por lo tanto no esperaban ser liberados de la carne en esta vida, sino quizás en una futura reencarnación.

WILTON M. NELSON

MANOS MUERTAS. La tercera reedición de la Magna Carta (1217) prohibía a los subarrendatarios donar tierras fraudulentamente a "cualquier casa de religión" para readquirirlas luego por el pago de un alquiler. Tales donaciones permitían a los subarrendatarios evadir el pago a sus señores superiores, de obligaciones feudales como tutelas y socorro legalmente emanantes de la tierra. Dichas donaciones eran conocidas como entregar a "manos muertas". En 1279 la famosa ley de m.m. de Eduardo I prohibía toda donación de tierras a corporaciones eclesiásticas ya fuera para readquirirlas o no, o fuera que los señores superiores hubieran consentido. En la práctica, mediante el pago de una suma, podía obtenerse del rey licencia para la donación y millares de licencias se emitieron. Leyes de m.m. se promulgaron también en 1290, 1391, 1531, 1736 y 1888. La *Charities Act* de 1960 abolió las m.m. PETER TOON

MANSO, JUANA (1819-75). Distinguida educadora protestante. N. en Buenos Aires. A los 17 años emigró a Montevideo, donde se inició en la enseñanza. En 1842 se estableció en Río de Janeiro, donde se casó (1844) con un violinista con quien viajó a Cuba y EUA. Después que su marido la abandonara (1852) regresó a Buenos Aires (1854), donde fundó el semanario *Album de Señoritas,* en el que luchó por la emancipación femenina. Por apremios económicos regresó a Brasil, de donde volvió en 1859. Se radicó definitivamente en Buenos Aires y allí fundó y dirigió la primera escuela para ambos sexos, con apoyo de D.F. →Sarmiento. En 1865 asumió la dirección de los *Anales de la Educación Común,* periódico fundado por Sarmiento. Viajó también por los pueblos del interior del pais, organizando sociedades para el fomento de las escuelas y bibliotecas populares.

Fue la más eficaz colaboradora de la obra de Sarmiento en favor de la cultura popular en Buenos Aires. Su propósito era desterrar la enseñanza verbalista y expositiva, divulgando los principios de Pestalozzi y Fröbel. Escribió varios poemas y libros como *La familia del comendador, Los misterios del plata* (novelas); *Compendio de historia de las provincias unidas del río de la Plata, La revolución de mayo,* y múltiples artículos. De ella dijo Sarmiento que fue "la única de su sexo que ha comprendido que bajo el humilde empleo de maestra está el sacerdocio de la libertad y la civilización".

Fue defensora de la libertad de conciencia, siendo ella misma como mujer protestante blanco de los prejuicios e intolerancia de muchos. En 1865 había abrazado la fe protestante en un templo anglicano de Buenos Aires, después de un largo proceso de maduración. Señala Alejandro →Clifford: "Sarmiento tenía muchos amigos evangélicos en los EUA y en Buenos Aires. J.M. se vinculó con ellos y comenzó a estudiar la Biblia. Abandonada por el marido, perseguida por los que la rodeaban y muy especialmente por el clero que consideraba subversivas y peligrosas sus ideas, encontró en el evangelio de Cristo todo lo que necesitaba para hacer frente a la vida... Sus conversaciones con los amigos metodistas, y más que todo su lectura de la Biblia, la llevaron a conocer a Cristo".

PABLO A. DEIROS

MANZ, FELIX (ca.1498-1527). Reformador →anabaptista. Hijo de un canónigo de Zurich, adquirió un sólido conocimiento del latín, el griego y el hebreo, se unió a Zwinglio en 1519, pero lo alejó la cautela de éste respecto a reformas. Junto con →Grebel y →Hetzer formó la congregación original de los Hermanos Suizos. Distribuyó algunos de los tratados eucarísticos de →Carlstadt (1524). En 1525 Grebel, M. y otros se enfrentaron a Zwinglio en lo que fue la primera disputación bautista en Zurich. El consejo municipal proclamó vencedor a Zwinglio y decretó que todos los niños debían ser bautizados so pena de destierro. No obstante los "hermanos" prestamente ejecutaron el "bautismo del creyente" en casa de M., rompiendo así con Zwinglio. M. sufrió diversas prisiones, pero su sereno y firme testimonio alentó a muchos a volverse anabaptistas. Después de otras disputaciones sobre el bautismo, en 1526 se adoptaron medidas más severas que incluían el ahogamiento como pena capital para quienes rebautizaran. M. y →Blaurock fueron arrestados más tarde ese año. El 5 de ene. de 1527 M. fue ahogado en el río Limmat, primer mártir protestante a manos de protestantes.

J.G.G. NORMAN

MAQUIAVELO, NICOLAS (1469-1527). Renacentista y teorista de la ciencia política. N. en Florencia. Durante el dominio de los Médicis en esta ciudad, ocupó puestos políticos de poca importancia, concedidos a él por el cardenal Julio de Médicis (luego el papa →Clemente VII). Se interesó en la ciencia política y escribió varias obras sobre dicho tema, siendo la más importante *El Príncipe* (1513), dedicada al duque Lorenzo de Médicis. En esa obra prescribe la conducta que un político debe llevar para tener éxito en su carrera.

Sus héroes son Fernando de Aragón y César →Borja (hijo de Rodrigo, quien llegó a ser el papa →Alejandro VI) y se cree que éste fue para M. el "príncipe" modelo. Según M., el principio o regla que tiene que dominar en la política es el de que "el fin justifica los medios". Para ser realista hay que divorciar la política de la moral. M. desarrolló toda una ciencia de hipocresía y engaño para el bien político. Un príncipe debe aparentar ser misericordioso, justo y humano, pero no tener escrúpulo en actuar al contrario si fuera ventajoso para él, ni en practicar el fraude, la crueldad y la mentira.

Según M. la religión debe conceptuarse como instrumento o medio de dominio. Detestaba el cristianismo como una superstición ya refutada y sobre todo porque estorba a veces la realización de propósitos políticos.

Desgraciadamente *El Príncipe* llegó a ser manual para muchos soberanos y políticos de la época, v.g., →Catalina de Médicis en Francia y Tomás →Cromwell en Inglaterra, y a través de los siglos, y hasta hoy su filosofía ha privado en el pensamiento político de muchos hombres. WILTON M. NELSON

MARBURGO, COLOQUIO DE (1529). Reunión de teólogos protestantes para tratar de organizar un frente unido contra la amenaza catolicorromana. Los esfuerzos por llegar a la armonía partieron de Martín →Bucero y los teólogos de Estrasburgo, pero se frustraron ante la firmeza de Lutero. Fue respondiendo a presiones políticas que el landgrave Felipe de Hesse reunió a Zwinglio, Ecolampadio, Bucero, Capito, Juan Sturm y otros teólogos suizos y estrasburgueses, con Lutero, Melanchton, Jonas, Brenz, Cruciger y Osiander, luteranos, en Marburgo. La principal cuestión en debate fue el significado de la Cena del Señor. Los de Alemania del S seguían las enseñanzas de →Zwinglio según la cual la Comunión era una señal o sello de la divina gracia ya otorgada al creyente; el pan y el vino eran símbolos del cuerpo y la sangre de Cristo, localmente presente en su propio cuerpo en el cielo y no en la tierra. Lutero apoyaba la interpretación de que las palabras de Cristo "Esto es mi cuerpo" significaban la verdadera presencia de Cristo y no debían interpretarse metafóricamente.

Como resultado de la discusión se emitieron quince artículos que expresaban acuerdo general en doctrinas como la Trinidad, la persona de Cristo, la justificación por la fe, el bautismo, las buenas obras, la confesión y la autoridad civil. El décimoquinto artículo, que trataba de la Comunión, rechazaba la transubstanciación y el concepto de la misa como sacrificio, insistiendo en que los laicos debían recibir el pan y el vino como participación espiritual del cuerpo y la sangre de Cristo. A despecho de estos artículos, el coloquio sirvió más para dividir que para unir a los protestantes, estableciendo el modelo de las divisiones eclesiásticas que han continuado hasta el s.XX. ROBERT G. CLOUSE

MARCELO DE ANCIRA (m.c.374). Obispo de Ancira, en la Anatolia central. Sabemos de él por una carta suya al papa →Julio I (337-52) preservada por Epifanio, la cual incluye el más antiguo texto griego del Antiguo →Credo Romano y 115 fragmentos de un tratado suyo incorporado, con una sola excepción, en *Contra Marcellum* y *De ecclesiastica theologia,* de Eusebio de Cesarea. Estos mismos fragmentos sirven también como fuente principal para las enseñanzas de Sabelio. Junto con →Atanasio, M. había apoyado la tesis del *homoousion* en el Concilio de →Nicea (325), aunque su cristología parece haberse basado en el concepto de que la Palabra de Dios se había convertido en el Hijo solo en la Encarnación. Este tratado fragmentario escrito c.335, que llevó a su destitución en el sínodo de Constantinopla en 336, fue su continuado esfuerzo en la causa del *homoousion* y estaba específicamente dirigido contra →Asterio, →Eusebio de Nicomedia y →Eusebio de Cesarea.

Exiliado, M. halló refugio donde Julio en Roma y, tras la llegada de Atanasio (339), participó en las sesiones conciliares (Roma, 341; Sárdica, 343) que lo absolvieron de toda culpa respecto a "la falsedad de →Sabelio, la malicia de →Pablo de Samosata y las blasfemias de →Montano". Si bien M. fue temporalmente restaurado en su sede (344) el emperador Constancio lo volvió a destituir como consecuencia de la oposición de los obispos orientales (347). Murió en el exilio y sus tesis fueron condenadas como heréticas en el Concilio de Constantinopla en 381. Jerónimo indica que M. fue autor de otras obras; se ha afirmado que algunas de éstas están confundidas entre los escritos de Atanasio.

CLYDE CURRY SMITH

MARCELLA (325-410). Asceta cristiana de familia noble romana. Tras la temprana muerte de su esposo se entregó a obras de caridad y prácticas ascéticas. Su palacio del monte Aventino en Roma se convirtió en centro de influencia cristiana y de retiro para patricias cristianas. Jerónimo fue huésped suyo por tres años y bajo la dirección de éste se dio ella al estudio de la Biblia, la oración y la beneficencia. Cuando Alarico saqueó a Roma (410), los godos la maltrataron pensando que ocultaba sus riquezas, como resultado de lo cual murió. J.D. DOUGLAS

MARCIANO (396-457). Emperador oriental desde 450. Había sido soldado de origen campesino. Se casó con →Pulqueria, hermana de →Teodosio II y, al morir éste, M. ascendió al trono imperial con su esposa. →León I y Pulqueria lo persuadieron a que convocara el concilio de →Calcedonia (451). M. asistió y empleó armas para ejecutar sus decretos.
WILTON M. NELSON

MARCION (s.II). Prominente hereje. Acaudalado dueño de navíos de Sinope en el Ponto (NE de Asia Menor), llegó a Roma poco antes de 140. Por algún tiempo fue miembro activo de la comunidad ortodoxa, pero fue excomulgado c.144. Organizó a sus seguidores en un movimiento rival del cristianismo ortodoxo; sus iglesias se establecieron en muchos puntos del imperio y fueron tanto numerosas como influyentes durante casi dos siglos (aunque el movimiento no desapareció por completo sino más tarde).

M. subrayaba la naturaleza radical del cristianismo frente al →judaísmo. Había en su teología una total discontinuidad entre el AT y el NT, entre Israel y la iglesia y aun entre el dios del AT y el Padre de Jesús. Jesús vino a revelar el verdadero Dios, que había permanecido totalmente desconocido hasta la Encarnación. El dios del AT, el →*demiurgo,* ser inferior que creó el mundo material y sobre el cual reinaba, no era propiamente un ser malvado, pero no era bueno en el mismo sentido que el Dios y Padre de Jesús, Dios de amor y gracia.

Pablo era el héroe de M. y de quien (creía) derivaba él su doctrina. Su canon de escritura sagrada consistía de diez epístolas paulinas (excluídas las pastorales y Hebreos) y el tercer evangelio, unas y otro adecuadamente redactados para ajustarse a su enseñanza (p.e., todos los pasajes de las epístolas de Pablo que mencionaban al Padre como Creador, se eliminaban, y los relatos sobre el nacimiento no aparecían en su edición de Lucas). Su teología consistía en una serie de antítesis (título de su principal obra), primordialmente entre la ley (principio del demiurgo y de los judíos) y el evangelio (principio del Dios de amor y redención en Jesús), y entre la carne (aquello que marca el orden natural y es malo) y el espíritu (característica del reino eterno). La ley pone el énfasis en premios y castigos y en la justificación por obras; el evangelio destaca la fe, la libertad y la gracia.

Los eruditos discuten si es correcto clasificar a M. como →gnóstico. Ciertamente es gnóstico en su énfasis, especialmente en su actitud negativa respecto al cuerpo y al mundo físico; y su cristología docética (→DOCETISMO) y su →ascetismo también lo ligan a los gnósticos. Pero él no reproduce la fantástica mitología de la redención, de aquéllos.

Ninguno de sus escritos ha sobrevivido, si bien podemos reconstruir gran parte de su *Antítesis,* basados en las extensas citas de →Tertuliano, *Contra Marción,* así como en las refutaciones por otros Padres de la Iglesia (notablemente →Ireneo). Sus prólogos o breves introducciones a las epístolas paulinas entraron en mss bíblicos latinos de origen ortodoxo y fueron así preservados.

La importancia de M. reside en que obligó a los representantes del cristianismo ortodoxo a encarar seriamente el problema del mal, a profundizar en la enseñanza bíblica relativa a la creación y a la redención, a reexaminar los escritos paulinos y a resolver acerca de la cuestión del canon. W. WARD GASQUE

MARCO AURELIO (121-180). Emperador romano desde 161. Filósofo estoico, en sus *Meditaciones* expresó un elevado sentimiento de deber para con la humanidad. Muchos de los →apologistas –incluso Justino, Atenágoras, Milcíades, Apolinar y Melito– consideraban que M.A. podía juzgar sin prejuicios la posición del cristianismo, y le dirigieron sus escritos. En realidad, su particular postura intelectual no lo hacía tan flexible. Confrontado con graves presiones militares en sus fronteras y plagas en lo interno, consideró que la salida feliz estaba en la lealtad a la religión del estado. Sus mentores, Cornelio Fronto y Junio Rústico creían que el cristianismo era una fuerza peligrosamente revolucionaria que predicaba burdas inmoralidades y un obstinado anhelo de muerte. M.A. se convenció lo suficiente para permitir a los delatores anticristianos que procedieran con más libertad, resultado de lo cual fueron varios graves estallidos de persecución local, notablemente en Lyon en 177. Durante su reinado, el clima de la opinión ilustrada consideraba al cristianismo lo bastante amenazador como para permitir que florecieran intelectuales anticristianos, notable entre ellos →Celso. C. PETER WILLIAMS

MARGARITA DE NAVARRA (1492-1549). Campeona del movimiento reformista en Francia. Hermana de Francisco I, casó primero (1509) con Carlos, duque de Alençon y, muerto éste, con Enrique d'Albret, rey de Navarra. Pronto cayó bajo la influencia de los reformadores franceses Jacobo Lefèvre, Guillaume Briçonnet y otros, dándoles refugio cuando fueron perseguidos, primero en Angulema y luego en Navarra. También procuró reformar las iglesias bajo su control e influir en su hermano Francisco para que favoreciera el movimiento reformista creciente por entonces en Francia. Mantuvo correspondencia con diversos reformistas prominentes y finalmente abrazó el calvinismo. Escribió varios libros en verso y prosa, los más conocidos de los cuales son *Miroir de l'âme pécheresse* y *l'Heptaméron.* Murió poco después que Enrique II la obligó a casar su hija Juana, con Antonio de Borbón, hijo de los cuales fue Enrique de Navarra, que habría de ser Enrique IV de Francia. W.S. REID

MARGIL DE JESUS, ANTONIO (1657-1726). Ilustre misionero franciscano a México. N. en Valencia, España. Desde muy joven (1673) ingresó a la orden de los franciscanos. Sus estudios de filosofía los hizo en Alicante, España. Fue ordenado sacerdote en 1682. Fue notable su dedicación al estudio de diferentes disciplinas: teología, filosofía, lenguas y dialectos. Escribió un diccionario de idiomas indígenas.

Inició su obra misionera en el estado de Querétaro; de allí en 1683 pasó a Veracruz tras de azaroso viaje. Luego continuó sus incursiones misioneras hasta los estados sureños de Yucatán y Tabasco. Recorrió a pie el territorio del Virreinato, varias veces. Sus peregrinaciones fueron más allá de las fronteras mexicanas: visitó Guatemala, El Salvador, Nicaragua y Costa Rica. Fueron 43 años los que dedicó a su incansable labor. Se le llamó "Apóstol de las Américas" como reconocimiento a su dedicación al bienestar de los indios.

Murió en el Convento de San Francisco, de México. MANUEL V. FLORES

MARIA ESTUARDO (1542-1587). Hija de Jaime V y Marie de Guisa-Lorena, llegó a ser reina de Escocia a los seis días de edad. Durante su minoría, los intereses protestantes y favorables a los ingleses se impusieron al grupo francófilo y católico y en 1560 los estados del Parlamento abolieron la autoridad del papa en Escocia, prohibieron la celebración de la misa y adoptaron una confesión de fe reformada. La educación de M. era francesa y católica y ella estuvo casada con Francisco II de Francia, 1559-60. Regresó a Escocia en 1561 después de trece años en Francia. Considerada por los católicos como la legítima reina de Inglaterra por descender de Enrique VII y por la presunta ilegitimidad de Isabel, M. fue por el resto de su vida el foco de intriga internacional. Su gobierno personal en Escocia fue al principio notablemente bueno. Si bien se atrajo la oposición de John →Knox porque en su capilla privada se decía misa, se atrajo la opinión moderada al condescender a dividir las rentas de la iglesia adjudicándoles la tercera parte a los ministros protestantes y a la Corona, y reconociendo implícitamente por legislación, a la Iglesia Reformada.

Su caída fue provocada por la cuestión de la sucesión al trono inglés y sus bodas con Enrique (Lord Darnley) en 1565 y con James Hepburn, conde de Bothwell, en 1567. La pretensión de Darnley al trono inglés tenía casi tanta base como la de ella pero, personal y políticamente, el matrimonio resultó desastroso. Sus bodas con Bothwell, presunto asesino de Darnley, completaron su ruina. En 1567 fue depuesta por una coalición de nobles que proclamaron rey como Jaime VI al hijo de ella y de Darnley. Después de un fallido intento de reconquistar el poder, M. huyó a Inglaterra en donde fue encarcelada como presunta cómplice del asesinato de Darnley. Una serie de complots católicos para ponerla en el trono de Inglaterra provocaron su ejecución en Fotheringay. HENRY R. SEFTON

MARIA TUDOR (1516-1558) Reina de Inglaterra. Fue la tercera y el único hijo sobreviviente de →Enrique VIII y Catalina de Aragón. Desde muy temprano fue un peón en el ajedrez de la política internacional. Tenía dos años cuando la desposaron con el delfín de Francia, y a la edad de seis años fue prometida al emperador Carlos V. En 1526 fue enviada a Ludlow como princesa de Gales. El divorcio de sus padres la turbó mucho y después de 1531 jamás volvió a ver a su madre. En 1533 se la declaró bastarda y se la excluyó de la sucesión al trono. Entre 1534 y 1536 su padre trató de quebrantar su "orgullo español" mediante mezquina persecución; muerta su madre en 1536 hasta se la obligó a reconocer bajo coacción que el matrimonio de sus padres era "incestuoso e ilegal según la ley de Dios y de los hombres". Pero entre 1536 y 1547 su vida fue bastante fácil y placentera. Durante seis años después de muerto su padre sus problemas fueron más que todo religiosos. Le gustaba →Eduardo VI pero le disgustaba el protestantismo de éste. No claudicó y se mantuvo fiel al catolicismo.

El 19 de jul. de 1553 fue proclamada reina en Londres y el 3 de ag. entró triunfalmente en su capital. El parlamento anuló el divorcio de Catalina de Aragón, estableció la legitimidad de M. y restableció la ICR a lo que había sido al final del reinado de Enrique VIII. Pero unas semanas después la popularidad de M. se había esfumado. La más sinceramente religiosa y moral de la familia Tudor fue adversada por la mayoría de su pueblo. Esto se debió a que era española en primer lugar, Tudor en segundo, y Tudor inglesa por último. Insistió en restaurar el catolicismo papal y buscar consorte en España (Felipe II en julio, 1554). Reginald Pole llegó como legado papal y arzobispo de Canterbury, y en 1555 volvió a tener vigencia el estatuto *de heretico comburendo,* que facultaba a los tribunales eclesiásticos para castigar la "herejía". En 1555-56 T. →Cranmer, J. →Hooper, H. →Latimer y N. →Ridley, junto con otros, fueron quemados como herejes. Los actos de M. aseguraron que Inglaterra fuera un país protestante después de muerta ella. PETER TOON

MARIANA, JUAN DE (1536-1623/24). Jesuita español. N. en Talavera, entró en la orden en 1554 y estudió filología, historia y teología en Alcalá, luego de lo cual dictó conferencias sobre teología en Roma (1561-64), en Sicilia (1564-69), en París (1569-74) y en Toledo; también predicó ampliamente. Su obra *De Rege et Regis Institutione* (1599), escrita a petición de Felipe II, lo hizo famoso. Sostenía el derecho de los pueblos al tiranicidio y responsabilizó a los jesuitas del asesinato de →Enrique IV de Francia y de la Conspiración de la Pólvora (→Fawkes, Guy) en Inglaterra. Dicha tesis fue condenada por la Orden en 1610. En *De monetae mutatione* abiertamente acusó de fraude a los oficiales españoles y, encarcelado, escribió una diatriba contra los jesuitas. Escribió además varios volúmenes de historia de España y *Scholia in Vetus et Novum Testamentum* (1613). C.G. THORNE, Jr.

MARIOLOGIA. Doctrina de la Virgen María, su persona y su papel en la Historia de la Salvación. El punto de partida para la m. es la enseñanza de Mateo y Lucas sobre la →Concepción Virginal, interpretada por el paralelo entre Eva y María.

(1) El Concilio de →Efeso (431 d.C.) condenó la supuesta separación nestoriana de las dos naturalezas de Jesús, y decretó que "la santa Virgen es madre de Dios *(theotokos),* pues dio a luz carnalmente al Verbo de Dios hecho carne" (Denzinger, 113). Aunque Cirilo y el Concilio insistieron en el título *theotokos* no tanto por María sino por la integridad de la persona de Jesucristo, sin embargo dicho título dio un enorme impulso al desarrollo de la m. como tal. Con el tiempo fueron proliferando las formas de veneración a María (→*hiperdulia*), y se llegó a declararla "Reina del cielo y tierra".

(2) Simultáneamente iba creciendo el énfasis sobre la virginidad perpetua de María, según la cual ella quedó virgen intacta "antes del parto, en el parto, y después del parto". Mientras →Tertuliano, →Joviniano, →Bonoso, →Helvidio, →Eusebio y otros afirmaban que María tuvo otros hijos después de Jesús (Mt. 13:55), otros creían que María fue "siempre virgen" y los "hermanos" eran hijos de un matrimonio previo de José (*Protoevangelio de Santiago,* Epifanio, Orígenes) o eran primos de Jesús (Jerónimo). Eusebio reporta que los hermanos *(adelfoi)* de Jesús fueron gobernando uno por uno a la iglesia de Jerusalén y al no quedar más hermanos, siguieron los primos *(anépsioi)* del Señor.

→Ambrosio defendió con especial ardor la virginidad de María, contra la posición de Helvidio. Según Orígenes, el matrimonio de María con José fue solo un "matrimonio nominal" para encubrir de los demonios la concepción virginal de Jesús. El sínodo de Milán (390 d.C.), presidido por Ambrosio, condenó a Joviniano, y en 649 el Concilio de Letrán insistió en la "virginidad indisoluble" de María "aun después del parto" (Denzinger, 256). Algunos autores (→Gregorio de Nisa, →Agustín) introdujeron la idea de un voto de perpetua virginidad, hecho por María antes de la Anunciación, aunque aun hoy día muchos autores católicos rechazan tal especulación (Gaechter, Guardini). Otros afirmaban que María dio a luz sin dolores de parto y sin ruptura de su virginidad (Ireneo, →Juan Damasceno).

(3) La doctrina de la →Inmaculada Concepción afirma que María fue concebida sin pecado original por su madre Ana, en estado de santidad y justicia. Aunque este concepto aparece en escritos apócrifos muy antiguos, no se enseña explícitamente ni en las Escrituras ni en los Padres griegos ni latinos. Hasta el s.XIII (Duns →Escoto), la gran mayoría de los teólogos la rechazaban. Agustín afir-

ma que María nació con pecado original, pero vivió sin cometer pecado actual. Según →Anselmo, "la misma Virgen de la que nació fue concebida en la iniquidad...y nació con el pecado original". (*Cur Deus homo,* 2.16). El monje inglés →Eadmar escribe en el s.XII el primer tratado sobre la Inmaculada Concepción, la que defiende también su paisano Osberto de Clare.

Desde el s.VII comienza a celebrarse en el Oriente la fiesta de la concepción de María por Ana, la que después pasa al Occidente vía Italia meridional, Irlanda e Inglaterra. Cuando la fiesta se introduce en Lyon en 1140, →Bernardo de Claraval la critica como novedad infundada y afirma más bien que María fue concebida en pecado pero santificada en el vientre antes de nacer. En esta opinión básica le siguen los principales teólogos de los ss.XII y XIII: Pedro Lombardo, Alejandro de Hales, Buenaventura, Alberto Magno, y Tomás de Aquino, que rechazan todas las tesis de la Inmaculada Concepción.

Fue Duns Escoto (m.1308) quien ofreció una solución a los problemas teóricos de la hipótesis de la Inmaculada Concepción y dio un enorme impulso a su popularidad. Mediante su concepto de "pre-redención" afirmó que Cristo de hecho redimió a María, pero preservándola inmune del pecado original desde el instante de su concepción. Siguió una recia polémica en que los franciscanos, siguiendo a Duns Escoto, defendían contra los dominicos la fiesta y la doctrina de la Inmaculada Concepción. En 1476 el papa →Sixto IV concedió indulgencias por la fiesta de la Inmaculada, pero prohibió enérgicamente el dogmatismo y las fuertes acusaciones de ambos lados. El Concilio de →Trento, respetando la prohibición de Sixto IV, aclara a la vez que no pretende atribuir pecado original a la Virgen inmaculada (Denzinger, 792). Cuando el →jansenista Bayo negó la inmaculada concepción, el Papa Pío V lo condenó.

En su Bula *Ineffabilis Deus* (8 dic., 1854), después de consultar a todo el episcopado, →Pío IX declaró la Inmaculada Concepción dogma oficial de la iglesia con carácter "de fide".

(4) La Asunción Corporal de María aparece primero en leyendas sobre su "tránsito" al cielo (ss.V y VI) y en una serie de escritos pseudoepigráficos (Melitón, Juan Evangelista, Jerónimo, Agustín). →Gregorio de Tours (m.594) la menciona, pero en clara dependencia de un relato apócrifo. Desde el s.VI la Iglesia Oriental celebra la fiesta de la *Dormitio* o Tránsito, que después se cambió de nombre para llamarse de la *Assumptio.* La opinión teológica estaba muy dividida al respecto, pero desde el s.XIII venía creciendo la afirmación de la asunción corporal, especialmente en textos litúrgicos.

En 1849 las primeras peticiones por la definición dogmática se levantaron ante la Santa Sede, y durante el Concilio Vaticano I (1870) 204 obispos y teólogos firmaron otra solicitud. Ya para 1940 eran más de 8 millones de firmas. En 1946 Pío XII inició una consulta entre todos los obispos sobre la cuestión, y el 1o. de nov. de 1950 (año de Jubileo), la declaró dogma en su Bula *"Munificentissimus Deus".*

(5) En el Concilio Vaticano II (24 de en. 1965), →Pablo VI proclamó a María *"Mater unitatis, Mater Ecclesiae".* La m. contemporánea tiende también a ver a María como copartícipe en la obra de redención, a partir de su interpretación de Gn. 3:15, del paralelo histórico-salvífico entre Eva y María, y de su participación activa en la encarnación mediante su *"fiat"* (Lc. 1:38). Algunos han afirmado la mediación universal de María en todas las gracias (Suárez, Ligorio, Scheeben). Congar, de la Taille, Goosens, Lennerz y otros niegan que María haya cooperado en forma activa e inmediata en la redención.

JUAN E. STAM

MARIO MERCATOR (s.V). Polemista cristiano latino. La respuesta agradecida de →Agustín por dos escritos antipelagianos (hoy perdidos) que M. le envió, colocan a este laico en Roma alrededor de 418. Probablemente originario de Africa, residió en Constantinopla desde c.429 a c.451, quizá como legado del papa Celestino. Su tratado de 429 contra →Celestio, presentado a Teodosio II y su refutación a →Julián de Eclano ayudaron a que estos pelagianos fueran desterrados de Constantinopla. Sus obras acerca de la naturaleza de Cristo contra →Teodoro de Mopsuestia y el →nestorianismo, en apoyo de las tesis de →Cirilo de Alejandría, ayudó a condenar dichas herejías en el →Concilio de Efeso en 431. Los escritos de M., que se conservan, consisten principalmente en traducciones de tratados heréticos y refutaciones ortodoxas, que lo constituyen en importante fuente para la historia de las controversias nestoriana y pelagiana.

DANIEL C. SCAVONE

MARISTAS (Sociedad de María). Fundada en 1816 por Jean Claude Courveille y Jean Claude Marie Colin, la orden sostenía que María deseaba ayudar a la iglesia por medio de una congregación que llevara su nombre. Courveille ingresó en la orden benedictina en Solesmes (1826) y Colin continuó redactando las constituciones finalmente aprobadas por Roma en 1836. Compuesta por sacerdotes y hermanos laicos, la sociedad envió misioneros a Oceanía y se extendió rápidamente a Europa, Norteamérica y las Antípodas. Basados en la Regla jesuita, los m. realizaban obra parroquial, enseñaban en escuelas y seminarios y mantenían misiones domésticas y capellanías. Cuatro congregaciones independientes integran a los maristas: padres (con la orden tercera adjunta), hermanos, hermanas y hermanas misioneras.

C.G. THORNE, Jr.

MARITAIN, JAQUES (1882-1973). Filósofo francés, notable como intérprete de →Tomás de Aquino y como pensador independiente. Criado dentro del protestantismo liberal, se convirtió al catolicismo romano en 1906 y en 1914 fue electo catedrático de filosofía moderna en el Institute Catholique de París. De 1945 a 1948 fue embajador de Francia ante el Vaticano, tras lo cual fue profesor en la universidad de Princeton hasta su jubilación en 1956. Dictó conferencias en muchos otros sitios y escribió más de 50 libros.

En su filosofía, M. se vale no solo de Aristóteles y Tomás sino también de las luces de otras fuentes filosóficas y ha tomado en cuenta la moderna investigación empírica en antropología, sociología y psicología. M. sostenía que hay diversas maneras de conocer la realidad como "ser móvil" (naturaleza), cantidad (matemática) y el ser como ser (metafísica), la última de las cuales incluye el empleo de la intuición metafísica. M. reformuló las Cinco Vías de Tomás de Aquino añadiéndoles una sexta. Esta prueba incluye llegar a comprender, mediante la intuición y la reflexión, que el "yo" que piensa posee cierta existencia pre-personal en Dios y por lo tanto, que Dios existe.

En su filosofía moral, M. afirmaba que deben tenerse en cuenta los datos de la revelación y concedía que, si bien esto hacía que su obra no fuera estrictamente *filosofía* moral, el método filosófico le es aplicable. Dedicó considerables esfuerzos a forjar una política genuinamente cristiana. Estableció un claro contraste entre la civilización sacra y la seglar. El hombre es social por necesidad, como se desprende de sus necesidades y de que posea dones, aunque es de mayor valor que la sociedad pues está destinado a la unión con Dios.

PAUL HELM

MARNIX, FELIPE (Philip van Marnix van St. Aldegonde) (1540-1598). Diplomático calvinista y escritor religioso, activo en la rebelión de los →Países Bajos contra la dominación española. N. en Bruselas, fue un estudiante capaz que se dedicó al derecho en Lovaina, París y Padua, luego fue a Ginebra donde estudió bajo la dirección de Calvino y Beza. Como joven noble calvinista en los Países Bajos, se unió a la creciente oposición contra España, defendió los tumultos anticatólicos de 1566, huyó por la frontera alemana para escapar a las represalias, y se regocijó cuando estalló la revuelta (1568). Tenía 29 años cuando escribió su famosa sátira anticatólica, *La Colmena,* que alcanzó gran popularidad, llegando a unas 25 ediciones. En Alemania conoció al líder rebelde →Guillermo de Orange, ayudó a influir en su conversión al calvinismo y llegó a ser ayudante de confianza. Al ser "liberado" el primer territorio (Brill, 1572), M. representó a Orange en los Estados de Holanda y Zelanda. Como gobernador militar de la región de Rotterdam, fue capturado por los españoles, quienes lo liberaron en un intercambio de prisioneros (1574).

Al extenderse la revuelta a los Países Bajos del S, desempeñó papel importante en redactar la Pacificación de Gante (1576) que exigía tolerancia religiosa y las tradicionales libertades. Orange lo integró a su Consejo de Estado, y M. tomó parte en las negociaciones que condujeron al breve gobierno de Anjou, en un intento por obtener ayuda francesa. La situación militar empeoró; en 1583 Orange le encargó la defensa de Amberes, que peligraba. M. tuvo un gran descalabro, perdió Amberes y fue llamado ante los Estados Generales rebeldes para responder de su conducta. El asesinato de Orange en 1584 significó el fin de la carrera política de M. Se retiró a su estancia de Souberg en Walcheren y pasó la década siguiente escribiendo, limando una versión versificada de los Salmos, una traducción de la Biblia y un extenso tratado sobre divergencias religiosas. Murió en Leyden. A M. se le atribuye a veces el himno rebelde "Wilhelmus van Nassua", cuya paternidad permanece incierta.

DIRK JELLEMA

MARONITAS. Unica iglesia uniata plenamente catolicorromana en el Oriente. Deriva su nombre de Marón, eremita sirio que m.c. 423. Según su tradición, los m. han sido ortodoxos y han permanecido unidos a Roma, pero en realidad, originalmente fueron →monotelitas seguidores de →Sergio de Constantinopla. En el último cuarto del s.VII crearon su propia jerarquía. Tras asociarse con los cruzados establecieron una unión bastante inestable con la sede romana en el s.XIII. Dicha unión se fortaleció en el Concilio de Florencia en 1445 y en sínodos posteriores, particularmente en uno de 1736. Un jesuita llamado Juan Eliano trabajó mucho en la consolidación de la unión y por su esfuerzo Roma ha tenido un colegio maronita desde 1584. En un concilio de 1616 los maronitas tomaron medidas contra abusos cometidos en su comunidad; y nuevamente en un concilio entre 1733 y 1742 bajo el patriarca José IV combatieron los abusos e introdujeron el *Filioque* en el credo.

Los m. han comulgado bajo una especie desde 1736. Siguen una liturgia siriaca occidental. Su patriarca, con sus obispos auxiliares que viven junto a él, era conocido como "Patriarca de Antioquía y de todo el Oriente". Dos claustros, Bkirki y Kannobin cerca de Beirut, le sirven de residencia. En 1736 por primera vez se establecieron diócesis; el clero diocesano por lo común es casado. A partir de 1926 la fe maronita ha sido la principal confesión del estado libanés, aunque los maronitas constituyen solo el 30% de la población (los musulmanes constituyen el 50%). No se ha tomado un censo desde 1932, para evitar problemas. El presidente libanés es siempre un maronita. Unos 470.000 maronitas residen en el Líbano, y 380.000 en Nor y Sud América, la mayoría en el S. Otros maronitas se encuentran en Palestina, Siria y Egipto. Las congregaciones de la diáspora están sujetas a obispos del rito latino local, pero el patriarca maronita continúa siendo su verdadero jefe. JOHN GROH

MAROT, CLEMENT (1497-1544). Himnólogo y poeta protestante francés. N. en Cahors, hijo del poeta de la corte de Ana de Bretaña. En 1514 M. obsequió al futuro rey Francisco I el *Juicio de Minos* y en 1518 entró en el círculo de →Margarita de Navarra, cuyas enseñanzas protestantes influyeron en él. Luego de capturado en Pavía en 1525, M. escribió para Francisco I un poema basado en el NT. Después del escándalo *Placard* M. huyó a Ferrara. En 1536 en Lyon, M. abjuró del protestantismo y recibió de Francisco I una casa cerca de París en 1539. Allí completó la versión métrica al francés de los Salmos tomados de la versión latina de Vatable. Esta obra apareció como 12 de los 18 salmos en el primer himnario calvinista, publicado en Estrasburgo en 1539. En 1542 se publicaron 30 de dichos salmos con una dedicatoria real. Fugitivo en Ginebra durante un año, M. tradujo 20 salmos más a instancias de Calvino, para los *Cinquante pseaumes* de 1542. En 1562 Beza completó el himnario con 101 salmos suyos sumados a 49 por M. En tres años aparecieron 62 ediciones.

MARVIN W. ANDERSON

MARPECK, PILGRIM (1495?-1556). Teólogo anabaptista. Ingeniero civil por profesión y miembro del consejo municipal de su ciudad natal de Rattenberg, Austria, gozaba de una elevada posición social y económica. Sin embargo, por haberse convertido al anabaptismo, perdió su cargo como ingeniero de minas y tuvo que abandonar la ciudad en 1528. En Estrasburgo, de conocida tolerancia para la época, la familia encontró refugio y M. llegó a ser ingeniero municipal. A pesar de sus contribuciones profesionales a la ciudad, como líder anabaptista M. tuvo que huir de nuevo en 1532, víctima de la oposición de Martín →Bucero, pastor reformado. Durante los próximos diez años, M. viajaba visitando congregaciones anabaptistas en Alemania, Suiza y Moravia. En 1544 encontró trabajo en Augsburgo donde vivió hasta su muerte en 1556.

En cuanto a su teología, vio la relación entre el AT y el NT como la de promesa y cumplimiento. Bajo el antiguo pacto el hombre era obligado a hacer lo bueno pero bajo el nuevo está libre para hacerlo. Subrayó el libre albedrío, rechazando el determinismo teológico y el bautismo de niños. Aceptando el NT como autoridad final, insistió en la obediencia a Cristo como base de la fe y el amor, y enseñó que el discípulo de Cristo no puede llevar armas. Desechó el paradigma del AT, usado por Bucero, para defender la unión de la Iglesia y el Estado y enseñar la doctrina de "los dos siervos de Dios": el predicador y el magistrado.

Su preocupación mayor era la unidad de las iglesias anabaptistas de las cuales era el líder más destacado de la época en el sur de Alemania. LAVERNE A. RUTSCHMANN

MARQUETTE, JACQUES (1637-1675). Misionero y explorador catolicorromano francés. N. en Laon, Francia, ingresó en la orden jesuita en 1654 y después de doce años de estudiar y enseñar fue a Canadá, donde se le asignó trabajo en puestos misioneros remotos. Trabajó entre las tribus de los indios Ottawas y Hurones en la región de los lagos Superior y Michigan. En 1673 él y Louis Joliet exploraron rumbo al O y descubrieron el río Mississippi. M. quería fundar una misión entre los indios Illinois, y murió después de pasar algún tiempo predicando entre ellos. Hoy se le conoce principalmente por sus exploraciones, pero sus trabajos misioneros no han sido olvidados. J.D. DOUGLAS

MARSILIO DE PADUA (c.1275-1342). Filósofo político. N. en Padua, Italia, donde inició su carrera académica en medicina. Luego pasó a París, donde llegó a ser rector de la universidad en 1313. En 1324 completó la obra que lo hizo famoso, *Defensor pacis* ("Defensor de la paz"). Dado el tono ásperamente antipapal de la obra, cuando en 1326 se descubrió quién era el autor, tuvo que abandonar París y se fue a la corte del rey Luis IV de Baviera, quien fue excomulgado como consecuencia de una disputa con el papa →Juan XXII. En 1328 Luis IV se apoderó de Roma y M. fue nombrado vicario imperial de la ciudad. Algunas de sus teorías políticas fueron puestas en práctica, pero el pueblo romano se volvió contra Luis, el cual partió llevándose a M. consigo. M. regresó a Baviera, donde pasó el resto de su vida. Hacia el final de sus días escribió otra obra, *Defensor minor,* básicamente una nueva exposición de su anterior y más importante obra.

Defensor pacis está dividida en tres libros: trata el primero de la filosofía del estado; el segundo plantea la teología de la iglesia; y el tercero es un resumen. M. argumentaba que el elemento unificador de la sociedad es el Estado y no la Iglesia. La función primordial del gobernante secular es mantener la paz. Le otorgaba al pueblo el poder de crear la ley, de regir el bienestar común y de elegir un gobernante al cual podían derrocar si violaba las leyes. En el libro segundo censuraba al papado por provocar disensiones en el mundo al tratar indebidamente de controlar el mundo temporal. Las pretensiones papales para tal dominio eran nulas, ya que Cristo apoyaba la sumisión al poder temporal, que la jerarquía eclesiástica era humana y no divina, y que las prerrogativas que se pretendían databan de la →Donación de Constantino y eran entonces en fin de cuentas de origen secular y no un derecho inherente al papado. Declaraba que el único poder que la Iglesia posee es de naturaleza espiritual. Estaba en favor del concilio general, secularmente convocado, como autoridad suprema en la iglesia. Sus ideas chocaron con la teoría política del papado y ayudan a explicar por qué fue condenado por el papado y por qué suele verse en él uno de los precursores del pensamiento político del período de la Reforma. *Defensor pacis* se publicó en 1517, fue puesto en el Indice en 1559, pero muchos de los reformadores lo estudiaron minuciosamente.

ROBERT SCHNUCKER

MARTIN I (m.655). Papa desde 649. Natural de Toscana, fue electo como sucesor del papa Teodoro I. Pero antes de que su elección hubiera sido confirmada por el emperador Constante II, había condenado el →monotelismo en el Sínodo Lateranense (649). En 648 Constante había promulgado el *Typos,* mandato que prohibía continuar discutiendo la cuestión. El sínodo lateranense condenó el *Typos* y la anterior *Ekthesis,* y afirmó su adhesión a la doctrina de las dos voluntades y las dos energías correspondientes a las dos naturalezas de Cristo. En vano trató Constante de inducir a Olimpio, exarca de Rávena y amigo de Martín, a que arrestara al papa. No obstante, el siguiente exarca, Teodoro Calliopas, sí lo apresó. Después de un año de cautiverio en Naxos, Martín fue llevado a Constantinopla en diciembre de 654. Se le acusó de traición, públicamente se le despojó de sus vestiduras episcopales, y se le desterró al Quersoneso (Crimea). Se le trató con suma crueldad y parece que de camino murió. Fue el último papa venerado como mártir.

J.G.G. NORMAN

MARTIN IV (c.1210-1285). Papa desde 1281. Simón de Brie, natural de Turania, fue nombrado canciller de Francia por Luis IX en 1260, y en 1261 Urbano IV lo nombró cardenal de Sta. Cecilia y legado papal. Como legado, negoció la accesión del hermano de Luis, Carlos de Anjou, al trono de Sicilia. En 1281 fue electo papa mediante presión ejercida por Carlos, de quien continuaba siendo instrumento. Restauró a Carlos en el puesto de senador romano, del que había sido despojado por el papa Nicolás III. Con miras a ayudar el proyectado ataque de Carlos contra el Imperio de Oriente, Martín excomulgó al emperador Miguel VIII Paleólogo, destruyendo así la unión de las iglesias latina y bizantina alcanzada en el Concilio de Lyon en 1274. Las →"Vísperas Sicilianas", la rebelión antifrancesa en Sicilia en 1282, obligaron a Carlos a abandonar sus planes de reconquistar a Constantinopla. Las peticiones de los sicilianos de someterse a la soberanía feudal del papa, fueron rechazadas por M. Entonces ellos se volvieron a Pedro de Aragón. M. excomulgó por ello a los sicilianos y organizó una cruzada contra Pedro bajo el mando de

Felipe III de Francia, pero fracasó catastróficamente. Profundamente interesado en la orden franciscana, les extendió privilegios en la bula *Ad fructus uberes* en 1281. El pontificado de M. marcó la declinación del poder político papal. J.G.G. NORMAN

MARTIN V (1368-1431). Papa desde 1417. Elegido en el Concilio de Constanza, acabó con el →Cisma Occidental, lo que le conquistó general reconocimiento excepto en Aragón, donde los anti-papas aviñoneses mantuvieron sus posiciones hasta 1429. Aunque los franceses le ofrecieron Aviñón como residencia, él decidió regresar a Roma. Llegó a Florencia en 1419 y se quedó allí hasta 1420 porque Roma estaba en manos de Juana de Nápoles. Cuando llegó a Roma la ciudad estaba en ruinas y otras partes de los estados papales o estaban en revuelta o en manos de usurpadores. El papa restableció el dominio papal no solo en Italia central sino en toda la Iglesia Occidental. Mantuvo correspondencia con los soberanos de Europa y envió misiones de paz a Inglaterra y Francia que estaban enfrascadas en la Guerra de los Cien Años.

El papa dedicó también atención a los husitas quienes, como violenta reacción contra el martirio de Juan →Hus en Constanza, se rebelaron contra el Santo Romano Emperador →Segismundo y esparcieron el terror por las vecinas naciones católicas. Se requirieron varias cruzadas para intentar aplastarlos. En 1423, cinco años después de Constanza, M. convocó el Concilio de Pavía-Siena, pero por lo poco numeroso de la asistencia lo disolvió prestamente. A despecho de su anterior adhesión al conciliarismo, en lo sucesivo se opuso con éxito a la limitación de la monarquía papal. M. reorganizó también la Curia Romana, uniendo las burocracias de Roma y Aviñón y estableciendo una administración modelo. En Roma se inició un programa de reconstrucción y se hicieron esfuerzos para acabar con el cisma entre las Iglesias Oriental y Occidental.

ROBERT SCHNUCKER

MARTIN DE TOURS (c.335-c.400). Pionero del monaquismo en Galia. N. en Sabaria, Panonia (moderna Hungría), hijo de un soldado pagano, se hizo catecúmeno a la edad de diez años. Su padre lo enroló en el ejército romano a la edad de quince años; tres años después se produjo el famoso incidente en que dividió su capa militar con un mendigo en Amiens, tras lo cual se le apareció Cristo en visión, con la media capa puesta. Unos dos años después fue bautizado. En 358 obtuvo la baja del ejército y visitó Panonia en procura de la conversión de su padre. En 361 se unió a →Hilario de Poitiers, ingresó en la vida monástica y fundó una comunidad monástica en Ligugé. Al principio sus discípulos vivían como ermitaños y se reunían de vez en cuando para tener ejercicios en común. No escribió ninguna regla: simplemente seguían las tradiciones generales de la vida ascética. Más adelante trasladó su monasterio a Marmoutier. En 372, contra su voluntad y por aclamación popular fue nombrado obispo de Tours. Emprendió activa obra misionera en Turena, introdujo un rudimentario sistema parroquial y estimuló el monaquismo. En 386 protestó ante el emperador Máximo por la primera ejecución por herejía: la del español Prisciliano. Su biografía fue escrita por su amigo Sulpicio Severo.

J.G.G. NORMAN

MARTIRES. La palabra "mártir" viene del vocablo gr. *martys* que quería decir "testigo". P.e. en Ap. 2:13, donde la versión RV revisada dice: "Antipas mi testigo fiel fue muerto entre vosotros", el texto griego usa el término *martys*. Pero ya en época del Apocalipsis vemos que, dada la persecución por parte del estado, hay casos en los que hay que sellar el testimonio con la sangre y la vida. Por esta razón, pronto la palabra que antes se utilizaba para cualquier testigo comenzó a aplicarse casi exclusivamente a aquellos cuyo testimonio consistía en morir por su fe.

Luego, contrariamente a la opinión común, no todo sufrimiento es un "martirio". Solo son m. quienes sufren por razón de su fe, de tal modo que su sufrimiento es un testimonio de esa fe.

A través de toda su historia, la iglesia se ha visto en diversas circunstancias que han llevado al martirio. Aun en nuestro propio siglo, se cuentan por millares los que han muerto por su fe. Pero la idea cristiana del martirio tomó forma durante los primeros tres siglos de vida de la iglesia, donde las repetidas persecuciones hicieron que los cristianos pensaran muy seriamente acerca del martirio y su significado. Veamos algo acerca del desarrollo de ese pensamiento.

Ya a principios del s.II se pensaba acerca del martirio como la más alta corona que el cristiano podía alcanzar. Camino al martirio en Roma, el obispo Ignacio de Antioquía declara que "ahora comienzo a ser discípulo". Además, hay una conexión estrecha entre el martirio y la cruz de Cristo, pues el propio

Ignacio les escribe a los cristianos de Roma, que trataban de librarle del martirio, "permitidme ser imitador de la pasión de mi Dios". Sin embargo, la mayoría de los cristianos afirmaba que el martirio era válido solo si la persona era escogida por Dios para él. Los que se presentaban voluntariamente ante las autoridades no eran verdaderos m., sino "espontáneos" a quienes los demás cristianos condenaban, excepto en sectas tales como la de los →montanistas y la de los →donatistas.

A mediados del mismo siglo, aparece la costumbre de guardar las reliquias de los m. En el "Martirio de Policarpo", que es un documento de esa época, el autor nos dice que los huesos de Policarpo serían para los cristianos "más valiosos que piedras preciosas". Esto no quiere decir que se les rindiera culto, pero sí que se les tenía en alta estima.

En esa misma época apareció la costumbre de reunirse junto a la tumba del m. en el aniversario de su muerte, y allí celebrar la comunión. Esto lo hacía la Iglesia porque en la Cena se celebraba la comunión con todos los miembros del cuerpo de Cristo, tanto los que todavía vivían como los que no. Luego, al celebrarla ante la tumba del m., se indicaba la unión con aquel héroe de la fe.

De aquella costumbre antiquísima surgieron otras dos que la ICR conserva hasta el día de hoy. La primera de estas es la de celebrar los "días de santos". Originalmente, tales días se dedicaban solo a los m., y celebraban el aniversario de su muerte. Pero después, según se fueron añadiendo santos que no habían sufrido el martirio, también se empezó a dedicarles días. Por lo general, esos días concuerdan con la fecha de su muerte.

La otra costumbre que todavía se conserva es la de tener en el altar de todas las iglesias la reliquia de algún santo. Originalmente, esto no era así. Los cristianos celebraban la comunión en diversos lugares, tales como casas privadas. Pero según fue haciéndose más popular la costumbre de reunirse junto a las tumbas de los mártires, y sobre todo después de Constantino, se empezó a construir iglesias sobre esas tumbas. Pronto cada iglesia pretendió tener su m., y las que no lo tenían los desenterraron de algún otro lugar y los transportaron.

A través de la Edad Media se les atribuyó a las reliquias de los santos, y particularmente de los mártires, un poder milagroso, y el tráfico en tales reliquias, en su mayoría espurias, fue activísimo. En fecha reciente, la ICR ha dado pasos para contrarrestar las muchas supersticiones que han surgido en torno a los mártires y sus reliquias.

Empero todas estas supersticiones, errores y abusos no han de ocultarnos la gloria y el valor de estos hermanos nuestros cuyo testimonio sangriento contribuyó a hacer llegar la fe hasta nosotros. JUSTO L. GONZALEZ

MAR TOMAS, IGLESIA DE →MALABAR, CRISTIANOS DE

MARTYN, HENRY (1781-1812). Misionero anglicano a la India. N. en Cornwall y recibió allí sus primeras luces antes de iniciar una brillante carrera académica en Cambridge. La repentina muerte de su padre produjo al fin un despertamiento espiritual y lo llevó a ordenarse (1803) como clérigo auxiliar de Charles Simeon en la Iglesia de Holy Trinity, Cambridge. Fue el primer inglés en ofrecerse a la recién organizada *Church Missionary Society*, pero por razones ajenas a su voluntad no fue aceptado. Otras desilusiones e intensa desdicha le sobrevinieron cuando, tras larga espera, su propuesta matrimonial fue rechazada. En 1805 M. se embarcó rumbo a la India como capellán de la *East India Company;* llegó a Calcuta, en donde disfrutó del compañerismo con otros dos capellanes evangélicos: Daniel Corrie y David Brown.

Sus sobresalientes dotes lingüísticas lo llevaron a la gran tarea de su vida, la traducción del NT y del Libro de Oración Común a la lengua indostánica. Su franca predicación a congregaciones británicas provocó resentimientos, al igual que sus constantes intentos de relacionarse con naturales de India, tanto hindúes como musulmanes. Destinado primero a Calcuta lo enviaron luego a Dinapore en 1806 y a Cawnpore en 1809, donde la tuberculosis incipiente y el sofocante calor veraniego casi acaban con él. En 1810 se le aconsejó un viaje por mar y, como ansiaba terminar la traducción del NT al árabe y al persa, viajó a Chiraz, en donde por largas horas conversó y trabajó con eruditos persas, cuyo respeto y confianza conquistó en las discusiones y el debate. Terminó su obra en febrero de 1812. Emprendió viaje a su patria, pero las fatigas del viaje y la constante fiebre le causaron la muerte en Tokat, Armenia, en octubre de aquel año. Allí lo sepultaron. Sus *Diarios* fueron llevados a su patria después de su muerte, y son aun obras clásicas en la literatura devocional inglesa, reveladoras de la intensidad de su dedicación al servicio de Cristo y de la causa de las misiones cristianas.
G.C.B. DAVIES

MARYKNOLL. Nombre con que comúnmente se conoce la primera fundación congregacional del catolicismo norteamericano para las misiones extranjeras. Su nombre oficial de *Societas de Maryknoll pro Missionibus Exteris* (M.M.) es la traducción latina de *The Catholic Foreign Mission Society of America* con que se designó el proyecto misionero de los Padres James A. Walch de Boston y Thomas F. Princes de Carolina del Norte. Pío X, en 1911 y por recomendación de los obispos norteamericanos, autorizó la erección de un seminario en Maryknoll de New York, donde jóvenes norteamericanos se prepararían para el ministerio misionero en el extranjero. En 1930 se concedió la aprobación definitiva de este proyecto como sociedad de derecho pontificio. Tiene como objetivo principal el trabajo misionero en territorios administrados eclesiásticamente por la Sagrada →Congregación de *Propaganda Fide.*

Los sacerdotes no emiten ningún voto distinto de las obligaciones inherentes al actual sacerdocio católico. Los hermanos no sacerdotes, en cambio, hacen los tradicionales votos religiosos de la ICR pero con carácter privado. Todos sin embargo se obligan a las misiones con voto perpetuo.

Muy pronto bajo la influencia y orientación de los padres de M. surge la rama femenina de las Hermanas Misioneras de M.; y, después del Concilio Vaticano II, también una rama de los misioneros laicos con un compromiso temporal definido para las misiones y una previa preparación de al menos tres años. En la corta historia de la familia de M. se pueden ya distinguir tres períodos que caracterizan la proyección geográfica de su labor misionera:

De 1918-30 M. entiende por "misiones extranjeras" el Extremo Oriente, Japón, Corea, Manchuria y preferentemente la China continental. Pero en 1940 comienza a dirigir sus esfuerzos misioneros hacia AL: México, Guatemala, El Salvador, Nicaragua, Panamá, Colombia, Venezuela, Perú, Bolivia y Chile. La expulsión de sus misioneros en China, debido al triunfo en 1949 de la revolución comunista, dio más impulso a la obra misionera al sur del Río Bravo. Y a partir de 1950 M. extiende su misión al continente africano: Kenya, Tanzania.

A partir de 1962 la conciencia crítica sobre la presencia de los cristianos en las luchas populares por la justicia y liberación del pueblo incide en miembros de M. dándoles una visión más comprometida de la proyección de su apostolado en sus mismas relaciones institucionales.

La Sociedad de M. cuenta actualmente con unos 1.000 sacerdotes, y 200 hermanos cooperadores que trabajan en 25 países y territorios (además de unos 180 aspirantes). En 1973 tenía en AL 275 misioneros, padres y hermanos, y 127 hermanas de M.

ABRAHAM SORIA

MARX, KARL (1818-1883). Fundador del socialismo científico, de la filosofía del materialismo histórico y de la economía política. N. en Tréveris, Alemania, de una familia judía no practicante. Su padre, un destacado abogado, para evadir leyes discriminatorias antijudías se bautizó e hizo bautizar a todos sus hijos en la Iglesia Luterana. M. tenía entonces seis años. Estudió en las universidades de Bonn, Berlín y Jena, y fue hondamente influido por el pensamiento de →Hegel. Expulsado de Alemania en 1849 por razones políticas, se estableció en Londres donde pasó el resto de su vida. Este artículo se limitará al aspecto religioso del pensamiento de Marx.

M. nunca tuvo convicciones religiosas personales. (Sin embargo, al terminar sus estudios de colegio escribió un breve trabajo sobre "La unión de Cristo con los hombres según el Evangelio de San Juan".) No se ocupó del problema religioso en cuanto tal, sino en cuanto éste tuviera incidencia social. De ahí que su crítica central a la religión no se ubique en el plano metafísico, sino socio-económico. Su crítica a la religión no fue siempre la misma. Pasa por tres etapas que reflejan la evolución y maduración de su pensamiento.

1. *Crítica ilustrada.* Entre 1837 y 1843, M. critica la religión como algo "irracional". Expresa esta crítica en su tesis doctoral (1841), en los artículos de los *Anekdota de Ruge* y de la *Gaceta Renana.* Para el M. racionalista y liberal, los dioses no son más que ilusiones que llenan provisoriamente los lugares no ocupados por la razón. Niega la trascendencia y el problema religioso. Aquí encontramos en el "joven M." la herencia de la ilustración. Esta crítica no tiene nada de original.

2. *Crítica filosófica.* En los escritos de 1843 a 1845 como las *Críticas de la filosofía hegeliana,* los artículos de los *Anales franco-alemanes,* los *Manuscritos* de 1844, M. entiende la religión esencialmente como alienación. Bajo la influencia de →Feuerbach, critica la religión en el plano filosófico-deductivo, a partir de su concepción ético-antropo-

lógica. En su crítica razona como hegeliano de izquierda. En la Introducción a la *Contribución a la Crítica de la Filosofía del Derecho de Hegel* (1844) M. dice: "La religión es el suspiro de la criatura oprimida, el corazón de un mundo sin corazón...es el opio del pueblo. La abolición de la religión en cuanto dicha ilusoria del pueblo es necesaria para su dicha real...La crítica de la religión es, por lo tanto, en embrión, la crítica del valle de lágrimas que la religión rodea de un halo de santidad".

3. *Crítica ideológico-política.* A partir de la *Ideología Alemana* (los manuscritos de Bruselas de 1845-1846), la crítica de la religión se sitúa en el plano empírico-inductivo, dentro de la "concepción materialista de la historia", en el seno de la "teoría de la ideología". M. critica la religión por su función social como ideología justificadora de los intereses de las clases dominantes. La religión impide, por su alianza con la explotación, la liberación política. De este período es su teoría del fetichismo, tan importante para comprender su crítica última de la religión como forma ilusoria que se impone a nuestra conciencia, como "fetichización" de la opresión en la historia.

A partir de la incorporación de los cristianos en los procesos históricos por la liberación y la justicia social, se está elaborando una respuesta latinoamericana a esta crítica de M. a la religión. Se acepta la crítica por estar la religión a veces históricamente ligada a sectores dominantes, y desde esa crítica se desarrolla una teoría positiva de la religión que M. no sospechó: la fe como praxis histórica de liberación. (Franz Hinkelammert, Enrique Dussel, Raúl Vidales, Tokihiro Kudo, Porfirio Miranda.) VICTORIO ARAYA G.

MARRANOS. Apodo que recibieron en España y Portugal aquellos judíos que, aunque habían aceptado el bautismo cristiano, seguían guardando en secreto las prácticas de la religión hebrea. También se aplicó a veces este apodo a los moros convertidos.

Con la acepción de "cristianos nuevos" el vocablo m. aparece ya en el s.XIII para designar a los judíos y moros convertidos al cristianismo, a causa de la repugnancia que mostraban por la carne de cerdo, prohibida por sus antiguas religiones.

En hebreo los judíos que habían sido bautizados a la fuerza recibieron el nombre de "anusim".

La →Inquisición fue reorganizada por el papa →Sixto IV, a petición de los Reyes Católicos, para desenmascarar principalmente a los judíos que habían simulado aceptar el cristianismo para protegerse del odio popular.

Aunque la existencia de los m. se remonta ya a la España visigoda, es a partir de 1391 cuando se agudiza su persecución. Se calcula en unos 50.000 los judíos que encontraron la muerte, y entre 100.000 y 200.000 los que "decidieron" bautizarse. Aunque la política oficial de la Iglesia era la de no aceptar al bautismo a nadie que fuera impelido a él por la fuerza, el miedo o la tortura, se ha cuestionado la validez de algunos de estos bautismos. Los rabinos Gershom ben Judah (s.XI), y Rashi (s.XII) no tuvieron ningún reparo en aceptar de nuevo en el seno del judaísmo a los judíos que habían sido bautizados a la fuerza.

Muchos m. huyeron a otras partes del mundo, incluso AL. Descendiente de m. fue el filósofo Baruch →Espinoza.

ENRIQUE FERNANDEZ Y FERNANDEZ

MARROQUIN, FRANCISCO (m.1563). Primer obispo de →Guatemala. N. en el valle de Toranzo en Santander (España). Fue maestro de filosofía y teología en Osuna y sacerdote en la Corte de →Carlos I (V). En esta corte trabó amistad con Pedro de Alvarado, conquistador de Guatemala, el cual lo llevó consigo en 1530 e hizo que se le nombrase cura de la ciudad de Santiago (la primera capital de Guatemala) y vicario eclesiástico de la provincia.

Fue un párroco celoso. Batalló contra la idolatría de los indígenas y contra el materialismo, la indiferencia religiosa y la crueldad de los colonos. Se dedicó asiduamente al estudio de los idiomas indígenas, especialmente al de los Quiché, al cual tradujo un catecismo que hizo imprimir en México.

Debido a su gran labor Carlos I lo presentó en 1533 para el obispado de Guatemala, concediéndoselo →Paulo III en 1534. Fue consagrado en México por el obispo →Zumárraga en 1537.

La principal obra, además de sus tareas eclesiásticas, fue la fundación de tres hospitales y la primera escuela de letras. Estableció una cátedra de gramática latina y un colegio de estudios superiores en el que enseñaba artes, teología y gramática. Fue promotor de la fundación de pueblos. Se interesó por la aplicación de medidas de buen gobierno para que los descendientes de los conquistadores tratasen bien a los indígenas.

En su testamento dejó una cláusula en que pidió que todos los siervos indios quedasen en libertad con sus mujeres e hijos y que las tierras en que estaban las siguiesen poseyendo sin que por ello pudiesen ser molestados. ADALBERTO SANTIZO R.

MASONERIA EN AMERICA LATINA. La m. en AL fue, tanto en Brasil como en las colonias españolas, mentora principal del ideal de libertad y de la dignidad humana. Todas las ex-colonias obtuvieron su independencia, casi sin excepción, por el adoctrinar y la actividad, en gran parte clandestinos de los masones, inspirados en los ideales libertarios de Francia, Inglaterra y los EUA, quienes no solo tenían que resguardarse de los despóticos gobiernos ibéricos, sino mayormente de la jerarquía de la ICR de entonces. Sin embargo, muchos sacerdotes y frailes, a pesar de la encarnizada persecución contra la masonería, por su amor a la libertad, no temieron las consecuencias de asociarse con ella. Algunos terminaron víctimas de la →Inquisición Española, encargada de modo particular de eliminarla.

En carta que →Pío VII envió a arzobispos, obispos y clero de América en enero de 1816, les excitaba "más y más a no perdonar esfuerzo para desarraigar y destruir completamente la funesta cizaña de alborotos y sediciones que el hombre enemigo sembró en esos países". Esa exhortación, que hacía referencia también a la m., no fue acatada por los próceres de la liberación de América, aunque casi todos ellos eran tradicionalmente católicos; pero más amaban la libertad de sus pueblos que lo que temían las amenazas del Papa.

Desde México hasta Argentina, ellos movilizaron a los pueblos a bregar por la eliminación del dominio ibérico. Entre los muchos distinguidos masones, prohombres de América Latina, citamos a José Bonifacio de Andrade e Silva y Joaquim Gonçalves Ledo en Brasil; Francisco de Miranda y Simón →Bolívar en Venezuela; José de →San Martín y Manuel Belgrano en la Argentina; Bernardo →O'Higgins en Chile; José M. →Morelos y Benito →Juárez en México; José Martí en Cuba. Estas figuras testifican acerca de la importancia de la masonería en AL y de su influencia en la formación de una conciencia liberadora.

Naturalmente esa pasión de libertad benefició a todos los movimientos de redención humana, incluidas las iglesias protestantes. En momentos de persecución religiosa o de necesidad, en muchos lugares, los templos masónicos fueron ofrecidos para cobijar a los fieles. Tampoco faltó la palabra defensora en épocas de restricción de la →libertad religiosa.

SANTE U. BARBIERI

MATAMOROS GARCIA, MANUEL (1834-68). Héroe de la llamada "Segunda Reforma" española. N. en Málaga, hijo de un coronel de artillería. Su padre quería que siguiera la carrera de las armas, por lo que M. ingresó en la Academia Militar de Toledo. Como no tenía inclinaciones militares abandonó los estudios. Se dedicó luego a negocios de la familia. Como no le fue muy bien y había sufrido diversas desgracias familiares, decidió probar mejor suerte trasladándose al Peñón de Gibraltar.

En Gibraltar oyó predicar a Francisco Ruet, quien con otros evangélicos perseguidos por su fe se había refugiado en la plaza inglesa. M. se pasó la noche siguiente leyendo el NT y cuando amanecía se sentía, según él mismo, "un hombre nuevo".

Por recomendación de Ruet dejó el Peñón y en Málaga fundó una congregación que se reunía clandestinamente; luego visitó Granada y Barcelona, donde contribuyó mucho al establecimiento de la obra evangélica. Así adquirió fama y, cuando fueron detenidos en Granada 21 evangélicos, la Audiencia de esta ciudad reclamó a Barcelona la detención y posterior traslado de M., quien llegó custodiado por la Guardia Civil el 1 de enero de 1861. El 13 de junio siguiente lo condenaron a 18 años de prisión, pero influencias extranjeras y gestiones de la Alianza Evangélica Mundial lograron que esa pena se conmutara por la de destierro. El 29 de mayo de 1863 fue trasladado con otros compañeros a Gibraltar. Pasó a Londres y en 1864 estaba en Bayona (Francia) donde fundó una iglesia de españoles. Hizo un viaje por Holanda y en 1865 está en Francia otra vez. En Montpellier fundó un colegio bíblico para predicadores españoles, y en Pau otro para mujeres. Finalmente se trasladó a Lausanna (Suiza), donde murió. ARTURO GUTIERREZ M.

MATANZA DE SAN BARTOLOME →NOCHE DE SAN BARTOLOME

MATHER, COTTON (1663-1728). Ministro puritano. N. en Boston, Massachusetts, primogénito de Increase Mather, se educó en Harvard College. Entró al ministerio y pastoreó la Segunda Iglesia de Boston, primero, como colega de su padre y luego como pastor en propiedad. En 1690 fue electo maestro de Harvard. La mayor parte de sus 400 publicaciones vieron la luz después de 1692. Ellas lo muestran primordialmente como teólogo e historiador, con intereses de aficionado en una amplia gama de asuntos. Su *Magnalia Christi Americana* (1702) se empleó y se emplea mucho. Su *Bonifacius* (1710), más tarde titulado *Essays to do Good,* se leyó ampliamente en Norteamérica. Mediante sus libros y voluminosa correspondencia se ganó fama en Europa. Fue también muy conocido como filántropo que sostuvo, p.e. una escuela para esclavos. Aunque su prestigio político decreció cuando Joseph Dudley llegó a gobernador en 1702, ejerció influencia en las iglesias de Massachusetts toda su vida. La teología que expuso al final de su vida (p.e. en *Christian Philosopher,* 1721) sugiere un alejamiento del calvinismo ortodoxo.

PETER TOON

MATHESON, GEORGE (1842-1906). Ministro y compositor escocés de himnos. Hijo de un comerciante, prácticamente ciego a la edad de 18 años, fue brillante estudiante de filosofía en la universidad de Glasgow. Licenciado predicador en 1866, ministró en Glasgow e Innellan (Argyllshire) antes de trasladarse a St. Bernard's, Edimburgo, donde permaneció hasta 1899. Fue influyente predicador. Publicó libros de teología inclinados al neohegelianismo (p.e. *Aids to the Study of German Theology,* 1875); de apologética (p.e. *Can the Old Faith Live with the New?,* 1885); y devocionales (p.e. *Studies of the Portrait of Christ,* 2 vols., 1899-1900). Su colección, *Sacred Songs* (1890) incluye "Oh amor que no me dejarás" (que según Tyler *no* es fruto de una desilusión amorosa) y "Cautívame, Señor, y libre en ti seré".

JOHN S. ANDREWS

MATRIMONIO. →Clemente de Alejandría y →Tertuliano, padres de la iglesia primitiva, comenzaron a subrayar que todo deseo sexual era malo y que para la mayoría de las personas el matrimonio era una vía de escape respecto al pecado. Clemente consideraba el matrimonio superior al celibato pues el casado tenía que negarse y era menos egoísta; pero al mismo tiempo habla de una más elevada perfección de las viudas y vírgenes. Propugnaba los matrimonios espirituales.

→Agustín propugnaba el celibato. La virginidad no era necesariamente más elevada que el matrimonio, pero quienes se mantenían vírgenes experimentaban una más elevada forma de vida. Al matrimonio se le otorgaba una posición sacramental en la iglesia, pero las razones fundamentales del matrimonio eran la procreación y el poner freno a la concupiscencia. Agustín estuvo muy cerca de equiparar la emoción erótica con el pecado original. El mal iba ajeno a todo acto, especialmente al coito. La relación sexual, aun dentro del matrimonio, era pecaminosa.

Las enseñanzas básicas de la ICR fueron expuestas por →Tomás de Aquino. Siguiendo a Agustín, Tomás exaltaba el celibato a la vez que mantenía que el m. tenía como fines la procreación, frenar la concupiscencia y experimentar un sacramento. El coito no era parte integral del m., y el acto en sí transmitía el pecado original. Debía practicarse la continencia cuanto fuera posible. El divorcio era imposible si el matrimonio era legal, consumado y cristiano; Tomás ciertamente reconocía que la mujer no era un mero instrumento de placer sexual, exaltando así la posición de ella dentro del m.

El ideal monástico, que Lutero alguna vez hizo suyo, se convirtió en objeto de su amarga crítica. Hasta los historiadores concuerdan en que el abuso del monaquismo en días de Lutero abundaba. El concubinato de los clérigos era una institución aceptada y al homosexualismo se le excusaba fácilmente. Pero Lutero condenaba, no solo esas profanaciones, sino la institución misma del celibato. Era su opinión que Dios había instituido el matrimonio para todos como remedio contra el pecado. Solo a contados hombres les era dada la capacidad de vivir castamente fuera de los lazos nupciales. Estos pocos debían ser considerados como ángeles en este mundo.

Para Lutero, el rito del m. era un acto "mundanal" (civil) que para la iglesia carecía de importancia constitutiva. En el orden mismo de la creación el m. se constituyó para todos los hombres y no solo para los cristianos; todo lo que a la iglesia corresponde es dar su bendición al m. ya contraído. El m. cae bajo la jurisdicción de la iglesia únicamente cuando entraña una cuestión de conciencia. El calificativo de "mundanal" que Lutero daba al m. no significa que no tuviera importancia espiritual; por el contrario, los polos mundanal y espiritual del m. no son antitéticos, sino complementarios. Lutero le negaba al m. naturaleza sacramental, pero se aferraba tenazmente a su permanencia. Juan →Calvino le dio al m. nuevas y estimulantes interpretaciones. Primero, elevó a la mujer a una posición de responsabilidad mutua dentro del m. Aun consideraba el m. como una institución para la procreación y remedio contra el pecado, pero fue mucho más allá.

Enseñó que el propósito primordial del m. es social y no generativo y que es la más elevada relación asequible al hombre. No hay en las relaciones humanas lazo más sagrado que el que une a hombre y mujer hasta convertirlos en un cuerpo y un alma. No condenaba la virginidad pero sí desaprobaba los votos del celibato. Estaba también dispuesto a admitir causas de divorcio, como adulterio, impotencia, abandono e incompatibilidad religiosa.

Los →puritanos avanzaron sobre las enseñanzas de Calvino y le concedieron a la mujer mayor igualdad e independencia; desalentaban el celibato; liberalizaron las leyes sobre el divorcio (aunque se concedían pocos); declararon el m. una institución civil; y propiciaron el concepto del m. como compañerismo. La ética sexual de Calvino, sin embargo, fue reinterpretada de manera más legalista y estrecha. El coito tenía por único fin la procreación, pero no debía rehusarse si el cónyuge lo consideraba necesario. Junto con los padres de la iglesia primitiva, tenían por pecaminosa toda relación sexual, aun dentro del m.

En décadas más recientes las actitudes de los cristianos hacia los aspectos sexuales del m. han cambiado mucho. Una comprensión más profunda de la personalidad y de la conducta humana, fruto de la psicología moderna, ha hecho que las actividades sexuales se consideren como un elemento más positivo dentro del m. y no como un simple "remedio contra el pecado" o un medio de procreación. Esta nueva comprensión ha producido una amplia aceptación de los métodos anticonceptivos. (Oficialmente, la Iglesia Católica Romana los adversa, pero muchos católicos los emplean.)

Se le ha dado suma importancia a la comprensión sicológica de la consumación sexual del m. La unidad sicológica que se produce es similar a la *henosis* bíblica y afecta la voluntad vital de ambos cónyuges. Produce también una autoconsciencia y autocomprensión intuitivas imposibles de obtener en cualquier otro contexto. Esto es también sorprendentemente similar al concepto del verbo bíblico "conocer".

La ética contextual relativa al divorcio, segundas nupcias y todos los casos lindantes han llegado a ser aceptables para muchos. Sostienen que, igual que Pablo, los hombres deben hacer relativas sus normas, sin olvidar jamás que todo acto relativo ha de someterse al juicio de Dios. Y en lo que respecta al orden de la creación el divorcio es imposible y asimismo las segundas nupcias, pero el "orden de la necesidad" es real y la concesión en cuanto al divorcio está a tono con la realidad. Muchos rechazan como arbitrario lo que antecede.

Los patrones del m. continúan cambiando en la moderna sociedad: matrimonios de grupos, monogamia, poliginia, exogamia y poliandria, todos aparecen en algún grado. No obstante, el m. monógamo con castidad premarital y fidelidad conyugal parecen ser el ideal establecido por la comunidad cristiana. El ideal de castidad premarital ha sido muy atacado por la joven generación, pero la iglesia se ha mantenido firme en su interpretación neotestamentaria. JOHN P. DEVER

MATRIMONIO MIXTO. Matrimonio entre cristianos y no cristianos, o entre miembros de denominaciones cristianas diferentes. Por lo común se entiende que es el enlace entre un católico romano y una persona bautizada no católica romana. La ICR todavía censura dichos matrimonios, arguyendo que aunque son una consecuencia de la división entre cristianos, salvo algunos casos, no ayudan a restablecer la unidad entre los cristianos. Lo mismo se piensa del lado de las denominaciones protestantes, pero no es una opinión unánime.

Hasta 1966 se afirmaba que los m.m. solo podrían ser aceptables por dispensa episcopal, condicionada a la promesa por ambos contrayentes, católico y no católico –generalmente por escrito– de que los hijos de tal unión serían bautizados e instruidos en la fe católica, basados en el *Codex Iuris Canonici*. En el año indicado, la "Sagrada Congregación para la Doctrina de la Fe" emitió una instrucción, *Matrimoni Sacramentum,* que procuraba hallar una norma más apegada a la realidad para un digno reexamen del m.m. Uno de los cambios significantes fue que la "excomunión por intentar contraer nupcias ante un ministro no católico queda abrogada".

En 1970 Pablo VI emitió una Carta Apostólica, la *Motu Proprio,* que determinaba normas para los m.m., en la cual confrontaba dos cuestiones principales: (1) que ninguna autoridad humana tiene derecho para dispensar a un católico de la obligación de guardar la fe y transmitirla a sus hijos; (2) que la Iglesia no tiene derecho para exigirle a un no católico una promesa contraria a su conciencia. La carta indica ciertos cambios al par que mantiene una posición tan firme como sea posible. El matrimonio entre un católico y un no católico bautizado todavía requiere dispensa episcopal, sin la cual el matrimonio se considera nulo. La dispensa se otorga bajo la condición de que el contrayente católico "hasta donde sea posible" garantice instrucción católica para los hijos. Esto incumbe actualmente al contrayente católico solamente, pero al no católico debe informársele al respecto. Ahora también es posible que en la boda haya alguna cooperación entre sacerdote y ministro no católico, previa sanción episcopal y siempre que luego de la ceremonia celebrada en la iglesia de uno de los cónyuges, haya un servicio de bendición o de acción de gracias en la iglesia del otro pero sin que haya un segundo intercambio de votos matrimoniales. GORDON A. CATHERALL

MATTHEW PARIS (c.1200-1259). Benedictino inglés, historiador y artista. Monge en St. Albans en Inglaterra después de 1217, llegó a ser jefe de la sección epistolar en 1236. Un fallido intento de reformar la abadía de St. Benet Holm en Noruega (1248-49) lo llevó a trabar amistad con el rey Haakon IV, a quien invitó a participar en una cruzada con San Luis de Francia. Como escritor, M. adornaba sus manuscritos con ilustraciones que incluían escudos de armas y los sucesos que describía en el texto. Entre sus obras se hallan *Flores historiarum; Historia Anglorum; Abbreviatio chronicorum* y su obra capital, *Chronica majora,* que resume la crónica de Roger de Wendover hasta 1235 y de ahí en adelante se funda en experiencias de primera mano y en documentos hasta 1259. Dicha obra señalaba debilidades de los reyes, atacaba a los mendicantes y criticaba la avaricia de la corte papal. M. sustituyó la simple narración con un sentido de la historia; reconocía la responsabilidad del historiador. Obtenía algunos de sus datos de los personajes reales que visitaban la abadía. Sus relatos de tiempos contemporáneos mencionan repetidamente las congregaciones de →beguinas, nuevo movimiento femenino no regido por regla, originado en las cercanías de Lieja pero con su centro en Colonia. Sus crónicas culpan a Roma por el cisma griego. Más tarde, Wyclif llevó hasta el extremo esta línea de razonamiento.

JOHN GROH

MAURICE, FREDERICK DENISON (1805-1872). Socialista cristiano. Hijo de un ministro unitario, los conflictos religiosos del hogar explican en parte su posterior empeño en procura de unidad. En 1823 ingresó en el Trinity College, Cambridge, pero su condición de no conformista le impidió graduarse. Se trasladó a Londres, escribió críticas al materialismo benthamiano y se interesó en las reformas sociales. Influido por los escritos de Coleridge aceptó el anglicanismo y decidió obtener la ordenación, fue a Exeter College, Oxford, donde fue atraído por el Movimiento →Oxford. En 1834 fue ordenado para ejercer en un curato rural en Worcestershire y en 1836 fue nombrado capellán del Guy's Hospital, Londres; por entonces había roto con el Movimiento por divergencias sobre el bautismo que, según él, le daba a todo hombre la seguridad de ser hijo de Dios.

En 1838 publicó su obra más duradera, *The Kingdom of Christ,* en que se exponen la mayoría de sus convicciones: las tesis básicas de la teología encarnacionista y, en particular, su fe en Cristo como cabeza de cada hombre y en la comunión y unidad universales como posibles únicamente en Cristo. Mientras permaneció en el hospital de Guy realizaba obra práctica en la causa de la educación y, más tarde en 1848, participó en la fundación de Queen's College, Londres, primer establecimiento de enseñanza superior para mujeres. En 1840 fue nombrado profesor de literatura e historia inglesa en King's College, Londres y en sus Conferencias Warburton (1846) refutó la teoría del desarrollo de J.H. →Newman. En 1846 M. fue nombrado capellán de Lincoln's Inn y profesor de teología en King's College.

Los sucesos políticos de 1848 reavivaron su interés en la aplicación de los principios cristianos a las reformas sociales y, junto con J.M.F. Ludlow y Charles →Kingsley, organizó los Socialistas Cristianos con miras a una reforma cristiana de las bases sociales de la sociedad, y no a la simple caridad hacia los que sufren en la sociedad. En King's College se ponía en entredicho su ortodoxia y en 1853 la publicación de sus *Theological Essays,* en que atacaba el concepto popular del castigo eterno, provocó su expulsión del colegio universitario. En 1854 fundó la primera universidad obrera. Volvió a la prominencia en 1859 con su libro *What is Revelation?,* réplica a las conferencias Bampton por H.L. Mansel, de 1858. En 1860 M. fue nombrado al curato de la capilla de St. Peter's, en Londres; en 1866, profesor de filosofía moral en Knightsbridge, Cambridge; y en 1870 también titular de St. Edward's Cambridge. En toda su vida ministerial rehusó ligarse a cualquier partido eclesiástico, pero notablemente representaba la unidad que a tales partidos les faltaba. Fue prolífico escritor y, aunque incomprendido, uno de los fecundos pensadores del s.XIX. JOHN A. SIMPSON

MAXIMILLA (m.c.179). Profetisa extática. Junto con Montano y Priscila, otra profetisa, constituyó el grupo dirigente de la rigurosa secta de los →montanistas, en Asia Menor. Los tres proclamaban el inminente retorno de Cristo para establecer una nueva Jerusalén en Pepuza, Frigia, de la que habían hecho su centro principal. Acusada, igual que Priscila, de haber abandonado a su marido para seguir a Montano, parece haber sobrevivido a los demás; declaraba que después de ella la profecía cesaría y sobrevendría el fin del mundo. Se quejaba de ser perseguida: "me espantan como a lobo de junto a las ovejas. Lobo no soy. Soy Palabra y Espíritu y Poder". Dos obispos, Zotico de Comane y Juliano de Apamea, vanamente trataron de confutar el espíritu que inspiraba las palabras de M., identificado por los montanistas como el Espíritu Santo. Las guerras y revoluciones que ella predijo no se produjeron en el período inmediatamente posterior a su muerte, caracterizado por sus contemporáneos como trece años de paz. MARY E. ROGERS

MAXIMO EL CONFESOR (c.580-662). Teólogo y escritor bizantino. Siendo joven aristócrata y muy culto, fue nombrado primer secretario para el emperador Heraclio I. Alrededor de 615 renunció a su carrera civil y entró en la vida monástica y con el tiempo llegó a ser abad del monasterio de Crisópolis. Fugitivo en Africa del N durante la invasión persa (626) polemizó con los →monotelitas, especialmente Pirro, obispo de Constantinopla temporalmente exiliado, sobre quien triunfó en una célebre disputación en Cartago en 645. Su victoria favoreció el triunfo de la ortodoxa cristología calcedoniana en varios sínodos africanos locales y en el Concilio →Lateranense de 649, en el que participó por invitación del papa Martín I. Por su teología, sus simpatías con las pretensiones jerárquicas de Roma y su oposición al emperador Constante II, fue juzgado como traidor y desterrado a Tracia. Posteriormente le cortaron la lengua y la mano derecha, por recalcitrante, y lo desterraron a Lazica, en el Mar Negro, donde 18 años más tarde murió. De él quedan unas 90 obras que incluyen comentarios de las Escrituras y de los Padres, escritos doctrinales y polémicos, y literatura sobre ascetismo, ética y liturgia. Conocido por su interpretación del misticismo de Pseudo→Dionisio para los occidentales, M. era estudiado en Bizancio por el valor de su doctrina teológica.
JAMES DE JONG

MAZARINO, JULIO (1602-61). Estadista francés. N. en Piscina, Abruzzi, fue educado por jesuitas en Roma y pasó tres años en la Universidad de Alcalá, España. De vuelta en Roma, se graduó como doctor en derecho y se hizo capitán de la armada de Colonna. Se dedicó a la diplomacia y evitó la guerra entre Francia y España, en Casal. Ingresó en la iglesia y fue vicelegado en Aviñón y nuncio papal en París. Se naturalizó francés (1639) y fue electo cardenal (1641). Sucedió a Richelieu como primer ministro (1642) y rápidamente se volvió todopoderoso mediante el favor de Ana de Austria que quizá se casó en secreto con él. En la Paz de Westfalia (1648) aumentó las posesiones francesas pero no logró controlar la decadente situación económica que condujo a las guerras civiles de la Fronde (1648-53). Fue exiliado (1651-52) pero regresó y ejerció tanto poder como siempre, valiéndose del joven Luis XIV para quebrantar toda oposición. Elevó a Francia al más alto nivel en Europa, mantuvo su influencia en el Báltico, llevó a cabo un tratado comercial con Cromwell y combatió con éxito a España. Finalmente logró que Luis se casara con María Teresa después del tratado de los Pirineos (1659). Respecto a los hugonotes siguió una política de reconciliación. Poseyó la sede de Metz y numerosas abadías con cuyas rentas se enriqueció y así fundó el *Collége Mazarin.* J.G.G. NORMAN

McCONNELL, WILLIAM →MISION CENTROAMERICANA, COSTA RICA

McGIFFERT, ARTURO CUSHMAN (1861-1933). Historiador eclesiástico y educador norteamericano. N. en Sauquoit, Nueva York, se graduó en Western Reserve College y en el Seminario Teológico Unión de Nueva York, y luego continuó sus estudios en París, Roma, Berlín y Marburgo (Ph.D., 1888). Ordenado al ministerio presbiteriano, enseñó Historia Eclesiástica en el Seminario Teológico Lane (1888-93) antes de reemplazar a Philip →Schaff como profesor de Historia Eclesiástica en el Seminario Unión en 1893, seminario del cual fue después presidente (1917-26). Influido por Harnack escribió *A History of Christianity in the Apostolic Age* (1897). Sus ideas suscitaron tal oposición que se retiró de la Iglesia Presbiteriana y se volvió congregacionalista (1899). Otras obras importantes incluyen una traducción de la *Historia de la iglesia,* de Eusebio (1890); *The Apostle's Creed* (1902); *Protestant Thought Before Kant* (1911); Martin Luther, *The Man and his Work* (1911); *The Rise of Modern Religious Ideas* (1915); *The God of the Early Christians* (1924); y *A History of Christian Thought* (1931-33). ALBERT H. FREUNDT, Jr.

McINTIRE, CARL →CONCILIO AMERICANO DE IGLESIAS CRISTIANAS

McPHERSON, AIMEE SEMPLE (1890-1944). Evangelista canadiense. Se convirtió mediante el ministerio de Robert J. Semple, quien más tarde se casó con ella y a quien en 1908 acompañó a China como misionera. Luego de tres meses él murió de malaria y ella volvió a su patria con su nene. De un segundo matrimonio con Harold McPherson nació un hijo, Rolf. La salud quebrantada y dos operaciones quirúrgicas pararon en que ella adoptara la carrera evangelística y más tarde se divorciara. Junto con su madre, entre 1918 y 1923 cruzó el continente ocho veces. Para 1922 había edificado el templo llamado Angelus en Los Angeles, con capacidad para 5.000 personas, y desarrolló su "evangelio cuadrangular" de Cristo como Salvador y Sanador, el bautismo del Espíritu Santo con el hablar en lenguas, y la Segunda Venida. Difundió lo que se afirmó ser el primer sermón por radio (1922). En 1927 constituyó con personería jurídica la Iglesia Internacional del Evangelio Cuadrangular y envió estudiantes de su instituto bíblico a predicar este evangelio. En 1926 desapareció por algún tiempo. El gran jurado de Los Angeles puso en tela de duda su historia de secuestro, pero finalmente desestimó el caso. Poco después de un viaje a Tierra Santa y las Islas Británicas, murió de un ataque cardíaco.

EARLE E. CAIRNS

MEDELLIN, CONFERENCIA DE (1968). La Segunda Conferencia General del →Consejo Episcopal Latinoamericano (CELAM II) celebrada en Medellín del 26 de ago. al 6 de set., 1968.

Entre la Primera Conferencia General de CELAM (Río de Janeiro, 1955) y la Segunda (M., 1968) se da una serie de acontecimientos, que nos explican el cambio, que supone: primero, la celebración del Concilio →Vaticano II con la consecuente renovación pastoral; y segundo, el surgimiento de movimientos y luchas populares de liberación en AL, que conquistarán progresivamente la base popular de la Iglesia ante la crisis del actual sistema económico. Así la década de los años 60 representa el inicio de una nueva época del catolicismo latinoamericano por la afirmación de la presencia de los cristianos en movimientos populares y de liberación como "nuevo modo de ser cristiano en AL". A pesar de la fuerte oposición de los sectores más conservadores, el Documento Base de la Conferencia presenta ya una pastoral con misión de concientización y liberación más que de desarrollo y promoción.

Se reunieron en M. 146 cardenales, arzobispos y obispos, 14 religiosos, 6 religiosas, 15 laicos y consultores de diversos niveles, así como observadores no católicos, representantes de comunidades evangélicas. El tema fue: "La Iglesia en la actual transformación de América Latina a la luz del Concilio". La conferencia la inauguró el Papa Paulo VI, significativamente apenas terminado el Congreso Eucarístico Internacional de Bogotá (20-24 de ago. de 1968), como final de una época y alumbramiento de nuevas rutas pastorales. El 30 de nov. del mismo año el CELAM entregó al público la edición del Documento final, que contiene los trabajos de las 16 comisiones, en que se dividió la Conferencia.

Fundamentalmente estos 16 documentos se agrupan en tres preocupaciones centrales: un auténtico servicio al hombre latinoamericano, que arranque de las exigencias básicas de la justicia (documentos 1-5); la evangelización y maduración en la fe a través de una adecuada catequesis y liturgia renovada (documentos 6-9); y la revisión de estructuras de la Iglesia para ser y aparecer como signo visible de liberación ante las masas inmensas de explotados del continente (documentos 10-16).

En M. la Iglesia recomponía su marcha a partir del reconocimiento de la situación real, en la que vivían mayoritariamente los hombres latinoamericanos. El resultado fue un documento profético, comprometido con las causas de los pueblos, a los que tenía que evangelizar: denunciando claramente la opresión que en AL tiene nombre, y anunciando sin titubeos su liberación. Asimismo, de M. surgió una nueva práctica pastoral, comprometida con la praxis histórica de los pueblos latinoamericanos. El producto fue la presencia real de una gran parte de la Iglesia en las luchas populares de los oprimidos, haciendo así su mensaje más creíble, como testimonio de su fe. Desde M., la ICR se fue separando cada vez más de los poderosos de este mundo, y convirtiéndose consecuentemente a la causa de los oprimidos por una "injusticia que clama al cielo". El resultado fue el inicio de una iglesia popular, que no duda en arriesgarse para ponerse al servicio de los que no tienen nada, porque ni siquiera disponen de su propia vida.

A partir de M. muchos sectores de la iglesia latinoamericana evolucionan y se transforman a grandes pasos. De una iglesia conservadora y a la defensiva, en lucha constante contra el laicismo, la masonería y el protestantismo, se pasa a una Iglesia de diálogo con su mundo, ecuménica e incluso ofensiva frente a las injusticias sociales y al atropello escandaloso de los derechos fundamentales del hombre.

Una Iglesia europeizada, extranjera a la realidad nacional así como a la cultura y religiosidad populares, y dominada por el estrecho círculo de las élites oligárquicas, comienza a buscar su identidad por la preocupación por los problemas nacionales y continentales, y se abre a las capas medias y sectores populares.

Es cada vez mayor el sector eclesial que tiende a identificarse plenamente con las luchas de los pobres como anuncio del Reino que en muchas cosas coincide con la liberación histórica del hombre. Para muchos cristianos –laicos, sacerdotes, obispos– la defensa de los derechos humanos, entendiéndolos como los derechos de los pobres, constituye el núcleo central de la "evangelización". Por eso la ICR es una iglesia perseguida, que cuenta ya por millares sus mártires. De manera que hay un número cada vez más creciente de cristianos comprometidos social y políticamente con los más explotados: los campesinos sin tierra, los indígenas aculturizados, los habitantes de los barrios marginados.

ABRAHAM SORIA

MEDITACION TRASCENDENTAL. Práctica de origen →hindú que pretende aliviar las tensiones, aumentar los poderes mentales y poner al practicante en contacto con lo absoluto. Se alega que la M.T. tiene carácter secular pero un estudio de la práctica revela que definitivamente tiene origen y matiz religiosos. Su fundador, Maharishi Mahesh Yogi (n.c.1918), es un monje hindú, por trece años discípulo del Gurú Dev. Después de pasar dos años recluido en los Himalayas, salió (c.1956) para enseñar la M.T., la cual se extendió rápidamente durante la década de los '60 y la primera parte de los '70.

La práctica es muy sencilla. El primer paso consiste en asistir a las conferencias introductorias acerca de lo que es la M.T. Si uno decide comenzar la práctica, tiene que pagar una cuota. Sigue entonces la ceremonia de iniciación en que el novicio se descalza, entrega a su maestro guía una ofrenda de un pañuelo blanco, frutas y un ramillete de flores. El maestro lo conduce luego a un cuarto privado donde hay un altar con un retrato del Gurú Dev encima. El maestro coloca la ofrenda sobre el altar y recita una liturgia en sánscrito, en la que se saluda al Gurú como el ser divino. Después da al novicio una "mantra", palabra sánscrita que debe repetirse en sus meditaciones el resto de la vida, y que no debe revelar a nadie. A continuación vienen las lecciones sobre meditación que duran tres días. Terminadas estas, el adepto está listo para meditar por cuenta propia con el propósito ya señalado. Se recomiendan dos períodos diarios de 20 minutos cada uno, en los cuales uno debe "relajarse" totalmente y repetir su "mantra". La finalidad de estas meditaciones es liberar al adepto de las tensiones y males humanos, agudizar sus poderes mentales y unirlo con el "absoluto".

Muchos adeptos dan testimonio de los efectos benéficos de la M.T. Pero los psicólogos sostienen que los mismos efectos podrían obtenerse de períodos de completo reposo y meditación, al margen de todo aspecto religioso.

Los cristianos se oponen a la práctica debido al culto que se rinde a Gurú Dev y el cuasi culto a Maharishi, y porque "propaga una interpretación de la realidad que concuerda con las presuposiciones de la filosofía vedanta".

La popularidad de la M.T. llegó a su apogeo por el año 1975 cuando había 700.000 practicantes en EUA y 300.000 en otros países, incluyendo los latinoamericanos. En ese año se inscribían cada mes unas 40.000 personas pero en 1977 este número había descendido a 4.000.

Ultimamente el movimiento ha tomado un rumbo extravagante, anunciando lecciones sobre cómo obtener poderes sobrenaturales, cómo hacerse invisibles, atravesar paredes, practicar la levitación y tener compasión infinita.

WILTON M. NELSON

MELANCHTON, FELIPE (1497-1560). Reformador alemán. N. en Bretten, Baden, hijo de George Scharzerd. Su tío abuelo, Johannes Reuchlin, por las aptitudes del joven para las lenguas y las humanidades, le dio el nombre de "Melanchton", derivado del griego. Asistió a la escuela primaria en Pforzheim y más tarde se graduó de las universidades de Heidelberg, Tubinga y Wittenberg. En Tubinga perteneció a un grupo de amigos con orientación humanística y atrajo la atención de Erasmo. Reuchlin le recomendó ante el elector →Federico el Sabio como profesor de griego en la universidad de Wittenberg, en donde pronto abrazó la causa de →Lutero. En su discurso inaugural en Wittenberg, 1518, abogó vigorosamente por los clásicos y por la reforma de los estudios. En su tesis de bachillerato en divinidades el año siguiente defendió la proposición de que las Escrituras solas tienen autoridad y no los decretos de papas y concilios. El mismo año acompañó a Lutero a su Disputa de→Leipzig. Publicó los primeros comentarios de Lutero sobre Gálatas y los Salmos y, bajo el seudónimo de "Didymus Faventinus", defendió a Lutero contra los teólogos parisienses. En 1519 M. dictó conferencias sobre la epístola a los Romanos. Ese año apareció su *Retórica* y el siguiente, su *Dialéctica.* M. ocupó un puesto en la facultad de artes liberales y en la Teología en Wittenberg. Para 1519, su concepto sobre la justificación, el perdón de los pecados y la reconciliación ya estaba formado, y fue un concepto al cual M. se aferró toda su vida.

Durante la permanencia de Lutero en el castillo de Wartburgo, después de la Dieta de →Worms (1521), M. fue llamado a asumir posición de líder teológico en el movimiento luterano. No siempre estuvo de acuerdo con Andrés Carlstadt y M. no estaba seguro de los pasos que debían darse respecto a los profetas de →Zwickau. El regreso de Lutero a Wittenberg (marzo, 1522) detuvo el movimiento radical. La primera edición de los *Loci Communes* de M., primer tratado sistemático de la teología de Lutero, se publicó en 1521. En él M. trataba las doctrinas de la esclavitud de la voluntad, la dicotomía Ley-Evangelio, la justificación por gracia mediante la fe. Repudiaba el escolasticismo.

M. redactó los *Artículos de visitación* (1528), la *Confesión de Augsburgo* (1530), la *Apología de la Confesión de Augsburgo* (1531), la Confesión Sajona (1551) y la *Respuesta a las preguntas de los bávaros* (1558). Se le ha criticado por alterar la confesión de Augsburgo en la llamada *Variata* (1540), pero Lutero no lo censuró. Sus *Artículos de Wittenberg* fueron la base para las discusiones con los teólogos ingleses en 1536. Formuló la Concordia de Wittenberg (1536), en la cual Lutero y Martín →Bucero conciliaron sus puntos de vista sobre la cena del Señor, y ella fue incorporada a la Fórmula de →Concordia (1577). Participó ampliamente en las negociaciones entre luteranos y catolicorromanos, notablemente en el Coloquio de→Ratisbona (1541).

Fue el más destacado humanista entre los reformadores luteranos. Se convirtió en centro de controversias religiosas por su posición respecto al Interin de →Augsburgo en 1548 y a las declaraciones más extremistas de algunos de sus seguidores, respecto al libre albedrío, la conversión y la Cena del Señor. Los estudios modernos han afirmado la integridad de M., como teólogo luterano, contra quienes lo acusan de desviaciones.

CARL S. MEYER

MELBOURNE, CONFERENCIA DE (1980). Conferencia convocada por la Comisión de Misión Mundial y Evangelización del CMI como continuación de la serie que, iniciada en Edimburgo (1910), continúa en Jerusalén (1928), Tambarán (1938), Whitby (1947), Willingen (1952), Achimota (1957-58), México (1963) y Bangkok (1972-73).

En M. participaron más de 600 personas, que representaban un extenso sector del cristianismo mundial, y que reflejaban una amplia gama de posiciones teológicas, ideológicas, políticas y culturales. La conferencia se inserta en un panorama coyuntural que incluye: la victoria de la revolución sandinista (Nicaragua); el rápido ascenso de la lucha popular (El Salvador; Guatemala); el triunfo de la "revolución" en Irán; la intervención rusa en Afganistán. Junto a ello, el proceso histórico mundial revela los efectos del actual sistema socioeconómico dominante: concentración de riquezas; carrera armamentista; mecanismos monetarios internacionales; transnacionalización de la economía, la Trilateral, etc., y su secuela: aumento del costo de la vida, inflación, desempleo, subalimentación.

En esta situación ha de interpretarse el tema de la conferencia: "Venga tu Reino". Este fue estructurado alrededor de tres "centros": adoración, estudio bíblico y reflexión misionológica. Esta última tuvo cuatro subtemas: "Buenas nuevas a los pobres"; "El Reino de Dios y las luchas humanas"; "La Iglesia testifica del Reino"; y "El Cristo crucificado desafía el poder humano". En estos temas se destacó el significado tanto de la petición del Padrenuestro como de la afirmación de la venida del Reino con Jesús de Nazaret: Dios se identificó con los empobrecidos, haciéndose pobre. La buena noticia del Reino nos llega como promesa y juicio, como llamado a la conversión y al discipulado.

A su vez, esa buena noticia se enmarca en el contexto de las luchas humanas por un mundo mejor. Como cristianos, por nuestra fe en Jesucristo, identificamos las señales concretas de nuestra esperanza final en el Reino, aun en medio de la ambigüedad histórica. De ello debe dar testimonio la Iglesia, como cuerpo de Cristo, testimonio orientado hacia la creación, por el Espíritu, de una verdadera comunidad. Por último, el tema del Reino se relaciona estrechamente con el tema del poder: el criterio fundamental para el uso del poder es el grado en que el poder servicial, liberador y creativo de Dios sea evidenciado por las acciones históricas y por el grado de justicia e igualdad que vayan estableciendo.

La C. de M. fue precedida por llamadas "pre-conferencias". La de AL se realizó en Perú y elaboró un significativo documento, en el que se acentúa que el punto de partida de la misión de la Iglesia "debe ser siempre una opción preferencial y concreta por los pobres". SAUL TRINIDAD
P. BONILLA A.

MELECIANOS, CISMAS. Controversias del s.IV.

(1) *Egipto.* Melecio, obispo de Licópolis, hizo un recorrido consagrando nuevos presbíteros y diáconos mientras Pedro de Alejandría estaba preso durante la persecución de Diocleciano (305). Hubo objeciones y finalmente Pedro lo excomulgó. En persecuciones posteriores Pedro sufrió el martirio y Melecio fue desterrado a las minas de Arabia Pétrea. A su regreso formó una iglesia cismática. Al parecer, ordenó a Arrio, participando así en forjar la controversia arriana. El Concilio de →Nicea (325) decretó que al clero meleciano debía permitírsele ejercer bajo la autoridad de Alejandro, sucesor de Pedro, y que sus obispos, si habían sido legalmente electos, podían suceder a los obispos ortodoxos cuando éstos murieran. El propio Melecio habría de retener su título, sin sede. Cuando →Atanasio accedió el arreglo se derrumbó y los melecianos, alentados por →Eusebio de Nicomedia, provocaron nuevo cisma. Melecio fue sucedido por Juan Arcafos de Menfis, acérrimo oponente de Atanasio. La secta parece haber sobrevivido hasta el s.VIII.

(2) *Antioquía.* →Melecio de Sebaste llegó a ser obispo de Antioquía (360) e inmediatamente se enajenó a los arrianos del lugar por un sermón ortodoxo basado en Proverbios 8:22 y fue enviado a Armenia. Los ortodoxos se apartaron del nuevo obispo, Euzoios, simpatizante del arrianismo y tuvieron sus cultos por separado. Ya existía una congregación ortodoxa, los eustacianos dirigidos por Paulino, y pronto hubo un grupo apolinario. Un intento de Atanasio para unir a melecianos y eustacianos, fracasó. Bajo Juliano (362) a →Melecio se le permitió volver a Antioquía; pero fue dos veces desterrado bajo Valente (365-66; 371-78). Basilio de Cesarea luchó por su reinstalación, aunque Roma y Alejandría, se le oponían. Finalmente, mediante el edicto de tolerancia de Graciano (379), regresó. Presidió el Concilio de Constantinopla (381), durante el cual murió. El concilio pasó por alto la oportunidad de sanar el cisma consagrando al anciano Paulino, en vez de lo cual eligió a Flaviano como nuevo obispo. J.G.G. NORMAN

MELECIO (m.381). Obispo de Antioquía. N. en Melitene de Armenia Secunda (Armenia Menor) y se cuenta entre los miembros de la Escuela →Antioqueña de literalismo exegético del s.IV. De noble y acaudalada familia, aparece primero entre los seguidores *homoianos* de →Acacio de Cesarea en 357. Según parece, no tenía edad suficiente para ser discípulo de Luciano de Antioquía, fundador de la escuela, pero ha de haber sido contemporáneo tanto de Apolinar de Laodicea como del jefe de la escuela en el s.IV, Diodoro de Tarso (m.390). Fue M. quien descubrió a Juan →Crisóstomo y, todavía joven, lo envió a Diodoro y posteriormente lo ordenó como diácono (381). Aunque venerado por su vida santa y ascética, se vio enredado en las controversias de su época (→CISMA MELECIANO). Considerado primero demasiado niceno, tuvo ardorosa oposición, como obispo de Sebaste, y después (a partir de 360) como obispo de Antioquía donde se enfrentó a rivales arrianos y ultranicenos. Cuando Teodosio I llegó a emperador (379), M. fue no solo establecido en su sede, sino designado para presidir el Concilio de →Constantinopla (381), durante el cual murió. Han sobrevivido tanto la oración fúnebre por Gregorio Niceno como el panegírico por Juan Crisóstomo, así como una homilía de M. preservada en Epifanio. CLYDE CURRY SMITH

MELITO (s.II). Obispo de Sardis. Entre los prolíficos autores cristianos conocidos del s.II, preservados tan solo por menciones y fragmentos, ha sido feliz en el s.XX el hallazgo de copias en papiro referentes a M. Eusebio lo presenta como obispo de Sardis en el reinado de Marco Aurelio (161-80) y da un catálogo de sus obras. Cita su "petición al emperador", temprana apología de fecha poco posterior al anuncio de Cómodo como heredero en 175; en ella inicia M. la tesis de que iglesia y estado imperial son dos obras conjuntas de Dios para beneficio de la humanidad. Otro fragmento, ya conocido por Clemente de Alejandría, al cual Eusebio añade su referencia, indica que M. participó a fondo en el problema de la fecha de la Semana Santa. Textos completamente recuperados muestran el estilo retórico de M. y su empleo de la tipología del sacrificado Cordero Pascual como representación de la muerte y resurrección de Cristo. Es evidente que viajó a los sitios importantes para los orígenes del cristianismo, lo cual lo convierte en el primer peregrino cristiano. El análisis de los fragmentos recuperados de su tratado *Del Bautismo* lo muestra como uno de los iniciadores en la introducción de la exégesis estoica homérica en el pensamiento cristiano. Su teología cae dentro de la cristología del Logos de otros apologistas. CLYDE CURRY SMITH

MELQUITAS. Nombre dado a los cristianos que dieron su adhesión al credo apoyado por la autoridad del emperador bizantino. El nombre, derivado de la forma griega de un adjetivo sirio, significa "realistas, seguidores del emperador". Fue acuñado por los jacobitas en el s.X, y da a entender que no podían subsistir sin el apoyo imperial. Se aplicaba a los cristianos de Siria y Egipto que rechazaron el →monofisismo y el →nestorianismo, aceptaron los decretos de Efeso y Calcedonia, y se mantuvieron en comunión con la sede imperial de Constantinopla.

El término se aplicaba también a los católicos de habla arábiga de rito bizantino en Siria, Palestina, Egipto, etc. Se organizaron a partir de 1724 cuando Cirilo Taras, un católico, llegó a ser patriarca de Antioquía.

J.G.G. NORMAN

MELVILLE, ANDREW (1545-1622). Reformador escocés. N. cerca de Montrose y recibió magnífica educación en Escocia y Francia. En Ginebra cayó bajo la influencia de →Beza y allí fue nombrado profesor de humanidades. Regresó a Escocia en 1574 y pronto llegó a ser rector de la universidad de Glasgow y, más adelante, director del colegio de Santa María de St. Andrews. Su carrera académica fue distinguidísima, pero de mayor importancia fue su influencia sobre la Iglesia Escocesa. Había regresado a Escocia apenas dos años después de la muerte de Juan →Knox, cuando el regente Morton estaba imponiendo a los llamados obispos Tulchan sobre una renuente *Kirk* (iglesia). M. era vigorosamente presbiteriano en sus convicciones, y rechazó todo intento de comprarlo para el episcopado; rechazó inclusive el arzobispado de St. Andrews.

Durante muchos años se le consideró líder de los presbiterianos escoceses y en 1582 fue moderador de la asamblea general. Dirigió la asamblea en su ratificación del Segundo Libro de Disciplina, escrito en 1578, el cual ha sido llamado la "Carta Magna del presbiterianismo". El rey Jaime (VI de Escocia y I de Inglaterra) era un firme episcopal, y estaba empeñado en imponerles a los escoceses este sistema de gobierno eclesiástico. Un sermón de M. hizo que éste fuera llamado a comparecer ante el Consejo Privado, pero él rehusó someterse a su jurisdicción y huyó a Berwick, cruzando la frontera con Inglaterra. Menos de dos años después estaba de regreso en Escocia, continuando la lucha. Tanto la conciliación como la oposición fueron ensayadas por Jaime para entendérselas con él. Finalmente, junto con otros siete ministros escoceses, M. fue emplazado por el rey ante el tribunal de Hampton. La franqueza de M. en esa comparecencia llevó a que lo encarcelaran en la Torre de Londres durante cuatro años. Llegó a ser profesor de teología en la universidad de Sedán, ciudad donde murió. Su sobrino, James, indudablemente expresó el sentir de muchos de los presbiterianos contemporáneos de M., cuando escribió: "Jamás recibió Escocia mayor beneficio de las manos de Dios, que este varón". G.W. GROGAN

MENDELSSOHN-BARTHOLDY, FELIX (1809-47). Compositor musical. Procedía de una familia judía rica y culta que había ingresado en la iglesia luterana. Extraordinariamente precoz, no solo en la música sino en su intelecto, tenía también talento para la pintura. Produjo muchas de sus mejores obras en su adolescencia. Su presentación en 1829 de *La Pasión de San Mateo,* de Bach, por primera vez desde la muerte de su autor, fue un acontecimiento musical histórico que marcó el inicio de la resurrección del gran legado de música coral de Bach. M. pasó mucho tiempo en Inglaterra, donde fue recibido con entusiasmo. Escribió su *Elías* –uno de los grandes oratorios del s.XIX– para el Festival de Birmingham en 1846 (auque con texto alemán luego traducido). Escribía con gran facilidad música coral. Aunque poco de ella era específicamente para la iglesia, extractos de sus oratorios y cantatas suelen usarse como música en los servicios. Su música del Salmo 43 para coro sin acompañamiento es buen ejemplo de esto. Ejerció influencia, quizá exagerada, sobre los compositores corales menores de su tiempo. J.B. McMILLAN

MENDEZ ARCEO, SERGIO. Obispo de Cuernavaca, México. Descendiente de ilustre familia, n. en Tlalpan, México, el 2 de octubre de 1907. A los 27 años de edad fue ordenado sacerdote. Un día decidió practicar el evangelio tal como está en las páginas de la Biblia. Desde ese día le dio un lugar prominente a la Biblia en la Catedral de Cuernavaca (de donde es obispo desde 1952), inició un diálogo con otros líderes religiosos y empezó a recomendar a sus fieles el estudio y práctica de las Sagradas Escrituras. Su vivo interés por los pobres le ha hecho blanco de críticas acerbas pero observadores imparciales afirman que el séptimo obispo de Cuernavaca es un sincero cristiano, un practicante del evangelio, un modelo del pastor que AL necesita hoy. La sencillez de su vida, su amor a los necesitados y la energía de sus actos y declaraciones lo presentan como fiel intérprete de las doctrinas sociales de las Sagradas Escrituras. Cabe afirmar que M.A. fue un heraldo del →Concilio Vaticano II, por cuanto inició esas reformas un poco antes del principio de la histórica asamblea. ARISTOMENO PORRAS

MENDICANTES, ORDENES. Las primeras órdenes mendicantes surgieron durante el s.XIII cuando grupos no católicos como los albigenses y los valdenses ponían de relieve el contraste entre la riqueza de la ICR y la pobreza de la iglesia primitiva, junto con la debilidad de aquélla en cumplir con sus deberes pastorales para con mucha gente. Ordenes como la de los →franciscanos (1210), →dominicos (1216), →carmelitas (1247), →agustinos (1256) y →servitas (1256) fueron una respuesta para esos retos, al unir los conceptos de pobreza apostólica y de obediencia a la iglesia, y demostrar con frecuencia gran eficiencia en su ministerio, particularmente a los pobres y menesterosos de las ciudades.

Inicialmente el énfasis característico de las órdenes mendicantes en cuanto a la pobreza era evidente en su genuina renunciación a toda posesión común o individual. Las dificultades con que tropezaron al tratar de convivir en la sociedad y al mismo tiempo ser fieles a dicha renunciación, produjeron un relajamiento de dicha vocación. Además, aunque por lo menos San Francisco procuraba que sus frailes se ganaran la vida como cualquiera, trabajando en vez de mendigar, el crecimiento numérico y la especialización llevaron a confiar cada vez más en el segundo de esos métodos, lo que dio pie a que los llamaran "mendicantes". T.L. UNDERWOOD

MENDOZA, VICENTE M. →HIMNOLOGIA

MENENDEZ Y PELAYO, MARCELINO (1856-1912). Humanista español, historiador de la filosofía y de la literatura española. N. en Santander, estudió allí y en Barcelona y Madrid. Aquí fue profesor, y miembro de las Academias de la Lengua, de la Historia y de Ciencias Morales y Políticas, como también director de la Biblioteca Nacional. Participó en la polémica sobre "la ciencia española" y defendió el aporte de los filósofos españoles frente al europeísmo dominante. Rechazó el →krausismo. No fue filósofo original (ni pretendió serlo), pero sí fue estudioso de la historia de la filosofía, y en sus obras revela que poseía una extraordinaria erudición.

Imbuido de un hondo sentido patrio, abogó, en su época de madurez, por una filosofía que no fuese dogmática (una especie de idealismo realista). Aunque en sentido estricto no fue historicista, podría considerársele como historicista platonizante: busca el despliegue de las ideas en la historia. De ahí que M. y P. sea sobre todo un historiador del pensamiento. Su *Historia de los heterodoxos españoles* (1880, 1882) constituye un verdadero arsenal de información para el estudio del protestantismo español, aunque no siempre sus críticas son objetivas. El mismo afirmó que "Dios hace salir el sol de la ciencia y del arte sobre moros, judíos, gentiles o cristianos, creyentes o incrédulos...". Su valoración de la versión castellana de la Biblia realizada por →Reina y →Valera es muy positiva.

De su vasta producción pueden señalarse también: *La ciencia española* (1876), *Historia de las ideas estéticas en España* (1882-1886) y *Ensayos de crítica filosófica* (1892). Murió en su ciudad natal.

PLUTARCO BONILLA A.

MENNO SIMONS (1496-1561). Fundador de los →menonitas. N. en Friesland y a los veinte y tantos años era sacerdote católico en ese lugar cuando comenzó a leer a Lutero y otros reformadores y se inclinó al anabaptismo, pero fue contrario de su ala militante. (En 1535 escribió un panfleto contra →Juan de Leyden.) En 1536 se unió al grupo que rodeaba a Obbe Philips y pronto se convirtió en figura descollante del movimiento →anabaptista. Durante los siguientes 25 años viajó por los Países Bajos y por las costas alemanas del Mar del Norte esparciendo el evangelio tal como lo entendía, organizando congregaciones, disputando con otros protestantes (p.e., 1544, contra el calvinista Jan →Laski), a menudo obligado a seguir su camino, escribiendo de continuo. Pasó sus últimos años en Holstein; murió en Wüstenfelde cerca de Lubeck.

Menno subrayaba la idea de la comunidad de los creyentes, entregados a una nueva vida, sellados por el bautismo de adultos, íntimamente entrelazados (p.e., no se permitía el matrimonio fuera de la comunidad), apartados del mundo secular y sus locuras (de ahí la desconfianza hacia el saber, la negativa a participar en política y a portar armas). Desconfiando de la teología dogmática, Menno confiaba en las Escrituras al pie de la letra. Por tanto, se negaba a emplear términos y conceptos que no fueran claramente escriturales; tal el caso (a su parecer) de la Trinidad. En ciertos puntos, es curioso, parecía poner en tela de juicio la plena humanidad de Cristo lo cual se debe a la influencia de la cristología de Melchior →Hofmann. Tenía fe en la inminente segunda venida de Cristo.

DIRK JELLEMA

MENORES, ORDENES. Los puestos inferiores en el ministerio: porteros, lectores, exorcistas y acólitos en Occidente, y lectores y cantores en Oriente. Los subdiáconos se clasifican en la Orden Mayor (junto con obispos, sacerdotes y diáconos) en Occidente, pero pertenecen a la Orden Menor en Oriente. El otorgamiento de Ordenes Menores en Occidente se rige todavía en lo fundamental por los *Statua Ecclesiae Antiqua* (ca.500). Todas las cuatro (que por primera vez se mencionan en una carta del obispo Cornelio de Roma a Fabián de Antioquía en 252) hoy día suelen conferirlas al mismo tiempo un obispo o abad a los estudiantes destinados al sacerdocio. Aunque cada puesto entrañaba una función específica, ésta ha sido abandonada ya que la función ha sido asumida por el laicado o el sacerdocio (p.e. encender cirios, antigua función de acólitos, la efectúa hoy un laico). Las Ordenes Menores son hoy solamente un paso hacia la plena ordenación.

PETER TOON

MENONITAS. Cuerpo de cristianos conservadores y evangélicos que descienden de los →anabaptistas del s.XVI. Su fundador fue un discípulo de →Zwinglio, llamado Conrad →Grebel. Un reformista independiente, Melchior →Hofmann, llevó a los →Países Bajos las ideas básicas de los anabaptistas y allí los melchoritas fueron durante algún tiempo el principal grupo de reformados. Melchior fue encarcelado en 1533, tras lo cual sus seguidores se lanzaron a la revuelta dirigidos por Jan Matthijs (Münster, 1534-35) y se formó otra rama pacífica dirigida por Obbe y Dirk Philips. Menno →Simons se unió a los Obbenitas en 1536 y su nombre pasó a caracterizar al movimiento, primero como menistas y actualmente como menonitas. Menonitas holandeses comenzaron a establecerse en la región de Dantzig en la década de 1540 y de allí pasaron a Rusia comenzando en 1788. Para 1600 habían tenido 5000 mártires.

Los menonitas comenzaron a establecerse en el Nuevo Mundo ya en la década de 1640, pero la primera colonia permanente fue Germantown, cerca de Filadelfia, 1683. Alrededor de 1700 menonitas, principalmente de origen étnico suizo, comenzaron a ubicarse en Pennsylvania, de donde luego emigraron a Virginia, a Ontario, Ohio y estados más al O. En la década de 1870 y de 1920 y después de la Guerra Mundial II, tres oleadas de menonitas de Rusia emigraron a las Américas, ubicándose respectivamente en Manitoba, Kansas y otros estados de las praderas; y en Canadá y en AS, principalmente en Paraguay y Brasil.

Los menonitas de N. América pertenecen a tres grandes conferencias: (1) Iglesia Menonita, que representa a los llegados a los EUA antes de la Guerra Civil de 1860; (2) la Conferencia Menonita General, que abarca muchos de las tres oleadas de inmigración de Rusia; y (3) los Hermanos Menonitas que surgieron como un movimiento de despertamiento espiritual en Rusia en 1860. Los menonitas tienen diversos colegios universitarios y seminarios.

Desde el comienzo, los menonitas han destacado el principio de iglesia libre, así como el bautismo de creyentes y la no resistencia (→pacifismo) bíblica. El discipulado para con Cristo se subraya y también la disciplina de la iglesia. Ponen énfasis en la vida de oración y santidad y se preocupan de que "el mundo" no debilite sus valores estrictamente novotestamentarios. A los infantes se les considera salvos, aunque suelen tener un servicio de dedicación para invocar las bendiciones del cielo sobre los infantes y sus padres. Por lo común se bautiza a los niños (por derramamiento) durante la adolescencia, pero los Hermanos Menonitas bautizan por inmersión. La Cena del Señor se observa solemne pero gozosamente, a menudo semestralmente. Los grupos más conservadores practican el lavamiento de pies. Tienen un vigoroso programa de misiones, así como el servicio humanitario del Comité Menonita Central (1920) que ministra a los menesterosos en muchas tierras, incluyendo el cuidado de enfermos mentales, la ayuda a minorías raciales y así por el estilo. La Conferencia Menonita Mundial (1925) se reúne cada cinco años. Los menonitas suman 560.000 en el mundo, de los cuales 300.000 están en N. América (1978).

J.G. WENGER

MENONITAS EN AMERICA LATINA. La presencia de los m. en AL se debe a causas migratorias y misioneras. Las primeras tuvieron origen en circunstancias políticas y teológicas después de las dos Guerras Mundiales, las segundas en una preocupación evangelizadora acerca de las colonias y al empuje misionero desde Norteamérica.

La primera colonia m. en AS se organizó en el Chaco (Paraguay) con emigrados de Canadá en 1927. La congregación Fernheim se formó en el corazón del Chaco en 1930, integrada por rusos y polaco-alemanes. Ese mismo año se fundó la congregación de Hermanos M. en Paraguay. Siete años después, miembros de las colonias Fernheim formaron en el este la colonia Friesland, y para 1947 emigrantes rusos fundaron la colonia Neuland.

Cerca de Curitiba, Brasil, emigrantes rusos organizaron la colonia Witmarsum en 1936. Otra colonia de Hermanos M. se formó al sur de Bagé. Después de la Guerra Mundial II refugiados prusianos arribaron a Montevideo en 1948 y crearon dos colonias m. en Uruguay.

Entre 1922 y 1927 un grupo m. de la Colonia Vieja llegó a las cercanías de Chihuahua, México, los Sommerfelder y los *Kleine Gemeinde* (Iglesia Evangélica M.) del Canadá. Otras colonias m. que se establecieron más tarde en Cuauhtémoc pertenecían a la Iglesia de Dios en Cristo y a la Convención General. Un grupo de la Colonia Vieja se radicó en Durango en 1950. Algunos de los miembros de estas colonias, al sentir amenazadas sus convicciones, emigraron de nuevo al Canadá o a otros países latinoamericanos como Costa Rica, Belice y Bolivia. En 1968 se forma una colonia en Costa Rica de emigrantes m. *Amish.*

Los m. que al comienzo del s.XX se encontraban agrupados en unas 18 organizaciones eclesiásticas, experimentaron un despertar misionero entre las comunidades de Rusia, Canadá y EUA. En 1917 la Iglesia M. de Norteamérica empezó la labor misionera en Pehuajó, Argentina, y se extendió a las provincias de Buenos Aires y Córdoba.

La Iglesia Evangélica Hermanos Unidos inició trabajo misionero entre los indios peruanos en 1946. La unión de los Hermanos M. con los M. Krimmer permitió el esfuerzo misionero entre los indios Campas.

En Colombia la tarea misionera es realizada por los Hermanos M. y los m. de la Convención General desde 1945.

En Panamá, misioneros Hermanos M. realizan actividades entre los indios Empera desde 1956. Desde 1962 la Iglesia M. Conservadora trabaja en Costa Rica. Misioneros de la Convención M. de Lancaster (Pennsylvania) están establecidos desde 1950 en Trujillo, Honduras.

La labor misionera en México se inició a través de personas de habla española en Texas, especialmente por parte de la Iglesia Menonita en 1937 y los Hermanos M. en 1942.

A Puerto Rico llegó un grupo del Servicio Público Civil en 1943. En 1945 este esfuerzo de jóvenes pacifistas recibió ayuda de misioneros de los M. Evangélicos Unidos.

La tarea misionera m. alcanzó gran interés después de la cuarta década del s.XX. Una vez establecidos en las colonias, paulatinamente los m. se interesaron por el trabajo evangelizador y el servicio social entre indígenas, agrupaciones rurales y zonas de desastres.

HUGO ZORILLA C.

MERCATOR, MARIO →MARIO MERCATOR

MERCEDARIOS. La Orden de Nuestra Señora de las Mercedes, entendiéndose por mercedes "favores misericordiosos". La orden, conocida también por otros nombres, fue fundada por Pedro Nolasco en 1218 para atender a los enfermos y rescatar a los cristianos cautivos de moros. Su hábito blanco les facilitaba la entrada en tierras musulmanas y, siguiendo la Regla Agustiniana, tomaban un cuarto voto de entregarse como rehenes cuando fuera necesario, con lo cual liberaron a unos 70.000 cautivos. Se esparcieron por Europa y luego pasaron a las Américas, transformándose de orden militar en clerical (1319) y volviéndose mendicantes. Un grupo →descalzo surgió posterior a la Reforma y, aunque sufrió graves descalabros durante el s.XIX, la orden revivió bajo la dirección de Valenzuela en la década de 1880. Parroquias, obras pías, escuelas y capellanías los emplean. Cuentan también con congregaciones femeninas. C.G. THORNE, Jr.

MERCIER, DESIRE JOSEPH (1851-1926). Cardenal y filósofo belga. Educado en Malinas y Lovaina, fue ordenado en 1874. En 1877 llegó a ser profesor de filosofía en el *Petit Seminaire* de Malinas y de 1882 a 1906 fue profesor de filosofía tomista en Lovaina. Ascético, profundamente piadoso y gran organizador, fue nombrado arzobispo de Malinas y primado de Bélgica en 1906. Fue hecho cardenal en 1907. Convencido de que a la larga la razón llegará a las mismas conclusiones que la fe, trabajó para crear una síntesis entre la filosofía tomista y las ciencias experimentales. Convirtió a Lovaina en gran centro de la filosofía neotomista al fundar allí el Instituto Superior de Filosofía. En una carta pastoral de 1908 atacó al modernismo en general y particularmente a G.H. Tyrrell. Fue intrépido portavoz del pueblo belga durante la ocupación alemana en la Guerra Mundial I. Fue el principal representante de la ICR en conversaciones con los anglicanos en →Malinas (1921-26). Sus escritos incluyen *Psychologie* (1892), *Logique* (1894), *Métaphysique* (1894) y *Critériologie* (1899).
HOWARD SAINSBURY

MERITO. La teología católica medieval distinguía entre *bonitas* (valor ético de los actos humanos) y *dignitas* (valor religioso de los mismos). En este sentido el mérito tiene que ver con la dignidad o significancia religiosa de los actos humanos más que con su bondad o valor moral inherente. Un mérito es un acto recompensado por Dios por haber cumplido ciertas condiciones, únicamente una de las cuales es bondad moral inherente. Cuales sean dichas condiciones morales difiere de uno a otro teólogo, aunque una lista representativa incluiría puntos como el empleo del libre albedrío, el auxilio de la gracia actual o habitual y la promesa de Dios de recompensar tal acto. La base exegética de la promesa divina de recompensar las obras ejecutadas en su nombre y para su gloria, incluyen textos como Ex. 23:20-22; Dt. 5:28-33; Mt. 5:3-12; 6:4,19ss; 7:21.

Los doctores escolásticos distinguían entre *meritum de condigno,* una buena obra que Dios está obligado a retribuir por su propia promesa, y *meritum de congruo,* que Dios no está obligado a retribuir porque no cumple las condiciones usuales pero que, no obstante, conviene que Dios recompense vista su liberalidad y graciosa bondad. Mientras los teólogos franciscanos reconocían la posibilidad de *merita de congruo* para quien aun estuviera en estado de pecado, restringían los *merita de condigno* a obras realizadas en estado de gracia. →Tomás de Aquino, por otra parte, negaba la posibilidad del mérito, bien que no de la bondad moral, antes de entrar en el estado de gracia, mientras los radicales teólogos agustinianos como →Gregorio de Rímini le negaban al pecador la posibilidad de uno y otro. La teología protestante rechazó la doctrina del mérito, si bien en ciertas formas de teología reformada, anglicana y Free Church, el concepto de recompensa no fue consecuentemente excluido.
DAVID C. STEINMETZ

MERTON, THOMAS (1915-1968). Escritor y religioso de la Orden →Trapense. N. en Prades, Francia, y estudió allí y en Inglaterra. A los 19 años, huérfano, va a Nueva York, a vivir con sus abuelos maternos. De estudiante llevó una vida disoluta. Se graduó en la Universidad de Columbia.

Hastiado de la vida que llevaba, en 1938 se convierte al catolicismo romano (pues era de origen protestante). El 10 de diciembre de 1941, después de declararse la guerra entre EUA y Japón, M. ingresó a la Abadía del Getsemaní, en Kentucky. El período de la guerra lo pasó casi en absoluto aislamiento, y durante él elaboró su interpretación de la teología cristiana.

Para M., la verdadera unidad de toda la vida está en Dios. El cristiano debe guiar a los demás en la búsqueda de esa unidad. M. llegó a convertirse en uno de los más destacados poetas espirituales del s.XX. Fue, además, un apasionado crítico social. Se opuso a la proliferación de las armas atómicas, a la participación de EUA en la guerra de Vietnam, a la opresión racial y a la división religiosa. Influyó en Ernesto →Cardenal y le hizo ver el lugar de la lucha política en la vida del contemplativo en AL.

En 1968 viajó a Tailandia a un encuentro de líderes católicos con dirigentes religiosos de Asia. El 10 de dic. murió en Bangkok, accidentalmente electrocutado.

Entre sus obras traducidas al español tenemos: *El Exilio y la Gloria, El Hombre Nuevo, Tiempos de Celebración, El Pan Vivo, La Oración y la Vida Religiosa, Las Aguas de Siloé.* JERJES RUIZ

MESALIANOS. De una palabra aramea que significa "gente que ora". Conocidos también como euquitas y por otros nombres. Era una secta herética originaria de Mesopotamia c.360. Se extendió a Siria, Asia Menor y Egipto. Los llamados cristianos m. eran quietistas vagabundos, ignoraban los sacramentos, andaban por doquier y dormían en las calles. Simulaban seguir la práctica ortodoxa para evitar la persecución; se ocupaban solo en orar y decían ver a la Trinidad y a los malos espíritus. Ponían énfasis en la morada del Espíritu Santo en ellos, afirmando que todo hombre, incluyendo a Cristo, estaba poseído de demonios. Aunque sobrevivieron hasta el s.VII, hubo muchos intentos por reprimirlos: por→Flaviano de Antioquía, el sínodo de Side (388-90), los nestorianos en Siria, decretos en Armenia (mediados del s.V), y los concilios de Constantinopla (426) y Efeso (431) donde su *Asceticus* fue tildado de libro inmundo de herejía. Se les acusó de inmoralidad y sus monasterios fueron incendiados. Fueron casi desconocidos en Occidente. De ellos provienen los →bogomiles, de años posteriores.

C.G. THORNE, Jr.

METODIO →CIRILO Y METODIO

METODIO DE OLIMPO (m.c.311). Escritor eclesiástico. Pocos son los detalles biográficos ciertos que de él se conocen, pero probablemente fue obispo de Olimpo, Licia, y sufrió el martirio en Calcis. Se le han atribuido las sedes de Tiro, Patara y Filipos. Escribió mucho, principalmente en forma dialogada. La única obra suya que se conserva completa en griego es el *Simposio; o Banquete de las diez vírgenes,* imitando el Simposio de Platón. En él, M. exalta la excelencia de la virginidad (como Platón alababa el "Eros") y finaliza con un himno a Cristo como Esposo de la iglesia. Se conservan fragmentos de otras dos obras en griego. *Aglaophon; o De la Resurrección,* ataca la doctrina de →Orígenes respecto a la preexistencia del alma y sostiene la identidad del cuerpo resucitado con el cuerpo terrestre. *Del libre albedrío* ataca el dualismo y el determinismo del →gnosticismo valentiniano. Otras obras han sobrevivido solo en lengua eslavónica. J.G.G. NORMAN

METODISMO. Movimiento que se originó en la búsqueda de un método eficaz para guiar a los cristianos hacia la meta de la santidad bíblica. Se aplicó ese epíteto a los miembros del "Club de los Santos" de los →Wesley, en Oxford en 1729. Sus prácticas, disciplinadas y metódicas, dieron pie a lo que Carlos Wesley llamó el "inofensivo apodo de metodista". Rápidamente fue aceptado por su hermano Juan, que le dio su propia definición: "Metodista es quien vive de acuerdo con el método establecido en la Biblia". El término había sido anteriormente usado en un contexto eclesiástico en el s.XVI con referencia a los amiraldistas o semiarminianos. No obstante la semejanza teológica, no hay prueba de derivación directa.

Cuando el subsiguiente despertamiento tomó impulso, luego de la conversión evangélica de George →Whitefield y los Wesleys, el título de "metodista" se aplicó a todo el que recibía el influjo de ese movimiento, ya fuese dentro de la Iglesia de Inglaterra, o fuera. Solo en una etapa más tardía se distinguió a los metodistas de los evangélicos anglicanos. En su más estricto significado, m. se refiere únicamente a los partidarios de Wesley, aunque se extiende a los seguidores de Whitefield y de Lady Huntingdon, partidarios de las doctrinas de Calvino y no de las de Arminio.

M. es un término que actualmente se acepta como abarcante de la familia mundial de las iglesias metodistas que nacieron de las sociedades wesleyanas, la mayoría de las cuales están afiliadas al Concilio Metodista Mundial.

A. SKEVINGTON WOOD

METODISMO CALVINISTA. Este título fue dado primeramente a aquellos que en el avivamiento del s.XVIII se adhirieron al énfasis doctrinal de Jorge →Whitefield. Se desarrolló en una diferenciación denominacional con referencia a la iglesia de Gales que eventualmente surgió. Más de veinte años antes de la conversión tanto de Whitefield como de los Wesley. Griffith Jones de Llandowror había proclamado el despertar espiritual en su tierra con su predicación evangélica. Pronto fue apoyado por Howell Harris, Daniel Rowland, Howel Davies y por el himnógrafo William Williams de Pant-y-Celyn.

La primera asociación metodista de Gales se reunió en 1742, anticipándose así a la más antigua conferencia de Wesley (1744). Estas sociedades eran consideradas como pertenecientes a la Iglesia de Inglaterra, como las de los metodistas wesleyanos. Pero al crecer el antagonismo, la separación pareció virtualmente inevitable. Desde 1763 en adelante ya no le fue permitido a Rowland el ejercicio de su ministerio parroquial en Llangeitho, aunque no hay evidencia de que su licencia fuese verdaderamente revocada por el obispo, como se ha alegado. Empezó a predicar en una casa de reuniones edificada por sus simpatizantes. Debido sobre todo a la inconmovible lealtad de Harris a la Iglesia de Inglaterra, fueron demorados hasta 1795 los pasos de la separación formal.

El nombre de metodistas calvinistas estuvo también relacionado con otros grupos que debieron su existencia al ministerio de Whitefield. Aquellos que adherían a la "Conexión" de la condesa de Huntingdon pertenecen a esta categoría, junto con lo que se conoce como la *Tabernacle Connexion of Whitefield Methodists.*

En 1770 la publicación de una Biblia galesa anotada por Peter Williams condujo a una renovación del interés en las Escrituras, y en 1784 la obra fue extendida al N de Gales por medio de Thomas Charles de Bala. En 1795 se buscó la protección del Acta de Tolerancia (1559), mientras que en 1811 el cuerpo fue oficialmente reconocido como la *Calvinistic Methodist Connexion* y comenzaron las ordenaciones regulares. La *Confession of Faith,* que contiene 44 artículos basados en la →Confesión de Westminster, fue publicada en 1823, y la *Connexional Constitutional Deed* fue ratificada en 1826.

Un colegio ministerial fue abierto en Bala en 1837, con otro para el sur en Trevecka en 1842 (transferido a Aberystwyth en 1905). Hasta 1840 los metodistas calvinistas apoyaron a la *London Missionary Society,* pero ese mismo año iniciaron su propia obra misionera en Francia y en la India. La constitución de la iglesia combina características presbiterianas y congregacionales. En 1969 contaba con 110.155 miembros.

A. SKEVINGTON WOOD

METODISMO LATINOAMERICANO. El Metodismo Latinoamericano agrupado en el Consejo de Iglesias Evangélicas Metodistas de América Latina (CIEMAL) se inició en la primera mitad del s.XIX, en→Argentina y→Brasil. En Argentina ha continuado sin interrupción hasta el presente (con la Primera Iglesia en Buenos Aires como la más antigua de todas). En Brasil, después de algunos notables esfuerzos, hubo una interrupción hasta 1867.

Actualmente hay doce iglesias agrupadas continentalmente en CIEMAL, y establecidas en Argentina, →Bolivia, Brasil, →Chile, Colombia, →Costa Rica, →Cuba, Ecuador, →Panamá, →Perú, →México, y→Uruguay. Las más recientes son las del Ecuador y Colombia (1977), aun en proceso de formación. Tienen su origen en lo que hoy es la Iglesia Metodista Unida de Norteamérica. Aunque todas ellas conservan en doctrina y mística la tradición wesleyana originaria, las estructuras eclesiásticas varían unas de otras. Algunas son más tradicionales, otras más innovadoras.

En las iglesias autónomas más jóvenes existe la tendencia de dar a los laicos mayor participación en la toma de decisiones y pueden ejercer la presidencia de la iglesia cuando exista tal puesto.

Hasta 1977, en unas iglesias la superintendencia general era ejercida por obispos, en otras por un presidente y en una por un secretario coordinador nacional. Donde hay presidente la elección y reelección han sido comúnmente por dos años. El presbítero que, habiendo sido obispo, presidente o secretario coordinador nacional, no continúa en el cargo, vuelve al ministerio activo, si no ha llegado para él la época de retiro.

Generalmente el ministerio comprende dos órdenes: diácono y presbítero; en algunas iglesias existe solo el presbiterado. El obispo, presidente o secretario coordinador nacional no están sujetos a ordenación; sus responsabilidades son más bien administrativas y de coordinación.

Al presente todos los superintendentes generales son nacionales, así como la casi totalidad del ministerio. La mayoría de los aspirantes al ministerio reciben su preparación en facultades de teología interdenominacionales y de alto nivel académico, lo que explica el espíritu ecuménico del m.l., siempre dispuesto a la cooperación fraternal, tanto con otras Iglesias Evangélicas como con la ICR.

La feligresía metodista adulta en AL alcanza a unos 130.000 miembros en plena comunión, con una comunidad de por lo menos 500.000.

La contribución más acentuada de estas iglesias, casi desde sus inicios ha sido la educación, dada la gran proporción de analfabetos o la falta de escuelas públicas para atender toda la población de edad escolar. En algunos países las escuelas fueron base para la formación de congregaciones, aunque nunca se descartó la responsabilidad evangelizadora. El objetivo principal era contribuir a la formación de líderes educados en el espíritu cristiano, lo que no siempre se logró, pero en todos los casos esa cooperación ha dado frutos ponderables de progreso en las comunidades donde esas escuelas se establecieron. El metodismo también ha colaborado en la alfabetización de personas adultas en un continente con, por lo menos, un 50% de analfabetos. Actualmente se cuenta con unos 40 colegios secundarios, preuniversitarios, sobresaliendo

Brasil con 17 de ellos, una universidad y otras tres en vía de formación y cerca de 20 facultades de estudios superiores.

Las iglesias metodistas tampoco han sido ajenas a los múltiples problemas sociales del continente. Dentro de sus posibilidades económicas han contribuído a mejorar la salud, estableciendo hospitales, clínicas, etc., en algunos casos en colaboración con otras denominaciones o con los gobiernos. Se han preocupado también por el cuidado de los niños, creando jardines de infantes, guarderías, orfanatos y ayuda paraescolar. Se han interesado en la agricultura y han fundado algunos establecimientos agrícolas como el de Angol, Chile.

En 1975 se constituyó una comisión continental de lucha contra el hambre con la finalidad de colaborar con las agencias productoras de alimento, de empleo, del mejoramiento de la salud y la vivienda, ya sean agencias eclesiásticas o paraestatales.

También en política han hecho su aporte, especialmente en Brasil (donde ha habido algunos diputados metodistas federales y estaduales o provinciales y gran cantidad de vereadores y prefectos) y en menor escala en otros países.

Además el m.l. se ha empeñado en una amplia labor literaria de orden denominacional e interdenominacional. Cuenta con dos imprentas, una en Argentina y otra en Brasil y, en cooperación con editoras evangélicas, como la Casa Unida de Publicaciones de México.

Aunque no haya mantenido estaciones de radio o televisión propias, ha hecho abundante uso de esos medios para transmisión del mensaje evangélico. Algunas de esas transmisiones se han prolongado sin interrupción durante décadas y en algunos casos han influido en la formación de congregaciones.

Todas las iglesias están en proceso de expansión hacia el interior del continente en sus respectivos países y de diversificación de su programa de actividades con el objetivo de servir mejor a las comunidades, integrándose más a ellas y cooperando en la solución de problemas que les impiden vivir una vida más satisfactoria y abundante.

SANTE UBERTO BARBIERI

METODISTA PRIMITIVA, IGLESIA. Denominación inglesa fundada en 1811 por la amalgama de los *Camp Meeting Methodists,* jefeados por Hugh →Bourne, y los clowesitas, seguidores de William Clowes. Estos grupos a su vez habían derivado de un movimiento de campañas de avivamiento del cual surgieron también los Metodistas Independientes en 1806. Bourne, un constructor de molinos de Staffordshire, fue impresionado por las →*camp meetings* introducidas en Inglaterra por el predicador de campañas Lorenzo Dow, que las había visto tener gran éxito en EUA y Canadá. Bourne planeaba tener una reunión de esa clase en Norton-on-Moors en 1807. Como preparación para la misma los miembros de la asamblea de clase de Harriseahead convocaron para un "día de oración en Mow Cop", un promontorio vecino. Allí fue donde nació el Metodismo Primitivo, aunque darle a aquello el nombre de *"camp meeting"* sería impropio.

Pero mientras tanto, la Conferencia Wesleyana de Liverpool había aprobado una resolución que condenaba las *camp meetings* como "sumamente indecorosas" y "causa posible de considerable mala conducta". Sin embargo, Bourne juzgó correcto proseguir con sus planes para la *camp meeting* en Norton, y en consecuencia fue expulsado de la Reunión Trimestral de Burslem. Así se formaron en 1810 los "*Camp Meeting* Metodistas". Por el mismo tiempo Clowes había sido igualmente excomulgado, y en 1811 los dos grupos se unieron. En 1812 se adoptó oficialmente el nombre de "Metodistas Primitivos", título derivado de palabras del propio Juan →Wesley. El nombramiento de James Crawfoot como predicador itinerante suele considerarse como la inauguración del ministerio del metodismo primitivo. En 1814 se aprobó un conjunto de reglas.

El crecimiento fue lento al principio, pero un avivamiento en las Midlands llevó a un período de notable extensión de 1819 a 1824. Después de superar una crisis en que la falta de disciplina amenazó llevar a la desintegración, la posición se había consolidado para cuando en 1829 se ejecutó una escritura legal. En 1843 el traslado a Londres de la biblioteca y la reorganización del Comité Misionero General marcaron la transición hacia el conexionismo. El mismo año se iniciaron las misiones a las colonias. Ya existían tres conferencias metodistas primitivas en EUA y la causa crecía en Canadá, que en 1884 aportó 8.000 miembros a la Iglesia Metodista Unida del país. En 1901 se observó otro cambio en la edición de las *Actas Consolidadas* con la sustitución del término "conexión" por el de "iglesia". En 1932 la I.M.P. con 222.021 miembros se unió con los wesleyanos y los Metodistas Unidos para constituir la Iglesia Metodista de Inglaterra.

[La I.M.P. fue introducida en EUA por inmigrantes en 1829 y organizada en Conferencia General en 1889. En 1978 tenía 10.330 miembros y había auspiciado obra misionera en Guatemala desde 1921.]

A. SKEVINGTON WOOD

METODISTAS, IGLESIAS. El Concilio Metodista Mundial, al cual están afiliadas la mayoría de las iglesias metodistas, representa un número de miembros registrados superior a los 18 millones, y una comunidad de aproximadamente 40 millones. Unos 750.000 se encuentran en Gran Bretaña e Irlanda, mientras la Iglesia Metodista Unida de América alcanza unos 10 millones, sin contar otros grupos metodistas. En los países de la Comunidad Británica y en Europa hay conferencias metodistas autónomas; en muchos otros lugares prosigue la extensión misionera.

Todas estas iglesias son hijas del ministerio de Juan →Wesley y de las sociedades religiosas que él fundó a raíz de sus misiones evangelísticas por el Reino Unido durante el s.XVIII. En 1739 Wesley fundó una sociedad en Londres en lo que había sido una fundición de cañones y a partir de 1741 empleó predicadores laicos. En 1742 se formaron las primeras clases y en 1743 se redactaron las reglas de la sociedad. La primera conferencia se reunió en 1744 con la presencia de seis clérigos y cuatro laicos. A partir de 1746 las sociedades se organizaron en circuitos bajo la superintendencia de ayudantes de Wesley y, tras su muerte, se agruparon en distritos.

No fue sino hasta 1784, sin embargo, que la Conexión Wesleyana se estableció plenamente legalizada. Ese año presentó Wesley ante el registro llamado *Court of Chancery* una escritura pública en que daba los nombres de cien predicadores como constituyentes de la "Conferencia de las personas llamadas m." con disposiciones para el mantenimiento de la misma. Muerto Wesley, el número de miembros de la conferencia se extendió más allá de los cien de la escritura, para incluir a todos los predicadores en plena conexión. No fue sino hasta 1878 que se añadieron los laicos y las mujeres en 1911. En 1787 las capillas de Wesley estaban registradas como casas de reunión de no conformistas bajo la ley de tolerancia de 1559. La separación respecto a la Iglesia de Inglaterra quedaba más manifiesta mediante el Plan de Pacificación (1795), que permitía la administración de los sacramentos, la celebración de matrimonios y de servicios fúnebres en aquellas capillas metodistas en donde una mayoría de oficiales lo aprobara. A la vez se reconocía que la recepción a la plena conexión con la conferencia convalidaba a satisfacción las órdenes ministeriales. Solo en 1836 se adoptó como práctica normal la ordenación mediante la imposición de manos.

Dentro de los seis años siguientes a la muerte de Wesley se produjo la primera secesión, cuando en 1797 se formó la "Nueva Conexión Metodista". En 1805 un grupo de Manchester fue expulsado por mantener reuniones irregulares y se convirtió en los efímeros *Band Room Methodists.* El año siguiente aparecieron en Warrington los Metodistas Independientes, jefeados por Peter Phillips, aunque no asumieron su nombre oficial sino en 1898. Existe todavía. Los *Camp Meeting Methodists,* dirigidos por Hugh Bourne se unieron a los clowesitas para formar la Conexión Metodista →Primitiva en 1811. Los Cristianos Bíblicos de William O'Bryan surgieron en 1815. Los *Tent Methodists,* con John Pocock y John Pyer como líderes, se organizaron en 1822 y al año siguiente los *Church Methodists* maniobraron hacia la reunión con los anglicanos. Los Metodistas Protestantes (1827) se reunieron con la Asociación Metodista Wesleyana (1836), los cuales a su vez se unieron a la parte principal de los *Wesleyan Reformers* (1850) para constituir las *United Methodist Free Churches* (1857). El resto de los *Wesleyan Reformers* establecieron una iglesia autónoma en 1859 y continúan hasta el presente. Los Faith Methodists o Arminianos de Derby se separaron en 1832 y finalmente se unieron a la Asociación Metodista Wesleyana.

Estas divisiones se produjeron por cuestiones de gobierno más que doctrinales y algunas de las entidades resultantes fueron comparativamente pequeñas. A despecho de las deserciones, la Iglesia Wesleyana creció. Durante la segunda mitad del s.XIX comenzó un período de consolidación y antes de finalizar se habían formulado planes para la reunificación, los cuales fructificarían en el siglo siguiente. En 1907 la *Methodist New Connection,* los *Bible Christians* y las *United Methodist Free Churches* se fusionaron en la →Iglesia Metodista Unida. En 1932 las iglesias Wesleyana, Primitiva y Metodistas Unidas se unieron para constituir la Iglesia Metodista de Gran Bretaña e Inglaterra, con 59.652 miembros.

La obra misionera del metodismo puede decirse que data de 1769, cuando Richard Boardman y Joseph Pilmoor fueron como voluntarios a América del N (→METODISTAS DE EUA, IGLESIAS). En 1785 se nombraron misioneros para Nueva Escocia, Terranova y Antigua. El principal impulsor después de muerto Wesley fue Thomas →Coke, bajo dirección de la conferencia que a partir de 1786 asumió la responsabilidad inmediata de las misiones de ultramar. Fue él quien inició la obra en las Antillas y cuya visión abarcó Africa y Asia tanto como América. En 1813 se organizó formalmente la Sociedad Misionera Metodista Wesleyana.

Hoy día existen iglesias metodistas autónomas en Australia, Nueva Zelanda, Sudáfrica, Italia, Ghana, Nigeria, Zambia, Sierra Leona, Kenya, Sri Lanka, Alta Birmania y el Caribe, todas derivadas de la Conferencia Británica; otras que emanan del metodismo norteamericano. Los metodistas han ingresado en la Iglesia Unida de Canadá, las Iglesias de India del Norte y del Sur y la Iglesia Unida de Japón.

Existen iglesias metodistas en Suiza, Escandinavia, Portugal, Austria, Polonia y Alemania. Las de este último país son las más vigorosas. En Bélgica, Francia y España los metodistas se han unido con otras iglesias protestantes. A. SKEVINGTON WOOD

METODISTAS DE EUA, IGLESIAS. Aunque Juan →Wesley había sido misionero en Georgia (1736-38), antes de su experiencia de Aldersgate, y George →Whitefield, después de 1740, había visitado América del N. varias veces durante el →Gran Despertamiento, el metodismo como tal fue traído a América en la década de 1760 por predicadores laicos no oficiales. Entre éstos tenemos al irlandés Robert Strawbridge que trabajó en Maryland y sus alrededores, Philip →Embury y el capitán Thomas Webb, oficial británico que reforzó la sociedad de Nueva York y plantó el metodismo en Pennsylvania, Delaware y Nueva Jersey. En 1768 Wesley envió los dos primeros misioneros oficiales, Joseph Pilmoor y Richard Boardman. En 1771 llegaron Francis →Asbury, quien habría de ser el más grande líder del metodismo norteamericano, y Richard Wright. Lo siguieron en 1773 Thomas Rankin y George Shadford. En ese año se celebró la primera conferencia norteamericana en la iglesia de St. George, Filadelfia. El sur resultó particularmente acogedor para el metodismo y en Virginia, donde los metodistas trabajaron junto con el anglicano Devereux Jarratt, se produjo un gran despertamiento cuando comenzaba la Guerra de Independencia.

La Guerra precipitó una gran crisis. Todos los misioneros metodistas británicos, excepto Asbury, regresaron a Inglaterra. Tras una intensa lucha interna y un período de inactividad, Asbury finalmente se identificó con la nación emergente. El anglicanismo, con el cual se había identificado el metodismo, estaba devastado. Para enfrentarse a la caótica situación, Wesley dio el paso –para él muy difícil– de ordenar a dos "ancianos" y a Thomas →Coke como superintendente general, para que establecieran en Norteamérica un adecuado sistema de gobierno eclesiástico. Poco después de llegados éstos a Norteamérica, la Conferencia de Navidad de 1784 fue convocada para fundar la Iglesia Metodista Episcopal como denominación independiente. Asbury fue ordenado como diácono, anciano y cosuperintendente en días sucesivos aunque, por insistencia suya, solo después que el nombramiento hubiera sido ratificado unánimemente por la conferencia. De acuerdo con las recomendaciones de Wesley, se adoptaron un ritual, veinticinco Artículos de Religión (resumidos de los →"Treinta y nueve Artículos" anglicanos) y una disciplina. La iglesia así fundada consistía de 18.000 miembros, 104 predicadores itinerantes (más otros tantos predicadores y exhortadores locales), 60 capillas y 800 puntos de predicación reconocidos.

Las siguientes seis décadas fueron un período de espectacular crecimiento. Para 1844 la iglesia había alcanzado unos 4.000 predicadores y más de un millón de miembros en plena comunión. Después de 1792, las conferencias anuales pasaron a ser regionales y la conferencia general fue cuadrienal. Por el año 1812 la conferencia general se reorganizó a base de delegados. La dirección fue recayendo cada vez más sobre Asbury el cual, contra los deseos de Wesley, comenzó a usar el título de "obispo". La "itinerancia", firmemente administrada por Asbury hasta su muerte en 1816, era admirablemente apropiada para los territorios fronterizos norteamericanos. Conferencias anuales y ancianos presidentes supervisaban el trabajo de los jinetes de circuito que iban tras las huellas de los pioneros americanos en su expansión hacia el O. El metodismo alcanzó la cúspide del Segundo →Gran Despertamiento a fines del s.XVIII y recogió y perfeccionó la institución de las reuniones de campamento.

Pero el crecimiento no careció de tensiones. En 1792 Asbury chocó con James O'Kelly respecto al nombramiento de predicadores. O'Kelly pretendía el derecho de apelación ante la conferencia en caso de que a un predicador no le satisficiera su nombramiento. Cuando la resolución le fue contraria, O'Kelly se apartó con otros cuantos predicadores para fundar la Iglesia Metodista Republicana. Quizá fueran 8.000 los que se apartaron, pero finalmente el grupo se esfumó. Problemas similares llevaron a fundar la Iglesia Metodista Protestante en 1830. Desde 1820 algunos eran partidarios de que los ancianos presidentes fueran electos, de la representación laica en la conferencia y de una significante alteración del episcopado. La agitación sobre dichos puntos se mantuvo hasta provocar en 1827 la expulsión de varias personas en Baltimore y finalmente la división de 1830. En 1858 por ahí de la mitad de este grupo se apartó por el problema de la esclavitud para constituir la Iglesia Metodista antiesclavista, pero terminada la guerra civil ambas partes se reunieron.

Fue el problema de la esclavitud el que verdaderamente llevó al metodismo a tropezar con escollos. Ya en 1786 surgieron en Filadelfia y Baltimore fricciones sobre si negros y blancos debían adorar unidos. Bajo la dirección de Richard Allen, un hombre notable que había logrado comprar su libertad y convertirse en el primer negro ordenado por Asbury, y de Daniel Coker, mulato liberado que llegó a ser maestro y predicador, se fundó en 1816 la Iglesia Metodista Episcopal Africana (→IGLESIAS NEGRAS EN EUA). Problemas semejantes llevaron a fundar la Iglesia Metodista Episcopal Africana Zión en 1821, en la ciudad de Nueva York. Pero también la iglesia blanca se dividió por los problemas de esclavitud y raza. Para Wesley, la esclavitud era "esa execrable suma de villanías". Las opiniones de Asbury parecen haber sido similares y la esclavitud fue periódicamente condenada por las primeras conferencias, pero conforme el metodismo se fue convirtiendo en una iglesia nacional aumentaron las presiones hacia las concesiones. Asbury cedió y las resoluciones de las conferencias se fueron volviendo más tímidas. Pero la controversia que dividió a la nación estaba latente en la iglesia y estalló con el surgimiento del abolicionismo.

El principal abolicionista metodista fue Orange Scott, quien habló sobre el tema ante la conferencia general de 1836. Cuando el abolicionismo fue reprimido en 1840, Scott, junto con Lucius Matlack, LaRoy Sunderland y otros, fundó en 1845 una Conexión Metodista Wesleyana que se opuso tanto al episcopado como a la esclavitud. Un año después el grupo ya sumaba 15.000 miembros pero, después que la Guerra Civil (1861-65) resolvió el problema de la esclavitud, muchos retornaron a la iglesia madre. Los Metodistas Wesleyanos continuaron como cuerpo separado y se identificaban como una iglesia de "santidad". En 1968 los Wesleyanos se fundieron con la *Pilgrim Holiness Church,* uno de los primeros productos del movimiento norteamericano de →Santidad, del s.XX, para integrar la Iglesia Wesleyana de América.

En 1844 el problema de la esclavitud hizo crisis en relación con el obispo James Andrews, propietario de esclavos. La conferencia general, en un punto muerto sobre esto y los inherentes problemas de gobierno eclesiástico, finalmente aceptó la separación de la Iglesia Metodista Episcopal, e Iglesia Metodista Episcopal del Sur, oficialmente fundada en Louisville, Kentucky en 1845. La controversia continuó ardiendo entre las dos iglesias hasta la guerra civil. En 1870 se fundó en el S la *Colored Methodist Episcopal Church in America,* para los negros que habían pertenecido a la iglesia del S pero ahora querían organizarse por aparte. En 1956 esta denominación se tomó el nombre de *Christian Methodist Episcopal Church.*

En la última mitad del s.XIX el metodismo se afirmó. Numeroso, rico, respetado y hasta imitado. La teología y la educación teológica florecieron, las reuniones de campamento declinaron, la disciplina se relajó y la prédica de la santidad comenzó a desaparecer. La Iglesia Metodista Libre nació como protesta contra tales tendencias. Un partido de "nazaritas" surgió en la conferencia de Genesee para instar a la iglesia a retornar a la santidad, censurar los órganos y los coros, denunciar el alquiler de bancas para mantener templos lujosos, etc. B.T. Roberts, jefe de los nazaritas, fue finalmente expulsado y dirigió la fundación de la Iglesia Metodista Libre en 1860. El "libre" del nombre daba testimonio de que la nueva iglesia se había liberado de sociedades secretas, esclavitud, bancas de alquiler, ornamentos externos y culto estructurado.

Una protesta semejante puede discernirse en el surgimiento del movimiento de santidad dentro del metodismo. En 1839 Timothy Merritt en Boston fundó una publicación periódica llamada *Guía para la perfección cristiana,* luego cambiada a *Guía para la santidad.* Phoebe Palmer de la ciudad de Nueva York, fundadora de "la reunión de los martes para la promoción de la santidad" más adelante dirigió la revista *Guía,* y ejerció gran influencia en quienes establecieron la *National Camp Meeting Association for the Promotion of Holiness,* a fines de la década de

1860. Por entonces, casi todos estaban de acuerdo en que el metodismo había crecido para esparcir el mensaje de la santidad cristiana, pero a fines del siglo la iglesia se había polarizado. La mayoría de los partidarios de la santidad pararon en grupos como la *Pilgrim Holiness Church,* la →Iglesia del Nazareno y la →Iglesia de Dios (Anderson, Indiana). Los partidarios de la santidad que permanecieron en el metodismo se agruparon en torno a Asbury College y al Seminario Asbury en Kentucky.

Antes de comienzos de este siglo algunos habían planteado la cuestión de reunirse con el metodismo. Los esfuerzos por unir las iglesias negras fracasaron. En 1876 se dieron pasos importantes para reunir las iglesias del N y del S, pero no fue sino hasta 1939 que al fin se logró la reunión cuando la Iglesia Metodista Episcopal, la Iglesia Metodista Episcopal del S y la Iglesia Metodista Protestante se fundieron para integrar la Iglesia Metodista, que continuó como la mayor denominación norteamericana hasta mediados de la década del 60. En 1968 la Iglesia Metodista se unió con la Iglesia Evangélica de los Hermanos Unidos para formar la Iglesia Metodista Unida.

En el s.XX la Iglesia Metodista se ha distinguido por el continuo énfasis en las misiones mundiales, la reforma social y el ecumenismo. Los metodistas de EUA se han mostrado activos en el Concilio Nacional de Iglesias cuyo predecesor, el Concilio Federal, había hecho suyo en 1908 el Credo Social Metodista; recientemente ha participado en la Consulta para la Unión de la Iglesia. En lo teológico, el metodismo ha seguido las escuelas predominantes: el liberalismo a comienzos del siglo, y en menor grado la neoortodoxia después. Como reacción a estas corrientes teológicas y ecuménicas, en 1948 se fundó la Iglesia Metodista Evangélica, y la Iglesia Evangélica de Norteamérica después de la fusión de 1968.

Más de veinte agrupaciones metodistas norteamericanas suman unos 15 millones de miembros. Los metodistas compiten con los bautistas como el mayor movimiento religioso protestante de EUA. Pero cualesquiera sean los datos estadísticos, el metodismo puede ufanarse de ser "la más americana de las iglesias", o, según el juicio del luterano Jaroslav Pelikan, "el metodismo, al igual que el puritanismo, integra la corriente principal de la historia religiosa de EUA".

DONALD W. DAYTON

METROPOLITANO. Su uso legal aparece por primera vez en los cánones del Concilio de Nicea (325) para denotar al obispo de la principal ciudad de una provincia. En la medida en que el cristianismo institucionalizado adquirió forma análoga a la de la administración imperial romana y el número de sus miembros era más o menos proporcional a la distribución demográfica del imperio, los centros del uno servían como centros de la otra. Tal concepto se remonta al primer milenio a.C., a fines del cual el término "metrópoli" se aplicaba a un centro importante como Roma o a una urbe menor, como Laodicea. Por el s.VI, según Evagrio, el m. era inferior al exarca y reflejaba el reagrupamiento de las provincias en diócesis; por el s.X el m. tenía rango superior a otros arzobispos.

CLYDE CURRY SMITH

METZ, JOHANN BAPTIST (n.1928). Teólogo catolicorromano alemán. Realizó sus estudios en Innsbruck y Munich. Recientemente ha sido profesor de teología fundamental en Münster. Su tesis doctoral (1962; esp. *Antropocentrismo Cristiano,* 1972), escrita bajo la dirección de Karl →Rahner, analiza "la forma de pensamiento de →Tomás de Aquino" como un antropocentrismo cristiano de raíces bíblicas y con marcada conciencia y categorías históricas. Se contrapone radicalmente al cosmocentrismo griego, pero no al teocentrismo.

Los temas principales de M. aparecen en su *Teología del Mundo* (1968; esp., 1970). La secularidad moderna es fruto del mensaje bíblico y un *kairós ("Stunde Christi")* para la Iglesia. El mundo es el lugar donde se revela el pecado pero también donde Dios actúa para salvarnos. La escatología nos orienta hacia el futuro del mundo, en el horizonte de esperanza. Contra la teología ahistórica y privatizante, M. propone una teología política. En su cristología, M. propone una "teología narrativa", nacida de la "historia del dolor" del pueblo en la que Cristo se encarnó. La "memoria liberadora" de su muerte y resurrección inspira y orienta nuestro compromiso práctico en la historia. JUAN E. STAM

MEXICO. País de Norteamérica. Colinda al N con los EUA. Tiene un área de 1.972.544 km² y 67 millones de habitantes (1978), la mayoría de ellos católicos.

Cuando llegaron los conquistadores españoles (s.XVI) había en M. tres civilizaciones sacerdotales: la nahuatl, la maya-quiché y la tolteca. Con los conquistadores llegaron los misioneros catolicorromanos. Luego de la conquista, los nativos, despojados de sus tierras y posesiones, vivieron como siervos de dos amos: el clero y el encomendero (→encomienda). Hubo, no obstante, misioneros franciscanos y jesuitas que defendieron a los indios: Fray →Pedro de Gante, →Bartolomé de las Casas, Vasco de →Quiroga, →Motolinía, Fray →Marjil de Jesús. Sin embargo, el culto fue sincretista, y la diosa pagana Tonatzin fue sustituida por la Virgen de Guadalupe.

Durante el período colonial la ICR gobernó aun sobre el Estado y se caracterizó por lo siguiente: (1) Se enriqueció de tal manera que llegó a poseer casi dos terceras partes de la tierra y propiedades de M. La propia Reina de España tuvo que amonestar a los clérigos por la simonía. (2) Se declaró absoluta al lograr la prohibición del ejercicio de cualquier otra religión. (3) Asumió el monopolio de la enseñanza. (4) Estableció la →Inquisición; (5) Creó sus propios tribunales. (6) Multiplicó el número de conventos de tal manera que para 1556 había cerca de 400.

Así estaban las cosas cuando se produce el movimiento de independencia (iniciado en 1810). Vino luego La Reforma (1857) y después La Revolución (1910). En todo este proceso la ICR iba perdiendo su hegemonía y privilegios. Esta centuria estuvo caracterizada por los siguientes hechos: (1) Enfrentamientos entre la Corona Española, el Papa, los jesuitas, el clero y los partidos políticos mexicanos. (2) Lucha por la independencia, en la que participa un sector del clero. El cura Miguel Hidalgo y Costilla, quien lanzó el "Grito de Dolores", fue relajado y excomulgado. (3) la ICR, que en general no aceptó la independencia, encontró apoyo en el gobierno efímero de Iturbide. (4) Benito Juárez hizo que se adoptara una Constitución progresista y promulgó Las Leyes de Reforma (1857) que estableció la separación de la Iglesia y el Estado, la libertad religiosa, la nacionalización de los bienes del clero, la enseñanza laica, el matrimonio civil y otras normas semejantes. (5) El partido conservador, con el apoyo de la ICR, preparó una insurrección con la ayuda de Napoleón III. Se nombró a Maximiliano como emperador. El plan fracasó y Maximiliano, que ya había perdido el favor del clero, fue fusilado. (6) Dictadura de Porfirio Díaz. (7) La Revolución de 1910. La Iglesia se armó y auspició una "guerra santa". Se promulgó la reglamentación de cultos. El presidente Plutarco Elías Calles aplicó rigurosamente la Constitución. (8) La Iglesia buscó el apoyo de los Caballeros de Colón (de los EUA) y les pidió su intervención en México; además, organizó a los "cristeros", que entraron a la lucha al grito de "¡Viva Cristo Rey!" (9) Asesinato, por instigación del clero, del presidente General Alvaro Obregón (1929). En octubre de 1932 el Papa atacó con violencia al gobierno mexicano, en la encíclica "Acerba Animi". Con ello crecieron las hostilidades.

Durante el s.XIX se abrieron las puertas de la nación a la entrada de otras religiones y creencias. Se debió ello a la influencia de las ideas liberales procedentes de Francia y los EUA.

Hubo dos precursores del movimiento evangélico en M.: las escuelas →lancasterianas, iniciadas en 1822 a instancias del embajador de M. en Inglaterra, Sr. Rocafuerte; y la obra de divulgación bíblica de Diego →Thomson, durante sus visitas al país (1827-30; 1842, 43), obra que fue continuada por el prócer José María Luis →Mora.

Se considera que el año 1857 señaló el comienzo del movimiento evangélico. Los primeros pequeños grupos protestantes fueron organizados por la Srta. Melinda Rankin, colportora de la Misión Presbiteriana (1852 y 1864); el pastor bautista irlandés y ex sacerdote católico, Diego Hickey (1860); Thomas M. Westrup, pastor inglés (1864), quien fundó la primera iglesia bautista de Monterrey; Sóstenes Juárez (primo de Benito Juárez), quien en 1865 organizó una congregación metodista; Henry C. Riley, ministro episcopal que llegó en 1868 y fundó la Iglesia Protestante Episcopal de México.

En el último cuarto del s.XIX se estableció formalmente en M. el movimiento protestante. Llegaron en ese período las siguientes misiones: Los Amigos (1871), los Presbiterianos del Norte (1872), la Congregacional (1873), los Metodistas del Norte y los del Sur (1874), los Presbiterianos del Sur (1874), la Presbiteriana Asociada Reformada (1878) y los Discípulos de Cristo (1875). Siguieron luego otros grupos: Reformados, Peregrinos, Adventistas, Nazarenos, Pentecostales, y otros independientes.

Todas estas iglesias tuvieron que hacer frente a la persecución y dieron mártires. Entre ellos: Stephens y Watkins (congregacionales); Epigmenio Monroy, Tomás García y otros (metodistas); Gómez, Piña, Islas, Montáñez y otros. La persecución incluyó atribuir al protestantismo el origen de calamidades nacionales, la infiltración del imperialismo yanqui, la negación de la mexicanidad, etc. Hasta hoy el protestantismo mexicano sufre de un severo ostracismo.

El movimiento evangélico se ha caracterizado por: (1) Los grandes esfuerzos de evangelización. (2) La lentitud en el desarrollo del liderato nacional, causada por el paternalismo misionero. (3) Su marcado interés por la educación del pueblo. De las escuelas normales protestantes, el gobierno extrajo sus mejores elementos. Destacaron en la labor educativa: presbiterianos, metodistas, discípulos de Cristo, congregacionales y adventistas. (4) Gran desarrollo durante el tercer cuarto del presente siglo. Se estima que los evangélicos crecen a un ritmo del 6% anual. (5) Su espíritu de cooperación. En las tres primeras décadas de este siglo se desarrolló el ecumenismo, y las principales denominaciones unieron esfuerzos para crear organismos como: La Casa Unida de Publicaciones, el Centro Evangélico Unido, un periódico interdenominacional, una Federación Evangélica Mexicana, la Convención Nacional Evangélica (concentración anual de ministros y laicos), la Sociedad Bíblica de México, la Confederación Misionera Femenil, la Secretaría Interdenominacional de Educación Cristiana, la Alianza Juvenil Evangélica Mexicana (estas dos últimas ahora inexistentes, pero sustituidas por otros organismos). Posteriormente se creó el Comité Nacional Evangélico de Defensa y la Comunidad Teológica. Aunque varias iglesias se relacionan con el →CMI, solo la metodista es miembro oficial de ese organismo. (6) La proliferación de instituciones de educación bíblico-teológica. (7) La creación de instituciones de bienestar social: clínicas y dispensarios, hospitales, orfanatorios, centros deportivos, escuelas, hogares estudiantiles y centros de experimentación agrícola. (8) Difusión extraordinaria de la Biblia, sobre todo por la labor de la Sociedad Bíblica de México (el más fuerte organismo interdenominacional en el país), y los trabajos del →Instituto Lingüístico de Verano. (9) El origen misionero norteamericano de la mayoría de las iglesias protestantes. Sin embargo, han logrado su autonomía económica, de organización y de personal directivo. Además, han surgido iglesias evangélicas de creación espontánea y de carácter nacional. El número de misioneros está hoy reducido al mínimo. De acuerdo con las leyes del país está prohibido a todo clérigo extranjero ejercer su ministerio en el país.

Tras el →Concilio Vaticano II las relaciones católico-protestantes han mejorado muchísimo, aun cuando no falten casos aislados de tensión. Las ediciones de la Biblia en vernáculo, hechas y promovidas por la Sociedad Bíblica de México, han sido un factor importante en el desarrollo de este nuevo espíritu. MANUEL V. FLORES

MIERCOLES DE CENIZA. Primer día de la →Cuaresma. Es llamado así por la costumbre de la iglesia antigua, continuada por la ICR, de señalar la frente de los feligreses con ceniza que previamente ha sido bendecida. La designación del M.C. como primer día de Cuaresma sucedió en el s.VII. La costumbre de imponer ceniza a la congregación probablemente se originó a partir de cierto momento durante el s.VIII. El significado de este rito se basa en el AT, donde frecuentemente se encuentra la imposición de ceniza como signo de penitencia y lamentación. En la iglesia de los primeros tiempos, los cristianos que habían caído en pecado grave eran admitidos en la "orden de penitentes" para hacer sus penitencias, de modo que ya estuvieran reconciliados con la iglesia para la Semana Santa y listos para la Comunión pascual. La práctica extendida de esta forma de penitencia pública disminuyó a principios de la Edad Media, pero las ceremonias relacionadas con ella –especialmente las cenizas– fueron extendidas a toda la congregación. En la ICR las cenizas se obtienen quemando los ramos de palma del Domingo de Ramos anterior. Entonces se les ponen a los fieles en la cabeza de los adoradores con las palabras "Recuerda que polvo eres, y al polvo volverás". La ceremonia fue abolida por los reformadores y en el Libro de Oración Común, de los anglicanos, figura un servicio de lecturas bíblicas y oración para el M.C. conocido como "Servicio de Conminación". El tema de este servicio se indica en el subtítulo: "denuncia de la ira y los juicios de Dios contra los pecadores". PETER S. DAWES

MIGECIO (s.VIII). Teólogo español. Poco se sabe de él aparte de las cartas de sus adversarios. Sus oscuras enseñanzas contienen atisbos de →priscilianismo, pues rechazaba toda distinción entre la Segunda Persona de la Trinidad y el Cristo encarnado. Enseñaba, basándose en una exégesis muy apegada a la letra, que Dios se había revelado sucesivamente en David (como Padre), en Jesús (como Hijo), y en Pablo (como Espíritu Santo). Lo adversó →Elipando, cuyo adopcionismo fue fruto de esa controversia. M. fue condenado en los sínodos de Sevilla en 782 y 785.

J.D. DOUGLAS

MIGNE, JACQUES PAUL (1800-1875). Sacerdote católico romano francés, patrologista y editor. Por causa de una controversia con su obispo relativa a la revolución de 1830, dejó su diócesis y se fue a París. Se dedicó al periodismo, y luego de algunos intentos infructuosos en ese campo decidió publicar una biblioteca universal para el clero. Esperaba publicar a precio módico 2.000 volúmenes que contuvieran toda la literatura católica hasta su tiempo. Su imprenta ocupó a 300 trabajadores, y él demostró pericia en el manejo de la empresa. Además de centenares de volúmenes de teología, sermones, historia eclesiástica, apologética, enciclopedias teológicas y obras sobre la virgen María, publicó ediciones de los padres latinos (221 vols., 1844-64) y los padres griegos (162 vols. en griego 1857-66; 81 vols. en latín 1856-67). Su obra es aun valiosa porque, a despecho de errores, todavía es la única colección uniforme de los padres de la Iglesia, casi completa.

ROBERT G. CLOUSE

MIGUEL ANGEL BOUNARROTI (1475-1564). Uno de los mayores artistas de la cultura occidental, verdadero genio en casi todos los medios de expresión artística. Su obra marca la culminación del Renacimiento y una transición hacia el barroco y la imitación. Su padre pertenecía a la pequeña nobleza italiana, y él estudió bajo la dirección de los hermanos Ghirlandaios y en el palacio de los Médicis, donde recibió la influencia del pensamiento neoplatónico. Trabajó en diversas ciudades italianas antes de establecerse permanentemente en Roma (1534). Fue modelo del renacentista hombre universal, pues además de ejercer la escultura, la pintura, la arquitectura y el dibujo, escribió poesía lírica. Profundamente impresionado por →Savonarola, vivió austeramente, inclinado a la melancolía, la cavilación y los presentimientos sombríos.

No obstante la clamorosa acogida que se dio a sus pinturas, él prefería considerarse escultor y produjo la *Madona sentada sobre una grada;* la *Lucha de los centauros; San Juan en el desierto; La Piedad; El Salvador resucitado; David;* y *Moisés.* Sus pinturas incluyen el gran bosquejo titulado *Batalla de Pisa.* Trabajó para los papas Julio II, León X, Clemente VII y Paulo III. Los frescos de la Capilla Sixtina consumieron muchos años de trabajo (1508-12, 1535-41); describen la historia de la venida de Cristo según la previeron profetas y sibilas; incluyen escenas del Génesis, los antepasados de Cristo y el Juicio Final. Solo lo pintado en el cielorraso cubre una superficie de más de 10.000 pies cuadrados e incluye centenares de figuras, algunas de ellas de doce pies de altura. Como arquitecto, completó la capilla conmemorativa para la familia Medici y la fachada de la iglesia de San Lorenzo; asimismo se le encargó la fortificación de Florencia (1529). Su mayor obra arquitectónica fue San Pedro, en Roma. Reelaboró todos los diseños de sus predecesores y supervisó la construcción de los soportes y las secciones inferiores de la magna cúpula, pero no vivió para ver coronada su obra.

ROBERT G. CLOUSE

MIGUEL DE CESENA (c.1270-1342). General de la orden franciscana. N. en Cesena, Italia, llegó a ser jefe de los franciscanos en un momento delicado, cuando las facciones conocidas como los "espirituales" y la "Comunidad" desgarraban la orden. Aquellos se aferraban a los principios fundamentales de pobreza y renuncia a la propiedad establecidos por San Francisco, mientras que éstos optaban por una interpretación menos rígida, según las disposiciones papales sobre el uso de las posesiones "a lo pobre". El apoyo de M. a Guillermo de→Occam, teólogo y apologista de los espirituales, y su asociación con el emperador Luis de Baviera, le acarrearon la excomunión de Juan XXII en 1328. Occam y el emperador Luis adversaban, no solo las disposiciones papales respecto a la posesión de bienes, sino que propugnaban la separación de la autoridad civil y la eclesiástica. M. desconoció la excomunión y hasta su muerte fue reconocido por su facción como general de la orden.

ROYAL L. PECK

MIGUEZ BONINO, JOSE (1924-). Teólogo evangélico latinoamericano. N. en Rosario de Santa Fe, Argentina. Realizó sus estudios teológicos en la Facultad Evangélica de Teología de Buenos Aires (1943-48), obteniendo el título de Licenciado en Teología. En 1953 continuó sus estudios en la Candler School of Theology (Atlanta, EUA), obteniendo su título de Máster. En 1958-60, completó sus estudios en la Union Theological Seminary (Nueva York, EUA) con el título de Doctor en Teología. En 1980 la Universidad Libre de Amsterdam le confirió un doctorado *honoris causa.*

Ha sido pastor en diversas congregaciones metodistas en Argentina y superintendente distrital en la misma.

Fue nombrado profesor de Dogmática en la Facultad Evangélica de Teología de Buenos Aires, y presidente de la misma desde 1961 hasta 1970. Desde entonces ha sido director de estudios de postgraduado del Instituto Superior Evangélico de Estudios Teológicos (Buenos Aires).

En ocasiones ha sido profesor visitante: 1967-68 en Union Theological Seminary (Nueva York), 1975 en Selly Oak Colleges (Birmingham, Inglaterra), 1977 en el Seminario Bíblico Latinoamericano (San José, Costa Rica) y 1980/81 en la Facultad de Teología Protestante de la Universidad de Estrasburgo (Francia).

Sirvió como secretario ejecutivo de la Asociación Sudamericana de Instituciones Teológicas (1970-76). Fue el único observador protestante de América Latina en el →Concilio Vaticano II. Asistió a las asambleas del CMI en Nueva Delhi (1961), Uppsala (1968), y Nairobi (1975). También participó en las Conferencias de Fe y Constitución en Lund (1952), Lovaina (1971) y Ghana (1974).

Fue miembro de la Comisión de Fe y Constitución del CMI (1961-77) y del Comité Central del CMI (1968-75). En 1975 fue electo al Presidium del Consejo Mundial de Iglesias en Nairobi. Es un teólogo comprometido con la misión de la iglesia en América Latina, y un escritor prolífico, siendo autor de los siguientes libros: *Integración humana y unidad cristiana* (1968); *Concilio abierto* (1968); *Ama y haz lo que quieras* (1971); *La fe en busca de eficacia* (1971); *Christians and Marxists: The Mutual Challenge to Revolution* (1975). Sus artículos escritos para revistas se cuentan por docenas. EMILIO E. CASTRO

MILAN, EDICTO DE. A pesar de las muchas persecuciones, el gobierno romano no pudo extirpar el cristianismo. Al fin en 311 Galerio, el promotor principal de la persecución →diocleciana, desde Nicomedia y en conjunto con otros dos corregentes en el Imperio, Constantino y Licinio, emitió un edicto que concedía cierta tolerancia a los cristianos.

En aquellos días había una lucha titánica entre cuatro pretendientes al poder supremo en el Imperio. Entre ellos estaba →Constantino, el cual en 312, antes de una de las batallas más cruciales (Puente de Milvio), imploró la ayuda del Dios de los cristianos. Ganó la batalla, se "convirtió" al cristianismo y ahora quería favorecer a los cristianos. De modo que unos meses después de dicha batalla, Constantino se reunió en Milán (Italia) con Licinio, un rival que todavía sobrevivía en la lucha, y acordaron (1) reconocer al cristianismo como una religión lícita, (2) restaurar todas las propiedades que las iglesias cristianas habían perdido durante la última persecución y (3) conceder libertad de culto a todas las religiones.

Este "edicto" fue apenas el principio de una serie de medidas que tomó Constantino a favor de los cristianos, cambiando el *status* del cristianismo de una religión ilícita y perseguida a una religión favorecida.

WILTON M. NELSON

MILENARISMO. Conocido a veces como quiliasmo, es la creencia de que habrá un período de mil años al final de esta edad, cuando Cristo reinará en la tierra sobre un orden mundial perfecto. El apoyo bíblico fundamental para esta tesis es la interpretación literal de Ap. 20:1-10. Algunos judíos esperaban un reino mesiánico de duración limitada; otros, un "sábado" de mil años antes del definitivo estado perfecto. Ap. 20 enlaza ambos conceptos por primera vez. Al unir el período de mil años con visiones proféticas como la de Isaías 55-56, se forma el concepto de una época de paz, justicia y rectitud sobre la tierra.

El tiempo y la naturaleza del "milenio" son controvertibles. Los "premilenaristas" afirman que cuando Cristo vuelva los muertos resucitarán, los creyentes que aun vivan serán "levantados" para encontrarse con El en el aire, y que luego ellos reinarán junto con Cristo durante mil años. Luego se le permitirá de nuevo a Satanás ejercer su actividad, pero después vendrá el juicio del gran trono blanco. Los "postmilenaristas" consideran que el regreso de Cristo se producirá después del milenio, que puede ser una verdadera "edad de oro" en la tierra, o que puede simbolizar el triunfo final del evangelio en esta época. Los "amilenaristas" sostienen que no hay un real milenio; consideran la enseñanza de Apocalipsis como referente a la época actual, al período completo entre el ministerio terrenal de Jesús y su segunda venida. Cada una de estas escuelas de pensamiento tiene formas posibles de explicar las "dos resurrecciones" y otros conceptos de Apocalipsis 20.

El período de mil años es un elemento importante en el sistema doctrinal de los diversos grupos →adventistas y de los →Testigos de Jehová. A. MORGAN DERHAM

MILIC, JOHN (Jan, de Kromeriz) (m. 1374). Reformador pre-husita. N. en Kremsier, Moravia y sirvió en la cancillería de Carlos IV antes de hacerse sacerdote, canónigo y finalmente archidiácono en Praga. Siendo un prelado rico, abrazó la pobreza para predicar la sencillez de la iglesia primitiva, atacó la relajación de laicos y sacerdotes en 1363. La inquisición de Roma ordenó su encarcelamiento por predicar que el anticristo había venido en 1367, pero Urbano V ordenó ponerlo en libertad, tras lo cual M. trabajó entre las mujeres despreciadas por la sociedad, para quienes fundó un hogar en 1372. En 1373 el clero de Praga denunció sus prédicas, pero Gregorio XI lo absolvió de toda culpa en Aviñón, donde murió. JOHN GROH

MILNE, ANDRES M. (1838-1907). Agente de la Sociedad Bíblica Americana en SA por 43 años. N. en Aberdeenshire, Escocia. Consagró su vida al Señor durante el avivamiento que experimentó el país por los años 1857, 58. Al oír de la obra de David →Livingstone en el Africa, nació en M. el deseo de ser misionero. Cuando fracasaron los intentos de realizar sus anhelos decidió ir a Buenos Aires, →Argentina, como empleado de un comerciante. Pronto después de llegar en 1862 conoció al misionero metodista, Guillermo Goodfellow, y se afilió con la Iglesia de la cual éste era pastor.

Goodfellow había estado en correspondencia con la →Sociedad Bíblica Americana, la cual quería iniciar obra en SA. Conociendo el ferviente deseo que tenía M. de ser misionero, lo recomendó a la Sociedad, con el resultado de que en 1864 fue nombrado su primer agente permanente en SA. El mismo año M. contrajo matrimonio con Enriqueta Leggat, también escocesa, convertida en el mismo avivamiento y ahora se hallaba en Buenos Aires, la cual le fue una verdadera "ayuda idónea" en sus arduos trabajos.

M. fue un pionero con enorme pasión por difundir la Palabra de Dios y se propuso distribuir un millón de Biblias en nuestra América, meta que casi logró a lo largo de sus 43 años de labor tenaz e infatigable, visitando todos los países, menos las Guayanas, y dejando establecidas agencias en todas las capitales. Merced a lo precario de las condiciones de viajes y hospedajes, hubo de padecer mucho enfrentando además hostilidades, prejuicios, persecuciones, la inflación, la Guerra de la Triple Alianza contra el Paraguay, epidemias de cólera, etc. Pero no le faltaron apoyos generosos de las autoridades y la población, entre ellas el mismo Domingo →Sarmiento, el cual en 1883 le escribió una carta, recomendándolo y elogiando su labor.

Otro anhelo que vio realizado fue la traducción al quichua de porciones bíblicas, hablado con diferencias, en Bolivia, Perú y Ecuador.

Al ser establecida la Agencia de la Sociedad Bíblica Americana para las Repúblicas del Río de la Plata y Chile, M. fue nombrado secretario, puesto que ocupó hasta su muerte en 1907. Le sucedió su amigo y compañero de muchos viajes, Francisco →Penzotti.

CARLOS T. GATTINONI

MILTITZ, CARL VON (1490-1529). Secretario papal y subnuncio en Alemania. N. en Rabenau, cerca de Dresde, pertenecía a la pequeña nobleza. Estudió derecho en Colonia y Bolonia. En Roma de 1513 a 1518, mediante maniobras inescrupulosas progresó rápidamente dentro de la curia hasta ser nombrado secretario en 1518. Por lo que mejor se le conoce es por sus reuniones con Lutero, 1518-19. Enviado a Sajonia con la Rosa de Oro para el elector Federico, y comisionado para actuar únicamente con la aprobación de →Cayetano (el legado papal), Miltitz precipitadamente decidió intentar la reconciliación de Lutero con la iglesia. Mediante fanfarronadas, desfigurando la actuación de Cayetano y denigrando a éste y a →Tetzel, convenció a Federico de que una reunión con Lutero tendría éxito. Se reunieron en Altenburgo a principios de enero de 1519. Aunque ignorante en teología, M. era astuto diplomático y obtuvo la promesa de Lutero de guardar silencio a menos que lo atacaran, hasta tanto sus quejas fueran oídas por un obispo alemán, arreglo demasiado superficial para que pudiera durar. M. le escribió al papa indicándole que Lutero estaba dispuesto a retractarse y luego viajó a Leipzig para poner a Tetzel en mayores compromisos. El acuerdo fracasó; M. se reunió dos veces más con Lutero sin resultado alguno. Sus últimos años los pasó como canónigo de Maguncia y Meissen. Murió ahogado accidentalmente.

BRIAN G. ARMSTRONG

MILTON, JOHN (1608-1674). Poeta inglés. N. en Londres y se educó en la Escuela de San Pablo y en Christ's College, Cambridge. Fue siempre de carácter serio y desde su juventud se sintió llamado a una alta vocación al servicio de Dios. Su primer poema importante, *On the Morning of Christ's Nativity,* (1629) en realidad no es solo un poema acerca de la navidad, sino de la encarnación, su poder y sus efectos.

En la década siguiente escribió una cantidad de poemas breves, el más significante de los cuales es *Lycidas* (1637) y la mascarada *Comus* (1634). El primero es un lamento pastoral por un compañero de estudios, Edward King, pero trasciende la ocasión para poner en tela de juicio todo el propósito de la vida, especialmente de la vida dedicada. Además, contiene los mordaces versos sobre los "pastores asalariados" de la iglesia, concluyendo casi proféticamente con la amenaza de que la guerra civil le daría actualidad a aquella "maquinaria de dos manos [que está] lista para herir una vez sin tener que repetir". *Comus* presenta en un cuadro el conflicto entre la castidad y el vicio *(luxuria),* personificados en la Dama y Comus. Este encadena el cuerpo de aquélla, pero es impotente ante el espíritu libre de ella.

Tras el estallido de la Guerra Civil, Milton se ocupó primero en escribir panfletos en pro de la causa parlamentarista y luego en servir al gobierno como secretario latino del *Commonwealth.* Sus panfletos abarcan controversia contra el episcopado (p.e. *Reformation of Church Discipline in England,* 1641), acerca del divorcio, que él apoyaba más liberalmente que la mayoría de sus contemporáneos, y a cerca de cuestiones políticas y diversas, como el *Tractate on Education* (1644) y el inmortal alegato en pro de la libertad de imprenta en *Areopagitica* (1644). Se dice, aunque con cuánta verdad solo puede suponerse, que su desdichada vida conyugal con Mary Powell dio como fruto el panfleto sobre el divorcio. Quizá solo haya que añadir que, no obstante las conocidas incompatibilidades de este primer enlace, M. posteriormente se casó en segundas y terceras nupcias.

Con la Restauración, M. como regicida y apologista del regicidio, tenía su vida en peligro. Además, por entonces estaba ciego. Por intercesión de sus amigos se le incluyó en la amnistía general y en sus últimos años retornó a la poesía que dos décadas antes había abandonado. En sus años finales logró cumplir la alta vocación a la que siempre se había sentido llamado. *El paraíso perdido* apareció en 1667, seguido cuatro años después por *El paraíso recobrado* y *Samson Agonistes.* En el primero de ellos perseguía nada menos que "justificar ante el hombre los caminos de Dios" presentando la caída del hombre en una extensa epopeya. En versos de sin par sonoridad y emoción caracteriza a los principales protagonistas de aquel acontecimiento y pasa revista al cielo, el infierno y la tierra en su análisis de móviles, conflicto y responsabilidad.

Los poemas posteriores son menos magníficos y especialmente *El paraíso recobrado* carece del rico humanismo del cual su predecesor es la última y más excelente flor en la literatura inglesa. Hay también de vez en cuando una nota discordante, paralela también de los chispazos de salvajismo que distinguen, y quizá deslucen, a *Samson Agonistes.* Tan parecido al propio M., Sansón, "ciego en Gaza, con esclavos en el molino", descarga sobre los enemigos filisteos la venganza de su Dios. Pero ante el sufrimiento y la muerte, la palabra final de M. sobre el tema, estoica y cristiana al par, es: "Todo es para bien, / Aunque solemos dudar que ordene el insondable / Excelso Sabio lo que ocurre".

ARTHUR POLLARD

MILLER, WILLIAM (1782-1849). Fundador del movimiento adventista. N. en Pittsfield, Massachusetts (EUA); sirvió en la Guerra de 1812; se estableció como finquero en Low Hampton, New York. Fue un autodidacta y por sus estudios se volvió deísta y enemigo del cristianismo evangélico. Pero a la edad de 34 (1816) experimentó una conversión radical. Se hizo miembro de una iglesia bautista y llegó a ser un evangelista ferviente.

Además se volvió estudiante asiduo de las Escrituras "prescindiendo de todo comentario", como decía, lo cual lo metió en grandes dificultades exegéticas. Le fascinaron especialmente el libro de Daniel y el tema de la segunda venida de Cristo. Convirtió en años los 2.300 días de Dn. 8:14 y, añadiéndolos a la fecha de 457 a.C. (fecha, según entendía él, en que Artajerjes emitió el edicto para la reconstrucción de Jerusalén), llegó a la conclusión que Cristo vendría al mundo entre marzo de 1843 y marzo de 1844.

Al principio tuvo temor de anunciar sus conclusiones. No fue sino hasta 1831 que empezó a predicarlas abiertamente. En 1833 hubo una "lluvia de estrellas" la cual se interpretó como una señal de que pronto vendría Cristo. La predicación de M. causó honda impresión. Millares aceptaron su mensaje. Surgió todo un movimiento que por razones obvias fue tildado →"adventista". Los cálculos en cuanto al número de los seguidores del movimiento varían entre 50.000 y 1.000.000.

Pasó el año fijado y nada aconteció. Bien puede imaginarse el chasco y la desilusión que sintieron los adventistas. Los líderes revisaron sus cálculos y convinieron en que el día realmente era el 22 de octubre de 1844, el "Día de Expiación" del calendario hebreo. Pasó este día y tampoco llegó el Señor. Como consecuencia se desmoralizó el movimiento y casi desapareció. Del movimiento, sin embargo, surgieron varios grupos de los cuales el que más ha prosperado es el que hoy llamamos los →"Adventistas del Séptimo Día". WILTON M. NELSON

MIMOS →PANTOMIMA RELIGIOSA

MINIMOS *(Ordo Fratrum Minimorum)*. Orden de frailes que se tenían a sí mismos como los más insignificantes de los religiosos, inferiores aun a los Frailes Menores. Fundada informalmente como un grupo de ermitaños en 1435 por Francisco de →Paula y confirmada por el papa en 1474, la orden no tuvo regla escrita hasta 1493. Esta regla fue semejante a la de los franciscanos. Una segunda regla (1501) fue menos obviamente franciscana; fue más austera; requería abstinencia de carne, pescado, huevos, queso, mantequilla y leche; la dieta básica consistía en pan, verduras, frutas y aceite. El hábito de los hermanos era de lana negra, con cinturón de cuerda, esclavina y capucha. Al principio, la orden gozó de gran popularidad y en 1550 ya contaba con 400 casas en Europa. Hoy día solo quedan unas cuantas en Italia y España. PETER TOON

MINAMUNDO (Ministerio al Mundo Estudiantil). Esta organización es fruto de la reflexión teológica del misiólogo Kenneth →Strachan, y del movimiento →Evangelismo a Fondo.

Varios ministerios nacidos en la →Misión Latinoamericana se unieron en 1968 para formar lo que hoy se llama M.: el campamento Roblealto en Costa Rica (1947), la obra universitaria y profesional (1960) y la obra colegial (1967). En 1971 M. se afilió con la nueva →Comunidad Latinoamericana de Ministerios Evangélicos.

M. se ha perfilado como una entidad experimental, innovadora y ecuménica, que trabaja libremente con una gran diversidad de organizaciones tanto católicas como evangélicas. Así se caracteriza por una gran diversidad y libertad de acción por parte de sus miembros.

M. comparte con varias organizaciones hermanas los propósitos de evangelizar, edificar, e inculcar una visión misional. Muchos de sus miembros son profesores universitarios y colegiales, cristianos comprometidos en el mundo estudiantil.

En 1977 M. contaba con un personal de 32 personas los cuales servían en Costa Rica, Colombia, México, Panamá, Ecuador, Honduras y los EUA. TOMAS D. HANKS

MINISTERIOS ELECTRONICOS ("IGLESIA ELECTRONICA"). Término que se aplica a las transmisiones por radio (→RADIODIFUSION EVANGELICA) y televisión de carácter religioso y evangelístico. A la vez que extienden el conocimiento del evangelio más allá de las congregaciones cristianas, también cuentan con millones de televidentes dentro de las iglesias, y estas últimas sienten así una rivalidad no siempre bien recibida. La I.E. se sostiene a base de contribuciones particulares que montan (en los casos de Jerry Falwell y Oral Roberts, por ejemplo) a aproximadamente 50 millones de dólares anuales, gran parte de lo cual se invierte en los enormes costos de la televisión. Además de los ya mencionados, los principales constituyentes de la I.E. en los EUA son: Club PTL, Rex Humbard, Club 700, Asociación Evangelística Billy Graham y Robert Schuler.

En AL, la I.E. ha alcanzado con especial éxito a los videntes de la clase media y ha influido mucho entre los católicos carismáticos. Los programas de mayor impacto en Brasil como también en varios países hispanoparlantes son el Club PTL (*"Praise the Lord"* o "Para Todo Latino", que se produce en español aunque es grabado en los EUA.) y el Club 700 y Rex Humbard ("doblados" o traducidos al español y al portugués). Hay programas de TV locales en varios países, y se ofrece en cadena uno que es netamente latinoamericano a cargo del cantante mexicano Manuel Bonilla.

En AL, donde los grupos de cristianos fieles constituyen apenas una pequeña minoría de la población, la I.E. está ejerciendo gran impacto evangelístico y ecuménico, sin amenazar la estructura fiscal de las congregaciones. W.D. ROBERTS

MINSTER. En Inglaterra, equivale a catedral (p.e. las de York, Lincoln, Ripon, Southwell, Lichfield). En general, el término inglés equivale a monasterio, o a iglesia abacial. Se deriva del latín *monasterium* (en inglés antiguo, *mynster*), que en la Edad Media designaba no solo instituciones monacales, sino también colegios de canónigos seglares, muchos de los cuales seguían la regla de Agustín y difícilmente se distinguían del clero regular. En Europa continental se usa el término *münster* para denotar algunas grandes iglesias y catedrales (p.e. Ulm, Estrasburgo y Zurich). J.D. DOUGLAS

MINUCIO FELIX (s.II ó III). Autor africano de la apología *Octavius,* elegante y atractiva defensa del cristianismo en forma de diálogo entre un pagano, Cecilio, y un cristiano, Octavio. Cecilio se hace eco de las calumnias generales contra los cristianos, y Octavio corrige esas opiniones al tiempo que destaca las virtudes del cristianismo. La relación entre esta obra y la apología de Tertuliano es muy estrecha. Hay afinidades tan notables que es indudable alguna interdependencia, pero es imposible determinar cuál se escribió primero.

J.D. DOUGLAS

MISA. Acto litúrgico en la ICR que tiene como centro la →eucaristía. Este acto ha sufrido un proceso de transformación. Originalmente fue un simple ágape para comer y beber juntos (I Cor. 11). De una cena simbólica de participación en la muerte y resurrección de Cristo, se convirtió en el "sacrificio de la m." La eucaristía era una práctica fundamental en la Iglesia Primitiva. Tenemos un orden de culto, del s.II, registrado por →Justino Mártir, cuyo énfasis es la eucaristía.

"Misa" viene del vocablo latino *missio* que quiere decir "despedir". Para el s.III se despedían a los catecúmenos antes de la celebración de la eucaristía misma. Ello muestra el interés en mantener la especificidad y solemnidad de ese momento. Luego se fueron elaborando diferentes liturgias. Por eso tenemos, entre los más importantes, el rito romano, el galicano, el antioqueño, el jerosolimitano, el alejandrino, el bizantino y el persa.

La m. tiene su base estructural en la liturgia de la Palabra y la liturgia de la mesa. En la iglesia primitiva estos dos elementos eran indispensables. Algunos otros aspectos, como el sentido sacrificial, han sido vistos como influencia del AT.

Muchos señalan que ya en el NT el hecho mismo de celebrar la Cena del Resucitado la relacionaba con la representación del acto sacrificial de Cristo en la eucaristía. Justino Mártir se refirió a la eucaristía como sacrificio. →Ireneo la llamó el sacrificio puro de la iglesia. Muchos padres enfatizaban el carácter de acción de gracias del acto.

→Cipriano de Cartago habló del significado de la m. como un acto de reactualización del ofrecimiento de Cristo en la cruz. →Ambrosio y →Agustín la concibieron como acto sacrificial y de perdón, una fuerza espiritual que comunica la vida eterna. Casi toda la tradición patrística habla de la m. como una realidad simbólica y sacramental que apunta hacia un horizonte escatológico.

El fundamento teológico de la m. estriba en la doctrina de la presencia real de Cristo, la →transubstanciación.

CARMELO E. ALVAREZ

MISION ALIANZA EVANGELICA EN AMERICA LATINA. La Misión Alianza Escandinava Evangélica (cuyo nombre fue cambiado en "Misión Alianza Evangélica" en 1949) fue fundada en 1890 por Federico →Franson y apoyada principalmente por iglesias escandinavas pietistas de fondo luterano en los EUA. Inició su obra primero en la China (1891), después en el Japón (1891), la India y Africa (1892), Mongolia (1896), AS (1906) y siguió extendiéndose hasta que en 1976 tenía obra en 22 países y un personal de 896 misioneros.

En abril de 1906 llegaron a Maracaibo, →Venezuela, T.J. Bach y Juan Christiansen para comenzar la obra en AS. Con el nombre de "La Estrella de la Mañana" establecieron una librería y una revista que hasta hoy lleva este distintivo. En 1918 fundaron su primera iglesia en medio de mucha persecución. Apoyados por los nuevos creyentes, extendieron sus actividades a las regiones vecinas.

Empezaron a fundar instituciones educativas: el Colegio Americano en Rubio, Táchira (1913), el Colegio Libertador en Maracaibo (1920), el Instituto Bíblico en Maracaibo (1931), el cual fue trasladado a Cristóbal, Táchira (1941) y recibió el nombre de Ebenezer.

En 1927 fue constituida la "Organización Venezolana de Iglesias Cristianas Evangélicas" (OVICE) que en 1977 reunía más de 130 iglesias y congregaciones.

La M.A.E. empezó a cooperar con la Misión de la →Iglesia Evangélica Libre, misión de origen similar. En sociedad fundaron en Maracaibo la Tipografía Evangélica Asociada (1961) y la Editorial Libertador (1967); en Limón, Aragua, establecieron el Seminario Evangélico Asociado.

En 1977 la M.A.E. en Venezuela empezó la transición de sus ministerios a la Iglesia nacional (OVICE) de acuerdo con su política de promover una iglesia autóctona.

Desde Venezuela Juan Christiansen penetró en →Colombia (1918). Tropezó con mucha oposición y no fue sino en 1926 que, con la ayuda de Olav Eiklund, fundó en Cúcuta la primera iglesia. La obra creció lentamente de modo que no hasta 1943 pudo celebrarse la Primera Asamblea la cual hoy se llama Asociación de Iglesias Evangélicas del Oriente Colombiano.

En 1931 la M.A.E. empezó su obra en las Antillas Holandesas y se extendió a la Isla de Trinidad en 1963. En las Antillas se destaca el ministerio de la emisora "Radio Victoria" inaugurada en 1958 en Aruba.

En 1955 misioneros de la M.A.E. fundaron en Uruguay lo que hoy se llama Asociación Cultural Ondas del Plata con el fin de difundir por radio el evangelio. En 1958 fundaron en Lima la emisora "Radio del Pacífico". Posteriormente se relacionaron con el Seminario Evangélico de Lima y empezaron a establecer iglesias.

En 1977 la M.A.E. tenía 150 misioneros trabajando en A.L. ASDRUBAL RIOS T.
WILTON M. NELSON

MISION ANDINA EVANGELICA. Organización misionera independiente que trabaja en Bolivia y el Perú. Fue fundada por Jorge Allen y señora, neozelandeses que llegaron a Argentina en 1899 como miembros de la Misión Evangélica Sudamericana. En 1903 se trasladaron a Cochabamba, Bolivia, sintiéndose llamados a predicar el evangelio a los indios quechuas. En 1907 Allen viajó a Inglaterra y organizó la *Bolivian Indian Mission,* cuyo propósito sería la evangelización de los indígenas bolivianos. Estableció el centro de la Misión en San Pedro de Buena Vista, ubicada en medio del territorio de los quichuas. El progreso numérico de la Misión fue lento durante los primeros años. En 1930 solo tenía 200 miembros. La obra más notable de esta época inicial fue la traducción por Allen del NT al idioma quichua.

En 1934 la Misión trasladó sus oficinas a Cochabamba, y la obra empezó a adquirir carácter multi-cultural. Luego en 1950 se desenvolvió en una iglesia nacional con el nombre de Unión Cristiana Evangélica con 625 miembros. Andando el tiempo, iglesias de otras misiones se asociaron con la Unión, la cual en 1966 adquirió autonomía completa concedida de las dos misiones que más miembros habían contribuido. Al llegar el año 1979 la Unión se componía de 225 iglesias y entre 135 y 140 congregaciones con una comunidad de c.23.000.

En 1966, en vista del verdadero carácter de la obra de la Misión, su nombre fue cambiado en "Misión Andina Evangélica". En 1968 inició actividades en el vecino Perú.
WILTON M. NELSON

MISION ANTILLANA ***(West Indies Mission/ Worldteam).*** Organización misionera evangélica que surgió de los esfuerzos de Elmer V. Thompson y B.G. Lavastida (cubano) quienes fundaron en 1928 el Instituto Bíblico de Cuba, conocido después como Seminario Evangélico Los Pinos Nuevos en Placetas, Las Villas. El nombre *"West Indies Mission"* fue adoptado en 1936 cuando la obra se extendió a Haití. Desde Placetas salieron obreros cubanos y de otras nacionalidades que dieron el impulso a una obra que ha alcanzado, además de Cuba y Haití, a la República Dominicana (1939), Jamaica (1940), Guadalupe (1946), Santa Lucía (1949), Trinidad-Tobago (1951), San Vicente (1952), Surinam (1954), Granada (1957), Brasil (1957), Islas Canarias (1962), Bahamas (1967), Sicilia (1970) y España (1973). Recién se cambió su nombre a *Worldteam* ("equipo mundial").

La Misión trabaja en cooperación con grupos o denominaciones nacionales, que son autónomas. Especial mención merecen la Convención Evangélia de Cuba (61 iglesias), la Misión Evangélica Bautista del Sur de Haití (200), los Templos Evangélicos de la República Dominicana (34), y la Iglesia Evangélica de Guadalupe (24). En estos y otros lugares funcionan también puntos de predicación. En Jamaica han concentrado sus esfuerzos en su Colegio Bíblico. En Miami fundaron la casa editora "Logoi", ahora autónoma.

Además de los Institutos Bíblicos mencionados cuentan con otro en Haití y con Seminarios de Extensión en Guadalupe y otros lugares. En Haití funcionan varias escuelas primarias y secundarias de la obra nacional y la Misión opera otra en Santa Lucía y un campo de conferencias en La Vega, República Dominicana. Realiza obra radial como la de "Radio Lumiere" en Haití. Ofrecen ayuda médica sobre todo en el "Hospital Lumiere". Sostuvieron un orfanatorio en Cuba (hoy hogar para obreros retirados) y mantienen programas para buscar hogares a huérfanos.

En 1976 la Misión contaba con 290 misioneros y con un número mucho mayor de obreros nacionales. El director general era Allen Thompson, hijo del fundador.
MARCOS ANTONIO RAMOS

MISION CENTROAMERICANA. Misión independiente fundada en 1890 bajo la dirección de Cyrus I. →Scofield, pastor en aquel entonces de la Primera Iglesia Congregacional (ahora *Scofield Memorial Church*) de Dallas, Texas. Asistiendo a algunas conferencias misioneras, Scofield oyó al insigne misionero Hudson →Taylor hablar sobre la obra misionera en la China. Esta experiencia le infundió un fuerte deseo de promover la causa misionera. Le llamó la atención el hecho de que casi todas las organizaciones misioneras habían pasado por alto a los países centroamericanos. Por lo tanto Scofield y tres laicos tejanos fundaron la M.C. en nov. de 1890.

Escogieron a →Costa Rica como lugar en donde iniciar su obra por no haber allí entonces ninguna misión evangélica que trabajaba entre los nacionales. Era asimismo el país más pacífico de todos los centroamericanos. El primer misionero (Guillermo McConnell) llegó a Costa Rica el 24 de feb., 1891.

De allí la M.C. se extendió a →Honduras y →El Salvador en 1896, →Guatemala en 1899 y →Nicaragua en 1900. En 1944 la Misión empezó a extenderse más allá de los límites de Centroamérica, primero a la vecina →Panamá en 1944, luego a →México en 1959, y finalmente a →España en 1971.

El énfasis principal de la M.C. ha sido en la evangelización y el levantamiento de iglesias. En 1979 contaba con 330 misioneros y 1185 iglesias relacionadas con ella. Ha realizado una obra notable entre los indígenas, especialmente entre los de Guatemala. Sus misioneros han traducido el NT a cinco idiomas indígenas guatemaltecos y porciones en otros dos. Entre sus directores han figurado Lewis S. Chafer, Karl Hummel, Guillermo Taylor y Alberto Platt.

La M.C. tiene cuatro escuelas teológicas: un seminario en la ciudad de Guatemala e institutos bíblicos en Puebla, México; Chimaltenango, Guatemala; y Managua, Nicaragua. Además tiene programas de preparación de laicos en varios países. Opera tres librerías y tres depósitos de libros. Dos radioemisoras funcionan bajo sus auspicios en Guatemala: TGNA en la capital y TGBA en Barillas. También colaboró en la fundación de YNOL en Nicaragua. Tiene un hospital en Siguatepeque, Honduras, y clínicas en tres ciudades guatemaltecas.

La M.C. se distingue por su teología conservadora y su adherencia estricta al sistema →dispensacionalista de interpretar las Escrituras (del cual su fundador fue el exponente máximo). Estos rasgos no han dejado de afectar sus relaciones con las demás agrupaciones evangélicas en los países en donde trabaja.

WILTON M. NELSON

MISION DEL ORINOCO. Agencia evangélica independiente dedicada a la evangelización y al establecimiento de iglesias en la parte oriental de →Venezuela. Fue fundada por Van V. Eddings y señora, norteamericanos que en 1920 iniciaron su carrera misionera en la isla de Margarita, al norte de Cumaná. De allí se trasladaron a la tierra firme de Venezuela oriental donde en aquel entonces no había ninguna obra evangélica. Se extendieron hacia el S, hasta el gran Río Orinoco, en cuyo valle la Misión desplegó mucha actividad y de ahí viene el nombre de la organización. En lancha se viajaba por el río realizando trabajo evangelístico y como resultado se levantaron muchas iglesias desde Ciudad Bolívar hasta Puerto Ayacucho.

Además de su trabajo entre los latinos, la M. del O. ha alcanzado a dos tribus de indígenas en el área del Río Caura. Su Instituto Bíblico Las Delicias, fundado en 1939 en la ciudad de Caripe, ha preparado pastores para las iglesias.

En 1979 la M. del O. tenía 28 misioneros y había 116 iglesias relacionadas con ella directa o indirectamente con 4000 miembros bautizados. El 1 de en. de 1980 la Misión se fundió con la →Misión Alianza Evangélica que desde 1906 venía trabajando en el O del país.

WILTON M. NELSON

MISION EVANGELICA MUNDIAL DE SANTIDAD. Fundada en 1910 por la "Asociación Nacional de →Santidad" de los EUA con el fin de establecer una obra misionera con énfasis en la "santidad bíblica". Ha levantado obra en Bengala, Burundí, Taiwan, India, Indonesia, Japón, Kenya y en seis países latinoamericanos: México, Honduras, Nicaragua, Haití, Brasil y Bolivia.

Los →amigos, que en 1902 habían iniciado labores en Guatemala, en 1914 se extendieron a la parte occidental de Honduras. En 1944 cedieron una parte de su campo a la M.E.M.S. en este país, la cual se encargó de la obra ya establecida y empezó a enviar a sus misioneros a este campo.

Había afinidad doctrinal entre las dos misiones pero discrepancia en cuanto a las ordenanzas. (Los amigos no creen que sean necesarias, por tanto no bautizan ni administran la Santa Cena.) Esta discrepancia se hizo más evidente cuando en 1947 fueron bautizados varios nuevos creyentes en Olancho (Honduras). No obstante los dos puntos de vista en cuanto a las ordenanzas, se conserva la unidad de la iglesia.

En 1955 cinco pastores hondureños fueron ordenados y en enero del año siguiente se constituyó la Iglesia Nacional con carácter autónomo, adquiriendo su personalidad jurídica en diciembre de 1958. Misión e Iglesia conjuntamente comparten su trabajo en 74 iglesias y congregaciones con una membresía estimada en 1.250 y una comunidad cristiana que sobrepasa las 5.000 personas. La obra es atendida por 73 pastores y obreros y 14 misioneros. Son factores en el desarrollo de la Iglesia, el Instituto Bíblico fundado desde 1935, el Instituto Evangélico de Tegucigalpa con más de 560 alumnos y la Escuela Primaria y Vocacional de Catacamas con más de 180 alumnos. SAUL GOMEZ DIAZ

MISION INTERAMERICANA. Misión evangélica de origen estadounidense que tuvo su principio como división latinoamericana de la →*Oriental Missionary Society* (O.M.S.) O.M.S. fue iniciada en el→Japón en 1901 por Charles Cowman y Juji Nakada. Ha puesto énfasis en tres principios: la evangelización intensiva, la preparación de un liderazgo nativo y el establecimiento de una iglesia autóctona. Cuando las actividades de la organización madre se encontraron seriamente restringidas en el oriente por la Guerra Mundial II, bajo dirección de Lettie B. Cowman, viuda de Charles Cowman (autora de *Manantiales en el Desierto*), se resolvió iniciar obra en países latinoamericanos.

Empezó en →Colombia en 1943 bajo el nombre, "Sociedad Misionera Interamericana". Benjamín H. Pearson, primer director, fundó el Seminario Bíblico de Colombia en 1944, y la Asociación de Iglesias Evangélicas Interamericanas se organizó en 1951. La Asociación y la Misión auspician escuelas primarias, el Colegio Interamericano (bachillerato) en Bogotá, un instituto bíblico y vocacional, y programas de radio nacional e internacional.

La M.I. extendió su obra a→Brasil en 1950. Ya habían llegado japoneses de la misma organización misionera y se ayudaron mutuamente. Formaron congregaciones que se unieron bajo el nombre de la "Iglesia Misionera de Brasil", en Paraná, luego en Sao Paulo, Mato Grosso, y últimamente en Amazonas. El Instituto Bíblico y el Seminario de Londrina tienen un centro de preparación de programas de radio y evangelización por teléfono. El Campamento Panorama promueve la obra entre la juventud.

La M.I. entró en →Ecuador en 1952 estableciendo su centro evangelístico en el área de Guayaquil; de aquí se ha extendido a las provincias circundantes.

Una clínica médica fue establecida en Saraguro, Loja, para evangelizar a los indígenas. También en Ecuador la M.I. tiene dos institutos bíblicos: uno en el área andina y otro en la costa.

En 1958, la M.I. se encargó de la emisora cristiana 4VEH en Cap Haitien, →Haití, la cual transmite en cinco ondas y cuatro idiomas. En Haití también se han organizado numerosas congregaciones, varias clínicas, y una escuela bíblica vocacional.

En 1972 la M.I. inició obra en →España donde se llama "Asociación Evangélica Internacional". El Tabernáculo Evangélico de Madrid fue establecido en 1975.

JORGE B. BIDDULPH

MISION LATINOAMERICANA. Fundada en 1921 como "La Campaña para la Evangelización de América Latina", con sede en San José, Costa Rica, cambió su nombre en 1939 a "Misión Latinoamericana". La organización fue totalmente reestructurada en 1971, y ahora la MLA, juntamente con 25 ministerios autónomos que anteriormente habían sido departamentos o ministerios de la misma, es miembro de la →Comunidad Latinoamericana de Ministerios Evangélicos (CLAME).

Sus fundadores fueron Enrique →Strachan y su esposa, Susana Beamish de Strachan, quienes contaban con dieciocho años de experiencia misionera en la Argentina. Su iniciativa obedeció a una carga por llevar a cabo grandes campañas evangelísticas en todo el continente, lo que hicieron con notable éxito. Después de la muerte de ellos, su hijo Kenneth les siguió en la dirección de la MLA, hasta su propio fallecimiento en 1965.

El énfasis primordial de la MLA siempre ha sido en la evangelización, con tres períodos principales de campañas en casi todos los países de habla hispana (1921-1939; 1949-1958; 1959-1971). Este último período vio el desarrollo del conocido movimiento de →Evangelismo a Fondo. Hoy el Instituto Internacional de Evangelización a Fondo tiene personal destacado en forma permanente en cinco naciones latinoamericanas.

El Instituto Bíblico de Costa Rica se fundó en 1923; el currículum fue fortalecido y el nombre cambiado en 1941 a Seminario Bíblico Latinoamericano. La matrícula anual ahora (1977) es de c.100, con unos catorce profesores de tiempo completo.

En Costa Rica, nacieron de la obra de la MLA los siguientes ministerios que todavía existen: Hospital Clínica Bíblica (1929); Hogar Bíblico (1932); Campamento Roblealto (1948); la emisora Faro del Caribe (1948); Editorial Caribe (1949, en 1968 ésta se trasladó a Miami, Florida); Colegio Monterrey (1956); →Ministerio al Mundo Estudiantil (1966, aunque existía alguna obra entre los universitarios desde los años 40). →Minamundo actualmente tiene su personal en seis países latinoamericanos. En 1970, del ministerio del Hogar Bíblico, que se había extendido al área metropolitana, se formó la Asociación Roblealto Pro-bienestar del Niño. En 1975 fue constituida la Asociación de Ministerios a los Angloparlantes.

Como miembro de la Alianza Evangélica de Costa Rica, la MLA participó también en el establecimiento del movimiento Caravanas de Buena Voluntad (c.1962), entidad de asistencia y desarrollo que ahora es miembro de la Comunidad Latinoamericana de Ministerios Evangélicos. Varios misioneros de la MLA han servido en importantes aspectos de sus ministerios.

La obra de la MLA se extendió a la Colombia costeña en 1937. Destacados entre los varios ministerios allá son el Centro Bíblico del Caribe en Sincelejo (1953), y las escuelas secundarias para señoritas (1948) y para varones (1955) en Cartagena, que se unieron en 1970 para formar el actual Colegio Latinoamericano, que integra todas las clases primarias y secundarias, con una matrícula de c.1000. Dos nuevos ministerios en Colombia son Acción Unida (1971) y la Asociación Cristiana al Servicio de la Niñez (1972), ambas con sede en Montería. Todos estos ministerios son autónomos pero unidos en una Federación Colombiana de Ministerios Evangélicos (COLMINEVA).

Desde 1954 hasta 1963, la MLA participó en la operación de la emisora HOXO en Panamá, y también a partir de 1955 y hasta 1975 operaba una librería evangélica allí. Hubo un ministerio variado entre los hispanos de Nueva York entre 1956 y 1973. Después de varios años de trabajo en México por medio de la radio, una revista, un campamento y otros, la Misión Latinoamericana de México (MILAMEX) fue establecida con su propia personería jurídica en 1970. Hay personal en el distrito federal y en Mérida.

Por sus políticas y actividades de avanzada, la MLA se ha conocido a través de los años como una entidad progresista e innovadora. Ha estado siempre a la vanguardia en movimientos cooperativos, tales como LEAL (Literatura Evangélica para América Latina), DIA (Difusiones Inter-Americanas), y muchos otros, especialmente de orden evangelístico. Temprano abrió sus puertas a misioneros de origen latinoamericano y desarrolló una política de latinización y de coparticipación que dio fruto en CLAME.

Las MLA de los EUA y de Canadá ya cuentan con 167 misioneros activos, la mayoría prestados a las varias entidades autónomas de CLAME y ubicados en trece países de Norte, Centro y Sudmaérica. La oficina central de la MLA en los EUA se trasladó de Nueva Jersey a Coral Gables, Florida, en 1977. La oficina canadiense está en Scarborough, Ontario. LOIS S. THIESSEN

MISION MUNDIAL UNIDA. Agencia evangélica, independiente, norteamericana que trabaja en 17 países, de los cuales siete son de AL. Fundada en 1946 por Sidney Correll, inició su obra en Cuba donde en 1975, a pesar de los vejámenes del régimen socialista, tenía ocho iglesias. Además ha trabajado con los refugiados cubanos en Miami, Florida.

También en 1946 la M.M.U. estableció obra en Bolivia y Venezuela y en 1948 en España. Llegado el año 1978 había en Bolivia cuatro iglesias organizadas y cuatro congregaciones con 900 miembros, en Venezuela 17 iglesias y 25 congregaciones con 2.500 miembros y en España tres iglesias con unos 450 miembros.

En 1953 la MMU entró a Guatemala. En 1978 ya tenía diez iglesias y cinco en formación con 1.000 miembros y había 76 alumnos matriculados en cursos de estudios teológicos por extensión. En 1961 entró en Brasil y en 1965 en Argentina, donde la obra ha prosperado poco. En 1969 se comenzó obra en Nicaragua, la cual contaba en 1978 con tres iglesias organizadas y dos congregaciones.

Aparte de AL y España la MMU realiza labores en Bélgica, Gran Bretaña, las Filipinas, la India, Vietnam, Zaire, Mali y Senegal.

La obra principal de la MMU es la evangelización y el establecimiento de iglesias. En la realización de estos objetivos promueven obras ancilares como la radiodifusión, la distribución de literatura, dispensarios médicos y orfanatos. En muchos de los países latinoamericanos las iglesias fundadas por la MMU ya son autónomas o han sido nacionalizadas.
WILTON M. NELSON

MISION TRIBUS NUEVAS. Organización norteamericana fundada en 1942 por Pablo Fleming, Roberto Williams (que ya habían sido misioneros evangélicos en el oriente) y Cecilio Dye (pastor evangélico de Saginaw, Michigan) con el fin de llevar el evangelio a las muchas tribus todavía no alcanzadas por otras misiones. Hacen énfasis en los estudios lingüísticos y la formación de iglesias autóctonas.

Para sus misioneros se pide poca preparación académica, creyendo que basta con tener celo evangelístico y conocimiento de las costumbres y los idiomas de las tribus. Sin embargo, uno de sus propósitos es la traducción de las Escrituras a las lenguas de las tribus. Para el año 1968 ya habían traducido el NT entero a cinco idiomas y porciones a unos cuantos más.

Los misioneros se preocupan poco por la obra social o escolar (excepto el alfabetismo) entre los indígenas. Su afán único es la conversión de los nativos, la organización de iglesias autóctonas y el infundir en los miembros el deseo de testificar a su propio pueblo. Como resultado, se han levantado varios centenares de iglesias con liderato nativo.

La Misión inició su labor en Bolivia. En su esfuerzo inicial de alcanzar a los indios "bárbaros" en el oriente del país cinco misioneros se perdieron en la selva y fueron matados por los mismos indios. El sufrimiento y el heroísmo han caracterizado a muchos miembros de la MTN.

En 1944 la obra empezó a extenderse a otros países, primero a Colombia y México, luego a la India en 1945; Brasil, Paraguay y Venezuela en 1946; Australia, el Japón y Nueva Guinea en 1949; las Filipinas en 1951, Tailandia en 1952, Panamá en 1953, Senegal en 1955, Nueva Zelanda en 1962 e Indonesia en 1970.

El tipo de obra que hace la MTN ha atraído a muchos jóvenes evangélicos. En 1975 tenía 863 misioneros de los cuales 198 se hallaban en Brasil, 104 en Bolivia, 81 en Venezuela y 67 en Paraguay.

WILTON M. NELSON

MISIONES CATOLICAS COLONIALES EN AMERICA LATINA. Con →Dussel, incluimos en el período misionero los intentos esporádicos hasta 1519 y las misiones organizadas hasta el Concilio Provincial de Lima (1551). La evangelización estuvo mayormente a cargo de las órdenes mendicantes, provenientes de España, que ingresaron en este período aproximadamente en el siguiente orden: franciscanos, dominicos, agustinos eremitas, mercedarios, de San Jerónimo, capuchinos, carmelitas y jesuitas. Difícilmente podemos incluir las capellanías militares, pues solo cuando las áreas eran conquistadas puede hablarse de una real evangelización.

Con respecto a *métodos misioneros,* dejando de lado tentativas iniciales poco eficaces (que Prien divide en "métodos mudos", "métodos mímicos" y "lingüísticos", éstos últimos con traductores indígenas muy poco confiables), nos parece prudente la distinción entre "métodos pacíficos" y "métodos compulsivos" (o violentos). Los primeros quedan bien ejemplificados en los intentos dominicos y franciscanos, en la costa venezolana, basados en la convivencia y el ejemplo. La mejor exposición de sus presuposiciones y métodos es el tratado de de Las Casas *De único vocationis modo*... Desgraciadamente el aprovechamiento militar de estos intentos, por parte de los conquistadores, desvirtuó sus propósitos. Mucho más generalizada fue la compulsión, justificada por la tradición agustiniana del *"compelle intrare"* y enunciada en la instancia por Ginés de →Sepúlveda como el "derecho a la conquista" a fin de "compeler (a los indios) a escuchar el evangelio". Junto a la conquista violenta, debe incluirse la esclavitud, el trabajo forzado y la →encomienda dentro de esta línea. Si bien Las Casas logró en 1542 la proscripción legal de tales métodos misioneros, estos siguieron siendo utilizados ampliamente.

Las *técnicas* misioneras empleadas se agrupan en torno a dos formas: las "misiones" ("misiones volantes", "misiones" o "conversiones"), generalmente en regiones no conquistadas o en los límites de las ya dominadas, a veces en línea de compulsión (acompañando la conquista) y otras en un apostolado heroico (p.e. caso de Francisco Solano en el norte argentino), difícil de consolidar por las distancias y la falta de misioneros. La segunda forma es el intento de crear "ambientes cristianos" ("pueblos hospitales", "reducciones", etc.) en los que la fe fuera asimilada en la vida cotidiana.

Con respecto a la *teología* de la misión, Borges ha señalado los cinco "pasos" del trabajo misionero: captación de benevolencia, información sobre la nueva religión, educación, conversión, incorporación al orden moral y lucha contra los vicios. Prien observa acertadamente el esquema teológico escolástico subyacente: los tres primeros pasos corresponden al nivel inferior (de la naturaleza) y los dos últimos al superior (de la gracia) que se construye sobre el primero y lo completa. Se trata primeramente de "humanizar" al indio (al que se concibe como hombre disminuido, no desarrollado o infantil) y luego cristianizarlo. La medida de lo humano, sin embargo, es el "hombre español" con lo que desaparece la posibilidad de una relación positiva con la cultura indígena.

Tanto esta actitud, que impidió un verdadero encuentro cultural, como la tensión entre una "iglesia misionera" interesada en el bien de los indios y una "iglesia colonial", brazo de la conquista española, dañaron gravemente la evangelización. No hubo, pese al esfuerzo de algunas órdenes, especialmente los jesuitas, una "acomodación" o "integración", y el "sincretismo" se produjo a despecho de las intenciones, como un mecanismo de defensa indígena frente a una religión que seguía siendo "la religión del conquistador". Es la primera matriz del "catolicismo popular". JOSE MIGUEZ BONINO

MISIONES CRISTIANAS. Se ha solido aplicar el vocablo a la actividad misionera en el extranjero, pero el desarrollo de la iglesia mundial ha llevado a una nueva apreciación de la misión como tarea de la iglesia dondequiera se halle ésta. La misión es la gozosa y amorosa reacción de la comunidad cristiana a las universales y exclusivas pretensiones del Dios trino y uno revelado definitivamente en Jesucristo. Involucra la ruptura de toda humana barrera por los cristianos, individual y colectivamente llamados a proclamar los propósitos de Dios. Mediante su testimonio y servicio instan a los pecadores como ellos, a que se vuelvan a Dios y reciban su prometido reino, porque la correcta respuesta a Dios es inseparable del llamamiento a las naciones y de la oferta de nueva vida para todos cuantos escuchen.

El NT se concentra en la actividad misionera de Pablo, pero él no fue sino uno de los muchos que recorrieron el Imperio Romano dando testimonio del resucitado y venidero Señor. El ministerio de Jesús y de Pablo presentan un clásico ejemplo de la exigente naturaleza de la proclamación del evangelio, de los diversos métodos empleados y del contenido histórico del mensaje cristiano. Existen límites frágiles entre la lealtad a lo históricamente revelado y a lo exclusivamente cultural. El ajuste puede llevar al sincretismo o al conservadurismo y no obstante la presencia del Espíritu, el riesgo de representar falsamente a Cristo exige un constante escrutinio del mensaje.

Durante los tres primeros siglos la iglesia encaró y parcialmente resolvió problemas que continúan poniendo a prueba su vocación misionera: discrepancias acerca de la naturaleza de Dios, definición de la historicidad de Cristo, relación con el estado, exposición de la ética cristiana, relaciones con otras religiones, refutación de los malentendidos y de las calumnias, desarrollo de un modelo de autoridad que permitiese la adaptación local sin quebrantar la unidad, la iniciación en las misiones, y el culto.

A fines del s.II la obra de los apologistas, el triunfo del catolicismo sobre el →gnosticismo y la producción de Escrituras y credos les había dado a los cristianos un mensaje definido y fácilmente comunicable, comunicación grandemente facilitada por un común marco político y la popularidad del griego *koiné.* A juzgar por las críticas de Celso, hasta los cristianos comunes desarrollaron buenos métodos para comunicar su fe. Inicialmente, el cristianismo atraía a los grupos urbanos, especialmente los ya interesados en el monoteísmo y que eran accesibles por las rutas del comercio. Las cartas de →Plinio sugieren un amplio impacto en Bitinia, y hubo movimientos importantes en Egipto y Africa del N (→AFRICA ROMANA) por ahí del s.III. En Roma los problemas pastorales de Calixto sugieren que la iglesia estaba constituida por elementos de todas las clases sociales. Aunque hubo amplias variaciones regionales en el crecimiento de la iglesia, la presencia cristiana era real en la mayoría de las provincias imperiales y en Edesa, Armenia y →Etiopía. En Asia Menor y Egipto los cristianos eran demasiado fuertes para desentenderse de ellos y demasiado numerosos para eliminarlos.

Espasmódicas persecuciones contribuyeron al crecimiento de la iglesia, al dar poderoso testimonio de cómo el cristianismo liberaba a los hombres y mujeres del temor a la muerte, a los demonios y al destino. La gozosa certidumbre y vitalidad de la literatura cristiana contrastaba notablemente con el pesimismo de gran parte de los escritos paganos, mientras vigorosas tradiciones de ayuda mutua de escala general permitían a los creyentes enfrentarse a la enfermedad y los infortunios mucho mejor que los paganos, quienes veían poca relación entre religión y responsabilidad. El reconocimiento oficial por →Constantino y sus sucesores planteó nuevos problemas, por el marcado tono político y cultural que la conversión asumió después de 313, cuando bárbaros como los godos penetraron por las fronteras de Roma; pero el intento de revivir el paganismo bajo →Juliano el Apóstata mostró que el cristianismo no dependía para su crecimiento del apoyo oficial. La tarea de traducir el mensaje de Jesús a las culturas griega y latina estaba casi completo para fines del s.V, pero la iglesia se había debilitado sensiblemente con las invasiones bárbaras, el lento derrumbamiento del orden político en Occidente, y amargas divisiones teológicas en Oriente.

Por el s.VII grandes comunidades cristianas habían sido dominadas por el Islam, aunque los nestorianos esparcieron el cristianismo por toda el Asia central y hasta la →China. Un movimiento aun más significante se desarrollaba en Occidente. Tras la conversión de →Irlanda por →Patricio, misioneros celtas (→Columba, →Columbanus y →Aidan) penetraron en Escocia y los reinos de Inglaterra del N, por todo el territorio franco y más allá, en donde Clodoveo se había convertido en católico cristiano en 496. La misión gregoriana a Kent en 597 gradualmente se extendió a otros reinos y los cristianos anglosajones enviaron una cantidad de notables misioneros como Wilfrido y Winfrido (o →Bonifacio) a la gente de su raza entre las tribus germanas y a Escandinavia, con notable éxito. La correspondencia de Bonifacio es clásica en la literatura misionera, y el patrón de conversión tribal con mínimos trastornos culturales dio como fruto vigorosas iglesias dentro de un marco romano. La tajante división entre clero, religiosos y laicado significó que la obra de conversión fuera considerada como propia de clérigos, y pasó mucho tiempo antes que el cristianismo penetrara en las regiones rurales aisladas. El analfabetismo, la falta de culto local y la ineficiente atención pastoral produjeron mucha confusión entre paganismo y cristianismo. La obra de conversión continuó su firme marcha hacia el E y el paganismo oficial se extinguió con el bautismo de Jaguelón en →Polonia (1386), si bien grupos como los lapones y los gitanos quedaron en gran parte sin alcanzar, igual que los judíos.

Los misioneros ortodoxos →Cirilo y Metodio penetraron en Moravia, y mediante su traducción de las Escrituras y la liturgia, desempeñaron un papel formativo en la entrada de los eslavos a la cristiandad. Más al E, el bautismo de →Wladimiro de Kiev por ahí de 988 fue un momento decisivo en la historia cristiana, porque la ortodoxia rusa se ha extendido ininterrumpidamente hacia el E con la expansión del territorio ruso, y se ha mantenido en contacto con otras religiones hasta el presente (→RUSIA). Grandes misioneros como J. Veniaminov (1797-1879) y N. Kasatkin son demasiado desconocidos en Occidente.

Algo de lo más inspirador para la actividad misionera ha sido el redescubrimiento del cristianismo apostólico y del mensaje de Jesús. En el s.XII, grupos como los →valdenses viajaron ampliamente para comunicarlo, pero fueron proscritos. No fue sino hasta que Inocencio III reconoció a los seguidores de Francisco de →Asís, que el celo por convertir a los infieles y herejes, inspirado por las cruzadas, fue brevemente redimido por un espíritu genuinamente cristiano, que rechazaba la fuerza como medio de conversión. Raimundo →Lulio, terciario franciscano y pionero teólogo de la misión como tarea básica del cristiano, consideraba la conversión como una obra de amor, que exigía cuidadosa preparación intelectual. La solicitud de maestros, que Kubilai Khan presentó en 1260, no fue tomada en serio en Roma, pero Juan de →Monte Corvino llegó a Pekín en 1294 y se le enviaron otros franciscanos como obispos. Se habían logrado algunas conversiones antes del cambio de dinastía en 1368, pero estos misioneros romanos fueron simples capellanes del monarca, dependientes para sobrevivir, del favor imperial.

La expansión colonial europea y la renovación de la iglesia durante los ss.XVI y XVII se hallan en la raíz de la gran fase de expansión cristiana, dominada por las órdenes católicas. La misión fue clerical, inseparable de los fines políticos, cada vez más bajo control romano luego de fundada la →Propaganda (1622), y solo parcialmente victoriosa al planteársele un nuevo problema misionero: predicar el evangelio y establecer iglesias en las culturas primitivas de Africa y en partes de AL. La brutal explotación de los naturales por los colonos y administradores fue en parte redimida por la lucha en pro de la dignidad de los indios, que libró B. de →Las Casas junto con otros, contra la apatía oficial y contra los teólogos que enseñaban que los indios carecían de alma. Una solución más permanente se encontró en las "reducciones" de los jesuitas, noble intento de crear comunidades cristianas indígenas; pero se extinguieron con la disolución de la orden jesuita (1773). El paternalismo ha continuado como uno de los más graves problemas misioneros. En →Japón, F. →Javier adoptó un método diferente, tratando de basarse en la cultura local y fue imitado en otras partes por M. →Ricci, R. de →Nobili y A. de Rhodes (1591-1660).

Significantes avances se realizaron en Japón, China e →India hasta que cambios políticos produjeron el virtual exterminio del cristianismo en Japón para 1650 y su proscripción en China en 1723. Las colonias europeas en India le permitieron al cristianismo romano echar raíces, pero la adaptación local fue prohibida por la *Omnium sollicitudinum* (1744). No fue hasta 1938 que los sacerdotes misioneros tomaron juramento de sumisión y como resultado se produjo un exceso de romanización en las misiones de la ICR. Otro tropiezo les vino con la abolición de los jesuitas, pero revivieron después de la Revolución Francesa. Muchas nuevas órdenes misioneras, como los →Maristas se fundaron para aprovechar la expansión imperialista francesa en Asia, Africa y el Pacífico. Grandes estadistas misioneros como el cardenal Lavigerie (1825-92), con sus →Padres Blancos (1868), fueron impávidos adversarios de la esclavitud, intrépidos exploradores y colaboradores para la educación y el progreso técnico de Africa. Las misiones católicas fueron particularmente vigorosas en la obra institucional y su doctrina de la iglesia les facilitó, más que a algunos protestantes, entenderse con el tribalismo africano, aunque no lograron eludir los peligros del paternalismo y de sobreidentificación con el colonialismo, característico de las misiones del s.XIX.

Las Iglesias protestantes mostraron poco interés en los paganos durante la →Reforma, aunque su redescubrimiento del evangelio, su énfasis en la vocación de todos los cristianos, la recuperación de las Escrituras y la liturgia para el pueblo, y el énfasis en la literatura y en un laicado responsable habrían de resultar profundamente importantes para el desarrollo de las misiones cristianas cuando los países protestantes adquirieron colonias y entraron en contacto con otras religiones. Inicialmente visionarios como A. →Saravia y J. von Welz (1621-68) no recibieron apoyo oficial. Iniciativas como las tomadas por J. →Eliot y T. →Bray fueron personales y basadas en el principio voluntario. La Misión danesa de Tranquebar (1706) fue la pionera de las misiones protestantes foráneas, si bien los moravos fueron la primera iglesia que emprendió las misiones al exterior (1732).

Los despertamientos religiosos evangélicos durante los ss.XVIII y XIX se combinaron con la expansión imperialista europea para abrirle al mensaje cristiano nuevas y vastas regiones. Protestantes europeos interesados en las misiones formaron sociedades voluntarias, comenzando con la Sociedad Misionera Bautista (1792), la Sociedad Misionera de Londres (1797), la Misión de Basilea (1815) y muchas otras. La entrada de iglesias como la Wesleyana (1818) en la actividad misionera marcó un nuevo progreso, al igual que la fundación de la Misión a la China Interior por J.H. →Taylor, porque repudiaba la conexión con cualquier iglesia determinada, era decididamente no denominacional y fue la precursora de una hueste de "misiones de fe". Muchas misiones le daban gran énfasis a la obra civilizadora como parte del evangelismo y el piadoso artesano o maestro enviado a ultramar fue un nuevo fenómeno misionero. W.C. →Carey es ejemplo de esta modalidad y dio un magnífico ejemplo con sus traducciones, su estudio de la religión y cultura locales, y su empeño en forjar un ministerio culto y un pueblo educado.

Este patrón de la misión protestante se repitió en Africa, Asia y Oceanía (→OCEANIA, AUSTRALIA, NUEVA ZELANDA). Solía llevar a la estricta preparación para el bautismo, período de prueba antes de la admisión a la Cena del Señor, y restricción del ministerio local a la enseñanza y la catequesis, con la tácita suposición de que las normas europeas en cuanto a fe culta, eran las que regían. A menudo había un tajante rechazo de la cultura local en cuanto chocaba con la religión, pero a quienes criticaban el occidentalismo del cristianismo, como N.V. Tilak, no se les tomaba en serio. La rebelión de los Boxers en China (1900) y la de Nyasa (1915) dirigida por J. Chilembwe pusieron al descubierto la profundidad del resentimiento provocado por la confusión de cristianismo y colonialismo. En →Africa, el anhelo de un cristianismo auténticamente local ha llevado a la formación de iglesias independientes que crecen rápidamente. El movimiento de "No iglesia" en Japón tiene raíces semejantes. H. →Venn y R. Anderson tenían puesta su esperanza en iglesias nacionales autónomas, pero no así muchos otros misioneros. La consagración de S.A. →Crowther en 1864 reflejó las metas de Venn, pero el inadecuado apoyo de la *Church Missionary Society* hizo que muchos consideraran fracasado el movimiento y no hubo nuevas consagraciones hasta el s.XX. El Plan →Nevius (1890) en Corea tuvo más éxito en dejar campo a la iniciativa local, pero la unidad se quebrantó mucho.

A comienzos del s.XX el cristianismo era una religión genuinamente internacional y había trascendido decisivamente sus fronteras occidentales. Los misioneros habían desempeñado parte importante en la abolición legal de la esclavitud; habían sido paladines contra la explotación de los naturales de los países por los blancos; habían marcado el rumbo en servicios médicos mediante agrupaciones como la Sociedad Médica Misionera de Edimburgo (1841), o individuos como P. Parker e I.S. →Scudder; fundaron escuelas y colegios como la de Serampore (1818) y universidades como la de Doshisha (1875); mientras la influencia personal de educadores como A. →Duff y T. →Richard fue profunda. D. →Livingstone fue uno entre muchos exploradores y se hicieron notables aportes a la lingüística (H. →Martyn), la etnografía (H.A. Junod, 1863-1934) y las religiones comparadas (J. →Legge), para mencionar solo unos cuantos aportes misioneros a la erudición.

Se le dieron nuevas perspectivas a la vida de la familia y al papel de la mujer, hubo una revolución económica mediante la introducción de productos como el cacao en Ghana (1875) por la Misión de Basilea, se controlaron el canibalismo y el infanticidio y, sobre todo, innumerables vidas fueron transformadas por el poder de Cristo y se establecieron vigorosas comunidades cristianas, especialmente en sociedades animistas, pero también entre antiguas culturas asiáticas. Unicamente el Islam se mantuvo en gran parte refractario al cristianismo.

El éxito mismo de las misiones cristianas suscitó importantes preguntas acerca de la naturaleza de la fe cristiana. Hombres y mujeres que deseaban solo predicar el evangelio se vieron obligados a hacer algo para el cuidado de las iglesias. Los movimientos de masas en India, Africa y Oceanía crearon grandes problemas para los misioneros, aunque H. Whitehead (1853-1947) y B. Guttmann (1877-1966) tomaron la iniciativa al sugerir soluciones que han planteado importantes cuestiones acerca de las relaciones entre misión, iglesia y sociedad. Esto también emergió con la crítica local contra el denominacionalismo, que parecía superfluo en un contexto en gran parte pagano en donde los acuerdos europeos sobre la división de campos ya habían establecido iglesias únicas en regiones particulares. Además, cuestiones prácticas como la preparación de misioneros, relaciones con los gobiernos y la necesidad de traducciones bíblicas estimulaban la cooperación en el campo misionero y en la patria.

Entre 1860 y 1963 se realizaron diez grandes conferencias internacionales y una gran cantidad de conferencias locales y regionales. →Edimburgo (1910) significó un nuevo comienzo porque institucionalizó e internacionalizó la cooperación en concilios misioneros nacionales y mediante la formación del →Concilio Misionero Internacional (1921) que ha desempeñado un papel vital en los movimientos misioneros y ecuménicos. La integración del Concilio Misionero y del CMI en Nueva Delhi (1961) fue un símbolo del creciente reconocimiento de que la misión es algo más que una dedicada minoría cristiana que pasa las fronteras geográficas; que es la tarea de todo cristiano y de toda la iglesia. Cada vez más esta cooperación se ha extendido a líderes de las iglesias "jóvenes"; hombres como V.S. →Azariah, D.T. Niles (1908-1971) y T. →Kagawa han ayudado a los cristianos occidentales a reconocer nuevamente las consecuencias de la universalidad de Cristo.

Durante el s.XIX los teólogos cristianos le concedieron poca atención a la teología de la misión o a la relación del cristianismo con otras religiones e ideologías. La erosión del cristianismo occidental, el resurgimiento de otras religiones, el crecimiento de ideologías anticristianas como el marxismo, y el desarrollo del protestantismo liberal, que negaba el carácter único del cristianismo y la necesidad de la conversión provocaron mucho examen de conciencia acerca de los verdaderos móviles de las misiones. W.E. Hocking (1873-1966) y un equipo de investigadores laicos produjeron *Re-thinking Missions* (1932), persuasiva exposición de los nuevos puntos de vista. H. →Kraemer planteó una vigorosa presentación de las opiniones tradicionales en *The Christian Message in a non-Christian World* (1938) basado en su propia experiencia en →Indonesia y en la inspiración de Karl →Barth, pero la declaración de →Uppsala sobre las misiones y la réplica de la Declaración de Frankfurt (1970) muestran que hay profundo desacuerdo respecto a la naturaleza de las misiones en las iglesias asociadas al →CMI.

A partir de 1945 una creciente proporción de misioneros han procedido de América del N, y muchos de ellos consideran el CMI y sus agencias con gran desconfianza. La Asociación Interdenominacional de Misiones Extranjeras (1917) y la Asociación Evangélica de Misiones Extranjeras (1945) unieron sus fuerzas para celebrar una notable Conferencia en Wheaton en 1966. Una serie de congresos sobre evangelismo (desde 1966) auspiciados por la Asociación Evangelística Billy Graham también ha iniciado importantes campañas cooperativas evangélicas y examinado la relación entre el evangelio histórico y la necesidad de una respuesta al Señor resucitado que sea autóctona pero universal.

Todavía quedan muchas naciones cerradas al cristianismo y otras regiones donde el contacto ha sido superficial. El enorme crecimiento demográfico, la urbanización y los rápidos cambios sociales y las religiones e ideologías rivales constituyen problemas comunes a todos los cristianos. La independencia política de antiguos territorios coloniales y la clausura de China (1949) han producido una rápida localización de autoridad. Como nunca antes, el cristianismo siente las tensiones de su historicidad y universalidad pero el rasgo decisivo de las misiones cristianas es no solo la conversión de hombres y naciones, sino el obediente testimonio por doquier, en pro del Señor, que hace nuevas todas las cosas, pues en definitiva la meta de las misiones es la gloria de Dios y la confesión de su soberanía.

IAN BREWARD

MISIONES EVANGELICAS ESLAVAS EN AMERICA LATINA. Después de la Guerra Mundial I hubo un gran movimiento migratorio de los pueblos eslavos, especialmente rusos y ucranios, por razones políticas y religiosas. Muchos se dirigieron a SA, principalmente a las Repúblicas del Río la Plata. Entre ellos había evangélicos, sobre todo bautistas, los cuales empezaron a celebrar cultos en las nuevas tierras.

En 1923 llegaron a Buenos Aires los primeros y en 1925 establecieron su primera iglesia. Seguían llegando inmigrantes, de modo que en 1977 ya había una asociación de diez iglesias evangélicas eslavas en Buenos Aires y sus alrededores y otras dos respectivamente en las provincias de Mendoza y Santa Fe.

También a la pequeña provincia de Misiones, al norte de Buenos Aires, empezaron a llegar evangélicos ucranios de Polonia en 1925. Organizaron iglesias cuyos miembros se preocuparon no solo por sí mismos sino también por la conversión de sus conciudadanos. Como resultado surgió un grupo de 12 iglesias que se unieron en otra asociación.

A la provincia de Chaco (en Argentina) llegaron checos en 1930, entre los cuales había un número considerable de evangélicos que organizaron una iglesia en Sáenz Peña. En la misma provincia se levantaron dos iglesias de habla ruso-ucrania. También en las provincias de Formosa y Rosario surgieron iglesias eslavas.

A →Paraguay también llegaron eslavos evangélicos. Los primeros vinieron en 1929, radicándose en la Colonia Fram, donde organizaron una iglesia. Pronto se levantaron otras, las cuales en 1936 se organizaron en una asociación. Una de las obras de los eslavos evangélicos en Paraguay que se ha destacado es la "Misión de Ayuda" para los leprosos en el país.

A →Uruguay se dirigieron otros eslavos evangélicos y organizaron su primera iglesia en 1938 en Colonia Flores. En 1977 tenían cuatro iglesias en el país.

Las asociaciones arriba mencionadas se han organizado en una convención que se llama la "Convención Evangélica Bautista del Río de la Plata", unificando la obra eslava en los países de Argentina, Paraguay y Uruguay.

Muchos eslavos encontraron refugio en →Brasil. Los primeros llegaron en 1926 de Kiev, estableciéndose en la parte sur del país. Antes de terminar el año ya habían organizado una iglesia en Sao Paulo. Surgieron otras, especialmente en las colonias agrícolas que formaron, de tal manera que en 1936 estas iglesias se organizaron en una asociación. Surgió en 1929 otro movimiento evangélico eslavo en Brasil que se organizó en 1935 como la Asociación Bautista Eslava de Brasil. En 1965 se formó una convención de toda la obra eslava en el país pero tuvo poca duración. Se disolvió en 1972, por cuanto no se veía futuro para la obra evangélica en el idioma ruso-ucranio, puesto que la juventud ya no usaba la lengua de sus padres. En lugar de la Convención surgió la "Misión Eslava de Brasil".

Una organización que ha contribuido mucho a la obra eslava en AL es la *Slavic Gospel Association* (misión de origen norteamericano). Su labor principal ha sido la preparación de obreros para las iglesias mediante el Instituto Bíblico Eslavo, fundado en 1944 y ubicado actualmente en Temperley, Buenos Aires.

JORGE PROKOPCHUK

MISTERIO, RELIGIONES DE. En los últimos siglos a.C. una abundancia de cultos, en su mayoría del Oriente Medio, comenzaron a esparcirse por el mundo grecorromano mediante las migraciones, el comercio y el servicio militar en el exterior. Su popularidad persistió aun bien entrada la era cristiana. Ocasionalmente asimiladas a la religión oficial de su nueva ubicación, más a menudo se mantenían apartadas como "clubes" de individuos iniciados, representantes de una religión personal antes que cívica. El nombre "religiones de misterio" se deriva de los símbolos y ritos secretos revelados únicamente a los miembros, pero quizá el factor más significativo sea la iniciación: ésta prometía salvación ahora o bienaventuranza en el más allá y ciertamente proporcionaba la seguridad e identidad de pertenecer a un grupo íntimo. A diferencia del judaísmo y el cristianismo, a sus adherentes no se les exigía abandonar su religión tradicional; hasta era posible la iniciación en varios cultos.

Eran adaptaciones de religiones nacionales del Oriente Medio y solo se transformaron en cultos de misterio al trasplantarse. La mayoría eran religiones de fertilidad con una mitología de muerte-resurrección que figuraba el ciclo anual de la naturaleza. Sus semejanzas subyacentes estimularon la tendencia sincrética, particularmente las luchas de los ss.IV y V contra el cristianismo (p.e., el Mithraeum descubierto en Londres en 1954 contiene estatuas relacionadas con Isis, Dionisos y los dioses del Olimpo); préstamos de prácticas de otro culto (p.e., el *Taurobolium,* ver abajo "Cibeles") ocurrieron aun con anterioridad.

Tratamos a continuación individualmente los cultos más importantes. Otros incluyen los misterios eleusinos (culto importante, pero local de Atenas) y los Kabires (deidades frigias adoradas ampliamente por los marineros a partir del s.IV a.C.). El culto de Mâ (Capadocia), de Atargatis ("la diosa siria") y de Hadad (un Baal sirio) llegaron a Roma no como cultos de misterio (a los ciudadanos romanos les estaba prohibido participar), sino como extravagantes y frenéticos espectáculos públicos. Otros paralelos pueden verse en →GNOSTICISMO.

(1) *Dionisos.* Culto extático procedente de Tracia (Turquía europea), que floreció entre las mujeres en la Grecia clásica; se había convertido en culto de misterio que incluía la iniciación de ambos sexos cuando apareció en Roma a principios del s.II a.C. Fue suprimido por corrupto, pero reapareció a mediados del s.I a.C. Tenía grados jerárquicos de iniciación y la promesa de una vida más allá.

(2) *Cibeles* ("La Gran Madre"). Introducido oficialmente en Roma desde Frigia en 205 a.C. durante una emergencia nacional, las espléndidas pero desenfrenadas procesiones de Cibeles estaban originalmente restringidas a los no romanos pero eran espectáculos muy populares. Más adelante el culto se fundió con el de Mâ y ofrecía a todos la iniciación. El sacerdocio incluía la castración. En Roma el *taurobolium* parece haber estado asociado primero a Cibeles y después a Mitra: a los candidatos se les rociaba con sangre de toro para la salvación personal o nacional. Algunos textos mencionan el renacimiento "para siempre" o "por veinte años".

(3) *Isis.* Gran diosa egipcia, cuyo culto fue extraordinariamente popular en todo el imperio romano, a menudo bajo la forma de religión de misterio. La iniciación (p.e., ver Apuleyo, *Metamorfosis* 11) incluía la abstinencia y prometía salvación de la enfermedad, del destino y del temor a la muerte.

(4) *Mitra.* El mitraísmo es un enigma, una creación al parecer artificial pero extraordinariamente viable, quizá el mayor rival para el cristianismo en la antigüedad. Mitra fue un antiguo dios de la luz en Persia pero la religión toma también elementos del dualismo zoroastriano del bien y el mal, entre los cuales media Mitra. La primera muestra de misterios o del mito de la muerte del toro presentada prominentemente en los santuarios, proviene de un grupo de piratas del s.I a.C. en Cilicia. Los santuarios son comunes a partir de fines del s.I d.C., particularmente en los campamentos militares, aun en el muro de Adriano, pero son diminutos y con frecuencia subterráneos. Solamente se iniciaba a los varones, en siete grados de membresía, mediante ritos que incluían duras pruebas, el *taurobolium,* una comida en común, etc. El culto exigía elevadas normas morales. GORDON C. NEAL

MISTICA ESPAÑOLA. La palabra "mística" designa dentro del espiritualismo español de los s.XVI y XVII el grado más elevado de la unión del cristiano con Dios.

La m.e. que rehusa admitir una relación con los místicos alemanes Juan →Eckart, Juan →Taulero y al flamenco Juan de →Ruysbroeck, y que a la vez desecha el quietismo panteísta del español Miguel de →Molinos (1628-1690) como una reminiscencia de los →"alumbrados", pudiera muy bien tener sus raíces en la mística hispano-musulmana de la primera mitad del s.XIII, conocida como la secta de los *sufíes,* y cuya figura más notable es Ibn Arabí (1165-1240).

Entre los iniciadores de la literatura mística hay que destacar a Bernardino de Laredo, autor de la *Subida del Monte de Sión por la vía contemplativa* (1535), que inspiró a →Juan de la Cruz el título de la *Subida al Monte Carmelo;* y a Francisco de Osuna (¿1475-1542?), que influyó en Santa Teresa con su *Abecedario espiritual.*

En la Orden de San Agustín se destacan los místicos Santo Tomás de Villanueva con la obra *Sermón del amor de Dios;* Cristóbal de Fonseca, autor de un *Tratado del amor de Dios;* y el beato Alonso de Orozco (1500-1591), con su *Memorial de amor santo,* y su *Desposorio espiritual e regimiento del alma.* Los franciscanos cuentan con fray Juan de los Angeles (1536-1609), autor de los *Triunfos del amor de Dios.* Pero las dos figuras más sobresalientes de la m.e. pertenecen a la Orden Carmelitana, y son →Teresa de Jesús (1515-1582), y Juan de la Cruz (1542-1591).

Ambos representan la expresión más sublime del alma mística.

Las obras en prosa de Santa Teresa se pueden dividir en dos grupos: los libros autobiográficos (*Libro de su vida,* el *Libro de las Fundaciones,* el *Libro de las relaciones,* y sus Cartas), y la obra propiamente ascética y mística (*Camino de perfección,* y el *Castillo interior,* o *Las Moradas*).

La obra poética de Juan de la Cruz, llamado en el s.XVI Juan de Yepes y Alvarez, puede dividirse también en dos partes. La primera comprende una corta serie de composiciones de diversa influencia. El segundo grupo encierra su poesía puramente mística, y consta de tres composiciones: *Noche oscura del alma, Cántico espiritual,* y *Llama de amor viva.*

ENRIQUE FERNANDEZ Y FERNANDEZ

MISTICISMO. El término es difícil de definir por su naturaleza reconocidamente inefable e inexplicable. Carece de límites históricos o geográficos y no se le pueden fijar contornos filosóficos ni teológicos. Se refiere a la vida interior del espíritu, aquel peregrinaje con lo divino que comienza fuera de la consciencia y se eleva hasta las más altas etapas posibles del desarrollo personal.

La relación inmediata con lo divino es el corazón del misticismo. Puede ser una experiencia sicológica o epistemológica en que el místico, aparte de una institución religiosa o un libro, obtiene saber religioso directamente de la divinidad. El movimiento cuáquero destacaba ese camino. Otros místicos creían que la experiencia contemplativa llevaba a la unión con la realidad definitiva o con Dios, temporalmente ahora, y definitivamente al morir. Los hindúes, budistas, neoplatónicos y hasta cierto punto, Meister →Eckhart ilustran este punto de vista. La oración, la contemplación y los actos ascéticos inducen esta experiencia.

El misticismo cristiano y bíblico por lo común destaca la realidad personal de Cristo, comparada con el concepto impersonal del hinduísmo. Subordina la naturaleza al Creador, en vez de encadenarlo a la naturaleza, como hacen los místicos panteístas. La unión no consiste en una fusión de esencia que destruya la personalidad, sino el concepto bíblico de unión del amor y voluntad humanos con Dios, la cual no hace desaparecer la relación sujeto-objeto. Dicho misticismo era contemplativo, personal y práctico: la acción en la llanura seguida del retiro al monte.

El misticismo es sencillamente vida de oración desde el comienzo mismo, en que la confesión personal es de importancia máxima al reconocer que se está en presencia de Dios y se debe pedir perdón antes que pueda iniciarse todo crecimiento en él. Una vez comenzado, y trasladado el propósito desde el yo hasta Dios, la "escala de perfección", o "escalones que conducen a la mente de Dios", también ha comenzado. Sin embargo, muchas etapas existen en la experiencia mística, según el individuo. Tres son comunes: consciencia y confesión delante de Dios, vida completamente regida por Dios y una personalísima experiencia de Dios. A la última no se llega con frecuencia, ni ello es de esperarse: se la designa a veces como boda mística o visión beatífica, es la más íntima de las relaciones con Dios y por lo tanto no suele expresarse mediante palabras.

El m. por lo común surgió en una época (p.e., la Edad Media) en que la religión se había institucionalizado demasiado y el místico procuraba una relación más personal e individual con Dios. Esto ayuda a explicar el surgimiento de los místicos medievales, tales como Meister →Eckhart, Julián de Norwich y Tomás de →Kempis y más adelante Madame →Guyon y →Fénelon. No abandonaban la iglesia, sino que tenían esas experiencias dentro del seno de la misma, mientras trataban de llevarla a un acercamiento más personal e individual con Dios. Solían aparecer también cuando se ponía excesivo énfasis en la teología a detrimento de la experiencia y la práctica.

El m. a menudo paró en herejía cuando se ignoró la norma bíblica, o en pasividad social que se concentraba en la salvación personal sin pensar en servirle a Dios y a la sociedad. →Bernardo de Claraval parece haber unido las enseñanzas bíblicas, la experiencia mística y el servicio práctico. C.G. THORNE, Jr.

MITA, CULTO DE. Culto originado en Puerto Rico por Juanita García, quien procedía del pentecostalismo. N. en los años 50, este movimiento ha cobrado fuerza en Puerto Rico y posteriormente en EUA y en la República Dominicana. Se calcula que el movimiento cuenta con más de ochenta mil miembros.

La doctrina básica de M. es que ella es el Espíritu Santo o la encarnación de la plenitud del Espíritu. Toman como base el texto de Jn. 16:7. M. ponía mucho énfasis en la abstinencia, la pureza, la separación del mundo, etc. Durante algún tiempo se le acusó de practicar un rito de iniciación extraño, relacionado con el sexo.

La contribución más significativa de M. consistió en organizar una comunidad de bienes en el sector Cantera, cerca de la capital de Puerto Rico. La feligresía de su congregación se beneficiaba con los precios bajos de los diferentes establecimientos que operaban. Muchos feligreses trabajaban en estos mismos establecimientos, que llegaron a constituirse en cooperativas.

A la muerte de M. el movimiento estaba consolidado, por lo tanto se organizó un cuerpo de apóstoles que gobiernan y rigen en materia doctrinal y administrativa. "Aarón" es el sucesor de M. y cabeza de los apóstoles en la nueva dispensación del Espíritu.

Los restos de M. yacen en un gran mausoleo, que se ha convertido en lugar de recogimiento espiritual para los seguidores de este culto. CARMELO E. ALVAREZ

MITRA (gr. *mitra* = "turbante"). Forma de sombrero o toca hecha de satén bordado; lo usan los obispos y abades en la iglesia occidental. En oriente usan coronas de metal. Su uso se remonta al s.XI y al *camelaucum,* la tiara papal. Se la ponen en todas las ocasiones y servicios solemnes, pero se las quitan durante las oraciones y el canon de la misa. Las hay de tres clases: Primero, la m. preciosa que se usa en las festividades y en los domingos ordinarios; está adornada de oro, o de oro y piedras preciosas. Segundo, la m. de oro que se usa en las temporadas penitenciales; está hecha de brocado de oro. Tercero, la mitra sencilla que se usa en los funerales y en Viernes Santo; está hecha de lino o seda blancos y sencillos. A partir del s.XIX los obispos anglicanos las han usado también. Tienen forma de escudo. PETER TOON

MITRAISMO →MISTERIO, RELIGIONES DE

MODALISMO →SABELIANISMO

MODERADOR. Título que se da al oficial que preside diversos tribunales en las iglesias reformadas. El término fue ocasionalmente empleado por Juan Calvino pero, con la formación de la Iglesia Reformada de Francia en 1559, se convirtió en título del presidente de las asambleas oficiales de la iglesia. Parece que se adoptó el título de m. para destacar la igualdad de todos los presbíteros. Fue adoptado por la Iglesia Reformada Escocesa en 1563 y se ha empleado en forma general por todos los cuerpos presbiterianos desde entonces. Los intentos realizados en diversos momentos para tener moderadores permanentes, a veces con el título de "obispos", ha encontrado eficaz oposición como contrario al principio de que la única cabeza de la iglesia es Cristo. W.S. REID

MODERNISMO. Se aplicó el término a un movimiento dentro de la ICR a comienzos de siglo XX. El m. aceptaba la "alta crítica" bíblica como reacción contra el escolasticismo y la teología dogmática catolicorromana tradicional, considerando los dogmas solo como símbolos de alto valor moral. Las figuras principales del movimiento fueron A.F. →Loisy, que defendía la "reconstrucción" del AT de Wellhausen, F. →Von Hügel, y G.H. →Tyrrell. El movimiento fue condenado por la encíclica *Pascendi* de Pío X en 1907. Alrededor de ese tiempo surgió en la Iglesia de Inglaterra un movimiento semejante, cuyo centro fue la *Modern Churchman's Union.*

En sentido lato, el término "m." se ha usado peyorativamente para caracterizar las diversas variedades de teología postkantiana que han adquirido popularidad en las iglesias protestantes durante el último siglo o algo más. Dichas variedades han adoptado una actitud de "alta crítica" hacia las Escrituras y hacia la idea misma de revelación como fuente de conocimiento de Dios para el hombre. La fe cristiana histórica, que abarca la creación, la caída y la redención por gracia en Jesucristo, se descartó. En su lugar se han hecho distintos esfuerzos por reconstruir la fe cristiana en líneas concordantes con los "nuevos descubrimientos" de la ciencia y la historia y por comprender el progreso del reino de Dios simplemente como mejoramiento social y político. En sus estudios del NT el m. se expresó en la búsqueda de un Cristo histórico des-sobrenaturalizado en los evangelios. El término "liberalismo" suele usarse como equivalente de m. aun cuando las actitudes "liberales" en el protestantismo anteceden con mucho al surgimiento del m.

Teológicamente, la fuente del m. ha de hallarse en gran parte en la obra de →Schleiermacher y de →Ritschl, quienes seguían las críticas de →Kant sobre la metafísica tradicional y que a su vez fueron seguidos por un ejército de popularizadores como R.J. Campbell en Gran Bretaña y H.E. →Fosdick en EUA. Otras fuentes se hallan en S.T. Coleridge, T.H. Green y los anglicanos de la *Broad Church* (Inglaterra), los Cairds (Escocia), y más adelante la Teología de →Nueva Inglaterra (EUA).

Actitudes y argumentos antimodernistas están representados (en diversas fases) por el Movimiento →Oxford, la controversia de los "degradadores" entre los bautistas británicos, y la publicación y amplia circulación en EUA de *The* →*Fundamentals* (1909-15). El →"fundamentalismo" norteamericano, si bien de posición antimodernista, no debe equipararse al protestantismo histórico dado su antiintelectualismo y su voluntario aislamiento cultural. El más brillante análisis y acusación del modernismo desde el punto de vista de la fe reformada histórica es *Christianity and Liberalism* (1923), de J.G. →Machen.

La Guerra Mundial I, Karl →Barth y la aparición del movimiento de la "teología bíblica" con su actitud más constructiva hacia las Escrituras produjeron la declinación del modernismo en su forma "clásica", aunque algunos considerarían el barthianismo como seguidor en lo esencial de supuestos modernistas. Muchos, como Reinhold →Niebuhr, laborando sobre supuestos "modernistas" acerca de las Escrituras y de la teología cristiana, han adoptado puntos de vista menos optimistas sobre la naturaleza y cultura humanas. A partir de la declinación del modernismo, quienes intentan la moderna reconstrucción de la fe cristiana de acuerdo con reconocibles premisas postkantianas, tales como P. →Tillich y J.A.T. →Robinson, prefieren pensar de sí mismos como teólogos "radicales". PAUL HELM

MOFFAT, ROBERT (1795-1883). Misionero escocés al Africa. N. en East Lothian, su educación fue escasa pero, luego de convertido y tras alguna vacilación, fue aceptado por la Sociedad Misionera de Londres, para trabajar en Africa. Fue allá en 1816 y en 1825 se estableció en Kuruman, Bechuanalandia, que se convirtió en cuartel general de todas sus actividades durante 45 años.

M. consideraba su trabajo en un cuádruple aspecto. (1) *Evangelización,* que, según su firme convicción, debía siempre anteceder a la civilización. En consecuencia, hizo de Kuruman un centro desde el cual la influencia cristiana irradiaba sobre una vasta área. Cuando en 1870 partió, toda una región había sido cristianizada y civilizada y se habían formado muchas congregaciones cristianas de africanos, atendidas por pastores africanos capacitados. (2) *Exploración,* con el propósito de extender la obra misionera. En 1816 únicamente se conocía la relativamente pequeña colonia del Cabo. El río Orange era el límite N de un territorio parcialmente conocido. El río Kuruman, a cuya vera había establecido M. su cuartel general, quedaba más allá. Ya en 1870 el Africa había sido en gran parte explorada hasta el Zambesi y más adelante, mucho de ello por M. y su yerno David →Livingstone. (3) *Literatura.* Por su completo dominio de la lengua Sechuana pudo traducir toda la Biblia, componer himnos y escribir libros, suministrándoles a los africanos la base para educarse, instrumentos para el culto y el estudio y el germen de una literatura. (4) *Civilización,* especialmente en agricultura. Introdujo la irrigación, el empleo de abonos naturales, la conservación forestal y nuevos cultivos. En esto, como en otros aspectos, su trabajo preparaba el terreno para otros.

La completa dedicación, el perfecto altruismo, la sagacidad, sencillez de carácter e inquebrantable fe en el poder del Evangelio fueron algunas de las cualidades que hicieron de M. un varón de Dios y un destacado líder cristiano. La salud quebrantada lo obligó a salir de Africa en 1870; murió en Kent, Inglaterra, trece años después.

J.W. MEIKLEJOHN

MOGROVEJO, TORIBIO ALFONSO (1538-1606). Segundo Arzobispo de Lima desde su llegada al →Perú (1581) hasta su muerte. Fue beatificado en 1679 y canonizado en 1726. N. en Mayorga, España, se formó en Valladolid y Salamanca como eclesiástico, canonista e inquisidor, siendo nombrado por Felipe II para la sede de la capital peruana vacante desde la muerte del Arzobispo Loaysa. Poseedor de un fuerte sentido pastoral, viajó incesantemente por el amplio territorio a su cargo en el momento en que la Iglesia Católica se organizaba institucionalmente en medio del sangriento proceso de conquista.

El Concilio Limense III (1582), que convocó, tuvo que adaptar al suelo sudamericano las reformas de →Trento. Se celebró en medio de diversas peripecias debido a su celo moralizador y las tensiones con el poder político realista. Sentó así bases institucionales permanentes y notables dentro de las circunstancias del momento.

Los Concilios IV y V, que también convocó, no tuvieron el mismo éxito y trascendencia. Tampoco pudo ver coronado su esfuerzo por construir la catedral limeña. En cambio, la fundación del Seminario (1591), que hoy lleva su nombre, lo mismo que su firme defensa de los indios frente a los abusos de los conquistadores, marcaron sus últimos años con un continuo conflicto con la autoridad civil, que se agudizó cuando en 1594 envió un memorial al Papa, sin pasar por el conducto regular de la corona. Mantuvo, sin embargo, su autoridad por su capacidad de combinar el espíritu del jurista con el del apóstol, que según testimonio propio había "recorrido 3 mil leguas y confirmado 500 mil almas".

SAMUEL ESCOBAR

MOHR, JOSEF (1792-1848). Autor de la letra del villancico *"Stille Nacht"* ("Noche de paz"). N. en Salzburgo, Austria, y cantó como niño y joven en el coro de la catedral. Después de su ordenación en 1815 como sacerdote catolicorromano, sirvió en varias parroquias del vecindario. Recién asignado a la iglesita San Nicolás en la aldea de Oberndorf, M. fue invitado a la casa de un parroquiano rico para presenciar un drama rústico de Navidad en 1818. Inspirado por la hospitalidad y por la sencillez conmovedora de la obra, él subió a una colina a contemplar el pueblo, y a la medianoche regresó a casa para escribir las cinco estrofas que toda la cristiandad conoce.

Al día siguiente, M. llevó su letra a Franz Grüber, maestro de escuela y organista de la iglesia. Ya para la Misa del Gallo de esa noche estaba listo el arreglo musical para dos voces solistas, coro y guitarra (ya que el órgano estaba en reparación). La grata sorpresa de su estreno impresionó mucho a un constructor de órganos presente, que llevó la melodía en su oído a la aldea cercana de Zillerthal; de él la aprendieron las hermanas Strasser, cantantes de folklor, y desde entonces no hay cómo detener la popularidad del villancico.

RICARDO FOULKES B.

MOLINA, LUIS DE (1535-1600). Teólogo jesuita español. N. en Cuenca. Después de cursar las humanidades en su ciudad natal, comienza leyes en Salamanca, pero sin terminar estos estudios se traslada a la Universidad de Alcalá. Decide ingresar en la Compañía de Jesús, y en 1553 entra como novicio en el Colegio que la Compañía tenía en Coimbra.

Una vez terminados los estudios de filosofía y teología, enseña filosofía en Coimbra. En 1568 es trasladado a Ebora, donde enseña teología hasta 1583, cuando una grave enfermedad le aparta de su cátedra. Precisamente durante su convalescencia escribe M. su obra maestra, *Concordia liberi arbitrii cum gratiae donis, divina praescientia, providentia, praedestinatione et reprobatione,* publicada en Lisboa en 1588, y que estuvo a punto de ser incluida en el →Indice de libros prohibidos.

En la *Concordia* M. trata de poner de acuerdo la libertad humana con la presciencia divina, la providencia, y la predestinación, subrayando la influencia de la libertad en los actos humanos. Los →jesuitas adoptaron en principio la teología molinista, modificada luego por los teólogos Roberto →Belarmino, y Francisco →Suárez.

En 1594 las doctrinas de M. producen en Valladolid tales tumultos entre dominicos y jesuitas que obligan a intervenir al papa →Clemente VIII. Este encarga a los superiores de las dos órdenes que presenten sus razones por escrito, y les prohíbe las discusiones sobre la materia.

Molina abandona Ebora en 1586, y se traslada a Lisboa. En 1600, tras un año de estancia en Cuenca, muere en Madrid a donde había sido llamado para explicar Teología Moral.

ENRIQUE FERNANDEZ Y FERNANDEZ

MOLINOS, MIGUEL DE (1640-1697). Quietista español. N. en Muniesa de padres nobles, se educó en Coimbra y en 1663 se estableció en Roma, donde llegó a ser notable sacerdote y confesor y captó la amistad de eclesiásticos prominentes, incluyendo al futuro papa Inocencio XI. En 1675 produjo su famosa *Guida Spirituale.* Dicha obra, profundamente influida por el neoplatonismo y el misticismo medieval, marca un camino hacia la perfección, el aniquilamiento de la voluntad y la unicidad con Dios, obstáculo contra lo cual son las prácticas externas, aun el sobreponerse a la tentación. La obra fue de inmediato atacada por los jesuitas, quienes la tildaron de jansenista y quietista, pero la Inquisición la aprobó. A principios de la década de 1680 su fama se extendió por todo el mundo cristiano y sus enseñanzas, con resultados devastadores, se aplicaron en algunas casas religiosas. En 1685, por instigación de Luis XIV, Inocencio XI –que se sentía amenazado por su amistad con Molinos– fue instado a encarcelar al autor, quien en 1687 fue juzgado y condenado y que, aunque forzado a retractarse, fue encalabozado por el resto de sus días, acusado de inmoralidad. El triste fin de Molinos provocó honda compasión en el mundo protestante e intenso antijesuitismo entre los católicos.

IAN SELLERS

MOLTMANN, JURGEN (1926-). Teólogo reformado alemán, autor y proponente de la →"Teología de la esperanza". Profundamente afectado por experiencias vividas bajo el nazismo, en el campo de concentración, M. comenzó su reflexión teológica con fuertes influencias de la teología bíblica (van Rad, Käsemann), de la teología histórica

(→Duns Escoto) y de la fenomenología de la religión (Víctor Maag). Pero la pieza crucial para su síntesis vino con la lectura, profundamente conmovida, de *El Principio Esperanza* por Ernst →Bloch. Moltmann aceptó en su totalidad el principio integrador de Bloch, la esperanza (el "todavía-no-ser" como estructura ontológica, el hombre como ser que espera, la utopía como fermento del futuro). Pero en diálogo con Bloch, M. investiga la base y la posibilidad de la esperanza, puesto que la muerte parece ser la última palabra en cuanto a la existencia personal, y la entropía termodinámica, la última palabra en cuanto a la realidad cósmica. Para M. esto demuestra que solo la escatología bíblica del mesianismo profético (del cual, según Bloch mismo, proviene la "escatología" de la esperanza, que permea, p.e. el pensamiento de →Marx), y específicamente la resurrección de Cristo, pueden fundamentar una esperanza válida y convincente. "Si Cristo no ha resucitado, somos de todos los hombres los más miserables". Así, la resurrección, se percibe como la base de la esperanza, y la esperanza como fundamento y meollo de toda la teología (→TEOLOGIA DE LA ESPERANZA).

En las publicaciones de M. se destacan tres libros, que constituyen una especie de trilogía trinitaria: *La Teología de la Esperanza, El Dios Crucificado* (cristología), y *La Iglesia en el Poder del Espíritu* (pneumatología, eclesiología). El primero destaca especialmente su visión dinámica del "Dios de la Esperanza" cuya promesa es principio y poder del futuro, el Dios del camino abierto del proceso histórico que nos llama hacia el futuro del Resucitado.

El Dios Crucificado complementa el énfasis sobre la resurrección con una fuerte teología de la cruz (la de →Lutero). Parte del dilema actual del cristianismo es su crisis de pertinencia o compromiso (con el peligro de perder su auténtica identidad) y su crisis de identidad (con el peligro de perder su significado en el mundo actual). El dilema encuentra su solución en la cruz, donde Dios mismo en Cristo se identifica con el pecador, el rechazado, el despreciado. Dios mismo se hace el blasfemo, el maldito (Ga. 3:13), el desamparado. Pero el Crucificado es el Resucitado, cuyo futuro es la esperanza que nos inspira a nuestra fidelidad y nuestro compromiso hoy.

M. ha ejercido considerable influencia en diversos teólogos latinoamericanos (p.e. en la cristología de Jon Sobrino), aunque también ha sido duramente criticado (p.e. Rubem →Alves, *Religión: opio o liberación;* Hugo →Assman, *Opresión-Liberación*). En 1976 M. se dirigió críticamente a los teólogos de la liberación, en su "Carta Abierta a José Míguez Bonino, (ver *Cuadernos de Teología,* Vol. III, p. 188). En 1977, dictó la Cátedra Carnahan en el Instituto Superior de Estudios Teológicos en Buenos Aires y participó en un "Encuentro de Teologías" en la Comunidad Teológica de México. JUAN E. STAM

MONAQUISMO. La palabra griega *monajós* probablemente significó al comienzo "soltero" antes que "solitario" (→ASCETISMO). Los ascetas, especialmente las mujeres, tendían a apartarse de la congregación así como de la sociedad mucho antes de que el m. propiamente dicho comenzara. La total separación del mundo, a imitación de tradiciones judaicas y cristianas de retiro espiritual "al desierto" y la convención pagana de "marginarse" para evadir cargas sociales, produjo en Oriente a fines del s.III los ermitaños (eremitas) o anacoretas como →Antonio de Egipto, quien no fue el primero (ni aun descartando el Pablo de Tebas citado por Jerónimo) pero sí el más influyente. El retiro en procura de la perfección fue estimulado por la creciente relajación dentro de la iglesia –helenizada, en paz y bajo el patrocinio imperial– y por el anhelo de heroísmo y martirio de los laicos enfrentados al creciente dominio episcopal. Los ermitaños, que en Egipto eran principalmente *fellahin* coptos, abandonaban tanto la civilización como la iglesia pero, como admiradores e imitadores iban tras ellos, surgieron colonias informales, especialmente en los desiertos de Nitria y Scete al SO del delta del Nilo donde, en los ss.IV y V los solitarios llevaban una vida rudimentariamente colectiva. Predominaban las tareas manuales; el saber era mínimo.

El m. cenobítico ("vida en común") fue llevado a Egipto por →Pacomio (m.346), quien sometía sus diversas comunidades a una elemental "regla" común. Se multiplicaron los monjes en éstas y en monasterios independientes y en torno a centros como Oxirrincos. Fueron la avanzada en la eliminación de la herejía y el paganismo en las regiones rurales de Egipto. La espiritualidad de los Padres del Desierto, arraigada en las enseñanzas de →Orígenes, se ha preservado en colecciones de *Sentencias de los Padres* y fueron excelentemente sistematizadas por →Evagrio Póntico (m.399), quien influyó en Paladio (el historiador de los orígenes del m.), en Juan →Casiano (el cual transmitió a Occidente la piedad anacoreta), y más tarde en teólogos ascético-místicos bizantinos.

En Palestina →Hilarión (m.371), discípulo de Antonio, propagó el anacoretismo cerca de Gaza y →Epifanio, futuro obispo de Salamina (m.403), fundó la primera institución cenobítica en las cercanías. Los sitios bíblicos atraían a los eremitas y comunidades y Jerónimo y Rufino de Aquileia estuvieron asociados con matronas romanas en conventos de monjas de Belén y Jerusalén a fines del s.IV. Una gran institución palestinense fue la *laura,* que combinaba un régimen esencialmente ermitaño con la común sujeción a un "Padre". Eutimio el Grande (m.473) y Sabas (m.532) rigieron famosas *lauras.*

El origen del m. en Siria fue independiente de los modelos egipcios. Jacob de Nisibis (m.338) y Juliana Saba cerca de Edesa (m.366/7) fueron prominentes anacoretas primitivos. El inveterado ascetismo sirio, más tarde viciado por el dualismo a lo maniqueo observable en los →mesalianos, produjo manifestaciones extremas y hasta suicidas en los →estilitas eremíticos, los "come hierba" (que vivían como animales), y los exiliados vagabundos. El cenobitismo, al cual se opuso Efraín el →Sirio, finalmente surgió mediante las influencias egipcia y maniquea. La importancia primordial de Siria en el desarrollo del m. evidente en el uso egipcio del siriaco *abba,* "padre", se extiende al m. misionero de la iglesia persa y a sus comienzos en Asia Menor Oriental. Aquí las exageraciones de →Eustacio de Sebaste, condenadas en el Concilio de Gangra (c.343) tanto como las aberraciones mesalianas, fomentaron sospechas en gran parte eliminadas por →Basilio de Cesarea (m.379). Abjurando de la soledad y de las acrobacias ascéticas en pro de una "hermandad" de amor y servicio según el modelo de los primitivos grupos ascéticos, Basilio garantizó la aceptación eclesiástica del m. en Asia Menor, p.e. en Constantinopla en la década del 380. Las Reglas informales de Basilio influyeron en la mayor parte del subsiguiente progreso monacal en Oriente.

La independencia y el individualismo del primitivo m. oriental fueron progresivamente eliminados mediante la disciplina de reglas y sujeción a la jerarquía eclesiástica, notablemente por los cánones de Calcedonia. Los monjes se distinguieron en las controversias origenistas, intervinieron tempestuosamente en las disputas cristológicas del s.V, y se convirtieron en el "frente democrático" de la iglesia bizantina.

El m. se trasladó del Oriente al Occidente mediante viajeros como el exiliado →Atanasio y →Jerónimo y mediante relatos de lo que ocurría en Egipto. Desde el principio su impacto se sintió en círculos clericales y cultos como nunca se sintió en parte alguna de Oriente. Los grupos clericales en Italia del N en torno a Eusebio de Vercelli (m.371) y más tarde de Jerónimo y →Rufino, fueron seguidos más adelante por la defensa del m. por →Ambrosio en Milán y →Agustín en Africa del N. (En Africa del N los circunceliones ya antes habían monopolizado el ascetismo en favor de los →donatistas. De modo similar en España los heréticos →priscilianistas desacreditaron el ascetismo.) La propaganda ascética de Jerónimo atrajo seguidores entre la aristocracia romana, aunque también suscitó desaprobación eclesiástica. Los ideales anacoréticos tuvieron enorme influencia en Francia mediante los tempranos esfuerzos de →Martín de Tours (m.397) y más tarde de Juan Casiano (m.435), y en la céltica Irlanda donde, en el s.VI por influencias derivadas en parte directamente del mediterráneo oriental, la iglesia entera adoptó un molde monástico en que los rigores penitenciales y el exilio (misionero) sobresalían.

Las reglas monásticas se multiplicaron en los ss.V y VI (cp. Agustín, →Cesario de Arles, Columban) solo para ser eclipsadas a su tiempo por la Regla de →Benedicto (c.540) que, según consenso, se considera en gran parte basada en la *Regla del Maestro* (c.530). El modelo benedictino, liberado del aislacionismo de Benedicto, dominó el progreso del m. en la Europa medieval. En la iglesia bizantina se reverenciaba a Basilio como el patriarca del m., mientras Teodoro de Studium (m.826) fue más tarde importante organizador monástico. D.F. WRIGHT

MONARQUIANISMO. Se denomina así a un movimiento teológico de los ss.II y III ubicado principalmente en Asia Menor y en Roma pero también común en otros sitios. Fue Tertuliano quien acuñó el término "monarquiano" en el s.III. Si bien la palabra puede incluir un punto de vista ortodoxo de la Trinidad, suele describir a quienes apoyaban un punto de vista unipersonal y no trinitario de la naturaleza divina, con el fin de preservar la unidad de Dios.

Dos formas de la doctrina son discernibles. Primero, el adopcionismo o el m. dinámico que gira en torno a los problemas planteados por la cristología en los primeros tiempos del cristianismo. Considera a Jesús como un hombre sin igual que fue divinamente energizado por el Espíritu Santo (lo cual suele considerarse que ocurrió en el bautismo) y llamado a ser el Hijo de Dios. Teodoto de Bizancio expuso dicha doctrina en Roma c. 210 d.C. Opiniones semejantes sostenía →Pablo de Samosata. Mucho antes los →Ebionitas y →Cerinto (contemporáneo del apóstol Juan en Efeso) sostenían que Jesús era un galileo divinamente energizado. 1 Jn. condena esa tesis (cp. 5:6).

Segundo, el m. modalístico o →sabelianismo. La encarnación de Dios Padre se planteaba como un esfuerzo por mantener tanto la divinidad del Hijo como la unidad de Dios. Esta tesis ejerció influencia en Roma alrededor de 200 d.C. por medio de →Noeto, →Praxeas y Sabelio. Fue vigorosamente adversada por →Tertuliano en Africa del N y por Hipólito en Roma. El apodo de "patripasianos" tiene relación con la burla de Tertuliano según la cual con su doctrina Praxeas "puso en fuga al Paráclito y crucificó al Padre". El apelativo de "modalistas" tiene que ver con la enseñanza de que Dios se revelaba a veces bajo el modo de Padre, a veces bajo el modo de Hijo y a veces bajo el modo de Espíritu Santo. Según Hipólito, Noeto enseñaba que si Cristo es Dios es, sin duda, el Padre, o no sería Dios; por tanto, si Cristo sufrió, sufrió el Padre.

El m. dinámico y modalista representó tempranos intentos erróneos por tomar los hechos empíricos de la fe cristiana ajenos a la persona de Jesucristo y a la venida del Espíritu Santo, y asimilarlos a un no bien examinado concepto de unidad. Los hechos de la revelación bíblica exigían el reconocimiento de la plena personalidad del Padre, el Hijo y el Espíritu Santo. Solo gradualmente adquirieron los cristianos categorías y vocabulario adecuados para la nueva revelación. (→ENCARNACION, TRINIDAD, SUBORDINACIONISMO). SAMUEL J. MIKOLASKI

MONASTERIO. Morada de una comunidad de personas que viven apartadas del mundo, dedicadas a la vida de ascetismo y oración en procura de la santificación personal, generalmente unidas bajo la autoridad de un superior para obedecer una regla común por votos de pobreza, castidad y obediencia. El término abarca tanto instituciones eremíticas (ermitaños) como cenobíticas (comunales) para hombres y mujeres. Tras su aparición en el s.IV, el monasterio cristiano se convirtió en importante fuerza civilizadora y evangelizadora —a veces a despecho de la intención de los monjes— especialmente por el estímulo que se daba al estudio y la copia de manuscritos. Tradicionalmente el monasterio procuró bastarse a sí mismo, incorporando todos los edificios necesarios para la vida en común, los cuales incluían su capilla y su claustro, de los cuales están excluidos los extraños, dentro de un predio murado.

MARY E. ROGERS

MONICA (331/2-387). Nombre berberisco, más correctamente, "Monnica". Madre de →Agustín de Hipona. Hija de padres cristianos, profundamente influida por su niñera, se casó con Patricio de Tagaste (en Numidia), el cual era un pagano con un cargo cívico (curial), recursos económicos modestos y genio desabrido, que se convirtió al cristianismo poco antes de morir en 372. Sus hijos incluían a Navigio (convertido junto con Agustín); una hija viuda que regía un convento en Hipona para el cual escribió más tarde Agustín la base de la "Regla de San Agustín"; Agustín (probablemente el menor); y posiblemente un hijo y una hija más. Las *Confesiones* de Agustín retratan a Mónica como su madre espiritual que lo persiguió con oraciociones, lágrimas y admoniciones hasta Cartago y Milán, *une femme formidable* de vigorosa pero sencilla piedad cuyos designios respecto a la carrera de él a veces chocaban con los propósitos que tenía para el progreso espiritual del joven. En los escritos Cassiciacum de Agustín la vemos poseída de una sencilla sabiduría profética. Murió en Ostia después de narrarle a Agustín una visión de éxtasis místico (¿neoplatónico?). Allí se descubrió en 1945 parte de su epitafio original. Veneración a ella recibió impulso con el traslado de sus restos a las cercanías de Arras (1162) y a Roma (1430). Todavía es predilecta de hagiógrafos. D.F. WRIGHT

MONJA. Término que se aplica a la mujer que ha profesado votos de pobreza, castidad y obediencia, precisamente aplicadas solo a mujeres que vivan en comunidades estrictamente enclaustradas y con menor rigor aplicado a mujeres dedicadas al servicio del mundo, más correctamente llamadas "hermanas". Los tres grandes líderes monásticos, Pacomio, Basilio y Benedicto, establecieron cada uno una fundación regida por una hermana suya, y Agustín preparó una influyente carta de instrucciones para una comunidad de mujeres. La rigurosa reclusión de las religiosas impuestas por la Iglesia Oriental no tuvo igual en Occidente hasta que la bula *Periculoso* de Bonifacio VIII la confirmó en el Concilio de Trento. Mediante sus términos, las monjas no pueden abandonar sus claustros ni recibir a extraños, ni siquiera mujeres.

MARY E. ROGERS

MONJE. Palabra de origen incierto, probablemente del griego *monos* ("solitario") pasando por el latín *monicus.* Designa al miembro de una comunidad religiosa que vive bajo los votos de pobreza, castidad y obediencia. Jamás adquirió un sentido técnico claramente definido, pero su empleo se limita propiamente a grupos en que la vida en común es elemento integral y no se extiende a formas posteriores, p.e. a las órdenes mendicantes.

J.D. DOUGLAS

MONOFISISMO. Controversia en la Iglesia Oriental que provocó escisiones duraderas. La controversia abarca no solo factores religiosos, sino también políticos.

El Concilio Ecuménico de →Calcedonia (451) fue convocado para pacificar el espíritu conflictivo que surgía respecto a la naturaleza y persona de Jesucristo. El papa León de Roma había escrito su *Tome* ("Epístola dogmática") para la reunión de Efeso, celebrada dos años antes del Concilio de Calcedonia. Como la conferencia de Efeso resultó tan vergonzosa, a menudo llamada Concilio de los Ladrones (→EFESO, LATROCINIO DE), la sesión de Calcedonia condenó lo actuado en Efeso y aceptó el documento del papa León como la regla de fe. El concilio pasó a aprobar y presentar el famoso texto del dogma de Calcedonia.

Dicho texto emitido en Calcedonia presentaba claramente ambos lados de la Encarnación sin entrar en explicaciones filosóficas sobre cómo están unidas ambas naturalezas de Cristo. Lo proclamaron "verdadero Dios y verdadero hombre". Al mismo tiempo el concilio tuvo el cuidado de señalar que parte del carácter único de Cristo era el ser uno en persona y sustancia y no dividido en dos personas.

Desdichadamente, del concilio de Calcedonia no surgió la unidad. Lejos de acabar con la controversia no fue sino el comienzo de una disputa que habría de tener efecto inmediato sobre la iglesia cristiana durante los dos siglos siguientes, además de efectos duraderos. La oposición a las dos naturalezas de Cristo se llegó a conocer como "monofisismo". La palabra se deriva de dos griegas: *monos* ("solo") y *fusis* ("naturaleza"). El énfasis principal de este movimiento era que en la Encarnación hay solo una naturaleza y no dos. Esto, creían ellos, era la única manera de proteger la doctrina de la unidad de la persona de Cristo. Adjudicarle a Cristo dos naturalezas era negar que el hombre pudiera alcanzar la final unidad con Dios, meta de la salvación. Resultado de este énfasis es disminuir la humanidad de Cristo y dejarla sin importancia.

Esta reacción frente a la ortodoxia, que parece surgir súbitamente después de Calcedonia, en realidad se remonta a aspectos previos de la historia cristiana. Parte de sus raíces puede encontrarse en el monaquismo cristiano tal como se practicaba en la región sirio-palestinense y en Egipto. Los monjes luchaban de continuo contra su propia humana debilidad y pecaminosidad. Vencer la propia humanidad significaba obtener la victoria cristiana. Lo que se identificaba como humano debía ser destruido en el carácter del individuo. Que Cristo tuviera una naturaleza humana semejante a la suya sería impensable para el monje oriental.

El m. fue también una reacción contra el →nestorianismo. Nestorio, que llegó a ser patriarca de Constantinopla en 428, se oponía a que a María se le aplicara la expresión "madre de Dios". María, creía él, era la madre de Cristo, pero no la madre del Logos eterno. El nestorianismo llevó la tesis de su fundador un poco más allá de lo que él tenía en mente. Insistió en la distinción entre las dos naturalezas de Cristo hasta llegar a una doble personalidad. Jesús no era el Dios-hombre, sino más bien el hombre porta-Dios. Esto condujo a la definida dualidad en la persona de Cristo.

El m. fue sumamente popular entre los laicos de la iglesia oriental. Esa popularidad de masas halló expresión en muchos brotes de violencia tales como los de Alejandría, Antioquía y otros centros eclesiásticos del Medio Oriente. Hasta el día de hoy esta cuestión de la naturaleza de Cristo constituye una de las principales divisiones teológicas entre varias de las iglesias orientales.

GEORGE GIACUMAKIS, Jr.

MONOTELITAS. La cuestión de si había dos voluntades (diotelismo) o una voluntad (monotelismo) en el Verbo hecho carne, era inevitable. El arreglo de →Calcedonia había insistido en la doctrina de las dos naturalezas del Hijo encarnado. Pero algunos de los seguidores de →Cirilo de Alejandría, al creer que toda sugerencia de dualidad necesariamente llevaría a recaer en el →nestorianismo, quedaron descontentos. Estos opositores de Calcedonia fueron conocidos como monofisitas.

Argumentando que los términos "naturaleza" y "persona" eran sinónimos, procuraban el triunfo de la fórmula de Cirilo: "una naturaleza en el Verbo hecho carne". Cirilo había aceptado los términos de Calcedonia, pero en su esfuerzo por vencer toda idea de una nestoriana yuxtaposición de naturalezas, se había permitido emplear la frase "una naturaleza". Sus seguidores monofisitas tenían menos interés en mantener la doctrina de la doble naturaleza. No obstante, bajo la influencia de→Leoncio de Bizancio (s.VI), se efectuó una interpretación de Calcedonia en sentido cirílico. Pero el descontento con el arreglo continuó y halló expresión en un renovado conflicto sobre si el Cristo de dos naturalezas poseía una o dos voluntades.

Claramente, el complemento ético del Monofisismo es el m. Para aclarar la cuestión —la cual, como la anterior controversia sobre diofisismo y monofisismo por poco escinde el imperio— el emperador Heraclio dio instrucciones a →Sergio (m.638), patriarca de Constantinopla, para que hallara una fórmula de mediación que pacificara a los monofisitas. Entonces Sergio propuso la tesis de que el Verbo-hecho-carne lo hizo todo mediante la acción de una sola energía divino-humana.

Pero la fórmula fue adversada por Sofronio, que luego sería patriarca de Jerusalén y ello obligó a Sergio a replantear su tesis. Entonces descartó el concepto de "energía" y afirmó la existencia de una voluntad en el Cristo divino-humano. Mas para quienes sostenían la doctrina de Calcedonia, dos naturalezas llevaban implícitos dos centros volitivos. La candente controversia sobre el problema se prolongó hasta que el Concilio de →Constantinopla (681), sexto concilio ecuménico de la iglesia, falló en contra (quizá equivocadamente) del monotelismo y adoptó el diotelismo —las dos voluntades— como más concordante con las dos naturalezas indivisibles de Cristo, tesis de Calcedonia.

H.D. McDONALD

MONTANISMO. Poco después de la mitad del s.II Montano proclamó el inminente advenimiento de la Nueva Jerusalén, señal de lo cual habría de ser el derramamiento del Espíritu Santo. El movimiento subsiguiente fue especialmente fuerte en Frigia.

Montano, recién convertido al cristianismo, se creyó el profeta elegido de Dios y a sus seguidores se les alentaba para que se consideraran grupo selecto de cristianos "espirituales". La preparación para el advenimiento había de estar precedida por una separación del mundo. Se convocaba a días especiales de ayuno y la persecución había de esperarse y aun de incitarse para que la iglesia fuera la purificada y digna Esposa del venidero Cristo.

La oposición al movimiento la inició el papa Eleuterio y la continuaron escritores como Milcíades y Claudio→Apolinar. En 230 el grupo fue virtualmente excomulgado: el sínodo de Iconio se negó a reconocer la validez del bautismo montanista. El m. continuó existiendo clandestinamente, especialmente como protesta contra el creciente formalismo y mundanalidad en la iglesia oficial. El más ilustre producto del m. fue →Tertuliano. El movimiento tiene semejanza con las muchas sectas iluministas y milenaristas que florecieron por el tiempo de la Reforma y después.

H.D. McDONALD

MONTESINOS, ANTONIO DE (m.1545). Fraile dominico español, misionero al Nuevo Mundo y el primero en protestar contra la crueldad que se hacía a los indios. Vino a la Isla Española (Santo Domingo) con el primer grupo de →dominicos en 1510. En seguida quedó profundamente mal impresionado con el trato que los colonos españoles daban a los indígenas. El cuarto domingo de adviento en 1511 predicó un sermón, titulado "Soy una voz que clama en el desierto", que fue una vehemente protesta contra el maltrato al indio. Acusó a los colonos de estar en pecado mortal por su crueldad y tiranía y de que su conducta era peor que la de los paganos.

Los colonos se enojaron y exigieron al gobernador, Diego Colón, que pidiera a los dominicos una explicación y el desagravio correspondiente. El vicario, Pedro de Córdova, les dijo que M. había hablado en nombre de la comunidad de dominicos. El siguiente domingo M. predicó un sermón aun más violento que el anterior.

Llegaron a la corte española noticias de las predicaciones revolucionarias de M. El monarca, como patrono de la Iglesia de las Indias, convocó en 1512 una junta de teólogos, la cual aprobó siete proposiciones que abogaron por un tratamiento mejor para los indígenas. El mismo M. escribió una defensa del indio: *Informatio iuridico in indorum defensionem.*

M. fue precursor de Bartolomé de →Las Casas, quien se hallaba entre los que oprimían a los indios cuando M. lanzó sus andanadas en contra de la crueldad de los colonos. Sin

duda el mensaje de M. contribuyó a su "conversión". CARMELO E. ALVAREZ
WILTON M. NELSON

MONTEVERDI, CLAUDIO (1567-1643). "Creador de la música moderna" y quizás el genio musical más grande de su generación. Se destacó en todas las formas de música de su época. Si no fue innovador, por lo menos tenía la facultad de poder tomar las nuevas ideas y modalidades de expresión musical y ponerlas por obra. Compuso música sagrada del estilo tanto renacentista como barroco con un uso más libre de la disonancia y el cromaticismo, y defendió elocuentemente por escrito sus métodos ante los críticos. Sucedió a Giovanni →Gabrieli en la basílica de San Marcos en Venecia. Aquí regresó Heinrich →Schütz, ya un compositor maduro, para aprender más de él. En el campo secular M. fue el último madrigalista y el primer compositor de ópera. J.B.McMILLAN

MONTEVIDEO, CONGRESO EVANGELICO (1925) →ASAMBLEAS ECUMENICAS EVANGELICAS

MOODY, DWIGHT L. (1837-1899). Evangelista norteamericano. N. en Northfield, Massachusetts, donde asistió a la escuela hasta la edad de trece años, cuando salió a trabajar. A la edad de diecisiete se fue de Northfield a Boston, donde se empleó en una zapatería. Aunque había sido bautizado por un ministro unitario en Northfield, M. empezó a asistir a la Iglesia Congregacional Mount Vernon, en Boston. Por influencia de su maestro de escuela dominical, Edward Kimball, se convirtió a la fe en Cristo. Dada su ignorancia respecto a la doctrina de la iglesia, durante un año se le negó la plena afiliación a la iglesia, pero finalmente fue recibido en 1856.

Descontento en Boston, partió hacia Chicago (1856) en donde progresó como agente comercial viajero. Ingresó en la Iglesia Plymouth y pronto alquiló cuatro bancas para hombres que invitaba en los hoteles y en las esquinas. En 1858 M. organizó la Escuela Dominical de North Market e indujo a John V. Farwell, prominente hombre de negocios, para que fuera superintendente de la misma. Dos años más tarde resolvió renunciar a los negocios y dedicarse por entero a la obra de la escuela dominical y de la →Asociación Cristiana de Jóvenes.

Durante la Guerra Civil se lanzó a trabajar entre los soldados sin abandonar su escuela dominical de Chicago. Pronto estableció la iglesia no denominacional de Illinois Street y viajó con frecuencia a convenciones nacionales de escuela dominical. En una de éstas conoció a Ira D. →Sankey, a quien reclutó como socio musical.

En 1873 M. se embarcó hacia las Islas Británicas. Era su tercera visita. Esta gira de dos años habría de convertirlo en figura nacional. Comenzando humildemente en York, él y Sankey obtuvieron pequeños éxitos en el N de Inglaterra y pronto después grandes triunfos en Edimburgo y Glasgow. Cuando invadieron a Londres durante un período de cuatro meses la asistencia total a sus reuniones alcanzó a más de 2 1/2 millones. M. regresó a EUA triunfalmente. Tras un breve tiempo en Northfield emprendió campañas en Brooklyn, Filadelfia y Nueva York. La preparación cuidadosa, la cooperación de las iglesias y la amplia publicidad se convirtieron en marcas de las reuniones de M. Luego del éxito en estas ciudades pasó a predicar ante multitudes en Chicago, Boston, Baltimore, St. Louis, Cleveland y San Francisco.

M. no era simplemente un predicador: era un trabajador. En 1879 estableció una escuela para señoritas, el Seminario Northfield y dos años después, una escuela para varones, la Escuela Mount Hermon. En el verano de 1880 inició el ministerio de conferencias veraniegas en los predios del Seminario Northfield y en 1886 fundó la Sociedad de Evangelización de Chicago, que más tarde habría de ser conocida como Instituto Bíblico Moody.

Pero el gran aporte de M. en toda su vida fue el evangelismo. Algunos han demostrado que viajó más de un millón de millas y habló ante más de 100 millones de personas. Se hallaba a la mitad de su última campaña evangelística en Kansas City cuando enfermó. Pocos días después, en diciembre de 1899, murió. BRUCE L. SHELLEY

MOON, SUN MYUNG →IGLESIA DE UNIFICACION

MORA, JOSE MARIA LUIS (1794-1850). Sacerdote y político mejicano, y promotor de la distribución de la Biblia. N. en Chamacuero, Guanajuato. Estudió en la Ciudad de México, donde fue ordenado sacerdote y obtuvo el grado de doctor en teología. Liberal de arraigadas convicciones, se dedicó a la política y a la literatura. En sus escritos marcó las pautas que caracterizan a la actual Constitución de México y propuso la nacionalización de los bienes del clero, lo cual se realizó años después bajo el gobierno de Benito →Juárez.

A su paso por →México, Diego →Thomson visitó a M. y lo interesó en la divulgación de las Sagradas Escrituras hasta el grado de hacer de él el primer representante en México de la →Sociedad Bíblica Británica y Extranjera. Al salir de la cárcel a donde fue llevado más que todo por sus ideales democráticos, se refugió en París, donde murió. En 1962, por orden del gobierno nacional, los restos del ilustre patricio fueron repatriados y recibieron sepultura en la ciudad de México en la Rotonda de los Hombres Ilustres.

El interés de M. en la divulgación de las Sagradas Escrituras se sintetiza en sus propias palabras: "Entre los varios establecimientos que ha producido en los últimos tiempos la cultura de la nación inglesa, pocos hay, sin duda, que tanto llamen la atención de los extranjeros como la Sociedad Bíblica establecida en Londres... Como cristianos, como hombres y como ciudadanos deseamos vivamente que se generalice la lectura de las Santas Escrituras, en lo cual creemos que están interesadas la religión, la humanidad y la patria" *(Obras Sueltas)*.

ARISTOMENO PORRAS

MORAES, BENJAMIN (1910-). Ministro evangélico, brasileño, jurista y personalidad ecuménica destacada. Inició su vida pública en 1931. Aunque nació en Jaú, estado de Sao Paulo, ha vivido toda su vida en Río de Janeiro, donde fue pastor (y ahora pastor emérito) de la Iglesia Presbiteriana de Copacabana, la cual prosperó, organizando muchas otras iglesias. Prestó relevantes servicios a la Iglesia Presbiteriana del Brasil, tanto como secretario ejecutivo como en la presidencia (1946-1950).

Como jurista se dedicó a la enseñanza superior, después de brillantes concursos. Actualmente es catedrático de Derecho Jurídico Penal, tanto en la Facultad de Derecho de la Universidad de Guanabara, como en la Universidad Federal de Río de Janeiro. Dentro de este campo ha escrito varias obras, entre las cuales se destaca *Direito Penal,* en cuatro volúmenes. Colaboró en varias revistas jurídicas y dirigió algunas de ellas; elaboró proyectos de ley, siendo el redactor del nuevo Código Penal del Estado de Río.

M. es un diplomático innato que habla una media docena de lenguas y lee otras tantas, incluyendo las lenguas originales de la Biblia. Desde 1939 ha participado en congresos y en conferencias en todo el mundo, asimismo en la comisión del Fondo de Educación Teológica, en la Alianza Presbiteriana Mundial y en comisiones varias del CMI.

En el Brasil ha servido en la presidencia o directiva de instituciones seculares, culturales y de beneficencia como el Colegio de Abogados del Brasil, la Asociación Brasileña de Prensa, la Fundación Nacional del Indio, la Unión de *Boy Scouts* del Brasil y muchas otras. Participó en el gobierno como Secretario de Estado y en el departamento de educación del estado de Guanabara.

En los medios evangélicos ha sido bien conocido como presidente de la Sociedad Bíblica del Brasil, cargo que ejerció por 16 años, y es aun presidente honorario de la misma. En 1976 fue electo vicepresidente del Consejo Mundial de las Sociedades Bíblicas Unidas, con sede en Londres.

JULIO ANDRADE FERREIRA

MORAVOS, HERMANOS ***(Unitas Fratrum).*** Iglesia de los Hermanos Unidos, resucitada después de declinar los Hermanos →Bohemios después de la →Guerra de los Treinta Años. Fugitivos de Moravia se refugiaron en los dominios del conde de →Zinzendorf en Sajonia (1722). Junto con otros procedentes de Bohemia y asociados con algunos pietistas alemanes, adoraban en la Iglesia Luterana de Bertholdsdorf con J.A. Rothe como pastor. Alrededor de 1724 resolvieron establecer una iglesia constituida de acuerdo con la antigua Unitas Fratrum; un convenio les permitía manejar sus asuntos espirituales y seguir adorando en Bertholdsdorf (1727). Zinzendorf, que cada vez participaba más en sus asuntos, llegó a ser superintendente y los meses sucesivos vieron un gran despertamiento espiritual. Sus órdenes de ministerio se restablecieron cuando David →Nitschmann fue consagrado obispo por Daniel →Jablonski, obispo de la única rama de los Hermanos Bohemios que quedaba en Polonia (1735). Muerto Zinzendorf (1760) el grupo se reorganizó bajo un cuerpo rector, la "Conferencia de Ancianos pro Unidad", cuyo influyente presidente fue por muchos años A.G. →Spagenberg. Los moravos en el s.XVIII llevaron la delantera en la controversia entre el movimiento evangélico alemán y el racionalismo.

Fue esencialmente un movimiento misionero. Ya en 1732 Nitschmann y J.L. →Dober fueron a Sto. Tomás, en las Islas Vírgenes; luego se trabajó en Groenlandia (1733), NA (1734), Laponia y AS (1735), Africa del S (1736), Labrador (1771), entre los aborígenes australianos (1850), y en la frontera del Tibet (c.1856). La proporción de misioneros respecto a miembros en comunión en la patria se ha calculado en 1:60 comparado con 1:5000 en el resto del protestantismo. La influencia morava fue factor importante en el despertamiento evangélico de Gran Bretaña. La conversión de Juan Wesley se debió en gran parte al moravo Peter →Böhler. El movimiento creció en la Gran Bretaña y fue jurídicamente reconocido como iglesia en 1749. El interés por la educación lo habían heredado de los Hermanos Bohemios y numerosas escuelas con internado se abrieron en Alemania, Holanda, Inglaterra, Suiza y Norteamérica.

Los H.M. no siempre impulsaban la fundación de iglesias locales, pues preferían ser "una iglesia dentro de una iglesia", p.e. del luteranismo y el anglicanismo. Este concepto de "diáspora" en muchos aspectos era contrario a la supervivencia del movimiento en muchas áreas. Es una iglesia episcopal con gobierno presbiteriano; la Conferencia de Ancianos de la Unidad es nombrada por el Sínodo General. Está dividida en Provinces Domésticas autónomas (Continental, Británica y Norteamericana), y en Provincias Misioneras en transición hacia la autonomía. Cada congregación maneja sus asuntos sujeta a las leyes generales de la provincia. El culto combina la liturgia con la libertad en la oración improvisada. En el triple ministerio de obispo, presbítero y diácono, el primero es el ministro de la ordenación. Se practica el bautismo tanto de infantes como de creyentes, seguido de la confirmación. Fueron los moravos quienes primero tuvieron un himnario protestante. Su doctrina es fundamentalmente la de la Confesión de →Augsburgo, aunque se permite la libertad de opinión en lo no esencial. Vigorosamente evangélico, el movimiento considera las Escrituras como la única regla de fe y práctica. J.G.G. NORMAN

MORAVOS EN AMERICA LATINA. Solo cinco años después del avivamiento en Herrnhut en 1727, los primeros misioneros→moravos se embarcaron hacia las islas del Caribe. Tres años más tarde, en Surinam, pisaron por primera vez tierra sudamericana. Por muchos años la atención morava se concentró en las regiones de influencia inglesa y holandesa, en el área del Caribe. Pero una visita en 1847 a la costa del Atlántico de Nicaragua, donde había el Reino de los Miskitos, bajo protectorado inglés, despertó el interés misionero por esta área. Dos años más tarde iniciaron obra en Bluefields entre los negros de Jamaica que allí habían inmigrado. Comenzaron a celebrar cultos en inglés y establecieron una escuela.

Muy pronto empezaron una obra entre los indios miskitos. En 1855 se abrió un punto misionero en Pearl Lagoon y dos años más tarde otro en la isla de Rama Key. La donación en 1858 de un barco velero por los moravos holandeses facilitó visitas a otras partes de la costa. En el año 1881 en Pearl Lagoon empezó un avivamiento que afectó toda la costa especialmente a los miskitos. En una década la misión abrió siete centros nuevos y el número de adherentes bautizados aumentó de 1030 a 3292. (En 1973 había 11.774 miembros bautizados.)

Fueron traducidos los Cuatro Evangelios y los Hechos al miskito y publicados en 1889, y en 1905 el NT completo. En 1893 apareció el primer himnario miskito.

La incorporación del Reino Miskito a la República de Nicaragua en 1894 produjo varios problemas para la Misión. En 1900 se promulgó una ley exigiendo que toda la enseñanza debía darse en español. Por eso los colegios moravos quedaron cerrados hasta el año 1911. Se acusó a los misioneros de fomentar una rebelión contra el gobierno nicaragüense y, a no ser por la intervención atinada del cónsul alemán, la Misión habría sido cerrada en 1905.

En el año 1909 la estrechez financiera obligó a la misión a restringir sus actividades y motivó a dar el primer paso hacia el establecimiento de una iglesia nacional. La primera guerra mundial cortó las comunicaciones con Alemania y por tanto en 1915 los moravos norteamericanos asumieron la responsabilidad de la obra. Desde el Cabo Gracias a Dios los moravos empezaron a visitar a los miskitos que vivían por la costa NE de Honduras y en 1929 se estableció el primer punto misionero Caurquira.

La obra morava ha prosperado de tal manera que en 1973, había en Jamaica una comunidad de 13.773, en Surinam, 67.950, en Guayana, 1.319, en →Nicaragua 32.177, en →Honduras 4.566. JUAN B.A. KESSLER

MORELOS, JOSE MARIA (1763-1815). Sacerdote y libertador mexicano. Mestizo, n. en Valladolid (hoy Morelia), Michoacán. Dedicó sus años de juventud a la agricultura. En 1790 ingresó al Colegio de San Nicolás donde se ordenó sacerdote a los 32 años.

Fue católico sincero y deseaba entregarse al sacerdocio activo, pero desde el principio del siglo se enemistó con los jerarcas de la Iglesia por la denuncia que hacía de la explotación de los indios y los abusos del clero. En 1810 se lanzó decididamente a la insurgencia siendo comisionado por Miguel Hidalgo para incursionar al S del país.

En 1813 convocó e instaló el Congreso en Chilpancingo donde él se declaró "siervo de la nación". Además de sacerdote y militar, fue reformador social; luchó por la igualdad racial y clasista, se pronunció contra los tributos injustos, la esclavitud y los castigos corporales. El 6 de nov. de 1815 sufrió una emboscada de parte del Virrey de México; fue tomado prisionero, y sometido a dos juicios: uno por parte de la →Inquisición y el otro por el gobierno. Fue depuesto del sacerdocio y condenado a muerte. Sus últimas palabras fueron: "Señor, tu sabes si yo he hecho bien, y si he hecho mal; imploro tu perdón infinito". MANUEL V. FLORES

MORISCOS. Nombre con que se designa a los musulmanes que, habiendo sido bautizados, se quedaron en España al terminar la Reconquista (→ISLAM EN ESPAÑA).

La presencia de los musulmanes en España había sido un obstáculo para la unidad política y religiosa del país, y no se resolvió sino en el reinado de Felipe III. Puesto que la Reconquista fue una cruzada contra los musulmanes, surgió también el interés de convertirlos al cristianismo, ya fuera pacíficamente (controversia y catequesis) o por la fuerza.

Unificada España políticamente por los Reyes Católicos, se itensifica el celo misionero. Fray Hernando de Talavera, primer Arzobispo de Granada, se gana el amor de los vencidos y bautiza un número considerable de musulmanes; pero el cardenal →Cisneros recurre a la violencia para lograr los bautismos. Esto hace que en 1499 estalle en las Alpujarras (al sur de Sierra Nevada) una insurrección de los moros granadinos, que es sofocada por el rey →Fernando de Aragón. Ante una situación que se volvía intolerable, el 12 de febrero de 1502 se decreta la expulsión de todos los moros del reino de Granada que no consintieran en ser bautizados.

En 1525 un decreto de Carlos I (V) obliga a los moros de Valencia, Aragón y Cataluña a aceptar el cristianismo de grado o por fuerza. Gran número de musulmanes acepta oficialmente la conversión, y se bautizan, pero como seguía practicando clandestinamente el islamismo, →Felipe II (1556-1598) les prohíbe seguir manteniendo tradiciones musulmanas, y les obliga a usar la lengua de Castilla. Ante estas medidas restrictivas los moriscos de Las Alpujarras se rebelan de nuevo, reniegan abiertamente de la fe cristiana, atacan despiadadamente los pueblos cristianos de la comarca, y durante tres años (1568-1571) oponen tenaz resistencia a las tropas del rey, hasta que es enviado don Juan de Austria que termina sometiéndolos. Los que no consiguen huir a Africa, o pasan a engrosar las aljamas de Aragón y Valencia, o son esparcidos por la meseta castellana y Extremadura.

El problema religioso de los moriscos queda al final del s.XVI circunscrito a Aragón y Valencia, donde la →Inquisición actúa en numerosos procesos entre ellos: el de don Cosme Aben-Amir, el del almirante de Aragón, don Sancho de Cardona, y los de algunos clérigos, monjas y frailes acusados de islamizantes.

Como los moriscos no solo llegaron a constituir un atentado contra la unidad religiosa, sino que además se convertían a veces en aliados de los turcos y de los africanos, que atacaban las costas de España, el rey Felipe III decretó en 1609 su expulsión como inevitable medida de seguridad nacional.

ENRIQUE FERNANDEZ Y FERNANDEZ

MORMONISMO. El 6 de abril de 1830 se organizó en Fayette, Nueva York, la "Iglesia de Jesucristo de los Santos de los Ultimos Días", más comúnmente conocida como "Iglesia Mormona". El grupo se trasladó pronto a Kirtland, Ohio, no lejos de la actual Cleveland. Dirigida por José →Smith, la comunidad se mudó luego a Jackson County, Missouri. La oposición que allí encontraron los llevó a Nauvoo, Illinois. Después que Smith murió a manos de una muchedumbre, la mayoría de los miembros de la comunidad mormona siguieron a Brigham →Young, el nuevo líder, y se establecieron en lo que hoy es la Ciudad del Lago Salado, Utah, donde todavía tiene la iglesia su cuartel general. La ciudad de Independence, Missouri, es el cuartel general del mayor de los grupos que se han separado: la Iglesia Reorganizada de Jesucristo de los Santos de los Ultimos Días, que cuenta con unos 200.000 miembros. La afiliación mundial de la Iglesia Mormona se aproxima hoy día a los cuatro millones, más de dos tercios de los cuales residen en EUA. Templos mormones se encuentran, no solo en EUA sino en otros cuatro países.

La iglesia mormona usa, además de la versión del Rey Jaime de la Biblia, los siguientes libros sagrados como principales fuentes de autoridad: *El libro de Mormón; Doctrinas y Convenios;* y *La Perla de gran precio.* Creen también que el presidente de la iglesia puede recibir revelaciones para la orientación de la iglesia como conjunto. Al añadir así a la Biblia sus propios libros sagrados, los mormones se han colocado fuera del cristianismo histórico, que reconoce la Biblia sola como fuente definitiva de autoridad.

El examen de las doctrinas que la iglesia mormona enseña mostrará que niegan la mayoría de las enseñanzas cardinales de la fe cristiana. El M. rechaza la espiritualidad de Dios, pues afirma que Dios Padre posee un cuerpo de carne y hueso, tangible como el del hombre. Enseña además que hay muchísimos dioses además del Padre, el Hijo y el Espíritu Santo; estos dioses se hallan en orden progresivo, algunos en una etapa más adelantada que otros. El M. enseña también que los dioses fueron una vez hombres y que los hombres pueden transformarse en dioses. Si un hombre cumple fielmente los preceptos de la religión mormona, puede alcanzar la divinidad en la vida venidera. Uno de los primeros presidentes de la iglesia mormona lo resume: "Tal como es el hombre, así fue Dios; tal como es Dios, puede llegar a ser el hombre".

En cuanto a la doctrina del hombre, el mormonismo enseña la preexistencia. Todos los hombres existían como espíritus antes de venir a esta tierra. Esta vida preexistente fue un período de prueba. Quienes fueron menos fieles o menos valientes durante ese período, nacen en esta tierra con piel negra. En la enseñanza mormona, además, la caída del hombre se considera una caída hacia arriba De no haber comido Adán del fruto prohibido no habría tenido hijos; como lo comió, el hombre puede hoy propagar la raza. "Adán cayó para que el hombre pudiera existir; y los hombres existen para que tengan gozo" (2 Nefi 2:22-25).

Aunque en la enseñanza mormona a Cristo se le llama divino, su divinidad no es única, ya que es igual a la que el hombre puede alcanzar. La encarnación de Cristo tampoco es única pues todos los dioses, después de existir como espíritus, vinieron a una tierra a recibir cuerpos antes de avanzar a la deidad. De Cristo se dice que expió nuestros pecados; lo que esto significa, sin embargo, es que Cristo ganó para todos los hombres el derecho a resucitar de entre los muertos. Respecto a la salvación, la enseñanza mormona dice que la justificación por fe sola es una doctrina perniciosa que ha ejercido una influencia para mal. Uno se salva por fe en Cristo (además de fe en José Smith), pero especialmente mediante obras. Por las obras que uno haga en esta vida merece la salvación.

Se dice que toda la Iglesia Cristiana fue apóstata hasta 1830, fecha en que fue restaurada bajo la dirección de José Smith. La Iglesia Mormona, por tanto, pretende ser la única iglesia verdadera. Se tiene el bautismo como absolutamente necesario para la salvación; debe administrarse por inmersión. Aunque rechaza el bautismo de infantes, suele bautizarse a los niños cuando tienen ocho años de edad. La Cena del Señor se administra semanalmente, aunque con agua en vez de vino.

Los mormones creen en un milenio literal durante el cual Cristo reinará sobre el mundo desde dos capitales: Jerusalén e Independence, Missouri. En el estado final el diablo, sus ángeles y una pequeña porción de la raza humana irán al infierno. Pero la mayoría de los seres humanos tendrán un lugar en uno de tres reinos celestes: el celestial, el terrenal y el telestial. ANTHONY A. HOEKEMA

MORMONISMO EN AMERICA LATINA. México fue el primer país latinoamericano penetrado por el m. Los primeros misioneros llegaron en 1876. Tres años más tarde ya habían establecido una misión en la capital. Ganaron unos 200 adeptos, los cuales eran en su mayoría de origen protestante. Pero la oposición de la ICR arreció de tal manera que en 1889 la misión desapareció.

Por el año 1885 unos 2.000 mormones norteamericanos inmigraron al estado de Chihuahua, huyendo de las leyes antipoligámicas en los EUA. En 1890 la Iglesia Mormona abandonó oficialmente esta práctica con lo que cesó este tipo de emigración.

En 1901 intentaron de nuevo hacer obra misionera en México. Este intento llegó a su fin en 1913, debido a la Revolución que obligó a los misioneros a salir del país. No obstante hubo algunos conversos que quedaron fieles y llegaron a ser los cimientos de la actual Iglesia Mormona moderna en México.

Después de la Guerra Mundial I el m. llegó a Argentina. Habían inmigrado al país algunos mormones alemanes, los cuales pidieron que se les enviara misioneros. En 1925 llegaron oficiales de la Iglesia y fundaron la Misión Sudamericana. Muy pronto la obra se extendió a la parte sur de Brasil.

Pero no fue hasta después de la Guerra Mundial II cuando se inició en serio la obra misionera en AL. Terminada la Guerra establecieron misiones en Uruguay y Paraguay. En 1947 llegaron los primeros misioneros a Centroamérica, en 1956 a Chile y Perú y diez años más tarde a los demás países andinos.

En 1977 había 33 misiones mormonas en AL, con casi 5.000 misioneros. (La tercera parte de ellos eran jóvenes oriundos de los países en donde trabajaban.) En ese año existían congregaciones mormonas en México, toda Centroamérica menos Belice, toda SA (con excepción de Guyana), Puerto Rico, Jamaica y Cuba (aquí solo en Guantánamo).

En 1977 había ca.500.000 adherentes mormones en toda AL. El avance del m. empezó por el año 1960 y actualmente tiene una tasa anual de crecimiento de poco más del 10%.

El m. en AL está progresando también en autonomía. En 1977 había casi 100 "estacas" (grupos de congregaciones) que dependían directamente de la Iglesia Madre en Salt Lake City, Utah, EUA, y no de las misiones locales. Además hay "templos" (lugares de culto en donde pueden ejecutarse las ceremonias más solemnes) en Sao Paulo y la Ciudad de México. WILTON M. NELSON

MORNAY, PHILIPPE DU PLESSIS (1549-1623). Líder →hugonote francés. N. en Buhy, Normandía. Originalmente destinado al sacerdocio, a la muerte de su padre (1559), adoptó el protestantismo, en gran parte influido por su madre. Sobresalió en los estudios clásicos en la universidad de París (1560-67), luego fue estudiante viajero en las universidades de Ginebra, Basilea, Heidelberg, Padua, etc. (1567-72). Esta amplia experiencia quizá explique su característico amplio y tolerante espíritu. De regreso en Francia, convencido de que la política exterior de la nación debía ser contraria a los Habsburgo, se asoció con →Coligny y apenas escapó a la matanza de la →Noche de San Bartolomé. Huyó a Inglaterra, pero regresó en 1573 aconsejando moderación. En 1576 se casó con la notable Charlotte Arbaleste, poco después de lo cual entró al servicio de →Enrique IV (de Navarra) como soldado, diplomático y consejero. Tan brillantemente sirvió a Enrique que se le llegó a conocer como el "Papa hugonote". En 1589 fue nombrado gobernador de Saumur, plaza fuerte hugonota, donde fundó la mayor de las academias hugonotas (1603). Aunque amargamente desilusionado por la conversión de Enrique IV (1593), le sirvió fielmente hasta que en 1600 cayó en triste desgracia. Participó en la redacción del Edicto de →Nantes (1598). En 1600 se retiró a Saumur, pero continuó haciendo sentir su poderosa y moderadora voz en los turbulentos asuntos hugonotes hasta su muerte en su castillo de La Forest-sur-Sevre.

BRIAN G. ARMSTRONG

MORO, TOMAS (1478-1535). Lord canciller inglés. De prominente familia burguesa londinense, se educó en Oxford; durante algún tiempo pensó hacerse sacerdote pero finalmente se dedicó al derecho, aunque siempre procuró vivir muy ascéticamente. En 1504 ingresó en el parlamento y posteriormente ascendió a canciller tras la caída de Wolsey en 1529. En 1521 recibió el título de "Sir". Aunque era devoto católico romano estaba muy interesado en el humanismo de su tiempo, como lo demuestra el amplio círculo de sus amistades como el deán Colet, Erasmo, Holbein y otros que se destacaban en los círculos literarios y artísticos.

Notable por su imparcialidad y clemencia como juez, se interesó también profundamente en la reforma social. Fruto de tal interés fue su libro *Utopía,* en que procuraba describir un estado ideal donde no había propiedad privada ni dinero, sino propiedad común de todo. La libertad religiosa también se mantenía, con unas cuantas excepciones. Pero a despecho de ser partidario de la tolerancia religiosa y de que mantenía estrechos lazos con muchos de los humanistas del Renacimiento, no fue protestante y escribió una cantidad de libros contra William Tyndale y Martín Lutero. Puede que también haya ayudado a →Enrique VIII a escribir su defensa de los siete sacramentos. Por sus fuertes principios catolicorromanos chocó con Enrique respecto al deseo de éste de hacer anular su matrimonio con Catalina de Aragón y por su negativa a rendir juramento renunciando a la autoridad del papa. En consecuencia, fue ejecutado. Fue beatificado por León XIII en 1886. W.S. REID

MORONE, GIOVANNI (1509-1580). Obispo de Módena. Siendo obispo de Módena desde 1529, M. trabó íntima amistad con un grupo de reformadores católicos agrupados en torno a →Pole, →Contarini, Cortese y Flaminio. El papa Pablo III envió a M. a Alemania como nuncio en 1536. Después de asistir a Ratisbona con Contarini en 1541, M. presentó un importante memorándum a Roma. Cuando en 1542 llegó a cardenal, estalló la herejía en Módena. La academia firmó una confesión de fe preparada por Cortese y Contarini que implicaba a M. como obispo. Cartas inéditas de su vicario en Módena demuestran que M. sabía lo que ocurría y lo aprobaba. Como cardenal se convirtió en gobernador papal de Boloña al morir Contarini. A partir de 1553-55 estudió el problema inglés y asistió a la Dieta de Augsburgo (1555). Pablo IV apresó a M. y lo encerró en el castillo de Sant' Angelo, 1557-59. Como presidente del Concilio de →Trento durante 1563, M. hizo posibles las eficientes reformas de la iglesia. Su obra posterior en Alemania merece un estudio completo. Debe también mencionarse su fundación del Colegio Alemán de Roma (1552) y su obra en la Dieta de Regensburgo de 1576. MARVIN W. ANDERSON

MORRIS, WILLIAM C. (1864-1932). Clérigo anglicano y fundador de escuelas para niños pobres en Buenos Aires. N. en Inglaterra. Huérfano de madre a corta edad, adquirió honda compasión por la niñez desamparada y a ella dedicó su vida entera. El padre y los hijos emigraron al Paraguay poco después, con un proyecto de colonización que fracasó. De ahí pasaron a la Argentina. En 1886, William deja a los suyos para radicarse en Buenos Aires, viviendo y trabajando como jornalero en uno de los barrios más pobres de la ciudad. En 1890 casóse con Cecilia K. Higgins, que fue su inalterable compañera idónea para las luchas de su gran obra. Comenzaron con una escuelita que sostenían de su propio y magro peculio. La fundaron con pocos alumnos, alquilando para ello una habitación a la calle. En 1891 M. recibe licencia de predicador local de la Iglesia Metodista que lo ordenó presbítero en 1895. Así su escuelita se incorporó a la Misión de la Boca que él fundó.

Buscando más libertad de acción y mayor sostén económico ingresa en 1897 al ministerio de la Iglesia Anglicana donde realiza la obra de su vida. Se instala en el peor de los barrios de Buenos Aires, bajo Palermo, conocido entonces como "Tierra de Fuego", donde reinaban la miseria, la suciedad, la ignorancia y la barbarie. Con amor, fe y paciencia, se lanza M. a la conquista del cariño de esa niñez desencariñada. Logrando vencer su hostilidad consiguió fundar 18 escuelas con 7.000 alumnos. En 1910 las "Escuelas Evangélicas" pasan a llamarse Institutos Filantrópicos Argentinos, para vencer prejuicios que obstaculizaban la recepción de donaciones. Fundó también el hogar "El Alba" y escuelas de artes y oficios. Y tuvo aun planes más ambiciosos que no materializaron por falta de recursos. Unos 200.000 niños pasaron por esas escuelas recordadas aun hoy con gratitud.

Fundó asimismo la Iglesia de San Pablo, edificó su templo donde predicó regularmente durante todos esos años. Dio también atención a los presos, entre los cuales ejerció influencia transformadora. A las horas de reposo les hurtaba trozos generosos, para hacer obra de literatura cristiana. Tradujo muchas obras importantes, estimuló la creación de obras nacionales, editó la Revista *La Reforma* de la cual era contribuidor frecuente.

La gente de la ciudad lo conocía como "el inglés de la valijita" por llevar a cuestas una en la que echaba las donaciones que, para su obra entre la niñez desamparada, iba recibiendo. Regresó a Inglaterra en busca de la salud perdida, esperando regresar pronto a continuar su labor, pero su milicia terrenal terminó en Soham, su pueblo natal, tras más de cuarenta años de abnegada labor en Argentina.
CARLOS T. GATTINONI

MORRISON, ROBERT (1782-1834). Misionero a China. N. en Northumberland, Inglaterra, de padres presbiterianos escoceses, artesanos de oficio, se convirtió mientras era aprendiz en Newcastle. Fue autodidacto y en 1802 ingresó en una academia disidente cerca de Londres, se hizo congregacionalista y se ofreció a la Sociedad Misionera de Londres, que por entonces buscaba alguien que tradujera y distribuyera la Biblia en el casi totalmente cerrado imperio chino. M. aprendió los rudimentos de una lengua casi desconocida en Inglaterra, fue ordenado y en 1807 se embarcó rumbo a Cantón, vía EUA y Cabo de Hornos, porque la poderosa *East India Company* rehusaba transportar misioneros.

Jamás pudo extenderse más allá de las "fábricas" de Cantón. Casi no obtuvo ni un converso; lo único que le permitió quedarse fue que aprendió tan bien el chino que pronto se convirtió en el traductor oficial de la compañía. Pero su resuelta y algo terca devoción era eminentemente apropiada para la solitaria y desalentadora tarea de echar las necesarias bases sobre las cuales otros pudieran edificar cuando China abriera sus puertas a Occidente. Para 1818 había terminado la traducción completa de la Biblia. Su diccionario (1821) fue la pauta de léxico hasta mucho después de que China se franqueó totalmente. Escribió folletos, oraciones e himnos.

Cuando en 1813 obtuvo un ayudante, William Milne, M. lo envió para fundar un colegio anglo-chino en Malaca, lo cual fue un acontecimiento importante para el crecimiento posterior de las misiones en China. Estimulaba el trabajo entre los chinos expatriados y soñaba con abrir el Japón. En su único regreso a Gran Bretaña en 1824, ya famoso, promovió la comprensión hacia China y el interés por su evangelización. Murió solitario en Cantón ocho años antes que fueran permitidos misioneros en ningún otro lugar. Este austero escocés es el padre de las misiones protestantes en China. JOHN C. POLLOCK

MORTON, JOHN (m.1912). Fundador de la Misión Presbiteriana Canadiense a los hindúes de Trinidad, llevados allí por contrata para trabajar en la industria de la caña después de la emancipación de los esclavos negros. Factores sociales y religiosos estorbaban su integración a la comunidad cristiana de Trinidad y M. fue enviado para abrir una misión especial para ellos. Desde 1868 hasta su muerte él fue jefe de la misión, que incluía, además de Trinidad, trabajo en Guyana, Sta. Lucía, Granada y Jamaica. Su sistema se basaba en educación y evangelismo. Aunque las iglesias de los hindúes son pequeñas, el énfasis que M. puso en las escuelas los capacitó por primera vez para abrirse paso en las →Antillas. Casi inadvertidamente comenzó a recibirse importante ayuda del gobierno de Trinidad que, en días de M., comenzó a estimular a los hindúes a quedarse en la isla. Respecto a la cuestión de la inmigración por contrata fue conservador: aceptaba el sistema tal como lo conocía, y era entusiasta partidario de la colonización independiente por los hindúes.

GEOFFREY JOHNSTON

MOSHEIM, JOHANN LORENTZ VON (1694-1755). Historiador eclesiástico luterano. N. en Lubeck de padre católico y madre luterana. Se hizo luterano; se educó en Lubeck y en la universidad de Kiel, miembro de cuya facultad fue. Más adelante se trasladó a Helmstadt (1723), de ahí a Gotinga (1747), donde llegó a ser canciller. En lo teológico, al mediar entre pietistas y deístas, se opuso a ambos grupos. Aunque hizo aportes a la mayoría de los campos de la teología, sus obras principales tratan de historia de la iglesia, que él procuró hacer más científica y objetiva. Sus intereses se extendieron aun a la historia de la iglesia china. Su obra más importante fue *Institutiones historiae ecclesiasticae antiquae et recentioris* (1755), varias traducciones de la cual se publicaron en inglés en el s.XIX. W.S. REID

MOTOLINIA (TORIBIO DE BENAVENTE) (m.1568). N. en Benavente de León, España. Fue uno de los 12 primeros franciscanos que arribaron a México en 1525, poco después de la llegada de →Pedro de Gante. A su llegada se le nombró guardián del convento franciscano en Tezcuco. Junto con Martín Valencia sufrió por conflictos personales con Fray →Zumárraga. Figuró entre los fundadores de la ciudad de Puebla.

Motivado por sus ideales de reforma social y libertad, escribió cartas a →Carlos V sugiriendo la importancia de hacer de México una nación separada y bajo un príncipe real.

Fue un clérigo culto; habló perfectamente el idioma Nahuatl, escribió *Historia de las Indias, El Martirio de los Niños de Tlaxcala* y *Guerra de los Indios.* Su obra misionera fue notable y su espíritu de organización lo llevó al cargo de guardián de más de cuatro conventos.

Se afirma que el nombre "Motolinia" le fue dado por los propios nativos que en la lengua de éstos significa: "el fraile pobre". M. andaba descalzo, portaba hábitos gastados y raídos y muchas veces se privaba de la comida para alimentar a los indios por lo que éstos lo quisieron mucho.

MANUEL V. FLORES

MOTT, JOHN RALEIGH (1865-1955). Pionero del movimiento ecuménico del s.XX. N. en Nueva York. Se convirtió mediante el ministerio de J.E.K. Studd en la Universidad de Cornell. En 1888 llegó a ser secretario general de la →YMCA estudiantil, y presidente del →Movimiento de Estudiantes Voluntarios para Misiones Foráneas. De ahí en adelante viajó incesantemente por el mundo promoviendo las misiones cristianas y (lo que él consideraba como estratégicamente idéntico) el ecumenismo cristiano. Tuvo parte en la convocatoria a la Conferencia Misionera de Edimburgo (1910) y presidió la mayoría de las sesiones, así como el comité de continuación. Fue sucesivamente presidente del →Concilio Misionero Internacional (1921), presidente de la segunda Conferencia →Vida y Obra de Oxford (1937), y vicepresidente del comité provisional del CMI (1938). Finalmente, en 1948 llegó a ser uno de los presidentes del propio CMI.

Metodista y laico, poseía visión y energía en enormes proporciones. Ayudó a fundar no solo instituciones mundiales, como las mencionadas, sino también una cantidad de concilios nacionales de iglesias, particularmente en Asia y Africa, estudios especializados sobre la misión cristiana (p.e. sobre la confrontación con el Islam) y toda una serie de iniciativas en relación con Vida y Obra.

Su carrera ecuménica internacional abarcó más de setenta años y más que ningún otro hombre, él *fue* el movimiento ecuménico internacional en su período formativo de 1910 a 1948. Sus *Addresses and Papers* (6 vols.) fue pubicado en 1946-47.

[M. visitó a AL en 1941 y fue conferenciante especial en el Congreso Evangélico Centroamericano celebrado en Guatemala en el mes de mayo.] COLIN BUCHANAN

MOVIMIENTO DE ESTUDIANTES VOLUNTARIOS. Movimiento dedicado a reclutar universitarios cristianos para la obra misionera foránea. Trajo su origen de una conferencia de estudios bíblicos de verano en 1886 efectuada en Mount Hermon, Massachusetts, convocada por la →YMCA y presidida por D.L. Moody. Estudiantes como Robert P. Wilder despertaron interés en la obra misionera y, antes de terminar la conferencia, 100 personas habían expresado su intención de hacerse misioneros. El año lectivo siguiente, Wilder y otro visitaron las universidades para estimular mayor interés. En 1888 el movimiento se organizó formalmente, con Juan R. →Mott, uno de los 100 primeros, como presidente, cargo que ocupó por 30 años. El lema, a menudo no comprendido, fue: "La evangelización del mundo en esta generación". En 1891 se verificó la primera convención general en Cleveland, Ohio. Después de 1894 las convenciones se celebraron cada cuatro años, y alcanzaron su apogeo en Des Moines, Iowa, en 1920, cuando asistieron 6890 estudiantes. Luego vino una rápida declinación. Antes de 1940 el MEV ya había perdido su eficacia. Un breve resurgimiento después de la Guerra Mundial II fue de corta duración. En 1959 la organización se fusionó con la Federación Nacional de Estudiantes Cristianos que en 1966 pasó a formar parte del Movimiento Universitario Cristiano. En 1969 este Movimiento acordó su disolución. Durante el curso de la vida del MEV, más de veinte mil de sus miembros se hicieron misioneros extranjeros. HAROLD R. COOK

MOVIMIENTO FAMILIAR CRISTIANO. Movimiento católico de apostolado seglar. Surgió en 1956 por el esfuerzo del sacerdote uruguayo Pedro Richard quien había conocido en Francia los núcleos de matrimonios llamados "grupos de Nuestra Señora". De regreso en Uruguay, empezó a formar núcleos de parejas que inicialmente se llamaron "equipos de iniciación". Cuando esta experiencia se extendió por AL, quedó formado el MFC. Si bien en Centroamérica existe solo en Guatemala y Costa Rica, el MFC se ha extendido por el resto de AL y entre grupos hispanohablantes de los EUA.

Fines del movimiento han sido: agrupar parejas para que se apoyen mutuamente como matrimonios cristianos y extiendan su misión; desarrollar entre dichos matrimonios la hospitalidad por lo que las reuniones se realizan siempre en hogares; fomentar la valoración de la mujer, y hacer que se viva el matrimonio como sacramento. Desde la conferencia de →Medellín (1968) se ha añadido al MFC una nueva perspectiva de compromiso social (entendido como asistencia comunitaria y trabajo con matrimonios más pobres), que ha hallado cumplimiento principalmente en AS. El ideal aun no alcanzado es llegar a constituir "comunidades familiares de base".

El MFC trabaja por medio de grupos de unas seis parejas. Una de ellas coordina el grupo. Un sacerdote (que no se reúne siempre con ellos) lo asesora y les orienta conforme a las Escrituras y el magisterio eclesiástico. El Movimiento publica un temario básico para los grupos y esto lo estudian mediante el diálogo, la búsqueda de soluciones cristianas y el apoyo en textos bíblicos apropiados. Los grupos más avanzados pueden convertirse en "equipos militantes", cuya tarea es prestar servicios de proyección apostólica.

Inicialmente el reclutamiento de nuevos matrimonios se realizaba mediante visitas personales a las familias. Actualmente, aunque ese procedimiento continúa, el principal medio de atraer matrimonios es la realización de "encuentros conyugales" a los que se invita a matrimonios de una determinada parroquia o zona. Estos encuentros, surgidos en España en 1962 (que no deben confundirse con los "encuentros matrimoniales" extendidos en EUA), consisten en reuniones de un fin de semana en el que se dan charlas y se promueve el diálogo y la comunicación de cada pareja. El impacto de estos encuentros ha sido muy grande.

El MFC está dirigido por un secretariado latinoamericano, cuya sede depende de donde viva la pareja que se designa para la presidencia. A este secretariado son responsables varios presidentes de zona (Cono Sur, Países Andinos, Centroamérica, México, EUA, Antillas). En cada país existe un equipo nacional, y finalmente equipos diocesanos y parroquiales. El sacerdote asesor de cada país es nombrado por la respectiva Conferencia Episcopal; cada asesor diocesano es nombrado por el obispo local. Cada dos años se celebra una asamblea general latinoamericana donde se eligen los presidentes continentales y de zona, y después de la asamblea se realiza un encuentro para revisar y actualizar los postulados y actividades del movimiento.

CARLOS ALONSO VARGAS

MOVIMIENTO DE RECONCILIACION. Probablemente la más destacada de las organizaciones pro-paz que surgieron durante la Guerra Mundial I. Fundada en Inglaterra en dic. de 1914 por Henry Hodgkin, cuáquero, pronto se extendió a los EUA (1915), donde llegó a ser la organización pacifista principal, luego al resto del mundo.

El M.R. está basado sobre la doctrina de la unidad esencial de la humanidad y del poder de la verdad y el amor para resolver los conflictos humanos. Ha sido activo en la intervención no violenta a favor de las víctimas de la injusticia y explotación, trabajando por la abolición de la guerra y por la redención y rehabilitación de delincuentes y estimulando el respeto de la persona y la demostración del espíritu del amor desinteresado en todos estos esfuerzos. (→PACIFISMO).

JOHN D. DEVER

MOVIMIENTO ESTUDIANTIL CRISTIANO. La sección británica de la Federación Mundial de estudiantes cristianos, fundada por Juan R. →Mott en 1895. Cada movimiento nacional conserva su autonomía como una asociación de estudiantes que "desean comprender la fe cristiana y vivir la vida cristiana". El MEC fue el producto de varios movimientos estudiantiles de fines del s.XIX, de los cuales tuvo particular importancia la Unión Misionera de Estudiantes Voluntarios (→Studd, C.T.). Esta había empezado en Cambridge en 1892 por inspiración de los "Siete de Cambridge". Con un creciente deseo de incluir representantes de las liberales y de la "Alta Iglesia" el MEC poco a poco se fue alejando de sus orígenes evangélicos, hasta que la Unión Cristiana Interuniversitaria de Cambridge se retiró del movimiento por motivos doctrinales en 1910. Su deseo de "amplitud" abarcó una determinación por "liberarse" del enfoque conservador de la Biblia.

Al desarrollar el principio de ser un movimiento "interdenominacional" en vez de "no denominacional", en que cada denominación hace su contribución particular, el MEC preparó el terreno al movimiento ecuménico moderno. Muchos dirigentes de este movimiento surgieron de sus filas: J.H. →Oldham, William →Temple, N. →Söderblom. Por medio de conferencias y grupos de estudio ha intentado promover la pertinencia del cristianismo al mundo contemporáneo. Además de la obra en las universidades y entre los estudiantes de teología, el movimiento opera también en las escuelas. En 1929 se estableció la Imprenta MEC Ltda., principalmente para suministrar a los estudiantes literatura a bajo costo, y que en la actualidad ha llegado a ser una empresa editora de envergadura. Por medio de la Federación Mundial se mantienen y fomentan contactos internacionales.

J.W. CHARLEY

MOVIMIENTO ESTUDIANTIL CRISTIANO EN AMERICA LATINA. La →Federación Universal de Movimientos Estudiantiles Cristianos (FUMEC) tiene más de ochenta años. Aunque siempre mantuvo contactos con sectores estudiantiles cristianos de nuestro continente, recién puede hablarse de una presencia más o menos constante y orgánica en toda la extensión de AL por parte de los MEC, a partir del fin de la Guerra Mundial II. El tema dominante fue el de la *presencia cristiana* en el mundo, y específicamente en el ámbito académico. Confrontados con los interrogantes que presentaban a la fe los avances científicos y el ambiente altamente politizado de la universidad, intentaron darse respuestas, que no siempre conformaron a las instituciones eclesiales, lo que les valió el mote de "paraeclesiásticos" que luego fue extendiendo a otros movimientos ecuménicos.

La evolución de los MEC fue dispareja en distintos países, pasando sucesivamente épocas de gran florecimiento y depresión, en distintas zonas geográficas. Al examinar los materiales de los MEC vemos que hasta mediados de la década del 60 predominan concepciones afines al existencialismo cristiano, si bien acompañados por posiciones políticas cercanas al socialismo. Más adelante la Asamblea de 1974 (Buenos Aires) caracterizará el periodo que parte de 1968 como de cambio en las ideas predominantes en los MEC, caracterizando tres énfasis: a) la centralidad de la lucha por la liberación, en la búsqueda de formas sociales más justas, b) un énfasis teológico que reflexiona más sobre la práctica que sobre las afirmaciones doctrinales, y c) una lucha por llevar estas concepciones al seno de la totalidad de la Iglesia. Esto no formulaba un programa ni definía una razón de ser, sino que mostraba cuáles eran las tendencias de la época.

A partir de la decisión de poner énfasis en

la regionalización, los MEC de AL han aunado fuerzas y elaborado pautas conjuntas de trabajo para los próximos años, con énfasis en la formación y reconstrucción del movimiento. NESTOR O. MIGUEZ

MOVIMIENTOS EVANGELICOS UNIVERSITARIOS →COMUNIDAD INTERNACIONAL DE ESTUDIANTES EVANGELICOS; MOVIMIENTO ESTUDIANTIL CRISTIANO; CRUZADA ESTUDIANTIL

MOVIMIENTO LITURGICO. Nombre dado a los recientes esfuerzos por renovar y enriquecer el culto cristiano y hacer de éste el centro de la vida cristiana. El ML. ha tenido como objeto principal la renovación de la celebración de la Eucaristía. Sus orígenes se remontan, dentro de la ICR, a algunos monasterios →benedictinos europeos desde el s.XIX. Cobró vivencia teológica al enfocar en la liturgia como celebración de los eventos de la historia de salvación, celebración que vincula al creyente con dichos acontecimientos.

El ML, en tanto programa para cambiar en forma integral la vida litúrgica de la Iglesia, se inició en 1909 en Bélgica. Promovió la participación de los feligreses en la misa (comunión frecuente, uso de misales en lengua vernácula, misas dialogadas), en tanto que se trataba de desanimar las devociones "extralitúrgicas" (rosarios, via crucis, etc.). Surgieron centros e institutos que favorecían esta causa, particularmente en Francia, Bélgica, Alemania y EUA. La ratificación papal vino cuando →Pío X promovió la comunión frecuente y la reforma de la música sacra y cuando →Pío XII liberalizó las reglas para el ayuno previo a la comunión, hizo corregir los oficios de Semana Santa y restauró la celebración de la Vigilia Pascual.

Los frutos principales del ML en la ICR pudieron verse cuando el →Concilio Vaticano II (1962-1965) acogió muchas de sus iniciativas, autorizando el uso de las lenguas vernáculas en vez del latín, haciendo que el celebrante se colocara de frente a la comunidad, enfatizando el canto comunitario y la predicación, y sobre todo formando comisiones que revisaran a fondo toda la liturgia de la Iglesia. En 1969 entró en vigencia una reforma de la liturgia de la misa, que incluía, además de los cambios mencionados, el uso de tres lecturas de la Palabra conforme a la costumbre de la Iglesia primitiva, sustitución del antiguo "ofertorio" por una "presentación de las ofrendas", nuevas posibilidades de "plegaria eucarística", y la restauración del primitivo "saludo de paz". Se posibilitó a la vez la comunión bajo ambas especies en ciertas circunstancias. En los años siguientes se continuó con la renovación litúrgica de los otros sacramentos.

En el ámbito protestante el ML. comenzó también en el s.XIX como un retorno a formas más antiguas de culto (de la Reforma, patrísticas o neotestamentarias). Como consecuencia de ello, muchas iglesias adoptaron libros litúrgicos que recobraban su culto patrimonial. En general se observa un retorno al uso del calendario litúrgico, las vestiduras litúrgicas, mejores himnos y música, todo esto como reflejo de un renovado interés en el simbolismo y la belleza en el culto.

AL, en el lado católico, no fue escenario de grandes iniciativas litúrgicas antes del Concilio Vaticano II, por lo cual no puede hablarse ampliamente de un ML; después del Concilio ha habido en general buena acogida de las reformas, y en algunos casos experimentación con nuevas modalidades tales como las "misas criollas" y "mariaches". Muchas iglesias locales protestantes también han experimentado y renovado bastante la forma de su culto, si bien otras se muestran muy tradicionalistas. Hay que mencionar también la contribución que ha dado al culto la renovación carismática, tanto protestante como católica, especialmente en el formar un ambiente de gozo, cantos y participación. En todo caso, las renovaciones litúrgicas que están ocurriendo actualmente, igual entre protestantes que entre católicos, procuran conjugar la fidelidad a la Escritura con una verdadera pertinencia y significación para el pueblo que celebra.

CARLOS ALONSO VARGAS

MOZARABE, LITURGIA. En →España se les dio el nombre de "mozárabes" a los cristianos que vivían bajo el dominio de los moros. Estos cristianos conservaron su antigua liturgia a la que se le da el título de L.M., aunque más propiamente debería llamarse "liturgia hispánica" o "liturgia gótica", por ser anterior a la invasión de los moros en el 711 d.C. Las diferencias entre la L.M. y la liturgia latina, que se celebra en casi todas las iglesias católicas, consisten mayormente en el orden de las lecturas bíblicas, el texto de algunas oraciones, el modo en que se hace la fracción del pan, y otros detalles semejantes. Ambas liturgias se dicen en latín tradicionalmente.

Cuando comenzó la reconquista, y España empezó a reincorporarse al resto de Europa, se hicieron esfuerzos por suprimir la

L.M. e implantar la latina. Los viejos mozárabes se opusieron. En el año 1077 hubo hasta un →"juicio de Dios", en el que dos caballeros trataron de resolver la cuestión por las armas.

El Concilio de →Trento, en el s.XVI, implantó la liturgia latina en toda España, haciendo la salvedad de que la L.M. podía continuarse celebrando en una capilla de la Catedral de Toledo. Allí se celebra todavía una vez por semana. JUSTO L. GONZALEZ

MOZART, WOLFGANG AMADEUS (1756-1791). Compositor austríaco. La meteórica y trágica carrera de este músico sin par comenzó en Salzburgo, en donde Leopoldo su padre era compositor de la corte del arzobispo regente. Instruido por su padre y brevemente por diversos músicos sobresalientes en sus viajes de niño a los principales centros musicales de Europa, M. aprendió a componer con una rapidez y certeza de técnica casi incomprensibles. Buena parte de su niñez y juventud la pasó en giras musicales planeadas por su ambicioso padre. Al final de sus años juveniles, y hasta pasados los veinte de edad, escribió mucha música eclesiástica en estilo sinfónico clásico que desde entonces ha sido considerado frívolo. Igual que a la similar música de →Haydn, la crítica reciente se ha inclinado a juzgarla por su genuino mérito musical y no por las normas del s.XIX relativas a solemne pulcritud eclesiástica. En 1782 las relaciones de M. con el arzobispo, conde von Colloredo, llegaron a un punto muerto y él se trasladó a Viena, donde su incapacidad para obtener ingresos seguros y las consecuentes angustia y deudas contribuyeron a acortar su admirablemente productiva existencia.

Una cantidad de obras escritas antes de abandonar Salzburgo, p.e. la misa de "La Coronación", los dos servicios vesperales: el *Misericordia Domini* y el *Kyrie* de Munich, muestran una profundidad y riqueza que al parecer trascienden sus veinte años de juventud. Solo tres obras sagradas fueron escritas después de salir de Salzburgo: la inconclusa Misa en Do menor, la exquisita miniatura *Ave Verum* y el *Requiem* que otros terminaron después de su muerte. Solo es de desear que las circunstancias le hubieran brindado incentivos para escribir más música eclesiástica en la plenitud de su madurez, cuando estos pocos ejemplos sugieren las riquezas que en esa forma le habría legado a la posteridad junto con sus incomparables obras instrumentales y operáticas. J.B. MacMILLAN

MUERTE DE DIOS, TEOLOGIA DE LA. La idea de la m. de D. proviene de antes del s.XIX. El poeta alemán Jean Paul escribió un "Discurso del Cristo muerto desde la cumbre del cosmos: no hay Dios" (*Siebenkäs*, 1796-97). La *Fenomenología de la mente* (1806) de Hegel habló de la m. de D. en Cristo; el significado de su creencia era que a través de él Dios había dejado de ser un espíritu puro y abstracto al volverse inmanente en lo profano. Mientras →Hegel retuvo el pensamiento de la divina inmanencia, Nietzsche la rechazó por completo. Para él la m. de D. significaba el fin de la creencia en Dios y por consiguiente esto implicaba que el hombre estaba en libertad para guiar su propio destino (*La ciencia gozosa*, 1882). En *Existencialismo y Humanismo* (1946) Jean Paul Sartre tomó como punto de partida del →existencialismo una observación de Dostoievsky: "Si Dios no existe, todo está permitido". Dado que Dios no existe, el hombre es autor de su propia existencia, creando sus propios valores y haciendo sus propias decisiones sin ayuda. No puede, como algunos humanistas, abandonar su creencia en Dios y aun tratar de retener los valores y la moral cristiana.

En la década de 1960, la idea de la m. de D. se volvió el grito de batalla de ciertos teólogos radicales, especialmente en los EUA. Sin embargo, es dudoso que puedan ser considerados como escuela en vista de sus agudas diferencias. En *The Death of God* (1961) y *Wait without Idols* (1964), Gabriel Vahanian ha intentado analizar por qué la creencia en Dios se ha convertido culturalmente en asunto carente de importancia. Dios muere en cuanto se vuelve en algo culturalmente accesorio o en mero ideal humano. Vahanian mismo cree en un Dios que es completamente distinto, un Dios trascendente que nunca puede ser objetivado. En *La ciudad secular* (esp. 1968), Harvey Cox arguye que, a luz de la fe bíblica, la secularización y la urbanización no son maldiciones que hay que evitar sino oportunidades que hay que aprovechar.

Mediante el arte, el cambio social y las relaciones de los equipos de trabajo, lo trascendente puede eventualmente revelar un nuevo nombre, porque el vocablo "Dios" quizás ya no tenga utilidad. Tenemos que llegar a un entendimiento de lo oculto de Dios, aun en Jesús. Sin embargo, Cox cree en un Dios trascendente.

The Gospel of Christian Atheism (1967), de T.J.J. Altizer, rechaza la divina trascendencia en favor de una dialéctica inmanente fundada en Hegel, pero también influido por

Nietzche y William Blake. William Hamilton y Paul van Buren cambiaron ambos comparativamente tarde desde una posición más ortodoxa en sus carreras. A los cuarenta años de edad, Hamilton comenzó a sentir que sus fundamentos para creer en Dios estaban cediendo, aunque aun retuvo una fe en Jesús como aquel a quien podía acudir. Van Buren, por otro lado, abandonó su posición barthiana bajo la influencia del análisis lingüístico, creyendo que el vocablo "Dios" ya no tiene sentido. Su *Secular Meaning of the Gospel* (1963) insiste en una paráfrasis puramente secular del cristianismo, en que la doctrina de la creación exprese una imagen afirmativa del mundo, y la misión de la iglesia como la práctica de la libertad para la cual ha sido dejada libre.

Tales enfoques hacen difícil ver qué ventajas los teólogos de la m. de D. ofrecen sobre el ateísmo y el agnosticismo. También formulan la cuestión de si Dios, que está pretendidamente muerto, no fue, desde un principio, una invención de la imaginación de los eruditos. No obstante, los puntos de vista de tales escritores presentan un interrogante válido acerca de la base y el contenido de la creencia cristiana en Dios y la forma en que ésta es presentada. COLIN BROWN

MUHLENBERG, HENRY MELCHIOR (1711-1787). Padre del luteranismo norteamericano. N. en Einbeck, Hanover, hijo de un maestro zapatero. Se educó entre dificultades, especialmente después de muerto su padre en 1723, pero se graduó de Gotinga en 1738, estudió brevemente en Jena y luego fue nombrado para la Weisenhaus en Halle. En 1739 fue ordenado y nombrado co-pastor e inspector de un orfanato en Grosshennersdorf. El había pensado ir como misionero a las Indias Orientales, pero en 1741 fue llamado a servir en las Congregaciones Luteranas Unidas de Pennsylvania (Filadelfia, Nueva Providencia y Nueva Hanover). Rápidamente aprendió cuanto pudo de idioma inglés y geografía norteamericana.

Al desembarcar en América del N en 1742 encontró las iglesias en condición lastimosa y a punto de rendirse a los planes ecuménicos de largo alcance del conde →Zinzendorf. Tras breve e inevitable lucha, él lo impidió y luego se dedicó a constituir en iglesia las tres congregaciones aisladas. Experto lingüista, incansable viajero por territorios casi intransitables, cortés pero lleno de celo evangelístico, convocó el primer sínodo luterano de Norteamérica en 1748, el Ministerium Luterano Evangélico de Pennsylvania, que supervisó el creciente número de iglesias por todas las colonias centrales, muchas de las cuales habían sido fundadas como resultado de los esfuerzos misioneros del propio M. Hombre de inmenso vigor físico y capacidad organizativa, pasó los años de la Revolución en cuasi-retiro, pero logró publicar el *Himnario* del Ministerium en 1787 muy poco antes de su muerte. IAN SELLERS

MUJER EN LA IGLESIA, LA.

La Iglesia Primitiva. Tesis fundamental de la Iglesia primitiva es la igualdad de todos en Cristo; tanto el varón como la mujer, el hombre libre como el esclavo, son considerados en su calidad de personas ante el Señor (Gá. 3:28). Por razones particulares no muy claras para nosotros hoy, Pablo estableció ciertas normas respecto de la conducta de la mujer en el culto público. Sin embargo, la mujer fue una eficaz colaboradora en la obra misionera del gran apóstol. (Fil. 4:2,3; Ro. 16:1-15; Hch. 16:14ss.)

En la Iglesia Primitiva "las mujeres enseñaban en sus casas cuando las ponían a disposición de la comunidad para que se realizaran en ellas las asambleas de culto y por ello se convirtieron en presidentes de las comunidades domésticas *(prostates)*. ... A los deberes de las diaconisas pertenecían también el ministerio litúrgico; la vigilancia durante el culto divino, la asistencia al bautismo y a la confirmación y llevar la eucaristía a los enfermos. La ordenación al cargo de diaconisa se realizaba, lo mismo que en el caso del presbiterado y diaconado masculinos, por medio del obispo, quien les imponía las manos y les daba a tocar el cáliz de la Cena. Al cesar la costumbre del bautismo de adultos, se prescindió de las diaconisas en el culto, y su vida se redujo a los claustros, donde ha perdurado en nuestros días en casos aislados".

Sin embargo, al recibir la iglesia primitiva la influencia de la cultura y filosofía griegas, la mujer fue poco a poco relegada a un plano secundario; el pueblo de Dios comenzó a dividirse no solo respecto al sexo sino por medio de una paulatina jerarquización de funciones que distinguieron netamente las tareas del clero de las del pueblo (laicos). La dicotomía iglesia-mundo, clero-laicado, varón-mujer, casado-célibe, se hizo cada vez más pronunciada bajo influencias ajenas al mensaje del evangelio.

La Edad Media. Bajo la influencia griega (→GNOSTICISMO, →MANIQUEISMO) aparecen varias tendencias heréticas en el cristianismo. Una de ellas es la falsa división entre el varón, que encarna lo superior: el espíritu y la razón, y la mujer, que encarna lo inferior: el cuerpo y la pasión. El sexo se considera consecuencia del pecado. La mujer es considerada portadora del pecado, tentadora del hombre. Conceptos como éstos se encuentran en →Gregorio de Nisa *(Sobre la creación del hombre)* y en →Agustín *(Génesis contra los Maniqueos)*. No solo la mujer es alejada del altar y del liderazgo en la Iglesia sino que su vida conyugal es impedimento para tomar la comunión porque no se las consideraba suficientemente puras y dignas. Es interesante que no se dice nada sobre prohibiciones semejantes a los varones casados. El teólogo alemán Franz Arnold cita el caso de Santa Isabel, reina de Portugal, que en el s.XIV comulgaba solo tres veces al año justamente por esta razón.

Sin embargo, a pesar del prejuicio prevalente en esta época aparecen grandes teólogas y fundadoras de órdenes religiosas como Clara, compañera infatigable de San →Francisco;→Teresa de Avila, que influyó poderosamente sobre el pensamiento de Juan de la Cruz;→Catalina de Siena y otras. Estas mujeres realizaron una obra evangelizadora, caritativa y docente de enorme valor en la historia de la Iglesia.

Tiempos Modernos. La influencia de la teología medieval se prolonga hasta después de la Reforma. En 1744 en Amsterdam el teólogo autor de la *Controversia en el asunto sobre el alma de la mujer,* afirma: "La mujer, solo creada para el hombre, cesará de existir cuando acabe el mundo, porque ella dejará de ser útil para el propósito para el cual fue creada, de lo cual necesariamente se deduce que su alma no es inmortal". En México, no obstante, nace una mujer extraordinaria que a los tres años de edad aprende a leer y a los siete domina el latín. Se trata de Sor →Juana Inés de la Cruz, que se destacó por sus conocimientos de física, matemática, historia, música, derecho, filosofía y teología. Su afán de saber y su inclinación hacia las letras y la teología le costó sufrimiento y persecución por parte de la Iglesia y la sociedad de su tiempo. Es esta la primera mujer teóloga de AL.

Edad Contemporánea. El papel de la mujer en los movimientos modernos misioneros es muy importante. En algunas iglesias de Europa y EUA son sociedades femeninas las que se organizan, recaudan fondos y envían las primeras misioneras a Africa y al Asia. Estas recorren miles de km en barcos de vela, a lomo de mula, a pie, hasta llegar a los lugares más recónditos de la tierra donde realizan obra de evangelización, educación y medicina. En Alemania a fines del siglo pasado se fundan nuevas órdenes de mujeres protestantes que crean asilos para niños y ancianos, hospitales, centros de asistencia social, etc. Al mismo tiempo en Inglaterra las mujeres piden el sufragio universal y en EUA entran por primera vez a las universidades.

Sin embargo, no fue sino hasta fines del siglo pasado y comienzos del actual cuando algunas iglesias protestantes admiten a mujeres al ministerio ordenado. Los→congregacionalistas y →bautistas ingleses fueron los que tomaron la iniciativa. Desde 1950 varias iglesias siguen este ejemplo y ordenan mujeres. Hoy, excepto en las Iglesias Católica Romana y Ortodoxa y en algunas denominaciones protestantes, se acepta la ordenación de la mujer, aunque en una gran proporción del clero y del laicado persiste un cierto prejuicio al respecto.

En AL hace ya cincuenta años que se ordenan mujeres, indios y negros. Sin embargo, es un hecho la tendencia a la discriminación basada en la raza y el sexo. Perduran costumbres que se han sacralizado a nivel de dogma y que poco o nada tienen que ver con una exégesis seria de textos bíblicos y de la práctica de la Iglesia Primitiva. La mujer en muchas iglesias es relegada a funciones secundarias y se le encargan tareas que se consideran más afines con su naturaleza. Tales tareas suelen ser: educadora de niños y jóvenes, organizadora de ligas femeninas, encargada del arreglo estético del templo, de la música en culto, de obras de beneficencia, etc. Las decisiones tomadas por un número cada vez mayor de iglesias evangélicas en el mundo entero en favor del ministerio femenino son un signo de esperanza. Las iglesias cristianas tratan de superar los prejuicios de una sociedad patriarcal y de un orden social machista y de darles a la mujer, al indígena y al negro la oportunidad de servir al Señor en igualdad de condiciones con el varón y el blanco. En este caso el servicio está condicionado por el talento y la vocación, y no por la condición racial o sexual. →OBRA FEMENINA EN AMERICA LATINA.

BEATRIZ MELANO DE COUCH

MULLER, GEORGE (1805-1898). Pastor, filántropo y líder del movimiento de los →Hermanos Libres. N. en Kroppenstadt, Prusia, y se preparó para el ministerio luterano. Tras una vida juvenil disoluta, en 1825 se convirtió en una reunión de oración en una casa particular. Llegó a Londres en 1829 a prepararse para trabajar como misionero entre los judíos. En un período de convalescencia en Teignmouth conoció a Henry Craik, un escocés apacible y erudito de su misma edad, que había sido tutor de los hijos de A.N. Groves, destacado líder de entre los hermanos libres; por medio de él conoció las enseñanzas de Groves y finalmente llegó a compartir las opiniones de éste respecto a la ordenación y el gobierno eclesiástico. En consecuencia, se apartó amistosamente de la Sociedad de Judíos y aceptó el llamado a ministrar en la capilla Ebenezer en Teignmouth y se casó con la hermana de Groves, María. En 1832 M. y Craik iniciaron un ministerio unido, primero en la capilla de Gedeon y luego en la de Bethesda, Bristol, donde permaneció hasta su muerte.

En 1834 fundó *The Scriptural Knowledge Institution for Home and Abroad* para estimular la educación "sobre principios escriturales", para la distribución de Biblias y para ayudar a la obra misionera. Al comienzo de su vida había observado la obra de Augusto →Francke entre los huérfanos en Halle y en 1835 fundó en Bristol el orfanato por el cual principalmente se le recuerda. El orfanato pasó de una casa alquilada a un gran conjunto de edificios en la calle de Ashley Down, Bristol. Años después viajó extensamente.

Junto con Groves, Craik y Robert Chapman, M. fue representante sobresaliente de las tendencias moderadas que se transformaron en lo que se conoce como los "Hermanos abiertos" o "independientes", en contraste con los puntos de vista de J.N. →Darby, que desembocaron en el exclusivismo. En su ministerio temprano adoptó el bautismo de creyentes, la celebración semanal de la Cena del Señor y el principio de la libertad para expresarse en las reuniones de la iglesia. Renunció al salario regular y por el resto de su vida rehusó pedir apoyo pecuniario para sí o para su obra filantrópica, aunque a veces se encontró sin un centavo. Su actitud fue generalmente adoptada en el movimiento. Por el amplio apoyo recibido de la *Scriptural Knowledge Institution* a la obra nacional y en el extranjero, puede con justicia llamársele "Arquitecto del crecimiento de los Hermanos Independientes" (F.R. Coad).

J.G.G. NORMAN

MULLINS, EDGAR Y. (1860-1928). Teólogo y educador bautista del S. Hijo de un ministro de Mississippi, en 1879 se graduó del *Texas Agricultural and Mechanical College* y en 1885 del Seminario Teológico Bautista del Sur. Pensaba ser misionero al extranjero pero la mala salud cambió sus planes. Fue pastor en Kentucky, Massachusetts y Maryland hasta 1899 y luego ingresó en la facultad de su propio seminario, del cual fue luego presidente. Presidió también la Convención →Bautista del Sur de 1921 a 1924, años turbulentos de la controversia fundamentalista-modernista que dividió a otros grupos bautistas y años de crisis económica. Desde 1923 durante cinco años presidió la →Alianza Bautista Mundial. Su teología fue claramente conservadora, pero rehuyó la polémica del fundamentalismo. Su interés principal era la apologética. Paradójicamente su obra clásica sobre teología dogmática no contiene ninguna sección sobre eclesiología. Muchas de sus obras principales se han traducido al español: *Evidencias cristianas* (1905), *Axiomas de religión* (ing. 1908), *Creencias bautistas* (ing. 1912), *La religión cristiana en su expresión doctrinal* (1933), *Credenciales del cristianismo* (1946).

DONALD M. LAKE

MUNSTER, REINO DE (1534-36). Episodio trágico en la historia de anabaptismo. Bernardo →Rothmann, predicador elocuente en la Catedral de la ciudad de M. en Westfalia, se convirtió al protestantismo y fue líder en su establecimiento en la ciudad (1532). Se volvió anabaptista y, como consecuencia, la reforma tomó rumbo radical. Llegó esta noticia a los →anabaptistas perseguidos y algunos pensaban que M. podría ser la ciudad de refugio para ellos.

Melchior →Hoffman, anabaptista, había profetizado que Cristo vendría en 1533 y que establecería la Nueva Jerusalén en Estrasburgo. Pero sucedió que en dicho año fue encarcelado y murió preso. Uno de los seguidores más fervientes fue Juan Mathijs, panadero de Haarlem, Holanda, el cual reclamaba ser uno de los dos testigos de Ap. 11:3. Siendo demagogo y de aspecto venerable, ganó a miles de adeptos. Al saber de lo que había pasado en M., a los seguidores de Mathijs les pareció que esta ciudad, y no Estrasburgo, sería el sitio de la Nueva Jerusalén. Con Mathijs a la cabeza millares de anabaptistas holandeses inmigraron a M. y procedieron a levantar un reino teocrático. Rothmann se dejó llevar por el fanatismo.

Hoffman había predicado que Dios, personal y sobrenaturalmente, intervendría para castigar a los inicuos y establecer el reino de justicia. Pero Mathijs enseñó que Dios usaría a los creyentes en forma directa y violenta para acabar con los malos y levantar el reino, de la misma manera que Dios usó a los iraelitas para exterminar a los cananeos y levantar el reino de Israel. Todos los habitantes de M. tuvieron que ser rebautizados o abandonar la ciudad. M. fue declarado el centro del reino de Dios de donde se extendería a los confines del mundo. Se anunció que el reino no tendría leyes ni magistrado sino que en forma directa estaría bajo el mando de Dios.

Naturalmente surgió oposición. Mathijs pronto murió en un encuentro con enemigos. Juan de Leyden, sastre y discípulo favorito de Mathijs, se declaró rey en su lugar. Se instituyeron la comunidad de bienes y la poligamia. (Había más mujeres que hombres en la ciudad.) Se aplastó toda oposición al "reino" en forma rápida y sangrienta.

Los habitantes expulsados, sin embargo, se organizaron y consiguieron apoyo para oponerse al reino. Pusieron sitio a la ciudad. Después de resistirlo un año, la ciudad se rindió y se acabó el reino con una carnicería horrible.

Este episodio fue un baldón terrible para el movimiento anabaptista y para todo el protestantismo. Los católicos lo citaban para demostrar lo que sucedería si los protestantes predominaran. WILTON M. NELSON

MUNZER, TOMAS (c.1488-1525). Líder en la →Reforma Radical. N. en Stolberg, Alemania, pero poco se sabe de sus primeros años. Asistió a las universidades de Leipzig y Frankfurt del Oder y luego vivió en →Leipzig. Allí estaba cuando se produjo la disputación de Lutero (1519) que parece haberle impresionado bien respecto al gran reformador. El interés de M. en el protestantismo lo llevó al estudio de Eusebio, Jerónimo, Agustín, las actas de los concilios de Constanza y Basilea, y las obras de místicos como →Tauler.

Con la aprobación de Lutero, recibió un llamado para predicar en Zwickau, adonde Egrano había introducido la reforma. Münzer entabló relaciones con un grupo radical denominado Profetas de →Zwickau, y predicó de modo violento contra el clero. Subrayaba la importancia de ser guiado por el Espíritu Santo y la necesidad de participar en la obra de la iglesia. Esto llevó a un conflicto con Egrano y M. fue depuesto. Aparece luego en Praga, donde lanza una declaración llamando al pueblo de la patria de Juan Hus a que le ayude a establecer una nueva época. Como su mensaje despertó poco eco en Praga, se fue a Allstedt, Alemania, donde fue clérigo de parroquia. Introdujo una serie de reformas litúrgicas que atrajeron mucha atención. También organizó a sus seguidores en bandas dispuestas a empuñar las armas por la causa del Evangelio. En mayo de 1524 algunos de estos discípulos destrozaron un santuario cerca de la ciudad. Esto, junto con las advertencias de Lutero hicieron que el duque Juan y el duque Federico de Sajonia ordenaran a M. que predicara ante ellos. En su sermón, basado en Daniel 2, exigió que los gobernantes emplearan la fuerza para establecer el Evangelio verdadero. Los gobernantes le ordenaron comparecer para una audiencia en Weimar y cuando el consejo de la ciudad se unió a la oposición contra él, abandonó Allstedt. Después de unos meses en Alemania del S, apareció en Muhlhausen, donde predicó a los burgueses y ayudó a involucrarlos en la →Revuelta de los Campesinos. Ello paró en la derrota de las fuerzas rebeldes y en la ejecución de M.

Aunque sus ideas revolucionarias se desprestigiaron, su enseñanza acerca del bautismo de infantes y su énfasis en la inspiración por el Espíritu Santo influyó en otros anabaptistas. Originalmente seguidor de Lutero, se volvió después contra él porque no apoyó la revolución social. Le endilgó a Lutero apelativos como "Hermano Cerdo engordado", "Doctor Mentira", "Hermano de la Blanda Vida", y "Papa de los luteranos pervertidores de la Escritura". Los historiadores marxistas ponen énfasis en M. como precursor de revolucionarios sociales.

ROBERT G. CLOUSE

MURILLO, BARTOLOME ESTEBAN (1617-1688). Pintor español. N. en Sevilla y quedó huérfano a los diez años. Estudió primero dirigido por un pintor mediocre y se ganaba la vida mediante "sargas", pinturas baratas sobre tela, que se vendían en las ferias campestres. Después de una visita a Cádiz en 1640 se dedicó al estudio de los grandes maestros. No llegó más allá de Madrid, donde trabó amistad con Velázquez, por medio del cual logró estudiar a Tiziano, Veronese, Tintoretto, Rubens y al propio Velázquez. Pasó tres años en Madrid y regresó a Sevilla en 1644. Solo una vez volvió a visitar a Cádiz a pintar un retablo para los capuchinos, pero un accidente lo obligó a volverse a Sevilla, donde más tarde murió. Como miembro de una austera hermandad dedicada al servicio de los agonizantes, el dolor y la miseria fueron para M. objeto de piedad y no de curiosidad. A diferencia de otros pintores de su raza, su genio es ternura y afecto. Como Rembrandt, consideraba el lenguaje del evangelio como lenguaje del pueblo y procuró pintar el evangelio en colores humanos. La mayor parte de su obra fue para conventos de Sevilla, más algunos cuadros devocionales para particulares. El tema principal de sus pinturas es la Inmaculada Concepción, tema que trató más de veinte veces sin repetición. Estas se hallan entre los cuadros más femeninos de España.

GORDON A. CATHERALL

MURRAY, JOHN (1741-1815). Fundador del universalismo norteamericano. La suya fue una familia calvinista acomodada de Hampshire, Inglaterra. Sus padres se mudaron a Cork, Irlanda, donde este emocional hombre se hizo →metodista calvinista poco antes de cambiar el calvinismo por el universalismo que predicaba John Relly. Fue excomulgado por los metodistas; su esposa y su hijo murieron. En 1770 emigró a América del N y predicó sus ideas universalistas por toda Nueva Inglaterra. Tras servir como capellán en la Guerra de Independencia, se estableció en Gloucester, Massachusetts, y organizó una congregación universalista. Después de fundar otra iglesia en Oxford, Massachusetts, de 1793 a 1809 fue pastor de la Iglesia Universalista en Boston. En 1809 la parálisis detuvo su prédica de que al fin todos los hombres serían salvos. EARLE E. CAIRNS

MUSULMANES →ISLAM

MYCONIUS, FRIEDRICH (1490-1546). Reformador alemán. N. en Lichtenfels e ingresó en la orden franciscana en Annaberg en 1510. Fue trasladado al monasterio de Leipzig y luego a Weimar. Era asiduo estudioso de teología y de las Escrituras; la doctrina de la predestinación lo tenía muy preocupado. En 1516 fue ordenado sacerdote y al surgir el movimiento luterano sintió gran simpatía por él. Sintiéndose amenazado huyó del monasterio (1524) y se fue a Zwickau. De allí, por invitación del duque Juan pasó a Gotha, donde propició reformas eclesiásticas y educativas, granjeándose la amistad de Lutero y Melanchton y más tarde de Justus Menius.

Se captó el respeto del elector Juan Federico de Sajonia. Participó en visitas a Turingia, el Coloquio de →Marburgo (1529), la Concordia de Wittenberg (1536), el sínodo de →Esmalcalda (1537), y el Coloquio de Hagenau (1540). En 1538 fue con Francis Burkhardt y George von Boyneburg a Inglaterra a celebrar diálogos con los teólogos ingleses, pero se decepcionó ante la actitud de Enrique VIII. Le satisfizo particularmente participar en ayudar al establecimiento de la Reforma en la Sajonia Ducal, particularmente en Annaberg. Escribió una *Historia Reformationis,* 1517-42 –valioso relato de un contemporáneo– y tratados en alemán como *Wie man die Einfältigen, und sonderlich die Kranken, im Christtenthum unterrichten soll.* Sus propias luchas espirituales, la integridad de su carácter y su espíritu irénico hacen de él uno de los personajes más atrayentes de la época reformadora. CARL S. MEYER

MYNSTER, JAKOB PIER (1775-1854). Obispo danés. De los círculos pietistas se volvió en su juventud al radicalismo político y religioso de la llamada →Ilustración. Más tarde la influencia de Kant y del romanticismo alemán lo volvió escéptico respecto al racionalismo. En 1803 pasó por una experiencia espiritual que lo llevó a la conversión personal y a la aceptación de la fe cristiana. Llegó a ser eminente predicador que atraía a grandes sectores de la "élite cultural", y mediante sus escritos influyó en un número aun mayor. Fue rector de la catedral de Copenhague (1811-28), capellán personal del rey desde 1828 y obispo de Zealand desde 1834 hasta su muerte.

Fue considerado por la mayoría de sus contemporáneos como la gran figura central en la vida de la iglesia danesa colocado en medio de los racionalistas por una parte y de los avivamentistas por la otra. Aunque individualista, fue un defensor conservador y autoritario de la iglesia del estado en oposición a N.F.S. →Grundtvig y a los cristianos del tipo conventículo pietista. Hasta introdujo el bautismo obligatorio de los niños bautistas. Junto con H.L. Martensen y toda la iglesia nacional, fue más adelante ferozmente atacado por S. →Kierkegaard. N.O. RASMUSSEN

N

NAASENIOS. Nombre dado a una secta gnóstico-cristiana, derivado del objeto que se supone adoraban: la "serpiente" de Gn. 3:1ss., el presunto seductor que preñó a Eva. Los materiales concernientes a esta secta, sin embargo, no indican mucho en cuanto a que lo que ellos pensaban de sí mismos, su nombre bien pudiera ser dado despectivamente por sus adversarios. Lo que de ellos se sabe aparece en la *Refutación* por Hipólito, en que se cita uno de los himnos de ellos. Este muestra que conocían restos de una antigua religiosidad del Cercano Oriente, exterminada, pero que estaban pasando por la interpretación gnostificante de alegoría cuasifilosófica, con la ayuda de elementos bíblicos. El *Evangelio de Tomás* puede que provenga de ese círculo. (→OFITAS). CLYDE CURRY SMITH

NACIMIENTO VIRGINAL →CONCEPCION VIRGINAL

NAIROBI, ASAMBLEA DE (1975). La quinta Asamblea del CMI se realizó en la capital de Kenia, del 23 de nov. al 10 de dic., 1975. Asistieron 2300 personas de 100 países, de las cuales 747 eran delegados oficiales de las 271 iglesias miembros (15 nuevas iglesias fueron aceptadas en esta Asamblea). De AL 12 iglesias son miembros y nueve asociadas. El total de latinoamericanos asistentes fue de 68, sin contar los nueve que trabajan en puestos claves del CMI y sin incluir las iglesias del Caribe de habla inglesa.

El tema general fue "Jesucristo Libera y Une". La tónica cristocéntrica de la Asamblea fue dada desde el principio por el mensaje sobre el tema a cargo de Robert McAfee Brown. La Sección I, "Confesando a Cristo Hoy" fue solicitada como primera preferencia por el 67% de los delegados. Las otras secciones fueron: II, "Lo Que Exige la Unidad"; III, "La Búsqueda de Comunidad por Diversas Confesiones, Culturas e Ideologías"; IV, "Educación para la Liberación y la Comunidad"; V, "Estructuras de Injusticia y Luchas por la Liberación"; VI, "Desarrollo Humano: las Ambigüedades del Poder, la Tecnología y la Calidad de Vida".

La Asamblea se dividió, además, en subsecciones, donde se discutían los temas y se elaboraban los documentos; en grupos de estudio bíblico, en los que se reaccionaba ante los temas presentados y se compartían experiencias a la luz de la Palabra; en "audiencias" en las que los delegados hacían la crítica del CMI y sus organismos, y proponían recomendaciones para el futuro. El 80% de los delegados eran "nuevos" y dispuestos a participar y hacerse oír.

La evangelización fue uno de los intereses dominantes de esta Asamblea. Al que suscribe se le pidió presentar en plenario el tema "Para que el mundo crea". El despacho "Confesando a Cristo hoy", que desarrolla un concepto integral del testimonio cristiano y un llamado final a "confesar y proclamar", fue aceptado por unanimidad. La Asamblea actuó enérgicamente para mantener en la Constitución revisada del CMI el objetivo de "apoyar a las iglesias en su tarea misionera y evangelística mundial".

Como en anteriores asambleas, se prestó particular atención a los problemas y agonías del mundo, tales como: la violación de derechos humanos, la destrucción del ambiente físico, el deterioro de la vida humana, el militarismo y armamentismo, el racismo y el sexismo, el clamor de los oprimidos y minusválidos, el hambre mundial, etc. Entre las discusiones más acaloradas estuvieron las relativas a la situación racial en Sudáfrica, la libertad religiosa en la Unión Soviética, los derechos humanos en el Medio Oriente y AL, y los riesgos del sincretismo. Se aprobó por amplia mayoría continuar con el controvertido "Programa para Combatir el Racismo" y se dieron directivas para su ampliación futura. Entre las recomendaciones a las iglesias figuran las de buscar "el compañerismo conciliar" a nivel local, trabajar por una educación liberadora, cooperar en la creación de una comunidad humana más fraterna entre cristianos y no-cristianos y buscar desarrollar "una espiritualidad de lucha". La tensión entre "verticalistas" y "horizontalistas" fue orientada hacia "la cruz, que penetra en la profundidad de Dios y en toda la extensión de la experiencia humana". La Asamblea tomó conciencia de la vulnerabilidad del movimiento ecuménico en un período de contracción de sus recursos económicos y sabiendo que depende fundamentalmente de sus iglesias miembros.

La elección del Comité Central que guiará el movimiento ecuménico en los próximos siete años refleja la presencia creciente de la mujer y del Tercer Mundo. De los seis presidentes, dos son mujeres (una de EUA y otra de Africa) y uno es un latinoamericano: José →Míguez Bonino. MORTIMER ARIAS

NANTES, EDICTO DE (1598). Acuerdo firmado entre →Enrique IV de Francia y los →hugonotes, luego que Enrique (que había gobernado como protestante en Navarra) se hizo católico para dar fin a las Guerras de Religión. Codificó y amplió los derechos otorgados a los protestantes franceses por medidas anteriores —p.e., el Edicto de Poitiers (1577), la Convención de Nerac (1578)— permitiéndoles el libre ejercicio de su religión en ciertas áreas, igualdad ante la ley e imparcial administración de justicia, concediéndoles un subsidio del estado para el sostén de sus tropas y pastores. Mediante el Edicto retenían el dominio absoluto de doscientas ciudades, incluyendo La Rochelle, Montaubon y Montpellier. En otras partes de Europa, los gobernantes elegían y mantenían una religión y solo una para sus súbditos, pero este edicto introdujo un nuevo principio de tolerancia, al establecer la libertad para que dos religiones existieran una junto a la otra. Fue revocado por →Luis XIV (1685).

J.G.G. NORMAN

NAVEGANTES, LOS. Organismo que fomenta el compañerismo y el testimonio cristianos, y el estudio sistemático y memorización de la Biblia. Comenzó informalmente en 1933, cuando Dawson Trotman hizo discípulo a un marinero convertido, con 2 Ti. 2:2 como principio guía. Organizó los N. como una asociación sin fines de lucro en California en 1943. Los miembros trabajaron primordialmente entre las fuerzas armadas hasta 1949, cuando iniciaron labores en el Lejano Oriente y un año más tarde en Europa. Su programa fomenta el reclutamiento, adiestramiento y orientación de persona a persona entre las fuerzas armadas, estudiantes universitarios y empresarios, para convertirlos en eficaces testigos cristianos, especialmente mediante el estudio y memorización sistemáticos de la Biblia. Su cuartel general está en Colorado Springs, Colorado.

EARLE E. CAIRNS

NAVEGANTES EN AMERICA LATINA. Los n. se extendieron a AL en 1957 cuando Jorge Sánchez se afilió con su personal y se estableció en Costa Rica, trabajando especialmente entre la gente obrera. De allí se extendieron en 1967 a Brasil y empezaron a trabajar entre estudiantes universitarios. En 1966 entraron en México donde se preocuparon particularmente por la evangelización de los profesionales. En 1973 tres parejas de n. llegaron a Argentina y se dedicaron exclusivamente a los universitarios. El último país en que han entrado es Venezuela (1974).

Los ministerios latinoamericanos se unieron en 1972 para formar una división encabezada por Jaime Peterson con su sede en Campinas, Brasil. El que inició la obra de los n. en AL, Jorge Sánchez, después llegó a ser director mundial de la organización.

WILTON M. NELSON

NAVIDAD. Festividad de la Natividad de Cristo observada el 25 de dic. por la Iglesia Occidental. No hay evidencias de una fiesta de la Natividad anterior al s.IV, excepto, posiblemente, entre los basilidianos. La más temprana mención del 25 de dic. se halla en el Calendario de la Filocalía, compilado en 354, que cita su observancia en Roma en 336. No parece haber sido celebrado en Antioquía hasta aproximadamente 375. Por el año 380 era observada en Constantinopla y por el 430 en Alejandría. Aun no se la conocía en Jerusalén a principios del s.V. Hasta el s.VI la Natividad no fue finalmente separada del 6 de en. y celebrada el 25 de dic. A mediados del s.V se la fue conmemorando a través de todo el oriente como el occidente. Los armenios todavía observan el 6 de en. la cercana y relacionada fiesta de la →Epifanía, como el Día de la Navidad.

No existe evidencia histórica con autoridad referente al día o mes de nacimiento de Cristo. El 25 de dic. era la fecha de un festival pagano de los romanos. Este fue inaugurado el año 274 como nacimiento del sol invicto que al comenzar el solsticio de invierno otra vez empieza a mostrar una luz que va en aumento. Aproximadamente antes de 336 la iglesia de Roma, incapaz de eliminar este festival pagano, lo espiritualizó como la fiesta de la Natividad del Sol de Justicia. La N. en la Iglesia Oriental celebra el nacimiento de Cristo junto con la visita de los pastores y la adoración de los magos. En la Iglesia Occidental la adoración de los magos es relacionada con la Epifanía del 6 de en. En la ICR se ofrecen generalmente tres misas para simbolizar el nacimiento eterno de Cristo: en el seno del Padre, en el vientre de María y, en forma mística, en el alma del creyente. Las costumbres tradicionales relacionadas con la N. derivan de varias fuentes. El jolgorio y el intercambio de regalos tiene origen en el festival romano de las Saturnales (17-24 de diciembre) y los arbustos verdes y las luces vienen de las Calendas de enero (1 de en., el nuevo año) con asociación con el sol. Los ritos germano-célticos de *yule* introdujeron la tradición de festejar y tener amistad. En los EUA (y en Inglaterra durante la época de Oliverio →Cromwell) las celebraciones cristianas fueron al principio suprimidas por los puritanos que objetaban el origen pagano de éstas. Desde el s.XIX la celebración de la N. se ha vuelto más y más popular. JAMES TAYLOR

NAZARENO, IGLESIA DE →IGLESIA DEL NAZARENO

NEANDER, JOHANN AUGUST WILHELM (1789-1850). Protestante alemán, historiador de la iglesia. N. en una familia judía con el nombre de David Mendel pero lo cambió al convertirse al cristianismo en 1806. Estudió bajo la dirección de Schleiermacher y después fue profesor de historia eclesiástica en Berlín durante casi cuatro décadas (desde 1813). Allí adversó resueltamente al racionalismo de F.C. →Baur, D.F. →Strauss y otros. Se le considera generalmente como fundador de la historiografía protestante moderna. Su obra en dos volúmenes, *Geschichte der Pflanzung und Leitung der christlichen Kirche durch die Apostle* (1823-33) fue modelo para subsiguientes historiadores de la era apostólica. Fue autor de muchas monografías histórico-eclesiásticas, incluyendo trabajos sobre Juliano el Apóstata (1812), Bernardo de Claraval (1813), el gnosticismo (1818), Crisóstomo (1822) y Tertuliano (1824). Su historia de la iglesia en seis volúmenes (1826-52) se centra en personalidades más que en instituciones y fijó el tono para subsiguientes obras de historia eclesiástica (p.e. de P. →Schaff). W. WARD GASQUE

NECTARIO (1605-c.1680). Patriarca de Jerusalén, 1661-69. Educado por los monjes del Sinaí, se hizo monje y luego estudió en Atenas bajo el neoaristotélico Teófilo Corydalleus. Se opuso vigorosamente a toda teología occidental atacando tanto las pretensiones del catolicismo romano como el calvinismo de Cirilo →Lucar, patriarca de Constantinopla (1621-38). En 1662 aprobó la "Confesión" de Pedro Mogila. Desempeñó parte prominente en el sínodo de Jerusalén (1672), que repudió las doctrinas de Lucar y aprobó la "Confesión" de Mogila. Escribió un tratado contra el papado, que su sucesor Dositeo publicó en 1682. J.D. DOGLAS

NEESHIMA, YUZURU (1843-1890). Líder cristiano japonés. N. en Edo (hoy Tokio), perteneciente al linaje samurai. Estaba resuelto a introducir en Japón los conocimientos occidentales y se fugó secretamente de su país en 1864. Finalmente llegó a Boston, donde el dueño de la nave se hizo amigo de él. Tras su conversión al cristianismo, estudió en la escuela y el seminario, y en 1874 el sensible y frágil N., inflamado con el deseo de evangelizar a su pueblo, fue enviado como misionero por la Iglesia Congregacional. En 1875 fundó en Kioto, fortaleza del budismo, la primera escuela cristiana del Japón, que él llamó *Doshisha* ("sociedad de un solo propósito"). Sin dejarse vencer por la mala salud, trabajó apasionadamente para darles a sus estudiantes una educación que uniera la sana enseñanza bíblica con las más elevadas normas académicas. Murió por exceso de trabajo cuando tenía 46 años. DAVID MICHELL

NEGROS EN AMERICA LATINA. Los primeros negros llegaron al Nuevo Mundo en 1502 traídos por Nicolás Ovando, gobernador de las Indias. →Bartolomé de las Casas recomendó en 1517 la importación de esclavos negros en su afán de proteger a los indígenas antillanos, raza que no estaba acostumbrada al trabajo duro en las haciendas y minas sino a la vida libre de la selva. Bajo la esclavitud española esta raza estaba amenazada de aniquilación. En 1518 la corona dio permiso para la exportación de 4.000 negros a la Española, Cuba, Jamaica y Puerto Rico. Poco después fueron introducidos en Brasil. Se calcula que, al llegar el año 1540, se importaban a las Américas 10.000 esclavos negros al año. A mediados del s.XVII los franceses e ingleses abandonaron sus escrúpulos y también entraron en este comercio nefando, si bien lucrativo, negocio que continuó en los territorios españoles hasta 1820. Por lo general la esclavitud cesó con la independencia de las colonias y la formación de las nuevas naciones.

Si los colonos españoles menospreciaron y maltrataron al indio, mucho más al negro. Se le dejó en el peldaño más bajo de la escala social. Aun la misma ICR los descuidó. Pocos se preocuparon por su bienestar físico. Una brillante excepción a este descuido fue el jesuita Pedro →Claver (1581-1654). A la ciudad de Cartagena en Nueva Granada llegaban muchos barcos con esclavos. Claver socorría a estos infelices, arrancados de sus hogares en Africa y llevados como ganado al Nuevo Mundo. Antes de su muerte, Claver había bautizado a 300.000 negros.

Sin embargo, había una preocupación por salvar el alma del negro. A veces exigían el bautismo del negro antes de ponerlo en subasta. Algunos justificaban la esclavitud diciendo que posibilitaba la salvación del alma del negro. El negro aceptó la religión del blanco, pero su cristianismo fue superficial y mezclado con los cultos africanos, dando origen a religiones híbridas que todavía se ven mucho en Brasil, Cuba y especialmente en Haití.

Lo dicho anteriormente explica por qué el 14% de la población de América Latina es negra. (Había 25.000.000 en 1950 según Hubert Herring.) La mayor parte se halla en las Antillas y Brasil.

Los ingleses les quitaron a los españoles algunas de las Antillas, de las cuales las más grandes eran Jamaica y Trinidad. Por lo tanto entró el protestantismo e hizo una profunda impresión. En Jamaica, al principio del dominio inglés, el catolicismo fue proscrito y el anglicanismo tomó su lugar como religión oficial. A fines del s.XVIII llegaron metodistas y bautistas. Siguió un avivamiento que tuvo notables alcances. Produjo la emancipación de los esclavos (1833) y la formación de un protestantismo fuerte y activo. Como resultado, como dice Latourette, a principios del s.XX casi cada hogar en Jamaica estaba relacionado con una iglesia o escuela dominical.

En el litoral atlántico de Panamá y Costa Rica se hallan muchos negros; pero no son descendientes de los esclavos de la época colonial, sino que sus antepasados llegaron de Jamaica y de algunas otras islas a fines del s.XIX, para trabajar en la construcción del canal panameño y del sistema ferroviario de Costa Rica, así como en la naciente industria bananera de esta república. Estos negros no venían en un estado de barbarie sino con el trasfondo cultural británico, y habían sido beneficiados por el avivamiento antes mencionado. De modo que poco después de su llegada levantaron iglesias bautistas, metodistas y anglicanas. WILTON M. NELSON

NEGROS, IGLESIAS DE LOS →IGLESIA DE LOS NEGROS EN LOS EUA

NEILL, STEPHEN CHARLES (1900-). Misionero, ecumenista y teólogo inglés. Terminados sus estudios en la Universidad de Cambridge, en 1924 partió como misionero a la India. Quince años después fue electo obispo de Tinnevelly (una diócesis de 120.000 indios anglicanos). En 1945 regresó a Inglaterra, donde por dos años enseñó en la Facultad de Teología de Cambridge. Después sirvió como Secretario General Asociado del CMI. Como tal editó, en asocio con Ruth Rouse, la obra clásica de *A History of the Ecumenical Movement, 1517-1948* (1948).

En 1963 fue hecho profesor de Misiones y de Teología Ecuménica en la Universidad de Hamburgo. Se retiró de esa posición en 1967 y fijó su residencia en Londres, aunque a partir de esa fecha ha sido profesor visitante y conferenciante en universidades y seminarios en diversas partes del mundo.

Ha sido un escritor fecundo. Quizás su obra más importante sea *Colonialism and Christian Missions* (1966). En ella discute la relación que ha existido a través de los siglos entre los intereses coloniales y la empresa misionera. Puesto que su interés se centra en las colonias y misiones británicas, la sección sobre AL no es tan detallada o valiosa como las que se refieren a la India, China y Africa.

Algunas de sus muchas obras se han traducido al español. V.g.: *Carácter cristiano* (1955), *El Dios de los cristianos* (1956), *La doctrina cristiana de la santidad* (1958), *¿Quién es Jesucristo?* (1959), *La Interpretación del Nuevo Testamento* (1967).

Otras de sus obras importantes son: *The Cross over Asia* (1948), *The Unfinished Task* (1957), *Christian Faith and other Faiths*

(1960), *Anglicanism* (1958), *A History of Christian Missions* (1964).

JUSTO L. GONZALEZ

NEMESIO (fl. c.400). Filósofo cristiano, obispo de Emesa en Siria. No obstante la coincidencia cronológica, este N., autor de una notable obra filosófica *De la naturaleza del hombre,* probablemente no sea el mismo gobernador pagano de Capadocia (386) y amigo de Gregorio Nacianceno. Fuera de su tratado, nada se sabe de su vida. Incorporando o rechazando eclécticamente el pensamiento platónico, aristotélico, estoico y neoplatónico incluyendo a Porfirio y confiando en las teorías médicas de Galeno, la obra de este cultísimo hombre encarnó aquella síntesis intelectual heleno-cristiana del s.IV y constituyó una fuente para el conocimiento medieval de las filosofías clásicas. Descontando su creencia en la preexistencia del alma, su tratado suministró una temprana articulación de los puntos de vista escolásticos sobre la naturaleza del alma, sus relaciones con el cuerpo, y el libre albedrío como elemento natural concomitante de la razón y base de los actos humanos. DANIEL C. SCAVONE

NEOCATECUMENALES, COMUNIDADES. Corriente católica de profundización comunitaria en la vocación cristiana, que surgió en un barrio pobre de Madrid poco después del Concilio Vaticano II. La visión de los iniciadores, los laicos españoles Kiko Argüello y Carmen Hernández, recibió apoyo episcopal, y consistía en hacer un llamado básico a la conversión por medio de la proclamación directa de la Palabra de Dios y la formación de pequeñas comunidades cuyos miembros van recorriendo juntos un "camino de conversión" análogo al catecumenado de la Iglesia antigua (de donde se deriva el nombre de las comunidades).

Cada nueva comunidad permanece "cerrada" durante unos dos años; esto quiere decir que no aumenta en número ni sale en misión, mientras sus miembros se reúnen dos veces a la semana: una para la celebración de la Palabra, y otra para la celebración de la Eucaristía. El proceso de conversión y crecimiento no se da mediante enseñanzas ni estudios, sino mediante la oración y el "eco" de la Palabra en los miembros. Solo se dan enseñanzas o "catequesis" al comienzo mismo de la comunidad, y luego cuando el equipo de catequistas fundadores regresa ocasionalmente y se empiezan a realizar los "escrutinios" que van implicando un compromiso cada vez mayor de los miembros, hasta que su vocación cristiana y su asentimiento al bautismo recibido se afianzan firmemente. Este proceso puede durar varios años.

Una comunidad nunca crece. Al terminar su período "cerrada" envía un equipo de catequistas a fundar otras, frecuentemente dentro de la misma parroquia. Las comunidades son dirigidas por "responsables" y solo se establecen donde un párroco pide o acepta la predicación inicial de los catequistas. Los equipos de catequistas itinerantes mantienen una unidad orgánica entre todas las comunidades que van surgiendo. Cada equipo está formado generalmente por un sacerdote, dos laicos y algunos matrimonios con sus hijos. Estos catequistas han abierto el "camino neocatecumenal" –prefieren no llamarlo "movimiento"– en 70 naciones de los cinco continentes; en AL hay más de dos mil de estas comunidades.

El camino neocatecumenal puede describirse como una corriente renovadora dentro de la ICR, basada en una predicación radical de la Palabra y un llamado a vivir a plenitud la vocación bautismal de morir y resucitar con Cristo. Las comunidades n. no realizan actividades públicas ni publican libros, por lo cual no son muy conocidas; sin embargo van creciendo silenciosa y asombrosamente mientras giran sobre el doble eje de la Palabra y la celebración sacramental comunitaria. No deben confundirse con las →comunidades de base, aunque tienen en común con ellas el alcanzar sobre todo a la gente sencilla. Uno de los postulados de este "camino" es el no involucrarse en debates sociopolíticos ni vincularse a tendencias politizantes dentro de la Iglesia. CARLOS ALONSO VARGAS

NEOORTODOXIA. Término impreciso para designar ciertas formas de teología protestante del s.XX que han procurado recuperar las características perspectivas y temas de la Reforma. Estos se consideran de importancia para nuestras modernas circunstancias y parte esencial del testimonio de la iglesia. No obstante, requieren algún replanteamiento a la luz de los conocimientos modernos. Suelen emplear el término quienes rehúsan identificarse con semejante teología, ya sea porque parece apartarse demasiado de la ortodoxia de los teólogos de la Reforma y de la clásica confesión de fe protestante, o porque es demasiado estrechamente ortodoxa.

El término indica una reacción contra el liberalismo del s.XIX y comienzos del XX, con su reducción de la fe cristiana a verdades religiosas y humanas generales y a valores morales, y su relativización del cristianismo mediante la crítica histórica y las teorías de historia de las religiones. En contraste, la n. representa un intento de recuperar las perspectivas bíblicas. El énfasis se pone (en diversos grados) sobre la trascendencia de Dios, la responsabilidad del hombre como creatura, el pecado y la culpa, el carácter sin par de Cristo como mediador de la revelación y la gracia, y el encuentro personal con Dios en la revelación.

Estos temas fueron sondeados por la Teología →Dialéctica o Teología de Crisis en las décadas del 20 y el 30. Se les dio formulación casi clásica en el comentario de →Barth sobre Romanos (1919). Se considera a Dios como el totalmente Otro que no debe identificarse con cosa alguna del mundo. El irrumpe en nuestro mundo como una línea vertical que intersecta el plano horizontal en la persona de Jesucristo. Pero aun así permanece incógnito, pues encontrar a Jesús en un nivel meramente humano es conocer solo al hombre. Dios se halla oculto en El aun en el acto de la revelación. La plena revelación se da únicamente en el Cristo resucitado. Su verdad no se capta en el nivel de la investigación histórica, sino mediante el encuentro por fe. El advenimiento de Cristo es también la crisis de juicio del mundo. Es a un tiempo la revelación de Dios y del pecado del hombre. Este acto de juicio es también el medio de la gracia.

El teólogo católico Karl Adam, describió la teología de Barth como una bomba que cayó sobre el plácido campo de juegos de los teólogos. El historiador liberal →Harnack consideró las enseñanzas de Barth como teología no científica. Pero Barth se halló a la cabeza de un despertamiento teológico en Europa. Sin embargo, pronto modificó sus postulados y finalmente abandonó la teología dialéctica. Habló del caparazón kantiano-platónico que había encerrado su enseñanza. Después de varias revisiones, pensaba que sus opiniones de la década de 1920 aun estaban demasiado influidas por →Kierkegaard y el →existencialismo. Su énfasis en la diferencia entre Dios y el hombre fue substituido por una doctrina de analogía, si bien ésta solo podía conocerse mediante la fe por revelación. A la vez Barth continuó distinguiendo su concepto de la revelación del sostenido por la ortodoxia protestante. Opinaba que éste subrayaba la verdad revelada y la inspiración verbal de las Escrituras, mientras él quería destacar que la revelación consiste esencialmente en Dios revelándose en Cristo, aunque esta sea humana solo mediante el testimonio de los escritores bíblicos. En su enseñanza posterior, especialmente en *Church Dogmatics,* Barth dedicó especial atención a la exégesis de las Escrituras y a los grandes teólogos de la iglesia.

La enseñanza de Emil →Brunner iba en el mismo rumbo, aunque sus divergencias latentes salieron a luz en su disputa respecto a la teología natural, en 1934. Brunner acusó a Barth de ir demasiado lejos al negar que el hombre tuviera conocimiento alguno de Dios aparte del conocimiento mediato en Cristo. Insistía en que el hombre ha de tener algún conocimiento que le sirviera como preexistente punto de contacto para llegar al Evangelio. Encontraba base para esto en la imagen de Dios en el hombre y en que el hombre reconociera instituciones divinas como el estado y el matrimonio. Brunner abogaba por una nueva y reformada teología natural, pero no logró ser convincente dadas las concesiones que estaba dispuesto hacer respecto a Barth. La enseñanza de Brunner sobre la revelación se centraba en el elemento del encuentro divino y personal y atacaba aun más vigorosamente que Barth, el concepto de la objetiva verdad revelada.

También relacionados con la teología dialéctica estuvieron Rudolf →Bultmann y Friedrich →Gogarten. Pero mientras Barth y Brunner formularon teologías que tenían una armazón de teísmo bíblico, Bultmann y Gogarten trataron de reinterpretar los temas bíblicos como filosofía existencial. Aquéllos estaban fundamentalmente interesados en la exégesis; éstos, en una radical desmitologización hermenéutica. A Paul →Tillich también se le ha considerado neoortodoxo. Sus sermones, en particular, se ocupan a menudo de temas bíblicos. Pero su *Systematic Theology* deja claro que la base de su pensamiento es su ontología existencial. En EUA, Reinhold →Niebuhr ha sido considerado neoortodoxo por su empleo de categorías bíblicas en su filosofía moral y su interpretación de la historia. Pero en sus diferentes modos, tanto Niebuhr como Tillich se interesan más por lo que conciben como principios subyacentes del protestantismo, que por un moderno replanteamiento de un corpus doctrinal.

COLIN BROWN

NEOPLATONISMO. Corriente filosófica que tiene sus raíces en la última etapa del pensamiento de Platón y en la actividad de los escolarcas sucesores del maestro (→PLATONIS-

MO) El término n. puede ser engañoso, ya que puede dar la impresión de una diferencia muy grande entre el n. y el platonismo que lo precedió (sin el cual no podría comprenderse). La figura central del n. fue →Plotino, aun cuando no pueda decirse, *sensu stricto,* que fundó una escuela. Otros importantes neoplatónicos de la época fueron Longino, Jámblico, →Porfirio y →Proclo.

Elementos característicos del n. son: (1) su énfasis en el Uno, como Principio absoluto, identificable con el Bien; (2) el carácter inefable del Uno (algunos dirán que ni siquiera puede decirse de él que es inefable), pues está más allá del todo ser; (3) el aspecto negativo de la realidad (en tanto ser), que procede del Uno pero tiende de nuevo al Uno. La filosofía tiene por objeto obtener el verdadero conocimiento de nosotros mismos que nos eleve al Uno; (4) hay una línea interrumpida, por emanación o por generación (véase *Enéada* V), desde el Uno a las realidades inferiores (y en esto se diferencia del →gnosticismo). La realidad inferior es la materia (llamada también: privación, pobreza total, ausencia del bien, primer mal).

La influencia del n. ha sido amplísima en la historia del pensamiento occidental y de la teología cristiana en particular. La doctrina del Uno (identificable con la divinidad) y la de la necesidad del retorno a él, se prestaban para ser desarrolladas desde una perspectiva cristiana. Por otra parte, en su reacción anticristiana →Juliano el Apóstata promovió el n. En la Iglesia antigua usaron el método neoplatónico y adaptaron algunas de sus doctrinas →Basilio el Grande, →Nemesio de Emesa, Nestorio (→NESTORIANISMO), Sinesio de Cirene (370-415), el Pseudo →Dionisio y, sobre todo, →Agustín de Hipona. Pueden mencionarse, además, →Boecio, Juan Filopón (c.530), →Máximo el Confesor y Escoto →Eriúgena.

Aunque puede decirse que con el "descubrimiento" de →Aristóteles en la Edad Media, el platonismo y n. pierden mucho de su ímpetu, no se desvanecieron por completo. Por su naturaleza particular, el n. juega un papel importante en el desarrollo del →misticismo de la escuela del Maestro →Eckhart (→Tauler, →Suso, →Ruysbroeck). Sigue, además, presente en la obra de pensadores como Roberto →Grosseteste (en quien se mezclan influencias aristotélicas, como sucederá también con otros), →Nicolás de Cusa, Giordano →Bruno, Tomás Campanella *et alii.*

En la →Reforma, la reacción antiaristotélica se manifestó en el agustianismo de →Lutero, en cuyo pensamiento aparecen elementos de origen platónico y n. (como, por ejemplo, el dualismo antropológico e histórico). Lo mismo puede decirse de →Calvino.

Ciertos aspectos del idealismo alemán (como en →Fichte, el Yo que se niega a sí mismo para "recuperarse" en el Yo Absoluto; o en →Hegel, el Ser que "peregrina" hasta el Espíritu Absoluto) tienen claros matices neoplatónicos. En la teología contemporánea, el teólogo en quien con más claridad se manifiesta la influencia del n. es Paul →Tillich. Su doctrina de Dios (el "fundamento del Ser" - *Ground of Being*) depende de la doctrina neoplatónica del Uno.

En el análisis de la influencia del n. hay que prestar atención no solo al contenido del pensamiento sino también al método.

PLUTARCO BONILLA A.

NEOTOMISMO. Hacia comienzos del s.XX, agotado el positivismo, e inspirado en parte del vitalismo bergsoniano y del catolicismo social de León Bloy, surge en Francia el N. como un movimiento filosófico, ético y político católico, cuyos representantes más significativos son Etienne →Gilson, Maurice →Blondel y Jacques →Maritain.

En lo *filosófico* tratan de superar la crítica kantiana y el idealismo inspirándose en las categorías del tomismo (ser, sobrenaturaleza, derecho o ley natural). El pensamiento encuentra su fundamento en la seidad de Dios, donde ser y existencia, materia y forma (de allí la unidad psico-física) y potencia y acto hallan su unidad. Un concepto analógico del ser les permite afirmar el acceso de la razón a la realidad última. La revelación opera en este campo como "estrella guiadora", que orienta la inteligencia sin negarla y aporta el conocimiento en el ámbito sobrenatural.

En el campo *ético,* Maritain desarrolla "un humanismo teocéntrico, arraigado en lo que es radical en el hombre; humanismo integral, el humanismo de la encarnación" (*Verdadero Humanismo,* p. 15). Se lo contrapone a la cultura moderna que, queriendo "restaurar la dignidad de la criatura", lo hace a costa del creador y termina naufragando en una política sin moralidad, un individualismo, un idealismo o un naturalismo destructor de la persona. Propone un personalismo que considera al individuo en relación, con los conceptos de "dignidad de la persona" y "bien común". Tal ética es autónoma, basada en la ley natural ("un orden o disposición que la razón humana puede descubrir... con el fin de armonizar con los fines necesarios del ser humano") y por lo tanto accesible a cristianos y no-cristianos y base de una acción común.

A su vez, se fundamenta así una *política* cuyo concepto central es una "democracia orgánica", opuesta tanto al totalitarismo como a la democracia formal liberal. Se trata de una democracia pluralista en la que la iniciativa recae en gran medida en los grupos (familiares, económicos, culturales) que componen la sociedad, dando al estado una función subsidiaria. A este pluralismo político corresponde igualmente un pluralismo cultural y económico.

Aunque se reconoce la autonomía de la política, se ve la *acción cristiana* en el campo ético, en la insistencia en los fines (justicia, beneficio de las personas, bien común). Esta acción se realiza a nivel individual en la sociedad y mediante la →Acción Católica en los campos "mixtos" (por ej., matrimonio y educación). Se rechaza la teocracia o el clericalismo, pero se afirma la necesidad de élites capacitadas (laicas) que lleven el espíritu cristiano a todos los ámbitos de la vida.

Este pensamiento entró en AL a partir de la década de los 30, influyendo en la formación de nuevas élites intelectuales católicas y partidos demócrata-cristianos. Si bien en un comienzo hubo fuertes tendencias "corporativas", a partir del fin de la Guerra Mundial II adoptaron líneas más cercanas a la democracia social. El neotomismo tuvo en AL una gran influencia en la creación de una conciencia social y política en importantes sectores intelectuales católicos (Chile, Brasil, Argentina, Venezuela), que luego evolucionaron en distintas direcciones al impacto de los nuevos acontecimientos.

JOSE MIGUEZ BONINO

NERI, FELIPE →FELIPE NERI

NERON, CLAUDIO CESAR (37-68). Emperador romano desde 54. Fue entusiasta partidario de las artes y los deportes. El principio de su reinado fue bastante estable, porque estaba bajo la influencia de Burro y Séneca y contaba con gobernadores capaces en las provincias; pero pronto se liberó de las cortapisas de hombres más astutos y, como resultado de numerosos errores, se volvió muy impopular entre la nobleza y el populachó por igual. Su vanidad y ansia de poder parecían ilimitadas, y sus sospechas lo llevaron a ejecutar a sus más íntimos amigos y parientes. El incendio en julio del 64, que destruyó la mitad de Roma, aumentó su impopularidad. Como reacción ante rumores de que era él quien había ordenado el incendio, y que durante el mismo recitaba sus versos, trató de echarles la culpa a los cristianos, muchos de los cuales fueron apresados y ejecutados de modo horrible.

Nerón fue el "César" ante quien Pablo apeló (Hch. 25:10) y cuya autoridad proveniente de Dios había apoyado cuidadosamente (Ro. 13:1-7). Aunque los detalles son inciertos, es probable que Pablo haya sido absuelto en juicio, o aun liberado antes, al final de sus dos años en Roma (Hch. 28) y que unos años después fuera de nuevo encarcelado y luego ejecutado (c. 66-67 d.C). El apóstol Pedro probablemente fue ejecutado al mismo tiempo, o un poco después.

La política no oficial de oposición al cristianismo instigada por Nerón, más tarde se convirtió en política oficial del imperio.

W. WARD GASQUE

NERVA (35-98 d.C.). Emperador de Roma desde 96 a 98. Sucedió a →Domiciano, durante cuyo reinado los cristianos habían sufrido cruenta persecución. Nerva fue un hombre muy diferente a Domiciano. Era benigno y tenía un sentido claro de la justicia. Hizo regresar a los cristianos desterrados. Rehusó tratar de criminal la fe cristiana, pero no estaba dispuesto a reconocerla como religión lícita.

WILTON M. NELSON

NESTLE, EBERHARD (1851-1913). Erudito bíblico alemán y crítico textual. Fue profesor en Ulm, Tübinga y el seminario protestante de Maulbronn (desde 1898). N. trabajó mucho sobre el texto de la LXX, pero es por su edición del NT griego por la que hoy se le conoce mejor. Publicada primero en 1898 por la Sociedad Bíblica de Würtemberg, se la ha reeditado 25 veces y es el texto normal empleado por la mayoría de los estudiantes y profesores de teología, especialmente en Alemania (aunque la nueva edición de las Sociedades Bíblicas, por K. Aland *et al.,* es también muy popular). Editores subsiguientes han sido Erwin Nestle, su hijo, y Kurt Aland.

W. WARD GASQUE

NESTORIANISMO; NESTORIO (m.c.451). Suele considerarse como n. la herejía originalmente enseñada por Nestorio, la cual dividía a Jesucristo, el Dios-hombre, en dos personas distintas, humana la una, divina la otra. De padres persas, probablemente Nestorio fue discípulo de Teodoro de Mopsuestia antes de hacerse monje y presbítero en Antioquía.

Por la fama que alcanzó como predicador, →Teodosio II lo elevó a la sede patriarcal de Constantinopla en 428. Poco después se le llamó a pronunciarse sobre si era apropiado el título de →*Theotokos* (gr. = "madre de Dios") para la Virgen María. Su decisión fue que sería mejor no emplear el título a menos que se lo equilibrara añadiéndole *anthropotokos* ("madre del hombre"); que no obstante, el mejor título que le correspondía era *Christotokos* ("madre de Cristo"). Su doctrina y la forma vehemente en que la exponía hicieron que →Cirilo de Alejandría lo adversara y que el Concilio de →Efeso (431) lo anatematizara como herético y lo depusiera. El emperador lo exilió a su monasterio de Antioquía y luego al Gran Oasis de Egipto donde murió alrededor de 451.

Naturalmente Nestorio declaró que no era hereje. Como se creía que sus escritos solo existían fragmentariamente, ha sido difícil juzgar sus tesis. Pero el descubrimiento en 1910 de *El libro (Bazaar) de Heracleides* en traducción siriaca, nos ha aportado mayor comprensión de sus opiniones. No obstante, los eruditos modernos no concuerdan en la evaluación de sus doctrinas. Para algunos, fue la desdichada víctima de la política eclesiástica; para otros, es culpable de los errores teológicos que Cirilo y otros le enrostraron.

¿Qué enseñaba él? Solo podemos comprenderlo con el trasfondo de la tradicional cristología antioquense cuyo énfasis estaba en que Jesucristo era hombre verdadero. En primer lugar, enseñaba que las naturalezas divina y humana quedaban inalteradas y distintas en su unión dentro de Jesús de Nazaret. No podía concebir que el divino →Logos estuviera involucrado en el sufrimiento y el cambio humanos y por tanto quería mantener separadas ambas naturalezas. Segundo, subrayaba que Jesucristo había vivido una vida verdaderamente humana que incluía crecimiento, tentación y dolor. Ello habría sido imposible, decía, si la naturaleza humana hubiera estado fundida con la divina y dominada por ésta. Creía que la cristología alejandrina ponía demasiado énfasis en la divinidad de Jesucristo.

Para resolver el problema de la unión de ambas naturalezas de Cristo –y para subrayar que él enseñaba la doctrina de la Persona única que en sí mismo combinaba dos distintos elementos, divinidad y humanidad– Nestorio explicaba que Jesucristo, la persona descrita en los evangelios, era el "*prosopon* común", el *prosopon* de la unión. A la humanidad se le había concedido la forma de la deidad y la divinidad asumió forma de siervo: resultado de esto fue el *prosopon* de Jesús de Nazaret, el Hijo de Dios, una sola Persona pero con dos naturalezas. En vista de lo cual, a su madre María la descripción que mejor le calzaba era la de *Christotokos.* Si bien el fuerte del n. es su intento de hacerle plena justicia a la humanidad de Cristo (verdadero Salvador de los hombres), su punto débil consiste en colocar las dos naturalezas una junto a otra, con poco más que una unión moral y de afinidad entre ellas.

Después del concilio de →Efeso los obispos orientales, que no pudieron aceptar los puntos de vista de la mayoría, gradualmente se organizaron como iglesia nestoriana por aparte. Tenían su centro en Persia, y bajo la dirección de →Ibas, amigo de Nestorio, fundaron una escuela de teología en Edesa. Más adelante el centro de la teología nestoriana se trasladó a Nisibis, a la escuela allí fundada por →Barsumas, discípulo de Ibas. El centro eclesiástico y sede del (nestoriano) "Patriarca de Oriente" estuvo en Seleucia-Ctesifonte sobre el Tigris hasta 775, cuando se mudó a Bagdad. Los nestorianos eran activos misioneros y fundaron comunidades en Arabia, India (Cristianos de →Malabar), y Turquestán. Durante los ss.XIII y XIV las iglesias nestorianas sufrieron mucho por las invasiones mongolas pero un remanente perduró en los montes de Kurdistán. Hoy día aun existen los "cristianos asirios" que afirman ser la continuación de la iglesia nestoriana. Todavía prohíben el empleo de *Theotokos* y tienen por santo a Nestorio. PETER TOON

NEVIUS, JOHN L. (1829-1893). Misionero norteamericano a China. Educado en el Seminario de Princeton, fue a China en 1854 bajo la Junta Misionera Presbiteriana y trabajó principalmente en la región de Shantung. Lo que le dio mayor renombre fue el "método Nevius" de autosostén y propagación. Sus principios eran: (1) cada cristiano debe mantenerse con su propio trabajo y ser testigo de Cristo mediante su vida y sus palabras en su vecindario; (2) los métodos y mecanismos de la iglesia deben desarrollarse únicamente hasta donde la iglesia nacional pueda hacerse cargo de ellos; (3) la iglesia debía seleccionar para trabajar a jornada completa a quienes parecieran tener mejores condiciones y que la iglesia fuera capaz de sostener; (4) las iglesias debían construirse en estilo nacional, por los creyentes nacionales y con sus propios recursos. Los misioneros coreanos adoptaron estos métodos y rápidamente se desarrolló allá una vigorosa iglesia que mantuvo un espíritu independiente virtualmente sin igual en el mundo no occidental.

RICHARD V. PIERARD

NEWBIGIN, LESSLIE (1909-). Destacado misionero y ecumenista. N. y fue educado en Inglaterra. En 1936 fue ordenado en la Iglesia de Escocia, luego salió como misionero de su iglesia a Madrás, India. Cuando en 1947 se formó la Iglesia de →India del Sur, N. fue elegido uno de sus obispos. Siendo muy dedicado a la causa ecuménica, se le nombró miembro del Comité de "Fe y Constitución" (→LAUSANA, 1927; EDIMBURGO, 1937). En 1959 asumió la secretaría general del →Consejo Misionero Internacional, y un poco más tarde fue nombrado director de la división de Misión Mundial y Evangelismo del →CMI. Dio el mensaje inaugural de la Conferencia Evangélica Latinoamericana II celebrada en →Lima (1961).

N. ha escrito varios libros, los cuales a menudo tratan de temas ecuménicos. Entre los que se han traducido al español se hallan *Un cuerpo, un evangelio, un mundo* (1960), *La familia de Dios* (1961), *Pecado y salvación* (1964), *Religión Auténtica para el hombre secular* (1968). WILTON M. NELSON

NEWMAN, JOHN HENRY (1801-1890). Tratadista y cardenal. De familia que simpatizaba con los evangélicos y que ejerció sobre él gran influencia hasta su ingreso en la universidad de Oxford en 1817. En 1822 obtuvo una beca para la Facultad de Oriel, que entonces era un centro influyente. Gradualmente abandonó el campo evangélico, influido por R. Whateley, quien le inculcó la idea de la divina institución de la iglesia, y por Hawkins, quien le enseñó a apreciar la tradición. E.B. →Pusey, J. →Keble, y sobre todo R.H. Froude lo hicieron ahondar más en las doctrinas de la *High Church* (anglo-catolicismo).

En 1828 fue nombrado vicario de St. Mary, la iglesia universitaria de Oxford. La meta de N. y sus amigos era demostrar que la Iglesia de Inglaterra era una *via media* entre el protestantismo y el romanismo, posición basada en la enseñanza temprana "iglesia indivisa". Su púlpito y la más amplia distribución de sus sermones con el título de *Parochial and Plain Sermons* con la publicación de *Tracts for the Times* suministraron el medio para diseminar esas opiniones. Sus tratados terminaron cuando el número 90 –que intentaba una reconciliación entre los →Treinta y Nueve Artículos y el romanismo– recibieron amplia repulsa. Fruto de sus investigaciones sobre la iglesia primitiva fue un libro, *The Arians of the Fourth Century* y además suscitaron dudas acerca de la Iglesia de Inglaterra, las cuales resurgieron en 1839 mientras estudiaba la controversia monofisita. En 1843 renunció de St. Mary y en 1845 fue recibido dentro de la ICR.

Su carrera en la ICR pareció inicialmente una sucesión de fracasos. Aunque la rectoría de la recién fundada universidad de Dublín llevó a otro libro, *Idea of a University*, esta idea habría de fracasar. Su dirección de la revista *The Rambler* fue un fracaso; un plan para construir una posada para los católicos de Oxford, cuyo director iba a ser N., fue prohibido. Pero en 1864, como respuesta a un ataque personal por parte de Charles →Kingsley, N. produjo un ensayo autobiográfico, *Apologia Pro Vita Sua.* Este nuevamente le dio prominencia. En 1870 publicó la *Grammar of Assent* en defensa de la fe religiosa, y en 1879 fue nombrado cardenal.

Su influencia tanto dentro de la Iglesia de Inglaterra como de la ICR ha sido inmensa. En la primera, aparece en la subsiguiente influencia de la tradición anglocatólica dentro de la Iglesia de Inglaterra; y en Roma, particularmente con relación a las teorías sobre el desarrollo de la doctrina. PETER S. DAWES

NEWTON, ISAAC (1642-1717). Científico, teólogo, director de la casa de moneda en Inglaterra. N. en una familia de agricultores, mostró desde el comienzo inclinaciones mecánicas. Mientras estudiaba en Cambridge se convirtió y su mayor aspiración fue entender las Escrituras. La ciencia fue para él un "huerto" que se le dio para cultivar; creía que todo descubrimiento que realizaba le era comunicado por el Espíritu Santo. Aunque anglicano, rechazaba el bautismo de infantes, creía que las Escrituras enseñaban el →arrianismo y afirmaba que cuantos creían sencillamente en el amor de Dios tenían derecho a la comunión en la iglesia. Su heterodoxia rara vez le acarreó sospechas; tanto en lo religioso como en lo científico, evitaba las controversias. Entre sus principales intereses se hallan la historia eclesiástica, la cronología, la alquimia, la profecía, la ciencia matemática y la relación entre ciencia y religión. En lo científico se le recuerda por la ley de gravedad, el cálculo infinitesimal (junto con Leibnitz), la separación de los colores de la luz blanca mediante el prisma, "los anillos de N." y su obra como presidente de la *Royal Society*. En sus años iniciales era amable y generoso y ayudó en la distribución de Biblias a los pobres. En los años posteriores, con la adquisición de poder parece habérsele agriado el carácter, y pudo ser especialmente áspero para con quienes (como Whiston y Hooke) se atrevieron a discrepar con él. En la casa de moneda fue implacable con los falsificadores. En 1705 la reina Ana le armó de caballero, dándole el título de "Sir". R.E.D. CLARK

NEWTON, JOHN (1725-1807). Clérigo anglicano e himnólogo. Hijo de un capitán de navío mercante tuvo una niñez perturbada y una juventud turbulenta que incluyó varios períodos de intensa experiencia religiosa. Obligado a ingresar en la marina real, procuró desertar, fue arrestado en Africa Occidental y paró finalmente en esclavo virtual de la esposa negra de un tratante de esclavos. Ella lo humillaba y él vivió hambriento y paupérrimo durante dos años, involucrado en la trata de negros. En 1747 se embarcó rumbo a Inglaterra pero una violenta tempestad en el Atlántico N casi lo hace naufragar. Este fue para N. un momento de revelación, y se volvió hacia Dios.

No obstante, continuó en la trata de negros, pero en 1755 renunció al mar y en 1764 fue nombrado cura (anglicano) de Olney en Buckinghamshire. Allí, durante un fructífero ministerio de quince años, se hizo amigo del poeta William Cowper y llegó a ser muy conocido. Entre los dos produjeron los "Himnos de Olney", una cantidad de los cuales todavía se usan, entre ellos "Cuán dulce el nombre de Jesús". En 1779 N. se trasladó a Londres y fue vicario de St. Mary, Woolnoth. Ejerció gran influencia, especialmente en el mundo evangélico. *El Mesías* de Handel había impresionado profundamente a Londres y N. pronunció una serie de sermones basados en los textos que Handel había empleado como libreto. Después de uno de ellos, el joven William →Wilberforce buscó consejo en N. En sus últimos años N. desempeñó parte importante en la campaña política de Wilberforce que llevó a la abolición de la trata de esclavos.

A. MORGAN DERHAM

NICARAGUA. País situado en el istmo centroamericano con Honduras al N y Costa Rica al S. Tiene una extensión territorial de 128.000 km² y una población c.2.500.000 (1979).

Fue descubierta por Colón en 1502 y fue la primera provincia de Centroamérica en consolidarse bajo el régimen español. Las ciudades de León y Granada fueron fundadas en 1524. En Granada se levantó la primera iglesia en Centroamérica y en 1531 fue eregida la primera diócesis con sede en León. Llegaron frailes, especialmente →dominicos (incluso →Bartolomé de las Casas) y →franciscanos y se inició la cristianización de los indígenas.

La ICR en N. no sufrió tantas vicisitudes como en Guatemala y Honduras. No ha sido objeto de mucha oposición ni de favor del gobierno. Sin embargo, pronto después de la independencia (1821) surgieron los dos partidos clásicos: conservador y liberal, y pugna entre los dos. El centro de aquel fue Granada y de éste, León.

Al principio dominaban los conservadores. La primera constitución (1826) declaró religión del Estado el catolicismo romano y prohibió el ejercicio público de cualquier otro. Pero en 1830 un congreso predominantemente liberal abolió las órdenes monásticas y en 1838 formuló una constitución más liberal.

Los años 1858-93 fueron una época conservadora. En 1863 se concluyó un →concordato con el Vaticano y en 1871 los →jesuitas expulsados de Guatemala fueron acogidos en N. En 1893 se inició una fuerte reacción liberal que ha perdurado hasta hoy. La Constitución de 1893 declaró la separación entre Iglesia y Estado. Fue anulado el Concordato. Las constituciones subsiguientes (1939 y 1948) mantuvieron la misma postura y garantizaron absoluta libertad religiosa.

La condición de la ICR de N. no es prometedora. En 1967 solo había 285 sacerdotes, un promedio de uno por 6.256 habitantes, y muchos de ellos eran extranjeros. En 1960 solo había 16 seminaristas en N. (cp. 54 en Costa Rica).

Pronto después de la independencia llegaron protestantes extranjeros al país. A mediados del s.XIX ya había una iglesia protestante en el famoso puerto libre de *Greytown* (San Juan del Norte) situado en la desembocadura del Río San Juan.

Los →moravos fueron la primera entidad protestante que iniciara obra misionera. En 1849 llegaron los primeros misioneros para evangelizar a los indios miskitos, zambos y mulatos por la costa del Atlántico, obra notable y noble que continúa hasta hoy con Bluefields como centro. Los moravos constituyen la entidad protestante más grande en N. con una comunidad de 32.177 (1975).

En *Corn Island* (cuyos habitantes son angloparlantes), situada al este de Bluefields, fue organizada en 1852 una Iglesia Bautista que se afilió con la Unión Bautista de Jamaica.

Estas iglesias no eran latinoamericanas. No hasta 1854 fue hecho un esfuerzo para llevar el mensaje evangélico a los nicaragüenses hispanoparlantes. Los primeros intentos fueron hechos por las →Sociedades Bíblicas. En 1856 la Sociedad Americana envió a D.H. Wheeler a N. para distribuir las Escrituras. En aquella época William Walker y los "filibusteros", apoyados por los liberales, procuraban conquistar al país. Cuando Wheeler rehusó afiliarse con los conservadores para pelear con los invasores, aquellos lo fusilaron. En 1893 →Penzotti hizo una gira memorable por el país vendiendo las Escrituras.

No hasta 1900 se inició obra evangélica formal entre los de habla española. En este año llegó A.B. de Roos enviado por la →Misión Centroamericana. En 1901 organizó la primera iglesia. Esta Misión ha tenido muchos problemas y progresado poco. En 1968 sus iglesias tenían una membresía de solo 1076.

De acuerdo con el plan de distribución territorial, iniciado por el →Congreso de Panamá (1916), Nicaragua fue asignada a los →Bautistas del Norte (EUA). En 1917 llegó su primer misionero e inició una obra que ha prosperado y ha dado una dimensión social a la causa evangélica en el país, estableciendo un hospital de alta categoría y varios colegios. Posteriormente llegaron otras misiones bautistas.

En 1926 se inició el movimiento pentecostal con la llegada de la misión de las →Asambleas de Dios. Les siguieron la →Iglesia de Dios (1951), el →Evangelio Cuadrangular y posteriormente muchos otros grupos. No obstante el pentecostalismo no ha crecido tan rápidamente en N. como en el resto de Centroamérica.

Otras entidades importantes en N. son la Iglesia del Nazareno, la Iglesia Episcopal y los Adventistas del Séptimo Día. A mediados del s.XX más o menos el 4.5% del pueblo de N. era protestante, pero en 1980 esta proporción había subido al 12%. AGUSTIN RUIZ V.

WILTON M. NELSON

NICEA, CONCILIO DE (325). Fue convocado por el emperador →Constantino para enfrentarse al →arrianismo, que amenazaba la unidad de la iglesia cristiana. Los obispos se reunieron en Nicea (la moderna Isnik, en Turquía), ciudad de Bitinia cercana a la capital de Constantino. Según la tradición el emperador inauguró formalmente las sesiones el 20 de mayo. El concilio escasamente era representativo de la Iglesia Occidental. De unos 300 obispos presentes, casi todos pertenecían a la mitad oriental del Imperio. El Occidente latino, según parece, estuvo representado por cuatro o cinco obispos y dos sacerdotes delegados del obispo de Roma. Uno de los obispos occidentales, →Osio de Córdoba, presidió el concilio, quizá por ser confidente y respetado amigo del emperador.

Después de examinar los cargos contra Arrio, el concilio buscó una fórmula que expresara la ortodoxia. La sometida por →Eusebio de Nicomedia fue rechazada por su evidente contenido arriano. Luego →Eusebio de Cesarea, un clérigo moderado, presentó el credo baptismal de su iglesia. Puede que dicho credo haya constituido la base del →Credo Niceno, pero es más probable que el del concilio haya sido la combinación de muchas fuentes, especialmente de los credos baptismales de las iglesias de Antioquía y Jerusalén.

Los puntos de mayor énfasis del Credo Niceno son: (1) el concepto de Cristo como "Hijo" se prefiere al de →Logos; (2) se introduce la frase de que Cristo es del ser *(ousía)* del Padre; (3) a la expresión "engendrado" se le añade "no creado", para negar la tesis arriana de que el Logos era "creado"; (4) el Hijo es "una sola substancia" *(homoousios)* con el Padre, importantísima frase antiarriana; (5) a las palabras "se encarnó" se le añadió "y se hizo hombre"; (6) al credo se le añadieron anatemas antiarrianos.

La fe nicena fue recibida y suscrita por la mayoría de los obispos, si bien no pocos lo hicieron con vacilaciones. Arrio y sus amigos fueron entonces anatematizados junto con dos obispos que rehusaron aceptar el credo. Entonces, sentando un peligroso precedente, Constantino desterró a Ilírico a los anatematizados.

Otros asuntos tratados por el concilio fueron el Cisma de →Melecio y la fecha de la →Pascua de Resurrección. Los cánones del concilio se ocupan de los problemas de la disciplina clerical, la herejía y el cisma.

G.L. CAREY

NICEA, CREDO DE →CREDO DE NICEA

NICEA, SEGUNDO CONCILIO DE (787). Este séptimo concilio →ecuménico fue convocado para tratar la cuestión de la iconoclastia. En 730 el emperador →León III emitió un decreto que prohibía la veneración de imágenes o representaciones pictóricas de Cristo y de los santos. No obstante lo que creían los judíos y los cristianos primitivos, la veneración de imágenes se había extendido gradualmente tanto en Oriente como en Occidente y para el s.VIII estaba arraigada en todo el Imperio; por consiguiente el decreto de León tropezó con feroz resistencia. Tanto el patriarca de Constantinopla como el papa Gregorio III se oponían al emperador y Gregorio reunió un sínodo en Roma en 731 en el cual excomulgó a todos los que destruyeran imágenes. El sucesor de León, Constantino V, sin embargo continuó las prácticas iconoclastas e instituyó una violenta persecución contra los veneradores de imágenes (→ICONOCLASTIA, CONTROVERSIA DE LA). Unicamente cuando Irene, la viuda de Constantino, llegó a ser regente en nombre de su hijo menor de edad, se produjo un cambio en la política imperial. En 786 ella convocó un concilio en Constantinopla para tratar la cuestión pero fue disuelto por soldados iconoclastas. El año siguiente ella volvió a convocar el concilio en Nicea.

El concilio celebró ocho sesiones en un mes y contó con la asistencia de más de 300 prelados, en su mayoría de Occidente, e incluyó delegados enviados por el papa. La tesis iconoclasta fue condenada y se emitió una declaración que daba por lícitas las representaciones pictóricas. Estas podían ser "veneradas", con honra para las personas que representaban, pero no "adoradas", pues este tributo solo a Dios se le debía. Además, el concilio promulgó 22 decretos disciplinarios. Pero los decretos respecto a las imágenes no fueron fácilmente aceptados. Carlomagno los rechazó en el sínodo de Frankfurt (794) y el concilio no fue oficialmente reconocido como ecuménico en Occidente sino hasta a fines del s.IX. En Oriente, varios emperadores continuaron las prácticas iconoclastas hasta 843, cuando un concilio local finalmente confirmó los decretos de Nicea. RUDOLPH HEINZE

NICEFORO (c.758-829). Patriarca de Constantinopla. Al igual que su padre, fue secretario imperial y vigoroso defensor de los iconos, causa que a su progenitor le acarreó tortura y destierro. En su condición de secretario, N. fue comisionado para asistir al Segundo Concilio de →Nicea (787) y firmó su promulgación que mantenía la veneración de imágenes. Poco después se retiró a un monasterio que él había fundado en la Propóntida, pero sin ser ordenado. De regreso en Constantinopla como director de un hogar para indigentes, fue nombrado por el emperador Nicéforo como patriarca sucesor de Tarasio. Su trasfondo laico y el haber exonerado a un sacerdote que tiempo atrás había contemporizado con el matrimonio adulterino del emperador Constantino VI, le suscitaron la fuerte oposición de la renaciente orden de los Studite.

Con el renacer de la iconoclastia bajo el emperador León V, sin embargo, Nicéforo y Teodoro el Studite se unieron contra su enemigo mutuo. La mayoría del clero apoyó la política del emperador, quien en 815 depuso a N. y lo exilió a su monasterio. Desde allí continuó él su polémica contra los iconoclastas. *Apologeticus minor* (quizá anterior a su exilio), *Apologeticus major,* tres *Antirhetikoi* y varios trabajos inéditos constituyen un conjunto apologético en pro de la veneración a los iconos, dogmáticamente definitivo, apologéticamente completo y rico en su interpretación de las fuentes patrísticas y en la preservación de declaraciones imperiales. Su historia de Bizancio de 602 a 769, *Historia syntomos,* aclamada por su objetividad y estilo retórico, trata de dar una explicación teológica al azote del Islam. *Chronographia* es una cronología desde Adán hasta 829.

JAMES DE JONG

NICETA (m.c.414). Obispo de Remesiana en Dacia (ahora parte de Yugoslavia) y presunto compositor del *Te Deum.* Fue amigo de Paulino de Nola quien lo elogió como misionero ferviente entre los godos, escitas y dacianos, y a quien instruyó en la himnología. Paulino también lo encomia como compositor de himnos. Algunos eruditos modernos atribuyen el →*Te Deum laudamus* a N. y no a →Ambrosio. Escribió un opúsculo sobre el valor del canto y de Salmos y dio consejos acerca de cómo cantarlos. P.e.: "Cantad sabiamente, es decir, con conocimiento, pensando en lo que cantáis... no ostentéis... nuestro culto debe rendirse como ante Dios y no para agradar a los hombres".

Escribió seis libros de instrucciones para catecúmenos. Entre ellos se halla *Explanatio symboli* que es testigo primario de la historia del →Credo apostólico. Contiene la atestación más antigua de la frase "comunión de los santos". WILTON M. NELSON

NICOLAS I (el Grande) (m.867). Papa desde 858. Debió su elección a Luis II. El clero romano quería a Anastasio, hijo del obispo de Orte, a quien N. nombró su secretario de estado, importante selección en el subsiguiente cisma con →Focio y la lucha con →Hincmar de Reims. Durante su pontificado se reabrió la cuestión del primado universal de jurisdicción sobre la iglesia. La diócesis de LeMans por ahí de 850 forjó todo un cuerpo de leyes al asignarle a cada decreto una decisión papal o conciliar remontándose hasta el s.II. Estas Falsas →Decretales aportaron nuevos detalles a la defensa de la primacía papal ya que LeMans invocaba el prestigio histórico de Roma. En dos sínodos en Aix (860) y Aquisgrán (860-62), Lotario II hizo que se repudiara a su esposa Teutberga. Un sínodo en Metz (863) autorizó su matrimonio con Waldrada. Hincmar dio su apoyo a Teutberga. N. convocó un sínodo en el Letrán, el cual anuló el decreto de Metz y el divorcio de Aquisgrán. Cuando en 862 Hincmar depuso a Rothad II, obispo de Soissons, el papa ordenó un examen tras el cual se restauró a Rothad en 865. N. entonces aplicó las Falsas Decretales. Junto con su deposición de Juan, obispo de Ravena, estos sucesos explican las pretensiones de autoridad del papa sobre las sedes de Occidente.

N. invitó a los misioneros bizantinos moravos →Cirilo y →Metodio a visitar Roma después de 863. En marzo de 862 N. había ordenado procesar a Focio, patriarca de Constantinopla. Este se enfureció tanto por ello, que depuso al papa en 867. N. murió antes de enterarse de este acto o del subsiguiente cisma de Focio que los actos papales habían precipitado. La autoridad de Roma sobre Occidente aumentó, así como sus actitudes imperiosas hacia la brillante civilización cristiana de Constantinopla.

MARVIN W. ANDERSON

NICOLAS V (1397-1455). Papa desde 1447. Tommaso Parentucelli, hijo de un médico, estudió en Bolonia y Florencia. Llegó a ser obispo de Bolonia y negociador ante el Santo Imperio Romano para lograr que se pusieran en vigor los decretos reformadores del Concilio de →Basilea. En 1447, al morir Eugenio IV, fue electo papa. N. procedió entonces a obtener la disolución del Concilio de Basilea y la abdicación del antipapa Félix V (1449). En 1450 proclamó un jubileo que atrajo a Roma muchos peregrinos, fortaleciendo así el prestigio y la economía del papa. La mayor gloria del papa es el estímulo que le dio al Renacimiento en Roma. La ciudad, descuidada por más de un siglo durante el período de los papas de →Aviñón y del →Cisma de Occidente, fue entonces convertida en centro de un magnífico programa de edificación. Se construyeron puentes, carreteras, palacios, iglesias y fortalezas. Para decorar los edificios se trajeron artistas, incluyendo a Fray →Angélico.

Pero el principal interés de N. eran los libros. Agentes papales buscaban por toda Europa manuscritos raros, para copiar los cuales se emplearon copistas y muchos notables humanistas fueron empleados para traducirlos. Muchos de los antiguos autores griegos —tales como Herodoto, Tucídides, Homero, Polibio y Estrabón— y varios de los Padres Griegos fueron traducidos al latín mediante ese empeño. El papa dejó una gran colección de manuscritos, que habrían de ser la base de la Biblioteca Vaticana. El año 1453, marcado por dos golpes, un complot para asesinar al pontífice y la caída de Constantinopla, fue el de su muerte. En su lecho de muerte afirmó que el patrocinio del Renacimiento por la Iglesia era necesario para aumentar el prestigio de Roma y asegurar así su jefatura religiosa.

ROBERT G. CLOUSE

NICOLAS DE CUSA (1401-1464). Filósofo y cardenal alemán. Natural de Kues, estudió en Heidelberg y Padua y en 1423 se graduó doctor en derecho canónico en Colonia. Después de dictar conferencias en Colonia fue deán de San Florin en Coblenza (1431). En el Concilio de →Basilea escribió *De concordantia catholica,* que sostenía la superioridad del concilio sobre el papa. Disgustado por los procedimientos del concilio y su despreocupación respecto a la unión griega, apoyó el traslado de Eugenio IV a Ferrara. En 1437-38 fue enviado a Constantinopla a promover la reunión y más adelante sirvió a la causa papal en Alemania (dietas de Maguncia, 1441; Frankfurt, 1442; Nuremberg, 1444) hasta que se logró el arreglo entre el papa y el emperador en el Concordato de Viena (1448); por entonces, Nicolás V lo había hecho cardenal.

Nombrado obispo de Brixen (1450), se le nombró legado papal en Alemania para predicar la indulgencia del Jubileo, reformar el clero religioso y diocesano y celebrar sínodos. Visitó Viena, Magdeburgo, Haarlem y Tréveris. Asumió el cargo en 1452 y trabajó mucho en la prédica, los sínodos y las visitas hasta que la oposición del duque Segismundo de Austria lo obligó a huir en 1457. Se refugió en Buchenstein en los Alpes Dolomíticos, donde escribió *De beryllo,* ensayo sobre el conocimiento humano. Renunció en 1458. Pío II lo nombró vicario general en 1459. Junto con su padre y su hermana construyó un hospital que todavía existe en Kues y que contiene su biblioteca. Pasó sus años finales como camarero del Sacro Colegio en Roma. Tras leer a los Padres y contemplar cuestiones matemáticas, filosóficas y teológicas escribió *De docta ignorantia* (1440); *De Coniecturis* (1442); y cuatro diálogos, *Idiota* (1450). La caída de Constantinopla inspiró su *De pace fidei.* Se conservan más de 300 sermones y otros escritos. Su obra no escolástica se inspiró en Agustín, Dionisio el Areopagita, Buenaventura y Eckhart. Realizó aportes a las matemáticas y la astronomía y es autor del primer mapa geográfico de Europa central. Fue también historiador del derecho y puso en tela de juicio la Donación de →Constantino y los decretos Pseudo Isidorianos.

C.G. THORNE, Jr.

NICOLAS DE LIRA (c.1265-1349). Erudito franciscano. N. en Lire (actualmente Vieille-Lyre, Eure) e ingresó en la orden franciscana en Verneuil (c.1300). Estudió teología en París, donde se doctoró (c.1308) y llegó a ser maestro regente de la universidad. Desde 1319 fue provincial de su orden en Francia, en cuyo carácter estuvo presente en el capítulo general de Perusa (1321). En 1325 fue provincial de Borgoña. Como ejecutor de las propiedades de Juana de Borgoña, viuda de Felipe VI, fundó el colegio de Borgoña en París, donde murió. Fue el más ilustrado erudito bíblico de la Edad Media, pues sabía hebreo y conocía los comentarios judíos, notablemente los de Rashi; se interesó especialmente en exponer el sentido literal de las Escrituras en contraste con la interpretación alegórica entonces corriente. Escribió dos comentarios sobre toda la Biblia, uno de los cuales fue el primer comentario bíblico que se haya imprimido. Además de otras obras, escribió un tratado sobre la Beatífica Visión, en contra del papa Juan XXII.

J.G.G. NORMAN

NICOLAS DE MIRA. Muy poco se sabe de N., del cual se deriva el San Nicolás de la Navidad, prototipo de uno de los santos más populares de la cristiandad. Se dice que sufrió prisión bajo el emperador →Diocleciano, al salir de la cual fue uno de los obispos presentes en el Concilio de →Nicea (325), suposición no corroborada por ninguno de los documentos de Nicea. Es el santo patrono de Rusia, así como de los marineros y los niños; se suponía que el día de su festividad, el 6 de diciembre, les traía regalos a los niños. La primera constancia acerca de N. es la iglesia de los santos Prisco y N., erigida por el emperador Justiniano en Constantinopla. La veneración de este santo se extendió a Occidente después de 1087, cuando se dijo que sus restos habían pasado a pertenecerles al pueblo de Bari.

DAVID C. STEINMETZ

NIDA, EUGENIO (1914-). Lingüista y antropólogo, especialista en la comunicación transcultural del evangelio. Desde 1943 ha sido Secretario Ejecutivo para Traducciones de la →Sociedad Bíblica Americana. Aunque sus viajes lo han llevado a centros de actividad misional y lingüística en todo el mundo, ha dedicado gran parte de su trabajo a AL. Ya en 1936 comenzó la traducción de la Biblia al idioma de los indios tarahumara en México. Con ellos convivió por mucho tiempo. En décadas recientes, centenares de traductores, tanto latinoamericanos como de otras nacionalidades, han recibido de él orientación para comprender y organizar su labor. Su habilidad lingüística se muestra en el hecho de que después de entrevistarse por solo 90 minutos con alguien que hable un idioma que él no conozca, N. puede conversar con él usando oraciones sencillas pero correctas.

Con N. como editor, se fundó en 1949 la revista *The Bible Translator,* que sigue facilitando la tarea del traductor. Aquí y en sus numerosos libros y artículos N. ha promovido la teoría de la equivalencia dinámica, puesta en práctica primero en la versión del NT *Dios Llega al Hombre* (1966 y tres ediciones subsiguientes bajo la dirección de Guillermo Wonderly) y luego en similares traducciones a los otros idiomas principales del mundo (y en todas las demás versiones patrocinadas por las Sociedades Bíblicas Unidas). Dicha teoría respeta las idiosincrasias del idioma receptor, mientras que la teoría anterior se preocupaba más del idioma-fuente y de una traducción "literal".

Aunque la versión Reina-Valera se basa en esta antigua teoría, N. reconoció su importancia para las iglesias evangélicas y promovió la revisión publicada en 1960; otra aparecerá en breve.

N. es reconocido como un comunicador de grandes dotes. El insiste en el carácter interconfesional de la traducción bíblica, por lo que tanto las versiones populares como la nueva en español (que se dirigirá a un público más preparado) se elaboran en plena colaboración con escrituristas católicos.

RICARDO FOULKES B.

NIEBUHR, HELMUT RICHARD (1894-1962). Teólogo neoortodoxo. N. en Missouri. Fue profesor de ética cristiana en la universidad de Yale de 1931 a 1962. Producto de la labor social e intelectual entre las dos guerras mundiales, personificó la →neoortodoxia norteamericana. Ministro evangélico, aportó a Yale mucha experiencia como profesor de seminario, presidente universitario, pastor y escritor y allí continuó la lucha con el historicismo, tarea reflejada en su disertación doctoral en Yale, *"The Religious Philosophy of Ernst Troeltsch"* (1924). Su *Social Sources of Denominationalism* (1929) atacó la crédula aceptación por la iglesia de los valores de la clase media y describió los orígenes socioeconómicos de secta, denominación e iglesia. Pero diversos factores lo llevaron a alejarse de su inicial liberalismo y en *The Kingdom of God in America* (1937) esperaba la restauración de las raíces de la Reforma en el cristianismo norteamericano. *The Meaning of Revelation* (1941) y *Radical Monotheism and Western Culture* (1961) debatían la naturaleza de la experiencia religiosa, y *Cristo y la Cultura* (ing. 1951, esp. 1968) ahondó más en la naturaleza de la asociación del cristianismo con el mundo. Con mayor erudición que su hermano mayor Reinhold, trató de explorar la relación entre fe y civilización combinando la fe en la soberanía de Dios con la moderna erudición, con el propósito de efectuar una tensión creativa entre iglesia y sociedad. DARREL BIGHAM

NIEBUHR, REINHOLD (1893-1971). Teólogo neoortodoxo. Pastor de la Iglesia Evangélica (que hoy forma parte de la Iglesia Unida de Cristo). Dejó una parroquia industrial de Detroit en 1928 para iniciar sus treinta y dos años en la facultad del Seminario Teológico Unión en Nueva York. Durante toda su vida luchó con la cuestión que él suscitó en sus conferencias de Edimburgo en 1939: "El hombre ha constituido siempre el problema más preocupante para sí mismo. ¿Cómo pensarse?" N. concebía al hombre como naturaleza y espíritu a la vez, ni condenado ni perfectible, pero capaz de trascenderse. Tan polemista como erudito, aportó centenares de artículos a revistas y periódicos, participó activamente en la creación del Consejo Nacional de Iglesias, del partido liberal de Nueva York, y de "Americanos para acción democrática", y escribió 17 libros importantes, entre ellos *El hombre moral y la sociedad inmoral* (ing. 1932, esp. 1966), *rumbo de la comunidad humana* (ing. 1941, esp. 1965), *Faith and History* (1949) y *Christian Realism and Social Problems* (1953). Plenamente americano, criticó tanto la bibliolatría y alejamiento de la sociedad de Karl →Barth, como a los reformadores doctrinarios, si bien creía que Dios y el hombre estaban radicalmente separados y que la sociedad requería cambios fundamentales.

Sensible siempre a los problemas de la iglesia y la nación, en 1915 eligió el ministerio luego de estudios teológicos en el Seminario Teológico Eden y en la Escuela de Teología de Yale, porque quería más trabajar en la sociedad que ganar un avanzado grado teológico. Su pastorado le enseñó el significado de la moderna tecnocracia y durante algún tiempo fue miembro del Partido Socialista. En 1930 fue candidato al Congreso como socialista. Pero el *"New Deal"* de Roosevelt y la inminente Guerra Mundial II lo curaron de socialismo y pacifismo y en 1941 fundó *Christianity and Crisis* para imbuir realismo en el concepto del cristianismo norteamericano sobre los males del mundo. Después de la guerra ayudó a crear *"Americans for Democratic Action"* para mantener a los comunistas fuera de los asuntos de los demócratas liberales. Fue un dínamo que perdió algo de fuerza después de un ataque cardíaco en 1952, y que se opuso a quienes inducían a engaño al pueblo norteamericano. Criticaba a los reformadores que se desentendían de la autoglorificación humana y se impacientaba con los teólogos pesimistas acerca de las posibilidades del hombre para mejorar su suerte, unió el pragmatismo con la ortodoxia cristiana para formular una teología que aceptaba la soberanía de Dios e instaba a los hombres a reformar las instituciones. Figura prominente en el protestantismo norteamericano moderno, introdujo en el progreso norteamericano un necesario sentido de tragedia e influyó en muchos pensadores seculares. DARREL BIGHAM

NIEMOLLER, MARTIN (1892-). Teólogo alemán. N. en Lipstadt, Westfalia, hijo de un pastor. Se educó en el Gimnasio de Elberfeld y en la universidad de Münster. Durante la Guerra Mundial I fue comandante de submarino en la armada alemana. En 1924 fue ordenado para el ministerio.

En 1931 N. llegó a ser pastor de la elegante iglesia de Berlín-Dahlem. Pronto se unió con otros como →Bonhoeffer y Hildebrandt para oponerse al gobierno nazi de Hitler y al empleo de la Iglesia Evangélica por éste. Esto lo condujo a ayudar en la formación en 1933 de la *Pfarrer-Notbund* ("Liga de emergencia para pastores") de la cual fue presidente. Esta expresó su oposición a las leyes antijudías nazis. Valientemente, N. protestó en persona ante Hitler, pero en vano. Como nuevo gesto de protesta, participó activamente en *Die Bekennende Kirche* (→"Iglesia Confesante"). Después de varios años de crecientes restricciones y dificultades fue arrestado y encarcelado en los campos de concentración, primero de Sachsenhausen y luego de Dachau (1937-45).

Después de la guerra fue presidente de la *Kirchliches Aussenamt* (oficina para las relaciones exteriores de la Iglesia Evangélica de Alemania) de 1945 a 1956, y presidente de la Iglesia Evangélica de Hesse y Nassau 1947 a 1964. En 1961 fue electo como uno de los presidentes del CMI, cargo que desempeñó hasta 1968. JOHN P. DEVER

NIETZSCHE, FRIEDRICH (1844-1900). Filósofo y filólogo. N. en Röcher, Prusia, hijo de un ministro luterano. Demostró brillantez desde muy temprano. Antes de su examen final fue nombrado profesor asociado de filología clásica en la universidad de Basilea, por recomendación de F.W. Ritschl. En 1870 renunció a este puesto y se alistó voluntariamente como ordenanza médico en la guerra francoprusiana. Por mala salud hubo de regresar a la universidad el mismo año y finalmente se retiró con una pequeña pensión en 1879. En enero de 1889 perdió la razón. Había sido "despertado" por la obra de Carlos →Darwin y por lo que él consideraba consecuencias nihilistas de la teoría de la evolución. N. atacó el dogma cristiano (p.e., en *El Anticristo,* 1895), pero especialmente atacó la idea prevaleciente de que la ética cristiana podía sobrevivir al derrumbamiento del concepto cristiano del hombre, efectuado por Darwin, según creía. La "supernaturaleza" no es algo que el hombre posea en virtud de ser creado a la imagen divina, sino una meta para el futuro. El "superhombre", capaz de dominio de sí mismo, ha de ir "más allá del bien y el mal", de los valores de un fenecido cristianismo. Varios factores hacen difícil de captar el pensamiento nietzscheano: su aforística, amplísima e inmensamente fértil obra; la falsificación de sus conceptos, p.e. el del superhombre por los fascistas; y dificultades respecto a la autenticidad de algunos de sus escritos. PAUL HELM

NIGERIA →AFRICA OCCIDENTAL

NIKON (1605-1681). Patriarca de Moscú. Recibió educación monástica y se hizo monje tras la temprana muerte de sus tres hijos; se separó de su esposa, que se hizo monja. De visita en Moscú en 1643 trabó amistad con el Zar Alexis, quien más adelante lo elevó al patriarcado (1652-60) y le permitió ejercer considerable poder: actuó como regente en las frecuentes ocasiones que el Zar se ausentaba de Moscú. N. rápidamente reformó la liturgia rusa, conformándola a la práctica griega y ucraniana, ayudándole así políticamente al zar en la absorción de Ucrania (1654-67). Las reformas de N. adquirieron permanencia, pero tropezaron con mucha oposición, pues los Antiguos Creyentes continuaron observando las formas tradicionales del culto. La animadversión era tanta que tanto a N. como al Zar se les identificaba como el Anticristo, y más de una vez corrió la sangre. N. fue depuesto en 1660 y exiliado a un remoto monasterio. Poco antes de su muerte fue perdonado por el siguiente Zar, Fedor III. Hombre de inmensa energía e influencia, N. es considerado el más grande patriarca ruso. R.E.D. CLARK

NINIANO (c.400). Santo británico. Según →Beda el Venerable, fue hijo de un cacique británico y preparado en Roma para una carrera eclesiástica. Se estableció en Whithorn, en el SO de Escocia, donde construyó una iglesia que llamó "Cása Cándida" en honor de →Martín de Tours. Recientemente ha habido mucha controversia sobre la obra de N. Algunos historiadores escoceses alegan que los pictos de Escocia fueron cristianizados por →Columba (521-97) mientras otros, a base de ciertas evidencias, creen que su conversión se debió en gran parte a la obra de N. J.D. DOUGLAS

NIÑOS DE DIOS. Secta de jóvenes nacida durante la rebelión juvenil de la década de 1960. Su fundador fue David Berg (n.1919), ex-pastor de la →Alianza Cristiana y Misionera y ex-socio de David Wilkerson, fundador de *Teen Challenge* (organización para socorrer a la juventud descarriada) y autor del libro *La Cruz y el puñal.* Rompió con Wilkerson c.1967 y formó un grupo que llamó "n. de D.", que tomó carácter sectario y ha sido apodado el "ala extremista" del movimiento "Gente de Jesús" (o "Revolución de Jesús").

Berg empezó a enseñar que los n. de D. constituían los únicos cristianos fieles en estos últimos tiempos malos y que las demás organizaciones religiosas son la "gran ramera" de Ap. 17. Organizó a sus discípulos en comunas con un *modus vivendi* parecido a los monjes mendicantes. Los adeptos ahora andan repartiendo tratados por los cuales piden una "donación". Suplican ayuda a los comerciantes so pretexto de que están ocupados en el rescate de jóvenes perdidos en vicios, especialmente drogadictos.

A pesar de su modalidad de vida comunista, condenan reciamente el comunismo político tanto como el capitalismo. Como los *hippies* y la juventud rebelde de los '60 y '70, los n. de D. abominan el "sistema" a la vez que viven como parásitos del *establishment*. Justifican esta conducta con base en el paradigma de los israelitas que "despojaron a los egipcios" al salir de Egipto.

Cada comuna es dirigida por un "anciano", quien exige obediencia absoluta. Todo aspecto de la vida del adepto está estrictamente regimentado. Para ingresar hay que cumplir literalmente con las palabras de Jesús dichas en Mt. 19:21 y Lc. 12:32,33, pero a favor de la secta: entregar todos los bienes, hasta efectos personales, a la comuna y tener todo en común. Alegan que en esto siguen el ejemplo de la iglesia primitiva. Se hace mucho énfasis en el rompimiento total con sus relaciones paternales y familiares (con base en Lc. 14:26 y Mt. 10:34-37). Quizás ningún aspecto de la secta ha provocado tanta oposición como éste.

Todas las comunas y los "ancianos" están sujetos a David Berg, quien ha asumido el nombre de "Moisés". (Cada adepto asume un nombre bíblico al ingresar a la comuna.) El es el "papa infalible" de la secta. Periódicamente ha escrito cartas para los n. de D. que se llaman "Epístolas de Mo", las cuales son equiparadas con las Sagradas Escrituras.

Los n. de D. pretenden ser muy felices. Sus cultos son muy alegres y reflejan el ambiente pentecostal en que nació el movimiento (que ahora es desconocido por las iglesias pentecostales). Un requisito para ingresar a la secta es ser "bautizado en el Espíritu Santo" y los adeptos hablan en lenguas.

El movimiento se ha extendido con una rapidez fenomenal. En 1971, apenas cuatro años después de su origen, había grupos en Londres, Estocolmo, Oslo, Belfast, Amsterdam, Jerusalén y Vietnam. En 1974 se hallaban también en México, Guatemala, Caracas, Bogotá, Quito, Lima, San Juan (P.R.) y Tres Ríos (Costa Rica). En 1977 "Moisés" reclamaba tener 8.000 misioneros (seguramente, miembros en las comunas) que habían ganado 2.000.000 de conversiones (seguramente, simpatizantes).

Desde 1974 la secta ha tomado un rumbo muy bochornoso que podría producir la destrucción de ella. Su ética siempre ha sido dudosa, ya que enseña que el fin justifica los medios y la obediencia ciega al líder de la comuna, aunque éste pida lo que es malo en sí. Desde c.1974 empezaron a apartarse abiertamente de la moral sexual cristiana y por el año 1976 iniciaron una especie de prostitución religiosa. Ahora se anima a los adeptos del sexo femenino a emplear favores sexuales para "demostrar el amor de Dios" y "ganar almas para Cristo".

WILTON M. NELSON

NITSCHMANN, DAVID (1696-1772). Misionero y obispo moravo. N. en Moravia, fue carpintero de oficio, e ingresó como evangelista en la comunidad de→Herrnhut. En 1732 acompañó a J.L. Dober en la primera misión de los Hermanos →Moravos ante los esclavos negros de Sto. Tomás, Islas Vírgenes, pero regresó a Alemania después de pocas semanas. En 1735 fue el primer moravo que llegó a ser consagrado obispo, estableciendo así el principio de la sucesión histórica entre los Hermanos. Inmediatamente después de esto guió a Georgia un grupo de 17 misioneros y causó profunda impresión en John →Wesley, que viajaba en el mismo barco. Continuamente activo como obispo, viajó por mar por lo menos 50 veces antes de su muerte en Bethlehem, Pensilvania, colonia establecida por él.

RICHARD V. PIERARD

NOBILI, ROBERTO DE (1577-1656). Misionero jesuita a la India. N. en una acaudalada familia en Montepulciano, Italia, y allí se volvió jesuita en 1596 pese a la oposición de la familia. Llegó a la India en 1605 y el año siguiente se dirigió a Maduré donde trabajó por 36 años. Su compañero mayor trataba de hacer portugueses a los convertidos. N. rechazó esto y enfrentó una amarga crítica debido a que se vestía como un *sanyasi* y vivía en el barrio bracmán, para en esa forma encontrarse con otros sin que éstos sufrieran contaminación. Fue el primer europeo que tuvo un conocimiento de primera mano del sánscrito, los Vedas y la Vedanta. Su primer converso, Sivadarma, fue bautizado en 1609 y se le permitió retener la insignia bracmana. Sus compañeros sacerdotes consideraron esto como una traición al cristianismo y le fueron prohibidas por las autoridades locales todas las funciones eclesiásticas. Después de prolongada pausa, que N. aprovechó para escribir cierto número de libros en idiomas vernáculos, Gregorio XV apoyó la apelación de N. en *Romanae sedis antistes.* Reanudando su actividad misionera, viajó extensamente en nuevas regiones hasta 1654, cuando fue retirado a Myalpore y pasó los años finales revisando sus libros pese a su creciente ceguera. Por el tiempo de su muerte había ya varios miles de conversos, incluso algunos de las castas superiores. Su intento de distinguir entre el cristianismo y sus adornos culturales ha demostrado tener importancia permanente en las misiones cristianas. IAN BREWARD

NO CONFORMISMO. Término generalmente empleado para designar a quienes disienten de la doctrina y prácticas de una iglesia establecida. La expresión "no conformista" se empleó primero en la legislación penal que siguió a la Restauración inglesa (1660) para describir a los que abandonaban la Iglesia de Inglaterra en vez de acatar el Acta de →Uniformidad (1662). El anterior término de "disidentes" fue sustituido por el de "no conformista" y éste, hasta cierto punto, por los *"Free churchmen"*. Actualmente en Inglaterra los protestantes no conformistas son principalmente los metodistas, bautistas, congregacionalistas y presbiterianos pero en Escocia la Iglesia de Escocia es presbiteriana y la Iglesia Episcopal es, en consecuencia, no conformista. HOWARD SAINSBURY

NOCHE DE SAN BARTOLOME (1572). Matanza de hugonotes en París y en otras ciudades francesas. Tuvo lugar la noche del 23 al 24 de ag., víspera del día de San Bartolomé. Fue instigada mayormente por →Catalina de Médicis, reina madre y durante 30 años gobernante de facto de Francia. Pese a las demandas papales de que los herejes deberían ser muertos, Catalina, que era miembro de la nobleza italiana y firme admiradora de →Maquiavelo, al principio concedió privilegios a los protestantes y trató de armonizar los intereses protestantes y católicos. El almirante →Coligny, reconocido como jefe de los hugonotes, trató de utilizar al ejército francés en favor de los protestantes declarando la guerra a España y aliándose posteriormente con →Guillermo de Orange en la revuelta de éste contra aquel país, Catalina concertó entonces la muerte de Coligny. El verdugo del rey, Mauveret, hizo fuego contra Coligny pero solo logró herirlo. Se sospechó la complicidad de Catalina en el complot, pero el rey, expresando simpatía hacia Coligny, ordenó que se hiciera una investigación. Catalina, temerosa de represalias, ordenó que el ejército diera muerte al almirante y con él a todos los hugonotes. Las estimaciones en cuanto a los muertos varían entre 5.000 y 100.000, pero actualmente se aceptan las cifras menores. El horror del suceso se agrava por la circunstancia de que los dirigentes protestantes habían sido invitados a París para asistir a la boda de Enrique de Navarra, protestante, con la hermana de Carlos IX, Margarita, católica.

R.E.D. CLARK

NOETO. Murió hacia fines del s.II. Fue tenido por heresiarca por los primeros escritores patrísticos, pero no se conserva ninguna prueba directa de su pensamiento. Hasta la polémica que lo recuerda es mínima, restringida al catálogo de herejías que pueden reconstruirse para →Hipólito y a los pocos fragmentos de la detallada refutación por éste, que se conservan. A N. se le identifica con la tesis que relacionaba al Hijo con el Padre de tal modo que se consideraba que éste había padecido en la crucifixión. A veces llamada →monarquianismo patripasiano, era la opinión que sostenían junto con N. →Praxeas, →Víctor I y Sabelio (→SABELIANISMO). N., al que hay que datar antes de la obra de Hipólito, se cree que llegó a Roma procedente de Esmirna. CLYDE CURRY SMITH

NOMINALISMO (lat. ***nominalis*** **= "relativo a un nombre").** Teoría del conocimiento que insiste en que los universales son creados por la razón. Las esencias no tienen realidad independiente por sí mismas, sino que son únicamente nombres o meros enunciados. La realidad se atribuye solo a particulares u objetos individuales. Esta posición epistemológica está en contraste con el realismo platónico que insistía en la existencia de las esencias universales. Fue →Porfirio (233-304) quien introdujo el modelo nominalista de pensamiento, el cual lo atribuyó a →Aristóteles.

En la Edad Media el n. surgió como vigorosa reacción contra el realismo y tuvo por campeón a →Roscelino de Compiegne (c.1050-1125). →Abelardo dio prominencia a estas tempranas disputas cuando trató (con cierto éxito) de hallar una posición intermedia. Sus esfuerzos produjeron una moratoria hasta que Guillermo de →Ockam (1280-1349) revivió el n. y estableció el primer sistema francamente nominalista (nominalismo ontológico). Enseñaba que las palabras son realidades mentales y son universales solo en cuanto pueden representar muchas de éstas. Los términos en sí son semejantes a cualquier realidad, singular y única. Esta universalidad es puramente funcional y no se refiere a una esencia común poseída por muchas cosas fuera de la mente. La realidad era una colección de singulares absolutos y, por tanto, no podía dar pruebas ni suministrar apoyo científico respecto a la existencia de Dios. Esto es claramente antitomista. La fe se convertía en base para creer. La escuela de Ockam finalmente se desvaneció, pero el pensamiento nominalista siguió ejerciendo influencia en el pensamiento filosófico. Las enseñanzas de John →Locke, David →Hume y ciertas ramas del positivismo lógico incorporan algo del pensamiento de los ockamistas.

JOHN P. DEVER

NORBERTO (c.1080-1134). Fundador de los →premonstratenses. De noble familia de Xanten, Alemania, fue miembro de la corte imperial de Enrique V y canónigo de Xanten, pero renunció a esa clase de vida clerical en 1115. Donó sus bienes, recibió la ordenación y anduvo predicando en la pobreza. En 1120 N. fundó una comunidad en Prémontré que llegó a ser la orden premonstratense. Predicó en Alemania, Francia y Bélgica, donde su fama hizo que se le encargara ir a Amberes para atraerse a los descarriados por la herejía de Tanchelm en 1124. En 1126, año en que Honorio II confirmó su orden, N. llegó a ser arzobispo de Magdeburgo granjeándose gran respeto como reformador clerical. En 1132-33 viajó a Roma junto con el emperador Lotario y con buen éxito apoyó a Inocencio II contra el antipapa Anacleto II. En 1133 Lotario lo nombró canciller de Italia. N. murió en Magdeburgo y fue canonizado por Gregorio XIII en 1582.

PETER TOON

NORUEGA. Los noruegos recibieron la influencia cristiana por contactos de los vikingos con naciones cristianas y mediante esfuerzos misioneros desde →Dinamarca e Inglaterra. Los primeros reyes cristianos (tales como →Olav) promovieron la cristianización del país. Una sede arzobispal se estableció en Trondheim en 1153. La Reforma se introdujo en 1537 por orden del rey de Dinamarca y Noruega. El s.XVII se caracterizó por la ortodoxia luterana. El →pietismo llegó poco después de 1700 y dejó honda huella en la vida de la iglesia noruega. La confirmación fue introducida por mandato real en 1736 y fue hecha obligatoria. La "explicación" pietista del Catecismo Breve de Lutero, escrito por Erik Pontoppidan en 1737, se empleó en N. durante más de 150 años.

La era de la →Ilustración duró en N. desde 1750 hasta 1820. Los profesores de teología de la recién establecida universidad de Oslo (1811) y el despertamiento por H.N. →Hauge fueron nuncios de un período de más rica vida espiritual. En 1842 se legalizó la predicación por laicos y en 1845 una "Ley de Disidentes" por primera vez les dio a los ciudadanos la oportunidad de cancelar su afiliación a la iglesia del estado y organizar iglesias libres. Pero las iglesias libres nunca fueron vigorosas en N.; los creyentes cristianos prefirieron quedarse y ejercer su influencia dentro de la iglesia del estado. La Sociedad Misionera Noruega se fundó en 1842, seguido más tarde por otras varias entidades para las misiones foráneas. El movimiento laico iniciado por Hauge entró en una etapa de organización en la segunda mitad del s.XIX. La teología pietista del profesor Gisle Johnson (m.1894), que influyó grandemente tanto a clérigos como a laicos, forjó la "Fundación Lutero" (1868) que en 1891 fue reorganizada bajo el nombre de la Sociedad Misionera Doméstica Noruega.

Nuevos movimientos de avivamiento hacia fines del s.XIX condujeron a la fundación de una nueva clase de entidad libre que asumió una actitud crítica respecto a la iglesia estatal, destacando su independencia con relación al clero. La más grande de estas nuevas entidades fue la Misión Luterana Noruega, cuyo jefe espiritual fue el predicador laico Ludvig Hope (m.1954). La vida de la iglesia en N. se caracteriza en gran medida por entidades libres para las misiones internas y foráneas. Los creyentes cristianos celebran cultos en "casas de oración", escuchando a pastores laicos y algunos también celebran ahí la Cena del Señor. Los mismos creyentes pueden asistir o no asistir a los cultos de la iglesia de la parroquia. Esta actividad laica, paralela a la de la iglesia establecida, ha tenido vital importancia para la actividad misionera de los noruegos.

En el s.XX la teología liberal ha provocado una enconada lucha que llevó a la formación de la conservadora Facultad Libre de Teología *(Menighetsfakultetet)* donde se educan la mayoría de los pastores. Durante los años de la ocupación alemana la iglesia resistió los intentos de nazificar las escuelas, etc. (→BERGRAV). Hacia mediados del s.XX la vida y el pensamiento del pueblo estaban grandemente influidos por el moderno secularismo. Para 1966 había 1.078 pastores en la iglesia estatal y 1.688 predicadores laicos y obreros en planilla en las entidades libres. Hay en el país diez diócesis. En 1960 las iglesias libres tenían un total de 134.551 miembros. De la población de N. (3.867.000 en 1970), por ahí del 96% pertenecen a la iglesia del estado (luterano).

CARL FR. WISLOFF

NOVACIANISMO. Novaciano de Roma es notable por dos razones. En primer lugar, fue el "antipapa" del partido "puritano" de la iglesia. Segundo, le dio a la Iglesia de Occidente el primer estudio amplio sobre la Trinidad. Quizá desilusionado por la elevación de →Cornelio como papa (251), N. se unió a quienes exigían que los cristianos que habían apostatado durante la persecución de Decio (249-50) no fueran readmitidos a la comunión de la iglesia. El grupo de Novaciano se organizó como partido, bajo estricta disciplina. Este movimiento separatista continuó durante muchos siglos. Su ortodoxia jamás se puso en duda: →Acacio, uno de sus principales obispos durante la controversia arriana, repudió vigorosamente el arrianismo. El Concilio de Nicea, que estableció condiciones para la readmisión de los novacianos a la iglesia, no exigió ningún cambio doctrinal. La obra de Novaciano sobre la Trinidad era fuertemente trinitaria y mantenía la plena deidad de Cristo, aunque se inclinaba a una forma de teoría "quenótica" (→KENOSIS). Hombres como Cornelio, no sin razón, criticaban a Novaciano el cual era, sin embargo, vigoroso defensor de la cristología genuina. Novaciano murió como mártir durante la persecución de Valeriano. H.D.McDONALD

NOVATO (s.III). Presbítero de Cartago. Implacable enemigo de →Cipriano, se opuso a su elección como obispo e intrigó constantemente en su contra. En el problema de los que apostataron después de la persecución de Decio, atacó la desaprobación por Cipriano de los *libelli pacis* y defendió el derecho de los confesores a otorgarlos. Como cabecilla de una facción anticiprianista obtuvo el manejo de los fondos de socorro mediante el nombramiento de Felicísimo, un laico adinerado, como diácono. En Roma apoyó a Novaciano como obispo en oposición a Cornelio. Cipriano apoyó a Cornelio y, cuando una delegación de novacianos jefeada por N. llegó a Cartago, el grupo anticiprianista nombró obispo rival de Cartago al delegado novaciano, Máximo. J.G.G. NORMAN

NOVENA (lat. *novem* = "nueve"). Práctica catolicorromana destinada a promover la devoción y la piedad mediante nueve días sucesivos de oración, pública o privada, para obtener favores y gracia especiales. A diferencia de la de la octava, que es más festiva, y aunque recomendada por la iglesia, la n. no ocupa lugar en la liturgia. El prototipo bíblico se ve en los nueve días de espera apostólica en Jerusalén antes de la venida del Espíritu Santo en Hch. 2. Aunque la observancia se practica como preparación del alma para algún acontecimiento de importancia espiritual, primordialmente se le asocia con un período de luto. Desde comienzos del s.XIX las n. han sido enriquecidas por el otorgamiento de indulgencias. H. CROSBY ENGLIZIAN

NOVENTA Y CINCO TESIS, LAS (1517). La opinión generalmente aceptada de que este episodio marca la primera declaración pública de los principios de la Reforma, requiere alguna modificación. El 31 de oct. (ó 1 de nov.), 1517, Martín Lutero, indignado de las supercherías de que →Tetzel hacía víctima al pueblo común mediante la venta de →indulgencias en Jüterborg y Aerbst cerca de Wittemberg y agitado por la crisis espiritual por la que entonces pasaba, clavó en la puerta de la Iglesia del Castillo Noventa y cinco Tesis acerca de las indulgencias, como preliminar a una disputa que en realidad nunca se efectuó. Las tesis, pesadamente teológicas, impregnadas de estallidos de ira y angustia, son en realidad de carácter bastante conservador. No mencionan la justificación por fe ni se proponían un rompimiento con el papado, sino simplemente llaman la atención del papa hacia determinado escándalo, esperando confiadamente en que sería suprimido.

En breve, las tesis afirman que la penitencia supone arrepentimiento y no la confesión sacerdotal; la mortificación de la carne física es una práctica inútil si no la acompaña el arrepentimiento interno; únicamente los méritos de Cristo sirven para el perdón de los pecados y la penitencia y las obras prescritas por la iglesia tienen validez solo en cuanto proclamen y confirmen este perdón divino; el verdadero "tesoro de la Iglesia" es el evangelio de la gracia de Dios en Jesucristo. Aunque Lutero habría fortalecido así la autoridad de la iglesia al colocarla sobre una base adecuada, las autoridades papales no estaban en disposición de distinguir entre ataques a los abusos eclesiásticos y ataques a la propia iglesia, y lo hecho por Lutero llevó directamente a que la Curia procediera contra él en junio de 1518 con base en sospecha de herejía. IAN SELLERS

NOVICIO. Nombre dado al candidato (varón o hembra) para la admisión a una orden religiosa durante el período probatorio, que suele seguir a la postulación, antes de la profesión de cualesquiera votos. Durante todo el noviciado, que el Concilio de Trento fija en no menos de un año completo y continuo, el novicio vive de acuerdo con la regla de la orden, bajo la dirección de un maestro de noviciado y apartado del resto de la comunidad, aunque disfruta de sus privilegios, inmunidades e indulgencias. Está en libertad para desistir, así como la orden está en libertad de despedirlo y por tanto no puede renunciar a sus bienes. J.D. DOUGLAS

NUEVA DELHI, ASAMBLEA DE (1961). Tercera asamblea del →CMI celebrada en India bajo el lema "Jesucristo, Luz del Mundo". Entre las decisiones y rasgos de la asamblea están la fusión del CMI con el →Consejo Misionero Internacional; aceptación como miembros de 23 iglesias que lo habían solicitado, entre ellas la Iglesia Ortodoxa Rusa y dos iglesias pentecostales de Chile, añadiendo setenta y un millones de miembros al movimiento; y la admisión de cinco observadores catolicorromanos oficiales.

Estuvieron presentes unos 577 delegados y 1.006 participantes. Los presidentes electos fueron el arzobispo A.M. →Ramsey, Francis Ibiam de Nigeria Oriental, el arzobispo Iakovos de la arquidiócesis griega de N y S América, Martin Niemöller, David Moses de la Iglesia Unida de India del N, y Charles Parlin, laico metodista de EUA. Se aceptó por abrumadora mayoría una solicitada fórmula trinitaria: "El CMI es una asociación de iglesias que confiesan al Señor Jesucristo como Dios y Salvador de acuerdo con las Escrituras, y por lo tanto procuran cumplir juntas su común vocación para la gloria del único Dios, Padre, Hijo y Espíritu Santo".

Se tropezó con una diversidad de problemas, entre ellos la barrera del idioma, las presiones de tiempo, la subordinación de los delegados a la preparación para la asamblea, los documentos verbosos, y las distinciones entre clero y laicos. Se discutieron el antisemitismo, el proselitismo, la libertad religiosa y la preocupación por los refugiados. Los informes de los tres grupos de estudio, que se ocuparon respectivamente de testimonio, servicio y unidad, fueron "aprobados en substancia y recomendados a las iglesias para su estudio y adecuada acción".

Testimonio, procedió según estas bases: Jesucristo es la luz del mundo; los pueblos del mundo son interdependientes; el evangelismo debe proceder en formas nuevas. La proclamación de Cristo como Señor y Salvador tiene "profundo significado" y las diferencias entre miembros del CMI deben estudiarse. Todo evangelismo debe tomar en cuenta específicamente a la juventud, los obreros, los intelectuales. Nuevas formas podrían incluir el diálogo, grupos pequeños, el escuchar, la comunicación masiva, el empleo de los laicos, el examen de las estructuras eclesiásticas para ver si ayudan o estorban al evangelismo y el encarnar el mensaje en la vida.

Servicio se ocupó de la tecnología, el cambio social y el orden político. Puesto que el gobierno le da a la sociedad un orden necesario, los cristianos deben trabajar en pro de instituciones políticas que protejan la libertad individual y oponerse a los gobiernos que niegan los derechos por motivos raciales o de otro orden. El grupo se interesó en promover la igualdad racial, la confianza internacional, especialmente entre Rusia y EUA, las instituciones internacionales que promueven la paz, el desarme, la integridad y honradez en la vida política.

En el grupo de *unidad* se llegó a la conclusión de que "la unidad que es tanto voluntad como don de Dios a su iglesia, se está haciendo visible" de diversos modos "en el compañerismo de compromiso pleno" que todavía deja muchas cuestiones por resolver, incluyendo la incapacidad de tener intercomunión y un solo bautismo. ROBERT B. IVES

NUEVA JERUSALEN, IGLESIA DE LA. Grupo organizado en Londres en 1787 por adeptos a las enseñanzas teológicas de Emanuel →Swedenborg. La organización y crecimiento de la iglesia es peculiar porque el movimiento se inició mediante libros, sin la influencia de líderes personales. Swedenborg jamás pronunció un sermón ni realizó esfuerzo alguno por reunir seguidores, pero legó sus obras en latín en 20 volúmenes a ministros y bibliotecas universitarias. Estas obras fueron traducidas y ganaron discípulos que fueron organizados por Robert Hindmarsh, metodista. Se ordenaron ministros, se fundaron otros grupos y para 1789 se celebró la primera conferencia general en su capilla de Great Eastcheap, Londres. En 1792 una iglesia de Swedenborg se estableció en Baltimore, Maryland, y en 1817 se reunió en Filadelfia la convención general de la Nueva Jerusalén. Una división de la iglesia (1897) produjo una rama, la Iglesia General de la Nueva Jerusalem, con sede central en Bryn Athyn, Pennsylvania. El énfasis de su culto es litúrgico, centrado en Jesucristo, con prédicas basadas en las partes "inspiradas" de la Biblia: 29 libros del AT y cinco del NT.

Se observan el bautismo y la Cena del Señor y, además de los días festivos corrientes del cristianismo, se observa el Día de la Nueva Iglesia (19 de jun.). Sus miembros en el mundo suman unos 40.000, con unos 4.500 en Gran Bretaña y 5.800 en la Convención General de EUA. La Iglesia General tiene unos 2.000 miembros y concentra su actividad en Byrn Athyn, donde mantiene una academia y un seminario teológico. Los seminarios de la Convención General están en Cambridge, Massachusetts, y en Islington, Londres. Las nuevas iglesias mantienen un activo programa misionero y con mucho éxito han realizado obra en Africa. En Nueva York hay una fundación que distribuye los escritos de Swedenborg, y las iglesias publican mensualmente el *New Church Messenger* y el *Journal of the General Convention.*

ROBERT G. CLOUSE

NUNCIO Y LEGADO PAPALES. N. es un representante papal permanente y oficial enviado por la Santa Sede tanto ante el estado como ante la iglesia de una región determinada. Por lo común es un obispo o arzobispo titular y se relaciona con la Santa Sede mediante el Cardenal Secretario de Estado. Como enviado papal al estado tiene deberes de carácter diplomático que no difieren de los de un embajador en las relaciones internacionales; su categoría de embajador fue reconocida por el Congreso de Viena (1815). Como enviado papal a la iglesia de la región, tiene deberes eclesiásticos, como los de un delegado apostólico en las regiones donde no hay nuncio.

L. era la designación corriente de un representante papal durante el s.XVII y antes. A veces se distinguen tres o cuatro clases: L. *nati,* el principal obispo residente, que también ejercía cierta autoridad especial proveniente del papa, deberes que parcialmente retiene el primado actual; L. *missi,* enviados por el papa en misiones *ad hoc,* y L. *a latere,* el más alto rango de enviado papal especial, título hoy día reservado para funciones ceremoniales. Una cuarta clase, los *nuncii et collectores,* eran oficiales financieros encargados de recoger fondos papales. El moderno n. gradualmente reemplazó y absorbió los deberes derivados de todos los anteriores L. conforme las estructuras del papado, las regiones eclesiásticas y los estados se fueron diferenciando.

C.T. McINTIRE

NUTALL, ENOS (1842-1916). Primer arzobispo anglicano de las Antillas. N. en Inglaterra, por primera vez fue a Jamaica en 1862 como pastor metodista a prueba, pero en 1866 fue ordenado en la Iglesia Anglicana. Aparece primero como hombre de sugerencias sensatas en las complejas negociaciones en torno a la desoficialización de la iglesia en 1870. Diez años más tarde fue electo obispo de Jamaica. Llegó al arzobispado en 1893. Sus intereses abarcan la gama de los problemas contemporáneos. Tenía al Imperio Británico, en términos generales, como bueno; era partidario de una relación institucional con Canterbury; al principio reclutó clérigos en Inglaterra, pero en 1893 fundó el primer seminario teológico de Jamaica. Abogaba por un sistema modificado de educación pública, que incluyera escuelas de enseñanza media, y con instrucción religiosa, en todos los niveles. También subrayaba el adiestramiento agrícola. Eminentemente victoriano, miraba con desconfianza el avivamiento jamaicano, por la existencia del cual culpaba a la iglesia. Fue pionero en la fundación de una clínica de la iglesia en 1893. Hombre competente, convencido de las virtudes de la cultura británica pero libre de inhibiciones raciales, le preocupaban primordialmente los problemas individuales antes que los sociales.

GEOFFREY JOHNSTON

NYGREN, ANDERS T.S. (1890-1979). Teólogo sueco. N. en Göteborg. Estudió en Lund y en 1912 fue ordenado en la Iglesia de Suecia. Fue pastor suplente en Olmevalla (1914-20) antes de regresar a Lund como instructor de filosofía de la religión hasta 1924, en que pasó a profesor de teología sistemática. También fue activo en cuestiones mundiales de los luteranos y en la fundación del CMI, respecto al cual fue delegado a las conferencias de Lausana (1937), Amsterdam (1948) y Lund (1952). Fue presidente de la Federación Luterana Mundial (1947-52) y presidió la Comisión de Fe y Orden respecto a Cristo y la Iglesia, del CMI (1953-63). Fue obispo de Lund de 1949 hasta su jubilación en 1958. Sus escritos incluyen *Agape and Eros* (1930; trad. al inglés 1953), *Commentary on Romans* (1941), *Christ and His Church* (1955; trad. al inglés 1957), y *Meaning and Method* (1972).

CLYDE CURRY SMITH

O

OAXTEPEC (1979) →ASAMBLEAS ECUMENICAS EVANGELICAS

OBERAMMERGAU. Sitio en la alta Baviera donde se celebra la notable representación de la Pasión. Los dramas religiosos eran comunes en Baviera y, según la tradición, los habitantes de O. se vieron libres de la peste en 1633 en gratitud de lo cual prometieron representar el drama de la pasión cada diez años. A partir de 1680 se celebró cada década, a excepción de los años de guerra 1870 y 1940. Originalmente se representaba dentro de la iglesia, más tarde en el atrio y desde 1830 en el sitio actual, un teatro especial. Hitler admiraba la obra por las características antisemíticas que se le atribuyen. En 1934 se reescribió para el tricentenario de la misma, haciendo que Jesús y sus discípulos aparecieran como héroes arios. El texto actual, con pequeñas modificaciones, fue escrito por J.A. Daisenberger (1799-1883) en 1860. Efectúan la representación 700 aldeanos; dura más de siete horas y es una lucrativa actividad para la comunidad. En 1970 se efectuaron casi cien representaciones ante un auditorio total de 500.000 personas.

RICHARD V. PIERARD

OBISPO. Procedente del latín vulgar *biscopus,* esta palabra aparece en el NT con frecuencia como la traducción del vocablo gr. *episkopos,* cuya traducción literal es "supervisor". Dentro del NT parece denotar una función del ministerio y ser una alternativa para presbítero (cp. Hch. 20:17,28; Fil. 1:1; 1 Ti. 3; Tit. 1:7ss). Cristo mismo fue considerado como *el* O. (1 P. 2:25). El origen del obispo monárquico y del ministerio triple de o., presbíteros y diáconos está algo envuelto en el misterio. Entre los →Padres Apostólicos solamente Ignacio habla del episcopado monárquico y en lo que respecta a él, el énfasis está en la unidad en torno al o. en tiempos peligrosos, no en la institución divina del oficio. Gradualmente, con la desaparición del ministerio carismático, la oposición del gnosticismo y el reconocimiento imperial de la iglesia en el s.IV, fue surgiendo el o. único a cargo de una diócesis o grupo de iglesias. Generalmente se trataba de alguien que encabezaba una ciudad o iglesia urbana. Además, con la adopción por parte de la iglesia de las divisiones que estaban en funcionamiento dentro del imperio, también surgieron obispos sobre los obispos; es decir: papa, patriarca, metropolitano y arzobispo. La separación entre la cristiandad del Oriente y del Occidente, la estrecha relación entre la iglesia y el estado y el ascenso al poder en el Occidente de la sede de Roma, tuvieron un efecto importante sobre el desarrollo del episcopado. Durante y después de los tiempos medievales los o. eran tanto señores temporales como espirituales. Esta tradición todavía se refleja en Inglaterra donde cierto número de o. poseen escaños en la Cámara de los Lores.

Por el tiempo de la Reforma, los protestantes querían modificar o abolir el oficio de o. dado que los poderes adquiridos durante la Edad Media los alarmaban. Las iglesias calvinistas equipararon el oficio de o. con el de pastor o ministro de una parroquia. Los luteranos vieron la continuación del oficio de o. (entendido como un ministro superintendente) como entre los *adiaphora* (→ADIAFORISTAS). Esto resultó en la retención del oficio de o. en Escandinavia y en la abolición del mismo en Alemania. En tiempos recientes el oficio ha sido resucitado en Alemania, pero no se pretende ninguna sucesión apostólica. La Iglesia de Inglaterra, en su transición del catolicismo hacia el protestantismo, retuvo la sucesión de o. y esto ha continuado hasta el presente. En algunas denominaciones más nuevas el título de o. ha sido dado a los ministros superintendentes, p.e. en el metodismo norteamericano.

Dentro de las iglesias ortodoxas, los o. son escogidos de entre los sacerdotes célibes de los monasterios por elección de un sínodo y con consejo del →patriarca. En la ICR el papa tiene la última palabra y en realidad hace los nombramientos y los o. son responsables ante él. Dentro de la Iglesia de Inglaterra los capítulos de las catedrales eligen a un o. con el asesoramiento del monarca. (Las iglesias anglicanas de otros lugares tienen un sistema más democrático.) En iglesias que pretenden sucesión apostólica, la consagración generalmente se practica por un arzobispo y dos o., regla que se convino por vez primera inmediatamente después del Concilio de →Arlés en el 314. En otras iglesias que no pretenden la sucesión apostólica, la elección generalmente se hace por un sínodo y la instalación por representantes del sínodo.

Tradicionalmente, desde los primeros tiempos, el ministerio del o. es visto como algo que involucra los aspectos gubernamentales, sacramentales y pastorales. Gobierna tanto al clero como al pueblo de su diócesis; solamente él puede confirmar y ordenar y él es el principal pastor del rebaño. Frecuentemente un o. es ayudado por un o. asistente, sufragante, auxiliar o coadjutor. Las insignias del o. incluyen la mitra, el báculo pastoral, la cruz pectoral, el anillo y las cáligas. En el diálogo ecuménico ha habido en tiempos recientes mucha discusión en cuanto a si el episcopado es el *esse,* el *bene esse* o el *plene esse* de la iglesia.

PETER TOON

OBLATO (lat. *oblatus* = "que se ha ofrecido a sí mismo"). Término empleado en diversos períodos históricos con distintos significados, pero siempre referentes a monasterios. En la ICR contemporánea describe al miembro de una orden religiosa específica, p.e. los O. de San Carlos Borromeo fundada en 1857 por H.E. Manning, arzobispo de Westminster. En tiempos medievales y modernos se ha aplicado ya a niños colocados en los monasterios por sus padres para que aprendieran de los monjes o a quienes compartían la vida en común del monasterio sin tomar los votos.

J.D. DOUGLAS

OBRA FEMENINA EVANGELICA EN AMERICA LATINA. En el balance general de la obra evangélica en AL, la mujer evangélica ha ocupado un lugar de primerísima importancia en el desarrollo de la Iglesia. No ha estado, por cierto, en la línea de notoriedad, debido tanto a las tradiciones religioso-culturales del mundo latinoamericano como a la herencia religiosa de la particular expresión protestante que llegó a AL procedente del mundo anglosajón. Así, en gran parte de la historia del protestantismo latinoamericano, la mujer evangélica no ha sido dirigente famosa que haya ejercido liderazgo general. Por supuesto, ha habido excepciones notables. Ha sido, más bien, en el silencioso pero eficaz taller del hogar y de la comunidad más inmediata donde la mujer evangélica latinoamericana ha puesto en juego los recursos de su fe y ha ejercido una influencia decisiva en la vida de la iglesia. Especialmente en las épocas de persecución, tanto en el período colonial como en el mundo moderno, la mujer evangélica fue columna de su hogar y de su Iglesia.

Cuando el desarrollo cultural de los pueblos latinoamericanos abrió las puertas de las instituciones educativas (especialmente de nivel superior) a la mujer, cuando la propia iglesia protestante comenzó a sentir el impacto de la mejor formación cultural de sus feligreses (incluyendo a la mujer), y cuando el desarrollo político de la AL empezó a romper viejos tabúes que colocaban a la mujer en situación de inferioridad, la mujer cristiana pasa a ejercer una función de primer orden en el campo educativo. A ello contribuyó de manera determinante la creación de escuelas y colegios patrocinados por diversas iglesias evangélicas. Esas instituciones educativas llegaron a ofrecer en AL los mejores programas de enseñanza. Muchas de ellas estuvieron regentadas por mujeres distinguidas, como Juana →Manso. Las llamadas "Escuelas del Hogar", ofrecieron otra valiosa forma de educación pues brindaban orientación específica en la conducción de la vida familiar, en economía doméstica y rural, como asimismo en artesanía.

En la vida interna de la Iglesia la mujer ha jugado un papel sobresaliente en diferentes campos. La labor docente, que las iglesias protestantes han realizado fundamentalmente por medio de las escuelas dominicales, ha estado en manos de la mujer, sobre todo en lo que concierne a la enseñanza de los niños y adolescentes. También ha sido básicamente suya la responsabilidad de dirigir las "escuelas bíblicas de verano", instrumento eficaz de la Iglesia para la evangelización de los niños.

Las mujeres evangélicas latinoamericanas han sabido organizarse. Tanto en las congregaciones locales como en el ámbito denominacional y aun internacional, las organizaciones femeniles han resultado ser de las más sólidas. En el plano local, muchas iglesias han visto nacer y morir asociaciones o sociedades de hombres y de jóvenes. Es muy raro oír de alguna "sociedad de señoras" que haya llegado a desaparecer.

Como resultado de esta constancia, las mujeres evangélicas se han constituido en apoyo significativo para la Iglesia, y en promotoras de las relaciones interconfesionales. Celebraciones como el Día Mundial de Oración, el Día de la Biblia, la Semana de la Familia y el Hogar, y otras por el estilo, han recibido el impulso y la participación decidida de las mujeres evangélicas. E instituciones como las Sociedades Bíblicas han sido promovidas eficazmente por ellas.

Las organizaciones femeniles han sido desde sus inicios eficaces escuelas de Iglesia. En ellas las mujeres han aprendido a preparar y presentar estudios bíblicos, a predicar, a desarrollar sus habilidades administrativas en el manejo de las finanzas, a poner sus recursos y capacidades al servicio de la comunidad. Ellas han patrocinado y llevado a cabo cursillos de visitación, seminarios de capacitación (sobre diversos temas), congresos nacionales y latinoamericanos.

En el campo de la literatura, diversos organismos femeniles publicaron revistas dedicadas específicamente a temas relacionados con sus actividades, como asimismo con la vida en el hogar, la educación cristiana de los hijos, y temas afines.

Conforme la mujer latinoamericana iba asumiendo nuevas responsabilidades en la vida de la Iglesia y de la sociedad, las distintas instituciones eclesiales tomaron a su vez conciencia de la necesidad de ofrecer oportunidades para la formación académica y profesional de las mujeres miembros de las comunidades evangélicas. Surgieron así escuelas dedicadas a la preparación de obreras cristianas o diaconisas. Las instituciones de educación teológica introdujeron programas de educación cristiana que tomaban principalmente en cuenta el trabajo de la mujer en ese campo. En algunos países se ofrecieron cursos de enfermería, de asistencia social y para maestras de "jardines infantiles" (pre-escolares).

En el ambiente evangélico, corresponde a las Iglesias →pentecostales el privilegio de haber sido de las primeras en ofrecer a la mujer la oportunidad de una participación más activa en la vida pastoral de la Iglesia. Sin embargo, con el pasar del tiempo, muchas mujeres decidieron seguir los mismos estudios teológicos que llevaban los hombres y que generalmente conducían al pastorado. Aunque todavía en escala muy limitada, la mujer evangélica latinoamericana empieza a ejercer en la iglesia funciones que tradicionalmente estuvieron limitadas a los hombres. El papel de la mujer en el proceso mismo de educación teológica también ha ido ampliándose para abarcar una gama más extensa de disciplinas académicas. Hoy la iglesia evangélica latinoamericana cuenta no solo con mujeres especialistas en educación cristiana (según el modelo tradicional), sino también con teólogas y especialistas en lenguas bíblicas.

Todo este trabajo se ha realizado, además, en un ambiente de solidaridad latinoamericana, lo que ha significado un decidido aporte de la mujer evangélica a la causa de la unidad de la Iglesia en este continente.

JORGELINA LOZANA

OCEANIA. El cristianismo en esta región empezó con los misioneros jesuitas en las islas Marianas (1668-1769). Hay tentadores indicios de la influencia católica en las Marquesas, Hawai y partes de Melanesia antes de la rápida expansión de los contactos europeos en el s.XIX. Las misiones protestantes se iniciaron con la Sociedad Misionera de Londres en Tahití y Tonga en 1797, en una época cuando muchos polinesios estaban descontentos con las normas sociales y religiosas tradicionales, y dispuestos a someterse a cambios grandes para poder aprovecharse de los nuevos horizontes abiertos por los europeos. En Hawai, Kamehameha I (1735-1819) hizo cambios políticos importantes, y su esposa Kaahumanu y su hijo Liholiho descartaron la religión tradicional antes que los misioneros norteamericanos fueran admitidos a prueba (1820) tras cuidadosas consultas con tahitianos en cuanto a su experiencia. Análogamente los gilbertenses desecharon su cultura tradicional en favor del alfabetismo y el cristianismo en 1868-69.

La enorme diversidad de lenguas y culturas, particularmente en Melanesia, dificultó extraordinariamente la evangelización y los esfuerzos de los misioneros por lograr conversiones individuales al principio dieron poco resultado. Junto a una aversión considerable a la enseñanza misionera, la dificultad en traducir conceptos cristianos como el de pecado a menudo produjo graves malentendidos. Cuando hubo conversiones, estuvieron a menudo ligadas a las miras políticas de jefes como Pomare II de Tahití (c.1782-1821) y Cakobau de Fiji (1817-80), más un anhelo por el alfabetismo como clave de la riqueza europea, como en las islas Cook (1821) o en Samoa (1830). Los movimientos tribales resultantes crearon serios problemas educativos y de cuidado pastoral, y pocos misioneros comprendieron hasta qué punto los isleños estaban aceptando el cristianismo a su manera. En Tanna, las mercancías europeas se conseguían por medio del tráfico laboral de Queensland, y la predicación misionera no surtió efecto desde 1842 hasta 1904, cuando el tráfico laboral hubo terminado.

Los primeros misioneros a menudo no estuvieron preparados para la vida isleña. De los diez artesanos colonizadores desembarcados en Tonga, tres fueron muertos, uno se acriolló y los demás huyeron con gratitud a Australia. Una profunda dedicación y un creciente acopio de experiencias produjeron un impacto religioso cada vez más significativo. Junto con la buena disposición de los isleños a viajar en pro del evangelio, así como sus antepasados habían viajado en pro del comercio y de la guerra, todo esto produjo un admirable esfuerzo misionero nativo, sin paralelo en ninguna otra parte en el s.XIX. Grandes misioneros como J. Williams (1796-1839) contribuyeron a estimular la pauta al dejar a ocho maestros tahitianos en Samoa (1830), pero llegaron tonganos a las islas Fiji independientemente alrededor de 1823. Otros llegaron a partes de las Nuevas Hébridas para 1842 y a las islas de la Lealtad para 1841, trece años antes que los misioneros europeos. Ta'unga de Rarotonga trabajó en Nueva Caledonia y dejó un diario notable. La obra en Melanesia fue mucho más difícil debido a barreras idiomáticas y a la hostilidad hacia los extranjeros, pero ciertos evangelistas pioneros como Soga y Marsden Manekalea echaron los fundamentos de la iglesia en Ysobet, y en 1925 Ini Kopuria fundó una importante orden misionera: la hermandad melanesia.

Las rivalidades protestantes fueron a veces intensas, pero los acuerdos de *Comity* produjeron a menudo "reinos" cristianos como Tahití y Tonga donde los misioneros desempeñaron un papel considerablemente político en notable contraste con la creencia de su iglesia que se oponía a la unión de política y religión. Sus deseos de excluir las influencias europeas indeseables fracasaron debido a la resistencia de los mercaderes y a una combinación del imperialismo francés y un celo misionero catolicorromano (enfocado en parte por P. Dillon, 1785-1847) que produjo la anexión de Tahití (1843) y Nueva Caledonia (1853). Oceanía se dividió al principio entre los padres Picpus y los maristas y, si bien ambos estaban deseosos de convertir tanto a protestantes como a paganos, P.M. Bataillon (1810-77) preparó notablemente el terreno en Wallis y Futuna, que facilitó la conversión de ellos para 1849. Los isleños emplearon el sectarismo para ventaja propia, como en Fiji (1844), y para fines del s.XIX había pocos grupos sin comunidades católicas bien arraigadas y organizadas en vicariatos apostólicos. La *South Seas Evangelical Mission* (1904) ha sido usada también dentro del contexto de rivalidades tribales tradicionales.

La anexión alemana de Papúa (1885) introdujo al Pacífico aun otro patrón denominacional mayor. Aunque Australia asumió el control de los territorios alemanes en 1914, la obra de las misiones Neuendetteslau y del Rhin (1886 y 1887) ha producido una iglesia luterana evangélica numerosa y bien organizada, responsable desde 1956 de sus propios asuntos. La obra de C. Keysser (1877-1961) y el éxito de sus métodos de "conversión tribal" han afectado profundamente las misiones en esta inmensa isla, donde los holandeses iniciaron obra en 1861, la Sociedad Misionera de Londres en 1871 con hombres como J. →Chalmers, S.M. McFarlane (1837-1911) y W.G. Lawes (1859-1907), además de Ruatoka de Mangaia y muchos otros pastores polinesios. Siguieron los maristas en 1885, los anglicanos en 1891, los adventistas del séptimo día en 1914 y la *Unevangelized Fields Mission* en 1932, con la extensión al interior cuidadosamente controlada por el gobierno australiano para asegurar dentro de lo posible la seguridad de los misioneros.

Para fines del s.XIX habían surgido varias iglesias bien establecidas, y los misioneros desempeñaron un papel vital en la reducción de los efectos desastrosos de las enfermedades europeas, el tráfico laboral y la explotación brutal de algunos mercaderes. La despoblación era excesiva. En 1875, de 30 a 40.000 murieron del sarampión solo en Fiji, y en Hawai la población bajó de c.300.000 en 1775 a 30.000 en 1900. Junto con el fin del tráfico laboral y la escasez de obreros agrícolas, esto ocasionó la introducción de asiáticos con resultados particularmente serios en Fiji, donde los indios son ahora más numerosos que los fijianos.

La relación del cristianismo con la cultura

tradicional es todavía un problema sin resolver, y en Melanesia ha producido varios movimientos que tienen afinidades con iglesias africanas independientes. Tanto la administración como las iglesias han hallado muy difícil el tratar con ellos. Estas están aun mayormente dominadas por europeos a pesar de valerosos esfuerzos oficiales por la delegación de responsabilidad de acuerdo con costumbres en otras partes desde 1945. En la diócesis anglicana de Melanesia, p.e., se eligieron obispos sufragáneos locales hasta 1963 y una asamblea laica se introdujo solo en 1958. El desarrollo de la independencia política en Samoa Occidental (1962), las islas Cook (1965), Nauru (1968), Fijí (1971); pasos rápidos hacia un gobierno responsable en Papúa-Nueva Guinea y en las islas Salomón; y cierta delegación de responsabilidad en los territorios franceses ya han surtido profundos efectos en las iglesias debido al lugar extraordinariamente importante que ocupan en la comunidad.

La migración y la urbanización ya han creado serios problemas sociales y el desarrollo de la educación secundaria y superior ha exigido cambios radicales en la enseñanza teológica y en la cooperación interinsular y ecuménica, simbolizados por el Seminario Teológico del Pacífico en Suva (1966) y el Concilio Melanesio de Iglesias (1946), la Conferencia de Iglesias del Pacífico (1966), y la Iglesia Unida de Papúa-Nueva Guinea y las Salomón (1968). Considerables focos de paganismo existen aun en Melanesia y muchos cristianos de aldea están mal preparados para hacer frente a sus nuevas responsabilidades políticas. La mayor parte de las economías insulares no pueden mantener programas de beneficencia y crecientes expectativas económicas sin una cuantiosa ayuda del exterior y pocas iglesias están en la situación de los luteranos que cuentan con extensas plantaciones que ayudan a financiar escuelas y hospitales.

El cristianismo europeo ha ayudado a poner término al canibalismo y a las guerras tribales, ha aportado algunas técnicas económicas nuevas y ha influido significativamente en la vida familiar, pero el procedimiento no ha sido un colonialismo unilateral. En muchas esferas el cristianismo se ha integrado estrechamente en las sociedades insulares según arreglos locales, y los cristianos pueden enfrentar el futuro con envidiable sentido de comunidad. IAN BREWARD

OCHINO, BERNARDINO (1487-1564). Reformador italiano. Procedente de Siena ingresó en la orden de los Observantes →Franciscanos (c.1504) y más tarde, anhelando una regla aun más estricta, en la de los →Capuchinos (1534), de los cuales fue electo vicario general (1538-42). Popular predicador penitencial, en 1536 conoció a Juan de →Valdés y su círculo. Se convenció de que la mediación eclesiástica no podía darle al hombre la salvación. Entonces surgió un conflicto entre sus convicciones y su vocación, el cual culminó con su crítica a la →Inquisición formulada en un sermón en Venecia (1542). Emplazado ante Roma, huyó a Ginebra, en donde fue cordialmente recibido por Calvino. Licenciado para predicar, ministró a los italianos de Ginebra, 1542-45 y publicó varias obras que incluyen sus *Apologhi.*

En 1545 O. se estableció en Augsburgo, en donde fue ministro de la iglesia italiana. Cuando la ciudad cayó en manos de las fuerzas imperiales, huyó a Basilea y Estrasburgo antes de hallar refugio en Inglaterra (1547-53). Thomas Cranmer lo recibió bondadosamente y obtuvo para él una prebenda en la Iglesia de Canterbury y una pensión real. Además de escribir, O. predicaba a los italianos de Londres. Sus principales obras de este período son *La primacía usurpada del obispo de Roma* y el *Laberinto,* ataque a la doctrina calvinista de la predestinación. Cuando la reina María accedió al trono, él retornó al Continente y fue ministro a la congregación italiana de Zurich. En 1563 produjo los *Treinta diálogos* que en forma libre trataban de la Trinidad y la monogamia y que provocó su expulsión. Pasó a Polonia y durante algún tiempo predicó en Cracovia, pero se vio forzado a partir de allí; finalmente se estableció en Slavkov, en Moravia, en donde murió víctima de la peste. ROBERT G. CLOUSE

OCKAM →GUILLERMO DE OCKAM

OFITAS. Secta gnóstica. Orígenes y Celso, por medio de Orígenes, suministran lo que principalmente se sabe sobre ellos: la visión diagramática que los o. tenían de la totalidad del cosmos, en cuyo más elevado nivel se hallaba el Reino de Dios, centro del cual era el Hijo; y su liturgia, que es un rito simbólico del paso a través de las etapas así diagramadas. En lo teológico se descubre una aun mayor gnosticización de la geografía celestial del apóstol Juan, con una correspondiente negación de la realidad de la historia y del tiempo, o de éste solo. J.D. DOUGLAS

O'HIGGINS, BERNARDO (1778-1842). Paladín de la independencia chilena. N. en Chillán y m. en Lima. A temprana edad fue enviado a Inglaterra, tierra de sus antepasados por la línea paterna, para completar su educación. Allí conoció a Francisco de Miranda, precursor de la independencia iberoamericana, cuyo trato avivó el amor a la independencia de su patria.

A su regreso a Chile, O. tomó las armas y se batió heroicamente en los campos de batalla. Derrotado en Rancagua (1 de oct. 1814) el joven militar se dirigió a Mendoza, Argentina, y se unió a los ejércitos del general José de →San Martín. Allí se planeó el cruce de los Andes y después de la batalla de Chacabuco (12 de feb., 1817), O., por consejo de San Martín, asumió la Primera Magistratura de la naciente república.

"El sentimiento que debe ser más grato a nuestro corazón, después del amor que debemos al Creador, es el amor a la patria". En esta frase O. se autodefine como sincero creyente y, además, como esclarecido patriota. Para cimentar esa fe y edificar la educación del pueblo, invitó a Diego →Thomson, educador y pastor evangélico escocés, en cuyas manos puso el libertador la dura tarea de organizar escuelas a lo largo y ancho del país. Cabe afirmar que Thomson, cuyo sueldo pagaba el gobierno, introdujo el estudio de las Sagradas Escrituras en cada una de las escuelas que organizó (→LANCASTER, SISTEMA EDUCATIVO). LUIS D. SALEM

OLAF (995-1030). Rey, héroe nacional y santo de Noruega. Como caudillo vikingo combatió en favor de Ethelred II en Inglaterra y de Ricardo en Normandía. Fue bautizado en Ruán. En 1015 llegó a ser rey de Noruega. En su celo en pro de la religión cristiana empleó mucha violencia. Su férreo gobierno provocó el descontento y sus caudillos en colaboración con el anglodanés rey Canuto lo echaron del país. En 1030 realizó un intento de reconquistar el reino, pero murió en la batalla de Stiklestad. Muy pronto su muerte fue considerada como sacrificio de mártir y se le invocó como santo. Sobre su sepulcro se edificó la catedral de Trondheim, que se convirtió en sitio de peregrinación. El legendario relato de la vida de O. presenta la imagen usual en la Edad Media de un santo rey, concorde con el concepto agustiniano del "rey justo" *(rex iustus)*.

CARL-FR. WISLOFF

OLDHAM, JOSEPH H. (1874-1969). Pionero ecuménico escocés. Hijo de un oficial del ejército, fue educado en la Academia de Edimburgo y en Trinity College, Oxford. Evangélico entusiasta, fue secretario del →Movimiento Estudiantil Cristiano en 1896, luego secretario de la Conferencia Misionera Mundial, que preparó el camino para la famosa Conferencia de →Edimburgo de 1910, y de su comité de continuación de 1910 a 1921. Fue cosecretario del →Consejo Misionero Internacional de 1921 a 1938, actuando en todas estas primeras reuniones ecuménicas como secretario en íntimo acuerdo con J.R. →Mott como presidente. Fundó y editó la *International Review of Missions* de 1931 a 1938. En 1937 organizó el Consejo Universal Cristiano de Vida y Obra para la Conferencia en →Oxford, del cual surgió el notable lema "Que la Iglesia sea la Iglesia". Editó el *Christian Newsletter* de 1939 a 1945, pero sus últimos años los dedicó a mejorar los niveles educativos y sociales de los pueblos aborígenes de Africa. IAN SELLERS

OLEVIANUS, KASPAR (1536-1587). Teólogo reformado. N. en Tréveris; estudió en París, Orleans y Bourges, donde aceptó las ideas de la Reforma. La muerte de un amigo, ahogado, lo impulsó a hacerse predicador. Estudió teología en Ginebra, Zurich y Lausana, y trabó relaciones con Farel, Calvino, Pedro Mártir, Beza y Bullinger. Retornó a Tréveris para enseñar en la escuela latina (1559), pero lo fervoroso de su predicación lo condujo a la cárcel. Invitado por el elector Federico III a Heidelberg, fue pastor de la iglesia de San Pedro y ayudó a la reconstrucción de la iglesia sobre principios reformados. Junto con Zacarías →Ursinus redactó la revisión final del Catecismo de Heidelberg. Estuvo involucrado en una controversia "arriana" y votó en favor de la pena de muerte para los "blasfemos". Desterrado durante la reacción luterana bajo Luis VI, pasó a Berleberg, Wittgenstein, y a Hernhorn, Nassau, donde estableció una organización presbiteriana completa. También escribió comentarios al NT.

J.G.G. NORMAN

OLIER, JEAN-JACQUES (1608-1657). Fundador de la Sociedad de Sacerdotes de San Sulpicio. N. en París; estudió teología en la Sorbona. Su renovación espiritual se produjo entre 1630 y 1632 y se debió en parte a la influencia de →Vicente de Paúl y a una peregrinación a Loreto. En 1641 fundó un seminario para sacerdotes en Vaugirard. Como cura párroco de San Sulpicio en París (1642-52) procuró reformar ese sector con la ayuda del seminario que en 1642 se trasladó allí. El seminario aumentó en proporciones y en fama y en 1657 el celo misionero de O. lo impulsó a enviar sacerdotes a Montreal. Probablemente su libro más conocido fue el *Catéchisme chrétien pour la vie intérieure* (1656), pero todos sus escritos fueron apreciados e influyeron en la renovación espiritual de muchos sacerdotes. PETER TOON

OLIVETAN (c.1506-1538). Reformador protestante, primo de Juan Calvino. Su nombre verdadero era Pierre Robert y al igual que su primo era oriundo de Noyon en Picardía. Estudió sucesivamente en París y Orleans, donde se ganó el apodo de "Olivetanus" porque se quemaba las pestañas alumbrado por lámpara de aceite de olivo. Como uno de los primeros protestantes franceses, huyó de Orleans a Estrasburgo en 1528 luego de su conversión al evangelio. A partir de noviembre de 1531 predicó por breve tiempo en Neuchatel, de donde salió el año siguiente para el Piamonte en donde entró en contacto con los →valdenses. O. enseñó en Ginebra de 1533 a 1535, pero renunció para regresar a Italia, donde murió. Se le recuerda principalmente por dos cosas: su influencia religiosa sobre el joven Calvino y su traducción de la Biblia al francés. O. fue una de las diversas fuentes importantes que impulsaron a su primo hacia el cristianismo evangélico. Además, su Biblia francesa, originalmente destinada a los valdenses del Piamonte, fue la versión empleada por la primera generación de reformadores calvinistas que predicaron el evangelio en Francia. Publicada en Neuchatel en 1535, llevaba un prefacio por Calvino en que éste hacía por primera vez pública confesión de su fe bíblica. ROBERT D. LINDER

ONTOLOGICO, ARGUMENTO. Primeramente formulado por →Anselmo (c.1033-1109) mientras era abad de Bec y más tarde por →Descartes (1596-1650), es un argumento a priori en cuanto a la existencia de Dios, basado en la idea de que el concepto de Dios como el ser más perfecto exige su existencia, puesto que un dios que existe solo *in intellectu* sería menos que perfecto (le faltaría la perfección de la existencia) y por tanto no podría ser Dios. Otra versión del argumento que Norman Malcolm halla en el *Proslogion* de Anselmo involucra la predicación de la necesaria existencia de Dios: Dios es la clase de ser que no simplemente existe, sino que existe necesariamente. Como lo demostró Kant, la primera versión del argumento encierra la inaceptable premisa de que la "existencia" funciona como un predicado, mientras que la segunda versión, a la que han dado prominencia filósofos contemporáneos como Malcolm y Charles Hartshorne, contiene una confusión entre los sentidos lógico y ontológico de "necesidad". Puede decirse que Dios sea ontológicamente necesario –e.d., su existencia no es contingente de otros estados de cosas– pero la segunda versión exige la idea de que la no existencia de Dios sea autocontradictoria, y evidentemente no lo es. El argumento ontológico ha despertado considerable interés entre los modernos filósofos analíticos, parcialmente por las muchas cuestiones conceptuales independientes que plantea acerca de la perfección, la necesidad, la existencia, etc. PAUL HELM

ONTOLOGISMO (*ontos* = "ser"; *logos* = "ciencia"). Sistema especulativo de filosofía que (en forma teísta) sostiene que conocemos a Dios inmediatamente con el primordial y natural objeto de las potencias cognoscitivas del hombre. La intuición de Dios es el primer acto de nuestro conocimiento intelectual. Este sistema pretende descender de →Platón y →Agustín, y fue propugnado por →Malebranche en el s.XVII con base en su ocasionalismo, que sostenía que los objetos finitos carecen de causalidad eficiente propia y que nuestras sensaciones e ideas son causadas no por el cuerpo y la mente sino que son producidas por Dios, Causa universal. Vincenzo →Gioberti y Antonio →Rosmini fueron prominentes expositores de esta tesis. El término mismo aparece por primera vez en *Introduzione allo studio della filosofia,* de Gioberti (1840). Atacado fundándose en que nuestra idea de Dios es analógica y no directa y en que aquella enseñanza conduce al panteísmo, siete proposiciones de los ontologistas fueron condenadas por el Santo Oficio en 1861. En 1887 cuarenta proposiciones de las obras de Rosmini fueron condenadas por el Concilio Vaticano.

HOWARD SAINSBURY

OPUS DEI. Instituto catolicorromano secular cuyo nombre completo es "Sociedad Sacerdotal de la Santa Cruz y Opus Dei". Se trata de una asociación de fieles católicos (hombres y mujeres, jóvenes y viejos, solteros y casados) que tienen como meta vivir una vida cristiana, cada uno dentro de su estado y condición.

El O.D. fue fundado en Madrid en 1928 por el sacerdote aragonés José María Escrivá de Balaguer. Recibió en 1940 la aprobación inicial del Obispado de Madrid-Alcalá, y en 1947 fue aprobado definitivamente por la Santa Sede. Su fundador se convirtió en figura muy discutida durante la última etapa de la España de Franco.

En 1978 había 70.000 socios que representaban 80 nacionalidades. La mayoría de los socios del O.D. están casados; algunos son sacerdotes. La sociedad consta de dos secciones: una de varones, y otra de mujeres.

La "obra", como sus socios llaman al O.D., está revestida de una espiritualidad propia y característica, en la que se destaca la secularidad, que impregna todo el modo de vivir de cada socio.

El O.D. dirige centros de enseñanza primaria, media y universitaria, casas para retiros espirituales, residencias para estudiantes, escuelas de formación profesional, clínicas y dispensarios médicos. Y entre estos centros se pueden citar la Universidad de Navarra, en España; Seido Language Institute, en Japón; Midtown Cultural Center, en Chicago; Netherhall Hall, en Londres, y la Escuela Agraria "Las Grazas", en Chile.

El O.D. ha logrado penetrar e influir, por la presencia y actividad de sus miembros, en numerosas ramas o facetas de la vida: cultural, política y económica. Su fidelidad a la ortodoxia catolicorromana es una de sus principales características.

ENRIQUE FERNANDEZ Y FERNANDEZ

ORACIONES POR LOS DIFUNTOS. →Tertuliano fue el primer Padre Cristiano que se refiere a la práctica de orar por los fallecidos pero también reconoció que no hay autoridad bíblica directa que lo autorice. Inscripciones del s.III indican la clase de peticiones que se hacían. Por lo común eran un sencillo y general ruego de que el difunto estuviera con Dios o alcanzara el perdón de sus pecados. Es posible que tales oraciones surgieran de las confusas ideas respecto al pecado postbaptismal, que provocaron mucha discusión en la iglesia en días de Tertuliano. Una solución que se sugirió para este problema fue la idea de penas purgatoriales tras la muerte, concepto que se trató en Alejandría a principios del s.III y pasó a Occidente mediante el poderoso apoyo de →Agustín y →Gregorio I (Magno). Mientras tanto, a mediados del s.IV la Eucaristía llegó a considerarse en Jerusalén como un sacrificio propiciatorio que podía ofrecerse tanto en favor de los vivos como de los muertos. Consecuentemente se introdujeron en la *anafora* o canon de la misa, intercesiones por los difuntos. En la ICR, una misa ofrecida específicamente por un difunto se llama "réquiem", aunque desde el inicio de la Edad Media se hace memoria de los muertos en la misa diaria.

En Inglaterra, el segundo Libro de Oración de →Cranmer (1552) abolió todas las oraciones por los muertos; pero una acción de gracias por los fieles difuntos se añadió a las intercesiones en 1662. En tiempos modernos las necesidades pastorales en la Iglesia de Inglaterra, país en que muchos que no asisten a la iglesia reciben cristiana sepultura, han llevado a pensar en una forma de oración que incluya a los difuntos no fieles, lo cual se ha incluido como opción en la 3a. serie de Órdenes para la Santa Comunión y Funerales. Se mantiene en el pensamiento cristiano la tensión entre la mejor forma de expresar la verdad bíblica de una indisoluble comunión de los creyentes en Cristo, y un deseo subcristiano de hacer algo en favor de los espíritus de los difuntos, y comunicarse con ellos.

JOHN TILLER

ORANGE, CONCILIOS DE. Dos sínodos celebrados en Orange (Arausio) en el S de Francia (Vaucluse) en 441 y 529. →Hilario de Arlés presidió el primero, al que asistieron 16 obispos y que emitió 30 cánones sobre cuestiones disciplinarias. →Cesáreo de Arlés presidió el segundo, que propugnó la doctrina agustiniana de la gracia preveniente en su lucha contra el →semipelagianismo. En confrontación con Félix IV triunfó Cesáreo, al someter ante trece obispos en Orange una declaración sobre la gracia y el libre albedrío, en forma de *capitula,* que ellos firmaron y que Bonifacio II aprobó en 531. Esas *capitula* sostenían gran parte de la doctrina de →Agustín sobre la gracia, como correctivo a las opiniones de Juan →Casiano y Fausto de Riez, destacando la necesidad de la gracia y condenando la predestinación del hombre al mal. Se condenaban las teorías, no las personas. El concilio de 529 puso fin a la controversia semipelagiana en Galia del S.

C.G. THORNE, Jr.

ORATORIANOS. Nombre de dos órdenes de sacerdotes seculares:

(1) *Oratorio italiano,* fundado por Felipe →Neri en Roma partiendo de una asociación informal de sacerdotes (1564). El fue el primer líder religioso que añadió aspectos sociales y artísticos a los ejercicios devocionales. →Palestrina, uno de sus penitentes, compuso música para su hermandad externa u "oratorio menor", con lo cual dio nombre a la com-

posición musical llamada "oratorio". Formalmente aprobados en 1575, se esparcieron por Italia, Francia y España. J.H. →Newman los introdujo en Inglaterra en Old Oscott, 1847. Viven en comunidad sin votos, sostenidos por medios particulares.

(2) *Oratorio francés,* fundado por Pierre de →Bérulle en París (1611), aprobado como *Oratoire de Jésus-Christ* (1613). Aunque inspirado en el oratorio italiano, es un instituto separado, una entidad centralizada gobernada por un general superior. Su principal actividad era adiestrar sacerdotes en seminarios. Durante 1672-1733 estuvo dominado por el →jansenismo. Disuelto en 1790, fue reestablecido (1852) por L.P. Pététot y A.J.A. →Gratry. J.G.G. NORMAN

ORATORIO (lat. *oratorium* **= "lugar de oración").** El catolicismo romano actual ha restringido el significado original a un sitio destinado al culto, especialmente a la celebración de la misa, primordialmente en relación con ciertas personas designadas. El catolicismo romano moderno reconoce tres clases de oratorio:

(1) O. *público,* especialmente para individuos o para una comunidad, pero abierto a todos los adoradores, por lo menos cuando se celebran cultos.

(2) O. *semipúblico,* destinado a una comunidad particular que puede, sin embargo, admitir o excluir a otras a su voluntad.

(3) O. *privado* o *doméstico* (solía hacerse distinción entre estos dos adjetivos, pero hoy son virtualmente intercambiables) establecido en un hogar particular para uso de una familia o un individuo. En tales casos es una regresión al empleo histórico, e.d. lugares de oración que no sustituyen las iglesias locales y que solo excepcionalmente se emplean para decir misa. J.D. DOUGLAS

ORDALIAS. Forma de prueba mediante la cual, según la voluntad y el juicio de Dios, la culpa o la inocencia del acusado era determinada por alguna prueba de resistencia física. Esa práctica es anterior a la era bíblica y fue de extensión casi universal. La o. por agua se menciona en el Código de Hammurabi (nos. 2, 132) y la o. de las aguas amargas aparece en Nm. 5:11-31. Las o. fueron de uso común en la Europa medieval y gozaron del favor de la iglesia hasta 1215 (Concilio Lateranense IV), cuando al clero se le prohibió participar en ellas. Hasta entonces, las o. solían estar precedidas por una misa. Muchos canonistas se habían opuesto a ellas antes de 1215 sin lograr su abolición. Las o. tenían muchas formas: o. por veneno, por agua, por hierro candente, por fuego, y mediante combate judicial. La o. por veneno se emplea particularmente entre los pueblos de Africa Occidental. Los europeos solían exigir que el acusado llevara en la mano una bola de hierro candente por cierta distancia, o que metiera el brazo hasta la muñeca o el codo dentro de una caldera de agua hirviente. Si al tercer día había infección, ello demostraba culpabilidad. JOHN P. DEVER

ORDEN DE PREDICADORES →DOMINICOS

ORGANO. Tradicionalmente conocido como "el rey de los instrumentos", el o. es actualmente notable ejemplo de arte y artesanía. Los cristianos primitivos lo asociaban con sus perseguidores romanos; es un hecho probable que la famosa audición de Nerón durante el incendio de Roma fue en realidad acompañada de órgano de agua y no del proverbial violín. Mas para la Edad Media los órganos eran de uso corriente en las iglesias, detalle que conocemos por cuadros y manuscritos de la época. Desde entonces ha sido el instrumento por excelencia de la iglesia para adorar y alabar al Omnipotente. Una razón para ello es la permanente calidad del tono del órgano. En cualquier otro instrumento el tono surge, se desvanece y muere. Pero el sonido del órgano se mantiene en tanto se mantenga la energía; hace sentir la sutil sugerencia de eternidad. Otra razón es el efecto de conjunto que produce: las muchas voces y colores del órgano rinden un sonido pleno y rico imposible de lograr de ningún otro modo. Así ha sido siempre con el órgano de tubos; actualmente por fin comienza a ser cierto respecto a los mejores órganos electrónicos. Ya no es necesario considerar a éstos un mal sustituto de aquéllos; ahora, por lo menos algunos ejemplares excelentes, han logrado alcanzar el nivel de instrumentos musicales aceptables por sus condiciones.

La literatura sobre el órgano abarca muchos siglos. El límpido y brillante sonido de un bien afinado diapasón o coro principal es ideal para ejecutar música de contrapunto. El rico y más romántico sonido de la masa de cuerdas da vida a la música de la época romántica. Las muchas variedades de flautas, las lengüetas de caña para solo y coro, enriquecen la paleta tonal del instrumento. Al considerar el repertorio específico para o., el primer nombre que naturalmente acude a nuestra mente es el de J.S. →Bach. Pero hubo imponentes gigantes antes y después de este gran hombre. Pachelbel, →Buxtehude, Sweelinck y muchos otros se hallan entre los predecesores de Bach, cuya música suele escucharse hoy día. Después de Bach, la lista es larga y continuamente creciente. Franck, →Mendelssohn, Liszt, Schumann y Reger son unos cuantos de los nombres de gran fuste que nos vienen a la mente.

Hoy día hay compositores que escriben música del futuro para el o., al par que se escribe en las formas y estilos antiguos. Cuánta permanencia tendrá la "música del futuro" está por verse; ciertamente es un lenguaje ajeno a muchos amantes de la música. Pero sin esta experimentación en nuevas formas y estilos el arte musical se estancaría; todos debemos sentir gratitud hacia los pioneros.

Una crítica que suele hacérsele al o. es que por definición es un instrumento mecánico. Por ello, algunos sostienen que es imposible proyectar un sentido muy profundo de emoción mediante la música de ó. Esto es muy falso. Aunque el ejecutante no esté tan unido a su tono como, por ejemplo, el violinista, el organista genuinamente artístico que domine las exigencias técnicas de su instrumento puede trascender esas dificultades y proyectar no solo el espíritu de la música sino, si posee el Espíritu Santo, también el Espíritu de Dios. Tal es en esencia el propósito principal de toda música cristiana: ser vehículo del Espíritu Santo. El ó., por su tradicional afiliación a la iglesia y más especialmente por sus cualidades tonales, es idealmente adecuado para este noble propósito.

ROBERT ELMORE

ORIGENES (c.185-c.254). Teólogo alejandrino. La mayor parte de lo que de su vida sabemos se halla en el sexto libro de →Eusebio, *Historia Eclesiástica;* un panegírico por →Gregorio Taumaturgo, discípulo de O.; *Sobre los hombres eminentes,* de Jerónimo; y en el fragmento de una apología escrita por Eusebio y →Pánfilo. O., n. en Egipto y criado por padres cristianos, estudió bajo la dirección de →Clemente en la escuela catequística de Alejandría. Durante la persecución de Séptimo Severo en 202, Leonidas su padre fue capturado y martirizado. El deseo de O. de morir junto con su padre se vio frustrado porque su madre le escondió la ropa. Muerto su padre, logró continuar sus estudios gracias a la generosidad de una viuda acaudalada. Durante 28 años fue director de la escuela catequística mientras vivía una vida ascética y piadosa en grado sumo. Según parece, al comenzar su edad viril tomó al pie de la letra las palabras de Mt. 19:12 y se castró.

Mientras tenía a su cargo la escuela de Alejandría se hizo famoso, y según Eusebio, millares acudían a escucharlo, incluso muchos paganos prominentes tales como la madre del emperador Alejandro Severo. Un creyente rico, se dice, pagó escribientes que copiaran sus conferencias y después las publicó. Estudió con el padre del pensamiento neoplatónico, Ammonio →Saccas; viajó a Roma y escuchó a →Hipólito. Durante la persecución de Caracalla en 215, O. pasó a Palestina, donde los obispos de Cesarea y Aelia lo invitaron a predicar. Al obispo →Demetrio de Alejandría le disgustó dicha invitación, ya que O. todavía era un laico. Por consiguiente, Demetrio ordenó a O. volver a Alejandría; O. se dedicó luego a escribir. En 230 estaba de regreso en Palestina y fue ordenado sacerdote por los mismos dos obispos que lo habían invitado la primera vez. En esta ocasión Demetrio declaró a O. depuesto como sacerdote, lo privó de su puesto docente en Alejandría y lo desterró. Tal deposición no fue en general reconocida fuera de Egipto.

O. abrió entonces en Cesarea una escuela que se hizo famosa. Continuó predicando y escribiendo. La persecución de Decio en 250 lo alcanzó; fue encadenado y torturado, le pusieron un anillo de hierro al cuello, lo metieron en el cepo y lo mandaron a un calabozo. Pasadas esas pruebas y liberado, no sobrevivió mucho.

O. fue uno de los padres griegos de la Iglesia. Se le considera uno de los primeros críticos textuales de la Biblia; uno de los primeros en formular una declaración sistemática de fe y uno de los primeros comentaristas de la Biblia. Fue eficaz apologista. En su propio ejemplo y en algunos de sus escritos se pueden hallar algunos de los principios iniciales que engendraron el movimiento monástico. El número de sus obras varía de 6.000 de que informa →Epifanio a 2.000 según Pánfilo y 800 según Jerónimo. La mayoría de las obras se han perdido, aunque quedan fragmentos y algunas han sido descubiertas recientemente. Sus obras más famosas incluyen la *Hexapla,* edición del AT en hebreo, griego, versiones griegas de Aquila, Símaco, la LXX y Theodotion, organizados en seis columnas. *De Principiis* es otra de sus obras importantes: es una de las primeras teologías sistemáticas. El libro 1 de *De Principiis* trata de la jerarquía celestial del Padre, el Verbo y el Espíritu y su relación con los seres terrenales; el libro 2 trata del mundo material incluyendo el sitio del hombre, su caída y redención; el libro 3 trata del libre albedrío en su lucha con las fuerzas del bien y el mal; el libro 4 trata de hermenéutica bíblica y de la interpretación literal, moral y alegórica de las Escrituras.

De la Oración fue escrita más adelante en su vida y describe la oración en general, y el Padrenuestro específicamente. Aquí O. argumenta que la oración no es una petición sino una participación en la vida de Dios. *Contra Celsus* demuestra que O. podía argumentar contra sus adversarios valiéndose de las tesis filosóficas de ellos para demostrar lo contrario de las mismas. Jerónimo y Epifanio lo acusaron de →subordinacionismo y fue condenado por algunos sínodos como el de Constantinopla de 543. Quizá no debemos tomar muy en serio esas condenatorias puesto que él fue el primero de los teólogos sistemáticos y fecundísimo pensador.

ROBERT SCHNUCKER

ORIGENISMO. Doctrinas atribuidas a Orígenes, que más adelante se volvieron controvertibles. Metodio de →Olimpo (m.311) rechazó la mayor parte de las especulaciones de Orígenes, especialmente su concepto de la preexistencia del hombre y el carácter temporal de su cuerpo, en *Symposium* y *De Resurrectione.* Orígenes fue defendido por →Eusebio de Cesarea y →Pánfilo. →Eustacio de Antioquía (m.336) fue otro prominente antiorigenista, pero la mayoría de sus argumentos estaban basados en →Metodio.

Los monjes nitrienses de Egipto eran decididamente origenistas y uno de ellos, Juan, llegó a ser obispo de Jerusalén. Su o. fue atacado por →Epifanio de Salamina, que incluyó el o. entre las herejías que menciona en su *panarium.* Epifanio persuadió a →Jerónimo, que había sido ardiente defensor de Orígenes, a convertirse en su violento adversario. Pero Juan rehusó condenar el o. Jerónimo atacó las doctrinas del o. referentes a la resurrección del cuerpo, la condición de las almas, el arrepentimiento final del diablo, y la Trinidad. →Rufino de Aquileia, amigo de Jerónimo, siguió apoyando a Orígenes y publicó una traducción latina de *De Principiis* (c.397), en que con poco tacto se refirió al antiguo apoyo de Jerónimo a Orígenes, a lo que Jerónimo replicó furiosamente. →Siricio de Roma apoyó a Rufino, pero su sucesor Anastasio lo condenó. Entre tanto, el Concilio de Alejandría (400) había condenado el o., y →Teófilo de Alejandría expulsó a los monjes origenistas, "los Altos Hermanos", que hallaron refugio junto a Crisóstomo en Constantinopla.

Las feroces disputas de monjes origenistas y ortodoxos por la posesión de los monasterios de San Saba en Palestina hicieron que el emperador →Justiniano dirigiera la famosa carta a Mennas de Constantinopla, en que anatematizaba los "errores" de Orígenes, incluyendo la preexistencia de las almas, la encarnación, la resurrección del cuerpo, y el →universalismo. Un sínodo en Constantinopla (543) emitió un edicto que ponía en vigor dicha condenatoria. Los origenistas mismos se dividían en dos partidos: los *Protoktistae,* que consideraban el alma de Cristo como no igual a las demás almas, sino divina; y los *Isochristi,* que sostenían que en la restauración final todas las almas llegarían a ser como la de Cristo. Los protoktistas hicieron causa común con los ortodoxos después de renunciar a la doctrina de la preexistencia. El quinto Concilio General, celebrado en Constantinopla (553), puso a Orígenes entre los herejes antiguos. Todos los obispos se sometieron, excepto Alejandro de Abila, que fue depuesto.

J.G.G. NORMAN

OROSIO, PABLO (comienzos del s.V). Historiador y presbítero. En 414 huyendo de las invasiones de los Vándalos a su patria, España, acudió a Agustín de Hipona, todavía joven pero ya presbítero. Le suministró a Agustín un tratado contra los errores tanto de los priscilianistas como de los origenistas. Como mensajero de confianza, O. fue enviado por Agustín a →Jerónimo en Palestina, para ayudar en la acusación contra los pelagianos, pero en 415 el Concilio de Dióspolis apoyó a Pelagio. Por consejo de Agustín, O. compuso una historia mundial cristiana en siete libros, la filosofía de los cuales, destinada a explicar el saqueo de Roma por Alarico, aparece en su título: *Adversum Paganos.* Los puntos culminantes de la historia que delimitan sus libros se convirtieron en norma para los autores subsiguientes. Sus materiales a partir de 378 cobran valor pues sus fuentes no se han conservado, como el caso de sus citas ocasionales de porciones perdidas de Tácito y el epítome de Livio. Luego de la última fecha a que se refiere (417), el propio O. desaparece.

CLYDE CURRY SMITH

ORR, JAMES (1844-1913). Teólogo escocés. N. en Glasglow, en cuya universidad se graduó, y estudió teología bajo la Iglesia →Presbiteriana Unida. Fue ministro de la Iglesia de

East Bank, Hawick (1874-91), enseñó historia eclesiástica en el seminario teológico de la →Iglesia Presbiteriana Unida (1891-1901), y de ahí en adelante fue profesor de apologética y teología en el Seminario de la Iglesia Libre Unida en Glasgow (tras ser uno de los promotores de la unión entre su iglesia y la Iglesia Libre). Fue apreciado como conferenciante y popularizador de la verdad evangélica a ambos lados del Atlántico. Escribiendo durante el apogeo del protestantismo liberal, O. luchó en pro del evangelicalismo histórico desde el punto de vista del "calvinismo moderado", tanto mediante su exposición y su defensa de las doctrinas claves (*The Resurrection of Jesus, God's Image in Man,* 1905; *The Problem of the Old Testament,* 1906; *Revelation and Inspiration,* 1919) como por su análisis de la dominante teología ritschliana. Su obra apologética principal es *A Christian View of God and the World* (1893). También hizo aportes a *The →Fundamentals.* (1909-15). PAUL HELM

ORTODOXIA (gr. *orthos* = "recto, verdadero" *doxa* = "opinión"). El concepto más cercano del NT es "verdad" y fe correcta; los escritores del NT declaran una ortodoxia revelada y gobernada por el Espíritu de Dios. Crítico tras crítico modernos han organizado un resuelto ataque enfilado a demostrar que la iglesia primitiva estaba dividida en muchos campos y que el "mensaje de Jesús" o había sido alterado o se había perdido por completo (p.e. →TUBINGA, ESCUELA DE). Si bien sería insostenible afirmar que *toda* la iglesia universal concordará en todos los puntos, la ortodoxia normal, la Palabra de Dios establecida en el primer siglo cristiano, continuamente exige que todo lo demás sea medido según su canon. KEITH J. HARDMAN

ORTODOXA GRIEGA, IGLESIA →IGLESIA ORTODOXA ORIENTAL

ORTS GONZALEZ, JUAN (1868-1941). N. en Valencia, España. Se preparó para el sacerdocio, e ingresó en la orden franciscana. Por su excepcional devoción y adelanto en los estudios, avanzó rápidamente en la orden. Llegó a ser confesor de un miembro de la familia real española.

Sus estudios le llevaron a la conclusión de que la ICR se había apartado del catolicismo histórico. Por tanto se propuso escribir un libro para hacerla regresar al verdadero catolicismo. Fue enviado a los EUA para visitar los centros franciscanos, pero allí llegó a la conclusión de que no podía permanecer en la ICR. Ingresó al Seminario Teológico Unión (Richmond, Virginia), se graduó y fue ordenado al ministerio presbiteriano ("del Sur").

En 1920 fue nombrado pastor de la Primera Iglesia Evangélica Española de Nueva York, fundada por la *New York Missionary Society* en 1912. En esa ciudad (que contaba con una comunidad de unos 20.000 hispanoparlantes) sirvió como pastor hasta 1933 cuando regresó a →España. Habían caído la monarquía y la dictadura de Primo Rivera y se había establecido la República. O.G. sintió el deber de regresar a su tierra natal para colaborar en la extensión del evangelio, dado el nuevo ambiente favorable. Pero, habiendo triunfado la rebelión franquista, se vio obligado a volver a los EUA, donde continuó cooperando con la Sociedad Misionera de Nueva York. Poco después le sorprendió la muerte, el 6 de set. de 1941.

O.G. poseía una personalidad atrayente y una amplia cultura. Además de gran expositor de las Escrituras, era escritor. Sus obras más destacadas fueron *El mejor camino* (1915), escrito como respuesta a *La fe de nuestros padres* del cardenal Gibbons, y *El destino de los pueblos ibéricos* (1932), escrito a raíz del establecimiento de la República Española. ROGELIO ARCHILLA P.
WILTON M. NELSON

OSIANDER, ANDREAS (1498-1552). Reformador alemán. N. en Gunzenhausen, cerca de Nuremberg. Estudió en la universidad de Ingolstadt y fue ordenado sacerdote en 1520. Revisó la Vulgata con base en el texto hebreo. Como reformador en Nuremberg propugnó la administración de la Santa Cena en ambas especies (pan y vino). Junto con Lázaro Spengler promovió el movimiento luterano en Nuremberg en sus formas doctrinal y litúrgica. Como participante en el Coloquio de →Marburgo (1529) hizo causa común con Lutero y Melanchton contra Zwinglio y →Ecolampadio respecto a la Cena del Señor. También asistió a la Dieta de Augsburgo (1530). Criticó a Melanchton con frecuencia, particularmente después de la firma del Interin de Leipzig (1548).

George von Brandemburgo le solicitó encargarse de la visitación en Brandemburgo. Los 23 artículos de la Visitación de Schwabacher de 1528 fueron ampliados por él y Schleufner. Las órdenes de la iglesia de Brandemburgo-Nuremberg que contenían los sermones del catecismo de Lutero, fueron traducidas al latín por Jonas y se convirtieron en el llamado Catecismo de Cranmer (1548). Después que O. fue nombrado pastor y profesor en Königsberg (1549), atacó a Melanchton respecto a la justificación forense, exponiendo que en la justificación los nuevos creyentes se convierten en participantes de la naturaleza divina. En la subsiguiente controversia, O. recibió poco apoyo, y sus opiniones fueron repudiadas en el artículo III de la Fórmula de →Concordia (1577). O. es notable también porque escribió el prefacio anónimo a la primera edición de *De Revolutionibus Orbium Caelestium,* de Copérnico.

CARL S. MEYER

OSIO (c.256-357). Obispo de Córdoba. N. en España, probablemente ya era obispo cuando sufrió la persecución bajo Maximiano Herculio, antes de los edictos de Diocleciano en 303. Estuvo presente en el Sínodo de Elvira (c.300) y luego asistía a Constantino. Los →donatistas atribuyeron el ser condenados por el emperador en el Concilio de Milán (316) a que él había sido aconsejado por O. Como único amo del Imperio Romano hacia 323, Constantino envió a O. como legado suyo a Alejandría para arreglar la disputa entre Alejandro y Arrio. Aparte de refutar los dogmas de Sabelio no queda claro qué fue lo que logró; probablemente por consejo suyo el emperador convocó el Concilio de Nicea para zanjar el aun candente problema arriano.

El papel de O. en el concilio ha sido muy discutido. Parece que presidió, pero no como legado papal. Su influencia sobre el emperador probablemente puede verse en la explicación que este último dio sobre el →*homoousios* y en su carta a las iglesias en relación con el concilio. Después de Nicea parece ser que O. regresó a su diócesis pero reapareció de nuevo en 345 en el Concilio de Sárdica. Constante, instigado por ciertos obispos, persuadió a Constancio que convocara el concilio principalmente para resolver la cuestión de la ortodoxia de Atanasio. Este viajó a Sárdica junto con O., que había de presidir. Cuando llegaron los obispos orientales, rehusaron asistir a causa de la presencia de Atanasio, y se retiraron para emitir una carta encíclica que condenaba a O. y a Julio de Roma, y a otros, por mantener la comunión con Atanasio.

En 355 O. fue llamado a Milán por Constancio para condenar a Atanasio y para establecer la comunión con los arrianos. Rehusó, y se mantuvo firme pese a la insistencia imperial. Su única carta que subsiste, una respuesta a Constancio, pertenece a este período. Finalmente, en Sirmium, fue obligado a firmar el segundo (la "Blasfemia") de tres credos que parecen haber emanado de dicho lugar durante ese período (351, 357, 359). Se trataba de un credo arriano que O. probablemente repudió antes de su muerte, poco tiempo después, en España. Se le ha descrito como dictatorial, brusco e inflexible, y debe atribuírsele parte de la culpa por el fracaso del Concilio de Sárdica. Por otra parte, tanto Atanasio como Liberio de Roma, lo tuvieron en gran estima.

DAVID JOHN WILLIAMS

OTON I (el Grande) (912-973). Rey y emperador alemán, miembro de la dinastía sajona. Sucedió a su padre, Enrique I, en 936. Al destacar su posición como cabeza de los cristianos de Alemania, O. revivió la alianza de iglesia y estado, de los días de Carlomagno. Reafirmó los viejos derechos carolingios sobre el nombramiento y control de los príncipes de la iglesia, estableció nuevos obispados en distritos fronterizos para apoyar las actividades misioneras y en forma limitada apoyó los esfuerzos académicos y culturales de la iglesia. La política de O. fue otorgarle a la iglesia poder político para contrapesar a los señores seculares.

En política exterior mantuvo débil y dividida a Francia, derrotó a los magiares en el Lechfeld en 955, siguió una política de germanización al E del Elba, y extendió su dominio sobre Italia. Su coronación por Juan XII en 962 marcó la fundación del Sacro Imperio Romano Germánico, unión del título imperial romano con la realeza alemana, que incluían solamente a Alemania y parte de Italia. Aunque el imperio de O. se basaba en la alianza de iglesia y estado, los intereses de uno y otro socios no eran idénticos en modo alguno. El acto de O. de deponer y reemplazar al impopular Juan estableció un claro precedente para el control imperial del papado.

RICHARD V. PIERARD

OTTERBEIN, PHILIP WILLIAM (1726-1813). Cofundador de la Iglesia de los →Hermanos Unidos en Cristo. N. en Prusia, hijo de un ministro reformado. Estudió en Herborn y fue ordenado al ministerio de la Iglesia Reformada. En 1752 respondió a un llamado de Michael Schlatter para la obra misionera en América del N. Mientras era pastor de la congregación alemana reformada de Lancaster, Pennsylvania, luchó intensamente esforzándose por predicar un mensaje vital, pero se sintió deficiente al explicar cómo se podía obtener la seguridad de la salvación.

Una conmovedora experiencia espiritual lo llevó a una más plena consciencia de la salvación en Cristo y comenzó a predicar con mayor poder y eficacia la necesidad de que cada cual experimentara el arrepentimiento y el nuevo nacimiento. Organizó reuniones de oración, preparó laicos para la obra evangelística y trabajó en íntima colaboración con con otros pastores, incluso el obispo metodista Francis →Asbury, en cuyo servicio de consagración participó. Obispo y cofundador con Martin →Böhm de los Hermanos Unidos en Cristo (1800), sirvió como ministro de la Iglesia Evangélica Reformada Alemana de Baltimore de 1774 hasta su muerte.

HARRY SKILTON

OTTO, RODOLFO (1869-1937). Teólogo alemán. N. en Hannover, se educó en Erlangen y Gotinga y enseñó teología en Gotinga (1907-14), Breslau (1914-17), y Marburgo (1917-37). Su libro *Kantish-Friessche Religionsphilosophie* (1909) refleja lo que se convirtió en uno de sus principales intereses. Pero la obra principal de O. fue *Das Heilige* (1917) en que subrayaba un enfoque en gran parte descuidado por el protestantismo liberal y que influyó mucho en el pensamiento contemporáneo. No ajeno a esto fue su esfuerzo por profundizar el culto público en el luteranismo. Escribió también mucho sobre hinduísmo luego de viajar por el Oriente.

J.D. DOUGLAS

OXFORD, CONFERENCIA DE (1937). Segunda conferencia del movimiento Vida y Obra celebrada en Oxford bajo el título general de "Iglesia, Comunidad y Estado". Hubo 425 delegados que representaban a la mayoría de las iglesias aparte de la ICR y la evangélica alemana (esta última estaba bajo control nazi). Las iglesias jóvenes solo tuvieron 29 representantes. Estuvo dirigida por J.H. →Oldham, secretario del →Consejo Misionero Internacional, quien había organizado la Conferencia de →Edimburgo, 1910. Su presidente fue John R. →Mott. Tuvo por lema "Que la Iglesia sea la Iglesia", y se emitieron declaraciones sobre libertad religiosa, los criterios para un orden económico responsable y la actitud cristiana hacia la guerra. Fue mucho más allá de la primera conferencia de →Estocolmo (1925) en perspicacia teológica y profundidad de análisis social, y echó las bases para una ética social ecuménica. Subrayó que la iglesia debe cuidar su integridad espiritual y moral y producir una crítica genuina de todos los sistemas sociales, especialmente los de la civilización occidental, a la cual podría sentirse inclinada a defender sin sentido crítico. Junto con la Conferencia de Fe y Orden (→EDIMBURGO, 1937) propuso la fundación del →CMI en que se integraron los intereses de ambos movimientos.

J.G.G. NORMAN

OXFORD, GRUPO DE. Más tarde llamado "Rearme Moral", el movimiento fue instituido por Frank →Buchman como una fuerza moral y espiritual para transformar a los hombres y a las sociedades. El fundador promovía la conversión espiritual mediante las técnicas de confesión, entrega, orientación y compartimiento. Dichas técnicas llevan a las cuatro normas absolutas de la vida: pureza absoluta, desinterés absoluto, honradez absoluta y amor absoluto. La aplicación de estos principios mediante el Rearme Moral le granjeó a Buchman condecoraciones de Francia, Alemania, Grecia, Japón, la República de China, Filipinas, Tailandia e Irán, por servicios sobresalientes. El Primer Ministro Holyoake de Nueva Zelanda dijo: "Tanto como cualquier otro hombre de nuestro tiempo, ha realizado él para unir a los pueblos del mundo rompiendo los prejuicios de color, clase y credo".

Después de un período de experimentar los principios básicos en el arte de renovar seres humanos, Buchman se convenció de que la columna vertebral del cristianismo era un conjunto de normas morales absolutas y que los hombres necesitaban valor para perseguir a ellas. En 1921 se lanzó a la tarea de forjar un ejército de hombres y mujeres para triunfar sobre la universal decadencia de la moral. Valiéndose del método de fiestas espirituales hogareñas en que el orden del día estaba constituido por charlas, meditaciones, testimonios, recreación, horas de solaz y confesiones públicas, Buchman comenzó a atraer estudiantes en muchas de las grandes universidades: Harvard, Princeton, Yale, Oxford y Cambridge. En 1928 llevó a Sudáfrica un conjunto de alumnos de Rhodes, y mientras estaban allá la prensa sudafricana los apodó "Grupo de Oxford". El apodo se convirtió en el nombre del movimiento de Buchman en los diez años siguientes. A fines de 1938 se lanzó un nuevo programa mundial bajo el nombre de "Rearme Moral".

El movimiento de Rearme Moral ha logrado centenares de miles de patrocinadores en todo el mundo. El éxito mayor se ha alcanzado en Inglaterra, Suiza, Alemania, Africa, y EUA. El grueso del grupo lo forman personas acaudaladas, pero muchas de modestos recursos han participado. El éxito de Buchman puede atribuirse en parte a su habilidad para adiestrar a otros y en su empleo del drama, la música y el cine para presentar su mensaje. El programa "Arriba con la Gente" ha sido especialmente popular en EUA y Alemania. La oficina central de la asociación y la oficina financiera están en Nueva York, pero varios centros se hallan distribuidos por todos los EUA y el mundo. Hay dos centros internacionales de adiestramiento en Caux, Suiza, y Odawara, Japón. Aunque el movimiento cuenta con activistas devotos, no pretende ser una denominación; más bien, el movimiento dice ser "una fuerza expedicionaria de todos los credos y razas..."

Al morir Buchman en 1961, Peter Howard asumió la jefatura de las actividades mundiales. Howard murió en 1965. La entidad está ahora administrada por un grupo de directores. JOHN P. DEVER

OXFORD, MOVIMIENTO DE. Nombre dado al movimiento producido dentro de la Iglesia →Anglicana, que se opuso al crecimiento del liberalismo a mediados del s.XIX. Tuvo sus raíces en el partido de la Alta Iglesia del s.XVII. Estuvo influido por el avivamiento romántico en su veneración por lo medieval. Sus líderes, tales como J.H. →Newman, J. →Keble y E.B. →Pusey (algunos de los cuales procedían de familias evangélicas), fueron todos miembros del Colegio de Oriel, Oxford, en la década de 1820.

El movimiento se inició con un ataque contra la ley del gobierno inglés que reducía el número de obispados en la Iglesia de Irlanda. Keble predicó un sermón titulado "Apostasía Nacional" en la capilla de Santa María Virgen, Oxford, en 1833. Consideraba lo decretado por el gobierno como un ataque contra la iglesia y una negación directa de la soberanía divina. En sus esfuerzos por reavivar la iglesia, los líderes del movimiento publicaron la primera parte de los *Tracts for the Times* (1833). El nombre de *Tractarianism* pronto caracterizó al movimiento. En su resistencia contra el liberalismo dentro de la iglesia, inútilmente se opuso en 1836 al nombramiento por el rey, de R.D. Hampdem como profesor de teología en la universidad de Oxford. El movimiento provocó mayor hostilidad al resultar evidente que sus enseñanzas eran contrarias al espíritu de la Reforma Protestante. No obstante la publicación de tratados contra la doctrina católica romana, la tendencia antirreformista fue confirmada por la publicación de *Remains,* de R.H. Froude, en 1838-39. La revelación de las prácticas espirituales y ascéticas de Froude y sus ataques contra los reformadores incitaron la reacción protestante. En Oxford, ésta se manifestó mediante una colecta en pro de un monumento en recuerdo de los mártires de la Reforma.

A partir de 1840, parte del movimiento jefeado por Newman tomó rumbo hacia el catolicismo romano. En 1841 Newman publicó el tratado 90 en que argumentaba en pro de una interpretación católica romana de los →Treinta y Nueve Artículos. Si bien los demás líderes del movimiento aprobaron el tratado, les sorprendió el inmediato estallido de oposición. Desde 1843 Newman comenzó su retirada de la dirección del movimiento. La condenación por la universidad de Oxford en 1845 de *The Ideal of a Christian Church,* de W.G. Ward, llevó a que varios miembros del movimiento fueran recibidos en el seno de la ICR. A fines de 1845 Newman mismo se convirtió al catolicismo.

La deserción de Newman marcó el fin de la preponderancia de Oxford en el movimiento. Mientras Pusey, profesor de Oxford, aun fue prominente, los nombres de "anglocatólico" y "ritualista" marcaron una nueva etapa en el movimiento. El principal interés del M. de O. era el avivamiento de una elevada doctrina de la iglesia y su ministerio. El avivamiento del ceremonialismo que más tarde penetró en el movimiento tuvo su origen en la *Cambridge Camden Society.* En su lucha por alcanzar la meta el movimiento adoptó prácticas tales como la confesión y la comunión frecuentes y la renovación de la vida monástica, que con el tiempo afectó mucho el carácter de la Iglesia de Inglaterra.

NOEL S. POLLARD

P

PABLO III (1468-1549). Papa desde 1534. N. Alessandro Farnese en Canino. De influyente familia italiana. Se educó en Roma y Florencia, instruido por conocidos humanistas. Su rápido ascenso en la iglesia lo llevó al cardenalato, nombrado por Alejandro VI en 1493 y con el tiempo llegó a ser decano del Sacro Colegio. Vivió una vida moralmente escandalosa; engendró cuatro hijos ilegítimos; después de su ordenación en 1519 se reformó un tanto. Cuando en 1534 murió Clemente VII, fue electo papa.

Aunque el nepotismo fue rasgo prominente de su pontificado y fue entusiasta partícipe en actividades renacentistas como la caza y el patrocinio de las artes, fue no obstante factor en la iniciación de tendencias reformistas. Nombró cardenales a varios varones que eran dedicados reformadores y en 1536 integró una comisión de nueve distinguidos hombres de iglesia para investigar los abusos dentro de la iglesia e informar sobre las necesarias medidas de reforma. Dicho informe, el *Concilium de emendenda ecclesia* (1538), fue criticado por los protestantes por superficial, pero a su tiempo se convirtió en base de gran parte de la obra del Concilio de→Trento. Fue durante el papado de P. que la Sociedad de Jesús fue reconocida (1540) y se dio aliento a varias otras órdenes reformadoras, incluyendo las ursulinas, los barnabitas y los teatinos.

Los gobernantes, tanto seculares como religiosos, a menudo frustraron muchos de los intentos reformistas de P. En 1536 emitió una bula que convocaba a un concilio ecuménico en Mantua en 1537 pero el proceder de los gobernantes protestantes y del duque de Mantua impidieron que el concilio se reuniera. La pugna entre Francisco I y Carlos V bloqueó nuevos intentos hacia el movimiento conciliar, pero con la paz de Crespy (1544) P. logró reunir el exitoso Concilio de Trento en 1545. ROBERT G. CLOUSE

PABLO IV (1476-1559). Papa desde 1555. Su nombre era Giovanni Pietro Caraffa, miembro de noble familia napolitana. Recibió buena educación en casa de su tío Oliviero, cardenal Caraffa, quien logró conseguirle un nombramiento en la Curia romana. Comenzó como chambelán, siendo pontífice Alejandro VI, y llegó a ser obispo de Chiete (Teate) en 1506. Fue también enviado papal en diversas ocasiones: en 1513 fue enviado a Inglaterra por León X a cobrar el "Penique de Pedro" a Enrique VIII; luego fue a Flandes (1515-17) y a España (1517-20). Fue quizá esta última misión la que provocó en él un sentimiento antihispánico que habría de afectar la política de su pontificado. Siempre activo en movimientos de reforma dentro de la iglesia, Caraffa fue miembro del Oratorio del Divino Amor de 1520 a 1527 y cofundador de los teatinos en 1524. En 1536 Pablo III lo nombró cardenal y siempre fue firme partidario de la contrarreforma, trabajando en comisiones pro reforma y reorganizando la inquisición italiana.

Electo papa en 1555, desplegó un celo en pro de la reforma que produjo algunas medidas tajantes. Su política antihispánica y antiimperial, junto con su ferviente fomento de la →Inquisición, especialmente contra quienes ostentaban altos cargos, y la publicación del →Indice de libros prohibidos, le restaron popularidad. El nepotismo también dañó parte de su pontificado, si bien expulsó a sus sobrinos antes de terminar su reinado. En su intento por aplicar conceptos medievales de poder papal a la política del s.XVI fue incapaz de detener la marea del protestantismo en la Europa del N. ROBERT G. CLOUSE

PABLO V (1552-1621). Papa desde 1605. Su nombre de familia era Camillo Borghese y n. en Roma. Estudió derecho canónico en Padua y Perusa y durante toda su vida mantuvo fama de capaz y estricto canonista. Estuvo al servicio de la Curia desde alrededor de 1580 y rápidamente llegó a la cumbre; fue electo cardenal en 1596 y vicario de Roma en 1603; dos años después fue electo papa como candidato de avenencia. Apoyó la reforma educativa, aprobó nuevas órdenes reformadas y patrocinó mejoras en la ciudad de Roma.

Aunque su vida fue santa (excepto en cuanto a nepotismo), su pontificado estuvo plagado de dolorosas luchas: (1) La acérrima disputa entre →jesuitas y →dominicos respecto a la gracia, que finalmente él zanjó a favor de los jesuitas sin condenar a los adversarios de éstos. Su reacción fue prohibir toda ulterior discusión sobre el tema (1607). (2) El problema surgido de las enseñanzas de →Galileo, especialmente a la luz de los ataques de →Belarmino. La Congregación del Indice resolvió la cuestión condenando a Galileo (1616). (3) Una lucha política con Venecia. P. se vio forzado a actuar en Venecia donde en 1605 se violó el "fuero eclesiástico". La amarga pugna se convirtió en una guerra de panfletos sobre el viejo tema de "Las dos espadas", con Belarmino defendiendo al papa contra el fogoso Paolo →Sarpi. Finalmente P. puso a la ciudad bajo →entredicho; los venecianos se desquitaron expulsando todos los grupos que apoyaban al papa. La cuestión finalmente se arregló por mediación de Enrique IV de Francia. (4) Una lucha política en que participó Inglaterra. Las teorías del derecho divino de →Jaime I (especialmente el juramento de lealtad, 1606) dieron pie a dos condenatorios breves papales; una fiera contención ardió por muchos años. (5) Finalmente, el estallido de la Guerra de los Treinta Años. P. tomó bandería por los Habsburgos pero murió poco después de la batalla del Monte Blanco (1620).

BRIAN G. ARMSTRONG

PABLO VI (1897-1978). Papa desde 1963. Su padre, que pertenecía a la clase alta, fue director (1881-1912) del diario *Il Cittadino di Brescia.* Giovanni Battista Montini, nombre de P., asistió a un instituto jesuita cerca de Brescia (1903-14) y por su mala salud vivió en su hogar mientras estudiaba en el seminario diocesano. Después de su ordenación (1920) fue a Roma a realizar estudios de postgrado en la universidad gregoriana y en la de Roma. Tras una breve visita a Varsovia, en 1924 Montini ingresó en la secretaría de estado papal. El mismo año llegó a ser capellán de la universidad de Roma. En 1925, como moderador nacional de la Federación Universitaria Católica de Italia, adversó un similar grupo fascista.

Montini se elevó en la estima del Vaticano cuando el cardenal Pacelli lo integró a su personal (1937). El futuro →Pío XII se valió de Montini en vez de nombrar un nuevo secretario de estado (1944). En 1952 Montini y Domenico Tardini rehusaron ser elevados al cardenalato, y continuaron compartiendo la secretaría de estado. En 1954 el papa nombró a Montini arzobispo de Milán. De 1955 a 1963 trató de allegarse a los obreros. En 1963 publicó *El cristiano en el mundo material,* llamado a la justicia social. "De la pobreza evangélica mana la libertad del espíritu", escribió el cardenal Montini, en defensa de los obreros. Nombrado cardenal por el papa →Juan XXIII en 1958, se convirtió en sucesor de Juan y heredero del Concilio →Vaticano II el 30 de junio de 1963.

El Vaticano II se volvió a reunir el 29 de set. de 1963 en su segunda sesión, inaugurándose con un notable llamado papal en pro de la renovación y la unidad. Al finalizar esa sesión el papa P. proclamó la *Constitución sobre Liturgia.* La tercera sesión llevó a promulgar también la *Constitución sobre la Iglesia* y el *Decreto sobre ecumenismo.* Al término del Vaticano II (1965) P. prometió la reorganización de la Curia.

MARVIN W. ANDERSON

P. fue el primer papa de tiempos modernos que saliera de Europa. Viajó 112.000 km fuera de ella, visitando todos los continentes menos la Antártida. Fueron especialmente memorables sus visitas a la Tierra Santa y la India en 1964, a las Naciones Unidas en Nueva York en 1965, a Bogotá en 1968 y a las Filipinas y Australia en 1970.

Había una tensión ideológica en P. entre su liberalismo y su conservatismo. Por un lado manifestó un espíritu ecuménico cuando en 1964 abrazó a →Atanágoras, patriarca de Constantinopla, y en 1965 cuando los dos anularon los anatemas que la Iglesia Oriental y la Romana mutuamente se arrojaron en 1054 (→CISMA DE ORIENTE) y más tarde, cuando estableció comisiones para dialogar con la Iglesia →Anglicana y con los →luteranos en EUA. Su →encíclica *Populorum progressio* (1967) reveló una profunda preocupación por la justicia social.

Por otro lado en *Mysterium Fidei* (1965) reafirmó la doctrina tradicional sobre la →Eucaristía y en *Humanae vitae* (1968) se opuso categóricamente a cualquier forma de control artificial de natalidad, lo cual provocó un tremendo revuelo dentro y fuera de la ICR.

Murió tras una breve enfermedad el 6 de agosto, 1978. WILTON M. NELSON

PABLO DE SAMOSATA (s.III). Obispo de Antioquía. Procedente de Samosata, riberas del Eufrates, llegó a ser obispo de Antioquía de Siria c.260. El papel político que desempeñó bajo Odenath y Zenobia de Palmira –jefe de la recaudación de impuestos– le daba derecho a tener un guarda, posición de juez y cámara de consejo privado. Sus críticos lo acusaban de fomentar la adulación de sí mismo y de mantener *virgines subintroductae.* No lograron deponerlo en sínodos locales en 264, pero lo lograron en 268, cuando eligieron a su sucesor, Domnus. El apoyo popular mantuvo a P. y Antioquía contó con dos obispos hasta 272, cuando Aureliano recuperó la ciudad del poder del régimen palmirense. Los paulianistas sobrevivieron por lo menos hasta el Concilio de Nicea (325).

Las fuentes relativas a sus enseñanzas son aceptadas con variables grados de confianza por los eruditos. Al parecer, P. hacía distinción entre el "Verbo celestial" y Jesús hombre, mientras su adversario origenista →Malquión argumentaba en pro de la unidad en Cristo, más tarde repetida por →Apolinario. P. rehusaba atribuirle *ousia* al Verbo, probablemente porque dos *ousiai,* del Padre y del Verbo, constituirían una Deidad dividida. Loofs interpretó a P. como un trinitario económico, prefiguración de →Marcelo de Ancira. Los críticos del s.IV por lo general lo acusaron de convertir a Cristo en "un simple hombre" y de destacar su alma humana. Herejes, posteriormente acusados de su error, incluyen a Marcelo de Ancira, →Teodoro de Mopsuestia y →Nestorio. G.T.D. ANGEL

PACIFICO SUR →OCEANIA

PACIFISMO. Aunque el término suele asociarse a la renuncia a la guerra por el individuo o una nación, no cabe del mismo una sola definición. Los pacifistas bíblicos o históricos apoyan su causa en bases bíblicas, pero los pacifistas modernos parecen plantear el problema más sobre bases morales y filosóficas. Actualmente el término "pacifista" suele reservarse a cualquiera que renuncie a toda guerra, especialmente a la librada con armas modernas.

Los pacifistas históricos o bíblicos, como los cuáqueros y los menonitas, han basado su posición en las palabras de Jesús en el Sermón del Monte (Mt. 5-7). El mensaje del NT puede que no sea tan explícito como algunos pacifistas dicen. El mensaje básico es de paz entre los hombres de buena voluntad (Lc. 2:14) y fraternidad, pero Cristo advierte que él había venido a traer espada y no paz (Mt. 10: 34). Es claro que El empleó cierta fuerza física al echar a los mercaderes del Templo (Jn. 2:14-16). Para aumentar esta ambivalencia Pablo escribió: "Hagan todo lo posible, hasta donde dependa de ustedes, por vivir en paz con todos" (Ro. 12:18, VP), pero también era partidario de emplear la espada en defensa del estado (Ro. 13:4). Después del acercamiento de Constantino al cristianismo, los cristianos prestaron servicio militar y en la Edad Media →Tomás de Aquino sostuvo la idea de la "guerra justa". Los anabaptistas de la Reforma en términos generales repudiaron la gnerra, con base bíblica.

El primer movimiento pacifista amplio surgió después del Congreso de Viena (1814-15) y fue el precursor de muchos. Algunos estuvieron dedicados al rechazo personal de toda guerra; otros propugnaban la paulatina abolición de la guerra mediante la educación, el arbitraje y la organización internacional. Las guerras de mediados del s.XIX pusieron tajante fin a la mayoría de estos movimientos. A fines del siglo el ruso que escribió *Guerra y Paz*, León →Tolstoi, surgió como abogado del p.

Un vigoroso movimiento pacifista también subió a la cresta del optimismo político de comienzos del s.XX tanto en Europa como en EUA. La *American Peace Society* decía contar entre sus miembros a Andrew Carnegie, J.R. →Mott y W.J. Bryan. La Guerra Mundial I pronto hizo capitular a la sociedad; el patriotismo y la filosofía de la "guerra justa" triunfaron. La Gran Bretaña fue menos histérica en sus reacciones y al fin reconoció las honradas objeciones contra la guerra de miles de ciudadanos. El →Movimiento de Reconciliación, la mayor de las entidades pacifistas modernas, se organizó en Inglaterra (1914).

Los movimientos pacifistas alcanzaron su mayor auge de popularidad entre 1914 y 1939. Ese último año en Inglaterra la *Peace Pledge Union* decía contar con más de 100.000 miembros que prometían no volver jamás a apoyar la guerra. Reinhold →Niebuhr se unió al movimiento pacifista, pero más tarde renunció y fundó su propio grupo, Acción

Cristiana, y activamente profesó la doctrina de la "guerra justa". EUA y Gran Bretaña estuvieron mejor dispuestos a reconocer a los objetantes por razón de conciencia durante la Guerra Mundial II. En EUA 12.000 fueron asignados a campamentos de servicio público civil y 25.000 más prestaron servicios en las fuerzas armadas como no combatientes; 6.000 fueron a la cárcel. Las cifras británicas fueron 24.000 en trabajo civil y más de 17.000 no combatientes.

Después de 1945 las iglesias pacifistas destacaron los programas de ayuda, y el Movimiento de Reconciliación informó de crecimiento organizativo mundial. El movimiento pacifista total de postguerra fue cuantitativamente menor, pero consagrado al desarme total, al pacifismo nuclear y a la no violencia, más sobre bases filosóficas que bíblicas.

JOHN P. DEVER

PACIFISMO EN AMERICA LATINA. En la época de la Conquista había órdenes religiosas católicas que hicieron desde muy temprano enseñanza pacifista y trataron de amortiguar las durezas e intemperancias de los conquistadores, a los que algunos clérigos dieron sanción religiosa.

Con la obra misionera protestante se fueron introduciendo ideas pacifistas en distintas partes. Por ej.: en México con los Cuáqueros o Sociedad de los →Amigos, en Paraguay, Argentina y Uruguay las inmigraciones →Menonitas y otros grupos de origen →anabaptista. Después de la guerra de 1914-1918, las iglesias evangélicas tendieron a acentuar la predicación pacifista, que conquistó a muchos de sus elementos sin ser doctrina que se impusiera al conjunto de la feligresía.

En Brasil surgió un movimiento pacifista que tuvo sus conexiones posteriormente con el Movimiento de Reconciliación. En todo el continente la tesitura conocida de los →Testigos de Jehová, hizo su aporte independiente a esta orientación. El Movimiento de Reconciliación se inició localmente con la visita que la dirigente pacifista británica, Muriel Lester, hizo a Chile, Argentina, Uruguay y Brasil durante la Guerra Mundial II (1941). El movimiento tuvo acogida entre las iglesias evangélicas principalmente y se formaron grupos en diversos países y ciudades. Fueron sus líderes, Earl M. Smith en Uruguay, Daniel D. Lurá Villanueva en Argentina, Samuel Valette en Chile, etc. Pero al no renovar el cuadro de sus dirigentes, fue declinando en su actividad. En la Argentina desapareció formalmente en 1978.

Entre tanto la prodigiosa actividad de los esposos Goss Meyer, difundió el pacifismo principalmente entre dirigentes y fieles de la Iglesia Católica. Ellos trabajaron en nombre del Movimiento Internacional de Reconciliación, el cual convocó a consultas sobre el tema en Alajuela, Costa Rica, de donde surgió el movimiento "Por la liberación de la América Latina por medios no violentos". También hay que citar al Movimiento del Arca, fundado por Lanza del Basto, que integró en buena parte, el movimiento citado en último término. También sería digno de mención que en muchas partes del continente se hicieron acciones no violentas, que tuvieron resultados políticos, económicos y sociales.

CARLOS T. GATTINONI

PACOMIO (c.287-346). Pionero egipcio del monaquismo cenobítico. Educado como pagano en Latópolis, en la Alta Tebaida, fue ganado al cristianismo por la bondad de los cristianos de Tebas mientras prestaba servicio militar y, cuando fue dado de baja, fue bautizado en Quenoboskion (Shenesit, cerca de Nag Hammadi). Durante algunos años aprendió la vida solitaria bajo la dirección del anacoreta Palemón antes de establecerse en la abandonada aldea de Tabenisi c.320 para realizar su visión de la *koinonía* ascética según el modelo de la primitiva comunidad jerosolimitana. Para el tiempo de su muerte millares de monjes en once monasterios dentro de un radio de 100 km al N y al S por las márgenes del Nilo (no todos fundados por él, algunos al parecer anteriores a Tabenisi), incluyendo dos para mujeres (su hermana María siguió su ejemplo), acataban su dirección como superior de la congregación, observaban su rudimentaria regla, y se reunían cada Semana Santa y en agosto en asamblea general en Pboou, su segundo establecimiento y centro administrativo desde c.337.

Detalles de su vida y la evolución del monaquismo pacomiano son controvertibles y todavía se debate el valor de varias fuentes, especialmente las *Vidas* griegas y coptas. La Regla, que se conserva íntegra solo en la versión latina de Jerónimo, consiste en cuatro series de *Praecepta* y se fue formando de una colección de disposiciones *ad hoc,* no solo de los días de P., sino también de sus sucesores Teodoro (m.368) y Horsiesio (m.380). El moderado régimen refleja el continuo atractivo del ideal solitario. Los monasterios se nos muestran como colonias agrícolas o complejos manufactureros autosuficientes y prósperos, cuya organización jerárquica quizá lleve una semejanza militar. Dentro del recinto se distribuía a los monjes, según sus destrezas, en casas para 30 o 40 moradores, que constituían la unidad básica de la vida comunitaria. La instrucción en las Escrituras, y la memorización de las mismas, eran prominentes; se celebraban dos oficios diarios y semanalmente la Eucaristía, aunque P. se oponía a los monjes ordenados. Su éxito, que mediante la Regla ejerció amplia influencia en Oriente y Occidente, dejó para →Basilio el Grande una realización más noble de los ideales cristianos de comunidad y servicio.

D.F. WRIGHT

PACTO, IGLESIA EVANGELICA DEL →IGLESIA EVANGELICA DEL PACTO

PACTO, TEOLOGIA DEL. A veces llamada "Teología Federal". Este sistema describe la relación entre Dios y el hombre en forma de pactos. Fue uno de los rasgos del desarrollo del calvinismo. Contó con muchos adeptos entre los teólogos puritanos y los reformados de Alemania y Holanda a fines del s.XVI y a través del siguiente. Sostiene que Dios llegó a un acuerdo con Adán en la creación prometiéndole la vida eterna si obedecía los mandamientos divinos. Adán desobedeció al comer el fruto prohibido y así se hundieron él y sus descendientes en la muerte eterna. Para remediar esto, Dios (eternamente) llegó a un segundo acuerdo esta vez con Cristo en representación de los electos, prometiéndoles perdón y vida eterna sobre la base del sacrificio de Cristo. Los electos pueden tener la seguridad de la salvación, con todas las correspondientes bendiciones, debido a su fe en Cristo.

Esta enseñanza ayudó a los calvinistas a reconciliar la soberanía de Dios con el deseo humano de seguridad. Los teólogos del pacto, o federales, creían que el hombre como pecador no tenía derecho alguno ante el santo, soberano y omnipotente Dios. El hombre debía perfecta obediencia a la voluntad de Dios pero, aun en ese caso, no hay recompensa que pueda ganarse. La comunión con Dios tiene que llegar a través de un pacto voluntario divino que establece una relación que no está necesariamente de acuerdo a la naturaleza. Esto fue realizado mediante un pacto el cual hizo que Dios actuara de manera bondadosa, eliminando así la incertidumbre al tratar con el Todopoderoso.

La t. del p. en sentido estricto empezó en Alemania cuando varios calvinistas tales como Kaspar →Olevianus y Zacarías →Ursinus destacaron la idea de un pacto de Dios con el hombre y la unión mística del creyente con Cristo. Paralelamente a este movimiento alemán, se manifestó el desarrollo británico de una t. del p. que a veces estuvo relacionado con el pensamiento político. William Ames se convirtió en el exponente británico principal de esta teología que, en forma moderada, aparece tanto en la Confesión de →Westminster como en la *Declaración de Savoy.* Deudor tanto a las escuelas británica como alemana, Johannes →Cocceius publicó un libro, *Summa Doctrinae de Foedere et Testamento Dei* (1648), que contiene la más elaborada explicación del principio del pacto producida hasta entonces.

El interés en la t. del p. continuó en los ss.XVIII y XIX, aunque en forma muy disminuida. Los teólogos de Princeton, Charles y A.A. Hodge le prestaron mucha atención y la t. del p. aun ocupa una posición central en la doctrina reformada. ROBERT G. CLOUSE

PADILLA, JUAN DE (c.1500-44). Misionero franciscano a →México. N. en Andalucía, llegó con los primeros franciscanos (c.1524). Desarrolló sus primeras actividades en Michoacán y Jalisco. Fue el primer guardián del Convento de Tulancingo, puesto que ocupó hasta 1540.

Luego formó parte de la expedición de Francisco Vásquez Coronado que exploró la tierra que ahora forma la parte SO de EUA. Tuvo un séquito de auxiliares que le ayudaba en su labor misionera. La expedición llegó hasta Nuevo México donde Vásquez Coronado la abandonó en 1542. Padilla y sus compañeros se quedaron haciendo obra misionera. Fue bien recibido al principio pero por el año 1544 fue muerto a flechazos por los indios. MANUEL V. FLORES

PADRES APOSTOLICOS. Con este nombre se conoce el conjunto de los escritos cristianos más antiguos que poseemos, aparte de los que forman el NT. Llevan este nombre debido a la creencia de que sus autores tuvieron contacto directo con los apóstoles. Algunos estudiosos creen que varios de ellos son más antiguos que los últimos libros del NT. Son ocho escritos o grupos de escritos, a saber:

1) La *Primera Epístola a los Corintios.* Alrededor del año 96, →Clemente, obispo de de Roma, les escribió a los corintios exhortándoles a guardar la paz y evitar las divisiones.

2) La →*Didajé* o *Doctrina de los doce apóstoles,* documento interesantísimo descubier-

to a fines del s.XIX. Su fecha es dudosa, pero probablemente pertenece a la primera mitad del s.II. Es una exhortación a seguir el "camino de la vida", junto a un manual de disciplina en el que se encuentran instrucciones acerca de cómo celebrar la comunión y el bautismo, cómo recibir a los predicadores itinerantes, etc.

3) Las Epístolas de →Ignacio, obispo de Antioquía a principios del s.II, son siete. En ellas se ataca el docetismo y se defiende la autoridad del obispo como protección contra las herejías. Fueron escritas camino al martirio en Roma, y en la *Epístola a los romanos* Ignacio les ruega que no traten de librarlo del martirio, mediante el cual "comienzo a ser discípulo".

4) La *Epístola a los filipenses* fue escrita por el obispo →Policarpo de Esmirna, pidiendo noticias acerca del paradero de Ignacio. También se conserva el *Martirio de Policarpo,* documento valiosísimo por cuanto nos permite conocer el modo en que los cristianos del s.II entendían el martirio.

5) Papías de Hierápolis fue un obispo del s.II que se dedicó a recopilar "dichos del Señor" que circulaban en su época. De Papías solo se conservan unos pocos fragmentos, citados en el s.IV por Eusebio de Cesarea en su *Historia eclesiástica.*

6) La llamada *Epístola de Bernabé* es en realidad un tratado anónimo, probablemente compuesto en Alejandría alrededor del año 135. Trata acerca de la interpretación del AT y su última parte es una exhortación a seguir el camino de la vida, muy semejante a la que aparece en la *Didajé.*

7) El *Pastor de →Hermas* fue escrito a mediados del s.II por Hermas, hermano del obispo de Roma, Pío. Consiste en una serie de visiones, parábolas y mandamientos que tratan acerca de la firmeza en la fe, y en particular de los pecados cometidos después del bautismo. Según Hermas, para tales pecados existe una "segunda penitencia"; pero el que después vuelva a pecar "difícilmente se salvará".

8) El *Discurso a →Diogneto* es una bella defensa del cristianismo frente a las acusaciones de que era objeto. Su fecha es harto dudosa, y por su carácter debería clasificarse entre los →Apologistas más bien que entre los P.A.

De la misma época de los últimos P.A. son otros escritos, que nos sirven para hacernos una idea de la teología y la vida cristiana a mediados del s.II. Algunos de estos escritos son colocados en el contexto del AT, para mostrar la continuidad de la fe de Israel con la de la iglesia. Entre éstos se cuentan la *Ascensión de Isaías,* los *Testamentos de los doce patriarcas* y el *Segundo libro de Enoc.* También por ese tiempo se escribieron algunos de los libros apócrifos del NT, que pretenden haber sido compuestos por alguno de los apóstoles. Entre ellos merecen citarse el *Evangelio según San Pedro,* el *Apocalipsis de Pedro,* y el *Evangelio según Santo Tomás.* En algunos de estos documentos se defienden doctrinas que el resto de la iglesia consideraba erróneas, y cuyos propugnadores trataban de convalidar poniéndolas en boca de alguno de los apóstoles.

Mucho se ha escrito acerca del contraste entre los P.A. y el NT, diciendo que en tal comparación los P.A. muestran que desde muy temprano la iglesia comenzó a perder su inspiración inicial. Pero también es cierto que, si se les lee con espíritu crítico, los P.A. pueden ayudarnos a comprender mejor la fe del NT. Ignacio de Antioquía, por ejemplo, parece haber estado en contacto estrecho con los círculos en que se produjo la literatura juanina, y por tanto arroja luz sobre esa literatura. La *Epístola de Bernabé* guarda cierta relación con la Epístola a los Hebreos que forma parte de nuestro NT. Y Papías ilustra la misma expectación escatológica que se encuentra en el Apocalipsis y en diversos pasajes de los Evangelios.

En español, hay dos buenas traducciones de los P.A.: la de C. Ricci (Buenos Aires: Desclée, 1929) y la de D. Ruiz Bueno (Madrid: B.A.C., 1950). Esta última tiene excelentes introducciones, siempre que se tenga en cuenta su inclinación católica romana.

JUSTO L. GONZALEZ

PADRES BLANCOS. Nombre popular dado a los miembros de la "Sociedad de Misioneros de Africa", debido a la sotana blanca que usan. La Sociedad fue fundada en 1818 por Carlos Cardenal Lavigerie (1825-92), arzobispo de Algeria, con el propósito de evangelizar Africa. Los padres son sacerdotes seglares que, juntos con hermanos laicos, viven en comunidad, sin tomar votos de las comunidades religiosas corrientes, sin embargo están unidos con el juramento de dedicar toda su vida a la obra misionera en Africa y de obedecer a sus superiores. Empezaron su obra en Argelia y Tunisia.

El intento inicial de penetrar en el Sahara fracasó. Los misioneros se retiraron del desierto y empezaron a trabajar en los oasis ubicados en los límites norteños del Sahara. Resolvieron demostrar el evangelio por medio del trabajo caritativo más bien que por la predicación.

Posteriormente entraron en Buganda, donde tuvieron mucho éxito, y después en Tanganica, Nyasa y Congo. Se preocuparon mucho por la abolición de la esclavitud, el mejoramiento de la agricultura y la exploración del continente. J.G.G. NORMAN

PADRINOS. Actúan en nombre de los niños en el bautismo, y en su lugar pronuncian la renunciación a Satanás, la confesión de la fe, y ayudan durante el bautismo en sí. El p. toca o sostiene al niño que se está bautizando y lo recibe de las manos del ministro después de la ceremonia. Los p. también actúan como testigos en favor de los adultos. Para el bautismo solemne no puede haber más de dos p., un hombre y una mujer, que no deben tener una relación cercana con el bautizando. Los p. mismos tienen que haber sido ya bautizados, haber alcanzado la edad de la razón, deben tener el propósito de realizar la función de p., no pueden ser personas excomulgadas o herejes ni ser el padre, madre o cónyuge del bautizando; deben ser asignados a su función por el bautizando, sus padres, su encargado o el ministro. HAROLD LINDSELL

PAIDOBAUTISMO →BAUTISMO

PAINE, THOMAS (1737-1809). Escritor deísta y propagandista político. N. en Thetford, Norfolk, Inglaterra. Tuvo una vida monótona como corsetero, recaudador de impuestos, maestro y pulpero hasta que en 1774 se embarcó hacia América del N con cartas de presentación de B. →Franklin. En 1776 publicó *Common Sense,* cuyos 500.000 ejemplares argüían en pro de una república: "a ella hemos de llegar tarde o temprano". Fue secretario del comité de relaciones exteriores en 1778-79. En 1787 regresó a Inglaterra y en 1792 fue procesado por la publicación de su libro *Los derechos del hombre.* Huyó a Francia, de donde se había hecho ciudadano, y fue elegido a la Convención. *La edad de la razón* fue publicado allí (1794-96). Esto le acarreó sospechas y prisión y provocó indignación británica y colonial por sus argumentos deístas. Regresó a América en 1802, donde siete años después murió, tras enajenarse a la mayoría de sus amigos por sus impredecibles posiciones ideológicas.

C.G. THORNE, Jr.

PAISES BAJOS. Lo que es hoy Holanda y Bélgica, los Países Bajos, están divididos por el estuario del Rhin. En tiempos romanos, las tierras bajas del sur eran una provincia fronteriza a lo largo del límite del Rhin. El cristianismo se expandió allí durante el s.III, y Tongeren y Cambrai fueron centros episcopales (el armenio San Servacio, procedente de las regiones orientales del inmenso imperio, fue obispo en Tongeren a mediados del siglo). Durante el s.IV, se desmoronó el poder imperial en Occidente, y solo quedaron restos aislados de cristianismo en las tierras bajas del sur, que estaban ahora bajo dominio bárbaro. La conversión de →Clodoveo, jefe de los francos en 496 abrió el camino de la expansión de la fe; los reyes merovingios estimularon las misiones, y durante los ss.V-VI los P.B. del S se fueron convirtiendo gradualmente (Vaast, Falco, Heriberto y Lamberto estuvieron entre los misioneros más conocidos), y el esfuerzo culminó con San Amando, "Apóstol de los belgas", c.650. La región al norte del Rhin, conocida entonces como Frisia, era un fuerte reino pagano, suspicaz ante la expansión de los francos. Los esfuerzos misioneros en esa región provinieron de la Iglesia Anglosajona. El esfuerzo aislado de Wilfrido de York (678) fue seguido poco después por la misión de →Willibrordo (690), el "Apóstol de los frisones", que desde 695 fue obispo de Utrecht. Su sucesor →Bonifacio, que trabajaba con el creciente poder de los francos, fue martirizado por los frisones del N (aun independientes) en Dokkum (754). Los esfuerzos misioneros de Willehad, Lebuino, →Ludger, y otros, y la conquista de la mayoría de los frisones independientes por Carlomagno, completaron la cristianización de los P.B. hacia el año 800.

La estabilidad provisional proporcionada por el "imperio" tribal de Carlomagno fue seguida pronto por las invasiones de los normandos paganos (vikingos), y gran parte de las tierras bajas del norte fue dominada por los vikingos (Rorik, mediados del s.IX). La tormenta vikinga pasó, y también los normandos se convirtieron. El feudalismo surgió al destruirse el estado carolingio. Las tierras bajas del norte quedaron como parte del "imperio" feudal alemán, en tanto que el sur quedó como parte del reino de Franconia, o sea Francia. La escuela catedralicia de Lieja en el s.IX ganó fama como centro de aprendizaje. En el norte, el obispo de Utrecht adquirió gran importancia política. Hacia 1050 el feudalismo se había convertido en un sistema que proporcionaba un grado relativo de estabilidad política, y la historia religiosa de los P.B. se fundió con la historia religiosa general de la Europa feudal. Las tierras bajas del sur se convirtieron en centro comercial e industrial; los condes de Flandes desempeñaron parte importante en las →Cruzadas; los P.B. produjeron filósofos (Enrique de Gante, →Sigerio de Brabante) y reformadores eclesiásticos (→Norberto de Xanten), y en general participaron de la vida religiosa de los ss.XII-XIII.

A mediados del s.XIV las instituciones medievales estaban desfiguradas. La iglesia sufrió a causa del "→Cautiverio Babilónico" de los papas en Aviñón, seguida del →Cisma de Occidente. Los esfuerzos de reforma fueron muchos. Los P.B. produjeron un fuerte movimiento místico (particularmente Jan van →Ruysbroeck), y la "nueva piedad" asociada con Gerard →Groot y los →Hermanos de la Vida Común. Este movimiento, durante el s.XV, enfatizaba no solo la piedad (Tomás de →Kempis, *Imitación de Cristo*) sino también la educación; el joven →Erasmo estuvo entre los alumnos de sus escuelas. Entretanto, teólogos como →Wessel de Gansfort y Cornelius Hoen elaboraron posiciones que en cierto sentido se adelantaban a Lutero. Políticamente los P.B. estaban unidos hasta cierto punto, bajo los duques de Borgoña (Felipe el Bueno, Carlos el Osado); pero tanto las villas como los nobles luchaban por mantener sus "libertades" feudales. El patrimonio borgoñón pasó a los Habsburgo, de modo que →Carlos V (además de ser soberano sobre Lutero) gobernó los P.B. a principios del s.XVI.

La "herejía" luterana halló suelo fértil en los P.B. Hacia 1520 no solo el luteranismo, sino también el anabaptismo tenía sus adherentes. Los militantes anabaptistas holandeses (→Juan de Leyden) participaron en la "Nueva Sión" anabaptista en Münster; más aun, →Menno Simons reorganizó el ala pacífica del movimiento. Los "herejes" fueron perseguidos esporádicamente bajo →Carlos V, sufriendo particularmente los anabaptistas. En la siguiente generación el calvinismo se extendió rápidamente y eclipsó a las otras versiones del protestantismo tanto en el norte como en el sur. En 1555 el español →Felipe II, católico ferviente, tratando de centralizar la administración de sus dominios, se convirtió en gobernante de los P.B. Hubo una escalada en la persecución de los calvinistas y otros "herejes"; los intentos de los españoles por destruir sin miramientos las preciadas "libertades feudales" de villas y nobles suscitaron oposición; y para 1568 los P.B. se habían levantado en armas bajo el liderazgo de →Guillermo de Orange. Durante los siguientes 40 años las suertes de la guerra cambiaron muchas veces. Con la Tregua de Doce Años de 1609, el norte había ganado su independencia y se había hecho protestante; el sur seguía siendo católico y continuaba bajo el dominio español. El reinicio de la guerra (1621-48) no cambió la situación.

Durante el s.XVII Holanda (las provincias del norte) se convirtió en una gran potencia europea. Los calvinistas se aseguraron en el Sínodo de →Dort (1618-19) una victoria para la ortodoxia escolástica calvinista contra los seguidores de →Arminio: los remonstrantes, que deseaban una iglesia reformada con un alto grado de tolerancia en cuestiones dogmáticas, fueron expulsados de la iglesia. Las grandes universidades (p.e. Leyden, Utrecht) adquirieron fama internacional como centros de la enseñanza calvinista, y atrajeron estudiantes no solo de entre los →puritanos ingleses, sino de toda Europa. Pero la ortodoxia se fue haciendo cada vez más defensiva, y la iglesia se dividió pronto en bandos a causa de las controversias por asuntos doctrinales de poca monta. En las provincias del sur, la →Contrarreforma hizo grandes avances, y el sur se convirtió en centro de la ortodoxia católica. Tuvo también sus problemas internos: el →jansenismo se extendió a Francia, donde Port-Royal fue su sede y →Pascal su más famoso defensor. El resultado final fue el cisma (1713: la Iglesia →Veterocatólica de Utrecht). Para el catolicismo, las provincias del norte eran tierra de misión; la organización jerárquica normal fue reemplazada por el control directo desde Roma, mediante vicarios generales u otros funcionarios especiales. En el norte muchos siguieron siendo católicos, pero desde todo punto de vista la Iglesia Reformada era la iglesia oficial.

La época de la →Ilustración del s.XVIII encontró a la religión generalmente a la defensiva contra nuevas corrientes de pensamiento, de tendencia secular, que hacían énfasis en la razón en vez de en la revelación divina. En Holanda la Iglesia Reformada se asentó en lo que según muchos era una ortodoxia petrificada, un baluarte del privilegio, infiltrada cada vez más por el →deísmo al avanzar el siglo. La gente corriente se tornó hacia un →pietismo vivencial, en tanto que las clases cultas perdían interés en la teología. En Bélgica, ahora bajo dominio austríaco, la Iglesia Católica asumió a su vez una posición defensiva. No siendo ya un centro de desarrollo intelectual, no podía ya atraer a los talentos más brillantes. Internamente la principal controversia de la época surgió alrededor de las ideas antipapales de "Febronius" (J.N. von →Hontheim).

Esta época de oscuridad religiosa no había de durar. En 1789 la Revolución Francesa estalló, para convertirse pronto en una "guerra civil europea". Las tropas revolucionarias ocuparon los P.B. a fines del s.XVIII, establecieron regímenes revolucionarios, y despojaron de sus privilegios a los sacerdotes católicos (en el sur) y a los ministros reformados (en el norte). Napoleón, "organizador de la Revolución", veía la religión como un aliado útil y estaba dispuesto (a cambio del apoyo a los regímenes revolucionarios) a otorgar el reconocimiento a las instituciones religiosas existentes. Tras la derrota de Napoleón en Waterloo (en las tierras bajas del S, 1815), los aliados anti-revolucionarios planearon establecer un fuerte estado en las fronteras septentrionales de Francia. Los P.B. quedaron nuevamente unidos por poco tiempo, como reino, bajo el líder holandés Guillermo I.

Siguiendo la política general de Napoleón sobre asuntos religiosos, el rey topó con problemas. La jerarquía católica belga se oponía a su constitución diciendo que era demasiado liberal; los "liberales" belgas (que querían tener parte en el gobierno por el parlamento) se oponían a ella por parecerles demasiado conservadora. Ambos grupos, unidos temporalmente en una incómoda alianza, se oponían al dominio holandés. Bélgica obtuvo la independencia en 1830-31. Los aliados temporales se separaron pronto. La constitución belga de 1832 era, para la jerarquía católica, extremadamente liberal; por lo tanto a los católicos se les hizo difícil participar en política. La agitación y la "cuestión de las escuelas" –subsidios estatales para escuelas religiosas– crecieron en la segunda mitad del siglo, y (después de que León XIII en 1879 aprobó la participación en la política en un estado neutral en materia religiosa) un partido político católico surgió en la década de 1880. Pronto se convirtió en el partido dominante; fue mayoritario hasta la Guerra Mundial I, y forzó la legislación para dar ayuda estatal a las escuelas religiosas. La introducción del sufragio universal debilitó su dominio, pero sigue siendo un partido importante. Los sindicatos católicos y muchas otras organizaciones se formaron entonces, haciendo de Bélgica (como Holanda) en cierto modo una "sociedad dividida", en que la religión desempeña un papel importante en la vida social y económica.

En Holanda la Iglesia Reformada era la institución religiosa más grande reconocida. Debido en parte a su reconocimiento estatal, toleraba las diferencias dogmáticas. Un ala conservadora-pietista surgió con el "Avivamiento" (→*Réveil*) de la década de 1820 (Da Costa, Groen van Prinsterer *et al.*); en 1834 se separó un pequeño grupo de ortodoxos (la *Afscheiding,* o "Separación"). La corriente principal de la Iglesia Reformada la representaba la "Escuela de Groningen" a mediados del siglo, y se centraba en la forma de vida en vez del dogma. De modo que se pudieron mantener en jaque las crecientes tensiones entre los evangélicos y los modernistas. En 1886 A. →Kuyper dirigió una segunda separación (la *Doleantie;* los dos grupos separatistas pronto se unieron en la *Gereformeerde Kerk,* que es el segundo de los mayores grupos protestantes de Holanda).

El catolicismo, mientras tanto, se había aliado a duras penas con los liberales en política. Unos y otros se oponían al *statu quo* de los reformados. En 1853 el líder liberal Thorbecke logró la restauración de la jerarquía tradicional en Holanda. Pero la creciente agitación por la "cuestión de las escuelas" entre los calvinistas ortodoxos así como entre los católicos, suscitó problemas para los liberales. El liderazgo carismático de Kuyper produjo una "Monstruosa Coalición" entre Ginebra y Roma en la política, y la coalición entre los partidos de los católicos y los calvinistas ortodoxos restó el control político de los liberales y adquirió el apoyo estatal para las escuelas religiosas. Los sindicatos católicos y calvinistas ortodoxos y otras organizaciones se formaron también, produciendo así la "sociedad dividida" o "pluralista" de la Holanda de hoy. DIRK JELLEMA

PAKISTAN. En el s.I los mercaderes griegos usaron Barbarique, en la boca del río Indo, para la exportación de la seda y el cuero chinos, la turquesa de Persia y el ungüento de nardo de Cachemira. Los *Hechos de Tomás,* escritos por ahí de 230, son sin duda ficción, pero quizá contengan ecos de una tradición de que Tomás siguió esa ruta mercantil y es posible que haya predicado en Taxila durante el reinado de Vindafarna (Gondaforos), alrededor de 20-48 d.C. Cerca del año 196, Bardaisan habla de cristianos entre los kushanos, cuyo imperio abarcaba el Punjab. Los registros de asistencia a los sínodos de la iglesia (nestoriana) de Oriente entre 410 y 775 muestran que había una iglesia organizada en Afganistán, con un metropolitano en Herat y siete obispos al S y al E hasta Kandahar, pero no dan pruebas semejantes de obispos en P. Occidental. Cosmas Indicopleustes escribe de cristianos entre "el resto de los indios" en 525, después de hablar de →Malabar y Kalyan. En 1321 el fraile Jordan no menciona cristianos al N más allá de Broach en Gujarat, pero en 1430 Niccolo di Conti declara que "los nestorianos están esparcidos por toda la India, como los judíos entre nosotros". Probablemente haya habido grupos no organizados de cristianos en P. Occidental, dedicados al comercio, pero no hay pruebas de una iglesia organizada, ni ruinas cristianas seguras.

Comerciantes, soldados y artesanos armenios se establecieron en Lahore desde 1601, edificaron una iglesia y durante algún tiempo tuvieron un obispo. Lahore tuvo un gobernador cristiano armenio en la década de 1630 y en 1735 los armenios constituían "la crema del ejército de Mughal". Fue un fundidor armenio quien hizo el famoso Zam-Zamah ("el cañón de Kim"). Después de 1750 la comunidad decayó y hoy día no queda traza de la iglesia organizada. Por lo menos desde 1714 hubo armenios en Dacca y su hermosa iglesia (1781) aun existe. Fueron pioneros en el comercio del yute, pero después de 1947 la mayoría de ellos abandonaron el P. Oriental.

Antes de 1600 Jerónimo Javier y otros misioneros jesuitas siguieron a la corte de Akbar el Grande cuando éste se trasladó a Lahore. Se edificó una iglesia y hubo muchos convertidos, pero en 1632 el Sha Jehan clausuró la iglesia, que hoy no se puede localizar. Louis Francis comenzó la obra carmelita en Thatta, Sind, en 1618, construyó una iglesia y un monasterio, y en cuatro años bautizó algunos conversos. Siguieron los agustinos en 1624 pero al declinar el poder portugués todos los misioneros se habían retirado para 1672 sin que hayan sobrevivido trazas de iglesias o comunidades cristianas. En P. Oriental hubo capellanes en Chittagong desde 1534 pero la obra misionera jesuita allí (1598-1602) hubo de abandonarse por la oposición política a los portugueses. El evangelismo, que llevó a cabo en la región de Dacca Antonio, hijo de un Rajá que había caído en esclavitud y que fue liberado por un misionero, fue seguido por los misioneros jesuitas en 1678-84 y, aunque los misioneros tuvieron que retirarse y muchos convertidos volvieron al hinduísmo, se estableció una iglesia que ha perdurado hasta hoy.

En tiempos más modernos William →Carey predicó en el distrito de Dinajpur entre 1794 y 1800. La obra bautista la inició en Dinajpur en 1800 un excatólico; en Jessore y Khulna en 1812 y en Barisal en 1829. La *Church Missionary Society* inició labores en el distrito de Kushtia en 1821 y hubo unos 5.000 bautismos después de una gran hambruna. Siguieron otras misiones. A partir de 1947 ha habido pequeños movimientos tribales en las Colinas de Garo, Sylhet, y las colinas de Chittagong. Los cristianos típicos de P. Oriental (actualmente, desde luego, ciudadanos de Bangladesh) son empleados, artesanos, mecánicos o pequeños comerciantes. En 1961 había unos 100.000 católicos romanos, 40.000 bautistas y 10.000 anglicanos en la región.

En P. Occidental, los presbiterianos de EUA iniciaron su obra en 1849 en Lahore, seguidos por la CMS (anglicana, 1851), los Presbiterianos Unidos de EUA (1855), y la Iglesia de Escocia (1857). La obra católica romana se reanudó en 1843 en Karachi y en 1852 en Lahore. Los sucesos de 1857 produjeron la muerte de Thomas Hunter, primer misionero de la Iglesia de Escocia, junto con su esposa e hijo, en Sialkot. A mediados de la década de 1870 se inició un movimiento de masas entre el pueblo de casta baja del Punjab, que llevó a millares a la iglesia, pero perdió impulso después de 1915. A partir de 1947 ha habido movimientos de grupos, especialmente entre los kohlis de Sind y los marwaris de Bahawalpur. En 1961 había 548.000 cristianos en P. Occidental, tres quintos de los cuales quizá, eran protestantes.

En 1970 los anglicanos, metodistas, luteranos y algunos presbiterianos se unieron para formar la Iglesia de P., que decía contar con 200.000 miembros en ambas secciones del país. Las otras denominaciones protestantes principales en P. Occidental son los presbiterianos, el Ejército de Salvación y los Adventistas del Séptimo Día. La iglesia está formada principalmente por las capas más bajas de la población y, aunque va aumentando el número de líderes educados, desempeña poco en la vida política del país.

El antiguo P. Oriental se convirtió a fines de 1971 en el estado independiente de Bangladesh ("País de Bengala") área densamente poblada con 75 millones de habitantes que representan un nuevo reto para las misiones cristianas. Había solamente 200.000 cristianos profesos en el país, la mitad de ellos católicos romanos. Hay una mayoría musulmana y una minoría hindú. Se temía que el nuevo estado fuera influido por la actitud hostil de la India hacia la obra misionera, pero también ha habido informes de un creciente interés en el cristianismo, especialmente entre los hindúes. Muchas sociedades misioneras participaron intensamente en las vigorosas operaciones de socorro organizadas al terminar la lucha de nueve meses.

WILLIAM G. YOUNG

PALESTRINA, GIOVANNI PIERLUIGI SANTIDA (1525-1594). Compositor italiano. P. (el nombre es en realidad el de su pueblo natal) a muy temprana edad fue a Roma como miembro de un coro, pero retornó a Palestrina convertido en organista; allí se casó y allí nacieron sus talentosos hijos mayores. Pero la mayor parte de su vida la pasó en Roma, en donde desempeñó diversos cargos eclesiásticos. La trágica muerte de sus hijos mayores y su esposa, víctimas de una epidemia, parece haber ahogado durante algún tiempo su genio. Tras segundas nupcias participó algún tiempo en el negocio de pieles que dirigía su mujer, pero pronto retornó a la música y a sus más grandes creaciones.

Su papel en el acontecer musical de la contrarreforma ha sido romantizado y tergiversado. Pero hay en su música una consecuente mezcla de seriedad y serenidad y la adhesión a una técnica disciplinada, que sin duda contribuyeron a convertirla para las generaciones posteriores en el ideal del genuino estilo eclesiástico. La desmitificación ajena a la moderna investigación musicológica se ha inclinado a subestimar el verdadero valor de P. Su frecuentemente ejecutado *Sicut cervus* (Sal. 42:1,2) y su *Stabat Mater* con sus ocho partes, se hallan entre las más representativas de sus obras que se escuchan hoy día. La breve y popular *O Bone Jesu* es espuria.

P. dejó más de 250 motetes, de los cuales algunos de los más bellos son textos del Cantar de los Cantares. Se considera que Lassus lo supera en este género, pero como compositor de misas P. no tiene igual. De éstas sobreviven más de cien. La pequeña *Missa Brevis* y la majestuosa *Missa Papae Marcelli* son las más conocidas pero no son sino dos entre muchas obras maestras. Esta última fue escrita antes del Concilio de Trento y no como pieza de demostración ante aquel augusto cuerpo, como mucho tiempo se creyó. Sin embargo, es verdad que P. fue una de las grandes voces musicales de la contrarreforma.

J.B. McMILLAN

PALEY, WILLIAM (1743-1805). Erudito anglicano; archidiácono de Carlisle desde 1780. Educado en Cambridge, le dieron fama sus libros, algunos de los cuales tuvieron influencia duradera como libros de texto, especialmente en su propia universidad, aunque en el s.XIX la fuerza de convicción de los mismos fue minada por los progresos científicos y filosóficos. No fue pensador original ni sutil, pero sí "expositor sin rival de argumentos sencillos". Decía que sus obras formaban un sistema; sus ideas se nutrían y reflejaban los principales elementos de la teología inglesa como la habían moldeado las controversias del s.XVIII. Su *Natural Theology* (1802) procuraba demostrar el ser y la bondad de Dios partiendo del orden del mundo; las *Evidences of Christianity* (1794) argumentan con base tanto interna como externa, que el cristianismo es la verdadera revelación de Dios; su obra, *Principles of Moral and Political Philosophy* (1785), basada en conferencias de Cambridge, se ocupa, como varias otras obras, de los deberes nacidos de la religión natural y de la revelada. Aquí su utilitarismo se adelantó al de Bentham, excepto en cuanto P. mantuvo una sanción sobrenatural. La actitud de P. hacia los →Treinta y Nueve Artículos era laxa; quizás se inclinaba al unitarismo en ciertos puntos y era un apologista conservador de la Iglesia de Inglaterra y de la Constitución Británica. No obstante, la sinceridad y el vigor de su fe a menudo se han subestimado.

HADDON WILLMER

PALIO. Indumentaria que lleva en sus hombros el papa y que éste da a los patriarcas, primados y arzobispos. Es símbolo de la jurisdicción que el papa posee y delega a los jerarcas. Con el palio tienen "la plenitud del oficio episcopal".

El p. es una banda circular de cinco cm de ancho y tejida de la lana de dos corderos blancos que hayan sido bendecidos en la Iglesia de Sta. Inés en Roma. Pendientes de la banda hay dos cintas de frente y de espalda. El palio está decorado con seis cruces purpúreas. Antes de ser entregado al prelado, el p. es colocado sobre la tumba de San Pedro en la Basílica de San Pedro en Roma.

Con la Reforma Protestante desapareció el uso del p. en la Iglesia Anglicana, seguramente por su rechazo a la autoridad del papado.

WILTON M. NELSON

PANAMA. País ístmico entre Costa Rica al NO y Colombia al SE, con un área de 77.082 km^2 y una población de 1.876.000 (1979). Descubierta por Colón en 1502, ocho años más tarde en el extremo SE un pueblo fue fundado por Balboa y una iglesia levantada bajo la protección de Santa María la Antigua. En 1513 esta iglesia fue convertida en sede episcopal y Juan de →Quevedo fue nombrado para ocuparla, siendo el primer obispo en la "Tierra Firme". En 1521 la sede fue trasladada a la recién fundada ciudad de Panamá, la cual adquirió importancia debido a su ubicación estratégica.

Hasta 1903 P. formaba parte de →Colombia (o "Nueva Granada") y por tanto la iglesia panameña participó de las vicisitudes de la de aquel país. La independencia en 1903 afectó grandemente a la ICR, que antes gozaba de los muchos favores y concesiones del →Concordato colombiano de 1887 concluido durante la administración proclerical de Rafael Núñez. Pero en 1904 la nueva nación promulgó una constitución liberal y laica, la cual declaró la separación entre Iglesia y Estado y el Concordato quedó anulado.

Debido a este golpe y a otros factores el catolicismo panameño durante el s.XX ha sido débil. Ha sufrido de una aguda escasez de clero (un sacerdote por cada 8.000 habitantes en 1945 y uno por 5.600 en 1967) y el que hay se compone principalmente de extranjeros. La mayor parte de los habitantes de P. son católicos. (Los cálculos varían entre el 75% y el 90%). En 1967 había una arquidiócesis, más tres diócesis, una prelatura y un vicariato.

Los primeros protestantes en P. fueron unos escoceses que en 1698-1700 procuraron establecer una colonia en el istmo, esfuerzo que fracasó miserable y totalmente. El descubrimiento de oro en California en 1848 motivó la construcción de un ferrocarril a través del istmo, empresa norteamericana que trajo a algunos protestantes. En 1849 ya había cultos →episcopales en P. y en 1853 llegó el primer misionero episcopal e inició una obra que continúa hasta hoy, realizada principalmente entre los pueblos de habla inglesa, tanto antillanos como angloamericanos.

El esfuerzo de los franceses por construir un canal (1878-89) trajo un influjo de protestantes antillanos, principalmente de Jamaica. Entre ellos había muchos bautistas y metodistas, los cuales pronto establecieron iglesias cuya obra continúa hasta hoy. La segunda etapa de la construcción del Canal, iniciada y terminada por los norteamericanos (1904-14) también aumentó la población protestante extranjera.

La independencia de P. y la influencia norteamericana abrieron las puertas para la obra evangélica entre los nacionales. Los →metodistas norteamericanos fueron los primeros (1905) en hacer esfuerzos misioneros entre los latinos. El metodismo norteamericano ha progresado poco numéricamente pero ha fundado un prestigioso colegio, el Instituto Panamericano, y fomentado la obra social. En el mismo año llegaron representantes de los →bautistas del sur pero no empezaron obra entre los latinos sino hasta 1914. En 1906 vinieron los →adventistas que han tenido notable éxito, principalmente entre los antillanos.

En 1928 llegó Arthur F. Edwards para iniciar la obra de la Iglesia del →Evangelio Cuadrangular, la cual llegó a ser el movimiento evangélico más próspero en el país. Después de esta fecha han entrado muchas otras denominaciones y sociedades misioneras entre las cuales se destacan la Iglesia de Dios (Cleveland, 1935), luteranos (Sínodo de Misuri, 1942), Misión Centroamericana (1943), Iglesia del Nazareno (1953) y Unión Misionera Evangélica (1953). En 1974 había unas 24 entidades protestantes que trabajaban en P.

Se han realizado algunas obras notables entre los pueblos indígenas. Por el año 1907 Annie Coope, señorita inglesa, se atrevió a ir a las islas de San Blas (por la Costa del Atlántico) para evangelizar a la tribu exótica de los indios Cuna. Inició una obra que llegó a ser grande y robusta, que hoy patrocinan los bautistas del sur. Otra obra notable fue fundada entre los indios Valiente en el N del país por el pastor metodista panameño, Efraín Alphonse, en 1918. El NT se ha traducido a los idiomas de ambas tribus. Trabajan otros grupos entre los indígenas como la →Misión Tribus Nuevas y el →Instituto Lingüístico de Verano.

Otras actividades evangélicas que se destacan en P. son las del →Ejército de Salvación iniciadas en 1904, y de la emisora HOXO, "La voz del Istmo", que transmite desde 1950.

En 1973 había por lo menos 80.000 en la comunidad protestante en P., o sea el 5% de la población.

PABLO E. PRETIZ
WILTON M. NELSON

PANAMA, CONGRESO EVANGELICO (1916) →ASAMBLEAS ECUMENICAS EVANGELICAS

PANFILO (c.250-310). Mártir cristiano. N. en un hogar acaudalado de Beirut, realizó estudios helenísticos y participó en negocios públicos de Fenicia hasta su conversión al ascetismo, la filantropía y los estudios bíblicos. Discípulo de Pierius en Alejandría, se trasladó a la Cesarea palestina donde fundó una escuela cristiana y restauró la biblioteca de Orígenes, recopiando manuscritos bíblicos, en particular la edición *Hexapla* de la LXX, y recuperando los escritos de Orígenes y de otros. Su devoto discípulo, →Eusebio de Cesàrea, adoptó el nombre de "hijo de Pánfilo", escribió su vida (obra desaparecida) y le hizo su panegírico en "Mártires de Palestina". Arrestado bajo Maximino Daza, pasó quince meses en la prisión, trabajando especialmente en cinco libros de una *Apología de Orígenes,* a la cual Eusebio añadió uno más. P. fue decapitado a principios de 310.

G.T.D. ANGEL

PANNENBERG, WOLFHART (1928-). Profesor de teología sistemática en Heidelberg (1955-58), Wuppertal (1958-61), Maguncia (1961-68), y Münich (1968-). En sus años de estudiante fue líder del "círculo de Heidelberg", que cuestionó la "huída de la historia" en la teología contemporánea (→Barth, →Bultmann, →Cullmann), y en 1961 publicó *La revelación como historia.* Para P., si la revelación es el "autodesvelamiento" o la autocomunicación de Dios (así Barth *et al.*), entonces ningún acontecimiento finito puede revelar a Dios directa o plenamente. Todo acto revelador es solo parcial e indirecto, que manifiesta algo de Dios en el reflejo de su acción histórica. La plena revelación de Dios se realizará solo en la totalidad global de la historia en el futuro, "al final de la historia revelante".

P. rechaza toda distinción entre historia universal e historia de la salvación (→HEILSGESCHICHTE); toda historia es, por igual, revelación indirecta de Dios. No se trata de "la revelación *en* la historia" sino de "la revelación *como* historia". Puesto que la revelación no constituye ninguna especie de historia especial, P. concluye que "la revelación histórica está abierta a todo el que tenga ojos para ver. Tiene carácter universal". También la resurrección de Jesucristo es históricamente verificable, igual que cualquier otro acontecimiento del pasado. P. reafirma la validez de "una teología de la razón".

Puesto que la revelación no está todavía completa sino que tendrá su sentido claro y pleno solo al final de la historia, la teología de P. se proyecta fuertemente hacia el porvenir. La "futuridad" es su categoría central. Pero ese futuro ha aparecido prolépticamente en Jesús de Nazaret, en quien "aconteció anticipadamente el fin de todo acontecer". Aunque la resurrección de Jesucristo sobrepasa todas las categorías del actual conocimiento humano, anticipa la resurrección general al final de la historia. En su importante obra, *Fundamentos de Cristología,* P. elabora su doctrina cristológica a partir de la resurrección en el marco de su concepto de la revelación histórica. Insiste en una "Cristología desde abajo", ya que la deidad de Cristo se entiende a partir de la resurrección, que se anticipa de la resurrección de todos. P. niega la concepción virginal de Jesús.

En su concepto de la historia, P. apela a →Hegel para ir más allá de la influencia predominante de →Kant y →Kierkegaard en la teología post-barthiana. Su concentración en la futuridad coincide parcialmente con la filosofía del proceso (→WHITEHEAD) como también con la filosofía y teología de la →esperanza (→BLOCH, MOLTMANN).

JUAN STAM

PANTEISMO. Tesis según la cual el universo debe identificarse con Dios, e.d., que hay solo una realidad, alternativamente descriptible como "Dios" o como "naturaleza". El p. es definitivamente incompatible con la tesis cristiana de la creación y de la distinción creatura-Creador tan fundamental en la teología cristiana. En la tradición de la cultura occidental, →Spinoza es el expositor clásico del p., pero éste puede asumir gran diversidad de expresiones, tales como p. materialista (d'Holbach), o sicológico, o místico como en ciertas religiones orientales. El p. es también una veta importante en el idealismo absoluto (p.e., *The Conception of God,* de Josiah Royce, 1893), y en el romanticismo de →Goethe y →Lessing. Hay interesantes observaciones de carácter panteísta en los primeros apuntes filosóficos de Jonathan →Edwards. El término "p." aparece por primera vez en *Socinianism Truly Stated,* de Toland (1705).

PAUL HELM

PANTENO (m.c.190). Primer jefe conocido de la escuela catequística de Alejandría. No dejó indicación escrita alguna sobre su propia obra o pensamiento, pero produjo significante impacto en el desarrollo de la teología de la iglesia. Su sucesor directo suministra la fuente de información. La metáfora de Clemente respecto a la abeja siciliana quizá indique su lugar de origen. Su cristianismo lo había llevado como misionero evangelista en el E hasta India. Está datado por el papel directo que desempeñó como maestro de Clemente (que le sucedió en 190) y de Alejandro (que fue discípulo de ambos). Orígenes quizá haya sido demasiado joven para recibir directamente enseñanzas suyas pero su mártir padre fue contemporáneo de P. y compartia sus ideas. La filosofía de P. era el estoicismo y sus intereses literarios, clásicos. Considerando los escritos exegéticos de sus sucesores, ello explicaría no solo el gran énfasis de ellos sobre una literatura divina, sino su metodología alegórica para interpretarla.

CLYDE CURRY SMITH

PANTOMIMA RELIGIOSA. El acto de ridiculizar un rito religioso o presentarlo en forma bufonesca. Este artículo se limitará a la pantomima de los ritos de la iglesia primitiva.

Gran parte de los espectáculos farandulescos para el pueblo en las épocas helenística e imperial consistían en parodias de la vida real. Gestos y muecas desempeñaban importante papel en esos espectáculos. Rara vez alcanzaban las compañías ambulantes de mimos el nivel dramático concentrándose en el carácter de un personaje y no en la trama. Un solo individuo a veces representaba todos los papeles de la pantomima. Los mimos solían volver bufonesco el personaje en situación novedosa, tal como el pobre súbitamente enriquecido. La trama sencilla, el desenlace abrupto y el lenguaje rastrero le añadían pimienta, ya que el único accesorio teatral era un telón corredizo. La mayoría de los mimos representaban temas sórdidos; en días imperiales el tema socorrido era el adulterio, a menudo realizado en el escenario. Los espectadores presenciaban una ejecución verdadera cuando en el momento indicado un condenado a muerte sustituía al actor. La mayoría de los actores no se distinguían por su moralidad ni por su posición social.

La flexibilidad del mimo y su adaptabilidad a los gustos del momento le daban vitalidad perpetua. Cuando era necesario, se introducían cantos y danzas populares. Pero al carecer del arte dramático de la tragedia y la comedia, la P. era un drama escapista y no interpretativo. Había abandonado la base religiosa de las antiguas formas clásicas.

Por el s.II el "cristiano" probablemente se había convertido en elemento del repertorio de pantomima. Los ritos de la iglesia, especialmente el bautismo, eran parodiados realizando la ceremonia en el escenario, con el candidato acompañado por una cantidad de clérigos. Según la tradición San Genesio, patrón de los actores, se convirtió mientras presentaba su parodia del bautismo, en la cual una rabieta precedía al rito. Como sustituto del antiguo interés en las ejecuciones, los mimos también ridiculizaron el martirio.

Como los mimos eran el último baluarte popular del paganismo, la persistencia de su interés en los antiguos dioses y sus parodias de los ritos cristianos provocaron vehementes ataques de los representantes del cristianismo. Tales ataques aparecen en los escritos de Minucio Félix, Taciano, Arnobio, Lactancio y otros. Agustín discernía entre la comedia y tragedia, y la pantomima con su procaz lenguaje.

Tertuliano, Cipriano y Crisóstomo escribieron obras específicas contra el teatro. Tertuliano preguntaba cómo podía un cristiano orar y decir "amén" y con los mismos labios alabar al mimo. Cipriano juzgaba impropio del cristiano actuar teatralmente o instruir a otros en ese arte; la comunidad, de su fondo de beneficencia, debía sostener a tal individuo. Según Crisóstomo, Dios hablaba por medio de los monjes, mientras los mimos eran voceros del diablo. Los cantos, danzas y pantomimas de ellos eran letanía y sacramento diabólicos; y la norma que los guiaba, igual que al diablo, eran el disfraz y la imitación. Quienes asistían a sus espectáculos eran hijos del diablo. Las seductoras actrices de cabello encrespado y mejillas pintadas, que cantaban sus "baladas de burdel", no eran sino despreciativas. Crisóstomo tildaba la pantomima de peste incurable, lazo mortal, teatro de concupiscencia. Estos escritores cristianos sostenían al parecer que era ilícito presenciar lo que era ilícito realizar.

El Concilio de Ilíberis exigió que antes de ser bautizado, el mimo renunciara a su oficio, mientras el tercer Concilio de Cartago fue más moderado. El Concilio de Trullo denunció tanto al mimo como a su teatro. El pagano Zósimo reprochaba al emperador cristiano Constante el auspiciar las pantomimas. Un decreto dado en Elvira que prohibía a los cristianos ser aurigas y mimos, fue reiterado en Arlés (452), aunque en éste no se menciona la asistencia al espectáculo. León el Grande afirmaba que el teatro atraía mayores multitudes que las festividades de los mártires.

Los ataques cristianos resultaron en gran parte vanos, ya que una gran porción de cristianos nominales consideraban inofensivas las pantomimas. El interés por estos espectáculos nunca decayó en el Imperio Oriental; algunos de los cantos religiosos de oriente reflejan la influencia de las canciones de los mimos. Al aumentar el poder de la iglesia, impuso su dominio. En el s.V fueron excomulgados todos los mimos, y en el sexto, Justiniano clausuró todos los teatros. La pantomima fue inaceptable para la mayoría de los eclesiásticos, aun después que se la obligó a abandonar su imitación de los ritos y sacramentos, pero perduró como una forma de entretenimiento popular. JOHN GROH

PAPA, EL. (Lat. *papa* del gr. *papas* = "padre"). Jefe supremo de la ICR. Antiguamente se aplicaba a todos los obispos cristianos; a partir del s.IX el título se le ha dado exclusivamente al obispo de Roma. En la Iglesia Ortodoxa Oriental, sin embargo, todavía se le da al patriarca de Alejandría, así como a sacerdotes comunes. J.D. DOUGLAS

PAPADO. Puede resumirse la historia del p. en tres etapas: Origen, desarrollo y evolución y status actual.

Origen. Aunque la antigua controversia acerca de la estada de Pedro y su martirio en Roma parece haber sido resuelta en la obra definitiva de Oscar →Cullmann, *Pedro, discípulo, apóstol, mártir* (esp. 1964), que acepta ambas afirmaciones (véase contra: C. Heussi) y que reconoce asimismo el papel prominente del apóstol en la iglesia del primer siglo, es aun incierto tanto el rol como la duración de su estada allí. No puede dudarse, en cambio, que Roma no conoció un episcopado monárquico al menos hasta el s.II. En las persecuciones y conflictos doctrinales de los ss.II y III fue creciendo la importancia de Roma, aunque su primacía está lejos de ser universalmente aceptada (p.e., la controversia de →Hipólito y →Calixto I o de →Novaciano y →Esteban I). Calixto I (217-22) es el primero que avanza formalmente un reclamo de autoridad, pero solo en el s.III Esteban I (254-257) pretende fundarlo en la autoridad de las Escrituras. El papel decisivo de →León I en el Concilio de →Calcedonia contribuyó a afirmar la autoridad doctrinal del obispo de Roma, aunque tampoco aquí fue universalmente aceptada. Podemos resumir este período afirmando que la sede romana fue adquiriendo, en la práctica, una centralidad creciente, al menos en occidente, y como consecuencia se desarrollan también las afirmaciones teóricas acerca de la autoridad (sin mayor distinción entre poder sacramental, dogmático y jurisdiccional) de su obispo, a quien denominaron el "papa".

Desarrollo y evolución. En la Edad Media, "la alianza del trono y el altar", establecida bajo →Constantino y →Teodosio, fortaleció el poder papal. Merovingios y carolingios consolidaron la estructura episcopal centrada en Roma con →investiduras y derechos estatales (seculares), lo que provocó también constantes luchas entre el papado y el Sacro Imperio Romano en las que el primero fue elaborando y sosteniendo una teoría de la primacía del poder espiritual sobre el temporal, que culmina en la encíclica *Unam Sanctam* de →Bonifacio VIII (1302). Entre tanto la antigua tensión, tanto política como doctrinal, entre oriente y occidente hizo crisis en relación con la autoridad papal, produciéndose el →Cisma de Oriente.

A esta cúspide del absolutismo papal, sin embargo, sigue el →Cisma de Occidente, que concluye con la elección de →Martín V y la deposición del antipapa en el Concilio de →Constanza (1417). El conflicto entre el centralismo papal, sostenido sobre todo por los canonistas, y el conciliarismo (con defensores como →Occam y →Marsilio de Padua), corre a lo largo de los ss.XIII y XIV. Los reformadores del s.XVI, inscritos en esta última corriente, llevan la crítica del centralismo papal a su culminación, y concluyen rechazando totalmente el p., tanto en su poder temporal como en su derecho divino.

El Concilio de →Trento (1545-62), si bien dominado por los legados papales, no se pronuncia sobre el tema. Pero el centralismo papal, defendido en la teoría y la práctica por la nueva orden de los →jesuitas, se afirma progresivamente, al punto que en la obra controversial de Melchior →Cano o Roberto →Belarmino viene a ser el centro de la eclesiología, a la que autores como →Congar llaman "una jerarcología". La lucha contra la autoridad papal de las corrientes políticas y filosóficas modernas y de los estados, que tratan de estimular iglesias católicas autocéfalas (→GALICANISMO, →FEBRONIANISMO o →JOSEFINISMO), lejos de atemperar las pretensiones papales, provocan una reacción de autoafirmación, que culmina en el papado de →Pío IX con la encíclica *Pascendi* y el →"Sílabo de errores" y sobre todo con la formulación de la doctrina del primado y la →infalibilidad papal en el Concilio →Vaticano I (1870). El decreto *Pastor aeternus* da así la primera formulación dogmática definitiva de la doctrina del primado y la infalibilidad papal. Los papas Píos del s.XX consolidan en la práctica este logro dándole a la Santa Sede el prestigio y la organización institucional y burocrática que le permitirán mantener el control y la centralización de la ICR hasta el presente.

Status actual. El Concilio Vaticano I, sin embargo, al definir la potestad ordinaria, dogmática y jurisdiccional directa del papa sobre la totalidad de la ICR, no llegó a establecer su relación con la potestad episcopal. Tal cosa solo se alcanza en el Concilio →Vaticano II

(1962-1964) con la Constitución Dogmática sobre la Iglesia, *Lumen Gentium,* que, sin "poner en peligro la plenitud de la potestad del Romano Pontífice", como reza la "Nota explicativa" antepuesta por la Comisión Conciliar a instancias del propio papa →Pablo VI, define la autoridad del Colegio Episcopal en el capítulo III en los siguientes términos:

"Y así como permanece el oficio que Dios concedió personalmente a Pedro, príncipe de los apóstoles, para que fuera trasmitido a sus sucesores, así también perdura el oficio de los apóstoles de apacentar la Iglesia, que debe ejercer de forma permanente el orden sagrado de los obispos".

Esta autoridad es definida como "suprema y plena potestad sobre la Iglesia Universal", pero aclara que "no puede ejercer dicha potestad sin el consentimiento del Romano Pontífice". Y añade en la "Nota explicativa" antes mencionada que, si bien los obispos reciben tal potestad en su consagración, la misma no puede ser "expedita para el ejercicio" si no se añade "la determinación canónica o jurídica por parte de la autoridad jerárquica", a saber el Romano Pontífice.

Esta última definición no deja de plantear problemas teológicos, como lo atestiguan las recientes discusiones sobre potestad papal y episcopal y particularmente las obras de Hans →Küng, *Estructuras de la Iglesia* e *Infalible.* Los pontífices Pablo VI y →Juan Pablo II, sin embargo, no han dejado duda en sus repetidos pronunciamientos, que consideran preeminente y decisiva la formulación del Vaticano I. Incluso podría afirmarse que, luego de un período de creciente ejercicio de la autoridad pastoral de las conferencias episcopales regionales, Juan Pablo II procura fortalecer el centralismo papal, como lo atestiguan sus pronunciamientos en →Puebla (México) y Africa y el Sínodo de Holanda.

JOSE MIGUEZ B.

PAPIAS (c.60-c.130). Obispo de Hierápolis en Frigia. →Ireneo dice que era "hombre de la época primitiva, oyente de Juan [el apóstol] y compañero de →Policarpo". Escribió una obra de cinco tomos, *Explicación sobre sentencias del Señor* (c.110). Sobreviven de ella solo algunos fragmentos, principalmente en Ireneo y →Eusebio de Cesarea. Para componer esta obra reunió tradiciones no escritas que consiguió de los "ancianos [presbíteros]", de personas asociadas con los apóstoles, incluso Aristión y "Juan el anciano" (2 Jn. 1; 3 Jn. 1) en Asia y de las hijas de Felipe el apóstol (o evangelista?) en Hierápolis.

Tales tradiciones transmiten reminicencias históricas (p.e. los relatos muy discutidos acerca de los orígenes de los Evangelios de Marcos y Mateo y de las actividades evangelísticas de Juan y de su martirio, historias de milagros, perícopes (una variante de Juan 7:43-8:11 que se encuentra en el *Evangelio según los hebreos*), pero principalmente las creencias del primitivo cristianismo judío. Incluye una descripción del goce de una tierra milenial milagrosamente fructífera, la caída de los ángeles comisionados para gobernar el mundo, e interpretaciones, en términos de Cristo y la iglesia, de la primera parte de Génesis.

Eusebio tiene en despecho el milenarismo de P. y menosprecia el material que usa y su inteligencia. Arguye en su *Historia Eclesiástica* que P. había oído solo a "Juan el anciano" a quien distingue de Juan el apóstol. La *Explicación* de P. influyó en escritores posteriores, como Victorino de Pettau.

D.F. WRIGHT

PAPISA, JUANA →JUANA PAPISA

PARAGUAY. País que comprende una extensión de 406.762 kilómetros cuadrados y tiene unos tres millones de habitantes (1977), de los cuales el 65% son indios guaraníes y el 30% mestizos. Hay también varias colonias de europeos, de las cuales la de los →menonitas es la más grande. La capital, Asunción, fue fundada por los españoles en 1536, la cual fue durante la primera época colonial la ciudad principal de la región del Río de la Plata. Los primeros misioneros fueron →franciscanos quienes por el año 1538 ya tenían establecido un convento. La primera diócesis fue erigida en Asunción en 1556. En 1588 vinieron los →jesuitas. Empezaron a enseñar a los indios pero no tuvieron éxito hasta que comenzaron a organizarlos en →reducciones (1607). Por medio de estas proveyeron a los indios una base de sostén económico y una defensa contra los ataques de los encomenderos, que querían agrandar sus terrenos, y de los portugueses, que buscaban esclavos. En su apogeo, en el año 1731, los jesuitas tenían 32 reducciones con 141.000 indios. Desgraciadamente su paternalismo, que mantenía completamente sujetos a los indios, no preparó al pueblo para ser autónomo. Cuando los jesuitas fueron expulsados en los años 1767 y 1768, los franciscanos asumieron la dirección de las reducciones, pero no pudieron impedir su desmoronamiento.

En 1776 P. llegó a formar parte del virreinato que tenía su sede en Buenos Aires, pero en 1811 se declaró independiente tanto de los argentinos como de los españoles. En 1814 José Gaspar Rodríguez de Francia se declaró dictador y hasta su muerte en 1840 mantuvo el país aislado del exterior y la Iglesia sujeta a su autoridad personal. El dictador que le siguió, Carlos Antonio López, adoptó una política más abierta y, con ayuda del exterior, P. empezó a desarrollarse económicamente. Desgraciadamente su hijo, Francisco Solano López, quien le siguió en 1862, involucró el país en una guerra desastrosa contra Uruguay, Argentina y Brasil en la cual murieron un millón de paraguayos, incluso el 90% de la población varonil. La reconstrucción del país ha sido lenta y P. sigue siendo una de las repúblicas menos desarrolladas en AL. La Iglesia ha sido corrompida por su sujeción a los dictadores y en 1965 contaba solo con un sacerdote para cada 4.600 habitantes.

En 1856 la Sociedad Bíblica Americana empezó un trabajo de colportaje en P. En 1871, un año después de la guerra desastrosa, un grupo de paraguayos invitó a los →metodistas a que establecieran una escuela e iglesia en Asunción, pero no pudieron aceptar la invitación, hasta en 1886 cuando el pastor Juan Villanueva y el misionero Tomás B. →Wood establecieron una iglesia y un colegio metodista en Asunción. De acuerdo a las decisiones del Congreso Evangélico en →Panamá del año 1916 los metodistas entregaron su obra en P. a los →Discípulos de Cristo.

En 1889 la →Sociedad Misionera Sudamericana empezó a trabajar con buenos resultados entre los indios Lengua del Chacó. En 1893 se fundó en Asunción una Iglesia Luterana de habla alemana y en 1921 se estableció la primera colonia de menonitas, también de descendencia alemana.

En 1902 la →Unión Misionera Nuevotestamentaria empezó a trabajar entre los indios. En 1909 llegaron los →Hermanos Libres, cuyo trabajo se ha desarrollado más en las regiones urbanas. En 1918 el →Ejército de Salvación estableció un orfelinato en Asunción. En 1945 vinieron los →Bautistas del Sur y el primer misionero de las →Asambleas de Dios. El año próximo vinieron los Metodistas Libres, y en los años siguientes llegaban cada vez más grupos nuevos. Con todo, P. no ha recibido igual atención de parte de los protestantes que los demás países latinoamericanos. Por el año 1967 solo aproximadamente el 2% de la población se consideraba evangélico. JUAN B.A. KESSLER

PARKER, MATTHEW (1504-1575). Arzobispo de Canterbury desde 1559. N. en Norwich. Se educó en Corpus Christi College, Cambridge, llegando a ser miembro del consejo del mismo; fue ordenado en 1527. Fue quizá Thomas →Bilney quien lo atrajo a las enseñanzas de los reformadores. En 1535 fue nombrado capellán de Ana Bolena. En 1544 llegó a ser director de Corpus Christi College. Como reformador, valientemente se opuso al plan real de adueñarse de los ingresos pertenecientes a las capellanías y universidades, que era una amenaza para éstas.

Con las nuevas libertades bajo →Eduardo VI, P. se convirtió en amigo íntimo del reformador continental Martín →Bucero mientras éste trabajaba en Cambridge. P. fue nombrado deán de la catedral de Lincoln en 1552. Durante la reacción bajo →María Tudor renunció a su profesorado universitario y en 1554 fue despojado de sus puestos eclesiásticos. Durante la mayor parte del reinado se mantuvo oculto en casa de un amigo.

Disfrutó esos años de sereno ocio para el estudio y fue renuente al nombramiento de →Isabel I de él como arzobispo de Canterbury en 1559. No obstante la controversia, no cabe duda de que fue debidamente consagrado. Cuatro obispos del reinado de Eduardo VI realizaron el servicio, de acuerdo con el ordinal anejo al Libro de Oración Común de 1552. Una vez adoptado por el parlamento el establecimiento en cuanto a religión, Isabel esperaba que P. lo pusiera en ejecución. Este consagró y adiestró a todos los nuevos obispos. Durante toda la década de 1560 batalló con los puritanos respecto a las vestiduras sacerdotales. Publicó los *Advertisements* de 1566 sin el apoyo real. Completó el establecimiento →Isabelino solo a base de la autoridad de la iglesia. En 1572 comenzó la controversia sobre la "Admonición". En esta nueva etapa de la lucha con los puritanos, P. se valió de J. →Whitgift como principal agente. P. fue un buen administrador y, a despecho de sus poderosos opositores, hizo mucho para formar el carácter de la iglesia isabelina. Típico de él fue la tolerancia y bondad con que trató a los destituidos obispos partidarios de María Tudor. Sus intereses de erudito continuaron hasta el fin de sus días. Legó su valiosa colección de manuscritos y libros a su colegio de Cambridge. En 1575 se publicó el fruto de sus investigaciones de anticuario en su *De Antiquitate Britannicae Ecclesiae...* NOEL S. POLLARD

PARROQUIA. Derivado del griego *paroikia,*

(= "distrito"), el término parece haber correspondido hasta alrededor del s.IV a toda una diócesis y solo más tarde a pequeñas subdivisiones de la misma. Para fines de la Edad Media la p. se había convertido en un distrito geográfico definido y sus habitantes adscritos a una iglesia determinada a la cual pagaban diezmos y la cual contaba con un solo encargado nombrado ya por el obispo, ya por el patrón o, menos frecuentemente, por los propios parroquianos. En la Reforma, tanto luteranos como calvinistas conservaron el sistema parroquial, estos solo por conveniencia administrativa. En Inglaterra, el establecimiento del sistema parroquial por lo común se le ha atribuido al arzobispo Teodoro (s.VII) pero hoy se considera que su origen fue muy anterior, remontándose quizá hasta la era precristiana.

A partir de la Edad Media la p. inglesa se convirtió en una unidad de administración civil, en la cual el sacerdote recibía, en el desempeño de sus deberes eclesiásticos, el auxilio de condestables, mayordomos, supervisores de menesterosos y juntas parroquiales electas. Este sistema parroquial se modificó solo cuando el crecimiento de la población llevó a la creación de nuevas parroquias mediante decretos de 1710, 1818 y 1824 y, más recientemente, mediante órdenes del concilio por iniciativa de los comisionados de la iglesia. En años recientes, con la creación de ministerios especializados y por equipo, el sistema parroquial tradicional ha sido criticado, pero suele ser defendido por los anglicanos evangélicos amantes de la libertad individual del ministro que aquél garantiza. El término pasó a EUA en donde, sin embargo, suele aplicarse en general a la congregación de un ministro protestante o cura de almas, sin referencia a limitaciones geográficas.

IAN SELLERS

PASCAL, BLAISE (1623-1662). Prodigio matemático, físico, pensador religioso, inventor y estilista literario. Uno de los grandes intelectos de la historia intelectual de Occidente. N. en Claremont, en la Francia central, donde su padre, miembro de la clase alta, fue abogado, magistrado y comisionado de impuestos de la región. Cuando P. tenía tres años murió su madre y cinco años después su padre con sus tres hijos se mudó a París, atraído por la atmósfera intelectual que amaba.

En vez de buscar tutor para sus hijos, Etienne Pascal resolvió educarlos él mismo en casa. Les enseñó historia y ciencias mediante juegos y religión mediante lectura de la Biblia. La geometría, destinada a coronar los estudios, se postergó hasta que Blaise tuviera edad suficiente para saborear su belleza. Pero a la edad de once años éste por su cuenta desarrolló algunos de los principios euclidianos básicos. Más adelante, basándose en sus conocimientos matemáticos, habría de crear la teoría de la probabilidad.

Cuando la familia P. se trasladó a Ruán en 1640, en donde Etienne sería recaudador de impuestos, el joven Blaise observó los fatigosos cálculos que solían mantener a su padre atareado hasta las dos de la madrugada. Puso en acción su admirable mente para resolver un problema práctico y diseñó la primera máquina calculadora, basada en una serie de discos giratorios, la cual ha sido la base de las máquinas aritméticas hasta tiempos modernos. En física, un descubrimiento notable conocido como la ley de P., dice que la presión ejercida sobre cualquier porción de un líquido dentro de un recipiente, se distribuye por igual entre todas las partes del líquido. Este principio hace posibles todas las modernas operaciones hidráulicas.

Tras su conversión en 1654 después de una visión milagrosa, P. se dedicó a preparar una *Defensa de la religión cristiana.* La obra quedó inconclusa pues P. murió a la edad de treinta y nueve años, dejando solo una serie de admirables apuntes, más tarde publicados como sus *Pensées.* Es obra clásica de apologética tanto como de literatura. Se propone presentar la causa del cristianismo en contraste con el racionalismo de Descartes y el escepticismo de Montaigne. Para P., Dios ha de conocerse mediante Jesucristo por un acto de fe, que a su vez proviene de Dios. Fe no procede de la razón; aquélla proviene del corazón. La necesidad que el hombre tiene de Dios se vuelve palpable cuando aquel siente su desdicha aparte de Dios. A Dios ha de conocérsele por fe, pero las pruebas que convalidan el cristianismo son grandes: profecías, milagros, el testimonio de la historia, la autenticación de sí misma de la Escritura.

En 1657 aparecieron *Las Cartas Provinciales.* Esta obra maestra de ironía iba dirigida contra los jesuitas en defensa del →jansenismo, movimiento de reforma dentro de la Iglesia Católica que instaba a retornar al énfasis agustiniano sobre la gracia sola como base de la salvación.

PAUL M. BECHTEL

PASCASIO RADBERTO (c.785-860). Abad y erudito. Procedente de las vecindades de Soissons (Francia), ingresó en el monasterio de Corbie bajo la dirección de Adalhard, su primer abad. Muy versado en las Escrituras, los Padres de la Iglesia y los clásicos latinos, se convirtió en instructor de los monjes más jóvenes. Su ejemplar humildad hizo que rehusara avanzar más allá de la orden de diaconado. Pero después de muerto el abad Isaac aceptó la abadía de Corbie, puesto al que renunció alrededor de 853 para dedicarse sin estorbos al estudio. Mientras tanto asistió a los sínodos de París (847) y Quiercy (849). Produjo varias biografías y obras dogmáticas –especialmente aportes en Mariología– y extensos comentarios sobre Mateo, el Sal. 44 y Lamentaciones; pero *De corpore et sanguini Domini* (831) es su obra más famosa. Su realista interpretación de la presencia de Cristo en el sacramento, gráficamente representada como la propia carne crucificada y resucitada del Señor, provocó la ruda oposición de →Ratramno y de →Rabán Mauros y más adelante dio paso a una explicación aristotélica más sutil. JAMES DE JONG

PASCUA DE RESURRECCION. Celebración de la resurrección de Cristo. Las Escrituras no mencionan la observancia de la P. como el día de la resurrección. No obstante todas las evidencias sugieren que la celebración de la muerte y resurrección de Cristo comenzó en fecha muy temprana en la historia de la iglesia, probablemente en la época apostólica. Pareciera ser que los cristianos del s.I trataron conscientemente de crear un paralelo cristiano de la P. judía. Esto daba la íntima relación entre el significado del acontecimiento del AT y la crucifixión en el NT hacían lógica y fácil la transformación de la festividad judía en la P.

Después del 100 d.C., la Pascua, el Pentecostés y la →Epifanía llegaron a ser las partes finales del año eclesiástico. El tiempo de la celebración en aquellos tempranos años resulta oscuro, pero durante los ss.II y III surgieron serias controversias entre algunas iglesias católicas y la iglesia de Roma con respecto al tiempo adecuado para celebrar la resurrección de Cristo. El grupo oriental, conocido como →cuartodecimanista, insistía en que la P. fuese celebrada el 14 de Nisan. Básicamente la controversia tenía que ver con el asunto de si el día pascual de los judíos o el sábado cristiano (domingo) debería determinar el tiempo de la conmemoración, y si bien el día de la crucifixión o el día de la resurrección debería ser el punto esencial para celebrarlo. Fue una lucha prolongada y, hacia fines del s.II, se volvió tan candente que Víctor, el obispo de Roma, denunció como herejes a los cuartodecimanistas. La controversia finalmente fue resuelta en 325 por el Concilio de Nicea; se declaró que la P. debería celebrarse el primer domingo después de la luna llena de primavera y nunca el 14 de Nisan. Debido a los diferentes cálculos, la fecha de conmemoración de las →Iglesias Ortodoxas Orientales varía en relación con la que observan las Iglesias Occidentales, y puede ser hasta cinco semanas posterior.

C. GREGG SINGER

PASCUAL II (m.1118). Papa desde 1099. Monje italiano, carente de la astucia mundana de su predecesor, →Urbano II. Encaró el no resuelto problema de la investidura, al principio con aparente éxito. En Inglaterra, la disputa entre Anselmo y Enrique I se resolvió en 1107 cuando Enrique renunció al derecho de conferir la investidura con los símbolos espirituales, reteniendo en cambio el derecho a recibir homenaje por las temporalidades antes de la consagración y a estar presente en las elecciones episcopales. Con Luis VI de Francia se llegó a un acuerdo similar, aunque éste se dio por satisfecho con un juramento de lealtad en vez del homenaje.

Dichos acuerdos no son directamente atribuibles a P., pero junto con la primera cruzada, acrecentaron mucho el prestigio del papado. En el Imperio, apoyó la rebelión de Enrique V contra su padre, pero encontró que aquél tampoco rehusaba renunciar a la investidura. P. lo denunció en diversos sínodos, pero cuando Enrique se presentó en Roma para su coronación, increíblemente P. convino en renunciar a sus regalías, derechos y posesiones seculares de la iglesia, si Enrique renunciaba a la investidura. Esto provocó en la iglesia airadas reacciones, y obispos y príncipes ayudaron a crear agitación con proporciones de tumulto en la coronación de Enrique en 1111. Pero la capitulación de P. no bastó a la conciencia reformadora de la iglesia y ya en 1116 él condenaba sus propias concesiones. Expulsado de Roma en 1117, al año siguiente regresó y murió. El hecho de que las regalías en cierto sentido surgieran durante su reinado como un derecho real, influyó de modo importante en el concordato a que al fin se llegó. C. PETER WILLIAMS

PASCUALES, CONTROVERSIAS →CONTROVERSIAS PASCUALES

PASIONISTAS. Nombre popular de la "Congregación de los Clérigos Descalzos de la Santísima Cruz de Nuestro Señor Jesucristo", fundada en 1725 por Pablo de la Cruz. La primera casa o "retiro" se inauguró en Mt. Argentaro (Italia) (1737). Después de 1840 la orden se expandió, fundando casas en trece países en Europa y América. En Inglaterra, fueron los primeros religiosos posteriores a la Reforma que vivieron estricta vida comunal y usaron su hábito en público. Con énfasis en la vida contemplativa, toman un cuarto voto para avivar en los fieles el recuerdo de la pasión de Cristo. Sus principales actividades son las misiones y los retiros. Usan hábito negro con un corazón blanco como emblema con la leyenda, *Jesu XPI Passio.*

Las monjas pasionistas, fundadas por Pablo con Faustina Gertrudis (la Madre María Crucificada), fueron aprobadas por Clemente XIV en 1770. Estrictamente enclaustradas y contemplativas, toman el cuarto voto y practican la devoción a la pasión. Tienen conventos en Europa, América y Japón.

J.G.G. NORMAN

PASTOR DE HERMAS →HERMAS

PASTOR, LUDWIG VON (1854-1928). Historiador eclesiástico. N. en Aquisgrán de padre protestante y madre católica. Para 1874 había decidido escribir una historia de los papas. Desde el inicio de su carrera académica trabó amistad con el historiador Johannes Jenssen; más adelante ambos colaborarían en varios libros. P. estudió en Lovaina, Bonn, Berlín, Viena; obtuvo su doctorado en la Universidad de Grosz en 1878. Parece haber tenido que ver con la apertura de los archivos del Vaticano para los eruditos en 1883. Enseñó en la universidad de Innsbruck entre 1881 y 1901; fue director del Instituto Histórico Austríaco de Roma; finalmente fue embajador austríaco ante la Santa Sede en 1920. Su principal obra fue *Geschichte der Päpst seit dem Ausgang des Mittelalters ("Historia de los papas desde la Edad Media").* (16 vols., 1886-1933). Se basó en extensa investigación en el Vaticano y en más de otros 200 archivos europeos. Opinaba que únicamente los católicos romanos podían realmente comprender e interpretar la historia papal.

ROBERT SCHNUCKER

PATARIA. Movimiento laico de reforma en el N de Italia a fines del s.XI, dirigido contra la inmoralidad clerical. Con su centro en Milán, apuntó primordialmente hacia el arzobispo y otros sacerdotes simoníacos, pero también hacia los laicos de clase alta que subrepticiamente habían ingresado en las filas religiosas por medios igualmente faltos de ética. Algunos p. radicales, como predicadores laicos, tronaban contra aquellos clérigos corruptos, prohibían a los fieles acudir a su ministerio y por medios violentos echaban de sus altares y beneficios a los sacerdotes y obispos refractarios. El estímulo papal irritó a los monarcas alemanes cuyo clero solo había recibido autorización real (laica); la reforma se convirtió así en un elemento de la larga lucha entre el papa y el emperador por la →investidura. Hacia 1075, tras la extirpación de los elementos más corruptos del clero norteño, el movimiento pronto se disolvió. La actividad de los p. produjo el fortalecimiento de la autoridad política del papa en Lombardía y también sirvió para destruir una red eclesiástica establecida sobre prácticas simoníacas.

H. CROSBY ENGLIZIAN

PATON, JOHN GIBSON (1824-1907). Misionero presbiteriano pionero de las Nuevas Hébridas. N. en Kirkmahoe, cerca de Dumfries, Escocia. Se educó en la universidad de Glasgow y estudió teología en la Facultad mayor de teología de la Iglesia Presbiteriana Reformada de Escocia. Durante 1847-57 fue misionero en la ciudad de Glasgow. Al finalizar este período fue ordenado por su iglesia como misionero a las Nuevas Hébridas. Junto con su esposa salió de Glasgow en 1858 hacia la isla de Aneityum en las Nuevas Hébridas y luego fueron misioneros pioneros en la isla de Tanna. Su esposa murió de parto en 1859. La vida de P. corría peligro casi cada día y él hubo de abandonar la isla en 1862. Se convirtió en embajador viajero de la misión de las Nuevas Hébridas. En 1864 consiguió más reclutas en Escocia y se volvió a casar. En 1866 se trasladó a la isla de Aniwa y obtuvo la conversión de la mayor parte de los isleños. Luego de muchos años de ardua labor en las islas, en la década de 1880 convirtió a Melbourne, Australia, en centro de operaciones para la obra de mantener la misión. Hasta su muerte recorrió el mundo en pro de la misión. En la Conferencia Misionera Ecuménica de 1900 en Nueva York se le ovacionó como gran líder misionero. Su autobiografía (1889) publicada por su hermano, fue un medio eficaz para obtener apoyo para la misión.

NOEL S. POLLARD

PATRIARCA. Título usado desde el s.VI, especialmente en la Iglesia Oriental, para designar a los obispos de las cinco sedes principales de la cristiandad: →Roma, →Alejandría, →Antioquía, →Constantinopla y →Jerusalén.

El p. es el jerarca más alto en la Iglesia →Greco-Ortodoxa, cuyo gobierno es oligárquico. Esta Iglesia no reconoce el gobierno monárquico (papal) de la ICR. Considera al obispo de Roma como el "P. del Occidente" pero el papa rechaza este título porque lo coloca al mismo nivel de los demás patriarcas.

Los p. nombran (consagran) a los obispos →metropolitanos y tienen jurisdicción sobre ellos.

En tiempos recientes se ha dado el título de P. a los dirigentes máximos de ciertas otras iglesias autocéfalas: las de →Rusia, →Serbia (en Yugoslavia), →Rumania, Bulgaria y Georgia.

Se le concede cierta preeminencia al P. de Constantinopla, por tanto lleva el título de "P. Ecuménico". En la Iglesia de Roma a veces se usa el título de p. pero generalmente como título honorífico sin significado jurisdiccional. WILTON M. NELSON

PATRIARCA ECUMENICO. El →patriarca de Constantinopla, ciudad que desde el concilio de Calcedonia (451) ha sido considerada como sede suprema de la →Iglesia Ortodoxa Oriental. Su esfera de jurisdicción en su propia área geográfica ha disminuido considerablemente. En los años después de la Guerra Mundial I los turcos casi la abolieron alegando que era centro de intrigas pro alemanas, acusación reiterada en tiempos más recientes en relación con el trato que los griegos daban a la minoría turca en Chipre. Antiguamente este patriarca tuvo autoridad civil sobre la comunidad griega de Constantinopla (moderna Estambul), pero ahora sus funciones están restringidas a asuntos eclesiásticos.
J.D. DOUGLAS

PATRICIO DE IRLANDA (c.390-c.461). Sus fechas, origen y carrera desde hace mucho han provocado controversias entre los historiadores. Las únicas fuentes seguras al respecto son sus breves escritos: *La Confesión* y *Carta a los sujetos cristianos del tirano Corótico,* con frecuencia erróneamente llamada *Carta a Corótico.* Esos escritos se han suplementado con muchas tradiciones medievales en gran parte carentes de valor. Parte de la dificultad es que las fuentes medievales puede que hayan confundido a P. con Paladio, que fue enviado por el papa Celestino a Irlanda en 431. Los escritos de P. no dan indicios de nexo alguno con Roma. Consideraciones lingüísticas y de otro orden sugieren que él recibió su preparación teológica en Gran Bretaña; las particularidades del latín vulgar que empleó indican un trasfondo británico.

No pueden fijarse con certeza las fechas de la vida de P. Calpurnio, su padre, fue un diácono y magistrado romano *(decurio),* hijo de Potito, un presbítero. El lugar de su nacimiento se determina en *La confesión* como Bonavem Taberniae, y más adelante dice que sus padres vivieron en Gran Bretaña, a la que llama su patria. Es muy probable que su pueblo natal haya sido Old Kilpatrick, cerca del pueblo escocés de Dumbarton. Tenía 16 años cuando se lo llevaron cautivo unos merodeadores de Irlanda y fue esclavo en Antrim del E, cerca de una colina llamada Slemish, al servicio de un agricultor llamado Milchu. De este período data su conversión. Dice él: "El Señor me hizo patente la sensación de mi incredulidad para que yo pudiera recordar mis pecados y pudiera retornar de todo corazón al Señor mi Dios". Luego de seis años huyó del cautiverio y consiguió pasaje probablemente a Escocia. Pero no permaneció mucho en su hogar. Una visión nocturna lo llamó a regresar a Irlanda, adonde volvió c.432. Su ministerio y recorridos en Irlanda durante los siguientes 30 años son nebulosos, aunque tema de muchas leyendas; pero puede aceptarse la opinión de que viajó por toda Irlanda y que ejerció considerable influencia sobre los caudillos irlandeses de su tiempo. Mantuvo especiales lazos con Tara, Croagh Patrick y Armagh. No cabe duda de que quebrantó el poder del paganismo en Irlanda y de que su enseñanza era bíblica y evangélica; asimismo que la iglesia que fundó fue independiente de Roma. Fue sepultado probablemente en Downpatrick. HUGH J. BLAIR

PATRIMONIO DE SAN PEDRO. Así se denotan la riqueza y posesiones materiales de la ICR. Históricamente se refiere a donaciones de tierras en favor de la Santa Sede en 754 y 756 por →Pipino el Breve. Dichas donaciones comprendían lo que luego se llamó →Estados Papales. La donación de Pipino es significante en cuanto inició el poder temporal del obispo de Roma y sus acontecimientos correlativos fueron el comienzo de la pretensión de Roma a la supremacía papal sobre las coronas de Francia y Alemania. El poder temporal del papa sobre esta amplia porción de Italia finalizó en 1870, cuando durante el →*Risorgimento* italiano el rey Víctor Manuel tomó posesión de Roma como capital de una Italia libre y unificada. El poder económico del papa, sin embargo, fue restaurado por Mussolini cuando en 1929 firmó el Tratado de →Letrán. Este declaraba a Roma ciudad santa, la retornaba al dominio espiritual de la Iglesia de Roma, establecía el autónomo estado del Vaticano y otorgaba a la Santa Sede una indemnización de $90 millones por los territorios perdidos en 1870. Dicha suma se invirtió en la economía de Italia y en el extranjero.

Cálculos de 1971 afirmaban que el Vaticano era la mayor entidad financiera del mundo y Nino Lo Bello dice que en 1970 la riqueza del Vaticano alcanzaba $5.6 billones. En 1962 el parlamento italiano investigó la economía italiana y declaró a la ICR sujeta al pago de impuestos a las sociedades comerciales en sus inversiones. El Mercado Común Europeo acordó en diciembre de 1970 que no son aplicables al Vaticano las exenciones de impuestos dentro de este Mercado. Pablo VI modernizó la administración financiera del Vaticano en 1968 estableciendo la prefectura de asuntos económicos de la Santa Sede y bajo ésta creó la Administración del patrimonio de la Santa Sede. A ésta corresponde supervisar las inversiones mundiales del Vaticano. ROYAL L. PECK

PATRIPASIANOS →MONARQUIANISMO; SABELIANISMO

PATRONATO REAL. Estructura eclesiástica y real vigente en AL durante la época colonial. Fue otorgada por el papa →Julio II a los reyes españoles el 28 de julio de 1508, por la bula *Universalis ecclesiae.*

Otras bulas anteriores, de →Alejandro VI, sirven de antecedente a las concesiones hechas por Julio II. La del 4 de mayo de 1493 concedía a los reyes católicos el dominio sobre las Indias y el privilegio de cristianizar a los nativos. Y la del 16 de nov. de 1501 le otorgaba a la corona los diezmos y primicias de la Iglesia en las Indias.

El P.R. establecía el derecho de los monarcas de tomar decisiones eclesiásticas que afectaban a la Iglesia en la América colonial (tales como: erigir diócesis, nominar obispos y fundar parroquias). También establecía los beneficios económicos que acompañaban estas intervenciones. La corona se convirtió así en defensora tanto de la Iglesia como del Estado en América. Se trataba, pues, de una intervención civil en asuntos eclesiásticos. Pero a su vez este privilegio, concedido por el papa, protegía a la Iglesia en su empresa misionera. De hecho, los evangelistas, junto con los colonos y juristas, constituyen las instrumentalidades de penetración política, económica y social en la conquista y colonización de América. Esta relación eclesiástico-jurídica se vio plasmada en las Leyes de Indias como el aparato jurídico del Estado en América. Como manifestación ideológico-teológica, el P.R. constituye la unión del trono y el altar basada en el predominio cultural, político y religioso.

Muchos de los privilegios otorgados mutuamente por la Iglesia y el Estado durante la colonia, sobreviven después de las guerras de Independencia en los →Concordatos.

CARMELO E. ALVAREZ

PATTAYA, 1980. Consulta sobre la evangelización mundial celebrada en la ciudad de Pattaya, Tailandia, del 16 al 27 de junio de 1980. Dos congresos sobre evangelización habían antecedido a esta Consulta, uno en Berlín (1966) y otro en Lausana (1974). Por cierto el "Pacto" de Lausana constituyó el marco teológico y misiológico para la Consulta, y la Comisión de Lausana sobre la Evangelización Mundial la patrocinó. La orientación y la participación en la Consulta fueron conservadoras, aunque también asistieron algunos observadores ecuménicos. Hubo 650 delegados provenientes de 87 países, en su gran mayoría del Tercer Mundo.

La Consulta fue una "conferencia de trabajo" que produjo 18 documentos de estrategia sobre los diversos pueblos todavía por alcanzar con el evangelio. Se habían comenzado estos estudios en muchas partes del mundo y desde dos años antes de la fecha de la Consulta.

La Consulta emitió un nuevo mandato para que la Comisión de Lausana continuara su ministerio. Se rechazó la idea de una consolidación inmediata con el →Compañerismo Evangélico Mundial, pero se recomendó que las comisiones teológicas de los dos grupos se incorporaran. También se recomendó que la Comisión "se declare abierta a una relación fraternal con cualquier cuerpo o movimiento que esté comprometido con la evangelización mundial y que esté en completo acuerdo con el Pacto y el espíritu de Lausana". Se reconoció la contribución "de otros ministerios cristianos que no responden directamente a las iglesias", pero la Consulta afirmó que "es la iglesia local la que debe practicar las oportunidades de compañerismo, culto, enseñanza y servicio".

Se aprobó una "Declaración de Tailandia", la cual subrayó la compasión evangelística hacia los dos mil millones que "no han tenido la oportunidad de recibir a Cristo" y la necesidad de alcanzarlos con testigos transculturales. Se reconoció la necesidad de la humildad en esta tarea evangelizadora para superar obstáculos tales como el imperialismo, la esclavitud, la persecución, el orgullo racial, el prejuicio, la opresión sexual, la insensibilidad cultural y la indiferencia al necesitado y sin poder. La Consulta enfatizó la necesidad de la cooperación evangélica dentro de un marco de enseñanza bíblica.

MIGUEL BERG W.

PAULA (347-404). Matrona romana, descendiente de los Gracos y de Escipión y amiga de Jerónimo. Madre de cinco hijos, tenía 33 años cuando se dedicó a la vida ascética. En 385, junto con su hija Eustoquia siguió a →Jerónimo a Palestina, a pesar de los ruegos de sus demás hijos. Tras visitar los santos lugares y ermitas en los desiertos egipcios, se establecieron en Belén, donde P. fundó tres conventos para monjas y un monasterio. Donó lo que restaba de sus riquezas y murió en la pobreza. J.D. DOUGLAS

PAULICIANOS. Secta antijerárquica evangélica que se originó en el s.VII (quizá antes) en las fronteras orientales de Roma, en Armenia, Mesopotamia y Siria del N. Sus doctrinas características incluyen: Cristología →adopcionista; rechazo de la →mariolatría, las imágenes y la hagiolatría; la autoridad de las Escrituras (estimaban especialmente a Lucas y a Pablo y rechazaban el AT, igual que Marción); el bautismo de creyentes. Algunos, pero no todos, eran dualistas, aunque repudiaban el →maniqueísmo. Las primeras referencias a ellos aparecen en 719, cuando Juan Otzin, →catholicos de Armenia, advertía contra "los hombres obscenos llamados p.". Puede que el nombre se derive de su estimación hacia el apóstol Pablo o de →Pablo de Samosata (con cuyas enseñanzas tenían cierta afinidad), o de un Pablo desconocido que aprendió la doctrina de su madre, Callinike.

Su fundador probablemente fue Constantino-Silvano (c.640) de Mananali, aldea maniquea cercana a Samosata, el cual laboró en Cibossa durante 27 años antes de ser muerto por lapidación (c.684). Su perseguidor, Simeón, se convirtió y llegó a ser el sucesor de Constantino y murió mártir (690). La secta fue protegida por el emperador Constantino Coprónimo (741-775), el cual probablemente era pauliciano. Se multiplicaron mucho, especialmente bajo Sergio Tiquico (801-35). La salvaje persecución bajo la emperatriz Teodora (842-57), en la cual unos 100.000 fueron martirizados, se convirtió en guerra de exterminio bajo Basilio. Aunque durante algún tiempo victoriosos bajo la jefatura de Carbeas y Chrysocheir, con ayuda de los sarracenos entre los cuales hallaron refugio, luego de asesinado Chrysocheir (873), los p. fueron diezmados y se dispersaron.

En 973 Juan Zimisces transportó una numerosa colonia de p. a Tracia, y eficazmente introdujo en Europa sus ideas. Continuaron existiendo en comunidades esparcidas en Armenia, Asia Menor y los Balcanes; fueron influyentes por lo menos hasta el s.XII y llegaron a extenderse hasta Italia y Francia. Probablemente evolucionaron hasta convertirse en sectas o amalgamarse con grupos como los →bogomiles, →cátaros y →albigenses. Los cruzados los encontraron por todas partes en Siria y Palestina. Los anabaptistas en el s.XVI entraron en contacto con grupos al parecer p. Una colonia que mantenía sus doctrinas se estableció en la Armenia rusa en 1828, llevando consigo el manual de doctrina pauliciana, *La Clave de la Verdad.* J.G.G. NORMAN

PAULINOS →BARNABITAS

PECADO MORTAL Y VENIAL. Es pecado, según la doctrina católica, toda desobediencia voluntaria a la ley de Dios, ya sea por pensamiento, deseo, palabra, obra u omisión.

El pecado, sin embargo, puede ser mortal o venial. Es mortal cuando se trata de una desobediencia a la Ley de Dios en materia grave y realizada con plena advertencia y perfecto consentimiento. Y llámase "mortal" porque priva al cristiano de la vida de la gracia y le hace merecedor de las penas del infierno.

Por el contrario, se considera venial la desobediencia a la ley de Dios en materia leve, o en materia grave, sin plena advertencia o sin perfecto consentimiento. Y se llama "venial" porque disminuye solo el fervor de la virtud de la caridad, predispone al cristiano para el pecado mortal, y le hace merecedor de las penas del →purgatorio.

Según el Concilio de →Trento, en virtud de una ordenación divina, el cristiano tiene obligación de confesar todos los pecados mortales indicando su especie, número y circunstancias que cambien la especie.

En los primeros siglos de la era cristiana la →confesión se limitaba a los pecados gravísimos, sobre todo a los llamados capitales. La confesión de los veniales empezó a usarse primero como ejercicio disciplinario, y más tarde, como confesión sacramental. El Con-

cilio de Trento defendió la costumbre eclesiástica de confesar también los pecados *veniales*.
ENRIQUE FERNANDEZ Y FERNANDEZ

PECADO ORIGINAL. Condición universal del pecado que afecta a toda la humanidad. Se considera original porque (a) viene de nuestros primeros padres e introduce el mal al origen de la existencia humana, (b) todo ser humano nace con este pecado y (c) es la fuente u origen del pecado actual (la naturaleza pecaminosa congénita de la que emanan los actos de pecado que el ser humano comete). En una dimensión más amplia, se refiere a la condición caída de la humanidad, la sociedad y la naturaleza (Gn. 3) y así a las estructuras del mal y del desorden que envuelven al ser humano desde su nacimiento.

Los rabinos judíos atribuían el pecado universal especialmente a la caída de los hijos de Dios (Gn. 6:1-4), de la que resultó el "impulso pecaminoso" o la depravada "imaginación del alma" (Gn. 6:5; 8:21) que impulsa a todos los humanos hacia el mal. Pablo fue el primero en basar el pecado universal en el relato de la caída (Gn. 3), interpretado a la luz de Cristo: como la obediencia de Cristo alcanza a toda la humanidad, de manera paralela todos están involucrados en la primigenia desobediencia de Adán (Ro. 5:15-21; 1 Co. 15:21,22,45-49). Por otra parte, J. Porfirio Miranda ha atribuído aun mayor importancia a los relatos de Caín y Abel (Gn. 4) y de Sodoma y Gomorra (Gn. 18) para la interpretación bíblica del tema.

Para →Tertuliano, el congénito impulso al mal consiste en la concupiscencia, que se transmite por la procreación biológica. →Orígenes, en cambio, lo atribuye a la caída espiritual y pre-temporal de las almas personales preexistentes en el cielo. Para →Agustín, toda la humanidad preexistía seminalmente en Adán (Ro. 5:12-14 y Heb. 7:9,10) ya que se dice que Leví estaba presente en los "lomos de Abraham", de modo que todos cometimos realmente el pecado original de Adán y compartimos su culpa, la cual es imputada a todo su linaje. Mientras Adán antes de caer estaba tanto en la situación de *"posse pecare"* como *"posse non pecare"*, después de su desobediencia todos estamos en la situación de *"non posse non pecare"* y la raza humana es una *"massa damnitionis"*. Contra Agustín, →Pelagio negó el pecado original y afirmó que todos tienen la misma libertad de escoger entre el bien y el mal y de vivir sin pecado, a pesar del mal ejemplo de Adán. Para Pelagio, el pecado consiste solo en actos malos cometidos conscientemente, y no en una naturaleza pecaminosa.

En la teología católica que emergió de la edad media, el pecado original es principalmente la pérdida del "freno dorado" *(donum superadditum)* que antes de la caída controlaba las pasiones de la concupiscencia. Si la voluntad obedece a la razón, puede dominar la concupiscencia (buenas obras), pero si la voluntad se somete a los impulsos de la carne, por falta del "freno" por el cual Adán podría haber mantenido la armonía de su ser bajo el dominio de la razón, el hombre cae en el pecado. Los nominalistas afirmaban la capacidad de la voluntad humana de cultivar por su fuerza inherente el amor hacia Dios.

Los reformadores reafirmaron y precisaron la doctrina agustiniana del pecado. Tanto Lutero como Calvino insistieron en la condición radicalmente pecaminosa del ser humano (pecado original, depravación total), pero contra el trasfondo de un alto concepto del ser humano como *imago dei* en el designio original del Creador. Por "depravación total" la teología reformada entiende que (a) el pecado ha dañado a todo el ser humano, no solo a su concupiscencia sino también su voluntad y su intelecto, y (b) el daño es tan radical que el hombre es totalmente incapaz de vencer al pecado y así merecer la vida eterna por justicia propia. El pecado original nos inclina al mal en todo lo que hacemos, debido al egoísmo que nos domina. Para Lutero, el pecador es *incurvatus in se*, es decir, torcido en su egocentricidad.

La teología del pacto del s.XVII elaboró más la teología de los reformadores, afirmando tanto la imputación de la culpa de Adán a todos (ya que es cabeza federal representativa de la humanidad) como también la transmisión de la corrupción moral a toda la naturaleza humana (depravación total).

El liberalismo (→MODERNISMO) del s.XIX afirmaba la doctrina optimista de la evolución del bien, relativizando drásticamente el concepto bíblico del pecado. →Barth, →Brunner y especialmente →Niebuhr han polemizado vehementemente contra este optimismo humanista del liberalismo como naturalista y humanista (greco-romano) y renacentista, que confía en el triunfo evolutivo del bien sin ninguna razón para buscar la realización del bien en Cristo. Niebuhr reinterpreta la doctrina de "justicia original" y "pecado original" en el capítulo X de *Naturaleza y Destino del Hombre.*

Teilhard de Chardin, en su evolucionismo cosmo-crístico, topó con el problema del pecado y provocó críticas y condenas por su rechazo de la doctrina de pecado original. Veía el mal, como también el desorden, la multiplicidad y el sufrimiento, como aspectos necesarios de la evolución del mundo hacia su plena unidad en Cristo como Punto Omega. Aunque otros teólogos como el católico H. Hagg, han negado el pecado original, la teología contemporánea tiende a reconocer la realidad radical del mal. Juan Luis Segundo trata el tema ampliamente en *Evolución y culpa* ("Teología abierta para el laico adulto", tomo V). JUAN E. STAM

PEDRO CANISIO →CANISIO, PEDRO

PEDRO CLAVER →CLAVER, PEDRO

PEDRO DAMIAN →DAMIAN, PEDRO

PEDRO DE ALCANTARA (1499-1562). Asceta español. N. en Alcántara. De familia noble, su nombre era Pedro Garavita; estudió en Salamanca y en 1515 profesó como franciscano. Estuvo íntimamente ligado con el controvertido movimiento de los →descalzos dentro de la orden. Esto hizo que el movimiento se extendiera a Italia, México, las Indias Orientales y Brasil. Una estatua en el Vaticano lo reconoce como restaurador de la orden. Notorio por la dureza de sus mortificaciones, fue exaltado en la autobiografía de Santa Teresa de Jesús, a quien él estimuló más tarde en la reforma carmelitana por ella emprendida. Se ha puesto en tela de juicio su paternidad del famoso *Tratado de la oración y meditación* (1556) (el libro se ha editado 175 veces y ha sido muy traducido). Canonizado en 1669, en 1826 se le nombró santo patrón de Brasil y en 1962, copatrón de Extremadura. C.G. THORNE, Jr.

PEDRO DE BRUYS (m.c.1131). Predicador herético. Comenzó en la insignificante aldea francesa de Bruys predicando contra la iglesia de aquel tiempo. Durante veinte años ejerció considerable influencia en el S de Francia y al final de sus días unió sus fuerzas a las de →Enrique de Lausana. Sus enseñanzas se conocen en gran parte mediante los escritos en que lo adversó el abad de Cluny, →Pedro del Venerable, el cual señala cinco doctrinas heréticas. P. enseñaba que el bautismo de infantes no es válido, ya que solo la fe personal puede acarrear salvación; que las iglesias son innecesarias, pues Dios atiende de acuerdo con el mérito del individuo y no del lugar; que la cruz no debía ser objeto de veneración sino de execración, pues indicaba la tortura de Cristo; que en el sacramento no hay una presencia real; y que los sacrificios, oraciones y buenas obras en favor de los difuntos no producen efecto alguno. A la raíz de estas enseñanzas está la creencia de que el cristiano debía estar preparado para interpretar los evangelios aun enfrentándose a la iglesia (evidentemente consideraba el resto de las Escrituras como inferiores a los evangelios); asimismo, un notable énfasis en la fe personal como único medio de salvación.

Sus seguidores eran parte del amplio fermento evangélico de la época, pero la iconoclastia de sus secuaces y la quema de cruces por el propio P. enfureció a la devota multitud conservadora, y P. fue quemado en la hoguera en San Giles. Los intentos por identificarlo con los →cátaros no toman en cuenta su doctrina distintiva que, con mayor claridad que casi ninguno antes de Lutero, relaciona la fe con la salvación. A sus seguidores se los llamaba "petrobrusianos".

C. PETER WILLIAMS

PEDRO DE GANTE (1476-1572?). Misionero →franciscano en →México durante la época de la conquista. N. en Gante de Bélgica. Su verdadero nombre era Peeter van de Moere. Se ha afirmado que era, en algún grado, pariente de →Carlos V, quien también nació en Gante. Su preparación universitaria y su carrera teológica fueron sólidas.

En 1524 llegaron a México los primeros franciscanos. Dos años más tarde llegó P. y se radicó por un tiempo en Texcoco; de allí pasó a la Ciudad de México, al convento de San Francisco. Había allí entonces una pequeña escuela primaria para los indígenas. Pedro amplió sus instalaciones y servicios de manera que pronto albergó hasta 600 alumnos y llegó a superar el número de 1.000. Su escuela se llamó "Escuela de San José de Belén de los naturales" la cual fue, además, un centro de artesanías y pequeñas industrias donde se enseñaba carpintería, bordado, pintura y también música. En 1529 P. fundó un colegio para mestizos, del cual salieron maestros, arquitectos y gobernadores. (En el claustro mayor del mencionado convento, hoy está establecida la Primera Iglesia Metodista de México. El edificio fue comprado en 1873 por el obispo metodista, William Butler.)

P. fue misionero amoroso y compasivo para con los indios. Para hacerse entender de los nativos aprendió su idioma, el nahuatl. Se afirma que durante su larga carrera misionera convirtió a más de 800.000 indígenas.

MANUEL V. FLORES

PEDRO EL ERMITAÑO (c.1050-1115). Predicador de la primera cruzada. N. cerca de Amiens (Francia). Era un asceta ermitaño de mediana edad cuando →Urbano II proclamó la cruzada y él de inmediato comenzó a predicarla con fervor evangélico. Atrajo un notable número de seguidores, especialmente entre los campesinos movidos por esperanzas escatológicas y estrecheces económicas. En 1096 se puso en marcha con unos 20.000 seguidores rumbo a Tierra Santa. Aquella abigarrada e indisciplinada multitud provocó la hostilidad en muchas de las regiones que atravesaban y finalmente su falta de conocimientos militares los llevó a una horrible masacre en Civitot, Asia Menor, a manos de los turcos. P. se salvó por estar ausente, y continuó participando en la cruzada. Durante el asedio de Antioquía (1098) desertó, sin embargo estuvo presente en la toma de Jerusalén (1099). De regreso en Europa fundó el monasterio de Neufmoutier. Al proliferar las leyendas, se le llegó a considerar el instigador de la cruzada, en vez de Urbano. (→CRUZADAS.)

C. PETER WILLIAMS

PEDRO EL VENERABLE (c.1092-1156). Abad y erudito francés. N. en Auvernia de noble familia. Se educó en el monasterio de Sauxillanges, de la congregación de Cluny, y profesó bajo su abad, →Hugo de Cluny, en 1109. Fue sucesivamente prior claustral de Vézelay, prior conventual de Domène, y finalmente abad superior (1122) de más de 2.000 casas subordinadas por toda Europa. P. efectuó reformas financieras y educativas, pero no logró detener la declinación general. Su interés por los estudios en Cluny le suscitó la oposición de su amigo íntimo, →Bernardo de Claraval, que solo deseaba que se impusieran la oración y el trabajo manual. P. apoyó a Inocencio II en contra del antipapa Anacleto II (monje cluniense) y obtuvo la reconciliación en favor de →Pedro Abelardo después del concilio de Sens (1140). Pero sus intentos por desviar el espíritu de cruzada de los hechos a las palabras, fracasó. P. viajó a España e Inglaterra dos veces y repetidamente estuvo en Roma, pero a menudo se retiraba a la ermita para meditar y estudiar. Sus sermones y poesías demuestran minucioso conocimiento de las Escrituras. Escribió tratados contra →Pedro de Bruys, los judíos y los sarracenos, y fue el primero que hizo traducir el Corán al latín. Tanto →Bernardo de Cluny como Federico Barbarroja lo llamaron "venerable". C.G. THORNE, Jr.

PEDRO GONZALEZ →TELMO

PEDRO LOMBARDO (c.1095-1169). Conocido como "el Maestro de las Sentencias". N. en Lombardía, se educó en Boloña y pasó a París, donde alrededor de 1141 ya había escrito un comentario sobre los Salmos y una glosa sobre Pablo, y había llegado a ser canónigo en la catedral de Nuestra Señora. En 1159 fue electo obispo de París. Debe su fama principalmente al *Libro de las Sentencias (Libri Quatuor Sententiarum),* terminado en 1157 o 1158. El libro es básicamente una compilación con numerosas citas de los Padres de la Iglesia y de contemporáneos recientes como →Anselmo de Laon, →Pedro Abelardo, →Hugo de St. Víctor, el *Decretum* de →Graciano, la anónima *Summa Sententiarum,* y los cánones de Ivo de Chartres. El gran mérito de L. fue organizar dichos materiales en un sano, breve y objetivo resumen de doctrina.

La obra se divide en cuatro libros: (1) "Del misterio de la Trinidad"; (2) "Sobre la creación y formación de los objetos corporales y espirituales y muchas otras cuestiones relativas"; (3) "Sobre la encarnación del Verbo y otras cuestiones relativas"; (4) "Sobre los sacramentos y los signos sacramentales". Demostró originalidad en el arreglo de los textos, en el empleo de diversas corrientes de pensamiento y en evitar los extremos entre autoritarios y dialécticos, y en presentar la teología de los sacramentos. Fue el primero en insistir en el número siete como el adecuado agrupamiento de los sacramentos, para diferenciarlos de los sacramentales, y en afirmar que aquellos son no simplemente "signos visibles de la invisible gracia" sino también "la causa de la gracia significada".

La obra de L. marcó la culminación de una larga tradición de pedagogía teológica. Alrededor de 1222 →Alejandro de Hales la había incorporado a su curso teológico como texto normal y de ahí pasó al plan de estudios de otras universidades europeas hasta el punto de que todo candidato en teología tenía que comentarla como preparación para el doctorado.

Se continuó usando y comentando la obra de L. (tan solo en Inglaterra se escribieron 180 comentarios sobre ella) hasta bien entrado el s.XVII, cuando finalmente fue sustituida por la obra de →Tomás de Aquino, ampliada por →Cayetano. No obstante la amplia aceptación, hubo quienes adversaron las enseñanzas de L. en vida de éste, y después. Contemporáneos como Roberto de Melun le criticaron su evidente aceptación de la enseñanza de →Abelardo según la cual, en Cristo, Dios no es hombre sino que posee humanidad. Tal tesis, llamada "nihilismo cristológico", fue condenada por el papa →Alejandro III (1177). A fines del s.XII la doctrina trinitaria de L. fue adversada por Gilbert de la Porrée y →Joaquín de Fiore. Esfuerzos por hacer condenar su obra fracasaron y en el Concilio Lateranense IV (1215) se condenó al joaquinismo, y a L. se le reconoció como ortodoxo. Pero continuaron las disputas y de los ss.XIII y XIV se conservan listas de "artículos en que el Maestro de las Sentencias no es unánimemente aceptado por todos".

ROBERT G. CLOUSE

PEDRO MARTIR (Pietro Martire Vermigli) (1491-1562). Reformador protestante. N. en Florencia y fue dedicado por su padre a San →Pedro Mártir (m.1252). →Beza lo describió como "fénix surgido de las cenizas de Savonarola". Educado por la orden agustiniana, se hizo monje y llegó a ser prior del monasterio napolitano de San Pedro-ad-aram. Influido al principio por →Juan de Valdés, pronto se entregó a la lectura de →Bucero y →Zwinglio, llegando a ser asiduo estudioso de la Biblia. →Ochino fue su camarada de búsqueda espiritual. Por sus opiniones no ortodoxas P. fue trasladado a Luca como prior de San Frediano. Allí su predicación expositiva atrajo grandes multitudes. Reclutó para el monasterio a maestros tales como G.E. Tremellius y G. Zanchius.

Habiendo adoptado plenamente las tesis protestantes, escapó de Italia y se refugió en Zurich y después en Basilea. Luego, con el auxilio de Bucero fue nombrado profesor de teología en Estrasburgo, en donde pasó cinco años, durante los cuales se casó con Catalina Dammartin, una exmonja. Aceptó junto con Ochino la invitación de T. →Cranmer para visitar a Inglaterra. Obtuvo del gobierno una pensión de cuarenta marcos y en 1548 fue nombrado *"regius professor"* de Oxford. Su predicación en Christ Church, de la cual fue canónigo, atrajo mucha atención. Ingresó de lleno en la religión inglesa y participó en la redacción del Libro de Oración de 1552, en la reforma del derecho canónico y en el debate sobre la Santa Comunión. Sus opiniones airaron a muchos del clero de Oxfordshire.

Tras la accesión de María Tudor fue encarcelado pero mediante la ayuda de S. →Gardiner se le permitió regresar a Estrasburgo, donde recobró su cátedra. Pero por causa de su teología de la Santa Comunión juzgó necesario buscar nuevo domicilio en Zurich. Allí entabló excelentes relaciones con →Bullinger y con los refugiados ingleses allí establecidos. Fue nombrado profesor de hebreo y tuvo una pequeña participación en la preparación de la Segunda →Confesión Helvética.

PETER TOON

PEDRO NOLASCO (c.1182-1249 ó 1256). Cofundador de la orden de Nuestra Señora del Rescate (→MERCEDARIOS). N. en Barcelona o Languedoc, probablemente de familia de comerciantes. Vivió una vida que fue después oscurecida por la leyenda y por documentos falsificados. En alguna fecha entre 1218 y 1234 (probablemente en este último año) fundó los mercedarios con base en una constitución obtenida de un dominico, →Raimundo de Peñafort, y con ayuda de éste. En 1235 →Gregorio IX aprobó la orden bajo la regla agustiniana y el rey Jaime de Aragón le otorgó su ayuda. La orden trabajó en España y en Africa para rescatar a los cristianos subyugados o aterrorizados por los moros. El propio P. estuvo cautivo en Argel. Murió en Barcelona, y fue canonizado en 1628. Su orden cuenta actualmente con 1.000 miembros.

JOHN GROH

PEGUY, CHARLES PIERRE (1873-1914). Escritor y poeta católico francés que reflejó el conflicto espiritual entre la fe católica y el ideal socialista bajo la Tercera República. Abandonó la formación religiosa recibida en el *lycée* y pronto se vio arrastrado al debate del caso Dreyfus (1894). Aquel escándalo lo convenció de la decadencia de la iglesia tradicional y de los ideales sociales y lo impulsó a echar su suerte con los pobres y desheredados de la sociedad. Ingresó en el partido socialista dirigido por Jean Jaurès, pero en 1900 ya estaba en problemas por sus críticas contra los dirigentes y sus métodos. Los *Cahiers de la Quinzaine* (225 ediciones, 1900-1914), artículos y ensayos ocasionales que editaba desde la librería que había establecido, fueron su tribuna. Comenzó a sospechar que el socialismo a la Jaurès era bueno solo a medias sin la dimensión de una *mystique,* que él comenzó a descubrir en el catolicismo medieval; en verdad, al mundo moderno también le faltaba esta dimensión crucial. Por 1908 P. volvió a llamarse católico. Mientras su primera versión de Juana de Arco (1897) concebía la salvación secularmente, su nueva versión (1910) demostraba una comprensión sinceramente más profunda de la espiritualidad católica. *Eve* (1913) fue la principal expresión de su fe cristiana. Entre 1909 y 1913 publicó diversos ensayos y *mystères* poéticos sobre temas medievales. Murió en batalla (1914). Solo mucho más adelante (década del 40) se despertó amplio interés por su obra.

C.T. McINTIRE

PELAGIANISMO. Movimiento ascético de claro énfasis teológico, cuyo nombre se deriva de Pelagio, moralista cristiano. Britano bien educado, que había estudiado derecho, P. estuvo en Roma c.383-409/10 enseñando acerca de la perfección cristiana en círculos aristocráticos asociados con Rufinos de Aquileia y Paulino de Nola. Atacó la denigración del matrimonio que Jerónimo hacía, sin aceptar la equiparación entre matrimonio y castidad, que hacía →Joviniano; fustigó las consecuencias que se derivaban de la oración de Agustín (Confesiones 10:29-40), "Da lo que ordenes y ordena lo que elijas". Sus *Exposiciones de las trece epístolas de Pablo* se inspiran en Agustín (p.e. el *Libre Albedrío*), "Ambrosiaster", y Orígenes-Rufino, pero quizá ya criticaba las opiniones de Agustín. Escribió también *El endurecimiento del corazón de Faraón, Fe en la Trinidad* (antiarriana y antiapolinar); *Virginidad* y *La Ley;* y manifiestos ascéticos a Demetrias y Celantia. P. procuró ser un maestro católico, especialmente adverso al maniqueísmo, que estimulaba el pesimismo moral y el fatalismo y, al igual que el extremismo de Jerónimo, desacreditó el ascetismo. Consideraba la iglesia como la comunidad de los bautizados (adultos) consagrados a ideales perfeccionistas, y magnificaba la incorruptible capacidad creada del hombre para la libertad respecto al pecado. La gracia abarcaba esta capacidad dada por Dios, también la iluminación de la instrucción y el ejemplo, y el perdón de los pecados.

Mario Mercator dice que P. se inspiró en →Rufino "el sirio", pero la influencia de éste es más evidente en →Celestio y el pelagianismo africano. Las afinidades orientales de las ideas pelagianas, p.e. en →Teodoro de Mopsuestia, requieren mayor investigación.

El ataque godo contra Roma dispersó el círculo pelagiano; muchos pasaron al Africa por la vía de Sicilia. La posterior presencia de pelagianos (incluyendo a Celestio) en Sicilia, está corroborada por Agustín y por los escritos (*Riquezas, Malos maestros, La posibilidad de no pecar, Castidad,* etc.) de un siciliano anónimo, que propugnaba un severo ascetismo y negaba la salvación a los ricos a menos que renunciaran a sus riquezas.

En Cartago, las opiniones de Celestio sobre el bautismo de infantes y el pecado original fueron condenadas por clérigos tradicionalmente sensibles a dichos temas. (Fue en 411 cuando los →donatistas y los católicos se reunieron en Cartago; se notaban similitudes entre donatistas y pelagianos, p.e. en eclesiología.) Paulino de Milán fue el principal acusador.

Lo que primero llamó la atención de Agustín respecto a Celestio fue su afirmación que a los infantes se les bautizaba para su santificación y no para obtener perdón. Escribió *Los méritos y la remisión de pecados* en defensa del →pecado original, pero mantuvo su respeto hacia Pelagio, con quien compartía amigos y enemigos; solo criticaba las extravagantes pretensiones ascéticas. En *Naturaleza y gracia,* su respuesta a la *Naturaleza* de Pelagio (que se basa en *Las sentencias* de Sexto), todavía se abstiene de atacar a Pelagio por su nombre (415).

Pelagio pronto salió de Africa y se fue a Palestina, donde fue bien recibido por Juan de Jerusalén, antiguo adversario de Jerónimo. Tanto Pelagio como Jerónimo escribieron a Demetrias en 414. Jerónimo, que con cierta justicia consideraba origenista a Pelagio, inició sus *Diálogos contra los pelagianos.* En 415 el español cazador de herejes, Orosio, trajo noticias de la excomunión de Celestio acordada en Africa, y posiblemente sospechas contra el Rufino, presbítero de Jerónimo. Un sínodo de Jerusalén absolvió a Pelagio y otros de las acusaciones de Orosio, pero decidió someter el caso a Roma mientras la severidad de Orosio insistía, con elementos incongruentes, en concretar "la herejía pelagiana". Pelagio fue nuevamente absuelto en el sínodo de Dióspolis (415), pero solo después de equívocos y abjuraciones respecto a las opiniones de Celestio. Se acusó a los pelagianos de un asalto contra el monasterio de Jerónimo en Belén (416).

Los sucesos de Palestina y la ordenación de Celestio en Efeso motivaron críticas a la ortodoxia africana, reafirmadas en condenatorias conciliares contra el *Libre Albedrío* de Pelagio en Cartago y Milevis (416). El papa →Inocencio I obsequiosamente excomulgó a Pelagio y a Celestio (417), pero el papa →Zósimo levantó la excomunión tras apelación personal de Celestio y la escrita de Pelagio. Enfrentándose al creciente pelagianismo, otro concilio de Cartago emitió nueve cánones (418) que negaban la salvación a los infantes sin bautismo. La violencia entre católicos y pelagianos en Roma dio por resultado la expulsión de éstos por Honorio, lo cual, junto con la presión africana, provocó un brusco cambio en Zósimo, que también los condenó (418). El rechazo por Roma de las doctrinas pelagianas no significó apoyo a toda la posición africana, a cuya defensa progresivamente ató Agustín a la tradición católica.

Las ideas pelagianas fueron propagadas en Gran Bretaña por hombres como Agrícola, su padre el obispo Severiano y el obispo Fastidio, probable autor de partes del cuerpo de doctrina pelagiana. La teoría de que el éxito del pelagianismo en Gran Bretaña fue el de un movimiento de protesta social contra un injusto gobierno romano ha sido muy criticada. Clérigos galos visitaron Gran Bretaña para barrer la herejía; entre ellos especialmente Germano de Auxerre en 429 (enviado por el papa Celestino) y quizá otros c.447. En Galia también halló seguidores el P., tales como Leporio.

Expulsado de Palestina por un sínodo de Antioquía (424), P. desapareció y probablemente murió en Egipto. Juliano y Celestio hallaron refugio en la Constantinopla de →Nestorio (429), pero su petición de informes acerca de ellos y la intervención de Celestino y el *Commonitorio sobre el nombre de Celestio* de Mario Mercator resultaron en que Teodosio II los desterrara y a que Nestorio los condenara en el Concilio de Efeso (431). La repulsa fue ya definitiva en Oriente y Occidente. Más adelante el papa Gelasio trató de acabar con los restos de p. en Dalmacia e Italia central y escribió una refutación del p.

Investigaciones recientes han subrayado no solo la diversidad del p. y su relación con otras controversias, p.e. con el →origenismo, sino también la preservación en él de rasgos del cristianismo primitivo. D.F. WRIGHT

PENITENCIA (del latín *poena* = "pena"). Considerado como un sacramento en las iglesias oriental y romana. Tuvo su origen en la evolución del concepto del arrepentimiento que incluía no solo una sensación interna de contrición, sino un acto externo de autohumillación. Gradualmente predominó el último elemento y finalmente ocupó el lugar del primero. Se requería del penitente confesar su culpa *(exomologesis)* y someterse a disciplina (p.e. exclusión de la eucaristía, dedicación a la oración, el ayuno, la limosna), para a su tiempo recibir la absolución y la restauración. Probablemente la p. surgió de pasajes del NT relativos a disciplina (p.e. Mt. 18:18; 1 Co. 5:3-5; 1 Ti. 1:20; Tit. 3:10). Tempranas referencias a tal disciplina pueden hallarse en 1 *Clemente* 57 y en Hermas, *Visiones* 3.5.

Después de la irrupción del→montanismo, la p. fue parte de la disciplina regular de la iglesia. Antes del →novacianismo, las censuras eran breves y administradas con sencillez, p.e. exclusión de participar en el sacramento o exclusión de la iglesia por unas cuantas semanas. Durante los ss.III al V el período se extendió notablemente. La práctica era permitir solo una penitencia después del bautismo, era pública y formal y se hacía distinción entre pecados graves y leves. Los novacianos rehusaban la remisión de los pecados postbaptismales, y como reacción contra ellos, el sistema penitencial tendió a volverse más rígido y sistemático (p.e. en las cartas de Paciano a Sinfroniano). La p. llegó a considerarse más como una pena y menos como un privilegio. El Concilio de →Elvira (c.305) revela la posición a fines del s.III. Las etapas penitenciales evolucionaron, establecidas primero en los concilios de Neocesarea y Ancira (314). La penitencia privada finalmente sustituyó a la penitencia pública; la primera evidencia segura en cuanto a penitencia privada como sacramento fue el canon 2 del Concilio de Toledo III (589), que la condenó. En Oriente, después del año 1000 el patrón fue: (1) confesión, (2) interrogación, (3) absolución, (4) asignación de la penitencia. En Occidente, la p. llevó la creación de las →indulgencias, mediante las cuales la p. canónica por el pecado podía remitirse mediante pagos en dinero.

En el Concilio de Letrán IV (1215) la p. privada se hizo obligatoria por lo menos una vez al año. El Concilio de→Trento (1551) declaró que el sacramento de la p. era absolutamente necesario para el perdón del pecado postbaptismal y consistía de confesión, contrición, absolución y satisfacción. (En cuanto a la posición protestante ver, p.e. las *Institución* de Calvino.) J.G.G. NORMAN

PENN, WILLIAM (1644-1718). Cuáquero inglés, fundador de Pennsylvania. N. en Londres. Desde muy temprana edad se hizo→cuáquero y fue expulsado de Christ Church, Oxford, por sus opiniones disidentes (1661). Durante algún tiempo viajó por Europa, sirvió brevemente en la marina británica y estudió derecho en Londres. En 1666 fue a Irlanda a administrar los bienes de su padre. Fue varias veces encarcelado, ocasiones que aprovechó para escribir defensas del cuaquerismo. Liberado finalmente en 1670, P. efectuó un viaje misionero por Europa y se casó en 1672.

Realizó otros viajes misioneros y mediante su pluma y desde el púlpito propugnó las libertades política y religiosa. Ayudó a enviar 800 cuáqueros a Nueva Jersey (1677-78) y en 1681 obtuvo de Carlos II una carta de privilegio para Pennsylvania, por una deuda que el rey tenía con el padre de P. Más adelante adquirió la región de Delaware. La obra cumbre de P. fue la fundación de Pennsylvania como refugio para disidentes religiosos y para la libertad de expresión. Ello fue su "Santo experimento", y sus cuatro "Estructuras para gobernar" (1682, 1683, 1696, 1701) y su imparcial y justo trato para los indios establecieron el modelo para la historia colonial de Pennsylvania. Su amistad con Jaime II le costó perder el dominio sobre la colonia de 1692 a 1694. En años posteriores se vio acosado por estrecheses financieras y durante un tiempo sufrió prisión por deudas. En 1712 casi había completado el traspaso de la colonia a la Corona cuando cayó enfermo. Su esposa manejó sus asuntos hasta que él murió en Londres. Entre sus escritos se hallan *The Great Case of Liberty of Conscience* (1670), *Christian Quaker and His Divine Testimony Vindicated* (1673) y *An Address to Protestants of All Persuasions* (1679).

ROBERT C. NEWMAN

PENTECOSTALES, IGLESIAS. Una familia de sectas protestantes fundamentalistas que ponen énfasis en el bautismo del Espíritu como experiencia posterior a la conversión, el cual se demuestra por el hablar en lenguas (Hch. 2:1-13). Enseñan también la inspiración de la Biblia, la salvación mediante la conversión y el avivamiento, la santificación instantánea, la sanidad divina; y afirman ser la restauración del cristianismo original. Las primeras reuniones pentecostales se caracterizaban por estallidos de entusiasmo extático en que se producían sanamientos, hablar en lenguas y movimientos corporales.

El pentecostalismo surgió como una prolongación del Movimiento de →Santidad. En 1901 una escuela bíblica llamada Bethel College fue fundada en Topeka, Kansas, por Charles F. Parham el cual sin el empleo de otro libro de texto que la Biblia, adiestraba a sus estudiantes en la enseñanza del bautismo del Espíritu. Dichos estudiantes llevaron el mensaje del Espíritu a Kansas y, al terminar las clases, maestro y alumnos recorrieron el S predicando el pentecostalismo. Houston, Texas, se convirtió en el siguiente centro de "Bautismo del Espíritu" cuando Parham y un ministro local, W.F. Carothers, fundaron una escuela. Uno de los conversos de ellos, William J. Seymour, llevó la enseñanza a Los Angeles en 1906 y allí fundó en la calle Azusa la *Apostolic Faith Gospel Mission.* Seymour, un negro al que le faltaba un ojo, fue descrito por un asistente a su misión como "manso, de palabra sencilla y sin nada de orador", en resumen, de personalidad no muy carismática. A despecho de su insignificante aspecto, los resultados del avivamiento de Azusa trajeron atención por toda la nación. Además de los muchos visitantes, incluso ministros, que fueron influidos por el avivamiento, de su oficina central salieron publicaciones que causaron el rápido crecimiento del movimiento. Conforme se fueron fundando iglesias en otras partes de EUA fue decreciendo la importancia de Los Angeles.

El pentecostalismo se convirtió en un movimiento internacional muy temprano en su historia. Uno de los líderes importantes en la extensión de sus enseñanzas a Europa fue Thomas Ball Barratt, un cornuallés que fue pastor de una iglesia metodista de Oslo, Noruega. Barratt fue a EUA en 1905 a solicitar fondos para edificar un templo más grande. Algunos creen que visitó la misión de la calle Azusa, pero aunque ello sea controvertible, es indudable que asistió a una reunión pentecostal en la ciudad de Nueva York, experimentó el bautismo del Espíritu Santo y habló en lenguas. Regresó a Noruega y se convirtió en evangelista del pentecostalismo. La gente se apiñaba en sus reuniones y en 1916 logró fundar la Iglesia de Filadelfia, que llegó a ser el mayor grupo disidente de Noruega. Barratt influyó también en llevar el pentecostalismo a Dinamarca y Suecia. En 1907 el clérigo anglicano Alexander A. Boddy, después de visitar a Barratt regresó a Inglaterra resuelto a promover allí un despertamiento pentecostal semejante. Boddy escribió un folleto, *Pentecost for England,* que fue ampliamente distribuido, e invitó a Barratt a visitar Gran Bretaña (sept. 1907). Pocos meses después se produjo un avivamiento pentecostal en Inglaterra.

Más adelante el movimiento se extendió a Alemania también. El pentecostalismo apareció también en India, con su centro en Mukti y el orfanatorio de Pandita Ramabai. En 1909 grupos de Mukti y misioneros de EUA y Gran Bretaña habían extendido sus enseñanzas por toda la India. Además de Europa occidental e India, el pentecostalismo también pasó a AL, donde, se dice, ocho de cada diez protestantes evangélicos son pentecostales. En Chile, la pujante obra pentecostal se inició con el ministerio de Willis C. →Hoover, pastor de una iglesia metodista de Valparaíso. Este inició reuniones carismáticas hasta que su iglesia se convirtió en la "Azusa" de Chile. Más adelante se vio forzado a abandonar el pastorado metodista y fundó la Iglesia Pentecostal Metodista, iniciando así un movimiento que ha crecido hasta sumar actualmente 500.000 pentecostales en todo el país. Otra región de rápido crecimiento ha sido Brasil, donde el avivamiento carismático se inició en 1910 con el establecimiento de la *Congregacioni Christiani* que ha proliferado hasta contar con 1.400 congregaciones que cuentan con casi 500.000 fieles. Otros grupos brasileños como las Asambleas de Dios han empleado obreros netamente nacionales y obtenido impresionante crecimiento.

Los primeros pentecostales no se propusieron nunca fundar nuevas denominaciones, sino creían su deber llamar a todos los cristianos a retornar a lo que consideraban la fe apostólica. Por doquier, la obra había de ser guiada por el Espíritu Santo, lo cual en la práctica significaba el control de evangelistas visitantes. Pero como su enseñanza tropezó con la oposición de otros grupos, especialmente de las iglesias de Santidad, comenzaron a organizar denominaciones. Entre las iglesias pentecostales más importantes podrían mencionarse las Asambleas de Dios, la Iglesia de Dios en Cristo, la Iglesia de Dios (Tomlinson), la Iglesia Internacional del Evangelio Cuadrado, la Iglesia Pentecostal Internacional Unida.

Las →Asambleas de Dios son el mayor de estos grupos, con un total de 1.293.394 miembros (1980). Fundada en Hot Springs, Arkansas (1914), tiene sus oficinas denominacionales centrales en Springfield, Missouri. La iglesia ha sido muy activa en misiones foráneas y en actividades editoriales. En contraste con el pentecostalismo inicial, las Asambleas dan cuidadosa atención al adiestramiento de ministros. La iglesia combina formas de gobierno congregacionales y presbiterianas y representan el grupo más cultivado del movimiento. Si bien sus reuniones son emotivas, han abandonado la forma extática del primitivo avivamiento pentecostal.

La Iglesia de Dios en Cristo es la mayor y más influyente agrupación pentecostal negra. Aunque C.P. Jones realizó un notable aporte, C.H. Mason fue el fundador y original líder de esta iglesia como entidad pentecostal. La iglesia, organizada como Asambleas de Dios, publica un periódico llamado la *Whole Truth*, y contaba con 425.000 miembros en 1964. Entre las otras iglesias pentecostales que llevan el título de "→Iglesias de Dios", una de las más interesantes es la que tuvo por supervisor general a A.J. Tomlinson. Nacida como iglesia de Santidad en 1886, esta Iglesia de Dios se volvió pentecostal y se dividió muchas veces. La fragmentación es típica del movimiento pentecostal como conjunto y Elmer Clark afirma que después de muerto Tomlinson en 1907 la Iglesia de Dios se dividió en más de dos docenas de entidades.

La Iglesia Internacional del Evangelio Cuadrangular, con su líder femenina, Aimee Semple →McPherson, es la más conocida agrupación pentecostal. La iglesia, organizada en 1927, tiene su sede central en el Angelus Temple, en la ciudad de Los Angeles. La pintoresca predicación de la Sra. McPherson dio origen al movimiento, que continúa hasta el presente con más de 130.000 (1980) miembros.

Sucesos recientes han provocado vivo interés respecto al pentecostalismo. Su impresionante crecimiento al par que las principales iglesias protestantes han ido declinando ha despertado preocupación en muchos círculos. El que las altas capas sociales sean actualmente atraídas hacia sus doctrinas, aparejado a la edificación de atractivos templos modernos, a la creación de prestigiosas instituciones universitarias (como la Universidad Oral Roberts), de orfanatos y otras instituciones, también ha suscitado creciente interés público. Después de la Guerra Mundial II ha surgido una nueva oleada de grupos pentecostales "independientes", que incluyen el *New Order of the Latter Rain, Wings of Healing*, la *World Church*, las *Gospel Assemblies*, y la *Full Gospel Fellowship of Ministers and Churches, International*. Además de éstas, prácticamente cada denominación grande, incluyendo a las iglesias episcopales, católica romana y luterana, tienen ahora su propio elemento carismático. El explosivo incremento de las iglesias pentecostales autóctonas en Chile, Brasil y Sudáfrica ha hecho que algunos pronostiquen que el futuro centro del cristianismo se hallará en el hemisferio S, entre los pentecostales no caucásicos. La "gente de Jesús" ha mostrado interés en las experiencias carismáticas. El trato igualitario, opuesto al "sistema establecido", de los pentecostales respecto a las mujeres y a los negros, lo hace atractivo para una época revolucionaria. ROBERT G. CLOUSE

PENTECOSTALISMO EN AMERICA LATINA. En AL el mensaje pentecostal llegó primero a →Chile mediante los misioneros metodistas Willis →Hoover y señora. En 1907 éstos supieron de un avivamiento que tomaba lugar en la India y anhelaron para los chilenos algo parecido. A principios de 1909 Hoover tuvo la experiencia pentecostal. Un poco después algunos nacionales la recibieron también, y así nació el poderoso movimiento pentecostal en el que forman parte alrededor del 10% de los chilenos y el 80% de los protestantes de ese país.

En el mismo año que los Hoover tuvieron su experiencia llegaron a →Argentina de los EUA dos misioneros de origen italiano. Trabajaron en el centro de la provincia de Buenos Aires y dejaron frutos que con el correr del tiempo se transformaron en las "Asambleas Cristianas". De esta manera nació el p. en Argentina que ahora cuenta con casi el doble de fieles que las iglesias históricas.

En el año 1910 llegaron a →Brasil, procedentes de Chicago dos pentecostales de ascendencia sueca. Predicaron su mensaje y nació el inmenso movimiento pentecostal brasileño al cual en 1970 pertenecía más de la mitad de la comunidad de 11.000.000 de protestantes brasileños.

A medida que avanzaba el nuevo siglo, el p. seguía extendiéndose. En 1912 entró en tres países: →Perú, →Guatemala, y →El Salvador; en 1917 en →México, en 1918 en →Puerto Rico, en 1919 en →Venezuela, en 1926 en →Costa Rica y finalmente en todo país de AL.

Con la excepción de en Chile y Brasil el progreso del p. fue lento hasta la cuarta década del s.XX y en algunos países hasta la quinta. Entonces empezó a crecer con una rapidez fenomenal. En 1960 los pentecostales ya componían la tercera parte de la comunidad evangélica de AL. Siguió el crecimiento de tal manera que quince años más tarde la proporción había alcanzado dos terceras partes.

Es difícil hacer una clasificación de los pentecostales. La más sencilla sería: pentecostales clásicos y pentecostales independientes y/o criollos. En el primer grupo los más conocidos en AL son las →Asambleas de Dios, la entidad más grande, la →Iglesia de Dios (hay varios grupos que llevan este nombre) y la Iglesia Internacional del Evangelio →Cuadrangular.

En el segundo grupo hay una infinidad de entidades que en su mayoría se han levantado durante estas últimas décadas de explosión pentecostal y siguen multiplicándose en todo país. Apenas se puede mencionar varias de las más importantes: Cristo para Brasil, que ha construido en Sao Paulo el templo evangélico más grande en el mundo (con una capacidad para 25.000 personas); los 33 grupos que se desprendieron del avivamiento en Chile, los principales siendo, la Iglesia Metodista Pentecostal, la Iglesia Evangélica Pentecostal, la Corporación Evangélica de Vitacura, Ejército Evangélico de Chile, Iglesia Pentecostal de Chile y la Iglesia Evangélica Metodista Pentecostal reunida en el Nombre de Jesús. Otras importantes entidades pentecostales criollas incluyen: la Iglesia de Dios Pentecostal en Puerto Rico, desprendida de las Asambleas de Dios; la Iglesia Apostólica de la Fe en Cristo Jesús en México.

Un desarrollo sorprendente y controversial en el p. de AL ha sido su relación con el →CMI. El p. clásico ha sido muy conservador en su teología y ha rehusado tener que ver con el movimiento ecuménico. Pero en la década de 1960 tres grupos pentecostales se asociaron con el CMI: la Iglesia Pentecostal y la Iglesia Misión Pentecostal, ambas de Chile, en la Asamblea de →Nueva Delhi (1961); y posteriormente (1969), Brasil para Cristo. Se debe notar que los tres grupos están fuera del p. clásico.

En cuanto a su teología, la gran mayoría de los pentecostales son conservadores, sosteniendo las doctrinas del cristianismo protestante histórico. Una excepción notable son los "pentecostales unitarios", o los →"Solo Jesús", que rechazan la doctrina de la Trinidad y abogan por una cristología parecida al →sabelianismo.

Muchos, quizás la mayoría, de los pentecostales son premilenarios en su escatología y no pocos son dispensacionalistas. Con respecto al bautismo de agua, generalmente son anti-paidobautistas e inmersionistas. Una excepción notable, sin embargo, son los chilenos y descendientes del avivamiento de →Hoover, que bautizan a sus niños. Esto se debe a su herencia metodista. Los unitarios, debido a su anti-trinitarianismo, bautizan solo en el nombre de Jesús.

La doctrina que más distingue a los pentecostales de los evangélicos clásicos, tanto en AL como en otras partes del mundo, es la del "bautismo del Espíritu Santo" como experiencia posterior a la conversión y que la prueba de haberlo recibido es el hablar en lenguas (→GLOSOLALIA). No obstante, para algunos pentecostales latinoamericanos tal experiencia no tiene necesariamente que suceder posterior a la conversión y la prueba de haberla recibido puede ser cualquier don del Espíritu Santo.

Otra doctrina distintiva de los pentecostales es la de →"sanidad divina", doctrina que se basa en la creencia de que Cristo murió expiatoriamente por nuestras enfermedades tanto como por nuestros pecados y por consiguiente uno puede obtener por fe no solo la sanidad espiritual sino también la sanidad física.

Los pentecostales conceptúan su movimiento como "la lluvia tardía" profetizada en Joel 2:23, la cual interpretan como un avivamiento prometido para el fin del siglo (mundo), antes de la venida de Cristo, en el que serán restaurados los dones que tenía la Iglesia en la época de la "lluvia temprana", o sea, la edad apostólica.

GABRIEL OSVALDO VACCARO
WILTON M. NELSON

PENZOTTI, FRANCISCO G. (1851-1925). Celebérrimo distribuidor de las Sagradas Escrituras en la AL. N. en Chiavenna, Italia. El primer contacto de P. con la Biblia tuvo lugar en la casa cural de Chiavenna donde servía como monaguillo. A la edad de 13 años emigró a Montevideo, Uruguay, donde se ganó la vida como carpintero. Años más tarde casó con Josefa Sagastillensa, de origen vasco. Joven aun, en un salón de baile le obsequiaron el Evangelio según San Juan. Se convirtió y poco después él y su esposa se unieron a la Iglesia Metodista de Montevideo. En 1879 fue llamado a pastorear una iglesia cuyos miembros eran italianos →valdenses.

Por aquellos días Andrés →Milne, representante de la →Sociedad Bíblica Americana, dirigía una campaña de distribución de las Escrituras casa por casa. Tanto gustó a P. esta experiencia que resolvió hacerla suya y practicarla en todos los países hispanoamericanos. Viajó incansablemente, casi siempre a lomo de mula, desde Uruguay hasta México, ofreciendo las Sagradas Escrituras y experimentando cárceles. Durante una época de ruda intransigencia religiosa, colocó 125.000 Biblias, en forma personal, en manos de sus lectores; y bajo su dirección se distribuyeron algo más de dos millones de Biblias, Nuevos Testamentos y porciones en todos los países de habla hispana.

En 1892 fundó la agencia bíblica en Centroamérica donde se ganó el apodo de "apóstol de las iglesias centroamericanas". En 1906 fue nombrado secretario ejecutivo de la agencia bíblica del Río de la Plata, puesto que ocupó hasta su muerte. P. es actualmente recordado con cariño y admiración en las iglesias cristianas del continente como uno de los grandes paladines de la causa bíblica.

ARISTOMENO PORRAS

PEREGRINACIONES. Viajes que se emprenden por motivos religiosos, por lo común a santuarios o sitios sagrados. El concepto es anterior al cristianismo y común a varias religiones, siendo en el →Islam donde más se destaca. Aunque la práctica de las peregrinaciones escasamente apareció en los primeros siglos del cristianismo, el deseo de visitar los sitios reales de la vida terrenal de Cristo, era natural. Entre los primeros notorios peregrinos a Tierra Santa se hallan →Constantino y →Helena su madre, quienes construyeron sendas iglesias allá. De la veneración hacia los sitios del ministerio terrenal del Salvador, el concepto de la p. pasó a los lugares de martirio de sus testigos, lugares que rápidamente se asociaron con lo milagroso.

Al proliferar el culto a los mártires, las p. a menudo se convirtieron en expediciones para recoger reliquias. Para los cristianos de Occidente viajar a Oriente solía ser imposible, pero Roma, ciudad que se asociaba con Pedro, Pablo y otros santos menores, ejercía irresistible atracción. El papado estimuló las p. y finalmente estipuló que todo obispo tenía que recibir en Roma el palio. Otros santuarios populares incluyen a San Martín de Tours, →Santiago de Compostela y Santo Tomás de Canterbury. →Carlomagno mostró su interés por los peregrinos construyendo, con ayuda de Harún-al-Raschid, un albergue en Jerusalén para ellos.

Cuando la vida se volvió menos precaria en Occidente, las p. a Tierra Santa fueron más frecuentes y organizadas e incluyeron mayor número de personas. Las p. dieron ímpetu a las Cruzadas, pues los ataques contra los peregrinos ayudaron a incitar al papado para que iniciara el movimiento. La iglesia procuró ayudar y proteger a los peregrinos instalando albergues, declarando inviolable la persona del peregrino y acto piadoso la ayuda que se le brindara en el camino. Se otorgaban →indulgencias a los peregrinos a ciertos santuarios y luego se generalizaron con el movimiento de las cruzadas. Este aspecto se fortaleció en 1300 con la institución del Año del →Jubileo. Las denuncias de los reformadores contra los p. simplemente fueron ecos de las reservas expresadas por Juan Crisóstomo, Jerónimo, Agustín, Gregorio Niceno y Bonifacio, entre otros. En el campo protestante el movimiento declinó, aunque el tema reapareció en la gran obra clásica, *Progreso del Peregrino.* MARY E. ROGERS

PEREZ DE PINEDA, JUAN →REFORMA EN ESPAÑA

PERFECCIONISMO. Doctrina según la cual la perfección moral o religiosa (en ciertos casos, la impecabilidad) nó solo es un ideal por el cual esforzarse, sino una meta asequible en esta vida. Dentro de la tradición cristiana, el p. ha tratado de mantenerse fiel a ciertos temas bíblicos caídos en desuso (cp. Mt. 5:48; 1 Co. 2:6; Ef. 4:13; Col. 1:2-8; 4:12; Heb. 6:1; 1 Jn. 4:18, etc.). La mayoría de quienes lo propugnan equiparan la perfección cristiana con el "perfecto amor". El p. en la iglesia primitiva revela influencia gnóstica y platónica (→Clemente de Alejandría). →Orígenes desarrolló el p. hacia la ascética y monástica renunciación del mundo. Este ideal monástico fue prevalente en la Edad Media y es aun una fuerza poderosa en la ortodoxia oriental y en el catolicismo romano. →Jerónimo mostraba influencia pelagiana, y las enseñanzas de →Agustín tendían al p. aunque se abstuvo de tales conclusiones en su controversia con el →pelagianismo. El →misticismo influyó al p., con el cual se amalgamó en la Edad Media. Los reformadores fueron por lo común antiperfeccionistas, si bien el p. apareció entre algunas formas de anabaptismo y hasta cierto punto en Arminio y sus seguidores. En el anglicanismo, el p. de William →Law y Jeremías →Taylor influyó profundamente en Juan →Wesley, cuyas enseñanzas sobre el tema se convirtieron en punto central del metodismo, el principal defensor de la perfección cristiana. Wesley distinguía de la perfección absoluta la perfección cristiana y definía ésta como libertad respecto al pecado solo en tanto "voluntaria transgresión de una ley conocida". Para Wesley, la perfección se recibía instantáneamente por fe y era confirmada por el testimonio del Espíritu Santo. En EUA Asa Mahon y C.G. →Finney preconizaban una forma de p. a principios del s.XIX. A mediados del siglo surgió en el metodismo el Movimiento →Santidad que abogaba por un tipo más activista y rigorista del p. De aquí nacieron la Iglesia del →Nazareno, la Iglesia →Wesleyana, algunas formas de pentecostalismo y otros modernos partidarios del p.

DONALD W. DAYTON

PERIODISMO EVANGELICO EN AMERICA LATINA. Revistas evangélicas han jugado un papel muy importante en el crecimiento de las iglesias protestantes latinoamericanas. No pocos misioneros, en los inicios de la obra, fundaron revistas que enviaban por correo a los diversos amigos que conseguían a lo largo de sus viajes. Se trataba de publicaciones de reducidos tirajes, dos mil ejemplares a lo sumo, donde las noticias, crónicas de viajes, anécdotas y artículos, controversiales unos, de formación teológica otros, se disputaban el reducido espacio. Al ser recibidas esas publicaciones, eran leídas, comentadas y distribuidas con entusiasmo por las personas que vinieron a formar los núcleos primarios de pujantes iglesias. De este tipo de publicaciones existía por lo menos una en cada país, o más, según el número de denominaciones. La mayor parte de esas revistas han muerto ya, otras siguen ofreciendo su testimonio. Ejemplo de éstas son *La Estrella de la Mañana,* de Maracaibo, Venezuela, y *El Faro,* de México, D.F. Entre las ya desaparecidas, inolvidables serán *Renacimiento,* de Lima, Perú; *El Evangelista Colombiano; Puerto Rico Evangélico;* y *El Mensajero Bíblico,* de San José, Costa Rica.

Casi en forma simultánea, con las revistas antes mencionadas, empezaron a circular otras de formación bíblica, para la Escuela Dominical, como *El Expositor Bautista* de El Paso, Texas, y *Manzanas de Oro,* editada por la Sociedad Americana de Tratados en Nueva York. Estos cuadernos, junto con la Biblia y el himnario, en un tiempo formaban una trinidad literaria, siempre presente en los hogares evangélicos y por las calles rumbo a los modestos templos evangélicos.

Posteriormente empezaron a circular revistas de altos tirajes y de carácter interdenominacional. Entre ellas están *Decisión,* publicada por la Asociación Billy →Graham; *La Biblia en América Latina,* órgano de las Sociedades Bíblicas Unidas; *El Centinela,* de las iglesias adventistas, y *El Aposento Alto,* de los metodistas. A fines de 1978 empezó a circular *Nuevo Continente,* de la Organización Evangelística Luis Palau. Por algún tiempo funcionó también *Verbo,* con ediciones hasta de medio millón de ejemplares. *Prisma,* de la →Misión Latinoamericana de México, aumenta sus cifras de distribución cada año.

La Iglesia evangélica latinoamericana cuenta también con una loable tradición de publicaciones periódicas de contenido teológico. Estas incluyen la *Revista Homilética,* hace muchos años ya desaparecida, *Pastoralia* y *Pensamiento Cristiano,* juntamente con varias revistas trimestrales u ocasionales, voceros de diferentes instituciones de preparación ministerial. Igualmente han aparecido de vez en cuando revistas de circulación gratuita con el propósito de promover alguna actividad: p.e. *En Marcha* (→Evangelismo a Fondo), *Papel y Tinta* (LEAL, Literatura Evangélica para América Latina), etc. Una de las de mayor longevidad ha sido *Guía para el Hogar*, de la Liga de Mujeres Evangélicas de Argentina. Y también de Argentina, *Certeza* se ha destacado como una revista para la juventud universitaria y para los cristianos pensantes.

Al hablar de la prensa diaria, diremos que con la única excepción de Pedro Gringoire (seudónimo de Gonzalo →Báez-Camargo), son pocas las plumas evangélicas latinoamericanas en años recientes que han logrado hacer un impacto permanente en los grandes diarios. Gringoire, a lo largo de 60 años ha publicado dos artículos cada semana en *Excelsior,* de la Ciudad de México, en forma ininterrumpida. En la misma ciudad, Juan M. Isáis ha sostenido una columna semanal en *Novedades* y el autor de esta nota lleva ya casi tres años en "Ultimas Noticias" de *Excelsior,* también de la Ciudad de México.

Es indudable que en Iberoamérica las iglesias evangélicas hayan producido más predicadores que escritores. Los seminarios son, y siempre han sido, semilleros de predicadores, no de escritores. Esto ha hecho que el escritor evangélico latinoamericano sea nada más que una planta de desierto, sin agua, sin estímulo, sin preparación académica. Todo, pues, nos lleva a dar a los escritores evangélicos latinoamericanos el título de autodidactas.

ARISTOMENO PORRAS

PERPETUA (m.203). Joven noble y mártir cartaginesa. Madre de un varoncito, fue arrestada junto con cuatro compañeras catecúmenas, probablemente procedentes de una sola casa; una de ellas era Felícitas (quizá una esclava) quien dio a luz prematuramente en la prisión. Las bautizó su catequista, Saturus, encarcelado junto con ellas, y con quien murieron otros cuatro en el anfiteatro. La *Pasión de Perpetua* incluye relatos de lo ocurrido a estas personas en la cárcel, especialmente las visiones de Perpetua y de Saturus. Su compilador, que probablemente no fue Tertuliano, era, al igual que los mártires, montanista; pero tanto los mártires como la *Pasión* eran venerados en la Iglesia Africana. La apocalíptica y conmovedoramente femenina *Pasión,* vívidamente refleja los conceptos escatológicos, las tensiones internas y las costumbres litúrgicas del contemporáneo cristianismo cartaginés.

D.F. WRIGHT

PERSECUCION. La p. contra los cristianos se ha producido por diversas razones. Los perseguidos han perdido posesiones, libertad o vida por considerárseles peligrosos u ofensivos. Culpables de la persecución han sido individuos, populacho, el estado, o la iglesia.

Al principio, fueron en parte los emperadores romanos y en parte el populacho quienes iniciaron la p. Diversas fueron las razones de la oposición imperial. →Nerón (54-68) persiguió a los cristianos para desviar las sospechas respecto al incendio de Roma; →Domiciano (81-96), por temor de posibles rivales y de la influencia cristiana; →Aurelio (161-180) por su simpatía hacia el estoicismo; →Decio (249-251) por la amenaza política de un creciente cuerpo de cristianos; y →Diocleciano (284-305) porque temía que los cristianos fueran desleales y estorbaran la reorganización del estado.

También los medios de persecución variaban. En días de Nerón se limitaron al encarcelamiento y la ejecución, pero Diocleciano promulgó un edicto que exigía la demolición de las iglesias, la confiscación de las Escrituras, la tortura de los clérigos, la cancelación de la ciudadanía a los servidores públicos cristianos y la ejecución de los mismos si no se arrepentían. Aunque la violencia multitudinaria fue algo restringida durante los reinados de Trajano (98-117), →Adriano (117-38) y Pío (138-61), no obstante los cristianos la padecieron. La base legal de la persecución no es clara. Se rumoraba que los cristianos eran caníbales, ateos o incestuosos, pero nunca se presentaron pruebas en apoyo de esos cargos. Es evidente que el *nomen upsum* de cristiano acarreaba castigo sin ninguna otra falta concomitante, pero la negativa a adorar el *nomen* del emperador fácilmente podía tenerse por traición política. Una ley general que convertía el cristianismo en *religio illicita* probablemente no tuvo vigencia antes del s.II, a despecho de lo que →Tertuliano afirma. El edicto de tolerancia de Galerio en 311 puso fin a esta era de persecución.

Con el crecimiento del papismo en la Edad Media, la iglesia y el estado se entremezclaron. Así, cuando →Carlomagno conquistó a los sajones a fines del s.VIII, los cristianizó por la fuerza. En 1179 el Concilio Lateranense III ordenó que los gobernantes seculares castigaran a los herejes y en 1215 el Concilio Lateranense IV impuso la misma obligación a los obispos. La idea de que la espada era el mejor medio para corregir las desviaciones religiosas fue reafirmada por las →Cruzadas contra el pueblo islámico de Palestina en los ss.XII y XIII. Herejes como los albigenses en el S de Francia y los valdenses fueron también víctimas de las Cruzadas.

Al principio, la persecución de los herejes carecía de organización, pero en 1231 →Gregorio IX estableció la →Inquisición, la cual llegó a su culminación a fines de ese siglo. En 1478 se la resucitó en España y más tarde también en favor de la →Contrarreforma. Oficialmente se mantuvo hasta el s.XIX, y fue abolida en Francia, por ejemplo, en 1808 y en España en 1834. A los herejes convictos que se retractaban se les permitía pasar el resto de sus días en prisión, como penitencia; pero a los contumaces se les ejecutaba.

El martirio de Juan →Hus (1415) fue para los reformadores protestantes siniestro recordatorio de los problemas con que podían topar. Se dice que bajo →Enrique VIII murieron muchos millares. En el reinado de →María Tudor, entre los ejecutados hallamos a Hugo →Latimer, Nicolás →Ridley y Tomás →Cranmer. Las divergencias religiosas de Europa estallaron en guerras civiles, especialmente en los Países Bajos y en Francia. Los protestantes también persiguieron a los católicos. En tierras luteranas tales como Escandinavia, los católicos sufrieron mucho por su fe. Los →anabaptistas también fueron martirizados por católicos y protestantes. De igual modo, tanto católicos como protestantes condenaron a muerte a Miguel →Servet, pero fueron las autoridades ginebrinas quienes lo prendieron y ejecutaron.

Durante la Guerra de los →Treinta Años (1618-48), la persecución y la intolerancia contribuyeron mucho al descrédito de la fe cristiana. La filosofía secular de la →Ilustración fue la consecuencia y el cristianismo fue inmediatamente declarado enemigo del pueblo. Durante la Revolución Francesa el país fue "descristianizado" y se sufrió mucho. Pero en 1801 Napoleón acabó con ese tratamiento contra la iglesia al establecer un →concordato con Roma.

En el s.XIX muchos países procuraron otorgar a todos verdadera tolerancia religiosa. No obstante, en algunos países continuó el hostigamiento contra la iglesia. En Francia, p.e., se realizaba en nombre del liberalismo. En 1864 el papa contraatacó al reafirmar, en nombre de Dios, su antiguo derecho teocrático sobre la autoridad secular. Pero no fue sino hasta el s.XX que nuevamente el estado emprendió la persecución minuciosamente planeada. Los regímenes totalitarios han tratado, implacable y fanáticamente, de eliminar el cristianismo. Resulta imposible calcular la pérdida de vidas cristianas bajo el nazismo y el comunismo, pero salta a la vista que es mayor que la de cualquier otro período comparable de la historia.

En resumen, puede decirse que la persecución se dio primero por razones religiosas cuando la herejía o las desviaciones teológicas han amenazado al sistema religioso imperante, el cual ha recurrido entonces a la fuerza en defensa propia; en segundo lugar, por razones políticas cuando los actos o los escrúpulos cristianos han sido interpretados como deslealtad o traición; en tercer lugar, por razones raciales o nacionalistas, cuando, p.e., la presencia de cristianos en el Imperio Romano se consideró como la causa de desastres de la naturaleza y derrotas militares, alegándose que por causa de los cristianos se habían enajenado los dioses de la nación; y finalmente, por razones ideológicas, cuando los regímenes totalitarios han encontrado que su filosofía choca con la fe cristiana.

DAVID F. WELLS

PERU. País mestizo por excelencia, en el P. está en proceso todavía una amalgama racial y cultural dentro de una situación geográfica con tres áreas claramente diferenciadas: costa, sierra y selva. Estos hechos condicionan la historia espiritual del país. Persisten, por ejemplo, elementos milenarios del pasado pre-incaico junto a vestigios del catolicismo medieval español, y se observa la coexistencia de una vida religiosa oficial junto a una más profunda.

El catolicismo llegó con los conquistadores españoles en 1532, siendo figura típica del proceso de conquista espiritual el dominico Vicente →Valverde, primer obispo efectivo del Cuzco en 1537. Junto a los esfuerzos misioneros de franciscanos, dominicos y mercedarios se da un proceso de institucionalización bajo figuras como los Arzobispos Jerónimo de Loaysa y Toribio de →Mogrovejo. Durante la Colonia la ICR del Perú ha adquirido vitalidad, poder y prestigio inigualados en el continente. Ello se ve en santos como →Rosa de Lima (1586-1617) o Martín de Porres (1579-1639), en universidades como la de San Marcos (fundada en 1551) y en el tribunal mixto de la Inquisición instituido en Lima para todo el suelo sudamericano (1569).

Una íntima vinculación entre el poder eclesiástico y el político hace de la ICR un baluarte de resistencia a la modernización y liberalización que acompañan la lucha por la independencia, que culmina en la batalla de Ayacucho (1824). Sin embargo, dentro del seno mismo de la iglesia surgen voces libertarias como las del jesuita Juan Pablo Vizcardo y Guzmán cuya *Carta a los Españoles Americanos* (1792) es un documento fundamental de la emancipación americana, y el presbítero Francisco de Paula González Vigil que escribe la *Defensa de la autoridad de los Gobiernos contra las Pretensiones de la Curia Romana* (6 vol., 1848-1849).

Con la excepción de algunos mártires "luteranos" de la →Inquisición como Mateo Salado, quemado en 1573, la presencia evangélica adviene con la Independencia. El libertador José de →San Martín intenta sin éxito dar libertad de cultos al país, y todas las constituciones, liberales o conservadoras, apoyan la confesionalidad católica del estado. Solo en 1915 la libertad de cultos alcanza amparo legal. Sin embargo, a lo largo del s.XIX la obra evangélica ha venido avanzando.

La Biblia penetra primero gracias a las →Sociedades Bíblicas Británica y Americana que auspician visitas extensas como las del precursor Diego →Thomson (1823-24), y más breves como las de Lucas Matthews (1828), Isaac Watts Wheelwright (1834), Robert Nesbit (1856) y A.J. Duffield (1859-1860).

Los esfuerzos misioneros son esporádicos y están vinculados primero con el trabajo pastoral y educativo entre residentes de habla inglesa, cuya primera iglesia se organiza en 1849, y recibe nuevo impulso en 1864 con la llegada de William C. Murphy. Un esfuerzo más concertado es el del pastor metodista William →Taylor que entre 1878 y 1879 visitó la costa y trató de establecer en Callao, Mollendo y Tacna, congregaciones que tuviesen autonomía financiera.

El hito definitivo es la llegada del colportor Francisco →Penzotti en 1888. Su intenso trabajo de venta de Biblias, predicación y formación de líderes locales culmina con la organización de la Primera Iglesia Evangélica (Metodista) en el Perú, en 1889. Entre 1890 y 1891 Penzotti pasa nueve meses en una prisión a la cual lo condena la violenta reacción católica frente al avance protestante. Este incidente y otros semejantes unen a las fuerzas políticas y sociales que van forzando una liberalización del país, proceso que todavía continúa.

El avance evangélico responde a las múltiples necesidades del país cuya estructura feudal determina extremos de riqueza y pobreza. A partir de la llegada de Tomás →Wood en 1891, el metodismo avanza en el centro y establece iglesias y colegios notables como el América del Callao, el María Alvarado de Lima y el Andino de Huancayo. Varios trabajos misioneros independientes confluyen en la organización de la Iglesia Evangélica Peruana (1919) por Juan →Ritchie y Alfonso Muñoz, una de las denominaciones más extendidas en el país hoy en día. Ritchie llevó a cabo una intensa tarea literaria y cultural con los periódicos *El Cristiano* y *El Heraldo* y la librería y editorial El Inca, y participó activamente en la lucha por la libertad de cultos.

Los →adventistas llegan en 1898 y realizan una notable tarea educativa y social, especialmente entre los indígenas aimaraes en el sur. El presbiteriano Juan A. →Mackay, vinculado a la Iglesia Libre de Escocia, llega en 1915 y funda el Colegio Anglo Peruano (hoy San Andrés) y la →Asociación Cristiana de Jóvenes, instituciones cuya huella en la vida cultural y política del Perú ha sido profunda, pues ambas están vinculadas a los comienzos del movimiento aprista de →Haya de la Torre, la fuerza social renovadora más vigorosa del país.

Otras denominaciones llegan en las primeras décadas del siglo y se extienden por diferentes regiones del país: los Peregrinos y →Nazarenos en el Norte, la →Alianza Cristiana y Misionera en la sierra y selva. Un vasto proceso de movilización social y migración interna que se da en la década de 1950 va acompañado del crecimiento de los grupos pentecostales, destacando entre ellos las →Asambleas de Dios. Hay además una profusión de iglesias desprendidas de estas denominaciones tradicionales. En la selva se da hoy un avance misionero notable dentro del cual destaca la tarea cultural y científica del →Instituto Lingüístico de Verano, que trabaja traduciendo la Biblia en más de treinta tribus amazónicas. El crecimiento de las iglesias ha producido ya una segunda o tercera generación de evangélicos, que, al igual que los católicos del país, intentan responder creativamente al desafío de los procesos sociales desencadenados a partir de la revolución militar de 1968, cuyo programa de reformas estructurales afecta toda la vida del país.

SAMUEL ESCOBAR A.

PESTE NEGRA. Nombre dado a las infecciones bubónicas y pulmonares que sin control alguno arrasaron a Europa desde 1347 hasta 1351. Sus orígenes evidentemente estuvieron en el Asia Central, donde lápidas fechadas en

1338-39 en las tumbas nestorianas de Kirgiz conmemoran a las víctimas de la plaga. Desde allí la epidemia evidentemente se extendió a la India, China y Europa. Alcanzando a Italia a fines de 1347, fue a través de la península a Suiza, Alemania y partes de la Europa oriental, luego a Francia, España e Inglaterra. Londres resultó alcanzada en la primavera de 1349. Durante el año siguiente la p. llegó a Escocia, Escandinavia y los países bálticos. En ciertas partes de la Europa occidental, las muertes llegaron al 30 ó al 40% de la población urbana. El conocimiento médico era desesperadamente inadecuado para enfrentar el desastre más grande en la historia de Europa.

La p. tuvo amplios y ruinosos efectos sobre la vida económica, política y social. Los precios aumentaron, los ingresos decrecieron y los campesinos exigieron menores alquileres a pagar; muchas haciendas fueron abandonadas, lo que apresuró la quiebra del sistema feudal. La religión popular respondió con renovada piedad y preocupación con la muerte. En algunos lugares los judíos fueron acusados de envenenar los pozos y muchos de ellos resultaron asesinados. La población de Siena se vio tan reducida que la ampliación de la catedral de la ciudad fue abandonada. Muchas de las personas eminentes que no habían huído de sus cargos a las zonas no afectadas (funcionarios locales, médicos, sacerdotes y eruditos) murieron en defensa del interés público, de esta manera la generación siguiente sufrió de un exceso de incompetentes. La Orden Dominica tuvo tantas bajas que se vio obligada a admitir aspirantes semianalfabetos que, probablemente, hicieron no pequeña contribución a las supersticiosas tendencias heréticas que crecieron en comunidades que previamente se habían distinguido por la calidad de su erudición. C.G. THORNE, Jr.

PETRARCA (1304-1374). Uno de los primeros eruditos italianos del →Renacimiento, llamado "padre del humanismo". Abandonó el estudio del derecho para consagrarse a los clásicos. Las grandes figuras del período grecorromano se le volvieron tan reales que llamaba a Cicerón su padre y a Virgilio su hermano. Erudito de gran influencia, escribió muchas obras latinas, buscó infatigablemente manuscritos clásicos y editó muchos de ellos. Aunque no sabía leerlos, también preservó muchos escritos griegos. Fue el primero que dio a la Edad Media el nombre de "Edad Oscura", pues creía que estaba produciéndose un nuevo amanecer en que los hombres "podrían volver a marchar al puro resplandor del pasado". Se enamoró de una bella dama llamada Laura, mas como ella disfrutaba de un feliz matrimonio, él se conformó con adorarla de lejos. Los sonetos que le dedicó tuvieron gran influencia en la literatura italiana. Sus sentimientos religiosos están expresados en una obra llamada *Secretum* (1352), en que intenta reconciliar la piedad religiosa con el amor al mundo. ROBERT G. CLOUSE

PETRI, LORENZO (1499-1573). Arzobispo de Uppsala. N. en Orebro. Quizá haya estudiado en el monasterio carmelita de ese lugar. Fue uno de los cuatro eruditos reales enviados por →Gustavo Vasa a Wittenberg, y colaboró en la traducción de 1526 del NT sueco. En 1531, contra algo de protesta, fue electo arzobispo de Uppsala, capítulo que aun era católico. Pero dos obispos católicos fueron sustituidos por evangélicos en 1536. P. hizo aportes a la primera Biblia sueca completa de 1541. Luchó por proteger contra la expropiación por el estado las rentas de la iglesia. En 1558 atacó el calvinismo en su *Una pequeña Instrucción... respecto a la Eucaristía*, y trató de transformar la iglesia sueca según el plan de su caro →Melanchton en Wittenberg. Finalmente halló en Johann III compañía real para su obra bíblica, litúrgica y apostólica. MARVIN W. ANDERSON

PETRI, OLAF (1493-1552). Reformador sueco. N. en Orebro. Al igual que su hermano Lorenzo, se educó en Wittenberg, en donde presenció la colocación de las →Noventa y Nueve Tesis. Su manual de 1529 fue el primer libro de servicio de la Reforma en lengua vernácula. En la Dieta de Västeras de 1527, la orden de predicar la Pura Palabra de Dios puso fin a la ascendencia romana. P. preparó una Misa Sueca en 1531 y una colección de cantos. Sus postillas también determinaron la instrucción religiosa sueca. En 1540 se retiró después de no haber informado sobre un complot para asesinar al rey. Entre 1526 y 1531 produjo 16 libros en sueco (hasta entonces solo habían existido ocho en la lengua común). Adaptó la obra de Lutero y al morir ya había transformado todo el escenario eclesiástico de Suecia.

MARVIN W. ANDERSON

PEZ. En el arte y en la literatura cristiana, *ichthus* ("pez", en griego) ha sido fundamentalmente símbolo de Cristo. Las letras griegas forman un acróstico (Jesu Cristo, Hijo de Dios, Salvador) pero no se sabe si el acróstico precedió al símbolo o viceversa. Tampoco se sabe la antigüedad de este uso. Además, el término ha sido empleado para referirse a los neófitos (Tertuliano, *De Baptismo*) y a la Eucaristía (como en las pinturas hechas dentro de las catacumbas). Desde tiempos antiguos el pescado ha sustituído a la carne en los días de ayuno. WATSON E. MILLS

PHILIPS, OBBE (c.1500-1568). Caudillo de los anabaptistas de los Países Bajos. Estudió medicina. En Leeuwarden presenció la ejecución del primer mártir anabaptista de los Países Bajos, Sicke Freercks (1531). Por Melchior Hofman fue atraído al anabaptismo. Bautizado en 1533, comenzó a predicar y a bautizar; se vio forzado a instalarse primero en Amsterdam y luego en Delft, en donde bautizó y ordenó a David Joris (1534). También bautizó y ordenó a →Menno Simons (c.1536). Se mantuvo alejado de los anabaptistas revolucionarios responsables de la catástrofe de Münster y durante algún tiempo fue jefe de los anabaptistas pacíficos, de modo que solía llamárseles "obbenitas" u "obbitas". Más adelante se apartó y Menno Simons se convirtió en jefe de este grupo. Después de muerto, se publicaron las *Confesiones* de P., en las que describe su desarrollo religioso.
J.G.G. NORMAN

PICO DELLA MIRANDOLA, GIOVANNI (1463-1494). Filósofo italiano. Por nacimiento, conde de Mirándola, a la edad de 16 años ya manejaba con fluidez el latín y el griego, había estudiado en varias universidades y era famoso por su notable memoria. En la universidad de Padua (1480-82) estudió el →averroísmo y la →cábala; el interés en esta última produjo una corriente de cabalismo cristiano que lleva hasta J. →Reuchlin y los estudiosos hebraicos del protestantismo del s.XVI. Después de 1484 la Academia Platónica de Florencia dominó su pensamiento pero su principal objetivo pasó a ser el descubrimiento de la subyacente unidad de estas diversas tradiciones filosóficas, unidad que también concordaría con el cristianismo. Sus principales escritos reflejan tanto este objetivo como los temas cristiano-humanistas de la dignidad del hombre y la incompatibilidad de la astrología con la libertad humana. Aunque se convirtió en seguidor del reformador cristiano →Savonarola, su última obra, *De ente et uno* –inconclusa– nuevamente procura demostrar la esencial unidad entre Platón y Aristóteles, y que toda verdad y sabiduría son una. La profundidad y amplitud del saber y visión de P. le han ganado la admiración de eruditos de peso. KENNETH R. DAVIS

PIDGEON, GEORGE CAMPBELL (1872-1971). Primer moderador de la →Iglesia Unida de Canadá. N. en Quebec. Se educó en la universidad de McGill y en el Presbyterian College y fue pastor de influyentes iglesias de Ontario durante más de cincuenta años, exceptuando un intervalo en que enseñó teología práctica (1909-15). Fue figura clave en la fundación de la Iglesia Unida de Canadá, de la cual fue primer moderador, así como último moderador de la asamblea general de la Iglesia Presbiteriana de Canadá, antes de la unión. De P. provino gran parte del espíritu y orientación para la nueva iglesia en sus años iniciales. Como erudito, predicador y escritor se interesó vivamente en la aplicación del →Evangelio Social a los pobres de las ciudades. ROBERT WILSON

PIETISMO. Movimiento entre los protestantes en los ss.XVII y XVIII con énfasis en la necesidad de las buenas obras y la vida santa. Se inició en Alemania poco después de la Guerra de los →Treinta Años (1618-48) cuando las iglesias se habían enmarañado en la rigidez confesional, época a la que suele llamarse Edad de la Ortodoxia, o período del Escolasticismo Protestante. Se habían sistematizado y esquematizado tanto las ideas de los reformadores, que poco consuelo podían dar.

El líder del despertamiento pietista fue Philipp Jakob →Spener (1635-1705). En 1674 se le invitó a escribir la introducción para una nueva edición de los sermones de Johann →Arndt. Su obra adquirió la forma de un tratado independiente que antecedía al libro, con el título de *pia desideria ("Anhelos piadosos").* Este manifiesto del movimiento pietista condenaba los pecados de la época y presentaba seis requisitos para la reforma. Estos incluían un mejor conocimiento de la Biblia entre el pueblo, la restauración del interés mutuo entre los cristianos, el énfasis en las buenas obras, el evitar las controversias, mejor adiestramiento espiritual para los ministros y reforma de la predicación para hacerla más ferviente.

La influencia de Spener se extendió mucho. Algunos lo alababan y lo imitaban mientras otros lo atacaban y hasta lo acusaban de jesuita. Su prestigio aumentó cuando fue nombrado predicador de la corte en Dresde (1686), y en la universidad de Leipzig se emprendió el estudio de sus enseñanzas, donde un grupo dirigido por A.H. →Francke se reunía para orar y estudiar la Biblia. Expulsados de Leipzig esos hombres, Spener ayudó a Francke a obtener un puesto en la universidad de Halle (1692).

La historia del movimiento pietista gira luego en torno a Francke, quien escribió el relato de sus actividades bajo el título de *Pietas Hallensis* (1701). La obra de que trata en su libro nació de su interés en los menesterosos y desposeídos de Halle y sus alrededores. Una serie de instituciones fueron fundadas, incluyendo una escuela para los pobres, un orfanato, un hospital, un hogar para viudas, un instituto pedagógico, un almacén de libros y una casa bíblica. También puso énfasis en las misiones foráneas, y en 1705 dos jóvenes, Bartholomaeus →Ziegenbalg y Heinrich →Plütschau fueron enviados a la India. Las actividades de ellos dieron origen a una obra misionera que fue dirigida por Francke hasta su muerte. Merecen atención varios otros pietistas tales como el conde von →Zinzendorf, creador de la Iglesia Morava con algunos refugiados del husitismo; J.A. Bengel; y la comunidad que promovió la "Biblia' de Burleburg".

Los historiadores discrepan en cuanto a la naturaleza del p. Algunos piensan que fue esencialmente un renacer del monaquismo y la piedad mística medievales, estimulados por el contacto con los puritanos. Otros opinan que representó un progreso en el luteranismo y que apuntaba hacia el mundo moderno. Un autor halla en él una fuerza que hizo surgir el nacionalismo alemán. Sea cual sea la opinión que uno tenga, el p. ha fomentado el deseo de vivir santamente, la erudición bíblica y el espíritu misionero, sin los cuales el protestantismo sería mucho más débil.

ROBERT G. CLOUSE

PIGHI, ALBERTO (c.1490-1542). Apologista católico romano. N. en Kampen, Países Bajos. Graduado de Lovaina en 1509, vivió en París hasta que en 1522 pasó a Roma. Se le recuerda como adversario de Martín →Bucer y como defensor de la infalibilidad papal. En 1538 apareció su *Hierarchiae ecclesiasticae assertio;* tres años después, *Controversarium quibus nunc exagitatur Christi fides...* ampliamente usado para enfrentarse al desafío protestante. Una obra póstuma (1543), *Apologia A. Pighii... adversus M. Bucer calumnias...,* fue empleada por Richard Smith en 1550 para atacar a →Pedro Mártir y a Bucer y P. fue a menudo citado en el Concilio de →Trento. Pedro Mártir optó por contestar a P. en sus conferencias sobre *Romanos* de 1551 en Oxford y en su comentario impreso de 1558.

MARVIN W. ANDERSON

PILA BAUTISMAL. Receptáculo que contiene el agua bautismal. Generalmente es hecha de piedra pero algunas veces de metal. Las antiguas p. eran, básicamente, pozos en los cuales los candidatos al bautismo podían estar de pie o ser sumergidos. Posteriormente, en la Edad Media, cuando el bautismo de infantes ya era costumbre común, las p. fueron levantadas sobre el suelo de modo que los bebés pudieran ser sumergidos. Todavía más tarde, cuando el derramamiento o rociamiento sustituyó a la inmersión, las p. fueron más pequeñas y elevadas sobre altos pedestales. Frecuentemente las cubrían tapas de madera o de metal para preservar la pureza del agua. Los grupos que practican el bautismo de adultos solamente, prefieren el término "bautisterio", relacionando así la "p." con el bautismo de infantes.

J.D. DOUGLAS

PIO I (m.154). Obispo de Roma desde alrededor de 140. Los datos acerca de su vida y pontificado son a lo sumo someros. El Fragmento Muratorio indica a su hermano como autor de *El Pastor de →Hermas,* mientras el *Liber Pontificalis* declara que nació en Aquileia. La tradición de que padeció el martirio no llega al período inicial de la iglesia.

J.D. DOUGLAS

PIO II (1405-1464). Papa desde 1458. Su nombre de pila era Aeneas Sylvius Piccolomini y n. cerca de Siena. Fue el más famoso representante papal del humanismo renacentista. Luego de estudiar en la universidad de Siena y en Florencia, fue secretario de Domenico Capranica, a quien acompañó al concilio de →Basilea (1431-35). Rápidamente se elevó en servicio del concilio por sus dotes oratorias; fue en misiones diplomáticas a Inglaterra y Escocia y llegó a ser secretario del papa conciliar, Félix V. Al palpar la creciente futilidad del concilio, entró al servicio de →Federico III de Alemania (1442). El sufrimiento personal y su convicción de que debía procederse contra los turcos lo impulsaron a adoptar un estilo de vida más grave. Se sometió (1445) al papa Eugenio IV y fue ordenado (1446) y nombrado obispo (1447). Tras negociar el Concordato de Aschaffenburg fue nombrado cardenal (1456).

Electo papa, predicó la cruzada contra los turcos, que acababan de apoderarse de Constantinopla (1453). Convocó a un congreso de la cristiandad en Mantua (1458) que formulara planes para la cruzada, pero recibió escaso apoyo de los príncipes temporales para ese proyecto. Cuando los alemanes se opusieron a un tributo para la cruzada, exhibiendo los pecados de juventud del papa, éste emitió su bula *Excecrabilis* (1460) en que condenaba toda apelación al concilio por encima del papa. En 1464 personalmente dirigió una cruzada contra los turcos, pero una fiebre lo atacó y murió en Ancora, Italia.

P. fue brillante escritor y produjo una cantidad de tratados en prosa en defensa del conciliarismo y sobre poesía, historia, novelística y discursos. Entre sus obras se hallan *Historii Frederili Imperatoris; Historica Bohemica, Cosmographiae in Asiae et Europae;* y *Miseriae Curialum,* serie de poemas latinos que influyeron en la sátira inglesa del s.XV. Sus *Comentarios* son un valiosísimo legado, ya que constituyen la única autobiografía que un papa haya dejado. ROBERT G. CLOUSE

PIO IV (1499-1565). Papa desde 1559; llevó a feliz conclusión el Concilio de →Trento. Gian Angelo de'Medici, hijo de un notario milanés, estudió derecho y medicina en Pavía e ingresó al servicio papal en 1527. Fue electo arzobispo de Ragusa en 1545 y cardenal en 1549. Sucedió a Pablo IV como papa en 1559 y rápidamente acabó con el nepotismo en los círculos papales. Aunque no fue teólogo profundo, fue hábil y amable político. Volvió a reunir el Concilio de Trento en 1561. Mientras negociaba en privado con el emperador Fernando I y con los reyes francés y español, se valió de la mayoría de obispos italianos en el concilio para mantener el poder de la Curia. Se granjeó a Fernando, otorgando la comunión en ambas especies a los laicos del imperio. El concilio se disolvió en 1563 completando así la ejecución legal de la →Contrarreforma. P. emitió un nuevo →Indice en 1564 y preparó una edición del catecismo romano. J.G.G. NORMAN

PIO V (1504-1572). Papa desde 1566. Su nombre era Michele Ghislieri; a la edad de catorce años ingresó en la orden dominica en la cual posteriormente ejerció como maestre y prior, sirvió a la inquisición en Milán, fue nombrado comisario general de la Inquisición en 1551, obispo de Nepi y Sutri en 1557, llegó a cardenal y con el respaldo del cardenal →Borromeo y del partido ultramontano, fue electo papa. Fanático y austero, P. tenía como ideal nada menos que la reforma de toda la iglesia según el modelo de su propia casa. Con ese fin puso vigorosamente en vigencia las recomendaciones del Concilio de Trento, revisó el breviario y el misal y se encargó de que se reeditaran las obras de →Tomás de Aquino. Extirpó la fe reformada en Italia y alentó a España a proceder de igual modo en los Países Bajos, bendiciendo personalmente las campañas militares del duque de Alba. En Francia adquirió influjo sobre →Catalina de Médicis y Carlos IX, mientras que en Inglaterra su excomunión de la reina →Isabel produjo escisiones entre la comunidad de los católicos y persecución contra éstos. Ayudó a promover la alianza de los →Estados Papales, España y Venecia que triunfó en la gran batalla naval de Lepanto en 1571. Fue canonizado en 1712. IAN SELLERS

PIO VI (1717-1799). Papa desde 1775. De padres nobles, fue educado por los jesuitas. En 1740 fue a Roma como secretario del cardenal Ruffo y llegó a ser secretario de Benedicto XIV y canónigo de San Pedro en 1755 pero no fue ordenado hasta 1758. En 1773 fue electo cardenal a despecho de su oposición a la supresión de la orden jesuita, ocurrida el mismo año. Como papa, logró mediante delicado trabajo diplomático, la restauración de los jesuitas en Prusia y Rusia. Ocupó sus primeros años en asuntos domésticos, mas pronto se vio amenazado por movimientos eclesiásticos nacionales semejantes al →galicanismo. En el Santo Imperio Romano el →febronianismo se extendió rápidamente alentado por los arzobispos-electores, aunque en el Congreso de Ems de 1786 los propósitos de aquellos fueron hábilmente frustrados por el papa y el movimiento terminó pronto. En Toscana, el gran duque Leopoldo adoptó un proceder similar que llegó a su cúspide en el sínodo de Pistoia en 1786. Pero ya en 1790 la reacción clerical había cobrado impulso. Como caso más grave, el →josefismo en el imperio habsburgo obligó al papa a viajar a Viena en 1782 para intervenir ante el emperador reformador aunque al año siguiente, después de una amenaza de excomunión, José devolvió la visita y P. reafirmó parcialmente su autoridad. Finalmente, cuando en 1786 José extendió sus tácticas a Bélgica, la población, devotamente católica, se alzó en revuelta clérigo-nacionalista y el papa tuvo la satisfacción de ver los principescos intentos reformistas rechazados por el propio pueblo. La Revolución Francesa y la Constitución Civil del clero (1790) hicieron que el papa anatematizara a los revolucionarios y a los clérigos que aceptaran sus reformas; esto, a su vez, llevó a que los →Estados

Papales fueran incluidos en la primera coalición antifrancesa (1796), a la invasión y ocupación de una parte de los mismos, a la humillante Paz de Tolentino (1797), a la toma de la misma Roma (1798), al cautiverio del papa en manos de los franceses y a su prematura muerte en los rigores de un invierno alpino. A veces se ha afirmado que bajo P. VI el papado llegó a su nadir, pero los éxitos de la contrarrevolución papal fueron considerables, y la conmiseración pública por sus sufrimientos fortaleció a la institución en la estima popular. IAN SELLERS

PIO VII (1740-1823). Papa desde 1800. Su nombre era Barnaba Chiaramonti; se educó como benedictino bajo el nombre de Gregorio. Antes de ser electo papa tuvo las sedes de Tívoli (1782) e Imola (1785). Inmediatamente hubo de confrontar las crecientes exigencias de Napoleón que, para obtener el total control de Francia, quería un nuevo concordato. El nuevo papa era conciliador y concibió el principio de mantenerse inconmovible en el ejercicio y defensa de su autoridad espiritual mientras procuraba ajustar la iglesia a las nuevas formas de la sociedad. El →Concordato (1801) restauró a la iglesia en Francia pero, tal como fue enmendado por los Artículos Orgánicos (1802), dio plenos poderes a Napoleón. P. protestó, pero luego aprobó un concordato similar (1803) con la napoleónica Italia del Norte P., conciliador aun, accedió a otorgar la autoridad de su presencia personal a la autocoronación de Napoleón como emperador en París (dic., 1804). El emperador estaba ahora resuelto a la expansión total de su régimen por toda Europa, incluyendo la extensión universal de su sistema eclesiástico sujeto al estado y la absorción de los →Estados papales. Esto último se completó en febrero de 1808; el papa, que mantenía su protesta constante, fue apresado (1809) y deportado a Savona, cerca de Génova, y finalmente a Fontainbleau (1812) cerca de París. Napoleón, que nunca logró doblegar al papa, lo liberó y P. volvió a Roma (mayo de 1814).

El cardenal →Consalvi, talentoso secretario de estado papal, indujo al Congreso de Viena (1814-15) a realizar una casi completa restauración de los Estados Papales. Con el apoyo de P. reorganizó el gobierno en medio de resistencia tanto de los sanfedistas como de los carbonarios. La iglesia fue efectivamente restaurada mediante concordatos con Baviera y Cerdeña (1817), Nápoles y Rusia (1818), Prusia (1821) y otros estados italianos y alemanes. P. restauró a los jesuitas (1814) y revitalizó las misiones católicas en Asia y AL. Su singular piedad religiosa y su resistencia ante Napoleón dieron un ejemplo de devoción para las masas de fieles.

C.T. McINTIRE

PIO IX (1792-1878). Papa desde 1846. Se llamaba Giovanni Maria Mastai Ferretti; fue arzobispo de Spoleto (1827) y obispo de Imola (1832) antes de su elección como papa. Disfrutó del más largo pontificado de la historia y realizó la renovación espiritual de la ICR en el s.XIX. Su tarea central fue la identificación y promoción de la fe y prácticas devotamente católicas en contraste con los muchos no cristianos y anticatólicos movimientos filosóficos o sociales. Dos acontecimientos históricos mundiales resumen su reinado: el final del poder temporal del papa (1859-61, 1870), y el Concilio Vaticano I (1869,70).

P. experimentó de primera mano la revolución en la de 1848-49, cuando los mazzinianos y los garibaldinos lo obligaron a huir de Roma. Tropas francesas lo restauraron (abril, 1850) y ocuparon a Roma y sus alrededores con solo una interrupción hasta 1870. No obstante, levantamientos e invasiones sardo-italianas acabaron con el poder temporal sobre los →Estados Papales (1859-61, 1870) después de mil años de dominio. Mantuvo una política de no reconocimiento *(no possemus)* de la absorción italiana de los Estados Papales, que él consideraba necesarios para su independencia política.

Movido por esta experiencia, P. identificó los principios que incluían el liberalismo, el democratismo, el racionalismo, el anticlericalismo que motivaban los ataques anticatólicos, y los condenó en una serie de alocuciones, excomuniones y encíclicas, notablemente la *Quanta Cura* y el anexo →Sílabo de Errores (1864). Estos eran consecuentes con su primera encíclica, *Qui pluribus* (1846); al contrario de muchos simpatizantes del liberalismo (1846-48), él jamás comulgó con esa corriente.

Al mismo tiempo, constructivamente promovió la renovación →ultramontana de su poder espiritual al definir la →Inmaculada Concepción de María (1854), que alentó un amplio despertar católico entre los fieles; mediante oportunas canonizaciones y jubileos papales; mediante la extensa promoción de la obra misionera mundial; mediante su propio ejemplo de evidente piedad y fe en medio de la adversidad extrema; y mediante la convocatoria del Concilio →Vaticano I (1869-

70). P., apoyado por el despertar de las masas, logró centralizar la iglesia en el papado, especialmente con la promulgación de la infalibilidad papal (1870), y minar todo intento de continuar las iglesias galicanas y febronianas bajo el nuevo móvil del nacionalismo. Restableció las jerarquías en Inglaterra (1850) y en los Países Bajos (1853); logró concordatos favorables con Rusia (1847), España (1851) y Austria (1855); y estableció numerosas diócesis nuevas. En este proceso, P. logró para la iglesia notable independencia respecto al dominio del estado. Exceptuando una misión diplomática a AL (1823-25) pasó toda su vida en la península italiana central. C.T. McINTIRE

PIO X (1835-1914). Papa desde 1903. Se llamaba Melchiorre Sarto. Fue nombrado obispo de Mantua en 1884 y patriarca de Venecia en 1893. Dedicó su pontificado a continuar la purificación espiritual de la ICR. Su lucha contra el modernismo católico en los escritos de →Loisy, Houtin y otros, llevó a la condenación de los mismos en la encíclica *Pieni l'animo* (1906), en un resumen de errores de 75 puntos (1907), y finalmente mediante el requisito de que el clero hiciera un juramento contra el modernismo (1910). Siguió las huellas de León XIII al recomendar el tomismo como filosofía católica (1910) y fundó el Instituto Bíblico en Roma (1909). Mostró cierto favor hacia la Liga de Bernigni de San Pío V que profesaba el →integrismo, pero indulgentemente condenó a Charles Maurras y la →*Action Française.* Para fortalecer la fe de los creyentes comunes, a quienes veía amenazados por el modernismo, promovió la renovación en el culto y la devoción personal: haciendo provisión para la música sagrada, incluyendo un reavivamiento del canto gregoriano (1904), una revisión de las oraciones del breviario (1911), nueva devoción a María (1904), más frecuente asistencia a misa de los fieles (1905), la primera comunión a más temprana edad y mejor instrucción religiosa (1905). Inició la codificación del derecho canónico completada bajo Benedicto XV.

La lucha católica con la secularista Tercera República francesa llegó a una nueva etapa con el rompimiento de relaciones diplomáticas (1904), y la Ley de Separación francesa (1905), que unilateralmente ponía fin al →Concordato de 1801; entre otras cosas, el estado confiscó nuevas propiedades de la iglesia y transformó su semifavorable posición legal hacia la iglesia en activo antagonismo legal. P. condenó esto en las encíclicas *Vehementer Nos* y *Gravissimo officii munere* (1906). Mantuvo, aunque suavizada, la política papal de *non possemus* contra la abolición italiana del poder temporal del papa, permitiendo la participación restringida de los católicos en las elecciones locales (1905). *Pieni l'animo* (1906) también indicó su modelo favorito para la política: la →Acción Católica, acción social extraclerical bajo efectivo control jerárquico, en vez de movimientos católicos independientes que la Democracia Cristiana propugnaba. Fue canonizado en 1954. C.T. McINTIRE

PIO XI (1857-1939). Papa desde 1922. Su nombre era Ambrogio Damiano Achille Ratti. Obtuvo tres doctorados y antes de ser electo papa fue arzobispo de Milán. Dio significante impulso a la formulación católica del papel de la iglesia en la era secular posterior a la Guerra Mundial I. Con los Tratados de Letrán (1922), la prolongada y compleja cuestión del fin del poder temporal del papa (1859-61, 1870) alcanzó un nuevo estado y al parecer, una conclusión: por mutuo acuerdo entre el papado y la Italia de Mussolini se estableció el Estado de la Ciudad del Vaticano, se firmó un concordato vaticano-italiano e Italia le pagó al Vaticano una sustancial indemnización. Para Mussolini, el pacto le daba apoyo católico inicial para su naciente régimen totalitario, a la vez que le daba al Vaticano la independencia que venía procurando.

La encíclica *Quadragesimo anno* (1931) desarrolló los principios sociales cristianos, consecuentes con León XIII en los rumbos del subsidiarismo y el corporativismo: un pluralismo de relaciones sociales organizadas bajo la enseñanza dogmática y moral de la iglesia. La suya era una clara alternativa frente al comunismo o socialismo colectivista, el individualismo y finalmente el nazismo. Eclécticamente, Mussolini trató de incorporar algunas de las ideas en su sistema fascista. No obstante también condenó P. los principios del fascismo (1931), del nazismo alemán (1937), y del comunismo soviético (1937). El apoyo de P. a la →Acción Católica (1922, 1928) suministró una forma concreta para que los laicos participen en la reconstrucción social en armonía con el control episcopal y las enseñanzas de la iglesia. Su concepto era la participación "laica" en la misión apostólica de la iglesia. Su encíclica *Divini illius magistri* (1929) definió la base de la educación escolar católica y se declaró en contra del control exclusivo del estado sobre la educación.

Concluyó muchos concordatos, especialmente para establecer la iglesia en los nuevos estados centrales de Europa oriental como Polonia (1925) y Rumania (1927). Definió un papel de acomodamiento para la iglesia en la secularista Francia, restableciendo las relaciones diplomáticas (1921) y mediante nuevos acuerdos eclesiásticos (1928). En cuanto a misiones, promovió el liderazgo episcopal nacional nombrando seis obispos chinos (1926) y uno japonés (1927). Una cantidad de congresos eucarísticos mundiales puso de relieve el carácter internacional de la iglesia.

C.T. McINTIRE

PIO XII (1876-1958). Papa desde 1939. Ordenado sacerdote en 1899, Eugenio Pacelli probó por primera vez la vida del Vaticano en 1901, cuando entró de secretario bajo León XIII. Desempeñó una sucesión de cargos importantes antes de ser electo cardenal y luego secretario de estado papal por Pío XI en 1930. Fue legado papal ante el congreso eucarístico de Buenos Aires y en otros importantes acontecimientos en EUA y Europa. Nunca antes había viajado fuera de Italia un Secretario. Pío XI extraoficialmente hizo saber que deseaba que su secretario fuera su sucesor, deseos que se cumplieron en el cónclave reunido tras su muerte y Pío XII se presentó para impartir su bendición *Urbe et Orbi.*

Según sus admiradores, fue estadista muy capaz, gran maestro, custodio de la sana doctrina, defensor de la neutralidad y el internacionalismo, seguidor de la política de concordatos de Pío XI y anticomunista militante. Para sus detractores fue un hábil político que diestramente adaptó la tradicional práctica curial a las circunstancias de la Guerra Mundial II y sus consecuencias. En los asuntos eclesiásticos internos, al principio pareció que P. respondería al llamado en pro de la renovación. Ello se muestra, p.e., en las encíclicas de 1943 –*Mystici Corporis* (con énfasis en la iglesia como cuerpo místico de Cristo) y *Divino Afflante Spiritu* (que hacía esperar el retorno a los estudios bíblicos en la iglesia)– y la de 1947, *Mediator Dei,* sobre liturgia. Pero en 1950 emitió *Humani Generis,* que revocaba algunas concesiones hechas en la esfera de los estudios bíblicos, con lo cual preparaba el terreno para la proclamación del dogma de la →Asunción de la Virgen María (1950) y la promulgación del año mariano para 1954.

Su conservadurismo se reveló también en su proyecto de descubrir la tumba de Pedro debajo del Vaticano y su celo en canonizar a sus predecesores. Elevó a Pío X y a Inocencio I, revivió la causa de santificación del Beato Inocencio V y de Gregorio X e inició la causa de Pío IX. Murió en su villa de Castel Gandolfo y su muerte parece haber marcado el fin de una época en la historia del papado.

PETER TOON

PIPINO III (el Breve) (714/15-768). Rey de los Francos. Hijo de Carlos →Martel, junto con su hermano Carlomán accedió en 741 al puesto de *major domus,* "mayordomo de palacio". Cuando en 747 Carlomán se retiró a un monasterio, P. recibió el título de mayordomo. Considerando que lo único que le faltaba para ser rey era el título, logró que →Zacarías, obispo de Roma, sancionara el descartar a Childerico III, último de los merovingios, quien para mantener la ficción legal de aquella dinastía fue nombrado rey de todos los Francos en 743 (en realidad, todo el poder había pasado a manos de la línea carolingia). Pero Zacarías murió antes de ratificar la nueva dinastía. →Bonifacio y algunos otros obispos consagraron a P. en Soissons en 751; su ungimiento junto con sus dos hijos, Carlos y Carlomán, por el papa Esteban, que con ello confirmó la dinastía, se realizó en 754 en San Dionisio, cuyos monjes habían educado a P. y en donde él habría de morir.

Aunque la más espectacular creación del nuevo "Imperio Romano" hubo de esperar a la coronación del hijo de P., Carlos (→Carlomagno), en Roma en 800, P. III había realmente hecho nacer aquella interrelación del poder político de Europa Occidental y la estructura religiosa cristiano-occidental que dio nueva forma y revitalizó los restos de la civilización latinorromana. Que ello haya ocurrido frente a la invasión arábigo-islámica en torno al Mediterráneo, y a la →Controversia Iconoclasta de la Iglesia de Oriente, muestra cuán activamente intervino P. en los asuntos tanto de la iglesia como del estado. Así, ayudó a Bonifacio en la reforma eclesiástica de toda la iglesia de los francos, y a su pariente →Crodegando en una similar reforma monástica; asimismo, mediante la derrota de los lombardos y la recuperación del exarcado de Ravena, que Oriente reclamaba como suya, ayudó a crear por "donación", los Estados Papales (756).

CLYDE CURRY SMITH

PISA, CONCILIO DE (1409). Convocado por los cardenales como esfuerzo por acabar con el →Cisma de Occidente. Ocho de los cardenales de →Gregorio XII lo abandonaron y se adhirieron a los cardenales de Aviñón para convocar este concilio general en junio de 1409. Asistieron al Concilio unos 500 miembros, que representaban a gran parte de la Iglesia de Occidente.

Inglaterra, Francia, Portugal, Polonia, Bohemia y Sicilia estaban representadas, pero Escocia, Escandinavia, Hungría, Castilla, Aragón, Ladislao de Nápoles ni el emperador Ruperto de Alemania no dieron su aprobación. El concilio pretendió tener autoridad y legitimidad con base en argumentos formulados por el cardenal Pierre →d'Ailli (que había abandonado a →Benedicto XIII), F. Zabarella (electo cardenal en 1411) y Jean →Gerson. Estos declararon que si bien la asamblea no había sido convocada por el papa, expresaba plenamente la unidad de la iglesia y tenía facultades para poner fin al cisma. La paz se mantuvo por la presencia del cardenal Cossa (más adelante →Juan XXIII). El concilio depuso a los papas de ese momento (Gregorio XII y Benedicto XIII) como herejes y cismáticos, y autorizó a los cardenales para elegir un nuevo papa. Ellos eligieron al cardenal griego Pedro Philargi, que se convirtió en →Alejandro V. El concilio también se esforzó por encarar el Wycliffismo y el movimiento husita.

Mucho se ha criticado a este concilio. No es reconocido como ecuménico por la ICR, por lo irregular de su convocatoria. No acabó con el cisma, sino que más bien lo empeoró pues ahora había tres papas rivales. No logró poner en vigor sus decretos por faltarle suficiente apoyo de los gobernantes seculares del mundo cristiano. Pero hay consenso en que este concilio preparó el camino para sanar en definitiva el cisma, lo cual ocurrió en el Concilio de →Constanza en 1415.

JAMES TAYLOR

PISTIS SOFIA. Escrito gnóstico en lengua sahídica. Probablemente es traducción del s.IV o V de un original griego, producto del →gnosticismo egipcio tardío. Se le ha atribuido tanto a los valentinianos como a los ofitas y a los barbelo-gnósticos. Pretende ser una revelación de los misterios esotéricos dados a conocer por el Cristo resucitado al círculo íntimo de discípulos para mostrarles cómo alcanzar el Mundo-luz y escapar del presente mundo confuso, condenado a destrucción. El título se deriva del nombre de la heroína, "Pistis Sofía", personificación de la filosofía, la cual es liberada de *Authades* ("obstinación" o "arrogancia") por Jesús durante su ascensión al través de las esferas y en conflicto con los eones. Desde el Caos, ella es conducida por una Potencia de Luz enviada por Jesús. El libro lleva anexas otras secciones no relacionadas que incluyen examen gnóstico de las jerarquías, eones y esferas, diálogos entre Jesús y los discípulos (especialmente María), y discursos que reflejan el sacramentalismo gnóstico. La obra es una miscelánea de fragmentos fantásticos desordenadamente engarzados y que toma su nombre de una de las partes. En su extraño modo particular, muestra una real devoción a Cristo. Existe en un solo manuscrito en el Museo Británico. J.G.G. NORMAN

PLATON (c.429-347 a.C.). Filósofo griego, discípulo de →Sócrates. N. en Atenas, de familia distinguida. A los 18 años conoció a Sócrates. Cautivado por él, se convirtió en su discípulo. Los acontecimientos que tuvieron lugar en Atenas (y que culminaron con la muerte del maestro), lo desilusionaron. Hizo varios viajes a Siracusa y tuvo la intención de poner allí en práctica sus ideas políticas, pero le fue mal. Por el año 385 fundó su establecimiento de enseñanza, que fue conocido como la Academia (→PLATONISMO). M. en Atenas.

La obra literaria de P. presenta problemas de datación para determinar su itinerario intelectual. Su más famoso diálogo, *La República,* es una obra de madurez, aunque le siguieron otros escritos de reelaboración crítica de su pensamiento.

Para P., este mundo, de la sensibilidad, de la generación y la corrupción, no es la "realidad verdadera". Tampoco es la nada. Es "realidad aparente", úmbrica, porque es a la verdadera realidad lo que la sombra al cuerpo que la proyecta. Esa realidad auténtica es el "Mundo de las Ideas" (o "de las Formas"). En él, las Ideas (entes independientes de cualquier mente que los piense) representan lo inmutable, eterno y trascendente. Aquí se identifican lo universal lógico y lo real ontológico. Ese mundo sirvió de modelo para la formación del mundo de la sensibilidad, por lo que las cosas particulares "participan" de alguna manera de las ideas correspondientes.

El alma humana es "lo más parecido a la idea". El cuerpo es su cárcel. El alma, que es inmortal, volverá a su propio mundo cuando se haya purificado. En ello la filosofía juega un papel primordialísimo, para la catarsis y la conversión. el camino es la dialéctica (→TEOLOGIA DIALECTICA).

Las Ideas están ordenadas jerárquicamente: la del Bien ocupa la cima. Ella da el ser de Idea a las demás, pues es causa no solo del conocer sino también del ser.

Esta doctrina fundamenta no solo la comprensión del conocimiento y de la realidad, sino también la ética y la política. (Para la influencia de p. →PLATONISMO; NEOPLATONISMO.) PLUTARCO BONILLA A.

PLATONISMO. El pensamiento de →Platón ejerció una gran influencia tanto entre los discípulos que continuaron la labor de la Academia como entre pensadores ajenos a ella. La historia de la Academia puede dividirse en: (1) Academia Antigua, que continúa las investigaciones matemáticas y la especulación filosófica; (2) Academia Nueva, que se caracteriza por su rechazo del dogmatismo y por su escepticismo; (3) Ultima Academia (o Academia Novísima), que representa una vuelta al dogmatismo, pero con carácter ecléctico, con influencias del peripato, de la *stoa* y de doctrinas pitagóricas. En este período son importantes los elementos religiosos (que se introducen a veces por influencias orientales) y la actitud de promoción del paganismo y de hostilidad hacia el cristianismo que asumen algunos pensadores (→CELSO, →PORFIRIO, →PROCLO). A este último período corresponde el →neoplatonismo. Con el decreto del emperador →Justiniano (529) por el que se cerraban las escuelas filosóficas de Atenas (y, por tanto, también la Academia), no cesa la influencia platónica.

Caracteriza al p.: la comprensión dualista de la realidad; la desvaloración de lo corpóreo y temporal; la identificación del ser humano con el alma; la afirmación de la superioridad de la vida contemplativa.

Durante los primeros siglos de la era cristiana, el p. fue la corriente filosófica predominante, aunque con influencias de otras escuelas. Se consideró que Platón proveía los medios apropiados para la articulación teológica de la fe cristiana. →Filón Alejandrino había hecho otro tanto con la interpretación del judaísmo ("No se sabe si Filón platoniza o si Platón filoniza", se dijo en la antigüedad.) La escuela cristiana de Alejandría fue muy influida por el pensamiento platónico. (→ALEJANDRINA, TEOLOGIA; →CLEMENTE DE ALEJANDRIA; →ORIGENES). Otros muchos pensadores cristianos sufrieron la influencia del neoplatonismo. (No puede distinguirse con rigurosidad entre influencias platónicas y neoplatónicas. Las segundas presuponen las primeras. La extensión de ambas varía, por tanto, según los diversos historiadores.)

Durante el →Renacimiento se produce un resurgimiento del p., y se fundan "Academias", como la Academia Platónica de Florencia (1459) (→BESSARION, FICINO, PICO DE LA MIRANDOLA). También adquiere gran impulso la traducción de las obras de Platón, de larga tradición durante la Edad Media. En el s.XVII destaca el grupo de filósofos a quienes se conoce como los Cambridge →Platónicos de, que trataron de combinar el idealismo platónico con una profunda religiosidad cristiana. El pensamiento de Platón se hace presente de una u otra manera a lo largo de la historia de la teología cristiana. A.N. →Whitehead presenta un buen ejemplo de la influencia platónica en la filosofía contemporánea. En la actualidad algunos teólogos y biblistas han reaccionado contra lo que consideran una interpretación platónica de la Biblia y la teología.

PLUTARCO BONILLA A.

PLINIO, CARTA DE A TRAJANO. P. fue enviado por el emperador Trajano c.112 para reorganizar los asuntos de la provincia de Bitinia. En una de sus cartas al emperador, P. planteó preguntas acerca del trato a los cristianos, con lo cual suministra datos acerca de la vida y el culto de los cristianos primitivos. P.e., se refiere a servicios antes del amanecer y tarde en la noche en un día (domingo). Reconociendo que el "contagio" del cristianismo había penetrado en ciudades y aldeas y que había ejecutado a algunos cristianos resueltos, le preguntaba a Trajano cómo debía proceder con quienes fueran acusados de cristianos. En su respuesta, Trajano le aconseja no andar a la caza de cristianos, sino solo castigar a quienes fueran acusados y probados culpables. PETER TOON

PLOTINO (205-270). Iniciador del →neoplatonismo. Era egipcio de lengua griega y educado en Alejandría. En 245 d.C. estableció en Roma una escuela que ejerció amplia influencia en la antigüedad y posteriormente en forma notable en →Agustín de Hipona (sobre historia posterior del neoplatonismo, →PORFIRIO).

Igual que en el platonismo medio, prevalecen los móviles religiosos, pero como uno de los más viables ejemplos de monismo filosófico, el sistema de P. fue útil aliado contra el dualismo del →gnosticismo. También influyó en las explicaciones ortodoxas de la

Trinidad, en muchos aspectos complementando a →Filón, aunque no es posible demostrar dependencia directa.

El ser único y definitivo de P. sirve primordialmente como foco para la meditación mística (éxtasis religioso) pero combina la trascendencia del Motor Inmóvil de →Aristóteles con un papel creativo como causa única del universo, que no obstante evita las ambigüedades anejas al Fuego divino del estoicismo. Postula claros pero inseparables niveles ("hipóstasis") del ser; el inferior procede del superior y al mismo tiempo aspira hacia éste. En la cúspide está el Uno (o el Bien), Unidad pura sin traza alguna de dualidad, y por consiguiente estrictamente innombrable y entregado únicamente a la contemplación de sí mismo, pero que, como necesario subproducto (así como el sol por el hecho de serlo irradia luz), emite la segunda hipóstasis, la Mente Divina. Esta tiene dos aspectos: Inteligencia y el objeto de ella que es la Verdad (las Formas platónicas); aspira a la Unidad, pero al hacerlo produce necesariamente el tercer nivel, el Alma (o Espíritu). El alma posee un aspecto elevado que contempla la Verdad y uno inferior del cual depende la existencia física del mundo físico, si bien éste es eterno. Esta "trinidad" jerárquica produce un universo en el cual no es principio independiente ni el mal ni la materia, pero que se considera negativamente como el punto en que, dada la distancia a que se halla del Uno, la creatividad (inexplicablemente) falla.

El alma individual, igual que la cósmica, debe aspirar a la Verdad y evitar los deleites carnales. Por causa de una "caída" original, nuestras almas están sujetas a la reencarnación hasta que se purifiquen por completo mediante el ascetismo, la meditación y el éxtasis (en que el alma se trasciende y momentáneamente alcanza la comunión directa con el Uno). GORDON C. NEAL

PLUTSCHAU, HEINRICH (1677-1747). Cofundador, junto con B. →Ziegenbalg, de la Misión Halle-danesa, primera misión protestante a la India. Llamados a dejar sus estudios teológicos en Halle para ser misioneros del rey Federico IV de Dinamarca, creyeron al principio que el Africa Occidental era su destino. Por el contrario, en 1706 fueron a Tranquebar, la diminuta colonia danesa en la costa india de lengua tamil. P. se dedicó a la congregación de habla portuguesa y demostró ser digno socio del más renombrado Ziegenbalg. Regresó a Európa en 1711.

J.D. DOUGLAS

PLYMOUTH, HERMANOS DE →HERMANOS LIBRES

PNEUMATOMAJOI (gr. = "guerreadores contra el Espíritu"). Agrupación del s.IV que negaba la deidad del Espíritu Santo. Los habían antecedido los "tropistas", a los que respondió Atanasio en sus cartas a Serapión de Thmuis; adquirieron prominencia en 373 cuando →Eustacio de Sebaste se convirtió en jefe de ellos luego de romper con Basilio de Cesarea. Fueron condenados por Dámaso de Roma (374) y sus doctrinas fueron adversadas por los Padres Capadocianos y por Dídimo el Ciego de Alejandría. Los más moderados de entre ellos aceptaban la consustancialidad del Hijo, pero los más radicales (encabezados por Eustacio) consideraban al Hijo y el Espíritu de "*semejante* sustancia", o "*semejantes* en todo" al Padre. Formalmente anatematizados junto con otras herejías en el Concilio de →Constantinopla en 381, la secta desapareció después de 383, víctima de las leyes antiheréticas de Teodosio. Algunos escritores tempranos (Sócrates, Sozomen, Jerónimo, Rufino) consideraban a Macedonio de Constantinopla como su fundador, por lo cual a veces a los p. se les llama macedonianos; pero nada se vuelve a saber de Macedonio después de su deposición por el Concilio Arriano de Constantinopla en 360, y no consta conexión alguna con la secta posterior, a menos que él haya elaborado las teorías en el retiro. Posiblemente sus seguidores se amalgamaron con los p. Ocasionalmente se les llamaba también "maratonianos", por causa de Maratonio de Nicomedia, otro de los abanderados de esta doctrina. J.G.G. NORMAN

POISSY, COLOQUIO DE (1561). Asamblea de prelados catolicorromanos franceses y teólogos protestantes reformados, ministros y laicos, convocados por el regente y la reina madre, →Catalina de Médicis. Como el Concilio de →Trento había sido suspendido en 1552, y evidentemente no estaba siguiendo una política de entendimientos con el protestantismo, Catalina esperaba lograr la paz religiosa y la unidad de Francia mediante un programa nacional de reforma doctrinal y disciplinaria, mediante la convocatoria de un concilio de la iglesia galicana. El papado frustró dicho concilio al convocar el Concilio de Trento. Pero Catalina siguió adelante, dándole a su asamblea el nombre de "coloquio". Como ni la ICR ni el calvinismo eran puramente nacionales, y como Catalina era incapaz de comprender la profundidad de las di-

ferencias doctrinales, el intento de llegar a una solución política fracasó. Lo que el protestantismo obtuvo fue un aura de aceptación real y las pasiones religiosas se intensificaron hasta llegar a las hostilidades abiertas en 1562.
KENNETH R. DAVIS

POLE, REGINALD (1500-1558). Cardenal, arzobispo de Canterbury desde 1556. Hijo de la condesa de Salisbury, sobrina de Eduardo IV, P. estudió en Oxford bajo la dirección de Thomas Linacre y William →Latimer, y de →Enrique VIII recibió promoción eclesiástica sin ser ordenado. Desde 1521 estudió en Europa y mantuvo correspondencia con Tomás →Moro y →Erasmo. Diácono de Exeter en 1527, rechazó las sedes de York y de Winchester en 1530 y, para no tomar partido respecto al divorcio del rey, viajó al exterior en 1532. Fue amigo de Gaspar →Contarini y conoció a Gian Pietro Caraffa (luego →Pablo IV). En 1536 publicó *Pro Ecclesiasticae Unitatis Defensione* contra la pretensión a la supremacía de Enrique VIII y fue nombrado por →Pablo III en un comité pro reforma de la disciplina de la iglesia.

Después de ordenado diácono, el papa lo hizo cardenal y lo envió como legado a persuadir a Francia y España para que rompieran con Inglaterra. En 1540 se condenó a muerte civil a él y su familia en Inglaterra, y su madre fue ejecutada. En 1542 estuvo entre los nombrados para presidir el Concilio de →Trento y en 1549 estuvo a punto de ser electo papa. Cuando María Tudor llegó al trono, P. fue a Inglaterra como legado y absolvió de cisma al parlamento. Al día siguiente de la muerte del arzobispo →Cranmer en la hoguera y dos días después de ordenado sacerdote, P. fue consagrado como arzobispo de Canterbury (1556). Apoyó la persecución emprendida por María, sin participar activamente en ella, pero vio que la plena restauración del catolicismo romano sería imposible sin la devolución de las propiedades monásticas. Murió doce horas después de muerta la reina María. LESLIE T. LYALL

POLICARPO (c.70-155/160). Obispo de Esmirna y mártir. Las fuentes lo muestran como fiel pastor, abanderado de la tradición apostólica y columna de la ortodoxia católica. El joven Ireneo en la Roma asiática lo escuchó describir su conversación con Juan el Apóstol (¿el Anciano?) y con otros testigos presenciales de Cristo y más tarde se preciaba de su nexo con la época primitiva por medio de P., a quien se decía los apóstoles habían nombrado obispo.

De camino hacia Roma, →Ignacio fue cálidamente recibido en Esmirna por ahí de 110 y luego escribió desde Troas a los esmirnences y a P., que ya era su obispo. En carta al presbítero romano Florino, otro exdiscípulo de P., Ireneo menciona su ministerio epistolar, pero de sus cartas solo una a los filipenses se conserva, dos tercios en griego, pero completa en una traducción latina. P.N. Harrison ha convencido a la opinión mayoritaria de que consiste de dos cartas: una enviada poco después del paso de Ignacio por Filipos, para unirla a la colección de cartas de Ignacio que los filipenses habían solicitado, y otra escrita luego que ellos preguntaron acerca de (las enseñanzas de Pablo sobre) la "justicia". Pocos aceptan la fecha de Harrison (c.135-37) para la segunda carta, que quizá siguiera poco después a la primera.

La carta arroja luz sobre la evolución de la comunidad filipense (todavía sin monoepiscopado), pero es virtualmente una cadena de citas y ecos que abarcan por lo menos trece libros del NT y 1 *Clemente*. Previene contra la herejía, el →docetismo y la avaricia, que habían corrompido a un presbítero, Valens, y a su esposa. P. visitó a Roma alrededor de 155, conviniendo en diferir amistosamente del obispo Aniceto acerca de la cuestión del →cuartodecimanismo, y convirtió a valentinianos y marcionitas. Chocó personalmente con →Marción, en Roma o previamente en Asia.

El *Martirio de Policarpo,* carta de los esmirnences a la iglesia de Filomelio en Frigia y "a todas las congregaciones cristianas del mundo", son los primeros "hechos" de un mártir que se conservan, compilado por Marcianus de relatos de testigos presenciales dentro de un año de ocurridos los hechos. Interminables discusiones sobre la fecha que aparece en el apéndice, no han producido consenso. El día fue el 23 de feb. (el 22, si era año bisiesto). Muchos abogan por 154-60, otros por la década de 160 o aun por 177. La precisión sería valiosísima, pues P. afirma haber sido cristiano durante ochenta y seis años, lo cual probablemente indica su edad (y quizá su bautismo como infante). El *Martirio* puede haber sufrido interpolaciones o reescritura. Presenta a P. como imitador de Cristo, a veces fantásticamente, pero su valor histórico (p.e. sobre el embrionario culto a los mártires) y su nivel espiritual son incontrovertibles. D.F.WRIGHT

POLIGLOTA COMPLUTENSE. Primera Biblia completa impresa en los idiomas originales, publicada en 1521 o (más probablemente) en 1522. Fue impresa entre 1514 y 1517 en seis volúmenes en folio. El AT (volúmenes 1 al 4) incorpora la LXX, la Vulgata y textos hebreos; el volumen 5 (el primero que fue impreso) contiene el NT en griego, y fue el primer NT en ser impreso, aunque el de Erasmo fue publicado antes (1516); el volumen 6 ofrece un léxico y otras ayudas para el estudio bíblico. La P. fue producida en la entonces recién fundada Universidad de Alcalá de Henares (cerca de Madrid), que era llamada en latín *Complutum,* bajo la dirección de →Jiménez de Cisneros (1436-1517), y dedicada al papa León X. Fueron impresos alrededor de 600 ejemplares. D.F. PAYNE

POLONIA. En un grado difícilmente alcanzado por ninguna otra nación moderna, la historia de la iglesia de Polonia ha estado ligada con la historia del estado. En 1966 los polacos celebraron el milenio del bautismo del príncipe Meiszko, símbolo del ingreso de Polonia al redil católico. Por más de mil años el pueblo ha sido católico ferviente.

Antes de la Guerra Mundial II los judíos formaban la décima parte de la población, pero después de las matanzas hitlerianas su número es insignificante. Los no católicos, especialmente protestantes, constituyen solo alrededor de un diez por ciento. La unidad cultural de los polacos al parecer se fortaleció en vez de debilitarse con la Reforma Protestante, a la que se opusieron por la fuerza; lo mismo puede decirse respecto a más recientes presiones, primero por los alemanes y luego por los rusos. Para quebrantar su resistencia, los soviéticos maniobraron mediante un grupo de católicos dispuestos a apoyar la política oficial: la Asociación Pax, dirigida por Boleslav Piasecki. Pax emprendió una enorme campaña propagandística mediante publicaciones diarias, semanales y mensuales, que tácitamente aprobaban las medidas represivas. Ni siquiera protestó por el encarcelamiento de sacerdotes y obispos, incluso del primado polaco, Stefan Cardenal Wyszynski. En 1958 el cardenal había declarado: "La Iglesia se opone a toda forma de propiedad estatal en gran escala... no veo en el socialismo elemento alguno de humanismo". En 1962 tildó a las autoridades gubernamentales de "enemigos de Dios". Después de su encarcelamiento se mantuvo igualmente inflexible. Todavía el 11 de junio de 1972 declaró que "serían los nuevos líderes polacos y no la Iglesia, quienes tendrían que hacer grandes concesiones", insistiendo en que "la verdadera unidad (nacional) solo podía alcanzarse mediante la fe", que no son "ni comprensivos ni justificados los intentos por destruir la unidad apartando a los trabajadores de la unidad con Jesucristo". [En las huelgas en contra del gobierno durante los años 1980,81 se manifestó claramente la unidad que hay entre el pueblo obrero y la ICR.]

En diciembre de 1970 el jefe del partido, Wladyslaw Gomulka, fue sustituido por Edward Gierek. Este, valiéndose de un grupo de católicos conciliadores con los soviéticos, conocidos como *Znaks,* adoptaron la línea de que "hoy se reconoce que el sistema socialista no es un fenómeno pasajero, pero a la vez se reconoce que el catolicismo en Polonia no es pasajero tampoco". Tal declaración no puede por menos de considerarse conciliatoria, especialmente acompañada de la aceptación por el gobierno de la importante exigencia del cardenal de que a la iglesia se otorgue pleno dominio sobre casi 7.000 edificios, en su mayoría templos. En 1972 el cardenal inició una campaña para la construcción de varios miles de nuevas iglesias por toda Polonia, cincuenta de ellas en solo Varsovia. [La elección del arzobispo y cardenal polonés, Karol Wojtyla, como papa →Juan Pablo II en 1978 y su visita memorable a su propia tierra el año siguiente, naturalmente dio realce a la iglesia.]

La iglesia protestante casi no es factor en la política nacional. Es discutible si le va a ir mejor con la actual "normalización" de las relaciones entre iglesia y estado. La conciliación del gobierno podría abrir el camino para una mayor aceptación de la política económica soviética y a una disminución de la resistencia a las actividades evangélicas protestantes. Hay algunas muestras de que ambos efectos están realmente produciéndose.

MILLARD SCHERICH

POMBAL, SEBASTIAO JOSE DE CARVALHO, MARQUIS DE (1699-1782). Primer ministro durante el reinado anticlerical (1750-77) de José I en Portugal. Los dos eran seguidores entusiastas de la →Ilustración, modo de pensar que estaba en boga en aquella época, la cual, juntamente con razones personales y políticas, los puso en pugna abierta con la ICR.

Los →jesuitas fueron el blanco principal de P. Cuando estos no quisieron cooperar con su política en →Brasil y →Paraguay, P. acabó con el sistema de →reducciones y les quitó mucho de sus terrenos y riquezas. En 1758 hubo un intento de asesinar al rey José. P. acusó a los jesuitas de ser cómplices en la conspiración. El año siguiente los expulsó de todos los dominios portugueses. Portugal fue el primer país en dar este paso drástico. Su ejemplo fue seguido por Francia en 1762 y España en 1767.

P. impuso otras medidas anticlericales. Obligó a los tribunales de la →Inquisición a seguir los métodos jurídicos de las cortes civiles, quitó al clero el control de la educación, aumentó el control de la corona sobre la jerarquía y abolió la esclavitud en todo Portugal y Brasil. También instituyó muchas reformas en el gobierno y promovió la agricultura y la industria.

Sin embargo a veces usaba métodos inhumanos e injustos en la realización de sus fines. No permitía ninguna oposición a sus ideas. Miles de sus críticos pasaron largos y amargos años en la prisión.

WILTON M. NELSON

PONTIFEX MAXIMUS. Título del más alto puesto en la antigua religión de Roma, propio del sumo pontífice de la ciudad y su culto; el título pasó a manos de Octaviano en 12 a.C. Emperadores subsiguientes, según documentación numismática, ostentaron el título hasta el fin del Imperio Occidental, tiempo en que Roma misma había sido abandonada como la sede del gobierno, aunque el título había sido rehusado por →Graciano, que se conoce por su presunto reconocimiento del primado del obispo romano. Fue lo más natural, entonces, que el obispo de la ciudad de Roma recibiera esta entre otras muchas designaciones, ya que él quedó como el oficial de más alto rango de la misma, situación que Tertuliano burlescamente previó. Un fascinante juego con esa expresión aparece en *Julio Excluido,* de Erasmo.

CLYDE CURRY SMITH

PORFIRIO (232-c.305). Escritor neoplatónico, n. en Tiro. Su nombre original era Malco; fue discípulo, sucesor y editor de →Plotino. Historiador de la filosofía y la religión más que pensador original, inició no obstante ciertas tendencias conspicuas en el neoplatonismo posterior, p.e. en su discípulo Jámblico (c.250-330), que enseñó principalmente en Siria, y en →Proclo, el más importante de los neoplatónicos, que se hizo cargo de la Academia de Platón en Atenas en el s.V.

La obra de P., quince libros de ataque contra el cristianismo, no ha sobrevivido, pero ejerció suficiente influencia como para que el Concilio de →Efeso en 431 la proscribiera. Por Jerónimo sabemos que rechazaba una fecha temprana para el libro de Daniel porque éste describía en forma demasiado exacta para ser profecía, sucesos del s.II a.C. Evidentemente criticaba los evangelios como inconsecuentes y, si bien admiraba las enseñanzas de Cristo, creía que el evidente fracaso de su misión refutaba su divinidad. P. escribió mucho sobre ética y predicó las virtudes cardinales de "fe, verdad, amor (deseo), esperanza". Puede atribuírsele haber provocado el pedante rebuscamiento, el vegetarianismo teorista y la extravagante alegorización que caracterizaron a gran parte del posterior →neoplatonismo. El interés de éste en la magia y la adivinación quizá deba culparse a Jámblico.

GORDON C. NEAL

PORRES, MARTIN DE (1579-1639). Mulato limeño beatificado por el papa Gregorio XVI en 1837 y canonizado por Juan XXIII en 1962, pero figura cuya santidad fue aceptada a nivel popular mucho antes, especialmente en la costa peruana y en varios países latinoamericanos que recibieron la influencia negra. Fue hijo ilegítimo de Juan de Porres, caballero de Alcántara y de una esclava mulata liberta de Panamá, Ana Velásquez. Todavía adolescente aprende el oficio de barbero que en la época incluía funciones de medicina y cirugía popular. Desde muy temprano manifestó inclinación a la vida religiosa pero su raza y condición fueron un obstáculo inicial a su deseo de entrar en la orden dominica. No pudiendo aspirar ni siquiera a ser lego de la misma, fue aceptado como donado, último peldaño de la escala social en el convento. Sin embargo en 1603 sus superiores hacen una excepción y le permiten hacer los votos de lego. En la tranquilidad de la Lima virreinal su figura adquiere popularidad por su tremendo interés en los pobres que lo lleva a fundar un hospital para niños expósitos. La mentalidad popular le atribuye múltiples hechos milagrosos en situaciones propias de la vida cotidiana, en una línea semejante a la de Francisco de Asís. La leyenda popular, incorporada por Ricardo Palma en sus *Tradiciones Peruanas,* describe así uno de los milagros de Martín de Porres: "Y comieron en un plato, perro, pericote y gato".

SAMUEL ESCOBAR

PORTUGAL. Este país se independizó del gobierno español en el s.XII, en que puede decirse que se inició su historia política y eclesiástica independiente. Aunque al principio estuvo sujeta al papado, bajo el rey Sancho I la nación afirmó vigorosamente su autonomía, aun enfrentándose a →Inocencio III, el más poderoso de los papas. Las disputas se prolongaron durante el s.XIII, en que los frailes y el extendido sentimiento antiespañol ayudaron al papa a mantener su autoridad. Bajo Enrique el Navegante, a fines del s.XV, P. comenzó a construir su imperio de ultramar, entregándose a una política de subyugación y conversión de pueblos indígenas. Durante la primera mitad del s.XVII fue nuevamente absorbida por España, pero recobró su independencia entre 1640 y 1668, cuando el papado estaba activamente aliado con España. De ahí en adelante, igual que en España, la ICR cayó en un sopor del cual nunca se ha recuperado realmente.

Con la irrupción de los movimientos liberal y anticlerical después de la Revolución Francesa, la historia de Portugal es muy parecida a la de España. Tras la revolución republicana de 1910 la Iglesia fue separada del Estado y se limitó su poder, pero la nueva Constitución de Oliveira Salazar de 1933 y el Concordato de 1940 restablecieron las relaciones armoniosas entre la iglesia y el estado. A partir de 1917 la devoción popular en el país se ha fortalecido enormemente mediante el culto a Nuestra Señora de →Fátima. Este, que es actualmente la marca distintiva del catolicismo portugués, nació en un pueblecito en medio del país en mayo de 1917, cuando tres niños pobres dijeron haber tenido en seis ocasiones una visión de la Virgen. El culto y las anejas curas milagrosas fueron al principio mal vistas por la iglesia, pero después de 1930 recibieron el favor oficial; Nuestra Señora de Fátima es actualmente reconocida, por lo menos extraoficialmente, como la reina de P.

P. se mantuvo inmune a la Reforma debido a su aislamiento, la carencia de movimientos prerreformistas como los husitas, el absoluto dominio de la iglesia y el gobierno sobre el común del pueblo, la sensación de confianza nacional en aquella particular coyuntura boyante de expansión, que desalentaba las expresiones disidentes, y la→Inquisición (instituida en 1536). El protestantismo no llegó efectivamente a Portugal hasta 1845, cuando se iniciaron simultáneamente reuniones en Lisboa y Oporto. Desde entonces, una gran variedad de entidades misioneras ha estado activa, y el progreso de la fe reformada ha sido parecido al de España, en que el metodismo inglés desempeña el papel más activo. Las principales denominaciones son la Iglesia Lusitana (de origen episcopal y anglicano), la Iglesia Evangélica (congregacional presbiteriana), los bautistas, hermanos libres, metodistas y pentecostales, quienes primero llegaron de Suecia en 1930. La persecución nunca fue tan fiera como en España, y como minoría, la población protestante que ahora suma unos 140.000 [1978] es proporcionalmente mayor. IAN SELLERS

POSITIVISMO. Aunque el término ha sido usado con diferentes significados, en sentido estricto el P. es la filosofía desarrollada por Augusto Comte (1798-1857), que interpreta optimistamente la sociedad humana y la ciencia bajo el signo ineludible del progreso y de la confianza en la razón.

Comte busca reformar la sociedad y, para lograrlo, desarrolla una filosofía de la historia, clasifica las ciencias y elabora una doctrina de la sociedad. Según él, la humanidad se ha desarrollado desde un estadio teológico primitivo (con sus tres fases: fetichista, politeísta y monoteísta) hasta lo que él llamó el estadio "positivo", pasando por el estadio metafísico. El estadio positivo se caracteriza por el predominio de la ciencia positiva, la que ha abandonado la especulación metafísica para atenerse a la investigación de lo dado en el fenómeno. De ahí que Comte desarrolle una clasificación de las ciencias, en la que las matemáticas se encuentran en la base. Sobre ellas, y de manera ascendente, se fundamentan la astronomía, la física, la química, la biología y, en la cúspide de la pirámide, la ciencia que estudia la sociedad, a la que Comte llamó "sociología". Cuando la sociología adquiere carácter de ciencia positiva, se ha llegado al estadio positivo total.

Comte no pudo deshacerse de influencias idealistas. Aun cuando rechaza toda metafísica, ofrece una definición metafísica de la realidad. Según él, el ser humano se dirige siempre en busca de la unidad. En el estadio teológico esa búsqueda está representada por el tránsito hacia el monoteísmo. De ahí que sea necesario reelaborar los conceptos religiosos. Eliminando todo lo sobrenatural, la Humanidad como tal asume el lugar que antes se le aseguraba a Dios y se convierte en el Gran Ser. Los templos son sustituidos por los talleres y los sacerdotes por los sabios. Y el calendario, en vez de tener nombres de "santos" tendrá los de los héroes del progreso humano.

La etapa positiva se caracteriza también porque en este período predominan tres principios fundamentales: la libertad como medio, el orden como fundamento y el progreso como fin. De ahí que el positivismo se constituyera en la filosofía que sustenta el orden establecido y la estabilidad, sin los cuales no puede haber progreso.

Los positivistas modernos representados por el positivismo lógico han prestado particular atención al análisis del lenguaje (incluido el religioso).

El p. fue acogido por pensadores liberales en algunas de las nuevas naciones en AL, p.e. Méjico y Brasil. La misma bandera brasileña revela la influencia del p.

PLUTARCO BONILLA A.
MARCOS ANTONIO RAMOS

POSITIVISMO EN AMERICA LATINA. En sentido estricto, el p. es la filosofía del progreso social, orientada hacia las ciencias positivas, desarrollada por Comte y sus seguidores sobre la base de un rechazo de toda especulación metafísica (concebida como un resto de fetichismo religioso) y la admisión, como única realidad, de lo que puede ser percibido externa o internamente. En AL, sin embargo, suele utilizarse el término p. para designar una actitud y orientación ideológica inspirada por el ciencismo (o cientismo, o cientificismo), el evolucionismo o el positivismo propiamente dicho y que podríamos caracterizar como "liberalismo tardío".

Estas corrientes ingresan a AL y cobran importancia en el último tercio del s.XIX. Puede hablarse de un "p. autóctono", una orientación básica hacia lo científico y positivo, influida por el evolucionismo de Spencer, el utilitarismo de Jeremy Bentham o John S. Mill, como se manifiestan en Justo Arosemena en Panamá, Juan B. Alberdi y Domingo F. Sarmiento en Argentina o José V. Lastarria en Chile. A partir de 1860 los escritos de Comte son conocidos e influyen directamente en AL. Con Prien, podría afirmarse que el p., en el sentido más amplio, influyó más como ideología justificadora del proyecto liberal modernizante que como filosofía propiamente dicha. Su influencia se sintió primeramente en el ámbito de la educación a cargo del estado (sobre todo en sus niveles secundario y universitario). En el campo político estimuló la creación de la planificación y búsqueda de soluciones prácticas para la modernización y progreso técnico y económico. Más que las libertades individuales que inspiraron las constituciones latinoamericanas en el periodo anterior, interesa ahora la educación y el progreso material. Predomina una concepción de desarrollo según el modelo norteamericano. Se establecen ferrocarriles, se construyen caminos, se urbaniza y se procura inspirar, mediante la educación, el espíritu emprendedor y práctico que caracteriza al pueblo de los EUA. Si tomamos algunos de los países más importantes del continente, advertimos que el p. tiene un reconocimiento explícito en el desarrollo del estado en Brasil, en el Méjico de Porfirio Díaz y en la Venezuela de la "Revolución Liberal Restauradora" de Cipriano Castro y solo implícita en el proyecto liberal argentino de la generación de 1880.

En el ámbito religioso, según la nota Prien, "el p. influye en dos planos: en el teórico de la fe y en el práctico de la lucha contra la Iglesia y el clero". Donde el p. es asumido en su sentido estricto, se produce un rechazo total de toda actitud teísta o convicción religiosa. El ateísmo positivista alcanza sectores importantes de la "intelligentsia" latinoamericana. En Brasil se funda una sociedad positivista en 1876 y una "Iglesia Positivista de Brasil" en 1881 que confesaba la "religión de la humanidad" con templos en Río de Janeiro y Porto Alegre. Si bien no alcanzó este nivel en otros países, la propaganda antirreligiosa, la traducción de literatura europea que desacreditaba histórica y científicamente al cristianismo, circuló ampliamente entre intelectuales y en los ambientes universitarios latinoamericanos. La ICR por su parte, poco preparada para una apologética positiva, se redujo mayormente a denunciar estos movimientos, a procurar su derrota apoyando las tendencias políticas e ideológicas conservadoras y a mantener la defensa de la filosofía eclesiástica. En el plano de la lucha contra el clero, el p. corresponde al tercer periodo del →anticlericalismo en AL, caracterizado por una serie de medidas tendientes a despojar a la Iglesia de su influencia en la sociedad. A veces se consideró al protestantismo como un aliado en esta lucha o como una forma religiosa más moderna y positiva, en cuanto correspondía más a la mentalidad y actitud anglosajona que se veía como modelo.

JOSE MIGUEZ BONINO

POSTMILENARISMO. Clase de teología optimista que predice una "edad de oro", un milenio cristianizado de realizaciones predominantemente humanas antes del Segundo Advenimiento y el subsiguiente reino eterno. Su forma profética es devota; la forma liberal, puramente humanista. Uno de sus primeros expositores fue →Joaquín de Fiore, que en el s.XII dividió las épocas históricas en dispensación del AT bajo el Padre, dispensación del NT y la iglesia primitiva, bajo el Hijo, y el Evangelio Eterno (edad del Espíritu), que se iniciaría en 1260. El término moderno se popularizó por el librepensador unitario Daniel →Whitby; posteriormente estuvo muy de moda en Gran Bretaña durante el próspero siglo entre Waterloo y la Guerra Mundial I, pero las realidades de postguerra lo desacreditaron en forma creciente, y aun más las de la Segunda. (→MILENARISMO.)

ROY A. STEWART

POSTULANTE. El que vive en una casa religiosa bajo la vigilancia del superior religioso en un período de prueba antes de ingresar formalmente en el noviciado. El p. puede desistir en cualquier momento, pero el postulado no se exige ni para el válido ingreso en el noviciado, ni para la válida profesión de votos posteriormente. El postulado termina al ser admitido al noviciado el candidato.

J.D. DOUGLAS

POTINO (Potheinos) (c.87-177). Mártir y primer obispo de Lyon (Lugdunum). N. probablemente en Asia Menor. Fue discípulo de →Policarpo; se dice que introdujo el cristianismo en la Galia del S. En la persecución que se desató en Lyon en 177, descrita en las *Epístolas de las iglesias en Viena y Lyon,* al obispo de noventa y nueve años lo interrogó el gobernador y lo trató tan mal, que el anciano murió a los dos días. J.D. DOUGLAS

POTTER, PHILIP (1921-). Tercer secretario general del CMI (y primero procedente del Tercer Mundo). N. en la isla Dominica, en el mar Caribe. Estudió teología primero en el Caenwood Theological College, en Kingston (Jamaica) y luego en Richmond College (afiliado a la Facultad de Teología de la Universidad de Londres) donde recibió los títulos de bachiller y maestro en teología.

Ha participado muy activamente en el movimiento ecuménico: en 1947 participó en la Segunda Conferencia Mundial de la Juventud (Oslo, Noruega); de 1948 a 1950 fue secretario del →Movimiento Estudiantil Cristiano en Gran Bretaña; luego realizó labor pastoral en la Iglesia Metodista de Cap-Haitien (Haití); se integró, en 1955, al Departamento de Juventud del CMI, del cual fue nombrado director en 1958. Entre 1960 y 1968 fue presidente de la Federación Mundial Cristiana de Estudiantes, cargo que ejerció simultáneamente con su trabajo como secretario para Africa y el Caribe de la Sociedad Misionera Metodista en Londres (1961 a 1966).

En 1967 vuelve a sus labores con el CMI, nombrado director de la Comisión de Misión Mundial y Evangelización, y ejerce esas funciones hasta que en 1972 es elegido secretario general, cargo que ocupa actualmente.

Ha recibido títulos honoríficos de doctor en teología de las universidades de Hamburgo (1971), Indias Occidentales (1974) y Ginebra (1976), también del Instituto Teológico de la Iglesia Ortodoxa Rumana (1977).

Estudioso y expositor bíblico, muestra profunda preocupación por la unidad de la Iglesia, la predicación del evangelio y la participación de los cristianos en los problemas de la sociedad.

De 1967 a 1972 fue editor de *International Review of Missions,* y desde 1973 de *Ecumenical Review.* Ha publicado muchos artículos en revistas eclesiásticas y ecuménicas. Su conferencia de aceptación del doctorado honorífico de la Universidad de Hamburgo ("El Tercer Mundo en el Movimiento Ecuménico") se publicó en *Ecumenical Review* y en *Oekumenische Rundschau.* Es coautor, con el profesor Hendrikus Berkhof, del libro *Palabras claves del evangelio.*

EMILIO CASTRO

PRAEDESTINATUS. Tratado teológico, probablemente escrito en Roma (c.432-40), contra la doctrina agustiniana de la predestinación. Escrito desde el punto de vista del →semipelagianismo (si no realmente pelagiano), su acérrima posición antipredestinista ha sido llamada "cruel parodia del agustinianismo". De sus tres libros, el primero es una reproducción plagiada del *De Haeresibus* de Agustín; el segundo pretende haber sido escrito por un partidario de la doctrina de Agustín y el tercero es la refutación del segundo. Originalmente editado por J. Sirmond en 1643, se discutió mucho en las controversias jansenistas de los ss.XVII y XVIII.

J.D. DOUGLAS

PRAGMATICA SANCION DE BOURGES (1438). Emitida por Carlos VII de Francia después del Sínodo Nacional de Bourges, que tuvo íntimos nexos con el Concilio de →Basilea (1431-49). Fue una declaración de principios galicanos contenida en 23 artículos, que en forma real reducía el poder del papado en Francia. Los concilios eran superiores al papa, el nombramiento de los obispos y altos dignatarios eclesiásticos estaría en manos del rey y de los príncipes de Francia y las cuestiones eclesiásticas francesas habrían de resolverse en Francia. Cuando Luis IX revocó la Sanción en 1461, el parlamento de París se negó a dar por buena la revocatoria; no obstante, en 1516 un acuerdo conocido como Concordato de →Boloña, entre el papa León X y Francisco I, acabó con la Sanción, pero mantuvo muchos de los principios galicanos. PETER TOON

PRAGMATISMO. Intento por evitar el determinismo spenceriano y la metafísica hegeliana. Surgió a fines del s.XIX en EUA y es el mayor aporte de esa nación a la filosofía occidental. Combinando el empirismo con el concepto de un universo inconcluso del evolucionismo, recibió diversas formas según sus principales expositores: Charles Sanders Peirce (1839-1914), William →James y John Dewey (1859-1952). El "pragmatismo" de Pierce, p.e., buscaba evitar el enfoque místico e individualista de James. Dewey, a su vez, creó un "instrumentalismo" para aplicar la ciencia evolucionista a los problemas de la sociedad democrática; definía las ideas como planes para la acción y la verdad como aquello que mejor controla las condiciones y consecuencias de la experiencia en cualquier momento determinado. A menudo equiparado a lo conveniente, el p. fue un método filosófico optimista que rechazaba el dualismo, acentuaba lo incompleto de la vida y lo relativo de la moral y ponía su confianza en el método científico para la cura de todos los aspectos de la vida. DARREL BIGHAM

PRATT, ENRIQUE B. (1832-1912). Pionero de la obra misionera evangélica en Colombia. N. en Darien, Georgia, EUA. Estudió en el Seminario Teológico de Princeton. Poco después de ser ordenado al ministerio evangélico, en 1856, la Junta de Misiones Extranjeras de la Iglesia Presbiteriana lo envió como su primer misionero a Nueva Granada, hoy Colombia. Allí vivió hasta 1877, cuando regresó a su patria después de haber echado las bases de las iglesias presbiterianas de Bogotá y Bucaramanga. En esta última ciudad, fundó y dirigió el primer periódico evangélico colombiano, cuyo tiraje llegó a 1.200 ejemplares de rigurosa suscripción.

Gracias a su total dominio del idioma castellano, la →Sociedad Bíblica Americana lo empleó como miembro de un comité revisor de la versión →Reina-Valera de la Biblia, y poco después como traductor de la "Versión Moderna". Los trabajos de esta importante obra se iniciaron en Tlalpan, México, y la primera edición se publicó en Nueva York, en 1893. Pratt también tradujo al español *Noches con los Romanistas* e inició la gigantesca empresa de comentar, uno por uno, los libros de la Biblia. Logró escribir los comentarios a los tres primeros libros del AT antes de sorprenderle la muerte.

ARISTOMENO PORRAS

PRAXEAS (fl. c.200). Monarquiano modalista. Aparte del tratado de Tertuliano, *Adversus Praxeam* (c.217), poco se sabe de él y se le ha identificado con →Noeto y Epígono, y hasta con el papa →Calixto I. Se dice que llegó de Asia a Roma hacia fines del s.II, que en Asia había sufrido prisión por su fe, y que quizá posteriormente haya ido a Cartago. Era acérrimo antimontanista. Se convirtió en jefe de los llamados →monarquianos patripasianos, quienes estaban empeñados en mantener la unidad de la divinidad hasta el punto de afirmar que Dios Padre sufrió en la cruz. Dijo Tertuliano que P. "expulsó la profecía e introdujo la herejía; hizo huir al Paracleto y crucificó al Padre". P. concebía al Padre y al Hijo como una idéntica Persona y que el Verbo no tenía existencia independiente. Por consiguiente, era el Padre quien había penetrado en el vientre de la Virgen convirtiéndose, por así decirlo, en su propio Hijo que sufrió, murió y resucitó. J.G.G. NORMAN

PREBENDA; PREBENDADO. En la mayoría de las catedrales medievales e iglesias colegiatas inglesas, las dotaciones se dividían en porciones separadas para el sostén de los miembros del capítulo. Cada porción era llamada "prebenda", porque suministraba *(praebere)* un medio de vida para su beneficiario, que era conocido como "prebendado". Los nombres territoriales de muchos sitiales prebendarios catedralicios indican que la renta para el particular sitial provenía de tierras que la catedral poseía en la región. En las catedrales de la *"Old Foundation"*, se han mantenido los términos prebenda y prebendado, aunque en la mayoría de los casos el puesto solo es honorario y el ingreso ha sido transferido a los Comisionados Eclesiásticos. En las catedrales de la *"New Foundation"*, hay canónigos y no prebendados, si bien este último título se empleó hasta el s.XIX.

JOHN A. SIMPSON

PREBOSTE. Título eclesiástico que se usó en la Inglaterra de la prerreforma para designar al director de algunas iglesias colegiatas. Todavía se le emplea en la Iglesia de Inglaterra aplicado al jefe del capítulo catedralicio en *"New Foundations"*. En Escocia se usó en fecha anterior en sentido similar y todavía se emplea en la Iglesia Episcopal.

J.D. DOUGLAS

PREDESTINACION. En teología, la p. se refiere a la predeterminación por Dios de la suerte final del individuo. Las controversias relativas a la p. se han centrado en la aparente contradicción entre tal p. y el libre albedrío del hombre. (Como se observa más abajo, son análogas a las controversias sobre la libertad del hombre en un universo que al parecer es determinado por las leyes científicas.) La doctrina de la p. se asocia particularmente con el cristianismo, pero también se encuentra en otros credos; en el →Islam, p.e., durante su período escolástico, la posición ortodoxa era vigorosamente predestinista, pero algunos teólogos ponían énfasis en el libre albedrío (los mutazalitas). En los primeros siglos de la iglesia cristiana la p. no constituía problema. La energía teológica estaba ocupada en definiciones de la Trinidad y polémicas respecto a la naturaleza de Cristo. En las iglesias ortodoxas esa situación se ha mantenido (con excepciones de poca monta: notablemente Cirilo Lucar en el s.XVI).

En las iglesias occidentales planteó la cuestión (mientras el gobierno imperial de Occidente se tambaleaba) Pelagio, quien enseñaba que el hombre tenía libertad para aceptar o para rechazar a Dios. Lo rebatió el gran teólogo →Agustín, quien afirmaba que la voluntad del hombre estaba esclavizada por el pecado, que para decidirse por Dios se requería la gracia, la cual se otorgaba a aquellos que habían sido predestinados por Dios. La tesis agustiniana fue apoyada por el Sínodo de →Orange (529) pero por ese entonces las invasiones bárbaras estaban en su apogeo y poco talento o tiempo quedaba para la teología. Secuelas de la controversia pelagiana aparecieron en la época de →Carlomagno: el monje →Gotescalco sostenía (según parece) que a Dios le plugo que los no elegidos se condenaran, tesis que fue rechazada (Sínodo de Quiercy, 849).

El renacimiento del saber, desde por ahí de 1050, produjo abundancia de escuelas y universidades. A la teología se la consideró "la reina de las ciencias", la clave para comprender la realidad. Tarea de los escolásticos, fue reconciliar el cristianismo con la recién descubierta herencia de la filosofía clásica; en cierto sentido, armonizar la razón y la fe. A fines del s.XIII, después de →Pedro Lombardo, →Buenaventura, →Alberto Magno, →Tomás de Aquino y una multitud de otros eruditos, la tarea parecía terminada: en suma, se contaba con varios sistemas escolásticos, que diferían en los detalles. Se trataba la p. en el contexto de Dios considerado como Supremo Intelecto, el cual con base en su presciencia predestinaba la elección que el individuo habría de hacer (para Dios, todo lo temporal es "presente"; El se halla fuera del tiempo).

Pero esta "solución" pronto fue impugnada. Con Duns Scotus y especialmente con Guillermo de →Ockham y sus seguidores en el s.XIV, se consideró a Dios como Voluntad Soberana y el problema de la p. sufrió un cambio. ¿Cómo puede ser libre la elección del hombre, si está prevista? ¿Cómo puede decirse que Dios sea plenamente soberano, si está obligado a seguir un futuro ya determinado? ¿Cómo puede Dios comprometer su voluntad por adelantado? Las enmarañadas controversias que siguieron parecieron plantear cuestiones insolubles. Se produjeron reacciones: Tomás →Bradwardine resucitó una tesis rígidamente agustiniana, con énfasis en la p. como fundamental para un universo ordenado. Desde un diferente punto de vista, Juan →Wyclif y Juan →Hus destacaron la elección como concepto teológico clave y consideraron la iglesia como la comunidad de los elegidos, los ya salvos, y no como fuente de auxilios desesperadamente necesarios para la salvación.

Los reformadores protestantes también siguieron ese énfasis. →Lutero, →Zwinglio y →Calvino, todos sostenían la p., la constitución de la iglesia verdadera por los elegidos, la esclavitud de la voluntad (p.e., Lutero contra →Erasmo), la necesidad de la gracia no condicionada para hacer posible la elección en pro de Dios. Pero esos planteamientos tan agustinianos no escaparon a la crítica. En las iglesias luteranas, la feroz controversia sobre el →"sinergismo" de fines del s.XVI surgió del intento de →Melanchton por reservarle algún papel a la humana voluntad. Polémicas similares hubo en el calvinismo sobre las doctrinas de →Arminio (condenadas en el Sínodo de →Dort, 1618-19). Refinamientos escolásticos en la teología protestante produjeron otros desacuerdos: las disputas calvinistas entre los teólogos →infrapsarios y los →supralapsarios, la controversia en las iglesias →hugonotas sobre las enseñanzas de Amyraut, etc. Mientras el escolasticismo protestante declinaba en el s.XVIII y se levantaba el pietismo para recobrar una religión "de corazón", surgió la cuestión en el metodismo: Juan →Wesley favorecía el →"arminianismo".

y Jorge →Whitefield, un →"metodismo calvinista".

En el catolicismo postmedieval la cuestión se encendió varias veces. El Concilio de→Trento, si bien evitó una postura definitiva, se inclinó hacia una posición →semipelagiana. Las enseñanzas de Luis de →Molina (m.1600) provocaron mucha controversia, en que los jesuitas tendían a apoyar y los dominicos a adversar su complejo intento por darle a la voluntad del hombre un papel en el proceso de la salvación. Por el mismo tiempo →Bayo en Lovaina, seguido por Cornelio Jansen, retornó a un rígido agustinianismo. El →jansenismo produjo una notable controversia (Port-Royal, defensa del jansenismo por →Pascal, etc.) que finalmente produjo un pequeño cisma (la Iglesia →Veterocatólica) de Utrecht, desde 1713).

Conforme el interés en la discusión teológica tradicional pasaba a un segundo plano en el s.XIX el problema apareció en otros campos. Si el universo está determinado por leyes científicas, ¿cómo puede el hombre tener libre albedrío? Si los actos del hombre no están en un sentido determinados por dichas leyes, ¿cómo es posible cualquier ciencia política, o económica, o ciencia de la historia? Si la herencia y el medio ambiente determinan los actos, ¿cómo pueden los tribunales castigar a un hombre (por hacer lo que estaba predeterminado)? Y así por el estilo. En el s.XX, la resurrección del calvinismo escolástico por Karl →Barth ha levantado de nuevo la cuestión teológica de la p. Barth intenta partir el nudo de la controversia anterior acentuando la elección del hombre hecha por Dios en Cristo (la cual quizá involucra cierta forma de universalismo).

En resumen, la p. y la polémica en torno a ella tienen que ver con un problema recurrente, ya en la teología, ya en otros campos: la relación entre la libertad del hombre y un universo que parece en cierto sentido determinado. DIRK JELLEMA

PREDICACION →HOMILETICA

PREDICACION EVANGELICA EN AMERICA LATINA. En AL el protestantismo se ha destacado por la p. del evangelio, tarea que lo distingue de la ICR que históricamente ha enfatizado más la celebración sacramental que la exposición de la Palabra. Para el protestantismo latinoamericano, proclamación de la Palabra no es tanto obligación de los ministros ordenados como del pueblo creyente. Por ello hay un gran número de predicadores laicos.

La p.e. en AL se caracteriza por su contenido cristocéntrico, su orientación evangelística y estilo espontáneo o improvisado. Parte de la experiencia con Cristo como Salvador y Señor, por lo que es una p. persuasiva. Busca la conversión de vidas orientadas al "yo" para ponerlas al servicio absoluto del Otro, que se ha revelado en Jesucristo encarnado, crucificado y resucitado. Puesto que se trata de un testimonio, la p.e. tiende a ser improvisada o, por lo menos, libre de la atadura de notas y manuscritos.

En la AL han surgido predicadores con diversos estilos. Sin embargo, los más conocidos han sido los predicadores itinerantes, comúnmente denominados "evangelistas". Sus sermones, además de ser altamente experienciales, tienden a basarse en textos aislados o en temas que se fundamentan en versículos extraídos de diferentes partes de la Biblia. Con todo, existen algunos predicadores que se han destacado por la p. expositiva, y otros que, aunque no han desarrollado el arte de la exposición de un solo pasaje, se han dado a conocer por el contenido teológico de su predicación.

Los evangélicos latinoamericanos tienen una propensión hacia la oratoria. Sus sermones tienden a ser floridos, elocuentes, dinámicos y emotivos. Carecen, en su mayoría, de análisis sociológico, pero reflejan rasgos de una penetrante comprensión de la sicología del comportamiento humano. Muy pocos sermones han logrado incorporar la creatividad analítica social de la novelística latinoamericana, pero muchos han logrado apropiarse de la pasión poética del hombre y la mujer iberoamericanos.

Los predicadores evangélicos latinoamericanos generalmente se forman por su cuenta. La mayoría de los seminarios carecen del personal y los recursos idóneos para capacitar a sus estudiantes en el arte de la comunicación oral y el don del ministerio de la Palabra. Los predicadores sobreviven por la gracia del Espíritu, los recursos de la cultura y el apoyo de la comunidad de fe.

ORLANDO E. COSTAS

PRELADO. Dignatario eclesiástico de alto rango. En la Iglesia Anglicana el título se limita a los obispos. En la Iglesia Romana tiene un uso más variado y amplio. Se aplica no solo a los jerarcas como el papa, los patriarcas, los primados, arzobispos y obispos, sino también a los altos personajes en el monaquismo, como abades y superiores religiosos; también a los altos funcionarios en el gobierno pontifical como cardenales, legados y nuncios. Los funcionarios del papa, además, llevan el título de "monseñor" y el distintivo de su indumentaria es el color violeta.

WILTON M. NELSON

PREMILENARISMO. Opinión según la cual Cristo vendrá por segunda vez antes de su reinado milenario; sostiene una teología quiliasta general del →milenarismo y coloca el rapto de los santos, la primera resurrección, la tribulación y la segunda venida antes del milenio en secuencia cronológica profética, con la breve liberación del encadenado Satanás, la segunda resurrección y el juicio final después. Esta opinión fue sostenida por los primeros Padres de la Iglesia hasta que →Orígenes, →Eusebio y →Agustín la modificaron. Modernamente ha sido revivida, entre otros, por J.N. →Darby, W.E. →Blackstone y C.I. →Scofield.

J.D. DOUGLAS

PREMOSTRATENSES. →Norberto fundó la primera comunidad de p., o "Canónigos Blancos", en Premontré cerca de Laon, Francia, en 1120. Los p. se adhirieron estrictamente a la Regla de Agustín pero Norberto, amigo del monje cisterciense Bernardo de →Claraval, también adoptó ciertos rasgos monásticos y la organización federal cisterciense. Premontré fue la casa madre de la orden y su abad fue abad general de la orden. Las casas de religión se organizaron en *circaria* regionales y nacionales, que a su vez constituyeron la "Gran Congregación". Los p. asumieron un papel "apostólico" de trabajo parroquial y predicación y su orden se extendió rápidamente por toda la cristiandad. Sus misioneros desempeñaron parte importante en la conversión y colonización al E del río Elba. Al principio admitían mujeres en monasterios dobles pero esta práctica había cesado para 1200. La Reforma y la Revolución Francesa afectaron gravemente el tamaño de la orden.

PETER TOON

PRESBITERIANA, IGLESIA EN EUA. Popularmente conocida como Iglesia Presbiteriana del Sur. Comparte una historia y herencia comunes con el presbiterianismo general y nacional. Los presbiterios del S comprendían más de un tercio de la rama *Old School* de la Iglesia Presbiteriana de EUA y no renunciaron a su conexión con ella hasta que la asamblea de la *Old School,* que se reunió en Filadelfia (mayo, 1861), adoptó resoluciones comprometiendo el apoyo de la iglesia a la Unión Federal, aun cuando la mayoría de los estados del S ya se habían separado y la Guerra Civil había comenzado. La primera asamblea de la Iglesia Presbiteriana en los Estados Confederados del S se reunió en Augusta, Georgia (4 de dic., 1861), y fue organizada por comisionados de 47 presbiterios del S. El Sínodo Unido del S, que comprendía 21 presbiterios, fue formado en 1858 por quienes habían roto con los presbiterianos de la *New School.*

Todo el S padeció mucho durante la Guerra Civil (1861-65). Pasada ésta se adoptó el nombre actual. Parte del crecimiento inicial —lento durante la "Reconstrucción" pero sustancial y constante después— se produjo por la unión de las ramas sureñas de la *New School* y la *Old School* en 1864. En 1969 había unas 4.000 iglesias, 4.593 ministros y casi un millón de comulgantes, primordialmente en áreas urbanas, que contribuían con un total aproximado de $134 millones. La asamblea es miembro de la →Alianza Mundial de Iglesias Reformadas, del CMI, del Concilio Nacional de Iglesias y de la Consulta sobre Unión de la Iglesia. La unión con la Iglesia →Reformada de América fue derrotada por este cuerpo en 1969. La unión con la Iglesia Presbiteriana de Norteamérica fue derrotada en 1954; otro plan de unión con la Iglesia →Presbiteriana Unida está actualmente bajo estudio como borrador.

En la mayor parte de su historia la denominación ha sido un tanto homogénea y apegada a la ortodoxia calvinista, a una estricta adhesión a las normas de Westminster, a la autoridad e inerrabilidad de las Escrituras, al presbiterianismo *jure divino* y a la misión exclusivamente espiritual de la iglesia. Después de 1935 surgieron crecientes tensiones internas, ya que los líderes han tendido a modificar su posición respecto a éstas y otras cuestiones teológicas, sociales y ecuménicas. Los años recientes han visto una proliferación de grupos conservadores disidentes comprometidos a mantener los viejos principios de Iglesia del S a despecho de los esfuerzos de los líderes por llevar la denominación a fusiones de iglesias y a redactar una nueva confesión de fe. A fines de 1973 algunos miembros se retiraron de la denominación para integrar un nuevo cuerpo separado, llamado *Presbyterian Church of America,* la cual en 1980 tenía 75.000 miembros.

ALBERT H. FREUNDT, Jr.

PRESBITERIANA UNIDA, IGLESIA (EUA). La mayor de las denominaciones presbiterianas estadounidenses formada de la fusión en 1958 de la Iglesia Presbiteriana de EUA y la Iglesia Presbiteriana Unida de Norteamérica. Los orígenes de la denominación se remontan a la inmigración escocesa e irlandesa del s.XVII. La primera iglesia esencialmente presbiteriana se organizó en 1629 en la Colonia de la Bahía de Massachussetts, con Samuel Skelton de pastor. Francisco →Makemie, uno de los primeros misioneros, dio a los presbiterianos una estructura organizativa.

El primer presbiterio quedó formado en Filadelfia en 1706 por siete pastores en representación de 10 congregaciones y 800 miembros, sin ninguna relación oficial con la iglesia en Escocia. En 1716 se organizó un sínodo de cuatro presbiterios. Los números aumentaron con la inmigración desde Escocia e Irlanda del N y con el →Gran Despertamiento. La necesidad de preparar a nuevos pastores condujo a la fundación de academias, siendo la más famosa de ellas el *"Log College"* de William Tennent en Neshaminy. En 1747 quedó reemplazada por el Colegio de Nueva Jersey, posteriormente la Universidad de Princeton.

Casi al principio hubo tensiones que dividieron la Iglesia en tres grupos: los escoceses e irlandeses tradicionales y formales, los del *Log College* y los hombres preparados en Nueva Inglaterra. Los puntos en cuestión eran: el emocionalismo en los avivamientos, los requisitos educacionales de los pastores, la forma de gobierno y los predicadores ambulantes. La predicación de Jorge Whitefield en 1739 y 1740 ayudó a los grupos americanos. La lucha básica en lo teológico tuvo que ver con la libertad para interpretar la Confesión de →Westminster, asunto que se resolvió en 1729 con el Acta de Adopción que declaró dogma oficial la Confesión y los Catecismos de Westminster. Las polémicas sobre los avivamientos y el licenciamiento para predicar de hombres poco preparados hicieron que se dividieran en el "Bando Antiguo" y el "Nuevo" desde 1741 hasta 1578, mas los grupos volvieron a juntarse en 1758.

En mayo de 1789 se formó la asamblea general en Filadelfia, presidida por John →Witherspoon. Para 1900 la membresía había aumentado a cerca de un millón de miembros. Esto reflejaba pautas inmigratorias del s.XIX, avivamientos y el desarrollo y prosperidad del país. Las regiones fronterizas eran zonas de trabajo para hombres como James McGready y Carlos →Finney. El Plan de Unión para la cooperación en las regiones fronterizas con los congregacionalistas de 1801 a 1858 benefició mayormente a los presbiterianos.

Un nuevo crecimiento ocasionó la formación de escuelas dominicales y la fundación de programas misioneros foráneos pero los avivamientos causaron el descontento de los que consideraban que éstos descuidaban la buena teología y que el crecimiento eclesial resultante conducía al debilitamiento de los requisitos para los pastores. Estos asuntos provocaron la secesión de los →Presbiterianos de Cumberland en 1810 y causaron enemistad entre la "Antigua Escuela" conservadora y la "Nueva Escuela". El crecimiento resultó también en el establecimiento de seminarios para mantener las normas del ministerio: Princeton en 1812 y en los 20 años siguientes, Western, Lane y uno en Chicago.

La pugna entre la Escuela Antigua y la Nueva radicó en parte en la influencia ejercida por creciente número de ministros, como Alberto Barnes, asociados con la teología de Samuel Hopkins y Nataniel Taylor y su debilitamiento de la doctrina del pecado original. Se vio afectada también por la esclavitud; el Plan de Unión; diferencias en cuanto a forma de gobierno; relaciones con las sociedades voluntarias como la Sociedad Bíblica Americana y el problema que esto planteaba acerca de la naturaleza de la iglesia; y la libertad para interpretar la Confesión de Westminster. Estos factores causaron una escisión en la asamblea general de 1837. Los dos grupos al fin se unieron de nuevo en 1870. La mayoría de los presbiterianos de Cumberland se juntaron de nuevo con el cuerpo principal en 1906.

En el s.XX la Iglesia enfrentó los efectos de la vida urbana con un creciente interés social, un liderato laico acrecentado y una creciente secularización del clero. Debido al carácter democrático de la Iglesia, se hizo cada vez más difícil disciplinar a los hombres u obtener el consenso en cuanto a asuntos sociales y teológicos. La evangelización de masas, con hombres como Billy →Graham (no presbiteriano), siguió añadiendo números a la Iglesia, como asimismo la expansión demográfica y con el consiguiente traslado a los suburbios y a la parte occidental del país. Para 1971, a pesar de disminuciones, unos 13.000 ministros atendían casi 8700 iglesias con más de 3.200.000 miembros.

Un vigoroso programa misionero dirigido por hombres como R.E. Speer disminuía durante la última mitad del siglo debido a un descontento conservador con los objetivos misioneros y debido a la cambiante posición de los países en desarrollo respecto a las misiones. Los distintivos históricos perdieron terreno, lo cual preparó el camino para las fusiones y federaciones eclesiásticas en las que E.C. →Blake desempeñó un papel significante, tanto como secretario general del CMI y como proponente del plan conocido por *Consultation on Church Union.*

La antítesis liberal-conservadora siguió, concentrada en la controversia liberal-fundamentalista; entre los nombres relacionados con ella estaban H.E. →Fosdick y J.G. →Machen. ROBERT B. IVES

PRESBITERIANA ORTODOXA, IGLESIA (antes conocida como *Presbyterian Church of America*). Fue fundada en 1936 tras larga lucha dentro de la Iglesia Presbiteriana en EUA entre los teológos conservadores que procuraban conformar la denominación a su constitución doctrinal, la →Confesión de Westminster, y sus oponentes, dispuestos a tolerar el "→modernismo" teológico. El grupo conservador estuvo dirigido por J. Gresham →Machen quien en 1929 abandonó su cátedra en el Seminario Teológico de Princeton para fundar el Seminario Teológico Westminster en Filadelfia, y en 1933 fundó "La Junta Independiente de Misiones Presbiterianas". Este último acto acarreó la suspensión del ministerio de Machen y otros cuantos, lo cual a su vez precipitó el cisma. La Iglesia P.O., grupo relativamente pequeño, puso gran énfasis en la infalibilidad de las Escrituras y la fidelidad a la doctrina presbiteriana tradicional. La asamblea general de 1975 aprobó la fusión con la Iglesia Presbiteriana Reformada, Sínodo Evangélico, pero esta última denominación votó en contra de la unión.

GEORGE MARSDEN

PRESBITERIANISMO. Término derivado de la palabra →"presbítero". Su referencia es primordialmente a una iglesia gobernada por presbíteros, generalmente elegidos por los miembros de una congregación o de un grupo de congregaciones. Tradicionalmente es el título general que se le da a las iglesias reformadas o calvinistas de habla inglesa que surgieron de la Reforma y las iglesias a que dio nacimiento en muchos países. Los presbiterianos hacen remontar su concepto de gobierno eclesiástico a la sinagoga del AT, gobernada y dirigida por un grupo de "ancianos". Calvino sostenía que puesto que la iglesia del NT empleó la misma forma de organización, ésta constituye el patrón estructural al cual la iglesia contemporánea debía ajustarse, para aproximarse lo más posible al NT. Esto concordaba con su idea de que la iglesia del NT era ejemplo permanente, no solo en cuanto al credo de las generaciones posteriores, sino también respecto a su organización eclesiástica. Pero Calvino reconoció que también podían adoptarse otras formas, aunque consideraba la presbiteriana como la más próxima al ejemplo del NT.

Según Calvino, la iglesia del NT tenía cuatro puestos diferentes: pastor, doctor o maestro, diácono, y presbítero o anciano. El pastor era el predicador y consejero de los creyentes; el doctor enseñaba de manera más formal que el pastor y podía también ejercer como profesor de teología. El diácono era primordialmente el encargado de las necesidades materiales de la iglesia y de los miembros, mientras a los ancianos les correspondía el cuidado de las necesidades y vida espiritual de la congregación. Los pastores y doctores eran por lo común elegidos y aprobados por los pastores y ancianos de otras congregaciones, mientras los diáconos y ancianos eran elegidos por las congregaciones individuales, mediante recomendación del consistorio o sesión existente, que constaban de los ancianos, y a veces de los diáconos.

Durante la Edad Media, la organización neotestamentaria había sido radicalmente modificada con el establecimiento de una organización jerárquica compuesta de sacerdotes, obispos y papa, con muchos funcionarios intermedios. Mientras por conveniencia en la administración los luteranos habían conservado los obispos o superintendentes, el reformador ginebrino instituyó un patrón nuevo y diferente en procura de restablecer lo que él consideraba la apropiada forma neotestamentaria de organización eclesiástica. Aunque no estableció un sistema plenamente presbiterial como el que más adelante llegó a existir, echó las bases. El hecho de que su estructura original tuviera que ver solo con las cuatro iglesias de Ginebra, significaba que habría de ser diferente de los planes francés y escocés para formular una organización para una iglesia nacional que abarcara un área más extensa y un mayor número de personas.

Los comienzos de una iglesia de habla inglesa organizada sobre base presbiterial se produjeron en Ginebra en la congregación de los exiliados por María Tudor (1555-58) bajo el predicador escocés Juan →Knox. Reacios a aceptar el *Libro de Oración Común* de la Iglesia Anglicana o la jefatura de los obispos desterrados, les fue necesario abandonar la congregación establecida en Frankfurt y trasladarse a Ginebra, donde podían practicar el culto en armonía con sus convicciones. Fundaron en Ginebra una congregación regida por ancianos y dirigida por dos pastores elegidos: Juan Knox y Christopher Goodman. También adoptaron una confesión de fe, un orden del culto y una forma de disciplina basados en las enseñanzas de Calvino.

Con la ascensión de →Isabel al trono inglés, los desterrados protestantes ingleses volvieron a su patria, pero a Knox, por sus anteriores ataques a la idea de que una mujer gobernara un país, no se le permitió la entrada en Inglaterra. Por consiguiente, regresó directamente a Escocia, donde la Reforma comenzaba a reaparecer a la luz pública. Bajo su dirección, las fuerzas protestantes lograron que el Parlamento adoptara una Confesión Reformada en agosto de 1560, pero no que aceptara el *Libro de disciplina* que le fue sometido algo después, documento que habría establecido una estructura reformada de orden eclesiástico. Pero la iglesia reformada, que entonces se estableció por lo menos doctrinalmente, se organizó en un marco que bajo Andrew →Melville a fines del siglo, se volvió plenamente presbiteriano, con una jerarquía de tribunales que van desde la sesión local, el presbiterio y el sínodo, hasta la asamblea nacional general.

Que los refugiados ginebrinos no lograran establecer en Inglaterra un sistema presbiterial se debió en gran parte a la reina Isabel y sus consejeros, a quienes disgustaban los aspectos populares de la forma presbiteriana de gobierno, en vez de la cual favorecían una organización episcopal, que dejaba la autoridad final sobre la iglesia en manos de las autoridades civiles. Aunque Thomas →Cartwright, educado en Ginebra bajo el magisterio del sucesor de Calvino, Theodore →Beza, dirigió una vigorosa campaña para producir una reforma más radical en la Iglesia de Inglaterra, no tuvo éxito. Igual fue en el s.XVII cuando los presbiterianos intentaron en el Parlamento establecer un sistema presbiteriano uniforme en todas las Islas Británicas. Los Independientes bajo Oliver →Cromwell y luego los anglicanos bajo →Carlos II lo impidieron. Unicamente en Escocia triunfaron los presbiterianos, y solo después de mucho sufrimiento, particularmente durante la persecución anglicana de los *Covenanters* (1665-88). No fue sino hasta 1692 que el p. finalmente se estableció, aunque después de la unión de los parlamentos en 1707 el parlamento británico introdujo diversas modificaciones al *"establishment"*. Estas a su vez provocaron una cantidad de divisiones dentro de la Iglesia de →Escocia.

Con la expansión colonial británica durante el s.XVIII, escoceses y escocés-irlandeses de Ulster llevaron consigo al imperio su forma presbiteriana de gobierno, doctrina y culto, cuyo resultado fue el establecimiento de grandes iglesias presbiterianas de ultramar. Por consiguiente, se hallan iglesias de estructura y credo presbiterianos esparcidas por todo el globo. Aunque algunas quizá hayan modificado de algún modo sus tesis doctrinales y hasta la forma de gobierno, aun conservan las fundamentales características presbiterianas.

El supuesto fundamental del p. es que el Cristo resucitado es la única cabeza de la iglesia. El gobierna a su pueblo mediante su Palabra y su Espíritu, orientando a los creyentes como un todo. No hay entonces la idea de un grupo selecto que por revelación directa o mediante la imposición de manos haya recibido poderes o autoridad extraordinarios. Quienes gobiernan a la iglesia son escogidos por todos los miembros de la iglesia, que reconocen que Dios les ha dado a aquéllos dones y capacidades para enseñar y para dirigir a la iglesia en su vida sobre esta tierra. La base de la estructura eclesiástica es la sesión de la congregación local, electa por todos los miembros comulgantes y dirigida por el ministro o "anciano maestro", también conocido como "moderador". Al ministro lo escoge y lo llama la congregación, pero es instalado en su puesto por el presbiterio, compuesto por el ministro y el anciano "representante" de cada congregación dentro de los límites geográficos del presbiterio. A este cuerpo le corresponde la supervisión, con amplios poderes, de todas las congregaciones bajo su jurisdicción. A su vez, es responsable ante el sínodo, el cual está integrado por representantes ya nombrados por un número de presbiterios, o directamente por las diversas sesiones. Al aumentar la facilidad de comunicaciones en muchas iglesias, cada vez se reconoce más que los sínodos carecen de importancia real, particularmente porque actualmente los presbiterios por lo común tratan directamente con la asamblea general, integrada por un número igual de ministros y ancianos que son representantes presbiteriales. La asamblea, que es el más alto tribunal en toda iglesia presbiteriana, tiene autoridad definitiva en todo asunto legislativo o judicial; pero en la mayoría de los casos un cambio de doctrina, gobierno o culto ha de volver a los presbiterios, según el *Barrier Act*, para su ratificación por la mayoría de tales tribunales. De este modo, todo cambio importante debe ser considerado y aprobado en el nivel más general de la iglesia.

Aunque cada iglesia presbiteriana tiene sus propias normas de fe, gobierno y culto, la primera declaración completa sobre la posición presbiteriana fue emitida por la Asamblea de Teólogos de →Westminster (1643-49), que preparó una Confesión de Fe, dos catecismos, unas Instrucciones para el Culto y una Forma de Gobierno, por indicación del parlamento inglés. Este cuerpo inglés más adelante rechazó los símbolos de Westminster, pero éstos fueron adoptados por el parlamento y la iglesia de los escoceses, y desde entonces han sido aceptados como la base sobre la cual debía erigirse toda otra estructura presbiteriana. W.S. REID

PRESBITERIANISMO EN AMERICA LATINA. El calvinismo llegó a AL aun en la época colonial (→HUGONOTES, COLONIAS; IGLESIAS REFORMADAS EN AL). Después de la Independencia los presbiterianos se hallaban entre los primeros en iniciar obra evangélica al sur del Río Bravo.

En 1823 vinieron a Buenos Aires, Argentina, dos jóvenes presbiterianos (John →Brigham y Theophilus Parvin), enviados por una misión interdenominacional de los EUA, para explorar el continente. Parvin resolvió quedarse e inició una obra que continuó hasta 1835 cuando volvió a su tierra. Nunca después surgió una obra presbiteriana en Argentina entre los nacionales, si bien algunas colonias europeas han levantado iglesias presbiterianas o reformadas, v.g. los escoceses que construyeron una capilla en 1829.

A →Colombia llegó en 1856 el siguiente misionero presbiteriano, Henry B. →Pratt. En 1923 también inició su obra allí la Iglesia →"Cumberland". Los presbiterianos establecieron colegios de alta categoría pero han tenido poco progreso numérico. En 1977 contaban con unos 5.000 comulgantes en 50 iglesias con una comunidad de 15.000.

En →Brasil se inició la obra presbiteriana en 1859 con la venida de Ashbel G. Simonton. Creció rápidamente. En 1888 fue constituido el primer sínodo con 60 iglesias. En 1977 había alrededor de 250.000 comulgantes con una comunidad de 750.000 en la familia presbiteriana distribuidos entre siete denominaciones distintas. El p. brasileño ha sufrido varios cismas. El primero fue la formación de la Iglesia Presbiteriana Independiente en 1903, la cual repudió la cooperación misionera y la →masonería.

El p. brasileño ha producido muchos colegios, hospitales y hasta una Universidad. Empezó a tener carácter misionero en 1911 cuando envió sus primeros misioneros a Portugal. Ha producido líderes destacados como Erasmo →Braga, el cual presidió el Congreso Evangélico de Montevideo (1925).

El p. de →Méjico tuvo origen en la obra de Melinda Rankin en Monterrey en 1866. El primer presbiterio fue organizado en 1872. El p. mejicano se ha caracterizado por su fuerte nacionalismo y conservatismo. Rechazó el "Plan de →Cincinnati" y ha sido resistente a la influencia misionera.

El pionero del p. en →Chile fue David →Trumbull, cuya obra fue reconocida como "iglesia presbiteriana" en 1872. El Presbiterio de Chile se formó en 1885. Cismas en 1946 y 1974 produjeron la Iglesia Presbiteriana Nacional y la Iglesia Evangélica Presbiteriana. El p. chileno ha tenido poco crecimiento. Los miembros adultos nunca han sobrepasado 2.500, distribuidos entre unas 50 congregaciones.

Por invitación del presidente Justo Rufino Barrios, llegó en 1882 el primer misionero presbiteriano a →Guatemala, John Hill. El p. guatemalteco no ha puesto mucho énfasis en su propia idiosincrasia denominacional pero ha prosperado notablemente, contando hoy con unos 25.000 comulgantes.

Antes de la Independencia (1898) un joven, Evaristo Collado, había empezado una obra evangélica en →Cuba, de la cual se encargó la Iglesia →Presbiteriana del Sur (EUA). La Iglesia del Norte también inició su obra en la isla, pero en 1918 las dos obras se unieron. Se formó un presbiterio que se adjuntó al Sínodo de Nueva Jersey (EUA). La revolución castrista (1959) afectó grandemente a la Iglesia. Muchos pastores y miembros abandonaron la isla. En 1966 el presbiterio se independizó y se organizó bajo el nombre de "La Iglesia Presbiteriana y Reformada".

Casi toda la obra presbiteriana en AL fue establecida por las Iglesias de Canadá y los EUA (tanto la del Norte como la del Sur). Una excepción notable fue la Iglesia Libre de →Escocia, la cual en 1916 envió su primer misionero al Perú, Juan A. →Mackay.

En algunos países (México, Brasil y Cuba) las Iglesias del Norte y del Sur han coordinado sus esfuerzos para producir una sola denominación. Sus juntas misioneras participaron en el →Congreso de Panamá en 1916 y respetaron los acuerdos de éste respecto a la distribución de campos. Por tanto en muchos países latinoamericanos no hay iglesias presbiterianas.

En 1956 se formó la Comisión de Cooperación Presbiteriana (CCPAL) la cual en 1966 se transformó en la Asociación de Iglesias Presbiterianas y Reformadas en América Latina (AIPRIAL). Además, la mayoría de las iglesias pertenecen a la →Alianza Mundial de Iglesias Reformadas.

El movimiento fundamentalista de Carl McIntire ha tenido un efectivo divisivo, produciendo cismas en las Iglesias presbiterianas de Brasil, Chile, México y Guatemala.

JOHN H. SINCLAIR

PRESBITERIANOS CUMBERLAND. La *Cumberland Presbyterian Church* surgió como nueva denominación en 1810 durante el Segundo →"Gran Despertamiento" en EUA. Tres ministros: Finis Ewing, Samuel King y Samuel McAdow, organizaron en Cumberland, Kentucky, un presbiterio independiente el cual constituyó el núcleo de la *Cumberland Presbyterian Church.* Se negaban a suscribir los requisitos para la educación del clero tal cual lo establecía la Iglesia Presbiteriana. Los miembros de este presbiterio sostenían que los ministros que iban a trabajar en las regiones fronterizas de Kentucky y Tennessee no necesitaban necesariamente una educación formal como requisito para su vocación religiosa. Además modificaron las doctrinas calvinistas para adaptarse a la predicación de avivamiento en la región mencionada. Este paso produjo un choque con la denominación madre, lo cual resultó en un cisma (1810). En 1906 hubo un intento de efectuar una reunión de la Iglesia Cumberland con la Iglesia madre, el cual tuvo solo éxito parcial. La existente *Cumberland Presbyterian Church* tiene como 93.000 miembros (1980).

JOHN D. WOODBRIDGE

PRESBITERIO. Cuerpo legislativo y judicial central en el gobierno presbiteriano. Está compuesto por un número igual de ancianos gobernantes y ministros (ancianos maestros) procedentes de cada congregación de una jurisdicción territorial. Ejerce supervisión episcopal sobre todas las congregaciones bajo su jurisdicción, ordena candidatos al ministerio, instala ministros en sus puestos congregacionales, actúa como corte de apelaciones respecto a lo que deciden las sesiones y transmite peticiones y proposiciones a la asamblea general provincial o nacional. Los cambios en la constitución (fe, gobierno y culto) de la iglesia, por lo común se devuelven a los presbiterios de acuerdo con la *Barrier Act* para su aprobación antes que la asamblea general los promulgue en definitiva. El moderador o presidente suele ser elegido, aunque se han hecho intentos por tener por obispos a los presidentes permanentes. El *classis* de las iglesias →reformadas corresponde al p. de las presbiterianas.

W.S. REID

PRESBITERO (del gr. ***presbyteros*** **= "persona mayor").** Desde la antigüedad se ha creído que personas de edad son más capaces de aconsejar y gobernar. V.g. los "ancianos" en el pueblo de Israel (Ex. 3:18; Mr. 11:27) y el senado (de *senex* = "anciano") en la República Romana. Privaba esta creencia también en las iglesias cristianas primitivas. El gobierno de ellas estaba en manos de colegios de ancianos (Hch. 11:30; 14:23; 1 P. 5:1-3; 1 Clemente 44:4,5).

Parece evidente que en el NT los p. y los obispos eran idénticos; refiriéndose el primer título a las cualidades que el oficial debe reunir y el segundo al trabajo que le corresponde (Hch. 20:17,28; Tito 1:5,7). Pero pronto empezó a hacerse distinción entre los dos. El primero que hizo esta distinción fue →Ignacio de Antioquía (s.II), quien reservó el título de "obispo" para el pastor principal en una iglesia local y el de "p." para los pastores inferiores. De esta manera nació lo que se ha llamado el "episcopado monárquico" o congregacional y se dio el primer paso en la evolución de la jerarquía. El segundo paso se dio cuando, alrededor de una iglesia antigua y grande surgían iglesias hijas y el pastor de la iglesia madre reservaba para sí mismo el título de obispo quedando los pastores de las iglesias hijas con el de p. Hasta hoy en las iglesias jerárquicas existe una distinción intrínseca entre el obispo y el p., siendo superior aquél a éste.

El renacimiento del estudio del NT griego reveló a los reformadores el error de esta distinción y como consecuencia en algunos grupos reestablecieron la práctica del gobierno eclesiástico por un colegio presbiterial, especialmente en las iglesias calvinistas. Calvino, sin embargo, enseñaba, a base de 1 Ti. 5:17, que hay dos clases de p.: docentes y gobernantes, y que aquellos ministran la palabra y los sacramentos y deben ser "ordenados", y estos vigilan y gobiernan a los feligreses y son laicos, pero juntos forman el "presbiterio" o el "consistorio".

Las iglesias congregacionales y bautistas rechazan la distinción que hace Calvino. Según ellos no hay tal cosa como p. laico, y solo al pastor ordenado le corresponde el título de p. WILTON M. NELSON

PRIMADO. En una jerarquía episcopalmente estructurada, título de aquel a quien se le otorga el primer puesto o primacía para fines de administración. No parece que el término se haya empleado antes del s.VII. En la Iglesia de Inglaterra, por decreto del papa Inocencio VI (1354), el arzobispo de York fue designado "Primado de Inglaterra", y el arzobispo de Canterbury "Primado de toda Inglaterra". J.D. DOUGLAS

PRIOR. Superior o suplente de superior de un monasterio. Durante la primera parte de la Edad Media la palabra se empleó en sentido vago, y podía aplicarse a funcionarios seculares. Bajo la influencia de Benedicto el título de "prior" (o "prior claustral") llegó a designar al monje inmediatamente inferior al →abad, a quien suplía y generalmente estaba encargado de la disciplina. Al formarse la orden de →Cluny en el s.X apareció el p. "conventual" que gobernaba como prelado del monasterio. Los canónigos regulares (agustinos), los cartujos, carmelitas, servitas y dominicos usaron el título en ese sentido. Existe también el p. "obediencial" o p. simple, que rige un priorato subalterno.
J.D. DOUGLAS

PRIORATO. Casa religiosa presidida por un prior o una priora. En ciertas órdenes, especialmente las que siguen la regla agustiniana, el p. es la unidad normal. La orden benedictina y sus afines distinguen entre p. "conventual" (autónomo) y "obediencial" (que depende de una abadía). En la Inglaterra medieval existía también el p. "catedralicio", en que el capítulo episcopal estaba constituido por un p. benedictino independiente.
J.D. DOUGLAS

PRISCILIANO (m.385). Obispo herético de Avila, en la "Hispania Tarraconensis". De noble cuna, rico, instruído, piadoso, ascético y elocuente, según parece fue influido por doctrinas gnósticas llevadas a España por un egipcio llamado Marco. A los ojos de los ortodoxos, pronto se le juzgó como hereje; le causó verdaderos problemas a la iglesia, pues sus opiniones e influencia fueron muy extensas. Pronto contó con muchos seguidores (priscilianos), entre ellos varios obispos. Ocho de los cánones del Concilio de Zaragoza (380) estaban dirigidos contra ellos, que se desquitaron consagrando a Prisciliano como obispo de Avila.

En 381 la iglesia y el imperio se combinaron para obligar a los priscilianistas, ahora acusados de enseñar el →maniqueísmo, a exiliarse en Francia. Comenzó entonces una complicada serie de apelaciones de P. y otros dirigentes, ante jueces religiosos y seculares, al papa Dámaso, a →Ambrosio de Milán y a Macedonio, funcionario del emperador Graciano encargado de nombramientos, que finalmente los repuso en sus puestos. Pero cuando Máximo llegó al poder aceptó que se procesara a P. y a →Instancio en un sínodo de Burdeos. Instancio fue condenado y luego desterrado, pero P. torpemente apeló ante el emperador en Tréveris. Este dispuso que lo procesara el prefecto Evodio y fue hallado culpable de emplear "artes mágicas" (asociadas con el →gnosticismo). El emperador resolvió que lo ejecutaran, de modo que junto con otros seis fue decapitado en Tréveris en 385; fueron los primeros condenados a muerte por herejes en la historia del cristianismo. Pero eso no acabó con las enseñanzas de P.; su cuerpo y los de los otros seis fueron trasladados a España y se les hicieron funerales dignos de mártires. El priscilianismo fue condenado en el Concilio de →Toledo en 400, y aun florecía en 447.

La erudición moderna está dividida sobre si P. era hereje o simplemente un fanático excéntrico. Su doctrina se conoce solo por lo que otros afirman, pues los manuscritos que se le atribuyen probablemente no le pertenezcan. PETER TOON

PROBABILIORISMO (lat. *probabilior* = "más probable"). Término empleado en la teología católica romana, cuando se preguntaba ¿Qué debe hacer el cristiano cuando los deberes parecen estar en contraste? ¿Qué hacer si la libertad cristiana sugiere la conducta A, pero la consideración legalista indica la conducta B? Se daban dos respuestas: (1) deben examinarse los argumentos en favor de A y de B y proceder conforme a la conducta que parezca más probablemente correcta (de ahí el término P.); (2) siempre que la línea de conducta no legalista se pueda defender aunque menos probable que la legal, puede seguirse (modo de pensar que se llama →probabilismo).

En 1656 estalló una aguda controversia sobre esta cuestión cuando Blaise →Pascal, probabiliorista jansenista, en sus *Lettres provinciales* fustigó a los jesuitas probabilistas por su hipocresía, subrayando que la tesis de ellos le permitía al hombre hacer cualquier cosa, por malvada que fuera, si lograba racionalizarla bien. El p. triunfó en la lucha subsiguiente, pero el probabilismo fue más tarde revivido (con algunas salvaguardias) por A. →Ligorio y es actualmente doctrina oficial católica romana. R.E.D. CLARK

PROBABILISMO. Tesis de que, en la duda respecto a lo correcto de cualquier rumbo de conducta, debe preferirse el acto que probablemente sea correcto, aunque el acto, que sea *más* probablemente correcto, sea también el que está de acuerdo con la ley. ("Probablemente" no se emplea en sentido estadístico: una opinión probable es la opinión de algún *doctor gravis et probus.*) La tesis, que es uno de varios enfoques que se han adoptado en campos de incertidumbre moral, era desconocida antes del s.XVI. La formuló, o quizá le dio prominencia por primera vez, Bartolomé Medina (1527-81) y caló rápidamente.

La razón de la tesis está en la necesidad que los casuistas de la ICR para equilibrar los veredictos contrastantes de autoridades eclesiásticas. El p. fue desarrollado como estratagema casuístico por los jesuitas, en contra del →probabiliorismo, la tesis de que la conducta libertaria solo ha de preferirse si es más probable que la opinión que está de acuerdo con la ley. La presencia de muchas contradictorias autoridades morales en la ICR creó un sin fin de posibilidades de proceder en contra de la opinión legalmente aceptada, mediante este método.

Otras tesis rivales, además del probabiliorismo son: el rigorismo, que afirma que solo si la opinión menos segura es más probable, puede practicarse; y el →laxismo, que sostiene que solo una opinión débilmente probable podría seguirse con buena conciencia.

El p. fue una de las cuestiones vigorosamente controvertidas por los →jansenistas en su lucha contra los jesuitas en el s.XVII. Los jansenistas asumieron una posición probabiliorista o rigorista. En sus *Cartas provinciales* (1656), Pascal hizo notorio el p. y el genio en que floreció. El papa →Alejandro VII condenó la doctrina en 1665 luego de continuadas protestas de La Sorbona, y en 1700 la Asamblea del clero de Francia prohibió que se enseñara. PAUL HELM

PROBANDO. En el presbiterianismo se le aplica el término a quien, completado el curso teológico, ha sido autorizado para predicar la Palabra, pero todavía no ha recibido mediante la ordenación la autoridad para administrar los sacramentos. Otras denominaciones, especialmente los metodistas y los bautistas, usan el término sustancialmente con el mismo significado. J.D. DOUGLAS

PROCESION DEL ESPIRITU. Diferenciación del Espíritu Santo respecto al Padre y al Hijo en la Deidad. Implícita en el NT (p.e. Jn. 15:26), fue afirmada en el Credo Niceno-constantinopolitano y primero desarrollada con amplitud por los Padres →Capadocios. Significa, en contraste con los macedonios, que el Espíritu no es una "creatura", sino que está siendo eternamente derivado de la fuente única de deidad.

De acuerdo con la doctrina de la *doble procesión,* el Espíritu procede tanto del Hijo como del Padre. En la Iglesia de Oriente, →Dídimo el Ciego, →Epifanio y →Cirilo de Alejandría atribuían el origen del Espíritu tanto al Hijo como al Padre, sin que llegaran a emplear el término "procesión" del Espíritu. Esta fue expresamente negada por →Teodoro de Mopsuestia y →Teodoreto. La Iglesia de Occidente añadió la fórmula *Filioque* (lat. = "y el Hijo") a la cláusula del Credo Niceno-constantinopolitano, "el Espíritu Santo que procede del Padre". Esta arbitraria interpolación fue primero introducida en el Tercer Concilio de →Toledo (589). Los Padres de Occidente, que apoyaron la doctrina, incluyen a →Hilario de Poitiers, →Jerónimo, →Ambrosio y especialmente →Agustín en *De Trinitate,* pero el papa →León III (795-816) se negó a autorizar el uso de la cláusula. La controversia estalló cuando →Focio de Constantinopla afirmó que era contrario a las enseñanzas de los Padres (c.866). La interpolación recibió sanción oficial en Roma por Benedicto VIII (1017) y entonces se produjo el Cisma de Oriente (1054). Marcos de Efeso repitió la afirmación de Focio en el Concilio de Florencia (1439), cuando se convino en una declaración de avenencia que no paró en nada, así como han fracasado todas las negociaciones subsiguientes. J.G.G. NORMAN

PROCLO (c.410-485). Filósofo neoplatónico, de la escuela de Atenas. N. en Constantinopla de familia acomodada. Estudió en Licia (de donde eran sus padres), en Alejandría y en Atenas. Aquí conoció a Plutarco, escolarca de la Academia (→PLATONISMO), y fue discípulo de Siriano, sucesor de aquel. Fue también escolarca. Desde que llegó a Atenas, a los veinte años, vivió siempre allí, excepto cuando fue exiliado a causa de su paganismo. P. escribió comentarios a varias obras de Platón, comentarios científicos y, en particular, dos libros importantes: *Elementos de teología* y *Teología platónica.* Su discípulo Marino fue también su biógrafo.

P. fue el último gran sistematizador del →neoplatonismo. Pero su neoplatonismo estuvo muy influido por el pitagorismo y el orfismo (de donde deriva, según él, toda la teología griega), y también por su actitud religiosa. Fue campeón del paganismo: compuso un himno al Sol y a éste oraba tres veces al día; observaba rigurosamente los días sagrados de los egipcios; y tenía en estima, como algo superior a la filosofía para la liberación del alma, la teurgia (que había aprendido de la hija de Plutarco).

De saber enciclopédico, elaboró un complejísimo sistema metafísico (a base de tríadas de tríadas). Del Uno incognoscible se derivan las "henadas" (unidades), de donde a su vez va surgiendo toda la realidad, incluidas las divinidades. La filosofía tiene como meta el regreso al Uno.

PLUTARCO BONILLA A.

PROCLO (m.446). Patriarca de Constantinopla. Habiendo sido exsecretario de Atico, patriarca de Constantinopla, por el cual fue ordenado sacerdote. Fue consagrado arzobispo de Cyzicus en 426, si bien la oposición lo mantuvo alejado de su sede. Renombrado predicador, pronunció un sermón sobre la →Theotokos (428) ante el arzobispo Nestorio, lo cual parece haber precipitado la controversia →nestoriana, aunque su participación personal fue escasa. En 434 llegó a ser patriarca de Constantinopla, se mostró moderado partidario de la ortodoxia y obtuvo popularidad al trasladar allá el cuerpo de Juan Crisóstomo en 438. Sus escritos son en su mayoría sermones y cartas, que a veces atacan a las creencias y moral judaicas. Su *Tomus ad Armenios de fide,* que trata de las dos naturalezas de Cristo, aunque dirigido a los armenios, señala los errores de Teodoro de Mopsuestia (pero sin nombrarlo). Equivocadamente se le atribuye una carta que contiene la famosa fórmula *"unum de Trinitate secundum carnem crucifixum",* que se convirtió en centro de la controversia →teopasquita.

C.G. THORNE, Jr.

PROFECIA. Entre los dones (→DONES en *DIB*) dados a la iglesia apostólica se hallaba el de la p. (Ro. 12; 1 Co. 12-14; Ef. 4). En el libro de los Hch. tenemos ejemplos de su ejercicio (11:27; 13:1; 15:32; 19:6; 21:9,10) y el libro de Ap. es el ejemplo por excelencia de la p. De acuerdo con la definición que nos da San Pablo (1 Co. 14:3) y con los relatos dados de su ejercicio (Hch. 4:36; 11:28; 13:1; 21:11; 1 Co. 14:4,24,25-31), este don consistía en predicción y predicación provocadas de manera especial por el Espíritu Santo.

Los escritos de algunos →Padres Apostólicos indican que el don continuó inmediatamente después de la época del NT (v.g. →*Didajé* xi-xii y →*Pastor de Hermas,* Mand. xi). Pero a la vez estos escritos indican que había abusos y problemas respecto al ejercicio de este don.

La *Didajé* amonesta que "no todo el que habla en espíritu es profeta sino el que tiene las costumbres del Señor" (xi:8); "todo profeta que manda en espíritu poner una mesa... es un falso profeta" (xi:9); "si no practica lo que enseña es un falso profeta" (xi:10); si quiere quedarse como huésped más de tres días "es un traficante de Cristo" (xii:5). El *Pastor de Hermas* dice: "Al hombre que afirma tener el Espíritu divino, examínale por su vida... el hombre que aparenta tener espíritu, se exalta a sí mismo, quiere ocupar primeros puestos... recibe paga por sus profecías, y si no se le paga, no profetiza" (Mand. xi:7,12).

Poco a poco, pues, la p., como fuente de revelación, iba desapareciendo y las Escrituras del NT tomando su lugar. En el s.III el término "p." ya se usaba solo para referirse a las porciones proféticas de las Escrituras canónicas (v.g. en los escritos de →Hipólito y de →Orígenes). El profeta fue reemplazado por el maestro, específicamente el →catequista y el →apologista, quienes enseñaban y defendían la doctrina cristiana a base de la palabra de las Escrituras y, más tarde, también de la tradición.

No obstante de cuando en cuando ha habido esfuerzos por avivar este don. Por lo general, sin embargo, estos han conducido al fanatismo y han sido rechazados por la iglesia. Mencionaremos algunos.

El primero fue el →montanismo que nació en Asia Menor a fines del s.II y duró como un siglo. Montano y dos mujeres, Prisca y Maximila se declararon portavoces del Espíritu Santo. Se opusieron a la creencia creciente de que la revelación divina se había completado y terminado con las Escrituras apostólicas. Los montanistas afirmaban que sus revelaciones eran iguales o superiores a las de los apóstoles.

Al principio de la Reforma Luterana surgieron los "profetas de →Zwickau", sobre todo el profeta revolucionario Tomás →Münzter, los cuales se opusieron al biblicismo de los reformadores. Los de Zwickau reclamaban ya no tener necesidad de la Biblia puesto que dependían directamente del Espíritu Santo y estaban en contacto inmediato con Dios. Melanchthon al principio quedó profundamente impresionado por ellos. Münzter fue aun más radical. Declaró que "el hombre que no recibe el testimonio vivo [la Biblia para él era letra muerta] no sabe nada acerca de Dios aunque haya tragado 100.000 Biblias", y solo el grupo de profetas que él encabezaba tenía este "testimonio". Su fanatismo condujo a la terrible hecatombe de la Revuelta de los campesinos.

Al principio del s.XIX en la Gran Bretaña surgió otro movimiento en que se afirmaba haberse restaurado el don de la p. En Escocia un ministro presbiteriano, Edward →Irving (1792-1834), se interesó en la segunda venida de Cristo debido a la lectura de un libro sobre este tema escrito por el jesuita Manuel →Lacunza. Se convenció de que muy pronto vendría Cristo y que todos debían prepararse para su venida. Creyó que el Espíritu Santo había abandonado a la iglesia institucional porque ella había dejado el orden ministerial de Ef. 4:11. Se llenó de un deseo de restaurar este orden.

Empezaban a celebrarse reuniones de oración para pedir un derramamiento del Espíritu Santo y en estas hubo manifestaciones de lenguas y profecías. Como resultado surgió un grupo de "profetas" los cuales nombraron a doce "apóstoles" a quienes también les servían de medio de revelación. Nació un movimiento para la restauración de la →"Iglesia Católica Apostólica", organización que tuvo poca aceptación o duración.

En el s.XX han surgido los movimientos →pentecostal y carismático los cuales también creen y hacen énfasis en que Dios está restaurando los dones carismáticos del s.I, incluso el de p. También muchos creen que su restauración es para preparar a la verdadera iglesia para la venida inminente de Cristo.

El problema que afronta el pensador cristiano es qué significado y qué lugar tiene para la Iglesia de hoy la p. Hay por lo menos tres conceptos o ideas en cuanto a esto entre los protestantes: (1) El del protestantismo corriente, (2) el de los pentecostales y los carismáticos y (3) el del cristianismo activista o politizado.

Los protestantes corrientes dan un sentido amplio a la palabra, como el de Pablo en 1 Co. 14:3, usándola para referirse a la predicación ferviente de la Palabra de Dios o a la exhortación, pero sin darle el carácter de una revelación sobrenatural. (Sin embargo →Calvino en su *Institución* [IV,iii,4,5] dice que la p. era un don de revelación sobrenatural y por lo tanto era un don extraordinario y temporal, solo para la época del inicio de la Iglesia.)

Los pentecostales y los carismáticos conceptúan la p. como la expresión de un mensaje sobrenatural que viene directamente de Dios por el Espíritu Santo. Puede ser predicación, mandato o exhortación. Además creen que es un don siempre vigente, pero especialmente para la iglesia de hoy ya que la venida del Señor se acerca. Algunos pentecostales extremistas equiparan las revelaciones de sus p. con la de las Escrituras. Pero los moderados repudian esta práctica y, si bien creen que las profecías de la actualidad tienen carácter sobrenatural, enseñan que son de valor y autoridad secundarios en relación con las Escrituras canónicas.

El significado principal que tiene la palabra "p." para el cristiano activista es la de una voz de protesta en contra de los males y las injusticias de la sociedad y de los gobiernos modernos, pensando especialmente en las protestas de ese tipo que pronunciaron los profetas del AT. WILTON M. NELSON

PROSPERO DE AQUITANIA (c.390-c.463). Erudito de cuyo trasfondo solo se sabe que recibió educación clásica; era profundo en teología, casado y que formó parte de una comunidad monástica en Marsella al producirse la controversia →semipelagiana (426), a la que se opuso. Junto con su amigo →Hilario le escribió a →Agustín en Africa (428) respecto a la oposición a su teología de la gracia y la predestinación, especialmente entre los discípulos de Juan →Casiano, a lo que Agustín replicó con *De praedestinatione sanctorum* y *De dono perseverantiae.* En 431 fue a Roma a procurar el apoyo de →Celestino I para las doctrinas de Agustín, en defensa de las cuales escribió luego varias obras, con ataques contra →Vicente de Lérins *(Pro Agustino responsiones)* y Casiano *(Contra collatoreum)*, incluso los *Capitula Caelestina* que fue a manos de los obispos de la Galia como parte de una carta papal. Aunque al principio estuvo de acuerdo, finalmente rechazó la posición de Agustín *(De vocatione omnium gentium)*, por creer que era la voluntad de Dios salvar a todos los hombres.

Como secretario de →León I después de 440, le ayudó en la correspondencia y escritos teológicos contra los →nestorianos. S propias obras son de diversa forma: *De ingratis,* poema de más de 1.000 hexámetros, acerca de la gracia; probablemente, *Poema conjugis ad uxorem,* en 16 versos anacreónticos y 53 dísticos; una serie de epigramas, entre ellos los contrarios a los semipelagianos y *Epitaphium Nestorianae naereseos;* y *Psalmorum a C ad CL expositio* después del Concilio de →Efeso. *Epitoma chronicorum,* síntesis de las crónicas de →Jerónimo, →Sulpicio Severo y →Orosio, que reflejan también su propia época (433-55), fue editado y aumentado por →Casiodoro y Pablo el Diácono.

C.G. THORNE, Jr.

PROTESTANTISMO. El nombre se deriva de la protesta de los príncipes y ciudades alemanas en la Dieta de →Espira en 1529. El verbo *protestari,* del cual se deriva el adjetivo "protestante", no solo significa "protestar" en el sentido de "plantear una objeción", sino también "reconocer, testificar o confesar". Los protestantes creían estar confesando la primitiva fe de la iglesia primitiva, que había sido oscurecida por posteriores innovaciones del catolicismo medieval. Más específicamente, consideraban su mensaje como una recuperación de la teología paulina. Sus puntos principales eran:

(1) *Las Escrituras y la tradición.* Hay una única fuente de revelación de la cual la iglesia cristiana obtiene su doctrina y esa fuente son las Sagradas Escrituras. Toda doctrina que la iglesia desee enseñar se halla necesariamente en las Sagradas Escrituras. Ello no significa que la apelación protestante a las Escrituras únicamente *(sola scriptura)* apareje el total rechazamiento de la tradición de la iglesia; por el contrario, se respeta profundamente a la tradición como auxilio para comprender las Sagradas Escrituras. No se rechaza la sabiduría del pasado, pero tampoco se la reverencia como segunda fuente de revelación. El cristiano protestante procura comprender las Escrituras con la ayuda de cuantos antes de él se han esforzado en ello. No obstante son las Escrituras mismas, y no las tradiciones exegéticas de la iglesia, lo que constituye la norma definitiva de la doctrina cristiana.

(2) *La justificación por la fe.* En el pensamiento católico, la justificación es una gratuita efusión de poder que hace al cristiano realmente justo. Dios tiene por justo al cristiano en tanto que sea conformado a la voluntad de Dios y purgado de la culpa del pecado. Ello significa que el católico espera ir al purgatorio después de morir, y allí expiar la satisfacción que debe por sus pecados. No puede esperar la entrada al cielo hasta cumplir este proceso. Los méritos de Cristo, que obtuvieron para el cristiano los sacramentos, deben ser suplementados por los méritos del propio cristiano, adquiridos en cooperación con la gracia sacramental. Los protestantes tenían un punto de vista muy diferente. La justicia no le pertenece al hombre; no es algo que el hombre posea. Cuando el hombre confía en el Evangelio, la buena noticia del amor de Dios en Cristo, Dios lo declara justo, no porque ya lo sea, sino porque mediante la fe posee la justicia de otro, la justicia de Cristo. Toda idea de mérito humano queda excluida de este concepto de la justificación.

(3) *Certidumbre de la salvación.* Si bien el cristiano católico puede tener la certidumbre objetiva de la salvación –e.d., confianza en que todos los elegidos serán salvos, que los sacramentos de la iglesia son dignos de fe y que confieren la gracia– no puede tener la certidumbre subjetiva de la salvación, e.d., confianza en que él mismo ha sido elegido y finalmente alcanzará salvación. A lo sumo podrâ tener una certidumbre conjetural, basada en lo seguro de las promesas de Dios y en las señales discernibles de su propio crecimiento en la gracia. Los cristianos protestantes no procuran la certidumbre de su salvación mediante el examen de conciencia ni procurando medir su crecimiento en la gracia. La certidumbre se basa en la Palabra de Dios, externa al yo, y que hasta puede contradecir las experiencias religiosas del yo. →Lutero sostenía que el cristiano es como un inválido hospitalizado, que comienza a restablecerse. Al examinarse, el paciente no puede menos que concluir que se halla tan enfermo como cuando lo internaron en el hospital, pero se aferra a la palabra del médico y confía en ella. Su consuelo y certidumbre residen fuera de él, en la palabra ajena. Lo mismo es cierto respecto al cristiano. Funda su fe, no en su presente estado de restablecimiento, sino en la sola Palabra del divino Médico. Busca su certidumbre y justicia no en sí mismo sino en la absolutamente escueta Palabra de Dios.

(4) *Los sacramentos.* Hay para los protestantes un solo medio de gracia: la Palabra. Pero esta asume muchas formas: las Escrituras, la predicación, la conversación pastoral y los sacramentos. Los sacramentos son una visible Palabra de Dios. No le brindan a la iglesia algo que ella no posea si confía en la Palabra de Dios que consta en las Escrituras y en su proclamación, pero le ofrecen a la iglesia otro modo o forma de participación en aquella Palabra. Los protestantes aceptan co-

mo sacramentos solo aquellos dos respecto a los cuales el NT autoriza para creer que fueron instituidos por Jesucristo mismo: el →bautismo y la →Cena del Señor. Se rechaza la penitencia o se incluye en el bautismo; el arrepentimiento es un recuerdo y reafirmación del bautismo. Si bien existen importantes diferencias entre las diversas iglesias protestantes respecto al significado de la Cena del Señor, hay acuerdo bastante unánime: (a) en que la Cena del Señor no es un sacrificio; (b) en que no hay →transubstanciación de los elementos en cuerpo y sangre de Cristo, aunque en cierto sentido Cristo está realmente presente, si no en los elementos, por lo menos en Su cuerpo que es la iglesia; (c) que la fe viviente es importante para participar de los beneficios ofrecidos a la iglesia en la Eucaristía; y (d) que el servicio de la Santa →Comunión es una proclamación visible del Evangelio.

(5) *La Iglesia.* La iglesia es creada por los dones de Dios: su llamamiento, elección, Palabra, sacramentos y dones de fe y amor. Las iglesias protestantes, si bien carecen de la estructura jurídica y jerárquica de la ICR, no carecen de ninguno de los elementos esenciales para la existencia de la iglesia de Jesucristo. Aunque la elección es oculta y la fe invisible, a la iglesia de Jesucristo se la puede reconocer por las señales de la proclamación del Evangelio y la genuina administración de los sacramentos del bautismo y la Cena del Señor.

(6) *El sacerdocio de todos los creyentes.* El concepto protestante del sacerdocio de todos los creyentes se refiere principalmente al derecho común a todos los hermanos cristianos para recibir la confesión de pecado. Lutero no se oponía a la confesión; se oponía a que fuera monopolio del clero. Todos los hermanos cristianos están autorizados para oír confesiones, pueden ser portadores recíprocos de la Palabra de juicio y de gracia de Dios. Ser así sacerdote es constituirse en Cristo para el prójimo, pero naturalmente, esto de ningún modo sustituye el derecho de cada uno al acceso directo a Dios por medio de Cristo, que no requiere ningún intermediario humano.

(7) *Orden y ministerio.* Dado que cada cristiano es sacerdote, no existe diferencia espiritual entre pastor y común del pueblo, sino una diferencia de función en el cuerpo de Cristo. El ministro protestante desempeña un cargo. Puede poseer dones que difieren de los del laico a quien sirve como pastor, pero no indispensablemente. No posee un indeleble carácter sacramental que lo coloque aparte de los laicos. Ha sido ordenado para realizar públicamente lo que mediante el bautismo se les ha encomendado a todos los cristianos que hagan en privado: dar testimonio en pro de Jesucristo. No se trata de alta o baja posición, sino únicamente de orden y función.

Aunque el protestantismo es un fenómeno histórico que no puede comprenderse simplemente con base en las convicciones teológicas de los reformadores protestantes de la primera generación, dichos motivos teológicos se han mantenido sin embargo en el p., con mayor o menor intensidad, a través de toda su historia. DAVID C. STEINMETZ

PROTESTANTISMO EN LA CULTURA LUSO-AMERICANA. La evangelización de Portugal, iniciada por Robert →Kalley en la Isla de Madeira en 1838 y continuada en el continente por Robert Stewart en 1866, se caracterizó por su influencia extranjera. Eduardo Moreira fue tal vez el único escritor evangélico portugués que merezca ser mencionado.

A pesar de las tentativas de extranjeros protestantes (franceses y holandeses) de establecerse en Brasil durante la Epoca Colonial, el evangelio en realidad solo se estableció aquí en el s.XIX. Al principio fue obra de negociantes extranjeros e inmigrantes; después, en la segunda mitad del siglo, llegaron los misioneros norteamericanos. El liderazgo nacional, que comenzó a surgir entre los evangélicos brasileños, contó con algunos elementos destacados como Eduardo Carlos Pereira (1855-1923); Otoniel Campos Mota (1878-1951) y Teodoro Henrique Maurer Jr., quienes sobresalían en filología. En educación Erasmo de Carvalho →Braga (1877-1932) se hizo célebre con la serie de lecturas escolares que lleva su nombre, algunas de las cuales alcanzaron más de cien y otras más de doscientas ediciones.

Muchos otros maestros y autores podrían citarse: Alcino Muniz de Souza, en historia; Amélia Kerr Nogueira, en la enseñanza de inglés; y Antonio Bandeira Trajano, en matemática.

La disciplina moral de los hogares evangélicos y la oportunidad de contacto con la cultura norteamericana por medio de libros y de becas de estudio, han garantizado el éxito de los protestantes en las universidades seculares, oficiales o particulares. Benjamín →Moraes, en derecho penal; Esdras Borges Costa, Jether Ramalho y Elter Dias Maciel, en sociología; Rubens Azevedo Alves, en filosofía, son ejemplos de ellos. Muchos evangélicos han integrado academias de letras, de historia y de educación, como Vicente Temundo Lessa, Jerónimo Gueiros y Aquiles Archero Junior.

Aunque hayan abandonado el protestantismo, muchas personas destacadas, que han ejercido profunda influencia en el país, se formaron en medios protestantes. Tal el caso de Julio Ribeiro, renovador de la gramática; Gilberto Freire, sociólogo; Nehemias Gueiros, autor de proyectos jurídicos; Orígenes Lessa, romancista; Café Filho, presidente de la República.

El protestantismo contribuyó a la cultura con sus colegios, sobre todo en la fase en que el sistema escolar oficial era aun precario. Entre esas instituciones se encuentra el Colegio Internacional en Campinas, Sao Paulo (1869-1892), que más tarde se constituyó en el Instituto Gammon en Lavras, Minas Gerais (1892 hasta el presente); y Mackenzie College, que inicialmente fue la Escola Americana (desde 1870) y es hoy una universidad en la ciudad de Sao Paulo. A estas instituciones podemos añadir el Ginásio Evangélico Agnes Erskine (desde 1904) en Recife, Pernambuco, y el Colégio 2 de julho (desde 1928) en Salvador de Bahía. Todos estos colegios son presbiterianos.

Entre las instituciones bautistas podemos mencionar el Colégio Americano Brasileiro (desde 1882) en Río, el Colégio Americano Taylor-Egídio (desde 1898) en Salvador de Bahía y el Colégio Batista Brasileiro (desde 1902) en Sao Paulo. Entre las metodistas, el Instituto Educacional Piracicabano (desde 1881) en Piracicaba, Sao Paulo; el Colégio Americano (desde 1885) en Porto Alegre, Río Grande do Sul; el Instituto Granberry (desde 1890) en Juiz de Fora, Minas Gerais; y el Colégio Izabela Hendrix (desde 1904), en Belo Horizonte, Minas Gerais. Esto para citar apenas los colegios principales.

La influencia de los evangélicos en la cultura brasileña ha sido reconocida aun por maestros de la altura de Fernando de Azevedo en su obra célebre, *La Cultura Brasileña.* En la literatura propiamente dicha, no existen libros evangélicos de impacto significativo. Los poetas y prosistas se limitan demasiado a temas religiosos y polémicos.

JULIO ANDRADE FERREIRA

PROVINCIA. Límites de la jurisdicción de un →arzobispo o un →metropolitano. La palabra indica también la división territorial de ciertas órdenes catolicorromanas cuyos jefes son llamados "provinciales".

PRUDENCIO CLEMENTE, AURELIO (348-c.410). Poeta latino cristiano. N. en España. Conocido principalmente por el himno "Nacido del amor del Padre". Abogado y funcionario de gobierno, publicó su extensa colección de poesías cuando tenía 57 años. Aplicó las formas clásicas de versificación latina a las enseñanzas cristianas y, aunque el valor educativo y moral supera al imaginativo y lírico, su poesía posee considerable mérito artístico. Sencillo pero conciso y eficaz en la descripción, escribe con gran soltura en una excepcional variedad de metros (énfasis en la cantidad). Extiende el método alegórico de interpretación bíblica (→AMBROSIO, ORIGENES) a la naturaleza, la sociedad y a cuanto él considere apto para llevar a una moraleja cristiana.

En la *Psychomachia* (915 renglones), una extensa alegoría, las virtudes combaten contra el vicio por la posesión del alma. Tres poesías un tanto más largas defienden la ortodoxia contra los paganos y herejes, combinando la poesía y la doctrina en una manera que recuerda la exposición del →epicureísmo por Lucrecio. Doce himnos y catorce poemas acerca de los mártires cristianos exceden la longitud usual de la lírica clásica. Pero típicos de sus propósitos didácticos son 48 "instantáneas" bíblicas *(Dittochaei)* de cuatro renglones, p.e., la No. 30, "Cristo es bautizado":

En el agua sumerje a los hombres el Bautista
—Miel y langostas su alimento, piel de camello su vestido—
Cuando Cristo desciende con los bautizados, el Espíritu dice:
Este bautizado limpia de pecado a todo bautizado.

GORDON C. NEAL

PSICOLOGIA DE LA RELIGION. Intento por aplicar métodos científicos al estudio de los hechos de consciencia religiosa. El interés y la preocupación por las "afecciones religiosas" ha existido siempre en la iglesia cristiana, pero fue el movimiento romántico, que se produjo tras la negación de →Kant respecto a la posibilidad de conocer a Dios, el que llevó a interesarse por la "religión" como postulación o proyección de la existencia de Dios (por diversas razones) y por delinear aquellos estados de consciencia que con justeza debían llamarse "religiosos". Las opiniones de →Schleiermacher y →Feuerbach son importantes al respecto.

Además de ofrecer explicaciones fenomenológicas de experiencias religiosas como la conversión, la santificación y la experiencia mística, la p. de la r. se ha ocupado también en ofrecer explicaciones de dichos fenómenos en términos causales que ponen en correlación, p.e., la conversión con factores tales como la edad, el sexo, diversos rasgos de personalidad, educación familiar, etc. William James en su *Varieties of Religious Experience* es notable en cuanto a este antirreduccionismo, pero generalmente el énfasis de tales explicaciones ha estado en demostrar que las experiencias religiosas no son *más que* mecanismos compensatorios, cumplimiento de deseos (Freud), etc. Otra línea de investigación, más comprensiva hacia la religión, intenta aislar aquellas características que todas y solo las genuinas experiencias religiosas poseen: la sensación de absoluta dependencia (Schleiermacher), una consciencia de lo "numinoso" (R. →Otto). Pero quizá dichos intentos estén condenados a la frustración si se niega (como ha solido negarse en el protestantismo postkantiano) que las experiencias religiosas tienen *objetos* característicos. Los trabajos en la p. de la r. también han sido estimulados por la →religión comparada.

Aunque los estudiosos de la psicología religiosa, sin duda han descubierto muchos datos interesantes y ofrecido atractivas hipótesis como explicaciones de los fenómenos religiosos, la explicación psicológica seria ha solido estar viciada por suposiciones ideológicas naturalistas y anticristianas.

OONAGH McDONALD

PUEBLA, CONFERENCIA DE (1979). La tercera Conferencia General del Consejo Episcopal Latinoamericano (CELAM III) se realizó en Puebla de los Angeles (México) del 28 de en. al 13 de feb. de 1979. Fue inaugurada personalmente por el Papa Juan Pablo II. El tema de la Conferencia fue: "La Evangelización en el presente y en el futuro de América Latina". Recordemos que la Primera Conferencia se celebró en Río de Janeiro (Brasil) en 1955 y la Segunda en →Medellín (Colombia) en 1968.

A la Conferencia de P. asistieron unas 350 personas, en su mayoría obispos, y algunos sacerdotes, religiosos, teólogos y laicos. El evento, sin embargo, reunió en la ciudad de Puebla a más de 5.000 personas. Se multiplicaron a diario las reuniones de teólogos, científicos sociales, dirigentes de comunidades eclesiales de base y de otros grupos eclesiales y políticos. Cada día había varios foros públicos y conferencias de prensa. La actividad en torno a la Conferencia comenzó ya en nov. de 1976, cuando fue convocada oficialmente. En dic. de 1977 se distribuyó el "Documento de Consulta" a las Conferencias Episcopales Nacionales. Este documento fue discutido intensamente en todos los niveles de la ICR. En ag. de 1978 se envió el "Documento de Trabajo", que recoge la discusión anterior y sirve de base para la Conferencia de P.

El trabajo durante la Conferencia se realizó en 21 comisiones y asambleas plenarias. Los temas fundamentales fueron: la visión pastoral de la realidad histórica latinoamericana, Cristo centro de la historia, la Iglesia, los derechos humanos, la evangelización, la promoción humana, la cultura y la religiosidad popular, las ideologías y la política, la opción preferencial por los pobres y por los jóvenes. El texto final y oficial, después de sufrir tres redacciones sucesivas, tuvo alrededor de 220 páginas, dividido en cinco partes.

La Conferencia fue sobre todo una reunión de carácter pastoral. No hubo en ella definiciones dogmáticas o determinaciones de índole institucional o disciplinario. El tema unificador fue la evangelización: el anuncio del Dios de Jesucristo en la AL de hoy. En P. se busca centrar toda la actividad de la Iglesia, en los próximos años, en torno a esta tarea evangelizadora.

Según el texto de P., la evangelización es desafiada principalmente por la realidad de los pobres y sus luchas por una mayor justicia. El eje central de la pastoral de la Iglesia Latinoamericana no es, por lo tanto, la evangelización confrontada a la secularización o modernización, sino la evangelización confrontada a la liberación. En este sentido, la Iglesia en P. define su "opción preferencial por los pobres". La opción pastoral por esta evangelización liberadora la Iglesia la realiza sobre todo en las →comunidades eclesiales de base.

P. tiene un enorme significado para la Iglesia Latinoamericana, no solo por el texto final, sino por toda la amplia discusión que se suscitó durante los tres años anteriores. La línea teológica y pastoral asumida por Medellín en 1968 se había profundizado y difundido en los sectores de base de la ICR. La llamada →Teología de la Liberación había alcanzado un enorme proceso de desarrollo, maduración y universalización. Algunos sectores de la Iglesia, especialmente la superestructura del mismo CELAM, cuestionaban seriamente la orientación liberadora de Medellín. P. tenía que decidir si se seguía o no esta orientación. El resultado final de tres años de discusión, que culmina en Puebla, fue una afirmación serena y madura de la línea pastoral de Medellín. Aquí reside el gran significado de P. para la Iglesia Católica Latinoamericana.

P. tiene también un profundo significado para el movimiento ecuménico y las iglesias protestantes, puesto que se superan las opiniones francamente antiecuménicas que aparecieron en el "Documento de Consulta" de P. de diciembre, 1977. Contra estas opiniones hubo una reacción masiva de la Iglesia, lo que provocó una reafirmación notable del ecumenismo. Desde "la opción preferencial por los pobres" el movimiento ecuménico adquirió una nueva fuerza liberadora y evangelizadora. El puesto privilegiado y central que ahora tiene en las Iglesias la tarea de la evangelización abre nuevas perspectivas al trabajo ecuménico. P. fue así un momento de gracia y de abundancia del Espíritu para todos los cristianos de AL. PABLO RICHARD

PUERTO RICO. Colón descubrió la isla durante su segundo viaje (1493) pero pasaron 15 años antes de que fuera conquistada –y de una manera despiadada– por Ponce de León, y se iniciara el proceso colonizador. En 1509 el conquistador fue nombrado gobernador. Bajo el yugo español la raza indígena empezó a extinguirse y en 1518 llegaron los primeros esclavos africanos para reemplazarla.

Durante los primeros años P.R. recibió poca atención misionera, pero en 1511 llegaron 22 franciscanos y fue erigida la diócesis de San Juan. Luego llegaron dominicos. Durante los primeros siglos de la época colonial la iglesia sufrió muchas pruebas. Los habitantes eran pobrísimos y muchos abandonaban la isla buscando mejor vida en otras colonias. Durante la última parte del s.XVI la diócesis solo tenía 12 sacerdotes y no había más que un monasterio. Las enfermedades azotaban la isla. En 1690 una epidemia de viruela mató a 21 de los 25 sacerdotes.

En el s.XVIII España empezó a demostrar más interés en P.R. por razones políticas. Durante las guerras de independencia del s.XIX, P.R. permaneció leal a España y vino a ser una base militar importante para ella y un asilo para los refugiados lealistas, entre los cuales había sacerdotes. Todo esto promovió el espíritu pro-español.

No obstante a fines del siglo crecía un movimiento independentista. La jerarquía se le opuso lo cual debilitó a la iglesia que ya estaba bastante mal. En 1897 España dio a P.R. cierta autonomía pero ya era tarde. En 1898 estalló la Guerra Hispano-Americana en la cual la isla fue arrebatada por EUA. El resultado fue, como dice Montalbán, que "La Iglesia Católica se vio desde entonces privada de toda protección y ayuda económica [de España] y, lo que era peor, acosada por diversas sectas protestantes".

El número de sacerdotes fue decreciendo hasta que en 1930 solo había 45 sacerdotes diocesanos en una población de 1.500.000. Sin embargo, por este año la iglesia empezó a recobrar fuerzas. En 1945 ya había 240 o sea uno por cada 8.600 habitantes. Pero de estos solo 40 eran nativos mientras 115 eran norteamericanos y 85, europeos. Además había mucho indiferentismo religioso en la isla. El 90% del pueblo era bautizado católicamente, pero solo el 10% era practicante.

El catolicismo puertorriqueño recibió mucha influencia del poderoso vecino del Norte. En 1960 el arzobispo de San Juan era norteamericano (James Davis) y también el obispo de Ponce (James McManus).

Pero desde aquel entonces el cuadro ha cambiado. Para el año 1968 los puestos jerárquicos, un arzobispo y cinco obispos, estaban ocupados por nativos, cuando había. En 1973 había 696 sacerdotes dejando un promedio de un sacerdote por cada 3.159 habitantes. La Universidad Católica de Ponce, fundada en 1948, ha contribuido mucho al prestigio del catolicismo en P.R. En 1980 tenían un alumnado de 9.000.

No obstante, políticamente la ICR de P.R. ha sufrido sus derrotas. Una de las más notorias fue cuando en 1960 se opuso a la elección de Muñoz Marín como gobernador, con su programa liberal, y se formó un partido político católico. A pesar de la oposición Muñoz obtuvo una victoria aplastante.

Aun durante el dominio español hubo protestantes en P.R. Obtuvieron permiso para celebrar cultos y el primero se efectuó en Ponce en 1869. Cuatro años más tarde los anglicanos de la misma ciudad organizaron una iglesia. Con la ocupación norteamericana de la isla la Iglesia Episcopal asumió responsabilidad de esta obra, la cual continúa hasta hoy con una membresía de 4.223 (1974).

Después de llegar a ser colonia norteamericana (1898), (ahora Estado Libre Asociado), se abrieron de par en par las puertas para el protestantismo. Las denominaciones tradicionales no demoraron en entrar. En 1899 llegaron los bautistas, luteranos, discípulos, presbiterianos y hermanos unidos; los metodistas en 1900 y un poco después la Iglesia Cristiana y la Congregacional. Por el año 1910 ya trabajaban en la isla 15 sociedades misioneras con 167 obreros y tenían 120 iglesias organizadas más 326 misiones o puntos de predicación. Había un total de 9.692 miembros comulgantes.

Durante las últimas décadas el número de misiones o entidades evangélicas han proliferado de tal manera que en 1978 había por lo menos 35 que trabajaban en P.R.

El crecimiento del movimiento evangélico ha sido notable: de una membresía de 9.696 en 1910 a 121.000 en 1974, o bien de una comunidad de 29.000 a 363.000. Quiere decir que en 1974 el 12% de la población puertorriqueña era protestante.

El movimiento evangélico en P.R. se ha destacado en varias maneras. Ha demostrado una madurez especial. Las iglesias están muy nacionalizadas. Quedan pocos misioneros extranjeros entre los primeros grupos. Algunas de las iglesias ya son misioneras. Por ejemplo, para el año 1970 la Iglesia de Dios Pentecostal tenía misioneros en España, Portugal y en nueve países latinoamericanos.

Hay líderes laicos en todas las esferas de la vida nacional: política, económica y académica. Hay instituciones evangélicas fuertes y grandes: dos universidades: la Interamericana (presbiteriana) y la Bautista; y hospitales en Aibonito y Castañer.

El evangelicalismo puertorriqueño se conoce por ser pionero en esfuerzos ecuménicos. Muy pronto después de iniciarse la obra evangélica, las denominaciones se convinieron en dividir la isla en "zonas de influencia", adelantándose al "Plan de →Cincinnatti" de unos años más tarde. En P.R. se organizó el primer consejo de iglesias evangélicas en AL (1905), el cual auspició la fundación del *Puerto Rico Evangélico,* periódico para todo el pueblo evangélico. En 1919 se estableció el Seminario Evangélico de Río Piedras, auspiciado por los metodistas, bautistas, presbiterianos, discípulos y la Iglesia Unida.

En Puerto Rico el pentecostalismo es muy fuerte. Cuando a mediados del s.XX las denominaciones históricas empezaban a perder el fervor evangelístico, lo cobraba el movimiento pentecostal. Pero en medio de éste nació una secta herética y estrambótica, iniciada por una mujer llamada →"Mita" a quien sus feligreses conceptuaban como la encarnación del Espíritu Santo.

Se calcula que también son evangélicos el 15% de la colonia de más de un millón de puertorriqueños en Nueva York, y de ellos un alto porcentaje es pentecostal.

WILTON M. NELSON

PULQUERIA (399-453). Emperatriz oriental desde 450, hija de Arcadio, emperador del Imperio Oriental de 395 a 408. Cuando tenía quince años, en 414 el senado de Constantinopla la nombró regente a nombre de su hermano menor, →Teodosio II. Bajo el gobierno de facto de esta piadosa santa de la Iglesia Griega, la corte tuvo un carácter caritativo y ascético. P. concertó el matrimonio de Teodosio con Atenais, hija de Leoncio, filósofo pagano de Atenas (421). Atenais cambió su nombre por el de Eudoxia, y se convirtió al cristianismo y en rival de P. Difirieron en las controversias monofisita y nestoriana, siendo P. partidaria de la ortodoxia en ambas. Tenemos la carta de →Cirilo de Alejandría dirigida a las dos mujeres, en la que condena las doctrinas de Nestorio, patriarca de Constantinopla desde 428 hasta el Concilio de Efeso (431).

En 438 P. sanó el cisma religioso-político de 30 años en Constantinopla al devolver los huesos de Juan Crisóstomo para ser enterrados en la Iglesia de los Apóstoles de la ciudad. Su temporal eclipse y alejamiento de la corte alrededor de 440 fue fruto de una conspiración de Eudoxia con el primer ministro eunuco, Crisafio. P. retornó en 450 cuando Eudoxia se había retirado a Jerusalén, apartada de su esposo, y a la muerte de Teodosio se convirtió en emperatriz y esposa nominal de Marciano, entonces emperador de Oriente (hasta 457). El Concilio de →Calcedonia (451), que condenó el →eutiquianismo y el →nestorianismo, se reunió por órdenes de ella. P. fundó tres iglesias dedicadas a María y legó sus posesiones a los pobres.

DANIEL C. SCAVONE

PURGATORIO. La teología católica romana sostiene que, si bien el castigo eterno y la culpa del pecado moral son absueltos por el sacramento de la penitencia, el requisito de la satisfacción y del castigo temporal en contraste con el eterno, no lo son. Si en vida no se ha dado adecuada satisfacción por los pecados cometidos y absueltos, entonces la satisfacción debe rendirse después de la muerte. El p. no es el infierno, ya que todas las almas del p. están en camino hacia la Jerusalén celestial, pero sí es un lugar de castigo temporal. La Iglesia Católica generalmente ha acudido a textos como 2 Macabeos 12:39-45; Mt. 12:31ss.; y 1 Co. 3:11-15 en apoyo de la idea de un sitio intermedio entre el cielo y el infierno, en donde se arreglan las cuentas pendientes de la tierra.

El concepto del p. aparece bastante temprano en los escritos de los Padres Griegos. →Clemente de Alejandría hacia el fin del s.II alude a la santificación de los que se arrepienten en su lecho de muerte, mediante el fuego purificador en la próxima vida. Aun cuando los Padres Griegos no hablan del purgatorio, sí abogan por las oraciones y servicios eucarísticos en favor de los difuntos. Los Padres Latinos repiten esos sentimientos. →Agustín, p.e., enseña la purificación por el sufrimiento en la otra vida. Los doctores medievales sistematizaron y desarrollaron la herencia patrística, enseñando que el más ínfimo dolor del purgatorio es mayor que el más grande dolor de la tierra, aunque a las almas del purgatorio las consuela el saber que se hallan entre las salvas y les ayudan las oraciones y misas que en su favor ofrece la iglesia. La doctrina fue desarrollada y popularizada por →Gregorio Magno y →Tomás de Aquino le añadió más detalles a la idea.

Para la Iglesia Griega fue un problema la forma definitiva de la doctrina latina del p., rechazando el concepto de la expiación mediante el sufrimiento y la idea del fuego material. Pero los griegos y los latinos lograron ponerse de acuerdo en →Florencia (1439) en que existe tal lugar como el p. y que las→oraciones por los difuntos son útiles y apropiadas. En Occidente, el p. fue puesto en duda y categóricamente negado por los reformadores protestantes pero el Concilio de→Trento lo reafirmó. DAVID C. STEINMETZ

PURITANOS; PURITANISMO. Inicialmente, un movimiento dentro de la Iglesia Anglicana durante el reinado de →Isabel I, cuyo propósito general era llevar a cabo una completa reforma calvinista en Inglaterra, el p. se convirtió más tarde en un modo de vida, una interpretación del peregrinar cristiano con énfasis en la regeneración personal, la santificación, la oración en el hogar y estricta moral.

La Biblia, interpretada a la luz de los primeros reformadores continentales (p.e., →Bullinger y →Beza), era considerada por los p. como única fuente válida sobre la cual debía construirse la doctrina, la liturgia, el gobierno de la iglesia y la religión personal. La difusión de la teología bíblica era considerada el único medio para detener el avance del Anticristo (el catolicismo romano). Se estimulaba la lectura en los hogares de la →Biblia de Ginebra anotada, así como la predicación regular desde los púlpitos parroquiales y la catequesis semanal de los parroquianos en sus hogares. Se presentaron y ejecutaron diversos planes para preparar más ministros predicadores (p.e., la fundación de Emmanuel College, Cambridge).

La historia del p. puede dividirse en tres períodos: (1) de la ascensión de la reina→Isabel (1558) al aplastamiento del movimiento presbiteriano por ella en 1593; (2) de 1593 a la convocatoria al Parlamento Largo en 1640; y (3) de 1640 a la restauración de →Carlos II en 1660.

De 1559 a 1593 las clases gobernantes se hicieron protestantes, la Cámara de los Comunes creó una Iglesia Protestante Nacional y la reina decidió en favor de un episcopado diocesano tradicional en vez de un episcopado reformado, que algunos súbditos preferían. Al regresar del exilio en las Provincias Renanas y en Suiza de 1558 en adelante, protestantes fervientes tenían grandes esperanzas respecto a la iglesia isabelina, pero resultaron decepcionados con el Arreglo →Isabelino (1559) y lo que le siguió, pues creyeron que se conservaban demasiadas reliquias de catolicismo romano. Junto con sus amigos parlamentarios presionaron en pro de mayores reformas acordes con la Palabra de Dios y el ejemplo de las mejores iglesias reformadas. Algunos los llamaron "puritanos", puesto que deseaban purificar a la iglesia de toda ceremonia, vestuario y costumbres heredados de la iglesia medieval. Ciertos clérigos puritanos deseaban también reformar el gobierno de la iglesia según modelos presbiterianos, pero Isabel no consintió en nada de esto.

Después que →Jacobo I (VI de Escocia) dejó claro en la Conferencia de Hampton Court (1604) que no se proponía introducir ningún cambio importante en la iglesia, los p., especialmente los ministros, encararon verdaderos problemas. Muchos transigieron hasta una conformidad mínima, y luego usaron la parroquia como centro de evangelismo mediante la predicación y la catequesis. Otros se hicieron conferenciantes y predicaban los días de mercado y otras ocasiones convenidas y recibían su sostén financiero de donaciones voluntarias y no de diezmos. Otros más se hicieron →separatistas, algunos de los cuales pasaron a Holanda y Nueva Inglaterra (p.e., los "Padres Peregrinos"). Después de 1630 hubo un gran éxodo de p. a Massachusetts, donde se proponían crear una purificada Iglesia de Inglaterra como ejemplo para la patria.

En 1640 los p. estaban unidos en su deseo de purificar a la iglesia nacional y eliminar la prelacía. Así se constituyeron en la fuerza religiosa que respaldó al Parlamento en las guerras civiles. Predicaron y lucharon en busca de la oportunidad de crear una nación santa antes que amanecieran los días finales de la era. Pero la atmósfera de libertad que la guerra produjo paró en francas divisiones en el movimiento puritano. Con la ejecución de Carlos I y el advenimiento del *Commonwealth* y el Protectorado, los p. se dividieron y se opusieron unos a otros. Cromwell con su iglesia nacional liberalmente concebida, quiso unirlos, pero no fue posible. De ahí en adelante hubo presbiterianos, congregacionalistas, bautistas, cuáqueros y otros grupos; el Código Clarendon del Parlamento Cavalier garantizó que los expuritanos se mantuvieran fuera de la iglesia. Así nació el Noconformismo. El espíritu p. continuó en varias formas —p.e., el énfasis en la teología práctica y el *Sabbatarianism*— pero el ideal puritano de una nación y una iglesia reformadas había desaparecido para siempre. PETER TOON

PUSEY, EDWARD B. (1800-1882). Jefe del Movimiento de →Oxford. Educado en Eton y Christ Church, Oxford, en donde se graduó en 1819; llegó a ser miembro del consejo de gobierno de la facultad universitaria Oriel en 1822. Durante 1825-27 estudió crítica bíblica en Alemania y al hacerlo adquirió un buen conocimiento de lenguas orientales. Aunque el libro que publicó a su regreso se consideró inclinado al racionalismo que había estudiado en Alemania, P. lo negó, y todo su posterior trabajo bíblico fue vigorosamente conservador; el más conocido es su comentario sobre los Profetas Menores y sobre Daniel. En 1828 se le nombró profesor regio de hebreo. Como miembro de Oriel ya conocía a →Keble y →Newman y, cuando éste en 1833 comenzó a publicar los *Tracts for the Times,* P. colaboró. Dos tratados, uno sobre el bautismo y otro sobre la Eucaristía fueron mucho más extensos que los otros. P. también hizo aportes en la publicación de la *Library of the Fathers,* de Oxford.

Además de sus estudios académicos contribuyó al Movimiento de Oxford mediante su oposición al nombramiento del Dr. Hampden como profesor de teología y su apoyo a Newman en la tormenta provocada por la publicación del Tratado No. 90. En 1843 fue inhibido como predicador universitario por causa de un sermón sobre la Eucaristía. Cuando en 1845 Newman cambió de religión haciéndose católico romano, P. se convirtió en la figura más destacada de la Iglesia de Inglaterra. El simple hecho de que él se mantuviera dentro de esta iglesia, detuvo a otros que de lo contrario quizá la hubieran abandonado también. Fundó comunidades religiosas femeninas, fomentó la confesión particular y apoyó el renacimiento del ritualismo, aunque él mismo mantuvo una liturgia muy sencilla.

Su deseo de la unión con la ICR lo llevó a publicar en tres entregas su *Eirenicon,* que tropezó con descorazonadora reacción, especialmente después del →Vaticano I en 1870. Pero en años posteriores estuvo más ocupado en combatir el creciente fortalecimiento del liberalismo representado en Oxford por Benjamín Jowett, en publicaciones como *Essays and Reviews* (1860) y en proposiciones para truncar u omitir el →Credo Atanasiano. Varón de gran devoción personal, su vida privada se vio perseguida por la tragedia: su esposa, a la que amaba devotamente, murió después de once años de casados y, excepto uno, todos sus hijos murieron antes que él. Después de su muerte se fundó en Oxford la P. House como centro de estudios teológicos, en donde está la biblioteca de él.

PETER S. DAWES

Q

QUESNEL, PASCASIO (1634-1719). Teólogo →jansenista francés. Educado por los jesuitas, estudió filosofía y teología en la Sorbona e ingresó en la Congregación del Oratorio de París en 1657, de la cual fue luego director. En 1672 produjo sus *Réflexions morales,* reimpresión del NT con comentarios morales a cada versículo. El obispo de Chalons-sur-Marne las alabó y en general fueron bien recibidas, pero cuando se preparaban nuevas ediciones se dijo que iban tomando un tono cada vez más rigorista y jansenista. La obra fue alabada por el arzobispo de París pero fue ferozmente atacada, especialmente por los jesuitas, y Q. se trasladó a Bruselas para huir al hostigamiento. Luis XIV, convencido de que el jansenismo era un peligro público, se valió de Felipe V de España para hacer arrestar a Q. en Bruselas pero él escapó a la protestante Holanda, donde continuó defendiendo sus opiniones. En 1708, luego de catorce años de discusión, las *Réflexions morales* fueron condenadas por el papa Clemente XI. La respuesta de Q. llevó a nuevas amargas controversias, complicadas por la cuestión galicana, y en 1713 la bula *Unigenitus* condenó 101 proposiciones, que abarcaban toda la doctrina teológica, ascética y moral del jansenismo. Q. murió en Amsterdam, sin retractarse. HOWARD SAINSBURY

QUEVEDO, JUAN DE. Primer obispo en la América continental. En 1510 fue fundado un pueblo en el extremo SE del istmo de Darién (Panamá), cerca de donde desembocaba el Río Atrato. Allí se construyó una iglesia bajo la protección de Santa María la Antigua. En 1513 se convirtió en sede episcopal. Fue nombrado para ocuparla Juan de Quevedo, fraile franciscano, español de Burgos, de fama como predicador real. Quevedo fue, pues, el primer obispo en la "Tierra Firme", o sea el continente americano.

Quevedo se enredó en los problemas políticos entre los conquistadores Balboa y Pedrarias. También se metió en el comercio granjeando con el botín de los guerreros del área y con el tráfico de esclavos y se descuidó de sus deberes religiosos. En 1518 abandonó Darién y con esto tocó a su fin esta sede diocesana, la cual más tarde fue trasladada al recién construido puerto de Panamá.

Un aspecto sombrío de la persona de Quevedo fue que, igual a Juan Ginés de →Sepúlveda, aceptaba la doctrina aristotélica de que hay razas innatamente superiores y que las inferiores existen para éstas. A base de esta doctrina justificaba la →esclavitud de los →indígenas americanos. WILTON M. NELSON

QUIETISMO. Sistema de espiritualidad que rápidamente se extendió por la cristiandad a fines del s.XVII y se le comprende mejor como reacción introvertida y mística al dogmatismo y a la opresión de la Guerra de los →Treinta Años. Tres fueron sus principales defensores, además de muchos partidarios menores: →Fénelon, →Molinos y Madame →Guyon. La mayoría fueron personas de intensa espiritualidad, que padecieron coacción o persecución, especialmente cuando su movimiento fue condenado por →Inocencio XI en la bula *Coelestis Pastor* (1687).

El q. es básicamente una exageración de la ortodoxa doctrina de la quietud interior y de elementos presentes en los místicos medievales; en realidad, el término aparece por primera vez en el s.XIV. Enseña en primer lugar que el más excelso logro del alma es la pasiva contemplación de lo divino. Deliberadamente se subraya esta pasividad: no hay trazas de la creencia de los místicos medievales respecto a que la contemplación involucre un "atareado reposo" y exige enérgica respuesta humana al extravertido amor de Dios. Por lo general el q. también sostenía que debía renunciarse tanto al intelecto como a la voluntad y las emociones en procura de la unión espiritual, o que el alma cristiana finalmente se pierda en lo infinito de la infinitud, doctrina que tampoco sostenía el misticismo medieval.

En segundo lugar, el q. insiste en que el alma se rinde a Dios en un acto decisivo después del cual, a pesar de todas las tentaciones, disfruta de la irrefragable unión con lo divino (cp. la doctrina reformada de la perseverancia final). Por último, la doctrina del amor puro o desinteresado, que se encuentra principalmente en las filas de los quietistas populares y menos informados, enseña que la renunciación a sí mismo y al deseo solo se alcanza descartando el pensar en el cielo y el infierno y en toda distracción externa, incluyendo los ejercicios espirituales y las ordenanzas de la iglesia. El resultado es un estado de "muerte mística", una deshumanización del hombre y un vago panteísmo más cercacano al budismo que al cristianismo.

Las derivaciones antieclesiásticas del q. fueron inmediatamente comprendidas por Roma, que condenó el movimiento como lógico fruto de la Reforma. No obstante, la herencia de los quietistas proviene más de →Juan de la Cruz y otros místicos contrarreformistas que de cualquier fuente protestante.

IAN SELLERS

QUILIASMO →MILENARISMO

QUIMBY, PHINEAS PARKHURST (1802-1866). Fundador en EUA de la curación por la mente. N. en Lebanon, New Hampshire. Abandonó el oficio de relojero y se hizo mesmerista luego de escuchar las conferencias de Charles Poyen en 1838. En 1847 cambió el mesmerismo por la curación por la mente, a cuya práctica profesional se dedicó en Portland, Maine (1859). Opinaba que toda enfermedad nace de la mente y que en su mayor parte se origina en atribuir la enfermedad a causas físicas. Afirmaba que Dios, o la Sabiduría, constituía toda realidad y que la materia, o era una ilusión, o una manifestación de Dios. La filosofía de Q. se convirtió en la base de la →Ciencia Cristiana, término que él empleaba para comprender adecuadamente la relación entre lo divino y lo humano. Basada en su tratamiento y manuscritos, su paciente y discípula, M.B. →Eddy, puso en práctica sus métodos después de muerto él y en 1875 estableció la Ciencia Cristiana como religión definida. Por 1900 los quimbistas Warren Evans y Julius Dresser constituyeron, con esas ideas, el movimiento *New Thought.*

D.E. PITZER

QUINTA MONARQUIA, HOMBRES DE LA. Movimiento apocalíptico que llegó a ser prominente en Inglaterra durante el *Commonwealth* y el Protectorado. Sus adherentes esperaban ver cumplida la profecía de Daniel (2:24) acerca del establecimiento sobre la tierra del gobierno de Cristo y de sus santos como sucesores de los imperios de Asiria, Persia, Macedonia y Roma. Esto iba a hacerse mediante la destrucción de todas las formas del Anticristo tales como la iglesia oficial. Después de la caída del *Commonwealth* dieron su apoyo a Oliver Cromwell. El Parlamento de *"Barebones"*, de 1653, aumentó sus esperanzas de introducir el Milenio, pero el establecimiento del Protectorado destruyó sus esperanzas y se volvieron contra Cromwell. Uno de sus dirigentes, Christopher Feake, aun lo llamó "el villano más hipócrita y perjuro del mundo". Esta agitación llevó al arresto de sus dirigentes. Uno de los exaltados, Thomas Venner, intentó dos sublevaciones (1657, 1661) que fueron suprimidas fácilmente y el movimiento se extinguió.

ROBERT G. CLOUSE

QUIÑONES, FRANCISCO DE (1480-1540). Cardenal reformador español. N. en León. Ingresó en la orden franciscana en 1498 y dio origen a la misión de los "Doce Apóstoles" a México en 1523. Posteriormente fue durante cinco años ministro-general de su orden, llegó a cardenal en 1527 y a obispo de Coria, 1531-33. Negoció con →Carlos V a nombre del papa →Clemente VII y preparó el tratado de Barcelona en 1529. Defendió los intereses de Catalina de Aragón en la cuestión del divorcio de →Enrique VIII. Como a representante del movimiento de reforma católica, Clemente le pidió que compilara un nuevo Breviario, que se publicó en 1535. Redujo al mínimo la lectura de la vida de los santos y eliminó todo elemento de naturaleza coral. Introdujo además la recitación de todos los Salmos durante la semana y la lectura de casi toda la Biblia durante el año. Dicho breviario fue muy difundido hasta que en 1558 fue prohibido. Influyó mucho en Tomás →Cranmer para la preparación del →Libro de Oración Común.

J.G.G. NORMAN

QUIROGA, VASCO DE (m.1565). Misionero español y defensor del indio mexicano. Fue nombrado oidor de la segunda audiencia de Nueva España (1530-35) y obispo de Michoacán, México (1537-65).

Q. se distinguió por su protección a los →indios. Fundó hospitales, escuelas y centros de artesanías. Su obra principal tiene que ver con la educación cristiana del indio y con la reorganización del trabajo por medio de reglas y ordenanzas. Esta regimentación la utilizó para organizar comunidades indígenas. La familia indígena estaba estructurada sobre la base de una economía agrícola. Se nucleaban diez o doce matrimonios para vivir en forma comunal y se les instaba a la fraternidad y al auxilio mutuo a través de la organización del trabajo en común y la repartición equitativa de los frutos.

Para sus proyectos Q. se inspiró en *La Utopía* de Tomás →Moro. Escribió *Información en derecho, Reglas y ordenanzas para el gobierno de los hospitales,* y la *De debelandis indis.* CARMELO E. ALVAREZ

R

RABAN MAURO (c.776-856). Arzobispo de Maguncia. De noble familia, n. en Maguncia y fue educado en Fulda donde fue nombrado diácono en 801 pero al año siguiente pasó a Tours. Allí estudió bajo la dirección de →Alcuino, quien le dio el nombre de "Mauro", que se refiere a San Mauro, discípulo de San Benedicto, como reconocimiento a su dominio de la escolástica. Llegó a ser director de la escuela del monasterio de Fulda, una de las más influyentes de Europa, de la que fueron alumnos Walafrido Estrabón y Otfrido de Weissenburg. Ordenado en 814, fue abad de Fulda de 822 a 842, cuyas condiciones intelectuales, espirituales y temporales mejoró, levantó edificios, coleccionó manuscritos y obras de arte y fue escritor. En la pugna entre Ludovico Pío y sus hijos, apoyó a Luis y luego a Lotario I, pero al triunfar Luis el Germánico (840), R. huyó del monasterio, al cual retornó por tiempo breve antes de retirarse a la cercana Petersberg para orar y estudiar. En 847 llegó a ser arzobispo de Maguncia, donde instruyó al clero y a los laicos, combatió los desórdenes sociales y defendió la sana doctrina. Celebró tres sínodos provinciales: sobre disciplina eclesiástica (847), sobre →Gotescalco y su doctrina de la predestinación (848) y sobre los derechos y disciplina de la iglesia (852).

Sus escritos son inmensos en temas y cantidad: un estudio sobre gramática, una colección de homilías para el año eclesiástico, dos penitenciales, un martirologio, y poesía latina. Un manual para monjes y clérigos en tres libros *(De institutione clericorum)* trata, entre otros temas, de los sacramentos, la oración en público, y los ayunos; se apoya mucho en Agustín, Gregorio Magno e Isidoro. Escribió también muchos comentarios sobre Biblia. Aunque profundo en las Escrituras y en Patrística, no fue pensador original; sus escritos son en gran parte compilaciones, más importantes por su sitio en el →Renacimiento Carolingio que por sí mismos. Aunque sin canonizar, se le honra como santo y fue aclamado como *praeceptor Germaniae.*

C.G. THORNE, Jr.

RABAUT, PAUL (1718-1794). Líder hugonote francés. De familia protestante, a la edad de 17 años decidió acompañar y ayudar al predicador ambulante Jean Bétrine. Los cuatro años de experiencia así adquiridos le sirvieron de mucho cuando en 1738 comenzó su obra de pastor y de opositor a la legislación represiva. Con la excepción de un breve período en un seminario de Lausana en 1740, toda su vida estuvo asociado a la iglesia de Nimes. En 1756 fue electo presidente del sínodo nacional de la Iglesia →Hugonota, que por entonces pasaba dificultades por la revocatoria del Edicto de →Nantes. Aunque tropezó con muchos problemas provenientes tanto del estado como de su propia iglesia, prosiguió la lucha e hizo mucho por rehabilitar a los protestantes de Francia. Junto con Antoine →Court, ha de considerársele de gran importancia en la historia del calvinismo francés del s.XVIII. Uno de los triunfos significantes en que él y sus hijos participaron fue la aprobación del Edicto de Tolerancia en 1787.

PETER TOON

RACIONALISMO. Término que ha sido usado con diversos sentidos en la historia del pensamiento, ya sea que se acentúe el elemento psicológico, epistemológico o metafísico (aunque no siempre es posible separar los tres aspectos). Aquí entendemos el r. principalmente como la teoría que afirma el carácter esencialmente racional de la realidad. Sostiene que el universo refleja la estructura de la mente humana y que ésta corresponde a la de los principios matemáticos. De ahí que, a su vez, la estructura lógica del conocimiento sea esencial para cualquier interpretación de la realidad. Se sobrevalora así el aspecto intelectual del ser humano, en detrimento de los otros aspectos del mismo. Dada esa concepción del universo, se sostiene también que en el mismo hay una *armonía preestablecida* que puede ser conocida mediante la lógica deductiva y la matemática.

El primer racionalista en la historia del pensamiento occidental fue, probablemente, Parménides (s.VI a.C.), aunque Pitágoras y los primeros pitagóricos afirmaban que "los elementos de los números eran la esencia de todas las cosas" y que había una armonía cósmica. Se estableció también, en el r. antiguo, una clara distinción entre el cuerpo y el alma, distinción que conduciría más tarde a una concepción dualista del hombre y de la realidad.

El pitagorismo influyó en →Platón y en los neoplatónicos. La actitud racionalista de éstos se deja sentir en los→apologistas cristianos del s.II y en los teólogos posteriores; y con →Agustín penetró en la cristiandad medieval, cuando el *sistema* teológico adquiere una importancia de primer orden. Aparece así en la teología cristiana, como elementos propios, lo que son solo excrecencias producto de influencias filosóficas de orientación racionalista. Y desde esta perspectiva, en diversos grados según las épocas, se interpreta el texto bíblico.

Con el nacimiento de la ciencia moderna resurge también el r., modificado por las nuevas concepciones científicas y matemáticas. Se conservan la confianza del hombre en su propia razón y la comprensión dualista de toda la realidad. En el s.XVII descuellan →Descartes, →Spinoza y →Leibnitz, los tres fueron matemáticos y filósofos. En el s.XVIII →Kant rechaza la idea de una correspondencia esencial entre la mente humana y el mundo, sobre todo en su *Crítica de la razón pura*. Sin embargo, el idealismo alemán reafirma, con →Hegel, tal correspondencia, al sostener que "lo real es racional y lo racional es real".

El r. influyó marcadamente en la teología moderna y contemporánea. Los tres filósofos del s.XVII ya mencionados escribieron tratados teológicos. Descartes influyó en los teólogos de Cambridge conocidos como los →latitudinarios. Pero es el r. del s.XVIII, en sus diversas manifestaciones, el que va a hacer mella tanto en los trabajos teológicos propiamente dichos como en la erudición bíblica. Los nombres de →Reimarus, →Semler, →Lessing, →Baur, →De Wette *et al.* pertenecen al grupo de teólogos y escrituristas que en mayor o menor grado recibieron el impacto del r.

En Inglaterra el racionalismo tomó un carácter que se llama →deísmo. Nacido en el s.XVII, en el siguiente influyó mucho en el pensamiento y vida de la Iglesia, no solo en la Gran Bretaña sino también en sus colonias norteamericanas. De Inglaterra pasó a Francia en donde →Voltaire fue su mayor exponente y en donde tomó un rumbo francamente incrédulo.

En el s.XX el r. ha perdido su empuje inicial. No obstante, hasta nuestros días ha penetrado de manera sutil tanto el pensamiento cristiano popular como el método de hacer teología de algunos eminentes evangélicos (de EUA y de Europa). En ambos casos, sobre todo en el segundo, resulta a veces difícil de discernir por cuanto va mezclado con ideas supernaturalistas (p.e., el concepto de revelación sobrenatural). Como racionalistas podrían conceptuarse ciertas teorías acerca de la inspiración de la Biblia que pretenden encajonar el contenido bíblico en un *sistema* previamente concebido. PABLO LEGGET

PLUTARCO BONILLA

RACISMO. Según Pierre van den Berghe, es un conjunto de creencias de que las diferencias orgánicas (sean reales o imaginarias) genéticamente transmitidas entre grupos humanos se hallan intrínsecamente asociadas con la presencia o ausencia de ciertas capacidades o características socialmente importantes, y que tales diferencias constituyen base legítima para odiosas distinciones entre grupos socialmente definidos como razas. No es tanto la presencia de diferencias físicas objetivas entre grupos lo que crea las razas, sino el considerar tales diferencias como socialmente significantes. La "raza", que pone el énfasis en el aspecto físico, debe distinguirse de la "casta" –un grupo social hereditario limitado a personas del mismo rango, ocupación o posición económica– y también distinguirse del "grupo étnico" en que se comparte una cultura común y distintiva.

El prejuicio racial o respecto a color antecede en mucho al período de la expansión europea. En griego, latín, persa y sánscrito, las palabras para "negro" tenían connotaciones negativas (malo, perverso, sombrío, infortunado), mientras las correspondientes a "blanco" eran más favorables. Este simbolismo del color con su asociación a cualidades morales fue tomado por el cristianismo, y el lenguaje religioso desde el principio estuvo lleno de negras acciones y vestiduras blancas de pureza, negro corazón y ángeles blancos. Así las metáforas de la luz y las tinieblas llegaron a aplicarse a la conducta humana. Al diablo y a quienes azotaron a Jesús solía representárselos como negros. →Beda afirmaba que la piel del eunuco etíope había cambiado luego que Felipe lo bautizó (Hch. 8) para que no tuviera que continuar llevando el estigma del mal. →Teresa de Avila después que triunfó de la tentación vio en visión un joven negro enfurecido por su frustración. →Jaime I de Inglaterra en su *Demonologie* aseguraba que un negro presidía los aquelarres de las brujas.

Hubo diversos factores históricos en el desarrollo de la variedad occidental de r. La explotación capitalista de los pueblos no europeos, particularmente la institución de la esclavitud negra en el Nuevo Mundo, fomentó una compleja ideología de paternalismo y racismo en que al negro se le consideraba inferior, infantil y necesitado de civilización. Los ideales igualitarios y libertarios de la →Ilustración y de las revoluciones francesa y norteamericana condujeron a una dicotomía entre pueblos civilizados y salvajes, y solo a los primeros que eran los blancos eran aplicables estos ideales. Sumamente importante fue el darwinismo, que consideraba las razas como divisiones permanentes, especieformes, que poseían capacidades hereditarias diferenciales para alcanzar la civilización. Los darwinistas sociales sostenían que debido a los procesos de la selección natural, los blancos se hallaban mucho más adelantados que las otras razas en la lucha por el poder. Actualmente la mayoría de los sabios afirman que las diferencias cualitativas entre las razas son de origen cultural más que genético.

Aunque el r. en EUA choca con el carácter democrático de la nación, ha sido institucionalizado en la estructura y cultura de la sociedad. La segregación en barrios es todavía básica, aunque casi todo apoyo judicial para la segregación se ha eliminado. La forma más extrema es la política de *apartheid* de Africa del S y Rodesia, que prescribe medidas concretas para la total separación de las razas —blancos, de color, indios, y negros— y la hegemonía de la minoría blanca. El problema racial en Gran Bretaña quizá represente más una expresión de xenofobia general —resentimiento contra inmigrantes de las Indias Occidentales, Pakistán e India y el deseo de restringir su ingreso— que prejuicio racial como tal. El conflicto con Irlanda del N es más étnico, cultural y religioso que racial, a pesar de la opinión popular en contrario. Los violentos excesos del nacionalsocialismo en Alemania transformaron el antisemitismo en la Europa moderna, de una política de discriminación étnica y religiosa, en desembozado r.

El prejuicio racial prevalece también en regiones no occidentales como Brasil, China, India y Africa. Variedades de racismo negro incluyen el concepto "negritud" creado por escritores del Africa Occidental francoparlante, con énfasis en una sensación de poder e identidad, y algunos movimientos sionistas y mesiánicos africanos, en los cuales un profeta negro busca para su pueblo elegido una nueva Jerusalén, o excluye del cielo a los blancos. Los pastorales Tutsi en Burundi dominan de este modo a los agrícolas Hutu en forma racista, mientras la franca animosidad contra los hindúes en Africa Oriental tiene fuerte matiz racial. Tanto el movimiento musulmán negro, con su política de separación territorial, como el antisemitismo negro, son expresiones de r. negro en EUA.

Aunque en flagrante contradicción con los principios del cristianismo bíblico, el r. de los cristianos blancos es especialmente penetrante. La existencia de razas separadas y la institución de la esclavitud considerada como ordenada por Dios, y la demostración con textos bíblicos (como la "maldición de Cam", la tenencia de esclavos por los patriarcas y las instrucciones sobre la conducta de esclavos y amos) se emplean para justificar la subordinación del negro. Otros arguyen que los cristianos deben dedicar su atención a las cuestiones "espirituales" y considerar el prejuicio racial simplemente como asunto "secular".

En EUA, después de la época colonial, los negros fueron segregados en la iglesia desde principios del s.XIX, y pronto se les presionó para que formaran congregaciones separadas. Para el negro, la iglesia se convirtió en su institución social básica, que le servía tanto de refugio contra la hostil sociedad blanca, como de escuela de adiestramiento para líderes negros. Aunque algunos cristianos blancos participaron en la campaña abolicionista, su aceptación del r. se puso de manifiesto por su consecuente apoyo a las leyes y prácticas segregacionistas tanto en el N como en el S en la década siguiente a la Guerra Civil.

El movimiento de derechos civiles, iniciado por la Asociación Nacional en pro del Progreso del Pueblo de Color (fundada en 1910), adquirió ímpetu después de la Guerra Mundial II, y reflejó una vigorosa dimensión cristiana, p.e., en Martin Luther →King, y en la Conferencia de Líderes Cristianos del Sur. Aunque la mayoría de las primeras iniciativas partieron de teólogos liberales, hubo algunos notables actos de evangélicos norteamericanos en la lucha racial. Estos incluyen la decisión de Billy Graham en 1953, de impedir la segregación en sus reuniones, la iniciación de una definidamente evangélica publicación sobre derechos civiles, *The Other Side* en 1965, la Cruzada Tom Skinner, y la formación de ministerios urbanos en ciudades como Boston, Filadelfia y Chicago. No obstante, aun hay gran resistencia contra la igualdad racial en muchas partes del cristianismo evangélico conservador de EUA, la cual se ha acentuado por reacciones contra la nueva militancia del movimiento de "poder negro" y sus campañas concomitantes.

RICHARD V. PIERARD

RACOVIANO, CATECISMO. Una de las primeras confesiones del →unitarismo moderno, aparecido en 1605, apenas muerto Fausto Socinio. Es una muy clara expresión de la teología →sociniana. Comienza con la pregunta, "¿Qué es la religión cristiana?" y responde: "La religión cristiana es el camino revelado por Dios para obtener la vida eterna". El catecismo claramente indica que el unitarismo sociniano sostenía que tanto el AT como el NT son documentos inspirados. Pero es solo la razón la que capta sus verdades espirituales. Las verdades de la revelación son superiores a la razón, pero nunca contrarias a sus dictados. Cristo es más que hombre, pero no verdaderamente Dios pues, de haber sido realmente divino, no habría muerto.

C. GREGG SINGER

RADIODIFUSION EVANGELICA EN AMERICA LATINA. En AL la actividad radiofónica ha logrado desarrollarse hasta un punto bastante aceptable entre los grupos evangélicos; incluso ha sido posible adquirir derechos de frecuencia en la región andina, el Caribe y Centroamérica, mientras en otras partes de AL la r.e. ha consistido mayormente en la producción de programas para transmitirlos en emisoras comerciales.

Los pioneros de la r.e. latinoamericana fueron Clarence W. Jones y Reuben E. Larson, quienes en 1931 establecieron en Quito, Ecuador, una emisora de 200 vatios, HCJB, "La Voz de los Andes". Hoy, además de presentar programas para el auditorio nacional, HCJB tiene un transmisor de 500.000 vatios para el servicio internacional de onda corta en inglés, ruso, japonés, y otros idiomas. Por varios años HCJB también ha manejado un canal de televisión.

Después de la Guerra Mundial II varias sociedades misioneras establecieron emisoras como TIFC en Costa Rica (1948, Misión Latinoamericana), TGNA en Guatemala (1950, Misión Centroamericana), 4VEH en Haití (1950, Misión Interamericana), Radio Victoria en Aruba (1958) y Radio del Pacífico en Perú (1958, Misión Alianza Evangélica). Algunas emisoras sirven a un área muy reducida transmitiendo en un idioma indígena, como TGBA en Barillas, Guatemala. Otras tienen un alcance internacional como Radio Transmundial que en 1964 instaló en Bonaire un transmisor de 500.000 vatios de onda media. Algunos grupos nacionales han establecido emisoras con poca ayuda extranjera, como YSHQ en El Salvador, mientras algunas emisoras fundadas por sociedades misioneras ya están en manos nacionales.

Actualmente hay más de 30 emisoras evangélicas en la AL. Estas ofrecen programas religiosos, música selecta, noticias y programas culturales.

Dos emisoras evangélicas de onda corta basadas en EUA tienen un servicio latinoamericano: KGEI y *Family Radio*.

Varias denominaciones producen programas grabados que se transmiten en emisoras evangélicas y comerciales. Entre los de más amplia difusión están "La hora nazarena" (450 emisoras), "Control central" de los Bautistas del Sur, "Un mensaje a la conciencia" ("Hermano Pablo" Finkenbinder) y "Cruzada" (Luis Palau).

Para facilitar la distribución de programas se estableció en 1951 "Difusiones Interamericanas" (DIA) (antes "Cadena Cultural Panamericana") que desde su sede en San José de Costa Rica ofrece a las emisoras y los numerosos radiodifusores evangélicos en las emisoras comerciales un servicio de duplicación de programas, materiales y cursillos para mejorar la calidad de la radio evangélica.

La *World Association of Christian Communications,* una agrupación de orientación más ecuménica, tiene un comité regional latinoamericano que también auspicia consultas para el mejor uso de los medios colectivos.

La evangelización se ha beneficiado de la radio. Dice Abraham van der Puy de HCJB, "Los que trabajan en el evangelismo personal encuentran vez tras vez que la radio ha servido para preparar el camino, como lo hace la fuerza aérea en la guerra". La radio también sirve para anunciar actividades como campañas evangelísticas, promover cursos por correspondencia, dar enseñanza a los creyentes y desarrollar la unidad entre el pueblo evangélico. PABLO E. PRETIZ

RAFAEL SANZIO (1483-1520). Pintor renacentista. Estudió al principio bajo la dirección de su padre, y posteriormente de Perusa en Urbino, su ciudad natal. En Florencia se hizo famoso bajo la tutela de Leonardo da Vinci y →Miguel Angel. De aquél aprendió la suavidad y dulzura; de éste, el vigor y lo dramático; de ambos, la profundidad de composición, las masas piramidales que caracterizaron virtualmente toda su obra ulterior. Continuó en Roma sus estudios bajo la dirección de estos maestros, a quienes se ligó como símbolos del Renacimiento, y en Roma murió. Los temas de R. fueron en su mayor parte religiosos o filosóficos, e intencionalmente simbólicos y hasta alegóricos. Así, en su *Escuela de Atenas,* representa a Platón como un grave anciano que señala hacia la celestial fuente de las formas; Aristóteles, figura vigorosa y juvenil, señala hacia abajo, de donde procede su verdad. Aunque a R. se le conoce más por sus Madonnas, sus temas abarcan toda la vida de Cristo. Tan grande ha sido su influencia que hasta el día presente, la imagen de los personajes bíblicos es la que volvió pintoresca el genial y siempre popular R.
MILLARD SCHERICH

RAHNER, KARL (1904-). Jesuita alemán, el mayor teólogo filosófico del catolicismo progresista del Vaticano II. N. en Freiburg (NE de Leipzig). Estudió en Freiburg (1934-36, con Heidegger) e Innsbruch (doctorado 1936). Luego enseñó teología en Pullach (1945-48), Innsbruch (1949-64), Munich (1964-67) y Münster (1967-71). Juan XXIII lo nombró consultor a comisión preparatoria para Vaticano II, en el cual fue uno de los peritos conciliares.

Siguiendo la filosofía trascendental de Maréchal y Rousselot, y la filosofía existencialista de Heidegger, K.R. intentó romper con el tomismo tradicionalista para volver al mismo Tomás, releído en diálogo directo con el pensamiento moderno, especialmente el existencialismo. Procuró así liberar a la teología del ghetto neoescolástico, para poder "decir precisamente eso que sería decisivo para el coraje de la fe" de cara al futuro.

K.R. rechaza el cosmocentrismo clásico a favor de una perspectiva "antropocéntrica (y por ende radicalmente teocéntrica y cristocéntrica)". Insiste en la *historicidad* y *mundaneidad* del ser humano y de la revelación divina (cp. J.B. →METZ). La teología no es mera información para la curiosidad, sino un diálogo histórico entre Dios y la humanidad en torno a la salvación.

Para K.R. la persona humana es una síntesis de trascendencia e historia (*Espíritu en el mundo* 1939; 1957), que no puede entenderse excepto en su plena historicidad pero también en su apertura hacia Dios. Esta estructura intrínseca de la existencia humana R. la llama el "existencial sobrenatural" (cp. →Heidegger). Como imagen de Dios, el ser humano posee también una "potencia obediencial" aun bajo el pecado. La salvación es por gracia, pero tiene en esta *potentia oboedientialis* su punto de contacto (*Oyente de la Palabra* 1941; 1963). El ser humano es siempre más que naturaleza; es a la vez naturaleza (existencial sobrenatural) y gracia (haber-sido-abierto hacia Dios).

R. ha sido uno de los teólogos católicos más abiertos y fecundos en el diálogo con los protestantes. Ha reconocido que la "sola scriptura" expresa (contiene) una verdad importante, insistiendo en que la tradición no es una segunda fuente independiente de la Biblia. Ha matizado en dirección irénica los conceptos de transubstanciación, *opus operatum,* y la misa como sacrificio. Ha acentuado el laicado, lo carismático, el diaconado, y la libertad en la iglesia. Ha insistido en la colegialidad del episcopado universal, del cual el papa es cúspide, pero en 1971 objetó enérgicamente los cuestionamientos de la infalibilidad hechos por H. →Kung.

R. y J.B. Metz son los teólogos católico europeos de mayor resonancia en AL (Ellacuría, Boff, Sobrino, Scannone, Assmann, etc.), aunque sus aportes son radicalmente transformados por el "salto epistemológico" de la →Teología de la Liberación.
JUAN E. STAM

RAIKES, ROBERT (1735-1811). Promotor de las escuelas dominicales. N. en Gloucester, Inglaterra. Sucedió a su padre como editor del *Gloucester Journal,* empresa que le permitió mantener su interés por los niños abandonados. Después de una reunión con Thomas Stock (1749-1803), que había fundado una escuela dominical en Ashbury, Berkshire, R. estableció una en su parroquia en 1780 con lo que llenó una muy sentida necesidad. Cundió el entusiasmo por la idea y surgieron escuelas en otros lugares. (Sin embargo, contra la opinión popular, no fue él quien fundó el movimiento ni jamás pretendió haberlo fundado.) Ya en 1786 unos 200.000 niños recibían enseñanza en Inglaterra y William Fox había organizado (1785) una sociedad londinense para establecer escuelas dominicales. Estas se extendieron a Gales (1789) mediante Thomas →Charles de Bala, y a Escocia, Irlanda y Norteamérica. Juan Wesley las estimuló, y Adan Smith encomió su cultivo de la urbanidad. Enseñaban a los niños la lectura y la escritura al par que les daban instrucción bíblica. Una entrevista que R. tuvo con la reina Carlota llevó a que la Sra. Trimmer iniciara escuelas que el rey Jorge III visitaba. Al principio los maestros eran pagados; luego se ofrecieron voluntariamente. En 1803 se fundó una Unión de Escuelas Dominicales. Aunque a R. se le acusó de excesiva vanidad, no puede negarse su inmensa benevolencia.

C.G. THORNE, Jr.

RAIMUNDO DE PEÑAFORT (c.1175-1275). Canonista español. N. cerca de Barcelona, en donde estudió y enseñó retórica y lógica en la escuela catedralicia hasta 1210; luego pasó a Boloña, donde en 1216 fue nombrado profesor de derecho. En 1222 ingresó en la orden de los dominicos y volvió a España, donde junto con →Pedro Nolasco ayudó a fundar los →mercedarios, orden dedicada a rescatar a los cristianos cautivos. Fue nombrado confesor, capellán y gran penitenciario de Gregorio IX, quien lo comisionó para organizar las decretales papales, tarea prodigiosa que completó en cuatro años (1234). Su *Summa de Poenitentia,* manual de la penitencia, ejerció decisiva influencia en la práctica subsiguiente. En 1236 R. de nuevo regresó a España y llegó a ser general de su orden y en tal carácter reeditó las constituciones de la orden en forma definitiva. Renunció al generalato e, interesado en la conversión de judíos y musulmanes, fundó escuelas para el estudio del hebreo y el árabe y comisionó a Tomás de Aquino para que escribiera su *Summa contra Gentiles.* Fue canonizado por Clemente VIII en 1601.

MARY E. ROGERS

RAMABAI, PANDITA (1858-1922). Reformadora cristiana de la India. N. cerca de Mangalore, hija de un bracmán que poseía un remoto santuario en lo alto de un monte. Durante una peregrinación a la India del S perdió a ambos padres y, junto con su hermano, siguió a la deriva, ganándose la vida mediante la recitación de las escrituras hindúes. En Calcuta, el dominio que R. tenía del sánscrito impresionó de tal modo a los *"pandits",* que la llamaron "Pandita", nombre que conservó luego de convertirse al cristianismo. Su alejamiento de la ortodoxia hindú se manifestó en su asociación con el movimiento de reforma, en sus discursos en pro de la emancipación femenina, y luego en su quebrantamiento de su posición de casta, al casarse con un hombre de un estrato inferior, que murió dos años después (1882).

Mientras tanto, en Bengala R. había conocido a los cristianos y descubierto la Biblia. Fue a Poona, a organizar asociaciones femeninas pro reforma y adelantó en su nuevo interés por el cristianismo, en lo cual le ayudó el padre Nehemías Gore, anglicano de la misma casta que ella, que se había convertido. Las Hermanas de Wantage le ayudaron para que fuera a Gran Bretaña a estudiar en 1883 y, junto con su hijita, fue bautizada en Wantage. En 1886 fue a EUA, estudió métodos para jardines infantiles y obtuvo apoyo para un proyecto de educación para viudas de casta elevada. Una Asociación Ramabai garantizó financiamiento por diez años, y su libro sobre *The High-Caste Hindu Woman* (1887) produjo para pagar textos en lengua marathi los que despertaron interés en Occidente. Su escuela con internado se inauguró en Bombay (1889) trasladándose más tarde a Poona. El apoyo de eminentes reformadores hindúes terminó cuando algunas de las niñas viudas de R. fueron atraídas al cristianismo. La conversión evangélica de R. en 1891 la transformó en ardiente evangelista así como trabajadora social, y luego se produjeron bautismos.

Un terreno comprado en Kedgaon, cerca de Poona, se convirtió en escenario de la mayor obra de R., cuando ella rescató a centenares de niñas y mujeres después de las hambrunas de 1896-97 y estableció una Misión Mukti ("Salvación") que se convirtió en una comunidad de más de 1.300 almas. Mukti fue en 1905 un notable centro de avivamiento. Durante sus últimos 18 años R. produjo una traducción simplificada de la Biblia al marathi. Muerta ella, la misión Mukti continuó, fuertemente ligada a la Alianza Cristiana y Misionera, pero como entidad independiente. En 1971 había allí una comunidad de 649.

ROBERT J. McMAHON

RAMSAY, WILLIAM MITCHELL (1851-1939). Erudito clásico y arqueólogo. N. en Glasgow. Estudió en las universidades de Aberdeen, Oxford y (por breve tiempo) Gotinga. Durante 1880-90 y 1900-14 se dedicó a extensas exploraciones entre las antigüedades del O de Turquía. Fue el primer profesor de arte clásica y arqueología de Oxford (1885-86) y luego profesor de humanidad (e.d., latín) en Aberdeen (1886-1911). Su importancia principal radica en su aporte a la arqueología clásica y a la geografía. Su *The Historical Geography of Asia Minor* (1890) echó las bases para todo ulterior trabajo en ese campo, y su *Cities and Bishoprics of Phrygia* (1895 y 1897), *Asianic Elements in Greek Civilization* (1927), y *The Social Basis of Roman Power in Asia Minor* (1941) son todavía obras clásicas.

Realizó también aportes importantes al estudio del NT. Su obra temprana, *The Church in the Roman Empire before A.D. 170* (1893), marcó el tono de sus futuros escritos, pero el más conocido es su *St. Paul the Traveller and Roman Citizen* (1895). Aunque antes había aceptado las conclusiones de la erudición radical alemana respecto a la historicidad de los Hechos (→BAUR, F.C.), sus estudios lo llevaron a estimar cada vez más a Lucas como historiador. Sus trabajos sobre el NT sirvieron para completar el trasfondo histórico de la vida de Pablo, para establecer el llamado destino sudgalatense de la epístola a los Gálatas y para demostrar ante los historiadores la seriedad histórica de los escritos de Lucas. Sus principales escritos fueron una serie de artículos en el *Dictionary of the Bible* de Hastings (1898-1904), *A Historical Commentary on St. Paul's Epistle to the Galatians* (1899), *Letters to The Seven Churches of Asia* (1904) y *The Cities of St. Paul* (1907). W. WARD GASQUE

RAMSEY, ARTHUR MICHAEL (1904-). Arzobispo de Canterbury de 1961 a 1974. Educado en Repton y Magdalene College, Cambridge, donde hizo estudios clásicos y luego de teología, en la cual obtuvo título de primera categoría; fue ordenado en 1928 y atendió un curato en St. Nicholas, Liverpool. De 1930 a 1936 fue subdirector de Lincoln Theological College, donde escribió su primera obra teológica de importancia, *The Gospel and the Catholic Church.* Después de realizar obra parroquial en Boston (Lincolnshire) y Cambridge, fue nombrado profesor de teología en Durham en 1940. En 1945 publicó *The Resurrection of Christ,* y en 1949 *The Glory of God and the Transfiguration of Christ,* dos profundas obras bíblico-teológicas. Por entonces era reconocido como uno de los más destacados teólogos anglicanos modernos.

En 1950 fue nombrado real profesor de teología en Cambridge. Dos años más tarde accedió a la sede de Durham y fue trasladado a York en 1956 y a Canterbury en 1961; junto con su trabajo episcopal, continuó sus escritos teológicos. Era anglo-católico y mostraba simpatía y comprensión hacia otras tradiciones y se dedicó a trabajar en pro de la unidad de la iglesia. En 1964 visitó al papa Paulo VI, y creó fuertes contactos con la Iglesia Ortodoxa, así como con las iglesias libres de su país. En su predicación y sus escritos, R. ha hecho énfasis en la importancia de la espiritualidad personal, ha asumido una inflexible posición en favor de la justicia social y ha demostrado ser un líder firme.

Al cumplir setenta años en 1974, se jubiló. JOHN A. SIMPSON

RANCE →DE RANCE, ARMAND JEAN LE BOUTHILLIER

RANDALL, BENJAMIN (1749-1808). Fundador y organizador de los Bautistas Libres *(Freewill Baptists).* N. en New Castle, New Hampshire (EUA). Desde muy temprana edad se hizo a la mar con su padre, que era marinero, y llegó a ser fabricante de velas. Tres sermones de George →Whitefield y la impresión por la muerte de Whitefield lo llevaron a convertirse en 1770. Se hizo congregacionalista, pero sus opiniones inmersionistas arminianas (→ARMINIANISMO) lo impulsaron a hacerse bautista en 1776. En 1778 se unió a la iglesia bautista arminiana de New Durham, New Hampshire, donde en 1780 fue ordenado y organizó una iglesia bautista libre. Redactó el pacto que se convirtió en base de la posterior Iglesia Bautista Libre. Su ardiente evangelismo atrajo tantos adeptos que en 1783 organizó una reunión trimestral y en 1792 una reunión anual de su grupo. Cuando murió, había unos 6.000 miembros. [En 1978 las iglesias bautistas libres en EUA tenían 216.813 miembros y obra misionera en ocho países, incluso Brasil, Panamá, Uruguay y España.] EARLE E. CAIRNS

RANKE, LEOPOLD VON (1795-1886). Historiador luterano. N. en Sajonia. Fue nombrado profesor de la Universidad de Berlín (1825-71); su aporte principal a la historia de la iglesia es *History of the Popes* (2 vols., ocho ediciones, 1834-85, esp. 1943). Aunque se refiere principalmente a los ss.XVI y XVII, en las últimas ediciones abarcó el período entre la Reforma y el Concilio Vaticano (1869-70). Escribió muchas otras obras, especialmente historias separadas de Alemania (5 vols., 1839-47), Francia (5 vols., 1852-

61), e Inglaterra (7 vols., 1859-68), en su mayor parte sobre el período de la Reforma. Con justicia se le atribuye haber transformado la historiografía de historia polémica en historia sistemática. Lo realizó mediante nuevas investigaciones de archivos en Italia y Alemania y la dedicación a escribir la historia como tarea diferenciada de la apologética; procuró ser justo para con los católicos y los papas. Los protestantes por lo común lo tildaron de parcial en favor de los católicos, pero Gregorio XIV puso su obra en el →Indice (1841).

Las historias de R. reflejaron una perspectiva característica: concentración luterana y prusiana en las cuestiones políticas y diplomáticas orientadas por grandes figuras como núcleo de la historia; su tratamiento de los papas, p.e., fue en gran parte político. Se oponía a la revolución y a los avances secularistas, y favorecía la mano estabilizadora de la autoridad establecida como arraigada en las tradiciones nacionales. Creía en la Providencia de Dios en la historia. El estado prusiano lo nombró historiador oficial (1841) y le otorgó el aristocrático título de *von* (1865) por sus trabajos. Los positivistas seculares de Inglaterra erradamente le atribuían compartir el concepto de objetividad histórica de ellos.

C.T. McINTIRE

RASTAFARIANOS. Movimiento jamaicano que se originó a principios de la década de 1930. Colocaba el panafricanismo político de Marcus Garvey (1887-1940) en un marco mitológico y mesiánico. El emperador Haile Selassie (Ras Tafari, coronado en 1930) es el único Dios verdadero; Etiopía es el único cielo. Aunque se emplean textos bíblicos (p.e., Ap. 5:5) como apoyo y se cantan normalmente himnos metodistas y de →Sankey modificados, los r. denuncian a los predicadores cristianos como falsos profetas, ya que los blancos han pervertido las Escrituras para ocultar que Adán, Israel y Jesús eran negros. El advenimiento de Dios (e.d., Ras Tafari) para realizar la liberación de los negros, es inminente; entre tanto, la actividad política carece de objeto. Los r. son en su mayoría varones, usan barba, son descuidados en cuanto a su persona y proceden de regiones urbanas donde abunda el desempleo. La *ganja* (marihuana) es muy apreciada, y su uso se le atribuye a Salomón. El movimiento no parece haber obtenido resultados tangibles de una gira por los estados africanos en 1961, o de la posterior visita del emperador etíope Haile Selassie a Jamaica.

A.F.WALLS

RATISBONA (Regensburg), COLOQUIO DE (1541). Marcó el punto culminante en los esfuerzos de Carlos V por reconciliar a católicos romanos y luteranos; se produjo después de los coloquios de Hagenau y →Worms. Aquí los portavoces de los protestantes fueron →Melanchton, →Bucero y Pistorius; por los católicos romanos fueron Pflug, →Eck y →Gropper. A Gropper y a Bucero correspondió en gran parte la redacción del *Regensburger Buch,* que contenía 23 artículos doctrinales. No fue difícil lograr acuerdo respecto a los primeros cuatro artículos: el hombre antes de la caída; el libre albedrío; la causa del pecado; el pecado original. El quinto artículo, relativo a la justificación, no planteaba claramente ni la doctrina de Lutero ni la posterior tesis tridentina. El cardenal Gaspar →Contarini la respaldó. En Roma y en Wittenberg (por Martín Lutero) fue rechazada. No hubo acuerdo en R. sobre la redacción del artículo relativo a la iglesia. Melanchton sostuvo la posición luterana respecto a la Cena del Señor. No se logró consenso en cuanto a otras doctrinas. El Coloquio de R. no logró sanar la brecha entre el catolicismo romano y el protestantismo.

CARL S. MEYER

RATRAMNO (m.c.868). Uno de los primeros teólogos medievales. Poco se sabe de su vida. Su importancia reside en sus libros y su participación en diversas controversias teológicas. Su obra más famosa, *De Corpore et Sanguine Domini* fue escrita como reacción a un tratado sobre el sacramento, escrito por su exmaestro →Radberto, que planteaba una doctrina excesivamente realista. R. ponía el énfasis en una interpretación más simbólica que negaba la identidad del cuerpo sacramental de Cristo y su cuerpo histórico. Su libro fue condenado en 1050 cuando la teología medieval se acercaba a definir la doctrina de la →transubstanciación. Durante la Reforma, algunos de los reformadores citaban a R. como precedente de sus enseñanzas, y su libro fue puesto en el →Indice en 1559, en donde permaneció hasta 1900. En 850 R. escribió *De Praedestinatione* en apoyo de la tesis de Gotescalco respecto a la doble →predestinación. Su último libro, *Contra Graecorum Opposita,* fue escrito a pedido de →Nicolás I y constituyó una defensa de la Iglesia Latina contra los ataques de la Iglesia de Oriente. Abogó por la unidad, pero sostenía que el Espíritu procede del Padre y del Hijo *(Filioque)* y se mantuvo fiel a la primacía de Roma.

RUDOLPH HEINZER

RAUSCHENBUSCH, WALTER (1861-1918). Ministro y educador bautista. N. en Rochester, Nueva York, hijo de inmigrantes alemanes. Recibió su primera educación en Alemania, luego se graduó de la universidad de Rochester (1884) y del Seminario (1886). Su pastorado (1886-97) en la Segunda Iglesia Bautista Alemana de la ciudad de Nueva York le permitió ver la condición no solo de los inmigrantes sino de todas las clases de la sociedad que estaban en desventaja social y económica. Enseñó NT (1897-1902) e historia eclesiástica (1902-17) en su seminario y alma máter y pronto obtuvo fama nacional por sus fuertes convicciones respecto al cambio social. Diferenció su clase de socialismo (cristiano) del socialismo doctrinario marxista. Para R., la democracia era tanto un ideal económico como político, pero no era excesivamente optimista respecto a la realización de estos ideales en la historia. Hay en su teología un concepto serio del pecado. Su dedicación al cristianismo social le conquistó el título de "Padre del Evangelio Social en EUA". Sus obras incluyen *Prayers of the Social Awakening* (1910), *Christianizing the Social Order* (1912), *A Theology for the Social Gospel* (1917) y *Los principios sociales de Jesús* (1916, esp. 1947). En los años que precedieron a la Guerra Mundial I sufrió el ostracismo por su ascendencia alemana.

DONALD M. LAKE

REARME MORAL →OXFORD, GRUPO DE

RECAREDO (s.VI). Rey visigodo que gobernó en España de 586 a 601. El menor de dos hijos, sucedió a su padre Leovigildo en 586 e inmediatamente se dio a la tarea de aplastar varias revueltas arrianas. La península ibérica fue oficialmente arriana hasta que él la convirtió al catolicismo en 586, aunque los reyes arrianos habían sido sumamente tolerantes. En 589 el Tercer Concilio de Toledo proclamó el catolicismo como religión oficial del reino. De entonces para acá poco se oye acerca del →arrianismo; el rey mandó quemar los libros arrianos y ningún texto godo español ha sobrevivido. Eliminadas las barreras religiosas, los invasores visigodos y los naturales hispanorromanos, que continuaron regidos por el derecho romano, pudieron asimilarse.

JOHN GROH

RECOLETOS. Rama reformada de la orden →franciscana. Samuel de →Champlain les solicitó ayuda para evangelizar a los indios de Canadá. En 1615 tres padres y un hermano laico llegaron a Quebec para iniciar su devota y abnegada labor entre las tribus algonquinas, cuyos hábitos de vida nómada pronto hicieron que los padres desesperaran de su conversión. Decidieron entonces buscar tribus más sedentarias y se dirigieron al O para trabajar, con cierto éxito, entre los hurones. Problemas económicos en 1623 los obligaron a pedir ayuda a los jesuitas, pero la cooperación entre ambas órdenes era difícil. Los r. estimulaban la mezcla de indios y franceses y la cooperación con los →hugonotes en cuestiones civiles; los jesuitas sostenían tesis contrarias. Los ingleses en 1629 y nuevamente en 1670 pusieron fin a la obra de los r., pero en ambos casos ellos retornaron para continuar con su ministerio canadiense.

ROBERT WILSON

RECONCILIACION. Doctrina trascendental de la fe evangélica, identificada con el término inglés *atonement,* que significa literalmente el proceso de hacer uno a Dios y el hombre después que la tragedia del pecado humano los había separado y hecho enemigos (Isa. 59:2; Col. 1:21). Esta r. se efectúa por la mediación de Jesucristo, quien logra expiar el pecado, propiciar a Dios, derrotar a Satanás e inspirar arrepentimiento y fe en el pecador. El por qué de estos resultados se ha explicado por una serie de teorías que tratan de analizar y postular en forma doctrinal el "rescate" (otra traducción inadecuada de *atonement*) que realizó Jesucristo en su muerte y resurrección. Esta formulación, que se llama la doctrina de la r., es así el puente entre la Cristología (persona y obra de Cristo), y la Soteriología (doctrina de la salvación).

La iglesia cristiana nunca ha aceptado con unanimidad una determinada teoría de la r. Podemos descubrir tres amplias tendencias dentro de la multiplicidad de teorías de la r. surgidas durante los 19 siglos de la historia de la iglesia.

La primera tendencia que se manifestó es la que Gustav →Aulén ha llamado el punto de vista "clásico" o "dramático". Se apoya fuertemente en aquellos pasajes bíblicos que hablan de la r. como de un rescate. Considera que los pecadores pertenecen con justicia a Satanás debido al pecado de ellos. Pero en la muerte de su Hijo, Dios pagó el precio de la redención de ellos. Satanás aceptó a Jesús en lugar de los pecadores pero no lo pudo retener. El día de Pascua Jesús resucitó triunfalmente, dejando a Satanás sin sus cautivos y sin el rescate. Aulén sostiene que el punto esencial no es la grotesca imaginería en que los Padres apostólicos expresan su teoría sino la auténtica nota de victoria. Ve la esencia de la expiación como un proceso de victoria sobre todas las fuerzas de la muerte y del mal.

El segundo grupo de teorías se ha originado con →Anselmo de Canterbury, quien veía el pecado como una deshonra a la majestad y santidad de Dios. En la cruz el Dios-hombre rindió satisfacción por esa deshonra. Esta interpretación ansélmica en realidad planteó las bases teológicas para Lutero y la Reforma, pues siguiendo lineamientos semejantes a estos, los reformadores opinaron que Cristo pagó por la penalidad en que los pecadores habían incurrido al quebrantar la ley de Dios, dando lugar a la justificación por la fe. Los puntos fuertes de esta teoría son su concordancia con la enseñanza bíblica (p.e.: acerca de la →justificación) y su insistencia en que la ley moral no puede ser pasada por alto en el proceso del perdón.

El tercer grupo de teorías (especialmente relacionadas con →Abelardo) ve la expiación en su efecto sobre el hombre por lo que Cristo hizo. Se llaman las teorías de la "influencia moral". Cuando contemplamos el amor de Dios mostrado en la muerte de su Hijo, decía Abelardo, nos sentimos impulsados a arrepentirnos y a amarlo en respuesta. Así somos transformados. Parecería que todo es subjetivo.

Todas estas teorías tienen algo que decirnos. Sin embargo, separadamente, cada una de ellas resulta inadecuada (especialmente la tercera, porque ve a Cristo como alguien que no hace nada sino poner un ejemplo; la verdadera salvación es lograda por los pecadores mismos). No obstante, tomadas en conjunto, nos ayudan un poco a comprender la gran obra de Cristo a favor de los seres huma..os. LEON MORRIS

REDENTORISTAS. Nombre que suele darse a la "Congregación del Santísimo Redentor", comunidad de sacerdotes y hermanos laicos fundada por Alfonso María de →Ligorio en Scala, Italia, en 1732 para la obra misionera entre los pobres. Tenazmente se ha negado a dedicarse a actividades puramente educativas. Su propósito es la santificación de sus miembros mediante la imitación de Cristo y la predicación. La orden recibió la aprobación papal en 1749, y una comunidad de monjas (las Redentorinas, también fundada por Alfonso) fue aprobada en 1750. Bajo la dirección de Clemente Hofbauer los r. cruzaron los Alpes y pasaron a Europa del N; penetraron en EUA en 1832 y en Inglaterra en 1843. Están gobernados por un "Rector Mayor", funcionario vitalicio que reside en Roma. J.G.G. NORMAN

REDUCCIONES. Método misionero implantado en AL por diferentes órdenes religiosas durante los ss.XVI al XVIII.

Las r. se establecieron primero en el Caribe, México y SA. Se le atribuye al franciscano Luis de Bolaños el haber diseñado el plan que hizo de ellas un método eficaz para el trabajo con los indígenas. En Paraguay, Bolaños trabajó incansablemente en la organización de diferentes grupos indígenas.

En México, Fray Juan de Alameda y Fray Jerónimo de Mendieta se dedicaron a la educación religiosa de los indios de manera sistemática y concertada. Y Fray Vasco de →Quiroga (en Michoacán) organizó comunitariamente a los indígenas.

Las r. son concentraciones de familias de indios en comunidades. Se organizaban esas comunidades en pequeñas aldeas, con la iglesia en el centro y junto a la plaza. La disposición de los pueblos y ciudades de AL conserva hasta nuestros días básicamente esa forma colonial.

El trabajo realizado en las r. era supervisado por los frailes. Se les enseñaban a los indios métodos de agricultura y artesanía y se les instruía en la fe. El producto del trabajo realizado era depositado en un fondo común y distribuido equitativamente.

Las r. más importantes fueron las organizadas por los →jesuitas en →Paraguay, durante el período que va de 1610 a 1767. Esas r. pasaron durante ese período por etapas de verdaderos logros y no pocos obstáculos. Es evidente que los jesuitas lograron organizar debidamente a los indios y fueron delineando verdaderas comunidades de trabajo, vida religiosa y esfuerzo común, que constituyen un aporte significativo a la obra misionera de las órdenes religiosas en AL. Su plan de urbanización, unido al plan ideado por Bolaños, fue una contribución valiosa.

Los jesuitas tuvieron que enfrentarse a la oposición de otras órdenes religiosas y al propio gobierno español. La corona española expulsó a los jesuitas de AL en 1767, y ello afectó gravemente las r. No obstante, el impacto del trabajo realizado perduró por algún tiempo. Por el carácter paternalista que presidía en las r. mucho de lo que se había logrado se perdió al salir los jesuitas.

CARMELO E. ALVAREZ

REFORMA, LA. Término amplio que designa un movimiento religioso en la cristiandad occidental, que surgió alrededor de 1500 y culminó a mediados del s.XVII, con antecedentes directos que se remontan al s.XIV. Aunque condicionado por factores políticos, económicos, sociales e intelectuales, el curso de los acontecimientos y los escritos de los propios reformadores revelan que por encima de todo fue un despertamiento religioso que se proponía la renovación cristiana.

La R. se produce sobre un vasto trasfondo de intranquilidad y cambio en Europa. En lo político, el rasgo más sobresaliente de la época fue el surgimiento de los estados nacionales que ponían en entredicho al antiguo orden, incluyendo las tradicionales prerrogativas papales y el concepto medieval de fidelidad a los señoríos. En el campo económico, fue una era de creciente descontento entre los campesinos explotados, a la vez que un período de renacimiento del comercio, de retorno a la economía monetaria y de crecimiento urbano. Estos cambios hicieron nacer una nueva clase socioeconómica fuerte: la burguesía. Esta trastornó el nítido orden social de la Edad Media y llevó a crecientes tensiones políticas producto de las crecientes expectaciones de la clase media. Además, a partir del s.XIV, el →Renacimiento produjo tanto una nueva era de conquistas y expresión culturales como una amplia inquietud intelectual. Además, un alto sentido moral, el deseo de restaurar pasadas grandezas, y el creciente orgullo racial y étnico son temas comunes en la literatura inconforme de la prerreforma.

Pero lo más importante fue la conturbada condición de la Iglesia de Occidente en vísperas de la R. Fue una época decadente para una iglesia que encaraba la persistente herejía (p.e., los →valdenses en los Alpes, los →lolardos en Inglaterra, y los hussitas [→Hus, Juan] en Bohemia); una eclosión de piedad popular (p.e., el florecimiento del misticismo alemán y la predicación de →Savonarola en Florencia); una disminución de la credibilidad respecto al papa, fruto de los años de →"Cautiverio Babilónico" en Aviñón, el →Cisma de Occidente que le siguió y un papado renacentista secularizado; muy generalizados ignorancia y abusos del clero; y la incesante insistencia de los humanistas cristianos en que se reformara la iglesia. Así, las semillas de la R. en el s.XVI fueron alimentadas en el terreno en barbecho del descontento en casi todos los niveles de la humana existencia.

El comienzo efectivo de la R. Protestante en Alemania en 1517 fue una combinación de la confluencia de acontecimientos con un hombre de personalidad dinámica, considerable talento y profundos intereses religiosos. En el advenimiento de la R., Martín →Lutero fue el individuo catalítico y la venta de →indulgencias, cerca de su parroquia de Wittenberg, el acontecimiento precipitante. Convencido de que ya era tiempo de enfrentarse a la perversión de la doctrina de las indulgencias y a la autoridad papal que hacía posibles tales abusos, Lutero redactó las Noventa y Cinco Tesis para debatirlas entre teólogos. Por entonces, no se proponía desgarrar la iglesia ni iniciar un nuevo movimiento religioso. Por el contrario, su interés nacía del deseo de reformar la iglesia y de su convicción de que ella se había apartado de sus cimientos apostólicos. Lutero, en intensa búsqueda de paz personal con Dios, la había encontrado, no en los sacramentos ni en las obras meritorias prescritas por la iglesia, sino en Jesucristo. Lutero había recuperado, afirmaba, el cristianismo del NT, con su prescripción de la salvación por la gracia mediante la fe en Cristo, y no por obras de justicia *(sola fide)*.

De modo que Lutero nunca prohijó la ruptura radical con el pasado inmediato de la iglesia, o la abolición de ésta como institución, como sí se proponían los →anabaptistas, sino solo la reforma con base en principios apostólicos. No obstante, una combinación de incapacidad papal para comprender la naturaleza e intensidad de las cuestiones religiosas planteadas por Lutero y del sentimiento de los tiempos, llevaron a una ruptura entre Roma y el sacerdote alemán. Después de varios debates respecto a la autoridad papal y luego de intentos de reconciliar y después coaccionar a Lutero, las diferencias fundamentales entre el cristianismo romano y el luterano se hicieron cada vez más claras. La Reforma se esparció con la prédica de la →justificación por fe en Cristo, y la posición doctrinal de Lutero se desarrolló más plenamente para incluir la autoridad bíblica en lugar de la iglesia como maestra del creyente por intermedio del papa y los sacerdotes; asimismo incluyó dos en vez de siete sacramentos. Después de su confrontación con el emperador y las autoridades eclesiásticas en la Dieta de →Worms en 1521, en la cual Lutero rehusó retractarse, la ruptura fue completa.

En 1529, cuando la dieta imperial se reunió en →Espira, seis príncipes alemanes y los representantes de catorce ciudades de la alta Alemania tomaron el nombre de "protestantes" (protestaban contra los intentos del emperador por reprimir a Lutero) y se identificaron como seguidores de la R. Wittenberg, la ciudad de Lutero en Sajonia, se convirtió en centro del movimiento que para cuando el Reformador murió se había extendido a toda tierra de lengua alemana. A mediados del siglo la iglesia luterana había tomado forma y se había convertido en el credo de gran parte de Alemania y de casi toda Escandinavia. Por entonces había producido considerable impacto en la vida religiosa del resto de Europa.

Ulrico →Zwinglio de Zurich fue uno de los impresionados por la Reforma Luterana. Orientado en parte por Lutero y en parte por las luces que él mismo descubrió en la Biblia, Zwinglio llevó la R. a su cantón nativo. El movimiento se extendió gradualmente hacia el O a través de la Suiza alemana y finalmente llegó a los cantones franceses donde tuvo por jefe a Juan →Calvino. El →calvinismo se convirtió en la expresión más importante de la Reforma, históricamente hablando y, para mediados del siglo, Ginebra sustituyó a Wittenberg como principal centro del mundo protestante. En la última mitad del s.XVI el calvinismo llegó a ser la fuerza impulsora de la R., especialmente en Suiza, Alemania del O, →Francia, los Países Bajos y Escocia, y en menor grado en Inglaterra, Alemania del E, →Hungría y →Polonia.

El calvinismo triunfó en Escocia en gran parte por obra de Juan →Knox, que fue el espíritu orientador de la *Scots Confession* adoptada por el Parlamento de ese país en 1560. Knox, impresionado por el ejemplo de Calvino, estableció la iglesia de →Escocia sobre eclesiología presbiteriana y teología calvinista, al mismo tiempo que ligaba la suerte de la Reforma lo más estrechamente posible con el creciente sentimiento nacionalista escocés contra la catolicorromana →María, reina de los escoceses.

En Inglaterra, la suerte del calvinismo fue más diversa. El desarrollo de la Reforma Inglesa fue disparejo comparado con el movimiento de reforma de otros países. A partir de un decreto oficial, cuando en 1534 →Enrique VIII rompió relaciones con Roma y asumió el título de Jefe Supremo de la Iglesia, la Reforma pronto se convirtió en un genuino intento por restaurar en Inglaterra la antigua fe cristiana. Edificando sobre las bases puestas por Juan →Wyclif y sus lolardos, los humanistas cristianos ingleses y sobre ideas luteranas y calvinistas importadas, la Iglesia →Anglicana comenzó a tomar forma. La reforma más a fondo realizada en el reinado de →Eduardo VI fue borrada por →María Tudor cuando ésta trató de volver la Iglesia Anglicana al redil romano. Su intento fracasó, y bajo →Isabel I la Iglesia Anglicana se hizo definitivamente no romana, pero no enteramente protestante. Se desarrolló más bien como una *via media* entre la antigua fe romana por una parte, y el calvinismo protestante por la otra.

Suele pasarse por alto, como parte importante de la R., a los reformadores radicales. Estos adalides de la →Reforma Radical aparecieron a principios del s.XVI; representaban el ala izquierda del movimiento separatista respecto a Roma y ponían el énfasis en la "restitución" más que en la "reforma". Los anabaptistas y otros radicales más a la izquierda querían abolir todas las prácticas, tradiciones y ceremonias acumuladas en la ICR medieval y edificar en cambio una iglesia restaurada por entero sobre principios del NT. La mayoría de los anabaptistas creían que la iglesia verdadera era local, autónoma, gobernada por una constitución democrática e integrada únicamente por creyentes de corazón, bautizados después de confesar su fe en Jesucristo.

Aunque hubo algunas notables excepciones, tales como los fanáticos milenaristas de Münster (1534-35) y los socinianos →unitarios, la mayoría de los radicales no participaban en política y eran pacifistas. Fueron también los primeros que en los tiempos modernos clamaron por la plena libertad religiosa y la separación entre iglesia y estado. Después de 1535, →Menno Simons, exsacerdote católico, surgió como principal líder de los anabaptistas en los →Países Bajos. Gradualmente, los anabaptistas del grupo más importante fueron llamados →"menonitas". Otras duraderas expresiones de la Reforma Radical incluyen a los →hutteritas y →schwenkfeldistas, mientras los →bautistas y →cuáqueros del siglo siguiente nacieron de principios e impulsos básicos relacionados y semejantes.

Finalmente, la Reforma Católica representó un intento por renovar desde dentro la iglesia establecida, tanto por reacción contra la amenaza protestante como en respuesta a ciertos acontecimientos internos. El oratorio del Divino Amor (fundado en 1517), un papado reformado, la fundación de los →jesuitas (1540), el reformador Concilio de →Trento (1545-63), la →Inquisición Romana y el misticismo español, fueron expresiones de este creciente énfasis en la reforma, la renovación y el atrincheramiento dentro de la iglesia romana (→Contrarreforma).

A diferencia del Renacimiento, la R. afectó directamente a casi todo europeo y obligó casi a todos a decidir entre lo viejo y lo nuevo. Al hacerlo, el movimiento de la R. transformó profundamente el curso de la civilización occidental y tocó todo aspecto de la existencia humana. El moderno Mundo Occidental pluralista, culturalmente fragmentado, para bien o para mal, es en gran parte hijo de este tumultuoso y significante movimiento. ROBERT D. LINDER

REFORMA PROTESTANTE EN ESPAÑA. En E., la difusión de la R. iniciada por →Lutero está íntimamente ligada a la influencia de →Erasmo. Algunos creen que ya en 1519 se habían distribuido en E. las obras de Lutero, lo que contribuía a la difusión de un erasmismo luteranizante, no al margen totalmente de los primeros →"alumbrados".

Según el testimonio de Alfonso de →Valdés, en una carta dirigida a →Pedro Mártir Vermigli desde Worms el 13 de mayo de 1521, las obras de Lutero se vendían en E. "por calles y plazas". El humanista Juan de Vergara aseguraba a su vez que la corte de →Carlos I (V) estaba llena de libros luteranos. El papa →León X, en un breve del 21 de marzo de 1521, exhortaba a los gobernadores de Castilla a combatir las doctrinas luteranas. Y en abril del mismo año el Inquisidor General →Adriano de Utrecht publicaba un edicto en el que aseguraba que "algunas personas con mal celo y por sembrar zizania en la Iglesia de Christo... han procurado y procuran que se trayan en España las obras nuevamente hechas por Martin Luther ..., las quales diz que están imprimidas para publicar y vender en estos reynos...".

Según estos testimonios las obras de Lutero circulaban ya en España treinta años antes de que se iniciaran los procesos de Valladolid y Sevilla; y en 1532 los inquisidores llegaban incluso a sospechar que los libros de Lutero se imprimían en España.

La R.P. encuentra sus primeros simpatizantes en los hermanos Alfonso y Juan de Valdés, Miguel →Servet y Francisco de →Enzinas. Acusados de luteranismo, mueren en la hoguera los clérigos Celaya, Garzón, y Castillo; y son condenados a penas menores los humanistas Tovar y Vergara; el rector y el canciller de la Universidad de Alcalá, Mateo Pascual y Pedro de Lerma respectivamente; el confesor de Carlos I (V), Virués; y los magistrales de la catedral de Sevilla, doctores Egidio y Constantino Ponce de la Fuente.

En 1559, cuando la R.P. está perfectamente definida y establecida en el resto de Europa, es condenada oficialmente en España en los famosos procesos y →autos de fe que la →Inquisición lleva a cabo en Valladolid y en Sevilla. En la misma fecha tiene lugar el encarcelamiento del Arzobispo de Toledo, Bartolomé de Carranza, y la huida al extranjero de una parte de la comunidad del monasterio jerónimo de San Isidoro. (→Reina, Casiodoro de; Valera, Cipriano de.)

Los procesos de Valladolid y Sevilla paralizan la difusión de la R.P. en España, y a partir de esta fecha las actividades de los protestantes españoles se llevarán a cabo en el extranjero, donde se producen todas las obras de valor, a excepción del *Diálogo de la doctrina cristiana,* de Juan de Valdés, y de los escritos del doctor Constantino Ponce de la Fuente.

El centro protestante de Valladolid se constituye en torno a la familia Cazalla, y en él se encuentran personajes de la nobleza, de las órdenes militares e incluso del clero secular y regular. El área de la comunidad se extendía hasta Zamora y Toro por el oeste, y hasta Logroño por el este.

El iniciador de la comunidad sevillana es un seglar de Lebrija, Rodrigo de Valer, cuya predicación llega a convertir a dos magistrales de la catedral sevillana. Al grupo sevillano se une después Julián Hernández (también conocido como Julianillo), quien introduce en España los ejemplares del NT, versión de Juan Pérez de Pineda. Y la influencia de la comunidad sevillana llega también al monasterio de San Isidoro, en las afueras de Sevilla. Al igual que en Valladolid, también aquí hay elementos de la más alta aristocracia, entre los que se destacan, don Juan Ponce de León, doña María de Bohorques y don Francisco de Vargas, amén de algunos monjes del monasterio de San Isidoro. La Inquisición llegó a detener en Sevilla a 800 personas, de las cuales 24 fueron condenadas a muerte, y unas 80 a otros géneros de penas.

A partir de 1560 la vida de la R. se desarrolla pues paradójicamente en el extranjero. Algunos de los reformadores que optan por el exilio despliegan una ingente actividad literaria. Y sobresale sobre todo la de aquellos de cuyas plumas salieron las versiones bíblicas del Renacimiento español: Francisco de Enzinas, Juan Pérez de Pineda, Casiodoro de Reina, y Cipriano de Valera.

ENRIQUE FERNANDEZ Y FERNANDEZ

REFORMA RADICAL. El término abarca un cúmulo de movimientos que florecieron a partir de la década de 1520 y que inicialmente a menudo se debieron a la "reforma magistral" de, p.e., →Zwinglio y →Lutero, pero quería llevar los cambios más allá y sobre diversas bases. Especialmente en sus etapas iniciales la r.r. fue una continuación de los movimientos medievales de piedad laica, herejía y protesta social. Reclutó muchos seguidores entre el campesinado y los estratos inferiores del pueblo y artesanos, que por entonces pasaban por estrecheces económicas.

Un movimiento radical apareció temprano en Wittenberg, donde el colega de Lutero, A.B. von →Carlstadt, introdujo una misa vernacular, abandonó las vestimentas y el uso de imágenes, adoptó una interpretación enteramente laica del sacerdocio de todos los creyentes y fue atraído a un quietismo místico. Profetas que se decían inspirados directamente por Dios influyeron a T. →Münzer, quien combinó la genuina compasión hacia los pobres con el fanatismo apocalíptico y fue muerto en la →Revuelta de los Campesinos.

En la Zurich de Zwinglio, radicales como C. →Grebel aparecieron en 1525-26, poniendo en tela de juicio el bautismo de infantes; los que sobrevivieron a la persecución magisterial se dispersaron por todas partes. G. →Blaurock y J. Hutter (→HUTTERITAS) comenzaron un vivaz movimiento en el Tirol. En Moravia, un movimiento moderado, jefeado por hombres conservadores como B. →Hubmaier y M. Sattler (m.1527), perdió el apoyo de los gobernantes luego de llegado el más socialmente radical J. Hut (c.1490-1527). El movimiento, reorganizado más conservadoramente por Hutter, dio nacimiento a las comunidades hutteritas.

Otros radicales viajaron Rhin abajo; Estrasburgo fue escenario de vivas polémicas, 1528-34, en que participaron C. Schwenkfeld (→SCHWENKFELDISTAS), S. →Franck, M. →Servet, y M. →Hofmann. Este último inspiró un vigoroso movimiento (Melchoritas) en los Países Bajos, durante mucho tiempo semillero de desviaciones religiosas, movimiento que se volvió más militantemente apocalíptico bajo la dirección de J. Matthijs y Juan de →Leyden y se apoderó de la ciudad luterana de Münster (1535-36), estableció una comunidad milenial, restableciendo el Paraíso y el Antiguo Israel con anticipación al reino universal de Cristo; la práctica de la poligamia y el violento gobierno carismático de los santos provocaron el terror, y las fuerzas católicas y protestantes se combinaron para restablecer el orden tras un largo asedio. A Münster se debió que el nombre de →"anabaptista" simbolizara durante más de un siglo el desorden social y la inmoralidad; pero fue la última explosión purgativa del fanatismo visionario en el movimiento radical. El futuro pertenecía a movimientos eclesiásticos anabaptistas más pacíficos, como los hutteritas, →menonitas, y un ala menos ortodoxa y más racionalista, los →socinianos. Por medio de tales movimientos la r.r. ha continuado desempeñando parte influyente en la historia del cristianismo.

La r.r. fue espasmódica, turbulenta y fragmentaria entre persecución, viajes, luchas partidistas y polémicas teológicas. Por ello sus principios no se pueden caracterizar sin dejar margen para amplias excepciones y paradojas, pero tenemos que intentar bosquejarlas. La r.r. se basaba en la completa separación entre la iglesia y el mundo, entre creyente e incrédulo. No se negaba que pudiera haber pecadores en la iglesia; pero ninguna concesión teórica o práctica se hacía en cuanto a la presencia de los no regenerados. La iglesia debía definirse consecuentemente como la compañía de los creyentes y discípulos verdaderos, una con el Cristo sufriente o con el Cristo exaltado, o con ambos conceptos y por lo tanto sin condicionamiento esencial por el mundo o la carne. Poca paciencia tenían para con la agustiniana teología de Lutero en cuanto a la elección y la esclavitud de la voluntad, y la consecuente aceptación del carácter invisible de la iglesia verdadera. El bautismo de los creyentes y la exclusión (excomunión), la distintiva vida de la iglesia, unida en amor fraternal y separada del mundo (abstención respecto a puestos seculares, a ceñir la espada, al juramento), y la experiencia del martirio como cúspide de la imitación práctica de Cristo, todo ello fue fruto del esfuerzo por alcanzar la visibilidad de la iglesia verdadera.

Este énfasis en la visibilidad iba aparejado al cultivo de la espiritualidad interior, que ocasionalmente hacía innecesarias las formas externas (Schwenkfeld, Socino), pero que más comúnmente eran tomadas como fundamento de ellas. Esta unidad espiritual con Cristo, profundamente sentida, a veces produjo cristologías no ortodoxas y constituyó la base de la exégesis espiritualista de las Escrituras, pues se sostenía que era la experiencia espiritual y no el saber académico lo que constituía la clave de las Escrituras. Eso fue parcialmente un ataque laico contra los profesionales. En general, el movimiento no hacía a un lado las Escrituras, sino que decía interpretarlas espiritualmente, lo cual con frecuencia significaba al pie de la letra, hasta el punto de chocar con la razón o con el orden del universo.

El movimiento fue constantemente inspirado por el concepto bíblico de "pueblo de Dios"; a veces ello se entendió como los santos guerreros de algunas porciones del AT, o como el sufriente y pacífico pueblo de Cristo.

No todos los grupos radicales fueron inicialmente anabaptistas, pero la práctica se hizo cada vez más importante y extendida. El rebautismo fue significante no solo porque ponía de manifiesto una iglesia visible de creyentes confesantes y era una restauración de la práctica cristiana primitiva, sino que también involucraba un rompimiento entre la iglesia y el orden civil, esencial para la cristiandad, en que el bautismo de infantes hacía que a todos los ciudadanos pudiera considerárselos como cristianos. Reformadores como Zwinglio, ocasionalmente atraídos por los argumentos bíblicos en pro del bautismo de creyentes, a la larga se opusieron rudamente a los radicales porque aquellos querían reformar y no destruir el orden tradicional de la cristiandad. HADDON WILLMER

REFORMADA, IGLESIA →IGLESIA REFORMADA EN AMERICA

REGIONS BEYOND MISSION →UNION EVANGELICA DE SUD AMERICA

REGULAR (lat. ***regula*** **= "regla").** Vocablo general que indica los miembros del clero obligados por votos de religión y que viven en comunidad sometidos a una "regla", a diferencia del clero "secular", e.d., los sacerdotes que viven "en el siglo". Las "reglas" monásticas se remontan hasta →Pacomio (c.305); una de las más influyentes fue la de →Benito de Nursia (529).

REIMARUS, HERMANN S. (1694-1768). Erudito alemán. N. en Hamburgo. Fue educado en la Universidad de Jena, enseñó la filosofía en Wittenberg y, estando en Inglaterra, fue influido mucho por el deísmo. Sirvió como rector de la escuela superior de Wísmar (1723-27) y después fue profesor de hebreo y las lenguas orientales en el Gimnasio Johanneum en Hamburgo. Publicó obras sobre Dio Cassius, la lógica y los instintos de animales. Desde 1744 hacía un estudio enciclopédico que actualmente existe como un todo solo en forma de ms (quizás debido al carácter controversial de su contenido), si bien algunas secciones de las 4.000 pp. fueron publicadas fragmentaria y anónimamente después de su muerte, bajo el título de "Fragmentos Wolfenbüttel". Uno de estos fragmentos, "El objeto de Jesús y sus discípulos", proveyó una perspectiva de Jesús que iba a revolucionar la imagen de El en la teología moderna y proveer el punto de partida para *La búsqueda del Jesús Histórico* (1906) de Alberto →Schweitzer.

Aunque la reconstrucción de la historia que hizo R. fue influida demasiado por el racionalismo deísta, siempre deseoso de eliminar lo milagroso, él fue uno de los pocos en la historia del pensamiento cristiano que señalaran correctamente el hecho de que Jesús proclamaba la proximidad de la edad mesiánica a los judíos. Los esfuerzos de R. fueron prematuros, ya que su generación no estaba preparada para romper con su concepto tradicional de la predicación de Jesús para poder considerar una inminente expectación escatológica. CLYDE CURRY SMITH

REINA, CASIODORO DE (1520-94). Reformista español del s.XVI. N. en Montemolín, provincia de Badajoz. A mediados de siglo era fraile en el convento de San Isidoro del Campo, centro del incipiente movimiento "luterano" de Sevilla que encabezaba Constantino Ponce de la Fuente (→REFORMA EN ESPAÑA), canónigo magistral de la catedral. Desatada la furia de la Inquisición, R. y otros once frailes se fugaron a Ginebra en 1557. Opuesto a las corrientes radicales, censuró a →Calvino por haber condenado a →Servet a morir en la hoguera, y, declarando que Ginebra se había vuelto "otra Roma", pasó a Frankfort en 1558. Cuando →Isabel ascendió al trono de Inglaterra se trasladó allá junto con otros tres fugitivos de San Isidoro: Francisco Farías, prior del convento; Juan de Molina, vicario; y Cipriano de →Valera.

En 1559 era pastor de la congregación organizada por españoles emigrados en Londres. Ese mismo año R. escribió una Confesión de Fe que presentó para su aprobación al Consistorio de la Iglesia Francesa del que era parte la congregación hispana. Al mismo tiempo solicitó al Obispo de Londres, Edmund→Grindal el uso de un templo. Grindal les concedió una casa de su propiedad y poco después autorizó el uso de la iglesia Saint Mary Axe para los cultos en español.

En Londres trabajó en la traducción de la Biblia al español, proyecto en que había cooperado ya por varios años con otro ex-fraile de San Isidoro, Antonio del Corro, y con Juan Pérez, otrora rector del Colegio de Doctrina de Sevilla. La publicación se retrasó al acusársele de hereje y sodomita. Temeroso por su vida huyó a Amberes y luego a Montargis donde Corro y Pérez servían de capellanes a Renée de Francia, duquesa de Ferrara. Se estableció después en Frankfort, en el negocio de telas, y se dedicó intensamente a la preparación de la Biblia, que se imprimiría en Basilea. La muerte del impresor Oporino (que había recibido ya pagos hechos por Pérez) puso en peligro el proyecto pero la Biblia finalmente vio la luz en 1569, en una tirada de 2.600 ejemplares.

De regreso en Frankfort obtuvo la ciudadanía de aquél lugar, condición ésta muy apreciada por el desterrado. En 1579 ocupó el púlpito de la Iglesia de los Martinistas en Amberes, es decir, la congregación francesa luterana, pero sin perder la ciudadanía de Frankfort. Cuando en 1585 el Duque de Parma puso sitio a Amberes R. se acogió a sus derechos de ciudadano de Frankfort y pasó de nuevo a esa ciudad. Allí fundó una institución de socorro público que ha perdurado casi cuatro siglos. En julio de 1593 fue admitido como ministro luterano de la congregación valona. Ocho meses más tarde murió.

JORGE A. GONZALEZ

RELICARIO. Caja, urna o santuario que se emplea para guardar o exhibir una →reliquia. En la Alta Edad Media el poder sobrenatural del mundo invisible se tenía por accesible a los hombres mediante las reliquias. En estuche apropiado eran llevadas por los ejércitos y los nobles, y ocultadas en coronas reales y collares que servían de r. El trono de Carlomagno, construido según las especificaciones del de Salomón, tenía muchas cavidades destinadas a reliquias. Sobre r. se firmaban tratados y se hacían juramentos. San Luis edificó la Saint-Chapelle en París como r. donde guardar la corona de espinas comprada a Balduino II de Constantinopla, después que éste la dio en prenda para obtener un empréstito veneciano. Los peregrinos eran atraídos a Canterbury, Santiago de Compostela en España, Regensburg, Alt-Otting en Baviera y otros sitios, por los r. y su contenido.

JOHN GROH

RELIGIONES COMPARADAS. Disciplina conocida también como "historia de las religiones", *Religionswissenschaft,* etc. El término se originó en el último cuarto del s.XIX para indicar una de las ciencias basadas en las teorías de la →evolución de →Darwin y Spencer. En su primera fase intentó comparar religiones asignando a cada una un puesto en la escala evolucionista; estaba especialmente interesada en el problema de los orígenes de la religión, generalmente en forma independiente de toda doctrina relativa a la revelación. Sus primeros representantes incluían a Max Müller, C.P. Tiele, J.G. Frazer, W.R. Smith y A. Lang que eran por lo general cristianos liberales, aunque algunos eran agnósticos, y por consiguiente se tendió a clasificar el estudio de las r.c. como "modernismo". Después de la Guerra Mundial I, como la idea de una evolución unilineal empezó a perder terreno y como el material se acumulaba, el estudio se dividió en campos específicos; entre ellos la historia de la religión, sicología de la religión, sociología de la religión y fenomenología de la religión, y el enfoque sintético se cultivó cada vez menos. La situación actual es que los eruditos en r.c. coinciden en que todas las religiones son dignas de un desapasionado estudio como fenómeno por derecho propio, pero hay poco acuerdo en cuanto a los métodos precisos. Sin embargo, puede observarse una amplia división entre "historiadores puros", que estudian los fenómenos en secuencias dentro de dadas tradiciones y, por otro lado, los "fenomenólogos" que prefieren tomar una vista general del fenómeno religioso procedente de una variedad de tradiciones. Estrictamente hablando, es axiomático para las r.c. que ningún juicio de valor le puede ser impuesto al material; el primer deber de quien estudia es describir y (se espera) entender. Avanzar más allá de esta evaluación teológica o filosófica, no importa cuán legítimo sea ello, no corresponde a la disciplina.

E.J. SHARPE

RELIGIOSIDAD POPULAR. Conjunto de creencias, actitudes, devociones, ritos y prácticas que se han desarrollado entre el pueblo catolicorromano (especialmente entre los sectores campesinos-obreros) y que han llegado a formar parte integrante de la compleja totalidad histórica de AL.

El estudio de la R.P. ha cobrado vigencia en la actualidad, pues se la comprende, por parte de algunos sectores de la crítica científico-teológica, no tanto como forma de escapismo o de superstición, sino a la luz de las categorías de dominación y dependencia que caracterizan la historia del continente. Este enfoque prevalece hoy en AL.

La crítica de la R.P. surgió sobre todo de los misioneros protestantes y repercutió posteriormente en la práctica pastoral de algunos misioneros católicos. Esta crítica, hecha en nombre del evangelio, prestaba atención de manera particular a la forma idolátrica y supersticiosa con que las mayorías católicas practicaban la fe y al hecho de que la ICR la fomentaba. Sin rechazar ingenuamente ese análisis, se hace hoy hincapié en otro factor fundamental, sin el cual no puede asirse el verdadero significado de la R.P. en AL: la estrecha vinculación de la R.P. con la cultura del pueblo y, por tanto, con la historia concreta de la que ese pueblo es sujeto. Entran en juego, por tanto, los conceptos de "pueblo" y "antipueblo", que expresan realidades que tienen que ver con las relaciones de producción y con la organización de la convivencia humana, elementos indispensables de toda cultura.

Ahora bien, hablar de R.P. significa afirmar que la cultura o la conciencia que el pueblo tiene de la vida y de su destino, está caracterizada por su relación con la divinidad. Importa, en consecuencia, no quedarse meramente en el análisis de las formas en las que la R.P. se vierte, sino tratar de comprender cómo se expresan en ellas los valores más profundos del pueblo y sus propias aspiraciones.

Respecto de lo primero, a las críticas ya mencionadas provenientes del protestantismo, hay que añadir el análisis de →Puebla (CELAM III, 1979) que señala que a la R.P. la aquejan defectos ancestrales (como magia, superstición, fatalismo, idolatría del poder, fetichismo, ritualismo) y deformaciones catequéticas, arcaísmos e ignorancia religiosa. La seriedad de estos defectos no puede despreciarse, como lo muestra el hecho que en Puebla se hablase también de la necesidad de la "evangelización de la R.P.". El fenómeno del sincretismo, que no pudo evitarse desde el período misionero colonial (→MISIONES CATOLICAS COLONIALES), ha hecho que junto a estas deformaciones pervivan elementos fundamentales de la fe cristiana, confesados y vividos por la Iglesia a través de los siglos.

Por otra parte, al ubicar la R.P. en la cultura del pueblo se evita el error y la ingenuidad de creer que se puede transformar la R.P. sin transformar el orden económico-social vigente. Si no sucede esto último, las transformaciones que aquélla pueda sufrir no llegarán a la raíz, y las nuevas formas que adquiera adolecerán de defectos similares.

Algunos escritores religiosos han incluido dentro del concepto de R.P. (aunque en forma restringida, a causa de sus limitaciones propias, por corresponder a minorías) ciertas prácticas y creencias que se dan en manifestaciones del protestantismo popular (como, por ejemplo, en el pentecostalismo).

PLUTARCO BONILLA A.
FRANCISCO AVENDAÑO H.

RELIQUIAS. Según los católicos romanos, son los restos materiales de los santos o cualesquiera otros objetos que hayan estado en contacto con ellos. Han de venerarse fundándose en que los cuerpos de los santos, ahora con Cristo, fueron una vez miembros vivos de la iglesia y templos del Espíritu Santo, destinados a resurrección para vida eterna y a glorificación. Dado que la Divinidad los constituye en ocasión para realizar milagros, han de ser venerados por los fieles pues de este modo Dios otorga a los hombres muchas mercedes. La justificación bíblica para dicho culto se busca en Hechos 19:12, donde aparece que había poder sanador en los pañuelos que habían estado en contacto con el cuerpo de Pablo. También se hace referencia al AT (p.e., 2 R.2:14; 13:21, donde se dice que se produjeron milagros mediante el manto de Elías y los huesos de Eliseo).

El caso clásico más antiguo de veneración de r. se dice que consta en una carta escrita por los habitantes de Esmirna alrededor de 156, en que se describe la muerte de →Policarpo, y que dice: "Tomamos sus huesos, que son más valiosos que piedras preciosas y mejores que oro refinado, y los colocamos en sitio adecuado, donde el Señor nos permitirá reunirnos según podamos, con alegría y gozo, y para celebrar el aniversario de su martirio". Rápidamente se extendió el culto tanto en Oriente como en Occidente, y la creciente demanda de r. que surgió hizo que en Oriente se trasladara y desmembrara el cuerpo de los santos. En 1084 el Concilio de Constantinopla aprobó la veneración de r. en la Iglesia de Oriente, si bien ésta siempre ha sido superada por el extenso uso de iconos. En Roma, ese culto se asoció con los servicios de oración que se celebraban en las →catacumbas y a partir del s.IV la eucaristía se celebró sobre las tumbas de los mártires. A diferencia de Oriente, donde el desmembramiento no producía repugnancia, en Roma el código de Teodosio expresamente prohibía el traslado, división o desmembramiento de los restos de los mártires. Pero dicha práctica llegó a Occidente en los ss.VII y VIII. El Concilio de →Nicea (787) decretó que ninguna iglesia fuera consagrada sin r. Las →Cruzadas le dieron ímpetu especial a ese culto, pues de Palestina se trajeron a Europa gran cantidad de r., frecuentemente espurias.

Ese culto ha solido estar relacionado con prácticas supersticiosas, inevitables quizá por el ingreso de paganos convertidos a la iglesia. Se dice que la veneración de r. es un instinto primitivo del hombre y ha estado asociado con muchas religiones no cristianas, como el budismo. La naturaleza misma del culto se presta a abusos, y al existir centros religiosos ávidos de fama como poseedores de alguna r. extraordinariamente asombrosa, las falsificaciones fueron inevitables. Las autoridades eclesiásticas han realizado algunos esfuerzos para garantizar a los fieles contra el engaño. El derecho canónico prohíbe que se veneren r. no autorizadas por un cardenal o un obispo, y la venta de r. genuinas, así como la falsificación o la distribución de r. falsificadas, so pena con la excomunión. Sin embargo, aun es cierto que sobre muchas de las r. antiguas, que se exponen a la veneración en los grandes santuarios de la cristiandad, recaen graves dudas. S. TOON

REMBAO, ALBERTO (1895-1962). Destacado pensador y periodista evangélico mexicano. N. en Chihuahua, México. Sus convicciones políticas lo hicieron soldado de la revolución mexicana. En esta lucha perdió una de sus piernas.

Realizó estudios en Pomona College, California, donde obtuvo el grado de Bachiller en Artes; Pacific School of Religion, Berkeley, California, donde se licenció en artes (maestría) y obtuvo su bachillerato en teología. Esta misma institución más tarde le confirió el grado honorario de Doctor en Divinidad. También realizó estudios en la Universidad de California y en la prestigiosa escuela teológica de la Universidad de Yale.

Su carrera cristiana-profesional fue multifásica. Fue director del Colegio Internacional de Guadalajara, México, y editor del periódico *La Nueva Senda.* En la ciudad de San Francisco, California, fue jefe del Buró Hispano del Servicio de Información sobre Lenguas Foráneas. En la Universidad de Guadalajara dictó cátedra como profesor invitado. Muchas otras universidades de Norte, Centro y Sur América se prestigiaron con su presencia de conferenciante. Desde el año 1931 hasta su muerte, trabajó como editor de *La Nueva Democracia,* revista publicada por el →CCLA. Sus libros incluyen los siguientes títulos: *Lupita* (novela ubicada en la revolución mexicana), *Meditaciones Neoyorkinas* (1939), *Mensaje, Movimiento y Masa* (1939), *Discurso a la Nación Evangélica* (1949), *Pneuma, los fundamentos teológicos de la Cultura* (1957).

Escribió en inglés y en español. Tuvo gran demanda como predicador y conferenciante. El Congreso de la →Unión Latinoamericana de Juventudes Evangélicas celebrado en La Habana en el año 1946, tuvo en él una figura central. En pláticas ofrecidas cada tarde sobre el carácter heroico de la vida cristiana, R. hizo vibrar a los congregados en aquel encuentro continental. Seminarios y universidades lo reclamaron en continuo. En el Seminario Teológico de Matanzas, Cuba, dictó cátedra por todo un curso haciendo una impresión permanente en estudiantes y facultad.

Su estilo como escritor fue muy especial y tuvo la habilidad de llevar a la tribuna ese mismo estilo, a veces difícil, pero siempre cautivador. Su fuerte carácter individualista se dejó ver en un detalle unamunesco: tuvo una gran capacidad para producir neologismos y, ante un concepto que no podía expresar con las palabras existentes, rebuscando en una raíz griega o latina o en un barbarismo más cercano, creaba la palabra que mejor expresaba su idea.

Fue considerado por autoridades civiles y culturales como un experto en asuntos hispano-americanos y cultivó relaciones de amistad con los más preclaros intelectuales de nuestra América. Profesores y rectores de universidades fueron visita reiterada a su hogar de Claremont Avenue, en Manhattan, Nueva York. Aquel hogar fue una especie de consulado no oficial y R. un cónsul *ad honorem* de los visitantes o exiliados políticos de América Hispana. CECILIO ARRASTIA

REMBRANDT VAN RIJN (1606-1669). Pintor holandés. Educado en la cultura humanística de la "edad de oro" holandesa en la universidad de Leyden, desde joven conquistó la elegante clientela de arte con su retrato de grupo, *Lección de anatomía del Dr. Tulp* (1632). Desde que se casó con Saskia hasta la temprana muerte de ella (1634-42), R. floreció pintando retratos de tamaño natural, temas bíblicos y paisajes fantásticos al estilo barroco de moda; toques de exotismo oriental y su genial y un tanto sombrío claroscuro dieron a la vigorosa acción que desborda los marcos, o al penetrante estudio de carácter, una dimensión extra de aplomo: p.e., el *éclat* del magistral mural, *Ronda nocturna* (1642).

De allí en adelante los cuadros adquirieron un sombrío misterio, de modo que los parches de luz dorada no dramatizaban los rasgos y sucesos externos tanto como iluminaban los significados ocultos, profundidades que trascienden la penetración de la mirada. Aquel cálido negror que Picaso afirmaba ansiar haber pintado, deja atrás las fantasías mitológicas y descarta el mero sentido de percepción; la oscuridad de los posteriores retratos de R. revela la existencial verdad de cómo los hombres pueden sufrir la desdicha al par que continúan creyendo en la presencia de Dios. La severa mirada de la autoridad resuelta a ser justa, la pensativa ternura de una ennoblecedora tristeza y el dolor de la atribulada felicidad del vivir surgen vez tras vez de las gruesas pinceladas, exuberantes de color, casi de bosquejo, o del grueso impasto espatulado por R.; véanse, p.e., el *Hombre del casco dorado* (1652), *Betsabé después del baño* (1654), *Saúl y David* (c.1660). Otras de sus últimas obras como el glorioso *Buey desollado* (1665, en el Louvre), y la inolvidable *Pareja nupcial* (judía) (c.1665) muestran una dimensión intuitiva jamás superada en la historia de la pintura.

La verdad redescubierta por la Reforma en el sentido de que los hombres en nuestro mundo lleno de pecado aun pueden revelar la obra de Dios, y que la vocación y el llamado de Dios al hombre para realizar una tarea es una realidad intangible pero eterna, y que la Gracia puede *morar* en la humana vida cotidiana, santificando cosas tan normales y comunes como el trabajo y el matrimonio, Rembrandt la pinta suave y magistralmente para quienes tengan ojos para verla. CALVIN SEERVELD

REMIGIO (Remi) (c.438-c.533). Obispo de Reims y "apóstol a los francos". Hijo de un conde de Laon, fue proclamado obispo de Reims a la edad de 22 años. En 496 obtuvo su mayor triunfo: el bautismo de →Clodoveo, rey de los francos, y de 3.000 de sus súbditos, después de la batalla de Tolbiac. Diversas leyendas tratan de las relaciones entre R. y Clodoveo, p.e., que el obispo otorgó al rey el poder de "sentir al tacto lo que pudiera dañar al rey". Mediante sus incansables esfuerzos también fundó los obispados de Arras, Cambrai, Laon, Térouanne y Tournai, y envió misioneros a los arrianos de Borgoña. En 1049 León IX hizo trasladar los restos de R. a la abadía de San Remi. PETER TOON

REMONSTRANTES (1610). Los r. eran un grupo revisionista dentro del calvinismo holandés, relacionado con las controversias que desembocaron en el Sínodo de →Dort (1618-19), en el cual fueron condenados. Eran seguidores de Arminio, cuyas enseñanzas en la facultad teológica de Leyden provocaron amplia controversia. Tras la muerte de Arminio en 1609, Uytenbogaert tomó la iniciativa al redactar la *Remonstrance* ("Protesta") de 1610, dirigida a los Estados Generales de la provincia de Holanda (donde estaba ubicada Leyden) y representó la posición del partido →arminiano. La *Remonstrance* plantea cinco puntos, todos respecto al intento de Arminio tendiente a suavizar el concepto calvinista ortodoxo de la predestinación y a salvar algo del libre albedrío del hombre. Sostiene que el decreto de la predestinación no es absoluto, sino condicionado a la respuesta humana; que la oferta de salvación se dirige a todos los hombres y que, en principio, todos los hombres pueden ser salvos; que el hombre puede ejercer adecuadamente su libre albedrío solo después de recibir la gracia; pero que puede aceptarse o rechazarse; por tanto, los creyentes pueden caer de la gracia.

Aceptar estos puntos habría significado revisar la →Confesión Belga y el →Catecismo de Heidelberg, generalmente aceptados como normas doctrinales por las iglesias calvinistas holandesas. La *Remonstrance* provocó la *Contra-Remonstrance* de 1611, que planteó la posición ortodoxa. A los contra-remonstrantes les pareció que lo que se proponía era claramente una posición →semipelagiana, con la cual se eliminaba la seguridad de la salvación. La controversia se mezcló con problemas políticos; los r. fueron apoyados por el poderoso Oldenbarneveldt, pero adversados por el *stadhouder* Mauricio de Orange. Los Estados Generales emitieron edictos que prohibían continuar la controversia, pero no se les hizo caso.

En 1618, con el encarcelamiento de Oldenbarneveldt, terminó la lucha política y los Estados Generales convocaron el Sínodo de Dort para zanjar la cuestión religiosa. Privados de su principal caudillo político, los r. quedaron impotentes y el sínodo pronto declaró erróneas sus doctrinas. A los ministros r., unos 200, se les prohibió el uso del púlpito y muchos fueron exiliados por perturbar la paz. Uytenbogaert y →Episcopius fundaron la Hermandad Remonstrante integrada primero por los pastores expulsados; muerto Mauricio en 1625, nuevamente se toleró a los r. En 1630 se fundó en Amsterdam un seminario con Episcopius como figura principal; dicho seminario se volvió cada vez más "liberal", dirigido por los capacitados teólogos Courcelles (m.1659), Limborch (m.1712), →Leclerc (m.1736), y Wettstein (m.1754). Durante el s.XVIII el número de r. decreció, pues adherentes suyos abrazaron el socinianismo y el deísmo. Pero a fines del s.XIX debido a que muchos no gustaban de la excesiva ortodoxia de la Iglesia Reformada Holandesa, los r. lograron un modesto crecimiento. En 1873 el seminario fue trasladado a Leyden. El número actual de miembros sobrepasa los 25.000. DIRK JELLEMA

RENACIMIENTO. Término con que los historiadores describen un especial período de la historia europea, que aproximadamente corresponde a los ss.XIV, XV y XVI. Este "renacer" se refiere en general a un florecer de la cultura, aunque la mayoría de los historiadores actuales tienden a considerarlo más como una época de movimientos y transición acelerada, que como un tajante rompimiento con el pasado medieval.

El R. comenzó en Italia con un renovado interés en el estudio de los clásicos, movimiento conocido como "humanismo". En lo intelectual, pues, el R. fue un período de intenso examen tanto de la forma como del contenido de los textos clásicos. A →Petrarca (m.1374) suele considerársele "el primer humanista", tras el cual vino una hueste de excelsos literatos: Giovanni Boccacio (m.1375), Lorenzo →Valla (m.1457), y Giovanni →Pico della Mirandola (m.1494), para nombrar apenas algunos. El interés de este despertamiento clásico se centró en el hombre y su relación con el presente mundo material, más que en Dios y el mundo venidero, a diferencia de cómo se pensaba en el medioevo. Pero por sobre todo, el R. italiano fue una época de supremos logros culturales. Fue un período tachonado de genios y de varones influyentes, p.e. León Battista Alberti (m.1472), Leonardo da Vinci (m.1519), →Rafael (m.1520), Niccolo →Maquiavelo (m.1527), →Miguel Angel (m.1564), y Benvenuto Cellini (m.1571).

Cuando en el s.XV y principios del XVI el R. traspasó los Alpes hacia el N, adquirió tono y énfasis más religiosos. La mayoría de los humanistas del N se interesaron más en los clásicos cristianos (p.e., el NT y los Padres) que en los textos paganos. Se preocuparon también por reformar la iglesia según principios apostólicos. Dado su deseo de aplicar el humanismo a cuestiones de reforma, suele llamarse "humanistas cristianos" a estos eruditos. Entre ellos están John →Colet (m.1519), Johannes →Reuchlin (m.1522), Tomás →Moro (m.1535), Jacobo →Lefèvre (m.1536) y el gran →Erasmo (m.1536).

Aunque aun se debate la cuestión de la exacta relación entre el R. y la Reforma Protestante, está claro que aquel movimiento afectó de varias maneras importantes el curso de la historia cristiana. Primero, las actitudes, valores y prácticas del R. penetraron en la jerarquía romana de la época. Para cuando Martín →Lutero redactó sus 95 tesis en 1517, la sede pontificia tenía una larga historia de ocupantes que estaban insensibles a las necesidades espirituales de los fieles, y más interesados en posesiones territoriales que en reformas, más dados a la política que a la piedad. Segundo, las acres críticas de los humanistas cristianos contra los abusos clericales, y su llamado a la reforma, se sumaron al creciente desasosiego de la cristiandad occidental. El viejo dicho de que "Erasmo puso el huevo que Lutero incubó" tiene mucho de verdad. Tercero, después de 1517 muchos humanistas jóvenes se volvieron protestantes, p.e., Ulrico →Zwinglio (m.1531), Felipe →Melanchton (m.1560), Juan →Calvino (m.1564) y Teodoro →Beza (m.1605).

ROBERT D. LINDER

RENACIMIENTO CAROLINGIO. Avivamiento del saber bajo el reinado de Carlomagno (768-814) que duró hasta las invasiones nórdicas. El imperio de Carlomagno fue el primer intento de gobierno unificado desde la caída del Imperio Romano y fue presentado como su re-creación. Carlomagno deseaba un clero ilustrado para que tuviera éxito y perdurara. A esto se debe su intento de avivar el antiguo saber. Aunque fue más funcional que creativo, el renacimiento detuvo la ignorancia y el analfabetismo y preservó la cultura clásica para futuras generaciones. El intento de Carlomagno de continuar con la antigua cultura tenía una significativa diferencia: iba a ser cristiano. Como →Alcuino expresó en una carta dirigida a Carlomagno: "Si vuestras intenciones son llevadas a cabo puede ser que una nueva Atenas se levante en Francia, una Atenas más bella que la antigua, porque nuestra Atenas, ennoblecida con las enseñanzas de Cristo, sobrepasará la sabiduría de la Academia".

Carlomagno recurrió a los eruditos contemporáneos. De Italia llevó al gramático Pedro de Pisa y al historiador Pablo el Diácono. De España llegó el visigodo Teodulfo, poeta y hombre de letras, para ser obispo de Orleans. Principalmente recurrió a la floreciente cultura anglosajona resultante de la fusión del monaquismo irlandés y benedictino en Northumbria bajo Beda, llevando a Alcuino de York que se convirtió en cabeza de la escuela palaciega de Aquisgrán y mayor organizador del renacimiento. Este último tuvo tres aspectos: (1) medidas para preservar el alfabetismo. Alcuino estableció un deletreo general a través de todo el imperio y desarrolló una clara escritura con la hermosa minúscula carolingia que fue originadora de algunos de los más bellos manuscritos medievales; (2) escuelas establecidas en monasterios (p.e.: Tours, Fulda, Fleury) y catedrales para impartir más amplia educación; (3) el contenido de la educación. El antiguo sistema romano era mayormente retórico y literario. Alcuino constituyó el curriculum partiendo de las siete artes liberales del *trivium* (gramática, retórica, lógica) y el *quadrivium* (aritmética, astronomía, geometría, música) tal como fue expuesto por →Boecio y →Casiodoro.

Las →capitulares promulgadas por Carlomagno desde 787 pusieron en vigencia estas medidas. Aunque el movimiento finalizó con la caída del Imperio, rescató a la cultura de extinguirse y estableció un fundamento educativo que fue punto de partida para el renacimiento del s.XI. J.G.G. NORMAN

RENAN, JOSEPH ERNEST (1823-1892). Humanista francés, historiador de la religión y filólogo orientalista que perturbó tanto a católicos como a protestantes con *La Vie de Jésus* (1863). Valiéndose de la nueva crítica textual y filológica alemana y de los supuestos de un escéptico racionalista, retrató a Jesús como un predicador ambulante verdaderamente notable, pero de ningún modo como el Hijo de Dios. Dicho retrato se produjo en el momento histórico para él más oportuno, y alcanzó inmensa popularidad entre el creciente círculo de líderes escépticos. La obra se expandió hasta convertirse en la *Histoire des origines du christianisme* (7 vols., 1863-81), a la cual se sumaron estudios sobre los apóstoles, Pablo, el Anticristo, la iglesia primitiva, y el fin del mundo antiguo. Escribió *Histoire du peuple d'Israël* (5 vols., 1887-93) con igual perspectiva.

R. había recibido crianza católica y preparación de seminarista para ingresar en el sacerdocio, el cual abandonó en 1845 junto con su fe católica. Después, participó en numerosas expediciones arqueológicas en el Cercano Oriente, y fue profesor de hebreo en el *Collège de France* (1862) hasta que lo destituyeron debido al furor provocado por su *Jésus*. Fue reintegrado a su puesto (1870) y nombrado director del Colegio (1879) bajo la Tercera República secularista.

C.T. McINTIRE

RENOVACION CATOLICA. Término genérico que traduce el vocablo italiano →*aggiornamento* ("ponerse al día") y que se refiere a varios movimientos contemporáneos de revitalización los cuales, juntos y por separado, siguen influyendo en la ICR. La renovación se manifiesta de cuatro maneras:

1. *La renovación bíblica* recibió su primer impulso a fines del s.XIX con →León XIII. Gracias a investigaciones serias que se realizaban en centros como la del Instituto Bíblico de Roma y en la *Ecole Biblique* de Jerusalén, y a la influencia de la exégesis bíblica protestante, el temor al "modernismo", que motivó la encíclica *Spiritus Paraclitus* (1920) de →Benedicto XV, fue paulatinamente desapareciendo. La encíclica de →Pío XII, *Divino afflante Spiritu* (1943), puso su sello de aprobación sobre la renovación bíblica, dando directrices para una exégesis más libre, instando al uso de los instrumentos de la crítica textual y animando a los escrituristas a buscar nuevas soluciones a viejos problemas, dentro de los parámetros de los dogmas católicos.

A partir de León XIII el número de comentarios, estudios monográficos, revistas y diccionarios bíblicos por escrituristas católicos aumentaba vertiginosamente. Arqueólogos como el P.R. de Vaux, descubridor de importantes textos en Qumrán, geógrafos, etnógrafos y filólogos han contribuido notablemente al cúmulo de conocimientos bíblicos. Dos señales de la vitalidad de la renovación bíblica son las numerosas asociaciones y reuniones de biblicistas católicos, y sobre todo, el gran número de versiones católicas vernáculas de las Escrituras desde 1943 en adelante. Se puede aseverar que las otras dimensiones de la renovación católica se deben en gran medida a la renovación bíblica.

2. *La renovación litúrgica.* Casi desde los comienzos del s.XX existió en el N de Europa y en EUA un →movimiento litúrgico que tuvo como consecuencia el Congreso Litúrgico de Asís en 1956. Posteriormente, preocupaciones de índole pastoral, apoyadas en una extensa investigación bíblico-histórica, posibilitaron ciertos cambios en las formas de la liturgia, evitando alterar su significado. La *Constitución sobre la Sagrada Liturgia* (1963), el primer documento oficial del Concilio →Vaticano II, dio lugar a una serie de directrices concretas que afectarían a todos los ritos de la Iglesia. El Concilio se dejó guiar por intereses pastorales, procurando que la liturgia fuese más coherente, inteligible y significativa sobre todo por el uso de idiomas vernácu-

los. Pese a esto, no todos han recibido con beneplácito estos cambios litúrgicos, como lo demuestra la actitud beligerante del obispo francés Lefevre.

3. *La renovación carismática* nació dentro de un pequeño grupo de profesores de la universidad católica de Duquesne (Pittsburg, EUA) cuya búsqueda de una fe cristiana más vital culminó el 13 de enero de 1967 en su "bautismo en el Espíritu", durante un culto carismático protestante. Los involucrados, cursillistas activos, habían estudiado *La cruz y el puñal* y *Hablan en otras lenguas* por autores protestantes. Pocas semanas más tarde, el fenómeno se repitió en las universidades de Notre Dame y Michigan State. Con el tiempo, fueron involucrándose monjas y miembros del clero.

El movimiento llegó a AL a través de contactos informales, de publicaciones y como fruto de la activa labor de equipos de religiosos carismáticos. Durante sus primeros años el movimiento latinoamericano creció rápidamente. En 1973 y 1974 se realizaron en Colombia los primeros dos Encuentros Carismáticos Latinoamericanos (ECCLA I & II), seguidos por encuentros cada vez mayores en Puerto Rico (1975), México (1976), Caracas (1977) y Lima (1979). Se reúnen, también, concurridos congresos nacionales en varios países. En cada país una comisión de servicio, asesorada por el clero, coordina y regula las actividades del movimiento.

La renovación carismática se caracteriza por los miles de pequeños grupos que se reúnen para oración y estudio bíblico, por la espontaneidad de su culto y por su aceptación de los carismas novotestamentarios. El movimiento también enfatiza el "bautismo en el Espíritu", experiencia que se interpreta como la renovación del don del Espíritu Santo que fue otorgado al cristiano en su bautismo por agua. La renovación carismática ha gozado del apoyo de varios obispos, incluyendo al Cardenal L.J. Suenens, ex-primado de Bélgica. →Pablo VI le dio su bendición al movimiento durante el congreso carismático realizado en Roma en 1975, en la fiesta de Pentecostés. La política de →Juan Pablo II parece orientarse hacia un mayor control del movimiento, según se ha podido observar en varios países.

4. *La renovación ético-social.* Aunque el cristianismo de los primeros siglos tuvo un fuerte contenido ético-social, la iglesia católica, durante gran parte de los últimos mil quinientos años, fue aliada de las clases gobernantes y opresoras de los pobres. En el s.XIX, el desmembramiento del esquema de la "cristiandad" obligó a la iglesia a enfrentarse creativamente a nuevas realidades. El embrión de esta nueva percepción fue anunciado en 1888 por León XIII en la encíclica *Rerum Novarum,* la cual fue conmemorada por pronunciamientos papales en 1928, 1941 y 1971. En el corto plazo de quince años, la doctrina social de la Iglesia evolucionó en forma asombrosa. A partir de *Mater et Magistra* (1961) y *Pacem in Terris* (1963) de →Juan XXIII, se han promulgado *Populorum Progressio* (1967) de →Pablo VI, *Gaudium et Spes* del Vaticano II y los documentos del segundo y tercer Sínodo de Obispos, en los que se puede percibir el desarrollo del pensamiento ético-social de la Iglesia Romana.

En América Latina, la Segunda Conferencia Episcopal (→Medellín) trazó en 1968 los lineamientos pastorales para una década de avances ético-sociales, y de confrontación con el totalitarismo estatal. La evidencia más dramática de esta renovación son las →comunidades de base y las →teologías de liberación. En 1979 CELAM III (→Puebla) definió una postura ético-social más ambigua que aparentemente goza del apoyo del Vaticano.

GUILLERMO COOK

RENOVACION EVANGELICA EN AMERICA LATINA. Conocido simplemente como "la Renovación". Aunque posteriormente ha sido muy influenciado por el movimiento carismático en EUA, cuyos inicios se han fijado arbitrariamente en 1960, la r. tuvo tempranos orígenes en varios países latinoamericanos.

La *Renovaçao* en el Brasil comenzó con un avivamiento en 1958 entre los estudiantes del Seminario Bautista de Río, con raíces en el movimiento mundial de avivamiento espiritual. Pronto se extendió a casi todas las denominaciones históricas en el país. Las acciones incautas de los creyentes "renovados" y la intolerancia de los líderes denominacionales frente a las manifestaciones carismáticas que acompañaron a este despertar produjeron cismas en varias de las principales denominaciones tradicionales. Algunas de las nuevas iglesias se han transformado paulatinamente en agrupaciones pentecostales sumamente legalistas.

En 1964, un grupo de líderes argentinos, inquietados por los ministerios de Kenneth →Strachan y de Watchman →Nee, comenzó a buscar una experiencia más profunda con el Señor y fueron sorprendidos por manifestaciones carismáticas. El movimiento de renovación se extendió rápidamente a la mayoría de las denominaciones, incluyendo algunos grupos pentecostales. Los líderes más conocidos del movimiento han sido los pastores Juan Carlos Ortiz, Jorge Himitián, Orvill Swindoll, Keith Benson y Alberto Mottesi. Aunque actualmente el número de iglesias relacionadas con la r. en la Argentina es relativamente pequeño, su radio de influencia ha sido muy extenso, alcanzando todos los países del Cono Sur, el sur del Brasil, Ecuador y Costa Rica, y en menor grado a otros países latinoamericanos y a iglesias hispanas en los EUA. A un encuentro celebrado en 1979 en El Embalse, Prov. de Córdoba, asistieron más de 2.000 líderes de la r. evangélica y católica en AL.

Durante la década de 1970, el movimiento de r. se ha extendido por AL principalmente desde EUA. Han surgido como resultado un número considerable de grupos y de congregaciones independientes relacionadas entre sí por medio del intercambio de predicadores, por la revista *Vino Nuevo* (publicada en Costa Rica) y a través de numerosos programas radiales. Varios programas de televisión de origen estadounidense están teniendo un efecto homogenizador que está produciendo un movimiento que es casi un apéndice teológico e ideológico del fenómeno carismático en Norteamérica.

El énfasis teológico principal de la r., de origen argentino y norteamericano, es sobre el señorío de Jesucristo ("el evangelio del Reino") y sus implicaciones para la totalidad de la vida de la iglesia. Visto positivamente, esto se manifiesta en la revitalización de la vida comunitaria de la iglesia *(koinonía),* en un énfasis bíblico sobre la unidad de la iglesia, en la espontaneidad e innovatividad de la liturgia como resultado de un nuevo espíritu de adoración, y en un fuerte énfasis sobre el discipulado. Visto negativamente, el discipulado a menudo ha sido practicado de una manera demasiado estructurada y piramidal (el llamado "acoyuntamiento"). Existe también en algunos grupos una preocupación desmesurada por los carismas que alimentan a las necesidades personales de la congregación en particular con escasas evidencias de preocupación evangelística y social.

GUILLERMO COOK

REPUBLICA DOMINICANA. El 6 de en. de 1494 se celebró el primer culto cristiano en el Nuevo Mundo, en la isla de Santo Domingo. Allí se estableció la Catedral Primada de América. Así comenzó esa escabrosa historia de la Iglesia Cristiana en la República Dominicana.

A pesar del énfasis religioso en la conquista de América, el objetivo de la evangelización en América no fue parte del contrato original con los Reyes. Se incluyó luego para obtener la donación papal de esa región a la corona española. Pronto los que iban a ser evangelizados fueron esclavizados y exterminados. En medio de ese crimen, Fray Antonio →Montesinos con su sermón en 1511 y Padre Las Casas de 1515 en adelante, se convertirán en defensores de indios, pero no así de los negros, que llegaron a sustituir el agotado combustible humano de indígenas.

En esos primeros años sobresale la contribución educativa de los franciscanos y dominicos. Estos últimos logran el establecimiento de la primera universidad de América en 1538: la Universidad de Santo Tomás.

Con el despoblamiento y abandono de las Antillas, los franciscanos se establecieron en el occidente de la isla que llegó a llamarse Haití. El intenso desarrollo económico hizo posible el alto número de población esclava, la cual habría de rebelarse a la proclamación de igualdad y fraternidad de la Revolución Francesa. De aquí en adelante, la historia de ambas partes de la isla será indisoluble.

Al terminar la revuelta haitiana, con la integración de los generales negros al ejército francés y luego de la segunda revuelta con la que Dessalines proclama la República de Haití en 1804, la Dominicana quedó integrada a Haití por el Tratado de Basilea. En ese período el primer arzobispo, Monseñor Pedro Varela, se convirtió en un valiente símbolo de nacionalidad.

Durante la presidencia del haitiano Boyer vino la gran inmigración protestante de 6.000 negros libertos de EUA por gestión del Rev. Thomas Paul de la Iglesia Bautista Africana de Boston, con la Iglesia Presbiteriana Bethel de Nueva York, la Iglesia Metodista Episcopal de Filadelfia, la Iglesia Africana Episcopal de Zión y varias sociedades abolicionistas. La mayor parte se estableció en Samaná y Puerto de Plata. Ambas iglesias fueron dirigidas eventualmente por la Iglesia Metodista de Inglaterra.

En 1844 el movimiento de los Trinitarios, bajo el liderato del General Juan Pablo Duarte, logró expulsar a los haitianos y proclamar la independencia de la R.D. Una sucesión de dictadores oportunistas trató de anexionarla a EUA, a Francia y a España, en varias ocasiones con el beneplácito de la jerarquía de la ICR, la cual, sin embargo, no estuvo privada de héroes de envergadura. Fue la época en que el joven sacerdote Arturo Meriño, quien luchó para derrotar el protectorado español, llegó a suceder a Duarte, y a convertirse en un extraordinario y honesto presidente de la República, luego de haber sido rector del Seminario y artífice de las relaciones entre Roma y la R.D. Al cumplimiento de su mandato fue nombrado arzobispo de Santo Domingo.

Ya enfermo, sufre la invasión de los norteamericanos que ocuparon el país entre 1916 y 1924 durante el primer período de expansión de EUA en el Caribe. Monseñor Alejandro Novel, historiador, canonista y teólogo tomó de él las riendas de la Iglesia.

En este periodo de ocupación las denominaciones protestantes intensificaron su trabajo misionero. Ya en 1836, los metodistas de Samaná habían pedido a los wesleyanos de Puerto de Plata bajo la dirección del Rev. Tindall la ayuda del Rev. Cardy y habían comenzado el primer trabajo misionero en castellano. A pesar de la fusión con la Iglesia Evangélica Dominicana, los de habla inglesa decidieron permanecer como Iglesia Africana Metodista Episcopal hasta el día de hoy.

La Iglesia Metodista Libre (base de la actual Iglesia Evangélica Dominicana) fue, sin embargo, la primera en realizar trabajo en gran escala entre los dominicanos propiamente. Su crecimiento original se debió a los puerto platenses Julian Kingsley y F. Holingshead, descendientes de aquella gran migración, y al predicador Samuel Mills, que a finales del s.XIX organizaron un agresivo programa de predicación. En 1908 se organizaron oficialmente. Son conocidos por su extraordinario trabajo médico en barrios pobres.

La Iglesia de los Hermanos →Moravos comenzó en la R.D. en 1904, aun cuando desde el s.XIX venían muchos moravos en calidad de obreros migrantes de la caña. Eran preferidos por los patronos por su disciplina, aunque algunos, como el Rev. D.G. Phillipes, fueron expulsados de la R.D. en 1920 por su actividad sindical en favor de los obreros explotados.

Los →episcopales norteamericanos, que habían llegado en 1823, no tuvieron sacerdote ordenado hasta 1898. Durante la ocupación en 1918, con el arcediano Rev. Wyllie se inició el trabajo amplio. Desafortunadamente este organizó una congregación segregacionista. Los negros se sentaban aparte y recibían la comunión a lo último, ofensa ésta que el noble Rev. Bryan habría de reivindicar hasta que el Obispo Carson, de Haití, le prohibiera continuar oficiando. Contrario a éstos, el Rev. Charles Raymond Barns habrá de constituirse en el primer mártir protestante por causa de su señalamiento de la masacre de haitianos a manos de Trujillo. Igualmente será reconocido Phil Wheaton por sus servicios a los necesitados. Contrario al Rev. Barns, los capellanes de la frontera, jesuitas, ocultaron esa matanza de más de 20.000 haitianos en 1937.

Con la invasión de los norteamericanos, el americanista liberal Samuel Guy →Inman, intentó evitar la proliferación de misiones protestantes y logró el establecimiento del →Comité de Cooperación para América Latina de cinco denominaciones y la Junta de Servicio Cristiano en Santo Domingo. Con su estímulo se organizó en 1921 la Iglesia Evangélica Dominicana, en ciernes hacía 10 años, compuesta ahora por varias denominaciones. Cuando la antigua Iglesia Metodista de Samaná se unió a la Iglesia Evangélica Dominicana, su nuevo pastor, el joven puertorriqueño Domingo Marrero Navarro, cambió el culto del inglés al castellano. Otro puertorriqueño, Miguel Limardo, le sucedió en el pastorado, como primer ministro ordenado por la Iglesia Evangélica Dominicana. Fundó el periódico *Nuestro Amigo.*

Al retirarse los norteamericanos en 1922 dejaron una Guardia Nacional bajo el mando de Rafael Leonidas Trujillo, quien pronto habría de convertirse en el más absoluto y sanguinario dictador de la historia moderna. Treinta años de asesinato y tortura formaron una generación temerosa y sumisa. Las Iglesias también fueron afectadas seriamente por ese ambiente.

Con este dictador la ICR firmó un Concordato en 1954 haciéndose ciega a sus múltiples crímenes y desmanes. Monseñor Pittini presidía la complicidad. Trujillo entendía que la legitimación religiosa de su régimen era esencial a su dominio.

A pesar de esto hubo momentos de valentía al final de su régimen cuando, Monseñor Panal, de Las Vegas, y Monseñor Polanco Britto, de Santiago, le hicieron frente al dictador y le negaron el título del "Benefactor de la Iglesia". Desgraciadamente, estos mismos no pudieron hacer la transición a una sociedad democrática y pluralista con el régimen del Presidente Juan Bosch, luego de la muerte de Trujillo en 1960, de cuya caída la ICR fue la responsable principal internamente. Sin embargo, lograron continuar su desarrollo teológico con el impacto de →Vaticano II y →Medellín. Aun cuando resistieron y rechazaron los jóvenes radicales de los movimientos de acción católica en la línea de Medellín y de una →Teología de la Liberación, estuvieron dispuestos a dar una lucha sin cuartel en contra de los terratenientes y en favor de los campesinos explotados y oprimidos, al punto de enfrentarse al Presidente Balaguer con toda la fuerza de la palabra de Dios y de la amenaza de la excomunión. Los nuevos obispos Roque Adames y Juan A. Flores, representantes de una generación más adelantada fueron vitales en ese proceso.

Durante esos tiempos difíciles les tocó desempeñar el pastorado protestante a hombres esforzados como Carlos Amado Ruiz, Raymundo García y los hermanos Santil. Los esfuerzos de movimientos ecuménicos y de servicio social como el Movimiento Estudiantil Cristiano, y Servicio Social de las Iglesias Dominicanas ganaron un lugar en la historia.

Las iglesias evangélicas en su gran mayoría, sin embargo, se han dedicado a la "evangelización personal" sin advertir, excepto en honrosas excepciones, la relación del evangelio con las estructuras socioeconómicas y políticas que forman la personalidad de los hombres y determinan su vida diaria. Numerosos grupos han proliferado en los últimos años. Estos constituyen una presión sobre las iglesias históricas por su capacidad para captar nuevos miembros y por su vitalidad entre los marginados.

Entre estos se han establecido los siguientes: Iglesia Adventista (1909), Iglesia de los Templos Bíblicos de la Misión de las Antillas (1939), Iglesia Menonita (1945) y numerosas entidades pentecostales a partir de 1942, incluso sectas como los Testigos de Jehová (1942).

Es importante señalar, no obstante, que durante la revuelta constitucionalista de abril de 1965, jóvenes protestantes estuvieron participando con sus armas en la defensa de la constitucionalidad. La radicalización de esa generación tomó forma en actividades ecuménicas de servicio social en los barrios pobres, de lo cual el Centro de Planificación y Acción Ecuménica es un buen ejemplo hoy.

Con estas se pasa del mero "asistencialismo" a la lucha por la "concientización" de las masas, para viabilizar su participación en un cambio social orientado hacia la justicia y fraternidad que se desprende de la predicación del Reino de Dios.

De todos los países latinos del Caribe, la R.D. tiene el grupo de protestantes menos numeroso, a pesar de su presencia significativa. Es probable que esto sea en razón del alto número de extranjeros en el ministerio cristiano en un país que ha sufrido tantas intervenciones extranjeras y las continúa sufriendo en varias formas.

SAMUEL SILVA GOTAY

REQUIEM. Misa de difuntos. El r. es la composición musical que la acompaña. Su nombre proviene de la primera palabra del introito. *Requiem aeternam dona eis Domine* ("Dales eterno descanso, oh Señor"). Este introito suele también recitarse independientemente, como oración por el alma del difunto. Aunque el réquiem estaba destinado a cantarse únicamente en los funerales, en recordatorios de aniversario de defunciones y en el Día de los Difuntos (1o. de nov.), por su limitado empleo se convirtió en forma de concierto. Las secciones con que se inicia el r. emplean melodías tradicionales del canto gregoriano, y ya en el s.XVIII, en su ejecución había adquirido importancia el acompañamiento orquestal. El R. de Guiseppe Verdi en memoria del novelista italiano A. Manzoni es probablemente el más conocido.

ROYAL L. PECK

RESERVA MENTAL. Acto de callar o "reservar" en la mente alguna cosa, con lo que se pretende convertir en verdadera una declaración literalmente falsa. La r.m. surge del conflicto entre la obligación de decir la verdad y la de guardar un secreto. Un político, frente a una pregunta comprometedora, podría responder "No lo sé"; su r.m. sería: "en mi carácter de ciudadano particular". La doctrina de la r.m. se encuentra en la teología moral católica romana, que afirma que mentir es siempre y necesariamente pecaminoso. La mentira es una declaración intencional de lo que es contrario al íntimo pensamiento del que la expresa. Es también una ofensa contra la justicia, pues la verdad es una deuda contraída con el prójimo. La enseñanza de la ICR ha distinguido dos clases de r.m.: la r.m. estricta *(reservatio stricte mentalis)* supone que el hablante añade mentalmente ciertas calificaciones a lo que ha dicho, con el propósito de que el sentido sea diferente y el oyente resulte engañado. La r.m. amplia *(reservatio late mentalis),* por otra parte, surge de la permitida ambigüedad de las palabras o de las circunstancias en que se pronuncian. La r.m. estricta fue condenada por →Inocencio XI en 1679. La amplia, sin embargo, no constituye mentira, con tal que sea justificada. En este caso, el hablante permite que su interlocutor permanezca en su equivocada

interpretación de palabras que admiten más de un sentido. [Grocio distinguió entre la mentira, considerada como una expresión falsa injustificada, y el falsiloquio, que es una falsedad justificada. Algunos consideran que esta distinción es superflua y contraria a la virtud de la veracidad.]
HOWARD SAINSBURY

REUBLIN, WILHELM (c.1482-c.1559). Reformador →anabaptista. N. en Rottenburg en Alemania y estudió en Friburgo, en donde fue consagrado clérigo. Después de servir en las parroquias de Tubinga y Griessen llegó a ser sacerdote del pueblo en Basilea (1521). Multitudes escuchaban sus exposiciones de las Escrituras, y lo apoyaron cuando el obispo protestó por los ataques que R. hacía a la misa. Pasó a Zurich, y fue el primer sacerdote suizo que se casó (1523). Junto con otros, fue expulsado luego de la Disputación de 1525. Durante su peregrinar subsiguiente, R. ganó a B. →Hubmaier y a la ciudad de Waldshut para la causa anabaptista, tuvo en Estrasburgo una polémica con →Capito sobre el bautismo, llamó para la ciudad de Horb a Michael Sattler, fue sacado violentamente de Esslingen (1528), y denunciado como falso profeta por correligionarios anabaptistas en Moravia (1531). En 1535 ya se había apartado del anabaptismo y después vivió en Znaim, Zurich y Basilea.
J.G.G. NORMAN

REUCHLIN, JOHANNES (1455-1522). Humanista alemán. N. en Pforzheim, Alemania y estudió bajo la dirección de los →Hermanos de la Vida Común en Schlettstadt. Asistió a la universidad de París y estudió derecho en París, Friburgo, Basilea y Orleans. Fue consejero legal del duque de Wurtemberg. Erasmo lo ensalzó como "el trilingüe" R., por su pleno dominio del latín, el griego y el hebreo. Fue el hebraísta más destacado entre los humanistas de comienzos del s.XVI. Sus *Rudimenta Hebraica* fue la gramática hebrea autorizada de la época. R. se empapó de filosofía griega y se convirtió en defensor de la filosofía pitagórica. Su estudio de los escritos hebreos lo llevó a ahondar en especulaciones cabalísticas. Escribió *De verbo mirífico* y *De arte cabbalística.*

R. se ensarzó en una controversia con los teólogos de Colonia, especialmente con Johannes Pfefferkorn y Jakob Hoogstraten. En *Un espejo para los judíos* (1506) Pfefferkorn sostenía que todos los libros hebreos deberían ser confiscados. En 1509 Maximiliano I emitió un decreto en que ordenaba a todos los judíos entregar sus libros. Cuando R. fue consultado, respondió que no debían destruirse los libros y afirmó que debían quemarse solo aquellos que fueran francamente blasfemos y solo después de haber sido condenados de acuerdo con el procedimiento legal adecuado. Defendió el empleo de las obras judías sobre filosofía y ciencias, el Talmud, la Cábala, los manuscritos bíblicos, los libros de oraciones y los himnos en hebreo. Hoogstraten citó a R. para que compareciera ante su tribunal de la Inquisición, acusado de herejía. Mediante John von der Wyck, R. ganó una apelación ante Roma. La controversia evocó no solo *Un espejo para los judíos* por Pfefferkorn, sino la famosa respuesta de R., *Un espejo para los ojos.* El mundo humanista acuerpó a R.; *Cartas de hombres famosos* (1515) contiene el testimonio de los humanistas. Cortus Rubeanus (la primera edición) y Ulrico von Hutten (segunda edición) produjeron las mordaces sátiras que se hallan en *Cartas de hombres oscuros.*

Aunque recomendó a su sobrino-nieto Philip →Melanchton ante Federico el Sabio como instructor en Wittenberg, R. no abrazó la causa luterana. No obstante, estorbó que se quemaran los libros de Lutero en Ingolstadt. León X finalmente condenó los escritos de R. (1520). Sin embargo, se destaca como el humanista alemán más sobresaliente en los primeros años del s.XVI, promotor de la erudición griega y latina.
CARL S. MEYER

REUNIFICACION. La premisa teológica que sirve de base a todo concepto de reunificación está en que la visible iglesia de Dios en la tierra es propiamente, o como máxima expresión, o como arquetipo, una sola entidad: un cuerpo o un organismo. Este concepto se nubla dondequiera los cristianos afirmen o que la única unidad adecuada de la iglesia es invisible (y escatológica) y por lo tanto indivisible, o que la unicidad que se da en la iglesia visible (p.e., en el bautismo y mediante éste) es totalmente indivisible. En una y otra de estas tesis la iglesia *es* una unión que no puede quebrantarse y que por lo tanto no admite reunificación. La primera de las tesis es característica del independentismo clásico o del movimiento de los →Hermanos Libres; la segunda, de los ecumenistas del s.XX al racionalizar sus fallas.

En 1 Corintios Pablo parece indicar que, si bien era teológicamente impensable y virtualmente inmoral que la división penetrara en el cuerpo, en realidad no solo era posible sino que de veras estaba ocurriendo. La armonía y la verdadera unicidad del "cuerpo" local era lo que estaba amenazado, y Pablo no echa la culpa a ningún sector por separado, sino que sencillamente los llama a integrarse y a convivir, sin aceptar "cabecillas" inferiores a Cristo.

La iglesia postapostólica de diversos modos hubo de hacer llamados más complejos. La institución existente tenía derecho preeminente a ser "la iglesia", y quienes se apartaban tenían que retornar a aquella unidad. Para Ignacio, Ireneo, Cipriano y sus contemporáneos, la iglesia verdadera era reconocible como aquellos que mantenían la fe verdadera y estaban unidos a un obispo genuino; la dificultad era que en las disputas no había tribunales superiores ante los cuales apelar para que decidieran quién tenía la fe verdadera y cuáles eran los obispos genuinos. La iglesia verdadera, en última instancia, tenía que autenticarse a sí misma ante sus miembros, y cuando más de una organización pretendía la propia autenticación, la pura fuerza del número o del poder secular (como en el caso de Agustín y los →donatistas) era la que decidía la cuestión.

En los primeros siglos este concepto del único y universal cuerpo de la iglesia significaba que la r. tenía que producirse mediante el retorno individual de los apóstatas o cismáticos, para volver a la unión. Lo que no podía significar que dos denominaciones iguales y que se respetaban mutuamente, se fundieran, dando cada cual su aporte para el futuro. El cismático que regresaba tenía que renunciar a cuanto había sabido y hecho mientras se mantuvo en el cisma; volvía a la unión mediante la sumisión. →Agustín de Hipona dio un pequeño paso hacia los →donatistas al otorgar reconocimiento a los bautismos y órdenes administrados en el cisma, pero ello fue una novedad, y quizá en fin de cuentas engañoso respecto a la eclesiología del propio Agustín. Le dio el primer matiz de respetabilidad a la r. en cuanto le concedió al donatismo ciertas marcas eclesiásticas.

El gran →cisma de la iglesia en los siglos siguientes fue el producido entre Oriente y Occidente, formalizado en 1054, pero que probablemente era inevitable desde mucho antes. En este punto el juicio teológico de una de las partes respecto a la otra se enturbió. Cada una de las partes pretendía el incierto derecho (pretensión que alcanza hasta el presente) a ser la única iglesia verdadera, a la cual debía someterse la otra. Pero eso *era* incierto, y cada una de las partes conservaba por lo menos cierto concepto de que el cisma debía ser sanado mediante algo menos que la total rendición de la otra. Hubo de vez en cuando intentos de reconciliación, el más notable de los cuales fue el Concilio de→Florencia (1438-39).

La →Reforma Protestante trajo una estela de nuevas eclesiologías, y por consiguiente, nuevos conceptos acerca de la unidad de la iglesia. Los reformadores consideraron que Roma había abandonado la verdad a la cual ellos se aferraban, y la culpa del cisma y la obligación del retorno caían entonces sobre el papa. Diferían respecto a si Roma todavía mostraba siquiera algunas de las marcas propias de la Iglesia Cristiana, y más les preocupaba defenderse de ella que buscar la r. con ella. El concepto que tenían de sus propias iglesias era en términos generales, *cuius regio eius religio*, lo cual los dejaba sin deberes constitucionales los unos para con los otros, a no ser el de fortalecerse mutuamente. Finalmente, mostraron varios grados de tolerancia hacia los disidentes que surgían en sus parroquias o distritos, pero por lo general la tolerancia se concedía de mala gana. En Inglaterra la persecución contra los→puritanos (p.e., bajo →Whitgift y →Bancroft) se volvió casi fanática. Nunca existieron dos o más cuerpos que se miraran con mutua comprensión y simpatía y procuraran unirse. Las conferencias de Hampton Court y de Savoy (1604 y 1661) fueron desde este punto de vista parodias de conferencia: sea cual sea su origen, pronto se convirtieron en instrumentos de la política triunfalista del gobernante partido anglicano-episcopal. Una mejor posibilidad surgió en 1689 luego que ambos partidos colaboraron en el derrocamiento de→Jacobo II, pero el fruto no fue una abarcante iglesia unida (como muchos esperaban), sino mayor tolerancia para una diversidad de iglesias.

Una rara e interesante variante de estos movimientos aparece a principios del s.XVIII, cuando el arzobispo →Wake durante algún tiempo (1717-19) mantuvo correspondencia con Du Pin, teólogo católico de La Sorbona. Se proponían, anglicanizándola, apartar del neo-ultramontanismo a la iglesia francesa, hasta llegar a la fraternal unión de las iglesias de Inglaterra y Francia. Más extraño fue el temporal coqueteo de los "no-jurantes" ingleses con la ortodoxia oriental.

En la propia Inglaterra, el s.XVIII presenció el Despertamiento Evangélico. Esto llevó a edificar capillas metodistas junto a iglesias parroquiales en todo el país y marcó una honda división entre ambas: división cultural y sociológica tanto como teológica, un primer ejemplo del papel que "factores no teológicos" desempeñan en hacer que los cristianos se mantengan separados unos de otros. El problema ahora consistía exactamente en lo señalado por 1 Corintios: denominaciones rivales colocadas lado a lado. Muerto Juan →Wesley, no hubo ningún intento de reunificación, y el Movimiento de →Oxford añadió la impresión de una tajante división *teológica* para justificar la ya existente separación. Inglaterra fue una poderosa fuerza en la expansión misionera del s.XIX, de modo que las divisiones inglesas se reprodujeron alrededor del mundo, con las nuevas complicaciones aportadas desde la Europa continental: luteranismo, presbiterianismo y moravismo.

En el s.XX el movimiento ecuménico ha engendrado o fortalecido por todo el mundo iniciativas tendientes a la reunificación orgánica. Pueden mencionarse las uniones de los presbiterianos escoceses en 1900 y 1929, de los metodistas ingleses en 1932, y la unión presbiteriano-congregacionalista de 1972, así como la formación de la →Iglesia Unida de Canadá. Los anglicanos estuvieron unidos con la Iglesia de →India del Sur en 1947, y con las iglesias de →India del Norte y Paquistán en 1970, junto con otras seis denominaciones. Muchas otras uniones se han planeado, pero buen número no se llevaron a la práctica, entre ellas planes en EUA, y entre anglicanos y metodistas en Inglaterra (finalmente fracasada en 1972), en Nigeria, Africa Oriental, Australia y Nueva Zelanda.

Ni la ICR ni las iglesias evangélicas independientes han participado en esas iniciativas, debido a su eclesiología y tradiciones. Estamos llegando a una etapa en que los católicos romanos pueden convertirse, y se están convirtiendo, en "observadores" muy favorables de las iniciativas de otras iglesias, pero carecen de poderes para negociar respecto a uniones locales o nacionales. Simultáneamente, entre los más inclinados a la r. ha surgido la impaciencia, o por lo menos el aburrimiento respecto a todo el concepto de *proyectos* de r. Existe la tendencia a atribuir el origen del cristianismo antiinstitucional al interés por las instituciones característico de los proyectos de años recientes. Así, a principios de la década de 1970, los proyectos específicos de r. que se han planteado sin llevarse a la práctica, yacen bajo una cierta niebla, y surge la pregunta de si el cristianismo institucional no tendrá temas más importantes en su agenda. COLIN BUCHANAN

REVEIL, LE (francés ="El Despertar"). Despertamiento evangélico iniciado en la Suiza francoparlante a comienzos del s.XIX, que para 1825 se había extendido a Francia y los Países Bajos. Sacudió a las iglesias estatales de Ginebra y Vaud, dio origen a iglesias libres en esos dos cantones, ejerció hondo influjo en las comunidades reformadas francesas y holandesas, y complementó los contemporáneos avivamientos en las islas británicas y EUA. *Le Réveil* fue básicamente una reacción contra el racionalismo y el materialismo que la →Ilustración había acarreado a las iglesias establecidas del continente. Sus dirigentes volvieron a poner énfasis en las doctrinas reformadas históricas, especialmente en la autoridad bíblica, la soberanía de Dios, la perdida condición del hombre, la justificación por la fe en Cristo, y la necesidad de la conversión personal.

El despertamiento se había iniciado ya en 1810 con la formación de una asociación de "amigos" en Ginebra, que comenzó a estudiar las Escrituras en procura de renovación espiritual. Cierta cantidad de influencias externas, como las visitas de los evangélicos escoceses Robert →Haldane (m.1842) y Henry Drummond (m.1860), estimularon el despertamiento. Pero el movimiento no fue un simple reflejo del *revivalism* británico, sino que desarrolló su propio carácter distintivo bajo la diestra dirección de César Malan (m.1864), François Gaussen (m.1863), y Merle →d'Aubigné (m.1872) en Ginebra; Alexandre →Vinet (m.1847) en Vaud; Félix Neff (m.1829), Henri Pyt (m.1835), Adolphe (m.1856) y Frédéric (m.1863) Monod en Francia; y Willem Bilderdijk (m.1831), Isaak de Costa (m.1860), y Guillaume Groen van Prinsterer (m.1876) en los Países Bajos. Para fines del siglo, *Le Réveil* había conquistado a la mayoría de la Venerable Compañía de Pastores de Ginebra, extendido por toda la Iglesia Reformada Francesa, y rejuvenecido a centenares de congregaciones holandesas.

ROBERT D. LINDER

REVELACION. Concepto central en la moderna discusión teológica, en su interés por cuestiones acerca de cómo se puede conocer a Dios, acerca de la autoridad religiosa, y (más recientemente) acerca del lenguaje. La idea de que Dios *se da a conocer* en actos de redención y juicio y mediante mensajes proféticos, interpretativos, se halla por toda la Biblia. No es tanto *un* concepto bíblico sino *el* concepto bíblico. El hombre se halla perdido en su pecaminosa ignorancia a menos y hasta que Dios se le revele. La r. es por tanto un acto de gracia. Luego, considerar que la r. sea esencialmente la reacción del hombre ante Dios, o su percepción en cuanto a los caminos de Dios, aunque es opinión dominante en gran parte de la teología moderna, es profundamente antibíblica.

La r. de Dios en la historia ha de entenderse sobre el trasfondo de una revelación general o natural. La propia Biblia enseña que Dios se revela a los hombres en general en la naturaleza, en la historia y en la conciencia moral de ellos (Sal. 19; Ro. 1:18-20). No obstante, el pecado volvió ineficaz esa r. general. Así que la r. especial de Dios es de carácter *redentor.* El se revela no en general —a todos los hombres— sino especialmente: a su pueblo elegido. El propósito eterno de Dios fue desplegar su gloria mostrando su providencia de redención para una creación rebelde.

En la historia del pensamiento cristiano acerca de la r., diversas clases de énfasis se han puesto sobre los dos aspectos de la r.: "general" y "especial". Para →Tomás de Aquino, la r. general (y con ella la teología natural) es muy prominente. Mediante el uso de su razón el hombre es capaz de alcanzar un rudimentario conocimiento de Dios con base en la r. natural de Dios. Para Calvino, la teología natural no es prominente. El hombre conoce a Dios (y al conocerlo se conoce a sí mismo) en las Sagradas Escrituras, y el verdadero conocimiento está condicionado por la interna iluminación espiritual. Karl Barth entiende la r. en términos activistas: Dios se da a conocer *ahora,* cuando por fe uno lee, predica y recibe la Escritura. Así que la Escritura no es r., sino el vehículo de la r.

La r. especial tiene que ver con la actividad de Dios en los asuntos humanos. Por tanto es histórica y procede por etapas. El modo de la r. se adapta entonces a la época y a la etapa de la historia redentora, pero tiene su culminación en "el hecho de Cristo". Dios ha hablado, finalmente, en su Hijo, en su enseñanza, en su obra expiatoria y en el testimonio apostólico interpretativo. La r. del AT prepara para Cristo. Cristo no repudia el AT sino que lo cumple.

El carácter histórico de la r. hace patente su carácter sin igual. No es una mera reedición de las enseñanzas de la religión natural, ni ha de considerarse al mismo nivel de las "revelaciones" del misticismo o del ocultismo. Además, al llamar "histórica" a la r. se subraya el carácter *real* de los sucesos que en la Escritura constan. Los acontecimientos no son meras proyecciones de la consciencia religiosa sobre la historia. El testimonio de la Iglesia Cristiana es que Dios se reveló en la historia humana y que actualmente, en la Escritura —en las propias palabras y proposiciones de la Escritura— Dios se revela.

H.D. McDONALD

REVIVALISM →AVIVAMIENTOS

REVUELTA DE LOS CAMPESINOS (1524-25). Movimiento revolucionario de masas alemanes. El malestar se había extendido entre los campesinos alemanes porque los príncipes territoriales se desentendían de sus derechos consuetudinarios e imponían nuevos tributos. Tras esperar en vano justicia del imperio reformado y fortalecido, algunos se entregaron a la violencia esporádica (movimiento *Bundschuh,* 1502-17). Las tesis teológicas de Lutero y sus ataques contra los príncipes, comerciantes y clero codiciosos, si bien mal interpretados por los líderes campesinos, ayudaron a encender la chispa del alzamiento, que estalló en Stühlingen (Selva Negra) en junio de 1524 y rápidamente se extendió por la Alemania meridional y central. Para fines de abril de 1525 unos 300.000 campesinos estaban sobre las armas. Su programa, los →*Doce artículos del campesinado,* exigían: elección de los pastores por la congregación, modificación de los diezmos, abolición de la servidumbre, cesación del cercamiento de las tierras comunes, eliminación de los impuestos feudales, y reforma de la administración de justicia. Aunque algunos caballeros participaron (Götz von Berlichingen y Florian Geyer), por lo general los campesinos carecieron de dirección capaz y de organización. Aun Tomás →Müntzer en Turingia era mejor predicador y agitador que jefe militar.

La acérrima e inflexible oposición de Lutero (p.e. su libro *En contra de las hordas de campesinos asesinos y ladrones*) y las fuerzas combinadas de los príncipes de Hesse, Sajonia y Brunswick llevaron a la derrota de Müntzer en Frankenhausen el 15 de mayo, 1525. La Liga de Swabia dirigida por el conde Truchsess reprimió el movimiento en Swabia y Franconia y en el término de seis semanas éste había sido brutalmente aplastado casi en todas partes. La revuelta perjudicó mucho a la Reforma. Aun cuando Lutero pronto se moderó, los desilusionados campesinos lo adversaron y el luteranismo perdió su atractivo popular. Permitió a los príncipes centralizar su autoridad, inclusive sobre sus iglesias. Los católicos la presentaban como un castigo de

Dios contra el protestantismo, desalentando así nuevas deserciones de entre sus filas.

ROBERT G. CLOUSE

RIBERA, BERNARDINO →SAHAGUN

RICARDO I (1157-1199). Rey de Inglaterra desde 1189. Conocido como *Coeur-de-lion* ("Corazón de León"), dirigió la Tercera Cruzada, junto con Felipe Augusto de Francia y el emperador →Federico Barbarroja. Este último murió en el camino y, cuando Ricardo y Felipe llegaron por mar (1191), encontraron a Guy Lusignan sitiando a Acre en cuya toma y masacre de sus habitantes colaboraron. Ricardo y Felipe disputaban continuamente. No lograron tomar a Jerusalén, pero Ricardo tuvo una serie de victorias y firmó un tratado (1192) mediante el cual los cristianos mantenían en su poder las ciudades costeras llegando al Sur hasta Jaffa y obtuvieron acceso a los Santos Lugares. De regreso a su patria, Ricardo fue capturado por el emperador Enrique VI quien pidió rescate por su libertad. Murió en batalla en Francia.

J.G.G. NORMAN

RICARDO DE SAN VICTOR (m.1173). Erudito y místico escocés. A temprana edad ingresó en la abadía de San Víctor en París, de la cual llegó a ser superior (1159) y prior (1162). Versado en la Escritura y en los Padres Latinos y dado a cuestiones teológicas y a problemas contemporáneos, al igual que su estimado maestro, →Hugo de San Víctor, poseía grandes capacidades gramaticales, dialécticas y racionales. Tenía más en común con Agustín, Anselmo de Canterbury (cuyo método *rationes necessariae* usaba), y con Buenaventura, que con Abelardo, Pedro Lombardo y Gilberto de la Porrée. Practicaba y comprendía la contemplación, que dividía en seis etapas, y sus *Benjamín Minor* y *Benjamín maior* demuestran personalmente estos procesos. Cada etapa corresponde a las categorías progresivas del conocimiento (*imaginatio* y *ratio* hasta *intelligentia*) y tiene su propio objeto desde lo visible hasta lo espiritual e invisible. En *De Trinitate* trató de comprender la naturaleza personal de Dios, lo cual lo llevó a analizar el supremo bien. Esta enseñanza no fue seguida más tarde, aunque su teología mística había influido a través de Buenaventura y de la escuela franciscana. En él había presagios del pensamiento de Tomás de Aquino, pero también creía más en el razonamiento especulativo para clarificar doctrinas como la de Trinidad. Escribió también *Liber de Verbo incarnato; De statu interioris hominis; De Emmanuele; Adnotationes mysticae in psalmos.*

C.G. THORNE, Jr.

RICCI, MATEO (1552-1610). Misionero jesuita e italiano a China. Llegó a Macao en 1582 acudiendo al llamado de Alexander Valigniano en aquella ciudad. Inmediatamente se dedicó a aprender el dialecto mandarín hablado y escrito. En 1583 penetró en la China propiamente dicha por invitación del magistrado de Chao-ching y allí tradujo los Diez Mandamientos pero tropezó con mucha oposición del pueblo. Gradualmente, su famoso mapa del mundo, sus relojes, sus libros, y sus instrumentos matemáticos impresionaron a los eruditos. En 1594 R. se trasladó a Shaochow, donde adoptó el ropaje y la etiqueta de los letrados chinos. En 1599 estableció en Nankín una base, y fue presentado a la sociedad ilustrada de aquella ciudad, en donde él también instruyó a Paul Hsü Kuang-chi, padre de la misión de Shanghai. En 1600 R. tomó rumbo a Pekín, pero no llegó a la capital sino en 1601 luego de estar preso en Tientsin.

Llegado a Pekín, R. no abandonó nunca más la ciudad. Pronto se captó la estimación de los eruditos y del emperador por su sabiduría y por su conocimiento de la cultura china, por su simpatía hacia la cultura confuciana, que no consideraba incompatible con la fe cristiana, y por su aprobación de los ritos y ceremonias confucianos dio pie a lo que llegó a conocerse como la Controversia sobre →Ritos Chinos. Presenció muchas conversiones, incluyendo algunas entre los más altos funcionarios de la corte. Murió en Pekín y fue sepultado en la Ciudad Tártara en tierra donada por el Emperador.

LESLIE T. LYALL

RICE, LUTHER (1783-1836). Misionero norteamericano a la India, y promotor de los intereses misioneros en las iglesias bautistas. N. en Northboro, Massachusetts. Fue miembro del grupo de estudiantes que iniciaron la formación de la primera sociedad de misiones extranjeras de EUA. Cuando la Junta Norteamericana nombró sus primeras cuatro parejas misioneras en 1812, el nombre de R. fue añadido pocos días antes de la partida, a condición de que él obtuviera su propio sostén monetario. Ordenado como ministro congregacional, después de llegar a la India experimentó el mismo cambio de opinión respecto al bautismo que había tenido Adoniram →Judson, y se hizo bautista. Para estimular el interés misionero entre los bautistas, se decidió que él regresara temporalmente a EUA. Ayudó a fundar la Sociedad Bautista de Misiones Extranjeras y resultó tan eficiente en obtener apoyo para la misión que jamás volvió al Oriente. HAROLD R. COOK

RICHARD, TIMOTHY (1845-1919). Misionero galés a China. Fue a China con la *Chinese Evangelization Society* en 1870. Más adelante ingresó en la Sociedad Bautista Misionera. Como →Ricci, pensaba evangelizar a China influyendo en los devotamente religiosos y en la clase culta adaptando el cristianismo a la cultura china y mediante la educación y la palabra impresa. Esperaba ver transformados todos los aspectos de la vida china. Durante el hambre de 1877 en Shansi, R. dio conferencias a oficiales y eruditos. En 1891 llegó a ser secretario de la recién formada *Christian Literature Society* e inició un ambicioso programa de publicaciones. También llegó a ser consejero de los reformadores liberales, algunos de los cuales tenían simpatía hacia el cristianismo. Finalmente logró formar una universidad en Taiyuan, la capital de Shansi, con dinero de indemnización de los Boxers, de la cual estuvo encargado durante diez años. LESLIE T. LYALL

RICHELIEU, ARMAND-JEAN DUPLESSIS, DUC DE (1585-1642). Cardenal y estadista francés. N. en París en una familia noble. Recibió preparación para el ejército en el *Collège de Navarre* (París). Pero al necesitar dinero la familia, le aconsejó ordenarse para que le nombraran obispo de Lucon, sede de la cual podían disponer. En 1606, lo consagraron obispo, y pasó casi diez años forjando la parroquia. En 1616 logró insinuarse en la vida política y fue nombrado secretario de estado. Hasta 1624 sirvió intermitentemente como principal consejero de María de Médicis; con el auxilio de ella fue elevado a cardenal en 1622. En 1624 fue nombrado jefe del consejo real, y durante los siguientes 18 años virtualmente gobernó a Francia, aunque solo alcanzó pleno dominio como primer ministro el "Día de los Inocentes" (1630).

R. era ambicioso y despiadado, pero no tanto en provecho propio como por razón de estado. Por sobre todo se esforzó en engrandecer a Francia. Apoyó el →galicanismo y siguió una política exterior contraria a los Habsburgos, con el propósito de centralizar el poder en manos del rey. Un estado centralizado requería la destrucción del poder militar y político de los →hugonotes y de la nobleza. De los hugonotes se encargó en el sitio de La Rochelle (1628), pero la lucha contra la nobleza fue larga y amarga. Sistemáticamente les anuló sus privilegios demoliéndoles sus fortalezas (1626), prohibiendo los duelos (1627), creando oficiales *(intendantes)* directamente responsables ante el rey, e intentando crear un ejército nacional. Los nobles recalcitrantes fueron ejecutados sin piedad. En lo internacional adversó a los Habsburgos, creando una marina y haciendo que Francia interviniera en la Guerra de los →Treinta Años del lado "protestante". Del conflicto surgió Francia como poder dominante en Europa, pero R. murió sin ver realizado el sueño de su vida. Benefactor de las artes y las letras, fundó la Academia Francesa (1635), apoyó a los dramaturgos (p.e. Corneille) y levantó grandes edificios (p.e. El Palais Royal y la capilla de la Sorbona). Escribió mucho, pero sin brillantez.

BRIAN G. ARMSTRONG

RIDLEY, NICOLAS (c.1500-1555). Reformador y obispo de Londres. N. cerca de Haltwhistle en Northumberland. Estudió en Pembroke College, Cambridge, en 1518. En 1524 llegó a ser miembro de la Facultad de Pembroke y en 1527 fue a la Sorbona y a Lovaina en donde quizá haya presenciado algunas de las controversias de la Reforma. Regresó a Pembroke en 1530 y allí dedicó gran parte de su tiempo a leer las Escrituras y aprenderlas de memoria. En 1537 fue nombrado capellán de →Cranmer y al año siguiente vicario de Herne, Kent, en la diócesis de Cranmer. En 1540 fue nombrado capellán del rey y profesor de Pembroke. En 1547 fue consagrado obispo de Rochester y en 1550 fue trasladado a Londres.

La larga participación de R. en la vida académica habría de mantenerlo en buena posición en el breve período de su episcopado. Parece haber sido ganado a las opiniones reformistas sobre la eucaristía mediante el estudio de *De Corpore et Sanguini Domini,* obra de un monje del s.IX, →Ratramno o Bertrám, que refutaba la →transubstanciación. Antes había pensado que la transubstanciación era una doctrina primitiva. A partir de 1545 R. se convenció del error de la transubstanciación, y al año siguiente persuadió a Cranmer, quien a su vez persuadió a →Latimer. Su influencia fue reconocida por Brookes quien, al ser procesado Ridley dijo, "Latimer se apoya en Cranmer, Cranmer en R., y R., en lo singular de su propio ingenio". R. ayudó a compilar el →Libro de Oración Común de 1549 y su revisión de 1552, en el cual su teología ecucarística recibió más clara expresión litúrgica. Fue prominente en la realización de reformas en sus dos diócesis y cuando estaba en Londres encabezó el movimiento para la eliminación de los altares de piedra y su cambio por mesas de Comunión de madera. Predicó sobre las cuestiones sociales y promovió la fundación de escuelas y hospitales.

Estaba para regresar a su sede natal de Durham pero a la muerte de →Eduardo VI, apoyó el intento de poner en el trono a Lady Jane Gray, y al fracasar, fue depuesto y encarcelado. En 1554 junto con Cranmer y Latimer fue llevado a Oxford, en donde tuvieron que participar en varias disputaciones. Se mantuvo firme en sus puntos de vista y después que comenzó a aplicarse la muerte en la hoguera a los Reformadores en 1555, R. y Latimer fueron sentenciados a morir quemados. Mientras se encendía el fuego Latimer exclamó, "Animo, Maestro R., y muéstrate hombre. ¡En este día vamos a encender una vela tal por la gracia de Dios en Inglaterra, que confío en que no será jamás apagada!" R.E. NIXON

RISORGIMENTO. Período de la historia italiana entre 1815 (Congreso de Viena) y 1870 (Liberación de Roma). Después de la derrota de Napoleón, Italia (simple expresión geográfica) estaba dividida en diversos pequeños estados: el reino de Cerdeña bajo un rey de Saboya; el reino Lombardo-Veneto directamente gobernado por Austria; los ducados de Parma, Módena, y Lucea, y el gran ducado de Toscania; los →Estados Papales; y el reino de las dos Sicilias bajo un rey Borbón.

La mayor parte del pueblo italiano aceptaba la situación, pero algunos de los más ilustrados tenían elevados ideales de independencia, libertades constitucionales y unidad, y entonces formaron sociedades secretas. Su actividad condujo a diversos levantamientos en que éxitos temporales fueron seguidos por represión y por la reinstalación de los viejos regímenes por manos de las fuerzas austríacas y francesas. Los patriotas eran ejecutados, encarcelados o desterrados. →Gioberti durante algún tiempo consideró que una confederación de estados italianos bajo →Pío IX era la mejor solución. Ese Papa por su actitud liberal había suscitado grandes esperanzas en la mente de los patriotas, pero los defraudó más tarde con una absoluta *volteface.* Pero finalmente las guerras de independencia completaron la unidad de Italia (exceptuando a Trento y Trieste) cuando en 1870 las tropas italianas marcharon sobre Roma, haciendo que el papa se retirara al Vaticano.

Muchas reformas se necesitaban urgentemente: un régimen constitucional, igualdad de los ciudadanos, y aquella separación de los poderes civil y religioso tan esencial para la libertad religiosa. Es importante ver cómo la ICR y otros movimientos religiosos estaban conectados con los grandes acontecimientos políticos y nacionales. El papado, →Gregorio XVI (1841-46) en particular, tenía una posición marcadamente conservadora, oponiéndose a todo movimiento liberal y progresista. En los Estados Papales, los obispos y el tribunal de la Inquisición tenían poder ilimitado, y no había ninguna participación de los laicos en el gobierno. →Manzoni y Rosmini destacaron la importancia de una más íntima asociación entre la iglesia y el pueblo, y llegaron hasta a sugerir una liturgia renovada. Lambruschini instó a orientarse hacia el liberalismo, pero eso fue condenado por Pío IX tanto en 1864 como en el dogma de la infalibilidad papal (1870). Las leyes de *Guarantigie,* que establecían la relación entre el Vaticano y el recién formado estado italiano, fueron rechazadas por Pío, quien permaneció en exilio voluntario en el Vaticano. A los católicos romanos se les ordenó no votar, y de este modo retirarse de la vida política.

No debe menospreciarse la contribución de los diversos movimientos "evangélicos" a la reforma social y educativa y a la causa de la libertad religiosa. Aunque poco numerosos, hicieron sentir su presencia mediante su celo misionero y mediante la oposición que por todas partes se les hizo. Diversos factores contribuyeron al nacimiento y crecimiento del evangelismo en la Italia del s.XIX: los valdenses en sus valles con una iglesia bien establecida, la actividad de las Iglesias Reformadas extranjeras en la mayoría de las ciudades italianas, los contactos que muchos desterrados políticos y religiosos establecieron con el protestantismo europeo, el desarrollo de empresas filantrópicas financiadas por protestantes extranjeros ricos. Gran impacto produjo también la publicación de *Histoire des republiques italiennes dans le Moyen Age* (1818), de S. Sismondi, que atribuía a la ICR y su ética la decadencia de las costumbres italianas. Finalmente estuvo la gran influencia de Le →Réveil.

El evangelio se esparció primero principalmente en Toscania, donde había cierta tolerancia bajo el Gran Duque Leopoldo II. De gran importancia fue una reunión que se celebró en Florencia en 1844, en casa de un cristiano suizo, Charles Cremieux, en la cual reformadores importantes como Lamberuschini, Guicciardini y Montanelli estuvieron entre los presentes. Todos consideraban la reforma religiosa como parte esencial del movimiento nacional, pero mientras algunos creían que esto se lograría mejor desde dentro de la ICR, otros deseaban romper con ella. El fracaso de los levantamientos de 1848-49 y la represión contra los reformadores hizo que la causa de la libertad italiana captara la atención internacional, y particularmente en Gran Bretaña la opinión pública se levantó contra el gobierno reaccionario que estaba ahogando la libertad de conciencia.

Los desterrados religiosos en Ginebra, Malta, y Londres, formaron comunidades evangélicas. En Londres, Ferretti publicó un periódico que se proponía esparcir el evangelio entre los italianos y exhibir los errores del catolicismo romano. En el Piamonte, sin embargo, la constitución no había sido revocada, y los valdenses habían obtenido permiso para edificar una iglesia en Turín (1851) mientras otras comunidades fueron fundadas en Génova y Niza. →Desanctis y Mazzarella colaboraron por algún tiempo con el movimiento valdense. En 1854 Richard Guicciardini se estableció en Niza, en 1857 su colaborador Pietrocola-Rossetti se estableció en Alessandria, pequeña ciudad piamontesa. Un movimiento evangélico independiente se inició así, y gradualmente se formaron comunidades de creyentes en muchos lugares del Piamonte y después por toda Italia. Las comunidades formadas eran llamadas Iglesias Italianas Libres, y la intención de los fundadores era que el movimiento no fuera ni católico romano ni protestante, sino sencillamente cristiano.

En la década de 1860 se produjo una división de las Iglesias Italianas Libres. A. Gavazzi había ingresado en el movimiento con la esperanza de derrocar el papado y unir a los italianos en una iglesia protestante nacional, pero sus sermones eran en su mayor parte políticos y violentamente anticatólicorromanos. Fundó una nueva Iglesia Italiana Libre que a comienzos del s.XX fue absorbida por la Misión Metodista. La mayor parte de las comunidades del movimiento original todavía existen, y muchas más se le han añadido, bajo el nombre de Iglesia de los Hermanos Cristianos *(Chiesa cristiana dei fratelli)*.

Con la gradual liberación de Italia las misiones extranjeras también aumentaron sus esfuerzos y contribuyeron al esparcimiento del evangelio. Entre 1860 y 1870 tres misiones bautistas (dos británicas y una norteamericana) y dos misiones metodistas (una episcopal y una wesleyana) se fundaron. Dadas las condiciones sociales y el espantoso analfabetismo, a la par de todo esfuerzo misionero, italiano o extranjero, hallamos la fundación de escuelas, orfanatos y hospitales.

Finalmente deben mencionarse los intentos por fundar una ICR autónoma, realizados por quienes adversaban el dogma de la infalibilidad papal. Un primer intento en 1872 fracasó, pero el segundo duró de 1885 hasta 1900, cuando el fundador del movimiento, el conde Campello, regresó al catolicismo romano ortodoxo, y su colaborador Ugo Janni ingresó en la iglesia valdense. DAISY RONCO

RITCHIE, JUAN (1878-1952). Destacado misionero evangélico en el Perú. N. en Greenock, Escocia. De joven trabajó en una imprenta. Luego se preparó para la carrera misionera en el Harley College de Londres. En 1906 salió para Perú bajo los auspicios del Regions Beyond Missionary Union. Se estableció primero en Arequipa donde quedó impresionado por la avidez con que la gente leía cualquier cosa. En mayo de 1907 se trasladó a Lima para ayudar a un colega misionero con quien inició clases nocturnas para la preparación de evangelistas nacionales. En el año 1911 fundó un periódico con el nombre *El Heraldo* y en el año siguiente estableció la librería "El Inca".

Como consecuencia de la circulación de *El Heraldo,* nacieron varias iglesias evangélicas en el centro del Perú. R. insistía en que los creyentes nacionales tenían el derecho de formar sus propias iglesias, y en el periodo 1917-1922 ayudó a las congregaciones, que se habían formado bajo su ministerio, a organizarse como la →"Iglesia Evangélica Peruana". En abril de 1929 renunció a su Misión debido a una disputa sobre las finanzas de la librería. De 1931 a 1946 fue agente de la →Sociedad Bíblica Americana en Lima y a la vez siguió ayudando tanto a la Iglesia Evangélica Peruana como al Instituto Bíblico Peruano (ahora el Seminario Evangélico de Lima) que él ayudó a fundar en 1933.

R. tuvo una visión muy amplia y creativa pero su propensión a la controversia estorbó sus esfuerzos para la unificación de la obra evangélica en el Perú, y sus reservas en cuanto a la necesidad de pastores causaron más tarde dificultades para la Iglesia Evangélica que él fundó. JUAN B.A. KESSLER

RITOS CHINOS, CONTROVERSIA DE LOS. Debate acerca de métodos misioneros a emplear en →China. Esta polémica tuvo lugar a fines del s.XVII y principios del XVIII en relación con el sacerdote católico Mateo →Ricci. Este llegó a Macao en 1582, estableció una obra en Nanking en 1599 e hizo lo mismo en Pekín dos años después, permaneciendo allí hasta su muerte. Ricci se impuso la obligación de explicar el cristianismo a los chinos en términos de ellos mismos. Por este motivo toleró la práctica de ritos indígenas en honor de los antepasados y parientes desaparecidos pero también (para quienes tenían mayor educación) permitió ritos en honor de Confucio, dado que creía que los chinos adoraban el verdadero Dios a la manera de ellos. Esta actitud, precursora de mucha de la moderna estrategia misionera, provocó una prolongada y ardiente controversia mayormente porque Ricci olvidó el papel que jugaba la superstición en tales ritos según eran generalmente practicados. Mucho tiempo después de la muerte de Ricci, Clemente XI publicó decretos (1704, 1715) que condenan tales ritos. STEPHEN S. SMALLEY

RITOS, CONGREGACION DE LOS SAGRADOS. Departamento de la Curia encargada de la liturgia del Rito Latino y de la canonización de santos. Fue creada el 22 de enero de 1588, cuando Sixto V emitió su famosa bula *Immensa aeterni Dei,* que reorganizaba el gobierno central de la iglesia en 15 comisiones de cardenales. Estas comisiones sustituyeron el antiguo empleo de consistorios para regular los asuntos eclesiásticos. La Congregación está actualmente compuesta por unos 20 cardenales y atiende sus dos campos de responsabilidad mediante tres secciones encargadas respectivamente de cuestiones teológicas relativas a la santidad, la comisión de enmiendas litúrgicas, y las cuestiones históricas relativas tanto a la liturgia como a la santidad. Cumpliendo con la voluntad del Concilio Vaticano II, Paulo VI desitalianizó y liberalizó éstas y las otras Congregaciones de la Curia, al emitir su radical Constitución Apostólica *Regimini Ecclesiae Universae.*

ROYAL L. PECK

RITSCHL, ALBRECHT (1822-1889). Teólogo protestante alemán. N. en Berlín, hijo de un obispo evangélico. Estudió en diversas universidades alemanas, y fue después profesor en Bonn (1852-64) y Gotinga (1864-89). Comenzó su carrera como discípulo de F.C. →Baur cuya tesis, de un radical conflicto entre el judaísmo de Pedro y el helenismo de Pablo, defendió. Pero la segunda edición de *Die Entstehung der altkatholischen Kirche* (1857) rompió con la teoría. Las principales obras de R. fueron *Die christliche Lehre von der Rechtfertigung und Versöhnung* (1870-74); *Die Christliche Vollkommenheit* (1874); *Geschichte des Pietismus* (1880-86); *Theologie und Metaphysik* (1881); *Gesammelte Aufsätze* (1893-96). Su breve *Unterricht in der christlichen Religion* (1881) presenta un compacto estudio de sus opiniones.

El pensamiento de R. se caracterizó por su rechazo de la metafísica. Ello se expresó en su oposición a las reinterpretaciones especulativas del cristianismo en términos de idealismo hegeliano, y también en su cautela respecto a doctrinas que trascendían la historia verificable y la experiencia cristiana inmediata. En esto fue influido por H. Lotze. Ello condujo a la célebre distinción entre juicios de hecho y juicios de valor *(Werturteile).* Así, la divinidad de Cristo es una expresión del valor revelacional de la fe de la iglesia basada en la experiencia cristiana; no es asunto de demostración objetiva. Pueden reconocerse misterios, pero ellos trascienden el conocimiento, y por lo tanto nada más puede decirse acerca de ellos.

R. creía en lo sin igual de Cristo, quien era el autor histórico de la comunión de la iglesia con Dios y del compañerismo entre sus miembros. Consideraba el cristianismo como una elipse con dos focos: el reino de Dios, y la redención o justificación. La vocación de Cristo era fundar el reino de Dios entre los hombres y ser el portador del señorío ético de Dios sobre los hombres. La vocación del hombre es practicar su llamamiento civil moralmente y servirle al reino de Dios. Este era entendido en sentido moral como la meta del plan de Dios para el hombre que vive en amor mutuo. Mediante la justificación el hombre es puesto en posición de realizarlo mediante la eliminación de su consciencia de culpa, lo cual conduce a su reconciliación con la voluntad de Dios.

Rechazaba el concepto de la ira penal de Dios. La muerte de Cristo no era una propiciación del justo castigo, sino el resultado de la suprema lealtad de El a su vocación. El propósito de Cristo era llevar a los hombres a la misma comunión con Dios al compartir con él su propia consciencia de la calidad de ser Hijo que él mantuvo hasta el fin. Para R., la religión siempre era social, y el individuo puede experimentar los efectos que proceden de Cristo únicamente en conexión con la comunidad fundada por El. Entre los muchos eruditos influidos por R. están A. →Harnack, W. Herrmann, N. →Söderblom, y J. Kastan.

COLIN BROWN

RIZAL, JOSE (1861-1896). Médico y escritor político filipino. Estudió en diversas universidades europeas, donde fue influido por la masonería y el liberalismo teológico y político. Los frailes dominicos habían despojado a su padre de sus tierras patrimoniales. Escribió mucha propaganda contra el tiránico gobierno colonial español en las →Filipinas y contra la corrupción de los frailes. Notable ejemplo de esto son *Noli Me Tangere* (1887) y *El Filibusterismo* (1891). También criticó mucho el dogma tradicional católico al que consideraba como superstición. Trabajó por la reforma en las Filipinas, pero se oponía al empleo de la violencia. No obstante, fue tildado de revolucionario, y fue primero desterrado y más tarde fusilado por los españoles. Los revolucionarios se valieron de su muerte para inflamar la furia de los filipinos. Fue un tiempo adorado como santo por la Iglesia Filipina Independiente y actualmente se le venera como héroe nacional de las Filipinas. Los historiadores catolicorromanos pretenden en forma dudosa que se retractó y volvió al redil católico antes de su ejecución. Varias sectas *rizalistas* actualmente lo adoran como un "segundo Cristo", y hasta esperan su regreso. RICHARD E. DOWSETT

ROBERTS, EVAN JOHN (1878-1951). Galés, promotor del "despertamiento". N. en Glamorgan, el noveno de 14 hijos de Henry Roberts, minero, y de su esposa Hannah. Su educación en la escuela parroquial terminó cuando a la edad de 12 años acompañó a su padre de la mina de carbón. En 1902 entró de aprendiz de herrero, sin embargo en 1904 fue aceptado como candidato al ministerio por la Iglesia →Metodista Calvinista, e ingresó en la escuela preparatoria de Newcastle Emlyn. Desde joven fue una persona notable. Durante 11 años se dedicó a una intensa intercesión en procura del derramamiento del Espíritu Santo. También tuvo visiones y vívidas experiencias de la presencia divina.

En 1904 hubo indicaciones en muchas partes de Gales de que un despertamiento estaba a punto de producirse, y en ese año mientras asistía a una reunión para profundizar la vida espiritual en Blaenannerch R. pasó por una profunda experiencia de unción por el Espíritu Santo. Volvió a su casa de Loughor y comenzó a celebrar reuniones de oración en la iglesia a que pertenecía, Moriah. Cada noche aumentaba la multitud presente, y dentro de unas pocas semanas el despertamiento se había derramado por todo Glamorganshire con tremendo poder. El rasgo más saliente del despertamiento fue su concentración en el don del Espíritu Santo; las reuniones, aun cuando R. estaba presente se conducían con completa espontaneidad. Se instaba a la gente a orar, testificar, confesar, o cantar según el espíritu las moviera. Pronto R. y un grupo de jóvenes amigos comenzaron a realizar giras de despertamiento, primero en Glamorgan, luego en Liverpool, Anglesey, y finalmente Caernarvonshire (nov. 1904-en. 1906).

Pero el despertamiento no se limitó de ninguna manera a los lugares visitados por R. Fue un fenómeno nacional y se calcula que produjo unas 100.000 conversiones. Como quiera que se le evalúe fue un potente movimiento del Espíritu, y como se informó continuamente a la prensa con todo detalle, obtuvo publicidad mundial pero el despertamiento quebrantó físicamente a R. Se retiró de la vida pública y se fue a vivir en Leicester. Volvió a Gales por ahí de 1925 y murió unos 25 años después en Cardiff. R. TUDUR JONES

ROBERTSON, ARCHIBALD T. (1863-1934). Profesor de NT por 46 años en el Seminario Teológico Bautista (del Sur) en Louisville, Kentucky, y autor fecundísimo. N. en Cherbury, Virginia. A la edad de 16 años fue licenciado para predicar. Realizó sus estudios universitarios en Wake Forest College (Carolina del Norte) y los teológicos en el mismo Seminario donde, inmediatamente después de graduarse, comenzó a enseñar. Allí sirvió desde 1888 hasta su muerte.

Fue uno de los más destacados eruditos en griego del NT de su época. Su *Grammar of the Greek New Testament in the Light of Historical Research* (1914, rev. 1931) no tiene igual. Enseñó a 6.000 estudiantes cómo usar el NT griego. Como conferenciante fue popular aun fuera de su propia denominación. Aunque teológicamente conservador, se opuso al exclusivismo de los bautistas "landmarquianos". Fue uno de los fundadores de la Alianza Bautista Mundial (1905).

Escribió 47 libros principalmente sobre temas novotestamentarios. Muchos han sido traducidos al español, como: *Epocas en la vida de Jesús* (1907, esp. 1932), *Epocas en la vida de Pablo* (1909, esp. 1937), *Epocas en la vida del apóstol Juan* (1911, esp. 1939), *Epocas en la vida de Simón Pedro* (1933, esp.

1937), *Estudios en el NT* (1915, esp. 1925), *La divinidad de Cristo* (1916, esp. 1917), *Armonía de los cuatro Evangelios* (1922, esp. 1954), *Pablo, el intérprete de Cristo* (1921), *Boceto de San Marcos* (1918, esp. 1957).

WILTON M. NELSON

ROBINSON, JOHN A.T. (1919-). Obispo anglicano y profesor de la Universidad de Cambridge, Inglaterra, que se hizo famoso con su libro *Honest to God* en 1963 (esp. *Sincero para con Dios,* 1968). El éxito del libro sorprendió a todos y suscitó un debate cuya vastedad reveló lo importante del tema en los países nordatlánticos. ¿Podemos seguir hablando de Dios en los términos tradicionales? Lejos de abrir nuevos surcos, el libro popularizó las ideas de →Tillich, →Bultmann y →Bonhoeffer. Luego R. expandió dos capítulos de la obra en sendos libros sobre la cristología y la "nueva moralidad", sin lograr el impacto del original.

Pero las primeras obras de R. lo revelaron como uno de los eruditos más prometedores en el campo del NT, y recientemente ha vuelto a dedicarse a este tema. N. en el hogar piadoso de un sacerdote anglicano, fue consagrado en esa misma comunión Obispo de Woolwich (1959-1969) y Obispo Adjunto de Southwark (1969-). Su actividad docente se ha concentrado en Cambridge, de cuya universidad él ha recibido sus cinco títulos académicos (1942-1968) y en cuyas facultades él ha desempeñado el papel de capellán (1948-1951) y profesor/decano (1951-1959). Ha sido también profesor visitante en muchos seminarios de EUA, la India, Africa del Sur, y América del Sur (Cátedra Carnahan en la Facultad Evangélica de Teología, Buenos Aires, 1971). Ha publicado 13 libros y numerosos artículos de exégesis, su especialidad (escatología, Jesús y los evangelios, introducción especial a los libros del NT), liturgia, y política como radio de acción del creyente. Su estilo vívido y su candor le han merecido mucha fama. De sus obras solo tenemos en español *El cuerpo: Estudio de teología paulina* (1968); *La Iglesia en el mundo* (1967).

RICARDO FOULKES B.

ROGERS, JOHN (c.1500-1555). Mártir protestante. N. cerca de Birmingham y se educó en Pembroke Hall, Cambridge. Desde 1532 fue rector de una iglesia en Londres, en 1534 llegó a ser capellán de los comerciantes ingleses en Amberes, desde donde ayudó a introducir libros de contrabando en Inglaterra. Allá conoció a William →Tyndale quien entonces estaba traduciendo el AT. R. luego abrazó la fe Reformada; después del martirio de Tyndale, usó los manuscritos de él, junto con la traducción que ya se había publicado de Miles Coverdale, para producir su influyente *Matthew's Bible* en 1537. La participación de R. en esta versión se limitó en gran parte a los prefacios y notas marginales. *Matthew's Bible* habría de ser la inspiración principal en todas las traducciones que condujeron a la Versión Autorizada de 1611. Luego R. se casó y se fue a ejercer un pastorado en Wittenberg, donde estudió los escritos de →Melanchton, algunos de los cuales tradujo al inglés. En 1548 regresó a Inglaterra, le fueron ofrecidos dos beneficios de la corona en Londres en 1550, y un año después fue constituido prebendado y conferenciante de teología en la Catedral de San Pablo. Sus avanzadas opiniones políticas y religiosas ya le habían provocado problemas bajo el protectorado de Northumberland. Al llegar al trono la reina María fue arrestado y sufrió prisión en la cárcel de Newgate junto con J. →Hooper y otros. Luego de crueles sufrimientos fue muerto en la hoguera en 1555 en presencia de su esposa e hijos, primer mártir protestante del nuevo reinado.

IAN SELLERS

ROMA. El más antiguo asentamiento de la ciudad estuvo a unos 27 km río arriba de la desembocadura del Tíber en la península italiana, donde un puñado de colinas ofrecían un sitio natural para complejos agrícolas aldeanos. El propio valle fluvial era demasiado pantanoso e insalubre para la ocupación original.

Tácito, analista del s.I, resume así la más antigua historia de R.: "Al principio R. fue gobernada por reyes". Su predecesor Tito Livio fijó la fecha tradicional de fundación en 21 de abril de 753 a.C.

Con el fin del reino, llegó la República, ya en época suficientemente avanzada (509 a.C.) para que sus cronistas no opusieran resistencia a los logros antes de ellos alcanzados por los gobiernos democráticos de las ciudades estados griegas, especialmente en Magna Grecia y Sicilia. El elemento catalizador que inició los verdaderos progresos romanos fue el saqueo de la ciudad por galos merodeadores en 387 a.C. De allí en adelante R., mediante la espada, la fundación de colonias y la construcción de calzadas unió a toda Italia al S del río Po en una confederación política. Durante ocho siglos la ciudad habría de permanecer inviolada, confirmando en la historia sus propios mitos, pero en modo alguno inmune a las disensiones internas. Gradualmente la explotación de la política partidaria y de los habitantes de la ciudad transformaron al imperio republicano en un estado imperial. Pero el impacto arquitectónico de este proceso, con sus correspondientes niveles de empleo "pleno" por todo el mundo romano, igual que en la ciudad, fue notable Las enormes ganancias obtenidas de los asesinatos y confiscaciones políticas fueron convertidas en programas de edificación que dieron símbolos externos a la revolución. Pompeyo llevó a R. su primer teatro de piedras, el *Campus Martius;* César edificó una gran nueva basílica en el foro republicano, al N del cual comenzó un nuevo Foro que habría de servir como modelo para sus sucesores imperiales.

Para los días de Augusto la población parece haber sobrepasado con mucho el millón de habitantes. El período de Augusto a Diocleciano y la siguiente gran reforma del estado –tres siglos completos– puede dividirse en dos etapas. La primera abarca aquellos 16 emperadores comenzando con Tiberio y terminando con Cómodo, en los dos primeros siglos d.C., de los cuales ocho murieron de muerte natural, 10 reinaron diez años, y tres (Tiberio →Adriano, →Antonino Pío) más de veinte. Aunque la inquietud asediaba la sucesión con el suicidio de →Nerón, a todo el período se le ha llamado *Pax Romana,* lo cual refleja la estabilidad de la economía interna y del traspaso de poderes, así como la paz exterior.

Fue por entonces que nació el cristianismo. Cristianos individuales, presuntamente no diferenciados de los judíos, estaban en R. ya en el reinado de Claudio, puesto que su edicto que obligaba a los judíos a salir de la ciudad afectó a Priscila y Aquila. Pero la carta de Pablo a los Romanos, no posterior al año 56 d.C., indica que allí continuaba existiendo una iglesia que él no había visitado todavía. Los Hechos termina con la llegada y el trabajo inicial de Pablo en R. La tradición, citada por Ireneo y Eusebio, denota mediante una lista ininterrumpida la sucesión desde Pablo y Pedro, comenzando con →Lino pero los documentos y las fechas son escasos antes de →Víctor, papa de lengua latina, a fines del s.II.

Aparte de Pablo y Pedro se dan cinco nombres para el primer siglo, nueve para el segundo, y 17 (incluyendo a dos antipapas) hasta el reinado de →Diocleciano. De estos los dos disidentes, →Hipólito y →Novaciano, son los más conocidos, aunque a →Clemente, del s.I, se le atribuye una epístola casi canónica.

Las decisiones de política romana respecto al cristianismo son también un reflejo de las corrientes que constituyen el otro lado de la *Pax Romana;* ni siquiera Augusto había resuelto definitivamente los mayores problemas humanos heredados de la república. Bajo por lo menos seis de los gobernantes de la primera etapa de la sucesión, el cristianismo estuvo asediado por alguna oposición del gobierno, con severidad creciente al llegar a su fin el siglo de Flavio. Tal interacción entre iglesia y estado inspiró la serie apologética de la literatura cristiana.

La segunda etapa de la sucesión, de los Severos a Diocleciano, abarca no menos de 28 pretendientes imperiales, solo uno de los cuales (Séptimo Severo) murió de muerte natural, y solo otro más (Alejandro Severo) reinó más de 10 años. No obstante, solo cuatro de los nombres (si se excluye a Diocleciano), se identifican como perseguidores. De esta etapa, la iglesia como institución, surge con propiedades, por lo menos algunas no subterráneas (catacumbas), todas ellas fuera de los muros de la ciudad (→CATACUMBAS). Pero de las 450 antiguas iglesias que se calcula existían dentro de la Roma urbana, ni una sola sobrevive como estructura anterior a Constantino en todo o en parte, aunque con toda certeza puede decirse que tales "casas-iglesias" existieron en esa época, como lo atestiguan los interrogatorios de los mártires y los rescriptos imperiales de restitución. Que los edificios públicos imperiales preconstantinianos fueran posteriormente convertidos en iglesias del estado postconstantiniano solamente refleja el subsiguiente cambio de relaciones entre iglesia y estado.

La reorganización del imperio por Diocleciano, aunque adversada por →Lactancio como resultado del renovado ataque del emperador a la bien organizada iglesia, fue un genuino esfuerzo para salvar al estado acabando con la anarquía militar y reconociendo la división Oriente-Occidente. El hecho de que, con el tiempo la mayor beneficiaria fuera la iglesia, refleja cuánto le debe. Aunque R. continuaba como capital de la porción occidental, la división planteaba el problema de mantener la unidad de un estado con dos centros. →Constantino estaba comprometido con el programa genuinamente reformador de Diocleciano, y a su muerte surgió el doble estado con dos capitales luego de su creación de la "Nueva Roma" en Oriente. →Constantinopla fue edificada desde la base como una versión cristiana de la capital imperial.

Mientras Diocleciano y Constantino podían restaurar la estabilidad interna mediante medidas económicas y reorganización política, nada podía alterar la situación que se desarrollaba más allá de las fronteras del imperio del s.IV. Las presiones germánicas que habían aumentado sobre la línea Rin-Danubio tenían su contraparte más allá del Eufrates por el renacimiento de una nueva Persia Sasánida. Roma misma como capital resultaba menos ventajosa y, cuando resultó vulnerable al ataque visigodo en 410 d.C., no pasó mucho tiempo antes de que el último vestigio de gobierno imperial fuera retirado a sitio más seguro, menos lejano de los frentes de batalla. Que el saqueo de la ciudad después de 800 años resultara crítico para un estado recientemente aliado al cristianismo, lo demuestra *La Ciudad de Dios,* de Agustín. Pero que la ciudad, ahora muy reducida en dignidad y tamaño –los cálculos sugieren una población en el s.IV reducida hasta de medio millón– se convirtiera en la Roma Cristiana, no es sino reflejo de que su obispo era el único oficial de alto rango que permanecía en ella, cuando primero el gobierno imperial fue trasladado al norte, y luego en 476 oficialmente dejó de existir.

El simbolismo de cambio de manos de Roma se ilustra mejor en su obispo, León, que asume el desaparecido título de *pontifex maximus.* La iglesia cristiana se convierte así en sucesora de la antigua religión que era la ciudad, y en términos tales, que llegaba a declarar la primacía de la Iglesia de R. Mediante eso, también la ciudad estaba preparada para sobrevivir, aunque escasamente, a la serie de asedios desastrosos que siguieron: en 455 a manos de los visigodos, en 537-38, 546, y 549 en las guerras entre ostrogodos y bizantinos ambos igualmente destructivos para la ciudad. En posteriores acontecimientos la ciudad llegó a quedar deshabitada, sus acueductos destruidos (sus fuentes de agua no se renovaron sino hasta el s.XVI). La amenaza sarracena de 846 vio a León IV enmurallar el Vaticano, en donde el circo de Gayo y los jardines de Nerón habían sido sustituidos por la Basílica de Constantino dedicada a Pedro, centro de la R. cristiana.

CLYDE CURRY SMITH

ROMANOS (m.556). Himnólogo griego, conocido como "Melodus". Sirio de nacimiento, fue diácono de la Iglesia de la Resurrección de Beirut, luego pasó a Constantinopla bajo el patrocinio del patriarca Anastasio I. Allí escribió más de 1000 himnos, solo unos 80 de los cuales han llegado a nosotros. Son dramáticos y vívidos; se componen por lo menos de 24 estrofas. Sus temas incluyen el AT y el NT y el año eclesiástico. El más famoso es el himno navideño, "En este día la Virgen dio a luz al Trascendente Ser". Este himno solía cantarse en nochebuena en el palacio imperial hasta el s.XII.

J.D. DOUGLAS

ROSACRUCES. Hay que distinguir entre ideas r. y sociedades r. El nombre se deriva de Christian Rosenkreuz ("cruz de rosas") quien probablemente sea una figura alegórica (c.1378-1484). Entre 1614 y 1616 cuatro folletos describían sus viajes por el Oriente y su iniciación en secretos ocultos. Un pastor luterano, J.V. →Andreae quizás sea el autor de uno o más. Los folletos sugerían la existencia de una Fraternidad Rosacruz poseedora de poderes sobrenaturales, pero no se hallan vestigios de ninguna sociedad tal, hasta que en el s.XVIII se fundaron varios grupos r. en Alemania, Rusia y Polonia. Estaban íntimamente asociados con la →francmasonería y las logias masónicas todavía tienen un grado optativo establecido en 1845, conocido como la Rosa Cruz de Heredon que incluye la simbólica muerte y resurrección del candidato. En Gran Bretaña este rito es Trinitario e incluye la lectura de Isaías 53. Al rito americano se le da una interpretación totalmente pagana.

La *Societas Rosicruciana* en Anglia fue fundada por Wentworth Little en 1865. Aunque no es reconocida por la masonería, esta sociedad otorga los ocho grados únicamente a los masones. Muy a principios del presente siglo H. Spencer Lewis fundó la Antigua Orden Mística de Rosa-Cruz (AMORC) que ahora tiene su centro en California y anuncia cursos por correspondencia en periódicos de buena categoría. Sus publicaciones incluyen el "perdido" *Libro de Jashar,* evidente falsificación compilada por Jacob Iliev en 1751, y también un libro de las *Enseñanzas secretas de Jesús.* Su principal rival es el grupo asociado con el difunto Max Heindel también con base en California. Aunque hay secretos solo para iniciados, todo indica que son gnóstico-teosóficos. Un folleto de AMORC sugiere que se concentran en el desarrollo de poderes síquicos. Max Heindel tiene publicaciones acerca de la Cosmoconcepción Rosacruz, que tratan de la pasada evolución del mundo bajo la guía de grandes jerarquías creadoras, que incluye las civilizaciones perdidas de Lemuria y Atlántida. Las reencarnaciones proveen nuevas experiencias, en vez del cumplimiento del *Karma,* según sostiene la Teosofía. La cruz no es símbolo de la expiación de Cristo, sino que representa el cuerpo humano. En la rosa que ocupa el centro de la cruz hay un fluido vital casto y puro para vencer la sangre llena de pasiones de la raza humana. J. STAFFORD WRIGHT

ROSA DE LIMA (1586-1617). Asceta peruana. Bautizada como "Isabel de Flores", más adelante tomó el nombre de "Rosa de Santa María" por el lugar especial que la virgen María ocupaba en su vida. →Catalina de Siena fue su modelo. Sujeta a mortificaciones desde su niñez y sin permiso para abandonar el hogar, a la edad de 20 años ingresó en la Tercera Orden de Santo Domingo. Vivía en una celda en el jardín; tenía una enfermería en la casa, donde atendía a los niños desamparados del Perú. Ampliamente conocida por sus dones místicos y admirada por todas las clases de Lima, la Inquisición la tenía en su mira pero nunca la tocó. Profetizó con precisión su muerte y ha sido proclamada santa patrona del Perú, de toda América, de las Indias y de las Filipinas. Fue canonizada por Clemente X en 1671. C.G. THORNE, Jr.

ROSARIO. En el catolicismo romano, oración dedicada a María, que consta de 15 decenas de "Ave Marías", con un "Padre Nuestro" que precede a un "Gloria al Padre" después de cada decena. El rezo va acompañado de una meditación sobre los 15 misterios relativos a los gozos, dolores, y glorias de Cristo y de la Virgen. En el catolicismo romano es un aspecto muy característico de la devoción a "Nuestra Señora". La existencia del R. consta en los ss.XII y XIII entre los monjes y monjas de las órdenes →Cisterciense y →Mendicantes. Más adelante, el empleo del R. (especie de collar de cuentas) y las meditaciones se añadieron al rezo. Pío V estableció la fórmula del R. tal como hoy se conoce. La festividad del R. (7 de oct.) conmemora la victoria de Carlos VI sobre los Turcos en Lepanto en 1571. La victoria se atribuyó a la intervención de la Virgen.

ROYAL L. PECK

ROSCELINO (c.1050-1125). Se le considera fundador del →nominalismo medieval. Probablemente n. en Compiègne y estudió en Soissons, Reims. Luego enseñó en Compiègne, y en 1092 fue acusado de triteísmo en el sínodo de Soissons. Aunque negó los cargos, el sínodo le ordenó retractarse y él obedeció. Luego pasó a Inglaterra en donde entró en conflicto con Anselmo y regresó a Francia. Fue nombrado canónigo de Bayeaux y enseñó en Loches, donde volvió a verse envuelto en controversias. Volvió a enseñar su antiguo concepto de la Trinidad y Pedro →Abelardo, uno de sus estudiantes, atacó la tesis y defendió la unidad de Dios en la Trinidad. Una carta en que se defendía es el único de los escritos de R. que ha sobrevivido; por lo tanto, sus enseñanzas filosóficas y teológicas se conocen primordialmente por la descripción de sus enemigos: →Anselmo, Abelardo, →Juan de Salisbury. Su razonamiento aplicado a la teología abarcaba la idea de que las tres personas de la Trinidad eran tres dioses separados. Como nominalista, sin embargo, parece que sí trató de preservar la unidad de la Trinidad al mantener que las tres personas poseían una sola voluntad y poder.

RUDOLPH HEINZE

ROSMINI, ANTONIO (1797-1855). Conocido también por "Rosmini-Servati". Filósofo italiano y fundador de la orden después conocida como *Suore della Providenza* ("Hermanas de la Providencia"). N. en Rovereto Trentino, fue ordenado sacerdote en 1821. A despecho de sus juveniles opiniones conservadoras, es autor de numerosas y significantes obras progresivas sobre diversos aspectos de filosofía, política, derecho, economía y ciencias naturales. Su tratado *Delle cinque piaghe della Santa Chiesa,* escrito después de la elección de Pío IX en 1846, denuncia la insuficiente educación del clero, las divisiones entre los obispos y las riquezas de la iglesia, y propugna el retorno de ésta a la pobreza y libertad apostólica. Lamenta además, la división entre el clero y el pueblo laico que es la parte vital de la iglesia y propone una participación mucho mayor en el culto y otros asuntos eclesiásticos. Junto con →Gioberti esperaba la creación de una confederación de estados italianos bajo la dirección del papa, cuyo poder temporal consideraba esencial para garantizarle libertad.

DAISY RONCO

ROSMINIANOS. Instituto de Caridad fundado por Antonio →Rosmini-Servati, filósofo italiano, a instancias de Maddalena Canossa (1828). Fue formalmente aprobado por Gregorio XVI (1839). Sus miembros profesan los tres votos religiosos y viven retirados en oración y estudio hasta ser llamados por el papa o por una necesidad particular a alguna clase de trabajo externo tal como enseñanza, predicación, misiones, y literatura. Hay dos grados: los presbíteros (que toman un cuarto voto de obediencia al Papa) y los coadjutores. No hay hábito distintivo, solo la sotana. En 1823 la congregación se asoció con las Hermanas de la Providencia, fundada por uno de los discípulos de Rosmini. Los r. entraron en Inglaterra en 1835, a donde introdujeron el cuello clerical (o romano) y otras innovaciones. Tienen también casas en Irlanda y EUA. La casa central del Instituto está en San Juan, en la Puerta Latina, Roma.

J.G.G. NORMAN

ROTA ROMANA. Tribunal del Vaticano que fue la corte suprema de su poder temporal hasta 1870 cuando dejó de ser un estado seglar. Fue revivida por →Pío X en 1908 para formar parte de la Curia Romana. Es ahora el tribunal eclesiástico supremo. Trata con los casos que son remitidos de los tribunales inferiores que no hayan podido resolver o con los que no competen a ellos. Pero las "causas mayores" siempre se reservan al papa. También la R.R. es un tribunal de apelación para litigantes no satisfechos con las decisiones de tribunales inferiores. Se conoce especialmente por tratar con peticiones de la nulificación de matrimonios.

Los jueces de la R.R. se llaman "auditores" y tienen que ser sacerdotes y doctores en derecho canónico. WILTON M. NELSON

ROTHMAN, BERNT (c.1495-1535). Caudillo →anabaptista alemán. Sacerdote de oscuro origen y poderoso predicador, fue el principal reformador evangélico de Münster, su pueblo natal. Introdujo la reforma de estilo luterano en Münster en 1532-33 a despecho de vigorosa oposición oficial. No obstante, el curso de la reforma en Münster tomó un rumbo inesperado cuando en mayo de 1533 R. se volvió anabaptista. Los sucesos cambiaron otra vez de dirección a principios de 1534 cuando grandes cantidades de melchoritas, incluyendo a los carismáticos holandeses Jan Matthijs (m.1534) y Jan Van Leyden (m.1535) acudieron a la ciudad. R. cambió entonces su orientación religiosa una vez más y aceptó el milenarismo melchorita radical de Matthijs. En febrero de 1534 los radicales se apoderaron de →Münster con el fin de prepararse para "el Reino de Dios" que pronto había de establecerse allí en la segunda venida de Cristo. Primero Matthijs y luego Van Leyden se convirtieron en dictadores de un estado teocrático en que se introdujeron tanto el comunismo como la poligamia. R. parece haber sido arrastrado por la corriente y sirvió como predicador del estado. Cuando el desdichado reino de Münster cayó ante una fuerza sitiadora en junio de 1535, R., según se dice, murió en batalla. Dejó tras sí varios libros escritos en las diversas etapas de su peregrinar teológico desde Roma hasta el milenarismo radical, incluyendo su *Restitution* (1534).

ROBERT D. LINDER

ROUSSEAU, JEAN-JACQUES (1712-1778). Escritor y filósofo francés. N. en Ginebra y se crió como calvinista, pero se convirtió al catolicismo en 1728. Una expietista y benefactora suya durante la década siguiente, la francesa Madam Warns, contribuyó a formar su perspectiva religiosa, un deísmo atemperado por el sentimentalismo quietista. Luego de sumergirse en la literatura filosófica de su tiempo, R. fue a París en 1742. Denis →Diderot lo presentó en los círculos de los *philosophes* y él aportó a la *Encyclopedia* siete artículos acerca de la música. Por ahí de 1746 tomó a Thérèse Levasseur, una sirvienta, por esposa en unión consensual. Tuvieron 5 hijos, a todos los cuales puso en un orfanato. R. se estrenó como literato en 1750 con un ensayo premiado que presentó a la academia de Dijon. Este *Discurso sobre las ciencias y las artes* sostenía que la moral y el carácter públicos habían sido corrompidos por el progreso de la ciencia y el arte. La virtud solo podía hallarse en la sencillez, cuando el hombre vive en íntimo contacto con la naturaleza. Después que regresó a Ginebra y a la fe calvinista, escribió su "segundo discurso" en 1755, para un concurso en el que fracasó. Sostenía que la desigualdad entre los hombres era fruto de la sociedad organizada. El hombre natural era libre y feliz, pero la división en clases y el despotismo surgieron de la propiedad de la tierra y de las leyes.

Establecido en Montmorency en 1756, R. escribió 3 de los libros más influyentes del s.XVIII. En *Julie* o la *Nueva Eloísa* (1760), apasionada historia de amor, popularizó la idea del amor irresistible y de la belleza de la naturaleza, y abogaba en pro de una religión natural necesaria para la moral. En *Emilio* (1762), tratado sobre la educación en forma novelada, presentó un plan pedagógico para proteger al hombre, intrínsecamente bueno, de las corruptoras influencias de la sociedad. El aspecto religioso del programa se resume en el capítulo acerca del vicario de Saboya, sacerdote que había sido degradado y que propugnaba un deísmo sentimental. Este incluía creencia en la existencia de Dios (cuya ley está escrita en la conciencia) y en la inmortalidad del alma, pero no en el castigo eterno. *El contrato social* (1762) contenía el concepto roussoniano sobre el estado justo. El hombre libre voluntariamente renuncia a su voluntad en manos de la comunidad y se somete a sus leyes, basadas en el consenso del pueblo. Particularmente significante es su concepto de la religión civil, una fe cívica necesaria para la estabilidad del gobierno. Aunque el régimen fija sus doctrinas que son obligatorias para todos los ciudadanos, se permiten otras religiones, siempre que no pretendan poseer la verdad absoluta.

Luego que en 1762 sus obras fueron oficialmente condenadas, pasó errante los ocho años siguientes. En 1765 produjo las *Confesiones,* curiosa autobiografía, mezcla de vanidad y autoacusación, y en sus últimos años después de regresar a París escribió otras obras literarias.

El énfasis de R. sobre la irracionalidad, el subjetivismo y el sensualismo lo convirtieron en precursor tanto del romanticismo como del totalitarismo moderno al par que su elevación del individuo por sobre la sociedad contribuyó al individualismo y al pensamiento democrático. Al colocar una fe sentimental en lugar de la religión revelada y al apartar las doctrinas cristianas de su contexto sobrenatural, preparó el camino para el liberalismo humanista. RICHARD V. PIERARD

RUFINO DE AQUILEA (345-410). Presbítero y estudioso. N. cerca de Aquilea en Italia del N. Mientras era estudiante inició una larga asociación con →Jerónimo. Se fue a Egipto y sufrió en la persecución que sobrevino después de la muerte de Atanasio (373). Se estableció en Alejandría por ocho años, estudió las Escrituras y la obra de Orígenes bajo la tutoría de →Dídimo el Ciego y →Gregorio Nacianceno, y visitó a los "Padres del Desierto". En 381 fundó un monasterio en Jerusalén. Su traducción al latín de muchas de las obras teológicas griegas promovió la teología y el ascetismo en el Occidente. Estas obras incluían la Regla de →Basilio para los monjes, las de Gregorio Nacianceno y de →Eusebio con adiciones, tanto como su propio comentario sobre el Credo de los Apóstoles. La traducción de la obra de →Orígenes, *De principiis,* y el esfuerzo de demostrar su ortodoxia produjeron una contienda seria con Jerónimo quien, por lo consiguiente, le apodó "Tirano". C.G. THORNE Jr.

RUMANIA. Los orígenes del cristianismo en la región que comprende la moderna Rumania son inciertos. La ocupación romana de la región (Dacia) terminó en 275 d.C. Quizá haya habido cristianos entre las legiones y colonos romanos. Ya en el s.IV se habían desarrollado comunidades cristianas en las regiones de Dacia ya que misioneros procedentes de los centros ubicados en la ribera derecha del Danubio efectuaban un ministerio creciente. Poco después de este período, las oleadas de invasiones bárbaras comenzaron, y no es sino hasta la época medieval que se pueda hablar de una iglesia cristiana plenamente desarrollada en R. Con el establecimiento de los dos principados de *Moldavia* y *Valaquia,* el cristianismo organizado inició el acontecer que conduce hasta el presente. El metropolitanato Ungro-Vlahia se fundó en 1539, el de Moldavia en 1401; su reconocimiento por el patriarcado de Constantinopla señaló la aceptación de importantes hechos religiosos y políticos y no el comienzo de los mismos.

Caída Constantinopla en 1453, los príncipes rumanos, especialmente Stefan el Grande (1457-1504) y Neagoe Basarab (1512-21), por algún tiempo fueron los herederos de Bizancio y jefes laicos de toda la Iglesia Ortodoxa. Dirigieron campañas contra los infieles turcos, asumieron el patronato sobre los monasterios de →Athos, patrocinaron el progreso cultural, e instituyeron una notable serie de instituciones monásticas cuyo esplendor arquitectónico y artístico aun puede admirarse. Al mismo tiempo se inició una corriente de cultura y clérigos griegos. Su influencia intelectual y teológica llevó a la meritoria síntesis rumano-griego-eslavónica, pero su impacto moral no fue siempre saludable.

El apogeo de la Iglesia Ortodoxa Rumana se produjo en el s.XVII. Gobernantes poderosos y cultos coincidieron con notables metropolitanos de la iglesia. Bajo su égida se celebraron sínodos teológicos, se establecieron prolíficas imprentas, se efectuaron reformas monásticas. Líderes eclesiásticos como Varlaam (1632-54), y Dosofteiu (1671-86) de Moldavia, y Stefan (1648-68), Teodosie (1668-1708), y Antim (1708-16) de Valaquia llevaron a cabo un amplio programa de actividades culturales y religiosas, cuyos triunfos claves fueron el establecimiento del idioma rumano en liturgia y la publicación. de la Biblia de Bucarest en 1678, primera traducción completa al rumano.

Pero en el siglo siguiente, la Iglesia Rumana cayó cada vez más bajo la dominación griega, cuando los príncipes Anariot sustituyeron a los gobernantes del país. En forma creciente los monasterios se fueron convirtiendo en feudos griegos y el nivel general de la vida religiosa declinó. El idioma rumano se mantuvo, sin embargo, y se realizaron importantes reformas en los niveles bajos. En la última parte del siglo, Eugumen Paisie inició una reforma en Moldavia, la cual se extendió hasta el s.XIX bajo el metropolitano Iacob Stimati (1792-1803) y Veniamin Costache (1803-42). Ambos pertenecían a la →Ilustración, poseían vasta erudición y talento literario. La unión de los dos principados en 1859 produjo diversos intentos para unificar también la iglesia. Esos planes fracasaron, aunque la iglesia rumana llegó a ser oficialmente autocéfala en 1885. La secularización en 1863 de los monasterios controlados por los griegos, fue un suceso importante. El s.XIX también vio el reto de "nuevas" denominaciones que trascendían las divisiones étnicas. La más importante de ellas fueron los bautistas que desde Hungría se esparcieron hacia el este a partir de 1870. Al mismo tiempo, el catolicismo romano adquirió suficiente fuerza en Rumania para formar el arzobispado de Bucarest (1883).

Transilvania, el tercer principado rumano, cayó bajo dominación húngara en el s.XI, tras lo cual se convirtió en blanco de enormes esfuerzos católicos bajo el auspicio de la Corona. Poco éxito lograron esos esfuerzos entre la población rumana. En el s.XVI, la derrota de Hungría a manos de los turcos coincidió con el principio de la →Reforma y la población alemana (sajona) de Transilvania fue rápidamente luteranizada bajo el reformador Johannes Honterus. La nobleza magyar, por otra parte, poco a poco se volvió calvinista (y unos cuantos, unitarios), mediante un conjunto de acontecimientos. La población étnicamente rumana se mantuvo firmemente ortodoxa. La Reforma en Transilvania produjo los primeros libros impresos en rumano así como un general despertamiento religioso y cultural entre todos los grupos nacionales de la región; su influencia al otro lado de los Cárpatos siguió siendo principalmente cultural.

La breve unificación de los tres principados rumanos bajo Miguel el Valiente (1600-1601) contó con la primera jerarquía ortodoxa estable en Transilvania. La restauración de la nobleza magyar, que ahora era calvinista, obligó a la iglesia a aceptar muchos puntos de la doctrina reformada, aunque el gran metropolitano, Sava Brancovici (1656-80), logró una breve reducción de la influencia calvinista. En 1691 Transilvania quedó bajo el poder de los católicos (Habsburgos) otra vez, y el catolicismo (junto con el calvinismo, el luteranismo y el unitarianismo), fue declarado una de las cuatro "religiones recibidas". Los esfuerzos de los jesuitas fueron vanos pero en 1698 la Iglesia Católica Griega de Transilvania (→Uniata) se formó, mediante la adhesión del metropolitano ortodoxo Anastasiu. A cambio de la soberanía del papa y de las doctrinas del purgatorio y del *Filioque,* los rumanos mantuvieron su dogma y liturgia intactos y obtuvieron igualdad de derechos con los del clero "recibido". La gran mayoría del clero y los creyentes ortodoxos rehusaron aceptar la nueva iglesia, pero de todos modos la Iglesia Ortodoxa de Transilvania desapareció por medio siglo.

La Iglesia Uniata de Transilvania, paradójicamente se convirtió en punto de reunión del gran despertamiento nacionalista rumano del s.XVIII. Se efectuaron reformas educativas y espirituales, se obtuvo un voto en la dieta y se estableció el derecho a edificar escuelas e iglesias rumanas. En 1758 la jerarquía ortodoxa de Transilvania fue reconstituida e incluyó más del 80% de la población rumana. La reforma se inició bajo el Episcop Vasile Moga de Sibiu (1811-46) y su sucesor Andreiu Saguna (1848-73), el más grande clérigo rumano moderno, que volvió a fundar el metropolitanato de Transilvania libre de control servio en 1864 y reorganizó y democratizó la estructura eclesiástica.

La unión de los tres principados rumanos como resultado de la Guerra Mundial I condujo a la unificación de las tres jerarquías ortodoxas. En 1925 Mirón Cristea fue nombrado primer patriarca de Rumania. Los cultos ortodoxo y uniato fueron designados como cultos "nacionales", y contaban respectivamente con el 72.6% y el 7.9% de la población (los dos se fusionaron después de 1948). Los católicos (7%) calvinistas (3.9%) luteranos (2.2%), y unitarios (0.4%) continuaron en su antigua condición de cultos "recibidos" mientras los bautistas (0.3%) y otros grupos protestantes fueron clasificados como cultos "tolerados". PAUL E. MICHELSON

RUSIA. Aunque el cristianismo se introdujo en tierras rusas en el s.I d.C. y alcanzó algún éxito, no fue duradero. Muy poca penetración del cristianismo se realizó en los 700 años siguientes hasta que en el s.IX se estableció la iglesia de San Elías en Kiev en donde había una minoría cristiana. En 867 el patriarca de Constantinopla estableció el primer metropolitanato ruso, probablemente en Tmutorakan.

Suele considerarse que el primer gobernante de Kiev que aceptó el cristianismo fue Olga, regente entre 945 y 964. Según la tradición, se convirtió y bautizó en Constantinopla, rechazó una oferta imperial de matrimonio y regresó a Kiev donde su fe tuvo poca influencia en su hijo y en su pueblo. Dados los problemas de reconciliar los registros bizantinos con la *Crónica rusa,* muchos historiadores creen que probablemente Olga se convirtió en Kiev por ahí de 955 y fue a Constantinopla en 957 en procura de autonomía para la Iglesia Rusa. Como no logró lo que buscaba, el partido pagano continuó en el poder bajo la dirección de su hijo Sviatoslav.

A →Vladimir, nieto de Olga, que reinó de 978 a 1015, le correspondió la cristianización de R. Después de un vigoroso avivamiento pagano, se cuenta que Vladimir envió misiones a estudiar las religiones del judaísmo, islam, cristianismo romano y cristianismo griego. Se supone que aceptó el cristianismo griego por la belleza de su culto. Pero podría argumentarse que las relaciones políticas y económicas con Constantinopla eran por entonces ventajosas para el estado de Kiev. Incluido en el acuerdo de conversión de Vladimir estaba su matrimonio con Ana, hermana del emperador bizantino. En 988 se proclamó el cristianismo como religión oficial del reino, y se ordenó a los súbditos de Vladimir bautizarse. Las clases altas y los habitantes urbanos aceptaron la fe, pero no fue sino lentamente que penetró en las clases bajas y en el campo, que se mantuvo pagano hasta los ss.XIV y XV. La ortodoxia se convirtió en religión de estado, condición que retuvo hasta 1917. La iglesia estuvo bajo la jefatura del metropolitano de Kiev hasta el s.XIV, cuando pasó a Moscú. La Iglesia Rusa también permaneció sujeta a Constantinopla durante el período de Kiev, y los metropolitanos escogidos para los rusos por lo común eran griegos.

El monaquismo desempeñó importante papel en el primitivo cristianismo ruso. El más importante monasterio fue el de las Cuevas en Kiev. Fue fundado en el s.XI por Antonio y después reorganizado por su sucesor Teodosio, quien destacaba la pobreza y la humildad.

Las invasiones mongolas de la R. de Kiev comenzaron en 1237, y para 1240 R. estaba bajo el yugo tártaro. El cristianismo sobrevivió y la iglesia ayudó a mantener viva la conciencia nacional. Tres hombres, todos canonizados por la iglesia, son significantes en el período mongol. A Alejandro Nevsky, vencedor de los suecos y de los →Caballeros Teutónicos en los años de 1240, se le atribuye haber salvado del papado a la iglesia. Esteban de Perm en el s.XIV se convirtió en misionero a las tribus de Zyrian, y Sergio de Radonezh estableció el Monasterio de la Santísima Trinidad, que llegó a ser la más importante casa religiosa del país. Sergio estimuló la resistencia contra los mongoles en el s.XIV y ayudó al avance de Moscú al inspirar a monjes colonos para que fueran a las regiones boscosas.

Con el ascenso de Moscú, Pedro, Metropolitano de 1308 a 1326, trasladó a ella la sede de la iglesia. Después de caída Constantinopla en manos de los turcos en 1453, Moscú llevó cada vez más adelante su pretensión de ser la "tercera Roma". La boda de Iván III con Sofía, sobrina del último emperador bizantino, ayudó a fortalecer esa pretensión. Después de 1448 un concilio de obispos rusos eligió a un metropolitano. Los mongoles fueron finalmente derrotados en 1480, y un poderoso estado ruso se desarrolló bajo el mando de Iván IV.

En un concilio eclesiástico en 1503 una disputa entre Nilus de Sora y José, abad de Volokalamsk, paró en la formación de dos grupos. Los Posesores, seguidores de José, destacaban las obligaciones sociales del monaquismo, cuidando de los enfermos y los pobres. Los No Poseedores, seguidores de Nilus, sostenían que dar limosnas es obligación de los laicos, y que la tarea principal del monje es la oración y apartarse del mundo. Los posesores apoyaban el ideal de la "tercera Roma" y creían en una íntima alianza entre iglesia y estado. Su victoria finalmente llevó a una gran servidumbre de la iglesia respecto al estado, especialmente durante el reinado de Iván IV. En 1589 el jefe de la Iglesia Rusa fue elevado del rango de metropolitano a patriarca.

Después del "Tiempo de Tribulación", la la elección de Miguel Romanov como gobernante en 1613 inició una dinastía que habría de reinar hasta la Guerra Mundial I. El abad Dionisio, Filaret, y Avvakum iniciaron reformas eclesiásticas. Luego, en 1652, durante el reinado del zar Alexis, el nuevo patriarca, →Nikon, intentó reformar la Iglesia Rusa alineándola a los conceptos de los cuatro antiguos patriarcados. Hubo gran oposición a las reformas, especialmente entre los que seguían la tradición josefita, quienes finalmente formaron una secta aparte conocida como Antiguos Creyentes. Eran los conservadores que se oponían a una iglesia oficial, que según ellos, habían llevado la reforma demasiado lejos. Los Antiguos Creyentes todavía existen en R. y están divididos en *Popovtsy* que han mantenido el sacerdocio y *Vezpopovtsy* que no tienen sacerdotes. La iglesia aceptó las reformas de Nikon pero a él lo depusieron y lo desterraron.

Bajo Pedro el Grande, no se nombró nuevo patriarca al morir Adrián en 1700. En 1721 Pedro abolió el patriarcado y estableció un Santo Sínodo compuesto de doce miembros. Sus miembros eran nombrados por el Zar, y así la iglesia se convirtió en un departamento del estado. Este sistema de gobierno eclesiástico continuó hasta 1917. El periodo sinodal suele describirse como un periodo de declinación y occidentalización, pero otros dirían que la verdadera vida ortodoxa continuó, y en el s.XIX hubo un renacer de la Iglesia Rusa. Se produjo un nuevo entusiasmo por la obra misionera. El despertar religioso se inició en el monte Athos, donde un monje llamado Paissy puso énfasis en la oración continua y en la obediencia a un anciano o *starets.* Fue la época de los *starets,* el más importante de los cuales fue Serafín de Sarov. Lo siguieron los ancianos de Optino. En lo teológico, R. rompió con Occidente, y Aleksei →Khomyakov, jefe del círculo eslavófilo, fue el primer teólogo original de la Iglesia Rusa.

En 1917, después de la abdicación de Nicolás II, un concilio de la iglesia de toda R. se reunió en Moscú e inició un programa de reforma eclesiástica que finalmente restauró el patriarcado y eligió a →Tikhon para el cargo en noviembre. Después de la revolución bolchevique, el gobierno soviético decretó la separación de "iglesia y estado, y de escuela e iglesia". Tikhon fue arrestado después que criticó la política comunista. La "Iglesia Viviente" se organizó con reconocimiento de los comunistas y fue empleada por el régimen para fines políticos. Convocó a un concilio que privó a Tikhon del sacerdocio y abolió el patriarcado. Tikhon fue liberado luego que prometió no oponerse al gobierno soviético. Después de muerto Tikhon en 1925, Pedro fue nombrado jefe de la iglesia, pero el año siguiente fue exiliado. La Liga de los Ateos Militantes se formó en 1925 y creció rápidamente, y en 1932 decía contar con 5.000.000 de miembros. Cuando Sergei sucedió a Pedro, el régimen soviético se negó a reconocerlo hasta 1943.

Stalin atacó directamente a la iglesia, clausurando iglesias y monasterios. La constitución soviética de 1936 garantizó libertad de *culto* religioso pero al mismo tiempo otorgaba libertad de *propaganda* antirreligiosa. Al sobrevenir la Guerra Mundial II el régimen suavizó sus campañas antirreligiosas y logró que la iglesia cooperara con el esfuerzo bélico. En mayo de 1944 murió Sergei, y el metropolitano Aleksei de Leningrado fue electo patriarca a principios de 1945. No hay estadísticas respecto al número de creyentes cristianos que todavía hay en R., ni en cuanto al número que han sufrido persecución y purgas.

Además de la Iglesia Ortodoxa de R., otras formas de cristianismo han existido. El catolicismo romano entró en R. principalmente desde →Polonia y fue propagado por los jesuitas y los dominicos. El protestantismo entró desde Alemania en el s.XVI y desde Francia y Holanda en el s.XVIII. De los grupos protestantes y de algunas de las sectas disidentes propias de R. han surgido grupos vigorosamente evangélicos. Hay algunas pruebas que indican que dichos grupos evangélicos han aumentado en número y crecido en celo religioso aun bajo las restricciones comunistas. BARBARA L. FAULKNER

RUSSELL, CHARLES TAZE (1852-1916). Fundador de los →Testigos de Jehová. En su juventud estableció una cadena de tiendas de paños y cortinajes en Allegheny, Pennsylvania. Se rebeló contra las doctrinas del infierno y se dio a fijar fechas para la Segunda Venida de Cristo, que señaló primero para 1874, y luego como 1914. Caricaturizaba la doctrina cristiana de la Trinidad como "tres dioses en una persona" y sostenía que Cristo fue el primero de los seres creados. En 1879 comenzó a publicar la revista *Zion's Watchtower and Herald of Christ's Presence.* En 1884 estableció en Pittsburgh la *Zion's Watchtower Tract Society,* la cual publicó los seis volúmenes de los *Estudios de las Escrituras* (1886-1904). En ellos se planteaba lo que ha continuado básicamente como la teología de los Testigos de Jehová. Un séptimo volumen acerca del libro de Apocalipsis fue completado por otros en 1917 después de muerto R., y a →Arrio y a R. se les llama dos de los ángeles de las siete iglesias apocalípticas.

La esposa de R. lo abandonó en 1897 y obtuvo la separación legal en 1906. Ninguno de los dos solicitó el divorcio. En 1911 R. anunció en su revista la venta del llamado "Trigo Milagroso", para obtener fondos para la sociedad. El *Brooklyn Eagle* puso en tela de juicio sus pretensiones; R. le siguió juicio por difamación y perdió. También perdió un juicio por difamación contra el Rdo. J.J. Ross, quien negaba sus doctrinas y su erudición. Durante el juicio R. cometió perjurio, al afirmar bajo juramento que él conocía el alfabeto griego y no pudo decir el nombre de las letras cuando se le mostraron en el tribunal.

Viajó mucho y fue hábil escritor y orador. Unos 1500 periódicos publicaban sus sermones. Produjo un fotodrama de la historia sagrada con transparencias en colores, películas y discos para gramófono sincronizados. Su duración era de ocho horas (cuatro partes de dos horas cada una) e incluía doce charlas por R.

(→TESTIGOS DE JEHOVA; RUTHERFORD, J.F.) J. STAFFORD WRIGHT

RUTENAS, IGLESIAS. Nombre que se da a las iglesias →uniatas que se hallan principalmente en la Galicia Polaca, Checoslovaquia y Hungría, con colonias en EUA. El nombre es sencillamente una forma latinizada de la palabra "Rusa". Se les conoce a veces como "Ucranianos", y de vez en cuando como rusos blancos y como eslovacos. Sus antepasados, convertidos de →Vladimir, eran parte de la Iglesia Rusa bajo el metropolitano de Kiev hasta la expulsión de éste después de la Unión de Florencia (1443). El Papa Pío II nombró un metropolitano catolicorromano de Kiev (1485) a quien Casimiro IV de Polonia le permitió ejercer jurisdicción sobre las ocho eparquías de la provincia bajo el control de Polonia y Lituania. En el s.XVI volvieron al seno de la Ortodoxia, pero en 1595 el metropolitano de Kiev, junto con los obispos de Vladimir, Lutsk, Polosk, Pinsk, Kholn buscaron la comunión con Roma, la que se logró mediante la Unión de Brest-Litovsk (1595-96). Se les unieron los obispos de Przemysl (1694) y Lvov (1700). A pesar de un decreto de Urbano VIII (1624), durante el s.XVII la mayor parte de la nobleza y los terratenientes de Polonia adoptaron el rito latino.

Después del desmembramiento de Polonia (1795) la mayor parte de los rutenos (excepto en Galicia) pasaron al control ruso y fueron gradualmente reprimidos en favor de la Ortodoxia. En el distrito de Kholn (cedido de Austria en 1815), sobrevivieron hasta c.1875. Los bizantinos todavían eran ilegales, de modo que los sobrevivientes se pasaron al rito latino. Los rutenos de Galicia bajo soberanía de Austria fueron políticamente separados de su metropolitano, de modo que Lvov fue constituida como arzobispado (1807) para mirar por los intereses de Lvov y Przemysl. Disfrutaron de tolerancia religiosa durante el s.XIX, pero disturbios políticos en Europa del E desde entonces han engendrado mala voluntad entre los polacos latinos y los rutenos bizantinos.

León XIII fundó un colegio ruteno en Roma (1897) que a partir de 1904 ha estado controlado por monjes rutenos basilianos. Hay un fuerte elemento monástico, especialmente estimulado por los austeros estuditas (fundados c.1900). La liturgia rutena está fundada en el rito bizantino con ciertas modificaciones adoptadas de Roma.

Los rutenos podcárpatos son otra comunidad rutena a los cuales se otorgó jurisdicción separada mediante el establecimiento del eparquía Mukachevo, sujeto al primado de Hungría por Clemente XIV (1771). El eparquía se creó para zanjar la disputa entre el metropolitano ruteno al norte de los Cárpatos y la colonia, que databa del s.XIV, de pequeños rusos y rusos blancos al S de los Cárpatos, que habían quedado bajo la comunión de Roma mediante la Unión de Uzhgorod (1646).

Hay bastantes comunidades rutenas en EUA, Canadá, Brasil y Argentina. Los rutenos son el mayor de los grupos uniatos, con unos cuatro millones y medio de fieles. A partir de 1946, los de Ucrania se han separado de los católicos romanos y se han agregado a la Iglesia Ortodoxa Rusa.

J.G.G. NORMAN

RUTHERFORD, JOSEPH FRANKLIN (1869-1942). Sucesor de C.T. →Russell, como jefe de los →Testigos de Jehová. Como abogado había sido juez especial en Missouri. En junio de 1918 él y otros seis fueron sentenciados a 20 años de cárcel por hacer propaganda contra el servicio militar, pero la sentencia fue apelada y después que había pasado nueve meses en la cárcel fue anulada. Escribió unos 22 libros y muchos folletos y echó las bases de los estudios dogmáticos que caracterizan a los Testigos de Jehová. Russell había enseñado que Jesucristo regresaría en 1914 o poco después. R. reunió a sus desilusionados seguidores al descubrir en 1921 que Cristo de veras había regresado invisible en 1914 y había comenzado a purificar su templo espiritual en 1918. R. también "recibió" el nuevo nombre para los seguidores de la Torre del Vigía en 1931; dicho nombre fue "Testigos de Jehová". Cuando el Armagedón se retrasó y los testigos alcanzaron a más de los esperados 144 mil, él descubrió una forma de incluir una segunda clase en las futuras decisiones de Dios. Mantenía también que las "altas potestades" de Ro. 13:1 eran Jehová y Jesucristo, y no los gobernantes terrenales, interpretación que ha sido rechazada por las publicaciones posteriores de los Testigos de Jehová. J. STAFFORD WRIGHT

RUYSBROECK, JAN VAN (1293-1381). Místico flamenco. N. cerca de Bruselas, fue ordenado sacerdote en 1317 y durante casi tres décadas fue vicario de Santa Gudele en Bruselas. En 1344 se retiró al boscoso valle cercano de Groenendaal, en donde después de algunos años fundó el monasterio Agustino (1350). En Groenendaal escribió la mayor parte de sus obras y actuó como consejero espiritual. Tauler, →Groote y muchos otros acudieron a él en busca de consejo sobre la vida del espíritu. R. fue uno de los grandes místicos del s.XIV. Escritor en vigorosa y, con frecuencia, exaltada prosa flamenca, sus obras ayudaron a forjar el idioma. Escribió en la tradición de San Agustín, Bernardo, y quizá especialmente Ricardo de →San Víctor. El propósito del misticismo es la unión del espíritu con su Creador, mediante tres etapas: la vida activa, la vida interior, y la final visión de Dios. Su obra más conocida es *Die Chierheit der gheestelijke Brulocht.* Se opuso a los abusos en la iglesia (escribiendo durante el →Cautiverio Babilónico de la iglesia de Aviñón) y a las versiones panteístas de misticismo. Fue beatificado en 1908, y su fiesta se observa localmente. Sus obras fueron traducidas al latín e influyeron a los místicos posteriores tales como Juan De la Cruz. DIRK JELLEMA

RYCROFT, WILLIAM STANLEY (1899-). Secretario del →Comité de Cooperación en la América Latina (CCAL) (1940-1950), Secretario para la AL de la Iglesia Presbiteriana de EUA (1950-1960) y Secretario para Estudios de la misma (1960-1966).

Misionero laico y educador, de origen inglés y de formación metodista. Sirvió de piloto en la Guerra Mundial I. En 1922 se tituló en la Universidad de Liverpool y fue enviado a Lima, Perú, por la Iglesia Libre de Escocia al Colegio Anglo-Peruano, institución fundada por Juan A. →Mackay. En 1926 fue nombrado subdirector. Enseñó inglés en la Universidad de San Marcos. En 1938 obtuvo el grado de doctor en filosofía de esa universidad. Participó en la Conferencia Misionera Internacional en →Támbaram (Madras) y en la mayoría de las conferencias continentales evangélicas en la AL entre 1940 y 1961. Estuvo muy activo en las causas de libertad religiosa y la separación entre Iglesia y Estado, especialmente en Colombia entre 1950 y 1954 y más tarde en EUA.

En 1943 dirigió una comisión en Perú, Bolivia y Ecuador que condujo a la formación de la Misión Indígena Andina en el Ecuador. Fue autor y co-autor de numerosos artículos y ensayos y catorce libros entre los cuales se destacan: *Sobre este fundamento* (1944), *Religión y fe en América Latina* (1962) y *A Factual Study of Latin America* (1963). JOHN H. SINCLAIR

RYLE, JOHN CHARLES (1816-1900). Obispo anglicano de Liverpool. N. en Macclesfield, hijo de un banquero acaudalado. Fue educado en Eton y Christ Church de Oxford, y destinado a la carrera política. Excelente atleta, remó y jugó el *cricket* para equipos en Oxford, y obtuvo un grado de primera pero declinó una oferta respecto a un puesto universitario. Tuvo un despertamiento espiritual en 1838 al escuchar la lectura de Efesios 2 en la iglesia, y fue ordenado por el obispo Sumner en Winchester en 1842. Después tuvo pastorados rurales en Helmigham y Stradbrooke y Suffolk, hasta que cuando tenía 64 años en 1880 fue nombrado como el primer obispo de Liverpool por recomendación de Disraeli.

R. fue escritor prolífico, autor de numerosos tratados y libros de los cuales *Los Evangelios explicados* se han traducido al español. Su manera de guiar a los evangélicos de su Iglesia fue sana y sensata, persuadiéndolos a no aislarse de la corriente principal de la vida eclesiástica, boicoteando los congresos de la iglesia, con lo cual permitirían que los anglocatólicos fueran los únicos que presentaran sus puntos de vista. En su diócesis predicó en forma vigorosa y franca, y fue fiel pastor de su clero, preocupándose especialmente por los retiros de los ordenados. Formó un fondo de pensiones para el clero, edificó más de 40 iglesias, y fue un hábil administrador. Su imponente presencia y la intrépida defensa de sus principios se combinaron con una actitud bondadosa y comprensiva en sus relaciones personales, y muchos de la clase obrera asistían a sus reuniones especiales. Lo vigoroso de su carácter se muestra en que, a despecho de fuertes críticas, declaró como política suya primero levantar fondos para estipendios del clero en vez de comenzar la edificación de una catedral. G.C.V. BAVIES

S

SABANES, JULIO M. (1897-1963). Pastor y obispo metodista. N. en un hogar humilde de Montevideo, Uruguay. Por su dedicación al trabajo y al estudio progresó rápidamente, y llegó a escalar un puesto importante en un banco, con excelentes perspectivas económicas. En 1922 renunció a esa carrera para consagrarse al pastorado de la Iglesia Metodista. Para entonces ya se había destacado como dirigente de la juventud de su país, habiendo sido fundador de la Federación Juvenil Evangélica del Uruguay y de su periódico *La Idea,* que tanta influencia había de ejercer.

En Uruguay ejerció labores de evangelista y de pastor. En 1922 contrajo matrimonio con Juanita Puch. De ese matrimonio nacieron dos hijos: Julio Rubén y Carlos Manuel. En 1929 fue trasladado a Rosario (Argentina) para hacerse cargo de una de las congregaciones más grandes de ese país, que a la sazón pasaba por un momento difícil. En 1947 asumió el pastorado de la Iglesia Metodista Central de Buenos Aires. Simultáneamente con estas responsabilidades pastorales fue Superintendente de Distrito, director del órgano oficial de su Iglesia, *El Estandarte Evangélico,* delegado oficial a la Conferencia General en 1940 en Atlantic City (EUA), y presidente de la Confederación de Iglesias Evangélicas del Río de la Plata. Tuvo además una activa participación en actividades cívicas.

En 1952 la Conferencia Central de AL lo consagró obispo para Chile, Perú, Panamá y Costa Rica. Fue reelegido en 1956. Ese mismo año debió retirarse del ministerio pastoral por razones de salud. Falleció en Buenos Aires siete años después.

Sus grandes pasiones fueron la evangelización, la atención pastoral y la lucha por la libertad y la justicia.

CARLOS T. GATTINONI

SABATIER, LOUIS AUGUSTE (1839-1901). Erudito protestante francés. De origen hugonote, se crió en el avivamiento protestante de principios del s.XIX, y se convirtió en un destacado exponente del protestantismo liberal francés. Su labor en la facultad protestante de teología en Estrasburgo (1868-70) se vio interrumpida por razones políticas, pero finalmente en 1877 ayudó a fundar de nuevo la facultad en París. Desde 1886 enseñó también en el departamento de estudios religiosos no sectarios de la *Ecole des Hautes Etudes* de la Sorbona. Su teología se desarrolló en relación con su amplio interés en los problemas culturales modernos, según lo demuestran sus fecundas y continuas obras sobre literatura y política. Su perspectiva de que los conceptos en la religión no podían ser más que símbolos minaba la autoridad tradicional del dogma. Sostenía que el debido método teológico era el estudio histórico y sicológico de los fenómenos religiosos, lo cual automáticamente relativizaba el dogma visto entonces como formas históricas que cambian), y revelaba la fe como el goce del don divino de la vida espiritual, que era la esencia inalterable de la religión. Su presentación de este método tiene un centro cristológico, que recuerda a →Schleiermacher. Dos de sus obras más conocidas se han traducido al español: *Filosofía de la religión* (1912) y *Religiones de autoridad y la religión de Espíritu* (1952).

HADDON WILLMER

SABATIER, PAUL (1859-1928). Erudito y pastor calvinista francés. Después de estudiar en Besanzón y Lille, ingresó a la facultad protestante de la Universidad de París, donde tuvo entre sus profesores a su hermano Auguste →Sabatier y a Ernesto Renán. Después de desempeñarse como vicario en la iglesia protestante de Estrasburgo, fue expulsado de Alemania. Regresó a Francia donde fue pastor de 1885 a 1894, y luego dimitió el cargo para dedicarse a una vida de estudios. Debido a su interés en la historia viajó a Asís, Italia, para estudiar la vida de Francisco y la orden de los franciscanos. Posteriormente fue profesor de teología protestante en Estrasburgo (1919) y siguió en esa cátedra hasta su muerte. Su *Vie de St. Francois* (1893) fue un éxito inmediato y pasó por 40 ediciones durante su vida. La biografía muestra una comprensión bien dispuesta hacia Francisco, pero se ha acusado a Sabatier de amoldarlo a la imagen de un liberal del s.XIX. Además, estudió y publicó fuentes y documentos franciscanos primitivos como el *Actus Beati Francisci et Sociorum Ejus* (1902) y el *Speculum Perfectionis* (1898).

Participó también (1904-14) en el movimiento modernista dentro de la iglesia católica romana: escribió *Una carta abierta a su eminencia el cardenal Gibbons* (1908) y dictó las conferencias Jowett sobre el *Modernismo* (1908). Al declararse la Guerra Mundial I, escribió una defensa de los ideales espirituales de los aliados: *Pensamientos de un francés sobre la guerra* (1915), y sirvió de pastor interino para los pastores que ingresaron a las fuerzas armadas. Hizo contribuciones monumentales a la erudición franciscana, y sus *Estudios franciscanos* (1932) revelan mayor comprensión y simpatía por el punto de vista religioso medieval que su obra anterior.

RICHARD V. PIERARD

SABATISMO. En su forma más desarrollada, el sabatismo exige un uso estrictamente religioso del domingo que transfiere el reposo del sábado judío al domingo cristiano. Algunas comunidades, como los →adventistas del séptimo día, consideran que el día de reposo del cristianismo está gravemente errado porque el domingo ha tomado el lugar del sábado literal, pero cada vez más, la observancia estricta del domingo va disminuyendo incluso entre las iglesias de origen anglosajón, donde alcanzó su desarrollo más estricto.

Basándose en la convicción de que el cuarto mandamiento es parte de la ley moral perpetua, el s. ha conducido no solo a censuras eclesiásticas, sino también a legislación civil prohibitoria del trabajo y el recreo los domingos. Si bien existían señales de rigor popular en la observancia del domingo en la iglesia primitiva y medieval, las exigencias civiles y canónicas se basaban en la tradición y el valor práctico más bien que en la ley natural.

Los días de los santos se guardaban mucho más rigurosamente que los domingos y durante la Reforma del s.XVI este legalismo fue atacado vigorosamente por los reformadores sin insistir en una observancia análogamente rigurosa del domingo. Reformadores como →Beza y Zanchius insistían en que el cuarto mandamiento era natural, universal y moral. En las iglesias del continente europeo esto no dio lugar al sabatismo, pero en Inglaterra y Escocia esta doctrina se combinó con actitudes y necesidades locales fervorosamente antipapistas para producir un singular rigor en la observancia del domingo. Característica del puritanismo al principio, logró amplia aceptación y la legislación de la Comunidad Británica y fue consolidada en 1677. Leyes posteriores en 1781 y 1871 terminaron con pretextos adicionales, y se halló legislación análoga en muchas colonias y partes de Norteamérica. En el s.XIX hubo violentas polémicas por la cuestión de trenes, apertura de museos y bibliotecas, y reducción de las facilidades recreativas los domingos, pero grupos como la "Sociedad Pro-observancia del Día del Señor" (1831) han tenido cada vez menos éxito desde 1945. La reacción contra un s. legalista y lúgubre ha sido práctica más bien que teológica, y los puntos teológicos en cuestión han sido generalmente desatendidos por el protestantismo moderno, salvo por Carlos →Barth.

IAN BREWARD

SABELIANISMO. Otro nombre que se da al →monarquianismo modalista o patripasianismo. Fue un influyente movimiento teológico del s.III, cuyo origen parece haber estado en Asia Menor. →Noeto de Esmirna enseñó conceptos patripasianos; su discípulo Epígono llevó la enseñanza a Roma, donde se arraigó fuertemente mediante →Praxeas y Sabelio. Este, cuyo nombre adquirió el movimiento, estuvo activo en Roma a prinoipios del s.III. En Africa del Norte, →Tertuliano se opuso vehementemente a Praxeas, como lo hiciera también →Hipólito en Roma. Puede que los motivos de esta lucha no hayan sido simples. Sin embargo, mientras en Roma el obispo →Ceferino combatía el →montanismo (del cual era partidario Tertuliano) y Ceferino y su sucesor →Calixto se trababan en enconada lucha por el poder con Hipólito, la trascendencia teológica del sabelianismo para el lado ortodoxo fue seria. Una forma moderna del s. es el →unitarismo. Poco se sabe acerca de Noeto, Praxeas y Sabelio salvo por los escritos de Tertuliano *(Adversus Praxean)* e

Hipólito *(Refutation, Contra Noetum)* y otras fuentes secundarias.

El s. procuraba resolver el problema de cómo aceptar la deidad de Cristo y a la vez mantener la unidad de Dios. Los sabelianos lograron esto a expensas de una trinidad de personas en la divinidad. Redujeron la posición de las personas a modos o manifestaciones del Dios único. A menudo se asocia el término con la palabra "monarquía" para denotar la primacía de Dios como Padre. El Hijo y el Espíritu Santo son por tanto modos reveladores y al parecer temporales de la autorevelación de Dios el Padre. Tertuliano decía despectivamente que Praxeas había ahuyentado al Espíritu Santo y crucificado al Padre. Si Dios el Padre se encarnó, luego también sufrió (patripasianismo). (→MONARQUIANISMO, SUBORDINACIONISMO; ENCARNACION; TRINIDAD.)

SAMUEL J. MIKOLASKI

SACCAS, AMONIO →AMONIO SACCAS

SACERDOTE. En ninguna parte del NT se llama a los líderes de la iglesia "sacerdotes", sino más bien ancianos, obispos, pastores o "directores" (Heb. 13:17 BJ). Todos los cristianos se consideran como s. llamados a ofrecer "sacrificios espirituales" (1 P. 2:5; Ap. 5:10; Ro. 12:1; Heb. 13:14,15). La idea del "sacerdocio universal" perduró hasta fines del s.II y el apologista →Justino se refería a esta doctrina como prueba de la superioridad de la fe cristiana.

Pero poco a poco surgió una diferencia entre los feligreses y sus líderes, entre "laicos" y "clérigos", y el título distintivo de "sacerdotes" fue limitado a estos. En el s.III ya la Santa Cena adquiría aspecto sacramental, y los sacrificios eran realizados no solo *por* los fieles sino *para* ellos. Al desarrollarse la idea de que la Cena era un sacrificio propiciatorio, era lógico que el que oficiaba fuera conceptuado como s. En tiempo de →Cipriano de Cartago (200-258) ya "había llegado a su pleno desarrollo la doctrina de la Cena del Señor como un sacrificio ofrecido a Dios por un sacerdote" (Walker).

Al principio de dicha época, el nombre se aplicaba solo a los obispos que consagraban los elementos eucarísticos y los enviaban a los presbíteros parroquiales. Pero posteriormente se permitió también a estos hacer la consagración y así ellos también llegaron a ser s.

Algunas iglesias protestantes litúrgicas han retenido la costumbre de llamar s. a sus pastores ordenados, como la Anglicana y la Luterana de Suecia, aunque rechazan el carácter propiciatorio de la Cena. Esta costumbre se ha ido arraigando más con el crecimiento del anglo-catolicismo en Inglaterra.

WILTON M. NELSON

SACRAMENTO. Rito religioso diversamente considerado como fuente o signo de gracia. En toda su obra y testimonio, la iglesia del NT dio un lugar preferente a la predicación (→HOMILETICA) por la cual, según reconocía, Cristo dio a los hombres comunión consigo mismo y participación en el poder de su muerte y resurrección. Reconoció asimismo, no obstante, que Cristo quiso que en este singular ministerio la Palabra fuese acompañada del bautismo y la Cena del Señor, y la iglesia dio también a estas dos ceremonias un lugar particular en su vida. Siempre que Dios quería dirigirse al hombre en el AT para hablar y tener comunión con él, no solo empleaba palabras, sino que daba signos junto con la Palabra. Por ejemplo, empleó sueños y visiones, objetos simbólicos y milagros, además de hablar. Estos a veces ilustraban y llamaban atención a lo que El tenía que decir, o eran a veces sencillamente signos de su presencia real ahí mismo al decirlo. Asimismo Jesús, en su propio ministerio terrenal, no solo predicaba sino que añadía milagros y otros signos para ayudar a efectuar y llamar atención a lo que su Palabra proclamaba. Los signos milagrosos como sellos de la Palabra duraron poco tiempo dentro de la iglesia primitiva, y se aceptó que el →bautismo y la →Cena del Señor seguirían como los signos establecidos y permanentes que acompañarían la Palabra.

Posteriormente estas dos ordenanzas pasaron a llamarse "s". Esta palabra es la forma latina del término griego *mysterion,* que en el NT denota el plan divino de la salvación oculto en siglos pasados, pero que ahora ha visto la luz por la predicación de la Palabra. Este misterio proclamado en la Palabra se realizó plenamente en el mismo Dios-hombre, en su persona y obra, y se está realizando ahora en la unión del individuo con Cristo por la fe. La revelación de este misterio realizado será consumada en el día final (cp., Ef. 3:3-6; 1 Ti. 3:16; Col. 1:27; 1 Co. 15:51, 52). En el pensamiento de la antigua iglesia católica había solo un sacramento o misterio, el de Cristo mismo, pero el bautismo y la Cena del Señor se denominaron "misterios" o "s." porque hacían posible que los hombres participaran en esta unión sacramental de Dios y el hombre, por medio de la muerte expiatoria y la resurrección de Cristo. Se consideraba que los sacramentos realizaban dentro de la iglesia nada más de lo que la Palabra misma realizaba al ser recibida por fe. Ellos también exigían la misma fe.

→Agustín fue el primero en formular la definición general de un s. que posteriormente se hizo tradicional: un signo exterior y temporal de una gracia interior y duradera. Esta definición general condujo más tarde a la incorporación de otras ceremonias sacramentales en la vida de la iglesia. Se desarrolló una teología sacramental en la que finalmente se llegó a hablar de los siete s. considerados como vehículos de gracia y causantes de ella. La iglesia llegó a considerarse una institución sacramental dispensadora de una gracia particular para cada ocasión importante en la vida. Se creía que los s. eran eficaces →*ex opere operato,* siempre que el recibidor no pusiera obstáculo a su recepción. Los reformadores usaron la definición agustiniana del s. y limitaron su número a los dos que según ellos Cristo les había ordenado y prometido. Insistieron en que los s. habían sido dados para servir a la Palabra de Dios y eran eficaces solo al ser recibidos por fe dentro de una relación personal con Cristo.

RONALD S. WALLACE

SADOLETO, JACOPO (1477-1547). Cardenal, humanista y erudito bíblico. N. en Módena, y en 1498 se asoció al cardenal Oliviero Carrafa como poeta menor. Como miembro de la curia de Clemente VII de 1524 a 1527, sobresalió como exégeta. Abandonó Roma después del saqueo de 1527, y desde la diócesis de Carpentras en Francia publicó el *De Laudibus philosophiae* (1538) y un comentario polémico sobre *Romanos* (1535). Reinaldo →Pole le advirtió a S. que no descuidara la teología y quedó bastante impresionado con él; S. respondió que Pole era su guía. Sostuvo que el "libro de los Evangelios contiene todo el camino y el conocimiento de nuestra salvación". Juan →Calvino contestó la famosa carta de Sadoleto a los ginebrinos (1539), y deploró la importancia que S. le concedió a la seguridad del alma de uno comparada con la gloria de Dios. Ya fuese para sus amigos católicos como Pole o enemigos protestantes como Calvino, Sadoleto jamás dejó de trabajar por la reforma. Gran parte de su obra diocesana en Carpentras sigue sin investigar, en tanto que su presencia en la comisión reformadora papal de 1536 garantiza su lugar como obispo irénico en un siglo polémico.

MARVIN W. ANDERSON

SAGRADO CORAZON. Adoración que radica en el hecho de que el corazón simboliza universalmente el amor y, en el caso del corazón de Cristo, su gran amor hacia los hombres.

La difusión de la devoción al S.C. de Jesús va unida a la veneración al →Inmaculado Corazón de María, y al sacerdote francés San Juan de →Eudes (1601-1680). La gran popularidad que ha alcanzado se debe, sin embargo, a una monja francesa de la orden de la Visitación, Santa Margarita María de →Alacoque (1647-1690). Se dice que la religiosa francesa tuvo una serie de visiones, que culminaron en 1675, cuando Cristo se le apareció quejándose de la ingratitud de los hombres, y pidiéndole que se instituyera una fiesta dedicada a su Corazón.

La devoción encontró bastante oposición entre los →jansenistas, por lo que el papa →Pío VI, en la "Constitución *Auctorem Fidei*" (1794), condenó "la doctrina que rechazaba la devoción al Sacratísimo Corazón de Jesús".

Aunque la fiesta del S.C. fue establecida por el papa →Clemente XIII en 1765, fue →Pío IX quien en 1865 la extendió a toda la Iglesia. Se celebra el viernes después de la octava de la fiesta del Corpus Christi.

ENRIQUE FERNANDEZ Y FERNANDEZ

SAHAGUN, BERNARDINO DE (1499-1590). Misionero franciscano en México. N. en Sahagún de León, España. Estudió y enseñó en Salamanca. Llegó a México en 1529 con el propósito de evangelizar a los indios. Muy pronto se convenció de la necesidad de hablar la lengua de los indígenas y aprendió el náhuatl.

S. poseía una capacidad extraordinaria para la observación y sobre todo sentía una gran curiosidad por el mundo indígena. Se preocupó por conocer las costumbres de los aztecas y comenzó a adentrarse en el estudio detenido de las mismas.

Su obra fundamental es la *Historia general de las cosas de la Nueva España,* que es un estudio completo sobre los indígenas mexicanos. Revela rigor científico y la amplitud con que el autor trata los diversos temas. S. demuestra el manejo de fuentes fidedignas. Su labor de investigador es exhaustiva y seria. El lector puede captar el conocimiento, hasta el detalle, que S. tiene sobre religión, mitos, historia, costumbres, códigos morales, filosofía y vida social de los aztecas.

La etnología ha encontrado en esta historia un gran caudal de información científica para analizar la lengua y la cultura aztecas. S. aportó conocimientos sobre las "voces" del náhuatl y ofreció una gran cantidad de datos arqueológicos.

Esta obra es lectura obligada tanto para el historiador como para el etnólogo que quiera adentrarse en el mundo indígena de la época colonial. CARMELO E. ALVAREZ

SAINT-SIMON, CLAUDE HENRI DE ROUVROY (1760-1825). Filósofo social francés. Aunque miembro de una familia noble de París, se convenció por la Revolución Francesa y la industrialización, de que había llegado a su fin la era del catolicismo y la aristocracia. Después de una deslucida carrera militar y una vida de nobleza disoluta, dejó sus títulos de nobleza para apoyar la Revolución. Se dedicó a una reflexión intensa (desde 1797), que culminó en un breve período (1814-25) en el cual formuló sus nuevas ideas sociales y culturales. De particular importancia fueron los periódicos *L'Industrie* (a partir de 1816) y su sucesor *L'Organisateur* (1819-20). Consideró a los nuevos *industriels* la esperanza para el futuro, pues podrían administrar la sociedad y organizar la producción para bien de todos, cuyas vidas estarían dedicadas a labores productivas de toda clase, por lo cual recibirían una justa remuneración. El plan se basaba en la convicción de que la ciencia –primero la física, luego la biología– podría señalar el camino hacia la reconstrucción social. A juicio suyo, la ciencia positiva y la industria habían reemplazado al cristianismo medieval y al feudalismo a medida que progresaba la evolución histórica. En *Nouvelle Christianisme* (1825), afirmó que la ética del cristianismo podría ser útil para asegurar la solidaridad de la nueva sociedad, pero había que despojarla de su subordinación a elementos que él consideraba metafísicos, sobrenaturales y dogmáticos. Augusto Comte, colaborador más joven de Saint-Simon los años 1817-24, posteriormente desarrolló el positivismo como consecuencia del tratamiento científico de la organización social por parte de su maestro. Un grupo de sansimonianos, incluso Barthélemy Enfantin, desarrolló su organicismo biológico incipiente de una manera más romántica hasta dar con un socialismo "utópico". C.T. McINTIRE

SALESIANOS (Congregación Salesiana de San Juan Bosco). Fundada en Turín en 1841 por Juan →Bosco. En tamaño ocupa el tercer lugar entre las órdenes católicas romanas. En 1970 tenía 20.423 miembros en todo el mundo y mantenía 1533 instituciones. Don Bosco soñó con alcanzar espiritualmente a los jóvenes por medio de festivales de la canción (se auspicia un promedio de 576 festivales diariamente). Pronto la obra se fue extendiendo a la administración de orfanatos, escuelas diurnas, escuelas vespertinas, bancos de ahorros, asociaciones deportivas, asilos para estudiantes pobres, y colonias agrícolas. La orden mantiene 140 estaciones misioneras en Asia, Africa y América del Sur y atiende a casi medio millón de huérfanos. →Pío IX dio a la orden la aprobación apostólica en 1868. ROYAL L. PECK

SALMERON, ALFONSO (1515-85). Teólogo jesuita, uno de los seis compañeros de →Ignacio de Loyola que con éste hicieron votos en Montmartre. N. en Toledo o cerca de esa ciudad pero pasó la mayor parte de su vida en Italia, donde fue famoso predicador, profesor, consejero del Concilio de →Trento y provincial de la provincia jesuita de Nápoles, ciudad donde murió.

La mayor parte de su producción literaria consistió en comentarios sobre el NT en 16 volúmenes (doce dedicados a los Evangelios y Hechos, y cuatro a las Epístolas). Aunque su participación en →Trento fue notable, su labor exegética es su contribución más notable a la teología cristiana. Esto se debe a que sus comentarios, en vez de tratar de ajustarse a bosquejos preconcebidos, se ciñen en buena medida al texto de las Escrituras. No le interesaba a S. exponer doctrinas abstractas, sino en aclarar el sentido del texto sagrado. Esto sirvió de contrapeso a la tendencia escolástica predominante en la teología católica romana. En algunos casos, como en lo referente a la Santa Cena, los comentarios de S. se apartan de las ideas más comunes en la teología romana, y por ello fue criticado. Podría decirse que S. fue uno de los precursores del desarrollo de los estudios bíblicos que ha caracterizado a la teología catolicorromana de nuestro siglo. JUSTO L. GONZALEZ

SALMON, GEORGE (1819-1904). Teólogo anglicano. N. en Cork, Irlanda, hijo de un mercader protestante; cursó una brillante carrera en el Trinity College de Dublín, y esto dio como resultado en una vida entera en el college como ayudante (1841), catedrático (1866) y por último director a partir de 1888. Fue ordenado en la iglesia irlandesa (anglicana) en 1845. Siguió dos disciplinas académicas independientes. Reconocido internacionalmente como matemático, también fue generalmente conocido por sus escritos teológicos. Fervoroso protestante, colaboró con el arzobispo Whately en *Cautions for the Times* (1853), una respuesta al Movimiento →Oxford. Su muy diseminado *Infallibility of the Church* (1889) era una exposición brillante y mordaz de las afirmaciones romanas a las que respondió con claridad, erudición y humorismo. Su *Introduction to the New Testament* (1885) desbarató varias teorías desmedidamente liberales sobre los orígenes cristianos. Posteriormente cuestionó con éxito muchos de los menos afortunados riesgos del texto del NT griego de Hort. Hábil administrador, la perspicacia financiera de Salmon ayudó a la iglesia irlandesa después del golpe de su separación del estado.

JOHN C. POLLOCK

SAMBENITO. (Contracción de las palabras "saco bendito".) Capa de penitencia llevada por los presos de la →Inquisición. Era una prenda de tela amarilla, sin mangas, que llegaba a las rodillas. Indicaba el tipo de castigo a que el tribunal les había sentenciado. Si el preso se arrepentía de su herejía o delito y se reconciliaba con la Iglesia, el s. tenía una cruz roja (de San Andrés) en el frente y en la espalda. Tenía que llevar la prenda por cierto tiempo, en algunos casos hasta perpetuamente.

Había dos tipos de s. para los sentenciados a muerte. El del hereje obstinado e impenitente tenía figuras de demonios y llamas que apuntaban hacia arriba, indicando que sería quemado vivo. El del hereje impenitente, pero que a última hora admitía su error, también llevaba figuras de llamas pero estas apuntaban hacia abajo demostrando que sería estrangulado antes de ser quemado.

Después del →Auto de fe los s. de los ejecutados en el quemadero eran colgados en la iglesia; también los de los reconciliados, después de cumplido el tiempo señalado de llevarlo. Este espectáculo macabro tenía como propósito advertir a los fieles del peligro de la apostasía.

WILTON M. NELSON

SANCTIS, LUIGI DE →DESANCTIS, LUIGI

SANIDAD DIVINA EN AMERICA LATINA. La práctica de la s.d. ha llegado a ser común y popular en AL debido a dos cosas: las muchas enfermedades entre los pueblos pobres latinoamericanos y la extensión fenomenal del →pentecostalismo con su énfasis en esta práctica.

Naturalmente todos los cristianos en AL como en el resto del mundo, han creído que se puede y debe orar por los enfermos, pero la primera entidad evangélica que enseñara como dogma la s.d. fue la →Alianza Cristiana y Misionera que en 1892 inició la obra en la Argentina y Ecuador y en 1899 en Chile. Sus misioneros, siguiendo la teología del fundador, A.B. Simpson, enseñaban lo que llamaban el "evangelio cuádruple": "Cristo salva, santifica, sana y vuelve". Esta teología sostiene que Cristo murió no solo por los pecados del mundo sino también por las enfermedades y por tanto uno debe buscar la sanidad física tanto como la espiritual por la fe en él.

Esta doctrina también llegó a formar parte de la teología pentecostal. Por consiguiente la s.d. recibió un fuerte impulso cuando se inició el movimiento pentecostal en →Argentina (1909) y en →Brasil (1910), y sobre todo en el avivamiento pentecostal en →Chile (1909).

En las décadas de 1940 y 1950 se inició la extraordinaria expansión del pentecostalismo en AL, lo que produjo una correspondiente extensión de esta doctrina. Los pentecostales empezaron a llevar a cabo "campañas" de s.d. que produjeron un enorme interés pero también protesta y crítica. Entre los evangelistas de tales campañas se destacaron T.L. Osborn con sus campañas en Puerto Rico, Cuba y Costa Rica durante los años 1950-52 y Tommy Hicks en Chile, Perú y, sobre todo, en Buenos Aires en 1954. La última campaña fue insólita. Con una carta personal de autorización del presidente Juan Domingo Perón, Hicks inició una campaña cuya asistencia fue creciendo hasta que hubo que trasladarla al inmenso estadio "Huracán" en donde asistieron unas 100.000 personas.

Durante los últimos años la creencia y la práctica de la s.d. ha trascendido los límites del pentecostalismo y ha penetrado en las iglesias tradicionales, pero no siempre a base de la teología pentecostal. Este traspaso se debe en gran parte al movimiento →carismático.

PABLO E. FINKENBINDER
WILTON M. NELSON

SANIDAD ESPIRITUAL. Sanidad por medios espirituales y religiosos a diferencia de los científicos y medicinales; llamada también "s. por fe", "s. divina". Los medios, así como la oración, a veces son sacramentales, e.d., la unción, la imposición de manos, la Eucaristía. Es asunto discutido hasta qué punto están en juego la sugestión y las influencias psicológicas: p.e., algunos consideran que las curaciones en Lourdes o Holywell se deben en parte por lo menos a la sugestión.

Fue la forma más antigua de curar, y la práctica medicinal primitiva se desarrolló junto a ella. Se conocía en Grecia en los misterios dionisíacos, y en el templo de Esculapio, Epidauro y los dioses sanadores (p.e., Apolo, Esculapio, Zeus) se intitulaban *Soter*. Los milagros de Elías y Eliseo en el AT prefiguraron los milagros sanadores de Jesús, que ocuparon un lugar tan importante en su ministerio y las sanidades apostólicas en los Hechos.

Durante la época patrística la práctica siguió ininterrumpida, y las iglesias rivalizaron con los templos paganos como lugares de s. Tertuliano escribió acerca de Cristo: "Reforma nuestro nacimiento por un nuevo nacimiento del cielo; restablece nuestra carne de todo lo que la aflige; la limpia cuando está leprosa, le da nueva luz cuando está ciega, nuevas fuerzas cuando está paralizada, cuando está poseída por demonios la exorciza, cuando está muerta la resucita". →Cipriano dijo que del Espíritu morador "proviene poder que puede apagar el virus de los venenos para la s. de los enfermos, para purgar las manchas de las almas insensatas, mediante la salud establecida". →Ireneo alegaba que los gnósticos, si bien podían producir efectos milagrosos, no podían efectuar obras de s. como los cristianos que "curan a los enfermos al imponerles las manos". →Hermas dijo que los que conocen el sufrimiento de los hombres, y que sin embargo no remedian esos sufrimientos, cometen grave pecado. Un famoso sanador fue →Gregorio Taumaturgo (¿213-270?).

Aunque declinó pasado el s.III, caracterizándose la transición por una creciente veneración de reliquias, el fenómeno se presentó de nuevo durante la Edad Media, y se da cuenta de curaciones hechas por →Francisco de Asís, Brígida, Carlos →Borromeo, →Cutberto, →Patricio, entre otros. Los monarcas ingleses de los ss.XI al XVIII tocaron a muchas personas para curarlas del "mal del rey". La sanidad espiritual propiamente dicha reapareció entre los →valdenses y los →hermanos bohemios. Se registraron curaciones hechas por Martín Lutero y otros reformadores.

En el s.XVII, hubo entre los bautistas ingleses (p.e., Hanserd Knollys, William Kiffin, Vavasor Powell); los cuáqueros (p.e., casos consignados en el *Journal* de Jorge Fox); y en otras sectas puritanas. Un sanador notable fue Valentino Greatrakes (1629-83), que curó a muchos en Irlanda e Inglaterra entre 1662 y 1666 por la imposición de manos con oración. En el s.XVIII Juan Wesley refirió varios casos en su *Journal*, y los pietistas alemanes practicaron también la s. El príncipe Hohenloe-Waldenburg-Schillingsfürst, canónigo de Grosswarden, fue un célebre sanador alemán del s.XIX, y en Rusia estaba el padre Juan de Cronstadt (1829-1909).

Grupos como los →irvinguitas y los →mormones practicaban la s., y la →ciencia cristiana la fomentaba al enseñar que el dolor y la enfermedad son ilusiones. Las iglesias →pentecostales han abogado siempre por la s.; sin embargo, esto empezó a destacarse en las campañas de Jorge Jeffreys entre 1925 y 1935, y en EUA con Aimee Semple →McPherson.

Ultimamente ha habido un avivamiento entre las iglesias más antiguas, p.e., "la Cofradía de la Salud" y "la Cofradía de San Rafael" en el anglicanismo, y la Comunidad de Iona en la iglesia escocesa. Las Iglesias Ortodoxas Orientales siempre han conservado un servicio de sanidad en su obra regular. Su séptimo sacramento es la "sagrada unción" que, a distinción de la práctica de la ICR en los últimos siglos, es el ungimiento de los enfermos con aceite para *mejoría*, según Santiago 5:14s. [No obstante, a partir del Concilio Vaticano II, en la ICR dicho sacramento ha recobrado ese significado.] J.G.G. NORMAN

SANKEY, IRA DAVID (1840-1908). Evangelista, cantante y asociado de D.L. →Moody. N. en el condado de Lawrence, Pennsylvania, y a temprana edad adquirió talento musical. Después de servir en el ejército del Norte en la Guerra de Secesión, volvió a Newcastle, Pennsylvania. El canto pronto se convirtió en su interés primordial. A menudo cantaba en convenciones de la escuela dominical. En 1870, como delegado a la convención internacional de la →YMCA en Indianápolis, impresionó a D.L. Moody, quien lo persuadió a asociarse con él en su obra evangelizadora en Chicago. Este encuentro vinculó a los dos inseparablemente durante los siguientes 25 años. Colaboró con Moody en una extraordinaria serie de reuniones en las Islas Británicas (1873-75), cuando se publicó el popular *Himnario de Sankey y Moody*. Regresaron a EUA como figuras nacionales. La voz barítona de Sankey no era excepcional pero, al acompañarse de un pequeño armonio, podía expresar el más sencillo himno con gran emoción. BRUCE L. SHELLEY

SAN MARTIN, JOSE DE (1778-1850). Libertador sudamericano. N. en Yapeyú, Argentina. Al frente de su ejército de granaderos cruzó los Andes para libertar a Chile, y luego el mar para luchar por la independencia de Perú. Los argentinos lo consideran su héroe máximo y lo llaman el Padre de la Patria. Si bien fue bautizado en la ICR, San Martín no parecía muy ortodoxo en su catolicismo. Fue muy crítico con respecto a la jerarquía y su hostilidad hacia los sacerdotes, en varias oportunidades, lo hace casi anticlerical. Estaba más vinculado con las grandes logias masónicas de su tiempo que con la Iglesia. Sus mejores amigos fueron masones y revolucionarios.

Entre sus colaboradores figuran Diego →Thomson, pastor bautista escocés, célebre por haber introducido en AL el sistema →lancasteriano de educación. S.M. hizo que se lo invitara a Chile, una vez asegurada su independencia (1821), y luego lo llamó al Perú (1822), para que estableciera en estas naciones su método de enseñanza. Admiraba las virtudes del estilo de vida protestante, especialmente su moral.

S.M. creía en Dios como creador y sustentador del género humano. Su deseo era poder consagrar "el resto de mis días a contemplar la beneficencia del Gran Creador del Universo y a renovar mis votos por la continuación de su próspero influjo sobre la suerte de las generaciones venideras". Su testamento comienza con una invocación que corrobora su fe: "En el nombre de Dios Todopoderoso, a quien conozco como hacedor del Universo". Era un →deísta, embebido de las ideas de la →masonería de sus días y del espíritu librepensador, respetuoso de todos los credos, si bien se mostró muy atraído por el protestantismo. Debido a las luchas internas de su patria se autodesterró y murió en Boulogne-Sur-Mer, Francia.

PABLO A. DEIROS

SANTA ALIANZA. Declaración, en forma de tratado, firmada el 26 de set. de 1815 en París, por el zar ortodoxo Alejandro I de Rusia, el emperador católico Francisco I de Austria y el rey protestante Federico Guillermo III de Prusia después de la última victoria aliada sobre Napoleón. Proclamaba que a partir de entonces las relaciones internacionales se basarían en "las sublimes verdades que enseña la Santa Religión" y que los gobernantes de Europa se atendrían al principio de que eran hermanos y que cuando fuera necesario "se prestarían mutua ayuda y asistencia". No reconocerían otro soberano sino "Dios nuestro Divino Salvador, Jesucristo". En cierto momento se creyó que la baronesa pietista von Krüdener había inspirado a Alejandro a llevar adelante este acuerdo pero los estudios recientes aseguran que, o bien él había considerado por cierto tiempo la posibilidad de romper con el antiguo sistema de relaciones basadas en la política del poder o bien deseaba establecer un concierto internacional para equilibrar el poder marítimo inglés. Solo el gobierno británico, el sultán y el papa rehusaron acceder a la S.A. Si bien no tenía un poder comprometedor en la práctica, para liberales y revolucionarios el término S.A. asumió una connotación siniestra como conspiración de potencias reaccionarias para mantener el status quo en Europa oriental.

RICHARD V. PIERARD

SANTIAGO DE COMPOSTELA. Ciudad española de la Coruña que en la Edad Media se convirtió en importantísimo centro de peregrinación. Los peregrinos llegaban de toda Europa y del Lejano Oriente y, por la variedad de sus culturas, enriquecieron la del país en muchos aspectos. El camino que esos peregrinos seguían aun continúa llamándose "Camino de Santiago"

La historia moderna de la ciudad está envuelta en la leyenda. Según esta, Santiago el Mayor evangelizó España, a donde sus discípulos llevaron su cadáver después de su martirio en Jerusalén. La comitiva desembarcó en Iria Flavia. En 813, el Obispo de Iria sostuvo que le había sido revelado que el lugar donde un ermitaño había oído música y visto resplandores extraños era el ocupado por los restos del Apóstol. Supuestamente se encontró allí el cadáver, con otros dos, de discípulos suyos.

La sede episcopal de Iria fue trasladada a aquel lugar y a su alrededor nació la ciudad, que creció rápidamente. Alfonso II de Asturias edificó un templo sobre la tumba. Alfonso III el Grande lo reemplazó con otro de piedra, aun mayor.

La ciudad fue destruida (excepto la tumba) por Almanzor (997). En 1078, bajo Alfonso VI de Castilla y León, se comenzó la reconstrucción de la ciudad y de la Catedral. Esta fue consagrada en 1128 (bajo Alfonso VII, quien elevó la sede a rango arzobispal) y terminada en 1211.

Con el auge de la ciudad crece el poder de la burguesía que entra en conflicto con los prelados que eran los señores feudales de la ciudad. La catedral, de estilo románico-bizantino, con su magnífico Pórtico de la Gloria (s.XIII) es el monumento más destacado. La Universidad data del s.XVI.

Hay también obra evangélica en S. de C.

VIRGILIO VANGIONI

SANTIDAD, MOVIMIENTO EN AMERICA LATINA DE. El →metodismo y sus descendientes que sostenían la teología de la S. se hallaron entre los primeros que enviaron misioneros a AL. La Iglesia Metodista Libre inició el trabajo en la →República Dominicana en 1889 y más tarde se extendió a Brasil, México y Paraguay. El →Ejército de Salvación no tardó mucho en mirar hacia el sur, iniciando obra en Argentina y Uruguay en 1890, en Chile en 1909, y posteriormente en la zona del Caribe, Brasil, Panamá y Centroamérica. La →Alianza Cristiana y Misionera llegó a Argentina, Chile y Ecuador en 1897, a Puerto Rico en 1900, a Colombia en 1923, a Perú en 1925 y después a otros cinco países latinoamericanos.

Los →amigos, del ala evangélica, también se hallan entre las misiones pioneras. Establecieron obra en Guatemala y Honduras en 1902 y más tarde en Bolivia y Perú. También entre las primeras se encuentra la →Iglesia del Nazareno, la cual en 1901 inició la obra en Guatemala, en 1902 en Cuba, en 1903 en México, en 1917 en Perú y luego en todos los países de América Central y del Sur (menos Venezuela) y en varios otros países del Caribe.

A principios del s.XX un sector del Movimiento de S. en EUA empezó a hacer énfasis en los dones de lenguas y sanidad, separándose para formar el movimiento →pentecostal. El pentecostalismo no hizo mucho impacto misionero en AL hasta mediados del s.XX, con notables excepciones en Chile y Brasil.

Pero seguían entrando más grupos de S.: la →Iglesia de Dios (Anderson, Indiana) que empezó en Panamá en 1910, los "Peregrinos" en Perú en 1916; la Iglesia Metodista Primitiva en Guatemala en 1921. Durante la década de 1940 llegaron la Iglesia Metodista Wesleyana, la Misión Interamericana, la Misión Evangélica Mundial, la Asociación Misionera, *et al.*

De modo que en 1979 había más de 50 denominaciones o misiones de la familia de S. que tenían obra en las tierras al sur del Río Bravo. Las iglesias de algunas de estas ya se han desarrollado al punto de que han declarado su autonomía.

W. HOWARD CONRAD
WILTON M. NELSON

SANTIDAD, MOVIMIENTO NORTEAMERICANO DE. Movimiento religioso que data de mediados del s.XIX y que trató de conservar el impulso original de las enseñanzas metodistas sobre la santificación completa y la perfección cristiana como las enseñó Juan Wesley en escritos como el *Plain Account of Christian Perfection.* En esta enseñanza se espera que la completa santificación normalmente tenga lugar en forma instantánea en una experiencia emocional semejante a la conversión. En este punto uno es lavado del pecado innato y capacitado para vivir sin pecado consciente o deliberado. En el contexto del avivamiento estadounidense y bajo la influencia de las →*Camp meetings* hubo una sutil mutación de estos conceptos en la dirección de un individualismo, emocionalismo, y énfasis en la experiencia de crisis.

A principios del s.XIX, comenzaron a surgir grupos en el metodismo que protestaban contra la decadencia de la disciplina. En la década de 1840 el abolicionista Orange Scott hizo salir a los →metodistas wesleyanos porque el metodismo se había acomodado al esclavismo. En 1860 B.T. Roberts y los Metodistas Libres fueron expulsados de la Conferencia de Geneste a causa de controversias sobre asuntos similares y sobre la decadencia del énfasis en la santidad. Ambos grupos agregaron declaraciones sobre la perfección cristiana a sus artículos de religión y gradualmente llegaron a identificarse como movimientos de santidad.

Al mismo tiempo hubo un movimiento dentro del mismo metodismo que enfatizaba la santidad. Hacia 1830 hubo dos hermanas, Sarah Lankford y Phoebe Palmer, que organizaban reuniones semanales de oración conocidas como "reunión de los martes", las cuales, junto con reuniones similares, llegaron a ser una fuerza importante dentro de este movimiento. A fines de la década de 1860 se fundó la "Asociación Nacional de Reuniones de Campamento para la Promoción de la Santidad", que al paso de los años se convirtió en la Asociación Nacional de Santidad (NHA), redesignada en 1971 Asociación Cristiana de Santidad (CHA), la actual comunión ecuménica que representa a las iglesias de santidad no pentecostales. A fines de siglo este movimiento había producido innumerables reuniones de santidad, periódicos, y asociaciones de santidad estatales y locales. El creciente conflicto con los líderes metodistas y la decadencia del liderazgo nacional de santidad dio como resultado un periodo de fragmentación en multiplicidad de pequeños grupos. Muchos de estos se conglomeraron para formar ciertas denominaciones de santidad tales como la →Iglesia del Nazareno, que es la más grande comunión independiente de santidad, y la Iglesia Peregrina de Santidad, que en 1968 se fundió con los metodistas wesleyanos para formar la Iglesia Wesleyana.

También se fundaron en esa época diversas denominaciones que tomaron el nombre de →"Iglesia de Dios". Muchas de estas pasaron al pentecostalismo, pero el grupo que estaba centrado en Anderson, Indiana, permaneció muy identificado con el movimiento de santidad. El impacto del movimiento de santidad se extendió mucho más allá de los límites del metodismo. Dos denominaciones menonitas, la Iglesia Misionera y los →Hermanos en Cristo, adoptaron las ideas wesleyanas y se identificaron con el movimiento. Otras denominaciones tales como la →Alianza Cristiana y Misionera revelan la influencia de la santidad, pero no se han identificado plenamente con el movimiento. El fundador del →Ejército de Salvación, William Booth, se convirtió en Inglaterra bajo la influencia de un evangelista norteamericano de santidad. Cuando el Ejército de Salvación llegó a los EUA en la década de 1880, tenía una fuerte orientación hacia la santidad y luego se identificó con la CHA.

En el s.XX han surgido otros grupos de santidad. La Iglesia Evangélica Metodista se retiró del metodismo al comienzo de la controversia entre el fundamentalismo y el modernismo y la Iglesia Evangélica de Norteamérica se formó después de la unión de la Iglesia Metodista y los Hermanos Evangélicos Unidos en 1968. Otros grupos relacionados incluyen la Iglesia Cristiana de Santidad, las Iglesias de Cristo en Unión Cristiana, los Protestantes Metodistas, la Iglesia Metodista Primitiva, y la Iglesia Metodista Congregacional.

Muchas de estas denominaciones se desarrollaron en consecuencia de movimientos de renovación asociados con C.G. →Finney, con cuya →Teología de Oberlin tiene muchas afinidades la teología de santidad Otro movimiento paralelo a mediados del s.XIX fue el movimiento inglés de →Keswick, cuyas enseñanzas sobre la vida victoriosa se distinguen del pensamiento de santidad ante todo por su contexto en la teología reformada.

Muchos intérpretes no logran distinguir entre el movimiento de santidad y el pentecostalismo. Existen muchas semejanzas y conexiones históricas. A fines del s.XIX, los escritores de santidad comenzaron a llamar a la santificación completa con el nombre de "bautismo en el Espíritu Santo", sobre el modelo de Pentecostés. Fue en este ambiente y mentalidad que surgió el pentecostalismo en EUA. Algunas denominaciones de santidad, tales como la Iglesia de Santidad Pentecostal, avanzaron en esa dirección, pero la mayoría se quitaron la palabra "pentecostal" y reafirmaron una doctrina wesleyana no pentecostal.

En el s.XX el movimiento de santidad se ha quitado algunos de los aspectos del *"revivalism"* y se le considera más apropiadamente como un metodismo conservador. Este desarrollo ha producido una reacción conservadora que conduce a cierto número de grupos muy pequeños tales como la Conexión Metodista Wesleyana de Allegheny, la Iglesia Bíblica Misionera (originalmente Nazarena), la Asociación Wesleyana de Santidad (originalmente Bíblica Misionera), la Iglesia Unida de Santidad, y la Iglesia Evangélica Wesleyana (ambas originalmente Metodistas Libres), agrupadas de forma débil en la Convención Interdenominacional de Santidad.

Actualmente el movimiento de santidad reclama una membresía de por lo menos dos millones de personas, entre 50 a 100 escuelas (incluso tres seminarios teológicos), dos sociedades misioneras interdenominacionales (la Sociedad Misionera Oriental y la Misión Mundial del Evangelio), innumerables asociaciones locales, reuniones de campamento, etc., y muchas agencias denominacionales.

DONALD W. DAYTON

SANTO IMPERIO ROMANO. Entidad político-religiosa que nació en el año 800 con la coronación de Carlomagno por el papa León III. Hubo dos factores que impulsaron la formación de este nuevo imperio: el recuerdo de la gloria del antiguo Imperio Romano y el creciente poderío de la religión cristiana.

El Imperio Romano Occidental (→ROMA) tocó a su fin en 476 d.C. a causa tanto de la decadencia interna del Imperio como de los golpes externos recibidos de las tribus bárbaras del norte. Una de estas tribus, los francos, vivía en las márgenes del Río Rin. Se hizo poderosa, dominó la antigua Galia y la convirtió en "Francia". Este fue el primer paso significativo en la formación del S.I.R. El segundo fue cuando en 496 se convirtió a la fe cristiana el poderoso rey franco →Clodoveo (de la dinastía merovingia) y con él, al menos nominalmente, todos los francos.

En el s.VIII surgió una nueva dinastía, la carlovingia, que necesitaba el apoyo moral y espiritual de la Iglesia. Por su parte el papado romano buscaba la protección de un poder fuerte ante los vejámenes a que lo sometían los lombardos y los nobles italianos. Para ayuda mutua se formó una unión entre el reino franco y el papado (→PIPINO III, ZACARIAS) que llegó a su máxima expresión el día de Navidad en 800 cuando, estando en Roma →Carlomagno, el papa →León III lo coronó emperador y Augusto de un nuevo Imperio Romano. (Por esta fecha Carlomagno ya había conquistado para el reino franco casi toda Europa Continental.)

Esta coronación significó para Carlomagno la restauración del antiguo Imperio, pero ahora con un carácter cristiano, y el cumplimiento del sueño de →Agustín de la "Ciudad de Dios". De acuerdo con la ideología del nuevo Imperio habría dos cabezas: la temporal (el emperador) y la espiritual (el papa).

Por más hermoso e ideal que pareciera este arreglo político, estaba lleno de contradicciones. La principal tenía que ver con la cuestión de cuál cabeza era la más importante. La historia del Imperio abunda en luchas entre las dos cabezas. A veces había emperadores (→OTON I, ENRIQUE III, ENRIQUE IV) que ponían y deponían papas; y otras veces había papas (→GREGORIO VII, ALEJANDRO III, INOCENCIO III, GREGORIO IX) que excomulgaban y destituían emperadores.

La relación con el Imperio implicaba para el papado una curiosa ironía: por una parte, el pontífice necesitaba la protección de un Imperio poderoso; pero a la vez temía a un emperador poderoso, ya que ponía en peligro su propia supremacía. El resultado fue que, en su afán de demostrar la superioridad de la cabeza espiritual, el papa maniobró para debilitar al emperador, y de tal manera logró el éxito que por el año 1250 el Imperio ya había perdido casi toda su gloria y poderío.

Contribuyó también a la decadencia del Imperio el surgimiento en Europa de nuevas naciones, como Inglaterra, Francia y España, que estaban fuera de los confines del S.I.R. El Imperio quedó reducido a los pueblos germánicos, con Austria como centro.

Después de 1250 el Imperio tuvo poca importancia política, con la excepción de un periodo de resurgimiento y prosperidad bajo →Carlos V (1519-56). En 1806 el Imperio recibió su golpe de gracia cuando →Napoleón lo disolvió. Tocó a su fin, pues, este grandioso esfuerzo de llevar a la práctica el ideal medieval de una teocracia o mancomunidad cristiana, en la que las autoridades temporales y espirituales cooperarían para el bien de la cristiandad. WILTON M. NELSON

SANTO OFICIO. Organizado en 1542 por Paulo III, el S.O. o *Sacra Congregatio Romanae et Universalis Inquisitionis seu Sancti Officii* se estableció para servir como corte de última instancia en casos de herejía presentados a la →Inquisición. En 1587 Sixto V aumentó el número de seis a trece cardenales designados para fungir en él. Si bien el papa puede presidir las deliberaciones de esta congregación, esta habitualmente actúa sin él. En 1908 el S.O. fue reorganizado como corte ante la cual habían de remitirse las decisiones finales sobre fe y moral y su nombre se abrevió para llamarse *Congregatio Sancti Officii.* Quedó sujeto a ulterior reorganización como resultado del →Concilio Vaticano II. DAVID C. STEINMETZ

SANTO SEPULCRO. El nombre de la actual iglesia abarca los sitios tradicionales tanto de la crucifixión como de la tumba de Cristo. Es un edificio dilapidado, heterogéneo y de feo aspecto en la Ciudad Antigua de Jerusalén. El lugar ha quedado dentro de las murallas de la ciudad desde 41-44 d.C., cuando Herodes Agripa hizo construir una tercera muralla. La investigación arqueológica reciente por lo menos ha aclarado el hecho de que el sitio quedaba fuera de las murallas de la ciudad antes de entonces (cp. He. 13:12). El emperador romano Constantino dio órdenes en 326 d.C. de que se construyera el templo, que en su fase primitiva fue un complejo de tres partes (en distintos niveles): la *Anástasis* (gruta de la resurrección), el *Martyrium* (la basílica), y el sitio elevado del Calvario. Bajo la basílica había también una capilla dedicada a Santa Elena, madre de Constantino, a quien la leyenda no tardó en atribuir el hallazgo de "la vera cruz".

La iglesia original fue incendiada por los persas en 614, pero fue pronto restaurada. El califa Hakim destruyó o dañó luego gran parte del edificio en 1009. Se efectuó la restauración en 1048 y luego los cruzados realizaron una obra considerable de reconstrucción entre 1099 y 1149. En su conquista de Jerusalén, Saladino se limitó a destruir las campanas (1187). Desde entonces, la iglesia ha sufrido ocasionales temblores, incendios, y alteraciones bien intencionadas. Varias confesiones cristianas tienen derechos sobre diferentes partes del templo. La autenticidad del sitio puede apoyarse sobre la base de que en el reinado de Constantino ya existía una fuerte e indiscutida tradición en ese sentido y que, durante los dos siglos anteriores, el lugar había estado vedado a los peregrinos.

D.F. PAYNE

SANTOS. Según la doctrina católica romana, santos son los que ahora están en el cielo debido a sus vidas ejemplares, y pueden interceder ante Dios por los vivos así como por los que están en el purgatorio. La costumbre de venerar a los santos supone un fundamento bíblico, p.e., Gn. 18:16-31; Mt. 19:28; Heb. 12:1; Ap. 6:9s; véase además la doctrina paulina acerca del cuerpo místico de Cristo, donde todos los miembros son "conciudadanos de los santos, y miembros de la familia de Dios" (Ef. 2:19). Las fuentes no bíblicas de la costumbre se extienden por la historia cristiana, para comenzar en el periodo preniceno con las *Odas de Salomón* y el *Martyrium Polycarpi* (c.156). Orígenes quizás fue el primero de los padres de la iglesia que permitiera la validez teológica de la veneración de los mártires, y →Cirilo y →Crisóstomo hicieron la distinción entre los que se conmemoraban en la Eucaristía y los muertos comunes.

A medida que crecía la devoción a los santos surgió la idolatría y para combatirla los teólogos trataron de aclarar la diferencia entre adorar a Dios y reverenciar a los santos mediante los términos griegos *latreia* y *douleia* respectivamente. Ya para la época carolingia, la devoción popular florecía con →peregrinaciones, mayor preocupación por las →reliquias, el nombramiento de patronos, y aun el hacer religiosas las fiestas civiles. La primera →canonización formal ocurrió en 993 con Ulrico. Cada vez más se dio publicidad a las "vidas", más estereotipo que realidad, lo cual solo aumentó los abusos. La gran tarea de revisar estas vidas, empezada por Lipomani, Surio y →Baronio, la hizo críticamente Juan Bolando (1596-1665) en su *Acta Sanctorum*, que proveyó un modelo. →León I, Gregorio I y →Juan Damasceno fomentaron la teología de esta práctica, en tanto que las tendencias litúrgicas reflejaban la devoción popular y las enseñanzas patrísticas. De acuerdo con esto fue creciendo la iconografía, y hasta algunos ángeles fueron exaltados (Rafael, Gabriel y Miguel).

Un santo, por descripción y no por título, podía ser designado extraoficialmente sin →beatificación o canonización. Este gran número de prácticas ocasionó protestas desde dentro, en los concilios de Aviñón (1209) y el Lateranense IV (1215), y desde fuera (→cátaros, →valdenses). Las más enérgicas protestas las hicieron zwinglianos y calvinistas durante la Reforma. El Concilio de →Trento aprobó la práctica pero aconsejó la moderación, y la enseñanza actual se rige en gran parte por los principios de Roberto →Belarmino. La costumbre moderna se rige por el derecho →canónico, que distingue entre la adoración a Dios y la veneración a María, los santos y los ángeles.

Las iglesias orientales se parecen a la de Roma en su posición con respecto al asunto. Ya que los protestantes se han negado a venerar a los santos (puesto que la santidad es potencialmente la esfera de todos los que gozan de la salvación), sus leyendas han ido disminuyendo. El interés literario de Juan →Milton y algunos de sus contemporáneos las conservaron, pero la →Ilustración, particularmente →Voltaire y los →enciclopedistas, solo reforzó el punto de vista protestante. En la Comunión Anglicana la práctica renació con el Movimiento de →Oxford a pesar de sus primeras dudas.

C.G. THORNE, Jr.

SANTOS DE LOS ULTIMOS DIAS →MORMONISMO

SARAVIA, ADRIANO (1531-1613). Erudito anglicano. N. en Hesdin, Artois (Francia), hijo de un protestante español; fue redactor de la →Confesión Belga y refugiado en Guernsey e Inglaterra antes de volver a la cátedra de teología en Leyden (1582). Saravia no logró persuadir a Isabel I de Inglaterra que interviniera más activamente en los Países Bajos, halló insostenible su posición y por tanto volvió a Inglaterra en 1587 y llegó a ser rector de Tattenhill al año siguiente. Su amistad con hombres como L. Andrewes y R. →Hooker modificó profundamente su calvinismo. Aunque sostenía firmemente la supremacía de las Escrituras, insistía en que no se introduciría ningún cambio doctrinal contra el testimonio de los Padres de la iglesia. Se trabó en gran controversia con T. →Beza sobre el derecho divino del presbiterianismo, abogó de modo convincente por el episcopado, y atacó los puntos de vista de Calvino sobre el descenso de Cristo al infierno y la predestinación. Saravia fue objeto de gran preferencia y fue uno de los traductores del AT de la Versión del Rey Jacobo así como también uno de los primeros partidarios de las misiones extranjeras.

IAN BREWARD

SARDICA, CONCILIO DE (342). Concilio convocado por los emperadores Constante y Constancio a pedido del papa Julio para resolver la cuestión de la ortodoxia de →Atanasio, →Marcelo de Ancira, y Asclepíades de Gaza, depuesto en el Concilio de Tiro (335). Si bien tenía por objeto ser un concilio ecuménico, los 76 obispos orientales –incluso Acacio de Cesarea, Basilio de Ancira, Maris de Calcedonia– y los obispos occidentales Ursacio de Singiduno y Valente de Mursa se negaron a tomar parte porque Atanasio era aceptado como miembro acreditado del concilio. Cerca de 300 obispos occidentales se reunieron presididos por →Osio de Córdoba y Protógenes de Sárdica. Confirmaron la restauración de Atanasio, exculparon a Marcelo de herejía, y restituyeron a Asclepíades. Depusieron a Acacio, Basilio, Gregorio de Alejandría, Ursacio y a Valente, entre otros, por ser arrianos. Asimismo aprobaron cánones disciplinarios, entre los cuales los números 3, 4 y 5 designaban al obispo de Roma como corte de apelación para obispos acusados en ciertas circunstancias. Fijaron la fecha de la Pascua de Resurrección para los siguientes 50 años. También promulgaron en términos generales una fórmula de fe en que declaraban que la "hipóstasis" del Padre y el Hijo era una, al tomar la palabra en el sentido de naturaleza o sustancia.

Los obispos orientales se retiraron a Filipópolis, donde suscribieron el Cuarto credo de Antioquía (341). Expusieron más detalladamente sus razones por las que habían depuesto a Atanasio y a Marcelo, y emitieron su propia lista de censuras, entre ellas Julio, Osio, Protógenes y Maximino de Treves. El Concilio de Sárdica inició un proceso cismático que condujo directamente a la separación entre Oriente y Occidente en 1054. Sárdica es la moderna Sofía de Bulgaria.

J.G.G. NORMAN

SARKILAX, PEDRO (m.1529). Reformador finlandés. En la época de la Reforma, →Finlandia estaba unida con Suecia políticamente. No obstante, los primeros impulsos hacia una reforma de la Iglesia de Finlandia no vinieron de Suecia sino del estudioso S., quien desde 1516 era estudiante en la Universidad de Rostock y por tanto estaba en Alemania al brotar la Reforma. Al regresar a Finlandia en 1523 ya estaba poseído del espíritu de Wittenberg y actuó osada y abiertamente a su favor, mientras servía como miembro de la junta diocesana de Abo (Turku). Estando en Alemania se casó, de modo que fue uno de los primeros pastores luteranos que rompieran los votos de celibato. En su trabajo constantemente recalcaba la necesidad de la doctrina pura, libre de herejía papal. El resultado más importante de su trabajo fue su influencia profunda sobre Mikael →Agrícola, la figura principal en la Reforma Finlandesa.

STIP-OLOF FERNSTROM

SARMIENTO, DOMINGO FAUSTINO (1811-1888). Estadista, educador, escritor, diplomático y presidente argentino. Es conocido como "El Maestro de América" por su vasta labor educativa. N. en la provincia de San Juan y tuvo poca instrucción formal. En su infancia conoció la Biblia, que durante años le fue explicada por su tío, el canónigo Juan Pascual Albarracín. A los quince años fundó una escuela en San Francisco de la Sierra, y desde ese momento la gran pasión de su vida fue la enseñanza. Los avatares de la política lo llevaron muy joven a Chile. En el exilio fue minero, dependiente de tienda y periodista. Su aprendizaje del inglés lo puso en contacto con el pensamiento de los EUA, país que admiraba y en el que más tarde sería embajador de su patria.

Sus relaciones con el protestantismo fueron siempre muy cordiales. Su biógrafo Manuel Gálvez habla con indignación del "virus protestante" de S. Este a su vez definía al antiprotestantismo de su época como "crónica enfermedad cerebral". Fue amigo íntimo de hombres como Andrés →Milne de la Sociedad Bíblica y de los pastores metodistas Juan F. →Thomson y William Goodfellow. En los EUA se relacionó con la viuda del pedagogo Horacio Mann y alternó con Emerson, Longfellow, Agassiz, Benjamin Gould y otras personalidades. S. era de ideas liberales pero respetuoso de la religión. Tradujo la "Vida de Cristo para niños", de Carlos Dickens, y un catecismo para las escuelas primarias. Defendía la libertad religiosa en los colegios y se oponía a que a los alumnos se les enseñase un credo determinado, incluyendo el que él denominaba "la religión de mi mujer". Sus relaciones con la ICR nunca fueron buenas.

Con la colaboración del pastor Goodfellow consiguió que casi setenta educadores de los EUA, en su gran mayoría mujeres (las célebres "maestras de Sarmiento") se establecieran en el Río de la Plata. Muchas de ellas eran evangélicas, fruto, según Edwin Orr, del gran "avivamiento" de 1858. Estas maestras organizaron escuelas normales en todo el país. Fueron perseguidas por ser protestantes, pero dejaron en la Argentina recuerdos imperecederos de vidas consagradas a lo que S. denominaba "la educación del soberano".

Los colportores de la →Sociedad Bíblica

Americana llevaban en sus viajes cartas de puño y letra de S. recomendando la Biblia, sobre la que escribiera notables páginas en varios de sus libros.

Los colportores de la →Sociedad Bíblica Americana llevaban en sus viajes cartas de puño y letra de S. recomendando la Biblia, sobre la que escribiera notables páginas en varios de sus libros.

En su retiro de Paraguay, donde falleció, S. señalaba a quienes lo visitaban un grabado de Jesús bendiciendo a los niños, y decía: "¡Este es mi abogado!" S. fue muy combatido en vida y a casi un siglo de su muerte, se sigue polemizando acerca de su persona. Pero, por su inmensa labor de estadista que entregó a su patria ferrocarriles, telégrafos, carreteras, forestación, escuelas, el Observatorio Astronómico, el Instituto Nacional de Ciencias, etc., ha sido denominado con toda justicia "constructor de la Nueva Argentina". ALEJANDRO CLIFFORD

SARPI, PAOLO (1552-1623). Teólogo →servita. Asistió a una escuela para la nobleza en Venecia, donde estuvo bajo la tutela servita de Gian María Capella. A los 18 años de edad, el obispo de Mantua lo designó lector de derecho canónico. Después de estudiar griego, hebreo, filosofía, leyes, ciencias naturales, e historia, fue nombrado provincial de la orden servita. En 1580 y entre 1585 y 1588 conoció a →Belarmino y otros hombres influyentes en Roma. Entretanto, en 1578 Sarpi se doctoró en Padua y se asoció con la sociedad veneciana. Fue amigo íntimo de los protestantes franceses, a muchos de los cuales conoció en Venecia. Durante la tercera década de su vida fue acusado por la Inquisición en Milán por negar que Génesis 1 enseña la Trinidad. En 1601 el nuncio papal lo identificó con los errores enseñados quizás por Morosini. En 1606 el papa echó a Sarpi la culpa de unas disensiones en Venecia, que sirvió como uno de los pretextos para el célebre entredicho de 1606. Sarpi preparó la defensa veneciana para la réplica formal del senado; su defensa de las libertades venecianas se halla tras su célebre *Historia del Concilio de Trento,* relato crítico de los esfuerzos de →Trento por reformar el catolicismo (1619).
MARVIN W. ANDERSON

SARRACENOS. Término empleado por los cristianos de la Edad Media para describir a los infieles y musulmanes durante la época de las →Cruzadas. El vocablo aparece en inscripciones antiguas y parece que al principio solo se aplicaba a una tribu de la región del Sinaí. Posteriormente el significado se extendió hasta incluir a los nómadas en general y, después de las conquistas árabes del s.VII, el Imperio →Bizantino llamó sarracenos a todos los musulmanes. Los cristianos occidentales adoptaron el término durante las Cruzadas, y comúnmente se llamó sarracenos a los musulmanes hasta la caída de Constantinopla en 1453. J.D. DOUGLAS

SATURNINO (s.II). Gnóstico. En los catálogos de los primeros gnósticos y sus sistemas, hallados en Justino Mártir e Ireneo y repetidos en Eusebio, S. aparece de tercero en la cadena que emana de Simón Mago hasta Menandro, y que produjo el desarrollo subsiguiente de Basílides, los ofitas y Valentín. El movimiento ya se había establecido a fines del s.I, y a Saturnino no se le puede asignar una fecha posterior a las primeras décadas del s.II. Como Menandro, enseñó en Antioquía y su doctrina cae dentro del tipo de pauta que se esboza en el *Apócrifo de Juan,* que apareció primero en griego, pero que se ha conservado en unos papiros coptos. El material muestra además una afinidad al tipo de desarrollo que proviene del Evangelio de Juan, que halló sus primeros comentaristas en esos mismos círculos gnósticos.
CLYDE CURRY SMITH

SAVONAROLA, GIROLAMO (1452-1498). Reformador italiano. N. en Ferrara y al principio se le destinó a una carrera de medicina, pero en 1474 se hizo dominico y sirvió en varias ciudades del norte de Italia. Aunque al principio no tuvo éxito como predicador, adquirió confianza y fama de orador mediante una serie de sermones sobre el Apocalipsis que predicó en Brescia (1486). En 1490 se estableció en Florencia, donde predicó en la Iglesia de San Marcos; llamó a las autoridades civiles al arrepentimiento, y abogó por la causa de los pobres y oprimidos. Fue nombrado prior de San Marcos y se le invitó a predicar en la catedral, con lo que su influencia fue creciendo. Para 1494 predijo que una ola de juicio divino se desencadenaría sobre Florencia.

Cuando Carlos VIII, rey de Francia, invadió Italia, parecía que había descendido la ira de Dios. Dos veces S. disuadió al rey de saquear la ciudad, y al fin Carlos se fue sin haber hecho ningún daño intencional. Al acercarse los franceses el "amo" Médicis de la ciudad, Piero, se había marchado, y luego con la retirada de Carlos le pareció a S. que la gracia divina había intervenido a favor de Florencia. Anunció que había llegado una "edad de oro" y que pronto la ciudad tendría poder temporal y espiritual sobre toda Italia. Fomentó el establecimiento de un gobierno republicano semejante al de Venecia. Durante esta administración mantuvo a la ciudad en tensión moral e inició una reforma tributaria, ayudó a los pobres, reformó las cortes, y convirtió a Florencia de una ciudad laxa, corrompida y amante de los placeres, en una comunidad ascética, de tipo monástico. Esto se logró mediante el uso de la censura y de métodos violentos: por ejemplo, durante el carnaval de 1496 inspiró la "quema de vanidades" cuando la gente hizo una gran hoguera para quemar sus juegos de azar, cosméticos, pelucas y libros lascivos.

S. denunció asimismo a →Alejandro VI y la corrupta corte papal. El Papa, no muy feliz con la alianza de Florencia con los franceses y la predicación del "fraile entrometido", excomulgó a S. y amenazó con poner la ciudad en entredicho si se le permitía predicar de nuevo. Aunque S. negó la validez de la bula de excomunión puesto que, según él, Alejandro era representante de Satanás y no de Cristo, los florentinos estaban asustados. Además, algunos de los ciudadanos ricos se cansaron de las ideas del fraile. Los franciscanos dispusieron una prueba severa en la que uno de los suyos y un seguidor de S. caminarían por el fuego. Al prender el fuego para la prueba, se produjo una discusión entre los dos grupos y un aguacero repentino apagó las llamas. Este acontecimiento contribuyó al descrédito de S., el que fue juzgado por hereje, hallado culpable y ejecutado.

ROBERT G. CLOUSE

SCHAFF, PHILIP (1819-1893). Teólogo, historiador eclesiástico y uno de los primeros ecumenistas. N. en Suiza, hijo de un carpintero, y pudo educarse por medio de becas. Después de graduarse del "gimnasio" de Stuttgart, se matriculó en la universidad de Tubinga donde estudió bajo la tutela de F.C. Baur. Posteriormente asistió a las universidades de Halle y Berlín, donde estudió con F.A.C. Tholuck, E.W. Hengstenberg y J.A.W. Neander. Estudiante talentoso, se le invitó en 1844 como profesor de historia eclesiástica y literatura bíblica en el seminario teológico de la Iglesia Reformada Alemana en Mercersburg, Pennsylvania. *The Principle of Protestantism* (1844), su discurso inaugural, contemplaba la historia de la iglesia cristiana como un acontecimiento divino que resultara en una fusión del protestantismo y el catolicismo en un catolicismo evangélico renovado. Este discurso fue motivo de que se le acusara de hereje, pero posteriormente fue disculpado. En los años siguientes S. y John Nevin formularon la "teología de Mercersburg". De 1870 hasta su muerte fue catedrático en el *Union Theological Seminary* de Nueva York. A partir de 1866 se ocupó también de la causa de la unidad cristiana al colaborar en la →Alianza Evangélica. Escritor fecundo, publicó *A History of the Christian Church* (7. t. 1858-92) y *The Creeds of Christendom* (3 t., 1877). Preparó las ediciones traducidas del *Comentario* por Lange (1864-80) y la *Encyclopedia of Religious Knowledge* de Schaff-Herzog (1884) y ayudó en la preparación de la Versión Revisada de la Biblia en inglés. En 1888 fundó la Sociedad Norteamericana de Historia Eclesiástica y actuó como su primer director.

ROBERT SCHNUCKER

SCHELLING, FEDERICO GUILLERMO JOSEPH VON (1775-1854). Filósofo idealista alemán. Hijo de un pastor wurtembergués, se educó en Tubinga, y de 1798 a 1803 ocupó una cátedra en la universidad de Jena, centro del romanticismo alemán. Se hizo amigo de sus figuras prominentes: Federico y Augusto Schlegel, Fichte, Hegel y Goethe. El idealismo trascendental de S., con su énfasis en la importancia del individuo, el valor del arte, el antirracionalismo, el organicismo y el vitalismo, fue el epítome de la filosofía romántica alemana. Posteriormente enseñó en Würzburgo, Erlangen y Munich y por último se trasladó a Berlín en 1841. Su pensamiento cambió y se desarrolló considerablemente. A partir de un idealismo subjetivo, poco a poco elaboró una filosofía de la naturaleza donde el objeto y el sujeto puros se integran en una absoluta unidad de espíritu y naturaleza en Dios, la esencia divina que solo puede percibirse por la voluntad. La raíz de la existencia es Dios, la nada eterna y lo no cimentada, y solo El es realidad. Lo finito no tiene realidad y solo puede existir al ser separado del Absoluto, quien a su vez crea su propio equivalente que es la libertad. Posteriormente Schelling quedó insatisfecho con este panteísmo lógico, destacó las ideas como una ruta a la realidad definitiva, y hasta trató de reconciliar el cristianismo con su filosofía. Este énfasis se asemeja al del existencialismo moderno y ha dado como resultado un interés renovado en Schelling.

RICHARD W. PIERARD

SCHLEIERMACHER, FRIEDRICH DANIEL ERNST (1768-1834). Teólogo alemán.

De origen pietista silesiano, siendo estudiante, rechazó la intolerancia del →pietismo, mas hacia el final de su vida se consideró pietista, solo que de un orden superior. Se educó en la universidad de Halle y fue ordenado en 1794. En 1796 se hizo ministro del Hospital Charité en Berlín, y en este periodo sintió la atracción del círculo de escritores románticos que constituían la vanguardia intelectual de la época. En 1804 regresó a Halle como profesor, pero los años siguientes fueron eclipsados por las guerras napoleónicas y el resurgimiento del nacionalismo alemán. Desde 1809 S. fue ministro de la *Dreifaltigkeitskirche* en Berlín. La clausura de la universidad de Halle produjo la fundación de una nueva universidad en Berlín. S. desempeñó un papel importante en su fundación y en el establecimiento de su Facultad de Teología, en la que fue catedrático. Fue el primer decano de la facultad, y por un tiempo, rector de la universidad. Fue instrumental en la venida de →Hegel a Berlín, si bien sus relaciones se hicieron tirantes por sus divergentes puntos de vista. S. fue un gran defensor de la unidad nacional alemana y partidario sobresaliente del plan para unificar las Iglesias Luterana y Reformada en Prusia. Predicó con regularidad y escribió copiosamente. Sus obras comprenden teología sistemática, hermenéutica, filosofía, traducciones de Platón y diez volúmenes de sermones.

La primera obra importante de Schleiermacher, *Reden über die Religion (Discursos sobre la religión)*, 1799, a veces se considera una expresión teológica del romanticismo. Como apología del cristianismo en el mundo posterior a la →Ilustración, no fue una reafirmación de la ortodoxia bíblica ni una restauración de la religión moralista ilustrada. Definía la religión como "sentido y gusto de lo infinito" y procuraba mostrar que la vida sin religión es incompleta.

En varios sentidos esta obra anticipó el credo más amplio de S. expuesto en *Die christliche Glaube* (1821). S. trató de evitar la alternativa de una ortodoxia basada en la verdad revelada y de una teología natural en una especulación abstracta. Adoptó un enfoque positivo de la religión basado en el análisis descriptivo de la experiencia religiosa. Procuró analizar los elementos esenciales de la experiencia cristiana y mostrar cómo se relacionaban con los principales artículos de la fe cristiana. La base de la religión no es la actividad ni el conocimiento, sino algo que está a la base de ambos: el continuum de sensación o conciencia que llamamos conocimiento de sí mismo. El factor común de la experiencia religiosa es la sensación o sentido de una dependencia absoluta. Este concepto se convirtió no solo en la clave del entendimiento de la religión, sino en el criterio para evaluar la enseñanza del pasado y el medio de reinterpretar el cristianismo para el hombre moderno.

El pecado se ve esencialmente como un deseo malo de independizarse. La doctrina ortodoxa del Cristo con dos naturalezas se reemplaza con el cuadro de un hombre en quien la dependencia era completa. Su profunda experiencia de Dios por medio de su sentido de dependencia constituye una existencia de Dios en El. Por ello, Jesús puede mediar a la humanidad un nuevo sentido redentor de Dios. El mismo enfoque se elaboró en sus tratados póstumos sobre *Einleitung ins Neue Testament* (1845) y *Das Leben Jesu* (1864). Aunque fue ostensiblemente empírico, podría preguntarse si Schleiermacher fue lo suficientemente empírico: si su concepto de la religión no se definió con demasiada estrechez y se empleó de manera arbitraria y poco realista. Como resultado, se introduce la doctrina cristiana por fuerza en la camisa de fuerza de un sistema preconcebido.

La influencia de S. se extendió mucho más allá de sus discípulos que formaban la escuela de la teología mediadora *(Vermittlungstheologie)* a mediados del s.XIX. Para Karl →Barth compendiaba el enfoque liberal de la religión que daba énfasis al hombre antes que a Dios. Ha encontrado renovada acogida entre los radicales del s.XX. En varios sentidos su método, su concepto de Dios y del hombre, y su cristología se anticiparon a los de Paul →Tillich y J.A.T. →Robinson. COLIN BROWN

SCHMALKADA →ESMALKALDA

SCHUTZ, HEINRICH (1585-1672). Compositor alemán, sin duda el músico luterano más destacado antes de J.S. Bach, quien n. exactamente cien años antes de éste. En 1609 fue enviado por su patrón, el landgrave de Cassel-Hesse, a Venecia para estudiar bajo →Gabrieli. Se quedó allí hasta la muerte de su maestro en 1612 y en Venecia fueron publicadas sus primeras obras, un juego de magníficos madrigales italianos, que revelaron que ya también era un compositor extraordinario.

Después de esta proeza inicial S. se dedicó exclusivamente a la música sacra, con la excepción de una ópera (ahora perdida), la primera compuesta por un alemán. Cuando ya de edad madura, volvió a Venecia para estudiar con el sucesor de Gabrieli, →Monteverdi.

S. fue maestro de capilla en la corte de Dresde durante 55 años, salvo por un ínterim cuando la →Guerra de los Treinta Años lo obligó a buscar refugio en Copenhague. Sus modestos, pero bellos, *Kleine geistliche Konzerte* (música para solistas y órgano con textos de los Salmos) fueron el producto de estos años cuando pocos artistas estaban disponibles. Anteriormente había escrito muchas obras en el estilo grandioso de Venecia: sus *Symphoniae Sacrae.* S. alcanzó una fineza sin precedentes en la música para el idioma alemán. Una colección posterior, *Geistliche Chormusik* se componía de motetes de la Escritura en los que produjo una fusión notable de elementos renacentistas y barrocos. Uno de estos es la exquisita música a cinco voces para Juan 3:16. No acostumbraba S. usar las tradicionales melodías corales luteranas, no obstante algunas aparecen en su sencillo fondo musical para los salmos métricos de Becker. Ya anciano S. compuso el oratorio "La historia de la Navidad", "Las siete palabras desde la Cruz" y tres "Pasiones" (de Mateo, Lucas y Juan) que se revisten de un estilo severo y económico. J.B. McMILLAN

SCHWABACH, ARTICULOS DE. Afirmación doctrinal compuesta en 1529, probablemente por Lutero, a base de su *Confesión sobre la Ultima Cena del Señor* (1528), antes del Coloquio de →Marburgo y abreviada con el fin de servir como los 15 artículos de Marburgo. El texto fue revisado por Lutero, Melanchton y Jonás, entre otros después del Coloquio, y sometido al elector de Sajonia y el margrave de Brandenburg-Anspach en Schwabach el 16 de oct., 1529.

Fuera como fuera la historia de estos artículos antes de su aceptación en Schwabach por los príncipes (asunto todavía discutido), los 17 artículos en su última redacción llegaron a ser la base para la primera parte de la Confesión de →Augsburgo (1530) y su aceptación llegó a ser la condición para la admisión en la Liga Luterana de los Estados Alemanes del N. Los artículos apuntan a los católicos, zwinglianos y anabaptistas. Afirman las tesis principales de la definición luterana de la Eucaristía. El artículo X, por ejemplo, afirma que "en el pan y vino, el cuerpo y la sangre de Cristo están verdaderamente presentes según la palabra de Cristo".

Walter Köhler sostiene que los A. de S. no eran estrictamente luteranos sino que deben entenderse como una fórmula unificadora que tenía como fin la reconciliación de Wittenberg con Estrasburgo y la exclusión solo de los zwinglianos. Desde este punto de vista los Artículos no son meramente la base de la Confesión de Augsburgo sino también el precursor de la Concordia de Wittenberg (1536). DAVID C. STEINMETZ

SCHWEITZER, ALBERTO (1875-1965). Teólogo, misionero médico y músico alemán. N. en Alsacia, se dedicó a estudiar por cuenta propia hasta los treinta años, y logró mucho en el campo de la teología y la música (fue perito en J.S. →Bach y el órgano). Desde 1905 estudió medicina y en 1913, asociado libremente con la Sociedad Misionera de París, se dirigió a Gabón para fundar un hospital en Lambaréné. Fuera de interrupciones durante y después de la Guerra Mundial I y de giras de conferencias y recitales para reunir dinero, dedicó el resto de su vida al desarrollo del hospital en términos idiosincrásicos. Se le criticó a veces por un paternalismo anticuado y a veces por su tardanza en hacer que su gente se ajustara a las normas occidentales.

Como teólogo S. fue heredero de la tradición protestante alemana, del s.XIX, de la teología histórica y crítica en tiempos de su apogeo. Y sin embargo su obra es parte de aquella autocrítica y pérdida de confianza que la plagaban ya en la década de 1890. En su estudio de Jesús (cp. particularmente *Von Reimarus zu Wrede,* 1906), creía haber descubierto al verdadero Jesús de los Evangelios por medios históricos, para dar así feliz término a la búsqueda de un siglo. Es falsa la aseveración común de que puso fin a la búsqueda al mostrar que era imposible, pero alegó que el Jesús de la historia era tan diferente de la figura querida por el humanismo cristiano del protestantismo liberal, que esta última posición no podía afirmar tener fundamento en la realidad histórica.

Sostuvo que Jesús había estado dominado en su carrera por la esperanza de la inminente venida del reino de Dios como se entendía en la apocalíptica judía contemporánea, y que Jesús por último trató de apresurar su venida al buscar su propia muerte. Este punto de vista (escatología "consecuente" o "cabal") significaba que la enseñanza de Jesús, con su exigencia radical, debía considerarse apropiada para la situación en que al mundo solo le quedaba poco tiempo (una "ética interina"). Denotaba también que la vida de Jesús estaba dirigida centralmente por su expectativa errónea. Pero S. razonó paradójicamente que la obra salvífica de Jesús fue en parte para destruir, en su muerte, la escatología por la cual había vivido y así librar de ella a los hombres. De este modo S. reveló lo protestante liberal que era. Siguió el mismo método en su interpretación de Pablo, y trató la escatología judía como la base distintiva del misticismo y el sacramentalismo paulinos. Ha ejercido considerable influencia en la erudición neotestamentaria, aunque pocos son los que hoy en día sostendrían sus posiciones extremas y distintivas.

S. estaba dudoso del dogma cristiano tradicional; por ejemplo, vaciló entre el teísmo y el panteísmo. Empero su propia vida muestra la seriedad con que creía que el llamado de Jesús al discipulado aun podía oírse de una manera que determinara la totalidad de la vida. En realidad la ética le interesaba grandemente. Según él, la ética filosófica había fracasado por alejarse demasiado de la vida; en Africa descubrió y desarrolló el principio ético de la "reverencia por la vida" como una respuesta a este problema. Cual muchos alemanes de su generación, a la sombra de Schopenhauer y de Nietzsche, estuvo tristemente seguro de la decadencia de la civilización, y llegó a ser bien conocido por sus ideas acerca de su restauración.

[De entre las obras de S., traducidas al español, se hallan *De mi infancia y juventud* (1945), *Cristianismo y las religiones universales* (1950), *Mi vida y mi pensamiento* (1961), *Filosofía de la civilización* (1962).]

Durante sus últimos años S. recibió muchos honores, notablemente el Premio Nóbel de la Paz en 1952. Había demostrado ser una combinación de genio y un moderno San Francisco a la vez. HADDON WILLMER

SCHWENKFELDIANOS. Seguidores de las enseñanzas del diplomático, teólogo laico y aristócrata alemán, Kaspar von Ossig Schwenkfeld (1489-1561). Una temprana amistad con Andreas →Carlstadt y Tomás →Münzer lo indujo a adoptar varios de los principios de la Reforma, pero tuvo decididas convicciones propias respecto a la Cena del Señor, la cristología y la disciplina eclesiástica, y éstas lo llevaron a conflictos sucesivos con Lutero, Zwinglio, los católicos, y →Bucero. Se vio obligado a abandonar Silesia (1529) y Estrasburgo (1534). El suceso que precipitó el anatema de Lutero en 1540 fue la publicación de la doctrina más característica de Schwenkfeld –la deificación de la humanidad de Cristo– en la *Grosse Confession* de 1540. En ella expresaba su convencimiento de que todas las criaturas son externas a Dios, y que Dios es externo a toda criatura. Por lo tanto la relación de Cristo con Dios tiene que ser del todo singular, y esta singularidad existe porque Cristo fue "engendrado" y no "creado". Dios es el Padre de la humanidad y la deidad de Cristo. La carne de Cristo tuvo un parentesco muy especial con Dios. Esto resultó en que lo motejaran de proscrito religioso en 1540 en una convención de teólogos evangélicos dirigidos por →Melanchton.

Con sus seguidores se retiró de la iglesia luterana después de 1540, y estableció una comunidad de fieles que al principio se llamaron "confesores de la gloria de Cristo". Sus congregaciones siguieron un camino medio entre los grandes partidos eclesiásticos y religiosos de su día, y se desarrollaron más tarde en Silesia y en Suabia, en los pueblos visitados por su fundador, y en Prusia. El movimiento floreció en la región de Goldberg hasta 1720, cuando un tratado adverso hizo que el emperador Carlos VI despachara contra ellos una misión coercitiva jesuita. Algunos se escaparon emigrando a Sajonia y, negándoseles allí la tolerancia, se dirigieron a Holanda, Inglaterra y finalmente para 1734 a la Pennsylvania oriental (EUA). La colonia silesia fue restablecida por Federico el Grande en 1742 y existió hasta 1826. Un pequeño grupo de unos 2500 existe aun en Pennsylvania y se parece mucho a los cuáqueros en práctica y doctrina. JOHN P. DEVER

SCOFIELD, CYRUS INGERSON (1843-1921). Erudito bíblico norteamericano. N. en Michigan, se crió en Tennessee, y recibió la Cruz de Honor al servir durante la Guerra Civil en el ejército de los Estados del Sur. Estudió derecho y se recibió de abogado en Kansas en 1869. Después de dos años como fiscal del gobierno, ejerció de abogado en Saint Louis. Después de su conversión fue ordenado para servir en una pequeña iglesia congregacional en Dallas (1882-95). A instancias del evangelista D.L. →Moody, asumió el pastorado de la Iglesia de Moody en East Northfield, Massachusetts (1895-1902). Volvió a la iglesia de Dallas (1902-7) antes de dedicarse a las conferencias bíblicas en el país y en las Islas Británicas, y de fundar la →Misión Centroamericana. El año 1909 vio la publicación de una edición dispensacionalista y premilenarista de la Biblia que él preparó con la cooperación de otros estudiosos y la ayuda financiera de distinguidos hombres de negocios. EARLE E. CAIRNS

SCRIVNER, FREDERICK, HENRY AMBROSE (1813-1891). Erudito del NT. N. en Southwark, Inglaterra y se educó en Falmouth School y la Universidad de Cambridge; enseñó durante diez años en la King's School, Sherborne; fue director de la Falmouth School (1846-56) y prebendado de Exeter (1874-91). Durante toda su vida activa estudió textos del NT; publicó los textos de 20 manuscritos y catalogó todos los manuscritos existentes. Fue fervoroso defensor del Texto Recibido, el texto bizantino (sustancialmente el del códice Beza) empleado en la versión inglesa del rey Jacobo, a diferencia del texto de Westcott y Hort empleado en la Versión Revisada Inglesa, y en este punto de vista no pudo convencer a otros eruditos. También ideó un método de clasificar manuscritos antiguos. R.E.D. CLARK

SCUDDER, IDA SOPHIA (1870-1960). Médica misionera y fundadora de la Facultad cristiana de Medicina de Vellore, India del Sur. N. en Ranipet en la entonces presidencia de Madrás donde su padre, el doctor John Scudder, estaba en la misión de Arcot del Norte de la Iglesia Reformada (holandesa) de Norteamérica, y al principio se había propuesto no ser misionera. Estaba en la India solo por un cometido a corto plazo, en realidad para estar cerca de su madre enferma, cuando en 1893 recibió un "llamado" que no fue el menos maravilloso rasgo distintivo de una vida maravillosa. Tres hombres llegaron a su puerta para rogarle que fuera y atendiera a sus respectivas esposas parturientas; rehusaron los servicios de un médico varón, como su padre, prefiriendo más bien que sus esposas se murieran. Ida no pudo hacer nada, y las esposas fallecieron; pero la experiencia hizo que volviese a Norteamérica a estudiar medicina y a entregar su vida al servicio de la India y sus mujeres. Volvió como doctora en 1900 y abrió un hospital en Vellore. Posteriormente inició una escuela de enfermería y, en 1918, la facultad de medicina para mujeres. Esto significó una gran campaña financiera en los EUA. Se levantó un hospital grande y nuevo y, en otra ubicación, la facultad, que posteriormente (1947) aceptó alumnos varones también. Además se afilió al curso médico completo de la Universidad de Madrás (1950) y fue una de las instituciones cristianas interdenominacionales sobresalientes de Asia.
ROBERT J. McMAHON

SEABURY, SAMUEL (1729-1796). Primer obispo de la →Iglesia Episcopal Protestante (EUA). N. en Groton, Connecticut, se graduó de la Universidad de Yale en 1748, luego estudió teología y medicina en Edimburgo. Fue ordenado en 1753, sirvió de misionero en Nuevo Brunswick (1754-56) y después fue *rector* en la iglesia de Jamaica, Long Island (1757-66), donde además practicó medicina y ejerció el magisterio. Después de eso fue *rector* de San Pedro en Westchester durante ocho años. Sus simpatías para los ingleses, demostradas en tratados que escribió, le acarrearon una breve encarcelación durante la Guerra de Independencia norteamericana, terminada su reclusión se pasó al lado británico y sirvió de capellán de hospital y posteriormente de regimiento. Fue elegido obispo por los sacerdotes episcopales de Connecticut en 1783 y consagrado en 1784 en Aberdeen por obispos escoceses. Fue *rector* de la Iglesia de St. James en New London, Connecticut (1785-96) y llegó a ser obispo presidente de la nueva Iglesia Episcopal Protestante en 1789 además de ser obispo de Connecticut y Rhode Island. Falleció mientras hacía visitas parroquiales. EARLE E. CAIRNS

SEBASTE, LOS CUARENTA MARTIRES DE. Miembros de la llamada Legión Tronante que, por rehusar negar la fe, fueron dejados desnudos sobre el hielo de un lago congelado en Sebaste, Armenia Menor, alrededor del 320. Murieron de frío a plena vista de unos baños de agua caliente puestos en la ribera para tentarlos a apostatar. El lugar de uno que cedió lo ocupó uno de los guardas paganos movido a la conversión por lo que había visto. Las cenizas de los mártires fueron recuperadas por la emperatriz Pulqueria y fueron veneradas en el Oriente. Basilio de Cesarea y Gregorio de Nisa dejaron constancia del incidente. G.D. DOUGLAS

SEBASTIAN, SAN. Nada se sabe de él históricamente, salvo la mención hecha en la *Depositio Martyrum* en la que está sepultado en el cementerio en las catacumbas (en la Vía Apia). Ambrosio afirma que S. era de Milán y pereció en Roma durante la persecución de Diocleciano (303). Se asocian muchas leyendas con su nombre, y los artistas lo pintan asaeteado. En 1967 el erudito católico Lancelot Sheppard dio por falso este concepto renacentista. J.D. DOUGLAS

SECULARISMO. Término inventado por G.J. Holyoake (1817-1906) para indicar una manera de vivir que no toma en cuenta a Dios, la revelación, el cielo ni el infierno, pero que basa la moralidad en aquello que realzará el bien público. Al principio no se trataba de una desmentida de la fe religiosa, pero como resultado posterior de la poderosa defensa del secularismo por Charles Bradlaugh (1833-91), el término se fue relacionando más y más con el →ateísmo. Posteriormente pasó a significar también el punto de vista de que la religión no había de enseñarse en las escuelas.

J.D. DOUGLAS

SECULARIZACION, TEOLOGIA DE LA. A partir de la "historia de las ideas" desarrollada por Guillermo Dilthey y otros autores, diversos teólogos han analizado el proceso de cambio desde la Edad Media hasta el presente como el proceso de creciente "independencia" o autonomía del hombre frente a la autoridad religiosa. En la Edad Media, prácticamente toda la vida estaba sujeta a la religión: filosofía, arte, música, culpa, enfermedad física y sicológica, todo tenía un carácter predominantemente religioso. El →Renacimiento y la →Reforma protestante quebraron ese dominio de la autoridad religiosa. Pensadores como Hugo →Grocio, Montesquieu, LaPlace (a quien se le atribuye haber dicho a Napoleón, con referencia a Dios, "esa hipótesis no me hace falta"), y muchos otros contribuyeron a cambiar esa situación de dominio religioso. Así la esfera de "lo secular" ha venido ampliándose de siglo en siglo, y "lo religioso" ha quedado cada vez más limitado.

Es importante distinguir a este respecto tres términos fundamentalmente diferentes. (1) La *secularización* es el proceso histórico que acabamos de describir y que ha sido característico de la formación del mundo moderno. (2) La *secularidad* se refiere a esa condición de "autonomía", o independencia de previas instancias de autoridad religiosa, que es resultado del proceso de secularización. Muy diferente es (3) el *secularismo,* una filosofía o ideología que afirma que la única realidad existente es la realidad secular o temporal, por lo que niega así la trascendencia de lo llamado "sobrenatural".

Dietrich →Bonhoeffer leyó, mientras estaba en el campo de concentración, las obras de Dilthey y sugirió las pistas para "una teología del hombre mayor de edad" pero, debido a su ejecución, nunca pudo elaborar todas las implicaciones de su nueva intuición. Independientemente de él, otros teólogos (entre los que destaca Friederich →Gogarten) habían desarrollado una T. de S. Aquí el proceso de secularización, lejos de verse como antagónico a la fe cristiana, se entiende como producto directo de la revelación bíblica, y como factor positivo en sus implicaciones para la fe y la teología. Harvey →Cox en *La Ciudad Secular,* desarrolla ese tema en relación con la temática de la metrópolis. En *Christianity in World History,* Arend van Leeuwen expone una teología parecida, especialmente con referencia a la teología de la misión de la Iglesia.

JUAN E. STAM

SEGISMUNDO (1361-1437). Emperador del →Santo Imperio Romano. Segundo hijo del emperador Carlos IV, S. heredó la marca de Brandemburgo a la muerte de su padre en 1378. Los seis años siguientes estudió en la corte húngara. En 1385 se casó con María, hija de Luis, rey de Hungría y de Polonia, y en 1387 sucedió a su suegro como rey de Hungría. Problemas internos húngaros, ataques turcos, e intrigas, en su esfuerzo para conseguir el trono en Alemania y en Bohemia, debilitaron su reinado. En 1410 fue elegido rey germánico, o "rey de los romanos". Como la solución del Gran Cisma era para el bien del Imperio, presionó a →Juan XXIII para que convocara el concilio de →Constanza (1414-18), y sus viajes y llamados internacionales durante las sesiones contribuyeron a restablecer un papado unido. Le garantizó a Juan →Hus el salvoconducto al concilio, donde el reformador fue martirizado. Las guerras husitas en Bohemia (c.1420-36) estallaron después que S. sucediera a Wenceslao como rey de Bohemia en 1419 y jurara procesar la herejía. Afligido por un nuevo avance otomano sobre Hungría, S. no pudo consolidar su poder en Alemania. Aunque el papa →Eugenio IV lo coronó emperador del Santo Imperio Romano en 1433, S. murió sin realizar su ambición de unificar el cristianismo frente al avance islámico.

JAMES DE JONG

SEGUNDAS NUPCIAS (DIGAMIA). Una de las más tempranas manifestaciones del ascetismo en la iglesia fue la objeción a las segundas nupcias como una condición inferior propia de los laicos (aunque fue ampliamente concedida, aun por Tertuliano, como legal) y como un estado prohibido para el clero. Frecuentemente se consideraba que 1 Ti. 3:2 descalificaba a un "dígamo" para la ordenación. Atenágoras se opuso a la digamia fundándose en que la relación entre marido y esposa era eterna y que ni aun la muerte podía anularla. Un segundo casamiento después de la muerte del marido o de la esposa era, por lo tanto, "un adulterio especioso". Las segundas nupcias, según Tertuliano, eran una concesión a la "concupiscencia carnal", pero su argumentación es igualmente válida para un primer matrimonio. El casamiento es permitido, pero "lo que se permite no es absolutamente bueno". Es mejor no casarse y no tener niños a cargo. La actitud de Tertuliano contra la digamia se endureció aun más cuando se volvió montanista. Esta era la actitud más característica de grupos tales como los →montanistas y los →novacianos. Pero la imposición de una leve penitencia sobre los dígamos se presupone en el canon séptimo del concilio ortodoxo de Neocesarea, en 314. Sin embargo el Concilio de Nicea, en 325, al tener en cuenta la reconciliación de los novacianos, insistió en su octavo canon diciendo que aquellos que se habían casado dos veces no debían ser excluidos de la comunión cristiana. La iglesia oriental siempre ha sido más severa acerca de los dígamos que la iglesia del occidente. Pero aun en el occidente el segundo casamiento fue considerado hecho que descalificaba para la ordenación, y así permanece hasta el día de hoy en el derecho canónico de la ICR.

DAVID JOHN WILLIAMS

SEGUNDA VENIDA. Doctrina de que Cristo volverá con gloria a juzgar a los vivos y a los muertos y a consumar la historia. Las principales tradiciones cristianas, si bien sostienen que las palabras de Cristo predicen la certeza de un juicio final y el reemplazo del orden actual por el estado eterno, sin embargo se han opuesto a especular respecto a la manera y el tiempo exactos del advenimiento. Muchos creyentes, no obstante, han propugnado un plan más detallado del suceso y creen que habrá un reinado de Cristo en la tierra de larga duración, el milenio, antes del juicio final. Creen que a la venida de Cristo seguirán la atadura de Satanás y la resurrección de los santos, quienes se unirán a El en un reino temporal cuando reine en la tierra. En esta oportunidad se cumplirán las afirmaciones proféticas del AT (como Is. 11) que indican que habrá un reino de paz, abundancia y justicia.

La iglesia primitiva que sostenía esta posición premilenaria esperaba el retorno inminente de Cristo según lo demuestran los escritos de Papías, Ireneo, Justino Mártir, Tertuliano, Hipólito, Metodio, Comodiano y Lactancio. Cuando la iglesia cristiana recibió un rango favorecido en tiempos del emperador Constantino (s.IV), se le dio una interpretación diferente al milenio. Esta posición amilenaria se presentó más claramente en la obra de Agustín, que enseñó que el periodo de mil años no es parte literal de la historia: es un número simbólico coextenso con la historia de la iglesia en la tierra, entre la resurrección de Cristo y su regreso. Por esto no habrá un reinado milenario de Cristo ni antes ni después de su s.v. Durante toda la Edad Media predominó la posición agustiniana salvo la enseñanza de uno que otro individuo como →Joaquín de Flores.

A fines del s.XVI y en el XVII, hombres como J.H. Alsted y Joseph Mede enfatizaron de nuevo la doctrina premilenaria acerca de la s.v. de Cristo, y ello animó a muchos de los participantes en las guerras civiles inglesas de los años 1640. Al finalizar el s.XVII, el desarrollo de posiciones posmilenarias y la propagación de las ideas de la →Ilustración contribuyeron a una disminución del premilenarismo. Daniel →Whitby y otros posmilenaristas creían que el retorno de Cristo no ocurriría hasta que la iglesia estableciera el reino de Dios en la historia humana. Así que Cristo triunfará por medio de la iglesia y después de esta edad de oro volverá para levantar a los muertos, juzgar al mundo, e inaugurar el orden eterno.

Durante el s.XIX hubo un resurgimiento del premilenarismo que ha seguido hasta hoy. Un nuevo elemento, el dispensacionalismo, que apareció gracias al movimiento de los →Hermanos Libres, sostenía que las alusiones a la s.v. en la Escritura, tienen que ver mayormente con el destino del Israel restaurado en los últimos días, y no con la iglesia. Esta interpretación de la s.v. se ha destacado entre los evangélicos del s.XX mediante la obra de hombres como W.E. →Blackstone, C.H. McIntosh, Harry Ironside, A.C. Gaebelein, C.I. →Scofield (y la Biblia anotada por él), John F. Walvoord, y últimamente Hal Lindsey.

ROBERT G. CLOUSE

SEGUNDO, JUAN LUIS (1925-). Sacerdote jesuita uruguayo, teólogo en la perspectiva de la liberación. "Es el más ecuménico de los nuevos teólogos católicos latinoamericanos en términos tanto de sus profundas raíces en la teología europea, como de su interés en la tradición teológica y la extensión de su temática teológica" (Míguez Bonino).

Estudió filosofía en Argentina y teología en Lovaina donde obtuvo su licenciatura (1956). Se doctoró en letras en la Universidad de París en 1963, con la presentación de dos trabajos. *¿La cristiandad una utopía?* y *Berdiaeff, une réflexion chrétienne sur la personne.*

De 1965 a 1971 fue director del centro "Pedro Fabro" en Montevideo, especializado en investigaciones socio-religiosas. En su producción teológica se destaca su curso de "teología para laicos adultos". Este trabajo comprende cinco volúmenes: *Esa comunidad llamada iglesia* (1968), *Gracia y condición humana* (1969). *Nuestra idea de Dios* (1971), *Los sacramentos hoy* (1971) y *Evolución y culpa* (1972).

Sus obras más conocidas y de importancia son *De la sociedad a la teología* (Buenos Aires, 1970), "un libro apasionadamente latinoamericano" donde se señalan las tareas de una teología que proclame la verdad de la salvación en la liberación y en el cambio, y *Liberación de la Teología* (Buenos Aires, 1975), que recoge el texto de un curso impartido en la Harvard Divinity School (1974) donde somete a crítica el método de la teología académica y su fundamentación epistemológica. Ofrece en este libro una gran aportación a la elaboración de una nueva metodología teológica. Para S. la teología latinoamericana está más interesada *en ser liberadora* que *en hablar de liberación.* En otras palabras "la liberación no pertenece tanto al contenido sino al método usado para hacer teología frente a nuestra realidad". Explicita además su tesis del "círculo hermenéutico" que nos obliga a cuestionar la lectura dominante tradicional de la Biblia (universal, abstracta, a-histórica) y nos conduce a "un continuo cambio en nuestra interpretación de la Biblia en función de los continuos cambios de nuestra realidad presente tanto individual como social". A partir de esa circularidad hermenéutica la teología llega a ser un instrumento al servicio de la ortopraxis, es decir, de una praxis social y liberadora. VICTORIO ARAYA G.

SEIS ARTICULOS, LOS (1539). Declaración teológica que →Enrique VIII de Inglaterra impuso a la fuerza sobre el parlamento y que llegó a conocerse como "el azote de seis cuerdas" porque su infracción (clasificada de delito mayor) merecía la pena de muerte y la confiscación de bienes. Los protestantes se quejaban de que la "Reforma da marcha atrás" en Inglaterra porque esto era sencillamente una repetición de algunos principios básicos del romanismo bajo los auspicios de la iglesia oficial inglesa, encabezada ahora por Enrique. La Iglesia de Inglaterra se había independizado de Roma, mas no cambió de teología con Enrique. Los S.A. enseñaban la →transubstanciación, la confesión auricular al sacerdote, el celibato del clero y la comunión bajo una especie (solo era necesario dar el pan a los laicos). HOWARD F. VOS

SELEUCIA, CONCILIO DE (359). Esta asamblea de la Iglesia Oriental fue convocada por el emperador Constancio para resolver la controversia →arriana. Constancio había aprobado una formulación doctrinal que tenía por objeto llegar a un arreglo entre las partes opuestas en esta controversia. Admitía la postura de los semi-arrianos de que Cristo es engendrado antes de todos los siglos, pero no es igual sino semejante al Padre. A pesar de los deseos del emperador, el concilio se mantuvo firme en esto, con lo cual Constancio ordenó al concilio que enviase a diez delegados que estuvieran persuadidos a aceptar un credo de avenimiento como lo aceptado por el concilio de Arminum (Rímini) en el Occidente. Este arreglo posteriormente fue reafirmado por el Concilio de →Constantinopla en el 381. C. GREGG SINGER

SEMANA SANTA. La semana que comienza con el Domingo de Ramos y termina con el Sábado Santo, observada como ayuno solemne en conmemoración de la Pasión. Su origen se halla en el ayuno pre-pascual de dos días en la Iglesia pre-nicena pero, con la historicización de los festivales en el s.IV, se convirtió en una semana entera y las observancias litúrgicas se modificaron para adaptarse a los acontecimientos de Jerusalén. Hacia la Edad Media se había adoptado un complejo de oficios, entre ellos la procesión de los Ramos, el *Pedilavium,* la Veneración de la Cruz, el entierro de la Cruz y de la Hostia en el Sepulcro Pascual y las ceremonias con el fuego nuevo y el Cirio Pascual. El movimiento anglocatólico hizo revivir algunas de estas costumbres en el culto anglicano. En 1957 la ICR completó una reforma de la S.S.
JOHN A. SIMPSON

SEMINARIOS TEOLOGICOS →EDUCACION TEOLOGICA EN AMERICA LATINA

SEMIPELAGIANISMO. Designación, desde el s.XVII, de una reacción mayormente monástica contra el antipelagianismo desarrollado por →Agustín. Podría mejor llamarse "semiagustinianismo". En 426/7, los monjes de Hadrumeto en Bizacena (Susa en Túnez) se alarmaron de que la *Ep.* 194 de Agustín sobre la predestinación evidentemente minaba el libre albedrío y por ende el esfuerzo monástico y misionero. Después de investigaciones desalentadoras, una comisión visitó a Agustín, el cual produjo *La gracia y el libre albedrío* y, cuando esto pareció invalidar la corrección moral, escribió *La reprensión y la gracia* (427). Para Vitalis, monje cartaginés que hacia el 427 afirmó que la voluntad sin ayuda realizaba el acto inicial de fe, Agustín, en su *Ep.* 217, enfatizó la preparación necesaria de la voluntad por medio de la gracia preveniente.

La inquietud se generalizó en la Galia meridional en los monasterios de Lérins (fundado hacia el 410 por Honorato) y Marsella. Las *Conferencias* (428/9) de Juan Casiano alegan razones implícitas contra las obras de Agustín para Hadrumeto, que el principio de la voluntad buena es obra del hombre, pero la gracia sobreviene inmediatamente después. Tales críticas, compartidas por otros como Eladio, obispo de Arlés, le fueron comunicadas a Agustín por dos monjes marselleses, →Hilario y →Próspero de Aquitania (429). Agustín respondió con *La predestinación de los santos* y *El don de la perseverancia*.

Después de la muerte de Agustín, Próspero se convirtió en su leal defensor y respondió punto por punto a los problemas u objeciones planteados por dos presbíteros genoveses, críticos galos anónimos y probablemente →Vicente de Lérins (cp. también su obra *Comonitorio*). Próspero buscó el apoyo de Roma, pero el papa →Celestino I generalmente alabó a Agustín y condenó las innovaciones sofistas, y Sixto III y →León I no fueron más explícitos. En Roma, Próspero se concentró más en combatir el semipelagianismo que en defender el agustinianismo (atacado allí c.450 por →Arnobio el Joven, un monje africano).

Las doctrinas semipelagianas siguieron dominando en la Galia. Fausto de Riez, en otro tiempo abad de Lérins, obligó a su sacerdote Lúcido a retractar conceptos, al parecer agustinianos, que fueron reprobados por los concilios de Arlés (472/3) y Lyon (474), y escribió *La gracia de Dios y el libre albedrío* (473/5), que en ciertos particulares rayaba en el neopelagianismo. →Gelasio I censuró a los obispos que toleraban los ataques contra →Jerónimo y Agustín, y a Genadio y Honorato de Marsella (496) les exigió una confesión de fe. Los escritos de Juliano Pomerio, un presbítero africano de Arlés, revelan una continua agitación.

En Constantinopla en el 519 unos monjes escitas, guiados por Juan Majencio, indagaron por medio de Posesor, un obispo africano por entonces en Constantinopla, sobre la ortodoxia de Fausto de Riez. Por respuesta, el papa →Hormisdas los remitió a las Escrituras, los concilios y los Santos Padres, notablemente el Agustín tardío. Los escitas consultaron con obispos africanos refugiados en Cerdeña, donde un sínodo censuró a Fausto (523); y Fulgencio de Ruspe escribió una refutación, que se ha perdido, que influyó en Cesario de Arlés, educado en Lérins pero sospechado en la Galia por sus convicciones agustinianas. En tiempos de él, el segundo concilio de Orange (529) condenó las opiniones pelagianas y semipelagianas y apoyó un agustinianismo moderado, en términos sacados mayormente de los extractos que Próspero hizo de Agustín y que anteriormente fueron presentados al papa Félix IV (probablemente de un sínodo preliminar en Valence) y enmendados por él. La confirmación por el papa Bonifacio II (531) hizo de Orange la base de la enseñanza medieval sobre la gracia.

D.F. WRIGHT

SEMLER, JOHANN SALOMO (1725-1791) Erudito bíblico alemán. N. en Turingia, hijo de un pastor pietista. Se educó en la universidad de Halle y sufrió la influencia del racionalista J.S. Baumgarten convirtiéndose en ayudante suyo. Fue profesor en Coburgo y en Altdorf antes de volver a Halle en 1752 como profesor de teología. Al morir Baumgarten cinco años después, Semler llegó a ser director de la Facultad de Teología. Semler promovió la crítica de la Biblia y de la historia eclesiástica. Investigó el origen de los libros del NT de manera inaceptable a la ortodoxia luterana, y desarrolló una clasificación triple de los mss griegos que puso a la crítica textual en situación de ir más allá de la cantidad a la calidad basadas en la edad y el origen geográfico (Alejandrino, Oriental u Occidental). Publicó una obra grande sobre el canon (4 t., 1771-75) en la que se introdujo por primera vez un concepto histórico de su desarrollo. Pero cuando respondió a los fragmentos de la obra de H.S. →Reimarus, publicados por Lessing, parecía que se iba alejando de su postura racionalista.

CLYDE CURRY SMITH

SEÑAL DE LA CRUZ. Gesto hecho tanto por el clero como por el pueblo que reproduce la figura de la cruz de Cristo con la idea general de recordar que de la muerte de Cristo procede la gracia de Dios para la iglesia. En los servicios bautismales y de confirmación, desde tiempos antiguos el sacerdote u obispo ha hecho la señal de la cruz como signo de impartir la bendición de Dios a los candidatos. Asimismo, en el culto el sacerdote da la bendición de Dios haciendo la señal de la cruz delante de sí. A los fieles comunes se les enseña a santiguarse al entrar a las iglesias y durante ciertos servicios. La forma tradicional es llevar la mano derecha desde la frente al pecho, luego de un hombro al otro. En el Occidente se cruza el pecho de izquierda a derecha, y en el Oriente es de derecha a izquierda. PETER TOON

SEPAL →SERVICIO EVANGELISTICO PARA AMERICA LATINA

SEPARATISTAS. A fines del reinado de →Isabel I de Inglaterra, unas pocas personas llevaron las doctrinas del puritanismo a su conclusión lógica y se separaron de la iglesia nacional "impura" para formar pequeñas iglesias de creyentes solo. Aunque su número nunca pasó de varios centenares, fueron perseguidos, capturados y severamente castigados por los agentes de Isabel y Jacobo I, además de ser fuertemente criticados por los predicadores puritanos. Entre los nombres relacionados con este movimiento aparecen Robert →Browne, John →Smyth y John Robinson. Algunos de estos hombres fueron mártires. El separatismo, denominado a menudo "brownismo", era ilegal hasta que en la *Commonwealth* y el Protectorado (1649-59), en la época de Cromwell, se hizo general y aceptable. Durante las Constituciones de Clarendon después de 1660 de nuevo se declaró ilegal. PETER TOON

SEPULTURA, SERVICIOS DE. En el cristianismo antiguo las prácticas de s. seguían las costumbres del judaismo con la excepción de que, debido a la resurrección de Jesús, fue introducida una nota más positiva en el servicio de funeral. Se tuvo un mayor cuidado con el cuerpo debido a ser éste conceptuado como "templo del Espíritu Santo". Con la persecución y el martirio, las prácticas cristianas de s. dieron un mayor énfasis simbólico, litúrgico y espiritual a aquellos que testificaban *(martyrion)* con sus vidas acerca de su fe.

Los más antiguos cementerios característicamente cristianos se hallan en la zona de Roma, "y como los mártires de la fe se multiplicaban, tales cementerios se convirtieron en campo sagrado y las tumbas de los mártires se volvieron antes de mucho en lugares de piadosa meditación y devoción". Con el andar del tiempo fueron edificadas iglesias en los cementerios o cerca de éstos y cuando la celebración eucarística se convirtió en el principal centro del culto y la liturgia cristianos, era fácil relacionar este culto con la muerte. Apoyando a la práctica de ceremonias eucarísticas (Misa de Requiem) había dos hechos: la tradición judía de ofrecer oraciones en favor de los muertos (2 Mac. 12:40-46); y los desarrollos eclesiológicos que llegaron a distinguir a la Iglesia Militante y a la Iglesia Triunfante de la Iglesia purgante (los cristianos que se decía estaban en el purgatorio).

Las antiguas fuentes cristianas no prohíben la cremación como práctica de s.; sin embargo, la costumbre de s. en la "tierra" fue destacada como preferible (cp. Tertuliano, *De Anima,* 51; Orígenes, *Contra Celsus,* 5.23, 8.30; Agustín, *De Civitate Dei,* 1.12-13). En parte debido a la doctrina cristiana de la resurrección y de la segunda venida, así como al énfasis positivo acerca del martirio, los servicios funerales en los siglos anteriores al octavo, eran ocasiones de gozo y de celebración. No obstante, por el s.VIII era ya más bien el negro que el blanco el color que caracterizaba al vestido de funeral y la liturgia hacía gran hincapié en las oraciones para la rápida purificación (del purgatorio) y aun para liberación del infierno. Las ceremonias propiamente dichas llegaban a incluir las Vísperas, la noche antes del funeral; los Maitines y Laudes, la Endecha durante la noche; y la Misa de Requiem, con oraciones en favor de la absolución, por la mañana. En el lugar de la s. son ofrecidas oraciones de promesa. La práctica protestante por lo general fue menos litúrgica. DONALD M. LAKE

SEPULVEDA, JUAN GINES DE (1490-1573). Humanista, historiador y polemista español. N. en Pozo Blanco (Córdoba). Estudió en Alcalá y Polonia, luego pasó mucho tiempo en Italia. Llegó a ser latinista de excepcional habilidad. Como historiador, fue cronista de →Carlos I (V) y escribió *De rebus gestis Caroli V.* Fue nombrado preceptor de su hijo →Felipe (quien siguió a Carlos como rey de España). Escribió una historia general sobre las Indias, *De rebus hispanorum gestis ad novum orbem.*

Pronto empezó a manifestar sus gustos polémicos. Comenzó atacando a Lutero y Erasmo. Contra éste escribió su *Antropología.* Pero con quien más polemizó fue con →Bartolomé de las Casas, el defensor del indio americano.

S. quería justificar las guerras españolas contra los indígenas del Nuevo Mundo y la esclavización subsiguiente de ellos. Para hacer esto echó mano de una doctrina de→Aristóteles, que hay algunas razas innatamente superiores a otras y según la cual las inferiores existen para el bien de las superiores. S. luego alegaba que los indios pertenecen a la clase inferior y los españoles a la superior. Bartolomé de las Casas se opuso reciamente a esta manera de pensar. Se inició una controversia larga que llegó a su colmo en un debate personal y formal entre los dos, convocado por el mismo rey Carlos y celebrado en Valladolid los años 1550-51.

S. razonaba de la manera siguiente: Los indios son esclavos por naturaleza. Por lo tanto se les debe dominar tanto para el bien de ellos como para el de los españoles. Si rehusan este dominio se les puede forzar a obedecer y sujetarlos como a las fieras. Son tan rudos y brutos que la guerra contra ellos constituye un paso preliminar para su cristianización. La gran masa de los indígenas jamás renunciará voluntariamente a su propia religión a menos que la invitación para ser cristianos se haga con amenazas que inspiren terror.

Contestando a S., las Casas escribió y presentó a los jueces un libro de 550 páginas, *Apología* (que nunca fue publicado), y pasó el resto de su vida defendiendo al indio y atacando la filosofía y la práctica del pensamiento de S. WILTON M. NELSON

SERGIO (m.638). Patriarca de Constantinopla. N. en Siria. Pronto ganó preferencia en la iglesia y fue consagrado como patriarca en el 610. El emperador →Heraclio acudió a él en busca de consejos en asuntos eclesiásticos y, puesto que un problema mayor fue el de los →monofisitas, Sergio buscó manera de reconciliarlos con el resto de la iglesia. Aprobó la fórmula "un modo de actividad" *(enérgeia)* en Cristo, en lo cual ya habían convenido el emperador y los dirigentes monofisitas. Posteriormente se modificó esta doctrina de modo que afirmara que había solo una voluntad *(mía thélesis)* en Cristo. En el *Ecthesis*, escrito por Sergio y publicado por el emperador en el 638, se propagó formalmente el →monotelismo. Fue aceptado por dos sínodos en Constantinopla en el 638 y el 639, mas el Occidente lo rechazó y a la larga el Oriente también en el concilio de Constantinopla en el 681. Fuera de su fama como propagador del monotelismo, a Sergio se le considera tradicionalmente el autor del célebre himno griego *"Akáthistos"*, en honor de la Virgen María, que se canta durante la Cuaresma.

PETER TOON

SERGIO III. Papa romano (904-911) que inició el período oscuro en la historia del papado que se ha tildado de "Pornocracia" (904-963), por cuanto durante estos años el papado era controlado por tres mujeres de mal vivir: Teodora, la esposa de un senador romano, y sus dos hijas, Marozzia y Teodora "la Joven", quienes ponían en el trono pontificio a sus amantes o hijos bastardos.

S. fue amante de Marozzia y, gracias al apoyo de la familia de ella, logró apoderarse del papado, matando a otros dos pretendientes por estrangulación. Un hijo de S. y Marozzia llegó a ser el papa Juan XI (931-936).

Sin embargo se reconoce la buena obra que hizo S. al restaurar la basílica de Letrán, la cual había sido destruida por un terremoto.

WILTON M. NELSON

SERVET, MIGUEL (1511-1553). Médico y teólogo antitrinitario. N. en España de una familia piadosa, estudió las lenguas bíblicas además de la matemática, filosofía, teología y leyes en las universidades de Zaragoza y Tolosa, luego fue secretario del confesor de Carlos V. Abandonó la corte imperial para dirigirse a Basilea, luego a Estrasburgo donde conoció a Martín →Bucero y posiblemente a algunos de los dirigentes anabaptistas. Estos contactos estimularon sus primeras ideas teológicas radicales.

S. llegó a creer que para convertir a los moros y a los judíos, habría que dar una interpretación nueva a la doctrina cristiana de la Trinidad. Decidió que el error más grave implicado en la enseñanza trinitaria era la creencia en la existencia eterna del Hijo. Expresó sus ideas en varios libros (1531-32), que provocaron el que los teólogos ortodoxos atacasen su obra. Para evitar más problemas adoptó un disfraz y comenzó una segunda carrera como médico. Tras estudiar en Lyon, publicó una descripción de la circulación pulmonar de la sangre y se dedicó a la geografía y la astrología. Trabajó también por un tiempo en Viena (Francia) como médico del arzobispo y volvió a sus estudios teológicos. Repitió sus primeros ataques sobre la doctrina de la Trinidad y asimismo rechazó el bautismo infantil, a la vez que proclamó un panteísmo cristocéntrico desarrollado de elementos neoplatónicos, franciscanos y cabalísticos.

En respuesta a la *Institución de la religión cristiana* de Calvino, escribió *Christianismi Restitutio* (1553). Fue arrestado y condenado por la Inquisición en Viena, pero logró huir a Ginebra. De nuevo fue arrestado y condenado y esta vez lo quemaron. Su ejecución provocó una controversia sobre la tolerancia de diferencias religiosas.

ROBERT G. CLOUSE

SERVICIO EVANGELIZADOR PARA AMERICA LATINA (SEPAL Internacional). El nombre hispano de *Overseas Crusades* ("Cruzadas de Ultramar") con sede en Santa Cruz, California, misión que se originó en Asia en 1950 como resultado de la visión del veterano misionero Ricardo Hillis. SEPAL Internacional ahora trabaja en varios países de Asia, Europa y AL. Su primera actividad en AL se llevó a cabo en la Argentina al iniciarse la década de 1960. SEPAL do Brasil comenzó en 1963 como fruto de la visión conjunta de ocho hombres con diferentes dones y ministerios. Su "estrategia de acción" enfatiza el discipulado de líderes, la incentivación y creación de ministerios autónomos o semiautónomos de apoyo a las iglesias, y la evaluación periódica de estos ministerios en función de su aporte al cuerpo de Jesucristo. De la labor de SEPAL-Brasil han nacido comunidades cristianas, equipos juveniles, grupos de estudio bíblico, evangelización de universitarios y talleres para líderes.

SEPAL-Colombia se inició en 1965 con campañas evangelísticas y retiros para líderes. A partir de la siguiente década, SEPAL puso su personal al servicio de la iglesia nacional con ministerios "flexibles, equilibrados e integrales" de capacitación, extensión evangelística y de consolidación. Al iniciarse la década de 1970 se inauguró SEPAL-México. Durante sus primeros años sus actividades giraron mayormente en torno a las "campañas" del evangelista argentino Luis Palau, posteriormente difundidas por todo el continente. Tras un breve intervalo como presidente de SEPAL-Internacional, Palau organizó un equipo autónomo en 1978. Mientras tanto, SEPAL Internacional ha comenzado a estudiar la posibilidad de nacionalizar todos sus ministerios.

GUILLERMO COOK

SERVITAS. La orden de los Siervos de la Santísima Virgen María fue fundada en 1240 por siete florentinos influyentes que ya se habían retirado del mundo para entrar al servicio de María. Los s. adoptaron un hábito negro y la Regla de San Agustín, con algunas modificaciones tomadas de las constituciones de los dominicos. La devoción servita tiene por centro la Virgen Dolorosa. Si bien la orden segunda de monjas s. es mayormente una comunidad religiosa contemplativa, los s. se dedicaron también a actividades en el mundo. Misioneros s. habían llegado a la India para la segunda parte del s.XIII, y las monjas s. de la orden terciaria (fundada en 1306) se dedicaron al socorro de los enfermos y los pobres y a la instrucción de los jóvenes. La orden recibió sanción oficial de su obra de parte del papa Benedicto XI en 1304.

DAVID C. STEINMETZ

SETON, ELIZABETH BAYLEY DE (1774-1821). La primera santa norteamericana. N. en una familia →episcopal. Casó con William Seton en 1793 y diez años más tarde en Italia quedó viuda con cinco hijos. En Italia, Elizabeth conoció el catolicismo romano. A su regreso a los EUA en 1805 sorprendió a todos volviéndose catolicorromana.

Rechazada por su familia y amigos en Nueva York, se dirigió a Baltimore, Maryland, donde había una comunidad católica grande. Allí se hizo monja e inició una notable carrera religiosa. Fundó la primera orden norteamericana de monjas, una nueva orden de Hermanas de Caridad, que en 1975 contaba con unos 12.000 miembros. Estableció una escuela de enseñanza gratuita que puso la pauta para el futuro sistema educacional parroquial en EUA. También fundó el primer hospital católico en ese país.

En 1963 fue beatificada por Juan XXIII y en 1975, canonizada por Pablo VI. Lo notable de su caso es que vino a ser la primera santa norteamericana. En 1946 la Madre Cabrini, ciudadana norteamericana, había sido canonizada, pero ella había nacido en Italia y se había naturalizado, mientras que la Madre Seton era norteamericana de nacimiento, descendiente de una antigua familia colonial.

WILTON M. NELSON

SEVERO (DE ANTIOQUIA) (c.460-538). Destacado teólogo →monofisita. N. en Pisidia, y educado en Beirut y en Alejandría, manifestó un gran interés por la teología a una temprana edad, aunque no se bautizó sino hasta en 488. Pronto se hizo monje en Egipto, luego se radicó en Constantinopla con el fin de representar el monofisismo. Después de visitar la corte allí del 508 al 511, fue consagrado patriarca de Antioquía en el 512. Con su ascenso al poder, los monofisitas se adueñaron completamente de Antioquía, y poco después de su consagración S. condenó el Concilio de →Calcedonia y el "Tomo" de León. Tuvo muchos problemas con los obispos y clérigos contrarios a su posición, y quizás empleó la violencia para retener su posición.

Desterrado de Antioquía en el 518, cuando Justiniano I subió al trono, buscó refugio en Alejandría donde el patriarca monofisita Timoteo le dio la bienvenida. Hizo varias visitas a Constantinopla, incluso en el 536 cuando los monofisitas y los calcedonios se dedicaban al debate religioso allí. En Alejandría se opuso tenazmente al obispo Julián de Halicarnaso, otro monofisita exiliado. Su teología tuvo aceptación general en Siria, y retuvo su posición de primacía entre los monofisitas hasta su muerte. Rechazó los esfuerzos por separar las dos naturalezas de Cristo y menoscabar su humanidad, pero quizás estaba más cerca a los calcedonios de lo que indican sus escritos. Quedan algunas traducciones siriacas de sus tratados (incluso *Philalethes*), sermones, escritos litúrgicos y 4000 cartas griegas. JOHN GROH

SHAFTESBURY, ANTHONY ASHLEY COOPER, séptimo conde de (1801-1885). Reformador social evangélico inglés. Se educó en el colegio de Harrow y la universidad de Oxford, luego ingresó al parlamento en 1826. Fue un *tory* (conservador), aunque su creciente preocupación por los problemas sociales (particularmente su deseo de mejorar las condiciones de la clase obrera, creadas por la revolución industrial) lo independizaron más, políticamente. En 1828 se hizo miembro de la Comisión Metropolitana de la Demencia y empezó a trabajar en pro de los alienados. En 1845 persuadió al parlamento a que estableciera una comisión permanente de la demencia para todo el país, y la presidió hasta su muerte. De 1833 a 1847 su principal interés político fue el asunto de las fábricas, que después de larga lucha resultó en la ley de las Diez Horas (1847), aunque el problema siguió ocupando su atención hasta la Ley de la Fábrica (1874).

A partir de 1840 se preocupó por otros problemas sociales. Defendió la causa de mujeres y niños que trabajaban en las minas y en las carboneras, y consiguió el establecimiento de una real comisión investigadora del empleo de niños en general. Empero no fue sino hasta 1864 y 1867 que las leyes parlamentarias reglamentaron el trabajo de menores y de mujeres, y hasta en 1875 la Ley de los "Muchachos Trepadores" vino a proteger a los niños limpiachimeneas. También fomentó legislación en protección de sombrereras y costureras. Desde 1859 Shaftesbury dedicó más de su tiempo a dirigir obras sociales relacionadas con los barrios, la *Ragged School Union* (de la cual era presidente), y sus propios proyectos de escuelas industriales y buques escuela. Fue el evangélico sobresaliente de mediados de siglo, y se opuso tenazmente al ritualismo y al racionalismo. Respaldó la emancipación católica (1829). Como hijastro político de lord Palmerston, fue asesor suyo en los nombramientos eclesiásticos durante su cargo de primer ministro. Fue presidente de la Sociedad Bíblica Británica y Extranjera, y estuvo íntimamente asociado con la Misión Urbana de Londres, la *Church Missionary Society*, la →YMCA y la Sociedad pro Ayuda Pastoral de la Iglesia.

JOHN A. SIMPSON

SHAKERS →TEMBLADORES

SHEEN, FULTON JOHN (1895-1979). Obispo y famoso predicador católico romano. N. en una finca en El Paso, Illinois, y se educó en el St. Viator College, la Universidad Católica de América y la Universidad de Lovaina (Ph.D., 1923). Se ordenó en 1919, enseñó filosofía en la Universidad Católica (1926-50) y luego hasta 1966 fue director nacional de la Sociedad Propagadora de la Fe. De 1930 a 1952 su programa radial "La Hora Católica" se difundió por todo el mundo, a la vez que en el mismo periodo predicó también en la catedral de San Patricio, Nueva York. Su programa televisado "Vale la pena vivir" lo veían unos 30.000.000 de espectadores cada semana de 1951 a 1957. Fue hecho obispo auxiliar de Nueva York en 1951, y obispo de Rochester en 1967. Escribió muchos libros sobre temas filosóficos, devocionales y anticomunistas. [Ganó para su iglesia a notables personalidades, entre ellas Louis Budenz, editor del diario comunista, *Daily Worker.*]

EARLE E. CAIRNS

SHELDON, CHARLES MONROE (1857-1946). Clérigo y escritor. N. en Wellsville, Nueva York, se educó en la Academia Phillips, la Universidad Brown y el seminario teológico de Andover, y recibió la ordenación →congregacional en 1886. Fue pastor en Vermont y en Kansas, pero se le conoce mejor como autor de varios libros. *In his steps* (1896) *(En sus pasos)* se convirtió en un *best seller* religioso porque llamaba vivamente a los cristianos a basar su comportamiento en la respuesta a la pregunta "¿Qué haría Jesús?" y porque varios editores lo publicaron, ya que no se registró como propiedad literaria. [El libro fue traducido en 23 idiomas. Antes de su muerte, Sheldon estimaba que se habían vendido 22.000.000 de ejemplares.] Fue jefe de

redacción del *Christian Herald* (1920-25) y colaborador de allí en adelante.
D.E. PITZER

SHOEMAKER, SAMUEL MOOR (1893-1963). Clérigo y escritor episcopal. N. en Baltimore, Maryland, estudió en la Universidad de Princeton y se ordenó de sacerdote después de graduarse en el Seminario Teológico Union en 1921. (Antes de ingresar al seminario fue secretario de la →YMCA en la China por dos años.) A partir de 1925 fue párroco de la Iglesia Episcopal del Calvario, Nueva York. Se plegó al Movimiento del →Rearme Moral de Frank Buchman, pero lo dejó posteriormente sin perder su entusiasmo evangélico. Como conferencista, consejero y locutor popular, Shoemaker movió a laicos de toda condición a poner en obra una fervorosa fe cristiana en su vida viaria, y a evangelizar individualmente. Ayudó igualmente a los fundadores de la sociedad de Alcohólicos Anónimos a formular sus beneficiosos "Doce pasos". Entre sus numerosos libros figuran *Realizing Religion* (1921); *Religion That Works* (1928); *Twice Born Ministers* (1929); *How You Can Help Other People* (1946); y *By the Power of God* (1954).
ALBERT H. FREUNDT, Jr.

SICKINGEN, FRANZ VON (1481-1523). Quizás el más pintoresco de los caballeros alemanes. Un anacronismo al iniciarse los tiempos modernos, S. luchó por el emperador Maximiliano I y apoyó a →Carlos V, pero perdió la vida en la Guerra del Caballero, o la Contienda de S. (1522-23). La decadencia del feudalismo, el desarrollo de los estados nacionales, la importancia de la clase burguesa debida al desarrollo de la industria y el comercio, e incluso el impacto del humanismo no lo comprendió él, aunque luchó por la reforma social. Fue un independiente religioso, presto a apoyar a Martín Lutero. Le ofreció refugio a Lutero en 1520, en caso de que éste tuviera que abandonar Sajonia. Reunió algunas tropas en las afueras de Worms con ocasión de la Dieta (1521), pero es cuestionable si las hubiera empleado para proteger a Lutero si lo hubieran contratado de mercenario para hacerle la contra. S. quedó desilusionado del liderato de Lutero, porque éste desconocía el empleo de la espada para la diseminación del evangelio. Lutero le dedicó su libro *De la confesión* (1522), y Ecolampadio fue capellán suyo en 1522. Como filibustero se ganó la enemistad de sus vecinos. En 1522 S. atacó Tréveris, con lo cual Ricardo von Greiffenklau, arzobispo de Trier, el elector del Palatinado y →Felipe de Hesse se combinaron contra él. Lo derrotaron en Landstuhl, y S. cayó herido de muerte.
CARL S. MEYER

SIGER DE BRABANTE (c.1235-1282). Filósofo aristotélico radical. Canónigo de San Martín, Lieja, posteriormente enseñó filosofía en París (c.1266-76). Expuso un aristotelismo heterodoxo mientras profesaba el cristianismo, y fue atacado por →Buenaventura y →Tomás de Aquino. El obispo de París condenó 13 errores encontrados de su enseñanza (1270). Esto no surtió efecto y, llamado a comparecer ante un inquisidor en 1276, Siger huyó a Italia. Vino a continuación la llamada Gran Condenación, cuando el obispo Etienne Tempier condenó 219 proposiciones (1277). S. se retiró a Orvieto donde, según se dice, murió apuñalado por un clérigo demente.

S. fue dirigente de un grupo inaugurador de doctrina puramente racional, indiferente al dogma cristiano. Su fuente principal fue →Aristóteles; entre las fuentes secundarias estaban →Proclo, Avicena, →Averroes, →Alberto Magno y →Tomás de Aquino. Enseñanzas típicas suyas fueron: el Primer Ser es la causa inmediata de una sola criatura; todas las demás criaturas proceden de Dios por una emanación progresiva; el mundo creado es necesario y eterno, y toda especie de ser (p.e., el hombre) es eterna; solo hay un alma intelectual para la humanidad y por lo tanto, una voluntad; esta alma única es eterna, empero los individuos humanos no son inmortales; la voluntad humana es una potencia pasiva movida por el intelecto. J.G.G. NORMAN

SILVESTRE I. Obispo (papa) de Roma desde 314 a 335. Poco se sabe de él, aunque fue obispo en una época muy importante para la historia de la iglesia: cambiaba rápidamente la actitud del Imperio Romano hacia el cristianismo; las controversias donatista y arriana agitaban la Iglesia. Eusebio dice que S. envió representantes al Concilio de →Arlés (314) y al de →Nicea (325).

Su vida, sin embargo, está rodeada de muchas leyendas; p.e. que bautizó a Constantino, limpiándolo de la lepra, y que recibió de él como →"Donación" la ciudad de Roma y una gran parte de la península italiana para el papado.
WILTON M. NELSON

SILVESTRE II (Gerberto) (c.945-1003). Papa desde 999 y uno de los líderes principales del avivamiento intelectual del fin del s.X. N. en Auvernia, Francia. Ingresó en el monasterio benedictino de San Geraud de Aurillac donde inició su educación, luego pasó a España donde continuó sus estudios. Fue nombrado maestro de la Escuela catedralicia de Reims, donde se hizo famoso por sus conocimientos de la matemática y las ciencias naturales. Posiblemente fue él el que introdujo los números arábigos al occidente y el que inventó el reloj de péndulo. Además era escritor de cartas ávido y experto y las que sobreviven son importantes fuentes de historia.

En 983 ayudó a la emperatriz Teófano a obtener la corona alemana para su hijo Otón III. Apoyó también la elección de Hugo Capeto como rey de Francia (996), quien inició la dinastía capetiana. El año siguiente llegó a ser maestro de Otón III y por influencia de éste fue hecho arzobispo de Ravena en 998 y papa en 999.

Fue el primer papa francés y le tocó dirigir la iglesia en una época que sufría de grave corrupción. S. atacó los males principales luchando contra el control secular de los nombramientos eclesiásticos, la →simonía y el nepotismo. Estableció el primer arzobispado de Polonia y nuevas diócesis en Hungría. Era perito en la filosofía y escribió un tratado en este campo: *De Rationali et de ratione uti.* Se le ha atribuido también el tratado sobre la Eucaristía, *De Corpore et Sanguini Christi.*

RUDOLPH HEINZE

SIMACO (m.514). Papa desde 498. Hubo una elección doble al morir el papa Anastasio II en el año 498. La división y el cisma caracterizaron todo el pontificado de S. Anastasio II se había ganado la antipatía de muchos al aceptar a cismáticos arrepentidos. En el 483 el papa Simplicio había obligado a sus sucesores a oponerse a la enajenación de las propiedades eclesiásticas. Al morir Anastasio cada partido eligió papa. Un bando se decidió en favor del intratable Laurencio y el otro, en favor de S. Hubo alborotos y disturbios callejeros y predominó el desorden general. Teodorico, el rey ostrogodo, intervino a favor de S. Laurencio obligó a S. a comparecer en Ravena para exonerar su nombre. Teodorico nombró un concilio de obispos que se reunieron en Roma en mayo del año 500. Cuando S. se negó a comparecer, los obispos no quisieron condenarlo *in absentia.* Teodorico los obligó a quedarse hasta que se resolvió el impasse en oct. de 501. La fecha de la →Pascua de Resurrección fue un punto de discordia entre Teodorico y S. El concilio absolvió a S. y se disolvió. Laurencio apareció de nuevo en apoyo de Teodorico. S. convocó a un sínodo que declaró en noviembre del 502 que su sede estaba más allá del juicio humano. El decreto del año 483 quedaba nulo y sin efecto. Solo cuando Teodorico dejó de apoyar a Laurencio en el 507, quedó S. sin ser molestado.

Las falsificaciones de S. aparecieron al alegar Ennodio de Milán que solo Dios podía juzgar a los obispos de Roma. Las Actas de Sinuessa bajo el papa Marcelino, la *Constitución* del papa Silvestre I, la *Gesta* del papa →Liberio y ciertos hechos que exoneraban al papa Sixto III, representan las obras populares que apoyaron la decisión del año 501. Con su inclusión en el *Liber Pontificalis,* estas falsificaciones se convirtieron en historia. El *Catálogo liberiano* (s.IV) de obispos romanos sirvió de fuente primaria para el primer compilador de esta biografía papal escrita en el pontificado de S. Ambos bandos escribieron documentos parecidos, prueba de que el cisma papal podía convertirse en incentivo a la propaganda. MARVIN W. ANDERSON

SIMEON ESTILITA (c.390-459). Asceta que vivía sobre una columna. N. en Cilicia, hijo de un pastor, luego se trasladó a Antioquía donde como adolescente se convirtió en anacoreta. Durante 20 años residió en varios monasterios en el N de Siria. Hacia el 423 empezó a habitar sobre una columna en Telaniso (Dair Sem'an). Durante 36 años vivió en gran austeridad sobre una plataforma encima de la columna, cuya altura fue aumentándose poco a poco hasta alcanzar los 20 metros del suelo. Miles de personas acudían a verlo y a escuchar su predicación, resultando que su influencia cundió. Pasada su muerte se edificaron un monasterio y un santuario en el lugar ocupado por la columna. Un famoso discípulo suyo fue Daniel el Estilita.

PETER TOON

SIMONIA. El término proviene de Simón Mago (Hch. 8:18-24) que pretendía comprar a los apóstoles Pedro y Juan el don de impartir el Espíritu Santo por la imposición de manos. Durante toda la historia cristiana ha tomado definiciones sofisticadas y matizadas tanto en la jurisprudencia civil como en la eclesiástica. En su esencia, sin embargo, la simonía trata de la concesión o adquisición de cualquier cosa espiritual o sagrada por remuneración, monetaria o de otro tipo. Por tanto, una gratificación no solicitada por lo general no se considera simonía. Su manifestación clásica fue el tráfico de →indulgencias y la venta de nombramientos clericales en la

Edad Media. El reconocimiento oficial del cristianismo en tiempos de Constantino y el consiguiente aumento en riqueza y poder de la iglesia aseguraron que la aparición de la simonía fuese un problema de gran magnitud. En sus diversas formas fue condenada por los concilios de Calcedonia (451), Lateranense III (1179), Trento (1545-63) y por dirigentes como Gregorio I y Tomás de Aquino. Tomás contribuyó significativamente a su tratamiento en el derecho canónico católico romano. Tanto Wiclif como Hus polemizaron contra ella en sus escritos. Dondequiera que se descubra, la simonía siempre exige la restitución eclesiástica y en sus formas extremas puede resultar en destitución del cargo o hasta la excomunión. En algunos países la ofensa es penable según ciertos estatutos civiles.

JAMES DE JONG

SIMONTON, ASHBEL GREEN (1833-69). Primer misionero presbiteriano a →Brasil. N. en Pennsylvania, EUA. Lo bautizaron con los nombres del ilustre rector de la Universidad de Princeton y uno de los fundadores del Seminario Princeton. Ingresó a dicha universidad pero dejó el estudio del derecho para entregarse a los estudios teológicos en el Seminario. Allí, profundamente conmovido por un sermón misionero predicado por Charles →Hodge, profesor de teología, resolvió entregar su vida a la causa misionera. Fue enviado a Brasil por la junta presbiteriana, llegando a Río de Janeiro el 12 de ag. de 1859, fecha que ahora se observa como aniversario del presbiterianismo en Brasil.

S. pronto organizó una escuela dominical e inició trabajo evangelístico en Río, dominando pronto el idioma portugués. Fundó la primera iglesia presbiteriana, el primer periódico evangélico *(Imprensa Evangélica)*, y el primer seminario evangélico en Brasil. Fue uno de los fundadores del primer presbiterio y el mentor de José Manoel da →Conceicao, el primer ministro presbiteriano brasileño.

La carrera misionera de S. resultó muy corta. A la edad de 36 años murió víctima de la fiebre amarilla. Sin embargo causó una profunda impresión en el pueblo y puso un fundamento sólido para el protestantismo brasileño. Su sepulcro se halla a la par del de su colega Conceicao en el Cementerio Protestante de Sao Paulo. ROBERTO L. McINTIRE

SIMPSON, A.B. →ALIANZA CRISTIANA Y MISIONERA

SINERGISMO. Concepto de que la voluntad del hombre coopera con la acción de la gracia divina al desempeñar un papel independiente en la conversión. Como tal, el s. es de carácter →semipelagiano, pues niega la eficacia de la gracia divina y la "muerte" espiritual del hombre. El s. adquirió importancia en el luteranismo de la segunda y la tercera generación como reacción contra el énfasis monergista y agustiniano de →Lutero mismo, quien enseñaba que "el libre albedrío determinado sin la gracia no tiene poder respecto a la justicia, sino que necesariamente se halla envuelto en el pecado". →Melanchton, en su última época, enseñó la universalidad de la gracia divina y prohibió el estudio adicional de los factores divinos y humanos en la conversión. Habló acerca de "la Palabra, el Espíritu Santo y la voluntad, no del todo inerte, sino luchando contra su propia flaqueza" como las "tres causas concurrentes de la buena acción". Las insuficiencias del s. reflejan la falta metodológica de tratar de analizar un asunto teológico en términos sicológicos.

PAUL HELM

SINODO. Asamblea eclesiástica deliberativa y legislativa. En la ICR es una junta de sacerdotes y clérigos de una diócesis, convocada por el obispo para determinar legislación para la diócesis o para aplicar el derecho canónico a situaciones particulares. →Benedicto XIV dictaminó que el s. debe considerarse siempre una convocación de la diócesis, en comparación con un concilio, que es una convocación de todos los obispos del mundo católico. Es probable que el primer s. se celebrara en tiempo del obispo Siricio de Roma en el año 387. Al principio un s. se diferenciaba de un concilio solo en su finalidad. El Concilio Vaticano II dio lugar a un s. no diocesano en su doctrina respecto a la colegialidad de los obispos. En 1969 Paulo VI inició el primer s. bienal, compuesto de obispos representativos elegidos como delegados por sus respectivas conferencias episcopales.

En las iglesias presbiterianas, el s. es un tribunal de revisión inmediatamente superior al presbiterio y está constituido por todos los ministros y ancianos que son miembros de los presbiterios de una provincia o de cuando menos de tres presbiterios. Sobre los s. está la asamblea general. El s. en la iglesia valdense es la asamblea legislativa anual compuesta de clérigos y laicos. ROYAL L. PECK

SIRIAS, IGLESIAS. El cristianismo ya estaba establecido en Siria para fines del s.II; la leyenda lo vincula con el propio Jesús. Su Evangelio fue el *Diatessaron* de →Taciano.

Su modo de vivir comprendía gran énfasis en el celibato y el ascetismo. Sus grandes maestros fueron Afrahat y →Efrén y sus centros, Edesa y Nisibis. La división doctrinal de la iglesia a partir del concilio de →Calcedonia (451) dejó sus huellas claramente en el cristianismo sirio y el número reducido de iglesias sirias da aun pruebas de ello. Ya después del concilio de →Efeso (431) las iglesias sirias de Siria oriental y de Persia se adherían a la doctrina de Nestorio (→NESTORIANISMO).

La iglesia nestoriana floreció, se toleró bajo el islamismo, estableció misiones en el Asia central y llegó a la China en el s.VII. A partir del s.XIII la ICR hizo propuestas de acercamiento, y una parte se hizo católicorromana. Ambas iglesias existen aun, mayormente en Iraq, tras terrible persecución a principios del s.XX. La mayoría de los cristianos de Siria occidental siguieron la doctrina monofisita a partir del año 451 (→MONOFISISMO); debido a la organización de Jacobo Baradeo, prosperaron y por eso se les llamó →jacobitas. Florecieron, adoptaron para sí la lengua árabe y se hallan en grandes números en el Cercano Oriente. Los vínculos de algunos de ellos con Roma datan del s.XVII. En la India del Sur (→Malabar) hay cristianos que emplean el siríaco en la liturgia. Estos sin duda son resultado de esfuerzos misioneros jacobitas o anteriores. Después del 451 los pocos que siguieron ortodoxos recibieron el nombre de →melquitas: éstos subsisten también en reducidos números, algunos en comunión con Roma. Un pequeño grupo sirio siguió la fórmula de reunión →monotelita después de condenada en el 680; tienen por centro el santuario de San Maro y se llaman →maronitas. Se volvieron a unir con Roma en los ss.XII y XV y ahora viven en el Líbano.

J.N. BIRDSALL

SIRICIO (c.334-399). Papa desde 384. N. en Roma. →Ambrosio influyó mucho en él. No obstante tuvo ideas propias y firmes respecto al status exaltado de su cargo y sus responsabilidades. Esto quedó claro en una carta al obispo Himerio de Tarragona, que se considera la primera decretal. Durante su pontificado se puso término al cisma →meleciano, se combatió el priscilianismo, se desaprobó el extremismo de varios tipos, y se dedicó la nueva basílica de San Pablo. J.D. DOUGLAS

SIRMIO, CONCILIO DE (357). Técnicamente en la esfera jurisdiccional del Imperio Romano Occidental, Sirmio fue el lugar escogido por el emperador Constancio, simpatizante arriano, en donde quiso hacer conformar a los obispos de Occidente con la cristología arriana. Empezó con la expurgación de los conceptos griegos *ousía* (sustancia), *homoousios,* y *homoiousios,* pretextando que no eran bíblicos y estaban por sobre el entendimiento humano, y puso en su lugar una Trinidad bautismal y un Hijo subordinado y engendrado. →Hilario de Poitiers, que informa sobre los acontecimientos y da el texto latino del credo formado en S., lo identifica como la "blasfemia de Sirmio".

J.D. DOUGLAS

SIXTO II (m.258). Papa de 257 a 258. Reanudó relaciones con las iglesias de Africa y Asia Menor, al igual que con Cipriano, finalizando así una ruptura sobre la validez del bautismo administrado por herejes. Esto para él era válido, como lo fue para su predecesor Esteban I. Sin embargo fue tolerante para con la práctica rebautizadora de las iglesias orientales, quizás debido a la influencia de Dionisio de Alejandría. Siendo uno de los más venerados de los primeros mártires (fue decapitado en tiempo de Valeriano mientras dirigía servicios en el cementerio de Pretextato), su nombre apareció en el calendario romano de mediados del s.IV y sigue en el canon de la misa. No hay prueba de que haya escrito *Ad Novatianum* ni que haya compuesto, ni siquiera editado, las "Sentencias pitagóricas de Sixto" traducidas por Rufino de Aquilea. C.G. THORNE, Jr.

SIXTO IV (1414-1484). Papa desde 1471. N. con el nombre Francesco della Rovere; ingresó a la orden franciscana a temprana edad; estudió en las universidades de Padua y Bolonia y llegó a ser general de su orden en 1464. Pronto le llegó promoción adicional; cardenal en 1467, y papa cuatro años después. Sus incursiones y planes internacionales que tuvieron que ver con turcos, franceses y rusos tuvieron poco éxito, pero sí estableció la Universidad de Copenhague en 1475. De allí en adelante se concentró en la política italiana, y se enredó en la disención, el nepotismo y la conspiración hasta un grado sorprendente. No obstante condenó abusos de la Inquisición Española, defendió las órdenes mendicantes, fue patrocinador de las artes, edificó la Capilla Sixtina y enriqueció la biblioteca del Vaticano. J.D. DOUGLAS

SIXTO V (1521-1590). Papa desde 1585. Felice Peretti nació en Grottamare, fue educado por los franciscanos de Montalto y tomó el hábito a la edad de 12 años. Se ordenó de sacerdote en 1547 y pronto llegó a ser distinguido predicador y amigo de Ignacio de Loyola y de Felipe Neri. En 1560 fue nombrado consultor de la Inquisición y llegó a ser general de su orden y obispo de Sta. Agata en 1566. En 1570 el papa Pío V lo creó cardenal y fue obispo de Fermo de 1571 a 1577, pero durante el pontificado de Gregorio XIII (1572-85) quedó relegado al segundo plano. En 1585 fue elegido papa.

Inmediatamente el estudioso y coleccionista de libros, algo falto de sentido crítico, dio muestras de ser un reformador enérgico, pues mediante frecuentes ejecuciones, reprimió el bandidaje en los Estados Pontificios, reformó la curia romana y el Colegio de Cardenales sobre los cuales ejercía la autoridad papal, y puso las finanzas de Roma sobre una base más firme con el aumento de los impuestos y la eliminación del soborno. Con la ayuda del arquitecto Fontana construyó edificios enormes en Roma misma en el estilo rococó de moda entonces; el palacio de Letrán, la Vía Sixtina, la biblioteca del Vaticano, y el acueducto restaurado que en su honor llevó el nuevo nombre de Acqua Felice, todos son creación suya. En política exterior fue menos hábil al tratar con alguna vacilación de restablecer un equilibrio de poder entre las potencias católicas, y de refrenar las ambiciones de →Felipe II de España a expensas de Francia. La revisión del texto de la Vulgata conocida como Sixtina también se inició durante este pontificado. IAN SELLERS

SLEIDAN, JOHANNES (1506-56). Historiador de la Reforma. N. en Schleiden, cerca de Aquisgrán. Estudió clásicas en Lieja y en Colonia, y derecho en París y en Orleáns. Entró al servicio del cardenal du Bellay y representó a Francisco I en negociaciones diplomáticas con la Liga de Esmalkalda (1537). Destituido por sus conceptos protestantes, se radicó en Estrasburgo (1542). Como S. acostumbraba copiar todo documento referente a la Reforma que llegaba a sus manos, Martín →Bucero persuadió a Felipe de Hesse a designarlo historiador de la Reforma (1544). El primer tomo se completó en 1545. Se valió de visitas diplomáticas a Inglaterra y a Marburgo para recoger datos. Cuando la guerra interrumpió sus labores, fue pensionado por Eduardo VI de Inglaterra gracias a la intercesión de Cranmer. Representó a Estrasburgo y a un grupo de ciudades imperiales en el Concilio de Trento (1551). Nombrado profesor de derecho en Estrasburgo, completó su gran obra titulada *De Statu Religionis et Republicae Carolo V Caesare Commentarii* (1555). Murió en la pobreza. Su libro sigue siendo la más valiosa historia contemporánea de la época de la Reforma, pues contiene la mayor colección de documentos. Sin embargo, debido a su imparcialidad no agradó a protestantes ni a católicos. J.G.G. NORMAN

SLESSOR, MARIA (1848-1915). Misionera al Africa Occidental. N. en Aberdeen, Escocia, y se crió en Dundee, procedente de una familia muy pobre, pero su madre era una cristiana piadosa sumamente interesada en la misión de Calabar de la Iglesia Presbiteriana Unida. María se convirtió en su adolescencia, y después de trabajar con la juventud en las barriadas de Dundee navegó rumbo a Nigeria en 1876 y obró allí casi continuamente hasta su muerte, primero en la región de Okoyong y luego en Itu entre el pueblo ibo. Luchó contra la hechicería, la embriaguez, la muerte de gemelos y otras costumbres crueles. Era partidaria de "convivir diariamente con la gente" para acabar con la sospecha y el temor. Demostró gran habilidad en el dominio de idiomas y en forma extraordinaria pudo formarse una idea de la mentalidad africana.

Ejerció tal influencia sobre los hombres que hasta los jefes más salvajes y poderosos la hicieron arbitradora de confianza en disputas de toda especie. Fue instrumental en establecer el comercio entre la costa y las zonas del interior para beneficio mutuo, y en iniciar la escuela Hope Waddell para adiestrar a los africanos en profesiones útiles y a realizar labores médicas. Fue la primera vicecónsul del Imperio Británico al establecerse el dominio británico en la región. Estuvo dotada de una excepcional combinación de cualidades: humorismo y seriedad, dureza y ternura, visión y practicalidad. Estos junto con un valor imperturbable y una desatención a la salud y comodidad personales contribuyeron a hacer de ella una poderosa influencia en pro del cristianismo. Como resultado de su obra conforme al mandato divino, el pueblo ibo se cristianizó más que las tribus de otras partes de Nigeria. J.W. MEIKLEJOHN

SMITH, GEORGE ADAM (1856-1942). Erudito del AT. N. en la India donde su padre era director del *Calcutta Review,* estudió artes y teología en Edimburgo y cursó estudios adicionales en universidades alemanas y en El Cairo. Después de un breve periodo como preceptor asignado de la universidad de la Iglesia Libre de Aberdeen, tras la suspensión de

W.R. Smith, fue pastor de la Iglesia Libre de Queen's Cross en Aberdeen (1882-92). Vio los problemas implicados en el juicio de Smith y se puso "a reconciliar el punto de vista de un erudito científico avanzado con el espíritu de una reverencia piadosa" (palabras de su esposa). Como profesor de AT en la universidad de la →Iglesia Libre en Glasgow (1892-1909), hizo campaña a favor de mejores condiciones de trabajo y asimismo emprendió cuatro giras de conferencias por los EUA. Sus conferencias en Yale sobre "La crítica moderna y la predicación del AT" (1901), casi le resultaron en un juicio por herejía en Escocia. Desde 1909 hasta su jubilación en 1935 fue rector de la universidad de Aberdeen. Fue hecho caballero, miembro de la Real Academia Británica, presidente de la asamblea de su iglesia, y capellán real en Escocia. Entre sus múltiples obras figura la *Geografía histórica de la tierra Santa* (1894).

C.G. THORNE, Jr.

SMITH, JOSE (1805-1844). Profeta →mormón y fundador de la Iglesia de Jesucristo de los Santos de los Ultimos Días. N. en una familia de Vermont, que se trasladó en 1816 a Palmyra, Nueva York. Allí experimentó la conversión durante un avivamiento religioso cuatro años después. Posteriormente afirmó haber recibido una revelación directa de Dios grabada en placas de oro. Tradujo el contenido y lo publicó como el *Libro del Mormón* (1830) con la ayuda de Sidney Rigdon, expastor de los campbellistas. *Un libro de mandamientos* (1833), escrito por Smith y reeditado posteriormente como *Doctrina y convenios* (1835), dio la base de la teología mormona. La práctica polígama de S., para la cual afirmó haber recibido la aprobación divina en una revelación anunciada en 1843, y su continuo mal manejo de los asuntos de la comunidad contribuyeron a su caída. Vecinos no mormones de Illinois arrestaron a José y a su hermano y los recluyeron en la cercana cárcel de Carthage, donde fueron asesinados por una turba en 1844.

S. RICHEY KAMM

SMITH, ZONA (1874-1952). Pionera en la obra evangélica femenil en AL. N. en Iowa, EUA, y estudió en la Universidad de Drake de Des Moines. Se graduó en 1904 y fue electa para la sociedad honoraria Phi Beta Kappa. Luego de varios años de trabajar como directora de educación cristiana entre la niñez de una congregación en Iowa, fue nombrada misionera y en 1910 llegó a Buenos Aires para comenzar una carrera fructífera en el Río de la Plata.

En 1917, juntamente con otras damas, fundó la Liga Nacional de Mujeres Evangélicas (hoy, Liga Argentina de Mujeres Evangélicas) y al año siguiente fue nombrada secretaria general de la Liga. Desde esa fecha hasta su muerte fue el "alma" del movimiento femenil en la Argentina. En 1917 apareció el primer número del *Boletín* de la Liga y en 1928 fue reemplazado por la revista *Guía del Hogar,* que llegó a circular entre las mujeres evangélicas en todo el continente.

A partir de 1922, Z.S. colaboró con el Obispo Oldham de la Iglesia Metodista en la creación del Instituto Modelo para Obreras Cristianas, la primera institución evangélica dedicada exclusivamente a la preparación de mujeres para la obra de la iglesia. En 1943 esta institución pasó a formar parte de la Facultad Evangélica de Teología. La Srta. Smith fue la primera directora del Instituto Modelo.

En 1956 la Liga Argentina de Mujeres Evangélicas publicó un tomo biográfico de homenaje a Z.S. titulado *Luz sobre el Horizonte,* en el cual consta el testimonio de muchas dirigentes evangélicas sobre la influencia duradera de esta iniciadora del movimiento femenil entre los evangélicos de AL.

TOMAS J. LIGGETT

SMYTH, JUAN (c.1565-1612). Padre de los bautistas generales ingleses. N. en el E de Inglaterra, estudió teología en Cambridge y llegó a ser *Fellow* del Christ's College. Su preceptor fue Francis Johnson, que posteriormente fue pastor separatista. Ordenado por el obispo de Lincoln, Smyth llegó a ser conferenciante de la catedral de Lincoln (1600), solo para ser despedido por "predicación personal" (1602). Sirvió como pastor de una congregación separatista en Gainsborough pero, para evitar la persecución, se dirigieron a Amsterdam (1607). No se afilió a grupos separatistas existentes debido a desacuerdos sobre el concepto de la iglesia, sino que formó una nueva congregación. Entre sus miembros estaba Tomás →Helwys, un amigo de los tiempos en Lincoln. S. había llegado a un nuevo concepto de la iglesia como una compañía de creyentes, y de la necesidad del bautismo solo de creyentes. En 1608 él mismo se bautizó (por lo cual lo llamaron "se-bautista"), luego bautizó a Helwys y a los demás por profesión de fe. Para lugar de reunión consiguieron una panadería perteneciente a un menonita, Jan Munter. Desconfiando de su autobautismo, S. hizo una propuesta a la congregación menonita de Waterlander. Helwys y unos diez más vacilaron, pues tuvieron dudas acerca de la cristología hofmanita de los menonitas. S. murió antes de que pudiera ser recibido por los menonitas. Su último libro fue una petición de plena libertad de conciencia en lo religioso. J.G.G. NORMAN

SOBORNOST. Del vocablo ruso *sobor,* "asamblea" o "sínodo", que corresponde más o menos al término griego *koinonía,* sin ningún equivalente español exacto, esta palabra en la Iglesia Ortodoxa Rusa denota una unidad inefable. Como consideran que la unidad de la ICR se basa superficialmente en la autoridad externa y que la individualidad del protestantismo es intrínsecamente perjudicial para la unidad, los ortodoxos afirman tener una *sobórnaya,* "unión", entre el clero y el laicado, por ejemplo, mediante la liturgia. Consideran que este enfoque sumamente personal-colectivo es en el fondo ecuménicamente viable (cp. la obra de la sociedad de los santos Albano y Sergio). J.D. DOUGLAS

SOCIALISMO CRISTIANO. Por definición el término se aplica a las actividades de un grupo de anglicanos entre 1848 y 1854, pero sus ideas inspiraron a las generaciones que les siguieron. La agrupación, que fue organizada como respuesta al fracaso chartista de 1848, estaba compuesta por F.D. →Maurice, J.M. F. Ludlow y Charles →Kingsley, aunque posteriormente se les unieron Tom Hughes, Archie Campbell, Vansittart Neale y otros. Reaccionaban contra el utilitarismo dominante de la época, el *laissez-faire* en la economía y la indiferencia de la Iglesia Anglicana hacia los asuntos sociales. Aunque no estaban unidos políticamente, sí creían que el cristianismo representaba una estructura de la sociedad que podía aportar hombres que vivieran y trabajaran como hermanos y que la competencia no es una ley del universo. Ludlow fue el fundador del movimiento, mientras que Maurice fue su profeta y pensador. Maurice profesaba terror a las sociedades y detestaba la posibilidad de que el S.C. se volviese un partido político. Se proponía "cristianizar el socialismo y socializar la cristiandad", y no "socializar cristianamente al universo".

Al día siguiente del fracaso de la *Charter,* el grupo publicó un cartel introduciendo el elemento cristiano en el socialismo. A esto siguió un periódico de corta vida y muy criticado, *Politics for the People.* Los obreros sospechaban que esta publicación era una trampa de la clase media. En 1849 la agrupación comenzó a celebrar regularmente reuniones con los trabajadores y esto mejoró las relaciones entre unos y otros. Mientras tanto Kingsley escribió sus novelas *Yeast* y *Alton Locke* en defensa de las aspiraciones de la clase trabajadora, y Ludlow llevó adelante un programa fundando cooperativas de obreros. En 1850 se formaron asociaciones de sastres, panaderos, costureras, albañiles, zapateros e impresores, junto con la Sociedad para la Promoción de las Asociaciones de Trabajadores. Debido a la falta de dinero algunas de estas sociedades llegaron a la quiebra, pero la agrupación contribuyó directamente a la *Industrial and Providential Societies Act* (1852) que otorgó sus constituciones a las cooperativas. En 1850 apareció un nuevo periódico, el *Christian Socialist,* y tuvo que enfrentar mucha hostilidad. La fuerza principal del grupo consistía en su estudio bíblico del lunes, aunque los viernes se reunían para considerar los problemas sociales y la acción que en cada caso correspondía. Hubo, no obstante, enfrentamientos internos y así Maurice, dejando los sindicatos, dirigió su interés a la educación, fundando en 1854 el primer colegio para trabajadores que pronto fue seguido por otras instituciones a través de todo el país.

El fracaso de varias asociaciones, el aumento de la prosperidad de Inglaterra y la indiferencia en general de la Iglesia pusieron fin al S.C. Sin embargo, este movimiento señaló el comienzo del moderno interés de la Iglesia Anglicana por las cuestiones sociales, inspiró el posterior *Guild of St. Matthew,* la *Christian Social Union* y las protestas del s.XX, así como también tuvo su influencia sobre los sindicatos, legislación cooperativa y la educación de la clase trabajadora. JOHN A. SIMPSON

SOCIEDAD DE AMIGOS →AMIGOS, SOCIEDAD DE

SOCIEDAD MISIONERA SUDAMERICANA. Organización anglicana fundada por Allen →Gardiner bajo el nombre de Sociedad Misionera de Patagonia. Después de la muerte trágica del fundador, la Sociedad estableció una base en las Islas Malvinas. Durante cinco años los misioneros procuraron, sin éxito, ganar la confianza de los indios hostiles. En sus esfuerzos fueron muertos dos misioneros y seis tripulantes de su barco. Los demás perseveraron en el aprendizaje del idioma y al fin ganaron la amistad de los indígenas.

Waite Stirling logró establecer una obra permanente y en 1869 fue nombrado obispo de Las Malvinas. Pero a principios del s.XX los indios fueron diezmados por enfermedades extranjeras lo cual motivó la clausura de la misión.

En 1860 Allen Gardiner hijo procuró evangelizar a los indios Mapuche en el sur de Chile, quienes lo rechazaron. Se dedicó, pues, a pastorear la colonia inglesa en Lota. Con este paso se inició una obra entre los ingleses que siguió aumentando hasta haber capellanías anglicanas en 30 ciudades sudamericanas bajo la supervisión de la Sociedad. En 1860 el nombre de la Misión fue cambiado en S.M.S. y empezó a preocuparse por los indios abandonados en otras partes del continente.

En 1889 W. Barbrooke Grubb penetró en el Chaco paraguayo donde antes ningún blanco se había atrevido a entrar sin protección armada. En 1893 logró establecer el primer puesto entre los indios Lengua. Un intento de asesinarlo produjo tanta simpatía para Grubb y sus colegas que el año siguiente pudieron levantar la primera iglesia. En 1901 Grubb inició una empresa cuyo fin era establecer una escuela y varias industrias para ayudar a los indios.

La obra en el Chaco paraguayo avanzó lentamente hasta 1963 cuando fueron ordenados tres indios, seguidos por otros más tarde. Desde este punto en adelante la obra creció rápidamente. Actualmente la Iglesia Anglicana en Paraguay cuenta con más de 3.500 miembros, de los cuales la mayoría se halla en el Chaco. En 1914 Grubb inició una obra parecida en el Chaco argentino y en 1927 en el Chaco boliviano.

En 1894 cuatro misioneros de la S.M.S. empezaron a trabajar entre los araucanos en el sur de Chile. En 1895 establecieron una base en Cholchol y dos años más tarde otra en Quepe. En 1907 comenzaron obra en Temuco y establecieron clínicas y colegios en Cholchol y Quepe. Para el año 1938 ya había 40 escuelas rurales. Pero el año siguiente estalló la Guerra Mundial II, la cual redujo el personal docente y por ende el número de escuelas fue disminuyéndose. Después de la Guerra las escuelas restantes fueron entregadas al Estado. A partir de 1960 la Misión ha dado atención preferencial a la preparación de un ministerio nacional. Para el año 1967 había más de 26 iglesias anglicanas en Chile.

Desde el comienzo la S.M.S. ha estado estrechamente vinculada con la Iglesia Anglicana y durante los últimos años ha recibido apoyo de la Iglesia Episcopal. Siguiendo la política anglicana de no hacer obra proselitista en los países católicos, hasta 1960 la S.M.S. se dedicaba únicamente a trabajar con pueblos desvinculados de la ICR. Sin embargo, la necesidad de pastorear a los indios que han migrado a las ciudades y un cambio de actitud dentro de la Iglesia Anglicana han modificado esta política. Ahora la S.M.S. se dedica a evangelizar también a los hispanoparlantes. JUAN B.A. KESSLER

SOCIEDAD UNIDA PARA LA PROPAGACION DEL EVANGELIO (SUPE). Organización misionera inglesa formada en 1965 mediante la unión de dos sociedades de larga historia: la Sociedad para la Propagación del Evangelio en el Extranjero (SPEE) y la Misión Universitaria para Africa Central (MUAC).

La SPEE fue fundada a iniciativa de Tomás →Bray, sacerdote de la Iglesia →Anglicana, debido a la preocupación que sintió respecto al estado insatisfactorio de su Iglesia en las colonias norteamericanas después de una visita a ellas. Como resultado se formó en 1701 una organización con el doble propósito de ministrar a los colonos ingleses de ultramar y de propagar el evangelio entre los paganos en las tierras en donde se hallaban las colonias.

El primer misionero de la SPEE salió para Norteamérica en 1702. Los hermanos →Wesley fueron enviados a la colonia de Georgia por esta Sociedad. La SPEE también envió misioneros a las Antillas Occidentales (1712), la India (1750), Gambia (1751), la Costa de Oro (1752), Canadá (1759), Australia (1793), Africa del Sur (1821), Ceilán (1840), Birmania (1859), Madagascar (1864), el Japón (1873), la China (1874), Corea (1890) y Polinesia (1903).

Por muchos años fue el único brazo misionero de la Iglesia Anglicana. En 1963 tenía 680 misioneros. Actualmente la mayoría de los campos iniciados por la SPEE son provincias independientes con obispos y clero nacionales.

La MUAC fue fundada en 1857 como respuesta a la llamada que hizo David →Livingstone en las Universidades de →Oxford y →Cambridge para continuar la obra que él había iniciado en Africa. La misión tuvo como propósito la promoción de "la religión verdadera, la agricultura, el comercio legítimo y la extinción del tráfico de esclavos".

En 1861 llegaron a Africa los primeros cinco misioneros de la MUAC juntamente con un obispo. Extendieron su obra por Nyasaland, Zanzíbar y las tierras que ahora son los países de Tanzania, Malawi y Zambia. El clima malo produjo la muerte de un alto porcentaje de los misioneros. No obstante el éxito de su obra fue notable. En 1873 el sultán de Zanzíbar fue persuadido a abolir el tráfico de esclavos y se construyó una catedral en el sitio que antes había ocupado el mercado de esclavos.

La MUAC también trabajó bajo los auspicios de la Iglesia Anglicana. Por muchos años su obra estuvo bajo la autoridad del obispo de la Ciudad del Cabo. Pero en 1966 los campos de MUAC estaban divididos en seis diócesis que tenían sus propios obispos y arzobispos, pero siempre relacionados con la Comunión Anglicana Universal.

En enero de 1965 las dos sociedades se unieron por razones administrativas y debido a su afinidad eclesiástica. La Sociedad Unida continúa la obra iniciada por SPEE y MUAC. En 1967 tenía responsabilidad por 850 de los 1950 misioneros de la Iglesia Anglicana de los cuales dos trabajaban en Argentina, seis en Guyana, cuatro en Belice y 18 en las Antillas. SUPE ayuda y apoya la obra de la Iglesia Anglicana en 60 diócesis que se hallan en Africa, AL, Asia, Indonesia y Polinesia.

JUAN B.A. KESSLER
WILTON M. NELSON

SOCIEDADES BIBLICAS. El movimiento puede remontarse al →pietismo alemán al fundar la S.B. Von Canstein en 1710. El movimiento moderno comenzó en 1804 en Londres con la fundación de la S.B. Británica y Extranjera por un grupo de evangélicos, mayormente anglicanos. Su propósito declarado era "alentar la amplia circulación de las Sagradas Escrituras, sin notas ni comentarios". El movimiento se extendió rápidamente al continente europeo y a las colonias británicas; en 1816 se fundó la S.B. Americana y, en 1819, una S.B. Rusa había producido ya un NT en nueva traducción.

Una división importante tuvo lugar en 1825-26. Se trataba de los libros deuterocanónicos (los apócrifos) que varias sociedades europeas deseaban publicar pero que la Sociedad Británica no creía que debía hacerlo. Esto llevó a una duplicación organizativa en varios países europeos. En tiempos recientes esta división fue superada.

A fines del s.XIX la S.B. Británica y Extranjera era el centro de una red mundial de agencias y oficinas. El rápido desarrollo de la S.B. Americana resultó en el establecimiento de agencias rivales en varios países, además de la S.B. Nacional de Escocia y la S.B. de los Países Bajos.

Después siguió un período de reorganización constructiva con el establecimiento de agencias unidas, básicamente responsables ante una u otra de las sociedades mayores. Europa todavía permanecía al margen de la corriente principal del desarrollo. Siguiendo conversaciones llevadas a cabo a fines de la década de 1930, interrumpidas por la Guerra Mundial II, fueron considerados planes para una más estrecha asociación. En 1946, en una conferencia realizada en Haywards Heath (Inglaterra), las mayores asociaciones decidieron establecer la organización de las S.B. Unidas. En 1947 Oliver Beguin fue designado como secretario general. Las sociedades nacionales o son autónomas o son alentadas para que asuman esa condición. Cada centro busca atraer a la causa bíblica la más amplia representación posible de la comunidad cristiana total.

La estructura de las S.B. consiste en cuatro centros regionales (Nairobi en Africa; México D.F. en las Américas, Singapur en Asia, Basserdorf en Suiza para Europa). Cada una de estas secciones tiene un secretariado, incluso consultores regionales en asuntos tales como traducción bíblica, producción, distribución y administración. Los consultores de traducción actúan en cada zona bajo un coordinador mundial de traducciones de las S.B. Unidas. Actualmente más de 50 consultores están involucrados en unos 800 proyectos. Hay también un grupo coordinador mundial para la producción de las Escrituras. Las S.B. Unidas producen el texto griego del NT ya aceptado por consenso y están ahora trabajando en las variantes textuales del AT.

El consejo de las S.B. Unidas se reúne cada seis años; su comité general lo hace cada tres años y asume responsabilidad general a través de un comité ejecutivo que se reúne por lo menos una vez al año. Los recursos financieros son reunidos juntamente y compartidos mediante un Servicio de Presupuesto Mundial; en 1971 éste llegó hasta casi $7.500.000 (dólares) de los cuales un poco más de la mitad llegó de los EUA y casi un millón de la S.B. Británica y Extranjera. Cada sociedad prepara un presupuesto a principio de año, luego éste es considerado por las secretarías regionales y, finalmente, es aprobado por el comité ejecutivo.

Siguiendo el lanzamiento de la campaña "La Palabra de Dios para una Nueva Era", en 1963, y su desarrollo adicional: "El libro para Nuevos Lectores", la distribución anual de las Escrituras por las S.B. se incrementó de 54.100.000 en 1963, a más de 500.000.000 en 1978 (incluyendo Biblias, NT, porciones, es decir: libros completos de la Biblia, y selecciones, pequeños extractos de temas particulares). Las Sagradas Escrituras ahora son accesibles para el lector común en 1.710 idiomas (1980). La obra de las S.B. está regida sobre bases no lucrativas y muchas Biblias son altamente subvencionadas. Por lo general, el precio de venta de la Biblia o del NT cubre apenas el costo de producción, no quedando nada para la traducción, revisión, almacenaje, transporte, distribución gratuita, etc.

Las S.B. Unidas publican trimestralmente *The Bible Translator* y *The Bulletin* junto con un equivalente en francés al boletín y un documento para información general de los miembros de las Sociedades, con ocasionales noticieros para la prensa. [En AL se publican un calendario de lecturas bíblicas diarias y la revista *La Biblia en América Latina.*]

A. MORGAN DERHAM

SOCIEDADES BIBLICAS EN AMERICA LATINA. Las S.B. han jugado un papel muy importante en el desarrollo de la Iglesia en AL. Sus "colportores" (distribuidores itinerantes) fueron precursores del movimiento evangélico en casi todos los países, pues iniciaron en ellos sus labores antes que las Iglesias de Europa o de Norteamérica enviaran sus primeros misioneros. Las S. que más han trabajado en AL han sido la Británica y Extranjera, y la Americana. Ambas se preocuparon por esta región del mundo desde que fueron fundadas.

Uno de los primeros proyectos de la S. Británica fue la impresión, entre 1804 y 1807, de 20.000 ejemplares del NT en portugués, muchos de los cuales los distribuyeron por las costas de →Brasil marineros y comerciantes ingleses. En 1818, auspiciado por la misma S., llegó Diego →Thomson a →Argentina, e inició su odisea bíblica por AL. En cuanto a la S. Americana, la distribución de las Escrituras en AL fue uno de los principales propósitos de su fundación. Envió colportores a México y Centroamérica, y, más tarde, a toda la AL. Francisco →Penzotti fue el más célebre de ellos. En 1819 la S. Americana ya había publicado una edición española del NT.

Puede considerarse como providencial el hecho de que la fundación de estas S. (1804 y 1816 para la Británica y la Americana, respectivamente) y el nacimiento de las naciones latinoamericanas fueran acontecimientos contemporáneos. Thomson, por ejemplo, contribuyó en varios países al desarrollo educativo de las nuevas naciones. (→LANCASTER, JOSE).

Para evitar la duplicación innecesaria de esfuerzos (en algunos países había una agencia bíblica de cada S.), se crearon las Agencias Bíblicas Unidas. Posteriormente esas agencias se organizaron como sociedades nacionales y autónomas. La S.B. de Brasil, creada en 1948, fue la primera de ellas.

La preocupación por la traducción de la Biblia ha sido uno de los aspectos más importantes del trabajo de las S.B. Gracias a ella, en 1893 vio la luz la Versión Moderna (→Pratt, H.B.); en 1916 la Hispanoamericana; en 1966 la Popular del NT; y a fines de 1978 se publicó la Biblia completa en Versión Popular. Algo semejante ha ocurrido también en relación con las versiones en portugués (para Brasil). Mención aparte merecen los trabajos de traducción de la Biblia a los principales idiomas indígenas del continente, como asimismo las frecuentes revisiones hechas a la versión →Reina-Valera (la última, en 1960).

Hasta aproximadamente 1965 los ejemplares de la Biblia eran importados de Inglaterra y de los EUA. Pero desde la creación del Centro de Servicio Bíblico para América Latina (sito en Ciudad de México), casi todas las Biblias, NT, porciones y selecciones que las S.B. distribuyen en AL se imprimen en la región. Dicho centro también redacta, imprime y distribuye materiales de promoción. El más conocido es el órgano informativo de las S.B., la revista trimestral, *La Biblia en América Latina,* que ha alcanzado un tiraje de 75.000 ejemplares.

Notable ha sido el éxito en la distribución de la Biblia o de parte de la misma. Aunque al principio fue muy limitada, alcanza ya cifras millonarias. (En 1977 la distribución en AL fue de 91.886.306 ejemplares, entre Biblias, NT, porciones y selecciones.) En 1977 se inició, también con mucho éxito, la publicación de trozos bíblicos en los principales diarios del continente (sobre todo en relación con fechas local o continentalmente significativas).

El éxito en el trabajo de las S.B. se debe principalmente al crecimiento de las iglesias evangélicas y a la nueva actitud que ha asumido la →ICR después del Concilio →Vaticano II. Se sabe que en estos últimos años las más altas cifras de distribución al público, especialmente de la Versión Popular, han sido alcanzadas por sacerdotes y fieles de la ICR. El →CELAM ha recomendado oficialmente la lectura del NT en esa versión (lo que consta en algunas ediciones especiales, en las que se ha imprimido la carta correspondiente).

Las S.B., fieles a los principios interconfesionales que las rigen, sirven a todas las iglesias con igual interés. La distribución ha podido ser tan exitosa en virtud de que el precio de venta al público es inferior al de los costos de producción.

ARISTOMENO PORRAS P.

SOCINIANISMO. Movimiento racionalista que surgió del pensamiento de Lelio Sozzini (llamado Socino) (1525-62) y de su sobrino Fausto (1539-1604) y que se convirtió en uno de los precursores del →unitarismo moderno. Lelio, abogado de Siena (Italia), fue impulsado por su esfuerzo en restaurar el cristianismo primitivo a denunciar la "idolatría de Roma". La oposición que esto causó lo obligó a andar por Suiza, Francia, Inglaterra, Holanda, Alemania, Austria, Bohemia y Polonia. Murió en Zurich. Fausto, influido por el humanismo italiano y de su tío liberal, abandonó también su tierra natal y se radicó en Basilea. En 1578 se trasladó a Polonia, donde permaneció el resto de su vida organizando una iglesia de su persuasión. La más importante de sus obras es *De Jesu Christo Servatore* (1578).

El s. sostenía: una interpretación racionalista de la Biblia con un énfasis en la primera parte del AT y en el NT; una aceptación de Jesús como la revelación de Dios y sin embargo solo un hombre; la no-resistencia; la separación entre Iglesia y Estado; y la doctrina de la muerte del alma con el cuerpo salvo la resurrección selectiva de los que perseveraran en obedecer los mandamientos de Jesús.

La obra de Fausto en Polonia con la iglesia menor (reformada) lo llevó a revisar el Catecismo de Racov (1574). Este documento, publicado en 1605 como el "Catecismo racoviano", se convirtió en la más célebre expresión del s. La iglesia menor, que tenía por centro un poblado comunitario en Racov, al NE de Cracovia, propagó sus doctrinas por medio de una academia (que llegó a tener más de mil estudiantes matriculados) y de una casa editorial que publicó libros y folletos en muchos idiomas. Además de este centro hubo unas 300 iglesias en Polonia, que contaron entre sus líderes a hombres como Andreas Wiszowaty (m.1678), nieto de Fausto, y Samuel Przypkowski (m.1670). Estas iglesias atrajeron a varios conversos del protestantismo alemán que se trasladaron a Polonia.

En 1638, en respuesta a la Contrarreforma, el parlamento polaco clausuró la escuela en Racov y destruyó sus edificios. La casa editorial también se vio obligada a cerrar, y las iglesias fueron suprimidas. Algunos pastores fueron desterrados, en tanto que otros se fueron voluntariamente. En 1658, cuando el parlamento aprobó la pena de muerte para los partidarios de la confesión racoviana, hubo una migración masiva de socinianos a Hungría (Transilvania), Alemania (Silesia y Prusia), Inglaterra y los Países Bajos.

Durante los ss.XVII y XVIII, la influencia sociniana en Inglaterra puede encontrarse en las opiniones del latitudinarismo y de arrianos en la iglesia anglicana, en los →platonistas de Cambridge, en los conceptos de filósofos y científicos como Isaac →Newton y Juan →Locke, y en las ideas de los primeros unitarios como Stephen Nye: cuya *History of Unitarianism, Commonly Called Socinianism* provocó la controversia trinitaria en la Iglesia Anglicana en 1687. ROBERT G. CLOUSE

SOCIOLOGIA DE LA RELIGION. Al sociólogo de la religión le interesa la enorme gama de diferencias y semejanzas en las creencias y las prácticas. Por lo tanto su modo de definir la religión no puede ser la definición específica de una corriente religiosa cualquiera. Queda la alternativa de una definición funcional que se concentra en la función de la religión y prescinde de las presuposiciones básicas de la fe. Esto es aceptable solo si el sociólogo se da cuenta de lo que ha hecho en la construcción de su definición. Milton Yinger, al enfocar la cuestión de este modo, define la religión como "un sistema de creencias y prácticas mediante las cuales un grupo de personas lucha con los problemas fundamentales de la vida humana".

Si se define la s. como el estudio del hombre en la sociedad y se acepta la posición de que un análisis completo de las acciones humanas exige el estudio de datos sociales, culturales y de personalidad, luego la sociología de la religión podrá definirse como el estudio científico de las influencias recíprocas de la religión y la sociedad, la cultura y la personalidad.

La s. de la religión es una ciencia muy nueva y como tal está sufriendo dolores de desarrollo. Se demuestra mucho interés en ella, pero se desarrolla poca teoría científica, y sin embargo para desarrollar una teoría bien fundada se requiere tiempo e investigadores competentes e interesados. A veces el estudio sociológico de la religión ha sido central en la principal obra que se hace en la s.; así fue a principios del siglo durante la "edad de oro" de Ernst →Troeltsch, Max →Weber y Emil Durkheim. Sin embargo, durante el periodo entre las dos guerras mundiales, se prestó poca atención a este campo de actividad. A partir de la Guerra Mundial II ha resurgido el interés; aun más recientemente se ha reavivado la esperanza con el establecimiento del diálogo entre los tres tipos principales de personas que se aplican al problema: catedráticos universitarios, profesores de seminarios e investigadores religiosos. Se comienzan a formular las debidas preguntas tanto a nivel empírico como a nivel teórico.

Los primeros métodos científicos en abordar el estudio de la religión estuvieron sumamente influidos por la jerarquía de disciplinas intelectuales de Augusto Comte. Según éste, el pensamiento teológico era primitivo y estaba completamente pasado de moda en la sociedad positiva. La religión sobreviviría solo en la forma de liturgia basada en la ciencia antes que en la revelación. En EUA se desarrollaron dos grupos. Uno consideró la religión una especie de retraso cultural y era antirreligioso por naturaleza. Un segundo grupo, del cual Walter →Rauschenbusch es un notable ejemplo, vio las posibilidades de un "evangelio social". La sociología podría formar la base de una reforma social religiosa. Muchos de los primeros sociólogos norteamericanos salieron de las filas del clero protestante. Sin embargo, este fenómeno del "culto al progreso" desapareció bajo la acometida de dos guerras mundiales y una crisis económica mundial.

El desarrollo de la s. funcional empezó a surtir efecto sobre el estudio sociológico de la religión a principios del s.XX. En Alemania esto se manifestó en las obras de Weber, Troeltsch y Jorge Simmel. Los paralelos franceses a estos teóricos sociales fueron Durkheim y Roberto Will. En EUA, el ataque contra los conceptos positivistas de la religión provino del campo de la antropología. Bronislaw Malinowski halló que el hombre primitivo se había visto obligado a buscar respuestas a lo desconocido a fin de adaptarse a su ambiente cultural. Por consiguiente la religión tenía un valor funcional al poner al hombre en situación de hacer frente a los problemas de la vida, y el ceremonial religioso fortalecía las creencias morales y la cohesión social esenciales de la vida comunitaria.

La labor de Talcott Parsons representa un esfuerzo por sistematizar las ideas del enfoque estructura-función, y permitió que los sociólogos norteamericanos rompieran con el énfasis de Comte en la religión como un fenómeno pasajero. Parsons preparó el terreno para un entendimiento de la organización sociorreligiosa, en tanto que William I. Thomas, Florian Znaniecki, M.E. Gaddis, Arthur E. Holt, Samuel Kincheloe, W. Lloyd Warner y otros llevaron adelante un análisis sociológico detallado de fenómenos pertinentes. Más recientemente, Pitirim Sorokin y Joachim Wach han emprendido tratamientos sistemáticos con amplias perspectivas.

Los teóricos sociológicos que más se han preocupado con la religión por lo general se identifican como funcionalistas. En el esfuerzo por relacionar la religión con la sociedad, la cultura y la personalidad, han podido aislar por lo menos seis funciones básicas de la religión.

(1) La religión da apoyo, consuelo y reconciliación. Ante la incertidumbre, el hombre necesita sostén; el dolor de la desilusión exige consuelo; el alejamiento de las metas y normas de la sociedad da lugar a un anhelo de la reconciliación.

(2) Por medio de las prácticas rituales y el culto formal, la religión ofrece una relación trascendental que proporciona seguridad en medio de la contingencia.

(3) La religión consagra las normas y los valores de la sociedad establecida. Esto permite mantener las metas colectivas sobre los deseos individuales.

(4) En oposición a lo anterior, la religión puede proveer además una función profética al proporcionar valores morales en cuyos términos es posible que las normas institucionalizadas se examinen críticamente y resulte que les falten las cualidades indispensables.

(5) La religión desempeña importantes funciones de identidad. Dentro de la esfera de la religión muchos logran hallar la respuesta a lo que son y a quiénes son.

(6) Por último, hay una relación entre la religión y la maduración. La religión sacraliza las normas y los fines que apoyan las esperanzas de cada nivel de edad.

Al funcionalista no le falta quien lo critique, y aun está dispuesto a reconocer que este planteamiento tiene sus fallas. Yinger hace notar que el análisis funcional a veces se emplea para "probar" la validez fundamental de alguna práctica o creencia específica. Esta prueba empírica de una proposición no empírica es imposible.

El campo de la s. de la r. se extiende a varias esferas de interés: la religión y el orden económico, la religión y la familia, la religión y la estratificación social, liderato y autoridad religiosos, la religión y el conflicto, actitudes religiosas, tipología de las instituciones religiosas, etc. El lado creciente de esta disciplina se interesa en la organización, el liderazgo y la autoridad religiosas. Las teorías sociológicas de la organización, la burocracia y el desempeño de papeles se están incorporando al estudio de la organización, el liderato y la autoridad religiosas.

El futuro inmediato promete bastante para el trabajo relacionado con la religión y que es más parecido a la psicología social que a la sociología. Aquí se explotarán las relaciones entre los valores religiosos y otros tipos de valores en la cultura. Recientes desarrollos en la metodología, como investigaciones de grupos pequeños, técnicas de entrevistas, investigaciones para encuestas y el análisis conceptual, han preparado el terreno a este tipo de estudio. JOHN P. DEVER

SOCRATES (470-399 a.C.). Filósofo griego, maestro de →Platón. Su importancia se expresa en el hecho de que a los filósofos que le precedieron se les denomina *pre*-socráticos. No se sabe mucho acerca de su vida. N. en Atenas, de madre partera y padre escultor. Casó, probablemente dos veces. Nunca salió de Atenas, excepto cuando participó, heroicamente, en algunas batallas. Acusado ante el tribunal ateniense (de negar a los dioses patrios, de introducir nuevas divinidades y de corromper a la juventud), fue condenado a beber la cicuta.

S. no dejó nada escrito. Las fuentes principales para saber de él son dos amigos que lo veneraban (Jenofonte y Platón), y un poeta que lo caricaturizaba (Aristófanes). Es el personaje central en casi todos los diálogos platónicos, y no se sabe cuándo por su boca habla el propio S. y cuándo habla Platón.

Rechaza la sofística y se dedica a ejercitar su método: la *mayéutica.* Por medio de la pregunta y de la "ironía socrática" (que consiste en hacer que el interlocutor se percate de su error, pues la conciencia de la ignorancia tiene carácter catártico que prepara al alma para alcanzar el conocimiento), S. busca que los demás conozcan la verdad que llevan dentro.

Pueden considerarse también enseñanzas de S. las siguientes: el conocimiento fundamental es el "conócete a ti mismo", pues todo conocimiento debe guiar a la acción correcta y a la felicidad. Concibe su misión como servicio al Dios y cuidado del alma, y con ello le da un nuevo rumbo a la filosofía. La virtud se identifica con la razón: conocer el bien es hacer el bien; el "pecado" es ignorancia, pues nadie peca voluntariamente. La ética socrática es, pues, racionalista. Sin embargo, S. habla con frecuencia de que determinadas acciones suyas están guiadas por su *daimón* ("genio", señal divina, especie de voz) interior.

El significado de S. ha sido asunto muy debatido. Su influencia en Platón es indiscutible. Además, discípulos suyos desarrollaron algunas de sus enseñanzas en las llamadas "escuelas socráticas menores". La influencia en el cristianismo ha sido muy variada: algunos de los Padres de la Iglesia lo consideraron como "cristiano antes de Cristo". →Kierkegaard lo estudia como maestro.

PLUTARCO BONILLA A.

SOCRATES SCHOLASTICUS (c.380-450). Abogado oriundo de Constantinopla, continuador, junto con →Sozómeno y →Teodoreto, de la labor del gran historiador eclesiástico →Eusebio.

Escribe acerca de los acontecimientos eclesiásticos entre 305 y 439, y presta particular atención a los grandes emperadores. Asume una actitud crítica, pero pone menos énfasis en las controversias teológicas. Muchos historiadores consideran a S. más objetivo que Eusebio. La *Historia Tripartita,* compuesta en el s.VI por →Teodoro el Lector a base de los escritos de S., Teodoreto y Sozómeno, demuestra cierta calidad en el manejo de las fuentes. Esta historia hace referencia a las controversias cristológicas de la época y es indispensable para conocer la vida de la iglesia antigua.

Estos cuatro historiadores eclesiásticos constituyen la máxima expresión del quehacer histórico de su época. Cada uno va superando el grado de precisión científica de sus predecesores. S. se distingue por ser el más cauteloso. CARMELO E. ALVAREZ

SODERBLOM, NATAN (1866-1931). Arzobispo de Uppsala (Suecia) y ecumenista. N. en Trono, hijo de un pastor pietista. Se educó en la universidad de Uppsala y pronto demostró ser un brillante estudioso, sobre todo en los esotéricos aspectos poco conocidos del orientalismo. Ordenado al ministerio luterano en 1893, fue sucesivamente capellán en París, profesor y pastor en Uppsala, y catedrático en Leipzig antes de su inesperada elección como arzobispo y primado de Suecia en 1914. A pesar de las dudas de su padre, Söderblom nunca se olvidó de su educación; le contó a su hija que no podía vivir ni un día "sin orar incesantemente", y en una ocasión dejó conmovidos a unos norteamericanos, asistentes a una cena, cuando interrumpió su discurso para recitar las cinco estrofas del himno "Noventa y nueve ovejas son". Participó en diálogo con →Lambeth, en las primeras actividades ecuménicas en la India del S., en conversaciones con los ortodoxos y en tanteos experimentales hacia Roma; y organizó la conferencia de →Estocolmo de 1925. Su concepto del ecumenismo, según su biógrafo, "era destacar la importancia de que el movimiento se nutriera de culto y oración antes que [ser] una alianza de secretarios". Su labor ecuménica se reconoció en 1930 al conferírsele el Premio Nobel de la Paz. Entre sus obras figuran *Christian Fellowship* (inglés, 1923) y la parte esencial de sus conferencias de la serie Gifford en Edimburgo en 1931, publicada dos años después con el nombre de *The Living God: Basal Forms of Personal Religion.* J.D. DOUGLAS

SOLAFIDIANISMO. La doctrina de que la salvación eterna se obtiene solo mediante la fe (por la gracia) en la obra de Jesucristo. Esta obra de Cristo es su obediencia a la voluntad de su Padre al despojarse o humillarse a sí mismo. El murió para reconciliar al hombre con Dios y triunfó sobre el pecado, la muerte, el diablo y el infierno como Vencedor y como sacrificio y propiciación de todos los pecados de todos los hombres de todas las edades, y logró así el perdón de todos sus pecados. La aceptación y el sello de esta muerte por parte de Dios se confirman por la resurrección y el gobierno de Cristo a la diestra del Padre. Por tanto, la justificación del pecador es por medio de la fe, no como una obra, sino como don de Dios. El s. se opone al →sinergismo en cualquier forma, sea el →pelagianismo o el →semipelagianismo o cualquier variación de éstos. No es antinomiano, sino que insiste en que las buenas obras no son necesarias para la salvación; son el fruto de la fe. Los proponentes del s. citan pasajes bíblicos como Gá. 2:16; 3:11; Ef. 2:8 y Ro. 4:5. *Sola fide,* "la fe sola", fue uno de los principios de los reformadores del s.XVI, junto con *sola gratia* y *sola Scriptura;* a veces se juntan las tres en una sola frase: *solus Christus.* CARL S. MEYER

SOLO JESUS. Nombre con que popularmente se conoce a un grupo de iglesias pentecostales que difieren de las otras del mismo tipo principalmente porque bautizan solo en el nombre de Jesucristo y porque dan énfasis a la enseñanza bíblica sobre la unidad de Dios y no aceptan que la doctrina tradicional de la Trinidad sea una expresión correcta de la naturaleza de la Divinidad. No deben ser clasificados, sin embargo, ni como arrianos ni como unitarios, pues afirman y defienden la divinidad de Jesucristo. Prefieren que se les denomine "apostólicos".

Están organizados en iglesias de diferentes nombres. Las dos principales son: (1) Iglesia Apostólica de Fe en Cristo Jesús, originada en México y extendida por toda América Central y parte de AS y Europa; (2) Iglesia Pentecostal Unida, establecida en casi todo el continente. Existe también en varios países un numeroso grupo de origen mexicano que se llama "Luz del Mundo", de tipo profetista, fundado por Eusebio Joaquín, quien se hacía llamar "Aarón", así como otros grupos pequeños.

Para los apostólicos, Dios es solo uno pero puede manifestarse en muchas maneras y ser varias cosas simultáneamente, p.e. "un hijo nos es dado" que es también "Padre Eterno" (Is. 9:6). "Dios el Padre" y Cristo son simplemente un misterio (Col. 2:2,3) pero no una indicación de pluralidad en la divinidad, una revelación que llega a su máxima expresión en Jesucristo (1 Ti. 3:16). Para ellos la llamada "fórmula trinitaria" de Mt. 28:19 no contradice los textos en que se indica que los apóstoles y primeros cristianos bautizaban en el nombre de Jesucristo (Hch. 2:38; 8:16; 10:48; 19:5), pues Jesucristo es el nombre del Dios que se ha manifestado como Padre, Hijo y Espíritu Santo. Oran al Padre en el nombre de Jesucristo y no creen que en pasajes como Jn. 17 se sugiera que Cristo hablaba consigo mismo, pues establecen una clara diferencia entre la naturaleza humana y la divina que existían simultáneamente en Cristo.

Creen que por medio del bautismo se obtiene remisión de pecados pero no aceptan la idea de la regeneración bautismal. Su forma de gobierno varía desde el congregacionalismo hasta el episcopado y en la mayoría de sus otras prácticas se asemejan a las iglesias evangélicas tradicionales. Se distinguen por su celo evangelizador y misionero y por la práctica de la mayordomía cristiana.

MANUEL J. GAXIOLA

SOLOVIEV, VLADIMIR SERGEEVICH (1853-1900). Teólogo y filósofo ruso. Hijo de un historiador, completó sus estudios en la universidad de Moscú en 1873 y fue nombrado miembro de la Facultad de Filosofía. Después de investigaciones en Londres y en Egipto regresó a Moscú en 1876. En 1877 se trasladó a la universidad de San Petersburgo.

→Dostoievski y León →Tolstoi estuvieron presentes en sus clases sobre la "dei-humanidad". Se acogió a jubilación forzosa en 1881 tras recomendar clemencia para los asesinos de Alejandro II. Luego se dedicó a escribir.

Soloviev se vio intensamente afectado por la filosofía idealista alemana y el misticismo gnóstico. El núcleo de su sistema religioso y filosófico era su doctrina de la dei-humanidad, con lo cual quería decir la unión de la humanidad y la divinidad mediante la identificación del hombre con Cristo, el Verbo encarnado. Esto incluye el concepto de la "unidad total positiva", su síntesis de la religión, la filosofía y la ciencia. Su sofiología, que se originaba en sus primeras experiencias místicas, se identifica con la eterna feminidad o sabiduría divina. Abogó por la reunificación de las iglesias orientales y occidentales y por el establecimiento de una teocracia universal. Por su comunión con Roma a veces se le llama "el →Newman ruso", aunque permaneció dentro de la Iglesia Ortodoxa.

BARBARA L. FAULKNER

SORBONA. Escuela fundada en París (1254) por Roberto de Sorbón, originalmente para estudiantes de teología pobres. Adquirió fama y llegó a ser una facultad para estudiantes avanzados. Produjo profesores para la Universidad de París. De todas partes llegaban para consultar a sus profesores sobre cuestiones no solo teológicas sino también políticas.

Durante el s.XV sus teólogos eran galicanos y demandaban una reforma en la Iglesia. Pero en el XVI se volvieron reaccionarios, oponiéndose a →Erasmo, →Lefevre y a los reformadores.

En el s.XVIII la S. era enemiga tanto del →racionalismo como de la teología moral y la pedagogía de los →jesuitas, pero seguía sosteniendo el →galicanismo.

Fue suprimida en 1792, durante la Revolución Francesa, pero reestablecida por Napoleón en 1808. Sin embargo sus principios galicanos la perjudicaron de tal manera que en 1882 fue suprimida de nuevo. No obstante su nombre se usa hoy para referirse a la Universidad de París. WILTON M. NELSON

SOTANA. Túnica larga, negra y ajustada que llevan los clérigos bajo la sobrepelliz o la toga en la iglesia, o como atavío común, en este último caso con el abrigo. Se originó con el *vestis talaris,* o vestido hasta el tobillo, diseñado para el clero por el Concilio de Braga en 572, y fue conservado pese a la presión bárbara en favor de vestimentas más cortas para la vida secular. La ICR acostumbraba insistir en su invariable uso por todo el clero aunque eran permitidos los sobretodos. Los cánones anglicanos de 1604 insistieron similarmente en el uso en público de la s. En ambas iglesias implícitamente se concede ahora una mayor libertad. J.D. DOUGLAS

SOTO, DOMINGO DE (1494-1560). Teólogo español. N. en Segovia. Fue sacristán antes de iniciar estudios de lógica y filosofía en Alcalá y de teología en París. Sirvió por un tiempo de maestro y vivió en una abadía →benedictina, luego ingresó en la orden de Santo Domingo (1525). Después de siete años de docencia en la casa de estudios en Segovia, se trasladó a Salamanca (1532) para ocupar la cátedra de teología de su orden. Carlos V, de quien más tarde fue confesor, lo nombró teólogo imperial en el Concilio de →Trento.

Le fue ofrecido el obispado de Segovia, pero lo rechazó. Luego fue elegido prior en Salamanca (1550). Dos años más tarde inició la cátedra de teología en esta universidad. Entre sus escritos se hallan *De iustitia et iure* (1556), *Deliberatio in causa pauperum* (1547), y comentarios sobre Romanos (1550) y Aristóteles (1544).

S. es figura destacada entre los →teólogos-juristas españoles del s.XVI. Distingue claramente entre el dominio temporal y el dominio espiritual. El Papa no puede entregar ningún poder temporal al emperador, puesto que no es señor del orbe. Cristo tuvo potestad sobre las cosas temporales en orden a la redención. Por lo tanto, no delegó a los apóstoles este poder. El Papa no lo posee. No hay, pues, razón, ni teológica ni jurídica, para retener el Imperio Español en América.

Por otro lado, el evangelio es para ser predicado por toda la tierra, pero nunca en contra de la voluntad de los no creyentes. Sin embargo, podemos defendernos, dice S., de los que no permiten la predicación. Se insiste, además, en no someter a los indios al Imperio Español. Si no se convierten, Dios puede recurrir a "una vía desconocida" para convertirlos. CARMELO E. ALVAREZ

C.G. THORNE, Jr.

SOZOMENO (s.V). Historiador eclesiástico. Era abogado de Constantinopla, pero anteriormente de Betelia cerca de Gaza en Palestina. Se le nombra más generalmente como miembro de la trilogía con Sócrates y Teodoreto como continuador de la *Historia eclesiástica* de Eusebio, la cual como la *Historia* *tripartita* fue traducida al latín de fines del s.VI por Casiodoro, según la tradición, o quizás más bien por Epifanio inspirado por aquél. Se supone que S. fue el menos independiente de estos que iniciaron historias del Imperio Romano cristiano, ya que grandes secciones poseen en común, directamente y sin referencia, la historia de Sócrates paralela. Ambos se interesan en dar a conocer el desarrollo del monaquismo creado por el Egipto cristiano. Sin embargo puede que haya querido renovar a Sócrates con mayores detalles tanto del Imperio y de la Iglesia occidentales como del frente persa oriental con sus mártires cristianos. La obra en nueve tomos especifica que abarca el periodo desde el tercer consulado de los césares Crispo y Constantino (324), al decimoséptimo de Teodosio II (439), a quien se le dedica antes de su muerte en el 450. Falta actualmente la conclusión, como asimismo el anterior epítome de S. en dos tomos de historia eclesiástica desde la Ascensión hasta la derrota de Licinio (323).

CLYDE CURRY SMITH

SOZZINI →SOCINIANISMO

SPALATIN, JORGE (1482-1545). Reformador alemán. N. de nombre "Jorge Burkhard" en Spalt cerca de Nuremberg, S. (su nombre latinizado) asistió a las universidades de Erfurt y de Wittenberg. En 1505 ingresó al monasterio de San Jorge en Erfurt. En 1508 llegó a ser preceptor del futuro elector de Sajonia, Juan Federico. Sirvió también como asesor y secretario del elector →Federico el Sabio. En 1525 fue nombrado pastor en Altenburg, pero siguió sirviendo al elector Juan el Constante y a →Juan Federico el Magnánimo. Fue uno de los primeros amigos de Martín Lutero y promotores de este movimiento e influyó grandemente en Federico el Sabio en su tolerante y protectora actitud hacia el reformador. En el curso de su vida activa sostuvo una correspondencia voluminosa, que se publicó solo en parte. Contribuyó notablemente al fomento de la educación como miembro de varias visitaciones eclesiásticas. Ayudó a establecer escuelas y bibliotecas, participó activamente en la preparación de pastores en teología pastoral y contribuyó a la formación de jóvenes. La amistad de S. con Lutero durante los últimos 30 años de su vida (sobre todo durante los años críticos entre 1517 y 1521) tuvo gran importancia para la obra de M. Lutero. CARL S. MEYER

SPANGENBERG, AUGUSTO GOTTLIEB (1704-1792). Dirigente eclesiástico y misionero moravo. Hijo de un predicador palaciego de Hanover, primero estudió el derecho, luego teología y por último llegó a ser profesor en Halle. Cuando se hizo miembro de la comunidad de →Herrnhut en 1732, →Zinzendorf lo nombró para que dirigiera negociaciones con diversos poderes coloniales europeos a fin de conseguir permiso para establecer obras misioneras en el extranjero. Se hizo cargo personalmente del grupo moravo que se estableció en Georgia en 1735, y recibió y aconsejó a Juan →Wesley que llegó allí en febrero de 1736. El mes siguiente, Spangenberg se unió a la colonia →schwenkfeldiana en Pensilvania como simple agricultor, y en cosa de poco tiempo estaba predicando a los indios. En 1744 lo pusieron a cargo de la obra morava en EUA, y se dedicó intensamente a las misiones indias. Nombrado sucesor de Zinzendorf en 1760, volvió a Herrnhut dos años después y dirigió el grupo hasta su muerte.

RICHARD V. PIERARD

SPEER, ROBERT ELIOTT (1867-1947). Secretario de la Junta de Misiones en el Extranjero de la Iglesia Presbiteriana de EUA, durante los años 1891 a 1937. N. en Huntingdon, Pennsylvania, EUA. Fue uno de los primeros *Student Volunteers* y en 1886 viajó durante un año en labores de ese movimiento. En 1889 se graduó *magna cum laude* de la Universidad de Princeton.

Hizo cuatro viajes a Asia y dos a AL entre 1912 y 1916. Asistió al Congreso Misionero de Edimburgo en 1910 donde abogó por la obra misionera protestante en AL. En 1913 fue uno de los organizadores del →CCAL, que presidió hasta su jubilación en 1937. Fue también uno de los oradores principales del Primer Congreso Evangélico Latinoamericano, celebrado en Panamá (1916).

Escritor fecundo, publicó sesenta y siete libros, la mayor parte de ellos sobre la obra misionera. En sus libros se destacaban temas como el reino de Dios, la concepción virginal de Cristo, y el papel de la mujer en la iglesia. Sus obras más importantes sobre América Latina son: *Mission in South America* (1909); *South American Problems* (1912), y *Modern Missions in Chile and Brazil* (1926).

Durante la Guerra Mundial I presidió la *General Wartime Commission of the Church*, donde dejó oír su pensamiento moderado, desafiando a las iglesias a asumir responsabilidades de reconciliación. Fue miembro del "Comité asesor del gobierno sobre las actividades religiosas y morales de las fuerzas armadas".

Speer fue presidente de la *Foreign Missions Conference* y, por un periodo del Concilio Federal de Iglesias en los EUA. En 1927 se convirtió en el segundo laico que llegó a ser elegido moderador de la Asamblea General de la Iglesia Presbiteriana del Norte en los EUA. JOHN H. SINCLAIR

SPENER, FELIPE (1635-1705). Dirigente pietista, luterano alemán. N. en Rappoltsweiler, Alsacia, se crió en un ambiente muy protector y profundamente religioso (caracterizado por una mezcla de puritanismo y misticismo pietista arndtiano). Cursó teología en Estrasburgo (1651-59) durante la docencia estrictamente luterana de J.K. Dannhauer. En sus viajes académicos (1659-62) a Basilea, Ginebra, Stuttgart y Tubinga, entró en contacto con la teología reformada y con Juan de Labadie que predicaba el arrepentimiento y la regeneración. En 1663 llegó a ser predicador libre en Estrasburgo, recibió un doctorado en teología en 1664 y sirvió como pastor y decano del ministerio en Francfort del Meno (1666-85), donde emergió como líder del movimiento pietista. Fue nombrado capellán de la corte en Dresde en 1686, pero sus relaciones con la familia real sajona pronto se pusieron tirantes, y en 1691 aceptó la invitación del elector de Brandenburgo para ser pastor de la iglesia de San Nicolás en Berlín.

En Francfort reformó la instrucción religiosa al predicar sobre libros completos de la Biblia, al restablecer el servicio de la confirmación y al fijar días de ayuno y oración. Proclamó la necesidad de la conversión y de una vida santa, y en 1670 estableció un conventículo *(collegium pietatis)* dentro de la iglesia donde pastores y laicos se reunían a estudiar la Biblia y a orar juntos para la edificación mutua. Consideró que tales conventículos eran *ecclesiolae in ecclesia* que ayudarían al pastor en sus deberes espirituales y volverían la iglesia al nivel espiritual de las comunidades cristianas primitivas. Modelada sobre cuerpos semejantes entre los reformados, la institución se extendió por todos los sectores luteranos. En el tratado *Pia Desideria ("Píos deseos"),* publicado en 1675 como prólogo al *Verdadero cristianismo* de Juan →Arndt, S. expuso la esencia de sus doctrinas pietistas: la importancia central del estudio bíblico, el restablecimiento del sacerdocio de todos los creyentes, la fe verdadera expresada no con el saber sino en obras de amor hacia el prójimo, evitar las disputas teológicas, destacar la vida espiritual y la literatura devocional en la preparación de pastores, y una predicación que despertara la fe y sus frutos en los oyentes.

A medida que se fue extendiendo la popularidad de S., se convirtió en una figura cada vez más controversial y sus discípulos hasta fueron expulsados de Leipzig en 1690. Aunque poco de su enseñanza fue original (la mayor parte ya la habían expresado pietistas arndtianos y reformados), su énfasis sobre el nuevo nacimiento y una vida ejemplar minó eficazmente la posición de la ortodoxia escolástica y vigorizó el luteranismo alemán. RICHARD V. PIERARD

SPG →SOCIEDAD UNIDA PARA LA PROPAGACION DEL EVANGELIO

SPINOLA, CRISTOBAL ROJAS DE (1626-95). Teólogo catolicorromano, pionero en el →ecumenismo católico-protestante. N. en Holanda, aparentemente de ascendencia española. Ingresó a la orden franciscana, enseñó teología en Colonia y fue nombrado general de su orden. De tipo diplomático e irénico, trabajó incesantemente en pro de la reconciliación de los católicos con los protestantes, juntamente con pensadores protestantes del mismo parecer como →Leibnitz y Gerhard Walter Molanus.

Preparó un plan de unión en que cedió doctrinalmente en lo posible, en tales cosas como el caliz para los laicos, el matrimonio para el clero y la suspensión de los decretos del Concilio de →Trento, pero insistía en el reconocimiento de la supremacía del papa. Su plan, sin embargo, fue rechazado tanto por los católicos como por los protestantes. Por ejemplo, el obispo →Bossuet, al serle enseñado el plan, lo rechazó total y bruscamente, demandando sumisión incondicional a la autoridad de la Iglesia y a los decretos de Trento. WILTON M. NELSON

SPINOZA, BARUCH DE (1632-1677). Uno de los principales filósofos racionalistas. Era judío, pero fue expulsado de la sinagoga en 1656 por sus conceptos no ortodoxos. Pasó la mayor parte de su vida en Amsterdam, donde se ganó la vida como pulidor de lentes. Spinoza era un pensador independiente y original cuya obra es difícil de interpretar debido a su carácter autónomo. Fundamental es el concepto de que la verdad está formada de un sistema de proposiciones deducibles interconectadas. En su *Etica,* el razonamiento de tipo geométrico tenía por objeto llegar a conclusiones éticas sustantivas. Esto es solo remotamente plausible, teniendo en cuenta los conceptos racionalistas de Spinoza en cuanto a las relaciones lógicas, y su falta de distinguir entre las relaciones lógicas y las relaciones causales.

El concepto de Spinoza, de que solo podría haber una sustancia infinita, supone el panteísmo, pues cualquier creación por sobre un creador implicaría una limitación del creador. Sin el concepto de la trascendencia divina no puede haber lugar para la idea del propósito divino; Spinoza entiende que la creatividad divina es la actividad de la naturaleza. Las mentes finitas son modos del pensamiento de Dios, y los cuerpos, modos de la extensión de Dios. Se ha descrito diversamente a Spinoza como pensador religioso "intoxicado de Dios" y como irreligioso, de acuerdo con cuál aspecto de la ecuación Dios-naturaleza se enfatice. Su opinión de que la Biblia está escrita a la manera del hombre irracional e irreflexivo, influyó históricamente en el desarrollo de la crítica racionalista de las Escrituras. PAUL HELM

SPURGEON, CARLOS HADDON (1834-1892). Predicador bautista inglés. N. en Kelvedon, Essex, de ascendencia holandesa y disidente. Su padre y abuelo fueron pastores independientes. A principios de 1850 se convirtió en la Capilla Metodista Primitiva de la calle Artillería en Colchester, Essex, a la que entró debido a una tormenta de nieve. Después de bautizarse llegó a ser pastor de la Capilla Bautista de Waterbeach en 1851. En 1854 fue llamado a la Capilla Bautista de la calle New Park en Southwark, Londres, que pronto excedió su capacidad, lo cual hizo necesaria la construcción del Tabernáculo Metropolitano en 1859.

En 1856 se casó con Susana Thompson e inició además el "Instituto para Pastores" para la preparación de hombres "manifiestamente llamados a predicar el evangelio", y que en la actualidad sigue como el "Colegio [Seminario] de Spurgeon". Durante quince años costeó todos los gastos, pasado lo cual el Tabernáculo compartió la obligación. En 1865 fue uno de los fundadores de la Asociación Bautista de Londres, y en 1869 estableció un orfanato en Stockwell, conocido ahora por el nombre de "Hogares de Spurgeon". Entre otras organizaciones benéficas y religiosas que fundó y mantuvo, figuran sociedades de templanza y ropa usada, una misión pionera y una asociación colportora.

Sufrió ataques periódicos de enfermedad que a veces le impidieron ocupar el púlpito. Predicó en el Tabernáculo por última vez el 7 de junio de 1891 y murió en enero siguiente en Menton, Francia meridional. En los 38 años de su ministerio londinense, formó una congregación de 6000 y agregó 14.692 miembros a la iglesia.

Durante los primeros años de su ministerio libró batallas en dos frentes: contra el ultracalvinismo y el →arminianismo. En 1864 predicó un sermón en contra de la doctrina y la práctica bautismales de la iglesia anglicana, iniciando así la "controversia de la regeneración bautismal". Culpó a los anglicanos evangélicos de perjurio al emplear el Libro de Oración cuando no creían en la regeneración bautismal. En el furor resultante se sintió obligado a renunciar temporalmente a la →Alianza Evangélica. En 1874 se vio envuelto en una disputa sobre el tabaco. La "controversia de la decadencia" de 1887-89 surgió como resultado de su preocupación por el desarrollo de la enseñanza radical entre los bautistas. Varios, incluso el secretario de la Unión Bautista, le rogaron que tratara de detener la tendencia. Hizo su protesta, mas no se le hizo caso, así que en octubre de 1887 se retiró de la Unión junto con otros. Se le aceptó la renuncia, y se aprobó una moción de censura que nunca fue rescindida. El asunto le causó mucho dolor y quizás le haya acortado la vida, pero rehusó formar una denominación nueva.

Spurgeon era un calvinista evangélico. Leyó muchísimo y en particular le encantaban los puritanos del s.XVII. Autor variado, escribió exposiciones bíblicas, disertaciones a estudiantes, himnos, y la filosofía sencilla de "Juan Labrador" entre otras obras. [Algunas de sus obras han sido traducidas al español. P.e. *Sermones doctrinales* (1951), *Ministerial ideal* (1964), *Discursos a mis estudiantes, Doscientas anécdotas e Ilustraciones, Todo de gracia, Sermones del año de avivamiento.*]

Sobre todo fue predicador. Su clara voz, su dominio del inglés, y su gran sentido del humor, unidos a un firme conocimiento de la Biblia y a un profundo amor a Cristo, produjeron quizás la más noble predicación de todos los tiempos. Sus sermones se han publicado y distribuido por todo el mundo. Dos obras populares de uso general en el día de hoy son *Treasury of David* y *Morning and Evening,* la segunda es una compilación de lecturas devocionales. J.G.G. NORMAN

STAINER, JOHN (1840-1901). Compositor inglés. Aunque su música no les es grata a muchos músicos de hoy, contribuyó mucho en su día. Como organista prestigioso de la Catedral de San Pablo en Londres, hizo mucho por elevar las normas de la actuación coral por precepto y con el ejemplo. Fue un excelente organista y maestro, y su manual sobre cómo tocar el órgano alcanzó gran circulación. Como erudito y musicólogo, el nombre de Stainer se respeta aun. Su *Dufay and His Contemporaries* fue una de las primeras obras musicológicas de categoría por un inglés.

Sus composiciones eran demasiado fáciles y abundaban en los "clisés" que las han congraciado con innumerables fieles, a la vez que han ofendido el gusto de los peritos. "No contristéis al Espíritu Santo", cantada aun por muchos coros, ilustra su aptitud para la expresión dramática. "La Crucifixión", con todas sus banalidades musicales, proporcionó una obra bastante fácil para un coro cualquiera, a la vez que contenía un mensaje de actualidad dentro de un marco lo suficientemente grande como para que se clasificara como oratorio. Los movimientos solistas padecen del sentimentalismo de su día, pero el recitativo es dramático y bien adaptado a la acentuación del texto. Varias de las tonadas de himnos, que se incluyen tras el ejemplo de una Pasión de Bach, tienen melodías memorables. Una pieza de conjunto verdaderamente buena es "Dios de tal manera", un excelente trozo de música vocal por partes. Con sus dones musicales, de haber sido criado Stainer en una tradición más sofisticada, sus numerosos himnos bien hubieran tenido mayor valor musical. J.B. McMILLAN

STALKER, JAMES (1848-1927). Pastor, erudito, y escritor escocés. N. en Crieff y educado en Edimburgo, Berlín y Halle, fue ordenado en la Iglesia Libre Unida de →Escocia y ejerció el ministerio en Kirkaldy y en Glasgow antes de llegar a ser profesor de historia eclesiástica en la universidad de su Iglesia en Aberdeen (1902-26). Fue muy conocido como catedrático visitante en diversos colegios y seminarios norteamericanos, y la lucidez de su erudición se ve en sus muchos escritos, entre ellos, dos que se han traducido al español: *Vida de Jesucristo* (inglés, 1879) y *Vida de San Pablo* (inglés, 1884).

Sin embargo mejor se le recuerda como predicador. Había participado en el movimiento renovador tras la misión de →Moody y →Sankey en 1873, el cual tuvo un efecto duradero en él. Junto con la predicación evangélica tuvo también una manifiesta preocupación social que "hizo que algunos oyentes serenos se pusieran intranquilos". Era intrépido, no afectado por ambiciones personales (rehusó un rectorado en su universidad así como la silla presidencial de su iglesia), y animó todo movimiento que llevase el evangelio al pueblo. J.D. DOUGLAS

STANLEY, ARTHUR PENRHYN (1815-1881). Deán de Westminster. Hijo de un párroco anglicano de medios particulares y relaciones nobles, se educó en Rugby y en Balliol, donde conoció a →Pusey y a los del Movimiento →Oxford. Fue elegido maestro de la Universidad de Oxford en 1839 y fue ordenado. En 1856 llegó a ser catedrático de historia eclesiástica. Como los del Movimiento de Oxford, quiso mayor seriedad y orden en la Iglesia Anglicana, que a la sazón adolecía de falta de devoción, de ausentismo, de pluralidad y de indiferencia, sin embargo fue la antítesis del sacramentalista. Fue famoso más bien por sus conceptos "anchos" de la iglesia, también firme partidario de la relación estatal, y deseaba una Iglesia Anglicana verdaderamente amplia. No habría excluido a los unitarios, y trabajó por admitir a no conformistas en las universidades. Después que llegó a ser deán de Westminster en 1863 invitó a Keble, a Liddon y a Pusey a predicar; todos rehusaron, pues consideraban que ello los comprometería en vista de la simpatía de Stanley con el liberalismo alemán. Sin embargo, a la reina Victoria le gustaba y lo habría hecho obispo a no ser por Palmerston y Gladstone. Fue miembro de la comisión revisora del NT en 1870 y uno de los que querían remover los anatemas al Credo de Atanasio en 1872. Se opuso a que la Iglesia Irlandesa se separara del estado. Viajó mucho y escribió numerosos libros, entre ellos: Un comentario sobre las epístolas a los corintios (1855), *Lectures on the Eastern Church* (1861) y *Memorials of Westminster* (1868). P.W. PETTY

STAUPITZ, JUAN VON (1460/69-1524). Erudito catolicorromano y mentor de Lutero. N. en Motterwitz, Sajonia y estudió en Leipzig y en Colonia. Ingresó a la orden de los ermitaños de San Agustín y completó sus estudios en Tubinga (D. Teol., 1500). Fue prior en Munich y luego profesor de Biblia en la universidad de Wittenberg. Llegó a ser vicario general de la congregación reformada de los ermitaños de San Agustín. Staupitz animó a Lutero a estudiar teología. Trató de modificar la posición de Lutero en los primeros años del movimiento luterano, pero fracasó. En 1521 recibió permiso para unirse a los benedictinos en Salzburgo. En su teología habló de un pacto entre Dios y el hombre en que Dios expuso las condiciones, las llenó en Cristo, y se las ofreció a los elegidos incondicionalmente. Subrayó que la doctrina de la elección divina era central para la soteriología. La gracia en la justificación hace a Dios agradable al hombre y hace énfasis en la venida de Cristo en la gracia.

CARL S. MEYER

STEBBINS, GEORGE COLE (1846-1945). Compositor norteamericano de himnos evangélicos. N. en East Carlton, Nueva York y estudió música en Rochester, en Chicago y en Boston. Fue director de música de la Primera Iglesia Bautista de Chicago a partir de 1868, y en 1874 asumió un cargo similar en la Iglesia Bautista de la Calle Clarendon de Boston, y posteriormente en el Templo Tremont. Fue amigo íntimo de D.L. →Moody, Ira →Sankey, P.P. Bliss y D.W. Whittle. Por cerca de 50 años dirigió coros, escribió música y trabajó como director de música evangélica. S. escribió más de 1500 himnos y fue coautor de varios himnarios. [Muchos de sus himnos se han traducido al español entre los cuales se hallan "Un monte hay más allá del mar", "Con voz benigna nos llama Jesús", "Despliegue el cristiano su santa bandera", "Sed puros y santos" y "Sembraré la simiente preciosa."]

ROBERT C. NEWMAN

STOCKWELL, B. FOSTER (1899-1961). Misionero de la Iglesia Metodista Unida en Argentina. N. en Shawnee (Oklahoma, EUA). Hizo sus estudios universitarios en Ohio Wesleyan University (B.A.) y teológicos (B.D., M.S.T. y Ph.D.) en la Facultad de Teología de la Universidad de Boston, donde recibió la influencia del personalismo de Borden P. Bowne y de Edgar Brightman. Su tesis doctoral versó sobre el pensamiento religioso de Miguel de →Unamuno. Luego de desempeñar tareas pastorales en Massachusetts y de hacer estudios de postgrado en Stuttgart y Heidelberg, fue secretario de John R. →Mott, a quien acompañó en sus giras.

En 1926 llegó a Argentina como misionero y asumió la dirección del "Seminario de Teología Unión Evangélica" en el que colaboraban metodistas y valdenses. Bajo su dirección el seminario llegó a ser en 1943 la "Facultad Evangélica de Teología", institución coeducacional de enseñanza teológica a nivel universitario auspiciada, además de las anteriores, por la Iglesia Presbiteriana y los Discípulos de Cristo. Ejerció el rectorado hasta 1960, cuando fue elegido obispo de la Iglesia Metodista (área del Pacífico). Falleció en Buenos Aires mientras realizaba un *survey* de la educación teológica en AL.

Impulsó desde 1930 la obra de literatura en castellano y fue uno de los gestores del plan de literatura iniciado por el Congreso de Literatura Evangélica de Méjico (1941). Editó las colecciones teológicas: "Biblioteca de Cultura Evangélica" y "Obras clásicas de la Reforma" y creó las revistas *El Predicador Evangélico* y *Cuadernos Teológicos.* Impulsó la obra ecuménica siendo uno de los inspiradores y organizadores de la "Confederación Evangélica del Río de la Plata" (1940). Sus publicaciones principales son: *¿Qué podemos creer?* (1936), *Nuestro mundo y la cruz* (1937), *Prefacios a las Biblias castellanas* (1951), *¿Qué es el protestantismo?* (1954), *La teología de Juan Wesley y la nuestra* (1962).

JOSE MIGUEZ BONINO

STONE, BARTON WARREN (1772-1844). Evangelista presbiteriano de la región fronteriza norteamericana. N. en Maryland en la época colonial, inmigró a Kentucky a fines de la guerra de la Independencia, donde tuvo reacciones violentas y pietistas contra los vicios inducidos por la guerra. Esencialmente un predicador arminiano, rompió con su patrimonio presbiteriano por cuestión de la elección incondicional y la expiación limitada después de la gran Reunión de Cane Ridge (1801), en la que fue participante y registrador. El y cinco más expusieron el "Testamento del presbiterio de Springfield" (1804), declaración de la autoridad bíblica y de la unidad de la iglesia de Cristo. Organizó la "Iglesia Cristiana". Sus miras ecuménicas lo pusieron en contacto con muchos otros "cristianos" de "la Reforma del s.XIX", incluso mayormente a Alexander →Campbell, con cuyos "discípulos" se unieron muchos de los "cristianos" en 1832. El *Address* (1814) y las *Letters to Blythe* (1824) y el periódico *The Christian Messenger* (1826) de Stone fueron amoldados por el movimiento avivador de la fe o por la experiencia de la región fronteriza: la participación en ella hizo que siempre se trasladara hacia el O, a pesar de los éxitos logrados en el valle del Ohio.

CLYDE CURRY SMITH

STORCH, NICOLAS →**ZWICKAU, PROFETAS DE**

STOWE, HARRIET ELIZABETH BEECHER (1811-1896). Abolicionista y escritora. N. en

Litchfield, Connecticut; estudió y enseñó en Hartford. Cuando su padre, Lyman →Beecher, llegó a ser rector del seminario teológico Lane de Cincinnati, Ohio en 1832, fue con él y se casó con un profesor, Calvin E. Stowe, en 1836. Albergaron en su hogar a esclavos fugitivos hasta su traslado a Brunswick, Maine, en 1850. *La cabaña del tío Tom* apareció en la revista *National Era* en 1851-52, y como libro en 1852. Evocó un fuerte sentimiento antiesclavista. Después durante unos treinta años publicó casi un libro por año.

J.D. DOUGLAS

STRACHAN, ENRIQUE (1872-1945). Misionero, evángelista y fundador, con su esposa, de la →Misión Latinoamericana. N. en Canadá, pero se crió en Aberdeen, Escocia, de donde eran sus padres. Siendo joven se convirtió al evangelio y pronto se sintió llamado al ministerio cristiano. Estudió teología en Harley College, Londres. En 1937 Wheaton College le confirió el título honorífico de Doctor en Divinidades. En 1902 se embarcó como misionero para →Argentina, y un año después se casó con Susana Beamish. Por 16 años trabajaron en Tandil, bajo el patrocinio de la *"Regions Beyond Missionary Union"* (y de la →Unión Evangélica Sudamericana, después de la formación de ésta). Los S. tuvieron tres hijos: Kenneth, Harry y Grace. Después de servir durante 17 años en Argentina se trasladó con su familia a →Costa Rica, donde estableció su centro de operaciones.

S. fue un evangelista innovador y enérgico. Introdujo en su trabajo nuevos medios de comunicación cristiana: el uso de un "coche bíblico", la realización de grandes reuniones evangelísticas en tiendas de campaña, conferencias en teatros y amplio uso de los medios de comunicación masiva entonces existentes.

Ya con una sólida experiencia en el campo misionero, en 1921 fundó la Misión Latinoamericana, originalmente llamada "Campaña Evangelizadora Latinoamericana". Llevó a cabo campañas de carácter evangelístico en prácticamente todas las ciudades importantes de AL y de España. Para ello contó con la colaboración de elocuentes predicadores, entre los que se destacaron Juan →Varetto de Argentina, Angel →Archilla Cabrera de Puerto Rico, Roberto Elfick Valenzuela de Chile, y Samuel Palomeque de España. Estos esfuerzos (que se extendieron de 1921 a 1941) resultaron ser un factor significativo en el avivamiento espiritual y en el crecimiento de la iglesia evangélica en el continente. El advenimiento de la Guerra Mundial II y la precaria salud de los S. pusieron fin a las campañas de evangelización (que posteriormente habrían de ser reiniciadas por su hijo Kenneth).

W. DAYTON ROBERTS

STRACHAN, R. KENNETH (1910-1965). Estratega misionero, director general de la →Misión Latinoamericana y arquitecto de →Evangelismo a Fondo. Hijo de los misioneros Enrique y Susana de Strachan, R.K.S. n. el 1o. de junio de 1910 en Tandil, →Argentina; se crió en →Costa Rica; y se educó en los EUA en Wheaton College (A.B. 1935), Dallas Theological Seminary (Th.B. 1936) y Princeton Theological Seminary (Th.M. 1943). Wheaton College le otorgó en 1957 el título honorífico de doctor en leyes. En 1940 contrajo matrimonio con Elizabeth Walker con quien tuvo seis hijos.

R.K.S. regresó a Costa Rica como misionero en 1936 y ejerció su ministerio principalmente en el Seminario Bíblico Latinoamericano (en ese entonces "Instituto") fungiendo como profesor y decano, y luego rector, dedicándose posteriormente a la obra eclesiástica y la administración de la →Misión Latinoamericana. En 1944 fue nombrado director general de esta Misión (junto con sus padres) y al año siguiente sirvió como codirector (con Susana B. de Strachan). En 1951 asumió el cargo de director general, cargo que ocupó hasta su muerte en Pasadena, California, el 24 de feb. de 1965.

Durante la administración de R.K.S., la Misión amplió y extendió sus ministerios y en especial su actividad evangelística, mediante el desarrollo de →Evangelismo a Fondo. También abrió nuevos senderos por su preocupación por la integración cultural y social, en lo referente a políticas administrativas. Este esfuerzo culminó en la formación de la →Comunidad Latinoamericana de Ministerios Evangélicos. Fue autor del libro *El llamado ineludible* (Caribe, 1969) y de muchos artículos publicados en diversas revistas.

W. DAYTON ROBERTS

STRACHAN, SUSANA BEAMISH de (1874-1950). Co-fundadora, con su esposo, de la →Misión Latinoamericana, de la que también fue co-directora, primero con su esposo (1921 a 1945) y luego con su hijo Kenneth (1945 a 1950). Se convirtió al evangelio durante su juventud, en County Cork, Irlanda, y estudió en Harley College, Londres. En 1901 se embarcó hacia →Argentina, donde por 18 años sirvió como misionera. Dos años después de su llegada a aquel país se casó con Enrique Strachan, también misionero, de quien tuvo tres hijos. Fundó la Liga Argentina de Mujeres Evangélicas y la revista *Guía del Hogar,* que era el vocero de la Liga.

Se trasladó luego a →Costa Rica (1921), donde sirvió por casi 30 años. Allí fue la figura principal en el establecimiento del Seminario Bíblico Latinoamericano, como así mismo del Hospital Clínica Bíblica y del Hogar Bíblico (hoy Asociación Roblealto Pro-Bienestar del Niño). Fundó las revistas *El Mensajero Bíblico* y *The Evangelist,* e inició muchos otros proyectos relacionados con el ministerio de la Misión Latinoamericana.

W. DAYTON ROBERTS

STRANG, JAMES JESSE (1813-1856). Dirigente →mormón. N. de padres bautistas en Scipio, Nueva York, estudió el derecho y se recibió de abogado en 1836. Se interesó en el mormonismo por medio del cuñado de su esposa, Moses Smith, y se convirtió por medio de José e Hiram Smith en 1844. Cuando el primero fue muerto, Strang pretendió ser sucesor suyo y con el tiempo formó la secta mormona que lleva su nombre en St. James, Big Beaver Island, lago Michigan, donde lo coronaron "rey" en 1850. Dos veces fue elegido a la asamblea legislativa estatal. Anunció una revelación que proclamaba el matrimonio pluralístico como institución divina (1850), y él mismo tomó cuatro esposas. Hizo muchos enemigos y por fin fue asesinado.

J.G.G. NORMAN

STRAUBINGER, JUAN (1883-1956). Pionero del movimiento bíblico catolicorromano en AL, por lo que ha sido tildado el "Jerónimo de toda América del Sur". N. en Esenhausen, villorio ubicado en la parte sur de Würtemberg, Alemania. Entró en la carrera sacerdotal y desde 1918 hasta 1937 fue director de Caritas Diocesana en Rottenburg (cerca de Tubinga). En 1933 creó el Movimiento Bíblico Católico en Alemania, lo que revela su creciente interés en el estudio de las Escrituras.

Fue hecho monseñor en 1925. En 1948 la Universidad de Münster le confirió el grado de doctor *honoris causa* y en 1953 el papa lo nombró prelado.

Se opuso abiertamente al régimen nazi, por lo que fue declarado "agitador" y se vio obligado a abandonar Alemania en 1937. Se exiló en Suiza y, poco después emigró a Argentina (1938). Después de una breve permanencia en Jujuy, como profesor de Biblia, en 1939 fue nombrado profesor de Sagrada Escritura en el Seminario Diocesano de San José en la Plata donde tuvo una fructífera carrera que duró hasta 1952. En 1944 creó el Apostolado Bíblico Popular. En vista del permiso concedido en la encíclica emitida por →Pío XII, *Divino Afflante Spiritu* (1943), inició la traducción al castellano de las Escrituras de los idiomas originales. Terminó el NT en 1948 y el AT en 1951. En 1948 fundó la *Revista Bíblica.*

También fue autor de muchos artículos y libros, entre los cuales se hallan: *Manual bíblico práctico*(1939), *Esther y el misterio del pueblo judío* (1943), *La Iglesia y la Biblia* (1945) y *Jesús vive entre nosotros no solo en la Eucaristía sino también en su Santa Palabra, el Evangelio.*

Su obra inauguró la época de la celebración de la Palabra en la ICR en AL y de las versiones bíblicas, pastorales y populares. Sus comentarios presentaron modelos de actualización espiritual y catequética.

Su personalidad bondadosa, clara y modesta orientó toda una generación de sacerdotes. Pasó sus últimos días en Alemania y murió en Stuttgart.

RODOLFO OBERMULLER

STRAUSS, DAVID FEDERICO (1808-1874). Teólogo alemán. N. en Stuttgart, fue alumno de F.C. →Baur en Tubinga, donde se doctoró y enseñó por corto tiempo. Logró notoriedad inmediata con su *Vida de Jesús, un examen crítico* (en alemán dos t., 1835, 36). Esto le arruinó toda posibilidad de una carrera docente de Teología. El estudio consistía sobre todo en un examen minucioso de los sucesos en los Evangelios, haciendo amplio uso del concepto mítico conocido ya por la teología alemana. S. reconocía que los Evangelios consignaban un marco histórico fundamental tras la vida de Jesús, pero sostenía que tanto se adornó y anubló de reflexión piadosa y fantasía, que la vida de Jesús se había refundido míticamente a fin de hacer que repitiera y cumpliera las leyendas y las profecías del AT. De este modo los milagros de Jesús estaban virtualmente predeterminados por la expectativa popular de cómo debiera actuar el Mesías. El verdadero significado del cristianismo ha de verse a la luz de la filosofía hegeliana. Debe entenderse simbólicamente como la manifestación del Espíritu Absoluto en el hombre.

A continuación se produjo una enorme controversia. S. escribió una secuela, *Christliche Glaubenslehre* (2 t., 1840-41), en que alegaba que la enseñanza bíblica no se puede armonizar con la ciencia moderna, y propuso en su lugar una mezcla de filosofías platónica y hegeliana. Durante los 20 años siguientes volvió la espalda a la teología, pero volvió con un estudio sobre *Hermann Samuel Reimarus* (1862) y una segunda vida de Jesús que de nuevo excluyó lo sobrenatural y lo milagroso y se valió considerablemente del mito. Pero abandonó el hegelianismo de la primera biografía por el más antiguo racionalismo de la→Ilustración. Una religión de la humanidad tiene que reemplazar el cristianismo. Otras obras incluyen un ataque a →Schleiermacher (1865) y un credo posdarwiniano: *The Old and the New Faith* (alemán, 1872).

En su época S. afectó más a los librepensadores como George Eliot que a la corriente principal de la teología. Su doctrina del mito parece haber tenido poco efecto directo sobre →Bultmann. COLIN BROWN

STRONG, AUGUSTUS HOPKINS (1836-1921). Pastor y teólogo bautista americano. N. en Rochester, Nueva York, completó estudios en Yale (1857) y en el seminario teológico de Rochester (1859) y estudió en la universidad de Berlín. Ordenado en 1861, ejerció pastorados en Massachusetts y en Ohio. Fue rector del seminario teológico de Rochester (1872-1912) y fue asimismo profesor de teología bíblica. Aunque definitivamente de teología conservadora, estuvo expuesto a ciertas tendencias que se desarrollaron hacia fines del s.XIX, como la evolución teísta y el idealismo alemán. Siempre estuvo activo en la vida de la denominación →bautista americana (del norte), sirvió como presidente de la Unión Misionera Bautista Americana (1892-95) y como primer presidente de la Convención Bautista del Norte (1905-10). Hizo una gira por los campos misioneros bautistas en 1916 y 17. Sus principales obras incluyen *Systematic Theology* (3 t., 1886), *Philosophy and Religion* (1888), *The Great Poets and Their Theology* (1897) y *Christ in Creation and Ethical Monotheism* (1899). DONALD M. LAKE

STROSSMAYER, JOSEPH GEORGE (1815-1905). Obispo católico. N. de padres alemanes en Croacia, se ordenó de sacerdote en 1838 y nueve años después llegó a ser profesor de derecho canónico en Viena. En 1850 fue elevado al obispado de Bosnien con su sede en Diakovár. En el Concilio →Vaticano I (1869-70) se opuso a la promulgación del dogma de la infalibilidad del papa y luego fue el último obispo en publicar los decretos del concilio (diciembre de 1872). Persistió en mantener relaciones con J.J.I. von →Döllinger y con J.H. Reinkens hasta octubre de 1871. A pesar de su herencia alemana, Strossmayer fue un entusiasta paneslavista, lo cual lo puso en conflicto con Viena. El movimiento paneslavista por él propugnado produjo la formación de Yugoslavia después de la Guerra Mundial I. WAYNE DETZLER

STUDD, CARLOS TOMAS (1862-1931). Misionero pionero. Hijo tercero de Edward Studd, hacendado rico que se convirtió durante el ministerio de D.L. Moody en 1877, él mismo se convirtió en 1878. Se educó en Eton y en la Universidad de Cambridge y sobresalió en criquet y formó parte del equipo nacional inglés en 1882. Se ofreció para servir como misionero, y, como integrante de un grupo estudiantil conocido por el nombre de los "Siete de Cambridge", estimuló gran entusiasmo por la obra misionera en Edimburgo y en otras partes. Se embarcó para la China con la *China Inland Mission* en 1885 y regaló su herencia a causas cristianas. Enfermo en 1894, regresó a su patria, pero dos años después se hallaba en los EUA trabajando entre los estudiantes, y se formó la Unión Misionera de Estudiantes Voluntarios. Fue pastor de la Iglesia Unida de Ootacumund, India del Sur de 1900 a 1906, hasta que por enfermedad tuvo que volver de nuevo a su patria. Después de predicar por un tiempo por toda Inglaterra, contrario a la recomendación médica partió en 1910 para Africa, donde fundó la "Misión del Corazón de Africa" en 1912, que posteriormente se convirtió en la →Cruzada Evangélica Mundial. Trabajó con Alfred Buxton y otros en Africa Central hasta su muerte. J.G.G. NORMAN

STUNDISTAS. Sectas evangélicas rusas cuyo origen se remonta a un grupo de estudiantes bíblicos del SO de Rusia alrededor de 1845. Un tal pastor reformado Bohnekämper dirigió unas horas devocionales *(Stunden)* pietistas para campesinos rusos además de colonos alemanes. Bajo su hijo Karl, el movimiento religioso llamado "stundismo" apareció alrededor de 1862, se deshizo de toda relación con la iglesia reformada y se rusificó completamente. A pesar de la persecución eclesiástica y estatal, el stundismo se propagó extensamente. La mayoría se vinculó poco a poco con los bautistas rusos y se llamaron "stundobautistas" a distinción del grupo bautista que trajo su origen de J.C. Oncken. Los stundistas propiamente dichos trataron

de mantener la relación original con los *Stundenhalter* entre los colonos suabos.
J.G.G. NORMAN

STURM, JACOBO (1498-1553). Reformador y estadista. N. en Estrasburgo, procediendo de una familia que por dos siglos dio a la ciudad hábiles magistrados. Estudió en Heidelberg y en Friburgo con →Cápito y con Eck. Ingresó al profesorado de Friburgo en 1503 y posteriormente fue concejal de la ciudad. Fue nombrado primer magistrado *(Stettmeister)* de Estrasburgo en 1526 y representó a la ciudad 91 veces ante el gobierno del Imperio. Fue uno de los primeros partidarios de la doctrina de la Reforma. Abogó por una alianza de todos los grupos evangélicos suizos y alemanes, para lo cual recibió el apoyo de Martín →Bucero. Fue uno de los primeros "protestantes" en la dieta de →Espira (1529), participó en el coloquio de →Marburgo y presentó la Confesión →Tetrapolitana a la dieta de Augsburgo (1530). Por influencia suya Estrasburgo se unió a la liga de →Esmalkalda (1531), pero tras los desastres de la guerra de Esmalkalda tuvo que pedirle a Carlos V el perdón de su ciudad. Defendió la libertad de conciencia en asuntos eclesiásticos y fue respetado por todos. J.G.G. NORMAN

STURM, JUAN (1507-1589). Pedagogo protestante. Natural de Schleiden, Alemania, se educó en un colegio de los →Hermanos de la Vida Común y en la universidad de Lovaina. Se unió a los humanistas franceses y dio clases de estudios clásicos en París (1530-36). Convencido del protestantismo por →Bucero, se fue a Estrasburgo y promovió la Reforma activamente. De espíritu conciliador, procuró la reconciliación de todos los partidos religiosos, incluso protestantes y católicos. Reorganizó el sistema educacional de Estrasburgo y fundó el gimnasio sobre un modelo humanista (1538) con él mismo como rector. Luego estableció una academia en 1564. Considerado generalmente el más grande educador de la Reforma, consultaron con él Calvino y Tomás Platter de Basilea. Sus ideas afectaron grandemente la educación alemana y asimismo el sistema educacional jesuita. Lo expulsaron de Estrasburgo en 1581 por su liberalismo y sus simpatías extraconfesionales, pero a la larga lo dejaron volver. Sus muchas obras incluyen una vida del beato Rhenanus.
J.G.G. NORMAN

SUAREZ, FRANCISCO (1548-1617). Jesuita, teólogo y filósofo español, probablemente el mayor de los escolásticos de los ss.XVI y XVII y quizás el más grande teólogo jesuita. N. en Granada, estudió derecho canónico en Salamanca (1561-64), mas después de unirse a los jesuitas empezó a estudiar teología y filosofía (1565-71). Se ordenó en 1572 después de haber ya iniciado una carrera docente en las universidades españolas (salvo por un quinquenio en el Colegio Romano a partir de 1580). Su último y más largo nombramiento fue como profesor primarius en la universidad de Coimbra (1597-1615).

Suárez escribió mucho e hizo contribuciones originales en teoría política y legal, en filosofía y en teología. Su doctrina política y jurídica se halla principalmente en *De legibus* (1612) y el polémico *Defensio fidei adversus anglicanae sectae errores* (1613). Con Francisco de →Vitoria coadyuvó a establecer la base del derecho internacional, al postular una comunidad natural de naciones cuyas relaciones son regidas por el "derecho de gentes" *(jus gentium)*: una especie de derecho natural/público para la comunidad internacional. Su doctrina política se basa en los derechos naturales del hombre y en la idea de que el pueblo forma la base de la autoridad política. Repudió así la teoría del derecho divino de →Jacobo I (VI de Escocia). Sostuvo que el papa puede deponer por motivos de herejía (como cuestión de derecho cristiano), pero no puede violar los derechos naturales de una nación.

Sus *Disputationes metaphysicae* (1597?) combinaron la lógica aristotélica y tomista con las objeciones escotistas para producir un texto filosófico de uso general tanto en escuelas protestantes como católicas durante todo el s.XVII, y crearon el sistema denominado a veces "suarismo". En teología, aunque S. fue básicamente un comentarista sobre la *Suma Teológica* de Tomás de Aquino, contribuyó a la amarga disputa jesuita-dominicana sobre el papel y la eficacia de la gracia, defendiendo la parte de los jesuitas, y propuso un sistema conocido con el nombre de "congruismo": que Dios dispone a un individuo para la salvación dándole gracias congruentes que El, por la presciencia, ve que serán útiles en una situación dada.
BRIAN G. ARMSTRONG

SUBORDINACIONISMO. Cristología subcristiana primitiva y antitrinitaria muy difundida. Una forma de la doctrina tenía que ver con el origen del Logos preexistente. La mayoría de los cristianos rechazaron la idea gnóstica de seres intermedios, pero a algunos, sobre todo a →Orígenes, les atraía la idea de que Cristo es un ser divino un poco inferior al principio divino supremo y que El deriva de éste su existencia. Algunos ven tendencias subordinacionistas en →Justino Mártir, en →Ireneo y en →Clemente de Alejandría. Los arrianos (→ARRIANISMO) del s.IV hicieron remontar el problema cristológico al origen preencarnado del Logos. Actualmente, los →Testigos de Jehová atribuyen a Jesucristo una existencia preencarnada pero derivada.

Otra forma tenía por centro al hombre Jesús. Era un galileo singular, quizás sin pecado, pero simple hombre al fin, revestido divinamente (del Cristo) en su bautismo para una misión particular. Los →ebionitas, los cerintianos (→CERINTO) y →Pablo de Samosata sostenían puntos de vista similares. Las doctrinas que se condenan en I Juan probablemente sean las de Cerinto. La forma trinitaria del subordinacionismo es el "monarquianismo dinámico". Cristologías subordinacionistas más recientes son las de Juan Knox de Nueva York y Norman Pittenger. La iglesia histórica ha rechazado resueltamente el reduccionismo cristológico en favor de la doctrina apostólica de que Jesucristo es el eterno Hijo de Dios hecho carne.

→ENCARNACION: MONARQUIANISMO; TRINIDAD. SAMUEL J. MIKOLASKI

SUCESION APOSTOLICA. Teoría acerca de una continua línea descendente desde los apóstoles hasta la Iglesia del día de hoy transmitida a través de la consagración episcopal. La muerte de los apóstoles dejó un problema de continuidad a las futuras generaciones porque ellos habían sido los representantes del Cristo ascendido como testigos e intérpretes de los acontecimientos salvíficos. Al principio hubo demandas en cuanto a una sucesión de doctrina. Mientras que los →gnósticos pretendían que existía una tradición secreta que se remontaba a los apóstoles, los cristianos católicos afirmaban que la sucesión de obispo a obispo, en una determinada sede, significaba que la enseñanza originalmente dada por los apóstoles había sido preservada con toda fidelidad. La idea que obtuvo mayor auge parece encontrarse primero en el occidente en el s.III entre los cristianos con mentalidad legal, como Tertuliano y Cipriano. Esta era que los apóstoles mediante la consagración habían designado obispos como sucesores suyos y éstos, a su vez, habían consagrado a otros obispos. En tal forma el apostolado fue mantenido en vigencia a través del episcopado, y esto pasaba a ser una garantía en cuanto a la verdad y a la gracia. En tiempos recientes este enfoque ha ejercido particular atracción entre los cristianos "católicos" que no reconocen la sede de Roma, porque esto parecía asegurarles su "catolicidad". Fue sostenida con especial energía por un grupo de anglicanos desde la época de →Newman y ha ejercido decisiva influencia en la práctica de la Comunión →Anglicana en relación con otras iglesias. Su última defensa principal estuvo en *The Apostolic Ministry* (ed. K.E. Kirk, 1946). Desde entonces se ha demostrado, a satisfacción de la mayoría de los estudiosos, que el argumento derivado del concepto de *shaliah* no tiene validez porque la *shaliah* no podía transmitir su comisión, y la evidencia del NT es fuertemente contraria a toda sucesión monoepiscopal en la iglesia. R.E. NIXON

SUDAFRICA →AFRICA DEL SUR

SUECIA. La política y la religión se asociaron en las primeras empresas misioneras; cuando Ludovico Pío buscó territorios adicionales, el misionero que eligió fue →Anscario (801-65). Al fracasar en →Dinamarca, éste se dirigió a S. El rey Bjorn autorizó la predicación y la edificación de una iglesia, la primera en Escandinavia, muy pocos suecos respondieron y la obra menguó por un tiempo, pero hacia fines del s.X el cristianismo se estableció con obispos. A principios del s.XI, se bautizó el rey Olof Skotonung y estableció un arzobispado en Skara (1020). Posteriormente, en la época de Svenkers (1130-55), el paganismo se venció con la ayuda de monjes cistercienses de Inglaterra y de Alemania, uno de los cuales, Esteban, llegó a ser el primer arzobispo de Uppsala. Pronto los obispos suecos se subordinaron a Roma.

Para S., como en otras partes, la Reforma Protestante estuvo estrechamente relacionada con la reacción política a una potencia extranjera: en este caso, Dinamarca. Cristián II intentó subyugar a S. y asesinó a 80 de sus dirigentes en 1520 ("La Matanza de Estocolmo"). El joven →Gustavo Vasa reunió un ejército campesino, expulsó a los daneses, y fue proclamado rey en 1528. Todos los simpatizantes de Cristián huyeron, incluso el arzobispo Tolle. Despojado de liderato y de finanzas eclesiásticas, Vasa se apoderó de las posesiones y las rentas de la iglesia.

El luteranismo llegó por conducto de Olavus →Petri (1480-1552), que enseñó en la escuela catedralicia de Strängnäs, donde trabó amistad con el arcediano Lars Anderson (1450-1552). Vasa conoció a ambos hombres y los invitó a Estocolmo: a Petri como predicador, a Anderson como canciller. Roma expresó desaprobación, con lo cual Vasa solicitó la consagración de cuatro obispos electos y agregó que S. no podía pagar la →anata acostumbrada. De ser denegada la petición, los obispos serían consagrados por "Cristo el único y sumo pontífice". Dos obispos que aun aseveraban su lealtad a Roma hicieron la consagración y mantuvieron así la "sucesión apostólica". La escisión con Roma era total; el año 1527 vio el establecimiento de la primera iglesia protestante nacional en S. Entre las reformas figuraron la predicación con la ayuda de la Biblia sueca como parte esencial del culto y la supresión de las confesiones obligatorias y del celibato del clero.

Lars Anderson, Olavus Petri y su hermano Lars Petri (1499-1573), posteriormente arzobispo de Uppsala, desempeñaron un papel significativo en las reformas. Olavus preparó un himnario sueco y una misa sueca, en todo lo cual Lutero tuvo una influencia fundamental. Vieron que el principio de la Paz de →Augsburgo, de que los gobernantes podían determinar la religión, era al revés en S., donde la fe la decidía el pueblo. Limitar el poder de Vasa causó desavenencia entre el Rey y los obispos, pero su plan de limitar el poderío episcopal fracasó debido a su muerte.

De allí en adelante hubo muchos esfuerzos por cambiar la estructura de la Iglesia: Erik XIV introdujo el calvinismo; Juan III buscó un acercamiento con Roma; Carlos IX volvió a introducir el calvinismo. Todo fracasó, y el país siguió siendo luterano.

En 1638, intereses comerciales y evangélicos en los amerindios produjeron una colonia sueca en Delaware, y hasta 1791 la iglesia sueca siguió enviando clérigos y finanzas. Después de 1815 y las humillaciones de las guerras napoleónicas, hubo una reacción contra el racionalismo del s.XVIII ayudada por pietistas y moravos. Aparecieron dos tendencias teológicas: Lund dio énfasis a la iglesia y se convirtió en centro de tendencias de una "alta iglesia"; Uppsala, por otro lado, realizó un concepto subjetivo y filosófico del cristianismo sin tomar en cuenta la iglesia. Además, mediante la obra de George Scott, un metodista inglés, se desarrolló una obra de distribución de tratados y de Biblias; se concentró en la escuela dominical y en las misiones foráneas y el resultado fue el →Pacto Misional Sueco en 1878, que reunió a casi todas las iglesias libres.

Con el avivamiento religioso nació un consejo de iglesias, el *Kyrkomöte,* en 1863. Florecieron las organizaciones laicas y la evangelización. En 1894 se inauguró en S. el →Movimiento Estudiantil Cristiano Mundial. El Instituto Nacional Evangélico, formado en 1856, se convirtió en destacado movimiento misionero. Sin embargo, los efectos de los debates teológicos del s.XIX en Europa fueron evidentes; el marxismo empezaba a hacerse sentir; en la industria era notorio que los hombres abandonaban la fe. Tras decir esto, no es menos cierto que el protestantismo era más vigoroso en 1914 que en 1815.

S. hizo una distinguida contribución al movimiento ecuménico por medio de Natán →Söderblom. Entre los que reaccionaron ante el liberalismo del s.XIX estaban los eruditos Gustavo →Aulén y Anders →Nygren.

GORDON A. CATHERALL

Iglesias libres no existían hasta el s.XIX, si bien hubo raíces de ellas en el siglo anterior. La Iglesia del Estado se oponía reciamente al surgimiento de tales iglesias. Pero gran impulso fue dado a su inicio por los años 1830-42 por la predicación del metodista Jorge Scott, influyó grandemente sobre Carl Rosenius (1816-68), lector laico de la Iglesia Estatal, el cual impresionado por la mundanalidad de su Iglesia, empezó a celebrar cultos, con énfasis en la piedad cristiana, aparte de ella pero sin un rompimiento eclesiástico. Tales reuniones eran prohibidas, pero en 1858 el gobierno rescindió la ley que las prohibía, haciendo posible el surgimiento de iglesias libres legales.

Al morir Rosenius, Pedro →Waldenström tomó su lugar y bajo su dirección en 1878 el movimiento se organizó formando el *Svensa Missionsförbundet* ("Pacto misionero sueco"). El Pacto creció y llegó a ser una iglesia libre que en 1914 tenía 100.000 miembros. Pronto se extendió a Norteamérica entre los inmigrantes suecos, y más tarde a América Latina.

Por el año 1840 nació un movimiento bautista en S. que, a pesar de mucha persecución creció y en 1930 tenía una membresía de 63.500. Pero los bautistas sufrieron varios cismas de modo que en 1978 la Unión Bautista Sueca no tenía más que 22.000 miembros.

Uno de los cismas produjo el movimiento pentecostal (c.1913) que ahora es el grupo evangélico más grande fuera de la Iglesia del Estado, con 95.000 miembros en 1978.

Hay otras entidades libres como el Ejército de Salvación con 35.000, otra secuela del movimiento de Rosenius con 25.000 y los metodistas con 8.000.

El panorama religioso de Suecia en la última parte del s.XX no era halagüeño. Si bien alrededor del 95% de los suecos pertenecía a la Iglesia del Estado (luterana), solo el 3% asistía a los cultos dominicales. Además había una grave escasez de clero en dicha Iglesia. El letargo también existía en las iglesias libres con la posible excepción de los pentecostales.

WILTON M. NELSON

SUFRAGANEO. Como lo indica la etimología latina, el concepto está relacionado con el voto y con aquellos procedimientos comprendidos en su emisión *(suffrag-),* con inferencias de favor o apoyo. El Imperio Romano tardío de la época de Constantino ya tenía el problema del padrinazgo económico para conseguir votos y, aunque a menudo desarraigada, la práctica siempre volvió a surgir. La iglesia también conocía la práctica; en el sentido negativo, el s. era el obispo con cuyo voto podía contar el metropolitano en el sínodo. Por el lado positivo, en la Iglesia Anglicana a partir del s.XIII el término podía identificar a cualquier obispo auxiliar que no tuviese el derecho de sucesión, a diferencia del *coadjutor;* sin embargo el uso no siempre confirma la distinción.

CLYDE CURRY SMITH

SUICIDIO. Acción de quitarse la vida. La enseñanza cristiana tradicional constantemente ha considerado el s. un crimen, y en esto tiene el apoyo de la mayoría de las religiones y códigos morales. Algunas sociedades han tolerado el s., pero aun éstas han tratado de limitarlo a ciertas categorías, como p.e. los s. religiosos del Japón y los s. valerosos del mundo grecorromano. Los filósofos griegos y romanos estuvieron en desacuerdo sobre el asunto. Platón, Aristóteles y Cicerón lo condenaron, pero los epicúreos y los estoicos, Séneca en particular, lo consideraron un razonable ejercicio de la libertad. Este último concepto encontró apoyo en la obra de Tomás →Moro y de John Donne, y también en la de →Voltaire, de Montesquieu y de →Hume. Más recientemente se ha tenido por lícito o aun virtuoso pretextando que la vida de un hombre es suya y que en último caso debe permitírsele acabar con ella a su discreción, o más precisamente, que el s. se justifica en casos de extrema senilidad o de enfermedad dolorosa e incurable.

El concepto cristiano tradicional no tiene apoyo directo en la Biblia, donde se mencionan varios casos de s. sin referirse a sanción alguna y sin condenarlos: quizás porque el énfasis bíblico está en la gozosa aceptación de la vida como dádiva de Dios. Fue formulado por →Agustín y otros primeros padres de la iglesia. Agustín reprobó el s. por ser autoasesinato; porque excluía toda oportunidad para arrepentirse; y por ser una acción cobarde. Estas opiniones hallaron expresión en el derecho canónico, por el cual el s. fue denunciado por una serie de concilios y fue desarrollado por →Tomás y otros escolásticos durante la Edad Media. →Tomás de Aquino condenó el s. por ser contrario a la ley natural, a las inclinaciones naturales del hombre, y a un debido amor propio. Sostuvo que el hombre no tiene derecho de privar a la sociedad de su presencia y actividad ni de rechazar el don de la vida que Dios le ha dado.

En el s.XX, se ha prestado cada vez más atención a la sicopatología y a la sociología del s. y esto ha producido ciertas modificaciones del concepto cristiano. Parece claro ahora que el s. probablemente casi nunca es una acción premeditada, sino que las más de las veces es el resultado de la enfermedad mental, de una irresistible sensación de fracaso o repudio, de la soledad, o de la pérdida de rango y de entradas durante una crisis económica severa.

OONAGH McDONALD

SULPICIANOS. La congregación de San Sulpicio fue fundada en 1642 por J.J. →Olier en la parroquia de San Sulpicio de París. Los s. son sacerdotes seculares cuya tarea principal es la formación teológica del clero parroquial. Como sacerdotes seculares, los s. no hacen votos específicos y no se les permite poseer bienes particulares. Sin embargo se espera que empleen sus bienes en el servicio de Cristo y que los posean como si no los tuvieran. La preparación teológica nunca ha significado para los s. tan solo instrucción en Biblia y en dogmática sin formación espiritual y dedicación a la oración y al ascetismo. Para estimular la formación espiritual de sus alumnos, los s. viven en común con ellos y comparten sus ejercicios espirituales. Antiguamente los s. eran intensamente tomistas en su teología, si bien su espiritualidad siguió los métodos desarrollados por su tercer superior, L. Tronson (1676-1700).

La congregación se extendió al Canadá en 1657, aun antes de recibir la aprobación papal y sus propias constituciones. Sufrió un eclipse parcial durante la Revolución Francesa, pero fue restablecida en tiempo de Napoleón. En 1791, bajo J.A. Emery, la orden fundó el St. Mary's Seminary en Baltimore, el seminario católico más antiguo de los EUA, el cual actualmente es una universidad pontificia. La sociedad ha contado entre sus miembros a muchos teólogos distinguidos, tales como el historiador eclesiástico francés P. Pourrat y el estudioso bíblico norteamericano Raymond Brown.

DAVID C. STEINMETZ

SUMA (Lat. ***summa*** **= "la totalidad").** Tratado que da un resumen de la esencia de un tema; en tiempos medievales, compendio de filosofía, de teología o de derecho canónico que se empleaba en las escuelas como libro de texto. Las más famosas *summae* son la *Summa Theologica* y la *Summa contra Gentiles* de →Tomás de Aquino, pero hubo muchas más: p.e., la *Summa Creaturis* de →Alberto Magno. Generalmente en las *summae* el tema en discusión se expone por medio del planteamiento de una serie de preguntas que luego se contestan mediante el método dialéctico. Las *Summae* reemplazaron a las *Sentencias* (p.e., las de →Pedro Lombardo) a partir de la época de Tomás de Aquino.

DAVID C. STEINMETZ

SUNDAR SINGH, SADHU (1889-1929). Cristiano y místico indio. El menor de cuatro hijos de padres sikhs acaudalados de Rampur, Punjab del Norte, estuvo muy encariñado con su madre y sufrió mucho al morir ella en 1902. Durante una temporada asistió a un colegio misional presbiteriano norteamericano, mas se opuso tenazmente al cristianismo y públicamente quemó un ejemplar de los Evangelios. Dos días después tuvo una visión de Cristo y se convirtió. Echado de casa por su padre, se hizo predicador y llevó la túnica azafrán de *sadhu* ("hombre santo") en un esfuerzo por evangelizar a los hindúes. En 1905 se bautizó en la Iglesia Anglicana, pero posteriormente rehusó limitarse a denominación determinada. Viajó extensamente por Asia y visitó el Occidente, pero se apenó por el amor a la comodidad y al lujo manifiestos allí. A pesar de su mala salud, persistió en evangelizar el Tibet y desapareció allí en 1929.

J.G.G. NORMAN

SUNDAY, WILLIAM ASHLEY ("Billy") (1862-1935). Evangelista norteamericano. Jugador de béisbol profesional que trabajó entre temporadas como fogonero en el Ferrocarril *Chicago and Northwestern,* experimentó una conversión evangélica por medio de la *Pacific Garden Mission* (1886). Después de desempeñarse como secretario adjunto del departamento religioso de la →YMCA de Chicago (1891-93), colaboró con J. Wilbur Chapman en la evangelización en masa por dos años. A partir de 1896 trabajó independientemente y combinó una magnífica organización con una predicación sensacional. Sus campañas, celebradas en muchas ciudades norteamericanas, se efectuaron en enormes tabernáculos de madera.

Debido a los métodos de organización, el impacto de sus campañas se extendió a toda la ciudad. El "Conjunto Sunday", grupo de unos veinte expertos, tenía a su cargo asuntos como planes de avanzada, publicidad, música, obra especializada entre los hombres de negocios, las mujeres de negocios, los estudiantes, etc. Además de las reuniones centrales, se celebraban reuniones locales por toda la ciudad, y se disponían "delegaciones" de diversos intereses locales. Reclutaban a miles de miembros de iglesia para ayudar en la marcha de la campaña, y cerraron las iglesias hasta el término de ella. S. desarrolló un estilo de predicación que combinaba un humorismo ordinario con una retórica florida. Sin embargo le restaba importancia al emocionalismo y exigía una consagración práctica a Cristo. De los cien millones que lo oyeron predicar, se dice que un millón "pasó adelante". Intensamente fundamentalista en su teología, se opuso al evolucionismo y abogó por la temperancia.

HAROLD H. ROWDON

SUPEREROGACION, OBRAS DE →TESORO DE MERITOS

SUPERINTENDENTE. Traducción literal del término griego *epískopos* que generalmente se traduce "obispo" en castellano. En el AT se aplicó a los 70 nombrados para ayudar a Moisés, y posteriormente a otros funcionarios en tiempos de la monarquía. En el NT este término se emplea también, pero generalmente equivale a "anciano" (Hch. 20: 28; Tito 1:7). En la época de la Reforma las Iglesias Luteranas de Alemania y de Escandinavia se inclinaban a usar el término en lugar de "obispo", palabra que llegó a repugnar a los protestantes en virtud de su asociación con los altos prelados de la ICR. Después de la visitación sajona de 1527 se les nombró funcionarios estatales, pero después quedaron bajo el control del consistorio, cuerpo supervisor sin poderes claramente definidos.

El s. tenía generalmente autoridad sobre el clero y las congregaciones dentro de su provincia, instalaba a los pastores en sus parroquias, daba atención general a la disciplina, particularmente a la excomunión, y actuaba de funcionario administrativo de la iglesia. En algunos sectores hubo s. generales sobre otros s. En los últimos años el cargo ha cambiado considerablemente. Se ha intentado probar que los s. establecidos en Escocia por el primer *Libro de Disciplina* eran del mismo tipo y, si bien puede que se haya tomado el título de las iglesias luteranas, hubo diferencias importantes, e.d., el cargo era temporal, los s. dependían directamente de la asamblea general y el s. podía actuar en algunos casos solo con la concurrencia de los pastores y consistorios locales. El cargo se suprimió definitivamente al establecerse el sistema de presbiterios. W.S. REID

SUPRALAPSARISMO. Se aplica particularmente a la posición tomada por algunos teólogos calvinistas después de que el desarrollo del escolasticismo calvinista posterior a mediados del s.XVI realzara el espinoso problema del significado preciso de la →predestinación. Teólogos como →Beza, deseosos de tener una dogmática completamente desarrollada e internamente consecuente, tendían a ser supralapsarios (en contraste con los →infralapsarios). Lo que estaba en discusión era la cuestión del orden lógico de las acciones divinas en la predestinación (y no el cronológico, pues Dios, que es eterno, está fuera del tiempo), y el problema era así notablemente abstruso. La posición supralapsaria sostenía que Dios creó al hombre teniendo en cuenta la idea original de que algunos serían salvos y otros no; y luego permitió la caída, para realizar esta intención. Esto parecía sugerir, según indicaban los infralapsarios, que Dios ordenó la caída y fue así el autor del pecado. Esto lo negaron los supralapsarios, y acusaron a sus opositores de quitar fuerza a la soberanía de Dios e, indirectamente, de atenerse al libre albedrío del hombre. Las asambleas calvinistas rehusaron apoyar cualquiera de las dos posiciones como obligatorias. Por consiguiente en el sínodo de →Dort el esfuerzo de →Gomar, porque se sustentara la posición del s. fracasó. En las iglesias suizas tentativas posteriores de hacer que se condenara el s. no tuvieron éxito.
DIRK JELLEMA

SUPREMACIA, ACTA DE (1534). Esta ley, dictada por el Parlamento inglés durante el reinado de →Enrique VIII, declaró que el rey era "la única cabeza suprema en la tierra, de la Iglesia Anglicana". Aunque fue derogada durante el reinado de la reina católica →María Tudor, fue restaurada bajo →Isabel I en 1559, salvo que ahora se aludía a la "gobernadora suprema". Esta es la base sobre la cual los obispos diocesanos son nombrados aun por el soberano por recomendación del primer ministro. J.D. DOUGLAS

SUSO, ENRIQUE (?-1366). Místico alemán. N. en Constanza o sus alrededores a fines del s.XIII. Desde temprana edad se unió a la Orden de Predicadores (los →dominicos), y algunos años más tarde tuvo las experiencias místicas que fueron el punto culminante de su vida. Cuando contaba poco menos de treinta años de edad, fue a Colonia, donde estudió con el famoso místico →Eckhart. →Taulero, quien también llegaría a ser famoso por sus escritos místicos, fue su compañero de estudios. Cuando Eckhart fue acusado de herejía, S. salió en su defensa y con ese propósito escribió su *Librito de la verdad.* Empero sus obras más famosas fueron *Horologio de sabiduría* y *Librito de la sabiduría eterna.*

Su doctrina mística era una combinación del tomismo, característico de los dominicos, con el misticismo neoplatónico que se había popularizado en el Occidente a partir del s.IX, cuando fueron traducidas las obras de →Dionisio el pseudo-Areopagita. Su meta es la unión mística con Dios, el Uno inefable. Esa unión se logra en el momento de éxtasis, cuando el alma se olvida de sí misma para quedar absorta en la infinidad de Dios.

El más famoso seguidor de S. fue →Tomás de Kempis, el autor de la *Imitación de Cristo*. A través de esta obra, el impacto de S. sigue sintiéndose hasta el presente.

Además, junto a Eckhart, Taulero y otros, S. formó parte del →misticismo que floreció en Alemania a fines de la Edad Media, y que ofreció a los creyentes de esos años una alternativa distinta del sistema sacramental de la iglesia. Por esa razón, aunque los principales reformadores rechazaron este tipo de misticismo, puede decirse que S. y sus compañeros constituyeron uno de los muchos factores que abrieron el camino a la Reforma del s.XVI. JUSTO L. GONZALEZ

SWEDENBORG, MANUEL (1688-1772). Científico, filósofo y teólogo sueco. N. en Estocolmo, hijo de un pastor que posteriormente fue nombrado obispo de Skara. Manuel fue un buen estudiante que cursó estudios clásicos y filosofía cartesiana en Uppsala y se interesó en las matemáticas y las ciencias naturales. En 1709 fue al extranjero para estudiar idiomas y mecánica en Londres, Oxford, Amsterdam y París. Después de regresar a Suecia (1715) lo nombraron asesor del real Ministerio de Minas, cargo que ocupó hasta 1747 cuando renunció para estudiar la Biblia. En 1719 la reina Ulrika Eleanora le dio título de nobleza y él tomó el nombre de "Swedenborg". Relató sus logros de minería e ingeniería en una gran obra, *Opera Philosophica et Mineralia* (3 t., 1733), que explicaba el origen del universo de una manera mecánica. S. dejó el criterio materialista, sin embargo, y al año siguiente publicó *Argumento filosófico para la causa infinita y final de la creación,* que imitaba las enseñanzas neoplatónicas de los místicos protestantes del s.XVII.

A partir de entonces se dedicó a descubrir la naturaleza del alma y del espíritu por medio de estudios anatómicos. Para este fin estudió en París, en Venecia y en Roma (1736-39) y dio a conocer sus resultados en la *Economía del reino animal* (1739). Allí desarrolló su doctrina de series y grados que afirma que el alma desciende a la materia en cuatro grados. S. experimentó sueños y visiones extraños que aumentaron en frecuencia después de 1739. Esto le produjo una profunda crisis espiritual (1743-45) aliviada por una visión de Jesucristo que a juicio suyo confirmaba su interpretación del cristianismo. De allí en adelante pasó el resto de su vida exponiendo las ideas de la verdadera religión cristiana: en realidad una filosofía neoplatónica que admitía al Jesucristo histórico.

Su primera obra exegética fue *Secretos celestiales* (8 t., 1749-56), a la que siguieron otras, incluso *La verdadera religión cristiana* (1771). En estas obras caracterizadas por descripciones gráficas de sus experiencias en el mundo espiritual, S. enseña la existencia de espíritus y de ángeles, niega la Trinidad y la expiación substitutiva, y describe a Dios como Aquel que es invisible, sin límites e independiente del tiempo y que se manifiesta en la tierra como Jesucristo (el alma es el Padre eterno, el cuerpo, el hijo de María, y el Espíritu Santo, el efecto causado por la unión de los dos). Sostuvo que el espíritu del hombre vive después de la muerte según su justificación terrenal: los buenos se juntan en el cielo y los egoístas buscan los suyos en el infierno. Creía también que a través de los años las iglesias habían destruido el significado original de la Palabra de Dios y que la misión swedenborgiana era restaurar su sentido primitivo. Este mensaje señaló la transición en 1757 a una nueva edad predicha en la Escritura mediante las afirmaciones acerca del retorno del Mesías y la fundación de la Nueva Jerusalén. S., no obstante, no trató de ganar conversos, sino que se limitó a publicar sus revelaciones. Su influencia ha sido considerable, mayormente sobre el movimiento romántico y la ciencia síquica. En 1787 sus adeptos religiosos organizaron un grupo conocido con el nombre de la Nueva Iglesia o Iglesia de la →Nueva Jerusalén.

ROBERT G. CLOUSE

SWEET, WILLIAM WARREN (1881-1959). Historiador metodista. N. en Baldwin, Kansas y se educó en la Universidad Wesleyana de Ohio, el Seminario Teológico Drew y el Seminario Teológico Crozer. Tras cinco años en el ministerio se doctoró en filosofía en la Universidad de Pennsylvania; su tesis, intitulada *The Methodist Episcopal Church and the Civil War* (1912), inició aquella abundante producción literaria que haría de él "el decano de los historiadores del cristianismo en los EUA". Enseñó en la Universidad Wesleyana de Ohio (1911-13), en la Universidad DePauw (1913-27) y en la escuela de teología de la Universidad de Chicago (1927-46). Su interés fundamental fue darle tal renombre a la historia eclesiástica que los historiadores seculares ya no pudieran prescindir de su papel. Influyó tanto en la escritura de la historia general de los EUA al llamar la atención sobre aquellas a menudo olvidadas "fuerzas civilizadoras y culturales" de la religión, como en la de las historias denominacionales al ampliar los ejemplos individuales para hacer ver su lugar dentro del desarrollo total de los EUA y su forma particular de cristianismo. Entre sus obras figuran *Religion on the American Frontier* (1931-46), *The Story of Religion in America* (1930) y *Religion in Colonial America* (1942).

CLYDE CURRY SMITH

SWETE, HENRY BARCLAY (1835-1917). Erudito anglicano. Hijo de clérigo, n. en Bristol, se educó en el *King's College* de Londres y en Cambridge, y después de su ordenación ocupó varias parroquias antes de ser profesor de teología pastoral en el King's College de Londres (1882-90). Editó el texto latino del comentario de Teodoro de Mopsuestia sobre las epístolas paulinas (1880-82) y publicó *The Old Testament in Greek* (3 t., 1887-91). En 1890 llegó a ser profesor real de teología en Cambridge, cargo al que dimitió en 1915. Los años pasados en Cambridge produjeron diversos temas litúrgicos y teológicos, y el principio del proyecto lexicográfico del griego patrístico (1906; publicado 1961-68) que surgió de sus estudios de diversos aspectos de la historia cristiana primitiva. Fuera de la LXX, sus textos griegos editados y anotados incluyeron el Evangelio de Marcos (1898) y el Apocalipsis (1906). Contribuyó a fundar el *Journal of Theological Studies* (1899), y a la publicación con J.H. Srawley de *The Cambridge Handbooks of Liturgical Study* (1910). Editó el *Evangelio de Pedro* basándose en un fragmento recién descubierto (1893) y escribió estudios importantes sobre el Espíritu Santo en el NT (1909) y en la iglesia primitiva (1912). CLYDE CURRY SMITH

SYLLABUS DE ERRORES. Lista de 80 proposiciones condenatorias de las doctrinas del modernismo, agregada a la encíclica *Quanta cura* publicada por →Pío IX el 8 de dic. de 1864. El primer impulso hacia la redacción del S. provino del concilio provincial de Espoleto en 1849 cuando Gioacchino Vincenza Pecci, obispo de Perusa (posteriormente →León XIII), pidió una condenación de los errores modernos. Quería reunir en forma de constitución los errores principales de su día. Se dio comienzo al S. en 1852 y siguió durante 12 años. En 1860 O.P. Gerbet emitió una instrucción pastoral en la que enumeraba 85 errores. Esa lista, que se transformó en la base del S., quedó modificada en 61 tesis y se aprobó en una asamblea de obispos en Roma en 1862. La fase final de la preparación empezó con el nombramiento de una nueva comisión por Pío IX que incluyó 30 de las 61 tesis aprobadas, en su formulación de los 80 errores que serían condenados. La terminología de los errores se tomó de las declaraciones oficiales anteriores de Pío IX. Se añadió una nota a cada una de las 80 tesis para indicar su contenido a fin de determinar el verdadero significado y el valor teológico de los temas en discusión.

El S. quedó dispuesto en 10 encabezamientos: panteísmo, naturalismo y racionalismo absoluto; racionalismo moderado; indiferentismo y falsa tolerancia en asuntos religiosos; socialismo, comunismo, sociedades secretas, sociedades bíblicas y asociaciones clericales liberales; la iglesia y sus derechos; el Estado y su relación con la Iglesia; ética natural y cristiana; el matrimonio cristiano; el poder temporal del papa; y el liberalismo moderno.

Los enemigos del papa vieron en el S. un repudio formal de la cultura moderna y una declaración sobre el estado moderno. Los belgas lo desaprobaron por infringir los derechos constitucionales. El 1 de en. de 1865 se prohibió en Francia la publicación del S. y de la encíclica, aunque posteriormente se rescindió la prohibición. En Francia y en Alemania se vio que creaba una escisión entre la Iglesia y el mundo moderno. El S. fue un golpe para el modernismo. Los católicos vieron en el movimiento intelectual del s.XIX una amenaza contra los fundamentos del orden humano y divino en el mundo. Consideraron el S. un esfuerzo necesario para hacer frente a esta corriente que estaba minando la influencia de la ICR en la vida de las naciones y de las personas. S. TOON

T

TABORITAS. La rama más radical del movimiento husita. Los t. tuvieron por centro la Bohemia meridional donde →Hus había pasado mucho de su exilio entre 1412 y 1414 y sin embargo no reflejaron realmente sus enseñanzas. Eran fundamentalistas en la tradición de Juan →Wiclif y deseaban limitar la doctrina a lo que explícitamente estuviera en la Biblia. Rechazaron la transubstanciación, el purgatorio, los santos, las reliquias y las distinciones entre sacerdotes y laicos. Eran también milenaristas militantes que creían en una segunda venida inminente de Cristo precedida por un periodo de confusión. Además, representaban a las clases económicas más bajas y se interesaban en las reformas sociales y económicas. El movimiento llegó a ser masivo en julio de 1419 cuando 40.000 almas, según se dice, se reunieron sobre un monte al que le dieron el nombre bíblico de Tabor. Al mando militar de Juan Zizka derrotaron a las cruzadas imperiales dirigidas contra ellos y pudieron mantener cierto grado de unidad con el partido más moderado, los →calixtinos. Esta unidad se deshizo tras la muerte de Zizka en 1424 y los calixtinos llegaron a un acuerdo con Roma en 1433. El año siguiente estos se combinaron con los nobles católicos para derrotar a los t. en la batalla de Lipany donde su nuevo caudillo, Procopio, fue muerto y el movimiento t. quedó destruido. RUDOLPH HEINZE

TACIANO (c.110-172). Apologista cristiano y gnóstico. Asirio, natural de Nisibi a orillas del Eufrates, llegó a Roma hacia el año 150, se convirtió y posteriormente llegó a ser discípulo de →Justino Mártir. Cual su maestro, se dedicó a la defensa de la fe en contra de la tergiversación pagana. Su *Discurso a los griegos* (c.160) indica un paso hacia atrás en comparación con la apología de Justino. A diferencia de la posición tolerante y cortés de este último con respecto a la erudición y cultura griegas, T. sentía solo escarnio y desdén por la filosofía pagana. Tras la muerte de Justino se retiró a Siria, donde fundó un grupo que posteriormente se conoció con el nombre de →encratitas. T. es famoso principalmente por su *Diatessaron* que se empleó como libro litúrgico en la iglesia siria hasta el s.V. G.L. CAREY

TACITO, CORNELIO (c.55-117 d.C.). Historiador secular latino, quizás la más importante fuente individual de la historia de Roma desde Tiberio (14-37 d.C.) hasta Domiciano (81-96). Nos proporciona confirmación independiente del NT en varios puntos y un fondo informativo aunque con prejuicio acerca de los aspectos más corruptos de la política en tiempos de los emperadores. Al relatar las persecuciones de →Nerón, después del incendio de Roma en el año 64, T. reseña el desarrollo del cristianismo ("una secta subversiva", "prácticas atroces", y más expresivamente "su enemistad hacia el hombre") y menciona la ejecución de Cristo bajo Pilatos, pero su objetivo principal es la crueldad pervertida y sin sentido de Nerón. Condena a Félix, procurador de Palestina (Hch. 24) y hermano de un emancipado influyente del emperador, por su mal gobierno. La descripción por T. de la guerra judía de los años 66-70 complementa el relato más extenso de →Josefo. GORDON C. NEAL

TAILANDIA. La historia de la obra misionera cristiana protestante en este país budista es una serie de contratiempos y frustraciones. Y sin embargo ha tenido los servicios de algunos misioneros sobresalientes. El alemán

Karl Gutzlaff fue uno de los primeros en llegar en 1828. En menos de tres años sacó una traducción completa, aunque imperfecta, de la Biblia al tailandés, y produjo una gramática y un diccionario. Mas su esposa e hijitas gemelas fallecieron en 1831 y él mismo tuvo que abandonar el país, al parecer, moribundo. En total, han muerto 61 misioneros en este campo.

La Junta Americana aceptó el desafío en 1831 con David Abeel, pero en 1849 se retiró oficialmente. La Asociación Misionera Americana que se encargó del sostén financiero del misionero Daniel Beach Bradley de la antigua Junta Americana, tuvo una historia más larga pero llegó a ser casi exclusivamente obra de un solo hombre. Médico e impresor así como predicador, ningún misionero tuvo un efecto tan duradero en el país como Bradley. Fue buen amigo del rey Mongkut; sin embargo tuvo pocos conversos. Tras su muerte en 1873, la Asociación también se retiró.

La obra bautista norteamericana empezó con John Taylor Jones en 1833 el cual terminó de traducir el NT en 1843 y bautizó a varios chinos, que comprendían una importante minoría dentro del país. La iglesia bautista china, que se organizó en 1837, fue la primera iglesia protestante del Lejano Oriente. Los esfuerzos de esta misión fueron esporádicos y terminaron en 1893.

La mayor obra ininterrumpida es la de los presbiterianos norteamericanos, iniciada en 1840. Tuvieron poco éxito entre los tailandeses del sur, pero cuando Daniel McGilvary fue a Chiengmai en el norte en 1867, inició una importante obra con los laosianos y otras tribus montañesas. A él se debió en gran parte el edicto de toleración de 1878. En 1934 los presbiterianos formaron la Iglesia de Cristo en T. con 8713 miembros. En 1957 la misión se disolvió y entregó toda la obra a esta iglesia nacional.

En 1929 la →Alianza Cristiana y Misionera entró en la T. oriental desde la vecina Camboya. Después de la Guerra Mundial II y del cierre de la China se inició un gran influjo de misiones nuevas. La Comunidad Misionera de Ultramar [OMF] (la antigua Misión al Interior de la China [CIM]) empezó en 1951 a alcanzar las tribus montañesas semejantes a las de la China. Actualmente tiene el mayor número de misioneros. La obra se ha extendido también a los numerosos malayos musulmanes de la península meridional.

A pesar del aumento en las conversiones, los cristianos aun representan cuando más el 1% de la población. La Iglesia de Cristo en T. es miembro del CMI. Hospedó en 1949 a la Conferencia Cristiana del Asia Oriental. No representa, sin embargo, a muchas de las obras más recientes. HAROLD R. COOK

TAIZE, COMUNIDAD DE. Fundada en 1940 por el actual prior, Roger Schutz, cuando empezó a recibir refugiados judíos y otros en su casa de T. en Borgoña. En 1942 la Gestapo lo obligó a alejarse, pero en 1944 volvió con tres hermanos para iniciar la vida en común. Para 1949 la tradición monástica se arraigó cuando los siete primeros hermanos se comprometieron al celibato, a la autoridad y a la propiedad común. Más de 70 hombres de diversas tradiciones cristianas de Europa y de las Américas integran ahora la comunidad, y un grupo de franciscanos y de monjes ortodoxos se han venido a vivir con ellos. Desde 1968 han ingresado catolicorromanos y el prior y algunos hermanos pasan un mes de cada año en Roma. Verdaderamente ecuménica, T. tiene lazos sólidos con Roma, con Constantinopla y con el CMI (cuyo personal cuenta con algunos hermanos). Para el desarrollo social, los hermanos acuden en grupos pequeños a muchas naciones, notablemente la AL y el Africa, a vivir y a trabajar en diversas situaciones que varían desde los esfuerzos científicos hasta el lavado de platos. Dondequiera que estén, los hermanos oran en horas fijas tres veces al día. T. se ha convertido en lugar de peregrinaje. Hay asambleas juveniles que se reúnen allí con regularidad.

C.G. THORNE, Jr.

TAMBARAN (1938). Tercera asamblea misionera mundial (→EDIMBURGO, →JERUSALEN), convocada por el →Consejo Misionero Internacional y celebrada en Tambarán (cerca de Madrás), India, dic. de 1938. Asistieron 471 delegados de 69 países. Destacó en esta asamblea el hecho de que más de la mitad de los delegados pertenecían a las "iglesias jóvenes", las que resultaron muy favorecidas debido a la valiosa actuación de sus representantes. Hubo 24 delegados de América Latina, líderes nacionales y misioneros. Entre ellos se hallaron Alberto →Rembao, E.C. Balloch, Jorgelina →Lozada, Pablo Penzotti, B.F. →Stockwell, Gonzalo →Báez Camargo, F.J. Huegel, Arturo Parajón, W.S. →Rycroft y Angel →Archilla Cabrera.

La asamblea, bajo la dirección de Juan R. →Mott, trabajó en 16 comisiones las cuales trataron con asuntos como la tarea y la vida interna de la iglesia, la literatura cristiana, la educación cristiana, la capacitación del ministerio nacional tanto a nivel ordenado como laico, el trabajo médico especializado, cambios sociales, orden internacional, estado e iglesia, cooperación y unidad, etc. Todo el planteo se hizo a nivel del testimonio de la comunidad cristiana y basado en la Palabra de Dios.

Se promovió la creación de un fondo para la promoción de la educación teológica. Con la donación recibida fueron favorecidas bibliotecas de seminarios teológicos y se produjeron numerosos materiales.

El tema general de la asamblea fue "La Misión Mundial de la Iglesia", tema de mucha actualidad en aquellos días. Hacía algunos años William E. Hocking, profesor de la Universidad de Harvard, había publicado un libro (*Rethinking Missions,* 1932) que rechazaba la postura, sostenida históricamente por las misiones, del carácter único del cristianismo, y abogaba a favor del sincretismo religioso y del relativismo teológico.

Hendrik Kraemer, a petición del Consejo Misionero Internacional, escribió como respuesta el libro *The Christian Message in a Non-Christian World.* Este libro sirvió como base de estudio en la asamblea. Kraemer se opuso vigorosamente a la postura de Hocking. Insistió en el carácter único y final de la fe cristiana y alegó que las otras religiones no son más que producto de la mente humana mientras que la fe cristiana es en sentido absoluto la revelación que Dios ha hecho de sí mismo en Jesucristo y por lo tanto la tarea misionera consiste en "persuadir al mundo no cristiano rendirse a Cristo como único Señor de la Vida".

T. también destacó la aparición de tres nuevas religiones mundiales: el nacionalismo (v.g. el nazismo que el año siguiente provocó la Guerra Mundial II), el comunismo y el escepticismo científico.

Los delegados fueron llamados a una nueva dedicación a Cristo a fin de hacer posible el conocimiento de los caminos del evangelio en todas las relaciones humanas.

JORGELINA LOZADA

TAULER, JUAN (c.1300-1361). Místico alemán. N. en Estrasburgo, ingresó allí en la orden dominica hacia 1315 y sufrió la influencia de →Eckhart. El tomismo lo caracterizó en parte, pero a diferencia de Eckhart, sus intenciones fueron prácticas. Escribió solamente en alemán, nunca en latín, y no escribió obras de erudición. Dirigió sus sermones mayormente a las monjas. Su método era sencillo y sin pretensiones, aunque aparecen oscuridades en los pasajes más místicos; empleó el diálogo como ejemplo para incluir a su público. Por otra parte, sus metáforas eran locales, derivadas de la caza, la guerra, la agricultura, el comercio y la historia natural.

Su tipo de misticismo dominaría los ss.XIV y XV, con su inmensa preocupación por la salud espiritual de todos: ya no era el misticismo solo para la élite espiritual. Eckhart hizo puente entre el escolasticismo y el misticismo, y T. transformó un enfoque académico de la espiritualidad en un cristianismo práctico de elevadas exigencias personales, dedicado a todos. Sus sermones demuestran esto donde, con pocas citas bíblicas y sin testimonio personal, el significado de ser cristiano se va desenmarañando cuidadosamente. Se le han atribuido muchos sermones debido a su popularidad, pero solo algunos son auténticos. Durante la época de la →peste negra (1348) se dedicó por completo a los enfermos. En los años que pasó en Basilea (1338-43) fue figura central de los →Amigos de Dios. Estuvo en gran deuda con el laico valdense Nicolás de Basilea, quien le aconsejó que dejara de predicar y se pusiera a meditar, lo que hizo por dos años en el curso de su ministerio con resultados extraordinarios. Lutero leyó sus obras con provecho.

C.G. THORNE, Jr.

TAUSEN, HANS (1494-1561). Reformador y obispo danés. Cuando joven fue monje del monasterio de San Juan de Antvorskov, luego cursó estudios teológicos en Rostock a partir de 1516, en Copenhague (1521), en Lovaina (1522) y en Wittenberg (1523). Mientras estudiaba en Alemania se convirtió en acérrimo defensor de la Reforma. En 1525 lo llamaron de nuevo a Antvorskov y poco después lo trasladaron a Viborg. Poco después se formó una gran congregación alrededor de su impávida y popular predicación de la verdad evangélica. Los superiores de T. se alarmaron y trataron de disuadirlo al expulsarlo del monasterio y de su orden. Sin embargo siguió predicando y en 1526 el rey Federico I concedió a T. su protección personal para que continuara su obra reformadora sin que lo estorbaran las autoridades eclesiásticas. A partir de 1529 trabajó en Copenhague y allí su predicación volvió a causar un vigoroso movimiento reformador. Tras la aceptación oficial de la Reforma en →Dinamarca en 1536, T. siguió con su ministerio de predicación en Copenhague y desde 1538 fue también catedrático de teología en Roskilde. En 1541 lo nombraron obispo de Ribe. En ese cargo se ocupó de la realización práctica de la Reforma dentro de su diócesis hasta su muerte. T. es la figura más destacada de los promotores de la Reforma en Dinamarca, no tanto por su originalidad sino por su franqueza y lucidez. N.O. RASMUSSEN

TAYLOR, HUDSON (1832-1905). Misionero pionero. N. en Yorkshire, Inglaterra, hijo de un farmacéutico metodista. Experimentó una profunda conversión a los 17 años y pronto sintió un fuerte llamado al casi vedado imperio de la →China. Desembarcó en Shangai en 1854, después de una preparación médica parcial, como representante de la Sociedad Evangelizadora China, organización de corta duración. La ineficacia de su sede nacional hizo que T. recurriera a la fe y a la oración para su mantenimiento, y una serie de providencias lo obligaron a romper relaciones. Hizo varios viajes evangelísticos al interior cerrado y adoptó la vestimenta china. En 1858 se casó con María Dyer en Ningpo a pesar de la oposición de otros misioneros que lo consideraban un "pobre nadie sin respaldo". Vuelto a Inglaterra por invalidez, sintió gran preocupación por el interior de la China con sus millones sin Cristo, celo que se fue intensificando. Al abrirse las puertas del imperio a los occidentales, no pudo hallar misión que lo apoyara, así que fundó la Misión al Interior de la China (MICH, 1865) y le pidió a Dios que enviara a "24 obreros hábiles y serviciales", dos por cada provincia no alcanzada. Partieron en 1866. María falleció cuatro años después.

A pesar de la oposición de parte de misioneros y de mandarines, de cierta discordia interna y de varios motines, la MICH se estableció como las "tropas de asalto" de la avanzada protestante. El propósito de T. era llevar el evangelio a toda criatura: se alegraba de que otros cosecharan donde sus precursores habían sembrado, aunque muchas estaciones de la MICH se hicieron permanentes. Ya en 1895 dirigía a 641 misioneros, como la mitad de toda la fuerza misionera protestante en la China. Sus grandes dotes espirituales y el calibre de la MICH, junto con sus escritos y viajes por el mundo, le dieron una influencia que alcanzó mucho más allá de la China y produjo la fundación de otras misiones "de fe". Entre sus mayores intereses sobresalen: su identificación con el pueblo (e.d., todos debían vestir indumentaria china); el gobierno de la misión en el campo mismo y no desde la sede extranjera; confianza solo en Dios para suplir toda necesidad juntamente con una escrupulosa eficiencia en la administración; la intensificación de la vida cristiana en las iglesias auspiciadoras como medio seguro de animar a las vocaciones misioneras. T. se jubiló en 1901 y murió cuatro años después en Changsha, capital de la última provincia en abrirse. JOHN C. POLLOCK

TAYLOR, WILLIAM (1821-1902). Fundador de las misiones metodistas en la costa occidental de AS. N. en Virginia, EUA. Aunque de poca preparación académica, muy joven llegó a ser predicador metodista. Fue nombrado misionero a los mineros de oro en California; para llegar allí rodeó el Cabo de Hornos. Hizo escala en Valparaíso donde tuvo la oportunidad de predicar en la iglesia de David →Trumbull. La impresión que recibió de la necesidad espiritual de América Latina nunca se le borró de la mente. Su trabajo evangelístico tanto en el E como en el O de los EUA fue muy fructífero.

Más tarde hizo viajes evangelísticos a Inglaterra, Australia, la región del Caribe, la India y Sud Africa. Donde era posible, estableció misiones auto-sostenidas.

En 1877/8 y 1883/4 hizo visitas extensas a la costa occidental de AS con el fin de establecer colegios para los de habla inglesa. Un propósito de estos colegios era sostener la obra misionera en el país mismo. La Guerra del Pacífico destrozó los comienzos de una obra en el →Perú, pero en →Chile algunos de los colegios se arraigaron y dieron la base para el comienzo de la obra metodista en este país. En 1884 T. fue nombrado obispo misionero para Liberia y el Congo (Africa) con el fin de establecer misiones auto-sostenidas allí también.

T. fue un hombre de un celo extraordinario, un personaje notable, si bien controversial, que influyó en la obra metodista en cuatro continentes. JUAN B.A. KESSLER

TEATINOS. Orden fundada a principios del s.XVI por Cayetano de Tiene, Bonifacio da Colle, Paolo Consiglieri y Giovanni Pedro Carafa (posteriormente el papa Paulo IV) para combatir la herejía. Resultado de la obra del Oratorio del Amor Divino, esta orden compuesta de clero regular trató de mantener la integridad de la ICR principalmente con la predicación, aunque al cooperar con la →Inquisición se convirtió en uno de los instrumentos principales para la supresión de la Reforma en Italia. La orden cruzó los Alpes y se extendió a Francia, Alemania, Polonia y España. En ciertas maneras dio una norma para la estructura organizativa de la Compañía de Jesús (→JESUITAS). J.D. DOUGLAS

TEATRO CRISTIANO. Puesto que el teatro grecolatino fue rechazado por la mentalidad cristiana –que veía en él una de las "pompas" paganas de este mundo– puede decirse que el teatro como manifestación artística estuvo prácticamente ausente en Europa durante la primera mitad de la Edad Media. Con tal interrupción histórica el t.c. surgió luego como algo totalmente original, sin precedente alguno, aun cuando posteriormente recurriera al drama pre-cristiano para perfeccionar su técnica.

El origen del t.c. debe buscarse en la vida y experiencia de fe de la Iglesia misma, específicamente en la celebración de la eucaristía y de las festividades cristianas. Puesto que dichas celebraciones conmemoran acontecimientos históricos, son terreno fecundo para la representación teatral; además, la liturgia misma ha comportado siempre semillas dramáticas (p.e. la lectura dialogada de la Pasión, que desde la Edad Media se realiza en la celebración del Domingo de Ramos y el Viernes Santo). A esto se añade el impulso evangelizador de la Iglesia, que para educar en la fe a las masas incultas de la Edad Media recurrió a representaciones visuales de las verdades cristianas: relieves, vitrales, pinturas, y el t.c. No es de extrañar por ello que el t.c. en sus orígenes tuviera propósitos didácticos, ya fuera en el campo de la moral, la historia de la salvación o las doctrinas más importantes.

El personaje más antiguo del que se tiene noticia en cuanto a la creación del t.c. es Hroswiha, monja sajona del s.X. Sus trabajos en la comedia deben mucho a Terencio (s.II a.C), pero añaden la enseñanza moral y religiosa. Sin embargo, la mayor parte de las primeras representaciones dramáticas cristianas fue anónima. Eran obras sencillas que se realizaban primero dentro de las iglesias, luego en los atrios y por último sobre tablados en las plazas, o en carretones de compañías ambulantes. Estas piezas trataban diversos episodios de la historia bíblica, sobre todo de la Pascua, y también temas morales o puntos especiales de la teología, principalmente la doctrina eucarística en obras que se popularizaron al generalizarse la fiesta de Corpus Christi (ss.XII-XIV).

Esas representaciones teatrales adquirieron distintas modalidades y nombres en diversos países. En Francia se les llamó misterios *(mystères).* En Inglaterra hubo dos géneros: los misterios o dramas de milagros (*mysteries* o *miracle plays*), con énfasis histórico o doctrinal, y los dramas morales *(morality plays).* En España se popularizaron los llamados *autos,* que pueden dividirse en tres órdenes: el ciclo de Pascua, el ciclo de Navidad o *autos de Nacimiento,* y los *autos sacramentales* que se relacionan primariamente con la doctrina eucarística (aunque pueden abarcar los otros órdenes). Al ciclo de Navidad pertenece de hecho la pieza teatral más antigua que se conoce en castellano, el *Auto de los Reyes Magos* (anónimo, s.XII ó XIII), que nos ha llegado incompleto.

El arte teatral avanzó muchísimo en el Renacimiento, y de ello se benefició también el teatro religioso. La tradición anglosajona es de las más fecundas en t.c.: En las obras de Marlowe, Shakespeare y Milton hay contenidos religiosos y morales. En España, el auto sacramental es retomado y pulido por autores tan renombrados como Tirso de Molina *(El colmenero divino),* Lope de Vega *(El viaje del alma),* y Calderón de la Barca *(El gran teatro del mundo, La cena de Baltasar, La devoción de la misa).* Para el t.c. de lengua española esa época fue la verdadera edad de oro.

En tanto que los ss.XVIII y XIX casi no presentan obras de t.c., el s.XX nos trae, al menos en AL, una situación análoga a la de la Edad Media: no se conocen grandes autores ni obras famosas, pero sí se da la actividad teatral de manera más o menos aficionada e informal, en forma generalmente anónima. Por ejemplo, en la tradición evangélica española e hispanoamericana es muy común el montaje de dramas, a veces muy extensos, para conmemorar el nacimiento de Jesús. Estos dramas –de los cuales algunos han sido recogidos en libros– se ambientan tanto en el mundo antiguo como en situaciones contemporáneas, para destacar el significado de la Natividad. Además, muchos pueblos y ciudades de Latinoamérica tienen para Semana Santa, en sustitución de las tradicionales procesiones con imágenes, representaciones dramáticas de la Pasión que probablemente no difieren mucho de los antiguos *autos.* Más aun, en iglesias y movimientos evangélicos y católicos suelen hallarse grupos, especialmente de jóvenes, que montan piezas teatrales con fines de evangelización, testimonio o protesta. Tales representaciones son esporádicas, generalmente sencillas, y no profesionales; pero significativas y no poco numerosas. Todo parece indicar que en una sociedad cada vez más descristianizada, diversos sectores de la Iglesia están redescubriendo el valor del t.c. para transmitir el mensaje del evangelio.

CARLOS ALONSO VARGAS

TE DEUM. Designación de un antiguo cántico cristiano escrito en latín que proviene de sus primeras dos palabras o, cuando se emplea el título más largo, de sus primeras tres palabras: *Te Deúm Laudamus* ("Te alabamos, oh Dios"). Sobre su composición existen varias tradiciones, y la mejor de ellas es la que la atribuye a →Ambrosio y a →Agustín en el bautismo de éste. Hoy día se acepta generalmente que el autor fue →Niceta, obispo de Remesiana hacia el año 400. Las primeras nueve estrofas son una ascripción de alabanza y las 12 siguientes, una confesión de fe que termina con una oración. Las últimas ocho estrofas son rogativas que se le anexaron en fecha temprana. El T. ocupa un lugar central en el culto matinal de la iglesia occidental.

R.E. NIXON

TEILHARD DE CHARDIN, PIERRE (1881-1955). Jesuita y paleontólogo francés que elaboró una hipótesis evolucionista que sintetizaba la ciencia moderna y la teología cristiana tradicional. N. en Sarcenat, Francia, y tras estudiar en el Colegio Jesuita de Mongré, Jersey y Hastings, recibió las órdenes en 1911. Su trabajo de paleontólogo en el museo de París quedó interrumpido por la Guerra Mundial I, durante la cual sirvió de camillero. Posteriormente concluyó su tesis doctoral en la Sorbona en 1922 y luego partió para la China para servir como asesor del instituto geológico, donde tomó parte en los descubrimientos del Pitecántropo y el Sinántropo. Regresó de la China después de la Guerra Mundial II, pero sus doctrinas e ideas sobre la cosmogénesis (que el mundo se desarrolla según una ley de complejidad y conocimiento crecientes hasta aparecer el hombre) y la cristogénesis (que el proceso converge en un ritmo de hipersocialización hacia un punto Omega) llevaron a su orden a prohibirle que aceptara una cátedra en el *Collège de France* y que publicara *Le Phénomène humain.* Se trasladó a los EUA y pasó sus últimos años trabajando en Nueva York con la Fundación Wenner-Gren de Investigaciones Antropológicas.

Nunca se puso en duda la habilidad de T. como paleontólogo. Sus más de 170 artículos y ensayos técnicos declaran esta aptitud. Sin embargo, su deseo de combinar todo el conocimiento humano con la comprensión de la fenomenología del hombre provocó controversia. Tiene ideas notablemente análogas a la filosofía del proceso. [Muchas de sus obras se han traducido al español, entre ellas se hallan *El fenómeno humano* (1955), *Himno del universo* (1967), *Ciencia y Cristo* (1968), *El porvenir del hombre* (1967), y *El caballo de Troya y de Ciudad de Dios* (1970).]

JOHN P. DEVER

TEISMO. El término se originó en Inglaterra en el s.XVII. Puede referirse o a una teoría filosófica acerca de la naturaleza de Dios, o a un aspecto central y necesario del cristianismo histórico. Este es teísta por cuanto afirma que Dios es el creador del universo (El es trascendente), y también que El lo sostiene y que por obras de particular providencia y de graciable redención lo está redimiendo (es inmanente). Es posible conceptuar varias versiones de t. e.d., dualista o politeísta, pero el concepto cristiano clásico es monista, de aquí que exista el problema metafísico del origen del mal. El t. se contrasta generalmente con el →deísmo, concepto de que Dios es sencillamente la "base" trascendental del universo, y con el →panteísmo, creencia que identifica a Dios con el mundo. El t. cristiano, aunque siempre reconoce el problema de referirse al Dios trascendente (véase, p.e., la doctrina tomística de la analogía y el concepto calvinista de la "acomodación"), ha sido atacado duramente en tiempos modernos por filosofías antimetafísicas como el positivismo lógico y el →existencialismo, y por aquellos teólogos que, cual Karl →Barth, tratan de describir la teología cristiana en términos "cristológicos".

PAUL HELM

TELEOLOGICO, ARGUMENTO. Argumento para demostrar la existencia de Dios, también conocido como "físico-teológico" (en el s.XVIII), y "demostración por la finalidad". Es un argumento que procede por analogía, según el cual la intencionalidad del orden natural exige la postulación de un ordenador, que es Dios. La forma moderna de esta prueba quizá se haya originado en las obras de Guillermo Derham, particularmente su *Physico-Theology* (1713), pero fue popularizada por los antideístas racionalistas como Guillermo →Paley y José →Butler. David →Hume lo criticó eficazmente en sus *Dialogues Concerning Natural Religion* (1779, en español, *Diálogos sobre religión natural,* 1942), porque los testimonios que se aducen para probar la finalidad son ambiguos y lo más que podrían demostrar es la existencia de una o varias causas finitas, y no la de Dios. A pesar de esta crítica, el argumento fue ampliamente usado, sobre todo en obras apologéticas protestantes del s.XIX, y obras como los *Bridgewater Treatises* (1833-40) le dieron aceptación casi general. El impacto de la teoría darwiniana de la →evolución en la teología protestante se debió en gran medida a que muchos pensadores consideraron que tal teoría ofrecía una explicación natural alterna de la intencionalidad de la naturaleza.

PAUL HELM

TELESFORO (m.c.137). Mártir y obispo de Roma desde c.127. Según el *Liber Pontificalis,* era griego. Parece que siempre guardaba la pascua los domingos, a diferencia de la práctica →cuartodecimana.→Ireneo lo menciona como el primer obispo romano en ser martirizado. El hecho es que solo él figura como mártir durante el gobierno del emperador →Adriano. J.D. DOUGLAS

TELMO, SAN (c.1190-1246). Nombre popular de Pedro González, predicador dominico. De noble familia castellana, fue educado por su tío, obispo de Astorga, y le fue asignada una prebenda cuando aun era menor de edad. No obstante, renunció a su vida fácil y se hizo dominico. Como capellán de Fernando III de León, lo ayudó en su cruzada contra los moros, pero después de la derrota de éstos en Córdoba, recomendó que fueran tratados con misericordia. A renglón seguido abandonó la corte y comenzó a predicar entre los pobres y los navegantes de Galicia y de otras costas españolas. Fue un predicador muy popular, posteriormente llegó a ser considerado como el santo patrono de los navegantes españoles y portugueses. Estos llamaban a las descargas eléctricas, que a veces aparecen en la cubierta de los buques "Fuego de San Telmo", considerándolo como signo de protección.

C. PETER WILLIAMS

TEMBLADORES. Nombre corriente de la célibe y comunal *United Society of Believers in Christ's Second Appearing* ("Sociedad unida de creyentes en la segunda aparición de Cristo"), que tuvo su origen en los avivamientos cuáqueros de mediados del s.XVIII en Inglaterra. Generalmente se considera a la madre Ana Lee (m.1784) fundadora del movimiento. La persecución, un éxito limitado y una revelación directa indujeron a la madre Ana y siete discípulos a emigrar a Nueva York en 1774. En 1787 se estableció el primer poblado de t. en New Lebanon, Nueva York, que se convirtió en la principal base para la empresa misionera de la sociedad en los EUA. Cuando Ana murió, a pesar de intensa oposición había un creciente número de t. en Nueva York, Massachusetts y Connecticut. El movimiento se extendió a raíz del →despertamiento religioso en la región fronteriza norteamericana durante la primera parte del s.XIX. Se establecieron comunidades de t. tan al O como Kentucky e Indiana. La sociedad alcanzó su apogeo en la década antes de la Guerra Civil norteamericana (1861-65), cuando había unos 6.000 miembros en 18 poblados. Pasada la guerra, la orden empezó a declinar continuamente hasta el presente. En 1900 había menos de mil miembros; para 1970 solo quedaba un puñado de t. en tres pequeñas comunidades.

El celibato de los t. estribaba en una especie de dualismo que Ana Lee impuso a la sociedad, pues ella llegó a creer que la relación sexual era un pecado capital. Según Ana, Dios era varón y hembra a la vez, como lo era Cristo que apareció en Jesús como el principio masculino. En la madre Ana, se manifestó el principio femenino de Cristo, y en ella se cumplió la promesa de la Segunda Venida. De allí en adelante, para los creyentes, los dos sexos habrían de ser iguales pero separados. El milenio comenzó con la fundación oficial de la Sociedad en 1787. La fe del t. empezaba con la confesión de pecados e incluía el celibato, la propiedad común, la separación del mundo, la uniformidad del vestido, el don de sanar, y una libertad de expresión no estructurada en el culto, que a menudo comprendía danzar, marchar, reír, ladrar, cantar y temblar. En la actualidad se recuerda a los t. mayormente por su singular forma de culto, su frugalidad y laboriosidad legendarias, y su alta calidad de artesanía, particularmente en la fabricación de muebles.

ROBERT D. LINDER

TEMPERANCIA. Movimiento reformista del s.XIX dedicado a animar a las personas a restringir o abstenerse del uso de bebidas alcohólicas. Prometía mejorar el bienestar físico y moral de las personas. Se daba por sentado que ello redundaría en beneficios económicos.

Los esfuerzos esporádicos de pastores y humanitarios del s.XVIII por estimular la temperancia recibieron el apoyo médico de *An Inquiry into the Effects of Ardent Spirits on the Human Mind and Body* (1784) del doctor Benjamin Rush. En 1826 se formó en Boston la Sociedad Americana pro Fomento de la Temperancia bajo la dirección dinámica de Lyman →Beecher. Para 1835 había más de 8000 sociedades auxiliares con alrededor de 1.500.000 firmantes. Se publicaban 11 revistas semanales y mensuales para fomentar la t., se distribuían millones de tratados. Se escribieron cantos y ensayos, comedias y novelas para dramatizar los males de la bebida alcohólica. La más conocida es la obra de Timothy Shay Arthur, *Ten Nights in a Barroom* (1854).

Ya para 1836 surgió discordia dentro de la Sociedad Americana por cuestión de la abstinencia total de bebidas alcohólicas, el antiesclavismo y el control legal del tráfico en licores. La Unión Americana de Temperancia, ya formada, siguió su campaña en pro de la abstinencia total ante un interés decadente. Mientras tanto el movimiento de abstinencia voluntaria cobró nuevas fuerzas procedentes de los "washingtonianos", una sociedad de exbebedores formada en Baltimore en 1840 para el natalicio de Washington. Los miembros se reclutaban por medio de "reuniones de experiencias". John B. Gough llegó a ser su principal evangelista y conferenciante.

Muchos militantes del movimiento de t. hicieron campaña ahora a favor de la fiscalización de la venta y distribución de licores y bebidas. Neal Dow, comerciante de Portland, Maine, encabezó el movimiento en ese estado. La legislatura estatal respondió en 1846 con limitar la venta al detalle de bebidas embriagantes. Para 1851 proscribió totalmente el tráfico en licores. En cosa de cinco años 13 estados norteños hicieron lo mismo. Mientras tanto el movimiento de t. cobró fuerzas en Inglaterra, Irlanda y el Canadá. Una Convención de Temperancia Mundial se reunió en Londres en 1846 y en Nueva York en 1853.

El movimiento de t. en los EUA después de la Guerra de Secesión (1861-65) se caracterizó por una campaña a favor de la abstinencia total de parte de las personas y de la proscripción de la venta de bebidas alcohólicas por los gobiernos locales, estatales y nacional. La Unión Femenil Cristiana de Temperancia, formada en 1874 bajo la dirección de Frances →Willard, encabezó la campaña por la abstinencia total. El partido de prohibición nacional (1869) participó en las campañas políticas locales, estatales y nacionales para asegurar la elección de funcionarios públicos dedicados a la abolición del tráfico alcohólico. Hábilmente asesorados por la Liga Antitabernaria (1893), las fuerzas prohibicionistas consiguieron aprobación parlamentaria en 1919 para la prohibición durante tiempos de guerra. En 1918 el congreso propuso una enmienda constitucional que proscribía la "fabricación, venta o transportación" de bebidas embriagantes y que se aprobó al año siguiente como la XVIII Enmienda a la Constitución. La enmienda se derogó en 1933 a pesar del vigoroso apoyo de la Junta Metodista del Prohibicionismo y la Moral, y de las dos organizaciones antes mencionadas.

S. RICHEY KAMM

TEMPERANCIA EN AMERICA LATINA. El movimiento antialcohólico se ha establecido en 21 países de AL, empezando en las naciones rioplatenses en 1892. Al igual que en otros continentes se caracteriza por: (1) sus estrechos vínculos con las iglesias y misiones protestantes; (2) su consideración del uso de bebidas alcohólicas como vicio y pecado, (3) su lucha a favor de la abstinencia personal y la prohibición legal de la fabricación, venta y consumo de bebidas alcohólicas, y (4) la extensión de su programa para incluir las drogas y otras causas tales como los derechos humanos, campañas contra la pornografía y la limitación de armas nucleares.

El fundador del →Ejército de Salvación concebía al alcoholismo como un problema que comienza como pecado y termina como enfermedad. Tal es la postura también de muchos protestantes en AL. El Ejército se ha dedicado a la rehabilitación del alcohólico por medios espirituales y prácticos.

La Comunidad Catolicorromana no considera pecado el uso de bebidas alcohólicas pero se considera responsable moralmente por el abuso de ellas, y ha habido una creciente actividad educativa, tanto para el clero como para el laicado, sobre los peligros del alcoholismo que afecta a uno de cada quince bebedores de ambos sexos.

El movimiento que mayor resultado ha dado en AL para lograr la abstinencia y la recuperación integral del alcohólico se llama "Alcohólicos Anónimos". Haciendo constar que el alcoholismo es una enfermedad psicosomática contra la cual la víctima es impotente, y que solo la fe en un "Poder Superior" y un despertar espiritual pueden efectuar la recuperación, el movimiento en AL ha tenido un crecimiento no igualado en los otros continentes. El directorio para 1972 muestra 1980 grupos con 38.663 miembros y el crecimiento ha continuado.

Al igual que en EUA, donde el movimiento tuvo su origen en 1935, los primeros miembros latinoamericanos fueron personas mayores de edad con largos años de alcoholismo activo. La disposición de estos a hablar de su experiencia en escuelas, salones comunales e iglesias, ha motivado el ingreso de personas más jóvenes pero conscientes de los primeros síntomas de la enfermedad.

ALAN HAMILTON D.

TEMPLARIOS. Orden militar y religiosa fundada hacia 1118 por Hugo de Payens, caballero de Borgoña, y Godofredo de Saint-Audemar, caballero del norte de Francia. El fin original de los t. era ayudar y proteger a los peregrinos que iban camino a la Tierra Santa, obrando así en unión con los caballeros de San Juan u →hospitalarios, que atendían a los peregrinos enfermos en Jerusalén. Estos monjes guerreros hacían votos de pobreza, obediencia y castidad, y se abstuvieron de adoptar muchos de los ritos y ropaje pomposo en boga entre las órdenes religiosas de entonces. La designación oficial de la orden, "co-soldados pobres de Cristo y del Templo de Salomón", proviene de su estado primitivo de pobreza y de la parte del palacio del rey de Jerusalén (Balduino II) en que vivían, conocido por el nombre de Templo de Salomón.

Tras sus orígenes modestos los t. crecieron rápidamente en su finalidad, en número y en riqueza durante el s.XII. Sus deberes aumentaron hasta incluir la defensa de los estados latinos de Palestina. En enero de 1128, en el concilio de Troyes, se aceptó una regla preparada por →Bernardo de Claraval y se permitió a los caballeros usar un hábito blanco, que posteriormente llevó una cruz roja. Para mediados del s.XIII, se establecieron "comandancias" por toda Europa, gobernadas por una jerarquía con sede en la Tierra Santa y encabezada por el gran maestre del Templo de Jerusalén. Aunque durante los primeros años de la existencia de la orden se exigió de los aspirantes el rango de caballero, poco a poco se reconocieron tres categorías para ser miembro: caballeros, que ingresaban de por vida; sargentos, que eran burgueses ricos; y capellanes, que eran sacerdotes destinados por toda su vida a celebrar los oficios divinos para los caballeros. Al adquirir los t. importantes riquezas por donaciones piadosas y de la realeza, su influencia se extendió hasta incluir operaciones financieras y bancarias en Europa, y hasta le prestaron dinero al sultán de Damasco en una oportunidad.

Con la caída de Jerusalén en 1187 y la expulsión de todos los cristianos de la Tierra Santa tras la caída de Acre en 1291, los t. perdieron su función de cruzados. Como organización secreta, independiente de la autoridad civil, siguieron adquiriendo riquezas y empezaron a evocar el antagonismo de las casas reales europeas. En 1307 →Felipe IV el Hermoso, rey de una Francia empobrecida, obró contra los t. Al liquidar esta orden Felipe creía que podría adquirir tierras y dinero muy necesarios así como atacar indirectamente la autoridad papal. En 1312 el papa →Clemente V, a instancia de Felipe, emitió la bula *Vox in excelso* que formalmente disolvía la orden por toda Europa. A pesar de protestas de inocencia sobre acusaciones de herejía, de brujería y de sodomía, 120 t. fueron ejecutados en Francia, incluso el gran maestre Jacobo de Molay. Aunque se extirparon las deudas que Felipe tenía con la orden disuelta y éste se apoderó de buena parte de sus bienes, su deseo de adquirir todas sus riquezas no se realizó. El papa traspasó la mayor parte de sus posesiones a los hospitalarios, a excepción de las ramas española y portuguesa, cuyas propiedades pasaron a otras órdenes religioso-militares.

ROBERT G. CLOUSE

TEMPLE, WILLIAM (1881-1944). Arzobispo de Canterbury desde 1942. Hijo de Frederick Temple, se educó en Rugby, luego fue becario en Balliol y obtuvo doble nota sobresaliente. En 1904 lo nombraron *fellow* de la Facultad Queen's en Oxford. En 1906 el obispo Paget rehusó ordenarlo pues consideró que T. no estaba del todo seguro tocante a las doctrinas de la concepción virginal y la resurrección de Cristo. Después de discutirlo más detenidamente (y con el consentimiento de Paget), el arzobispo Davidson lo ordenó en 1908. En 1912 llegó a ser rector de Repton y colaboró en la obra *Foundations.* En 1914 pasó a ser párroco de la iglesia de Saint James, en Piccadilly, Londres, cargo al que posteriormente dimitió durante la guerra para ser secretario de la Misión de Arrepentimiento y Esperanza y luego director del movimiento Vida y Libertad que pidió cierta autonomía para la Iglesia Anglicana, la cual fue concedida en 1919.

En 1921 lo nombraron obispo de Manchester y en 1929, arzobispo de York. En 1942 llegó a ser arzobispo de Canterbury. T. combinaba una mente filosófica de primera con agudeza teológica y gran conciencia social. Por muchos años fue presidente de la Asociación Educativa de Obreros. En 1924 presidió el Congreso sobre la Política, Economía y Ciudadanía Cristianas, y su último libro se tituló: *Christianity and Social Order.* Estuvo también a la vanguardia de los asuntos ecuménicos y presidió la reunión inaugural del Consejo Británico de Iglesias. Tuvo mucho que ver con recomendar la Iglesia de la →India del Sur a la Conferencia de →Lambeth.

Su interés en expresar la fe cristiana se vio tanto en sus sermones, particularmente en consabidas misiones universitarias, como en sus libros; entre éstos se destacan *Mens Creatrix, Christus Veritas* y sus Conferencias Gifford: *Nature, Man and God.* Al mismo tiempo, su *Readings in St. John's Gospel* muestra que su devoción era igual a su erudición.

Hacia el final de su vida él mismo notó la divergencia entre su propia teología de la encarnación y la teología de la redención que recién entraba en boga. Se dijo a menudo de él, que era demasiado filósofo para los teólogos y demasiado teólogo para los filósofos. Su muerte imprevista en 1944 se consideró una grave pérdida para la iglesia mundial.

PETER S. DAWES

TEOCRACIA. Término creado por Josefo para expresar el concepto de un estado gobernado por Dios. El pueblo hebreo manifestó una visible creencia en este tipo de gobierno, aunque tomó varias formas durante su histórica existencia como nación. En el Sinaí se convirtieron en el "pueblo santo" de Yahvéh (Ex. 19:6) y pronto establecieron una anfictionía: una confederación religiosa de tribus comprometidas al servicio de Yahvéh, su rey. Posteriormente, durante la monarquía, el rey llegó a ser el representante del gobierno de Yahvéh, "su ungido" (Sal. 2:2; 20:6). Por tanto Dios pudo usar a sus profetas para destronar incluso al rey (1 S. 15:26; 16:1ss). Con todo, Dios sigue siendo el verdadero Rey que Isaías vio alto y sublime (Is. 6:1). Durante el período postexílico, la mediación del gobierno espiritual de Yahvéh pasó al sacerdote y en particular al "sumo sacerdote" (Hag. 2:2; Zac. 3:1). En el NT, el gobierno de Dios es de naturaleza más escatológica, pero esto depende de la interpretación que se le de al concepto del →reino de Dios. La política islámica, el calvinismo en Ginebra y el puritanismo en la Nueva Inglaterra, son ejemplos adicionales de tentativas teocráticas. Hay que reconocer que la t. siempre es más idealista que realista y que es un artículo de fe antes que un sistema demostrable.

JOHN P. DEVER

TEODICEA. El asunto de la justicia *(dike)* de Dios mismo *(theós)* se plantea como respuesta al problema de la experiencia humana real dentro de un mundo en el cual la satisfacción se limita o se frustra por una muerte prematura, el atraso mental o físico, condiciones sociales destructivas incluso la guerra, los accidentes de catástrofes naturales o artificiales, o por el terror de la historia misma. El término apareció primero en el título de una obra publicada en 1710 por G.W. →Leibnitz y la discusión resultante tomó su forma de la llamada →Ilustración; pero el problema es antiguo, como lo ejemplifican las alusiones a la literatura sapiencial religioso-secular del Cercano Oriente: babilónica, egipcia y bíblica. Presumiblemente, el problema radica a la larga en el esfuerzo por hacer justicia con la libertad finita en relación con la creatividad divina. →Tillich ha observado correctamente que la pertinencia del asunto de la t. se mantiene solo con respecto a la consideración de "'mi' existencia humana" y que por consiguiente no se puede plantear el problema correlativo "con respecto a otras personas aparte del inquiridor", observación que no dista mucho de ese principio de la Reforma, de la soberanía y el misterio esenciales de Dios de las que dependen correctamente todos los conceptos del destino y la predestinación.

CLYDE CURRY SMITH

TEODORA I (c.500-548). Esposa del emperador bizantino →Justiniano I. Tras una notoria carrera de actriz, con aventuras en Siria y en Africa del Norte, se convirtió al cristianismo y se casó con Justiniano en el 523, después que éste persuadiera a su tío Justino I a derogar la ley que prohibía a los senadores casarse con actrices. Justiniano y T. recibieron juntos la corona en el 527 y después ella ejerció gran influencia sobre la política de él. Ella se puso de parte de los monofisitas (→MONOFISISMO), a quienes había conocido en Egipto, y causó así la política reaccionaria de Justiniano que produjo la controversia de los →Tres Capítulos. Mostró gran valor durante la insurrección de Nika en 532 y estableció hogares para prostitutas. Hay un retrato suyo de la época en el mosaico del ábside de la basílica de San Vidal en Ravena.

PETER TOON

TEODORETO (c.393-c.458). Obispo de Ciro (Siria). N. en Antioquía, parece que a temprana edad estuvo destinado a la vida religiosa y, según era de esperar, ingresó a un monasterio cercano alrededor del 416. Siete años después llegó a ser obispo de Ciro (elevación que no deseaba), donde pasó todos los años restantes de su vida menos dos y adquirió fama no solo como teólogo, historiador y controversista, sino también como fiel y diligente pastor. En la controversia cristológica precipitada por →Cirilo de Alejandría, T. no aceptó ninguna de las posiciones extremas, sino sostuvo que Cristo tenía dos naturalezas, unidas en una persona mas no en esencia. En el Concilio de →Efeso (431) T. protestó contra el oportunismo metodológico de Cirilo y contra su doctrina y después escribió una refutación de los anatemas dirigidos por Cirilo contra Nestorio (→NESTORIANISMO; TRES CAPITULOS; CONSTANTINOPLA, SEGUNDO CONCILIO DE). La continuada oposición de T. provocó su deposición y exilio en el Latrocino de →Efeso en 449, pero lo restituyeron en el Concilio de →Calcedonia en 451, aunque se vio obligado a participar en la condenación de Nestorio y a aceptar *theotokos* como título de la Virgen María (→MARIOLOGIA).

Como exegeta T. era de la escuela →antioquena, y esto se refleja en sus muy recomendados y breves comentarios sobre los Cantares de Salomón, los profetas, los Salmos y las epístolas paulinas. Entre sus obras adicionales figuran una colección de 30 biografías de monjes y una historia eclesiástica que continúa la obra de Eusebio hasta el 428. De sus cartas hay 232 en existencia. J.D. DOUGLAS

TEODORO DE MOPSUESTIA (c.350-428). Exegeta y teólogo antioqueno. De linaje antioqueno acaudalado, educado con Juan →Crisóstomo a los pies del eminente retórico y filósofo Libanio. Renunció como Juan a una carrera secular hacia 369 para ingresar en la escuela monástica de →Diodoro (de Tarso). Cuando el matrimonio y la abogacía lo tentaron, Juan lo convenció de que perseverara. Flaviano lo ordenó de presbítero hacia el 383 y en el 392 lo hicieron obispo de Mopsuestia en Cilicia. Durante su vida, su erudición y fecunda versatilidad literaria adquirieron renombre y su ortodoxia fue indiscutible, pero después de su muerte y después del Concilio de →Efeso (431) su posición se enredó con la de su condenado discípulo, Nestorio (→NESTORIANISMO). Rabula de Edesa apuró el ataque, →Cirilo de Alejandría escribió *Contra Diodoro y Teodoro* y, a pesar del favor aparente de →Calcedonia, T. y sus obras fueron anatematizados por →Justiniano (543/4) en el primero de los →Tres Capítulos y por el Concilio de →Constantinopla II (553), aunque defendidos por el Occidente y en particular por Facundo de Hermiane.

Con el *Comentario sobre los profetas menores* y numerosos fragmentos: p.e., sobre Gn. 1-3 (comentó la mayoría de los libros de la Biblia), éstos revelan que es el más brillante de los exegetas antioquenos ("el intérprete" de las iglesias nestorianas), empleó una variedad de métodos críticos con singular discernimiento (incluso rechazó la autenticidad de algunos libros del AT y del NT), aunque sin evitar del todo los significados espirituales o tipológicos. Suyo fue el primer esfuerzo por fijar los Salmos en la historia. Su trabajo perdido, *Contra los Alegoristas,* explica adecuadamente la promoción de su condenación por los origenistas.

Aunque solo existen fragmentos (a menudo dudosos) de sus obras dogmáticas y controversiales, mayormente contra Arrio, Eunomio y Apolinar, (fuera de una *Disputación con los macedonios* en defensa de la divinidad del Espíritu Santo, escrita en Anazarbus en el año 392), su contribución creativa a la cristología, mayormente en refutación del →apolinarismo, se reconoce cada vez más. Si la retrospección revela sus imperfecciones, particularmente en cuanto a terminología, también anticipó en parte el concilio de →Calcedonia. Las materias primas de la teología de T. eran más bíblicas y menos filosóficas que las de los alejandrinos. Enfocaba la inmortalidad, lograda por una conjunción con Dios modelada según la conjunción divinohumana en Cristo e iniciada por medio de los sacramentos. Así sus catequesis bautismales pronunciadas en Antioquía hacia el 390 (sus únicas obras prácticas subsistentes; perdidos se hallan tratados sobre el sacerdocio, el monaquismo, contra la magia, y sus cartas) rechazan un concepto simbólico de la Eucaristía (sin embargo interpretan "pan cotidiano" como el alimento normal). Son comentarios inestimables de las prácticas bautismales, eucarísticas y penitenciales antioquenas.

T. agasajó a →Julián de Eclano c.421, escribió un tratado antiagustiniano perdido, *(Contra los defensores del pecado original),* y →Mario Mercator lo declaró "padre del →pelagianismo". Su supuesta enseñanza acerca de los efectos del pecado de Adán y la mortalidad creada del hombre parece significativamente análoga. Por otra parte obras recién descubiertas indicarían lo contrario. Las afinidades sirias a las ideas pelagianas están sometidas a un renovado examen.

D.F. WRIGHT

TEODORO EL LECTOR (principios del s. VI). Historiador eclesiástico. Fue lector de la basílica de Santa Sofía de Constantinopla. Escribió dos tratados históricos. El primero (c.520-30) fue una *Historia tripartita* compilada de las historias de →Sócrates, →Sozómeno y →Teodoreto. El segundo fue composición propia que llevó la historia del 438 al advenimiento de →Justino I (518). El primero ha subsistido parcialmente, pero del segundo solo quedan fragmentos. J.D. DOUGLAS

TEODOSIO I (c.346-395). Emperador romano desde el 379 (llamado "el Grande"). Español de nacimiento, hijo del conde Teodosio que entre el 367 y el 374 libró a Bretaña y Africa de los bárbaros, se distinguió en una campaña contra los sármatas en el 374. Designado coemperador por Graciano, recibió la tarea de restablecer el orden en las provincias orientales. Esto lo logró mediante una prudente diplomacia con los godos. Se bautizó en el 380, abandonó el título de *pontifex maximus* y declaró ilegal el apartarse de la fe nicena. En el 381 proscribió las iglesias y sectas heréticas (p.e. los arrianos), puso sus bienes a disposición de los ortodoxos, y convocó el Concilio de →Constantinopla I. En el 390, en un arrebato de cólera, ordenó el castigo de los ciudadanos de Tesalónica tras una revuelta allí; murieron 7.000 personas. Después, accediendo a las exigencias de →Ambrosio de Milán, reconoció públicamente su culpa. PETER TOON

TEODOSIO II (401-450). Emperador romano en el oriente desde el 408. Nieto de T.I., n. en Constantinopla y subió al trono oriental tras la muerte de su padre. Tuvo que afrontar dificultades causadas por la invasión de los vándalos en Africa del Norte y por las conquistas de Atila al N del Danubio. En el 425 fundó la Universidad de Constantinopla y tres años después nombró a Nestorio patriarca de la ciudad. Esto produjo la controversia nestoriana que no fue de su agrado (→NESTORIANISMO). Convocó el Concilio de →Efeso en el 431, publicó el *Código Teodosiano* en el 438 y reforzó las defensas de Constantinopla en el 447. Tuvo gran respeto a →Simeón Estilita, cuyo consejo aceptó. Murió tras caerse de un caballo. PETER TOON

TEOFILO (fines del s.II). Apologista cristiano y obispo de Antioquía. De sus obras solo ha sobrevivido su *Apología,* dedicada a un amigo pagano, Autólico. Esta obra existe en tres libros y trata de mostrar la superioridad de la revelación cristiana sobre la mitología pagana. Aunque Eusebio calificó esta apología de "elemental", no podrá negarse que la doctrina de Dios de T. indica un importante adelanto sobre sus predecesores cristianos. Partiendo de una teología influida por un platonismo medio, hizo distinción entre dos fases del Logos: el *logos endiáthetos* es el Logos innato en Dios y el *logos prophorikos* es el Logos expresado de Dios para propósitos de la creación. T. es reservado tocante a la persona de Cristo, pero lo consideró claramente el segundo Adán. Sin embargo, no hay énfasis particular en la obra redentora de Cristo. Se hace hincapié más bien en la desobediencia del primer Adán y en la obediencia del segundo Adán cuyo ejemplo debemos seguir para ser salvos. T. fue el primer teólogo en emplear la palabra "Tríada" para designar a la deidad. G.L.CAREY

TEOFILO (m.412). Patriarca de Alejandría desde el 385. Hombre erudito y talentoso, desempeñó bien su cargo durante los primeros años de su administración, pero en sus esfuerzos por liquidar el paganismo en Egipto se dedicó a la violencia y a la intriga. Admirador de →Orígenes al principio, se volvió contra su teología y expulsó a los monjes origenistas de Egipto. Cuando unos 50 de éstos recibieron una más calurosa bienvenida de →Crisóstomo en Constantinopla, T. se dirigió allí para celebrar un concilio de 30 obispos que preparó cargos falsos contra Crisóstomo, lo depuso y lo desterró (403). Su manera de tratar al venerable Crisóstomo contribuyó al desprestigio de T.
C. GREGG SINGER

TEOLOGIA DE ESPERANZA →ESPERANZA, TEOLOGIA DE; MOLTMAN, JURGEN

TEOLOGIA DE LA LIBERACION. El término "liberación" aparece por primera vez en la teología latinoamericana reciente en el título de la obra del teólogo protestante brasileño Rubem Alves: *Religión ¿opio o instrumento de liberación?* (1969) y simultáneamente en un ensayo del teólogo católico peruano Gustavo →Gutiérrez: *Hacia una teología de la liberación* (1969), posteriormente elaborada en *Notes for a theology of liberation* (1970). Estas últimas, resultado de ponencias presentadas en 1968 y 1969 respectivamente son la base de la obra que ha llegado a ser clásica para esta teología: *Teología de la liberación* (1971), traducida a varios idiomas. Es particularmente en el contexto de la pastoral católica donde esta teología se ha desarrollado, si bien han participado también varios protestantes.

La "reflexión crítica sobre la praxis pastoral de la iglesia" (Gutiérrez) nace de la necesidad de superar una concepción de "cristiandad" o "neocristiandad" para buscar una "fe adulta y madura" (Gutiérrez, Segundo), capaz de actuar autónomamente en el mundo. La conciencia de la dependencia económica, política y cultural de AL y de la situación de las grandes masas marginales, campesinas e indígenas, cuya expresión en el orden científico fue la "sociología de la dependencia", influyó en el planteamiento de las opciones pastorales. No pocos cristianos, sacerdotes y laicos, se comprometieron en movimientos populares de liberación política y económica. La praxis cristiana sobre la que se plantea la reflexión teológica se define así como "praxis histórica de liberación" y la T.L. alcanza su definición como "reflexión, a la luz de la fe, sobre la praxis de liberación de los cristianos".

Sin duda hay diferencias de énfasis y desarrollo entre los pioneros de esta forma de reflexión teológica: Gustavo Gutiérrez, Hugo →Assman, Segundo Galilea, y Juan Luis →Segundo. Podemos resumir, sin embargo, ciertos rasgos comunes: (1) la reflexión teológica surge de una praxis (eclesial e histórica) y está al servicio de ella; es, por lo tanto, un "acto segundo"; (2) esa praxis tiene, en AL, como foco el proceso de liberación, que debe entenderse en la totalidad de sus dimensiones tanto socio-políticas como culturales, espirituales y religiosas; (3) la realidad presente, por lo tanto, constituye, junto a la Palabra de Dios, un lugar teológico donde el Espíritu manifiesta la voluntad de Dios; (4) consiguientemente, a los instrumentos clásicos de la filosofía, deben añadirse los de las ciencias sociales como auxiliar indispensable de la reflexión teológica que ayuda a comprender y modificar la realidad de la opresión (en este contexto se sirven críticamente de elementos de análisis marxista). Todo este proceso de reflexión se sitúa en una opción básica: la opción a favor de los pobres, entendida como un compromiso de obediencia a la voluntad de Dios manifestada en su revelación.

En los años que van de 1972 hasta el presente, numerosos teólogos han acompañado y desarrollado esta reflexión, buscando su significado en diferentes campos: hermenéutica (Croatto, C. Boff), cristología y concepto de la gracia (L. Goff, J. Sobrino, I. Ellacuría), espiritualidad (S. Galilea, R. Muñoz), exégesis bíblica (P. Miranda, C. Mesters, P. Richard). Han sido particularmente importantes los encuentros teológicos de El Escorial (España), México y Sao Paulo. Las ponencias y debates de los dos primeros han sido publicados en *Fe cristiana y cambio social en América Latina* (1973) y *Cautiverio y Liberación* (1975) respectivamente.

No han faltado las críticas, tanto desde la teología académica europea (Moltmann, Lepargneur, Nieuwenhoye) como de católicos latinoamericanos (A. López Trujillo, Vekemans) y de algunos evangélicos (S. Escobar, P. Wagner, R. Padilla).

JOSE MIGUEZ BONINO

TEOLOGIA DE LA NUEVA INGLATERRA (c.1750-1850). Movimiento calvinista iniciado bajo Jonathan →Edwards. Considerado como uno de los mayores pensadores de Norteamérica, Edwards se dedicó a reformular el calvinismo puritano para hacerlo más armónico con las experiencias espirituales del →Gran Despertamiento. Para justificar los resultados de éste, Edwards se empeñó en lucha entre la libertad y la soberanía. En su monumental obra *Freedom of the Will* introdujo un sutil cambio en el calvinismo según el cual el papel del hombre en la salvación era mínimo. Edwards concibió su doctrina de la voluntad inclinada, tomando mucho de la filosofía de John →Locke. En esencia, Edwards decía que Dios, por disposición soberana y mediante la obra del Espíritu Santo, hace a la voluntad del hombre capaz de responder a la gracia. En suma, Dios inclina la voluntad para capacitar al hombre para que responda a la salvación. Buscó un punto medio entre los "entusiastas" del avivamiento y Charles Chauncy, que tildaba el avivamiento de emoción insensata. Edwards aceptaba que "el calor sin luz" no estaba bien pero no se podía divorciar la verdad de la experiencia. Esperaba pacificar a los viejos calvinistas, que desdeñaban el avivamiento, y al partido opuesto de los extremistas arminianos.

La teología de Edwards dominó las escuelas congregacionales conservadoras, como la universidad de Yale, desde aproximadamente 1750 hasta fines del s.XIX, cuando la teología crítica alemana se impuso. Expositores posteriores fueron Jonathan Edwards Jr. (1745-1801), Timothy →Dwight, Samuel Hopkins y Nathaniel Taylor. El último modificó a fondo la doctrina del pecado original. El movimiento constituyó una gradual retirada del calvinismo frente al mayor énfasis en la autodeterminación.

ROBERT C. NEWMAN

TEOLOGIA DE LA SECULARIZACION →SECULARIZACION, TEOLOGIA DE LA

TEOLOGIA DEL PROCESO →WHITEHEAD, ALFRED NORTH

TEOLOGIA DIALECTICA. Movimiento inspirado en la obra sobre *Romanos* de Karl →Barth, cuando rompió con el liberalismo para insistir radicalmente en la trascendencia de Dios, la Palabra divina, el pecado, la gracia y la justificación por la fe. La teología de Barth durante su fase existencialista (1922-1929), junto con las de E. Brunner, F. Gogarten, R. Bultmann y otros, se conocía también como "Teología de la Crisis" o de la "Paradoja". Después de 1929, Barth rechazó el existencialismo como base para la teología y modificó su método dialéctico a favor de un método cristológico y analógico (cp. la *analogia fidei* de Anselmo).

El método dialéctico se ha utilizado en filosofía, sociología y teología. Consiste en aclarar la verdad mediante el contraste de ideas aparentemente contradictorias, sostenidas en tensión bipolar. P.e. Dios es uno y trino, Jesucristo es Dios y es plenamente humano, Dios predestina pero somos responsables, etc. Para →Hegel, la dialéctica es la ley tanto del pensamiento como del Ser (Dios como Idea Absoluta) y de la historia, ya que todos proceden por vía de la contradicción y la superación de esa negación. En su crítica de Kant, Hegel se refiere a la famosa tríada dialéctica: tesis, antítesis y síntesis. →Marx rechazó el idealismo de Hegel para plantear la dialéctica del "materialismo histórico" (los medios de producción como factor decisivo de la dialéctica histórica). →Kierkegaard también rechazó el idealismo de Hegel, y con bases teológicas propuso la "dialéctica cualitativa" existencialista, basada en la absoluta trascendencia de Dios que produce para el conocimiento humano la paradoja absoluta cuya "superación" existe solo en Dios mismo. La paradoja provoca una crisis que motiva el "salto" de la fe.

Barth basó su método dialéctico en "la infinita diferencia cualitativa entre el tiempo y la eternidad", ya señalada por Kierkegaard. Dios es "totalmente Otro", radicalmente trascendente, el *Deus absconditus* de Lutero. El ser humano, como criatura y como pecador, no puede conocer a Dios ni alcanzar la salvación. Dios se conoce solo por su Palabra, y nos justifica por su gracia. Puesto que "Dios está en el cielo y nosotros en la tierra" (Ecl. 5:2; Is. 55:8s), nuestro conocimiento de Dios siempre será fracturado (como en un espejo roto) y nuestro hablar de Dios siempre un "balbucear" (Lutero). Por eso la teología siempre se mueve entre el *No* de Dios (su juicio divino sobre nuestro pecado, cultura, moralidad y religiosidad) y el *Sí* de Dios (su autorevelación, su gracia y salvación). "No podemos comprender a Dios sino en la dualidad, en la dualidad dialéctica, en la que uno tiene que ser dos, para que pueda ser uno" (*Romanos,* p. 342), de modo que tenemos que "interpretar el *Sí* por el *No* y el *No* por el *Sí,* sin demorarnos más que un segundo en un *Sí* estático o en un *No* estático" (*Word of God and Word of Man,* p. 207). Sin su juicio no podemos recibir su gracia. El *No* de Dios significa que no hay absolutamente ningún camino desde nosotros hacia Dios; su *Sí* significa que Dios mismo ha hecho un camino hacia nosotros en Cristo, para nuestra salvación, por pura gracia.

En 1972 F.W. Marquardt propuso una relectura política de la teología dialéctica de Barth, relacionando su radical ruptura con el liberalismo (tanto teológico como ideológico) con su praxis política socialista, su denuncia del capitalismo liberal-burgués, y su vehemente rechazo del reformismo de Brunner. El concepto de Dios como "totalmente Otro" no es ontológico sino escatológico, su absoluta soberanía sobre la historia y la humanidad. Así es precisamente la trascendencia de Dios, bíblicamente entendida, que juzga todo sistema de opresión (para Barth Dios es el Dios de los pobres) e impide que la "religión" se utilice para legitimar "las peores atrocidades" (el sistema capitalista, la guerra). De igual manera, su Cristología fundamenta la relación entre teoría y praxis (*logos* y *sarx,* eternidad y tiempo) como también la opción por los oprimidos. Esta lectura política de Barth, inseparable de los elementos evangélicos de su teología, ha sido apoyada por H. Gollwitzer, G. Hunsinger, P. Lehmann, H. Mottu, y en América Latina por G. →Gutiérrez (*La Fuerza Histórica de los Pobres,* 1979, pp. 413s). JUAN E. STAM

TEOLOGIA FEDERAL →TEOLOGIA DEL PACTO

TEOLOGIA GERMANICA. Tratado anónimo probablemente de fines del s.XIV. Escrito en la tradición mística de fines de la Edad Media relacionada con los nombres de →Tauler y de →Eckhart. Recalcaba la humildad, la abnegación y una unión mística con Dios. La obra impresionó a Martín Lutero que creyó hallar en ella precedentes de su propia teología y publicó una edición incompleta en 1516. En 1518 publicó una edición completa con un prólogo en que declaraba: "ningún otro libro, salvo la Biblia y los de San Agustín, me ha llamado tanto la atención y me ha enseñado más acerca de Dios, Cristo, el hombre y todas las cosas". El libro en realidad no enseña la teología de Lutero, sino que revela la influencia de varias tradiciones teológicas medievales. En 1621 apareció en el →Indice, aunque nada contenía que lo hiciera antitético a la doctrina de la iglesia medieval. Desde la Reforma ha atraído a gran variedad de grupos, incluso los pietistas alemanes posteriores. Esta obra ha pasado por más de 150 ediciones impresas desde su publicación inicial. RUDOLPH HEINZE

TEOLOGIA MORAL. La aplicación a los problemas éticos, de las enseñanzas cristianas sobre derecho natural y revelación. Se la ha asociado mucho con la ICR como infalible guía e intérprete de la revelación y (a veces) se la ha considerado como casuística en el sentido peyorativo de complicados y triviales legalismos. En el mejor de los casos se la puede considerar, no como un intento de dar detalladas respuestas por anticipado, sino como provisión de sabiduría acumulada derivada de sus fuentes, que puede ser útil para los cristianos que encaran problemas morales. Las fuentes dichas son las Escrituras, la razón iluminada por la fe y la enseñanza de la iglesia (especialmente tal como aparece en →Tomás de Aquino y Alfonso →Ligorio), pero el peso que a dichas fuentes se les concede varía; la tradición católica pone más énfasis en la última que los protestantes.

Algunos protestantes han escrito obras de teología moral, notablemente el anglicano Jeremy Taylor y el puritano Richard →Baxter. Los anglicanos del s.XX dentro de la tradición católica, tales como K.E. Kirk, R.C. Mortimer y Herbert Waddams han tratado de revivir el interés por el tema. En general, los protestantes usan el término "ética cristiana", que se ocupa en gran medida de principios generales, en contraste con t.m., que aplica los principios generales a casos particulares. La tradición protestante, como reacción contra el peligro del legalismo en la t.m., destaca los aspectos individuales y subjetivos de la vida moral: la devoción personal y la obediencia a la voluntad de Dios.

La historia de la t.m. sugiere que existe un recurrente peligro de cierta clase de legalismo casuístico divorciado de la vida cristiana como un todo y que, en el peor de los casos, parece interesarse en descubrir qué cantidad de responsabilidad moral se puede lograr evadir. La conexión de la t.m. con el confesionario y los inevitables nexos con las disposiciones del derecho canónico tendieron a fomentar los aspectos legalistas y externos en la tradición romana pero los escritos recientes demuestran la tendencia hacia una visión total en la t.m. incluyendo los temas relacionados de la teología ascética, sacramental y pastoral. HOWARD SAINSBURY

TEOLOGIA NATURAL. Afirma el conocimiento de Dios obtenido de la creación fuera de los límites de la teología revelada en la Biblia. Sal 19; Ro. 1:19-21; Hch. 14:15-17 y 17:24-29 dan a entender una revelación natural de Dios obtenible de la naturaleza y la creación. Por lo común la cuestión no consiste en si hay alguna forma de revelación natural, sino en qué teología, si es el caso, puede derivarse de ella. →Agustín afirmaba que todo conocimiento acerca de Dios era revelado. →Anselmo desarrolló el argumento ontológico de la existencia de Dios que en esencia era un argumento racionalista divorciado de la revelación. →Tomás de Aquino modificó considerablemente las tesis de Agustín y de otros con su opinión escolástica de la razón y la revelación, tomando mucho de →Aristóteles. Entre →Tertuliano y Tomás se había producido un cambio en que la razón desplazaba a la revelación como punto de partida para el descubrimiento teológico.

Los reformadores generalmente subrayaron una vigorosa opinión sobre la revelación especial con una teología natural limitada por la condición caída del hombre. David →Hume atacó el argumento teísta de Tomás y desde entonces el debate se ha mantenido en pie. Karl →Barth y Emil →Brunner mantuvieron un acalorado diálogo en que Barth refutaba la t.n. recalcando la revelación especial dentro del contexto de su Teología de la Crisis. Brunner replicó con una limitada teología natural derivada de la creación. Entre los teólogos conservadores la tendencia ha sido hacia una limitada t.n. surgida de la revelación natural, suficiente para revelar a Dios pero insuficiente para redimir al hombre, lo que hace necesaria la revelación especial, especialmente por cuanto el depravado hombre ha pervertido este conocimiento natural (cp. Ro. 1). Los conservadores destacan también su vigorosa opinión respecto al carácter infalible de la revelación especial.

ROBERT C. NEWMAN

TEOLOGIA NEGRA. La t.n. tiene sus raíces en el cristianismo de los esclavos negros norteamericanos antes de la Guerra Civil en los EUA (1861-1865). Los amos blancos de aquel entonces intentaban destruir la cultura africana de los negros para quitarles cualquier sentido de su propia identidad y mantenerlos así sumisos frente a sus dueños. Al principio, los amos temían las posibles consecuencias de cualquier enseñanza religiosa para sus esclavos. Pero más tarde se dieron cuenta de que podían utilizar el cristianismo para someter a los negros. En este proceso recibieron el apoyo de muchas iglesias evangélicas. Por ejemplo, la Iglesia Metodista de Norteamérica condenó inicialmente la práctica de la esclavitud, según la doctrina de Juan →Wesley. Pero a principios del s.XIX cambió esta actitud, por la necesidad de usar mano de obra esclava en el sur de los EUA. Las iglesias "blancas" cerraron sus puertas a los negros. Esto sucedía tanto en el norte (por ejemplo, Richard Allen, pastor negro, fue expulsado del culto de una iglesia metodista en Filadelfia, en 1787), como en el sur.

Durante los años de esclavitud, algunos pastores negros como Henry Garnett, David Walker y Nat Turner predicaron contra la esclavitud en el nombre de Dios Soberano. Esta doctrina tenía sus raíces tanto en la tradición cristiana como en las religiones africanas.

Después de la Guerra Civil se dio libertad a los esclavos, pero estos siguieron siendo víctimas de la opresión, en una sociedad blanca racista. Como en la época de esclavitud, varios pastores negros criticaron duramente el racismo de entonces. Líderes eclesiásticos como Henry McNeal Turner proclamaron que Dios era negro. La mayoría de los cristianos negros desarrollaron un culto, aislado de la iglesia blanca dominante, que se centraba en la experiencia comunal de la adoración del Dios Soberano que en Jesucristo se identificó con los oprimidos. Los teólogos negros, desde Henry Turner hasta Martin Luther King, eran, sin excepción, primeramente pastores. Su teología se basaba en la experiencia cúltica de la iglesia negra.

El primer libro que llevó el título de "Teología Negra" fue *Black Theology and Black Power* (1969). ("Teología negra y poder negro") escrito por el teólogo negro James Cone. Cone trató de relacionar el movimiento militante del Poder Negro, que había surgido en la década de los 60 en los EUA, con una teología negra. Este movimiento rompió con el propósito de algunos líderes negros, incluyendo a Martin Luther King. Dicho propósito, la integración en la sociedad blanca, fue rechazado por los que apoyaban el Poder Negro, pues para este no se trataba sino de otra forma sutil del racismo. El Poder Negro buscaba la reivindicación del negro, aun, si era necesario, por medios violentos. El primer libro de Cone trató de vincular los propósitos del Poder Negro con el evangelio y la tradición cristiana. Cone continuó su reinterpretación de las doctrinas centrales de la fe cristiana desde la perspectiva negra en sus libros *Teología negra de la liberación* y *El Dios de los oprimidos.* En un esfuerzo semejante también trabajaba otro teólogo negro, J. Deotis Roberts, en su libro *Liberty and Reconciliation: A Black Theology* ("Libertad y reconciliación: una teología negra"). También editó la antología *Quest for a Black Theology* ("La búsqueda de una teología negra") con James Gardiner. Este movimiento teológico ha ejercido influencia sobre varios teólogos negros de otras partes del mundo (p.e., el Caribe y Sudáfrica).

La T.N., tanto en su forma norteamericana como sudafricana, ha desenmascarado el racismo implícito en el cristianismo blanco y ha redescubierto la enseñanza bíblica sobre la soberanía de Dios, su justicia y la identificación de Jesús con una raza oprimida. En este sentido, tiene ciertos paralelos con la →Teología de la Liberación. Cecil Cone, hermano de James, ha criticado la T.N. por haber perdido los vínculos con la iglesia y el culto negro, que fueron tan importantes en el siglo anterior. James Cone ha tratado de rectificar esta deficiencia.

PABLO LEGGETT S.

TEOLOGIA PASTORAL. Aplicación práctica de las Escrituras a la relación entre el ministro del evangelio y el pueblo de cuyo bienestar espiritual está encargado. Es teología porque trata de las cosas de Dios y su Palabra. Es pastoral, porque se relaciona con un pastor y su pueblo.

Los preceptos básicos de la t.p. se hallan en el NT. Pablo se dirige a los ancianos de la iglesia de Efeso (Hch. 20:17-35) con palabras que muestran su compasión e interés hacia el pueblo y su propia entrega a Cristo y su servicio. Esta relación vital entre pastor y pueblo se subraya aun más en las cartas de Pablo a Timoteo y Tito. Aparecen detalles de organización y administración, entretejidos con los cuales hay solemnes advertencias y llamados respecto a que el principal interés del ministro es cultivar el carácter cristiano maduro en sí mismo y en su pueblo.

Todas las denominaciones de la iglesia cristiana reconocen la importancia de esta rama de la teología y toda institución de adiestramiento para ministros tiene un departamento de t.p. o práctica. Por regla general abarca adiestramiento en el arte de la predicación y en la ciencia de la homilética, pero el mayor énfasis se pone en el carácter del pastor y el cuidado de las almas. Este cuidado se ejerce de diversos modos, tales como la visitación de hogares para tratar de problemas espirituales, o entrevistas personales en el hogar del ministro o en la oficina de la iglesia. En años recientes se ha producido un mayor énfasis en la psicología como auxiliar del cuidado pastoral. Muchas de las iglesias grandes han ampliado el ámbito de su interés pastoral nombrando capellanes para la industria, los colegios y las universidades.

ADAM LOUGHRIDGE

TEOLOGIA RADICAL →MUERTE DE DIOS, TEOLOGIA DE; SECULARIZACION, TEOLOGIA DE LA.

TEOLOGIA SISTEMATICA. En teología, la fe trata de interpretar, comprender y exponer la riqueza de la revelación de Dios que se le pone por delante en su Palabra. La →revelación, al percibirla nosotros, parece constar de un sinnúmero de sucesos, hechos salvíficos y verdades que hallan su expresión en una serie de doctrinas teológicas distintas. A base de la creencia de que Dios es uno y tiene el propósito de revelarse en la unidad de su actividad, la teología trata de presentar toda la gama de su conocimiento de la revelación como un todo coherente y vivo.

Por esta razón el debate teológico se ha emprendido siempre de la manera más metódica posible. Los primeros esfuerzos por tratar de hacer justicia a la unidad de la revelación los hicieron, p.e., →Juan Damasceno en *Fons Scientia* y en Occidente, →Pedro Lombardo en su *Sententiae*. →Tomás de Aquino trató asimismo de dar unidad a un sistema teológico al asimilarlo a lo que él consideró una filosofía cristiana. En la Reforma →Melanchton en su *Loci* trató de dar un "sistema de posiciones doctrinales" sacadas de la Palabra de Dios. Tales teologías tendían a tomar el orden de discusión sugerido en las Sagradas Escrituras, empezaban con la creación y el pecado del hombre, luego discutían la ley y el evangelio, y terminaban con las últimas cosas.

Más que cualquiera de sus predecesores. →Calvino en su *Institución* trató de hacer justicia a la creencia de que la unidad y la racionalidad del Dios único se reflejaban en su revelación. Intentó mostrar la relación recíproca de cada doctrina con la otra y cómo cada una debe interpretarse como parte del todo viviente. Trató de hacer que Cristo, y no un principio cualquiera, fuera el centro predominante. En el s.XVII la teología tendió a volver de nuevo en una discusión de una serie de doctrinas diversas, de las cuales cada una aparte del todo podría justificarse de por sí. Además, se tendía a emplear la Biblia de manera fragmentada en apoyo de proposiciones individuales sin consideración a la totalidad de la historia de la salvación.

Se ha considerado a →Schleiermacher el primer teólogo que jamás haya captado un principio teológico central, y que, en vista de ello, haya desarrollado un sistema entero en que cada doctrina se discute cuidadosamente con relación a la unidad del todo a la luz del principio predominante. En el s.XIX, presionados por la idea de que la revelación misma no tenía racionalidad inherente, los teólogos, en vez de emplear la filosofía como instrumento y medio de ilustración teológica, dejaron que su filosofía subyugara y formara de nuevo su teología, y que le impusiera la norma del pensamiento contemporáneo en la producción de sistemas que tenían a menudo poca relación con el evangelio o con la Biblia. Y sin embargo ningún sistema podrá completarse por sobre la revelación y la Escritura.

RONALD S. WALLACE

TEOLOGOS-JURISTAS ESPAÑOLES. Prominentes pensadores influidos por →Tomás de Aquino y a quienes se les solicitó dictaminar sobre la validez de la conquista y colonización. Durante la primera fase de la conquista, universidades como las de Alcalá y Salamanca contaron con figuras de primer orden en el mundo teológico español como →Vitoria, →Soto, →Bañez, Molina y posteriormente Suárez.

Los t.j. se enfrentaron a una primera crisis: el derecho de colonización que tenía España en América. Cuando →Montesinos inició su lucha por la justicia, comenzaron también una serie de controversias teológico-jurídicas. Los t.j. se plantearon la pregunta sobre la racionalidad de los indígenas, el justo título y la evangelización. A raíz de estas controversias se promulgaron varias leyes, como las de Burgos de 1512.

Con los t.j. España se dio a la tarea de formular una *teoría* de la conquista y colonización. Chocaron dos posturas básicas: la sostenida por los colonos, apoyados por teólogos que no creían en la racionalidad ni la capacidad para gobernarse de los indígenas (Ginés de →Sepúlveda), y la de los misioneros que defendían a los indígenas (→Las Casas). Las Casas utilizó las conclusiones de t.j. como Vitoria y Soto.

Todos los t.j. concordaban en que el acto público de la donación limitaba los poderes a los reyes católicos. Junto al poder político estaba el espiritual: convertir, misionar estas tierras.

Se estableció, además, que los infieles eran capaces de dominio político (que retenían al convertirse). No obstante la iglesia podía someterlos si eran una amenaza a la fe, aun después de convertirse. Se les podía hacer la guerra justa si blasfemaban o entorpecían la predicación.

Los t.j. promovieron la elaboración del derecho indiano. Insistieron en darle al indígena, en las Leyes de Indias, un lugar como ciudadano. La mayoría de estos t.j. llamaron la atención sobre los abusos de la conquista y colonización. Sin embargo, muy poco efecto tuvieron en la práctica todas estas disgresiones teológico-jurídicas.

CARMELO E. ALVAREZ

TEOPASQUITAS. De un término griego que denota a los que enseñan que Dios sufrió. Los contemporáneos aplicaron esa descripción a aquel grupo de supuestos →monofisitas que enseñaban que al sufrir Jesús en la cruz, en realidad fue Dios el que sufrió; en las palabras de su fórmula: "Uno de la Trinidad sufrió en la carne y fue crucificado". Desde el 519 esta doctrina la enseñaron públicamente ciertos monjes escitas de Constantinopla, así como también Juan Majenciotius. Si bien su pretensión a la ortodoxia la aceptó el emperador Justiniano, halló la oposición del patriarca local y del papa, quienes han recibido el fallo de la historia. J.D. DOUGLAS

TEOSOFIA. Existen diversas escuelas de ideas más o menos →gnósticas que pueden clasificarse bajo el nombre de "teosofía" ("sabiduría divina"), entre las cuales se hallan algunos movimientos como los →rosacruces, la →antroposofía, ciertas formas de →espiritismo y ocultismo, algunas ramas de la →francmasonería, y en general diversas escuelas esotéricas o sectas mistéricas que insisten en la necesidad del conocimiento *(gnosis)* de cierta sabiduría secreta y antigua, a la que se llega frecuentemente por medio de ceremonias de iniciación en diversos grados. Estas doctrinas proceden en su mayoría de las especulaciones y concepciones del →hinduísmo, relacionadas y alimentadas con ciertas enseñanzas egipcias, griegas (Pitágoras, Platón) y gnósticas: en resumen, doctrinas provenientes de diversos tipos de religiosidad pagana, a las que se agregan a veces las enseñanzas de los alquimistas y otros especuladores medievales.

Entre las enseñanzas comunes de estos grupos se hallan la reencarnación, el desarrollo de facultades psíquicas ocultas, la creencia en el *karma* (ley de causa y efecto según la cual toda acción humana tiene consecuencias en vidas posteriores), la división del mundo en siete "planos", la existencia de diversas jerarquías de espíritus, y la iluminación procedente de grandes "maestros" o "adeptos" que se encarnan para guiar a los hombres. Se concibe a Dios como un Absoluto impersonal, o bien hay una concepción panteísta del universo.

Explícita o implícitamente se considera el mundo material como bajo, como una etapa que debe superarse en el proceso de evolución a lo largo de muchas vidas. El cuerpo, pues, no forma parte de la persona, sino que ésta es una "mónada" espiritual que se encarna repetidas veces hasta quedar libre en el *nirvana.* Esta evolución se basa en el esfuerzo personal, en una creciente espiritualización ayudada a veces de diversas formas de ascetismo y disciplina (p.e. el vegetarianismo), y sobre todo en la asimilación de los "misterios" de la sabiduría esotérica que según ellos es el común denominador de todas las religiones.

A Cristo no se le ve como Dios hecho hombre, sino como uno más entre los adeptos, a cuyo grado de evolución cualquier hombre puede llegar (es decir, no es Dios que ha bajado a los hombres, sino un hombre que ha progresado hasta hacerse como Dios). Es común a todo este tipo de escuelas el asegurar que uno puede a la vez pertenecer a ellas y ser cristiano, pero es porque conciben el cristianismo como un conjunto de doctrinas y como una ley moral, pero no en términos de una entrega personal a Jesucristo como Señor y Redentor. No conciben el perdón sino la retribución por el *karma;* ni la redención por Cristo, sino la evolución personal.

En sentido estricto, el término "t." se aplica a la Sociedad Teosófica, que fue fundada en Nueva York en 1875 por H.S. Olcott y H.P. Blavatsky, los cuales aseguraban haber sido iluminados por los grandes maestros para difundir por fin esa sabiduría por largo tiempo escondida. Los sucedieron Annie Besant y C.W. Leadbeater; éste fue luego obispo de la llamada "Iglesia Católica Liberal" mediante la cual la t. trató de revestirse de lenguaje occidental cristiano. Desde el principio la Sociedad se estableció en Madras, India, donde recibió mayor influencia del hinduísmo; en 1912 Besant y Leadbeater proclamaron a un niño hindú, Jiddu Krishnamurti, como la reencarnación del Maestro Supremo, pero años después él rechazó su función y se apartó de la t.

CARLOS ALONSO VARGAS

TEOSOFIA EN AMERICA LATINA. En AL la t. comenzó a difundirse a fines del siglo pasado y principios del actual, en medio del pensamiento liberal que impugnaba el arraigado dominio del clero católico sobre la vida cultural y política de los países. En aquel entonces los librepensadores se dividieron en dos grupos: los que optaban por el materialismo y el →positivismo, y los que seguían alguna corriente "espiritualista" (e.d., creían en algún tipo de realidad espiritual) pero opuestos también al catolicismo rígido e impositivo de la época. Entre éstos muchos se afiliaron a la t. y a la →francmasonería, hallándose entre ellos una serie de personalidades intelectuales del continente, por ejemplo poetas, artistas y pensadores (Amado Nervo en México, Claudia Lars y Salvador Arrué en El Salvador, y en Costa Rica, Roberto Brenes Mesén, Tomás Povedano, Omar Dengo, Rogelio Sotela y José B. Acuña), así como algunos estadistas (p. ej. Maximiliano Martínez en El Salvador y Julio Acosta García en Costa Rica), para no mencionar sino unos pocos.

La t. parece haber arrancado en AL primero en Argentina. En enero de 1893, solo 18 años después de haber nacido la Sociedad Teosófica en Nueva York, se fundó una "rama" en Buenos Aires. Antes de terminar el siglo había una segunda en Buenos Aires y otra en Rosario. De Argentina la t. se extendió a Uruguay, Paraguay, Chile y Brasil. En 1901 ya había tres ramas en Argentina, dos en Uruguay, tres en Chile, una en Brasil y otra en el Perú.

Argentina llegó a ser un centro importante para la t. latinoamericana. En 1919 había ramas suficientes para formar una Sociedad Nacional de t., con autorización de la presidenta de la Sociedad Internacional, Annie Besant. En 1944, al celebrarse el vigesimoquinto aniversario de la Sociedad, había 50 ramas en el país con una editorial a su servicio en Buenos Aires.

Costa Rica llegó a ser un centro importante en Centro América. La primera rama se estableció en San José en 1904 y de allí se extendió la t. a otros países centroamericanos. Al principio el avance fue tal que el obispo de Costa Rica, Juan Gaspar Stork, la consideró como amenaza y en 1912 emitió una circular a todas las iglesias para combatirla.

El pensamiento teosófico durante las primeras décadas después de su introducción en AL alcanzó así gran vigencia y resonancia en la sociedad latinoamericana, y frecuentemente provocó polémicas periodísticas, ya con los materialistas o ya con los clericales. Sin embargo durante los últimos años ha perdido fuerza. Ya no puede decirse que se trate de un movimiento muy extenso; no obstante la Sociedad posee logias en todas las grandes ciudades del continente, y goza de cierta popularidad entre intelectuales y estudiantes, junto con las otras escuelas de religiosidad oriental y ocultista que se han multiplicado en años recientes.

CARLOS ALONSO VARGAS

TEOTOKOS →THEOTOKOS

TERCIARIO. Persona laica que pertenece a una tercera orden monástica, después de los monjes y las monjas. Los t. ingresaron en los →franciscanos en el s.XIII, en los ermitaños →agustinianos en 1400, en los →dominicos en 1405, en los →servitas en 1424 y en los →carmelitas en 1452. Se hallaban también en otras órdenes. Esta categoría se estableció a fin de que los laicos pudieran participar en la obra de las órdenes. En cuanto a disciplina interna estaban sujetos a la dirección de la orden, pero la disciplina externa recaía solamente sobre el obispo. Los sacerdotes de las órdenes formaban capítulos de t. que recitaban un oficio, se sometían al noviciado, estaban sujetos a la disciplina, pero no profesaban votos. Los t. regulares viven en un convento. Solo los t. regulares franciscanos tienen una regla por separado. JOHN GROH

TERESA DE AVILA (1515-82). Mística y poetisa española, fundadora de la orden de →Carmelitas Deslcazos. Su verdadero nombre era Teresa de Cepeda y Ahumada. Por parte de padre, era de ascendencia judía, y tanto su abuelo paterno como su padre, entonces niño, y sus tíos habían sido condenados por la →Inquisición de Toledo a llevar sambenitos, en penitencia pública por sus costumbres judaizantes.

A los 21 años, contra la voluntad de su padre, ingresó en el convento carmelita en Avila. Poco después enfermó de gravedad, y quedó inválida por varios años. Pero su personalidad y genio eran tales que el locutorio de su convento se volvió uno de los lugares favoritos de tertulia en la ciudad de Avila. Allí acudían las gentes a conversar con T. quien, al tiempo que se gozaba de su popularidad, se dolía de que esto interrumpía la vida de devoción a que se había dedicado.

A la postre, contemplando una imagen de Cristo "muy herido", decidió cambiar su género de vida, y dedicarse por entero a la devoción. De allí surgió un gran movimiento de reforma dentro de la orden de los Carmelitas, cuyo resultado fue la fundación de los Carmelitas Descalzos, con una rama femenina y otra masculina. Teresa es la única mujer en toda la historia de la iglesia que ha fundado una orden para mujeres y otra para varones. En esta última tarea, su principal colaborador fue →Juan de la Cruz.

La oposición a su obra fue grande. Pero todo ello T. lo venció con una mezcla de dulzura y firmeza que resultaba invencible.

Sus visiones comenzaron en respuesta a la oposición de la Iglesia, y en particular de la →Inquisición. Muchos de los libros que T. había leído, y donde iba a tomar solaz espiritual, fueron condenados por la Inquisición. Como obediente hija de la iglesia, T. dejó de leerlos. Pero en medio de su desolación escuchó que Jesús le decía: "No temas, yo te seré libro abierto". A partir de entonces sus visiones y otras experiencias místicas se multiplicaron. T. no sabía si esto era obra de Dios o si "era demonio". Buscando ayuda acudió a varias docenas de confesores distintos. A la postre se convenció de que era de Dios, y con ello aumentaron su seguridad y firmeza.

A petición de uno de sus confesores, compuso el *Libro de su vida,* que se ha vuelto obra clásica de la literatura devocional. Lo mismo puede decirse de las *Moradas* o *Castillo interior,* y de sus poesías, de las cuales la más conocida es la que comienza "Vivo sin vivir en mí".

T. murió en Alba de Tormes en el 1582. En el siglo siguiente fue beatificada y canonizada y así se le conoce mejor como Santa Teresa de Jesús. Por último, en 1970, el papa Paulo VI le dio el título de Doctora de la Iglesia. Fue ella la primera mujer en recibir ese título, conferido antes a treinta varones.

JUSTO L. GONZALEZ

TERESA, MADRE (Inés Gonxha Bojaxhiu) (n.1910). Misionera en la India. N. en Yugoslavia, hija de un almacenero albanés. Viajó a la India en 1928 como profesora de la ICR. Pronto sintió gran compasión por los pobres de Calcuta y después de estudiar enfermería se trasladó a los barrios bajos. En 1948 fundó la orden de las Misioneras de la Caridad y organizó escuelas y dispensarios. Adquirió la nacionalidad india y adoptó el sari como hábito de su orden, lo cual recibió la sanción canónica de Pío XII en 1950. Se construyó una colonia para leprosos y se atendió a los ciegos, a los lisiados, a los ancianos y a los moribundos. En 1963 el gobierno de la India le rindió honores. En 1964 Paulo VI al visitarla le dio una limosna, que luego vendió y donó el precio en bien de su obra entre los leprosos. En 1971 recibió el primer Premio de la Paz de Juan XXIII. Para mediados de los años setenta su orden ascendía a unas 700 monjas en 60 centros de Calcuta y 70 centros mundiales desde Inglaterra hasta Australia. [En 1979 recibió el Premio Nóbel de la Paz.]

J.D. DOUGLAS

TERTULIANO (c.160-c.220). Moralista, apologista, y teólogo africano. Poco se sabe de su vida. Educado en el paganismo culto de Cartago, asimiló una sólida preparación literaria, retórica y quizás jurídica. Es posible que haya ejercido de abogado, pero no se le identifica con el jurista romano Tertullianus, aunque probablemente visitó Roma. Tras una inmoralidad moderada llegó a ser cristiano en circunstancias desconocidas, quizás influido por la fortaleza de los mártires. Se casó con una cristiana y puede que haya tenido hijos y haya enviudado, rechazando las segundas nupcias como →montanista. No fue presbítero, sino más bien catequista o maestro. Después de adoptar "la nueva profecía", abandonó la iglesia católica hacia el 206. →Agustín informó que posteriormente T. dejó el montanismo para fundar la secta de los tertulianistas, cuyo último remanente se había reincorporado a la iglesia católica en Cartago durante la vida de Agustín. Sin embargo, puede que "tertulianista" haya sido la designación africana de montanista.

Se conoce a T. casi exclusivamente por sus escritos. Sus obras griegas (sobre el bautismo, los juegos públicos y el teatro, y sobre la imposición de vela a las vírgenes, e.d., para los cristianos locales de habla griega) ya no existen, pero quedan 31 obras latinas, primer monumento de la literatura cristiana latina. (Entre las obras perdidas figuraban *Extasis, Paraíso, Destino, Esperanza de los creyentes, Carne y alma* y *Contra los apelianos.)* Sus escritos abarcan más o menos el periodo de

196 a 212; su orden cronológico es a menudo dudoso. Casi todos son controversiales y revelan una preocupación inicial con la apologética y las costumbres cristianas, y después en parte con la refutación de herejes y gnósticos. Pero el montanismo intensificó su empuje ético y ascético.

Varias apologías, notablemente la *Apología* propiamente dicha (c.197), destacan los absurdos legales y morales de la persecución, en tanto que *A los mártires* (197) da aliento a los "atletas" cristianos encarcelados. *El testimonio del alma* (198), inspirado por el estoicismo, discierne el *anima naturaliter christiana* en exclamaciones espontáneas como "¡Dios mío!"

La *Prescripción contra los herejes* (203) les niega recurrir a las Escrituras, que en verdad son patrimonio solo de las iglesias de linaje apostólico. Los →gnósticos y →docetas son blancos de varios tratados, c.204-7, particularmente *El alma* (c.206), una larga y erudita refutación de la psicología gnóstica. *Contra Marción* (207/8), refundida y ampliada dos veces, se vale de refutaciones anteriores perdidas y constituye una fuente de incalculable valor. El tratado montanista *Contra Praxeas* (c.210) es la más avanzada exposición de la doctrina trinitaria hasta la fecha.

Desde el principio, las obras prácticas de T. abogan por la separación de la sociedad pagana. *Idolatría* (196/7) desaprueba numerosas profesiones contaminadas por el paganismo (cp. *La corona del soldado,* 208) en tanto que otros tratados versan sobre *La modestia* (196-c.206) y *Espectáculos* (196/7). Su ingreso al montanismo intensificó este rigorismo. Tras tolerar con renuencia las segundas nupcias en *A su mujer* (c.200), las condenó abiertamente en *Monogamia* (c.210). Antes toleraba la huida de la persecución, mas después su *Huída de la persecución* (c.208) proscribió todo esfuerzo "no espiritual" de evitar el martirio. *La Penitencia* católica (c.200) permitía una sola penitencia posbautismal.

T. produjo asimismo la más antigua exposición del padrenuestro en *La Oración,* y el primer tratado existente sobre el *Bautismo* (ambos c.200). Son de forma catequística y homilética, como también *La Penitencia* y *La Paciencia* (c.200); puede que otros escritos tengan semejante origen o estructura.

El brillo sofista y la versatilidad literaria de T., su recio tesón como disputador y polemista, su fecundidad en expresar sentencias memorables, y su ferviente inmediatez religiosa hacen de él un escritor cautivante como también un valioso espejo del cristianismo africano primitivo. Influyó magistralmente en el genio de la iglesia africana y en la teología posterior no solo del Occidente, al dar la terminología para las formulaciones trinitarias y cristológicas clásicas y al fomentar el desarrollo de la dogmática. Promovió interpretaciones latinas adornadas jurídicamente de la obra de Cristo y de las relaciones entre Dios y el hombre, aunque suposiciones fáciles han exagerado la importancia de su experiencia jurídica. Los principales influjos no cristianos sobre su pensamiento fueron el estoicismo y la tradición retórica.

D.F. WRIGHT

TESORO DE MERITOS *(Thesaurus meritorum).* Doctrina de que la ICR tiene acumulados y a su disposición, como en un banco, los méritos infinitos de Cristo y los méritos supererogatorios (e.d., extras o sobreabundantes) de María y los santos. →Alejandro de Hales desarrolló esta doctrina que forma parte de la de las →indulgencias.

De acuerdo con la teología de la ICR la persona que peca incurre en pena eterna y temporal. Al confesar su pecado el penitente, el sacerdote lo absuelve de la culpa y la pena eterna pero queda la temporal que el penitente mismo tiene que pagar en esta vida o en el purgatorio.

Pero la Iglesia puede ser "indulgente" con el penitente, remitiendo la pena temporal de sus pecados, girando sobre este tesoro de méritos y aplicándolos a la cuenta del endeudado. Esto se hace en vista de alguna consideración y a concesión especial de los jerarcas a base del "poder de las llaves". (Mt. 16:19).

En 1476 el papa →Sixto IV decretó que los beneficios de las indulgencias valen para las almas en purgatorio, habiendo quien, estando vivo, las consiguiera. Esto dio lugar para los abusos de la doctrina que provocaron la erupción de la Reforma Luterana.

WILTON M. NELSON

TESTIGOS DE JEHOVA. Este movimiento se originó con C.T. →Russell con el nombre de *Watch Tower Bible and Tract Society* y la Asociación Internacional de Estudiosos de la Biblia (que no ha de confundirse con la Asociación Internacional de Lectores de la Biblia). El título de T. de J. fue asumido en 1931 bajo el sucesor de Russell, J.F. →Rutherford. A la muerte de este último en 1942 el liderazgo quedó en manos de Nathan H. Knorr (1905-77).

Desde el punto de vista teológico los T.

de J. se parecen a los arrianos en su idea de que el Hijo fue el primero y más excelso de los seres creados. Se le identifica con el Arcángel Miguel. Cuando se hizo hombre, se hizo simplemente un hombre y, aunque en su resurrección fue exaltado sobre los ángeles como ser espiritual, su cuerpo permaneció muerto, aunque Jehová lo retiró de la vista. Las apariciones de Cristo ocurrieron en "cuerpos materializados". El Espíritu Santo es según ellos simplemente la "fuerza activa de Dios".

Como hombre perfecto Jesús murió para rescatar a todos los descendientes de Adán de la muerte física que el pecado de Adán les había infligido. "Como hombre sin hijos que fue, su descendencia humana no nacida compensó toda la raza que Adán ha reproducido". Puesto que los T. de J. no creen en un alma que pueda vivir separada del cuerpo (→INMORTALIDAD CONDICIONAL), el propósito primordial del rescate efectuado por Cristo es dar el derecho ya sea de no morir físicamente o de ser restaurado mediante la resurrección.

La salvación se logra mediante la fe en el rescate, mediante el bautismo por los T. de J., y mediante la proclamación de su mensaje, junto con una vida moral. No existe virtualmente interés alguno en la vida devocional. La Cena del Señor se celebra solo una vez al año en la Pascua, y solo pueden participar aquellos que tengan la certeza interior de ser miembros de la élite de los 144.000.

La secta ha estado continuamente a la espera del Armagedón y el establecimiento pleno del reino. Este reino será gobernado por Jesucristo por medio de los 144.000 en el cielo, y en la tierra mediante un número indeterminado de "hombres de buena voluntad", "otras ovejas" o "Jonadabs". Esta casta adicional fue descubierta cuando resultó obvio que los T. de J. sumaban más de los esperados 144.000. El resto de la humanidad será resucitado a intervalos, a excepción, presumiblemente, de los que pelearon contra Dios en Armagedón y serán juzgados para la vida o la destrucción según su comportamiento durante el Milenio. En la obra *Life Everlasting in Freedom of Sons of God* se pensaba que probablemente el año 1975 sería el comienzo del reino milenario.

El movimiento es probablemente el grupo religioso más autoritario del mundo. La dirigencia central les dicta a los miembros lo que deben hallar en la Biblia y no pueden desviarse. Así es que la transfusión de sangre debe rechazarse como si la Biblia la proscribiera. Los dogmas pueden cambiarse. En 1929, en la revista *La atalaya,* "se reveló la luz" de que las autoridades de que se habla en Romanos 13 no son gobernantes terrenos, sino Jehová y Jesucristo, y los libros de Rutherford tomaron esta perspectiva. Los libros recientes (p.e. *Life Everlasting*) han regresado a la interpretación ortodoxa. Se decía que los 144.000 habían resucitado en 1918 (ver *Sea Dios veraz,* p. 192ss.), pero ahora resulta que resucitarán en el Milenio (p.e. *Things in which it is impossible for God to Lie,* p.350s.).

La secta tiene más de un millón de miembros activos que tienen el título de "proclamadores" (de la buena nueva del reino) y cierto número de "pioneros" a tiempo completo. Además hay por lo menos otro millón de simpatizantes. Cerca del 30% viven en EUA, 8% en Alemania Occidental, y 5% en Gran Bretaña. Muchos t. han permanecido firmes bajo grandes persecuciones, especialmente bajo regímenes comunistas. Puesto que su teología se basa en la afirmación de que Jesucristo no es Jehová, debe notarse que Jn. 12:39-41 dice que él fue a quien Isaías vio en el Templo, e Is. 6:5 dice que este era Jehová. En Ap. 1:17 Cristo se describe a sí mismo como "el Primero y el Ultimo", que es el título exclusivo de Jehová en Is. 44:6. Similares equiparaciones pueden notarse en 1 P. 2:8 (Is. 8:13,14) y Ap. 2:23 (Jer. 17:9, 10). J. STAFFORD WRIGHT

TESTIGOS DE JEHOVA EN AMERICA LATINA. Antes del fin del s.XIX ya habían llegado los escritos de Carlos T. →Russell a AL. Hasta donde se sabe fueron introducidos primero en Panamá, donde había mucha gente angloparlante que había emigrado de las Antillas para trabajar en la construcción del Canal. Por el año 1900 se había organizado una "clase" en Colón. Al principio la obra se hacía solo entre la gente de habla inglesa. En 1910 el grupito recibió el apoyo de los russellistas de Jamaica y en 1913 el mismo "pastor" Russell les visitó.

En 1910 un inglés, residente en Guatemala, que visitaba Canadá conoció el libro principal de Russell *(Divine Plan of the Ages)* y se convirtió a la nueva fe. Por el año 1920 empezó a "diseminar la verdad" en el país centroamericano.

A pesar de que algunas de las obras de Russell se tradujeron al español durante su vida, hubo poquísima actividad de la secta en AL y, de lo poco que se hizo, la mayor parte se realizó entre los de habla inglesa.

Durante la época de José F. →Rutherford

hubo un poco más de actividad misionera. Muchas de sus obras fueron traducidas al español. Rutherford mismo visitó Panamá (1931) y España (1925), donde desde 1919 se publicaba la revista *La Torre del Vigía*. Los T.J. iniciaron obra en Brasil (1920), en Argentina (1924), en Costa Rica (antes de 1931) y en Cuba y Venezuela (antes de 1939). No obstante, al morir Rutherford (1942) solo había 807 fieles en toda AS.

Con el año 1943 comenzó una época de extraordinario crecimiento para los T.J. Se debió principalmente a que se emprendió un ambicioso programa misionero que recibió su más decidido impulso de una escuela de capacitación de obreros ("Escuela Bíblica Galaad"), fundada en 1942, cerca de Ithaca, Nueva York. Los graduados salieron como misioneros a todas partes del mundo, especialmente a AL. En 1947 (solo cinco años después de su fundación) 117 graduados se hallaban en 12 diferentes países de AS.

En AL el número de adeptos empezó a aumentar en forma vertiginosa como indican las siguientes estadísticas: 1949: 20.749; 1957: 59.336; 1975: 330.642.

Este crecimiento también podría atribuirse a la atracción que tiene para los latinoamericanos, oprimidos por la injusticia social, el mundo utópico que ofrece la teología de los T.J. y a la desilusión que sienten ante la corrupción política en sus países.

En algunas naciones latinoamericanas los T.J. han sufrido vejámenes graves, especialmente en aquellas en donde predominan regímenes dictatoriales tanto de izquierda como de derecha. Poco después del triunfo de la Revolución Castrista, la secta fue suprimida en Cuba. En 1976 el gobierno militar de Argentina tomó una decisión similar, alegando que la secta sostiene principios contrarios a la nacionalidad, a las instituciones del Estado y a preceptos fundamentales de su legislación (v.g. el rehusar rendir tributo a la bandera nacional y entonar canciones patrias).

WILTON M. NELSON

TETRAPOLITANA, CONFESION (1530). Confesión de fe protestante preparada por Martín →Bucero y Wolfgang →Capito en la dieta de Augsburgo, y presentada por Jacobo Sturm a nombre de las cuatro ciudades de Estrasburgo, Memmingen, Lindau y Constanza. Tuvo por objeto evitar un rompimiento en el protestantismo alemán. Tenía afinidades zwinglianas, pero sus fórmulas doctrinales se basaban en la Confesión de Augsburgo, un ejemplar de la cual habían conseguido los compiladores. No tuvo la aceptación general que tuvo el documento de Augsburgo, mas sí se convirtió en la fórmula simbólica de las cuatro ciudades. Junto con el "Catecismo mayor" de Bucero, Estrasburgo la aceptó por obligatoria para esa ciudad (1534), en base a lo cual los magistrados decretaron el destierro de los →anabaptistas persistentes.

J.G.G. NORMAN

TETZEL, JUAN (c.1465-1519). Fraile dominico alemán. Su único derecho a la fama es su tráfico de →indulgencias en Jüterbock, cerca de Wittenberg, un poco más allá de la frontera sajona. Sus declaraciones exageradas agitaron la preocupación pastoral de Martín Lutero (muchos wittenbergueses le habían comprado indulgencias a T.) a tal punto que Lutero formuló una serie de tesis para el debate académico. Estas son las →noventa y cinco tesis del 31 de oct. de 1517. T. era subcomisario de las regiones de Magdeburgo y Halberstadt y las indulgencias se vendían ostensiblemente para la construcción de la basílica de San Pedro en Roma, aunque →Alberto, el elector de Maguncia, recibió una parte de las ganancias, las cuales le ayudaron a pagar las deudas que tenía con la casa bancaria de los Fugger.

CARL S. MEYER

TEUTONES, ORDEN DE CABALLEROS →CABALLEROS TEUTONICOS

THEOTOKOS (gr. *theotokos* = "paridora de Dios" o "madre de Dios"). Título dado a María, la madre de Jesús. Preferido por la escuela alejandrina de teólogos a partir de →Orígenes, este título les ayudó a conservar la cristología del "Verbo-carne". A este término se opuso Nestorio en el s.V, pues queriendo destacar la humanidad de Jesús propuso los títulos conciliadores de *Christotokos* ("paridora de Cristo") o aun *theodojos* ("recibidora de Dios"). Sin embargo, *t.* tuvo el apoyo militante de →Cirilo de Alejandría en su epístola pascual del 429 y recibió la aprobación de los concilios de →Efeso (431) y de →Calcedonia (451). El equivalente latino usual era *Dei Genitrix* ("madre de Dios") y no la forma literal *Deipara*.

PETER TOON

THOMSON, DIEGO (1788-1854). Célebre colportor y educador. N. en Creetown, Escocia. Por unos años fue co-pastor de una Iglesia Bautista en Edimburgo. En 1818 fue a Argentina como representante de la →Sociedad Bíblica Británica y del sistema educacional de →Lancaster. De esta manera T. pudo combinar su interés en la educación con su ardiente deseo de distribuir las Escrituras. En 1819 el gobierno argentino lo nombró director de la educación primaria y a base de este cargo estableció el sistema lancasteriano en Buenos Aires y lo introdujo también en Montevideo. Como recompensa se le confirió la ciudadanía honoraria de Argentina.

En julio de 1821 T. aceptó una invitación de Bernardo →O'Higgins, libertador chileno, para establecer colegios en Chile. Allí también fue hecho ciudadano de honor. Luego en 1822 se dirigió al Perú por invitación de José de →San Martín. La guerra de Independencia todavía no se había terminado; sin embargo T. pudo establecer allí una obra duradera. En todos esos lugares estimuló la distribución de las Sagradas Escrituras. Al salir del Perú se dedicó a trabajar a tiempo completo para la Sociedad Bíblica Británica y Extranjera. En 1824 pasó por Ecuador donde vendió Biblias con el apoyo de tres gobernadores y algunos monjes. En Bogotá estableció (1824) una Sociedad Bíblica Nacional, con ministros del nuevo gobierno de Nueva Granada como presidente y vicepresidente, y un comité ejecutivo de 20 personas, de los cuales 10 eran sacerdotes. Regresó a Inglaterra brevemente y en 1827 se hallaba en México donde vendió muchas Biblias.

Desde 1831 a 1838 trabajó para la Sociedad Bíblica en las Antillas y posteriormente en Francia, España y Portugal. En 1852 hizo un llamado a las iglesias británicas para fundar una sociedad misionera para AL pero su muerte en 1854 no le permitió ver la realización de su ideal.

T. fue el primer colportor protestante en AL. Aprovechó el momento del resentimiento contra el Vaticano producido por su renuencia a reconocer como legítimos a los nuevos estados americanos. Por eso tuvo una aceptación cálida y pudo vender muchos ejemplares de las Sagradas Escrituras. Este trabajo, sin embargo, no provocó la auto-reforma de la ICR en AL que Thomson esperaba. El pequeño sector de la población que en aquel entonces sabía leer, no poseía la independencia necesaria para adoptar una actitud de crítica eficaz frente a la iglesia establecida.

JUAN B.A. KESSLER

THOMSON, JUAN FRANCISCO (1843-1933). Predicador metodista y pionero de la obra evangélica en la →Argentina. N. en Escocia, pero emigró a la Argentina, junto con sus padres, a los ocho años, en momentos de gran transición para ese país. De origen presbiteriano, se convirtió siendo muy joven. Habiendo sentido el llamado al ministerio cristiano, se matriculó en la Universidad Wesleyana de Ohio (EUA), de donde regresó en 1866. Allá se casó con Elena Goodfellow, sobrina de su padre espiritual, Guillermo Goodfellow, quien fue pastor, luego superintendente por trece años de la obra metodista en Argentina.

El joven T. tuvo una parte en la fundación de la Misión de la Boca, que tendría mucha influencia social. El detalle más significativo de su historia ocurrió el 25 de mayo de 1867, cuando con su predicación se dio comienzo oficialmente a la obra en castellano de esa Iglesia, la primera en hacerlo en forma continuada en el país. T. era un orador muy elocuente y fogoso, que anunciaba el evangelio en forma muy directa y sin dejar de atacar al clericalismo y al ateísmo con toda su fuerza. Su estilo de predicación influyó grandemente en sus discípulos. Entre la asistencia a los cultos, figuraban personalidades de la sociedad.

Su acción trascendió los límites de su Iglesia, pues actuó en numerosas organizaciones. Fue, por ejemplo, el fundador de la Sociedad Protectora de Animales. Hizo numerosos viajes evangelísticos en distintos lugares de la Argentina y del Uruguay. Fue uno de los fundadores de *El Estandarte*, la primera revista evangélica argentina. No dejó libros escritos, pero sí muchos artículos y algunos de sus sermones figuran en su biografía, *El Apóstol del Plata,* escrito por su hijo espiritual Juan C. →Varetto.

ARNOLDO CANCLINI VARETTO

TIKHON (Vasili Belavin) (1866-1925). Patriarca de Moscú. N. cerca de Pskov. Se educó para el sacerdocio en San Petersburgo y posteriormente fue obispo de Lublín antes de dirigirse a Norteamérica, donde ocupó varios cargos (1899-1907) y por último fue arzobispo. Regresó a →Rusia y tras desempeñar dos cargos adicionales llegó a ser metropolitano de Moscú en 1917 y luego patriarca (primer titular de ese cargo desde 1700). Cuando los bolcheviques expropiaron las tierras eclesiásticas, suspendieron los subsidios eclesiásticos, decretaron solo el matrimonio civil y se hicieron cargo de las escuelas, T. anatematizó a los nuevos gobernantes de su patria y a sus simpatizantes. Cuatro días después la Iglesia y el Estado fueron separados oficialmente, lo que señaló el ataque contra sacerdotes y congregaciones.

Durante la hambruna de 1922 el gobierno

decretó la confiscación de todos los tesoros de la iglesia a fin de socorrer a los hambrientos, aunque T. ya había pedido que con este fin se traspasara todo objeto no consagrado de valor. Los sacerdotes que resistieron el saqueo fueron asesinados o encarcelados. El mismo T. fue detenido y libertado solo debido a la presión de la opinión internacional en 1923. Durante su encarcelamiento dedujo de Romanos 13 que puesto que el gobierno soviético era entonces el gobierno divinamente sancionado, la iglesia le debía obediencia secular: exégesis aprobada incluso por los comunistas. Su punto de vista no lo compartió una parte del clero, y sus últimos años vieron una escisión y la creciente dificultad del llamado Movimiento de la Iglesia Viviente que encerraba más de un poquito de socialismo, que el conservador T. resistía.

J.D. DOUGLAS

TILLEMONT, LOUIS SEBASTIEN LE NAIN DE (1637-1698). Historiador católico romano. N. en París y educado en Port-Royal bajo Pierre Nicole, ingresó al seminario de Beauvais (1661), se ordenó (1676), y colaboró con G. Hermant en la investigación sobre las vidas de los santos Atanasio, Basilio, Gregorio de Nacianceno y Ambrosio y, con otros en París, en la preparación de ediciones de textos patrísticos: Orígenes, Tertuliano, Agustín. Volvió a Port-Royal (1667), luego tuvo que salir por la persecución en 1679 y se retiró a Tillemont, donde trabajó en privado, catequizó a los niños y ayudó a los pobres. Nunca aceptó un cargo eclesiástico y hasta permitió que su propia obra se publicara bajo los nombres de otros. Aunque miembro de la secta jansenista, no tomó parte en la controversia. Sus *Mémoires pour servir à l'histoire ecclésiastique des six premiers siècles* (16 t., 1693-1712) establecieron su reputación con su gran erudición. Eduardo Gibbon habló de su "inimitable exactitud" que lo condujo por los caminos fragosos de la historia romana con la seguridad "de un mulo alpino". La *Histoire des empereurs* (6 t., 1690-1738) estaba destinada a formar parte de las *Mémoires,* pero la censura exigió publicación aparte. Escribió una vida de San Luis que se publicó mucho después (6 t., 1847-51).

C.G. THORNE, Jr.

TILLICH, PAUL (1886-1965). Teólogo y filósofo protestante. N. en Starzeddel, Alemania, hijo de un pastor luterano. Se educó en las universidades de Berlín, Tubinga, Halle y Breslau. De ésta recibió su doctorado en filosofía por una tesis sobre →Schelling. Después de cuatro años como capellán del ejército durante la Guerra Mundial I, enseñó sucesivamente en Berlín, Marburgo, Dresden y Leipzig. En 1929, como profesor de filosofía en la Universidad de Francfort, se vio envuelto en el movimiento religioso-socialista. Su oposición a Hitler y al socialismo nacional motivó su despido de la universidad en 1933; casi en seguida se fue a los EUA donde enseñó en el Union Theological Seminary y la Columbia University (1935-55), en Harvard (1955-62) y en la Universidad de Chicago (1962-65).

Las fuentes y bases filosóficas de la teología filosófica de T. pueden remontarse hasta el platonismo, el misticismo medieval (Jakob Böhme), el idealismo alemán (Schelling) y el existencialismo (Kierkegaard y Heidegger). Su metodología teológica, el "método de correlación", aboga por un papel y una relación complementarios entre la filosofía y la teología: la filosofía plantea los problemas (interrogantes) de la ontología (las estructuras metafísicas del ser o la realidad) con respecto a la situación humana, en tanto que la teología suple las respuestas a estas interrogantes. En su *Systematic Theology* de tres tomos (1951-63) se sobreentiende que Dios es "el Fundamento del Ser" que el hombre conoce como su "preocupación última" *("ultimate concern").* Existencialmente el hombre deriva su propio ser de la "participación" en "el Fundamento del Ser". "Preocupación última" significa el valor para afirmarse definitivamente en vista del no ser. El asunto de la existencia humana señala la cuestión de la cristología, ya que Jesucristo es el "Nuevo Ser". En el sacrificio de Jesús en la cruz, El se volvió "trasparente" al "Fundamento del Ser": e.d., el "Nuevo Ser" o "el Cristo". En cuanto a la epistemología, T. ha sido uno de los principales partidarios de los símbolos o mitos como señales que participan en la realidad que indican. El mito o símbolo es por tanto la única manera que tiene el hombre de captar cognoscitivamente el significado y la estructura de la realidad: Dios, que es el "Fundamento del Ser".

Los cargos más serios contra la teología de T. son su confianza en el idealismo, lo que enfáticamente denota panteísmo y una divinidad impersonal, y el que no comprendiera el principio de *sola scriptura* de la tradición protestante en la que el mismo se hallaba.

Algunos de sus libros se han traducido al español: *Filosofía de la religión* (1973), *Mo-*

ralidad y algo más (1974), *Pensamiento cristiano y cultura en occidente* (1976).
DONALD M. LAKE

El aporte principal de T. a la teología en AL ha sido los efectos de su "método de correlación" que se ven reflejados en el principio de contextualidad, propio de la teología latinoamericana. En algo ha influido la postura política socialista de T., como también su teología de la cultura. Pero el carácter fuertemente ontológico y abstracto de su pensamiento ("puro ser", "nuevo ser") tiende a limitar su impacto en la teología latinoamericana. JUAN E. STAM

TINDAL, MATEO (c.1656-1733). Escritor deísta inglés. Hijo de un pastor rural, se educó en Oxford y llegó a ser maestro en la Facultad de All Souls (Oxford) en 1678, cargo que ocupó hasta el final de su vida. Posteriormente fue doctor en leyes. Sus principios anglicanos conservadores lo llevaron a unirse brevemente a la ICR en tiempos de Jacobo II, pero pronto se dio cuenta de "lo absurdo del papismo", y volvió a la Iglesia Anglicana. Comenzó a propugnar principios erastianos desencadenando una tormenta de oposición con su obra *The Rights of the Christian Church asserted against the Romish and all other Priests who claim an Independent Power over it* (1706). La Cámara de los Comunes la hizo quemar por el verdugo público en 1710. *Christianity as old as the Creation* (1730), aclamada "la Biblia de los deístas", fue su esfuerzo maduro y constructivo por demostrar que la religión verdadera y revelada es sencillamente una nueva edición de la religión de la naturaleza. Más de cien escritores le dieron respuesta, pero su traducción al alemán extendió sus influencias deístas hasta la Europa continental. J.W. CHARLEY

TISCHENDORF, KONSTANTIN VON (1815-1874). Teólogo protestante y crítico textual alemán. Estudió en Leipzig, donde estuvo influido por el gramático J.G.B. Winer, que lo indujo a combinar un cuidadoso interés en la filosofía griega con un amor por el texto sagrado. Aunque fue profesor de teología en Leipzig por muchos años, se dedicó a la crítica textual y pasó la mayor parte de su tiempo en las bibliotecas de Europa y del Cercano Oriente en busca de manuscritos antiguos inéditos. Durante su vida publicó más manuscritos y ediciones críticas del NT griego que cualquier otro erudito. Su descubrimiento más célebre fue el Códice Sinaítico en el monasterio de Santa Catalina en el Monte Sinaí, que visitó varias veces. Otros manuscritos importantes que redactó incluyen los códices *Ephraemi rescriptus* (1843-45), *Amiatino* (1850) y *Claromontano* (1852). Su edición crítica del NT griego, la famosa *editio octava critica maior* (2 t., 1869-72) con su enorme aparato crítico, sigue siendo un instrumento de consulta básico para el estudioso del NT.
W. WARD GASQUE

TODOS LOS SANTOS, DIA DE. Festividad observada el 1 de nov. en el Occidente, y el primer domingo después de Pentecostés en el Oriente, para celebrar la comunión de todos los cristianos que están en la Iglesia Triunfante como así también aquellos que están en la tierra. Sus orígenes son inciertos. Un himno por →Efrén (en 359) se refiere a una conmemoración de todos los mártires el 13 de mayo, mientras que un sermón de →Crisóstomo (m. 407) muestra que Antioquía recordaba a sus mártires el domingo siguiente a Pentecostés. Tales festividades pronto incluyeron a otros santos además de los mártires. El 13 de mayo de 609 ó 610, Bonifacio IV recibió el Panteón Romano del Emperador Focas (m.610) y lo dedicó bajo el título de *S. María ad Martyres.* El aniversario de este acontecimiento fue posteriormente observado como festividad mayor y puede haber sido el origen del Día de Todos los Santos. Se ignora cómo el 1 de nov. llegó a ser el día de esta festividad en el Occidente. Es posible que haya surgido de la dedicación en ese día en la basílica de San Pedro, por Gregorio III (731-41), de un oratorio a "todos los santos". STEPHEN S. SMALLEY

TOLAND, JOHN (1670-1722). Escritor deísta. N. en Irlanda de padres católicos. Se hizo protestante a los 16 años. Sus estudios lo llevaron a Glasgow y a Edimburgo, luego a Leyden donde se concentró en historia eclesiástica. En *Christianity not Mysterious* (1696), claramente en deuda con →Locke, declaró aprobar todos los elementos esenciales del cristianismo, mas subrayó la primacía de la razón y el papel secundario de la revelación en proporcionar meramente datos suplementarios. Después de la revelación ya no quedaba "misterio" alguno. Nada había en la Biblia que no estuviera en armonía con la razón o que estuviera sobre ella.

La censura del parlamento irlandés lo obligó a huir del país. Su *Life of Milton* (1698) parecía poner en duda la autenticidad de los evangelios, pero luego aclaró que se refería solo a los escritos apócrifos, de los cuales demostró tener amplio conocimiento. Entre sus obras políticas figuró *Anglia Libera* (1701), que apoyaba la sucesión hannoveriana y que ocasionó varias visitas a la corte alemana. En *Nazarenus* (1718) se adelantó a F.C. →Baur en distinguir las ramas judía y gentil del cristianismo. Por último publicó *Pantheisticon* (1720), una parodia de la liturgia anglicana, que indicó el objetivo de su desarrollo religioso. Escritor superficial antes que profundo, tenía una aptitud especial para expresar los sentimientos latentes del momento. Aunque sus indiscreciones lo obligaron a ser un autor mediocre, fue un notable exponente del deísmo. J.W. CHARLEY

TOLEDO, CONCILIOS DE. Se celebraron 18 concilios entre los años 400 y 702 en Toledo, en el reino visigodo de España. A veces se incluyen otros 10 concilios celebrados allí entre los ss.XI y XVI. Los primeros concilios fueron principalmente asambleas de obispos convocados para tratar asuntos eclesiásticos. El primero (c.400) condenó el →priscilianismo y el segundo (527 ó 531) se ocupó de la educación del clero y de la obligación del celibato. Uno de los más notables fue el tercero, convocado en el 589 por el rey →Recaredo tras su conversión del arrianismo en el 587. Reconoció los credos ortodoxos y estableció el cristianismo ortodoxo como la iglesia oficial del reino visigodo. Después de esto los concilios empezaron cada vez más a ocuparse de asuntos políticos. El quinto (636) trató solo un asunto religioso y el XIII (683) fue tanto una asamblea política como un concilio eclesiástico interesado mayormente en asuntos políticos. Los cánones de los concilios son importantes fuentes para el estudio de la historia de la iglesia visigoda, ya que tratan de una variedad de asuntos que varían desde los decretos disciplinarios para el clero hasta una legislación antisemítica. Los decretos de todos los concilios menos el último subsisten hasta hoy.

RUDOLPH HEINZE

TOLERANCIA. El asunto de la t. del cristianismo por las autoridades romanas no se puso serio mientras la iglesia primitiva se consideraba meramente un movimiento dentro del judaísmo. Los cristianos recibieron el mismo status singular que Roma había concedido a los judíos. La caída de Jerusalén (70 d.C.), sin embargo, pronto dejó en claro que la iglesia era distinta del judaísmo y en poco tiempo el cristianismo se convirtió en *religio illicita.* Durante los 240 años siguientes la iglesia se vio sometida a una serie de persecuciones, realizándose la última de ellas en tiempos de →Diocleciano.

El fracaso de la persecución como política y la posición precaria en que se hallaba →Constantino ocasionaron un drástico cambio de actitud. En el 313 el Emperador promulgó el edicto de Tolerancia que sobrepasó el que había sido dictado por →Galerio en el 311. El cristianismo se convirtió así en *religio licita* y los cristianos no solo quedaron en libertad de profesar su fe, sino que se libraron también de los impedimentos legales que les habían impuesto los emperadores anteriores. →Teodosio I el Grande incluso fue más allá en la política de t. al promulgar el edicto del 380 que declaró al cristianismo religión oficial del Imperio.

Con el advenimiento de la Reforma, el problema de la t. entró a una nueva fase en que los protestantes ahora buscaban t. de los regímenes católicos y, en algunos casos, como en Inglaterra y en Alemania, las iglesias no conformistas buscaban t. de las iglesias protestantes que se habían establecido como iglesia oficial. Esa t. no se consiguió en Alemania sino hasta la Paz de →Westfalia de 1648, cuando el calvinismo ganó el reconocimiento que no había recibido en la Paz de →Augsburgo de 1555. En Inglaterra los disidentes de la Iglesia Anglicana recibieron un nuevo status legal con la promulgación del Acta de T., que no incluía sin embargo a católicos ni unitarios. Estos últimos lograron la t. en tiempos de Jorge III y un acta similar aprobada en 1828 concedió la emancipación a los católicos si éstos cambiaban de parecer respecto a la supremacía temporal del papado.

En las colonias norteamericanas la t. religiosa apareció paulatinamente; empezó con las colonias de Pennsylvania y de Rhode Island antes de 1776 y llegó a Virginia inmediatamente después de la Guerra de Independencia. La primera enmienda a la Constitución demostró ser un fundamento eficaz para una t. religiosa total.

Se entiende generalmente por "t." el derecho al culto, distinto a veces de la "libertad religiosa" en la cual todas las religiones tienen los mismos derechos ante la ley. La verdadera libertad de cultos no castiga a los disidentes de una iglesia establecida.

C. GREGG SINGER

TOLSTOI, LEON (1828-1910). Novelista y reformador social ruso. N. en una familia de la clase gobernante, conoció la comodidad y el prestigio social en su juventud en la hacienda familiar en Tula. Tras servir en la guerra de Crimea, volvió a la patria a escribir y a estudiar. En 1861 libertó a sus esclavos. T. maduró durante la época cuando Rusia sentía la presión de la reforma social. En medio de su fama experimentó una transformación mística, se unió a la suerte de los campesinos, adoptó su vestido y trabajó en sus oficios. Rechazó la ortodoxia rusa y desarrolló su propia forma de fe, realzando como credo central la no resistencia al mal. Desconoció su título y sus riquezas y entregó sus bienes a su esposa. En sus últimos años se amargó y dejó su casa en compañía de su hija. Sus mejores novelas son *Guerra y paz* (1860), basada en la invasión napoleónica de Rusia; *Ana Karenina* (1877); *La sonata de Kreutzer* (1890); *Resurrección* (1899); y un ensayo, *Lo que es el arte* (1899), que expone la convicción de que el buen arte es arte moral. Subraya el conflicto entre la razón y el deseo natural de vivir sin las restricciones de la convención social. Escribe con gran comprensión y es maestro del análisis, la caracterización y el discernimiento moral. PAUL M. BECHTEL

TOMAS DE AQUINO (1224-1274). El más grande filósofo y teólogo de la iglesia medieval. N. en Italia, estudió en la Universidad de Nápoles e ingresó en la orden dominica en 1244. Posteriormente estudió bajo →Alberto Magno en París y también en Colonia. La mayor parte del resto de su vida la pasó como maestro en París. En 1273 tuvo que suspender el trabajo de su *Summa Theológica* debido a la falta de salud. M. al año siguiente.

Su pensamiento está expresado en una enorme producción literaria. *La Summa contra gentiles* (1261-64) intentaba presentar un manual de apologética y doctrina para misioneros, y su fama se centra sobre todo en la *Summa Theológica* (1265-73). Además escribió comentarios sobre la Biblia, sobre →Aristóteles y sobre una variedad de temas misceláneos. La *Summa Theológica* debe ser considerada como una maravillosa sistematización de los datos de la revelación cristiana (según la entendía T.) siguiendo líneas aristotélicas, impresionante por la cabalidad y el éxito con que el programa fue emprendido. El contraste agustiniano entre la certidumbre del orden inteligible (conocido por medio de la iluminación intelectual) y la incertidumbre (y por lo tanto, lo no confiable) de impresiones del sentido fue reemplazado por el contraste aristotélico entre "forma" y "materia". Todo el conocimiento humano es considerado como sensorial en su origen, y la comprensión humana, mediante abstracción, es capaz de edificar un conocimiento de las formas de las cosas. Pero si el conocimiento es sensorial en su origen, ¿cómo puede conocerse a Dios? Gran parte de la obra de T. puede considerarse una respuesta a esta interrogante.

Hacía una aguda distinción entre "doctrina sagrada" y filosofía. La doctrina sagrada procede de los datos de la revelación; la filosofía procede de los datos accesibles a todos los hombres y aceptables para ellos. Es un error considerar que T. fue un filósofo cristiano, si es que esto significa alguien que elabora respuestas a preguntas filosóficas sobre la base de la revelación cristiana. Los diferentes lugares asignados a la filosofía y a la teología pueden ser ilustrados vívidamente por el enfoque de T. en cuanto a la creación. Filosóficamente el universo puede ser eterno. Pero el cristiano cree mediante la revelación que la creación es un acto de Dios.

T. afirmó que la existencia de Dios puede ser establecida *filosóficamente.* Sus famosos "Cinco Caminos" son cinco argumentos *a posteriori* (algunos dicen que son cinco variantes de un argumento básico), fundamentados en los efectos de Dios sobre el mundo, datos a disposición de todos. Los Cinco Caminos pueden verse como un esfuerzo para llenar un vacío en la explicación para mostrar que, si existen ciertos estados contingentes, es que por necesidad tiene que haber base para su existencia. Cuánto dependen los argumentos de T. de una ciencia ya superada, si los argumentos son sólidos y si, por lo menos uno de ellos es sólido, si el Dios cuya existencia es establecida es el Dios de la revelación cristiana, todas estas son cuestiones discutibles y muy discutidas.

Los Cinco Caminos proveen parte de una respuesta a la pregunta: ¿Cómo puede conocerse a Dios? Dios es conocible solamente por sus efectos. No solo por sus efectos en la naturaleza sino también por su revelación en la Escritura, para cuya aceptación los Cinco Caminos constituyen un preámbulo natural y racional. T. no fue únicamente un teólogo natural, fue también un eminente filósofo de la revelación, que empleó conceptos filosóficos para dilucidar las proposiciones y las nociones de la verdad revelada.

Pese a lo elaborado de sus discusiones teológicas, T. hacía énfasis en lo poco conocido que es Dios. Dios es categóricamente distinto de sus criaturas, único, trascendente. ¿Cómo puede entonces ser descrito? Solo imperfectamente. Tal lenguaje se da mediante analogías (la sabiduría de Dios, en algunos aspectos, es la misma que la de Salomón, pero en otros es distinta) y mediante la negación de cosas finitas (Dios *no* es corpóreo, *no* existe en el tiempo). De aquí que la doctrina de la analogía (en particular) desempeñe un papel crucial en el concepto de T. acerca del conocimiento de Dios.

Distinguía entre fe, opinión y conocimiento. La fe, acto de la mente, es más fuerte que la opinión. Implica un firme asentimiento a su objeto. Pero como carece de una plena comprensión (visión) es menos que el conocimiento. La fe religiosa es una de las especies de este género. (T. no considera en manera alguna que la fe es un "salto en las tinieblas" ni que es "personal pero no proposicional"). La disposición para tener fe en asuntos divinamente revelados es producto de la gracia de Dios.

La soberanía de Dios se expresa diciendo que él es la "primera causa" de todo lo que existe, excepto el mal (considerado por T., siguiendo a Agustín, como una privación del bien). ¿Significa esto que Dios es la causa eficiente de todo lo que existe? Si es así, ¿qué podemos decir en cuanto a la libertad humana? T. es firmemente agustiniano también en su insistencia sobre el orden providencial de Dios en las acciones humanas y de su presciencia de las mismas. La presciencia no requiere acciones causales sino que las hace ciertas, puesto que desde el punto de vista divino todas las acciones tienen lugar en el "eterno presente".

En ética el pensamiento de T. recalca que la acción humana tiene carácter de propósito y finalidad. Distingue entre teología moral (la acción vista conforme a una ley divinamente revelada) y los principios éticos generales que, a través de una apreciación de la ley natural, son accesibles a todos. En su descripción de la acción humana, T. destaca la voluntariedad (no libertad en el sentido de indeterminación) como una condición necesaria para la acción plenamente humana (e.d. responsable).

La influencia de T. sobre la iglesia cristiana ha sido enorme, si bien su obra no recibió aclamación inmediata. (Varias de sus enseñanzas fueron condenadas como erróneas después de su muerte, decisión posteriormente rescindida). El moderno y vigoroso avivamiento de su influencia y del "tomismo" data de la publicación de la encíclica *Aeterni Patris* por →León XIII, en 1879, que alabó y apoyó el tomismo y le dio un lugar "oficial" (aunque no exclusivo) en el pensamiento de la ICR.

No hay que minimizar la influencia ejercida por T. sobre el protestantismo. Aunque los aspectos que fueron considerados como errores anti-bíblicos y excesos especulativos suyos (y de otros) fueron repudiados por la Reforma, el carácter agustiniano de mucho de su teología fue reconocido con gratitud. Los teólogos sistemáticos protestantes post-tridentinos, tales como F. Turretin, le debieron a él tanto la metodología como el detalle de los argumentos acerca de la apologética –la aguda distinción entre "naturaleza" (accesible a todos) y "gracia" (derivada de la revelación, pero que perfecciona y no repudia las conclusiones de la razón)– ha sido un tema recurrente en el protestantismo, que la fuerte tradición post-kantiana, culminando en la obra de Karl Barth, no debería ocultar. La influencia de T. siempre se hará sentir donde se persiga vigorosamente la teología filosófica. Pero el tomismo, seguido sin discernimiento crítico, puede tener un efecto intelectualmente restrictivo. Y cuando la religión es entendida primeramente en términos de *valores* y no de *verdades,* puede esperarse que su influencia sea mucho menor.

PAUL HELM

TOMAS DE KEMPIS →KEMPIS, TOMAS DE

TOMAS, HECHOS DE. Relato apócrifo del apóstol Tomás, descrito como gemelo de Cristo y recibidor de sus palabras secretas. Se cuentan 13 hechos maravillosos del apóstol, terminando con su martirio. Por toda la obra, tanto en el simbolismo de las historias como en la enseñanza explícita, aparece un elemento de doctrina gnóstica, a base del mito del alma que el Señor busca para liberarla de este mundo y de la esclavitud corporal, y por aconsejar el ascetismo. Este aspecto del libro se ve de modo sorprendente en los dos famosos himnos, el Cántico nupcial que alaba a la "hija de la luz" (quizás la sabiduría celestial), y el Cántico de la perla, o Himno del alma, que describe en términos de aventuras legendarias la búsqueda del alma por el Salvador. La enseñanza tiene vínculos estrechos con el cristianismo siríaco primitivo (p.e. Bardaisan) y los maniqueos adoptaron el libro, que lleva muestras de sus correcciones. Sin embargo, conservó su atractivo en los círculos ortodoxos y en su versión siríaca se ha acomodado en parte a la doctrina católica. Se ha transmitido principalmente en forma griega, aunque se compuso en siríaco. Se conoce una versión siríaca, con el latín, etiópico y armenio. Entre los →maniqueos circuló en un cuerpo de cinco libros con los *Hechos* de Pedro, Juan, Andrés y Pablo. J.N. BIRDSALL

TOMISMO. El término abarca tanto las doctrinas de →Tomás de Aquino como su desarrollo en la ICR.

TOMO DE LEON →LEON I

TONSURA. Ceremonia que consiste en cortar al aspirante a sacerdote o a monje un poco de cabello en la coronilla, con lo cual se distingue del laico. Tradicionalmente se dice que la parte cortada representa la corona de espinas y que fue instituida por los apóstoles Pablo y Pedro. Es probable que la costumbre entrara al cristianismo por medio de los ascetas de los ss.IV y V quienes tal vez adoptaron la costumbre del paganismo: p.e., el sacerdote de Isis. En la práctica católica contemporánea el rito de ingreso a la vida clerical involucra el corte de cinco cabellos al aspirante, y la t. completa viene después (salvo en EUA, Inglaterra y otros países); sin embargo, la t. es mucho más pequeña que la antigua t. romana o coronal que dejaba solo una franja de pelo alrededor de la cabeza. Al principio la Iglesia Ortodoxa exigía la rapadura de toda la cabeza, pero ahora se acostumbra más bien dejar corto el pelo. La iglesia británica (céltica) primitiva exigía una t. para la cual se cortaba el cabello por delante y a los lados, dejando la mitad de la cabeza con pelos. PETER TOON

TOPLADY, AUGUSTUS MONTAGUE (1740-1778). Himnógrafo anglicano. Educado en la escuela de Westminster y en la Universidad de Trinity, Dublín, se convirtió gracias a un predicador laico metodista, recibió las órdenes anglicanas en 1762 y posteriormente fue vicario de Broadhembury, Devon. En 1775 asumió el pastorado de la capilla calvinista francesa de Londres. Fue un gran predicador y enérgico calvinista que se opuso amargamente a Juan →Wesley y su teología arminiana. Escribió *Historic Proof of the Doctrinal Calvinism of the Church of England* (2. t., 1774) y *The Church of England Vindicated from the Charge of Arminianism* (1769). También escribió muchos himnos, entre ellos el bien conocido himno "Roca de la eternidad". Algunas de sus composiciones fueron escritas con espíritu polémico. JOHN S. ANDREWS

TORQUEMADA, TOMAS DE (1420-1498). Gran inquisidor español. N. en Valladolid y era sobrino del cardenal y teólogo dominico Juan de Torquemada. Tras graduarse del convento dominico de San Pablo llegó a ser prior del convento de Santa Cruz en Segovia (1452) y confesor del rey Fernando V y la reina Isabel I en 1474. Después de que la reina Isabel instara al papa →Sixto IV a hacer de la →Inquisición una institución nacional en España (1483), T. recibió el poder de organizar los tribunales y lo hizo con tal eficacia que el aparato inquisitorial que puso en marcha duró tres siglos. Las reglas de la Inquisición española se establecieron en las *Instrucciones* de T. (1484). Entre las víctimas de su persecución figuraban moros, judíos, →marranos (conversos judaizantes), →moriscos (moros conversos) y otros que en religión se desviaban de las normas católicas. Ya que la Inquisición Española no era responsable ante la Inquisición Papal, las reclamaciones al papa sobre los abusos de T. generalmente no dieron resultado. Se empleó la tortura para arrancar pruebas y confesiones de los presos. Ocurrieron unas 2000 ejecuciones y se impusieron varios otros métodos de castigo durante su cargo como gran inquisidor. Su inexorable eficiencia en imponer su adusto carácter religioso a aquellos de otras persuasiones lo ha dejado con una fama de crueldad e intolerancia aun para los tiempos en que vivió. ROBERT G. CLOUSE

TORUN, CONFERENCIA DE. Coloquio celebrado en 1645 en Torun, Prusia occidental, por entonces bajo la protección polaca, convocado por Ladislao IV de Polonia, que reinaba sobre un reino dividido por la religión. Entre los delegados figuraron representantes católicos, luteranos y reformados. El controvertible ecumenista luterano Jorge →Calixto estuvo presente, así como también el pacífico moravo J.A. →Comenius. Entorpecida por la oposición jesuítica y la lucha interna luterana, la conferencia produjo poco progreso ecuménico. Quizás extrañamente, los delegados luteranos y calvinistas pudieron convenir en que el Consenso (polaco) de Sandomir (1570), que combinaba ideas calvinistas, luteranas y moravas, así como también la →"Confesión sajona" (Confesión de Augsburgo revisada) de 1551, estaban de acuerdo en los elementos bíblicos esenciales. La "Declaración (calvinista) de Torun" se compuso en la conferencia y fue adoptada como norma doctrinal por las iglesias calvinistas de Brandenburgo. Sobresale por su explícito énfasis en la continuidad con la iglesia antigua. DIRK JELLEMA

TORRES, CAMILO (1929-1966). Sacerdote revolucionario. N. en Bogotá, Colombia, en una familia aristocrática y adinerada. Desde muy joven había en él un espíritu crítico y amor por el estudio. Se preparó para el sacerdocio y en 1954 fue ordenado. El mismo año el Cardenal Luque lo envió a Lovaina (Bélgica) donde cursó estudios en las ciencias políticas y sociales y fue licenciado en 1958. Escribió su tesis de grado sobre el tema *Approche de la Realité Socio-economique de la Ville de Bogotá.* Al regresar a Colombia, fue nombrado capellán de la Universidad Nacional y miembro de la Facultad de Sociología de la misma universidad.

La vida de T. se distingue por una búsqueda incesante de servicio a los demás desde un profundo análisis de la realidad concreta y a través de un compromiso político. En un momento dado dejó el oficio de sacerdote, porque así se lo dictaba su conciencia, para incorporarse a la lucha armada. Sus motivaciones más profundas se cifraron en la lucha por la liberación de su pueblo al costo de su propia vida. Un análisis de sus escritos, sermones, conferencias, discursos políticos y algunos mensajes ocasionales lo definen profundamente humano, claramente imbuido de un compromiso social y político y conscientemente cristiano. Más allá de sus clarividencias y aciertos políticos está el sacerdote comprometido y convencido hasta las últimas consecuencias de entregar su vida por lo que creía.

Al morir en combate el 15 de feb. de 1966 se desata a través de toda la AL una ola de manifestaciones de admiración y respeto, así como de emulación, por su gesto como sacerdote y revolucionario.

CARMELO E. ALVAREZ

TOWNSEND, CAMERON →INSTITUTO LINGUISTICO

TOYNBEE, ARNOLD J. (1889-1975). Historiador y filósofo inglés, conocido particularmente por su interpretación de la totalidad de la historia, publicada en diez volúmenes entre el 1934 y el 1954 bajo el título *Estudio de la Historia.* En esta obra, T. comienza señalando que la unidad más apropiada para el estudio de la historia no es el estado o unidad política, sino la civilización. Dentro de cada civilización aparecen diversos estados cuya historia forma parte del conjunto de la historia de esa civilización. Pero la unidad más adecuada para estudiar el conjunto de la historia es la civilización.

A través de toda la historia, T. distingue 21 civilizaciones, además de otras cinco que han resultado abortivas. Según T., una civilización nace frente a un reto que, sin ser excesivo, produce una respuesta creadora por parte de un grupo humano. Esa respuesta es en realidad la obra de una minoría, pero a la postre la mayoría se suma a ella. En el proceso de desarrollo de las civilizaciones, esa minoría creadora se vuelve la minoría dominante y oprime al resto. Aparece entonces un proletariado "interno", que desde dentro de la civilización misma comienza a enajenarse de ella, y uno "externo", que la ataca desde fuera. En respuesta, la clase dominante aumenta su opresión, y tiende a crear un estado universal. Esta es la última etapa de una civilización decadente. Si sus dirigentes no producen una renovación creadora, la civilización en cuestión está destinada a morir, abriendo camino a su sucesora, que bien puede ser el resultado de la labor creadora de una minoría procedente de los proletariados anteriores. Parte de esa labor consiste en la creación de una religión universal, con valores y metas distintos de los de la civilización precedente.

T. ha sido criticado por muchos historiadores, puesto que su vasta empresa no le permitió siempre ser cuidadoso en cuestiones de detalles. Además, hay historiadores y filósofos que lo acusan de haber impuesto un esquema moralista sobre la realidad histórica. Pero a pesar de ello la magnitud de su empresa y el alcance de su pensamiento bien merecen atención.

JUSTO L. GONZALEZ

TRACTARIANISMO →OXFORD, MOVIMIENTO DE

TRADICION (del gr. *parádosis,* de *paradídomi* = "transmitir"; cp. *paralambáno* = "recibir por tradición"). Se refiere al proceso de transmisión del mensaje cristiano, o a lo transmitido. Aunque Jesús rechaza "la t. de los hombres", el NT describe el evangelio como "t." y se refiere a su transmisión (1 Co. 11: 23; 15:3; cp. 2 Ts. 2:15; 3:6 VM; →TRADICION en *DIB*).

El Concilio de →Trento (8 de abr., 1546) afirmó que la verdad revelada "se contiene en los libros escritos y las tradiciones no escritas" y que la Iglesia recibe y venera ambos "con igual afecto de piedad e igual reverencia". J.R. Geiselmann ha señalado que la versión original de dicho decreto (1 abril, 1546) rezaba "*en parte* en los libros escritos y *en parte* en las tradiciones" (*"partim... partim"*), que implicaría que son dos fuentes independientes. Pero después de fuertes críticas (Nacchianti, Bonuccio) el Concilio optó por eliminar el *"partim... partim"*. Sin embargo, los teólogos de la Contrarreforma (Cano, Canisius, Belarmino) interpretaron el decreto estrictamente en el sentido de dos fuentes paralelas.

En el s.XIX la escuela de Tubinga (Mohler, Kuhn, Drey) y el inglés Newman buscaron un concepto más orgánico y dinámico de la T., en relación dinámica con la Escritura. Los debates sobre la infalibilidad papal (→Vaticano I, 1870), y la →Inmaculada Concepción (1854) y la →Asunción corporal de María (1950) agudizaron el problema de la T., con tendencia de dar más autonomía a ésta. En la década de 1950 se acentuaba la tendencia de relacionar la *parádosis* no tan solo con el magisterio oficial sino con el *sensus fidelium* del pueblo de Dios que percibe el *sensus plenior* de las Escrituras.

Cuando se presentó a la primera sesión del Concilio →Vaticano II un esquema basado en el concepto de dos fuentes independientes, fue rechazado por los padres conciliares y Juan XXIII intervino (20 de nov., 1962) para ordenar una total reelaboración del esquema. La resultante constitución dogmática, *Dei Verbum,* se inclina hacia la idea de una sola fuente de revelación en dos formas complementarias. Congar, Rahner, Schilebeeckx y Schökel, entre otros, han recalcado la unidad orgánica de la revelación y la relación inseparable entre Escritura y T.

Oscar →Cullmann ha reformulado el concepto evangélico de la T. atribuyendo importancia fundamental a la t. apostólica. En el NT, el Cristo glorificado es el autor de la *parádosis* inspirada por el Espíritu mediante los apóstoles en cuanto testigos oculares del evangelio. Comenzando con el s.II, la Iglesia distinguió cualitativamente entre t. apostólica y pos-apostólica, según Cullmann, y en "un acto de humildad" definió el canon neotestamentario y se sometió a él como norma definitiva para toda t. eclesiástica pos-apostólica.

JUAN E. STAM

TRADICIONALISMO. Reacción franco-católica de principios del s.XIX al racionalismo de la →Ilustración europea y a la Revolución Francesa, que contribuyó materialmente a la formación del →ultramontanismo. Su fundador principal fue Luis de Bonald (*La législation primitive,* 1802), a quien se plegó F.R. →Lamennais en sus primeros años, y José →de Maistre. Fue la búsqueda de un principio de autoridad, exigida por lo que se consideró un fracaso del racionalismo y del orden social. La razón humana individual era incapaz de discernir por sí misma la verdad metafísica o moral o de establecer el debido orden en la sociedad. Más bien, razonaban, fue Dios quien reveló las verdades a la humanidad, por medio del primer hombre, y las expresó en la tradición: la trasmisión de la verdad original de Dios de generación en generación por medio del desarrollo orgánico de la historia, mediante la instrucción, y dentro de las estructuras de la autoridad, específicamente el papado para cosas espirituales y los gobernantes para cosas temporales. La fe se concebía como la aprensión y la aceptación seguras de esta tradición.

La doctrina representaba dentro de la filosofía católica un viraje hacia el polo de la fe, pues negaba que la "razón natural" pudiera alcanzar "verdades naturales" como la existencia de Dios, el principio de autoridad y la ley moral. Sus contribuciones al ultramontanismo fueron aceptadas mientras que sus doctrinas de la fe y la tradición fueron condenadas periódicamente como fe ciega en las encíclicas de mediados del s.XIX. Los decretos del Concilio →Vaticano I y el restablecimiento del →tomismo por →León XIII (1879) destruyeron aun más esta doctrina.

C.T. McINTIRE

TRADITORES (lat. = "los que entregan"). Nombre dado a los cristianos de Africa del N que salvaron sus vidas durante la persecución de →Diocleciano entregando ejemplares de la Biblia. El cisma →donatista tuvo lugar en parte debido a que los donatistas se negaron a reconocer a →Ceciliano de Cartago porque fue consagrado como obispo por un supuesto t., Félix de Aptunga. Posteriormente éste fue absuelto del cargo. En el concilio de →Arlés (314), las personas consagradas por t. fueron debidamente reconocidas.

J.D. DOUGLAS

TRAJANO. Emperador de Roma desde 98 hasta 117. De origen español, fue uno de los mejores emperadores. Durante su reinado el Imperio llegó a su mayor extensión territorial. En tiempo de su antecesor, Nerva (96-98), había cesado la terrible persecución iniciada por →Domiciano (81-96). Pero Trajano la renovó ya que conceptuaba el cristianismo como un mal para el Imperio. Formalmente declaró proscrita la fe cristiana. Revivió las leyes en contra de las sociedades secretas y las aplicó a los cristianos debido a sus frecuentes reuniones. Se ha conservado la correspondencia entre T. y →Plinio, el gobernador de Bitinia, en la cual el emperador contesta sus preguntas en cuanto a la táctica que debía usar con los seguidores de la religión extraña y nociva del cristianismo.

Durante el reinado de T. sufrieron martirio Simeón (107), el obispo de Jerusalén y sucesor de Santiago e →Ignacio, obispo de Antioquía (c.115). W.M. NELSON

TRANSUBSTANCIACION. Doctrina de la eucaristía sostenida por la ICR y definida primero por Radberto, benedictino de Corbie, en el 831 a base de Juan 6. La influencia de los conceptos griegos de sustancia y de →accidente oscureció esta doctrina en las obras de →Occam y de Duns →Escoto, en tanto que →Biel confesó que la presencia milagrosa de Cristo era un misterio aceptado solo debido a la omnipotencia de Dios. El concilio de →Trento cerró otras posibilidades al declarar que Cristo está "verdadera, real y sustancialmente contenido en el sacramento con la apariencia de cosas sensibles... Por la consagración del pan y del vino se produce una transformación de la sustancia entera del cuerpo de Cristo nuestro Señor y de la sustancia entera del vino en el cuerpo de su sangre. Este cambio... se llama t." El Concilio →Vaticano II dijo de la eucaristía en términos del cuerpo de creyentes: "Al participar verdaderamente del cuerpo del Señor en el rompimiento del pan eucarístico, entramos en comunión con El y unos con otros". Y "ninguna comunidad cristiana... puede desarrollarse a menos que tenga por base y centro la celebración de la... eucaristía".

ROBERT V. IVES

TRAPENSES. Monjes →cistercienses de la reforma instituida en 1664 por Armando de →Rancé, abad de la Trapa, abadía cisterciense cerca de Soligny (Francia). Es una de las órdenes más estrictas: hace hincapié en el culto litúrgico, exige un silencio absoluto sin tener en cuenta la recreación, e impone la vida comunal con un dormitorio común. No se permite comer carne, pescado ni huevos. Los monjes se dedican a la oración litúrgica, la contemplación, el estudio de la teología y el trabajo manual. Su hábito es blanco con escapulario y capucha negros. La expulsión de monjes durante la Revolución Francesa impulsó la fundación de la orden en otras partes de Europa y en la China, el Japón y los EUA. En 1817 regresaron a la Trapa y en 1898 recuperaron posesión de la abadía del Císter (Citeaux) que había sido secularizada durante la revolución y la declararon iglesia matriz de los cistercienses reformados.

J.G.G. NORMAN

TRATADO. Término usado para referirse a ciertas obras literarias (filosóficas, teológicas o científicas), de muy diversa extensión, dedicadas al análisis de algún tema específico. Muchos escritores titularon con esta palabra sus obras, especialmente cuando lo hacían en latín. Así →Duns Scoto escribió un *Tractatus de primo principio,* y →Spinoza un *Tractatus theologico-politicus* y un *Tractatus de Deo et homine ejusque felicitate.* Cuando los escritores comenzaron a publicar en sus respectivos idiomas, siguió usándose la palabra t., ahora traducida, para titular muchas de sus obras. Escribieron t. →Hobbes, →Locke, →Berkeley y →Hume (en inglés: *"treatise"*); también →Descartes y →Malebranche (en francés: *"traité"*). En época contemporánea, Wittgenstein tituló su primer libro *Tractatus logico-philosophicus.*

Se ha usado el término t. para designar, además, ciertas obras cortas, generalmente polémicas. Muchos escritos de Juan →Wiclif, que tenían ese carácter, se llaman así, como también una serie de ataques contra el anglicanismo escrita por los →puritanos a fines del s.XVI (los *Marprelate Tracts*) y otra serie escrita por los anglicanos de la "iglesia alta" que en la primera mitad del s.XIX defendieron su iglesia del creciente liberalismo teológico. (La polémica suscitada por el Movimiento de →Oxford se llamó también *"Tractarian Controversy"* por el uso que hicieron de t.)

Entre los evangélicos modernos un t. es generalmente un folleto pequeño, escrito y distribuido con fines evangelísticos y polémicos (a menudo contra la ICR). El Avivamiento →Wesleyano dio gran impulso al uso de t. Surgieron sociedades dedicadas a su impresión y distribución, como la Sociedad de Tratados Religiosos (Londres, 1799) y la Sociedad Americana de Tratados (Nueva York, 1812).

Uno de los fines principales de estas sociedades fue colaborar con el recién iniciado movimiento misionero protestante. Estas sociedades publicaron no solo t. sino también obras de peso. Durante el s.XIX y la primera parte del XX la Sociedad Americana fue una de las poquísimas editoriales que imprimieron literatura evangélica en español. Publicaron, p.e., el *Diccionario Bíblico* (1890), la *Concordancia Española* (1901), *Noches con los Romanistas, Razones Sencillas* y *El Mejor Camino* (1915).

PLUTARCO BONILLA
WILTON M. NELSON

TREGELLES, SAMUEL PRIDEAUX (1813-75). Crítico textual del NT de Inglaterra. Fue criado entre los →cuáqueros, hecho que le impidió seguir una carrera universitaria. Demostró un talento excepcional como adolescente aprendiendo griego, hebreo, arameo y galés a la vez que trabajaba en una fundición de hierro. Sus habilidades eruditas las reconoció G.V. Wigram, quien lo empleó para que trabajase en sus famosas *Englishman's Greek and Hebrew Concordances*. En forma muy independiente desarrolló principios críticos análogos a los de →Lachmann. Viajó mucho por Europa a fin de examinar y cotejar sistemáticamente todos los códices unciales y muchos de los minúsculos más importantes conocidos en aquella época; pudo corregir muchas citas erróneas hechas por editores previos.

En *An Account of the Printed Text of the Greek New Testament* (1854), T. examinó obras anteriores y estableció los principios para su propia obra. Su NT griego se publicó en seis partes entre 1857 y 1872. Tradujo al inglés el léxico hebreo de →Gesenius (1847) y escribió muchos libros sobre la "profecía bíblica", incluso *The Man of Sin* (1840), *The Hope of Christ's Second Coming* (1864) y *The Prophetic Visions of Daniel* (1845), en los que defendió lo que más tarde se conoció por el nombre de "premilenarismo postribulacionista". Asociado con los →Hermanos Libres en los primeros días del movimiento, después se afilió con los presbiterianos y, por último, a la Iglesia Anglicana.

W. WARD GASQUE

TREGUA DE DIOS. Suspensión de hostilidades ordenada por la ICR. La costumbre se originó en Francia en el s.X y tuvo por objeto reducir el impacto en los órdenes inferiores de la sociedad, de las incesantes riñas entre los señores feudales. Ya que el armisticio lo ordenaba la iglesia, se demostró que provenía de la voluntad de Dios y se denominó "la t. de D.". Al principio el periodo era desde el sábado por la noche hasta el lunes por la mañana, pero después se incluyeron días o épocas santos (p.e., Cuaresma). La práctica desapareció después del s.XI. J.D. DOUGLAS

TREINTA AÑOS, GUERRA DE LOS (1618-1648). Este conflicto sumamente complejo de Europa central consistió en tres luchas combinadas en una: los protestantes contra los católicos en Alemania, una guerra civil en el Sacro Imperio Romano entre el emperador y los estados y una contienda internacional entre Francia y los Habsburgos (austriacos y españoles) por la hegemonía europea, en que estaban comprometidos otros poderes. Se suele dividir en los cuatro periodos siguientes:

(1) *Bohemio,* 1618-23. Las hostilidades se iniciaron con la revuelta de Bohemia contra los Habsburgos ("Defenestración de Praga", 1618). Los checos depusieron al emperador →Fernando II (1619-37) como rey y lo reemplazaron por el jefe calvinista de la Unión Protestante, Federico V, elector del Palatinado. El jefe de la Liga Católica, el duque Maximiliano de Baviera, le suministró al emperador un ejército al mando del conde de Tilly que aplastó la rebelión en 1620 (batalla del Monte Blanco). En Bohemia sobrevino una despiadada política de reconversión, expulsión y confiscación de bienes protestantes. En 1621 Fernando concedió a Maximiliano el título electoral de Federico, Tilly invadió el Palatinado, y España y Baviera se lo dividieron.

(2) *Danés,* 1625-29. El controversial Alberto von Wallenstein alistó un ejército imperial para Fernando, mientras que el rey Cristián IV de Dinamarca entraba a la guerra con subvenciones inglesas. Wallenstein y Tilly subyugaron a la Alemania del Norte de 1626-28 y Fernando firmó la Paz de Lübeck con Cristián en 1629. Proclamó también un edicto de Restitución que ordenaba la restauración de las tierras eclesiásticas secularizadas desde 1552.

(3) *Sueco,* 1630-35. Debido a la oposición católica a sus designios nacionalistas vagos, Wallenstein fue despedido a poco de que el rey sueco →Gustavo Adolfo desembarcara en Alemania. Tradicionalmente se le ha mirado el salvador protestante de Alemania, pero últimamente lo han considerado como el iniciador de la invasión extranjera que hizo que la guerra degenerase en una demanda de poder. Las fuerzas protestantes derrotaron al ejército imperial en Breitenfeld (1631), saquearon Baviera y tomaron Praga. A la muerte de Tilly a principios de 1632, Fernando hizo volver a Wallenstein. Gustavo fue muerto en Lützen (nov. de 1632), en tanto que Wallenstein fue despedido por tratar privadamente con el enemigo y fue asesinado en 1634. En la Paz de Praga en 1635 se llegó a un arreglo sobre el edicto de Restitución.

(4) *Francés,* 1635-48. Mayor fue la devastación a medida que Francia, aliada de Suecia y de los protestantes alemanes, batallaba con Austria, España y Baviera. Tras años de negociaciones se firmó la Paz de →Westfalia

en Münster y Osnabrück el 24 de octubre de 1648. Los conflictos franco-españoles y bálticos duraron otra década fuera de Alemania.

La paz indicó el fin de la influencia política del papado medieval (se desatendieron las objeciones de →Inocencio X) y de la importancia del imperio medieval. La disputa religiosa alemana quedó solucionada con el reconocimiento del calvinismo y la designación de 1624 como fecha límite para la posesión de tierras eclesiásticas. Los príncipes podían permitir, si lo deseaban, que ambas religiones coexistieran en sus territorios. El conde palatino volvió a ser el octavo elector. Se confirmó la independencia de Holanda y de Suiza y se concedió autonomía a las 300 entidades alemanas. ROBERT G. CLOUSE

TREINTA Y NUEVE ARTICULOS. Declaración doctrinal del s.XVI que surgió de las controversias de la época y que definió la posición de la Iglesia →Anglicana respecto de ellas. Los A. no tuvieron por objeto ser una profesión de fe, ni un sistema teológico completo. Su origen se remonta a los →Diez Artículos de 1536, afirmación de transigencia encaminada a establecer "tranquilidad y unidad" cristianas en una época de revolución, cuando recién se iniciaba la separación entre Iglesia y Estado. Tras estos A. vino en 1537 el Libro de los Obispos (refundido en 1543 como el Libro del rey), que exponía ciertos principios de la doctrina cristiana y trataba de la relación entre la Iglesia Anglican: y Roma. En 1539, cuando declinaba la influencia de Tomás →Cranmer, →Enrique VIII introdujo los →Seis Artículos para refrenar el desarrollo de la teología y la práctica reformadas. El año 1553 vio la publicación, en tiempos de →Eduardo VI, de los Cuarenta y Dos A., cuyo fin era evitar la controversia y establecer la unidad "en ciertos asuntos de religión"; eran sobre todo obra de Cranmer y de Nicolás →Ridley.

La historia de los A. quedó interrumpida con el reinado de →María Tudor y se inició de nuevo con →Isabel I. Mateo →Parker, entonces arzobispo de Canterbury, como medida provisional redactó su propia profesión de fe en los Once A. de 1561. En 1563 la →Convocación refundió los Cuarenta y Dos A. en treinta y nueve, aunque Isabel suprimió el artículo 29 para aplacar a los romanistas y agregó una cláusula inicial al artículo 20 que afirmaba la autoridad de la iglesia para decretar ritos y ceremonias. La Convocación de 1571 restauró el artículo 29, para darnos los T. y N. A. que ahora tenemos. A pesar de revisiones posteriores al Libro de Oración, los A. no han cambiado desde entonces.

Las principales razones por hacer valer los A. en aquel entonces las expone Mateo Parker en una carta dirigida a la reina el 24 de dic. de 1566: (1) tienen que ver con el adelanto de la religión verdadera; (2) concuerdan con la Palabra de Dios; (3) condenan los errores doctrinales; (4) establecen la unidad. Los A. abarcan mayormente las doctrinas católicas y reformadas de las Escrituras: la Trinidad, la salvación, los sacramentos y el ministerio de la Iglesia. No han de considerarse una afirmación de transigencia e intermedia entre Roma y Ginebra, sino una respuesta a los extremismos romanos y →anabaptistas.

Dado que los T. y N. A. tienen un interés que es más que histórico, su función positiva ahora, como en el pasado, se puede conceptuar en forma quíntuple: (1) preservar el orden dogmático de la Iglesia y la Comunión Anglicanas; (2) ejercer una influencia purificadora sobre la acción litúrgica y canónica; (3) examinar nuevas enseñanzas; (4) dar estructura para un debate continuo; (5) mantener el incentivo de una norma bíblica y apostólica (G.W. Bromiley).

Desde 1865 se ha exigido que el clero anglicano suscriba los A. En el *Informe* de la Comisión Arzobispal (1968), se discutió la revisión de los A., su suscripción y la fórmula de aprobación, con miras a la unidad cristiana; mas pocas fueron las proposiciones positivas que se hicieron.

STEPHEN S. SMALLEY

TRENCHARD, ERNESTO (1902-72). Misionero, biblista y maestro cuyos discípulos ocupan posiciones de responsabilidad en casi todas las denominaciones evangélicas de España. N. en Woodley, Bucks, Inglaterra, y estudió ciencias en la Universidad de Bristol. Llegó a España por primera vez en 1924, como empleado de varias casas comerciales, en la tradición de los →Hermanos Libres. Hasta 1934 desarrolló labor pionera de evangelización y pastoral en Madrid, Málaga, Piedralaves y Arenas de San Pedro. La Guerra Civil (1936-1939) lo obliga a dejar España con su esposa y colaboradora Gertrudis y nueve hijos, de 1936 a 1947 cumple tareas docentes y periodísticas en Inglaterra y estudia en la Universidad de Londres. Sufre entonces la amputación de una pierna. De regreso en España (1947) funda en Barcelona los Cursos de Estudio Bíblico. Dedicó el resto de su vida a la docencia y a tareas literarias. En 1955 estableció la casa editorial "Literatura Bíblica" que ha publicado 15 obras suyas las que han gozado de gran difusión sobre todo en España. Destacan entre ellas *Introducción a los Cuatro Evangelios* (1961), *Comentario a los Hechos de los Apóstoles* (1962), *Estudios de Doctrina Bíblica* (1961) y *Exposición de la Epístola a los Romanos* (1968), todos los cuales han alcanzado varias ediciones. En 1964 se trasladó a Madrid donde creó un centro de capacitación de misioneros y pastores para toda España. Fue colaborador activo de la Unión Bíblica y figura destacada en la Alianza Evangélica Española.

SAMUEL ESCOBAR

TRENTO, CONCILIO DE (1545-1563). El concilio ecuménico XIX, según la ICR, tuvo lugar debido al continuado éxito del movimiento protestante. Se postergó la celebración de un concilio debido a muchos problemas. P.e., aunque →Carlos V favorecía la celebración de un concilio, se le opuso Francisco I de Francia. Para Carlos, el concilio sería un medio de reunificar el cristianismo, mientras que el papado lo percibía como medio de detener el protestantismo.

El papa →Paulo III convocó a concilio para reunirse en Mantua en 1537, pero no se reunió. El concilio se transfirió a Vicenza en 1538, mas la indiferencia de Carlos V y de los protestantes resultó en una conferencia en la que aparecieron solo unos pocos eclesiásticos. El fracaso de la conferencia en →Ratisbona incitó a Paulo III a tratar de convocar a otro concilio, esta vez para 1542, pero la guerra entre Carlos V y Francisco I impidió que se reuniera. Tras la paz de Crépy, se decretó el concilio por la bula *Laetare Hierusalem* emitida el 11 de nov. de 1544. El concilio había de reunirse en T. el 15 de marzo de 1545 para resolver las disputas religiosas causadas por los protestantes, para reformar ciertos abusos eclesiásticos y para iniciar una cruzada contra el islamismo. Debido a otro desacuerdo con Carlos V sobre el objeto del C., no se convocó sino hasta diciembre de 1545. El C. se reunió en tres etapas: 1545-47, 1551-52 y 1562-63.

Durante la primera fase se establecieron ciertas reglas fundamentales que afectaron a las otras dos etapas. Primero, la votación sería por cabeza y no por país; esta daba el voto mayoritario a los representantes italianos y por ende al papado. Segundo, después de cierta polémica con Carlos V acerca de cuál tema tendría prioridad, la reforma o la doctrina, se decidió considerar ambos simultáneamente. Entre los que podían votar en el C. figuraban obispos, abades y generales de las órdenes. Aunque la primera etapa incluyó solo a 34 eclesiásticos, las sesiones posteriores contaron con muchos más. La mayoría de los participantes eran de Italia, España, Francia y Alemania. Si bien hubo protestantes que asistieron a algunas de las sesiones, tuvieron poco impacto en las deliberaciones.

Durante la primera reunión del C. se tomaron las siguientes medidas importantes: en la sesión III, se afirmó el Credo Niceno-Constantinopolitano como base de fe; se declaró que la tradición y las Escrituras serían fuentes iguales de la fe, se fijó el canon de la Biblia y se declaró la autenticidad de la →Vulgata en asuntos de fe; se rechazaron los conceptos →pelagiano y protestante del pecado original; se consideró el problema crítico de la justificación por la fe, afirmándose que el hombre se justifica interiormente por la gracia santificadora y así es capaz de hacer buenas obras solo después de cooperar con la asistencia divina gratuita. En esta misma sesión se rechazó la posición protestante acerca del número de los sacramentos, y se decretó que eran siete y que conferían la gracia →*ex opere operato.* Al parecer, se desató una epidemia y, debido a una creciente tensión política, el Papa suspendió el C. en 1547.

La segunda sesión empezó en 1551 pero los franceses no pudieron asistir por orden expresa de Enrique II. Los representantes españoles adoptaron una postura más independiente con el apoyo de Carlos V. Los jesuitas se dejaron ver en la fórmula de →Laínez y de Salmerón y los protestantes aparecieron brevemente. Una revuelta de los príncipes alemanes contra Carlos V y la disensión interna en el C. pusieron fin a la sesión. Se tomaron las medidas siguientes: se definió cuidadosamente el concepto de la →eucaristía con el repudio de las posiciones zwingliana y luterana; definieron y afirmaron la importancia de la confesión auricular, el carácter judicial de la absolución, la posición de la iglesia referente a la penitencia y la extremaunción; promulgaron también los decretos reformativos de la disciplina del clero.

Con la tercera sesión del C., convocada por →Pío IV, se esfumó toda esperanza de reconciliación con el protestantismo. Una de las razones por la que se volvió a convocar al C. fue evidentemente el temor que Pío IV tenía de que sin el C. Francia se volviera calvinista. Se reunió en enero de 1562, con una asistencia de 113 miembros. Las discusiones fueron entonces más internas que antes. La lucha no era con el protestantismo, sino entre las fuerzas partidarias del papa y las antipapales. Estos últimos generalmente salían victoriosos, debido en parte a la habilidad consumada del cardenal →Morone. Se tomaron las medidas siguientes: se agregaron varios libros al →Indice, afirmaron la creencia de que Cristo está totalmente presente en ambas especies en la eucaristía pero que solo debía distribuirse el pan al laicado, se llegó a definiciones más precisas de los aspectos propiciatorios de la →misa. Esta fue sin duda la segunda decisión de mayor importancia del C. de T. Surgió una crisis sobre la presentación de los obispos franceses en noviembre de 1562 y su postura referente al asunto de la residencia clerical. Los eclesiásticos franceses y españoles se opusieron a la reforma papal empero, tras diez meses de suspensión debido a este asunto, se promulgó un decreto muy severo. Se emitieron otros edictos sobre el matrimonio, las órdenes, la fundación de seminarios y el establecimiento de sínodos. El C. finalizó el 4 de dic. de 1563 y los decretos se confirmaron el 26 de en. de 1564. Más adelante en 1564 Pío IV emitió un resumen de la obra conciliar, denominado el "Credo Tridentino".

Aunque el C. no dio satisfacción a los protestantes ni a algunos católicos, había fijado una base para una revitalización del catolicismo mediante, p.e., el Catecismo romano de 1566, el Breviario revisado de 1568 y el Misal de 1570. El C. determinó los límites de la fe católica, mas no siempre definió cuidadosa y minuciosamente los detalles de la fe, dando lugar así para alguna esperanza de esfuerzos ecuménicos adicionales.

ROBERT SCHNUCKER

TRES CAPITULOS, CONTROVERSIA DE LOS. Los t.c. eran tres "temas" condenados por el emperador →Justiniano en un edicto del 543/4. Su propósito era conciliar al poderoso grupo →monofisita y conservar su lealtad a la iglesia y a la corona. Los t.c. eran (1) los escritos de →Teodoro de Mopsuestia; (2) las obras de →Teodoreto de Ciro contra →Cirilo de Alejandría y en defensa de Nestorio; (3) la carta de →Ibas de Edesa al obispo persa Mari de Hardascir.

Aunque este edicto de hecho socavó la autoridad y la enseñanza del concilio de →Calcedonia (que había declarado ortodoxos a Teodoreto y a Ibas), los patriarcas orientales lo aceptaron sin oposición. El papa →Virgilio lo rechazó al principio pero, tras visitar al emperador en Constantinopla, lo aprobó y puso esto de manifiesto en su *Judicatum* de abril del 548, dirigido al patriarca de Constantinopla. En Occidente, sin embargo, el edicto tuvo mucha oposición, la cual halló un caudillo en el obispo Facundo de Hermiane.

Cuando el Quinto Concilio Ecuménico se reunió en Constantinopla en mayo del 553, decidió en favor de la condenación de los Capítulos y en contra de los esfuerzos de los obispos occidentales porque se revocara la condenación. Al poco tiempo, Virgilio declaró su sumisión al fallo del concilio, mas ciertas partes de la iglesia occidental rehusaron seguir al Papa. Las iglesias del N de Italia, dirigidas por el clero de Aquilea y de Milán, rompieron relaciones con Roma y causaron un cisma que duró medio siglo.

PETER TOON

TRINIDAD →ARRIO, ATANASIO, NICEA, CONSTANTINOPLA (CONCILIOS DE)

TRINITARIOS. Miembros de la orden de la Santísima Trinidad, fundada en Francia en 1198 por Juan de Mata y Félix de Valois, con la aprobación de Inocencio III. Conocidos también por el nombre de "maturinos", siguieron una forma austera de la regla agustiniana y llevaban hábito blanco. Se dedicaron al rescate de cautivos cristianos e hicieron un cuarto voto de sacrificar su propia libertad de ser necesario y emplearon la tercera parte de sus entradas como rescates. Para el s.XV había 800 casas que servían de centros de recogida y de hospitales; eran particularmente numerosas en las Islas Británicas. Un movimiento de reforma, los "t. descalzos", fundado en España por Juan Bautista (1596) de la Inmaculada Concepción, es el único cuerpo subsistente. Se dedica a la educación, a atender a los enfermos y al rescate de esclavos negros. Hubo monjas t. que se afiliaron desde tiempos antiguos. Las hermanas t. descalzas datan de 1612. J.G.G. NORMAN

TRITEISMO. Creencia en tres dioses que niega la unidad de la sustancia en la doctrina cristiana de la Trinidad. Las expresiones populares de la doctrina de la Trinidad y ciertas teorías soteriológicas transaccionales pueden ser triteístas. El t. histórico apareció en círculos monofisitas c.550, asociado con Juan Askunages y Juan Philiponus. Este era un filósofo alejandrino contrario a la cristología calcedoniana y sostenía que la naturaleza de Cristo era una sola compuesta de lo divino y lo humano y que hay tres sustancias *(ousíai)* divinas en la Trinidad. Siendo un t. especulativo y no práctico, Juan Damasceno habló en contra de ello en *De fide orthodoxa.*

En tiempos medievales, el extremado →nominalismo de →Roscelin de Compiègne y el exagerado realismo de Gilberto de la Porrée los llevaron a posturas triteístas que fueron condenadas en los concilios de Soissons (1092) y de Reims (1148) respectivamente. La enseñanza de Gilberto afectó a →Joaquín de Floris, que concibió la unidad de las tres personas como mera unidad genérica. La doctrina de Joaquín fue condenada en el Concilio de Letrán IV (1215) que definió claramente la unidad numérica de la naturaleza divina.

Antonio Günther (1783-1863), contrario al panteísmo hegeliano, enseñó que lo absoluto se determinó tres veces en un proceso de autodesarrollo. La sustancia divina se triplica y las tres sustancias que se atraen por medio de la consciencia constituyen una unidad formal. Esto recibió la censura de Pío IX (1857). J.G.G. NORMAN

TROELTSCH, ERNESTO (1865-1923). Teólogo alemán liberal, historiador y filósofo de la religión. Fue profesor principalmente en Heidelberg y en Berlín entre 1894 y 1923, y sirvió al gobierno por un tiempo como ministro de educación. Asociado de primeras con la *religionsgeschichtliche Schule,* se dedicó al problema planteado para la religión por el conocimiento y método históricos dominantes en el Occidente desde el s.XVIII, y a relacionar el cristianismo con la situación cultural. Negó que la teología dogmática pudiera tener acceso a una verdad absoluta suprahistórica. Las aseveraciones de todas las religiones se describían como que eran relativas a la totalidad de sus marcos culturales, lo que las posibilitó y las limitó a la vez. La creencia de T. de que se podía demostrar que el cristianismo es la más elevada de las religiones se debilitó entre *Die Absolutheit des Christentums und die Religionsgeschichte* (1902) y *Der Historismus und seine Uberwindung* (1924). Sin embargo temía el escepticismo del relativismo histórico y creía que eso se podía vencer mediante decisiones vivas, tomadas responsablemente a la luz de la historia. De este modo el cristianismo aun era la religión mejor adaptada al mundo occidental.

T. estaba sumamente interesado en los problemas políticos y sociales. Su interés en las posibilidades y condiciones para una relación contemporánea fructuosa entre el cristianismo y la civilización, resultó en *Die Soziallehren der christlichen Kirchen und Gruppen* (1912), obra mejor, pero erróneamente conocida quizás por su empleo de la iglesia, la secta y el misticismo como tres tipos de cristianismo. Por sus exploraciones clásicas del problema del historicismo respecto de la religión, se podría considerar que T. marcó una época en la teología moderna.

HADDON WILLMER

TRUMBULL, DAVID (1819-89). Fundador del Protestantismo en Chile. N. en 1819 en Nueva Jersey, EUA, de una familia muy distinguida. Estudió en la Universidad de Yale y después completó sus estudios teológicos en el Seminario Princeton. En 1845 fue enviado a Chile por la *Foreign Evangelical Society,* para servir de capellán a los marineros extranjeros. En 1847 organizó una *Union Church* para los anglohablantes de Valparaíso. En vista de la prohibición de evangelizar a los chilenos nativos, empezó en 1848 a publicar un pequeño periódico. Tan pronto como se prohibió su impresión, comenzó con la publicación de otro periódico con nombre distinto. En 1861 organizó la Sociedad Bíblica de Valparaíso.

En 1863 hubo una sequía y la prensa liberal le ofreció espacio a T. para refutar las invocaciones supersticiosas que se hacían a los santos. Lo hizo con tanta habilidad que impresionó grandemente la opinión pública e influyó en el congreso para declarar una libertad limitada de cultos en 1865. Inmediatamente después, T. pidió a una sociedad misionera que mandara obreros para empezar la obra evangélica entre los hispanohablantes.

Hasta su muerte T. fue congregacionalista, pero cuando su sociedad misionera tuvo que traspasar la obra a la Misión Presbiteriana, él fielmente colaboró con los presbiterianos. T. se identificó con su país adoptivo hasta tal grado que en 1886 se nacionalizó como chileno. Más que cualquier otro se puede considerar a T. como el fundador del protestantismo en →Chile. JUAN B.A. KESSLER

TUBINGA, ESCUELA DE. A principios del s.XIX hubo una escuela de teología conservadora en la universidad de T., dirigida por J.C.F. Steudel. Mas la E. de T. que se menciona comúnmente es aquella encabezada por F.C. →Baur, quien enseñó allí desde 1826 hasta su muerte en 1860. La enseñanza de Baur se caracterizó por su posición antisobrenaturalista con respecto a la historia, la "crítica tendenciosa" en la interpretación de los escritos bíblicos y el empleo de la filosofía idealista en la interpretación de la historia.

Vio un conflicto fundamental entre la iglesia judía dirigida por Pedro y la iglesia helenística y gentil dirigida por Pablo. El grado en que los libros del NT revelaban tendencias de este conflicto determinaba su autenticidad. Baur refirió la mayoría de ellos al s.II.

El órgano del círculo de Baur fue el *Tübinger Theologische Jahrbücher* (1842-57), que A. Hilgenfeld continuó como el *Zeitschrift für wissenschaftliche Theologie* (1858-1914). Baur escribió en defensa de T. en *An Herrn Dr. Karl Hase, Beantwortung des Sendschreibens "Die Tübinger Schule"* (1855) y *Die Tübinger Schule und ihre Stellung zur Gegenwart* (1859, rev. 1860). Sin embargo es dudoso si T. jamás significó más que Baur y su círculo inmediato. A pesar de la atención que atrajo Baur, la teología racionalista alemana del s.XIX tendió a seguir otros caminos. De sus discípulos, A. Schwegler adoptó el planteamiento de Baur en su *Geschichte des nachapostolischen Zeitalters* (2 t., 1846), como asimismo O. Pfleiderer. Empero los más célebres alumnos de Baur: D.F. →Strauss, E. Zeller y A. →Ritschl, desarrollaron sus propios planteamientos. Tras la muerte de su colega F. Kern en 1842, Baur se sintió más y más aislado dentro del profesorado de T. y la teología académica alemana. COLIN BROWN

TUCKER, HUGO C. (1857-1956). Misionero metodista y colportor bíblico en →Brasil. Después de graduarse de la Universidad de Vanderbilt, dedicó varios años al trabajo pastoral en su estado nativo de Tennessee (EUA). En 1885 se dirigió a Río de Janeiro donde por dos años pastoreó la Iglesia de habla inglesa. También ayudó en la organización de la primera conferencia metodista en Brasil.

En 1888 aceptó la invitación de la →Sociedad Bíblica Americana para ser su representante en el país. Trabajó con la Sociedad 47 años, recorriendo el inmenso país varias veces y, con la ayuda de las nacientes iglesias evangélicas y en medio de múltiples dificultades, distribuyó más de 2.500.000 ejemplares de Biblias y NTs.

Tuvo un récord asombroso de servicio cívico y religioso. Gracias a sus esfuerzos se establecieron en Brasil campañas para controlar la fiebre amarilla, tuberculosis y lepra; impulsó el establecimiento del primer *playground* público para niños, el primer centro de servicio social, la →Sociedad Cristiana de Jóvenes, la Unión de Escuelas Dominicales, la Confederación de Iglesias Evangélicas, *et al.*

Aun después de jubilarse en 1934 a la edad de 77 años continuó cooperando en unas 16 empresas pero mayormente en la promoción de la distribución de las Escrituras y en estimular a los jóvenes en esta labor. Durante sus 99 años de vida fue objeto de múltiples homenajes, entre ellos el de haber sido condecorado por el gobierno de Brasil con la *Orden do Cruzeiro do Sul.*

ARISTOMENO PORRAS
WILTON M. NELSON

TYNDALE, GUILLERMO (c.1494-1536). Reformador y traductor bíblico inglés. N. en el O de Inglaterra y se educó en Magdalen Hall, Oxford, y después en Cambridge. Fue preceptor de la familia de Sir John Walsh, pero viendo la ignorancia tanto del clero como del laicado, se convenció de que "era imposible establecer al pueblo laico en alguna verdad, a menos que tuvieran claramente ante sus ojos la Biblia en su lengua materna". No recibió estímulo alguno de Cuthbert Tunstall, obispo de Londres, así que se fue de Inglaterra para siempre. La impresión de su primer NT en inglés se inició en Colonia en 1525, pero una redada policial detuvo el trabajo que se terminó dentro del año en Worms. Tunstall, Tomás→Moro y Guillermo Warham, arzobispo de Canterbury, lo atacaron inexorablemente y agentes secretos trataron de entramparlo al ir y venir de su base de Amberes donde mercaderes ingleses simpatizantes lo protegieron y lo ayudaron. T. siguió revisando su NT, aunque sufría mucho de personas que plagiaban su trabajo. Su mismo antiguo ayudante George Joye lo traicionó tirando otra versión pirateada. T. emprendió también la traducción del Pentateuco y dejó sin completar otras traducciones del AT.

A la vez estaba escribiendo comentarios sobre el AT, respondiendo a los ataques prolijos de Moro, escribiendo exposiciones del NT (1 Juan y Mateo 5-7), exponiendo la justificación por la fe sola en *The Parable of the Wicked Mammon* (1528), redactando un importante tratado constitucional y teológico en *The Obedience of a Christian Man* (1528) y ocupándose de las especulaciones de Joye sobre la vida futura, además de la doctrina anabaptista del sueño del alma (tema de la primera obra teológica de Calvino). La producción total de T. fue impresionante, ya que las condiciones en las que trabajó –un naufragio con pérdida de manuscritos, agentes secretos tras él, redadas a su impresor, traicionado por amigos– eran amedrentadoras. Sin embargo su calidad siguió alta. Fue el primer promotor de las traducciones de la Biblia inglesa de los idiomas originales. Su estilo era claro, terso y conciso, y sobre todo tenía atractivo para el pueblo por su carácter práctico. Su obra literaria se reconoce hoy universalmente. Sus obras teológicas a menudo eran traducciones o paráfrasis generales de Lutero u otras obras luteranas, pero hay indicios a partir de 1529 de la creciente influencia de la teología protestante suiza. Detenido en Vilvorde cerca de Bruselas en 1535, al año siguiente, fue estrangulado y quemado.

G.E. DUFFIELD

TYRRELL, GEORGE (1861-1909). Modernista católico romano. N. de padres anglicanos en Dublín, Irlanda, donde estudió por corto tiempo en el Trinity College antes de que su conversión al catolicismo lo llevara a ingresar a la orden de los jesuitas en 1880. Ordenado en 1891, fue profesor de filosofía en el Stonyhurst College (1894-96), luego fue llamado a la sede inglesa de su orden en Farm Street, Londres. Allí escribió publicaciones ortodoxas aceptables hasta 1899 y tuvo extraordinario éxito como consejero espiritual. Entre los que recibieron su ayuda figuró la hija de F. →von Hügel, el que dio a conocer a T. las obras de los modernistas franceses.

Un artículo sobre "El infierno" en el *Weekly Register* (1899), en el que empezó a poner en duda abiertamente la teología católica romana, motivó su traslado a una casa misional de provincia. No obstante, T. mantuvo una vida devocional activa y, aunque los superiores estuvieron inquietos por sus tendencias, sus libros hasta e incluso *Lex Orandi* (1903) se publicaron con el →imprimátur. Su *Lex Credendi* (1906), con su crítica indirecta de la iglesia, se vio eclipsado ese mismo año por una obra pseudónima, *Much Abused Letter* ("Carta muy abusada"), que resultó en su despido de la orden. Impertérrito, T. escribió dos cartas al *Times* de Londres en 1907 en respuesta a la condenación del modernismo por Pío X, lo que hizo que se le negaran los sacramentos. En sus publicaciones hizo distinción entre la "prisión de la teología" y la "libertad de la fe".

Al morir a la edad de 48 años, habiendo padecido de mala salud toda su vida, aun se consideraba católico, mas no se arrepintió de sus obras. Se le negó un entierro católico y yace en un cementerio anglicano en Sussex. Von Hügel, que hizo caso omiso de la virtual excomunión y siguió tratando a T. de padre, reconoció la indiscreción de su correspondencia, su amargura y su excesiva reacción contra el extremismo de otros, pero añadió: "Si ser un santo es ser generoso y heroico, y gastarse por la conciencia y por las almas, luego T. es un santo".

J.D. DOUGLAS

U

UBIQUITARISMO. Esta doctrina, obtenida por Lutero de una variedad de fuentes patrísticas y medievales, declara que Cristo en su naturaleza humana está presente en todas partes y en todo tiempo. El reformador desarrolló este concepto en dos obras importantes de 1527 y 1528 a fin de defender su creencia en la presencia real en la →eucaristía. Calvino y Melanchton retrocedieron ante la doctrina y Zwinglio la rechazó de plano. Fue debatida apasionadamente por eruditos luteranos de las escuelas suévica y sajona hasta que las tendencias intelectuales de fines del s.XVII destinaron los argumentos cristológicos al segundo plano. J.D. DOUGLAS

UCRANIA →RUTENAS, IGLESIAS; IGLESIA ORTODOXA ORIENTAL

ULAJE →UNION LATINOAMERICANA DE JOVENES EVANGELICOS

ULFILAS (c.311-c.381). Obispo de los godos cristianos. Escasos son los detalles acerca de él y lo poco que se sabe es que tradujo gran parte de la Biblia del griego al gótico, para lo que ideó un nuevo alfabeto y que fue instrumento eficaz para la conversión de los visigodos a una forma del →arrianismo. Se dice que vino de más al N del Danubio; que se consagró (c.341) a instancias de →Eusebio de Nicomedia, obispo arriano de Constantinopla; que consiguió autorización imperial para trasladar a su gente a territorio romano al S del Danubio para escapar de la continua persecución; y que fue conciliador cuando →Teodosio I restableció la ortodoxia nicena en el Imperio Romano en el 379. J.D. DOUGLAS

ULTRAMONTANISMO. Movimiento de avivamiento católico, particularmente después de la Revolución Francesa, que redescubrió y esperó volver a realizar la unidad y la independencia de la ICR bajo el papado. Esta reafirmación de la fe cristiana católica halló su inspiración en la comunidad cristiana prerrenacentista y en la reforma católica de los ss.XVI y XVII. Los temas del romanticismo, mayormente la nueva conciencia de lo medieval, fueron factores contribuyentes. El movimiento, situado principalmente en Francia pero también en el S de Alemania y en Inglaterra, quería poner término al poder que sobre la iglesia ejercía el racionalismo de la →Ilustración, particularmente al efectuarse en la dominación estatal y secularista de la iglesia desde la época de Luis XIV. Esto significaba un renunciamiento del →galicanismo.

La Revolución Francesa fue el momento decisivo. En cuanto a la estructura, el u. significaba la centralización de la iglesia bajo la absoluta autoridad del papa, junto con la independencia de la ICR del control estatal y, donde fuera posible, la subordinación del estado y del resto de la sociedad a los principios dogmáticos y morales católicos y papales. El término, empleado despectivamente desde el s.XVII, suponía vínculos con Roma, e.d., "más allá de las montañas" (los Alpes). El movimiento adquirió forma por la resistencia de →Pío VII a Napoleón, por el apoyo de papas posteriores y de figuras públicas como José →de Maistre y Luis de Bonald y del cardenal Manning en Inglaterra, por el restablecimiento de los →jesuitas (1814) y el establecimiento de órdenes nuevas, pero especialmente por la devoción singular de incontables clérigos y feligreses.

Debido a su papel antirrevolucionario, el catolicismo estuvo vinculado a ideales sociales jerárquicos y legitimistas, la alianza del Trono y el Altar. →Pío IX dirigió el movimiento por su manifiesta devoción católica, ejemplificada por el dogma de la →Inmaculada Concepción de María (1854), por su resistencia a los ataques contra su poder temporal (político) (1859-70), y particularmente por el dogma de la →infalibilidad papal (1870). El Concilio →Vaticano I (1869-70) significó el triunfo oficial del u. como posición de la iglesia y mostró su concepto de la relación adecuada entre el papa y el concilio general. Este nuevo poder espiritual fue el *sine qua non* de las profundas encíclicas sociales de →León XIII. C.T. McINTIRE

ULTREYA. Grito de reconocimiento y animación que al cruzarse por los caminos se lanzaban unos a otros los peregrinos que durante la →Edad Media iban a visitar el sepulcro del apóstol Santiago en →Santiago de Compostela (España). La Orden de Santiago (de carácter religioso-militar) fue creada en 1160 para pelear contra los moros y proteger a los peregrinos que iban al santuario del Apóstol. Al oír el grito de ¡Ultreya! los peregrinos se sentían más seguros al reconocer a los otros como cristianos.

En tiempos modernos la palabra u. se usa en los cursillos de cristiandad para designar las reuniones periódicas (cada semana o cada quince días), que, con el propósito de convivio para edificación mutua, celebran grupos de personas que ya han hecho los cursillos.
PLUTARCO BONILLA A.

UMBANDA. Nombre con que se designa un culto sincretista de formación reciente, característico de las conglomeraciones urbanas del →Brasil. A diferencia de la →Macumba, que corresponde a la fase de desintegración sociocultural del negro brasileño, la U. refleja, en un plano religioso, el esfuerzo de la población marginal por ubicarse en la sociedad moderna. U. no es, como la Macumba, un producto casual de nociones y prácticas heterogéneas, sino una modernización consciente de antiguas tradiciones africanas e indígenas. En este proceso la U. ha perdido su delimitación racial, siendo que las primitivas creencias animistas del afro-brasileño han sido revalorizadas y reinterpretadas con ayuda del →espiritismo de origen europeo. Si bien la U. es despreciada como "bajo espiritismo" por parte de los kardecistas, ella a su vez se distancia claramente de la Macumba. Sus ceremonias evitan, por lo general, los elementos mágicos o excesivamente espectaculares; queda reducido el uso de tambores; la danza extática es sustituida por el contacto "mediúmico" con los espíritus. Una de las doctrinas más típicas de la U. es la división de los espíritus en siete "líneas" o representaciones colectivas, cada una dirigida por su santo y subdividida en falanges o legiones. Cada línea es considerada como protectora de una determinada categoría de personas. "La Federación Espírita de U.", formada en 1941, fue un primer intento de uniformar el rito y sistematizar la dogmática de esta novedosa religión. La actitud de las iglesias cristianas ante la U., tradicionalmente muy negativa, se está matizando un poco en los últimos años gracias al renovado interés por las manifestaciones de religiosidad popular. KLAUS VAN DER GRIJP

UNAM SANCTAM. Bula emitida en 1302 por →Bonifacio VIII y considerada como la culminación del poder papal en la Edad Media. En ella Bonifacio establece que en el mundo existe una sola iglesia, santa, católica y apostólica. Afirma, con →Cipriano, que fuera de ella no hay salvación. La bula es un mosaico de textos bíblicos y de los Padres.

Bonifacio toma el motivo de las dos espadas, la temporal y la espiritual. La espiritual es la esfera de la iglesia; la temporal, la de los príncipes. Se establece que las cosas inferiores están subordinadas a las superiores, por lo que lo temporal se subordina a lo espiritual y lo sirve. La esfera espiritual juzga a la temporal. Quien se opone a la autoridad espiritual se opone a Dios.

El contexto en que surge la bula es la lucha entre el papa y →Felipe IV de Francia. Cuando el papa prohibió que se establecieran impuestos al clero sin su permiso, comenzó una gran purga. Bonifacio finalmente fue encarcelado, no sin antes haber promulgado este documento. Se trataba de una disputa sobre la soberanía y presagiaba el surgimiento de los estados modernos que se emancipan del tutelaje de la iglesia papal.
CARMELO.E. ALVAREZ

UNAMUNO, MIGUEL DE (1864-1936). Pensador y escritor español. N. en Bilbao de padres vascos. Estudió en su ciudad natal y en Madrid. Fue catedrático de griego y filología comparada en la universidad de Salamanca y varias veces Rector, hasta 1934 cuando se jubiló. De 1924 a 1930 estuvo exiliado en las Islas Canarias y en Francia, por razones políticas. M. en Salamanca.

Su pensamiento (expuesto en ensayos, novelas, dramas y poemas) se centra en el hombre. Pero no en el "de los filósofos", *objeto* abstracto de reflexión, sino en el hombre concreto, en el que "nace, sufre y muere —sobre todo muere—, el que come... y piensa, y quiere;... el hermano, el verdadero hermano". Ese hombre no puede ser aprehendido en esquemas lógicos pues éstos lo reducen a concepto que le quita lo que es verdaderamente suyo: la vida que, a su vez, es contradicción. La salida es la fe fundamentada en el corazón, e.d., en la existencia toda. Por eso U. se opone al cientificismo racionalista imperante. La sed de inmortalidad se constituye en elemento constitutivo del hombre: "No quiero morirme, no, no quiero, ni quiero quererlo". Pero fe y esperanza no son estados de ánimo plácidos. Fe no es tanto creer como querer creer. La esperanza es la lucha entre la fe y la duda, por eso la vida es *agonía.* Para U. Dios tampoco es abstracto ni de razón. A él se llega solo por la fe que *cree,* ya que al creer en él lo *crea.* Al desentenderse del Dios trascendente, la fe de U. se torna subjetividad, aunque, por otra parte y consecuentemente con la contradicción que el propio U. es, afirma que Dios se le revela por vía del corazón, a través de Cristo y de la historia.

En un período de crisis institucional en España, U. propone la hispanización de Europa, frente a la tesis orteguiana de la europeización de España.

Sus obras principales son: *Vida de Don Quijote y Sancho* (1905), *Contra esto y aquello* (1912), *Del sentimiento trágico de la vida en los hombres y en los pueblos* (1913) y *La agonía del Cristianismo* (1931), además de varias de sus novelas, de hondo contenido filosófico y teológico.

PLUTARCO BONILLA A.

UNCION. Término que denota el ungimiento con aceite, empleado en el bautismo (y la confirmación), la ordenación, las coronaciones, las consagraciones de iglesias, en los cadáveres y en los enfermos. Denominada →"crisma", se vinculó con el bautismo casi universalmente desde tiempos antiguos hasta la Reforma. Al principio significaba la consagración de los cristianos al sacerdocio real. También tenía que ver con el Espíritu Santo, particularmente cuando iba desapareciendo la "imposición de las manos", y significaba el don del Espíritu en el bautismo de Cristo.

Para la u. de los enfermos había la autoridad del NT en Mr. 6:13 y Stg. 5:14s. Hay muchas referencias primitivas y, a partir del s.V, se cita aun más hasta que →Beda pudo decir que el rito estaba bien establecido. El término →"extremaunción" apareció primero en las obras de →Pedro Lombardo y a partir del s.XII se consideró generalmente una preparación para la muerte, aunque en el rito latino esperaba con ilusión "la salud de cuerpo y alma". Desde el s.XIII se contó entre los siete →sacramentos. →Tomás de Aquino expuso la doctrina medieval y la enseñanza católica oficial se estableció en el concilio de →Trento.

La Iglesia Griega Ortodoxa denominó el rito, *Eujelaion* ("óleo de la oración"). Al administrarla por completo, la ceremonia es muy larga y abarca a siete sacerdotes. Con miras principalmente a la cura física, también se recibe a menudo como preparación para comulgar, aun por los que no están enfermos. Otras iglesias orientales tienen el rito, aunque ha caído en desuso entre los etiópicos y los nestorianos.

En la usanza anglicana, el primer Libro de oración (1549) permitía el ungimiento si el enfermo así lo deseaba. Versiones posteriores lo omitieron, si bien los "no jurantes" lo restablecieron. Los libros de oración de los escoceses y norteamericanos (1929) y otros le dan lugar.

J.G.G. NORMAN

UNDERWOOD, HORACE GRANT (1859-1916). Misionero de la Iglesia Reformada Holandesa que sirvió en Corea. N. en Londres, emigró a los EUA en 1872 con su familia y en 1881 se graduó de la universidad de Nueva York y tres años después, del seminario teológico de New Brunswick. Estudió también en Francia. Se dirigió a Corea en 1885 auspiciado por la Junta Presbiteriana de Misiones Foráneas y cuatro años después se casó con la médica de la reina. Dominó el idioma, enseñó teología, ayudó a establecer un hospital y una universidad y asimismo la Iglesia Sai Mun An. Leal confidente de la familia real, por sus constantes esfuerzos consiguió mayor libertad para las misiones cristianas. Publicó varios libros sobre Corea antes de fallecer en Atlantic City, Nueva Jersey.

ROBERT C. NEWMAN

UNELAM →COMISION PRO UNIDAD EVANGELICA LATINOAMERICANA

UNIATOS. Iglesias cristianas orientales en comunión con Roma que han conservado sus propias liturgias, lenguaje litúrgico, costumbres y ritos eclesiásticos, p.e.: la comunión con ambos elementos, el bautismo por inmersión, el casamiento del clero. El nombre se deriva del latín *unio* a través del polaco *unia,* y lo emplearon en sentido despectivo los opositores rusos y griegos ortodoxos de la unión de Brest-Litovsk (1595-96), cuando los cristianos bizantinos de la provincia de Kiev se adhirieron a la sede romana. El término es ahora expresión común para designar a todos los católicos de cualquier rito oriental. Su sabor desfavorable no ha desaparecido y no se emplea en documento católico alguno ni lo usan los grupos así designados. Estas iglesias se clasifican en varias categorías:

(1) *Rito antioqueno.* (a) Los →*maronitas* fueron los primeros u., siendo cristianos sirios seguidores de Juan Maron, patriarca de Antioquía (s.VIII), y originalmente →monotelitas que renunciaron al monotelismo y se unieron a Roma (1182). Emplean la "Santiago siríaca" y otras anáforas y eligen su propio patriarca cuya sede es el pueblo de Jebeil; (b) Los *u. sirios* descienden de los →jacobitas (monofisitas) que establecieron relaciones con Roma en el s.XVI, pero que aparentemente desaparecieron c.1700. La iglesia actual debe su existencia a Mar Miguel Garweh, católicorromano que fue obispo de Aleppo (1783). (c) La *Iglesia Malancar* data de 1930, como resultado de una fusión de algunos cristianos de →Malabar con los jacobitas en el s.XVII, que gestionaron la reunión con Roma en 1925.

(2) *Rito caldeo.* (a) *U. armenios.* Siempre hubo armenios que reconocían la autoridad de Roma, pero durante las Cruzadas (1198-1291) hubo un contacto más formal en tiempo del patriarca de Cilicia en Beirut. A partir de 1741 tuvieron su propia jerarquía y un patriarca en Constantinopla. (b) *U. caldeos.* Procedentes de los antiguos →nestorianos, un grupo de los cuales de Turquía y de Persia se unió a Roma en 1551, tuvieron su primer patriarca de Babilonia en Mosul en la persona de Jorge Hormuzd, nombrado por el papa Pío VIII (1830). (c) Los *cristianos de Malabar:* ver artículo aparte.

(3) *Rito alejandrino.* (a) Los *u. coptos,* pequeña iglesia de unas 4000 almas, que data de 1741 cuando Atanasio, obispo copto de Jerusalén, se unió a los católicos. (b) los *u. etíopes,* que datan de 1839, viven mayormente en Eritrea y están gobernados por un vicario apostólico. Observan los ritos y el derecho canónico de la antigua iglesia de→Etiopía.

(4) *Rito bizantino.* (a) Los →*rutenos* del E de Galitzia y la Rusia Subcárpata datan de la unión de Brest-Litovsk (1595-96). Desde 1946 han sido agregados a la iglesia rusa ortodoxa. (b) Los *rumaicos,* o rumanos de Transilvania, se unieron a Roma en tiempo del arzobispo de Abba Julia (1701). Desde 1948 se han unido con la iglesia ortodoxa de →Rumania. (c) Hay también pequeños grupos de *húngaros* (reunidos con Roma en 1595), *yugoslavos* (1611), →*melquitas* (1724), *búlgaros* (1860) y *griegos* (1860).

(5) A la comunidad *ítalo-griega-albana* del S de Italia, que nunca se ha separado de Roma, le es permitido seguir prácticas similares, bajo la dirección del obispo de Lungro.

J.G.G. NORMAN

UNIDAD DEL CRISTIANISMO, ESCUELA DE LA. Se inició en 1887 cuando la esposa de Charles Fillmore (1854-1948), un corredor de propiedades lisiado, quedó sanada de la tuberculosis de manera extraordinaria. Los esposos Fillmore estudiaron la →Ciencia Cristiana y el Nuevo Pensar, y de estos estudios surgió una nueva ideología a la que se convirtió Charles hacia 1890. La e. de la u. es una institución de educación religiosa independiente que rechaza específicamente el sectarismo o el denominacionalismo. Situada en *Unity Village,* cerca de Lee's Summit, Misuri, la e. mantiene una gran imprenta y editorial, una escuela de preparación, un ministerio de radio y televisión, un servicio de oración personal (la u. silenciosa), y centros de instrucción y retiro para estudiantes. El ministerio de la u. silenciosa responde a más de medio millón de consultas personales al año. A ningún consultante se le pide que deje su propia iglesia. Los Fillmore enseñaban que Dios es Espíritu o "Principio" y que Jesús era la expresión perfecta del principio divino. El hombre es una trinidad de espíritu, alma y cuerpo y recibe su salvación por una serie de reencarnaciones y regeneraciones del cuerpo. A la larga todos los hombres serán como Cristo. El hombre supera a la necesidad y la enfermedad por medio del pensamiento personal correcto. La e. de la u. realiza un ministerio mundial mediante maestros autorizados y ministros ordenados que celebran oficios religiosos en "centros" locales.

JOHN P. DEVER

UNIFORMIDAD, ACTAS DE LA. Estas medidas parlamentarias británicas fueron cuatro.

(1) *El Acta de 1549.* Este decreto de →Eduardo VI ordenaba el uso del primer Libro de Oración Común en las iglesias anglicanas. Se impuso diversas sanciones al clero que no cumpliese: una multa y encarcelamiento para la primera ofensa, pérdida de beneficio y encarcelamiento para la segunda y cadena perpetua para la tercera. El acta declaraba asimismo que todos los servicios salvo en las universidades y en los rezos privados serían en inglés.

(2) *El Acta de 1552.* Otro decreto de Eduardo VI, pero dictado durante el protectorado de Northumberland, período de un creciente conservatismo político y religioso, que imponía el uso del Libro de Oración revisado y extendía los castigos del acta anterior para incluir la inasistencia a los cultos de la iglesia y la asistencia a los cultos particulares. En octubre de 1553, la reina católica →María Tudor revocó las actas de 1549 y de 1552.

(3) *El Acta de 1559.* Esta hizo cumplir el convenio religioso de la reina →Isabel I y reglamentó la disciplina eclesiástica de la Iglesia Anglicana durante los 90 años siguientes. Revocó toda la legislación de la reina María, que había restituido las prácticas romanas, y ordenó el empleo de una edición ligeramente modificada del Libro de Oración de 1552. De nuevo se establecieron sanciones, y las vestimentas y ornamentos eclesiásticos serían las establecidas en 1549, reservándose la reina como cabeza de la iglesia el privilegio de introducir ceremonias y ritos necesarios adicionales, medida a la que después los puritanos se opondrían enérgicamente.

(4) *El Acta de 1662.* Esta es la más importante de las leyes restitutorias del establecimiento anglicano, dictadas por el parlamento caballeresco de →Carlos II después de la Restauración, y el primero de aquellos actos de represión sistemática conocidos por el Código de Clarendon. Ordenaba la adopción universal de una forma ligeramente revisada del Libro de Oración isabelino y obtuvo la sanción oficial el 19 de mayo. Antes del siguiente día de San Bartolomé (24 de agosto) todos los ministros debían dar públicamente su "sincero consentimiento y aprobación" al Libro y conseguir la ordenación episcopal si no la tenían. También había que hacer una declaración de lealtad y repudio del "Pacto Nacional" de los Escoceses. Estas medidas condujeron a la "gran expulsión" de unos 2000 pastores presbiterianos, independientes y bautistas, la separación final entre anglicanos y puritanos, y el consiguiente nacimiento del →no conformismo inglés. En cuanto a los disidentes, el Acta quedó prácticamente inoperante debido al Acta de Tolerancia de Guillermo y María (1689), mas siguió vigente con respecto a la Iglesia Anglicana, aunque posteriormente se modificó en varias direcciones, más señaladamente durante el arzobispado de A.C. Tait. Históricamente, los clérigos de la rama liberal la han apreciado por dar unidad basada en la comprensión dentro de la iglesia nacional, y los evangélicos la han considerado una salvaguarda para los →Treinta y Nueve Artículos, pero el clero de la "alta iglesia", particularmente del tipo más extremo, la ha encontrado engorrosa y restrictiva.

IAN SELLERS

UNION CHURCHES EN AMERICA LATINA. *U. ch.* son las congregaciones protestantes compuestas principalmente por residentes norteamericanos y algunos europeos en diversos países. Se hallan en ciudades principales y centros de industria y comercio en todos los países latinoamericanos. Las congregaciones son de carácter ecuménico o interdenominacional en cuanto a doctrina y forma de gobierno.

Las *u. ch.* más antiguas del continente son las siguientes: Buenos Aires (1836), Valparaíso (1854), Bogotá (1867), Ciudad de México (1873), Santiago (1885) y Río de Janeiro (1886). Algunas de estas congregaciones han servido de "cabeza de playa" para el establecimiento de la obra evangélica en español y portugués por medio de matrimonios entre extranjeros y nacionales y ciertos esfuerzos limitados de evangelización. Es de notar que algunas congregaciones recibieron el permiso oficial para organizarse bajo la condición de no hacer prosélitos entre los nacionales.

Durante los primeros años de este siglo se organizaron cinco congregaciones más: *Balboa Union Church* (1914) y *Gatun Union Church* (1916) en la Zona del Canal de Panamá, *Union Church of San Juan, P.R.* (1917), *Union Church of Lima* (1924) y *Fellowship Community Church of Sao Paulo* (1921).

Hoy día hay en Venezuela once congregaciones (Caracas, Barcelona, San Tomé, Mata, Anaco, Maracay, Puerto Ordaz, Valencia, Maracaibo, Puerto la Cruz y Amuay), cuatro en la Zona del Canal de Panamá (Balboa, Gamboa, Gatun y Margarita) y cuatro en Puerto Rico. Además hay *u. ch.* en casi todas las ciudades principales del continente, v.g. Managua, Guatemala, Tegucigalpa, Monterrey, Guadalajara, San José, San Salvador, Quito, Guayaquil, Aruba, Santo Domingo, Campinas, Brasilia y Montevideo. También se hallan en España y Portugal.

En 1952 el →Consejo Nacional de Iglesias de Cristo de EUA organizó el Departamento de Iglesias de Ultramar para servir a estas congregaciones en diferentes partes del mundo.

JOHN H. SINCLAIR

UNION EVANGELICA DE SUDAMERICA. Sociedad misionera británica formada a raíz del rechazo de AL como campo misionero por parte de la →Conferencia Misionera de

Edimburgo (1910). Debido a ese rechazo algunos destacados líderes evangélicos en Inglaterra, respaldados por varios laicos pudientes, iniciaron un movimiento para unificar y fortalecer a las pequeñas misiones británicas que trabajaban en SA. En la convención de →Keswick en 1911 fue organizada la U.E.S.A. mediante la unión de la Misión Evangélica de SA, que había trabajado en Argentina desde 1899 y en Brasil desde 1904, y la *Regions Beyond* ("regiones más allá") *Mission*, que comenzó su obra en Argentina en 1899 y en Perú en 1894. En 1913 fue incorporada también la Misión Ayuda para Brasil, que tenía sus raíces en la obra de Roberto →Kalley.

Surgió una rama de la U.E.S.A. en Norteamérica con oficina en Toronto. Esta rama inició en 1931 la obra en el NE de Brasil, en 1937 en Bolivia, en 1956 en Patagonia y en 1960 en el área del Amazonas de Brasil. En 1975 la U.E.S.A. norteamericana se fundió con la →Unión Evangélica Misionera.

Desde su inicio la U.E.S.A. ha tenido como meta el establecimiento de iglesias nacionales. Por tanto ha hecho énfasis en la distribución de publicaciones y la capacitación de líderes y pastores nacionales mediante institutos bíblicos y cursillos rurales. En la sierra sureña del Perú ha hecho esfuerzos para elevar el nivel de vida de los indígenas. Desde 1928 la influencia de las ideas de Roland →Allen en la U.E.S.A. ha sido muy fuerte.

En →Perú la U.E.S.A. fue la promotora principal en la formación de la Iglesia Evangélica Peruana (→RITCHIE, JUAN), iglesia netamente nacional que cuenta ahora con 600 iglesias y puntos de predicación. En Brasil la U.E.S.A. se asoció en 1942 con la Unión de Iglesias Congregacionales y Evangélicas. En Argentina la obra de la U.E.S.A. no ha experimentado el mismo grado de avance que en Perú y Brasil. J.B.A.KESSLER

UNION HIPOSTATICA. La doctrina de la unión sustancial de las naturalezas divina y humana en la única persona *(hypóstasis)* de Jesucristo, doctrina formulada por →Cirilo de Alejandría en oposición a Nestorio. Cirilo describía la unión como "natural" *(katà physin)* o "hipostática" *(kath' hypóstasin)*. La doctrina fue aceptada formalmente en el Concilio de Calcedonia (451) –aunque la frase "u. h." no se usó– en las palabras "la propiedad de cada naturaleza siendo conservada y fundiéndose en una sola 'prósopon' e 'hypóstasis'". (→ENCARNACION).

J.D. DOUGLAS

UNION LATINOAMERICANA DE JUVENTUDES EVANGELICAS (ULAJE). Primer movimiento ecuménico surgido en AL, nacido de la "idea de establecer entre los distintos movimientos evangélicos de la juventud de AL sólidos lazos de unión y cooperación". Los primeros contactos formales datan cerca de 1928, cuando asisten al congreso que en octubre de ese año celebra la Federación Argentina de Ligas Juveniles Evangélicas, delegados fraternales de Uruguay y Chile. Posteriormente surgen otras declaraciones y conversaciones, contactos entre movimientos, resoluciones, etc., a lo largo del continente.

Hasta que finalmente casi diez años después, al celebrarse en Rosario, Argentina, el Primer Congreso Rioplatense de Juventudes Evangélicas, la delegación uruguaya propone una moción que es aprobada por unanimidad: la de celebrar un congreso latinoamericano de juventudes evangélicas, proponiéndose Lima, Perú, como sede y como fecha tentativa febrero de 1940. La oficina de propaganda y preorganización, que en esa circunstancia se estableció, puede considerarse como el primer antecedente ecuménico organizado a nivel continental. Bajo su influjo no solo se organizó el Congreso, sino que se formaron movimientos nacionales en países donde aun no existían, animados por el ambiente que esta oficina fue creando.

Finalmente, en feb. de 1941 se realiza el primer congreso juvenil de AL que, tras detenido estudio y amplios debates, declara fundada la ULAJE, a condición de que al menos ocho organizaciones interdenominacionales de juventud a nivel nacional ratificaran la declaración de fundación, lo cual significaba la casi totalidad de las por entonces existentes. Dos años después esto quedaba completado por lo cual se convoca el segundo congreso latinoamericano de juventud y la primera asamblea de ULAJE para La Habana, Cuba, en ago. de 1946.

Es interesante cómo ambos congresos juntamente con una marcada posición evangélica hicieron su aporte también al campo del testimonio social, lo que marcó una tónica en ULAJE que perdura hasta el día de hoy.

La segunda asamblea (tercer congreso) tuvo lugar en Buenos Aires en 1951, y la tercera en Colombia en 1956, donde se recibe apoyo del CMI para la coordinación de ciertos programas y el nombramiento de personal de tiempo completo por primera vez (1960). En la asamblea sostenida en 1970 en Montevideo (acompañada no ya de un Congreso, sino de dos consultas: una de teología juvenil, y la otra de misión "rural-urbana") se decide modificar la palabra "Evangélica" del nombre del organismo, para hacer justicia a la presencia de grupos católicos que adhirieron a ULAJE, y reemplazarla por "Ecuménica". Actualmente (1979) la sede de ULAJE se encuentra en Lima, y la integran agrupaciones juveniles ecuménicas de 16 países latinoamericanos. NESTOR OSCAR MIGUEZ

UNION MISIONERA EVANGELICA. Organización activa en ocho países latinoamericanos. N. en 1889 en un campamento bíblico de la →Y.M.C.A. del estado de Kansas (EUA) como resultado de la predicación de James A. Brookes, pastor presbiteriano, y H. Grattan →Guiness, promotor inglés de misiones. El primer esfuerzo misionero (1890), hecho en Sudán, fracasó trágicamente. Cuatro años más tarde se logró establecer una obra permanente en Marruecos.

En 1895, en una vigilia varios miembros de la Unión en Crete, Nebraska (EUA), quedaron hondamente impresionados con la necesidad espiritual de la República del →Ecuador. El mismo año se inició el régimen liberal de Eloy Alfaro, de modo que entraron en el país sin dificultad los primeros misioneros: Jorge Fisher, Carlos Chapman y Carlos Polk en 1896 y Guillermo Reed, y Homero Crisman en 1897. Ecuador llegó a ser el campo más floreciente de la Unión. Al principio la obra avanzó muy lentamente. En 1930 solo tenía 35 creyentes bautizados. Para 1968 este número había ascendido a 685 y en 1978 a 13.034 con una comunidad evangélica de casi 40.000.

En 1908 la Unión inició la obra en la vecina Colombia donde en 1978 sus 80 iglesias y 82 congregaciones tenían 3.994 miembros y una comunidad de 10.050.

En 1931 la Unión se extendió a Brasil, en 1937 a Bolivia, en 1953 a Panamá, en 1955 a Belice y en 1956 a México y Argentina. En 1978 la Unión tenía en AL 351 iglesias y 296 congregaciones con 20.011 miembros bautizados y una comunidad evangélica de cerca de 60.000.

La Unión hace énfasis en la impresión y venta de literatura. En 1978 su venta ascendió a $328.640. Tenía 24 clínicas y hospitales en AL. En 1978 había 270 estudiantes en sus institutos bíblicos y 1.474 que estudiaban teología por cursos de extensión.

Fuera de AL la Unión tiene misioneros en las Bahamas, Marruecos, Malí, Sudán, Italia, Grecia, Francia, Alemania y Suiza. En Europa los misioneros no organizan iglesias propias sino que cooperan con las iglesias evangélicas existentes. Las oficinas de la Unión se hallan en Kansas City, Misuri (EUA).

WILTON M. NELSON

UNI-PENTECOSTALES →SOLO JESUS

UNITARIOS (PENTECOSTALES) →SOLO JESUS

UNITARISMO. Movimiento religioso que rechaza la doctrina de la Trinidad y la deidad de Cristo y trata de mostrar que una comunidad genuinamente religiosa se puede crear sin conformidad doctrinal. Ha evolucionado desde una insistencia en la autoridad bíblica hasta un fundamento a base de la razón y la experiencia. Los unitarios creen en la bondad de la naturaleza humana; critican las doctrinas de la caída, la expiación sustitutiva y la condenación eterna; y exigen solo la apertura a la inspiración divina. En cuanto a gobierno son congregacionalistas.

Como movimiento organizado el u., primero en Polonia y Hungría, data de los →anabaptistas de la Reforma, pero solo hace poco han aparecido denominaciones unitarias. En la iglesia primitiva se expresó un antitrinitarismo implícito en el →monarquianismo dinámico, el →arrianismo y el →adopcionismo y, posteriormente, en círculos →paulicianos. Limitado severamente por la ortodoxia nicena, creció no obstante en ciertas regiones, notablemente España, hasta la condenación de →Félix de Urgel por la iglesia francesa en el 799. Se restableció en la época de la Reforma y se manifestó más entre los →socinianos. Se generalizó particularmente en Polonia y Hungría en los ss.XVI y XVII, y posteriormente en Inglaterra y los EUA. Destacados proponentes antitrinitarios fueron Jorge Blandrata, Francisco David, Miguel →Servet, Fausto Socino y Juan Biddle. Servet murió en la hoguera por sus conceptos, pero otros lo pasaron mejor. En Polonia el médico piamontés Blandrata dominó las fases iniciales del movimiento desde 1558 hasta 1563. En 1565 se excluyó a los unitarios polacos del sínodo de la Iglesia Reformada pero en tiempo del italiano Socino de 1579 a 1604 crearon sus propios sínodos como la "iglesia menor" y publicaron el →Catecismo Racoviano unitario en 1605. Construyeron una universidad eclesial en Racow y tuvieron unas 125 congregaciones pero tras la muerte de Socino (1604) perdieron influencia. En 1638 los jesuitas se hicieron cargo de la universidad y en 1658 los unitarios fueron expulsados de Polonia.

Entretanto Blandrata había ido a Hungría como médico palaciego (1563) y había persuadido a su monarca, Juan Segismundo, a adoptar el antitrinitarismo. David, consagrado obispo unitario en 1568, tuvo problemas después de la muerte del rey en 1570, en parte porque Blandrata estaba retirándose entonces del u., en parte porque David era contrario a orar a Cristo. Blandrata contribuyó materialmente a que lo encarcelaran y en 1579 David murió en el calabozo. Aunque fueron acosados por el gobierno, los unitarios crearon una confesión común en 1638 y posteriormente fueron reconocidos.

El u. inglés se remonta a Juan Biddle, aunque no existió una congregación separada hasta que Teófilo Lindsey formó la capilla Essex en Londres en 1774. Un notable contemporáneo de Lindsey fue el químico José →Priestley que ministró a congregaciones unitarias en Leeds y posteriormente en Birmingham antes que una turba, airada por su apoyo a la República Francesa, destruyera su capilla y sus pertenencias. En 1794 se dirigió a los EUA y formó una iglesia en Northumberland, Pensilvania. Los unitarios ingleses fueron reconocidos oficialmente en 1813; la Asociación Unitaria Británica y Extranjera se formó en 1825; y en 1881 se creó la conferencia nacional. Un medio de expresión unitaria fue el Fondo Robert Hibbert, patrocinador del *Hibbert Journal* y de las conferencias Hibbert.

Donde mayor éxito ha tenido un cuerpo eclesiástico unitario es en los EUA. Aunque eminentes norteamericanos como Tomás →Jefferson sostuvieron ideas antitrinitarias y aunque la primera congregación unitaria, King's Chapel, Boston, surgió de la más antigua parroquia episcopal en los EUA cuando el rector, James Freeman, desechó las alusiones a la Trinidad y a la divinidad de Cristo en el Libro de Oración (1785), el u. norteamericano se desarrolló en las iglesias congregacionales del E de Massachusetts. Los antitrinitarios lograron su primer triunfo en 1805 cuando se nombró al liberal Henry Ware a la cátedra de teología de Harvard. El fallo de Dedham por la Corte Suprema de Massachusetts en 1818 permitió la selección de pastores heterodoxos por todos los votantes de la parroquia y muchas iglesias se pasaron al u. Destacado dirigente del grupo fue W.E. →Channing que en un sermón de 1819 manifestó que la verdadera iglesia no tiene credo sino que se compone de "hombres hechos mejores y santificados por Su religión". En 1825 los unitarios crearon una sociedad misionera y editora, la Asociación Unitaria Americana, pero no fue sino hasta las actividades con la Comisión Sanitaria de los EUA durante la Guerra de Secesión cuando formaron una organización nacional más poderosa. Su primera convención nacional se celebró en 1865.

En los primeros años hubo gran conflicto sobre si Jesús era divino o si la Biblia era la Palabra de Dios y eso, junto con el supuesto racionalismo del u. movió a R.W. Emerson a romper con la iglesia en 1838 y a crear el trascendentalismo. Centralizado tradicionalmente en la Facultad Teológica de Harvard, el u. norteamericano creó otros seminarios y colegios preparatorios y en años posteriores se acercó mucho más a la posición de Emerson. Su obra extranjera se realizó por medio de la Asociación Internacional para el Cristianismo Liberal y la Libertad Religiosa en Utrecht, Holanda. Su creciente preocupación nacional se manifestó en 1940 no solo en la creación del Comité de Servicio Unitario y el Llamamiento Unitario Unido, sino también en su apoyo a los movimientos de justicia social. Los unitarios desempeñaron un papel importante, p.e., tanto en los movimientos antiesclavistas como de derechos civiles en los EUA. En 1961 se fusionó con el →universalismo para formar la Asociación Universalista y Unitaria.

En resumen, el u. se ha desarrollado en términos racionales y no bíblicos. Iniciado por antitrinitarios, de los cuales muchos fuera de eso eran ortodoxos, ha llegado a ser un movimiento sin credo que realza las diversas formas de revelación divina y la virtud innata del hombre. Por tanto, hay muchos que han sustentado ideas unitarias sin pertenecer a una iglesia unitaria. El u. da énfasis ahora a la religión del Sermón del Monte y a la unidad de la familia humana.

DARREL BIGHAM

UNITAS FRATRUM →MORAVOS

UNIVERSALISMO. Creencia de que todo ser humano finalmente alcanzará la salvación en Jesucristo (llamada también "restauracionismo"). No niega necesariamente el infierno o el castigo del pecado pero enseña que éste no es eterno ni punitivo sino temporal y correctivo. Se basa en el amor de Dios y algunos pasajes de la Biblia. Varias formas tienen raíces en el platonismo.

La doctrina tiene una larga historia. Hubo teólogos universalistas en la Iglesia Antigua. Se enseñó primero en →Alejandría bajo el nombre de *apocastástasis* ("restauración", cp. Hch. 3:21). Orígenes elaboró extensamente la doctrina. Varios destacados teólogos griegos de la época le siguieron, v.g. →Gregorio de Nisa y →Gregorio Nacianceno. Pero en el occidente la doctrina fue combatida por →Jerónimo y →Agustín.

Durante la Edad Media el u. también tuvo partidarios, como Escoto →Eriúgena, →Alberto Magno (?), y algunos místicos como →Ruysbroeck y →Tauler.

En la época de la Reforma sus adherentes estaban especialmente entre los pensadores del ala radical (v.g. Hans →Denk y algunos →anabaptistas como Clemente Ziegler). Pero lo rechazaban los reformadores clásicos. Fue condenado en la Confesión de →Augsburgo (1530) y por el artículo 42 del credo anglicano de 1553.

Durante los ss.XVII y XVIII algunos pietistas sostenían el u. o se inclinaban hacia él. Entre ellos pueden citarse el célebre exégeta Alberto →Béngel (quien, sin embargo, decía que sería peligroso enseñarlo públicamente), el historiador luterano Johann →Mósheim y el piadoso escritor inglés William →Law.

En el s.XIX el u. fue adquiriendo más popularidad. En Alemania el universalista más famoso al principio del siglo fue →Schleiermacher. Le siguió su discípulo, el historiador J.A.W. →Neander quien decía que Pablo no creía al principio en el u. pero según se ve en sus últimas epístolas al final se inclinaba hacia esa posición. En Inglaterra el más destacado fue Federico →Farrar el deán de Canterbury. En EUA se extendió tanto la doctrina que surgió una Iglesia Universalista, que nunca prosperó.

Hasta el s.XX los teólogos catolicorromanos y protestantes clásicos rechazaban el u. con pocas excepciones. Pero en este siglo ha ido penetrando también en estas filas. Ha sido enseñado no solo por los teólogos del viejo liberalismo sino también por los neo-ortodoxos, algunos en forma directa (v.g. Nels Ferré, J.A.T. →Robinson, y C.H. Dodds) y otros en forma indirecta (v.g. Karl →Barth, Reinhold →Niebuhr, W.A. →Visser 't Hooft).

Algunos teólogos de las Iglesias Ortodoxas, como G. Khodre, están destacando nuevamente la antigua doctrina de la *apocastástasis.* Sostienen que la gracia de Dios opera en el mundo de tal manera que todos pueden realizar las virtudes cristianas y alcanzar la salvación final.

El u. ha penetrado también en las iglesias del tercer mundo. Uno de sus más fuertes defensores ha sido D.T. Niles, metodista ceilanés, que fue secretario general de la Conferencia Cristiana de Asia Oriental. Otro es Jitsuo Morikawa, destacado líder bautista japonés.

El u. se sostiene comúnmente por los teólogos de la →"Teología de la Liberación", proclamada hoy en AL. Gustavo →Gutiérrez se acerca al u. señalando que todo hombre es templo de Dios y que se salva el hombre al abrirse a Dios y a los demás, aun cuando no tenga clara conciencia de ello. Mortimer Arias habla de un evangelismo cuyo propósito no es llevar a Cristo al otro sino buscarlo ya en él. Según estas ideas, por su encarnación, muerte y resurrección en la historia humana, Jesucristo salva a todos los hombres, aun cuando estos rechacen o ignoren temporalmente esta salvación. Para respaldar esta posición se citan textos como Mt. 5:3-10 y 25: 34-40. J.L. Segundo argumenta que la palabra "todos" en Ro. 5:5; 11:32 y 2 Co. 5:14-15 debe entenderse literalmente: todos serán reconciliados un día con Dios. Otros piensan que el amor de Dios es soberano y tiene que vencer toda oposición momentánea del hombre contra del evangelio. J. ANDRES KIRK

WILTON M. NELSON

UNIVERSIDADES EN AMERICA LATINA COLONIAL. La mejor contribución de España a la educación en las Américas fueron las universidades. Se fundaron diez centros mayores y quince centros menores. La Universidad de Salamanca fue el modelo para la creación de las instituciones universitarias americanas. La Universidad de Alcalá de Henares también influyó en la educación universitaria de la época colonial.

En 1551 Carlos I (V) autorizó la creación de las reales y pontificias universidades de México y Lima. La Universidad de México abrió sus puertas en 1553; la de Lima en 1572. Estas universidades fueron controladas por el clero. De hecho, eran centros de formación sacerdotal.

Las universidades americanas, siguiendo el patrón europeo, tenían un cuerpo de profesores para la enseñanza y de eruditos para la investigación. El presidente era elegido de entre los miembros del claustro. Cada recinto universitario tenía sus estatutos y reglas para la admisión. Desde un principio ciertas disposiciones de tipo racial impidieron la entrada a indios y posteriormente a negros y mulatos. En el s.XVIII se hizo muy estricta la aceptación de estos sectores de la sociedad americana. El pago de los estudios en muchos casos era muy alto.

La Universidad de México ocupó lugar de

distinción en la educación universitaria colonial. Ya para finales del s.XVII contaba con varias facultades, entre ellas la de teología, medicina y literatura. Se puso especial interés en el estudio de lenguas indígenas. No pocos literatos del período colonial se formaron aquí, como es el caso de Carlos de Sigüenza y Góngora, matemático, crítico, poeta y filósofo.

Las universidades coloniales tuvieron momentos de grandeza y momentos de decadencia. Muchas fueron solo seminarios teológicos muy cerrados a las corrientes filosóficas, literarias y científicas de la época. Algunas eran realmente escuelas secundarias. Todas ellas de alguna manera estaban bajo control real y eclesial. La Universidad de San Marcos en Lima había sido en el s.XVII un importante centro de formación pero en el s.XVIII ya no producía con la misma intensidad ni calidad. Algunas de las debilidades se debieron a la falta de un profesorado estable, condiciones económicas adversas y luchas por cambios en el programa de estudios entre sectores eclesiásticos y sectores seculares. Muchas veces importantes hombres de negocios convirtieron las universidades en legitimadoras de sus intereses, obligando a la concesión de ciertos títulos por compra.

A principios del s.XIX las universidades coloniales sufrieron las consecuencias de las guerras de independencia. El control eclesiástico disminuyó. Hubo un franco período de secularización. Los nuevos científicos estaban surgiendo y las corrientes filosóficas europeas se dejaban sentir.

Hasta el día de hoy México y Lima se han mantenido, habiendo evolucionado en muchos aspectos para convertirse en universidades modernas. Muchas más han sido fundadas. CARMELO E. ALVAREZ

UPPSALA, ASAMBLEA DE (1968). Cuarta asamblea del →CMI. Reunida del 4 al 19 de julio en la ciudad universitaria sueca, tuvo por tema "He aquí, yo hago nuevas todas las cosas" y se ha descrito como "la reunión cristiana más documentada de los últimos novecientos años". Los asuntos más importantes fueron la diferencia entre las naciones ricas y las pobres, y la necesidad de "humanizar" al mundo. Los siguientes fueron elegidos presidentes del CMI en la a.: Hans Lilje, Ernesto Payne, D.T. Niles, Alfeo Hamilton Zulu, Juan Coventry Smith y el patriarca Germán. El comité central designó como presidente suyo al laico indio M.M. Thomas. Debido a que estaba tan involucrada en asuntos seculares, económicos y sociales, la a. aportó pocas novedades teológicas. De los 704 delegados, 3% eran de los países en desarrollo, 75% eran ordenados, y asistieron también 15 observadores católico romanos con casi 200 otros.

La tarea principal procedió en seis grupos de estudio que se reunieron para discutir y enmendar anteproyectos de 2500 palabras:

(1) "El Espíritu Santo y la catolicidad de la iglesia". Esto reveló diferencias entre el concepto protestante de la iglesia como invisible y universal y el concepto católico de ella como una unidad eucarística visible e ininterrumpida; y subrayó la imposibilidad de la intercomunión. Definió la unidad en términos de la humanidad y no de la iglesia. La continuidad viene en el futuro así como en el pasado, por tanto la tradición se relaciona con la renovación. La catolicidad es "la cualidad por la que la iglesia expresa la plenitud, la integridad y la totalidad de la vida en Cristo": en asuntos económicos, sociales y políticos.

(2) "La renovación en la misión". Esta sección halló gran controversia entre los evangélicos, que consideraban la conversión y la evangelización en términos del individuo, y aquellos que miraban la conversión en términos de las estructuras y valores sociales de este mundo; entre los que estaban interesados en la predicación y aquellos interesados en el diálogo. El informe definió la misión en términos de "servir a la humanidad sufriente y ayudar a las naciones en desarrollo", de hacer que "la agenda del mundo sea la de la iglesia también". Las misiones modernas no solo están en las regiones tradicionales, sino en los centros urbanos y entre los movimientos revolucionarios donde "hacen falta la presencia y el testimonio cristianos". Empero no hubo preocupación alguna por el hambre espiritual del hombre semejante a la que se manifestó por el hambre física (según indicó un delegado evangélico). Más delegados se inscribieron para esta sección que cualquier otra.

(3) "Desarrollo social y económico mundial". Los participantes juveniles obligaron a este grupo a ser más revolucionario. El grupo recalcó la necesidad de que los cristianos sean más eficaces en lo político. Se oponía al *statu quo,* al aislacionismo, a la violencia en la revolución y, sin embargo, sostuvo que los cambios violentos son "moralmente ambiguos". Le interesaba poner fin a la discriminación, hacer frente al desempleo y al subempleo, y los problemas planteados por el crecimiento demográfico y la escasez de alimentos.

(4) "Hacia la justicia y la paz en asuntos internacionales". En tiempos de desorden político, "los derechos humanos no se podrán proteger en un mundo de manifiestas desigualdades y conflictos sociales". La discusión censuró la participación de los EUA en Vietnam, por lo que George McGovern observó que "ninguna nación llega a esta a. con manos limpias". La paz cristiana se fundamenta en el amor al enemigo y la reconciliación se basa en la obra reconciliadora de Dios en Cristo; así que los cristianos tienen que identificarse con los pobres y oprimidos en su lucha por la justicia. La oposición a la guerra, particularmente la guerra nuclear y el control de las armas, el deseo de proteger los derechos humanos, incluso el apoyo a la ONU y la protección de los derechos de las minorías, y el respaldo a todos los esfuerzos en pro de la paz mundial incluso el apoyo a la selectiva objeción de conciencia: todo esto recalcó el informe.

(5) "Culto". Estuvo representada una diversidad de conceptos litúrgicos, deleitándose algunos en las formas antiguas, como la ortodoxa. Muchas iglesias occidentales querían formas de culto contemporáneas, según lo demostró la presentación en la a. de la "Misa de la partida" por Sven Erik Back, la "Misa para la unidad cristiana" de Bo Nilsson, la "Cruz en la edad espacial" de Sven Erik Johanson, y "En aquel día" por Olov Hartman. El grupo se opuso a la administración indiscriminada del bautismo como costumbre social y realzó la necesidad de que el bautismo se realice en presencia de la comunidad. Se expresó el deseo que la eucaristía se celebrara semanalmente y en nuevos estilos. "La eucaristía muestra el significado esencial del culto cristiano, pues el sacramento del cuerpo y de la sangre de Cristo, derramada para remisión de pecados, es una cena de comunión en la que los cristianos participan en Su vida".

(6) "Hacia nuevos estilos de vida". Esta sección, que tuvo el más alto porcentaje de mujeres, laicos y jóvenes entre sus participantes, definió "estilos" como manifestaciones exteriores de convicciones interiores. El grupo impugnó la ética contextual y los principios morales; al tratar de distinguir la ética del evangelio de las costumbres culturales; mas sus miembros no pudieron resolver el problema. Pintaron un mundo dividido en tres sentidos –color, riqueza y conocimientos– que han producido problemas específicos: el control de la natalidad, cambios en los patrones familiares tradicionales, la castidad y un contextualismo antinomiano. Propusieron que un estilo de vida cristiano se caracteriza por un interés en los sufrimientos de otros, la lucha por la justicia social y reglas abiertas al Espíritu Santo.

Los católicorromanos cooperaron en muchas esferas. Nueve teólogos católicos fueron nombrados a la comisión de fe y orden. El padre jesuita Roberto Tucci pronunció un discurso ante la a. en que destacó que el ingreso de la ICR al CMI podría tomar lugar pronto. La a. estableció un grupo de acción conjunta para elaborar principios de cooperación. Las Iglesias Ortodoxas siguieron siendo el grupo confesional mayor, con 140 delegados. La a. estableció un nuevo secretariado para la igualdad racial y recibió a cuatro denominaciones nuevas. ROBERT B. IVES

UPPSALA (Participación Latinoamericana). La Asamblea de Uppsala puede ser considerada la primera donde se destaca una participación activa de AL. Ello se debe en parte al impacto que tuvo sobre la temática y el espíritu de la Asamblea, la Conferencia de →Iglesia y Sociedad (Ginebra, 1966), donde los latinoamericanos (Shaull, E. →Castro, G. Castillo, M. López, J. de Santa Ana, Fals Borda y otros) tuvieron una actuación destacada planteando radicalmente el problema político y económico del subdesarrollo y la dependencia.

Advertimos estadísticamente la presencia de 60 latinoamericanos (entre ellos 17 delegados oficiales de iglesias), muy superior a asambleas anteriores. Hubo también presencia latinoamericana en la presidencia y secretaría de las secciones, la dirección de la adoración y el estudio bíblico y los comités internos. Cinco personas de AL y el Caribe fueron elegidas para el Comité Central. Trece iglesias de la misma región son ahora miembros plenos o asociados del Consejo. La presencia latinoamericana se advierte fuertemente en las actividades 'extraoficiales', como las conferencias de prensa y el 'Café', que en Uppsala tuvieron un efecto importante sobre la Asamblea.

Dos aspectos de la temática de la Asamblea reflejan los intereses y la participación latinoamericanos. El primero es lo referente a las secciones III y IV (Desarrollo Económico y Social y Justicia y Paz Internacional), donde el enfoque estructural y el análisis de la dependencia latinoamericano aparece, aunque solo marginalmente, junto al análisis desarrollista característico de los países centrales. El segundo aspecto tiene que ver con "las iglesias pentecostales y el movimiento ecuménico", que por primera vez ocupa la atención de la Asamblea, reconociendo la significación ecuménica de un movimiento que Africa y América Latina (son latinoamericanas las primeras iglesias pentecostales que ingresan al CMI) han puesto de relieve.

JOSE MIGUEZ BONINO

URBANO II (1042?-1099). Papa desde 1088. N. en Francia, Odo de Lagery estudió en Reims durante el profesorado de Bruno e ingresó al monasterio de Cluny (c.1070) donde posteriormente llegó a ser prior. Recomendado ante →Gregorio VII por el abad Hugo, lo llamaron a Roma y en 1078 lo hicieron cardenal obispo de Ostia. Sirvió también como legado a Francia y a Alemania. En 1088 sucedió en el papado a Víctor III como U. II. Sin embargo, la oposición del rey y emperador alemán →Enrique IV, del antipapa Clemente III y de sus partidarios impidió que se radicara definitivamente en Roma hasta 1093. Tomó posesión del palacio de Letrán al año siguiente.

Siguiendo los ideales profesados por Gregorio VII, U. trató cauta y diplomáticamente de libertar a la iglesia de la investidura e influencia laicas y de fortalecer la iglesia interiormente al exigir el celibato del clero, eliminar la simonía y remediar la ruptura entre el cristianismo griego y el latino. Todas estas metas menos la última recibieron considerable atención en los concilios de Melfi (1089), Placencia (1095) y →Clermont (1095). Se hizo un esfuerzo serio por reconciliar a los cristianos de Oriente y Occidente, en el concilio de Bari (1098). En cada esfera U. logró algo de éxito. Sin embargo, quizás se le recuerde más por haber proclamado la Primera Cruzada. Accediendo a un llamado por el emperador oriental Alejo Comeneno al concilio de Placencia pidiendo refuerzos para sus propias fuerzas acosadas, U. en el concilio de Clermont pidió que se estableciera un ejército papal para liberar los Santos Lugares de manos de los musulmanes. La Cruzada no solo logró su cometido, sino que realzó el prestigio y la influencia del papa. Sin embargo, U. murió antes de que le llegaran noticias de la toma de Jerusalén. Su beatificación formal se proclamó en 1881. T.L. UNDERWOOD

URBANO V (1310-1370). Sexto papa desde 1362 de la línea de Aviñón. N. Guillermo de Grimoard, de una noble familia de Grisac, fue colocado de niño en el monasterio benedictino de Chirac. Se educó en Montpellier, Tolosa, Aviñón y en París y enseñó derecho canónico antes de ser abad de San Germán en Auxerre en 1352 y luego de San Víctor en Marsella en 1361. El ser elegido papa en 1362 resolvió una crisis en la curia. El hecho de que, a diferencia de sus predecesores, no tuviera previa experiencia administrativa de importancia (aunque había servido en misiones papales en Italia) contribuyó tanto a sus virtudes como a sus flaquezas. Su selección del nombre "U." señaló su identificación con el iniciador de las cruzadas tanto como con la sede original del pontificado.

Como papa fue un reformador moderado, llevó una vida monástica ejemplar en el palacio papal y fue un patrono y constructor demasiado generoso que se dedicó particularmente a proyectos educacionales. Abogado metódico de derecho canónico, siguió la política de centralizar la administración eclesial y embelleció el palacio papal de Aviñón, agregándole jardines como buen benedictino. Sus esperanzas de poner término al conflicto en el Occidente y de reanudar la Cruzada parecieron a punto de cumplirse tras el tratado de Bretigny y su humillante paz con los Visconti, y alentaron su retorno prematuro a Roma en 1367. Allí aceptó la sumisión del emperador Juan V Paleólogo y recibió a Carlos IV. La reanudación de la guerra de los Cien Años lo obligó a volver a Aviñón, donde murió. Alabado incluso por Petrarca, aquel capcioso crítico del papado aviñonense, U. es el único de los papas de Aviñón que fue beatificado (1870). MARY E. ROGERS

URBANO VI (c.1318-1389). Papa desde 1378. Natural de Nápoles, fue arzobispo de Acerenza (1363), luego de Bari (1377), y fue un hábil e irreprochable administrador de →Gregorio XI, predecesor suyo, que puso término a la larga residencia del papado en Aviñón al volver a Roma en 1377. Cuatro meses después de la elección de U., los cardenales franceses la declararon nula, afirmando que el populacho romano los había obligado a elegir a un italiano. En realidad se habían ofendido porque U. se negó a restituir la corte papal a Aviñón y por su falta de tino y manifiesta intención de instituir reformas. En septiembre estos cardenales eligieron a un nuevo papa, Clemente VII (Roberto de Ginebra), iniciando así el →Cisma Occidental que escandalizó el cristianismo por 39 años, con dos papas que pretendían ser cabeza única de la iglesia. Europa quedó casi igualmente dividida, con el apoyo de cada papa basado en la conveniencia política. U. se vio metido en disputas italianas. Depuso a la reina Juana de Nápoles y le dio su reino a Carlos de Durazzo. Posteriormente puso en entredicho a Nápoles e hizo matar a cinco cardenales por una supuesta conjura con Carlos para limitar la autoridad de U. Este murió en Roma, posiblemente envenenado. A pesar de buenas intenciones, su pontificado se caracterizó por la anarquía y dejó a la iglesia confusa y dividida. ALBERT H. FREUNDT, Jr.

URBANO VIII (1568-1644). Papa desde 1623. Este papa inclinado a la política, erudito clásico y embellecedor de la ciudad de Roma, n. en el seno de la ilustre familia florentina de los Barberini y recibió el nombre cristiano de Maffeo. Educado por los jesuitas en Florencia, estudió posteriormente en su universidad romana y al fin se doctoró en leyes en Pisa (1589). Volvió a Roma y ocupó varios cargos en la iglesia y en la curia. Fue legado y después nuncio en Francia (1601, 1604), fue nombrado cardenal (1606), hecho obispo de Espoleto (1608), legado de Bolonia y prefecto de Segnatura di Guistizia (1617) y por último lo eligieron papa. Política y militarmente activo, invirtió grandes sumas de dinero en el establecimiento de una fábrica de armas en Tívoli y de diversas fortificaciones (incluso el Castillo de San Angelo y el Fuerte Urbano), y hasta convirtió la biblioteca del Vaticano en arsenal. Tuvo celos del poder temporal del papa y siguió un programa de equilibrio político acorde con ese fin. Anuló la política pro-Habsburgo de su predecesor al combatir los intereses imperiales españoles en Italia, y quizás al apoyar a Francia y Suecia en la guerra de los →Treinta Años, contribuyendo así a la disolución del Santo Imperio Romano.

U. era inclinado también a las reformas y a las misiones. Emitió decretos sobre la canonización, introdujo reformas en el breviario romano, hizo cumplir las normas tridentinas tocante a la residencia episcopal, redujo el número de días de precepto y aprobó nuevas órdenes de reforma (incluso los vicentinos). Dio su apoyo enérgico a la actividad misionera al abrir el Lejano Oriente a otros misioneros además de los jesuitas y al fundar el Colegio Urbano para la preparación de misioneros (1627). Sus acciones contra los herejes incluyeron la condenación de →Galileo en 1632 (por segunda vez) y del libro *Augustinus* (1642) de Jansenio. Invirtió grandes sumas en proyectos para hermosear y reconstruir Roma. Entre las obras que patrocinó figuran el Palacio Barberini, la Fuente del Tritón, y unos retoques a la basílica de San Pedro y al Seminario del Vaticano por Bernini. Aunque su vida privada fue irreprochable, U. fue el último papa en practicar el nepotismo extensamente. BRIAN G. ARMSTRONG

URSINUS, ZACARIAS (1534-1583). Reformador y teólogo alemán. N. en Breslau, estudió en Wittenberg, 1550-57. Es mejor conocido por su Catecismo de Heidelberg (1562), que rezuma el espíritu de →Melanchton y coincide con la doctrina de su teólogo favorito, Pedro →Mártir Vermigli. Tras una larga visita académica a Ginebra en 1557, U. enseñó en Breslau, donde su tesis de 1559 sobre el sacramento motivó su despido. A petición de Vermigli el elector Federico III nombró a U. a Heidelberg en 1561, donde tuvo una cátedra de teología dogmática hasta 1568. En 1570 el Palatinado adoptó una disciplina eclesiástica a instancia urgente de U. Abandonó Heidelberg en 1577 para seguir con Zanchius en Neustadt. Por influencia de ellos U. y Zanchius hicieron que los *Loci Communes* de Melanchton fuesen lectura obligada para generaciones de pastores reformados en Heidelberg. MARVIN W. ANDERSON

URSULINAS. La más antigua de las congregaciones docentes femeninas de la ICR. Fundada en Brescia (1535) por →Angela de Mérici y llevando el nombre de Santa Ursula, patrona de la fundadora, era una sociedad de vírgenes dedicadas a la educación cristiana en los hogares. Aprobada por Paulo III (1544), la vida comunitaria regular y los votos sencillos fueron introducidos en 1572 a instancias de Carlos →Borromeo. Al hacer profesión, las miembros hacían un cuarto voto de dedicarse a la educación. Paulo V concedió a las u. de París votos solemnes y un enclaustramiento estricto (1612). Los conventos por este estilo y siguiendo una Regla agustiniana modificada, se multiplicaron en Francia bajo Madeleine de Sainte Beuve, ayudada por Madame Acarie y Ann de Xainctongé. Interrumpido temporalmente durante la Revolución Francesa, el desarrollo siguió de nuevo en el s.XIX. En Quebec, Canadá, se fundaron conventos en tiempo de Marie Guyard. En un congreso en Roma (1900) numerosos conventos pertenecientes a distintas congregaciones se unieron en la "unión romana", cuyos miembros hacen votos perpetuos sencillos. Muchas conversas que han permanecido independientes tienen votos solemnes y enclaustramiento papal. Su hábito es negro con mangas largas; las profesas llevan velos negros, en tanto que las novicias y hermanas legas llevan velos blancos. J.G.G. NORMAN

URUGUAY. *Catolicismo.* La presencia de la ICR en la Banda Oriental del Río de la Plata se registra desde antes del asentamiento colonial. Por el año 1624, estando esta región bajo la jurisdicción del obispo de Buenos Aires, se establecen las primeras "reducciones" franciscanas, sistema por el cual se reúne a los indios en poblados para convertirlos al cristianismo y civilizarlos. Se fundaron tres iglesias que pronto desaparecieron, excepto una de ellas. Desde el Paraguay llegan más tarde las misiones jesuitas.

La participación de la ICR en la formación del Uruguay fue muy importante. Los jesuitas están presentes en la fundación de Montevideo, hacia 1726. Allí hubo una seria preocupación por la vida religiosa de la nueva población: se construye el templo, se designa al párroco y se le sostiene, y se solicita la venida de franciscanos.

También participan los curas en la formación de nuevos poblados en el interior del país. E igualmente acompañan el proceso independentista iniciado en 1811. La Constitución de 1830 establece que la religión oficial es la Católica Apostólica Romana. En 1832 el nuevo gobierno consigue que un Breve Pontificio declare a Montevideo Vicariato Apostólico. En 1878 es constituido el obispado, con diócesis única para todo el país (aunque más tarde sería dividida en varias diócesis).

A fines del s.XIX un proceso de aguda secularización del país culmina en la separación de la Iglesia y el Estado en 1917. La Iglesia pasa por un periodo de mucha actividad en sus polémicas contra el racionalismo, el protestantismo y la masonería (en las que destacan Mons. Soler y los laicos Francisco Bauzá y Juan Zorrilla de San Martín).

Durante este periodo se establecen muchos centros docentes, gracias al concurso de órdenes y congregaciones religiosas que desde Europa llegan al país (salesianos, capuchinos, vicentinas, etc.). También se fundan los siguientes organismos: Club Católico (1875); el diario *El Bien Público* (1878); el Círculo Católico de Obreros (1885); y se celebra el Primer Congreso Católico (1889). Se crea entonces la Unión Católica, "para la defensa y propagación de los principios, instituciones e intereses de la comunidad, así como para la práctica y pública manifestación de las creencias".

En 1911 se celebra el Cuarto Congreso Católico, y de él surge la Unión Cívica, partido político confesional.

Con la separación de la Iglesia y el Estado decrece el →anticlericalismo, y el catolicismo se repliega sobre sí mismo. Compelida por una sociedad opositora o indiferente, la ICR gana en profundidad y en autenticidad. El mensaje cristiano tiende a manifestarse a través de pequeños grupos o comunidades, o aun de personas individuales que al vivir su fe hacen que la Iglesia redescubra su razón de ser y su misión.

Protestantismo. Los primeros protestantes llegan al país en 1807, con motivo de las invasiones inglesas. Pero no hubo manifestación pública de esa fe sino hasta 1820, con la actividad de Diego →Thompson, agente de la →Sociedad Bíblica Británica y maestro →lancasteriano. Sin embargo, no se formaron congregaciones. En 1836 el predicador Guillermo Norris inicia la obra metodista con predicaciones en inglés. Con el apoyo de los diplomáticos de Gran Bretaña, EUA y Suecia, la Iglesia →Anglicana erige en Montevideo el primer templo protestante, en la década de los 40. Por esa época, en 1845, ocurre el episodio conocido como "la cuestión de las Biblias": la jerarquía católica ataca la difusión de la Biblia patrocinada por la Sociedad Bíblica Británica, se produce una polémica y se llega incluso a una "quema de Biblias" que carecen de notas explicativas católicas.

En 1858 comienza la inmigración →valdense que dará lugar a la formación de diversas comunidades campesinas en el sudoeste del país. Para establecerse en las vecindades de los valdenses, en 1862 llega un contingente de suizos luteranos y católicos que organizaron sus respectivas congregaciones en inusitada convivencia interconfesional (aunque a nivel local).

La obra misionera metodista iniciada por Norris e interrumpida en 1842, fue reiniciada en 1869 por Juan F. →Thompson quien visitaba Montevideo desde Buenos Aires. En 1878 se organiza la primera iglesia metodista en el Uruguay, bajo la dirección de Tomás B. →Wood. En las décadas siguientes se organizan otras iglesias, tanto en Montevideo como en el interior del país. Al comenzar la década del 80 se fundan varias escuelas populares a impulsos de la Srta. Cecilia Güelfi. Esas escuelas se unieron para formar el actual Instituto Crandon.

El protestantismo uruguayo, liberal y evangelizador, fue de espíritu polémico, tanto contra el racionalismo como contra el catolicismo. Así se creó el "Club Protestante", tribuna de combate en los niveles intelectuales y literarios, que en 1906 fue absorbido por la →Asociación Cristiana de Jóvenes. En 1806 se produce la primera visita de un representante de la Sociedad Bíblica Británica y Extranjera y en 1868 se establece una agencia de la Sociedad Bíblica Americana. Hoy el trabajo de distribución de la Biblia lo realiza la Sociedad Bíblica del Uruguay, subsidiaria de aquellas.

El →Ejército de Salvación inicia su obra en 1891 y opera en la capital y en el interior. Aproximadamente por la misma época llegan los →Hermanos Libres y los →Adventistas.

En 1911 los Bautistas del Sur (de EUA) organizan su primera congregación en Montevideo. En la década siguiente se extienden por el interior del país.

A causa sobre todo de la acción misionera norteamericana, otras expresiones del protestantismo se establecen en Uruguay después de la Guerra Mundial II: grupos →pentecostales, →Alianza Cristiana y Misionera, Iglesia del →Nazareno, etc. En 1948, inmigrantes de la Iglesia →Menonita se radican en tres Departamentos del interior y en Montevideo. Aquí fundan, en 1955, un seminario teológico, que funciona por 20 años, hasta que fue trasladado a otras regiones.

La Federación de Iglesias Evangélicas del Uruguay aglutina a buena parte del protestantismo. Se creó en 1956, como continuación de la Comisión Uruguaya de la Confederación de Iglesias Evangélicas del Río de la Plata. A la Federación pertenecen las siguientes Iglesias: Valdense, Metodista, Menonita y Evangélica del Río de la Plata (luterana). Otras Iglesias o movimientos también pertenecieron a ella en algún momento de su historia (como la Iglesia del Nazareno, la Reformada Húngara, la Misión Iglesia Pentecostal, el Ejército de Salvación y las Sociedades Bíblicas).

NESTOR E. ROSTAN

USURA. Aunque hoy en día el término quiere decir un interés excesivo en un préstamo, tiene también el significado original de cualquier interés que se cobra por el dinero prestado. En el AT se prohibía el cobro de intereses en el caso de deudores judíos (Ex. 22:25; Dt. 23:19s). Los antiguos filósofos griegos también condenaron los intereses por injustos. →Aristóteles enseñó que el dinero es estéril y que, si se ponen dos monedas en una bolsa, nunca se reproducirán; por eso exigir el pago de una suma mayor de lo prestado no solo viola la justicia, sino la naturaleza también. El NT nada dice explícitamente sobre el préstamo de dinero, pero en la época patrística la mayor parte de los Padres condenaron la u. Durante la Edad Media los escolásticos como Tomás de Aquino aceptaron las enseñanzas aristotélicas. En el Decreto de Graciano y en el concilio de Letrán III (1179) se condenó la u., aunque el IV (1215) permitió que los judíos se dedicaran a la práctica.

Con la venida del capitalismo, la oposición al préstamo de dinero a rédito fue desapareciendo. Aunque algunos reformadores protestantes del s.XVI como Lutero, Zwinglio y Latimer condenaron la práctica, otros como Calvino y Beza la defendieron al hacer distinción entre préstamos de consumo y los de producción, insistiendo en que en el último caso el dinero era fértil o productivo. En Ginebra se aprobaron leyes que tomaban en consideración una módica tasa de interés. Posteriormente (1571) Inglaterra y Alemania junto con otros países continentales hicieron lo mismo, aunque en Francia no se legalizó el interés sino hasta 1789. Algunos eruditos de la ICR empezaron a cambiar de posición respecto de la u. durante los ss.XVI y XVII, pero ya en 1745 el papa Benedicto XIV reafirmó la oposición escolástica al cobro de intereses. Sin embargo, para el s.XIX la curia hizo declaraciones que indicaban que no se debe molestar a los que prestan dinero a una módica tasa de interés, aun cuando la justificación teórica de la práctica jamás se ha resuelto en la ICR. ROBERT G. CLOUSE

UTRAQUISTAS. El grupo más moderado dentro del movimiento husita. Su nombre se deriva de la locución latina *sub utraque specie* ("bajo ambas especies") y alude al pan y el vino de la comunión. Creían que los laicos debían recibir ambos elementos y no solamente el pan como la iglesia había decretado y que deberían eliminarse ciertos abusos del clero. Su membresía se centró en Praga y consistió en muchos de la nobleza y de los profesores universitarios de esa ciudad. Derrotaron al bando husita rival, los →taboritas, en la batalla de Lipany. Luego formularon una posición más moderada y en el Concilio de →Basilea se les concedió rango oficial en la ICR. Siguieron como la iglesia oficial de Bohemia hasta que la Guerra de los →Treinta Años trajo la restauración del catolicismo romano. ROBERT G. CLOUSE

UTRECHT, DECLARACION DE. Resumen doctrinal emitido en Utrecht en 1889, significativo en la historia del movimiento →veterocatólico. La Iglesia Veterocatólica había surgido de las controversias →jansenistas: en 1724 un obispo católico consagró a Cornelio Steenhoven (sin la aprobación papal) arzobispo de Utrecht, y la Iglesia Católica Vieja jansenista siguió desde entonces como un grupo pequeño, con cierto derecho a órdenes válidas. En la década de 1870, cuando ocurrió una separación mayor de la ICR como protesta contra la adopción por el Concilio→Vaticano I de la doctrina de la infalibilidad del papa, los disidentes recurrieron a U. para su ordenación. J.H. Reinkens fue ordenado de obispo de la Iglesia Veterocatólica en Alemania y asimismo Eduardo Herzog en Suiza. La reunión de 1889 en U. juntó así a los obispos de las Iglesias Veterocatólicas. La D. afirmaba el apego al catolicismo pero el rechazo de las perversiones romanas de ella, incluso notablemente la doctrina de la infalibilidad del papa. Las Iglesias Veterocatólicas la aceptaron como declaración doctrinal (incluso, desde 1897, el movimiento de la Iglesia Veterocatólica polaca en los EUA). DIRK JELLEMA

V

VALDENSES. Las fechas claves de la historia valdense son 1210, la Cruzada Albigense-Valdense; 1532, Sínodo de Chanforans; 1848, el estatuto de emancipación albertino. Antes de 1210 gran parte es prehistoria legendaria, pero bajo el título de "primera Reforma", los ss.XIII a XV son estudiados por V. Vinay y por el checo A. Molnar, que investigan la interacción entre las ideas de los V., →Husitas, →Wyclifistas, y los →Hermanos Bohemios. La "segunda Reforma" (s.XVI) transformó a los V. de un movimiento en una iglesia, punto focal de lo cual fue el sínodo de Chanforans. Durante 300 años antes de 1848 su historia ilustra el trágico aspecto de *Cuius regio, eius religio,* en ininterrumpida secuencia de persecución, guerrillas, exilio y retorno. A partir de 1848 es una historia de penetración cultural y evangélica dentro de la nación italiana y sus ramificaciones de ultramar.

Los conceptos acerca del origen de los V. varían según la inclinación propagandista del historiador. Los restos de la comunidad que se habían conservado en los Alpes Cotianos dieron a los primeros protestantes, en sus polémicas principalmente teológicas o eclesiológicas, una espléndida contestación a la pregunta, "¿dónde estaba vuestra iglesia antes de Lutero?" así como la anterior reforma, con su radicalismo sociopolítico se valió de leyendas de obispos del s.IV que rechazaron el régimen de unión iglesia-estado de Constantino, y del obispo Claudio que en el s.IX rechazó el replanteamiento que de dicha unión hizo Carlomagno. Los actuales V. radicales prefieren derivar su nombre de Pedro Valdo, y los Pobres de Lyon del s.XI, y también reconocen su deuda para con →Arnoldo de Brescia, →Pedro de Bruys y →Enrique de Cluny.

Las marcas de los V. medievales eran: obediencia al evangelio, especialmente al Sermón del Monte; ascetismo riguroso; una aversión →"donatista" a reconocer el ministerio de sacerdotes de vida indigna; la creencia en visiones, profecías, posesión de espíritus y milenarismo; y el interés por la renovación social. Aunque anticonstantinianos, opuestos a las imágenes y antijerárquicos, tendían a rechazar únicamente las prácticas católicas claramente contrarias a las Escrituras. En ciertas épocas asistían a misa, dándose por contentos con celebrar reuniones privadas por el estilo de las sociedades religiosas. Su clero *(Barbes)* era ambulante, durante la "primera" Reforma (husita) la influencia v. se esparció por toda Europa. Se sabe tanto de comunidades con ministerio episcopal como de ministerio presbiteriano. Pero posiblemente el nombre de "valdenses" –especialmente por pluma de escritores católicos, que son prácticamente la única fuente con que contamos– fue una etiqueta que se aplicaba a toda suerte de actividades no romanas. Naturalmente esta primera Reforma fue eliminada casi por completo al norte de los Alpes, y al sur de ellos sobrevivió únicamente en sitios inaccesibles tales como los valles v. y Calabria.

En la "segunda" Reforma, Ginebra y los v. establecieron prontos contactos, y en 1532 éstos aceptaron el modelo de iglesia y ministerio reformados que desde entonces han tenido. Sus servicios habrían de ser en adelante abiertos y ordenados, sin misa, habrían de tener la Confesión de Fe Ginebrina regular (quizá algo suave respecto a anticonstantinianismo, pero aceptada). Como saboyardos eran de habla francesa (su Biblia era la versión de →Olivetano) y bajo la católica Casa de Saboya, tuvieron que padecer 300 años de persecución, al principio física y violenta (ver el soneto de Milton, 1655), y más tarde civil y económica. Esos sufrimientos los hicieron considerarse no solamente como una Iglesia de la Reforma, sino como pueblo elegido con un destino señalado por Dios: "el Israel de los Alpes".

Su época moderna comenzó con el Estatuto de Emancipación de 1848 (celebrado el 17 de feb. de cada año). Admirados, auxiliados y aconsejados por los evangélicos anglosajones (notablemente por el General Beckwith, quien les dijo: "Evangelizad o pereceréis"), aprovecharon al máximo la norma de Cavour: "Una Iglesia libre en un estado libre", y abandonando su *patois* francés, cambiaron su imagen de minoría aislada por la de un Israel en la *diáspora,* una levadura cultural y religiosa que fermentaba a toda Italia. Al fundar un colegio teológico en 1855, primero en Florencia y más tarde en Roma, se han adaptado a los más elevados valores de la cultura italiana. Desde dicha institución Luzzi legó a Italia una Biblia en su lengua, y Giovanni Miegge una distintiva teología barthiana que apoyó la resistencia intelectual, espiritual y física al fascismo. Más recientemente la *Facoltá Valdese* de Roma desempeñó un papel vital en el contacto ecuménico con la teología catolicorromana, y V. Subilia es quizá el asesor protestante más perspicaz del Vaticano II. Un seminario filial en Buenos Aires (compartido con los metodistas) sirve al protestantismo sudamericano.

El tribunal supremo de la iglesia, un sínodo que se reúne anualmente en Torre Pellice, elige un moderador (por periodos de siete años) y una junta ejecutiva *(Tavola).* Aunque solo cuenta con 20.000 miembros en comunión, la iglesia posee escuelas, orfanatorios, hogares para ancianos, hospitales y una editorial (Claudiana). Sostiene misiones en Africa así como un *Servizio Cristiano* en Riesi y en Palermo, Sicilia. En esta última obra, Tullio Vinay es pionero en la participación sociopolítica del cristianismo radical.

Todo el protestantismo italiano ha sido vigorosamente influido por el *ethos* valdesiano. No se ha producido ninguna unión eclesiástica, pero con la iglesia metodista italiana la cooperación ha alcanzado la etapa de reconocimiento mutuo del ministerio y membresía, y la celebración regular de reuniones conjuntas de los dos sínodos. R. KISSAZ

VALDENSES EN AMERICA LATINA. La Iglesia Valdense existe en el Río de la Plata desde mediados del s.XIX. La inmigración italiana en el →Uruguay empieza con la llegada a Montevideo de tres familias valdenses en 1857. En el mismo año llegaron otras, hasta sumar unas 50 familias, con un total de más de 200 miembros. En los años sucesivos continuó aumentando.

Los v. se establecieron primeramente en el centro del país, pero por dificultades que allí encontraron, se trasladaron al Departamento de Colonia, para fundar lo que hoy es Colonia Valdense, cerca del Río de la Plata.

Con el aumento natural de población y la llegada de nuevos inmigrantes, los v. se extendieron geográficamente y fundaron nuevas colonias campesinas en varios departamentos del país. También establecieron comunidades en diversas ciudades.

En →Argentina, la colonización comienza en 1860, en la provincia de Santa Fe, con v. procedentes de Italia, a los que se sumaron luego algunos emigrados del Uruguay. A partir de 1891 se establecieron colonos en la provincia de Entre Ríos y en 1901 en la provincia de La Pampa.

Dondequiera que se establecían los v., se preocupaban por promover la vida cristiana comunitaria, proveyendo instrucción bíblica para niños y jóvenes y celebrando cultos. Así, donde se formalizaban comunidades rurales, inmediatamente se organizaban iglesias, al principio bajo el liderazgo natural de elementos laicos que atendían todas las actividades eclesiásticas. El primer pastor establecido en Colonia V. fue Miguel Morel, que llegó de Italia en 1860. En los años sucesivos, la Iglesia madre de Italia enviaba pastores conforme crecían las necesidades de las iglesias, hasta que en la década de 1930 comienzan a surgir pastores nacionales. Actualmente, todos los pastores en ejercicio son nacionales, argentinos y uruguayos, formados teológicamente en lo que hoy es el Instituto Superior Evangélico de Estudios Teológicos.

Dentro del sistema presbiteriano-sinodal propio del ordenamiento eclesiástico valdense, las congregaciones rioplatenses constituyen uno de los distritos que componen la Iglesia V. en Italia. Manteniendo las mismas confesión de fe y disciplina eclesiástica, el Distrito rioplatense goza de cierta autonomía respecto de la Iglesia Italiana y se constituye como Iglesia Evangélica V. del Río de la Plata (con Conferencia Anual desde 1905). Desde 1966, se constituye en Sesión Sudamericana del Sínodo. Las iglesias de Italia forman la Sesión Europea. Son un solo Sínodo que se reúne en dos áreas. El área rioplatense tiene su propio órgano ejecutivo, cuyo presidente, siempre pastor, lleva el título de Moderador. Componen (1978) el área rioplatense 23 congregaciones organizadas, con un total de miembros de más de 5.000 y una población valdense estimada en más de 15.000 personas.

Los v. se preocuparon siempre por darles a sus hijos, junto a los conocimientos bíblicos, una sólida cultura general. Organizaron escuelas de instrucción primaria, y proveyeron ellos mismos el personal docente y el sostén económico. Esas escuelas fueron pasando paulatinamente bajo la responsabilidad del Estado. En 1888 se fundó en Colonia V. uno de los primeros liceos de enseñanza secundaria en el interior del país. Fue transferido al Estado en 1926.

También se ha preocupado la Iglesia V. por realizar obra social, por lo que sostiene: un hogar para ancianos en Colonia V. y otro en La Pampa (Argentina); un hogar para niños, en colaboración con la Iglesia Metodista; un hogar para personas con limitaciones psicofísicas; un centro de servicio social a la comunidad en los aledaños de una ciudad. Estas últimas obras se encuentran en Uruguay.

Tiene también la Iglesia una librería y un modesto trabajo editorial interno, una biblioteca eclesiástica y un museo de historia valdense y general. NESTOR E. ROSTAN

VALDES, JUAN Y ALFONSO. Hermanos gemelos, nacidos en Cuenca, España, alrededor del 1490. Ambos se dedicaron a buscar la reforma del cristianismo. Pero mientras Alfonso abogó por la reforma de la iglesia como institución, a base de la acción imperial, Juan siguió el camino del→misticismo. Ambos eran erasmistas, y sostuvieron correspondencia con →Erasmo. Para ellos, como para el famoso humanista de Rotterdam, lo que se requería no era tanto una reforma doctrinal como el regreso al cristianismo sencillo de los Evangelios y la reforma de la vida cristiana.

Alfonso fue secretario de →Carlos V. Como tal asistió a la Dieta de Worms, donde Lutero se negó a retractarse. Pero el reformador alemán no causó en él gran impresión, pues a su parecer lo que se debatía no era más que una disputa entre monjes. Y Alfonso, al igual que tantos otros erasmistas de su época, sentía gran desprecio hacia el →monaquismo. En ocasión del saqueo de Roma por las tropas imperiales, Alfonso compuso dos tratados en forma de diálogo en los que, además de defender al emperador, declaraba que el papado se había corrompido y que era necesario reformarlo. Esa reforma, según Alfonso, debía venir del emperador. Estos dos diálogos causaron gran revuelo, y el nuncio papal en España protestó ante el emperador. Alfonso fue llevado a juicio, pero fue absuelto de toda mácula de herejía. En 1529 partió hacia Alemania con el emperador, y poco después, en la Dieta de →Augsburgo, trató en vano de lograr un acuerdo entre católicos y protestantes. Murió en Viena en 1532, víctima de la peste.

Su hermano, Juan, fue menos conocido pues no se movió en los círculos cortesanos donde vivió Alfonso. Pero a la postre sus obras han sido reconocidas como más valiosas que las de su hermano. Estudió en la universidad de Alcalá, que había sido fundada por el Cardenal →Jiménez de Cisneros precisamente con la esperanza de que llegara a ser un centro para la reforma de la iglesia. Fue probablemente allí donde escribió su *Diálogo de doctrina cristiana.* Cuando este breve libro apareció, se discutían las obras de su hermano Alfonso, y por tanto el *Diálogo* de Juan causó sospechas por parte del partido papal. En él se criticaban varias prácticas religiosas que los erasmistas consideraban contrarias al cristianismo de los Evangelios. Juan fue absuelto de herejía. Pero su situación en España era precaria, y por ello decidió abandonar el país y establecerse en Nápoles, que también pertenecía a Carlos V. Antes de llegar a Nápoles pasó algún tiempo en Roma, como chambelán del papa →Clemente VII.

En Nápoles Juan formó un grupo de discípulos con quienes se reunía periódicamente para dedicarse al estudio de la vida cristiana. Producto de esas reuniones es su principal obra, *Ciento y diez consideraciones,* publicada póstumamente. Su más famoso discípulo fue Bernardino →Ochino, general de los capuchinos, quien dejó la orden y se hizo protestante.

Acerca del pensamiento de Juan se ha discutido mucho. Sus doctrinas, aunque concuerdan con las de los reformadores en muchos puntos, en otros son muy distintas. Esto es cierto especialmente en lo que se refiere a su misticismo, que la mayoría de los reformadores repudió. →Beza, el sucesor de Calvino, llegó a llamarle uno de los peores monstruos de la época. Además, debido en parte a su misticismo, Juan no se interesó en reformar la totalidad de la iglesia, sino solo su propia vida religiosa y la de sus discípulos. Esto le dio a su pensamiento cierto carácter aristocrático. En pocas palabras, podría decirse que las doctrinas de Juan son una mezcla de erasmismo con el misticismo de los →"alumbrados". Por esa razón sus obras comenzaron a hacerse populares en el s.XIX entre personas de semejante inspiración. A partir de entonces han sido estudiadas cada vez más. JUSTO L. GONZALEZ

VALDO (PEDRO). Fundador del movimiento de protesta religiosa anterior a la →Reforma Protestante, que lleva su nombre (→VALDENSES). Recientes descubrimientos hechos en archivos franceses y españoles, permiten conocer con mayor claridad la verdad histórica de V. y de sus inmediatos seguidores.

"Valdés" o "Vaudés" debió de haber sido su nombre, transcripto al latín por *"Valdesius"*. No se puede precisar cuándo se adoptó la forma hoy tradicional de "Valdo". El nombre de "Pedro" no aparece atestiguado en documentos antiguos sino hasta 1368.

V. fue un acaudalado comerciante y terrateniente, miembro de la clase burguesa de Lyon (Francia). Su aparición en la escena histórica se ubica entre los años 1170 y 1180. Una crisis de conciencia, en cuyos detalles no concuerdan exactamente las fuentes históricas, le hace cambiar de vida: distribuye parte de sus bienes entre los pobres, destina otra parte para hacer traducir al provenzal los Evangelios, otros libros de la Biblia y extractos de escritos de Padres de la Iglesia (Agustín, Jerónimo, Ambrosio y Gregorio), hace profesión de pobreza total, decide vivir de limosnas y se dedica a predicar por calles y plazas. Muy pronto tiene imitadores y discípulos, entre los que se cuentan mujeres; con ellos se crea una hermandad designada a veces con el nombre de *"societas valdesium"*, aunque más comúnmente con el de "pobres de Lyon", según se documenta en una crónica de 1216 que lo trata de "hombre de escasa instrucción y presuntuoso".

Surgidas las dificultades con las autoridades eclesiásticas locales, los valdenses recurren a Roma. En el Concilio de →Letrán III (1179), comparecen dos de ellos (no hay confirmación, pero quizá uno de ellos haya sido V. mismo) para solicitar al Papa que se les conceda el derecho de predicar. Sin evidencias de una clara negativa a esta petición (en todo caso el Concilio no los considera herejes todavía) se les remite a la autoridad de las jerarquías locales. En un sínodo diocesano celebrado en Lyon en 1180, V. firma su profesión de fe católica en la presencia del legado pontificio Enrique de Claraval y del arzobispo de Lyon. Al documento suscrito, que responde a las fórmulas tradicionales de la ortodoxia, V. le agrega un *propositum vitae* por el cual él y sus compañeros "renuncian al mundo, distribuyen a los pobres cuanto poseen, deciden vivir íntegramente en la pobreza, sin preocuparse del mañana y de las necesidades cotidianas, proponiéndose a sí mismos el objetivo de cumplir los preceptos evangélicos".

En 1183 el arzobispo expulsa de la ciudad a los "pobres de Lyon". Los valdenses son considerados sospechosos de herejía por el Concilio de Verona (1184), que lanza el anatema sobre diversos herejes "que se hacen pasar por Humillados o Pobres de Lyon". Dispersados por Francia meridional y por el norte de Italia, entran en contacto con otras sectas heréticas, más agresivas respecto de la Iglesia de Roma, de las cuales sufren influencia aunque mantienen sus rasgos diferenciales.

El Concilio de →Letrán IV (1215) condena definitivamente a los valdenses como herejes. Los valdenses se ven entonces obligados a vivir en clandestinidad. La Iglesia, que había procurado recuperar a los disidentes mediante la persuasión, ahora abandona esta táctica y en su lugar instala tribunales de la →Inquisición, y con el auxilio del brazo secular persigue a los herejes. No obstante, el movimiento valdense continúa creciendo: en los ss.XIII y XIV hay comunidades valdenses también en Austria, Alemania, Bohemia y Polonia.

De V. nada más se sabe. No dejó nada escrito, ni tampoco instrucciones sobre formas de organización eclesiástica del movimiento que él originó. Solo ha legado el ejemplo de su conducta inspirada en la enseñanza evangélica y de su vida de fe.

NESTOR E. ROSTAN

VALENTE (c.328-378). Coemperador desde 364. A la inesperada muerte de →Juliano, el ejército aceptó el emperador de transacción →Joviano; la muerte también súbita de éste hizo que la elección cayera en Valentiniano (364), el cual un mes más tarde asoció a su hermano menor V. como coaugusto para gobernar el Oriente. Los hermanos procedían de una familia cristiana de Panonia; Valentiniano era mejor militar, y V. mejor economista. Aunque los dos aplicaban el principio de Joviano de amplia tolerancia religiosa, V. trató de resolver las disensiones internas dentro del cristianismo, nacidas de la controversia →arriana. Las sesiones de los sínodos a partir de →Nicea (325) en Oriente se habían apartado de las tesis del *homoousion,* y a partir de 371 V. se dedicó a reprimir a sus partidarios o destituirlos de sus puestos. Pero los problemas principales se presentaban en las fronteras. Los hunos, presionando a los godos, los pusieron en movimiento. V. recibió una petición para reubicarlos en el imperio, pero antes de que pudiera negociar la cuestión los godos irrumpieron por el Danubio. Sin esperar los refuerzos que venían de Occidente, V. intentó detenerlos en Adrianópolis, en donde en el desastre que sufrieron las legiones romanas él también halló la muerte.

CLYDE CURRY SMITH

VALENTINIANO III (419-455). Emperador romano de Occidente desde 425. Fue hijo de Constancio III y Galla Placidia. Durante la extensa regencia de su madre (425-45) y el gobierno militar de facto de Aecio, V. fue siempre dependiente y degenerado. Aunque la famosa marcha de →Atila sobre Roma en 452 resultó inofensiva, el imperio de Occidente declinó considerablemente bajo su reinado. Defensora de la ortodoxia, los primeros actos de Placidia a nombre de V. en 425 fueron restaurar los privilegios de la iglesia revocados por el recién ejecutado usurpador imperial Juan, excluir a judíos y paganos del foro y de las clases militares, y desterrar de las ciudades a herejes y astrólogos. La *Novella* 17 de V. (445) le confirió al obispo de Roma, que entonces era León I, autoridad sobre las iglesias provinciales de Occidente, incluyendo a Grecia, importante ventaja en la rivalidad del papa con otros patriarcas respecto a supremacía universal. V. fue asesinado en 455.

DANIEL C. SCAVONE

VALENTINO (s.II). Prominente gnóstico, fundador de la secta valentiniana. Si se intentara reconstruir el pensamiento de V. con base en los pocos fragmentos preservados por sus primeros críticos, →Ireneo, Clemente de Alejandría e →Hipólito, aparecería simplemente como uno más en la cadena de gnósticos anotados en sus refutaciones, inseparable de su sucesor Tolomeo, quien fue jefe de la escuela valentiniana desde por ahí de 160 y que fue sistematizador suficiente para suministrar más que citas fragmentarias. Así, Ireneo incorporó importantes pasajes de una extensa obra de V. más una porción de un comentario sobre el Evangelio de Juan, y →Epifanio cita una declaración muy razonable de la tesis de V. bajo el título de "Carta a Flora".

También con citas principalmente tomadas de sus primeros adversarios, Eusebio reunió lo que se conocía de V. dentro del marco de su cronología histórica: se considera que V. llegó a Roma durante el arzobispado que durante cuatro años ejerció Higinio (138-42), que él dató a partir del primer año de Antonino Pío. El *Adversus Valentinianos,* de Tertuliano, que usó materiales de sus predecesores, tampoco da muchos datos frescos acerca de V. a no ser la oscura observación de que V. por poco llega a ser obispo de Roma, es decir, que presuntamente no logró ser electo, y a raíz de ello se retiró de la comunidad. Considerando el ataque moderado sobre la persona solo se puede suponer que el pensamiento de V. se aproximaba demasiado al pensamiento cristiano, y se originaba en una extraña, aunque no imposible, interpretación del Evangelio de Juan y, a través de él, de los sinópticos, especialmente las enseñanzas tomadas de Mateo. Ciertamente, comentarios alejandrinos cristianos acerca del NT son una respuesta a la exégesis valentiniana, y difícilmente se diferencian de ella. El descubrimiento de papiros gnósticos coptos en →Nag Hammadi en el Alto Egipto en 1945 han reabierto el juicio acerca de V., pues entre los textos había una serie de escritos que bien podrían relacionarse con él: particularmente el llamado *Evangelio de la verdad,* específicamente atribuido a él por Ireneo. El texto de este evangelio todavía está próximo al estilo revelatorio; la sistematización aun no se había establecido. Es un anuncio o declaración de lo que no se ha conocido: el nombre del Padre, que permitiría a quien lo posea penetrar aquella ignorancia que lo ha separado a él y a toda la creación del Padre. Y Jesús el Cristo en su obra como Salvador se ha constituido en el revelador de aquel nombre mediante una diversidad de modos cargados de un lenguaje de elementos abstractos. La retención de la creencia en la creación como obra del Padre convierte a este evangelio en una alternativa a su contemporáneo →Marción, pero los conceptos son finalmente demasiado esotéricos para que fueran de uso popular y los seguidores de V. solo pueden haber sido los letrados.

CLYDE CURRY SMITH

VALERA, CIPRIANO DE (1531-1602). Reformista español del s.XVI. Probablemente n. en Valera la Vieja, población hoy abandonada de la provincia de Badajoz. Se desconoce la fecha exacta de su nacimiento que debió tener lugar entre 1531 ó 1532. Tampoco se sabe con certeza el lugar y fecha de su muerte. Hay un autógrafo suyo fechado en Middelburgo, Holanda, en 1602. Algunos suponen que murió ese mismo año. Otros señalan otras fechas, pero sin ofrecer documentación alguna.

V. estudió dialéctica y filosofía durante

seis años en la Academia de Sevilla donde fue condiscípulo de Benito Arias Montano, el editor de la Políglota de Amberes, y donde recibió la influencia de los reformistas Constantino Ponce de la Fuente, Juan Gil y Juan Pérez (→REFORMA EN ESPAÑA). Graduado de la Academia como bachiller pasó a ser fraile del convento de San Isidro del Campo, centro del incipiente movimiento "luterano" de Sevilla que encabezaba el Dr. Constantino, canónigo magistral de la catedral. A raíz de las persecuciones desatadas por la Inquisición en 1557 V. escapó a Ginebra junto con otros monjes isidoros y fue recibido como "habitante" de aquella ciudad el 10 de oct. de 1558. Cuando →Isabel ascendió al trono de Inglaterra, V. pasó allá acompañado de otros fugitivos del convento: Francisco Farías, el →prior; Juan de Molina, el →vicario y Casiodoro de Reina.

En feb. de 1560 la Universidad de Cambridge revalidó sus estudios de Sevilla con el grado de bachiller. En 1563, recibió el título de *Master* y fue hecho *fellow* de Magdalen College. En 1566 se incorporó a la Universidad de Oxford. Con su esposa y tres hijos pasó la mayor parte del resto de su vida en Londres ganándose la vida como maestro y dedicándose activamente a la publicación de obras protestantes que hacía llegar a España de contrabando. La mayor parte de su abundante producción literaria consistió en traducciones, adaptaciones y revisiones. Entre ellas se destaca especialmente la de la Biblia que Casiodoro de Reina publicó en 1569 y cuya segunda edición, revisada, publicó en 1602 en Amsterdam, en casa de Lorenzo Jacobi. La traducción más importante que hizo fue la de la obra maestra de Calvino, *Institución de la religión cristiana,* traducción que publicó en 1597 "en casa de Ricardo del Campo" (Londres o Amberes).

Aunque V. vivió mucho más tranquilamente que sus compañeros de convento, Casiodoro de Reina y Antonio del Corro, sus obras dejaron tan profunda huella que el Indice Expurgatorio, publicado en Madrid en 1667, le llama "el hereje español".

JORGE A. GONZALEZ

VALERIANO (s.III). Emperador antes de oct. del 253. Igual que los datos respecto a la mayoría de los gobernantes romanos del tormentoso s.III, las fuentes son menos que adecuadas. V. debe de haber nacido cerca del comienzo del siglo, ya que por la época en que llegó a emperador, el hijo que elevó al trono junto con él, Galieno (235-68), ya tenía por ahí de 35 años; V. habrá tenido unos 60. Era de familia noble, y en medio de las condiciones anárquicas de crisis por los ataques contra las fronteras y por el desorden interno, ya había desempeñado importantes papeles bajo los emperadores anteriores. Bajo →Decio (249-51), fue funcionario especial de economía, y en carácter de tal ayudó en los esfuerzos para forzar el reavivamiento de la religión de estado mediante *libelli,* (→LIBELLATICI), lo cual era condición para la gran persecución contra la iglesia. Bajo Gallo (251-53) fue comandante militar de las tropas procedentes de Raetia, pero no logró impedir la muerte del emperador a manos de los soldados en el conflicto con el rival Emiliano (253), quien dentro de los tres meses siguientes corrió la misma suerte cuando las tropas de V. lo convirtieron en su rival.

Junto con su coaugusto trató de alcanzar la estabilización, pero los godos y los persas mantenían los frentes en situación crítica. La persecución de los cristianos continuó severa bajo su administración conjunta; mártires notables (258) incluyen a →Sixto II de Roma, su diácono Laurencio y →Cipriano de Cartago. Pero en la campaña sobre la frontera persa, presuntamente por una traición, V. y su ejército cayeron en manos de Shapur I escena frecuentemente representada en relieve por los persas. Ni la fecha del desastre ni la de la muerte de V. que siguió en cautiverio, se han determinado. Pero de entonces en adelante Galieno concedió a la iglesia una paz que duró los siguientes 40 años, no obstante las continuas revueltas internas y la presión sobre las fronteras. CLYDE CURRY SMITH

VALVERDE, VICENTE DE (m.1543). Fraile dominico español, célebre por el papel decisivo que juega en la conquista del Perú y en la muerte de Atahualpa, último gobernante del Imperio de los Incas. N. en Oropesa, viste hábito en 1523 y estudia en los conventos de Salamanca y Valladolid, en este último junto a Francisco de →Vitoria. Francisco Pizarro había descubierto el Perú en 1528 y de vuelta en España organizó la expedición conquistadora que salió en 1530 y a la cual V. recibió orden de unirse. Acompañando a Pizarro, V. llega a Cajamarca y el 15 de nov. de 1532 es el encargado de dialogar con el Inca, leyéndole el requerimiento de Palacios Rubio que demandaba una rendición pacífica y la aceptación de la fe cristiana. Los relatos de testigos presenciales coinciden en señalar que, ante la negativa del Inca, V. azuza a los españoles para que procedan a la acción militar.

El Inca es aprisionado y más tarde ejecutado. Así el dominico español viene a ser el símbolo de la doctrina católica puesta como ideología al servicio de la conquista militar. De regreso en España para 1532, la reina le otorga el obispado del Cuzco, primera sede episcopal en el Perú. Asume la posición en junio de 1538 y la ocupa hasta su muerte en 1543.

SAMUEL ESCOBAR A.

VALLA, LORENZO (1407-57). Filólogo y retórico italiano, quizás el erudito más brillante del →Renacimiento. N. en Roma. Después de estudiar con Vittorino de Feltre, se dedicó a la enseñanza de griego y latín, ambulando por Pavia, Milán, Génova, Ferrara, Mantua y Nápoles. La última década de su vida la pasó en Roma sirviendo a →Nicolás V en un puesto que le dio tiempo para sus actividades literarias. Su libro más conocido, *Las Elegancias de la lengua latina* (1441), llegó a ser la norma y guía para los humanistas interesados en expresión precisa y estilo gracioso. Siendo siempre pensador independiente y crítico, se metió en muchas controversias. Su libro más famoso fue la *Declamación sobre la falsa donación de Constantino* (1440) en que expuso el carácter espurio del documento que pretendía probar que Constantino había entregado al papado Italia Central cuando se trasladó al Oriente. V. demostró que la →"Donación" fue un documento fraudulento fraguado en el s.VIII y por lo tanto no se podría usar para apoyar el reclamo papal de poder temporal. Si bien su obra provocó la ira de algunos eclesiásticos, tuvo poca importancia práctica, ya que los papas del Renacimiento no basaban su reclamo en susodicho documento. Pero las obras de V. influyeron grandemente en →Erasmo y los reformadores protestantes. ROBERT G. CLOUSE

VARETTO, JUAN CRISOSTOMO (1879-1953). Predicador y escritor evangélico argentino. N. en Concordia y se trasladó siendo jovencito a la ciudad de Buenos Aires. En 1894 escuchó y aceptó el evangelio predicado por Juan F. →Thomson y muy pronto estuvo trabajando en la predicación local y el colportaje, llegando inclusive hasta el Matto Grosso, Brasil, en plena juventud. Comenzó su trabajo pastoral con la →Alianza Cristiana y Misionera en Olavarría y Gualeguaychú.

En Rosario de Santa Fe se identificó con los bautistas y llegó a ser el primer pastor bautista nacional ordenado al ministerio en coincidencia con la organización de la Convención, de la que fue el primer secretario y luego presidente. Después, por 40 años fue pastor de la Iglesia Bautista de La Plata.

Además tuvo una amplísima actividad evangelística y se puede considerar que fue el primer latinoamericano que se destacó continentalmente en ese sentido. Hizo numerosos viajes evangelísticos a países cercanos y dos largas giras por todo el continente y otra por Europa, con resultados de enorme alcance, sobre todo en la primera (1921) en campaña con Enrique →Strachan. Entre sus tareas evangelísticas también le correspondió ser el primer evangélico que predicó por radio.

Como aficionado de la historia, produjo sus primeros libros que aun hoy son usados como textos, pese a que su autor tuvo un solo año de estudios escolares. Entre sus obras más importantes (escribió unas 70) se cuentan *Héroes y Mártires de la Obra Misionera, La Marcha del Cristianismo, La Reforma del Siglo XVI, Héroes de la Reforma en Italia, Diego Thomson, El Apóstol del Plata,* amén de otros de orden devocional, polémico, de bosquejos, para niños y jóvenes, más centenares de folletos y artículos. Fue un gran maestro de la juventud, dejando numerosos hijos espirituales en el ministerio, inclusive varios miembros de su familia. Su estilo de predicación, sencillo, bíblico, evangelístico y ameno, ha sido de enorme influencia en todo el continente. ARNOLDO CANCLINI VARETTO

VATICANO. Colina de Roma ubicada al lado occidental del Tíber. Ahí se hallaba el Circo de →Nerón donde sufrieron martirio muchos cristianos y allí, según la tradición, fue crucificado y sepultado San Pedro. Por tanto desde tiempos remotos ha sido un santuario especial para los cristianos.

→Constantino edificó una iglesia en esa colina y más tarde un papa construyó en el V. una de sus residencias. Pero el Palacio de Letrán fue la residencia principal de los papas hasta el exilio de →Aviñón (1309-77), durante el cual dicho palacio fue destruido por un incendio. Después del exilio el V. llegó a ser la sede principal del papa y se inició un programa extenso de construcción en los terrenos vecinos, que llegó a su clímax en la dedicación de la Basílica de San Pedro en 1626.

Durante la Edad Media el papado creó un estado político en el centro de la península italiana, de modo que el papa no solo era cabeza de la ICR sino también jefe de los→"Estados Papales". Pero en 1870 tuvo éxito el movimiento de la unificación de Italia bajo un solo reino. El papa perdió sus "Estados" y se declaró "prisionero del Vaticano".

En 1929, mediante la conclusión del Tratado de Letrán, el gobierno de Mussolini entregó al papado una extensión de terreno de 44 hectáreas, que incluía la colina del Vaticano. Este terreno se convirtió en un estado independiente y soberano el cual es el centro jerárquico y gubernamental de toda la ICR. En esta ciudad, el estado más pequeño del mundo, se hallan museos, facultades de teología, bibliotecas, capillas e iglesias (de las cuales la más famosa es la Sixtina), oficinas y las residencias de unas mil personas, incluso la del papa. WILTON M. NELSON

VATICANO I. Según la cuenta de los católicos romanos es el vigésimo concilio ecuménico. El concilio fue convocado por la bula papal *Aeterni Patris* el 29 de junio, 1868. Sesionó desde el 8 de dic., 1869 hasta el 18 de julio de 1870. La clausura de la tercera sesión se precipitó por la retirada de las tropas francesas que ocupaban Roma, provocada por el estallido de la guerra entre Francia y Prusia, y por la ocupación de la ciudad por tropas italianas.

Al juzgar el concilio hay que tomar en cuenta el trasfondo político, cultural y teológico. En lo político el Papa aun era considerado un príncipe temporal. Es verdad, que la nueva Italia se había apoderado de los Estados Papales, y que después de 1860 solo Roma quedaba en manos del pontífice. Pero por toda Europa había profundas sospechas de que el interés por la primacía y la infalibilidad papales indicaban una reafirmación de las antiguas pretensiones al dominio del estado por la iglesia. En lo cultural, fue el periodo de ascenso del romanticismo y de fuerte antiintelectualismo, momento oportuno para un concilio firmemente tradicional.

En lo teológico, el escenario estaba preparado para un decisivo paso adelante (aunque la minoría lo habría de considerar un largo paso atrás). Ya el Papa había promulgado el dogma de la →Inmaculada Concepción en 1854. Diez años después había emitido el →*Syllabus Errorum*, reaccionaria clarinada contra toda manifestación de pensamiento liberal o progresista. A juicio de →Pío IX, y quienes lo apoyaban, había llegado el momento de ponerle el coronamiento al edificio del absolutismo papal gradualmente levantado durante un periodo de siglos mediante las falsificadas →decretales seudo-Isidorianas y las pretensiones de poderosos papas medievales como →Gregorio VII, →Inocencio III, y →Bonifacio VIII.

Las dos teorías que chocaron en los debates del Vaticano llevan los nombres de →galicanismo y →ultramontanismo. La teoría galicana se remontaba a través de J.V. Bossuet (1627-1704) hasta los grandes teólogos conciliadores →D'Ailly y →Gerson, quienes en la época del concilio de →Constanza sostuvieron la suprema autoridad del concilio general. El galicanismo no fue tan allá como los reformadores protestantes, pero sí rechazó las pretensiones temporales del papado, subordinaba el papa al concilio en general y negaba que sus decretos no fueran reformables. La teoría ultramontana presentaba una posición tradicional italiana y fuertemente papal. Su exponente clásico fue el cardenal del s.XVI →Belarmino, y a mediados del s.XIX tuvo defensores como el director del *Dublin Review*, el católico convertido inglés W.G. Ward y el francés, director de *L'Univers*, Louis, →Veuillot, quienes habrían empujado la teoría hasta sus últimos límites. En todo caso, en el Concilio se produjo la derrota definitiva de la teoría galicana y el triunfo del ultramontanismo. La figura clave del concilio fue el papa mismo. Pío IX accedió al trono papal en 1846, comenzó favoreciendo las ideas liberales y el nacionalismo italiano, pero en la revolución de 1848, su huida a Gaeta, su restauración en Roma por el ejército francés en 1850, todo fue el preludio de una política absolutamente reaccionaria durante el resto de su largo pontificado (m. en 1878). Hans →Küng mordazmente lo caracterizó como "carente del mínimo autoexamen crítico-teológico como dignatario eclesiástico". El papa mismo no deja duda acerca de sus convicciones en su famosa respuesta a uno de los obispos disidentes: "¿La tradición? Yo soy la tradición".

La integración del concilio ayudó a las ambiciones del Papa. Los 276 obispos italianos superaban en número a los 265 del resto de Europa. Los 195 obispos no diocesanos estaban particularmente sometidos al Papa. Muchos de los obispos eran mediocres en lo teológico y por tanto fáciles de presionar por el partido de mayoría. Los dirigentes de éstos no fueron indebidamente escrupulosos acerca de los métodos empleados. El arzobispo Manning de Inglaterra, que se gloriaba de ser el único "convertido" del concilio y se dedicaba a la tarea de hacer aprobar el decreto, describió el concilio como "un combate continuo" en el cual su grupo se proponía "vigilar y contrarrestar" lo que los obispos de minoría hacían. Mediante hábiles intrigas logró abultar la comisión encargada de redactar la declaración doctrinal de modo que todo opositor quedara excluido.

El partido de minoría incluía muchos líderes destacados, tales como el gran historiador →Hefele, dos cardenales austríacos, →Dupanloup de Francia, Moriarty de Irlanda y muchos otros. Desde fuera del concilio fueron apoyados por figuras tan notables como J.H. →Newman y →Döllinger, uno de los más destacados teólogos católicos romanos. Se opusieron al decreto por diversas razones: que era antibíblico y antihistórico, que negaba el rango de los obispos, que hacía inútiles futuros concilios, que era inoportuno. Esta última observación procedía de los católicos orientales de tierras ortodoxas y también procedentes de naciones protestantes.

Pero la resistencia fue en vano. El 13 de julio de 1870 los placets ("síes") sumaron 471; 88 votaron non placet, 62 estuvieron de acuerdo en principio pero no en detalle, y 76 se abstuvieron. El 13 de julio de 1870 la constitución *Pastor Aeternus* fue aprobada por 533 placets contra dos non-placets. El resto se abstuvo. Muchos abandonaron a Roma para no tener que votar contra el papa. Newman pudo poner en tela de juicio la validez del decreto por falta de unanimidad, el movimiento disidente de los →Veterocatólicos podía alegar que contaba con muchos adherentes, pero el decreto fue un hecho. Döllinger fue excomulgado. Los obispos que habían luchado tanto, gradualmente capitularon. Para los de afuera aparecieron como hombres derrotados preparados para proceder en contra de su conciencia, pero para un comentarista católico como Butler aparecen como buenos católicos dispuestos a sacrificar su juicio personal ante la suprema autoridad de su iglesia.

El Vaticano I trató otros asuntos, incluyendo la promulgación de la Constitución sobre la Fe Católica, pero se le recuerda principalmente por su formulación de la primacía e infalibilidad papales. Sus definiciones dogmáticas plantean un gran problema hoy día para el neocatolicismo. H.M. CARSON

VATICANO II. El Segundo Concilio Vaticano fue el inesperado proyecto de alguien cuya elección había sido considerada como un nombramiento interino dada su edad, pero cuyo pontificado habría de resultar un hito en la historia de la ICR. El papa →Juan XXIII solo había estado en su cargo 90 días cuando el 25 de enero de 1959 declaró su intención de convocar el vigésimo primer concilio ecuménico. Aunque no vivió para ver completado el concilio –murió durante la preparación de la segunda sesión– el impacto de su personalidad sobre las deliberaciones del concilio fue notable.

El papa Juan era una mezcla del tradicional punto de vista católico y de la nueva actitud progresista tan característica del concilio. El impacto de una personalidad genial y bondadosa, el evidente interés por las personas, el deseo de permitir que entrara un soplo de aire fresco en la congestionada atmósfera del Vaticano: todo esto no debería llevarnos a la errónea conclusión de que en su doctrina era liberal, pues en realidad era marcadamente conservador. De aquí que mientras su actitud liberal le abrió la puerta a los pensadores progresistas, la posición doctrinal de él fuese tradicional. Por una parte, con su muy citada distinción entre las inmutables afirmaciones de la fe y las cambiantes representaciones (discurso inaugural 11 de oct., 1962), autorizó a los progresistas para que actuaran. Por otra parte, en su encíclica *Ad Petri Cathedram* se puso firmemente de parte de las doctrinas tradicionales de la Misa y de María, y apeló tanto a la →tradición como a las Escrituras. También por una parte cambió ostensiblemente el acercamiento hacia quienes antes eran llamados herejes, y a quienes ahora se caracterizó como "hermanos separados", pero al propio tiempo dejó muy claro que la reunión significaba el retorno de aquellos a la única iglesia verdadera y al papa como centro de unidad.

Este patrón aparece en todos los documentos del concilio. Si bien se dirigen al s.XX y llevan las huellas de los nuevos movimientos de pensamiento teológico dentro de Roma, al mismo tiempo permanece dentro de la corriente de la ortodoxia católica y efectivamente reiteran a menudo su respaldo a los concilios →Vaticano I y de →Trento. En donde parecen ir demasiado lejos, como en la Constitución sobre la Liturgia Sagrada y la *Lumen Gentium* (sobre la iglesia), el papa replicó –era entonces →Pablo VI– con declaraciones de contrapeso de sabor doctrinario vigorosamente tradicional: la *Mysterium Fidei* sobre la Eucaristía, y el apéndice respecto a las prerrogativas papales añadido al decreto sobre la iglesia.

El concilio efectuó cuatro sesiones. La primera fue del 12 de oct. al 8 de dic. de 1962. La segunda sesión se extendió del 29 de sep. al 4 de dic. de 1963 y produjo la Constitución sobre la Liturgia Sagrada y el Decreto sobre los Instrumentos de Comunicación Social. La tercera sesión, del 14 de sep. al 21 de nov.

de 1964, dio por resultado la promulgación de importantes documentos sobre la iglesia, el ecumenismo y las iglesias católicas orientales. La cuarta sesión, del 14 de sep. al 8 de dic. de 1965 produjo finalmente once documentos. Incluían los decretos sobre el oficio pastoral de los obispos, la formación sacerdotal y la adecuada renovación de la vida religiosa; asimismo las declaraciones sobre las relaciones entre la Iglesia y las religiones no cristianas, y sobre educación cristiana. Estas se promulgaron el 28 de oct. y fueron seguidas el 18 de nov. por la Constitución Dogmática sobre la Revelación Divina y por el decreto sobre el Apostolado Laico. Finalmente, el 7 de dic. de 1965 llegó el acto final del concilio en la promulgación de cuatro textos: la Constitución Pastoral sobre la Iglesia en el Mundo Moderno, el Decreto sobre el Ministerio y Vida de los Sacerdotes, el Decreto sobre la Actividad Misionera de la Iglesia, y la Declaración sobre Libertad Religiosa.

Antes de pasar a considerar algunos de estos documentos, algunos factores significantes en la situación durante el V. II deben tenerse presentes. Fue el primer concilio católico romano en que haya habido observadores no romanos. Su presencia subrayó en gran manera los propósitos ecuménicos del concilio y fue un claro factor durante los debates, aunque naturalmente los observadores no participaron. Junto con este se dio el sin par despliegue de publicidad que convirtió al Concilio en gran noticia por todo el mundo, y que permitió que se diera cuenta de lo que sucedía no solo el cuerpo de los fieles católicos, sino los de afuera. Otro factor importante fue la participación de los *periti,* expertos teólogos allí presentes como asesores de los padres conciliares. Su presencia, particularmente de los de Europa del N y de América, habría de introducir entre los delegados ante Roma el fermento y agitación del actual debate teológico. Un factor determinante fue el cambio en el papado. A Paulo VI se le había considerado liberal, pero él observó con alarma la rapidez del cambio que se producía en Roma y el carácter radical de algunas de las propuestas: de aquí sus intervenciones. Estas se proponían ya modificar los adelantos obtenidos por los progresistas, ya (como en su intervención personal en el debate sobre tolerancia religiosa) retrasar más cuestiones y obtener alguna medida de acuerdo en una situación en que los ánimos caldeados entre conservadores y liberales estaban llevando a una peligrosa polarización.

Documentos. El primero en orden de importancia, si no de promulgación, es *Lumen Gentium* ("Luz de las Naciones"), el decreto sobre la iglesia, *De Ecclesia.* Es fruto de una severa revisión del esquema originalmente presentado. Este presentaba una actitud tradicional y polémica que fue sustituido por un nuevo documento redactado entre la primera y la segunda sesiones, debatido durante la segunda y tercera, y promulgado al finalizar esta sesión el 21 de nov. de 1964. La convicción básica del documento es el punto de vista tradicional de la iglesia como continua encarnación de Cristo. La analogía que se cita es la de la indisoluble unión entre la Palabra y su naturaleza humana en la encarnación: la iglesia es una encarnación semejante. "La Iglesia existe en Cristo como sacramento o como signo instrumental de íntima unión con Dios y de unidad para toda la raza humana". Además se declara con firmeza que esta iglesia es la ICR pues si bien otras comunidades cristianas tienen marcas de santidad, no puede aceptarse que se hallen al mismo nivel de la ICR.

Es verdad que al concepto de la iglesia, "pueblo de Dios" se le da prominencia, y que se expone el testimonio bíblico respecto a la continuidad del pueblo de Dios en el AT y el NT. Pero dicho énfasis bíblico se halla viciado de dos modos: por un lado el pueblo de Dios en su plenitud realmente significa la ICR y por otro, todavía se encuentra la distinción tradicional entre pueblo y sacerdote. En la Biblia, *laos* abarca a todo el pueblo de Dios, pero el catolicismo tradicional mantiene una firme brecha entre sacerdote y laico. Se reconoce que hay un intento de conceder funciones sacerdotales al pueblo de Dios como conjunto. Pero en realidad la antigua posición del sacerdocio se mantiene inmutable: esto se observa no solo en *De Ecclesia,* sino también en el decreto sobre vida y ministerio sacerdotales. "Hay una esencial diferencia entre el sacerdocio de los fieles en común, y el sacerdocio del ministerio o jerarquía, y no simplemente una diferencia de grado" *(De Ecclesia).* A los sacerdotes, definidos en el sentido levítico, se les "da el poder del orden sagrado para ofrecer sacrificios, perdonar pecados y en el nombre de Cristo ejercer públicamente el oficio del sacerdocio". Mediante "un sacramento especial... son marcados con un carácter específico y son retrato de Cristo sacerdote". "Reconcilian a los pecadores con Dios y con la iglesia mediante el sacramento de la penitencia... Sacramentalmente ofrecen el sacrificio de Cristo de un modo especial cuando celebran misa" (Decreto sobre el Ministerio Sacerdotal). "En su nivel de ministerio, comparten el oficio de Cristo, único mediador" (De Ecclesia).

La iglesia así definida "es incapaz de error en cuanto a la fe". Esto encierra un don sobrenatural impartido al pueblo de Dios como conjunto para reconocer y aceptar la enseñanza autorizada del magisterio o autoridad docente. Esa infalibilidad centrada en el papa se difunde por colegio de obispos. Este campo de la enseñanza, sin embargo, ha recibido una reacción mixta de parte de los teólogos. Un importante comentario acerca del decreto resume muy bien su reacción: "Un episcopado disperso que es infalible, pero que nunca está seguro de cuando lo es, es una extraña paradoja".

Las prerrogativas papales se hallan firmemente declaradas en el decreto con su énfasis en "la institución, la perpetuidad, el poder y la naturaleza de la sagrada primacía del romano pontífice, y de su infalible magisterio". Las definiciones papales "no necesitan aprobación ajena y carecen de apelación ante cualquier otro tribunal". Esta vigorosísima reafirmación de la infalibilidad papal estuvo acompañada del énfasis sobre el colegio episcopal acerca del cual se afirma que "posee un vivificante contacto con los apóstoles originales mediante una corriente sucesoria que se remonta al comienzo". Pero la autoridad e infalibilidad del colegio episcopal, está limitada por la disposición de que nunca pueden funcionar sin la cabeza, el papa. Este aspecto de la autoridad suprema, absoluta y única del papa fue definido con mayor precisión en las *Nota* (notas explicativas) anexas a *De Ecclesia.*

Otros elementos tradicionales que se mantienen en *De Ecclesia* son la creencia en el purgatorio, las oraciones por los difuntos, y la invocación a los santos. De particular significación es la sección dedicada a la posición de María. Que no se le dedicara a este tema un decreto especial fue considerado por algunos como cierta medida de victoria para el ala progresista; pero en realidad los dogmas tradicionales son vigorosamente declarados de nuevo, y hasta se llega más allá en el nivel dogmático. Se vuelve a declarar a María inmaculada en su concepción, perpetuamente virginal y sin pecado, copartícipe en la obra de expiación, ascendida incorruptible a los cielos en donde impera como reina; ahora se la presenta también como madre de la iglesia. Lejos de empequeñecer o rechazar los excesos del culto a María, el concilio pidió "un generoso impulso al culto de la Bienaventurada Virgen, y especialmente al culto litúrgico".

La Constitución Dogmática sobre la Revelación Divina se presenta como clara derivación del Concilio de Trento con su apelación a las dos fuentes de la revelación: las Escrituras y la tradición. No obstante el nuevo énfasis que en el pensamiento y los escritos católicos romanos se da a la Biblia, el Concilio aun mantuvo la posición de que "tanto las Escrituras como la tradición deben aceptarse con iguales sentimientos de devoción y reverencia". Ambas "forman un solo depósito sagrado de la Palabra de Dios". Esta convicción está vinculada con la aceptación de la infalible autoridad docente de la iglesia para llegar a esta conclusión: "la sagrada Tradición, las Santas Escrituras y el magisterio de la Iglesia están por sapientísima disposición de Dios tan íntimamente ligadas y asociadas que la una no subsiste sin las otras dos". La autoridad definitiva en la interpretación de las Escrituras es pues el magisterio de la iglesia.

El Decreto sobre Ecumenismo considera las posibilidades de reunión desde el punto de vista de una firme insistencia en la tradicional pretensión de Roma de ser la única iglesia verdadera. "Unicamente, mediante la Católica Iglesia de Cristo, el universal auxilio para la salvación, pueden alcanzarse los medios de salvación en toda su plenitud". Las Iglesias Orientales ocupan una posición especial por su íntima aproximación a Roma en doctrina, orden eclesiástico y liturgia. A la Comunión Anglicana también se la menciona en particular por haber retenido tradiciones católicas. A las demás iglesias, si bien defectuosas desde el punto de vista de Roma, se las considera como poseedoras de algunos elementos de la verdad católica. ¿Cuál es entonces la base para la unidad? Es el concepto de "hermanos mediante el bautismo". El bautismo establece un lazo de unidad que se espera evolucione hasta transformarse en una unidad plenamente integrada y en un final retorno a la unidad que solamente Roma posee.

Al V. II puede considerárselo ya sea como una acción de retaguardia de los conservadores, o como una transición a los acontecimientos más radicales en lo futuro. El juicio que se haga puede ser indicador más del punto de vista del observador que de la posición esencial. No cabe duda de que el tiempo demostrará cuál es la evaluación justa, según los sucesos subsiguientes. H.M. CARSON

VENEZUELA. Colón descubrió la costa norte de V. en 1498 durante su tercer viaje. En los siguientes años los españoles recorrieron y conocieron bien las tierras costeñas. En

1511 llegaron los →dominicos Pedro de Córdoba y Juan García, y fundaron un monasterio en Cumaná pero en 1520 sufrieron martirio y se acabó el monasterio. Un poco más tarde llegaron los →franciscanos y sufrieron la misma suerte. Tal trato de los indios se debe al hecho de que pensaban que los misioneros eran cómplices de los desenfrenos y vejámenes de los españoles. Llegó a V. también →Bartolomé de las Casas en esta época, procuró establecer una colonia utópica por la desembocadura del Orinoco pero él también fracasó.

Sin embargo, al fin se logró establecer la iglesia y en 1531 fue erigida en Coro la primera diócesis con Rodrigo de Bastidas como obispo. En 1646 la sede fue trasladada a Caracas que después se convirtió en arquidiócesis.

No fue sino hasta mediados del s.XVII que empezó a tener éxito la obra misionera. Las condiciones geográficas hicieron difícil la evangelización del país. Además los esclavos, llevados de Africa, trajeron sus costumbres paganas. De modo que la cristianización colonial de V. fue superficial. La iglesia no echó raíces profundas en el país.

Los patriotas que promovieron la independencia al principio protestaron su fidelidad a la Iglesia a pesar de que muchos de ellos estaban imbuidos del humanismo de Rousseau. Pero la iglesia jerárquica se demostró hostil a la Revolución. Hubo que esperar hasta 1831 para que el papa la reconociera y esto causó un resentimiento que contribuyó a provocar la formación de un partido liberal y anticlerical el cual, estando en el poder, no solo le quitó a la Iglesia sus privilegios antiguos sino que a veces la oprimió y persiguió.

El presidente más anticlerical del s.XIX fue Guzmán Blanco (1870-88) el cual quitó al clero el control del registro civil, secularizó los cementerios, declaró obligatorio el matrimonio civil, suprimió los conventos, decomisó la propiedad eclesiástica e instituyó la instrucción pública. En 1881 solo quedaban 240 sacerdotes para todo el país. Guzmán quiso nacionalizar la Iglesia pero no pudo llegar a este extremo.

Terminada la época de Guzmán amainó el anticlericalismo pero la iglesia venezolana quedó debilitada. Muchas de las leyes anticlericales quedaron en vigencia. La iglesia ha tenido que adaptarse a las nuevas estructuras políticas y económicas y aun a las nuevas tendencias en el mismo catolicismo romano en general. Indicios de esta adaptación se ven en la fundación de la Universidad Católica, la formación del Partido Demócrata Cristiano y el movimiento de renovación en los mundos teológico, bíblico, litúrgico y catequístico.

El protestantismo llegó primero como la religión de unos inmigrantes. En 1834 se decretó la libertad religiosa con el fin de promover la inmigración. En dicho año se construyó en Caracas una iglesia anglicana. En 1844 se estableció una colonia de alemanes en Tovar de Aragua. (José →Láncaster llegó a Caracas en 1825 a invitación de Simón →Bolívar para establecer allí su sistema de escuelas pero, debido a una discrepancia entre los dos, permaneció poco tiempo en el país.)

La entidad que primero inició la obra evangélica entre los mismos venezolanos fue la →Sociedad Bíblica Americana. En 1854 llegó a Caracas el primer colportor de la Sociedad, un español, Ramón Montsalvage. En 1886 llegaron a La Guaira Andrés →Milne y Francisco →Penzotti e iniciaron una obra extensa de colportaje.

En 1883 llegó a Caracas la familia Bryant, →hermanos libres procedentes de España. Iniciaron una obra que continúa hasta hoy. En 1897 llegaron los pastores Teodoro Pond y Gerardo Baily y establecieron la obra presbiteriana. En 1897 también vino el misionero sueco David Finstrom y empezó una obra de la cual en 1920 se encargó la →Iglesia Evangélica Libre.

Después misión tras misión evangélica ha venido entrando en el país, v.g.: Alianza Escandinava (1906, ahora →"Alianza Evangélica"), →Adventistas (1911), →Misión del Orinoco (1920), →Asambleas de Dios (1921), Bautistas Independientes (1924), →Tribus Nuevas (1946), Luteranos (1940), →Bautistas del Sur (1949), etc.; de manera que en 1976 trabajaban en el país unas 33 entidades evangélicas.

Han surgido varios movimientos criollos como la Iglesia Evangélica Apureña y la Iglesia Ebenezer. De manera especial cooperan tres convenciones evangélicas: la Misión del Orinoco en el oriente, la Iglesia Evangélica Libre en el centro y la de la Alianza Evangélica en el occidente, una manifestación de unidad en medio de tanta fragmentación en los círculos evangélicos.

En 1978 se calculaba que había en V. 1.000 congregaciones evangélicas con una comunidad de 250.000, o sea el 2% de la población del país. JOHN H. SINCLAIR
WILTON M. NELSON

VESTIMENTAS. Tradicionales trajes eucarísticos de las iglesias Oriental y Occidental, que en su origen son el traje que usaban los ciudadanos romanos en los primeros siglos d.C. En la iglesia primitiva no hubo especial traje ministerial para los servicios, pero de 400 a 800, mientras las modas cambiaban, el clero continuó usando en la iglesia el traje de siglos anteriores. El alba, amito, casulla, dalmática, cíngulo, manípulo, estola y palio eran partes del vestuario litúrgico ya establecido para el s.IX; y conforme avanzaba la Edad Media, se hacían adiciones y se daban extrañas explicaciones simbólicas respecto a los diversos trajes eucarísticos, junto con las oraciones especiales que habían de emplearse al ponérselos. El alba se derivó de la *túnica alba* de los caballeros romanos; la casulla, de la *paenula,* una capa que cubría el cuerpo, cosida por delante y que se ponía por la cabeza; el manípulo, de la *mappula,* un pañuelo; y la estola, del *orarium,* una servilleta. Todas esas partes de la vestimenta pasaron por modificaciones, particularmente respecto al tamaño, para facilitar el movimiento, y también mediante la añadidura de trajes y recamados de oro.

El Libro de Oración de 1549 permitía el empleo de un alba blanca y sencilla y de una capa pluvial (vestimenta para coro y procesional, que data del s.VI), pero fueron abandonadas en el Segundo Libro de Oración. La Rúbrica de Ornamentos de 1559 quizá haya permitido su empleo, pero no fue sino hasta el s.XIX que su uso se revivió entre los anglocatólicos. En los Cánones Revisados (1969) son una de las formas permitidas de vestimenta eucarística, aunque sin particular significancia doctrinal. JOHN A. SIMPSON

VESTIMENTAS, CONTROVERSIA DE. Disputa en la Iglesia Anglicana respecto a vestimenta clerical iniciada por ahí de 1550 y que alcanzó su punto culminante en 1566. La controversia se dividió en dos partes. La primera, principalmente en torno a John →Hooper que había regresado del destierro en Suiza, se produjo en 1550-51 bajo el reinado de →Eduardo VI. Hooper rehusó ser consagrado obispo de Gloucester si tenía que usar sobrepelliz y roquete tal como lo exigía el Libro de Oración de 1549. Finalmente transigió, pero solo después de comenzado un debate literario con N. →Ridley y de buscar consejo en Jan à →Lasco, Martin →Bucero y →Pedro Mártir, y de que el Consejo Privado había actuado.

La segunda parte surgió a comienzos del reinado de la reina →Isabel I, quien en 1559 restableció las vestimentas en su capilla real. En 1560 los obispos exigieron de su clero que usaran capa pluvial durante la Santa Comunión y sobrepelliz en otros servicios. Los protestantes más apasionados en el Parlamento y en la Convocación protestaron acerca de esta exigencia. Pero las autoridades continuaron presionando y en 1566 el arzobispo M. →Parker emitió sus *Advertisements* que establecían como obligatorias ciertas vestimentas. Luego siguió un decidido intento, especialmente en Londres, para forzar la aceptación, y como resultado algunos ministros puritanos fueron privados de sus estipendios.

Estalló una guerra literaria, en que se publicaron muchos tratados (p.e. *A brief discourse against the outwarde apparell and Ministring Garments of the Popish Church*) en que se atacaba el uso obligatorio de vestimentas. Para Parker el empleo de vestimentas pertenecía a aquellas cosas llamadas *adiaforas*, mas, para quienes se le oponían, el empleo de esas vestiduras era una reliquia del papismo. Aunque muchos ministros puritanos las aceptaron, la oposición a las vestimentas jamás dejó de existir en el puritanismo, y fue muy visible entre los separatistas de la época de Isabel y más tarde entre las sectas de la Revolución Puritana. PETER TOON

VETEROCATOLICOS. Movimiento de la Europa germanoparlante, especialmente Baviera, que rechazó el dogma de la infalibilidad papal declarado por el Concilio →Vaticano I (1870) y organizó las iglesias veterocatólicas de Alemania, Suiza y Austria que no estaban en comunión con Roma. El movimiento recibió su impulso del →febronianismo y luego del →jansenismo, cuando se asoció con la ya establecida Iglesia de Utrecht mediante la común adopción de la Declaración de →Utrecht (1889). El Primer Congreso Internacional Católico Antiguo se reunió en Colonia en 1890.

J.J.I. von →Döllinger, excomulgado por Roma, acaudilló la ruptura inicial con Roma; a él se unieron otros eruditos incluyendo a Johann Friedrich y Johann von Schulte. Un congreso de 300 delegados se reunió en Munich en setiembre de 1871 e inició la organización de una iglesia separada. Se proponían perpetuar el catolicismo genuino, alegando que los decretos del Concilio Vaticano I y otras disposiciones modernas promulgadas por la Iglesia de Roma en realidad habían creado una nueva iglesia; de ahí el nombre de "Iglesia Veterocatólica". Mientras tanto, Döllinger rehusó seguir participando. En 1873 eligieron a Joseph Reinkens como primer obispo, con sede en Bonn; fue consagrado por el obispo de Deventer, de la iglesia holandesa de Utrecht. Los suizos eligieron un obispo en 1876, con sede en Berna. El →*Kulturkampf* bismarckiano apoyó a los V. como maniobra contra Roma, suministrándoles subsidios y algunos templos.

La adopción de la Declaración de Utrecht estableció un nexo con la Iglesia de Utrecht, que había roto su comunión con Roma (1724) por el jansenismo y les dio a los V. una definida tradición doctrinal. La Declaración aceptaba como válida "la fe de la iglesia primitiva" tal como estaba especificada en los primeros siete concilios ecuménicos, antes del cisma de 1054. Al obispo de Roma se le reconocía como *primus inter pares.* Rechazaba: los decretos vaticanos (1870); el dogma de la →Inmaculada Concepción de María (1854); ciertas encíclicas, incluyendo *Unigenitus* (1714) contrarias al jansenismo; el →Sílabo de Errores (1864); los decretos del Concilio de →Trento excepto en cuanto fueran concordes con la iglesia primitiva; y la →transubstanciación. En cuanto a gobierno eclesiástico y liturgia también diferían de Roma. Los obispos eran elegidos por sínodos; clero y laicos tenían igualdad en los sínodos, concilios y tribunales; los sacerdotes eran elegidos por las parroquias; los clérigos podían casarse; la liturgia era en la lengua vernácula; la confesión auricular no era obligatoria.

A partir de 1890 se ha reunido regularmente un congreso internacional de la Iglesia Veterocatólica, con el arzobispo de Utrecht como presidente. Algunas otras iglesias autónomas se han afiliado, entre ellas la Iglesia Católica Nacional Polaca, fundada en Scranton, Pennsylvania (1897), y la Iglesia Católica Antigua Yugoslava (1924). La Iglesia Independiente Filipina (Aglipay) estableció la comunión sacramental con los v. en 1965.

Desde el comienzo, los anglicanos se han mantenido al lado de los v. Los obispos de Ely y Lincoln enviaron mensajes al congreso de Munich (1871) y asistieron al segundo en Colonia (1872). Los anglicanos participaron en una conferencia internacional de teólogos convocada en Bonn por los v. para tratar de la reunión de las iglesias ajenas a Roma (1874). Los v. reconocieron las ordenaciones anglicanas (1925) y llegaron a la plena intercomunión con la Iglesia de Inglaterra (1932) y con la mayoría de las iglesias anglicanas después de ello. El número de v. (en 1957) se aproxima a 350.000 principalmente en Alemania, Holanda, Suiza, Austria, Polonia y América del N.

C.T. McINTIRE

VEUILLOT, LOUIS (1813-1883). Escritor católico romano francés que n. cerca de Orleans. Este autodidacto hijo de un tonelero retornó a una viva fe católica durante una visita a Roma en 1839. De allí en adelante dedicó su excepcional destreza periodística a la defensa de la causa del →ultramontanismo en Francia, principalmente como editor de *L'Univers* (1843-60 y 1867-74). Lo convirtió en el más poderoso periódico católico de la época. Su influencia fue especialmente grande entre el conservador clero rural. Criticó la política de Napoleón III, particularmente cuando puso en peligro los Estados Papales y otros intereses católicos. Por tanto Napoleón clausuró el periódico de 1860 a 1867. Su agresividad y hostilidad a toda componenda con el liberalismo lo hicieron impopular entre los católicos más liberales, pero fue en general protegido aun contra las críticas de obispos como →Dupanloup mediante el apoyo del papa →Pío IX. V. continuamente luchó por una plena restauración del orden católico en Francia, que trastrocara la Revolución Francesa y sus consecuencias. Al principio se opuso a las leyes de Falloux (1850) que permitieron la restauración de las escuelas católicas; él quería nada menos que un sistema educativo totalmente católico. Unicamente ante la persuasión papal aceptó las leyes. Residente en Roma durante el →Vaticano I, dio enérgico apoyo a la causa de la definición de la infalibilidad papal.

HADDON WILLMER

VIA CRUCES. Una serie de cuadros o esculturas que representan 14 episodios en el último viaje de Cristo antes de su sepultura. Generalmente están colocadas alrededor de las paredes de las iglesias y se usan durante las oraciones populares en la Cuaresma o Semana Santa. La congregación va de un cuadro al otro, guiados por el sacerdote, recordando las horas finales de Cristo antes de su muerte. Los 14 episodios son: (1) Pilato condena a Jesús a muerte; (2) Cristo recibe su cruz; (3) Cristo cae por primera vez; (4) Cristo encuentra a su madre; (5) Simón de Cirene lleva la cruz; (6) Verónica limpia el rostro de Cristo; (7) Cristo cae por segunda vez; (8) Cristo les dice a las mujeres de Jerusalén que no lloren por él; (9) Cristo cae por tercera vez; (10) Cristo es despojado de su ropa; (11) Cristo es clavado a la cruz; (12) Cristo muere en la cruz; (13) el cuerpo de Cristo bajado de la cruz; (14) el cuerpo de Cristo colocado en el sepulcro. Los franciscanos instituyeron la observancia de la v.c. pero la forma del servicio no se determinó definitivamente hasta el s.XIX. Muchas iglesias anglicanas, así como la ICR, hacen uso de este servicio devocional cuaresmal. PETER TOON

VIATICUM. Vocablo latino que implica las provisiones que se dan a la persona que va a emprender un viaje. En castellano la palabra "viático", dentro del contexto religioso o eclesiástico, es definida por la Real Academia como el "sacramento de la Eucaristía, que se administra a los enfermos que están en peligro de muerte". Y en este sentido ya se usaba en la Iglesia en el siglo V. El papa→Inocencio I (401-417) escribiendo a Exuperio, obispo de Toulouse, le decía entre otras cosas: "plugo ya... dar la comunión a los que salen de este mundo, como un v. para quienes han de emprender el viaje..."

Posteriormente el Concilio de →Trento (1545-1563) estableció que "la sagrada Eucaristía fuera llevada a los enfermos, y que [fuera] diligentemente conservada en la Iglesia para este uso..."

ENRIQUE FERNANDEZ Y FERNANDEZ

VICARIO (lat. *vicarius = "sustituto" o "representante"*). En lo eclesiástico el término se aplica a los representantes terrenales de Cristo. En la ICR significa el papa, quien (como "v. de Cristo") pretende jurisdicción universal basado en las palabras de Cristo a Pedro (Juan 21:16ss.), y hasta el s.IX también se refería a los emperadores. Entre algunos protestantes, principalmente en la Comunión Anglicana, puede significar los sacerdotes de parroquia, el cura perpetuo, o un oficial catedralicio de menor categoría.

C.G. THORNE, Jr.

VICARIO APOSTOLICO. Antiguamente, uno en quien el papa delegaba responsabilidad en sitios alejados de su jurisdicción. El v.a. es actualmente por lo común un obispo titular nombrado para un territorio ya sea que carece de obispos propios o donde éstos por alguna razón no pueden llevar a cabo sus funciones episcopales.

VICARIO GENERAL. Se sabe que este término se le ha aplicado al papa, pero con más frecuencia se usa en la ICR para describir al representante de un obispo, por lo común un archidiácono. En 1535 Enrique VIII de Inglaterra dio el título a Tomás→Cromwell como su representante en cuestiones eclesiásticas. En la Iglesia Anglicana moderna el título persiste como puesto separado solo en una diócesis; generalmente está combinado con las funciones del canciller de la diócesis.

VICENTE DE LERINS (m. antes de 450). Presbítero →semipelagiano del monasterio situado en la isla de Lerins (ahora llamada de San Honorato, a la altura de Cannes en Francia SE). Bajo el seudónimo de "Peregrinus", V. escribió dos *Commonitoria* o "Cuadernos" (434), solo uno de los cuales ha llegado a nosotros. Al crecer las opciones teológicas en Occidente y con ellas al aumentar el número de cuestiones, fue necesario hallar la nueva norma, mediante la cual se pudiera evaluar la validez de los puntos de vista. Las Sagradas Escrituras por sí solas no pueden resolver las controversias, puesto que la Escritura puede interpretarse de diversos modos. Toda enseñanza ha de evaluarse mediante el principio católico de tradición, el llamado →Canon Vicentino. Si bien puede haber crecimiento en la comprensión del depósito dogmático de fe, no puede alterarse su contenido. La antigüedad ha de preferirse en todo caso a la novedad o innovación teológica. V. dirigió este principio contra Agustín, cuya doctrina de la gracia consideraba una novedad.

DAVID C. STEINMETZ

VICENTE DE PAUL (1581-1660). Fundador de los Lazaristas. N. en Landes, Francia, de familia campesina. Estudió humanidades en Dax (1595-97) y teología en Tolosa (1604). Durante dos años fue esclavo en Túnez luego de capturado por piratas (1605-7). Después de su conversión fue limosnero de la reina Margarita de Valois (1610); pastor de una congregación en Clichy (1612-26); y capellán de la familia de Felipe Emanuel de Gondy, general de galeras, lo cual incluía cuidar de la servidumbre de su casa y los campesinos de sus posesiones. En busca de Dios más que de beneficios, se decidió por una vida de servicio a los pobres; en 1617 fundó la primera Confraternidad de Caridad. Fue nombrado superior de los conventos de Visitación de París (1622); director del *Collège des Bons-Enfants*, París (1624); superior de la Congregación de la Misión (Vicentinos o Lazaristas), y de las Hijas de la Caridad (1633). Inició retiros para los candidatos a ordenación, organizó las Conferencias de los Martes para el clero, fundó seminarios, estableció el auxilio provincial durante las Guerras de Religión, le ministró a Luis XIII, desempeñó un cargo en el Consejo de Conciencia de Luis XIV, se opuso activamente al →Jansenismo y vivió para ver su obra extenderse por Francia y más allá. Canonizado en 1737, en 1885 fue nombrado patrono de todas las obras de caridad de las cuales es en todas maneras inspirador.

C.G. THORNE, Jr.

VICENTE FERRER (1350-1419). Predicador dominico español. N. en Valencia. En 1368 ingresó en la Orden de Predicadores. Tras estudiar en Tarragona y Barcelona y luego de enseñar ciencias naturales y lógica, completó sus estudios en Tolosa en 1379 y fue nombrado Prior de Valencia. Allí escribió su *De vita spirituali.* En 1384 renunció para enseñar en la escuela de la catedral local. Su crecimiento en santidad fue paralelo a su crecimiento intelectual: "el estudio seguía a la oración, y la oración al estudio". Hubo maravillas que acompañaron a sus oraciones. Muy interesado en sanar el →Cisma Occidental, apoyó a →Clemente VII, el pretendiente de Aviñón para quien escribió *De Moderno Ecclesiae schismate* dirigido a Pedro IV de Aragón. Repudió a →Benedicto XIII por prolongar innecesariamente la pantomima y no participó en el Concilio de Constanza que puso fin al cisma. Sintiendo una responsabilidad moral, en 1389 salió de Aviñón para predicar durante los siguientes veinte años por toda Europa. Conocido como el "Angel del Juicio", también protegió y convirtió a judíos. C.G. THORNE, Jr.

VICENTINO, CANON →CANON VICENTINO

VICTOR I (m.198). Papa a partir de 189. N. en Africa, de ascendencia latina. Fue el primer papa de nombre latino. El rasgo más significante de los diez años de su papado fue su choque con los →cuartodecimanos dirigidos por →Polícrates, obispo de Efeso, en que cada bando reclamaba autoridad apostólica para su fijación de la fecha de la resurrección. Parece que V. consideró el asunto como un reto a su autoridad, y como una decisión entre Roma y Efeso. Amenazó de excomunión a Polícrates y a los obispos colegas de éste en Asia Menor y, cuando ellos se le enfrentaron, realizó los trámites para llevar a cabo la sentencia. →Ireneo consideró la medida demasiado severa y, aunque no estaba de acuerdo con los orientales, intervino, igual que otros, en su favor. Aunque al parecer el papa retiró la sentencia, lo ocurrido contribuyó en algo a consolidar la posición del obispo en Roma. No obstante la cuestión no fue definitivamente zanjada hasta el Concilio de Nicea (325) en que se sostuvo el punto de vista romano. V. procedió con severidad también en el caso de otros sospechosos de herejía.

J.D. DOUGLAS

VICTORINO (m.c.303). El más antiguo exégeta latino y mártir, bajo Diocleciano. Fue obispo de Pettau, cerca de Vienne. Jerónimo, nuestra principal fuente, da una lista de comentarios por V. sobre diversos pasajes bíblicos, pero de ellos solo se conserva uno sobre el Apocalipsis. Jerónimo criticaba su estilo y repudiaba las tendencias milenaristas de su exégesis. V. estuvo influido por →Orígenes, especialmente →Papías de Hierápolis, →Ireneo e →Hipólito. La creencia de V. en el reinado de Cristo sobre la tierra a partir de la resurrección de los justos en el séptimo milenio, aparece también en su *De fabrica mundi,* que se conserva fragmentariamente. Esta obra ya no se considera parte de su perdido comentario sobre el Génesis, sino realmente como un tratado sobre la semana de la creación, en que se da énfasis simbólico al número siete. Probablemente por sus opiniones milenaristas, los escritos de V. fueron incluidos entre las obras apócrifas por el →*Decretum Gelasianum.* El tratado *Contra Todas las Herejías* que Jerónimo le atribuye, se ha perdido, pero evidencias estilísticas y de otro orden sugieren que no es idéntico al tratado anexo a la *Prescripción de Herejes* por Tertuliano.

DANIEL C. SCAVONE

VIDA Y OBRA, CONFERENCIAS DE →ESTOCOLMO, 1927; OXFORD, 1937

VIENNE, CONCILIO DE (1311-12). Concilio eclesiástico que se considera el Concilio Ecuménico XV de la ICR. Fue convocado por Clemente V y sesionó del 16 de oct. de 1311 al 6 de mayo de 1312. Una de las principales razones para convocarlo fue la cuestión de los →Caballeros Templarios. El traslado del papado a Aviñón en 1309 acentuaba la influencia del rey de Francia, →Felipe IV, sobre el papa. Felipe codiciaba las propiedades de la acaudalada orden de cruzados. En 1307 había ordenado arrestar a los templarios en Francia y mediante la tortura había obtenido confesiones de herejía e inmoralidad. Luego presionó a →Clemente V para que suprimiera la orden y su presencia en el concilio obligó al Papa a satisfacer las exigencias reales y a suprimir la orden. El concilio discutió también una nueva Cruzada, la cual, no obstante que Felipe prometió emprenderla, jamás se realizó. El concilio trató de arreglar una disputa entre los →franciscanos, condenó las →beguinas y los begardos, prescribió la enseñanza del griego, el hebreo y el caldeo en las universidades para ayudar en la obra misionera, y emitió una serie de cánones que tratan de la reforma de la iglesia.

RUDOLPH HEINZE

VIGILANCIO (n.c.370). Galo romano que se opuso al ascetismo excesivo. N. en Calagurris, Aquitania (Cazères) y se crió en una posada. Administró las posesiones de Sulpicio Severo, adquirió considerable cultura literaria, y fue ordenado presbítero en Barcelona (395). Viajó por Oriente, donde le repugnó el extremo ascetismo que allí reinaba. Tras conocer a →Jerónimo en Belén, riñó con él luego, regresó a Galia y publicó un ataque contra el ascetismo e intolerancia de Jerónimo, a quien tildó de →origenista. Declaraba que la honra que se rendía en las tumbas de los mártires era excesiva, que vivir como ermitaño era una cobardía, y que los presbíteros deberían casarse antes de la ordenación. Jerónimo replicó en *Contra Vigilatium* (406), obra llena de violentas invectivas, de la cual se deriva la mayor parte de lo que sabemos de V. Jerónimo lo apodaba "Dormitantius" (e.d., "Dormilón") en lugar de "Vigilante" porque rechazaba las →vigilias. J.G.G. NORMAN

VIGILIAS. Periodos de oración y servicios de adoración, o tiempo de →ayuno durante la noche o el día antes de una festividad eclesiástica. Los servicios nocturnos se iniciaron a comienzos de la historia cristiana y fueron posiblemente influidos tanto por el ejemplo de Jesús que oraba de noche, como por su parábola de las Diez Vírgenes, en que el novio llega a la medianoche. Indudablemente por ahí de 200 d.C. las v. se guardaban como parte de la noche anterior a los servicios de Pascua de Resurrección y Pentecostés. En la Iglesia Occidental las v. gradualmente han pasado a celebrarse en el día más que en la noche. Se las considera periodos de ayuno y preparación para las grandes festividades. En la ICR se insta a la v. de ayuno antes del domingo de Pentecostés y antes de las festividades de la Asunción, Todos los Santos y Navidad, mientras que para otros se espera que haya preparación devocional. El Libro de Oración de la Iglesia Anglicana ordena 16 vigilias para 16 días santos o festivos.

PETER TOON

VIGILIO (c.500-555). Papa a partir de 537. Aunque su padre, un noble romano, servía en la administración gótica de Teodorico, el destino llevó a V. a las fuerzas políticas bizantinas. Siendo diácono romano fue el presunto sucesor de Bonifacio II. En 532 el clero y el senado romanos bloquearon su consagración, y fue enviado como apocrisario de Agapeto I a Constantinopla, en donde se convirtió en confidente de la emperatriz monofisita →Teodora. Cuando los godos abandonaron a Roma, V. se convirtió en candidato imperial al papado. Con el pretexto de que había cometido traición, Silverio fue depuesto, juzgado y exiliado por el general bizantino Belisario, y V. lo sucedió en la primavera de 537.

Actuando en contra de su presunta adhesión a Teodora, V. se esforzó para evitar la manipulación secular del papado al negarse a exonerar y a instalar a Anthimus, patriarca monofisita depuesto, y al defender la ortodoxia calcedoniana en correspondencia mantenida con el emperador →Justiniano y el patriarca →Menas. Consecuente con la convicción clerical de Occidente, V. disintió del edicto de Justiniano de 543/44 –evidente concesión a los monofisitas– contra los →Tres Capítulos. Llevado a Constantinopla contra su voluntad por órdenes imperiales, V. difícilmente fue persuadido a que aceptara la posición de Justiniano. Lo hizo únicamente después de expresar reservas fundadas en los decretos de Calcedonia, y declaró su posición en *Iudicatum* (548). La intensa reacción occidental ante esa concesión lo movió a retornar a su posición inicial, que planteó en *Constitutum*. Cuando el Concilio de →Constantinopla (543), que V. se había negado a presidir, confirmó al emperador, V. vaciló nuevamente y bajo continua presión asintió a la decisión del concilio.

Luego de una ausencia de siete años se le permitió regresar a Roma, pero murió en el camino. Su papel en la Controversia de los Tres Capítulos se ha citado como prueba contra la pretensión romana de la infalibilidad papal en cuestiones doctrinales.

JAMES DE JONG

VINET, ALEXANDRE RUDOLPHE (1797-1847). Teólogo suizo de habla francesa a quien suele llamarse el "Schleiermacher del protestantismo francés". N. en Lausana, estudió teología allí, enseñó francés en Basilea durante veinte años, luego regresó a Lausana en 1837 como profesor de teología práctica. Ordenado en 1819, tendía a menospreciar las doctrinas tradicionales a menos que hubiesen sido confirmadas por la experiencia personal, y ponía gran énfasis en la buena conciencia y la recta conducta. Propugnó la separación entre iglesia y estado, escribió un libro sobre el tema, y participó prominentemente en la fundación de la Iglesia Libre en el cantón de Vaud, en 1845. Sus demás obras incluyen *Etudes sur Blaise Pascal* (1848).

J.D. DOUGLAS

VIRET, PIERRE (1511-71). Destacado líder suizo en la reforma calvinista. Muy joven se interesó en el estudio del NT. Asistió al Colegio de Montaigu en París (1519-31) donde, bajo la influencia de →Farel, se identificó con los reformadores, llegó a ser predicador y pastoreó congregaciones reformadas en Payerne, Neuchatel y Lausana. En 1534 volvió a unirse con Farel en Ginebra. Aquí una cocinera procuró matarlo echando veneno en la comida. No murió pero su salud fue dañada. Posteriormente en Lausana fundó la Iglesia Reformada y estableció una academia floreciente. Su trabajo aquí terminó en 1559 con la oposición de Berna.

V. fue un amigo y corresponsal fiel de Calvino. Fue asociado con él durante la disputación de Lausana (1536) y en Ginebra (1541, 42; 1559-61). Su escenario de trabajo fue trasladado al S de Francia donde en 1563 presidió el sínodo nacional de las iglesias reformadas celebrado en Lyons. V. fue un predicador poderoso y escritor dotado. Su obra principal fue la *Instruction Chretienne en la doctrine de la Loy et l'Evangile* (1564), tres tomos que contienen una versión popular de la enseñanza calvinista en forma de diálogo.

ROBERT G. CLOUSE

VISION BEATIFICA. En el cielo los justos ven a Dios por intuición directa, clara y distintamente. El conocimiento así obtenido es llamado visión porque es inmediato y directo, en contraste con el conocimiento de Dios que se obtiene en esta vida indirectamente mediante la creación. El objeto primario de la v.b. es Dios como El es. Al contemplar a Dios cara a cara, la inteligencia halla perfecta felicidad. Al otorgársele capacidad para ver a Dios, el intelecto de los bienaventurados es perfeccionado en forma sobrenatural por la luz de gloria. Conforme a la teología católica romana, la v.b. es el destino final de los redimidos. Algunos teólogos creen que tal visión es otorgada en circunstancias excepcionales, durante periodos muy breves de esta vida. Por ejemplo, Tomás de Aquino sostenía que esta experiencia le fue concedida a Moisés (Ex. 34:28-35) y a Pablo (2 Co. 12:2-4).

S. TOON

VISION MUNDIAL INTERNACIONAL. Organización interdenominacional evangélica dedicada a servicios especializados relacionados con el cuidado de niños, ayudas en situaciones de emergencia, evangelismo, desarrollo de liderazgo, investigaciones misiológicas, y asistencia técnica. Fue fundada en 1950 por Roberto Pierce. Su actual presidente es W. Stanley Mooneyham. Tiene su sede central en Monrovia, Cal., EUA, pero mantiene oficinas en varias ciudades de ese país y en otros 10 países. V.M. trabaja en cooperación con las sociedades misioneras y las iglesias y organizaciones nacionales en unos 36 países. Ha realizado más de 100 retiros para pastores en 30 países bajo el liderazgo de Paul S. Rees.

En AL V.M. ha estado relacionada con programas y proyectos en Argentina, Costa Rica, Belice, Bolivia, Brasil, Chile, Colombia, El Salvador, Guatemala, Haití, Honduras, Jamaica, México y Perú. Los retiros para pastores realizados en Guatemala, Chile, Bolivia, Argentina, Colombia, México, Brasil y Costa Rica han profundizado la vida devocional de los líderes cristianos y la fraternidad a nivel nacional. En algunos casos estos retiros han marcado el principio de programas y actividades de diversos tipos, como, por ejemplo, el inicio de programas nacionales de →Evangelismo a Fondo. En ocasiones de desastres nacionales la ayuda prestada en países como Nicaragua, Honduras y Guatemala ha sido muy valiosa.

En la actualidad, además de patrocinar el cuidado de unos 50.000 niños en 16 países latinoamericanos, V.M. coopera con organizaciones nacionales en proyectos tan diversos como un programa de salud preventiva en Bolivia, un proyecto de desarrollo comunal rural en Brasil, un programa de autodesarrollo para los indios Mapuches en Chile, la apertura de 10 pozos de agua en la República Dominicana, el reasentamiento de familias en Guatemala, programas de nutrición, inmunización, reforestación y planificación familiar en Haití, y un programa de alfabetización en el Perú.

RUBEN LORES

VISPERAS. Oficio vespertino diario de la Iglesia Occidental. Está precedido por la Nona y seguido por la →Completa. Su estructura y solemnidad son semejantes a las de →Laudes (oficio matutino), con cuatro o cinco salmos, una lectura bíblica, un himno, el →*Magnificat*, y una colecta. Suele incensarse el altar durante el canto del *Magnificat*. En días festivos, témporas, etc. se hacen cambios y adiciones adecuados. Junto con los Laudes, las v. se distinguen como los más antiguos de los siete oficios cotidianos, y su celebración a últimas horas de la tarde y no durante la noche puede remontarse hasta los días de Benito (c.500). El servicio anglicano llamado

→*Evensong* está basado en las v., pero con algunas añadiduras, p. ej., de Completas.

PETER TOON

VISPERAS SICILIANAS. Matanza de los franceses en Sicilia (30 de mar. de 1282), señalada por el tañido de las campanas para las vísperas. Murieron entre tres mil y cuatro mil. Esta masacre indicó el fin de las ambiciones e intrigas de Carlos de Anjou y el papa→Martín IV, y a la larga provocó la independencia de Sicilia en el tratado de Caltabellota en 1302.

VISSERT HOOFT, WILLEM ADOLF (1900-). Líder ecuménico holandés, N. en Haarlem. Estudió teología en Leyden y fue sucesivamente secretario de la Alianza Mundial de la →Asociación Cristiana de Jóvenes, secretario general de la →Federación Mundial Cristiana de Estudiantes, y secretario general del →CMI (que no se constituyó formalmente hasta 1948). Fue autor de numerosas publicaciones que lo distinguieron como uno de los más destacados estadistas ecuménicos de los tiempos modernos. Polígloto con sano sentido común holandés, estuvo asociado con muchos aspectos del CMI que provocaron dudas en círculos evangélicos. No obstante, nunca sucumbió a la aridez que suele encontrarse en ecumenistas profesionales, y precisamente antes de retirarse en 1966, respondiendo a una pregunta de *Christianity Today* expresó tres convicciones: "que es deber de todo cristiano proclamar el señorío divino de Jesucristo; que este evangelio debe dirigirse a todo hombre, cualquiera sea su trasfondo religioso o cultural; que ha de darse en su forma más pura, es decir, de acuerdo con el testimonio bíblico y sin mezcla con elementos extraños o culturales".

J.D. DOUGLAS

VITO (m.303?). Mártir. Se dice que n. de padres paganos en Lucania, Italia del S, y que fue secretamente criado como cristiano por su nodriza Crescentio y por el esposo de ésta, Modesto. Los tres sufrieron martirio durante la persecución de →Diocleciano. Se le invoca en contra de la muerte súbita, la hidrofobia y contra el mal convulsivo que se conoce como corea o "baile de San Vito". Su culto se esparció en la Edad Media, especialmente entre alemanes y eslavos. A veces se le considera como santo patrono de comediantes y actores.

VITORIA, FRANCISCO DE (1483-1546). Teólogo y filósofo dominico español. N. en la ciudad de Vitoria, en el país vasco. Estudió en la Universidad de París. A partir de 1523 enseñó en Valladolid y posteriormente en la Universidad de Salamanca. A V. se le conoce como el padre del derecho internacional moderno, del cual es uno de los pilares, junto con Hugo →Grocio.

Su influencia se destaca en los siguientes dos aspectos: En primer lugar para V. la organización del estado es de derecho natural, por la libre determinación de la comunidad civil. La relación queda establecida por la ley natural, en la que se basan el sentido de la sociabilidad de las familias como componentes de la comunidad y la determinación de ésta para el descargo del poder en la autoridad civil. Según V. el poder de los gobernantes es delegado y no instituido directamente por Dios. El nombramiento de los gobernantes no es divino.

Las implicaciones de esta doctrina para la conquista de América y su justificación son obvias. Si la autoridad del estado es de derecho natural, los indios son señores legítimos de sus reinos, porque ese poder les ha sido conferido por una comunidad constituida.

V. creó con su principio una tradición jurídico-teológica, que influyó en los llamados →teólogos juristas del s.XVI. →Bartolomé de las Casas recibió también su influencia.

El segundo punto importante en V. tiene que ver con el principio de sociabilidad y comunicación como derecho de gentes. Se establece así que la comunicación y sociabilidad están basadas en el derecho natural. Los gobernantes indígenas no pueden impedir, según V., que los españoles se comuniquen, establezcan comercio y transiten libremente por sus territorios, siempre y cuando estas actividades no vayan en detrimento de los derechos y leyes establecidas en los reinos indígenas. V. amplía este principio al proponer el intercambio de embajadores, la formulación de tratados y aun las alianzas en guerras consideradas justas.

Al adecuar ciertos principios teológico-jurídicos tomistas al mundo moderno, V. dio un paso decisivo en derecho internacional.

CARMELO E. ALVAREZ

VLADIMIR (956-1015). Príncipe de la Rusia de Kiev a quien correspondió la cristianización de Rusia. Ascendió al poder por ahí de 980, luego de una guerra civil con sus dos hermanos en un tiempo en que Rusia experimentaba un reavivamiento pagano. El primer gobernante cristiano de Rusia fue su abuela, Olga (945-62), pero la conversión de ella no parece haber producido un impacto importante sobre los súbditos de ella, y el hijo de ella, Sviatoslav, no adoptó la fe de su madre. Según la leyenda, V. investigó el judaísmo, el islam, y el cristianismo occidental antes de adoptar la fe ortodoxa oriental alrededor de 988. Dos años más tarde proclamó el cristianismo como la fe de su reino y ordenó que sus súbditos se bautizaran. Más adelante fue canonizado por la iglesia y llamado "igual a los apóstoles" por su obra en la conversión de Rusia. Además, se le recuerda como gobernante capaz y certero.

RUDOLPH HEINZE

VODU EN AMERICA LATINA. Culto de origen africano, con elementos tomados del cristianismo, que existe en varios países de América Latina, especialmente Haití, Brasil y Cuba. A diferencia de los ingleses, los españoles y portugueses siguieron por lo general la política de no destruir los lazos de unidad que los esclavos traían de Africa. Por ello, mientras en las colonias inglesas se perdió casi toda la tradición africana, buena parte de esa tradición perduró en América Latina. El V. es resultado de esa supervivencia de tradiciones ancestrales.

El V. no es una religión organizada, con doctrinas fijas o una jerarquía reconocida. Es más bien un culto flexible, que toma diversas formas en distintos lugares, según las tradiciones traídas de Africa. Así, por ejemplo, mientras en Haití los principales dioses son Dambala, Legba, Ogún y Agueú, en Cuba son Changó, Yemayá y Obatalá. A estos dioses se les identifica frecuentemente con santos cristianos. Legba, el dios de las entradas, viene entonces a ser San Pedro, quien siempre lleva dos llaves.

El culto consiste en sacrificios y danzas rituales. Los sacrificios son "secos" (es decir, no sangrientos) para algunos dioses, mientras otros requieren sangre. Aunque se ha hablado mucho de sacrificios humanos, éstos son extremadamente excepcionales, y la casi totalidad de los seguidores del V. los condena. También se ha exagerado la práctica de la magia negra.

Las prácticas mágicas por lo general se limitan a la curación de enfermos y las necesidades de la agricultura.

En las danzas rituales se baila constantemente hasta que a alguno de los presentes "le da el santo". Entonces un espíritu o dios se posesiona de él, produciéndole violentas convulsiones. En ocasiones en una sola ceremonia son varias las personas que pasan por esa experiencia.

El V. ha sido duramente criticado por los protestantes y, en fecha más reciente, por los católicos. Pero ningún esfuerzo ha sido capaz de destruirlo.

JUSTO L. GONZALEZ

VOLTAIRE (Francois-Marie Arouet) (1694-1778). Filósofo francés de la Ilustración y *littérateur.* Figura polifacética, fue el mayor teórico del concepto de regeneración secular y racionalista de la nueva →Ilustración. Educado por los jesuitas, desde muy temprano conoció las ideas de →Descartes, Montaigne, y Pierre →Bayle. Su destierro en Inglaterra (1726-29), en donde aprendió de los →deístas ingleses, especialmente de →Locke, transformó permanentemente su visión del mundo. Sus convicciones se publicaron en *Lettres Philosophiques* (1734). Durante la mayor parte de su vida fue mal visto por la Francia oficial debido a su crítica mordaz y penetrante contra el sistema establecido. Sirvió a Federico II (rey de Prusia) como filósofo poeta (1750-52), pero sus años más productivos estuvieron bajo el patronato de Mme. de Chatelet en la provincial Lorena (1734-49), y en su posesión rural de Ferney cerca de Ginebra donde, como una cierta clase de patriarca, puso en práctica su ideal social (1758-78). Ferney se convirtió en una aldea modelo de la Ilustración, con 1200 habitantes que contaban con una fábrica de relojes, otra de medias de seda, y disfrutaban de contento social bajo el paternalista V. Durante el último año de su vida (1778) fue tratado en París prácticamente como una deidad humana viviente. Los devotos de la Revolución le hicieron un magnífico funeral en el panteón (1792).

Los dones de V. fueron especialmente literarios. En más de 20 piezas teatrales, comenzando con *Oedipe* (1718) presentó con gran vigor sus ideales; el teatro fue uno de sus principales medios de "evangelizar" a las élites sociales francesas durante 50 años. Fue maestro del ingenio y del ridículo devastador. Su sátira *candide* (1759) resumió su crítica contra los prevalecientes conceptos de la bondad final del mal. Como historiador volvió al revés la historiografía tradicional con su énfasis en la Divina Providencia al replantear la historia humana como algo inmanente, tal como en su *Essai sur Les moeurs et l'esprit des nations* (1769) y *Philosophie de l'histoire* (1765). Sus héroes eran filósofos, científicos, y poetas; no reyes ni generales.

Se llamaba a sí mismo →teísta, pero su dios era, al decir de Torrey, "un vago ser impersonal carente de particular interés en los asuntos de los hombres". Para él, la iglesia cristiana organizada, era una abominación. A Cristo lo admiraba como a un gran hombre, y consideraba correcta la ética cristiana hasta donde concordara con elementos que se hallan en otras religiones. Tenía una fe inmensa en la justicia humanista, que creía habría de realizarse mediante el ilustrado mejoramiento de la sociedad al cual llamaba "progreso". Sus muchos artículos en el *Dictionnaire Philosophique* resumen su ética religiosa y cultural. Mantuvo una voluminosa correspondencia con reyes, filósofos, poetas, mercaderes y gente común por todo el mundo: más de 20 mil cartas a más de 1.200 corresponsales. Treinta y nueve de sus obras fueron puestas en el →Indice. La visión volteriana caracterizó a un gran sector de las clases educadas durante los ss.XVIII y XIX. V. fue el ejemplo supremo de humanista orgulloso y autosuficiente. C.T. McINTIRE

VOLUNTARISMO. El punto de vista de que pertenecer a un cuerpo religioso debería ser algo libre y sin coerción. En consecuencia, tales cuerpos no deberían ser sostenidos por el estado sino mediante contribuciones voluntarias, y todos los grupos deberían ser iguales ante la ley, independientes del estado y entre sí. El v. suele considerarse como un movimiento norteamericano que surgió de la temprana insistencia en la separación entre iglesia y estado y que, con su creencia en la legitimidad de una diversidad de gustos e ideas religiosos, condujo a un pluralismo de iglesias. Otro efecto del movimiento fue, por una parte, aminorar la influencia de la teología que tendía a ser un asunto divisionista, y por otro, a estimular un activismo que ponía énfasis en el papel de los laicos y que dio por fruto la fundación de misiones y el impulso a la educación y a las obras de beneficencia. El v. fue un término empleado también por los ingleses no conformistas, particularmente en el s.XIX, en general para distinguir su posición en relación con la Iglesia Anglicana y más específicamente para referirse a sus esfuerzos por mantener un sistema educativo dirigido por la iglesia y libre de control y auxilio gubernamentales. E. MORRIS SIDER

VON HUGEL, FRIEDRICH (1852-1925). Filósofo y escritor católico romano. N. en Florencia, Italia, hijo de un diplomático austríaco y de madre escocesa. Pasó a Inglaterra junto con su familia a la edad de quince años y permaneció allá el resto de su vida, fuera de los periodos de viaje. Barón del Santo Imperio Romano (título hereditario), estudiante de muchas disciplinas y poseedor de siete idiomas, no desempeñó nunca puesto alguno en la ICR y más bien se asoció con los "perturbadores" de la misma, tales como G. →Tyrrel y →Loisy. Uno de sus grandes intereses fue la relación del cristianismo con la historia, pero se le recuerda principalmente como guía y alentador de almas: y no siempre de manera ortodoxa. Fue un católico romano que no creía en el purgatorio tras esta vida, un varón religioso que expresaba horror de que E.B. →Pusey leyera únicamente libros religiosos, y un místico que marchó por la vida con los ojos abiertos. Escribió abundantemente; sus obras publicadas incluyen un estudio de Catalina de Génova (1908), *Essays and Address* (1921) *The Reality of God* (1931). Pero no es de sorprender, ya que fue uno de los últimos cultivadores de la correspondencia como arte intelectual, que sus *Selected letters* (1928) hayan resultado las más durables. En un cementerio de una iglesia rural inglesa se lee sobre su tumba el siguiente sencillo epitafio: "¿A quién tengo en el cielo, sino a ti?" J.D. DOUGLAS

VOZ DE LOS ANDES →RADIODIFUSION EVANGELICA

WALDENSTROM, PAUL PETER (1838-1917). Teólogo y eclesiástico sueco. N. en Lulea, estudió en Uppsala, luego enseñó lenguas bíblicas y teología en Gävle, puerto marítimo en el Golfo de Botnia. Ordenado en 1864 en la Iglesia Nacional, halló deprimentes sus puntos de vista teológicos. Sumamente interesado en la corriente del avivamiento, destacaba más la Escritura que los credos, e insistía en que la salvación se obtiene mediante una entrega personal a Cristo. Sostenía que la caída había alienado al hombre, no a Dios. "Dios es amor, y no necesita ser reconciliado, pero se necesita una reconciliación que quite el pecado del mundo, la cual ha sido otorgada en Cristo". Renunció al ministerio en la Iglesia Nacional en 1882 y trabajó para la Asociación Evangélica Nacional, movimiento fundado en 1856 para la reforma de la religión en Suecia, de la cual W. se convirtió en líder así como en director de la publicación del movimiento, llamada *Pietisten*. En 1878 organizó la Misión Sueca del Pacto que, si bien técnicamente todavía dentro de la Iglesia Nacional, tenía principios congregacionales. Muchos de los miembros emigraron a EUA en donde formaron lo que hoy se conoce como la →Iglesia Evangélica del Pacto. W. fue también miembro del *Riksdag* sueco. Sus escritos devocionales fueron considerados por muchos como la mejor lectura después de la Biblia. J.D. DOUGLAS

WALKER, WILLISTON (1860-1922). Norteamericano historiógrafo de la iglesia. N. en Portland, Maine. Se educó en Amherst College, Seminario de Hartford y en la Universidad de Leipzig. En 1888-89 dio conferencias en Bryn Mawr College y después durante 12 años fue profesor en el Seminario de Hartford antes de llegar a ser profesor de Historia Eclesiástica en Yale, en donde permaneció hasta su muerte. Miembro de muchas sociedades doctas, escribió libros que van desde *On the Increase of Royal Power Under Philip Augustus* (1888) hasta el congregacionalismo norteamericano, biografías eclesiásticas, *The Reformation* (1900), *French Trans-Geneva* (1909), y la más notable, *Historia de la Iglesia Cristiana* (1918, esp. 1957).

J.D. DOUGLAS

WARFIELD, BENJAMIN B. (1851-1921). Teólogo presbiteriano de EUA. N. cerca de Lexington, Kentucky, de vieja familia norteamericana. Se preparó por su cuenta para la universidad y luego se graduó de Artes en Princeton (1871, 1874). Viajó por Europa durante un año, luego fue redactor de la revista *Farmer's Home Journal.* Más adelante se preparó para el ministerio en el Seminario Princeton, estudió en la Universidad de Leipzig (1876-77), y fue ministro auxiliar en la Primera Iglesia Presbiteriana de Baltimore. En 1878 fue nombrado instructor de Lengua y Literatura del NT en Western Theological Seminary, Pittsburgh, con la categoría de profesor de 1879 a 1887. Ese último año fue nombrado profesor de Teología Didáctica y Polémica en Princeton, en donde sucedió a A.A. →Hodge.

W. publicó unos 20 libros sobre temas teológicos y bíblicos, además de numerosos folletos y discursos. Diestro en los idiomas hebreo y griego así como en lenguas modernas, se desenvolvía muy bien en patrística, teología y crítica del NT. Era calvinista de todo corazón, con profundo respeto hacia la →Confesión de Westminster. Se aferraba dogmáticamente a la inerrancia de la Biblia, el pecado original, la predestinación y la expiación limitada. Entre sus escritos están *An*

Introduction to the Textual Criticism of the New Testament, The Lord of Glory, the Plan of Salvation, The Acts and Pastoral Epistles y *Counterfeit Miracles.* Después de su muerte se publicaron en forma de libros, colecciones de sus artículos con los títulos de *Revelation and Inspiration, Studies in Tertullian and Augustine, Calvin and Calvinism, The Westminster Assembly and Its Works* y *Perfectionism* (dos vols.).

Libró una batalla continua contra C.A. →Briggs y H.P. Smith sobre la inerrancia de la Biblia, que él y Charles →Hodge defendían vigorosamente. Algunos de los artículos de W. aparecieron en la *Presbyterian and Reformed Review* y su sucesora, la *Princeton Theological Review,* de las cuales fue editor. Quizá ningún otro teólogo de esa época ha sido tan leído ni sus libros tan reeditados como los de W. HAROLD LINDSELL

WARNECK, GUSTAV (1834-1910). Fundador de la ciencia de la misiología. Primero pastor y luego oficial de la misión de Barmen (1871-77), fue biblicista y se mantuvo muy ligado con el *Heiligungsbewegung.* En 1874 fundó la importante publicación protestante erudita sobre misiones alemanas llamada *Allgemeine Missionszeitschrift,* inició en 1879 la práctica de celebrar conferencias misioneras regulares en las iglesias alemanas, ayudó a fundar el *Bund* evangélico en 1885, y ocupó la primera cátedra universitaria de misiología en Alemania, en Halle (1896-1908). En un documento de 1888 pidió que se celebraran conferencias misioneras generales cada diez años apoyadas por un comité central que de continuo coordinara la actividad misionera protestante, visión que finalmente se realizó con la conferencia de →Edimburgo de 1910 y con la formación del →Consejo Misionero Internacional en 1921. La síntesis de la teoría misionera de W., que se halla en su *Evangelische Missionslehre* de cinco tomos (1892-1903), y sus muchas obras históricas lo constituyen en el principal misiólogo alemán.

RICHARD V. PIERARD

WASHINGTON, BOOKER T. (1856-1915). Educador negro. Hijo de madre esclava y de padre blanco, se educó en el Hampton Institute, en donde llegó a la convicción de que solo la preparación vocacional producía para los negros virtud y ganancia. Llamado en 1881 a organizar el Tuskegee Institute, escuela para negros en Alabama, se convenció más de que el adiestramiento manual, a diferencia de la educación clásica, evitaría que los negros aprendieran ideas igualitarias y les daría trabajo, dos cosas que no ofenderían a los blancos. En la Exposición de Atlanta de 1895 agradó aun más a los blancos al declarar que los negros estaban interesados en el trabajo duro y no en el progreso social. W. esperaba que la sobriedad y la perseverancia al fin lograrían que los blancos reconocieran la igualdad humana, pero eso también alentó a los blancos a considerar a los negros únicamente como trabajadores manuales, y tendió a darles a los negros categoría de artesanos y pequeños terratenientes en una sociedad cada vez más mecanizada. Sean cuales sean los méritos de sus ideas, él fue el principal portavoz de los negros en su tiempo.

DARREL BIGHAM

WATCHMAN NEE (Ni To-sheng) (1903-1972). Líder evangélico chino. N. en el seno de una familia cristiana de Foochow. A los 18 años se entregó a Cristo y comenzó de inmediato un fructífero ministerio de evangelización y exposición bíblica. Su fama cruzó las fronteras de su patria.

Hombre de gran humildad, profundizó en la enseñanza bíblica sobre la vida cristiana, como se aprecia en sus conocidos libros *El hombre espiritual* y *La vida cristiana normal.* Fue uno de los fundadores y la figura central de un movimiento autóctono entre las iglesias chinas, que floreció en las décadas de los años treinta y cuarenta, y que recibió el apodo de *Hsiao Chun* ("manada pequeña"), tomado del título de un himnario. Este grupo se caracterizaba por ser auténticamente chino, con pocos nexos con el extranjero, y por no contar con un ministerio profesional asalariado, pues acentuaba la participación activa de cada miembro. Además asumía una actitud de apertura a los carismas del Espíritu Santo. Su estructuración eclesiástica estaba ligada a la geografía de la zona. En 1939 la "Manada pequeña" se componía de 700 congregaciones y unos 70.000 miembros.

Durante la Segunda Guerra Mundial y los primeros años del régimen comunista chino, el ministerio de W.N. continuó prosperando, a pesar de las dificultades con que tropezaba. En 1952 fue arrestado, bajo la acusación de espionaje. De ahí en adelante hasta 1956, cuando se le celebró juicio, y aun en los quince años subsiguientes mientras estuvo preso, dio un fiel testimonio de su fe cristiana en los diversos lugares de su encarcelamiento. Murió en Anhwei, en junio de 1972, a las pocas semanas de haber sido liberado.

La influencia de sus escritos se ha dejado

sentir también en iglesias de habla española. Su mensaje sobre la "vida victoriosa" ha contribuido notablemente a la →"renovación" de congregaciones en Argentina, Brasil y otros países, sobre todo en los años sesenta.

W.D. ROBERTS

WATTS, ISAAC (1674-1748). Himnólogo inglés. N. en Southampton, hijo de un maestro disidente de escuela. Se educó en Stoke Newington Academy. Luego de varios años como tutor particular llegó a ser pastor de la iglesia londinense disidente de Mark Male en 1702, puesto en que, a despecho de su mala salud, se mantuvo hasta el fin de sus días. Hoy se le conoce especialmente por sus himnos, los cuales aparecieron primero en *Hymns and Spiritual Songs* en 1707, himnario que se editó 16 veces con numerosas alteraciones durante la vida del autor. Esa obra había sido precedida por su colección de poesía religiosa, *Horae Lyricae* (1706), y fue seguida entre otras por *Divine Songs* (1715) para niños y por *The Psalms of David Imitated in the Language of The New Testament* (1719). Estas últimas incluyen dos de sus más famosos himnos: "Dios nuestro apoyo en los pasados siglos" y "Dominará Jesús el rey", basados respectivamente en el salmo 90 y parte del 72. A esto debe añadirse entre sus piezas más célebres "Al contemplar la excelsa cruz" y *"There is a land of pure delight"*. En su tiempo y posteriormente fue nombrado como educador debido, en gran parte, a sus obras *Logick* (1725) y *The Improvement of the Mind* (1741).

En la historia de las iglesias disidentes W. se halla en el punto que marca la transición del calvinismo al unitarianismo, y hay en su obra muestras de la influencia de este movimiento. Pero nunca aceptaba las versiones del calvinismo que abogaban por la doctrina de la depravación. El "remanente" de razón después de la caída podría ser "ruinoso" pero W. insistía en usarlo del mejor modo posible.

En sus himnos, a pesar de que cristianizó los Salmos, hay una austera cualidad de AT en su visión, especialmente de Dios como omnipotente Jehová, y en su épico alcance de tiempo y eternidad. Lo sencillo de sus compases y lo familiar de sus imágenes solo sirven para destacar la majestad de esta visión.

[Otros de sus himnos que se hallan en himnarios españoles son: "Al trono majestuoso", "¡Al mundo paz, nació Jesús!", "Nuestra esperanza, nuestra protección" y "¿Soy yo soldado de Jesús?"]

ARTHUR TOLLARD

WEISS, JOHANNES (1863-1914). Crítico protestante alemán del NT. Hijo de B. Weiss, famoso erudito conservador, se educó en las universidades de Marburgo, Berlín, Gotinga y Breslau y más adelante enseñó en Gotinga (1888-95), Marburgo (1895-1908), y Heidelberg (1908-14). Junto con W. Bousset, H. Gunkel y R. Reitzenstein representó el método de →religiones comparadas *(religionsgeschictlich)* para el estudio de la Biblia. Su libro *Die Predigt Jesu vom Reiche Gottes* (1892) en el cual interpretó el mensaje de Jesús enteramente desde el punto de vista de una escatología futurista o "consecuente" *Konsequent)*, fue su obra más influyente. Junto con las obras similares de Wrede y →Schweitzer, la obra de W. marcó en Alemania el fin de la antigua interpretación liberal de Jesús y su mensaje —que había interpretado el reino de Dios como una experiencia interna, espiritual, o como un sistema de ética— y preparó el camino para la obra de →Bultmann y sus seguidores. En un artículo acerca de la historia literaria del NT, que apareció en la primera edición de la obra de referencia *Die Religion in Geschichte und Gegenwart* (1912), W. expuso los principios de la crítica de formas los cuales fueron más tarde desarrollados por M. →Dibelius, K.L. Schmidt, y Bultmann. Su monumental obra sobre la historia y la literatura del cristianismo primitivo, *Das Urchristentum* (1914), fue completada y editada por R. Knopf y publicada póstumamente.

W. WARD GASQUE

WELLHAUSEN, JULIUS (1844-1919). Crítico bíblico alemán. N. en Hameln, Westfalia. Estudió en Gotinga, donde enseñó durante dos años, luego pasó como profesor de AT a Greifswald (1872) en donde los luteranos ortodoxos se alarmaron por las dudas que arrojaba sobre la inspiración de las Escrituras. Renunció en 1882. Pasó a enseñar lenguas orientales primero en Halle, luego fue profesor en Marburgo (1885) y Gotinga (1892). Edificando sobre la obra emprendida por eruditos anteriores, atrajo amplia atención sugiriendo que el documento básico del Pentateuco ("P") era el elemento más reciente y no el más antiguo, y que el desarrollo de la religión del AT se hacía más claro si se consideraba el Pentateuco como un documento compuesto. Su *Historia de Israel* (1878) le dio en los estudios bíblicos un lugar comparable, según se dijo, al de Darwin en la biología. W. también hizo notables aportes a los estudios islámicos y del NT.

J.D. DOUGLAS

WENCESLAO (c.907-929). Príncipe bohemio y mártir cristiano. El pueblo bohemio demostraba resistencia al cristianismo debido, en parte, a la relación de esta fe con Alemania. Llegó a ser rey el joven príncipe W, famoso por su piedad. Era generoso con los pobres y fervoroso en su devoción espiritual. Permaneció célibe y llevaba un saco de cilicio debajo de su ropa real. Promovió el cristianismo en su tierra, trayendo sacerdotes, construyendo iglesias y estableciendo buenas relaciones con Alemania. Esto produjo resentimiento en los bohemios patriotas, especialmente los paganos, encabezados por su hermano Boleslao. Su mismo hermano lo asesinó, teniendo W. no más que unos 22 años. La piedad excepcional y el fin trágico de W. lo convirtieron en el santo patrono de los bohemios. WILTON M. NELSON

WESEL, JOHANN →JUAN DE WESEL

WESLEY, CARLOS (1707-1788). El "dulce cantor del metodismo". N. en Epworth, Lincolnshire, décimoctavo hijo de Samuel y Susana Wesley. A la edad de nueve años C. fue enviado a Westminster School. Un distante pariente irlandés, Garret Wesley, quería adoptarlo y dejarle una herencia. El ofrecimiento fue declinado y C. fue a Christ Church, Oxford, en 1726. Por su medio se formó el "Club Santo" y en 1735 emprendió junto con su hermano Juan una misión abortiva a Georgia, en que desempeñó el cargo de secretario del gobernador James Oglethorpe.

De regreso a Inglaterra fue influido por el moravo →Boehler. Mientras guardaba cama en casa de John Bray leyó por primera vez el comentario de Lutero sobre Gálatas. El domingo de Pentecostés, 1738 –tres días antes que su hermano– C. experimentó una conversión evangélica. "Entonces me encontré en paz con Dios, y me regocijé en la esperanza de amar a Cristo", testificó. Compuso el himno de celebración del nacimiento, *"Where shall my wondering soul begin"*. Entonces se lanzó a la obra del evangelismo. Comenzó en los hogares de amigos suyos, visitó las cárceles y predicó en las iglesias hasta que las puertas se le cerraron. Finalmente emprendió la predicación al aire libre, y llegó a ser uno de los más poderosos predicadores rurales en el avivamiento. En 1749 se casó con Sara (Sally) Gwynne, hija de un magistrado galés, y estableció su hogar en el New Room en Bristol hasta que se trasladó a Londres en 1771 en donde, entre otros, predicó en el púlpito de City Road.

Fue el mejor dotado y el más prolífico de los himnógrafos ingleses. Unas 7270 composiciones salieron de su pluma, obras de diversa calidad, que incluyen algunas del más alto nivel. Dio expresión a la fe y experiencia evangélicas en lenguaje a un tiempo bíblico y lírico. (→HIMNOLOGIA).

[Entre los himnos de W. más conocidos en español se halla "Cariñoso Salvador" y "Oíd un son en alta esfera".]

A. SKEVINGTON WOOD

WESLEY, JUAN (1703-1791). Fundador del →metodismo. Fue el décimoquinto hijo del *rector* de Epworth, Samuel Wesley y de su esposa Susana. Aunque el padre de J. era un firme y conservador miembro de la Alta Iglesia Anglicana, sus dos abuelos eran disidentes puritanos. Educado en Charterhouse y Christ Church, Oxford, J.W. en 1726 fue nombrado *fellow* en el Lincoln College en la misma universidad. El año anterior había sido ordenado diácono y había predicado su primer sermón en South Leigh. En dos ocasiones distintas sirvió como asistente de su padre. En 1728 fue ordenado sacerdote por John Potter.

De regreso a Oxford halló que su hermano Charles había reunido a unos cuantos estudiantes, entre ellos George →Whitefield, que integraban una sociedad para el mejoramiento espiritual. Las miras de lo que fue apodado como "Club Santo" se ampliaron con el ingreso de J.W., el cual finalmente se convirtió en jefe del grupo. Sus miembros se reunían para orar, estudiar el NT en griego y autoexaminarse. A sus ejercicios devocionales añadían obras de ayuda caritativa.

En 1735 los Wesley aceptaron una invitación de la Sociedad para la Propagación del Evangelio para emprender una misión a los indios y a los colonos de Georgia. El plan fracasó, y cuando W. regresó a Inglaterra en 1738 escribió: "Fui a América a convertir a los indios; pero ¡ay! ¿quién me convertiría a mí?"

Durante el viaje a América los Wesley habían conocido a un grupo de 21 moravos alemanes cuya sencilla fe les impresionó mucho. Por lo tanto, cuando en Londres le presentaron a J.W. otro moravo, Peter →Boehler, estaba predispuesto a su favor. Boehler habría de ser el pedagogo que guiara a W. hasta Cristo. Como resultado de las conversaciones con Boehler, W. se sintió "claramente convencido de incredulidad, de la necesidad de aquella fe únicamente mediante la cual somos salvos". El 24 de mayo de 1738 su corazón sintió "un extraño calor" al escuchar en una reunión de la calle Aldersgate una lectura tomada del prefacio que Lutero escribió a la epístola a Romanos. Esta experiencia lo convirtió en evangelista. Según declaró, "entonces Dios tuvo a bien encender un fuego que confío no se extinguirá jamás".

Poco después de su conversión, W. visitó la colonia morava de Herrnhut y conoció al conde →Zinzendorf. Regresó a Inglaterra y emprendió la obra de su vida. Su propósito era claro. Se lanzó a "reformar a la nación, particularmente a la iglesia, y esparcir por el país la santidad escritural". Declaraba tener únicamente "un punto de vista: promover hasta donde pueda la religión vital y práctica; y por la gracia de Dios engendrar, preservar y aumentar la vida de Dios en el alma de los hombres". W. sabía que era un varón apostólico, enviado por Dios con una comisión extraordinaria para evangelizar a Gran Bretaña.

En abril de 1739, a instancias de Whitefield se dedicó a la predicación al aire libre. Fue en Kingswood, Bristol, que se lanzó a "esta extraña manera de predicar en los campos", según la describió. Pero el medio más eficaz para allegarse a las masas había sido descubierto, y W. lo habría de explotar durante el resto de su peregrinaje. Le proporcionó una flexibilidad que no podría haber adquirido de ningún otro modo y lo puso cara a cara ante el pueblo común que lo escuchaba gustoso. Las iglesias se mostraban cada vez más reacias a recibirlo por causa de su doctrina evangélica, y de ahí en adelante su predicación fue principalmente fuera de ellas.

Para conservar los frutos del evangelismo, W. formó sociedades tras sus misiones. De modo que la organización del metodismo fue un resultado directo de su éxito en la predicación del evangelio. Londres, Bristol, y Newclastle-upon-Tyne representaron los tres puntos de un triángulo en cuanto se refiere a su recorrido por Inglaterra. Pronto extendió sus viajes para incluir a Irlanda y Escocia. Gales quedó para Howel Harris. Aunque el propio W. no volvió a visitar Norteamérica, envió predicadores allá y en 1784 ordenó a Tomás →Coke como superintendente de la obra. W. narra esta misión a la nación y más allá de ella en su clásico *Journal*. Sus otros escritos publicados consisten en sermones, cartas, exposiciones, tratados, opúsculos, traducciones, historias y resúmenes.

A. SKEVINGTON WOOD

WESLEY, SAMUEL SEBASTIAN (1810-1876). Compositor inglés. Este influyente organista de catedral y compositor de himnos fue hijo natural de Samuel Wesley (1766-1837), el muy talentoso pero algo inestable hijo de Carlos →Wesley. El prejuicio anglicano en contra de los Wesley le estorbó en sus años iniciales; fue sucesivamente organista en las catedrales de Hereford, Exeter, Winchester y Gloucester. Como a Bach le faltaron fuerzas para realizar sus ideales y se irritaba ante la indiferencia oficial. En 1849 publicó una monografía vitriólica, *"A Few Words on Cathedral Music and the Musical System of the Church with a Plan of Reform"*. Cuánto haya influido W. en la reforma posterior es discutible. Lo cierto es que escribió algunos excelentes himnos, sin duda los mejores de su generación. *"The Wilderness"*, con sus impresionantes coros y hermoso solo de bajo es una de las obras clásicas en su género. *"Blessed be the God and Father"* es aun muy atractiva, y su Servicio Catedralicio en Mi es un solemne y digno ejemplo procedente de un periodo en que la regla era la insipidez y mediocridad. Su conocida melodía *Aurelia*, parte de "Al trono majestuoso" fue originalmente escrita para "Jerusalén, Celeste".

J.D. McMILLAN

WESLEYANOS →METODISTAS, IGLESIAS

WESSEL, JOHANN (Johann Wessel of Gansfort) (1419-1489). Humanista bíblico. N. en Groningen en el N de los Países Bajos. Educado en Deventer bajo la dirección de los →Hermanos de la Vida Común, pasó a Colonia, Lovaina y París. Enseñó en Heidelberg y después en París. Fue erudito conocedor del griego y el hebreo, lo cual era insólito en su tiempo. Entre sus alumnos estaban Reuchlin y Agrícola. Tomista al principio, W. se cambió al agustianismo al cual añadió el nominalismo de →Ockham. Sus intentos por combinar el →nominalismo y el →misticismo, hicieron que se le apodara "Maestro de Contradicciones". Alrededor de 1474, ya cincuentón, regresó a Groningen, en donde dirigió un claustro de monjas, y en donde conversaba de cuestiones espirituales con un cálido círculo de amigos (que incluía a David de Borgoña, obispo de Utrecht.) No escribió mucho, pues ejerció su influencia principalmente mediante la enseñanza. En algunos aspectos se le puede considerar precursor de la Reforma (en 1521 Lutero editó algunos de sus escritos). Se opuso a la superstición, los abusos clericales, la infalibilidad papal y conciliar. Enseñaba que el hombre es perdonado porque la gracia lo capacita para arrepentirse; la justificación es por fe (la cual debe expresarse con amor), por lo menos en un sentido; Cristo es el amor personificado y eleva al hombre hasta la semejanza divina; Cristo está presente en la eucaristía y la transubstanciación se realiza, pero en un sentido El está presente únicamente para los creyentes. La teología de W. no se distingue por su claridad. Sus escritos fueron puestos en el Indice en los años después de 1500.

DIRK JELLEMA

WESCOTT, BROOKE FOSS (1825-1901). Obispo de Durham. Asistió a la escuela de King Edward's, de Birmingham, en donde fue muy influido por el director, James Prince Lee. En 1844 pasó a Trinity College, Cambridge, del cual llegó a ser *fellow* en 1849. Entre sus discípulos estuvieron sus antiguos compañeros de escuela J.B. →Lightfoot y E.W. Benson, además de F.J.A. →Hort. En 1851 fue ordenado y en el año siguiente pasó a enseñar en Harrow School. En 1869 fue nombrado canónigo residente de Peterborough y un año después, por instancias de Lightfoot, lo volvieron a llamar de Cambridge como regio profesor de Teología. Pulió los cursos sílabos, y dictó conferencias los primeros tres años acerca de la historia de la iglesia primitiva y luego durante cinco años principalmente acerca de doctrina cristiana. De allí en adelante enseñó de libros o pasajes selectos del NT. Trabajó en la administración universitaria y también en tareas pastorales. Fue prominente en la formación de la Cambridge Mission a Delhi y en la fundación de la Cambridge Clergy Training School (más tarde conocida como "Westcott House").

En 1890, a la edad de 66 años, fue nombrado sucesor de Lightfoot como obispo de Durham. No tuvo que enfrentarse a problemas de reorganización como los que encaró Lightfoot, sino que edificó sobre los fundamentos puestos por su predecesor, particularmente con la ordenación de candidatos en Auckland Castle. Mostró profundo interés en los problemas sociales e industriales de la diócesis y celebró conferencias en Auckland para representantes tanto de la industria como de la obra social. A menudo hablaba ante los mineros, y en 1892, ayudó a zanjar una huelga de mineros del carbón.

W. publicó un considerable número de libros, pero se le recuerda principalmente por su obra conjunta con Hort en la determinación del texto griego del NT (1881), mediante una científica evaluación del vasto cúmulo de manuscritos con que se contaba, y por sus comentarios al NT. Se había dispuesto que Lightfoot, W., y Hort escribieran en conjunto un comentario completo del NT. W. habría de encargarse de la literatura juanina y hebreos, y él completó su parte (excepto el libro de Apocalipsis) con volúmenes definitivos sobre el evangelio de Juan (1881), las epístolas de Juan (1883), y la epístola a los Hebreos (1889). El conocimiento de W. sobre los comentarios patrísticos no tenía rival y, aunque a veces era en exceso sutil, su exégesis y exposición siempre estaban marcadas por una gran profundidad teológica y espiritual. Su posición teológica combinaba el conservadurismo histórico ilustrado de Lightfoot con el enfoque encarnacional de los problemas sociales que tenía F.D. →Maurice cuyas obras evitó leer por no perder su originalidad.

R.E. NIXON

WESTFALIA, PAZ DE (1648). Término colectivo para los decisivos tratados que pusieron fin a la Guerra de los →Treinta Años. Las discusiones se iniciaron en dos pueblos de Westfalia en 1643: en Münster con Francia y en Osnabrück con Suecia. Poco progreso se hizo hasta que en enero de 1648 inesperadamente España hizo la paz con los holandeses (otorgándoles la independencia *de iure*), tras lo cual el emperador negoció arreglos con Francia y Suecia. Los arreglos, basados en el principio de la soberanía e independencia de los estados individuales, marcan prácticamente el fin del →Santo Imperio Romano y de la Edad Media en la que habían dominado la religión y el concepto de *república cristiana.* Esos tratados significaron grandes triunfos para Francia y Suecia, abriendo el camino para que Francia dominara plenamente los asuntos europeos durante casi dos siglos. Alemania quedó condenada a la impotencia descentralizada durante dos siglos, ya que unos 343 estados soberanos separados fueron confirmados dentro de sus fronteras. La religión estaba determinada por el principio *Cuius Regio, Eius Religio* entre católicos, luteranos y calvinistas.

BRIAN G. ARMSTRONG

WESTMINSTER, ABADIA DE. Según la leyenda, la A. fue fundada en 616, y con seguridad ya en 785 existía. Vuelta a fundar por Eduardo el Confesor como a. de los monjes benedictinos en 1050 dotada de extensos terrenos, su nueva iglesia abacial fue consagrada en 1065. El año siguiente Eduardo fue enterrado allí, y su canonización en 1161 atrajo posteriormente gran cantidad de peregrinos. Adyacente al palacio real de Westminster, mantuvo sitio central en la vida nacional, con privilegios especiales de refugio, y durante tres siglos la Casa de los Comunes se reunió en su casa capitular. Tradicionalmente los reyes eran coronados allí, y a partir de 1296 la Piedra de Scone, piedra de coronación de los escoceses, fue incorporada al trono. El edificio actual se inició en 1245 y la capilla de Enrique VII se terminó en 1519. En 1540 la A. fue disuelta y reorganizada con un deán y doce prebendarios. Algunos de los edificios monásticos se usaron para la escuela primaria de Westminster. Thomas Thirlby fue obispo de Westminster en 1540-50 pero luego la sede fue suprimida. La fachada y las torres del oeste fueron diseñadas por Christopher →Wren y Nicholas Hawksmoor y completadas en 1740-50. A partir del s.XVIII numerosas celebridades nacionales han sido enterradas en la A. JOY HORN

WESTMINSTER, ASAMBLEA DE (1643). Durante la Guerra Civil inglesa entre Carlos I y el Parlamento, éste continuó su programa de reformas y declaró su intención de establecer un gobierno eclesiástico que estuviera "más de acuerdo con la Palabra de Dios e hiciera que la Iglesia Anglicana se ajustara más a la Iglesia de Escocia y a otras iglesias reformadas del exterior". Para poner por obra ese propósito el Parlamento convocó "una asamblea de teólogos ilustrados, piadosos y de buen juicio para consultar y aconsejar acerca de los asuntos y cosas que se les propongan..." La asamblea estuvo constituida por 121 teólogos, 10 lores y 20 miembros de la Cámara de los Comunes como asesores con voz y voto. La Iglesia de Escocia, a la cual se le pidió enviar comisionados, nombró cuatro ministros y dos ancianos. En la asamblea estaban representados muy diversos puntos de vista en cuanto a gobierno eclesiástico.

Se sesionó desde el 1 de jul. de 1643 al 22 de feb. de 1649. La asamblea no fue un tribunal eclesiástico y no tenía autoridad eclesiástica alguna. Fue simplemente un concilio convocado por el Parlamento para que diera consejo y orientación a las autoridades civiles sobre cómo promover la unidad y uniformidad en la obra de la Reforma. El promedio de asistencia diaria osciló entre 60 y 80 miembros, pero solo unos 20 tuvieron participación decisiva en todos los debates. La A. de W. fue desde muy temprano asociada con la *Solemne League and Covenant,* aprobó el documento, y a ella se le unieron en su lugar de reunión, St. Margaret's Church, Westminster, ambas cámaras del Parlamento para jurar formalmente el Pacto.

La obra principal de la Asamblea fue la preparación de la →Confesión de Fe de Westminster, los Catecismos, Mayor y Menor, la Forma de Gobierno de la Iglesia y el Directorio para el Culto Público. La versión métrica del Salterio por Rouse fue examinada y aprobada para su uso general en el culto público de la iglesia. Las Normas de Westminster fueron adoptadas por la Iglesia de Escocia mediante acto especial en 1647, y con pequeños ajustes se convirtió en norma subordinada de las iglesias presbiterianas por todo el mundo de habla inglesa. Algunas de estas iglesias en años recientes han relegado las normas a nivel de "documentos históricos". ADAM LOUGHRIDGE

WESTMINSTER, CATECISMO →CATECISMOS

WESTMINSTER, CONFESION DE. Uno de los más influyentes credos del calvinismo, norma de fe para todas las iglesias presbiterianas, redactada en Westminster (1643-46). El trasfondo inmediato de la Confesión se halla en las tensiones entre →Carlos I y sus súbditos, que en gran parte se debieron a la insistencia de Carlos de imponer el anglicanismo. En la época en que parecía evidente que el estado, que tenía que ver con el bienestar de sus ciudadanos, tenía que ver por tanto también con asuntos religiosos, dicha tesis tenía inferencias políticas. Los →puritanos creían que los credos de la Iglesia →Anglicana debían ser revisados de modo que se enseñara y se predicara una religión pura. Los escoceses, convencidos calvinistas, se oponían a todo intento de remodelar sus credos. En 1638 el histórico Pacto Nacional afirmó esto, y una invasión de los escoceses al N de Inglaterra obligó a Carlos a convocar el Parlamento. Pero a Carlos se le exigían profundas concesiones que él rechazó, y en 1642 estalló la guerra civil.

En este contexto, como parte de los esfuerzos parlamentarios hacia la reforma, se convocó a una asamblea que se reuniera en Westminster para formular un credo apropiado para las iglesias inglesa y escocesa (1643). La guerra civil continuó mientras sesionaba la asamblea. Dominada por calvinistas puritanos, con solo unos cuantos delegados puritanos "independientes", la asamblea también incluía calvinistas escoceses (de Inglaterra, 121 clérigos, 30 laicos; de Escocia, 4 clérigos, 2 laicos; unos 35 de los delegados no se presentaron por causa de la guerra civil). Se reunieron durante tres años (1643-46) y los delegados no tuvieron gran dificultad en ponerse de acuerdo sobre doctrina (dos terceras partes de la Confesión), pero los capítulos acerca de la iglesia y el estado tardaron más en redactarse. El Credo es una exposición sistemática del calvinismo ortodoxo, formulado escolásticamente. Se pone énfasis en la soberanía de Dios y se destaca la elección para la salvación. Cuestiones que se disputaban entre los calvinistas (notablemente el supralapsarianismo) se evitaron. Adoptada en Inglaterra y Escocia, la Confesión quedó como credo normal en la Iglesia Presbiteriana de Escocia.

En Inglaterra, Cromwell llegó al poder, el rey fue ejecutado (1649), y se estableció el *Commonwealth* que, apoyado en el poder del ejército, donde dominaban los puritanos "independientes", otorgó tolerancia religiosa a todos los protestantes. Cromwell tuvo que conquistar a Escocia por la fuerza (los escoceses, aunque calvinistas, apoyaban a su familia real), y en Irlanda el catolicismo pasó temporalmente a la clandestinidad. El *Commonwealth* duró solo una década. →Carlos II llegó a ser rey (1660) y la Iglesia Anglicana, otra vez llegó a ser la iglesia oficial de Inglaterra. Escocia mantuvo como iglesia oficial la Presbiteriana. DIRK JELLEMA

WHEATON, DECLARACION DE. Declaración adoptada por el Congreso de la Misión Mundial de la Iglesia celebrada en la Universidad de Wheaton, Illinois, en 1966. Convocado por la Asociación Interdenominacional de Misiones Extranjeras y la →Asociación Evangélica de Misiones Extranjeras, 938 delegados de 71 países representando a más de 250 grupos se inscribieron para el cónclave. Los principales documentos de estudio habían sido escritos por anticipado. Tenían que ver con la relación de las misiones con 10 campos específicos de problemas: sincretismo, neo-universalismo, proselitismo, neoromanismo, crecimiento de la iglesia, misiones foráneas, unidad evangélica, métodos de evaluación, responsabilidad social y un mundo hostil. Tras amplia discusión en grupos pequeños, un comité de redacción final, que recogió las conclusiones, preparó la D. de W. Los delegados la aprobaron por unanimidad como opinión colectiva del congreso. El documento trataba de las cuestiones arriba indicadas, pero afirmaba claramente, la autoridad bíblica, la proclamación del evangelio y la acción social como evangélicos.

RICHARD V. PIERARD

WHITBY, DANIEL (1638-1726). Estudioso anglicano. Clérigo erudito educado en Oxford, participó en diversas controversias que incluyeron un ataque contra el catolicismo romano, un intento de obtener para los no conformistas concesiones para que se unieran a la Iglesia Anglicana, y una refutación del calvinismo. Entre sus 39 obras publicadas la más famosa es una *Paraphrase and Commentary on the New Testament* (2 vols., 1703). Esta obra continuó usándose durante los ss.XVIII y XIX. Su campo de gran significancia fue la popularización del →post-milenarismo. W. sostenía que el mundo se iba a convertir a Cristo, los judíos serían restaurados en Tierra Santa, y el papa y los turcos derrotados, después de lo cual el mundo gozaría un tiempo de paz universal, felicidad y justicia de mil años. Al final de este milenio Cristo vendría personalmente a la tierra otra vez y entonces sería el juicio final. Esta opinión fue adoptada por la mayoría de los ministros y comentaristas principales del s.XVIII.

ROBERT G. CLOUSE

WHITE, ELLEN GOULD (1827-1915). La dirigente más destacada de la Iglesia→Adventista del Séptimo Día. N. en Gorham, Maine. Recibió poca educación formal por causa de su mala salud. Sus padres eran metodistas devotos, pero en la década de 1840 aceptaron la predicación de Guillermo →Miller sobre la segunda venida de Cristo y fueron expulsados de la iglesia. La predicación de Miller y el testimonio de la señora White respecto a sus propias revelaciones formaron el comienzo de la Iglesia de los Adventistas del Séptimo Día, con gran énfasis profético y escatológico y en la reforma sobre la salud. Ella se convirtió en líder y profeta inspirada, y se casó con el anciano de la Iglesia James White en 1846. En 1855 se trasladaron a Battle Creek, Michigan, donde se estableció la oficina central de la iglesia. Ella pasó algún tiempo en Europa y Australia después de muerto su esposo en 1881. En 1903 la oficina central se trasladó a Washington, D.C. Mujer de profunda convicción religiosa, insistía en que no era un líder sino simplemente un mensajero nombrado por Dios. Sesenta y cuatro de sus obras han sido impresas en inglés.

ROBERT C. NEWMAN

WHITE, WILLIAM (1748-1836). Organizador de la →Iglesia Episcopal Protestante de EUA. Hijo de una familia acaudalada de Filadelfia, en 1765 se graduó del colegio universitario de Filadelfia (más tarde la Universidad de Pennsylvania) y luego estudió teología. Fue ordenado sacerdote en Inglaterra en 1772 y sirvió en Christ Church y en la de San Pedro en Filadelfia de 1772 a 1836. Fue capellán adjunto del Congreso Continental y su sucesor. Dirigió la formación de la Iglesia Episcopal Protestante al redactar una constitución de una iglesia libre respecto al Estado, en la cual los laicos tenían representación igual a la del clero, escribió un Libro de Oración Común revisado y promovió las convenciones de 1785 y 1789 que crearon la Iglesia Episcopal Protestante. Fue electo obispo de Pennsylvania en 1786, fue consagrado en Londres, y sirvió en Filadelfia desde 1787 hasta su muerte. Llegó a ser obispo presidente en 1796. EARLE E. CAIRNS

WHITEFIELD, JORGE (1714-1770). Predicador inglés. N. en Gloucester. Se educó allí y en Pembroke College, Oxford, en donde se asoció con los que formaron el "Club Santo" que más tarde serían conocidos como los primeros metodistas. Allí experimentó también una conversión evangélica. Luego de esto fue ordenado y su primer sermón –en su pueblo natal– fue tan ferviente que contra él se elevó la queja de que había enloquecido a 15 personas. Predicó en varias iglesias londinenses, pero pronto aceptó una invitación de Juan y Carlos →Wesley, para ir a Georgia en donde, con excepción de una notable visita a la patria, permaneció de 1737 a 1741. Su visita a la patria incluyó su primer intento de predicar al aire libre en Bristol. Habría de continuar esa práctica hasta el fin de su vida, pronunciando hasta 20 sermones por semana, recorriendo largas distancias que incluyeron 14 visitas a Escocia y, en aquellos días de largos y arriesgados viajes, no menos de 7 viajes a América, en donde murió poco después de predicar su último sermón.

Tras la asociación con Wesley en los años tempranos, pronto surgieron diferencias y hasta amarga pugna. Eso se debió principalmente a divergencias teológicas: Wesley adoptó la teología →arminiana y W. adoptó la calvinista. Como resultado, W. se asoció íntimamente con la obra de la condesa de →Huntingdon y en sus años posteriores abrió varias de las casas de oración de la Conexión de la condesa así como la universidad teológica de Trevecca en 1768.

En su categoría W. es supremo entre los predicadores, igualado en eminencia solo por →Latimer. Puede que haya otros más eruditos, o con mejor estilo, pero ninguno más elocuente ni conmovedor. Con justicia dijo J.C. Ryle: "Ningún predicador ha mantenido su dominio sobre sus oyentes en forma tan completa como él durante 34 años".

Su tema es el básico mensaje evangélico de la irremediable pecaminosidad del hombre y la eficaz salvación de Cristo. Ciertamente, al leer los sermones de W. hallamos una falta de variedad casi tediosa, efecto sin duda de predicar demasiado y preparar poco. No obstante eso nada quita de su vividez. Su visión del cielo, y más particularmente del infierno, era demasiado inmediata para eso, y su interés en el bienestar eterno de las almas de cada uno de sus oyentes era demasiado insistente. Hay así en toda su obra una nota de intimidad, que aparece en su empeño e importunidad. "Hermanos míos, os ruego" es una expresión repetida. Como los predicadores al aire libre antes de él, como los frailes y como Latimer, su obra abunda en frases familiares, vívidas y eficaces, analogías familiares, y nadie sabía mejor que él emplear la interrogación y la exclamación para producir una atmósfera tensa y dramática. Añadía la antítesis, la reiteración, la brevedad, la afirmación. Por sobre todo era, como los testimonios contemporáneos lo afirman, un actor supremo, dotado de voz y gestos que superaban toda deficiencia.

Otros –Pope, Johnson, Fielding entre ellos– lo criticaron, mas a William →Cowper, que pensaba y sentía como él pero que por su timidez era tan diferente de la a veces estridente confianza en sí de Whitefield, le correspondió la tarea del tributo:

A Pablo imitó, ardió en la misma llama
Su caridad apostólica le inflama.

ARTHUR POLLARD

WHITEHEAD, ALFRED NORTH (1861-1947). Pensador inglés considerado el más destacado filósofo anglosajón del s.XX. N. en Ramsgate (Kent). Estudió en Cambridge y fue luego profesor de matemáticas allí en Londres. En 1924 se trasladó a EUA y enseñó filosofía en Harvard. Escribió, con Bertrand Russell, los *Principia Mathematica.* Se dedicó también a la filosofía de la ciencia y más tarde a la filosofía, hasta llegar a elaborar un sistema metafísico propio. Su obra principal es *Process and Reality,* de 1929. W. ha ejercido una notable influencia, sobre todo en Norteamérica y en la llamada "Teología del proceso" *Process Theology).* Su discípulo más distinguido es Charles Hartshorne.

W. rechaza la noción de sustancia a favor de una comprensión organicista de la realidad: ésta, que es dinámica (es decir, se está haciendo) está formada por lo que el autor llama *events* (acontecimientos, sucesos), "esencia real existente" o "momento real existente". Estos acontecimientos (de carácter físico y mental) están íntimamente interrelacionados y constituyen un organismo. Además, en cada uno de ellos se refleja el organismo total (universo). Esta concepción supone la existencia de: (1) potencialidades objetivas ("objetos eternos") que son la esencia de los eventos (y que se asemejan a la "idea" platónica), pero no son sustancia; (2) un impulso creador, causa del llegar a ser y del dejar de ser de los acontecimientos; y (3) un principio de determinación que actualiza (1) y (2). Este principio es Dios, trascendente pero activamente inmanente, en quien W. distingue un aspecto *primordial* (inmóvil, eterno, infinito) y un aspecto *consecuente* (devenir cósmico).

Dios, por tanto, no es sustancia estática, porque un mundo dinámico no puede tener un creador estático; ni omnipotente, pues si lo fuera, no se explicaría el mal. Dios –cuya presencia y acción permea todo el universo: desde la estructura intraatómica al ser humano y hasta las galaxias– está también haciéndose y vive y sufre con todos los que viven y sufren, hasta que se opere la armonía final (que los teólogos "del proceso" identifican con el concepto bíblico del Reino de Dios).

P. BONILLA A.

WHITGIFT, JOHN (c.1530-1604). Arzobispo de Canterbury desde 1583. Estudió en Cambridge bajo Nicolás→Ridley y Juan Bradford y adoptó las tesis doctrinales reformadas. En 1563 llegó a ser profesor de teología de Lady Margaret en Cambridge y en 1565 presentó una petición en contra del uso de la sobrepelliz, pero pronto se convirtió en firme defensor del ritual anglicano y del gobierno episcopal. Llegó a ser profesor regio y director de Pembroke Hall (1567) y director de Trinity (1570). Logró que se expulsara de Cambridge a Tomás →Cartwright quien había atacado vigorosamente el episcopado y sostenido una larga polémica mediante panfletos con él. En 1577 W. llegó a ser obispo de Worcester y vigorosamente hizo obligatoria para los →puritanos la conformidad. Reconociendo la semejanza de sus propósitos con los de él, →Isabel I lo nombró primado en 1583. Con sus propios bienes vivía magníficamente y contaba con la aprobación y amistad de la reina. Se obligó a los ministros a ajustarse a la religión oficial y se incrementaron los poderes del Tribunal de la Alta Comisión. El estricto control de la prensa por los obispos llevó a la publicación clandestina de los *Marprelate Tracts* a cuyos instigadores W. castigó con suma severidad. En 1593 logró que se promulgara un decreto que desterraba a quienes no asistían a la iglesia, y algunos no conformistas se trasladaron a Holanda. Trató de remediar la falta de precisión de los →Treinta y Nueve Artículos definiendo más exactamente la predestinación (y en forma enteramente calvinista) en los→Artículos de Lambeth de 1595, pero la indignada reina lo obligó a retirarlos. Después de asistir a Isabel en su lecho de muerte, fue obligado por→Jacobo I a dialogar con los puritanos en la Conferencia de→Hampton Court de 1604, y murió más tarde ese año.

JOYCE HORN

WICLIF, JUAN (c.1329-1384). Reformador inglés. Era natural de Yorkshire y asistió a la universidad de Oxford en donde se doctoró en teología (1372), y en asociación con la cual pasó gran parte de su vida. En 1361 era conferenciante en la universidad, pero se sostenía con estipendios de las iglesias de que había sido nombrado *rector*. W. fue brillante erudito, maestro de la tradición escolástica tardía. Su talento fue útil para Juan de Gaunt (duque de Lancaster), el hijo de Eduardo III, quien lo llamó a la corte (1376-78). Gaunt fue el gobernante verdadero de Inglaterra desde la muerte de su padre hasta que Ricardo II salió de su minoridad (1381).

W. ofendió a la iglesia con sus opiniones nacionalistas y progubernamentales, entre las cuales estaba el concepto de que el gobierno civil debía confiscar los bienes de los clérigos inmorales. En consecuencia, se celebró una reunión en la iglesia de San Pablo (1377) ante la cual se emplazó a W. a que respondiera por sus ideas. El duque de Lancaster y el obispo que presidía, William Courtenay, argumentaron en pro de sus respectivos derechos durante la sesión, y la reunión se disolvió sin que W. dijera ni una palabra. Por el año 1377, en una serie de bulas, el Papa condenó las enseñanzas de W. y conminó a la Universidad a que lo excluyera. Más adelante (marzo 1378) W. compareció ante el arzobispo en Lambeth House y, aunque una orden del gobierno prohibía que se le condenara, se le ordenó que cesara de esparcir sus ideas.

Mientras las críticas de W. se limitaron a las riquezas de la iglesia y al poder civil del clero, conservó muchos amigos, tanto entre los frailes como entre la aristocracia. Pero cuando atacó la doctrina de la transubstanciación y enseñó una doctrina de la Real Presencia (c.1380), perdió gran parte de su apoyo. Hubo otros dos sucesos que dañaron su causa: el →Cisma de Occidente (1388) que llevó a los ingleses a estrechar más sus lazos con la Curia Romana, y la Revuelta de los Campesinos de 1381. Aunque no estuvo directamente mezclado en la rebelión, sus críticos afirmaron que el desastre estaba implícito en sus herejías.

La situación le permitió al obispo Courtenay expulsar de Oxford a los seguidores de W. Por causa de enfermedad W. se fue a vivir en su parroquia de Lutterworth (1382). Murió de un derrame cerebral (1384) y fue enterrado en el camposanto de la iglesia. Basándose en la herejía de W., en 1428 su cadáver fue exhumado y quemado, y sus cenizas fueron lanzadas al río Swift.

W. fue escritor prolífico. Aun durante los últimos 10 años de su vida, cuando era blanco de acres ataques del papado y acusado en varios procesos, escribió tanto que hasta sus enemigos se asombraban. Durante estos años completó una *Summa Theologica,* por lo menos otros seis libros, y numerosos panfletos. Instó la traducción de la →Vulgata al inglés, predicó centenares de sermones, continuó dando conferencias en la Universidad hasta que le faltó la salud, y orientó a los que participaban en el movimiento de "sacerdotes pobres". Sus primeros escritos trataban de temas lógicos y metafísicos. Más adelante se dedicó al problema de relaciones entre la Iglesia y el Estado. Algunos eruditos creen que se alejó del papado por no haber recibido un puesto importante; pero es igualmente probable que el papado de →Aviñón provocara su alejamiento.

Se le ha llamado "Estrella Matutina de la Reforma". Ciertamente, su creencia de que la Biblia era la única regla autorizada de fe y práctica, apoyaría esta tesis. En otras formas fue un proto-protestante. Negaba la transubstanciación, atacaba la institución del papado, repudiaba las indulgencias y deseaba la abolición de las órdenes religiosas. Las enseñanzas de W. no tuvieron mucho efecto en Inglaterra. Su relación con el movimiento de los →lolardos es cuestión que se discute. La persecución de sus seguidores, especialmente por el decreto *De heretico comburendo* (1401) fue eficaz. Lo que fracasó en Inglaterra tuvo éxito en Bohemia. Estudiantes de aquel país asistieron a Oxford y de regreso llevaron sus enseñanzas a Praga. Por su medio Jan →Hus y sus seguidores adoptaron las ideas de W. y las mantuvieron vivas hasta la época de la Reforma. ROBERT G. CLOUSE

WICLIF, TRADUCTORES →INSTITUTO LINGUISTICO

WILBERFORCE, SAMUEL (1805-1873). Obispo anglicano. Tercer hijo de William →Wilberforce. Se educó en Oxford, heredó de su padre la habilidad política, el vigoroso sentido de misión, y el encanto, pero se ganó el mote de "Samuel Meloso". Educado como evangélico, fue muy influido en Oxford por J.H. →Newman y por H.E. →Manning, con el cual estaba emparentado por matrimonio. Cuando ellos se convirtieron a Roma él rompió con ellos. Ordenado en 1828, pasó diez años en obra parroquial (más evangélica que oxfordiana en su tono), y fue sucesivamente obispo de Oxford (1845) y Winchester (1869), y se le conoció como obispo de la Alta Iglesia. El primer ministro Gladstone quería que lo nombraran primado. W. murió a consecuencia de una caída de su caballo. Se le recuerda como pionero del episcopado de estilo moderno, organizado principalmente para la atención pastoral de la diócesis; también como pionero en la preparación colectiva de candidatos a la ordenación (fundó el colegio teológico Cuddesdon); también se le recuerda por la polémica de 1859 en Oxford acerca de la teoría de Darwin, y fue su participación en dicha polémica la que precipitó el posterior conflicto del s.XIX entre la ciencia y la religión. JOHN C. POLLOCK

WILBERFORCE, WILLIAM (1759-1833). Abolicionista de la trata de esclavos. N. en Hull en donde aun se halla su casa como museo dedicado a él. Se educó primero en el instituto de segunda enseñanza de Hull en donde recibió la influencia de Joseph Milner, el director, y de su hermano Isaac. Este solía poner al muchacho sobre la mesa para que los demás estudiantes lo oyeran leer con su hermosa voz. Tenía menos de dos años de estar en la escuela cuando su padre murió; se fue a vivir en Wimbledon con una tía que era firme metodista. Su madre quería alejarlo de esa clase de influencias religiosas y lo volvió a llevar a Yorkshire en donde entró como pensionista en Pocklington School. A la edad de 14 años escribió una carta a un periódico de York acerca de los males de la trata de esclavos. En gran parte perdió su tiempo en St. John's College, Cambridge, pero cuando tenía 25 años conoció a Isaac Milner en Scarborough y lo invitó a ir con él a Europa continental. Mediante la conversación con él se convirtió y juntos estudiaron el NT en este viaje. En 1780 había sido electo miembro del Parlamento por Hull, luego de gastar una gruesa suma de dinero para la elección, y en 1784 otra vez fue electo por su ciudad natal, pero en vez de ello representó a Yorkshire por la cual había sido escogido sin competir, y durante 23 años no tuvo opositor para ese puesto. En esta elección James Boswell anota que la pequeñez de su estatura se olvidaba en medio de su elocuencia: "el camarón crecía y crecía y se convertía en una ballena".

W. se asoció con la secta →Clapham, un grupo de evangélicos activos en la vida pública. Mediante su amistad con John →Newton y Tomás →Clarkson por una parte, y con William Pitt por otra, fue persuadido a dedicar la mayor parte de su energía a la abolición de la trata de esclavos. El clima intelectual de la época era favorable a ideas de libertad y felicidad humanas, y era con base en la economía o en la política nacional que se defendía la esclavitud. Mediante un brillante empleo de todas las armas disponibles él y sus amigos gradualmente minaron tanto las bases principales de defensa, que en 1807 se abolió la trata de esclavos. La plena abolición de la esclavitud no se alcanzó sino poco antes de su muerte en 1833.

Participó en muchas otras buenas causas. En 1787 fundó una sociedad para la reforma de las costumbres, y diez años después publicó su *Practical View of the Prevailing Religious System of Professed Christians in the Higher and Middle Classes in this Country contrasted with Real Christianity,* que fue un éxito de librería durante cuarenta años. El y sus amigos procuraron evangelizar a las clases altas así como Wesley había evangelizado a las bajas, y también emplear su riqueza e influencia en una multitud de buenas causas. Ayudó en la formación de la Church Missionary Society (1799), y la Sociedad Bíblica Británica Extranjera (1804).

R.E. NIXON

WILLARD, FRANCES E.C. (1839-98). Educadora, pionera en el movimiento de temperancia y abogada por los derechos de la mujer. De abolengo puritano, n. en Churchville, Nueva York, pero fue criada en el estado de Wisconsin. Estudió en el colegio femenino de Milwaukee y se graduó del Colegio Femenino de Northwestern en Evanston, Illinois (1859), donde se convirtió, identificándose más tarde con los metodistas. Quedando soltera por la vida, se dedicó a la docencia y llegó a ser presidente del Colegio para Mujeres en Evanston (1871-74). En 1879 fue elegida presidente de la Unión Cristiana Femenina Nacional de Temperancia, y en 1892, presidente de la Unión Mundial. También ayudó en la organización del partido (político) prohibicionista. Como promotora de los derechos de la mujer, fue presidenta del Concilio Nacional de Mujeres. Escribió *Women and Temperance* (1883) y *Glimpses of Fifty Years* (1889).

D.E. PITZER

WILIBRORDO (658-739). Misionero anglosajón, "Apóstol a los Frisios". N. en Northumbria, W. se educó en el monasterio de Ripon, cerca de York, regentado por Wilfrido. Tenía poco más de 20 años cuando pasó a Irlanda, en donde le entró el entusiasmo de hacerse misionero. Su mentor, el monje anglosajón →Egberto (que trató empeñosamente de influir a la iglesia irlandesa para que se uniera a la →Iglesia Anglosajona en el reconocimiento de la dirección papal) le sugirió ir a Frisia, en donde ya había predicado brevemente Wilfrido en 677. El poder franco acababa de extenderse hacia el norte,bajo Pipino de Heristal, para incluir el importante borde comercial sur de Frisia (que por entonces incluía las regiones costeras desde Schleswig hacia el sur hasta Flandes). En 690 W. y once compañeros navegaron a través del canal de la Mancha a la Frisia Franca, fueron bienvenidos por Pipino e iniciaron la obra misionera. A la edad de 37 años W. fue a Roma en 695 para ser consagrado arzobispo de una nueva provincia eclesiástica franca cuyo centro sería Utrecht. Fundó el famoso monasterio de Echternach, en Luxemburgo, y supervisó un vigoroso esfuerzo misionero, que obtuvo mucho éxito en la región bajo control franco. El contraataque de la Frisia del N después de muerto Pipino, dirigido por el pagano Radbod, detuvo temporalmente el progreso (715-19); pero bajo Carlos Martel los francos reconquistaron a Frisia del S. Ayudados por →Bonifacio, W. siguió trabajando con los frisios, y gran parte de la región controlada por los francos había sido cristianizada para el tiempo de su muerte. Bonifacio continuó su obra.

DIRK JELLEMA

WILLIAMS, GEORGE (1821-1905). Fundador de la →Asociación Cristiana de Jóvenes. N. en Dulverton, Somerset, hijo de un granjero. Era aprendiz de pañero en Bridgwater cuando se convirtió mediante la lectura de obras de C.G. →Finney e ingresó en la iglesia congregacional local. En 1841 se fue a Londres a trabajar en una fábrica de paño, y más adelante llegó a ser socio de la firma. La reunión de doce jóvenes celebrada en 1844 en el cuarto de W., suele considerarse como la fundación de la Asociación Cristiana de Jóvenes en Londres. De ahí en adelante la historia de ese movimiento internacional no puede entenderse sin referirse a la infatigable labor, la sabiduría práctica y el espíritu católico de este empresario, evangelista, promotor de la temperancia y reformador social.

IAN SELLERS

WILLIAMS, ROGER (1603-83). Fundador de la primera iglesia bautista en Norteamérica y abogado por la libertad religiosa. N. en Londres. Estudió leyes y teología, graduándose de la Universidad de Cambridge en 1627. Fue ordenado en la Iglesia Anglicana, pero desde joven simpatizaba con el →no-conformismo lo cual lo impulsó a emigrar para América en busca de mayor libertad religiosa. Recién casado, llegó a Boston en 1631.

Pero no encontró libertad religiosa en Boston. Debido a sus convicciones →separatistas, las autoridades de la colonia de Massachusetts lo obligaron a salir de Boston. Se dirigió a Plymouth, que era la colonia más antigua y reputada como separatista. En 1634 fue hecho pastor de la Iglesia de Salem. Su oposición al control del gobierno civil de la iglesia pronto despertó oposición, R.W. creía que el gobierno civil no debía establecer ninguna iglesia oficial, sino que cada iglesia debía atender sus propios asuntos sin ayuda o interferencia estatal.

En Plymouth inició un contacto fecundo con los indígenas, de quienes aprendió sus lenguas. Se preocupó por el comercio con ellos y por su conversión. Los trató con gran respeto y consideración, ganando su confianza. Criticó severamente el trato injusto que les daba el gobierno colonial. Acusó a la Colonia de haber actuado en forma ilegal e inmoral al adueñarse de las tierras indígenas sin haber pagado por ellas.

En julio de 1635 fue juzgado como perturbador y rebelde y condenado a la expulsión. Enfermo y cansado, solicitó permiso para quedarse un tiempo más. Se le concedió su petición pero, al continuar con la difusión de sus ideas, las autoridades resolvieron reducirlo a prisión y enviarlo a Inglaterra. R.W. se les huyó en pleno invierno (1636) y se refugió en los bosques, donde pudo sobrevivir gracias a la ayuda de los indios.

Se dirigió hacia el sur, a lo que ahora es el estado de Rhode Island, y fundó una colonia a la que puso el nombre de "Providencia". La colonia fue basada sobre los principios de libertad religiosa y del trato cordial y respetuoso a los indígenas. En ella se garantizó la separación entre la Iglesia y el Estado; los derechos humanos; la libertad de prensa, de conciencia, de asociación y de palabra; el derecho de rebelión; la eliminación de la esclavitud; y el gobierno por voluntad del pueblo.

Un poco después de haber fundado la colonia, R.W. se convenció que el bautismo de párvulos no era bíblico. Por tanto en 1639 un Sr. Holliman lo bautizó. Luego R.W. bautizó a Holliman y a otros diez. Es posible que estos bautismos fueran por inmersión pero no se sabe a ciencia cierta. De esta manera se fundó la primera iglesia bautista en América.

El establecimiento de esta colonia es un acontecimiento muy importante en la historia de la libertad religiosa, por la cual los bautistas históricamente han sido campeones.

PABLO DEIROS

WINFRIDO →BONIFACIO

WISEMAN, NICHOLAS PATRICK STEPHEN (1802-1865). Cardenal inglés, primer arzobispo católico de Westminster (1850-65), a quien principalmente se debe el restablecimiento por →Pío IX de la jerarquía católica romana en Inglaterra (1850). Angloirlandés de nacimiento, rector del Colegio Inglés en Roma (1828-40), comenzó a promover la restauración, fundado en esperanzas del reavivamiento católico y de la conversión de Inglaterra. Impulsado por noticias respecto al Movimiento de →Oxford, regresó a Inglaterra como presidente del Oscott College, Birmingham, y obispo coadjutor del vicario apostólico de las Midlands, territorio central de Inglaterra (1840). En 1847 emprendió una misión especial, en nombre de los obispos ingleses, ante el nuevo papa Pío IX para impulsar la restauración, la cual ocurrió en sept. de 1850. Pío IX lo nombró cardenal y primer primado católico inglés. El entusiasta anuncio que al respecto hizo W. (oct. de 1850) despertó el anticatolicismo popular, incitado por la alarma del Primer Ministro Lord John Russell contra la "agresión papal". W. promovió los principios y prácticas →ultramontanos, estableció ramas inglesas de órdenes religiosas, y organizó ministerios católicos básicos entre los irlandeses recién inmigrados. Entre otros muchos escritos publicó un estudio erudito sobre el siriaco (1827) y conferencias acerca de la ciencia y la Biblia (1835), fundó la *Dublin Review* (1835), y escribió la novela popular *Fabiola* (1854). C.T. McINTIRE

WISHART, GEORGE (c.1513-1546). Reformador y mártir escocés. Su familia tenía relaciones aristocráticas, y él evidentemente se graduó de Aberdeen y adquirió conocimiento del NT griego que enseñó a sus discípulos en una escuela de Montrose. Acusado de tendencias heréticas, pasó primero a Inglaterra y luego al continente, en donde conoció la primera →Confesión Helvética, de la cual fue el primer traductor al inglés. Regresó a Inglaterra hacia fines de 1542, pasó un año enseñando en Cambridge, luego en 1543 ó 1544 volvió a Escocia y predicó el evangelio, particularmente en Angus. Basaba su exposición en los diez mandamientos, el Padre Nuestro y el Credo Apostólico. En Dundee ministró intrépidamente a los enfermos y moribundos de la peste, y sobrevivió a un atentado en contra de su vida. De ahí en adelante el sacerdote convertido Juan →Knox llevaba espada para su protección. Finalmente lo apresaron en Ormiston en East Lothian, fue llevado a St. Andrews y, en contra de la voluntad del regente y del pueblo, por instigación del cardenal David →Beaton fue condenado a muerte y quemado en la hoguera.

J.D. DOUGLAS

WOLFENBUTTEL, FRAGMENTOS DE. Tratado deísta alemán escrito por H.S. →Reimarus, cuyo manuscrito después de muerto su autor fue entregado a G.E. →Lessing quien publicó porciones del mismo entre 1774 y 1778 como "Fragmentos de un escritor anónimo". Rechazaba la validez de la revelación bíblica y explicaba los orígenes del cristianismo desde un punto de vista puramente naturalista. Jesús era simplemente un ferviente místico cuyo sueño de un reino sobre la tierra fue hecho pedazos en la cruz. Los apóstoles inventaron la fábula de su resurrección para ocultar su derrota. J.D. DOUGLAS

WOLSEY, THOMAS (c.1475-1530). Cardenal inglés. N. en Ipswich y fue educado en Oxford. Llegó a ser miembro de la Facultad del Magdalen College en 1497 y fue ordenado sacerdote en 1498. En 1503 fue nombrado capellán del gobernador de Calais y así comenzó su carrera pública. Fue capellán de Enrique VII y de Enrique VIII. El servicio real prontamente lo llevó a obtener privilegios eclesiásticos. Entre las muchas recompensas que obtuvo, en 1514 fue nombrado obispo de Lincoln y arzobispo de York. En los años siguientes se le agregaron otros obispados y puestos importantes, de todo lo cual obtuvo enorme ganancia. El año de 1515 marcó el cenit de su poder, cuando el papa lo nombró cardenal y el rey lo elevó a canciller. Cuando en 1518 fue nombrado legado papal, se convirtió en funcionario supremo tanto de la iglesia como del estado bajo el rey.

Fue totalmente hombre de iglesia, aunque estuvo continuamente inmerso en cuestiones de estado. Fue adiestrado en la teología escolástica aunque sin ser teólogo. No fue una figura puramente secular y frecuentemente decía misa. Aunque no tuvo mucho celo en la persecución de la herejía, sus puntos de vista eran católicos ortodoxos. Su religión fue "probablemente muy convencional, pero no puramente formal".

En toda su carrera las dos autoridades a quienes sirvió –el papa y el rey– estuvieron en armonía. Cuando dicha armonía se quebrantó por el "divorcio" del rey, la carrera de W. se arruinó. Su gran casa, Hampton Court, su facultad en Oxford y la mayoría de sus nombramientos y riquezas fueron confiscados en 1530. En los días siguientes a su caída intentó cumplir sus deberes como arzobispo de York por primera vez. Nada de ello lo salvó y únicamente su muerte, camino a Londres, lo libró del verdugo real. Se le ha descrito bien como "no creativo ni reflexivo", sino como un "activista sin complicaciones", "un magnífico aunque estravagante manipulador de lo que tenía al alcance".

NOEL S. POLLARD

WOOD, THOMAS B. (1844-1924). Destacado misionero metodista en AL. N. en los EUA. Habiéndose doctorado en teología, en 1869 fue enviado como misionero metodista a México, pero al año siguiente fue trasladado a Buenos Aires. Llegó a ser predicador elocuente y con un dominio excepcional del español. En el año 1877 fue enviado a Montevideo para consolidar el trabajo que Juan F. →Thomson había iniciado allí. Desde 1879 a 1887 fue superintendente de las misiones metodistas en AL.

En julio de 1891 llegó al →Perú para tomar la dirección de la obra que Francisco →Penzotti había comenzado desde su base en El Callao. En setiembre del mismo año su hija Elsie abrió el primer colegio metodista en El Callao y cuatro años más tarde ya había cinco colegios metodistas en dicho puerto. En enero de 1892 W. estableció el primer culto protestante de habla española en Lima.

En 1893 comenzó un curso de capacitación en El Callao para pastores nacionales, curso que fue trasladado a Lima en 1906. Cuando W. salió del país en 1913 ya había cuatro pastores peruanos ordenados, iglesias metodistas establecidas en Chincha Alta, Inca, Cerro del Pasco, Tarma y Huancayo, además de las congregaciones en El Callao y Lima.

Debido a la fuerte oposición a la causa evangélica, W. estableció colegios con el fin de conseguir una entrada para el evangelio, entre ellos el bien conocido Colegio María Alvarado en Lima. W. era masón del grado 32. A esto se debió el rumor en Perú de que todos los protestantes eran masones.

JUAN B.A. KESSLER

WOOLMAN, JOHN (1720-1772). Cuáquero norteamericano partidario de abolir la esclavitud. N. en Northampton, Nueva Jersey, y pasó la juventud en una hacienda. Siempre se ganó la vida con sus manos, principalmente como sastre. Profundamente religioso, llegó a ser ministro registrado de la Sociedad de los →Amigos en 1743 y viajó por las Trece Colonias. Su *Diario* revela un carácter sencillo exento de móviles mundanos o egoístas, y notable por una intensa piedad mística. Predicó contra la conscripción, los impuestos para suministros militares, la esclavitud de los negros y el maltrato a los indios. Su testimonio llevó a que en 1776 la reunión anual de los cuáqueros de Filadelfia pusiera fin a la práctica de poseer esclavos. W. murió de viruela en una visita a amigos ingleses y fue sepultado en York. Sus escritos principales: *Some Considerations on the Keeping of Negroes* (1754) y su *Diario* (1774), influyeron grandemente a los abolicionistas del s.XIX.

IAN SELLERS

WORMS, DIETA DE (1521). →Carlos V, al aceptar su elección como emperador del Sacro Imperio Romano, se había comprometido a convocar una dieta tan pronto como fuera posible. Además, la Bula Dorada de 1356 hacía obligatoria la dieta. Una peste que se desató en Nuremberg obligó a celebrar la dieta en otro lugar y Carlos eligió a Worms. En enero, los diversos estados del imperio comenzaron a reunirse en esa ciudad. La dieta se enfrentó al "*Gravamina* de la nación Germánica", el problema de qué hacer acerca de Martín →Lutero, y con el problema de la administración civil dado lo numeroso de los territorios que tenía Carlos fuera del Sacro Imperio Romano.

El 28 de nov. de 1520 Carlos ordenó al Elector →Federico el Sabio de Sajonia que llevara a Lutero a la dieta. Las negociaciones que llevaba a cabo el legado papal hicieron que Carlos prescindiera de su petición, y la *causa Lutheri* se convirtió en una cuestión política. Finalmente el 2 de marzo, el emperador dio su consentimiento para que se citara a Lutero y le prometió un salvoconducto. Se intimaba a Lutero a que compareciera por causa de sus "enseñanzas y libros". La citación fue entregada el 26 de marzo por Kaspar Sturm. Lutero partió de Wittenberg el 2 de abril y llegó a Worms el 16. El 17 compareció ante la dieta y se le preguntó si los libros que se le presentaban eran suyos y si aun suscribía su contenido. La solicitud de Lutero (en sus propias palabras) "de tiempo para pensar, para responder satisfactoriamente a la pregunta sin violencia a la Palabra Divina ni peligro para mi alma"se le concedió, dándosele un día para deliberación. El 18 contestó (en parte): "a menos que se me convenza mediante el testimonio de las Escrituras o mediante clara razón (pues no confío ni en el papa ni en concilios únicamente, pues bien sabido es que a menudo han errado y se han contradicho), estoy obligado por las Escrituras que he citado, y mi conciencia es cautiva de la Palabra de Dios. No puedo y no quiero retractarme de nada, ya que no es seguro ni correcto contrariar la conciencia. No puedo proceder de otro modo; aquí estoy firme; que Dios me ayude, amén". Por lo menos esas dice la tradición que fueron sus palabras finales.

El día 19 Carlos notificó a los estados que defendería la antigua fe en contra de Lutero. El 24 Lutero se reunió con el arzobispo de Tréveris y otros siete príncipes y eclesiásticos. En esa reunión Lutero continuó insistiendo en la autoridad de las Sagradas Escrituras. Al día siguiente se hicieron nuevos intentos por apartarlo de su posición. Lutero partió de Worms el 26 de abril en viaje de regreso a Wittenberg. De camino fue secuestrado y llevado al castillo de Wartburg. El Edicto de Worms, fechado el 8 de mayo de 1521, declaró a Lutero "fuera de ley" junto con sus seguidores. Otros asuntos ocuparon la atención de la dieta, especialmente la causa de la justicia *(Kammer-gericht),* pero han sido en gran parte olvidados por la comparecencia de Lutero ante la dieta.

CARL S. MEYER

WORMS, COLOQUIO DE (1541). El coloquio entre protestantes y catolicorromanos, convocado por Carlos V, se inició en Hagenau (1540) y continuó en Worms, empezando en enero de 1541. Juan →Eck fue el portavoz de los católicos y Felipe →Melanchton de los protestantes. Llegaron a un acuerdo respecto a la doctrina del pecado original. Pero, en vista de la pendiente Dieta imperial en →Ratisbona, suspendieron las discusiones con la esperanza de reanudarlas allí.

WREDE, WILHELM (1859-1906). Erudito protestante alemán, cuya obra *El secreto mesiánico en los Evangelios* (alemán, 1901) ha hallado mucho eco en la crítica de los Evangelios (→CRITICA DE LAS FORMAS). A diferencia de sus predecesores, W. insistió en que Jesús nunca pretendió ser el mesías, y que solo después de la resurrección se percataron los discípulos de la mesianidad del Maestro. Según W., la tradición oral (30-68 d.C.) inventó la brillante teoría del secreto mesiánico para explicar la ignorancia de los contemporáneos de Jesús: el nazareno les escondió a propósito su verdadera identidad (cp. el hábito que Marcos le atribuye de callar a los demonios y a los curados, 1:25, 34, 44, etc.). Así el relato de la gran confesión de Pedro (Mr. 8:27-33) sería una retroproyección en el ministerio terrenal, de una conversación que Jesús sostuviera con Pedro después de su resurrección. Si W. tuviera razón (sus ideas sobreviven en la obra de muchos seguidores de →Bultmann), la iglesia primitiva no solo habría retocado las tradiciones acerca de Jesús, sino que también habría creado elementos esenciales de estas.

Siempre radical en su crítica histórica, W. también afirmó que Pablo fue el verdadero fundador del cristianismo.

RICARDO FOULKES B.

WYTTEMBACH, TOMAS (1472-1526). Reformador suizo. N. en Biel (Bienne). Después de estudiar en Tubinga dio conferencias sobre las *Sentences* en Basilea, y fue influido allí por el humanismo y los nuevos métodos de estudio bíblico. Dio conferencias sobre el NT, especialmente Romanos, y atacó las indulgencias públicamente varios años antes de Lutero. →Zwinglio estuvo entre sus discípulos (1506) y decía que había aprendido de W. que "la muerte de Cristo por sí sola es el precio del perdón de los pecados", y además decía deberle su primer contacto en serio con la Escritura. Fue sacerdote del pueblo en Biel a partir de 1515, y desde 1523 apoyó públicamente la Reforma. Su matrimonio en 1524 hizo que lo depusieran. Después de su muerte, la reforma de Biel fue continuada por su sucesor, Jakob Würben.

J.G.G. NORMAN

Y

YMCA →ASOCIACION CRISTIANA DE JOVENES

YORK. Ciudad, condado y distrito parlamentario, y sede arzobispal. Fue fundada en 71 d.C. con el nombre de Eboracum por los romanos como cuartel general de la novena legión. Se convirtió en capital militar romana de Bretaña y fue visitada por los emperadores Adriano, Severo, y Constantino Cloro (quien murió allí). Constantino fue proclamado emperador en Y. Se hace mención de un obispo de Y. en el →Concilio de Arlés en 314, pero la ocupación romana terminó poco después del año 400 d.C. y poco se sabe acerca de Y. o de la iglesia del lugar hasta el nombramiento de →Paulino como obispo en 625. Edwin, rey de Northumbria, fue bautizado en Y. en 627 y fundó una iglesia allí. Paulino partió para Rochester en 633 después que Edwin fue derrotado por Cadwallon. Durante los siguientes 30 años Y. estuvo bajo la influencia espiritual de los obispos de Lindisfarne quienes se apegaban a las costumbres célticas de la iglesia.

En el sínodo de →Whitby (663) el rey Oswy decidió que la iglesia de Northumbria debía seguir las costumbres romanas y poco después, Wilfrido, jefe del partido romano, fue nombrado obispo de Northumbria con sede en Y. Fue a Galia para su consagración y, como se tardó allá, Chad fue nombrado en su lugar. La sede fue restaurada a Wilfrido en 669 pero en 678 Teodoro, arzobispo de Canterbury, dividió la diócesis en cuatro partes y nombró otros obispos. En 735 bajo Egberto la sede fue convertida en arzobispado y se fundó una escuela que incluyó entre sus alumnos al erudito Alcuino. Del s.XI al XIV hubo una lucha por la precedencia entre las sedes de Canterbury y York. Finalmente se decidió que el arzobispo de Canterbury tenía precedencia con el título de "primado de toda Inglaterra", mientras el arzobispo de Y. habría de ser "primado de Inglaterra". Famosos arzobispos incluyen a Thomas Wolsey y William Temple. La catedral de Y. que data en gran parte de los ss.XIII a XVI, ocupa el sitio de la iglesia de Edwin, y la ciudad posee una sin par colección de iglesias parroquiales medievales todavía en uso, así como otras ruinas eclesiásticas. R.E. NIXON

YOUNG, BRIGHAM (1801-1877). Fundador de la colonia de los →Mormones en Utah. N. en un hogar obrero de Whitingham, Vermont, recibió poca instrucción, pero poseía gran habilidad como líder. Se unió a los mormones de José →Smith en 1832, guió al grupo a Kirtland, Ohio, llegó a ser apóstol en 1835 y cabeza de los Doce Apóstoles en 1838. Guió a los mormones desde Independence, Missouri, hasta Nauvoo, Illinois, y de ahí al Lago Salado en 1847, y organizó el estado de Deseret. En 1850 llegó a ser gobernador del Territorio de Utah. Llevó a cabo la mayor parte de los planes para el Templo Mormón de la Ciudad de Lago Salado y fundó la Universidad de Utah. J.D. DOUGLAS

Z

ZACARIAS (m.752). Papa a partir de 741, último de los papas griegos. Griego procedente de Calabria, fue el primer papa elegido sin referencia a la autoridad imperial. Fue notorio por su caridad, erudición y diplomacia, y por la traducción de los *Diálogos* de Gregorio Magno al griego. Logró que el rey de Lombardía desistiera de su ataque sobre Ravena y devolviera cuatro ciudades a los ducados romanos. Se llegó a una tregua de 20 años. Le escribió al emperador bizantino Constantino V Coprónimo oponiéndose a la iconoclastia. Apoyó a →Bonifacio, el "apóstol a los germanos", cuya misión por todas partes extendía la autoridad papal. Z. hizo que Bonifacio consagrara a →Pipino III ("el Breve") como rey de los francos, en sustitución de la débil dinastía merovingia, creando así la alianza carolingio-papal, y estableciendo un precedente para las pretensiones papales al derecho de poner y quitar reyes. A su vez, Pipino reconoció al papa como jefe de los →Estados Papales, otro precedente de duradera significancia. Z. convocó sínodos en 743 y 745. ALBERT H. FREUNDT, Jr.

ZAIRE (antiguo Congo Belga). Las exploraciones de H.M. Stanley en la cuenca del Congo llevaron allá los primeros misioneros protestantes en 1878. Las dos primeras sociedades fueron la Livingstone Inland Mission y los Bautistas Británicos. La primera era una rama de la Regions Beyond Missionary Union y cuando la institución madre encontró que se había extendido demasiado, la misión del Congo fue puesta en manos de los bautistas norteamericanos. Siguieron otras misiones hasta llegar a unas 46 sociedades, un elevado porcentaje de las cuales eran norteamericanas. Dos tercios de estas sociedades ingresaron después de la Guerra Mundial I. Pero en esta vasta región de unos 2.331.000 km² había poca ocasión de estorbarse unos a otros. Esto, en parte por la existencia del Consejo Protestante de Congo. Este consejo comenzó como una conferencia general de misioneros en 1902, cuando en el país solo había ocho misiones y unos 200 misioneros. Llegó a convertirse en la voz autorizada del protestantismo en el Congo y un eficacísimo canal de entendimiento y cooperación. Actualmente esa entidad intermisionera ha sido sustituida por una entidad intereclesiástica dirigida por congoleses. Fueron los misioneros quienes revelaron las atrocidades cometidas durante el gobierno personal del rey Leopoldo. Esto obligó que el gobierno belga interviniera y tomara el control en 1908. El gobierno católico romano mostró claro favoritismo hacia las misiones católico-romanas que habían seguido a las protestantes en el campo, hasta después de la Guerra Mundial II, cuando un partido más liberal llegó al poder. Durante los siguientes 15 años todas las misiones estuvieron oficialmente sobre bases iguales, disfrutando de bastante apoyo del gobierno. Esto incluía subsidios para programas educativos que se ajustaran a las normas oficiales. El gobierno prefería dejar la educación primaria en manos de las misiones, catolicorromanas o protestantes, con libertad para enseñar religión.

La obra médica también ha desempeñado papel importante en el Congo, con participación en diverso grado de la mayoría de las misiones. Un reciente ejemplo de cooperación intermisionera es el centro médico de Nyankunde, en el cual médicos de cuatro misiones procuran satisfacer las necesidades de la región NE.

Cuando en 1960 se produjo la independencia, por ahí de la mitad de la población profesaba el cristianismo, con una proporción de 2 a 1 en favor de los católicos romanos respecto a los protestantes. En el Congo se han dado diversos movimientos "proféticos", especialmente a partir de 1960. El mayor de toda Africa es el que comenzó con el difunto Simón →Kimbangu en 1921 y que cuenta ahora con aproximadamente medio millón de seguidores.

La independencia llevó al caos a gran parte del país. En los siguientes años muchos misioneros tuvieron que ser evacuados, algunos dos o tres veces. Algunos fueron muertos, tanto católicos como protestantes, junto con innumerables cristianos congoleses. La iglesia del Congo salió de esas pruebas con más confianza en sí misma que antes. Los misioneros han retornado, pero ahora con una nueva relación respecto a la iglesia, como ayudantes en la obra. HAROLD R. COOK

ZEN →BUDISMO

ZINZENDORF, NIKOLAUS LUDWIG, CONDE DE (1700-60). Fundador de la Iglesia Morava. N. en Dresden de noble familia austríaca, hijo de un alto oficial sajón que murió cuando Z. era joven. Fue criado por su abuela materna, pietista y amiga íntima de →Spener y de →Francke, y educado en el *Pädagogium* de Halle (1710-16). Joven profundamente religioso, se interesó en las misiones extranjeras después de conocer a los misioneros daneses de Halle a la India, pero su familia influyó para que aceptara una carrera en el gobierno. En 1716-19 estudió derecho en Wittenberg, un centro de luteranismo ortodoxo, y trató en vano de reconciliar la ortodoxia y el pietismo. Viajando por Europa Occidental en 1719-20 entró en contacto con la teología reformada, grupos no eclesiásticos, y el catolicismo romano, lo cual amplió aun más su comprensión del cristianismo. Después de ingresar en el servicio civil sajón en 1721, promovió asambleas religiosas en su casa de Dresden y compró una propiedad en Berthelsdorf a donde en 1722 invitó a un grupo de refugiados bohemios protestantes (→*Unitas Fratrum)* para que formaran una comunidad cristiana llamada "Herrnhut". En 1727 se retiró del servicio del gobierno para dedicarse por entero a la colonia.

Su pensamiento religioso maduró durante estos años, y rompió con los pietistas de Halle. Destacaba la "religión del corazón" –una profunda fe mística, espiritual, experimentada– así como una comunidad cristiana, evangelismo mundial, y relaciones ecuménicas. Creía que los sucesores de Francke se habían vuelto demasiado rígidos, mientras que los pietistas ponían en duda la validez de su conversión y criticaban su extravagante misticismo, su presunta heterodoxia y sus utópicas ideas respecto a la unión con las iglesias romana y griega ortodoxa. Los luteranos ortodoxos también lo atacaron, y en 1734 le examinaron formalmente sus creencias. Luego llegó a ser candidato teológico en Tubinga y en 1737 fue ordenado obispo por el predicador de la corte de Berlín, D.E. →Jablonski, lo cual significó el reconocimiento oficial para Z. y su movimiento, aunque las circunstancias finalmente obligaron a los moravos a organizarse por separado.

Mientras visitaba Copenhague en 1731, un encuentro casual con un negro de las Indias Occidentales volvió a encender su interés en las misiones foráneas. Los primeros misioneros moravos fueron enviados al Caribe en 1734, y Z. mismo visitó Santo Tomás en 1738-39. Expulsado de Sajonia en 1736, se estableció en el Wetterau y viajó por Europa fundando comunidades moravas, las más importantes de las cuales fueron las de Holanda e Inglaterra. En 1741-43 viajó a Norteamérica donde trabajó en misiones a los indios y en fortalecer las congregaciones moravas. Intentó en vano unificar a las iglesias luteranas alemanas de Pensylvania, tarea que finalmente llevó a cabo H.M. →Muhlenberg, mientras las iglesias moravas seguían su propio rumbo.

Z. regresó a Herrnhut en 1747 y se dedicó allí a la obra pastoral excepto los 5 años (1749-50; 1751-55) que dedicó a trabajar con la congregación de Inglaterra. En sus últimos años sufrió tragedias personales (muerte de su hijo y esposa) y dificultades económicas. Su importancia reside en la creación de una iglesia libre, misionera, dedicada al servicio, basada en la común experiencia de la salvación y el amor mutuo y el énfasis en la profunda experiencia religiosa emocional (especialmente en sus himnos, oraciones, poesías, y "palabras diarias de santo y seña") que infundieron nueva vida a la ortodoxia protestante. RICHARD V. PIERARD

ZOROASTRISMO. Religión dominante de Persia durante más de un milenio antes de la invasión mahometana (636), basada en las enseñanzas del profeta Zaratustra. (*Zoroastro* es la forma griega del nombre iraní Zaratustra.) La personalidad histórica se pierde prácticamente en las leyendas creadas por los seguidores. Aunque discutible, la fecha más lógica de su nacimiento es alrededor del s.V o

VI a.C. en Irán. A la edad de 30 años o un poco después, Zaratustra pasó por una experiencia religiosa que cambió su vida, en la cual tuvo un encuentro con *Ahura-Mazda* ("el Sabio Señor"). Esta experiencia además de otras revelaciones lo llevaron a convertirse en el profeta de una nueva y purificada religión. Dice la tradición que este nuevo profeta logró convertir al rey Vishtaspa, gobernador de Irán Oriental, y que halló un poderoso protector de la fe en el hijo de Vishtaspa, Darío el Grande. Zaratustra murió a la edad de 77 años.

Enseñó una nueva religión ética que estaba firmemente arraigada en la antigua religión popular iraní. Atacó ferozmente el culto a los dioses de la religión popular y promovió la adoración del Espíritu único *Ahura-mazda* (más tarde llamado *Ormazd.*) El hombre bueno se unió a la batalla contra *Angra Mainyu* (más tarde llamado *Ahrimán*), principal agente del mal, como preparación para el juicio final que abarcaba la resurrección de los muertos y el confinamiento de los malos a regiones de tormento. Todo individuo habría de ser juzgado según sus hechos. Se cree que esta escatología llegó a influir la escatología judaica mediante el contacto de los exiliados con los persas. Las escrituras, el *Avesta* se convirtió en base del culto que era administrado por la clase sacerdotal conocida como los *Magos.* Gran parte del culto se centraba en el altar del fuego.

El Z. se convirtió en vivero de otras religiones tales como el →emitraísmo y el →maniqueísmo, pero tuvo un final súbito en Persia con la conquista musulmana en el s.VII. Sobrevive actualmente en una pequeña comunidad Parsi en la India, ubicada principalmente en Bombay y sus alrededores. Los seguidores han puesto énfasis en la educación y, por tanto, ocupan muchos de los puestos influyentes en Bombay. JOHN P. DEVER

ZOSIMO (m.418). Papa desde 417. Griego de nacimiento, heredó de →Inocente I la controversia pelagiana. Al principio fue engañado por las palabras melosas de →Celestio y citó para comparecer en Roma a los obispos africanos, incluso Agustín, que habían condenado a Pelagio. Los africanos no solo rehusaron comparecer sino que reunieron tanto apoyo, incluso el del emperador, para su punto de vista que Z. dio una vuelta entera. Emitió una carta en que exigió a los obispos occidentales endosar la condenación de Pelagio. Los que rehusaron cumplir, entre ellos →Julián de Eclano, fueron depuestos. Z. también sufrió una derrota cuando intentó interferir en asuntos eclesiásticos en Galia.

J.D. DOUGLAS

ZWINGLIO, ULRICO (1485-1531). Reformador suizo. Hijo de un magistrado de aldea del alto Toggenburg, procedía de una familia típica de aquella clase de agricultores prósperos que controlaban el gobierno local de los cantones suizo-alemanes que consideraban la iglesia como el mejor medio de mejorar el nivel social de sus hijos. Después de asistir a la escuela latina de Heinrich Wölflin (Lupulus) en Berna, Z. ingresó en la universidad de Viena en donde hizo amistad con Joaquín von Watt (Vadianus), conoció el humanismo, y fue introducido en la *vía antigua* por Vellini (Camerinus). Completó sus estudios en Basilea, donde absorbió los intereses bíblicos de sus maestros Tomás →Wyttenbach y Johann Ulrich Surgant y formó un círculo de amigos que incluían a Leo →Jud y Glarean, lo cual más adelante lo puso en contacto directo con →Erasmo.

El humanismo erasmiano y su propia experiencia como capellán de mercenarios suizos en Italia lo llevaron a adversar el sistema del servicio mercenario. Estas opiniones, expresadas como oposición a la influencia francesa en la Confederación, y el que fuera un pensionista papal hicieron que lo trasladaran de Glarus a la capellanía de Cloister Einsiedeln en 1516. A fines de 1518 se le llamó a ejercer como sacerdote del pueblo en la Gran Iglesia de Zurich en gran parte porque la clase dominante de Zurich compartía sus opiniones respecto al sistema de mercenarios. A pesar de la oposición de algunos canónigos, que le temían como erasmiano inclinado a la reforma y lo acusaron de inmoralidad, su nombramiento fue confirmado luego que él explicó que su "inmoralidad" se reducía a relaciones con una prostituta reconocida.

Entre 1519 y 1525, cuando en la ciudad se abolió la misa, Z. propugnó un programa práctico de reforma en cooperación con la magistratura. Su planteamiento de la cuestión del culto público y su opinión respecto a los sacramentos representaba un rompimiento con la tradición mucho más radical que el del movimiento de reforma luterana. En realidad Lutero no tuvo ninguna influencia profunda sobre Z. al ir este más allá de Erasmo para formar su propia teología, agustino-bíblica, en el entorno de una ciudad-estado suiza. A Z. puede con justicia recordársele como el primero de los teólogos "reformados". Sus seguidores radicales, dirigidos por Conrad

→Grebel y Félix →Manz, pusieron en peligro su alianza con la magistratura, cuyo apoyo consideraba esencial. Luego de la Segunda Disputación en octubre de 1523 aquéllos rompieron con él y en junio de 1525 fundaron una iglesia separada, un conventículo, en Zollikon en que el ingreso estaba simbolizado por bautizarse de nuevo. Los rebautizadores (ahora llamados *Täufer,* y que entonces se llamaban →anabaptistas, fueron considerados como una amenaza al orden público; los primeros de ellos fueron ahogados en el lago de Zurich, con aprobación de Z. en 1527.

Los últimos años de Z. estuvieron marcados por creciente actividad política. Esperaba dos cosas: abrir toda la confederación a la predicación del evangelio y crear una alianza anti Habsburgo paneuropea. Por el año 1528 los cantones urbanos de Basilea, Schaffhausen y Berna, los más poderosos de los confederados, así como Constanza habían aceptado el programa de reforma de Z. y se habían aliado con Zurich, pero su esperanza de extender la alianza para incluir a los protestantes alemanes dirigidos por Felipe, Landgrave de Hesse, se vieron fallidos cuando él y Lutero no lograron ponerse de acuerdo sobre la cuestión de la presencia de Cristo en la Eucaristía (Coloquio de →Marburgo, 1529). Ese fracaso, junto con la preocupación de Berna respecto a la expansión hacia Occidente, dejó a los protestantes suizos divididos y expuestos a una contraofensiva de los cantones de los bosques lo cual terminó con la muerte de Z. en la batalla de Kappel y detuvo la expansión de la reforma en la Suiza Alemana.

Aunque a menudo fue miembro de una u otra de las comisiones establecidas por el gobierno de Zurich para hallar solución a los diversos problemas internos y diplomáticos, Z. no ejerció nunca cargos políticos. Su influencia fue resultado de su capacidad y de sus relaciones personales. Logró ejercer esta influencia porque su propio punto de vista respecto a la iglesia y su doctrina de la elección permitieron que la iglesia visible en el mundo se identificara con la sociedad civil, un *corpus permixtum,* y lo dejó en libertad de concederle al magistrado cristiano el derecho para determinar las formas externas del culto y vida de la iglesia, y para gobernar la república en cooperación con el profeta que exponía las escrituras para el bienestar espiritual de toda la comunidad.

La interpretación zwingliana de la Eucaristía ha sido mal entendida generalmente, ya que durante sus últimos años se alejaba de su concepto original, que parece ser poco más que en memorialismo, para acercarse a una doctrina de la presencia espiritual *(spiritualis manducatio).* ROBERT C. WALTON

ZUMARRAGA, JUAN DE (1468-1548). Franciscano español, primer obispo (1530) y arzobispo (1547) de →México. N. en Tavira de Durango (Vizcaya) y llegó a América en 1528, después de recibir en su patria una sólida formación humanística, caracterizada por una clara influencia erasmiana, como se evidencia en sus obras. Se distingue por su trabajo en pro de la educación religiosa de los indios, de quienes se constituye defensor, y para quienes crea varias escuelas (sobre todo para mujeres). En defensa de los indios escribe a →Carlos I (V), para informarle sobre la situación general en México y sobre el maltrato de que los indios eran objeto.

Z. se convirtió en la figura cimera de la iglesia americana. Su contribución permanente al campo intelectual se expresa en su participación en el establecimiento de la primera imprenta (1537) y en la fundación de la Universidad de México. De esa imprenta salieron muy pronto tratados teológicos y educativos, y obras devocionales.

A petición de Z. se estableció la →Inquisición en México. Su propósito no era acabar con los herejes, sino detener la "inmoralidad y corrupción" que se había extendido entre los sacerdotes. Z. fue el primer inquisidor (1535).

De su pluma tenemos la *Doctrina breve... en estilo llano para común inteligencia* (1534), que es un manual para uso del clero; la *Doctrina cristiana,* que es un catecismo para indios recién convertidos. Por su interés en la evangelización escribió en latín una *Pastoral* para reclutar misioneros. Debe destacarse también el apoyo que dio a la traducción de la Biblia. CARMELO E. ALVAREZ

ZWICKAU, PROFETAS DE ("Storchistas"). Apodo que Lutero dio a tres reformadores radicales: Nicolás Storch, Tomás Dreschsel y Marcos Stübner. Influidos por las enseñanzas de los →Taboritas y los →valdenses, estos predicaban un biblicismo radical que incluía el rechazo del paidobaptismo, la negación de un ministerio profesional y de la religión organizada ya que todos los hombres piadosos gozan de la influencia directa del Espíritu Santo, revelación especial mediante visiones y sueños, el regreso inminente de Cristo, y quizás el "sueño del alma".

Echados de la ciudad sajona de Zwickau, donde tuvieron origen y donde influyeron a

Tomás →Müntzer, visitaron a Wittenberg en dic. de 1521, durante la ausencia de Lutero. Felipe Melanchton, impresionado con su conocimiento bíblico, al principio les prestó atención. Sin embargo, su entusiasmo milenarista y su crítica fuerte de la liturgia de Wittenberg condujeron a su expulsión en 1522. Poco se conoce de sus actividades después de esta fecha, salvo que ganaron algunos adeptos que se identificaron con ellos por un tiempo, entre ellos Gerhard Westerburg y Martín Celario. ROBERT D. LINDER

ZWILLING, GABRIEL (Dídimo) (c.1487-1558). Reformador alemán. N. en Annaberg. Fue un monje agustino y colega de Lutero en la Reforma de Wittenberg, junto con →Melanchton y →Carlstadt. Durante el exilio de Lutero en Wartburgo (1521), Carlstadt y Z. le imprimieron a la Reforma un rumbo más radical, impulsados por los Profetas de →Zwickau, quienes los acuerparon. Z. era un predicador fogoso, y ya en octubre atacaba la misa e instaba a desechar los votos sacerdotales. Atrajo muchísimos seguidores, especialmente en el monasterio agustino de Wittenberg, y muchos monjes renunciaron a sus votos. Pronto atacó a las imágenes, y en diciembre se hallaba a la cabeza de la revuelta iconoclasta, estimulado por Carlstadt. El concejo municipal de Wittenberg llamó a Lutero para que restableciera el orden, lo cual logró él en marzo de 1522. Lutero recomendó que Z. fuera nombrado pastor en Zwickau; posteriormente el señor de la ciudad lo destituyó a pesar de las protestas del pueblo y de Lutero. En 1549 se rebeló contra el interim en Leipzig del Duque Mauricio, lo cual le acarreó malas consecuencias. Murió en Torgau. J.G.G. NORMAN